北京市人民代表大会常务委员会文献资料汇编

2008—2012

北京市人大常委会办公厅 编

中国民主法制出版社

图书在版编目（CIP）数据

北京市人民代表大会常务委员会文献资料汇编.2008～2012/北京市人大常委会办公厅编.—北京：中国民主法制出版社，2014.6

ISBN 978-7-5162-0534-1

Ⅰ.①北… Ⅱ.①北… Ⅲ.①地方各级人民代表大会—人民代表大会常务委员会—文献—汇编—北京市—2008～2012 Ⅳ.①D624.1

中国版本图书馆CIP数据核字（2014）第105347号

责任编辑：杨　柳　　　**封面设计**：聂　强

书名/北京市人民代表大会常务委员会文献资料汇编 **2008—2012**

BEIJINGSHIRENMINDAIBIAODAHUICHANGWUWEIYUANHUIWENXIANZILIAOHUIBIAN 2008—2012

作者/北京市人大常委会办公厅　编

出版·发行/中国民主法制出版社

地址/北京市丰台区玉林里7号（100069）

电话/63055259（总编室）　63057714（发行部）

传真/63055259

http://www.npcpub.com

E-mail:mzfz@npcpub.com

经销/新华书店

开本/16开　710毫米×1000毫米

印张/116.25　**字数**/2540千字

版本/2014年6月第1版　2014年6月第1次印刷

印刷/河北省永清县金鑫印刷有限公司

书号/ISBN978-7-5162-0534-1

定价/398.00元

编委会名单

编辑说明

北京市人民代表大会常务委员会成立于1979年12月，由北京市第七届人民代表大会第三次会议选举产生。继《北京市人民代表大会常务委员会文献资料汇编》（1979—1988）、（1988—1993）、（1993—1998）、（1998—2003）、（2003—2008）五部出版后，现编辑出版《北京市人民代表大会常务委员会文献资料汇编》（2008—2012）第六部。

本书收录了北京市第十三届人民代表大会常务委员会历次会议的全部文献资料。书中资料忠实于档案原貌，其中所涉及数字（包括日期）的用法，按照国家现行标准进行了修正。

为方便读者查阅，本书于正文后还设置了“文献资料分类索引”。

本书资料来源于北京市人大常委会保存的档案资料。

2014年6月

目　录

北京市第十三届人民代表大会常务委员会第一次会议

北京市第十三届人民代表大会常务委员会第二次会议

北京市第十三届人民代表大会常务委员会第三次会议

北京市第十三届人民代表大会常务委员会第四次会议

北京市第十三届人民代表大会常务委员会第五次会议

北京市第十三届人民代表大会常务委员会第八次会议

北京市第十三届人民代表大会常务委员会第六次会议

北京市第十三届人民代表大会常务委员会第七次会议

北京市第十三届人民代表大会常务委员会第九次会议

北京市第十三届人民代表大会常务委员会第十次会议

北京市第十三届人民代表大会常务委员会第十一次会议

北京市第十三届人民代表大会常务委员会第十二次会议

北京市第十三届人民代表大会常务委员会第十三次会议

北京市第十三届人民代表大会常务委员会第十四次会议

北京市第十三届人民代表大会常务委员会第十五次会议

北京市第十三届人民代表大会常务委员会第十六次会议

北京市第十三届人民代表大会常务委员会第十七次会议

北京市第十三届人民代表大会常务委员会第十八次会议

北京市第十三届人民代表大会常务委员会第十九次会议

北京市第十三届人民代表大会常务委员会第二十次会议

北京市第十三届人民代表大会常务委员会第二十一次会议

北京市第十三届人民代表大会常务委员会第二十二次会议

北京市第十三届人民代表大会常务委员会第二十三次会议

北京市第十三届人民代表大会常务委员会第二十四次会议

北京市第十三届人民代表大会常务委员会第二十五次会议

北京市第十三届人民代表大会常务委员会第二十六次会议

北京市第十三届人民代表大会常务委员会第二十七次会议

北京市第十三届人民代表大会常务委员会第二十八次会议

北京市第十三届人民代表大会常务委员会第二十九次会议

北京市第十三届人民代表大会常务委员会第三十次会议

北京市第十三届人民代表大会常务委员会第三十一次会议

北京市第十三届人民代表大会常务委员会第三十二次会议

北京市第十三届人民代表大会常务委员会第三十三次会议

北京市第十三届人民代表大会常务委员会第三十四次会议

北京市第十三届人民代表大会常务委员会第三十五次会议

北京市第十三届人民代表大会常务委员会第三十六次会议

北京市第十三届人民代表大会常务委员会第三十七次会议

北京市第十三届人民代表大会

常务委员会第一次会议

在市十三届人大常委会第一次会议上的讲话

（2008 年 2 月 2 日）

市人大常委会主任　杜德印

各位委员：

市十三届人大一次会议刚刚闭幕，今天就召开本届人大常委会第一次会议，学习宪法，确定常委会 2008 年工作要点，任命常委会副秘书长和工作机构主要负责人，主要目的就是认真贯彻大会精神，全面执行大会决议，依法履行职责，做好今年各项工作，开创市人大工作新局面，为推进首都改革开放和现代化建设作出积极贡献。受主任会议委托，下面讲三点意见。

一、认真贯彻执行市十三届人大一次会议决议，努力开创市人大工作的新局面

刚刚闭幕的市十三届人大一次会议取得了圆满成功，是一次民主团结、求真务实的大会，继往开来、催人奋进的大会。这次会议对于贯彻党的十七大精神和市第十次党代会的部署，举办一届有特色、高水平的奥运会、残奥会，建设繁荣、文明、和谐、宜居的首善之区，对于坚持和完善人民代表大会制度，做好新时期市人大工作具有重要意义。大会批准了市十二届人大常委会的工作报告，并作出了相应决议。市委书记刘淇同志在大会闭幕式上作了重要讲话，对市人大常委会工作给予了充分肯定，对今后工作提出了明确要求。市人大常委会要认真贯彻这次会议精神，切实执行会议通过的关于常委会工作报告的决议，认清人大工作面临的新形势、新任务，乘势而上，努力开创人大工作的新局面。

贯彻大会决议和刘淇同志重要讲话精神，市人大常委会要把握好以下几个方面。

一是要把握会议形成的新认识。要全面贯彻落实党的十七大精神，把人大工作放到推进首都社会主义民主政治建设的格局中，放到全市改革开放和社会主义现代化建设的全局中来定位、安排和开展。要以保障人民当家作主为根本，以增强党和国家活力，调动人民积极性为目标，依法履行各项职能，继续扩大人民民主，切实加强法制建设，保证权力正确行使，不断完善人大制度，推进首都社会主义民主政治建设，保证、促进首都中国特色社会主义经济建设、政治建设、文化建设和社会建设，使人大工作更加富有全局性、建设性和目的性。

二是要把握会议总结的新经验。要认真继承和发扬市十二届人大常委会积累的宝贵经验，坚持党的领导，保证人大工作正确的政治方向；坚持以保证人民当家作主为根本，切实维护人民群众的民主权利和根本利益；坚持围绕党和国家的工作大局，保证常委会工作与全市中心工作协调一致；坚持民主集中制，集体行使职权和决定问题；坚持不断增强做好人大工作的责任感和使命感，在提高履职能力和工作质量上下功夫。同时要继续推进工作制度、工作机制和工作方法方面的创新，不断完善人民代表大会制度，满足人民群众政治参与的要求，推进社会主义民

主政治制度化、规范化和程序化，使人大工作更加充分地体现时代性、把握规律性、富于创造性。

三是要把握会议确定的新任务。要深入贯彻落实科学发展观，提高市人民代表大会会议的质量和效力，更好地保证人民当家作主；加强和改进立法工作，推进依法治国方略的有效实施；增强监督工作实效，促进"一府两院"依法正确行使职权；保障人大代表依法行使职权，密切人大代表同人民群众的联系；加强常委会及机关自身建设，提高履职能力和工作水平，为举办一届有特色、高水平的奥运会、残奥会，建设繁荣、文明、和谐、宜居的首善之区作出新的贡献。

四是要把握市人大代表和全市人民对人大常委会工作的新期望。市十三届人大一次会议以后，市人大工作面临新的形势。常委会组成人员要充分认识全市人民政治参与和对人大工作的新期望；充分认识新一届市人大代表素质能力和代表人民参与国家管理的政治热情的新增强；充分认识市委和首都发展大局对人大工作的新要求，切实增强坚持和完善人民代表大会制度的坚定性和自觉性，增强做好人大工作的责任感和紧迫感。

二、全力做好今年各项工作，实现十三届人大常委会工作的良好开局

市十三届人大一次会议已经批准了十二届人大常委会关于人大常委会今年工作的建议，人大常委会今年各项工作任务已经明确，现在关键是抓好落实。

今年常委会工作总的安排是：贯穿一条主线，就是以学习贯彻党的十七大精神为主线；突出一个重点，就是围绕办好2008年奥运会、残奥会这个全市工作的重中之重，依法履职，开展工作；实现良好开局，就是做好今年各项工作，使十三届人大常委会各项工作有一个良好开端；奠定坚实基础，就是抓好代表培训、思想理论建设、制度建设等各方面的工作，为做好本届常委会五年的工作打好基础。

一是要抓紧制定常委会会议及议题计划。根据本次会议通过的常委会工作要点安排会议议程，明确工作责任，形成折子工程，分解工作任务，有序开展工作。各专委会、常委会工作机构也要根据常委会的总体安排，制定相关工作计划。

二是要着力提高工作质量和实效。常委会是通过会议审议决定问题的。我们必须明确，会议的质量在会前，会议的实效在会外。所以对每一次会议、每一项议题，都要在会前做好充分的准备工作，保证每项工作、每件事情都做得有用、有效。

三是积极推进工作创新。为了增强人大工作的活力和实效，要在坚持正确方向、依法履行职能的前提下，不断推进工作制度、工作机制、工作方法方面的创新。今年要在完善立法体制和工作机制、加强法律监督和增强监督实效、改进代表建议督办工作、服务代表联系人民群众等方面大胆探索，取得新的进展。

三、切实加强常委会自身建设，提高素质能力和工作水平

做好市人大及其常委会的工作，我们六十三名组成人员肩负着重要的责任。大家要共同努力，把常委会这个集体建设好。要加强思想政治建设，坚持正确方向，把握工作规律，保持良好状态；要加强工作制度建设，执行好已有的制度，不断完善健全新的制度；要加强素质能力建设，努力成为人大工作的内行、政治建设和民主法制建设的专家；要加强作风建设，坚持为民、务实、清廉，始

终保持与人民群众的密切联系。

今年，围绕常委会自身建设和机关干部队伍建设，着力抓好三件事情。

一是加强思想理论建设。围绕四个问题加强学习研讨，包括人大制度和人大工作在发展社会主义民主政治中的地位和作用；人大在履行各项职能，开展各项工作中如何深入贯彻落实科学发展观；监督法实施后，人大常委会如何进一步加强和改进监督工作；结合纪念改革开放30周年，认真总结30年来首都民主法制建设的经验，明确今后的工作任务。

二是加强常委会机关干部队伍建设。围绕增强大局意识、服务意识，提高素质能力，保持良好作风，抓好机关干部队伍建设。以思想政治建设和专业训练为重点，努力建设高素质的干部队伍，创造高效率的机关工作。

三是继续加强常委会基础工作。坚持抓好学习、调查研究和信息等方面的工作。

为了做好常委会的工作，对常委会组成人员提几点要求。

第一，要继续坚持和完善人民代表大会制度，增强做好人大工作的责任感和使命感；第二，加强学习，提高自身素质和能力；第三，转变工作方式，尽快进入角色，适应常委会履行职务的要求；第四，积极参加常委会会议，提高参会出勤率，提高审议发言质量，处理好履行组成人员职务与做好本职工作的关系。

为了保证常委会组成人员有效履行职责和行使权力。常委会机关要加强对各位委员的服务保障工作，常委会办公厅已经把这个问题作为今年的调研课题，经过调查研究，提出措施和办法。总的思路是，把大家参与常委会集体行使职权和集体决定问题的作用与各位委员的代表性和专业优势有机结合，既保障大家能够依法行使职权，充分发挥作用，又不给大家增加过重的负担。

各位委员，今后五年我们将在一起依法履行职责，做好各项工作。让我们大家共同努力，把常委会这个集体建成一个团结和睦的集体，奋发有为的集体，忠心耿耿、兢兢业业地为国家和人民服务。

北京市第十三届人民代表大会常务委员会第一次会议议程

（2008年2月2日）

（2008年2月2日北京市第十三届人民代表大会常务委员会第一次会议全体会议通过）

一、审议通过《北京市人大常委会2008年工作要点（草案）》

二、决定人事任免事项

三、市人大常委会主任杜德印同志讲话

北京市人大常委会2008年工作要点

（2008年2月2日北京市第十三届人大常委会第一次会议通过）

2008年，是学习贯彻党的十七大精神的重要一年，是奥运会的举办之年，是我国改革开放30周年，也是市十三届人大的届首之年。市人大常委会工作的总体要求是：在中共北京市委领导下，坚持以学习贯彻党的十七大精神为主线，紧紧围绕全市工作大局，特别是成功举办一届有特色、高水平奥运会、残奥会的中心任务，按照“少而精、抓重点、求实效”的原则，妥善安排常委会的工作，着力在提高工作质量和实效上下功夫，实现新一届人大工作的良好开局，为今后的工作奠定坚实基础。

一、在深入学习贯彻党的十七大精神方面

1. 加强政治理论学习。通过举办常委会组成人员学习班等多种形式，组织常委会和专门委员会组成人员、机关工作人员认真学习党的十七大精神，学习邓小平理论、“三个代表”重要思想；按照中央和市委部署，深入开展学习实践科学发展观活动，为进一步做好新形势下的人大工作奠定政治基础。

2. 加强人大理论研究。围绕人大制度和人大工作在发展社会主义民主政治中的地位和作用、人大工作深入贯彻落实科学发展观、监督法实施后的人大常委会监督工作问题，组织召开专题研讨会或座谈会，开展深入的研究探讨。结合纪念改革开放30周年，围绕加强首都民主法制建设问题，适时召开民主法制建设座谈会，认真总结经验，明确工作任务。

3. 加强人大代表培训工作。采取多种形式，组织新一届人大代表认真学习党的十七大精神，学习中央关于发展社会主义民主政治、坚持和完善人民代表大会制度的论述，学习宪法和法律，学习人大代表行使职权的有关规定。举办好新任市人大代表培训班。

二、在立法工作方面

4. 安排审议6个立法项目。根据成功举办奥运会、残奥会的需要，继续审议城乡规划条例，制定绿化条例和实施突发事件应对法办法；适应建设创新型城市的需要，修订中关村科技园区条例；根据推进义务教育均衡发展的需要，修订实施义务教育法办法；适应人民群众对法律援助的需求，制定法律援助条例。

5. 制定五年立法规划要点及做好明年立法项目的调研论证工作。要按照维护国家法制统一、突出首都地方特色、增强法规可操作性的原则，采取多种方式，向社会各方面和市民公开征集立法项目，深入研究论证，统筹兼顾，抓紧制定常委会五年立法规划要点；立足当前，着眼长远，启动2009年立法项目的前期调研和论证工作。

6. 不断加强和改进立法工作。认真总结立法工作实践经验，探索立法体制的完善和工作机制的改进，不断推进立法工作的科学化、民主化和规范化。发挥常委会在立法工作中的主导作用，常委会通过制定立法规划

和立法计划，主任会议通过审定法规立项报告，统筹立法工作；做好聘请民主法制建设顾问工作，完善立法咨询制度；继续推行立法公示制度，将每项法规草案，都通过市人大门户网站或其他新闻媒体公开征求意见，扩大市民的有序参与；采取立法听证、座谈、研讨等形式，加强立法的可行性、针对性和可操作性论证；加强立法质量及法规合法性评估工作；认真落实立法工作规程，努力提高立法工作规范化水平。

三、在监督工作方面

今年拟安排听取、审议8个专项工作报告；审查和批准决算，听取和审议国民经济和社会发展计划、预算的执行情况报告，听取和审议审计工作报告；听取和审议国民经济和社会发展“十一五”规划实施情况中期评估报告；开展4个方面的执法检查；听取和审议3项议案办理情况报告。

7. 围绕保证奥运会、残奥会的成功举办开展监督工作。对食品卫生与食品安全方面法律、法规实施情况、无障碍设施建设和管理条例实施情况进行检查；听取和审议市政府关于环境整治和奥运景观布置的报告，关于优先发展公共交通情况的报告，关于节能减排工作的报告。

8. 围绕促进首都经济又好又快发展开展监督工作。加强对国民经济和社会发展计划执行情况、财政预算和财政收支审计工作情况的监督，审查批准决算；听取和审议国民经济和社会发展“十一五”规划实施情况中期评估报告；听取和审议市政府关于继续加强乡村基础设施建设、加快社会主义新农村建设进程的专项工作报告及议案办理情况的报告，关于制定生态涵养发展区产业发展政策、推进环境友好型城市建设议案办理情况的报告。

9. 围绕推进以改善民生为重点的社会建设开展监督工作。对义务教育法、劳动合同法实施情况进行检查；听取和审议市政府关于解决城市低收入家庭住房困难情况的报告，关于加快保障性住房建设力度、解决中低收入群体住房困难议案办理情况的报告，关于侨务工作的报告。

10. 围绕促进公正司法开展监督工作。听取、审议市高级人民法院关于知识产权审判工作的报告，市人民检察院关于开展诉讼监督工作的报告。

11. 加强跟踪监督。对2007年常委会听取、审议的城市环境整治工作进展情况等5个专项工作报告，开展的食品卫生与安全法律、法规等3个方面的执法检查，听取和审议的坚持以人为本、完善社会保障制度等4项议案办理情况报告等各项审议意见落实情况，进行跟踪监督。

12. 努力做好信访工作。进一步完善人大信访工作制度，密切与“一府两院”及区县人大信访工作机构的联系，不断提高信访工作水平。

13. 继续加强和改进监督工作。在开展监督工作中，要进一步贯彻监督法，认真执行听取和审议“一府两院”专项工作报告办法和执法检查办法两个法规，继承和发扬上届常委会监督工作的有益经验，做好聘请预算监督顾问工作，结合新形势新任务，不断探索深化监督工作的新机制、新方法，着力增强监督实效。

四、在行使重大事项决定权和人事任免权方面

14. 认真行使重大事项决定权。围绕全市中心工作和发展大局，落实市政府向市人大常委会报告重大事项的若干规定，认真讨论关系本行政区域改革发展稳定大局和群众切

身利益、社会普遍关注的重大问题，适时作出决议、决定。

15. 依法行使人事任免权。按照有关法律、法规和条例的规定，认真、及时做好届首之年的人事任免工作，为市人大常委会、“一府两院”开展工作提供组织保障。

五、在代表工作方面

16. 全面落实关于加强人大代表工作的若干意见，基本形成保障人大代表依法行使职权的制度规范、工作格局和服务体系。加强代表工作制度建设，提高规范化水平。采取多种措施，切实保证代表知情权，为代表知情知政提供更好的服务。努力改进代表活动方式，积极邀请代表列席常委会会议和专门委员会会议，参加立法、执法检查、议案督办、课题调研等活动，扩大代表对常委会工作的参与。进一步提高为代表履行职责服务的能力和水平。

17. 加大督办人大代表建议力度，进一步推动办理工作质量的提高。认真落实代表建议办理条例，继续坚持办中督查、办后检查和复查补办，对建议承办大户进行重点检查等行之有效的做法。注重对代表建议的分析归纳，在此基础上，确定一批重点建议，形成常委会主任、副主任牵头，代表联络室协调，有关专门委员会负责督办的机制，促进代表建议办理质量不断提高。

18. 密切常委会与代表、代表与人民群众的联系。继续坚持常委会主任、副主任接待代表和组成人员联系代表制度，做好全国人大北京团代表联系市和区县人大代表的工作，密切各级人大代表之间的联系，密切人大代表与人民群众的联系，畅通民主渠道。就人大代表密切与人民群众的联系进行专题调研，进一步完善这方面的机制和办法。

六、在常委会及机关建设方面

19. 提高常委会和专门委员会组成人员履行职责的意识和能力。通过举办法制讲座、加强培训、开展研讨等活动，教育引导大家高举中国特色社会主义伟大旗帜，坚持人大工作正确的政治方向；树立正确的权力观、地位观和利益观，增强做好人大工作的自觉性和责任感；认清人民代表大会制度的优势，增强做好人大工作的信心；加强理论、法律和业务知识的学习，提高依法履职的素质和能力。

20. 加强常委会组织机构建设和制度建设。适应新一届市人大常委会及人大专门委员会开展工作的需要，适时配齐常委会工作机构负责人，为更好地履行职责奠定组织基础。加强常委会制度建设，建立健全常委会、主任会议及专门委员会的各项工作制度，改进工作机制，完善工作机构和办事机构的工作规程，不断提高人大工作的规范化水平。

21. 注重发挥市人大理论研究会和人民代表大会制度研究所的作用。认真做好市人大理论研究会的换届工作。以课题研究为重点，围绕发展首都社会主义民主政治，坚持和完善人民代表大会制度，推进本市人大工作，努力加强人大制度和人大工作的应用理论研究，积极地为常委会决策提供参考服务。同时，注重发挥人民代表大会制度研究所在理论研究方面的优势。

22. 加强常委会机关干部队伍建设。以增强大局意识和服务意识、提高素质能力、保持良好作风为重点，加大对机关干部教育、管理、培养、使用的力度，大力推进竞争上岗、干部交流、挂职锻炼等工作，建设高素质干部队伍，创造高效率机关工作。

23. 加强常委会和机关的基础工作。继续抓好学习、调查研究和信息等方面的工作，把学习与工作、学习与调查研究紧密结合起来，做到边学习、边工作、边研究；加强信息工作，充分发挥《市人大常委会公报》、《人大信息》、《北京人大》、常委会门户网站的作用，推进机关信息化建设。加强人大工作的宣传报道，创新形式、改进方法，积极探索常委会重要会议的录播和直播。坚持和完善公民旁听常委会会议制度，增强常委会工作的公开化和透明度。

24. 加强与区县人大常委会的联系，扩大对外交往。完善与区县人大常委会的沟通联系制度，加强对乡镇人大及人大街工委工作的指导。进一步密切与兄弟省市人大常委会的工作联系和交流。扩大与外国地方议会的友好交往，增进友谊，宣传人民代表大会制度。

关于北京市人大常委会 2008 年工作要点（草案）的说明

——2008 年 2 月 2 日在北京市第十三届人民代表大会常务委员会第一次会议上

刘维林

主任、各位副主任、秘书长、各位委员：

我受主任会议委托，现就《北京市人大常委会 2008 年工作要点（草案）》作如下说明。

今年是学习贯彻党的十七大精神的重要一年，是奥运会的举办之年，是我国改革开放 30 周年，也是市十三届人大的届首之年。做好今年常委会的各项工作意义重大。为此，新一届常委会领导同志十分重视常委会工作要点的起草工作。根据市十三届人大一次会议决议和常委会的工作部署，我们起草了《北京市人大常委会 2008 年工作要点（讨论稿）》，于 1 月 29 日提请市人大常委会第一次主任会议研究讨论。按照主任会议意见，对工作要点进行了修改完善，形成了目前的工作要点（草案），并提请今天的常委会会议审议。

工作要点（草案）主要是按照市十三届人大一次会议决议精神，结合市人大常委会工作实际，对代表大会通过的常委会工作报告关于 2008 年的工作建议作了进一步细化。工作要点（草案）首先明确了今年市人大常委会工作的总体要求，即：在中共北京市委领导下，坚持以学习贯彻党的十七大精神为主线，紧紧围绕全市工作大局，特别是成功举办一届有特色、高水平奥运会、残奥会的中心任务，按照“少而精、抓重点、求实效”的原则，妥善安排常委会的工作，着力在提高工作质量和实效上下功夫，实现新一届人大工作的良好开局，为今后的工作奠定坚实基础。同时，工作要点（草案）从深入学习贯彻党的十七大精神、立法工作、监督工作、行使重大事项决定权和人事任免权、代表工作、常委会及机关建设六个方面明确了具体的工作任务及要求，共 24 条。

一、在深入学习贯彻党的十七大精神方面

主要有 3 项内容：一是加强政治理论学习。组织常委会和专门委员会组成人员、机

关工作人员认真学习党的十七大精神，深入开展学习实践科学发展观活动，为进一步做好新形势下的人大工作奠定政治基础。二是加强人大理论研究。围绕人大制度和人大工作在发展社会主义民主政治中的地位和作用、人大工作深入贯彻落实科学发展观、监督法实施后的人大常委会监督工作问题，组织召开专题研讨会或座谈会。结合纪念改革开放30周年，围绕加强首都民主法制建设问题，适时召开民主法制建设座谈会，认真总结经验，明确工作任务。三是加强人大代表培训工作，举办好新任市人大代表培训班。

二、在立法工作方面

主要有以下内容：一是安排审议6个立法项目，包括继续审议城乡规划条例，制定绿化条例、法律援助条例和实施突发事件应对法办法；修订中关村科技园区条例、实施义务教育法办法等。二是制定五年立法规划要点及做好明年立法项目的调研论证工作。采取多种方式，向社会各方面和市民公开征集立法项目，抓紧制定常委会五年立法规划要点；启动2009年立法项目的前期调研和论证工作。三是不断加强和改进立法工作。认真总结立法工作实践经验，探索立法体制的完善和工作机制的改进办法，不断推进立法工作的科学化、民主化和规范化。

三、在监督工作方面

今年拟安排听取、审议8个专项工作报告；审查和批准决算，听取和审议国民经济和社会发展计划、预算的执行情况报告，听取和审议审计工作报告；听取和审议国民经济和社会发展“十一五”规划实施情况中期评估报告；开展4个方面的执法检查；听取和审议3项议案办理情况报告。

从监督工作内容上来分，一是围绕保证奥运会、残奥会的成功举办开展监督工作。如对食品卫生与食品安全方面法律、法规实施情况、无障碍设施建设和管理条例实施情况进行检查；听取和审议市政府关于环境整治和奥运景观布置的报告，关于优先发展公共交通情况的报告，关于节能减排工作的报告。二是围绕促进首都经济又好又快发展开展监督工作。主要是加强对计划和预算的监督，听取和审议国民经济和社会发展“十一五”规划实施情况中期评估报告；听取和审议市政府关于继续加强乡村基础设施建设、加快社会主义新农村建设进程的专项工作报告及议案办理情况的报告，关于制定生态涵养发展区产业发展政策、推进环境友好型城市建设议案办理情况的报告。三是围绕推进以改善民生为重点的社会建设开展监督工作。对义务教育法、劳动合同法实施情况进行检查；听取和审议市政府关于解决城市低收入家庭住房困难情况的报告，关于加快保障性住房建设力度、解决中低收入群体住房困难议案办理情况的报告，关于侨务工作的报告。四是围绕促进公正司法开展监督工作。听取、审议市高级人民法院关于知识产权审判工作的报告，市人民检察院关于开展诉讼监督工作的报告。同时，要加强跟踪监督。对2007年常委会听取、审议的5个专项工作报告，开展的3个方面的执法检查，听取和审议的4项议案办理情况报告等各项审议意见落实情况进行跟踪监督。要努力做好信访工作。在监督方式方法的改进上，要进一步贯彻监督法，继承和发扬常委会监督工作的有益经验，不断探索深化监督工作的新机制、新方法，着力增强监督实效。

四、在行使重大事项决定权和人事任免权方面

一是围绕全市中心工作和发展大局，认

真讨论关系本行政区域改革发展稳定大局和群众切身利益、社会普遍关注的重大问题，适时作出决议、决定。二是按照有关法律、法规的规定，认真、及时做好届首之年的人事任免工作，为市人大常委会、“一府两院”开展工作提供组织保障。

五、在代表工作方面

主要包括以下内容：一是全面落实关于加强人大代表工作的若干意见，基本形成保障人大代表依法行使职权的制度规范、工作格局和服务体系。二是认真落实代表建议办理条例，注重对代表建议的分析归纳，在此基础上，确定一批重点建议，形成常委会主任、副主任牵头，代表联络室协调，有关专门委员会负责督办的机制，促进代表建议办理质量不断提高。三是密切常委会与代表、代表与人民群众的联系。就人大代表密切与人民群众的联系进行专题调研，进一步完善这方面的机制和办法。

六、在常委会及机关建设方面

主要包括：一是通过举办法制讲座、加强培训、开展研讨等活动，提高常委会和专门委员会组成人员履行职责的意识和能力。二是适应新一届市人大常委会及人大专门委员会开展工作的需要，加强常委会组织机构建设和制度建设，改进工作机制，不断提高工作水平。三是注重发挥市人大理论研究会和人民代表大会制度研究所的作用，积极为常委会决策提供参考服务。四是以增强大局意识和服务意识、提高素质能力、保持良好作风为重点，加强常委会机关干部队伍建设，努力建设高素质干部队伍，创造高效率机关工作。五是加强常委会和机关的基础工作。继续抓好学习、调查研究和信息等方面的工作，加强人大工作的宣传报道，坚持和完善公民旁听常委会会议制度，增强常委会工作的公开化和透明度。六是加强与区县人大常委会的联系，扩大对外交往。

我就作以上说明，请予审议。

北京市人民代表大会常务委员会
任　命　名　单

（2008年2月2日北京市第十三届人民代表大会常务委员会第一次会议通过）

任命赵传民为北京市人民代表大会常务委员会副秘书长、办公厅主任。

任命刘维林为北京市人民代表大会常务委员会副秘书长、研究室主任。

任命高岩辉为北京市人民代表大会常务委员会副秘书长、人事室主任。

任命张清为北京市人民代表大会常务委员会副秘书长、代表联络室主任。

任命刘宝杰为北京市人民代表大会常务委员会副秘书长。

任命黄石松为北京市人民代表大会常务委员会副秘书长。

任命张引为北京市人民代表大会常务委员会法制办公室主任。

任命李小娟为北京市人民代表大会常务委员会内务司法办公室主任。

任命王火为北京市人民代表大会常务委员会财政经济办公室主任。

任命梁平为北京市人民代表大会常务委员会教育科技文化卫生体育办公室主任。

任命赵义为北京市人民代表大会常务委员会城市建设环境保护办公室主任。

任命雷德才为北京市人民代表大会常务委员会农村办公室主任。

任命席文启为北京市人民代表大会常务委员会民族宗教侨务办公室主任。

北京市人民代表大会常务委员会决定免职名单

（2008年2月2日北京市第十三届人民代表大会常务委员会第一次会议通过）

免去赵义的北京市民政局局长职务。

免去吴世雄的北京市财政局局长职务。

免去赵文芝的北京市交通委员会主任职务。

北京市人民代表大会常务委员会免职名单

（2008年2月2日北京市第十三届人民代表大会常务委员会第一次会议通过）

免去赵志建的北京市人民检察院第一分院副检察长、检察委员会委员、检察员职务。

北京市第十三届人民代表大会

常务委员会第二次会议

北京市第十三届人民代表大会常务委员会第二次会议议程

（2008 年 2 月 28 日）

（2008 年 2 月 28 日北京市第十三届人民代表大会常务委员会第二次会议全体会议通过）

一、审议通过《北京市第十三届人民代表大会常务委员会代表资格审查委员会主任委员、副主任委员、委员名单》

二、决定人事任免事项

北京市第十三届人民代表大会常务委员会代表资格审查委员会主任委员、副主任委员、委员名单

（11 人）

（2008 年 2 月 28 日北京市第十三届人民代表大会常务委员会第二次会议通过）

主任委员： 赵凤山

副主任委员： 刘新成

委　　员：（**按姓名笔画排列**）

王海平　尹玲珍（女）　史绍洁　任恩尚　李小娟（女）

李有毅（女）　肖亚平（女）　张　清　高岩辉

北京市人民代表大会常务委员会任免名单

（2008 年 2 月 28 日北京市第十三届人民代表大会常务委员会第二次会议通过）

任命刘凤仪为北京市人民代表大会常务委员会办公厅副主任。

任命王德林为北京市人民代表大会常务委员会法制办公室副主任，免去其北京市人民代表大会常务委员会内务司法办公室副主任职务。

任命邹维萍为北京市人民代表大会常务委员会法制办公室副主任。

任命王德修为北京市人民代表大会常务委员会内务司法办公室副主任（兼）。

任命赵志建为北京市人民代表大会常务委员会内务司法办公室副主任（兼）。

任命袁芳为北京市人民代表大会常务委员会内务司法办公室副主任。

任命赵巨鹏为北京市人民代表大会常务委员会财政经济办公室副主任。

任命陈婷为北京市人民代表大会常务委员会财政经济办公室副主任（兼）。

任命程晓君为北京市人民代表大会常务委员会财政经济办公室副主任。

任命孙世超为北京市人民代表大会常务委员会教育科技文化卫生体育办公室副主任。

任命颜振军为北京市人民代表大会常务委员会教育科技文化卫生体育办公室副主任。

任命孟桥为北京市人民代表大会常务委员会城市建设环境保护办公室副主任。

任命马曙光为北京市人民代表大会常务委员会城市建设环境保护办公室副主任。

任命张凤福为北京市人民代表大会常务委员会农村办公室副主任（兼）。

任命杨瑞为北京市人民代表大会常务委员会农村办公室副主任。

任命徐再城为北京市人民代表大会常务委员会农村办公室副主任。

任命吴宝华为北京市人民代表大会常务委员会民族宗教侨务办公室副主任。

任命陶世欣为北京市人民代表大会常务委员会代表联络室副主任。

任命张环为北京市人民代表大会常务委员会人事室副主任。

任命张越为北京市人民代表大会常务委员会人事室副主任。

免去张杨的北京市人民代表大会常务委员会办公厅副主任职务。

免去刘宝杰的北京市人民代表大会常务委员会办公厅副主任职务。

免去李小娟的北京市人民代表大会常务委员会法制办公室副主任职务。

免去叶立毅的北京市人民代表大会常务委员会财政经济办公室副主任职务。

免去齐良如的北京市人民代表大会常务委员会研究室副主任职务。

北京市人民代表大会常务委员会
决定任命名单

（2008年2月28日北京市第十三届人民代表大会常务委员会第二次会议通过）

任命王明达为北京市第一中级人民法院院长。

任命贺荣为北京市第二中级人民法院院长。

北京市人民代表大会常务委员会决定任命名单

（2008年2月28日北京市第十三届人民代表大会常务委员会第二次会议通过）

任命黎晓宏为北京市人民政府秘书长。

任命张工为北京市发展和改革委员会主任。

任命刘利民为北京市教育委员会主任。

任命马林为北京市科学技术委员会主任。

任命申建军为北京市民族事务委员会（北京市宗教事务局）主任（局长）。

任命马振川为北京市公安局局长。

任命张厚崑为北京市监察局局长。

任命吴世民为北京市民政局局长。

任命吴玉华为北京市司法局局长。

任命杨晓超为北京市财政局局长。

任命张欣庆为北京市劳动和社会保障局局长。

任命魏成林为北京市国土资源局局长。

任命黄艳为北京市规划委员会主任。

任命隋振江为北京市建设委员会主任。

任命陆海军为北京市市政管理委员会主任。

任命刘小明为北京市交通委员会主任。

任命程静为北京市水务局局长。

任命王孝东为北京市农村工作委员会主任。

任命卢彦为北京市商务局局长。

任命降巩民为北京市文化局局长。

任命邓行舟为北京市人口和计划生育委员会主任。

任命李颖津为北京市审计局局长。

任命杨柳荫为北京市人民政府外事办公室（北京市人民政府港澳事务办公室）主任。

北京市人民代表大会常务委员会任免名单

（2008年2月28日北京市第十三届人民代表大会常务委员会第二次会议通过）

（一）

任命余净为北京市高级人民法院审判监督庭副庭长、审判员。

（二）

免去张本亭的北京市第二中级人民法院副院长、审判委员会委员、审判员职务。

免去马跃的北京市第二中级人民法院审判委员会委员、审判员职务。

免去翟超的北京市第二中级人民法院刑事审判第二庭副庭长、审判员职务。

免去蒋秀凤、潘峰的北京市第二中级人民法院审判员职务。

北京市人民代表大会常务委员会决定任命名单

（2008年2月28日北京市第十三届人民代表大会常务委员会第二次会议通过）

任命项明为北京市人民检察院第一分院检察长。

任命伦朝平为北京市人民检察院第二分院检察长。

北京市人民代表大会常务委员会任免名单

（2008年2月28日北京市第十三届人民代表大会常务委员会第二次会议通过）

任命苗生明为北京市人民检察院第二分院副检察长、检察委员会委员、检察员，免去其北京市人民检察院检察委员会委员、检察员职务。

任命冯新惠为北京市人民检察院检察员，免去其北京市人民检察院第二分院检察员职务。

免去刘连长的北京市人民检察院第二分院副检察长、检察委员会委员职务。

免去陈志刚的北京市人民检察院检察员职务。

免去刘艳喜的北京市人民检察院第二分院检察员职务。

北京市第十三届人民代表大会

常务委员会第三次会议

北京市第十三届人民代表大会常务委员会第三次会议议程

（2008 年 4 月 17 日至 18 日）

（2008 年 4 月 17 日北京市第十三届人民代表大会常务委员会第三次会议第一次全体会议通过）

一、审议《北京市实施〈中华人民共和国突发事件应对法〉办法（草案）》

二、审议《北京市实施〈中华人民共和国义务教育法〉办法（修订草案）》

三、听取和审议市人民政府关于优先发展公共交通情况的报告

四、听取市人大法制委员会关于市十三届人大一次会议主席团交付研究的法规案处理意见的报告

五、决定人事任免事项

关于优先发展公共交通情况的报告

——2008 年 4 月 17 日在北京市第十三届人民代表大会常务委员会第三次会议上

北京市交通委员会主任　刘小明

主任、各位副主任、秘书长、各位委员：

我受市人民政府委托，向市人大常委会报告本市优先发展公共交通的情况。

随着经济社会现代化、城市化、机动化进程的加快，本市机动车保有量迅猛增长，截至 2008 年 3 月底已达 323 万辆，比 2003 年 8 月的 200 万辆增长了 123 万辆，同时小汽车出行总量达到了 741 万次/日，增长了 42%。机动车保有量和小汽车出行量的迅猛增长带来了交通拥堵、尾气污染、能源消耗等一系列问题。

对此，市委、市政府审时度势，从落实科学发展观的高度，将优先发展公共交通作为建设资源节约型环境友好型社会、节能减排、缓解城市交通拥堵、实现交通可持续发展的治本之策，作为坚持以人为本、构建和谐社会、解决好民生问题的一项重要措施。通过近几年来的努力，本市公共交通有了长足发展，交通出行结构初步得到改善，2007 年公交出行比例达到 34.5%，比 2006 年提高了 4.5 个百分点。

目前，本市共有轨道交通运营线路 5 条（1 号线、2 号线、13 号线、八通线、5 号线），里程 142 公里，运营车辆 1148 辆；地面公交线路 932 条，车辆 21,688 辆（其中市区 0—8 字头线路 504 条，车辆 14,936 辆；市郊 9 字头线路 140 条，车辆 4459 辆；远郊区县境内线路 288 条，车辆 2293 辆）。2007 年公共交通年完成客运量 50.45 亿人次。

一、优先发展公共交通总体思路

市人大常委会和人大代表十分关心本市公共交通发展。2005年初提出了《加快公共交通事业改革发展，方便市民出行》的议案，内容涵盖优先发展公共交通政策、加快轨道交通建设、票制票价、公交专用道建设等方面。市政府认真办理议案，组织有关部门深入研究，提出了具体对策措施，促进了本市优先发展公共交通工作。

2005年4月，市政府在《北京交通发展纲要》中明确提出了加快构建以轨道交通和大容量快速公交为骨干、地面公交为主体的综合公共交通运输体系，至2010年，城市轨道交通线网和大容量快速公交（BRT）系统初具规模，中心城公共客运系统承担全日出行量比例达到40%以上的总体目标。2006年年底，市政府在《关于优先发展公共交通的意见》中，确定优先发展公共交通的总体思路是“两定四优先”。“两定”即确定发展公共交通在城市可持续发展中的重要战略地位，确定公共交通的社会公益性定位；“四优先”即公共交通设施用地优先、投资安排优先、路权分配优先、财税扶持优先。

根据市委的部署，市政府将优先发展公共交通工作总体分为三步：第一步，就低统一票制票价，优化提升市区地面公交系统；第二步，加快轨道交通建设，实行轨道交通全网低票价政策；第三步，对郊区公共客运进行改革，加快构建农村公共交通系统。

二、优先发展公共交通工作情况

（一）在就低统一票制票价的同时，优化提升市区地面公交系统

1. 就低统一市区地面公交票价，普惠于民

针对市区地面公交月票普票并存、月票无效线路与月票有效线路车辆满载率不均衡，月票有效线路乘车拥挤等问题，在综合考虑乘客利益的基础上，自2007年1月1日起，就低统一市区地面公交票制票价，发行市政交通一卡通普通卡和学生卡，实行持卡成人4折、学生2折优惠。低票价政策实施后，原月票有效线路和无效线路车辆高峰平均满载率趋于均衡，市民公交出行费用大幅降低。

2. 优化公交线网，全面提升公交服务水平

一是优化公交线网，减少重复线路，扩大覆盖范围。从2006年8月起，共分六批优化调整线路276条，逐步建立起了以快线网为骨架、普线网为基础、支线网为补充的相匹配的三级公共交通网络。其中：围绕中心城撤销线路71条，调整线路81条，削减市区重复设站3009个，长安街、三环路、北京站、西客站等地区重复线路多的状况得到了明显改善；依托高速公路开通4条远郊快速公交线路，使顺义区、怀柔区、平谷区、密云县居民的平均出行时间缩短20—50分钟，为远郊区县居民的交通出行提供了极大的便利；扩大边缘覆盖，新开小区支线124条，增加线网覆盖103公里，改善了回龙观、天通苑、望京科技园、昌平新城、百子湾、万泉寺等430余个小区居民的出行条件。此外，2005年年底随着南中轴路大容量公交开通，还调整优化了14条线路。

二是强化公交优先理念，加大路权优先力度。2007年本市进一步加大了施划力度，在平安大街及其延长线、长安街延长线等重点路段施划了55公里公交专用道（其中二、三环主路施划6处4.9公里），延长了30条71.1公里专用道高峰时段的起止时间。自1997年本市在长安街施划了全国第一条公交专用道以来，至2007年年底已在80条道路施划公交专用道217公里，其中四环路内主

干道已施划 160.1 公里。同时本市还逐步建立起了公共交通信号优先系统，对大容量快速公交实行公交优先信号，在特勤管理中兼顾公交优先。上述措施使地面公交车辆平均运营速度达 15.2 公里/小时，比 2003 年的 14 公里/小时提高了 8.6%。

三是完善换乘设施，缩短换乘距离，改善换乘条件。按照客流量大小、集散能力，本市将换乘设施分为三级。其中：一级换乘节点即综合枢纽站，日客流量达 8 万人次以上，可实现公交、地铁等多种交通方式的“零换乘”。目前规划综合枢纽 13 处，已建成动物园、六里桥、西客站北广场三处，在建东直门、西直门、一亩园、西客站南广场、北京南站等五处。二、三级换乘节点即换乘中心站和换乘站，日客流量分别在 5 万—8 万人次和 2 万—5 万人次。根据线网布局需要，规划在市区建设二级换乘节点 20 处、三级换乘节点 49 处、公交综合驻车设施 12 处。目前，已建成安定门、北官厅等 33 处，实现 119 条线站内到发、日 37 万人次站内换乘。换乘设施建设既方便了乘客，又减少了公共交通与社会交通的相互干扰。

同时，为方便小汽车与公交、地铁换乘，沿中心城周边轨道交通和大容量快速公交车站规划了 26 处驻车换乘场站。目前，已建成天通苑北、北苑 2 处。其中天通苑北驻车换乘停车场一期投入使用后，285 个车位泊位使用率达 100%。为满足换乘停车需要，2007 年年底完成了二期工程，新增车位 151 个。市政府对驻车换乘实行停车按次 2 元的低收费政策，引导小汽车换乘公共交通。

四是加快更新环保车辆，提高乘坐舒适性，减少尾气排放。2005—2007 年本市共购置新型环保公交车 11,090 辆，其中更新 9662 辆车，新增 1428 辆，尾气排放全部符合国Ⅲ标准，部分达到国Ⅳ标准。2008 年本市还将更新、新增环保型公交车 2766 辆，届时公交车将全部符合环保要求。目前，本市公交车辆技术水平已居全国领先地位。

（二）加快轨道交通建设，实行全轨道路网单一低票价政策

1. 制定轨道交通建设规划，加快线网建设

2007 年国家发改委批复了《北京市城市快速轨道交通建设规划（2004—2015）》。按照规划，到 2015 年，本市将投资 2700 亿元新建轨道交通线路 15 条，形成由 19 条线路构成的“三环、四横、五纵、七放射”轨道交通网络，总运营里程将达到 561 公里。届时，轨道交通作为公共交通系统的骨架将在本市基本形成，市民的出行将更加便捷、快速、准时。为抓紧落实规划，市委市政府每年安排专项资金 100 亿元，并通过轨道交通建设投融资平台，综合应用地铁债券、基金、银行贷款等多种融资方式，平衡年度投资高峰需求，统筹安排好新线建设资金。同时成立了轨道交通建设指挥部，按照确保工程安全、质量、功能、工期、成本“五统一”的原则，统筹协调轨道交通线网建设。

目前，本市在建轨道交通项目 9 项 227 公里。其中 10 号线一期、奥运支线、机场线将于 2008 年奥运会前开通试运行。届时，轨道交通运营里程将达到 200 公里。

2. 加快既有线路改造，提高安全水平和运营效率

近年来先后投资 84.25 亿元对地铁 1、2 号线进行消隐工程改造，包括对 342 辆老旧车辆进行强检强修，至 2007 年年底，更新老旧车辆 180 辆，同时对供电、通信设备等进行了更新改造。

通过充分挖掘潜力，缩短发车间隔，增加列车编组，以适应网络化运营要求，应对大客流压力。至目前，既有的地铁 1 号线、2 号线、13 号线、八通线等 4 条线先后 7 次缩短高峰时段发车间隔，最小间隔分别由 3 分

钟、3分30秒、4分钟、5分钟缩短到2分30秒、3分钟、3分钟、3分30秒，运力分别提高了20%、16.7%、33.3%、42.9%。特别是2007年10月7日地铁5号线实现了高水平开通，完成土建、供电、消防等全部8项验收，保证了列车超速自动防护系统（ATP）、安全门等稳定运行，创造了地铁开通试运营发车间隔4分钟的国内最高水平。

3. 实行轨道交通全路网单一票价的低票价政策，发挥其骨干作用

2007年10月7日，随着地铁5号线的开通试运营，轨道交通实施全路网单一票制、每人次2元的低票价政策，同步实现了进站换乘不再两次购票验票，提高了换乘效率和服务水平，实现了全网无障碍换乘和“一票通”、“一卡通”的目标。

（三）对郊区公共客运进行改革，加快构建农村公共交通系统

1. 实行低票价政策，惠及郊区市民

落实市委十届二次全会“解决好郊区公交问题，坚持实行公交公益性低票价政策”要求，按照“整体推进、分级负责、分步实施”的原则，推进城乡公共交通一体化，对郊区公共客运进行改革。

市郊9字头公交线路，自2008年1月15日起在现行票制票价的基础上实行持卡乘车与市区公交线路同折扣优惠，即在现行票制票价基础上持卡乘车成人4折、学生2折。各远郊区县政府根据实际情况，从2008年1月15日起也对远郊区县境内客运实行了票价折扣优惠政策，同时研究了包括完善远郊区县境内客运发展规划、理顺体制、规范运营服务、推进市政交通一卡通系统建设以及财政扶持政策、行业监管措施等内容的区县境内客运改革方案。

2. 明确责任主体，加大财政扶持力度

根据事权与财权相统一的原则，明确了市、区两级责任。市郊9字头公交的财政扶持由市级负责，区县境内客运财政扶持由区（县）级负责，市级给予支持。市级支持政策包括：加大对区县转移支付力度，市财政已确定车船使用税款由区县留用，区县境内客运折扣减收补贴核入区县体制中，同时免征区县境内客运车辆养路费等。

通过以上三步工作，本市公共交通运营效率全面提升，服务质量明显改善。目前，市区地面公交、轨道交通、市郊9字头公交日均客运量分别达1302万人次、325万人次和202万人次，比上年同期增长22.6%、116%和40.5%。市政交通一卡通得到了广泛使用，目前累计发放一卡通IC卡1650万张，日均刷卡999万笔，最高日刷卡1216万笔，刷卡比重占日均客运量的85%以上。广大乘客排队上车、文明乘车的风气正在逐步形成。

三、优先发展公共交通工作特点

本市优先发展公共交通工作得到了党中央国务院领导的充分肯定，广大市民享受到了改革发展带来的实惠，社会反映良好，各界普遍欢迎。2006年北京市被评为“全国优先发展公共交通示范城市”，2007年北京市社情民意调查结果显示，公共交通是解决最好的民生问题之一。

回顾本市优先发展公共交通工作，主要有六个特点。

一是市委、市人大、市政府、市政协领导高度重视。从战略发展高度将优先发展公共交通作为贯彻落实科学发展观、解决民生问题、构建和谐社会首善之区的重要工作来抓，明确了总体思路和发展方向。

二是多部门统筹协调，密切配合。交通、发展改革、规划、土地、财政、公安交管等部门和各区县政府以及交通企业，在研究制定优先发展公共交通政策、措施以及实施过程中讲大局、通力合作，积极为优先发展公

共交通献计献策，努力工作。

三是措施到位，全面推进。以公共交通公益性低票价为切入点，分三步逐步推进改革。首先，从市区地面公交开始吸引市民选择公共交通出行，缓解市区交通拥堵。其次，制定轨道交通线网规划，加快轨道交通建设并改革票制票价以吸引客流，发挥轨道交通的骨干作用。最后，统筹城乡，推进城乡公共交通一体化，对郊区公共客运进行改革，使改革成果惠及广大市民。

四是理顺体制、创新机制。在管理体制方面，明确市区0—8字头和市郊9字头公交的行业管理由市级交通运输管理部门负责，区县境内客运由区县政府负责，区县交通主管部门负责行业管理，市级交通运输管理部门指导。在线网布局方面，明确市区0—8字头公交线路主要服务于城八区，市郊9字头公交线路主要服务于市区与远郊区县县城和重点乡镇以及远郊区县间的出行，区县境内客运线路主要服务于各远郊区县境内的出行。在创新机制方面，探索建立了与公益性定位相适应的公共交通投资建设运营管理体制，按照新建公交枢纽投资纳入城市基础设施建设，由政府统筹安排资金的思路，建立了交通枢纽资本金投入机制，组建了专业化交通枢纽公司，统筹交通枢纽建设、运营、管理和服务。同时调整现有市区公交首末站功能，公交驻车和管理设施外移后，改造一批原有场站用于乘客换乘。适应轨道交通网络化运营需要，成立轨道交通指挥中心，负责组织制定线网运力配置计划和线网调度规则、审查各运营商突发事件应急处置预案、协调指挥线网突发事件应急处置等。

五是努力做到公交优先、企业优秀。在加强公共交通基础设施建设的同时，努力做到服务标准化和规范化，转变观念，强化安全生产和服务质量管理，全面提升公交行业的公共服务意识，以合理的运营成本提供优质、高效的公共交通服务。目前，地铁行业被评为首都文明行业，公共电汽车行业已通过文明行业评审。

六是加强政府监管。公共交通作为社会公益性事业，是政府为市民提供的公共服务，市委市政府决定将公交财政补贴调整为公共财政对公共交通的支出，同时加快制定相关标准规范，加强对公共交通的政府监管。主要包括：加强线路开、调管理，建立以线网规划为依据、广泛征求社会意见为基础的线路开调管理机制；明确公交运营服务规范，建立以确保优质服务为目标的运营监管机制；建立规范的成本费用评价制度和政策性亏损评估制度，健全以降低成本提高效率为目标的经营考核机制；参与《北京市公共交通条例》立法调研工作。

四、当前存在的主要问题

北京的交通问题，是现代化、城市化、机动化发展过程中多种矛盾的集中反映，既有人口增长和城市拓展、城市功能过于集中、封闭独立的“大院”分割城市路网等带来的问题，也有机动车增长过快和交通结构调整滞后、交通系统各方面整合不足、综合管理不到位、市民现代交通意识参差不齐等问题。解决北京交通问题必须标本兼治，综合治理。尽管本市优先发展公共交通取得了一定成效，但与科学发展观的要求和广大市民的期望还有很大差距。当前存在的主要问题是：

一是建设地面公交快速网络任务仍然艰巨。如何通过路权使用优先并逐步使公交专用道之间、公交专用道与轨道交通和大容量快速公交之间形成快速网络、让公共交通真正快起来，需要进一步形成共识，特别是在拥堵较严重的路段施划公交专用道还要认真研究，合理规划设置。

二是换乘设施建设需要加大力度。在加

快换乘节点建设的同时，须进一步落实用地、加快项目审批进度、明确配套支持政策。

三是郊区境内客运体制机制还有待完善。目前本市尚有3个区县未实现“村村通公交”，农村公共交通的发展水平还需进一步提高。远郊区县境内客运虽实行了票价优惠，但体制机制还没有完全理顺。

四是公共交通服务水平有待进一步提高。公共交通安全、运营、服务标准规范仍需完善，公交线网优化将是一个动态的、持续不断的过程，轨道交通专业人才培训、队伍建设还需加强。此外，市民现代文明交通意识也有待进一步提高。

五、下一步优先发展公共交通工作设想

解决城市交通问题需要一个长期的过程，要求我们在交通基础设施扩容中特别注重轨道交通系统与“微循环”道路系统建设，优化设施结构；在交通结构调整中更加重视公共交通的路权优先、用地优先，加快构建公共交通网络，并努力调控小汽车的合理使用；在管理中更加注重细节和系统运行安全，依靠体制机制与科技创新，市民参与、综合治理，充分挖掘既有设施潜力等。在优先发展公共交通工作中，当前和今后一段时期，将重点做好以下工作。

（一）做好奥运期间公共交通保障工作

1. 进一步挖掘既有轨道交通潜力，扩大地铁列车编组、缩短发车间隔，增加地铁运能。

2号线最小发车间隔将缩短至2分30秒，新购144节新车后，将增加运能52%，13号线、八通线将由每列4节编组3分钟和3.5分钟间隔改为6节编组3分间隔，分别增加运能50%和77%，5号线在42节新车到位后，发车间隔由4分钟缩短至3分钟，将增加运能33%。同时，奥运会前10号线一期（含奥运支线）、机场线将实现高水平开通。上述措施实施后，轨道交通日均客运量将达到450万人次。

2. 地面公交新增运营车辆，提高运输效率，在为赛事提供交通服务的同时，满足奥运期间市民出行的需要。

在奥运场馆和新建道路上规划布设34条奥运公交专线，配车1500部，为赛事提供公共交通服务。通过新购1000辆公交车以及削减机动车总量后，公交车辆运行效率将提高7%—10%，可增加1万—1.2万车次。上述措施实施后，预计地面公交日均客运量将达1500万人次以上。

（二）继续推进优先发展公共交通各项工作

1. 推进轨道交通系统建设

一是适应轨道交通网络化运营的需要，奥运会前建成轨道交通指挥中心（TCC）、清算分中心（ACC）和自动售检票系统（AFC），并投入使用。

二是按计划完成新线建设。建立运营单位提前介入轨道交通规划、建设全过程参与机制，加强轨道交通建设与运营的衔接。努力实现2012年轨道交通达到420公里，2015年达到561公里的规划目标。

2. 建设公共交通快线网

一是加大路权优先力度。综合考虑地下、地面公共交通联系，配合快线设置公交专用道，与轨道交通、大容量快速公交衔接形成公共交通快线网。在总结南中轴大容量快速公交建设、运营经验的基础上，加快安立路、朝阳路、阜石路大容量快速公交建设，使大容量快速公交总里程达60公里以上。在进一步修改完善公交专用道规划的基础上，加大公交专用道特别是在交通拥堵较为严重路段上的施划力度，使公交专用道逐渐成网。

二是加快换乘节点建设。落实规划用地，加快综合交通枢纽和二、三级换乘站及大型公交驻车外移场站建设，实现公交、地铁、

出租汽车、小汽车、自行车等多种交通方式的衔接换乘。综合枢纽方面，东直门、西直门枢纽在地铁10号线一期、奥运支线、机场线开通试运营前同步完成建设并投入使用，今年内完成一亩园枢纽、西客站南广场枢纽的建设，同时加快四惠、宋家庄、北苑、望京西、苹果园等综合客运枢纽的建设进程，推进综合枢纽建设规划的实施。二、三级换乘站方面，今年内完成崇文门、白石桥等10处公交换乘场站的改造。争取在“十一五”期间完成全部20处二级换乘节点、49处三级换乘节点建设任务。落实大型公交驻车外移场站用地规划，推进建设。驻车换乘设施建设方面，在有条件的地铁站同步规划设置小汽车、自行车驻车换乘停车场，实行低收费政策，并施划出租汽车停靠车位。同时，加快公交调度和公众信息服务系统建设，提高公交车辆运行准点率，为乘客出行前、出行中提供及时的信息服务。

3. 规范提升郊区境内公共客运管理服务水平

进一步整合郊区境内公共客运企业，推进公司化经营，鼓励企业通过重组兼并实现规模化经营，对个体经营者进行公司化改造，规范经营模式，实现公车公营；对企业现有带车入股和挂靠车辆通过收购等方式过渡到公车公营，新购车辆必须做到公车公营，规范用工管理，企业按照《中华人民共和国劳动合同法》要求，规范企业与员工的劳动合同；进一步规范运营服务模式，实现公交化运营服务，所有线路按定线路、定站点、定营运时间、定发车间隔、定管理人员的“五定”运营模式运营。

4. 完善公共交通政策保障体系

进一步加大政府公共交通投入，坚持低票价政策，使市民公交出行更经济实惠。

建立公共交通合理成本标准考核机制和车辆、场站投资以及低票价公共财政支出及补偿机制。

进一步加强政府监管。公交企业要以最小的运营成本提供优质、高效的公共交通服务。特别是市交通运输主管部门要加大指导远郊区县做好郊区县境内客运监管工作力度，包括明确服务标准，加强行业监管，制定郊区境内客运统一服务规范、一卡通卡使用监管办法和企业成本标准，以及行业检查、监督、考核办法。

今后几年，是优先发展公共交通的关键时期，改革已进入攻坚阶段。在市委的正确领导下，在市人大的监督指导下，在广大市民的支持配合下，市政府将在前一阶段工作的基础上，进一步加大优先发展公共交通政策落实力度，努力提高公共交通管理和服务水平，改善交通出行结构。同时积极做好公共交通立法工作。使本市公共交通走上全面、协调、可持续发展轨道。

主任、各位副主任、秘书长和各位委员，当前，全市上下正在全面贯彻落实党的十七大精神，全力做好2008年奥运会决胜之年的各项工作。市政府将按照市委十届三次全会的要求，全力以赴，以最好的精神状态、最高的工作标准，打好奥运决胜之年的攻坚战，为北京奥运会和残奥会提供优质的公共交通保障服务，同时紧紧抓住奥运机遇，以科学发展观为统领，全面落实各项措施，将本市优先发展公共交通工作推向一个新水平。为成功举办一届有特色、高水平的奥运会和残奥会，为建设繁荣、文明、和谐、宜居的首善之区作出新的贡献。

以上报告，提请市人大常委会审议。

关于我市优先发展公共交通工作的意见和建议

——2008年4月17日在北京市第十三届人民代表大会常务委员会第三次会议上

市人大城建环保委员会主任委员　赵　义

主任、各位副主任、秘书长、各位委员：

为了协助常委会做好对市政府“关于优先发展公共交通情况的报告”的审议工作，今年1月，城建环保委员会制定了工作方案，重点围绕公共交通“两定四优先”发展政策贯彻落实情况、公共交通基础设施进一步完善情况、公共交通管理情况、公共交通奥运服务保障工作情况进行了调研和检查。2月19日，城建环保委员会召开第一次会议，审议了市政府“关于优先发展公共交通情况的报告”。为了便于常委会审议，城建环保办公室还于4月1日组织了部分常委会组成人员、市人大代表对我市优先发展公共交通情况进行了视察。

城建环保委员会认为，市政府的报告如实反映了目前我市优先发展公共交通工作的情况和存在的问题，并提出了切实可行的对策措施，是一个全面、客观的报告，委员会同意这个报告。近年来，市委市政府高度重视优先发展公共交通工作，把优先发展公共交通作为贯彻落实科学发展观、解决民生问题、办好奥运会和构建和谐社会的重点工作来抓，思路清晰，目标明确，措施有力，我市优先发展公共交通工作取得了明显成效。具体表现在：

——公共交通发展规划及政策进一步完善。市政府制定了《北京交通发展纲要(2004—2020)》，站在我市交通发展整体战略的层次对公共交通事业进行了合理规划。并且提出了“两定四优先”的公共交通发展思路，确定了发展公共交通在可持续发展中的重要战略地位和公共交通的社会公益性定位，公共交通设施用地优先、投资安排优先、路权分配优先、财税扶持优先等政策正在有计划、有安排地逐步予以落实；

——公共交通投资力度进一步加大。“十一五”期间公共交通投资安排占交通基础设施投资的45%，将达715亿元，较“十五”期间提高18%；

——公共交通建设长足发展，公交车辆、运营线路和里程规模不断扩大，公交客流稳步增长。2007年公交出行比例达到34.5%，比2006年提高4.5个百分点；

——公共交通体制、机制进一步完善，社会支持度高。完成了巴士公司公交线路划归公交集团运营管理工作，统一了市区地面公交普票票制票价和轨道交通票制票价，今年以来，又启动了郊区公共客运体制机制和票制改革。随着公益性低票价制的实行，广大市民得到了实惠，优先发展公共交通的理念深入人心，获得了广大市民的认可和支持。

另外，为了满足奥运会期间我市交通的总体需求，市政府制定了交通保障方案，力争通过加大公共交通服务供给，加强管理，实现赛事交通与社会交通和谐运转。通过交通测试表明，这些措施是切实可行并且保障有力的。可以说，目前公共交通发展的总体形势是好的。

但是由于我市正处于城市化加速期和奥运全面建设期，人口、资源、环境压力巨大，公交事业的发展与广大市民出行的需求相比还存在差距，我市公共交通发展仍然面临困难，突出表现在：

——城市交通压力继续上升，交通拥堵严重，公共交通运营效率有待提高。近年来，我市机动车年平均增速为10%，截至2008年3月底，全市机动车保有量已达323万辆。市区内道路承载量趋于饱和，据测算，我市地面公交车辆平均运营速度只有15.2公里/小时。在上、下班高峰时段，我市部分主要路段及路口经常堵车，堵得严重之时，挤满了车的道路就像一个长长的停车场，让广大出行者苦不堪言。交通拥堵已经成为从政府到百姓都广为关注的热门话题，成为城市发展的瓶颈问题之一。

——公共交通基础设施尚需完善，公共交通整体服务水平有待提高。公共交通票制票价改革和公共交通建设大发展虽然在一定程度上提高了公共交通吸引力，但从目前看，公共电汽车线网结构还不尽完善，公交专用道尚未形成网络，快速公交线路尚未形成规模，公交线路通达深度、运营速度和服务标准化建设方面还不能满足市民多层次出行需求；地面交通之间的换乘、地面交通与轨道交通的换乘还不十分便利；公共交通乘车环境差，特别是上下班高峰时间，部分主要路段公交车内十分拥挤，上车难，下车也难，空气污浊。由于公共交通还存在种种缺憾，许多有条件的市民还是优先选择私家车和出租车等出行方式，小汽车出行量持续增长，“车多路少”矛盾更显突出。

——交通环境、秩序和管理水平有待改善和提高。交通的网络化、信息化和智能化水平有待进一步提高，交通管理中长期存在的一些难点问题，诸如机动车乱停乱放，行人、非机动车闯红灯等问题仍未得到有效治理。另外，我市对于小汽车的使用缺乏有效的管理措施，小汽车没有节制的使用，与公共交通在路权分配方面竞争激烈，在相当程度上影响我市优先发展公共交通的政策效果。

为了进一步提高我市优先发展公共交通的工作水平，城建环保委员会向市政府及有关部门提出以下意见和建议。

一、要继续坚持公共交通优先发展战略，不断优化城市交通结构

从这几年的实践看，以政府为主导，坚持公益性定位，优先发展运量大、价格相对低廉的公共交通，符合城市发展和交通发展的实际，是贯彻落实科学发展观和建设节约型社会的重要举措。同时，“公交优先”也是“百姓优先”，获得了市民的广泛支持，是促进城市和谐健康发展的重大民生问题。市政府及有关部门要继续坚持优先发展公共交通的战略方向不动摇，在保证公共交通出行的经济性和普惠于民的同时，还必须不断加强公共交通规划、建设和管理工作，挖掘潜力，降低成本，不断提高公共交通出行比例，优化交通结构，推动我市交通事业又好又快发展。

二、要继续完善公共交通基础设施，进一步提供方便快捷的公共交通服务

一是要继续加大公共交通线网优化调整力度。在轨道交通与公共汽车的运行网络设置、运力配置、乘客换乘等环节上统筹协调，优化整合现有公交客运网络，根据每条线路的实际客流，科学合理配备相应运力，特别

是要同规划新城等人口聚集和产业发展区合理衔接，保证新建居住区居民的出行。同时，加快快速公交的规划和建设进程，通过多种交通形式为广大市民不同层次的交通需求提供多样化的交通服务；

二是要进一步加快公交换乘设施建设，实现地面交通与轨道、民航、铁路、小汽车、自行车等城市其他交通网络充分协调，合理衔接，使市民利用公共交通出行更加方便、快捷；

三是要加强公共交通建设工程安全管理。目前我市公共交通基础设施建设推进速度很快，特别是轨道交通，现有里程 142 公里，按规划，到 2015 年将达到 561 公里，工程量大，任务艰巨，一定要高度重视安全管理工作，严格执行建设、供电、消防等各项管理规范，提高安全水平。

另外，建议市政府及有关部门在发展地下轨道交通的同时，要统筹做好城市地下空间资源的规划、开发和管理工作，确保我市地下空间资源的合理开发和利用。对于公共交通基础设施建设过程中出现的征地拆迁难、轨道交通建设与地下管网矛盾较为突出等问题，要加强政策研究，保障我市公共交通和其他各项社会事业协调发展。

三、要加强科学管理，进一步提高公共交通管理和服务水平

一是要加强静态停车管理。机动车停车系统不健全，停车设施容量严重不足已成为产生交通拥堵、降低公共交通运营效率的重要原因之一，必须下大力气加以解决。建议在加快停车设施规划建设的同时，鼓励公共设施配建的地上、地下停车设施全面对社会开放，实现资源共享。通过经济手段多引导车辆进入地下停车，尽可能减少地面停车。同时，加强对各类停车场的收费、服务管理。在市区边缘，结合大型公交枢纽建设，要规划、建设小汽车和公共汽车之间的“停车换乘”设施和低价位或免费停车设施，引导和鼓励更多的有车市民换乘公交车出行。

二是要进一步加快交通信息化与智能化建设，不断提高交通管理的科技含量。目前路口信号灯大都是按设定的固定时间自动变换的，不能根据路口实际车流量变化实现智能化指挥，不同路段的限速缺乏科学合理性，这些都是导致路口、路段通行能力不高的原因。有的路段交通标志、标线不明显，交通信号、标志、标线设置缺乏统一规划；道路上同步反映交通流量的电子提示系统还很不完善，不能起到提示与分流作用。这些都需要我们下大力气进行不断研究和完善。

三是要按照市政府既定工作方案，切实做好奥运公共交通服务工作。在保障奥运赛事交通需求和市民出行交通需求的同时，要高度重视奥运期间公共交通安全工作。目前，我市公共交通日均客运量已经达到 1800 万人次，在重要路段和上下班高峰时段，公共交通基本上都是超负荷运行，要加强安全管理，特别是奥运期间的突发事件应急管理。

四、要加强对公共交通资金投入的监督管理，促进公共交通事业又好又快发展

我市按照公共交通的社会公益性定位，全面实现公共交通优先发展战略，公共交通事业特别是轨道交通建设在今后几年将快速发展。建议市政府从促进公共交通可持续发展的高度出发，在保障公共交通事业必要的资金投入的同时，不断完善公共交通财政补贴相关制度，在科学核定企业运营成本的基础上，确定财政资金投入规模，提高财政资金使用效率，保障财政资金使用安全。

五、要加强全社会的公共交通宣传教育，提高出行者现代交通意识和遵纪守法的自觉性

实施“公交优先”战略，离不开全社会的参与和支持。建议每年在9月16日至22日，坚持开展“公共交通周及无车日”活动，广泛宣传优先发展城市公交的重要意义，使“公交优先”理念深入人心，成为社会共识，引导市民把公交作为首选的出行方式。同时，通过新闻媒体、学校、小区、单位等多种渠道，全方位开展北京交通发展面临的形势和交通法规的宣传教育活动，大力推行文明礼让的交通行为，配合严格执法，不断提高市民的交通文明素质。

优先发展公共交通的政策、措施要取得良好效果，是一个系统工程。影响公共交通发展的因素涉及城市规划、建设和管理的方方面面，单从公共交通一个方面加大工作力度是不够的。建议市政府及有关部门充分运用规划、建设和城市综合管理手段，避免城市中心人口、城市功能过度集中，合理调控城市交通量，减轻公共交通压力。加快研究和制定引导小汽车合理使用的政策，按照国家有关标准严格控制城市出租车的数量，降低出租车空驶率，为优先发展公共交通创造良好环境，促进我市交通事业全面、协调和可持续发展。

市人大法制委员会关于市十三届人大一次会议主席团交付研究的法规案处理意见的报告

——2008年4月17日在北京市第十三届人民代表大会常务委员会第三次会议上

市人大法制委员会副主任委员　郑树森

主任、各位副主任、秘书长、各位委员：

在市十三届人大一次会议上，大会主席团将代表提出的4件法规案交市人大法制委员会研究，提出处理意见，向市人大常委会报告。法制委员会经过调查研究并征求有关部门的意见，于4月1日召开会议，对这4件法规案进行了认真研究。现将处理意见报告如下。

一、王琪等17位代表提出的法规案（第60号议案），建议尽快制定《北京市地下空间开发利用暂行条例》

法规案提出，城市地下空间的开发利用在城市建设和可持续发展方面具有重大战略意义。国外很多大城市的地下空间开发利用取得了显著效果，国内许多城市也对地下空间开发进行了一定的研究与实践工作。本市地铁项目正在大规模集中建设，结合地铁建设开发利用地下空间是推进这项工作的好时机。但是，由于审批等方面的制约，本市在地下空间开发利用方面还存在一些问题，建议尽快研究制定《北京市地下空间开发利用暂行条例》，促进本市地下空间开发利用的健康发展。对此，我们召开了由市人大常委会城建环保办公室、市政府法制办、市规划委、市建委、市国土局、市民防局、市市政管委等部门参加的座谈会，认真研究了本市地下

空间开发利用和管理的现状、立法基础等情况。法制委员会认为：地下空间是北京城市重要的空间资源。本市已于2005年编制《北京中心城中心地区地下空间开发利用规划（2004—2020年）》，并开始组织实施。为推进城市地下空间开发利用和管理依法有序进行，对城市地下空间开发利用进行规范，明确地下空间权属，确立地下空间开发利用的管理制度和基本要求等，是必要的。但是，目前地下空间开发利用规划的编制仅限于中心城地区，地下空间的权属界定和开发利用的审批程序等多项工作尚在进一步研究探索中，管理基础比较薄弱，制定地方性法规的条件还不够成熟。因此建议：将该法规案交市人民政府办理，由市人民政府协调有关部门做好地下空间开发利用工作，同时抓紧开展调查研究，制定地下空间开发利用方面的政府规章或规范性文件，条件成熟时再制定地方性法规。

二、朱崇君等26位代表提出的法规案（第85号议案），建议将《北京市物业管理条例》及早列入市人大常委会立法计划

法规案提出，当前本市物业管理矛盾日益突出，纠纷时有发生，存在着业主大会和业主委员会成立率低、物业企业服务行为不规范、物业费收缴率低、物业管理体制不健全等诸多问题。物业管理法规不够完善使这些问题无法得到妥善处理，建议市人大常委会及早将制定《北京市物业管理条例》列入立法计划。对此，我们召开了由市人大常委会城建环保办公室、市政府法制办、市建委参加的座谈会进行认真研究。法制委员会认为：物业管理工作涉及人民群众的切身利益，是当前社会普遍关注的热点问题，也是城市建设和管理中的难点问题。目前在物业管理领域出现的问题带有一定普遍性，群众意见多，社会反响大，直接影响到居民群众的安居乐业和基层的和谐稳定。根据有关法律、行政法规的规定，总结我市物业管理工作的实践经验，制定本市物业管理的地方性法规，对物业管理活动和物业管理相关主体间的法律关系作出调整规范是必要的。目前，市政府有关部门已针对主要问题开展了调研工作，陆续出台了一些政策文件，采取了措施，积累了一些经验，为立法工作打下了一定的基础。因此建议：将物业管理立法项目列入《北京市人大常委会2008—2012年五年立法规划要点》，由市政府有关部门抓紧开展立法调研、论证和起草工作。

三、张建民等18位代表提出的法规案（第153号议案），建议制定《北京市企业事业单位民主管理条例》

法规案提出，企事业单位民主管理是我国基层民主建设的重要组成部分，是保障职工民主政治权益的重要制度，是发展社会主义民主的重要途径，是构建和谐社会的重要方面。改革开放以来，我市企事业单位民主管理在形式、内容、范围、职权等方面取得了重大进展，但仍然存在一些问题，需要通过立法手段加以解决。对此，我们召开了座谈会，听取了市人大常委会内务司法办公室、市政府法制办、市劳动和社会保障局、市人事局、市国资委、市总工会和北京企业联合会等方面的意见，了解了本市企事业单位实行民主管理的现状，就该项立法的必要性、可行性进行了分析、论证。法制委员会认为：完善企事业民主管理对于维护职工合法权益、构建和谐劳动关系、促进企事业健康发展十分重要。但鉴于事业单位面临改革，不同类型的企业情况比较复杂，企事业民主管理的

形式、内容、机制等问题正处于探索、积累经验阶段。因此建议：暂不制定地方性法规，由有关方面继续丰富企事业民主管理的实践，积极推进企事业民主管理制度的完善。

四、应松年等19位代表提出的法规案（第181号议案），建议制定《北京市行政程序规定》

法规案提出，依法治国、依法行政要求健全组织法制和程序规则。行政程序法是规范行政行为的基本法，也是法治政府的基本法。目前，国家虽然已制定了一些如行政处罚、行政许可、制定行政法规规章等方面的程序规则，但还缺乏一部全面规范行政行为的行政程序法。在全国尚缺乏立法经验的情况下，北京作为首善之区，有条件先行开展立法，建议制定《北京市行政程序规定》。对此，我们召开了座谈会，与市政府法制办一起对法规案进行了认真研究，查阅了行政程序方面的法律、行政法规和本市政府规章、规范性文件，了解了全国人大常委会法工委和外省市有关行政程序的立法情况。经过研究，法制委员会认为：制定一部全面规范政府行为的行政程序法，对于建设法治政府和服务型政府，提高依法行政水平是十分必要的。2003年10月，十届全国人大常委会已将制定行政程序法列入五年立法规划，之后相继开展了立法调研工作。由于这项立法涉及行政决策、行政执法、行政听证、行政公开、监督检查等诸多方面，尤其是一些特别行政行为如行政契约、行政指导、行政调解等还存在不同意见，因此起草难度比较大。在本市，市人民政府一直都在推进行政程序法制建设方面积极开展工作，先后制定了行政处罚程序、价格听证制度、政府规章制定办法等政府规章，发布了行政执法责任追究、规范行政处罚裁量权、执法岗位管理办法等规范性文件；但目前尚缺乏对行政程序整体内容的深入研究，制定一部全面的地方性法规的条件还不够成熟。因此建议：将该法规案交市人民政府办理，研究制定单项的政府规章或规范性文件，同时抓紧开展对行政程序问题的整体研究论证，条件成熟时再制定综合的地方性法规。

市人大法制委员会在研究这4件法规案时，认真听取了领衔代表的意见、建议，就处理意见与代表进行了沟通。

市人大法制委员会将于2008年11月听取有关部门关于上述法规案办理情况的报告。

北京市人民代表大会常务委员会决定任免名单

（2008年4月18日北京市第十三届人民代表大会常务委员会第三次会议通过）

任命苟仲文为北京市副市长。

免去牛有成的北京市副市长职务。

北京市人民代表大会常务委员会决定任命名单

（2008年4月18日北京市第十三届人民代表大会常务委员会第三次会议通过）

任命梁克为北京市国家安全局局长。

任命张志伟为北京市人事局局长。

任命方来英为北京市卫生局局长。

北京市人民代表大会常务委员会任命名单

（2008年4月18日北京市第十三届人民代表大会常务委员会第三次会议通过）

任命张凤华为北京市人民代表大会常务委员会办公厅副主任。

任命常荣华为北京市人民代表大会常务委员会办公厅副主任。

任命郭金忠为北京市人民代表大会常务委员会法制办公室副主任。

任命潘爱兵为北京市人民代表大会常务委员会内务司法办公室副主任。

任命郭卫为北京市人民代表大会常务委员会财政经济办公室副主任。

任命傅雁南为北京市人民代表大会常务委员会研究室副主任。

任命李正斌为北京市人民代表大会常务委员会研究室副主任。

任命张喜发为北京市人民代表大会常务委员会代表联络室副主任。

北京市人民代表大会常务委员会任免名单

（2008年4月18日北京市第十三届人民代表大会常务委员会第三次会议通过）

（一）

任命马立红为北京市高级人民法院立案庭副庭长。

免去金凤菊、王燕的北京市高级人民法院审判员职务。

（二）

免去赵齐鸣的北京市第一中级人民法院审判员职务。

北京市人民代表大会常务委员会
任 命 名 单

（2008 年 4 月 18 日北京市第十三届人民代表大会常务委员会第三次会议通过）

任命张本才为北京市人民检察院副检察长、检察委员会委员。

任命于海林为北京市清河人民检察院副检察长、检察委员会委员。

任命刘芳为北京市人民检察院第一分院检察员。

北京市第十三届人民代表大会

常务委员会第四次会议

北京市第十三届人民代表大会常务委员会第四次会议议程

（2008 年 5 月 22 日至 23 日）

（2008 年 5 月 22 日北京市第十三届人民代表大会常务委员会第四次会议第一次全体会议通过）

一、审议表决《北京市实施〈中华人民共和国突发事件应对法〉办法》

二、审议《北京市城乡规划条例（草案二次审议稿）》

三、听取和审议市人民政府关于北京市节能减排工作情况的报告

四、听取和审议市人民政府关于本市环境整治和奥运景观布置情况的报告

五、听取和审议市人大常委会执法检查组关于检查《北京市无障碍设施建设和管理条例》实施情况的报告

六、决定人事任免事项

北京市人民代表大会常务委员会公告

（第 1 号）

《北京市实施〈中华人民共和国突发事件应对法〉办法》已由北京市第十三届人民代表大会常务委员会第四次会议于 2008 年 5 月 23 日通过，现予以公布，自 2008 年 7 月 1 日起施行。

北京市第十三届人民代表大会常务委员会

2008 年 5 月 23 日

北京市实施《中华人民共和国突发事件应对法》办法

（2008 年 5 月 23 日北京市第十三届人民代表大会常务委员会第四次会议通过）

目　　录

第一章　总　　则

第一条　为了实施《中华人民共和国突发事件应对法》，根据本市实际情况，制定本办法。

第二条　本办法适用于本市行政区域内突发事件的预防与应急准备、监测与预警、应急处置与救援、事后恢复与重建等应对活动。

本办法所称突发事件，是指突然发生，造成或者可能造成严重社会危害，需要采取应急处置措施予以应对的自然灾害、事故灾难、公共卫生事件和社会安全事件。

按照社会危害程度、影响范围等因素，自然灾害、事故灾难、公共卫生事件分为特别重大、重大、较大和一般四级。法律、行政法规或者国务院另有规定的，依照其规定执行。

第三条　本市突发事件应对工作坚持预防为主、预防与应急相结合的原则，实行统一领导、综合协调、分类管理、分级负责、属地管理为主的应急管理体制。

第四条　市和区、县人民政府应当组织编制应急体系建设规划，并将其纳入国民经济和社会发展规划。

第五条　市和区、县人民政府是突发事件应对工作的行政领导机关。市和区、县人民政府设立突发事件应急委员会，统一领导、协调本行政区域内突发事件应对工作；根据实际需要，设立突发事件专项应急指挥部，组织、协调、指挥相关类别突发事件的应对工作。

市突发事件应急委员会由市有关负责人，市有关部门、北京卫戍区和武警北京市总队的负责人组成，市人民政府主要负责人任主任；市突发事件专项应急指挥部由市有关负责人任总指挥。区、县突发事件应急委员会和专项应急指挥部的组成，参照市突发事件应急委员会和专项应急指挥部的组成确定。

市和区、县突发事件应急委员会和专项应急指挥部，应当设立常设办事机构，配备专职工作人员。办事机构负责值守应急、信息汇总、综合协调等工作。

第六条　市和区、县人民政府有关部门按照法律、法规、规章的规定和本级人民政府确定的职责，负责相关突发事件应对工作，指导、协助下级人民政府及其相应部门做好有关突发事件的应对工作。

市人民政府有关部门可以根据实际情况设立应急管理机构，配备专职工作人员。

乡镇人民政府、街道办事处应当设立或者确定应急管理机构，配备专职工作人员。

第七条　市和区、县人民政府应当按照有关规定建立突发事件信息公开制度，完善信息发布和新闻发言人制度，建立健全重大突发事件新闻报道快速反应机制和舆情收集、分析机制，加强对信息发布、新闻报道工作的组织协调和管理。

新闻媒体和网站应当客观、真实、准确地报道有关突发事件的信息。

第八条　本市建立健全与国家有关部门，驻京中国人民解放军、中国人民武装警察部队，中央驻京大型国有企业、事业单位，周边省、自治区、直辖市的应急联动机制，加强信息沟通和资源共享，提高突发事件应对能力。

第九条　市和区县人民政府及其部门、乡镇人民政府、街道办事处的突发事件应对工作实行行政领导负责制。

本市将突发事件应对工作纳入行政机关主要负责人和有关负责人职责绩效考核范围，建立健全责任追究制度。

第十条　本市建立有效的社会动员机制，充分发挥公民、法人和其他组织在突发事件应对中的作用，增强全民的公共安全和社会责任意识，提高全社会避险、自救、互救等能力。

公民、法人和其他组织有义务参与突发事件应对工作。法人和其他组织应当在所在地人民政府的领导下开展突发事件应对工作，建立突发事件应对工作责任制，其主要负责人全面负责。

居民委员会和村民委员会应当根据所在地人民政府的要求，结合各自的实际情况，开展应急知识宣传教育活动和必要的应急演练；将突发事件应对工作作为自治管理的重要内容，明确突发事件应对工作责任人，协助政府及其有关部门做好突发事件应对工作。

第十一条 市和区、县人民政府及其部门应当对在突发事件应对工作中作出突出贡献的单位和个人给予表彰或者奖励。

第二章 预防与应急准备

第十二条 本市建立健全科学、规范的突发事件应急预案体系。

市人民政府根据有关法律、法规、规章和国务院及其有关部门的应急预案，结合本市实际情况，制定本市突发事件总体应急预案、专项应急预案和应急保障预案。市人民政府有关部门根据各自职责和市人民政府相关应急预案，制定突发事件部门应急预案。

区、县人民政府制定本区、县突发事件总体应急预案、专项应急预案和应急保障预案。区、县人民政府有关部门制定突发事件部门应急预案。

乡镇人民政府、街道办事处制定本区域突发事件应急预案。

机关、团体和企业、事业单位应当根据法律、法规和本市关于制定应急预案的要求，结合实际情况，制定本单位突发事件应急预案。

大型社会活动的主办者应当按照国家和本市关于大型社会活动的管理规定，制定保障大型社会活动安全的应急预案。

第十三条 区、县突发事件总体应急预案、专项应急预案和应急保障预案，应当向市人民政府备案；部门应急预案应当向本级人民政府备案；乡镇人民政府、街道办事处制定的应急预案，应当向区、县人民政府备案。

市和区、县人民政府确定的重点单位的应急预案，应当按照有关规定分别向市或者所在地区、县人民政府备案；其他单位的应急预案应当向所在地乡镇人民政府、街道办事处备案。

第十四条 市和区县人民政府及其部门、乡镇人民政府、街道办事处制定应急预案，应当根据法律、法规的规定，针对突发事件的性质、特点和可能造成的社会危害，具体规定突发事件应对工作的组织指挥体系与职责和突发事件的预防与预警机制、处置程序、应急保障措施以及事后恢复与重建措施等内容。

制定应急预案的行政机关和单位应当根据实际需要和情势变化，适时修订应急预案。

市和区县人民政府及其部门、乡镇人民政府、街道办事处制定的应急预案应当按照有关规定及时向社会公布。

第十五条 市突发事件应急委员会应当组织编制突发事件应急预案的制定规范，明确应急预案的体系构成、主要内容、制定和审批程序、管理责任与要求等。

制定应急预案执行国家规定的突发事件分级标准。国家尚未制定分级标准的，市人民政府可以先行制定，报国务院或者国务院确定的部门备案。

第十六条 城乡规划应当符合应对突发事件的需要，统筹安排应对突发事件所必需的设备和基础设施建设，合理确定应急避难场所。已有的城乡规划不符合突发事件应对需要的，应当依照法定程序进行修改；已有的建筑物、构筑物和其他设施不符合突发事件应对需要的，市和区、县人民政府应当采取必要的防范措施，并制定改造计划，逐步组织实施。

市和区、县人民政府确定的应急避难场所，应当设置明显标志，并按照有关规定向社会公布。

应急避难场所的所有权人或者管理使用单位，应当加强对应急避难场所的维护和管理，保证其正常使用。

第十七条 本市建立突发事件风险管理体系，健全风险识别、评估、控制等风险管理制度和风险管理信息化系统，对可能发生的突发事件进行综合性评估，预防和减少突发事件的发生，最大限度地减轻突发事件的影响。

第十八条 市和区、县人民政府应当建立危险源、危险区域的管理制度，依法对本行政区域内容易引发突发事件的危险源、危险区域进行调查、登记、风险评估，定期检查、监控，责令有关单位采取安全防范措施。登记的危险源、危险区域应当按照有关规定向社会公布。

市和区、县人民政府应当建立危险源、危险区域的信息数据库，按照有关规定实行分类分级管理和动态监控，实时检查、更新和分析信息数据。

第十九条 矿山、建筑施工单位和易燃易爆物品、危险化学品、放射性物品、病原微生物等危险物品的生产、经营、储运、使用、处置单位，应当制定具体应急预案，对生产经营场所、有危险物品的建筑物、构筑物及周边环境定期开展隐患排查和风险评估，及时采取措施消除隐患。

供水、排水、供电、供煤、供油、供气、供热、交通、通信、有线电视网络等公共设施的经营、管理单位，应当制定具体应急预案，建立安全巡检制度，及时消除事故隐患，保障安全运营。

第二十条 车站、机场、体育场（馆）、影剧院、歌舞厅、医院、商（市）场、宾馆、饭店、旅游区（点）、互联网上网服务营业场所等公共场所和其他人员密集场所的经营、管理单位，应当遵守下列安全管理规定：

（一）制定有效的安全管理措施和突发事件应急救援预案，配备应急救援人员；

（二）设置符合要求并且标志明显的安全出口和疏散通道，配备应急广播、应急照明设施、消防设备和器材；

（三）有关人员掌握应急救援预案的内容，熟练使用应急广播、消防设备和器材，了解安全出口和疏散通道的位置以及本岗位的应急救援职责；

（四）根据需要设置相应的安全技术防范设施，建立安全检查制度；

（五）对本单位可能发生的突发事件和采取安全措施的情况，及时向所在地人民政府或者人民政府有关部门报告。

第二十一条 公共交通工具的经营、管理单位应当制定具体应急预案，为公共交通工具配备报警装置和应急照明设备、消防器材、应急避险工具等应急救援设备，注明其使用方法，并确保正常使用。

城市轨道交通的运营单位应当组织制定安全运营规章制度和操作规程，定期对供电、通信、监控等安全保障系统进行检测、维修、更新和改造；设置导向、疏散、提示、警告、限制、禁止等各类安全标志；乘客流量达到控制标准时，及时进行疏导，并采取分时进入或者限制进入等措施。

第二十二条 本市建立矛盾纠纷排查调处制度，对排查出的可能引发社会安全事件的矛盾纠纷，所在地人民政府和有关部门应当采取措施及时予以化解。

第二十三条 市和区、县人民政府应当建立公共安全形势分析会议制度，定期研判突发事件应对的总体形势，部署相关工作。

第二十四条 市和区、县人民政府应当建立突发事件应对专业人才库，根据实际需要聘请有关专家组成专家组，为突发事件应对工作提供决策和处置建议。

第二十五条 本市国家机关应当建立应急管理培训制度，针对不同对象确定教育内容、考核标准，增强国家机关工作人员的安全意识，提高其应对突发事件的决策和处置能力。

第二十六条 市和区县人民政府及其部门、乡镇人民政府、街道办事处应当通过多种形式，广泛开展突发事件应对法律、法规和应急知识的宣传教育。

工会、共产主义青年团、妇女联合会以及其他社会团体，应当结合工作特点，协助人民政府开展突发事件应对法律、法规和应急知识的宣传教育。

新闻媒体应当无偿开展突发事件应对工作和应急知识的公益宣传。

第二十七条 本市各级各类学校应当将应急知识教育纳入教学内容，根据学生的年龄和认知能力，采取多种形式开展应急知识教育，培养学生的安全意识和自救与互救能力。

教育主管部门应当对学校开展应急知识教育进行指导、监督。

第二十八条 企业、事业单位应当根据本市有关规定，制定突发事件应对的教育培训计划，对本单位职工进行突发事件应对法律、法规和安全管理制度、安全操作规程以及应急知识等方面的教育培训，提高职工安全防范的意识和能力。

第二十九条 本市统筹规划建设防灾减灾教育基地，开展公共安全与应急管理知识的宣传教育。政府投资建设的防灾减灾教育基地应当免费向公众开放。

第三十条 市人民政府依托市公安消防专业队伍，建立综合应急救援队伍。市人民政府有关部门和区、县人民政府应当根据实际需要建立专业应急救援队伍；依托社会力量建立专业应急救援队伍的，应当签订协议，明确双方的权利和义务。

市和区县人民政府有关部门、乡镇人民政府、街道办事处可以组织建立由成年志愿者组成的应急救援队伍。

机关、团体和企业、事业单位应当建立由本单位职工组成的专职或者兼职应急救援队伍。

建立应急救援队伍的行政机关和单位应当加强对应急救援队伍专业技能的培训，提高抢险救援和安全防护能力。

第三十一条 市和区县突发事件应急委员会、市专项应急指挥部应当采取多种形式，组织跨地区、跨行业的综合应急演练，提高协调配合和现场处置能力。

市和区县人民政府有关部门、乡镇人民政府、街道办事处应当按照有关规定组织开展应急演练。

机关、团体和企业、事业单位应当根据实际情况，每年开展不同形式和规模的应急演练。

第三十二条 市和区、县人民政府应当设置应对突发事件专项准备资金，保障突发事件应对工作所需经费。应对突发事件专项准备资金的使用办法由市和区、县人民政府制定。

市和区、县人民政府有关部门所需的突发事件预防与应急准备、监测与预警等工作经费列入部门预算，同级财政部门应当予以保障。

突发事件应对工作经费应当专款专用，审计、财政、监察部门应当加强对突发事件应对工作经费使用的监督。

第三十三条 本市建立统一的应急救援

物资、应急处置装备和生活必需品等应急物资的储备保障制度。

市发展改革、市商务行政部门应当定期组织征集应急物资储备需求，会同有关部门统筹规划建设应急物资储备库，完善重要应急物资的监管、生产、储备、调拨和紧急配送体系，并根据应对突发事件的需要，采取生产能力储备等方式，与有关企业签订合同，保障应急处置与救援所需物资的生产、供给。

市人民政府应当建立与其他省、自治区、直辖市的应急物资调剂供应渠道。

第三十四条 本市制定应急管理技术系统建设规范，统一规划建设应急管理信息化工程，保证应急管理技术系统的互联互通、资源共享。

应急管理信息化工程的建设单位，应当将工程项目的需求效益、规划布局、技术标准、网络与信息安全、信息资源共享以及其他相关内容，报市突发事件应急委员会常设办事机构、市信息化行政部门审查。

第三章 监测与预警

第三十五条 市人民政府应当建立统一的突发事件信息系统，汇集、储存、分析、传输有关突发事件的信息，并逐步实现与国务院及其部门突发事件信息系统的互联互通。

第三十六条 本市建立由各级人民政府、有关主管部门以及专业机构、监测网点、居民委员会和村民委员会等构成的信息收集与报送网络，通过多种途径收集突发事件信息。

区、县人民政府及其有关部门应当在居民委员会、村民委员会和有关单位建立专职或者兼职信息报告员制度。

本市设立并公布全市统一的紧急救助电话号码，方便公众报告突发事件信息。

获悉突发事件信息的公民、法人或者其他组织，应当立即向所在地人民政府、有关主管部门或者其指定的专业机构报告。

第三十七条 获悉发生或者可能发生突发事件信息的行政机关，应当按照下列规定报送信息，必要时可以越级上报：

（一）乡镇人民政府、街道办事处向区、县人民政府报告；

（二）区、县人民政府有关部门向本级人民政府、市人民政府有关主管部门报告，同时向本级人民政府有关部门和发生地乡镇人民政府、街道办事处通报；

（三）区、县人民政府向市人民政府报告，同时向市人民政府有关主管部门通报；

（四）市人民政府有关部门向市人民政府报告，并按照规定向国务院有关主管部门报告，同时向发生地区、县人民政府和本级人民政府有关部门通报；

（五）市人民政府获悉重大、特别重大突发事件信息，向国务院报告，必要时通报相关地区人民政府。

第三十八条 获悉发生或者可能发生突发事件信息的行政机关，按照本办法第三十七条规定报送信息，并遵守下列规定：

（一）突发事件信息的报送，应当做到及时、客观、真实和准确，不得迟报、谎报、瞒报、漏报，涉及国家秘密的，应当遵守国家有关保密规定；

（二）对较大、重大和特别重大突发事件信息，应当立即报告；

（三）对事件本身比较重要或者发生在重点地区、特殊时间的突发事件信息，应当立即报告，法定节假日、重要会议和重大活动等特殊时期，实行每日报告制度；

（四）及时续报事件处置的进展情况，直至应急处置工作结束。

第三十九条 本市建立专业监测和社会监测相结合的突发事件监测体系，建立健全基础信息数据库，对可能发生的突发事件进行跨部门、跨区域、跨灾种的综合监测。

第四十条 市和区、县人民政府及其有关部门，应当及时分析突发事件隐患和预警信息，必要时组织相关部门、专业技术人员、专家学者进行会商，对发生突发事件的可能性及其可能造成的影响进行评估。

第四十一条 本市按照国家制定的预警级别划分标准建立健全突发事件预警制度。国家尚未制定预警级别划分标准的，市人民政府可以先行制定，报国务院或者国务院确定的部门备案。

可以预警的自然灾害、事故灾难和公共卫生事件的预警级别，按照突发事件发生的紧急程度、发展势态和可能造成的危害程度分为一级、二级、三级和四级，分别用红色、橙色、黄色和蓝色标示，一级为最高级别。

第四十二条 本市依托市气象部门建立统一的预警信息发布平台，规范预警发布的权限和程序。

可以预警的自然灾害、事故灾难或者公共卫生事件即将发生或者发生的可能性增大时，根据有关法律、行政法规和国务院规定的权限和程序，由区、县人民政府或者市人民政府授权的有关部门发布三级、四级警报，宣布进入预警期，并报市人民政府备案；发布一级、二级警报，由市人民政府统一发布或者授权市人民政府有关部门、区县人民政府发布，宣布进入预警期，并向驻京部队和可能受到危害的毗邻地区或者相关地区的人民政府通报。

第四十三条 发布三级、四级警报，宣布进入预警期后，市人民政府授权的有关部门或者区、县人民政府应当根据即将发生的突发事件的特点和可能造成的危害，采取下列措施：

（一）启动应急预案；

（二）责令有关部门、专业机构、监测网点和负有特定职责的人员及时收集、报告有关信息，向社会公布反映突发事件信息的渠道，加强对突发事件发生、发展情况的监测、预报和预警工作；

（三）组织有关部门和机构、专业技术人员、有关专家学者，随时对突发事件信息进行分析评估，预测发生突发事件可能性的大小、影响范围和强度以及可能发生的突发事件的级别；

（四）定时向社会发布与公众有关的突发事件预测信息和分析评估结果，并对相关信息的报道工作进行管理；

（五）及时按照有关规定向社会发布可能受到突发事件危害的警告，宣传避免、减轻危害的常识，公布咨询电话。

第四十四条 发布一级、二级警报，宣布进入预警期后，市或者区县人民政府、市人民政府授权的有关部门除采取本办法第四十三条规定的措施外，还应当针对即将发生的突发事件的特点和可能造成的危害，采取下列一项或者多项措施：

（一）责令应急救援队伍、负有特定职责的人员进入待命状态，并动员后备人员做好参加应急救援和处置工作的准备；

（二）调集应急救援所需物资、设备、工具，准备应急设施和避难场所，并确保其处于良好状态、随时可以投入正常使用；

（三）加强对重点单位、重要部位和重要基础设施的安全保卫，维护社会治安秩序；

（四）采取必要措施，确保交通、通信、供水、排水、供电、供气、供热等公共设施的安全和正常运行；

（五）及时向社会发布有关采取特定措施避免或者减轻危害的建议、劝告；

（六）转移、疏散或者撤离易受突发事件危害的人员并予以妥善安置，转移重要财产；

（七）关闭或者限制使用易受突发事件危害的场所，控制或者限制容易导致危害扩大的公共场所的活动；

（八）法律、法规、规章规定的其他必要的防范性、保护性措施。

第四十五条　市或者区县人民政府、市人民政府授权的有关部门发布警报后，应当根据事态的发展情况，按照有关规定适时调整预警级别并重新发布，同时调整已经采取的有关措施。

有事实证明不可能发生突发事件或者危险已经解除的，发布警报的市或者区县人民政府、市人民政府授权的有关部门应当立即宣布解除警报，终止预警期，并解除已经采取的有关措施。

第四章　应急处置与救援

第四十六条　自然灾害、事故灾难或者公共卫生事件发生后，市和区、县人民政府应当根据突发事件的性质、特点和危害程度，按照下列规定指挥协调应急处置工作：

（一）一般突发事件发生后，由发生地区、县突发事件应急委员会指挥协调应急处置工作，根据实际需要，市专项应急指挥部协助做好相关应急处置工作；

（二）较大突发事件发生后，发生地在东城区、西城区、崇文区、宣武区、朝阳区、海淀区、丰台区、石景山区的，由市专项应急指挥部指挥协调应急处置工作；发生地在其他区、县的，由发生地区、县突发事件应急委员会指挥协调应急处置工作，必要时，市专项应急指挥部协助做好相关应急处置工作；

（三）重大或者特别重大突发事件发生后，由市突发事件应急委员会统一指挥应急处置工作，相关专项应急指挥部负责具体指挥和处置。

前款第二项、第三项规定由市突发事件应急委员会、市专项应急指挥部指挥协调应急处置工作的突发事件，发生地区、县人民政府应当按照市总体应急预案、市专项应急预案确定的职责和要求，立即采取措施控制事态发展，组织应急救援和处置，并做好服务保障工作。

突发事件发生后，需要市或者区县突发事件应急委员会、市专项应急指挥部负责人到现场指挥协调的，有关负责人应当及时赶赴现场，指挥协调应急处置工作。

发生地区、县人民政府不能有效控制突发事件事态，或者不能消除突发事件引起的严重社会危害的，应当及时报请市人民政府统一领导应急处置工作；当本市不能有效控制突发事件事态，或者不能消除突发事件引起的严重社会危害时，市人民政府应当报请国务院统一领导应急处置工作。

第四十七条　突发事件发生后，发生地乡镇人民政府、街道办事处应当组织进行人员疏散、引导救援等工作，并立即向区、县人民政府报告，必要时可以越级上报。

第四十八条　受到自然灾害危害或者发生事故灾难、公共卫生事件的单位，应当采取必要措施防止危害扩大，同时向所在地区、县人民政府报告；对因本单位的问题引发的或者主体是本单位人员的社会安全事件，有关单位应当按照规定上报情况，并迅速派出负责人赶赴现场开展劝解、疏导工作。

第四十九条　自然灾害、事故灾难或者公共卫生事件发生后，市或者区、县人民政府根据突发事件的性质、特点和危害程度，可以采取下列一项或者多项应急处置措施：

（一）组织营救和救治受害人员，疏散、撤离并妥善安置受到威胁的人员以及采取其他救助措施；

（二）迅速控制危险源，标明危险区域，封锁危险场所，划定警戒区，实行交通管制以及其他控制措施；

（三）立即抢修被损坏的交通、通信、供水、排水、供电、供气、供热等公共设施，向受到危害的人员提供避难场所和生活必需品，实施医疗救护和卫生防疫以及其他保障措施；

（四）禁止或者限制使用有关设备、设施，关闭或者限制使用有关场所，中止人员密集的活动或者可能导致危害扩大的生产经营活动以及采取其他保护措施；

（五）启用本级人民政府设置的财政预备费和储备的应急救援物资，必要时调用其他急需物资、设备、设施、工具；

（六）组织公民参加应急救援和处置工作，要求具有特定专长的人员提供服务；

（七）保障食品、饮用水、燃料等基本生活必需品的供应；

（八）依法从严惩处囤积居奇、哄抬物价、制假售假等扰乱市场秩序的行为，稳定市场价格，维护市场秩序；

（九）依法从严惩处哄抢财物、干扰破坏应急处置工作等扰乱社会秩序的行为，维护社会治安；

（十）进入相关场所进行检查和封存物品；

（十一）拆除、迁移妨碍应急处置和救援的设施、设备或者其他障碍物等；

（十二）防止发生次生、衍生事件的必要措施；

（十三）有关法律、法规、规章规定以及市人民政府认为必要的其他应急处置措施。

第五十条 社会安全事件发生后，市或者区、县人民政府应当立即组织有关部门并由公安机关针对事件的性质和特点，依照有关法律、行政法规和国家其他有关规定，采取下列一项或者多项应急处置措施：

（一）强制隔离使用器械相互对抗或者以暴力行为参与冲突的当事人，妥善解决现场纠纷和争端，控制事态发展；

（二）对特定区域内的建筑物、交通工具、设备、设施以及燃料、燃气、电力、水的供应进行控制；

（三）封锁有关场所、道路，查验现场人员的身份证件，限制有关公共场所内的活动；

（四）加强对易受冲击的核心机关和单位的警卫，在国家机关、军事机关、国家通讯社、广播电台、电视台、外国驻华使领馆等单位附近设置临时警戒线；

（五）法律、行政法规和国务院规定的其他必要措施。

严重危害社会治安秩序的事件发生时，公安机关应当立即依法出动警力，根据现场情况依法采取相应的强制性措施，尽快使社会秩序恢复正常。

第五十一条 市或者区县突发事件应急委员会、市专项应急指挥部应当组织协调运输经营单位，优先运送处置突发事件所需物资、设备、工具、应急救援人员和受到突发事件危害的人员；配有统一应急标志的交通工具在应急处置与救援期间优先通行；有关通信运营单位应当采取措施，确保应急指挥通信畅通。

第五十二条 市和区、县人民政府应当按照有关规定统一、准确、及时发布有关突发事件事态发展和应急处置工作的信息。

市和区、县人民政府可以通过新闻媒体和政府门户网站，采取授权发布、接受记者采访、举行新闻发布会等形式发布信息。

任何单位和个人不得编造、传播有关突发事件事态发展或者应急处置工作的虚假信息。

第五十三条 市或者区县突发事件应急委员会、市专项应急指挥部，应当根据应对突发事件的实际需要，动员公民、法人和其他组织开展自救和互救，协助维护社会秩序。

公民、法人和其他组织应当服从市或者区县突发事件应急委员会、市专项应急指挥部的指挥和安排，配合做好应急处置和救援工作。

第五章 事后恢复与重建

第五十四条 突发事件的威胁和危害得到控制或者消除后，市或者区、县人民政府应当及时宣布应急处置结束，停止执行应急处置措施，同时采取或者继续实施必要措施，防止发生自然灾害、事故灾难、公共卫生事件的次生、衍生事件或者重新引发社会安全事件。

第五十五条 突发事件应急处置工作结束后，市和区、县人民政府应当及时组织相关部门和专业技术力量，按照有关规定对突发事件造成的损失进行统计、核实和评估。

市和区、县人民政府应当及时组织有关部门和专家调查、分析突发事件发生的原因、过程，对信息报送、应急决策与处置等应对工作进行全面客观的评估，总结经验教训，制定改进措施。

第五十六条 市和区、县人民政府应当加强对恢复与重建工作的统一领导和部署，按照短期恢复与长远发展并重的原则，制定恢复重建计划，落实恢复与重建所需的资金、物资和技术保障。区、县人民政府落实恢复与重建所需的资金、物资和技术保障有困难的，市人民政府应当予以保障。

市和区、县人民政府应当加强对恢复与重建资金和物资的监督管理，保证其规范使用。

第五十七条 市和区、县人民政府应当组织力量尽快恢复受影响地区的生产、生活和社会秩序，尽快组织修复被损坏的交通、通信、供水、排水、供电、供气、供热、广播、电视等公共设施，及时组织救灾物资和生活必需品的调拨，保障居民基本生活。

公安机关应当根据实际情况组织加强治安管理工作，预防和制止各种破坏与犯罪活动。

第五十八条 市和区、县人民政府因应对突发事件采取措施造成公民、法人和其他组织财产损失的，应当按照国家规定给予补偿；国家没有规定的，市人民政府应当组织制定补偿办法。

审计、监察等部门应当对补偿物资和资金的安排、拨付和使用进行监督。

第五十九条 市和区、县人民政府应当制定居民住房和基本配套设施修建计划，对受突发事件影响地区的居民进行妥善安置。

第六十条 公民参加应急救援工作或者协助维护社会秩序期间，其在本单位的工资待遇和福利不变。没有工作单位的，由所在地区、县人民政府给予补贴。

市和区、县人民政府对在应急救援工作中伤亡的人员，依法给予抚恤。

第六十一条 市和区、县人民政府应当根据损失评估情况和有关规定，对受突发事件影响较大的地区和行业给予费用减免、贷款贴息、财政资助等政策扶持，组织提供物资、人力等支持。

第六十二条 市和区、县人民政府及其部门应当将突发事件损失情况及时向保险监督管理机构和保险服务机构通报，协助做好保险理赔工作。

第六十三条 市和区、县人民政府及其部门在突发事件应对工作中，应当组织开展心理咨询、抚慰等心理危机干预工作。

第六十四条 本市建立突发事件应对档案管理制度，对突发事件应对工作进行记录。

第六章 法律责任

第六十五条 对违反本办法的行为，《中华人民共和国突发事件应对法》以及其他有关法律、行政法规已经规定法律责任的，依照法律、行政法规的规定处理。

第六十六条 负有突发事件应对管理职责的行政机关违反本办法规定，不履行或者未按照规定履行法定职责的，由其上级行政机关或者监察机关责令改正；有下列情形之一的，根据情节对直接负责的主管人员和其他直接责任人员依法给予行政处分：

（一）违反本办法第十二条第二、三、四款规定，未制定应急预案的；

（二）违反本办法第十四条第一款规定，未按照规定制定应急预案的；

（三）违反本办法第十六条第一款规定，未对不符合突发事件应对需要的建筑物、构筑物和其他设施采取必要的防范措施，或者未制定改造计划的；

（四）违反本办法第十六条第二款规定，未设置应急避难场所标志，或者未按照有关规定向社会公布应急避难场所的；

（五）违反本办法第十八条第一款规定，未履行对危险源、危险区域管理职责的；

（六）违反本办法第二十五条规定，未组织应急管理培训的。

第六十七条 有关单位有下列情形之一，未采取预防措施，导致发生较大、重大、特别重大突发事件或者突发事件危害扩大的，由市和区、县人民政府责令停产停业，暂扣或者吊销许可证或者营业执照，并处5万元以上20万元以下的罚款；构成违反治安管理行为的，由公安机关依法给予处罚：

（一）违反本办法第十六条第三款规定，未对应急避难场所进行维护、管理，保证其正常使用的；

（二）违反本办法第十九条第二款规定，未建立安全巡检制度，或者未及时消除事故隐患的；

（三）违反本办法第二十条规定，未遵守有关安全管理规定的；

（四）违反本办法第二十一条第一款规定，未为公共交通工具配备报警装置和应急救援设备的。

前款规定的行为，其他法律、行政法规规定由人民政府有关部门依法决定处罚的，依照其规定执行。

第七章 附 则

第六十八条 本办法自2008年7月1日起施行。

关于《北京市实施〈中华人民共和国突发事件应对法〉办法（草案）》的说明

——2008年4月17日在北京市第十三届人民代表大会常务委员会第三次会议上

北京市人民政府秘书长 黎晓宏

主任、各位副主任、秘书长、各位委员：

我受市人民政府的委托，现就市人民政府提请本次会议审议的《北京市实施〈中华人民共和国突发事件应对法〉办法（草案）》（以下简称《实施办法（草案）》），作如下说明。

一、立法的背景和必要性

（一）《中华人民共和国突发事件应对法》需要结合本市实际情况作出细化规定

2007年8月30日，第十届全国人大常委会第二十九次会议通过了《中华人民共和国突发事件应对法》（以下简称《突发事件应对法》），对突发事件的管理体制、预防与应急准备、监测与预警、应急处置与救援、事后恢复与重建等方面作了全面规定。2007年11月13日，国务院召开贯彻实施《突发事件应对法》电视电话会议，明确要求各地区要遵循“突出重点、统筹兼顾”的原则，制定具体实施办法，保障《突发事件应对法》的有效落实。市委提出本市要在奥运会之前尽快出台突发事件应对地方立法，市人大常委会已将此项地方立法列入了2008年立法计划。

（二）本市突发事件应对工作为立法奠定了实践基础

市委、市政府高度重视突发事件应对工作，在深刻总结2003年抗击“非典”经验教训的基础上，从首都城市功能定位出发，把增强应急能力作为提高执政能力的重要内容，以邓小平理论和“三个代表”重要思想为指导，以“人民生命财产高于一切，首都安全责任重于泰山”为宗旨，作出了构筑全市应急体系的战略决策。2005年4月，本市在全国范围内率先成立了突发公共事件应急委员会，统一领导全市突发事件应对工作，标志着本市应急体系进入了系统化和规范化发展的新阶段。

本市突发事件应对工作以“一案三制”（突发事件应急预案、突发事件应对工作的体制、机制和法制）为核心，以首都安全为目标，以平安奥运为重点，逐步建立起适合首都特点的应急管理五大体系：“分工明确、职责清晰”的突发事件应对组织管理体系；“横向到边、纵向到底”的应急预案体系；“渠道畅通、及时准确”的信息管理体系；“政府主导、全民参与”的宣教动员体系；“科技领先、互联互通”的技术支撑体系等。取得了“四个明显”成效：各级党委和政府的应急管理意识明显提高；预防和应对突发事件的能力明显增强；城市安全运行的应急服务保障水平明显提高；各级各类突发事件发生率整体呈明显下降趋势。火灾、道路交通、生产安全等事故的发生起数和死亡人数，2006年比2005年分别下降4.6%和7%，2007年同比分别下降16.2%和16.5%。本市在风险评估、技术平台、组织体系、信息管理等各项应急管理工作水平均居全国前列，得到国务院有关领导的肯定，其中一些经验需要通过地方立法予以确定，以建立首都公共安全和应急管理的长效机制。

（三）首都的特点决定了本市立法的必要性和迫切性

目前，本市正处于经济社会全面快速发展的重要时期，突发事件多发、易发，北京作为首都、政治文化中心、拥有1600多万常住人口的特大型城市，党和国家重要政治活动多，国际交往和重大外事活动多，大型社会活动多，政治敏感程度高，一旦发生突发事件，往往造成次生、衍生事件和重大社会影响。特别是2008年奥运会的举办，给本市安全管理和突发事件应对工作带来了前所未有的挑战，进一步全面做好公共安全工作极为重要。当前，本市突发事件应对工作中存在的主要问题：一是公众安全意识和自救互救能力亟待增强；二是应急基层基础工作有待强化；三是应急资源亟须整合，应急综合保障能力有待提升。

二、立法起草过程

市委、市政府领导高度重视此项立法工作。为了切实做好立法起草工作，2007年12月25日，市政府召开了突发事件应对地方立法调研工作动员会，成立了立法领导小组和工作组。领导小组由市政府秘书长、市应急委总协调人任组长，负责指导、统筹和协调立法过程中的重大事项，并督促、检查重大事项的落实和立法进展情况。工作组由市政府法制办、市应急办和中国政法大学部分人员组成，具体负责立法的调研和起草工作，市人大法制办也提前介入，给予指导。

在起草过程中，工作组认真学习领会《突发事件应对法》、国家与本市突发事件总体应急预案和国务院领导与市领导重要讲话等文件，领会精神实质，深入调研，广泛征求各方面意见，全面总结本市多年来应急管理工作的成功经验和主要问题，研究借鉴国内外突发事件应对的法律制度和应急管理机制的研究成果，梳理突发事件应对相关法律、法规，注重把握与国家相关专项法律、行政法规和本市其他专项地方性法规的关系，做好与《国家总体应急预案》、《北京市总体应急预案》等重要文件的衔接。今年1月25日完成了《北京市实施〈中华人民共和国突发事件应对法〉办法（征求意见稿）》。2月5日至3月11日，通过书面征求意见、座谈会、论证会和基层调研等形式，听取了全国人大法工委、国务院法制办、国务院应急办、中直机关事务管理局、国管局、总参、总后、武警总部，市委、市政府相关部门，区县党委、政府及其部门，突发事件、法律方面的专家，乡镇政府、街道办事处，居民委员会、村民委员会、企业、学校，社会团体、志愿者组织、救援队伍等方面的意见，并在首都之窗网站公开征求社会意见，共征集整理意见、建议600余条。主要意见、建议集中在五个方面：一是制定实施办法很有必要，立法要具有首都特色和可操作性；二是进一步明确市和区、县政府及其部门在应对突发事件工作中的责任，如确定统一的信息发布主体，保证政府应对突发事件信息的统一性和权威性，避免信息混乱；三是政府应当整合各级各类救援队伍，提高救援效能，并保障救援所需的经费；四是进一步加强应急知识、相关法律、法规的宣传和应急演练，增强公众的安全意识和自救互救能力；五是预警响应后的措施执行力不足，分级响应程序与个别处置措施不符合实际等。工作组先后组织召开30余次全体会议对各方面的意见、建议进行认真研究、讨论，并对征求意见稿进行了反复修改，形成了现在的《实施办法（草案）》。

三、立法的指导思想和主要内容

指导思想：《实施办法（草案）》坚持以邓小平理论、“三个代表”重要思想为指导，深入贯彻落实科学发展观，遵循《中华人民共和国突发事件应对法》确立的原则和基本制度，以首都安全为目标，以“一案三制”为核心，紧密结合首都实际，强调政府“统一领导、综合协调、分类管理、分级负责、属地管理为主”的管理体制，统筹运用常态管理手段与非常态管理手段，实行应急管理与风险管理相结合，对突发事件应对实行全过程管理。进一步补充、完善和细化应对突发事件的各项措施，切实提高本市突发事件应对的整体能力，保护人民群众的生命财产安全，维护首都城市运行安全。

《实施办法（草案）》和国家《突发事件应对法》的体例一致，设总则、预防与应急准备、监测与预警、应急处置与救援、事后恢复与重建、法律责任和附则7章，共68条。主要内容包括以下五个方面。

（一）明确规定本市应急工作的管理体制和政府责任

实践证明，建立高效统一的应急管理体制，对于充分整合各方面的资源力量，提高处置的综合效能具有重要意义。为此，《实施办法（草案）》按照《突发事件应对法》关于“建立统一领导、综合协调、分类管理、分级负责、属地管理为主的应急管理体制”的规定，明确肯定了本市现行的应急管理体制：

一是规定市和区、县人民政府是突发事件应对工作的行政领导机关。区、县人民政府对本行政区域内的突发事件应急处置负有首控责任。二是规定市和区、县人民政府设立突发事件应急委员会，统一领导、协调本行政区域内的突发事件应对工作；根据实际需要，设立突发事件专项应急指挥部，组织、协调、指挥相关类别突发事件的应对工作。三是规定市和区、县突发事件应急委员会和专项应急指挥部设立常设办事机构，负责值守应急、信息汇总、综合协调等工作。四是规定市和区、县人民政府部门及乡镇政府、街道办事处的职责任务。此外，为了切实保障政府责任的落实，草案规定：本市各级人民政府及其部门的主要负责人对突发事件应对工作全面负责；本市应当将突发事件应对工作纳入国家机关工作人员职责绩效考核，建立健全责任追究制度。市和区、县人民政府应当组织编制突发事件应对管理工作规划，并纳入国民经济和社会发展规划。市和区、县人民政府应当建立统一的突发事件信息公开制度，提高政府工作的透明度。

（二）明确了突发事件预防与应急准备的具体措施

建立健全有效的突发事件预防与应急准备制度，是做好突发事件应急处置工作的基础。国家《突发事件应对法》明确规定：“突发事件应对工作实行预防为主、预防与应急相结合的原则”，《实施办法（草案）》在充分总结本市经验的基础上，明确了本市应对突发事件需要采取的措施：一是建立由总体应急预案、专项应急预案、部门应急预案、应急保障预案和社会单元预案等构成的应急预案体系，及其编制、备案等管理措施。二是市和区、县人民政府设立突发事件应对专项准备资金、保障突发事件应对所需经费，市和区县政府相关部门应当将突发事件的预防与应急准备等工作所需经费列入部门预算。三是统筹安排应对突发事件所必需的设备和基础设施建设，合理确定应急避难场所。市和区、县人民政府确定的应急避难场所，应当设置明显标志，并按照有关规定向社会公布。四是市和区、县人民政府应当按照国家有关规定建立危险源、危险区域的管理制度，依法对本行政区域内容易引发突发事件的危险源、危险区域进行调查、登记、风险评估，对危险源、危险区域实行分类分级管理和动态监控。五是建立国家机关单位、学校的应急管理培训制度，针对不同对象，确定教育内容、考核标准，增强其安全意识，提高应对突发事件的知识水平和处置能力。六是本市建立矛盾纠纷排查调处制度，对排查出的可能引发社会安全事件的矛盾纠纷，当地人民政府及有关部门应及时予以化解。七是市和区、县突发事件应急委员会、市专项应急指挥部建立公共安全形势分析会议制度，定期研判突发事件应对的总体形势。八是建立应急救援队伍。市政府依托市公安消防队伍建立综合应急救援队伍，市政府有关部门和区县政府根据实际需要建立专业救援队伍。九是建立本市统一的应急物资储备保障制度。市发展改革、市商务等行政部门应当会同有关部门统筹规划建设应急物资储备库，完善重要应急物资的监管、生产、储备、调拨和紧急配送体系。十是明确了危险物品、公共设施、人员密集场所、公共交通工具的经营单位或者管理单位的安全管理责任，要求定期开展隐患排查，落实安全措施。十一是广播、电视、报刊等媒体应当无偿开展突发事件应对工作和应急知识的公益宣传等。

（三）具体规定了突发事件信息收集、报送、监测与预警发布制度

突发事件信息是应急工作的生命线，突发事件的早发现、早报告、早预警是及时做好应急准备、有效处置突发事件、减少人员伤亡和财产损失的前提。《实施办法（草案）》

结合本市特点，全面总结已有的实践经验，将《北京市总体应急预案》、《北京市突发事件信息管理办法》的相关做法肯定下来。一是明确本市建立由各级人民政府、有关主管部门以及专业机构、监测网点、居民委员会和村民委员会等构成的信息收集与报送网络，通过多种途径收集突发事件信息。二是明确本市建立专业监测和社会监测相结合的突发事件监测体系，实现对突发事件的跨部门、跨区域、跨灾种的综合监测。三是明确行政机关报送突发事件信息的程序，特别是针对本市政治敏感性高，社会影响大的特点，对行政机关报送信息提出具体要求，如规定：对于事件本身比较重要或者发生在重点地区、特殊时间的突发事件信息，应当立即报告；重要节假日、重要会议和重大活动等特殊时期，实行每日零报告制度等，确保应急处置和救援能在第一时间得到快速实施。四是市和区、县人民政府及其有关部门，应当及时组织力量分析突发事件隐患和预警信息，必要时组织专业力量进行会商，对发生突发事件的可能性及其可能造成的影响进行评估。可以预警的自然灾害、事故灾难或者公共卫生事件即将发生或者发生的可能性增大时，应当按照规定的权限和程序发布预警。

（四）明确了应急处置分级响应的责任主体、程序和相应的措施

《实施办法（草案）》按照国家《突发事件应对法》关于分级负责、属地管理为主、专业处置的原则规定，结合本市特点和实践经验，明确提出了本市处置突发事件的分级响应责任和工作流程。为了保障处置工作的顺利实施，草案重点作了四项规定，力求应急处置和救援的快速高效：一是突发事件发生后，所在地的乡、镇人民政府或者街道办事处应当进行人员疏散、现场控制、引导救援等先期处置工作，并立即向区、县人民政府报告，必要时可以越级上报。二是明确了突发事件发生后，市或者区、县人民政府可以采取的必要措施。三是在应急处置与救援期间，配有统一应急标志的交通工具优先通行；有关通信运营单位应当采取措施，确保应急指挥通信畅通。四是规定了动员公民、法人和其他组织参与应急救援的制度等。公民、法人和其他组织应当开展自救和互救，协助维护社会秩序；应当服从市或者区、县突发事件应急委员会、市专项应急指挥部的指挥和安排，配合做好应急处置和救援工作。

（五）充实完善了事后恢复与重建制度的内容

事后恢复与重建是突发事件应对全过程管理的不可或缺的重要组成部分。突发事件的威胁和危害基本得到控制或者消除后，应当及时组织开展事后恢复与重建工作，尽快恢复社会秩序，妥善解决突发事件过程中引发的矛盾纠纷。《实施办法（草案）》规定：突发事件应急处置结束后，市和区、县人民政府组织有关部门和专业技术力量对损失进行统计和评估；市或者区、县人民政府制定与实施恢复重建计划，尽快恢复社会秩序和被损坏的供水、供电、交通、通信等公共设施；市和区、县人民政府因应对突发事件造成公民、法人和其他组织财产损失的，应当按照规定予以补偿；在突发事件应对过程中，开展心理咨询、安抚救援等心理危机干预工作。

此外，《实施办法（草案）》对违反本办法的行为规定了相应的法律责任。

《实施办法（草案）》已印送各位委员，请予审议。

市人大法制委员会关于《北京市实施〈中华人民共和国突发事件应对法〉办法（草案）》审议意见的报告

——2008 年 4 月 17 日在北京市第十三届人民代表大会常务委员会第三次会议上

市人大法制委员会副主任委员　张　引

主任、各位副主任、秘书长、各位委员：

《中华人民共和国突发事件应对法》（以下简称《突发事件应对法》）于 2007 年 8 月 30 日由第十届全国人大常委会第二十九次会议通过，并于 2007 年 11 月 1 日起施行。《突发事件应对法》的颁布实施，对于深入贯彻落实科学发展观，提高依法应对突发事件能力，更好地维护人民生命财产安全，促进社会和谐稳定，具有重大意义和深远影响。

北京是我国的首都，是全国的政治中心、文化中心和现代国际城市，今年，北京还将举办奥运会和残奥会，全面贯彻实施《突发事件应对法》，对进一步加强本市公共安全管理和举办一届“有特色、高水平”的奥运会、残奥会，十分重要，尤为迫切。

为了全面贯彻实施《突发事件应对法》，市人大常委会将制定《北京市实施〈中华人民共和国突发事件应对法〉办法》（以下简称《办法》）列入了 2008 年立法计划，作为重点立法项目，安排在 4 月中旬进行第一次审议。市人大常委会法制办公室作为立法起草小组成员单位，全程参与了立法调研和起草工作。立法起草小组开展了大量深入细致的调研工作，广泛听取了各方面的意见，全面总结了本市近年来突发事件应对工作的经验和教训，在此基础上完成了《办法（草案）》的起草工作。3 月 21 日，市政府常务会议讨论同意将《办法（草案）》提请市人大常委会审议。

4 月 1 日，市人大法制委员会召开会议，依照《北京市制定地方性法规条例》的规定对《办法（草案）》进行了审议，现将法制委员会的审议意见报告如下。

法制委员会认为，我市的公共安全管理工作一直受到市委、市政府的高度重视，在市委、市政府的领导下，突发事件应对工作取得了明显成效，积累了许多宝贵的经验。但同时，我市突发事件应对工作仍然存在着一些薄弱环节。为了提高本市各级人民政府和社会各方面依法应对突发事件的能力，及时有效控制、减轻和消除突发事件引起的严重社会危害，保护人民生命财产安全，维护公共安全和社会秩序，根据《突发事件应对法》和本市突发事件应对工作的实际需要，制定本市应对突发事件的地方性法规，通过加强法制，进一步完善体制、强化机制，提高突发事件应对能力和处置效率，十分必要。

法制委员会认为，《办法（草案）》结合本市应急管理工作的实际，针对本市存在的突发事件应对的薄弱环节，对《突发事件应对法》的相关规定作了具体化的规定。一是明确了市和区县人民政府对突发事件应对工作的统一领导职能，以及各级政府应对突发事件的责任，健全了应急管理体系。二是突出了预防环节，强调对危险源、危险区域加强监控；公共设施的经营、管理单位要建立安全管理制度，保障安全运营；同时还明确了建立信息收集和报送体系、应急救援体系、应急联动和信息共享机制、预警信息发布机制以及应急预案的编制和演练等内容。三是结合北京作为特大型城市的特点，明确了市和区县人民政府处置突发事件的分级响应原则和专项应急指挥部的专业处置职能，规定了人员密集场所、公共交通工具的经营管理单位的突发事件应对责任，特别针对城市轨道交通作了具体规定。四是针对本市应急资源亟待整合的现实需要，规定本市建立统一的应急物资储备保障制度、统一的预警信息发布平台，设立统一的紧急救助电话号码，建立综合应急救援队伍。五是针对基层应急基础工作薄弱的问题，明确要求乡镇人民政府、街道办事处设立或者确定应急管理机构，规定了居民委员会、村民委员会的突发事件应对责任。六是针对公众安全意识和自救互救能力亟待提高的现实情况，明确了学校、企业事业单位的应急知识教育培训责任，政府、社会团体、新闻媒体的应急知识宣教普及责任，同时规定政府投资的防灾减灾基地免费向社会公众开放。七是针对北京作为首都，政治敏感度高、社会影响大的特点，对行政机关报送信息提出具体要求，规定对于事件本身比较重要或者发生在重点地区、特殊时间的突发事件信息，应当立即报告，重要节假日、重要会议和重大活动等特殊时期，实行每日报告制度等。

法制委员会认为，《办法（草案）》基本成熟，主要内容符合《突发事件应对法》的规定，符合北京实际，具有可行性和可操作性。

以上审议意见，供常委会审议《办法（草案）》时参考。

市人大法制委员会关于《北京市实施〈中华人民共和国突发事件应对法〉办法（草案）》审议结果的报告

——2008年5月22日在北京市第十三届人民代表大会常务委员会第四次会议上

市人大法制委员会副主任委员 张 引

主任、各位副主任、秘书长、各位委员：

2008年4月17日，市十三届人大常委会第三次会议对《北京市实施〈中华人民共和国突发事件应对法〉办法（草案）》（以下简称《办法（草案）》）进行了第一次审议。会上共有17位常委会组成人员和6位列席人员发表了意见，认为北京是我国的首都，是全国的政治中心、文化中心和现代国际城市，今年北京还将举办奥运会和残奥会，制定本市应对突发事件的地方性法规，对于全面贯彻实施《中华人民共和国突发事件应对法》，落实科学发展观，提高依法应对突发事件能力，更好地维护人民生命财产安全，促进社会和谐稳定具有重大意义和深远影响；对进一步加强本市公共安全管理和举办一届“有特色、高水平”的奥运会、残奥会，十分重要，尤为迫切；《办法（草案）》全面、具体，具有较强的可操作性，建议修改完善后尽快通过；同时，针对《办法（草案）》中突发事件的内涵，应急预案的制定要求，突发事件信息的报告和发布，应急处置与救援措施，法律责任等内容提出了修改、完善的意见。

5月4日，法制委员会召开会议，根据常委会的审议意见和其他有关方面的意见，对《办法（草案）》进行了统一审议。法制委员会认为，《办法（草案）》依据国家法律、法规，结合本市实际情况，具有较强的可操作性。同时，提出了具体的修改建议。5月14日，市委常委会听取了《办法（草案）》起草、审议情况的汇报。现将法制委员会的审议结果报告如下。

一、建议增加有关突发事件概念和分级的内容

有的常委会组成人员和代表提出：什么叫突发事件，怎样分级不明确，建议明确“突发事件”的内涵和分级。法制委员会根据常委会组成人员和代表的意见，建议在《办法（草案）》关于适用范围的规定后，增加有关突发事件概念和分级的内容，以使法规关于适用范围的表述更加完整、明确。该条内容作为《办法（草案修改稿）》第二条，具体表述为：“本办法适用于本市行政区域内突发事件的预防与应急准备、监测与预警、应急处置与救援、事后恢复与重建等应对活动。

“本办法所称突发事件，是指突然发生，造成或者可能造成严重社会危害，需要采取应急处置措施予以应对的自然灾害、事故灾难、公共卫生事件和社会安全事件。

“按照社会危害程度、影响范围等因素，自然灾害、事故灾难、公共卫生事件分为特别重大、重大、较大和一般四级。法律、行政法规或者国务院另有规定的，依照其规定执行。”

二、建议修改关于有关部门职责的表述

《办法（草案）》第七条第一款列举了21个政府部门，对于这种表述方式，审议中有两种意见：第一种意见认为，突发事件涉及许多部门，列举21个部门也不一定都涵盖，国家法律没有点具体部门，建议改为“行政部门”笼统表述；第二种意见认为，21个部门没有列全，有的部门也很重要，如广电局，建议增加。法制委员会认为，虽然采取列举方式有利于明确负有应急处置与保障职责的政府部门的责任，但即使列举了21个部门也没有列全，关于政府部门突发事件应对职责的划分，可以依照法律、法规的规定或者通过总体预案、专项预案、保障预案和部门预案加以明确，建议对有关部门职责的表述进行修改。该条内容作为《办法（草案修改稿）》第六条，具体表述为：“市和区、县人民政府有关部门应当按照法律、法规、规章的规定和本级人民政府确定的职责，负责相关突发事件应对工作，指导、协助下级人民政府及其相应部门做好有关突发事件的应对工作。”

三、建议增加政府信息公开、突发事件信息发布的相关内容

有的常委会组成人员和代表提出：很多突发事件带有社会性，处置的主体不单是政府，更需要公众的参与和有效的配合，有时候公众还成为主体，政府主导，社会协同，共同参与处理突发事件。因此，应当及时、充分地向公众、向社会披露信息。根据常委会组成人员和代表的意见，法制委员会建议

增加政府信息公开、突发事件信息发布的内容，具体修改建议如下。

1. 在“总则”一章中，增加市和区县人民政府加强突发事件信息发布管理的要求，作为《办法（草案修改稿）》第七条，具体表述为：“市和区、县人民政府应当按照有关规定建立突发事件信息公开制度，完善信息发布和新闻发言人制度，建立健全重大突发事件新闻报道快速反应机制和舆情收集、分析机制，加强对信息发布、新闻报道工作的组织协调和管理。

“新闻媒体和网站应当客观、真实、准确地报道有关突发事件的信息。”

2. 在“监测与预警”一章中，增加“定时向社会发布与公众有关的突发事件预测信息和分析评估结果，并对相关信息的报道工作进行管理；及时按照有关规定向社会发布可能受到突发事件危害的警告，宣传避免、减轻危害的常识，公布咨询电话；及时向社会发布有关采取特定措施避免或者减轻危害的建议、劝告”等预警后措施的内容，分别作为《办法（草案修改稿）》第四十三条第四项、第五项和第四十四条第五项。

3. 在“应急处置与救援”一章中，增加对市和区县人民政府发布有关突发事件事态发展和应急处置工作信息要求的内容以及对单位和个人编造、传播虚假信息行为的禁止性规定。作为《办法（草案修改稿）》第五十二条，具体表述为：“市和区、县人民政府应当按照有关规定统一、准确、及时发布有关突发事件事态发展和应急处置工作的信息。

“市和区县人民政府可以通过新闻媒体和政府门户网站，采取授权发布、接受记者采访、举行新闻发布会等形式发布信息。

“任何单位和个人不得编造、传播有关突发事件事态发展或者应急处置工作的虚假信息。”

四、建议增加应急预案制定要求和预案内容的规定

有的常委会组成人员提出：应当强调预案与实际情况更好地衔接，增强预案的针对性和可操作性，对于预案的质量、预案的内容，法规中应当有所规定。根据常委会组成人员的意见，法制委员会建议增加对预案制定要求和预案内容的规定，作为《办法（草案修改稿）》第十四条第一款，具体表述为：“市和区县人民政府及其部门、乡镇人民政府、街道办事处制定应急预案，应当根据法律、法规的规定，针对突发事件的性质、特点和可能造成的社会危害，具体规定突发事件应对工作的组织指挥体系与职责和突发事件的预防与预警机制、处置程序、应急保障措施以及事后恢复与重建措施等内容。”

五、建议删除较大以上等级突发事件信息向市人民政府报送时间的内容

《办法（草案）》第四十二条第二项规定：“对较大以上等级的突发事件，应当立即报告，向市人民政府报告信息最迟不得晚于事件发生后2小时”。有的常委会组成人员提出：2个小时的时间太长了，且与“立即报告”的要求相矛盾。根据常委会组成人员的意见，法制委员会建议将该项规定中“向市人民政府报告信息最迟不得晚于事件发生后2小时”的内容删除。修改后，该项内容作为《办法（草案修改稿）》第三十八条第二项，具体表述为：“对较大、重大或者特别重大突发事件信息，应当立即报告”。

六、建议增加预警后措施和应急处置措施的内容

有的常委会组成人员提出：《办法（草

案)》第四十六条和第五十条，对于市和区县人民政府预警后应当采取的措施以及突发事件发生后可以采取的应急处置措施作了原则规定，建议根据《突发事件应对法》的规定将相关内容具体化。法制委员会认为，对相关措施作出具体规定，有利于人民群众了解政府可以采取的措施的内容，积极配合政府工作，也有利于人民群众对政府工作进行监督，有利于提升法规的效力和保持内容的完整。建议增加预警后措施和应急处置措施的内容，具体表述在《办法（草案修改稿)》第四十三条、第四十四条、第四十九条、第五十条。

七、关于“法律责任”一章的修改建议

常委会组成人员对法律责任一章的结构和内容提出了一些意见，法制委员会根据常委会组成人员的意见，建议对“法律责任”一章作如下修改。

1. 将与其他法律、法规规定作衔接的准用性条款前移，作为《办法（草案修改稿)》第六十五条，具体表述为：“对违反本办法的行为，《中华人民共和国突发事件应对法》以及其他有关法律、行政法规已经规定法律责任的，依照法律、行政法规的规定处理。”

2. 删除《办法（草案)》第六十六条的内容，因该条内容实际是《突发事件应对法》第六十三条第一项至第五项的内容，可以依照国家法的规定执行。

3. 将《办法（草案)》第六十七条中“导致发生严重后果”的内容，具体表述为“导致发生较大、重大、特别重大突发事件或者突发事件危害扩大的”，作为《办法（草案修改稿)》第六十七条第一款的相应内容。

此外，法制委员会还根据常委会组成人员和代表的意见，对《办法（草案)》部分条款的顺序和文字表述进行了调整、修改。

在审议过程中，常委会组成人员和代表还提出了其他一些对于做好本市突发事件应对工作具有积极意义的意见和建议，建议有关部门在今后的工作中参考。

法制委员会按照上述意见提出《北京市实施〈中华人民共和国突发事件应对法〉办法（草案修改稿)》，提请市人大常委会第四次会议审议。

《办法（草案修改稿)》和以上意见是否妥当，请审议。

市人大法制委员会关于《北京市实施〈中华人民共和国突发事件应对法〉办法（表决稿)》的说明

——2008年5月23日在北京市第十三届人民代表大会常务委员会第四次会议上

市人大法制委员会副主任委员　张　引

主任、各位副主任、秘书长、各位委员：

2008年5月22日，市十三届人大常委会第四次会议对《北京市实施〈中华人民共和国突发事件应对法〉办法（草案修改稿)》（以下简称《办法（草案修改稿)》）进行了第二次审

议。常委会组成人员没有提出新的意见和建议。

法制委员会于5月22日中午召开会议，对《办法（草案修改稿）》进行了审议，提出《北京市实施〈中华人民共和国突发事件应对法〉办法（表决稿）》，建议本次常委会会议通过，并自2008年7月1日起施行。

关于北京市节能减排工作情况的报告

——2008年5月22日在北京市第十三届人民代表大会常务委员会第四次会议上

北京市发展和改革委员会主任　张　工

主任、各位副主任、秘书长、各位委员：

我受市人民政府委托，向市人大常委会报告本市节能减排专项工作情况。

一、提高认识，扎实推进，节能减排工作初显成效

近年来，市政府高度重视资源节约和环境保护工作，把节能减排作为落实科学发展观的重要抓手，下大力气调整产业结构，加大重点工程投入，加快机制体制创新，健全完善保障体系，为确保“十一五”节能减排目标的实现打下了良好基础。市人大非常关注节能减排工作，研究出台了《关于发展循环经济建设节约型城市的决议》，并通过督办代表议案、开展执法检查、专项工作评议等形式不断加大监督检查力度，增强工作实效，有力地推动了政府节能减排工作。

从近两年的情况看，本市经济社会发展呈现出高增长、低消耗、少排放的良好态势，节能减排工作走在全国前列。2006年，万元GDP能耗为0.75吨标煤，下降5.25%，化学需氧量和二氧化硫排放量分别为11万吨和17.6万吨，下降5.2%和7.9%；2007年，万元GDP能耗为0.72吨标煤，下降5.11%，化学需氧量和二氧化硫排放量分别为10.65万吨和15.17万吨，下降3.2%和13.8%，是全国唯一一个连续两年都完成节能减排年度目标的省市。

主要成效体现在六个方面。

（一）突出规划政策引导，加大监管执法力度

制定规划计划。“十一五”规划中，将能源发展及节能规划、环境保护和生态建设规划、循环经济发展规划列为全市重点专项规划，并配套编制了建筑节能、固体废弃物处理和生活垃圾处理设施建设等系列专项规划。市政府已连续4个年度印发了《加快发展循环经济，建设资源节约型环境友好型城市行动计划》，发布了第十二、十三、十四阶段控制大气污染措施和奥运空气保障措施。通过制定发布上述规划、计划，明确了本市节能减排工作的方向、目标和任务。

健全政策、法规。根据国务院统一部署，结合本市的实际情况，市政府陆续出台了《北京市人民政府贯彻落实〈国务院关于加强节能工作的决定〉的意见》、《北京市节能减排综合性工作方案》、《北京市节能监察办法》等政策文件和地方法规；各部门也制定了《北京市〈清洁生产审核暂行办法〉实施细则》、《关于深化本市生活垃圾处理运行机制改革意见》、《北京市工业能效水效指南》等规章制度，颁布了《锅炉大气污染物排放标准》等14项节能、节水和环境保护标准。确

保节能减排工作有法可依，有章可循。

实施目标考核。与各区县政府、北京经济技术开发区管委会签订了节能目标责任书和主要污染物总量削减责任书。同时，与50家重点耗能企业签订了节能目标责任书。

加大政府投入。近两年，市财政累计投入100多亿元，并争取到国家财政奖励资金和国债资金将近两亿元，支持节能减排各项重点工程的实施。

加强监督执法。2007年6月10日，本市节能监察大队正式成立，加大了节能执法检查力度，对60家商场、超市、写字楼等大型公建和115家重点用能单位实施了节能监察。开展环保专项行动，对重点污染源进行联合执法检查，查处了704件环境违法问题，挂牌督办解决了76件群众反映比较强烈的污染案件。

（二）推进结构优化升级，促进发展方式转变

提升产业结构。实施《北京市产业结构调整指导意见》，不断促进产业结构优化，服务业增加值占GDP比重连续两年超过70%，高技术产业和现代制造业增势强劲。制定并实施《关于进一步促进服务业发展的意见》，以及促进金融产业、文化创意产业、体育产业等高端服务业发展的政策文件，服务业高端化趋势明显，万元增加值能耗仅为全市万元GDP能耗的一半。

促进集群发展。六大高端产业功能区集聚效应明显，已成为节能降耗的示范区，其中北京经济技术开发区万元GDP能耗仅为全市平均水平的1/5。

退出“三高”企业。有序推进首钢压产及调整搬迁工作，关停了北京焦化厂、北京有机化工厂、北京化二股份公司等一批高耗能、高耗水、高污染企业，组织退出了小造纸、小印染、小铸造等7个行业的24家企业，淘汰了水泥机立窑生产线、小火电机组等落后工艺设备，“以退促降”显出积极成效。

改善能源结构。2007年，本市电力、天然气等优质能源比重超过60%，可再生能源比重达到2%。建成太阳宫、郑常庄燃气热电厂、草桥燃气供热厂热力管线等配套市政工程。全市累计利用太阳能热水器集热器面积达到380万平米，已建成太阳能光伏发电项目规模达到1兆瓦；大中型沼气工程53座，生物质集中气化工程61座；热泵采暖面积超过1000万平方米，奥运村再生水热泵冷热源工程投入运行；建成北京官厅风电场一期5万千瓦工程。

（三）狠抓重点领域节能，提高能源利用效率

国家机关先行。市级国家机关基本实现电、热在线监测，用能管理得到加强，年均节电150万度左右。28家采取市政供热的国家机关全部试行热计量收费。在完成10家政府机构节能改造试点并实现节能率20%的基础上，又启动了32家政府机构节能改造。

强化建筑节能。新建建筑严格执行国家节能设计标准，同时加大既有建筑节能改造力度。2007年开展医院、商场超市和宾馆饭店等大型公建节能改造工程前期工作，并实施18个既有建筑节能改造示范项目。两年来累计完成农村建筑节能墙改造示范项目1824户。

推进工业节能。组织重点用能企业开展能源审计和节能规划编制工作，其中在京的10家国家重点用能企业已根据节能规划完成了111项节能技术改造项目，共计节约77万吨标煤。搭建工业企业用能监测平台，全市年耗能2万吨标煤以上企业已全部实现用电在线监测。

推广绿色照明。政府投资2000多万元，推广节能灯200多万只，全市中小学和养老服务机构、儿童福利机构全部更换了高效照明光源。

（四）加强污染防治，切实改善生态环境

持续改善大气环境质量。2007年，市区二级和好于二级的天数达到246天，大气环境质量得到持续改善。城八区所有20蒸吨以下的燃煤锅炉全部实现了清洁能源改造和治理；实施“煤改电”工程，累计有3.2万户平房居民告别小煤炉，使用了电采暖；除京丰电厂外，其他燃煤电厂的脱硫设施全部竣工并投运；在全国率先开展脱硝治理，国华、华能、高井和京能已完成烟气脱硝工程建设；加快老旧车辆的淘汰治理，累计更新淘汰5万多辆出租车、公交车，4000辆天然气公交车投入运营；严格新车排放标准，在全国率先执行了国Ⅲ、国Ⅳ机动车排放标准；进一步强化扬尘污染控制，建立了施工工地扬尘联合执法检查机制。

大力加强水污染防治。加快污水处理能力建设，城区污水处理设施数量、处理能力、污水处理率等均处于全国领先地位，已建成清河、北小河、高碑店等9座污水处理厂，2007年处理污水9.9亿立方米，市区污水处理率达到92%。加强城市河湖治理，六环路内市属河湖治理基本完成，市区湖泊水质达标率70%以上。

积极推进生态环境建设。加大水源地保护力度，开展小流域治理、水源保护林、京津风沙源治理等项目建设，加强区域生态协同建设和流域综合治理。建成奥林匹克森林公园1万亩，环城郊野公园1万亩，第二道绿化隔离地区12万亩，五大风沙危害区得到有效治理，基本形成山区、平原、城市绿化隔离地区三道绿色生态屏障。林木绿化率达到51.6%，城市绿化覆盖率达到43%。

（五）促进资源综合利用，加快发展循环经济

规范再生资源回收体系。2007年，发布了《关于推进北京市再生资源回收体系产业化发展试点方案的实施意见》，按照“规范站点、物流配送、专业分拣、厂商直挂”的原则，进一步完善社区回收网络，建设了3个专业化分拣中心，并以此为基础，在城八区全面推开。

提高生活垃圾处理水平。大屯转运站、高安屯焚烧厂、阿苏卫垃圾综合处理厂、怀柔庙城填埋场等一批垃圾收集与处理设施基本建成，2007年，城区生活垃圾无害化处理率达到99.87%，郊区达到76.48%。阿苏卫垃圾填埋场沼气发电项目竣工，总装机容量2.7兆瓦，德青源沼气发电工程、高安屯垃圾焚烧发电工程基本建成，装机容量分别为2.4兆瓦和30兆瓦。

发展资源综合利用产业。加强资源综合利用企业认定管理，近两年本市已核准认定了370个资源综合利用企业（项目），年综合利用产值约126亿元。建成废塑料、废轮胎、电子废弃物处理示范项目，启动并支持了电子废弃物回收处置、盈创废塑料资源再生等项目。

扩大再生水利用规模。将再生水作为重要水资源纳入全市水资源统一调度和配置体系。建成10座再生水厂，五大热电厂全部利用再生水达到1亿立方米以上，农业再生水灌溉面积达到46万亩。2007年利用再生水4.8亿立方米，相当于密云水库年供水量。

开展循环经济试点工作。落实国家循环经济试点城市建设要求，推动北京水泥厂余热利用等国家级循环经济试点项目的实施，并从区县、园区、企业三个层次开展市级循环经济试点工作，启动了密云开发区、林河开发区和大兴生物医药基地市级生态园区建设。

（六）着力体制机制创新，不断增强工作实效

率先建立节能评估审查制度。严把能耗增长源头关，在全国率先对固定资产投资项

目进行节能评估、审查和登记。出台了《北京市固定资产投资项目节能评估和审查管理办法（试行）》，并于2007年4月1日开始实施，截至2007年年底，受理了151个节能评估和审查项目，对其中139个项目出具了审查意见，与评估前相比，年耗能量净核减了13.1%、合计12.9万吨标煤，同时有830个项目办理了节能登记。

率先建立电子废弃物处置补偿机制。针对本市电子产品已进入更新换代高峰期，推进回收体系建设，率先对行政事业单位的电子废弃物实行集中无偿回收处置，对其他电子废弃物实行有偿回收，按照多退少补的定额补亏方式给予指定回收企业以生产经营补贴，2007年财政补贴资金约1200万元。

率先建立清洁生产全过程工作体系。出台了《北京市清洁生产资金使用办法》及配套管理办法，形成本市清洁生产“全过程”政策保障和监管体系；选聘了17家清洁生产审核咨询机构，组织开展104家企业清洁生产审核工作。截至2007年年底，已有47家企业通过清洁生产审核验收，其中24家企业获得市财政3100万元引导资金支持。

建立健全政策激励机制。对符合条件的资源利用企业两年减免税收20多亿元，有力促进了尾矿、粉煤灰、钢渣等工业废弃物的转化利用；市财政补贴10多亿元支持锅炉改造、平房电采暖、老旧车辆淘汰更新等，鼓励和引导社会主体积极参与大气污染防治；出台了《关于发展热泵系统的指导意见》，通过政府资金支持等措施积极推广使用热泵技术；制定了《关于鼓励退出“高污染、高耗能、高耗水”企业奖励资金管理暂行办法》，并对符合标准的18家企业给予2000余万元资金奖励。

建立健全宣传教育体系。已将“北京节能环保展”，“节能医生”系列、“节能小天使”系列公益广告打造为品牌宣传活动。开展“节能、节水教育进课堂”、“百户节水家庭评选”、“少开一天车”等大型公益活动，播出《北京节能减排在行动》等主题宣传片，发出《关于在全市党政机关进一步开展节能节水活动的倡议》，对全市各机构的主管领导和管理人员开展节能减排知识培训，逐步建立起展览会、宣传周、主题活动、媒体宣传、教育培训等全方位多角度的节能减排宣传教育体系。

二、把握形势，找出差距，认清节能减排工作面临的突出问题

尽管本市在节能减排领域做了大量工作，已经具备了一定基础，但仍然存在一些困难和问题。

一是“以退促降”空间有限。2006、2007年北京市节能目标的实现主要依靠一批高耗能、高污染大型企业的退出。今后本市通过淘汰退出高耗能大项目实现节能的空间越来越小，节能减排要更加依靠技术进步、制度创新和强化管理，注重发挥利益机制引导作用，走“内涵式”、“集约型”的发展道路。

二是技术支撑作用不足。技术提升是促进节能减排的重要手段，但目前节能减排新技术、新产品的推广受到市场认知度较低、初期投资成本较高、资金回收年限较长的制约，企业研发、运用节能减排技术的动力不足，政府采购和投资项目对新技术引导力度不够，没有得到广泛推广应用，亟须通过有效措施增强科技进步对节能减排的支撑引领作用。

三是基础工作尚需完善。各领域能源消耗和污染物排放的计量、监测、统计基础工作不扎实，存在计量器具不到位、监测手段较落后、计量监测数据统计不健全、缺乏专业节能和环保管理人员等诸多问题，亟须进

一步加强和完善节能减排统计监测体系。

四是经济杠杆引导作用还需加强。当前节能减排工作过多依靠行政手段推动，形式单一，缺乏行之有效的激励约束机制和市场服务体系，节能减排的财税、价格、金融政策尚不健全，部分资源回收和综合利用企业无法享受现有的免税政策。

五是全社会共同参与节能减排的自觉性仍需增强。企业对节能减排的投入不足，社会责任意识亟待增强；公众节能环保意识虽然逐渐增强，但自觉参与节能减排的行动仍然不够。

此外，如何充分发挥考核评价体系在节能减排工作中的价值导向作用亟须加强研究；随着市民对环境要求越来越高，部分减排能力建设如垃圾处理设施选址难问题也应引起高度重视。

三、2008年节能减排工作重点和主要措施

今年是奥运举办之年，也是完成“十一五”节能减排目标的关键之年，对资源节约和环境保护提出了更高的要求，市政府已发布了《加快发展循环经济建设资源节约型环境友好型城市2008年行动计划》，制定了年度目标，细化了工作任务，明确了工作责任。

节能减排工作的总体思路是：认真贯彻党的十七大精神，以科学发展观为指导，紧紧围绕奥运环境保障要求和实现本市“十一五”节能减排目标，以提高能源资源利用效率和减少污染物排放为核心，加快“以退促降”向“内涵促降”转变，把结构调整、技术进步与制度创新作为本市节能减排的主要动力，充分发挥政策引导、监察约束和宣传教育作用，以综合手段深入推动节能减排工作，强化硬措施，加大投入，集中实施一批节能减排重大项目；营造软环境，创新机制，研究出台一批有利于节能减排的鼓励政策，确保完成年度目标。

总体目标是：万元GDP能耗下降5%、化学需氧量（COD）排放量下降4%、二氧化硫（SO_2）排放量下降10%。

工作重点是要抓好“五个更加注重”，一是在深化结构调整的同时，更加注重依靠科技进步；二是在增强能力建设的同时，更加注重完善激励约束机制；三是在强化行政手段的同时，更加注重发挥市场机制作用；四是在加强工业节能减排的同时，更加注重挖掘服务业潜力；五是在持续开展宣传教育的同时，更加注重引导全民参与，突出重点，狠抓落实。具体措施有：

（一）进一步深化产业结构调整

继续推动产业高端化、集聚化发展。抓好本市关于金融、文化创意、体育等产业发展政策的落实工作，按照六大高端产业功能区、十一个文化创意产业集聚区和金融产业“一主一副三新四后台”的空间布局要求，着重完善基础设施、信息通信、商务服务等生产、生活配套服务体系建设，推动蛋白质科技基础设施、微软（中国）研发大厦、中国移动北京生产基地等一批重大项目建设，发挥政策导向作用，吸引技术、人才等高端要素汇聚北京。

加快退出一批不符合首都功能定位的劣势产业。强化退出工作的广度和深度，继续推进首钢压产400万吨和东方石化有机化工厂、北京化工集团大有公司等企业停产搬迁，加快40家高耗能、高耗水、高污染企业退出；逐步淘汰一批落后工艺和高耗能设备，如低效电机、小型燃煤锅炉等，实施“上大压小”方案，关停二热、三热小火电机组35万千瓦；研究完善产业调整扶持政策，做好房山、门头沟煤矿关闭调整后的产业替代工作。

（二）加大节能减排先进适用技术推广力度

根据《北京市2008年节能节水减排技术推广计划》，示范推广绿色照明、供暖锅炉系统节能、空调系统节能、太阳能利用、余热余压利用、膜处理等17项节能减排技术。

加大技术推广投入。采取贴息、补助、风险投资、奖励等多种形式，支持节能减排技术的研究开发、示范推广等。在重点区域和重点领域集中示范推广一批节能减排新技术，如在新城和新农村建设中，重点推广集中供热、太阳能、热泵、膜处理等技术；在大型公建和重点耗能企业中，重点推广绿色照明、供暖系统节能、空调系统节能、智能节水控制、余热余压利用等技术。

落实、制定鼓励节能减排技术推广应用政策。积极落实国家和本市鼓励节能减排的财税、金融、价格等优惠政策，加大节能减排产品、设备政府强制采购力度，制定本市节能减排技术、产品推广目录，研究出台太阳能利用、绿色照明等鼓励政策，支持和引导企业、社会应用节能减排新技术、新产品。

加强相关标准的制定和推广工作。从规划设计源头加强节能、节水、减排新技术、新产品应用，加快制定或修订节能减排技术、产品标准，完善能效标识和节能环保产品认证制度，如加快制定中央空调系统机（泵）节能监测、生物质型煤、太阳能光伏室外照明装置等地方标准。

（三）强化利益引导，夯实基础工作

健全法规、政策体系。研究制定通过市场机制引导节能减排的相关政策，开展《北京市实施〈中华人民共和国节约能源法〉办法》修订工作，做好大气和水污染防治法实施办法的修订准备工作，研究制定循环经济试点管理办法，出台《北京市贯彻落实〈国家鼓励的资源综合利用认定管理办法〉实施细则》以及相关政策文件等。

完善激励约束机制。积极争取国家节能奖励资金，研究本市节能奖励办法，引导企业加大节能减排资金投入；制定社会高排放车辆更新淘汰以及主要污染物减排的经济激励政策；完善清洁生产和能源审计、节能评估服务平台，培育专业服务市场和中介组织，推进合同能源管理机制和清洁发展机制。对区县、重点耗能企业执行节能目标责任书的情况进行中期评估，细化有关考核标准；研究完善垃圾、污水收费相关机制，推进热计量价格试点工作，强化能评和环评，严格限制和禁止使用不符合节能和排放标准的技术和产品。

提高统计监测能力。规范能源供应单位统计制度，建立全市能源统计监测体系；加强能源统计数据分析，定期出台能源形势监测分析报告；完善能耗监测平台，逐步实现对年耗能5000吨标煤以上企业和大型公建的用电用热在线监测。做好污染源普查，开展噪声污染的摸底调查、科学评价；加强环境监测能力建设，逐步实现对重点污染源的在线监测。

（四）加大投入，推进节能减排重点工程

推进重点工程和重大项目建设，仍是本市当前促进节能减排工作的重要手段，也是推广先进技术、实施机制保障的落脚点。

积极落实奥运保障相关环境工程建设。完成5万户平房电采暖改造；淘汰更新老旧公交车1500辆，出租汽车2000辆；完成公交、环卫、邮政等行业2300辆“黄标车”淘汰和2600辆“黄标车”治理；完成加油站、油罐车和储油库油气回收治理；完成各燃煤电厂烟气脱硝工程并投运；建设1万平方米以上公园绿地80公顷，力争完成城市绿化面积600公顷；完成1万亩第一道绿化隔离带郊野公园建设，实施2万亩第二道绿化隔离地区绿化；启动滨河森林公园建设；新建京平、京津二通道、机场南线100公里生态景观大道；实施京津风沙源治理59万亩，水源保护林2万亩，关停废弃矿山植被恢复2万亩。

继续推进重点领域节能工程。完成800万平方米大型公建低成本改造；开展32家政府机构和12家医院节能改造；在部分商场超市和宾馆饭店引入合同能源管理模式，实施节能改造试点；完成奥运签约宾馆饭店、奥运场馆及周边道路等涉奥设施和首都功能核心区的公共服务设施及居民家庭绿色照明工程。

加强污染治理工程建设。加快建设一批中水厂，完成昌平、门头沟和延庆中水厂建设，启动清河二期、平谷二期中水厂建设，推进高碑店、卢沟桥、小红门、通州河东中水厂建设前期工作。加大温榆河、北运河治理力度，努力实现北运河出境断面水质达标。加快一批垃圾处理设施建设，完成安定填埋场二期工程、董村综合处理厂建设，力争南宫生活垃圾焚烧厂、高安屯餐厨垃圾处理厂开工，推进阿苏卫生活垃圾焚烧厂、六里屯生活垃圾焚烧厂、梁家务生活垃圾填埋场建设。全市41个重点镇建成垃圾转运站并配备垃圾运输车，完善相应的管护机制。

（五）加强宣传，引导全社会积极参与节能减排

办好“2008中国北京国际节能环保展”；继续推进“节能医生进企业”、“少开一天车”等系列活动；开展“绿色学校”、“绿色社区”、“绿色家庭”等创建活动和向市民征集节能减排技术小窍门活动；评选节能先进单位和个人；积极开展政府机构、企业和中介服务组织节能减排专业培训；利用各种媒体资源，进行贯穿全年、受众面广的宣传教育，弘扬“节约也是发展”的先进文化理念。

主任、各位副主任、秘书长、各位委员，节能减排是一项庞大、长期的系统工程，市政府虽然做了大量工作，但与党中央、国务院的要求，与广大人民群众的期望和需要还有较大差距，迫切需要我们以科学发展观为指导，在市委的领导下，在市人大的监督指导下，下更大决心、花更大力气推进节能减排工作，继续转变经济发展方式，努力将本市建设成为资源节约型和环境友好型城市。

以上报告，提请市人大常委会审议。

关于我市节能减排工作的意见和建议

——2008年5月22日在北京市第十三届人民代表大会常务委员会第四次会议上

市人大财政经济委员会主任委员　王　火

主任、各位副主任、秘书长、各位委员：

为配合常委会做好对市政府关于北京市节能减排专项工作报告的听取和审议工作，我们成立了专题组并制定了工作方案，围绕开展节能减排宣传教育、完善节能减排激励约束机制、推广应用新技术和落实节能减排目标等内容，展开深入调研。先后对北京天普太阳能集团有限公司、华星集团环保产业发展有限公司等七家节能环保企业进行了实地考察。组织部分常委会委员、市人大代表听取了市发展改革委和市环保局关于本市节能减排工作情况的汇报，对清华大学建筑节能楼、北京市环境保护监测中心进行了视察。专题组及时将视察和调研中发现的问题以及

各方面对该项工作的意见反馈到市政府有关部门。4月28日，财政经济委员会召开第二次会议，进一步研究了关于北京市节能减排工作情况的报告。

近年来，市政府认真贯彻落实国家及市委关于加强节能减排工作的部署，把节能减排工作作为落实科学发展观的硬任务，研究制定了一系列政策制度，不断加大投入，下大力气调整产业结构，加强节能减排能力建设，使我市节能减排工作走在全国前列。2006年全市万元GDP能耗下降了5.25%，2007年全市万元GDP能耗继续下降5.11%，化学需氧量和二氧化硫排放量分别下降3.2%和13.8%，是全国唯一连续两年完成节能减排年度目标的地区，其中二氧化硫排放量提前完成了国家下达的“十一五”减排指标，为确保“十一五”节能减排目标的全面实现打下了良好的基础。

——制定一系列节能减排的政策、措施。在全国实现了“三个率先”，即率先建立促进清洁生产工作体系，包括制定关于清洁生产的四个地方性文件和建立审核咨询机构等；率先开展新建项目节能评估和审查，严把能耗增长源头关；率先建立规范的电子废弃物回收处理体系，减少电子污染物排放。这些措施为本市节能减排工作创造了良好的制度环境。

——产业结构调整促进节能减排成效明显。通过实施“强化约束标准，坚决调整退出高耗能、高污染产业，进一步创造宽松环境，促进高端高效高辐射产业快速发展”的调整政策，对首钢、焦化厂、有机化工厂等一批污染企业进行调整关停，使全市产业结构进一步优化升级。服务业增加值占GDP比重连续两年超过70%，服务业万元GDP能耗仅为全市万元GDP能耗的一半，“以退促降”取得了明显的效果。

——进一步加强了节能减排的基础工作。完成了一批节能减排重点工程；成立了北京市节能监察大队，加大了监督检查力度；分解了节能降耗指标，初步建立了节能绩效考核体系；通过政策引导促进节能中介服务机构的建立和成长。

——深入开展节能减排宣传教育活动取得了较好的效果。对各级政府机构、大型公共建筑和重点耗能企业的主管领导、节能管理人员，加强相关法律、法规、技术标准等知识的培训。通过举办节能环保展览会，组织开展系列宣传体验活动，促进节能企业的发展。如天普公司等一批节能环保企业的产品出现了供不应求的良好局面，清华节能楼使用了一大批节能技术，具有很高的推广应用价值。同时，一批资源回收利用企业的良好发展，对推动全市节能减排工作起到了很好的示范作用。

近几年来，市政府及有关部门在推进本市节能减排方面做了大量工作，完成了“十一五”中期的节能减排目标，但是北京作为国内第二大能源消费城市，随着人口的持续增长，资源、能源和环境状况已经难以满足可持续发展的要求，人口资源环境的矛盾突出，节能减排工作面临着越来越大的压力和挑战。

——法规体系和管理机制还不够完善。促进资源节约和节能减排方面的法规制定相对滞后，利用价格杠杆调整紧缺资源的机制尚未形成。政府各部门在节能减排管理中存在一定程度的职责交叉，协调机制还不够完善。在调研中我们了解到，由于废旧资源有效回收存在困难，很多资源回收利用企业生产原料供应不足。如德通化纤公司具有年处理废旧塑料瓶12万吨的生产能力，但每年回收量仅为3万吨，没有发挥好应有的作用。

——节能减排的资金保障还不够充分。一方面是企事业单位在节能减排方面资金投入不足，在节能减排技术改造过程中，存在资金缺乏、投入风险较大等问题；另一方面，政府部门目前用于节能减排工作的资金总量虽然不少，但投入渠道还比较分散，而且不够稳定。

——继续通过结构调整降低能耗的难度加大。几年来，通过产业结构调整和优化升级，有效保证了我市节能减排目标的实现，但随着以服务业为主的产业格局的基本形成，工业节能的潜力逐渐变小，继续降低能耗的难度增大。

——新技术推广和新能源开发仍存在一定的困难。虽然本市大部分企业在节能降耗、资源回收再利用等方面，采用了不少新技术、新工艺，但由于受政策、体制、资金和税收等多方面因素影响，对全市节约资源和能源发挥的作用还不够充分。同时，随着人口持续增加和人民生活水平不断提高，水、能源的消费量和土地占用量不断加大，使资源供需矛盾进一步加剧。而作为现有能源有力补充的新能源和可再生能源，没有得到充分的开发和利用。

——节能减排的意识尚待加强。近年来，尽管我市加大了宣传力度，但宣传教育的针对性和系统性不够，社会公众对于资源紧张状况的认知和参与节能减排的积极性不高，尚未形成全社会自觉节约资源、保护环境的氛围。依法节能减排还没有成为全社会的自觉行动，政府部门还需要进一步加大执法力度，加强监督检查。

进一步推进本市的节能减排工作，既要着眼长远，研究确定节能减排的战略规划和长期任务，又要立足当前，突出重点，做好当前的各项具体工作，确保全面实现“十一五”的节能减排目标。为此，财政经济委员会提出以下意见和建议。

一、突出重点，大力挖掘节能减排潜力

在继续优化产业结构的同时，针对重点领域和突出问题抓好节能减排工作。一是加强对节能减排技术的研究和开发。根据我市建筑能耗在能源消耗比例中所占份额逐年上升的实际，市政府及有关部门要把推进建筑节能作为节能减排的重点工作之一，加大对能耗企业的分析研究，大力推广冷热电三联供、太阳能及高效燃气锅炉等节能技术和产品的应用。二是大力挖掘工业企业节能减排的潜力。加强调查研究，分类指导，结合不同企业的特点，推荐清洁生产技术方案，培育一批清洁生产基础较好的典型企业，带动全市清洁生产的发展。三是支持新建生态工业示范园和现有开发区的生态化改造，重点培育综合利用多种再生资源的生态型工业园，支持开发区和工业园区建设成为国家级示范园和地方级示范园。四是认真研究第三产业节能减排的问题和对策，做好基础工作，努力解决服务业分布零散，能源消耗和污染物排放计量、监测、统计困难等问题，继续加快污水、垃圾处理设施建设，不断改善我市环境质量和生态状况。

二、深化改革，逐步理顺管理体制和资源配置调节机制

第一，加强领导，理顺管理体制。建立统筹协调工作机制，明确节能监管主体，切实解决节能减排工作中政府有关部门职责交叉的问题，确保法律规定的节能减排制度和措施得到有效落实。第二，各部门形成合力，充分发挥政府推进节能减排工作的宏观调控作用，在做好污染源普查工作的基础上，研究确定下一阶段节能减排的新战略、新思路和新途径，整体推进全市节能减排工作。第三，稳步推进资源价格改革，逐步建立能够充分反映市场供求状况和资源稀缺性程度的价格形成机制，发挥价格杠杆在引导资源配置、促进资源节约和保护生态环境等方面的积极作用。

三、加强新技术推广和应用，提高资源使用效率

一是构建以企业为主体，产学研相结合的节能减排技术创新体系。在资源综合利用、新能源、节能环保设备和新型建材等重点领域，优先支持一批拥有自主知识产权的先进技术研发。二是大力推广节能新产品，促进节能科技成果的产业化。着力搭建节能新产品、新技术的宣传和推广平台，重点推广大型公共建筑节能、余热余压发电等关键技术，以及蓄热冷凝锅炉、热泵、高效电机等技术较成熟、适用面较广的节能新产品。三是加强节能节水技术推广和改造。大力推进可再生能源的研发和产业化，提高可再生能源在本市能源结构中的比重；加快实施污水深度处理及回用工程建设，努力实现污水处理从无害化向资源化的转变。

四、健全法规、政策，切实加大执法力度

第一，加快法规、政策的修订与完善。根据今年4月1日正式实施的《中华人民共和国节约能源法》，结合本市实际，深入开展调研，尽快完成对本市节能法实施办法的修订工作。同时做好市建筑节能管理规定、大气和水污染防治法实施办法的修订准备工作；尽快出台《生物质固硫型煤地方标准》、《北京市固定资产投资项目节能专篇操作规范》等地方标准；加快制定《北京市清洁生产中长期规划》、《北京市建筑垃圾处置实施方案》等政策性文件。第二，切实加大执法力度。对目前实施的节能法、可再生能源法、大气和水污染防治法等节能减排方面的法律、法规，以及北京市的有关地方性法规、规章和政策，政府部门要按照有法必依、执法必严、违法必究的原则，严格执法。继续组织开展专项检查和监察行动，依法加强对污染环境、浪费资源、不注重资源循环利用等行为的监督检查，对消耗高、污染重、技术落后的工艺、设备和产品强制淘汰，对达不到节约资源、保护环境要求的企业和项目，不允许生产和建设，确保节能减排有关法律、法规落到实处。

五、加大政府扶持力度，建立健全激励约束机制

一是加大资金支持力度。《中华人民共和国节约能源法》第六十条规定，中央财政和省级地方财政安排节能专项资金，支持节能技术研究开发、节能技术和产品的示范与推广、重点节能工程的实施、节能宣传培训、信息服务和表彰奖励等。我市要依法加大对节能减排的资金投入，用好节能专项资金，支持高效节能技术和产品的推广，重点行业重大节能技术改造等节能管理工作。二是加大政策倾斜力度。积极向国家有关部门反映，合理调整和修订对节能减排和资源回收利用企业的税收倾斜政策。探索适合我市实际的节能减排项目投融资机制，积极创造条件设立节能投资担保基金，引导社会资金投入，支持中小企业通过市场直接融资进行节能技术改造。三是强化对节能减排工作的管理。依据固定资产投资项目节能评估和审查管理办法、环境影响评价法和污染物排放标准，严格环境准入，控制能耗增长和污染增量。进一步加强节能减排监测和统计能力建设，加强重点项目的督查。同时，加大考核与奖惩力度，将节能减排考核结果作为对区县政府和市有关部门综合考核评价的重要依据。

六、深入开展宣传教育活动，增强全民节能减排的自觉性

继续广泛、深入、持久地宣传节能法、大气和水污染防治法等法律、法规和政策，使公众深刻认识节能减排的重要意义，树立节能减排的法律观念，做自觉节能减排、保护环境的倡导者、实践者和志愿者，形成全社会自觉节能减排的氛围。继续举办好节能环保展、节能宣传周，开展节能技术和节能典型的交流活动，通过多种形式加强对我市资源条件和环境状况严峻形势的宣传，推广节能减排的新技术、新产品和新材料。政府部门要带头搞好节能减排，从制度建设入手，量化用能指标，强化目标考核责任制，实施绿色采购制度，积极使用清洁能源，加快节能减排的改造步伐，发挥好导向、示范作用。

以上意见，请常委会组成人员审议时参考。

关于本市环境整治和奥运景观布置情况的报告

——2008年5月22日在北京市第十三届人民代表大会常务委员会第四次会议上

北京市“2008”环境建设指挥部办公室主任、北京市市政管理委员会主任　陆海军

主任、各位副主任、秘书长、各位委员：

我受市人民政府委托，向市人大常委会报告本市环境整治工作和奥运景观布置情况。

一、坚持以科学发展观为指导，切实加强对城市环境整治和奥运景观建设的组织领导

抓住奥运会机遇，开展城乡环境综合整治，搞好城市环境景观建设，不断提升城市环境质量和城市管理水平，向世界展示首都的文明风貌和国家的文明形象，既是实现“新北京、新奥运”战略构想，举办一届“有特色、高水平”奥运会、残奥会的迫切需要，也是构建和谐社会，造福广大群众的现实需要，是摆在各级政府面前的一项重要任务。

近三年来，市委、市政府高度重视城乡环境整治和城市景观建设，坚持常抓不懈，定期听取环境整治工作汇报，把握工作态势，研究解决问题。刘淇书记、岐山和金龙市长多次深入基层视察和调研环境整治工作。市人大对全市环境整治和建设工作非常重视，听取汇报，组织视察，监督落实。

为加强对全市环境建设工作的组织领导，2005年年底，市委、市政府决定成立北京市“2008”环境建设指挥部及办公室，负责统一指挥、组织协调、督促落实本市城市环境景观建设和市政设施建设、环境秩序整顿治理任务；奥运会期间，转为充实领导和工作力量，负责指挥、协调城市运行保障工作。全市各区县也相继成立了分指挥部和办公室，形成了“纵向到底、横向到边”的指挥体系，建立了“市里牵头组织、条块配合协作、属地主责落实”的工作机制。

根据全市环境建设和城市运行工作实际，指挥部确定了2006年治乱、2007年见新、2008年添彩的总体部署，每年都要提出工作计划，列出工作项目，向各区县下达环境建设任务书，2006年任务包括15个方面300项，2007年任务包括18个方面320项，2008

年确定了11个方面77项工作任务。

为了抓好各项工作任务的落实，我们采取了以下四项措施：一是建立健全督查机制，把环境建设工作纳入市委市政府重点督查项目，纳入市政府折子工程，加强督查督办。二是制定各类规划标准和工作方案，先后制定下发了《北京市重点大街重点地区环境建设概念规划方案》、《奥运城市环境景观规划》等几十个规划标准和工作方案，使全市环境整治和建设工作做到了有法可依，有章可循，标准统一。三是聘请8位多年从事城市管理工作的老领导，组成了指挥部顾问组；聘请规划、园林、法律、艺术、景观等方面的近百位知名学者和专家，成立了环境建设、传媒策划、奥运立法、景观建设等6个专家组，为全市的环境整治和奥运景观建设工作提供服务指导。四是建立与中央党政军机关在京单位的联络机制，形成了相互支持、通力合作的工作局面。

二、大力推进环境整治与环境建设工作，不断提高城市环境质量和城市管理水平

近三年来，全市环境整治和建设主要抓了以下几个方面的工作，并取得了一定成效。

（一）开展环境综合整治，城乡环境面貌有了一定改善

一是对171个“城中村”、60个零散的环境脏乱的城市“边角地”实施了整治。对五环路内城乡结合部地区102个行政村按照“六建、六不见”标准进行了综合整治。对628条胡同和258个老旧小区实施了环境整治，进一步改善了居民的生活环境。

二是完成了全市544条重点街区户外广告设置规划编制工作，拆除并规范了不符合规划和存有安全隐患的户外广告牌匾；拆除严重影响城市环境和存在安全隐患的违法建设782万平方米，还对架空线、塔类通讯设施、白色污染、立交桥等项目进行了综合整治，净化了城市可视空间。

三是对六条进京铁路干线进行了环境整治，在沿线设置了安全护网；完成了84平方公里航空走廊核心区及辐射区的环境整治任务，提升了进京“第一印象”。

四是对城八区117条主要大街按照“三净、四新”要求进行了环境整治和建设。这次环境建设不是大拆大建，而是在保持大街原有尺度的基础上对市容景观进行整治规范。先规划设计，再进行整治，使城市环境建设变得更加从容和理性。

五是对2万6千栋建筑物外立面进行了清洗粉饰。对1151栋多层楼房进行了“平改坡”改造，编制了《城市道路公共服务设施设置规范》，对奥运会12种城市道路公共服务设施进行了集中规范整治。以上这些使城市环境面貌发生了较大变化。

（二）建立赛时运行机制，城市运行质量有所提高

一是组织编制了城市运行纲要，明确了28个专业部门的工作任务和职责要求，并且形成了折子工程，使城市运行工作更加集约、精细、规范。

二是形成了赛时城市运行指挥、控制和联络体系，建成了城市运行指挥平台，利用“好运北京”测试赛组织了城市运行演练，积累了赛时城市运行指挥经验。

三是连续两年在奥运会对应期，采集对城市运行有重大影响的16个部门的基本数据，编制了《城市运行体征指标日报》。提出了《城市运行指标分析报告》，对奥运会期间城市运行的机能和风险进行综合分析评估，为做好城市运行工作提供了基本内容和实践经验。

（三）开展场馆外围保障，各项外围保障工作基本就绪

一是划定了场馆外围保障工作范围，包

括78个场馆（31个比赛场馆、39个训练场馆、8个非竞赛场馆），110个签约饭店，81条途经路线，4条比赛路线，涉及城八区和顺义、昌平、延庆共11个区县。

二是建立外围保障指挥机构，协调相关区县成立子场馆外围保障工作领导小组，市属各职能部门、相关单位也成立了专业保障工作队伍。

三是编写了《北京奥运场馆外围保障工作通则》和《2007年“好运北京”体育赛事场馆外围保障工作案例》，指导场馆外围保障工作。

四是开展场馆周边地区环境整治，取得明显成效。

（四）开展五大环境秩序治理，城市环境秩序趋势良好

针对治安、市容环境、交通、市场经营、旅游等五项与奥运密切相关的环境秩序，建立了由市公安局、市城管执法局、市交管局、市工商局、市旅游局分别牵头负责的“五大秩序”工作协调小组，形成了主责部门牵头、相关部门配合、政府各部门联动的城市环境秩序管理体系。建立了信息沟通和反馈、巡查和监督、预警和处置、协调和联动四大工作机制。确定了各类秩序的重点治理地区，对各类违法行为进行了严厉查处。

（五）广泛搞好宣传发动，市民环境意识有所增强

一是宣传市民理解环境建设。大力开展“迎奥运、讲文明、树新风——我参与、我奉献、我快乐”活动，开通首都环境建设网，制作张贴宣传画，利用出租车和地铁宣传环境建设公益内容，印发《环境建设志愿服务手册》。

二是组织市民感受环境建设。每季度组织一次“清洁城市”行动，开展了“环境一日行”、“奔向奥运的北京文明”摄影比赛，让广大市民亲眼目睹环境建设成果，亲身感受环境建设带来的实惠。

三是发动市民参与环境建设。通过开展“环境建设规划意见征集”、“我爱北京”系列社会评选、“巧办法治理大环境”等活动，设立环境建设志愿服务监督岗、示范街，调动市民参与环境建设的积极性。

（六）开展奥运立法研究，奥运赛时法规保障基本到位

确定了113项立法需求，提出了五种处理方式。一是属于我市地方立法权限立法解决的，共15项。二是涉及中央事权需要提请国家有关部门协调解决的，共14项。三是需要由市政府或市政府有关部门制定规范性文件解决的，共43项。四是需要进行执法协调解决的，共6项。五是按现行规定可正常开展工作的，共35项。

去年7月，市人大常委会通过了《关于为顺利筹备和成功举办奥运会进一步加强法治环境建设的决议》，为市政府组织城市运行工作提供了法律根据。

目前，需要地方立法解决的15项需求已经全部完成，需要国家有关部门协调的事项也已逐步解决，政府相关部门已经完成规范性文件的研究制定工作，并陆续公布实施。

三、精心准备和组织实施添彩工程，努力营造具有北京特色的奥运城市景观

指挥部确定了奥运城市景观“体现奥运精神、遵守国际惯例、富有北京特色、符合规划要求、整体布局合理”的总体原则，指导和做好奥运城市景观布置工作。

（一）编制出台《奥运城市环境景观规划》，为开展环境添彩工作提供基本遵循原则和重要依据

组织清华规划院、清华美院、中央美院等单位编制完成了《奥运城市环境景观规划》，已经市委、市政府审议通过。《规划》

共分四个部分：第一部分是总体控制。划定了规划的范围，主要包括“两区、两轴、一线、七类地区”。其中：两区为奥林匹克中心区和天安门广场地区；两轴为南北中轴线和东西长安街轴线；一线为机场高速公路；七类地区为奥运场馆地区、城市主要干道、文化活动广场、主要商业街区、历史文化街区、名胜古迹地区和其他城市地区。第二部分是奥运元素。标准元素的使用包括：奥林匹克五环、奥运会会徽、主题口号、吉祥物、二级标志、核心图形等。第三部分是实施的手法。包括大型雕塑、楼体装饰、灯杆挂旗、绿化美化、充气造型等。第四部分是示范案例。对奥林匹克中心区、天安门广场、南北中轴线、东西长安街、机场高速路这五个重点地区及其他引导区、控制区的景观布置做了示范性说明。

在《奥运城市环境景观规划》形成的同时，市园林绿化局制定完成了《奥运会赛时花卉布置纲要》，从空间上提出了两区花港、三线花廊、五环花带、六类花境、百座花园的架构。

（二）研究制定相关配套文件，为组织奥运城市环境景观布置工作提供指导和规范

为确保《奥运城市环境景观规划》的顺利实施，指挥部办公室还研究制定了《2008年奥运会城市景观建设工作方案》、《2008年奥运会城市环境景观设计指导手册》、《北京2008年奥林匹克运动会城市形象旗谱》等配套文件，对景观设置的基本原则、建设范围、建设内容提出了指导意见，对景观建设的实施手法提出了参考方案，对奥运元素的应用、色彩的使用等具体问题提出了要求，为奥运会、残奥会城市环境和景观布置工作提供了指导和规范。

（三）明确职责分工，精心组织实施，为实施奥运城市景观布置工作打下良好基础

根据职责分工，指挥部已于今年2月份对各区县负责奥运城市景观建设的人员进行了专业培训。各区县已于4月中旬完成了各场馆、各街道的奥运景观建设方案深化设计。目前指挥部正在组织奥运景观建设专家组，对各区县的规划设计方案进行逐个审定。各区县根据专家组的修改意见再次进行修改完善，6月份开始后期制作，7月中旬以后逐步到位。

四、抓住机遇，乘势而上，保持城市环境建设和城市管理工作持续协调发展

北京奥运会正向我们走来，在奥运会开幕前我们的任务还相当繁重。

（一）加强重点大街重点地区环境日常维护，确保城市环境面貌干净整洁

继续抓好重点大街重点地区的环境整治和日常维护工作，加大日常监管力度，巩固和维护好环境建设成果。继续抓好《北京市市容环境卫生条例》的贯彻落实，发动市民从身边环境做起，搞好大扫除，消灭卫生死角，确保城市环境面貌干净整洁。全市要组织对重点大街重点地区和奥运场馆周边进行环境大检查，按照标准严格考核，使城市环境在奥运会之前和奥运会期间始终保持在一个良好的水平。

（二）加强五大环境秩序治理，确保城市环境秩序安全稳定有序

按照严整、严防、严控的总体要求，继续开展治安、市容环境、交通、市场经营、旅游等五大环境秩序专项整治，五月底前，全市要加大宣传力度，营造整治声势；六七月份，要加强经常性管理和防范，夯实工作基础；八九月份，按照高规格、高标准要求，对涉奥场馆、场所、路线及周边进行严防死守、维护保障，确保城市环境秩序良好。

（三）加强城乡结合部地区的环境整治，促进该地区环境质量和管理水平进一步提高

加快五环路内102个行政村环境整治步伐，今年计划修整村内道路293公里，整修明沟、暗沟等排水设施135公里，完善村内主要道路基础照明，清洗粉饰建筑物外立面50余万平方米；改建公共厕所135座，增加粪便收集运输车辆；建设垃圾中转站6座，垃圾密闭站141座，增加垃圾收集容器889个、垃圾收集运输车辆315辆；新建临时供水站11座，加装消毒设施40个、水处理设备20个；对城乡结合部地区采暖小煤炉进行改造，燃烧散煤改用型煤。要加大日常环境维护力度，建立专业保洁队伍，保洁费用纳入同级财政预算。要积极探索研究满足城乡结合部地区管理需要的长效机制，逐步纳入城市化管理体系，努力使城乡结合部地区的环境面貌焕然一新，实现城乡统筹协调发展。

（四）加强对奥运景观布置的检查指导，确保为奥运会、残奥会提供优美的城市环境保障

按计划、有步骤地开展奥运城市景观布置工作，对机场高速、奥运村周边等一些重点区域，将提前进行布置，全部景观布置工作在7月底前完成。同时，要加大检查督查力度，组织专家跟踪指导，确保奥运景观布置工作顺利进行，以更加优美的城市环境迎接奥运会、残奥会胜利召开。

经过全市上下近三年的共同努力，北京的城市环境整治和建设取得了较大成效，为成功举办奥运会创造了较好的条件。但是我们也清醒的看到，离人民群众的愿望和我市经济社会发展的要求还有很大的差距，保障奥运会的各项任务今年可望完成，但环境建设的工作任重道远。

刘淇书记在市委十届二次会议上强调指出：要把奥运筹办工作中形成的城市管理的好经验、好做法转化成长效机制，实现精细、高效、优质的管理与服务，为广大群众营造更好的城市环境。郭金龙市长也在市委十届三次会议上指出：要认真总结奥运筹办中环境建设的成功经验，建立长效管理机制，将环境建设的成果维护好、巩固好。根据市领导的指示要求，我们将认真总结经验，实事求是地分析目前我市城市环境所具备的基础条件和存在的主要问题，制定出今后五年城市环境建设的规划，提出环境建设的指导思想、主要原则、总体目标、重点任务和保障措施，着力解决一批城市环境中遗留的老大难问题，继续改善城市环境建设的基础设施，完善城市的步行系统、城市公共服务设施系统、城市导向系统、城市避险系统，把城市环境整治和建设引向深入。

以上报告，提请市人大常委会审议。

关于本市环境整治和奥运景观布置工作的意见和建议

——2008年5月22日在北京市第十三届人民代表大会常务委员会第四次会议上

市人大城建环保委员会主任委员　赵　义

主任、各位副主任、秘书长、各位委员：

为了协助常委会做好对市政府“关于本市环境整治和奥运景观布置情况的报告”的审议工作，今年2月，城建环保委员会制定了工作方案，重点围绕当前环境整治工作中面临的新情况、新问题，以及奥运景观布置工作进行了调研和检查。4月25日，城建环保委员会召开第二次会议认真研究讨论了市政府“关于本市环境整治和奥运景观布置情况的报告”。为了便于常委会审议，城建环保办公室还组织部分常委会组成人员、市人大代表对我市环境整治和奥运景观布置情况进行了视察。

城建环保委员会认为，市政府的报告比较全面地反映了本市环境整治和奥运景观布置工作的基本情况和面临的问题，并提出了切实可行的对策措施，城建环保委员会同意这个报告。

近几年来，市政府以举办奥运为契机，紧紧围绕提高城市环境建设和整治水平，以及保障奥运环境的现实需要，加强组织领导，针对不同地区、不同情况制定环境整治规划、方案，做了大量工作，取得了明显成效。具体表现在：我市成立了市和区县“2008”环境建设指挥部及办公室，统一组织、领导全市的城市环境建设工作，形成了市里牵头、条块互动、属地主责的工作机制；适时修订了《北京市市容环境卫生条例》，进一步规范了市容环境卫生工作，提高了市容环境卫生工作的法制化水平；制定了《北京市重点大街、重点地区环境建设概念规划方案》、《北京市胡同环境整治指导意见》、《奥运城市环境景观规划》等几十个环境建设的规划标准和工作方案，使环境建设和整治工作基本做到有章可循；明确提出2006年“治乱”、2007年“见新”、2008年“添彩”的工作思路，环境整治和奥运景观布置工作得到有步骤、有重点地推进；建立“五大秩序”工作协调小组，积极开展治安、市容环境、交通、市场经营、旅游等与奥运密切相关的“五大秩序”专项治理工作，我市环境秩序有了明显改善。

委员会同时认为，北京作为进入城市化加速发展期的特大型城市，环境整治工作历史欠账多。近几年来，在奥运举办工作的整体带动下，环境整治工作虽然取得了一定成效，但以突击整治、重点整治为主的阶段性特点明显，环境建设与管理的总体水平与建设和谐、优美首善之区的标准、人民群众的愿望相比还有差距。具体表现在，我市城乡之间、不同地区之间环境整治工作发展不平衡，重点地区、重点大街环境整治工作效果明显，城乡结合部地区环境脏乱问题比较突出，农村地区环境整治水平还不够高；群众反映比较强烈的非法小广告、黑车、无照经营、乱停车等现象屡禁不止，往往是反复整治，反复出现；执法工作中，地区与地区、部门与部门之间责任不清，互相推诿的现象依然存在；公共设施损毁、破坏情况时有发生；环境基础设施能力不足，特别是垃圾处理设施建设滞后，科技含量不高的问题亟待解决。

为了进一步提高我市环境整治工作水平，加快奥运景观布置工作步伐，城建环保委员会向市政府及有关部门提出以下意见和建议。

一、进一步加快环境整治工作进度，按时优质完成奥运环境整治任务

现在，离奥运会开幕只有两个多月的时间了，时间紧，任务重，市政府及有关部门要按照奥运环境建设和整治各项方案，精心组织，逐项落实。对于2006年“治乱”和2007年“见新”工作任务的完成情况，包括“城中村”、行政村的整治、违法建筑的拆除、非正规垃圾填埋场的治理、部分老旧小区的整治，以及重点大街、重点地区环境建设任务落实情况等，市政府及相关责任单位要进行一次全面检查和自查，巩固整治成果，避免问题反弹；同时，要继续按照《奥运城市环境景观规划》的要求，加快奥运景观布置工作进度，既要体现奥运氛围，又要展示古都风貌，通过奥运元素与北京传统文化的结合，完美体现北京古老文明与现代文明融合的精神风貌。通过对三年来奥运环境整治工作的检查和进一步落实，以干净、整洁、清新的城市环境迎接奥运会和残奥会的召开。

二、进一步完善环境整治工作长效机制，实现环境整治工作的经常化和制度化

搞好环境建设，开展环境整治和奥运景观布置工作，不仅是办好奥运会的需要，也是提高城市管理水平，提高市民工作和生活质量的迫切需要，是一项长期的工作任务。建议市政府及有关部门抓住举办奥运会的历史契机，认真总结奥运环境整治经验，以局部治理带动综合治理，以突击整治促进长效管理，紧紧围绕首都城市功能定位、经济社会发展的实际情况以及人民群众的需求，抓好环境建设和整治规划、标准、管理办法的制定和完善工作，建立环境建设和整治的长效机制，切实提高城市长效管理水平。要进一步加大对非法小广告、黑车、无照经营、乱停车等城市痼疾顽症的治理力度，有效解决执法手段不强、执法成本高和执法人员人身安全保障等问题。要进一步提高城管综合执法的科学化、制度化和规范化水平，形成与政府各部门之间责任明确、各司其职、互相配合、协同工作的运行机制，在做好重点大街、重点地区执法工作的同时，适当增加城乡结合部地区和环境秩序管理长期脏、乱、差地区的执法力量。

三、进一步加快垃圾焚烧厂建设速度，提高垃圾减量化、资源化和无害化处理水平

目前，我市生活垃圾日产生量近1.7万吨，共有垃圾处理设施23座，日处理量1.57万吨，填埋、堆肥、焚烧三种处理方式的比例分别为90%、8%、2%。垃圾处理能力存在较大缺口，现有垃圾处理设施大部分在超负荷运行，并且90%的生活垃圾靠卫生填埋处理，垃圾焚烧和综合处理等实现垃圾减量化和资源化的处理设施建设缓慢，垃圾处理方式单一且资源化程度较低。我市“十一五”时期规划建设的南宫、高安屯、六里屯、阿苏卫等4座生活垃圾焚烧厂，除高安屯垃圾焚烧厂进展较为顺利、阿苏卫垃圾焚烧厂项

目建议书已经批复外，六里屯和南宫垃圾焚烧厂项目都遇到了一定困难，这种状况直接影响到2010年我市垃圾焚烧、堆肥和填埋三种处理方式要达到4∶3∶3比例的规划目标的实现，建议市政府及有关部门加强调查研究，找出症结所在，尽快协调解决。同时，继续加快垃圾分类收集、运输和综合利用步伐，促进垃圾的减量和回收利用。

四、进一步加大对农村地区环境整治资金的投入，推进城乡环境整治一体化进程

由于农村地区环卫基础设施、经费和人员不足等原因，农村环境建设和管理水平不够高、环境脏乱等问题还比较突出。我市农村面积占全市的大部分，城市的水源区和生态涵养区在农村，农村环境问题直接影响市容市貌的改善和广大市民的生活质量。建议市政府在加快落实农村环境整治三年规划目标的基础上，继续加大对农村地区环境卫生基础设施的投入，加强对农村地区环境的常态管理，完善农村环境建设和管理的长效机制。尤其要注意的是，在城市产业转移和垃圾处理工作中，要采取有效措施，防止将市区污染转移到农村地区，促进城市和农村、中心地区和边远地区的环境建设和管理工作协调发展。

五、进一步加强全社会的宣传，积极探索社会单位和广大市民参与环境建设和管理的有效形式

环境整治工作与每个市民的工作和生活密切相关，每个市民的生活理念、习惯和行为都能对环境产生积极或消极的影响，建设优美的城市环境不仅仅是政府部门的责任，还需要广大人民群众共同参与建设和维护。建议市政府及有关部门进一步加大《北京市市容环境卫生条例》、各项环境整治规划标准和政策、措施的宣传力度，不断提高公众的环境意识、公共卫生意识和文明素质，不断探索和创新社会单位和广大市民参与环境建设和管理的有效形式，营造全社会参与环境建设和整治工作的良好氛围，共建繁荣、文明、和谐、宜居的美好家园。

关于检查《北京市无障碍设施建设和管理条例》实施情况的报告

——2008年5月22日在北京市第十三届人民代表大会常务委员会第四次会议上

市人大常委会副主任　刘晓晨

主任、各位副主任、秘书长、各位委员：

为进一步推进《北京市无障碍设施建设和管理条例》（以下简称《条例》）的贯彻实施，促进本市无障碍设施建设和管理工作，今年2月至5月，市人大常委会成立了由部分常委会组成人员、城建环保委员会委员、市人大代表组成的执法检查组，制定了执法检查工作方案，在市政府及其相关部门全面自查、部分区县人大常委会配合检查的基础上，重点围绕本市无障碍设施建设和管理有

关规范和地方标准的制定情况、无障碍设施建设和改造情况，以及无障碍设施的使用、维护和管理情况进行了检查。在检查过程中，执法检查组召开了委员、代表与市政府有关部门、有关社会团体、建设单位及残障人士的座谈会，并且在市人大常委会门户网站开辟专栏，广泛征求了社会各界的意见和建议。4 月 25 日，市人大常委会执法检查组会同城建环保委员会认真研究讨论了市政府关于《条例》实施情况的报告。为了便于常委会审议，城建环保办公室还组织部分常委会组成人员、城建环保委员会委员和市人大代表对无障碍设施建设和管理工作进行了视察。现在，我代表执法检查组将检查情况报告如下。

一、贯彻实施条例取得的主要成效

我市关于无障碍设施建设和改造工作始于 20 世纪 80 年代，经历了一个从无到有、从点到线、从线到面的不断实践和探索的过程。《条例》颁布实施四年来，市政府深入贯彻落实科学发展观，以举办奥运会和残奥会为契机，严格执行《条例》有关规定，我市无障碍设施建设和管理工作从积极探索进入逐步规范阶段，无障碍设施建设水平得到较大提升，建设和改造水平居于国内先进行列。2005 年，我市被国家有关部门评为“全国无障碍设施建设示范城”。《条例》实施的具体成效如下。

——创建联席会制度，为无障碍设施建设和改造工作提供组织保障。

根据《条例》的有关规定，2005 年，市政府建立了由市规划委牵头，市建委、市市政管委、市交通委、市民政局等相关部门参加的无障碍设施建设和改造联席会议制度，坚持每年制定和实施无障碍设施建设和改造年度计划，逐步形成了职责分明，统一协调，齐抓共管，相互合作的工作机制。

——逐步完善相关规范和技术标准，加强了对无障碍设施建设的规范和指导。

为使无障碍设施建设和改造工作有统一的规范和标准，市政府及有关部门根据我国《城市道路和建筑物无障碍设计规范》，结合我市实际需要，组织编制了《北京市无障碍设施建设和改造规划导则》，并在该导则的基础上，组织编制包括道路交通、医院、商场、宾馆、旅游、园林绿化、文物、学校、体育、文化、银行等十个行业的《无障碍设施建设和改造的行业细则》，使我市无障碍设施建设和管理基本上做到有章可循。

——以举办奥运会和残奥会为契机，切实推进无障碍设施建设和改造工作。

自 2005 年以来，市政府组织有关部门每年编制《北京市无障碍设施建设和改造计划》，先后完成了以城市道路、公共交通、公共服务和大型商业设施、居住小区、文物古迹、旅游景区为重点的无障碍设施建设和改造年度计划，目前正在抓紧全面落实 2008 年建设和改造计划。对大型交通枢纽和大容量公交线路进行了改造，奥运会前将配备 2853 辆无障碍公交车，开辟 34 条无障碍公交运营专线；对行政和司法机关以及宾馆、医院、商场、超市等为奥运服务的重点公共服务设施进行了改造；对八达岭长城、故宫等文物古迹旅游景区进行了改造；重点完成了城八区居住小区无障碍设施综合改造试点工作，为今后进一步推广打下了基础；特别是建设了国家体育场、国家体育馆、北京大学体育馆等一批奥运场馆无障碍精品示范工程，为奥运的举办提供了较好的无障碍环境。

——探索建立无障碍监督工作有效形式，加大了无障碍监督力度。

按照《条例》规定，市残联会同市老龄办、妇联、宣传部成立了无障碍监督领导小组和办公室，制定了《北京市无障碍监督工作实施细则》，建立了由基层残疾人工作者、残疾人、老年人、妇女和无障碍专家、社会志愿者组成的5000人无障碍监督员队伍，定期开展监督活动。各区县也积极探索建立了无障碍监督工作形式，朝阳区制定了区、街道（地区）办事处、社区（村）“每月一检”的工作制度；海淀区多次组织肢残人协会和无障碍监督员到街道、社区和奥运场馆、宾馆、饭店周边进行无障碍监督活动，到奥运场馆进行无障碍体验。朝阳、海淀区利用城市指挥中心的网络，对城市无障碍设施进行电子化全程监控，实行网格化管理，部分区县的积极探索和实践为我市无障碍设施的长效管理和监督提供了可借鉴的方法和经验。

另外，市政府及有关部门还通过组织拍摄公益宣传片，组织编写无障碍专刊等途径宣传报道无障碍法规、无障碍常识及无障碍设施改造进展情况。从2007年开始，我市还把每季度第一月的16日确定为“无障碍推动日”，不断提高社会对无障碍环境建设的关注度和市民的无障碍环境意识。

二、贯彻实施条例存在的主要问题

执法检查组认为，《条例》的贯彻实施虽然取得了一定成效，但有些规定还没有得到有效落实，无障碍设施建设和管理水平与城市建设步伐以及广大市民对无障碍设施的实际需求还有一定差距。主要表现在：

（一）对无障碍设施建设重要性认识有待进一步提高

《条例》第二条明确规定，无障碍设施是指“为了保障残疾人、老年人、儿童及其他行动不便者在居住、出行、工作、休闲娱乐和参加其他社会活动时，能够自主、安全、方便地通行和使用所建设的物质环境”。无障碍设施不仅仅是保障残疾人、老年人、儿童等社会特殊群体出行、参与社会生活的基本条件，也是方便其他社会成员出行和生活的重要措施，同时也是完善城市功能不可或缺的一个基本元素。但是在目前，认为无障碍设施只是为残疾人、老年人生活和工作服务的社会认识还比较常见，这种不够全面的认识直接导致我市部分新建项目无障碍设施建设标准不高、覆盖面不广、部分无障碍设施改造进展缓慢以及社会公众对无障碍设施建设和管理关注度、参与度不高等问题。

（二）无障碍设施建设地方标准和有关规范的制定和修订相对滞后

我国于1988年制定了《方便残疾人使用的城市道路和建筑物设计规范》的行业标准，后于2001年修订为《城市道路和建筑物无障碍设计规范》。由于考虑到全国各地的不同发展水平，其中的强制性标准要求较低。我市的无障碍设施建设标准《北京市〈方便残疾人使用的城市道路和建筑物设计规范〉实施细则》制定于1998年，国标修订后未作相应修改，相关的设计规范在某些方面已无法满足实际需要。而现有的规划导则和行业细则，都是政府相关部门制定的部门规范，约束力不够强。

（三）无障碍设施建设和改造工作发展不平衡

从全市的情况看，对于《条例》实施后新建、扩建和改建的公共建筑、居住建筑、城市道路和居住区内道路、公共绿地、公共服务设施，无障碍设施建设工作开展较好，但对于《条例》实施前已经建成的公共建筑、居住建筑、城市道路和居住区，由于历史欠账多、底数不清等原因，除了为奥运会和残奥会服务的重点地区、重点项目的无障碍设施改造工作进展较快外，其他地区和项目无障碍设施改造工作相对滞后；另外，区县之间、行业之间无障碍设施建设和改造发展也不平衡，个别区县政府和行业部门无障碍设施建设和改造工作机制没有得到有效落实，制定的年度无障碍建设和改造工作计划不够具体明确，部分无障碍设施改造资金筹集困难。虽然《条例》中规定了“改造责任人是指公共建筑、居住建筑、城市道路和居住区的所有权人；所有权人、管理人和使用人之间约定改造责任的，由约定的责任人负责。”但是有的所有权人、管理人和使用人对无障碍设施的认识不一致，对改造责任没有约定，推诿扯皮。另外，有些老旧小区因建设年代较早，没有考虑无障碍设施建设，原开发公司、物业管理单位及业主都没有承担改造经费的意愿，改造难的问题比较突出。

（四）无障碍设施的日常维护和管理工作仍需加强

我市的无障碍设施管理工作还存在管理和维护不到位的问题。盲道和坡道被损毁或占用、扶手被毁坏、低位电话无法使用、直梯被停用等现象还时有发生。不但影响了无障碍设施的正常使用，也存在一定的安全隐患。

另外，由于目前国内尚没有专业部门对无障碍设施、设备产品进行系统的研发、生产，我国无障碍设施、设备产品的设计和生产水平远低于发达国家的水平，这在一定程度上也制约了我市无障碍设施建设事业的发展。

三、进一步贯彻实施条例的几点建议

在检查《条例》实施情况过程中，中共中央、国务院发布了《关于促进残疾人事业发展的意见》，全国人大常委会修订通过了《中华人民共和国残疾人保障法》，并即将施行，“意见”和“残疾人保障法”都对无障碍设施的建设和管理提出了明确要求，我市《条例》的具体规定与中央、国务院发布的意见和全国人大修订的残疾人保障法的要求是一致的。市政府及有关部门要以举办奥运会和残奥会为契机，认真贯彻落实意见、残疾人保障法和《条例》的规定，进一步做好无障碍设施的建设和管理工作。具体建议如下。

（一）加强奥运场馆及相关重点工程无障碍设施建设和改造工作，保障奥运赛事顺利进行

为保障奥运场馆及相关重点工程无障碍设施建设和改造任务及时完成并达到质量要求，建议市政府及有关部门在近期对任务完成情况进行一次集中检查，加快工作进度，保证设施质量，落实维护和管理责任。重点是要对照国家无障碍设施设计规范和《残奥会比赛场馆技术手册》，对残奥会场馆的无障碍设施设置情况进行逐项检查，发现问题，及时整改，为成功举办奥运会和残奥会提供良好的无障碍环境。

（二）加强无障碍设施建设和管理工作机制建设，建立和完善无障碍设施建设标准体系

按照《条例》规定，市和区县两级政府应当是《条例》执行的主管机关。但在目前，我市无障碍设施建设和管理工作主要依靠市规划委员会会同市政府有关部门建立的无障碍设施建设和改造联席会议制度来具体组织实施，因为是部门牵头，存在组织、协调比较难，执法力度偏弱的问题。建议市政府加强对联席会议制度的研究，进一步完善无障碍设施建设和管理工作机制，针对无障碍设施建设和改造发展不平衡、责任主体推诿扯皮等问题，加大市和区县政府的统筹力度，采取有效措施，明确责任主体，促进无障碍设施建设和改造工作全面发展。

要认真总结我市无障碍设施建设和改造规划导则及各行业细则制定和实施的经验，根据我市实际情况，尽快制定与我市经济社会发展水平相适应的无障碍设施建设地方标准和规范，不断提高无障碍设施的设计和建设水平，特别是要加强无障碍设施的系统化设计和建设，促进无障碍设施的配套协调、

相互衔接，构成完整的无障碍设施体系。

要配合国家有关部门，研究有关无障碍设施、设备产品技术标准和规范，对无障碍设施和相关技术的研发工作给予一定的政策支持，提高无障碍设施生产的规范化、标准化水平。

（三）建改并重，进一步加大无障碍设施建设和改造力度

对于《条例》实施后新建、扩建和改建的公共建筑、居住建筑、城市道路和居住区内道路、公共绿地、公共服务设施，要严格按照国家《城市道路和建筑物无障碍设计规范》、《无障碍建设“十一五”实施方案》的要求和《条例》的有关规定建设无障碍设施，无障碍设施建设要依法做到与主体工程同时设计、同时施工、同时交付使用。

对于《条例》实施前已经建成的公共建筑、居住建筑、城市道路和居住区，建议开展一次普查，按照国家《城市道路和建筑物无障碍设计规范》、《无障碍建设“十一五”实施方案》和《条例》的具体要求，结合社会实际需要，摸清需要进行无障碍设施改造的规模和重点，有针对性地制定改造计划，逐步组织实施。涉及文物古迹的旅游景区无障碍设施改造，要以不破坏古迹和景观为前提，保证无障碍设施和文物古迹整体和谐。要加快研究老旧小区无障碍设施改造责任主体落实问题和资金筹集问题，对于筹集资金确实比较困难又需要及时改造的小区，政府应考虑给予适当的财政扶持，或者引导社会资金参与无障碍设施改造。同时，要搞好试点，积极推进残疾人家庭的无障碍设施改造工作。

（四）建管并重，切实加强无障碍设施的维护和管理

市政府及有关部门要采取有效措施促使无障碍设施的产权单位或者维护责任单位加强对无障碍设施的日常维护和管理，保证无障碍设施完好、可用。对损毁和侵占无障碍设施的行为要加大处罚力度，减少“无障碍上有障碍”的现象发生。要加强对无障碍设施利用情况的研究，通过培训等手段，提高残疾人、老年人等社会公众利用无障碍设施的能力，充分发挥无障碍设施的使用效益。

（五）加强宣传，增强全社会的无障碍环境意识

市政府及有关部门要充分利用举办奥运会和残奥会的机遇，采取多种方式，加大对残疾人保障法、《条例》和无障碍环境建设工作的宣传力度，提高全社会对无障碍设施的认知水平，使广大市民认识到无障碍设施不仅是为了方便残疾人和老年人，而是为了方便每一个社会成员的人性化设施，形成全社会支持和参与无障碍环境建设的良好氛围。

主任、各位副主任、秘书长、各位委员，加强无障碍设施的建设和改造，是社会发展的必然要求和社会文明进步的重要标志，也是维护人民群众利益的一个具体体现，彰显了我市坚持以人为本、深入贯彻落实科学发展观、构建社会主义和谐社会的信心和决心。但总的来说，无障碍设施的建设和改造只是加强无障碍环境建设的一个重要方面，市政府及有关部门在依法做好这项工作的同时，还要重视无障碍“软环境”建设，大力倡导全社会发扬尊老爱幼、扶危助残的传统美德，配合无障碍设施建设和改造工作，全面提升首都无障碍环境建设水平，为办好一届有特色、高水平的奥运会、残奥会服务，为建设繁荣、文明、和谐、宜居的首善之区作出积极贡献。

以上报告，请予审议。

关于《北京市无障碍设施建设和管理条例》实施情况的报告（书面）

——2008年5月22日在北京市第十三届人民代表大会常务委员会第四次会议上

北京市规划委员会主任 黄 艳

主任、各位副主任、秘书长、各位委员：

我受市人民政府委托，向市人大常委会报告本市贯彻执行《北京市无障碍设施建设和管理条例》的工作情况。

2004年4月1日，市十二届人大常委会第十次会议审议通过了《北京市无障碍设施建设和管理条例》（以下简称《条例》），到今年5月16日，已经颁布实施四周年了。《条例》实施四年来，本市的无障碍环境建设工作有了较快的发展，城市的无障碍环境品质有了较为显著的提高。《条例》的实施，对贯彻落实科学发展观，构建和谐社会首善之区，促进本市无障碍环境建设，为成功举办奥运会和残奥会提供无障碍环境保障发挥了重要作用。

一、各级政府高度重视，加强对城市无障碍设施建设和管理的组织领导

《条例》第四条明确规定：市人民政府对本市无障碍设施建设和管理工作实行统一领导。区县人民政府负责本行政区域内无障碍设施的组织建设、改造和监督管理工作。规划、建设、市政管理、交通、公安、质量技术监督、旅游、园林、国土房管、商务、金融、邮政、电信、文化、教育、体育、卫生等有关行政主管部门依照各自职责负责无障碍设施建设、改造、管理和监督工作。

本市的无障碍设施建设和改造工作始于20世纪80年代。在市委、市政府的领导下，本市无障碍设施从无到有、从点到线、从线到面，在不断实践和探索的过程中取得了较大的发展。2003年至2004年，本市按照国家建设部、中残联等四部委的统一部署，开展了“全国无障碍设施建设示范城”创建活动，并被国家有关部门评为“全国无障碍设施建设示范城”。此后，本市以筹办奥运会和残奥会为契机，根据奥运需求，继续大力推进无障碍设施建设和改造工作。自2005年起，市政府连续四年把无障碍设施建设和改造作为落实《北京2008奥运会与残奥会城市运行纲要》的重要内容之一，将其纳入《市政府奥运会前重点工作倒排工期折子工程》，列入各级政府的督查考核事项。

《条例》实施四年来，各级政府和行业主管部门高度重视，并把无障碍设施建设和改造工作列为重要议程。针对中残联给市政府的建议函、奥运场馆和重点工程项目中的无障碍设施建设，以及社会各界对城市无障碍环境建设的建议和意见，市政府主要领导多次作出重要批示，要求各区县和行业主管部门按照规定，认真履行职责，按期完成年度建设和改造计划，做好无障碍设施的管理和维护工作。2006年9月和2007年9月，市政府两次召开市长专题会议，专题研究本市无

障碍设施建设工作，要求突出重点，确保奥运场馆和场馆周边地区，以及重点工程的无障碍设施建设和改造任务顺利完成。2007年12月，市政府召开了全市无障碍设施建设和改造工作会议，对本市开展无障碍设施建设和改造工作以来，特别是《条例》实施四年来的工作情况，进行了认真总结，进一步提出了对奥运前后本市无障碍环境建设的明确要求。

二、认真贯彻《条例》，依法推进本市无障碍设施建设和管理工作

四年来，按照《条例》的有关规定和市政府的总体部署，市政府各有关部门依法加大了城市无障碍环境建设的工作力度。

（一）以制定“台账”的有效方式，有计划地开展城市无障碍设施建设和改造工作

按照《条例》的有关规定和市政府确定的《市政府奥运会前重点工作倒排工期折子工程》要求，我们对照中残联《关于迎接北京残奥会加强城市无障碍环境建设的建议函》中的建议，以及人大代表、政协委员对奥运会、残奥会场馆和城市道路、轨道交通无障碍设施建设的要求，把2005—2008年的无障碍设施建设和改造任务，逐年进行细化、分期制定年度计划，挂账督办，并向社会公布，接受监督。

一是积极参与，做好奥运会和残奥会场馆无障碍设施建设和改造工作。为了实现申奥时我国政府的庄严承诺，结合我国国情，本市在新建改建场馆的无障碍设施建设和改造中，充分考虑了国际奥委会和国际残奥委会的最新要求，根据国家相关技术标准进行了建设和配置，并按照国际残奥委会的《残奥会比赛场馆技术手册》进行完善。为切实保障无障碍设施的设计、施工达到质量要求，市政府有关部门配合奥组委参与了对场馆无障碍设施建设的检查工作。重点是对照国家无障碍设施设计规范和《残奥会比赛场馆技术手册》，对残奥会场馆的无障碍设施设置情况进行逐项检查，形成整改意见并督促建设单位落实整改。并且通过测试赛，进一步发现问题，制定整改完善措施，总结经验，为成功举办奥运会和残奥会创造了条件。

二是加快了交通无障碍设施建设。包括配备无障碍公交车，开辟无障碍公交运营专线，对大型公交枢纽进行无障碍设计和改造，对火车站和省际客运站进行无障碍设施改造。2007年以来，在推进首都机场、轨道交通和大容量公交线路的无障碍建设和改造工作方面不断加大工作力度，加快了交通无障碍设施建设。

三是加快了公共服务和大型商业设施的改造。重点是宾馆、医院、商场、超市等为奥运服务的重点公共服务设施的无障碍设施改造；行政和司法机关的无障碍设施改造工作也作为重点在2007年基本全部完成。

四是推动开展居住小区的改造。2005年，本市启动了居住小区无障碍设施综合改造工程，重点完成城八区各一个居住小区无障碍设施综合改造试点工作，为居住小区无障碍设施建设和改造的综合性和系统性做了有益的尝试。在此基础上，近年来各级政府克服困难，进一步推进了居住小区的无障碍设施的综合改造。

五是加大了对涉及文物古迹的旅游景区无障碍设施改造的研究和实施力度。其中，八达岭长城无障碍设施的设置，充分考虑轮椅使用者自主登长城的需求，正在结合环境整治予以解决。在故宫午门尝试安装了轮椅升降机，结合参观游览路线，在切实保护文物和不影响景观的前提下设置了无障碍坡道和无障碍卫生间等设施。

几年来，在市政府各有关部门、各区县政府和社会各界的共同努力下，本市新建和改建了一批无障碍设施。截至2007年年底，全市盲道已达到880条，1541.3公里，坡化路口23,641处，无障碍地下通道和过街天桥39座，已经开通无障碍公交专线1条，奥运期间开通无障碍专用线路34条（301个无障碍站台），残奥会期间16条；现有无障碍公交车2166辆，奥运期间达到2853辆；地铁五条既有线路共有93个车站，均有比较完备的盲道系统，其中58个车站设有无障碍厕所，改造完成后将实现每个车站至少有一个出入口能满足轮椅乘客从地面到站台的出行需求。全市119家奥运官方接待饭店已全部完成无障碍客房、残疾人厕位、残疾人停车位、无障碍坡道、低位电话等改造任务，现正在进行19家残奥会接待饭店新增100间无障碍客房的改造工作。全市二类及以上公厕1670座，均已按照无障碍设施标准建设；全市3210家金融机构营业网点中，达到无障碍标准的有1894家；全部完成2002年后建成的55家大中型商场、超市和专卖店的无障碍改造，2001年前建成的257家大中型商场超市改造达到规定的60％；加快推进残疾人家庭无障碍改造工作，已改造1530户，今年又投入2000万元，为5000户残疾人家庭进行无障碍改造，奥运会前将完成3000户的改造任务。市属医疗机构、养老服务机构、市属博物馆、学校和行政司法机关对外接待场所的无障碍设施已初步为有特殊需求的人群就医、就学、养老、参观游览等社会活动提供了条件。

目前，本市无障碍设施建设和改造经费，按《条例》的有关规定，已纳入建设项目投资预算或年度财政预算。据不完全统计，仅2007年，本市在无障碍设施建设和改造上投入经费3.8亿元，保证了各项建设和改造任务的完成。

（二）加快制定有关法规和技术标准，规范和指导无障碍设施建设和管理工作

为指导无障碍设施的建设和管理工作，20世纪90年代，国家建设部等有关部委制定了《方便残疾人使用的城市道路和建筑物设计标准》等技术标准和设计规范。本市于1999年制定了《北京市〈方便残疾人使用的城市道路和建筑物设计规范〉实施细则》，2000年以政府令形式发布了《北京市无障碍实施建设管理规定》，对无障碍设施建设和管理的实施，从技术标准、规范层面作出了规定。此后，2001年国家建设部等部委根据新需求重新制定了《城市道路和建筑物无障碍设计规范》，依据国家有关法规对无障碍设施建设技术标准进行了完善。

为了解决执行《条例》与执行国家有关技术标准、规范的衔接问题，更好地指导本市无障碍设施建设和改造工作，按照《条例》第九条的要求，四年来本市加快了技术标准、规范的制定工作。2006年组织编制了《北京市无障碍设施建设和改造规划导则》，在此基础上，2007年组织教育、交通、商业、文化、卫生、文物、体育、园林、旅游、金融等十个行业行政主管部门，编制了各行业的《无障碍设施建设和改造的行业细则》。主要目的是从城市空间规划层面提出技术要求，解决法规与技术规范、技术性文件之间的具体衔接问题。为满足奥运会特别是残奥会的要求，有关部门还组织编制了《2008年奥运会和残奥会无障碍设施建设和改造运行纲要》，对场馆无障碍建设的总体目标、赛时要求、进度计划和风险评估等作了明确的阐述。

与此同时，针对社会各界对公共交通，特别是轨道交通无障碍设施设置的需求，市有关部门正在组织编制《轨道交通无障碍设计标准》、《无障碍出租车技术要求》、《无障碍出租站台技术规范》、《无障碍公交站台技术规范》、《道路无障碍设施改造导则》、《北

京市道路人行道无障碍设施及盲道施工技术指南》以及《残疾人家庭无障碍改造工作规范》等技术标准和规范。此外，为加强技术标准和规范的实施，各区县根据实际情况制定了相应的管理办法和地方规定。如，西城区制定了《西城区无障碍监督工作规范》，朝阳区制定了《朝阳区无障碍设施管理和维护办法》，平谷区制定了《关于落实〈北京市无障碍设施建设和管理条例〉的实施意见》。这些技术标准、规范和实施办法的制定和实行，将进一步促进本市无障碍设施建设和改造工作实现规范化和系统化。

（三）依法履行职责，加大对无障碍设施建设和改造的监督力度

按照《条例》第十一条、第十二条、第十三条和第十四条的规定，政府有关部门从建设和管理的程序上加强监督管理，保证了无障碍设施建设的落实。四年来，市政府有关部门在有针对性地推动无障碍设施建设和改造工作的同时，加大了对新建工程和改造既有工程的监督力度。对新建工程，严格按照国家强制性设计标准设计、审批、施工和验收。对既有工程，根据实际情况和需求，有计划、分步骤地实施改造。规划主管部门受理建设单位申报建设工程规划许可时，规定设计文件中要有无障碍设施专篇。对没有无障碍设计内容或者达不到国家无障碍强制性标准要求的设计方案不予受理，待按要求补充完善后，才允许进入审批流程。同时，对建设工程施工图审查也提出了明确的要求。据统计，2004 年以来，本市在施工图审查环节共审查建设工程项目 7517 个，1.87 亿平方米，对存在违反无障碍设计强制性条文规定的 1995 个项目进行了纠正。建设主管部门下发了《关于加强建设工程无障碍设施竣工验收工作的通知》，加大了对无障碍设施建设的监管力度。通过加强对新建改建工程竣工备案的管理，对无障碍设施工程未完工及有漏项、甩项的项目，不予以工程竣工备案。市政、交通、城管等部门依法加大了对违法占用、影响无障碍设施正常使用的行为进行了整治和查处。

根据《条例》第五条规定，残联、老龄委、妇联等社会团体开展了对无障碍设施建设、改造和管理的监督工作。一是加强无障碍社会监督和宣传工作。市残联会同老龄委、妇联建立了无障碍监督和宣传联席会议制度，制定颁发了《北京市无障碍监督工作实施细则》，成立了无障碍监督领导小组和办公室，建立了由残疾人、老年人、妇女和无障碍专家、社会志愿者组成的、专职和兼职相结合的 5000 人的无障碍监督员队伍。2007 年经市政府批准，以每季度第一月的 16 日作为“无障碍推动日”，每个季度确定一个主题进行集中检查。去年以来，重点组织开展了对故宫、长城、首都机场、北京火车站、奥运场馆、国家大剧院等公共服务设施及奥运周边地区的重点监督活动。四年来，各级残联组织会同老龄委、妇联等部门组织开展无障碍监督活动 6 万多人次，提出整改意见 10 万多条，促进了无障碍设施建设和管理工作向规范化发展。二是进一步加大信息无障碍工作力度。建立了全国第一家无障碍资源中心网站，提供无障碍信息咨询、资料查询、监督岗、服务指南、手语服务、无障碍新技术新产品等各项服务。在全市开办手语培训班 130 多期，培训手语志愿者 4000 多人，配合旅游、卫生、商务等培训窗口行业培训手语服务人员 3000 多人，并首次举办了国际手语培训班。积极推进字幕工程，筹办盲人、聋人无障碍呼叫转移平台，提高无障碍信息资讯服务能力。

三、不断探索，认真研究推进无障碍设施建设和管理工作中亟须解决问题的办法

四年来，在深入学习贯彻《条例》，推进

城市无障碍设施建设和管理工作中，我们得到了一些新的启示。

第一，要从构建和谐社会的高度，不断提高对无障碍工作重要性的认识。《条例》第二条指出，无障碍设施是指为了保障残疾人、老年人、儿童及其他行动不便者在居住、出行、工作、休闲娱乐和参加其他社会活动时，能够自主、安全、方便地通行和使用所建设的物质环境。最近，中共中央下发了《中共中央国务院关于促进残疾人事业发展的意见》，要求各级党委和政府从坚持立党为公、执政为民的高度，从全面建设小康社会、构建社会主义和谐社会的高度，充分认识发展残疾人事业的重要意义，进一步增强责任感和使命感，切实采取有力措施，促进残疾人事业在新的起点上加快发展。第十一届全国人大常委会第二次会议审议通过了新修订的《中华人民共和国残疾人保障法》，对无障碍建设提出了新的要求。因此，建设无障碍环境，是贯彻落实科学发展观，建设宜居城市、构建和谐社会首善之区的一项重要内容。从近年来的实践看，凡是无障碍设施建设和改造工作做得好的部门和单位，都对无障碍工作的重要性认识到位，对无障碍理念有了较深刻的理解和把握。但是，由于无障碍设施建设和改造是一个不断探索的过程，客观上要求我们的认识不能总停留在一个水平上，要从构建和谐社会的高度，不断提高对新情况、新需求的认识，以高度的责任感，积极主动地落实好本单位和本部门的工作。

第二，要建立有效的工作机制，为无障碍设施建设和改造提供强有力的组织保障。依据《条例》第四条和第十六条的规定，2005 年 5 月，本市在创建全国无障碍设施建设示范城工作的基础上，经市政府批准建立了包括市规划委、市建委、市市政管委、市交通委、市残联、市民政局、市老龄办为成员单位的市无障碍设施建设和改造联席会议制度。根据举办奥运会和残奥会的需要，自 2006 年开始，又邀请奥组委工程部、残奥会部、志愿者部，以及“2008”环境建设办参加联席会议，形成了政府主导，部门合力，残联、老龄委和妇联监督，社会参与的工作机制和工作局面。几年来，通过召开联席会议和专项工作会议方式，研究制定工作计划，通报有关情况，及时研究和共同推进无障碍设施建设和改造工作，发挥了重要作用。

第三，《条例》的颁布实施，为推动本市的无障碍设施建设和改造工作提供了强大的法律依据和保障。北京作为国家首都，无障碍设施建设和改造工作涉及多部门、多领域，单凭行政手段推进起来有很大的难度。《条例》的制定实施，对本市的无障碍建设和改造工作具有长期性、根本性的保障和促进作用。《条例》确定了无障碍设施建设和管理的法律地位。《条例》第一条明确了区县政府和市政府部门和各行业主管部门负责本行政区域和各自职责内的无障碍设施建设、改造、管理和监督工作的具体责任。《条例》第三条规定，市和各区县人民政府把无障碍设施建设纳入国民经济和社会发展规划之中。《条例》第十七条规定建设单位作为责任主体，对无障碍设施建设和改造所承担的责任和义务，并明确了违反有关规定应承担的法律责任。随着本市无障碍建设工作深入开展，《条例》在建设宜居城市和构建和谐社会中的作用更加明显。

回顾几年来本市的无障碍设施建设工作，虽然取得了明显的成效，但还存在着一定的差距。尤其是由于各区县经济发展水平不同、各行业涉及的服务对象不同，存在不同地区和不同行业发展不够平衡的情况。近年来，市人大代表、政协委员及社会各方面越来越关心无障碍设施建设，越来越希望政府提供方便、安全的城市环境，经常通过建议、提案和人民来信等方式提出一些要求和建议。

据此，市政府有关部门结合制定今年及“十一五”后三年的工作计划，对在落实《条例》规定，推进无障碍设施建设工作中存在的主要问题进行了认真研究。

一是对无障碍设施服务对象的认识还不完全一致。无障碍设施服务对象的内涵已发生很大变化，不仅仅是残疾人，还包括老年人、儿童、孕妇和临时负重人等所有社会成员，也包括正常人群。无障碍设施已是方便每一社会成员的人性化设施。因此，需要进一步加大宣传力度，提高社会对无障碍设施建设服务对象的认知水平。二是无障碍设施建设的设计理念和施工水平有待进一步提高。一些人性化的设计理念尚处在进一步提高和转变阶段，设计与施工还缺少细节上的衔接。已建无障碍设施还不够系统和连贯，特别是在细部处理环节和使用方便性方面还存在较大的差距。需要我们加大培训力度，进一步提升有关技术人员的设计和施工水平。三是我国无障碍产品的研发还很薄弱。在改造过程中可提供的产品不多，多数还靠国外进口，缺乏相关的产品质量国内标准。四是文物保护与无障碍设施设置还存在突出的矛盾。如何在保护文物的前提下，为行动不便者参观游览提供最大限度的无障碍环境设施，需要深入探讨研究。五是老旧居住小区进行无障碍设施改造存在障碍。由于产权多元化、物业管理、改造空间以及改造资金等问题，加大了老旧居住小区无障碍改造工作的难度。《物权法》实施后，此项工作如何依法推进需要作深入研究。对于这些难点问题，各级政府正在组织力量，深入研究具体解决办法。

四、进一步依法开展本市无障碍设施建设和改造工作的措施

《条例》实施四年来的情况表明，虽然本市的无障碍设施建设有了长足的发展，但无障碍城市建设是一个系统工程，是一项关系民生、促进社会和谐的长期任务。面对新形势，我们要认真贯彻党的十七大精神，全面落实科学发展观，按照《条例》的规定，明确目标、突出重点、真抓实干。当前，要全力以赴地确保奥运会和残奥会对无障碍设施的需求，同时要为作好本市无障碍设施建设的发展环境打好基础。

（一）抓住奥运机遇，进一步加大宣传力度

按照市委、市政府和奥组委对宣传工作的总体部署，充分利用筹备奥运会和残奥会的契机，以全国助残日、本市无障碍推动日和集中培训等多种方式，一是广泛宣传展示近年来的工作成果，二是通过认真学习《中共中央国务院关于促进残疾人事业发展的意见》和《中华人民共和国残疾人保障法》，加大对《条例》的贯彻力度，增强各级政府、各有关部门的责任意识，依法开展无障碍设施建设和改造工作。

（二）突出重点，落实今年无障碍设施建设和改造任务

市政府已经批准了今年的无障碍设施建设和改造计划，并已经进行了具体的部署，有关部门正在认真组织落实。一是对列入今年6月底前要完成的重点项目、重点任务实行督办，确保奥运会和残奥会的需要。二是紧紧抓住社会反映突出的难点问题，继续推进城市道路、交通、大型公共设施、商业设施、居住小区的无障碍建设和改造，满足市民对出行无障碍的需求。三是在加大无障碍“硬件”建设的同时，还要加大无障碍“软件”建设的力度。在各公共服务单位、重点大街设置规范的无障碍服务标识；完善无障碍资源中心网站建设，强化服务功能，建设盲人、聋人无障碍呼叫转移平台，进一步提高无障碍服务能力。要抓好重点地区、重点单位和部门在奥运会和残奥会期间集中接待残疾人士参观的无障碍应急预案和志愿者培训工作。

（三）加大对无障碍设施建设和管理的监督检查力度

按照《条例》第四条、第五条的规定，市、区政府各有关部门要依法履责，加强对新建、改建工程建设无障碍设施的监督，特别是奥运会、残奥会之前，加大对重点区域、重点部位的督查力度，确保奥运会和残奥会的运行和保障。同时，发挥残联、老龄、妇联组织的作用，结合无障碍推动日活动，加快对城市无障碍设施环境建设的社会监督。进一步加强对无障碍监督工作的指导，建立一支专职无障碍监督员队伍，健全完善周督查月报告、业务培训、持证上岗、考核奖惩等项制度，以无障碍推动日为抓手，市、区县、街道、社区四级上下互动，采取明查暗访、模拟体验等多种形式，分专题有重点地监督一个行业的无障碍设施建设和改造、使用、维护、管理等情况。同时组织对盲道、无障碍标识和无障碍设施管理等难点问题进行专项督查。

（四）进一步完善无障碍设施建设和管理的办法、技术标准和规范

认真总结各级政府和部门在无障碍设施建设和改造工作中积累起来的成熟经验和做法，进一步研究制定在规划、建设和管理中落实无障碍要求的具体办法。同时，要加快组织制定相关的技术标准和规范。一是对正在编制的有关行业的专项技术标准，将会同有关部门积极推进，尽快出台；二是加紧研究适合我国国情的无障碍设施产品技术标准和生产规范。

（五）做好“十一五”期间创建全国无障碍建设城市的准备工作

2006年建设部、民政部、中残联、老龄委办联合召开了“十五”全国无障碍建设先进城市表彰会暨“十一五”全国无障碍建设城市标准工作会议，提出了“十一五”全国无障碍建设的目标和任务，并要评选出100个“十一五”全国无障碍建设先进城市。前不久，建设部等四部委联合发文，明确了创建工作标准，对今年创建工作提出了具体工作要求。为此，我们将在全力保障奥运会和残奥会需要的基础上，认真研究奥运会后的无障碍工作。要从建设宜居城市长远目标着眼，在研究解决城市道路、交通、重点地区、老旧小区等居住建筑和旅游景区、医疗设施等特殊领域的无障碍设施建设难点问题基础上，按照以人为本的要求，深入研究，在城市无障碍环境的方便性、连续性、系统性上下功夫。

总之，我们将以这次市人大常委会检查《条例》实施情况为契机，进一步推进本市无障碍设施建设和管理工作，为实现两个奥运同样精彩，同样高水平，有特色，为建设繁荣、文明、和谐、宜居的和谐社会首善之区作出新贡献。

以上报告，提请市人大常委会审议。

北京市人民代表大会常务委员会关于接受陆昊辞去北京市副市长职务请求的决定

（2008年5月23日北京市第十三届人民代表大会常务委员会第四次会议通过）

根据陆昊同志的请求，按照《中华人民共和国地方各级人民代表大会和地方各级人民政府组织法》第二十七条的规定、《北京市人民代表大会常务委员会任免国家机关工作人员条例》第

二十五条的规定，北京市第十三届人民代表大会常务委员会第四次会议决定：接受陆昊辞去北京市副市长职务的请求，并报北京市人民代表大会备案。

北京市人民代表大会常务委员会
任　命　名　单

（2008年5月23日北京市第十三届人民代表大会常务委员会第四次会议通过）

任命翟晶敏为北京市高级人民法院副院长。

任命吉罗洪为北京市第二中级人民法院副院长。

北京市人民代表大会常务委员会
任　免　名　单

（2008年5月23日北京市第十三届人民代表大会常务委员会第四次会议通过）

（一）

任命王燕为北京市第一中级人民法院审判委员会委员、刑事审判第二庭庭长。

任命高平为北京市第一中级人民法院审判委员会委员、民事审判第二庭庭长。

（二）

任命张素莲为北京市第二中级人民法院未成年人案件综合审判庭副庭长、审判员。

任命杨世军为北京市第二中级人民法院民事审判第一庭副庭长、审判员。

任命吴宝升为北京市第二中级人民法院民事审判第三庭副庭长。

任命张晓津为北京市第二中级人民法院民事审判第五庭副庭长、审判员。

任命严勇为北京市第二中级人民法院行政审判庭副庭长、审判员。

任命王宣为北京市第二中级人民法院审判监督庭副庭长、审判员。

任命孙涛为北京市第二中级人民法院执行庭副庭长。

免去陈贵民的北京市第二中级人民法院审判员职务。

北京市第十三届人民代表大会

常务委员会第五次会议

在市十三届人大常委会第五次会议上的讲话

（2008 年 7 月 23 日）

市人大常委会主任　杜德印

各位委员、同志们：

经过大家的共同努力，本次常委会会议已圆满完成各项议程。会议听取和审议了市人大常委会执法检查组关于检查食品卫生与安全及清真食品生产经营有关法律、法规实施情况的报告，听取和审议了本市 2008 年国民经济和社会发展计划上半年执行情况的报告，2007 年市级决算和 2008 年上半年预算执行情况的报告，2007 年市级预算执行和其他财政收支的审计工作报告，审查批准了 2007 年市级决算，通过了人事任免事项。对组成人员在审议中的意见，常委会有关办事机构要认真整理，有的要形成审议意见书，送交市政府研究处理。

食品卫生与安全是关系民生的重要问题，也是保证奥运会、残奥会成功举办的重要方面。常委会在多年连续执法检查基础上，上半年再次开展大规模的执法检查，目的就是保证有关法律、法规的贯彻实施，保障奥运食品安全及奥运期间全市的食品安全，促进全市食品卫生与安全工作。常委会执法检查组突出服务奥运和让群众满意这条主线，围绕奥运食品保障以及去年执法检查中发现的主要问题，进行了广泛深入的检查，提出了执法检查报告。审议中，大家对本市食品卫生与安全工作给予了充分肯定，认为市政府高度重视并认真贯彻执行有关法律、法规，特别是在保障奥运食品安全方面做了大量工作，依法行政能力、食品卫生与安全控制能力不断增强，监管工作取得较大进展，食品抽检合格率稳步上升，食品卫生与安全整体水平显著提高。大家同时指出，保障食品卫生与安全是一项长期而艰巨的任务，特别是奥运会举办在即，希望市政府从全局和战略高度，全力保障好奥运会、残奥会安全食品的供应，全力保证全市人民安全食品的供应，稳定食品价格。同时要以奥运为契机，切实采取措施，进一步加强食品卫生与安全有关法律、法规的普及和实施，进一步完善食品卫生与安全的物质技术和组织制度基础，进一步提高全市食品卫生与安全的水平。审议中大家还提出了许多很好的意见和建议，常委会有关部门要认真整理，会后形成审议意见书，和执法检查报告一起送市政府研究处理。

听取和审议上一年度市级决算和本年度上半年预算执行情况的报告、上一年度市级预算执行和其他财政收支的审计工作报告，审查批准上一年度市级决算，是常委会重要的法定议题，广受社会关注。加强和改进人大常委会对预算的审查、批准和预算执行的监督工作，对于保证人民当家作主，对于保证财政资金的使用，充分体现实现好、维护好、发展好人民群众的根本利益，对于推进政府依法行政，管好用好财政资金具有重要意义。多年来，市人大常委会认真贯彻市人民代表大会的有关决议，根据预算法、监督法和本市预算监督条例，不断加强预算监督工作，积极适应国家财政体制改革的进程和要求，不断创新，努力实践，创造了许多好的做法，收到了明显的实际成效。

当前，全市财政收入增长较快。钱多了是好事，但花好是难事。在新的形势下，人大常委会如何加强改进预算监督工作，督促政府管理好、使用好财政资金，提高财政资金的使用效益，充分发挥财政资金在推动科学发展，促进社会和谐中的重要作用，是我们面临的一项重要任务，也是一个需要认真研究解决的突出问题。对这个问题，全国各级各地人大常委会有不同探索，市人大代表和广大人民群众也高度关注。比如开展部门预算监督问题，人大预算监督是对政府执行预算情况的整体监督，而部门预算的编制和执行是政府整体预算编制和执行的组成部分，如果人大直接去监督政府部门，是否会代替了政府的内部监督，甚至造成整体的预算编制和执行被肢解？这需要在实践中认真研究。为了开好这次会议，听取和审议好有关报告，围绕如何加强和改进人大预算监督问题，主任会议进行了反复研究，财经委员会和财经办公室做了深入的调查研究，基本明确了“一个目标、三个结合”的工作思路和要求。

“一个目标”，就是要紧紧围绕建立科学、民主、依法的财政预算制度和管理制度，依法、有效行使监督职权，切实增强监督实效，确保财政资金的正确投向、规范运行和实际效果。这是实现科学执政、民主执政、依法执政，保障人民当家作主的一个重要着力点。

“三个结合”具体为：一是把对预算编制、预算调整、预算资金分配的监督与预算执行、预算资金使用绩效的监督统一起来。人大常委会不仅要根据人民代表大会决议，对预算执行情况，特别是对预算调整和预算资金分配情况进行监督，确保人民代表大会通过的预算方案得到落实；同时又要重视督促政府提高预算资金的使用效益，并通过对预算绩效的监督，促进预算编制和预算资金分配更加科学合理。二是把加强人大监督与促进政府内部监督统一起来。人大要依法行使监督职能，同时要推动政府强化内部监督，充分发挥政府财政部门、审计部门等法定监管的职责，形成人大监督与政府内部监督有机结合、相互协调的监督体系，增强监督工作实效。人大听取和审议政府财政、审计工作报告，既是对政府预算执行情况的检查，又是对政府内部监管工作的检查。如果政府内部监督机制弱化，光靠人大去纠正具体问题，监督效果就不会好。三是把监督执行、解决问题与促进制度建设统一起来。市政府不仅要及时发现和纠正预算执行中的具体违法违规行为，而且要深入研究产生这些问题的原因，充分认识带有普遍性问题的本质，不断改革和完善财政体制、分配制度、运行机制和办事程序，提高财政资金的使用效益。

按照这样一个思路，对今年的预算监督工作，市人大常委会做了一些必要的准备，向市委常委会作了汇报并取得原则同意，市人大财经委员会与市政府及财政局、审计局等有关部门进行了沟通，大家形成了共识。这些思路、精神和一些探索，已经体现到今天上午的各项报告当中，并将在今后的工作中不断地加强和推进。大家在审议当中，也都赞成这样一个思路，并对今天的这几项报告给予了积极的评价，同时也提出了许多好的意见和建议。

大家认为，本市预算执行情况总体上是好的，但也存在有些预算资金滞留、截留、挪用、使用随意、效益不高等现象，特别是审计报告中指出的财政资金转移支付中存在的财出多门、多头投入的问题。这些问题确实涉及财政体制分配制度以及监督体系等方面的问题，我们应当坚持标本兼治、内外统筹。希望市政府继续积极稳妥地推进财政体制改革，加快形成统一规范的财政转移支付制度，努力减少和整合专项转移支付项目，进一步研究市和区县政府财权、事权关系，完善市对区县财力与事权相匹配的财政体制。加强对财政资金的使用管理和监督，充分发挥审计部门的审计监督作用，积极探索开展绩效审计，努力提高资金使用效益；同时逐步把行政管理体制改革与财政管理体制改革结合起来，全面推行财权与事权相统一、行政效能评价与财政绩效评价相统一的绩效管理制度。绩效管理涉及行政管理体制，也涉及财政管理体制。给多少钱、干多少事、做到什么程度，都要有考核和评价。财权与事权、行政效能与财政绩效都要统一起来。现在我们离这个要求还差的比较远。所以，明年的审计工作报告应该增加财政资金绩效评价的内容，当然还包括对违规问题的纠正。有的委员在审议中提出，今年的审计工作报告点了一些问题，没有点单位。这实际上体现了市人大预算监督工作思路的变化。对具体问题视而不见，就无以严肃规定和纪律。要不断地通过监督检查发现、揭露预算执行中一些部门的违法、违规、违纪现象，该点的要点；但又要根据这些问题督促政府从体制、制度、机制上，包括办事程序上加以研究解决。比如偏离财政资金的使用预期、财政资金使用效益不高现象的出现，就与本市财政实行两级分配，市财政局和几十个市政府组成部门都有分配权，各个部门的资金分配机制各不相同且又密切相关。一些不科学的分配机制容易造成部门利益化，甚至以权谋私、化公为私。

预算监督必然会涉及更深层次的问题，比如大家说的增强预算的科学性，包括超收收入管理、预算外资金纳入预算等等，也就是如何改进预算制度。这要在党委的领导下依法有序进行。国家已经提出要修改预算法，对于一些重大问题的解决，我们要根据修改后的预算法，逐步推进。同时，我们要从实际出发，大胆探索，积极创新。人大的预算监督是在市委领导下，与政府共同努力来加强的。政府有关部门在准备这次会议过程中，包括起草有关报告，已经开始改进工作，而不是等开完会以后再说。这种做法值得总结提倡。

各位委员、同志们，市十三届人大常委会履职已经半年了。人大常委会作为人民代表大会的常设机关，其履职情况应当向代表报告，接受代表监督。经主任会议研究，决定将常委会上半年工作情况以书面形式向全体市人大代表进行通报，听取代表意见。

上半年，常委会在做好各项工作过程中，主要把握了以下几点：一是以深入学习贯彻十七大精神为主线，继续推进首都社会主义民主政治建设，保证人民当家作主。常委会坚持党的领导、人民当家作主、依法治国有机统一，坚定不移地走中国特色社会主义政治发展道路，按照市十三届人大一次会议决议，积极主动抓好工作部署，制定常委会工作要点和多项工作计划，切实把人代会决议落到实处。认真办理代表议案、建议，完善督办工作格局，加大督办力度，力求使议案、建议办理落到实处，督出实效，努力保障人民群众利益的实现。不断健全民主参与和向社会公开的机制，特别是在五年立法规划要点制定工作中，采取事先不确定立法项目，直接征集市民和有关方面立法需求的新做法，广泛吸收人民群众参与，充分尊重人民群众意见，取得了良好效果。二是充分发挥人大职能作用，积极服务奥运，全力保障奥运。常委会把服务奥运、保障奥运作为上半年常委会工作的首要任务，把奥运筹办工作作为各项工作的重中之重。半年来，围绕突发事件应对处置、奥运食品安全、奥运环境整治等问题，综合运用立法、监督职能，认真抓好突发事件应对处置的立法工作，以及食品卫生与食品安全、无障碍设施建设和管理、环境整治等方面的监督工作，为奥运会、残奥会成功举办进一步营造良好的法治环境、城市环境和社会环境。三是在提高常委会工作质量和实效上下功夫，大胆探索，积极创新。常委会把提高工作质量和实效作为工作的重要指导思想，坚持“少而精、抓重点、求实效”的原则，做人大该做、能做、有用、有效的事情，同时在坚持人民代表大会制度这一根本政治制度的前提下，在法律框架内，积极推进工作制度、工作机制和工作方法的创新。在完善立法工作体制，加强和改进预算监督、司法监督工作等方面采取了一些措施，取得了一些进展。比如改进立法工作方面，我们开展了法规立项论证的试验，对立法项目先进行立项论证，不立项的不列入立法计划，改变人大常委会重审议而对立法前期工作参与不够的现象，把立项论证作为一个重要机制并通过这个机制，将科学立法和民主立法有机统一起来，增强人大常委会在立法工作中的主导作用。上半年针对制定司法援助条例已经做了有益的试验，下半年还将开展六项立法的立项论证工作，通过试验，逐步规范，争取把它作为地方立法的一项基本制度融入到整个立法程序中。改进预算监督方面，也是今年重点探索的内容；又如改进司法监督问题。我们要严格贯彻落实监督法，坚决不搞个案监督，但是我们又要通过人大监督推进司法公正，维护社会正义。要充分发挥我国司法制度本身的优势，通过对检察院依法行使检察权的监督，推动司法体制内部的监督制约机制发挥作用，从个案监督上升到总体的监督。总之，上半年，我们围绕提高工作质量和实效，加大了探索、创新、改进的力度，对于有些工作准备在今年破题，然后坚持不懈地抓下去，往前推进。四是继续夯实工作基础，强化基础工作。根据届首之年的特点和要求，举办了两期人大代表培训班和新一届常委会组成人员学习班。五年立法规划要点正在制定，建立了法制建设顾问组、预算监督顾问组，完善了市人大理论研究会人员构成，形成了常委会工作的三个支持体系，为本届常委会五年的工作奠定了良好基础。五是围绕提高服务能力，大力加强常委会机关建设。常委会注重发挥机关作为集体参谋助手和服务班子的作用，制定了《关于2008年加强机关建设的工作安排》，开展了“增强服务意识，改进工作作风，提高工作实效”教育活动。积极探索机关机构职能和部分处室机构设置的调整，理顺工作关系，努力把机关建设成为政治强、业务精、作风硬、有活力、讲效率的服务机关和工作机关。

四川汶川发生特大地震后，常委会组成人员和机关干部职工心系灾区，积极捐款捐物，共产党员踊跃交纳特殊党费。常委会还分别向四川、陕西、甘肃三省的人大常委会发去了慰问信。本市各级人大代表也纷纷伸出援助之手，通过所在地区、单位、代表联络组等途径捐款捐物；许多人大代表还亲身参与了支援抗震救灾工作；一些人大代表还积极为抗震救灾提出建议，为夺取抗震救灾的胜利作出了应有的贡献。

特别需要指出的是，半年来，广大市人大代表和常委会组成人员以饱满的精神状态和履职热情，认真依法履职，表现出了高度的政治责任感与使命感，体现了“人民选我当代表，我当代表为人民”的应有风范。大家认真参加学习培训，积极参加常委会、专委会组织的各项活动，会前深入调研，充分准备，会中认真审议，提出意见，为推进常委会各项工作顺利开展，发挥了积极作用。

各位委员、同志们，奥运会即将开幕，筹办工作进入最后关键阶段。举办奥运会，是中华民族的百年期盼，是海内外中华儿女的共同心愿，也是我们对国际社会的郑重承诺。党中央、国务院对最后阶段的筹办工作提出了新的更高要求，市委和市政府也对筹办工作作出更明确具体的部署。我们一定要认真贯彻中央和市委的指示精神，围绕“让国际社会满意、让各国运动员满意、让人民群众满意”的目标，把协同做好奥运筹办工作作为当前的中心任务抓紧抓好抓实，积极发挥地方国家权力机关的职能作用。要充分发挥人民代表大会制度的特点和优势，各市级国家机关要在市委的统一领导下，齐心合力工作，协调高效运转，确保实现平安奥运目标。广大代表要充分发挥作用，密切与人民群众的联系，以自身的模范行动，带动全市人民参与奥运、服务奥运、奉献奥运，积极为奥运献计出力。全市各族人民要牢固树立国家意识、首都意识，积极参加迎奥运、讲文明、树新风活动，弘扬讲文明、重礼仪、团结友善、热情好客的良好风尚，自觉维护奥运环境，努力展示良好形象。市人大常委会机关干部特别是党员干部要以身作则，立足本职岗位，做好本职工作，同时积极参加平安奥运社区志愿活动，以实际行动服务奥运，为奥运出力。

北京市第十三届人民代表大会常务委员会第五次会议议程

（2008 年 7 月 23 日）

（2008 年 7 月 23 日北京市第十三届人民代表大会常务委员会第五次会议第一次全体会议通过）

一、听取和审议市人大常委会执法检查组关于检查食品卫生与安全及清真食品生产经营有关法律、法规实施情况的报告

二、听取和审议市人民政府关于北京市 2007 年市级预算执行和其他财政收支的审计工作报告

三、听取和审议市人民政府关于北京市 2007 年市级决算和 2008 年上半年预算执行情况的报告，批准 2007 年市级决算

四、听取和审议市人民政府关于北京市 2008 年国民经济和社会发展计划上半年执行情况的报告

五、决定人事任免事项

六、市人大常委会主任杜德印同志讲话

关于检查食品卫生与安全及清真食品生产经营有关法律法规实施情况的报告

——2008 年 7 月 23 日在北京市第十三届人民代表大会常务委员会第五次会议上

市人大常委会副主任　吴世雄

主任、各位副主任、秘书长、各位委员：

今年是奥运举办之年，食品卫生与安全不仅关系社会稳定和广大人民群众的身体健康、生命安全，而且事关奥运成功举办、国家形象和国际影响。市人大常委会在备战奥运的关键时期，认真履行职责，充分发挥作

用，在多年连续执法监督的基础上，今年继续对本市食品卫生与安全及清真食品生产经营有关法律、法规的实施情况进行检查，着力依法推进奥运食品卫生与安全保障，为成功举办一届“有特色、高水平”奥运会、残奥会，创造良好的法制环境和社会环境。

市人大常委会成立了由分管副主任任组长，部分常委会委员及教科文卫体、财经、农村、民宗侨等专门委员会委员，部分市人大代表共 72 人组成的执法检查组。3 月 27 日，执法检查组召开第一次全体会议，对执法检查工作进行了部署，并听取了市食品安全办、工商、卫生、质监、农业和民委等部门有关法律、法规实施情况的汇报以及市商务、药监和市政管委等部门的书面汇报。4 月至 5 月期间，执法检查组分为 4 个专题组，围绕奥运食品卫生与安全保障，分别以奥运场馆和旅游景区周边中小餐馆及奥运签约酒店的食品卫生；生产加工、流通领域的食品安全和生猪屠宰、保健食品的管理；农产品生产过程控制和外埠进京动植物农产品的卫生监督；清真食品生产经营的管理情况为重点，对市政府贯彻执行食品卫生法、农产品质量安全法、市食品安全条例等 12 部法律、法规的情况进行了检查。各专题组采取了听汇报和实地检查相结合、定点检查和随机抽查相结合、明查和暗访相结合、座谈和调查相结合、检查和督促整改相结合等方法，共开展执法检查活动 8 次，参加检查活动的代表 100 余人次，检查各种类型单位近 50 个。同时，18 个区县人大常委会受市人大常委会委托，根据自身实际情况，采取了常委会审议、与乡镇街道上下联动、代表集中视察与持证暗查等更加多样的形式，在本行政区域内进行了深入广泛地检查。市人大常委会门户网站开辟专栏，广泛征求社会各界的意见和建议。6 月 27 日，执法检查组召开第二次全体会议，讨论了执法检查报告。

下面，我就检查情况报告如下。

一、主要成效

执法检查组认为，市政府对奥运食品安全高度重视，采取了强有力的保障措施，奥运食品卫生与安全令人放心和满意。同时，市政府抓住奥运举办契机，认真贯彻执行食品卫生与安全及清真食品生产经营有关法律、法规，依法行政能力不断增强，监管工作迈上新台阶，食品卫生与安全整体水平显著提高。

（一）保障措施有力，奥运食品卫生与安全令人放心

确保奥运食品安全是我们对国际社会作出的郑重承诺，市政府以对国家形象和奥运会高度负责的态度，于 2005 年 7 月，成立了奥运食品安全专家委员会，制定了《北京奥运食品安全行动纲要》，对奥运食品安全采取了强有力的保障措施。一是对供应奥运会的食品全部按照国际的最高标准组织生产。二是对奥运会供应食品的企业实行严格的市场准入，并由政府有关部门派专家进场监督，实行批批检验。三是全面启动奥运食品安全监控和追溯系统，对供应奥运会的食品加工企业与消费点实行“点对点”供应，并对运输、仓储等环节实行 GPS 定位监控，实现“从农田到餐桌，从餐桌到农田”的全程双向监控；对供应奥运会的食品，不管是不是北京生产，全部可追溯原产地。四是组建了奥运食品安全保障团队。五是奥运签约饭店、奥运场馆内所有餐饮单位全部达到 A 级餐饮标准。

（二）抓住奥运举办契机，全面提升食品卫生与安全水平

近年来，市政府抓住奥运契机，高度重视食品卫生与安全工作，将食品卫生与安全列入市和区县两级国民经济和社会发展的指

标体系，不断加强依法行政能力和监管工作。一是进一步健全食品安全监管组织网络和责任、食品安全检测、食品安全信用三大体系，并按照市食品安全条例的规定，建立了全市统一的食品安全追溯数据中心，对食品从生产到消费实行整条食品链的全程监管。二是完善了食品安全科学评估、市场准入、监测与监督抽查、突发事件应急处理、信息归集发布和日常监督协调六项机制；以及打击食品违法行为的内部协作和与外埠联合防控机制，提高了食品安全控制体系关键点的控制能力。三是建立了田间督导、农药连锁配送等加强农产品生产源头管理的制度。四是加强了对薄弱环节的监管。去年本市规范、升级改造、撤销拆除、调整移转农副产品市场及社区菜市场 1275 个；543 家食品加工小作坊全部签订了承诺书并初步建立进货及销售台账，63 家小作坊通过省级改造取得食品生产许可证，纳入企业管理；全市 35,800 户餐饮企业全部通过量化分级等级评定，截至 2008 年 7 月 1 日，C 级以上单位总数已达到 99.92%。五是在奥运举办之年，进一步加大了对违法生产经营行为的执法力度，将 4288 种不合格食品、51 家屡出问题的食品生产企业清退出首都市场。

一年来，本市食品卫生与安全水平显著提高，顺利完成了党的十七大、全国“两会”等 69 次国内外重大活动的食品卫生与安全保障工作，实现了重大活动食品卫生与安全万无一失的工作目标。

（三）围绕服务奥运，促进清真食品生产经营健康发展

清真食品生产经营，是服务和保障奥运会成功举办，尊重民族饮食习惯，加强民族团结、维护社会稳定的重要方面。奥运筹备期间，市政府有关部门通过政策支持和资金扶持，积极促进清真食品行业的发展，累计投入 3200 万元专项资金扶持了 113 个清真副食网点、食品生产加工企业，全市清真网点已达 2053 家。目前，本市清真食品行业呈现稳定、健康发展的良好态势，清真饮副食网点规划布局基本合理，能够基本满足少数民族群众生活需要，特别是在首都机场、北京西站等地设置了清真餐厅，填补了重点交通枢纽地区没有清真餐馆的空白。

几年来，市政府及相关部门奋力拼搏，为奥运保障不懈努力，本市食品卫生与安全水平迈上了新的台阶。但食品卫生与安全是一项链条长、管理环节多的复杂系统工程，且原有基础较弱，需要一个长期、渐进的提高过程。在以高标准筹办奥运的过程中，一些问题也显现出来，需要在今后的工作中逐步予以解决。如全市食品安全追溯体系虽已初步建立，但覆盖范围不够广泛，对追溯信息的归集不够及时和完整，尤其是农副产品和散装食品的可追溯情况有待进一步加强；部分非规模化生产的中小企业，食品生产加工质量不够稳定；市食品安全条例虽然确立了食品召回制度，但在实际操作中，还需要进一步细化落实措施；个别地区清真食品行业网点设置不足；餐厨垃圾的处理设施建设滞后，综合协调、监督执法不到位等，成为可能发生食品卫生与安全问题的隐患。

二、几点建议

奥运会召开在即，认真贯彻有关法律、法规，进一步做好食品卫生与安全工作，是成功举办一届“有特色、高水平”的奥运会、残奥会的紧迫任务。为做好奥运筹办最后关键阶段的各项工作，提出以下几点建议。

（一）进一步加大执法力度，确保奥运食品卫生与安全万无一失

奥运会期间，气温高、湿度大，游客和观众激增，聚餐集会增多，食源性疾患风险大增。市政府要按照“预防与应急并重，常

态管理与非常态管理结合”的原则，加大执法力度，切实加强监管，举全市之力，筑牢防线，使首都的食品卫生与安全及清真食品既保证城市发展和市民生活的日常需要，又满足奥运的特殊需要。一是各相关部门既要明确责任，实行部门责任制和责任追究制，又要密切配合，整合行政资源，形成监管合力，提高监管效率，避免出现交叉执法和监管盲点。二是食品安全监督协调机构要发挥监督、协调作用，加强与各部门的沟通、联系，实现综合执法和联合执法的制度化、规范化。三是以战时状态大力加强对小作坊、中小餐馆包括民俗旅游户等薄弱环节的动态监管，“反复查、查反复”，对违法生产经营行为加大惩戒力度，在法律规定范围内予以高限处罚。四是以城乡结合部为重点，加强对出租房屋的监管，坚决杜绝奥运期间出现无证照经营活动。五是切实加强对奥运场馆周边、比赛沿线、旅游景区、繁华街区、交通枢纽等重点地区的重点监控，进一步增加抽检品种，加大食品检测密度，对不合格食品坚决采取下架、退市等措施。对不符合要求、又难以整改的小作坊、中小餐馆、民俗旅游户、清真网点经营户坚决予以关停。

（二）进一步加大统筹协调力度，动员社会力量服务奥运保障

奥运期间食品卫生与安全的监管任务繁重，而本市监督执法力量有限。市政府要在增强政府食品安全监管网络有效运行的同时，在组织、动员社会力量参与奥运食品安全保障方面，加大统筹协调力度，制定相关政策，对所需经费等方面给予保障。要充分发挥社会监督作用，拓宽监督渠道，提高监管工作的整体效果。一是充分发挥基层群众自治组织的作用，用社会力量织密社会监督网络。二是充分发挥行业协会监督、自律、协调、服务的功能，通过协调和服务发挥政府无法替代的作用，促进食品生产经营行业健康发展。三是利用有奖举报等方式，充分调动广大消费者参与食品安全监督工作的积极性。

（三）进一步加大宣传力度，增强公民为保障奥运贡献的责任感

随着公民意识的逐步成熟，积极参与并为奥运会作出自己的贡献是广大人民群众的共同愿望。政府部门一是要在继续加大对食品生产经营者及从业人员食品卫生与安全法律、法规的宣传、教育和培训力度，全面提高他们守法经营意识和职业道德素质的同时，强化对奥运意识的宣传力度，激发他们的爱国热情和作为窗口服务行业为奥运增光的责任感，引导他们做好东道主，真正承担起主体责任，为确保奥运食品安全作出贡献。二是要利用各种渠道，采取多种形式，向广大消费者大力宣传食品卫生与安全知识和合格食品，增强他们的自我保护意识，引导群众健康安全消费，避免发生食源性疾患。三是对取得的食品卫生与安全成果加强宣传，树立良好政府形象，增强公众信心，形成全社会关注、参与奥运食品安全保障的良好氛围。

（四）及时总结奥运保障经验，不断提高食品卫生与安全保障水平

进一步提高首都食品卫生与安全保障水平，是一项长期而艰巨的任务。及时总结奥运食品卫生与安全保障经验，加强体系化、规模化建设，夯实保障基础是重要抓手。一是要继续加强基础设施建设，进一步扩大食品安全追溯体系的覆盖范围，及时、完整归集相关信息，并做好与外埠进京食品供应基地的对接和对外埠动物、动物产品的监管，不断完善食品安全追溯体系，使其在食品安全监管方面发挥更大作用。同时，要进一步加大对农产品生产源头管理的政策扶持和财政支持力度，利用经济等手段指导生产者自觉保护产地环境，科学、合理使用农业投入

品，提高农产品质量。二是尽快细化落实食品召回制度的措施。三是帮扶具有较强地方特色、民族特色、关系农民增收的传统风味食品小作坊，通过共用检测设备、人员等方法，减轻企业负担，鼓励其改善生产条件，稳定产品生产质量，逐步向规模化发展。四是按照科学规划、合理布局、满足需求的原则，认真解决个别地区清真网点不足的问题。五是加快餐厨垃圾处理设施建设速度，建立长效的综合协调管理和联动机制，切实加强对餐厨垃圾收集、运输和管理的监管。

此外，北京作为一个特大型消费城市，80%以上的食品靠外埠供应。建议市政府实行交通限行后，要采取有力措施，确保首都的食品供应和价格稳定。

主任、各位副主任、秘书长、各位委员，现在距离奥运会开幕只有16天了。举办奥运会，是海内外中华儿女的共同心愿。平安奥运的顺利实现，是奥运成功的最大标志，事关国家荣誉，责任重大，任务艰巨。我们相信，市政府一定会发扬“团结一致、众志成城”的抗震救灾精神，坚定必胜信心，奋发努力，严格执法，细致工作，狠抓落实，全力做好食品卫生与安全工作，成功举办一届“有特色、高水平”的奥运会、残奥会，让国际社会满意，让各国运动员满意，让人民群众满意。

以上报告，请予审议。

关于本市贯彻执行食品卫生与安全及清真食品生产经营有关法律法规情况的报告（书面）

——2008年7月23日在北京市第十三届人民代表大会常务委员会第五次会议上

北京市人民政府食品安全监督协调办公室

主任、各位副主任、秘书长、各位委员：

受市人民政府委托，向市人大常委会报告本市贯彻执行食品卫生与安全及清真食品生产经营有关法律、法规的情况。

一、全市食品安全总体状况

（一）首都食品安全的总体状况

2008年1月至6月，全市各部门、各区县按照食品安全统一监测和监督抽查计划共抽检65大类54,725个样本，总体合格率达97.25%，较2007年同期提升了2.25个百分点。其中，列入国民经济和社会发展指标的大米、小麦粉、食用植物油、猪肉、豆制品等6类重点食品的总体合格率达98.33%，较2007年同期提升了1.15个百分点。

各类食品安全突发事件得到了有效控制。2008年1月至6月，全市共确认疑似食物中毒事故8起，较2007年同期减少4起；中毒人数128人，较2007年同期减少2人。无重大食品安全事故。

（二）不断完善食品安全监管的三大体系

一是监管组织网络体系和责任体系进一步完善。市食品安全委员会所属19个部门，18个区县政府和5个特殊地区，308个街道、乡镇及9570名食品安全监督员初步形成了全覆盖的监管组织网络体系。市政府食品安全办公室会同市监察局、市应急办、市政府督查室开展了全市范围内的奥运食品安全风险评估、隐患排查和效能督查，进一步强化了各部门和属地政府的监管责任。

二是监测体系进一步完善。完善由政府抽检、企业自检和经营者送检构成的监测体系。以突出控制重点、加大源头监控、供奥动物源性食品批批检测为原则，制订并实施了全市食品安全统一监测和监督抽查方案。充分发挥29家奥运食品一级、二级检测机构的作用，对高毒高残留农药、违禁兽药及非法添加物进行重点监控。

三是食品安全信用体系进一步完善。将首都食品安全网延伸到500余个社区居（家）委会和经营食品的商场、超市。将不合格食品的信息在食品安全网和其他社会媒体上公布，并纳入企业信用管理系统，加大对不合格食品生产经营者的失信惩戒力度。

（三）全面提升食品安全监控的技术保障能力

随着首都食品安全监控工作和各项奥运保障工作的推进，各项信息网络技术得到了充分运用，极大地提升了政府各部门的监管能力。

一是全面应用首都食品安全监控系统。向全市食品生产经营者以语音和短信的方式发布不合格食品停止销售信息和企业退市的提示信息26批次，对245种危害较大的不合格食品采取了全市下架退市的强制措施，全市6万5千余名食品生产经营者可在半小时内收到相关信息。

二是推进首都食品安全追溯系统的应用。完善果蔬、动物产品、预包装食品和奥运食品监控子系统的应用。以果蔬和水产品为重点，在本市151家农产品生产基地和配送企业、14家生猪屠宰加工企业、3家京内外禽类屠宰加工企业、5家牛羊肉屠宰加工企业、7家大型连锁超市内推行追溯系统和面向消费者的终端触摸查询系统。在小麦粉、大米等45种食品上推行产品质量电子监管码。目前，首都食品安全追溯系统共归集各类食品生产经营企业追溯数据218万条。

三是完善食品安全监控信息平台。对国内外110家政府部门、科研机构和媒体网站发布的食品安全信息进行实时监控，及时掌握全球范围内重大突发事件的第一手信息，为首都和奥运食品安全提供评估依据和决策支持。2008年2月19日，市食品安全监控中心监测到美国《纽约时报》发布的关于美国奥运代表团官员在中国超市购买鸡肉检出类固醇，并以此为由不入住运动员村的消息后，立即组织专家进行科学评估，并对市场上的鸡肉产品进行抽检，及时澄清了事实，第一时间向各国媒体发布了消息。美国奥委会也在当天宣称对“中国奥运会的食品安全充满信心”，并将入住运动员村。

（四）深入推动《北京市食品安全条例》的贯彻实施

《北京市食品安全条例》（以下简称《条例》）自2008年1月1日起正式实施，为全面提升首都食品安全控制水平，确保奥运食品安全提供了重要保障。各部门、各区县认真贯彻《条例》，市、区人大、政协开展了执法检查，极大地推动了食品安全主体责任的落实，强化了全社会的食品安全意识。

一是明确了市、区（县）、街道（乡镇）政府对本行政区内的食品安全监督管理负总责，各部门按照各自职责分工负责的监管体制。以奥运食品安全保障为重点，市政府、各区县、街道（乡镇）层层签订责任书，进一步强化食品安全的主体责任和部门监管、行业管理、属地监管、综合监管责任。

二是突出了食品市场准入和退出、风险评估、召回、可追溯、无害化处理、快速检测和市场控制、举报奖励等在实践中行之有效的制度和措施。针对供奥运乳制品检出内源性违禁物质、矿泉水检出溴酸盐等10余个典型事件开展食品安全风险评估，向奥运食品生产供应商通报调味品防腐剂超标等食品风险预警50余次。

三是加大了对违法生产经营者的处罚力度。质量技术监督、工商、农业等部门运用《北京市食品安全条例》、《国务院关于加强食品等产品安全监督管理的特别规定》、《中华人民共和国农产品质量安全法》等新出台的法律、法规查办案件2126起，货值金额近710万元，确保了首都食品的消费安全。

四是强化了食品生产经营者和市场开办方作为第一责任人的主体责任。新发地、大洋路、八里桥、锦绣大地、顺义石门、昌平水屯等6大农副产品批发市场和55家大型连锁商场、超市逐步建立了具有法定资质的检测站和快速检测室，开展自检和定期送检。

（五）规范种养殖、生产加工、流通和消费四个环节，强化从农田到餐桌的全程监控

一是建立田间督导制度，加强农业投入品管理。2007年至今共培训市、区、乡镇三级农产品质量安全田间督导员672人，其中检查员180人、内检员492人，从投入品出入库、日常质量安全控制等10多个方面对13个区县的100多个生产基地实施了现场田间督导，规范了产前、产中、产后全过程的生产档案记录。截至目前，已建成国家级农业标准化示范区49个，市级农业标准化生产示范基地1020家。大力推进农业投入品的连锁经营、统一配送，面向12个区县、104个乡镇和483个村的5万多农户开展“空瓶（袋）回收”，遏制了假冒伪劣及违禁投入品的使用。共在京郊推广应用了安全新型农药10万亩，更新新型植保器械30,000台（套）；直接补贴有机肥7.5万吨，推广应用面积20多万亩。

二是强化生产环节的监管，提升生产领域食品安全。严格食品生产许可证的发放。截至2008年5月底，累计（有效期内）1478家食品生产企业获得食品生产许可证，158家食品相关产品生产企业获得食品相关产品生产许可证。同时充分考虑清真食品的特殊性，为清真食品生产企业服务，推动清真食品企业的全面发展。

强化食品质量安全监督，加大扶优惩劣力度。加强对食品生产企业的执法检查，对消费者投诉较多的食品类别和高风险食品生产企业重点开展执法检查，检查重点是企业的“三库一室”（即原料库、辅料库、成品库，化验室）。2008年1月至5月，检查食品加工企业3500余家次，查处各类食品案件143起，罚没款30.76万元，查获货值10.64万元。

每周对高风险小作坊，每两周对低风险小作坊进行巡查或抽查，督促小作坊建立、完善原辅料使用和供销台账制度，落实索证索票制度，完善小作坊食品质量安全追溯体系，做好使用添加物质备案工作。全市于2008年6月初对小作坊进行检查和市级专项监督抽查，对抽查中发现严重质量问题的小作坊，依据《中华人民共和国产品质量法》责令其停止生产、销售。严厉打击使用非食品原料、回收食品生产加工食品以及滥用食品添加剂、制售有毒有害食品的违法行为，杜绝使用病死或死因不明的畜禽及其制品加工食品的行为。对食品造假黑窝点，坚决依法查处取缔；对无证无照或证照不全的食品加工点，坚决予以取缔。

通过宣传引导和帮扶，协助具有较强地方特色、民族特点，关系群众增收的传统风味食品小作坊完善质量控制措施，鼓励其改善生产条件。对遵纪守法、诚信经营小作坊生产的质量稳定的特色食品加大宣传和引导力度。

加强食品相关标准的管理。对目前尚没有国家标准、行业标准规定的食品原材料，以地方标准形式作出规定。2006年至今，先后发布了《豆芽安全卫生要求》、《代用茶卫生要求》、《固态调味品卫生要求》、《半固态

（酱）调味品卫生要求》、《液态调味品卫生要求》、《食用调味油卫生要求》、《生食水产品卫生要求》以及《生食肉类产品卫生要求》等地方标准。

对没有国家标准、行业标准的企业食品卫生相关产品标准，开展企业标准备案工作。截至2008年6月26日，本市共对1090家食品制造企业的4860项企业标准以及1148家食品加工企业的5565项企业标准进行备案。目前，在有效期内与食品卫生相关的企业标准共计4371项。

三是严格规范生猪屠宰加工行业，提升鲜肉制品安全水平。要求屠宰企业建立稳定的生猪货源基地。建立了严格的台账制度，除对基地进行登记造册外，对每一批次生猪的来源（包括收购散养生猪的运销户）的省、市、县、养殖场名称、所有者姓名、数量、销售去向等基础数据进行详细登记，实施可追溯制度。

加强生猪定点屠宰厂硬件设施建设，提高检测水平。所有生猪定点屠宰厂都配备了必要的“瘦肉精”检测装置，对每一批生猪都要进行宰前抽检，严把宰前关。同时，为保证生猪产品在运输过程中的质量卫生，所有生猪定点屠宰厂都配备了专用的冷藏运输车辆，生鲜猪肉必须采取冷藏运输方式，凡是不采取冷藏运输的猪肉产品将不得进入市场销售。

四是整治流通领域食品经营秩序，大力推进市场升级改造和规范化建设。严格落实进货检查验收、索证索票、“场厂挂钩”、“场地挂钩”、冷藏运输，以及水产品、蔬菜市场准入等食品安全制度。对因规划手续不全、市场用地征而未建等原因未能进行升级改造的82个农副产品市场进行定时限、定地点、定标准挂账管理，对不符合奥运会举办和环境要求的市场，坚决予以撤除、转型。2008年上半年全市共处罚市场36个，处罚场内经营户1795个（次），没收非法所得及罚款近百万元。在对全市清真食品经营的监督管理中，重点检查清真食品及少数民族用品经营单位悬挂的牌匾、字号是否使用带有侮辱、歧视少数民族性质的称谓、地名和伤害少数民族感情的内容，经营非清真食品的单位是否使用清真标志以及是否有转让、出租、买卖、借用清真专用标志的违法经营行为。

宣武区牛街地区是本市回族群众的聚居地区，也是对清真食品监管的重点地区。宣武区对来自山东、河北等地的供货商进行宣传，并对他们采取了长效信誉监管机制。目前全市已实现牛羊肉供应的“场厂挂钩”，宣武区和河北省大厂回族自治县还签订了《北京市宣武区河北省大厂回族自治县两地流通领域清真肉类食品市场安全监控联动协议书》。协议要求两地政府加强流通领域清真牛羊肉安全监管工作的交流和合作，维护两地清真牛羊肉食品市场秩序。

五是在消费环节全面实施餐饮卫生监督量化分级管理，提升餐饮行业食品安全。将26家奥运送餐单位、119家奥运签约饭店纳入一级监控保障范围，2008年7月底前全部达到A级标准。创建113条“餐饮消费卫生安全街”，将1355家场馆周边地区、繁华商业区、旅游景区、特色餐饮区、奥运签约饭店周边地区的餐饮单位纳入二级监控保障范围，2008年7月底前全部达到B级以上标准。将其他社会面餐饮服务单位纳入三级监控保障范围，提升全市176家D级餐馆卫生水平，2008年7月底前全部达到C级以上标准。对经整改仍不符合基本卫生条件，或拒不整改的小餐馆，要在当地政府的组织下，相关部门联合执法，坚决予以取缔。

涉奥餐饮单位、重点地区餐饮单位在2008年6月底前配备考试合格并持证上岗的食品卫生管理员。20,000家A、B级餐馆已完成卫生等级标牌的悬挂，门口摆放中英文对照的卫生监督信息平台。

对全市10万名厨师长和冷荤班长进行预防食物中毒关键环节的培训。编写简明扼要、通俗易懂、图文并茂的培训手册，提出把好预防食物中毒“十大关”的要求，2008年7月底前完成培训。截至2008年6月20日，已完成70,932名餐饮单位厨师长和冷荤班长的培训工作，占厨师长和冷荤班长总人数的70.9%。

与餐饮单位100%签订卫生责任书，落实主体责任。截至2008年6月20日，已有44,660家签订了责任书，达到73.7%。

二、奥运食品安全保障工作的进展情况

（一）制定、修订奥运食品安全标准和管理规范

以国家标准为基础，参考国际标准并结合保障运动员食品安全的特殊需求，制定、修订了15项奥运食品安全标准和规范，包括《执行标准和适用原则》、《食品追溯编码规则》、《包装、贮运执行标准和适用原则》、《动物药品使用管理规范》等，涉及奥运食品生产、包装、贮运、标识、动物源性食品药品使用等规范。

（二）对奥运食品生产基地、企业实施点对点监控

严格监控京内外基地和企业添加剂、违禁物质和农药的使用，封闭管理，现场检测，严格准出，实现质量可控制、安全问题可追溯。

（三）对奥运食品生产基地、企业进行动态监测

已监测抽查5493个奥运食品赞助商、供应商和备选供应基地、企业的样本，合格率为96.83%，不合格样本主要涉及畜禽产品、蔬菜、水产品、糕点、调味品，不合格因素主要包括动物源性食品检出违禁物质、农药残留超标、菌落总数超标、滥用食品添加剂等。对屡次检出违禁物质的企业停止了奥运食品供应资格。

（四）制订并实施了奥运食品安全保障方案

组建奥运食品安全保障团队，对奥运场馆、非竞赛场馆、签约饭店等供餐场所建立餐谱和原材料备案、食品留样、现场检查、驻点监控等制度。将奥运场所周边、繁华街区、旅游景区和集贸市场纳入食品安全控制的重点区域。

（五）建立奥运食品安全应急处置方案

奥运会食品安全突发事件包括以下四类：因水、电等餐饮设施故障而引发的食品生物性污染和供应问题；一般性食物中毒；摄入含有违禁物质的食品而引发的事件；食品的生物性、化学性、放射性人为恶意污染。

一是成立奥运食品安全应急指挥部。制定了应急预案，规范了各类事件的报告处置流程。

二是建立应急通讯指挥系统。按照奥运食品安全指挥、调度和监管层级、监管区域和物流环节设置应用集群，确保突发事件的应急指挥通讯。

三是构建奥运食品安全指挥中心图像信息平台。对竞赛场馆和重点地区周边社会面控制情况实行视频监控。

（六）全面启用奥运食品安全监控和追溯系统

将奥运食品备选供应基地、生产企业、物流配送中心、运输车辆、餐饮服务场所纳入监控范围，运用RFID（非接触式无线射频识别）等技术对奥运食品种植、养殖源头、食品原材料生产加工、配送到奥运餐桌，进行全过程监控和信息追溯。

（七）强化奥运食品运输的安全技术保障

实现恒温运输，为奥运食品运输车辆安

装GPS实时监控和温度实时记录装置。从安保角度考虑对车厢实行电子签封，专车专人押运，在奥运食品安全追溯系统中实时监控车辆行驶轨迹和车门开启状况。

（八）构建了奥运食品应急反应毒物数据库

收录了800余种生物性、化学性和放射性物质的化学分子式、事件的案例、中毒症状、救治药物等技术资料，并对人为恶意污染事件中的未知毒物开展分析、鉴别、研究和试验。

（九）做好动物源性食品中违禁物质控制的技术准备

研发了动物源性食品中违禁物质的检测方法，以国家标准形式颁布。拟定了详细的监控方案。开展了违禁物质的人体及动物体肾代谢实验，进一步评估食品中的违禁物质对人体的影响。

（十）应用流动检测设施，提升现场处置能力

一是建立了移动实验室，可在奥运会期间对食品农药残留、兽药残留违禁物质等进行精确的检测。

二是针对可能故意投放在食品中的20余种毒物和其他40余种有害物质，开发了便携式快速检测箱，提升现场毒物甄别和应急处置能力。

（十一）做好了奥运食品安全突发事件的技术防控保障

一是由世界卫生组织、欧盟食品安全局、中国疾控中心等的十余位专家组成奥运会期间突发食品安全事件专家组，提供技术咨询。

二是做好药品、疫苗、医疗设施及卫生防护用品等物资储备。

三是启动了小白鼠生物实验。

三、存在的主要问题

首都的食品安全工作虽然取得了一定成绩，但与确保奥运食品安全万无一失的目标相比，还存在着一些漏洞和薄弱环节。

一是“点对点”的奥运食品专供体系有待进一步完善。

二是奥运动物源性食品中违禁物质和农产品高毒高残留农药仍有检出，特别是个别的奥运畜禽产品专供企业已经屡次检出违禁物质，为奥运食品安全带来较大风险。

三是奥运会期间正值食源性疾患的历史高发期，餐饮业防控食物中毒事故的任务十分艰巨。

四是无证照生产、加工和经营食品的违法行为仍然屡有发生，给首都形象和奥运食品安全工作带来负面影响。

五是各部门在监管工作方面的衔接配合和信息沟通有待进一步加强。

六是部分运动员将不在运动员村入住，6家总部饭店、5家贵宾饭店、43家媒体饭店和7家运动员接待饭店纳入奥运食品专供体系，加大了食品安全监控的压力。

七是奥运主餐饮服务商对各备选企业食品原材料的具体清单尚未提供，食品采购、经营和物流行为不规范，给奥运食品安全监控和追溯工作带来风险。

八是各区县在奥运会期间食品安全的应急处置体系有待进一步健全。

九是应对奥运食品安全突发事件的科学评估、违禁物质检出的最终仲裁和统一发布机制有待进一步完善。

四、下一步工作

（一）全面控制奥运会期间的食品安全，确保不发生重大食品安全事件

一是要严格防控重大食物中毒事故。加强对集体用餐单位、中小餐饮企业、餐饮市场及民俗旅游业的监控，严格检查餐饮单位加工环境、设施的卫生状况，规范进货渠道

和加工操作行为，加大检查频率，整体提升餐饮企业的规范化管理水平。原料进货必须做到索证索票，加工烹调必须做到烧熟煮透，餐具消毒必须做到规范彻底，冷荤加工必须做到“五专”，垃圾废弃物处理必须做到流向妥善。要加强对夏季露天餐饮经营场所的管理，严格资质审查，规范食品原材料采购、现场加工操作和露天经营行为，坚决取缔违法经营。建立餐饮业食源性致病菌监测系统，对餐饮食品和餐饮具定点监测，发现问题提前预警。出现食品安全事件时，迅速报告并启动应急措施，最大限度地降低风险和危害。

二是要进一步加大对奥运食品安全重点区域的外围保障力度。持续加大对78个奥运场馆、119个签约饭店周边、81条途经路线、4条比赛路线以及城乡结合部、农村地区、旅游景区、繁华街区、交通枢纽等地区的重点监督和治理。加强责任巡查，坚决取缔非法食品生产经营现象，严厉打击无证照游商非法贩卖食品行为，坚决关闭不符合生产条件要求的小作坊，规范各类小食杂店进货行为。

（二）确保奥运专供食品的万无一失

奥运专供食品覆盖了猪肉、牛羊肉、禽类、蛋类、奶制品、水产品、豆制品、蔬菜、水果、粮油、副食调料等20大类800余个品种，主要来自于本市的86家种植、养殖基地、2家肉类屠宰加工企业、5家果蔬即食加工企业、32家预包装食品生产加工企业和18家食品采购、配送、经销商。

一是所有供奥运会运动员的食品必须来自遴选的奥运食品生产基地和企业，奥运食品生产基地供应的产品必须来自于自有基地。奥运食品加工企业和餐饮服务单位所使用的农产品、定型包装食品和食品调料都必须从定点基地、企业和单位采购。

二是各区县（地区）政府对辖区奥运食品生产基地和企业的食品安全负总责，做好奥运食品安全保障的组织协调工作，加强对辖区内所有奥运专供食品生产、经销企业及其产品的监督检查，狠抓各项监管工作的落实，确保所有企业向奥运会提供的食品都是合格和高质量的。

（三）加强对奥运会期间三大食品安全风险的控制

除食源性疾患高发期这一特点外，奥运会期间首都的食品安全还呈现出三大风险，要有针对性地加强控制。

一是动物源性食品中违禁物质的滥用。本市将全面控制兽药、饲料和饲料添加剂的使用，督促所有奥运动物源性食品养殖基地严格遵守动物养殖用药规范，杜绝违禁药物的使用，确保产品安全可追溯。进一步加大对食品中违禁物质的监控力度，扩大抽样范围，增加抽检频次。从现在起至奥运会召开前夕，对高风险动物源性食品要每周抽检一次；奥运会召开前夕至奥运会期间，每周抽检两次。

二是高毒高残留农药和食品添加剂的违规使用，同样会造成食物中毒或其他重大群体性食品安全事故。全市将继续开展高毒农药专项整治，杜绝使用5种高毒农药和其他高残留农药。奥运会期间，决不能出现一起因食用含有高毒高残留农药的食品而导致的重大事故。

三是生物性、化学性、放射性等人为恶意污染食品事件，会对奥运会的成功举办带来严重干扰。各区县和相关部门将与安保、奥运会相关组织部门密切协作，加强食品生产、运输、仓储等各环节的监控。做到奥运食品专车运输、专人押运、专人验收、专库储存，运用RFID电子签封、GPS和温度传感装置，实时监控运输车辆行驶和食品安全状况。

（四）严格遵守国家标准、奥运食品安全标准和相关操作规范

奥运食品相关标准以北京市地方标准的

形式颁布，具有法律效力，是奥运食品生产企业和监管执法部门必须执行的刚性指标。强化奥运食品生产基地和企业的第一责任人意识，严格督促其按照国家有关法律、法规、奥运食品安全标准和良好农业规范、良好操作规范、良好生产规范等技术规范生产，对供奥运会的食品批批检测、严格准出，确保符合奥运食品安全的各项技术要求。

（五）进一步密切监管部门间的协作与配合

以各部门现有职能为基础，进一步密切各部门对奥运食品“从农田到餐桌”全过程监控工作中的协调配合。农业部门牵头做好奥运食品种植、养殖基地的监控工作，严格规范投入品的使用；质量技术监督部门牵头做好奥运食品生产加工企业的监控工作，严格规范原辅材料和添加剂的使用；工商部门牵头做好奥运食品配送企业的监控工作，按照国家法律、法规和奥运食品安全标准严格执行进货检查验收制度；卫生部门做好餐饮服务环节的监控工作，落实各项现场加工操作规范，严格防控食物中毒事故；出入境检验检疫部门要加强对进口供奥运食品的监管，严格动植物源性食品的检疫审批。加强对各国奥运代表团自带食品的监管，做到既快捷通关，又严密监管。

（六）实行奥运会期间食品安全事件统一对外发布

奥运会期间的各类食品安全事件涉及面广、影响力大，与食品安全有关的各项筹备工作也一直受到国内外媒体的广泛关注。由于奥运会食品安全事件的起因复杂，需要经过科学的调查和评估，稍不严谨，可能会使国家和首都形象受损。为此，我们将以积极的姿态做好食品安全的舆论引导工作，加大对赛场内外食品安全工作的正面宣传力度；另一方面，也要抓紧健全突发食品安全事件的新闻报道机制，建立起奥运会期间食品安全事件的统一对外发布制度。具体信息要经奥运食品安全专家组评估，尤其是要就事件发生的原因是否属于违禁物质直接或间接摄入作出判断后，由奥运食品安全指挥部统一组织对外发布，以便我们在第一时间发布权威信息，牢牢把握食品安全信息发布的主动权。

（七）进一步提高应急反应能力，确保突发事件的应急处置

一是各部门、各区县将结合本部门、本辖区的职责和特点，依据全市统一的奥运食品安全应急预案，规范事件的报告和应急处置流程，抓紧开展应急演练，有效应对各类突发事件。

二是卫生、药品监督等部门将做好应对重大、突发食品安全事件的物资储备，包括药品、疫苗、医疗设备和器材、快速检验检测技术和试剂、传染源隔离及卫生防护用品和其他应急设施。

食品卫生与安全事关人民的健康和生命安全，直接影响着首都的发展和稳定，为社会各界广泛关注。长期以来，我们的食品安全工作得到了市人大的大力支持。此次市人大常委会审议本市贯彻执行食品安全与食品卫生及清真食品生产经营有关法律、法规情况的报告，是对首都食品安全工作的鼓励和鞭策。我们将一如既往地高度重视市人大提出的意见和建议，主动接受监督，认真查找食品安全监管的漏洞和盲点，积极加以改进，扎扎实实地做好首都食品安全工作，为广大市民营造安全放心的消费环境。

以上报告，提请市人大常委会审议。

关于北京市2007年市级预算执行和其他财政收支的审计工作报告

——2008年7月23日在北京市第十三届人民代表大会常务委员会第五次会议上

北京市审计局局长　李颖津

主任、各位副主任、秘书长、各位委员：

我受市人民政府委托，向市人大常委会报告本市2007年市级预算执行和其他财政收支的审计工作情况。

一、审计工作组织实施情况

根据《中华人民共和国审计法》和《北京市预算监督条例》的规定，市审计局于2007年7月至2008年6月，对本市2007年市级预算执行和其他财政收支进行了审计，对部分财政收支追溯到以前年度。市人大财经委员会按照市人大常委会的要求，加强了对审计工作的监督指导，听取审计结果汇报，并进行了初步审查，为审计客观评价预算执行情况，反映预算执行中存在的突出问题奠定了很好的基础。

为了不断深化市级预算执行和其他财政收支审计工作，充分发挥内部审计机构的作用，使政府审计与内部审计监督形成合力，市政府在总结2006年50个部门自查经验的基础上，要求市审计局对12个部门重点审计的同时，继续组织未纳入审计范围的151个部门开展自查。通过采取审计与自查相结合的方式，对市级163个部门预算执行情况进行全面检查，促进预算执行和预决算管理工作的进一步健全规范，为保证部门决算真实完整打下了坚实的基础。自查期间，市审计局加强了自查工作督导，先后召集66个部门进行座谈，指导开展自查工作。151个部门组成了957个自查小组，对本级及所属859个行政事业单位进行了自查，涉及资金719.87亿元，自查反映出各类问题金额35.96亿元，其中：财政资金使用率不高，资金闲置18.71亿元，占问题总额的52%；预算、财务、资产管理及会计核算不规范金额17.25亿元，占问题总额的48%。自查发现的问题，已经进行了整改，并将通过进一步完善管理，加强制度建设，防范再度发生。目前，各相关部门已制定各项整改措施647项。

在具体组织实施审计中，市审计局以科学发展观为指导，贯彻审计法，落实市委、市政府对审计工作的指示，以及市人大常委会对2006年预算执行审计工作报告审议意见书的要求，以规范财政预算管理和资金分配行为，规范涉及奥运筹办和民生等重点专项资金使用管理，查处和揭露重大违法违规、损失浪费和侵害人民群众利益的问题，促进提高财政资金使用效益为目标，注重整体把握和评价市级预算执行情况，不断加大对基层预算单位和项目资金具体使用单位的监督力度。安排的预算执行和其他财政收支审计和审计调查项目主要涉及了市财政局具体组织市本级预算执行、市级预算资金分配、涉农资金分配管理和使用、部门预算执行和决算草案、五项社会保险基金管理使用等方面。

审计涉及市级预算管理和资金分配部门53个，区县有关业务主管部门176个，基层预算单位和财政资金使用单位218个，涉及建设和施工等单位1097个。

市审计局对2006年市级预算执行和其他财政收支审计查出问题的落实情况也进行了检查。2007年年底，市政府已就各部门、各单位落实整改情况，专题向市人大常委会作出了报告。

在不断深化预算执行审计工作的同时，市审计局根据市委、市政府的部署，将审计工作与奥运筹办工作全面融合，积极开展奥运工程审计。“5·12”四川汶川特大地震发生后，市审计局迅速反应，精心组织，积极开展了抗震救灾捐赠款物审计，在工作中一手抓抗震救灾审计，一手抓奥运工程审计，较好地完成了相关阶段的各项审计任务。

二、奥运工程和抗震救灾审计工作开展情况

（一）奥运工程审计工作开展情况

根据审计署奥运工程审计分工原则，市审计局负责40个比赛、训练场馆及部分相关设施、配套工程的审计工作。国家体育场、国家游泳中心、国家会议中心击剑馆以及中央投资的其他场馆则由审计署负责审计。

按照审计署部署及市政府的要求，市审计局集中市、区两级审计力量，从2006年起，对奥运工程进行了跟踪审计。审计中，切实贯彻审计署“服务奥运、保障奥运”的总体指导思想，对于审计发现的管理不规范问题，采取边审计边纠正的做法，及时向被审计单位提出改进建议，督促被审计单位整改落实，促进了奥运工程建设项目规范管理。从目前的审计结果看，奥运工程建设总体进展顺利，未发现重大违法违规问题。奥运工程审计结束后，有关审计结果将根据国务院总体部署，由审计署向社会公告。

（二）抗震救灾审计工作开展情况

今年5月12日，四川汶川特大地震发生后，市审计局迅速组织市区两级审计机关150名审计人员开展了抗震救灾捐赠款物的审计工作，重点审计了市区两级红十字会、救灾捐赠事务管理中心、慈善协会以及北京青少年发展基金会。经初步审计核实，截至6月30日，上述机构共接收捐赠款物13.6亿元，其中：捐款10.51亿元、物资3.09亿元。

从审计结果看，上述机构在捐赠款物的接收过程中，注重对捐赠款物的管理，建立了必要的内部控制制度和公告制度，有关部门及时明确了捐赠款物的接收单位，提出了管理使用和监督检查的要求。到目前为止，除管理不规范问题外，审计尚未发现重大违法违规问题。

灾区重建是一项长期的工作，市审计局将根据审计署和市政府的部署，建立抗震救灾审计工作的长效机制，保障有关资金、物资和援建项目的规范运作，提高使用效益和效果。

三、2007年市级预算执行和其他财政收支的审计结果

2007年，全市各部门、单位认真执行市十二届人大五次会议决议，以科学发展观统领各项工作，着力改善民生，积极推进奥运筹办工作，促进和谐社会建设，较好地完成了市人代会确定的各项预算收支任务，实现了经济社会的又好又快发展。

从审计结果看，市级财政收入持续稳定增长，全年实现市级财政总收入1233亿元，其中财政收入847.3亿元，完成预算的117.2%。市级预算超收增加财力，已依照有关法律规定，优先安排用于教育、科学、农

业、卫生、文化和计划生育支出。全年市级财政总支出1205.2亿元，其中财政支出953.7亿元，完成预算的126.7%。在资金安排上体现了公共财政的要求，一方面结合筹办奥运，加大城市环境综合整治和环境保护投入，改善首都城市基础设施。另一方面积极落实各项惠民政策，继续加大教育投入，重点支持改善办学条件；加大城乡公共卫生体系和社会保障体系建设的投入，提高公共卫生服务和社会保障水平；积极安排各项支农惠农政策资金，确保三农政策的落实；积极落实公交优先政策，安排资金投入公共交通领域，保障市民乘公交车出行享受低票价，缓解交通压力。总的看，2007年市级预算执行情况较好，财政改革全面推进，管理水平进一步提高，全年财政收支平衡，市级收支预算圆满完成。但是，在财政资金分配和具体使用方面还存在一些问题。

（一）市级预算管理审计情况

1. 审计了市财政局具体组织市本级预算执行情况。2007年，市财政局认真贯彻各项宏观调控政策，继续深入推进国库集中收付制度改革，扩大非税收入收缴改革试点规模，进一步加大财政投资评审和预算执行绩效考评力度，强化国有资产管理，积极推行市级部门集中财务管理试点，逐步清理消化财政性结余资金，加强了预算和财政财务管理，较好地组织了市本级预算执行。但是，国库集中支付管理和财政资金分配中还存在一些问题。

一是一些部门预算编制不够细化，国库集中支付操作不够规范。审计发现，在本市全面推行国库集中支付的情况下，一些部门编制的项目支出预算不能落实到基层预算单位，在国库集中支付时，无法将资金直接支付给收款人或供应商，造成国库集中支付具体操作中出现不规范的现象。有的部门向市财政局提出支付申请，市财政局通过财政零余额账户，直接将没有落实到基层预算单位的财政资金划入部门本级和所属预算单位银行存款基本账户安排支用。有的部门自行通过本部门或单位零余额账户，将财政资金划入了部门本级和所属预算单位银行存款基本账户或其他账户。这种做法，不利于加强财政资金支付的管理与监督，不利于健全和完善部门预算管理，深化部门预算改革。

二是市级部门预算中一些资金分配不够合理。2007年，市财政局超过定额标准给部分部门和单位安排了公用经费，造成部门和单位间公用经费供给不平衡。在安排市级部门2007年专项经费时，没有充分考虑历年预算执行和专项结余情况，批复的部分专项经费在有关部门结余较多，且逐年增长，形成资金闲置。批复给一些部门的经常性专项经费没有界定具体支出项目和内容，致使一些部门经常性项目开支存在随意性，不利于节约行政经费。

2. 对2006年度市对区县补助资金分配管理情况进行了审计调查。调查涉及通过部门预算参与市级财政资金分配的32个市级部门和接受市拨涉农专项资金补助的8个区县。从资金分配过程和结果看，有关部门能够认真贯彻市委、市政府的工作部署，落实各项事业发展规划，逐步建立健全资金分配制度，促进资金分配过程的公开、公平和公正。资金安排保障了社会公共服务设施建设和各项社会事业发展以及党和政府惠农政策的有效落实。但是，调查也发现一些问题。

一是市对区县补助资金分配管理权相对分散，不利于完善和规范市对区县转移支付制度。调查发现，除市财政局、市发展改革委负责直接安排市对区县补助资金外，全市还有32个市级部门在其部门预算中安排了区县对口单位专项补助资金，且资金数额较大，个别专款还存在多头下拨现象。2006年，通过市级部门分配下拨给区县对口单位的专项补助资金 20.66 亿元，相当于当年预算内市本级对区县专项补助的 18.8%。同时，这部分资金在分配下拨时，也未通知区县财政部门，脱离了预算监督。

二是涉农资金分配管理有待完善。由于一些参与市对区县涉农补助资金分配和管理的部门在项目立项审批和审核环节上沟通协调不够，造成一些部门安排的项目存在交叉重叠现象，资金投向也比较分散。基层单位也借机重复申报项目，调查发现，有 6 个区县的 38 个项目重复报领了资金 7974 万元。

三是市对区县补助资金在使用中缺乏监管。从调查情况看，32 个市级部门中，除市教委等 6 个部门对专项补助使用情况进行过抽查外，其余部门对分配下拨的专项补助没有进行后续监督，再加之区县财政部门不掌握专项补助的分配拨付情况，也无法实施有效监督，造成部分专项补助未按规定用途使用或形成闲置。调查 4 个区县的 63 个资金使用单位发现，有 27 个单位未按规定用途使用专项补助，有的用于日常办公经费，有的用于会议支出或外省市考察，有的甚至购置编外轿车，共涉及资金 502 万元。还有 39 个单位累计结余闲置市级部门拨入的专项补助资金 1365 万元，占市级拨入资金的 10%。5 个区县实施的 12 个涉农项目中，有 1407 万元资金没有按规定的用途使用。

（二）市级部门预算执行和决算草案审计情况

对 12 个市级部门 2007 年预算执行和决算草案进行了审计。2007 年，12 个部门收支预算 478.93 亿元；收入决算 572.58 亿元；支出决算 482.85 亿元。资金主要投向：教育、医疗卫生支出 242.45 亿元，城乡社区和农林水事务支出 108.12 亿元，文化体育与传媒支出 55.24 亿元，交通运输支出 41.39 亿元，社会保障和就业支出 20.53 亿元，环境保护支出 10.15 亿元，一般公共服务、科学技术等支出 4.97 亿元。

从审计结果看，各部门逐步健全和完善内部管理制度，预算申报基本符合规定程序，预算编制逐步规范，资金分配和拨付比较及时，预决算管理水平和财务会计基础工作有了明显提高。各部门围绕履行公共服务和社会管理的职能组织各项预算收支，资金总体使用情况较好，促进了城市建设和社会事业发展。与奥运筹办有关的项目进展较为顺利，为举办一届高水平、有特色的奥运会和残奥会奠定了良好的基础。同时，根据市财政局统一安排，各部门开展了财政性结余资金清理工作，清理 2006 年以前各项财政性结余资金 27 亿元，取得了较好的成效。但是，也存在一些问题。

1. 一些部门项目资金结余规模仍呈增长趋势，部分财政专项资金使用效益不高。12 个部门 2007 年度决算报表反映，有 7 个部门行政事业性项目结余和基本建设项目结余资金仍呈增长趋势，至 2007 年年末，7 个部门和所属基层预算单位累计项目结余已达 73.98 亿元，占当年财政批复部门年度预算总额的 20%，比上年同期增长 59%，最多的增长达 163%。7 个部门本级项目结余呈快速增长趋势，2007 年年末累计结余专项资金 38.56 亿元，占部门专项结余总额的 52%，平均增幅达 78%。

对 12 个部门 648 个重点项目效益情况延伸审计调查发现，10 个部门预算中安排的 221 个项目存在资金和设备闲置问题，涉及金额 15.57 亿元，占延伸审计 648 个重点项目预算资金总额的 14%。其中：资金闲置 10.69 亿元，占 69%，主要是由于基础工作不扎实，前期论证不充分，履行政府采购和招投标程序时间较长、一些需拆迁的工程拆迁难度大等原因，导致项目未能如期进行或完工，有的建设资金在代建单位闲置近三年仍未使用。设备、设施闲置和使用效率不高，涉及金额4.88亿元，占31%，还有个别已经建设完成的项目未达到预期建设目标。在这些闲置的资金和设备中，当年预算安排形成的闲置资金7.82亿元，占50.2%；以前年度预算安排形成的资金闲置7.75亿元，占49.8%。

2. 一些单位在预算执行过程中，虚报支出进度，项目支出决算不实。7个部门所属的20个基层预算单位存在这类问题，涉及问题金额3.87亿元，其中：12个基层预算单位采取虚列支出，或不如实编报项目支出决算报表等方式少报项目结余资金2.61亿元；8个基层预算单位为了完成账面支出进度，提前将货款1.26亿元支付给供应商留存。有的单位提前支付货款后，又以履约金形式收回，但未如实在部门决算报表中反映。这种做法，使这部分资金脱离了财政监管，不能如实反映预算执行状况，不利于市财政统筹安排调度资金，提高资金使用效益。

3. 一些有指定用途的资金被改变了用途。3个部门及37个基层预算单位和项目执行单位存在这类问题，涉及问题金额3324万元，其中：自行在项目间调剂使用2942万元；弥补基本经费开支382万元，主要用于人员经费、设备购置、办公费、差旅费等支出。

4. 一些部门预算和财务管理基础工作不够规范。5个部门及15个基层预算单位存在这类问题，涉及问题金额8.18亿元。其中：收支管理核算不规范金额3.79亿元，往来款项长期不清理金额2.43亿元，决算报表填报不规范金额1.21亿元、预算编制不细化金额4600万元，固定资产账实不符金额1810万元，预算单位零余额账户使用不规范金额1113万元。

（三）五项社会保险基金审计情况

对2006年企业职工基本养老保险基金、城镇职工基本医疗保险基金、失业保险基金、工伤保险基金、生育保险基金的管理使用情况进行了审计。审计涉及市、区两级20个行政管理部门和经办机构。审计结果表明，五项社会保险基金总体运行情况良好，各级社会保险基金管理部门和经办机构认真落实各项社保政策，不断建立和健全内控制度，严格“收支两条线”管理，基金较为安全完整，未发现挤占挪用问题。但是，仍存在一些管理不规范的问题。

1. 养老保险基金发放管理有漏洞。由于有关部门之间信息资源尚未实现共享，社保基金主管部门不能及时掌握参保人员死亡情况，致使养老保险金发放过程中，出现了个别参保人员死亡后，其养老保险金仍被继续领取的现象。

2. 部分社保经办机构代收代缴社会保险费管理不够规范。审计发现，8个区县的职业介绍服务中心代收代缴社会保险费产生的利息为208万元，未及时上缴，有的职业介绍服务中心对代收代缴的社会保险费，未单独设立专户进行核算，而是与机构经费混存，导致社会保险费产生的利息无法准确计算。

四、2007年预算执行和其他财政收支审计查出问题初步整改情况

本次预算执行审计和其他财政收支审计中查出的问题，市审计局已区别不同情况，依法进行了处理。针对市级预算资金分配管理方式需要完善、财政资金使用效益不高的问题，市审计局向市政府和有关部门提出了进一步健全和完善市级财政资金分配机制，不断推动和深化财政资金绩效考评工作的建议。针对预算、财务管理基础工作不到位的问题，市审计局从完善预算管理、资金资产管理、财务管理的角度，分别向有关部门提出了整改意见，要求各部门进一步健全和完善内部管理制度，夯实基础工作。针对虚列支出，挪用资金等问题，市审计局下达了审计决定，限期予以纠正。

市政府要求各部门结合本部门预算执行和其他财政收支审计中存在的问题，进行认真梳理分析，对违法违规问题，要严肃处理，追究责任；对管理体制、机制不健全问题，要不断研究、深化和创新管理模式；对改革中出现的问题，要加强调查研究，理顺各项改革的关系，促进各项改革协调发展。同时，要求各部门对掌管财政资金的干部队伍加强培训，提高干部队伍业务素质。目前，各部门的整改工作已陆续开展。

针对市对区县补助资金分配管理中存在的问题，市财政局进一步完善《市对区县专项补助管理办法》。在梳理事权财权的基础上，逐步整合市级主管部门的专项补助资金，将经常性、固定性和普遍性的专项补助进一步下划区县，增加区县直接可支配财力。从编制2009年预算开始，原则上市级部门预算中不再安排区县对口单位专项补助资金。确需支持的，纳入市对区县统一的专项转移支付体系，实施项目库管理，严格论证、申报、审批程序，强化监督管理。一些参与市级资金分配的部门也进一步完善项目申报、评审、监督检查办法，将部门项目申报系统与市财政局项目库系统对接，简化项目申报审批程序，避免项目的交叉重复，研究建立项目管理协调机制，逐步加强项目的管理工作。

针对部分财政资金使用效益不高的问题，市财政局将进一步完善绩效考评机制，将考评结果作为下年度预算安排的重要参考，促进单位增强支出责任意识。加大财政监管力度，完善预算动态监控体系，建立预算、执行和决算的信息化监控体系，对财政资金使用实行全方位、全过程的监督，确保资金安全规范高效运行。

针对市级部门预决算和财务管理方面存在的问题，市财政局将严格项目分类，把好预算项目审核关，切实做到对不细化、不经科学论证的项目不安排，确保预算资金落实到具体项目和基层预算单位。进一步完善国库动态监控系统，将所有改革单位的全部存款账户纳入预警监控范围，严格按规范程序操作。进一步加强代理银行管理，建立考核机制，严禁代理银行违规向单位账户划转资金。各预算执行部门针对审计中查出的问题，也在认真分析并查找产生问题的原因，修订和完善各项内控制度，狠抓基础管理工作。

针对五项社会保险基金管理和使用中存在的不规范问题，有关社保经办机构在逐一核实的基础上，对已确认死亡的人员，已停止支付养老保险金，并追回不应发放的养老保险金。对代收代缴社会保险费产生的利息进行了清理。

全部整改情况，市政府将在2008年年底前设专题向市人大常委会报告。

主任、各位副主任、秘书长、各位委员，财政体制改革的不断深入，财政收支的较快增长，对审计工作提出了更高的要求。今后的市级预算执行审计，将进一步突出审计重点，大力推行绩效审计，注重从体制、机制上发现和查找问题，发挥审计监督的建设性作用，为人大常委会监督预决算服务。

以上报告，提请市人大常委会审议。

关于北京市2007年市级决算和2008年上半年预算执行情况的报告

——2008年7月23日在北京市第十三届人民代表大会常务委员会第五次会议上

北京市财政局局长　杨晓超

主任、各位副主任、秘书长、各位委员：

我受市人民政府委托，向市人大常委会报告北京市2007年市级决算和2008年上半年预算执行情况。

一、北京市2007年市级决算情况

2007年，在党中央、国务院及市委的正确领导下，以邓小平理论和“三个代表”重要思想为指导，贯彻落实科学发展观，紧紧围绕“新北京、新奥运”的战略构想，努力构建社会主义和谐社会首善之区，较好地完成了市十二届人大五次会议确定的各项预算收支任务，为促进首都经济社会协调发展提供了财力保障。

市人大财经委员会按照市人大常委会的要求，对2007年预算执行情况进行了初步审查，为编制决算打下了很好的基础。市审计部门按照有关法规对2007年预算执行情况进行了审计，提出了整改意见，对做好决算工作起到了重要的监督作用。财政部门在市人大及其常委会的依法监督和市政协的民主监督下，进一步规范预算管理，严格预算执行，按照“全面、真实、准确、及时”的方针，核实基础数字，搞好对账衔接，为编制好决算做了大量细致的工作。

市十三届人大一次会议审议批准了2007年预算执行情况。编成的北京市2007年决算草案与之比较，最终决算数与财政收支预计执行数差别不大，中央补助收入决算数比预计数有所增加，主要是积极向财政部反映中央跨地区纳税企业结构调整和落实税收优惠政策所造成的减收影响，以及为争取对首都安全稳定和环境保护的支持，财政部相应增加了对本市的补助收入。下面根据《中华人民共和国预算法》（以下简称《预算法》），重点报告市级决算情况。

市级财政总收入1233.0亿元，其中：财政收入847.3亿元，完成预算的117.2%；中央税收返还和中央补助收入248.9亿元；上年结余1.3亿元；区县上解119.7亿元；专项政策性结转使用14.9亿元；调入资金0.2亿元；国债转贷资金上年结余0.7亿元。市级财政总支出1205.2亿元，其中：财政支出953.7亿元，完成预算的126.7%；上解中央支出52.7亿元；补助区县189.7亿元；国债转贷资金支出0.6亿元；划转水利建设基金8.5亿元。市级财政收支相抵，专项政策性结转下年使用18.6亿元，净结余9.1亿元，国债转贷资金结余0.1亿元。

市级基金收入331.1亿元，加上中央追加和上年结转等收入79.5亿元，划转水利建设基金8.5亿元，调入以前年度国有土地使用权出让金结余10亿元，基金收入合计429.1亿元；基金支出348.9亿元。市级基金收支相抵，结转下年使用80.2亿元。

在预算执行的过程中，依据超收和中央专款补助情况，对市级支出预算进行了调整。按照《预算法》、《北京市预算监督条例》及相关法律、法规的要求，优先保证了农业、教育、科学、文化、卫生等方面支出按法定比例增长。市级预算超收安排使用情况及时向市人大常委会做了备案，并在市十三届人大一次会议上作了报告。在各项支出中，大部分支出项目完成正常，部分支出完成预算较高：交通运输支出完成预算的202.6%；社会保障和就业支出完成预算的137.5%；医疗卫生支出完成预算的160.2%，上述项目主要是财政部在预算执行过程中追加了本市专项支出，以及政策性增加了对交通运输、社会保障和医疗卫生等重点事业的投入。

2007年，财政部门认真贯彻落实市十二届人大五次会议确定的各项预算任务，按照《预算法》和《北京市预算监督条例》等法律、法规的要求，积极组织收入，优化支出结构，稳步推进各项改革，加强财政监督管理和法制建设，依法理财水平有了进一步提高。

（一）坚持“好字优先”，积极促进经济发展方式转变，财政收入继续较快增长

按照高端产业发展方向，推动产业结构优化升级。投入资金10.8亿元，推动经济结构调整，促进生产性服务业和都市型现代农业发展。拨付资金51亿元，支持污染扰民企业搬迁和节能减排，加快发展循环经济。着力推进自主创新，增强首都经济发展活力，投入资金43.6亿元，加快中关村科技园区和经济技术开发区建设，支持技术创新和产业化发展。投入10亿元专项资金，支持文化创意和体育产业发展，培育新的经济增长点。注入国有资本经营预算资金10亿元，专项用于优化国有经济布局和结构，提高国有经济整体效益。拨付中小企业发展专项资金5亿元，完善中小企业担保体系，改善融资条件，为中小企业发展提供良好环境。在此基础上，依法加强收入征管，财政收入继续保持较快增长，2007年全市财政收入完成1492.6亿元，同比增长33.6%，为首都经济社会协调发展提供了坚实的财力基础。

（二）突出保障和改善民生，促进公共服务体系建设

一是进一步调整和优化财政支出结构，加大社会保障、医疗卫生、教育、文化体育等民生领域投入。拨付58件实事资金183.3亿元，切实解决事关群众利益的现实问题。扩大城乡医疗保险覆盖范围，加强首都公共卫生体系建设。拨付资金3.1亿元，为社区卫生服务中心配备设备，确保社区卫生服务中心正常运转。投入资金3.5亿元，启动城镇无医疗保障的老年人、学生及儿童大病医疗保险改革。提高社会保障相关待遇标准，向退休早、养老金低的人员倾斜。投入5.8亿元，确保各项就业优惠政策的落实，促进实现“零就业家庭”至少一人就业的目标。建立健全低保与就业联动机制，鼓励和帮助有劳动能力的低保对象就业。累计投入4.1亿元，采取租金减免、提高租金补贴标准、实物配租等方式，确保城镇廉租住房制度有效实施，缓解市民“住房难”问题。提高教育公用经费定额标准，认真落实义务教育减免等政策，支持中小学办学条件达标、大学生支教等工作，促进教育事业均衡发展。加大文化投入向农村和基层的倾斜力度，推进公益电影放映和广播电视“村村通”等工程，为基层购置流动舞台演出车，丰富城乡居民文化生活。支持体育事业发展，举办“全民健身与奥运同行”等群众文体活动，提高人民群众身体素质和健康水平。

二是围绕奥运筹办，着力提高城市承载能力和服务水平。安排资金35.8亿元，从银行贷款15.7亿元，继续实施“城中村”、“城市边角地”等环境综合整治项目，市容市貌

不断改善。拨付资金4.8亿元，继续支持对四城区内四、五类危房的解危排险工作，改善市民居住条件。投入资金12.6亿元，开展燃煤锅炉改造、风沙源治理和老旧公交车、出租车提前淘汰更新工作，重点控制煤烟、扬尘和机动车污染，改善首都空气质量。建立垃圾处理经济补偿机制，市区生活垃圾基本实现密闭化收集和运输。全面实施公交优先战略，大力发展公共交通。市级安排资本金80.0亿元，支持地铁等轨道交通建设，缓解地面交通压力。安排补贴62.9亿元，切实保障落实持卡乘公交车四折、二折的低票价政策，公交出行比例跃居第一位。

三是统筹兼顾，进一步加强社会主义新农村建设。投入“三农”资金130.6亿元，扩大公共财政覆盖农村的范围，加快构建城乡一体的公共服务体系。大力推动农村各项社会事业发展，支持“亮起来、暖起来、循环起来”工程，加快实施农村改水、改厕、道路硬化、安全饮水、环境治理等工作，改善村容村貌。着力促进农民增收，提高粮食综合直补标准，全面推行“一卡通”发放直补资金；设立生态林管护员、农村管水员和乡村公路养护员等公益岗位，通过政府购买服务，拓展农民就业增收新渠道。完善农村社会养老保险财政补贴政策，扩大农村社会养老保险覆盖范围。提高政府补贴标准，支持新型农村合作医疗改革，2007年农民参合率已达89%。创新支农方式，拓宽筹资渠道，积极开展银农合作，建立农业贷款绿色通道，发挥财政资金导向作用，吸引社会资金支持农村产业发展。推进农业政策性保险制度，降低农业生产风险。

（三）深化财政改革，预算管理体系进一步健全

对7203个部门预算项目进行评审，审减投资48.3亿元。除涉密单位外，市级预算单位已全部纳入国库集中收付范围。政府采购规模进一步扩大，全年实现政府采购金额161.0亿元。积极推行市级部门统一预算会计管理，实现“横向到边”的动态监控，提高财务信息的准确性、及时性。搭建市与区县财政统一预算管理平台，实现“纵向到底”的全过程管理，构建市与区县协同管理项目的新机制。积极开展绩效考评工作，对涉及41个部门的89个项目进行绩效考评，考评资金总额12.5亿元，提升了部门的支出责任意识。压缩经常性项目支出预算10个百分点，将节约的5.4亿元资金用于解决民生问题。逐步消化财政性结余资金，增强预算管理的统筹性。创新行政事业单位资产处置方式，需要处置的国有资产均通过北京产权交易所拍卖，处置收入纳入预算，实行“收支两条线”管理。完善“政府债务专网”实时监控系统，实现动态化、规范化管理，防范和化解政府债务风险。

从决算结果来看，2007年市级预算执行情况是好的，财政收入较快增长，支出结构不断优化，财政改革推向深入，财政调控能力不断提高。但也应清醒地认识到，预算执行和财政工作中仍然存在一些不容忽视和亟待解决的问题：

一是科学理财能力有待进一步提高。财政资金部门分配体制需要加快改革，市对区县补助资金预算管理和分配方式尚待统一和规范，部门之间的协调和沟通机制需要进一步健全。二是基础工作仍需大力加强。项目预算还不够细化，部分单位“重要钱、轻管理”的现象仍然存在，控制行政成本和勤俭节约干事业的意识亟待增强。三是财政管理监督体系还需要进一步健全。国库集中支付改革尚需严格执行，项目资金挪用和闲置的问题仍然存在，财政支出绩效考核需要进一步加大力度，对基层预算单位和项目资金使用单位的监管尚待加强，资金使用效益亟须进一步提高。审计部门十分中肯地指出了财

经秩序和管理方面存在的一些问题，并提出了很好的意见和建议。

对上述问题，市政府高度重视，已要求各有关部门切实按照市人大有关决议和审计意见，认真整改。要增强紧迫感、使命感，加快公共财政体制建设，健全科学理财机制，着力深化改革，加大工作力度，不断推进财政财务管理的规范化、科学化和法治化。

二、2008年上半年预算执行情况

2008年以来，全市认真落实市十三届人大一次会议决议，开拓进取，求真务实，经济社会发展总体平稳。财政部门坚持科学发展观，深化财政改革，规范预算管理，依法组织财政收入，合理安排各项支出，预算执行情况正常。

1—6月，全市地方财政收入完成1070.6亿元，比上年同期增长46.4%，完成年度预算的62.4%。其中：市级财政收入完成596.2亿元，比上年同期增长43.5%，完成年度预算的60.7%；区县财政收入完成474.4亿元，比上年同期增长50.1%，完成年度预算的64.6%。全市财政支出完成842.3亿元，比上年同期增长29.5%。其中：市级财政支出完成545.5亿元（含追加区县支出102.6亿元），比上年同期增长30.0%，完成年度预算的53.9%；区县财政支出完成399.4亿元，比上年同期增长33.8%，完成年度预算的52.3%。市与区县财政收支均实现了“时间过半、任务过半”。

（一）经济发展带动财政收入平稳较快增长

2008年以来，全市经济发展平稳，结构趋优，质量效益进一步提高，为财政收入的完成奠定了基础。1—6月份全市财政收入增长46.4%，高于上年同期19.4个百分点。财政收入保持快速增长，从产业看，主要是本市服务型经济特征更加突出，总部经济规模进一步提升，产业结构不断优化升级，第三产业贡献财政收入886.1亿元，增长49.9%，占财政收入的82.8%；第二产业贡献财政收入173亿元，增长32.3%，占财政收入的16.2%。从税种看，主要是企业所得税拉动作用明显，1—6月累计增长103.4%，带动财政收入增长25.2个百分点。其中，企业所得税汇算清缴入库税款大幅增加，累计完成212.2亿元，增长143.9%。主要得益于企业效益大幅提升，特别是2007年股市行情持续看好，交易活跃，成交量大幅提高，使得金融保险和证券业实现利润大幅增长，入库企业所得税同比增收较多，初步统计，纳税1亿元以上的金融保险和证券业企业共增收4倍，如中国人寿保险股份有限公司入库地方级企业所得税33.3亿元，增长8.2倍；另外，由于税收征管政策调整导致一次性入库因素较多，如中信银行、中国银河证券股份有限公司和中信建投证券有限责任公司按照国家税务总局有关规定，企业所得税实行在京汇总纳税，分别入库地方级企业所得税10.4亿元、9.4亿元和6.2亿元，纯属净增，从而带动企业所得税整体保持了高位增长。但2008年以来，股市持续震荡下行，基金市值大幅缩水，以及跨省市总分机构企业所得税实行新的分配办法等，预计下半年企业所得税增幅将回落。

（二）坚持“两手抓”，做好抗震救灾和奥运筹办工作

四川汶川大地震发生后，按照中央及市委的统一部署，通过动支预备费，调整政府投资项目等方式，积极筹措抗震救灾资金，并按照“急事急办、特事特办”的原则，开辟绿色通道，在确保程序规范的前提下，快速拨付抗震救灾资金。截至目前，本市各级政府累计向地震灾区捐赠款物7.7亿元。制定《北京市援建地震灾区过渡安置房专项资

金管理办法》，为灾民建设9.65万套过渡安置房等救灾工作扎实推进。认真落实中央精神，压缩市级行政事业单位公用经费10%，专项用于抗震救灾；并在全市各级行政事业单位开展节约活动，减少会议、接待、差旅和公车使用支出，压缩出国团组，严格控制公车购置，暂停审批党政机关办公楼项目，全力支持抗震救灾工作。

同时，紧紧围绕奥运筹办工作，大力提升城市管理和服务水平。及时拨付资金120亿元，加快地铁九号线、智能交通系统等重点工程建设。安排补贴资金82.9亿元，确保公交、地铁、热力、燃气等城市公用企业正常运转，方便市民出行，保障市民基本生活。拨付资金8.6亿元，大力开展环境综合整治，保障老旧小区、样板胡同及外立面整治项目按计划开展。投入资金8.4亿元，进一步推进四城区重点区域胡同整治工作，已实际开工院落1845个，胡同44条。加快公交、环卫、邮政等行业高排放“黄标车”的淘汰和治理，确保奥运会空气质量保障措施顺利实施。认真做好石油价格改革财政补贴落实工作，对渔业、林业、城市公交、农村道路客运和城市出租车及种粮农民农资综合直补资金及时拨付到位。

（三）积极发挥财政调控职能，促进首都经济又好又快发展

充分运用财政资金和政策手段，支持首都经济结构调整和发展方式转变，大力发展金融业等生产性服务业和高新技术产业。安排节能减排专项资金，加大节能新技术、新产品的推广和应用，落实对污染企业的减排奖励，大力发展循环经济。加大财政补助力度，加快推进既有非节能建筑、集中供热系统和商场超市节能改造，完成节能减排目标。以政府补贴的方式，在四城区市民中、公共服务领域试点推广500万只节能灯，明年将在全市范围内推广。在国有资本经营预算、工业结构调整、固定资产投资和科技经费中优先安排支持首钢搬迁人员分流、科研开发、外埠企业划转等项工作，集中财力落实国务院批复的首钢实施搬迁、结构调整和环境治理的方案。

（四）不断完善公共财政体系，推动和谐社会首善之区建设

一是支持完善首都社会保障体系。安排资金16.8亿元，对城乡70万无保障老年人给予每人每月200元补助。拨付资金1.4亿元，保障社区卫生服务“收支两条线”管理和常用药品零差率销售工作顺利实施。继续提高新型农村合作医疗补助标准，拨付资金2.82亿元，确保参合农民医药费及时报销。给予乡村医生每人每月800元补助，解决乡村医生基本待遇和养老保障问题。继实施“一老一小”制度后，进一步扩大医疗保险范围，实现制度全覆盖。二是大力支持新农村建设，促进城乡统筹协调发展。安排新农村建设专项资金10亿元，继续支持“亮起来”、“暖起来”、“循环起来”等工程。拨付资金5.1亿元，确保山区生态林补偿、种粮农民综合补贴和农村管水员补助及时足额到位。三是推动义务教育均衡发展。加大市级转移支付力度，新增教育经费重点向农村、向城市薄弱校以及办学困难校倾斜。认真落实义务教育经费保障机制，农村义务教育全部纳入公共财政保障范围，扩大义务教育阶段减免政策范围，确保家庭经济困难学生资助政策落实到位。

（五）不断深化财政改革，提高财政管理水平

一是加强投资评审、部门预算、国库集中收付、政府采购等改革的统筹协调与相互衔接，完善财政资金分配使用和管理制度，为提高预算执行效率、确保奥运之年各项重点工作及时开展提供保障。二是深化部门预算改革。不断扩大投资评审范围，压缩不必

要、超标准的经费。完善市和区县统一的财政专项支出项目库，对项目库实行动态管理，不断提高项目预算质量。三是深入推进国库集中收付制度改革。开展市级单位公务卡改革，逐步实现使用公务卡办理日常公务支出，提高公务支出透明度。扩大非税收入集中收缴改革范围，2008 年纳入市级非税收入集中收缴管理改革的资金将达到 90％。四是加大政府采购工作力度。充分发挥政府采购政策引导功能，认真落实强制采购节能产品和自主创新产品的政府采购制度。在新一轮办公设备、空调设备协议供货公开招标中，明确将政府采购节能清单从原来的优先采购改为准入资格。五是深入开展绩效考评工作。扩大绩效考评范围，对 192 个支出项目和 6 个预算单位进行考评，涉及资金 49.4 亿元。

（六）强化财政监督管理，提高依法理财水平

一是稳步推进统一预算会计管理平台建设。范围已涵盖 54 家主管部门和 322 家基层预算单位，通过管理平台，实现监控关口前移，对超预算支出、现金管理不严格等情况进行预警并及时纠正，确保资金使用安全、规范。二是加强行政事业单位资产管理。资产动态管理已覆盖 80％的市级预算单位，而且预算单位的电子废弃物实现无害化集中处理。三是认真贯彻《政府信息公开条例》。每月向人大代表、政协委员寄送预算执行情况报告，完善财政服务大厅服务体系，加强政府信息公开网站建设，进一步提高财政透明度。四是强化制度约束，规范理财用财行为。认真落实党政机关办公楼建设标准，加快推进建设项目代建制工作，建立控制党政机关楼堂馆所建设长效机制。进一步加强对结余资金的监管力度，原则上两年以上的结余资金收回市财政，减少资金沉淀，提高财政资金使用效益。

从上半年预算执行情况看，财政收入继续较快增长，各项重点支出得到切实保障，财政收支总体协调，预算执行情况正常。但财政运行中面临的新情况也需要密切关注，如房地产市场观望气氛浓厚，销售持续低迷，对营业税及其他相关税收的影响明显；当前流动性过剩，通胀压力进一步加大，证券交易持续低迷，对金融业税收的影响也已逐步显现；企业所得税两法合并及关于总部经济税收政策的调整，对企业所得税的影响也需要进一步关注。与此同时，确保实现平安奥运、做好以“五无”目标为重点的民生工作、缓解物价过快上涨对人民群众基本生活的影响等，都形成较大的增支压力。

三、深化改革，规范管理，确保全年预算任务圆满完成

下半年，要进一步按照科学发展观的要求，发挥公共财政职能，密切关注社会经济形势变化和宏观政策调整对财政收入的影响，确保收入稳定增长；按照“统筹兼顾、确保重点、严格管理”的方针，继续调整优化支出结构，确保重点支出需要，同时大力推进各项改革，加强预算执行监控，不断提高财政资金使用效益。

（一）完善财政增收节支机制，确保全年预算任务圆满完成

着眼于首都经济社会发展全局，积极发挥财政调控职能，综合运用预算、贴息、转移支付、政府采购等政策工具，创新担保和再担保体系，完善有利于促进科学发展的财税政策，发挥财政资金“四两拨千金”的作用，推动产业结构调整和发展方式转变，促进节能减排和创新型城市建设。继续完善财源监控体系，加强财政经济运行分析，依法加强收入征管，推进财税库银横向联网，提升收入管理和分析水平。进一步拓展非税收入改革范围，挖掘非税收入增收潜力，努力

做到应收尽收。

大力发扬艰苦奋斗、勤俭节约作风，认真落实中央及本市关于在党政机关中开展节油、节电工作的号召，切实加强财政支出管理，严格控制公用经费，减少会议、接待、差旅和公车使用支出。严格公务用车编制管理，除经市编办批准新增设的机构外，不再增加公务用车编制；适时调整公务用车配备价格和标准，积极选用小排量、经济环保型汽车；落实公务用车油耗和运行费用支出统计报告和公示制度，努力降低行政成本。统筹管理结余资金，充分发挥结余资金的现有潜力，确保把有限的资金用在最需要的地方。

（二）积极筹集资金，加强管理，大力支持灾后重建工作

统筹考虑对口支援地震灾区重建需求和重建规划，认真落实中央关于“各支援省市每年对口支援实物工作量不低于本省市上年地方财政收入的1%”的要求，在继续调整部门预算的同时，妥善安排好2008年的超收收入。市级超收收入在保证教育等支出依法增长的基础上，优先安排地震灾后恢复重建资金。进一步加强各项资金物资的统一调度，引导捐赠资金和政府资金的科学合理使用。建立健全相关规章制度，做到手续完备、专账管理、专人负责、专户存储、账目清楚，保证对口支援款物管理严格规范、运行简捷有效。建立对口支援款物信息披露制度，主动公开对口支援款物的来源、数量、种类和去向，自觉接受社会各界的监督。物资采购要按照《政府采购法》等相关规定执行，凡有条件的都要公开招标，择优选购，防止暗箱操作。

（三）全力支持办好一届有特色、高水平的奥运会、残奥会

认真落实中央关于筹办奥运的重要指示精神，做好相关的财政资金保障和政策落实工作。继续加强重点地区环境综合整治，控制大气污染，确保奥运期间空气质量达标。多渠道筹集资金，进一步完善城市路网和道路交通指挥系统，加大对公共交通的投入力度，提升首都城市功能。健全突发公共事件应急管理体系，大力支持奥运安全保障工作，加强安全生产和食品药品安全监管工作经费保障，确保实现“平安奥运”的目标。

（四）优化支出结构，继续加大对社会事业发展和改善民生的投入

进一步突出重点，不断提高城乡居民基本公共服务水平。加快社会主义新农村建设，确保财政支农资金稳定增长，保障各项惠农政策落实到位。大力支持以改善民生为重点的社会建设，切实按照“学有所教、劳有所得、病有所医、老有所养、住有所居”的民生发展目标要求，扎实推动事关民生的社会建设。认真落实义务教育经费保障机制，加大就业援助，完善社会保障体系，加快构建城乡一体的公共卫生服务体系，努力解决低收入群众住房困难，确保“无零就业家庭、无城镇危房户、无重大重复上访户、无社会救助盲点、无拖欠工资问题”目标的实现，让更多的发展成果体现在民生改善上。

（五）完善市与区县财政管理体制，促进城乡区域经济社会协调发展

按照城市总体规划和区县功能定位，进一步完善市与区县财政管理体制，调整和优化转移支付结构，提高一般性转移支付规模和比例，增强区县统筹发展的能力。支持首都功能核心区加强城市管理、保护古都风貌、改善人居环境，大力发展现代服务业；支持城市功能拓展区治理城乡结合部“脏乱差”、整治“城中村”，推进高新技术等高端产业发展；支持城市发展新区改善公共服务设施，发展现代制造业，打造新的经济增长极；支持生态涵养发展区加强水源保护和生态屏障建设，完善生态补偿机制，积极发展环境友好型产业。要通过完善财政管理体制，促进

基本公共服务均等化，推动城乡、区域、经济社会统筹协调发展。

（六）深化各项财政改革，提高财政资金的安全性规范性有效性

一是进一步完善预算资金分配体制。提高投资评审工作效率和质量，严格项目分类，把好预算项目审核关，切实做到不细化、不经科学论证的项目不安排，确保预算资金落实到具体项目和基层预算单位，提高预算编制的真实性、科学性。推进民主理财，积极征集和采纳人民群众和社会各界对预算编制的合理意见和建议。规范市对区县专项补助管理，从编制2009年预算开始，原则上市级部门预算中不再安排区县对口单位专项补助资金，确需支持的，纳入市对区县统一的专项转移支付体系，实施项目库管理，严格申报、论证、评审和审批程序，堵塞管理漏洞，提高两级预算的完整性。二是切实增强国库集中收付制度改革的规范性。进一步完善国库动态监控系统，将所有改革单位的全部存款账户均纳入预警监控范围，严格按规范程序操作。进一步加强代理银行管理，建立考核机制，严禁代理银行违规向单位账户划转资金。三是继续加强政府采购后续管理。完善政府采购协议供货制度，加强对定点供应商的考核，实行问责和淘汰机制，严格政府采购监管，规范政府采购行为，提高采购预算执行效率。四是加快推进绩效评价工作。将绩效管理理念贯穿于预算管理的全过程，不断完善绩效考评机制，将考评结果作为下年度预算安排的重要参考，增强单位支出责任意识。五是加强行政事业单位资产管理。实现资产动态管理覆盖所有市级预算单位，推动资产管理与预算管理有效衔接，盘活、用活存量资产，提高资源配置效益。六是加大财政监管力度。完善预算动态监控体系，建立贯穿各个预算管理级次，联通预算、执行和决算的信息化监控体系，对财政资金使用实行全方位、全过程的有效监督，确保资金安全规范高效运行。

主任、各位副主任、秘书长、各位委员，2007年市级决算结果是好的。2008年上半年在经济发展的带动下，预算执行走势正常，为完成全年预算任务奠定了一定的基础。同时要充分估计到下半年可能遇到的各种困难和问题，在市委的领导下，在市人大的监督下，明确任务，狠抓落实，做好预算执行的监控工作，努力增收节支，圆满完成全年的预算任务。

以上报告，提请市人大常委会审议。

市人大财政经济委员会关于2007年市级决算的初步审查报告

——2008年7月23日在北京市第十三届人民代表大会常务委员会第五次会议上

市人大财政经济委员会主任委员　王　火

北京市人民代表大会常务委员会：

为配合本次会议审查和批准北京市2007年市级决算，市人大财经委员会依据《北京市预算监督条例》的规定，于7月7日至8日召开了有市人大常委会预算监督顾问列席的财经委员会第三次（扩大）会议，听取了

市财政局《关于北京市2007年市级决算和2008年上半年预算执行情况的报告》，并结合市审计局《关于北京市2007年市级预算执行和其他财政收支的审计工作报告》和市国税局、地税局有关税收情况的报告，对2007年市级决算草案进行了初步审查，现将审查意见报告如下：

市人民政府提出的2007年市级决算，财政总收入1233.0亿元，财政总支出1205.2亿元，专项政策性结转今年使用18.6亿元，净结余9.1亿元，国债转贷资金结余0.1亿元。

财经委员会认为，2007年，市人民政府及其财政部门深入贯彻落实科学发展观以及中央和市委的各项方针政策，紧紧围绕“新北京、新奥运”战略构想，稳步推进各项财政管理改革，财政收入继续保持较快增长，支出结构进一步优化，突出保障和改善了民生，依法理财水平不断提高，为促进首都经济社会协调发展发挥了重要作用。总的看来，2007年市级预算执行情况是好的，财经委员会建议本次会议批准北京市2007年市级决算草案。

财经委员会指出，2007年市级预算执行中还存在着一些需要注意的问题，主要是：市对区县转移支付制度有待完善，预算管理的基础工作应进一步加强，部分财政资金使用效益不高，违反财经法纪的现象时有发生，财政管理监督体系需要进一步健全。对此，市人民政府及其财政等部门要认真加以改进。

市审计局对本市2007年市级预算执行情况和其他财政收支依法进行了审计，为做好市级决算的审批工作提供了依据。建议市人民政府针对审计查出的问题，责成有关部门切实进行整改，不仅要严格责任追究，更要认真分析出现问题的原因，健全财政预算管理体制和运行机制，并按照《北京市预算监督条例》的规定，在年底前，将审计查出问题的处理结果向市人大常委会提交书面报告。

为进一步做好预算工作，财经委员会提出如下建议。

一、努力组织好预算收入

科学运用财税政策手段，推动产业结构调整和发展方式转变，努力培育财政收入新的增长点，促进财政增收。坚持依法治税和培植财源并举，巩固和完善财政与经济协调增长的良性机制。扩大非税收入集中收缴改革范围，加快将非税收入纳入预算管理的步伐。加强经济运行分析，密切关注经济形势及国家财税等有关政策调整对我市财政收入带来的各种影响，确保财政收入持续稳定增长。

二、全力支持办好奥运会、残奥会

认真贯彻中央关于举办好奥运会、残奥会的各项要求，做好资金保障工作。大力提升城市管理和服务水平，确保奥运交通、卫生、环境整治、安全保障等各项支出的资金需要。落实好各项服务保障措施和安全防范措施，确保实现“平安奥运”的目标。加强对奥运后首都经济发展的谋划和研究，积极发挥财政调控职能作用，促进首都经济和社会又好又快发展。

三、做好抗震救灾的资金保障工作

按照党中央、国务院的统一部署，把大力支持抗震救灾工作作为当前财政工作的一项重要内容，及时研究落实救助、重建和恢复生产的相关支持措施，保证资金需要。市级超收收入在保证法定支出依法增长的基础上，要优先安排地震灾后重建资金。做好压缩市级行政事业单位公用经费10%，专项用于抗震救灾的工作。根据中央关于“各支援省市每年对口支援实物工作量不低于本省市上年地方财政收入的1%”的要求，在编制2009年预算时足额予以安排。严格抗震救灾资金和物资管理的规章制度。

四、改进和加强预算管理工作

完善市对区县财力与事权相匹配的财政体制，调整和优化转移支付结构，提高一般性转移支付规模和比例。规范专项转移支付资金分配使用的管理，避免多头投入。从编制2009年预算开始，市级部门确需安排的区县对口单位专项补助资金，要纳入市对区县统一的专项转移支付体系。进一步细化预算编制，完善项目库建设，严格项目审核和监管。强化预算支出管理工作，合理安排预算支出进度。全面推进预算管理制度改革，进一步完善部门预算、国库集中收付、政府采购等各项制度。加强财政资金绩效考评工作，建立健全财政资金使用问责制度，提高资金使用效益。

五、强化对财政资金的监督管理

市财政局要加强对部门和项目资金使用单位的监管，加大对资金使用情况的追踪问效力度。进一步加强和规范对预算超收收入的管理，严格执行超收收入使用方案编制、备案和报告的制度。加强对财政资金的动态监控，清理、消化财政性结余资金。充分发挥审计监督的作用，不断推进延伸审计工作，积极探索开展绩效审计。加强对抗震救灾款物的审计工作，及时披露审计结果。

财经委员会还对市财政局关于北京市2008年上半年预算执行情况的报告进行了审议。上半年我市财政预算执行情况较好，全市地方财政收入完成1070.6亿元，比去年同期增长46.4%。全市地方财政支出完成842.3亿元，比去年同期增长29.5%。市人民政府及其财政部门要继续抓好预算执行工作，努力完成市十三届人大一次会议批准的预算。

以上报告，请予审议。

北京市第十三届人民代表大会常务委员会关于批准北京市2007年市级决算的决议

（2008年7月23日北京市第十三届人民代表大会常务委员会第五次会议通过）

北京市第十三届人民代表大会常务委员会第五次会议，听取了市财政局局长杨晓超受市人民政府委托所作的《关于北京市2007年市级决算和2008年上半年预算执行情况的报告》和市审计局局长李颖津受市人民政府委托所作的《关于北京市2007年市级预算执行和其他财政收支的审计工作报告》。会议结合审议审计工作报告，对2007年市级决算草案和市级决算的报告进行了审查，同意北京市人民代表大会财政经济委员会提出的《关于2007年市级决算的初步审查报告》，决定批准2007年市级决算。

关于北京市2008年国民经济和社会发展计划上半年执行情况的报告

——2008年7月23日在北京市第十三届人民代表大会常务委员会第五次会议上

北京市发展和改革委员会主任　张　工

主任、各位副主任、秘书长、各位委员：

我受市人民政府委托，向市人大常委会报告本市国民经济和社会发展计划上半年执行情况。

一、上半年计划执行情况

在市委领导下，全市认真贯彻党的十七大精神，以科学发展观为指导，按照市十三届人大一次会议的决议和部署，全力备战奥运，积极投入抗震救灾，着力改善民生，坚持“好字优先、稳中求进”的发展方针，积极应对国内外新因素、新挑战，战胜了种种困难，保持了经济发展、社会祥和的良好局面，全市经济社会主要调控目标和预期指标进展良好，各项事业取得了新的成绩，具体表现在以下八个方面。

（一）经济发展稳中求进，质量效益继续改善

发展的稳定性进一步增强。在经济环境复杂多变，不确定因素增多的情况下，本市经济继续保持平稳发展势头，上半年全市实现地区生产总值4972.8亿元，同比增长11%，高于年初预期目标2个百分点，连续10年保持两位数增长。

财政收入快速增长。上半年，辖区内国、地税总收入达到3642.3亿元，增长36.8%。全市完成地方财政收入1070.6亿元，增长46.4%。企业所得税和个人所得税增势强劲，分别增长103.4%和40.2%，流转税增势平稳。

企业效益继续提高。1—5月，全市规模以上工业经济效益综合指数为199.2%，同比提高了2.1个百分点；规模以上工业企业实现利润239.3亿元，增长23.6%，其中，现代制造业利润增长34.9%，高技术制造业利润增长22.1%。规模以上服务业企业实现利润1873.9亿元，增长1.2倍。

城乡居民收入稳定增加。上半年，城镇居民人均可支配收入达到12,547元，增长11.6%；农民人均现金收入达到6357元，增长13.8%，增幅同比提高3.3个百分点。

（二）发展方式加快转变，成长潜力继续增强

消费、投资拉动更趋协调。上半年，全市实现社会消费品零售额2210.7亿元，增长21.6%，增速同比提高了6.7个百分点；完成全社会固定资产投资1594.9亿元，增长14.9%，增速与去年同期持平。消费拉动作用增强，投资增长比较稳定。

制造业加快向集约化、高端化迈进。上半年，全市现代制造业增加值增长15.3%，高于规模以上工业增速5.8个百分点。现代二工厂、首钢冷轧、康宁玻璃基板等一批重大产业项目投入试生产，中芯国际一期增资扩产、威讯半导体、康明斯发动机等项目进

展顺利。20个适合首都发展的电子信息、装备制造、生物医药等领域的高技术和现代制造业项目成功签约。不适合首都功能和资源禀赋特点的产业继续加快退出，化二股份公司、有机化工厂实现停产，首钢已完成两座高炉、四台烧结机及第三炼钢厂的停产工作。

生产性服务业带动比较强劲。上半年，全市服务业实现增加值3664.7亿元，同比增长11.5%，占地区生产总值比重达到73.7%。其中，信息传输、计算机服务和软件业增长18.7%；租赁和商务服务业增长27.2%；科技服务业增长20.8%。金融业发展活力也明显增强。市委、市政府出台了《关于促进首都金融业发展的意见》，明确了发展定位和工作目标。金融要素加快聚集，在京新设立5家外商投资性公司，外商投资性公司累计已达到159家。文化创意产业发展提速，认定了第二批11家文化创意产业集聚区，1—5月，全市规模以上文化创意企业实现收入1944亿元，增长25.1%。

发展动力由资源要素投入为主加快向自主创新、技术进步推动转变。本市获批成为六大综合性国家高技术产业基地之一，为增强区域创新优势提供了新的机遇。1—5月，中关村科技园区企业科技活动经费支出180.9亿元，增长28.1%；实现技术收入551亿元，增长36%，比园区企业总收入增速高12.6个百分点。城市创新氛围更加浓厚，技术市场交易活跃。上半年，北京地区专利申请量达2.2万件，增长66.9%。全市成交技术合同2.2万项，增长10.2%；实现技术合同成交额629.5亿元，增长93.4%。

节能减排取得新进展。节能减排指标完成较好。上半年，全市已完成全年二氧化硫减排任务的70%；化学需氧量减排任务的60%以上；万元地区生产总值能耗和水耗水平继续稳步下降。《北京市2008年节能节水减排技术推广计划》发布实施。在中央财政补贴基础上继续增加政府财政补贴，首批在首都功能核心区以0.7元和1元的低价推广500万只高效节能灯，得到了广大市民及有关单位的欢迎和积极配合，社会反响强烈，预计每年可节电2.2亿度。2008年节能宣传周顺利举行，社会节能意识和氛围进一步增强。

（三）坚持有保有压，宏观调控效果继续显现

货币调控政策逐步到位，重点领域和薄弱环节资金得到保障。辖内金融机构人民币贷款余额增速由1月份的18.3%回落至6月份的13.9%。重点领域和薄弱环节贷款投放力度加大。上半年，辖内中资金融机构生产性服务业人民币贷款余额达4081.9亿元，比年初增加298.8亿元，占同期全市人民币贷款新增额的24.6%，商业银行累计发放中小企业贷款1367.1亿元，农户贷款同比增长37.8%。

投资增速比较适度，投资结构符合国家政策导向。上半年，全社会固定资产投资增长14.9%，其中基础设施投资增长25%，占投资比重达到32.1%，同比提高2.6个百分点。符合首都功能定位的高端服务业和公共事业投资增长较快，国家重点调控的黑色金属冶炼及压延加工业、非金属矿物制品业、石化行业投资大幅削减。

价格调控不断加强，物价涨势高位趋缓。上半年，全市居民消费价格累计上涨6.1%，高于3.5%的年度调控目标，比全国平均水平低1.8个百分点。其中，5、6月份当月环比分别下降0.5%和0.6%，出现了高位趋缓迹象。主要是肉类、食用油、禽类等副食品价格有所回落，食品价格指数逐月趋降，5、6月份当月环比分别下降1.5%和1.7%，但食品价格上涨仍是价格上涨的主要因素。为努力实现全年调控目标、保障正常的生产生活秩序，本市重点围绕三个关键环节开展工作，取得了一定效果。一是加强生活必需品保障。

加强调度，衔接产销，保障生活必需品供应，本市生活必需品货源充足，供需稳定。二是加大对低收入群众和高等院校学生食堂、学生个人的财政补助。三是加强价格调控和监管。停止出台本市管理权限内新的政府调价项目，严厉打击各种价格违法行为，稳定市场秩序。

（四）全力支援地震灾区，高质、高效做好抗震救灾和灾后重建工作

四川汶川特大地震发生后，在党中央、国务院坚强领导下，市委、市政府迅速部署，成立对口支援地震灾区领导和工作机构，动员全市各级部门和广大市民在第一时间积极行动起来，投入各项支援抗震救灾工作。市委主要领导亲赴灾区，实地了解灾情，慰问受灾群众，部署援建工作。在紧急救援阶段，全市先后派出353名消防官兵，15批670名医疗卫生人员，奔赴灾区参加抗震抢险和救治伤员。迅速调拨救灾物资，切实解决灾区实际困难。全力援助安置受灾群众，目前已在四川绵阳、甘肃陇南建成过渡安置住房、中小学校舍、医疗点4.6万套；首批援建的什邡“北京节能屋”已经完工，并作为永久性社会福利中心投入使用。切实做好灾区来京伤员医治、学生借读工作，对家庭受灾较重的高校学生、务工人员给予资助。研究对口支援重建工作方案，提前做好人、财、物等方面的充分准备。北京对口援建的全长78公里的广青路（广汉至青牛沱）工程已动工兴建。社会各界广泛动员，齐献爱心，累计捐款捐物达21亿元，有力地支援了灾区人民。

（五）奥运筹备就绪，城市环境和运行保障显著改善

奥运筹办的各项工作扎实推进。经过7年的艰苦努力，在京的31个比赛场馆、45个独立训练场馆全部竣工，国家会议中心、数字北京大厦、奥运村、媒体村等通过竣工验收，奥林匹克森林公园已经完工。奥林匹克中心区周边道路全部建成并具备通车条件，周边市政工程、无障碍设施和商业服务设施改造已经完成。经过40多项“好运北京”体育赛事测试，场馆设施、技术系统、计划方案、运行规范和保障能力等得到全面检验。大力强化“双进入”体制，健全了奥运安保指挥系统，编制了周密细致的奥运安保计划并落实到整个筹办工作中去，确保奥运安全进行。广泛开展奥运主题活动，加强礼仪文明、秩序文明、赛场文明、商业文明和环境文明建设，“喜迎奥运、参与奥运、奉献奥运”的氛围更加浓厚。

一批重大基础设施项目建成并投入运行。地铁10号线一期、奥运支线、轨道交通机场线开通运营，新增轨道交通运营里程58公里，总里程达到200公里。机场二通道、机场南线、京平高速、京津二通道、京包高速（六环路至德胜口段）等高速公路建成通车，全市高速公路通车里程累计达到790公里。首都机场T3航站楼投入使用，北京南站和京津城际铁路工程进入调试运行阶段，地铁4号线全线完成土建工程总量的93%。资源和能源保障能力进一步提高。南水北调中线京石段应急供水（北京段）、六环路天然气一期管线全面完工。官厅风力发电场一期工程正式并网发电，太阳宫、郑常庄燃气电厂投入运行，朝阳和门头沟500千伏输变电工程竣工，本地电厂发电调峰能力和电网受电能力大幅提升。

环境治理成效显著。截至6月底，市区空气二级及好于二级天数达到123天，比去年同期多13天，占监测天数的67.6%。主要污染物浓度全面下降，二氧化硫、二氧化氮、一氧化碳和可吸入颗粒物同比分别下降24.1%、22.7%、21.1%和2%。落实第十四阶段控制大气污染措施和奥运会、残奥会期间本市空气质量保障措施，狠抓污染减排和环境改善。机动车国Ⅳ排放标准和车用燃油

国Ⅳ标准开始执行。全市加油站、油库、油罐车油气回收工作全部按期完成。关闭了京丰热电燃煤机组、华电燃油机组，完成了国华、华能、高井电厂脱硝治理。环境综合整治和绿化美化工作力度继续加大。2007年建设的15处共1万亩郊野公园全面建成开放，今年计划建设的21处共1.9万亩郊野公园正加紧实施。朝阳公园湖、龙潭湖和筒子河水质改善工程加快建设，六环路以内的河道基本治理完成，实现了水清、岸绿、流畅。固体废弃物处理能力继续提升，城八区生活垃圾无害化处理率达到100%，郊区达到84.47%。

（六）新农村和重点镇建设稳步推进，城乡统筹步伐继续加快

新农村和重点镇建设扎实推进。以深入推进农村基础设施建设和村庄环境整治工作为重点，营造良好的郊区生态和产业发展环境。出台了《关于切实加强农业农村基础建设进一步促进城乡经济社会发展一体化的若干意见》，稳步推进300个村庄建设规划编制工作，初步完成了新农村“五项基础设施”建设四年规划。今年确定的200个整体推进村“五项工程”有序推进。“三起来”工程继续实施。2万盏太阳能路灯安装、百座太阳能公共浴室建设工程按计划推进，150处雨洪利用工程已全部完工，密云、怀柔、大兴等生物质气化和大中型沼气工程进展顺利。本市39个规划重点镇的垃圾密闭、收集、转运系统建设全面铺开，幼儿园、文化体育活动广场、养老服务设施等公共设施建设开始启动，以改善重点镇公共设施条件，增强其对人口和产业的承载能力。

现代农业体系加快完善。出台了《北京市加强农业和粮食生产的若干政策》，加大粮食直补力度，增加农业生产补贴，进一步提高了农业综合生产能力，夏粮总产量同比增长60.7%。设施农业加快推进，规划编制全面启动，补助标准继续提高，上半年全市设施农业实现收入增长17.2%，新增各类设施农业超过9000亩。政策性农业保险覆盖面进一步扩大，参保农户达10.9万户，总保额36亿元，参保范围基本覆盖本市种养殖业主要品种。郊区基础设施和接待设施日益完善，京郊旅游持续升温，富农效应日益显现。上半年，全市农业观光园、民俗旅游总收入同比分别增长19.5%和22.3%，带动了农民收入增长。

（七）社会保持和谐稳定，民生状况继续改善

就业形势总体稳定。认真贯彻《劳动合同法》和《就业促进法》，加强劳动监管和就业帮扶。上半年，全市城镇登记失业率为1.89%，低于全年2.3%的调控目标。新增城镇就业人员17.6万人，帮助5.3万就业困难人员实现就业。城乡一体化的就业服务体系进一步健全。劳动关系平稳正常，城镇职工劳动合同续订率达到94.1%，同比提高1.9个百分点，高于近几年90%的平均水平。努力实现“五无”目标，新产生的494户零就业家庭基本实现至少一人就业；建立用工“实名制卡”和“工资保障金专用账户、劳务费专用账户、农民工工资专用账户”制度，从机制上防止工资拖欠现象发生。

社保“扩面提标”有序推进，养老、医疗实现制度全覆盖，百姓得到更多实惠。截至6月底，全市参加基本养老、基本医疗、失业、工伤和生育保险人数分别增长12.4%、14.6%、14.1%、17%和12.3%。“一老一小”大病医疗保险参保人数达到148.2万人，比去年年底增加1.9万人。综合考虑物价及各方面情况，大幅度提高了城乡居民最低生活保障、最低工资、失业保险金、基本养老金等相关待遇标准。在全国率先消除城乡居民养老、医疗社会保障制度盲点，实现制度全覆盖。《北京市新型农村社会养老保险试行

办法》和《城乡无保障老年居民养老办法》全面实施。新农保的实施范围、缴费水平和领取年龄得到规范和统一，参保农民月平均养老金水平从原来的100元提高到400元，实现了“城保”、“农保”的城乡互转；70万城乡无保障老年居民每月领取200元福利性养老金。继实施“一老一小”大病医疗保险制度之后，今年又出台了《关于北京市城镇劳动年龄内无业居民参加城镇居民基本医疗保险的实施意见》，惠及47万居民。同时，降低职工基本医疗保险起付线，提高报销比例，减轻参保职工个人负担。

社会公共服务进一步改善。财政支出中投向医疗卫生、社保就业、教育等民生领域的支出分别增长49.8%、17.7%、17.2%；社会发展领域安排市政府固定资产投资27亿元，增长25%，重点投向教育、卫生、公共安全等领域。小学和初中入学工作基本平稳，中考、高考顺利进行。支持一批中小学达标建设，改善农村寄宿制中小学生活条件。门头沟、房山区的区域医疗中心已经开工。加强手足口病防治和科教宣传，疫情得到有效遏制。完成奥运食品安全追溯系统，实现了奥运食品的全程监控。全市食品安全监测抽查合格率达到96%以上，药品抽验合格率约为98.7%，均好于年初调控目标。公共安全形势趋好。刑事案件发案数同比下降20%以上；道路交通、生产安全、火灾、铁路交通、农业机械死亡事故起数和人数同比分别下降17.5%和14.5%。

保障性住房和限价商品住房建设加快推进。上半年，全市完成经济适用房住宅投资16.4亿元，同比增长1.2倍，全市经济适用房、廉租房和限价商品住房开复工规模分别达到485万、35.8万和321万平方米。

（八）改革计划稳步实施，重点领域改革继续推进

重点围绕建设服务型政府和创新型城市，发布了《关于2008年推进重点改革任务的意见》，安排部署了10大项42小项全年重点改革任务。各项专项改革稳步推进。国有资产管理体制进一步完善，印发了《北京市企业国有资产评估管理暂行办法》、《关于加强国有企业土地资产管理的意见》。投资体制和财政体制改革深入推进。公交改革继续深化，将郊区公交纳入全市公交低票价体系，方便了郊区市民出行。住房保障体系加快完善，继廉租房、经济适用房管理办法之后，今年又出台了《北京市限价商品住房管理办法（试行）》和相关准入标准、审核管理办法。农村改革不断深入，出台《关于推动区县合作促进生态涵养发展区协调发展的意见》，促进区县间互助合作，集体林权制度等各项农村改革试点也在加快推进。

二、上半年计划执行中需要关注的主要问题

总的看，上半年计划执行情况是好的，体现了中央的大政方针和市委十届三次全会、市十三届人大一次会议精神。但人口资源环境矛盾、区域发展不平衡等长期矛盾依然存在，同时受国内外环境变化，特别是物价上涨较快的影响，本市也出现了一些新的情况和变化，需要高度关注。

（一）价格仍在高位运行，稳定物价的压力较大

目前全国和本市居民消费价格指数涨幅虽出现高位趋缓势头，但价格压力依然不小，特别是国内外市场不确定性因素较多，物价上涨的输入型和成本推动型特征更加明显，对本市价格水平影响较大。当前要更多关注价格上涨的关联效应，一是对低收入群体生活产生的影响需要关注；二是实现全年价格调控目标和扣除价格因素城乡居民收入实际增长7%的目标的难度增加；三是原油、成品

油、煤炭、电力、钢铁等能源、原材料价格上涨对本市电厂、石化、房地产企业以及城市交通及用能综合成本的后续影响需要关注；四是保障生活必需品供应，平抑价格短期波动的压力增大。

（二）能源运行“紧平衡”的外部环境趋紧

从全国范围看，煤电油运等能源运行进入了新一轮紧平衡。虽然国家近期调整了电力和成品油价格，对适度缓解能源运行与价格传导压力、促进资源节约产生了一定的积极作用，但当前煤电油运矛盾仍然十分突出，由于本市能源资源严重依赖外部，在夏季电力大负荷和冬季供暖期间，能源运行将经受严峻考验。

（三）受国内外环境变化影响，部分行业经营压力增大

受全球经济增长放缓和国际市场需求收缩、美国次贷危机、人民币单向升值、银根收紧以及国内资本市场走低等因素影响，本市部分电子信息企业国际订单减少，出口下降；房地产企业资金链趋紧，市场观望气氛较浓；金融产业经营压力增加，盈利空间受到一定挤压，同时股市深幅调整也在一定程度上影响了市场预期。

此外，拆迁难、补偿高等因素对部分重大项目实施进度和后续投资落地的影响值得关注。

三、努力完成全年计划的主要措施

本市经济发展的稳定性较强，从经济周期和需求结构、产业潜力分析，全年经济仍将保持平稳较快的发展势头，主要计划目标基本能够完成。但下半年工作十分繁重：奥运会和残奥会举办在即，并将迎来改革开放30周年系列纪念活动；国内外经济发展环境仍然存在诸多不确定性因素，宏观调控进入关键时期。因此，下半年关键是按照科学发展观要求，认真贯彻中央各项决策，落实市委、市人代会各项工作部署，坚持抗震救灾与奥运筹办两手抓，确保经济平稳较快发展、社会和谐稳定。为此，应重点抓好以下工作。

（一）抓运行、促服务，全力办好奥运盛会

进一步营造奥运氛围，落实好各项服务保障工作。细化完善卫生、食品、住宿、交通、安保等方面的接待服务工作，确保符合奥运规范和兑现申办承诺。进一步做好城乡绿化美化，特别是小街小巷和农村环境整治工作，营造靓丽温馨的城市环境。落实“平安奥运”各项要求，扎实做好安全隐患消除、重点矛盾排查调处、治安隐患排查清除工作，完善社区基层管理，营造安全、稳定、有序的社会环境。办好各项宣传和文化活动，充分展示“新北京”的良好形象和独特风采，努力营造祥和文明的人文环境。

进一步完善城市运行保障体系。充分考虑奥运期间特殊需求，全面落实各项运行保障方案。全力保障奥运期间空气质量达标，落实安全迎汛各项措施，增强快速反应能力，及时妥善处置好各类突发事件。落实车辆限行、错峰上下班、外地过境货车绕行等疏导政策。加强新投入运行的轨道交通、高速公路、交通枢纽等重大基础设施的运行安全和各项管理工作。加强基层应急能力建设和市民应急知识培训。

加大资源落实力度，确保能源运行平稳正常。针对奥运需求与夏季用能、用水高峰叠加的特点，在厉行节约、加强需求侧重管理的同时，落实能源运行、水资源、仓储物流等领域分级保障措施，维护正常生产生活秩序。在做好电力迎峰度夏各项工作的同时，及早谋划冬季能源供应，落实冬季天然气平衡方案，在供暖期前完成30万吨煤炭、3000吨供暖燃油、1万吨液化石油气的应急储备。

（二）保安置、谋重建，全力做好对口支援灾区重建工作

积极帮助灾区群众解决基本生活困难。按照中央部署，加强帐篷、棉被、衣物等救灾物资和灾区群众生活必需品的采购调运工作。高标准、高效率完成灾区临时安置房建设任务。继续做好灾区伤病员来京医治、学生来京借读相关工作。

扎实做好灾后重建对口支援工作。坚决贯彻国家关于对口支援恢复重建工作的部署和要求，严格遵循灾后重建规划布局、选址要求和建设标准，加紧编制对口支援四川什邡恢复重建总体规划，制定年度计划和援建方案，统筹调度使用好财政资金与社会捐款，精心选定和实施好2008年首批援建项目，尽快帮助恢复因灾受损的城乡基础设施、公共服务设施和农民永久性住房，积极帮助灾区重建美好家园。研究制定本市对口支援地震灾区恢复重建项目管理办法。充分发挥首都在信息、人才、技术等方面的优势，尽最大努力，帮助什邡实现跨越式发展。

（三）保供应、保秩序、保生活，切实做好物价调控

努力保障市场供应。继续搞好必要的商品物资储备，鼓励引导商业企业适度增加小包装成品粮、食用油储备，防止出现抢购和生活必需品断档脱销。充分调动本市大型流通、农副产品加工、储运企业积极性，搞活流通，特别要发挥好大型农贸市场物资集散的调控功能并切实保障二、三级市场配送链条的顺畅。

加强市场监管，维护市场稳定。重点加强奥运期间价格监管工作。建立覆盖生产、流通、消费各个环节的价格实时监测体系。充分考虑奥运期间短期价格扰动因素，按照属地管理、统一协调、落实责任、快速反应、文明执法的原则，加强奥运场馆周边等重点地区巡查，防止商品和服务价格不合理上涨。加强行业自律，规范企业经营行为。做好信息披露和信息公开，合理引导生产者、经营者和消费者的行为，稳定社会预期。

做好困难群体的帮扶和低收入家庭的救助工作。做好首钢压产等企业分流职工安置、就业困难群体就业帮扶和农村劳动力转移工作。及时处理劳动纠纷，维护劳动关系稳定。出台本市成品油和电力价格调整配套措施，落实对种粮农民、农村客运、出租车、城市公交的补贴。落实城乡低保、企业退休人员基本养老金、失业保险和最低工资等社会保障和社会救济标准的调整政策，及时做好困难群众临时救助。

（四）稳投资、促消费、强产业，保持首都经济又好又快发展的良好势头

把握好空间和时序，保持投资总体稳定。进一步把握好投资的节奏和力度，抓好奥运前后的投资衔接和投资重点的转移。奥运期间，积极推进不影响奥运环境的建设项目，加大对新城生态环境建设和生态涵养区的投资力度，做好重大项目前期准备工作，加快列入今年重点工程的新开工项目的立项、规划、用地、招标等前期工作。奥运会后，集中启动一批重大基础设施项目及新城、南城项目。

用好奥运商机，增强消费的拉动作用。精心组织好“2008购物季”，挖掘奥运带来的消费需求。加大国际旅游市场开发力度，提升国内旅游的规模和档次，完善消费便利设施，努力吸引外来消费。积极打造时尚消费中心，发展特色街区和品牌商圈，提升传统商业街功能，不断完善社区商业、休闲等设施，提升中心城消费水平。进一步鼓励商业企业到新城发展，高起点建设集购物、健身、休闲、娱乐、餐饮于一体的综合性商业设施，扩大新城消费。加大农村连锁超市、便利店和物流配送体系建设，增加农村消费。

促进服务业由大变强。认真落实加快服务业发展意见和文化创意产业、体育等专项促进政策。大力发展生产性服务业，重点落

实《关于促进首都金融业发展的意见》，增强对各类金融机构和金融人才的吸引力。加快文化创意产业集聚区建设，壮大文化创意产业。吸引一批产业带动性强的国家重大科技项目、大企业总部、跨国公司研发中心、结算中心等落户本市。充分把握创业板机遇，积极培育本市高技术类、生产性服务业和文化创意类中小企业直接上市融资。加快保障性住房入市步伐，调整市场供给结构，促进房地产市场健康发展。

增强高端制造业发展后劲。做好签约高技术和现代制造业项目的落地服务工作。引导适合本市资源禀赋和功能定位的高端、高辐射、轻型化产业项目在发展新区和新城落地。

加快发展都市型现代农业，扎实推进社会主义新农村建设。认真贯彻落实各项强农惠农政策，提高农业综合生产能力和主要农产品供给保障能力，促进农业增产增效，农民持续稳定增收。大力发展设施、籽种等高端农业。借助假日制度改革机遇，加强生态涵养区旅游基础设施建设，完善乡村旅游配套环境，提高接待能力和服务水平。完成70万农民安全饮水、规划重点镇的垃圾转运设施、集中供水等130项新农村建设折子工程，着力提升农村公共设施建设水平，大力改善农民生产生活条件。

（五）挖潜力、促内涵，推动节能减排落实和自主创新能力提升

加快节能降耗方式转变。当前能源运行总体趋紧，更需要加强节能减排工作，要以技术进步和管理创新为动力，健全利益引导机制，推动“内涵促降”，确保全年目标实现。一是落实年度技术推广计划，示范推广先进适用节能减排技术。二是健全法规、政策体系，完善激励约束机制。开展节能法实施办法修订工作，研究制定循环经济试点管理办法、本市节能奖励办法等。研究完善合同能源管理机制、清洁发展机制、垃圾和污水收费机制，推进热计量价格试点工作，强化能评和环评。三是加大重点节能减排工程建设力度。完成800万平方米大型公建低成本改造。开展32家政府机构和12家医院节能改造。在部分商场超市和宾馆饭店引入合同能源管理模式，实施节能改造试点。继续加快生活垃圾填埋场、生活垃圾焚烧厂建设。四是办好2008国际节能环保展，营造有利于节约的舆论氛围，倡导良好风尚。

大力增强自主创新能力。以中关村成立20周年为契机，发挥中关村龙头带动作用，积极研究制定中关村自主创新综合配套改革框架方案。继续推动以企业为主体的技术联盟、产业联盟、标准联盟，支持企业与高校院所联合组建工程实验室和工程研究中心。实施自主创新产品政府首购和定购制度，促进科技成果转化。谋划国家综合性高技术产业基地发展，推动信息、生物、航天航空、新能源、新材料领域分基地建设。继续争取一批国家工程中心、国家工程实验室、企业技术中心在京建设。加快海外学人中心建设，大力引进高层次海外人才。

（六）坚定信心、紧抓机遇，深入推进重点领域改革

深化财政和投资管理体制改革。完善市和区县财政管理体制。探索建立政府购买社区公共服务机制。全面推行非税收入收缴管理改革。完善本市行政事业单位国有资产管理办法。继续减少和规范行政审批和许可事项，简化审批程序。探索建立责任追究制度，扩大政府投资项目公示和后评价试点，提高政府资金使用效率和透明度。

增强市场活力，健全现代市场体系。积极推进国有一级企业战略重组，鼓励非公资本参与二、三级企业股份制改造，继续规范国有资本经营预算管理。鼓励、引导和支持非公经济发展，建立中小企业创业投资引导基金，研究设立市级中小企业再担保机构。

研究建立促进企业上市的联动机制。

落实深化农村综合改革各项任务。研究制订推进农户土地承包经营权流转的意见。完善绿化隔离地区推进机制。完善设施农业促进机制，研究农村设施农业的帮扶措施。加快农村集体经济产权制度改革步伐。推进集体林权制度改革。整合金融支农资源，创新适合新农村建设的金融服务产品和体制机制。健全农民专业合作社的扶持机制，促进农业产业化经营。

大力推进社会领域改革。继续落实城乡养老保障各项政策，积极探索“机构养老”等社会化养老新途径。完善新型农村合作医疗统筹模式和补偿政策。研究医药卫生体制改革具体方案，强化社区卫生健康服务功能。扎实推进义务教育均衡发展，抓好农村学校、薄弱学校改造。继续推进文化和体育领域改革，扩大公共文化和体育服务供给。完善廉租房、经济适用房等政策保障性住房的管理机制和管理办法。继续健全社会组织网络，创新社会管理体制。

（七）总结经验、弘扬精神，谋划好奥运会后发展

在做好奥运场馆赛后利用、奥运品牌推广工作的同时，积极巩固城市管理的创新成果，及时总结奥运举办过程中的成功经验，并将这些成功经验制度化、长效化。谋划推出一批事关发展全局的重大举措、重大项目，研究明年的工作重点，为奥运后北京持续发展提供支撑。办好最后一届奥运经济市场推介会，及时推介新城和六大高端产业功能区发展。做好“十一五”规划中期评估，编制北京市主体功能区规划，启动“十二五”规划前期研究。继续关注国内外形势变化，加强对资本市场、房地产市场、资源性产品市场以及生活必需品市场行情的跟踪研究，完善政策，积极应对。

主任、各位副主任、秘书长、各位委员，奥运在即，下半年更是完成全年计划各项任务的关键时期。我们将坚决贯彻中央的决策部署，在市委领导下，在市人大的监督支持下，以更加振奋的精神、更加严谨的态度、更加扎实的工作，全力以赴办好奥运会和残奥会，支援抗震救灾工作，努力促进首都经济社会又好又快发展，为建设“繁荣、和谐、文明、宜居”的首善之区作出新的贡献。

以上报告，提请市人大常委会审议。

北京市人民代表大会常务委员会
任　免　名　单

（2008 年 7 月 23 日北京市第十三届人民代表大会常务委员会第五次会议通过）

（一）

任命王海虹为北京市高级人民法院刑事审判第二庭副庭长。

免去胡红的北京市高级人民法院审判员职务。

（二）

任命赵悦为北京市第一中级人民法院民事审判第三庭副庭长、审判员。

任命杨淑敏为北京市第一中级人民法院审判监督庭副庭长。

任命刘艳霞为北京市第一中级人民法院民事审判第一庭副庭长，免去其北京市第一中级人民法院立案庭副庭长职务。

任命高卫、梁菲、王磊、张兰良、张洁芳、姜保平、李春华、王爱红、张虹、马惠兰、李京、魏纪明、刘玉红、韩梅、王永柱、徐超、张明华、陆银燕、赵静、刘彧、芦建民为北京市第一中级人民法院审判员。

（三）

任命李慧文、高亚莉、郭树明、翟丽佳、高洁、艾明、刁久豹、郭嘉节、李淑英、张洁、刘薇、周文桢、曹立新、耿燕军、赵金台、王顺平、张昆仑、殷跃、王万铁、张军、叶孝军、王涛、孙宏磊为北京市第二中级人民法院审判员。

北京市人民代表大会常务委员会任免名单

（2008年7月23日北京市第十三届人民代表大会常务委员会第五次会议通过）

任命蓝向东、程德刚为北京市人民检察院检察员。

免去陈建平的北京市人民检察院检察员职务。

免去崇惠来的北京市人民检察院第一分院检察员职务。

北京市第十三届人民代表大会

常务委员会第六次会议

在市十三届人大常委会第六次会议上的讲话

（2008 年 9 月 25 日）

市人大常委会主任　杜德印

各位委员、同志们：

这次常委会会议，是在北京奥运会、残奥会取得圆满成功的形势下召开的。在大家的共同努力下，会议顺利完成了各项议程，审议了 1 项地方性法规草案，听取和审议了 1 项执法检查报告、2 项议案办理情况报告和 4 项专项工作报告，并通过了 1 项决议和有关人事任免案。

常委会及有关专门委员会对本次会议的各项议题都高度重视，事先作了充分准备，针对各项报告和执法检查制定了详细的工作计划，明确了调研或检查重点，常委会各位分管副主任亲自带队深入实际进行调研和视察，提出了有针对性的意见和建议。各位委员在分组审议时积极发言，提出了诸多有益的意见和建议，会后有关专门委员会将认真汇总整理，形成《审议意见书》，送“一府两院”有关部门研究处理。

本次会议听取和审议了市人民检察院关于开展诉讼监督工作情况的报告，通过了《关于加强人民检察院对诉讼活动的法律监督工作的决议》，这是今年市人大常委会加强对司法工作监督的重要举措。这项工作关系到加强和改进人大常委会的监督工作，也关系到坚持中国特色社会主义司法制度，保障司法公正，维护司法权威。出台此项决议主要是有以下三个方面的考虑：第一个方面，人大依法具有司法监督的职能。如何保证司法公正，维护司法权威是人大及其常委会当前面临的一项重要任务，也是广大人民群众包括人大代表十分关注的问题。司法机关特别是“两院”面对人民群众提出的意见，以及人大代表对司法公正问题的高度关注，承担着一定的压力。第二个方面，《中华人民共和国监督法》（以下简称《监督法》）颁布实施以后，如何加强和改进人大常委会对司法工作的监督，是我们需要破解的一个问题。原来比较普遍的做法是个案监督，因为我们不断地接到这方面的诉求，人民群众对维护司法公正寄予很大希望。但是考虑到搞个案监督，人大代表甚至人大常委会介入，有可能会造成新的司法不公，而且《监督法》没有明确的相关规定，所以我们明确不搞个案监督。市人大常委会在十三届人大一次会议上的工作报告中提出要听取检察院关于诉讼监督的专项工作报告，就是要发挥中国特色社会主义司法制度的内在优势，因为检察院依法赋有诉讼监督的职能，我们就应该监督和支持检察院发挥好这项职能，来保证司法公正。第三个方面，坚持和完善中国特色的社会主义司法制度，是党中央作出的重要部署。今年年初，中央政法委根据党的十七大精神，提出了坚持和完善中国特色社会主义司法制度的重大问题，强调检察院要依法行使法律监督的职能。市委政法委希望人大能作出一个决议，来支持、监督检察院加强法律监督方面的职能。这个决议是市人大内务司法委员会与检察院、政法委沟通、协调基础上形成的，充分听取了政法系统特别是司法机关各个部门的意见，取得了高度的共识，然后又将这个决议草案提交市委常委会进行了认真的讨论，最终市委同意作出这个决议。所以说这个决议是根据党的十七大的精神，根据当前的形势作出的。这项决议的通过，体现了在市委的统一领导下，人大常委会和“两院”合理分工、密切协作；体现了党的领导，人民当家作主和依法治国的有机统一。同时也贯彻了把党的主张通过法定程序转化为国家意志的重要原则。这项决议的通过充分体现了中国特色政治发展道路和人大制度的特点。

执行本级人民代表大会及其常务委员会的决议，是宪法和法律赋予人民政府、人民法院和人民检察院的职责。人民检察院自决议通过之日起，要采取有效措施，切实加强对诉讼活动的法律监督工作。全市公安机关、人民法院和刑罚执行机关应当自觉接受和积极配合人民检察院的法律监督，针对问题健全制度，完善改进工作的长效机制，使决议的各项内容得到不折不扣的实施。当前的重点是对民事审判和行政诉讼活动的法律监督。初步考虑，作为明年市人大常委会检查这项决议贯彻落实情况的重要内容，拟安排听取审议市高法关于民事诉讼和行政诉讼的专项工作报告。

在党中央、国务院领导下，在全国人民的支持下，北京认真兑现了自己的郑重承诺，向世界奉献了一届有特色、高水平的奥运会、残奥会，实现了两个奥运同样精彩的目标，实现了让国际社会满意、让各国运动员满意、让人民群众满意的要求，得到了国际社会的一致认可和高度赞誉。在市委的正确领导下，几届市人大及其常委会积极发挥地方国家权力机关的职能作用，把协同做好奥运会的申办、筹办和举办工作列为自身的重要任务。2001年2月的市十一届人大四次会议通过了《关于支持北京申办2008年奥运会的决议》，决定举全市之力，办好申奥大事。2001年7月13日申奥成功以来，市人大常委会围绕奥运会的筹办和举办做了大量工作。在立法方面，制定了无障碍设施建设和管理条例，志愿服务促进条例、食品安全条例、大型社会活动安全管理条例、突发事件应对法办法和全民健身条例，修订了市容环境卫生条例和气象法实施办法，通过了《关于为顺利筹备和成功举办奥运会进一步加强法治环境建设的决议》；在监督方面，围绕奥运筹办的重点工作和关键环节，主要就场馆建设、市容环境、大气治理、公共交通、食品安全等工作，持续数年依法开展监督和跟踪监督，从而为奥运会、残奥会的筹办和举办创造良好的法制环境、城市环境和社会环境。此外，常委会还动员组织常委会组成人员、市人大代表、机关党员和干部在立足本职岗位，做好本职工作的同时，积极参加“迎奥运、讲文明、树新风”活动以及平安奥运社区志愿活动，以实际行动服务奥运、奉献奥运。在奥运筹办七年的历程中，在奥运会、残奥会举办的日日夜夜里，广大代表和全市各族人民热情参与，乐于奉献，全力保障了北京奥运会、残奥会的圆满成功。借此机会，向常委会组成人员和市人大代表表示衷心的感谢！

奥运会、残奥会的成功举办，给我们留下了丰富的物质遗产和精神遗产，同时，也积累了包括法律、制度以及体制、机制方面的制度遗产。市人大常委会要及时对围绕奥运筹办制定和实施的地方性法规进行必要的评估，对筹办奥运过程中推进法制建设的实践进行总结，对采取的制度措施和成功经验进行总结，从实现好、维护好、发展好人民群众的根本利益出发，从首都经济和社会发展的实际出发，努力使其通过立法工作，转化为促进科学发展的长效机制，为建设繁荣、文明、和谐、宜居的首善之区作出我们应有的贡献。

根据十七大精神，党中央作出决定，从2008年9月开始，用一年半左右的时间，在全党分批开展深入学习实践科学发展观活动。

9月19日，胡锦涛总书记在全党深入学习实践科学发展观活动动员大会暨省部级主要领导干部专题研讨班开班式上发表了重要讲话。按照中央和市委的统一部署，市级党政机关包括市人大机关将从今年10月至明年2月第一批开展这项活动。这次活动十分重要，事关奥运会后北京如何发展的重大问题，对明年1月召开的市十三届人民代表大会第二次会议将产生深刻影响。因此，常委会组成人员和全体市人大代表要高度关注这次学习实践活动，积极参与和支持这次学习实践活动，一是要深入学习科学发展观，加强对科学发展观的理解，增强贯彻落实科学发展观的自觉性和坚定性。二是紧密结合奥运会结束后北京发展的实际情况，认真研究思考北京市如何深入贯彻落实科学发展观，如何巩固发展奥运会的遗产和成果，解决好面临的突出矛盾和问题，把北京建设和发展的更好，从而更好地履行人大及其常委会的职能，充分发挥人大代表的作用，为北京的科学发展贡献力量。三是协助市人大常委会机关搞好学习实践活动。市人大机关要在市委的统一领导下，认真开展好这次活动，着力解决人大常委会如何在履行各项职能、开展各项工作中贯彻落实科学发展观，如何为全市贯彻落实科学发展观提供保障和支持的问题。希望常委会组成人员、广大市人大代表积极献言建策，提出建议和意见。

各位委员，今年第四季度的任务十分繁重，既要抓住奥运会成功举办的大好形势乘势而上，又要清醒认识国内外出现的新情况、新矛盾，坚决落实中央提出的保持经济平稳较快发展、控制物价过快上涨的宏观调控政策，确保市十三届人大一次会议通过的各项决议得到全面实施。让我们共同努力，使年初确定的各项目标能够圆满完成。

各位委员，本次会议预定的各项议程已进行完毕，现在闭会。

北京市第十三届人民代表大会常务委员会第六次会议议程

（2008年9月23日—25日）

（2008年9月23日北京市第十三届人民代表大会常务委员会第六次会议第一次全体会议通过）

一、听取和审议市人民政府关于北京市国民经济和社会发展第十一个五年规划纲要实施情况的中期评估报告

二、听取和审议市人大常委会执法检查组关于检查《中华人民共和国义务教育法》实施情况的报告

三、听取和审议市人民政府关于“规范物业管理，营造良好生活环境”议案办理暨《物业管理条例》执行情况审议意见落实情况的报告

四、审议《北京市法律援助条例（草案）》

五、听取和审议市高级人民法院关于知识产权审判工作情况的报告

六、听取和审议市人民检察院关于开展诉讼监督工作情况的报告，并通过相应决议

七、听取和审议市人民政府关于“制定生态涵养发展区产业发展政策，推进环境友

好型城市建设”议案办理情况的报告

八、听取和审议市人民政府关于“加强乡村基础设施建设，加快社会主义新农村建设进程”议案办理暨本市乡村基础设施建设情况的报告

九、决定人事任免事项

关于北京市国民经济和社会发展第十一个五年规划纲要实施情况的中期评估报告

——2008年9月23日在北京市第十三届人民代表大会常务委员会第六次会议上

北京市发展和改革委员会主任　张　工

主任、各位副主任、秘书长、各位委员：

我受市人民政府委托，向市人大常委会报告《北京市国民经济和社会发展第十一个五年规划纲要》（以下简称《纲要》）实施中期评估有关情况。

一、“十一五”规划中期评估的基本情况

规划评估是规划实施的重要手段，对于从机制上保障规划目标、任务和相关工作措施落实具有重要作用。市十二届人大四次会议审议批准本市“十一五”规划《纲要》以来，为加强规划落实，及时掌握进展成效及存在的问题，我们建立了规划实施年度评估制度，并对2006年实施进展情况进行了评估。今年以来，根据国家相关部署和市人大常委会听取审议的要求，又组织开展了“十一五”规划中期评估工作，对“十一五”规划前半段，特别是奥运会前的实施情况进行全面分析评价。

市政府高度重视这项工作，专题进行部署并听取相关情况汇报。各区县、各部门认真按照要求，组织对本地区、本领域“十一五”规划实施情况进行评估，今年上半年陆续完成了评估报告。在中期评估实施过程中，市人大财经委积极加强督导，围绕新农村建设、就业和社会保障、自主创新能力建设等一系列重要专题，先后多次组织安排部分市人大常委会委员、人大代表进行专题调研，对推动评估开展、保障评估质量发挥了重要作用。此次中期评估历时半年，经历了前期准备、专项评估、综合评估、专家论证和征求意见等阶段，形成了两份综合评估报告和82份专项评估报告，比较全面、客观地反映了“十一五”规划实施两年来的情况。工作中我们注重把握了以下几个方面。

（一）扎实进行前期准备

及时研究制定工作方案，明确了评估的对象、方法、组织分工及时间进度安排，为中期评估的具体实施打好基础。提早进行工作安排，充分考虑今年举办奥运会等特殊因素，3月初即启动了评估相关工作。搞好评估培训交流，先后举办4期政府部门和区县规划评估培训班，累计培训工作人员200多人次。加强规划评估理论方法研究，指导规划评估实践。

（二）多视角开展评估

为使评估全面客观地反映实际，在评估方法上，注重“三个结合”：一是自我评估和

第三方评估相结合。一方面组织区县和相关部门对本区县、本领域规划实施情况进行评估；另一方面委托北京大学首都发展研究院独立开展第三方评估，为《纲要》综合评估提供重要参考。二是传统评估方法和现代评估方法相结合。在运用对照比较等传统评估方法的同时，积极采用模型分析、公众调查等现代评估方法和手段。针对规划实施情况和市民关注的问题，组织开展了大规模的市民问卷调查，了解市民的感受及评价。三是定性和定量评估相结合，力求评估的客观准确。

（三）突出评估重点

在评估内容上，重点围绕规划主要目标、重点任务、重大项目、重要政策的制订实施等关键环节进行评估，突出搞好对《纲要》的综合评估，突出搞好对基础设施建设、社会公共服务、就业和社会保障等市级重点专项规划的评估，突出搞好对宏观环境变化较大领域的评估，使中期评估成为协调规划实施、促进规划落实的手段。

（四）广泛听取意见

中期评估报告初稿形成后，我们专门组织进行了专家评议，同时通过召开座谈会、书面征求意见等方式，充分听取了部分市人大常委会委员、人大代表和市有关部门等各方面意见。对提出的修改意见和建议及时汇总整理，使评估报告内容更加充实完善。

二、规划实施的主要进展和成效

从中期评估结果看，“十一五”规划《纲要》实施两年多来，总体上取得了良好的进展和成效。科学发展、和谐发展的理念得到落实，奥运会前预定完成的各项目标和任务如期完成，五年规划目标和主要任务基本实现了时间过半、完成任务过半，很多方面比预想的要好。《纲要》42 项主要指标，按年度进展分析，超过或达到中期时间进度要求的有 39 项，占全部指标的 93%。

——地区生产总值年均增长 13%，高于预期目标 4 个百分点，2007 年达到 9353.3 亿元，人均 GDP 达到 7654 美元，接近上中等收入国家平均水平。

——地方财政收入持续快速增长，2006—2007 年年均增长 27.4%，2007 年完成 1492.6 亿元，今年上半年增幅达到 46.4%。

——万元地区生产总值能耗，2007 年为 0.67 吨标煤，比 2005 年下降 10.97%，超过规划目标进度要求。

——万元地区生产总值水耗，2007 年为 37.2 立方米，比 2005 年下降 21.1%，已超过五年规划目标要求。

——化学需氧量排放量，2007 年下降到 10.65 万吨，比 2005 年减少 0.95 万吨，下降 8.2%，完成规划目标的 56%；二氧化硫排放量下降到 15.17 万吨，比 2005 年下降 20.4%，已达到五年规划目标要求。

——城镇登记失业率，2006 年为 1.98%，2007 年为 1.84%，分别低于规划调控目标 1.52 和 1.66 个百分点。

——全市城镇基本养老、基本医疗、失业保险覆盖率分别达到 93%、92.6%、92.6%，达到规划目标进度要求。

——新型农村合作医疗参合率，2007 年达到 88.9%，超过五年规划目标 3.9 个百分点。

——中心城公共客运系统承担全市出行比例不断提高，2007 年达到 34.5%，超过规划目标进度要求。

——中心城污水处理率，2007 年达到 92%，超过五年规划目标 2 个百分点。

——中心城生活垃圾无害化处理率，2007 年达到 99.87%，超过五年规划目标 0.87 个百分点。

——中心城再生水利用率持续大幅度提

高，2007年达到53%，超过五年规划目标3个百分点。

《纲要》确定的重点任务进展良好，主要表现在七个方面。

（一）经济发展实现新跨越，发展方式转变取得明显进展

两年来，坚持走高端产业发展之路，着力促进产业结构升级，引导产业合理布局，狠抓节能降耗减排，提升自主创新能力，初步实现了速度、结构、效益和质量的协调统一。

产业高端化发展态势明显。2007年服务业占地区生产总值比重达到72.1%，比2005年提高3个百分点。金融、信息、科技等生产性服务业加快发展，占服务业的比重达55%。高技术产业实现增加值725.1亿元，占地区生产总值的7.8%，比2005年提高0.5个百分点。现代制造业增加值年均增长高于工业平均增速，现代二工厂、首钢冷轧等一批重点项目建成投产。

经济布局调整取得重大进展。六大高端产业功能区集聚效应显著，在全市地区生产总值中的比重由2005年的34.4%提高到36.5%，辐射带动作用进一步增强。各类开发区、文化创意产业集聚区已成为城市经济最活跃的增长区域，一批特色街区和商务楼宇正在成为发展的新亮点。核心区、拓展区、新区和涵养区等四类功能区，在各项规划和政策的引导下，开始呈现特色化、差异化发展态势。

节约降耗减排走在全国前列。以6.7%的能源消费增长支撑了13%的经济增长。积极推进高能耗、高污染企业搬迁调整，大幅度减少工业污染排放，“以退促降”取得了显著成效。推广使用节能产品和新技术，抓好政府机构、工业等重点用能单位和重点行业节能。推进工程节水，加强监测计量和用水大户超定额加价管理，节约用水处于全国领先水平。实施20类55项建设用地节地标准，较好地实现了建设用地总量控制目标。多渠道、全方位地开展节约、环保宣传活动，公众的资源环境意识明显提高。

自主创新能力进一步增强。数字音视频（AVS）技术，第三代移动通信技术TD－SCDMA进入产业化阶段。以标准为纽带的产业联盟发展迅速，“长风联盟”、中国生物技术外包服务联盟取得明显效益，闪联标准成为全球首个3C协同领域的国际标准。国家“十一五”重点建设的12项重大科技基础设施有6项落户北京。启动“中关村开放式实验室”建设工程，开展非上市股份公司代办股权转让试点，促进了多渠道融资体系的建立，中关村科技园区已成为促进技术进步和增强自主创新能力的重要载体。技术交易市场更加活跃，2007年技术合同成交额为882.6亿元，比2005年增长103.2%，创新辐射能力不断增强。

（二）和谐社会建设取得新突破，广大市民得到更多实惠

两年来，坚持面向农村、面向社区、面向市民，不断加大公共财政投入，推进基本公共服务均等化，加强社会建设和管理，在一些领域实现了重要突破。

城乡社会基本公共服务明显改善。扎实推进义务教育均衡发展，适龄儿童的入学率始终保持在100%；实施了22所名校办分校工程，教育资源配置进一步向基础薄弱地区倾斜。职业教育活力不断增强，特色逐步显现；高等教育规模基本稳定，毛入学率达到57%，已经进入普及化阶段。着力完善公共卫生体系及应急机制，大兴、房山、门头沟等10个远郊区县区域医疗中心建设相继启动；强化基层农村和社区医疗卫生服务，已建成达标社区卫生服务机构2304个，完成规划目标的70%，基本上实现了社区卫生服务网络的城乡覆盖，方便了居民看病就医。继

续实施文物保护工程，修缮市级以上文物保护单位139处。推进公益性文艺演出和电影放映进社区、进乡村，加强社区体育健身设施普及，丰富了市民的精神文化生活。

劳动就业保持在高水平。把努力扩大就业作为重要调控目标，制定实施了零就业家庭帮扶计划、“三年百万”职业技能培训计划、产业转型地区就业促进政策等一系列政策、措施，覆盖城乡的公共就业服务网络和就业促进政策体系基本形成。两年累计实现城镇新增就业75.1万人，失业人员再就业39.1万人，实现农村劳动力转移就业18.4万人，基本动态消除了零就业家庭。城镇居民人均可支配收入和农民人均纯收入年均实际增长分别达到11.2%和8.4%，均超过6%的规划预期目标。

城乡居民医疗和养老保障基本实现制度全覆盖。把推进社会保障广覆盖和提高保障水平作为重要的公共政策。实施了“一老一小”大病医疗保险制度，并将城镇劳动年龄段内无业居民纳入制度覆盖范围，加大农村新型合作医疗投入力度，实现了基本医疗保障制度全覆盖。出台了本市城乡无保障老年居民养老保障办法，加快农村新型养老制度建设，在全国率先实现了养老保障制度全覆盖。适时提高城乡居民最低生活保障、最低工资等相关待遇及特困人员救助标准，建立健全医疗救助、城镇廉租住房等救助制度，实施城乡居民基本生活消费品价格变动应急救助，低收入群体生活得到有效保障，社会福利状况不断改善。

（三）城市建设管理水平实现新提升，基础设施服务能力显著增强

以筹办奥运会为契机，基础设施和环境建设全面提速，供给能力和环境承载力均得到较大幅度提高。“十一五”前两年累计完成基础设施投资2111亿元，接近“十五”时期基础设施投资的总和。

交通体系建设取得重大突破。大规模推进轨道交通建设，新增轨道交通运营里程86公里，地铁9号线、亦庄线等7条新线相继开工建设。京平高速、京津二通道等高速路建成通车，新增高速公路里程178公里，提前两年实现“区区通高速”的规划目标。城市主干路新建51.2公里，建成两条大容量快速公交线路。首都机场扩建任务圆满完成。京津城际客运轨道正式运营。北京南站投入使用。城市交通体系建设和运行效率向前跨了一大步。

能源、水资源保障能力明显增强。建成太阳宫等3个燃气电厂，供电能力提高36%，本地发电能力能够满足电力负荷需求的三分之一。建成陕京一线、二线天然气管线等工程，实施六环路天然气管线工程，新增管线350公里，输气能力提高近30%。曹妃甸液化天然气（LNG）等项目顺利推进，新增储油能力12万吨。新能源与能源新技术应用取得突破，延庆风能一期工程投产，太阳能、生物质能、地源热泵等新技术加快推广，全市新能源和可再生能源消费比重达到2%，比2005年翻了一番。南水北调北京段工程基本建成，京石应急段工程已建成通水。建成清河、北小河、吴家村等再生水厂，2007年全市年利用再生水4.9亿立方米，占用水总量的14%。

空气质量进一步改善。组织实施十二、十三阶段控制大气污染措施。2008年3月1日起实施国家第四阶段机动车排放标准。更新淘汰老旧车辆2.74万辆。中心城20吨以下燃煤锅炉基本实现清洁能源改造和治理。高井、华能等4家电厂的脱硫、脱硝、除尘改造治理工程全部完成。工地、道路等扬尘污染得到有效控制。空气质量二级和好于二级天数持续提高，2007年达到67.4%，比2005年提高3.3个百分点，今年1—8月进一步提高到73.4%。

生态环境建设成效显著。治理水土流失面积200平方公里，完成人工造林2.44万公顷，建成奥林匹克森林公园和15个万亩环城郊野公园。城市绿化覆盖率达到43%，全市林木覆盖率达到51.6%，分别比2005年提高1个和1.1个百分点。基本完成六环路内市属河湖治理，全市河流达标长度由2005年的45.3%提高到51%。对重点水污染源和企业污水排放实施深度治理。城八区污水处理率达到92%，郊区污水处理率达到47%，分别比2005年提高21.9个百分点和12个百分点。建成高安屯焚烧厂、南宫餐厨垃圾处理厂、怀柔庙城填埋场等一批垃圾收集与处理设施，城八区和郊区生活垃圾无害化处理率达到99.87%和76.48%，分别比2005年提高4.7个和29.8个百分点。

城市管理水平显著提升。城市应急管理体系逐步健全，应对突发事件的快速反应能力和处置能力显著增强。能源与经济运行调节长效机制逐步形成，城市安全运行保障能力和管理信息化水平显著提升。安全生产法制体系和监管队伍建设进一步完善，安全生产状况趋向好转。食品、药品抽验合格率保持在较高水平。

（四）新农村建设迈出新步伐，城乡协调发展初见成效

两年来，不断加大对农村基础设施和公共服务的投资和政策倾斜力度，政府投资投向郊区的比重连续两年超过50%，统筹发展的机制初步建立。

新农村建设取得明显进展。编制完成了10个远郊区县村庄体系规划和700个村庄规划。新建乡镇中心区及重要联络线道路273公里，自然村通油路471公里，基本实现了全市“村村通油路”。完成60万农民安全饮水工程，乡镇中心区集中供水、污水处理系统逐步建立。实施了10余项输变电工程，实现了每个区县拥有一座220千伏变电站。天然气供应延伸到怀柔、房山、昌平等新城和沿线中心镇，推广太阳能、生物质能等新能源，农村能源供应开始发生深刻变化。初步建成了“村收集、镇运输、区处理”的垃圾治理体系，完成了五环路以外全部村庄的环境整治任务。农村产业培育取得新的进展，京承高速路都市型农业走廊初步建成，设施农业、乡村旅游、休闲度假等特色产业加快发展。

重点新城建设扎实起步。各新城总体规划、控制性详细规划和经济社会发展规划已经全面完成。实施了交通联络线、区域医疗中心、集中供热和环境整治等项目建设，新城的基础设施支撑能力有了新的提高。同时，一批重大项目的前期工作正在有序进行，相关建设标准和推进措施研究取得初步成果，为后续建设奠定了基础。

（五）改革开放取得新成果，区域合作不断加强

重点领域改革继续深化。完善投资项目备案制与核准制，出台政府投资项目储备库管理办法、后评价办法等政策规章，基本实现了政府投资的“全过程管理”。国有控股上市公司股权分置改革基本完成，国有二、三级企业股份制改革改制面达到95%以上。资源性产品价格改革进一步深化，率先开征农业用水水资源费，试点实施了居民峰谷电价、供热计量收费，适时调整了公交票制票价。稳妥推进事业单位改革，成立了社会福利事务管理中心、公园管理中心，在园林、民政领域及海淀区开展了“政事分开、管办分离”试点。行业协会管理体制改革全面启动。

对外开放水平不断提升。京港合作持续推进，与香港地铁合作的北京地铁四号线特许经营投资项目进展顺利。国际文化创意产业博览会等一批大型活动成功举办。新增9个国际友好城市。2007年进出口总额1929.5亿美元，实际利用外资50.7亿美元，分别比

2005年增长53.7%和43.6%。出口商品结构进一步优化，机电产品和高新技术产品出口比重分别达到58.5%和34.9%。利用外资整体水平提升，世界500强跨国公司已有203家投资北京，第三产业利用外资比重达到80.6%。

区域合作取得新进展。京津冀区域合作机制建设迈出新步伐，重点领域合作扎实推进。京津二通道北京段、京津城际轨道建成通车。水资源与生态环境合作取得突破，联合实施密云水库上游潮白河流域“稻改旱”工程，开展人工增雨作业，实现了潮河、白河旱季基本不断流。加大无偿援助力度，支持西藏、内蒙古、新疆、巴东基础设施建设和产业发展。积极参与四川抗震救灾和灾后重建，建设完成4.4万套临时安置住房、2所临时学校，援建的广青路开工建设。社会各界齐献爱心，累计捐款捐物达21.3亿元，有力地支援了灾区人民。

（六）奥运会、残奥会成功举办，首都城市国际形象显著提升

经过七年的精心筹备，北京奥运会、残奥会取得了圆满成功，在奥运历史上留下了浓墨重彩的一笔，“新北京、新奥运”战略构想全面实现，促进了首都各项工作和城市形象的全面提升。

奥运筹备工作圆满完成，场馆及配套设施建设全部按时按质竣工。广泛采用新技术、新工艺、新设备，“三大理念”得到充分体现。各项保障服务措施和工作预案周密细致，管理运行体制转换平稳、衔接顺畅。开闭幕式精彩热烈，充分展现了中华民族的历史文化和当代中国的发展形象。奥运赛事组织严密科学，赢得了国际奥委会、参会人员以及世界各国的一致赞誉。城市运行平稳有序，能源、基础设施和基本生活必需品供应正常，社会秩序良好，实现了赛事举办成功和运行服务保障的双胜利。北京奥运会被誉为“真正的无与伦比”的一届奥运会。随着奥运会的举办，北京的基础设施支撑能力和管理服务水平实现了跨越式发展，为中国和世界留下了极其丰富的奥运文化遗产。

（七）规划实施机制初步建立，为保障规划落实提供了支撑

两年来，着眼于促进“十一五”规划有效落实，在配套政策制订、重大项目实施、专项规划编制、年度计划衔接等方面积极创新和实践，初步探索形成了较为完善的规划实施管理机制。

重大政策制定取得明显进展。两年来共制定出台了70项相关政策、办法，在促进高端产业发展、提升自主创新能力、推进节约型城市建设、保障改善民生以及推动城乡区域协调发展等方面取得了显著进展，有力推动了相关领域的发展。

重大项目实施进展良好。“十一五”规划共确定重点项目300个，规划投资总额8090亿元。截至今年上半年，已完工项目151个，占总项目数的50.3%；在建项目98个，占32.7%，两者合计比重达到83%。实际完成投资约4760亿元，占规划投资总额的58.8%。重大项目实施进展符合规划进度要求。

规划衔接协调增强。加强专项规划落实，共发布实施了64个“十一五”市级专项规划，为《纲要》实施提供了有力支撑。注重搞好年度计划落实，把规划确定的主要目标、重点任务和重大措施等纳入年度发展计划，明确年度实施重点和要求，为规划《纲要》滚动实施提供了有力保障。

总体上看，“十一五”前半期全市坚持以科学发展观统领发展全局，紧紧抓住举办奥运会等重大机遇，注重发挥中长期规划的指导作用，加强政府职能转变和切实履行，在经济社会发展和城市建设管理等各个方面都取得了明显成效，在实现“十一五”规划目

标上迈出了一大步。两年来的发展效果，得到了广大市民的肯定和认同。根据中期评估过程中委托中介机构所做的市民随机抽样调查，94%的受访者认为近两年来北京市总体发展不低于“十五”期间发展水平，其中65%的市民认为好于“十五”时期。

三、规划实施中需要关注的主要问题

中期评估同时也反映出规划实施中存在的一些值得注意的问题，特别是随着国际国内宏观环境和发展阶段变化，一些新的情况尤为值得关注。

（一）人口增长过快

人口规模是首都城市发展始终面临的重要问题，近两年来又出现了一些新的情况。“十一五”前两年，全市常住人口新增95万人，年均增量比“十五”时期多12.6万人。与此同时，人口区域分布不合理的状况尚未得到根本改善，60%以上的新增人口仍然集聚在中心城区。人口规模快速膨胀的主要原因是在全国城市化加速推进的背景下，农村人口加快向发达地区大城市转移和集聚；北京作为首都，近年来经济社会的持续快速发展，比较充裕的就业机会，相对较高的公共福利，良好的生活服务环境以及优越的文化教育条件，对人口流动产生了很强的吸附效应。人口持续较快增长，进一步加大了本市资源环境和城市运行管理及公共服务的压力，对首都经济社会持续发展正带来新的挑战。

（二）价格上涨压力加大

2006年、2007年北京市居民消费价格分别上涨0.9%、2.4%，总体保持稳定。但从2007年下半年以来，本市价格总水平出现了明显上涨。今年上半年居民消费价格同比上涨6.1%，主要原因是国际价格上涨传导、国内需求增加等多种因素影响，尤其是去年以来世界市场上粮食、原油、铁矿石、煤炭等资源性产品价格大幅度上涨，对国内经济运行带来多方面复杂影响。这一轮价格上涨带有全球性。从目前走势判断，今后一个时期价格总水平仍将高位运行。与此同时，由于价格机制不顺，能源、资源领域积累的价格矛盾日益突出，财政补贴的压力不断加大。价格上涨已成为影响经济和社会发展的突出问题，未来价格调控的任务很重。

（三）城乡和区域发展不平衡的矛盾依然存在

近两年来，在各项倾斜政策、措施的推动下，本市城乡和区域发展出现了积极变化。但由于历史和发展阶段的因素，发展不平衡、不协调的问题仍然存在。城市建设的重心仍然主要集中在城区，特别是中心区人口和功能过度集聚的状况仍未得到根本扭转，带来了交通拥堵等一系列问题。郊区农村的基本公共服务水平与城市相比仍然存在较大差距。南城地区、生态涵养区和西南产业转型地区发展相对滞后。同时，由于城市化进程的不平衡，一些局部地域如城乡结合部、“城中村”等积累的矛盾比较突出。城乡和区域的协调发展是一个长期过程，从根本上看，需要根据区域功能定位，建立制度化、规范化的长效政策和管理机制，促进人口分布、经济布局和资源环境承载力协调适应。

此外，继续推进节能降耗减排，提升环境质量；进一步加强社会建设和改善民生；提升区域协同发展能力，谋求在新起点上的更好发展等，也面临新的要求。

四、进一步推进规划实施的初步安排

随着奥运会的成功落幕，首都发展和“十一五”规划实施进入了一个新的十分关键的阶段。国内外环境发生了一系列新的重要变化，与规划初期已有很大不同。世界经济增长放缓、美元汇率持续走低、大宗商品价格高涨等诸多因素变化，增加了外部环境的不确定性。国内能源运行趋紧，成本上涨压力加大，宏观经济政策正在进行新的调整。这些因素都将对全市发展产生复杂的影响。特别是随着奥运会的成功举办，广大人民群众对巩固奥运成果、推进科学发展提出了很多新的期待和要求。因此，我们一方面要按照“十一五”规划的预定部署，适时推进城市发展建设重心的战略调整和转移，实现奥运前后发展的平稳顺畅衔接；另一方面要积极适应宏观环境条件的新变化、新要求，在新的起点上谋求“新北京、新发展”。总体判断，有规划前半期奠定的良好基础，通过全市共同努力，“十一五”规划《纲要》确定的主要目标和任务是可以实现的。

“十一五”后半期，规划实施的总体考虑是：深入贯彻落实科学发展观，全面弘扬奥运“三大理念”，积极推进发展重点的战略转移，更加注重保持经济平稳较快增长和发展活力提升，更加注重社会建设和改善民生，更加注重生态文明建设和城市运行管理能力增强，更加注重城乡统筹和区域协调发展，更加注重改革开放与加强自主创新，全面实现“十一五”规划目标，并为“十二五”发展奠定坚实基础。

（一）保持首都经济平稳较快发展

把奥运会成功举办作为促进首都发展的新起点，着力培育新的经济增长点，进一步增强发展后劲与活力。

深度开发和利用奥运资源。充分发掘筹办奥运所形成的有形无形资产、管理经验和智力资源，精心组织好后奥运经济推介会等重大活动，加快奥林匹克中心区功能开发和奥运文化遗产利用，吸引国内外体育、文化、会展、旅游等高端要素集聚，规划引进一批高水平的国际体育赛事、国际展会，带动体育、会展、旅游、信息等现代服务业加快发展。

加快高端产业功能区建设。在继续推进六大高端产业功能区建设发展的同时，实施好丽泽金融商务区等新兴金融功能区和后台园区开发建设，扩展金融产业发展空间。完善政策支持体系，加快中关村软件园、国家新媒体产业基地等文化创意产业集聚区建设，促进快速发展。把握中央企业总部扩张机遇，充分借助综合服务环境优势，引导境内外高端要素流入，促进总部经济集聚和楼宇经济发展。

进一步提升自主创新能力。推进国家综合性高技术产业基地发展，深化中关村综合改革，建立起培育创新主体、促进成果转化的政策机制。加快海外学人中心建设，大力引进高层次海外人才。强化信息基础设施建设，积极吸引国家重大科技基础设施和攻关项目在北京落地。支持下一代互联网、第三代移动通信和数字电视网三大试验网应用，促进新兴产业链培育。

保持投资消费的平稳较快增长。合理把握投资建设节奏和空间时序安排，有针对性地做好重大项目运作和投资促进，推动投资建设主战场由中心城向新城、南城、西部和新农村建设转移，确保投资平稳增长。继续提高城乡居民收入水平，着力增加农民、企业职工和低收入群体的收入，增强消费拉动作用。适应消费结构升级的新趋势，引导住房、汽车合理消费，扩大旅游、文化体育、时尚休闲等消费份额。

（二）继续加强以改善民生为重点的社会建设

切实抓好已经出台的各项民生政策的落实，加强社会建设和管理创新，促进社会和谐。

深入扩展社会基本公共服务。着力促进义务教育均衡发展，进一步改善农村学校、薄弱学校办学条件，完善农村地区学生、城市困难学生、特殊教育学生的助学政策，落实来京务工人员子女平等接受义务教育的各项政策，努力办好人民满意的教育。着力解决群众看病就医问题，进一步健全城乡公共卫生和基本医疗服务体系，强化社区卫生服务，完善新农合补偿政策，控制医药费用不合理增长，提高群众健康水平。着力加强基层公共文体活动设施和社会养老设施建设，继续搞好文艺演出和电影放映进社区、进乡村活动，更好地满足基层广大群众的需要。

继续扩大就业。认真贯彻实施就业促进法和劳动合同法。继续加大对就业困难地区的政策扶植力度，做好首钢等调整、搬迁及关闭破产企业职工分流安置和产业调整地区的就业工作。落实困难群体促进就业政策，完善就业援助和长效帮扶机制。实施促进农村劳动力转移就业政策，提高农民就业水平。加强高校毕业生就业指导和服务，提高就业水平。

进一步完善社会保障。坚持“广覆盖、保基本、多层次、可持续”的方针，落实好已经出台的各项政策、措施，继续以推进基本养老、基本医疗、最低生活保障制度改革为重点，加快完善覆盖城乡居民的社会保障体系。健全城乡居民社会保障待遇标准正常调整机制，逐步提高养老金发放、最低生活保障以及职工最低工资等相关标准，保障广大市民更好地共享发展成果。

增进社会整体福利。着重完善政策性保障住房机制和管理办法，健全住房保障体系，进一步增加中低价位、中小户型住房供应量，“十一五”后两年力争每年再开工建设800万平方米保障性住房，努力解决好低收入家庭的住房困难。完善各项救助政策，关注边缘群体，保障群众基本生活水平不断改善。积极引导和促进社会慈善事业发展。

积极调控人口规模过快增长。遵循城镇化和市场规律，立足转变发展模式和加强城市自身管理，更多依靠经济、法律手段，疏导和减缓人口增长。推进城乡结合部产业转型，严格控制低端产业发展。依法强化对居住场所的常态化管理和市民化服务，保障流动人口的合法权益。积极研究解决人口“新二元结构”相关问题。加强新城开发建设中的人口调控，探索区域人口调控考核试点，引导人口合理布局。建立健全人口动态信息管理平台，完善综合调控机制。

（三）提升城市基础设施承载能力和服务水平

继续坚持基础设施优先，加紧一批重大项目实施，提高承载能力和运行效率，保障城市现代化发展和居民生活需要。

推进城市交通体系建设。全面启动轨道交通线网规划建设实施，开工建设地铁14号线、7号线、15号线，使在建规模达到11条线270公里，力争每年都有一条轨道交通建成运营。进一步完善城乡一体的综合交通体系，加快公共停车和换乘设施建设，提高交通管理水平。加强机动车总量控制，积极实施交通限行，适当提高中心城区停车收费标准，利用价格杠杆引导市民理性选择交通出行方式，使广大市民公共交通出行更加快捷通畅。

增强城市能源保障能力。制定实施好能源发展战略规划，按照建设宜居城市的要求，高标准建设可持续的城市能源体系。深入推进与中央能源企业、兄弟省市战略合作，超前规划和建设一批重大能源工程，继续推广新能源和能源新技术，不断提高能源管理水平，确保能源安全供应。

构建安全可靠的水资源保障体系。按照“外部开源，内部挖潜”的思路加强水资源供给能力。加快推进南水北调配套工程建设，提升接收和使用能力。树立污水也是资源的理念，加大全市污水处理设施升级改造力度，大力开发和利用再生水；实施雨水拦蓄工程，提升雨洪利用水平。

进一步提高城市治理效能。深入总结和推广奥运筹办期间城市运行管理经验，使之逐步规范化、长效化。充分发挥公众企业参与城市治理的重要作用，积极推进城市管理体制和管理模式转变，提高城市管理服务的精细化水平，提高城市的运行效率和保障能力。

（四）科学推进新城建设实施

建设新城是优化首都城市功能布局的重大举措。要坚持分阶段集中解决问题，优先外部交通联络建设，优先搞好生态环境，优先骨干基础设施和公共服务配套，优先实施近期重点建设区域开发，促进新城建设扎实有序进行。

加快外部交通联络线建设和骨干基础设施配套。重点实施亦庄线、大兴线等轨道交通工程，推进新城与中心城和新城之间快速联络线建设，基本形成新城外部交通联络系统和内部路网架构。实施新城集中供热工程，推进供热资源整合，到2010年前，使新城基本取消分散燃煤锅炉房，实现集中供热。完善新城的天然气骨架管网，新增管线200公里。加快新城污水处理设施新建配建，力争使每个新城拥有一个高品质的再生水厂。

推进新城生态环境建设。启动实施新城万亩滨河森林公园工程，搞好新城绿化隔离和生态景观大道建设，到2010年，初步形成新城外部绿化带和内部绿化网架构，避免新城和中心城、新城和新城连成一片，将来再“拆迁建绿”的情况。

增强公共服务设施配套能力。完善名校办分校等政策机制，鼓励优质公共服务资源向新城转移，带动中心城区人口和功能疏解。推进一批功能性项目建设，实现每个重点新城有一个区域医疗中心、一个体育中心、一个多功能影剧院，较大幅度提升新城公共服务水平。

加强新城资源节约利用。落实好新理念，严格执行新建建筑节能设计标准，加强新能源与可再生能源利用。在新城全面推行雨污分流，建设城市雨水集蓄和利用系统；推行中水回用系统，推广节水器具设备的使用。适当提高新城建设的容积率，严格控制低密度住宅小区建设，有效利用地下空间。通过推行先进资源利用方式和技术手段，加强项目实施标准控制，使新城资源节约利用水平明显高于中心城。同时，加强新城景观和建筑风格设计，培育特色新城。搞好土地投放调控，注重循序渐进、梯次实施和建设资金平衡。

（五）健全城乡统筹、区域协调发展的政策机制

着重完善区县功能定位，建立规范化的制度安排和长效政策机制，促进农村和相对滞后地区加快发展。

继续扎实推进新农村建设。适应农村人口结构变化和城镇化要求，实施新农村和重点镇建设“双轮驱动”。进一步完善各项支农惠农政策，推动现代都市农业产业化、规模化，大力发展设施农业和休闲旅游，促进农民就业和增收。继续实施基础设施“五项工程”整体推进村建设，抓好“三起来”工程和村庄环境整治，完善公共设施管护机制，改善农村生活条件。加强重点镇建设，分阶段集中解决交通联络、垃圾治理、集中供水、污水处理等设施问题，提升基本公共服务能力，增强集聚和带动作用。进一步深化农村综合配套改革，增强发展活力。

促进生态涵养发展区持续发展。继续把生态环境建设与保护放在首位，同时大力培育发展生态友好型产业，增强可持续发展能力。以“防沙、保水、增绿、保障”为重点，继续实施宜林荒山绿化等生态建设工程，提升生态资源质量。支持涵养区市级开发区建

设，引导高端要素流入和特色产业发展。推进历史文化古村落建设，培育发展沟域经济。落实好山区发展规划，搞好放射线和山区环线网络建设，建立起城区和生态涵养区便捷的通道。

加快南城和西南部产业转型地区发展。注重发挥重大项目、重点区域开发的带动作用，重大项目优先布局，规划项目优先实施，重点区域优先扶持。集中实施好一批带动性强的基础设施和社会公共服务项目，引导社会资源配置。搞好丽泽金融商务区、首钢地区等重点区域的规划实施和开发建设，培育和发展高端产业，增强发展后劲。加强对产业转型的政策扶持，积极抓好棚户区改造、就业等民生问题，使之成为新北京富有活力的地区。

推进主体功能区建设。进一步落实好区县功能定位，按照国家统一部署，编制主体功能区规划，制订实施更有针对性、差别化的区域政策，着力完善财政、投资、土地等政策调控机制，推进各区域主导功能建设，规范开发建设秩序，优化重大项目布局，促进各区域协调发展。

（六）大力推进生态文明建设

巩固奥运环境治理成果，走环境友好型、资源节约型发展道路，建立生态文明长效机制，为可持续发展提供重要支撑。

深入推进节能降耗减排。把技术进步与制度创新作为主要抓手，推动节能减排由“以退促降”为主向以“内涵促降”为主转变，注重从源头上推动节能减排。加强利益机制建设和市场引导，通过有效的激励约束把节能降耗逐步变成各经济主体的内在动力和自觉行为。全面落实节能减排年度责任制，抓好政府机构、大型公建、耗能大户等重点领域节能。推广实施好一批节能先进适用新技术、新产品。制定完善工业固体废物综合利用的相关激励政策，研究开发实用的综合利用技术，促进循环经济发展。通过转变发展方式减轻发展对生态环境的压力。

进一步改善城市空气质量。继续实施控制大气污染阶段性措施，推进区域大气污染治理联动机制长效化，巩固绿色奥运成果。加快产业调整步伐，坚决关闭排放不达标企业。推行“绿色施工”，继续严格控制工地扬尘污染。加快更新淘汰“黄标车”。全面推进城区平房煤改电，逐步消灭城乡结合部原煤散烧。大力倡导“绿色出行”，减少交通污染。

提升生态体系品质。着力提高森林覆盖率，启动低效生态公益林改造、万亩滨河森林公园等建设工程，搞好生态走廊建设，构建城市森林体系。继续完善绿化隔离带功能，拓展生态空间，在保护自然环境的同时，为市民提供更多的休闲游憩场所。加强自然保护区和湿地建设，强化水污染防治和资源化利用，打造优美城市水环境。

（七）加强经济运行调控

保障煤电油运供给和安全运行。积极应对新一轮紧运行挑战，加强能源运行协调调度，保障城市安全运行。超前规划和建设一批重大能源工程，加快主网主通道建设，不断完善配网，拓展电网外部通道，提高输电能力。推进唐山 LNG 项目建设，积极引入大唐煤制气，构建完善的天然气输配体系。推进成品油库整合，启动煤炭储运交易中心一期建设，建立适应首都需要的、安全平稳运行的能源储备体系。

保障基本生活必需品的正常供应。密切关注市场供求变动趋势，进一步加强和巩固与外埠农副产品供应地的战略合作，组织好货源调度。完善储备体系和应急机制，在鼓励企业增加商业储备的同时，适时调整政府储备规模，适度提高部分生活必需品的储备标准。加快农产品批发市场升级改造，增强一级市场的集散功能，完善二、三级市场配送体系，确保市场供应。健全生活必需品应急调控协调制度，加强市场动态监测，逐步建立保障基本生活必需品稳定供应的长效机制。

努力保持价格水平基本稳定。落实国家各项价格调控的要求，高度重视和密切关注民生价格，加强重要商品和服务的价格监测、预警，做好市场供应和价格应急预案。完善价格变动与低收入群众生活保障的联动协调机制，保障低收入群体的基本生活水平不因价格变动而降低。加强市场监管，依法规范市场秩序。

提高城市防灾减灾能力和应急管理水平。加强自然灾害规律和防灾机理研究，为科学预测、预防提供依据。强化灾害监测、预测能力建设，完善现有气象、水文、地震、地质和环境等监测站网，增加监测密度，提升监测预防的自动化水平。把依靠科技建立自然灾害防御体系纳入全市发展规划，将灾害预防知识纳入社会科普活动，提高市民防灾意识、知识水平和避险自救能力。

（八）进一步深化改革开放

系统总结本市改革开放 30 年的历史经验，适应不断变化的新形势，深入推进体制改革，显著提高首都对外开放水平。

继续深化重点领域改革。积极推进行政管理体制改革，研究制定政府机构改革方案，推进服务型政府建设。深化财税体制改革，完善市和区县财政管理体制，健全转移支付制度，促进基本公共服务均等化和主体功能区建设。开展社会领域投融资体制改革试点，探索建立政府购买公共服务机制，创新政府公共服务提供方式。积极推进国有一级企业战略重组，加快资产布局和结构调整。深化资源环境价格改革，逐步建立起有利于推进科技进步、节约能源资源、维护社会公平的价格机制。积极申请和推进综合配套改革试点。

着力提高对外开放质量。继续优化利用外资结构，更加注重引进管理、技术和智力，引导外资投向现代服务业、高技术产业、节能环保、研发创新等重点领域。积极引进国内外金融机构和大企业总部，承接国际服务外包转移。继续转变外贸增长方式，促进加工贸易转型升级。完善支持企业“走出去”的政策服务体系，为企业“走出去”发展提供切实支持。

继续加强区域合作。落实好国家区域发展总体战略，深入推进京津冀和环渤海地区在产业发展、交通建设、能源开发、水资源和生态环境保护等重点领域的合作，加快一体化进程。扎实做好灾后重建和对口支援工作，坚决贯彻落实国家部署和要求，采取政府主导、社会参与、市场运作相结合的方式，安排实施好支援项目，同时搞好智力援助和产业合作。

全面实现“十一五”规划《纲要》确定的目标任务，要继续把年度计划作为重要抓手，搞好重大政策制订，加快重大项目实施，促进规划落实。同时，认真做好“十二五”规划编制前期准备工作，促进中长期发展战略滚动衔接。

以上报告，提请市人大常委会审议。

关于对北京市国民经济和社会发展第十一个五年规划纲要实施情况中期评估报告的意见和建议

——2008年9月23日在北京市第十三届人民代表大会常务委员会第六次会议上

市人大财政经济委员会主任委员　王　火

主任、各位副主任、秘书长、各位委员：

按照《中华人民共和国监督法》的规定，《北京市国民经济和社会发展第十一个五年规划纲要》（以下简称《纲要》）在实施的中期阶段，市人民政府应当将规划实施情况的中期评估报告提请市人大常委会审议。市人民政府及其有关部门高度重视《纲要》实施中期评估工作，组织力量，规范程序，开展了自我评估、第三方评估和公众企业调查，加强了对部门和区县的培训指导力度，认真听取市人大代表意见，为提高中期评估的质量和科学性做了大量工作。

为配合常委会做好对市人民政府《关于〈纲要〉实施情况中期评估报告》的听取和审议工作，年初，我们就与市政府相关部门进行了协调与沟通，努力做好前期工作。为此，我们还成立了专题组，按照市人大常委会主任办公会确定的精简、效率、突出重点、注重实效的原则制定了工作方案，围绕着进一步落实科学发展观，促进产业结构调整、转变经济增长方式，基础设施建设和环境保护，社会保障和民生，以及新农村建设等主要方面，组织部分常委会委员、市人大代表和常委会相关委室的负责同志进行了深入调研和实地考察。听取了市发展改革委、市科委、市劳动和社会保障局、市农委等部门关于《纲要》实施相关情况的中期评估报告和有关单位的汇报。9月5日，财政经济委员会召开第四次会议，对《关于〈纲要〉实施情况中期评估报告》进行了讨论。

《纲要》实施两年多来，市人民政府全面贯彻落实科学发展观，紧紧围绕“新北京、新奥运”战略构想，锐意进取，扎实工作，我市经济发展质量进一步提高，产业结构不断优化，民生改善步伐显著加快，新农村建设继续深入，实现了国民经济平稳较快发展和社会事业的全面进步。成功举办了一届“有特色、高水平”的奥运会，实现了基础设施支撑能力和管理服务水平跨越式发展，促进了首都各项工作和城市国际形象的全面提升。总的来看，“十一五”规划总体进展顺利，《纲要》确定的42项主要指标中，超过或达到中期时间进度要求的有39项，占全部指标的93%。市人民政府对《纲要》实施情况的分析和评估全面、客观，是实事求是的。建议本次常委会同意市人民政府的这个报告。

财政经济委员会在讨论中还注意到，面临新形势、新变化，《纲要》在实施过程中还存在着一些矛盾和问题，从时间进度要求看，少数指标进展缓慢。当前，国内外发展环境发生了一系列新的重要变化，要实现奥运前后经济、社会发展的顺畅衔接，确保《纲要》各项目标的全面实现，任务还十分艰巨。为此，财政经济委员会提出以下意见和建议。

一、把成功举办奥运作为首都发展新起点，保持经济和社会平稳较快发展

统筹谋划奥运会结束后首都经济社会发展战略，加强对奥运资源的挖掘、开发和利用，延伸和拓展奥运经济效应。深入推进发展方式转变，提升产业发展水平。保持合理的投资结构，加大消费对经济增长的拉动作用，提高对外开放的质量，培育新的经济增长点，增强发展的后劲与活力。加强社会保障体系建设，着力改善民生，促进城乡、区域协调发展，加快推进和谐社会建设，确保首都经济平稳较快发展。

二、加强价格调控，抑制价格总水平过快上涨

按照国家对价格调控的各项要求，制定和完善相关政策、措施。做好对重要商品和服务价格的监测和预警工作，健全应急机制。组织好货源调度，完善储备体系，保障基本生活必需品的稳定供应。加强市场监管力度，依法规范市场秩序。重视价格变动对低收入群体生活的影响，做好分类救助工作。

三、加强城市管理，促进人口资源环境协调发展

高度重视人口过快增长给城市发展与管理带来的压力，加强人口规模与环境承载能力问题的研究。大力推进生态文明建设，运用经济、法律等手段，疏导和减缓人口过快增长。探索区域人口调控考核试点，使人口布局合理化。建立健全人口动态信息管理平台，加强对流动人口的管理和政策引导，构建首都人口综合调控体系。

市人民政府及其有关部门应当全面贯彻落实科学发展观，抓住首都发展的重要战略机遇期，结合我市实际，及时研究经济和社会发展中出现的新情况、新问题，做好“十二五”规划编制的前期准备工作。

以上意见，供常委会组成人员审议时参考。

市人大常委会执法检查组关于检查《中华人民共和国义务教育法》实施情况的报告

——2008年9月23日在北京市第十三届人民代表大会常务委员会第六次会议上

市人大常委会副主任　刘新成

主任、各位副主任、秘书长、各位委员：

2006年6月，全国人大常委会对《中华人民共和国义务教育法》（以下简称《义务教育法》）进行了修订。为了进一步推进《义务教育法》的贯彻实施，促进本市义务教育事业发展，从今年4月开始，市人大常委会成立了由分管副主任任组长，部分市人大常委会委员、市人大教科文卫体委员会委员和市人大代表等43人组成的执法检查组，对本市贯彻执行《义务教育法》的情况进行了检查。

这次执法检查是《义务教育法》修订后，市人大常委会对该法在本市的执行情况进行的第一次检查。本次执法检查围绕提高义务教育质量这个主题，重点检查两个方面：一是合理配置教育资源，促进义务教育均衡发展的情况。包括合理调整学校设置规划、推进学校标准化建设、均衡配置学校教学设备和学校师资力量、加强农村地区和薄弱学校师资队伍，以及建立和完善促进义务教育均衡发展的经费保障和投入体制等内容。二是加强本市校长、教师队伍建设的情况。包括保障教师工资福利，改善教师工作和生活条件，保证教师平均工资水平不低于当地公务员平均工资水平，加强校长、教师培养培训工作等内容。执法检查组依法把法律监督和工作监督紧密结合起来，力求突出重点，注重实效。4 月 7 日，执法检查组召开了第一次全体会议，听取了市政府关于实施《义务教育法》情况的汇报。5 月，执法检查组分赴宣武区、朝阳区、昌平区、房山区等 4 个区开展了检查，实地考察了 11 所中小学校，并与当地政府、教育行政部门、相关委办局的负责同志及校长、教师代表进行了座谈。为了更全面、广泛地了解情况，执法检查组还委托 18 个区县人大常委会对各自辖区贯彻执行《义务教育法》的情况进行了检查，并通过北京市人大常委会机关网站向市民征求意见。8 月 4 日，执法检查组召开了第二次全体会议，讨论了执法检查报告。现在，我代表执法检查组，将检查情况报告如下。

一、本市贯彻落实《义务教育法》的主要成绩

多年来，市政府一直高度重视义务教育事业发展，取得明显成绩，在国务院发展研究中心、中国社科院联合发布的《中国公共服务发展报告 2006》中，北京基础教育基准分数连续五年排名第一，我市成为全国唯一达到绩效等级 A 的城市。新《义务教育法》颁布实施以来，市政府更加重视促进教育公平，全力推动义务教育向高标准、高质量和均衡方向发展，将工作重点放在农村、不发达地区、基础薄弱学校和弱势群体方面，主要成绩有：

（一）完善相关政策、法规，优化义务教育发展环境

2007 年 8 月，市委、市政府召开了推进义务教育均衡发展会议，下发了《关于进一步推进义务教育均衡发展的意见》，明确提出首都义务教育均衡发展的具体目标，即“到 2010 年全市义务教育学校城乡差距、校际差距显著缩小，学生德智体美等综合素质全面发展，特别是身体、心理健康素质明显提高”。这为本市推进义务教育均衡发展指明了方向。新《义务教育法》颁布后，市政府积极开展了修订《北京市实施〈中华人民共和国义务教育法〉办法》的工作，修订草案已提交今年 4 月召开的市十三届人大常委会第三次会议审议，并拟于年内通过市人大常委会二审后颁布施行。此外，市教委和市政府有关部门还依法制定了《关于完善北京市义务教育经费保障机制的通知》、《关于调整北京市基础教育公用经费定额标准的通知》、《关于进一步完善义务教育阶段“两免一补”政策的通知》等 10 余件规范性文件，逐项落实《义务教育法》的有关规定，进一步优化本市义务教育事业的发展环境。

（二）建立义务教育经费保障和投入体制

本市成立了农村义务教育经费保障机制改革领导小组，协调、落实相关工作。提高了全市中小学校公用经费定额标准，小学生由每生每年 220 元提高到 800 元，初中生由每生每年 260 元提高到 900 元。全面落实“两免一补”政策，对义务教育阶段学生全部免除杂费，对贫困家庭及农村户籍学生，在

教科书费、住宿费、助学补助等方面予以免除或补助。按照《义务教育法》的规定，本市在“两免一补”所需经费、调整后的公用经费达标部分、校舍维修经费和办学条件达标经费等方面，做到了市和区县政府分项目、按比例分担。

（三）整合资源优化布局，努力实现办学条件均衡配置

市政府制定了新一轮中小学校布局调整规划和年度实施计划。正式启动了小学规范化建设工程，今年上半年安排专项经费1．6亿元，重点支持100所小学在主要项目上达到新颁办学条件标准。继续深入推进初中建设工程。东城区通过实施学区化管理，建立了校际间设施设备资源、课程资源、人力资源共享机制，搭建起了保障教育公平、实现共同发展的平台。

市政府加大对区县间义务教育均衡发展的调控力度。高标准高质量推进本市农村学校建设，引导优质教育资源向农村地区流动，今年上半年安排资金8000多万元用于改善140所农村寄宿制中小学校的生活条件。为提高山区中小学校办学水平，保障达到新颁办学条件标准，房山区将9所山区中学迁入城镇地区2所寄宿制新建学校，并利用中学腾退的校舍，将山区31所小学合并为14所；密云县在14个山区、半山区乡镇，统一设计、建设了29所寄宿制中小学校，实现了集中办学、规模办学，切实提高了办学效益。

（四）加强校长、教师队伍建设，推进师资队伍均衡配备

市政府按照“限高、稳中、补低”的原则，积极推进义务教育阶段教师工资分配制度改革。重新核定绩效工资后，全市山区教师工资每人每月增加600元，平原和城区教师工资每人每月增加300元。各区县也出台了相关政策，通过财政拨款对教师结构工资予以补贴，提高山区、边远地区教师津贴，缩小了区域内教师收入差距。

市和区县政府通过采取组织城镇教师支援农村教育工作、组织优秀大学生到农村中小学支教、加强教师培训、发挥特级教师和骨干教师辐射带动作用等措施，不断提高教师素质，推进教师队伍均衡配备。进一步加强了校长队伍建设，积极、稳妥地推进公开选拔校长、校级后备干部的工作。部分区县试行了校长任期目标责任制，加强考核监督，健全奖惩机制。充分利用各种资源，加大了对校长的培训力度。

二、存在的主要问题

这次执法检查发现，本市义务教育事业虽然取得了较大成绩，但仍面临着诸多困难，且存在一些薄弱环节。本市将基础教育的高标准、高质量、均衡发展，作为2010年率先基本实现教育现代化的一个主要标志，但应该说，目前距离实现这个目标还有一定差距，当前本市义务教育的发展水平还不能完全适应经济社会发展的要求，还不能完全满足广大人民群众日益增长的对优质教育资源的需求。存在的主要问题是：

（一）促进义务教育均衡发展的经费保障和投入体制有待进一步完善

市和区县政府根据职责共同负担、市政府统筹落实的义务教育经费投入体制尚不够完善。市政府通过转移支付补助和支持财力薄弱的区县，以缩小区域之间、城乡之间义务教育发展差距的力度还需加强。2007年还有个别区县没有完全依法实现教育经费的“三个增长”。财政性教育经费投入与学校实际需求还存在一定差距，部分学校经费自筹的比例偏大。尽管本市提高了中小学校的公用经费定额标准，但是部分区县的公用经费占教育事业费的比例仍然较低，不能完全满足学校正常运转与发展的需求，其中山区寄

宿制学校公用经费不足的现象更为突出。

（二）办学条件配置水平还需要进一步提高，居民区配套学校建设还存在问题

本市部分中小学校办学条件还未达到新颁布的办学条件标准。城区部分学校规模过小，校舍和操场面积未能达标；农村部分学校校舍建筑标准较低，教学和办公设备较差，专业教室不足。居民区配套学校建设存在问题较多，如缺乏总体规划，由开发商配建造成学校规模小、办学条件达不到标准、产权不清、交付不及时等。昌平区天通苑作为居住40万人的特大型居民区，规划新建配套5所中小学校，至今只有2所建成并移交区教委，其余3所中，1所被开发商对外租赁举办民办学校，1所建成多年但尚未移交，还有1所至今尚未建设。

（三）校长、教师队伍建设还存在薄弱环节

优秀教师资源分布不均衡。农村地区学校优秀教师数量明显低于城区学校，专业技术人员职称结构比例不合理，高级职称比例较低，而且农村学校的优秀教师还在继续向城市流动。2007年某远郊区由农村地区学校流向城区学校的教师达到60名，其中中级职称以上教师53人，骨干教师、学科带头人11人。农村地区中小学校教师补充困难。

本市多数区县的教师平均工资水平还没有达到当地公务员的平均工资水平，区域之间、城乡之间教师工资收入差距明显。教师医疗费报销标准低且拖延时间较长。如有的区在职教师每人每年仅有200元的门诊报销费用；有的区农村教师在镇卫生院门诊开药费用每人每次平均不能超过30元，最低的只有20元。

现行编制标准制约教师队伍建设，教师总量超编与学科结构性缺编并存。本市目前执行的中小学校教师和工作人员配备标准，依据的是2000年颁布的《关于印发北京市全日制中学、小学、职业高中学校校内机构设置及教职工编制标准试行意见的通知》，近年来首都教育形势发生很大变化，该标准已经不能适应目前发展寄宿制学校、开展课程改革等新形势的需求。

校长、教师的培训工作虽然稳步加强，但培训内容的针对性有待提高，培训的方式和方法还应当不断创新，培训经费投入仍显不足，培训经费占教育经费比例过低。如某区2007年用于校长、教师培训的费用仅占全部教育经费的1.18%。本市农村地区教师因为经费短缺，培训受限，知识能力结构难以适应素质教育要求。教师培训缺乏时间保障也是一个突出的问题。

三、几点建议

新《义务教育法》的颁布实施是我国教育事业发展的一个新的里程碑，是我国义务教育发展史上的一件大事。新法首次以法律形式明确指出义务教育的发展方向是实现均衡发展，义务教育的重大历史使命是推进素质教育，义务教育的本质是实行免费教育，并明确规定了义务教育的管理体制、经费保障和投入体制，强化了省级政府在统筹发展义务教育方面的职责，还在保障适龄儿童、少年平等接受义务教育的权利等方面作出了一系列创新性的规定。全面贯彻落实《义务教育法》是一项长期而艰巨的任务，本市还有很多需要不断改进和完善的方面。此次执法检查，主要围绕两个重点检查了市政府贯彻实施《义务教育法》的情况。在今后的工作中，我们还将根据本市义务教育发展的实际情况，有针对性地继续深入开展检查，逐步推进《义务教育法》在本市的全面贯彻实施。

执法检查组认为，当前促进本市义务教育的均衡发展，仍是贯彻落实好《义务教育法》的主要任务。其办法不是“削峰填谷”，

而应当是实现发展中的均衡。政府既要加大投入，保障所有学校达到基本的办学条件标准，提升落后地区、薄弱学校的发展水平，也要提高优质教育资源的供给总量，实现义务教育发展水平整体提升。贯彻落实《义务教育法》是一项系统工程，涉及方方面面，需要市政府加强领导，统筹协调市政府有关部门、各区县政府及社会各界共同努力，做好相关工作。建议市政府根据首都义务教育均衡发展的目标，拟定时间表，按步骤、分阶段、有计划地推进，重点做好以下几方面工作。

（一）依法保障义务教育的经费投入，不断完善促进义务教育均衡发展的投入体制

保障义务教育经费投入是实现义务教育均衡发展的重要前提。《义务教育法》规定，国家将义务教育全面纳入财政保障范围，义务教育经费投入实行国务院和地方各级人民政府根据职责共同负担，省、自治区、直辖市人民政府负责统筹落实的体制。

市和区县政府要进一步加大教育投入力度，不断提高义务教育经费保障水平，依法在财政预算中将义务教育经费单列。市政府要加强领导，督促各区县政府依法保障义务教育经费实现“三个增长”，并提高义务教育经费的使用效率。本市城乡之间、区域之间义务教育发展不均衡的重要原因在于经济发展不均衡，因此要不断完善市和区县政府根据职责共同负担、市政府统筹落实的义务教育经费投入体制，根据区县间财力差异，有区别地、合理地划分市和区县间对义务教育经费的分担项目和比例。市政府应加大对财力薄弱区县的支持和补助，保证后者有足够的公用经费用于义务教育事业发展，以缩小与发达地区的差距。

（二）加快推进办学条件均衡配置，下大力气解决居民区配套学校建设问题

学校办学条件的均衡配置是实现义务教育均衡发展的基础。《义务教育法》中规定，县级以上人民政府及其教育行政部门应当促进学校均衡发展，缩小学校之间办学条件的差距；按照国家有关规定，制定、调整学校设置规划；新建居民区需要设置学校的，应当与居民区的建设同步进行；学校设施应当符合国家规定的办学条件标准。

全面实施新的《北京市中小学办学条件标准》，促进全市中小学办学条件达标。要根据本市城市总体规划和区域发展规划，确定学校布局调整计划，整合义务教育资源，优化配置，提高办学效益。通过土地置换等办法，将城市中心区规模较小的学校予以合并，扩大规模，使其达到办学条件标准。通过举办寄宿制学校等措施，在农村地区实现集中办学、规模办学。要特别关注农村平原地区的学校建设，提高这些学校的办学水平，确保工作中不出现盲点。根据各区县在不同学科教学设施、设备的短缺状况，有针对性地进行专项投入，避免重复投资和浪费。

在解决居住区配套学校建设问题上，市和区县政府应当依法承担起建设责任，将新建、改建居民区配套学校纳入教育设施专项规划，学校建设要符合办学条件标准，并与居民区的建设同步进行。市和区、县人民政府对所需建设用地依法划拨，对所需资金予以保障。确保配套学校按时交付使用。对于现存未解决的问题，市和区县政府应当深入开展调研，提出切实可行的对策。

（三）采取有效措施，加强校长、教师队伍建设

加强校长、教师队伍的建设是提高义务教育水平、实现义务教育均衡发展的关键。《义务教育法》中规定，各级人民政府应当保障教师工资福利和社会保险待遇，改善教师工作和生活条件；教师的平均工资水平应当不低于当地公务员的平均工资水平；县级以上人民政府应当加强教师培养工作，采取措施发展教师教育；县级政府教育行政部门应

当均衡配置本行政区域内学校师资力量。

校长队伍建设是中小学校师资队伍建设的重中之重，办学水平的提高在很大程度上依赖于校长队伍水平的提高。要不断加强和改进校长培训制度，切实提高培训质量。完善校长任职资格标准，坚持中小学校校长持证上岗。加强对校长工作的评议和监督，进一步改革中小学校校长选拔任用制度，大力加强校级后备干部队伍建设。加强对校长队伍的管理力度，对于不称职的校长要及时作出调整。努力建设一支具有先进教育理念和较高专业水准的校长队伍。

目前教师资源的不均衡已经成为本市义务教育均衡发展中面临的最突出问题之一。优秀教师大量集中在城区和优质校的一个原因是教师工资收入差距较大。因此，缩小教师间工资收入差距，是推动师资力量均衡配备、促进义务教育均衡发展的一个重要条件。市和区县政府应当依法保障教师的平均工资水平不低于当地公务员的平均工资水平，逐步缩小城乡之间、区域之间教师工资差距。对在农村地区任职的教师，在工资福利、职称评定上给予政策倾斜。要提高教师的医疗保障水平，建立统一的教师医疗费报销标准，将教师医疗费用足额纳入财政预算，及时拨付报销。

要促进师资队伍的均衡配备。完善教师队伍的补充机制，通过政策鼓励与任务摊派相结合的手段，让师范院校为农村地区、薄弱学校培养、培训师资。逐步建立并完善校长、教师的流动制度。把到农村学校服务一定时期，作为教师职称评定的指标之一。在城区教师到农村支教的同时，组织农村教师到城区学校进修培养。

适时调整中小学教师编制标准，将义务教育课程改革和教师编制问题统筹考虑、配套解决。为农村学校安排适量附加编制，对学生少的学校可单独核编，为寄宿制学校配备一定数量的生活管理教师。

提高教师培训的实效性，认真研究当前师资队伍建设中面临的青年教师不断增加等新情况，在充分总结经验的基础上，有针对性地不断改革、创新培训的方式、方法和内容，建立起可持续发展的培训制度和体系。加强师德培训，提高教师思想品质、道德风范和职业道德素养。加大对培训经费的投入力度，将培训经费足额纳入预算，并及时拨付。培训经费要向农村地区学校适度倾斜。逐步推进教师带薪脱产培训工作。

本次执法检查的重点是建立和完善促进义务教育均衡发展的经费保障和投入体制、均衡配置学校办学条件和加强校长、教师队伍建设，但是，这并不意味着贯彻落实《义务教育法》只要做到这些就够了，加强学生德育工作，推进实施素质教育，提高义务教育质量等方面也是《义务教育法》规定的重要内容，建议市政府对这些方面给予高度重视，做好相关工作。

此外，保障来京务工人员子女接受义务教育，是市政府落实《义务教育法》规定应当承担的责任。市政府应加大统筹力度，将外来务工人员子女就学问题统一纳入城市管理内容，采取多种措施，保障其合法权益。目前，本市面临着外来人口急剧增长的态势，如何将合理控制人口增长与保障来京务工人员子女受教育的合法权利统筹协调起来，需要市政府开展专题研究，提出合理、可行的实施方案。

今年汶川地区发生的大地震也给教育系统敲响了警钟，本市应当从这次灾难中认真吸取经验教训。要严格按照有关建筑标准进行校舍建设，对已建成的校舍要进行一次全面排查，杜绝隐患。要加强对中小学生的应急知识教育和灾害教育，并定期组织演练。为建立长效机制，形成制度保障，建议在修订《北京市实施〈中华人民共和国义务教育法〉办法》中增加关于加强校舍安全，提高学生安全意识，培养学生自救能力的条款。

教育是民族振兴的基石，教育公平是社会公平的重要基础。义务教育作为政府必须予以保障的公益性事业，更是教育工作的中心环节之一。贯彻执行《义务教育法》，解决义务教育均衡发展等深层次的问题，是一项长期、艰巨的任务。建议市政府按照落实科学发展观、构建社会主义和谐社会的要求，进一步做好《义务教育法》的贯彻实施工作，办好让人民满意的教育，把本市义务教育事业发展推向一个新阶段。

以上报告，请予审议。

关于本市贯彻执行《中华人民共和国义务教育法》情况的报告（书面）

——2008年9月23日在北京市第十三届人民代表大会常务委员会第六次会议上

北京市教育委员会

主任、各位副主任、秘书长、各位委员：

受市人民政府委托，向市人大常委会报告本市贯彻执行《中华人民共和国义务教育法》（以下简称《义务教育法》）的工作情况。

近年来，在党中央、国务院的正确领导下，市委、市政府高度重视义务教育工作，新修订的《义务教育法》颁布实施后，本市认真贯彻落实法律规定，努力破解制约义务教育发展的难题，切实推动义务教育发展再上新台阶。特别是2007年5月全国人大执法检查以来，首都义务教育取得了一系列新的进展。下面，就北京市贯彻实施《义务教育法》的主要情况作简要汇报。

一、明确重点，加强保障，全面落实《义务教育法》

（一）明确提出推进义务教育均衡发展的目标和任务

促进义务教育均衡发展是新《义务教育法》的基本要求。在总结近年工作经验的基础上，针对制约均衡发展的突出矛盾和问题，市委、市政府将促进义务教育均衡发展作为构建社会主义和谐社会首善之区的基础性工作，摆在优先发展教育“重中之重”的战略地位，提出了义务教育均衡发展的目标和任务。总体目标是：全市义务教育学校城乡差距、校际差距显著缩小，学生德智体美等综合素质全面发展，特别是身体、心理健康素质明显提高。为了达到这一目标，在推进义务教育均衡发展的过程中，指导思想是大力推进四个倾斜，即：促进城乡均衡向农村地区倾斜，促进区域内校际均衡向基础薄弱校倾斜，促进城八区内校际均衡向重点项目校倾斜，促进接受教育对象均衡向弱势群体倾斜。主要任务包括：按照新颁布的中小学办学条件标准，基本完成新一轮的中小学办学条件达标验收；加强教师队伍建设和管理，均衡配置学校师资力量；实施初中建设工程和小学规范化建设工程，加快改善薄弱学校办学条件；进一步提高农村地区义务教育整体办学水平和教育质量，保障农村地区实施义务教育；进一步完善助学体系，保障家庭经济困难和残疾的适龄儿童、少年接受义务教育。为推动这些目标和任务顺利完成，今年市教委和市政府教育督导室颁布实施北京市义务教育均衡发展督导评价方案，建立了义务教育均衡发展状况督导评价工作体系和工作机制。

（二）加快修订地方法规，及时制定相应配套政策

为了紧密结合北京实际，更好地贯彻落实《义务教育法》，本市抓紧研究修订地方配套法规，完善地方教育法规体系。从2005年开始，在跟踪国家立法进程的基础上，组织开展了立法前期研究。新《义务教育法》颁布以后，迅速组织对《北京市实施〈中华人民共和国义务教育法〉办法》进行合法性审查，将其列入2007年政府立法工作计划，成立了市领导任组长、相关委办局领导参加的立法工作领导小组，正式启动了修订工作。在立法领导小组的领导下，市政府法制办牵头，市教委、市财政局、市人事局等有关委办局通力合作，形成了《北京市实施义务教育法办法》（修订草案）。目前修订草案已经在北京市第十三届人民代表大会常务委员会第三次会议上通过第一次审议。修订法案对义务教育管理体制、经费保障机制、新建改建居民区配套学校建设、保障外地来京务工人员子女接受义务教育、完善义务教育阶段入学制度、教师队伍建设、实施素质教育、规范学校办学行为、加强对义务教育实施情况的督导和监督等立法中的重点和难点问题提出了明确意见。

为进一步落实义务教育法，推进教育公平和义务教育均衡发展，市教委制定了一系列政策、措施，包括《关于进一步完善义务教育阶段“两免一补”政策的通知》、《关于北京市中小学校办学条件标准的实施意见》、《关于进一步深化中小学办学体制改革试点工作意见的通知》、《北京市基础教育校舍维修改造专项资金管理暂行办法》、《关于调整北京市基础教育公用经费定额标准的通知》、《关于完善北京市义务教育经费保障机制的通知》、《关于进一步提高中小学教学质量切实减轻学生课业负担的意见》等，有力地保障了法律相关规定的落实。

二、不断完善义务教育经费保障机制，依法保障义务教育经费投入

（一）切实保障义务教育经费“三个增长”

为进一步提高义务教育发展水平，本市不断加大义务教育投入，切实保障义务教育经费的“三个增长”。据统计，2007年市、区县两级用于义务教育的财政拨款达到118.89亿元，比2006年增加42.77亿元，增长56.19%。2007年财政经常性收入1418.72亿元，比2006年增长24.93%，用于义务教育的财政拨款的增长比例高于财政经常性收入增长比例31.26个百分点。以此为基础，义务教育生均教育事业费和生均公用经费呈现出逐年增长的态势，并始终位居全国前列。2007年，小学生均教育事业费7316元，比2006年增长35.46%；初中生均教育事业费10,402元，比2006年增长47.26%。2007年，小学生均公用经费2951元，比2006年增长82.26%；初中生均公用经费5018元，比2006年增长103.93%。

（二）进一步完善义务教育经费保障机制

市教委、市财政局制定了《关于完善北京市义务教育经费保障机制的通知》，进一步明确了义务教育经费支出单列、义务教育经费投入职责、以独立核算的中小学为基本预算编制单位等义务教育经费管理制度；加大市级政府对义务教育经费统筹的力度，在教育减免政策经费、公用经费、校舍修缮经费、

教师工资、办学条件达标等项目上实行市、区县政府分项目、按比例的经费分担机制。

1. 全面落实义务教育阶段“两免一补”政策。2007年秋季开学对城八区公办学校义务教育阶段学生免收杂费，其中有农村户口的学生免收教科书费。自2008年春季开学起，对本市10个远郊区县及朝阳、海淀、丰台三区的农村地区有本市城镇户口的义务教育阶段公办中小学学生免收教科书费，进一步扩大了“两免一补”的政策范围。至此，本市义务教育阶段学生全部免除杂费，农村地区学生免费提供教科书，对贫困家庭及农村户籍学生，在住宿生的住宿费、助学补助等方面，予以免除或补助。市、区县政府按照各负担50%的经费投入原则安排相应的补助经费，切实减轻了贫困家庭及农民负担，有力地保障了农村和社会弱势群体家庭适龄儿童少年的受教育权利。

2. 提高公用经费定额标准。随着教育教学改革的深入，为保证学校运转经费，本市2006年研究提出了调整公用经费定额标准的方案，于2007年开始实施，2009年确保全市义务教育阶段学校全部达到新标准。小学生综合定额部分由每年220元提高到800元，初中生的综合定额部分由每年260元提高到900元，新修订的公用经费标准增长比原标准提高51%。调整后公用经费达标新增部分，对除东城、西城、朝阳、海淀外的区（县），由市级财政补助30%—50%。

3. 加大校舍修缮力度。制定了北京市基础教育校舍维修改造专项资金管理暂行办法，明确了市、区县的校舍改造责任。区县政府按照公用经费定额明确了修缮范围和标准，安排年度经费足额予以保障。市政府对各区县年度内专项经费中安排的校舍维修改造项目，采取与区县共同负担的原则。根据区县财力状况，对城八区和远郊区县，市级分别给予30%和50%的经费补助。同时，按照2010年本市中小学完成办学条件达标任务的要求，结合各区县校舍维修项目安排情况，按照轻重缓急顺序，在确保完成年度内维修任务的基础上，结合财力水平，市、区县财政部门在当年专项中可适当增加校舍维修改造项目的数量。

4. 加大经费管理和监督力度。认真落实教育经费执行情况公告制度，每年6月底前向市人大报告上年度教育经费执行情况，并通过媒体进行公告。加大对义务教育专项资金的审计监督力度，加强对预算安排、资金拨付和管理的审计监督，开展对使用环节的审计，并随着资金量的逐年增加，加大了对跨年度资金的追踪审计力度，促进了教育专项资金合理安排、专款专用，提高了资金使用效益。

三、加强队伍建设，整体提升师资水平

（一）规范义务教育教师工资分配秩序

2007年本市根据中央和北京市关于事业单位改革的总体要求，按照“限高、稳中、补低”的原则，积极做好义务教育阶段教师工资分配制度改革的调研工作，在政策和财力上确保本市教师工资改革工作的顺利实施，为义务教育均衡发展作出积极的努力。为缓解事业单位地域间的差距，市人事局在此次核增绩效工资的工作中重点解决了补低问题：山区中小学、卫生院在人均核增300元的基础上再人均增加300元，学校范围按市农委界定的山区、半山区乡镇中所涵盖的中小学范围确定。目前此项工作各区县已经落实。2008年上半年在全市范围内开展了事业单位岗位设置管理工作，促进由固定用人向合同用人、由身份管理向岗位管理的转变。建立岗位绩效工资制度，把过去的职务等级工资制度变为岗位绩效工资制度，突出岗位绩效

的激励功能。目前，本市包括中小学在内的事业单位都在认真落实此项工作。

（二）以农村教师为重点，着力加强教师队伍建设

第一，加强师资培训。2004年开始，组织开展“绿色耕耘—农村中小学教师培训与发展行动计划”，每年培训农村中小学教师2000余名。积极引进国外英语教育资源，对远郊区县中小学英语教师进行培训，英语教师的实际教学能力得到切实提高。2005年启动“春风化雨”行动计划，每年对城区一般学校1000名骨干教师进行培训。北师大等在京高校发挥资源优势，送教上门，对农村一线教师的课堂教学进行现场指导。北师大和首师大还分别到32所重点建设的初中校进行“专家会诊”。

第二，积极开展中小学校长培训。认真执行《北京市普职成教干部培训“十一五”规划》及其实施细则，建立21个中小学校长培训实践基地，举办中小学党支部书记、校长、德育和后勤副校长高级研修班，2007年以来参训700人。开展中小学校长“校园安全”专题培训，举办中小学校长“学习贯彻十七大精神，促进教育发展”等专题读书班。设立5个“名校长工作室”，聘请专家、名校长任工作室导师，接收全市各区县优秀校长进室研修，28名优秀校长参加了首批研修工作。

第三，组织城镇教师支援农村教育工作。每年从城镇中小学选派1000名城镇优秀教师到农村中小学全职支教一年；选派2000名教师到农村中小学兼职支教，完成480课时的支教任务。

第四，组织优秀大学毕业生到农村中小学支教。从2006年到2009年，计划选派2000余名优秀大学毕业生到农村中小学支教3年，为每所农村中小学配备2名支教教师。2007年接收620名大学毕业生支教，2008年接收692名大学毕业生支教。

第五，发挥特级教师和骨干教师辐射带动作用。从2006年开始，没有农村工作经历的特级教师要到农村中小学或城镇一般中小学兼职支教，完成不低于480课时的支教工作。此外，从2008年开始，在城镇师资力量雄厚的中小学设立农村中小学教师研修工作站，每年接收1000名农村骨干教师进站研修，进一步提高农村中小学教育教学质量。今年9月，第一批500名农村骨干教师将进站研修。

目前，市教委负责起草的《关于加强农村中小学教师队伍建设的实施意见》已完成初稿并征求了有关委办局的意见，将于今年下半年以政府文件的形式出台。在实施意见中着重解决以下几个问题：一是进一步提高农村教师的政治地位、社会地位与职业地位，稳定农村骨干教师队伍。二是切实解决农村教师最关心、最直接、最现实的问题，改善教师工作、生活条件。三是努力促进农村教师的专业发展，全面提升农村教师队伍的整体素质。四是统筹城乡优质教师教育资源，为农村教师专业发展搭建平台。

四、坚持城乡统筹，促进教育资源均衡配置

（一）加大城乡统筹力度，加快发展农村义务教育

不断加大对农村义务教育的投入，每年新增教育经费的70％用于农村教育，重点支持农村中小学布局调整、改善办学条件、信息化建设、教师培训等项目。继续实施具有首都特色的“十百千万工程”，多种形式支持农村教育。已有58所高校与远郊区县达成对口支援意向，共支援中小学107所。继续推进百对城乡中小学手拉手活动的开展，2007年结成103对手拉手学校，干部互访572次，

1560人次参加；教师互访720次，2984人次参加；学生互访128次，3272人次参加。推动名校到远郊区举办分校，发挥优质教育资源的辐射、带动作用。目前本市名校到远郊区县举办的分校已达22所。

（二）加快推动学校标准化建设，促进教育资源均衡配置

一是加大中小学布局调整和资源整合力度。按照“适度超前、规模适宜、以人为本、方便群众”的原则，结合《北京城市总体规划（2004—2020年）》和区（县）功能定位要求，各区（县）根据本行政区域内居住的适龄儿童少年数量和分布状况等因素，统筹规划、合理配置义务教育资源，制定了新一轮中小学布局调整规划和年度实施计划，及时撤并生源不足和办学条件不达标的薄弱学校。对确需保留的薄弱学校，制定限期改造规划，在经费安排、师资配备、业务指导等方面采取倾斜政策，尽快提高教育教学质量和办学水平。

二是实施办学条件达标工程。根据首都经济社会发展水平和实现教育现代化奋斗目标的要求，本市制定了新的中小学办学条件标准及实施细则，启动了办学条件达标行动计划。按照新的《北京市中小学办学条件标准》要求，根据农村学校和办学困难学校优先的原则，逐校提出达标时限和要求。在确保新建学校达标的同时，到2010年，实现现有学校教室建设、教学设备设施、音体美器材和图书资料等项目达到新颁标准。

三是重点改善薄弱学校办学条件。全面启动小学规范化建设工程，出台加强规范化小学建设的指导性意见，指导区（县）完成规划工作，用3—4年时间推动全市小学规范化办学和管理。每年市级重点推进100所小学主要办学条件达标任务。2008年上半年，作为市政府实事之一的100所小学规范化建设资金1.5亿元，140所农村寄宿制中小学生活条件改善资金8000万元已经下拨。继续推进初中建设工程，坚持城乡分区域推进、优先发展纯初中校和农村校，在重点支持32所项目校建设的同时，从办学硬件、师资、管理、生源等方面切实提高全市初中学校的办学水平。

（三）以信息化带动教育现代化，促进优质教育资源共享

持续提升信息化水平，着力强化教育信息资源平台建设，中小学教育资源平台与教师研修网顺利互通，2007年安排7000万元专项资金支持区县区域网络建设。进一步完善远程教学平台，推进远程教学体系建设，促进城乡优质资源共享。103对城乡手拉手学校远程教学平台建设及相关教师远程培训如期完成，20对城乡手拉手学校远程教育试点项目正式启动。截至2007年，建立校园网的小学达到了85.3%，其中农村小学达到81.5%；88.7%的普通中学实现了“校校通”，其中农村和县镇中学的比例已达90%。

五、深入推进素质教育，不断提高义务教育质量

（一）德育工作取得新突破

创新未成年人思想道德教育模式。以深入开展社会主义荣辱观教育和“迎奥运、讲文明、树新风”活动为契机，形成了小学生传唱“新童谣”，初中生开展“寻找身边道德榜样”实践活动等新的德育载体。进一步完善中小学数字德育平台，启动专家大讲堂活动和德育课程实践基地建设。整合校外德育资源，着力推广东城区“蓝天工程”经验。大力筹建中小学生社会大课堂，首批推出479家资源单位，形成了服务学生实践活动的资源群，学校教育与社会教育连接的实践育人平台正在形成。全面加强学生心理健康教育服务体系，全市初步实现每所中心小学以上

的中小学有一名经过培训的心理健康教育指导教师，中小学基本完成心理咨询室建设。

（二）义务教育课程改革继续深化

继续推进义务教育课程改革试验。通过总结试验经验、扩大试验规模、修订课程方案、制定义务教育课程计划的意见、组织专家团队提供服务等，使得本市在义务教育新课程计划的制订、新课程标准的实施、新教材的编写和试验等方面既符合国家基本要求又体现首都特色，地方和校本课程建设走在全国前列，在全国课改联席会上北京义务教育课改的经验和做法备受关注。深化教学方式改革，开展了不同教学内容采用不同教学方法和同一教学内容采用不同教学方式、学习方式的研究。“以学生发展为本”的学生观与教学观逐步树立，研究性学习、自主学习等教学方式普遍推广。

（三）中小学体育和美育工作进一步加强

制定本市关于加强青少年体育、增强青少年体质的实施意见，确保学生每天一小时的体育锻炼活动时间。广泛开展“阳光体育运动”。围绕《国家学生体质健康标准》，举办北京市中小学生体质健康标准测试赛，切实提高学生体质。以奥运为契机，全员培训中小学体育教师。在北京市中小学中命名和建设 200 所“北京 2008 奥林匹克教育示范学校”，在此基础上开发学校奥林匹克课程资源，开展北京 2008 奥林匹克教育“同心结”交流活动。关注学生艺术修养，提高艺术课程教学质量，积极推进高雅艺术进校园活动。组织近百万中小学生参加北京市学生艺术节活动。在 10 个区 22 所中小学开展京剧进课堂试点。积极促进国际间的学生文化交流，30 个国家和地区的学生参加“我眼中的 2008”北京奥运国际青少年画展。校外教育资源日益丰富，组织 2 万余名中小学生免费参观博物馆、展览馆。推进北京市新少年宫建设。投入 1490 万元，建立了 10 个农村地区青少年科技创新工作室。

（四）努力实现义务教育减负增效

建立学生负担情况追踪制度、市区（县）和学校三级教学管理责任制度、电子学籍管理制度，落实素质教育系列展示活动机制、社会评价监督机制等综合配套制度，力求从根本上减轻学生过重的课业负担。制定《关于进一步提高中小学教学质量，切实减轻学生课业负担的意见》，明确要求各区县和学校要严格执行新课程计划，不得任意增减科目和各科目的周课时数，尤其要严格执行中小学生每天一小时体育锻炼时间。同时，逐步建立由政府主导，教研和督导系统分工合作的义务教育质量保障系统，促进学生健康、快乐、幸福成长，促进学校特色发展。

六、努力缓解义务教育择校矛盾，进一步规范学校办学行为

一是继续深化考试招生、评价制度改革。完善小学、初中入学办法，制定并实施小学和初中学生综合素质评价办法。通过试行电子学籍管理，严格控制初中新生在规定渠道之外的跨区流动、二次流动，对限制义务教育阶段择校起到一定积极效果。针对本市的具体市情，除“电脑派位”以外，仍保持其他多种途径入学的方式。示范性高中招生“推优”力度持续加大。目前，示范性高中招生计划分配到初中校的比例已提高到 6%，并扩大到全市 18 个区县 66 所示范高中校，2008 年享受指标分配并进入示范高中的学生达到 1342 人。义务教育质量监控与评价体系不断完善，实施义务教育教学质量年度报告制度并定期向社会发布报告，同时结合初中建设工程和小学规范化建设工程对义务教育均衡发展进行监测，目前已在部分试点区（县）进行数据采集。

二是按照以政府办学为主导方向，规范

和完善中小学办学体制改革试点校工作。对产权清晰，改制前公办学校特征明显的，回归公办。对由部门或个人投资、产权清晰，且民办学校特征明显的，促其转为民办学校。截止到目前，全市已有24所学校正式批准终止办学体制改革试点，并转为公办学校，已完成任务的49%。到2009年，要完成对现有47所办学体制改革试点校的规范工作。

三是规范管理，坚决治理教育乱收费。坚决取消义务教育阶段各种重点班、实验班。今后，市和区县政府一律不得将实施义务教育的公办学校分为重点学校和非重点学校，不得利用财政性教育经费重点建设超标准学校。不得以举办各种实验班的名义进行招生，义务教育阶段教育教学改革实验将建立在普通班基础上。召开加强中小学财务管理和审计监督、促进规范办学会议，重申各项财务管理制度，督促中小学校加强财务管理。充分发挥市治理教育乱收费局际联席会议的作用，加强对治理工作的研究、部署，认真开展教育收费专项检查，规范各项收费行为。

七、妥善解决来京务工人员子女就学问题

截至2008年5月，本市义务教育阶段共有40.5万流动儿童就读，其中66%（约26.6万人）在公办学校。市、区（县）两级财政每年为此投入超过10亿元，主要用于免收借读费、支持自办学校改善办学条件等。同时加强对流动人员自办校的服务与管理，目前未经批准的自办校已由205所减至178所。下一步，我们将继续以公办学校接收为主，积极稳妥地做好来京务工人员子女在京接受义务教育工作。

一是将此项工作纳入教育整体规划，继续加大投入，创造条件，依法保障其接受义务教育。二是对进入公办学校就读并提供相关证明的外来务工人员子女免收借读费。三是公办学校按照实际在校生数划拨生均公用经费和核定教师编制。四是对依法举办专门接收来京务工农民子女的学校给予支持，本着政府负责、齐抓共管、公办为主、依法规范的原则，进行规范引导，确保来京务工人员子女接受合格的义务教育。

首都义务教育工作所取得的成绩，离不开市人大和各位委员、代表的关心、指导和支持。今后，我们将在工作中认真贯彻党的十七大精神，从落实科学发展观、构建社会主义和谐社会首善之区的高度出发，继续坚持不懈、扎实工作、开拓进取，更加全面、深入地落实《义务教育法》，高度重视义务教育均衡发展工作，在市人大的监督和帮助下，通过各级政府、有关部门和教育系统广大干部教师的共同努力，推进首都义务教育发展取得新的更大进展。

以上报告，提请市人大常委会审议。

关于“规范物业管理，营造良好生活环境”议案办理暨《物业管理条例》执行情况审议意见落实情况的报告

——2008年9月23日在北京市第十三届人民代表大会常务委员会第六次会议上

北京市建设委员会主任　隋振江

主任、各位副主任、秘书长、各位委员：

我受市人民政府委托，向市人大常委会报告“规范物业管理，营造良好生活环境”议案办理情况暨《物业管理条例》执行情况审议意见的落实情况。2007年10月30日，市十二届人大常委会第三十九次会议审议了市政府“规范物业管理，营造良好生活环境”议案办理暨《物业管理条例》执行情况的报告，提出了审议意见，主要包括：健全物业管理体制和工作机制，进一步加强对住宅区物业服务的指导和管理；加大监管力度，规范物业企业行为，培育和完善物业服务市场；加强整顿和管理，妥善解决开发建设遗留问题；积极探索建立适合老旧小区的长效管理机制；尽快出台物业管理政府规章，为物业服务行业的健康有序发展提供法制保障。针对审议意见，市政府高度重视，责成市相关部门及各区（县）政府专项落实，拟定了《关于“规范物业管理，营造良好生活环境”议案办理暨〈物业管理条例〉执行情况审议意见书落实工作责任分工》，制定了《2008年度平安物业行动纲要》。市各有关部门和区（县）政府按照部署，采取措施全面整改。现就有关情况报告如下。

一、健全物业管理体制和工作机制，加强对住宅区物业服务的监督和管理

市政府各有关部门深入研究完善物业管理的各项制度，从健全物业管理体制和工作机制入手，大力规范物业管理活动，努力推动和谐社区建设，促进首都社会稳定。

（一）完善市、区（县）两级物业管理综合协调工作机制

充分发挥全市物业管理工作联席会议机制的作用，统一研究和部署物业管理工作，协调处理重大问题。各区（县）政府也建立了本区（县）物业管理工作联席会议制度，积极做好辖区内物业管理的组织协调工作。在研究制定业主大会成立和业主委员会指导规则过程中，联席会议发挥了重要作用。

2007年4月，市建委专门成立物业管理专家顾问组，顾问组由人大代表、政协委员以及法官、律师、学者、物业企业代表等25位专家组成，为北京的物业管理提供专业研究和法律咨询服务。在物业服务合同、业主临时管理规约等文件研究论证过程中发挥了积极作用，集中开会9次，参与专家150余人次。

（二）推进物业管理纳入社区建设

加强街道办事处、社区居委会对物业管理的监督指导，将业主自我管理与社区居民自治有机衔接。2月22日，市法制办、市社会办、市建委等部门专题研究居住区物业管理中的主要问题和解决思路；6月11日，市社会办和市建委组织有关部门召开座谈会，进一步研究社区的物业管理以及业主大会运作问

题。市社会办起草了《北京市社区建设工作办法（试行）》，将物业管理纳入社区建设范畴，该办法已经市委常委会和市政府专题会审议通过，即将印发。另外，市社会办、市建委等部门拟定了《关于加强住宅区物业管理工作的指导意见》。这些规定出台后将为规范物业管理、推进和谐社区建设提供政策支持。

（三）建立物业管理纠纷人民调解机制，有效化解物业管理矛盾纠纷

2007年，市司法局、市建委联合制定了《关于加强人民调解化解物业管理纠纷的指导意见》，明确建立市、区（县）、街（乡）、社区四级物业管理纠纷指导和调解组织体系，形成人民调解、行政调解、司法调解相互衔接的联动机制。目前，全市建立了18个区（县）及亦庄开发区的物业管理纠纷指导和调解委员会，招聘专职调解员32名，律师66名，专业人员91名，组建了一支高水平的调解队伍。同时还建立了135个街道层面的人民调解委员会，共有调解员1064名，其中包括律师87名、专家学者66名、专职调解员294名。在规模较大社区也建立调委会，其他小区设立调解信息员，社区层面的调委会有407个，调解员总数达5413名，信息员4698名。一年来，各级物业管理纠纷人民调解组织共受理矛盾纠纷6863件，调解成功5147件，成功率达75%。在调解过程中，涌现出30个先进集体、30个先进个人和70个优秀案例。通过开展物业管理纠纷人民调解工作，法院受理的纠纷数量有所下降，同比减少491件，取得了明显的社会效果。

（四）深入研究房屋管理体制，充实物业管理力量

市编办对本市房屋管理体制进行了深入调研，在此基础上，2008年3月，发布了《关于完善区县住房保障管理体制的通知》（京编办发〔2008〕10号），要求结合各区（县）实际，区分不同情况，允许区县逐步探索符合当地实际的改革路子；城八区没有设置房屋管理局的可根据实际工作需要，在机构限额内，组建区房屋管理局，负责本区住房保障物业管理等房屋行政管理和住房制度改革工作，完善了管理体制。同时，市建委主动转变职能，强化服务，经市编办批准，将原“北京市居住小区管理办公室”调整为“北京市物业服务指导中心”，强化对物业管理具体活动的指导与监督职能，加大对区（县）物业管理具体活动和事项的指导力度，进一步理顺了市、区（县）物业管理的工作职责。

（五）充分发挥物业管理协会职能

本市正在整合北京市物业管理协会和北京物业管理商会，组建成立一个行业协会，相关工作正在稳步推进过程中。海淀、东城等部分区（县）已经成立了物业管理协会或物业管理分会。

二、加大工作力度，规范物业管理秩序

（一）规范物业企业行为

市工商局、市建委从2007年开始着手制订物业服务合同等示范文本，广泛征集社会各界的意见和建议，在“首都之窗”征求意见页面的浏览量达到2万余次。经过一年多的调研、论证，于2008年4月发布了《北京市前期物业服务合同》、《北京市物业服务合同》示范文本，从5月1日起在全市范围内推行使用。合同示范文本明确规定了前期和后期物业服务中的服务范围、服务标准、合同期限、服务费用等事项。

（二）引导业主规范自我管理行为

2008年3月，经过反复修改和论证，市建委制定了《临时管理规约》示范文本，自5月1日起推行使用。管理规约是业主自我管理的重要文件，对前期物业的使用、维护、管理以

及业主的权利、义务、责任等事项依法作出约定，进一步引导业主依法有序自我决策、自我约束、自我监督，促进业主增强参与物业管理意识，提高规范物业管理的能力。

（三）建立物业服务标准体系，促进物业服务质价相符、公开透明

2007年6月至8月，市建委在西城区、石景山区和房山区开展了住宅物业服务一级标准的试点，产生了17个示范小区。以此为基础，2007年11月，发布了《住宅物业服务等级规范（一级）（试行）》，随后又于2008年1月出台了《住宅物业服务等级规范（二、三级）（试行）》，并从发布之日起开始施行。其中一级标准是住宅项目物业服务的基本规范，具有强制性；二、三级标准则作为指导性标准，供业主和物业服务企业选择使用。规范的实施将使物业服务逐步实现“菜单式”服务。

2008年，全市开展了住宅物业服务标准化活动，要求各物业服务项目要按规定实现达标；不达标的，限期整改，对拒不整改的，要给予严肃处理。4月，制定工作方案并召开了全市的动员大会。目前正在由企业进行自查和整改，从10月份开始，将在全市范围内开展大检查。

（四）加强资质管理，加大处罚力度

2008年，市、区建委、房管局加强了对物业服务企业的资质管理。同时，定期深入项目，增大对物业服务的检查频次。对存在问题的项目及时下发整改通知，对违规企业及时进行处罚。5月，注销了北京润丰嘉诚等53家不符合条件的物业服务企业的资质。

（五）全面落实“平安奥运行动”，确保安全稳定

加大物业管理矛盾纠纷排查调处工作力度。从2008年年初开始在全市开展物业管理隐患排查整改工作，排查8次，对排查出的60多个项目的物业矛盾纠纷，分门别类妥善处理。做好住宅小区外来人口、地下空间、二次供水、自备水源卫生、集中空调通风系统清洗以及奥运场馆等重点地区周边自行车管理等项工作；全力做好国家体育场奥运期间的物业服务应急支援工作，奥运期间物业服务运行情况良好。

三、加强管理，从源头上解决开发建设遗留问题

目前，市建委正在对全市的开发遗留问题进行调查摸底，结合近两年工作，已经通过开发代征地清理整治、临时用电改造等方式逐步解决开发遗留问题。

（一）从源头抓起，避免出现新的开发遗留问题

贯彻落实市建设规划国土部门发布的《北京市新建商品住宅小区住宅与市政公用基础设施、公共服务设施同步交付使用管理暂行办法》，采取措施加强开发过程监管：一是完善项目开发手册制度，并要求房地产开发企业编制项目建设方案，在办理施工招标投标手续前向项目所在地区（县）建委备案，由市建委在北京建设网上公示；二是修订了房屋买卖交易合同，增加了房屋交付时市政公用基础设施和公共服务等其他设施需达到的条件，规范预售商品住宅交接前房屋的查验事宜；三是在全市范围内开展住宅分户验收工作，由施工单位编制分户验收方案，建设单位组织分户验收；四是在土地一级开发中，拟开展由政府主导建设相关配套设施的试点工作。

（二）实施重点地区开发代征地清理整治

市“08环办”牵头组织有关区县对影响奥运环境的重点地区22处空闲土地（含代征地）进行清理整治。对不按要求整治的个别房地产开发企业，采取了暂停新项目审批和限制网上签约等处理措施。通过开发闲置土地及代征地的清理，清理了一批开发遗留问

题，美化了涉奥重点地区的环境。

（三）解决部分房地产开发项目“临时代永久”问题

为解决居民用电安全隐患问题，市建委对33个供电存在“临时代永久”问题的房地产开发项目进行调查清理，其中“临时代永久”问题基本得到解决的有6个，占18.2%；正在供电部门办理报装手续的有11个，占33.3%；存在资金问题的有9个，占27.3%；其他情况7个，占21.2%。对用电改造资金不到位的开发企业发出书面责令整改通知，督促其年内必须启动用电改造工程。

四、加大老旧小区整治力度，探索建立适合老旧小区的长效管理机制

（一）全面落实城镇房屋解危工作，实现“五无”目标，重点解决好统管房屋解危排险问题

经过房屋安全鉴定，全市共有危房4049户、7672间、12.1万平方米。截至7月底，已完成10.95万平方米、3650户、6934间，分别占总规模、总户数、总间数的90.5%、90.1%、90.4%。目前，已有东城、海淀、石景山、门头沟、昌平、通州、平谷、房山区及密云、延庆县等十个区（县）提前完成了“无城镇危房户”工作目标。

（二）实施历史风貌保护区修缮整治计划

按照《关于落实2008年奥运会前旧城内历史风貌保护区整治工作的指导意见》提出的“修缮、改善、疏散”原则，采取政府主导、财政投入、居民自愿、专家指导、社会监督的实施方式，市建委组织有关区县全面推进历史风貌保护区整治工作。截至6月底，共计改造完成44条胡同，1954个院落，1.06万户居民解除了危险，改善了居住条件，并保护了古都风貌，超计划完成了任务。

（三）改善老旧小区的居住环境，开展老旧小区、城中村、边角地环境整治

将老旧小区环境整治工作，列入市政府实事工程和折子工程。在2007年完成整治200个的基础上，今年全市计划整治老旧小区300个。市市政管委、市建委牵头，组织有关区县积极推进此项工作，上半年已完成251个。共粉饰楼体1400万平方米，修复甬路177万平方米，绿化补建118万平方米，安装路灯4229盏。

（四）健全老旧小区长效管理机制

从老旧小区的实际情况出发，充分尊重居民意愿，因地制宜地建立起符合老旧小区特点和居民基本需求的长效管理机制，提高老旧小区的居住质量。根据试点小区情况来看，目前老旧小区主要有单位自管、物业企业管理和居委会管理三种模式。根据老旧小区的管理现状，市政府有关部门将总结经验，建立规则，把老旧小区管理作为物业管理的一种形式纳入地方规章予以规范，逐步实现老旧小区管理的良性循环。

五、完善政策、法规，为物业管理发展提供法制保障

（一）研究起草北京市的物业管理政府规章

《物业管理条例》出台后，为了规范北京市的物业管理活动，维护业主和物业服务企业的合法权益，在总结经验不断创新基础上，已起草北京市物业管理的政府规章，内容包括业主大会的成立与运作、物业服务与维护、前期物业管理以及物业管理区域划分等。市政府法制办加强调研，组织相关部门、专家论证和修改，目前正在进一步完善。

（二）研究制定业主大会和业主委员会的指导规则

针对当前矛盾比较突出、社会反映强烈

的业主大会成立难、业主委员会运作不规范、难以监督等问题，市社会办、市建委研究制定了《北京市住宅区业主大会和业主委员会指导规则（试行）》，其主要内容包括区（县）建委、房管局、街道、乡镇、社区的职责分工，业主大会和业主委员会的成立、运作以及指导监督等。旨在推进业主大会成立和规范运作，支持、帮助业主参与物业管理，提高自律意识，促进社区和谐。

（三）完善物业服务收费政策

按照《北京市物业服务收费管理办法（试行）》规定，对经济适用住房和危改小区物业服务收费实行政府指导价。2008 年，市发改委对本市 32 个经济适用住房（危改房）小区的 2004 年至 2006 年度的物业服务成本进行了调查，重新核定了经济适用住房物业服务收费标准。

（四）进一步加强住宅专项维修资金管理

截至目前，全市已累计归集商品住宅专项维修资金 176.3 亿元，使用 2168.6 万元；累计归集房改维修资金 55 亿元，使用 6 亿元。同时，从以下三个方面进一步加强监督和管理：一是实施统一管理。维修资金的日常管理工作将划归市住房资金中心，实施专业化的统一管理；二是增加维修资金监督的透明度。自 2007 年元月起，在全市范围内向已交纳商品住宅维修资金的业主发放查询卡，发卡前首先向社会进行公告，目前领卡告知率达 95%，已发卡 45 万张；三是修订完善了住宅专项维修资金交存标准。2008 年 6 月，发布了《关于住宅专项维修资金交存标准的通知》。

六、关注民生，推进物业管理健康发展

物业管理是住房制度改革和住房商品化的产物，当前处于向市场化物业管理转轨时期，相关的法律制度还有待逐步完善，业主的消费意识和自我管理能力尚需增强，物业服务市场仍需加大规范力度。虽然本市在规范物业管理方面取得了积极进展，但是物业管理的发展和完善还需要一个长期的过程，潜在的问题仍然不少，与各位代表的期望、居民的要求相比还有不小的差距。下一步，我们将按照市人大常委会的要求，从保障居民合法权益、维护首都社会和谐稳定的大局出发，进一步完善法规、政策体系，理顺物业管理与社会管理、物业服务与公共服务之间的关系，规范物业服务市场秩序，努力化解物业管理矛盾纠纷，促进宜居城市建设。

（一）加强立法与政策调研。针对目前物业管理存在问题，不断加强立法与政策调研，适时出台相关法规、政策。

（二）加大行业治理力度，建立物业服务企业动态资质管理体系，规范物业服务行为，加大执法力度。同时，发挥街道、社区作用，指导监督业主委员会，引导业主有序管理。

（三）完善住宅维修资金管理，加强维修资金使用监管，研究制定北京市的实施细则，解决当前面临的使用、续筹等问题。

（四）制定规划，采取措施，逐步解决开发遗留问题。在调查摸底的基础上，通过分类汇总，区分不同类别、不同情况确定解决方法，制定年度计划，采取有针对性的措施，逐步解决一批建设项目遗留的开发问题。

（五）加强宣传，引导规范物业管理和谐发展。通过电视、网络等多种形式广泛开展宣传，引导业主委员会依法活动，促进业主依法履责和维权；加大物业服务企业先进典型宣传力度，发挥示范和带动作用。同时，曝光服务质量低下企业，促进优胜劣汰。

主任、各位副主任、秘书长、各位委员，审议意见书对规范物业管理，营造良好生活

环境方面提出了宝贵的意见和建议，促进了本市物业管理工作，非常感谢各位委员的支持和帮助。同时，希望委员们继续关注、支持物业管理，让我们共同努力，扎实工作，有序推进，为首都居民营造良好的生活环境。

以上报告，提请市人大常委会审议。

关于检查“规范物业管理，营造良好生活环境”议案办理暨《物业管理条例》执行情况报告的审议意见落实情况的报告

——2008年9月23日在北京市第十三届人民代表大会常务委员会第六次会议上

市人大城建环保委员会主任委员　赵　义

主任、各位副主任、秘书长、各位委员：

2007年10月，市第十二届人民代表大会常务委员会第三十九次会议听取并审议了市政府《关于“规范物业管理营造良好生活环境”议案办理暨〈物业管理条例〉执行情况的报告》，并形成了《市十二届人大常委会第三十九次会议关于对“规范物业管理，营造良好生活环境”议案办理情况暨〈物业管理条例〉执行情况的报告的审议意见书》交由市政府研究办理。受常委会委托，市人大城建环保委员会对该审议意见书落实情况进行了检查。9月5日，市人大城建环保委员会召开会议认真研究讨论了市政府《关于“规范物业管理，营造良好生活环境”议案办理情况暨〈物业管理条例〉执行情况的报告的审议意见书落实情况的报告》。

城建环保委员会认为，市政府及有关部门高度重视常委会审议意见的落实工作，对审议意见进行了认真研究和分析，如期向常委会提交了研究处理方案，明确责任分工，采取综合措施，取得了阶段性成效：一是各区（县）建立物业管理工作联席会议制度，完善了市和区（县）两级物业管理综合协调工作机制；二是在前期试点的基础上全面推广物业管理纠纷人民调解机制，各区（县）建立相应工作体系，初步发挥了将物业管理矛盾化解在基层的作用；三是推进房屋管理体制改革，城八区可以根据实际需要组建房屋管理局，加强了房屋和物业管理力量；四是制定和出台物业服务合同示范文本、住宅物业服务等级规范、业主大会和业主委员会指导规则等政策文件，重新核定发布了北京市经济适用住房物业服务收费标准和住宅专项维修资金的交存标准，规范物业企业行为，保障业主合法权益；五是结合城镇危房解危和城市环境整治工作，加大了老旧小区环境治理力度，部分老旧小区环境和基础服务设施得到明显改善；六是启动了物业管理政府规章的制定工作。

由于我市物业管理工作还处于从积极探索到逐步规范的历史阶段，物业管理问题具有复杂性、综合性和反复性的特点，一些非物业管理的矛盾和纠纷也往往集中表现在物业管理环节，协调规范难度大。还有一些多年积累下来的矛盾和问题难以在短时期内得到根本解决。总的来看，目前市政府及有关部门就物业管理采取的各项政策和措施尚处于逐步开展和积极推进阶段，政策、措施的效果还不明显，去年物业管理议案督办和执

法检查过程中发现的问题还不同程度地存在。我市物业管理整体水平不高的状况还没有得到实质性和全局性的改观。

城建环保委员会建议，市政府及有关部门要继续站在构建社会主义和谐社会首善之区的高度，提高对物业管理工作重要性的认识，要在前一阶段工作基础上，继续落实常委会审议意见，扎实推进各项工作，长期坚持，不懈努力，进一步提升物业管理工作水平，为人民群众营造整洁、安全、舒适、和谐的社区环境。

（一）进一步健全物业管理体制和工作机制

在检查中我们了解到，一些小区建立了由街道、社区党组织、居委会、业主代表和物业服务企业等多方参加的联席会议制度，加强对小区物业管理问题的日常沟通，充分发挥基层党组织、街道办事处及社区居委会对物业管理的监督、指导和协调作用，业委会与物业企业合作融洽，业主对物业服务也比较满意。因此，要继续贯彻落实第四次城市管理工作会议的要求，加快推进将物业管理纳入社区建设步伐，逐步推广这种联席会议制度，或者采取其他有效措施，将比较成熟有效的社区居民自治制度与业主自治管理有机衔接起来。同时，要充分尊重业主大会、业主委员会自治权利，允许业主采取物业企业服务、社会专业化服务、自我服务等不同的物业服务模式。进一步完善市、区两级房屋和物业管理体制，从机构和职能上加强对物业管理的行政监管力度。

（二）进一步培育和完善物业服务市场

要总结经济适用房物业收费标准的实施经验，加强调研，尽快出台普通商品房住宅小区物业费政府指导价格，使业主与物业服务企业协商约定收费标准时有据可依。要进一步严格物业服务企业行业的准入和退出制度，保障业主与物业企业互相选择、平等协商的权利；对房地产开发企业、物业企业强迫业主签订物业服务合同、不按标准提供服务、滥收费等不法行为，要依法严肃处理。要在现有基础上，继续培育和支持物业服务企业协会，发挥行业自律作用，逐步提高物业服务企业的品质，反映物业服务企业的诉求，维护物业服务企业的合法权益，进一步推进我市物业服务行业健康有序发展。

（三）继续妥善解决开发遗留问题

要加快调查摸底工作进程，对于已经形成的开发建设遗留问题要分类整理，制定整改措施，明确各部门职责分工和完成限期，予以妥善解决。要进一步加强对房地产开发在规划、建设和销售等环节的行政监管，从源头上避免出现新的开发遗留问题。

（四）继续探索建立适合老旧小区的长效管理机制

近年来，结合奥运环境整治，市、区政府投入资金加大了老旧小区治理和改造力度，改善了老旧小区的基础服务设施和居住环境，一定程度上缓解了老旧小区的物业管理问题。但从长远来看，只有探索建立适合老旧小区的长效管理机制，才能巩固治理成果，彻底解决老旧小区管理问题。建议要按照符合老旧小区实际、尊重居民意愿的原则，鼓励和帮助老旧小区居民采取依法选聘物业企业提供服务，委托房屋和设施设备维修、保洁、保安等专业企业提供服务或者社区居民自我管理、自我服务等物业管理模式，促进老旧小区物业管理的良性循环。

（五）进一步加快物业管理政府规章的制定工作进程

建议继续总结我市物业管理工作实践经验，结合物权法及物业管理条例有关规定，全面整合现有的物业管理规范性文件，尽快制定统一的物业管理政府规章，规范业主、业委会和物业服务企业行为，为物业服务行业的健康有序发展提供法制保障。

以上意见，供常委会组成人员审议时参考。

北京市高级人民法院
关于知识产权审判工作情况的报告

——2008 年 9 月 24 日在北京市第十三届人民代表大会常务委员会第六次会议上

北京市高级人民法院院长　池　强

主任、各位副主任、秘书长、各位委员：

根据市人大常委会本次会议议程的安排，我代表北京市高级人民法院，报告全市法院2003年以来知识产权审判工作的情况，请予审议。

一、2003 年以来知识产权审判工作的基本情况

知识产权审判是人民法院审判工作的重要组成部分。根据涉及知识产权保护的不同诉讼程序，人民法院运用民事、行政和刑事三种审判手段，对知识产权进行全面的司法保护。近年来，全市法院在市委的领导、人大的监督和最高人民法院的指导下，知识产权审判工作不断取得新成绩和新进展，确保了首都知识产权司法保护始终走在全国前列。主要表现在：

（一）坚持服务大局，公正、高效地审结一大批知识产权案件，实现法律效果和社会效果的有机统一

本市法院受理的知识产权案件数量在全国最多，案件类型涉及知识产权的各个领域，很多案件具有重大的社会影响。据统计，2003 年至 2007 年，共受理各类一审知识产权民事案件 8785 件，审结 8813 件（包括 2003 年以前旧存），收结案逐年增长，2007 年的收结案已分别是 2003 年的 2.7 倍和 2.8 倍。共受理一审知识产权行政案件 2819 件，审结 2794 件，2007 年收结的行政案件已分别是 2003 年的 2.9 倍和 2.8 倍。共受理一审侵犯知识产权罪刑事案件 176 件，涉案被告 433 人，并已全部审结。此外，还受理一审生产销售伪劣商品罪和非法经营罪刑事案件 1512 件，涉案被告 2391 人。全市法院始终围绕“公正与效率”主题，确保各类知识产权案件的审判质量，不断提高知识产权司法保护水平，不仅赢得了广大当事人的赞誉，而且受到了最高人民法院的充分肯定；通过审理案件总结的一系列审判规则对全国知识产权司法实践具有较强的指导意义，并为修订法律、法规和制定司法解释提供了丰富的案例素材。同时，审判效率不断提高，各级法院知识产权庭的年结案率始终保持在 90%以上，部分法院甚至达到 98%。

多年来，全市法院紧跟经济社会发展步伐，牢固树立大局意识，使知识产权审判职能作用得到充分发挥。一是强化诉讼调解，注意调判结合，维护社会的和谐稳定。全市法院超过一半的知识产权民事案件以调解或经调解使当事人撤诉方式审结，真正实现了“案结事了”。近年来，以实现“平安奥运”为目标，慎重裁判，主动做释法说理、理顺情绪工作，为奥运会的成功举办提供了有力的司法保障，创造了良好的知识产权法治环境。二是在审理专利、技术秘密等技术性知

识产权案件中，注意平衡权利人、使用者和社会公众之间的利益，加大对经济增长有重大突破性带动作用、具有自主知识产权的关键核心技术的保护，服务创新型国家和创新型城市建设。三是落实国家关于整顿和规范市场经济秩序及“保护知识产权专项行动”的统一部署，通过审理“长城”葡萄酒侵犯商标权案、“托福试题”侵犯著作权案等，对各种侵权行为给予严厉制裁，有力地保护了权利人的合法权益，为规范市场秩序、促进品牌创新和文化创意产业发展作出了积极贡献。四是在准确把握立法精神、深入调研、广泛听取意见的基础上，妥善处理了“书生数字图书馆”侵犯著作权案、“泥人张”不正当竞争案等一批新类型案件，为我国知识产权保护制度的完善进行了有益探索。五是高度重视由本市法院专门管辖的以专利复审委员会、商标评审委员会为被告的专利、商标行政案件的审理，依法保护行政相对人的合法权益，规范行政机关的具体行政行为，较好地发挥了人民法院的司法审查职能，认真履行了我国的入世承诺。六是不断强化平等保护意识，对不同地区的当事人平等相待，杜绝地方保护主义；在审理涉外案件中，坚持国民待遇原则，平等保护中外当事人的合法权益，树立了首都知识产权司法保护的良好形象。

（二）贯彻“公正司法，一心为民”指导方针，形成一套适合知识产权民事案件特点的审判方式

知识产权案件具有专业性强、法律关系复杂等特点，为此，本市法院知识产权庭自成立之初即开始探索适合知识产权案件特点的审判方式。近年来，又按照“公正司法，一心为民”的指导方针，贯彻落实最高人民法院及高级法院一系列司法为民措施，对知识产权审判方式不断进行完善，有效促进了案件的公开、公正、高效审理。具体做法有：一是通过发送各类诉讼指导性材料，及时告知诉讼权利和义务、进行诉讼风险提示，使当事人对诉讼程序有基本了解，为诉讼的顺利进行打下良好基础。法官在办案中依法行使释明权，并结合个案进行判后答疑，促使当事人服判息诉。二是强调当事人的举证责任，指定举证期限，在开庭前进行证据交换或举行听证会，从而使案件争议的焦点更明确、庭审重点更突出、庭审效率更高。三是针对知识产权案件相对疑难复杂的特点，坚持一般适用普通程序审理案件并切实落实合议制，合议庭成员共同阅卷、共同开庭、共同合议、共同对案件处理结果负责，确保裁判质量。同时，对一些简单案件适用简易程序，提高审判效率。四是坚持公开审判。除涉及国家秘密和商业秘密的案件，知识产权案件一律公开开庭审理；欢迎公众旁听、媒体客观报道；选择典型案件通过《北京法院网》进行网络直播。2003年10月，本市法院率先在全国将知识产权裁判文书全部上网公布，成为人民法院增强审判工作透明度的重要举措，截至今年8月，上网文书已经突破1.1万件。五是为弥补法官专业知识的不足，采取聘请法律咨询顾问、特邀具有专业特长的人民陪审员共同审理疑难复杂案件、指定专门技术鉴定单位等方式，依法科学解决案件中的专业技术问题。六是高度重视裁判文书制作。在要求裁判文书格式规范、繁简得当的前提下，特别强调论述的针对性和说理性，力争使当事人能够“胜败皆服”。

（三）调研与督导并重，确保知识产权司法标准统一

全市法院知识产权审判将“正确行使自由裁量权、统一司法标准、增强司法公信力”作为加强调研督导工作的指导原则，在严格执法的前提下，主要做好以下工作：一是建立大要案信息报送制度。各级法院对诉讼标的数额巨大、新类型和有重大社会影响的案

件，都及时向高级法院进行报告，同时对关联案件进行通报。高级法院对大要案和关联案件进行有力的监督指导和协调。二是结合重点调研课题制度的落实，针对著作权侵权损害赔偿、知识产权诉讼证据等难点问题进行深入调研，在此基础上，高级法院制定下发了一系列规范性意见。五年中，高级法院共出台知识产权规范性意见 8 件，均在司法实践中发挥了重要的指导作用。三是高度重视典型案例的积极作用。2003 年以来，高级法院共下发知识产权庭撰写的指导案例 68 件。全市法院结合审判难点、热点问题，通过举办法官论坛、案件交流会等，为统一司法标准搭建平台。五年来，各级法院知识产权庭共编辑出版《知识产权经典判例》、《知识产权诉讼研究》等专业书籍 18 部，为司法实践提供了有益参考。

（四）健全审判机构、加强队伍建设，努力建设一支高素质的知识产权审判队伍

本市高、中两级法院自 1993 年 8 月成立知识产权庭以来，不断加强知识产权审判建设。1998 年 5 月，高级法院决定将全市知识产权民事案件适当集中审理，除海淀区、朝阳区法院外，其他基层法院不再受理知识产权民事案件；2007 年 3 月，为进一步加强知识产权审判力量，又决定在东城区、西城区、丰台区法院设立知识产权庭，形成了“三级法院、八个知识产权庭”的新格局。目前，全市知识产权庭共有正式在编审判人员 124 人，其中法官 72 人；法官全部为本科以上学历，硕士以上学历占 71%，有 13 人具有理工科背景。多年来，全市法院努力建设一支政治坚定、业务精通、作风优良、清正廉洁的知识产权审判队伍。一是大力加强思想政治建设。尤其通过深入开展社会主义法治理念教育、党的十七大精神的学习贯彻，知识产权审判工作的指导思想进一步端正，更加坚定了审判工作的正确方向。二是高度重视反腐倡廉建设和审判作风建设。通过执行《法官法》及高级法院“六条禁令”等规定，使知识产权审判人员自觉树立廉洁意识，形成廉洁氛围；通过“公正与效率”司法大检查、“规范司法行为、促进司法公正”专项整改等活动，首都法院良好的知识产权审判作风得以树立和展现。三是不断加强司法能力建设。全市知识产权审判人员不仅善于及时更新审判理念、刻苦钻研理论，而且更注重在审判实践中积累经验、增长才干；在案件审理中，特别注重在认定事实、进行调解、驾驭庭审、适用法律、制作文书等几个关键环节上下功夫；全市性脱产培训、专家讲座及各种研讨活动的经常性举办，使知识产权审判始终充满浓厚的研讨氛围。近年来，全市各级法院知识产权庭分别获得“人民满意的政法单位”、“全国法院知识产权审判工作先进集体”等光荣称号，涌现出了一批以“全国模范法官”宋鱼水为代表的先进个人；在全国法院历届学术研讨会、全国法院知识产权裁判文书评比等活动中，本市知识产权审判均成绩优异。此外，全市法院还以做好知识产权法制宣传为己任，通过对大量案件的报道、公布“年度十大知识产权案例”等形式，积极宣传我国知识产权保护成就，展现中国知识产权法官的风采。

（五）主动接受人大监督，加强与政府部门的协调配合，保障知识产权审判工作的顺利开展

1995 年 11 月，高级法院曾在市第十届人大常委会第二十二次会议上就知识产权审判工作作了专项报告。十余年来的审判实践充分证明，知识产权审判工作成绩的取得，离不开人大的监督和支持。全市法院高度重视来自各级人大的监督，主动邀请人大代表旁听知识产权案件审理，听取人大代表对审判工作的意见和建议。五年间，高级法院共办理各级人大代表建议和来信 30 件，件件有答

复。对各级人大代表的建议和来信，各级法院实行归口管理，统一督办；各审判庭高度重视，及时报告办理进度，力争在指定期限内办结。

作为北京市知识产权办公会议和北京市保护知识产权工作组的成员单位，高、中两级法院与市知识产权局、市工商局等单位密切配合，参加了本市有关知识产权保护地方性条例和政策的制定，参与了一系列保护知识产权专项行动，为提高首都知识产权保护整体水平发挥了重要作用。各级法院还重视并加强与相关政府部门在知识产权执法中的相互支持与配合，较好发挥了知识产权司法与行政保护的整体合力。

二、存在的主要问题

全市法院知识产权审判工作虽然取得了一定成绩，但我们也清醒地认识到，这项审判工作仍存在一些亟待解决的问题。主要表现在：一是司法能力需要进一步提高。近年来，全市法院受理的知识产权案件数量显著增长，最高人民法院日前又将特许经营合同、垄断纠纷等纳入知识产权纠纷范畴，新类型案件以及各种新情况、新问题仍层出不穷，相比之下，现有知识产权审判人员不仅在数量上相对不足，而且综合素质与快速增长的司法需求之间还存在着一定差距。二是知识产权司法保护力度应当进一步加强。尤其是采取诉前临时措施谨慎有余、积极不足；民事、行政、刑事审判工作相对独立，需进一步加强相应的沟通与协调，以充分发挥全市法院知识产权保护的整体作用；与行政执法部门在具体的执法标准，尤其是对专利、商标侵权的判断标准上尚需加强交流，应通过解决知识产权司法与行政保护沟通不畅的问题，进一步加大对知识产权侵权行为的打击力度。三是知识产权审判工作机制仍需改进和完善。尤其是知识产权专业技术问题的解决仍制约着审判质量的提高，对司法鉴定、专家证人、专家咨询等方式尚需进一步规范；高级法院在及时掌握全市审判动态、进行监督指导、促进调研成果转化等方面的工作尚需进一步加强。四是知识产权法制宣传工作有待深入。目前的宣传多侧重于对案件审判信息的报道，缺少对纠纷产生背景的深入分析，缺少对判决意义的深度阐释，因此，知识产权司法保护在培育良好的知识产权法治环境和文化环境中的重要作用应当通过更有效的宣传得到充分发挥。知识产权审判工作中之所以还存在上述问题，从客观方面看，是因为知识产权法律制度在我国建立时间还相对较短，知识产权保护工作尚不能完全跟上经济社会迅速发展的步伐；从主观方面看，全市法院对知识产权审判工作投入的力量需进一步加大。

三、下一步工作方向

面对新形势、新要求以及知识产权审判工作中存在的问题，全市法院将在今后一段时期着重抓好以下几方面工作。

（一）统一思想认识，确保首都知识产权审判工作正确的政治方向

当前，知识产权审判工作面临着新的机遇与挑战。要在新的历史起点上实现知识产权审判工作的与时俱进，首先要把胡锦涛总书记提出的党的事业至上、人民利益至上、宪法法律至上作为始终坚持的指导思想，以科学发展观为统领，充分发挥审判职能作用，确保这项审判工作为党和国家工作大局服务。要从建设创新型国家、实施科教兴国、人才强国战略的高度，紧密结合本市构建社会主义和谐社会首善之区、建设创新型城市的部署，加强对知识产权审判工作重要性的认识。要以实施《国家知识产权战略纲要》为契机，

锐意进取，勇于探索，大力提高首都知识产权司法保护水平。要充分发挥首都的区位优势，虚心学习兄弟法院的先进经验，研究制定新形势下全市法院知识产权审判工作的主要任务。

（二）进一步统一司法标准，力争知识产权审判社会公信力显著提高

针对当前影响裁判公正和司法标准统一的突出问题，要通过加强规范化建设、审判监督和业务指导，不断提高首都知识产权审判的社会公信力。尤其要针对侵权损害赔偿标准、知识产权行政案件的司法尺度不尽统一等问题，开展深入的调查研究，制定相应的规范性意见。针对关联案件，进一步完善和落实法院之间的信息沟通制度和报请高级法院协调指导制度，努力做到相关案件裁判尺度的平衡与一致。通过切实落实指导案例制度、编辑出版典型案例、定期汇编裁判文书等多种方式，发挥指导案例和生效判决在统一司法标准中的重要作用。

（三）规范和完善专业技术问题解决方式，进一步提高知识产权案件审判质量

对专业技术事实的认定是提高知识产权案件审判质量的关键环节。全市法院将积极探索和完善专业技术人员辅助审判的途径，鼓励当事人聘请具有专门知识的人员出庭说明专业技术问题，更好地帮助合议庭认定专业技术事实。争取各级人大常委会适当给法院增加具有专门知识的人民陪审员，充分发挥其专业优势。高级法院将探索建立“知识产权咨询专家库”制度。

（四）继续加大知识产权保护力度，充分维护知识产权权利人的合法权益

不仅要充分发挥民事、行政、刑事等审判在保护知识产权中的重要作用，而且要大力加强三项审判之间的信息沟通、业务交流、工作协作和机制完善，全面保护知识产权权利人的合法权益。在具体审判工作中，要继续加强诉讼调解；进一步加大对假冒、盗版行为的制裁力度，提高侵权代价，降低维权成本；积极有效地适用诉前临时措施；进一步提高裁判文书的说理水平，并对争议较大的案件做好判后答疑工作，努力实现“辨法析理、胜败皆服”。要高度重视案件的审判效率，进一步提高审限内结案率，对知识产权权利人的合法权益给予最及时的保护。要积极延伸审判职能，针对案件中发现的问题，及时发出司法建议，促使有关企业和部门提高知识产权创造、运用、保护和管理能力。要大力加强法制宣传力度，为培育良好的知识产权法治环境和文化环境作出积极贡献。通过上述措施，切实贯彻以人为本，确保当事人打一个公正、明白、便捷、受尊重的官司。

（五）将队伍建设作为工作中的重中之重，夯实知识产权审判工作基础

面对新形势对知识产权审判工作提出的挑战，全市法院将把握好制约司法保护的薄弱环节，把握好人民群众对于知识产权司法保护的需求，优化审判资源配置，加强队伍建设，全面提高司法能力。要切实加强反腐倡廉和审判作风建设，保持首都知识产权审判严格、司法公正文明的良好形象。要进一步提高审判人员的业务素质。在组织培训、研讨活动时，注意学习与知识产权审判相关的各种专业技术知识；积极创造条件，使审判人员在审判实践中增长才干，保持知识产权审判办案与调研并重的特色。采取有效措施，既要保证知识产权审判队伍的相对稳定，又要将德才兼备的同志充实到这支队伍中来。适当增设基层法院知识产权庭，坚持面向基层、服务基层，打牢知识产权审判的根基。

（六）依靠党委的领导、人大的监督、政府的支持及有关部门的配合

人民法院知识产权审判工作的顺利开展，离不开党的领导、人大监督和政府支持，离不开社会各方面力量的配合。全市法院将及

时向人大报告知识产权审判工作中的重大情况，积极配合人大开展相关检查工作，进一步增强接受人大监督的自觉性；高度重视人大代表的意见和建议，不断提高意见、建议办理质量和效率，并按照意见、建议切实改进工作；继续邀请人大代表旁听知识产权案件庭审和视察，保持与人大代表的密切联系，进一步方便人大代表的监督。同时，畅通沟通机制，自觉接受社会各界和广大群众监督，确保首都知识产权审判工作扎实推进。

主任、各位副主任、秘书长、各位委员，我国正处于改革发展的关键阶段，知识产权审判任务光荣而艰巨。面对新的机遇与挑战，全市法院将努力工作、改进不足，充分发挥知识产权审判职能，服务首都工作大局，为建设创新型国家和创新型城市，建设繁荣、文明、和谐、宜居的首善之区作出新的贡献。

关于对我市法院开展知识产权审判工作的意见和建议

——2008年9月24日在北京市第十三届人民代表大会常务委员会第六次会议上

市人大内务司法委员会副主任委员　王德修

主任、各位副主任、秘书长、各位委员：

听取审议市高级人民法院关于开展知识产权审判工作情况的报告是今年常委会的一项重要议题。为协助常委会做好审议工作，内务司法办公室研究制定了详细的工作方案。从今年5月开始，组织部分常委会委员、市人大代表对我市法院系统近五年来开展知识产权审判工作的情况进行了专题调研，先后有选择、有侧重点地听取了三级四个法院有关工作情况的汇报，广泛征求了知识产权行政管理部门、社会中介组织和部分执业律师的意见，旁听了海淀法院宋鱼水法官审理的一起商标侵权纠纷案件，还走访了最高人民法院。在此基础上，内务司法办公室汇总整理了“有关方面对市高级人民法院知识产权审判工作的意见、建议（共88条）”，同时研究提出了“内司委对市高级人民法院知识产权审判工作的意见和建议（共6个方面）”，一并反馈给市高级人民法院，要求他们研究改进知识产权审判工作时参考并在报告中予以回应。

市高级人民法院提交了关于开展知识产权审判工作情况的报告初稿后，8月1日，内务司法委员会举行会议，对报告进行了认真讨论。会议认为，市高级人民法院的报告比较全面地反映了全市知识产权审判工作的基本情况，如实地分析了当前知识产权审判工作中存在的问题，并提出了相应的对策措施，我们同意这个报告。

内务司法委员会认为，近五年来，我市法院牢固树立社会主义法治理念，紧紧围绕国家发展和改革开放大局，特别是中央关于大力实施科教兴国战略、积极鼓励自主创新、建设创新型国家以及北京建设创新型城市等重大战略部署，全面加强各项知识产权审判工作，审判职能不断强化，审判领域不断拓展，审判理论不断深化，审判组织不断完善，审判质量和效率不断提高，依法全面履行了知识产权审判职责，较好地完成了知识产权审判任务，知识产权审判工作始终走在全国前列，为我国知识产权司法保护事业作出了积极贡献。

——坚持服务大局，知识产权审判水平不断提高。五年来，我市法院以北京建设创新型城市为核心，不断加大知识产权审判工作力度，受理的知识产权案件量逐年增长，案件种类和数量在全国始终名列前茅，许多知识产权案件的裁判，在全国法院系统起到了很好的探索和指引作用，引起了社会的广泛关注和普遍好评，不仅成为媒体和百姓关注和评价我市法院整体工作的一个长期热点，也成为我市法治环境建设的一大亮点，在国际上树立了良好的知识产权司法保护形象。

——坚持审判方式改革，知识产权审判机制不断完善。五年来，我市法院积极探索知识产权审判方式改革，综合采取各种有效措施，坚持不断健全和完善知识产权审判机制。认真落实司法为民措施，不断加大司法救助力度，依法加强诉讼指导和诉讼释明，积极探索举证指导和判后答疑；高度重视专业技术事实认定，努力发挥专家陪审员、专业技术人员的作用；建立知识产权大要案信息报告、关联案件沟通协调和驰名商标司法认定备案等制度；加强知识产权诉讼调解，强化知识产权审判监督，落实再审申请审查听证制度；注重知识产权司法宣传，审判过程公开性和裁判文书说理性明显增强。

——注重总结研究，知识产权审判规律性认识不断提高。五年来，我市法院不断深化对知识产权审判规律的认识，逐步统一了专利、商标、著作权和反不正当竞争以及知识产权合同等领域的审查判断原则和方法，并不断完善了相关裁判规则。同时，高度重视知识产权审判调研工作，以及对典型司法案例的收集整理、理论分析和编辑出版，以法学研究成果有效指导了审判业务。

——注重组织建设，审判机构和队伍不断健全加强。五年来，我市法院在逐步夯实知识产权审判组织和人才基础的同时，不断改革创新、健全审判机构、加强队伍建设。目前“三级法院、八个审判庭”的格局基本适应了我市知识产权审判工作的实际需要。同时，我市法院知识产权审判队伍整体素质也有了进一步提高。

在取得以上成绩的同时，我市法院知识产权审判工作中还存在一些问题和困难，主要是：

——执法标准还不完全统一。按照现行案件管辖规定，对于涉及商标和专利的授权确权纠纷案件，有的在知识产权庭审理，有的在行政庭审理，造成了适用法律、解决机制和诉讼程序的不一致，甚至相同案件出现不同判决结果。另外，不同法院在不同时期掌握立案标准不一致，诉讼费收取标准也不完全统一。

——知识产权权利人合法权益的保护力度还显不足。总体来讲，我市知识产权民事、行政和刑事审判工作目前尚未形成整体合力。在具体审判工作中，法院在依当事人申请行使停止诉前侵权行为、进行诉讼保全、开展调查以及追加被告人、第三人等方面的职能作用比较消极，在一些适用法定赔偿标准的案件中判决侵权赔偿的数额相对偏低，对部分判决的执行尚不完全到位等，影响了对知识产权权利人财产权、人身权的保护。

——知识产权审判队伍的建设和培养还有待加强。现有审判人员的综合素质与知识产权司法需求之间还有一定差距，有的审判人员民法、合同法等基本法律功底不扎实；有的审判人员对审判工作遇到的问题深入思考、及时研究、全面总结不够；有的审判人员大局意识不强，法律效果和社会效果的统一做得不够。

随着我国建设创新型国家、北京建设创新型城市的不断深入，知识产权保护尤其是司法保护方面有许多问题需要进行深入的思考和研究，这也给知识产权审判工作提出了新的更高的要求，为了促进我市法院进一步依法做好知识产权审判工作，针对审判工作中存在的问题和困难，提出以下意见和建议。

一、准确把握首都知识产权审判工作定位，力争使我市知识产权审判工作走在全国前列

北京作为国家首都，知识产权审判工作在全国有重要影响。北京市法院所受理的知识产权案件类型最全，许多案件的裁判备受国内外的普遍关注。全市法院要紧密结合这些特点和优势，从率先全面落实国家知识产权战略纲要的高度，放眼全国，与全国各有关法院加强联系和沟通，认真研究和准确把握首都知识产权审判工作在全国的定位。在工作层面上，要努力克服目前审判任务重、掌握工作主动权小的困难，摒弃单纯办案思想，注意总结知识产权审判工作经验，认真研究知识产权审判工作中出现的新情况、新问题，尤其是带有发展趋势性的问题，认真研究保持我市知识产权审判工作高水平发展问题，充分发挥职能作用，力争使首都的知识产权审判工作始终走在全国前列，保持并充分展示我国知识产权司法保护的良好国际形象，提升我国知识产权综合能力和国际竞争力。

二、充分发挥知识产权司法保护整体效能，全面保护知识产权权利人的合法权益

知识产权司法保护是一个系统工程，每一种审判方式、每一个审判环节对于保护知识产权权利人的合法权益都至关重要。全市法院要充分发挥知识产权司法保护的整体效能，全面加强各项知识产权审判工作，依法界定民事责任，积极采取救济措施，妥善处理知识产权民事纠纷，充分发挥民事审判在保护知识产权和激励自主创新中的主导作用；依法保护行政相对人的合法权益，监督和支持依法行政，保障行政主管机关依法履行知识产权行政管理职能；依法运用各种刑事制裁措施，严惩侵犯知识产权犯罪，大力发挥刑罚惩治和预防知识产权犯罪的功能；高度重视审判职能之间的协调配合，加强民事、行政、刑事审判部门与立案、执行等部门之间的工作衔接，努力实现知识产权审判效果的最大化。

三、进一步优化知识产权审判资源配置，统一执法标准，提高审判工作质量

全市法院要切实践行“公正和效率”的工作主题，从有利于知识产权审判工作科学发展的高度，摆脱囿于条块管理的固有理念，把握好制约司法保护的薄弱环节，把握好人民群众对于知识产权司法保护的需求，从机构设置、工作机制上入手，进一步理顺内部组织和业务分工，优化审判资源配置，尽可能将各类民事、行政知识产权案件集中到一个专门法庭进行审理，特别是将专利和商标授权确权纠纷案件的内部审理分工尽快统一。同时，对“三级法院、八个审判庭”的设置进一步跟踪调研，根据实际需要，在条件具备的区县适当增加受理著作权、商标等知识产权案件的基层法院，集中一些特殊类型知识产权案件的管辖权，努力解决执法标准不统一问题，确保审判工作质量。

四、努力打造一支具有国际视野的知识产权审判队伍，不断提高知识产权审判工作水平

全市法院要紧密结合首都知识产权审判工作的实际、知识产权审判人才成长的特点，充分利用北京专家教授多、科研院校多、对外交往多的优势，对审判人员大力加强教育和培训，广泛开展国内和国际交流，使每一位审判人员都能够牢固树立高度的政治意识、大局意识、责任意识、法律意识、廉洁意识，都能够自觉以开放性的思维、世界性的眼光、能动性和创造性的精神开展知识产权审判工作。同时，进一步优化人才结构，根据需要适当充实知识产权审判队伍，加强知识产权审判人才储备，采取有效措施，保证知识产权审判队伍的稳定，努力打造一支政治坚定、业务精通、作风优良、司法公正的首都知识产权审判队伍，确保知识产权审判工作水平不断提高。

五、深入研究探索知识产权审判工作规律，充分发挥知识产权司法保护的主导作用

全市法院要按照党的十七大提出的提高自主创新能力、建设创新型国家的要求，紧紧围绕国家改革发展的大局，抓住实施国家知识产权战略的有利契机，全面落实中央关于知识产权司法保护的战略部署，深入开展调查研究，积极探索解决影响知识产权司法保护的有关问题。注意研究把握知识产权保护以及审判工作的规律，研究探索充分发挥知识产权司法保护的主导作用，研究解决知识产权审判中具有共性的难题。同时，针对当前影响裁判公正和司法标准统一的突出问题，通过加强审判监督和业务指导，切实维护知识产权公正司法和法制统一。

以上意见和建议，供常委会组成人员审议时参考。

北京市人民检察院关于开展诉讼监督工作情况的报告

——2008年9月24日在北京市第十三届人民代表大会常务委员会第六次会议上

北京市人民检察院检察长　慕　平

主任、各位副主任、秘书长、各位委员：

根据市人大常委会本次会议议程的安排，我代表北京市人民检察院，报告全市检察机关开展诉讼监督工作的情况，请予审议。

一、2003年以来开展诉讼监督工作的基本情况

我国宪法规定，人民检察院是国家的法律监督机关。检察机关依法对侦查机关的刑事立案和侦查活动，人民法院的审判活动，监狱、看守所等机关的刑罚执行和监管活动是否合法进行监督。诉讼监督工作作为检察机关法律监督职能的重要方面，对于保证执法司法机关严格公正执法，维护社会公平正义，具有十分重要的意义。2003年以来，全市检察机关在市委和最高人民检察院的领导下，在市人大及其常委会的监督和支持下，

认真实践“强化法律监督，维护公平正义”的工作主题和“加大工作力度，提高执法水平和办案质量”的总体要求，不断加强对诉讼活动的法律监督，为维护社会主义法制的统一、尊严和权威作出了积极贡献。

一是依法开展刑事立案监督。刑事立案监督是检察机关依法对侦查机关的刑事立案活动是否合法进行的监督，主要是防止和纠正侦查机关应当立案而不立案、不应当立案而立案的情形。五年来，全市检察机关认为侦查机关应当立案而没有立案，要求其说明不立案理由的 505 件，促使侦查机关主动立案 31 件 34 人；认为侦查机关不立案理由不能成立的，通知其立案 59 件 72 人，侦查机关执行通知并立案 52 件 65 人。监督立案案件提起公诉后，法院均作出有罪判决。丰台院监督立案的张永涛合同诈骗案，被告人被判处有期徒刑 20 年，其中监督立案部分被判处有期徒刑 14 年。此外，注重在办案中深挖线索，及时纠正侦查机关不恰当运用刑事手段处理经济纠纷的行为，如依法对不应当立案的金勋力职务侵占案、金德茂公司股东聚众扰乱社会秩序案予以纠正。

二是依法开展侦查活动监督。侦查活动监督是检察机关对侦查机关刑事侦查活动是否合法进行的监督。五年来，全市检察机关依法审查侦查机关提请逮捕的案件 85,163 件 126,627 人，审查侦查机关移送审查起诉的案件 96,122 件 140,040 人。在审查逮捕和审查起诉工作中，坚持客观公正立场，严把事实关、证据关和程序关，对不符合逮捕条件的坚决不捕，对不符合起诉条件的坚决不诉，决定不批准逮捕 9627 人、不起诉 2514 人，监督侦查机关撤回提请逮捕 11,594 人、撤回移送起诉 2695 件 4544 人。加大对遗漏严重犯罪分子的追加逮捕、追加起诉力度，对应当逮捕而未提请逮捕、应当起诉而未移送起诉的犯罪嫌疑人，决定追捕 106 人、追诉 134 人。依法追捕追诉的蔡汉龙虚开增值税专用发票案、刘天庆抢劫案等，被告人均被法院判处 10 年以上有期徒刑。通过认真审查批捕、审查起诉，深挖案件疑点，还依法追加了一大批遗漏的犯罪事实，使犯罪分子受到应有的惩罚。加大对侦查机关刑讯逼供、超期羁押、违法取证、违法采取强制措施等行为的纠正力度，共提出书面纠正意见 85 件、检察建议 571 件，有效减少或防止了侦查机关违法行使职权的行为。

三是依法开展刑事审判监督。刑事审判监督是检察机关对法院作出的刑事判决、裁定在认定事实、适用法律上是否正确，以及审判活动中有无违法行为进行的监督。五年来，全市检察机关共审查人民法院作出的刑事判决、裁定 75,724 件，对认定事实错误、量刑明显失当的案件，向人民法院提出二审程序抗诉 244 件，上级院支持抗诉 155 件，法院同期改判或发回重审 57 件。对 302 件不服人民法院生效刑事裁判的刑事申诉进行立案复查，共向人民法院提出审判监督程序抗诉 13 件，法院同期改判或发回重审 4 件；提出再审检察建议 4 件，法院同期采纳 2 件。对审判活动中违反法定程序、侵犯当事人合法权益等违法情况提出纠正意见 58 件次，努力促进刑事审判公正。

四是依法开展刑罚执行和监管活动监督。刑罚执行和监管活动监督是检察机关依法对刑事判决、裁定执行活动是否合法，看守所和监狱收押、监管、释放犯罪嫌疑人、被告人、罪犯的活动是否合法进行的监督。五年来，全市检察机关深入监管场所，认真开展刑罚执行活动中违法减刑、假释、暂予监外执行案件和不按规定交付执行等情形的监督，共进行各项检察监督 15 万余人次，检察发现不当情形并提出口头建议 2949 次、书面建议 113 份，对监管机关执法活动中存在的问题提出书面纠正意见 27 份，保障了刑罚执行活动公平、公正、有序，维护了监管场所的安全稳定和在押人员的合法权益。

五是依法开展民事审判、行政诉讼监督。民事审判、行政诉讼监督是检察机关对法院作出的民事行政判决、裁定在认定事实、适用法律上是否正确进行的监督。五年来，各级检察机关以关注民生、促进社会和谐稳定为出发点，共审查人民群众申诉的民事行政案件9369件，对认为确有错误的民事和行政判决、裁定提出抗诉268件，法院同期审结175件，其中改判34件，撤销原判发回重审6件，调解结案8件。推行向同级人民法院提出再审检察建议的监督方式，共提出再审检察建议99件，法院采纳并自行启动再审程序9件。对法院在民事审判、行政诉讼活动中的违法情形，提出监督意见41件，法院同期采纳9件。对不服人民法院正确裁判的5285件申诉，做好当事人的服判息诉工作，努力维护司法权威。

二、开展诉讼监督工作的主要做法

五年来，全市检察机关不断增强诉讼监督意识，围绕确保监督到位的要求，积极采取措施，丰富和发展有效的监督方式，完善监督机制，提高监督水平，诉讼监督工作不断深入，职能作用切实发挥。

一是不断强化诉讼监督意识。通过认真学习党的十六大、十七大精神，深入贯彻落实科学发展观，开展社会主义法治理念教育，全体检察人员进一步明确了自身职能定位，依法履行监督的责任感、使命感不断增强。全市检察机关将诉讼监督纳入综合业务考评和案件质量考核标准中，加大考核力度，促使检察人员在办案的同时重视诉讼监督。定期开展诉讼监督精品案件和精品监督事项评选活动，对诉讼监督的法律效果、社会影响等进行综合评价，引导检察人员把“依法、坚决、准确、有效”的监督原则自觉融入具体的实践中，有力促进诉讼监督意识在整体上逐步强化和提高。

二是灵活运用多种监督手段。从维护法制统一、司法公正的目标出发，结合诉讼活动的实际需要，采取多种方法开展诉讼监督。将纠正违法与检察建议相结合，在严肃纠正侦查、审判机关严重违法行为的同时，积极建议他们整改执法不规范行为，调动他们纠错补漏的积极性；将事中、事后监督与事前预防相结合，通过提前介入公安机关重大案件侦查、引导取证，参与监管机关呈报减刑、假释、保外就医的审核把关等方式，将监督关口前移，加大了对执法司法过程的监督力度；将个案监督与综合监督相结合，在纠正具体案件审理活动违法的同时，对侦查机关、法院执法不当的共性问题进行总结分析，向他们提出综合性的监督意见，帮助建立内部防控制度，有力地促进了侦查、审判工作水平的提高。海淀院针对公安机关刑事拘留前程序违法和案件侦查中证据保管不善造成缺失等现象，汇总情况后集中提出纠正意见，引起市委领导的高度关注并作出重要批示，公安机关专门进行了集中整顿。

三是认真开展专项监督活动。着眼于为经济发展创造良好的法治环境，开展了打击制假售假、侵犯知识产权犯罪的立案监督，重点监督了打击制售假冒中外驰名商标商品、侵犯奥运会专用标志等七类侵犯知识产权犯罪案件的查办工作，为整顿和规范市场经济秩序服务。着眼于依法尊重和保障人权，开展了集中清理纠正超期羁押专项工作，纠正超期羁押21人次。建立羁押期限告知、预警等制度，形成“预防在前、同步监督”的模式，有效解决了超期羁押这一刑事诉讼中的顽症。着眼于保障严格执法和公正司法，开展了违法减刑、假释、保外就医专项检查和监外执行罪犯脱管漏管问题等专项监督工作，共进行专项检察750余次，提出纠正意见9件，2人被重新收监。通过开展专项监督，重点解决了一批群众不满意的问题，增强了服务大局的实效，产生了良好的社会反响。

四是查处司法不公背后的职务犯罪。认真贯彻高检院关于调整内部侦查分工的要求，坚持把诉讼监督与查办职务犯罪有机结合起来。五年来，全市检察机关共立案侦查司法人员职务犯罪案件97件114人，维护并促进了司法廉洁。其中，依法严肃查处司法人员涉嫌贪赃枉法、徇私舞弊等犯罪，惩处了12名充当黑恶势力保护伞的公安人员，使惩治司法领域的腐败落到实处，受到社会各界的好评。依法严肃查处司法人员侵犯人权的犯罪案件13件23人，成功查办了顺义区法院司法警察庞胜东虐待被监管人、丰台公安分局岳各庄派出所民警刑讯逼供等案件，维护了当事人的合法权益。

五是改革和完善诉讼监督工作机制。制定全市检察机关检察改革实施意见，将改革和完善对诉讼活动的法律监督制度作为检察改革的主要任务。各级院普遍与烟草、税务、工商、质监等部门建立了联席会议制度，不断促进行政执法与刑事司法的衔接，拓展了立案监督的视野。推行审查逮捕中讯问犯罪嫌疑人制度，拓宽发现刑讯逼供等违法侦查活动的渠道，建立对不批准逮捕案件的跟踪机制，深化对侦查工作的监督。健全审判监督机制，积极开展量刑建议试点工作，探索对民事裁判执行活动进行监督的方式，大力推进检察长、受检察长委托的副检察长列席同级法院审判委员会制度，2006年以来，各级院共列席审委会94次。完善对刑罚执行和监管活动的监督机制，先后制定了看守所和监狱检察工作规则、加强和改进监所检察工作的意见等规章制度，探索对社区矫正工作的检察监督机制，防止对犯罪分子的脱管、漏管和违法管理，解决了工作中存在的一些实际问题。

六是加强检察机关内部协作配合。健全上下级检察机关协作机制，实行下级检察院就重大监督事项、被监督对象逾期不答复监督意见等情形向上级院报告的制度，由上级院向被监督对象的上级机关提出意见，发挥整体监督力量；建立有效的刑事抗诉协作机制，制定关于进一步加强刑事抗诉工作的意见，实行下级院抗诉前向上级院汇报和抗诉后列席上级院检委会制度，统一抗诉标准，加大支持抗诉力度。健全业务部门之间的沟通配合机制，相关业务部门之间分别制定了联系制度，规范司法工作人员职务犯罪的查办和移送工作，拓宽发现司法不公案件线索的渠道。

七是与公安、法院协商解决监督难题。充分运用和发挥联席会议制度等形式，加强对侦查机关以罚代刑、漏罪漏犯、另案处理、退回补充侦查后消化处理等案件的监督，解决侦查阶段非法收集证据等问题，帮助侦查人员提高业务能力；与法院协商列席审委会、民行再审检察建议、统一审判标准等事项，以合作促进监督效果。协商制定有关文件，形成解决问题的长效工作机制，会同市公安局签发《加强看守所法律监督工作的意见》等项文件，实行监管场所重大事件报告制度，形成了监所网络化监控和动态监督机制。与市公安局、法院、司法局会签《关于罪犯交付监狱收监执行工作的规定》，从制度上解决罪犯交付执行难的问题。与市高级法院会签《关于借阅诉讼档案的规定》，初步解决了办理民事申诉案件“调卷难”的问题。

八是不断提高诉讼监督能力。定期组织全系统的业务比武和技能竞赛，结合实际广泛开展业务研讨、办案交流和多种形式的技能培训，提高检察人员善于监督、准确监督的能力。选派检察人员到侦查、审判机关交流锻炼，充分利用专家咨询委员会资源，更新知识，开阔视野，提高检察队伍的综合素质。探索专人负责诉讼监督的工作机制，大部分检察院设立专人负责立案监督工作，一、二分院、朝阳、海淀、丰台等院设立专门机构或人员开展公诉环节的诉讼监督，全市民行检察部门探索专业化办案模式，深入推进诉讼监督队伍专业化建设。将监督职权配置、诉讼监督途径和机制建设等重大理论、实践问题作为全市检察机关的重点课题，完成《法律监督原论》、《刑事诉讼监督论》、《民事诉讼检察监督论》三本专著，公开发表调研文章120余篇，为诉讼监督工作的开展提供了理论支持，提升了开展诉讼监督的水平。

三、当前开展诉讼监督工作面临的主要问题

近年来，全市检察机关在强化诉讼监督方面采取了不少措施，不断取得新的成效。但是，在发展社会主义民主政治、建设社会主义法治国家的新的历史条件下，广大人民群众对维护司法公正的要求越来越强烈，检察机关加强诉讼监督的任务也越来越艰巨，面对新形势新任务，北京市检察机关的诉讼监督工作还存在一些不足。

一是诉讼监督意识有待进一步加强。部分检察人员包括少数领导同志执法观念还不适应新形势下的新要求，对宪法和法律赋予检察机关的诉讼监督职责缺乏全面正确的认识，思想顾虑较多，存在重协调配合、轻监督制约的问题。对监督效果的信心不足，过于强调面临的困难，疏于研究解决的对策。在实际工作中，将诉讼监督视为软任务，往往满足于完成审查逮捕、审查起诉等一般性诉讼活动，而忽视对诉讼活动中的违法情况进行监督。由于对诉讼监督工作重视不够，导致有的单位在人员配备、工作安排、精力投入等方面还不完全到位。

二是诉讼监督重点有待进一步突出。实践中较多进行一般性程序违法的纠正，对放纵犯罪、侵犯人权、司法腐败等人民群众反映强烈的执法不严、司法不公问题的监督还需要加大力度。工作中更多注重提出监督意见，对意见的落实情况跟踪督促不够有力，监督的实效不够明显。对民事审判的诉讼监督还不够深入，行政诉讼监督工作尚未有效开展，与新形势下维护司法公正、保障和改善民生的要求还不完全适应。

三是诉讼监督机制有待进一步健全。与有关部门的信息交流机制还不适应工作发展的需要，对诉讼监督职能的宣传不够充分，监督线索的来源渠道还不通畅。内部分工和协作机制不够完善，尚未形成监督合力。诉讼监督的评价、激励机制不够成熟，绩效考核体系的设置不尽科学、合理，工作导向不够明显，影响了检察人员监督的积极性。部分诉讼监督的标准不统一，具体工作规则还不够健全。

四是诉讼监督能力有待进一步提高。近年来在检察队伍结构改善的同时，一线业务人员不断年轻化，年轻干警普遍存在执法和监督经验不足的问题。部分检察人员法律功底不扎实，专业化水平不高，不能及时有效地发现、纠正执法活动中的违法问题。提高诉讼监督效果的办法还不多，监督工作往往停留在表面，不能深入发现和解决问题，执法效果还不适应维护司法公正的需要。诉讼监督工作的区域发展并不平衡，各院开展工作差距较大。

需要说明的是，现行法律对某些方面的诉讼监督规定的较为原则，法定程序不健全，缺乏实践操作性，在很大程度上制约了诉讼监督工作的深入开展。行政执法与刑事司法相衔接的工作机制尚未有效建立，信息共享平台还没有进入实质性建设阶段。各政法机关对诉讼监督的认识还不完全统一，有些单

位对检察机关的监督意见不够重视，不能及时给予回复，使诉讼监督的效果难以保障。

以上这些问题和不足，既需要统一认识，完善立法，优化诉讼监督的外部环境，也需要检察机关苦练内功，在扎实推进检察改革和执法规范化建设的过程中，积极采取措施加以解决。

四、下一步加强诉讼监督工作的主要措施

党的十七大从中国特色社会主义事业发展全局出发，明确要求建设公正高效权威的社会主义司法制度。检察机关作为国家的法律监督机关，强化法律监督，维护公平正义，为中国特色社会主义事业发展进步创造良好的法治环境，是党中央对检察工作的基本要求，是广大人民群众对检察机关的殷切期盼，也是检察机关的根本职责。在新形势下，迫切需要我们加强诉讼监督，解决人民群众反映强烈的执法司法不公等问题，并在更新监督观念、突出监督重点、完善监督机制、提高监督能力上取得新突破。在下一步诉讼监督工作中，我们将抓好以下几个方面的工作。

一是提高加强诉讼监督工作的自觉性。认真学习领会党的十七大精神，贯彻落实科学发展观，深入实践检察工作主题和总体要求，结合目前正在开展的“大学习、大讨论”活动，正确认识诉讼监督工作面临的困难和存在的问题，深入分析原因，采取积极有效措施，克服困难，解决问题。在统一认识的基础上，要求全体检察人员以满足人民群众对司法公正的新期待、新要求为出发点和落脚点，真正做到敢于监督、善于监督，依法严肃监督纠正各种执法不严、司法不公问题，切实承担起宪法赋予的神圣使命，确保执法司法机关严格公正执法，努力维护和促进社会公平正义。

二是围绕群众反映强烈的问题加大监督。在立案监督和侦查监督中，既注意监督纠正有案不立、有罪不究、以罚代刑、立案后消极侦查和违法撤案等放纵犯罪的问题，又重视监督纠正违法立案、刑讯逼供、滥用强制措施、严重违反法定程序等侵犯人权的问题；在审判监督中，坚决监督纠正裁判不公、罚不当罪、侵犯人民群众正当权益等问题，尤其是要充分发挥民行监督在保障和改善民生、维护社会经济秩序方面的作用；在刑罚执行和监管活动监督中，坚决监督纠正违法减刑、假释、暂予监外执行和变相超期羁押、侵犯在押人员权益等问题。深入查处执法不严、司法不公背后的职务犯罪，树立检察机关诉讼监督的权威。

三是推进诉讼监督工作的规范化建设。加大对检察机关诉讼监督职能的宣传力度，提高发动和依靠群众的本领，增强人民群众对诉讼监督的信心。完善外部沟通协调机制，积极推进行政执法与刑事司法衔接的信息平台建设，拓宽立案监督的渠道；加强与公安、法院等机关的沟通与联系，统一执法标准，规范列席法院审委会、民行再审检察建议等工作制度。完善内部整体联动机制，加大对下级院监督工作的支持、指导力度，加强各业务部门的分工协作，明确各部门责任和各项诉讼监督协作机制的牵头部门，形成监督的整体合力。完善诉讼监督的考核激励机制，提高诉讼监督在综合业务考评中的权重，将检察人员开展诉讼监督的情况纳入其执法档案，提高检察人员监督的积极性。深化检察改革，不断创新监督方法、形式和机制，确保诉讼监督工作取得新成效。在调查研究的基础上，市院制定加强诉讼监督工作的意见，相关业务部门分别制定或修改各项诉讼监督的工作规则，推动全市诉讼监督工作的全面深入开展。

四是着力提高检察队伍专业化水平。进

一步建立健全符合诉讼监督工作实际、具有检察机关特色的教育培训机制，切实加强对检察人员的专业化教育培训，努力培养更多具有精深的法律功底、丰富的监督实践经验的专业人才，切实提高诉讼监督能力和水平。不断完善专人负责诉讼监督工作的制度，更加重视民行检察队伍的专业化建设，充实并稳定民行监督力量。用足用好现有的监督手段，综合运用多种监督方式，深入研究诉讼监督工作的发展规律和趋势，不断总结工作经验，切实解决不善监督、监督不到位等问题，确保诉讼监督职能不被弱化和边缘化，推动诉讼监督工作深入开展。

五是强化对检察机关自身的监督制约。完善检务公开机制，坚决做好处理涉检信访工作，建立健全群众意见的办理、督察、查究、反馈机制，不断提高执法透明度和公信力。整合各项执法办案的内部监督制约机制，推行检务督察制度，保证各项执法活动严格依法、规范进行。认真听取其他执法司法机关和律师对检察机关的意见，建立与律师协会和司法行政部门的定期联系制度。全面推广人民监督员制度，重点加强对检察机关查办职务犯罪案件的监督。自觉把检察工作置于党的领导和人大及其常委会的监督之下，主动报告重大工作部署和重要工作事项，确保法律监督不偏离正确方向。

为了切实做好诉讼监督工作，市院还要及时向市人大及其常委会、上级有关部门报告在开展工作中遇到的诉讼监督范围、手段、程序、机制等规定不完善、不具体的情况，积极提出立法建议，争取市人大及其常委会的大力支持。

主任、各位副主任、秘书长、各位委员，在新形势下，全市检察机关将深入贯彻党的十七大精神，高举中国特色社会主义伟大旗帜，按照科学发展观的要求，不断提高诉讼监督能力，加强和改进诉讼监督工作，为构建社会主义和谐社会、维护社会公平正义作出新的贡献！

关于对我市检察机关开展诉讼监督工作的意见及相应决议的说明

——2008年9月24日在北京市人民代表大会常务委员会第六次会议上

市人大内务司法委员会主任委员
市人大常委会内务司法办公室主任　李小娟

主任、各位副主任、秘书长、各位委员：

听取审议市人民检察院关于开展诉讼监督工作情况的报告是今年常委会的一项重要议题。为协助常委会做好审议工作，内务司法办公室研究制定了详细的工作方案。从今年5月开始，组织部分常委会委员、市人大代表对本市检察机关近五年来开展诉讼监督工作的情况进行了深入调研。先后听取了市人民检察院、两个检察分院和五个基层检察院有关工作情况的汇报，视察了北京市东城区看守所；听取了参加检查和视察活动的常委会委员和市人大代表的意见、建议；分别征求了检察机关的特约监督员，法院、公安、监狱管理部门和市律师协会及部分律师代表的意见；并走访最高人民检察院，征求了他们对本市检察机关诉讼监督工作的总体评价、意见和建议。在此基础上，内务司法办公室汇总整理了“有关方面对市人民检察院诉讼监督工作的意见、建议（共73条）”，同时研究提出了“内司委对市人民检察院诉讼监督工作的意见和建议（共5个方面）”，一并反馈给市人民检察院，要求他们研究改进诉讼监督工作时参考并在报告中予以回应。

市人民检察院提交了关于开展诉讼监督工作情况的报告初稿后，8月1日，内务司法委员会举行会议，对报告初稿进行了认真讨论。会议认为，近五年来，本市检察机关在市委和上级检察机关的领导下，不断增强诉讼监督意识，努力创新工作机制，注重提高执法能力，较好地履行了诉讼监督职责，取得了比较明显的成绩。但是面对新形势下广大人民群众对维护司法公正的强烈要求，与宪法、法律对检察机关的职能定位相对照，本市检察机关的诉讼监督职能还没有充分有效地发挥出来，主要是对诉讼监督重要意义的认识还不完全到位，工作开展不平衡，诉讼监督工作还不够规范，监督考评机制不够健全，监督的能力不适应工作发展的需要，对诉讼监督职能的宣传不充分。内务司法委员会针对问题提出了改进工作的意见和建议。刚才，慕平同志所作的报告中已吸收、回应了内务司法委员会的意见和建议，比较全面地反映了我市各级检察机关近五年来依法开展诉讼监督的工作情况，如实分析了当前诉讼监督工作中存在的问题和困难，并提出了切实可行的对策措施，我们同意这个报告。

为了监督、支持检察机关更好地履行宪法赋予的法律监督职能，常委会主任会议认为，常委会有必要在听取审议检察院诉讼监督专项工作报告时作出相应的决议。内务司法办公室根据主任会议的要求，经过反复征求各方面的意见，起草了《北京市人民代表大会常务委员会关于加强人民检察院对诉讼活动的法律监督工作的决议（草案）》（以下简称《决议（草案）》，主任会议同意提请本次会议审议。下面，我受主任会议委托，就《决议（草案）》作如下说明。

一、作出决议的背景和必要性

对诉讼活动实行法律监督是中国特色社会主义司法制度的重要组成部分。人民检察院作为宪法规定的国家法律监督机关，负有对公安机关的立案侦查活动、人民法院的审判活动、刑事判决裁定的执行及刑罚执行机关的监管活动进行监督（以下简称诉讼监督）的法定职责。

近年来，随着我国民主法制建设的深入发展，广大人民群众对维护司法公正的要求日益强烈，而当前从总体来看，检察机关的诉讼监督职能还没有充分有效地发挥出来。一方面，司法机关以及社会各界对人民检察院的诉讼监督工作及其全面履行法律监督职能的重要意义还不完全清楚，对于检察机关依法开展诉讼监督以保证司法公正的职能作用，司法机关内部在思想上还缺乏统一的认识和应有的重视，检察机关在开展诉讼监督工作方面存在不少薄弱环节，尤其是人民群众反映强烈的民事行政审判方面的法律监督更为薄弱，有关司法机关自觉接受监督的意识不强，阻碍、质疑、应付检察机关监督的情况在一定范围内存在；另一方面，在工作的具体制度、机制建设上以及相关的程序还很不完善，使法律赋予的监督手段没有充分运用起来，缺乏各部门统一协调、形成监督合力的工作机制，通过日常监督发现执法不严、司法不公背后职务犯罪的能力不强，检察长列席同级法院审判委员会、行政执法与刑事诉讼衔接等制度规定还没有落实到位。这些问题的存在，使中国特色社会主义司法制度的内在优势没有充分体现。

监督法颁布实施后，人大常委会明确了不搞个案监督。面对人民群众希望人大常委会加强对司法工作监督的强烈要求，人大常委会如何加强对两院的监督工作，也是当前亟须研究解决的问题。

根据党的十七大以及最近召开的中央政法工作会议提出的完善制约和监督机制，建设公正高效权威的中国特色社会主义司法制度的要求，和胡锦涛总书记在全国政法工作会议代表和大法官、大检察官座谈会上关于“要以满足人民的司法需求为根本出发点，从人民不满意的问题入手，以加强权力制约和监督为重点，优化司法职权配置”，“进一步规范司法行为，完善对司法权行使的监督机制，加强对诉讼活动的法律监督，切实解决执法不严、司法不公问题”的讲话精神，我们认为，监督和支持检察机关依法履行诉讼监督职责，是当前解决人民群众反映强烈的司法不公问题的重要措施，也是人大常委会推动司法机关不断完善中国特色社会主义司法制度，充分发挥制度内在优越性的有效途径。为了充分发挥检察机关在建设公正高效权威的社会主义司法制度、维护司法公正中应有的作用，市人大常委会有必要在听取审议检察院诉讼监督专项工作报告的同时作出相应决议，从监督和支持检察院切实履行诉讼监督职责入手，解决维护司法公正问题。这也是人大常委会贯彻落实监督法，努力提高人大监督工作实效的重要举措。

二、《决议（草案）》的主要内容

《决议（草案）》共七条，主要有以下五个方面的内容。

（一）针对诉讼监督功能定位和思想认识问题，规定了检察机关开展诉讼监督工作应当遵循的总体要求

《决议（草案）》第一条对检察机关开展诉讼监督工作提出总体要求：全市各级人民检察院应当正确认识并准确把握自身职能定位，把“强化法律监督，维护公平正义”作为检察工作的根本任务，进一步增强监督意识和工作主动性，全面强化立案监督、侦查监督、审判监督以及刑罚执行和监管活动监督，忠实履行宪法和法律赋予的法律监督职责。

（二）针对诉讼监督工作重点、工作措施和队伍建设问题，规定了人民检察院应当履行的义务

诉讼监督是人民检察院的重要工作职责。针对当前诉讼监督工作存在的困难和问题，人民检察院应当有重点、分层次地予以解决。《决议（草案）》第二条至第四条分别从诉讼监督工作的重点、具体实施、队伍建设等方面明确了人民检察院的任务，既明确了诉讼监督工作今后一个时期的努力方向，又对人民检察院如何开展诉讼监督工作提出了明确要求。

在诉讼监督工作重点方面，着重强调了应当以人民群众反映强烈的影响司法公正的突出问题为重点，加强对诉讼活动的法律监督工作。当前应当高度关注涉及民生和社会和谐稳定的执法、司法活动，重点加强对民事审判和行政诉讼活动的法律监督。在具体措施方面，要求全市各级人民检察院应当创新工作机制，改进工作方法，增强监督合力，充分运用法律赋予的监督手段，全面加强对诉讼活动各环节，尤其是诉讼活动中执法过程的法律监督，同时，市人民检察院要促使全市诉讼监督工作协调、均衡发展。在队伍建设方面，要求全市各级人民检察院应当切实提高检察干警的政治素质和法律监督能力，进一步完善自身监督制约机制，继续深化检务公开，同时要求，应当自觉把对诉讼活动的法律监督置于党的领导和人大及其常委会的监督之下，重要工作部署和重要工作事项

要主动报告，保证法律监督工作的正确方向。

（三）针对接受监督方面存在的问题，规定了公安机关、人民法院和刑罚执行等机关应当履行的义务

公安机关、人民法院与人民检察院在办理刑事案件过程中应当分工负责、互相配合、互相制约，以保证准确有效地执行法律、打击犯罪。这是中国特色社会主义司法制度协调性的充分体现。从诉讼监督的角度看，人民检察院作为专门的法律监督机关，不仅对公安机关、人民法院办理刑事案件过程中的立案、侦查、审判等活动进行监督，还依法对人民法院的民事审判和行政诉讼活动以及刑罚执行和监管活动进行监督。因此，公安机关、人民法院和刑罚执行等机关作为被监督对象应当从中国特色社会主义司法制度的高度不断提高对人民检察院诉讼监督工作重要性的认识，依法自觉地接受人民检察院的监督。《决议（草案）》第五条针对公安机关、人民法院和刑罚执行机关在自觉接受人民检察院的诉讼监督方面存在的薄弱环节，对其应当履行的义务提出了明确要求：

"全市公安机关、人民法院和刑罚执行等机关应当严格依照法定权限和程序行使各自的职权，自觉接受和积极配合人民检察院的法律监督。对人民检察院发出的纠正违法通知书和检察建议，有关单位应当认真研究，及时将相关工作情况反馈人民检察院。确有违纪违法情形的，应当坚决纠正，并针对问题健全制度，改进工作，完善预防违纪违法的长效机制。各单位监察部门应当与人民检察院加强信息沟通和工作配合，积极查办违纪违法案件，做好违纪违法行为的预防工作。

公安机关和刑罚执行机关对人民检察院依法提出的立案监督、侦查监督和刑罚执行监督事项，应当严格按照法律规定履行职责，不得推诿、应付或者不作为。

人民法院对人民检察院依法提起的刑事抗诉案件和民事、行政抗诉案件，应当依照程序及时审理，原判决、裁定确有错误的，要依法纠正；对人民检察院建议再审的，应当及时审查决定是否启动再审，符合再审条件的，要依法再审。应当会同人民检察院进一步落实并规范检察长列席同级法院审判委员会的制度。"

（四）明确了政府在加强诉讼监督工作中的责任

全市各级人民政府及各行政执法部门在配合检察机关做好诉讼监督工作中担负着重要职责。因此，《决议（草案）》第六条对政府和行政执法部门提出了要求，"全市各级人民政府应当支持人民检察院依法开展工作。各行政执法机关应当与人民检察院建立必要的沟通联系、信息共享和案件线索移送机制，并完善相关措施和责任，确保人民检察院及时掌握在行政执法中发现的涉嫌犯罪的线索，促进行政执法与刑事司法的有效衔接。对人民检察院查询未移送的可能涉嫌犯罪的案件情况或者要求提供有关案件材料的，行政执法机关应当予以配合。"

（五）明确了人大常委会在加强诉讼监督工作中的责任

市和区县人大常委会要加强对人民检察院的工作监督，依照监督法的规定，有计划地听取人民检察院诉讼监督的工作报告，适时组织相关的执法检查，监督、支持人民检察院依法开展诉讼监督工作。

此外，《决议（草案）》经常委会审议通过后，建议常委会明年适时检查决议的贯彻落实情况。

以上意见和建议，供常委会组成人员审议时参考。

北京市人民代表大会常务委员会关于加强人民检察院对诉讼活动的法律监督工作的决议

（2008年9月25日北京市第十三届人民代表大会常务委员会第六次会议通过）

北京市第十三届人民代表大会常务委员会第六次会议，听取并审议了北京市人民检察院检察长慕平所作的《北京市检察机关开展诉讼监督工作情况的报告》。会议充分肯定五年来全市各级人民检察院依法开展对诉讼活动的法律监督工作所取得的成绩。会议认为，随着我国社会主义民主法制建设的深入发展，广大人民群众对于通过公正司法维护社会公平正义的要求也愈加迫切，人民检察院作为国家的法律监督机关，应当更加充分地履行宪法和法律赋予的职能，继续加强对诉讼活动的法律监督工作，进一步规范司法行为，维护司法公正，切实保障人民群众的合法权益。

为了全面贯彻落实党的十七大关于发展社会主义民主政治、加快建设社会主义法治国家的战略部署，充分反映新时期广大人民群众对维护司法公正的强烈需求，监督并支持人民检察院依法开展对诉讼活动的法律监督工作，特作以下决议。

一、全市各级人民检察院应当正确认识并准确把握自身职能定位，把强化法律监督、维护社会公平正义作为检察工作的根本任务，进一步增强监督意识和工作主动性，全面强化立案监督、侦查监督、审判监督以及刑罚执行和监管活动监督，忠实履行宪法和法律赋予的法律监督职责。

二、全市各级人民检察院应当以人民群众反映强烈的影响司法公正的突出问题为重点，加强对诉讼活动的法律监督工作。当前应当高度关注涉及民生和社会和谐稳定的执法、司法活动，根据中央司法体制改革的部署，积极稳妥地探索加强对民事审判和行政诉讼活动的法律监督，坚决查处隐藏在执法不严、司法不公背后的徇私舞弊、贪赃枉法、侵权渎职等职务犯罪，促进行政执法机关严格执法和人民法院公正审判。

三、全市各级人民检察院应当创新监督工作机制，改进监督工作方法，增强监督工作实效。要充分运用法律赋予的监督手段，全面加强对诉讼活动各环节，尤其是诉讼活动中执法过程的法律监督。市人民检察院要加强对下级人民检察院诉讼监督工作的指导，促使全市检察机关对诉讼活动的法律监督工作协调、均衡开展。

四、全市各级人民检察院应当加强自身建设，切实提高法律监督能力。要提升检察队伍的整体素质，做到严格、公正、文明、清廉执法，正确行使法律监督职权；进一步完善内部监督制约机制，强化对自行立案的职务犯罪案件的侦查活动的监督，强化检务督察，自觉接受公安机关、人民法院的制约；继续深化检务公开，主动接受社会监督、舆论监督；自觉把对诉讼活动的法律监督置于党的领导和人大及其常委会的监督之下，重要工作部署和重要工作事项要主动报告，保证法律监督工作的正确方向。

五、全市公安机关、人民法院和刑罚执行等单位应当严格依照法定权限和程序行使各自的职权，自觉接受并积极配合人民检察院的法律监督。对人民检察院发出的纠正违法通知书和检察建议，有关单位应当认真研究，及时将相关工作情况反馈人民检察院。确有违纪违法情形的，应当坚决纠正，并针对问题健全制度，改进工作，完善预防违纪违法的长效机制。各单位监察部门应当与人民检察院加强信息沟通和工作配合，积极查办违纪违法案件，做好违纪违法行为的预防工作。

公安机关和刑罚执行机关对人民检察院依法提出的立案监督、侦查监督和刑罚执行监督事项，应当严格按照法律规定履行职责，不得推诿、应付或者不作为。

人民法院对人民检察院依法提起的刑事抗诉案件和民事、行政抗诉案件，应当依照程序及时审理，原判决、裁定确有错误的，要依法纠正；对人民检察院建议再审的，应当及时审查决定是否启动再审，符合再审条件的，要依法再审。应当会同人民检察院进一步落实并规范检察长列席同级法院审判委员会的制度。

六、全市各级人民政府应当支持人民检察院依法开展工作。各行政执法机关应当与人民检察院建立必要的沟通联系、信息共享机制，并完善相关措施和责任，促进行政执法与刑事司法的有效衔接。对人民检察院查询未移送的可能涉嫌犯罪的案件情况或者要求提供有关案件材料的，行政执法机关应当予以配合。

七、全市各级人大常委会应当加强对人民检察院工作的监督，依照《中华人民共和国各级人民代表大会常务委员会监督法》的规定，有计划地听取人民检察院对诉讼活动的法律监督工作情况的报告，并适时组织相关的执法检查，监督、支持人民检察院依法开展对诉讼活动的法律监督工作。

关于“制定生态涵养发展区产业发展政策，推进环境友好型城市建设”议案办理情况的报告

——2008年9月25日在北京市第十三届人民代表大会常务委员会第六次会议上

北京市常务副市长　吉　林

主任、各位副主任、秘书长、各位委员：

在今年年初市十三届人大一次会议上，对生态涵养发展区的生态建设和产业发展等，平谷、门头沟等6个代表团联名和分别提出7件议案，另有77人次代表提出了6件议案。经大会议案审查委员会审查、主席团讨论通过，合并为一项关于“制定生态涵养发展区产业发展政策，推进环境友好型城市建设”的议案，交市政府办理。

议案针对生态涵养发展区发展中存在的主要问题从加大资金支持力度、加强生态建设和完善补偿机制、加快发展生态友好型产业和山

区旅游业、加快西南部资源开采转型地区发展等方面提出了35条意见和建议。这些意见和建议涉及面广、针对性强，体现了各位代表对生态涵养发展区的关心、重视和支持，对于市政府更好地推动生态涵养发展区的各项工作，落实区域主导功能，促进区域协调发展，建设环境友好型城市具有重要作用。

市政府高度重视此项议案的办理工作。一是精心组织，成立了由我负责，市政府副秘书长任组长，市发展改革委牵头，市农委、市财政局、市水务局、市园林绿化局、市旅游局等24个相关部门和7个山区县政府为责任单位的议案办理工作协调小组，统筹协调议案办理工作。二是分工落实，针对代表在议案中提出的意见和建议，按照部门职责，逐条分解落实到责任单位和责任人。三是深入调研，组织人大代表到7个山区县进行了专题调研，进一步摸清生态涵养发展区发展情况。四是工作推动，各承办单位与代表多次沟通讨论，并以书面形式分别答复代表，同时将办理议案与推动政府实际工作紧密结合。

在议案办理过程中，市人大常委会高度重视，市人大财经委全程督办，人大常委会吴世雄副主任亲自带队调研，推动了议案办理工作的深入进行。该议案办理报告已经市政府常务会讨论通过。下面我代表市政府，向市人大常委会报告关于“制定生态涵养发展区产业发展政策，推进环境友好型城市建设”议案的办理情况。

一、生态涵养发展区建设基本情况和初步成效

按照功能定位，生态涵养发展区包括门头沟、平谷、怀柔、延庆、密云5个区县，根据代表建议，房山、昌平的山区部分也纳入了本议案办理报告的生态涵养发展区范围。该区域土地总面积11,299平方公里，占全市总面积的68.9%（其中山区面积占生态涵养发展区总面积的89%）。2007年年底常住人口236万（占全市人口的14%），其中农业户籍人口127万（占全市农业人口的45%）。

自实施区县功能定位以来，特别是市十次党代会提出生态涵养发展区总体发展要求后，市政府高度重视生态涵养发展区的发展，着重从加强规划引导、加大资金投入、实施重点工程、推动产业结构调整等方面实施了一系列重要举措，支持区域发展。

（一）加强规划制定和引导

坚持规划先行，以科学的规划引导生态涵养发展区发展。2005年以来先后制定了《北京市“十一五”时期功能区域发展规划》、《北京市“十一五”时期山区发展规划》、新城规划，编制了山区关停废弃矿山修复、重要地表水源区综合治理、京津风沙源治理、退耕还林、新一轮山区搬迁等专项规划，今年上半年又发布了《北京市山区协调发展总体规划（2006—2020年）》，进一步明确了生态涵养发展区的发展思路、发展目标、空间布局和建设重点。

（二）加大市级资金投入

采取了固定资产投资倾斜和加大财政转移支付等一系列措施支持发展。2005年至2007年市政府固定资产投资共投入133亿元，比前五年累计投入增加了近一倍；市财政转移支付累计达386亿元，比前五年增加了100亿元，2007年财政收支比达1：3.26，为生态涵养发展区提供了资金保障。

（三）实施一批重点工程

针对生态涵养发展区需要，生态建设、基础设施等方面推动实施了一批重点工程。在生态建设方面，实施了京津风沙源治理、地表水源区环境治理、流域综合治理、关停废弃矿山植被恢复等工程。在基础设施方面，全面加快交通建设，重点实施了山区公路、新城路网、新城与中心城以及新城与重点乡

镇联络线等工程，2005年至2007年新建、改造生态涵养发展区公路488公里、大修961公里。在市政设施方面，新城、重点镇集中供水工程全部建成，建成和在建六个新城再生水厂；初步建成“村收集、镇运输、区处理”的垃圾治理体系。在能源建设方面，实施了10余项输变电工程，实现了每个区县拥有220千伏的变电站；天然气供应延伸到怀柔、房山、昌平等新城和沿线中心城镇；推广太阳能、生物质能等新型能源、清洁能源，官厅风电场一期5万千瓦工程建成发电。在新农村建设方面，全面推进新农村五项基础设施建设和“三起来”工程，其中农民安全饮水工程和户厕改造工程今年年底将率先基本完成。实施了山区搬迁工程，从2004年到2007年完成山区采空区、强泥石流易发区的农户搬迁11,340户、30,585人。这些重要工程的实施，明显提高了生态涵养发展区的承载能力。

（四）着力改善基本公共服务

以实现城乡基本公共服务均等化为目标，着力提高基本公共服务水平。在教育领域，重点支持一批符合布局规划的山区、半山区寄宿制学校校舍建设和操场改造工程，支持名校办分校，促进了基础教育条件改善和城市优质教育资源对生态涵养发展区的辐射带动。在卫生领域，继续增加优质医疗卫生资源供给，推进了各区县区域医疗中心建设；加快覆盖城乡的卫生服务体系建设，基本实现了社区卫生服务中心（站）全覆盖，通过镇村两级卫生机构改扩建工程和服务装备标准化配置，提高了农村诊疗服务水平；推动药品“零差价销售”和村级基本医疗卫生服务“政府购买”等工作，使广大城乡群众共享卫生事业发展成果。在文化领域，支持延庆、怀柔等区县图书馆、文化馆、广电中心建设，广播电视“村村通”基本实现，村级文化室、图书室等基层文化服务设施建有率明显提高。在社会保障方面，实施最低生活保障、新型农村社会养老保险、新型农村合作医疗、无保障老年人养老保障等制度，进一步健全生态涵养发展区社会保障体系。

（五）推动产业结构调整

近年来，从保护生态环境出发，加快了影响生态保护和水源涵养的产业转型，严格控制并逐步淘汰资源开采型产业，同时强化治污和节能降耗，加大了对传统产业的升级改造，并积极引导环境友好型产业的发展。截至2007年年底已关闭各类煤矿和非煤矿山1843家，大批资源开采及相关企业退出。以农产品加工、食品饮料为主的都市型工业发展加快，不适宜生态涵养发展区的产业比重大幅度下降。一批都市型现代农业产业带基本形成，通过完善基础设施等措施促进了生态旅游业发展。

（六）注重新机制的探索

积极探索新的体制机制，下发了《关于建立山区生态林补偿机制的通知》，在全国率先建立了集体生态公益林补偿机制，在实现巩固绿化成果的同时使农民得到经济补助；出台了《关于鼓励社会力量参与生态修复的意见（试行）》，形成全社会关心、参与生态建设的氛围；在重点工程建设方面形成了资金聚焦、政策集成、上下联动的工作机制。今年又出台了《关于推动区县合作促进生态涵养发展区协调发展的意见》，在公共服务、产业发展、生态建设、功能疏解四大领域启动了城区与山区县的结对合作，着力促进城区要素进山区、山区资源补城区。

几年来，在全市上下的共同努力下，生态涵养发展区在生态环境建设、基础设施建设、产业发展、社会公共服务等方面均取得了较好的成效。一是生态环境明显改善，林木绿化率和水土流失治理率分别达到70.5%和63.6%，与2004年相比分别提高2.6%和11%。二是基础设施水平明显提升，实现了“区区通高速”、“村村通油路”，各新城路网主框架基本形成。生态涵养发展区生活垃圾无害化处理率达到76%，新城污水处理率达到72%，分别比2004年提高20个百分点以上。三是产业调整效果初步显现，目前已有70%以上的固体矿山关闭，工业比重逐年下降，第三产业一直保持较快增长的态势。旅游已逐渐成为生态涵养发展区的主导产业，旅游收入、接待人数占十个远郊区县总量的80%以上。四是收入水平持续提高，2007年城镇居民人均可支配收入和农村居民人均纯收入分别达到18,561元和8678元，分别比2004年增长30%以上。今年上半年生态涵养发展区城镇居民人均可支配收入和农村居民人均现金收入分别达到10,540元和5480元，同比增长9.3%和14.5%。五是整体发展水平不断提高，2007年地区生产总值达到396亿元，地方财政收入完成47亿元，分别比2004年增长43%和51%。今年上半年生态涵养发展区地区生产总值达到211亿元，同比增长19.5%。

生态涵养发展区过去几年的发展实践证明，市委、市政府提出区县功能定位和明确战略发展方向的决策，符合科学发展观的要求，符合中央对北京发展的要求，符合首都发展实际。我们将继续大力推进生态涵养发展区的发展，努力促进区域生态、经济、社会和谐发展。

二、生态涵养发展区面临的主要问题

尽管生态涵养发展区取得了初步的成效，但与首都发展的总体目标相比，与功能定位的要求相比，仍然存在着较大差距，下一步发展还面临着许多矛盾和问题。主要是：

生态涵养功能仍需进一步提升。生态涵养发展区是首都最重要的生态屏障，随着经济快速发展和人口规模不断增长，生态涵养发展区的环境资源面临巨大挑战，目前生态环境总体上依然比较脆弱，森林碳汇功能低，生态修复与保护任务艰巨，水源保护形势依然不容乐观。

符合功能定位的产业支撑不够。生态涵养发展区产业发展仍处于调整转型关键时期，产业发展具体路径还不够清晰。生态友好型产业规模较小、水平较低，仍需大力培育和扶持。服务业发展与首都整体需求还有较大差距。资源开采转型地区替代产业发展还处于起步阶段，发展比较缓慢。

基础设施和基本公共服务能力还有较大差距。区域基础设施总体水平偏低，承载能力较弱，特别是山区路网还不够完善。旅游、工业园区等支撑产业发展的配套设施建设相对滞后。城镇基础设施水平较低，不利于人口集聚和产业发展。基本医疗、基础教育、文化体育等公共服务设施条件有待进一步提高。

促进持续发展的体制机制仍需完善。现行政策机制还需要更加系统化、规范化和长效化。区县合作、社会参与等方面的配套政策体系尚需健全。

功能定位的落实和完善是一个长期的过程，当前面临的这些问题是发展中的阶段性问题，是环境生产力实现过程中的问题。因此，今后一个时期，我们一方面要坚持区县功能定位不动摇，牢牢把握生态涵养发展区的主导功能，继续加强生态保护与建设；另一方面，也要充分发挥生态涵养发展区的后发优势，合理利用生态资源，积极引导和推动适宜的产业发展，同时要注重解决好当前发展中的紧迫问题，确保生态涵养发展区健康、协调、持续发展。

三、进一步推进生态涵养发展区协调发展的总体考虑和主要工作

未来一个时期，我们将继续加快推进生

态涵养发展区的协调发展，按照科学发展观和建设和谐社会的要求，根据城市总体规划和区县功能定位的安排与部署，以保护生态环境作为首要任务，以促进富民就业作为中心目标，着力加强生态建设，提升生态涵养功能；着力发展生态友好型产业，强化区域经济基础；着力提高基础设施和公共服务水平，推进山区城镇化进程；着力创新和完善体制机制，改善区域发展环境。实现生态与产业的相互促进和协调发展，增强首都可持续发展能力，逐步将生态涵养发展区建设成为生态文明、山川秀美、设施完善、人民安康的和谐之区，推进首都环境友好型城市建设。

根据代表提出的意见和建议，结合发展实际，今后我们将重点做好以下工作。

（一）继续加强生态建设，不断提高首都可持续发展能力

以扩大森林面积和保护水源为重点，坚持生态保护、修复与防治并重，推进一批重点生态建设工程，全面提升生态环境质量，为首都可持续发展提供重要资源支撑。

加快构建森林体系。依托北部燕山和西部太行山，坚持增量扩大和存量优化并重，着力提高森林覆盖率和森林碳汇功能，形成首都森林生态屏障，争取用五年时间完善生态涵养发展区森林体系。实施宜林荒山绿化工程，对主要分布在门头沟、房山等区县的40万亩剩余荒山实施绿化造林，规划宜林荒山全部实现绿化。实施废弃矿山综合治理工程，运用工程、生物等综合治理手段，完成已关闭的7万亩废弃矿山治理。实施低效生态公益林改造工程，通过对残次林、低效灌木林采取更新乔木树种、补植补造、森林健康经营等措施，再造300万亩山区森林，初步在生态涵养发展区建成多林种、多树种、多层次、多功能的森林体系。

加快重要生态流域建设。以水源保护区为重点，加强流域治理与河道生态整治，提高重要湿地生态功能，推进新城环境建设。实施小流域综合治理工程，争取用5—8年的时间完成小流域治理2560平方公里，治理后将全部达到生态清洁小流域要求。实施重要地表水源区综合治理工程，落实规划，采取综合措施，完成密云水库、怀柔水库、官厅水库一二级保护区和重点库滨带地区以及拒马河流域1300平方公里的生态环境治理。实施重点河道生态整治工程，通过与河道治理同步实施生态修复，加快改善沿线生态环境和自然景观，先期实施永定河山峡段河道生态修复工程。实施重点湿地保护工程，通过植被恢复和水质改善等措施增强规划的8处重要湿地生态功能。实施新城万亩滨河森林公园建设工程，依托新城及周边水系治理，建设5座林水相依的新城滨河森林公园。

提高生态涵养保障能力。实施森林防火基础设施工程，按照规划加快建立完备的森林防火预测预报、瞭望监测、阻隔、扑救等体系，保障森林资源安全。实施新一轮山区农民搬迁工程，提高搬迁直接补贴和新建村、接收大村基础设施补贴，从今年开始用五年时间，完成搬迁泥石流易发区及生存条件恶劣地区农民8557户、20,972名，切实消除安全隐患，促进区域生态环境改善。

（二）大力发展生态友好型产业，促进山区富民就业

按照深山区保护限制、浅山区优化培育、平原地区发展引导的原则，优化生态涵养发展区产业空间布局。大力发展生态农业和生态旅游业，积极培育发展现代服务业和高新技术产业等高端产业。制定产业准入标准，建立退出机制。各区县制定针对性强的区域产业发展规划，明确产业发展方向和重点，市政府通过资金和政策的倾斜支持，增强各区县的“造血”功能。

引导生态农业高端化、功能多样化发展。

一是以专项资金补助、贷款贴息等方式支持昌平、密云、怀柔、平谷4个区县的山前花卉、果品等特色设施产业带和延庆、怀柔、密云3个区县的山区设施蔬菜产业带，力争在2012年设施农业面积达到4万亩。二是用3年时间在7个山区县实施30万亩的农业节水工程，实现山区宜灌溉地区的农业节水设施基本覆盖。三是继续推进“十百千”山区农民致富工程。继续执行《山区农民产业致富项目扶持意见》，每年重点帮助100个低收入村发展主导产业，提高低收入农户的收入水平。四是扶持山区主干线、沟域两侧的特色林果观光农业带的基础设施建设，拓展农业的旅游、休闲等多种功能，对重点产业项目给予专项补贴和奖励。五是对市场竞争力强、辐射带动农户作用明显、与农户利益联系紧密的农业产业化龙头企业和农民专业合作组织，在设施设备更新改造、扩大生产规模、品种改良和技术革新与推广环节给予专项奖励或补贴。市政府投资对生态涵养发展区农业设施建设的投入比例较全市平均水平提高10个百分点以上。

突出区域特色，加快促进生态旅游业优化升级。制定《关于全面推进北京市旅游产业发展的意见》，编制《北京市生态涵养发展区旅游发展规划》，进一步明确促进旅游产业发展政策，明确各区县生态旅游业的发展方向、规模和布局。建立旅游大项目市级审批联席会议制度，结合新城建设、大型景区建设，适度引进一批旅游大项目，在土地利用、生态保护、建设规模等方面按照功能定位和相关规划加强调控。加强旅游项目推介，强化政策引导，吸引知名企业、民间资本等参与民俗旅游项目的开发建设，促进民俗旅游升级。结合特色镇建设，改造和建设一批标准化的乡村旅馆、餐饮、商店等旅游配套设施，支持咨询服务、停车场等配套设施建设，推动形成各具特色的标准化区域旅游中心和集散地。规划打造一批产业融合、特色鲜明、具有一定规模的沟域产业带，发展多层次、多领域的沟域旅游业。加强古村落建设与修复，挖掘历史文化内涵，加快统一规划和修缮，合理开发利用，发展特色古村落旅游，促进农民增收致富。

大力促进产业园区共建，培育发展高端产业。在生态涵养发展区市级产业园区规划范围内加快区县合作园区共建，引导城区要素向山区流动，并在资金投入、土地供应、税收共享、金融支持等方面，研究提出倾斜政策。规划布局一批产业功能区，积极发展会展培训、医疗康体、影视、文化创意、科技研发等生态友好型产业，按照《关于促进首都金融业发展的意见》、《北京市促进文化创意产业发展的若干政策》等给予重点扶持。加强对区县发展高端产业的引导培育，加快完善园区的市政基础设施条件，打造若干个文化创意示范区和后台服务基地，积极推进怀柔影视基地、密云呼叫中心等特色产业园区建设。

（三）加强公共设施建设，为经济发展提供有力支撑

以基础设施和公共服务设施建设为重点，不断提高生态涵养发展区新城、小城镇、新农村公共设施水平，为生态涵养发展区整体经济水平的提升夯实发展基础。

实施交通带动发展战略，加强山区环线路网建设。实施好山区协调发展规划，加快以“一环、七放射、多联络”为主的路网建设，重点是一条环绕山区、连接所有生态涵养发展区县的交通环线，七条连接城区与七个山区县的放射通道，以及多条辐射重点景区的联络线和连接新城与重点镇的联络线等。通过改善山区骨干交通网络，形成山区资源组合优势，提高景区之间关联性。

加快推进新城和特色镇建设，提高城镇承载能力。落实新城规划，加快生态涵养发

展区新城建设，重点改善新城主干路网、集中供热、燃气管线、电力设施、区域性医疗中心、义务教育、文化体育中心等重大公共设施建设，不断提高新城城市服务经济社会发展能力。按照山区协调发展规划，加快完善乡镇建设规划，推进乡镇路网、供排水设施、山区中小学教学条件改善以及乡镇中心幼儿园等工程建设，提高乡镇人口和产业集聚承载功能，发展具有区域特色的山区小城镇。

继续推进新农村建设，改善农村发展条件。按照《北京市新农村“五项基础设施”建设规划（2009—2012年）》，优先实施生态涵养发展区村庄道路硬化、排水、垃圾收集转运等基础设施建设工程。继续实施“三起来”工程，在生态涵养发展区大力推广应用太阳能、生物质能等适合山区农村的新型能源。进一步改善基层文化体育、村级卫生机构等基本公共服务条件，优化环境，为山区农民增收致富奠定基础。

（四）促进调整转型，加快资源开采地区发展

统筹做好西南部地区的产业发展规划，重点改善这一地区的基础设施和公共服务条件，积极引导节能环保、旅游、休闲娱乐等重大新产业项目落户。重点加快煤矿关闭地区替代产业发展，促进劳动力再就业。

积极培育扶持替代产业发展。用3年时间完成房山、门头沟两区全部已关停废弃矿山的生态治理，把修复与产业相结合，为替代产业发展创造条件。继续完善房山、门头沟两区的替代产业发展规划，细化建设任务，形成替代产业项目实施方案和项目库。重点引导扶持生态旅游业、特色种植养殖和农产品加工等替代产业的发展。

继续加强矿山关闭地区再就业工作。加强山区就业实训基地建设，加大就业、创业培训力度，优先解决矿山关闭地区失业人员、农村劳动力的劳动技能和就业问题。大力开发公益性就业岗位，通过积极鼓励区县之间的广泛合作，帮助劳动力实现跨地区转移就业。积极协调解决房山区人口搬迁涉及的社会保障、农转居、安置区建设用地及基础设施建设等问题，保证搬迁工作的顺利进行。

（五）继续加大资金支持力度，完善差异化支持政策

继续坚持对生态涵养发展区的差异化支持政策，在明确市与区县两级事权责任划分的基础上，按照事权与财力相匹配的原则，完善市与区县分税制财政体制，进一步加大市级固定资产投资力度，加大一般性转移支付规模和力度，向生态涵养发展区倾斜财力，增强生态涵养发展区保护环境、发展产业、改善民生、推进城镇化的能力。

进一步完善市区两级责权机制。结合区县功能定位，针对生态涵养发展区特点，进一步明确市与区县的事权、财力划分。扩展公共财政保障范围，提高一般性转移支付的规模和比例，健全基本需求保障机制，增强生态涵养发展区可支配财力，充分调动区县积极性。围绕生态涵养发展区发展需求和重点工程，加强各部门资金的整合与聚焦，集中解决关键问题。进一步明确市、区、乡镇政府的权责范围，逐步建立差异化、长效化、规范化的扶持政策和机制。

继续加大市级固定资产投资力度。调整优化市级固定资产投资在各功能区域的分布和结构，在继续向郊区转移的基础上，确保每年安排到生态涵养发展区的投资达到总投资的20％以上。一是取消重点生态建设工程的区县配套资金，根据实际适当提高建设投资标准，全额安排建设资金，确保重点生态建设任务的顺利完成。二是减少公益性设施建设项目的区县配套资金比例，试点选择一些对生态涵养发展区有重要影响的公益性建设项目给予征地拆迁补助。

继续加大财政转移支付力度。通过加大财政转移支付力度，保障生态涵养发展区生态林养护和公共设施运行以及基本公共服务等经费，引导支持替代产业的发展。一是保障生态公益林养护资金，新增公益林建成后第2—3年的养护纳入生态林管护。二是保障公益性污水、垃圾设施运行维护资金，区(县)、镇、村级公益性污水处理设施和垃圾收集处理运行维护经费纳入区县基本需求保障范围，由转移支付资金予以保障。三是优先加大对房山、门头沟等资源开采转型地区替代产业发展的支持力度，明确替代产业专项资金额度和增长机制。四是加大对社会保障的支持力度，逐步提高新型农村合作医疗、新型农村社会养老保险、无保障老年人养老保障等制度的保障水平。

(六) 推进体制机制创新，健全促进发展的长效机制

继续深化改革，加强体制机制创新，不断探索和建立健全适合生态涵养发展区的机制保障。在重点领域加强政策研究和机制完善，突破瓶颈、消除制约，为生态涵养发展区的发展提供有力的政策保障。

研究提出促进协调发展意见。这次议案中提出了很多好的政策性建议，我们将把这些建议长效化、制度化，研究提出《促进生态涵养发展区协调发展的若干意见》，重点围绕实现生态保护、城乡建设和产业发展的相互协调，坚持生态优先、生态服务经济、融合化发展、区域合作等发展策略，明确重点发展任务和途径，提出产业准入标准，建立退出机制；完善差异化政府投资机制，健全生态补偿和管护机制；实施山区交通环线、放射线及旅游集散地建设，建立旅游从业人员培训和认证制度；利用区县合作政策加快共建基地建设，引导现有市级产业园区高端产业发展；加快编制浅山区发展利用规划，制定浅山区废弃工矿土地利用政策等一系列政策、措施，形成促进生态涵养发展区协调发展的系统性政策意见。

完善生态补偿机制。近期要扩大政策受益群体，加强资源保护力度，探索建立基于资源化补偿的生态补偿机制。一是完善生态林补偿机制。将生态林补偿制度作为一项长期机制予以坚持，通过加大对生态涵养发展区的一般性转移支付规模，增加区县生态补偿力度。二是完善水资源补偿政策。远郊区县收取的水资源费，100%作为远郊区县的固定收入；从应急水源地取水收取的水资源费，市财政将按50%返还应急水源地所在区县，主要用于水源保护和生态建设；对怀柔水库一级水源保护区农民，按照密云水库一级保护区补助标准发放生活困难补助。同时，针对其他重点水源保护区开展相关政策研究，统筹全市水源保护工作。远期逐步建立生态服务价值的量化测算指标体系，完善碳汇功能的评价、计算和交易体系，探索按照碳汇理念引入市场机制支持生态建设。

健全区县合作共赢机制。按照《关于推动区县合作促进生态涵养发展区协调发展的意见》要求，加快编制各结对区县合作规划，明确具体合作任务和目标，积极推进重大合作项目。在生态涵养发展区市级产业园区中认定一批共建基地，研究落实相关优惠政策。制定区县合作评比奖励办法，加强对合作工作的督促和鼓励。对跨行政区的潮河、白河等流域涉及的环境保护、水源涵养、产业发展、新农村建设等问题进行统筹考虑，加强区域协调协作。

调整发展考核评价机制。以区县绩效考核和功能定位评价指标体系为基础，研究统一的区域功能定位考核评价指标体系，调整生态涵养发展区发展考评机制。优化评价指标，强化方向引导，突出生态涵养、民生改善指标，细化、优化产业指标。

进一步深化重点领域体制改革。按照市

委、市政府《关于推进集体林权制度改革的意见》要求，加快明晰集体商品林、公益林产权，实施以家庭承包经营为基础、多种经营形式并存的集体林经营管理措施，逐步完善碳汇生产、计量、评价、交易、管理等各环节的政策，探索按碳汇理念对涵养区进行补偿的措施。扎实推进农用地流转，以促进农民向城镇集聚、土地规模经营和生态保护为主要目标，鼓励和引导农田、果园、山场经营权的流转集中。逐步推进农村集体经济产权制度改革，重点做好集体资产的清查和评估、改制方案制定、股权配置等工作，保障农民合法权益，增强集体经济发展活力。

研究提出金融支持政策。适时建立金融支农联合工作机制，整合金融支农资源，研究提出农业投资、农业担保、农业信贷等相关政策，创新适合新农村、适合生态涵养发展区的金融服务产品，支持生态涵养区发展。

建立生态建设的社会参与机制。搭建多层次的渠道，保障人民群众对生态环境的参与权、监督权；采取多种途径，动员全市广大人民群众支持生态涵养发展区的建设。注重发挥社会组织优势，鼓励开展各种形式的生态环保行动。把企业主动承担环境建设的社会责任与支持生态建设结合起来，引导企业积极参与生态建设。

主任、各位副主任、秘书长、各位委员，推动生态涵养发展区的生态建设、产业发展是一项长期的系统工程，市政府虽然做了大量工作，但与人大代表、广大人民群众的期望还有较大差距。市政府将继续以科学发展观为指导，下大力气继续推进生态涵养发展区建设。希望市人大继续监督市政府的工作进展，为生态涵养发展区的发展建设提出意见和建议。我相信，有市人大的支持和监督，生态涵养发展区的建设将进入一个新的发展阶段，迈上一个新的台阶。

以上报告，提请市人大常委会审议。

关于“制定生态涵养发展区产业发展政策，推进环境友好型城市建设”议案办理情况的意见和建议

——2008年9月25日在北京市第十三届人民代表大会常务委员会第六次会议上

市人大财政经济委员会副主任委员　赵巨鹏

主任、各位副主任、秘书长、各位委员：

按照市人大常委会要求，财经委员会对“制定生态涵养发展区产业发展政策，推进环境友好型城市建设”议案进行督办，城建环保委员会和农村委员会协办。常委会领导高度重视议案督办工作，提出重要的指导意见和要求，多次参加调研活动，有力促进了议案办理工作。根据常委会主任会议通过的工作方案，我们组成了由部分常委会委员、有关专门委员会委员和提议案的市人大代表参加的专题组；召开座谈会，征求领衔代表对议案办理工作的意见；先后听取了市发展改革委、市财政局、市水务局、市农委、市园林绿化局、市旅游局等相关政府部门的情况

汇报；根据议案内容，分西南部地区产业发展、提高公共服务水平、资源型地区结构转型、应急水源地资金投入、公益林经营管理、旅游项目发展等六个专题，深入生态涵养发展区范围内的五个区县以及房山区、昌平区调研。9月5日，财经委员会召开第四次会议，对市人民政府提请本次常委会审议的报告进行了认真讨论。吉林常务副市长代表市人民政府所作的议案办理情况报告，客观反映了我市生态涵养区发展建设和议案办理工作情况、取得的成绩和存在的问题，提出的进一步推进生态涵养发展区协调发展的总体考虑和主要工作，思路清晰、符合实际，措施可行，财经委员会同意这个报告。

市人民政府十分重视这项议案办理工作。制定了详细的工作方案，对议案进行了认真梳理，分解为35项任务，确定了6个牵头部门和11个责任单位，并注重部门间的协调配合。在议案办理过程中，加强与代表的沟通交流，积极听取意见和建议，将房山、昌平的山区部分纳入议案办理范围统筹考虑，对代表提出的议案逐一作了书面答复，得到了代表的普遍认可和高度评价。

近年来，市人民政府在建设生态涵养发展区方面，做了大量工作，特别是结合本次议案办理工作，又提出一系列重要举措，有力促进了生态涵养发展区发展：一是积极推动生态建设。根据代表议案，提高重点生态建设工程投资标准，不再要求区县安排配套资金，将新增公益林建成后2年至3年的养护纳入生态林管护，确保重点生态建设任务的完成。二是加快结构调整步伐。矿山关停达到70%，特色林果业、绿色养殖业和休闲旅游业快速发展，出现了走廊经济、沟域经济、林下经济、农业主题公园等都市型现代农业新模式。三是不断完善基础设施。减少公益性设施建设项目的区县配套资金比例，试点选择一些对生态涵养发展区有重要影响的公益性建设项目给予征地拆迁补助。四是逐步健全相关政策。根据代表建议，今年4月出台《关于推动区县合作促进生态涵养发展区协调发展的意见》，推动城区与山区县优势互补，实现互助共赢。

财经委员会指出，按照科学发展观的要求，生态涵养发展区在发展过程中，仍存在一些亟待解决的矛盾和问题：主要是产业发展政策还不够清晰，发展理念尚需转型，符合功能定位的替代产业还未形成；政府对农业的补贴、生态补偿等惠农政策仍是农民增收的重要因素，而通过产业发展带动农民增收的长效机制有待完善；生态环境还比较脆弱，生态建设任务仍然较重；基础设施、社会事业滞后的状况还没有得到根本改变等等。

为了进一步促进生态涵养发展区发展，推进环境友好型城市建设，财经委员会提出以下意见和建议。

一、统筹城乡协调发展，加快生态涵养发展区建设

生态涵养发展区是北京的生态屏障和水源保护地，是促进北京可持续发展的支撑区域，也是我市解决“三农”问题和率先基本实现现代化目标的工作重点。要充分认识推进生态涵养发展区发展的重要意义，打破城乡二元结构，逐步缩小城乡经济和社会发展的差距，促进农民就业增收。在推进生态涵养发展区建设过程中，应当注意扬长避短、发挥优势。一是发挥区位优势。生态涵养发展区紧临城市发展新区和功能拓展区，随着奥运会的成功举办，交通、电力等基础设施明显改善，承载能力得到增强，区域联系更加便利。要充分认识并利用这一优势，在首都全面发展大格局中找准位置，促进生态涵养发展区发展。二是发挥生态优势。随着生

态涵养发展区生态环境进一步好转，涵养区生态价值对文化创意、研发设计、商务会展、休闲旅游等无污染、低能耗的高端产业吸引力正逐步增强，其产业发展面临新的契机。三是发挥后发优势，学习先进发展经验，高起点谋划，高标准发展，大力开发具有自主知识产权的关键技术，打造知名品牌，发展高端产业。

二、完善生态补偿机制，推进环境友好型城市建设

要处理好发展与保护的关系，在发展中进一步加强生态保护工作，提升生态建设水平。一是完善生态补偿机制。拓展水源保护、生态移民、矿区生态修复等方面的补偿渠道，巩固完善生态林补偿机制，加强水源保护和生态屏障建设。二是培育良好的生态涵养系统。加快推进流域治理、荒山造林等重点工程，以保护区域内河流和水库为重点，全面启动对河流、湖泊、水库、湿地等水源及流域的综合治理。三是建设可持续的生态环境保护体系。严格环境准入，强化环境监管。完善公众参与机制，对可能造成重大环境影响并直接涉及公众环境权益的发展规划和建设项目，采取听证会、论证会或社会公示等形式，听取公众意见，接受群众监督。

三、制定和完善产业扶持政策，促进生态友好型产业发展

在推进生态涵养发展区发展过程中，多数区县根据功能定位和自身发展的实际情况，在发展替代产业方面，思路明确，取得明显进展。但也有个别区县，发展思路尚不清晰。建议：一是加强统一规划，因地制宜，实施差异化支持政策，积极引导、帮助生态涵养发展区发展适合区域功能定位的产业，通过产业发展增强自身“造血功能”，使这一区域在为首都生态环境建设作出贡献的同时，实现经济发展和农民增收。二是充分调动生态涵养发展区的积极性和主动性，结合当地实际情况，落实山区发展总体规划，拓宽发展思路，研究发展对策，明确发展定位，调整产业结构，找准替代产业，努力实现生态涵养与经济发展良性互动。三是推进生态友好型产业发展。围绕特色产品和优势产业，着力培育生态、有机、设施农业，加快发展都市型现代农业。大力发展以旅游业为主导，多点支撑的服务产业。尽快建立市一级旅游大项目审批联席会议制度，整合旅游资源，优化旅游布局，支持诸如云蒙山整体开发等带动性强的旅游大项目发展。加快建立完善文化创意产业重大项目储备制度和多层次人才保障体系，打造文化创意产业特色基地，推进怀柔等区县文化创意产业发展。扶持市场潜力大，科技研发能力强，有利于增加就业的农产品加工项目，支持创建自主特色名牌。要充分利用首都科技资源优势，发展环保产品生产、资源综合利用和环保技术服务等生态环保产业。

四、建立和完善促进生态涵养发展区可持续发展的长效机制

推进生态涵养发展区建设与发展是一个长期的任务，不是一次议案办理工作就能一蹴而就的。要整合资金，整合政策，完善考核机制和社会参与机制，努力构建促进生态涵养发展区发展的长效机制。一是完善考核机制。制定差异化的绩效考评标准，将落实区县功能定位、调整产业布局、均衡发展水平、提升人居环境质量以及提高农民收入水平等列入绩效考核之中。二是完善转移支付和固定资产投资体制。调整和优化对生态涵

养发展区转移支付结构，整合市级主管部门的专项补助资金，将经常性、固定性和普遍性专项补助下放区县，提高一般性转移支付规模和比例，增强区县统筹发展的能力。认真研究奥运会结束后固定资产投资面临的新形势，调整固定资产投资结构，进一步向生态涵养发展区倾斜。三是完善法规、政策体系。对促进生态涵养发展区发展的地方立法问题进行研究，为实现生态涵养发展区可持续发展提供法制保障。加强对已有政策的整合，发挥集成效应，加快制定促进生态涵养发展区协调发展的指导性政策。进一步落实《关于推动区县合作促进生态涵养发展区协调发展的意见》，引导区县之间资源的合理分配与流动。四是完善社会参与机制。制定激励制度和长效机制，发挥农民的主体作用，充分调动广大农民的积极性，推进投资主体多元化，引导首都科技、人才、资金等生产要素更多地投入生态涵养发展区，带动适宜当地的产业项目发展。

五、提升公共服务水平，促进基本公共服务均等化

在进一步完善生态涵养发展区基础设施的同时，要按照均等化原则，提升公共服务水平，建立起与城区水平大体相当的基本社会公共服务体系。通过名校办分校等多种方式，鼓励优质师资向生态涵养发展区流动，加大基础教育设施的建设力度，实现基础教育均衡发展。加强生态涵养发展区卫生医疗设施建设，改善服务条件，健全服务网络，加大远程医疗网络建设，加强公共卫生服务项目的开展，促进医疗服务均等化。提升生态涵养发展区特别是边远山区的文化体育基础设施水平，普及全民健身工程，鼓励中心城区文艺团体定期下乡，实现广播、电视的全覆盖，促进文化体育服务均等化。

以上意见，供常委会组成人员审议时参考。

关于“加强乡村基础设施建设，加快社会主义新农村建设进程”议案办理暨本市乡村基础设施建设情况的报告

——2008年9月25日在北京市第十三届人民代表大会常务委员会第六次会议上

北京市副市长　赵凤桐

主任、各位副主任、秘书长、各位委员：

我代表市人民政府，向市人大常委会报告关于“加强乡村基础设施建设，加快社会主义新农村建设进程”议案办理暨本市乡村基础设施建设情况。

在市十三届人大一次会议上，由平谷等4个代表团、70位人大代表提出的11件关于新农村基础设施建设的议案，经大会议案审查委员会审查，主席团讨论通过合并为一项，交市政府办理。议案重点分析了乡村规划、农村农业基础设施和公共服务设施建设、长效机制建设、公共财政投入等方面的问题，

提出了解决问题的建议与对策，对加快农村农业基础设施建设、加强农村公共事业发展、推进北京新农村建设具有重要意义。

市委、市政府高度重视代表们的意见。市政府建立了由政府办公厅督办，市农委主办，市发展改革委、市财政局、市市政管委等32个委办局以及房山等2个区政府协同办理的工作机制，研究落实代表们的建议。目前，有些意见和建议已经在工作推进中予以落实或正在落实，有些疑难问题及涉及体制机制方面的意见和建议正在抓紧调研或制定改革推进的措施。9月10日，郭金龙市长主持召开市政府常务会议听取并讨论了议案办理情况报告。根据市人大常委会的意见，要求将本市乡村基础设施建设情况一并汇报，现将相关工作情况分两个部分报告如下。

一、全市乡村基础设施建设情况

近年来，市委、市政府高度重视城乡统筹发展，把解决好“三农”问题作为工作的重中之重，实施了一系列加强农业农村基础设施建设的有力举措，农业生产水平明显提高，农民生活条件明显改观，为实现“新北京、新奥运”战略构想和构建社会主义和谐社会首善之区奠定了良好的基础。

（一）农业基础设施建设有了较快发展

一是农业节水成效比较明显。全市农业节水工作围绕发展都市型现代农业的新定位，坚持“工程节水、水保节水、管理节水”三大措施相结合，不断加大政府投入，2006年和2007年分别达到3.2亿元和2.5亿元。截至2007年年底，全市节水灌溉面积达到381万亩，占灌溉面积的83%；农业用清水量由2001年的17.4亿方减少到10.18亿方，年均减少1亿方；累计建设350处雨洪利用工程，建成再生水灌溉面积近50万亩，年利用再生水达到2.3亿方。

二是设施农业呈现较快的上升趋势。截至2007年年底，本市设施农业占地面积27万亩，其中温室、大棚、中小棚分别占设施面积的23.1%、38.9%、38.0%。设施农业的结构不断优化，瓜果类和花卉种植面积比重上升。设施农业的规模化、区域化特色逐步显现，形成了一批专业镇、专业村。

三是绿色养殖得到发展。截至2007年年底，建设标准化畜禽舍1000余栋，新增产值2.4亿元。大力实施畜禽排污治理工程，全市355家规模养殖场畜禽排污得到有效治理。

四是保护性耕作取得较好生态效益。截至2007年年底，全市农机拥有量达到300.5万千瓦，拥有各类农机具35万台套，农机服务组织和农机专业户达到60,464个。2006—2007年，两年共完成保护性耕作面积221万亩，小麦生产全过程实现机械化，玉米生产除机收环节外也已实现机械化生产。

五是农业科技服务体系建设进一步强化。2007年，市政府出台了《关于推进基层农业技术推广体系改革工作的实施意见》。截至目前，市、区县、乡镇三级，种植、畜牧兽医、渔业、农机化、经营管理五大行业构成的国有公益性农业科技服务机构共有654个，在编人员7650人，其中具有大专以上学历人员比例为55%，专业技术职称人员比例为42%，人才配置明显好于过去。

（二）乡村基础设施建设有了较大改善

一是新农村规划编制工作积极推进。“十一五”以来，市各主管部门已经陆续编制了新农村建设、山区协调发展、农村改厕、农村改水、农村能源、重要地表水源区生态环境建设、农村信息化建设、农村卫生服务体系建设发展等多个专项规划。已编制和正在编制的村庄规划达1000个，完成了700平方公里的村庄地形图测绘。同时，市各行业主管部门严格规范和科学指导不同领域内的新农村建设项目，制定和完善了包括农村道路养护、街坊路、垃圾、污水、沼气、厕所、生物质能利用、设施农业、卫生服务站、农村市容环卫、新民居及农村建筑抗震防灾等十多个有关乡村基础设施的技术标准和建设规范。

二是乡村基础设施建设不断提速。市委、市政府通过“部门联动、政策集成、资金聚焦、汇集于村”的工作机制，最大程度地加快解决群众最关心、最直接、最现实的问题。2005年以来，累计投入10.07亿元，连续三年每年实施30万农民安全饮水工程。农村治污工作积极推进，32个乡镇建成集中污水处理厂，村级已建和在建污水处理设施达590处，全市农村地区污水处理率达到27%。六环路以内和六环路以外95%的平原地区，基本实现垃圾密闭化收集和清运，郊区垃圾无害化处理率达到76%。连续三年每年安排10万户农户进行卫生户厕改造，在乡镇政府所在地、民俗旅游专业村、国道沿线，新建、改建卫生公厕1000余座。在实现“村村通油路”的基础上，三年累计新修了497条、1003公里通自然村的道路。三年累计安排3.3亿元专项资金，用于五环路以外所有村庄的环境整治。大力开展生态创建工作，密云、延庆两县通过国家生态县考核验收，43个乡镇获得“全国环境优美乡镇”命名；创建市级环境优美乡镇87个、文明生态村560个、卫生村1164个。新农村“五项基础设施”整体推进村建设成效明显，按照规划先行、整体推进的要求，2006—2007年，共完成了200个村庄的饮水、街坊路、污水、厕所和垃圾“五项基础设施”建设。加快解决“绿隔”遗留问题，将第一道绿隔地区的道路系统纳入“十一五交通发展规划”等等。

三是新能源、新材料、新技术的应用加快推广。2006年，市政府开始实施“让农村亮起来、让农民暖起来、让农业资源循环起来”三项工程。两年来，市农委、市发展改革委、市环保局、市农业局等部门已在郊区农村推广安装太阳能路灯8万余盏，搭建高效卫生节能吊炕32.5万多铺，累计建设113个生物质气化工程和大中型沼气集中供气工程，使3.2万户农民用上了清洁能源，在房山、延庆、顺义、怀柔等区县开展了生物质能源供暖、炊事试点、示范工作。市建委、市科委、市农委等部门通过技术引导、政策扶持等手段，开展了农民既有房屋节能技术示范和农村新民居建设示范工程，截至2007年年底，累计安排1484户进行了节能墙改，建设了740户节能环保型示范住宅，改造后可使普通农宅冬季室内温度达到16℃—18℃。

四是文教卫体等其他公共服务设施建设日臻完善。在政府财政直接扶持下，农村的办学条件得到进一步改善。在对乡村两级卫生机构新、改、扩建的基础上，累计投入3.5亿元，对农村卫生机构的服务装备进行了全额标准化配置。随着广播电视、公共交通、乡村文化站、农家书屋、体育设施、信息化、乡村养老福利院、连锁超市、村邮站、基层组织活动场所、农村警务工作站、消防设施等工程的加快建设与完善，农村的公共服务能力和服务水平得到持续提升。

（三）乡村基础设施建设的长效机制初步建立

投入力度不断加大。近几年，投向郊区的市政府固定资产投资一直保持两位数增长，2006、2007两年市财政对“三农”分别投入资金78.8亿元和96.78亿元，今年预算安排资金117.12亿元；市发展改革委分别投向乡村两级的基础设施建设资金16亿元和18.9亿元，今年预计投入资金20亿元。

长效管护机制建设逐步完善和提高。从2004年起，采取政府购买服务的办法，组建了以农民为主体的护林员、水管员、公路养护员等三支专业队伍。目前，1000多万亩山区集体生态林、3900多个村庄的安全饮水和

1.2万公里乡村公路纳入管护范围，解决农民就业6.15万人。郊区各区县、乡镇政府借鉴生态林补偿机制的做法，在农村环卫保洁、垃圾管理等方面，建立乡村环卫保洁队伍，共解决了4.4万人的就业。这些长效机制的建立规范和有效提升了乡村基础设施与生态保护的管理水平。

二、以议案办理为契机，加快研究解决乡村基础设施建设中存在的主要问题

乡村基础设施是农村经济社会发展和农民生产生活的重要物质基础。今年市委、市政府在1号文件中，明确指出当前和今后一个时期农业和农村工作的总体要求是："突出加强农业农村基础建设，积极促进都市型现代农业和农村经济又好又快发展，实现农民持续增收；努力改善农村生产生活条件，切实解决民生问题；加快推进社会主义新农村建设，在城乡经济社会发展一体化的进程中走在全国的前列。"结合本市的实际，围绕乡村基础设施建设中存在的主要问题和代表提出的积极建议，市委、市政府进一步明确和调整了乡村基础设施建设的思路、目标、规划，采取了一系列新举措。

（一）继续加强农业基础设施建设，促进农业产业提质增效

一是继续加强农业节水建设，完善农田水利设施。今年，市水务局、市发展改革委、市农委联合编制了《"十一五"都市型现代农业节水发展规划（2008—2010）》。2008年，围绕精准灌溉设施建设、京承路产业带建设，建设高标准节水灌溉工程10万亩；建设农业利用再生水灌区10万亩，使郊区农业再生水灌溉面积达到近60万亩。到2010年，郊区节水灌溉面积比例将提高到95%，基本完成灌溉农田的节水工程配套；农田灌溉水利用率由现在的0.67提高到0.70以上，农业灌溉用清水总量控制在10亿立方米以内。

二是大力发展设施农业，促进农业提质增效。为加快"菜篮子"工程建设，今年6月，市政府在大兴区召开了全市设施农业工作现场会。同时，市政府出台了《关于促进设施农业发展的意见》，明确提出今后几年要显著扩大全市设施农业规模，加快产业结构优化调整，增强设施农业科技水平，强化设施农业服务体系建设。要落实"两区两带多群落"空间布局规划，2008—2012年全市每年新建设施农业4万亩，到2012年，全市设施农业面积达到35万亩。

具体措施是，从今年起，市财政每年投入补助资金6亿元，重点实施"五项"推进工程。一是实施"百村万户一户一棚援助型设施农业推进工程"。利用3—5年时间，每年选择一批适合发展设施农业的低收入村，通过政府提供资金建设日光温室和大棚，帮助低收入农户发展设施农业。二是实施"两区两带规模化设施农业推进工程"，建设成方连片的设施农业产业区、产业带。三是实施"多群落特色产业推进工程"，推动设施花卉、设施果品、设施农业主题公园等发展。四是实施"基础设施配套建设工程"，进一步完善电、水、沟、路、渠等设施农业综合配套建设，积极推广和应用设施农业新品种、新技术、新装备。五是实施"配套服务体系推进工程"。在全市选聘1000名农技推广员、协调员与农产品经纪人开展推广服务和营销扶持，5年内向国内外派出1000名设施农业研修生，培养设施农业骨干人才。

三是坚持绿色养殖，继续扶持标准化规模养殖设施建设。按照环境友好、龙头带动、协会运作、农民投资、银政扶持的原则，结合矿山关闭及产业转型，继续在房山、门头沟、密云、延庆、平谷、怀柔等6个区县大力发展生态健康标准化肉禽养殖。发挥养殖

业对农民增收的促进作用，2008—2012年，每年扶持农民家庭建设肉禽（肉鸡、肉鸭）标准化养殖棚舍1000个，同时对规模养殖场进行排污无害化治理。

四是强化科技支撑，构建新型农村科技推广服务队伍。2008年，市财政继续投入专项资金用于农机具补贴。到年底，在全市粮田范围内全部推广保护性耕作技术。年内，新开办农民田间学校200所，累计培养专业新型农民8000名，培养科技示范户7500多户，实施21项科技入户工程，辐射带动农户3万户。

（二）继续加大乡村基础设施建设力度，改善群众生活环境

一是坚持农村“五项基础设施”建设同步推进。安全饮水、街坊路硬化、垃圾处理、厕所改造、污水处理“五项基础设施”是新农村建设中最基础、最受群众欢迎的工程。2008年，在重点安排200个新农村整体推进村“五项基础设施”建设的同时，到今年年底，完成剩余70万农民的安全饮水工程建设，这将比“十一五”规划的目标提前两年完成。改造乡村公路200公里，硬化810多万平方米的街坊路，新开通农村客运线路25条，实现“村村通公交”。继续推动“户分类、村收集、镇（乡）运输、区（县）处理”的垃圾处理模式，年底六环路以外的平原地区全部实现垃圾密闭化管理，山区垃圾管理也将取得突破。继续安排10万户农户进行卫生户厕改造，并将山区农户厕所补助标准提高100元，达到每户930元（含厕具）；新建、改建卫生公厕589座。完成10个乡镇的污水处理厂站和部分水源保护地村庄的污水处理设施建设。巩固和提升农村环境，继续开展生态区县、环境优美乡镇和生态村创建工作。

近期，市新农办、市农委、市发展改革委、市交通委、市市政管委等部门共同编制了《北京市新农村“五项基础设施”建设规划（2009—2012年）》草案，并通过市新农村建设领导小组会议讨论，同时提交市政府常务会议进行了讨论，待进一步修改后实施。基本的设想是对所有未改造的村庄按“缺什么，补什么”的原则，对垃圾处理、厕所改造、街坊路建设等“五项基础设施”建设填平补齐，总的任务量是建设6000万平方米的街坊路并同步配套绿化，对8000公里老化供水管网改造，完成50万农户的一户一表节水改造，完成360个重要水源保护地村庄的污水处理设施建设，完成户厕改造19万户，建设4500座卫生公厕，全面推广垃圾户分类，建立长效管护机制等等，初步测算总投资大约需130多亿元。

二是继续实施“三起来”工程，加快农村可再生能源发展。农村能源建设是代表们关心的重点问题之一。2008年，市新农办研究出台了“三起来”工程的建设指导意见并开始编制2009—2012年四年规划。今年，新安装太阳能路灯3万盏，建设农村太阳能浴室50个，建设生物质气化集中供气系统30个，大中型沼气集中供气系统16个，实施20个整村户用沼气综合利用示范工程，完成2000户农民新建节能住宅示范项目，对1500户农村既有房屋进行墙体保温改造。目前，农村新能源、新技术、新材料的应用虽处于试点示范阶段，但只要是受群众欢迎的、符合发展方向的项目，市政府将研究和不断完善政策，继续给予一定的扶持和补助，尽可能满足农民需求。

三是实施“双轮”驱动，加强和规范小城镇的发展。今年市委、市政府1号文件已经明确提出，促进城乡一体化，要稳妥、协调推进小城镇建设与扎实有力推进新农村建设相结合，形成“双轮”驱动的格局。自2001年市委、市政府确定在郊区重点发展中心镇建设以来，本市37个重点小城镇的经济

文化、基础设施、公共服务等发展与建设取得了明显的成效。但随着北京城市总体规划的修编和11个新城规划的编制，原有的10多个中心镇已纳入或部分划入新城中心区域，这就需要按照新的《北京城市总体规划》和新城规划要求，重新调整和整合重点镇的空间布局。目前，市发展改革委、市规划委、市农委、市国土局等部门正在制定本市小城镇发展的新思路和支持小城镇发展的新政策。

基本的设想是，梯次推进规划重点镇和一般镇建设。在2010年前，基本完成重点镇的总体规划修编、土地利用总体规划和经济社会发展规划的编制工作，完成县域城镇体系规划和一般乡镇的总体规划及相关专项规划的编制工作。“十一五”期间，计划集中力量在重点乡镇实施“十个一”工程，包括垃圾密闭化收集转运系统、集中供水厂、污水处理厂、镇中心区主干道路、集中供热中心、与高速路或主干道联络线、中小学学校操场、镇中心幼儿园、养老服务设施和文化体育活动场所等。到2010年，所有重点镇实现集中供水，生态涵养区重点镇都建有污水处理厂，所有重点镇都能实现与高速公路或主干道的连接，加快提升重点镇对产业的集聚能力、对人口的吸纳能力和对农村的辐射能力。

四是切实加强山区基础设施建设。继续实施小流域综合治理工程，从今年开始，计划每年治理小流域20条以上，争取5—8年时间完成小流域治理2560平方公里，治理后将全部达到生态清洁小流域要求。实施新一轮山区农民搬迁工程，用五年时间，完成泥石流易发区及生存条件恶劣地区8557户农民搬迁任务，切实改善农民生产生活条件。同时，不断增加生态修复、生态保护等专项资金，支持山区生态建设，对主要分布在门头沟、房山等区县的40万亩剩余荒山实施绿化造林，规划宜林荒山全部实现绿化，实施废弃矿山综合治理工程，运用工程、生物等综合治理手段完成已关闭的7万亩废弃矿山治理。

（三）加快完善制度建设和推进改革创新，实现新农村建设持续稳定发展

近年来，市委、市政府在现代农业、“三起来”工程、乡村基础设施、农村公共服务发展等方面每年都有新的政策。2008年，在设施农业、农业节水、生态林补偿、农村既有房屋改造、科技支农等方面又陆续出台了十几项含金量较高的政策。强农惠农政策体系的不断完善，将进一步推动新农村建设的稳定发展。

一是继续巩固和完善山区生态林补偿、乡村道路管护、乡村水务管理机制，不断扩大政府购买公共服务的范围。通过加大财政转移支付力度，保障生态涵养发展区生态林养护和公共设施运行及基本公共服务等经费。新增公益林建成后第2年至第3年的养护纳入生态林管护。同时，针对近两年新建的农村污水设施、农村可再生能源设施、绿化美化工程等的管护问题，市各有关部门正在抓紧调研，在总结区县和乡镇成功经验的基础上，将逐步在村级建立起“设施有人看、技术有人管、求援有人到”的长效管护机制，在乡镇基本实现“专业化服务、物业化管理”，确保新建基础设施和设备运行好、维护好。

二是进一步加大政府投资向郊区倾斜、向镇村倾斜的力度。2007年，市发展改革委安排政府固定资产投资项目的支持方式有了明显改变，由过去的以补助支持为主改变为以直接投资为主，当年安排区县的直接投资项目占政府投资项目总数的75%。今年，将进一步加大政府投资的支持力度，继续坚持以直接投资为主。同时，根据区县功能定位，差异化安排政府投资，适当加大对密云、延庆等生态涵养区县的投入，对于生态涵养区的村镇公益性建设项目，将逐步减少或取消

区县自筹资金。如实施多年的京津风沙源工程，工程建设总投资将取消区县自筹资金，由市政府全额投资。市财政局按照“财权与事权相匹配”的原则，将进一步完善统一、规范、透明的财政转移支付制度，提高一般性转移支付规模和比例，切实增强区县政府提供公共服务的能力。

三是坚持以规划为龙头，继续完善各项规划编制。根据国务院的有关精神，2008年，将编制全市主体功能区规划，规划期为2009—2020年，主要内容是立足首都功能核心区、城市功能拓展区、城市发展新区、生态涵养发展区四类区域划分，进一步明确各功能区域的发展方向、具体要求、开发原则和阶段性重点，以促进四类区域协调发展和整体功能优化。继续加快村庄规划的编制工作，2008—2009年度完成郊区所有村庄的地形图测绘。做好农村其他专项规划的编制与衔接工作，目前，市各有关部门正在推进农业基础设施发展、村镇集约化供水与排水、乡村重点镇道路、可再生能源和生物质能源利用、生态林经营、农村公共服务设施等方面的规划编制工作。

四是建立科技专项，推动新农村建设科技创新。加快开展关键技术与设备的研发和技术攻关。在可再生能源应用方面，近两年，市科委、市发展改革委等部门支持有关区县开展了被动式太阳能利用建筑、原位低硫沼气、能源草规模化种植等技术与项目的研究、示范和应用，为农村清洁能源的扩大利用提供了科学实用的方法。从今年起至2010年，市科委将设立《北京都市型现代农业技术支撑体系科技专项》和《北京农村生活环境改善科技专项》。两个专项计划每年安排资金1.9亿元。一方面以做大做强籽种产业为突破口，计划发展35万亩良种产业化基地，使京郊种业新品种更新换代率达到70%—90%，将北京建成全国的育种中心、展示中心和交易中心。另一方面，围绕农村环境生态化、农村资源利用循环化，建立农村生产生活环境改善工程技术支撑平台，促进科技资源向郊区转移。到2010年，使郊区环境综合治理率达60%，农林废弃物资源综合利用率达90%以上，新能源与可再生能源开发利用量折合120万吨标准煤。

五是加强对农村宅基地、集体土地流转等政策研究。平谷区等代表团提出的探索制定整村拆迁上楼、允许在节约出的土地上规划部分城市建设用地的建议，反映了城市化进程中的农村面临的新情况、新问题。近年来，随着本市城市化进程的不断加快，郊区旧村改造、农民上楼取得了一定成效。特别是2005年以来，市政府在远郊区选择了13个村进行旧村改造试点，在解决土地问题方面进行了有益探索。同时，为解决被征地农民的定向安置房用地问题，市国土局提出了“三定三限三结合”的用地政策，于2007年分别在顺义、朝阳、房山等区县开展了试点。最近，我们正在学习天津等省市“农村建设用地减少和城市建设用地增加挂钩”的试点经验，结合本市城市化进展的实际情况，研究具体的方案，准备在调研的基础上开展城乡建设用地增减挂钩试点工作，探索加快城镇化的新路子。

另外，对新农村建设中的体制机制问题也在不断探索创新中。如建立符合农村项目“小、散、多”特点的管理审批办法、进一步整合农村基础设施建设投资渠道、加强基层新农村的机构建设、更广泛地动员社会力量参与新农村建设等方面，市政府各相关部门都正在积极开展调研。

乡村基础设施建设是一项系统工程，议案所涉及的问题也较为广泛。以上是就乡村基础设施建设近两年来所做的主要工作和下一步采取的举措所作的汇报。由于很多的问题还在深入研究和积极探索中，有些问题的解决和答复可能还不尽如人意，请各位委员和人大代表继续关注并提出宝贵的意见和建议。

主任、各位副主任、秘书长、各位委员，经过近年来的不断努力，本市乡村基础设施建设取得了一定的成效。但新农村建设是一项长期的历史任务，由于体制、机制、观念等诸多因素影响，历史遗留问题与现实矛盾交织一起，城乡之间的差距仍然很大，乡村基础设施建设滞后、配套不齐全、管理不完善等问题依然突出，解决起来仍需要一个较为长期的过程。但我们相信，按照中央关于社会主义新农村建设的总体部署，有市委、市政府的科学决策，有各位委员、人大代表的监督、支持，全市乡村基础设施建设将会取得实实在在的进步，新农村建设将会扎实有序推进。

以上报告，提请市人大常委会审议。

关于对“加强乡村基础设施建设，加快社会主义新农村建设进程”议案办理情况及对本市乡村基础设施建设的意见和建议

——2008年9月25日在北京市第十三届人民代表大会常务委员会第六次会议上

市人大农村委员会主任委员　雷德才

主任、各位副主任、秘书长、各位委员：

为了做好“加强乡村基础设施建设，加快社会主义新农村建设进程”议案督办与专项工作报告的审议工作，主任会议讨论通过了农村委员会制定的工作方案，并确定由农村委员会具体组织督办工作。在督办过程中，采取听汇报、召开座谈会、专题调研、问卷调查、市和区县人大联动检查和视察的方式，开展了一系列调研、检查和视察活动。组织部分常委委员、农委委员和议案领衔代表分别召开了14个座谈会；听取了市农委议案办理工作方案和市发改委、农业局、水务局等8个部门的情况汇报；深入到朝阳、顺义、房山等8个区县和有关部门进行专题调研；征集了郊区13个区县人大农委关于乡村基础设施建设方面的调研报告；向在农村基层工作的30位市人大代表发放了问卷调查表。7月15日，赵凤山副主任与委员、代表一起到通州区视察了议案办理和乡村基础设施建设情况。这项工作共有73位98人次市人大代表参与了调研、座谈、检查和视察，广泛听取了基层干部群众的意见和建议。9月5日，农村委员会对市政府提请本次会议审议的报告进行了认真的讨论。农村委员会认为，赵凤桐副市长代表市政府所作的《关于加强乡村基础设施建设，加快社会主义新农村建设进程议案办理暨本市乡村基础设施建设情况的报告》，客观地反映了本市加强乡村基础设施建设，推进社会主义新农村建设的总体情况和存在的问题，并提出了继续推进的对策和措施，农村委员会同意这个报告。

自党的十六届五中全会提出建设社会主义新农村的重大历史任务以来，市政府按照统筹城乡经济社会发展的要求，高度重视乡村基础设施建设，大幅度地增加了公共财政的投入，实施了一系列支农、惠农政策，促

进了农民增收，改善了农民的生产生活条件，农村面貌发生了深刻的变化。

——农业基础设施建设进一步加强。设施农业得到大力发展，设施农业面积逐年增加，产品结构和产业结构进一步优化，区域化布局、专业化生产、特色化种植的整体格局日渐形成；农田节水设施不断完善，节水灌溉面积稳步增长，用水总量逐年减少；贯彻生态农业理念，积极推广保护性耕作技术；农业机械装备水平和作业水平进一步提高，都市型现代农业特色初步显现。

——农村基础设施建设进一步完善。针对农民最急需、最迫切的现实问题，加强了农村安全饮水、街坊路硬化、垃圾集中消纳、厕所无害化改造、污水处理等设施建设和环境整治、绿化美化工作，实施了“亮起来、暖起来、循环起来”工程，采用新型节能建材、清洁能源和新技术，推广了节能吊炕，建设生物质气化和沼气工程，安装了太阳能路灯，使农村环境和农民生产生活条件得到了明显改善。

——研究制定和实施了农村垃圾处理、“三起来”工程、五项基础设施建设工程、设施农业、农业节水、科技支农等一系列支农惠农政策，大幅度地增加了公共财政的投入，初步形成了城乡统筹、加强社会主义新农村建设的良好氛围。

——探索建立了山区生态林补偿、乡村道路管护、乡村水务管理等乡村基础设施建设与管护的长效机制，提升了社会主义新农村建设可持续发展水平。

农村委员会认为，本市乡村基础设施建设虽然取得了明显成效，但由于长期形成的城乡二元结构，对农村的历史欠账过多，尤其在基础设施建设方面城乡差距还明显存在。

——农业基础设施仍显薄弱。设施农业比重偏小，产前、产中、产后设施配套不齐，农田节水设施所占比重不高，农机具老化且不够配套，乡村旅游基础设施需进一步完善。

——乡村基础设施建设的覆盖面仍需扩大。试点村、示范村进展较快，其他村庄进展缓慢，有的没有实行集中供水，安全饮水存在隐患；有些长期形成的垃圾污染和水污染还未得到有效治理，引起了当地群众的强烈不满；有些村庄的道路路况较差，配套设施不完善。

——乡村基础设施建设的投融资体制仍需理顺，公共财政投入资金需进一步整合，工程项目的审批效率需进一步提高。

——乡村基础设施建设与管护的长效机制仍需进一步完善。针对问题，农村委员会提出以下意见和建议。

一、加强农业基础设施建设，夯实都市型现代农业的产业基础

要进一步增强对北京农业的基础性、特殊性的认识，把大力发展都市型现代农业纳入首都现代化的全局中去谋划、去实施。

——要加快发展设施农业。统一规划，合理布局，扩大规模，提高效益，同时要解决好主体设施与附属设施配套问题。比如温室、大棚的节水、照明、取暖设施的配套建设。产前育苗、产中专用机械配备及产后储藏加工等设施的配套。

——要提高农业机械装备水平。要与发展都市型现代农业相适应，积极研究、推广适宜生产作业、加工运输、贮藏保鲜的各类农机具和装备，逐步更新老化的、技术性能低的农机具，逐步扩大、提高农机补贴的种类和标准。

——要加强乡村旅游基础设施建设。要认真研究解决乡村旅游村庄、景点的停车场、公共厕所不足问题，加快污水处理设施和宽带光缆设施建设。

——要大力发展节水设施。加大喷灌、微灌、滴灌等设施建设力度，扩大精准灌溉技术的覆盖率；加快中水回用的管网建设；在有条件的地方，要积极推进集雨工程建设；在山区兴建以雨水集蓄利用为重点的小型水利工程。

——按照“环境友好，清洁生产”目标，加快各类养殖场标准化建设与改造，提高净化设备运营效果。

二、加强乡村基础设施建设，加快城乡经济社会发展一体化进程

——进一步完善乡村基础设施建设规划。要以城乡统筹、形成城乡经济社会发展一体化新格局为指导，加快编制和进一步完善乡村基础设施中长期规划和年度实施计划。在规划编制和实施过程中，应充分体现不同区域的区域功能，同时考虑外来常住人口逐年增加的因素，提高规划与建设的前瞻性和基础设施的承载能力。

——着力解决农民要求最迫切的民生问题。一是要继续实施农村安全饮水工程。对那些没有实行集中供水的村庄，有条件按计划实施集中供水设施建设，消除农民饮水安全隐患；加快改造农村老化的供水管网，解决跑冒滴漏等问题；要把农民饮用水的水质监测工作经常化、制度化，保证农民喝上洁净水。二是要加快农村污水处理设施建设，做好垃圾收集消纳工作。要以污水排放减量化、污水处理无害化与资源化为指导，进一步加大按水系、流域和区域治理的力度，逐步形成以骨干枢纽为龙头，带动覆盖农村地区的网络体系；要按照规划，加快建设市、区（县）两级垃圾处理厂，进一步提高处理能力和水平，继续完善村收集、乡（镇）运输、区（县）处理的工作模式，推进垃圾减量化、资源化、无害化的进程。三是要全面规划农村道路建设。农村道路要以区县为单位进行全面规划，打破乡村界线。依据区域功能、村域面积和人口来科学确定农村道路的建设密度与标准。农村道路建设资金建议以市、区（县）两级为主、乡镇为辅，经济困难的乡镇不出资。村庄街坊路建设应充分调动村级组织和村民的积极性，建议将建设资金直补到村，由村级组织施工，村民出劳，乡镇监督，同时将街坊路建设与村庄环境整治、绿化美化紧密结合起来，使之成为村民直接受益的“美化家园工程”。要按照实现基本公共服务均等化的要求，研究制定农村道路路灯建设与管护办法。要将农村消防设施建设纳入乡村基础设施建设规划中，预留消防通道，配备消防设备，与主体工程同步设计，同步建设。四是进一步加强山区基础设施建设。山区与平原相比，基础设施相对薄弱，建议应继续加大向山区的倾斜力度，以山区道路、废弃矿山修复、小流域综合治理和乡村旅游设施为重点，改善山区环境，提升山区产业发展能力。五是要坚持“双轮”驱动，抓好小城镇建设。建议按照规划，进一步明确布局，研究制定新一轮小城镇政策，实施小城镇带动工程，加快区域基础设施建设和经济社会发展。

——整合财政资金，提高资金使用效益。新农村建设资金多部门管理，有利于调动多部门的积极性，但也会带来投入资金分散或重复投资。例如，有的试点村配置电脑，一部门配置了5台，另一部门又配置了15台，试点村用不了，其他村没的用。因此，建议要统筹各种渠道的资金，整合使用。按照事权财权相统一的原则，加大市级对郊区县一般性转移支付的规模和比例，公益性基础设施项目建议由政府全额投资，以减轻乡村集体经济组织和农民的负担。

——简化项目审批程序。建设项目立项

手续繁琐，报批程序复杂，审批时间过长，是基层普遍反映的问题。建议有关部门要研究制定符合新农村建设发展需要的项目申报审批程序，根据不同项目和资金投入规模，下放部分项目的审批权，市有关部门加强审计；不能下放的，要进一步简化程序，提高效率。

三、坚持建管并举，建立和完善乡村基础设施投入与管护的长效机制

——建立乡村基础设施建设资金投入的长效机制。要认真贯彻落实中央、市委文件精神，认真实施农业法，加大市级公共财政对农村地区一般性转移支付力度，扩大公共财政覆盖农村的范围，要从每年新增财力中拿出一定比例用于新农村建设，依法保证财政支农资金稳定增长，逐步形成新农村建设稳定的资金来源和资金投入的长效机制。同时，对于实践证明效果好的资金扶持政策要保持一定的连续性。

——建立乡村基础设施管护的长效机制。乡村基础设施总量在不断增加，但是在维护、运行和后期管护方面需要大量的资金投入。村内道路、太阳能灯、秸秆气化、村庄绿化、公厕、垃圾、污水处理以及公共服务设施的管护和运营等，均需要投入较大费用。但目前缺少管护资金支撑，管护问题日渐突出。在有些地区，村庄基础设施逐步完善，在给村民带来便利的同时，也给村集体带来了很大的经济压力，难以长期支撑基础设施的运营费用。为此，建议公共财政要设立专项资金，建立管护长效机制。

——进一步完善山区生态林补偿机制和水源地补偿机制。要进一步健全生态林补偿管护机制，建立动态的水源地补偿机制，加强山区生态林管护员、乡村道路管护员和乡村水务管理员队伍的建设，坚持以人为本，在报酬、医疗、意外伤害保险等方面要给予基本保障，逐步扩大政府购买公共服务的范围。

——建立和完善以农民专业合作社为载体的综合服务体系。培育和支持农民专业合作社发展，充分发挥农民专业合作社在新农村建设和乡村基础设施建设中的作用，提高综合服务水平，促进农村经济发展，带动农民增收致富。

以上意见，供常委会组成人员审议时参考。

北京市人民代表大会常务委员会
任　免　名　单

（2008 年 9 月 25 日北京市第十三届人民代表大会常务委员会第六次会议通过）

（一）

任命王增勤为北京市高级人民法院申诉审查庭庭长，免去其北京市高级人民法院民事审判第一庭副庭长职务。

任命陈海鸥为北京市高级人民法院申诉审查庭副庭长，免去其北京市高级人民法院执行庭副庭长职务。

任命呼鸿漳为北京市高级人民法院申诉审查庭副庭长。

任命田建为北京市高级人民法院执行庭副庭长。

任命吴久宏、赵红英、王炜、刘兰松、刘珊、武德全、程霞、陈雄、常爱民、杨咏梅、国立民、许雪梅、王肃、刘辉、张文斌、马宏侠、丁明、张宁、亓培冰、周孟炎为北京市高级人民法院审判员。

免去何谢忠的北京市高级人民法院审判委员会委员、审判员职务。

免去孙苏理的北京市高级人民法院审判员职务。

（二）

任命董建铁为北京市第一中级人民法院审判委员会委员、申诉审查庭庭长。

（三）

任命孟祥为北京市第二中级人民法院审判委员会委员、审判员，免去其北京市高级人民法院审判委员会委员、审判员职务。

任命张小平为北京市第二中级人民法院审判委员会委员。

任命杨越为北京市第二中级人民法院申诉审查庭副庭长，免去其北京市第二中级人民法院民事审判第一庭副庭长职务。

任命饶林生为北京市第二中级人民法院申诉审查庭副庭长，免去其北京市第二中级人民法院立案庭副庭长职务。

免去李朝辉的北京市第二中级人民法院审判员职务。

北京市第十三届人民代表大会

常务委员会第七次会议

在市十三届人大常委会第七次会议上的讲话

（2008 年 11 月 21 日）

市人大常委会主任　杜德印

各位委员、同志们：

本次会议会期虽短，但是议程安排很紧凑，会议听取审议了四个专项工作报告、一个执法检查报告，审议通过了一件地方性法规，并通过了关于召开市十三届人大二次会议的决定和有关人事任免案。在大家共同努力下，会议的各项议程已经顺利进行完毕。

依法履行职能，推动民生问题的解决，是当前市人大及其常委会的一项重要任务。此次常委会议题涉及义务教育、劳动关系、基本住房保障、社会保障体系建设、公共卫生体系建设等重要的民生问题，这些问题都是广大人民群众最关心、最直接、最现实的利益问题，也是广大人民群众、市人大代表高度关注、反映比较集中的问题。市人大常委会依法履行职能，督促市政府共同推动这些问题的解决。对于深入贯彻落实科学发展观，构建社会主义和谐社会首善之区具有重要的意义。

为了开好这次常委会，搞好这次会议议题的审议，市人大常委会、市政府及有关部门做了大量的工作。

一是市人大常委会各有关专门委员会会前开展了大量的调查研究，主管副主任亲自带队，组织委员、市人大代表深入基层，了解情况，充分听取群众意见。有关专门委员会召开了专题会议，反复研究论证，形成了质量比较高的专项报告，供常委会审议。这些报告坚持实事求是，既充分肯定工作取得的进展，又明确地指出了仍然存在的问题，提出了中肯的意见和建议。

二是市政府及有关部门认真办理市人代会确立的有关议案和市人大常委会的审议意见，研究制定具体的政策、措施，加大工作力度，推动问题的解决。

在这次会议上，各位委员认真审议有关文件，精心准备发言，提出了大量高质量的意见和建议。通过各个方面的努力，提高了常委会会议的质量和实效，保证了常委会职能的有效履行，既充分体现了科学发展观的要求，也是保障人民当家作主的具体体现。这次会议后，要认真组织好后续的工作，保障常委会会议成果的落实。

第一，要制定和落实好本次会议有关议题的审议意见书，持续不断地抓好重点问题的解决。要在各专门委员会专项调研报告的基础上，认真整理分析各位委员的审议发言，制定好审议意见书，经主任会议审定后，连同委员的发言一并转交市政府研究办理。市政府要认真研究人大常委会的审议意见书和各位委员提出的意见和建议，结合安排明年的工作，提出相关的对策和措施，进一步推动问题的解决。同时，市人大常委会对市政府的办理工作要进行督促和检查。市人大常委会机关已经成立了监督工作协调处，有关专门委员会和监督工作协调处要重点做好审议意见落实情况的督促和检查。

第二，要从深入贯彻落实科学发展观，推进首都科学发展的全局和建设“人文北京”的理念出发，进一步明确国家权力机关和行政机关在解决民生问题上的职责。

一是要树立正确的工作价值观和科学的方法论，坚持以人为本、实事求是，把解决重要的民生问题从为人民群众办好事、办实事提升到保障人民群众的合法权益、保障人民群众基本的公共需求的更高层次来认识，把保障人民的合法权益和基本公共需求作为国家权力机关和行政机关义不容辞的责任。

二是要注重从体制改革和制度完善方面推进民生问题的解决，从分散的、逐个解决问题，向统筹推进城乡一体的社会保障制度和公共服务体系发展。比如保障性住房，大家对其概念、界限搞不清楚；哪一层人应该保障，也搞不清楚。实际上我们应该逐步建立基本住房保障制度，要从这样一个角度去思考解决具体问题的办法，这是我们这次会议审议当中形成的一个重要的认识成果。

三是要加强以民生为重点的社会领域的立法工作，逐步制定、完善有关的地方性法规，为解决民生问题提供法制保障。

四是要充分履行人大常委会立法和监督方面的职能，抓住民生的重点问题不放，连续跟踪，作为今后几年的重点任务持续不断地抓下去。同时，我们也要认识到，解决民生领域的重点问题需要有一个过程，要适当把握社会保障和公共服务的标准，使社会保障和公共服务的水平与国情和经济社会发展相适应，保证社会保障和公共服务的平稳、持续发展。

本次会议还通过了人事任免事项，其中黄卫同志被任命为北京市副市长，希望黄卫同志在以后的工作中不辜负市民和委员们的希望，为北京市的发展贡献自己的力量。

借此机会，受主任会议的委托，我向大家通报两个情况。一个是市人大机关开展学习实践科学发展观的情况。市人大机关作为全市第一批开展学习实践科学发展观活动的单位，在市委的统一部署下，市人大常委会党组建立了领导机构，制定了实施方案，在市委指导检查组的指导下，正在认真地开展这项活动。市人大机关开展的这项活动，可以简要地概括为“把握一个主题和解决四个方面的问题”。

一个主题就是，深入贯彻落实科学发展观，推进首都民主法制建设，为建设人文北京、科技北京、绿色北京提供民主法制保障。有两层含义，一是贯彻科学发展观，推进首都的民主法制建设，一是要通过人大依法履行职能，为建设人文北京、绿色北京、科技北京提供法制保障。四个方面是：坚持正确的政治方向。要始终坚持正确的政治方向，不仅在思想上、政治上要毫不动摇、旗帜鲜明、坚持始终，而且要把党的领导、人民当家作主和依法治国的有机统一，具体贯彻到人大的各项职能和各项工作中，在这个方面我们还需要进一步领会。保持良好的精神状态。要进一步增强责任感和使命感，在精神上要奋发有为，在工作上要有所作为，围绕首都的科学发展中心任务，依法充分履行好我们的各项职能。完善科学的工作方式。要做到依法有效履行职能，做该做、能做、有用、有效的事，使市人大常委会的工作进一步走上提高质量、注重实效的轨道，就必须有科学的工作方式来加以保障。当然，这涉及从多个方面去解决问题。提高队伍的素质和能力。提高干部的政治素质和业务能力，增强大局意识和服务意识，更好地发挥集体参谋助手和服务保障作用。在前一段学习实践活动当中，广大市人大代表，包括各位委员对机关的这项活动非常关心和支持，提出了很多宝贵的意见，我们将认真地加以研究，开展好下一步分析检查工作。同时，要把学习实践的成果，把整改的方案和筹备召开好市十三届人大二次会议紧密结合起来，把成果和整改的方案体现到将要提交这次大会审议的市人大常委会的工作报告中，体现到市人大常委会明年工作中。希望各位委员继续关心、支持常委会机关的学习实践活动，继续提出宝贵的意见和建议，帮助机关开展好这项活动。

第二个情况，市政府就一些重要问题征求市人大常委会意见方面的情况。最近有两个方面的工作，一个是大家都比较关注的机动车按尾号限行的问题，社会上很关注政府有没有征求人大的意见，人大是什么态度。市政府在这个问题上认真征求了市人大常委会的意见，因为是在常委会闭会期间，所以召开了人大常委会主任和有关的法制委员会、城建环保委员会负责人参加的专门会议，听取市政府的报告，经过认真研究提出五条意见，建议市政府在工作试验的范围内进行探索。市政府认真研究了市人大常委会提出的这个建议，最后把时间和范围限定在半年和五环路之内，没有涉及侵犯公民权利的问题，这样一个定位的效果是好的。同时，人大提出在试验过程中，政府要认真地检查评估试验的结果，不仅要对交通环境影响作出评估，而且要对这项措施对公民生产生活产生的影响，对政府的执法成本情况进行全面的评估。半年试验期满时拿出比较全面、客观、真实的评估报告，给社会一个明确的交待。当然，还要研究后续措施的问题，明年4月1号以后怎么办？我们要监督政府把这个问题处理好。

第二个问题，市政府正式给市人大常委会发函，就完善市与区县分税制财政管理体制方案，征求市人大常委会的意见。常委会责成财经委员会进行了专门的研究，财经委员会提出审议意见，报请主任会议进行了讨论。财经委员会和主任会议总的认为，这个方案不涉及今年财政预算的调整，属于完善市与区县财政体制的一项工作，方案符合科学发展观的要求，是市政府学习实践科学发展观活动的一项重要成果，所以表示同意。同时提出要继续深化全市财政体制的改革，健全和完善公共财政体制，特别是要从统筹首都功能，统筹城乡发展的角度来研究问题，制定城乡统一的公共服务标准，促进财权和事权相统一。

这里有一个问题需要我们共同研究。常委会会议一般两个月左右开一次会，在闭会期间出现市政府就一些重要工作征求常委会意见的情况时怎么处理？总结这两年的做法，初步考虑由专门委员会开会进行审议提出意见，提交主任会议同意后，反馈给市政府，并向常委会组成人员通报情况。按照统一行使职权的原则，我们将完善处理这方面问题的程序，依法按程序办事。

本次会议通过了关于召开市十三届人大二次会议的决定，现在大会的各项筹备工作已经全面启动，并向市人大代表发出了关于深入学习科学发展观、为参加人大二次会议做好准备的通知。11月6—8日，市人大常委会组织了近400名市人大代表和全国人大北京团代表进行了会前集中视察，使代表们对本市经济社会发展状况和全市大局有了比较深入的了解，为审议大会各项工作报告进行了准备。当前，我们还要密切关注国际金融危机对我国特别是首都经济社会发展的影响，清醒地认识国内外出现的新情况、新矛盾，坚决贯彻落实中央提出的一系列经济调控的政策，及时地把握市委作出的关于拉动内需、保持经济平稳快速增长一系列的决策，保持北京市经济社会发展的良好势头，要为市十三届人大二次会议的顺利召开创造良好的经济环境和社会环境。

北京市第十三届人民代表大会常务委员会第七次会议议程

（2008年11月20日—21日）

（2008年11月20日北京市第十三届人民代表大会常务委员会第七次会议第一次全体会议通过）

一、审议通过《北京市人民代表大会常务委员会关于召开北京市第十三届人民代表大会第二次会议的决定（草案）》

二、听取和审议市人大常委会执法检查组关于检查《中华人民共和国劳动合同法》实施情况的报告

三、听取和审议市人民政府关于“加快保障性住房建设，解决中低收入群体住房困难”议案办理暨解决城市低收入家庭住房困难情况的报告

四、审议表决《北京市实施〈中华人民共和国义务教育法〉办法》

五、听取和审议市人民政府关于北京市侨务工作情况的报告

六、听取和审议市人民政府关于对“坚持以人为本，完善社会保障制度议案办理暨构建和谐社会，完善社会保障制度情况的报告”审议意见落实情况的报告

七、听取和审议市人民政府关于对“加强公共卫生体系建设议案办理三年目标实现情况的报告”审议意见落实情况的报告

八、决定人事任免事项

九、审议通过市十三届人民代表大会常务委员会代表资格审查委员会关于个别代表的代表资格的报告

北京市人民代表大会常务委员会关于召开北京市第十三届人民代表大会第二次会议的决定

（2008年11月20日北京市第十三届人民代表大会常务委员会第七次会议通过）

北京市第十三届人民代表大会常务委员会第七次会议决定：北京市第十三届人民代表大会第二次会议于2009年1月12日召开。

北京市人民代表大会常务委员会公告

(第2号)

《北京市实施〈中华人民共和国义务教育法〉办法》已由北京市第十三届人民代表大会常务委员会第七次会议于2008年11月21日修订，现将修订后的《北京市实施〈中华人民共和国义务教育法〉办法》予以公布，自2009年3月1日起施行。

北京市第十三届人民代表大会常务委员会
2008年11月21日

北京市实施《中华人民共和国义务教育法》办法

(1986年7月8日北京市第八届人民代表大会常务委员会第二十九次会议通过　根据1993年11月26日北京市第十届人民代表大会常务委员会第七次会议《关于修改〈北京市实施中华人民共和国义务教育法办法〉的决定》修正　2008年11月21日北京市第十三届人民代表大会常务委员会第七次会议修订)

目　录

第一章　总　　则

第一条　为了实施《中华人民共和国义务教育法》，结合本市实际情况，制定本办法。

第二条　本市实行九年义务教育制度。

义务教育是国家必须予以保障的公益性事业。本市建立义务教育经费保障机制，保证义务教育制度的实施，对接受义务教育的学生不收学费、杂费，逐步实行免费提供教科书制度。

第三条　本市依法保障适龄儿童、少年享有平等接受义务教育的权利。

第四条　义务教育必须贯彻国家的教育方针，实施素质教育，提高教育质量，使适龄儿童、少年在品德、智力、体质等方面全面发展，为培养有理想、有道德、有文化、有纪律的社会主义建设者和接班人奠定基础。

第五条　市和区、县人民政府应当合理配置教育资源，重点加强农村学校、城镇地区薄弱学校建设，缩小学校之间的办学条件差距，促进义务教育均衡发展，全面提高义务教育的教育质量和办学水平。

第六条 本市义务教育实行市人民政府统筹规划实施，区、县人民政府为主管理的体制。

市人民政府统筹规划本市义务教育实施工作，应当将义务教育事业纳入国民经济和社会发展规划。

区、县人民政府负责义务教育实施管理工作，制定本行政区域义务教育事业发展规划，合理调整学校布局，加强教师队伍建设，保障教育经费。

教育行政部门具体负责义务教育实施工作。发展改革、财政、人事、国土资源、规划、建设、卫生、公安、工商、文化等行政部门在各自的职责范围内负责义务教育实施工作。

乡、镇人民政府和街道办事处应当按照职责配合教育行政部门做好义务教育实施工作。

第七条 社会组织和个人应当为适龄儿童、少年接受义务教育创造良好环境。

第二章 学 生

第八条 凡年满六周岁的儿童，其父母或者其他法定监护人应当送其入学接受并完成义务教育。

适龄儿童、少年因身体状况需要延缓入学或者休学的，其父母或者其他法定监护人应当依法办理相关手续。

区、县教育行政部门和乡、镇人民政府、街道办事处应当采取措施防止适龄儿童、少年辍学。

第九条 市和区、县人民政府应当制定和完善对困难群体适龄儿童、少年的就学补助政策，保障农村、家庭经济困难和残疾适龄儿童、少年等接受义务教育。

第十条 适龄儿童、少年免试入学。学校不得采取或者变相采取考试、测试、面试等形式选拔学生，不得将各种竞赛成绩、奖励、证书作为入学的依据。

区、县人民政府应当保障适龄儿童、少年在户籍所在地就近入学。区、县教育行政部门应当根据适龄儿童、少年的数量和分布状况，合理确定本行政区域内每所公办学校的就近接收学生范围和人数，并向社会公布。学校应当按照教育行政部门的规定接收学生，并将接收学生结果向社会公布。

区、县教育行政部门应当对本行政区域内的军人子女接受义务教育予以保障。

第十一条 具有本市户籍的适龄儿童、少年，由父母或者其他法定监护人持本人及儿童、少年的身份证明，到户籍所在区、县的教育行政部门确定的学校办理入学手续。

具有本市户籍的适龄儿童、少年，随父母或者其他法定监护人在非户籍所在区、县长期居住需要接受义务教育的，由父母或者其他法定监护人持本人及儿童、少年的身份证明、居住证明等材料，到居住地所在区、县的教育行政部门确定的学校联系就读；学校接收有困难的，可申请居住地所在区、县的教育行政部门协调解决。

第十二条 非本市户籍的适龄儿童、少年，因父母或者其他法定监护人在本市工作或者居住需要在本市接受义务教育的，由父母或者其他法定监护人持本人及儿童、少年的身份证明、居住证明、工作证明等材料，经居住地所在街道办事处或者乡、镇人民政府审核确认后，到居住地所在区、县的教育行政部门确定的学校联系就读；学校接收有困难的，可申请居住地所在区、县的教育行政部门协调解决。

第十三条 市和区、县人民政府应当依法保障外地来京务工农民子女中的适龄儿童、少年接受义务教育，具体办法由市人民政府制定。

第十四条 禁止用人单位招用应当接受义务教育的适龄儿童、少年。

根据有关规定经批准招收适龄儿童、少年进行文艺、体育等专业训练的社会组织，应当保证所招收的适龄儿童、少年接受义务教育；自行实施义务教育的，应当按照规定将招生情况、办学条件、师资和经费保障、课程设置和教学计划等，报所在地区、县教育行政部门批准后，方可实施。

第十五条 学校不得组织学生参加商业性活动。

第三章 学 校

第十六条 市教育行政部门应当会同市人民政府有关部门及区、县人民政府根据城市总体规划、土地利用总体规划，组织编制教育设施专项规划，保障义务教育设施建设用地，并报市人民政府批准。

区、县人民政府应当根据教育设施专项规划，制定本行政区域内义务教育学校的设置和调整方案，并组织实施。根据需要为山区、边远地区适龄儿童、少年设置寄宿制学校，并为住宿生提供生活补助。

第十七条 市教育行政部门应当会同有关行政部门根据国家有关规定和教育教学的需要，制定学校的办学条件标准。

市和区、县人民政府应当保障学校达到办学条件标准。

第十八条 新建、改建、扩建学校应当符合国家有关学校建设标准的要求，保障学生和教职工的人身安全。

区、县人民政府应当定期组织对学校校舍的安全检查；对需要维修、改造的，及时予以维修、改造。

第十九条 新建、改建居民区需要设置学校的，应当纳入教育设施专项规划，学校建设应当符合办学条件标准，并与居民区的建设同步进行。市和区、县人民政府应当对所需建设用地依法划拨，对所需资金予以保障，学校建设由区、县人民政府负责组织实施。具体办法由市人民政府制定。

第二十条 区、县人民政府及其教育行政部门应当按照土地使用权划拨批准文件的规定使用土地，不得转让或者变相转让学校的土地，不得改变土地使用性质。确需改变土地使用性质的，应当经依法批准。学校不得违反规定出租校舍和场地。

因建设需要拆迁学校的，拆迁部门应当与区、县教育行政部门协商，按照学校布局调整方案予以重建或者给予补偿。

第二十一条 市和区、县人民政府根据需要，按照国家有关建设标准设置特殊教育学校（班），改善特殊教育学校（班）办学条件，提高办学水平，保障残疾的适龄儿童、少年接受义务教育。

学校应当接收具有接受普通教育能力的残疾适龄儿童、少年随班就读，并为其学习、康复提供帮助。

第二十二条 对未完成义务教育的未成年犯和被采取强制性教育措施的未成年人，执行机关应当保证其继续接受义务教育，义务教育的教学工作由教育行政部门负责组织实施，所需经费由市人民政府予以保障。

第二十三条 市和区、县人民政府及其教育行政部门不得将学校分为重点学校和非重点学校，不得利用财政性教育经费重点建设办学条件超标准学校。

学校不得以各种名义在校内分设重点班和非重点班。

第二十四条 市和区、县人民政府及其教育行政部门不得以任何名义改变或者变相改变公办学校的性质。公办学校不得违反法律、法规规定举办民办学校。

第二十五条 学校不得违反国家规定收取费用，不得以向学生推销或者变相推销商品、服务等方式谋取利益。

第二十六条 学校应当建立健全校舍、消防、卫生等安全制度和应急机制，加强管理，及时消除隐患，预防发生事故。

学校应当将应急知识教育纳入教学内容，根据学生的年龄和认知能力，采取多种形式对学生进行应急知识教育，培养学生的安全意识和自救能力。

第二十七条 区、县人民政府应当组织相关部门定期对学校的安全管理工作进行监督和指导。

第二十八条 本市各级人民政府及其有关部门依法维护学校周边秩序，为学校提供安全保障，保护学生、教师和学校的合法权益。

第二十九条 学校实行校长负责制。

教育行政部门按照国家规定完善校长任职资格标准体系和校长持证上岗制度，加强对校长的培训，建设培训信息资源库和培训质量监控与评估体系，提高校长依法办学、民主治校、科学管理和组织实施素质教育的能力。

第三十条 学校应当按照有关法律、法规、规章的规定，建立学生管理制度，制定学生行为规范。学生违反管理制度的，学校应当予以批评教育，但不得责令学生转学、退学或者开除学生。对有严重不良行为的学生，其父母或者其他法定监护人和学校应当相互配合，严加管教，也可以依法送专门学校进行矫治和接受教育。

第三十一条 教育行政部门应当推动城乡之间和区域内教育设施和设备、课程、人才等资源共享，提高资源使用效益。

第四章 教 师

第三十二条 教师应当取得国家规定的教师资格，并符合本市规定的教师岗位聘任条件。

本市执行国家统一的义务教育教师职务制度。

第三十三条 本市各级人民政府保障教师工资福利和社会保险待遇，为教师提供医疗保障，改善教师工作和生活条件。

本市完善教师工资制度，建立科学、规范的收入分配机制。

市和区、县人民政府应当缩小区县之间、学校之间教师收入差距，保障教师的平均工资水平不低于当地公务员平均工资水平。

特殊教育教师享有特殊岗位补助津贴。在山区和边远地区工作的教师享有山区和边远地区补助津贴。

第三十四条 教育、人事等行政部门应当统筹规划教师队伍建设，深化人事制度改革，优化教师队伍结构，按照面向全体、整体提升的原则，采取措施加强对教师的管理和培养、培训，提高教师职业道德水平和教育教学能力，关心教师身心健康，在教师队伍中大力弘扬为人师表、教书育人、敬业爱岗的良好风尚。

第三十五条 教师应当按照规定履行教育教学职责。

公办学校教师在工作日期间不得到校外社会办学机构兼职兼课，不得组织学生接受有偿家教。

第三十六条 区、县教育行政部门应当均衡配置学校的师资力量，在教师培训、岗位设置、骨干教师配备、学科带头人培养等方面向农村学校和城镇地区薄弱学校倾斜，并组织学校校长、教师流动。

第三十七条 市和区、县人民政府组织城市地区教师到农村地区支援义务教育工作，鼓励和支持高等学校毕业生到农村学校和城镇地区薄弱学校从事义务教育工作。

第五章 教育教学

第三十八条 教育教学工作应当符合教育规律和学生身心发展特点，面向全体学生，因材施教，将德育、智育、体育、美育等有机统一在教育教学活动中，注重增强学生体质和精神健康，培养学生独立思考能力、创新能力和实践能力，促进学生全面发展。

第三十九条 教育行政部门和学校应当加强教学研究和教育科研工作，推进教育创新。

第四十条 教育行政部门应当按照国家要求推进教学内容与方式、考试、招生和质量评价制度等改革，建立健全义务教育质量监控体系和教学指导体系。

第四十一条 学校和教师应当按照国家确定的教育教学内容和课程设置、课时安排开展教育教学活动，保证达到国家规定的基本质量要求；不得违反规定增加学生课业负担，增加考试科目的课时或者减少非考试科目的课时；不得按照考试成绩对学生进行排名；不得利用假期、公休日、课余时间组织学生进行强制补课；不得动员、组织本校学生参加社会力量举办的文化课补习班。

教育行政部门应当执行国家教学制度、教育教学内容和课程设置，推进实施素质教育，并对学校教育教学活动进行指导和检查。

第四十二条 学校应当把德育放在首位，寓德育于教育教学之中，加强对学生的法制教育，促进学生养成良好的思想品德和行为习惯。

第四十三条 学校应当按照素质教育的要求，组织学生开展体育、文艺、科技和社会实践活动，有计划地组织学生参观博物馆、科技馆、纪念馆和爱国主义教育基地等场馆。

学校应当保证学生每天体育锻炼的时间不少于1小时；小学生和初中学生每学年参加社会实践活动的时间分别不少于10天和20天。

社会公共文化体育设施应当为学校开展教育教学活动提供条件和便利。

第四十四条 教育、卫生行政部门应当对教师进行精神卫生知识培训，提高其促进学生精神健康的能力。学校应当将精神健康教育纳入教学计划，针对学生特点，开展精神健康教育、咨询、辅导，创造有利于学生精神健康的学习环境，促进学生身心健康。有条件的中小学校应当配备专业人员，为学生提供心理咨询服务。

第四十五条 教育行政部门应当按照国家规定，加强对教科书选用的监督和管理。

任何单位和个人不得以任何形式强迫学校、学生订购教学辅导材料和报刊杂志。

本市鼓励学校开展教科书循环使用工作。

第六章 经费保障

第四十六条 市和区、县人民政府应当将义务教育全面纳入财政保障范围，在财政预算中将义务教育经费单列，保证用于实施义务教育财政拨款的增长比例高于财政经常性收入的增长比例，保证按照在校生人数平均的义务教育费用逐步增长，保证教职工工资和学生人均公用经费逐步增长，并将新增教育经费主要用于农村学校和城镇地区薄弱学校。教育费附加主要用于实施义务教育。

市人民政府编制预算，应当对农村地区和财力薄弱区、县实施义务教育的经费予以倾斜，加大义务教育转移支付规模，支持和引导区、县人民政府增加对义务教育的投入。

第四十七条 市财政行政部门应当会同市教育行政部门制定高于国家标准的学生人均公用经费标准，并按照本市实现教育现代化的要求，根据经济和社会发展状况适时调整。制定、调整学生人均公用经费标准，应当满足教育教学的正常需要。

特殊教育学校（班）、随班就读学生人均

公用经费标准应当高于普通学校学生人均公用经费标准。

第四十八条 本市义务教育经费投入实行市人民政府统筹落实、本市各级人民政府根据职责共同负担的体制。

区、县人民政府应当按照职责，依法保障义务教育经费投入，市人民政府应当按照规定分项目、按比例分担义务教育经费并对财力薄弱的区、县予以补助和支持。

义务教育经费保障的具体办法由市人民政府制定。

乡、镇人民政府根据实际情况，对本行政区域的义务教育事业给予支持。

第四十九条 义务教育经费应当按照预算规定用于义务教育，并及时足额拨付。

市和区、县人民政府应当建立健全义务教育经费的审计监督、统计和定期公告制度，加强管理，提高经费的使用效益。

第七章 督 导

第五十条 本市对义务教育实行督导制度。

市和区、县人民政府教育督导机构在本级人民政府领导下负责组织实施本行政区域内的义务教育督导工作，并接受上级教育督导机构的指导。

第五十一条 教育督导机构应当对本级人民政府的有关部门和下级人民政府履行义务教育工作职责情况进行督导，并对实施义务教育的学校和其他教育机构进行督导。

第五十二条 教育督导机构对义务教育实施工作的下列情况进行督导：

（一）执行有关法律、法规和规章的情况；

（二）义务教育经费保障和使用情况；

（三）固定资产的管理和使用效益情况；

（四）义务教育均衡发展的状况；

（五）素质教育实施情况；

（六）教育教学质量和学校管理水平；

（七）其他依法需要督导的内容。

第五十三条 市和区、县人民政府应当加强对所属有关部门和下级人民政府实施义务教育工作的监督检查，建立以督导评价结果为主要依据的义务教育公报、通报、表彰制度，并将督导评价结果作为评价各级人民政府义务教育工作的重要指标和考核主要领导干部政绩的重要内容。

第五十四条 教育督导机构应当向被督导单位下达督导意见书，被督导单位应当按照要求报告整改情况。

第五十五条 市和区、县人民政府应当听取义务教育督导工作的报告。有关督导报告应当向社会公布。

第八章 法律责任

第五十六条 市人民政府有关部门、区县人民政府及其有关部门、乡镇人民政府、学校和教师在义务教育工作中违反《中华人民共和国义务教育法》及其他有关法律、法规规定的，依照其规定进行处理。

第五十七条 市人民政府有关部门和区、县人民政府及其有关部门违反本办法第十六条、第十七条、第十九条规定的，由市人民政府或者所属区、县人民政府责令限期改正；情节严重的，对直接负责的主管人员和其他直接责任人员依法给予行政处分。

第五十八条 市人民政府有关部门和区、县人民政府违反本办法第六章规定，未履行义务教育经费保障职责的，由市人民政府责令限期改正；情节严重的，对直接负责的主管人员和其他直接责任人员依法给予行政处分。

第五十九条 学校有下列情形之一的，由区、县教育行政部门责令限期改正；情节严重的，对直接负责的主管人员和其他直接责任人员依法给予处分：

（一）违反本办法免试入学的规定招收学生的；

（二）未按照本办法规定公布接收学生结果的；

（三）公办学校违反法律、法规规定举办民办学校的；

（四）以各种名义分设重点班和非重点班的；

（五）违反课程设置规定、课时安排和教育教学计划的；

（六）动员、组织本校学生参加社会力量举办的文化课补习班的；

（七）组织学生参加商业性活动的；

（八）公办学校违反规定出租校舍和场地的；

（九）违反国家规定收取费用，以向学生推销或者变相推销商品、服务等方式谋取利益的。

第九章 附 则

第六十条 本办法自2009年3月1日起施行。

关于《北京市实施〈中华人民共和国义务教育法〉办法（草案）》的说明

——2008年4月17日在北京市第十三届人民代表大会常务委员会第三次会议上

北京市教育委员会主任 刘利民

主任、各位副主任、秘书长、各位委员：

我受市人民政府的委托，现就市人民政府提请本次会议审议的《北京市实施〈中华人民共和国义务教育法〉办法（草案）》（以下简称《办法（草案）》），作如下说明。

一、立法背景和必要性

2006年6月，第十届全国人大常委会第二十二次会议审议通过了《中华人民共和国义务教育法》（以下简称《义务教育法》）。该法与修订前相比，在主要内容上发生了五个方面的重大变化：一是，进一步明确了我国义务教育的公益性、统一性和义务性。二是，国家对义务教育采取了新的经费保障机制，即义务教育全面纳入财政保障的范围，确立了以省统筹为主体的义务教育经费保障机制。三是，明确了义务教育实行国务院领导，省、自治区、直辖市人民政府统筹规划实施，县级人民政府为主管理的体制。四是，建立了一系列促进义务教育均衡发展的制度。五是，增加了素质教育和教师待遇等方面的规定。

多年来，市委市政府高度重视义务教育工作，坚决贯彻国家有关义务教育的法律、法规和政策，采取各种措施推进我市义务教育事业的发展。1986年我市制定了《北京市实施〈中华人民共和国义务教育法〉办法》（以下简称《实施办法》）。1993年，我市在全国率先实现了普及九年制义务教育，达到了国家和本市规定的实施九年制义务教育的基本标准和基本要求，标志着我市实施九年制义务教育的工作开始进入一个新的阶段。同年，为了适应义务教育工作中出现的新情况和新问题，根据我市义务教育发展的需要，我市对《实施办法》进行了修改。长期以来，本市各级人民政府积极履行职责，义务教育水平有了明显提高，义务教育在普及率、巩固率等方面已达到发达国家平均水平。截至2007年9月，我市实施义务教育的中小学校共1858所，包括小学1235所，初中562所，九年一贯制学校61所，其中民办小学19所，民办初中16所。本市户籍的义务教育阶段学生71.1万人，其中小学在校生43.8万人，初中在校生27.3万人。城八区学生总数37.8万人，十个远郊区、县学生总数33.3万人。另有40万名外地来京流动人口子女在京接受义务教育。

从我市近年的义务教育工作看，仍然存在一些亟待解决的问题，比如义务教育在城乡之间、区域之间、校际之间的差距明显，义务教育发展不均衡问题突出；人民群众对学生课业负担过重等问题反映强烈；教师的培训、管理、收入等方面存在较大差别；家庭经济困难学生，特别是流动人口子女在接受义务教育过程中还存在一些问题；强制补课和补习班过多的问题等。这些问题和矛盾在一定程度上影响了义务教育的健康发展和整个教育事业的协调发展。

十七大报告中指出教育是民族振兴的基石，教育公平是社会公平的重要基础，要优化教育结构，促进义务教育均衡发展。市委、市政府对教育公平和义务教育均衡等问题十分重视，制定了一系列政策、措施：《关于进一步推进义务教育均衡发展的意见》、《关于进一步完善义务教育阶段“两免一补”政策的通知》、《关于北京市中小学校办学条件标准的实施意见》、《关于进一步深化办学体制改革试点的意见》等文件。这些政策、措施促进了本市义务教育的发展，保障了法律规定的落实，为修订《实施办法》提供了很好的实践基础。

综上所述，由于国家义务教育法律重新修订实施和本市政策的调整，有必要对《实施办法》进行全面修订。

二、起草和征求意见情况

2005年，市教委在跟踪国家义务教育法修订工作进程的同时，委托北京教科院对我市义务教育的现状、主要问题、发展方向等进行了专门研究，形成了针对义务教育均衡发展、经费保障和择校等问题的研究报告。2007年，《实施办法》修订工作列入本市立法工作计划，成立了由市人大常委会、市政府领导任组长、相关委办局领导参加的立法领导小组，并成立了起草小组。为了做好起草工作，全面了解我市义务教育发展状况，总结经验，解决问题，我们采取召开座谈会等形式进行了广泛、深入的调研。在初稿形成后，我们听取了规划、建设、人事、财政等部门，各区、县政府，部分市人大代表和市政协委员，中小学校校长和部分学生家长的意见。在千龙网、首都之窗和《京郊日报》刊登了草案全文，并设立热线电话，公开向社会征求意见。社会各界对促进义务教育均衡发展、实施素质教育等方面的规定给予了充分肯定。提出的意见和建议主要集中在缩小城乡之间、校际之间义务教育差距，缩小教师收入差距，教育教学行为不规范，居住区配套教育设施建设、管理需要加强等方面。我们在充分吸收各方面意见的基础上进行了反复修改，形成了现在的《办法（草案）》。

三、立法指导思想和主要内容

《办法（草案）》的立法指导思想是：以科学发展观为指导，落实国家义务教育法和其他有关法律、法规，坚持义务教育的公益性和公平性，以切实推进本市义务教育均衡发展为主线，结合本市实际，以明确各级政府及其有关部门的职责，完善义务教育经费保障机制，推进学校办学条件标准化建设，实现教育资源共享，加强教师队伍建设，实施素质教育，规范教育教学行为等为重点，实现高标准高质量普及九年义务教育。

《办法（草案）》共九章五十五条，规定了总则、学生、学校、教师、教育教学、经费保障、督导、法律责任和附则等。主要规定了以下六个方面的内容。

（一）明确各级政府及其有关部门的义务教育工作职责

义务教育法明确规定义务教育是国家必须予以保障的公益性事业，国家应当采取措施保障适龄儿童、少年平等接受义务教育的权利。实施义务教育是政府应当承担的职责，为落实义务教育法的规定，《办法（草案）》主要做了三个方面的规定。

一是明确了本市义务教育的管理体制，即市人民政府统筹规划实施，区、县人民政府为主管理的体制。

二是细化了各级人民政府及其部门的义务教育工作职责。市人民政府统筹规划本市义务教育实施工作，将义务教育事业纳入国民经济和社会发展规划。区、县人民政府负责义务教育实施管理工作，应当制定本行政区域义务教育事业发展规划，合理调整学校布局，加强教师队伍建设，足额保障教育经费。教育行政部门的职责是负责保障适龄儿童、少年按时入学，合理设置学校，均衡师资力量等义务教育的具体实施工作。发展改革、财政、人事、国土资源、规划、建设（房屋）等行政部门按照各自职责负责义务教育实施的相关工作。乡、镇人民政府和街道办事处应当配合教育行政部门做好义务教育实施工作。

三是明确了义务教育经费保障的相关内容。现行《实施办法》规定的是多渠道筹措义务教育经费的体制，没有将义务教育经费全面纳入财政保障范围。十七大报告指出，要坚持教育公益性质，加大财政对教育的投入。义务教育法规定义务教育是国家必须保障的公益性事业，为此国家将义务教育全面纳入财政保障范围，建立义务教育经费保障机制，由国务院和地方各级人民政府依法予以保障。为了落实十七大报告精神，贯彻义务教育法关于义务教育公益性的要求，《办法（草案）》设专章对义务教育经费的保障作了规定：本市将义务教育全面纳入财政保障范围，依法实现用于实施义务教育财政拨款的增长比例高于财政经常性收入的增长比例，保证按照在校生人数平均的义务教育费用逐步增长，保证义务教育阶段教职工工资和学生人均公用经费逐步增长，并将新增教育经费主要用于农村学校和城镇地区薄弱学校。义务教育经费的投入实行本市各级人民政府根据职责共同负担，市人民政府统筹落实的体制。市人民政府编制预算时应当向农村地区和财力薄弱区、县实施义务教育的经费倾斜，区、县人民政府应当保证义务教育经费逐年增长，确保学校运转经费按照标准及时、足额到位。

（二）完善义务教育阶段入学制度，保障适龄儿童、少年依法享有平等接受义务教育的权利

为了贯彻《义务教育法》关于适龄儿童、少年就近、免试入学的规定，规范学校入学招生行为，《办法（草案）》规定适龄儿童、少年应当在户籍地或者长期居住地所在区、县的教育行政部门确定的学校就近、免试入学。学校不得采取或者变相采取考试、测试、面试等形式选拔学生，不得将各种竞赛成绩、奖励、证书作为招生入学的依据。同时，为了保证就近入学制度，区、县人民政府应当保障适龄儿童、少年在户籍所在区、县就近入学。区、县教育行政部门应当根据适龄儿童、少年的数量和分布状况，合理确定本行

政区域内每所公办学校的就近招生范围和招生人数，并向社会公布。

保障经济困难家庭、进城务工人员子女平等接受义务教育是十七大报告和义务教育法提出的明确要求，为了落实这一要求，《办法（草案）》规定本市逐步完善对困难群体学生的就学减免、补助政策，保障农村学生、家庭经济困难学生和残疾学生等接受义务教育；市和区、县人民政府按照国家有关建设标准设置特殊教育学校（班），保障残疾的适龄儿童、少年接受义务教育。针对外地来京务工农民子女接受义务教育的问题，《办法（草案）》规定市和区、县人民政府应当依法保障外地来京务工农民子女中的适龄儿童、少年接受义务教育。

（三）推进学校办学条件标准化建设，规范学校办学行为

为了均衡配置教育资源，保障学校按照标准建设，缩小学校之间的办学差距，《办法（草案）》规定本市根据国家有关规定和教育教学的需要，制定学校办学条件标准，推进学校办学条件标准化建设，重点保障农村学校和城镇地区薄弱学校达标；区、县人民政府应当根据教育设施专项规划，制定本行政区域内义务教育学校的设置和调整方案，并组织实施；新建、改建、扩建居住区需要配套建设学校的，由区、县人民政府负责组织实施，所需建设用地应当依法划拨。为了保障流动人口子女接受义务教育的权利，《办法（草案）》规定区、县人民政府应当采取措施充分保障外地来京务工农民子女中的适龄儿童、少年在公办学校入学，并按照实际招生人数足额拨付经费、配备教师。公办学校接收有困难的，区、县人民政府可以委托民办学校接收外地来京务工农民子女中的适龄儿童、少年接受义务教育，并根据接收学生的数量和公办学校的学生人均教育经费标准，拨付教育经费。

针对社会关注的办学体制改革不规范、重点校和重点班造成择校现象突出等问题，《办法（草案）》从两个方面规范学校办学行为：首先，实施义务教育的公办学校不得举办民办学校。其次，市和区、县人民政府不得将学校分为重点学校和非重点学校，不得利用财政性教育经费重点建设超标准学校；学校不得以各种名义在校内分设重点班和非重点班，不得举办各种名义的实验班、特长班。

（四）优化教师队伍结构，提高教师队伍素质

加强教师队伍建设，提高教师素质，是促进义务教育均衡发展的关键环节，《办法（草案）》从以下四个方面作出了规定：一是严格教师准入制度，规定了教师应当取得国家规定的教师资格，并符合本市规定的教师岗位聘任条件。二是保障教师工资待遇，规定本市各级人民政府保障教师工资福利和社会保险待遇，改善教师工作和生活条件，并完善教师工资制度，建立科学、规范的收入分配机制。三是为了保证教育质量，提高教师的师德水平和教育教学能力，规定教育、人事等行政部门应当统筹规划教师队伍建设，深化人事制度改革，优化教师队伍结构，按照面向全体、整体提升的原则，采取措施加强对教师的管理和培养、培训。四是加强了对农村、城镇地区薄弱学校和教师的倾斜政策，规定了在山区和边远地区工作的教师享有山区和边远地区补助津贴，加强对农村学校和城镇地区薄弱学校的教师培训的力度，市和区、县人民政府组织城市地区教师到农村地区支援教育工作，鼓励和支持高等学校毕业生到农村学校和城镇地区薄弱学校从事义务教育工作，区、县教育行政部门应当组织公办学校校长、教师流动。

此外，《办法（草案）》对教师行为规范作了具体规定，如教师应当按照规定履行教

育教学职责；公办学校教师在工作日期间不得到校外社会办学机构兼职兼课；不得组织所在学校的学生接受有偿家教等。

（五）实施素质教育，提高义务教育质量

为了贯彻《义务教育法》关于实施素质教育，提高教育质量的方针，促进适龄儿童、少年在品德、智力、体质等方面全面发展，为培养有理想、有道德、有文化、有纪律的社会主义建设者和接班人奠定基础，《办法（草案）》分别对教育行政部门、学校和教师提出了要求。首先，教育行政部门应当严格执行国家确定的教学制度、教育教学内容、课程设置和课时安排，采取措施切实推进实施素质教育；按照国家要求推进教学内容与方式、考试、招生和质量评价制度等改革，建立健全义务教育质量监控体系和教学指导体系；教育、卫生行政部门应当对教师进行精神卫生知识培训，提高其促进学生精神健康的能力。其次，学校应当按照素质教育要求，组织学生开展科技、文艺、体育和社会实践活动，确保学生参加体育锻炼和社会实践活动的时间，并将精神健康教育纳入教学计划，开展精神健康教育、咨询、辅导，创造有利于学生精神健康的学习环境，促进学生身心健康。

此外，针对当前教育教学中存在的与实施素质教育相悖的一些问题，《办法（草案）》对学校和教师的教育教学活动做了一些禁止性规定，如不得违反规定增加学生课业负担，不得增加考试科目的课时，也不得减少非考试科目的课时等。

（六）加强对义务教育的督导工作

教育督导是为了加强对教育的行政监督，保障教育法律、法规和规章的贯彻执行和教育目标的实现，而采取的行之有效的制度。为了保障义务教育各项方针、制度的落实，保证教育质量符合国家的要求，《义务教育法》规定了对义务教育工作实施督导的教育督导制度。《办法（草案）》根据本市实际情况，进一步细化了义务教育法规定的义务教育督导制度的内容，明确了义务教育督导机构的职责和督导的内容。市和区、县人民政府应当将本行政区域内义务教育均衡发展的督导评估结果作为评价各区、县人民政府义务教育工作的重要指标和考核主要领导干部政绩的重要内容。

此外，《办法（草案）》针对违反义务教育管理制度的行为设定了相应的法律责任。

《办法（草案）》已印送各位委员，请予审议。

市人大教育科技文化卫生体育委员会关于《北京市实施〈中华人民共和国义务教育法〉办法（草案）》审议意见的报告

——2008年4月17日在北京市第十三届人民代表大会常务委员会第三次会议上

市人大教育科技文化卫生体育委员会主任委员　梁　平

主任、各位副主任、秘书长、各位委员：

北京市人大教科文卫体委员会收到市人民政府提请市人大常委会审议的《北京市实施〈中华人民共和国义务教育法〉办法（草

案）》（以下简称《办法（草案）》）后，分别召开了4次座谈会，听取了部分市人大代表、市政府相关委办局、各区县政府以及教育界专家学者的意见和建议。书面征求了全国人大教科文卫委员会、市政协教文卫体委员会和各区县人大常委会的意见，并在北京市人大常委会网站上公开征求社会各界的意见和建议，还就几个重点、难点问题组织部分市人大代表赴怀柔区、丰台区进行了专题调研，同政府相关部门进行了研究、协调。4月2日，市人大教科文卫体委员会召开第二次会议，对《办法（草案）》进行了审议，现将审议意见报告如下。

委员会认为，1986年7月本市制定了《北京市实施〈中华人民共和国义务教育法〉办法》（以下简称《实施办法》），并于1993年进行了修正。20多年来，《实施办法》为推动本市义务教育事业的发展起到了极为重要的作用。2006年6月，第十届全国人大常委会第二十二次会议修订通过了《中华人民共和国义务教育法》（以下简称《义务教育法》），在促进义务教育均衡发展、实施素质教育、提高教育质量、建立义务教育公共财政保障体制和管理体制等方面作出了一系列重大的创新。近年来，本市义务教育事业在发展过程中也面临着新的情况和问题。因此，为了贯彻落实新修订的《义务教育法》，解决本市义务教育事业在发展中出现的新问题和新矛盾，实施素质教育，促进本市义务教育均衡发展，提高教育质量和水平，对《实施办法》进行修订是十分必要的。

委员会认为，《办法（草案）》体现了《义务教育法》的指导思想和原则，符合《义务教育法》的规定，与现行的相关法律、法规也做到了较好的衔接。《办法（草案）》的体例、结构较为合理，内容较为全面，符合本市的实际情况，具有可操作性。《办法（草案）》充分体现了本市由政府保障义务教育实施的决心和态度，以促进义务教育公平、推进义务教育均衡发展、提高义务教育质量、实现教育现代化为出发点，结合本市实际情况，确立了本市实行市政府统筹落实、区县政府为主管理的义务教育管理体制和经费投入保障体制，明确了各级政府及其有关部门的职责；制定了促进义务教育均衡发展的具体措施；对加强教师队伍建设、实施素质教育、规范教育教学行为等方面作出了进一步的规定；完善了义务教育督导制度。《办法（草案）》已经基本成熟，建议经常委会审议修改后颁布实施。

同时，委员会在审议中还提出了以下修改意见和建议。

一、《办法（草案）》应当作为《办法（修订草案）》提请市人大常委会审议

根据《北京市制定地方性法规技术规范（试行）》中关于“修改法规不变更法规名称，变更法规名称应作为立新废旧”的规定，此次对《实施办法》的修订，并没有改变现行法规的名称，所以不能作为立新废旧。本市修订《实施办法》的情况与国家修订《义务教育法》的情况类似，国务院向全国人大常委会报送的是《中华人民共和国义务教育法（修订草案）》，本市可以参考借鉴。因此，建议以《北京市实施〈中华人民共和国义务教育法〉办法（修订草案）》提请市人大常委会审议，并删除《办法（草案）》第五十五条中“1986年7月8日北京市第八届人民代表大会常务委员会第二十九次会议通过，根据1993年11月26日北京市第十届人民代表大会常务委员会第七次会议《关于修改〈北京市实施中华人民共和国义务教育法办法〉的决定》修正的《北京市实施〈中华人民共和国义务教育法〉办法》同时废止”的规定。

二、在明确区、县政府职责的同时，应进一步突出市政府在义务教育统筹规划实施和经费保障方面的职责

赋予省级政府对义务教育“统筹规划实施”的法定职责，强化省级政府的责任，是国家修订《义务教育法》的一个重大变化，应当体现在本市《实施办法》的修订之中。如《办法（草案）》第五条第二款规定的关于加强农村学校、城镇地区薄弱学校建设，缩小学校之间的办学条件差距，是促进义务教育均衡发展的重要方面，仅规定为区、县政府的职责是不够的，也应是市政府的职责。《办法（草案）》第十七条关于区、县政府保障外地来京务工农民子女中的适龄儿童、少年接受义务教育的规定，也应当由市政府统筹规划实施。《办法（草案）》第四十三条第二款是对市和区、县政府义务教育经费投入的项目和分担职责的划分。这些项目和分担职责会随着经济、社会的发展情况而变化，不宜在地方法规中作出具体规定，建议在规定区、县政府应当按照职责依法保障教育经费投入的同时，强调市政府对财力薄弱的区、县予以补助和支持，具体办法由市政府制定。

三、应进一步强化社会对于实施义务教育的责任

保障适龄儿童、少年接受义务教育的权利，履行接受义务教育的义务，不仅是政府及其有关部门的职责，也是全社会的共同责任，应当在《办法（草案）》中进一步加以强调。建议在第一章中增加社会组织、家庭和个人应当为适龄儿童、少年接受义务教育创造良好环境的内容；在第二章增加规定父母或者其他法定监护人，区、县教育行政部门和乡、镇政府、街道办事处在保障适龄儿童、少年按时入学、防止辍学方面的职责。

由于各种原因，本市、特别是城近郊区一些学校文化体育设施严重不足，并难以解决。社会公共文化体育设施对于学校开展教育教学活动起着重要的作用。因此，建议在《办法（草案）》第三十八条中增加规定社会公共文化体育设施应当为学校开展教育教学活动提供条件和便利的内容。

四、应进一步体现首都义务教育的地位和特点

北京作为首都，具有特殊的地位，在义务教育的实施上，一直处于全国的前列。按照本市提出的率先基本实现教育现代化的目标，应当在《办法（草案）》中体现实施义务教育更高的要求和标准，使其具有北京的特色。根据本市的实际情况，建议在《办法（草案）》第十二条中增加对举办寄宿制学校的规定，因为本市面积的62%是山区，通过集中办学、规模办学改善山区和边远地区义务教育的办学条件，提高义务教育质量是本市多年来采取的一项重要措施。建议在《办法（草案）》第四十二条第一款中明确本市应当制定高于国家标准的学生人均公用经费标准，并按照本市实现教育现代化的要求，根据经济和社会发展状况适时调整的内容，而不是仅仅依照《义务教育法》的规定，制定不低于国家标准的学生人均公用经费标准。这既符合本市经济、社会的发展情况，也是本市多年来的实际做法，更是实现首都教育现代化的根本要求。

五、应进一步明确政府在新建、改建居民区学校建设中的责任

目前，本市新建、改建居民区配套学校

建设的问题较多，各方面反映强烈。主要是缺乏总体规划，建设标准不统一，配套学校建设规模小，达不到办学条件标准；由开发商配建造成学校产权不清、交付不及时等问题。义务教育是国家应当予以保障的公益性事业，建设义务教育学校是政府的责任，因此，有必要在《办法（草案）》中明确政府应当承担居民区学校的建设责任，并在居民区学校的规划、建设标准、资金和土地保障等方面作出规定。建议将《办法（草案）》第十五条修改为："新建、改建居民区需要设置学校的，应当纳入教育设施专项规划，学校建设应当符合办学条件标准，并与居民区的建设同步进行。市和区、县人民政府应当对所需建设用地依法划拨，对所需资金予以保障，由区、县人民政府负责组织实施。具体办法由市人民政府制定。"

六、应进一步强调实施素质教育的要求

实施素质教育是教育行政部门、学校和教师的法定职责，是提高本市义务教育质量和水平的本质要求，《办法（草案）》应进一步强化这方面的规定。建议在《办法（草案）》第三十四条增加面向全体学生、因材施教、增强学生体质和精神健康的内容；在《办法（草案）》第三十七条中增加不得利用假期、公休日、课余时间组织学生进行强制补课，增加学生负担的内容；在《办法（草案）》第三十八条中增加学校应组织学生参观博物馆、科技馆、纪念馆和爱国主义教育基地等场馆的内容。

七、《办法（草案）》第二十一条应符合上位法的规定

《办法（草案）》第二十一条规定的"公办学校不得举办民办学校"与《中华人民共和国民办教育促进法》第二条和《〈中华人民共和国民办教育促进法〉实施条例》第六条的规定不一致，为了不与上位法相抵触，建议修改为："公办学校不得违反法律、法规规定举办民办学校。"

八、其他方面的修改建议

由于目前本市在教师医疗待遇方面存在着较多问题，各方面反映较大，建议在《办法（草案）》第二十九条第一款中明确政府应当为教师提供医疗保障；为完善督导程序，提高督导实效，建议在第七章增加规定："教育督导机构应当向被督导单位下达督导意见书，被督导单位应当按照要求报告整改情况。"；因为对《办法（草案）》的有关条款作了修改，应对相应的法律责任予以修改，建议对《办法（草案）》第五十三条第三项、第四项作出修改，并增加对违反《办法（草案）》第二十二条的法律责任的规定。

此外，对《办法（草案）》中部分文字作了修改，对部分条款的顺序作了调整，修改建议稿已送常委会各位组成人员。

市人大法制委员会关于《北京市实施〈中华人民共和国义务教育法〉办法（草案）》审议结果的报告

——2008年11月20日在北京市第十三届人民代表大会常务委员会第七次会议上

市人大法制委员会副主任委员 张 引

主任、各位副主任、秘书长、各位委员：

2008年4月17日，市十三届人大常委会第三次会议对《北京市实施〈中华人民共和国义务教育法〉办法（草案）》（以下简称《办法（草案）》）进行了分组审议，共有24位常委会组成人员和5位列席代表发表了意见和建议。组成人员和代表们赞同《办法（草案）》的框架和主要内容，对完善义务教育经费保障机制、提高教师工资待遇、加强对学生的德育教育、保障外地来京务工农民子女接受义务教育等方面的规定提出了完善意见。会后，法制办公室会同有关部门对审议意见进行了归纳分析，就常委会审议过程中提出的义务教育经费保障、退休教师待遇等问题进行了专题调研，并结合9月22日市十三届人大常委会第六次会议审议市人大常委会执法检查组关于检查《中华人民共和国义务教育法》实施情况的报告的有关情况，对《办法（草案）》进行了认真研究。

10月31日，法制委员会召开会议，根据常委会的审议意见和有关方面的意见，对《办法（草案）》进行了审议。法制委员会认为，为实施2006年修订的《中华人民共和国义务教育法》（以下简称《义务教育法》），修订本市的《实施办法》，完善本市义务教育资源配置机制，促进本市义务教育均衡发展，推进素质教育，实现城乡义务教育的公平，是提升本市教育发展水平，体现首都性质功能，建设“人文北京”、促进本市科学发展的重要内容。《办法（草案）》的规定符合本市义务教育发展的实际情况，明确了本市义务教育的管理体制和经费保障机制，提出了促进义务教育均衡发展的具体措施，对于推进素质教育、加强教师队伍建设、规范教育教学行为等作出了规定，内容全面，较为成熟。法制委员会对《办法（草案）》提出了进一步修改的意见。现将审议结果报告如下。

一、关于法规的修改形式

《办法（草案）》是市人民政府以制定新法规、废止原《实施办法》的形式提请市人大常委会审议的。教科文卫体委员会提出，为实施原《义务教育法》，本市制定了《北京市实施〈中华人民共和国义务教育法〉办法》。2006年全国人大常委会对原法律以修订方式进行了修改，此次修改地方性法规，就是根据修订后的法律进行的，并未改变现行地方性法规的名称。根据《北京市制定地方性法规技术规范（试行）》中关于“修改法规不变更法规名称，变更法规名称应作为立新废旧”的规定，此次对《实施办法》进行修改不宜以立新废旧的方式进行，以修订方式较为适宜。法制委员会同意教科文卫体委员会的意见，建议将《办法（草案）》名称修改为《办法（修订草案）》，经修改后提请本次会议审议的为《办法（修订草案修改稿）》，并删除《办法（草案）》第五十五条中关于废止原《北京市实施〈中华人民共和国义务教育法〉办法》的相应规定。

二、关于完善政府在义务教育方面职责的规定

1. 关于市人民政府在义务教育均衡发展方面的职责

在审议中，多位常委会组成人员提出，省级政府负责义务教育的统筹规划是新修订的《义务教育法》的重要内容，《办法（草案）》对于市人民政府推进本市义务教育均衡发展的职责规定得不够明确，建议在法规中强化市人民政府的职责。法制委员会同意常委会组成人员的意见，建议在《办法（修订草案修改稿）》第五条中明确市人民政府在加强农村学校和城镇地区薄弱学校建设、缩小学校办学条件差距等方面的职责；建议在《办法（修订草案修改稿）》第十三条中明确市人民政府依法保障外地来京务工农民子女接受义务教育的职责，同时考虑到对于该问题需要政府根据实际情况作出具体安排，可以不在法规中作具体规定，建议在法规中规定市和区、县人民政府依法保障原则的同时授权市人民政府制定具体办法。

2. 关于政府在新建、改建居民区学校建设中的责任

《办法（草案）》第十五条规定了新建、改建居民区配套建设学校的基本要求。教科文卫体委员会提出，义务教育是国家应当予以保障的公益性事业，目前本市在新建、改建居民区配套学校建设方面缺乏总体规划，建设标准不统一，配套学校建设规模小，达不到办学条件标准；由开发商配套建设造成学校产权不清、交付不及时等问题，建议在法规中具体规定政府在居民区学校建设中的责任，明确居民区学校建设的规划、资金和土地保障等内容。法制委员会同意教科文卫体委员会的意见，建议将《办法（草案）》第十五条修改为：“新建、改建居民区需要设置学校的，应当纳入教育设施专项规划，学校建设应当符合办学条件标准，并与居民区的建设同步进行。市和区、县人民政府应当对所需建设用地依法划拨，对所需资金予以保障，学校建设由区、县人民政府负责组织实施。具体办法由市人民政府制定。”（《办法（修订草案修改稿）》第十九条）

3. 关于市和区、县人民政府在义务教育经费投入上的职责

《办法（草案）》第四十三条规定了在义务教育经费投入上市和区、县人民政府按照比例分担的具体项目，同时规定教师工资由区、县人民政府财政予以全额保障，基本建设投资主要由区、县人民政府负担。多位常委会组成人员和教科文卫体委员会都提出，应当强化市人民政府在义务教育经费投入上的职责，市财政要加大对财力薄弱区县的支持力度；教科文卫体委员会同时提出，市和区县人民政府在义务教育经费投入上的具体责任会随着本市经济社会的发展情况而变化，不宜在法规中作过于具体的规定。根据常委会组成人员和教科文卫体委员会的意见，法制委员会建议删去本条中关于义务教育经费投入市和区县人民政府具体责任的规定，明确本市各区县人民政府依法保障义务教育经费投入，市人民政府按照规定分项目、按比例分担义务教育经费并对财力薄弱的区县予以补助和支持，并授权市人民政府制定本市义务教育经费保障的具体办法（《办法（修订草案修改稿）》第四十八条）。

三、关于加强社会各方面对于实施义务教育的责任

教科文卫体委员会提出，保障适龄儿童、少年接受义务教育的权利，不仅是政府及其有关部门的职责，也是全社会的共同责任，应当在法规中予以规定。法制委员会同意教科文卫体委员会的意见，建议在第一章增加社会组织和个人为适龄儿童、少年接受义务教育创造环境的规定，表述为“社会组织和个人应当为适龄儿童、少年接受义务教育创造良好环境。”（《办法（修订草案修改稿）》第七条）

在第二章增加父母或者其他法定监护人等保障适龄儿童、少年按时入学接受义务教育方面的规定，表述为：“凡年满六周岁的儿童，其父母或者其他法定监护人应当送其入学接受并完成义务教育。

“适龄儿童、少年因身体状况需要延缓入学或者休学的，其父母或者其他法定监护人应当依法办理相关手续。

“区、县教育行政部门和乡、镇人民政府、街道办事处应当采取措施防止适龄儿童、少年辍学。”（《办法（修订草案修改稿）》第八条）

在第五章增加社会公共文化体育设施为学校的教育教学活动提供条件的规定，表述为：“社会公共文化体育设施应当为学校开展教育教学活动提供条件和便利。”（《办法（修订草案修改稿）》第四十三条第三款）

四、关于提高学校建设标准并加强对学校的安全检查

《办法（草案）》第十四条规定了新建、改建、扩建学校的要求。市人大常委会执法检查组关于检查《义务教育法》实施情况的报告中提出，本市应当从汶川地震中吸取经验教训，提高学校建设标准，并建立中小学校校舍安全管理的长效机制，形成制度保障，建议在法规中增加相应规定。根据执法检查报告的意见，法制委员会建议将本条修改后作为《办法（修订草案修改稿）》第十八条第一款，表述为：“新建、改建、扩建学校应当符合国家有关学校建设标准的要求，保障学生和教职工的人身安全。”同时，增加区、县人民政府定期组织对学校进行安全检查的规定，作为第二款，表述为：“区、县人民政府应当定期组织对学校校舍的安全检查；对需要维修、改造的，及时予以维修、改造。”

五、关于加强对学生的德育教育和法制教育

在审议中，多位常委会组成人员提出，应当在法规中规定关于加强对学生的德育、法制等方面教育的内容，以促进学生的健康成长。法制委员会同意常委会组成人员的意见，建议增加一条，作为《办法（修订草案修改稿）》第四十二条，表述为：“学校应当把德育放在首位，寓德育于教育教学之中，加强对学生的法制教育，促进学生形成良好的思想品德和行为习惯。”

六、关于进一步推进素质教育

教科文卫体委员会提出，实施素质教育是教育行政部门、学校和教师的法定职责，是提高本市义务教育质量和水平的本质要求，应当在法规中强化这方面的规定。根据教科文卫体委员会的意见，法制委员会建议在《办法（修订草案修改稿）》第三十八条中增加面向全体学生因材施教、增强学生体质和精神健康的内容；在《办法（修订草案修改稿）》第四十一条中增加学校和教师不得增加

学生负担的内容；在《办法（修订草案修改稿）》第四十三条中增加学校组织学生开展体育、文艺、科技和社会实践活动等内容。

此外，根据常委会的审议意见和有关方面的意见，法制委员会还对《办法（草案）》作了文字修改，对条款顺序进行了调整。

法制委员会按照上述意见提出了《北京市实施〈中华人民共和国义务教育法〉办法（修订草案修改稿）》，提请本次常委会会议进行审议。

《办法（修订草案修改稿）》和以上意见是否妥当，请审议。

市人大法制委员会关于《北京市实施〈中华人民共和国义务教育法〉办法（表决稿）》的说明

——2008年11月21日在北京市第十三届人民代表大会常务委员会第七次会议上

市人大法制委员会副主任委员　张　引

主任、各位副主任、秘书长、各位委员：

11月20日，市十三届人大常委会第七次会议对《北京市实施〈中华人民共和国义务教育法〉办法（修订草案修改稿）》（以下简称《办法（修订草案修改稿）》）进行了审议。会上，常委会组成人员和代表没有提出新的意见和建议。20日晚，法制委员会召开会议，对《办法（修订草案修改稿）》进行了审议，提出了《北京市实施〈中华人民共和国义务教育法〉办法（表决稿）》，建议本次常委会会议通过，并自2009年3月1日起施行。

关于检查《中华人民共和国劳动合同法》实施情况的报告

——2008年11月20日在北京市第十三届人民代表大会常务委员会第七次会议上

市人大常委会副主任　吴世雄

主任、各位副主任、秘书长、各位委员：

《中华人民共和国劳动合同法》（以下简称劳动合同法）于2007年6月29日经十届全国人大常委会第二十八次会议审议通过，今年1月1日起正式实施。该法是调整劳动合同关系，保护广大劳动者合法权益，构建社会主义和谐社会的一部重要法律。为推动该法在本市行政区域内的贯彻实施，市人大常委会决定今年对劳动合同法实施情况进行检查，同时对制定《北京市实施〈中华人民共和国劳动合同法〉办法》进行立法调研。成立了由分管副主任为组长，部分常委会委员、财经委员会委员以及市人大代表组成的执法检查组。从今年9月以来，执法检查组召开座谈会，分别听取了市与部分区县劳动保障行政部门、市高级人民法院、市国资委的汇报；听取了市总工会与部分区县以及企业基层工会组织，市企联、市工商联、市私营个体经济协会以及国有企业、个体私营企业、外资企业、劳务派遣企业等用人单位以及有关方面专家对劳动合同法实施情况的意见和建议，并深入企业与职工面对面进行交流。11月3日，执法检查组召开全体会议，讨论并通过了执法检查报告。下面，我就检查情况报告如下。

执法检查组认为，劳动合同法实施近一年来，我市总体情况是平稳、顺利的，社会反映良好。劳动合同法的实施促进了劳动关系的和谐稳定，对新法的实施，劳动者广泛表示欢迎和拥护，多数用人单位能够严格遵守。市人民政府及其有关部门以全面实施劳动合同制度，规范劳动用工管理，保障劳动者合法权益，发展和谐稳定的劳动关系为中心，依法履行职责，加大执法力度，做了大量工作，我市贯彻实施劳动合同法工作有序推进，劳动合同签订率和续订率明显上升。据市劳动和社会保障部门统计，我市地方企业劳动合同签订率达到了96.2%，城镇职工劳动合同续订率为93.9%，与劳动合同法实施前的2007年同期相比分别增长4.7个和1.8个百分点；劳动合同短期化现象有所改善，其中，签订一年及以下劳动合同的占29.42%，同比下降31.74个百分点，签订三年以上劳动合同的占18.64%，签订无固定期劳动合同的占13.94%，同比分别提高9.18个和6.95个百分点。劳动用工行为不断规范，违法用工行为得到进一步遏制，劳动合同制度建设得到进一步加强。

一、贯彻实施的基本情况

（一）*积极开展劳动合同法宣传培训工作，为法律贯彻实施创造良好舆论氛围*

劳动合同法颁布实施后，市政府高度重视法律的宣传教育培训工作，及时启动了劳动合同法“百日普法”活动，通过电台、电视台、报刊、网络等平台，大力宣讲劳动合同制度相关法律、法规和政策规定。组织现场咨询活动，发放《致用人单位的一封信》以及劳动合同法单行本、讲义等宣传材料，并举办了劳动合同法知识竞赛。同时，加强培训工作，组织以各级劳动保障干部、企业法人代表、人力资源管理人员、工会干部为重点的普法培训，共举办学习培训班1300余场，培训各级劳动保障干部、企业法人代表和劳资干部24.8万人，并对全市劳务派遣组织的法人代表进行了专项培训。市总工会、市工商联以及市私营个体经济协会等社会团体发挥各自优势，多渠道、多层次、形式多样地开展宣传活动，通过宣传培训，用人单位劳动合同法律意识明显增强，执行劳动合同法的自觉性不断提高。

（二）*研究制定相关政策、措施，推动劳动合同法顺利实施*

市政府高度重视劳动合同法贯彻实施工作，及时召开了贯彻落实劳动合同法工作动员大会，对全市贯彻落实工作进行统一部署。认真研究劳动合同法的有关规定以及法律实施后出现的新情况、新问题，及时制定了《关于贯彻〈中华人民共和国劳动合同法〉全面推进劳动合同制度实施的若干意见》，将全面推进劳动合同制度，提高劳动合同签订率纳入区县政府责任考核目标。发布了《关于机关事业单位做好签订聘用、劳动合同工作有关问题的通知》，规范机关事业单位使用编制外人员的用工行为；制定了劳务派遣组织的过渡性管理办法。制发了固定期限、无固定期限、以完成一定工作任务为期限、劳务派遣、非全日制用工和建筑施工企业农民工等多个劳动合同示范文本，与市总工会联合制发了多种集体合同示范文本，更好地指导和服务企业，方便广大用人单位和劳动者参考使用，进而提升劳动合同和集体合同的质量。

（三）加大劳动监察执法力度，强化劳动争议调处工作，切实维护劳动者合法权益

进一步加大了劳动保障监察执法工作力度，以落实“无拖欠工资”目标和推动用人单位贯彻实施劳动合同法为重点，组织开展了为期三个月的劳动合同法实施情况的专项执法检查，促进了劳动合同法的贯彻落实。1—9月份，累计检查用人单位7.59万户（次），涉及职工228.25万人，为2.63万名劳动者补签了劳动合同，对存在违反劳动法律、法规的用人单位作出了1554件行政处罚。今年，面对劳动争议案件大幅攀升、工作压力加大的情况，劳动争议仲裁机关着力改进工作方式，提高工作效率，劳动争议案件得到妥善解决。截至9月底，全市已审结案件28,617件，结案率为86.84%；调解及调解撤诉案件12,842件，调解率为44.88%。通过执法检查和仲裁，进一步规范了企业用工行为，维护了劳动者合法权益。

（四）建立健全工作机制，加强对劳动合同法贯彻实施情况的监控和指导

从建立监控网络、开展调查摸底、完善协调机制等方面开展工作。不断完善劳动合同签订履行情况的动态监控制度，扩大监控企业范围，确定重点监控对象，将劳动保障监察网格化建设、发展劳动保障监察协管员队伍、落实区域管理责任制、建立对企业的长效管理机制、推动创建“和谐劳动关系单位”活动有机结合。建立了全市贯彻落实劳动合同法工作情况专项定期通报制度，畅通信息渠道。开展了“北京市劳动合同管理现状的调查”工作，抽样调查了8579户用人单位，涉及职工59.3万人，基本掌握了全市劳动合同制度实施情况。建立了重、特大劳动争议案件和突发事件排查调处机制，及时发现、化解、处理重大矛盾纠纷。对于企业准备经济性裁员、拆搬迁、撤销和解散的，劳动行政部门提前介入，指导企业做好分流安置工作。

二、进一步推动劳动合同法贯彻实施的意见和建议

执法检查组指出，劳动合同法实施还不到一年时间，取得的成效是阶段性的，同时，也暴露了一些执行过程中的问题，如社会上对劳动合同法的理解和执行还存在一定偏差，一些小型企业、个体工商户用工还不够规范，劳务派遣被一些企业滥用，劳动合同制度配套政策需进一步完善等。为进一步推动劳动合同法在我市的贯彻实施，执法检查组提出以下意见和建议。

（一）继续加强劳动合同法宣传工作，引导社会各方正确理解和执行劳动合同法

劳动合同法实施以来，我市大多数用人单位和劳动者能够正确认识并认真执行法律规定，但社会上也有一些不同认识，一是认为劳动合同法有的规定过于超前，与当前经济发展水平不适应；二是将劳动用工成本上升归结于劳动合同法的施行；三是把无固定期限劳动合同与计划经济下的固定工等同，认为侵犯了企业用工自主权，僵化了用工机制；四是认为劳动合同法过度保护劳动者利益，加剧了劳资矛盾；五是认为劳动合同法实施造成企业慎用人、少用人，影响就业工作。由于存在不同认识，致使个别用人单位对法律的实施持消极观望态度，没有全面按照法律的规定执行。执法检查组指出，法律

一经颁布实施就具有强制力，必须不折不扣地执行，这是法制社会有法可依、有法必依、执法必严、违法必究的必然要求。建议市政府及其有关部门结合劳动合同法实施条例的施行，继续深入开展有针对性的宣传教育和培训工作。一是各级政府和执法部门要继续深入学习劳动合同法及其实施条例，准确把握法律内涵，明确法律赋予的职责，提高依法行政的能力和管理服务水平。二是积极指导用人单位正确理解劳动合同法的精神实质和具体规定。劳动合同法既保护守法职工，也保护守法企业，贯彻实施劳动合同法有利于和谐劳资关系的建设，有利于企业的长远发展，从而自觉遵守劳动合同法，依法规范用工行为。同时，对严格遵守劳动合同法律、法规、劳动关系和谐稳定的用人单位予以表彰，通过树立正面典型，推动劳动合同法的施行。三是帮助劳动者学法、守法，不断提高依法维权的意识和能力。基层工会组织要切实发挥联系劳动者的桥梁作用，教育引导劳动者树立诚信就业的观念和自觉履行法律义务、依法表达利益诉求的意识，依法签订劳动合同。

（二）解决难点问题，全面深入推进劳动合同法的贯彻实施

劳务派遣不规范是劳动合同法贯彻实施的难点之一。近年来，劳务派遣用工发展较快，作为一种相对灵活的用工形式对于补充传统就业方式发挥了积极作用，但劳务派遣被滥用的问题比较突出。部分劳动密集型企业在主营业务中大量使用劳务派遣工；特别是有的企业劳务派遣工与正式合同工“同工不同酬”；有的用人单位强迫本单位的职工置换身份到劳务派遣组织，再由劳务派遣组织派遣到原单位的原岗位工作，而工资福利待遇却与原来相差甚远，规避其对自有职工应当承担的责任，以降低用工成本和风险。在市场需求及利益的驱动下，我市劳务派遣公司注册数量大幅增长，劳务派遣市场鱼龙混杂，不正当竞争激烈。另一方面，政府有关部门也存在对劳务派遣公司底数不清，监管责任不明晰，监管不到位等问题。针对这些问题，执法检查组建议，要严格按照劳动合同法对劳务派遣用工的规定，摸清底数，明确监管职责，加大监管力度，切实加强对劳务派遣单位及用工单位的监管。研究制定对于劳务派遣组织的监管办法和准入标准，明确对劳务派遣企业的选择标准和评价机制。引导用工单位规范选择劳务派遣企业，合理规划劳务派遣人员岗位，规范劳务派遣相关岗位的用工标准，积极探索既符合企业经营发展需要又节约管理成本的新型用工模式，充分保护被派遣人员的合法权益。

劳动合同法贯彻实施的另一难点是机关、事业单位编制外人员劳动用工问题。劳动合同法实施以来，这一问题得到一定程度缓解，但受管理体制、机制等因素的影响，机关、事业单位劳动合同管理工作仍然比较薄弱，相关制度不尽完善。建议市人民政府以劳动合同法实施为契机，进一步加强对机关、事业单位用工的监管。对这些单位使用的编制外人员的岗位、人员进行清理、规范。对必须使用编制外人员的，要认真梳理编制外人员劳动用工情况，完善各项管理规定，加强管理，促进劳动合同法在全社会的实施，为社会用工起到表率作用。

（三）突出重点，加强对小型企业的监督检查和帮助指导

虽然我市今年劳动合同签订率与去年相比有较大提升，但是一些用人单位特别是小型企业、个体工商户、劳动密集型企业及人员流动性较大的行业，用工不规范问题仍然突出。从规模看，小企业、个体工商户存在劳动合同签订率低、参保率低、劳动环境差等问题，是目前劳动用工管理的一个薄弱领域。从行业看，餐饮娱乐、批发零售等服务

业企业一般规模小、用工灵活，属于劳动密集型企业，也是长期以来劳动用工管理的薄弱环节。据抽样调查的情况显示，10人以下的私营企业劳动合同签订率为88.6%，10人以下的住宿餐饮业企业劳动合同签订率为88%，远远低于被调查的全部8579户企业97.5%的劳动合同签订率。为此，建议市人民政府应以餐饮娱乐、批发零售、建筑等行业以及用工在30人以下的小型企业为重点，大力开展劳动合同签订和履行情况的检查工作。严肃查处违法侵权行为，树立法律的权威。同时，有关部门要加强对中小企业的指导，帮助它们解决执行法律中遇到的实际问题和困难。

（四）加大劳动执法和劳动争议仲裁工作力度，切实维护劳动者合法权益

目前，我市各类不同性质的法人单位和私营企业40多万户，从业人员700余万人。然而，市与区县两级劳动监察机构配备的专职劳动监察员仅有360名，远低于原劳动保障部提出的专职劳动监察员与从业人员数量1∶10,000的比例目标。受人员素质、编制、经费等局限，劳动监察机关难以适应行政执法工作的需要，经常、主动、全面的日常巡查和专项检查难以有效开展。在劳动争议调解仲裁方面，截至今年9月底，全市共立案受理的各类劳动争议案件达43,209件，同比增长110.3%，但是我市目前仅有专职仲裁干部126人，人均受理案件343件。劳动争议处理机构不堪重负，案件无法细致审理。执法检查组认为，劳动执法监察和仲裁是政府运用行政职权对劳动关系进行调整的重要手段，是维护劳动者合法权益的重要途径。建议，一是加强劳动监察执法与劳动争议调解仲裁队伍建设，增加人员力量，规范人员管理，加强人员培训，提高依法履职的能力和水平，切实保障劳动执法权有效行使和劳动争议仲裁工作有效开展。二是进一步加强劳动监察执法工作。做好投诉举报专查、开展专项监察、加强巡视检查工作，推进“劳动用工规范一条街工程”。加大劳动保障违法案件的查处力度。继续推动落实“签合同、上保险、保工资”的有关规定，重点加大对拖欠农民工工资问题执法检查力度，努力实现“无拖欠工资”的目标。三是充分发挥协调劳动关系三方机制作用，完善劳动争议预防和调解机制。建立由企业、社会、政府共同参与的劳动争议预防、调解机制，充分发挥社会各界力量，引导劳动关系双方以理性、合法的形式解决争议。本着调解优先的原则，发挥区域性、行业性以及企业内部调解组织的作用，倡导企业建立内部协调机制，劳动争议发生后及时疏导，化解在基层。同时，进一步完善劳动争议处理机制，提高劳动争议处理效能。

（五）积极制定相关配套政策，做好与法律、法规的衔接工作

在检查和调研过程中，各有关方面还就制定劳动合同法实施办法和相关配套政策，增强法律的可操作性提出了一些意见和建议，如农村经济合作组织、社区组织是否适用于劳动合同法，劳动合同法对于劳务派遣组织的特别规定与一般规定的关系如何处理，劳动关系与劳务关系如何界定，对于改制企业的规定与原有规定如何衔接，对具有多重劳动关系的劳动者如何规范等。建议市政府认真加以研究，为地方立法做好必要的准备。同时，密切关注法律实施过程中出现的新情况、新问题，适时出台符合本市地方实际、有利于新旧劳动合同制度平稳衔接的地方配套办法。针对不同行业和不同规模的企业，研究适合各自特点的政策、措施，以使劳动合同法在不同类型企业得到全面施行。

主任、各位副主任、秘书长、各位委员，劳动合同法涉及每一位劳动者的切身利益，关系每一个用人单位的生存发展，尤其是面

对当前国际、国内经济形势变化的新情况，贯彻实施劳动合同法对于构建和谐稳定的劳动关系，促进经济又好又快发展意义重大。吴邦国委员长指出：“劳动合同法的颁布实施，进一步明确了劳动合同的法律地位，为规范劳动合同当事人的权利义务，保护劳动者的合法权益，发展和谐的劳动关系，提供了有力的法律保障。法律的生命力在于实施。特别是在当前用工制度改革不断深化的新形势下，学习宣传和贯彻实施好劳动合同法显得尤为重要。”对这一重要讲话，我们要认真学习和深刻领会，从学习实践科学发展观、建设社会主义和谐社会的战略高度，充分认识做好劳动合同法实施工作的重要性，继续深入实际，大力开展调查研究，掌握新情况，提出新对策，进一步建立适应社会主义市场经济的和谐稳定的劳动关系。

以上报告，请予审议。

关于北京市贯彻执行《中华人民共和国劳动合同法》情况的报告（书面）

——2008 年 11 月 20 日在北京市第十三届人民代表大会常务委员会第七次会议上

北京市劳动和社会保障局

主任、各位副主任、秘书长、各位委员：

受市人民政府委托，向市人大常委会报告本市贯彻执行《中华人民共和国劳动合同法》工作情况。

《中华人民共和国劳动合同法》（以下简称《劳动合同法》）于 2007 年 6 月 29 日经第十届全国人大常委会第二十八次会议审议通过，2008 年 1 月 1 日开始施行。《劳动合同法》是调整劳动关系的一部重要法律，是我国劳动合同制度建设的重要成果。《劳动合同法》共分 8 章 98 条，从订立劳动合同的原则、劳动合同的订立、履行和变更、解除和终止以及集体合同、劳务派遣、非全日制用工等诸多方面，对用工单位和劳动者双方的权利义务进行了规范，明确了双方的法律责任。与《中华人民共和国劳动法》相比，在对劳动者就业稳定性的保护，分类规范不同劳动用工形式，明确用人单位的法律责任，对用人单位合法权益的保护，健全劳动关系协调机制等 5 个方面均有大的突破。现将我市贯彻落实《劳动合同法》情况向市人大常委会作如下汇报。

一、贯彻落实《劳动合同法》基本情况

《劳动合同法》颁布实施以来，在市委、市政府的领导下，全市各级劳动保障部门围绕确保“平安奥运”工作，以全面实施劳动合同制度，依法规范劳动用工管理，保障劳动者合法权益，发展和谐稳定的劳动关系为中心，通过加强组织领导，强化宣传培训，加大执法力度，解决突出问题，完善相关政策，全面推动了《劳动合同法》的贯彻落实，劳动合同制度建设得到进一步加强，取得了很好的成效，保持了本市劳动关系的和谐稳定。主要表现在三个方面：一是劳动合同签订率大幅提高。截止到 9 月底，本市地方企

业劳动合同签订率达到了96.2%，城镇职工劳动合同续订率为93.9%，与2007年同期相比分别增长4.7个和1.8个百分点；二是职工就业稳定性进一步增强。从签订劳动合同期限结构看，呈现“一低两高”：即短期合同降低，签订一年及以下劳动合同的占29.42%，同比下降31.74个百分点，签订三年以上劳动合同占18.64%，签订无固定期劳动合同占13.94%，同比分别提高9.18个和6.95个百分点，劳动合同短期化问题有所缓解；三是没有因为劳动合同制度的重大调整，引发社会不稳定的因素，维护了劳动关系的和谐稳定，为确保“平安奥运”工作作出了一定贡献。本市《劳动合同法》贯彻实施工作得到了市人大和市政府领导的肯定，市人大吴世雄副主任在对《劳动合同法》贯彻落实情况的调研和检查中，对本市贯彻实施《劳动合法》工作给予充分肯定，并强调“劳动保障工作要以保持首都经济平稳较快发展为大局，以贯彻《劳动合同法》和国务院即将出台的《劳动合同法》实施条例工作为大事，进一步做好贯彻落实工作”。丁向阳副市长在市劳动保障局《“奥运期间”维稳工作情况简报》上批示：“今年贯彻落实新的《劳动合同法》，劳动保障局增加了大量的工作量，同志们也及时地处置了众多劳动争议案件，大家的工作是卓有成效的，要总结并充分肯定。”在贯彻《劳动合同法》实施过程中，主要开展了以下几方面工作。

（一）加强组织领导，为贯彻《劳动合同法》提供了保障

根据原劳动保障部贯彻《劳动合同法》全国电视电话会议精神和要求，市委、市政府高度重视，丁向阳副市长专门听取了《劳动合同法》贯彻情况的工作汇报，市长办公会进行了专题研究，市政府专门召开了贯彻落实《劳动合同法》工作动员大会，对全市贯彻落实工作进行了统一部署，提出了明确要求。各区县也均相应召开了动员部署会，成立了由主管区县长或区县劳动保障局牵头负责，相关部门参加的《劳动合同法》贯彻实施领导小组，统筹安排，为全面贯彻落实《劳动合同法》奠定了坚实的基础。

（二）加强宣传培训，为《劳动合同法》顺利实施创造条件

2007年8月20日，本市全面启动《劳动合同法》“百日普法”活动，充分利用电台、电视台、报刊和网络等媒体，大力宣传劳动合同制度相关法律、法规和政策规定。在北京电视台、北京电台就学习、宣传和贯彻《劳动合同法》的相关内容举办了20余期专题节目，每天滚动播出宣传《劳动合同法》的公益广告。在《北京晚报》开设《劳动合同法》咨询热线，每周一次就百姓关心的热点、难点问题进行解答，同时在《北京晚报》、《北京法制晚报》、《劳动就业报》等新闻媒体开设《劳动合同法》专栏，对《劳动合同法》进行了详细解读。全市各级劳动保障部门组织现场咨询活动929场次，现场提供咨询服务26.5万余人次，发放《致用人单位的一封信》121万份，发放《劳动合同法》单行本、讲义、折页、画刊等宣传材料329万余份。举办了市、区县两级《劳动合同法》知识竞赛活动。通过全方位的宣传，营造了良好的社会氛围。

强化培训，学透法律、法规内容，使法律、法规得以正确实施。一是分别在《劳动合同法》和《中华人民共和国劳动合同法实施条例》（以下简称《条例》）颁布后举办了劳动保障系统内部的培训，统一政策解释口径，提高了劳动保障工作人员的业务素质水平；二是开展对企业法人代表、人力资源管理干部、工会干部为重点的专业培训，促进了用人单位对《劳动合同法》的准确理解和正确执行。全市各级劳动保障部门共举办《劳动合同法》培训班1300余场，培训各级

劳动保障干部、企业法人代表和劳资干部24.8万人，并对全市劳务派遣组织的法人代表进行了专项培训，对《劳动合同法》的贯彻落实起到了重要作用。

（三）及时解决《劳动合同法》颁布后出现的新问题，保障平稳衔接

《劳动合同法》对机关事业单位用工、收取抵押金和劳务派遣组织管理等问题重新作了规范，针对这些新问题，及时提出具体解决措施，保证了《劳动合同法》的顺利实施。一是关于机关事业单位使用编制外人员的问题，市劳动保障局与市人事局联合下发了《关于机关事业单位做好签订聘用、劳动合同工作有关问题的通知》，从源头上规范机关事业单位使用编制外人员的用工行为；二是关于出租汽车行业收取风险抵押金的问题，及时研究解决方案，并报市长办公会讨论通过，保证了《劳动合同法》实施后出租汽车行业的稳定，切实维护了出租车驾驶员的合法权益；三是关于劳务派遣组织的管理问题，及时制定了劳务派遣组织的过渡性管理办法；四是为了更好地指导和服务企业，依法制定并发布了固定期限、无固定期限、以完成一定工作任务为期限、劳务派遣、非全日制用工和建筑施工企业农民工等多个劳动合同示范文本，方便广大用人单位和劳动者在签订劳动合同时参考使用。

（四）明确重点方位，加强对《劳动合同法》实施情况的动态监控

为了确保《劳动合同法》的平稳实施，防止产生影响劳动关系的不稳定因素，加强了对企业实施《劳动合同法》的监控和指导力度。

一是完善劳动合同履行监控制度，提前防范引起劳动关系不稳定因素。扩大监控企业范围，对凡是劳动合同届满人数超过职工总数30%，劳动合同续订率低于80%的企业，纳入企业主管部门和劳动保障部门的重点监控对象。建立了全市贯彻落实《劳动合同法》工作情况专项定期通报制度，畅通信息渠道，及时掌握贯彻实施工作情况和问题

二是完善处置突发事件应急机制，确保《劳动合同法》颁布实施后及奥运期间劳动关系的和谐稳定。全市启动了处置突发事件应急机制，形成了“纵向到底、横向到边、指挥统一、分级负责、归口办理”覆盖全市劳动保障系统的组织体系；完善了“应对突发事件”的处置预案，确保在第一时间对突发事件的处置工作；确保了全市劳动保障系统应急体系的高效、有序、有力的运作，实现了在劳动保障系统“平安奥运”这一基本目标。

三是加强调研，摸清底数。今年9月至10月，我市在12个区县开展了“北京市劳动合同管理现状的调查”，抽样调查了8579户用人单位，涉及职工59.3万人，基本掌握了全市劳动合同制度的实施情况。今年10月，对全市劳务派遣组织进行了摸底调查，目前在本市已注册的劳务派遣组织1149户，被派遣人员52.8万人，为进一步加强对该行业的管理和指导奠定了基础。

（五）加强执法检查和劳动争议案件调处工作力度，维护劳动者合法权益

全市各级劳动保障监察机构紧紧围绕贯彻实施《劳动合同法》，组织开展了为期三个月的专项执法大检查活动，规范企业用工行为，维护劳动者合法权益，促进了《劳动合同法》的贯彻落实。1—9月份，全市累计检查用人单位7.59万户（次），涉及职工228.25万人，为2.63万名劳动者补签了劳动合同，对存在违反劳动法律、法规的用人单位作出了1554件行政处罚。

随着《劳动合同法》和《劳动争议调解仲裁法》的实施，劳动争议案件大幅攀升，全市各级劳动争议仲裁机构克服“案多人少”的困难，本着调解优先的原则，充分发挥区域性、行业性和企业调解组织的作用，将劳

动争议化解在基层，解决在萌芽状态。截至9月底，全市已审结案件28,617件，结案率为86.84%；调解及调解撤诉案件12,842件，调解率为44.88%。

二、贯彻落实《劳动合同法》工作中存在的问题

《劳动合同法》实施以来，总体工作进展顺利，但也存在一些突出问题。

（一）社会尤其企业认识上的偏差，加大了落实《劳动合同法》的难度

《劳动合同法》颁布以来，受到社会各界广泛关注，广大劳动者非常拥护，绝大多数用人单位能够认真执行《劳动合同法》，但一部分企业经营者仍持不同意见，特别是民营企业、私营企业的法人代表和个别社会专业人士认为这部法律的颁布，导致用工机制僵化，提高企业用工成本，影响投资环境，这些认识在一定程度上阻碍了贯彻《劳动合同法》工作的顺利开展，增加了工作难度。

（二）非公企业特别是小型企业用工不规范问题突出，影响《劳动合同法》进一步落实

从全市情况看，虽然劳动合同签订率与去年相比有较大提高，但是一些用人单位仍存在不签订劳动合同现象，特别是部分小型企业及人员流动性较大的行业，用工不规范问题仍然突出，劳动合同签订率仍然较低，贯彻实施《劳动合同法》工作任务艰巨。从本市今年劳动合同管理现状抽样调查的情况看，虽然被调查的8579户企业劳动合同签订率达到97.5%，但是10人以下的私营企业劳动合同签订率为88.6%，10人以下的住宿餐饮业企业劳动合同签订率为88%，10人以下的居民服务业企业劳动合同签订率为87.7%，由于劳动关系双方没有签订劳动合同，缺乏依法调整劳动关系的依据，导致劳动争议案件不断上升。

（三）与《劳动合同法》相配套的政策、法规体系尚不完善，操作层面仍有空白点

《劳动合同法》的颁布对我市劳动合同制度政策、法规体系带来很大变化，尽管国务院颁布的《条例》对劳动合同制度进行了补充规定，但对《劳动合同法》部分条款的政策解释和操作需要加以明确。主要表现在：一方面，部分用人单位在执行《劳动合同法》中存在着歧义或者误读，甚至有意规避；另一方面，由于有些条款缺乏可操作性的法规、政策依据，需要对贯彻实施中出现的新情况和新问题加以规范。

（四）劳动监察执法和仲裁员严重不足，在一定程度上影响《劳动合同法》的贯彻

目前，本市已有各类不同性质的法人单位和私营企业40多万户，受《劳动合同法》调整的从业人员达到700余万人，特别是非公有制企业快速发展，这类企业侵害劳动者合法权益的违法案件和劳动争议案件数量呈逐年增长的趋势，劳动保障监察和劳动争议调解仲裁工作任务繁重与人员紧张的矛盾十分突出。本市市、区县两级劳动监察机构配备的专职劳动保障监察员只有360名，远低于原劳动保障部提出的专职监察员与从业人员数量1∶10,000的比例目标。随着《劳动合同法》、《劳动争议调解仲裁法》的相继实施，本市劳动争议案件量持续高幅上升，截止到9月底，全市共立案受理的各类劳动争议案件达43,209件，同比增长110.3%，案件增长幅度超出历史任何时期，但是本市目前仅有专职仲裁干部126人，年人均受理案件343件，人少案多问题已到了非解决不行的程度。上述这些情况给全市发展和谐稳定的劳动关系工作大局带来了不利影响。

三、下一步工作措施

为了进一步做好贯彻落实《劳动合同法》

工作，全市将以落实科学发展观为指导思想，以坚持以人为本，着力改善民生为宗旨，以建立健全人民内部矛盾的协调化解机制，维护首都社会稳定为首要任务，以完善与《劳动合同法》及其实施条例相配套的地方法规、政策体系和建立健全协调劳动关系体制和机制为重点，以加强宣传培训工作、强化执法检查和提高劳动争议处理效能为手段，切实维护劳动关系双方合法权益，全面推进《劳动合同法》的贯彻实施，维护劳动关系的和谐稳定。

（一）以贯彻落实《条例》为重点，进一步加大宣传培训工作

针对《劳动合同法》颁布实施以来的问题，结合《条例》的具体内容，依据人力资源和社会保障部《中华人民共和国劳动合同法实施条例宣传提纲》的要求，开展以“劳动·责任·和谐”为主题的有针对性的普法宣传工作，充分利用一切宣传资源和手段，通过召开新闻发布会，在平面媒体设立专栏、专版，走进电台、电视台直播间，在网站系统政策咨询等方式，全方位、多层面地进行法律宣传。针对用工不规范的小型企业、非公企业和个体工商户，重点督促实行劳动合同制度和落实国家标准；针对比较规范的企业，以规章制度的完善、管理的细化为重点，提高企业管理水平，及时消除矛盾隐患，减少劳动纠纷；进一步有针对性地对企业经营者开展培训，促使企业全面、准确执行法律；面向社会，组织开展《条例》免费政策讲座和《劳动合同法》及其实施条例论坛。通过上述宣传培训工作，营造良好社会氛围，指导企业规范用工行为，提高劳动者依法维权意识。

（二）完善劳动合同制度法规、政策体系

为保证《劳动合同法》和《条例》在本市全面贯彻落实，完善本市劳动合同制度法规、政策体系建设，保持劳动关系的和谐稳定，根据劳动和社会保障部关于进一步完善地方配套办法的要求，本市将加强立法调研，尽快出台具体实施办法。主要规范以下问题：一是对《劳动合同法》及其实施条例处理劳动关系原则规定进行细化；二是结合本市实际，对《劳动合同法》及其实施条例未作具体规定的加以规范；三是对《劳动合同法》实施以来出现的新情况、新问题提出解决措施和办法；四是对劳动合同制度实行以来，经多年实践证明行之有效的政策和规定加以重申。通过完善劳动合同制度法规、政策体系，逐步形成以《劳动合同法》为基础，以国务院行政法规和地方法规规章为配套，以规范性文件为补充的劳动合同法律、法规、政策体系。

（三）建立健全协调劳动关系体制和机制

为了更好地贯彻落实《劳动合同法》，推行劳动合同制度，加强对用人单位的监控和指导，切实维护劳动者合法权益，本市将着力抓好以下几项工作：一是健全工作机构，增加力量，充实人员，保证协调劳动关系工作的顺畅；二是搭建基层劳动关系协调平台，依托街道（乡镇）劳动科、站或社保所，建立街道（乡镇）、社区（村）劳动关系协调员队伍，明确职责和任务，形成自上而下的组织体系；三是发挥各级协调劳动关系三方作用，增强本市协调劳动关系三方的代表性，拓宽三方机制的对话渠道；四是逐步建立以签订劳动合同为基础的劳动用工备案制度，进一步加强对《劳动合同法》实施情况的动态监控。

（四）加大劳动保障监察执法力度，切实提高劳动争议处理效能

加大对用人单位实行劳动合同制度的执法监察力度，以批发零售业、住宿餐饮业、制造加工业、居民服务业和建筑业为重点行业，以非公有制企业和用工在30人以下的小型企业为重点企业，以农民工和劳务派遣人

员为重点人群，继续组织开展劳动合同签订和履行情况的专项执法检查活动。

认真研究分析《劳动合同法》实施后，本市劳动争议调解仲裁工作面临的形势，继续做好劳动关系矛盾纠纷和隐患的排查，着力防范和化解矛盾纠纷，加强劳动争议调解仲裁组织建设，进一步提高劳动争议处理效能。

以上报告，提请市人大常委会审议。

关于“加快保障性住房建设，解决中低收入群体住房困难”议案办理暨解决城市低收入家庭住房困难情况的报告

——2008年11月20日在北京市第十三届人民代表大会常务委员会第七次会议上

北京市副市长　陈　刚

主任、各位副主任、秘书长、各位委员：

我代表市人民政府，向市人大常委会报告关于“加快保障性住房建设，解决中低收入群体住房困难”暨解决城市低收入家庭住房困难情况。在市十三届人大一次会议上，共有204人次代表提出关于加强住房保障建设、管理的8件议案，经大会议案审查委员会审查、主席团讨论通过，合并为一项关于“加快保障性住房建设，解决中低收入群体住房困难”议案，交由市政府办理。

议案就制定和完善保障性住房政策、加大保障性住房建设力度、多渠道解决中低收入群体住房困难等方面提出了36条意见和建议。这些意见和建议涉及面广、针对性强，充分体现了各位代表对本市住房保障事业的关心、重视和支持，对于市政府更好地推进本市住房保障工作，解决中低收入群体住房困难具有重要作用。

市政府高度重视此项议案的办理工作。一是认真组织，制定工作方案。市政府成立了议案办理协调小组，由主管副秘书长牵头，市建委、市规划委、市国土局、市发展改革委、市财政局、市编办等19个相关部门和全市18个区县政府为成员单位，统筹协调议案办理工作。市建委牵头制定了议案办理工作方案，明确了责任单位和议案办理的时间安排。二是明确分工，部门联动。针对代表提出的意见和建议，逐条分解落实到各有关单位和责任人。有些意见和建议涉及多个部门，由市建委牵头，部门联动，协同办理。三是组织调研，把议案办理工作做深做实。组织人大代表调研本市住房保障工作，实地视察项目建设进展情况，听取区县政府、有关部门和开发建设单位的工作汇报。四是将办理议案与推动工作紧密结合起来。各承办部门多次与代表讨论沟通，召开座谈会，邀请代表评议议案办理报告，听取代表对议案办理工作的意见和建议，通过议案办理推动各项工作的开展。

在议案办理过程中，市人大常委会高度重视，刘晓晨副主任亲自带队调研，城建环保委全程督办，推动了议案办理工作顺利进展。该议案办理报告已经市政府常务会议讨论通过，下面我代表市政府，向市人大常委会报告关于加快保障性住房建设，解决中低收入群体住房困难议案办理情况。

一、本市住房保障工作情况

1998年以前，本市住房供应呈现较强的二元特征，城镇居民基本依靠单位分配住房，农村居民靠国家划拨宅基地自行建房。1998年国务院下发23号文件，明确在全国范围内停止向城镇居民分配实物住房，逐步实行住房分配货币化。根据国务院23号文件精神，1999年市委、市政府下发了21号文件，明确在全市范围内停止住房实物分配，对党政机关的无房职工、住房未达标的职工发放购房补贴，企业参照执行。本市开始建立以经济适用房为主面向中低收入家庭的住房供应制度。1999—2006年，本市累计建设经济适用房2000万平方米，解决了20多万户居民的住房问题。

从2001年开始实施廉租房政策，将保障对象严格限定在低保和优抚的住房困难家庭。主要做法是以发放租房补贴为主，实物配租为辅。2005年11月，本市在全国率先扩大了廉租房覆盖面，将廉租房准入标准从人均月收入300元提高到580元。到2006年，本市通过实施廉租房政策共解决了2.6万户低保家庭的住房困难。其中，租房补贴家庭5081户，实物配租家庭349户，租金减免家庭约2万户。

2007年以来，按照国务院24号文件精神和市委、市政府工作部署，本市积极探索新的住房保障政策和管理制度，逐步建立住房保障体系。一是对没有购房能力的低收入家庭实行廉租政策，逐步扩大廉租房覆盖面，做到应保尽保；二是对有一定支付能力的低收入住房困难家庭，实施经济适用房政策；三是对中等收入家庭的自住需求，提供限价房。两年来，市区政府及有关部门采取了一系列措施，不断完善住房保障政策，健全住房保障管理体系，加大保障住房供应，加强组织机构建设，推动本市住房保障工作进入了新的发展阶段。

（一）深入调研，完善有关政策，建立符合本市实际情况的住房保障管理体系

2007年，国务院24号文件下发后，本市立即研究部署贯彻意见，市委、市政府下发了《关于贯彻落实〈国务院关于解决城市低收入家庭住房困难的若干意见〉的实施意见》，并先后以市政府名义发布了新的廉租房、经济适用房和限价房管理办法，有关部门出台了40多个配套文件，构建了建设、审核、分配、监管四大实施体系，较为系统地建立了符合本市实际情况的住房保障管理制度。

（二）制定住房保障规划和实施计划，明确目标，加强规划指导

编制完成了《北京市住房建设规划》、《北京市“十一五”保障性住房及“两限”商品住房用地布局规划》和《廉租房保障规划》，提出了5年新建经济适用房和限价房各1500万平方米，建设廉租房150万平方米的工作目标。统筹安排建设项目规划布局，项目选址安排在地铁、轻轨沿线。

在规划基础上，制定了近两年的住房建设计划。其中，2008年计划建设三房800万平方米；2009年计划安排政策性住房850万平方米。

（三）调整完善建设管理体制，加快推进三房建设，逐年落实计划目标

在建设方式上，将过去由市里统一组织建设，调整为以区为主，市、区政府共同组织建设。采取集中建设和配套建设相结合的原则，在商品房项目中按照一定比例配建三房。在建设协调机制上，相关部门联动，建立绿色通道，缩短审批时限。在工程建设管理上，狠抓建设质量和市政配套设施建设，出台保障性住房和限价房建设技术导则，全面推行节能省地环保型住宅建设标准。在户型设计上，优选规划设计方案，廉租房套型

建筑面积严格控制在50平方米以内；经济适用房控制在60平方米左右；限价房以90平方米以下为主。

在市、区（县）政府的共同努力下，2007年本市实现三房开工590万平方米，超额完成“530”计划目标。今年计划新开工廉租房50万平方米、经济适用房300万平方米、限价房450万平方米。市、区政府有关部门和有关开发建设单位克服了重重困难，全力以赴推进建设进度，目前各建设项目已全部落实，预计年底可确保完成800万平方米的落地任务，实现进场开工。

（四）创新工作机制，建立三级审核两级公示的管理制度，加强保障房配租配售管理

调整资格审核工作机制，由原来市里一个窗口改为全市314个街道（乡镇）全部开设窗口，切实发挥街道、社区基层组织的优势，就近受理居民申请，通过入户调查、邻里访问、居民听证、社区公示等方式进行审核，不仅提高了工作效率，而且基本杜绝了虚假申请问题。截至10月底，全市累计受理三房申请8.1万户，其中经济适用房4万户，廉租房8000户，限价商品房3.3万户；累计通过审核4.9万户，其中经济适用房2.2万户，廉租房6000户，限价商品房2.1万户。

在配租配售管理上，实行了公开摇号制度。政府定期向社会公布销售房源情况，市民自愿申请，经审核符合准入条件的，通过摇号确认购房资格和选房顺序。对特殊人群实行分类排队，同等条件下住房困难者优先。摇号过程邀请人大代表、政协委员、居民代表、新闻媒体进行监督，摇号结果由公证部门公证，并通过政府网站、新闻媒体对社会公示。改进后的配租配售管理制度体现了以人为本，公平、公正、公开的原则，在实践中得到了市民的欢迎和支持。截至10月底，共有2.7万户家庭参加了经济适用房、限价房公开摇号，其中1.7万户选定了房源。据初步统计，购买经济适用房的家庭中，行政机关、事业单位和企业职工家庭分别占总签约量的0.8%、8%和66%；购买限价房的上述三类家庭分别占5%、26%和54%。

同时，建立了严格的后期管理制度，加强保障性住房上市交易管理。规定经济适用房、限价房5年内不得上市交易，确需上市交易的由政府回购；5年后上市交易的，按一定比例补交土地收益。这一政策出台后，基本抑制了经济适用房的投机行为。

（五）积极推进旧城区保护修缮工作，通过解危排险、危房修缮、棚户区改造等多种方式解决群众住房困难

深入调研旧城区风貌保护与危房修缮的新思路、新模式，按照“修缮、改善、疏散”的总体要求，采取“政府主导、财政投入、居民自愿、专家指导、社会监督”的改造方式，组织城四区开展旧城房屋、街巷综合整治修缮工作。市政府安排了10亿元专项补助资金，市建委会同有关部门制定了具体实施方案，出台了资金管理、质量监督、招投标管理等配套办法和技术导则，切实加强实施过程中的协调和指导。截至今年6月底，城四区实际完成修缮整治胡同44条，院落1954个，改善了10,576户居民的住房条件，疏散居民2800户，超额完成了计划目标。这是市区政府组织的一次最大规模的旧城区风貌保护和危房修缮整治工作，在实施过程中，充分听取了专家学者和社会各界意见，调动各方面积极性。通过修缮整治，既改善了危旧平房区群众的住房条件，又保护了古都风貌，改善了城市环境，得到了广大居民群众的拥护和文保专家的充分肯定。

同时，采取不同的模式，推进危房改造工作。通过实施解危排险工程，两年解决了约1.1万户居民的居住安全隐患问题；落实“无城镇危房户”工作目标，已完成3939户、11.9万平方米五类危房修缮改造任务。加快

组织推进门头沟煤矿采空区、丰台南苑、长辛店、通州老城区棚户区试点改造工作。借鉴其他省市棚户区改造经验，以解决群众住房困难为核心，积极探索政府主导，社会多方参与的棚户区改造新模式。

（六）加强领导，把住房保障作为重要的政府职责来抓，落实市、区两级政府住房保障工作责任

一是加强组织领导。市政府成立了北京市住房保障工作领导小组，市建设、发改、规划、土地、财政、民政等20多个部门为领导小组成员。市建委成立了住房保障办公室，各区县政府也相应成立了住房保障领导小组，落实机构，充实人员，切实承担起本区县住房保障工作职责。

二是落实工作责任。各区县政府结合本区县实际，制定实施计划，在保障性住房和限价房的建设、分配、资格审核以及日常管理方面做了大量艰苦细致的工作，市政府相关部门依据各自职责，分工协作，在计划安排、规划管理、土地供应、政策支持、资金保障等方面全力支持，保证了住房保障工作的顺利推进。

三是建立监察机制。将住房保障监督管理与廉政建设密切结合起来，市纪委、市监察局、市建委建立了廉政风险防范机制，加强了住房保障工作的监督管理。

总的来看，两年来，本市通过采取一系列积极有效的措施，不断完善有关政策和管理制度，推动体制机制创新，加大三房建设力度，使住房保障工作取得了显著成效。主要体现在以下几个方面。

一是住房保障政策深入人心，充分体现了党和政府对人民群众住房问题的关心和重视。市委、市政府把这项民生工程作为解决人民群众最关心、最直接、最现实的利益问题的重要工作，受到了广大群众的衷心拥护。二是对改善住房市场供应结构发挥了重要作用。2008年1—10月全市三房开复工规模达到925万平方米，占全市住宅在施总面积的18.6%；三房供应量占90平米以下普通商品住宅的比重达到50%以上，全市住房供应结构进一步优化。三是带动了住房消费，促进了房地产市场稳定发展。今年7—10月四个月全市三房实现销售额84.7亿元，比去年1—10月完成的销售额增加了一倍。随着第二批配售工作展开，预计年底将完成销售额150亿元，约占全市商品住宅销售额的15%。在商品房市场交易量下降40%的情况下，保障性住房和限价房迅速投放市场，对稳定市场起到了积极的促进作用。四是有力地支持了重点工程建设。市、区政府统筹调度房源，两年来为重点工程拆迁提供了6000套定向安置用房，保证了重点工程建设的顺利进行。五是将住房保障政策与旧城区解危排险、风貌保护和房屋修缮整治结合起来，既解决居民住房困难，又促进了旧城区人口疏解。目前四城区已有2万户居民通过了保障房资格审核。今年在旧城风貌保护区修缮整治工作中，为外迁居民提供了一部分定向安置用房，疏解了旧城区居民2800户。

二、需要进一步解决的主要问题

（一）中低收入家庭的住房需求底数尚未准确摸清，基础工作有待进一步加强

虽然已经组织开展了低收入家庭住房情况抽样调查，但低收入家庭的住房档案仍需要加快建立。全市住房保障管理工作信息平台还没有完全建立起来，信息化管理水平仍需进一步提升。资格审核信息系统需要与银行、税务、社保、车辆管理、住房档案等实现数据共享。

（二）区县、街乡管理机构、人员编制还需进一步落实

部分区县住房机构和人员尚未完全到位，街道、乡镇住房保障工作人员紧缺，基

本依靠临时借调的人员承担资格审核、房源分配等基础性工作，现有基层工作人员状况难以适应长期化、政策性强的住房保障工作需要。

（三）建设项目规划布局和配套设施建设还需统筹考虑

保障住房建设、分配工作需要与财政等公共资源转移支付制度结合起来；土地储备工作难度加大，难以满足三房建设总量与布局的需要；保障性住房和限价房项目市政配套设施建设相对滞后，居住环境有待改善。

（四）配套政策和管理制度需要进一步完善

政策性租赁住房的实施办法需要尽快出台；现行的经济适用房定价机制难以有效发挥价格调节作用；保障房后期管理办法需要完善；资格审核和配售管理还需进一步加强。

三、下一步工作安排

按照全面贯彻落实科学发展观和建设“绿色北京、科技北京、人文北京”的总体要求，综合考虑人口、资源、环境三者之间的关系，下一步要从首都经济社会发展的大局出发，重点做好以下工作。

（一）建立和完善分层次的住房供应体系，统筹解决好低收入家庭的住房困难和市民基本的住房需求，促进房地产业健康发展

以解决居民各类基本的住房需求为核心，进一步加大住房保障力度，加强住房供需双向调节，调整和优化住房供应结构，统筹解决好高、中、低三个层次的住房需求，做到低端需求有保障、中端需求有调控、高端需求有市场。

一是把住房保障作为政府住房工作的重点，完善住房保障体系。适当扩大廉租房政策覆盖面，提高廉租房实物配租比例，不断完善经济适用房政策，推出政策性租赁房，解决夹心层和过渡期住房需求，采取租售并举的措施，加快解决低收入家庭住房困难。二是着力调控中端市场，增加中低价位、中小套型普通商品住房供应，做好限价房建设与配售工作，统筹安排好公开配售、重点工程建设拆迁、旧城风貌保护区人口疏散和棚户区改造、农民上楼安置及其他定向配售需求，做好中央在京单位住房服务保障工作。三是认真贯彻中央拉动内需、促进经济增长的方针，落实有关政策、措施，降低住房交易税收负担，调整享受优惠政策的普通商品住房价格标准，加大住房消费信贷，特别是公积金贷款支持力度，鼓励居民合理的住房消费，稳定市场预期，活跃市场交易。完善房地产市场监管服务体系，规范市场秩序，维护购房者权益。进一步规范和发展二手房、租赁房市场，形成多样化的住房供应和消费模式，促进房地产业稳定健康发展。

（二）加大保障性住房和限价房建设力度，发挥政策性住房对投资和消费的双向拉动作用

发挥政策性住房保障和调控的双重功能，使政策性住房在改善民生、促进房地产业健康发展和带动经济增长方面起到更大的作用。加大保障性住房和限价房建设力度，进一步拉动投资增长。初步安排明年建设计划850万平方米，约占明年住宅新开工总面积的三分之一以上。预计明年年底政策性住房在施面积可以达到2000万平方米，约占全市住房在施面积的30％。

加快去年和今年开工的保障性住房和限价房建设进度，争取明年年底竣工200万平方米。同时做好保障性住房和限价房配租配售工作，及时形成市场实际供应，带动住房消费。预计明年年底将完成保障性住房和限价房配售5万套，可实现销售额200亿元，占全市商品住宅销售额的比重将达到20％左右。

（三）加快推进旧城保护和房屋修缮整治工作，实现改善民生、风貌保护和产业发展的有机统一

按照“修缮、改善、疏散”的总体思路，加大旧城区风貌保护和房屋修缮整治工作力度，在解决群众住房困难的同时，充分展示首都深厚的历史文化底蕴，为旧城区产业发展创造条件，使其焕发出新的生机与活力。2009年，安排旧城风貌保护区2万户危房保护修缮计划。对平房院落进行微循环修缮改造，解决居民的住房困难，推进街巷胡同整治，同步完善市政基础设施，改善城市环境。在具体实施过程中，重点把握好以下几个方面：一是坚持对旧城风貌整体保护的规划原则，实施渐进式、保护性修缮与改造。二是坚持政府主导与居民自愿相结合，充分调动居民群众的积极性，采取“登记式修缮”和“申请式疏散”的方式，鼓励旧城区居民结合解决住房困难进行疏散安置。三是坚持政府、企业、群众多方参与的实施方式，鼓励社会单位和个人购买旧城区房屋、院落，吸引社会资金进入到旧城房屋修缮工作中来。四是整合旧城资源，发展旅游服务、文化创意等适合旧城区特点的产业。同时，继续实施城镇无危房户工程，排除已查出的五类危房存在的安全隐患；加快组织实施棚户区改造试点，按照市政府已批准的方案，切实抓好门头沟采空棚户区改造的组织实施，同时启动丰台区南苑、通州老城区棚户区改造工作。

（四）进一步完善建设管理体制和推进机制，加快工程建设进度，确保建设质量，让群众住上放心房、满意房

完善保障房建设管理体制，坚持以区为主，全市统筹的建设方式，统筹安排保障性住房和限价房建设布局，进一步发挥建设协调推进机制的作用，保证土地及时供应，确保建设项目尽快落地实现开工。采取建设与收购并举的措施，将符合条件的中低价位、中小套型的普通商品住房收购一部分转化为保障性住房或限价房。

加强政策性住房建设质量管理，开展建筑工程质量保险制度试点工作，按照保障性住房和限价房建设技术导则要求，建设节能环保型住宅，积极研究推进住宅产业化；落实住宅分户验收和住宅与市政配套设施同步交用制度，重点协调解决保障性住房和限价房项目的配套建设问题，抓好各项市政基础设施和公共配套设施建设，努力为居民创造良好的居住环境。

（五）进一步加强组织领导，完善配套政策，改进基础工作，全面提高住房保障管理水平

切实落实工作职责。区县政府要担负起住房保障工作的责任，统筹解决本区县低收入家庭住房困难问题，全面落实住房保障机构和人员，抓好房源建设、分配、资格审核以及日常管理工作。市政府相关部门要加强统筹协调与政策指导，在计划、规划、土地、资金等方面加大支持力度，建立健全住房保障工作的长效管理机制。

进一步完善配套政策和管理制度。出台政策性租赁房管理办法；改进经济适用房定价机制，综合考虑项目成本、周边区域的房价水平等因素确定价格；统筹安排好政策性住房建设布局，完善与之相匹配的财政转移支付制度和公共资源的配套政策；健全保障性住房准入、退出机制，完善廉租房后期管理制度。切实加强基础工作，做好低收入家庭住房摸底调查，建立住房档案；建立住房保障管理信息平台，掌握保障对象在住房区位、价格、户型等方面的具体需求，逐步建立全市人、地、房动态监测系统；完善住房保障审核和配售管理机制，提高工作效率，保证工作质量。

主任、各位副主任、秘书长、各位委员，解决城市中低收入家庭住房困难是一项长期

的系统工程，我们将深入学习实践科学发展观，切实把推进住房保障工作作为一项重要的政府职责抓好落实。希望市人大继续监督住房保障工作进展，提出意见和建议。我相信，在市人大的支持和监督下，通过各级政府的共同努力，本市住房保障工作一定能够迈上一个新的台阶，为实现党的十七大提出的“住有所居”的目标，为建设更加繁荣、文明、和谐、宜居的首善之区作出新的贡献。

以上报告，提请市人大常委会审议。

关于对“加快保障性住房建设，解决中低收入群体住房困难”议案办理暨解决城市低收入家庭住房困难工作的意见和建议

——2008年11月20日在北京市第十三届人民代表大会常务委员会第七次会议上

市人大城建环保委员会主任委员　赵　义

主任、各位副主任、秘书长、各位委员：

为了做好“加快保障性住房建设，解决中低收入群体住房困难”议案督办和专项工作报告的审议工作，城建环保委员会根据常委会主任会议讨论通过的工作方案，围绕保障性住房制度建设、管理体制及机构设置、规划和后期管理等相关内容以及代表议案反映的突出问题，先后到朝阳区、丰台区进行实地调研；组织召开代表座谈会，多次听取市建委、市发改委、市财政局、市国土局、市规划委等相关政府部门的工作汇报和代表的意见和建议；在常委会审议前，委员会还组织部分市人大常委会组成人员、市人大代表对保障性住房工作进行了视察。市人大常委会领导高度重视此项议案的督办工作，刘晓晨副主任多次参加调研活动，对督办工作提出了明确具体的指导意见和要求。10月31日，城建环保委员会召开会议，听取了市政府提请本次会议审议的报告并进行了认真讨论。城建环保委员会认为，陈刚副市长代表市政府所作的《关于“加快保障性住房建设，解决中低收入群体住房困难”议案办理暨解决城市低收入家庭住房困难情况的报告》，全面、客观地反映了本市保障性住房工作的基本情况、取得的成效和存在的问题，并提出了继续推进该项工作的对策和措施，城建环保委员会同意这个报告。

自1999年我市根据国务院的统一部署，停止向城镇居民分配实物住房，逐步实行住房分配货币化以来，市政府高度重视保障性住房工作。从1999年至2007年，市政府启动并实施了经济适用房政策，启动了廉租房建设，在建立和完善基本住房保障制度上进行了有益的探索，使城市居民的住房状况有了很大改善。去年以来，按照国务院、市委的统一部署，市政府在总结八年来我市保障性住房工作经验基础上，开始探索建立新的住房保障制度和工作机制，在解决城市中低收入家庭住房困难方面做了大量工作，取得了一定进展。

一是通过制定住房保障各项政策，逐步完善了分层次的住房保障制度体系。在认真贯彻落实国务院24号文件的基础上，市委、市政府颁布了京发〔2007〕22号文件，贯彻

落实解决低收入家庭住房困难有关精神。市政府先后制定了新的廉租房、经济适用房和限价商品房三个管理办法，市各相关委办局也相应出台了40余个配套文件，构建了建设、审核、分配、监管四大实施体系，为保障性住房建设提供了相关政策和制度保障。

二是通过制定各项规划，加强了对保障性住房建设的规范和指导。编制完成了《北京市住房建设规划》、《北京市“十一五”保障性住房及“两限”商品住房用地布局规划》和《廉租住房保障规划》，确定2008年、2009年保障性住房和限价商品房分别为800万平方米和850万平方米的开工建设计划，明确了本市保障性住房建设目标，为住房保障工作的顺利进行奠定了基础。

三是通过加大保障性住房建设力度，增加保障性住房供给。通过集中建设和配套建设相结合的方式，在商品房项目中按照5%—15%的比例配建保障性住房，2007年，本市三房开工590万平米，今年计划开工800万平米，提高了保障性住房供应量。

四是通过改革审核制度和配售配租制度，使保障性住房资格审核、出售出租更加公开、透明。建立了市、区县、街道（乡镇）的三级审核两级公示的审核制度，以及廉租房应保尽保、经济适用房和限价商品房公开摇号配售的制度，实现了保障性住房审核和分配的公证性和合理性。

五是通过制定保障性住房上市交易管理政策，抑制市场投机行为。明确规定了经济适用房和限价商品房5年内不得上市交易，确需上市交易的由政府部门组织回购；5年后上市交易的，补交较高的土地收益等价款，有望抑制经济适用房的投机行为。

城建环保委员会认为，一年来，本市的保障性住房工作取得了明显进展，但还处于探索和完善阶段，按照科学发展观的要求，现阶段本市保障性住房工作还存在一些不容忽视的问题。

一是保障性住房制度体系有待进一步完善。目前，我市纳入保障性住房范围的主要包括廉租房、经济适用房和限价商品房三种模式，委员、代表们对廉租房属于保障性住房性质都比较认同，但对于经济适用房和限价商品房的政策定位、建设、定价及管理模式，委员、代表们的认识不一致，认为经济适用房和限价商品房的政策定位和建设模式有待进一步研究。

二是市、区保障性住房管理体制有待进一步调整加强。住房保障是政府公共服务的一项重要职责，市一级只是在市建委内调整设置了住房保障办公室，对委办局及区县政府统筹协调的力度不够。部分区县、街乡住房保障机构和人员尚未按照市编办的要求配备到位，大都为临时抽调人员。由于住房保障工作政策性和规范性很强，在机构设置不健全、工作人员紧缺的情况下，工作质量难以得到有效保证。

三是全市保障性住房需求量有待进一步摸清。现有保障性住房需求统计以抽样估算或家庭自行申报为主，数据的可靠性还需核实，科学的数据采集方式尚需进一步研究。

四是保障性住房审核有待整合资源，实现共享，进一步提高准确度和工作效率。目前保障性住房申请家庭的人均住房面积、家庭收入、家庭资产等资料，主要以个人诚信为基础进行填报，由街（乡镇）组织居委会进行入户调查和公示，审核时间较长。有关个人住房、收入、资产的电子化材料分布在房管、税务、公积金、金融、公安、交管、工商等部门，无法实现共享。如果居民间相互缺乏了解，或者居民不主动进行举报，就很难达到去伪存真的预期效果，审核的效率难以提高。

五是保障性住房规划布局和建设的配套政策有待进一步完善。在保障性住房规划、建设、分配过程中，出现中低收入住房困难家庭人口从城区向近远郊区转移、增加接纳安置地区经济社会负担的问题，由于缺乏相应的补偿政策，部分区县政府对保障性住房建设积极性不高。另外，在调研和检查中发现，保障性住房项目建设中市政配套设施建设滞后的情况也应引起重视。

城建环保委员会认为，保障性住房问题是重要的民生问题，关系到广大市民的切身利益，市政府要认真贯彻落实科学发展观，从促进我市人口、资源、环境协调可持续发展、建设社会主义和谐社会、维护中低收入家庭基本居住权利的高度来研究保障性住房的规划、建设、分配和流转问题，统筹设计和逐步完善基本住房保障制度，进一步加强保障性住房工作，有效解决我市中低收入家庭住房困难问题。为了推动我市住房保障工作健康有序发展，城建环保委员会提出如下意见和建议。

一、把保障性住房工作作为政府的重要职责摆在更加突出的地位，加强领导，统筹安排

针对本市房价总体水平较高，住房供应结构不合理，中低收入家庭住房困难等问题，市政府要下大力量做好以下工作：一是要确立各级政府在基本住房保障体系中的主体地位，严格区分普通商品房和保障性住房的不同性质，将廉租房等保障性住房纳入政府公共产品的管理范围，由政府统一规划、建设、供给和管理，把建立完善和落实基本住房保障制度，解决中低收入家庭的住房问题，作为市场经济体制下政府的重要职责来抓紧抓好；二是从促进我市人口、资源、环境协调可持续发展出发，加大对我市人口规模的调控力度。《国务院关于北京城市总体规划的批复》中明确指出，2020 年北京市实际居住人口控制在 1800 万左右。由于环境、资源的制约，北京市应着力于提高人口素质，防止人口规模盲目扩大。要考虑我市资源、环境对人口的承载能力，统筹房地产市场开发建设与调控人口的关系，减轻我市房地产市场和保障性住房的供给压力，正确处理好住房发展与经济发展、人口资源环境及民生之间的关系；三是要进一步加大房地产市场结构调整力度，增加保障性住房有效供应。认真落实《国务院关于解决城市低收入家庭住房困难的若干意见》的要求，实现控制总量，调整结构，优先解决本地需求的政策目标。同时，要加强对房屋租赁市场的规范和管理，充分利用存量住房，增量与存量互动，优化供应结构。引导广大市民的住房消费观念的转变，在我市逐步形成租售结合的健康合理的住房梯次消费结构。

二、积极探索和完善以廉租房制度为重点、分层次解决城市中低收入家庭住房困难的制度体系

市政府要根据中低收入家庭不同层次的住房消费需求，科学合理地确定保障性住房的政策定位、提供方式、保障标准，不断探索和完善以廉租房制度为重点、分层次解决城市低收入家庭住房困难的制度体系，努力做到应保尽保、公平普惠；要完善定期审核制度，严格保障性住房的准入机制和退出机制，加强建设、销售、流转的全过程管理，从制度上制止违规购买、违规销售等谋取不正当利益的行为；要进一步加大廉租房建设比例，合理确定实物配租与货币补贴的范围和比例，将廉租房制度的保障范围，由城市低保家庭逐步扩大到低收入住房困难家庭，把廉租房制度作为解决低收入家庭住房困难的主要途径；要进一步研究经济适用房的政策定位、建设模式和流转分配方式，规范经

济适用房供应对象，并与廉租房保障对象相衔接，合理确立经济适用房的供应规模。要深入研究经济适用房在土地供给、建设标准、价格机制、使用权人合理收益等相关政策问题，严格经济适用房上市交易管理。

三、设立专门的市和区县两级房屋管理机构，建立健全住房保障长效管理体制

房屋市场（包括二级市场）、房屋权属管理、物业管理，特别是住房保障工作的正常运作和管理，必须建立职权清晰、监管有力的管理体制。建议研究成立专门的市和区县两级房屋管理机构，将住房保障职能纳入政府房屋管理机构职能统筹设计，由房屋管理机构统一负责履行住房保障、物业市场监管和租赁市场监管等房屋管理职责，维护市民居住的基本权利和市民房产的合法权益。市级房屋管理机构应当负责全市住房社会保障工作的政策制定、重大事项决策与监督工作，区县房屋管理机构应当负责贯彻国家和市政府有关方针政策，具体组织开展本区县住房保障工作。目前，首要应尽快落实区县、街乡住房保障机构和人员，加强人员的业务培训，确保住房保障各项工作的有效开展。

四、进一步摸清基本保障性住房需求状况，完善保障性住房建设规划

摸清保障性住房需求状况是确定保障性住房建设规划、空间布局的基础条件。市政府要尽快组织全市住房普查，摸清我市住房存量、保障性住房需求量及地区分布，尽快完善住房保障信息管理系统，逐步建立人、地、房动态监测系统。在此基础上，根据住房保障标准，划定应保范围，确定合理的建设规模，完善保障性住房建设规划。在保障性住房规划布局过程中，要注意为保障性住房居民提供必需的教育、卫生、交通、邮政等公共服务和配套设施，为中低收入家庭创造良好的宜居环境。

五、加大资金投入，将保障性住房投入纳入财政预算

目前，市财政除了对廉租房及住房补贴有少量投入外，其他涉及住房保障的支出都未纳入财政预算安排。对经济适用房的投入也主要体现在土地划拨、税费减免等政策层面，资金投入不多。资金投入不足影响了保障性住房资源的积累和住房保障政策的执行。市政府要综合考虑保障性住房的开发建设、租房补贴、回购、维护和管理等各个工作环节，统筹安排合理的政府资金投入比例并且纳入财政预算，进行专项管理。市和区县财政、审计部门要加强对住房保障资金的使用监督，确保专款专用。对违规截留、挤占、挪用住房保障资金的，要严格按照有关规定进行处理。

六、尽快研究解决当前保障性住房政策实施中存在的几个突出问题

一是要进一步提高保障性住房资格审核的科学性。保障性住房资格审核不能只依靠家庭主动申报和向社会公示，要进一步研究科学的审核手段，加强对住房困难家庭的住房、收入状况及住房需求变化情况等信息的动态管理，定期核查保障对象的收入和住房变化情况，配合严格的准入和退出机制，避免出现不需要保障的人群居住保障性住房，或者保障对象多次享受住房保障的情况。

二是要尽快解决保障性住房相关配套市政基础设施建设滞后的问题。对已建项目，要尽快研究方案，做好配套的水、电、气、热、路等相关市政基础设施的补建工作，力争在百姓挑选房源之前竣工，保证居住质量。对新建项目，要严格按照国家相关规定，保证市政基础设施与住宅主体工程同时规划、同时施工、同时交付使用。

三是要完善相关政策，妥善解决部分区县承担保障性住房建设任务导致经济社会负担加重的问题。市政府在规划、建设保障性住房工作中，要统筹兼顾各区县建设保障性住房数量、安置低收入家庭的数量，和各区县经济发展差异等因素，妥善解决部分区县由于保障性住房建设量大、承担低收入家庭多导致的经济社会负担加重的问题，提高各区县建设保障性住房的积极性，促进各区县协调发展。

以上意见和建议供常委会组成人员审议时参考。

关于本市侨务工作情况的报告

——2008年11月21日在北京市第十三届人民代表大会常务委员会第七次会议上

北京市人民政府侨务办公室主任　乔　卫

主任、各位副主任、秘书长、各位委员：

我受市人民政府委托，向市人大常委会报告本市侨务工作情况。

改革开放30年来，本市的侨情发生了很大的变化。据相关统计及调查，北京籍华侨华人在海外已形成较大群体，归侨、侨眷人数大幅增加，侨资企业有了较大规模的发展，成为了促进首都现代化建设和经济社会发展的一支重要力量。

侨务工作是党和国家一项长期的战略性工作。长期以来，本市认真贯彻中央关于侨务工作的方针政策，在维护海外侨胞和归侨侨眷的合法权益，弘扬中华文化，推动海外侨胞与本市的多领域合作交流，促进祖国统一和扩大对外交往等方面做了大量工作。尤其是近几年，本市抢抓独特机遇，拓展工作领域，坚持全面实施“首都侨务战略”，坚持贯彻侨务工作的基本方针和原则，努力贯彻实施《中华人民共和国归侨侨眷权益保护法》（以下简称《侨法》），维护归侨侨眷和侨商的合法权益，为构建和谐社会首善之区服务；坚持促进侨务资源的可持续发展，激发和调动广大华侨华人的热情，促进本市社会和经济大发展，为实现“新北京、新奥运”的战略构想作贡献。

一、本市侨务工作情况

（一）立足首都侨情，确立侨务工作发展思路

市委高度重视侨务工作。早在1999年，市委常委会在“三讲”教育整改方案中就对调整侨务工作方针提出了明确要求。此后，市委常委会连续8次听取市政府侨务工作汇报并作出一系列重要指示。

随着北京新华侨华人、归侨侨眷和在京侨资企业数量的增加，本市侨务工作树立了“首都侨务”的意识，为首都的经济社会发展服务。根据中央有关新时期侨务工作指导思想及基本方案的精神，要求侨务工作部门要

结合本市工作重点，坚持为北京发展服务和为国家大局服务的统一，深入贯彻落实科学发展观，全面实施“首都侨务战略”；要以在海外培育一支宏大的对我友好力量为目标，以“服务奥运”为主线，全面提高本市侨务工作的水平，充分发挥海外侨胞和归侨侨眷的独特作用，为实现“新北京，新奥运”的战略构想作出贡献。

（二）坚持以国内侨务工作为基础，维护归侨侨眷和侨商的合法权益，为构建和谐社会首善之区服务

积极开展《侨法》宣传教育活动，为《侨法》贯彻实施培育法律土壤。一是面对广大侨务工作者和归侨侨眷举办《侨法》专题讲座；二是在首都之窗网站请专家就《侨法》和侨务政策的基本内容向广大网友答疑解惑；三是统一印制1万余册《侨法》单行本，发放到市属有关部门和各区县，并印制上千张《侨法》宣传画，在政府机关和归侨侨眷较为集中的社区普法栏张贴宣传；四是在去年的“第三届首都新侨乡文化节”大型文艺汇演活动中，将《侨法》知识融于文艺表演，使《侨法》宣传更加生动和感性；五是举行《侨法》宣传日活动，在人群密集的路口设立《侨法》宣传点，面对面地向归侨侨眷和广大群众宣传、解释《侨法》的基本知识；六是以通俗易懂的形式编辑《侨法》和侨务政策问答上网公布；七是按照全市《侨法》“五五普法规划”的要求，在街道和社区设立“《侨法》宣传角”，开展“《侨法》进社区”主题实践活动，如：2007年在西城区展览路街道、崇文区龙潭街道、朝阳区朝外街道、海淀区中关村街道设立了“《侨法》宣传角”，今年又在崇文区体育馆路街道、东城区东华门街道等10个街道和社区设立了“《侨法》宣传角”。

加强侨务法制建设，不断完善侨务政策、法规体系，促进涉侨实际问题的解决。按中央“根据形势的发展，不断充实完善涉侨法律、法规和政策，努力营造依法护侨的社会氛围”的要求，从实际出发，市人大常委会于2005年重新修订了《北京市实施归侨侨眷权益保护法办法》（以下简称《实施办法》），修订后的《实施办法》落实了“适当照顾”的侨务原则，突出了对归侨侨眷经济、政治、教育、社会保障等合法权益的保护，强化了政府侨务部门的执法监督检查权，明确了各部门解决归侨侨眷实际问题的职责，加强了各部门维护归侨侨眷合法权益的配合，基本实现了与《侨法》及其实施办法的良好衔接。根据修改后的《实施办法》，市政府有关部门研究制定了多项涉及归侨侨眷切身利益的配套政策，例如，就华侨子女来京借读上中小学的问题，本市分别下发了《关于华侨、港澳同胞及外籍华人学生来京上中小学问题的补充通知》、《关于安排来京华侨适龄子女接受义务教育的通知》，文件规定华侨适龄子女来京接受义务教育享受北京市民待遇；下发了《关于华侨适龄子女来京接受义务教育期间参加学生儿童大病医疗保险问题的复函》，来京接受义务教育的华侨适龄子女可自愿选择参加学生儿童大病医疗保险。这一系列政策的实施，有效地解决了华侨子女来京借读上中小学问题。此外，近年来本市还下发、转发了《关于获准出境定居归侨侨眷职工养老保险问题的通知》、《关于获准出境定居归侨侨眷职工医疗保险有关政策问题的通知》、《关于归侨侨眷职工参加房改买房问题的补充规定的通知》等侨务政策。综合来看，本市的侨务政策发挥了协调关系、化解矛盾的作用，调动和保护了侨界群众积极性、主动性和创造性，使本市侨务工作初步实现了“有法可依，执法有据”的目标。

营造和谐侨务的良好环境，努力为侨办实事、解难事、做好事。一是健全社区侨务工作机制。几年来，本市围绕社区所辖归侨

侨眷“维权、服务、解困”等侨务问题，落实侨务管理与服务并重的社区侨务工作思路，支持基层侨联组织开展工作，在社区积极组织成立“侨友之家”、“侨界之家”，成立法律顾问团和开通“148”法律服务热线，积极推广宣武区侨界人民调解委员会的做法等等，形成了“侨为社区贡献多，社区为侨服务好”的工作态势。本市共有13个社区被评为全国社区侨务工作先进单位，17人被评为全国侨务工作先进个人。二是建设困侨帮扶长效机制。每年春节前夕，全市组织开展归侨生活状况调查，对困侨家庭予以一次性补助，平均补助金额为每年每户1000元，同时，对困侨家庭的突发性困难也给予适当的临时救济，并规定老归侨的最低生活保障标准上浮15%，此外，海淀区还成立了困侨扶助专项基金等。目前，按照市委同意的“全面解决本市贫困归侨问题和有效解决困难侨眷问题”的原则，市政府结合低保分类救助制度，在救助系数上对归侨低保家庭和侨眷低保家庭予以适当照顾，充分体现了“适当照顾”的原则。三是健全涉侨信访工作机制。建立和完善涉侨信访催办反馈、档案保存、分类统计等制度，并根据“分级负责，归口管理”的原则，及时把涉侨信访问题解决在一线，现全市的涉侨信访纠纷案件已呈逐年下降的趋势。四是着力解决侨房历史遗留问题。华侨房产问题，由于年代久远，情况复杂，处理难度较大。近年来，本市在认真核查研究的基础上，先后下发了《关于解决本市按照标准租金出租私有房屋问题的若干意见的通知》、《关于拆迁标准租私房有关问题的通知》、《关于标准租私房承租人搬出安置工作程序及购房委托贷款补贴发放办法的通知》及《关于做好2003年12月1日起标准租私房按照房屋租赁指导价提租及租金补贴发放工作有关问题的通知》等一系列文件，很好地解决了标准租私房的历史遗留问题。目前，“文革”期间被挤占、没收的华侨私房已全部落实，私房社会主义改造时错改的华侨私房也分别被予以纠正。

加强对侨资企业的调研及服务工作，积极参与投资软环境建设，加大引智引资力度。一是深入开展调查研究，抓特点、找对策。为提升经济合作层次、有效利用侨资、促进侨资企业发展，利用全国经济普查契机，市政府有关部门联合在全市范围内开展了侨资企业情况调查，掌握了侨资企业的基本状况，截止到2005年年底，本市共有三资企业7048家，其中侨资企业3773家，占53.53%，并逐渐形成了宽领域、多层次、多渠道的格局，遍及国民经济的各个行业，其中二、三产业分别占44.02%和55.42%，并有14家入选“全国百佳明星侨资企业”。通过调研，分析了在京侨资企业多方面特点，提出了问题与对策，同时也对怡海花园等不仅积极参与首都经济建设，而且在促进区域经济繁荣、共建和谐社区方面作出重要贡献的一批侨资企业进行了表彰。二是建设三个“平台”，维护侨资企业合法权益。坚持市长（区县长）接待日、走访日、联谊日“三日”工作制度，搭建行政管理平台；建立为侨商和新华侨华人回国创业人员服务的法律顾问团，并设网上在线服务栏目，搭建法律支持平台；注重发挥北京侨资企业协会（侨商会）、北京华侨科技创业者协会等组织的作用，搭建社会交往平台。通过以上三个“平台”的服务，使侨资企业逐步融入“新北京、新奥运”的建设之中。三是积极贯彻实施人才战略，吸引海外优秀人才来京创业。本市认真落实国务院侨办“海外人才为国服务计划”，制定了为海外华侨华人优秀人才回国发展服务的相关方案，注重做好海外侨胞中高新技术、金融、法律、贸易和管理等方面高层次和紧缺人才的引进工作，有10位海外优秀人才入选国务院侨办举办的首届华侨华人专业人士“杰出创业奖”。

（三）坚持以国外侨务工作为主导，促进侨务资源的可持续发展，弘扬中华文化、促进祖国统一大业

加大“走出去、请进来”的工作力度。通过继续举办市政府国庆招待会、首都侨界新春联谊会、纪念北京奥运倒计时周年庆祝等品牌活动，借助组团出访、举办及参与大型活动，积极开展联络交往和宣传工作，并适时利用传统节日派出文艺演出团体在海外侨胞聚集地开展慰问演出，促进海外侨胞与本市的联系，促进海外华侨华人社会中对我友好力量的发展。同时，依照中央有关部门要求，本市注重加强侨务对台工作，支持海外华侨华人反独促统，促进祖国和平统一进程。

加强对海外华文媒体代表的团结、引导工作。以奥运倒计时庆祝活动为契机，邀请海外华文传媒的代表来京进行集中采访报道，加强了本市外宣工作。此外还抓住机遇，努力拓展侨务外宣的新思路、新方法。如：通过侨团邀请法国摄制组来京拍摄大型电视记录片《北京，你好》，并在法国国家电视台的黄金时段及一些欧美电视台连续播出；相关单位还合作举办了“福娃五洲送吉祥”的宣传活动、“福娃走进美国 NFL 决赛”活动及美国洛杉矶帕萨迪那市大型花车游行等活动；2006 年年底，在为期三周的第 41 届香港工展会上设置“同胞喜迎奥运会，携手共建水立方”的展览活动，吸引了 100 多万香港同胞参观，取得了良好反响。

从服务国家侨务工作大局角度重视和加强海外华文教育工作。本市注重发挥首都历史、文化、教育和旅游资源的独特优势，以增进海外华裔青少年对中国、对北京的感情。坚持以当地优秀学生为龙头，以“寻根之旅——相约北京”为品牌举办夏（冬）令营活动，5 年来接待了来自 20 余个国家和地区的 58 个团 1600 多名夏（冬）令营营员，使他们潜移默化地受到中华文化的熏陶，增强了民族自豪感。许多区县设立了华文教育和夏令营专项经费并积极拓展对外联络渠道。

“以国外为主导”的侨务工作已全面展开。本市已与近百个国家（地区）的 500 多个海外主要华侨华人社团（含科技人士社团）和大多数知名侨领建立了全面联络，并通过我驻外机构使对外联络的网络不断巩固和完善；已与海外主要的著名侨商（尤其是东南亚的最著名侨商）和许多著名科技人士建立了密切的联系；已与海外对我友好的大多数主流华文媒体建立了良好的合作基础。

（四）抢抓独特机遇、努力开拓创新，以服务奥运为主线，不断提高本市侨务工作水平

在北京奥运的申办期间，开展了多项侨务工作。广泛动员和指导海外华侨华人开展海外声援活动，宣传北京申奥的经济、政治和文化优势，支持海外华侨华人与法轮功、藏独等反动势力作斗争；特别是 2001 年 7 月 13 日，在莫斯科举行国际奥委会第 112 次全会时，支持当地华人华侨开展大型活动及表演，努力营造“主场”气氛；同时，依申奥工作专项布置，动员海外华侨领袖开展了积极主动、富有成效的相关工作。

在奥运筹办期间，推动了三项侨务重点工作。2002 年 7 月 25 日起，在中央有关部门全力支持和配合下，市港澳台侨同胞共建北京奥运场馆委员会以“跑掉一分钱就是丑闻”的政治责任感，圆满完成了北京奥运场馆国家游泳中心总体建设资金的捐赠工作，共接收了 100 多个国家和地区 35 万余人近 9.4 亿元人民币的捐资，并顺利通过市有关部门开展的 14 次联合监察审计，完成了既定目标。“水立方”已成为广大港澳台侨同胞参与和支持北京奥运会的特殊标志性建筑，捐资共建工作还得到了胡锦涛同志和中央领导同志的

充分肯定，得到了广大港澳台侨同胞的盛赞；2003年“非典”疫情刚刚得到控制，我们邀请海外华文媒体参加“7·13”申奥成功庆祝活动，宣传北京奥运战略构想和筹备进展，借助海外华文媒体力量影响其主流社会，并坚持连续5年邀请了200余家海外华文媒体代表，在海外华人社会形成热烈反响，为奥运营造了有利的舆论环境；同时还积极支持在美、在法侨团举办宣传北京奥运的大型群众性活动，取得了积极成效；2007年3月开始，按统一部署开展了北京奥运会华侨华人和海外留学生志愿者招募工作，在我国97个驻外使领馆配合下，面向140个国家和地区的成功报名者遴选录用人员，以确保海外志愿者的政治安全。

圆满完成奥运会期间的侨务重点任务。接待了港澳台侨同胞捐资共建北京奥运场馆代表，组织来自40多个国家和地区的800多位捐资人代表顺利出席北京奥运会开幕式及相关活动，受到了这批涵盖所有海外华人社会最有影响的社团领袖和重点人士的交口称赞；8月9日，在人民大会堂举办授勋仪式，向霍震霆等19位为共建国家游泳中心作出重要贡献的人士颁发“捐资共建功勋荣誉章”，以褒奖他们为筹办北京奥运会作出的特别贡献；抽调精兵强将组成奥运会期间华侨华人留学生志愿者工作战时工作组，组织来自48个国家和地区、涵盖40多种语言的309名志愿者，在9个奥运场馆32个岗位上提供志愿服务，实现了赛时海外华侨华人志愿者“零流失”和“零事件”的工作目标，得到了各国代表团、海外游客和海内外媒体的广泛关注与赞扬；在海外华文媒体非赛会注册记者的相关工作中，正面宣传，积极引导，发挥了自身优势，完成了相关任务。

近年来，本市侨务工作取得了长足进展。一方面坚持以服务奥运为主线，推动了侨务工作整体水平的提高，在海外联络了一批为本市长期发展有利的重要资源；同时在国内侨务工作方面，坚持依法行政，维护侨益，取得了成效，为本市经济社会发展作出了贡献。

二、当前存在的主要问题

（一）对《侨法》的宣传还需进一步深入

《侨法》是一部维护归侨侨眷合法权益的专门性法律，涉及群体限于归侨侨眷，尽管有关部门也努力开展了《侨法》的宣传工作，但本市的《侨法》宣传贯彻工作仍然存在着“圈内热、圈外冷”的现象。

（二）侨务政策体系还不够完善

近年来，随着社会主义市场经济体制的建立和本市侨情的发展变化，本市的侨务工作出现了许多新情况和新问题。例如在归侨侨眷职工因私出境的假期、工资政策方面，原规定因私出境超过假期半年以内予以停薪留职，但实际上已无法执行；对未达退休条件的归侨侨眷职工出境定居可以领取一次性离职费的规定，与现在的劳动合同制度很难衔接上等等。

（三）对困难归侨侨眷的救助力度还需进一步加大

经过多年努力，本市归侨侨眷在劳动、就业、养老、医疗等方面得到了适当照顾，一些困难家庭得到了及时救济。但本市的困侨扶助面不够广，一些地方在困侨扶助工作方面保障力度不足等。

（四）侨资企业维权及人才服务工作还不够规范

在维护在京投资的侨资企业家和在京创业、工作的新华侨华人合法权益方面，本市相关部门积极开展了工作，也取得了一些成效，但由于缺乏相应的法律、法规，导致在处理这类问题时只能是个案协调、个案处理，没能形成一套行之有效的维权协调处理机制。此外，在吸引新华侨华人尤其是高层次和紧缺人才来京发展，为他们创业和工作创造良好环境方面，还存在服务意识不强、信息不通畅等问题。

三、加强和发展本市侨务工作的思路

（一）加大对侨法的宣传力度

要着力深化有特色、讲实效的《侨法》宣传机制，加大基层和基础工作力度，注重从源头和观念上，培养依法护侨的意识和依法护侨所应具备的侨法知识。一是在宣传内容上，以《侨法》为重点，同时考虑社会的实际需求，精挑细选涉及归侨侨眷切身利益的侨务政策，并着力宣传，强调制度化建设；二是在宣传手段上，强调现代媒体整合传播和社区相结合，强调法制宣传和法制实践相结合，特别是大力推进“《侨法》进社区”主题实践活动，建设好街道和社区的“《侨法》宣传角”；三是在宣传对象上，强调针对不同受众因材施教，注重《侨法》宣传专业性和知识性的结合。

（二）推动奥运后国外侨务工作的可持续发展

本市侨务工作发展势头良好。下一步要加大对侨务工作的投入，要充分利用“水立方”的品牌效应，使之成为我们广泛凝聚侨心、汇集侨智、发挥侨力、维护侨益的重要载体，要进一步转化“捐资共建水立方”等服务奥运工作中所积累起的宝贵资源，为本市侨务工作的可持续发展提供动力支持，推动侨务工作在为本市经济社会发展和国家侨务工作大局服务中发挥更大的作用。同时，重视并加大对海外华文教育工作的投入，做好“留根工程”。

（三）完善涉侨工作协调机制

要进一步完善涉侨工作协调机制，并形成相关实施办法，促进侨务工作协调机制的制度化、长效化。通过协调机制，要定期通报党中央、国务院和北京市关于侨务工作的方针政策、重要侨情和本市涉侨重点工作；要研究、指导和协调本市重点侨务工作、重大涉侨活动；要建立相关工作的统筹协调工作制度。

（四）加强侨务政策体系建设

要按照“突出重点，务求实效”的原则，精心构建起较为严密的侨务政策体系，使侨务工作更加规范化、法制化。一是坚持把维护侨界群众的根本利益作为侨务政策、法规研制工作的出发点和落脚点，对涉及侨界群众切身利益的社会保障、扶贫济困、子女上学等问题作为侨务政策研制的重点予以考虑；二是针对老归侨的适当照顾问题，加强调查研究，通过座谈、走访、实地考察等多种方式，分析问题产生的原因，并有针对性地采取工作举措促使问题得到有力解决；三是对不适应经济社会发展形势和不能满足侨界群众需求的侨务政策及时加以清理，使侨务政策体系更加完善。

（五）加大扶助困侨的工作力度

要致力于形成困侨帮扶的长效机制，集中实施归侨侨眷关爱工程。一是利用全市人口普查的机会，进一步摸清归侨侨眷的基础情况，并建立困难归侨侨眷资料库；二是随着本市社会保障事业的发展，进一步做好归侨侨眷低保边缘户的专项救助工作；三是进一步完善重大节日困难归侨侨眷走访慰问制度；四是发挥社区侨务工作的优势，在社区充分关注困侨的生活状况，将困侨的日常帮扶落实在基层；五是继续推动“以侨帮侨”的工作，在侨界内部互帮互助，传递爱心。

（六）增强为侨资企业家和新华侨华人回国创业发展的服务意识和水平

要增强为侨资企业家和新华侨华人回国创业发展服务的意识，真正了解他们的需求，从事业发展、子女教育、生活服务等方面，关心、照顾、帮助他们，使他们在北京安心投资置业。本市侨务部门要发挥自身的独特优势，联合各相关部门积极探索，建立起一套切实维护侨资企业家和回国创业发展的新华侨华人合法权益的协调处理机制，要建设一个适应他们特点与需求的统一信息平台，努力营造海外华侨华人来京投资发展和海外新华侨华人来京创业工作的良好环境。

以上报告，提请市人大常委会审议。

关于对本市侨务工作的意见和建议

——2008年11月21日在北京市第十三届人民代表大会常务委员会第七次会议上

市人大民族宗教侨务委员会主任委员　席文启

主任、各位副主任、秘书长、各位委员：

为了协助市人大常委会做好听取市政府“关于本市侨务工作的报告”的审议工作，按照常委会有关规定和要求，今年8月至10月，民族宗教侨务委员会研究制定了工作方案，着重围绕我市侨务法律、法规和政策的贯彻实施情况，以及本市侨务工作围绕对外开放、经济社会发展和构建社会主义和谐社会首善之区等中心工作，发挥海外侨胞和归侨侨眷的作用、维护侨胞和归侨侨眷的合法权益、解决困难归侨侨眷生活保障、街道社区涉侨组织建设等情况进行了调研和视察。其间，我们先后走访了东城、西城、朝阳、宣武等侨务工作重点城区以及市侨联、致公党北京市委等涉侨单位，召开了8个座谈会，听取了侨务干部、归侨侨眷、侨商企业家、留学归国人员的意见和建议。10月22日，民宗侨办公室组织40多位常委会和专委会组成人员、人大代表对本市侨务工作进行了视察。10月31日，民族宗教侨务委员会召开第三次会议研究讨论了市政府“关于本市侨务工作的报告稿”。

民族宗教侨务委员会认为，市政府的工作报告客观、全面地反映了我市侨务工作情况，以及当前存在的主要问题，提出的下一步工作措施切实可行，民族宗教侨务委员会同意这个报告。近几年，市政府及其侨务部门坚持以科学发展观为统领，认真宣传、贯彻落实国家和北京市有关侨务方面的法律、法规和政策，以及市委确定的“首都侨务”战略决策，紧紧围绕我市改革发展稳定大局，以“国内侨务工作为基础，国外侨务工作为主导”，以“服务奥运”为主线，在侨法宣传、依法护侨、扶助困侨、海外侨务交流、引进“侨智侨资”等方面取得了突出成效。主要表现在以下几个方面。

一、我市侨法宣传工作得到加强，相关政策制定工作取得明显进展

2005年以来，市政府及其有关部门以全国人大侨法执法检查为契机，采取多种措施，推动侨法在本市范围内的学习、宣传和贯彻工作。市和区县政府积极组织印发了数万册侨法单行本，连续三年开展了侨法宣传日活动，并在8个主要城区的14个街道社区设立了“侨法宣传角”；市政府侨务部门与市人大民宗侨办、市政协台港澳侨委、市侨联、致公党北京市委等涉侨单位联合开展“侨法知识竞赛”活动，使侨法的宣传和贯彻工作走向了社会、走进了街道社区，营造了良好的

侨务法制社会环境。与此同时，市政府侨务部门依照《北京市实施〈中华人民共和国归侨侨眷权益保护法〉办法》的有关规定，针对海内外侨胞和归侨侨眷关心、关注的问题，如归侨侨眷因私出境租住公房和参加房改买房、离退休归侨侨眷职工出境定居的养老及医疗保险、归侨侨眷下岗职工再就业、社区为侨服务、华侨子女来京借读等问题，先后研究制定了10余项相关配套政策规定和文件，把侨法贯彻实施工作落在了实处。

二、我市侨务工作在和谐社区建设中发挥了突出作用，街道侨联组织建设和活动取得明显成效

近几年，市政府及其有关部门依法支持和指导基层侨联组织建设和开展活动，推进了街道社区侨务工作的开展。目前为止，全市已有76个街道建立了侨联组织。市和区县政府积极支持和指导街道侨联组织，在社区为归侨侨眷联谊提供活动场所，为归侨、侨眷提供法律咨询和法律援助，为归侨、侨眷提供动态性服务，以及节假日走访慰问老归侨、困难归侨、侨眷等活动，如崇文区龙潭街道与驻地部队开展“共建式”活动，利用部队的医院、保育院等设施，坚持每年为辖区内的高龄归侨、侨眷进行体检并建立健康档案，为归侨、侨眷提供义务服务。依托社区资源力量为归侨、侨眷服务，得到了广大海内外侨胞和归侨、侨眷的赞誉，收到了良好的社会效益。

三、我市依法行政力度有所加大，维护侨胞和归侨侨眷的合法权益工作取得一定成效

我们从调研中了解到，近年来，市政府对人大代表和侨界反映的本市困侨扶助、侨房落政、侨胞正当权益的保护等问题非常重视，侨务、民政、财政等有关部门多次研究措施并对本市困侨家庭给予一次性补助，提高老归侨的最低生活保障标准，在西城、东城、朝阳、宣武等部分区县成立了帮扶贫困侨专项基金，使归侨、侨眷的社会保障和救济工作得到了加强；建立健全了侨务信访工作机制，进一步畅通了维护侨益的协调工作渠道，着力解决了一批侨房历史遗留问题；政府相关部门加强协作，多措并举，搭建平台，建立了市和区县领导接待侨商日、走访日、联谊日等制度，支持和指导侨商社团组织参与社会经济、公益、捐献等活动，加强和改进了为海外侨商和留学人员回国投资发展的维权服务工作，维权服务工作取得了一定成效。

四、我市国外侨务工作领域扩大，海外侨胞投身奥运、服务奥运的工作取得了显著成绩

在奥运筹办期间，市政府及其有关部门围绕“服务奥运”这一主线，着力组织港澳台侨同胞捐资共建活动，总计组织了100多个国家和地区、35万余人捐资近9.4亿元人民币，超额完成了国家游泳中心总体建设资金的筹集工作任务。特别是在奥运会期间，出色完成了800多位港澳台侨同胞捐资共建北京奥运场馆代表的接待工作，以及300多名华侨、华人和留学生志愿者的组织工作，赢得了广大海内外侨胞、留学人员和归侨、侨眷的普遍赞誉。

民族宗教侨务委员会认为，目前，我市侨务工作仍然存在着一些与首都经济社会发展的新形势、新要求以及广大侨胞、归侨、侨眷的期望不相适应的问题。为了进一步加强和推进我市侨务工作，民族宗教侨务委员会向市政府及其有关部门提出如下意见和建议。

一、要采取有力措施，加快政策制定，进一步完善和落实本市困难归侨侨眷的生活保障工作

我们在调研中了解和听到反映比较集中的问题是，对本市困难归侨、侨眷特别是五、六十年代放弃国外优越条件、支援祖国建设的老归侨的日常生活困难帮扶和关心照顾不够，相关政策规定有待进一步落实。建议：市政府及其有关部门抓紧进行调研，在确切掌握本市困难归侨、侨眷，特别是老归侨的数量和情况的基础上，进一步加强对处于我市低保边缘线的困难归侨、侨眷的照顾；采取措施帮助失业的归侨、侨眷再就业；主动关心照顾老归侨的日常生活；加快制定与法规相配套的政策性规定，形成对本市家庭生活困难归侨、侨眷帮扶特别是五、六十年代回国的老归侨生活照顾的长效政策性保障机制。

二、要明确主管部门职责，完善协调机制，进一步做好为海外侨胞和留学人员回国投资发展的服务工作

在对外引进“侨智侨资”工作中，市政府及其有关部门对海外侨商企业和留学归国人员企业的服务力度不够，服务水平有待提高。建议：在继续开展引进“侨智侨资”工作的同时，完善和加强政府各部门之间的协调工作机制，明确政府主管部门在协调工作机制中的职能；加强对海外侨商企业和留学归国人员企业的有关法律、法规和政策的指导，同时，加强相关政策的研究和制定工作，在回国创业、融资、研发、知识产权保护等方面适当给与海外侨商企业和留学归国人员优惠政策，切实维护好侨商企业的合法权益；支持和指导涉侨组织广泛开展侨商洽谈会、引智项目推介会、海外侨团回国考察等交流活动，推进我市为海外侨商企业和留学归国人员企业服务工作以及权益保护工作上水平。

三、要加强海外侨务工作，加大经费投入，进一步做好海外侨务工作以及华文教育工作

近几年，随着我市海外侨务工作不断拓展，侨务文艺团体赴海外慰问演出和海外华裔青少年“寻根之旅——相约北京”夏（冬）令营等活动，以及海外华文教育工作任务逐年加大，使海外侨务专项经费不足问题越来越突出。建议：市政府及其有关部门加大专项经费的投入，推进本市海外侨务工作以及华文教育工作的顺利开展。

另外，要根据本市和各区县的侨情，进一步完善和加强侨务机构和队伍建设，提高政府依法行政的能力；要加强对各级侨务工作者的政策理论和业务培训，增强他们做好侨务工作的荣誉感和责任感，提高工作水平，努力为建设繁荣、文明、和谐、宜居的社会主义首善之区，为建设“人文北京、科技北京、绿色北京”贡献力量。

以上意见和建议供常委会组成人员审议时参考。

关于对“坚持以人为本，完善社会保障制度议案办理暨构建和谐社会，完善社会保障制度情况的报告”审议意见落实情况的报告

——2008年11月21日在北京市第十三届人民代表大会常务委员会第七次会议上

北京市劳动和社会保障局局长　张欣庆

主任、各位副主任、秘书长、各位委员：

2007年9月14日，市十二届人大常委会第三十八次会议对市政府“关于坚持以人为本完善社会保障制度议案办理暨构建和谐社会完善社会保障制度情况的报告”提出了审议意见。同年，市政府根据审议意见，认真制定并落实改进措施。下面，我受市人民政府委托，向市人大常委会报告审议意见的落实情况。

去年以来，市政府全面贯彻党中央、国务院部署，按照科学发展观要求，以“人人享有社会保障”为目标，按照“广覆盖、保基本、多层次、可持续”的思路，加快完善社会保障体系，逐步形成了社会保险、社会救助、社会福利和慈善事业相衔接的多层次的社会保障体系，为促进首都经济社会又好又快发展，成功举办奥运会，构建和谐社会首善之区作出了重要贡献。

一、加快推进制度创新，在全国率先实现城乡居民养老和医疗保障制度全覆盖

市政府高度重视社会保障体系建设，不断强化政府责任，逐步优化公共财政支出结构，加大社会保障领域财政投入力度。2008年医疗卫生支出、社会保障和就业支出共计安排114.5亿元，比上年预算增长16.1%。其中：医疗卫生支出52.4亿元，比上年增长16.1%。社会保障和就业支出62.1亿元，比上年增长16.1%。公共财政投入的加大，为本市社会保障制度改革发展奠定了坚实的物质基础。

去年以来，我们坚持“以制度创新为本，以解困救助为重”的原则，在大力推进制度建设的同时，着力解决群众反映强烈的突出问题，努力实现“制度全覆盖，衔接无缝隙，人人有保障”的目标。

（一）率先实现城乡居民养老和医疗保障制度全覆盖

我们按照城乡统筹、整体设计、填补空白、有序推进的思路，从养老、医疗这两个最基本、涉及群众最广泛的险种入手，加快推进制度改革，形成了覆盖城乡全体居民的社会保障体系框架。

1.实现了养老保障制度全覆盖

一是建立了新型农村社会养老保险制度。今年1月1日起，我市实施了“新农保”制度。确定了“个人帐户＋基础养老金”的模式，参保农民男60岁、女55岁以后，缴费

满15年除享受个人帐户养老金外，还享受由财政支付的基础养老金，目前的基础养老金标准为280元。农保养老金水平由月平均100元左右，提高到400元左右。为此，今年市、区县财政共投入2.38亿元。今后，农保基础养老金将根据老年保障待遇同步调整。同时，“新农保”制度还建立了城乡缴费的衔接机制，为建立城乡统一的社会保障体系奠定了基础。

“新农保”制度的实施，打破了十几年来参保人数一直在40多万徘徊的僵局，调动了农民参保积极性。截至9月底，今年新增参保人员58.4万人，累计参保106.5万人，覆盖率达到80.06%。

二是建立了城乡无社会保障老年居民养老保障制度。今年1月1日起，本市建立了全国第一个统筹城乡、标准一致的老年保障制度，对全市60岁以上无养老保障老年居民每人每月发放200元福利性养老金，市、区县两级政府财政共投入16.8亿元。截至9月底，全市城乡无社会保障老年人领取福利养老金人数达55.84万人，累计发放福利养老金10.22亿元，实现了老有所养。

目前，本市已形成了城镇职工基本养老保险制度、新农保制度、老年保障制度以及机关事业单位退休金制度为主体的养老保障体系。截至9月底，养老保障制度已覆盖城乡居民1016.74万人。

2. 实现了医疗保障制度全覆盖

一是为城镇劳动年龄内无业居民建立大病医疗保险。7月1日起，本市将劳动年龄内无业居民纳入到医疗保障制度覆盖范围，填补了首都医疗保险制度的空白，在全国率先实现医疗保险全覆盖。其中，享受城市低保和生活困难补助待遇的人员及重度残疾人员，参保费用全部由市财政支付。截至9月底，已有5.09万人参保，其中，享受政府全额补助人员4万人，占参保人员总数78.58%。

二是完善了“一老一小”大病医疗保险制度。去年9月，本市在全国率先启动了“一老一小”大病医疗保险制度，温家宝总理两次视察本市医疗保险工作时，对此给予了充分肯定。一年多来，我们不断完善政策，扩大参保范围、延长参保时间、规范收费制度。截至9月底，全市“一老一小”参保总人数已经达到146.91万人，其中，城镇老年人参保人数17.86万人，学生儿童参保人数129.05万人。同时，为了减轻参保老年人的医疗负担，制定了老年人门诊医疗费用统筹办法，并将于年内出台，此项工作已列入明年政府为民办的实事项目。

三是形成了“新农合”筹资增长机制。去年，本市针对“新农合”筹资水平不高的问题，建立了“新农合”筹资增长机制。从2007年到2010年，财政为参保农民每人每年增加100元补贴，今年参合农民人均筹资达到320元，政府补助资金占筹资总额的85%，达到7.5亿元。全市新农合次均补偿比例平均为44%，超过了40%的预定目标，次均住院补偿金额比上年增加240多元，13个区县不同程度实行门诊统筹补偿政策，10个区县开展普通门诊补偿结算，参合农民受益面扩大，医药费负担进一步减轻。截至目前，全市参加新农合人员总数达到295万人，参合率为92.9%。

以城镇职工基本医疗保险、城镇居民医疗保险、新农合和公费医疗制度为主要内容，以城乡医疗救助为补充，覆盖城乡全体居民的医疗保障制度框架已经形成。医疗保障制度覆盖城乡1463.72万居民。

（二）切实解决群众反映强烈的突出问题

我们坚持以人为本，以关注民生、保障民生、改善民生为立足点，从解决人民群众最关心、最直接、最现实的利益问题入手，在为群众办实事上下功夫，主要做了四方面工作。

1. 继续加大企业退休人员基本养老金调整力度

本市在连续三年较大幅度提高基本养老金的基础上，今年，进一步加大了调整力度。养老金月人均提高了200元，是提高幅度最大的一年，目前月平均养老金水平达到1630元，居于全国较高水平，保障了178.75万退休人员的基本生活。在调整过程中，加大了向退休时间早、年龄较大以及专业技术人员的倾斜力度，对65岁以上的退休人员，人均增加养老金265元。同时，最低工资、失业保险金、城市居民最低生活保障金、伤残津贴标准也相应提高，受到了群众的普遍欢迎。

2. 进一步减轻群众医疗负担

去年以来，我们通过提高报销比例、降低缴费基数、扩大报销范围、加大社会救助等措施，着力减轻群众医疗负担。今年7月1日，出台了“一降三升”惠民政策。“一降”是：在职职工门诊医疗费报销起付标准由2000元下降为1800元。“三升”是：在职职工在社区卫生服务机构就医报销比例，由60%提高到70%；参保人员使用500元（含）以上贵重医用材料纳入报销范围的比例由50%提高到70%；安装人工器官纳入报销范围的标准提高20%。“一降三升”的实行，每年可减轻群众负担4.6亿元左右，是近年来调整力度最大的一次。

3. 建立了职工参保缴费激励约束机制

本市去年实施了《北京市基本养老保险规定》（市政府第183号令），改革了基本养老金的计发办法，参保人员的缴费水平高、缴费年限长，相应地退休时领取的基本养老金水平就高。计发办法的改革，鼓励和促进参保人员多工作、多缴费、多得养老金，形成了激励约束机制。

4. 推进医疗费持卡实时结算改革

为了从制度上根本解决医疗保险费用手工报销周期长，环节多，参保人员垫付款负担重，经办机构超负荷工作不堪重负，假单据等骗保行为威胁基金安全等问题，郭金龙市长在年初政府工作报告中提出“推行医保报销一卡通”。市政府多次召开会议研究，明确由市劳动保障局具体负责，启动“北京市社会保障卡”建设，实现参保人“持卡就医、实时结算”。这既是本市医疗费用结算方式的重大改革，也是信息化基础设施建设的重大突破。

这项工作从去年11月开始筹备，经过市信息办、卫生、公安、财政、劳动保障等部门的团结协作，已经完成了前期准备工作，于10月14日举行了工程签约仪式，正式启动了社保卡工程建设。按照工程进度安排，力争在2009年年底前，完成1000万张社会保障卡的发放工作，实现参保人员门诊医疗费用实时结算。社会保障卡系统建成后，参保人员医疗费报销周期将由过去的几个月缩短为几十秒；参保人员可以选择的定点医疗机构将由4所逐步放宽到1700所，在支持社区首诊的基础上，实现参保人员直接到任意定点医疗机构就医；在条件成熟时，逐步推广到养老、就业、医疗卫生、社会福利、社会救济、社区服务等社会领域，成为名副其实的“民生卡”。

（三）强化社会保险扩面征缴工作

继续综合运用监察、仲裁、稽核、审计等手段，扩大社会保障覆盖范围，重点做好农民工、非公有制企业及其职工、个体工商户和灵活就业人员的参保工作，保持了社会保障覆盖人数和基金收入的稳步增长。截至9月底，全市参加基本养老、医疗、失业、工伤和生育保险分别为738.6万人、851.72万人、596.92万人、651.83万人和316.95万人；各项社会保险基金收入总规模为514.4亿元，累计支出414亿元，当年累计结余达到100.4亿元。

进一步加大对社会保险基金监管力度。

建立健全了经办机构内部控制机制、经办业务监管机制，完善落实了信息系统安全管理制度，进一步完善了基金管理制度。同时，充分发挥劳动保障行政监督以及财政、审计部门专门监督的作用，发挥市社会保险监督委员会的职能，健全基金监控手段，确保基金安全。

二、完善城乡社会救助体系，救助低收入群体力度进一步加大

按照“先保险、后救助”的原则，完善了以低保制度为基础的社会救助体系。

（一）完善城乡低保制度，实现动态管理下的应保尽保

今年7月1日起，本市城市低保标准由家庭月人均收入330元调整到390元。农村低保最低标准调整为1780元，目前本市农村低保标准从年人均1780元至4680元不等。其中，朝阳、海淀、丰台三个区农村低保标准参照城市低保标准执行。为做好五保供养工作，制定了相关政策，确保五保供养水平逐步得到提高。截至9月底，全市共有11.8万多户、22.7万名低保对象，累计支出低保资金4.4亿元，实现了应保尽保的目标。

（二）健全专项救助制度，不断提升社会救助综合效应

上半年，本市城乡医疗救助已累计支出资金2055余万元，共救助了9万人次。今年市、区县、乡镇三级资金共投入1824万元，为1000户农村困难群众翻建维修住房，目前，翻建维修任务已超额完成。高校新生入学救助工作正在进行。为做好应急救灾物资储备工作，今年安排了1000万元用于政府采购救灾储备物资，同时，为使本市达到10万人的应急救灾物资储备规模，近期还安排了1.5亿元资金。另外，本市还根据今年受灾情况，分两批紧急下拨600万元汛期应急救灾资金，分别拨付房山等8个受灾区县，重点解决受灾群众在吃、穿、住、医等方面的基本生活问题。

（三）建立应急临时救助制度，提高社会救助的时效性

在低保制度、专项救助制度的基础上，本市建立了临时救助和应急救助制度，较好地缓解了困难居民的临时性、突发性困难。为应对物价上涨问题，去年9月正式启动了本市城乡居民基本生活消费品价格变动应急预案，对城乡低保对象每月发放20元临时性生活补贴，保障了低保群众的基本生活。根据物价监测情况，今年2月又将临时生活补贴的期限延长至7月1日城乡低保标准调整前。1—9月份，全市安排临时救助资金4000多万元，200余万人次得到及时救助。

（四）加快社会福利建设，养老服务社会化平稳推进

一是加快推动老年福利服务体系由补缺型向适度普惠型转变。今年9月出台了居家养老服务和特殊老年人养老服务补贴政策，选取城八区和房山、顺义区等10个区开展居家养老服务试点。在试点区内对年满60周岁生活不能完全自理的六类特殊困难老人和年满90周岁的老年人，给予居家养老服务补贴，以政府购买服务的方式，为老年人提供居家养老服务。在机构养老方面，初步明确了分类建设和分工服务的发展思路，政府主要投资建设基础性、保障性的养老服务机构，满足不能自理的“三无”、“五保”及其他低收入老年人的养老服务需求。同时，引导社会力量投资兴建养老服务机构，满足养老服务的市场需求，确保各类型有需求的老年人住得起养老院。

二是完善养老服务规范化标准化体系，满足老年人的养老服务需求。完善了养老服务行业的标准，对社会福利机构内安全管理

的组织、制度、重点安全事项进行了明确规定和统一要求；规范养老服务机构与入住老人及其家属之间的协议，维护三方的合法权益，与市律师协会合作制定了入住合同范本，推荐在全市养老服务机构使用；积极开展区域性养老服务机构星级评定工作，同时加强了养老服务人员职业技能培训。

三是依托基层劳动保障平台，继续推进社会化服务工作。截至9月底，在社保所报销医疗费的退休人员已达148.85万人。全市各社保所已办理“一老一小”参加大病医疗保险42.04万人，办理城乡无保障老人领取福利养老金55.84万人。做好破产企业与注销（吊销）企业退休人员的接收工作，今年已累计接收89户企业4642名退休人员。截至9月底，累计对168.5万名退休人员发放了联系卡，纳入了社会化管理服务范围；在2391个社区建立退休人员自管组织8861个；为5万余名重点服务对象提供了上门收取医疗报销单据、送养老金等服务项目；对全市所有企业退休人员进行了领取养老金资格认证。

三、完善就业政策和公共就业服务体系，促进城乡劳动者较为充分就业

就业是民生之本、和谐之基。市委、市政府高度重视就业工作，坚持把扩大就业摆在首都经济社会发展的突出位置，围绕统筹城乡就业，以就业困难群体为重点，多种措施促进城乡各类群体就业。

截至9月底，城镇登记失业率为1.83%，同比下降0.01个百分点，在2.3%的控制范围内，全市就业局势基本稳定；城镇新增就业32.51万人，失业人员就业17.3万人，帮助困难群体就业7.78万人，农村劳动力转移就业8.29万人；就业结构日趋合理，2007年年底第三产业就业人员比重达69.34%，同比提高了0.41个百分点。今年重点做了六项工作。

（一）进一步完善促进就业政策体系

认真贯彻落实《就业促进法》和《国务院关于做好促进就业工作的通知》精神，完善了岗位补贴、培训补贴、技能鉴定补贴、小额担保贷款政策，研究制定了促进低保失业人员就业政策。同时，将城镇促进就业政策向农村延伸，加大对农村劳动力转移就业的支持力度。

（二）多渠道开发就业岗位

围绕首都发展规划和奥运经济，以家政服务、社区服务等为重点，大力开发社区就业岗位。截至9月底，共开发社区就业岗位13.93万个，安置失业人员11.16万人，分别完成全年指标的116.1%和111.6%。同时，进一步优化创业环境，实施就业倍增计划，促进以创业带动就业，鼓励失业人员自谋职业、自主创业，截至9月底，已征集创业项目990个，发放小额担保贷款5082.5万元，实现创业5939人，带动就业3.66万人。

（三）大力促进就业困难人员就业

我们始终把促进困难群体就业作为就业工作的重中之重。今年以来，以实现“无零就业家庭”为目标，进一步完善零就业家庭动态管理和动态帮扶机制，强化跟踪管理服务，截至9月底，全市共产生城乡零就业家庭695户，累计帮助692户零就业家庭实现就业，城乡零就业家庭基本脱零。对于新出现的零就业家庭，做到了“出现一户、帮扶一户、消除一户”。

为了促进“4050”、农转居、享受低保待遇和残疾失业人员等就业困难人员就业，我们实施了政策倾斜、承诺服务、就业助理、托底安置等就业援助制度，截至9月底，共帮助7.78万名就业困难对象实现再就业，就业率为61.27%。

此外，我们还大力推进创建充分就业社区（村）工作，为困难群体就业搭建平台。截至

10月底，累计认定充分就业社区（村）2336个，达到全市社区（村）总数的36.04%。

（四）加大促进农村劳动力转移就业力度

去年以来，我们按照科学发展观的要求，树立“大就业”的观念，统筹城乡就业，尤其是进一步加大促进农村劳动力转移就业力度，加快建立城乡一体化劳动力市场。一是加强农村基层就业服务组织建设，在全部行政村建立了就业服务站。二是完善农村劳动力管理登记制度，目前全市共有26.6万名农村劳动力办理了求职登记，纳入转移就业管理服务范围，比去年年底增加了5.71万人。三是强化就业服务。深化城乡“手拉手”就业协作机制，促进农村劳动力跨地区转移就业。目前，全市有17个区县、134个乡镇（街道）建立了就业协作关系，共计结成协作对子143对。截至9月底，全市共帮助8.29万名农村劳动力实现转移就业，超额完成全年指标。

（五）完善公共就业服务体系

一是形成了比较完善的市、区（县）、街道（乡镇）、社区（村）四级就业服务体系。截至9月底，全市共建立319个社保所，配备3149名工作人员；在2444个社区配备劳动保障专职协管员4022人；二是强化职业介绍、职业指导等服务。举办“春风行动”、民营企业招聘周、高校毕业生就业服务月等活动，建成了全市统一的劳动力市场信息系统，加强对各类群体的就业服务。三是加强失业宏观调控，妥善解决好首钢等调整搬迁、关闭破产企业的分流安置工作，提供政策指导、就业援助、社会保险关系接续等服务，启动失业监测预警治理试点工作。

（六）强化职业技能培训工作

职业技能培训是解决结构性就业矛盾的重要手段，也是提高劳动者技能，增加就业稳定性的根本措施。今年以来，我们继续强化对各类劳动力的技能培训。截至9月底，共培训失业人员、企业在职职工、新成长劳动力、本市和外来农村劳动力32.04万人。其中，培训失业人员3.72万人，就业率达到62.54%，培训本市农村劳动力5.32万人。

同时，通过认定公共实训基地、建立政府技师津贴制度、推行首席技师制度、制定实施破格晋级办法等措施，加快高技能人才培养。截至9月底，对20.1万企业职工进行技能提升培训，培养技师、高级技师1.2万人。全市还开展了迎奥运窗口行业职业技能竞赛，参赛总人次超过95万人次。

四、依法维护劳动者合法权益，保持劳动关系和谐稳定

我们以实施《劳动合同法》为契机，从完善长效机制入手，以“签合同、上保险、保工资”为重点，加大维权力度，基本实现无拖欠工资目标，保持了劳动关系总体稳定，为奥运会的成功举办营造了和谐稳定的社会环境。重点做了四项工作。

（一）认真贯彻《劳动合同法》，全面加强劳动合同制度建设

市政府高度重视《劳动合同法》的贯彻实施，出台了具体实施意见，并将全面推进劳动合同制度，提高劳动合同签订率，纳入区县政府考核目标。各区县成立了贯彻实施领导小组，对这项工作作出了具体安排。

为了全面推行《劳动合同法》的贯彻落实，我们采取三项措施：一是加强宣传培训，为新法顺利实施创造条件。全市组织现场咨询活动929场次；提供咨询服务26.5万余人次；举办学习培训班1300余场，有24.8万人参加培训。二是完善劳动合同制度政策体系，做好地方立法工作。及时研究解决新法颁布后出现的新问题，对机关事业单位用工、劳务派遣企业组织管理和律师行业用工等问题提出了具体解决措施。同时积极配合市人

大，做好地方立法工作，进一步清理相关的配套规章和规范性文件，抓紧研究制定实施办法。三是明确重点方位，加强劳动合同履行情况的动态监控。对劳动合同届满人数超过职工总数30%、劳动合同续订率低于80%的企业，纳入重点监控；对准备经济性裁员、拆搬迁、撤销、改制等企业，提前介入，排查矛盾隐患。

《劳动合同法》实施以来，全市没有因为劳动合同制度的重大调整，出现大规模集中裁员风潮，引发社会不稳定的因素。全市劳动合同签订率进一步提高，职工就业稳定性进一步增强。目前，地方企业劳动合同签订率达到96.2%，城镇职工续订率达93.9%，同比分别提高4.7个和1.8个百分点。集体合同已覆盖1.27万户企业、151.08万职工。

签订劳动合同期限结构呈现“一低两高”的趋势：即短期合同降低，签订一年及以下劳动合同的占29.4%，同比下降31.7个百分点；续订三年以上劳动合同的占18.6%，续订无固定期劳动合同的占13.9%，同比分别提高9.2个和7个百分点，劳动合同短期化问题有所缓解。

（二）积极推进欠薪保障制度建设，基本实现无拖欠工资目标

我们坚决落实市委、市政府提出的无拖欠工资的要求，与市建委、公安等部门密切配合，完善解决工资拖欠问题的长效机制。在建筑施工企业建立“三个帐户”，即：在京建筑施工企业建立“工资保障金专用账户”，专项用于发生欠薪时支付农民工工资的应急保障；在总承包企业建立“劳务费专用账户”，从源头解决农民工工资来源；在劳务分包企业建立“农民工工资专用账户”，保证劳务费专用账户资金落到实处。在此基础上，推行农民工“实名制”管理。截至目前，全市共有1426户建筑企业建立了工资保证金专用账户，存入保证金9.19亿元；453个总承包企业建立了劳务费专用账户；903户劳务分包企业建立了农民工工资专用账户。

同时，全市加大执法检查力度，确保24小时之内妥善处理发生的欠薪问题，1—9月共查处7290件拖欠农民工工资案件，为5.64万名农民工追发工资1.53亿元。其中，奥运会及残奥会期间，查处626件案件，为3100名农民工追发工资890.1万元。

（三）健全调控机制，不断加大劳动关系协调力度

健全劳动关系协调组织体系。在全市所有区县、街镇建立了三方会议制度，为协调劳动关系提供了组织保证；在街镇建立劳动保障监察协管员队伍；在企业内部建立劳动纠纷调解中心，形成了覆盖全市的劳动关系运行实时监控机制。

不断加大依法维权力度。1—10月，全市共检查用人单位8.51万户次，查处劳动保障违法案件2.03万件，作出行政处罚1631件。针对《劳动争议调解仲裁法》实施以来，案件大幅上升的情况，强化劳动争议仲裁处理，截至9月底，全市共立案审理劳动争议案件4.3万件，结案率为86.84%；调解及调解撤诉案件1.28万件，调解率为44.88%。同时，妥善处理群众信访1.6万件；受理电话、电子邮件服务93万件。

（四）启动和落实应急预案，妥善处置群体性突发事件

为了确保筹奥和奥运期间劳动关系和谐稳定，建立完善了维稳工作机制及组织体系；启动和落实了《处理重大突发事件工作预案》和《涉及劳动保障方面群体性事件处置工作方案》；及时出台办法，明确涉奥停工停产企业劳动关系调整以及奥运会开幕当日放假的工资支付等问题；加强对重点地区、单位和行业矛盾隐患的排查调处，强化重点监控和指导；1—10月共及时妥善处置群体性突发事件182起，全市劳动关系基本

保持和谐稳定，为实现“平安奥运”目标发挥了重要作用。

主任、各位副主任、秘书长、各位委员，本市社会保障体系建设虽然取得了很大成绩，但是，与科学发展观要求的建立城乡统一社会保障制度的目标相比，与人民群众对社会保障的新期待相比，我们的工作无论是在制度层面还是在操作层面，都有许多不完善的地方，还有一些群众关注的热点和难点问题没有解决好。我们将继续深入学习实践科学发展观，坚持以人为本、着力改善民生，加快完善城乡一体化的社会保障制度体系，为建设“人文北京、科技北京、绿色北京”贡献力量。我相信，有市委、市政府的坚强领导，有各位委员、代表的悉心指导和监督，有全社会的广泛关注和支持，本市社会保障体系建设一定会迈上新的台阶。

以上报告，提请市人大常委会审议。

关于检查“坚持以人为本，完善社会保障制度议案办理暨构建和谐社会，完善社会保障制度情况的报告”的审议意见落实情况的报告

——2008年11月21日在北京市第十三届人民代表大会常务委员会第七次会议上

市人大财政经济委员会主任委员　王　火

主任、各位副主任、秘书长、各位委员：

2007年9月14日，市十二届人大常委会第三十八次会议听取并审议了丁向阳副市长代表市人民政府所作的《关于坚持以人为本完善社会保障制度议案办理暨构建和谐社会完善社会保障制度情况的报告》，审议意见经常委会主任会议讨论通过后，形成了审议意见书，交由市政府研究办理。市人大财政经济委员会受常委会委托对审议意见的整改措施落实情况进行跟踪检查。

为做好跟踪检查工作，财经办公室制定了工作方案，明确了跟踪检查重点。结合吴世雄副主任对“将无劳动能力的残疾人员和无业人员纳入医疗保险范围”建议的督办、《中华人民共和国劳动合同法》的执法检查、丁向阳副市长向常委会组成人员和市人大代表专题汇报劳动和社会保障工作等，开展了一系列跟踪检查活动。重点听取了市劳动保障局和朝阳、通州区劳动保障局关于养老和就业工作情况的专题汇报，并赴通州区西集镇与农民代表进行了座谈。10月31日，市人大财政经济委员会召开第五次会议，讨论了市政府关于审议意见整改措施落实情况的报告。

财经委员会认为，市政府及其有关部门十分重视常委会审议意见的落实工作，如期向常委会提交了研究处理方案，认真整改落实，有力地推进了我市劳动和社会保障工作的开展：以制度创新为重点，基本建立起覆盖城乡居民的社会保障体系框架。自去年年底以来，相继出台了“一老一小”、“无业居民”大病医疗保险、“新农保”及福利养老金

等一系列保障措施，其中福利养老金领取人数已达 55.84 万人，累计发放 10.22 亿元，在全国率先实现了城乡居民养老和医疗保障制度全覆盖，各项社会保障待遇水平均有了较大幅度提高，农民群众普遍反映较好。全市就业形势比较平稳，就业结构日趋合理，城镇登记失业率控制在 2.3%的预期目标以内。截至 9 月底，全市城镇新增就业 32.51 万，帮助 7.78 万名就业困难人员实现就业，促进 8.29 万农村劳动力转移就业。从完善长效机制入手，加强了劳动仲裁、劳动监察和劳动保障等制度建设，以“签合同、上保险、保工资”为重点，加大维权力度，保持了劳动关系的和谐稳定。据本市劳动和社会保障部门相关资料显示，截至目前，全市地方企业劳动合同签订率达到了 96.2%，劳动合同续订率达到了 93.9%。

为进一步贯彻落实科学发展观，构建社会主义和谐社会首善之区，加快完善我市社会保障体系步伐，全面推动社会保障制度建设，财经委员会结合跟踪检查情况，提出以下意见和建议。

（一）加强政策研究，完善社会保障体系，稳步推进社会保障工作可持续发展

改革开放以来，我市经济始终保持着稳定、快速的增长态势，特别是近年来随着财力的不断增强，保障能力不断提高，人民群众的社会保障水平得到大幅度提升。但我们同时也应注意到，目前受全球经济形势持续恶化等不确定因素影响，本市经济增长速度已有所放缓。市政府及有关部门对此应给予重视，认真分析国际国内经济形势变化对我市经济和社会保障体系建设可能带来的影响，加强研究，尽早提出应对之策。按照科学发展观的要求，相关社会保障政策和标准要与经济发展相适应，既要尽力而为，也要量力而行，构建符合本市特点、可持续发展的社会保障政策与制度框架，增强抵御风险的能力。要加强社会保障体系建设，建立城乡统筹、全面覆盖的社会保障体系。市政府及相关部门还要加强对各区县具体落实、执行政策过程的统一指导，使不同区域社会保障的水平和标准相对均衡协调，避免因差距过大引发新的问题。不断加强社会保险费征缴和基金的监管力度，保证其运行安全。

（二）加大社会保障相关制度措施的宣传力度，完善法规、政策体系

近年来，我市相继出台了一系列社会保障方面的制度和政策、措施，但部分群众特别是本市农民及外来务工人员对相关政策的了解不够，法制观念仍相对淡薄，积极参保和依法维权的意识不足，这在一定程度上影响了政策实施的力度和效果。因此，要继续加强对有关劳动保障法律、法规和政策的宣传教育，采取针对性强、群众易于接受的方式，引导城乡居民及外来务工人员树立积极参保、依法维权的意识。同时，进一步增强相关社会保障政策的连续性、稳定性和协调性，不断完善社会保障工作的制度化、规范化建设，及时修订有关社会保障方面的地方规章，适时出台符合本市特点的具体实施办法，从而使我市逐步形成以劳动法、劳动合同法以及就业促进法等为基础，以国务院行政法规和地方法规规章为配套，以规范性文件为补充的劳动法规规章和政策体系。

（三）认真研究解决群众反映的突出问题，切实改善民生

跟踪检查过程中，广大人民群众在肯定本市劳动保障工作的同时，也集中反映出门诊医疗费用报销范围偏窄、机关及事业单位人员定点医院过少、现行新农保和养老保险政策的衔接上存在一定缝隙、就业结构性矛盾突出等问题。因此，我们建议继续调整社区就医用药目录，增加用药品种，扩大医疗费用报销范围；出台城镇老年人门诊医疗费用统筹办法，对无保障老年人在社区就诊的

慢性病、常见病给予一定数额的报销；研究制定灵活就业人员门诊报销办法，减轻部分群众医疗负担。认真研究农村户籍年龄在56—59周岁女性的养老待遇问题，提出合理的解决办法；扩大城市居民参加城镇养老保险范围，实现城乡居民养老保险制度的全覆盖。围绕奥运会后首都经济发展和结构调整方向，加紧分析研究目前国际、国内经济形势对本市就业工作的影响，制定切合实际的应对措施，保证本市就业环境的和谐稳定。

以上报告，供常委会组成人员审议时参考。

关于对“加强公共卫生体系建设议案办理三年目标实现情况的报告”审议意见落实情况的报告

——2008年11月21日在北京市第十三届人民代表大会常务委员会第七次会议上

北京市卫生局局长　方来英

主任、各位副主任、秘书长、各位委员：

我受市人民政府委托，向市人大常委会报告“加强公共卫生体系建设议案办理三年目标实现情况的报告”审议意见的落实情况。

2007年9月12日，市第十二届人大常委会第三十八次会议审议了市政府《关于加强公共卫生体系建设议案办理三年目标实现情况的报告》，根据与会常委会组成人员和列席代表的意见，提出了《市十二届人大常委会第三十八次会议关于对“加强公共卫生体系建设议案办理三年目标实现情况的报告”的审议意见书》（以下简称《审议意见书》）。

市政府高度重视《审议意见书》的落实工作，如期向人大常委会提交了“审议意见书办理情况的报告”。丁向阳副市长多次召集市发展改革委、市财政局、市人事局、市劳动保障局、市卫生局、市编办、市应急办等部门研究解决有关问题，强调按照“大卫生、大区域、大北京、大部门”的观念和“想到最坏、做到最好，全面预防、有效控制”的要求，全面加强首都公共卫生体系建设。在市政府的领导下，近一年来，市卫生局、相关委办局和区县政府把落实《审议意见书》、完善首都公共卫生体系建设作为奥运筹办的重要内容，加强统筹协调，认真抓好落实。《审议意见书》提出的绝大部分工作已得到落实并取得了明显成效，部分工作如院前急救体系的有关问题正在推进之中。首都公共卫生体系建设得到进一步加强，公共卫生保障能力进一步提高，为确保奥运会、残奥会成功举办和城市有序运行提供了坚强有力的保障。

一、本市公共卫生体系建设进展情况

（一）全面加强公共卫生应急能力建设

建立了北京市突发公共卫生事件应急决策与指挥系统平台，实现了指挥调度、值守应急、电话会商、视频会议、图像监控等功能。通过值守应急系统、视频会议系统、800兆无线网络，实现了与卫生部应急办、市应急办和18个区县卫生局及有关医疗卫生机构的互联互通。

加强了卫生应急队伍建设。组建了115支976人的医疗应急救援队、40支205人的卫生监督应急救援队、20支313人的卫生防疫应急救援队和100人的生物反恐医疗卫生救援队，建立了53家传染病实验室网络和化学中毒、核与辐射定点实验室，为有效应对突发事件提供了保障。

完善了卫生应急预案体系。在原有预案基础上，制定了《北京市突发公共卫生事件应急预案》、《北京市突发公共事件医疗卫生救援应急预案》和《北京市鼠疫控制应急预案》，修订了《北京市霍乱疫情应急预案》等12个预案，制定了《北京奥运会、残奥会突发事件应急处置工作方案》等59个方案，公共卫生应急预案体系基本形成。

强化了应急培训和演练。各乡镇卫生院卫生人员和所有乡村医生，全市二、三级医院急诊科医师和护士接受了急诊急救知识和技能培训，900余名参与奥运会、残奥会保障的院前急救人员接受了急救知识强化培训。开展了反恐知识和现场医学救援培训，3420名直接保障奥运的医疗卫生人员接受了脱产培训，全市12万名卫生技术人员参加了非脱产培训。开展了鼠疫防控、生物恐怖、重大踩踏伤亡、水污染、食物中毒等事件应急演练，参与了长城5号和紫禁城1号反恐演练，提高了突发事件应对能力。

加强了卫生应急储备。指定北京医药股份有限公司对159种常规药品、68种医疗器械、75种抗流感药和3种防禽流感药进行了储备。奥运会前，在北京医药股份有限公司、北京市疾控中心、军事医学科学院等单位储备了应对突发事件必备的药品、疫苗、诊断试剂、防护用品等112种应急物资，为突发事件医疗卫生救援提供了物资保障。

提高了血液储备能力。建立了固定献血储备队伍及稀有血型献血储备队伍，建立了本市RhD阳性、RhD阴性红细胞类制品及RhD阴性血浆的基本库存标准，根据临床用血需求实行动态管理。

（二）进一步完善医疗救治体系

继续加强院前急救体系建设。一是市卫生局牵头起草了《关于加强北京市院前急救体系建设的意见》，提出了进一步加强院前急救体系建设的目标、任务和措施，包括120和999两个院前急救体系整合的有关问题，市政府相关委办局基本达成共识，目前正进一步完善。二是转变紧急医疗救援管理理念，为院前急救系统配备急救摩托车，在最短时间内把急救医生送到现场，解决交通拥堵高峰期、道路狭窄地区救护车通行困难等问题，提高院前急救效率和抢救成功率。目前，999已配备50辆急救摩托车，年底前在城八区投入使用。2009年，进一步增加急救摩托车数量，为市民提供更加快捷、有效的院前急救服务。三是奥运期间，本市共有191辆救护车、700余名院前急救人员直接服务于奥运场馆。120和999共有232个急救站、442辆救护车保障城市院前急救，院前急救呼叫满足率达到历史最高的99%。通过政府专项拨款的形式，新运行65个120网络急救站，对院前急救服务能力的提升发挥了重要作用，使120的呼叫满足率由91.5%上升到99.1%。四是启动了急救立法工作。初步确定为本届人大完成的立法项目，目前正进行立法可行性论证。

进一步完善院内应急救治网络。建立了以专科应急医疗救治基地为龙头，其他三级综合性医院为辅助，二级综合性医院为补充的，由104家二、三级医院组成的院内应急医疗救治网络，含18个专科应急医疗救治基地、37家三级医院及54家二级医院，应急救治床位共5880张，承担全市突发公共事件医疗救治任务。

（三）进一步加强疾病预防控制工作

加强重大疾病监测预警能力建设。建立

了肠道门诊监测系统，对全市 335 家肠道门诊监测点实行重点监测。建立了传染病早期症状监测系统，对奥运场馆医疗站及 125 家二级以上医疗机构的腹泻、发热、黄疸、皮疹、结膜红肿五种症状进行监测。建立了中小学生缺勤传染病早期预警监测系统，对 6 个区 244 所中小学校开展传染病早期预警监测。建立了奥运病媒生物监测系统，确保奥运重要区域外环境主要病媒生物阳性率低于国家标准一倍，全市外环境和各行业单位主要病媒生物密度控制在国家标准内。建立了食品监测网络系统，强化对定点宾馆饭店、送餐企业、比赛场馆和训练场馆及周边餐饮单位和旅游餐厅的食品致病菌卫生监测。

重视发挥中医药在疾病预防、慢病控制方面“治未病”的优势。启动了首批 7 家中医“治未病”试点单位建设，重点在中医体质辨识、健康管理、中医养生保健、常见病和多发病的临床前干预、慢病防治、冬病夏治、非药物疗法等领域发挥中医药特色。

加强精神卫生体系建设。建立了以北京市精神疾病预防控制中心为龙头，18 个区县精神疾病预防控制中心为骨干，社区卫生服务中心（站）为前端的三级精神疾病预防控制管理体系，形成了市、区（县）、街道（乡镇）精神卫生三级管理和服务网络。实行精神疾病患者“一人一表一卡一手册”的管理模式，发现一例重度精神病患者，就在所在社区登记，形成了防、治、管相结合的精神病社区工作模式。建立了对贫困精神疾病患者免费投药的制度。

提高病原学检测能力。通过技术开发和引进，目前本市可检测的病原体已覆盖了北京地区存在的所有法定和新发传染病病种，可在 4—8 小时内作出 SARS、霍乱等可疑病原体的判断，在半小时内对炭疽、霍乱等作出初步疫情判断。建成了包括 400 余种毒物症状的“毒物症状查询数据库”和包括 300 余种常见鼠药、海产品毒素、兽药等违禁药物的“常见毒物有机质谱库”，可在 2 小时内作出毒物的初步鉴定。具备了对有害重金属、真菌毒素、鼠药和亚硝酸盐、农药等四大类 60 余种常见化学污染物和 160 余种兽药的监测能力。

加强免疫预防工作。从 2007 年开始，市政府实施了为本市 60 岁以上老人免费接种流感疫苗，为在校中小学生减免 50％费用接种流感疫苗的惠民政策。据监测，2007 年 12 月至 2008 年 1 月流感高峰期，本市流感样病例同比下降 38.2％。建立了免疫接种信息服务系统，为全市每名儿童都建立了一份预防接种电子档案，家长可上网查询儿童应接种、已接种疫苗的信息，还可携带儿童到全市任何一家预防接种门诊接受接种服务。高度重视流动人口公共卫生服务，连续三年对外来务工人员免费接种麻疹、流脑疫苗 110 万人次，连续四年对外来务工人员子弟中 6 岁以下儿童实行 14 种疫苗可预防性疾病查漏补种 140 万人次。

大力开展健康教育与健康促进活动。广泛开展“健康奥运、健康北京——全民健康活动”，市政府免费为全市 500 万户家庭发放了《首都市民预防传染病手册》、《首都市民健康膳食指导》、《首都市民中医健康指南（2008 版）》等健康知识读本，开展了百万小盐勺发放、“日行一万步，健康你一生”全民健步走、“中医养生日”活动。在北京日报和北京电视台等媒体开设了“健康奥运、健康北京”专题栏目，广泛传播健康知识。市政府颁布实施了《北京市公共场所禁止吸烟范围若干规定》，全社会积极落实公共场所禁止吸烟的规定，实现了温家宝总理向国际社会作出的把北京奥运会办成无烟奥运的庄严承诺。

（四）强化卫生执法监督工作

改善卫生监督机构的基础设施。市卫生

监督所办公用房已通过购置方式取得，面积达到卫生部要求，购置资金1.38亿元，全部安排政府投资解决，目前正在办理房产过户手续，明年进行业务用房改造工程。石景山区、崇文区卫生监督所已于2008年初迁入新业务用房，怀柔区卫生监督所业务用房将于年底解决。

继续落实区县卫生监督机构在部分乡镇、街道设立卫生执法监督派出站工作。目前已增加8家派出站，其中崇文区2家、朝阳区6家，全市已建成66家，年底昌平区计划建设2家。

强化卫生监督机构的能力建设。开展了多种形式的人员培训，154人参加了准入资格培训，421名派驻奥运场馆的人员进行了强化培训。举行了“好运北京”综合测试赛应急演练、青年营突发食物中毒应急处置演练。18个区县卫生监督所新增监督执法车辆35辆，其中快速检测车12辆，补充现场快速检测设备539台件，卫生执法监督能力得到较大提高。

加强卫生监督工作。通过餐饮业卫生量化分级管理，全面提升餐饮业卫生水平，包括109家奥运签约饭店所属的218家餐饮单位全部达到A级，奥运场馆周边、旅游景区、繁华商业区共113条街道内的1346家餐饮单位全部达到B级以上，全市177家D级餐馆在奥运会前被全部消除。开展了集中空调通风系统清洗工作，21家大型购物中心和1351家城市运行的重点地区公共场所中央空调通风系统全部达标。建立覆盖全市的饮用水水质监测网，强化对市政水厂、奥运比赛场馆和签约饭店、老旧居民楼、农民安全饮水工程水质的监测，确保了奥运会和城市运行的食品、生活饮用水和公共场所卫生安全。

（五）进一步加强社区卫生服务

完善社区卫生服务网络。按照本市社区卫生服务中心（站）设置与建设规划的要求，截至2008年6月，全市已建成标准化社区卫生服务中心248个，社区卫生服务站2679个，初步形成了覆盖全市城乡的、比较完善的社区卫生服务网络。

加强社区卫生人才队伍建设。除继续落实“四个一批”、对口支援等强化社区卫生人才队伍建设的政策外，采取引进应届大学毕业生的办法，充实到社区和农村卫生机构，截至2008年10月底，已引进1906人，其中非北京生源大学毕业生545人。

调整医疗保险相关政策，提高社区卫生服务的利用率。2007年，将到社区卫生服务机构就医的报销比例由50%提高到60%，对双向转诊发生的规定项目和社区慢病管理干预治疗费用均给予报销，允许公费医疗退休人员选择社区看病并给予报销。2008年，将社区门、急诊报销比例提高到70%。

加大对公共卫生的投入，发挥社区卫生服务机构在公共卫生体系中的基础作用。2007年年底，18个区县政府主办的社区卫生服务中心（站）（约占全市社区卫生服务机构的75%）全部实行收支两条线管理。对暂不实行收支两条线管理的社区卫生服务机构，由政府购买公共卫生服务和常用药品15%的差价部分。全市规划设置内的社区卫生服务中心（站）已全部实行社区常用药品零差率销售。由于政府加大了对公共卫生的投入，社区卫生服务机构在公共卫生体系中的基础作用得以进一步发挥，尤其是在今年手足口病防控和三鹿牌问题奶粉事件婴幼儿筛查工作中得到了充分体现。先后对1万余名儿童开展了手足口病防治家庭访视、居家管理和健康教育，对全市30余万名3岁以下婴幼儿食用问题奶粉的情况进行了入户走访、宣传和登记。

强化社区卫生服务工作。加强了社区慢性病综合防治管理，2007年10月在城八区启动了慢性病防治“万名家庭保健员计划”项目，2008年又培养了2万名家庭保健员。通过“家庭保健员”培训活动，培养了居民的健康意识，提升了居民的慢性病防治能力。作为政府向市民承诺的59件实事之一，2008年本市社区卫生机构对患有高血压、糖尿病、脑卒中、冠心病的社区居民的管理率将达到80%以上。创新社区卫生服务模式，建立了社区卫生服务团队，推行家庭医生责任制，形成以现代医学为指导、以团队合作为特点的社区卫生工作新模式。目前全市已建立2041个服务团队，覆盖1138万人口。开通了“社区健康通”咨询热线，18个区县的所有社区卫生服务中心及社区管理中心均配备了“社区健康通”手机，实现了24小时社区咨询指导服务，为社区百姓提供了一个方便、快捷、科学的健康咨询和卫生科普平台。加强社区卫生服务中心中医科建设和中医药适宜技术推广，全市所有社区卫生服务中心（站）都能够提供中医药服务。

积极开展社区康复。市卫生局、市残联、市财政局已出台《北京市残疾儿童少年康复补助暂行办法》、《〈北京市残疾儿童少年康复补助暂行办法〉实施细则》，把具有本市户籍、年龄不满16周岁的残疾儿童少年的康复训练与服务、配发辅助器具等工作放在社区卫生机构开展。

加强社区卫生绩效考核管理。通过三级考核实现在保证公益性的前提下确保效率与效益，市政府对区县政府重点考核落实社区卫生发展的政策、措施和目标实现程度；区县政府对社区卫生服务机构重点考核服务能力与效率等服务目标实现程度；社区居民对社区卫生服务机构服务利用情况及满意程度等；社区卫生服务机构对个人重点考核工作业绩、专业水平和居民满意度等。2008年1月，北京市社区卫生工作领导小组对18个区县政府进行了绩效考核，结果已反馈各区县政府。

（六）加快推进农村基本医疗卫生制度建设

制定了农村基本医疗卫生制度建设的政策、措施。2008年3月，市委、市政府下发了《中共北京市委北京市人民政府关于推进北京市农村基本医疗卫生制度建设工作的若干意见》，通过八项具体措施，实现农村居民公平享有免费和廉价的镇村两级公共卫生与基本医疗服务。这是本市以“建立覆盖城乡居民的基本医疗卫生制度、实现人人享有基本卫生保健服务”为目标，认真贯彻落实党的十七大精神的重大举措，走在了全国的前列。卫生部陈竺部长对北京市这一着力改善民生、构建和谐社会的举措给予高度评价，认为这对全国其他地区具有很好的示范作用。

强化农村卫生服务体系建设。2007年投入3.5亿元，为187个乡镇卫生机构、1391个村级卫生机构实施基本装备标准化配置，2008年年底前设备陆续到位。推进远郊区县区域医疗中心建设，10个远郊区县都已制定了建设规划，近期规划10个区域医疗中心（不含亦庄，该项目尚处于前期论证阶段），总建筑面积约40.9万平方米，总投资约23.3亿元。目前，大兴区人民医院急诊抢救中心及教学楼项目已经完成，房山区良乡医院门诊综合楼建设项目正在主体施工。

创新村级基本医疗卫生服务运行机制。在全国率先建立了与新型农村社会养老保险制度相衔接的“乡村医生养老保险制度”，全市9700余名乡村医生从2008年1月1日起达到领取年龄、从业达20年的，每人每月可领取580元养老保险金（乡村医生保险300元，新农保基金280元），2008年累计达到领取年龄、拟享受养老保险的乡村医生占政策覆盖人数的近57%。

规范农村基本医疗卫生服务项目。从2008年1月起，镇级提供免费项目14类75项，村级提供免费项目16类47项。完善乡村医生岗位绩效考核制度，探讨政府为农村居民统一购买乡村医生提供的标准化“村级基本医疗卫生服务项目”，市政府对于考核合格的乡村医生每人每月补助800元。

着力提高农民医疗保障及健康水平。市政府投入6000万元为农民进行健康体检并建立健康档案。为55岁以上农民开展白内障免费筛查，已在顺义和大兴区试点并完成16万余人的筛查，全市层面的筛查也将全面实施。随着新型农村合作医疗制度的不断完善，农民医疗保障水平得到进一步提高。今年，全市参合人员总数达到272.5万人，农民参合率为92.9%。参合农民人均筹资达到320元，政府补助资金占筹资总额的82.9%，达到7.5亿元。2008年上半年，全市新农合次均补偿比例平均44%，达到40%的预定目标，次均住院补偿金额比上年增加240多元，13个区县已经不同程度实行门诊统筹补偿政策，10个区县开展了普通门诊补偿结算，参合农民受益面扩大，医药费负担进一步减轻。

（七）切实加强卫生人才队伍建设

对卫生人才队伍进行了全面摸底调查。全面分析了全市卫生专业技术人员总量、专业构成、人员分布、配置需求，起草了《首都卫生人才队伍建设中长期规划报告》（初稿）。对全市医疗卫生机构人员情况特别是山区、半山区近五年的人才需求进行了调查，目前正起草《农村卫生人才队伍建设实施方案》。

认真做好高层次人才培养选拔工作。按照《中共北京市委北京市人民政府关于进一步加强高层次人才队伍建设的意见》，制定了《北京市卫生系统高层次卫生技术人才队伍建设实施方案》（试行），全面实施了“215”高层次卫生技术人才队伍建设工程。到2010年，选拔和引进20名领军人才，100名学科带头人，500名学科骨干，建立20个以重点学科为依托、以培养拔尖创新人才为核心的创新平台。积极做好两院院士、卫生部突出贡献专家、政府特殊津贴人才、首都杰出人才、新世纪百千万人才工程国家级和市级人员以及全国优秀中医药人才推荐工作。继续开展卫生系统“十百千”卫生人才培养专项经费资助工作，2008年有8人获“十”层次资助，52人获“百”层次资助，共资助236万元。

积极筹建卫生高等专科学校。2007年9月，市教委召开高校设置评议委员会会议，原则同意将北京卫生学校、北京护士学校和北京市中医学校合并，组建北京卫生高等专科学校。经市政府同意后，2007年12月报教育部，目前正待教育部审批。

充分发挥中等卫生职业学校的人才培养作用。北京卫生学校、首都铁路卫生学校作为社区卫生人才培训考核基地，承担社区卫生人才培养和岗位技能考核任务。发挥各区县原有卫生学校的作用，多数学校已经成为社区和农村卫生人才培养基地和继续教育基地，承担了乡村医生规范化岗位培训和师资培训，以及每年的社区卫生人员岗位培训考核任务。

探索定向培养模式，为农村培养适宜人才。从2008年开始，委托首都医科大学采取定向招生、定向培养、定向就业的方式，为本市7个远郊区县的山区、半山区乡镇卫生院培养临床医学大专生，学费由市财政承担。今年已录取72人，对农村基层卫生人才的持续补充起到了积极作用。

加强在职医务人员培训。制定并实施了《北京市继续医学教育“十一五”规划》，加强医务人员的法律、法规、人文知识、医疗规范和传染病防治知识培训，并与职务晋升挂钩，不断提高医疗卫生服务能力。制定并实施了《公共卫生人才培养规划》，加强了预防医学、精神和妇幼保健人才培养。按照《2006—2010年乡村医生规范化岗位培训规划》，加强了乡村医生传染病识别、常见病诊治和急诊急救技能培训。启动了中医“名医大讲堂”，加强在职中医药人员中医经典理论培训。完成了12个学科近万名西医执业医师合理规范使用中成药的培训，对3500名社区医生和全部乡村医生开展了中医适宜技术培训。在全国率先启动了中医全科医师岗位培训、规范化培训、骨干培训和师资培训综合试点项目。

积极改善护理人员待遇。认真落实国家和市政府对护理工作人员的优惠政策。2007年事业单位工资改革时，继续执行提高护理人员基本工资10%，退休时计入退休费计发基数。在职称评审上，对长期从事临床护理、护理管理、护理带教的人员给予一定倾斜，放宽对论文、外文的要求。

（八）积极协调解决卫生系统机构设置和人员编制

积极解决医疗机构人员编制等问题。2008年5月，市编办核准为北京安贞医院等9家医院增加人员编制4370名，基本满足了市属医院的工作急需，也使医院的人员结构更趋合理。2007年10月，将北京朝阳医院京西院区750名事业编制的经费形式由自收自支调整为差额拨款，解决了北京朝阳医院两个院区分别使用不同性质事业编制的问题。

批准成立了北京市公共卫生热线“12320”服务中心。向公众提供公共卫生方面的法规、政策及疾病预防控制、健康保健、就医指南等咨询服务，接受突发公共卫生事件与公共卫生方面的投诉和举报。对于传播政策信息和健康知识，了解群众的卫生需求发挥了重要作用。三鹿牌问题奶粉事件发生后，卫生部指定北京“12320”作为全国公众服务热线，解答消费者对“问题奶粉”事件的健康咨询和患儿筛查、治疗等问题。“12320”增加座席，克服困难，24小时值守，及时为全国各地群众提供了咨询服务。

对公共卫生服务机构的体制机制进行了调研。为增强公共卫生服务机构的发展潜力，确保公共卫生的公益性质，2007年年底以来，市卫生局对全市疾控体系、院前急救体系、精神卫生体系、传染病防治体系进行了调研。根据不同机构承担的任务及人员编制和经费运行状况，分类提出了适合其生存发展的经费支持形式。目前，院前急救体系机构设置和人员配置标准的基本思路已基本明确，对精神卫生机构的财政补偿新机制进行了深入研究，近期将对疾控体系的财政补偿机制作进一步论证。

（九）完善公共卫生信息系统建设

规范卫生信息中心建设。制定了《北京市区县卫生局信息中心职能及岗位设置指南》，明确了区县卫生信息中心的职能、岗位设置及人员要求。

完善公共卫生信息网络。按照“纵向到底，横向到边”的要求，完成了以市卫生局为核心，连接18个区县卫生局、疾控中心、卫生监督所、13个涉农区县新型农村合作医疗管理中心、全市采供血机构及52家二、三级医疗机构的网络建设，下一步将实现社区卫生机构的网络连接。

推进卫生信息化建设。社区卫生服务信息系统二期工程年底完成软件开发，2009年在三个试点区县及有条件的区县实施。免疫规划管理信息系统已在全市各免疫接种门诊运行。血液管理信息系统已在采供血机构、临床用血机构平稳运行。

（十）加大对公共卫生体系建设的经费保障

建立应对突发公共事件的财政资金保障长效机制。市财政根据《北京市突发公共事件总体应急预案》要求，按照《中华人民共和国预算法》有关规定，每年都按照市本级政府预算支出额的1%—3%设置预备费，用于当年预算执行中的自然灾害救灾开支及其他难以预见的特殊开支。

优化财政支出结构。在资金投向上向公共卫生体系运转倾斜，向生态涵养区倾斜，向承担公共卫生任务的基层单位倾斜。结合每年的部门预算，保障市级疾控中心、公共卫生信息中心、紧急医疗救援中心、卫生监督所、应急办等部门的工作需要，2008年预算安排比上年增长16.8%。针对生态涵养区财力相对困难的实际，在制定市对区县财政补助政策时给予一定倾斜。在对社区卫生服务机构实行收支两条线，村卫生室实行购买服务的基础上，市财政自2007年起，对全市承担农民健康体检、妇女乳腺癌和宫颈癌筛查、适龄老人和儿童接种流感疫苗等公共卫生任务的二级医院和社区卫生服务机构给予补助，累计安排资金1亿元。

全力确保奥运医疗卫生保障资金需求。2008年年初，安排奥运医疗卫生保障与应急工作经费3.37亿元，其中，应急药品物资和装备经费1.46亿元，完善突发公共卫生事件统一指挥和快速处置能力建设专项经费1.16亿元，卫生监督现场快速检测车项目0.13亿元，奥运医药储备物资经费0.63亿元，对进一步完善公共卫生应急体系建设，确保奥运会、残奥会的公共卫生安全提供了有力保障。

加强资金的监督和管理。制定了《医疗机构财务管理制度》和《卫生单位财务管理制度》，全面统一和规范了财务制度建设。结合公共卫生体系建设，进一步完善了针对专项资金的监管，明确了相应的管理制度。充分发挥财政监督职能，加强对公共卫生体系建设资金的监督检查和绩效考评，确保公共卫生体系建设等资金专款专用，提高资金使用效率。

总之，经过一年来的努力工作，在奥运决战之年，本市公共卫生体系建设得到进一步加强。奥运会、残奥会医疗卫生保障工作取得了圆满成功，首都公共卫生体系经历了一次前所未有的重大考验。奥运会、残奥会期间，医疗卫生保障组织指挥顺畅高效，市政府相关委办局及区县密切配合，本市及军队、武警、中央在京医疗卫生力量实现了统一调动，卫生、铁路、交通、民航、出入境检疫和北方七省（区、市）卫生行政部门做到了信息共享。医疗服务保障高水平运行，为每一位涉奥伤病员提供了国际化、标准化、个性化、多样化的医疗服务，为国内外游客和市民提供了及时、安全、有效的医疗服务，中医作为传统医学首次全面介入奥运医疗服务保障。鼓楼涉外治安案件并造成人员伤亡、马来西亚青年体育部部长私人保健医游览长城时突发心脏病、老山山地自行车场南非山地自行车教练突然出现猝死等突发事件都得到了及时、有效的救治，成功挽救了10名濒临死亡病人的生命。奥运场馆公共卫生保障目标全部实现，整个赛事期间未发生重大食物中毒、饮用水污染、重大传染病疫情和传染病的续发，无病媒侵扰事件报告，全市食物中毒报告起数和病人数较去年同期下降80%以上，法定传染病较去年同期下降了40%，其中肠道传染病下降了51%，首都公共卫生风险降至历史最低水平。国际奥委会主席罗格评价“本届奥运会所提供的医疗卫生服务是我奥林匹克生涯中最好的一次。”国际奥委会医疗委员会主席林奎斯特评价“杰出的医疗卫生服务，这是我奥林匹克生涯中经历的最好的一次。”国际残奥委会医学和科学部主任范德维里埃评价“我们对这届无与伦比的残奥会和医疗卫生服务表示感谢。不仅是作为你们客人的运动员，全体中国人民都可以从你们的成就中获益！”

二、本市公共卫生体系建设存在的问题及下一步工作思路

经过四年的不懈努力，以“一个机制、四个体系”为核心的首都公共卫生体系建设

取得重要进展和显著成效。但是，目前这个体系仍在不断建设和完善之中，还有一些需要继续研究解决的问题。主要表现在：一是人口总量持续增长、人口老龄化、流动人口增加、国际交往频繁、新发传染病及突发公共事件等，对公共卫生体系带来巨大挑战，需要继续加强建设，不断增强应对能力；二是随着新城和城市新区的建设发展，公共卫生服务体系需要及时完善配套；三是院前急救机构的定位及疾病预防控制机构的财政全额拨款性质还不明确，急救站运行的经费保障长效机制还不完善；四是卫生高等专科学校的建设尚未获得教育部批准，学校新址的问题也需要进一步协调；五是精神卫生、妇幼保健机构的建设需要进一步加强；六是乡镇政府（街道办事处）的公共卫生管理职能应进一步强化。

下一步，我们将深入贯彻落实科学发展观，认真落实《中共中央关于推进农村改革发展若干重大问题的决定》中明确的“促进农村医疗卫生事业发展”的要求，在国家深化医药卫生体制改革意见的指导下，按照市委、市政府建设“人文北京、科技北京、绿色北京”的要求，总结奥运经验、转化奥运成果，制定和实施加强首都公共卫生体系建设新的三年规划，着力从体制、机制和能力等方面，解决制约首都公共卫生体系建设的关键问题，不断提高首都的公共卫生保障能力，为维护人民群众健康、促进首都经济社会全面协调可持续发展提供安全可靠的公共卫生保障。

以上报告，提请市人大常委会审议。

关于检查“加强公共卫生体系建设议案办理三年目标实现情况的报告”的审议意见落实情况的报告

——2008年11月21日在北京市第十三届人民代表大会常务委员会第七次会议上

市人大教育科技文化卫生体育委员会主任委员　梁　平

主任、各位副主任、秘书长、各位委员：

2007年9月，市第十二届人大常委会第三十八次会议审议了市政府“关于加强公共卫生体系建设议案办理三年目标实现情况的报告”。常委会在肯定议案办理三年目标基本实现，公共卫生体系框架已经形成的同时，提出了五个方面的意见和建议，以审议意见书的形式送交市政府办理。为确保审议意见的落实，受常委会委托，今年教科文卫体委员会对审议意见落实情况进行了跟踪检查。

根据常委会的要求，教科文卫体委员会制定了开展跟踪检查工作的方案，明确了检查的重点，并到市卫生局了解审议意见落实工作的进展情况，研究推进审议意见落实的相关问题。8月至9月间，委员会组织部分委员和代表用8天时间，先后到房山、丰台、门头沟和密云等区县进行调研，与主管区县长、卫生局局长、相关政府部门负责人、基层卫生工作人员进行了座谈，并深入到区县、山区乡镇和村的35个医疗卫生机构进行实地考察。8月26日和29日，又分别召开了区县主管区县长和卫生局局长座谈会，市卫生局、发改委、财政局、人事局、编办、教委等市政府相关委办局座谈会，并在北京人大网站征求了市民意见和建议，比较深入地了解了审议意见落实的情况。11 月 4 日，教科文卫体委员会召开第四次扩大会议，讨论了市政府关于对“加强公共卫生体系建设议案办理三年目标实现情况报告”的审议意见落实情况的报告。

委员会认为，自 2003 年非典以后，市政府高度重视公共卫生体系建设，经过四年的不懈努力，2007 年，以“一个机制、四个体系”（即突发公共卫生事件应急机制，医疗救治体系、疾病预防控制体系、卫生监督体系、公共卫生信息体系）为核心的、具有首都特色的公共卫生体系框架已经形成。去年年底，市政府在接到常委会审议意见书后，十分重视改进和落实工作。主管副市长多次召集市卫生局、市发改委等政府相关部门进行专题研究，如期向常委会提交了“审议意见书办理情况的报告”。一年来，市政府把完善公共卫生体系建设作为卫生工作的重点，围绕审议意见的落实，以筹办奥运为契机，做了大量工作，取得了新的重要进展和成效。一是公共卫生应急和疾病预防控制能力得到进一步加强。建立了应对突发公共卫生事件的财政资金保障机制和“北京市突发公共卫生事件应急决策与指挥系统平台”，完善了应急联动机制和应急预案体系，增强了公共卫生应急储备和血液储备，强化了应对突发事件的培训和演练；加强了重大疾病监测预警能力建设和免疫预防工作，处置各种突发公共卫生事件和疾病预防控制能力显著提高，经受住了奥运会、残奥会的考验。二是医疗救治、卫生监督工作取得新成效。组建了二、三级医院参加的全市医疗救治网络，在奥运会、残奥会举办之前新增 120 院前急救站点 65 个，有效缓解了本市长期存在的院前急救压力；强化卫生监督体系网底建设，积极推进卫生监督派出机构的建立，卫生执法监督能力不断增强，为奥运会、残奥会提供了有效保障。三是社区卫生工作取得新的突破，形成了覆盖城乡、比较完善的社区卫生服务网络。政府主办的社区卫生服务中心全部实行收支两条线管理，其他卫生服务机构由政府购买公共卫生服务，常用药品零差率销售，所有社区卫生服务机构均实行绩效考核管理。通过增强服务水平和提高报销比例等措施，引导诊疗下沉，提高了社区服务的利用率。四是经费投入进一步向农村倾斜，城乡卫生差距进一步缩小。远郊区县医疗卫生机构建设得到市政府资金支持，2008 年实际投入 3.5 亿元，为农村乡镇卫生机构和村级卫生机构实施基本装备标准化配置，10 个远郊区县区域医疗中心的建设工程也已启动。乡村医生待遇有了制度性保障。新型农村合作医疗制度不断完善，农民参合率达 92.9%。五是卫生人才队伍建设取得一定进展。组建北京卫生高等专科学校的申请已报教育部等待审批。多数区县原有卫生学校成为重要的社区和农村卫生人才培训基地。开展了为山区、半山区乡镇卫生院定向培养医学生的工作，今年已首批招生 72 人，为农村基层培养卫生人才迈出了新步伐。在职医务人员、乡村医生的教育和培训也得到加强。六是公共卫生信息体系建设取得一定进展。奥运医疗数据统计信息系统、紧急医疗救援信息共享系统、血液管理信息系统等相继投入使用，为奥运会提供了卫生信息保障。计划免疫管理信息系统的建成投入使用使北京成为全国首个通过信息化手段实现儿童异地接种的省份。七是健康教育力度进一步加大。初步形成了覆盖全市的健康教育与健康促进工作网络和部门协调的工作机制，“健康奥运、健康北京全民健康活动”深入开展。

同时，随着公共卫生体系建设的推进，一些薄弱环节和比较深层次的问题也更加凸显出来，如体系建设的相关政策还有待进一步完善，城乡之间、区域之间的卫生发展还不平衡，基层尤其是农村卫生人才队伍建设还存在诸多难点，制约了本市公共卫生体系整体功能的发挥。本市从中央有新要求、人民有新期待出发，着眼于实现人人享有基本医疗服务的目标，应当在取得阶段性成果的基础上，结合下一步医疗卫生体制改革工作，从首都的地位出发，积极推动首都医疗卫生体制改革工作，把完善制度体系与解决当前突出问题结合起来，统筹兼顾，科学发展。为此，委员会提出以下意见和建议。

一、加强领导，统筹协调，进一步完善本市公共卫生体系建设

公共卫生体系建设是一项系统工程，涉及卫生、发改、财政、人事、教育、编办等多个政府部门，需要进一步理顺关系。目前，在公共卫生体系建设中，仍有一些问题制约了城乡之间、体系之间的协调发展，很多工作需要市政府统筹协调，各相关部门通力合作，共同完成。

第一，公共卫生信息体系建设没有全部落实。2008 年 3 月，市卫生局下发了《北京市区县卫生局信息中心职能及岗位设置指南》，明确规定了区县卫生信息中心的职能、岗位设置及人员要求。但目前仍有 7 个区县没有卫生信息中心，部分原因是由于文件不是市卫生局和市编办联合发文，编制解决起来存在困难。同时，市公共卫生信息中心在全市网络共享整体设计和应用软件方面的工作还跟不上发展的要求，市和区县信息资源还无法共享共用。

第二，市和区县疾病预防控制机构的性质仍未明确，人员编制和基础设施建设缺乏明确标准和要求。目前，区县疾病预防控制中心多数仍为差额拨款事业单位，人员经费和公用经费还有较大一部分要靠自己创收解决。随着近年来国家公共卫生免费项目不断增加，疾病预防控制机构的经费缺口日益增大，影响公共卫生服务功能的充分发挥。据了解，2007 年房山区疾病预防控制中心的人员经费财政补助资金缺口为 482.1 万元。在机构的人员编制上，市卫生局近年专门做了《北京市市、区县疾病预防控制系统人员编制标准的研究》，进行了测算，但始终未能形成正式文件下发。同时，由于对机构的业务用房标准缺乏明确要求，部分区县的疾病预防控制中心业务用房满足不了实际工作需要。例如房山区疾控中心的业务用房建于上世纪七十年代，设施严重老化，已属危旧房，建筑面积过小，分作两处，严重影响了工作正常开展。

第三，本市精神卫生机构普遍缺乏长效投入保障。2007 年 3 月 1 日，《北京市精神卫生条例》正式实施，精神卫生工作纳入公共卫生体系，全市建立了市、区县、街道（乡镇）三级精神卫生管理和服务网络。但市和区县财政经费投入力度不够，缺乏长效保障机制，区县精神卫生机构普遍运行困难。据了解，朝阳区精神病防治院去年一年经费缺口 300 万元左右，严重影响了正常运转。门头沟区精神病专科医院基础建设很差，用房紧张，医院走廊都临时摆放了病床。

第四，卫生监督人员编制仍然不足。本市现在的卫生监督机构人员编制是 2005 年由市编办批准的。近两年，为加强基层卫生监督工作，实现监督执法重心下移，各区县按照划片设置、垂直管理的原则，在街道、乡镇设置卫生监督派出机构，更凸显编制不足，制约了派出机构的设置进程。

以上这些涉及公共卫生体系完善的全局问题，建议市政府加强领导，理顺关系，科学规划，综合协调，循序渐进，制定和完善相关政策，合理配置人员和基础设施，进一

步完善本市的公共卫生体系的建设。一是协调卫生和编办等相关部门，尽快健全本市公共卫生信息体系，并加快市公共卫生信息中心对全市条块结合的整体网络建设和管理，统一规划，统一标准，有效实现各级各系统之间的信息共享共用。二是尽快明确市和区县疾病预防控制机构的性质，对其经费预算形式进行有效调整，确保疾病预防控制机构集中精力做好公共卫生工作。同时，针对本市流动人口的增加、“人户分离”现象的突出、人们对健康和防病服务需求的提高以及危害公共卫生因素的增加等发展中的新问题，尽快出台市和区县疾病预防控制中心的人员编制标准和办公用房建设标准的文件。三是建立精神疾病防治经费长效保障机制，加大对区县精神卫生机构的投入，加强硬件设施建设，改善医疗环境和服务能力。四是针对卫生监督机构监督执法重心下移的新要求，合理配置人员编制。

二、科学统筹城乡发展，因地制宜推进农村医疗卫生工作

近年来本市的农村卫生工作取得了很大进步，但相对于城区来说，仍然有比较大的差距，城乡卫生事业发展不平衡的问题仍然比较突出。为此，各级政府加快了城乡统筹发展的步伐，对农村地区加速推进社区卫生服务中心和站点的建设。但实践中，一些政策和标准并不完全适用于农村地区，尤其是边远的山区和半山区。

第一，对郊区县卫生工作的财政投入力度仍显不够。市政府在制定相关政策时虽然已经向郊区县、定位为生态涵养发展区的区县倾斜，但这些地区基础薄弱，区县财政投入困难仍然很大，很多工作难以落实到位。

第二，农村地区的部分医疗卫生机构设置不够合理。在调研中发现，有些行政村既有村卫生室，又有社区卫生服务站，而个别山区的行政村却二者都没有，存在医疗资源分布不平衡和浪费现象。

第三，边远山区社区卫生服务中心基本医疗服务功能被弱化。乡镇卫生院被整建制划转为社区卫生服务中心后，一些医疗服务项目，比如常规的小手术按规定不能再做，专科医生流失，基本医疗服务水平下降，山区、半山区农民出行不便，造成当地农民就医困难。

第四，现有农村卫生医疗机构工作人员编制不能满足服务需求。山区、半山区地广人稀，服务半径大，社区卫生服务中心派出的站点多而分散，按目前的编制标准定编难以满足实际需求。如房山区 20 所乡镇卫生院即使在卫生人员超编 180 多人的情况下，仍有部分卫生服务站只能配备 1 人至 2 人，出现部分医务人员工作岗位交叉，与相关法律、法规的规定不符，而且无法实现昼夜服务制度，人员的进修和培训工学矛盾突出。

第五，零差率药品在农村地区有一部分与群众需求不符，其中还有一部分常用药品经常出现缺货断档，群众反映较强烈。另外，为农村医疗卫生机构配备的医疗设备，也存在一些设备用不上和不能及时到位的现象。

在推进城乡统筹发展的过程中，应该根据城乡发展的不同情况，注重“因地制宜”，逐步渐进，分步实施。今年 3 月，市委、市政府出台了《关于推进北京市农村基本医疗卫生制度建设工作的若干意见》（以下简称《若干意见》），对进一步加强本市的农村卫生工作提出了要求。建议市政府认真抓好《若干意见》的落实工作，特别是要按照党的十七届三中全会《中共中央关于推进农村改革发展若干重大问题的决定》的要求，进一步明确农村卫生工作的发展思路、方向和方式，针对农村地区的特点和实际需求，制定适宜的政策、措施和标准，确保本市农村卫生又

好又快地发展。一是进一步加大对生态涵养发展区的财政转移支付力度，并建立长效投入补贴机制。在制定相关政策时加大倾斜力度，对这些区县给予更多的支持。二是对农村医疗卫生机构的规划设置和功能定位、人员编制核定进一步加强研究，加大对乡村医生的培训力度，以缓解山区卫生人员的严重不足。三是考虑农村地区的特点和实际需求，切实保障零差率药品和医疗设备合理、及时配给，并充分发挥好中医药“简、便、验、廉”的作用，真正为群众提供安全、有效、方便、价廉的服务。四是明确并落实镇级政府和村级组织对农村基本医疗卫生的管理责任，建立健全政府购买基本医疗卫生服务项目与乡村医生岗位职责绩效考核相“挂钩”的管理制度，让惠农政策真正落到实处。

三、创新体制机制，进一步完善院前急救体系建设

目前，院前急救的定位仍不明确，政府投入不足，公益性质不明显。一是正常的运行经费保障能力弱。多数区县急救分中心和急救站是依托在基层医疗机构，运行经费由挂靠的基层医疗机构负担。由于基层医疗机构自身经费就很紧张，致使大部分院前急救站点的运行缺乏保障。而且救治病人越多，急救站的亏损越大，严重影响了救护工作的开展，也制约了医院的发展。二是缺乏急救人员编制。依托基层医疗机构建设的大部分急救分中心、急救站都没有专门的院前急救人员编制，而是占用医疗机构现有编制，但医疗机构自身的医务人员也比较紧缺，因此，院前急救人员不能得到有效地保证，并影响医疗机构的运行和人事管理。如延庆县急救分中心设置急救人员 21 人，除 6 名司机和 2 名医生相对固定外，其余 4 名医生和 9 名护士均从临床科室临时调用。

院前急救是政府公共服务职能的重要内容之一，政府应承担起相应的责任。建议借鉴国外先进经验，将院前急救定位于公益性事业，明确人员编制标准，建立经费保障制度，完善院前急救运行机制，促进院前急救事业的健康发展，有效保障公民的公共权益和生命安全。另外，奥运会前 120 系统新运行的 65 个急救站，在奥运会、残奥会期间发挥了很大作用，但这些站点的许多人员和经费保障都是临时性的，建议市政府总结奥运期间的急救运行经验，合理整合全市急救资源，妥善解决好新增站点正常运行的人员和经费。

四、进一步做好社区医疗卫生人才培养工作，确保本市医疗卫生事业可持续发展

卫生人才短缺一直是近年来制约本市卫生事业快速发展的瓶颈，经过政府的不懈努力，虽然已得到了一定缓解，但基层卫生人力资源紧缺、整体素质不高的问题依然存在。例如门头沟区的社区卫生服务中心卫生专业技术人员中，具有社区岗位资格的仅占 40%。边远山区条件艰苦，相应的奖励补偿机制力度不够，难以吸引卫生工作人员，人员流失严重，卫生机构人员匮乏现象更为严重。门头沟区 2005 年至今已有 40 名医务人员调往市区，社区卫生服务中心编制 502 人，实际在岗只有 430 人。

“十年树木，百年树人”，人才培养必须及早谋划。建议市政府尽快出台卫生人才队伍建设中长期规划，重点加强公共卫生、农村卫生、城市社区卫生专业技术人员、护理人员、高层次人才、专科医师、中医人才和卫生管理人才的培养培训。一是继续探索，进一步做好面向山区、半山区定向培养医学生的工作，并可参照培养山区教师的做法，定向到县级，由基层根据实际情况合理调配。

二是调整高等医学教育结构和规模，加强全科医学教育，并加大对适宜学历层次的公共卫生专业急需人才的培养力度，有效补充目前基层极为缺乏的预防保健和专业防病人员，将培养与使用真正对接。三是制定更加有力的人事、财政支持政策，在职称晋升、福利待遇等方面给予一定的政策倾斜，引导更多的医务人员到远郊区县服务。四是继续积极推进北京卫生高等专科学校的审批、筹建工作，科学合理确定学校人才培养方向，避免与已有的医学院校重叠，造成资源浪费。同时，在师资上可以从首都医科大学整合一部分现有资源，确保办学质量。

以上意见，供常委会组成人员审议时参考。

北京市第十三届人民代表大会常务委员会代表资格审查委员会关于个别代表的代表资格的报告

（2008年11月21日北京市第十三届人民代表大会常务委员会第七次会议通过）

代表资格审查委员会副主任委员　刘新成

北京市人民代表大会常务委员会：

自北京市第十三届人民代表大会第一次会议以来，罗金保（东城区）、朱善璐（海淀区）、黄民（海淀区）3名代表先后调离本行政区域，根据《中华人民共和国全国人民代表大会和地方各级人民代表大会代表法》第四十一条的规定，其代表资格自行终止。

北京市第十三届人民代表大会代表现有767名。

现报请北京市人民代表大会常务委员会予以公告。

以上报告，请予审议。

北京市第十三届人民代表大会
常务委员会代表资格审查委员会
2008年11月20日

北京市人民代表大会常务委员会决定任命名单

（2008年11月21日北京市第十三届人民代表大会常务委员会第七次会议通过）

任命黄卫为北京市副市长。

北京市人民代表大会常务委员会
任　免　名　单

（2008 年 11 月 21 日北京市第十三届人民代表大会常务委员会第七次会议通过）

（一）

任命于厚森为北京市高级人民法院副院长、审判委员会委员、审判员。

任命陈锦川为北京市高级人民法院民事审判第三庭庭长。

任命张美欣为北京市高级人民法院审判员。

（二）

免去范静慧的北京市第一中级人民法院审判委员会委员、审判员职务。

（三）

任命左峰为北京市第二中级人民法院民事审判第六庭副庭长、审判员。

任命李宏哲、刘邦明为北京市第二中级人民法院审判员。

北京市人民代表大会常务委员会
任　免　名　单

（2008 年 11 月 21 日北京市第十三届人民代表大会常务委员会第七次会议通过）

（一）

任命崔广仁、邢小兵为北京市人民检察院检察员。

免去王双进的北京市人民检察院副检察长、检察委员会委员、检察员职务。

免去郝晓军、刘砚普、段素英的北京市人民检察院检察员职务。

（二）

免去崔广仁、杨志才的北京市人民检察院第一分院检察员职务。

（三）

免去李天裕的北京市人民检察院第二分院检察委员会委员、检察员职务。

北京市第十三届人民代表大会

常务委员会第八次会议

在市十三届人大常委会第八次会议上的讲话

（2008 年 12 月 19 日）

市人大常委会主任　杜德印

各位委员、同志们：

这次会议是今年的最后一次常委会会议，所安排的议题除了两项法规案和人事任免事项外，主要是为召开市十三届人大二次会议作准备。会议审议通过了《北京市法律援助条例》，市十三届人大二次会议议程草案、主席团和秘书长名单草案、列席人员名单草案，确认了代表资格审查报告，审议并原则通过了常委会工作报告稿。在大家的共同努力下，会议完成了各项议程，开得很顺利、很成功。

一年来，我们共召开了 8 次常委会会议，审议了 45 项议题。其中，审议地方性法规 5 项；听取和审议了“一府两院”工作报告 12 项、3 项议案办理情况的报告；检查了 4 项法律、法规的实施情况；督办代表建议 1549 件；依法作出了 3 项决议、决定；任免国家机关工作人员 302 人次。在市委的领导下，市人大常委会坚持以邓小平理论和“三个代表”重要思想为指导，全面贯彻落实科学发展观，认真履行宪法和法律赋予的职责，在提高立法质量、增强监督实效、发挥代表作用等方面做了大量工作，各项工作都取得了明显进展。在大家的共同努力下，工作进展顺利，较好地完成了一次人代会确定的各项工作任务，为奥运会、残奥会的成功举办提供了有力的法制保障和支持，作出了重要贡献，实现了新一届人大工作的良好开局。

我们市人大常委会是一个非常好的工作集体，无论是在人大工作时间较长的同志，还是新参加常委会工作的同志；无论是驻会的同志，还是不驻会的同志，大家都能够以高度的政治责任感和历史使命感，着眼于首都改革开放和现代化建设事业，着力于推进首都的民主法制建设，认真履行宪法和法律赋予自己的职责，努力学习，勤奋工作，工作中互相尊重，互相关心，互相支持，互相帮助，形成了民主团结、生动活泼、顺畅和谐的良好工作局面。

各位委员，昨天上午，中央纪念党的十一届三中全会召开 30 周年大会隆重举行，胡锦涛总书记在会上发表了重要讲话，高度评价了党的十一届三中全会在我们党和国家发展历史上的重要地位和伟大意义，深刻总结了 30 年来我们党领导人民进行改革开放和社会主义现代化建设取得的伟大成就和宝贵经验，明确指出了继续推进改革开放伟大事业的前进方向。常委会组成人员和全体人大代表要认真学习，深刻领会，将重要讲话精神全面贯彻到人大的各项工作中去，继续解放思想，坚持改革开放，推动科学发展，促进社会和谐，扎扎实实地推进首都民主法制建设，为建设“人文北京、科技北京、绿色北京”提供有力的民主法制保障。

目前，市十三届人大二次会议召开在即，大会秘书处的各项筹备工作正在紧张有序的进行当中，希望大家以饱满的政治热情、良好的精神风貌、严谨的工作作风，再接再厉，团结协作，确保市十三届人大二次会议圆满成功。

最后，值此新年来临之际，祝愿大家在新的一年里身体健康、万事如意！

北京市第十三届人民代表大会常务委员会第八次会议议程

（2008年12月18日—19日）

（2008年12月18日北京市第十三届人民代表大会常务委员会第八次会议第一次全体会议通过）

一、审议表决《北京市法律援助条例》

二、审议《北京市绿化条例（草案）》

三、听取和审议市人大常委会代表联络室、“一府两院”关于市十三届人大一次会议代表建议、批评和意见办理情况的报告

四、讨论市人大常委会向市十三届人大二次会议所作的工作报告（讨论稿）

五、审议市十三届人大常委会代表资格审查委员会关于个别代表的代表资格的报告

六、审议市十三届人大二次会议议程（草案）

七、审议市十三届人大二次会议主席团和秘书长名单（草案）、议案审查委员会名单（草案）

八、决定市十三届人大二次会议列席人员名单

九、决定人事任免事项

北京市人民代表大会常务委员会公告

（第3号）

《北京市法律援助条例》已由北京市第十三届人民代表大会常务委员会第八次会议于2008年12月19日通过，现予以公布，自2009年3月1日起施行。

北京市第十三届人民代表大会常务委员会

2008年12月19日

北京市法律援助条例

（2008 年 12 月 19 日北京市第十三届人民代表大会常务委员会第八次会议通过）

目　　录

第一章　总　　则

第一条　为了保障经济困难或者符合法定条件的公民获得必要的法律服务，规范法律援助行为，促进法律援助事业发展，根据国务院《法律援助条例》和有关法律、行政法规，结合本市实际情况，制定本条例。

第二条　本条例适用于政府设立的法律援助机构组织、法律援助服务机构和法律援助人员，为符合法律、法规规定的公民提供免费法律服务的活动。

本条例所称法律援助服务机构，包括律师事务所和经司法行政部门确认的其他法律服务机构。法律援助服务机构应当接受法律援助机构的指派，安排人员办理法律援助。

本条例所称法律援助人员，包括接受法律援助机构指派或者安排办理法律援助的律师、基层法律服务工作者、法律援助机构工作人员和法律援助志愿者以及其他法律专业人员。

第三条　法律援助是政府的责任。市和区、县人民政府应当采取措施积极推动法律援助工作，将法律援助经费列入同级财政预算，保障法律援助事业与经济、社会协调发展。

法律援助经费应当专款专用，经费的使用应当接受财政、审计等部门的监督。

第四条　市和区、县司法行政部门负责本行政区域内法律援助的监督、管理和宣传工作。

市和区、县司法行政部门确定或者组建的法律援助机构具体负责受理、审查法律援助申请，指派或者安排人员为符合本条例规定的公民提供法律援助和相关服务，并对法律援助人员办理法律援助的活动进行监督、指导。

第五条　律师协会应当支持、配合法律援助工作，监督律师依法办理法律援助。

律师应当依照律师法和本条例的规定履行法律援助义务，为受援人提供符合标准的法律服务，依法维护受援人的合法权益。

第六条　社会团体、事业单位等社会组织可以利用自身资源为经济困难的公民提供法律援助。

工会、妇联、残联、共青团等社会团体可以结合各自特点开展与其工作领域相关的法律援助活动。

第七条　鼓励组织和个人以捐赠的形式资助法律援助事业。捐赠财产可以依照国家有关规定享受税收优惠。

依法设立的法律援助基金会可以接受组织和个人对法律援助事业的捐赠。法律援助基金会应当按照章程的规定使用捐赠资金，向社会公开基金的使用情况，并接受财政、审计等部门的监督。

第八条 对在法律援助工作中作出突出贡献的组织和个人，由市和区、县人民政府或者司法行政部门给予表彰、奖励。

第二章 法律援助范围

第九条 公民对下列需要代理的事项，因经济困难没有委托代理人的，可以向法律援助机构申请法律援助：

（一）请求国家赔偿的；

（二）请求给予社会保险待遇或者最低生活保障待遇的；

（三）请求发给抚恤金、救济金的；

（四）请求给付赡养费、抚养费、扶养费的；

（五）请求支付劳动报酬的；

（六）因家庭暴力、虐待、遗弃，合法权益受到侵害，请求司法保护的；

（七）因交通事故、工伤事故、医疗事故、产品质量事故以及其他人身伤害事故造成人身伤害请求赔偿的；

（八）法律、法规及市人民政府规定的其他法律援助事项。

第十条 公民申请法律援助的经济困难条件，按照国家和本市低收入家庭认定标准执行。

第十一条 农民工因请求支付劳动报酬或者工伤赔偿申请法律援助的，不受本条例规定的经济困难条件的限制。

第十二条 公民因实施见义勇为行为致使自身合法权益受到损害的，可以申请法律援助，不受本条例规定的经济困难条件的限制。

见义勇为行为的认定，依照国家和本市有关规定执行。

第十三条 刑事诉讼中有下列情形之一的，公民可以向法律援助机构申请法律援助：

（一）侦查阶段犯罪嫌疑人自被第一次讯问或者被采取强制措施之日起，因经济困难没有聘请律师的；

（二）公诉案件自案件移送审查起诉之日起，犯罪嫌疑人因经济困难没有委托辩护人的；

（三）公诉案件自提起公诉之日起，被告人因经济困难没有委托辩护人的；

（四）公诉案件中的被害人及其法定代理人或者近亲属，自案件移送审查起诉之日起，因经济困难没有委托诉讼代理人的；

（五）自诉案件的自诉人及其法定代理人，自人民法院受理案件之日起，因经济困难没有委托诉讼代理人的。

第十四条 公诉人出庭公诉的案件，被告人因经济困难或者其他原因没有委托辩护人，人民法院为被告人指定辩护时，法律援助机构应当提供法律援助。

被告人是盲、聋、哑人或者未成年人而没有委托辩护人的，或者被告人可能被判处死刑而没有委托辩护人的，人民法院为被告人指定辩护时，法律援助机构应当提供法律援助，无需对被告人进行经济状况的审查。

第三章 法律援助申请和审查

第十五条 公民申请法律援助的事项属于诉讼事项的，向有管辖权的人民法院所在地的法律援助机构提出；属于侦查或者审查起诉阶段刑事案件的，向办理案件的公安机关或者人民检察院所在地的法律援助机构提出。

公民申请法律援助的事项属于非诉讼法律事务的，向有权处理机关所在地、申请人住所地或者事项发生地的法律援助机构提出。

按照第一款、第二款规定，两个以上法律援助机构都可以受理申请的，申请人应当向其中一个法律援助机构提出申请。申请人就同一事项向两个以上法律援助机构提出申请的，由最先收到申请的法律援助机构受理。

第十六条 申请人为无民事行为能力人或者限制民事行为能力人的，由其法定代理人、住所地居民委员会或者村民委员会以及法律、法规规定的其他组织、人员代为申请法律援助。

第十七条 被羁押的犯罪嫌疑人、被告人、服刑人员申请法律援助的，可以通过公安机关、人民检察院、人民法院或者监狱管理机关向法律援助机构提出。

公安机关、人民检察院、人民法院或者监狱管理机关收到被羁押的犯罪嫌疑人、被告人、服刑人员提出的法律援助申请后，应当在24小时内转交所在地的法律援助机构。

第十八条 申请法律援助应当以书面形式提出，并填写申请表。以书面形式提出确有困难的，可以口头申请，由法律援助机构工作人员或者代为转交申请的有关机构工作人员作出书面记录。

申请法律援助应当提供下列材料：

（一）身份证或者其他有效的身份证明，代理申请人还应当提交有代理权的证明；

（二）经济困难证明；

（三）与申请法律援助事项有关的案件材料。

经济困难证明由申请人住所地街道办事处、乡镇人民政府出具。经济困难证明应当包括申请人家庭人口状况、就业状况、家庭人均收入等信息。

第十九条 申请人能够证明有下列情形之一的，法律援助机构可以直接认定其经济困难，无需提供第十八条第二款规定的经济困难证明：

（一）属于农村五保供养对象的；

（二）领取最低生活保障金或者生活困难补助金的；

（三）在社会福利机构由政府供养的；

（四）重度残疾或者患有重大疾病且无固定生活来源的；

（五）人民法院给予司法救助的。

第二十条 法律援助机构收到法律援助申请后，应当进行审查。申请人提供的申请材料不齐全的，法律援助机构应当一次性告知申请人作出补充或者说明，申请人未按照要求补正的，视为撤回申请；对申请材料的真实性有疑问的，可以向有关组织或者个人调查，有关组织或者个人应当协助，不得收取费用。

申请材料齐全、符合法定形式，或者申请人按照前款要求提交全部补正申请材料的，法律援助机构应当受理法律援助申请。

第二十一条 法律援助机构应当自受理法律援助申请之日起5个工作日内完成审查并作出是否提供法律援助的决定。

对符合法律援助条件的，法律援助机构应当作出提供法律援助的书面决定，指派法律援助服务机构安排法律援助人员办理法律援助，也可以安排本机构工作人员办理。法律援助机构应当与受援人签订法律援助协议，明确双方的权利和义务。

对不符合法律援助条件的，应当作出不提供法律援助的书面决定并说明理由。

第二十二条 因下列情形之一不能提供法律援助的，法律援助机构应当向申请人说明：

（一）申请事项不属于人民法院或者其他非诉讼事务处理机构受理范围的；

（二）申请相对人不明确的；

（三）法律援助事项已审结或者处理完毕，申请人以同一事实和理由再次申请法律援助的；

（四）法律、法规规定不能提供法律援助的其他情形。

第二十三条 申请人可以撤回法律援助申请。申请人撤回申请后就同一事项再次申请法律援助的，法律援助机构不予受理，但能够证明撤回申请违背申请人真实意思表示的除外。

第二十四条　申请人对法律援助机构作出的不提供法律援助的决定有异议的，可以自收到决定之日起15日内向确定或者组建该法律援助机构的司法行政部门申请复查。

司法行政部门应当自收到复查申请之日起5个工作日内完成复查。经复查认为符合法律援助条件的，应当以书面形式责令法律援助机构及时提供法律援助，并通知申请人；认为不符合法律援助条件的，应当维持法律援助机构的决定，并将理由告知申请人。

第四章　法律援助实施

第二十五条　法律援助可以采取下列形式：

（一）解答法律咨询、代拟法律文书；

（二）刑事辩护、刑事代理；

（三）民事、行政诉讼代理；

（四）行政复议代理，劳动、人事争议仲裁代理和其他非诉讼法律事务代理；

（五）法律、法规规定的其他法律援助形式。

第二十六条　由人民法院指定辩护的案件，人民法院应当在开庭10日前将指定辩护通知书和起诉书副本或者判决书副本送交其所在地的法律援助机构。

法律援助机构应当及时将与案件有关的材料转交法律援助服务机构，并在人民法院开庭3日前，将确定的承办人员名单告知作出指定的人民法院。

第二十七条　法律援助机构提供法律援助的诉讼案件，受援人向人民法院提起诉讼的，人民法院应当缓收诉讼费。

人民法院判决受援人胜诉的，诉讼费应当由对方当事人负担；判决受援人败诉的，人民法院根据受援人的经济状况决定减收、免收诉讼费。

第二十八条　法律援助人员在办理法律援助案件时，凭法律援助公函利用档案资料、调查取证，国家机关、事业单位等组织应当予以协助。

受援人在接受法律援助过程中所涉及的诉讼费、公证费、鉴定费以及法律援助人员在办案中查阅档案资料、从事调查取证活动所涉及的相关费用，按照国家规定予以免收、减收或者缓收。

第二十九条　有下列情形之一的，法律援助机构可以先行提供法律援助：

（一）不及时提供法律援助可能使当事人面临重大人身或者财产危险的；

（二）不及时提供法律援助可能会造成不良社会影响的；

（三）有其他紧急或者特殊情形的。

法律援助机构发现先行提供法律援助的受援人不符合本条例规定的法律援助条件的，应当终止法律援助。因先行提供法律援助而发生的费用，由受援人承担。

第三十条　发现下列情形之一的，法律援助人员应当向作出提供法律援助决定的法律援助机构报告，法律援助机构经审查核实，应当终止法律援助：

（一）以欺骗、隐瞒事实或者其他不正当手段获得法律援助的；

（二）受援人的经济状况发生变化，不再符合法律援助条件的；

（三）案件终止审理或者已被撤销的；

（四）受援人另行委托律师或者其他代理人的；

（五）受援人要求终止法律援助的；

（六）受援人违反法律援助协议，使协议难以继续履行的。

第三十一条　法律援助人员应当恪守职业道德和执业纪律，依法实施法律援助，维护受援人的合法权益，并不得实施下列行为：

（一）无正当理由拒绝、拖延或者终止实施法律援助；

（二）向受援人收取财物或者牟取其他不正当利益；

（三）不及时向受援人通报法律援助进展情况；

（四）泄露当事人的隐私。

第三十二条 法律援助人员办结法律援助案件后应当制作结案报告，并按照归档规范将法律援助过程中形成的法律文书、资料归档，提交法律援助机构。

法律援助机构收到前款规定的结案材料后，应当进行审查，经审查合格的，向法律援助人员支付办案补贴。

法律援助办案补贴的标准由市司法行政部门会同市财政部门，根据本市经济发展水平，参考法律援助机构办理各类法律援助案件的平均成本等因素核定，并可以根据需要调整。

第三十三条 受援人有权向法律援助机构或者法律援助人员了解为其提供法律援助的进展情况；有事实证明法律援助人员不依法履行职责的，受援人可以要求更换。

受援人应当如实陈述与法律援助案件有关的情况，及时提供相关证据材料，协助、配合法律援助机构和法律援助人员开展法律援助工作。

第三十四条 法律援助机构应当采取多种形式将法律援助的条件、程序、期限和申请材料目录、申请示范文本等向社会公示。

第三十五条 司法行政部门应当建立健全法律援助质量监督制度，制定办理法律援助案件的质量标准，开展法律援助服务质量检查和评估，并将检查和评估结果依法公开。

第五章 法律责任

第三十六条 律师事务所拒绝法律援助机构的指派，不安排律师办理法律援助的，由司法行政部门给予警告、责令改正；情节严重的，给予1个月以上3个月以下停业整顿处罚。

第三十七条 律师、基层法律服务工作者违反本条例第三十一条规定，由司法行政部门给予警告、责令改正；情节严重的，给予1个月以上3个月以下停止执业处罚。

有第三十一条第二项违法行为的，由司法行政部门责令退还违法所得的财物，并可处所收财物价值1倍以上3倍以下罚款。

第三十八条 违反本条例规定，国务院《法律援助条例》和其他有关法律、法规已规定法律责任的，依照其规定执行。

第六章 附 则

第三十九条 本条例自2009年3月1日起施行。

关于《北京市法律援助条例（草案）》的说明

——2008年9月24日在北京市第十三届人民代表大会常务委员会第六次会议上

北京市司法局局长 吴玉华

主任、各位副主任、秘书长、各位委员：

我受市人民政府的委托，现就提请本次会议审议的《北京市法律援助条例（草案）》（以下简称《条例（草案）》），作如下说明。

一、立法的背景和必要性

（一）制定《北京市法律援助条例》是维护弱势群体利益，加快构建社会主义和谐社会的需要

法律援助是一项由政府设立的法律援助机构组织律师事务所等法律服务机构及其从业人员，为符合条件的经济困难的公民提供免费法律服务的制度。法律援助作为政府责任，体现了法律面前人人平等的宪法原则。建立与实施法律援助制度是衡量一个国家或地区社会文明和法治完善程度的重要标志。目前，世界上已有140多个国家和地区以宪法和法律的形式建立了法律援助制度，特别是在许多发达国家，法律援助制度已成为司法救济制度的重要组成部分。在我国，法律援助制度是完善社会保障体系的重要内容。法律援助制度保障的是困难群体最根本的生命健康权、劳动权、财产权等基本权利，因此，在保障人权、维护社会和谐稳定、促进社会文明进步等方面，法律援助制度发挥着不可替代的作用。2007年，党的十七大提出加快推进以改善民生为重点的社会建设，因此，制定法律援助地方性法规，促进本市法律援助事业更好、更快发展是贯彻十七大精神，落实科学发展观的必然要求。2007年7月25日，十届市委常委会第9次会议专门听取了市政府关于本市法律援助工作情况的汇报，会议提出要加快制定本市法律援助地方性法规，加大经费保障力度，不断提高法律援助工作水平。

（二）制定《北京市法律援助条例》是贯彻落实国务院《法律援助条例》，总结实践经验的需要

2003年7月，国务院颁布了《法律援助条例》（以下简称国务院条例），确立了我国法律援助制度的基本框架，为开展法律援助工作提供了基本依据。国务院条例规定了法律援助的条件、程序等各项制度和措施，明确了各级政府及其有关部门、社会有关组织和公民在法律援助工作中的责任和义务。考虑到各地经济社会发展水平的差异，国务院条例还授权省、自治区、直辖市人民政府对法律援助的补充事项范围和经济困难标准等重要内容作出规定。

市委、市政府高度重视法律援助工作，采取有效措施推动法律援助事业发展。本市是全国法律援助工作起步最早的省市之一，早在1994年就开始组织律师开展法律援助；1997年以市法律援助中心挂牌开展工作为标志进入了法律援助事业发展的新阶段。2003年国务院条例实施以来，市和区、县政府及其有关部门开展了一系列工作：一是建立起司法行政部门监管、法律援助机构审查和指派、社会律师办案的法律援助工作体系，法律援助案件数增长明显。目前，全市共组建市和区、县法律援助中心19个，专门负责审查、指派律师办理法律援助案件。截至2007年，全市通过年检注册的律师事务所1091个，注册律师15,792名，多层次、专业化的律师队伍为本市更好地开展法律援助工作提供了有力支撑。据统计，2003年市和区、县法律援助中心共指派、办理各类法律援助案件2755件，2007年已达到12,563件，增长了3.56倍。二是市和区、县政府将法律援助事业发展所需经费纳入财政预算，保障了法律援助工作的顺利开展。据统计，2005年全市法律援助业务经费支出353.13万元，2006年为488.45万元，2007年为604.42万元。三是形成了覆盖全市的多层次法律援助服务网络。在全市形成了社区（村）—街道（乡镇）—区（县）—市四级法律援助服务网络，并设立了“1600148”法律服务专线，畅通群众获得法律服务的渠道。四是明确了本市法律援助经济困难的标准和补充规定了法律援

助的事项范围。根据近些年来社会对法律援助的实际需要，考虑到各级财政的可承受能力，2007 年市政府办公厅转发了市司法局《关于公民申请法律援助经济困难标准和事项补充范围意见的通知》(京政办发〔2007〕54号)，在国务院条例规定的六类援助事项之外补充规定了因家庭暴力、虐待、遗弃等违法行为造成的损害请求赔偿，因交通事故、工伤引起的人身损害请求赔偿等四类事项，并将城乡最低生活保障标准确定为本市法律援助经济困难标准的参照标准。通过各方面努力，本市法律援助工作取得了良好成效，依法维护了困难群众的合法权益，为促进首都经济建设和社会和谐稳定发挥了积极作用。此外，国务院条例实施以来，司法部、公安部、最高人民检察院、最高人民法院等有关部门为了更好地贯彻落实条例，也补充规定了许多具体措施。国家和本市的实践发展完善了法律援助制度，需要通过此次立法吸收法律援助制度发展的重要成果，对国务院条例进行细化与完善，更好地指导本市法律援助工作。

（三）制定《北京市法律援助条例》是解决法律援助工作中存在的问题，进一步推动法律援助事业发展的需要

在市委、市政府的高度重视和有力领导下，在社会各方面的共同努力下，本市法律援助工作取得了突出成绩，但随着经济社会的发展，法律援助实践中也遇到了一些新的情况和问题，阻碍了法律援助事业的健康发展，需要通过立法予以解决。一是当前正处于社会转型和矛盾多发时期，法律援助案件数量增长明显，办案成本增长较快，需要进一步加大财政支持的力度，满足法律援助事业发展的需要。二是国务院条例规定的实施法律援助的程序较为原则，需要结合实践情况进行补充、完善，使法律援助程序更加便民、规范。三是社会对法律援助服务水平的要求逐渐提高，需要采取措施提高法律援助的办案质量。四是需要进一步明确相关部门协助、配合法律援助工作的职责。法律援助涉及司法行政部门与政府其他部门以及检察院、法院等司法机关的配合协作，制定地方性法规可以充分发挥地方人大统筹协调“一府两院”的优势，对各方面协助、配合法律援助的职责作出具体规定，保障法律援助工作的顺利开展。

二、起草和征求意见的情况

为了做好法律援助立法的调研起草工作，成立了由市司法局和市政府法制办组成的工作组，共同开展调研起草工作。市人大常委会内司办和法制办提前介入，参加工作，并给予具体指导。初稿形成后，书面征求了市政府相关部门、市检察院、市高级法院以及各区、县政府的意见，同时组织召开座谈会，分别听取了部分市人大常委会委员和市政协委员、街道办事处和乡镇人民政府、各级司法行政机关和法律援助机构、律师事务所和律师、社会法律援助组织、受援人代表以及法律专家的意见，并将初稿在首都之窗网站上公布，面向社会公开征求意见。意见和建议主要集中在以下六个方面：一是认为法律援助立法是关注民生、重视构建和谐社会的体现，制定本市的法律援助条例非常必要；二是进一步扩大法律援助的事项范围，调整经济困难的标准，降低法律援助的门槛；三是法律援助的程序还需要进一步规范并体现便民要求；四是适当调整办案补贴标准，加大对法律援助事业的财政投入力度；五是公、检、法等司法部门应当健全相应制度，积极配合法律援助工作；六是加强对办理法律援助案件活动的监督管理，保证法律援助案件质量。在研究吸收各方面意见的基础上，借鉴了外省市特别是广东、浙江、江苏、上海

等地的立法经验，对初稿进行了修改完善，形成了现在的《条例（草案）》。

三、《条例（草案）》的主要内容

《条例（草案）》共6章39条，分为总则、法律援助的范围、法律援助的申请和审查、法律援助的实施、法律责任和附则，主要内容有以下四个方面。

（一）明确了法律援助的政府责任

根据国务院条例的规定，法律援助是政府的责任，政府应当为法律援助提供人、财、物等方面的保障，并进行有效监管。《条例（草案）》从三个方面进一步明确了法律援助的政府责任：一是市和区、县人民政府应当采取措施积极推动法律援助工作，将法律援助经费列入同级财政预算，保障法律援助事业与经济社会协调发展；二是市和区、县司法行政部门负责对法律援助活动实施监督管理；三是市和区、县司法行政部门设立的法律援助机构负责受理、审查法律援助申请，指派和安排人员为符合本条例规定的公民提供法律援助，并对法律援助人员办理法律援助的活动进行监督、指导。

（二）明确了法律援助的事项范围和经济困难标准的确定原则

符合法律援助的事项范围和经济困难标准，是国务院条例确定的提供法律援助的基本条件。国务院条例第十条规定了依法请求国家赔偿、请求给予社会保障待遇或者最低生活保障待遇等六类法律援助的事项，并授权省、自治区、直辖市人民政府补充规定受援事项。《条例（草案）》在国务院条例规定的事项范围的基础上，结合本市实践，补充规定了两类事项，分别是因家庭暴力、虐待、遗弃，合法权益受到侵害，请求司法保护；因交通事故、工伤事故、产品质量事故或者其他人身伤害事故造成人身伤害请求赔偿。为了进一步保障农民工的合法权益、维护社会稳定，2006年国务院印发了《关于解决农民工问题的若干意见》（国发〔2006〕5号），明确要求“做好对农民工的法律服务和法律援助工作。要把农民工列为法律援助的重点对象。对农民工申请法律援助，要简化程序，快速办理。对申请支付劳动报酬和工伤赔偿法律援助的，不再审查其经济困难条件。”据此，《条例（草案）》第十条规定：“农民工因请求支付劳动报酬或者工伤赔偿申请法律援助的，不受本条例规定的经济困难条件的限制。”此外，为了维护见义勇为行为人的合法权益，《条例（草案）》第十一条规定：“公民因实施见义勇为行为致使自身合法权益受到损害的，可以申请法律援助，不受本条例规定的经济困难条件的限制。见义勇为行为的认定，依照国家和本市有关规定执行。”

考虑到不同地区经济社会发展水平的差异，国务院条例授权省、自治区、直辖市人民政府具体制定法律援助经济困难的标准。《条例（草案）》第十四条第一款规定：“本条例所称经济困难，由市人民政府根据本市经济社会发展状况和法律援助事业的需要，参照市和区、县人民政府公布的城市、农村居民最低生活保障标准制定公布相应标准，并适时调整。”将城乡低保标准确定为法律援助经济困难标准的参照标准主要有以下考虑：一是最低生活保障制度是社会救助体系的基础。自1996年实行城市低保制度以来，本市逐步建立起以最低生活保障为基础，住房、医疗、教育等专项救助相配套，临时救助、社会互助为补充的城乡社会救助体系，包括法律援助在内的各项救助制度都是以低保标准为参照确定救助对象。二是低保制度拥有一套较为科学的经济指标评价体系和确认程序，随着经济社会发展水平的提高，低保标准也在不断地进行着动态调整，以此为参照可以比较科学、真实地反映公民的经济困难状况，具有较强的可操作性。三是低保标准是目前绝大多数省、市和地区公认的确定法律援助经济困难的基本参照标准。上海正在执行低保标准的1.5倍，并拟调整为低保标准的2倍；浙江执行的是不低于低保标准的1.5倍；重庆、山东、江苏等地按照当地的低保标准执行。

（三）完善了法律援助的程序规范

国务院条例对法律援助的程序规定较为原则，《条例（草案）》结合工作实践，本着便民的原则，对程序进行了细化和完善。

第一，规范了法律援助的申请、受理、审查、决定、复查等环节和办理时限，明确了法律援助机构受理、审查法律援助申请并作出决定的职责和公民申请法律援助需要提交的材料等。

第二，设计了经济困难的替代证明和先行提供法律援助等简化审核程序的工作制度。实践中由于经济困难标准的审查和认定存在一定难度，影响了法律援助的及时提供。《条例（草案）》第二十条规定，特定情形下申请人可提供相关证明代替经济困难的证明获得法律援助，简化了经济困难的证明过程。此外，《条例（草案）》第三十条规定，在不及时提供法律援助可能会造成不良社会影响等特定情形下，法律援助机构可以先行决定提供法律援助，随后再行审查申请人是否符合法律援助的条件。

第三，对公安机关、检察院、法院以及其他相关机构、组织在法律援助活动中的协助、配合义务作了规定。公安机关、检察院、法院应当将刑事案件中犯罪嫌疑人、被告人提出的法律援助申请材料转交法律援助机构；由法院依法指定辩护的案件，法院应当在开庭10日前将案件材料送交法律援助机构，配合法律援助机构的审查指派工作；律师在办理法律援助案件的过程中利用档案资料，有关国家机关、事业单位应予协助，并依照规定减免相关费用。此外，《条例（草案）》第二十八条还对法律援助案件诉讼费的缴纳原则作出规定。

（四）明确了保障法律援助案件质量的监督管理措施

一是规定了办理法律援助案件的行为规范。法律援助人员在办理援助案件的过程中应当遵守职业道德，不得实施违反办案规范的行为。法律援助人员还应当将办理援助案件过程中形成的法律文书等材料归档，制作结案报告，提交法律援助机构审查。二是规定法律援助机构应当对法律援助人员办理法律援助的活动进行监督、指导，对办案人员提交的结案材料进行审查，根据审查情况支付办案补贴。三是司法行政部门应当建立健全法律援助质量监督制度，制定法律援助案件的质量标准，开展法律援助服务质量检查和评估，并依法向社会公开检查和评估结果。

此外，《条例（草案）》还根据有关规定设定了相应的法律责任。

《条例（草案）》已经2008年6月3日第7次市政府常务会议审议原则通过，并决定提请市人大常委会审议。《条例（草案）》已印送各位委员，请予审议。

北京市人民代表大会内务司法委员会关于《北京市法律援助条例（草案）》审议意见的报告

——2008年9月24日在北京市第十三届人民代表大会常务委员会第六次会议上

市人大内务司法委员会副主任委员　张建民

主任、各位副主任、秘书长、各位委员：

市人大内务司法委员会收到市人大常委会交付审议的《北京市法律援助条例（草案）》（以下简称《条例（草案）》）之后，以书面征求意见或者座谈会的形式，先后征求了18个区县人大常委会、有关行政部门、法律援助机构、法律援助服务机构、社会团体、社会组织、专家学者、人大代表等各方面的意见，并在市人大常委会网站上公开征求了社会各界的意见。此前，内务司法委员会委员、部分市人大代表和内务司法办公室有关同志提前介入立法调研和法规的起草工作，所提出的主要意见已吸收在《条例（草案）》中，内务司法办公室据此向市人大常委会主任会议提交了《关于〈北京市法律援助条例〉立法论证报告》，并得到认可。8月1日，内务司法委员会召开会议，依照《北京市制定地方性法规条例》的规定，对《条例（草案）》进行了审议。现将审议意见报告如下。

内务司法委员会认为，法律援助制度是完善社会保障体系的重要内容，制定法律援助地方性法规是贯彻落实党的十七大提出的“加快推进以改善民生为重点的社会建设”要求、体现公民在法律面前一律平等的宪法原则的重要举措。2003年7月国务院《法律援助条例》颁布实施以来，市和区县人民政府采取措施，大力推动本市法律援助事业发展，不断提高法律援助经费保障水平，健全法律援助工作体系，扩大法律援助覆盖人群，规范法律援助的申请、审查和实施等程序，畅通困难群众获得法律援助的渠道，有效发挥律师队伍的积极性，依法维护困难群众的合法权益，法律援助工作取得了显著的成绩。但是，随着经济社会的发展，本市法律援助工作也显露出一些突出的矛盾和问题，制约了法律援助事业的发展。例如法律援助经费保障水平偏低、实施法律援助的程序不够简明便民、相关部门协助配合法律援助工作的职责不明、法律援助办案质量有待提高，等等。为了解决这些矛盾和问题，更好地落实国务院的《法律援助条例》，切实保障经济困难群众的合法权益，促进首都经济建设和社会和谐稳定，制定本市法律援助方面的地方性法规是十分必要的。

内务司法委员会认为，《条例（草案）》以保障经济困难的公民获得必要的法律服务、规范法律援助行为、促进法律援助事业发展为立法宗旨，根据国务院《法律援助条例》以及其他有关法律、法规，结合本市实际，明确了法律援助的政府责任、法律援助的事项范围和经济困难标准的确定原则、法律援助的申请、审查和实施的程序以及法律援助案件质量保障监管措施等，内容基本成熟，建议经常委会审议修改后，表决通过。同时，内务司法委员会对《条例（草案）》部分条款提出如下具体修改建议。

一、建议修改《条例（草案）》第十四条第一款的文字表述，并将该条第二款移至第十九条作为第三款

《条例（草案）》第十四条第一款规定了市人民政府制定经济困难标准要“参照”居民最低生活保障标准。而“参照”的词义包括高于、等于、低于三种情况。就目前法律援助工作的实际情况、未来的发展趋势以及北京作为首善之区的地位来看，本市法律援助经济困难的标准应当高于居民最低生活保障标准。因此，建议将第十四条第一款修改为“本条例所称经济困难，由市人民政府按适当高于市和区、县人民政府公布的城市、农村居民最低生活保障的标准，制定公布相应标准，并适时调整。”

第十四条第二款是取得经济困难证明的程序性规定，其内容与第二章“法律援助范围”不相适，因此建议移至第三章第十九条，作为该条第二款。相应地，第二十条当中“无需提供第十四条第二款规定的经济困难证明”修改为“无需提供第十九条第二款规定的经济困难证明”。

二、建议将第十五条、第二十六条均移至第四章作为法律援助实施部分的内容

从条文内容看，第十五条属于法律援助实施的方式，第二十六条属于法律援助实施的程序性或者制度性要求，应当统一纳入第四章，作为法律援助实施部分的内容。因此，根据条文逻辑，建议将第十五条移至第四章第二十七条之前，将第二十六条移至第四章第三十五条之前。

三、建议将《条例（草案）》第十七条分列两款，分别规定无民事行为能力人和限制民事行为能力人申请法律援助的情况

《条例（草案）》第十七条规定了代理无民事行为能力人或者限制民事行为能力人申请法律援助的内容。考虑到代为申请人员的范围比较宽泛，既包括法定代理人，又包括住所地居民委员会或者村民委员会以及法律、法规规定的其他组织、人员，为了表述上避免混乱，便于实际操作和与国务院《法律援助条例》的规定保持一致，建议将该条分为两款，具体表述为：

“申请人为无民事行为能力人或者限制民事行为能力人的，由其法定代理人代为提出申请。

“无民事行为能力人或者限制民事行为能力人与其法定代理人之间发生诉讼或者因其他利益纠纷需要法律援助的，由与该争议事项无利害关系的其他法定代理人、住所地居民委员会或者村民委员会以及法律、法规规定的其他组织、人员代为提出申请。”

四、建议将《条例（草案）》第二十条第四项拆分为两项

《条例（草案）》第二十条规定了申请法律援助无需提供经济困难证明的几种情形，其中第四项规定，“重度残疾或者患有重大疾病，且无固定生活来源的”。从字面上看可以包括两种情形，一是“重度残疾且无固定生活来源的”，二是“患有重大疾病且无生活来源的”。实际情况是本市对有重度残疾的人员已实现社会保障的全覆盖，不存在“重度残疾且无固定生活来源”的情况。因此，建议将该项拆分为两项，一项为“重度残疾的”，一项为“患有重大疾病且无生活来源的”。

五、建议将《条例（草案）》第二十八条修改为“法律援助机构提供援助的诉讼案件及其他案件，人民法院应当根据诉讼费收费办法予以缓收、减收或者免收。”

《条例（草案）》第二十八条规定了法律援助机构提供法律援助的诉讼案件，人民法院应当缓收诉讼费用，以及根据判决和经济状况减收、免收诉讼费等内容。对于诉讼费的收取，人民法院应当按照国务院颁布的《人民法院诉讼费收费办法》执行，法律援助案件诉讼费的收取也不例外。因此，建议本条修改为：“法律援助机构提供援助的诉讼案件及其他案件，人民法院应当根据诉讼费收费办法予以缓收、减收或者免收。”

六、建议在《条例（草案）》第三十一条第（一）项后增加“因先行提供法律援助而发生的费用，由受援人承担”的内容

对于以欺骗、隐瞒事实或者其他不正当手段获得法律援助的，其行为性质十分恶劣，除及时终止提供法律援助外，对于因先行提供法律援助而发生的费用，还应当由其承担。因此，建议在《条例（草案）》第三十一条第（一）项后增加相应内容，并移至本条最后作为第（六）项，其他项的顺序作相应调整。

七、建议对《条例（草案）》第三十二条第（三）项“不及时向受援人通报法律援助进展情况”的内涵和外延作出界定

《条例（草案）》第三十二条规定了法律援助人员在提供法律援助过程中不得实施的，并且一旦实施即会承担相应法律责任的四种行为，其中第三种行为是“不及时向受援人通报法律援助进展情况”。在这里，“不及时通报”到底包括哪些情形不清楚，容易造成实践中理解的不一致。因此，建议对其内涵和外延予以界定。

此外，为了使法规通过后能及时得到实施，建议市人民政府同步制定出台法律援助经济困难标准和案件补贴标准。

以上意见，供常委会组成人员审议时参考。

市人大法制委员会关于《北京市法律援助条例（草案）》审议结果的报告

——2008年12月19日在北京市第十三届人民代表大会常务委员会第八次会议上

市人大法制委员会副主任委员　张　引

主任、各位副主任、秘书长、各位委员：

9月24日，北京市第十三届人大常委会第六次会议对《北京市法律援助条例（草案）》进行了审议。会上共有12位常委会组成人员和3位列席人员发表了意见。大家在审议中认为，该项立法主要是解决为困难群众提供法律援助的问题，对于保障司法公平、促进社会文明、构建和谐社会非常重要。北京市根据十多年来法律援助工作取得的进展，有针对性地制定地方性法规，细化、落实国家法律援助条例是非常必要的，是建设“人文北京、科技北京、绿色北京”的具体体现。同时对草案提出了修改意见。会后，法制委员会进行了调查研究，听取了相关政府部门、基层法律援助机构和专家学者的意见。11月6日，法制委员会组织部分全国人大代表和市人大代表集中视察了本市法律援助工作情况。11月28日，法制委员会召开会议，根据常委会审议意见、内务司法委员会审议意见和其他方面的意见，对草案进行了审议，提出了进一步修改的意见。现将审议结果报告如下。

一、关于法律援助的事项范围

草案第九条列举规定了法律援助的事项范围。有的常委会组成人员提出，这一规定对发生医疗事故的当事人经济困难能否获得法律援助没有明确。还有的常委会组成人员提出，医疗事故是否纳入法律援助事项范围非常重要，应当从本市实际出发，参考外省市做法作出明确合理的规定。根据上述意见，结合调研中了解的情况，法制委员会认为：立法应当坚持以人为本，着眼于维护人民群众的切身利益。医疗事故是否作为法律援助事项，关系到这类当事人能否平等地受到法律保护。该条第七项规定实际包含了因医疗事故造成人身损害可以申请法律援助之意，建议进一步明确，将第七项修改为：“因交通事故、工伤事故、医疗事故、产品质量事故以及其他人身伤害事故造成人身伤害请求赔偿的”。

二、关于法律援助的经济困难标准

草案第十四条中规定，法律援助的经济困难标准“由市人民政府根据本市经济社会发展状况和法律援助事业的需要，参照市和区、县人民政府公布的城市、农村居民最低生活保障标准制定公布相应标准，并适时调整。”内务司法委员会提出，从目前法律援助的实际状况、北京的发展水平以及未来的趋势来看，本市法律援助经济困难标准应当高于居民最低生活保障标准。一些常委会组成人员也建议提高经济困难标准。法制委员会认为，确定最低生活保障线的目的在于保障公民最基本的生存需要，以低保线作为受援标准，不能满足低保边缘人群的法律援助需求，难以适应法律援助事业发展的需要。近年国家出台了一系列低收入人群救助政策，明确将法律援助纳入社会救助体系，将低收入人群纳入法律援助范围，并要求地方在确定法律援助经济困难标准时要和其他社会救助政策相衔接。民政部等部门颁布了低收入家庭认定办法，北京市人民政府已经制定了低收入人群社会救助具体办法。据此，建议按照低收入家庭认定标准来确定法律援助的经济困难标准，将该条修改为：“公民申请法律援助的经济困难条件，按照国家和本市低收入家庭认定标准执行。”（草案修改稿第十条）

三、关于作出法律援助决定的审查时限

草案第二十二条中规定，“法律援助机构应当自受理法律援助申请之日起7个工作日内完成审查并作出是否提供法律援助的决定。”有的常委会组成人员提出，这里规定的审查时间较长，建议缩短。法制委员会认为，办理法律援助事项的工作程序直接影响受援人合法权益的实现，立法应当体现便民、高效的办事原则，建议将7个工作日缩短为5个工作日。（草案修改稿第二十一条第一款）

四、关于政府支持和保障

草案第二十九条规定："法律援助人员在办理法律援助时，凭法律援助公函利用档案资料，国家机关、事业单位等组织应当予以协助。利用档案资料所涉及的费用，依照有关规定予以减收、免收。"有的常委会组成人员提出，律师接到法律援助案件后，同样存在调查取证难的问题，有时候相关部门和单位不能给予应有的支持、配合。还有一些常委会组成人员提出，法律援助案件经常涉及翻译费、鉴定费、复印费的问题，有时鉴定费用很高，不少受援人没有负担能力。在调研过程中，基层法律援助机构也反映，一些受援人无力支付鉴定费，导致司法鉴定等直接证据无法获取，从而影响了法律援助的质量，或者使案件无法进入诉讼程序。法制委员会认为，这些问题的存在不利于受援人合法权益的维护，提供法律援助是政府的重要责任，有关部门和单位应当对法律援助人员调查取证给予积极支持。《中华人民共和国公证法》、国务院颁布的《诉讼费用交纳办法》、《最高人民法院关于对经济确有困难的当事人提供司法救助的规定》以及司法部颁布的《关于贯彻落实〈法律援助条例〉切实解决困难群众打官司难问题的意见》，对法律援助案件相关费用的减免、缓收已经作出明确规定，有关部门应当加强落实。据此，建议将该条修改为："法律援助人员在办理法律援助案件时，凭法律援助公函利用档案资料、调查取证，国家机关、事业单位等组织应当予以协助。""受援人在接受法律援助过程中所涉及的诉讼费、公证费、鉴定费以及法律援助人员在办案中查阅档案资料、从事调查取证活动所涉及的相关费用，按照国家规定予以减收、免收或者缓收。"（草案修改稿第二十八条）

此外，根据常委会审议意见、内务司法委员会审议意见和其他方面的意见，还对草案作了一些文字修改，对条文顺序作了必要的调整。

法制委员会按照上述意见提出《北京市法律援助条例（草案修改稿）》，提请本次常委会会议进行审议。

草案修改稿和以上意见是否妥当，请审议。

市人大法制委员会关于《北京市法律援助条例（表决稿）》的说明

——2008年12月19日在北京市第十三届人民代表大会常务委员会第八次会议上

市人大法制委员会副主任委员　张　引

主任、各位副主任、秘书长、各位委员：

2008年12月18日，市十三届人大常委会第八次会议对《北京市法律援助条例（草案修改稿）》进行了审议，会上常委会组成人员没有提出新的意见。法制委员会据此提出《北京市法律援助条例（表决稿）》，建议本次常委会会议通过，并自2009年3月1日起施行。

关于市十三届人大一次会议代表建议、批评和意见办理情况的报告

——2008 年 12 月 18 日在北京市第十三届人民代表大会常务委员会第八次会议上

市人大常委会副秘书长、代表联络室主任　张　清

主任、各位副主任、秘书长、各位委员：

市十三届人大一次会议收到代表提出的建议、批评和意见（以下简称“建议”）1076 件，经议案审查委员会审查、主席团讨论通过，代表议案作为建议处理的 236 件，以上两项共计 1312 件（其中有关单位共同办理的 88 件）。其中，由市人大常委会工作机构研究办理 28 件，交市人民政府研究办理 1250 件，交市高级人民法院研究办理 12 件，交市人民检察院研究办理 3 件，交市其他机关和组织研究办理 88 件；另有 19 件不属于本市职权范围，转送国家有关部门参考。经过各方面努力，本市机关和组织承办的建议已办理完毕并答复了代表。截至 11 月底，收到代表在闭会期间提出的建议 230 件，已办复 160 件，其他建议正在办理中。

市人民政府、市高级人民法院、市人民检察院办理建议的情况将分别向本次会议报告。下面，我将市人大常委会加强建议工作的情况和常委会机关办理建议的情况报告如下。

一、全市办理代表建议的基本情况

在市十三届人大一次会议期间，市人大代表在依法行使听取报告、参加会议审议和选举国家机关工作人员等职权的同时，积极行使建议权，就人民群众普遍关心的重要问题和影响群众生产生活的具体问题，提出了 1312 件建议。其中，财政经济方面的 168 件；城建城管方面的 595 件；教育科技文化卫生体育方面的 208 件；公安民政劳动人事方面的 254 件，其他方面的 87 件，共涉及 108 个单位和组织的管理职能。

一年来，“一府两院”及其所属承办单位以党的十七大精神为指导，认真贯彻中央 9 号文件和市委 23 号文件精神，不断提高思想认识，把认真办理建议作为保证人民当家作主、实现人民有序政治参与的重要途径，作为贯彻落实科学发展观和构建社会主义和谐社会首善之区的具体实践，进一步健全了办理制度，规范了办理程序，改进了工作方法，提高了办理实效。经过各单位的共同努力，采纳代表建议，问题得到解决或基本解决的 163 件；汲取代表建议，工作有进展并取得一定成效，需要长期坚持逐步完善的 789 件；已列入工作计划，预计两、三年内可以解决的 43 件；受政策、法规限制目前尚不能解决，向代表作出解释说明的 250 件；因财力或条件所限，留待以后逐步解决的 35 件；留作参考的 32 件。从发函征询意见的情况看，代表对建议办理的总体情况是肯定的。

二、加强和改进代表建议工作的主要措施

今年是奥运举办之年，是市十三届人大的届首之年。建议工作紧紧围绕全市工作总体部

署，认真贯彻“少而精、抓重点、求实效”的原则，严格执行建议办理条例的各项规定，着力在提高建议工作质量和实效上下功夫，努力实现新一届人大建议工作的良好开局。

（一）做好会前组织代表活动和会上建议确认工作，提高代表建议质量

一是根据届首之年新任代表较多的特点，在市十三届人大代表选举产生后，特别是在会前各代表团集中活动中，组织代表认真学习市委23号文件和建议办理条例，使代表进一步明确了建议工作的具体要求。二是对各代表团负责建议的工作人员进行会前培训，明确了为代表提出建议做好服务工作的任务和程序。三是会议期间，各代表团都确定一名副团长和一名工作人员，协助大会议案审查委员会办公室进行建议初步确认并依法进行处理。经过以上工作，市十三届人大一次会议代表提出的建议，从内容上看，紧密结合筹办、举办奥运等中心工作，集中反映了加强城市建设和管理，加强社会建设，改善民生等促进首都科学发展的问题和意见；从形式上看，问题提得具体，建议可操作性强，代表建议质量总体有所提高。

（二）开好全市办理建议工作会议，夯实建议办理工作基础

针对今年代表建议工作面临的新形势，市人大、市政府、市政协办公厅等主管部门经过协商，并报请“四大家”秘书长联席会议同意，在市人代会闭幕后的第四天就采取“三会合一”的方式，组织召开全市办理建议、提案工作会议，表彰上一届办理工作成绩突出的先进单位和先进个人，交办市十三届人大一次会议代表建议，培训各单位负责建议办理工作的人员，实现了早交办、早办理、早落实。市委、市人大、市政府、市政协有关负责同志出席了会议。市委副书记王安顺同志对建议办理工作提出要求。他指出，要把办理建议、提案当作实现人民当家作主的重要载体，当作党委和政府了解社情民意的重要载体，当作加强和改进党委政府工作的着力点；要切实加强对办理工作的领导，落实责任制，不断提高工作水平，加大督办力度；要不断提高建议办理工作水平，健全办理工作机制，切实解决问题，进一步改进工作。这次会议对于进一步统一全市各承办单位的认识，加强办理工作的领导，奠定了思想基础，提供了组织保障。

（三）加强代表建议督办检查工作，保证代表建议办理实效

加强代表建议督办检查工作，是提高建议办理质量，保证人大代表履行职权、发挥作用的重要措施。今年的建议督办检查工作，在重点督办建议、建议检查、复查补办工作中采取了一些新措施，取得了一些新成效。

1. 落实市委23号文件精神，扩大重点督办建议的形式和范围。认真落实市委23号文件提出的常委会领导牵头、专委会负责、办公厅和代表联络部门协调配合的督办工作格局，基本形成了常委会主任、副主任牵头重点督办，专委会重点督办和整体协调督办三个层次的督办机制。

加大了常委会主任、副主任牵头督办建议工作力度。从3月12日至4月14日，杜德印主任，赵凤山、刘晓晨、吴世雄、刘新成、李昭玲副主任，邀请38位市人大代表，采取专题调研、听取汇报、座谈交流和实地考察等多种方式，对北运河水系治理、网络监管、垃圾焚烧厂建设、医疗保险制度完善、博物馆免费开放、宗教界人士社会保障等8件建议进行了重点督办。重点督办建议工作在指导思想上，更加突出了提高建议的办复质量；在选择确定项目上，更加突出了社会关注、群众关心、政府亦有能力解决的实际问题；在督办方式方法上，更加注重调查研究，增强督办的针对性。重点督办实现了代表关注、政府办理、人大督办有机统一，不仅有效推

动了建议办理工作，使一系列涉及群众利益、反映群众诉求的问题得到解决和推进，对有关部门加强和改进相关工作，也起到了推动作用。如杜德印主任、赵凤山副主任重点督办“关于北运河水系治理的议案”的建议，使关系本市水资源保护和利用等一系列问题的北运河水系治理工程启动。污水处理厂建设步伐开始加快，水质污染开始得到遏制，各项治污工程建设有序推进。杜德印主任在督办中强调，要通过督办北运河水系治理这一代表建议，认真总结和研究代表建议办理工作的目的与方法，引导代表提高提出议案、建议的质量与水平，围绕代表建议所关注的事情，深入思考，使政府办理、人大督办工作有机统一到代表建议所关注的事情上，使代表建议办理，从以答复代表为主要目标转向以解决实际问题为目标。常委会其他领导同志督办的建议也都取得了重要进展，如通过督办，市公安局进一步加强了与有关职能部门的联动，加大网络监管力度，打击淫秽色情等工作取得成效。市市政管委进一步加强了生活垃圾焚烧厂的建设工作，加快了南宫、阿苏卫、六里屯生活垃圾焚烧厂的建设进程。市劳动保障局进一步完善了医疗保险政策，将城镇无业居民纳入到城镇居民基本医疗保险范围。市文物局从3月底开始陆续免费开放33家博物馆、纪念馆。市宗教局会同有关部门研究，明确了宗教教职人员加入社会保险的相关政策。

探索了专委会总体督办和重点督办建议的新形式。根据主任会议意见，专委会按照职责分工，对“一府两院”相关单位办理建议的情况普遍进行了督办，在立法、执法检查、听取和审议专项工作报告等工作中，关注代表意见，邀请提出建议的代表参加活动，了解办理情况，增加了督办工作的覆盖面。在此基础上专委会确定了涉及交通、食品安全、文化、旅游、卫生、教育、农业、奥运等方面12件建议开展重点督办，既推动了建议落实，发挥了建议作用，也扩大了代表对常委会工作的参与，实现了建议督办和专委会重点工作的互相促进和推动。如财经委和教科文卫体委，结合今年食品卫生与安全及清真食品有关法律、法规执法检查工作，组织了对“关于确保奥运会猪肉食品安全供应的建议”和“关于加强餐饮业从业人员健康体检的议案”建议的重点督办，共检查了各种类型的单位1000多家。市政府高度重视，积极配合检查工作，坚持边检查、边整改，督办和检查工作都收到了很好的效果。农村委督办“解决农产品深加工企业经营困难的问题”建议，进一步深化了银农合作机制和政府部门的政策集成、部门联动，2008年扶持项目118项，扶持资金达到5195万元，同2007年相比，高出1764万元，增长51%，建议反映的问题得到了很好的解决。

2. 从筹办、举办奥运会、残奥会的实际出发，对人大代表检查建议办理情况的方法作了相应调整。组织代表检查建议办理情况，既是推动办理工作的重要措施，也是代表和承办单位加强交流，沟通情况的重要途径。今年的检查工作在方法上作了一些调整，主要做了两方面的工作。一是集中听取奥组委办理建议的情况。经与奥组委有关部门研究，就其承办的11件建议，实行了集中办理、集中答复的做法，组织提建议的代表直接听取建议办理情况汇报，加强督促检查工作，使代表了解全面情况，增进沟通和理解，为举办奥运会创造良好的政治环境。二是对建议办理总体情况的检查方式作了一些调整。选择了人大代表和人民群众广泛关注，又不直接承担奥运组织服务工作的单位作为组织代表进行检查建议办理总体情况的重点。5月下旬，由刘晓晨副主任带队，常委会相关工作机构参加，组织部分代表检查了市财政局、国土资源局和市高级人民法院贯彻落实市委

23号文件精神、建议办理条例和今年建议办理两方面的工作情况。代表们在听取工作情况汇报、查阅办理案卷的基础上和办理单位进行座谈，就如何进一步改进建议办理工作，创新办理机制，提高办理质量提出意见和建议，对建议办理工作起到了整体推动作用。

3. 加强和改进代表建议复查补办工作，增强工作实效。对代表明确签署不同意的办理件进行复查，并根据实际情况从中确定补办件，是提高建议办理质量的一项措施。今年的复查补办工作在原有做法的基础上进行了改进。一方面充分听取代表意见，详细了解代表不同意办理意见的原因，同时和承办部门反复沟通协商，了解和掌握相关政策和情况，最后从34件中确定了12件作为补办件，总体讲效果是好的。例如：苏煜代表提出“关于十里堡东里27、28号居民楼露天电梯通道亟须修缮”的建议，在重新办理的过程中，市国资委协调市建委与北京纺织控股有限责任公司召开现场会，与产权单位及有关方面反复研究、协商，最终由产权单位筹资近百万元，于11月初开始进行加固修缮工程，现已完成一栋楼的加固修缮，另一栋楼的加固修缮工程正在进行。解决了群众的实际困难，维护了社会稳定。另一方面对经过复查，确因政策不允许或条件不具备的建议，要求承办单位再次与代表联系，向代表说明情况，讲清原因，同时也要求代表向人民群众多做说明解释工作，促进了社会和谐。经过工作，对22件经过复查确定不再补办的建议，也得到了代表的理解和支持。

三、市人大常委会机关办理建议的情况

市人大常委会机关共承办代表建议28件，分别由9个工作机构具体办理。各承办部门紧密结合常委会工作重点认真分析，加强调研，办理工作取得了较好成效。采纳代表建议，问题得到解决或基本解决的8件；汲取代表建议，工作有进展并取得一定成效，需要长期坚持工作逐步完善的12件；受政策、法规限制目前尚不能解决，向代表说明解释的8件。

（一）涉及立法方面的11件

其中，要求制定法规的7件，主要涉及企事业单位民主管理、环境噪声污染防治、固体废物防治、残疾人就业等问题；修订法规的4件，主要涉及中关村科技园区条例、实施残疾人保障法办法、养犬管理规定等。通过常委会工作机构的办理，有5件列入五年立法规划，6件因条件不具备，暂不列入立法计划，代表对办理工作表示理解和支持。

（二）涉及法律监督和工作监督方面的7件

其中，关于法律监督的2件，主要是要求对劳动合同法和土地法的执行情况进行检查。关于工作监督的5件，主要是加强对中级人民法院和检察院的监督及开展类案监督，建立健全重大事项报告制度、根据有关法规要求督促政府各委办局及时制定相应的实施细则和相关配套政策等。通过办理，得到解决的2件，采纳代表意见，工作取得一定进展的4件，向代表进行解释说明的1件。例如任月征代表提出“关于提请市人大对劳动合同法贯彻实施情况进行执法检查的议案”的建议，市人大常委会财经办公室进行了办理。为了做好执法检查工作，常委会专门成立了吴世雄副主任为组长，部分常委会委员、财经委员会委员和市人大代表组成的执法检查组，从9月开始召开多个座谈会，分别听取了市和部分区县劳动保障行政部门、市高级人民法院、市国资委的汇报；听取了各级工会组织，市企联、市工商联、市私营个体经济协会，以及各类企业等用人单位和有关专家对劳动合同法实施情况的意见和建议；深入企业与劳动者面对面进行了交流，在此基础上形成了执法检查报告。市十三届人大

常委会第七次会议听取并审议了劳动合同法执法检查报告。

（三）涉及人大自身建设工作的10件

其中，关于人代会有关工作的5件，关于代表培训、代表活动、常委会机构设置等方面的5件。通过办理，得到落实的1件；采纳代表意见，工作取得进展的5件；向代表解释说明的4件。如今年是本届人大的第一年，为了保证代表依法履职，常委会把代表培训列为重点工作，结合卫爱民代表提出的“关于继续加强对市人大代表培训”的建议，于5月上中旬，分两期组织了代表培训。培训班以党的十七大精神、宪法和法律、法规、人民代表大会制度理论与实践以及代表履职方法等为主要内容，采取集中授课、经验交流和培训考核相结合的方式进行。杜德印主任参加学习并作了重要讲话。参加培训的代表一致认为，通过学习，深化了对坚持中国特色社会主义政治发展道路，坚持党的领导、人民当家作主、依法治国有机统一，坚持和完善人民代表大会制度的认识；增进了对人民代表大会的议事规则和工作程序，人大代表的地位、职责的了解；增强了履职的责任感和使命感，提高了履职能力。培训班取得了较好的效果。

主任、各位副主任、秘书长、各位委员，今年的代表建议工作，体现了奥运举办和届首之年的特点，有关单位相互协调，共同努力，采取了一些新的措施，解决了一些关系民生的重要问题，取得了一定成效。但是，与首都民主法制建设的要求相比，与广大人民群众的新期待相比，还存在一定差距，比如，对代表建议工作的研究还不够深入，对代表建议的分析和梳理还不够细致，对建议落实情况的跟踪检查还不够到位，等等。明年，我们将进一步贯彻落实市委23号文件精神，重点加强对代表建议的综合分析和利用，不断改进工作方法，完善工作机制，努力提高代表建议工作的水平、质量和实效。

以上报告，请予审议。

关于办理市十三届人大一次会议代表建议、批评和意见工作情况的报告

——2008年12月18日在北京市第十三届人民代表大会常务委员会第八次会议上

北京市人民政府秘书长　黎晓宏

主任、各位副主任、秘书长、各位委员：

我受市人民政府委托，向市人大常委会报告办理市十三届人大一次会议代表建议工作的情况。

一、基本情况

2008年是全面贯彻落实党的十七大精神的第一年，是北京奥运之年。在市委领导下，全市上下深入贯彻落实科学发展观，市人大代表认真履行职责，紧紧围绕全市中心工作，提出了许多很好的建议。市政府按照市人大的要求，紧密结合政府工作实际，认真研究、积极采纳代表建议，较好地完成了建议办理任务。

（一）代表建议基本情况

市十三届人大一次会议，交市人民政府

研究办理的代表建议共1250件，涉及代表606人。

从代表建议内容看，经济方面的168件，占13.44％；城建城管方面的591件，占47.28％；教科文卫体方面的199件，占15.92％；公安、民政、人事和劳动方面的247件，占19.76％；其他方面的45件，占3.6％。

今年代表建议有以下特点：一是数量有所减少，内容更加广泛。与去年1476件相比，数量减少了226件，但建议内容十分广泛，涉及经济社会发展、城市服务管理和人民群众衣食住行等34个方面。二是关注问题相对集中，重点突出。主要集中于奥运筹办、社会保障、医疗卫生、交通管理等10个方面。三是综合性较强，有相当的深度和水平。其中需要2个以上单位协调配合、共同研究办理的建议601件，占48.08％。

（二）代表建议办理情况

在市人大常委会和各位代表的支持、帮助下，市政府承担研究办理的所有代表建议全部按期办复。具体情况为：

代表建议所提问题经过努力当年得到解决的（A1类）136件，占建议总数的10.88％；汲取代表建议，工作有进展或取得一定成效，需要长期坚持并逐步完善的（A2类）761件，占60.88％；受政策、法规限制，目前不能解决，向代表给予说明解释的（A3类）246件，占19.68％；已经列入工作计划或规划，预计两、三年内可以解决的（B类）42件，占3.36％；因财力或条件所限，留待以后逐步解决的（C类）34件，占2.72％；留作参考的（D类）31件，占2.48％。

二、代表建议办理的主要做法

市政府高度重视代表建议办理工作，将办理建议作为政府履行职责的重要内容，将办理建议的过程作为改进工作作风、提高工作水平的过程，将落实代表意见的过程作为为群众办实事、办好事的过程，加强领导，完善机制，落实责任，强化督办，确保高质量地完成任务。主要做法是：

（一）坚持深化认识，切实加强领导

深化认识是做好办理工作的前提。代表建议所反映的意见和问题，是人大代表深入基层、深入群众，经过认真调查研究提出来的，是从更高层次上反映群众的愿望和呼声。因此，我们把建议办理工作作为坚持党的群众路线、深入学习实践科学发展观的重要内容，把提高认识作为做好办理工作的首要环节来抓，努力做到在把握党的十七大精神和学习实践科学发展观上有新提高，在提高建议办理工作水平上有新作为，在进一步发挥建议作用上有新成效。

加强领导是做好办理工作的关键。市政府领导高度重视建议办理工作。郭金龙市长在市政府第一次全体会议上指出，人民代表关注的问题，就是人民群众关注的问题，就是政府必须千方百计加以解决的问题，各承办单位必须高度重视，通过办理建议，进一步增强依法行政能力，不断提高政府工作水平。各位副市长、秘书长、副秘书长对建议办理工作也提出明确要求，并亲自协调、亲自参与有关建议办理工作，解决了一些代表反映多年的问题。各承办单位把建议办理工作作为一项重要政治任务来完成，主要领导亲自研究部署建议办理工作，加强对办理工作的统筹协调和领导，明确任务，落实责任，确保通过办理建议解决实际问题。

（二）坚持围绕大局，统筹协调办理

举办奥运是今年全市工作的重中之重。为保障奥运会、残奥会圆满成功，充分发挥建议在筹办和举办奥运中的作用，我们紧紧围绕服务保障奥运，加强统筹协调，做好建议办理工作，增强工作主动性和针对性。

一是注意把握工作节奏。年初，按照市人大常委会有关部门的要求并报市委同意，在保障工作质量的前提下，提前制订工作计划：首先，整合会议，将办理建议提案表彰会、工作会、培训会进行整合一并召开；第二，压缩建议交办调整时间，在保障承办单位3个月办理时限的基础上，将建议办复期提前到4月30日，比往年提前一个月；第三，重点建议督办和检查评议时间前移，程序和方式从简；第四，建议复查补办期限延长，由以往的2个月延长至3个半月。

二是对涉及奥运方面的建议抓紧办理。要求各承办单位对涉奥建议，作为“急件”特事特办，力争在奥运前解决代表所提问题。同时市政府办公厅加大对涉奥综合性建议的协调力度，各承办单位根据各自的工作特点，围绕服务奥运，做好本单位的办理工作，做到服务奥运和建议办理工作两不误、两促进。通过办理与奥运筹办相关的建议，解决了一批人民群众关注的问题，排除了干扰和影响奥运的不利因素，为成功举办奥运会、残奥会作出了应有的贡献。

（三）坚持求真务实，着力改善民生

按照市委的要求，我们更加注重办理有关民生方面的建议，要求各承办单位对涉及民生方面的问题能解决的力争解决。

一是市政府领导亲自协调解决疑难问题。要求各承办单位按照国家有关规定，认真研究代表提出的涉及民生的问题，市政府有关部门在办理建议过程中加大工作力度，解决了部分代表反映多年的“老案”。如65岁以上老年人免费乘车、游园问题，是代表关注的热点问题。经有关部门反复调研、沟通和协商，于今年9月制定了《关于加强老年人优待工作的办法》，将于明年1月1日起施行，将进一步提高老年人社会福利水平，共享经济社会发展成果。

二是加强对涉及民生的综合性建议办理的协调力度，促进了部分问题的解决。如代表和群众反映多年的“关于石景山区八角北路社区35号楼居民要求拓宽楼前通道”的问题，市政府办公厅多次组织相关部门协调研究，并召开现场会。在市国资委、石景山区政府的共同努力下，使问题得到圆满解决。小区居民为表达感激之情，向市政府赠送了“人民政府爱人民”的锦旗。

三是各承办单位在办理工作中牢固树立以人为本、履职为民的理念，努力解决代表提出的与人民群众利益密切联系的难点问题。如代表提出的“关于十里堡东里27、28号居民楼露天电梯通道急需修缮的情况反映”的建议，由于历史原因，在居民楼产权复杂等情况下，承办部门以大局为重，克服重重困难，筹集近百万元资金，现已完成一栋居民楼露天电梯通道的修缮工作，另一栋居民楼露天电梯通道正在修缮。

四是按照《中共北京市人大常委会党组关于进一步加强人大代表工作的若干意见》的规定，市政府在确定北京市2008年在直接关系群众生活方面拟办的重要实事前，两次征求代表建议，将代表建议与拟办实事紧密结合，使确定的拟办实事更加贴近群众关注的问题。

通过办理这些保障和改善民生方面的建议，解决了一批教育、住房、交通、医疗、就业、环境等群众最关心、最直接、最现实的问题。

（四）坚持完善机制，提高办理水平

为做好今年的建议办理工作，我们在完善工作机制、创新工作方法上下了很大功夫，确保了办理质量。

一是加强建议分析。接到市人代会交办的建议后，立即着手进行分析，找出政府工作的薄弱点，增强办理工作的针对性。同时根据市长分管工作的不同，对建议涉及问题进行总结、归纳、提炼，给市政府领导科学决策提供第一手资料。

二是加强沟通协商。始终坚持主动与代表联系的做法，承办人员认真负责，采取走访、电话、信函、发送手机短信、发送电子邮件、座谈等各种方式，加强与代表的沟通联系，及时了解代表的意愿和要求，增进了相互了解，营造了和谐民主的氛围。

三是加强协调配合。在建议交办后，市政府办公厅及时走访部分承办单位，主动上门帮助协调办理过程中遇到的问题和困难。办理中各承办单位加强联络沟通，相互配合，群策群力，携手解决实际问题。

四是加强督办检查。按照市人大常委会的要求，完成了市人大常委会 8 件重点建议检查督办工作，完成了 12 件建议重新办理和 21 件建议沟通解释工作。通过检查督办和复查补办工作，促进了一些难点问题的解决。同时，为确保办理质量向所有政府系统承办单位下发通知，要求对本单位建议办理工作进行自查，集中力量对代表不满意或有不同意见的建议进行研究、分析；对承诺代表解决的问题，进行认真检查、督促落实。

五是进一步加强办理工作信息化建设，着手研发了电子专用章系统。该系统的应用，将实现无纸化办公、提高工作效率、节约资源的目标。

三、代表建议办理推动政府工作

通过建议办理工作，我们深切体会到，人大代表提出的建议，事关北京经济社会发展的全局，事关人民群众关心的热点、难点问题，这些建议对推进全市工作具有重要作用。

（一）在奥运筹办和举办方面

代表除在各自岗位为成功举办奥运作贡献外，还围绕举办一届“有特色、高水平”的奥运会这一主题，针对奥运工程建设、加强奥运宣传、营造奥运氛围、奥运风险防范等提出了许多很好的建议，对全方位实践“绿色奥运、科技奥运、人文奥运”三大理念起到了重要作用。

在代表的关注和支持下，圆满完成了奥运会、残奥会日常运行、赛事运行和城市保障工作任务。一是赛事运行顺畅有序。开闭幕式圆满成功，场馆运行安全平稳，赛事组织规范顺畅，赛场氛围文明热烈。二是服务保障优质高效。外事服务细致入微，住宿服务温馨周到，餐饮服务特色安全，医疗卫生保障及时有力，旅游接待热情规范，残奥会特殊服务倍受称赞。三是城市运行井井有条。交通快速通畅，空气质量全部达标，城市环境面貌焕然一新，市政设施运转良好，应急处置快速高效。四是社会秩序安全稳定。奥运安全保卫工作圆满完成，全市治安秩序良好，安全生产形势稳定。五是城市氛围文明和谐。“迎奥运、讲文明、树新风”活动深入开展，志愿者成为亮丽风景，文化活动丰富多彩。六是经济运行平稳。经济社会实现了又好又快发展，日常生活品供应充足，能源保障有力。

寄托着中华民族百年期盼和各族人民共同心愿的北京奥运会、残奥会已经胜利落下帷幕，我们收获了圆梦的喜悦，收获了成功的精彩，这一切无不凝结着人大代表的心血和劳动。

（二）在城市建设和管理方面

代表对城市建设管理工作十分关注和支持，提出了许多标本兼治的建议，为城市建设和管理工作提供了有价值的参考意见。结合代表提出的公交路权优先、食品安全监管等建议，市政府不断加强城市建设和管理，努力提高城市运行服务保障能力。

大力发展轨道交通，完成了地铁 5 号线、奥运支线、10 号线一期、机场线等工程，新增轨道交通运营里程 58 公里，运营总里程将达到 200 公里；继续实行地铁公交低票价政策，在保障奥运需求的同时，也惠及广大群众；建立健全食品安全追溯体系，加大食品安全、药品抽验、餐饮卫生的检查力度，加强重大食物中毒、饮水污染、传染病疫情的全方位监控和应急处置，实现了奥运食品从源头到餐桌的全程监控；加强城乡环境整治，先后对行政村、城中村、胡同、老旧小区等进行了整治，绿化、美化、净化了环境，在城乡面貌显著改善的同时，也改善了人民群众的工作生活条件。

不断强化城市管理软件建设，着力提高服务水平。健全城市应急管理机制，提高应急反应和处置能力。城市应急管理体系迈入系统化、规范化新阶段，突发事件数量及造成的损失均呈明显下降趋势。城市管理逐步向社会化、精细化和信息化转变，服务水平显著提升。

（三）在社会和谐稳定方面

代表对首都的和谐稳定倾注了大量心血和劳动，提出了许多建设性的意见和建议，为首都的和谐稳定作出了积极的贡献。结合代表提出的加强信访工作、解决看病难看病贵、解决住房难、加强社会治安管理、改革门诊医疗费用报销结算方式等建议，市政府着力解决了一批关系人民群众切身利益的突出问题，大力推进和谐社会建设。

今年建立实施了城镇劳动年龄内无业居民大病医疗保险制度，标志着本市在全国率先实现医疗保险全覆盖。启动社会保障卡工程建设，改革门诊医疗费用结算方式，建成使用后，将从根本上解决门诊医疗费报销难的问题。继续加大保障性住房建设力度。今年新开工建设保障性住房 803.3 万平方米，出台了限价房管理销售办法和购买标准，加快经济适用住房、两限房、廉租房申请受理和配租配售步伐。

认真贯彻落实市委十届三次全会确定的“五无”目标，着力解决了一批关系人民群众切身利益的问题。不断加大矛盾纠纷排查化解力度，有效解决了一批重点、难点问题。建立了高效畅通的奥运安保指挥系统和运行机制。组织动员志愿者参与维护和谐稳定工作，社会稳定的基础更加坚实。

（四）在经济社会发展方面

为促进首都经济社会全面协调可持续发展，代表提出了许多合理化建议。结合代表提出的统筹经济社会发展、推进节能减排、加强城乡统筹等建议，市政府以十七大精神为指引，深入贯彻落实科学发展观，推动首都经济社会迈上又好又快的发展轨道。

从首都的实际出发，积极推动产业结构优化升级，大力推动自主创新。更加注重结构调整和发展方式转变，走高端产业发展之路。大力发展生产性服务业、文化创意产业、高技术产业、都市型现代农业，制定推动金融业发展的政策，积极为中央在京大型企业、科研院所服务，高端产业的引领作用不断增强。更加注重扩大内需，努力促进首都经济平稳较快发展。继续提高城乡居民收入水平，提高居民消费能力。加大政府投资力度，合理安排投资项目，将政府资金主要用于重点基础设施、新农村建设以及关系民生的重点领域。

加大节能减排工作力度。制定实施有利于节能减排的经济政策，建立政府引导、企业为主和社会参与的节能减排投入机制，促进环保产业和循环经济发展。深入开展全民节能行动，推行有利于节约资源、保护环境的生活方式和消费方式，加快形成节约环保型社会组织体系。

四、下一步打算

建议办理工作是一项政治性、政策性很强的工作，又是一项系统性很强的工作。在办理实践中，我们不断完善和规范建议办理工作，积累了很多经验，创新了很多做法，也取得了一些成效。虽然建议办理工作年年做，年年有新措施、新办法，但是年年有新情况、新问题。比如，如何评价建议办理成效，如何加强与代表联系沟通，如何建立建议办理的追踪机制等。

要解决好这些新情况、新问题，就要不断适应新形势、探索新思路、推出新举措，着力加强和改进建议办理工作。一是进一步推动建议办理工作创新。在以往取得成功经验的基础上，不断改进办理工作方法，破解办理工作难题，使办理工作更富时代气息。二是进一步发挥建议推动政府工作的作用。结合本市工作重点和人民群众普遍关注的热点难点问题，集中力量，进行重点研究和办理。三是进一步完善工作机制。在新形势下，进一步加强建议办理制度建设，通过建立长效机制，不断推进办理工作制度化、规范化和程序化。

主任、各位副主任、秘书长、各位委员，明年是新中国成立60周年，做好建议办理工作责任重大、使命光荣。我们将以深入学习实践科学发展观活动为契机，进一步把思想和行动统一到贯彻落实科学发展观的要求上来，在市委的坚强领导下，按照建设“人文北京、科技北京、绿色北京”的要求，加快解决涉及群众利益的难点热点问题，以奋发有为的精神状态，团结协作，努力开创建议办理工作的新局面。

以上报告，提请市人大常委会审议。

关于市十三届人大一次会议代表建议、批评和意见办理情况的报告

——2008年12月18日在北京市第十三届人民代表大会常务委员会第八次会议上

北京市高级人民法院院长　池　强

主任、各位副主任、秘书长、各位委员：

市第十三届人民代表大会第一次会议期间，我院收到大会交办的市人大代表建议、批评和意见（以下统称建议）共计12件，其中由我院单独办理的11件，与其他部门共同办理的1件。上述建议中，涉及法院工作和具体案件的各为6件。在市人大常委会的监督、指导下，上述建议已按规定办理完毕。现将有关情况报告如下。

一、关于涉及法院工作的建议

一次会议期间，涉及法院工作的建议涵盖面广，对推进法院的审判、改革和队伍建设具有重要意义。

王小兰代表提出的“建议关注并支持北京市民营科技实业家协会与海淀上地法庭建立的‘商事特邀调解员’制度”的建议，我们非常重视，由我院主管商事审判的副院长牵头组成调研组，对该制度进行了专题调研，认为聘请知名企业家运用丰富的专业知识和在业内的威信主持商事案件调解，不仅能明辨是非，还能为当事人发展事业提出建议，效果很好，也缓解了法院案多人少的压力。我院党组明确要求要积极稳妥地推广，并不断总结经验，予以完善。我院安排海淀法院在全市法院调解经验现场会上介绍了商事特邀调解员制度的做法，并要求全市法院根据

本地区的实际，邀请专业机构、行业协会参与调解工作。海淀法院采取两项措施进一步完善了该制度：一是扩大上地法庭商事特邀调解员的队伍，再次聘任了7位企业家担任特邀调解员；二是扩大特邀调解员制度适用的范围，将该制度推广至知识产权审判领域，与中国互联网协会达成初步意向，邀请该协会成员参与调解网络知识产权案件。

卫爱民代表提出“关于网上公开建筑工程纠纷、商品房买卖合同纠纷大标的案件、贪污贿赂、玩忽职守罪、法律援助案件的判决书的建议”后，我们认真作了研究。目前，全市法院已将知识产权案件、部分刑事和商事案件的裁判文书上网公开，共计17,113件。今年初，市高级法院又提出了年内将商事案件裁判文书全部上网公开的目标，此项工作正在进行中。

佟丽华代表提出的“依法快速受理、审判和执行农民工案件的建议”，市高级法院十分重视，要求全市法院进一步落实市高级法院《关于依法快速处理建设领域拖欠农民工工资相关案件的意见》，对涉农民工案件做到“快立、快审、快执、快结”。全市法院开通了涉农民工案件的绿色通道，当日立案，当日移送审判庭；对符合条件的，审判庭可以裁定先予执行；进入执行阶段，执行庭优先执行拖欠农民工工资案件，执行到位的案款也优先清偿农民工工资。这些措施，保障了农民工切身利益的及时实现。

对朱崇君等26位代表提出的“认真贯彻《中华人民共和国物权法》和新《物业管理条例》，在司法上理顺关系，以保障物业管理活动健康发展”的建议，市高级法院相关庭室进行了深入调研，并委托物业纠纷案件比较多的朝阳法院和昌平法院进行专题调研，探索解决此类问题的新途径、新方法，调研已经取得了初步成果。由于《中华人民共和国物权法》和《物业管理条例》实施不久，许多问题尚在探索之中，我们对代表们的建议和意见十分尊重和理解，将在今后的调研和审判工作中充分加以考虑。

王灿发等5位代表就环境案件的受理情况，提出了在我市中级法院设立环境审判庭的建议；王玉梅代表针对法院案多人少的矛盾，提出应当扩大法官交流、加强信息化建设、建立与相关部门联动机制以及提高司法建议实效等建议。这些建议均体现了代表们对法院工作的高度关注和大力支持，我们将结合法院实际认真研究这些建议，逐步落实。

上述6项关于法院工作的代表建议，我们均已向有关代表作了详尽的答复，代表表示满意或同意。

二、关于涉及具体案件的建议

此类建议共6件，涉及刑事案件、民事案件、知识产权案件、执行案件。上述建议均已办结，答复相关代表后，代表们表示满意或同意。

（一）关于涉及刑事案件的建议

此类建议共1件，即吴守伦等13位代表提出的“请法院邀请部分海淀区和北京市人大代表旁听对海淀区原区长周良洛的审理”的建议，我院及时批转市第二中级法院办理。市第二中级法院按照代表们的要求和意见，于2008年3月20日邀请吴守伦、蔡长敏等5位代表旁听了对周良洛、鲁小丹受贿案的公开审理。

（二）关于涉及民事案件的建议

此类建议共2件，其中代表对法院已生效的法律文书存有疑问的1件，涉及北京中保康广告有限公司与沈阳东昂制药有限公司广告代理合同纠纷案，我院责成海淀法院对该案进行了认真复查。海淀法院分别找双方当事人谈话，了解各自主张，并对相关事实进行了重新核实，确认法院的审判和执行并无不当，该案现已执行终结；另有1件涉及北京矿务局综合地质工程公司与北京泰姆彩印包装中心、北京大兴京华包装厂财产损害赔偿纠纷申请再审案，我院进行认真审查后认为，一中院是依据外省法院生效法律文书确定的损失数额作出的判决，因外省法院的法律文书已发生法律效力，依照民事诉讼法的有关规定，我院无权就该案进行再审。

（三）关于涉及知识产权案件的建议

此类建议共1件，涉及施耐德电气低压（天津）有限公司与国家知识产权局专利复审委员会宣告专利无效行政诉讼案，我院及时批转市第一中级法院认真办理，目前市第一中级法院已作出审理结果。

（四）关于涉及执行案件的建议

此类建议共2件，其中代表建议加大执行力度，尽早执结的1件，我院责成东城法院加大执行力度，尽快执行完毕。经审查发现，该案当时未强制执行的原因在于被执行人无腾退地点，不具备执行条件，申请执行人也因此向法院申请延期执行。在申请执行人提出愿为被执行人租房临时周转的主张后，东城法院加大了工作力度，被执行人自动履行了腾房义务，案件得以解决。

代表反映法院执行中存在不当之处的1件，我院责成西城法院审查后发现，被执行人反映的执行费用裁决不公的问题不属实，该院执行其1700元系其拒不自动履行义务，从而接受法院强制执行所依法应当承担的执行费用，因此法院在执行中的处理并无不当。我院经过多方努力，对被执行人提出的要求作了妥善处理。

此外，市十三届人大一次会议闭会后，我院还相继收到代表建议29件，均已办理完毕。

上述建议的办结，主要得益于市人大常委会的监督和指导，得益于各位代表的理解和支持。

三、主要做法

为进一步加强代表建议的办理工作，今年我们主要采取了以下措施。

一是加强组织领导，提高思想认识。市高级法院党组历来高度重视代表建议的办理工作，特别是今年以来，先后多次召开会议专门部署此项工作。要求全市法院充分认识到人大监督是对法院工作的支持，务必牢固树立自觉接受人大监督的意识，认真办理好每一件代表建议。全市各级法院均成立了专门机构，负责代表建议办理工作的统筹安排及与代表的联系沟通工作。同时，在法院内部层层建立工作责任制，强化责任意识和期限内办结意识。

二是落实规章制度，规范办理程序。认真落实《市人大代表建议、批评和意见办理条例》及市高级法院制定的《关于进一步加强接受人大监督工作的意见》、《关于与人大代表、政协委员联络及办理交办事项工作规则（试行）》等规范性文件，各中级法院和区县法院也结合本院实际，制定了相关的办理代表建议的规章制度，严格程序，规范行为，努力使代表建议办理工作更加有序、规范。坚持对代表建议实行优先办理的原则，并在期限内办结，对于期限内不能办结的，要及时报告建议的办理进度。为切实增强建议答复的针对性，我们要求，对于每位代表的答复，必须从证据认定、法律适用、程序是否合法等角度去阐释，必要时直接面复代表。并把代表建议办理情况纳入全市法院业绩考核评价体系，以调动全市法院办理代表建议的积极性。

三是加大督办力度，确保建议落实。市高级法院以今年市人大开展的代表建议办理情况专项检查为契机，重点抓代表建议的落实。针对代表提出的建议和意见，认真梳理和研究，各主管院长亲自召集相关部门逐一听取建议所涉案件的汇报，提出办理要求和解决方案，并将建议办理的落实情况及时反馈代表。各级法院坚持院长总负责，主管副院长直接负责的责任制，有的法院院长还具体组织、协调、督办，亲自面复代表。市高级法院定期召开期限内未办结建议情况通报会，分析原因，明确责任，提出要求，确保代表建议的及时办理。此外，采取发《督办通报》、《催办通知》等形式，督促检查，努力提高代表建议的办结率。

四是加强联络沟通，创新工作机制。建立“统一管理，分工合作、上下联动”的人大代表联络工作新机制，使全市各级法院形成合力做好联络工作，促进了代表建议的办理工作。针对各位代表关注的具体案件，主动邀请代表旁听案件庭审，参与执行，做到判前沟通、判后答疑；采取走出去、请进来的方式，走访代表或者邀请代表到法院视察、座谈，在建议办理中、办理后均进一步加强了与代表的联络沟通。

主任、各位副主任、秘书长、各位委员，代表提出建议，既是代表履行宪法赋予职责的有效形式，也是代表对法院工作的支持和关心，自觉接受人大监督是人民法院必须履行的法定职责。一年来全市法院在代表建议办理方面取得了一些成绩，但在建议办理的质量和效率等方面仍存在不足，我们将在今后的工作中切实加以解决。全市法院将在市委的领导、市人大及其常委会的监督下，在各位代表的关心支持下，牢固树立自觉接受人大监督的意识，全面加强和改进与人大代表的联络工作，努力提高建议办理工作的水平，把建议、意见办理的过程转变为主动接受监督，切实改进工作的过程，充分发挥职能作用，为促进首都经济社会科学发展作出不懈的努力。

以上报告，请予审议。

关于市十三届人大一次会议代表建议、批评和意见办理情况的报告

——2008年12月18日在北京市第十三届人民代表大会常务委员会第八次会议上

北京市人民检察院检察长　慕　平

主任、各位副主任、秘书长、各位委员：

市十三届人民代表大会第一次会议期间，我院收到大会交办的市人大代表建议、批评和意见（以下统称建议）共3件。3件建议涉及检察机关诉讼监督工作及与之相关的队伍建设、信息化建设等内容，既有针对具体问题，也有涉及长远发展的意见，具有较强的建设性和操作性。北京市人民检察院党组对这些建议高度重视，要求相关部门围绕如何加强和改进诉讼监督工作，对建议进行认真研究和办理。现将办理情况报告如下。

一、关于涉及诉讼监督业务方面的建议

诉讼监督工作作为检察机关法律监督职能的重要方面，对于保证执法司法机关严格公正执法，维护社会公平正义，具有十分重

要的意义。近年来，全市检察机关在强化诉讼监督方面采取了不少措施，不断取得新的成效。但是，在发展社会主义民主政治、建设社会主义法治国家的新的历史条件下，检察机关加强诉讼监督的任务仍然十分繁重。

雷达代表在建议中提出“检察机关应重视刑事案件的‘抗诉’工作，并运用好这一方法，真正对人民负责”，朱建岳代表建议检察机关应“大力加强民事诉讼检察监督工作，把该项工作作为关注民生、防止司法不公的重要工作内容”，这些建议反映出人大代表监督检察机关履行法律监督职责的意识越来越强，反映出人民群众对司法公正的需求越来越高。

2008 年，市检察院在市委政法委的支持和市人大常委会的指导下，把强化诉讼监督作为履行宪法和法律赋予职能的重点工作。深入调研五年来诉讼监督工作的主要做法、成效和制约诉讼监督工作开展的外部环境障碍，从认识层面、能力层面和机制层面，深刻剖析检察机关内部存在的突出问题，认真查找存在的不足，进一步厘清工作思路，提出了八项解决措施。市委和市人大高度重视法律监督工作，市委专门听取了市人大常委会关于加强人民检察院法律监督工作的汇报，市人大常委会听取并审议检察院的专项报告后作出《关于加强人民检察院对诉讼活动的法律监督工作的决议》（以下简称《决议》），为进一步推进诉讼监督工作提供了强有力的保障。两位代表的建议内容也在《决议》中得到了体现。

目前，全市检察机关正在认真贯彻落实《决议》的各项内容，加强与政法各部门协调配合，推动诉讼监督工作深入开展。在刑事审判监督方面，2008 年 1—11 月刑事审判监督提出抗诉 47 件，法院已审结 34 件，改判率为 44.1%，同比上升 3 个百分点。在民事行政诉讼监督方面，截至 11 月底，共对认为确有错误的民事行政判决、裁定，依法提出抗诉 30 件，发出再审检察建议 9 件，法院以改判和撤销原判发回重审等方式改变原判决 18 件；同时对认为人民法院裁判并无不当的 1000 余件申诉案件，积极做好释法说理工作，引导申诉人息诉服判，维护司法权威。我们把检察机关的诉讼监督工作向两位代表作了汇报，代表对检察院所做的工作均表示满意。

二、关于创新工作机制方面的建议

今年是我国改革开放 30 周年，也是检察机关恢复重建 30 周年。30 年来，首都检察机关把检察工作与党和国家工作大局、首都经济社会发展全局紧紧相连，在首都改革开放和社会主义现代化建设的伟大进程中发挥了积极作用，但是，面对经济社会发展的新形势、上级的新要求和人民群众的新期待，我们的法律监督能力还不能完全适应新形势的需要，与在全国检察机关争一流、当表率的要求也还有一定差距，一些工作机制不健全已经成为了制约检察机关科学发展的瓶颈。

王玉梅代表围绕“创新工作机制，满足社会快速增长的司法需求”，建议检察机关应加强检察官队伍建设、信息化建设，建立与相关部门的联动机制，推广检察长列席同级法院审判委员会制度，为诉讼监督工作提供有力保障。正如王玉梅代表所言，近年来，随着首都经济社会的快速发展，构建社会主义和谐社会首善之区步伐也在不断加快，北京市检察机关面临的形势和任务发生了较大变化。这种情况下，仅仅依靠引进人才的做法，已经不能适应形势和任务发展的需要，不进行工作机制的创新，就无法满足人民群众日益增长的司法需求。

北京市人民检察院党组经过认真研究，提出建设一支“高素质、专业化的首都检察队伍”的目标，明确了坚持挖掘内部潜力、走内涵式发展道路的队伍建设要求。牢固树立“人力资源是第一资源”的意识，坚持以人为本，坚持在全市检察机关整体格局之下，开展市分院、区县院之间合理的检力资源配置，2007年以来全市检察机关共调整局、处级领导干部89名，组织市分院、区县院39名检察人员交流锻炼，遴选检察官17名。通过有计划、有步骤、分层次、分批次地开展较大规模的检察官交流工作，全市检察机关检力资源效能进一步提高，逐步建立开放式检力资源使用系统，实现检力资源共享，做到人尽其才、才尽其用，从而实现首都检察工作的全面协调可持续发展。

信息化建设是实现司法工作现代化的重要组成部分，对于提高检察工作的效率和水平起着至关重要的作用。经过多年的不断建设，首都检察机关的信息化建设在2008年取得了丰硕成果。一是继续强化首都检察网（内网）作为全市检察机关信息资源中心的地位和作用，实现各部门信息的全部网上发布（涉密信息除外）。二是整合互联网资源，开通“北京检察网”，方便群众使用和监督，开通和完善人大代表、政协委员联络平台，为代表、委员了解和监督首都检察工作提供技术保障。三是开发完善业务管理系统，充分利用信息化手段规范办案流程和案件管理制度，促进办案质量的不断提高。四是开通首都检察网在线学习系统，大力推动检察官执法档案、基层院考核等系统建设，提高队伍管理力度。五是开通远程案件研讨系统，大大节省了参会人员的时间成本和差旅支出，是全市检察机关加强节约型机关建设的重要体现。

北京市检察机关也十分重视与其他相关部门、组织建立联动机制，通过建立联动机制提高办案质量，节约司法资源，从而不断提升检察机关的法律监督水平。例如，今年市人民检察院与市高级人民法院会签《检法信息资源共享承诺书》，实现了全市各级检察机关与各级法院刑事案件起诉信息和判决信息的及时交换；市检察院与市公安局经过沟通协商并达成协议，进一步改进数据共享的方式，使北京市公安局所属各级看守所与驻所检察室全部实现了数据和监控录像共享；王玉梅代表建议实施的“检察长列席同级法院审判委员会制度”，本市大部分检察机关已经开展，并在市人大常委会《决议》中得到了确立。

王玉梅代表在反馈意见中，充分肯定了市检察机关在队伍建设、信息化建设、部门联动等方面所作的有益探索，对该建议的办理工作表示满意。

上述3件建议，市检察院都在规定的期限内办理完毕并答复代表，这得益于市人大常委会的指导和各位代表的支持。闭会期间，我们还收到平类建议1件，已办理完毕并答复代表。检察机关在办理建议工作中，还着重做了以下几方面工作。

一是高度重视建议办理工作，不断提高办理质量。始终把认真办理代表建议，作为坚持人民代表大会制度、自觉接受人大及其常委会监督的直接体现。坚持将代表建议列为专项督办事项，不断加大督办力度，层层把关负责，将责任落实到人；加强与代表沟通，在办理过程中及时听取代表意见，确保办理的效率和效果；及时总结经验，不断规范完善建议办理制度，切实提升建议办理质量。

二是提高建议办理实效，不断改进检察工作。代表建议的内容大都是人民群众关注的热点问题和反映强烈的一些突出问题，是人民群众司法需求的具体体现。北京市检察机关以代表建议为切入点，在办理建议、答复代表和解决实际问题的基础上，认真进行调查研究，着眼于提升执法水平，大力加强制度机制创新，以检察工作的科学发展回应时代和社会提出的司法需求，服务首都经济社会发展。

三是继续深化“检务公开”工作，主动接受人大监督。人民代表大会及其常委会的监督，是代表国家和人民进行的具有法律效力的监督，是促进首都检察工作科学发展的重要保证。北京市检察机关不断强化依法接受人大监督的意识，主动向人大及其常委会报告工作，坚决执行人大及其常委会的决议。继续深化“检务公开”工作，保障代表和人民群众对检察工作的知情权、参与权、表达权和监督权，诚心诚意地听取人民群众意见，严肃认真地办理代表建议，真正把执法工作置于人大的监督之下，以民主促公正，以公正赢得公信。

主任、各位副主任、秘书长、各位委员，北京市检察机关近年来在市人大的指导、监督下，办理代表建议的程序更加规范，效果更加明显，但是和形势发展的要求及代表的期望还有一定的差距，在办理质量方面还需要进一步提高。今后的工作中，我们将在市委的领导下，在市人大及其常委会的监督和支持下，坚持中国特色社会主义的政治方向，深入学习实践科学发展观，切实把贯彻落实市人大常委会《决议》的认识统一到党的十七大对司法工作的新要求上来，统一到满足人民群众维护司法公正的新期待上来，在加强与政法各部门协调配合的基础上，加大诉讼监督工作力度，着力把维护人民权益更好地体现在检察工作中，为首都经济社会发展提供有力的法制保障。

以上报告，请予审议。

北京市第十三届人民代表大会常务委员会代表资格审查委员会关于个别代表的代表资格的报告

（2008年12月18日北京市第十三届人民代表大会常务委员会第八次会议通过）

代表资格审查委员会主任委员　赵凤山

北京市人民代表大会常务委员会：

最近，密云县人民代表大会根据市十三届人大常委会第七次会议分配的代表名额，选举汪先永为北京市第十三届人民代表大会代表；东城区人大常委会补选李伟为北京市第十三届人民代表大会代表；宣武区人大常委会补选王宁为北京市第十三届人民代表大会代表；海淀区人大常委会补选苟仲文、黄卫为北京市第十三届人民代表大会代表；延庆县人大常委会补选姜泽廷为北京市第十三届人民代表大会代表。经代表资格审查委员会审查，汪先永、李伟、王宁、苟仲文、黄卫、姜泽廷的代表资格有效，提请北京市人民代表大会常务委员会确认。

由宣武区选出的代表唐大生和由延庆县选出的代表李先忠，因工作调动，本人提出辞去北京市第十三届人民代表大会代表职务的请求，宣武区和延庆县人大常委会分别决定接受唐大生、李先忠的辞职请求。依照代表法的有关规定，唐大生、李先忠的代表资格终止。

由朝阳区选出的北京市第十三届人民代表大会代表朱家麒，因病于2008年11月28日去世。代表资格审查委员会对朱家麒代表的去世表示沉痛哀悼。朱家麒的代表资格自然终止。

目前，北京市第十三届人民代表大会实有代表770名。

现报请北京市人民代表大会常务委员会予以公告。

以上报告，请予审议。

北京市第十三届人民代表大会
常务委员会代表资格审查委员会
2008年12月18日

北京市人民代表大会常务委员会关于接受赵凤桐辞去北京市副市长职务请求的决定

（2008年12月19日北京市第十三届人民代表大会常务委员会第八次会议通过）

根据赵凤桐同志的请求，按照《中华人民共和国地方各级人民代表大会和地方各级人民政府组织法》第二十七条的规定，北京市第十三届人民代表大会常务委员会第八次会议决定：接受赵凤桐辞去北京市副市长职务的请求，并报北京市人民代表大会备案。

北京市人民代表大会常务委员会决定任免名单

（2008年12月19日北京市第十三届人民代表大会常务委员会第八次会议通过）

任命陈永为北京市市政管理委员会主任。

免去陆海军的北京市市政管理委员会主任职务。

北京市人民代表大会常务委员会
任 免 名 单

（2008年12月19日北京市第十三届人民代表大会常务委员会第八次会议通过）

（一）

任命朱小芹为北京市人民检察院检察委员会委员。

任命张博为北京市团河地区人民检察院检察长。

任命刘秀仿、白利平、王晓军、郑会伶、郭万生、王秋平、金源、郭丽、李东红、裴立新、袁励励、陈曦为北京市人民检察院检察员。

免去殷健的北京市人民检察院检察委员会委员、检察员职务。

免去焦法水的北京市团河地区人民检察院检察长、北京市人民检察院检察员职务。

免去叶文胜的北京市人民检察院检察员职务。

（二）

任命殷健为北京市人民检察院第一分院副检察长、检察委员会委员、检察员。

任命李卫国为北京市人民检察院第一分院检察委员会委员、检察员。

（三）

任命叶文胜为北京市人民检察院第二分院检察委员会委员、检察员。

任命支宏伟、蒋星伟、刘刚、奚继军、高景惠、白玉、刘健、吴琼、王泽民、方冬为北京市人民检察院第二分院检察员。

免去刘壮的北京市人民检察院第二分院检察员职务。

北京市人民代表大会常务委员会关于接受刘伟辞去北京市第十三届人民代表大会常务委员会委员职务请求的决定

（2008年12月19日北京市第十三届人民代表大会常务委员会第八次会议通过）

根据刘伟同志的请求，按照《中华人民共和国地方各级人民代表大会和地方各级人民政府组织法》第二十七条的规定，北京市第十三届人民代表大会常务委员会第八次会议决定：接受刘伟辞去北京市第十三届人民代表大会常务委员会委员职务的请求，并报北京市人民代表大会备案。

北京市人民代表大会常务委员会关于接受刘伟辞去北京市第十三届人民代表大会内务司法委员会委员职务请求的决定

（2008 年 12 月 19 日北京市第十三届人民代表大会常务委员会第八次会议通过）

根据刘伟同志的请求，按照《中华人民共和国地方各级人民代表大会和地方各级人民政府组织法》第三十条的规定，北京市第十三届人民代表大会常务委员会第八次会议决定：接受刘伟辞去北京市第十三届人民代表大会内务司法委员会委员职务的请求。

北京市第十三届人民代表大会

常务委员会第九次会议

在市十三届人大常委会第九次会议上的讲话

(2009 年 2 月 12 日)

市人大常委会主任　杜德印

各位委员：

这次常委会会议的主要任务是贯彻落实市十三届人大二次会议关于常委会工作报告的决议，具体安排常委会 2009 年的工作。刚才，各位组成人员对主任会议提交的工作安排进行了认真审议，大家都同意这个工作安排，并提出了一些很好的意见和建议。对这些意见、建议，主任会议将认真研究，修改完善好工作安排，常委会各工作机构也要充分吸收，体现到各项工作中去。下面，我受主任会议委托，讲三点意见。

第一，认真贯彻执行市十三届人大二次会议决议，精心组织常委会各项工作任务的落实。

市十三届人大二次会议审议批准了常委会的工作报告，并作出了相应的决议。大会对常委会去年的工作给予了充分肯定，对 2009 年的工作任务普遍表示赞成。市委书记刘淇同志在大会闭幕式上作了重要讲话，对市人大常委会工作提出了新的要求。去年是新一届人大常委会开局之年，经过全体组成人员的共同努力，包括全体市人大代表的共同参与和支持，常委会工作实现了良好的开局。今年的工作任务已经确立，我们要认真贯彻执行大会决议和刘淇同志的重要讲话精神，扎实做好全年各项工作。

人大常委会由市人民代表大会选举产生，对其负责，受其监督。市十三届人大二次会议作出的关于人大常委会工作报告的决议，是具有法律效力的。认真贯彻执行好决议，保障决议的落实，是坚持和完善人民代表大会制度的内在要求，是人大常委会的法定义务和重要职责。这次常委会会议就是根据大会决议，以及大会批准的常委会工作报告，对 2009 年的常委会工作任务作出具体安排。在大会结束后不久就安排这次会议，表明了常委会对市十三届人大二次会议决议认真贯彻落实的态度，体现了常委会履行法定责任的自觉性和责任感。

根据大会决议，今年市人大常委会工作总的任务是：在市委的领导下，紧紧围绕全市工作大局，依法有效履行职能，努力提高立法工作质量，切实增强监督工作实效，有效保障代表行使职权，着力改进工作方式，扎扎实实推进首都民主法制建设，为建设“人文北京、科技北京、绿色北京”提供有力的民主法制保障。要以纪念地方人大设立常委会 30 周年和筹备召开市委第三次人大工作会议为契机，认真总结经验，改进和完善各项工作制度，将工作提高到新的水平。我们要按照这个总要求来组织落实好今年的各项工作，完成好今年的各项任务。

今年的工作任务很重，我们安排了七次常委会会议，初步安排了 38 项议题，其中审议 7 项地方性法规草案，对 14 个立法项目进行立项调研论证，听取和审议“一府两院”7 个专项工作报告，开展 4 项执法检查，办理 4 项议案。我们必须精心抓好落实。

一是要进一步统筹安排，分清轻重缓急，突出工作重点。从去年开始，常委会工作格局发生了一些变化，不仅有当年常委会会议审议的议题，还要为下一年工作作准备。比如立法，今年安排的14项立项论证工作，主要是为明年的立法作准备。刚才，有的委员在审议中提出在会议议题的安排上有点前轻后重，前三次会议的议题少，后边的比较多。这反映出我们对人大常委会工作规律的认识还需要不断深化。怎么去改变这个情况？一方面，要把握立法年度与自然年度的区别，在上一年度作好充分的准备，在下一年度立法议题就可以往前提，这样就会减少前轻后重的现象。今年，我们将通过14项立法论证工作为明年立法做好准备，努力使明年的会议安排更加合理。另一方面，要把握“会议的质量在会前”，前几次会议的任务少一些，有利于我们把前期工作做得更充分。对各项重点工作，要坚持统筹安排，分清轻重缓急，保证每一项工作都能高质量地完成。

二是要分解工作任务，实行项目负责制。从去年开始，常委会机关开始探索实行项目负责制，今年要进一步完善。常委会各工作机构要通过项目组长或者调研课题组组长，把机关各厅、办、室的同志们组织起来，同时还要扩展到常委会组成人员和市人大代表，使他们也能够结合自己的工作领域，通过项目参与到常委会各项工作当中来，进一步调动大家的积极性和创造性。

三是要围绕议题做好深入的调查研究工作。调查研究不仅是改进作风的体现，更是人大常委会工作的重要基础和必经程序。一方面，立法、监督等各项工作，都需要提前进行充分细致的调查研究。另一方面，调查研究不仅有助于我们全面客观地认识事物本身，同时也有助于我们密切联系人民群众，有效汇集各方面意愿和诉求。

总之，我们要根据代表大会的决议，经过细致的工作，把各项工作任务落实好、完成好，提高每一项工作的质量，增强各项工作的实效。

第二，坚持正确的政治方向，继续在改进和完善工作方式上下功夫。

去年，我们在总结回顾上一届人大常委会工作经验基础上，积极探索，进一步明确了做好市人大常委会工作需要突出的三个重点，即要坚持正确的政治方向，要努力改进人大常委会的工作方式，要不断提高常委会及其机关履职的素质和能力。方向、方式、能力，这是做好人大常委会工作必不可少的三个要素。

一是要坚持正确的正确方向。就是要高举中国特色社会主义伟大旗帜，坚持中国特色社会主义政治发展道路，坚持党的领导、人民当家作主和依法治国的有机统一，这是任何情况下都不能动摇的。今年是建国60周年，地方人大常委会设立30周年，当前又面临国际金融危机，经济社会发展中存在一些突出矛盾和困难，社会上出现一些不同的声音和议论。在这样的情况下，要更加坚定正确政治方向不动摇，不被各种议论、思潮所左右。这是我们坚持和完善人民代表大会制度，做好人大常委会工作的根本保证。多年来，市人大常委会在这个问题上方向是明确的，立场是坚定的，我们要不断地强调这个问题，始终保持清醒的头脑，坚持在党的统一领导下做好人大工作。

二是要努力改进人大常委会的工作方式。方向正确，是不是就等于做好了人大常委会的工作？也不一定。方向不正不行，方向正也并不等于自然就能做好人大及其常委会的工作。方向正但工作效率低、作为小，也不符合人民代表大会制度的要求。我们要充分发挥人民代表大会制度的优越性和内在优势，追求方向正、效率高、作为大，使人大工作能够符合党和国家工作大局需要，符合广大人民群众，包括市人大代表的愿望和要求。

这就需要解决好工作方式问题。对人大常委会的工作方式，我们简单归结为依法有效地履行职能。这里有两个关键词：依法、有效。依法就是人大常委会工作必须依法办事，要符合国家法律，保障国家法律的有效实施；有效就是有质量、有效率、有作为。依法有效履行职能是一个总体要求，具体来说，就是要做该做、能做、有用、有效的事情。这既是一个工作要求，也是一个工作方法，又是对人大常委会工作的一个评价标准。该做能做，就是宪法、法律赋予人大的职权空间很大，人民代表大会制度处在一个不断完善的过程当中，经济社会也处在一个不断发展的过程中，人大该做的事情很多。尽管该做，但要审时度势，根据民主政治建设进程和经济社会发展实际，以及各方面的条件，确定能不能做。这可以从两个方面来把握：一是从整个政治大局上考虑，二是从常委会自身的制度、机构、能力等方面来考量。所以，做好人大工作，既要看该不该做，也要考虑能不能做；同时要做有用的事情，又要把有用的事情作出实际成效。

对如何改进人大工作方式，常委会工作报告中提出了一些基本要求，首先，转变思想观念，一是要把职责放在第一位，把权力作为履行职责的条件。二是将工作的保障性和建设性统一起来。人大常委会的工作任务就是扎扎实实推进首都民主法制建设，为建设“人文北京、科技北京、绿色北京”提供民主法制保障。这里边有两个概念，一个是保障的概念，一个是建设的概念。奥运立法就充分说明了这一点。奥运立法的过程，就是保障性和建设性融为一体的过程。立法中，围绕党和国家工作的大局，保障奥运会筹备和举办有法可依、依法办事。同时利用奥运会的契机加快了首都经济社会发展、城市建设管理一些重要方面的法制化进程，留下了宝贵的制度遗产或者制度成果。人大常委会工作要将建设性和保障性融为一体，既不可以离开党和国家工作大局强调建设性，也不可以只强调保障性而忽视人大及其常委会在民主法制建设方面的建设性。这是我们改进工作方式需要转变的一个很重要的思想观念。三是要做到程序性评价和效率评价的统一。人大工作一定要依法按程序办事，但是又不能合于程序而没有效果。所以，要把程序、成效有机统一起来，依据程序作出成效。这是一个思想方法、评价方法，也是我们追求的工作目标。其次，要调整工作格局，坚持“会议的质量在会前，会后的实效抓会外”，延长工作链，做好会前的准备工作，提高会中审议质量，加强对审议意见的跟踪落实。只有这样，才能不断提高人大工作的质量和效果。第三，要不断创新工作制度和机制。坚持在党的统一领导下，在政治体制改革和法律框架内，为增强人大工作活力，提高人大工作的质量和实效，在工作制度、工作机制和工作方法上，大胆地解放思想、实事求是、改进创新。从去年开始，我们在立法工作格局、预算监督、对司法工作的监督、代表工作等方面，都进行了探索实践，在工作制度和机制上实施了改进和创新。今年要继续做下去。全国人代会后，常委会将与市政府共同召开立法工作座谈会；今年年底，将结合纪念地方人大常委会设立30周年，筹备召开市委第三次人大工作会议。经初步讨论，第三次人大工作会议的主要任务就是在坚持正确政治方向的前提下，集中解决人大常委会的立法、监督、代表工作的格局、制度、机制问题，把市人大常委会多年来总结积累的一些行之有效的办法固定下来，成为党的主张，让各个方面共同地来执行，把人大工作提高到一个新的水平。

在市十三届人大二次会议上，代表们对常委会改进完善人大常委会工作方式的做法给予普遍赞同，这对我们是一个激励和鼓舞。

市人大常委会今年要在这些方面进一步努力探索、实践，积累经验，争取把一些有效的做法固定下来，形成成果。

三是要提高常委会及其机关履职的素质和能力。这是人大及其常委会做好各项工作的基础。改进工作方式，使人大及其常委会走上提高质量和实效的轨道，对常委会组成人员、常委会机关干部的素质、能力提出了很高的要求。大家要积极适应这些要求，继续加强学习、调查研究和信息工作，改进工作作风，进一步发挥工作的积极性和创造性。

第三，加强对常委会工作的服务保障，充分发挥全体组成人员的积极性和创造性。

人大及其常委会的一项重要制度是民主集中制，集体行使职权，集体决定问题。坚持和完善民主集中制，一个很重要的问题就是要充分发挥每一位常委会组成人员的主动性、积极性和创造性，把常委会工作和常委会机关的工作，与组成人员、人大代表行使职权有机地联系起来。这也是我们去年提出，今年要进一步探索、改进和完善的一个很重要的课题。加强对常委会工作的服务保障，充分发挥全体组成人员的积极性和创造性，当前主要应做好以下三方面工作：

一是要加强工作的计划性。大家注意到，本次会议有了一些变化，不仅进一步明确了今年常委会的工作任务，而且把这些任务细化成工作安排和工作计划，把每次常委会会议的时间提前确定下来，使大家心中有数。下一步，还要在与大家商量和听取意见的基础上，尽早地确定组成人员、市人大代表参与常委会各个议题、各项工作的安排，使大家能妥善地安排自己的工作和时间。今天发给大家去年常委会会议的考勤表，委员们反响很强烈，都很关注，主要目的就是报告情况。我们跟国外不一样，大部分代表和组成人员都是兼职，这是人民代表大会制度的代表性和广泛性的内在要求，有利于保持代表、组成人员与人民群众的密切联系，这是我们的一大优势。当然在实际工作中，也会给代表特别是常委会组成人员增加工作负担。既要保证组成人员履职，又要不增加过重的负担，这是一个矛盾，实际上主要是靠大家自己挤工作时间，增加工作量来解决这个问题。本次会议发给大家一个常委会的工作日历，把七次常委会会议的时间都用红颜色标出来了，这样有利于大家妥善地安排工作，至少将出国和出差的时间与常委会工作错开。有些会议时间的碰撞难以避免，我们的原则是坚持地方服从中央，人大服从市委，对中央部门召开的一些会议，市委的重要会议，大家还是要去的。只是要求把出国、出差和自己安排工作的时间与常委会会议错开，这样就提高了出勤率。

二是各专门委员会、常委会各工作机构，要下大力量提高会议文件的质量。去年，我们已经提出并着手抓好这项工作，办公厅专设了会议处，就是要集中力量抓会议的质量，包括改进文风，压缩各项报告篇幅。下一步要拟定具体计划和要求，包括专门委员会、政府提交常委会审议的各项报告、执法检查报告等，要简明扼要，说真话、说实话，减少套话，一针见血，旗帜鲜明，把矛盾、问题、焦点都和盘告诉大家，加大信息量。这样为组成人员审议提供方便，节省时间，保障效果。这方面今年要多做一些工作，这是做好服务保障工作的重点。

三是加强信息化建设，保障常委会组成人员的知情权。这方面，常委会做了一些工作，但做得还不够，比如给各位代表开的电子邮箱，还没有充分利用。下一步要根据大家的意见，搞好常委会组成人员的学习、培训，常委会机关要为大家的学习培训进一步创造条件，包括举办法制讲座、进行专题研讨等。要围绕常委会一些重点议题和组成人员重点关注的问题，把学习研究和审议议题有机结合起来，把组成人员主动学习和常委会机关提供信息资源结合起来，提高学习实效。同时，常委会机关要关心各位组成人员的工作和生活，搞好会务的服务和保障，尽量减轻大家的负担。大家有什么愿望和要求，也希望提出来。

总之，在大家的共同努力下，去年常委会的工作做得不错，在市十三届人大二次会议中，人大代表对常委会的工作及工作报告给予了充分的肯定和比较高的评价。这对我们是一个鼓舞，但同时也是期待和要求。今年常委会工作任务很重，责任很大。大家要振奋精神，共同努力，扎实工作，认真做好2009年常委会的各项工作，把首都社会主义民主法制建设继续推向前进。

北京市第十三届人民代表大会常务委员会第九次会议议程

（2009年2月12日）

（2009年2月12日北京市第十三届人民代表大会常务委员会第九次会议全体会议通过）

一、审议通过《北京市人大常委会2009年工作安排》
二、决定人事任免事项
三、市人大常委会主任杜德印同志讲话

北京市人大常委会2009年工作安排

（2009年2月12日北京市第十三届人大常委会第九次会议通过）

市十三届人大二次会议批准了常委会工作报告并通过了相应决议。决议要求，市人大常委会要在中共北京市委的领导下，紧紧围绕全市工作大局，依法有效履行职能，努力提高立法工作质量，切实增强监督工作实效，有效保障代表行使职权，着力改进工作方式，扎扎实实推进首都民主法制建设，为建设“人文北京、科技北京、绿色北京”提供有力的民主法制保障。要以纪念地方人大设立常委会30周年和筹备召开市委第三次人大工作会议为契机，认真总结经验，改进和完善各项工作制度，将工作提高到新的水平。

为贯彻落实好大会决议，常委会今年拟安排7次常委会会议，初步确定38项议题。其中审议地方性法规草案7项；听取和审议“一府两院”专项工作报告7个，听取和审议议案办理情况报告4个、有关审议意见落实情况的报告3个，听取和审议国民经济和社会发展计划、预算执行情况、审计工作的报告，审查和批准2008年决算，听取和审议4个方面法律、法规执行情况的报告。

一、加强和改进立法工作，不断提高立法质量

1. 把握立法工作原则。在保证国家法律有效实施的同时，努力把市委关于科学发展的决策通过法定程序转化为国家意志和全市人民的共同行动。注重在坚持法制统一原则的前提下突出地方特色，坚持针对问题立法，立法解决问题，努力推动解决影响首都科学发展的体制、机制，以及涉及人民群众合法权利和切身利益的问题，为首都科学发展和社会和谐提供法制保障。

2. 审议7项地方性法规草案。为建立城乡统一的道路运输管理服务体系，加强道路运输安全，促进道路运输业发展，制定道路运输条例。拟安排在3月份第十次和7月份第十二次常委会会议上审议。有关工作由城建环保委员会、城建环保办公室和法制委员会、法制办公室负责。

为推进男女平等国策得到更好的贯彻落实，修订实施妇女权益保障法办法。拟安排在5月份第十一次和9月份第十三次常委会会议上审议。有关工作由内务司法委员会、内务司法办公室和法制委员会、法制办公室负责。

继续审议城乡规划条例和绿化条例。城乡规划条例拟安排在5月份第十一次常委会会议上审议表决，有关工作由法制委员会、法制办公室负责；绿化条例拟安排在11月份第十四次常委会会议上审议表决，有关工作由法制委员会、法制办公室负责。

为贯彻落实党的十七届三中全会精神，推进农村改革，提高农业和农民的组织化程度，制定实施农民专业合作社法办法。拟安排在7月份第十二次和11月份第十四次常委会会议上审议。有关工作由农村委员会、农村办公室和法制委员会、法制办公室负责。

为推进本市节能工作，建设资源节约型、环境友好型社会，修订实施节约能源法办法。拟安排在9月份第十三次和12月份第十五次常委会会议上审议。有关工作由财政经济委员会、财政经济办公室和法制委员会、法制办公室负责。

为加大水环境污染的治理力度和实现污水防治资源化，制定水污染防治条例。拟安排在12月份第十五次常委会会议上审议。有关工作由城建环保委员会、城建环保办公室负责。

3. 对14个立法项目进行立项调研论证。就制定就业促进法办法、社区卫生服务条例、物业管理条例、生活垃圾处理条例、实施农产品质量安全法办法、出版条例、代表议案工作条例等法规，修订消防条例、安全生产条例、农业机械管理条例、大型社会活动安全管理条例、专利保护和促进条例、实施残疾人保障法办法、少数民族权益保障条例等法规进行调研论证，为做好明后年的立法工作奠定基础。

以上调研论证的立法项目，拟于明年上半年提请审议的，应于7月底前完成调研论证；拟于明年下半年提请审议的，应于年底前完成调研论证。调研论证报告提交主任会议讨论。调研及撰写论证报告等工作由相关专门委员会和常委会工作机构负责。

4. 继续完善立法工作格局和改进立法工作机制。坚持党对立法工作的领导，增强人大常委会的主导作用，加强人大常委会与市政府的整体协调，以及加强政府内部立法工作统筹，切实提高立法质量和法规实效。拟于3月份与市政府共同召开立法工作座谈会，就完善立法工作格局，完善科学立法、民主立法机制，落实五年立法规划要点等问题进行研究，为搞好立法工作奠定思想、组织和制度基础。继续加强法规立项调研论证工作，探索法规实施后质量效果的评价机制，拟对

养犬管理条例进行立法后评估。有关工作由办公厅、法制办公室、内务司法办公室负责。

二、加强和改进监督工作，促进依法行政和公正司法

5. 坚持人大监督的性质和特点。继续深入贯彻落实监督法，抓住涉及首都科学发展的一些基础性、长远性问题，人民群众反映强烈、社会高度关注的问题，围绕资源配置和权力运行开展监督。要进一步完善监督协调工作机制，加大监督工作力度，综合运用听取和审议专项工作报告、执法检查、落实代表议案和督办代表建议等多种方式，不断增强监督实效，推动一些重点难点问题的解决。

6. 听取和审议“一府两院”7个专项工作报告。听取和审议市政府关于北运河水系水污染治理工作情况的报告。重点审议北运河水系水污染基本现状、治理水污染的总体规划与治理思路、目前采取的主要措施、治理效果、再生水利用情况及安全饮用水情况、下一步工作安排和打算等。拟安排在7月份第十二次常委会会议上听取和审议。有关工作由农村委员会、农村办公室负责。

听取和审议市政府关于加强垃圾处理工作情况的报告。重点审议促进垃圾减量化、资源化、无害化处理的体制机制建立和完善、规划的制定和落实、财政投入、基础设施建设和利用先进科技手段提高垃圾处理水平情况等。拟安排在7月份第十二次常委会会议上听取和审议。有关工作由城建环保委员会、城建环保办公室负责。

听取和审议市政府关于推动高新技术在本市经济社会发展中应用情况的报告。重点审议科技在首都经济社会中的应用情况、存在的问题以及促进科技应用的思路与措施等。拟安排在9月份第十三次常委会会议上听取和审议。有关工作由教科文卫体委员会、教科文卫体办公室负责。

听取和审议市政府关于实施居民自治法和村民自治法、推进城乡社区居民自治工作情况的报告。重点审议城乡社区居民自治规范管理和服务、自治制度完善、自治组织培育情况等。拟安排在11月份第十四次常委会会议上听取和审议。有关工作由内务司法委员会、内务司法办公室负责。

听取和审议市政府关于农村医疗卫生工作情况的报告。重点审议市区两级财政投入、农村卫生三级网络建设、农村公共卫生和基本医疗服务、农村基层卫生机构人才引进和培养情况等。拟安排在11月份第十四次常委会会议上听取和审议。有关工作由教科文卫体委员会、教科文卫体办公室负责。

听取和审议市高级人民法院关于商事审判工作情况的报告。重点审议商事审判工作开展、审判结果落实、维护诉讼双方合法权益以及维护首都社会主义市场经济秩序，保障首都经济科学发展情况等。拟安排在9月份第十三次常委会会议上听取和审议。有关工作由内务司法委员会、内务司法办公室负责。

听取和审议市人民检察院关于贯彻市人大常委会“关于加强检察院对诉讼活动的法律监督工作的决议”情况的报告。重点审议检察院在思想认识、重点措施、建立机制、方式方法、队伍建设等方面贯彻《决议》的情况。拟安排在9月份第十三次常委会会议上听取和审议。有关工作由内务司法委员会、内务司法办公室负责。

7. 做好计划和预算监督工作。听取和审议本市2009年国民经济和社会发展计划上半年执行情况、预算上半年执行情况以及2008年审计工作、决算草案的报告，审查批准2008年市级决算。完善预算监督工作制度，重点关注应对国际金融危机，保增长、促内

需、调结构的情况；深化对预算资金使用绩效的监督，促进预算编制和预算资金分配更加科学合理；充分发挥政府财政部门、审计部门的监督作用，形成人大监督与政府内部监督有机结合、相互协调的监督体系；督促政府不断改革和完善财政体制、分配制度、运行机制和办事程序，提高财政资金的使用效益。

以上四个报告拟安排在7月份召开的市人大常委会第十二次会议上听取和审议。有关工作由财政经济委员会、财政经济办公室负责。

8. 开展4个方面的执法检查。为提升本市安全生产工作水平，切实保障人民群众生命财产安全，对安全生产法和安全生产条例实施情况进行检查。重点检查安全生产责任制落实、安全生产管理制度建立以及安全生产监管情况等。执法检查报告拟提请5月份第十一次常委会会议听取和审议。有关工作由财政经济委员会、财政经济办公室负责。

为促进老年人合法权益保障和服务体系建设，进一步弘扬敬老、养老的传统美德，对老年人权益保障条例进行执法检查。重点检查养老保障体系完善、养老服务体系建设、与人口老年型社会发展相适应的社会管理服务体制建设情况等。执法检查报告拟提请7月份第十二次常委会会议听取和审议。有关工作由内务司法委员会、内务司法办公室负责。

为促进本市水污染防治，常委会将采取市和区县人大常委会上下联动的方式，对水污染防治法及本市实施办法的实施情况进行检查。重点检查水污染防治体制机制建立、水污染防治规划制定、水污染防治标准完善、资金投入、基础设施建设以及严格依法监管情况等。执法检查报告拟提请7月份第十二次常委会会议听取和审议。有关工作由办公厅和城建环保委员会、城建环保办公室负责。

为促进农产品生产和食品安全工作，常委会同样采取市和区县人大常委会上下联动的方式，对农产品质量安全法的实施情况进行检查，重点检查农产品质量安全的体制、机制、监管体系建设和运行情况；农产品“市场准入”和“产品退出”以及农产品质量安全可追溯制度建设和实施情况；农产品生产环境和农业投入品监管情况；执法队伍的职责履行、队伍建设和经费保障情况等。执法检查报告拟提请9月份第十三次常委会会议听取和审议。有关工作由办公厅和农村委员会、农村办公室负责。

9. 做好有关审议意见落实情况的跟踪检查工作。对去年常委会听取和审议的侨务工作专项工作报告，开展的义务教育法、食品卫生与安全及清真食品生产经营有关法律、法规等2项执法检查以及公共卫生体系建设议案办理审议意见落实情况，由相关专门委员会和常委会工作机构负责进行跟踪检查。

三、依法行使重大事项决定权和人事任免权

10. 认真行使重大事项决定权。围绕全市中心工作和发展大局，落实市政府向市人大常委会报告重大事项的若干规定，认真讨论关系本行政区域改革发展稳定大局和群众切身利益、社会普遍关注的重大问题，适时作出决议、决定。

11. 依法行使人事任免权。按照有关法律、法规的规定，特别是根据市政府机构改革的需要，认真做好人事任免工作，为市国家机关开展工作提供组织保障。

四、抓好代表议案办理及报告审议工作

12. 完善代表议案办理工作机制，提高

办理实效。市十三届人大二次会议主席团交办的4项议案，都是关系本市经济社会发展全局、人民群众普遍关注的重大问题，要进一步加强和改进议案办理及报告审议工作，搞好调查研究，同领衔代表、市政府加强沟通协调，提高办理的质量和实效。

抓好“推进北运河水系综合治理，实现污水防治资源化”议案办理及报告审议工作，重点是解决北运河水系综合治理规划和标准制定、资金投入、污水处理设施建设、污水资源化利用和水生态修复等。此议题与听取和审议市政府关于北运河水系水污染治理工作的报告合并进行。议案办理报告暨市政府关于北运河水系水污染治理工作的报告，拟安排在7月份第十二次常委会会议上听取和审议。有关工作由农村委员会、农村办公室负责。

抓好“提高垃圾收集处理现代化水平，建设宜居城市”议案办理及报告审议工作，重点是推动垃圾处理的管理体制和工作机制、处理设施规划布局和建设、分类处理、科学处理等方面存在的主要问题的解决。此议题与听取和审议市政府关于加强垃圾处理工作的报告合并进行。议案办理报告暨市政府关于加强垃圾处理工作的报告，拟安排在7月份第十二次常委会会议上听取和审议。有关工作由城建环保委员会、城建环保办公室负责。

抓好“加快南城建设，促进首都经济社会协调发展”议案办理及报告审议工作，重点是进一步明确南城的区域功能，推进南城发展所必要的基础设施建设、产业发展、公共服务保障。议案办理报告拟安排在9月份第十三次常委会会议上听取和审议。有关工作由财政经济委员会、财政经济办公室负责。

抓好“实施积极就业政策，促进社会和谐稳定”议案办理及报告审议工作，重点是促进扶持创业、支持企业扩大就业岗位、建设就业服务机构、加强岗位培训等积极就业政策、措施制定和落实。议案办理报告拟安排在9月份第十三次常委会会议上听取和审议。有关工作由财政经济委员会、财政经济办公室负责。

13. 听取和审议有关审议意见落实情况的报告。听取和审议加强乡村基础设施建设、加快保障性住房建设、制定生态涵养发展区产业发展政策三项议案办理暨相关专项工作报告审议意见落实情况的报告，推动有关问题得到进一步解决。拟安排在9月份第十三次、11月份第十四次常委会会议上听取和审议。有关工作分别由农村委员会、农村办公室，城建环保委员会、城建环保办公室，财政经济委员会、财政经济办公室负责。

五、继续完善代表工作格局，进一步发挥代表作用

14. 坚持和完善代表工作格局。把工作格局贯穿于代表工作的各个方面，把代表执行职务和常委会的工作密切衔接起来，加强专门委员会与代表的联系，有计划地组织代表参与常委会立法、监督等工作，改进主任接待代表日、代表列席常委会会议等工作。充分发挥区县人大常委会联系和服务本选区代表的作用。继续对发挥专业代表小组作用进行探索。

15. 健全代表密切联系人民群众的机制。明确人大代表联系人民群众的范围、方式和途径，建立和完善具体的工作制度，使人民群众的意见和要求更有效地反映到人大常委会的决策和工作中。在市人大常委会门户网站“代表园地”公示代表联系信息。委托区县人大常委会、北京军区以适当的方式公开本选举单位选举产生的市人大代表的联系方式。建立市人大代表与区县人大代表联系的制度，做好市人大代表相对固定联系一定数

量的区县人大代表的工作。拟于9月份召开代表联系群众工作研讨会。

16. 保障代表的知情权和参与权。加强和改进信息工作，及时将市情、政情、社情通报给人大代表，尤其要加强专门委员会工作情况的信息通报。拟于2月份探索建立各专门委员会相对固定联系一批相关领域代表的机制，10月份对这一机制进行总结评估，提出改进意见和建议。

拟于7月份组织开展代表年中分团集中活动，委托各区县人大常委会和北京军区政治部，向代表传达全市半年经济形势分析会精神、通报全市经济社会发展计划和预算执行情况、征集代表对市人大常委会和全市有关方面重要工作的意见。

拟于9月份协助市政府就2010年度拟办实事工作听取代表意见。将市政府采纳代表意见情况向主任会议汇报并通报代表。组织代表对市政府当年办实事的情况进行检查。拟于11月份组织代表集中视察。改进工作方法，规范工作流程，采取专题视察、分团视察、集中听取汇报相结合的形式，合理安排分团视察和专题视察的时间，提高视察实效。专门委员会组织的视察，以相对固定联系的代表为主体。

17. 加强和改进代表建议督办工作。加强对代表建议、批评和意见的综合分析、统筹协调和分类督办，形成统筹督办、重点督办、分类督办相结合的督办工作机制，不断提高督办工作的实效。进一步完善常委会主任、副主任牵头重点督办和专门委员会重点督办工作，充分发挥专门委员会分类督办的作用，提高督办的针对性和实效性。拟于5月份集中听取建议承办大户办理工作的汇报，了解进展情况，加强办中督察，推动办理工作顺利进行；会同有关部门走访机构改革中职能有调整的承办单位，协调解决建议办理中存在的困难和问题。建议办理完毕后，向代表发函，征询代表对办理工作的意见，根据情况进行复查并确定补办件进行重新办理。建立届内跟踪制度，将年内督办逐步过渡到届内督办，重点对列入计划准备解决的问题，跟踪落实解决并督促承办单位再次答复代表。

拟于12月份第十五次常委会会议上听取和审议市人大常委会代表联络室、“一府两院”办理市十三届人大二次会议代表建议、批评和意见情况的报告。有关工作由代表联络室负责。

18. 搞好代表培训工作，帮助代表不断提高履职能力。在去年“应知应会”知识培训基础上，拟于5月份分两期对代表进行集中培训。与专门委员会合作，着重加强立法、预算监督、议案以及建议、批评和意见提出方面的培训，提高培训的针对性和实效性。

六、进一步加强常委会自身建设，提高履行职责的素质和能力

19. 进一步加强思想理论建设。继续深入开展学习实践科学发展观活动，搞好分析检查，制定好整改方案，把整改措施和活动的成效体现到全年工作中。进一步加强思想理论建设，高举中国特色社会主义伟大旗帜，坚持中国特色社会主义道路和中国特色社会主义理论体系，增强贯彻落实科学发展观的自觉性和坚定性，增强坚持和完善人民代表大会制度、做好人大工作的责任感和使命感，保持奋发有为的精神状态和良好的工作作风。继续把调查研究作为各项工作的基础环节抓紧抓好，为常委会履行职责提供更有价值的参考。

20. 协助市委召开第三次人大工作会议，纪念市人大常委会设立30周年。以纪念地方人大设立常委会30周年为契机，全面总结常委会工作经验，探寻工作规律。拟于第四季度召开纪念本市人大常委会设立30周年研讨会，对人大工作的基本经验和科学工作方式

进行研究探讨。积极做好市委召开第三次人大工作会议的筹备工作，努力将市人大常委会工作的成功经验和有效做法，特别是制度成果，通过市委召开的第三次人大工作会议巩固下来，为进一步开展人大工作，提供重要指导。

21. 加强常委会组织机构建设和制度建设。围绕完善科学工作方式，进一步发挥专门委员会和常委会工作机构作用，对立法、监督等工作项目，由常委会组成人员、人大代表和机关工作人员组成工作项目组，推行项目责任制。加强常委会制度建设，着力推动工作制度、工作机制和工作方法创新，使常委会工作更加规范化、制度化和科学化。加强市对区县人大常委会工作的指导、联系与协同，加强常委会内部各工作机构间的沟通协调。继续做好信访工作。

22. 提高组成人员和机关干部的素质能力。下力量提高常委会组成人员和机关干部的专业素质和职业能力。通过举办常委会组成人员学习班、代表培训班、法制讲座等多种形式，组织常委会和专门委员会组成人员、机关工作人员围绕人大及其常委会的职能和任务，加强对党的路线方针政策和市委工作思路、工作部署的学习；加强对全市经济、政治、文化、社会发展及其重要问题的了解和研究；加强对人大工作专业知识和技能的训练和研究，提高履职的能力和水平。完善机关的党风廉政监督体系，搞好风险防范工作。

市人大各专门委员会和常委会工作机构，要按照工作安排，明确责任、密切配合、精心组织、务求实效，确保常委会各项工作的顺利进行，把代表大会决议落到实处；常委会组成人员要积极参与到各项议题和工作之中，充分发挥作用，使常委会各项工作在届首之年实现良好开局的基础上迈上新台阶，为人文北京、科技北京、绿色北京建设贡献力量，以首都繁荣、文明、和谐、宜居的优异成绩，迎接新中国成立60周年！

北京市人大常委会2009年立法工作计划

（2009年2月5日市十三届人大常委会第二十八次主任会议通过）

第十次常委会会议（3月）

北京市道路运输条例（市人民政府提请审议）

第十一次常委会会议（5月）

北京市实施《中华人民共和国妇女权益保障法》办法（修订）（市人民政府提请审议）

北京市城乡规划条例（第三次审议）

第十二次常委会会议（7月）

北京市实施《中华人民共和国农民专业合作社法》办法（市人民政府提请审议）
北京市道路运输条例（第二次审议）

第十三次常委会会议（9月）

北京市实施《中华人民共和国节约能源法》办法（修订）（市人民政府提请审议）
北京市实施《中华人民共和国妇女权益保障法》办法（修订）（第二次审议）

第十四次常委会会议（11月）

北京市绿化条例（第二次审议）
北京市实施《中华人民共和国农民专业合作社法》办法（第二次审议）

第十五次常委会会议（12月）

北京市水污染防治条例（市人民政府提请审议）
北京市实施《中华人民共和国节约能源法》办法（修订）（第二次审议）

北京市人大常委会2009年监督工作计划

（2009年2月5日市十三届人大常委会第二十八次主任会议通过）

市人大常委会2009年监督工作，要以党的十七大和十七届三中全会精神为指导，深入贯彻落实科学发展观，认真贯彻实施监督法，落实市十三届人民代表大会二次会议决议，以增强监督实效为核心，抓住涉及首都科学发展的一些基础性、长远性问题和人民群众反映强烈、社会高度关注的问题，重点围绕保持首都经济平稳较快发展、保障和改善民生、加强生态环境建设、促进公正司法、保证人民群众安全生产和提升生活水平等方面开展监督，推动"一府两院"依法行政、公正司法，为建设人文北京、科技北京、绿色北京提供民主法制保障。

根据监督法的规定，对2009年监督工作具体安排如下。

一、听取和审议专项工作报告

1. 听取和审议市政府关于北运河水系水污染治理工作的报告。重点报告北运河流域水系水污染基本现状、治理水污染的总体规划与治理思路、目前采取的主要措施、治理效果、再生水利用情况及沿流域人畜安全饮用水情况、下一步工作安排和打算等。报告拟安排在7月份举行的市十三届人大常委会第十二次会议上听取和审议。有关工作由农村委员会、农村办公室负责。

2. 听取和审议市政府关于加强垃圾处理工作情况的报告。重点报告促进垃圾减量化、资源化、无害化处理的体制机制建立和完善、规划的制定和落实、财政投入、基础设施建设和利用先进科技手段提高垃圾处理水平情况等。报告拟安排在7月份举行的市十三届人大常委会第十二次会议上听取和审议。有关工作由城建环保委员会、城建环保办公室负责。

3. 听取和审议市政府关于推动高新技术在本市经济社会发展中应用情况的报告。重点报告科技在首都经济社会中的应用情况、存在的问题以及促进科技应用的思路与措施等。报告拟安排在9月份举行的市十三届人大常委会第十三次会议上听取和审议。有关工作由教科文卫体委员会、教科文卫体办公室负责。

4. 听取和审议市政府关于农村医疗卫生工作的报告。重点报告市和区县两级财政投入、农村卫生三级网络建设、农村公共卫生和基本医疗服务、农村基层卫生机构人才引进和培养情况等。报告拟安排在11月份举行的市十三届人大常委会第十四次会议上听取和审议。有关工作由教科文卫体委员会、教科文卫体办公室负责。

5. 听取和审议市政府关于推进城乡社区居民自治工作情况的报告。重点报告城乡社区居民自治规范管理和服务、自治制度完善、自治组织培育情况等。报告拟安排在11月份举行的市十三届人大常委会第十四次会议上听取和审议。有关工作由内务司法委员会、内务司法办公室负责。

6. 听取和审议市高级人民法院关于商事审判工作情况的报告。重点报告商事审判工作开展、审判结果落实、维护诉讼双方合法权益以及维护首都社会主义市场经济秩序，保障首都经济科学发展的情况等。报告拟安排在9月份举行的市十三届人大常委会第十三次会议上听取和审议。有关工作由内务司法委员会、内务司法办公室负责。

7. 听取和审议市人民检察院关于贯彻市人大常委会“关于加强检察院对诉讼活动的法律监督工作的决议”情况的报告。重点报告在思想认识、重点措施、建立机制、方式方法、队伍建设等方面贯彻《决议》的情况。报告拟安排在9月份举行的市十三届人大常委会第十三次会议上听取和审议。有关工作由内务司法委员会、内务司法办公室负责。

二、审查和批准决算，听取和审议审计工作报告和计划、预算执行情况的报告

根据监督法、预算法和预算监督条例，安排听取和审议市政府关于本市2008年预算执行和其他财政收支的审计工作报告，本市2008年决算草案报告，批准2008年市级决算。

听取和审议市政府关于本市2009年国民经济和社会发展计划上半年执行情况的报告，本市2009年预算上半年执行情况的报告。

以上四个报告拟安排在7月份召开的市人大常委会第十二次会议上听取和审议。有关工作由财政经济委员会、财政经济办公室负责。

三、法律、法规实施情况的检查

1. 检查《中华人民共和国安全生产法》和《北京市安全生产条例》实施情况。重点检查安全生产责任制落实、安全生产管理制度建立以及安全生产监管情况等。执法检查报告拟提请5月份举行的市十三届人大常委

会第十一次会议听取和审议。有关工作由财政经济委员会、财政经济办公室负责组织和实施。

2. 检查《中华人民共和国老年人权益保障法》和《北京市老年人权益保障条例》实施情况。重点检查养老保障体系完善、养老服务体系建设、与老年型社会发展相适应的管理体制建设情况等。执法检查报告拟提请7月份举行的市十三届人大常委会第十二次会议听取和审议。有关工作由内务司法委员会、内务司法办公室负责组织和实施。

3. 检查《中华人民共和国水污染防治法》和《北京市实施〈中华人民共和国水污染防治法〉办法》实施情况。重点检查水污染防治体制机制建立、水污染防治规划制定、水污染防治标准完善、资金投入、基础设施建设以及严格依法监管情况等。该项检查将采取市和区县人大常委会联动检查的方式，市人大常委会办公厅、城建环保委员会、城建环保办公室要与区县人大常委会工作机构加强协调和配合，制定执法检查方案。执法检查报告拟提请7月份举行的市十三届人大常委会第十二次会议听取和审议。有关工作由城建环保委员会、城建环保办公室负责组织和实施。

4. 检查《中华人民共和国农产品质量安全法》实施情况。重点检查农产品质量安全的体制、机制、监管体系建设和运行情况；农产品"市场准入"和"产品退出"以及农产品质量安全可追溯制度建设和实施情况；农产品生产环境和农业投入品监管情况；执法队伍的职责履行、队伍建设和经费保障情况等。该项检查将采取市和区县人大常委会联动检查的方式，市人大常委会办公厅、农村委员会、农村办公室要与区县人大常委会工作机构加强协调和配合，制定执法检查方案。执法检查报告拟提请9月份举行的市十三届人大常委会第十三次会议听取和审议。有关工作由农村委员会、农村办公室负责组织和实施。

四、听取和审议议案办理报告

市十三届人大二次会议主席团通过的4项议案，都是关系本市经济社会发展全局、人民群众普遍关注的重大问题，要积极发挥代表、特别是领衔代表作用，加强与承办部门沟通协调，深入审议议案办理报告，提出审议意见并认真督促落实。

1. 听取和审议市政府关于"推进北运河水系综合治理，实现污水防治资源化"议案办理情况的报告。重点是北运河流域水系综合治理规划和标准制定、资金投入、污水处理设施建设、污水资源化利用和水生态修复等情况。此议题与"听取和审议市政府关于北运河水系水污染治理工作的报告"合并进行，安排在7月份召开的市人大常委会第十二次会议上听取和审议。有关工作由农村委员会、农村办公室负责。

2. 听取和审议市政府关于"提高垃圾收集处理现代化水平，建设宜居城市"议案办理情况的报告。重点是垃圾处理的管理体制和工作机制、处理设施规划布局和建设、分类处理、科学处理等方面的情况和存在的主要问题。此议题与"听取和审议市政府关于加强垃圾处理工作情况的报告"合并进行，安排在7月份召开的市人大常委会第十二次会议上听取和审议。有关工作由城建环保委员会、城建环保办公室负责。

3. 听取和审议市政府关于"加快南城建设，促进首都经济社会协调发展"议案办理情况的报告。重点是进一步明确南城的区域功能，推进南城发展所必要的基础设施建设、产业发展、公共服务保障。议案办理报告安排在9月份召开的市人大常委会第十三次会议上听取和审议。有关工作由财政经济委员会、财政经济办公室负责。

4. 听取和审议市政府关于“实施积极就业政策，促进社会和谐稳定”议案办理情况的报告。重点是扶持创业、支持企业扩大就业岗位、建设就业服务机构、加强岗位培训等积极就业政策、措施制定、落实情况和存在的问题。议案办理报告安排在9月份召开的市人大常委会第十三次会议上听取和审议。有关工作由财政经济委员会、财政经济办公室负责。

五、听取和审议有关审议意见落实情况的报告

在去年常委会听取和审议市政府专项工作报告、议案办理报告的基础上，今年常委会进一步听取和审议有关审议意见落实情况的报告，继续推动有关问题解决。

1. 听取和审议市政府关于“加强乡村基础设施建设，加快社会主义新农村建设进程”议案办理暨本市乡村基础设施建设情况报告审议意见落实情况的报告，安排在9月份召开的市人大常委会第十三次会议上。有关工作由农村委员会、农村办公室负责。

2. 听取和审议市政府关于“制定生态涵养发展区产业发展政策，促进环境友好型城市建设”议案办理情况报告审议意见落实情况的报告，安排在11月份召开的市人大常委会第十四次会议上。有关工作由财政经济委员会、财政经济办公室负责。

3. 听取和审议市政府关于“加快保障性住房建设，解决中低收入群体住房困难”议案办理暨解决城市低收入家庭住房困难情况报告审议意见落实情况的报告，安排在11月份召开的市人大常委会第十四次会议上。有关工作由城建环保委员会、城建环保办公室负责。

另外，对于去年常委会听取和审议的侨务工作报告、开展的义务教育法、食品卫生与安全及清真食品生产经营有关法律、法规执法检查、公共卫生体系建设议案办理等审议意见落实情况，由相关专门委员会和常委会工作机构负责进行跟踪检查。

对列入2009年监督工作计划的项目，各负责单位要各司其职，密切配合，精心组织，务求实效，确保常委会各项监督工作的顺利开展。

北京市人民代表大会常务委员会 任命名单

（2009年2月12日北京市第十三届人民代表大会常务委员会第九次会议通过）

任命孙军民为北京市人民代表大会常务委员会教育科技文化卫生体育办公室副主任。

北京市第十三届人民代表大会

常务委员会第十次会议

北京市第十三届人民代表大会常务委员会第十次会议议程

（2009年3月26日）

（2009年3月26日北京市第十三届人民代表大会常务委员会第十次会议第一次全体会议通过）

一、审议《北京市道路运输条例（草案）》

二、听取和审议市人民政府关于北京市2009年地方政府债券收支安排专项预算调整方案（草案）的报告，并作出决议

三、决定人事任免事项

四、审议通过市十三届人大常委会代表资格审查委员会关于个别代表的代表资格的报告

关于北京市2009年地方政府债券收支安排专项预算调整方案（草案）的报告

——2009年3月26日在北京市第十三届人民代表大会常务委员会第十次会议上

北京市财政局局长　杨晓超

主任、各位副主任、秘书长、各位委员：

我受市人民政府委托，向市人大常委会报告2009年地方政府债券收支安排专项预算调整方案（草案）。

一、中央关于发行2009年地方政府债券的有关情况

（一）必要性

受国际金融危机快速蔓延和世界经济增长明显减速的影响，2009年将是我国经济发展非常困难的一年，财政收支紧张的状况十分突出。为扩大内需，保持经济平稳较快发展，中央决定实施积极的财政政策。考虑到2009年地方财政收支形势严峻，为增强地方安排配套资金和扩大政府投资的能力，根据《中华人民共和国预算法》（以下简称《预算法》）第二十八条关于“除法律和国务院另有规定外，地方政府不得发行地方政府债券”的规定，国务院决定由财政部代理发行地方政府债券，筹措部分所需资金。

（二）发行规模

综合考虑全国财政预算和各地实际情况，2009年发行地方政府债券总规模控制在2000亿元以内。

（三）发行方式

为提高发行效率，降低融资成本，2009年地方政府债券统一由财政部按照现行记账式国

债发行方式代理发行，并代办还本付息和支付发行费。地方政府债券为可流通记账式债券，期限三年，发行后可按规定在全国银行间债券市场和证券交易所债券市场上市流通。

（四）资金使用方向

根据《财政部关于印发〈2009年地方政府债券预算管理办法〉的通知》（财预〔2009〕21号）的有关规定，地方政府债券支出，要充分体现科学发展观的要求，积极促进经济结构调整和发展方式转变。资金主要用于中央投资地方配套的公益性建设项目及其他难以吸引社会投资的公益性建设项目支出，严格控制安排用于能够通过市场化行为筹资的投资项目，不得安排用于经常性支出。

（五）预算管理要求

地方政府债券收支实行预算管理。地方政府债券收入全额纳入省级财政预算管理，市、县级政府使用债券收入的，由省级财政转贷，纳入市、县级财政预算。地方政府债券收入安排的支出纳入地方各级财政预算管理。用地方政府债券发行收入安排支出的部门和单位，要将支出纳入部门预算和单位预算，严格按照预算制度管理。

2009年度政府预算未报经本级人民代表大会审查批准的，要将本地区地方政府债券收入或者债券转贷收入和支出纳入预算，报请同级人民代表大会审查批准。2009年度政府预算已经报本级人民代表大会审查批准的，要根据地方政府债券收支计划及时编制预算调整方案，报同级人民代表大会常务委员会审查批准。

二、本市关于2009年地方政府债券收支安排专项预算调整方案（草案）

财政部代理发行的2009年北京市地方政府债券规模为56亿元，期限三年。按照上述预算管理要求，提出关于2009年地方政府债券收支安排专项预算调整方案（草案）如下。

（一）市十三届人大二次会议批准的市级预算

经市十三届人大二次会议批准，市级地方财政收入安排1117.3亿元，加中央返还及补助、区县上解、上年专项政策性结转和调入预算稳定调节基金等354.3亿元，收入合计1471.6亿元；市级地方财政支出安排1097.0亿元，加上解中央支出、区县税收返还和转移支付等374.6亿元，支出合计1471.6亿元。市级预算安排收支平衡。

（二）债券收支安排专项预算调整方案（草案）

1. 财政部要求

根据《财政部关于印发〈2009年地方政府债券预算管理办法〉的通知》（财预〔2009〕21号）的有关规定，财政部代理本市发行的2009年地方政府债券收入56亿元，计入“财政部代理发行地方政府债券收入”收入科目，同时根据实际使用方向列入政府收支分类相应功能支出科目。

2. 支出方向和使用项目

根据财政部确定的债券规模和相关要求，统筹考虑政府固定资产投资规模，按照向南城、向经济社会薄弱环节等倾斜的原则，确定了本市地方政府债券资金的支出方向和使用项目，计划将地方政府债券资金用于中央投资配套、医疗卫生文化教育等社会事业、交通基础设施、资源能源保障等方面。具体安排是：

（1）中央投资配套项目。2009年拟安排地方政府债券资金10亿元，主要为清河再生水厂及再生水利用工程、京津风沙源治理工程等。

（2）医疗卫生文化教育等社会事业项目。2009年拟安排地方政府债券资金4亿元，主要为宣武医院改扩建一期工程、首都图书馆二期暨北京方志馆工程等。

（3）交通基础设施项目。2009年拟安排地方政府债券资金34亿元，主要为蒲黄榆路工程、阜石路二期、国道111工程、清源路、长周路等。

(4) 资源能源保障项目。2009年拟安排地方政府债券资金8亿元，主要为三河热电厂输热主干线、南水北调配套南干渠等。

上述项目为初步安排，具体资金安排将根据项目建设进度，按照确定的投资领域，在部分项目间进行适当调整，以确保地方政府债券资金发挥最大的使用效益。

3. 市级预算调整方案（草案）

根据上述债券收支安排，提出市级预算调整方案（草案）。调整后，市级预算草案平衡情况如下：

市级地方财政收入安排1117.3亿元，加中央返还及补助、区县上解、上年专项政策性结转、调入预算稳定调节基金等354.3亿元，以及财政部代理发行地方政府债券收入56亿元，收入合计1527.6亿元；市级地方财政支出安排1097.0亿元，地方政府债券支出安排56亿元，加上解中央支出、区县税收返还和转移支付等374.6亿元，支出合计1527.6亿元。市级预算收支平衡。

（三）本息及发行费的资金解决渠道

财政部代理发行地方政府债券，资金到位后向地方政府收取支付承销商的发行费，发行费比例为发行面值的0.5‰。按本市发行规模为56亿元计算，共需支付发行费280万元。地方政府债券利息按年支付，三年到期后一次还本。发行费及每年偿债利息所需资金从“偿债资金”中解决，三年后还本资金纳入市政府固定资产投资计划。

三、下一步工作

（一）认真制定发债计划

根据审查批准的债券收支预算，结合项目建设进度，研究确定在核定的总额度内选择债券发行月份及月份债券发行额，尽快上报财政部本市2009年地方政府债券发行计划。

（二）严格地方债券项目和资金管理

切实加强对地方政府债券收支的管理和监督，使用债券资金安排的项目将严格履行基本建设管理程序，确保资金切实发挥效益。债券资金的使用和投资项目的实施情况，将向市人大常委会报告。

上述地方债券收支安排专项预算调整方案（草案）已经市政府常务会议讨论通过，现提请审议批准。

市十三届人民代表大会财政经济委员会关于北京市2009年地方政府债券收支安排专项预算调整方案（草案）的初步审查报告

——2009年3月26日在北京市第十三届人民代表大会常务委员会第十次会议上

市人大财政经济委员会主任委员　王　火

北京市人民代表大会常务委员会：

3月16日，市人大财政经济委员会召开了有市人大常委会预算监督顾问列席的第11次（扩大）会议，听取和审查了市财政局《关于北京市2009年地方政府债券收支安排专项预算调整方案（草案）的报告》，听取了市发展改革委关于地方政府债券项目安排情况的汇报，现将审查意见报告如下。

按照国务院关于发行地方政府债券的要求和批准的额度，我市2009年确定的地方政府债券规模为56亿元。财政经济委员会认为，国务院安排发行地方政府债券，有利于地方贯彻实施积极财政政策，进一步做好保增长、保民生、保稳定的工作；有利于增强地方的投资能力，实现地方财政与中央投资项目的同步配套。市人民政府提出的地方政府债券安排使用方向符合国家的要求和本市实际情况。根据《中华人民共和国预算法》、《北京市预算监督条例》有关预算调整的规定，财政经济委员会建议本次会议批准市人民政府关于北京市2009年地方政府债券收支安排专项预算调整方案。

为进一步做好本市地方政府债券收支管理工作，财政经济委员会提出如下建议。

1. 做好地方政府债券发行的相关工作。按照国务院确定的发行额度，加快制订发债计划，尽快落实具体的使用项目。按照财政部规定的程序，做好发债计划的报送工作，确保地方政府债券发行工作顺利完成。

2. 安排好地方政府债券的支出。市政府相关部门要认真执行国家关于地方政府债券的管理办法，做好协调配合工作。根据市人大常委会批准的专项预算调整方案，将债券支出及时批复使用部门和单位。严格规范地方政府债券投资项目的审核批准程序，安排好支出进度，用好地方政府债券资金。

3. 强化对地方政府债券收支预算的管理和监督。严格预算管理，完善相关制度，加强预算约束和责任追究，确保资金按照规定的用途使用，严禁挤占、截留、挪用。充分发挥审计监督作用，加强对地方政府债券资金使用情况的跟踪检查和绩效审计，切实保证资金的使用效益。统筹考虑本市综合财力，落实偿债资金来源，制定还款计划，按照规定的期限及时还本付息，防范财政风险。债券资金的使用和投资项目的实施情况，要向市人大常委会报告。

以上报告，请予审议。

北京市第十三届人民代表大会常务委员会关于批准北京市2009年地方政府债券收支安排专项预算调整方案的决议

（2009年3月26日北京市第十三届人民代表大会常务委员会第十次会议通过）

北京市第十三届人民代表大会常务委员会第十次会议听取了市财政局局长杨晓超受市人民政府委托所作的《关于北京市2009年地方政府债券收支安排专项预算调整方案（草案）的报告》，对预算调整方案进行了审查。会议同意市人民代表大会财政经济委员会提出的《关于北京市2009年地方政府债券收支安排专项预算调整方案（草案）的初步审查报告》，决定批准北京市2009年地方政府债券收支安排专项预算调整方案。

北京市人民代表大会常务委员会任命名单

（2009年3月26日北京市第十三届人民代表大会常务委员会第十次会议通过）

任命李伟为北京市人民代表大会内务司法委员会委员。

任命姜泽廷为北京市人民代表大会内务司法委员会委员。

北京市人民代表大会常务委员会决定任免名单

（2009年3月26日北京市第十三届人民代表大会常务委员会第十次会议通过）

任命闫傲霜为北京市科学技术委员会主任。

免去马林的北京市科学技术委员会主任职务。

任命朱炎为北京市经济和信息化委员会主任。

任命张欣庆为北京市人力资源和社会保障局局长。

任命史捍民为北京市环境保护局局长。

任命隋振江为北京市住房和城乡建设委员会主任。

免去隋振江的北京市建设委员会主任职务。

任命陈永为北京市市政市容管理委员会主任。

免去陈永的北京市市政管理委员会主任职务。

任命卢彦为北京市商务委员会主任。

免去卢彦的北京市商务局局长职务。

任命赵会民为北京市人民政府外事办公室（北京市人民政府港澳事务办公室）主任。

免去杨柳荫的北京市人民政府外事办公室（北京市人民政府港澳事务办公室）主任职务。

任命宋贵伦为北京市社会建设工作办公室主任。

北京市人民代表大会常务委员会 任免名单

（2009年3月26日北京市第十三届人民代表大会常务委员会第十次会议通过）

（一）

任命高金兰为北京市高级人民法院审判员。

（二）

任命张晓霞为北京市第一中级人民法院民事审判第二庭副庭长、审判员。

免去宿迟的北京市第一中级人民法院副院长、审判委员会委员、审判员职务。

（三）

免去田希霖的北京市第二中级人民法院行政审判庭副庭长、审判员职务。

北京市人民代表大会常务委员会 任免名单

（2009年3月26日北京市第十三届人民代表大会常务委员会第十次会议通过）

（一）

任命崔杨、刘旭东为北京市人民检察院检察委员会委员。

任命罗守梁、张京宏为北京市人民检察院检察员。

免去赵讨安的北京市人民检察院检察委员会委员职务。

免去尚东、潘建芳、张丽华、吴祥义、王元江的北京市人民检察院检察员职务。

（二）

任命申云、焦慧强为北京市人民检察院第一分院检察委员会委员。

任命马全、宋海、赵永红、曲力慧、魏波、陈保红、向晓勤、张晨、张建伟、武湞为北京市人民检察院第一分院检察员。

（三）

任命邢庆、郝明、李继华为北京市人民检察院第二分院检察委员会委员。

免去宋志虹的北京市人民检察院第二分院检察员职务。

北京市第十三届人民代表大会常务委员会代表资格审查委员会关于个别代表的代表资格的报告

（2009 年 3 月 26 日北京市第十三届人民代表大会常务委员会第十次会议通过）

代表资格审查委员会主任委员　赵凤山

北京市人民代表大会常务委员会：

朝阳区选举的北京市第十三届人民代表大会代表马炳泰，因工作需要，调离本行政区域，根据《中华人民共和国全国人民代表大会和地方各级人民代表大会代表法》第四十一条的规定，其代表资格终止。

北京市第十三届人民代表大会代表现有 769 名。

现报请北京市人民代表大会常务委员会予以公告。

以上报告，请予审议。

北京市第十三届人民代表大会
常务委员会代表资格审查委员会
2009 年 3 月 26 日

北京市第十三届人民代表大会

常务委员会第十一次会议

在市十三届人大常委会第十一次会议上的讲话

（2009 年 5 月 22 日）

市人大常委会主任　杜德印

各位委员、同志们：

经过大家的共同努力，本次会议顺利地完成了各项预定任务。

制定《北京市城乡规划条例》是常委会今年的一项重点立法项目。市委对这项地方性法规的制定十分重视，市委书记刘淇同志多次作出指示和批示。本次常委会审议之前，市委常委会、首都规划委员会分别开会对条例草案进行了研究，对条例的制定给予了重要的指导。提交本次常委会审议表决的《北京市城乡规划条例（草案修改稿）》贯彻了科学发展观，体现了建设“人文北京、科技北京、绿色北京”的理念，坚持了北京市的城市性质和功能。同时，在认真总结、吸收以往城市规划管理有效经验和做法的基础上，适应首都建设发展的新形势，就统筹城乡规划建设，确立科学的规划体系和严格的规划实施制度，正确处理近期建设与长远发展、局部利益与整体利益、经济发展与环境保护、现代化建设与历史文化保护等问题，包括促进全市经济、社会、人口、资源、环境的协调发展等方面作出了制度安排和具体规定，为新形势下首都城乡规划建设管理提供了重要的法律依据和法律保障，也为国家有关法律的实施创造了条件。

市人大常委会对于制定这部地方性法规非常重视，从 2006 年开始，先后三次对法规草案进行了审议。在此过程中，市人大城建环保委员会、法制委员会与市政府有关部门加强沟通、密切协作，反复、深入地进行调查研究，并通过召开座谈会和网络公示等方式，充分听取各方面的意见和建议，为审议通过这部地方性法规做了大量的准备工作，应该说法规制定的整个过程充分体现了科学立法和民主立法的要求。本次常委会表决通过《北京市城乡规划条例》之后，市政府及有关部门要认真抓好这项法规的学习和普及，抓紧制定相关配套规章和规范性文件，进一步完善城乡规划管理工作的体制和机制，为法规的实施作好必要的准备。法规正式实施以后，要进一步规范政府和城乡规划部门的行政行为，切实加强城乡规划管理，确保法规的贯彻执行。市人大常委会也要按照条例的规定，充分发挥好对于本市城乡规划编制、备案、规划实施情况评估报告等方面的监督职责，保障规划管理依法、正确进行。

修订《北京市实施〈中华人民共和国妇女权益保障法〉办法》，主要是为了与国家《妇女权益保障法》保持一致，进一步推进男女平等国策在本市的贯彻落实，进一步规范和完善对妇女的劳动社会保障和特殊保护措施，细化对妇女人身、财产、婚姻家庭等方面权益的保障。这项法规的修订，社会各界都给予高度关注，特别是围绕“延长女性处级以上领导干部和女性高级知识分子工作年限”的规定，引起了各方面的反响和讨论。市政府考虑到国家已有相关的政策规定，所以在报送的草案中删除了这方面的规定，市人大常委会在审议中总体上赞成市政府的这种处理方法。会后，市人大法制委员会要会同有关部门根据本次常委会会议组成人员提出的意见和建议，认真分析和研究新形势下首都北京在保障妇女权益方面，特别是保障弱势妇女群体权益方面还存在哪些突出的问题，切实做好这项法规的修订工作。

本次常委会还听取了关于本市安全生产方面的执法检查报告。安全生产关系人民群众生命财产安全，关系首都经济发展和社会稳定，常委会组成人员对执法检查报告进行了认真的审议，大家充分肯定了执法检查组的工作，赞成报告对当前本市安全生产形势的分析，同意报告提出的加强安全生产工作的建议。大家也充分肯定了几年来市政府在安全生产管理方面所做的工作和取得的成效，同时强调落实科学发展观首先要实现安全发展，坚持以人为本首先要以人的生命为本，构建和谐社会首先要构建一个安全的社会。希望市政府和全社会都要牢固树立“安全第一”的思想，坚持警钟长鸣、常抓不懈，加强安全保障能力的建设，夯实安全保障的物质基础和技术基础，完善安全生产责任制，加大安全生产执法力度，加强综合整治，消除各类安全隐患，扎扎实实地做好安全生产工作，为建设一个更加安全、幸福、美好的和谐社会，为迎接新中国成立60周年营造良好的安全环境和社会环境。

各位委员，本次会议预定的各项议程已经全部进行完毕，现在闭会。

北京市第十三届人民代表大会常务委员会第十一次会议议程

（2009年5月21日—22日）

（2009年5月21日北京市第十三届人民代表大会常务委员会第十一次会议第一次全体会议通过）

一、审议《北京市实施〈中华人民共和国妇女权益保障法〉办法（修订草案）》

二、审议表决《北京市城乡规划条例》

三、听取和审议市人大常委会执法检查组关于检查《中华人民共和国安全生产法》及《北京市安全生产条例》实施情况的报告

四、决定人事任免事项

北京市人民代表大会常务委员会公告

（第4号）

《北京市城乡规划条例》已由北京市第十三届人民代表大会常务委员会第十一次会议于2009年5月22日通过，现予以公布，自2009年10月1日起施行。

北京市第十三届人民代表大会常务委员会

2009年5月22日

北京市城乡规划条例

（2009年5月22日北京市第十三届人民代表大会常务委员会第十一次会议通过）

目　录

第一章　总　　则

第一条　为了做好本市城乡规划工作，协调城乡空间布局，改善人居和发展环境，促进经济、社会、人口、资源、环境全面协调可持续发展，根据《中华人民共和国城乡规划法》，结合本市实际情况，制定本条例。

第二条　本市行政区域全部为规划区。

本条例适用于本市城乡规划的制定、实施、修改、监督检查和相关城乡建设活动。

本市城乡规划包括城市总体规划，中心城和新城、乡和镇的总体规划和详细规划，村庄规划，特定地区规划和专项规划。

第三条　北京是国家的首都，是全国的政治中心、文化中心，是世界著名古都和现代国际城市。

北京城乡规划和建设应当依据城市性质，体现为中央党、政、军领导机关的工作服务，为国家的国际交往服务，为科技和教育发展服务，为改善人民群众生活服务的要求。

第四条　本市城乡规划和建设应当贯彻科学发展观，体现“人文北京、科技北京、绿色北京”的理念；坚持以人为本，创造人居和发展的良好条件，妥善处理和协调各种利益关系，维护人民群众的根本利益；统筹城乡发展，推进城乡经济社会发展一体化，统筹区域发展，推动区域协调发展，统筹经济与社会发展，合理规划产业与社会事业发展的空间布局，统筹人与自然和谐发展，协调人口、资源和环境的规划配置，统筹国内发展和对外开放的要求，提高城市现代化、国际化水平。

第五条　本市城乡规划应当与国民经济和社会发展规划、土地利用规划相互衔接、协调一致。

本市城乡规划和建设应当根据经济社会发展实际，充分考虑资源与环境承载能力，合理确定城市的发展规模，完善城市功能，优化产业结构，节约利用土地，改善生态环境，提高资源利用效率，推进城乡基础设施、公共服务设施和公共安全设施以及防灾减灾体系建设。

第六条　本市城乡规划和建设应当尊重城市历史和城市文化，保护历史文化遗产和传统风貌。

本市城乡规划和建设涉及历史文化名城保护的，应当遵守法律和《历史文化名城名镇名村保护条例》、《北京历史文化名城保护条例》等法规的规定。

第七条　城乡规划工作是各级人民政府的重要职责。市人民政府领导本市的城乡规划工作。区、县人民政府按照规定权限负责本行政区域内的城乡规划工作。乡镇人民政府按照规定权限负责本行政区域内的相关城乡规划工作。街道办事处在区、县人民政府的领导下配合规划行政主管部门做好城乡规划管理的有关工作。

市规划行政主管部门负责本市城乡规划管理工作。市规划行政主管部门的派出机构按照规定职责承担有关城乡规划管理工作。

市和区、县人民政府有关部门应当按照各自职责做好相关的城乡规划工作。

本市规划建设中的重大事项，国家规定需要报首都规划建设委员会的，按照规定执行。

第八条 本市应当创新管理模式，通过调控引导、行政许可、公共服务、联动监管等多种方式，提高规划制定、实施和监督管理的效能。

本市鼓励开展城乡规划科学研究，推广先进技术，增强城乡规划的科学性。

第九条 本市应当加强自然资源和地理空间数据库的建设，促进各有关行政主管部门之间的信息共享，保障城乡规划的科学制定、有效实施。

第十条 经依法批准的城乡规划，是城乡建设和规划管理的依据。各项建设活动应当符合经依法批准的城乡规划。

第十一条 任何单位和个人都应当遵守经依法批准并公布的城乡规划，服从规划管理。

任何单位和个人都有权对城乡规划的制定、实施、修改和监督检查提出意见和建议，就涉及其利害关系的建设活动是否符合规划要求向规划行政主管部门查询。规划行政主管部门应当健全制度，畅通渠道，认真研究相关意见和建议；对于规划查询，应当按照政府信息公开有关规定提供相关信息。

任何单位和个人都有权向规划行政主管部门、市人民政府确定的有关执法部门或者机构、乡镇人民政府或者其他有关部门举报或者控告违反城乡规划的行为。规划行政主管部门和其他有关部门应当及时受理并组织核查、处理。

第二章　城乡规划的制定

第十二条 制定城乡规划应当科学预测城乡发展，正确处理近期建设和远景发展、局部利益和整体利益、经济发展和生态环境保护的关系，实现城乡统一规划、区域协调发展。

第十三条 本市应当有计划地组织编制城乡规划。

各类城乡规划应当在上层次城乡规划的基础上编制。在城市总体规划的基础上编制中心城和新城的规划；在中心城和新城规划的基础上编制乡和镇的规划；在乡和镇规划的基础上编制村庄规划；在相关城乡规划的基础上，根据需要编制特定地区的规划和专项规划，补充、深化有关内容，与控制性详细规划相衔接。

中心城和新城、乡和镇应当编制总体规划和控制性详细规划。在控制性详细规划的基础上，可以根据规划实施的需要编制修建性详细规划。

第十四条 编制城乡规划应当遵守法律、法规、规章以及国家和本市的技术标准和规范，坚持政府组织、专家领衔、部门合作、公众参与、科学决策。

城乡规划中涉及资源与环境保护、区域统筹与城乡统筹、城市发展目标与空间布局、历史文化遗产保护等重大专题的，应当组织相关领域的专家进行研究。

规划的组织编制机关应当依法征求专家和公众的意见，可以采取论证会、听证会、座谈会、公示等多种形式，并在报送审批的材料中附意见采纳情况及理由。

城乡规划在报送审批前，组织编制机关应当依法将城乡规划草案予以公告，公告的时间不得少于30日。

相关部门和单位应当积极配合城乡规划的编制工作，按照规定提交相关材料，说明现状情况和发展需求。

第十五条 城乡规划按照以下规定组织编制：

（一）城市总体规划由市人民政府组织编制；

（二）中心城、新城总体规划和控制性详细规划由市规划行政主管部门会同相关区、县人民政府组织编制；

（三）乡、镇总体规划和控制性详细规划由所在区、县人民政府组织编制，乡、镇人民政府按照区、县人民政府的要求负责具体工作；

（四）村庄规划由所在乡、镇人民政府组织编制；

（五）特定地区规划由所在区、县人民政府或者市规划行政主管部门组织编制；

（六）专项规划由相关行政主管部门或者市规划行政主管部门组织编制。

第十六条 城市总体规划在报送审批前应当先经市人民代表大会常务委员会审议，新城总体规划在报送审批前应当先经区、县人民代表大会常务委员会审议，乡、镇的总体规划在报送审批前应当先经乡、镇人民代表大会审议。常务委员会组成人员或者代表的审议意见交由本级人民政府研究处理。

规划的组织编制机关报送审批总体规划，应当将审议意见和根据审议意见修改规划的情况随相关城乡规划一并报送。

村庄规划在报送审批前应当依法经村民会议或者村民代表会议讨论同意。

第十七条 城乡规划按照以下规定进行审批和备案：

（一）城市总体规划报国务院审批；

（二）中心城总体规划和控制性详细规划报市人民政府审批；经审批后，报市人民代表大会常务委员会备案；

（三）新城总体规划和控制性详细规划报市人民政府审批；新城控制性详细规划经审批后报市人民代表大会常务委员会备案；

（四）乡、镇总体规划和控制性详细规划，市人民政府确定须报市人民政府审批的，由区、县人民政府报市规划行政主管部门审查后报市人民政府审批；其他乡、镇总体规划和控制性详细规划由区、县人民政府报市规划行政主管部门审批。乡、镇控制性详细规划经审批后报区、县人民代表大会常务委员会备案；

（五）村庄规划经市规划行政主管部门派出机构组织审查后，报区、县人民政府审批；

（六）特定地区规划，由市规划行政主管部门组织编制的，报市人民政府审批；由所在区、县人民政府组织编制的，重点的特定地区规划经市规划行政主管部门组织审查后报市人民政府审批，一般的特定地区规划由市规划行政主管部门审批；

（七）专项规划由市规划行政主管部门组织编制的，报市人民政府审批；由相关行政主管部门组织编制的，经市规划行政主管部门组织审查后报市人民政府审批。

第十八条 经依法批准的城乡规划应当向社会公布，法律、行政法规规定不得公开的除外。

第十九条 本市应当对城乡规划进行动态评估，按照规定程序和标准补充、完善相关内容，维护城乡规划的科学性。

第三章 城乡规划的实施

第二十条 市人民政府应当根据本市经济社会发展水平，制定近期建设规划，有计划、分步骤地组织实施城乡规划，引导城市健康有序地发展。

近期建设规划应当以城市总体规划、国民经济和社会发展规划、土地利用总体规划为依据，结合城乡发展的实际情况，确定近期控制、引导城市发展的原则、措施以及实施城市总体规划的发展重点和建设时序。

第二十一条 市规划行政主管部门应当依据近期建设规划组织编制规划年度实施计划，报市人民政府批准。

规划年度实施计划应当与年度投资计划和年度土地供应计划相衔接，明确规划年度实施的主要内容，统筹安排重点城乡基础设施、公共服务设施、公共安全设施和中低收入居民住房的建设。

第二十二条 区、县人民政府或者市规划行政主管部门可以依据控制性详细规划组织编制重点地区的修建性详细规划和城市设计导则，指导建设。区、县人民政府组织编制的，应当由市规划行政主管部门进行审查；市规划行政主管部门组织编制的，应当报市人民政府进行审查。

第二十三条 本市依法实行规划许可制度，各项建设用地和建设工程应当符合城乡规划，依法取得规划许可。

规划许可证件包括选址意见书，建设用地规划许可证、建设工程规划许可证、乡村建设规划许可证和相应的临时规划许可证。

城镇建设项目应当按照建设工程规划许可证或者临时建设工程规划许可证的许可内容进行建设；农村建设项目应当按照乡村建设规划许可证或者临时乡村建设规划许可证的许可内容进行建设。

第二十四条 依法拥有土地使用权的单位或者个人，可以持土地使用证或者相关权属证明文件向规划行政主管部门了解规划条件。现状用地性质与土地使用证或者相关权属证明文件登记的用途以及规划用地性质相符的，可以按照自有用地申请建设。

依法拥有土地使用权但不符合第一款规定情形，申请进行建设的，应当按照城乡规划、土地管理和建设主体资质管理的有关规定办理。

第二十五条 规划条件应当依据控制性详细规划或者村庄规划提出，并且符合法律、法规、规章的规定和规划管理有关技术规定。

第二十六条 城镇居住建设项目的规划条件应当明确同步建设的基础设施、公共服务设施及其具体建设时序，并作为国有土地使用权出让合同的内容或者划拨土地的依据。

城镇居住建设项目的建设单位应当按照国有土地使用权出让合同或者划拨文件的规定同步建设基础设施、公共服务设施。

第二十七条 建设单位根据规划条件委托编制用地权属范围内的修建性详细规划或者建设工程设计方案后，可以申请规划审查。规划行政主管部门应当依申请提供规划技术审查意见以及规划信息咨询等技术服务。

第二十八条 重大城乡基础设施的建设单位应当在建设工程设计方案的基础上组织编制建设工程扩大初步设计方案。

市规划行政主管部门和市发展改革行政主管部门应当组织有关部门对重大城乡基础设施建设工程的扩大初步设计方案进行审查。

第二十九条 设计单位应当按照规定的资质等级和业务范围承担设计任务。

建设工程设计方案应当依据法律、法规、规章、规划条件、国家和本市的设计规范和标准进行编制。建设工程施工图应当符合建设工程规划许可证或者乡村建设规划许可证的批准内容。

第三十条 建设工程沿道路、铁路、轨道交通、河道、绿化带等公共用地安排建设的，建设单位应当按照本市有关规定代征上述公共用地。

第三十一条 本市土地储备机构在实施土地储备前，应当向规划行政主管部门了解相关用地的规划条件。规划行政主管部门应当提出书面规划条件，作为实施土地储备授权批准文件的组成部分。

承担土地储备任务的单位应当持土地储备授权批准文件向规划行政主管部门申请相关规划许可。

第三十二条 按照国家规定需要有关部门批准或者核准的建设项目，以划拨方式提供国有土地使用权的，建设单位在报送有关部门批准或者核准前，应当持以下材料向规划行政主管部门申请核发选址意见书：

（一）包含项目性质、建设规模、选址意向等情况说明的选址申请书；

（二）证明该建设项目属于需要有关部门批准或者核准、以划拨方式取得国有土地使用权的相关文件；

（三）有关部门同意申请单位作为项目建设主体的批准文件；

（四）标绘有拟建项目用地范围的规定比例尺地形图；

（五）法律、法规、规章规定的其他材料。

前款规定以外的建设项目不需要申请选址意见书。

第三十三条 建设项目选址应当节约、集约利用土地，合理、集中布局。因安全、保密、环保、卫生等原因需要与其他建设工程保持一定距离的，可以进行独立选址。

在规划城镇建设用地范围内进行选址应当符合国有土地供应的相关规定。

城乡基础设施和公共安全设施因节约土地、功能需要等原因，可以结合规划道路、河道、绿化等公共用地进行安排。

城乡公共服务设施确需结合规划道路、河道、绿化等公共用地进行安排的，规划行政主管部门应当报市人民政府批准。

第三十四条 建设单位应当在取得选址意见书后 2 年内取得建设用地规划许可证；期满需要延续的，应当在期限届满 30 日前向规划行政主管部门提出申请，经批准可以延续 1 次，期限不得超过 2 年。未获得延续批准或者在规定的期限内未取得建设用地规划许可证的，选址意见书失效。

第三十五条 以划拨方式提供国有土地使用权的建设项目，建设单位申请建设用地规划许可证时应当提交以下材料：

（一）选址意见书；

（二）建设项目批准、核准、备案文件；

（三）测绘单位按照规划要求确定的建设用地范围成果和依成果绘制的规定比例尺地形图；

（四）法律、法规、规章规定的其他材料。

第三十六条 以出让方式提供国有土地使用权的，规划行政主管部门应当在出让前，依据控制性详细规划提出规划条件。规划条件应当作为国有土地使用权出让合同的组成部分。

第三十七条 以出让方式提供国有土地使用权的建设项目，建设单位申请建设用地规划许可证时应当提供以下材料：

（一）建设项目批准、核准或者备案文件；

（二）国有土地使用权出让合同；

（三）测绘单位按照规划要求确定的建设用地范围成果和依成果绘制的规定比例尺地形图；

（四）法律、法规、规章规定的其他材料。

第三十八条 建设单位应当在取得建设用地规划许可证后 2 年内取得土地行政主管部门批准用地文件；需要延续的，应当在期限届满 30 日前向规划行政主管部门提出申请，经批准可以延续 1 次，期限不得超过 2 年。未获得延续批准或者在规定的期限内未取得批准用地文件的，建设用地规划许可证失效。

第三十九条 建设单位进行城镇建设工程建设的，应当持以下材料向规划行政主管部门申请建设工程规划许可证：

（一）使用土地的有关证明文件；

（二）建设项目批准、核准、备案文件或者相关文件；

（三）建设工程设计方案等材料，重大城乡基础设施项目应当提交经过审查的建设工程扩大初步设计方案，需要建设单位编制修建性详细规划的建设项目，还应当提交修建性详细规划；

（四）法律、法规、规章规定的其他材料。

城镇居民个人申请进行建设的，按照本市有关规定执行。

第四十条　建设单位应当在取得建设工程规划许可证后2年内取得建筑工程施工许可证；期满需要延续的，应当在期限届满30日前向规划行政主管部门提出申请，经批准可以延续1次，期限不得超过2年。未获得延续批准或者在规定的期限内未取得建筑工程施工许可证的，建设工程规划许可证失效。

第四十一条　在规划农村地区，建设单位或者个人进行乡镇企业、乡村公共设施、公益事业建设和村民集中住宅建设的，应当向乡镇人民政府提出申请，由乡镇人民政府报规划行政主管部门核发乡村建设规划许可证。

在规划农村地区，村民使用原有宅基地进行村民住宅建设，可以实行规划许可管理，规划许可管理应当依据村庄规划进行，管理应当与服务相结合，并发挥村民委员会的作用，具体办法由市人民政府制定。

进行乡镇企业、乡村公共设施、公益事业建设和村民住宅建设的，不得占用农用地；确需占用农用地的，应当依照《中华人民共和国土地管理法》有关规定办理农用地转用审批手续后，由规划行政主管部门核发乡村建设规划许可证。

建设单位或者个人在取得乡村建设规划许可证后，方可办理用地审批手续。

第四十二条　在规划村庄以外的现状村庄，在规划实施前确需进行建设的，由规划行政主管部门根据城市发展进程和规划实施的需要核发临时乡村建设规划许可证。

第四十三条　城镇建设项目因施工或者建设城乡基础设施、公共服务设施和公共安全设施需要临时占用土地或者建设临时工程的，建设单位应当向规划行政主管部门申请临时建设用地规划许可证或者临时建设工程规划许可证。

临时建设用地规划许可证和临时建设工程规划许可证的有效期不超过2年，期满需要延续的，经批准期限不得超过1年。

因城乡建设需要或者临时使用期届满的，建设单位应当无条件拆除临时建设工程及设施。为建设主体工程申请的临时建设工程，应当在主体工程申请规划核验之前拆除。

第四十四条　规划行政主管部门应当对建设工程是否符合规划许可内容进行核验。

未经规划核验或者经规划核验不符合规划许可内容的，建设单位不得组织竣工验收，产权登记机关不予办理产权登记手续；涉及违法建设的，按照法律和本条例有关规定处理。

第四十五条　建设工程竣工验收后6个月内，建设单位应当依法向城市建设档案馆移交齐全、准确的建设工程竣工档案，竣工档案中应当附有测绘单位的测量报告。

第四十六条　规划行政主管部门核发规划许可证依据的建设项目批准文件被撤销、撤回、吊销或者土地使用权被收回的，规划行政主管部门应当注销相应的规划许可证。

第四十七条　房屋权属证件记载的用途应当符合建设工程规划许可证或者乡村建设规划许可证确定的使用性质；有关行政主管部门核发的与房屋用途相关的行政许可证件应当与房屋权属证件记载的用途一致。

需要改变房屋使用性质的，应当到原行政主管部门依法办理相关手续。

第四十八条 有关机构在依法处置房屋、土地权益前应当向规划行政主管部门了解有关规划情况，规划行政主管部门应当予以配合。

第四章 城乡规划的修改

第四十九条 经依法批准的城乡规划不得擅自修改。

城市总体规划和中心城、新城、乡和镇总体规划确需修改的，应当依照法定程序和权限进行；特定地区规划、专项规划、村庄规划确需修改的，应当按照原审批程序报批。

第五十条 城市总体规划的组织编制机关，应当组织有关部门和专家每五年对总体规划的实施情况进行评估，采取论证会、听证会或者其他方式征求公众意见，形成评估报告，并将评估报告及征求意见情况报送本级人民代表大会常务委员会和原审批机关。

第五十一条 修改控制性详细规划的，组织编制机关应当对修改的必要性进行论证，征求规划地段内利害关系人的意见，并向原审批机关提出专题报告。原审批机关同意修改的，组织编制机关方可修改并依照法定程序报原审批机关审批。控制性详细规划修改涉及总体规划强制性内容的，应当先修改总体规划。

第五十二条 在选址意见书、建设用地规划许可证、建设工程规划许可证或者乡村建设规划许可证发放后，因依法修改城乡规划给被许可人合法权益造成损失的，应当依法给予补偿。

经依法审定的修建性详细规划、建设工程设计方案的总平面图不得随意修改；确需修改的，城乡规划主管部门应当听取利害关系人的意见；因修改给利害关系人合法权益造成损失的，应当依法给予补偿。

第五十三条 控制性详细规划、修建性详细规划、建设工程设计方案的总平面图在修改过程中，依照法律规定需要征求利害关系人意见的，可以采取听证会、论证会、座谈会、公示等多种方式。

第五十四条 本市各类城乡规划经过修改后应当重新向社会公布。

第五章 监督检查

第五十五条 本市各级人民政府应当向本级人民代表大会常务委员会或者乡镇人民代表大会报告城乡规划的实施情况，并接受监督。

第五十六条 本市建立规划监督、行政执法、行政监察的联动机制和查处违法建设的信息共享机制，加强对城乡规划工作的监督检查和对违法建设的查处。

市人民政府应当明确区县人民政府和市人民政府相关部门在规划监督检查中的具体任务和目标，加强对城乡规划监督检查工作的统筹协调。

第五十七条 本市建立控制违法建设责任制和考核评价制度。区县人民政府和乡镇人民政府负责本行政区域内控制违法建设工作。上级人民政府应当加强对下级人民政府控制违法建设落实情况的监督检查和考核评价。

第五十八条 市规划行政主管部门应当制定和完善本市城乡规划编制和管理工作的有关标准、程序和要求，并加强对乡镇人民政府规划编制和管理工作的业务指导。

第五十九条 规划行政主管部门应当加强对规划编制单位、设计单位与城乡规划相关活动的监督检查。

规划行政主管部门应当对建设工程进行监督检查。

被监督检查单位和人员应当积极配合，如实报告相关情况，提供必要资料，不得妨碍和阻挠依法进行的监督检查活动。

第六十条　建设单位应当在施工现场对外公示建设工程规划许可证及附件、附图，方便公众查阅，接受社会监督。法律、行政法规规定不得公开的除外。

第六十一条　街道办事处对本辖区内违法建设的行为，应当予以制止，并配合规划行政主管部门、市人民政府确定的有关执法部门或者机构等予以处理。

居民委员会、村民委员会、物业服务企业发现本区域内违法建设行为的，有权予以制止，并及时向规划行政主管部门、市人民政府确定的有关执法部门或者机构、乡镇人民政府报告。

第六十二条　规划行政主管部门、市人民政府确定的有关执法部门或者机构、乡镇人民政府或者其他有关部门应当公布举报电话，对接到有关违法建设的举报，应当及时、完整地进行记录并妥善保存。举报事项属于本部门职责范围的，应当及时受理，并依法进行核实、处理、答复；不属于本部门职责范围的，应当转交有权处理的部门，并告知举报人。

第六章　法律责任

第六十三条　对违反本条例规定的行为，法律、法规已有规定的，依照相关规定处理。

第六十四条　本市各级人民政府和规划及其他相关行政主管部门有下列行为之一的，由上级行政机关或者监察机关依法责令改正、通报批评，对直接负责的主管人员和其他直接责任人员依法给予处分：

（一）依法应当编制城乡规划而未组织编制，或者未按法定程序编制、审批、修改城乡规划的；

（二）超越职权或者对不符合法定条件的申请人核发选址意见书、建设用地规划许可证、临时建设用地规划许可证、建设工程规划许可证、临时建设工程规划许可证、乡村建设规划许可证、临时乡村建设规划许可证的；

（三）对符合法定条件的申请人未在法定期限内核发选址意见书、建设用地规划许可证、临时建设用地规划许可证、建设工程规划许可证、临时建设工程规划许可证、乡村建设规划许可证、临时乡村建设规划许可证的；

（四）对未依法取得选址意见书的建设项目核发建设项目批准文件的；

（五）未依法在国有土地使用权出让合同中确定规划条件或者改变国有土地使用权出让合同中依法确定的规划条件的；

（六）同意修改修建性详细规划、建设工程设计方案的总平面图前未依法听取利害关系人的意见的；

（七）发现未依法取得规划许可或者违反规划许可的规定进行建设的行为，而不予查处或者接到举报后不依法处理的。

第六十五条　本章规定由规划行政主管部门负责处理的违法行为，市人民政府确定由有关执法部门或者机构处理的，按照市人民政府的规定执行。

第六十六条　城镇建设工程未取得建设工程规划许可证或者未按照建设工程规划许可证许可内容进行建设的，由规划行政主管部门责令停止建设；尚可采取改正措施消除对规划实施的影响的，限期改正，处该建设工程总造价百分之五以上百分之十以下的罚款；无法采取改正措施消除影响的，限期拆除，不能拆除的，没收实物或者违法收入，可以并处该建设工程总造价百分之十以下的罚款。

规划行政主管部门作出责令停止建设或者限期拆除的决定后，当事人不停止建设或者逾期不拆除的，市或者区、县人民政府可以责成有关部门采取查封施工现场、强制拆除等措施。

规划行政主管部门对无法确定该建设工程的建设单位或者所有人、管理人的，可以通过在公共媒体或者该建设工程所在地发布公告的形式督促建设单位或者其所有权人、管理人依法接受处理，公告期间不得少于15日。公告期间届满，仍无法确定建设单位、所有人、管理人或者其拒不接受处理的，报经市或者区、县人民政府批准后强制拆除或者没收。

第六十七条 城镇临时建设工程未取得临时建设工程规划许可证或者未按照临时建设工程规划许可证许可内容进行建设或者逾期未拆除的，由规划行政主管部门责令限期拆除，可以并处该建设工程总造价一倍以下的罚款。

第六十八条 按照本条例规定应当取得乡村建设规划许可证、临时乡村建设规划许可证而未依法取得或者未按照乡村建设规划许可证、临时乡村建设规划许可证的规定进行建设的，以及农民使用原有宅基地进行村民住宅建设，违反规划许可管理的，由乡、镇人民政府责令停止建设、限期改正；逾期不改正的，依照城乡规划法和市人民政府有关规定进行处理。

第六十九条 城镇居住建设项目的建设单位未按照时序建设基础设施、公共服务设施的，规划行政主管部门可以对竣工的建设工程不予规划核验，并可以对该建设项目的其他工程暂停核发建设工程规划许可证。

第七十条 设计单位为没有取得建设工程规划许可证、乡村建设规划许可证、临时乡村建设规划许可证的建设工程提供施工图纸，或者不按照建设工程规划许可证、乡村建设规划许可证、临时乡村建设规划许可证提供施工图纸的，由规划行政主管部门给予警告，没收违法所得；情节严重的，可以责令停业整顿、降低资质等级，并处10万元以上30万元以下罚款，对直接责任人员给予警告，并处5000元以上5万元以下罚款，对于注册建筑师和其他专业技术人员可以吊销资格证书，5年内不予注册。

第七十一条 城镇建设项目的建设单位或者个人未按照规定在施工现场对外公示建设工程规划许可证及附件、附图的，由市人民政府确定的有关执法部门或者机构责令限期改正，可以并处5000元以上1万元以下罚款。

第七十二条 建设单位或者个人进行建设对公民、法人和其他组织的合法权益造成损害的，应当依法承担相应的民事责任。

第七章 附　　则

第七十三条 本条例所称的各项建设工程，指新建、改建、扩建、翻建各类建筑物、构筑物以及城乡市政和交通工程。

重要大街、历史文化街区、市人民政府规定的特定地区的现有建筑物外部装修参照建设工程办理。

第七十四条 本条例自2009年10月1日起施行。1992年7月24日北京市第九届人民代表大会常务委员会第三十五次会议通过的《北京市城市规划条例》同时废止。

关于《北京市城乡规划条例（草案）》的说明

——2006年12月7日在北京市第十二届人民代表大会常务委员会第三十三次会议上

北京市规划委员会副主任　黄　艳

主任、各位副主任、秘书长、各位委员：

我受市人民政府委托，现就《北京市城乡规划条例（草案）》（以下简称《条例（草案）》）作如下说明。

一、立法必要性

本市现行的《北京市城市规划条例》（以下简称原《条例》）是1992年7月24日市九届人大常委会第三十五次会议通过的，自1992年10月1日起施行。原《条例》施行以来，为本市城市规划建设起到了积极的保障和促进作用。14年来经济和社会条件发生了很大变化，按照科学发展观的要求，本市采取了统筹城乡发展、协调区域发展等一系列新举措，集中体现在2005年国务院批复同意实施的《北京城市总体规划（2004—2020年）》中，这些事关本市城市建设和发展的重大决策，迫切需要有力的法律支持。随着投融资体制改革和本市土地供应制度改革的逐步深入，以行政许可法实施为标志的政府职能转变的不断推进，以及本市对城乡规划管理逐步精细化等等，本市已具备了梳理和提升现有管理经验并上升为地方性法规的基本条件。

为落实科学发展观，促进经济、社会、人口、资源、环境的协调、可持续发展，构建首都和谐社会，贯彻落实《北京城市总体规划》并为之提供有力的法律保障，有必要制定新的地方性法规。

二、《条例（草案）》的起草过程

法规立项后，成立了以主管副市长为组长的法规修订工作领导小组，建立了包括市人大法制办、市人大城建委、市规划委、市政府法制办等相关部门的领导及工作人员在内的起草小组，深入调研，多次召开座谈会，听取了规划、行政法学专家的意见，广泛征求了国务院机关事务管理局、中直机关事务管理局、解放军总后勤部基建营房部、相关委办局、各区县政府以及社会公众等各方面意见，形成了《条例（草案）》，并已经2006年11月17日市政府第56次常务会议讨论通过。

此次立法，以保障《北京城市总体规划》落实为基本任务，从城乡规划的制定和实施两个方面进行制度化规范，以现有的城市规划法为依据，追踪国务院制定城乡规划法的立法进程，力求可操作性和与相关改革措施的协调性，注重前瞻性。

三、《条例（草案）》的主要内容

《条例（草案）》共五章五十九条，分为总则、城乡规划的制定、城乡规划的实施、法律责任、附则。现就主要内容说明如下。

（一）关于规划制定和实施的主要原则

根据科学发展观的要求和国务院批复的《北京城市总体规划》的精神，本市城乡规划制定和实施应当遵循以下四个主要原则。

1. 城乡规划建设应当依据和体现北京作为全国政治中心、文化中心，世界著名古都和现代国际城市的城市性质。北京作为首都，为了更好地为中央党、政、军领导机关工作服务，为国家国际交往服务，《条例（草案）》规定本市规划建设中的重大事项应当按照国家规定报首都规划建设委员会研究确定。《条例（草案）》还规定本市城乡规划和建设应当尊重城市历史和城市文化，保护历史文化遗产和传统风貌；运用现代科学技术，吸取、借鉴世界城市发展的文明成果，建设现代化国际城市。

2. 控制城市发展规模，节约、集约使用土地，促进城镇体系和城市人口的合理布局，保护生态环境，促进资源、能源节约和综合利用。《条例（草案）》在规划许可的建设项目选址环节即规定应当节约、集约利用土地，合理、集中布局，因安全、保密、环保、卫生等原因需要与其他建设工程保持一定距离的，可以进行独立选址。

3. 保障城乡基础设施、公共服务设施和公共安全设施建设，建立高效、安全的现代化市政基础设施体系，防止污染和其他公害，适应国防建设、防灾减灾和公共卫生、公共安全的需要。《条例（草案）》规定各项事业发展规划中涉及基础设施规划建设的专项规划，纳入城乡规划体系；加强城乡规划主动调控的力度，根据近期建设规划制定年度实施工作计划，安排基础设施的规划建设；在临时占用土地、建设临时建设工程，规划道路、河道、绿化用地等公共用地范围内的规划管理中对基础设施的规划建设作了特别规定。

4. 推进城乡统筹发展，根据农村发展现状和特点采取因地制宜的规划管理制度。定名为《北京市城乡规划条例（草案）》就是突出城乡统筹的原则。《北京城市总体规划》规定本市城市规划区范围为全部行政区域，在城市规划区范围内实行城乡统一的规划管理，本市农村地区共有行政村 3985 个，自然村 5000 多个，农业人口 318 万，平原区村庄建设用地面积约 692 平方公里，山区村庄建设用地面积约 193 平方公里，此前农村地区的规划管理方式完全套用城区管理方式，程序复杂，行政成本高，可操作性不强，而农村地区农民居民点平均规模小，布局分散，自然条件及经济发展水平差异大，因此城区化的规划管理不能适应新农村建设的需要。为实现城乡统筹发展，促进新农村建设，《条例（草案）》根据实际情况，对于村庄规划的制定、实施以及监督检查等作了系统的规定。

（二）关于城乡规划的制定

1. 完善城乡规划体系，保障总体规划的细化落实。《条例（草案）》总结了本市城乡规划发展的实践成果，对城乡规划体系进行了梳理：以城市总体规划为中心，将城乡规划分为总体规划和详细规划，明确在城市总体规划基础上应当制定近期建设规划、根据需要制定分区规划；详细规划包括控制性详细规划和修建性详细规划（以下简称控规和修规）；将专项规划、村庄规划、城市设计纳入到城乡规划体系中来。《条例（草案）》确定了各类规划的编制及分级审批的制度，为保证重点地区详细规划的质量，规定重点地区、跨区县的控规由区县政府、市规划主管部门组织编制，非重点地区的控规由乡镇政府组织编制，市规划主管部门审批；修规由区县政府或者市规划主管部门组织编制，非重点地区的修规可以由建设单位组织编制，市规划主管部门审批。《条例（草案）》还明确了各类规划应当确定的主要内容，规定各级城乡规划应当以上一级城乡规划为依据，通过各级规划内容的衔接，保证规划由宏观到微观的逐步落实。

2. 为适应政府社会管理和公共服务职能

的转变，保障基础设施的建设，《条例（草案）》将专项规划纳入了城乡规划体系。城乡规划是土地利用、空间布局以及工程建设的综合性规划，是政府有效配置城乡公共资源的重要手段，相关行业部门、专业部门的各项事业发展规划涉及空间和自然资源的内容，应当以城市总体规划为依据并纳入城乡规划体系，保证各专业部门、行业部门的事业发展规划在空间上得到落实。

3. 为保证村庄规划的制定，《条例（草案）》将村庄规划纳入到城乡规划体系，并在修规这个环节作了明确的规定，使得村庄规划成为村庄建设规划审批的依据。规定村庄修建性详细规划明确村庄建设用地性质、规模、布局、范围和建设工程规划设计条件，由乡镇政府组织编制，经市规划部门审查后报区县政府审批。

4. 为提高城市的环境质量、生活质量和城市景观的艺术水平，增强对单体建筑的规划控制，《条例（草案）》将城市设计纳入到城乡规划体系内，规定编制城乡规划应当运用城市设计的方法，综合考虑自然环境、人文因素和居民生产、生活的需要，对城市空间环境作出统一规划，为保证城市设计的成果在城市建设中发挥应有的作用，规定市或者区县政府可以根据需要将重点地区的城市设计成果纳入详细规划，作为规划许可的依据。

（三）关于城乡规划的实施

1. 规范规划许可制度。城乡规划许可是城乡规划实施的核心制度，同时也是固定资产投资项目审批流程中的重要环节，主要包括“一书两证”，即选址意见书、建设用地规划许可证和建设工程规划许可证。《条例（草案）》根据许可法以及本市固定资产投资项目审批流程对各项规划许可的主体、程序、条件、内容、时效等作了明确规定。因建设单位取得土地使用权方式的差异，进行建设应当取得的规划许可是不同的。

（1）通过公开交易方式取得土地的，规划部门应当在出让前向土地部门提出规划设计条件，作为土地出让的依据；建设单位与土地部门签订土地出让合同后，向规划部门申请建设用地规划许可证；建设单位组织编制设计方案并向规划部门征求意见，重大城乡基础设施的建设单位还应当在设计方案的基础上组织编制扩大初步设计方案，由发展改革部门和规划部门组织有关部门进行审查；申请建设工程规划许可证。

（2）依照有关规定通过划拨、协议出让方式取得国有土地使用权或者占用集体土地进行建设的，建设单位在办理项目核准的有关手续后，向规划部门申请选址意见书，其中包括规划设计条件；建设项目批准文件基本完备后，建设单位向规划部门申请建设用地规划许可证；建设单位编制设计方案、扩大初步设计方案；办理完用地审批及相关审批手续后，申请建设工程规划许可证。

（3）在依法拥有土地使用权的国有土地上按照现状使用性质进行建设且符合城乡规划的，建设单位应当持土地权属证书事先向规划行政主管部门了解规划设计条件，在编制设计方案、扩大初步设计方案后申请建设工程规划许可证。

另外，《条例（草案）》对临时建设用地规划许可、临时建设工程规划许可作了相应规定。并适应新农村建设的需要，简化了农村建设项目的审批环节。

2. 解决新建居住建设项目配套公共服务设施与住宅建设不同步的问题。《条例（草案）》规定规划部门在提出居住建设项目的规划设计条件时应当明确同步建设的公共服务设施及其具体建设时序，并作为土地使用权出让合同的内容或者划拨土地的依据，明确了建设单位建设配套公共服务设施的义务，通过对建设时序进行全过程的规划监督管理，避免拖建、漏建配套公共服务设施的情况发生，《条例（草案）》规定居住建设项目的建设单位应当按照土地出让合同或者划拨文件的规定同步建设公共服务设施，未能按照建设时序建设配套公共服务设施的，规划部门可以对竣工的建设工程不予规划验收，对居住建设项目的其他建设工程停止核发建设工程规划许可证。

3. 加强建筑物使用性质的管理。《条例（草案）》规定房屋权属证件记载的使用性质应当符合建设工程规划许可证确定的使用性质，有关部门核发的与建筑物使用性质相关的行政许可证件应当与建设工程规划许可证一致，这样保证建筑物使用管理中分类标准统一以及相关主管部门具体行政行为一致。

4. 完善建设工程全过程规划监督制度。为及时发现违法建设苗头，防患于未然，《条例（草案）》吸收了《北京市建设工程规划监督若干规定》（2001 年市政府第 86 号令）创造的经验，规定对建设工程进行全过程规划监督：不仅规定了建设工程竣工后，规划部门应当实施规划验收，还规定工程建设期间，规划部门应当对工程建设情况进行监督检查，建设单位和施工管理人员应当积极配合，如实报告情况、提供必要的资料。

5. 加大对违法建设的处罚力度。《条例（草案）》规定，违法建设一经发现，立即责令停止施工、限期拆除；对继续施工的，可以查封建设工程、工程设备、建筑材料，通知供水、供电、供气、供热等企业停止提供相关服务，暂停核发该建设单位其他规划许可证件等；逾期不拆的，予以没收。与原《条例》规定相比，取消了“影响城市规划，尚可采取改正措施的，责令限期改正，并处以罚款”的规定，避免了以罚代管的现象发生。同时还规定了对违法建设提供技术支持的设计单位、设计人员的法律责任。

《条例（草案）》及说明已经发给各位委员，请予审议。

市人大城建环保委员会
关于《北京市城乡规划条例（草案）》
审议意见的报告

——2006 年 12 月 7 日在北京市第十二届人民代表大会常务委员会第三十三次会议上

市人大城建环保委员会主任委员　张　毅

主任、各位副主任、秘书长、各位委员：

市人大城建环保委员会收到市人大常委会交付审议的《北京市城乡规划条例（草案）》（以下简称《条例（草案）》）后，通过书面和召开座谈会的方式，分别征求了十八个区县人大常委会、市政府有关委办局、规划方面专家的意见。根据各方面的意见，城建环保办公室组织市人大常委会法制办、市政府法制办、市规划委员会，对《条例（草案）》进行了修改。11 月 29 日，市人大城建环保委员会召开第六次会议，专题对《条例（草案）》进行了审议。现将审议意见报告如下。

城建环保委员会认为，《北京市城市规划条例》自1992年实施以来，为本市规划管理工作提供了有力的法律依据，对推动和保障城市规划和建设事业快速发展发挥了非常重要的作用。《条例》实施14年来，客观形势的变化对城市规划管理的思路、工作机制和方式都产生了重大的直接影响。贯彻落实科学发展观，要求进一步发挥城乡规划在城市发展中的宏观调控和综合协调作用，突出政府社会管理和公共服务职能的履行；投融资体制和土地供应制度的改革，《行政许可法》的出台，要求对原有规划审批的内容、程序、管理手段进行适应性调整。特别是修编后的《北京城市总体规划》，在规划政策上有较大调整，国务院在批复中，也对北京提出了“强化首都职能，突出首都特色，努力将北京建设成为经济繁荣、文化发达、社会和谐、生态良好的现代化国际城市”和“把北京建设成为我国宜居城市的典范”的更高要求。为落实《北京城市总体规划》和国务院的要求，进一步发挥规划在指导城市有序发展、提高建设和管理水平中的龙头作用，促进规划管理各项工作规范有序进行，急需对现行《条例》进行必要的补充、修改和完善。建议《条例（草案）》经常委会审议修改后颁布施行。同时提出以下修改意见和建议。

一、关于历史文化名城保护规划制定和实施的法规适用问题

《条例（草案）》适用于本市行政区域内各类城乡规划的制定和实施活动。2005年市十二届人大常委会第十九次会议通过并施行的《北京历史文化名城保护条例》，是关于历史文化名城保护的专门性法规，其中关于保护规划制定和实施的部分规定与《条例（草案）》的内容不完全一致。历史文化名城保护规划的制定和实施，应当同时遵守《条例（草案）》的一般性规定和《北京历史文化名城保护条例》的特别规定。为便于实际中的执行，建议在《条例（草案）》中增加“《北京历史文化名城保护条例》对历史文化名城保护规划的制定、实施另有规定的，从其规定”的表述，作为《条例（草案修改建议稿）》第二条第二款。

二、关于城乡规划制定的公众参与问题

公众参与是推进政府科学民主决策的有效方式和手段。保障城乡规划制定过程中社会公众的知情权、参与权，有利于保证城乡规划的科学性和权威性，保证城乡规划得到更好的贯彻和遵守。采取多种方式，广泛听取社会各界意见，逐步扩大公众参与程度，增强城乡规划制定工作的公开性和透明度，是各级政府及其有关部门的一项重要职责，也符合依法行政的精神和要求。因此，在《条例（草案）》已有公众参与内容的基础上，建议在总则部分增加“本市各级人民政府及其有关部门应当采取措施，保障公众通过多种途径参与城乡规划制定的权利”的规定，作为《条例（草案修改建议稿）》第七条。同时，增加组织编制机关在报送审批前征求公众意见的程序性规定，表述为“城乡规划的组织编制机关在规划报送审批前，除国家规定需要保密的情形外，应当依法采取咨询、交流、公示等形式征求专家和社会公众意见。”作为《条例（草案修改建议稿）》第十七条。

三、关于加强城乡规划组织编制计划的问题

城建环保委员会认为，城乡规划是政府履行社会管理和公共服务职责的重要依据和

手段，编制城乡规划是各级政府及有关部门的一项重要职责。从目前实际情况来看，有的基层规划编制工作相对滞后于城乡建设发展的需要，特别是控制性详细规划更为滞后，削弱了对城市开发建设的指引、控制作用。因此，有必要在《条例（草案）》中对各级政府主动、及时编制城乡规划提出明确要求，加强规划编制工作的计划性，以督促规划组织编制机关及时履行职责。据此，建议在《条例（草案）》第十二条第一款增加相关内容，修改后该款表述为“本市应当制定城乡规划编制计划，由市人民政府组织实施。各类城乡规划应当以上一级城乡规划为依据。城乡规划分为总体规划和详细规划。详细规划包括控制性详细规划和修建性详细规划。”

四、关于加强对城乡规划修改和调整监督的问题

《条例（草案）》第二十五条关于城乡规划修改、调整的规定过于原则，缺少程序性的规范和约束，不利于实际操作。建议增加程序性的内容，修改后表述为“经依法批准的城乡规划不得擅自修改或者调整。确需修改或者调整的，应当由原组织编制机关报经原审批机关同意后，按照原规划编制程序修改、调整，并报原审批机关批准。”

五、关于加强对“三大设施”建设项目监管的问题

根据《条例（草案）》第二十八条的规定，在规划道路、河道、绿化用地等公共用地范围内可以安排城乡基础设施、公共服务设施、公共安全设施等“三大设施”的建设项目。而在调研中了解到，目前关于“三大设施”的具体范围没有明确的统一规定，不利于实际工作中对该类建设活动和相关审批行为的规范和约束。因此，建议在该条第三款后增加“城乡基础设施、公共服务设施、公共安全设施的具体适用目录由市规划行政主管部门制定，报市人民政府批准后公布”的内容，以便在实际执行中有章可循。

六、关于违法建设的法律责任问题

针对未取得建设工程规划许可证件或者违反建设工程规划许可证件的规定进行建设的违法行为，《条例（草案）》第五十一条规定了“限期拆除”和“逾期不拆除，可以予以没收”的法律责任。城建环保委员会认为，鉴于在管理实践中违法建设具体情况比较复杂的实际，在规定法律责任时，应当从实际出发，针对违法建设对城乡规划影响的程度和违法情节轻重的不同，区别不同违法情形，分别规定适当的法律责任，以增强立法的针对性和可操作性。建议根据《中华人民共和国城市规划法》关于违法建设法律责任的规定，将《条例（草案）》第五十一条第一款修改为：“未按照规划许可或者未依法取得规划许可进行建设的（以下简称违法建设），分别由规划行政主管部门和城市管理综合执法部门按照规定权限予以处罚。对严重影响城乡规划的，责令停止建设，限期拆除或者没收违法建筑物、构筑物或者其他设施。影响城乡规划，尚可采取改正措施的，责令限期改正，并处罚款。”

同时，该条第二款对责令停止施工后违法建设单位仍继续施工的情况，作出了“规划行政主管部门还可以暂停核发违法建设单位其他规划许可证件”的规定，城建环保委员会认为，该规定没有相关上位法依据，且过罚不当，有失公平，建议删去上述内容。

此外，还对《条例（草案）》部分文字进行了修改，并对部分条款的顺序进行了调整。

以上报告，请予审议。

市人大法制委员会关于《北京市城乡规划条例（草案）》修改情况的报告

——2008年5月22日在北京市第十三届人民代表大会常务委员会第四次会议上

市人大法制委员会副主任委员　郑树森

主任、各位副主任、秘书长、各位委员：

2006年12月7日，市十二届人大常委会第三十三次会议对市人民政府起草的《北京市城乡规划条例（草案）》（以下简称《条例（草案）》进行了第一次审议。《条例（草案）》是根据当时有效的《中华人民共和国城市规划法》（以下简称《城市规划法》）起草的。第一次审议后，得悉全国人大常委会已经将制定《中华人民共和国城乡规划法》（以下简称《城乡规划法》）列入了立法计划，为使地方立法与国家新制定法律更好地衔接，经主任会议研究决定，《条例（草案）》审议工作暂时搁置，待《城乡规划法》通过后，根据新法律的规定，结合常委会的审议意见对《条例（草案）》修改后再提请常委会进行审议。

2007年10月28日，十届全国人大常委会第三十次会议审议通过了《城乡规划法》，自2008年1月1日起施行，《城市规划法》同时废止。在《城乡规划法》制定过程中，法制办公室、城建环保办公室和市政府有关部门一直密切关注和跟踪研究国家立法进程。在《城乡规划法》通过后，法制办公室会同城建环保办公室、农村办公室、市政府有关部门及时启动了对《条例（草案）》修改的论证和调研工作，在学习《城乡规划法》的基础上，及时研究确定《条例（草案）》修改工作思路。修改过程中召开了有全国人大常委会法工委、国务院法制办有关同志以及本市城乡规划、建设方面的专家参加的座谈会，修改意见基本形成后分别召开了市政府有关部门、区县政府主管领导参加的座谈会，到市高级人民法院听取了部分法院对《条例（草案）》的修改意见，并书面征求了十八个区县人大常委会的意见。

5月4日，市人大法制委员会召开会议，根据《城乡规划法》和第一次审议时常委会的审议意见以及各方面的意见，对《条例（草案）》进行了认真审议，提出了《北京市城乡规划条例（草案二次审议稿）》（以下简称《条例（草案二次审议稿）》）。

现就《条例（草案）》修改的原则和修改的主要内容汇报如下。

一、修改的原则

《城乡规划法》与原《城市规划法》相比，内容发生了较大变化，确立了城乡一体的规划体系，明确了规划实施中的许可管理制度，提出了乡村建设的规划管理要求，严格规定了规划修改的程序和要求，在规划的制定、实施和修改中强调了公众参与，增加了监督检查要求，加大了对违法建设的查处力度。

对《条例（草案）》进行修改，主要根据法律的新规定，同时综合考虑了第一次审议时常委会的审议意见和其他有关方面的意见，在修改过程中坚持了以下原则。

第一，贯彻《城乡规划法》的规定，维护法制统一。按照法制统一原则的要求，对《条例（草案）》中与《城乡规划法》不一致的规定，进行了删除或者修改。

第二，不重复照抄法律的规定。在常委会第一次审议时，常委会组成人员、城建环保委员会、列席代表等主要对有关城乡规划的修改、公众参与、监督检查等问题提出了修改建议，这些内容是《城乡规划法》重点解决的问题，也是新增加规定的主要内容。对于《城乡规划法》已经有具体内容、需要在实施中逐步细化的规定，不再重复照抄，按照《城乡规划法》的规定执行。

第三，对法律较为原则的规定加以细化，增强可操作性。《条例（草案二次审议稿）》对《城乡规划法》中规定得较为原则、需要根据本市实际情况进行细化的内容作了具体规定，比如城乡规划实施中规划许可的条件、程序和期限等内容。

第四，充分考虑本市在城乡规划管理方面的特殊需要，体现本市特色。北京作为首都，在城市性质和发展定位、城乡规划体系和管理层级、规划主管部门的体制、城乡统筹发展等方面都有着不同于其他地方的特点。因此，在不与《城乡规划法》的规定相抵触的前提下，《条例（草案二次审议稿）》在本市城乡规划体系和制定程序、乡村建设的规划管理、监督检查和违法建设的查处等方面，作出了具有本市特色的规定。

二、修改的主要内容

《条例（草案）》原有五章五十九条，经修改后《条例（草案二次审议稿）》现有六章六十七条。现对几个主要问题说明如下。

（一）关于本市城乡规划体系

《城乡规划法》规定的城乡规划是针对全国而言，包括城镇体系规划、城市规划、镇规划、乡规划和村庄规划，城市规划、镇规划分为总体规划和详细规划，详细规划分为控制性详细规划和修建性详细规划。就本市而言，总结本市城乡规划发展的实践成果，本市的城乡规划体系与法律的规定有所不同。根据国务院批复的《北京城市总体规划（2004—2020年）》，本市行政区域全部为规划区，全市分为城市—中心城和新城—乡和镇—村庄等四个规划层次。在全市层面编制总体规划确定城市的性质、规模和布局；在中心城和新城、乡和镇的层面编制总体规划和控制性详细规划，加强城镇建设的规划管理；在村庄层面编制村庄规划，简化乡村地区的管理程序；在相关城乡规划的基础上编制特定地区的规划和专项规划，对相关的城乡规划进行补充和进一步深化。根据本市城乡规划编制的实际情况，《条例（草案二次审议稿）》第二条规定："本市行政区域全部为规划区。本市城乡规划的制定、实施和相关城乡建设活动应当遵守法律和本条例。"

"本条例所称城乡规划是指城市总体规划，中心城和新城、乡和镇的总体规划和详细规划，村庄规划，特定地区的规划和专项规划。"

（二）关于城乡规划的制定

由于本市城乡规划体系与法律的规定不同，而且本市规划行政主管部门实行垂直管理，各区县的规划分局是市规划行政主管部门的派出机构，按照规定权限负责有关城乡规划管理工作，因此，本市各类城乡规划的制定程序不同于《城乡规划法》所规定的程序。在遵循《城乡规划法》所规定的城乡规划编制和审批基本程序的前提下，《条例（草案二次审议稿）》第十四条、第十六条分别对各类城乡规划的编制和审批主体作了规定，其中对中心城和新城的总体规划和控制性详细规划、乡镇总体规划和控制性详细规划、特定地区规划和专项规划的编制和审批主体的规定体现了本市城乡规划制定的实际情况。

（三）关于城乡规划的修改

第一次审议《条例（草案）》时，城乡规划修改的程序和要求是各方面普遍关注的重点问题之一，城建环保委员会和常委会很多组成人员提出了严格规划修改程序的建议。《城乡规划法》第四章专章规定了“城乡规划的修改”，分别对总体规划、控制性详细规划、近期建设规划、经审定的修建性详细规划和建设工程设计方案的总平面图的修改程序作了具体规定，建立了城乡规划修改的定期评估、专题报告、征求公众意见等制度，明确了修改规划的补偿责任等内容，这些规定与原《城市规划法》相比有了明显的改进，程序和要求已经比较明确，而且比较具体，严格按照《城乡规划法》的规定执行，能够在很大程度上避免此前在城乡规划修改方面存在的问题。因此，在本次修改时，没有再全面重复《城乡规划法》的规定，而是明确要求按照《城乡规划法》的规定执行（《条例（草案二次审议稿）》第十九条），将规划的制定与修改的内容都规定在第二章，并将第二章章名修改为“城乡规划的制定和修改”。

（四）关于城乡规划的实施

1. 关于城镇建设的规划许可

《城乡规划法》规定对城镇建设实行选址意见书、建设用地规划许可证、建设工程规划许可证的管理制度，但未明确规划许可的条件、程序和期限。为了增强可操作性，《条例（草案二次审议稿）》第三章对规划许可的条件、程序和期限等作了具体规定；根据本市实际情况，第三十二条对于本市在土地管理中已经施行的土地储备与规划许可管理的衔接作了规定。

2. 关于乡村建设的规划管理

《城乡规划法》第四十一条对乡村建设的规划管理作了规定，同时该条第二款就使用原有宅基地进行农村村民住宅建设的规划管理办法，授权省、自治区、直辖市制定。在常委会第一次审议时，也有组成人员提出对乡村建设的规划管理要采取区别于城镇地区的管理方式。因此，按照《城乡规划法》的规定，《条例（草案二次审议稿）》第四十二条第一款规定了本市实行乡村建设规划许可管理。关于村民使用原有宅基地进行村民住宅建设，由于涉及集体土地的使用和管理、村民相邻关系等问题，情况比较复杂。乡镇人民政府更熟悉当地情况，能够和村委会、村民沟通，便于实施有效管理，将村民使用原有宅基地建设住宅的管理权授予乡镇人民政府行使较为适宜，因此，《条例（草案二次审议稿）》第四十二条第二款规定：“村民使用原有宅基地进行村民住宅建设的，由乡镇人民政府按照有关规定核发乡村建设规划许可证。”目前，市规划行政主管部门正在研究制定本市有关村庄规划和建设的管理办法，将对乡村建设的规划管理提出具体要求，法规中暂不作具体规定。考虑到乡镇人民政府在规划管理方面缺乏工作经验，规划行政主管部门应当加强对乡镇人民政府有关工作的业务指导，以提高其规划管理的工作水平，《条例（草案二次审议稿）》第五十条第二款规定：“规划行政主管部门应当加强对乡镇人民政府规划编制和管理工作的业务指导。”

（五）关于监督检查

《城乡规划法》新增监督检查一章，其中规定了各级人民政府和规划行政主管部门对城乡规划相关工作的监督检查职责。为了落实《城乡规划法》的规定，使各级人民政府和相关行政主管部门对于城乡规划相关工作的监督检查形成合力，加大对违反城乡规划行为的制止力度，《条例（草案二次审议稿）》第四十九条规定：“本市建立规划监督、行政监察和行政处罚的联动机制，市人民政府组织召开联席会议，确定各级人民政府和相关部门应当采取的措施，加强对违法建设的查处和对城乡规划工作的监督检查。”本章还具体规定了各级人民政府和规划行政主管部门在监督检查方面的职责（《条例（草案二次审议稿）》第五十条、第五十一条），对于社会公众参与对具体建设项目的监督作了规定（《条例（草案二次审议稿）》第五十二条）。

（六）关于违法建设的查处

对违法建设的查处是城乡规划管理中长期存在的难题。《城乡规划法》在对违法建设的查处方面，规定了处罚的标准，增加了对违法建设查处的强制措施。根据《城乡规划法》的规定，《条例（草案二次审议稿）》第五十六条明确了违法建设处罚的具体标准；第五十七条、第五十八条根据本市查处违法建设方面的实践情况，对于已经采取的行之有效的处理措施作了规定；由于本市实施城市管理相对集中行政处罚权，为了明确执法责任，第五十四条对规划行政主管部门和城市管理综合执法部门在违法建设查处方面的执法权限作了规定。

此外，按照《城乡规划法》的规定，对《条例（草案）》有关文字表述作了修改，对条款顺序作了调整。

法制委员会按照上述意见提出了《条例（草案二次审议稿）》，提请本次会议继续审议。

《条例（草案二次审议稿）》和以上报告是否妥当，请予审议。

市人大法制委员会关于《北京市城乡规划条例（草案二次审议稿）》审议结果的报告

——2009年5月21日在北京市第十三届人民代表大会常务委员会第十一次会议上

市人大法制委员会副主任委员　张　引

主任、各位副主任、秘书长、各位委员：

2008年5月22日，市十三届人大常委会第四次会议对《北京市城乡规划条例（草案二次审议稿）》（以下简称《条例（草案二次审议稿）》）进行了分组审议，会上共有24位常委会组成人员和2位列席代表发表了意见，意见集中在城乡规划的编制和审批程序、人大常委会在规划编制和监督中的职责、农村地区的规划管理、城乡规划的修改、监督检查等问题上。会后，法制委员会会同城建环保委员会、农村委员会，到密云、昌平、海淀、房山等区县进行了调研，多次征求了区县和市政府有关部门的意见，并在网上公示征求社会意见。在调研的基础上，根据常委会审议意见和有关方面意见，以科学发展观为指导，认真落实党的十七届三中全会和市委十届五次全会精神，围绕建设“人文北京、科技北京、绿色北京”，总结借鉴奥运筹办期间规划监管工作的成功经验，对《条例（草案二次审议稿）》进行了反复研究。在此过程中，市规划委于2008年10月6日向市政府专题会议汇报了有关修改情况，又于12月19日向首都规划建设委员会第29次全体会议作了汇报。

2009年5月5日，法制委员会召开会议，对《条例（草案二次审议稿）》进行了审议。

综合考虑常委会的审议意见、有关方面的意见和调研情况，法制委员会对《条例（草案二次审议稿）》提出了进一步修改意见。现将审议结果报告如下。

一、关于城乡规划和建设的指导原则

《条例（草案二次审议稿）》在总则中规定了本市城乡规划和建设的指导原则。在审议中，有的常委会组成人员提出，要认真研究新形势下首都科学发展的新要求，对本市城乡规划和建设的指导原则和总体要求作出全面规定。法制委员会同意常委会组成人员的意见，按照科学发展观的要求，根据国务院对《北京城市总体规划》的批复精神和建设“人文北京、科技北京、绿色北京”的目标，建议新增第四条，就城乡规划和建设贯彻科学发展观、体现“人文北京、科技北京、绿色北京”的理念，坚持以人为本，体现“五个统筹”原则等要求作出规定；同时在第五条中增加一款，规定“城乡规划应当与国民经济和社会发展规划、土地利用规划相互衔接、协调一致”。经修改后，上述两条与《条例（草案修改稿）》第三条有关城市性质和“四个服务”要求的规定、第六条有关历史文化名城保护内容的规定构成了对城乡规划和建设指导原则和总体要求的全面规定。

二、关于新城规划和乡镇规划的编制和审批

《条例（草案二次审议稿）》第十四条和第十六条规定，本市新城规划和乡镇规划由所在区县人民政府组织编制，市规划行政主管部门组织审查后报市人民政府审批。在审议中，有些常委会组成人员提出，要在全市统一规划的前提下处理好市、区县和乡镇政府的权限划分，明确区县政府和乡镇政府在规划编制和审批中的职责，调动各级政府的积极性。法制委员会认为，在规划编制和审批中，既要调动区县政府和乡镇政府组织编制规划的积极性，又要加强全市统筹规划的力度，处理好局部与整体的关系。根据本市规划行政主管部门实行垂直管理的特点和已有规划制定的实际情况，建议在编制上，规定新城规划由市规划行政主管部门会同相关区县政府组织编制；乡镇规划由所在区县政府组织编制，乡镇政府按照区县政府的要求负责具体工作。在审批上，规定新城规划由市政府审批，乡镇规划分为市政府审批和市规划行政主管部门审批两种情形。据此，《条例（草案修改稿）》第十五条第二项和第三项、第十七条第三项和第四项作了相应规定。

三、关于农村地区的规划管理工作

（一）关于农村地区的用地管理

《条例（草案二次审议稿）》第三十一条规定：“城镇建设需要取得建设用地的，应当申请使用规划城镇建设用地。规划农村地区的建设用地仅限于村民自治组织、农村集体经济组织或者村民个人进行乡镇企业、乡村公共设施、公益事业建设和村民住宅建设。”在审议中，有些常委会组成人员提出，本条对农村地区建设用地的规定可能限制外来资金对农村发展的支持，不利于新农村建设，建议删除。法制委员会认为，土地管理法及相关法律、法规对农村地区土地的管理已有明确规定，目前国家正在大力推进农村改革发展，提出要健全严格规范的农村土地管理制度，本条例可不作具体规定，建议删除本条，农村地区的用地管理按照有关规定执行。

（二）关于村民利用原有宅基地建设住宅的规划管理

《条例（草案二次审议稿）》第四十二条第二款规定：“村民使用原有宅基地进行村民

住宅建设的，由乡镇人民政府按照有关规定核发乡村建设规划许可证。”在审议中，常委会组成人员对于村民使用原有宅基地建设住宅是否实行规划许可、乡镇政府是否有能力核发乡村建设规划许可证有赞同和反对两种意见。在调研中，区县政府和乡镇政府也存在不同意见。对此问题，《城乡规划法》第四十一条规定，在乡、村庄规划区内使用原有宅基地进行农村村民住宅建设的规划管理办法，由省、自治区、直辖市制定。法律未具体规定是否实行规划许可。按照行政许可法的规定，设定行政许可属于地方性法规的立法权限，条例有必要对此作出规定。法制委员会认为，为了加强对农村宅基地建设的管理，解决村民建房的安全、环境等方面的问题，对村民利用原有宅基地建设住宅可以实行规划许可管理；但本市农村不同区域规划管理的实际情况差异较大，实行规划许可管理的区域、程序和要求等比较复杂，难以在法规中作详尽规定，有必要授权市政府制定具体实施办法。据此，建议将本款修改为：“在规划农村地区，村民使用原有宅基地进行村民住宅建设的，可以实行规划许可管理，规划许可管理应当依据村庄规划进行，管理应当与服务相结合，并发挥村民委员会的作用，具体办法由市人民政府制定。”（《条例（草案修改稿）》第四十一条第二款）法制委员会建议市人民政府加快制定具体办法，加强对农村宅基地建设的管理和服务工作，以保障法规的实施。

（三）关于临时乡村建设规划许可

在调研中发现，本市城市化进程较快，按照城市总体规划和新城规划，部分村庄将被纳入城镇地区，成为中心城、新城或者镇的组成部分；按照新农村建设规划，一些村庄将被撤销或者迁建。但在规划实现前，这些地区既不能按照城镇地区也不能按照农村地区进行管理，相关建设活动受到限制，农民的生产生活受到影响，基层反映强烈。法制委员会建议，针对农村地区转变为城镇地区或者村庄被撤并前的过渡期间的实际需要，由规划行政主管部门按照城市发展进程和规划实施的需要，核发临时乡村建设规划许可证，保证这些地区生存发展的合理要求，也为城市的发展和规划的实施提供保障。据此，增加一条，作为《条例（草案修改稿）》第四十二条，表述为：“在规划村庄以外的现状村庄，在规划实施前确需进行建设的，由规划行政主管部门根据城市发展进程和规划实施的需要核发临时乡村建设规划许可证。”

四、关于人大常委会在规划制定和监督中的职责

在审议中，有些常委会组成人员提出，要在规划制定和监督中明确人大常委会的职责，加强对城乡规划管理工作的监督。根据常委会的审议意见，按照《城乡规划法》有关规定，法制委员会建议从三个方面对人大常委会的职责作出规定。

（一）增加人大常委会对规划编制的审议程序和审批后的备案程序

《条例（草案修改稿）》第十六条规定了本市各类总体规划在报送审批前先经本级人大常委会或者乡镇人民代表大会的审议程序，第十七条第二项至第四项分别规定了各类规划经审批后报送人大常委会备案的程序。

（二）增加向人大常委会报送总体规划实施情况评估报告的程序

《条例（草案修改稿）》第五十条规定了城市总体规划的组织编制机关应当每五年对总体规划的实施情况进行评估，并将评估报告报送本级人大常委会和原审批机关的要求。

（三）增加人大常委会的监督职责

《条例（草案修改稿）》第五十五条规定了本市各级人民政府应当向本级人大常委会

或者乡镇人民代表大会报告城乡规划的实施情况，并接受监督的要求。

五、关于城乡规划的修改

《城乡规划法》专章规定了城乡规划修改的程序和要求，《条例（草案二次审议稿）》本着不重复上位法规定的精神，作出了指引性规定。在审议中，有些常委会组成人员提出，规划修改是规划管理工作的重要内容，影响规划管理的权威性和严肃性，建议在法规中作出明确规定。

根据常委会的审议意见，法制委员会建议新增“城乡规划的修改”一章，共六条，在内容上既体现《城乡规划法》规定的城乡规划修改的基本程序和要求（《条例（草案修改稿）》第四十九条、第五十一条、第五十二条），同时根据本市规划管理工作的需要，在总结实践经验的基础上，对城市总体规划的评估期限、听取利害关系人意见的方式、规划修改后的公布等问题作了规定（《条例（草案修改稿）》第五十条、第五十三条、第五十四条）。

六、关于监督检查

《条例（草案二次审议稿）》第四章规定了城乡规划监督检查工作的基本要求。在审议中，有些常委会组成人员提出，要进一步完善规划监督检查的机制，明确监督检查的内容，丰富监督检查的形式，加大监督检查的力度。

根据常委会的审议意见，借鉴奥运筹办期间规划综合监管协调机制的成功经验，法制委员会建议对有关规划监督检查的规定作以下几方面修改：《条例（草案修改稿）》第五十六条明确规定了规划监督检查的联动机制和查处违法建设的信息共享机制以及市政府的统筹协调职责；第五十七条规定了区县政府和乡镇政府控制违法建设的责任和相应的考核评价机制；第六十一条明确了街道办事处和居委会、村委会、物业服务企业对于控制违法建设的责任；第六十二条规定了政府有关部门要做好对社会公众举报的违法建设行为的查处和信息反馈工作，以加强社会监督。

此外，根据常委会的审议意见和有关方面的意见，法制委员会还对《条例（草案二次审议稿）》作了文字修改，对条款顺序进行了调整。

法制委员会按照上述意见提出了《北京市城乡规划条例（草案修改稿）》，提请本次会议进行审议。

市人大法制委员会关于《北京市城乡规划条例（草案修改稿）》修改意见的报告

——2009年5月22日在北京市第十三届人民代表大会常务委员会第十一次会议上

市人大法制委员会副主任委员　张　引

主任、各位副主任、秘书长、各位委员：

2009年5月21日上午，市十三届人大常委会第十一次会议对《北京市城乡规划条例（草案修改稿）》（以下简称草案修改稿）进行了审议，会上有3位列席代表发表了意见。会后，法制委员会与代表们进行了沟通，交换了意见。5月21日下午，法制委员会召开会议，对草案修改稿进行了审议，提出了进一步修改的意见。现将修改情况报告如下。

草案修改稿第六十四条规定，对政府及有关部门未依法履行规划管理职责的七种行为，由上级行政机关或者监察机关依法责令改正、通报批评，对直接负责的主管人员和其他直接责任人员依法给予处分。有的代表提出，建议增加对违法编制、审批、修改规划的行为给予处分的规定。法制委员会同意代表的意见，建议在表决稿第六十四条第（一）项中增加相应内容，表述为："依法应当编制城乡规划而未组织编制，或者未按法定程序编制、审批、修改城乡规划的。"

对代表们提出的规范政府执法行为、加强对违法行为的查处等工作方面的意见，建议市人民政府认真研究，进一步做好城乡规划管理工作。

法制委员会按照上述意见提出《北京市城乡规划条例（表决稿）》，建议本次常委会会议通过，并自2009年10月1日起施行。

市人大常委会执法检查组关于检查《中华人民共和国安全生产法》及《北京市安全生产条例》实施情况的报告

——2009年5月21日在北京市第十三届人民代表大会常务委员会第十一次会议上

市人大常委会副主任　吴世雄

主任、各位副主任、秘书长、各位委员：

安全生产关系人民群众生命财产安全，关系首都经济发展和社会和谐稳定。2005年，市人大常委会对本市贯彻实施《中华人民共和国安全生产法》（以下简称安全生产法）及《北京市安全生产条例》（以下简称条例）情况进行了检查。今年是新中国成立60周年，为进一步推进安全生产法律、法规的贯彻实施，全面提升本市安全生产工作水平，为国庆活动顺利举行营造一个良好的安全生产环境，市十三届人大二次会议决定再次对本市贯彻实施安全生产法及条例的情况进行检查。

按照《北京市各级人民代表大会常务委员会检查法律、法规实施情况办法》有关规定，执法检查组研究制定了工作方案，把政府及相关部门履行监管职责、大型社会活动和公众聚集场所的安全保障、生产安全事故隐患排查治理、城市公用设施服务保障企业和建筑施工企业等生产经营单位贯彻执行安全生产法及条例情况确定为此次执法检查的重点。今年2月至5月，分别听取了市安全生产监督管理局、建设委员会、市政市容管理委员会、交通委员会、商务委员会和文化局等政府部门，以及市电力公司、轨道交通建设公司和地铁运营公司等城市运行保障企业贯彻执行法律、法规情况的汇报，实地检查了北京欢乐谷、市电力公司、六建集团公司和轨道交通指挥中心等单位。同时，通过市人大常委会门户网站征求了市人大代表和广大市民对我市贯彻实施安全生产法律、法规情况的意见和建议。执法检查组对检查中发现的问题，明确提出整改意见，督促市政府及有关部门依法有效地加以解决，务求执法检查效果落到实处。例如，在检查中发现一家建筑公司房屋多年占压燃气管线，若发生燃气爆炸后果不堪设想，因此建议相关部门尽快采取措施消除安全隐患。市安全生产监管部门认真落实执法检查组意见对安全隐患及时进行整治，并将隐患整改情况函至执法检查组。

5月5日，执法检查组召开全体会议，讨论并通过了执法检查情况报告。下面，我将检查情况报告如下。

一、安全生产法及条例贯彻实施的基本情况

市政府对安全生产法及条例的贯彻实施高度重视，认真履责，按照2005年市人大常委会执法检查的审议意见，切实落实各项整改措施，进一步加强全市安全生产工作，并且圆满完成“平安奥运行动”安全生产的各项保障任务。生产经营单位不断增强安全生产意识，加强安全生产管理，提高安全基础保障水平。从全市2006年至2008年统计数据来看，本市各类安全生产事故总体呈下降趋势，逐年同比下降4.6%、16.2%、21.6%。安全生产形势保持总体稳定，各项安全生产考核指标均控制在国家下达的指标以内。全市在安全生产法及条例贯彻实施方面取得新的成效，具体表现在以下几个方面。

（一）制定配套规章和规范性文件，进一步加强对安全生产工作的监督和指导

近几年，市政府紧密结合首都安全生产的实际，依照安全生产法及条例，相继颁布了《北京市商业零售经营单位安全生产规定》、《北京市餐饮经营单位安全生产规定》等5项政府规章，加强了对人员密集场所的安全生产管理。市安全生产综合监管部门陆续制定了130余个规范性文件，加强对煤矿、非煤矿山、危险化学品、烟花爆竹、重大危险源治理、应急救援等安全生产领域的监督和指导。市建设委员会、交通委员会、商务委员会等部门针对行业特点出台有关规定，严格相关领域的安全生产条件，细化安全生产规程。我市安全生产工作进一步规范化、制度化。

（二）加强监管队伍建设，逐步建立安全生产监管体系

市政府着力加强安全生产监管队伍建设。市和区、县两级安全生产综合监管部门工作

人员已由2005年年底的441人增加到2008年的750人。行业监管部门为适应工作需要，明确安全监管机构或配备安全生产工作专职人员。比如，市建设委员会将市建设工程质量监督机构和市建设安全监督机构职能整合，建设工程安全监督人员由原先的20人增加到200多人，安全监管力量明显增强。同时，全市建立安全监管联席会议工作机制，拓宽监管手段，整合行政执法资源，加强综合监管部门和行业监管部门之间的沟通联系，组织开展联合执法和专项整治活动。安全生产监管体系逐步建立，安全生产监管能力不断提高。

（三）加大综合整治和执法力度，严格规范安全生产秩序

一是加强对煤矿、非煤矿山、危险化学品和烟花爆竹等重点行业、重点领域的综合整治。近3年，全市共依法关闭131个小煤矿、264个小型非煤矿山企业和66家危险化学品企业，吊销40家烟花爆竹批发企业和零售单位资质，并严格煤矿停产复工验收和非煤矿山企业安全许可，加强尾矿库运行监管。二是开展安全生产百日督查专项行动。加大执法检查力度，打击非法建设、生产、经营行为，集中进行安全生产隐患的排查整改。2008年，全市排查生产经营单位18.4万家次，发现各类安全生产隐患和问题29.7万项，完成整改28.4万项，整改率达到95％。生产经营秩序不断规范，安全生产状况更趋好转。

执法检查组认为，安全生产水平的提升和安全生产环境的根本改善是一项长期而艰巨的任务，对全市的安全生产形势不能盲目乐观，对安全生产工作需要警钟长鸣、常抓不懈，有些问题也需要引起我们高度重视。一是一些安全生产领域的行业监管职责和范围有待进一步明确和加强，存在着监管职责不清、监管职能交叉以及盲区死角问题。二是部分生产经营单位主体责任落实不到位。特别是一些中小企业安全管理松懈，在生产经营过程中违章指挥、违章操作、违反劳动纪律的现象时有发生，部分高危行业从业人员安全培训亟待强化。三是安全生产隐患仍然存在。部分在建工程施工现场安全生产规章制度落实不到位；部分人员密集的公共活动场所安全生产设施还不齐备；有的超市和小商品市场人员密度过高，一旦出现突发事件，极易造成人身伤亡事故；电力线、通信线和广播电视线“三线搭挂”威胁电力设施安全运行问题比较普遍。上述问题的存在，究其原因，有的是生产经营单位负责人安全生产意识和法律意识比较淡薄，有的是安全生产的责任和措施没有落实到位，有的是安全管理和监督检查力度不够，也有的是因为缺乏相应的管理手段和法律依据。

二、几点建议

（一）继续加强宣传教育，增强全社会安全生产意识

要通过广播、电视、报刊、网络等媒体以及板报、宣传画等群众喜闻乐见的形式，继续加大对安全生产法和条例的宣传力度。对安全生产的先进典型和经验要大力宣传，对重大事故隐患和严重违法行为坚决予以曝光。加强对生产经营单位负责人和从业人员的宣传教育，提高他们对安全生产的思想认识、法律意识和职业道德素质。指导企业加强安全文化建设，开展形式多样的安全生产应急演练，增强应急意识和应急处理能力。通过广泛深入的宣传教育，不断增强全社会安全生产意识，在全市营造浓厚的安全生产氛围。

（二）认真开展安全生产隐患排查治理，加大重点行业和重点领域安全监管力度

一是在国庆节前切实做好隐患排查治理工作。要在去年全市“平安奥运行动”成功经验的基础上，进行专项整治，全面排查和消除重大事故隐患，有效防范遏制重特大事

故。发现存在安全隐患的，要严格按照安全生产法和条例规定，责令生产经营单位采取措施立即消除，隐患消除前无法保证安全的，责令暂时停止营业或者停止使用。二是继续加大对重点行业和重点领域的安全监管。今年，全市有大量的基础设施在建项目，要认真做好对建筑施工特别是轨道交通建设的安全监管；加强对危险化学品的管控工作；坚持对电力、燃气、热力等城市运行保障设施和地铁、公交运营安全的长效监管；进一步强化对综合楼宇、大型购物中心、小商品市场和超市等人员密集场所的监管。要切实履行职责，按照属地监管要求加强对行政区域内包括中央在京企事业单位安全生产的监督检查。

（三）强化生产经营单位主体责任，提高安全生产管理水平

安全生产法及条例对生产经营单位安全生产职责作了专章的详细规定。要进一步督促生产经营单位建立健全本单位的安全生产责任制，依法制定并严格执行各项安全生产规章制度和操作规程，配备相应的安全生产管理人员，保证对安全生产方面的必要投入，不断改善安全生产条件。各类新建、改建、扩建工程项目的安全设施必须按照要求与主体工程同时设计、同时施工、同时投入生产和使用。继续强化从业人员的岗位培训，提高培训的针对性和有效性，使他们真正熟悉和掌握安全生产操作规程和相关技能。要使生产经营单位由被动接受监管转变为自觉贯彻执行安全生产法律、法规，不断提高企业自身的安全生产管理水平。

（四）进一步完善安全生产监管体制，提高监管效率和执法水平，做好安全生产的指导和服务

要切实解决一些行业或者领域安全监管职责不清的问题。加强市、区县、乡（镇）和街道、居民委员会和村民委员会四级安全生产监督网络建设，特别是加强基层监管机构和队伍建设，夯实安全生产监管基础。建立覆盖全市各行业、各领域、各地区的监管体系，确保安全生产监管没有盲点、不留死角。要健全安全生产监管行政执法责任制，加强执法人员的培训和管理，努力提高监管效率和执法水平。在做好日常监管的同时，进一步发挥政府的指导和服务作用，帮助生产经营单位加强日常安全生产管理，做好安全预防。按照条例第三十九条规定，充分发挥首都在科技创新、人才智力方面的优势，加强安全生产基础研究、应用研究和安全生产先进技术的推广，提高全市安全生产科技保障水平。

（五）加强调研和立法论证，完善安全生产地方性法规

《北京市安全生产条例》自2004年颁布实施以来，在加强全市安全生产监督管理，防止和减少生产安全事故，保障人民群众生命和财产安全方面发挥了重要作用。随着经济社会的发展，安全生产领域出现的一些新情况、新问题，需要条例加以规范和调整；监管体制机制、事故预防和隐患排查治理管理措施等内容需要在条例中明确、细化和充实；一些在实际工作中被证明有用有效且比较成熟的政策、措施也需要通过条例固定下来。建议加强条例修订的调研、论证，尽早完成对条例的修订完善工作，为我市安全生产提供更加坚实的法制保障。

安全生产是一项管理环节多、涉及面广且复杂的系统工程。北京正在努力建设“人文北京、科技北京、绿色北京”，对全市安全生产工作提出了更高要求。市政府要全面贯彻实施安全生产法及条例，依照“安全第一，预防为主”的方针，加强安全生产综合治理，为实现“保增长、保民生、保稳定”目标和新中国成立60周年庆祝活动的成功举行创造一个和谐的安全生产环境。

以上报告，请予审议。

关于北京市贯彻执行《中华人民共和国安全生产法》及《北京市安全生产条例》情况的报告（书面）

——2009 年 5 月 21 日在北京市第十三届人民代表大会常务委员会第十一次会议上

北京市安全生产监督管理局

主任、各位副主任、秘书长、各位委员：

受市人民政府委托，向市人大常委会报告本市贯彻实施《中华人民共和国安全生产法》及《北京市安全生产条例》工作情况。

在 2005 年市人大常委会对《中华人民共和国安全生产法》（以下简称《安全生产法》）及《北京市安全生产条例》（以下简称《条例》）贯彻执行情况进行执法检查基础上，2006 年以来，按照市人大常委会决议要求，市政府进一步加强对安全生产工作的领导，不断健全安全生产监督管理体制机制，不断完善安全生产法规、政策体系，大力加强基层基础工作，各级安全生产监督管理部门以及其他负有安全生产监督管理职责的部门认真履行安全监管（管理）职责，不断加大行政执法工作力度，出色完成了“平安奥运行动”安全生产保障任务，本市生产经营单位安全生产状况不断得到改善，全市安全生产形势持续稳定好转。

2006 年以来，本市生产安全死亡事故、道路交通死亡事故、火灾死亡事故等各类安全生产事故总体上呈明显下降趋势，其中：2006 年与 2005 年相比，事故起数减少 71 起，下降 4.6%，死亡人数减少 122 人，下降 7%；2007 年与 2006 年相比（包括铁路交通事故），事故起数减少 259 起，下降 16.2%，死亡人数减少 289 人，下降 16.5%；2008 年与 2007 年相比，事故起数减少 292 起，死亡人数减少 296 人，分别下降 21.6% 和 20.1%。2008 年与 2005 年相比，各类事故死亡人数减少了 707 人，全市没有发生 10 人以上重特大安全生产事故。

一、主要工作和成效

（一）各级政府高度重视安全生产工作

市委、市政府主要领导高度重视安全生产工作。刘淇书记指出，任何时候都要绷紧维护首都安全稳定这根弦，坚决消除每一个潜在的问题和隐患。把安全生产工作摆在更加突出的位置，积极采取过硬措施，真抓严管，坚决遏制重特大事故。郭金龙市长强调，维护社会安全稳定是北京各项工作首要任务，安全工作要常抓不懈，警钟长鸣，来不得半点麻痹大意，要逐一排查安全隐患，确保万无一失。要认真总结举办奥运会取得的成功经验，把安全生产和社会服务管理有效结合起来，建立安全生产的长效机制。

坚持定期研究安全生产工作。市以及各区（县）政府依照《条例》规定，坚持每季度在召开的常务会、办公会上，专门听取安全生产工作汇报，研究部署安全生产工作。2006 年至 2008 年，全市性的安全生产工作会议共召开了 20 多次，传达贯彻国务院以及市委、市政府工作部署，有针对性地采取措施，保证了安全生产工作在本市持续推进、力度不减。

充分发挥安全生产委员会及其办公室的组织、协调作用。市、区（县）两级安全生产委员会定期召开工作会议，分析安全生产形势，研究解决重点问题，协调落实部门责任，步调一致地整体推进地区安全生产工作。

组织推动全局性、有影响、力度大的安全生产专项行动。2006 年以来，针对本市安全生产重点行业、重点领域，不断深化煤矿、非煤矿山、危险化学品、烟花爆竹、建筑施工、道路交通、消防以及人员密集场所安全生产专项整治。

2006 年，市建委强化安全生产属地化和网格化管理，开展了以预防高处坠落和物体打击、起重机械、拆除工程和市政工程为重点的安全专项整治，对存在问题的 501 项工程进行了处理，责令停产整顿 48 项；市公安局消防局狠抓消防工作责任制的落实，先后组织开展了消防安全专项整治和夏季消防安全整治百日行动，共排查整改火灾隐患 1.13 万件，处罚 1600 起，有效改善了全市消防安全状况。

2007 年，在奥运筹办的“决战之年”，按照国务院以及国务院安全生产委员会有关工作部署，本市集中开展了重点行业和领域安全生产隐患排查治理专项行动。各区（县）、各部门、各单位切实加强安全生产工作，深化重点行业和领域的安全专项整治，迅速整改已排查出的各类安全隐患，坚决遏制重特大事故的发生。通过各级政府、各有关部门的共同努力，当年消除重大生产安全隐患 76 项。“秦京”、“任京”输油管线占压、中国兵器装备研究院外部安全距离不足、国营第 394 靶场安全距离不足等 3 项市级重大安全隐患全部消除完毕。

2008 年，结合“平安奥运行动”，全市组织开展了以综合督查、联合督查和专项督查为方式的安全生产百日督查专项行动，市委书记刘淇、市长郭金龙以及各位副市长分头带队督查，专项行动覆盖到所有区（县）政府和北京经济技术开发区，全市出动检查人员 62.6 万人次，共抽查、排查生产经营单位约 22 万多家，解决了一批突出问题。在第四季度进行的打击安全生产非法违法行为专项行动中，各区（县）、各部门通力合作，以全面整治城乡结合部地区安全隐患突出的“六小”企业为重点，完成了关闭一批、取缔一批、停业一批、整改一批的阶段性目标。市安全监管局还会同市公安局、市交通委、市农业局、市民防局、北京铁路局等部门分别开展了“平安农机”、交通安全整治、消防和地下空间整顿、人员密集场所综合治理、铁路安全反思大检查等专项行动。

（二）安全生产宣传教育不断深入人心

注重各项法律、法规宣传贯彻工作。市、区（县）安全生产监督管理部门和各行业管理部门先后编写了《贯彻落实行政执法责任制配套制度文件汇编》、《北京市安全生产“五五”普法法规选编》、《北京市人员密集场所安全生产规定问答》、《生产安全事故处理的法律、法规摘编》、《安全质量标准化指南》、《北京市烟花爆竹安全生产知识培训教材》和《安全生产行政处罚实用手册》等书籍，及时汇编、解读安全生产法律、法规。注重通过组织各类活动来扩大普法覆盖面，2006 年，仅市安全监管局在全市组织开展的“平安中国”《安全生产法》知识竞赛活动，参加人数就超过 30 万人次。

把握舆论导向，新闻宣传力度大。全市各级安全生产监督管理部门紧密围绕“平安奥运”、“隐患排查”、“百日督查”、“打击非法”等专项行动和重点工作，全力做好舆论支持，及时深入宣传报道。开辟电视、广播、报刊、网络相结合的舆论宣传阵地，在北京电视台开办《直击安全现场》专栏，邀请新闻单位跟踪报道执法检查活动，曝光违法行为。先后开设了《安全生产新干线》、《首都安全视点》、《安全进行时》、《首都安全》等四个日常播出的广播专栏宣传安全生产工作，2006年到2008年，在中央及市属新闻媒体刊播宣传稿件3140多篇。

“安全生产月”活动影响大、效果好。近年来，市安全监管局和各区（县）精心组织开展“安全生产月”活动，通过宣传咨询日、安全生产大型公开课、安全生产巡回演讲、安全生产应急救援科普知识竞赛、文化下乡促安全等富有特色的活动，向社会普及安全生产理念，为促进安全生产形势持续稳定好转提供了良好的社会舆论氛围。2008年组织开展的以“治理隐患、防范事故、携手共筑奥运平安”为主题的“安全生产月”活动，参与群众达到50多万人次，社会反响热烈。

不断强化安全生产教育培训。2006年至2008年，市和区（县）不断强化安全生产教育培训工作，昌平、顺义等区（县）开展了全覆盖的本辖区生产经营单位主要负责人和安全管理人员安全培训，仅市安全监管局会同组织部门或自行组织的安全生产培训班就达60多期，培训区（县）局级领导干部、市、区（县）两级监管干部、乡镇街道领导干部、安全生产培训机构法人代表、生产经营单位负责人共计5800多人次。目前，安全生产已纳入市委党校区（县）局级领导干部、中青年干部培训和市属国有企业主要负责人培训内容，并在“干部在线学习”中增加了安全生产内容。

（三）安全生产监督管理体制机制建设进一步加强

监管力量不断增强。2006年以来，全市安全监管监察系统力量不断壮大，目前，全市18个区（县）和北京经济技术开发区均设立了安全生产监督管理部门，有13个区（县）成立了安全生产执法队，市和区（县）安全监管部门在编人员达到了750多人，全市316个乡镇、街道均明确了安全生产管理部门，共配备了1358名安全生产管理人员。建筑、市政、交通、商务、文化、旅游、体育等行业主管部门也设置或明确了安全生产管理机构，充实了监管力量，强化了行业监管（管理）。

体制机制不断健全。一是基本建立了综合监管与行业监管相结合的政府安全监管体制，通过发挥安全生产委员会作用，完善部门协调沟通机制，有力促进了行业监管责任、属地监管责任的落实。二是创新综合监管思路和手段。市安全监管局已经着手建立综合数据指标统计、综合目标考核、重点行业监测、企业安全生产状况评价等多项管理体系，动态反映安全生产状况，科学判断安全生产形势，强化监督指导作用，有效推动责任落实。三是瞄准新兴产业和安全生产监管的薄弱环节，深入研究有限空间作业、城市维护保养、综合楼宇内经营活动、高处悬吊作业以及城乡结合部“六小”企业等安全生产问题，先后制定了《有限空间作业安全生产规范》、《综合性楼宇安全生产规范》、《高处悬吊作业安全生产规定》等管理意见和行为规范，明确了生产经营单位主体责任，填补了安全管理空缺。

（四）完善配套规章，为安全生产法律、法规实施提供有力保障

2006年，由市安全监管局牵头，会同市政府法制办和市商务委等行业主管部门，起草了《北京市商业零售经营单位安全生产规定》、《北京市餐饮经营单位安全生产规定》、《北京市星级饭店安全生产规定》、《北京市体育运动项目经营单位安全生产规定》、《北京市文化娱乐场所经营单位安全生产规定》等5个人员密集场所安全生产政府规章，自2007年4月1日起施行。这5个规章颁布实施以来，本市人员密集场所安全监管得到加强，安全生产条件明显改善，降低了发生重特大

事故的风险。

市安全监管局还结合本市安全生产特点和监管需求，依据法律、法规和有关政策，陆续制定出台了130余件规范性文件，涉及煤矿、非煤矿山、危险化学品、烟花爆竹安全监管，作业场所职业卫生监督、隐患排查治理、重大危险源监管，应急救援、宣传教育培训、中介机构管理等安全生产领域，确保了法律、法规在本市的贯彻实施。特别是"平安奥运行动"期间，市安全监管局本着特殊时期特殊要求的原则，依据《条例》第五十三条规定，起草了《关于发布本市危险化学品、烟花爆竹和金属非金属矿山有关安全生产管理措施的通告》并报请市政府批准，于2008年5月29日印发，在保障平安奥运中发挥了积极作用。

（五）预防为主、综合治理，深入推进隐患排查治理

按照市委、市政府的部署，各区（县）、各部门、各单位坚持"安全发展"的指导原则和"安全第一，预防为主，综合治理"的方针，将排查治理安全生产隐患作为加强安全生产工作、遏制重特大事故的重要切入点和主要抓手。

明确了存在隐患的单位作为排查整改的责任主体，各级政府的综合监管、行业监管部门承担监管责任，有计划、分步骤、分阶段整改消除各类安全隐患的工作格局，形成了"年初集中排查，全年推进整改，年底销账报告"的隐患排查治理工作模式，逐步规范和有效推动了隐患排查治理工作。一是实施挂账督办。对于年初排查出的安全隐患，经审核确认并报经市长办公会审定后，作为市政府挂账隐患，按隐患主体、行业和属地分解落实整改治理任务，进行挂账督办。二是强化调度检查。市政府领导同志亲自调度重大安全隐患整改治理工作，2004年以来共召开调度会议15次，市政府督查室、市安委会办公室、市监察局等部门，采取专项督查、下发督促函等方式，积极推动隐患治理。三是落实治理资金。对于历史遗留、影响公共安全的政府挂账安全生产隐患，由政府财政给予资金支持，推进整改。据不完全统计，2006年至2008年，市政府累计投入资金2.1亿元。四是纳入督查考核。市政府将隐患整改治理工作纳入督查考核内容，列为各单位的年度重要考核指标。通过有力度、有权威的督查考核，隐患整改工作进度明显加快。

三年来，全市共排查消除市级挂账安全隐患872项，其中生产安全隐患217项，彻底消除了历史遗留的北京电子动力公司地下煤气管线和输配电系统等重大生产安全隐患，基本实现了隐患排查治理常态化。

（六）严格依法行政，安全生产监督管理全面加强

2006年以来，全市安全生产监督管理部门共检查生产经营单位11.9万多家次，查出各类事故隐患和问题26.2万多个，下达行政执法文书16.3万余份。三年来，全市安全生产监督管理部门针对安全生产违法行为依法严厉处罚，收缴罚没款共计8000多万元。通过严肃查处安全生产违法违规行为，督促企业落实主体责任，本市安全生产形势明显改观。

煤矿安全监管。通过严格审查发放安全生产许可证，监督指导煤矿企业加大安全设施设备、技改资金投入力度，提高企业安全保障能力。按照国务院有关部署，2006年到2008年间，共整顿关闭131家煤矿企业，合计412个生产矿井，煤矿企业数量从164个减少到33家。各级安监、公安、国土等部门密切配合，严厉打击已关闭煤矿死灰复燃和非法盗采行为。2008年，本市煤炭百万吨死亡率为0.9，降至历史最低水平。

非煤矿山安全监管。严格安全许可，及时对安全生产许可证到期的企业下达停产指令。通过开展专项整治，全市非煤矿山企业

从 2006 年的 435 家，减少到目前的 120 家。凡是非煤矿山企业采矿许可证到期，且不被延期的企业，将不再核发安全生产许可证，并提请地方政府依法予以关闭。

危险化学品安全监管。危险化学品监管一直是安全生产监管的一项重要内容，2006 年，按照国务院和市政府部署，全市依法关闭了 66 家危险化学品生产企业；2007 年，办理注销、变更许可证企业 40 家；2008 年，注销安全许可证手续的企业达 47 家。市安全监管局还会同市规划委对全市危险化学品生产企业进行核查摸底，对不符合城市规划管理要求的 165 家企业，不再办理安全生产许可证延期手续。

烟花爆竹安全监管。制定了《北京市烟花爆竹销售许可证暂行办法》等文件，规范了许可条件和程序、资质考核、监督管理、销售场所标识、批发单位和销售网点的安全管理等工作。“禁改限”三年来，全市各区（县）共依法吊销了 40 多家批发企业和零售单位经营资质，收缴非法、伪劣、超标烟花爆竹 2000 余箱。

建筑施工安全监管。整合建委监管力量，将建设工程质量监督机构和市建设安全监督机构职能整合，以行政区域和工程规模为基础，建立网格化管理体系。抓准地铁施工等重点领域，严格审核企业的安全条件，坚决淘汰清除了 976 家不具备安全生产条件的施工企业。通过加强施工安全管理，2007 年建筑施工安全事故人数下降 16％，2008 年下降 50％，在奥运会召开期间，本市建筑施工现场实现了“零死亡”的目标。

交通运输安全监管。市交通委每两个月召开一次安全生产工作会议，运输管理部门、路政部门和交通执法部门每月召开一次安全生产工作例会，部署市属交通企业安全生产工作。把隐患排查治理工作作为重点，对道路桥梁基础设施、机场、火车站、省际客运站、主要进京道路、在建公路施工项目等进行常态隐患排查，及时发现解决隐患，2007 年，市公交集团 20 个加油站改造工作圆满完成，2008 年 6 月，涉及 186 项工程的市地铁运营公司地铁通信系统隐患、地铁车辆安全隐患、地铁供电系统安全隐患等六大项市级挂账隐患全部完成消隐任务。

人员密集场所安全监管。以 2006 年制定的 5 个人员密集场所安全生产规定颁布实施为契机，以确保 2008 年奥运安全为目标，全力打好人员密集场所安全整治“攻坚战”。商务、文化、旅游、体育、安全生产、公安消防、质量技术监督等部门依法履行职责，加强协调配合，强化监管，指导督促企业整改消除隐患，人员密集场所安全状况得到明显改善，有效预防了群死群伤事故的发生。

（七）着力推动主体责任落实，提高生产经营单位安全生产水平

建立健全安全生产管理制度。本市按照《安全生产法》和《条例》规定，明确要求生产经营单位做到安全教育到位、安全管理人员到位、安全工作标准到位、内部安全监督机制到位、安全工作处罚到位，目前，重点行业企业基本建立了必要的安全生产管理制度、配备了安全生产管理机构和专职安全管理人员，如：朝阳区对全区 101,319 家生产经营单位展开了应急预案编制和调查工作，共编制综合、专项、现场预案 142,321 份，并督促所有企业按照预案进行演练；市燃气集团、热力集团和环卫集团分别针对各专业、工种的安全生产作出明确规定，建立了市、区（县）、企业三级联动协调机制，对燃气、供热、环境卫生和地下管线等运行中出现的问题及时发现解决，确保了城市公共设施稳定运行。

加大资金投入，提高安全生产保障能力。通过安全生产监督管理部门的督促和引导，众多生产经营单位加大资金投入用于改进设备设施和生产工艺，从而提高安全生产保障

能力，消除业已存在的安全隐患。如，首云铁矿在有关政府管理部门的推动下，自2006年以来投入的安全治理费用达2820万元，对已发现隐患的治理率达到100%；北汽福田欧曼重型汽车厂近两年相继投入254万多元，解决了设备设施、生产流程、作业环境等方面的问题468项，安全生产环境显著改善。

开展安全生产标准化活动。2006年以来，市安全监管局会同市国资委、市发展改革委、市质监局等政府部门，根据《北京市人民政府贯彻落实国务院关于进一步加强安全生产工作决定的若干意见》要求，先后组织制定了《非煤矿山安全管理规范》、《机械、冶金、建材和企业用电四个安全管理导则》和《北京市机械、冶金、建材、纺织等行业与非煤矿山安全质量标准化活动工作指南》等一系列促进和指导企业开展安全生产标准化活动的文件，以汽车、机电、建材、电子、非煤矿山等行业为重点，积极开展重点行业安全生产标准化活动试点，确定了北汽控股公司、金隅集团、密云矿业公司等多家典型企业，实施安全生产标准化示范工作，发挥了以点带面的作用。朝阳、海淀、顺义等区（县）和北京经济技术开发区也结合自身特点开展有特色的标准化活动，取得了一定成效。安全生产标准化活动形成了以落实各级人员安全生产责任制为核心，“分级管理、责任到人、全员参与”的安全管理新模式。

二、存在的突出问题

总结几年来《安全生产法》和《条例》的贯彻执行情况，本市一直在积极探索安全生产综合监管与行业监管更好结合的途径和方法，在继续加强、提高行业主管部门的监管力量和监管能力的基础上，对于首都安全生产工作面临的新形势、新问题、新挑战，本市安全生产监管工作存在着几个较为突出的问题亟待解决。

（一）基层监管力量尚显薄弱

基层监管力量薄弱，安全生产监管触角延伸不够，是存在较长时间的问题。目前市安全监管局、各区（县）局在编监管人员数量是全国平均数的53%，总量不足；具体到各乡镇、街道，专门安全管理机构少、人员多为兼职且流动性大的问题更为突出，全市316个乡镇、街道平均拥有专职检查员只有2.1人。针对这些实际问题，如何按照安全监管重心下移的原则，进一步明确乡镇、街道安全监管机构的职责定位，切实落实权责统一的属地监管责任，改进乡镇、街道安全生产监管能力薄弱的状况，是本市安全生产监管工作的当务之急。

（二）监管体制机制仍需完善和加强

一是行业监管职责需要进一步明确和加强，要与安全生产监督管理部门的综合监管加强衔接，以弥补监管空缺，如，市教委对校车安全监管责任需要明确；市科委对本市科研机构实验室安全监管（管理）责任需要明确；市国土局对依法查处非法开采行为的监管责任需要加强等；市商务委、市体育局等行业管理部门安全生产管理范围、职责尚需进一步明确和加强。二是各部门在安全生产管理工作中相互协作机制需要继续加强，如，在本市工伤保险管理工作中，市人力社保部门与市安全生产监督管理部门缺乏固定的事故预防、统计分析会商制度；市规划部门就涉及安全的事项与有关部门未建立协同审查制度等。三是基层执法队伍的执法素质、执法技术等方面仍然存在诸多不足，对执法结果的分析总结还没有系统开展。四是执法监督机制还有待优化，需要继续强化原有的层级监督、内部监督，同时要加强安全监管监察和行政责任追究制度建设，以制度化手段保障执法公正，同时降低执法人员因职责不清履职而承担的风险。

（三）生产经营单位主体责任仍待进一步落实

一是生产经营单位安全生产主体责任有待细化，一些企业主要负责人安全责任意识仍然淡薄，不能够自觉、主动地履行法定义务。二是企业安全培训缺乏针对性和有效性，职工“三违”现象时有发生，高危行业从业人员安全培训亟待强化。三是私搭乱建、市政管线占压、“三线搭挂”威胁电力设施安全运行等旧的安全隐患尚未彻底消除，人员密集场所等领域“三同时”不到位导致的新安全隐患仍在动态出现。四是还有众多企业安全投入不够，致使安全生产保障能力不足，成为导致事故发生的重要诱因。五是在企业生产经营活动中，存在非法转包、分包、挂靠现象，责任主体不清，给落实安全生产责任、事故责任追究带来困难。

（四）法制建设水平与“依法治安”这一必然要求尚不相适应

一是在安全生产监管实践中，如何解决一些新问题、新矛盾，缺乏明确的法律依据，需要结合本市实际研究论证，及时通过修订《条例》予以解决。二是部分安全生产法律、法规、规章之间衔接不够，亟须制定生产安全事故报告和调查处理、安全生产事故隐患排查治理、危险化学品管理等领域配套规章来提高上位法的可操作性。三是在执法过程中，缺乏作为执法依据的安全生产标准是经常遇到的问题，成为制约安全生产监管工作的一个重要因素，亟须丰富安全生产管理标准和规范，从而形成以《条例》为核心的首都安全生产法规、制度体系。

三、完善措施继续抓好《安全生产法》和《条例》的实施

在2009年1月20日召开的第一次市政府常务会议上，郭金龙市长作了重要讲话，苟仲文副市长布置了6个方面的重点工作，对本市安全生产监管工作作出了全面部署。按照市委、市政府要求，必须站在依法行政的高度深刻认识首都安全生产监管工作的新形势、新任务，以深入学习实践科学发展观活动为动力，以市人大常委会执法检查为契机，以严查隐患、全力压减事故、坚决遏制重特大事故为目标，围绕“平安北京”建设，全面实施“北京生产安全”工程，着力创新体制机制，着力完善法规、政策体系，着力加强基层基础工作，严格履行监管监察职责，积极构建长效机制，努力推动全市安全生产状况持续稳定好转，为建设“人文北京、科技北京、绿色北京”提供良好的安全生产环境。

（一）不断完善法规、规章

在继续深入贯彻实施《安全生产法》和《条例》过程中，结合新形势下本市安全生产监管工作实际，加强调查研究和论证，与市人大常委会、市政府法制办等有关部门密切配合，争取尽早完成对《条例》的修订工作，通过完善地方立法解决基层监管力量薄弱、事故预防和隐患治理资金保障不足、监管体制机制亟待完善等深层次问题。继续加强配套规章建设，力争尽快制定完成《北京市生产安全事故报告和调查处理实施办法》、《北京市安全生产事故隐患排查治理规定》等政府规章。同时，要根据安全生产监管监察工作需要，不断丰富安全生产管理标准和规范，形成以《安全生产法》和《条例》为核心的本市安全生产法律、法规、制度体系，通过不断完善安全生产地方立法，为“依法治安”提供坚实的基础。

（二）强化重点行业领域安全监管

隐患排查治理，进一步丰富手段和措施，推动隐患排查治理地方立法研究，实现隐患排查治理法制化；各级安全生产综合监管部门、行业监管部门根据各自行业领域特点，

进一步完善隐患排查治理长效工作机制，建立具有首都特色的隐患分级分类标准，实现隐患排查治理规范化；强化生产经营单位动态排查、动态治理隐患。重大隐患列入政府行政效能督查考核项目，实行挂账督办，推进整改。对已经督促整改的重大隐患，经严格验收后，予以动态销账。

强化煤矿、非煤矿山、危险化学品、烟花爆竹和人员密集场所等高危行业、重点领域安全监管。煤矿，各有关部门协调行动，督促指导房山、门头沟两区落实煤矿整顿关闭实施方案，通过整合、扩能改造或大矿托管等方式，安全、高标准地按时完成小煤矿整顿关闭任务，落实煤矿事故隐患排查治理等6项管理制度，认真督促企业落实各项安全生产管理制度；非煤矿山，强化安全生产许可，严格“三同时”审查，做好非煤矿山整顿关闭工作，继续开展专项整治，加强露天矿山、地下矿山、排土场安全监管，坚决落实尾矿库安全生产管理的各项制度和措施；危险化学品，建立信息化统计制度，研究起草《危险化学品安全管理条例》具体实施办法，组织开展对采用硝化、氟化、氯化、重氮化、加氢等高危工艺企业专项整治，开展涉危企业普查，采取强有力的措施防止发生重特大事故。职业卫生，尽早开展职业卫生安全许可工作，尽快研究制定家具行业、印刷行业职业卫生监督管理规范，制定作业场所职业卫生分级监管办法，建立本市职业卫生法规标准体系。此外，以综合楼宇、有限空间、高处悬吊作业等领域为重点，紧密结合建筑施工、地铁建设、人员密集场所等安全生产重点行业领域，充分发挥综合监管作用，积极协调各相关部门，联合执法，加大监管力度。

（三）创新体制机制，延伸监管触角

调整市、区（县）两级执法工作布局，推动监管重心下移是今后安全生产法制工作的一项重要任务，依照《安全生产法》等法律、法规的原则性规定，把握市安全生产监督管理部门掌控全市安全生产工作大局、各区（县）安全生产监督管理部门认真履行日常的执法职责、乡镇、街道全面落实属地监管责任的原则，结合本市安全生产工作实际，积极探索实行委托乡镇、街道履行部分安全生产监督执法权，赋予乡镇、街道组织排查安全隐患、纠正安全违法行为、责令暂停作业等职权。同时，加强乡镇、街道安全监管机构建设，尽早出台相关指导意见，总结推广各区（县）加强基层安全监管建设经验，探索创新乡镇、街道安全监管的新路子。鼓励各区（县）在乡镇、街道设置专门的安全监管职能机构或安监办、安监站、安监所等办事机构；不论采取什么形式，都要把政府的安全监管职责落实到乡镇、街道，落实到基层，覆盖到每个企业，确保安全监管执法到位、责任落实、安全监管网络完备。

（四）加大力度，推动主体责任落实

进一步细化生产经营单位主体责任内容，规范落实标准和衡量尺度，严格执法监督，对不依法落实主体责任的生产经营单位及时处罚，规范生产安全事故行政处罚和责任追究，研究建立对事故责任单位主要负责人约谈制度；整合全市资源，建立覆盖全市各重点行业、重点领域和各区（县）的安全生产综合指标管理体系，强化监督和奖惩机制，进一步推动政府监管责任和生产经营单位主体责任的落实；逐步建立市、区（县）安全监管局以及生产经营单位组成的三级安全生产培训管理体系，探索推行生产经营单位主要负责人强制培训办法、高危行业从业人员强制培训持证上岗办法，不断完善加强农民工教育培训的新措施。引导和督促企业加大安全科技投入，依靠科技进步提升安全生产水平，通过实施企业安全生产评价工作，引导企业认真开展安全生产标准化活动。

（五）进一步加大《安全生产法》和《条例》的宣传力度

通过普及安全生产法律、法规和安全知识，加强安全文化建设；通过提高舆论引导水平，推动安全生产主体责任的落实，充分筹划建国60周年大庆、安全生产月等大型活动，创新形式，丰富内容，提高宣传活动的覆盖面和参与面。建立媒体跟踪报道机制，及时对全市安全生产执法工作动态进行报道，以案说法，宣传先进典型，披露违法行为。完善新闻发布工作，每月举行一次新闻发布会，定期邀请相关行业部门、区（县）政府领导主动介绍本市、本行业、本地区安全生产形势、执法情况和新法新规等，为实现安全生产监管的总体目标营造良好的舆论氛围。

以上报告，提请市人大常委会审议。

北京市人民代表大会常务委员会
任　命　名　单

（2009年5月22日北京市第十三届人民代表大会常务委员会第十一次会议通过）

任命吕淑英为北京市人民代表大会常务委员会办公厅副主任。

北京市人民代表大会常务委员会
任　免　名　单

（2009年5月22日北京市第十三届人民代表大会常务委员会第十一次会议通过）

（一）

任命陈锦川、辛尚民、王增勤为北京市高级人民法院审判委员会委员。

（二）

任命王晓松为北京市第二中级人民法院未成年人案件综合审判庭庭长，免去其北京市第二中级人民法院民事审判第六庭副庭长职务。

任命邵明艳为北京市第二中级人民法院民事审判第五庭庭长。

北京市人民代表大会常务委员会
任免名单

（2009年5月22日北京市第十三届人民代表大会常务委员会第十一次会议通过）

任命于海林为北京市人民检察院检察员，免去其北京市清河人民检察院副检察长、检察委员会委员职务。

北京市第十三届人民代表大会

常务委员会第十二次会议

在市十三届人大常委会第十二次会议上的讲话

(2009年7月25日)

市人大常委会主任　杜德印

各位委员、同志们:

本次会议是今年常委会的一次重要会议，议题多、任务重，涵盖了立法、监督、重大事项决定、人事任免等人大常委会的主要职能，监督议题又涉及听取和审议专项工作报告、计划和预算监督、执法检查等多种监督形式，是我们市人大常委会依法有效履行职责的一次集中体现。三天来，常委会组成人员以及列席的代表和同志们，认真参加审议，积极发表意见，对完善法规草案、推动改进工作提出了许多很好的意见和建议。常委会工作机构要汇总整理好大家的意见，形成审议意见书，交市政府及有关部门研究处理。在大家的共同努力下，会议顺利完成了各项议题，开得很成功。下面，我受主任会议委托，讲三点意见。

一、认真贯彻中央和市委决策部署，保证和促进首都经济在更高的水平上平稳持续较快发展

今年以来，首都经济社会发展情况受到常委会组成人员、市人大代表以及全市人民的高度关注。常委会把加强对经济工作的监督，保证市委决策部署的贯彻落实，保证市十三届人大二次会议有关决议的有效执行，作为今年监督工作的重点，下大力抓紧抓好。为了搞好这次会议对计划和预算报告的审议，自6月份开始，我们组织常委会、专委会组成人员，人大代表和机关干部，集中开展了关于当前首都经济社会发展的专题调研。在一个多月的时间内，130多位同志分成五个组，顶烈日、冒酷暑，深入基层、深入群众，认真了解人民群众创造的经验，充分听取各方面的意见和建议，并与政府部门进行深入的沟通和交流。通过调研，比较全面地了解了本市经济社会发展取得的进展和成效、面临的问题和矛盾，形成了一些新的认识和意见，为这次会议对有关报告的审议作了必要的准备。五个调研组形成的一个总报告和四个分报告，人大常委会以党组的名义向市委作了报告，市委高度重视这些调研成果，刘淇同志批示印发了全市半年经济形势分析会。在这次会议审议中，大家根据科学发展观的要求和中央、市委的有关决策部署，出于对促进首都经济社会全面、协调、可持续发展，维护人民群众根本利益的高度责任感，本着实事求是，讲实情、说实话、提实策的原则，发表了很多很好的意见和建议，为市委民主决策、科学决策提供了参考，为政府进一步加强和改进工作提出了重要的建议。综合调研报告和这次会议审议的意见，主要在以下几个方面取得共识。

第一，在首都经济运行面临快速下滑的严峻形势下，努力稳定经济和保持一定的增长速度是完全必要的，市政府根据中央和市委决策采取的一系列应对措施是积极有效的。今年以来，市政府认真贯彻落实中央和市委的重大决策部署，积极应对国际金融危机给首都经济社会发展带来的不利影响，制定和

采取了一系列重大举措，遏制了经济增长的急速下滑，取得了积极的效果。一是稳定了经济，提高了信心。经济发展开始企稳向好，保持了较快的增长速度，同时也稳定了人心，坚定了信心；二是赢得了主动，奠定了基础。经济增长好于预期，为下一步抓创新、调结构、上水平、促发展奠定了重要的基础；三是积累了经验，开辟了道路。通过努力，积累了应对国际金融危机、调控经济的一些宝贵经验，也对推动首都经济的持续较快发展形成了一些新的认识。实践证明，市政府根据市委的部署，采取的措施是必要的、正确的、有力的，各级政府、广大干部和人民群众付出的努力是艰苦的、积极的、有效的。下半年市政府要继续稳定已经采取的各项措施，巩固当前经济社会发展的良好势头，努力完成市十三届人大二次会议确定的各项发展目标和工作任务。

第二，科学判断首都经济社会发展所处的阶段性特征和面临的矛盾与挑战，把保增长的应急性措施与奥运会后首都发展的阶段性战略部署结合起来。去年下半年以来，首都经济增长迅速下滑，是由多方面因素叠加造成的：一是国际金融危机的爆发，使国际国内市场供求关系发生了深刻变化。作为国际化城市，全市的虚拟经济和实体经济都不可避免地受到了冲击。二是国内长期积累的内需与外需、投资与消费、城市与乡村以及收入分配等方面的结构失衡，使总供给与总需求的矛盾非常突出，我市经济的市场环境面临深刻变化，经济结构中的矛盾集中显现。三是经过七年筹办奥运会，经济发展能量集中释放，全市经济发展正在从高速增长回归，进入一个新的调整阶段。可以说由于几个方面因素的影响，奥运会后首都经济社会发展处在一个新的发展阶段的起点上，同时也处在一个新的调整阶段的起点上，一个新的创新阶段的起点上。当前，经济增长急速下滑的局面虽然得到遏制，但是影响首都经济发展的因素并没有从根本上消除，而且也不可能在短期内完全消除。因此，我们要在继续做好当前各项保增长工作，巩固上半年良好发展势头的同时，清醒认识和判断首都经济社会发展的阶段性特征，认识面临的矛盾和挑战，深化对首都发展优势的认识，分析首都发展面临的国内国际市场变化，认清发展的基础性、结构性、体制性障碍，扬长避短，趋利避害。把化解危机的应急性措施与新的发展阶段的战略部署有机结合起来，把保增长、保民生、保稳定，与抓创新、调结构、深化改革有机结合起来，推动首都经济在更高的水平上平稳、持续、较快发展，促进经济与社会的协调发展。

第三，加快调整和优化产业结构，夯实首都经济稳定持续较快发展的基础。调结构、上水平是首都经济发展的重大战略要求，保增长与调结构是相辅相成、并行不悖的，结构调整将使经济增长更上层次，更有后劲，更可持续。而且调整优化产业结构也是调控人口规模、缓解人口资源环境矛盾、实现经济与社会协调发展的一项根本性措施。要充分发挥首都的优势，坚定不移地推进现代服务业的发展。要牢固树立服务全国的理念，加快推进首都现代服务业，特别是生产性服务业的发展，深入研究金融、信息服务、文化创意、物流等产业内部的发展规律，加强产业链条中的薄弱环节，提高发展的质量和水平，完善首都服务业发展的组织模式，形成产业优势，从整体上提升服务业的现代化水平。要积极稳妥地推进适合首都特点的高端制造业发展，特别是电子信息与信息安全、生物技术与新医药、节能环保与新能源等重点产业。要将发展制造业与科技创新密切结合，通过技术创新推动制造业的健康发展。要高度重视都市型现代农业的发展，保持良好的发展势头。要抓好现代生物技术与农业的结合，增强首都农业的技术辐射力和市场辐射力。要围绕生产有机、优质、安全的农产品，完善农业的社会化服务体系，提高农民的组织化程度。

第四，大力推进科技创新，使首都经济真正步入科技驱动的轨道。要在更高的水平上推动首都经济发展，就必须发挥首都优势，坚定不移地走知识经济、科技创新之路，抓住发展机遇，抢占国际国内新一轮竞争的制高点，培育新的经济增长点，提升首都经济的核心竞争力。多年来，在市委的领导下，市政府积极推动科技创新，在完善首都科技创新体制，改善科技创新环境，落实科技创新项目，实现科技资源整合方面做了大量工作，取得了明显成效。下一阶段，要抓住建设中关村“国家自主创新示范区”的契机，认真总结汲取科技奥运带给我们的经验和启示，深化科技创新体制的改革，健全科技创新的制度，完善科技创新的组织方式。

一是改革科技创新体制。真正形成以产业项目或城市建设项目为统领，以政府为主导，以企业为主体，整合科技资源，解决长期存在的科研与生产脱节的问题。关于以企业为创新主体问题，一种理解是现有的企业成为科技创新主体，但有的企业可以，有的企业没有这个能力；另一种理解是，我们用企业的组织模式和管理方式来推动科技创新。比如奥运会的一些重大项目并不是单由哪一个企业来完成，而是围绕项目组成新的企业，把科技创新与项目建设有机地组织融合到一起。要吸收电影产业的成功经验，要有一个出品人和制片人的角色。出品人和制片人的功能就是选剧本，看哪个剧本赚钱，然后筹集资金组织拍摄，拍出来后再抓市场营销。现在科研和生产之所以脱节，就是在创新活动中缺少出品人和制片人的角色。因此，如果我们确定了一个项目，就要找到这个项目的总负责人，确立以项目为统领，课题围着项目走，政府紧紧抓住项目的科研管理模式。

二是解决制度问题。制度问题的核心是解决科技创新中要素的分配关系问题，就是资本和科技人员的创造性劳动如何分享科技成果，包括它的产业化利益。原来我们比较重视资本的价值，因为我们的科技体制都是国家搞科研，科研成果统称为职务发明，但是强调职务发明也不应该否定劳动者本身的价值创造，我们比较强调国家投资在科技成果当中的利益份额，这是必要的，但不应该忽略劳动者所创造的价值。实际上，资本不可能创新，资本只有跟人的创造性劳动结合，它才能增值。所以科技创新最根本的是知识创新，而不是资本创新。尊重劳动者的创造，这一点要学一下体育界。奥运会拿金牌的运动员马上就会获得奖金，去年市政府发出奖金 80 万，国家体委也拿出奖金，并且还奖励了教练，不能说因为国家对培养一个运动员投了多少钱，就否定了运动员本人的努力和创造。总之要使资本和科技人员的创造性劳动有一个合适的利益分享制度。中国人很聪明也很勤奋，我们把这个制度搞好了，会极大地激发和调动科技人员与研发团体的积极性。

三是组织方式问题，或者叫组织模式问题。北京市很多的科技资源，主要集中在中央院所、高等院校。作为北京市政府，怎么有效地整合这些资源？我们提出要发挥政府的规划、组织、协调、服务的作用。比如说科委的科研经费，首先是用在科研上还是用在组织上？我们建议政府应该对科委经费使用结构进行认真研究，加大政府在规划、组织、协调、服务科技创新的投入，减少直接投资科技研发的比例。我们一定要认清和明确政府在科技创新中的职能定位，对北京市如何发挥优势，有效地整合科技资源作出科学的判断和部署，要建立院所、科研单位、大专院校责任共负、风险共担、利益共享的机制，解决原来的通过行政合作、战略联盟签协议，但是没有围绕科技创新和文化创意结成真正利益链条的问题。这个问题我们已经向政府提出建议，但这仅仅算是个开头，下一步还要将其作为一个课题深入地研究，北京一定要把这件事情抓好。前一段我访问了瑞士，瑞士4万多平方公里，750万人，山水很漂亮，但是瑞士人说我们没有资源只有山水。他们其实是说没有矿产、能源资源，但瑞士就是靠人脑克服了劣势，成为了世界上始终排在前列的富裕国家。他们通过发展金融业，精密仪器制造，手表制造等，取得很好成效。这很值得我们借鉴。

第五，继续高度重视城市基础设施建设和民生问题，确保经济社会协调发展和社会和谐稳定。应该说多年来市政府是高度重视城市基础设施建设的。我们建议在继续抓好交通、空气治理的同时，要调整基础设施的投资结构，抓紧做好迫切需要解决的污水防治、垃圾处理、供水安全，提高信息化水平，包括改造落后的物流体系等方面的工作。特别是污水和垃圾问题，全市人民高度关注，不能再拖了，要抓紧解决。民生问题要继续抓好，应该说北京在解决民生问题上是走在前面的，社会保障体系推进得早，整个体系现在日趋完善。在全国来说，保障的水平也是比较高的，广大人民群众是满意的。当然，包括就业问题、医疗保障问题、社区公共卫生体系建设问题、保障性住房、危旧房改造等问题，下一步都要认真抓好。同时，建议政府在当前的形势下把握好发展、改革和稳定的关系，要求各级政府妥善处理好各种社会矛盾，保持社会的稳定。

二、进一步加强和改进预算监督，不断提高财政资金使用效益

加强预算监督是保障人民当家作主权利的一项重要举措，是人大及其常委会履行法定职能的一项重要内容。在去年7月份的常委会会议上，我们提出了加强改进预算监督“一个目标、三个结合”的工作思路。一年来市政府及财政、审计等部门认真落实常委会要求，不断改革和完善财政管理体制、机制，加强绩效评价和绩效审计，努力提高财政资金的使用效益，应该说取得了初步的进展和成效，去年提出来的问题也得到了较好的解决。这里需要说明的是，有的委员提出关于每年审计报告整改结果应报告常委会的建议，今年年底要给财经委员会报告，一年后整改结果报告可作为7月份审计报告的附件印发常委会会议，或者年底通报给各位委员。

本次会议听取和审议了计划预算报告和审计报告，组成人员在审议中认为，上半年经济社会发展面临严峻形势，财政收入在经过多年连续增长后，首次出现了下降，但还是完成了过半的任务，达到51.1%，应该说来之不易。下半年完成全年预算增收10%的目标，任务非常艰巨，还有很多不确定、不稳定的因素，建议市政府要坚定信心，继续落实积极的财政政策和保增长的各项措施，推进结构调整和科技创新，着力扶持企业发展，努力培育和壮大税源，要严格依法纳税，加强税收的征管，做到应收尽收，同时又要坚持把加强税收征管与帮扶企业应对危机有机统一起来，防止收“过头税”。对于去年的预算执行情况，大家认为本市执行情况总体上是好的，但也存在部分项目预算编制不够科学，预算管理基础工作不够扎实，有些预算资金使用随意、效益不高等问题，这些都涉及加强管理和改进预算管理体制的任务。建议市政府针对组成人员提出的意见和建议，以及审计工作报告中指出的问题，认真研究，责成有关部门积极整改，既要注重问题的解决，又要注重分析问题背后的制度漏洞，不断加强制度建设，推动财政预算管理体制和

运行机制的健全与完善。年底前，要按照北京市预算监督条例的规定，将审计查出的问题与整改结果向人大常委会提交书面报告。结合这次会议组成人员的审议意见，建议下一阶段政府做好以下几方面的工作：

一是不断完善财政管理体制，健全绩效管理制度。财政和审计结合起来，实际上可以推动三个方面工作的进展，第一个是改革财政体制，第二个是完善投资结构，第三个是提高资金绩效，这是三个重点，建议政府抓好有关工作。财政体制改革要不断地研究，结合北京的实际情况积极推进。财政体制改革已经搞了多年，迄今为止的改革主要是市区两级财政的分权，去年下放 229 亿财力，增大了对区县的一般性转移支付。北京现在已经进入了统筹区域功能、统筹城乡发展、统筹公共服务和社会保障的新阶段，怎么解决统分结合？这是第一个问题。第二，怎么解决财事结合，是财政体制始终没有解决好的问题。这个问题的本质是什么？或者说财政体制的本质是什么？它应该是一个责任体制和事业体制，而不是一个权力和利益分配体制，要抓住这个问题去研究。钱是国家和人民的，谁管这个钱是要负责的，财政局是替人民管理财政，各部门拿到钱以后，不能认为是部门的权力，更不能转化成部门的利益。为什么给这个钱呢？是因为要干一件事情，做一个事业。所以，财政体制的本质应该是事业和资源配置的体制，它追求的是资源配置的公正性和高效。从财事统一的层面来看，我们财政体制改革的任务还很重，要推动政府部门不断地在这方面进行改革。第三，怎么解决绩效问题。为什么强调绩效统一，就是要看花出的钱是否完成了预期的事业目标。由于政府还没有进入绩效管理的制度轨道，存在拨付资金的预期目标不清，绩效审计和评价的依据不充分等问题。绩效管理的道理其实很简单，就是给什么钱、干什么事，并且要明确干到什么程度，干出什么成效，怎么安排进度，什么时间完成。我们推动绩效审计最终的目标是要推动政府进入绩效管理的制度轨道，这项工作党中央、国务院有要求，市政府也正在努力抓落实。

二是推进国有非经营性资产的监督和管理，完善预算制度。随着经济社会的协调发展，财政资金对事业单位发展的投入越来越多。我们成立了国资委，有了监督管理国有经营性资产的机构，但是对事业单位国有的非经营性资产的监管相对薄弱，而这个资金量是很大的。特别是关系到整个政府公共服务体系的发展和对公共服务的提供。这是一个薄弱环节，建议政府着手研究，加强和改进对事业单位国有非经营性资产的监督和管理，提高这方面资金的使用效率。

三是加强政府重大投资的管理，完善投资结构。今年加大政府的投资，是刺激经济保增长的首要、重要的措施。在这种情况下，对政府的重大投资既要有决心，又要加强管理，对投资的项目要认真地作好评估，增加投资的科学性，注重投资的效果。比如这次会议我们提出基础设施建设的结构要进行必要的调整，对交通和其他方面的投入结构要妥善地处理，要把当务之急、非常迫切的问题解决好。要注意投资的效率，避免利用率不高，还增加政府财政补贴的情况。去年财政补贴达到 170 亿，这些问题都需要通盘研究。要支持科技创新和结构调整，解决涉及民生的一些重要问题。人大及其常委会在预算监督审查中，很重要的就是要把握结构性的问题。

三、依法有效履行人大常委会职能，为首都经济社会发展提供民主法制保障

在这里我强调三点。

第一，越是面临矛盾和困难，越要加强

民主和法制建设。去年以来国际金融危机爆发蔓延到我国，加上我们自己的一些结构性矛盾，对经济社会发展造成严重挑战，对人民生产生活造成了不少困难。应对这种涉及广大公众利益的危机和挑战，非常重要的是要发挥民主和法制的作用，特别需要决策的科学化、民主化。而且经济危机或经济发展面临的一些矛盾困难，又必然引起社会矛盾，需要有效地规避、化解社会风险，这同样需要充分发挥民主法制的作用。当前这种情况下，广大人民群众、公民政治参与意识是非常强烈的，大家都关注这个问题，特别是在网上，各种议论，信息传播得非常快。人大常委会以及在人大工作的同志，要高度重视广大人民群众的意志、愿望和诉求，要坚定不移地坚持和完善人民代表大会制度，通过人民代表大会制度使人民群众的意志、愿望能够有序地进入到党和国家的决策和工作中，使社会当中的矛盾通过人民代表大会制度得到有序的化解和解决。我们在人大工作的同志要清醒地看到，越是在面临危机、困难、矛盾面前，越要高举民主法制的旗帜，加强民主法制建设，提供民主法制保障。

第二，要充分发挥人民代表大会制度的优势，努力使人民群众的意志和愿望在人民代表大会制度内得到充分有序的表达。这是我们的责任。这次会议审议各项议题，常委会组成人员都积极参与了从调研到审议的全过程，大家对于充分做好会议的准备工作给予了肯定。有的委员和代表提出，要总结我们这次常委会在履行监督职能方面所形成的一些新的认识和做法。这个建议很重要，需要大家共同来做。这次会议，监督工作的有关议题是重点。在监督工作中，我们怎么来依法有效地履行职能，把人民群众的意志和愿望、利益和诉求，通过人民代表大会制度得到有序的表达和解决，保证人民当家作主？应该说我们进行了实践，有了一些新的认识和做法，归纳起来有以下几点。

一是坚持围绕中心，服务大局，紧紧抓住人民群众普遍关心的、事关首都发展全局的重要问题开展监督。计划、预算、审计这是几个法定的报告，两个议案是十三届人民代表大会第二次会议代表提出来的，我们就紧紧抓住这些题目来开展监督，同时也是围绕全市工作的大局。二是坚持提高工作的质量和实效，使人大监督工作富于建设性。我们为什么要组织委员和代表大规模地搞调研？就是要了解情况，解决信息对称性问题；就是要认真总结群众创造的经验，听取方方面面的意见，把人民群众的意见汇集起来形成我们的意见，使这些建议符合首都的实际，市委赞成，政府也能落实。人大代表发挥作用不是孤立、分散和无序的，常委会汇总整合提出建议，上报市委，提交政府，这是人民代表制度优势的体现。能否做到有用有效，关键看是不是符合实际，准确了解了情况。质量在于实效，质量保证实效，实效又依赖于工作的质量，这就是人大工作的重要特点。三是坚持广泛听取和充分表达人民群众的意志和愿望。我们提出的建议都是群众创造的，尊重人民群众的创造精神，不是简单地在网络上听些观点，而是真正地总结人民群众的创造和智慧，是建立在广泛组织代表参与，大量听取群众意见的基础上的。四是坚持解放思想，实事求是。讲实话要成为我们人大根本的思想作风和工作作风。讲实话就是客观、全面、公正，不是只讲问题就是实话。成绩必须充分肯定，问题必须严肃指出。五是坚持与政府平等充分地沟通与交流，把保证、督促和支持政府依法行政有机统一起来，形成工作的合力。保证、督促、支持不可分割，保证、督促、支持的落脚点是政府依法行政。这里涉及一个问题，就是社会评价体系还不健全。人大用什么标准，怎样正确地评价政府的工作？应当在党的领导下，代表人民来履行国家权力机关的职能，应该整体来研究，正确表达大家的建议。要以党的理论路线方针政策为指导，围绕市委的决策部署和人民代表大会的决议，进行三个方面的评价，包括法律评价、公众评价、绩效评价，概括地讲就是按照一条主线、一个目标，把法律评价、人民群众评价和绩效评价结合起来。

这次常委会督促议案办理、审议几个专项工作报告形成了这样一些认识，为今后开展监督工作提供了思想基础。有的委员还提出，这次集中调研效果比较好，以后要坚持。这个意见很好，以后每年7月份的常委会会议之前都要坚持这个制度，形成一个工作机制，大家都来做深入的调查研究，为审议工作做好准备。

第三，认真贯彻全市上半年经济形势分析会议精神，努力做好常委会下半年的各项工作。这次常委会会议之前，市委、市政府召开了全市上半年经济形势分析会，刘淇同志发表了重要讲话，根据中央精神总结了上半年的工作，对下半年经济社会发展作了明确的部署。全体市人大代表要利用年中集中活动，人大机关干部要通过多种形式认真组织好传达学习，要把市委的精神贯彻到常委会下半年的工作当中去。

关于上半年的工作，常委会提供了一个书面材料，已经发给全体市人大代表，向大家作半年工作的汇报，下半年的工作任务还很重，还有四次常委会会议，审议30多项议题。我们要按照市委的要求，以良好的精神状态、良好的工作作风，扎扎实实地做好每一项工作，确保完成好全年各项任务，为建设人文北京、科技北京、绿色北京提供有力的民主法制保障，以优异的成绩迎接新中国成立60周年。

北京市第十三届人民代表大会常务委员会第十二次会议议程

（2009年7月23日—25日）

（2009年7月23日北京市第十三届人民代表大会常务委员会第十二次会议第一次全体会议通过）

一、审议《北京市实施〈中华人民共和国农民专业合作社法〉办法（草案）》

二、审议表决《北京市道路运输条例》

三、听取和审议市人大常委会执法检查组关于检查《中华人民共和国老年人权益保障法》及《北京市老年人权益保障条例》实施情况的报告

四、听取和审议市人大常委会执法检查组关于检查《中华人民共和国水污染防治法》及《北京市实施〈中华人民共和国水污染防治法〉办法》实施情况的报告

五、听取和审议市人民政府关于北京市2008年市级预算执行和其他财政收支的审计工作报告

六、听取和审议市人民政府关于北京市2008年市级决算和2009年上半年预算执行情况的报告，批准2008年市级决算

七、听取和审议市人民政府关于北京市

2009年国民经济和社会发展计划上半年执行情况的报告

八、听取和审议市人民政府关于“提高垃圾收集处理现代化水平，建设宜居城市”议案办理暨加强垃圾处理工作情况的报告

九、听取和审议市人民政府关于“推进北运河水系综合治理，实现污水防治资源化”议案办理暨北运河流域水系综合治理情况的报告

十、决定人事任免事项

北京市人民代表大会常务委员会公告

（第5号）

《北京市道路运输条例》已由北京市第十三届人民代表大会常务委员会第十二次会议于2009年7月25日通过，现予以公布，自2009年12月1日起施行。

北京市第十三届人民代表大会常务委员会

2009年7月25日

北京市道路运输条例

（2009年7月25日北京市第十三届人民代表大会常务委员会第十二次会议通过）

目　　录

第一章　总　　则

第一条　为了维护道路运输市场秩序，保障道路运输安全，提高道路运输服务水平，保护道路运输有关各方当事人的合法权益，根据有关法律、法规，结合本市实际情况，制定本条例。

第二条　本条例适用于本市行政区域内从事道路旅客运输（以下简称客运）经营、道路货物运输（以下简称货运）经营，以及道路运输场站建设和运营、道路运输服务、机动车维修经营和机动车驾驶员培训等道路运输相关业务的活动。

公共电汽车客运和出租汽车客运不适用本条例。

第三条　道路运输是现代服务业的重要组成部分，应当遵循科学发展、统筹规划、节能环保、安全便捷的原则。

第四条　从事道路运输经营以及道路运输相关业务的，应当依法经营、诚实守信、

公平竞争，为服务对象提供安全、便捷的服务。

第五条 本市道路运输管理应当依法、公开、公平、公正、高效、便民。

第六条 本市应当统筹道路运输发展，通过调整、优化基础设施结构、运输装备结构和运输服务结构，逐步实现客运的城乡一体化、区域一体化以及与其他客运方式的一体化，货运的社会化、专业化和集约化，推进现代物流业的发展，逐步建立符合国家首都功能和性质的道路运输体系。

第七条 本市应当完善道路运输标准体系和安全服务管理规范，建立道路运输信息化系统和共享平台，提高道路运输管理和公共服务水平。

第八条 市和区、县交通行政主管部门负责组织领导本行政区域的道路运输管理工作。

市和区、县交通行政主管部门所属的道路运输管理机构及派出机构、市交通执法机构（以下统称道路运输管理机构）按照规定的职责具体实施道路运输管理工作。

市和区、县人民政府有关行政管理部门应当按照各自的职责依法做好相关的道路运输工作。

第九条 市交通行政主管部门、市发展改革部门应当共同组织编制本市交通发展规划，确定道路运输发展目标、重点项目及其保障措施等，并向社会公布。

市交通行政主管部门所属的道路运输管理机构根据交通发展规划，定期公布道路运输行业发展指导意见。

第十条 本市道路运输行业协会依照章程，建立健全行业自律制度，规范和指导会员经营行为，组织会员开展诚信建设，提高会员的服务质量，维护会员合法权益，参与道路运输相关政策、法规、行业标准的研究制定和宣传贯彻。

第二章 道路运输服务

第一节 一般规定

第十一条 市交通行政主管部门所属的道路运输管理机构应当定期收集、分析、整理、更新道路运输管理和服务信息，并通过道路运输信息化系统和共享平台向社会发布。

第十二条 本市道路运输实行经营许可制度。

从事道路运输经营的单位和个人，应当依据法律、法规规定的程序和条件取得相应的经营许可。

道路运输管理机构作出的行政许可决定应当符合法定的条件、程序和期限，符合本市交通发展规划和绿色环保标准要求。

第十三条 道路运输经营者应当遵守下列规定：

（一）按照许可的范围或者事项从事经营活动，接受道路运输管理机构和有关行政管理部门的监督检查；

（二）制定并执行服务标准和规程、收费管理、安全行车等规章制度；

（三）对从业人员加强法制教育、职业道德教育和专业技能培训；

（四）按照规定维护和检测运输车辆，确保车辆符合国家和本市规定的技术标准、排放标准和燃料消耗限值；

（五）运营中携带车辆营运证件、驾驶员资格证件以及其他规定的证件；

（六）按照国家和本市有关价格管理的规定，明码标价，合理收取费用；

（七）使用由税务部门监制的道路运输专用发票，不得伪造、涂改、倒卖、转借和转让专用发票；

（八）对服务对象提出的服务质量问题及时调查处理；

（九）按照规定向道路运输管理机构报送

统计报表和信息。

第十四条 道路运输车辆运输旅客的，不得超过核定的人数，不得违反规定载货；运输货物的，不得运输旅客，运输的货物应当符合核定的载重量，严禁超载；载物的长、宽、高不得违反装载要求。

违反前款规定的，由公安机关交通管理部门依照《中华人民共和国道路交通安全法》的有关规定进行处罚。

第十五条 道路运输管理机构依法对道路客货运输驾驶员、道路危险货物运输从业人员、机动车维修技术人员、道路运输经理人实行从业资格管理，采取措施提高从业人员的安全和服务水平。

道路客货运输驾驶员和道路危险货物运输从业人员必须取得相应从业资格，方可从事相应的道路运输活动。

第十六条 道路运输经营者应当对道路客货运输驾驶员、道路危险货物运输的驾驶员、押运人员、装卸管理人员等专业人员进行岗前和在职专业技能培训。

道路运输经营者对持有外省市核发的从业资格证件的驾驶员，应当按照有关规定进行本市道路交通状况、道路通行条件、道路通行规定等专项培训，并办理本市驾驶员信息卡；未经培训或培训不合格的，道路运输经营者不得安排其从事专业营运活动。

第十七条 旅客、货主以及其他有关当事人对道路运输经营者和从业人员的违法行为，有权向道路运输管理机构举报。道路运输管理机构接到举报后，应当及时调查处理，并将处理结果告知举报人。

第二节 客 运

第十八条 客运经营者应当遵守下列规定：

（一）保持车辆性能良好，服务设施齐全，不得擅自改装车辆；

（二）为旅客提供良好的乘车环境，保持车辆清洁、卫生；

（三）不得强迫旅客乘车，不得甩客或者转由他人运送；

（四）在车辆指定位置喷涂经营者名称或者标识，悬挂标志牌，放置服务监督卡片并张贴票价表；

（五）按照规定执行本市的班线客运统一售票制度，不得擅自在客运场站外组织客源；

（六）班线客运在许可的线路、场站内，按照核准的经营范围、班次和时间运营，不得站外上客或者沿途揽客；

（七）包车客运按照约定的起始地、目的地和线路运输，不得承运包车合同之外的旅客，不得变相从事班线客运；

（八）跨省市客运的运营线路一端应当在车籍所在地，但执行道路运输管理机构下达的紧急包车任务的除外。

第十九条 班线客运经营者取得经营许可证后，应当向公众连续提供运输服务，并不得少于90日。

班线客运经营者暂停或者终止班线经营的，应当经道路运输管理机构批准，并于暂停或者终止班线经营之日前7日在班线线路各站发布公告。

第二十条 郊区的区、县人民政府应当按照本市交通发展规划的要求，制定本行政区域内班线客运的保障措施以及边远乡村班线客运的扶持政策。

享受公交政策的郊区客运经营者应当执行城市公共电汽车的服务标准和票价政策；经许可机关同意，可以采取区域经营、循环运行、设置临时发车停靠点等方式运营。

第二十一条 市交通行政主管部门所属的道路运输管理机构应当根据道路通行条件、客流分布、场站容量和公众出行需求，合理设置、调整班线线路的起止站和跨省市班线线路的中途停靠站，并在设置、调整之日前7

日向社会发布公告。

第二十二条 旅客应当持有效客票乘车，遵守社会公德和乘车秩序，讲究文明卫生；不得携带国家规定的危险物品以及其他禁止携带的物品乘车，并配合安全检查。

第三节 货 运

第二十三条 道路货物运输是城市物流体系的重要组成部分。

本市优先发展封闭、厢式、罐式货车运输和集装箱甩挂运输等专业化货运，整合货运、货运代理和货运场站等运输资源向现代物流业发展。

第二十四条 市交通行政主管部门所属的道路运输管理机构会同市商务、建设、农业、市政管理等相关部门建立协调配合机制，定期归集整理本市生产、生活等重要物资的货运需求信息并向社会公布，引导运输供给与需求的平衡发展。

第二十五条 本市城市中心区的货运应当保障城市正常运行和人民群众生产、生活的需要，缓解道路交通压力；实行夜运为主、昼运为辅的方式。本市对在城市中心区内从事昼运的货运车辆实行总量控制、分类管理、择优配置，并逐步实施。

本市应当公布在城市中心区内从事昼运的货运经营者的条件和货运车辆的车型、外观、安全、环保等标准；通过公开、公平、公正的方式确定符合要求的货运经营者，并建立淘汰退出机制。具体办法由市人民政府制定。

第二十六条 货运经营者应当按照货物运输规则和作业规程受理、承运货物，遵守国家和本市有关禁运、限运、检疫控制进出境货物的管理规定，并采取必要措施防止运输中货物的脱落、扬撒或者泄漏。

货运经营者应当按照规定使用具有符合要求的密闭装置的车辆运输散装、流体货物；使用专用车辆运输集装箱、冷藏保鲜货物和危险货物。

第二十七条 城市中心区的大型商业设施，应当具备与其规模相适应的商品装卸、短期储存条件，其商品装卸活动不得影响周边道路畅通。

新、改、扩建大型商业设施时，应当同步配建商品装卸、储存等配套设施。大型商业设施及其配套设施在立项时，应当依法进行交通影响评价。未进行交通影响评价或经评价对交通环境将造成重大不利影响的项目，发展改革部门不予立项或核准，规划部门不予核发建设工程规划许可证。

任何单位和个人不得擅自改变商品装卸、储存等配套设施的使用性质。

第二十八条 当维持城市正常运行所需物资的运输受到影响时，市交通行政主管部门所属的道路运输管理机构可以会同有关部门采取应急运输保障措施，道路运输经营者应当配合并服从调度指挥。

第二十九条 外省市货运经营者驻京从事道路货物运输的，应当按照国家和本市有关规定向经营所在地的道路运输管理机构备案，并接受备案机构的监督管理。

第三十条 在货运经营者的责任期间，货物发生灭失或者损坏的，货运经营者依法承担赔偿责任。

第四节 相关业务

第三十一条 道路运输场站属于城市交通基础设施，应当科学规划、合理布局。

市交通行政主管部门会同有关部门根据城市总体规划、土地利用规划和交通发展规划编制道路运输场站专项规划。道路运输场站专项规划经市规划部门审查后报请市人民政府批准，由区、县人民政府或市政府相关部门组织实施。市和区、县人民政府对列入规划的道路运输场站的建设，应当在土地、资金等方面给予支持。

第三十二条 道路运输场站经营者应当维护场站内的市场秩序，与进入场站的道路运输经营者签订协议，明确双方权利、义务；不得允许非法的道路运输经营者和车辆进入场站经营。

客运场站经营者应当按照规定在明显位置公示客运场站内运营的客运线路及其运输班次、经停站点、到发时间、票价和投诉举报电话；货运场站经营者应当按照规定在明显位置公示货运场站内运营的运输服务经营者名称、经营范围、位置平面图和投诉举报电话。

第三十三条 客运场站经营者应当按照规定制定客流高峰期间的备班运力储备计划和加班运营计划。加班车辆的技术等级应当符合运营班线的要求。

第三十四条 道路运输货运代理经营者和机动车综合性能检测机构，应当依法办理工商、税务登记手续；自取得营业执照之日起15日内持相关登记证件向所在地的道路运输管理机构备案，并接受备案机构的监督管理；备案信息发生变更的，应当自变更之日起15日内向原备案机构办理变更备案手续。

国家另有规定的，按照国家规定执行。

第三十五条 道路运输服务经营者应当遵守下列服务规范：

（一）道路运输货运代理经营者，根据国家和本市相关规定，为委托人提供代理服务；受理的业务交由具有合法资格的货运经营者承运；

（二）机动车综合性能检测机构，按照国家和本市相关标准进行检测；

（三）从事道路运输信息服务的，向服务对象提供及时、准确的货物运输信息；

（四）从事道路运输仓储理货的，按照货物的性质、保管条件和有效期限，对货物分类存放，妥善保管；

（五）从事道路运输搬运装卸的，按照搬运装卸操作规程进行作业；从事夜间搬运装卸的，应采取有效措施，减少噪声对周围居民生活环境的影响；从事危险货物、大型物件等特种、专项货物搬运装卸的，使用专用搬运装卸工具和防护设备进行作业；

（六）从事道路运输客票代售的，公平售票，不得擅自提价，不得倒卖车票。

第三十六条 本市引导机动车维修服务站点的网络化建设，鼓励发展专业化和连锁经营的机动车维修企业。

第三十七条 机动车维修经营者应当遵守下列规定：

（一）在维修接待场所的醒目位置公示相关服务制度、服务项目、服务承诺、价格标准和投诉举报电话等；

（二）将维修项目及其工时定额、收费标准等服务信息录入本市道路运输信息系统，并保证信息及时、真实、有效；

（三）按照公示的标准收取修理费，分项计算工时费、材料费并将结算票据和结算清单交付托修方；

（四）对机动车进行大修和二级维护的，使用规范的合同文本与托修方签订维修合同，并建立维修档案；

（五）按照机动车维修技术标准、技术规范维修车辆；

（六）执行机动车维修质量检验制度。按照技术标准进行进厂、过程和竣工检验；机动车维修竣工出厂时，向托修方出具由出厂检验人员签发的机动车维修竣工出厂合格证；

（七）使用的机动车维修设备应当符合国家和本市相关标准，并建立设备维护保养制度；

（八）执行质量保证期制度。对质量保证期内发生的维修质量问题无偿返修；返修项目的质量保证期从返修的竣工出厂之日起计算；更换的配件存在质量问题的，其无偿返修责任不受质量保证期的限制。

机动车维修质量相关制度，由市交通行政主管部门所属的道路运输管理机构制定并向社会公布。

第三十八条 机动车维修经营者应当执行规定的机动车配件采购、检验、使用和公示制度，分别标识原厂配件、副厂配件和修复配件并明码标价，供托修方自主选择；更换下的配件、总成未经托修方同意，不得擅自处理。

第三十九条 质量技术监督、工商行政管理等部门应当对生产、销售的机动车配件质量进行监督检查，依法查处生产、销售假冒伪劣配件的行为。道路运输管理机构在监督检查中发现有销售假冒伪劣配件行为的，应当移送工商行政管理部门依法处理。

第三章 道路运输安全

第四十条 道路运输经营者应当遵守下列安全规定：

（一）制定有效的安全生产措施。定期研究安全生产工作，并对措施执行情况进行检查；

（二）建立从业人员的安全生产教育和培训制度。未经安全生产教育和培训合格的从业人员，不得上岗作业；

（三）建立生产安全事故隐患排查制度。制定并执行防范和应急措施，对容易发生事故的部位、设施明确安全责任人员；

（四）建立运营车辆安全检查制度。未经安全检查或者经安全检查不符合消防、道路交通安全、治安等要求的车辆不得运营。

第四十一条 道路运输经营者应当依法制定生产安全事故应急处置预案。应急处置预案应当包括应急处置组织及职责、危险目标的确定和潜在危险性评估、救援预案的启动程序、紧急处置措施、救援组织的训练和演习，以及救援设备储备、经费保障等内容。

道路运输经营者应当至少每半年演练1次生产安全事故应急处置预案，并做好记录。

第四十二条 道路运输管理机构应当组织编制和完善突发公共事件的应急运输保障预案，并定期组织演练。

预案演练和发生突发公共事件时，道路运输经营者应当服从道路运输管理机构的统一指挥。市和区、县人民政府应当依法给予参与预案演练和发生突发公共事件处置的道路运输经营者适当的补偿。

第四十三条 跨省市客运经营者应当遵守下列运营安全规定：

（一）按照有关标准和规定，安装并使用远程定位监控系统，并保证与本市道路运输信息共享平台的实时连通；

（二）运营里程在400公里以上的，配备两名或者两名以上驾驶员；

（三）采取有效措施，防止驾驶员连续驾驶时间超过4个小时；

（四）运营中保持车内通道的畅通，采取必要措施保证随车运输行李的平稳和固定。

第四十四条 道路危险货物运输经营者应当遵守下列运营安全规定：

（一）主要负责人和专职安全管理人员经法定主管部门考核合格；

（二）按照有关标准和规定，安装并使用远程定位监控系统，并保证与本市道路运输信息共享平台的实时连通；

（三）按照公安机关依法批准的时间、路线、区域运输危险货物；

（四）采取必要的安全防护措施，防止危险货物在存储、运输、装卸过程中丢失、泄漏、燃烧、爆炸、辐射；

（五）定期委托具有相应资质的中介机构开展安全评价，并向道路运输管理机构报告评价结果。

第四十五条 危险货物托运人应当委托具有道路危险货物运输资质的经营者运输危

险货物，并向运输经营者说明危险货物的品名、性质、应急处置方法等情况。

危险货物托运人和发货人在交付危险货物前，应当查验、登记运输经营者、车辆和人员的资格证件。

市交通行政主管部门所属的道路运输管理机构应当向社会公布具有道路危险货物运输资质的企业名录及其可以承运的危险货物种类等信息。

第四十六条 客运场站候车大厅实际容纳的乘客人数不得超过设计容量。候车大厅内乘客人数接近设计容量或者人员相对聚集时，场站经营者应当采取有效措施控制和疏散人员，确保安全。

候车大厅的安全出口、安全标志、标识的设置以及疏散门和疏散通道的宽度应当符合相关标准。

客运场站应当设置覆盖场站所有区域的应急广播，并能够使用汉语普通话和英语两种语言播放。

第四十七条 客运场站经营者应当建立行包安全检查制度。客运场站按照规定配备安全检测仪器，对出入省际客运场站以及进入其他客运场站的行包进行安全检查；检查发现危险、违禁物品的，及时移交公安机关处理。

第四十八条 机动车维修经营者应当对废弃的机油、润滑油、制动液、维修油液以及其他危险废物进行归集、贮存，并交由有危险废物经营许可证的单位集中处置。

第四章 监督检查

第四十九条 市交通行政主管部门、道路运输管理机构及其他有关行政管理部门应当依法对道路运输活动实施监督管理，制止和纠正违法行为。

市政府批准设置的公路交通检查站应当对过往的道路运输车辆实施监督检查。

第五十条 道路运输管理机构的工作人员在执行公务时，应当着装上岗，出示执法证件。

因查处道路运输违法行为确需向相关单位和个人调查、取证时，相关单位和个人应当如实提供有关情况和资料。

检查中涉及经营者的商业秘密的信息和资料，道路运输管理人员应当予以保密。

第五十一条 道路运输管理机构及其工作人员执行职务时，应当自觉接受社会和公民的监督。

道路运输管理机构应当建立道路运输举报制度，公开举报电话、通信地址和电子信箱。

任何公民、法人或者其他组织都有权对道路运输管理机构及其工作人员的违法行为进行申诉或者举报。

交通行政主管部门以及其他有关行政管理部门接到申诉或者举报，应当依法及时处理。

第五十二条 道路运输管理机构应当依法履行对行政许可事项的监管职责，定期核对行政许可登记事项。对行政许可登记内容发生变化的，依法及时变更；对不符合法定条件的，责令限期改正，逾期未改正的，吊销相应的行政许可证件；对自行终止经营或者具有其他法定注销情形的，注销相应的行政许可。

第五十三条 未取得道路运输经营许可或者车辆营运证件从事道路运输经营活动的，道路运输管理机构可以暂扣其违法经营使用的车辆或者机具设备，并告知当事人在规定的期限内到指定地点接受处理。

道路运输管理机构对无正当理由逾期未接受处理且经公告三个月后仍不接受处理的，可以对暂扣的车辆和机具设备采取措施依法处理。

第五章 法律责任

第五十四条 违反本条例的规定，道路运输管理机构的工作人员有下列行为之一的，依法给予行政处分；构成犯罪的，依法追究刑事责任：

（一）不按照法定条件、程序和期限实施行政许可的；

（二）没有法定依据或者不遵守法定程序实施行政处罚的；

（三）在执行公务时发现违法行为不及时查处，造成严重后果的；

（四）参与或者变相参与道路运输经营以及道路运输相关业务的；

（五）利用职务便利，索取他人财物或者收受他人财物，为他人谋利的；

（六）要求当事人承担非法定义务的；

（七）截留、挪用、私分或者变相私分查封、扣押、没收的财物的；

（八）对生产安全事故隐瞒不报、谎报或者拖延不报的；

（九）其他违法行为。

第五十五条 违反本条例的规定，未经许可擅自从事客运经营或者货运经营的，由道路运输管理机构责令停止经营；有违法所得的，没收违法所得，处违法所得2倍以上10倍以下的罚款；没有违法所得或者违法所得不足2万元的，处3万元以上10万元以下的罚款；构成犯罪的，依法追究刑事责任。

第五十六条 违反本条例的规定，未经许可擅自从事道路运输场站经营、机动车维修经营的，由道路运输管理机构责令停止经营；有违法所得的，没收违法所得，处违法所得2倍以上10倍以下的罚款；没有违法所得或者违法所得不足1万元的，处2万元以上5万元以下的罚款；构成犯罪的，依法追究刑事责任。

第五十七条 违反本条例的规定，道路运输经营者有下列情形之一的，由道路运输管理机构责令改正，并可处200元的罚款：

（一）客运车辆在运营中未保持车内通道的畅通，或者未采取必要措施保证随车运输行李的平稳和固定的；

（二）客运、货运车辆未按照规定携带车辆营运证件的；

（三）专业人员在运营中未携带专业资格证件的；

（四）未按照规定报送相关信息的。

第五十八条 违反本条例的规定，道路运输经营者有下列情形之一的，由道路运输管理机构责令限期改正；逾期未改正的，处1000元的罚款：

（一）班线客运经营者未在暂停或者终止班线经营之日前7日在运输沿线各站发布公告的；

（二）外省市货运经营者驻京从事货物运输，未向经营所在地的道路运输管理机构备案的；

（三）道路运输货运代理经营者、机动车综合性能检测机构未按照规定向所在地的道路运输管理机构备案的；

（四）未对专业人员进行岗前和在职专业技能培训或者安排培训不合格的专业人员上岗的。

第五十九条 违反本条例的规定，客运经营者有下列情形之一的，由道路运输管理机构责令改正，处1000元以上3000元以下的罚款；严重影响客运市场秩序的，由原许可机关吊销道路运输经营许可证：

（一）强迫旅客乘车、甩客或者转由他人运送的；

（二）班线客运经营者违反统一售票制度擅自在站外组织客源的；

（三）班线客运经营者不按照许可的线路、场站或者核准的经营范围、班次和时间运营的；

（四）班线客运经营者站外上客或者沿途揽客的；

（五）班线客运经营者未经批准擅自停业或者歇业的；

（六）包车客运经营者承运包车合同之外的旅客的；

（七）跨省市客运的运营线路一端不在车籍所在地的。

第六十条 违反本条例的规定，道路运输场站经营者允许非法的道路运输经营者或者车辆进站从事经营活动的，由道路运输管理机构责令改正，处1万元以上3万元以下的罚款。

第六十一条 违反本条例的规定，道路运输场站经营者有下列行为之一的，由道路运输管理机构责令限期改正；逾期未改正的，处3000元的罚款：

（一）客运、货运场站经营者未按照本条例规定公示的；

（二）客运场站经营者未按照规定制定客流高峰期间的备班运力储备计划和加班运营计划的；

（三）客运场站经营者安排的加班车辆的技术等级不符合运营班线要求的。

第六十二条 违反本条例的规定，道路运输货运代理经营者将受理的货物运输业务交给不具有相应合法资格的货运经营者承运的，由道路运输管理机构责令改正，处1000元以上3000元以下的罚款。

第六十三条 违反本条例的规定，机动车维修经营者出具虚假的机动车维修合格证的，由道路运输管理机构责令改正；有违法所得的，没收违法所得，处违法所得2倍以上10倍以下的罚款；没有违法所得或者违法所得不足3000元的，处5000元以上2万元以下的罚款；情节严重的，由原许可机关吊销其经营许可证；构成犯罪的，依法追究刑事责任。

第六十四条 违反本条例的规定，机动车维修经营者有下列情形之一的，由道路运输管理机构责令改正；逾期未改正的，处2000元以上5000元以下的罚款；严重侵犯消费者合法权益的，由道路运输管理机构处5日以上15日以下的停业整顿：

（一）未按照规定执行机动车配件采购、检验、使用和公示制度的；

（二）未按照规定分项计算工时费、材料费或者将结算清单交付托修方的；

（三）使用的机动车维修设备不符合国家和本市相关标准的。

第六十五条 道路运输经营者违反本条例安全管理的有关规定，由道路运输管理机构责令限期改正；逾期未改正的，道路运输管理机构可以责令存在安全隐患的场所、车辆或者其他设施、设备停止使用；不符合安全条件的，依法吊销相应的行政许可证件。

第六十六条 经许可的道路运输经营者在停业整顿期间仍从事道路运输经营活动的，由道路运输管理机构按照未经许可擅自从事道路运输经营活动的有关规定处理。

第六十七条 道路运输从业人员有下列不具备安全条件情形之一的，由发放从业资格证件的道路运输管理机构吊销其从业资格证件：

（一）道路客货运输驾驶员、道路危险货物运输从业人员身体健康状况不符合有关机动车驾驶和相关从业要求且没有主动申请注销从业资格的；

（二）道路客货运输驾驶员、道路危险货物运输驾驶员发生重大以上交通事故，且负主要责任的；

（三）机动车维修技术人员发生重大生产安全事故，且负主要责任的；

（四）发现重大事故隐患，不立即采取消除措施，继续作业的。

第六十八条 违反道路运输管理规定，

有下列情形之一的，道路运输管理机构依法从轻或者减轻行政处罚：

（一）主动消除或者减轻违法行为危害后果的；

（二）受他人胁迫有违法行为的；

（三）配合行政机关查处违法行为有立功表现的；

（四）其他依法从轻或者减轻行政处罚的。

违法行为轻微并及时纠正，没有造成危害后果的，不予行政处罚。

第六十九条 道路运输管理机构在监督检查过程中发现有违反相关法律、法规规定的其他行为，按照相关法律、法规应当予以处理的，应当移交有关部门依法处理。

第六章 附 则

第七十条 从事机动车驾驶员培训的，适用国家和本市有关的规定。从事非经营性危险货物运输的，适用国家和本市有关经营性危险货物运输的规定。

第七十一条 本条例所称货运经营者，包括在本市道路上从事专业性货物运输的企业和个体工商户，以及其他为社会或本企业提供货运服务、具有经营性质的货物运输者。

第七十二条 区、县人民政府根据本地区经济社会发展的需要，可以依照市人民政府的相关规定，对在新城中心区内从事昼运的货运车辆实行总量控制。

第七十三条 本条例自2009年12月1日起施行。1997年7月18日北京市第十届人民代表大会常务委员会第三十八次会议通过，根据2001年5月18日北京市第十一届人民代表大会常务委员会第二十六次会议通过的《北京市道路运输管理条例修正案》第一次修订，根据2002年3月29日北京市第十一届人民代表大会常务委员会第三十三次会议通过的《北京市道路运输管理条例修正案》第二次修订的《北京市道路运输管理条例》同时废止。

关于《北京市道路运输条例（草案）》的说明

——2009年3月26日在北京市第十三届人民代表大会常务委员会第十次会议上

北京市交通委员会主任 刘小明

主任、各位副主任、秘书长、各位委员：

我受市人民政府委托，现就《北京市道路运输条例（草案）》（以下简称《条例（草案）》作如下说明。

一、立法的必要性

道路运输是国民经济的基础性行业，是现代服务业的重要组成部分，是城市客货流体系的基础，贯穿于社会生产、流通、消费的每个环节。北京作为国家首都和内陆特大型城市，道路运输对实现城市功能定位的支持和保障作用尤为显著。本市道路运输行业分为道路客运、道路货运、机动车维修、道路运输场站及相关服务经营。其中道路客运包括班线客运和包车客运，客运车辆总计8600余部，客运线路通达22个省、自治区、直辖市的400多个地、市、县，已基本形成以北京为中心，以高等级公路客运为主干线的辐射全国的省际间班线客运网络；道路货运企业51,553户，车辆11.78万部，场站12个，承载着70%流入量和30%流出量；机动车维修企业5841户，2007年维修机动车990余万辆次，在机动车保有量已达340余万辆且以年增10%的速度持续增长的情况下，机动车维修能力相应提高，基本能够满足不断增长的车辆维修需求。

1997年本市制定了《北京市道路运输管理条例》（以下简称《条例》），《条例》的实施，对保障本市道路运输业的健康发展起了重要作用，但是随着本市经济和社会的发展，《条例》已难以适应新的形势，与科学发展观的要求存在一定差距。一是有必要明确新时期本市道路运输事业的定位和发展方向。目前道路货运市场主体"小、散"特点突出，道路货运专业化车辆少，道路货运的社会化程度低，不能适应本市经济发展的需要，也不符合道路运输业发展方向。进一步明确道路运输事业发展方向，加强宏观层面战略布局，有效整合道路运输市场资源，做大做强道路运输企业，已经成为适应本市经济和社会发展的必然。二是有必要加强政府对道路运输业的指导与服务。随着政府职能转变的进一步深入，政府的管理理念已经发生改变：一方面进一步公开政务信息，归集并公布企业服务信息和市场供求信息，发挥市场引导作用；另一方面进一步修正行政管理职能，通过优化资源配置、规范市场秩序，为企业提供良好的经营环境。这些工作取得了阶段性成果，需要立法提供制度保障。三是有必要完善安全监管手段，提高安全监管能力。本市道路运输行业还存在安全生产制度不健全、工作机制不完善等问题。国家有关安全生产的法律、法规虽然作了一些统一的规定，但是本市道路运输行业存在的安全管理问题有其自身特点，首都的特殊地位也对本市道路运输安全提出了更高的要求，这都需要地方性法规作出进一步规定。四是有必要完善道路运输服务规范，进一步提高道路运输服务水平。道路运输经营者提供的客运、货运及机动车维修等服务，关系到人民群众的切身利益，相关法律、法规对道路运输行为的规范还不够具体和完善，需要通过地方立法进一步细化和补充。近来年，本市在道路运输管理实践上被证明行之有效的制度和措施，特别是奥运会期间采取的一些临时性保障措施，如物资需求信息的归集与发布、对运输车辆的环保要求、应急运输保障等等，也有必要通过立法确立下来，形成长效机制。

2004年国务院出台了《中华人民共和国道路运输条例》（以下简称国务院《条例》）。本市《条例》的部分规定与国务院《条例》不一致，如道路运输场站的管理，机动车驾驶员培训的管理，旅游客运的管理等等，有必要作相应的调整。

二、《条例（草案）》的起草过程

此次立法，成立了由市人大常委会城建环保办、市人大常委会法制办、市政府法制办、市交通委、市运输局、市交通执法总队、交通部科学研究院、市道路运输协会、市汽车修理协会共同组成的立法工作机构，在全面总结道路运输管理部门多年的实践经验和深入调研道路运输管理的现状和问题的基础上，借鉴国家和外省市道路运输管理法规的有益经验，起草完成了草案初稿。在审查过程中，征求了市政府有关部门和18个区县政府的意见，并通过首都之窗网站公开征集社会意见，专门听取了长途客运、运输场站、物流、机动车维修等企业的意见。充分吸收和采纳各方面意见，反复修改，形成了现在的《条例（草案）》。《条例（草案）》已经2008年12月1日市人民政府第19次常务会议审议通过。

三、《条例（草案）》的主要内容

《条例（草案）》共六章六十四条，分为总则、道路运输服务、道路运输安全、监督检查、法律责任和附则。现就主要内容说明如下。

（一）明确了适用范围

《条例（草案）》规范的是经营性道路运输活动，本市道路运输包括道路旅客运输、道路货物运输以及场站经营、运输服务、机动车维修、驾驶员培训等道路运输相关业务。与国务院《条例》相比，适用范围中增加了道路运输服务。这主要是考虑到本市道路运输正由传统服务业向现代服务业转型，仓储理货、货运代理等运输服务在整个道路运输活动中起着越来越重要的作用，为统筹道路运输和道路运输服务的发展，将道路运输服务纳入到《条例（草案）》规范的范畴。

另外，考虑到对公共电汽车客运和出租车客运的管理国家有单独的办法，《条例（草案）》规定适用范围不包括公共电汽车客运和出租车客运，这与国务院《条例》的规定是一致的。

（二）明确道路运输事业发展方向，建立现代化大都市道路运输体系

本市道路运输产业目前正处于由传统道路运输体系向现代客货流运输体系转型的关键时期。为加强宏观层面战略布局，有效整合道路运输资源，引导并依法保障道路运输业的可持续发展，参照本市国民经济和社会发展规划、城市总体规划、北京交通发展纲要和交通运输部制定的交通运输产业政策，《条例（草案）》明确了道路运输是本市现代服务业的重要组成部分的定位，确定了统筹规划、科学发展、节能环保、安全便捷的发展原则，确立了客运的城乡一体化、区域一体化以及与其他客运方式一体化的发展方向，以及货运的社会化、专业化和集约化的发展方向。规定优先发展封闭、厢式、罐式货车运输等专业化货运，鼓励货运、仓储、货运代理等行业向现代物流业发展；引导机动车维修服务站点的网络化建设，鼓励发展综合性和连锁经营的机动车维修企业。通过制定和实施交通发展规划、道路运输发展计划，保障道路运输事业发展目标的实现。

（三）完善道路运输服务规范，提高道路运输服务水平

1. 在客运方面。一是针对本市道路旅客运输换乘不尽便利、线路设置不尽合理等问题，规定道路运输管理部门对客运线路的起止站、中途停靠站的设置、调整原则和提前7日向社会公示的义务。二是为保持良好的乘车环境，规定经营者对车辆卫生、技术性能的保持义务。三是为保持客运线路和运力的相对稳定，保障乘客可以享有不间断的服务，规定了班线客运的最少经营期限、停歇业审批和社会公示制度。四是规定了享受公交补贴政策的郊区客运经营者应当遵守的规范。

2. 在货运方面。为解决城市中心区货运难的问题，在统筹城市保障性物资运输和交通秩序管理、环境保护需要的基础上，一是规定了城市中心区货运实行夜运为主、昼运为辅的配送方式。二是规定市运输管理部门、市公安交通管理部门会同其他有关部门共同制定可以在城市中心区通行的运营车辆标准，确定可以全天通行的车辆。

3. 在机动车维修方面。针对机动车维修技术性强、维修信息不对称，车主利益易受侵犯的问题，细化了国家规定的配件采购、检验和使用制度以及维修质量检验制度、维修质量保证期制度，以保证维修质量，保护车主利益；规定维修经营者应当将维修项目及工时定额、收费标准等服务信息录入本市道路运输信息系统向社会公布，并在维修场

所公示相关服务制度、服务项目、服务承诺、价格标准和投诉举报电话，以保障车主知情权。

4. 在场站经营方面。为保证春运、黄金周等客运高峰时乘客可以走得了、走得好，一是规定了运输高峰期的运力保障措施，要求客运场站经营者制定备班运力储备计划和加班运营计划；二是要求加班车辆的技术等级应当符合运营班线的要求。

（四）强化安全管理，保障道路运输安全运行

首都的道路运输安全是道路运输管理的重点，《条例（草案）》针对本市道路运输行业存在的安全保障制度不健全的特点，从安全监控、人员培训、应急处置等方面对道路运输安全保障进行了规范。一是建立了危险货物运输企业安全评价制度。要求危险货物运输企业定期委托具有相应资质的中介机构开展安全评价，并将评价结果报运输管理部门。二是对客运和危险货物运输实行全程监控。为便于监控重点车辆的运行情况，要求客运车辆和危险物品运输车辆必须安装并使用卫星定位系统，并保持实时连通。三是建立了从业人员教育培训制度。要求从业人员未经教育培训不得上岗。四是建立了危险货物运输查验登记制度。规定危险货物交付运输时，对运输车辆和驾驶、押运人员的资质进行查验并登记。五是建立了客运场站安全生产保障制度。规定了安全生产例会制度、从业人员安全生产教育和培训制度、生产安全事故隐患排查制度、出站车辆安全检查制度和行包安全检查制度等5项基本工作制度，以及客运场站候车大厅乘客人数控制和紧急疏散的安全保障措施。六是建立了应急处置机制。规定道路运输企业依法编制应急预案，明确了预案主要内容以及相应的演练要求；明确了政府突发公共事件应急运输保障预案的编制、演练和应急处置组织的要求。

（五）加强政府的服务与监管，实现管理与服务相结合

为了保障道路运输业健康、有序发展，为道路运输经营者提供良好的经营环境，《条例（草案）》转变过去“重管理、轻服务”的理念，强调政府的服务与指导，实现管理与服务相结合，寓管理于服务之中。一是建立管理和服务平台，为企业和社会提供信息化服务。规定运输管理部门收集、整理相关管理和服务信息，通过道路运输信息化系统和共享平台向社会发布。二是建立部门间的协调配合机制，整合信息资源，发挥市场引导作用。要求运输管理部门会同有关部门建立协调机制，定期组织调查生产、生活等重要物资的货运需求信息并发布，引导运输供给与需求平衡发展。三是建立投诉渠道，保障运输服务对象的合法权益。运输服务对象认为经营者侵犯其合法权益向道路运输管理部门投诉的，道路运输管理部门应当及时调查处理；双方产生纠纷的，可以申请道路运输部门调解处理。四是明确了管理部门的执法责任，规范了执法人员的执法行为，建立了执法监督机制。

（六）巩固奥运成果，体现地方和时代特色

《条例（草案）》总结了本市成功举办奥运会的经验，吸收了保障奥运运行的相关制度的创新成果。一是明确了对运输车辆的环保要求。使用符合机动车污染物排放标准和燃料消耗限值标准的营运车辆；道路运输行政许可决定应当符合绿色环保标准要求；可以全天在城市中心区通行的车辆应当符合专业化要求和绿色环保标准。二是规定了应急运输保障措施。当维持城市正常运行所需物资的运输受到影响时，市运输管理部门可以会同相关部门采取应急运输保障措施，道路运输经营者应当服从调度指挥。三是规定了客运场站的安检制度。客运场站按照规定配

备安全检测仪器，对进入场站的旅客的行李包进行安全检查。

此外，国务院《条例》对道路运输经营许可的许可事项、条件、程序、期限等作了具体规定，《条例（草案）》依据国务院《条例》对本市现行的许可制度作了相应的调整。《条例（草案）》还对国务院《条例》设定的法律责任进行了细化和补充。

《条例（草案）》已印送各位委员，请予审议。

市人大城建环保委员会
关于《北京市道路运输条例（草案）》
审议意见的报告

——2009年3月26日在北京市第十三届人民代表大会常务委员会第十次会议上

市人大城建环保委员会主任委员　赵　义

主任、各位副主任、秘书长、各位委员：

为了加强和改进立法工作，不断提高立法质量，城建环保办公室于2008年9月向主任会议提交了《关于修订〈北京市道路运输管理条例〉的立项论证报告》。主任会议认为，我市1997年制定的《北京市道路运输管理条例》已经不能适应经济和社会发展的需要，为了解决实际工作中存在的突出问题，发挥地方性法规的作用，有必要重新制定本市道路运输条例。主任会议还对立法思路及主要内容提出了明确要求。城建环保办公室随即展开了相关工作。

2008年12月，市人大城建环保委员会收到市人民政府提请市人大常委会审议的《北京市道路运输条例（草案）》（以下简称《条例（草案）》）后，分别征求了部分市人大代表、十八个区县人大常委会、市政府有关委办局的意见和建议，并在北京市人大常委会门户网站上公开征求了社会各界的意见和建议。

与此同时，城建环保办公室注重发挥专家作用，以调研课题为依托，深入开展调研和协调工作。城建环保办公室针对《条例（草案）》中涉及的重点和难点问题，召开了专家座谈会，走访了本市部分物流基地和货运场站，并对本市部分商业设施的商品装卸、储存等配套设施的建设和使用情况进行了暗访。根据调研及各方面的意见，我们组织市人大常委会法制办公室、市政府法制办公室、市政府有关委办局，对《条例（草案修改建议稿）》进行了多次专题研究，并与市政府法制办以及市发展改革、规划、公安交通等七个委办局反复进行了协调。市人大常委会内务司法办公室在协调过程中给予了积极配合。

今年2月18日，市人大城建环保委员会召开第六次会议，对《条例（草案）》进行了审议，现将审议意见报告如下。

城建环保委员会认为，《条例（草案）》重点规范了以下内容：明确了新时期本市道路运输事业的发展方向、强化了城乡统筹、完善了道路运输服务规范、强化了安全管理、建立了市场退出机制、加强了政府的服务与监管职能。《条例（草案）》基本成熟，建议经常委会审议修改后颁布实施。

需要说明的是，《条例（草案）》所规范的道路旅客运输是指跨省市长途客运、郊区县客运和包车客运，沿用了国务院《道路运输条例》关于道路旅客运输的适用范围。目前国务院正在起草的《公共电汽车客运条例》并没有将上述道路旅客运输纳入其中，相关法规体系及财政补贴政策也尚未进行调整。为了贯彻城乡统筹精神，防止出现立法盲区，《条例（草案）》第十八条规定了郊区客运实行与城市公共交通“四统一”政策，即统一规划、统一线路、统一服务标准及统一票价，初步建立了全市统一协调的道路客运体系。另外，本市已于1997年出台了《北京市出租汽车管理条例》，对出租客运进行了专门规范。因此，目前《条例（草案）》道路旅客运输的适用范围具有阶段性特征。

目前我市道路运输还存在以下几方面问题亟待规范和解决：一是关于货运经营车辆适用范围问题；二是城市中心区货物运输问题；三是城市中心区商业装卸和储存配套设施问题；四是货运场站问题等。

城建环保委员会认为，我市道路运输目前正处于由传统运输业向现代物流业转化的关键时期，制定本市道路运输条例必须按照科学发展观的要求，从保障城市运行、促进道路运输和全市物流业发展的高度，准确把握严重制约本市道路运输业可持续发展的深层次、根本性问题，提出切实可行的方案和对策，并给予必要的法制保障。

城建环保委员会在审议过程中，对《条例（草案）》提出了以下具体修改意见和建议。

一、关于货运经营车辆适用范围问题

目前，本市获得经营许可的货运经营车辆11.8万辆，其中属于专业运输公司的货运经营车辆3.4万辆，个体经营的货运经营车辆3万辆，其他货运经营车辆5.4万辆。另外本市还有约5万货运车辆的经营与非经营性尚不明确。为了进一步强化对经营性货运车辆的规范和管理，有必要明确货运经营车辆的适用范围，表述为：“本条例所称货运经营者，包括在本市道路上从事专业性社会化货物运输的企业、从事本企业生产资料或产品销售运输的企业，以及从事货物运输的个体工商户。”（《条例（草案修改建议稿）》第七十二条）

二、关于城市中心区货物运输问题

为了确保交通安全，减少交通拥堵节点，我市多年来一直执行城市中心区货运车辆限行措施，在此背景条件下，对城市中心区货物运输车辆实行限行措施的一些深层次矛盾日益凸显，主要表现为：货运车辆标准低，运输成本高、运输效率低；运输资源配置缺乏科学性，以客代货、假通行证泛滥等违法现象严重；物流配送运输企业社会化、专业化和集约化水平低，第三方物流发展缓慢；政府管理手段单一、引导服务职能不到位。

北京是我国特大消费型城市，城市中心区道路通行权属于有限公共资源，目前对货运车辆限行管理的单一模式已不适应现代国际城市发展的需要。因此，有必要借鉴本市组建绿色车队的经验，采用明确货运车辆标准、强化节能减排、平衡供求关系、择优配置货运单位、强化部门合作以及实施有效监管等为一体的综合调控模式，从而提升城市中心区货物运输及城市物流的整体质量、效益和效率，实现安全、环保、便捷。

据此，对《条例（草案）》提出以下修改建议：一是规定本市对城市中心区可以全天通行的货运车辆实行总量控制、分类管理、择优配置、分步实施（《条例（草案修改建议稿）》第二十三条）。二是规定本市应当通过公开、公平、公正的方式择优确定城市中心区可以全天通行的货运经营者和车辆，建立淘汰退出机制，并向社会公布。具体办法由市人民政府制定并组织实施（《条例（草案修改建议稿）》第二十四条）。三是规定市运输管理部门应当会同相关部门确定本市通行的货运车辆以及城市中心区可以全天通行的货运车辆的车型、外观、安全、环保等标准，确定城市中心区可以全天通行的货运经营者的标准，确定城市中心区可以全天通行的货运车辆数量（《条例（草案修改建议稿）》第二十五条）。四是规定城市中心区可以全天通行的货运车辆，应当使用远程定位监控系统，并保证与本市道路运输信息共享平台的实时连通（《条例（草案修改建议稿）》第二十七条）。

需要说明的是，关于以客代货、假通行证泛滥、违法停车、未按规定时限运输、超限超载、车辆遗撒等违法现象，《道路交通安全法》及其实施办法、《公路法》、《北京市市容环境卫生条例》等法律、法规已有相应的规定和处罚措施，为了维护法制统一，避免重复设罚，并保持与相关法律、法规的有效衔接，建议将《条例（草案）》第六十二条违反相关法规应当予以移交的规定进一步完善，作为《条例（草案修改建议稿）》第七十条："道路运输管理部门在监督检查过程中发现有违反相关法律、法规规定的其他行为，按照相关法律、法规应当予以处理的，应当移交有关部门，由有关部门依法处理。"

三、关于城市中心区商业装卸和储存配套设施问题

城市中心区商业设施多分布于繁华地带，交通流量大，易发交通拥堵。随着市场经济的发展，出租柜台成为了商业经营的主流模式。商业经营者为了降低成本，谋求利润最大化，尽量不建、少建，不用、少用商业装卸和储存设施，导致物流配送停车难、卸货难，市政道路被停放的配送车辆挤占，成为交通拥堵的重要节点。其问题实质是商业业主将份内应承担的责任和成本推向社会，公共利益受到严重影响。考虑到存量商业装卸和储存设施改建情况极为复杂，难以操作，建议重点对增量商业装卸和储存配套设施进行规范。

因此，建议在《条例（草案）》第二章第三节中增加一条作为《条例（草案修改建议稿）》第二十八条："城市中心区的大中型商业设施，应当具备与其经营规模相适应的商品装卸、短期存储条件，其商品装卸活动不得影响周边道路畅通。新、改、扩建大中型商业设施时，应当同步配建商品装卸、储存等配套设施。配套设施未进行交通影响评价或交通影响评价未通过的，发展改革部门不予立项或核准，规划部门不予核发建设工程规划许可证。任何单位和个人不得擅自改变商品装卸、储存等配套设施的使用性质。"

四、关于货运场站问题

货运场站既是长途货运的物流节点，又是城市配送的起点，具有仓储、保管、配载、装卸、理货等功能。货运场站是促进道路运输业健康发展、保障城市运行，特别是中心城物流配送的重要基础设施。目前，我市货运场站面临的主要问题是：货运场站定性不明确；多头管理；专项规划缺失、现有相关规划布局不合理，内容缺失；建设工作滞后；多数场站设施简陋、功能单一；无法有效承担北京及京津冀区域货物集散、中转、流通加工等运输服务的重任；自发形成的违法场站导致土地供给上的管理缺失。充分发挥政府职能作用，以疏导为主开展工作，是逐步解决上述问题的有效途径。

建议在第二章第四节中增加一条作为《条例（草案修改建议稿）》第三十二条，表述为："道路运输场站属于城市基础设施，应当科学规划、合理布局。市交通行政管理部门会同相关部门根据城市总体规划和土地利用规划编制道路运输场站专项规划。道路运输场站专项规划经市规划行政管理部门审查后报请市人民政府批准，由区县人民政府或市政府相关部门组织实施。市人民政府对列入规划的场站的建设，应当在土地、资金等方面给予支持。"

五、关于发挥行业协会作用

行业协会具有搭建政府与企业之间桥梁和纽带、维护企业合法权益和行业自律等多项职能。充分发挥道路运输行业协会作用，有利于道路运输事业健康发展。因此，建议在第一章总则中增加一条作为《条例（草案修改建议稿）》第八条，明确道路运输行业协会引导行业自律、规范经营行为、维护行业合法权益、参与法律、法规、政策标准的制定宣传等职责；建议在第二章第一节中增加一条作为《条例（草案修改建议稿）》第十五条，明确道路运输行业协会应当发挥监督检查作用，建立专项评估制度，对会员的服务质量、安全生产水平进行考核，并将评估和考核结果报送道路运输管理部门。

六、其他方面的修改建议

为了进一步发挥政府主管部门在行业发展中的引导作用，建议明确由市运输管理部门定期公布行业发展指导意见（《条例（草案修改建议稿）》第七条第三款）。为了加强对道路运输的安全监管，建议按照国家的有关规定，对道路运输从业人员的资质进行管理，并增设罚则（《条例（草案修改建议稿）》第十二条、第六十八条）。为了规范货运代理市场秩序，建议对货运代理备案规定予以细化，并对违法货运代理行为增设了罚则（《条例（草案修改建议稿）》第三十五条、第六十三条）。为了规范机动车综合性能检测经营者的经营行为，建议对其实行备案管理，明确行为规范，并对未按照规定备案的经营者增设罚则（《条例（草案修改建议稿）》第三十五条、第三十六条、第五十九条）。为了加强对机动车维修经营者的安全管理，降低安全生产事故发生率，建议规定机动车维修经营者使用的汽车喷烤漆房、举升机等维修设备应当符合国家和本市相关标准，并增设罚则（《条例（草案修改建议稿）》第三十八条、第六十五条）。为了避免重复设罚、限制执法部门的自由裁量权，我们还对国务院条例中关于未经许可擅自从事道路运输经营，以及道路运输经营者未按照规定对运输车辆进行维护检测行为的处罚进行了细化（《条例（草案修改建议稿）》第五十五条、第五十七条）等。

此外，城建环保委员会在审议中还对《条例（草案）》中部分文字作了修改，对部分条款的顺序作了调整，修改建议稿已送常委会各组成人员。

以上报告，供常委会组成人员审议时参考。

市人大法制委员会
关于《北京市道路运输条例（草案）》
审议结果的报告

——2009年7月23日在北京市第十三届人民代表大会常务委员会第十二次会议上

市人大法制委员会副主任委员　张　引

主任、各位副主任、秘书长、各位委员：

2009年3月26日，市十三届人大常委会第十次会议审议了《北京市道路运输条例（草案）》（以下简称《条例（草案）》）。会上，有27位常委会组成人员和2位代表发表了意见和建议。常委会组成人员和代表们认为：道路运输是现代服务业的重要组成部分，是城市物流体系的基础，关系到首都全面协调可持续发展，关系到人民群众的切身利益。1997年制定的《北京市道路运输管理条例》已经不能满足首都经济社会发展的需要，制定新的道路运输条例是必要的。《条例（草案）》以国务院行政法规为依据，从当前首都道路运输业科学发展的实际需要出发，特别是在总结奥运制度成果的基础上，明确规定了本市道路运输业的发展方向、统筹城乡道路运输的发展、保障道路运输的安全、提高政府公共服务水平等方面。《条例（草案）》的内容基本成熟，符合本市道路运输工作的实际情况。同时常委会组成人员和代表们还提出了修改意见和建议。

会后，法制委员会会同市人大城建环保委员会、市政府法制办和市交通委，对常委会审议中的重点难点问题开展了多次调研论证活动：4月中旬组织召开了两次专题座谈会，分别听取了市发改委、市规划委、市商务委和市公安交通管理局以及18个区县政府和交通部门的意见和建议；5月中旬前往中关村东方红卫星定位企业、六里桥客运枢纽、祥龙客运公司和市工商局、通州区进行了实地调研；还通过书面征求专家意见，电话咨询市民政局、市质量技术监督局和市道路运输行业协会的意见，上网查询相关信息等方式，广泛征求了各方面的意见和建议。

7月1日法制委员会召开会议，根据常委会的审议意见和有关方面的意见，对《条例（草案）》进行了审议。法制委员会认为，《条例（草案）》根据《中华人民共和国道路运输条例》，结合了本市道路运输工作的实际情况，内容较为全面，具有较强的可操作性。同时，对《条例（草案）》提出了进一步修改的意见。现将审议结果报告如下。

一、关于道路运输行业协会

在审议过程中，有的常委会组成人员和城建环保委员会提出：为了发挥道路运输行业协会的作用，促进道路运输事业的发展，建议根据现有的法律、法规增加道路运输行业协会的内容。法制委员会同意常委会组成人员和城建环保委员会的意见，认为：有必要从当前本市道路运输行业协会的实际情况出发，明确规定协会在推进行业自律、诚信建设等方面的职责，发挥好协会的桥梁纽带作用，因此建议增加一条，作为第十条，表述为：“本市道路运输行业协会依照章程，建立健全行业自律制度，规范和指导会员经营行为，组织会员开展诚信建设，提高会员的服务质量，维护会员合法权益，参与道路运输相关政策法规、行业标准的研究制定和宣传贯彻。”（《条例（草案修改稿）》第十条）

二、关于道路运输从业人员行为规范和法律责任

在审议过程中，城建环保委员会提出：为了加强对道路运输的安全监管，建议增加道路运输从业人员的行为规范和法律责任的内容。法制委员会同意城建环保委员会的意见，同时参考《道路运输从业人员管理规定》（交通部2006年第9号令），明确对道路客货运输驾驶员等从业人员的规范管理和相关的法律责任，因此建议增加两条内容，分别作为第十五条和第六十七条，表述为：“道路运输管理机构依法对道路客货运输驾驶员、道路危险货物运输从业人员、机动车维修技术人员、机动车驾驶培训教练员、道路运输经理人实行从业资格管理，采取措施提高从业人员的安全和服务水平。

道路客货运输驾驶员和道路危险货物运输从业人员必须取得相应从业资格，方可从事相应的道路运输活动。”（《条例（草案修改稿）》第十五条）

同时，在法律责任一章中，增加了相应的处罚条款。（《条例（草案修改稿）》第六十七条）

三、关于城市中心区货物运输

《条例（草案）》第二十三条规定了本市城市中心区货物运输的内容。在审议过程中，有的常委会组成人员和城建环保委员会提出：为了提升城市中心区货运的整体质量和效益，有必要借鉴奥运会期间绿色车队的经验，建立起强化部门合作的综合调控模式，市人民政府对此应加强统筹协调，由市交通委、市公安交通管理局、市环保局、市农委等多个部门实施联合监管。法制委员会同意常委会组成人员和城建环保委员会的意见，认为：城市中心区的货运，在目的上应当优先保障城市的正常运行和人民群众生产生活的需要，并注重缓解道路交通压力，对此有必要规定对在城市中心区内从事昼运的货运车辆实行总量控制、分类管理、择优配置；同时，考虑到该项工作涉及政府多个部门的联合监管，因此授权市人民政府制定具体的实施办法，并逐步实施加以落实。建议将本条修改为：“本市城市中心区的货运应当保障城市正常运行和人民群众生产、生活的需要，缓解道路交通压力；实行夜运为主、昼运为辅的方式。本市对在城市中心区内从事昼运的货运车辆实行总量控制、分类管理、择优配置，并逐步实施。

本市应当公布在城市中心区内从事昼运的货运经营者的条件和货运车辆的车型、外观、安全、环保等标准；通过公开、公平、公正的方式确定符合要求的货运经营者，并建立淘汰退出机制。具体办法由市人民政府制定。”（《条例（草案修改稿）》第二十五条）

四、关于城市中心区大型商业设施配建商品装卸和储存设施

在审议过程中，有的常委会组成人员和城建环保委员会提出：目前城市中心区的商业设施由于没有配建相应的商品装卸和储存设施，造成周边地带交通拥堵的情况比较突出，对此应加强规范管理，建议增加相关内容。法制委员会同意常委会组成人员和城建环保委员会的意见，认为：有必要在法规中

明确城市中心区大型商业设施应当具备相应的商品装卸和储存设施的内容，同时考虑到对现有大型商业设施进行改建的情况比较复杂，因此只重点规范新、改、扩建大型商业设施的问题，建议增加一条，作为第二十七条，表述为："城市中心区的大型商业设施，应当具备与其规模相适应的商品装卸、短期储存条件，其商品装卸活动不得影响周边道路畅通。

新、改、扩建大型商业设施时，应当同步配建商品装卸、储存等配套设施。大型商业设施及其配套设施在立项时，应当依法进行交通影响评价。未进行交通影响评价或经评价对交通环境将造成重大不利影响的项目，发展改革部门不予立项或核准，规划部门不予核发建设工程规划许可证。

任何单位和个人不得擅自改变商品装卸、储存等配套设施的使用性质。"(《条例(草案修改稿)》第二十七条)

五、关于道路运输场站规划

在审议过程中，有的常委会组成人员和城建环保委员会提出：货运场站是城市物流配送的重要基础设施，针对目前面临的主要问题，建议增加相关的内容，加强规范管理，促进货运场站的健康发展。法制委员会同意常委会组成人员和城建环保委员会的意见，认为：道路运输客货运场站属于城市交通基础设施，政府的相关部门应当根据城市总体规划等编制专项规划并组织落实，因此建议增加一条，作为第三十一条，表述为："道路运输场站属于城市交通基础设施，应当科学规划、合理布局。

市交通行政主管部门会同有关部门根据城市总体规划、土地利用规划和交通发展规划编制道路运输场站专项规划。道路运输场站专项规划经市规划部门审查后报请市人民政府批准，由区、县人民政府或市政府相关部门组织实施。市和区、县人民政府对列入规划的道路运输场站的建设，应当在土地、资金等方面给予支持。"(《条例(草案修改稿)》第三十一条)

六、关于货运经营者界定

在审议过程中，城建环保委员会提出：为了加强对经营性货运车辆的规范和管理，建议增加货运经营车辆适用范围的内容。法制委员会同意城建环保委员会的意见，认为：有必要从本市货运行业行政管理的现状出发，同时结合《道路运输货运及站场管理规定》(交通部 2008 年第 9 号令)，明确货运经营者的范围，使其具有可操作性，因此建议增加一条，作为第七十一条，表述为："本条例所称货运经营者，包括在本市道路上从事专业性货物运输的企业和个体工商户，以及其他为社会或本企业提供货运服务、具有经营性质的货物运输者。"(《条例(草案修改稿)》第七十一条)

七、关于新城中心区实行总量控制

在审议过程中，城建环保委员会提出：建议增加区县人民政府可以对新城中心区全天通行的货运车辆实行总量控制的内容。法制委员会同意城建环保委员会的意见，建议增加一条，作为第七十二条，表述为："区、县人民政府根据本地区经济社会发展的需要，可以依照市人民政府的相关规定，对在新城中心区内从事昼运的货运车辆实行总量控制。"(《条例(草案修改稿)》第七十二条)

此外，法制委员会还根据常委会的审议意见和有关方面的意见，对《条例(草案)》的一些文字表述、条款顺序作了修改和调整。

法制委员会按照上述意见提出《北京市

道路运输条例（草案修改稿）》，提请市人大常委会第二次审议。

《条例（草案修改稿）》和以上意见是否妥当，请予审议。

市人大法制委员会关于《北京市道路运输条例（表决稿）》的说明

——2009 年 7 月 25 日在北京市第十三届人民代表大会常务委员会第十二次会议上

市人大法制委员会副主任委员　张　引

主任、各位副主任、秘书长、各位委员：

2009 年 7 月 23 日，市十三届人大常委会第十二次会议对《北京市道路运输条例（草案修改稿）》（以下简称《条例（草案修改稿）》进行了审议。审议过程中，常委会组成人员和代表没有提出新的修改意见。会下，有一位常委会组成人员提交了书面修改意见。法制办公室研究后，对《条例（草案修改稿）》作了个别文字修改，并报经主任会议同意。据此，法制委员会提出《北京市道路运输条例（表决稿）》，建议本次常委会会议通过，并自 2009 年 12 月 1 日起施行。

市人大常委会执法检查组关于检查《中华人民共和国老年人权益保障法》及《北京市老年人权益保障条例》实施情况的报告

——2009 年 7 月 23 日在北京市第十三届人民代表大会常务委员会第十二次会议上

市人大常委会副主任　柳纪纲

主任、各位副主任、秘书长、各位委员：

为了保障老年人的合法权益，市十届人大常委会于 1995 年制定了《北京市老年人权益保障条例》（以下简称保障条例），八届全国人大常委会于 1996 年制定了《中华人民共和国老年人权益保障法》（以下简称保障法）。保障法和保障条例以宪法为依据，从我国的基本国情和本市实际出发，对老年人需要特别保护的权益作出了比较全面的规定，确立了老龄事业的发展目标，即“老有所养、老有所医、老有所教、老有所为、老有所学、老有所乐”；明确了各级政府、社会团体、企业事业组织、家庭应承担的责任和义务。保障法规定，国家和社会应当采取措施，健全对老年人的社会保障制度，逐步改善保障老年生活、健康以及参与社会发展的条件；各级政府要将老龄事业纳入国民经济和社会发展计划，逐步增加财政投入，使老龄事业与经济、社会协调发展；明确了保障老年人合法权益是全社会的共同责任，各级各类组织应当按照各自职责做好老年人权益保障工作。这些规定，为维护老年人合法权益提供了法律保障。

为保证法律、法规在本市的贯彻实施，切实维护老年人的合法权益，今年3月至5月，市人大常委会执法检查组对保障法和保障条例的贯彻执行情况进行了检查，听取了市政府有关部门的工作汇报；视察了部分区（县）老龄工作，召开了相关社会组织负责人参加的座谈会，听取他们对老龄工作的意见和建议；检查组还深入15个社区，与退休工人、干部、教师和农民等不同职业、不同年龄段和不同健康状况的老年人深入交谈，了解他们的需求。在执法检查过程中充分发挥代表作用，邀请近百人次的市人大代表参加了检查和调研活动。同时，结合执法检查的重点、难点问题，对今年市人代会上代表提出的涉及老年人权益保障方面的19件建议进行了重点督办，有关部门在接受检查的过程中，根据代表建议积极改进工作，使执法检查与办理答复建议有机结合，有力地推动了政府部门相关方面的工作，代表们对建议办理情况都表示满意。部分区县人大常委会也同步对贯彻落实法律、法规情况开展了执法检查。

6月22日，执法检查组召开全体会议，讨论通过了执法检查报告。下面，我就执法检查情况报告如下。

一、本市贯彻落实保障法和保障条例的基本情况

保障法和保障条例实施以来，市政府及其有关部门高度重视，认真履行保障老年人合法权益的各项职责。一是将老龄事业纳入我市国民经济和社会发展计划，制定了老龄事业发展规划，建立健全各项配套政策、措施，促进老龄事业与经济社会协调发展；二是不断完善养老保障体系，加大财政投入，不断提升老年人的生活保障和健康水平；三是大力推进养老服务体系建设，不断改善居家养老人群的生活照料和个性化服务；四是拓展老年人参与社会发展的领域，丰富了老年人的精神文化生活。保障法和保障条例贯彻实施十几年来，我市老年人权益保障水平有了很大提高，全社会维护老年人合法权益的意识不断增强，初步形成了敬老、养老、助老的社会氛围，老年人的合法权益得到了较好的维护，养老保障和养老服务水平居全国前列。

（一）城乡养老保障体系基本形成，“老有所养”得到落实

近年来我市积极探索城乡社会养老保险制度改革，逐步建立了以城镇职工基本养老保险制度、机关事业单位退休金制度、城乡居民养老保险制度、福利性养老保障制度为基础，以老年人优待制度、城乡最低生活保障制度、农村“五保”制度、农村部分计划生育家庭奖励扶助制度等为补充的多层次的社会养老保障制度。2008年出台的城乡无社会保障老年人福利性养老保障政策，在全国率先建立了统筹城乡、标准一致的福利性养老保障制度，社会反响强烈，深受老年人的欢迎。为进一步提高老年人社会福利水平，我市于2008年制定了《关于加强老年人优待工作的办法》，在老年人乘坐地面公交车、参观游览公园和博物馆等文化体育场所、建立高龄津贴和发放养老服务补贴、提供优惠医疗服务及为老年人开展法律服务等方面，提出了11项优待办法。优待办法的出台，保证了老年人能够共享经济社会发展成果。

（二）老年人医疗保障水平逐步提高，“老有所医”目标初步实现

建立城镇职工基本医疗保险、城镇居民基本医疗保险和新型农村合作医疗等医疗保障制度，实现了医疗保险在全市城乡范围内的全覆盖。加强老年人卫生服务体系建设，在全市18个区县建立了老年病专科医院。加大社区卫生服务体系建设，通过为老年人建立免费健康档案，定期为老年人进行体检，开展老年健康知识宣传教育，促进了老年人健康水平的提高。社区卫生服务站为老年人看病就医提供了方便。

（三）新型养老服务体系初步形成，养老服务水平得到提升

逐步展开以“居家养老为基础、社区服务为依托、机构养老为补充”的新型养老服务体系建设。新型养老服务体系以社区为依托，多数老年人在社会化服务协助下通过家庭照顾养老，部分高龄、空巢、生活半自理和有特殊困难的老年人通过政府购买社区照顾服务养老，有效地弥补了家庭照料的缺失和不足。如开通96156社区服务热线，推出“菜单式”为老服务项目，开设老年餐桌等。逐步推广建立城乡社区空巢家庭老年人的帮扶网络，使老年人在出现特殊情况时能够及时得到救助。为满足身体致病、致残、生活不能自理老年人和部分“五保”老年人的集中照料、护理需求，坚持政府主导的原则，加大资金投入，兴办各类敬老院。为调动社会力量参与敬老院建设的积极性，在建设资金支持、运营补助、土地供给等方面出台了优惠政策。目前全市共有各种类型的敬老院339所，4万余张床位。

（四）老年人积极参与社会发展，精神文化生活日益丰富

为满足老年人参与社会发展的愿望，我市采取多种措施，为老年人参与社会发展、发挥作用搭建平台。例如组织老年知识分子参与“银龄行动”，支援贫困地区，提供文化、医疗、科技服务；组织离退休专家到区（县）开展援助项目，返聘退休医学专家到社区卫生中心站工作等。针对老年人以在社区生活为主的特点，发动他们积极投身和谐社区建设和新农村建设。通过建立老年人协会、开办老年学校、建设老年人活动场所和设施，组织引导老年人参与各类文化、体育、娱乐活动，丰富了老年人的精神文化生活。

（五）老年维权保障措施不断完善，合法权益得到较好维护

为了使老年人权益保障法律、法规得到社会的普遍认可和执行，法制宣传部门利用多种方式开展普法宣传教育，开办法律专家热线和专家课堂为老年人提供法律服务咨询。各类法律服务机构按照法律、法规确定的职责，畅通老年人维权渠道，为老年人维权提供优惠便捷的服务。各级司法机关依法打击各种侵害老年人合法权益的违法犯罪活动，保护老年人的人身和财产安全，为老年人参与诉讼活动提供优先服务，同时对特困老年人实施司法救助，保证老年人合法权益在受到侵害时能够依法及时得到维护。

二、存在的问题

面对人口老龄化发展的趋势日益严峻和老龄事业持续发展的需求，保障法和保障条例的贯彻实施还存在以下问题。

一是全社会对人口老龄化特点、发展趋势及对经济社会发展的影响在认识上有待深化，对推进老龄事业发展的紧迫性有待提高。老年人权益保障法律、法规宣传教育的针对性不强，侵害老年合法权益的行为还时有发生。一些单位和组织参与公益性养老服务的自觉性不高。

二是养老保障水平有待提升。本市已建立起覆盖全市城乡的养老保障体系和医疗保

障体系，但由于基础薄弱，养老保障水平相对较低，城乡差别仍然较大。在调研中“老有所养、老有所医”的落实依然是老年人最为关注的问题。一些国有、集体企业中较早退休的老职工退休金水平相对偏低；农村地区特别是边远山区的老年人有基本生活保障，但医疗保障水平相对较低。

三是养老服务社会化水平不高。目前我市社区养老服务处于起步阶段，引进社会力量参与养老服务的体制、机制还不够健全，养老服务社会化程度不高，市场准入、运行、监管不规范。家政服务、日间照料、精神慰籍等为老服务的项目短缺，空巢老人、高龄老人家庭急需的家政服务人员不能满足需求，生活半自理和不能自理老年人的护理需求缺口更大。

四是敬老院养老床位供需矛盾突出。随着老龄化社会的发展，老年人进入敬老院养老的要求增多，由于历史上对敬老院建设投入不足，造成敬老院床位数量与需求缺口较大。另外，由于敬老院建设布局不尽合理、有的服务功能不全或缺乏专业队伍、服务水平不高等原因，造成现有的敬老院床位中有近三分之一没有得到充分有效的利用，床位空置率较高。

五是老龄工作机构队伍有待加强，工作机制有待健全。区县和街道、乡镇的老龄工作机构人员配备不尽合理，人员流动性较大，专业人才缺乏。老龄工作机构隶属关系不一致，在工作中不能充分发挥综合协调、监督检查和服务职能。

三、对进一步贯彻落实法律、法规的建议

为进一步贯彻落实保障法和保障条例，推动我市老龄事业的健康发展，提出以下建议。

（一）进一步提高对老龄工作重要性的认识

我市在1990年就已步入老龄化社会，老年人口数量为109万，占当年人口总数的10%。目前我市老年人口数量已达到254万，占人口总数的15%，老年人口年平均增长率为4.9%，高于总人口年均增长率，呈现人口老龄化发展速度快的特征。根据预测，到2020年我市老年人口数量将达到350万，到2050年将达到650万的峰值。市政府及其有关部门要充分认识到这一发展趋势的严峻性，给我市经济社会发展带来的挑战，提高对发展老龄事业重要性、紧迫性的认识。要从贯彻落实科学发展观和建设“人文北京、科技北京、绿色北京”的大局出发，把老龄事业作为加强社会建设、改善民生、促进经济发展和维护首都社会和谐稳定的大事来抓，深入研究、科学筹划，加大投入，坚持改革创新，完善制度措施，确保老龄事业与经济、社会协调发展。

（二）进一步加强对老年人权益保障的宣传教育

一是要广泛宣传人口老龄化发展的趋势和严峻挑战，提高全社会贯彻落实法律、法规的自觉性，增强发展老龄事业的紧迫感。二是要深入开展对老年人群体的普法宣传教育，尤其是对老年人法律服务、法律援助、司法救助等优待政策的宣传，提高老年人依法维权能力。三是要加强对开展慰老助老活动、志愿服务、落实老年优待政策等工作的宣传，使老年人切实感受到政府和社会的关心和尊重。四是要针对当前社会上存在的忽视老年人精神需求、“啃老族”现象以及侵害老年人合法权益的问题，运用灵活有效的方法开展宣传教育，进一步增强全社会维护老年人合法权益的意识。

（三）进一步健全完善养老保障体系

市政府及其有关部门要立足于我国基本国情和我市实际，积极探索创新，进一步深化社会保障体制机制改革，抓紧健全完善养老保障体系，为我市人口老龄化高峰的到来

做好准备。一是要在完善养老保障制度基础上不断提高保障水平，使养老保障水平与首都经济、社会发展水平相适应。二是要按照城乡一体化的要求，逐步增加农村老年人的保障性收入，加快农村医疗卫生体系建设步伐，逐步缩小城乡差距。

（四）加快推进养老服务体系建设

我国从20世纪70年代开始实行计划生育政策，目前第一代独生子女已进入婚育年龄，“421”家庭模式已经显现。由于家庭结构的改变，家庭养老功能逐步弱化，养老服务的社会需求迅速增长。市政府及其有关部门要重视养老服务体系建设，积极探索符合国情和我市实际的体制机制，搞好政府主导和市场运作的衔接，走出一条有特色的路子。一是加强对养老服务社会化配套政策研究。要针对养老服务社会化基础薄弱的问题，加强对引导、扶持社会力量参与养老服务的政策研究，制定切实可行的政策和措施，出台配套的管理办法，调动社会力量参与养老服务的积极性，提高养老服务的社会化程度；针对老年人的服务需求，加强对家政服务人员职业教育和专业技能培训，提高养老服务水平。二是加大敬老院养老床位建设力度。要积极采取措施落实我市“十一五”规划确定的建设任务。对今年新增1.5万张养老床位的建设任务，要加大工作力度，确保按期完成。新建敬老院要合理规划布局，规范服务标准，拓展服务功能，提高服务人员职业素质和专业技能。对现有敬老院要进行必要的改造，提升服务水平，提高使用效率。要探索敬老院的医疗服务与现行医疗保障制度相衔接的机制，满足敬老院医疗服务需求。民政、发展改革、财政、规划、土地资源管理等部门要切实履行部门职责，保证相关政策、措施落实到位。

（五）加强老龄工作机构和队伍建设

加快市级老龄工作机构的改革步伐，研究解决区县老龄工作部门统筹协调、监督检查能力弱的问题。对老年人口数量较大的区，要根据老龄工作的实际需要配备相应的老龄工作干部；有条件的街道和乡镇应当配备专职老龄工作干部。加强对社区工作者的教育和培训，缓解老龄工作机构干部短缺、队伍不稳定的问题。

（六）对修改和完善保障条例的建议

根据此次检查情况，对下一步修订和完善保障条例提出以下建议：一是保障条例在内容上需与保障法相衔接。由于我市保障条例先于国家保障法颁布实施，在内容上多处与保障法衔接不紧密，应根据我市实际情况对有关条款进行调整和细化。如应根据保障法的规定增加老年人参与社会发展的具体条款。二是需要增加的有关内容。近年来，我市在社会保障、社会福利、社会救助等方面相继出台了多项政策、措施，应将成熟的政策、措施上升为法规条款；在保障条例中增加发展养老服务业的相关内容，以便政府综合利用行政、法律和经济等手段，有效整合社会资源，推进养老服务业的发展；在保障条例中应按照城乡一体化的要求，增加对农村老年人的权益保障内容。三是在保障条例中应对政府各相关部门的职责和老龄工作机构的职能定位进行明确，保证各级政府及有关部门依法有效地开展老年人权益保障工作。

推进老龄事业发展，是关系到首都经济社会持续协调发展，建设和谐社会首善之区的一项重要工作。应持续抓好保障法和保障条例的贯彻落实，促进我市老年人权益保障工作不断向前发展。

以上报告，请予审议。

关于北京市贯彻执行《中华人民共和国老年人权益保障法》和《北京市老年人权益保障条例》情况的报告（书面）

——2009年7月23日在北京市第十三届人民代表大会常务委员会第十二次会议上

北京市老龄工作委员会

主任、各位副主任、秘书长、各位委员：

受市人民政府委托，向市人大常委会报告本市贯彻执行《中华人民共和国老年人权益保障法》和《北京市老年人权益保障条例》工作情况。

本市于1990年进入老龄化社会。截至2008年年底，全市老年人口254.3万，占总人口的15%。

本市老年人口以低龄为主，老年人口的高龄化趋势明显。70岁以下、70—79岁和80岁及以上老年人分别占全部老年人口的46.2%、39.5%和14.3%。随着住房条件改善，家庭规模小型化，子女外出工作求学增多，身边无子女的纯老年人家庭户日益增加。高龄老人、独居老人增加，是本市人口老龄化过程中的重要特征。

据预测，到2020年，全市老年人口达到350万，2050年达到650万。在今后几十年内，本市老年人口将大量增加，老龄化发展形势越来越严峻，老龄工作任务将越来越繁重。

一、主要工作和成效

《中华人民共和国老年人权益保障法》（以下简称《老年法》）和《北京市老年人权益保障条例》（以下简称《条例》）的颁布实施，充分体现了国家对广大老年人的关怀，标志着老龄工作和老龄事业步入了法制化发展轨道。在市人大的指导监督下，本市各级党委、政府和各有关部门高度重视，认真学习宣传，积极贯彻落实，在依法行政和保障老年人合法权益工作方面取得较大成绩，促进了本市老龄事业的发展。

（一）完善配套规章，为落实法律、法规提供了政策保障

近10年来，本市制定出台了30多项与保障老年人权益有关的规章制度，涵盖社会养老保障、医疗保障、社会敬老优待、养老服务机构发展、老年人司法保护等多方面内容。

2000年后，本市发布了《关于加强老龄工作的决定》，制定了三个老龄事业五年发展规划，并先后出台了《北京市基本养老保险规定》、《北京市城乡无社会保障老年居民养老保障办法》、《北京市城乡居民养老保险办法》等一系列养老保障政策，建立了城乡低保制度和农村计划生育家庭奖励扶助制度，并在全国率先启动“一老一小”医疗保险制度改革，颁布了《北京市养老服务机构管理办法》，出台了新的《北京市老年人优待办法》等等。这些规章制度的制定实施，为进一步保护老年人合法权益，推进老龄工作发展创造了良好的政策、法规环境。

（二）成立老龄机构，为维护老年人权益提供了组织保障

市委、市政府高度重视老年人权益保障工作，加强了老龄工作机构的组织建设和制度建设。

《条例》规定：“市人民政府老龄工作领导小组负责对本市老龄事业发展中的重大问题进行调查研究，协调解决需要由有关部门共同参与解决的综合性问题，监督、检查有关维护老年人合法权益的法律、法规的实施。”1996年4月，北京市人民政府老龄工作领导小组成立，为市政府议事机构，由16个委办局作为成员单位共同组成。2000年，北京市人民政府老龄工作领导小组更名为北京市老龄工作委员会，成立市老龄办为市老龄委的办事机构。当前，市老龄委成员单位已增至34个。为发挥并加强议事协调职责，市老龄委相继建立了会议制度（老龄委全会、老龄委主任办公会、成员单位联络员会议、专题会议）、汇报交流制度、检查和激励制度，在老龄理论研究和老龄工作实践中，初步形成“大老龄”的工作格局。

随着市级老龄工作机构的调整，各区县老龄工作机构也进行了调整，目前全市各区县及各街乡均成立了同级老龄工作委员会。

（三）建立城乡社会养老保障体系，保障了老年人基本生活

按照科学发展观和构建和谐社会首善之区的要求，本市以制度创新为重点，形成了以城镇职工基本养老保险制度、机关事业单位退休金制度、城乡居民养老保险制度、福利性养老保障制度为基础，以老年人社会优待制度、城乡最低生活保障制度、农村“五保”制度、农村部分计划生育家庭奖励扶助制度、社会慈善制度为补充的广覆盖、多层次的社会养老保障制度，在全国率先实现了城乡老年人人人享有养老保障的目标。

当前，本市城镇职工基本养老保险制度进一步完善。自1994年建立基本养老金调整制度以来，15年间经过16次调整，截止到2009年，退休人员养老金平均水平从制度实施前的月人均270元大幅度提高到月人均1851元，位于全国前列，实现按时足额发放。全市参加基本养老保险的离退休人员达181.07万。

在农村，积极探索新型农村社会养老保险制度改革。截至2008年年底，全市累计参保127.5万人，参保率达到85%。有5.9万名农村老年人领取个人账户养老金和财政补贴的每人每月280元的基础养老金。为实现城乡养老保障制度一体化，本市从2009年开始实施《北京市城乡居民养老保险办法》，实现了城乡居民养老保险制度的全覆盖。

在福利性养老保障方面取得了重大的制度性突破，《北京市城乡无社会保障老年居民养老保障办法》规定，城乡无社会养老保障老年人每月可享受200元的福利养老金。这是全国第一个统筹城乡、标准一致的福利性养老保障制度。截至2008年年底，全市共有56.27万名城乡无社会保障老年人享受了福利养老金，其中农村老年人口约占75%。

2008年年底，全市共有4.1万多名老年人（城市1.3万，农村2.8万）按照分类救助系数1.05—1.15的标准享受城乡低保待遇。3000多名“五保”老年人得到政府供养。

自2005年起实施农村部分计划生育家庭奖励扶助制度，四年累计拨款3000多万元奖励扶助1.1万名农村计划生育家庭老人，奖励扶助金由最初的每人每年600元提高到目前的1200元，比国家规定的最低标准高出一倍。

社会慈善资金积极投入老龄事业，在贫困老年人救助、城乡低保老人享受“慈善医疗卡”等方面发挥了重要的作用。

（四）丰富优待服务内容，促进了老年人共享社会发展成果

为进一步完善本市老年社会保障体系，

促进老年人共享经济社会发展成果，提高老年人社会福利水平，本市于2009年1月1日制定实施新的《北京市老年人优待办法》，在生活服务、文体休闲、医疗保健、养老扶助和维权服务等方面，出台11条项优待政策，受到老年人的普遍欢迎。

优待政策在65岁以上城乡老年人免费乘坐市域内地面公交车、游览公园景区，90岁以上老年人领取高龄津贴，特殊老年人领取居家养老服务补贴等惠老政策上有了重大突破。截至目前，全市共有160万65周岁及以上的老年人享受免费乘坐市域内公交车、免费游览150家公园景点的优待。2008年，全市共有2.1万名90岁以上的老年人享受到总额2200万元的高龄津贴，今年前五个月，已有约2万名老年人享受近1000万的高龄津贴。

（五）健全医疗保障和卫生服务体系，提高了老年人健康水平

为提高老年人医疗保障和健康服务水平，缓解老年人看病难、就医难的问题，本市建立了以城镇职工基本医疗保险、城镇居民医疗保险、农村新型合作医疗制度为主要内容，以城镇居民“一老一小”大病医疗保险制度、城乡医疗救助制度为补充，覆盖城乡全体居民的医疗保障制度体系。城镇职工基本医疗保险制度覆盖范围不断扩大，退休人员医疗待遇水平不断提高，医疗费用负担逐步减轻。截止到2008年年底，全市参加城镇职工基本医疗保险的人员已达870.97万人，其中退休人员182.44万人。在全国率先实施城镇居民“一老一小”大病医疗保险制度，有18.2万老年人参保。完善了城镇居民医疗保险制度。进一步提高新型农村合作医疗的筹资水平，参加“新农合”的农村老年人口为44.3万（2007年年底）。健全了贫困老年人医疗救助制度。

初步构建起以市老年保健及疾病预防中心为技术依托，以市和区县老年病医院为骨干，以社区卫生服务机构为基础的老年卫生保健服务体系。强化社区卫生服务功能，社区卫生服务机构提出了为老年人提供“三优先”（优先就诊、优先出诊、优先建立家庭病床）的服务承诺，为老年人免费建立健康档案，为无社会保障老年人免费体检，为有需求的老年人建立家庭病床，为社区老年人定期开展健康教育讲座，并开展义诊、健康咨询等活动，普及老年健康知识。针对对老年人健康危害较大的常见慢性病，引入“知己健康管理”模式，有效调动老年人主动参与健康管理，增进老年人健康，减轻老年人医药费用负担。

（六）加快养老服务体系建设步伐，提升了老年人生活质量

为建立和完善以居家养老为基础，以社区服务为依托，以机构养老为补充的养老服务体系，本市加快了老年福利服务设施和老年活动设施的建设，规范了社会为老服务工作。

2008年，城八区和房山、顺义等10个区开展了特殊老年人居家养老服务补贴试点工作，符合条件的老年人根据不同情况享受每人每月50元至250元的养老服务补贴。从去年10月至今年5月，已为试点区内4万名老年人发放1200万元养老服务补贴。今年，居家养老服务补贴工作将在18个区县全面推广。

各区县坚持以基层社区为依托，以社区服务为载体，创造性地开展了多层次、多样化、全方位、系列化的服务，建立了全市统一的96156社区服务热线，设置6大类200多个服务项目，发放便民服务卡，开设老年餐桌，方便老年人的生活。建立安全、医疗、生活、慰藉等“四位一体”的社区空巢家庭老人帮扶网络，为近4万户有特殊困难老人安装了“一按铃”或应急服务铃，满足了特

殊老年人的需要。

养老服务机构建设力度加大，社会化程度提高。截至2008年年底，全市养老服务机构达336所，床位数4万张。其中，政府办养老机构214所，床位1.9万张；社会办养老机构122所，床位2.1万张。探索实施“公办民营”模式。社会办养老机构在建设资金支持、运营补助、土地供给等方面有了新的突破，共有359所次社会办养老服务机构获得政府260多万元的资助。加强了养老服务队伍专业化、职业化培训。

加快建立覆盖城乡的老年人活动设施和场所。市政府投资建成1万多平方米的北京市老年活动中心。在城市社区，建成2244个面积不少于100平方米的社区“星光老年之家”，拥有了“三室一场一校”（文化活动室、日间照料室、医疗保健室，老年健身活动场，老年学校）的服务功能。在集体经济薄弱的山区村投入资金1.25亿元，完成1255个村“山区星光计划”设施的建设任务。加大了无障碍设施的建设和改造力度。

（七）促进老年文教体事业发展，丰富了老年人精神文化生活

目前，全市共有各级老年人协会6147个，各级老年学校、老年大学3119所，晨晚练辅导站4905个。这些群团组织和活动场所，吸引了几十万老年人常年参加活动，成为群众体育活动的主力军。各有关部门组织开展了老年人运动会、健康老人评选、老年合唱大赛、敬老文艺演出、老年电影节、老年游园等丰富多彩的文教体活动，并以举办奥运会、残奥会为契机，把老年群众体育活动与奥运参与紧密结合，提升了老年人优秀健身项目表演水平。扶持了品牌老年艺术团队建设，开展了遍布城乡的基层文化活动，丰富了老年人精神文化生活。

为老年人参与社会发展搭建平台，形成了在政治上关心引导老年人，在生活上关爱照顾老年人的良好氛围。老年人积极投入到抗击“非典”、抗震救灾和奥运志愿服务等重大活动中，参与社会发展及“和谐社区”、“社会主义新农村”建设，在社区党建、社区服务、治安、卫生、文化、绿化、青少年教育以及“银龄行动”——支援贫困地区的文化、医疗、科技服务等活动中，发挥着积极的作用。

（八）加强法制宣传和法律服务，维护了老年人合法权益

十几年来，本市坚持以法制、行政、舆论及道德教育等多种手段相结合，积极做好综合协调工作，广泛动员社会各界参与、支持和配合，共同做好老年人权益保障工作。

各级人大、政协积极开展《老年法》和《条例》的执法检查和调查研究，推动政府职能部门依法履行职责。1997年，市人大常委会专题听取并审议了市政府贯彻执行老年法律、法规情况的报告。2001年，市政协对本市养老服务机构建设情况开展调研，为加快发展养老服务事业建言献策。2006年，本市对《老年法》颁布实施十周年以来的执行情况进行了检查评估。市人大代表和政协委员提出的涉老建议和提案逐年增多。

本市积极开展了多种形式的爱民助老活动，依法严厉打击各种侵害老年人合法权益的违法犯罪活动。加强了老年人法律援助和法律服务工作，为老年人诉讼提供优先服务，对贫困老年人实施司法救助。成立了北京市维护老年人权益服务中心，开通了为老服务热线电话，建立了市、区县、街乡、居村四级维权服务网络。在居（村）通过签订《赡养协议书》、《双养协议书》，督促老人子女履行家庭赡养和精神慰藉义务。

各有关部门和各区县普遍开展了形式多样的普法宣传和敬老道德教育活动，通过将《老年法》和《条例》列入普法内容，把老年法律、法规纳入中小学德育教育课程，举办

老年人权益法律、法规知识大赛，开办媒体宣传专栏，评选推荐“全国老年维权示范岗”和“全国敬老模范社区”等多种形式，广泛深入宣传保障老年人权益的法律、法规。通过组织老年人学习老年法律、法规，增强老年人自我保护能力。加强信访工作，积极畅通群众监督渠道，帮助老年人解决问题。新闻媒体通过典型案例曝光、以案释法等形式，加强了对老年法律、法规贯彻执行情况的舆论监督和引导。

二、存在的主要问题

本市在老年人权益保障工作方面，进行了大量的尝试和创新，取得了良好的成效。但在人口老龄化快速发展和经济转轨、社会转型、利益格局不断调整变化的新形势下，老年人权益保障工作还存在着以下问题。

一是配套法规、规章尚不完备。当前法规规章主要规范社会养老保障、医疗保障、养老服务机构发展等方面的内容，在满足老年人生活照料、社区服务、休闲娱乐、社会参与等方面需求的规范性文件较少。老年福利事业投入机制尚不健全。

二是社会养老保障体系建设仍需完善。本市农村社会养老保障制度建设起步晚，覆盖面还需提高。多层次的城镇职工养老保险体系需要进一步完善。特困老年人社会救助力度还需加强。医疗保障水平不足以满足老年人的需求，老年医疗服务缺乏特色，社区卫生服务特别是农村医疗卫生服务还需进一步加强。

三是社会化养老服务尚不能满足老年人的需要。社区居家养老服务刚刚起步，老年人日间照料、生活护理、送餐服务、家政服务和精神慰藉等项目比较缺乏。养老机构总量不足，分布不均，存在一定的床位空置现象，护理型机构数量还较少，与老年人的照料服务需求存在差距。

四是老年人精神文化生活还不够丰富。老年人的文化活动内容比较单一。基层老年人文化娱乐团队缺少经费和指导。社区资源共享困难，老年文化娱乐活动场所较少。现有老年活动场所因缺少管理经费和管理人员，利用率还不高。老年人参与社会发展的渠道较少。

五是社会上还存在侵害老年人合法权益的现象。当前极少部分家庭成员依法保障老年人权益的法制意识和敬老道德观念淡薄，干涉老年人婚姻，侵占老年人住房和财产，不赡养老人等现象还有发生。

六是老龄工作机制不规范，工作力量尚显薄弱。各级老龄工作机构在编制性质、隶属关系和部门级格上还不够规范，协调老龄委成员单位的力度较弱。基层老龄工作力量薄弱，无法应对日益增多的老年人服务和管理工作。养老服务职业教育机制尚未形成，专业服务队伍缺口大。

三、完善措施，继续抓好《老年法》和《条例》的实施

当前本市老龄工作和老龄事业发展还存在不少薄弱环节，需要在今后的工作中加以改进和克服。重点要抓好以下几项工作。

（一）完善老龄政策、法规体系

建立完善的老龄政策体系是保障老年人合法权益，依法开展老龄工作，促进老龄事业健康、持续发展的重大基础性建设任务。随着本市经济社会进一步发展，人口老龄化进程加快，本市养老保障、医疗保险、城乡居民最低生活保障、老年人优待等新政在探索中相继出台，为老年人权益保障的实施增加了新的内容，需要在《条例》中进一步明确和规范。修订《中华人民共和国老年人权益保障法》已列入国家的立法规划，提请市

人大常委会也尽早启动《北京市老年人权益保障条例》修订工作。针对当前社会养老保险、医疗保险、护理保险、社会救济、家庭赡养、社区照料、居家养老服务、老年人福利、老年人住宅等与本市人口老龄化发展形势和需求不相适应的方面，建议由立法部门牵头，联合市政府法制部门、老龄工作部门和相关职能部门开展专项调研，总结借鉴国内外先进经验，积极探索养老服务发展新模式，科学设计与本市社会经济发展水平相适应的制度体系，适时推出专项法规，推进老年人权益保障工作依法行政。

（二）健全社会养老和医疗保障制度

结合当前老年人权益保障工作出现的新情况、新问题，本市将进一步健全完善广覆盖、多层次的社会养老保障制度，提高老年人生活质量。在国家政策指导下，逐步做实养老保险个人账户；积极探索事业单位养老保险制度改革；鼓励和指导有条件的单位建立企业和职业年金；不断提升退休人员社会化管理服务水平；继续实施城镇职工基本养老金调整制度，不断改善退休人员基本生活；根据本市经济发展和财政承受能力，逐步提高城乡居民基础养老金和老年居民福利金待遇水平。完善老年人优待制度，努力提高服务质量，适当扩展优待项目，适度扩大优待人群。继续实施低保人群的分类救助制度，建立起低保标准的科学调整机制，对老年人适当提高调整系数。规范老年人专项救助制度及临时救助制度。积极探索建立计划生育家庭的养老保障制度。继续做好老年人的医疗保障工作，推行社会保障卡。建立老年健康服务体系，完善老年健康服务网络。

（三）提升社会为老服务水平

按照“到2020年，90%的老年人在社会化服务协助下通过家庭照顾养老，6%的老年人通过政府购买社区照顾服务养老，4%的老年人入住养老服务机构集中养老”的“9064”养老规划设想，大力推进本市以居家养老服务为基础、社区服务为依托、机构养老为补充的养老服务体系建设。全面开展居家养老服务工作，整合社会资源，调动各方面的积极性，在社区层面普遍建立居家养老服务机构、场所，加强专业化、职业化与志愿服务相结合的居家养老服务队伍建设，为居家的老年人提供生活照料、家政服务、康复护理和精神慰藉等方面的服务。加大政府购买社会化为老服务力度，制定高龄老年人、生活自理困难的老年人、纯老年人家庭人员等特殊老年人居家养老补贴办法和服务细则。完善养老服务机构制度建设，加快发展养老服务机构建设，增加床位数，提高入住率；科学规划养老服务机构建设用地，合理布局城乡机构数量；加大财政补贴力度，引导、支持社会力量兴办养老服务机构，并继续落实各项优惠措施；继续抓好养老服务机构的标准化工作和行政管理工作，引导养老服务机构提升自我管理能力；大规模培养养老服务机构专业服务人才队伍，提高服务质量。

（四）丰富老年人精神文化生活

大力宣传本市人口老龄化发展形势、老龄工作方针和各部门、社会各界落实“六个老有”的新举措和新成果，提升全社会对发展老龄事业的认识和责任感，营造良好的老龄事业发展环境。发挥首都政治文化中心的优势地位，结合本市老年人才资源丰富的特点，发挥文化、教育、体育、出版、宣传、共青团、工会、妇联、残联等主管部门的主导作用，同时引导社会力量，整合社会资源，指导基层老年人文化、教育、体育活动团队建设，加强社区老年活动场所和设施建设和资源共享，组织丰富多彩的老年人活动，举办老年学校，提高老年人精神文化生活水平，共同促进首都老年文教体事业发展。扎实做好老年人优待服务工作，发挥交通、公园、园林绿化、旅游、文物等部门的主导作用，调动服务部门的积极性和主动性，为老年人出行、锻炼和娱乐活动提供优惠、优质服务。尊重、维护老年人劳动和社会参与的权利，积极探索老年人力和人才资源合理参与社会的途径和方法，搭建舞台，加强指导，营造老年人参与社会发展的政策和社会环境。

（五）加大老年人权益维护工作力度

进一步完善维权工作的协调与领导体制，加强直接面向老年人的维权服务组织建设，加强维权队伍建设。认真贯彻落实信访条例和市政府对信访工作的具体要求，加强人员培训，不断提高信访工作和维权服务质量。结合老年维权工作实际，有计划、有步骤地推进老龄法规、政策宣传普及工作，着力提高《老年法》和《条例》的社会知晓率。加大司法援助力度，为老年人参加诉讼活动提供优先、优待、优质服务。落实加强尊老敬老思想道德教育，树立爱老助老先进典型，打击侵犯老年人合法权益的行为，发挥社会舆论的监督和警示作用，协调老龄社会代际关系，倡导全社会理解、尊重、关心和爱护老年人，营造社会敬老道德环境，维护社会和谐稳定。

（六）加强老龄工作机制和队伍建设

做好老年人权益保障工作，要充分发挥各级党委政府的主导作用，坚持政府在老龄事业发展中的主体地位，坚持以公共财政投入为主渠道、社会力量积极参与的老龄事业资金筹措机制。进一步完善老龄工作机制，加强老龄工作机构力量。切实发挥成员单位的作用，按照成员单位承担的老龄工作职能，把老龄事业纳入本部门的工作规划中。强化各级老龄办的职责任务，明确其“参谋助手、监督检查、综合协调”的职责内涵。建议市人大常委会在《条例》修订中明确老龄工作机构的行政职能定位，明确老龄办为法律授权的贯彻实施《老年法》和《条例》的专门机构，具有行政执法主体资格。统一市级和区县老龄工作机构编制性质，批准为公务员或参照公务员管理的部门，真正体现老龄工作方针中政府主导的责任和功能意义。统一区县老龄工作机构部门级别为处级单位，加强与成员单位工作上的协调力。按照区域老龄人口比例，合理确定本地区老龄事业发展经费和老龄工作办公经费，并纳入同级财政预算。有计划地培训老龄工作干部。进一步探索基层社区老龄工作的工作机制，配备基层老龄专干，引导基层老龄工作健康发展。

《中华人民共和国老年人权益保障法》和《北京市老年人权益保障条例》在全市老年人权益保障中发挥了重要的作用，是本市老龄工作的指南和老年人权益保障的坚强后盾。认真解决好贯彻落实法律、法规过程中出现的问题，依法维护好老年人的合法权益，是我们的一项重要而艰巨的任务。我们将继续坚持依法行政，努力做好各项老龄工作，推动本市老龄事业发展迈上新台阶。

以上报告，提请市人大常委会审议。

市人大常委会执法检查组关于检查《中华人民共和国水污染防治法》及《北京市实施〈中华人民共和国水污染防治法〉办法》实施情况的报告

——2009年7月23日在北京市第十三届人民代表大会常务委员会第十二次会议上

市人大常委会副主任　刘晓晨

主任、各位副主任、秘书长、各位委员：

为进一步推进水污染防治法律、法规的贯彻实施，促进本市水污染防治工作，改善首都水环境质量，市人大常委会成立了水污染防治法律、法规执法检查组，对《中华人民共和国水污染防治法》（以下简称水污染防治法）和《北京市实施〈中华人民共和国水污染防治法〉办法》（以下简称实施办法）在本市的实施情况进行了检查。3月下旬，执法检查组召开第一次会议，听取了市政府有关部门关于本市贯彻执行水污染防治法律、法规情况的汇报，全面启动执法检查工作。在市政府及有关部门自查、委托各区县人大常委会对本区县水污染防治法律、法规实施情况进行全面检查的基础上，市人大常委会执法检查组对我市农村污水处理情况、畜禽养殖污染控制情况、河道治理情况和工业企业污染防治情况进行了重点检查，实地检查了七个区县十余个水污染防治重点单位和治理项目。在检查过程中，执法检查组多次召开了委员、代表与市政府有关部门和有关单位的座谈会，并通过市人大常委会门户网站广泛征求了社会各界的意见和建议。6月26日，城建环保委员会召开第七次会议，同时邀请部分市人大代表，共同就市政府关于水污染防治法律、法规实施情况的报告（稿）和执法检查组关于检查水污染防治法律、法规实施情况的报告（稿）进行了认真研究和讨论。现将执法检查情况报告如下。

执法检查组认为，市政府及有关部门认真执行水污染防治法律、法规，坚持依法治污，积极落实水污染防治各项制度和措施，水污染防治法律、法规实施的总体情况是好的，对本市的水污染防治和水环境保护工作起到了积极推动作用。在水资源严重短缺、人口快速增长和污水总量不断增加的情况下，本市饮用水安全得到有效保障，河流湖泊水质达标率有所提高，河道状况有所改善，全市地表水体水质总体保持稳定，水环境恶化的趋势得到了初步遏制。

一、贯彻实施水污染防治法律、法规的主要成效

——规划标准不断完善。为贯彻落实水污染防治法律、法规，市政府组织有关部门编制了《北京市“十一五”时期环境保护和生态建设规划》、《北京市水污染防治“十一五”专项规划》、《北运河流域水环境综合整治规划》等综合和专项规划。根据水污染防

治法的规定，我市出台了严于国家排放标准的《北京市水污染物排放标准》。这些规划和标准的实施，对改善水环境质量起到了重要的保障和推动作用。

——严格落实水污染物总量削减目标责任制。按照水污染防治法关于“县级以上地方人民政府对本行政区域的水环境质量负责，实行水环境保护目标责任制和考核评价制度”的规定，为实现国家环保主管部门要求的水污染物总量削减目标，市政府与各相关部门及区县政府分别签订了目标责任书，将COD减排、出境断面水质达标等项工作任务进行了分解和布置；同时，建立了水污染物总量削减的监测、统计、考核、奖励等一系列制度，有效地推进了减排任务的落实。到2008年年底，全市COD排放量10.13万吨，比2005年减少1.47万吨，累计完成国家要求的削减总任务的86%，减排任务完成情况在全国处于领先水平。

——饮用水源地得到有效保护。市政府及有关部门非常重视饮用水源地保护工作，严格落实水污染防治法律、法规确定的饮用水水源保护区制度。多年来，通过采取建设水源地保护围网、搬迁居民、取消网箱养鱼、关停采选矿点和清洁小流域建设等措施，我市饮用水源地得到了有效保护，密云、怀柔等主要地表饮用水源地一直符合国家地表水二类水质标准。

——污水处理率逐年提高，再生水利用量逐年加大。随着城市污水处理厂的不断建成和投入运行，中心城污水处理率得到了大幅提升，从2004年的58%提高到了2008年的93%。郊区新城和农村地区的污水处理工作也逐步展开，十个郊区县2008年的污水处理率达48%。再生水利用量从无到有，2008年达到6亿立方米，占到全市总用水量的17%，首次超过了地表水用量。

二、存在的主要问题

执法检查组在检查中发现，本市水污染防治执法的力度、行政监管的效能在一些领域和环节仍显薄弱，偷排、超标排放及污水处理设施停运等违法行为仍时有发生。本市水环境状况尚未得到根本改善，水污染防治形势仍然非常严峻，水污染防治工作任务仍然十分艰巨。

（一）水污染物排放总量远大于水环境容量，河湖水质尚未得到根本好转

本市属于水资源严重短缺的城市，加之近年连续干旱少雨，河湖普遍缺少新水补充，水体自净能力下降，大部分河道几乎没有环境容量和纳污能力。虽然全市COD排放量逐年降低，污水处理率逐年提高，但水污染物排放总量相对于水环境容量仍然过大。城市河湖主要依靠污水处理厂的退水或者再生水补充，而目前城镇污水处理厂执行的排放标准与地表水环境质量标准差距较大，污水处理厂的出水虽然达标排放，但仍无法满足地表水体功能的要求。在2008年监测的全市有水河流（共82条，长2020公里）中，四类、五类和劣五类水质河道长度占到了监测总长度的44.1%。城市中、下游地区大部分仍为劣五类水体，下游河湖仍然存在着黑臭现象。

（二）规模化畜禽养殖场、乡镇农村污水处理设施非正常运转的情况比较普遍

近年来，我市逐步加大了对农业养殖业和农村地区污水治理的推进力度，规模化养殖场陆续建设了污水处理设施，一批乡镇和农村污水处理设施也建成投入使用。但由于没有稳定的资金来源渠道、运行费用得不到保障等原因，大部分污水处理设施不能保证正常运转，一些设施成了应付检查的摆设，造成很大浪费。水污染防治法明确规定，畜禽养殖场、养殖小区应当保证其畜禽粪便、

废水的综合利用或者无害化处理设施正常运转，保证污水达标排放；对于不正常使用水污染物处理设施的行为也规定了相应的法律责任。但在实际执法当中，一方面由于缺乏有效的常态监管手段，另一方面也考虑到责任主体确实存在困难等因素，监管部门在执行时往往不够坚决，多年来还没有一家畜禽养殖企业因污水处理设施停运而受到处罚。

（三）污水配套管网建设滞后，成为影响远郊区县污水处理率提高的重要因素之一

由于建设周期长，资金投入大等原因，远郊区县污水配套管网的建设相对滞后。执法检查组了解到，一些已建成的污水处理设施由于配套的污水收集管网不完善，面临着“无水处理”和“水量不足”的问题；与此同时，大量污水由于无法汇入管网而直接排入河道，造成水环境污染。

（四）流域治理机制尚不完善

目前我市跨界污染的现象较为普遍，特别是地处东南的下游区县承纳了中心城及城近郊区的大量污水，上游入境水水质超标不仅影响了下游区域水环境，也对下游区域来之不易的再生水造成二次污染。受污染的区县对流入境内的水污染物缺少治理的积极性或者经济实力，致使下游水质普遍恶化，治理难度越来越大。同时，由于上下游区县之间没有形成密切协作、联防联治的长效协调机制，使得各区县分别开展的水污染治理工作在整体治理成效上大打折扣。

（五）监管措施和执法力度有待进一步加强

与本市水污染防治所面临的严峻形势相比，水环境监管的力度尚显不足，执法难的问题仍然比较突出。如我市2万余家工业企业中排放水污染物的企业约5000家，目前对33家国控和147家市控废水排放重点源单位的监控情况较好，而对于其他排污企业，由于数量多，位置分散，客观上监管难度比较大，成为执法的薄弱环节，监管的经常性和有效性尚待进一步提高。

（六）水污染防治法相关配套实施办法滞后，成为影响法律顺利贯彻实施的因素之一

水污染防治法第18条和第20条明确规定，“重点水污染物排放总量控制制度”和“排污许可制度”的“具体办法和实施步骤由国务院规定”。第23条规定，重点排污单位应当安装自动监测设备、与环保主管部门的监控设备联网并保证监测设备正常运行；排放工业废水的企业应当对所排放的废水进行监测并保存原始记录，这两项规定的“具体办法由国务院环境保护主管部门规定”。第44条规定，“城镇污水集中处理设施的污水处理收费、管理以及使用的具体办法，由国务院规定”。但上述具体办法迄今仍未出台，这些制度和规定在操作层面缺乏具体依据，相关的监管措施和防治手段难以落实，不但影响了监管和执法工作的顺利开展，也成为本市制定水污染防治地方性法规的障碍。

三、贯彻执行水污染防治法律、法规的几点建议

（一）转变治理观念，力争在水生态环境改善上有所突破

市政府和有关部门要围绕首都功能定位，深入贯彻落实以人为本、全面协调可持续的科学发展观，把水污染防治及水资源利用工作作为建设人文北京、科技北京、绿色北京的重要战略性举措来加以重视、筹划和落实，要像治理大气一样治理水污染。治理观念应从污水处理无害化向资源化转变，从中心城污水治理为中心向统筹城乡污水治理转变，从分段分块治理向按流域统筹治理转变。要按照水污染防治法的规定，在继续严格控制工业污染、城镇生活污染、防治农业面源污染的同时，积极推进生态治理工程建设，预

防、控制和减少水环境污染和生态破坏。同时，市政府有关部门、区县政府应当进一步贯彻落实水污染防治法和实施办法的相关规定，在开发、利用和调节水资源时，统筹兼顾，维护水体的合理流量、合理水位和自然净化能力，维护水体的生态功能。建议市政府和有关部门及时展开研究并制定相关措施，在“南水北调”工程引水进京、水资源紧张形势得到一定程度缓解后，切实增加生态用水量，回补地下水资源。要大力实施河道治理和湿地建设工程，多还“老帐”、不欠“新帐”，逐步实现水生态环境的全面恢复。

（二）全面提高水污染物排放标准，缓解水环境容量的压力

针对本市水环境容量极为有限的突出问题，建议市政府根据水污染防治法的授权，综合考虑水环境功能区划的需求和我市当前的经济、技术水平，修订《北京市水污染物排放标准》，实施更为严格的排放标准，以缓解水环境面临的巨大压力。明确规定畜禽养殖业水污染物排放标准，通过提高标准，加大执法力度，逐步淘汰排放不符合标准的畜禽养殖厂；适当提高污水处理厂排放标准，通过升级改造和深度处理，全面提高污水处理厂的出水水质，逐步实现污水处理与再生水生产并轨。

（三）发挥政府主导作用，进一步加大水污染防治资金投入

水污染防治法明确规定，县级以上人民政府应当将水环境保护工作纳入国民经济和社会发展规划；县级以上人民政府对本行政区域的水环境质量负责。建议市和区、县政府切实负起主责，发挥政府主导作用，进一步落实实施办法关于“增加水环境保护资金投入”的规定。一是加大对远郊区县水污染防治工作的资金支持力度，加快远郊区县污水处理设施和配套管网的建设，研究建立污水处理设施运行维护费用的长效保障机制。对乡镇、农村和畜禽养殖厂污水处理设施的运行经费给予一定补贴，保证其正常运转，发挥应有的环境效益。二是对自动监测设施的安装、运行给予一定的资金支持。水污染防治法和实施办法规定，重点排污单位应当安装水污染物排放自动监测设备，与环境保护主管部门的监控设备联网，并保证监测设备正常运行。但在检查中了解到，由于费用较高，企业对安装和正常使用自动监测设备的积极性不高。执法检查组认为，虽然企业是法律责任主体，但综合考虑环境效益和监管成本，对确有困难的企业给予一定的资金支持，从水环境保护的整体和长远来看是必要而有益的。

（四）完善工作机制，切实提高依法防治水平

一是完善监管机制，提高监管能力和实效。要根据形势变化需要，转变执法理念，完善监管手段和方式，扩展监管覆盖面，加大执法力度，进一步增强监管的实效性。应当根据法律、法规的相关规定，探索建立城乡统筹的环境监测模式，将监测网络延伸到农村，为农村水污染防治工作提供科学依据和保障；对小型、分散的污水排放单位，则要根据其特点，探索建立更加方便、有效的监管措施。二是研究建立流域性水污染联防联治工作机制，及时沟通上下游政府间水污染防治的工作情况和信息，协商治理计划，协同治理动作；实施跨区界水质交接责任制和补偿激励机制，不断增强流域治理效果。

（五）突出地方特色，尽快修订本市水污染防治地方法规

《北京市实施〈中华人民共和国水污染防治法〉办法》制定于2002年，实施六年来，为我市水污染防治工作提供了法制保障。通过这次执法检查发现，随着本市水污染防治形势的变化和上位法的修订，实施办法已经不能满足水污染防治工作实际的需要。修订

水污染防治法实施办法已经纳入市人大常委会今年的立法计划。修订工作应当从本市水污染防治工作的实际需要出发，切实增强法规的针对性和可操作性，重点对全面推行排污许可制度，实施水污染物排放总量控制制度；强化污染源单位进行水污染防治设施建设和达标排放的责任和义务；完善水环境标准体系，质量监测、评价体系；强化畜禽养殖业水污染防治；建立流域防治工作机制；规范执法行为，加大处罚力度等方面问题进行研究和规范。此外，建议适时启动与实施办法相关的地方性法规，如《北京市城市河湖保护管理条例》的修订工作，体现流域管理等新理念，增强法规之间的统一协调性，发挥地方法规的合力。

水资源短缺已经成为制约首都经济社会发展的第一瓶颈。市政府及有关部门要深入贯彻落实科学发展观，按照人文北京、科技北京、绿色北京的要求，将水污染防治工作提高到解决人口、资源和环境问题的高度来看待，把建设良好的水环境作为重要的民生工程和民心工程来抓；要充分认识到水污染防治工作的长期性、艰巨性、复杂性和紧迫性，切实加强领导、严格依法行政，进一步增加投入、创新思路，加大水环境治理和水生态建设力度，为实现首都宜居城市建设目标奠定人水和谐的水环境基础。

以上报告，请予审议。

关于北京市贯彻执行《中华人民共和国水污染防治法》及《北京市实施〈中华人民共和国水污染防治法〉办法》情况的报告（书面）

——2009 年 7 月 23 日在北京市第十三届人民代表大会常务委员会第十二次会议上

北京市环境保护局

主任、各位副主任、秘书长、各位委员：

市委、市政府高度重视本市水污染防治工作，近年来紧紧围绕《海河流域水污染防治规划（2006—2010 年）》和《北京市“十一五”水污染物总量削减目标责任书（2006—2010 年）》的要求，坚持依法行政、以人为本、生态治水和可持续发展，以改善水环境质量为目标，突出饮用水源保护、污染减排、污水处理设施建设和河湖综合整治等重点工作，较好地体现了首都防治水污染的特点。特别是“十一五”以来，借承办 2008 年北京奥运会的契机，进一步加快环境基础设施建设和综合整治力度，全面推进水环境质量改善工作。近年来，全国人大、市人大对本市贯彻执行水污染防治法情况进行了全面、深入地执法检查，在充分肯定成绩的同时，提出了要进一步加大治污工作力度等相关要求，有力地推动了本市水污染防治工作的深入开展。2008 年，国家审计署对本市海河流域水污染防治规划执行情况进行了专项审计，认为：本市各级政府和部门高度重视海河流域水污染防治工作，采取一系列措施完成各项工作目标，在水污染防治工作管理、资金投入使用、项目运营等方面取得了较好的成效。

修订后的《中华人民共和国水污染防治法》（以下简称《水污染防治法》）2008 年 6

月1日施行以来，本市及时组织有关部门认真贯彻执行，并对2002年颁布实施的《北京市实施〈中华人民共和国水污染防治法〉办法》（以下简称《实施办法》）执行情况开展了大量的调研工作。按照市人大立法工作安排，市政府正在进行《实施办法》修订的准备工作。现将本市水污染防治工作情况汇报如下。

一、北京市水环境基本情况

北京市域面积16,410平方公里，境内分布有蓟运河、潮白河、北运河、永定河、大清河五大水系，均属海河流域。全市地表水按照水体划分为不同的功能区，分别执行国家《地表水环境质量标准》中的Ⅱ类、Ⅲ类、Ⅳ类和Ⅴ类标准。

北京的供水来自地表和地下水，目前密云水库是本市唯一地表饮用水源地，担负着以市区为主的地表饮用供水任务，另有七个水厂和三个应急水源地使用地下水源为市区供水。近年由于地表水资源减少，地下水供水量已经超过了全市供水量的70%。

多年监测数据表明，密云水库等地表饮用水源与地下饮用水源均符合国家标准。近年来，地表水环境质量有所好转，2008年全市河流、湖泊、水库水质达标率分别为54.9%、80.7%和88.7%，与“十五”期间相比，湖泊、河流水质达标率分别提高了30%和5%，水库水质达标率保持稳定。南部下游地区虽未达到功能水体要求，但河道水质相关污染指标明显降低。在人口快速增长、城市规模不断扩大、水资源严重短缺的情况下，实现了水污染物排放总量不断下降，地表水水质逐年改善，水环境质量稳中有升。2008年奥运会、残奥会期间，饮用水源和奥运场馆水域水质良好，河湖水质得到明显改善，为奥运会、残奥会提供了良好的水环境。

北京市城近郊区作为饮用水源开采层的深层地下水及远郊区县大部分地区地下水水质良好，但因地下水受多年连续超采影响，水位下降严重，形成大面积下降漏斗。有些地区浅层地下水水质受不同程度污染，超标项目主要为总硬度和硝酸盐氮。

二、《水污染防治法》执行情况

（一）加强领导，认真落实目标责任制

依据《水污染防治法》第四条、第八条职责分工，第五条目标责任制的规定，市政府明确各部门职责，认真落实目标责任，制定考核评价制度。

1.明确分工，落实责任。市环保局对全市水污染防治工作实施统一监督管理，组织落实本市水污染减排目标任务；起草相应的法规、标准，制定有关政策，对水环境质量进行监测并定期向社会公布。市水务局负责全市水行政统一管理工作，承担全市水资源统一调配、污水处理、再生水利用等与水污染减排、重点水域水质改善有关的水污染防治措施实施工作。其他有关部门按各自职责，对有关水污染防治实施监督管理。区县政府承担市政府下达的水污染减排任务，并对辖区内水环境质量负责。各有关部门职责分工明确，通力合作，促进了水污染防治工作的开展。

2.落实目标责任制，按年度完成工作任务。依据《水污染防治法》第九条、第十八条、第十九条实施总量控制的规定，市委、市政府把污染减排作为“硬指标”，纳入经济社会发展综合评价体系。针对国家“十一五”期间对重点水污染物化学需氧量（COD）的削减要求，提出了2010年全市COD排放总量目标控制在9.67万吨，削减比例为16.6%，高于国家考核任务（削减比例14.7%）的目标。2006年市政府与市水务局

及13个区县政府分别签订了目标责任书，将COD减排工作逐一进行了分解，并对任务完成情况逐年进行考核。从2007年开始对完成减排任务的市水务局及13个区县政府给予了资金奖励。到2008年年底，本市COD排放量为10.13万吨，比2005年减少排放1.47万吨，完成了国家要求的“十一五”期间COD削减总任务的86%，减排任务完成情况在全国处于领先水平。

（二）实施规划，完善标准

依据《水污染防治法》第十三条至第十五条制定水污染防治标准和规划的规定，本市编制了水污染防治规划，制定了严于国家标准的本市地方排放标准。

1. 制定水污染防治规划。依据《水污染防治法》第十五条制定水污染防治规划的规定，市政府组织有关部门按照国家《海河流域水污染防治规划》要求开展工作，并先后编制了《北京市“十一五”时期环境保护和生态建设规划》、《北京市水污染防治“十一五”专项规划》、《北运河流域水系综合治理规划》等综合和专项规划。目前规划中的治理项目和工程进展顺利，推动了水污染防治工作的开展。

2. 制定水污染防治地方标准。依据《水污染防治法》第十三条、第十四条制定水污染物排放标准的规定，2005年，本市修订并实施了严于国家排放标准的《北京市水污染物排放标准》，但是随着经济、技术的快速发展及对水环境质量要求的提高，对排放标准提出了更高的要求，为此，本市已开始对《北京市水污染物排放标准》进行评估分析，着手新标准的制订工作。为全面消除油库、加油站地下油罐油品渗漏污染地下水的隐患，本市发布了北京市地方标准《埋地油罐防渗漏技术规范》，自2009年3月1日开始执行，规范了埋地油罐防渗漏设施的设计施工和管理，有效降低了油品渗漏污染土壤和地下水的安全隐患。

（三）加强污染源监督管理，改善河湖水环境

依据《水污染防治法》第十七条、第二十一条、第二十三条至第二十七条对污染源监督管理的规定，围绕削减水污染物排放总量，开展对污染源监督管理、河湖整治等工作。

1. 严格执行环境影响评价制度。依据《水污染防治法》第十七条环境影响评价的规定，本市严格执行建设项目环境影响评价、水污染防治设施“三同时”制度。针对全市9个工业开发区没有建设集中污水处理设施的情况，2006年以来，市环保局对各开发区内新增水污染物排放的建设项目实行“区域限批”，有效地推动了工业开发区污水处理设施建设，目前已有6个开发区建成污水处理设施，另外3个正在建设或进行前期论证。

2. 加强排污申报登记工作，严格依法征收排污费。依据《水污染防治法》第二十一条申报登记的规定，在全市不断扩大企业排污申报登记范围，经过申报并且核定的涉及污水排放企业由2006年4415户，增至2008年5690户。依据《水污染防治法》第二十四条征收排污费的规定，本市严格执行国家《排污费征收使用管理条例》，全面开展污水排污费征收工作。《水污染防治法》明确规定，进入污水处理厂并缴纳污水处理费的企业不再征收排污费，近年来随着本市污水处理设施建设的日益完善，城市污水处理率逐步提高，征收的污水排污费有所下降，表明达标排放企业逐年增多，对排污企业的监管取得较好效果。

3. 加强对水污染排放企业的现场检查。依据《水污染防治法》第二十七条现场检查的规定，本市坚持专项检查与常规检查相结合，加强重点行业整治、流域治理，分时段、按行业、有重点地持续开展现场执法检查活

动。依据《水污染防治法》第二十三条安装自动监测设备的规定，33家国控重点污水排放单位已安装自动监测装置并与市环保局联网，147家市控重点污水排放单位正在安装自动监测装置。

4. 完善地表水监测网络，发布水环境状况信息。依据《水污染防治法》第二十五条、第二十六条水质监测与信息发布的规定，本市建立了水环境监测与信息发布体系。形成22个地表水自动监测站、200余个手工监测点的地表水质监测网络，除每年在环境状况公报中发布水环境状况外，自2006年年底开始每月向社会发布全市河流、湖泊、水库水质状况。

5. 全面开展河湖整治。全市完成凉水河下段、清河下段、坝河、二道沟等六环路以内市属城市河湖整治工作，实施了中心城区水源置换和“六海”水质改善工程，开展潮白河水环境治理和十三陵水库环境整治工作。2008年开展了北运河流域污染状况调查，编制完成了《北运河流域水系综合治理规划》，全面启动了北运河流域综合整治工作，计划用3—5年时间实现北运河流域水质全面改善。

（四）加强工业污染源治理

依据《水污染防治法》第四十条至第四十三条工业水污染防治的规定，本市采取多种措施，加强对工业污染源的治理，工业废水排放达标率达到98.6%。

1. 调整产业结构和工业布局。“十一五”以来，本市加大产业结构和工业布局调整力度，将城市中心区工业企业向郊区县转移，落实工业企业向工业区集中的战略，工业布局日趋合理。2007年市工业促进局、市环保局等八部门联合印发了《北京市关于加快退出高污染、高耗能、高耗水工业企业的意见》，并组织实施。2007年关停了北京首云铁矿、天利海化工厂等24家铸造、化工、造纸、印染等企业，2008年50家企业申请退出“三高”行业，市工业促进局对符合条件的42家企业给予奖励。

2. 强化污染治理，削减“存量”，控制“增量”。加快工业开发园（区）污水集中处理设施的建设步伐，同时推行清洁生产，发展循环经济。化工、电力、冶金等企业实施污水深度治理及回用工程，实现节水减排。2006年至2008年，全市共启动154个单位清洁生产审核工作，其中废水排放企业110个。同时严格执行国家有关规定，禁止新建电镀、印染、化学制浆造纸、化学农药制造等资源能源消耗大、污染严重、与本市城市功能定位不协调的工业项目。

（五）加快污水处理设施建设

依据《水污染防治法》第四十四条、第四十五条城镇水污染防治的规定，本市在污水集中处理设施及配套管网建设、鼓励市场化运营等方面做了大量工作，推进了污水处理设施的建设。城市污水处理费用纳入水费中收取，用于污水处理设施的建设与运行。按污水处理厂建设规划，目前市区及新城已建成、运行的污水处理厂20座，正在建设北苑、定福庄、昌平再生水厂等6座污水处理设施，城市污水处理率达到93%，在全国处于领先水平。

近年来，本市加快乡镇污水处理设施的建设，已建成42座乡镇污水处理厂，郊区污水处理率达到48%。其中2008年年底投入运行的大兴区天堂河污水处理厂，采用全封闭、无污染地下建设模式，是全国首座地下全封闭污水处理厂。农村地区也因地制宜选择适当的污水处理设施和运行管护模式，已建成370座村级污水处理站。

针对缺水的实际情况，本市加大污水资源化工作力度，开展污水深度处理和再生水利用工作。全市相继建成清河、北小河、吴家村等13座再生水厂，生产能力达到72万立方米/日。2008年全市年利用再生水6亿立方米，占到全市总用水量的17%，污水处理量的50%以上，再生水已经成为本市不可或缺的水源。

（六）农业和农村水污染防治

依据《水污染防治法》第四十七条至第五十一条农业和农村水污染防治的规定，本市采取多种措施，推动农村水环境质量改善。通过开展生态县、生态示范区、环境优美乡镇和文明生态村创建工作，推动农村环境综合整治和水污染治理，促进区县、乡镇、村级污水处理和垃圾处理设施建设，农村地区居住环境得到较大改善。目前本市密云县、延庆县已成为我国北方地区首批国家生态县，怀柔等6个区为国家生态示范区，还有97个市级环境优美乡镇和719个文明生态村。同时开展农业废物资源化综合利用及农业面源污染控制，利用物理、生物防治病虫害及测土配方施肥技术，在全市蔬菜和粮食生产区建立了控制农业面源污染示范区50家，覆盖面积2万亩，减少化肥、农药使用量20%以上。

合理调整畜禽产业发展布局，畜禽养殖已全部退出五环路，下一步将逐步退出六环路，在水源保护区、水库周边、城镇等地区和地域不再新建养殖场，同时开展了畜禽养殖场粪污治理工作。截至2008年年底，全市已完成530个大中型规模化养殖场的粪污治理，粪污每年产生总量从2005年的1000万吨下降到2008年的580万吨。大兴区新建35家规模化生态环保模式养猪场，有效消除了猪舍废水、废气、恶臭、粪便对周围环境的影响，达到了废物零排放。

（七）加强饮用水源保护工作

依据《水污染防治法》第五十六条至第六十五条保护饮用水源的规定，本市不断加大水源保护工作力度，确保饮用水源安全。

1. 加强对密云水库等地表饮用水源地的保护。各级政府团结协作，采取划定水源保护区、建设围网、设立明显标志、搬迁居民、取消网箱养鱼、关停采选矿点等有力措施，保障饮用水源安全。加大对水源保护区专项执法检查力度，编制完成了《北京市饮用水源地环境保护规划》以及各区县水源地环境保护规划。从2007年起对密云、怀柔等七座水库环库路及京密引水渠等主要输水渠道两侧道路，实施禁止运输危险化学品车辆通行的交通管制，同时采取对现有道路邻河路段和跨河桥进行必要的技术改造等措施，防止重大污染饮用水源事件的发生。同时，在饮用水源地开展清洁小流域建设，截至2008年年底，共完成了76条清洁小流域的建设，治理水土流失面积4543平方公里，启动水源保护区100个村的环境整治，初步确立了农民参与的生态清洁小流域建管新机制。

加强了京冀水资源合作。为保证上游来水水质、水量，加强了与张家口、承德两市的流域合作。2005年组建了水资源环境治理合作协调小组，每年安排专项资金2000万元支持在水库上游开展治理项目，已经实施了13个保护水源、治理污染的项目。

2. 保护地下饮用水源地安全。完善地下水源防护区内平房区的污水管网，进一步规范加油站的管理；市水务局成立自备井监管中心，加强了设施和水质管理；已经完成了市和区县级饮用水水源地基础环境调查及评估，正在开展乡镇级饮用水水源地基础环境调查及评估工作；编制了《北京市平原区地下水环境监测与初步整治方案》，完成了平原区104眼井的监测打井工作，逐步完善地下水环境监测网络体系。

3. 保障奥运期间饮用水源安全。按照“专群结合、属地负责、部门联动”的原则，组成了奥运期间饮用水源及奥运水域突发事件应急处置专家组，对饮用水源的水质每日进行常规、毒性及生物监测，及时掌握饮用水源的相关信息，共获得饮用水源地有效监测数据7000多个，确保了奥运期间饮用水源的安全。

4. 加强特殊水体的保护。近年来，持续投入专项资金开展湿地自然保护区建设工作，在汉石桥、野鸭湖、怀沙—怀九河、拒马河、白河堡等湿地类型自然保护区开展湿地植被恢复工程，建立人工湿地污水处理系统，有效改善了保护区及周边水环境。

（八）开展突发水污染事故处置能力建设

依据《水污染防治法》第六十六条至第六十八条关于水污染事故处置的规定，加大水污染体系应急系统建设，做好突发水污染事故应急处置准备工作。

1. 构建突发环境事件应急体系，完善突发环境事件应急预案。市环保局于2005年12月在全国环保部门中率先成立突发环境事件应急领导小组和突发环境事件应急办公室，负责本市突发环境事件应急工作。修订了《北京市突发环境事件应急预案》，制定《北京市突发环境事件应急实施办法》、《应急监测方案》、《企业环境污染防治应急预案框架指南》等环境应急预案。

2. 加强应急能力建设。投入资金6000余万元，配备了人员防护、现场快速定性监测与报警等应急设备器材，依托北京市环境保护综合信息平台，建立了危险化学品查询系统、即时图像信息传输系统；先后组织了全市环保系统应急培训、处置突发环境事件应急检验性演练和应急研究性演练等活动。

（九）加大对违法行为的查处力度

依据《水污染防治法》第七章关于法律责任的规定，各级政府、各部门以保护饮用水源为重点，加大水环境执法检查力度。2004年以来，本市连续5年组织开展了“整治违法排污企业保障群众健康环保专项行动”，每年累计出动3万余人次，检查4万余家（次）单位。五年来共立案查处1800余件环境违法案件，挂牌督办解决了343件群众反映突出的环境问题，打击了一批违法排污企业，推动了节能减排工作的进行，促进了区域环境质量的改善。2006年以来，全市共受理各类涉及水环境问题的投诉3349起，均及时得到办理；实施有关水污染违法行为行政处罚29件，罚款61.5万元。

三、存在的主要问题

多年以来，本市虽然采取各种措施有力地促进了水污染防治工作的开展，水环境质量得到一定程度的改善，但随着城市的扩大、人口快速增长以及人们对生活环境需求的不断提高，水环境状况仍不尽人意，改善水环境质量的任务紧迫而艰巨。目前面临的主要问题：

（一）生态用水严重短缺，污水资源化刻不容缓

依据《水污染防治法》第四条规定，市、区（县）政府采取积极对策和措施，努力改善水环境质量。但目前本市水资源严重匮乏，人均水资源量不足300立方米，不到全国人均水资源量的1/8，世界人均水资源量的1/30，加上近年来连续干旱少雨，上游来水减少，致使河流、湖泊缺少新鲜水补给，污水处理厂排水成为下游河道的主要补给水源。由于污水处理厂排放标准与地表水环境质量标准之间有较大差距，加之沿途农业面源污染对地表水水质的影响，导致河流超标现象严重。尽管全市环境用水量由2002年的0.8亿立方米增加到了2008年的3.2亿立方米，但距每年8亿—12亿立方米生态环境需水量的要求差距还很大。要改善水质，生态环境用水保障是必要因素之一，污水资源化刻不容缓。

（二）水污染物排放总量大于环境容量

依据《水污染防治法》第十八、十九条总量控制制度的规定，本市努力削减水污染

物总量。随着减排工作的深入开展，全市COD排放量逐年降低，但由于人口持续快速增长，COD产生量不断增大，水污染物排放总量大于水环境容量，造成河流达标率低，城市中、下游地区水体污染仍较重，大部分仍为劣Ⅴ类水体。以北运河流域为例，COD水环境容量约4.2万吨/年，而2007年流域内各类污染源COD排放量为8.7万吨/年，远远大于该流域水环境容量。

（三）水环境管理制度需要进一步完善

长期以来，本市主要按行政区域来进行水环境管理，实行市、区县两级区域管理方式。该方式忽视了河流本身的自然属性，将一个流域分割为若干个行政区域进行管理，缺乏流域系统性的治理措施，在流域内上下游、干支流、左右岸之间水资源和环境资源的分配方面存在诸多问题。市政府在安排减排任务时，没有按流域对排放指标进行分解，对跨多个流域的区县只有一个减排总指标而没有分流域的指标，总量减排没有与环境质量直接挂钩。

（四）农村地区水污染防治亟待加强

依据《水污染防治法》第四十四条城镇污水集中处理的规定，本市规划市区及远郊区县污水处理厂已陆续建成运行，但乡镇及农村地区市政基础设施建设相对滞后，生活和养殖业污水及垃圾污染问题也尚未解决。由于管理体制不顺、配套管线建设滞后、运行费用得不到保障等原因，致使已建成的一些污水处理设施无法发挥应有的环境效益。

依据《水污染防治法》第四十八条、第四十九条农业水污染防治的规定，针对农业污染问题采取了一系列措施，取得了一定成效。但农业和农村地区污染对水环境的影响仍很突出，以北运河流域为例，农业污染物产生量占污染总量的三分之一。农业污染治理因受技术水平、资金缺乏等因素限制，治理水平仍较低。近年来，一些规模化畜禽养殖场虽然陆续建设了污水处理设施，但由于技术上存在的难点和运行费用得不到保障等原因，治污效果和正常运转受到一定程度的影响。

（五）排污许可制度不能得到顺利实施

《水污染防治法》第二十条规定，国家实施排污许可制度，排放废水的单位应当取得排污许可证后方可排放废水。按照本市水污染防治工作计划，排污许可制度将按照流域水污染防治及总量减排任务的需要开展有关工作，解决目前对污染源监管中存在的问题。但《水污染防治法》中明确规定，排污许可的具体办法和实施步骤由国务院规定，目前国家配套实施办法仍未出台，在操作层面缺乏具体依据，制约了本市排污许可制度的顺利实施。

四、加大水污染防治力度，加快改善水环境质量的步伐

下一步我们将深入贯彻《水污染防治法》，全面落实各项水污染防治措施，按照建设“人文北京、科技北京、绿色北京”的要求，延续奥运期间环境改善的好经验，加快水污染防治步伐，实现全面改善水环境质量的目标。

（一）加强污水资源化进程，保障生态用水量

针对本市水资源匮乏的现状，进行城区污水处理厂的全面升级改造，加快再生水厂建设，提高再生水水质，加快污水资源化进程，提高生态用水保障能力。研究制定《北京市排水和再生水利用办法》，完善本市排水和污水再生利用管理制度。此外大力开展节约用水工作，全面推进节水型社会建设。进一步加强与上游地区在水资源保护、合理利用及统筹调配、水污染防治等方面的合作。

（二）加大饮用水源保护力度，确保群众饮水安全

在密云、官厅水库上游及周边地区继续采取种植水源涵养林等措施进行小流域综合治理。开展水库周边生态农业建设和退耕还林还草工程，进一步减少农药化肥施用量。对保护区内的村镇污水和生活垃圾，通过收集、无害化处理等手段减少其对饮用水源的影响。制定《北京市地下水污染防治规划》，划分地下水环境功能区，完善地下水监测网络体系，确保地下饮用水安全。

（三）建立流域管理与目标责任制

根据本市水污染防治工作目标，按流域编制本市五大水系水污染防治综合规划，将污染物排放总量控制制度由目前的目标总量控制逐步实施容量总量控制，按照国家有关规定，开展排污许可制度；按照国家今年5月出台的《重点流域水污染防治专项规划实施情况考核暂行办法》要求，按流域制定水质考核目标，对区县开展水环境质量考核评价，实现按流域管理、考核机制，对没有达到考核目标的地区，实行按流域限批；研究建立上下游区县的补偿机制，有效解决跨区县水污染问题。

（四）强化污染治理，加大污染减排力度

制定更严格的地方水污染物排放标准，定期对标准进行评估并适时修订；按照“厂网并举”的原则，加快建设城镇污水处理设施，完善污水管网，加强新建社区、农村建制镇和管网未覆盖地区的污水收集与处理，采用生态、低能耗、资源化的污水处理技术治理村庄污水；编制农业水污染防治规划，强化现有规模化猪场粪便的污染治理，开展面源污染控制，采取有效措施，减少农药化肥施用量。

（五）加快制定《北京市水污染防治条例》

按照市人大常委会立法工作安排，市政府正在开展《北京市水污染防治条例》制定工作，为建立完善的水污染防治监督管理体系和创新管理机制提供充分的法律依据，解决实际执法过程中的难点问题，加快水污染防治工作的进程。

我们将结合建设“三个北京”的目标，从管理机制、创新理念等方面入手，采用先进的治污技术与监管手段，加大工作力度，提高管理水平，实现高标准治污、修复水生态、改善水环境的目标。

以上报告，提请市人大常委会审议。

北京市第十三届人民代表大会常务委员会关于批准北京市2008年市级决算的决议

（2009年7月25日北京市第十三届人民代表大会常务委员会第十二次会议通过）

北京市第十三届人民代表大会常务委员会第十二次会议，听取了市财政局局长杨晓超受市人民政府委托所作的《关于北京市2008年市级决算和2009年上半年预算执行情况的报告》和市审计局局长李颖津受市人民政府委托所作的《关于北京市2008年市级预算执行和其他财政收支的审计工作报告》。会议结合审议审计工作报告，对2008年市级决算草案和市级决算的报告进行了审查，同意北京市人民代表大会财政经济委员会提出的《关于2008年市级决算的初步审查报告》，决定批准2008年市级决算。

关于北京市2008年市级决算和2009年上半年预算执行情况的报告

——2009年7月24日在北京市第十三届人民代表大会常务委员会第十二次会议上

北京市财政局局长　杨晓超

主任、各位副主任、秘书长、各位委员：

我受市人民政府委托，向市人大常委会报告本市2008年市级决算和2009年上半年预算执行情况。

一、北京市2008年市级决算情况

2008年，在党中央、国务院及市委的正确领导下，以邓小平理论和“三个代表”重要思想为指导，贯彻落实科学发展观，紧紧围绕“新北京、新奥运”战略构想，努力构建社会主义和谐社会首善之区，较好地完成了市十三届人大一次会议确定的各项预算收支任务，为促进首都经济社会协调发展提供了财力保障。

市人大财经委员会按照市人大常委会的要求，对2008年预算执行情况进行了初步审查，为编制决算打下了很好的基础。市审计部门按照有关法规对2008年预算执行情况进行了审计，提出了整改意见，对做好决算工作起到了重要的监督作用。财政部门在市人大及其常委会的依法监督和市政协民主监督下，进一步规范预算管理，严格预算执行，按照“全面、真实、准确、及时”的方针，核实基础数字，搞好对账衔接，为编制好决算做了大量细致的工作。

市十三届人大二次会议审议批准了2008年预算执行情况。编成的2008年决算草案与之比较，最终决算数与财政收支预计执行数相比，结余数有所加大，主要是积极向财政部反映落实中央企业税收优惠政策所造成的减收影响，以及争取对首都安全稳定和环境保护的支持，财政部相应增加了对本市的补助收入，并减少了本市的所得税支出，使得结余增加。下面根据《中华人民共和国预算法》，重点报告市级决算情况。

市级财政总收入1524.7亿元，其中：财政收入1034.2亿元，完成预算的105.2%；中央税收返还和补助收入275.6亿元；区县上解187.1亿元；专项政策性结转使用20.5亿元；上年结余7.2亿元；国债转贷资金上年结余0.1亿元。市级财政总支出1485.2亿元，其中：财政支出1146.3亿元，完成预算的113.3%；上解中央支出97.5亿元；补助区县206.7亿元；划转水利建设基金9.6亿元；安排预算稳定调节基金25.1亿元。市级财政收支相抵，专项政策性结转下年使用21.1亿元，净结余18.3亿元，国债转贷资金结余0.1亿元。

市级基金收入338.3亿元，加上中央追加和上年结转等收入89.3亿元，划转水利建设基金9.6亿元，调入资金31.7亿元，基金收入合计468.9亿元；基金支出359.8亿元。市级基金收支相抵，结转下年使用109.1亿元。

在预算执行的过程中，依据中央专款补

助情况，对市级支出预算进行了调整。按照市人大常委会的要求，建立了超收收入使用新机制，设立预算稳定调节基金，市级预算超收安排使用情况及时向市人大常委会作了备案，并在市十三届人大二次会议上作了报告。在各项支出中，大部分支出项目完成正常，部分支出完成预算较高：工业商业金融等事务支出完成预算的146.5%；社会保障和就业支出完成预算的144.0%；医疗卫生支出完成预算的143.4%等，上述项目主要是财政部在预算执行过程中追加了本市专项支出，以及政策性增加了对石油价格改革补贴、社会保障和医疗卫生等重点事业的投入。

2008年，各项重点财政工作取得了新的成绩，依法理财水平有了进一步提高。

（一）财政保障作用进一步发挥

全力以赴支持奥运筹办，为成功举办一届“有特色、高水平”奥运会奠定基础。打造方便、快捷的出行环境，多条市内道路交通联络线、地铁新线相继建成，无障碍设施建设加快推进，城市通行能力进一步提高。大力开展环境综合整治，建设新城森林公园、城市湿地等生态项目，提升城市整体环境质量。全面实施空气质量保障措施，奥运会期间污染物减排60%，奥运空气质量承诺全部兑现。加强奥运安全保卫，保障城市水、电、气、热的供给，提升城市运行服务能力，“平安奥运”目标顺利实现。围绕民生优化支出结构，公共服务均等化水平进一步提升。落实政府为民办实事项目资金236.1亿元，关系群众切身利益的现实问题逐步得到解决。进一步加大社会公共事业投入，实现城乡养老保障制度和城乡居民医疗保险制度全覆盖，城乡人民生活质量不断改善。积极应对各类突发事件，财政应急保障能力实现新提高。全力做好抗震救灾对口支援各项工作，通过压缩行政开支、调整支出结构等方式，筹集政府援建资金30.7亿元，确保什邡市恢复重建工作顺利进行。迅速启动应急预案，全力做好婴幼儿奶粉事件经费保障工作。面对2008年四季度经济下行的严峻形势，按照中央及市委有关要求，果断采取动用预备费、调整支出方向、开展增收节支等多项举措，新增投资60亿元，用于扩大内需，拉动经济增长，促进了首都经济平稳较快发展。

（二）财政管理体制机制进一步创新

制定完善市与区县分税制财政管理体制方案。通过调整收入分配政策、设立功能区转移支付、划转市对区县专项转移支付等方式，扩大对区县一般性转移支付的规模和比例，共计增加区县财力213亿元，市与区县财力结构由57：43调整为43：57，为落实区县功能定位，推进区县科学发展提供体制保障。建立超收收入使用新机制，设立预算稳定调节基金。从工作层面看，有利于克服年终突击花钱，提升资金使用效益；从依法理财的角度看，年度财政超收收入转入预算稳定调节基金，在以后年度经过预算安排使用，接受市人大及其常委会的监督，进一步增强了预算法治性；从新的理财理念看，由着眼于年度平衡转到着眼于周期性平衡，增强了财政调控能力和可持续性。创新财政资金投入机制。设立中小企业创业投资引导基金，支持组建北京市中小企业信用再担保公司，推进中小企业信用担保体系建设，多渠道解决中小企业融资难问题。应用贴息、担保、再担保、风险投资等多种方式引导和带动社会投资，大力推进自主创新和节能减排，推动首都经济可持续发展。

（三）预算管理水平进一步提升

积极稳妥地推进各项改革，提高财政管理效能。扩大绩效考评范围，全面启动区县绩效考评工作。加大投资评审工作力度，完成评审项目8671个，审减资金73亿元。积极推进行政事业单位公务卡改革，范围扩大到33个市级部门所属228个基层单位，公务消费支出透明度得到提高。扩大非税收入集中收缴改革范围，纳入改革的资金占市级非税收入的90.5%，非税收入管理进一步规范。加强行政事业单位资产管理，在全国率先实现行政事业单位资产动态管理，率先对确需淘汰处置的资产实行进场交易，规范资产处置行为。强化财政监督，提高依法理财水平。开展市追加区县专项资金检查和会计信息质量检查，推进新的企业会计准则试点工作，努力提升财会人员诚信意识和业务水平。认真贯彻《中华人民共和国政府信息公开条例》，健全财政信息公开工作机制和制度规范，自觉接受人大代表、政协委员和审计、监察等部门及社会公众的监督，增强财政工作透明度。

从决算结果来看，2008年市级预算执行情况是好的，财政收入总体保持平稳较快增长，支出结构不断优化，财政改革推向深入，财政调控能力不断提高。但也应清醒地认识到，预算执行和财政工作中仍然存在一些不容忽视和亟待解决的问题。

一是财政收入下行趋势明显。2008年全市财政收入呈现前高后低的态势，上半年超高增长，下半年迅速回落，财政收入运行中的不稳定因素增多，增收的压力加大。二是各项预算管理改革之间有待进一步衔接。支出绩效对预算编制的激励约束机制需要建立健全，资产管理与预算管理的结合不够紧密，国有资产收益管理亟待规范。三是财政资金分配机制需要进一步完善，统筹兼顾、确保重点的意识仍需加强。部分项目支出预算编制不够科学合理，资金沉淀与资金需求超前现象并存，资金使用效益不高，财政管理监督力度需要进一步加强。审计部门十分中肯地指出了财经秩序和预算管理方面存在的一些问题，并提出了很好的意见和建议。

对上述问题，市政府高度重视，已要求各有关部门切实按照市人大有关决议和审计意见，认真整改。要增强紧迫感、使命感，加快公共财政体制建设，健全科学理财机制，着力深化改革，加大工作力度，不断推进财政财务管理的规范化、科学化和法治化。

二、2009年上半年预算执行情况

2009年以来，受国际金融危机影响，本市经济社会发展压力加大。按照科学发展观的要求，各区县、各部门认真贯彻落实市十三届人大二次会议的各项决议，积极应对危机，密切监控财政收入，统筹安排财政支出，严格规范预算管理，认真做好“保增长、保民生、保稳定”各项工作。

1—6月，全市地方财政收入完成1033.3亿元，比上年同期下降3.5%，完成预算的51.1%，实现了“时间过半、任务过半”。全市财政支出完成899.1亿元，比上年同期增长6.7%，完成预算的44.8%。

（一）财政收入持续负增长，整体收入形势严峻

今年以来，本市财政收入持续负增长。分析其主要原因，一是随着金融危机的影响逐步显现，本市经济增长放缓，企业效益下滑，与四大主体税种相关的主要经济指标多数呈现下降，使税收收入来源减少。二是实施结构性减税政策，造成财政减收。据测算，因落实各项税费减免政策，1—6月份已累计减少本市地方财政收入约146.8亿元。三是居民消费价格和工业品出厂价格均下降，相应使以现价计算的财政收入减少。四是2008年上半年财政收入增长46.4%，形成了较高基数。

随着中央及本市一系列保增长政策的实施，经济运行整体企稳向好，财政收入也逐渐回暖，累计降幅从年初下降17.1%，收窄到上半年下降3.5%。主体税种呈现结构化差异，流转税、财产税等税种呈现不同程度的

正增长，个人所得税降幅趋稳；受企业利润持续下行，资本市场震荡下跌，以及税率降低和汇算清缴政策调整的影响，企业所得税累计降幅仍较大，整体收入形势依然严峻。

（二）积极落实扩内需、保增长政策、措施，全力支持经济平稳较快发展

创新财政资金投入机制，帮扶企业应对危机。统筹安排50亿元，从促进产业发展、鼓励开拓市场、改善融资环境、加大资金支持、帮助企业解困等方面给予政策和资金支持，增强企业应对危机的能力。积极落实产业振兴规划，支持跨国公司在京设立总部机构，促进首都经济结构不断优化升级。积极打造投融资平台，解决企业融资难问题。北京市中小企业信用再担保有限公司目前已签订再担保合同总额161.4亿元，资金放大效应初显。中小企业创业投资引导基金已筛选确定了11家合作创投机构，预计可引导社会投资20亿元，影响和带动中小企业资本规模超百亿。设立规模1.5亿元的高端制造业融资担保代偿资金，已完成融资8.9亿元，企业融资能力有了明显提高。认真落实各项税费减免政策，减轻企业负担，促进企业扩大投资和再生产。

加大政府投资，鼓励和促进消费，着力扩大内需。多渠道筹集政府投资资金，重点支持轨道交通、道路、能源等重大基础设施建设。财政部首次代理本市发行的56亿元地方政府债券资金已筹集到位，用于中央投资配套、交通基础设施、资源能源保障、社会事业等方面，以扩大政府投资拉动经济增长。着力促进消费，统筹安排“家电下乡”补贴资金1.3亿元，累计销售家电下乡产品4.9万台。有序推进黄标车淘汰处置工作，累计拨付补贴资金2.3亿元，淘汰黄标车4.1万辆。拨付5.1亿元用于采购节能环保公交车，确保年底全市新能源车达到1000辆示范应用规模。支持组建城市货运保障“绿色车队”，全面启动“汽车下乡”工作。不断完善关系百姓生活的补贴政策，安排公益性行业燃油税费改革补贴资金2.6亿元，拨付全年粮食直补和农资综合补贴资金2.8亿元，安排住房困难廉租家庭租房补贴资金1.2亿元，降低居民生活负担，增强居民消费预期和消费能力。

完善政策体系，推动中关村国家自主创新示范区建设。充分发挥政府采购作用，通过优先安排预算、实行政府首购和订购、强制采购、优先采购等多种方式，推进中关村自主创新产品应用，已完成76个项目、24.1亿元的自主创新产品试点采购，促进科技产品产业化。推进科技金融创新体系建设，多渠道筹集资本金28亿元，支持打造中关村科技金融服务平台和亦庄开发区企业投融资平台，安排补贴支持中关村信用保险及贸易融资试点和科技型中小企业信用贷款试点，大力拓宽科技型中小企业融资渠道。实施中关村高端领军人才聚集工程，落实吸引海外高层次人才和海外留学人员归国创业的政策，吸引各类人才在京发展。积极开展创新政策研究，提出一系列促进自主创新的税收政策建议，制定国家科技重大专项列支间接费用的实施办法，激发企业和科技人员自主创新的活力。

（三）大力推动保民生、保稳定各项工作，促进首都和谐社会建设

落实多项社会保障和就业政策，进一步完善社会保障体系。从2009年1月1日起，实施提高社会保险待遇标准等6项措施，全年企业和居民合计受益97.3亿元。规范和统筹临时救助制度，提高医疗救助的报销比例，保障困难群众基本生活需要。及时拨付稳定就业岗位补贴等资金4.1亿元，惠及243家企业、5.1万名待岗轮岗职工，鼓励企业少裁员、不裁员。进一步完善就业特困人员托底政策，将符合条件的残疾人员和“零就业家

庭”人员纳入特困人员范围。将小额担保贷款基金规模增加到1.2亿元，提高失业人员小额担保贷款财政贴息额度。加大职业培训补贴力度，提升劳动者职业技能和就业能力。改善低收入居民住房条件，安排资金10亿元，推进门头沟、丰台、通州棚户区试点改造；拨付资金3亿元，支持城四区旧城房屋保护修缮，解决群众住房难问题。

迅速启动财政应急保障机制，积极应对突发公共卫生事件。全力做好甲型H1N1流感防治工作，累计拨付资金5.8亿元，用于流感防治、增加药品储备、提高实验室检测能力等，确保各项防控措施有效落实。安排资金2.9亿元，用于艾滋病、鼠疫等重大传染病防治工作及国家免疫规划疫苗接种等。拨付资金0.7亿元，打击假冒伪劣药品，加大安全用药知识进社区宣传力度，保障本市药品安全。

大力发展社会事业，提高公共服务水平。安排资金110.3亿元，落实政府办实事项目，有力保障民生需求。健全义务教育经费保障机制，加大对困难家庭学生的资助力度，实施义务教育教师绩效工资改革。积极稳妥地推进本市医药卫生体制改革，探索公立医院管办分开、改革以药补医，完善卫生投入机制。加强公共文化服务体系建设，支持行政村文化中心等基层文化设施建设，继续推动博物馆等公共文化场所免费开放，提升群众文化生活水平。落实大气污染控制措施，推进城市文保区平房“煤改电”工程，提高生活垃圾无害化处理水平，加强城乡结合部环境综合整治，为居民创造更好的工作生活环境。

扎实做好对口支援什邡市灾后恢复重建工作。认真落实中央关于对口支援工作三年任务二年完成的要求，按照对口支援总体规划，坚持“四个优先”原则，累计拨付资金36.5亿元，确保广青公路、农民永久性住房、城市廉租房、什邡市人民医院等一大批重点项目顺利实施。规范援建资金管理，确保专款专用。

（四）全面推进农村经济社会进步，加快形成城乡一体化发展新格局

大力发展都市型现代农业，努力提高农民收入。投入资金5亿元，积极推进设施农业发展；安排1.6亿元政策性农业保险补贴，增强农业减灾抗灾能力。加强农业农村基础设施建设，安排农业综合开发资金2.9亿元，年内完成19.4万亩农田的培肥、田园清洁和沟路林渠配套工程；落实资金5.4亿元，实施14.1万亩农业基础设施建设，提高农业生产能力；加快新农村“五项基础设施”建设，提升农村道路、安全饮水、污水处理、厕所改造、垃圾处理水平。继续推进新农村“三起来”工程，落实生态作物补贴和农机补贴政策，开展农业生产和生活节水，全面提升农村生态环境质量。积极推动农村金融体系建设，农投、农担公司已经开始运作，形成覆盖全市的农业投资和担保体系；延庆、密云村镇银行等新型农村金融机构已设立完成，为农村经济发展提供多元化金融服务。支持城乡一体化试点工作，拨付资金3亿元，用于海淀区北坞村改造项目生态占地补偿、规划道路绿化带搬迁、道路工程建设等；抓紧研究有关政策，推动朝阳区大望京村城乡一体化发展，提高城乡公共服务均等化水平。

（五）完善财政管理手段，着力提高财政工作水平

建立健全各项工作机制，全力以赴组织财政收入。建立全市组织收入责任机制，统一思想，明确职责，形成齐抓共管的组收工作格局。强化收入统计与分析监控机制，财政收入按日统计，按旬分析，以扎实的基础工作为决策提供依据。建立信息沟通机制，及时掌握组织收入工作中的难点问题，认真

研究并尽快协调解决。强化服务职能，提高行政效能，缩短审批周期，加大对中小企业和总部机构的主动服务力度，为企业生产经营创造良好的外部条件，以不断优化的发展环境促进增收。加强政策引导，奖扶并重开展税源建设，充分挖掘存量和增量税源潜力。

强化预算约束机制，努力降低行政成本。进一步压缩市级行政事业单位因公出国（境）经费、车辆购置及运行费用、公务接待费用，大力压缩会议、文件、通信等方面的费用支出。深入开展治理“小金库”工作，从源头上堵塞漏洞。进一步明确党政机关公务用车编制和配备使用标准，建立严格的党政机关汽车租赁审核制度；制定市级行政事业单位日常办公设备配置标准，明确最低使用年限，提高资产利用效率。继续推进机关节能降耗工作，加大公务卡实施力度，逐步实现公务消费透明化。

进一步深化财政改革，提高财政资金使用效益。认真落实新的市与区县财政体制，区县根据经济社会发展规划，已将新增财力作了预算安排，向同级人大常委会进行了汇报，并制定了各项下划事项的资金管理办法，确保体制实施效果。加强财政支出的绩效管理，将财政拨款1000万元以上项目、市政府为民办实事项目全部纳入绩效考评范围，完善绩效考评指标体系，加快建立以绩效为导向的预算管理制度。创新财政补贴资金管理机制，对轨道交通预算实施“超亏递减补偿、减亏固定比例分享”，实现对企业的激励与约束。

从上半年预算执行情况看，组织财政收入力度进一步加大，各项重点支出得到及时有效保障，但财政收入形势依然严峻，收支矛盾更为突出。一是财政增收任务仍很艰巨。从经济层面看，虽然本市经济已呈现企稳回暖，但需求不足和社会投资意愿仍较弱，保增长的基础尚不稳固，甲型H1N1流感的进一步扩散和蔓延加剧了经济运行环境的不确定性。从政策层面看，结构性减税的政策减收效应已经显现，下半年仍将持续。从收入完成进度看，上半年虽然完成预算的51.1%，但低于去年同期7.1个百分点，下半年完成预算任务艰巨。二是财政支出的压力空前加大。落实“保增长、保民生、保稳定”一系列政策，帮扶企业应对金融危机，提前一年完成对口支援工作，防控甲型H1N1流感，保障和改善民生等重点事项对资金的需求量空前加大，收支矛盾较往年更为突出。

在看到困难的同时，也应当看到当前经济社会发展中存在的有利条件和积极因素。从政策层面看，中央继续实行积极的财政政策和适度宽松的货币政策，为我们抓发展坚定了信心。本市制定的扩大内需、帮扶企业、稳定扩大就业等一揽子计划的实施效果将进一步显现，为保持经济持续稳定增长奠定了坚实基础。从当前经济运行情况看，促进经济向好的积极力量正在积累。一批重点企业、重大项目相继落地，固定资产投资和生产用电由降转升，工业生产降幅逐渐收窄，金融机构存贷款保持较快增长，部分重点领域、重点行业已经呈现积极变化。从财政收入与经济运行的时滞效应看，今年上半年的财政收入主要是去年下半年以来经济运行的综合体现。随着各项保增长政策、措施逐步落实、见效，经济逐步企稳回暖，经济运行中的积极变化必将在今后几个月的财政收入中有所体现。我们将充分利用这些有利条件，积极应对，变压力为动力，化危机为机遇，全力做好下半年的各项财政工作。

三、抓紧时机，迎难而上，力争完成全年预算任务

继续深入贯彻科学发展观，认真落实市

委十届六次全会精神，按照“扩内需、保增长，调结构、上水平，抓改革、增活力，重民生、促和谐”的工作原则，迎难而上，狠抓落实，积极发挥公共财政职能，继续采取各项有力措施，全面推进各项重点工作，力争完成全年预算任务。

（一）充分发挥财政职能，进一步支持扩大内需，推动经济增长

继续实施积极的财政政策，切实落实扩内需、保增长、调结构的各项措施，建立健全促进经济平稳较快发展的长效机制。加强财政投入与金融手段的协调配合，充分利用各种投融资服务平台，提高企业融资能力，引导和扩大社会投资。继续发挥政府投资作用，优化投资结构，提高投资效益。认真落实结构性减税政策，减轻企业和居民负担，促进企业扩大投资，增强居民消费预期和消费能力。坚持高端产业发展方向，加快发展都市工业、生产性服务业等优质产业，努力培育新的经济增长点。继续推进中关村国家自主创新示范区建设，优化创新创业环境，为经济发展注入持久动力。注重保增长、扩内需与调结构的综合平衡，加大对节能减排、环境保护和循环经济的支持力度，创新财政支持方式，提升首都经济发展质量和效益。

（二）切实抓好增收节支工作，力争完成全年预算任务

狠抓财政增收工作，加强协调配合，全市联动积极组织财政收入。按照“稳定存量、促进增量”的原则，大力抓好税源建设，落实完善对企业的各项扶持政策，提高其经营活力和盈利能力，在稳定收入存量的基础上促进增量；发挥首都在政策、人才、信息、法制环境等方面的竞争优势，多渠道吸引国内外优质企业、项目落户北京，增加新的稳定的税源。按照“依法征收、应收尽收”的原则，既要努力加强收入征管，积极清理欠税，规范行政事业单位国有资产出租出借收益管理，堵塞管理漏洞，又要防止收“过头税”。按照“服务与管理并重”的原则，切实解决好加强收入征管与帮扶企业应对危机的关系，在优化服务环境的基础上实现增收。

狠抓财政节支工作，坚持勤俭节约，努力挖掘存量增量资金潜力。更加注重各项投入的统筹协调和结构优化，把压缩公务用车、会议、公务接待、出国考察等经费支出落到实处，严格控制一般性支出，将更多的财政资金投向扩内需、促增长、保民生等方面。积极挖掘存量资金潜力，推进消化结余资金，实现集中财力办大事。加强与中央部委的沟通联系，积极争取中央在资金、项目等方面的支持，增加政府可用资源。加强政府债务监控和管理，建立健全“借、用、还”有机衔接机制，防范财政风险。

（三）继续推进农村改革，促进城乡一体化和区域协调发展

认真落实中央及市委的各项方针政策，积极促进农业发展、农民增收和农村稳定。落实产业发展促进资金，支持都市型现代农业发展，加大对农村生态建设、农业综合开发等方面的保障力度，提高农村经济发展水平。建立多元化农业投融资体系，健全农业投资公司和农业担保公司运行机制，整合各种资源，建立支农资金稳定增长机制。积极引导农村消费，落实家电下乡、汽车下乡、宽带网下乡、以旧换新等工作，提高农民生产生活消费水平。完善政策性农业保险制度，加快建立农业再保险机制，防范农业生产风险。加快推动城乡一体化试点工作进程，统筹城乡基础设施建设和社会事业发展，提高农民享受公共服务的水平。

（四）千方百计保障和改善民生，维护首都和谐稳定大局

加强统筹协调和政策衔接，完善社会保障公共管理服务平台，加快建立覆盖城乡居

民的社会保障体系。认真落实各项就业政策，积极促进创业就业，努力保持就业形势基本稳定。完善教育经费投入机制，促进义务教育、职业教育、高等教育均衡发展，加快教育现代化进程。优化医疗卫生投入结构，推动公共卫生、社区卫生和农村卫生发展，加快医药卫生体制改革步伐；及时落实资金，确保甲型 H1N1 流感防控工作顺利实施。支持保障性住房建设，加紧实施老城区危旧房改造，解决困难群众住房问题。加大生态环境、城市环境的治理力度，以优美环境迎接新中国成立 60 周年。推进“平安北京”建设，加大投入力度，切实维护食品药品质量安全，提升政法系统装备水平，健全突发公共事件应急管理体系，确保首都安全稳定、社会和谐。

（五）进一步完善财政管理体系，不断提高财政资金使用效益

以发挥财政改革整体效益为目标，进一步梳理部门预算、国库集中收付、政府采购、投资评审、绩效评价等改革，确保各项改革运转协调、配合有力。加强行政事业单位资产管理，试编资产购置预算，推进资产管理与预算管理相结合。着眼于推进预算公开和透明，完善预算编制机制，通过引入专家论证和公众参与等方式，将有限的财力投入到公众最需要的项目上，实现公共财政资源的优化配置。以绩效为导向，着重推进部门预算与绩效评价的衔接，逐步形成绩效评价结果与项目安排、预算编制相联系的支出考评制度，建立部门对预算资金需求的内在约束激励机制，使财政资金的使用更加规范、高效。

主任、各位副主任、秘书长、各位委员，2008 年市级决算结果是好的。2009 年上半年受到国际金融危机和经济运行态势的影响，财政收入持续下降，支出压力空前加大，完成全年预算目标任务艰巨。面对严峻复杂的形势，我们要按照市委确定的工作方针，在市人大的监督指导下，以更加振奋的精神，以更为扎实的工作，力争完成全年预算任务！

以上报告，提请市人大常委会审议。

关于北京市 2008 年市级预算执行和其他财政收支的审计工作报告

——2009 年 7 月 24 日在北京市第十三届人民代表大会常务委员会第十二次会议上

北京市审计局局长　李颖津

主任、各位副主任、秘书长、各位委员：

我受市人民政府委托，向市人大常委会报告本市 2008 年市级预算执行和其他财政收支的审计工作情况。

根据《中华人民共和国审计法》（以下简称《审计法》）和《北京市预算监督条例》的规定，市审计局于 2008 年 7 月至 2009 年 6 月，对 2008 年市级预算执行和其他财政收支进行了审计。在审计中，市审计局坚持贯彻落实科学发展观，紧紧围绕促进经济平稳较快增长这一条主线，高度关注中央和本市扩大内需、促进经济增长宏观调控政策的贯彻落实，着力反映财政资金使用绩效和体制机制问题，进一步加强了对重点部门、重点项

目和重点资金的审计监督，审计和延伸审计了 395 个部门、单位和 790 个项目。

审计中，按照市政府关于切实贯彻市人大常委会《关于北京市 2007 年市级预算执行和其他财政收支的审计工作报告审议意见书》的要求，市审计局全力推进绩效审计工作，积极探索绩效审计与预算执行审计相融合的审计方式，在审计计划立项、项目执行、成果利用各个环节中努力体现绩效审计工作的思路。一是将公共财政体制改革政策、措施的落实和执行情况作为绩效审计评价的重点，着力反映部门预算、国库集中支付和政府采购改革中存在的突出问题，促进统筹协调各项政策、措施，深化财政体制改革。二是把加强行政事业单位资产管理作为绩效审计评价的切入点，主要反映部门、单位资产管理薄弱、底数不清、不能充分利用等问题，提出整改建议，促进部门、单位提高资产管理水平。三是把财政性结余资金及事业收入预算安排和使用的合理性作为绩效审计评价的重点，主要反映部门消化结余、事业收入预算管理力度不够等突出问题，促进增强统筹安排政府财力的能力。四是把规范政府部门和单位财政支出预算执行作为绩效审计评价的落脚点，主要反映支出预算执行不严格，影响资金使用效果等问题，促进部门、单位规范部门预算执行和具体支出行为，切实落实财政支出责任。

市人大财经委员会按照市人大常委会的要求，加强了对审计工作的监督指导，听取审计结果汇报，并进行了初步审查，为审计客观评价预算执行情况，反映预算执行中的突出问题奠定了很好的基础。

审计结果表明，2008 年，在中央和市委的正确领导下，本市坚决贯彻中央决策部署，成功举办了一届有特色、高水平的奥运会和残奥会，首都经济社会发展的主要目标全面实现，继续保持了增长较快、结构优化、效益提高、民生改善的良好局面。

市级预算执行和其他财政收支总体情况较好，完成了市第十三届人民代表大会第一次会议审查批准的年度预算。全年市级财政总收入 1524.7 亿元，其中财政收入 1034.2 亿元，完成预算的 105.2%，总体保持平稳较快增长。市级预算超收增加财力，已依照有关法律、法规的规定，优先安排用于教育、科学、农业、卫生、文化、计划生育支出，在此基础上，用于安排预算稳定调节基金 25.15 亿元，建立了预算超收收入使用新机制。全年市级财政总支出 1485.2 亿元，其中财政支出 1146.3 亿元，完成预算的 113.3%。支出结构体现了公共财政要求，财政支出重点保障了举办奥运和落实扩内需、促增长、保民生政策，以及对口支援什邡市灾后恢复重建的资金需求，同时积极压缩公务用车、会议、公务接待、出国考察等经费支出，严格控制了一般性支出。

审计也发现，市级预算执行和其他财政收支中存在一些问题。市政府高度重视这些问题，已责成有关部门研究问题产生的原因，通过完善有关政策、加强制度建设、落实财政支出责任、做实做细基础工作切实整改。各部门积极落实审计意见和建议，审计发现的问题，一些已经得到整改，一些正在整改落实中。根据《北京市预算监督条例》的规定，市政府将在 2009 年年底前向市人大常委会书面报告审计查出问题的整改情况。

一、市级预算执行审计情况

（一）市财政局具体组织市级预算执行和其他财政收支，以及市发展改革委分配预算内基本建设资金审计情况

2008 年，市财政局认真落实了北京市第十三届人民代表大会第一次会议各项决议，较好地履行了组织和管理市级预算执行和其他财政收支的职责，继续推进非税收入收缴

改革，积极推广公务卡试点，进一步强化了财政投资评审和绩效考评，积极研究完善了市与区县财政管理体制，预算管理工作水平进一步提高。市发展改革委合理分配了预算内基本建设资金，继续积极落实审批责任制，投资项目管理控制制度基本健全有效，进一步加强了政府投资项目监管。特别是在落实扩大内需促进经济增长政策、措施的各项工作中，两部门贯彻实施积极的财政政策，迅速下达新增投资计划，组织开展增收节支，为保持首都经济平稳较快发展发挥了重要作用。

这次审计发现的主要问题：

一是 2008 年市财政局将 14 个部门所属基层单位的 108 个项目预算 3.41 亿元批复在机关本级预算中，预算执行中这些部门通过机关本级零余额账户，将其中 3.38 亿元国库资金拨入所属基层预算单位银行存款账户，未直接支付到收款人或供应商；将应纳入国库集中支付改革范围的福利彩票公益金 1.15 亿元，拨入预算单位银行存款账户，未实行国库集中支付管理，年末预算单位银行存款账户结存福利彩票公益金 6420 万元。

二是市财政局对预算单位国有资产出租、出借、处置和对外投资的管理缺少相关基础信息资料，不利于统筹资产配置和收益，合理安排预算。抽查发现，6 个事业单位收取的 5223 万元房屋出租收入没有纳入部门预算管理，5 个行政事业单位收取的 4566 万元房屋拆迁补偿和行政单位房屋出租收入没有上缴财政专户。主要原因是：一方面财政部门对行政事业单位国有资产管理职能没有落实，另一方面部分行政事业单位预算管理和国有资产管理的观念不强，未严格执行现行的行政事业单位国有资产管理办法。审计还发现，市财政局在安排个别部门办公用房租赁费支出预算时，未考虑抵减其自有房屋出租收入，这部分出租收入被部门用于所属自收自支事业单位的日常经费。

三是对 2008 年批复的部分政府投资项目审批资料及个别项目单位的抽查发现，市发展改革委对个别未取得规划意见、用地预审意见和环境保护评价报告的项目，批复了项目建议书；对部分使用政府投资补助的项目未按规定进行社会公示。此外，市发展改革委 2007 年批复的三个铁路道口平改立项目，由于周边拆迁及降噪防护方案审批等问题始终没有解决，工程尚未进行，2008 年末有 8000 万元政府投资在项目单位闲置。

对于上述问题，市财政局和发展改革委正在逐步加以解决。市财政局正在研究制定有关管理办法，将福利彩票公益金纳入国库集中支付管理，进一步加强对行政事业单位国有资产的预算管理。市发展改革委将进一步完善投资项目审批管理，加强投资项目监管。

（二）市地税部门地方税收征管审计情况

对市地税局及部分直属分局、各区县地税分局 2008 年地方税收征管情况进行了审计，延伸审计调查了部分纳税企业。2008 年，市地税局克服经济增长趋缓和政策性减收因素影响，加强税收征管基础工作，加大税务检查力度，较好地履行了税收征管职能。全年累计完成各项税费收入 1578 亿元，比 2007 年增收 211.9 亿元，增长 15.5%，完成年初计划的 103.5%。但审计也发现一些问题。

一是税源户的社会信息共享机制需要进一步健全。市地税局与国税局、工商局等七个部门初步建立了信息交换机制，但实际工作中，由于相关信息数据交换不够及时、完整，部分信息还不能充分利用，影响对税源户的有效管理。

二是税收征管中纳税申报、减免税管理仍需加强。税收管理员配套管理制度不够完善，对无税申报和不申报的纳税企业监管不够严格；减免税管理有漏洞，有的享受企业所得税减免的纳税企业存在未如期申报和超期享受减免现象。

三是延伸审计调查的218个纳税企业中有35个应缴未缴各项税款2.76亿元；有部分乡镇以税收返还的形式争抢车船税源。

对上述问题，市地税局高度重视，正在进一步加强税收征管基础建设，对企业应缴未缴各项税款正在追征入库，并与有关部门配合及时制止了以税收返还的形式争抢车船税源的问题。

（三）市级部门预算执行和决算草案审计情况

对8个市级部门2008年预算执行和决算草案进行了审计，同时，对22个部门预算执行情况开展了审计调查，延伸审计和调查了89个基层预算单位。为了进一步总体把握市级预算执行情况，促进完善自我约束机制，在开展审计的同时，按照市政府的要求，市审计局统一安排154个部门的284个行政单位、827个事业单位进行了自查，涉及资金778.34亿元，查出问题金额25.1亿元，自查问题率比2007年下降1.7个百分点。针对自查出的问题，各单位已提出整改措施347项，制定或修订管理办法、制度等45项。

2008年，审计和审计调查的30个部门收支预算628.18亿元；收入决算776.30亿元，其中财政拨款454.25亿元，占72.31%；支出决算683.19亿元。从审计结果看，各部门、各单位围绕履行公共服务和社会管理的职能组织各项预算收支，资金总体使用情况较好，保障了宏观调控和民生政策落实，促进了城市建设和社会事业发展。

2008年，本市积极贯彻落实中央压缩经常性经费支出的精神，各部门、各单位努力实施节能措施，减少会议、考察、差旅等方面支出，积极主动消化结余资金，取得了显著的成效。例如，2008年，有的部门在奥运安保工作量大、加班加点用电用水消耗量大等情况下，仍将当年的公用经费降低了4.19%。有8个部门安排当年项目支出预算时，积极消化了上年结余资金73.11亿元。2009年，本市对压缩经常性经费支出进一步提出了明确要求，目前各部门正在细化方案，认真贯彻落实。

这次审计发现的主要问题：

一是个别单位执收的部分事业性收费6083万元未及时上缴财政专户。此外，停车占道费、新型墙体材料专项基金、散装水泥专项基金等非税收入应收未收5255万元。其中停车占道费2008年应收2233万元，实收1109万元，欠收1124万元，欠费率达到50.33%。

二是一些部门在编制年度事业收入预算时，留有较大余地，影响财政准确预测事业收入规模。2008年，20个部门取得事业收入140.49亿元，形成预算超收29.95亿元，占年初预算的27%，与2006、2007年相比，分别增长了100.5%、65%。一些部门超收收入和安排使用情况也未按照规定履行财政备案手续，一些事业单位还将事业收入转入经营收入管理核算，改变了收入性质。

三是非本级财政拨款管理不够规范。17个部门决算反映，2008年从其他渠道取得各项专款和补助资金14.24亿元，比上年增长89.88%。其中，接受中央部门拨款和补助9.64亿元，接受市级其他部门拨款4.60亿元。由于这部分收入具有较大的不确定性，部门在编报年度预算时均未将其纳入部门预算综合考虑。

四是15个部门有3549万元经常性项目支出预算被改变了用途，其中，自行在项目间调剂使用或用于当年预算中尚未安排的一些项目支出等1908万元；弥补基本经费开支1641万元，主要用于了临时工工资、办公费、设备购置等支出。还有一些部门经常性项目存在超预算支出现象。

五是部分项目支出进度较慢，个别部门消化结余的力度不够。6个部门2008年预算中有369个项目当年均未支出，涉及预算资金6.03亿元。截至2009年一季度，这369个项目中，仅有10个项目支出了1356万元。2个部门已收回所属预算单位财政性结余资金1.01亿元，按规定应统筹用于当年新增的重点项目，但仅在2008年预算中安排支出1409万元，占收回结余资金的13.86%。

六是一些单位多申报项目预算781万元。其中，采用多报工程量和实物量方式，多申报项目预算662万元；采用多报人数方式，多申报项目预算119万元。

七是18个部门决算编报不准确，涉及金额6.27亿元。主要是各项收支在往来账户挂账、从其他渠道取得各项专款和补助资金未在决算中如实反映；未将所属自收自支单位纳入决算编报范围；以拨代支，造成结余不真实；未反映对外投资收益，造成资产负债不实等。固定资产管理薄弱，也影响了决算编报质量。4个部门的13个单位存在固定资产入账不及时，账账、账表、账实不符等问题，涉及金额3.94亿元。

八是8个部门的14个单位政府采购操作不规范，涉及采购金额7368万元。其中未按规定履行政府采购和招标程序、违反规定自行变更采购合同6614万元；预算编制不实不细，造成采购不能如期完成754万元。还有4个部门的17个单位采用虚列支出等方式，将零余额账户资金3.14亿元转入了本单位或所属单位的银行存款基本账户存放，使资金脱离了国库集中支付监管。

九是根据中央和本市严厉打击“假发票”和治理“小金库”的统一部署，审计中加大了对“假发票”和私设“小金库”的检查力度。审计发现一些供货商向预算单位开具了“假发票”，有27个单位使用供货商提供的“假发票”涉及金额3112万元。审计还发现6个单位部分资金未纳入财务核算和私设“小金库”，涉及金额1030万元。“假发票”严重扰乱财经秩序和税收征管，各预算单位应当提高防范“假发票”的能力和意识，进一步加强财务报销中对发票的审验和识别。“小金库”问题的产生，一方面反映出一些单位财经法纪意识淡薄，另一方面也反映出部门内部管理和监督机制存在较大漏洞。

在审计过程中，市审计局对一些问题已采取边审边纠的方式解决，对供货商开具的“假发票”已移送税务部门查处，要求有关部门对私设“小金库”的相关责任人追究责任。各部门也积极采取措施，纠正和处理问题，已将部分发票退回供货单位，将账外存放的资金并入账内。对管理和资金使用绩效等方面的问题，市审计局从完善预算管理、资金资产管理、财务管理的角度，向有关部门提出了整改意见，各部门正在研究落实审计意见和建议。

二、重点财政专项资金审计情况

市审计局对涉及民生的部分重点财政专项资金进行了审计和审计调查，涉及市级财政专项资金投入规模66.11亿元。审计重点关注了专项资金安全和有关政策的落实，以及资金使用绩效。

（一）首都公共卫生体系建设设备购置专项资金管理使用绩效审计情况

审计了2006年至2008年首都公共卫生体系建设设备购置专项资金管理使用绩效情况。三年来，市财政共投入12亿元集中用于首都公共卫生体系建设中的相关设备购置，建设了突发公共卫生事件应急指挥平台（一期）工程和公共卫生信息系统软硬件设施；为地坛、佑安、朝阳医院和市疾控中心，以及城近郊区127个急救站点和旅游景区14个急救站点配备了相关设备。专项资金使用效果总体较好，以“一个机制、四个体系”为核心内容的首都公共卫生体系格局初步形成，为首都经济社会又好又快发展和成功举办奥运会、残奥会提供了坚强有力的公共卫生保障。但审计中还发现一些问题。

一是截至2009年4月末，总投资1.67亿元的公共卫生信息体系建设中，有5个子项目没有完成终验；急救指挥调度中心升级改造项目3215万元的配套设备和部分用于急救医学研究所中心实验室、医疗培训中心以及疾病预防控制系统的相关设备购置后未安装到位。此外，审计还发现，设备购置方对合同付款方式的管理有待改进。急救中心10辆救护车采购项目，设备购置方在2008年1月与中标供货商签订采购合同后，一次性向对方支付了合同总价95%的货款902万元。而至2009年5月仍有5辆未到货，使采购合同规定的事项未能得到有效执行，也给财政专项资金使用带来潜在风险。

二是已建成的127个城近郊区急救站点，受人员编制、运行经费及急救站所依托的医疗机构改造、拆迁等因素影响，有43个运行效果不好，未纳入120网络调度系统承担其相应的急救任务。

（二）教育专项投入和资产管理审计情况

审计调查了12所市属高校2008年教育专项投入及资产管理使用情况，以及四城区24所中小学校2007年基础教育投入情况。近年来，市财政对高校基础设施改造和设备购置教育专项投入力度较大。截至2008年末，12所高校固定资产原值95.07亿元。固定资产使用率和完好率基本达到95%以上，教学设备设施不断改善，较好地满足了教学和科研的需要。四城区确保教育经费投入逐年增长，2007年对基础教育投入达24.2亿元，改善了基础教育办学条件。但审计也发现一些问题。

一是部分教育资产出租收入管理存在漏洞。4个单位五年中有1100万元房屋出租收入未及时收回。7个单位取得的房屋出租收入1171万元未纳入学校预算管理，有的甚至未纳入账内核算。

二是高校固定资产管理薄弱问题较普遍，审计发现固定资产账账不符、账实不符涉及金额4.43亿元，占12所高校固定资产原值的4.65%。此外，6所高校部分设备设施购入后形成闲置，涉及金额2941万元。有些是由于缺少配套设备、专业技术人员或没有安装场地致使无法使用；有些是因为运行成本较高、教学或科研内容改变、教学人员调整造成闲置；有些则是没有按实际需要量进行购置，多购设备形成闲置。

（三）节能降耗投入绩效审计调查情况

审计调查了本市18家企业2006年至2008年节能工作的实施状况、节能资金的投入情况以及节能目标的完成情况。市政府及主管部门采取多种形式支持节能工作，2006年以来，市级财政投入补助资金2064万元，带动18家企业投入4.3亿元。部分企业提前完成“十一五”节能目标，节能资金投入收效显著，改善了首都的生态环境。但调查也发现部分国家明令淘汰的设备仍在使用，影响了全市节能降耗工作的效果。截至2008年末，18家企业中有10家仍在使用应淘汰的高耗能设备594台，此类设备主要集中于变压器和电动机，更换新设备可节能10%至30%。

（四）生活垃圾处理资金投入绩效审计情况

审计了本市2004年至2008年生活垃圾处理资金投入情况。5年间本市共投入与垃圾处理有关的资金58.7亿元，其中，市级财政投入24.2亿元，区级财政投入30.2亿元，单位或企业自筹资金4.3亿元。经过几年建设，全市垃圾分类收集率和生活垃圾无害化处理率不断提高，生活垃圾处理取得较大进展，改善了城乡生态环境，实现了奥运承诺的目标。但是审计中也发现一些问题。

一是截至2008年末，有9座垃圾处理设施由于征地难、环评难、资金紧张等原因未按期建成；建成投产的3座功能不全。部分压缩式垃圾中转站建成后基本未用；部分垃圾减量设施运行效果不好。

二是2002年至2008年，市财政累计投入1.4亿元补助垃圾分类推广，但部分投入未取得预期效果。抽查的71个小区，64.8%存在乱投乱放现象；抽查35台厨余垃圾处理机有20台闲置或停用。

上述问题，一方面反映出财政支出绩效管理目标还需要进一步明确，绩效考评力度需要进一步加大，另一方面也提示有关部门在增加投入时要重视支出效果。重点专项资金管理使用中的问题，市审计局已向市政府专题报告，并对资金管理使用部门提出了加强管理的意见和建议。市政府已要求有关部门完善相关政策，采取相应措施，提高资金使用绩效。目前有关部门正在研究完善管理政策，逐步加以解决。

三、新增投资审计调查和汶川地震灾后重建援建项目跟踪审计情况

（一）中央新增投资项目落实和资金拨付、配套审计调查情况

2008年末和2009年2月，中央分两次安排新增扩大内需投资，分配本市7.05亿元，截至2009年3月末，中央投资到位3.25亿元，已全部通过市财政转拨到相关区县及项目实施单位，根据项目进度，市财政已安排配套资金6.98亿元、区县财政已安排配套资金2315万元、企业自筹资金到位4.7亿元。这些资金已落实到高新技术、公共服务、基础设施、能源环保及涉农等领域25个项目，目前18个项目已完成投资10.08亿元，7个项目处于前期启动阶段。在资金拨付环节，未发现滞留和挤占挪用问题。

（二）本市扩大内需新增投资项目落实、资金拨付和项目执行审计调查情况

为落实中央和本市扩大内需促进经济增长的政策、措施，2008年12月，本市追加下达59.1亿元的政府投资任务，落实到京沪高铁征地拆迁、环保公交车采购、棚户区居民搬迁安置、中小企业信用再担保等9个项目，资金已及时拨付到有关区县和项目单位。截至2009年3月末，各项目已累计支出20.48亿元。项目实施后，对经济的拉动作用已初步显现，如中小企业信用再担保公司资本金5亿元注入后，已扩大贷款支持规模130亿元。但是审计调查也发现，为解决京沪高速铁路征地拆迁项目的工作经费，市有关部门、单位商定，在京沪高速铁路征地拆迁资金中，可以按照征地及拆迁补偿总额1%的标准计取工作经费。该标准高于《基本建设财务管理规定》及铁路基本建设工程建设单位管理费控制标准。

（三）汶川地震灾后重建援建项目跟踪审计情况

根据中央《汶川地震灾后恢复重建对口支援方案》的要求，截至2009年3月末，本市已确定对口支援什邡市灾后恢复重建项目39个，计划投资48亿元，涉及市政基础设施、医院、学校、福利院、城乡居民永久性住房等项目。已拨付市对口支援地震灾区指挥部前线分指挥部（简称“市前指”）22.63亿元，其中：市和区县两级财政预算内资金19.86亿元，社会捐赠资金2.77亿元，其余资金将根据工程进度陆续安排和拨付。按照与什邡市审计局分工安排，市审计局对39个项目中的25个项目进行了跟踪审计。从审计情况看，目前“市前指”已拨付25个项目建设资金11.8亿元。财政预算资金拨付及时，各项目进度基本符合“市前指”下达的工期

要求，审计未发现重大项目质量和违法违规问题。

四、进一步加强市级预算管理的建议

（一）今年财政收入实现增长难度较大，各部门要继续采取措施大力增收节支。预算收入征管部门要认真履行职责，加强税收和非税收入预测，及时清理欠税和欠费，完善征管措施和手段，同时也要防止征收“过头税”。财政部门和各预算执行部门要进一步研究统筹管理各项收入的办法，继续压缩经常性经费，严格控制出国、会议、车辆等支出，加强机关作风建设，坚持勤俭办事业，提高行政效能，降低行政成本。

（二）财政部门要推动部门预算编制进一步细化，推进预算公开，进一步深化国库集中支付和政府采购改革，扩大国库集中支付范围，继续扩大会计集中核算试点规模，严格国库集中支付操作监管，研究细化专用设备采购的管理办法，加强对专用设备采购的监管。

（三）财政部门在预算编制和执行中，要健全部门绩效计量和评价指标，加强预算批复与项目预算评审和绩效考评管理的有效衔接，加大绩效考评力度，提高公共资源配置和使用的合理性、科学性。审计部门要大力开展绩效审计，推进各部门加强绩效管理。

（四）财政管理部门要认真落实对行政事业单位国有资产管理职能，统筹存量资产配置和收益，合理安排预算；各部门要将资产管理与财务管理紧密结合，进一步提高固定资产管理的责任意识，严格按照有关规定制定本单位固定资产管理实施办法，加强对本部门及所属单位固定资产的监管。

（五）财政和发展改革部门要进一步加强对新增投资项目的跟踪检查，进一步研究完善拆迁资金管理办法，确保财政投入的拆迁资金支出安全，避免损失浪费，提高投资效益。

（六）各部门要进一步强化依法行政、依法理财观念，树立绩效管理意识，注重加强本部门、本单位的财务基础工作，规范内部管理，健全内控制度，完善自我约束和责任追究机制，预防违法违纪问题发生，努力提高财政资金的使用绩效。

主任、各位副主任、秘书长、各位委员，2009年本市要全面贯彻落实中央扩大内需的各项措施，全力保发展、保民生、保稳定，确保首都经济平稳较快发展。今后的预算执行审计要贯穿这条主线，围绕服务“人文北京、科技北京、绿色北京”建设，进一步突出重点，全力推进绩效审计，充分发挥审计工作在首都经济社会运行中的“免疫系统”功能，更好地为人大常委会加强预决算监督服务。

以上报告，提请市人大常委会审议。

市人大财政经济委员会关于 2008 年市级决算的初步审查报告

——2009 年 7 月 24 日在北京市第十三届人民代表大会常务委员会第十二次会议上

市人大财政经济委员会主任委员 王 火

北京市人民代表大会常务委员会：

为配合本次会议审查和批准北京市 2008 年市级决算，市人大财经委员会依据《北京市预算监督条例》的规定，于 7 月 6 日至 7 日召开了有市人大常委会预算监督顾问列席的财经委员会第 13 次（扩大）会议，听取了市财政局《关于北京市 2008 年市级决算和 2009 年上半年预算执行情况的报告》，并结合市审计局《关于北京市 2008 年市级预算执行和其他财政收支的审计工作报告》和市国税局、地税局有关税收情况的报告，对 2008 年市级决算草案进行了初步审查，现将审查意见报告如下。

市人民政府提出的 2008 年市级决算，市级财政总收入决算数为 1524.7 亿元，其中，财政收入 1034.2 亿元，完成预算的 105.2%；市级财政总支出决算数为 1485.2 亿元，其中，财政支出 1146.3 亿元，完成预算的 113.3%。专项政策性结转今年使用 21.1 亿元，净结余 18.3 亿元，国债转贷资金结余 0.1 亿元。

财经委员会认为，2008 年，市人民政府及其财政等部门认真落实市十三届人大一次会议批准的预算，坚持科学发展观，深入贯彻中央和市委的各项方针政策，圆满完成了全年预算任务。财政收入保持平稳较快增长，支出结构进一步优化。公共财政体制继续完善，各项财政改革不断深化，超收收入安排建立新机制，预算管理水平不断提高。全力保障奥运会、残奥会的成功举办，积极支持抗震救灾和对口支援工作，沉着应对国际金融危机带来的影响。财政调控保障能力进一步增强，为保持首都经济社会平稳较快发展发挥了重要作用。总的看来，2008 年市级预算执行情况是好的，财经委员会建议本次会议批准北京市 2008 年市级决算（草案）。

财经委员会指出，2008 年市级预算执行中还存在着一些需要注意的问题，主要是：部分项目预算编制不够科学合理，资金结余闲置现象仍然存在；有些单位资产管理比较薄弱，资产处置、收益管理不够规范；预算管理的基础工作应进一步加强，部分财政资金使用效益不高；违反财经法纪和财务制度的现象时有发生，财政管理监督体系需要进一步健全。对此，市人民政府及其财政等部门要认真加以改进。

市审计局对本市 2008 年市级预算执行情况和其他财政收支依法开展了审计监督，增加了绩效审计的内容，为做好市级决算的审批工作提供了依据。市审计局在充分肯定本市 2008 年市级预算执行情况的同时，也指出了存在的一些问题。建议市人民政府针对这些问题，责成有关部门切实进行整改，不仅要严格责任追究，更要认真分析出现问题的原因，健全财政预算管理体制和运行机制，并按照《北京市预算监督条例》的规定，在年底前，将审计查出问题的整改情况和处理结果向市人大常委会提交书面报告。

财经委员会还对市财政局关于北京市2009年上半年预算执行情况的报告进行了审议。上半年全市地方财政收入完成1033.3亿元，比去年同期下降3.5%，完成预算的51.1%。全市财政支出完成899.1亿元，比去年同期增长6.7%，完成预算的44.8%。当前，受国际金融危机影响，我市经济社会发展面临的形势还很严峻，财政收入在经过多年连续增长后首次出现了同比下降，同时财政支出压力加大，收支矛盾更加突出，完成全年预算的任务相当艰巨。市人民政府及其财政等部门要坚定信心，加强管理，努力完成市十三届人大二次会议批准的预算。

针对2008年市级决算和今年以来预算执行中反映出的矛盾和问题，财经委员会提出如下建议。

一、积极组织财政收入，发挥财税职能作用

认真落实积极的财政政策和保增长各项政策、措施，推进产业结构调整和科技创新，着力支持企业发展，努力培育和壮大财源。严格依法治税，做到应收尽收，大力抓好税源建设，坚持强化税收征管和帮扶企业应对危机并重，防止收“过头税”。加强对经济运行和财政收入的分析监控，及时解决在组织收入工作中遇到的难点问题，努力扭转财政收入持续同比下降的局面，力争完成全年收入预算任务。

二、严格预算支出管理，做到有保有压

针对今年严峻的财政形势，财政支出要严格按照人大批准的预算执行。围绕“保增长、保民生、保稳定”，认真做好就业再就业、地震灾后对口支援、甲型H1N1流感疫情防治、筹备国庆60周年等各项重点支出的资金保障工作。要牢固树立过紧日子的思想，坚持勤俭办一切事业，严格控制一般性支出，做好压缩会议费、公务接待费用、出国经费、公务用车等支出的落实工作。

三、完善预算管理制度，继续深化财政改革

认真落实新的市和区县分税制财政体制，确保体制的实施效果。继续推进财政资金绩效考评工作，逐步建立绩效管理和预算管理相结合的机制。深化行政事业单位资产管理改革，健全资产管理的制度体系，积极促进资产管理与预算管理的有机结合。加快非税收入收缴管理改革，完善征管机制。稳步推进包括一般预算、基金预算、国有资本经营预算和社会保障基金预算的全口径预算编制，继续完善和细化政府基金预算的编报。进一步完善财政信息公开制度，增强预算的透明度，逐步扩大向市人大报送部门预算的范围。

四、加强财政资金和政府投资的管理和监督，提高依法理财水平

加强对部门和项目资金使用单位的监管，强化预算约束和责任追究，增强部门预算执行的严肃性，加大对资金使用情况的追踪问效力度，提高资金的使用效益。加强对市级预算和部门预算单位结余资金的管理，规范结余资金的使用，逐步清理、消化结余资金。做好“小金库”的治理工作，健全和完善相关制度，从源头上杜绝“小金库”的出现。加强对政府投资的监督，加快项目的实施进

度，增强政府投资项目管理的规范性和透明度，做好政府重大公共投资安排及其实施情况适时向市人大报告的工作。

五、充分发挥审计的作用，进一步加强审计监督

充分发挥审计“免疫系统”功能，维护首都经济社会健康、协调发展。围绕宏观调控政策、措施的贯彻落实情况，强化对重大政府投资项目、重大民生工程、重点专项资金的审计。积极创新审计方式，坚持在真实性、合法性审计的基础上，着力推进绩效审计工作，扩大绩效审计范围，探索绩效审计的内容和评价标准，逐步建立和完善具有首都特色的绩效审计制度。进一步完善向市人大常委会报告审计工作的制度。

以上报告，请予审议。

关于北京市2009年国民经济和社会发展计划上半年执行情况的报告

——2009年7月24日在北京市第十三届人民代表大会常务委员会第十二次会议上

北京市发展和改革委员会主任　张　工

主任、各位副主任、秘书长、各位委员：

我受市人民政府委托，向市人大常委会报告本市国民经济和社会发展计划上半年执行情况。

一、上半年计划执行情况

今年以来，面对极其严峻和复杂多变的国内外环境，在市委的坚强领导下，在市人大的监督指导下，全市上下按照科学发展观要求，深入推进“人文北京、科技北京、绿色北京”建设，坚决贯彻落实中央调控政策，快节奏、高强度、创新性地开展工作，一系列调控政策效果逐步显现，经济增速较快下滑的势头得到扭转，发展积极动因不断积累和增加，经济回升趋势更加明显，社会发展步伐加快，调结构、上水平、保增长、保民生、保稳定工作取得显著成效，计划执行总体达到了预期要求。

（一）经济发展总体好于预期，保增长取得明显成效

今年是国际金融危机负面影响集中释放的一年。市委、市政府充分考虑到形势的严峻性和复杂性，见事早、行动快，及时密集地出台了一系列政策、措施，取得明显成效。一季度，本市地区生产总值增长6.1%，与全国持平，好于预期。3月份以来，经济运行中积极因素不断增多，企稳回升趋势更加明显，上半年全市经济增长7.8%，比一季度加快1.7个百分点，达到这一增长水平实属不易。

（二）发展势头逐步向好，市场活跃程度进一步提高

投资增速显著回升。投资促进政策效果明显，全社会固定资产投资扭转了连续9个月的下滑势头，累计完成1902.5亿元，增长19.3%，其中6月份增长55.6%。绿色审批通道项目共完成投资594.6亿元，占投资总量的31%。土地一级开发投资完成418.9亿

元，增长 6.2 倍。基础设施投资完成 575.4 亿元，增长 12.5%。房地产开发投资完成 901.8 亿元，增长 13.5%，比一季度提高 43.7 个百分点。

工业生产降势放缓。企业帮扶取得实效，全市规模以上工业实现增加值 1077.3 亿元，同比下降 1.2%，其中一季度下降 3.4%，二季度增长 0.5%。从行业看，汽车、医药制造等行业增势较好，电子信息业和都市工业降幅收窄。反映经济运行的用电指标继续向好，全市生产用电增长 0.9%，其中二季度增长 2.2%。工业企业利润降幅缩小，前 5 个月同比下降 16.7%，降幅比 1—2 月收窄 10.4 个百分点。

财政收入实现时间过半、任务过半。全市完成地方一般预算收入 1033.3 亿元，完成全年计划任务的 51.1%，同比累计下降 3.5%，其中二季度增长 0.2%，6 月份增长 54.1%。增值税和营业税连续两个月实现正增长，上半年累计增长分别达到 1.3% 和 3.1%。城市功能拓展区完成预算的 52%，增长 1.4%；城市发展新区完成预算的 53.4%，增长 8.4%。

资金供给比较充裕。6 月末人民币贷款余额 2.46 万亿元，比年初增加 4430 亿元，相当于去年全年的 2 倍。制造业、房地产业、租赁商务服务业、公共基础设施等重点行业新增贷款占 50%以上，重点领域资金需求得到保障。外资进入比较平稳，上半年全市实际利用外资 35 亿美元，增长 5%，比全国增速高 25 个百分点。

资产领域出现积极反弹。在适度宽松的货币政策带动下，证券市场渐趋活跃，全市股票交易额同比增长 11%。土地市场快速升温，开发企业拿地意愿显著增强，上半年经营性用地挂牌交易 481.6 公顷，成交金额 236.6 亿元，完成经营性用地供应计划近四成。房屋销售价格环比连续四个月上涨，6 月份房屋销售价格环比上涨 0.4%，其中，新建住宅销售价格环比上涨 0.3%。

（三）发展方式进一步转变，结构调整出现积极变化

在经济增长企稳向好的同时，结构不断优化，呈现出明显的服务业带动、高技术带动和消费带动的特点。

服务业支撑作用更加突出。上半年，服务业实现增加值 3962.2 亿元，增长 10.5%，比全市经济增速高 2.7 个百分点，占全市地区生产总值的比重达到 74.6%，成为全市经济增长的稳定器。

高技术产业贡献进一步提高。上半年，科技服务业增加值增长 20.6%；信息服务业增长 11.5%。1—5 月，软件企业实现业务收入约 700 亿元，增长 16%，电信业务和电子商务交易规模增长 10%左右，服务外包业务收入增长 28.6%；中关村科技园区和亦庄经济技术开发区技术收入分别增长 7.8% 和 3.1%。

消费拉动作用继续加大。消费需求持续较旺，累计实现社会消费品零售额 2502.4 亿元，增长 13.2%。支撑消费快速增长的主要是改善性和发展性需求。受小排量车减税等政策影响，汽车旺销，全市机动车销售 53.6 万辆，增长 22.2%。住房市场回暖，全市销售商品住宅 845.8 万平方米，同比增长 1.4 倍，扭转了近两年持续低迷的态势，带动了家具、家电、建材等消费。国内游和港澳台入境游逆势而起，全市旅游景区接待人数增长 36.7%，港澳台入境游人数增长 48.4%。

区域发展协调推进。首都功能核心区和拓展区支撑作用比较突出，集中了全市 81% 的社会消费品零售额、78%的区县级财政收入和 54%的固定资产投资。城市发展新区和生态涵养区资源要素聚集效果不断显现，城市发展新区社会消费品零售额、固定资产投资分别增长 11.9%和 72%，生态涵养区分别

增长 12.8%和 50.8%，发展步伐不断加快。南城及南部地区发展进入新阶段，轨道交通、城市路网加快向南城延伸。

农村经济快速发展。在多项惠农政策扶持下，全市实现农业总产值 110.6 亿元，同比增长 2.9%，增幅比一季度提高 0.6 个百分点。农村消费和投资增长加快，农村社会消费品零售额增长 12.4%，农村固定资产投资增长 73.3%。农民人均现金收入增长 12.2%，增幅高于城市居民收入增速 4.1 个百分点。

（四）惠民政策效果显著，社会发展稳步推进

就业和社会保障力度加大。积极应对危机，加大社会保障覆盖面，上半年，各项社会保险参保人数增长 9%左右。建立城乡居民养老保险制度和老年保障制度，已有 135 万人参加了城乡居民养老保险，65.5 万城乡无保障老年人享受了福利养老金。全力保就业，全市城镇登记失业率为 1.82%，同比降低 0.07 个百分点。共帮助 296 户城乡零就业家庭实现“动态脱零”，4.8 万农村劳动力实现转移就业。劳动力市场用工需求开始好转，6 月份单位用工需求 13.8 万人，环比增长 43%，连续两个月增长。

生产生活环境不断改善。迅速有效应对甲型 H1N1 流感疫情，避免经济社会发展受到大的影响。安全生产事故继续下降，死亡事故起数和死亡人数分别下降 15.5%和 18.3%。社会治安比较稳定，刑事案件立案数有所下降。食品安全情况良好，食品安全检测抽查合格率达到 95.8%，药品安全抽验合格率保持在 98%以上。公交出行比例为 37.3%，比上年年底提高 0.5 个百分点。生态环境持续改善，二级和好于二级天数比重达到 80.7%，新增 19 处免费郊野公园，开工建设通州、密云、延庆等新城滨河森林公园，生态惠民成效显著。

总体上讲，上半年我们面临的形势前所未有，面临的困难也前所未有，能够实现经济社会发展的总体平稳和逐步好转，成绩来之不易。这是市委、市政府坚决贯彻中央部署，科学决策，从容驾驭严峻复杂局势的结果，是全市上下贯彻落实科学发展观，紧抓机遇，开拓创新，奋力拼搏，扎实工作的结果。

一是狠抓投资落地，促投资保发展。投资是扩内需、保增长的关键。在今年这种特殊形势下，完成投资增长 15%以上的目标压力非常大，因此必须加强投资调度。1. 打破常规、创新机制，主动调控投资节奏。改变往年上半年抓审批、下半年抓建设的惯例，集中精力在一季度抓审批、后三季度抓落地，努力争取投资前移。完善重大项目绿色审批通道机制，建立了分级联审制度。目前已有 903 项工程纳入绿色审批通道，总投资超过 1 万亿元，年内计划投资 2837 亿元。2. 大胆探索、创新模式，强化政府投资引导放大作用。科学安排政府固定资产投资，充分发挥政府投资的引导放大作用，全年投资已下达 71%。安排补助贴息等引导放大投资 120 亿元，预计将引导社会投资 1000 亿元。3. 突出重点、狠抓落地，力推重大工程加快实施。通过前移重点规划项目、扩大产业发展项目、新增商业公建项目等举措，加快推进一批重大项目。加快轨道交通建设，目前在施线路达到 10 条，4 号线将于 9 月份投入运营。推进京承高速三期、京台高速、京石第二高速等工程，加快建设新城集中供热工程，开工建设京平天然气主干线，增强城市承载能力。4. 注重实效、创新服务，吸引中央项目落地。及时向国家有关部门上报一批对产业升级、节能减排、民生改善有重要促进作用的项目，目前已争取中央新增投资 7 亿多元。重点抓好中央项目的服务与配套，加大前期征地拆迁工作力度，努力争取中央经济类总部、国

家重大科技基础设施、中央重大公共服务、中央国债转贷以及中央企业主导参与的要素市场建设等五类项目在京落地。5. 打好时间差，加快土地储备，预留发展空间。充分利用全球需求萎缩，产业投资意愿不强的时机，增强政府对土地的调控能力，严格控制土地一级开发成本，加快储备一批土地，为需求转暖时预留更大的发展空间，全年安排土地储备开发计划投资超过1000亿元，上半年完成了40%。6. 努力稳定房地产投资，释放积极信号，提振市场信心。加大保障性住房建设力度，全年保障性住房计划投资260亿元、开工建设850万平方米，同时加快保障性住房和限价房入市销售步伐。积极落实国家房地产调控政策，出台《促进房地产市场健康发展实施意见》，提振房地产市场信心。7. 狠抓投融资平台建设，拓宽资金来源渠道，放大政府投资效果。扩展市级融资平台功能，加快推进区县融资平台建设。市级投资平台全年计划融资2000亿元，重点建设市国有资本运营和股权管理中心，完善市基础设施、公联、首发、排水、自来水等投资平台。先期启动朝阳、海淀、顺义等3个基础较好区县的投资平台改革建设试点，对其他区县平台安排10亿元以资本金补助的方式给予支持。拓宽中小企业融资渠道，中小企业信用再担保公司资本金由10亿元扩大到15亿元，目前已与10家银行、11家担保机构开展业务合作，签订再担保合同总额161.4亿元。中小企业创业投资引导基金规模由3亿元扩大到8亿元，目前已有400家科技型、创新型中小企业项目进入项目备选库。充分发挥农投、农担、农基的引导放大作用，吸收更多的社会资金和金融资金投入农村，安排10亿元投资作为资本金注入新组建的农业投资有限公司，成立了农业担保有限责任公司。

二是狠抓结构调整和科技创新，积蓄势能保发展。将当期扩大内需和促进长远发展结合起来，积极培育未来的发展潜力。1. 制定并发布了一批重大政策，引导结构调整和产业升级。着眼于增强自主创新能力、优化产业布局、统筹区域发展、振兴现代制造业和现代服务业，上半年先后制定和发布了《“科技北京”行动计划》、《实施海外人才集聚工程的意见》、《关于金融促进首都经济发展的意见》、《加快丽泽金融商务区建设的实施意见》、《促进生态涵养区协调发展的政策意见》、《鼓励跨国公司在京设立地区总部的若干规定》等一系列政策意见，颁布实施了《电子信息产业调整和振兴实施方案》，抓紧制定和报批汽车、装备制造、新能源和环保、生物医药、都市工业、生产性服务业、物流业等产业调整振兴规划。2. 努力打造中关村国家自主创新示范区，积极推动科技北京建设。制定出台《关于建设中关村国家自主创新示范区的若干意见》，制定和实施《在中关村科技园区开展政府采购自主创新产品试点工作的意见》等配套政策。创新科技发展模式，实行“双轮驱动”。一轮是继续加大对科技研发的资金和政策支持，目前已确立6家科研单位开展股权激励改革试点，鼓励试点单位实施期权、分红权、技术入股等奖励措施；另一轮是为自主创新产品提供市场，在全国率先实施政府采购自主创新产品试点政策，目前已完成了3批次、24亿元的自主创新产品试点采购。3. 加快实施一批产业项目，推进结构调整。着力推动京东方8代线、京西重工并购德尔福、北一数控机床、碧水源污水处理等亮点项目，帮扶星网工业园、北汽福田发动机、软件园二期、汽车研究总院、三一重工等优势项目，抓好节能与新能源汽车研发及制造基地、微软研发大厦、中石油科技创新基地等后劲项目，以项目带动产业结构优化升级。发布实施信息化基础设施提升计划，打造信息通讯枢纽和互联网中心城市。加快与全国16个重大科技专项的对接。

三是狠抓企业帮扶，存量与增量并重保发展。为市场运行主体创造良好环境是保发展的核心。1. 及时出台措施帮扶企业应对危机。出台了帮扶企业应对国际金融危机的若干措施，统筹安排50亿元资金，用于推动产业发展、企业调整、技术改造、贷款贴息等方面的资金支持。建立帮扶工作协调调度机制，着力解决企业资金、土地、高新技术企业认定等重点难点问题。2. 降压减负，支持企业稳定就业。年初出台一揽子社保政策调整方案，为企业减轻负担、提高社会保险待遇增加支出共计97.3亿元，3月份出台支持企业稳定就业岗位的“新六条”政策，安排资金29.6亿元。目前全市共243家企业获得4.08亿元的稳定就业岗位、社保补贴资金，惠及5.1万名待岗、轮岗职工。3. 加大对企业特别是中小企业开拓国际市场的支持力度。帮助企业解决退税积压的历史难点问题，落实约9亿元的出口退税。对本市企业参加国际国内展会、外贸大集、境外招商引资等活动加大支持力度。4. 推进国有企业兼并重组。抓住市场调整的有利时机，通过兼并重组激发国有企业活力。上半年，完成了首旅集团托管北农集团、市政路桥托管城乡建设集团、京华和京通客车划入北汽控股、三元集团重组华都集团并托管大发集团等大型市属企业的重组合并工作。

四是狠抓消费扩大，千方百计扩消费保发展。1. 积极实施家电下乡。除国家推出的彩电、冰箱、电脑等家电下乡产品外，在调查农民需求基础上增加了热水器和微波炉两类，简化补贴手续，实行现卖现补。已累计销售家电4.9万台。2. 加快更新淘汰黄标车。上半年全市共淘汰高排放污染车辆8.2万辆，年内还将组建2万辆城市绿色车队，采购1000辆节能环保公交车。3. 大力发展旅游市场。推出京城旅游行动计划，大力度宣传推广，开展北京请您来过年、来春游、来旅游等系列活动，发放旅游消费券，实现了国内旅游逆市上扬。集中推出一批外贸大集、购物季、美食节等促销活动，刺激节日和餐饮消费。

五是狠抓民生保障，全力改善民生保发展。1. 千方百计减轻企业和个人负担，提高社会保障水平。提高了企业退休人员基本养老金、失业保险金等社会保障标准，降低失业保险、工伤保险、农民工大病医疗保险缴费费率，启动社会保障卡工程建设。2. 着力推进城乡社保和就业政策统筹。建立城乡居民养老保险制度和老年保障制度，建立城乡平等的就业制度，将促进城镇失业人员就业的岗位补贴、社保补贴、小额担保贷款、职业培训补贴政策向农村延伸。3. 加快实施一批民生工程。上半年，限价商品房开复工面积和投资分别增长2倍和1.3倍；经济适用住房开复工面积和投资分别增长30%和56%；廉租房开复工面积和投资分别增长1.4倍和1倍，通过配租缓解了1.7万户家庭的住房困难。推进2万户危房保护修缮工程，全面启动丰台、门头沟、通州棚户区改造。实施总投资约90亿元的能源安居工程。

二、计划执行中需要关注的主要问题

从上半年本市发展情况看，部分经济领域冷热不均、基础不牢、发展不平衡的问题还比较突出，下半年经济发展还面临着一些挑战和隐忧需要高度关注。

一是经济调度压力较大。从时间进度看，上半年全市经济增长7.8%，增速虽逐季加快，但全年要实现地区生产总值力争增长9%的目标，后两个季度增速需要超过10%，难度较大。从产业支撑看，二、三产业对全市经济总量和增速的支撑仍显不够协调，二产支撑作用尚显不足，目前工业仍是负增长，与年度任务差距较大；受危机影响，服务业要在稳定的基础上谋求更大发展，需要付出艰苦努力。

二是服务业滞后影响有所显现。服务业在本市经济总量中比重高，对全市经济的稳定作用至关重要，一旦出现波动，其他产业难以弥补。由于本市服务业部分行业面向国际、服务全国，受国内外大势影响较大，国际金融危机对服务经济和总部经济的影响具有滞后性。当前交通运输、住宿餐饮、批发业、居民服务、商务服务等行业增加值回落幅度较大，部分面向中小企业的商业楼宇退租率和空置率有所上升，四、五星级饭店入住率出现下降，服务业后续发展形势需要高度关注。

三是企业经营仍然面临较大压力，效益下滑状况短期内难以扭转。由于国际、国内市场需求先后放缓，原来依靠国际市场的国内企业转向国内市场消化过剩产能，同时国外企业也转而"抢滩"中国市场，加速国内市场国际化，这种"一减两转"态势导致竞争加剧。目前，一些行业和企业生产经营还很困难，工业企业和服务业利润同比降幅较大，1—5月，分别下降16.7%和42.8%。同时，消费价格和生产价格指数仍然下行，市场需求短期内难以明显恢复。微观市场主体经营困难的状况如果持续将对宏观经济层面带来影响。

四是民间投资跟进尚显不足，在一定程度上影响投资增长的可持续性。全市固定资产投资中民间投资和外商投资分别下降2%和27.6%，投资增长主要依靠政府投资和国有投资拉动。在民间投资比较集中的房地产领域，扣除政府主导的土地一级开发投资，房地产投资仍下降20.5%，反映出土地开发规模的扩大尚未转化为商品房建设规模的增加，这一方面影响投资增长的可持续性，另一方面也给未来房地产供需造成潜在矛盾。下半年还有六成投资需要完成，撬动民间投资成为当务之急。

五是政府资金"一减一增"，平衡难度加大。一方面企业所得税税率降低、增值税转型、企业效益下滑等财政减收因素很多，上半年财政收入仍下降3.5%；另一方面下半年扩内需保增长的任务很重，对政府投资、财政支出的资金需求大幅增加，"一减一增"的收支形势给政府调控提出更高的要求。

此外，由于企业经营困难，存量就业不稳定，吸纳新增就业能力也有所降低。由于目前本市消费相对过度依赖车市，集团消费也出现下滑，给消费持续增长带来一定隐忧。甲型H1N1流感疫情防控任务艰巨，安全生产、社会维稳、公共安全等压力也比较大，需要高度重视。

三、努力完成全年计划的主要措施

当前，本市经济发展正处于企稳回升的关键时期。一方面经济回升向好的基础还不稳固。经济发展的外部环境依然严峻，世界经济衰退的基本格局年内难以改变，实现复苏需要一个较长的过程；同时当前的经济回升在很大程度上得益于政策推动和政府推动，经济自主增长的力量还比较脆弱，巩固回升趋势还面临较多困难。另一方面，调整经济结构和抢占产业发展高端的压力日益加大，需要我们在新一轮国际产业转移中主动发挥首都优势，抢占先机，提升首都经济的核心竞争力。

下半年，将迎来新中国成立六十周年，确保首都社会安全稳定祥和的工作十分艰巨。必须把握三季度的黄金时间，信心上不动摇，思想上不懈怠，工作上不松劲，政策落实上不打折扣，继续保增长、调结构、重效益、惠民生、保稳定，着力巩固和发展经济企稳回升势头，确保全年各项任务的完成。

（一）坚持扩大投资与优化结构并重，扎实抓好投资促进

1. 继续加强投资调度。严格落实固定资产投资目标责任制，加强督导考核，促进动态进度与年度目标任务的衔接。完善绿色审批通道机制，使之制度化、常态化。适当调整投资调控重点，坚持抓审批与抓开工并重、抓土地储备与抓土地投放并重、抓争取中央项目资源与抓项目推进落实并重、抓政府投资与抓民间投资并重。推广市场评估和实物补偿的拆迁管理办法，重点解决拆迁难、拆迁慢问题，促进投资落地。

2. 进一步完善和创新投融资机制，保障资金来源。抓住国家研究鼓励民间投资的政策机遇，制定本市具体落实意见，修订政府核准的投资项目目录，引导和鼓励民间资本进入基础设施、公用事业、文教卫生等领域，引导社会资金广泛参与新城和重点镇建设，撬动和激活民间投资。在合理确定财务风险的前提下，用足国管中心等市级重点平台的融资空间，增强区县级平台的融资功能，抓住机遇，扩大融资规模。紧抓国家推出创业板的机遇，储备并推动一批有潜力的中小企业直接融资。继续做好中关村集合发债工作，支持中小科技型企业融资。落实我市产业投资和股权投资基金的政策，增强产业投资活力。加强对接和服务，争取一批中央投资项目落地。继续加快政府投资下达进度，发挥好引导放大作用。

3. 大力优化投资结构。在注重引进服务业投资的同时，针对今年工业投资不足的问题，加大对现代制造业重大项目的招商引资力度，支持符合发展导向的工业技术改造，增强工业发展后劲。在加快土地一级开发的同时，更加注重优化土地储备布局和投放结构，加强重大产业功能区、轨道交通沿线、城市功能拓展区以及南城、新城等地区的土地开发储备，加快已完成一级开发土地的上市转化，拓展投资空间。

4. 加强重点领域和后续大项目的谋划和储备。早谋划、早储备一批带动作用强的重大项目，为下半年甚至明年投资落地创造条件。

（二）坚持扩大总量与促进升级并重，扎实做好消费促进工作

1. 促进住房消费和保持房价平稳，稳定住房相关消费回暖势头。更加注重优化房地产供给结构，加快保障性住房和限价商品房入市进度，确保全年开工建设 850 万平米、竣工 200 万平米；针对全年重点工程和土地一级开发动迁居民较多的特点，引导好住房被动需求。积极鼓励二手房交易，活跃二手房市场，带动住房相关消费。

2. 扩大文化、体育、娱乐等精神服务消费，促进消费升级。以奥运成功举办一周年纪念活动为契机，延伸奥运效应，举办好 A1 北京街道赛事、中国网球公开赛、2009 中国北京国际足球季等一批盛大体育赛事，抓好国际汽车零部件、通信设备技术等大型会展活动，组织办好花博会，积极促成一批贴近大众的文化演出活动，带动文化娱乐消费，提升消费水平。

3. 打造特色消费街区，积极扩大旅游消费。以前门开街等为契机，继续打造一批新型特色街区，促进特色消费。抓住国庆、中秋等节日旅游契机，扩大区域旅游合作，促进外来消费。

4. 大力开拓新城和农村市场。贯彻好家电、汽车“以旧换新”政策、措施，实施好本市“节能产品惠民工程”，完成好年度更新淘汰黄标车任务。

5. 重点拓展电子商务等新型消费业态。完善信息平台，加快推动电子商务与传统业态融合发展。抓住本市作为全国开展消费金融公司试点的有利时机，扩大消费信贷规模。

（三）坚持运营帮扶和发展帮扶并重，扎实做好各项企业帮扶措施落实

工业和服务业的健康发展对实现全年保增长目标至关重要，要千方百计促进工业早日企稳回升，同时努力扩大服务业总量，为全市经济增长作出更多的贡献。

1. 做好解决企业运营问题的帮扶工作。实施好企业就业岗位补贴和社保补贴政策。在帮助制造业企业的同时，更要结合服务业影响滞后性的特点，制定帮扶服务业企业的具体措施，稳定服务业发展。加强企业运营情况的跟踪监测，有针对性地解决企业发展中的难题。

2. 支持企业把握时机提升内在竞争力。用好50亿元产业扶持资金，更加注重“助强”，对成长性好、有市场前景、带动性强的企业，加大技术改造、新产品研发、市场开拓、品牌提升等方面的支持力度，提高优势企业的市场竞争力。

3. 为有生命力的中小型高科技企业营造做大做强的有利环境。抓紧制定符合本市特点的高技术企业认定办法和鼓励政策，帮助科技型企业渡过难关。积极推进中关村中小企业集合发债，切实发挥好现有中小企业创业投资引导基金、小额贷款公司、中小企业信用再担保公司等作用，加强督导落实，使各项政策见到实效，使中小企业得到实惠，促进中小型科技企业加快发展。

4. 缓解出口企业经营困难。通过提供出口信贷等多种措施，支持企业走出去开拓国际市场。

（四）坚持提增量与调存量并重，扎实推进调结构、上水平各项工作

1. 大力推进中关村国家自主创新示范区建设。尽快形成国家自主创新示范区整体一揽子鼓励政策，推动制度创新和组织创新，整体上发挥政策带动作用，提升和释放创新势能。在支持科技研发的同时，更要注重创造市场，在前三批的基础上，尽快落实政府自主创新产品后续集中采购计划。加快落实“科技北京”行动计划，加强本市优势资源与国家重大科技基础设施、重大科技专项的全方位对接。

2. 围绕最紧缺的智力和科技等要素，加快引进高端人才、先进技术与团队，推进首都产业升级。抓住国际金融危机和产业转移的有利时机，配合实施好国家“千人计划”战略举措，落实本市加强高层次人才队伍建设的意见和实施海外人才聚集工程的意见，发挥好海外学人中心作用，大力引进高端人才。鼓励有条件的企业通过重组并购等手段，引进相关技术与团队，加快服务业领域大型企业集团的兼并重组。进一步加强对企业并购重组问题的系统谋划和准备，统筹考虑资金、人才、法律、谈判、风险控制等问题，更有效地支持企业并购重组。

3. 提升高端产业功能区承载力，推进重大产业项目建设。加大高端功能区土地储备和一级开发力度，推进金融街西扩、CBD东扩、丽泽金融商务区建设。促进国内外大企业总部的聚集发展，强化楼宇经济的辐射带动作用。

4. 制定和发布产业调整和振兴规划，明确新一轮现代制造业和现代服务业的发展路径。加快研究发布汽车、新能源、装备制造、生物医药、都市工业、生产性服务业、物流等产业调整振兴规划。密切关注国家在促进服务业发展等方面新的政策取向，结合我市实际，出台具体落实意见，促进服务业更快发展。

5. 做好下一轮优势产业培育。做好与中央新能源、信息化、服务业项目的对接，实施信息化基础设施提升工程，以需求带动信息技术升级，提高竞争力。推进新华金融资讯平台、文化部动漫网游、中移动信息港等一批重大项目，积极促进北京地铁车辆厂与国家重点生产企业的合作。

（五）坚持保增长与保民生并重，扎实抓好攸关民生的各项工作

1. 稳定和扩大就业。深入落实各项促进就业政策、措施，加强就业预警预测，建立和完善激励大学生到基层干事创业的长效机制，完善困难群体帮扶机制，建立纯农就业家庭转移就业援助制度。

2. 着力构建和谐稳定的劳动关系。全面推进劳动合同制度，加强对企业调整劳动关系的监控和指导。

3. 继续完善城乡一体的社会保障体系。建立城乡统筹的居民医疗保障制度，稳妥推进公费医疗制度改革试点，加快推进社保卡工程。

4. 加快关系民生的工程建设。推动滨河森林公园、北运河综合治理等重大项目建设，加快社区文化站、养老院建设，切实抓好 47 万户平房煤改电、热网改造和老楼通气工程以及郊区“绿色燃气”、“三起来”等群众身边的惠民工程建设。

5. 继续多渠道增加城乡居民收入。

（六）坚持发展与改革并重，扎实推进各项改革

全面协调落实全年 18 项重点改革任务。重点研究制定本市医药卫生体制改革方案；抓住价格下行有利时机，推进资源性价格适度调整，促进资源节约；推进北坞村、大望京村、东小口地区等城乡结合部综合配套改革试点；促进奥运机制长效化，推动城市管理和社会建设管理体制创新。

此外，加强对首都未来发展趋势的把握，尽早研究下一步国内外经济发展格局变化、国家宏观调控政策取向以及给本市带来的影响，未雨绸缪，积极应对。统筹谋划奥运后新的发展路径，加强“十二五”发展规划前期研究，扎实做好规划启动工作。以迎接新中国成立 60 周年为重点，加强安全保卫，抓好生活必需品供应保障以及能源运行迎峰度夏和重大节日保障，坚决遏制重大安全事故发生，全力做好甲型 H1N1 流感疫情防控，维护安定祥和的社会环境。

主任、各位副主任、秘书长、各位委员，国庆 60 周年在即，我们将坚决贯彻中央决策部署，在市委领导下，在市人大的监督指导下，以更加振奋的精神、更加严谨的态度、更加扎实的工作，全力以赴夺取扩内需保增长和保障新中国成立 60 周年庆祝活动的双胜利。

以上报告，提请市人大常委会审议。

关于对当前本市经济社会发展的意见和建议

——2009 年 7 月 24 日在北京市第十三届人民代表大会常务委员会第十二次会议上

市人大财政经济委员会主任委员　王　火

主任、各位副主任、秘书长、各位委员：

为做好本次人大常委会对计划、预算执行情况审议的准备工作，今年 6 月至 7 月，市人大常委会开展了关于当前首都经济社会发展的专题调研。本次调研由杜德印主任总负责，组成了五个调研小组，分别由市人大常委会副主任带队，各专委会主任委员任组长，共组织市人大常委会组成人员及市人大

代表130多人，集中围绕政府投资、结构调整、科技创新等三方面重点内容进行了调研。6月17日，调研组全体人员集中听取了市发展改革委主任张工所作的关于北京市当前经济社会发展形势及开展扩内需、保增长工作有关情况的汇报，市财政局局长杨晓超所作的关于我市1至5月份预算执行和财政工作有关情况的汇报。各调研小组根据本组的调研重点和安排，分别听取了市国资委、市经信委、市科委、市市政市容委、市农委、市人力资源和社会保障局等20多个政府部门的汇报，深入到崇文、宣武、丰台、通州、大兴、房山、延庆等区县以及北汽控股、北京银行、第九水厂、北京生物制品研究所、大兴青云店镇社保服务大厅等诸多企业和基层单位进行实地考察，并进行了座谈。财经委员会对各调研小组的调研情况进行了汇总，形成了一些意见和建议，供常委会组成人员在审议计划和预算执行情况时进行参考，现汇报如下。

一、关于当前首都经济社会发展的总体形势

今年以来，市政府坚决贯彻落实中央和市委关于"保增长、保民生、保稳定"等重大决策部署，积极应对国际金融危机对首都经济社会发展的影响，制定实施了一系列扩内需、保增长的重大政策、措施，经济发展取得了企稳回升、向好的明显成效。当前，第三产业保持了较快发展，第二产业降势有所减缓，都市型现代农业势头良好，消费保持了较快增长，财政收入完成年度计划过半，城乡一体化建设扎实推进，人民生活继续改善，社会保持稳定祥和。总的来看，首都经济的基本面总体稳定，经济社会发展出现了较好的发展势头。

（一）政府投资力度加大，有效拉动经济增长

充分发挥政府投资的引导作用，集中安排了改善民生、生态环境、交通设施、资源保障等六大领域项目建设，进一步加快了土地储备工作，有力扭转了投资下滑的势头。通过建立绿色审批通道机制，进一步优化了审批环节，提高了审批效率。今年上半年，全市完成全社会固定资产投资1902.5亿元，增长19.3%。

（二）科技创新全面推进，产业结构调整步伐加快

对科技研发的支持力度不断加大，出台了《关于建设中关村国家自主创新示范区的若干意见》等政策，优化了科技创新的环境，促进了企业自主创新能力的提高。产业结构调整继续深化，着手制定电子信息、汽车、装备制造、新能源和环保等八大重点产业振兴规划。出台或修订了一系列相关政策、措施，促进金融产业、房地产业以及首都总部经济的发展。国有经济调整重组力度不断加大，产业链条继续完善，加快了相关企业集群化发展。

（三）帮扶政策陆续出台，企业发展得到有力支持

帮扶企业发展的力度不断加大，提出了促进产业发展、鼓励开拓市场、改善融资环境、加大资金支持、帮助企业解困、完善服务和管理机制等方面的多项措施，全方位增强了企业应对危机的能力。统筹安排资金用于支持产业发展、企业调整、技术改造和贷款贴息等；设立了政府帮扶企业绿色通道，有针对性地解决企业重点难点问题；成立了全国首个省市级再担保公司和中小企业创业投资引导基金，搭建了全市最大的具有国有资本经营与股权管理功能的投融资平台，企业融资能力有了明显提高。

（四）扩大内需措施有效，消费市场保持较快增长

开展了扩内需专项工作，家电下乡和汽车家电以旧换新等有关政策进一步落实；出台了京城旅游行动计划，扩大本地消费和外

来消费的效果初步显现；特色消费聚集区升级改造进展顺利，消费的规模和档次得到提高；集中推出了一批外贸大集、购物季、美食节等系列促销活动；加大了对居民的补贴力度，降低了居民生活负担，居民消费信心和消费能力进一步增强。首都消费市场保持了较快增长，今年上半年，我市实现社会消费品零售额2502亿元，实际增长14.6%。

（五）民生状况不断改善，社会保持稳定祥和

社会保障和就业政策、措施不断完善，制定实施了稳定和扩大就业六项政策，进一步提高了社会保险待遇标准，降低了社会保险缴费费率，在全国率先实现了城乡养老保障制度的全覆盖。加大了对社会事业发展的各项补助，加快了旧城区房屋保护、修缮整治、棚户区改造和能源安居工程等各项工作。

人民群众对政府出台的一系列保增长、保民生、保稳定的政策、措施给予了较高评价，首都北京保持了和谐稳定。

上半年经济社会发展的实际情况表明，市政府根据中央和市委的决策部署，采取的一系列政策、措施是正确的、必要的、有力的。各级政府、广大干部和人民群众付出的努力是艰苦的、积极的、有效的。

大家认为，去年下半年以来首都经济出现下滑是由于多方面因素叠加造成的：国际金融危机的爆发，使国际国内市场供求关系发生了深刻变化，作为国际化城市，我市虚拟经济和实体经济都不可避免的受到冲击；在冲击中，我市经济结构中的矛盾显现，调结构、上水平的任务愈发紧迫；经过七年筹办举办奥运会，经济发展能量集中释放，我市经济发展正在从高速增长回归，进入一个新的调整阶段。为应对经济下滑，在市委领导下，市政府采取了一系列有效措施，初步扭转了经济急速下滑的局面。但是，我们也要看到，当前经济回升的基础还不够稳固，影响我市经济可持续发展的主要因素还没有根本消除，经济社会发展中的一些矛盾和困难仍很突出：国际金融危机对我国、我市经济发展的不利影响并未减弱，国际市场需求减少的局面尚在持续；产业结构调整的任务依然艰巨，科技创新能力的优势尚未充分发挥；社会投资意愿不强，过分依赖政府投资拉动的局面依旧；市属企业与中小企业的生产经营和发展还面临着一些困难；就业压力依然存在等。从当前形势看，要完成全年计划各项指标，还要作出很大努力。同时，我们还面临着实现首都经济社会可持续发展的艰巨任务。

二、对首都经济社会发展的相关建议

为进一步促进本市经济社会平稳较快发展，根据调研情况，提出以下意见和建议。

（一）深入贯彻落实科学发展观和中央、市委的决策部署，把保增长与调结构、上水平有机结合起来，把制止经济下滑的应急措施与中长期可持续发展的战略部署有机结合起来

大家认为，市政府要继续贯彻实施中央和市委一系列保增长的措施，巩固已经取得的成效，保持和促进经济企稳回升的势头，做好下半年的各项工作，努力完成今年年初人代会确定的各项指标。同时，要深入贯彻落实科学发展观，贯彻落实市委关于建设“人文北京、科技北京、绿色北京”的要求，对当前首都经济发展面临的形势保持清醒的认识，处理好保增长和调结构、上水平的关系。经济平稳较快发展是结构调整的基本条件和重要保障，结构调整使增长更上层次、更有后劲、更可持续，并提高发展的质量和效益。奥运结束以后，本市经济正处于新的发展周期的起点上，要认真分析首都自身的特点和优势，密切关注国内外市场发展的趋

势，围绕着促进本市经济社会可持续发展进行战略性思考，对今后的发展方向作出科学准确的判断。要深刻地认识到，国际金融危机在造成经济衰退的同时，也将引发全球市场的结构调整和重新分割，推进科技创新的重大突破和新的产业形态的生长。我们必须抓住当前的机遇，在做好保增长的基础上，加大结构调整的力度，坚定不移地走创新之路，力争在国内外新一轮竞争中占据主动，真正做到转“危”为“机”，既促进经济增长目标的实现，又使结构调整迈出实质性步伐，为实现首都经济可持续发展打下牢固基础。

（二）充分发挥首都优势，进一步调整优化首都产业结构

首都北京是我国的政治、文化中心，从经济和社会发展的角度看，也是全国的服务中心和创新中心，有着显著的资源优势、科技优势、人才优势和巨大的吸引力、辐射力。特别是成功举办奥运会后，形成了更好的发展条件和环境。要使这种优势得到充分发挥，我市的经济发展就不能仅仅停留在经济总量的扩张上，更要注重经济发展的质量，尽量避免与其他省市产业结构的同构，努力实现错位发展。要围绕抢占新一轮国际国内产业调整与竞争的制高点，积极调整经济结构、产业结构。我们建议：

一是要确立服务全国的观念，继续做强做大现代服务业，特别是金融等生产性服务业。必须充分认识到，北京作为国家首都和特大型城市，服务业不仅面对北京市场，更是面向全国、乃至全世界的。要加快金融业、信息服务业、交通运输业、物流业、文化创意产业和旅游业的发展，完善和延伸产业链条，提高质量和水平，使北京的现代服务业成为在国内外有巨大影响力和强大竞争力的产业。

二是继续加快高新技术产业发展。结合北京的实际和基础条件，既从整体上服从和服务于国家战略，又在一些领域引领和推动国家战略的实施，瞄准全球新一轮的技术竞争，抢占制高点。要推进金融资本与产业的结合，充分发挥我市金融业相对集中的优势。要确定一批优先发展的产业，加快发展生物技术与新医药、信息安全、节能环保、新能源等产业，把资源优势、科技优势、人才优势转化为产业优势。

三是加强服务体系建设，创新服务机制，提供优质的发展环境。本市市直属企业经济总量不足全市经济总量的30％，尤其是现代服务业大都是中央企业。要做好调整本市经济结构的工作，就不仅要重视市直属企业的作用，也要重视为央企、外资企业和非公企业做好各项服务工作，力争让他们在京能够更快更好发展。同时更要积极做好工作，通过相关政策和有效措施，影响央企、外资企业和非公企业参与到本市新一轮经济结构、产业结构的调整中来。

（三）大力推进科技创新，依靠科技创新和科技进步促进首都产业结构的优化升级

克服当前这场金融危机带来的影响，促进首都经济持续健康发展，从根本上要靠科技创新。从全国范围看，北京具有明显的科技、教育、文化和人力资源等比较优势。在新的一轮经济结构调整过程中，我们有条件、也有责任把这方面的优势充分发挥出来，率先走上创新驱动发展的轨道，使科技创新成为各个产业发展的动力。同时，也应该看到，尽管近些年来，我国在科技创新方面取得了很大进步，但与发达国家在科学和技术上仍然存在着巨大差距。这种差距既是不利的一面，但也给我们在科技创新方面留下了巨大的发展空间。我们一定要把握住机遇，围绕产业结构调整推进科技创新，通过科技创新促进产业结构调整。我们建议：

一是要充分发挥政府在科技创新中的组织、规划、服务和协调等作用，认真总结和

借鉴科技奥运的经验，建立以首都经济社会发展需求为导向，以产业项目为统领、以企业为主体配置科技创新资源的科技管理体制。改进科技创新的组织形式，紧紧围绕科技项目进行组织，安排资金的调度，围绕项目来吸引、集聚和培养各层次的优秀人才。

二是要加快中关村国家自主创新示范区建设，修订完善相关政策、法规，充分发挥中关村创新优势，推动技术创新与资本的结合，努力使更多的科技成果在京转化，力争在低碳经济、环保节能和节水产业等方面持续走在全国前列。

三是要高度重视科技自主创新中“人”的作用，调整相关政策，提高科技人员、组织管理人员的创造性劳动在分配中所占的份额，进一步激发科技人员创新的积极性，在科技工作的组织制度、体制建设上进行创新。

四是要充分发挥市场机制的作用，在国内外竞争激烈的环境下，认准目标，下定决心，抓住不放，强力推进，通过科技创新全力打造一批国际国内知名的优质品牌，抢先一步占领国内外新一轮竞争的制高点。

（四）做好企业帮扶工作，支持一批具有一定基础的本地企业做大做强

针对当前企业应对危机及发展中遇到的困难，及时研究制定解决的办法和措施。充分利用现代金融、财政等各种手段，帮助企业渡过难关。加强对中小企业的扶持，切实解决中小企业融资难的问题。在“扶弱”的同时还要做好“助强”工作，积极支持促进本地一批具有潜力的企业壮大实力、加快发展，提高北京品牌的市场份额。

（五）进一步调整政府投资结构，加大城乡供水、污水处理和垃圾处理的资金投入

发挥政府主导作用，统筹规划，合理布局，建立和完善符合公用事业特点的城乡基础设施建设运行机制，像治理大气污染一样，抓好垃圾、污水的治理工作。要进一步解决好城乡供水存在的问题和地下管网的管理问题，加大投入力度，排除存在的隐患和风险，适应首都发展的基本需要。

（六）加强农村基础制度和服务体系建设，提高农业科技含量，推进现代化都市型农业发展

依法加强农民专业合作社的基本制度建设，支持和促进合作社的服务带动能力，提高农民的组织化程度。加强农业技术推广、农产品质量安全监管、农产品流通、农村金融服务等各项工作，完善农村服务体系。进一步发挥在籽种农业、设施农业等方面的领先优势，用科技带动农业结构的调整与升级。

（七）继续加大对南部地区及生态涵养区等重点区域的政策和资金支持力度，促进区域协调发展

进一步明确区域功能定位，积极研究政策、措施，注重南城和生态涵养区的功能开发和产业促进，推动生产要素向南城流动。加大对生态涵养区经济社会发展的扶植力度。以首钢搬迁为契机，抓紧研究制定永定河治理规划，挖掘该地区的经济发展潜力。

（八）进一步保障和改善民生，确保首都社会和谐稳定

加大就业服务保障力度，把高校毕业生就业问题摆在突出位置，切实抓紧抓好。继续完善医疗卫生体系建设，明确社区医疗卫生机构定位，不断提高医疗服务的质量和医疗资源的利用率。建立基本住房保障制度体系，完善保障性住房规划布局和建设的各项配套措施。关注社情民意，建立健全多元化矛盾纠纷化解体系，及时化解社会不稳定因素，处理好发展、改革与稳定的关系。

（九）统筹谋划新阶段首都经济社会发展战略，提高政府宏观调控能力

抓住首都发展的重要战略机遇期，结合北京市“十二五”规划编制工作和明年的计划安排，密切关注国内外经济发展变化，加

强首都经济社会发展战略的研究，认清自身优势和存在的问题，在现有基础上，进一步推动首都北京经济结构的优化升级。面对出现的新情况、新问题，统筹运用财政、规划、土地等多项措施，加强各种资源的整合力度，丰富和完善政策，提高政府宏观调控的水平，进一步增强宏观政策的针对性、有效性和可持续性。

关于“提高垃圾收集处理现代化水平，建设宜居城市”议案办理暨加强垃圾处理工作情况的报告

——2009年7月25日在北京市第十三届人民代表大会常务委员会第十二次会议上

北京市副市长　黄　卫

主任、各位副主任、秘书长、各位委员：

我代表市人民政府，向市人大常委会报告本市全面推进生活垃圾处理和循环利用，提高垃圾处理现代化水平工作情况。

在今年1月市十三届人大二次会议上，朝阳团、通州团以及283位代表联名提出了“提高垃圾收集处理现代化水平，建设宜居城市”的议案，市人大常委会将加强垃圾处理工作列为市政府向市人大常委会专项工作报告事项。此项议案的提出和市人大常委会的决定，紧紧围绕建设“人文北京、科技北京、绿色北京”的发展思路，抓住了当前本市城乡环境建设中的重点、难点问题，对政府的工作具有很强的指导作用。市政府及各相关部门接到议案后，按照市人大要求，重点开展了以下几方面工作。

一、高度重视，深入调研，制定垃圾处理工作意见和实施方案

市委、市政府高度重视生活垃圾处理工作，不断完善政策、措施，加大工作力度，在各区县、各部门和各单位的共同努力下，生活垃圾无害化处理率不断提高。2008年，全市生活垃圾无害化处理率为95.4%，其中城八区100%，郊区85%。特别是在奥运会期间，奥运场馆产生的垃圾全部实现了分类收集、分类运输和分类处理，资源化利用率达到73.41%，兑现了申办奥运的郑重承诺。

奥运会后，首都的发展进入了新阶段。如何做好新时期的垃圾处理工作，确保“北京永远干净”，刘淇书记、郭金龙市长多次作出重要批示，市政府也多次召开专题会议研究，有关部门还到上海、深圳等城市进行了调研。今年上半年，市委常委会、市政府常务会、市政府专题会分别听取了垃圾处理有关工作情况汇报，明确了生活垃圾处理作为基础性公益事业的定位，确定了“增能力、调结构、促减量”的工作目标和任务，提出了切实提高生活垃圾减量化、资源化、无害化水平的保障措施。

在议案办理过程中，市政府有关部门加强与代表的沟通，充分征求代表意见。市市政市容委配合市人大，组织议案领衔代表和特邀代表进行了7次议案督办调研，先后到昌平、顺义、海淀、崇文、平谷、丰台、朝

阳、房山、通州等区县，实地查看了垃圾综合处理、再生资源利用、餐厨垃圾处理、居民垃圾分类、农村垃圾管理、垃圾污染防控，绿色垃圾、建筑垃圾、危险废弃物以及电子垃圾处置等方面工作，视察了市属环卫设施运行情况。代表们在视察和调研过程中，对本市垃圾管理工作提出了很多很好的意见和建议，对于这些意见和建议，市政府相关部门在制订工作方案过程中进行了认真研究，绝大多数意见和建议被吸收和采纳。

经过充分调研，今年4月，市委、市政府向社会发布了《关于全面推进生活垃圾处理工作的意见》（京发〔2009〕14号）（以下简称《意见》），制定了《全面推进生活垃圾处理的工作方案》和《北京市2009年推进生活垃圾处理工作折子工程》，明确了近期工作任务，并列入市政府重点督办工作。6月25日，召开了全市推进生活垃圾处理和循环利用工作大会，对当前和今后一段时期垃圾处理工作进行了全面部署。郭金龙市长在大会上作了重要讲话，并与各区县政府和市相关部门的主要领导签订了落实2009年生活垃圾处理工作折子工程责任书。目前，议案办理涉及的20项具体任务，已经分解落实到相关部门和区县政府，议案办理报告已经市政府常务会讨论通过，垃圾处理各项工作正在按计划扎实推进。

二、剖析问题，找出差距，明确垃圾处理工作思路和目标

处理好城市废弃物，是全世界每个大城市面临的共性问题。随着城市化、工业化、现代化的快速发展，本市人口资源环境矛盾日益突出，垃圾处理形势更加严峻，迫切需要全面推进垃圾处理和循环利用工作。

（一）*当前垃圾处理存在的主要问题*

一是垃圾产生量持续上升。随着人口增加和人民生活水平的提高，本市垃圾产生量逐年增加。2008年，居民和单位生活垃圾产生量672万吨，日均1.84万吨，建筑垃圾产生量约400万吨，餐饮企业和单位食堂产生的餐厨垃圾约60万吨，日均1600吨。垃圾产生量如果按照现在每年8%左右的速度持续上升，2012年全市垃圾年产生量将达到914万吨，日均2.5万吨，2015年将达到1152万吨，日均3万吨。

二是垃圾处理能力严重不足。目前，全市共有23座生活垃圾处理设施，其中转运站6座，综合处理厂4座，卫生填埋场13座，垃圾处理设施总设计日处理能力1.04万吨，实际处理量达到每日1.74万吨，垃圾处理设施平均超负荷率达到67%。如果继续超负荷运行，垃圾填埋场服务期限将缩短一半。此外，历史形成的1000余座非正规垃圾填埋场也亟待治理。新的垃圾处理设施建设迫在眉睫。

三是垃圾处理结构不合理。近些年来，发达国家垃圾焚烧比例逐年上升，日本已达到90%，国内上海市和深圳市的垃圾焚烧比例也分别达到15%和40%。目前，本市90%以上生活垃圾是通过卫生填埋方式进行处理的，焚烧、堆肥和卫生填埋比例约为2∶8∶90，焚烧仅占2%，比重过低。混合垃圾直接填埋，不仅每年都要占用大量土地，而且还加大了填埋场污染控制难度，难以有效利用资源，同时也影响了市民参与垃圾分类的积极性。

四是垃圾处理设施建设推进困难。新建项目选址难度大，全市可用于垃圾处理设施建设的规划选址用地日益减少，规划储备用地满足不了建设需要。征地难度大，部分垃圾处理设施用地涉及占用基本农田，征地和修改规划另行选址难度都很大。垃圾处理设施所在区县及周边群众普遍不愿接纳垃圾处理设施，抵触情绪大，矛盾难协调。设施建设周期长，项目从立项到建设通常需要5至6

年甚至更长的时间。

五是垃圾处理体制机制不健全。多部门协调推进垃圾处理工作的有效机制尚未形成，项目审批周期长。政策、法规不健全、垃圾收费标准低、收缴率低，不能很好地发挥对垃圾减量的调节作用。区县垃圾管理机构不健全，管理人员较少，区县、街乡、社区和行政村垃圾管理力量尤为薄弱，难以保证日常管理工作到位。

（二）垃圾处理工作的思路和目标

生活垃圾处理是城市管理和公共服务的重要组成部分，是改善城乡生态环境、保障城市安全运行、实现首都经济社会可持续发展的重要内容，是关系民生的基础性公益事业。生活垃圾处理工作要围绕大力推进“人文北京、科技北京、绿色北京”的建设，立足首善之区的要求，以建设生态、循环、可持续的垃圾处理系统为宗旨，遵循减量化、资源化、无害化原则，着力构建城乡统筹、结构合理、技术先进、能力充足的生活垃圾处理体系和政府主导、社会参与、市级统筹、属地负责的生活垃圾管理体系，优先安排生活垃圾处理设施规划建设，优先采用垃圾焚烧、综合处理和餐厨垃圾资源化技术，优先推进生活垃圾源头减量，优先保障生活垃圾治理投入。

通过组织保障和目标管理，加快生活垃圾焚烧厂、综合处理厂和餐厨垃圾处理设施建设，分年度实现“增能力、调结构、促减量”的工作目标。

一是增加处理能力。到2012年，全市生活垃圾日处理能力要达到1.7万吨，基本实现餐厨垃圾分类收集和资源化处理；2015年形成日处理近3万吨的能力，满足全市生活垃圾处理需要。同时，提前做好规划选址工作，落实垃圾处理设施建设项目，满足今后可持续发展需要。

二是调整处理结构。积极推进生活垃圾焚烧处理，到2012年，垃圾焚烧、生化处理和填埋比例要达到2∶3∶5，实现城区原生垃圾零填埋；2015年比例达到4∶3∶3，基本满足不同成分垃圾处理的需要，实现全市原生垃圾零填埋。

三是促进垃圾减量。建立与生活垃圾焚烧和综合处理工艺相衔接的垃圾分类收集运输体系，综合运用经济、法律、行政和技术手段控制垃圾产生量增长。生活垃圾产生量增长率每年降低1个至2个百分点，到2012年下降到5%、生活垃圾分类达标率达到50%左右；2015年力争实现生活垃圾产生量零增长，生活垃圾分类达标率达到65%左右。

三、抓住机遇，改革创新，全面提高垃圾处理现代化水平

生活垃圾处理和循环利用的根本途径，是实现减量化、资源化、无害化。通过学习借鉴国内外先进经验，结合北京实际，重点抓好以下几方面工作。

（一）科学规划，加大投入，加快垃圾处理设施建设

按照远期规划与近期建设相结合，跨区域集中处理与区县分散处理相结合，实现垃圾处理设施的合理布局。同时，根据本市生活垃圾产生量和成分特点，确定了垃圾处理技术路线。2015年前，全市将新建改建垃圾处理设施40余座，项目直接投资约100亿元。当前的重点是加快5座生活垃圾焚烧厂、5座餐厨垃圾处理厂、8座生活垃圾综合处理厂建设。

今年，将开工建设阿苏卫生活垃圾焚烧厂，建成阿苏卫生活垃圾综合处理厂、董村生活垃圾综合处理厂。2010年开工建设丰台北天堂生活垃圾焚烧厂、顺义生活垃圾焚烧厂（二期）扩建工程、朝阳高安屯生活垃圾综合处理厂、海淀六里屯生活垃圾综合处理

厂、房山生活垃圾综合处理厂、平谷生活垃圾综合处理厂，并于2012年建成。届时垃圾生化处理能力将达到每日7400吨。2011年开工建设梁家务生活垃圾焚烧厂、南宫生活垃圾焚烧厂，2014年建成。同时，启动阿苏卫或梁家务生活垃圾焚烧厂二期，2015年前建成。届时，全市生活垃圾焚烧日处理能力将达到1.1万吨。目前，垃圾处理设施建设项目已纳入市政府“绿色通道”审批，拟建的40余个项目也已细化分解到各区县，落实了责任和时限要求，各区县正加紧实施。

立足于今后50年可持续发展需要，市政府还预留土地，择机建设4个集垃圾焚烧及综合处理、环保产业发展、科普教育、现代农业于一体的循环经济生态园区，把促进当地就业和改善生态环境功能相结合，惠及周边百姓。今年研究制订循环经济生态园区的配套政策，完成选址并启动建设一座处理设施，分阶段投入使用。在拟建设施和现有设施周边一定范围内实行严格的规划控制，并采取措施全面提升公共环境水平。

（二）建立投融资、调控核算和监控管理平台，完善垃圾处理设施建设、运行和监管机制

通过三个平台的建设，创新垃圾处理设施建设投融资机制，加强全市垃圾统筹调控，强化对垃圾处理设施日常运行的监管，形成制度健全、运行高效、保障有力的工作机制。

一是建立环卫设施投融资建设平台，拓宽融资渠道，加大投资力度。2015年前建设的垃圾焚烧厂、大型餐厨垃圾处理厂、综合处理厂和配套填埋场、垃圾转运站项目以市政府投资为主。今明两年开工建设的区域性生活垃圾焚烧厂、综合处理厂、餐厨垃圾处理厂项目建设费用由市政府全额投资。通过政府年度资本金注入、银行融资等多种方式筹措资金，加快推进循环经济生态园和垃圾处理设施的建设，确保设施建设进度和环保目标的实现。目前，市市政市容委正会同相关部门抓紧制定工作方案，报市政府批准后实施。

二是建立市级垃圾处理调控核算平台，促进垃圾减量和处理结构的调整。通过核定区县垃圾产生量和基准价格，确定市级财政对垃圾焚烧和综合处理设施的运行费用补助，提高现行的跨区域垃圾处理经济补偿费用。利用平台进行统一核算，实行垃圾“增量加价，减量减费”，调控全市垃圾流向和流量，鼓励区县源头减量，调整垃圾处理结构。

三是建立运行管理监控平台，加强垃圾处理设施运行监管。运用GPS、电子识别等技术手段，建立智能化垃圾收集运输物流监管体系，对垃圾产生量、清运量和处理量进行实时数据统计，对垃圾处理设施运行进行在线监测和监督评价。目前，市属垃圾处理设施在线监测系统已基本建立，年内将完成计量系统升级改造，2010年完成区县垃圾处理设施计量系统改造，2011年实现全市垃圾处理设施在线监测。

（三）积极探索推进生活垃圾分类处理，促进垃圾源头减量

一是深化城镇地区生活垃圾分类工作。今年全市推进10%城镇常住人口垃圾分类达标，即以厨余垃圾分类为重点，实现生活垃圾分类收集、分类运输、分类处理。在全市600个推行垃圾分类的小区，试行免费发放垃圾分类收集容器和垃圾袋。在餐饮街、高校集中区、度假村等餐厨垃圾产生集中地区，开工建设10座小型餐厨垃圾资源化处理站，总处理能力约每天196吨。各区县完成辖区内30%以上的党政机关、学校实现垃圾分类达标，同时，完成辖区内1/3的密闭式清洁站等垃圾分类配套收集、运输、贮存等设备设施的改造和建设任务，配套采用节能环保的垃圾分类收集和运输车辆。在党政机关等约100个单位开展生活垃圾“零废弃”管理试点，城八区每区8个、远郊区县每区县4

个。目前，市政府正在制定生活垃圾分类达标以及“零废弃”管理试点的标准和办法，市属公园的“零废弃”试点方案已初步形成，明年6月份，11个市属公园产生的园林垃圾和餐厨垃圾将实现园内资源化处理。

二是做好农村地区垃圾减量化资源化无害化工作。按照市委、市政府发布的《北京市新农村“五项基础设施”建设规划》，市市政市容委、市农委、市财政局等部门制定并印发了《关于做好北京市农村地区生活垃圾减量化资源化无害化工作的指导意见》。召开了全市推广农村垃圾分类现场会，部署了工作任务。今年9月份将制定完成农村地区垃圾分类收集、运输、就地处理设施设备等7项标准和要求。年内完成农村50%（共91个）乡镇垃圾分类相关设备设施的配套建设。目前，按照“五项基础设施”有关垃圾处理的专项资金标准，市级已落实建设资金每年1.18亿元。力争用2年左右的时间初步建立农村地区生活垃圾分类收集、分类运输及分类处理体系。

三是推进再生资源回收体系建设。按照“规范站点、物流配送、专业分拣、厂商直挂”的原则，加强再生资源的回收利用，健全再生资源回收网络，通过资源回收利用来促进垃圾源头分类。今年在城八区新建再生资源回收站点300个，完成13个再生资源分拣中心建设，2015年实现回收站点全覆盖。组织专业回收队伍，实行从业人员持证上岗制度，规范行业监督管理。调动社区基层组织的积极性，开展再生资源专项回收活动，确定每月最后一个星期六为全市再生资源收集日，开展网上预约回收，并公布电话和可回收物品。

四是推动建筑垃圾资源化利用。2010年，开工建设京南和朝阳高安屯建筑垃圾综合处置示范项目；2011年开工建设京北、京西建筑垃圾综合处理项目。抓紧制定建筑垃圾再生产品推广应用政策，进一步完善建筑垃圾资源化处置收费标准及保障政策。深化对施工和运输源头的管理措施，建立建筑垃圾集中收集、规范运输、定点处置机制，依法加强对乱倒乱卸行为的处罚。

五是推进电子垃圾、大件垃圾回收利用和处置工作。落实国务院《废弃电器电子产品回收处理管理条例》，推进电子垃圾、大件垃圾回收体系建设，对电子垃圾回收和处置给予政府补贴。今年开工建设废旧家电及电子废弃物回收处置示范工程项目，同时拓宽回收渠道和回收范围，通过市场化手段统一回收并处理市民家中报废的家用电器和大件垃圾。对回收的家电进行分级处理，符合二手产品标准的进入市场继续流通，对不能使用的进行资源化和无害化处理。生活垃圾中分类收集的危险废物，按照环保部门的技术要求，单独收集、运输、贮存和处置。

六是厉行节约，实现垃圾减量。推行政府“绿色采购”、“绿色办公”，在党政机关、事业单位推行采购再生纸等具有绿色环保标志的办公用品及简易环保包装的产品，提倡重复使用、减少浪费的办公方式。贯彻落实《国务院办公厅关于治理商品过度包装工作的通知》精神，倡导“厉行节约、减少废弃”的绿色生产、消费方式。落实生产者责任延伸制度，生产者承担产品废弃后回收、利用、处置的责任。开展“净菜上市”试点，制定净菜加工、分级、包装上市质量标准，全市拟建立5个蔬菜精细化加工试点，每年净菜可供上市量约为3.4万吨，可减少7900吨绿色垃圾。

（四）推动科技创新和成果应用转化，改造升级现有设施，治理非正规垃圾填埋场

充分发挥首都科技资源优势，提高垃圾处理的科技含量，结合实施科技北京行动计划，加强垃圾处理和综合管理的基础性、关键性技术的研究，积极推动餐厨垃圾资源化

处理、填埋气收集利用、渗沥液处理、非正规垃圾填埋场治理与生态恢复、卫生填埋场封场后再利用、建筑垃圾资源化等方面先进技术的应用。今年年底前，完成现有设施填埋气的治理和渗沥液处理前期工作，2010 年完成渗沥液处理设施改造，设施建设运行达到国家和地方现行标准。

今年市政府将制订出台鼓励大型非正规垃圾填埋场治理的政策，区县政府按照治理规划和标准，落实治理资金，开展治理工作。年内完成水源保护地等重点地区非正规垃圾填埋场情况调查、风险等级评价和治理方案，重点开展北天堂等北运河流域非正规垃圾填埋场的治理工作，争取用 5 年至 7 年的时间基本完成非正规垃圾填埋场治理。加强农村地区环境卫生日常管理，规范生活垃圾的收集、运输和处理，防止产生新的非正规垃圾填埋场。

（五）完善政策、法规，推动垃圾处理机制创新

落实产业政策配套，将垃圾资源化处理纳入循环经济范畴，享受鼓励政策。加大对垃圾分类、减量工作的资金投入，对餐厨、园林、果蔬等相对集中资源化处理站的建设和运行给予市级财政支持；对垃圾“零废弃”管理试点和垃圾分类达标单位、社区、村庄给予财政支持，鼓励从源头上分类减量。

积极开展立法调研工作，梳理、分析本市生活垃圾处理工作中存在的问题，研究立法的必要性、可行性和解决问题的法律制度设计。上半年已起草完成了《关于制定〈北京市生活垃圾处理条例〉的立项报告》，并按照工作程序报送市人大。

（六）加强舆论宣传，引导公众参与

不断创新宣传形式，丰富宣传内容，推进垃圾处理措施的贯彻实施。充分利用报刊、广播、电视和网络等媒体，深入开展垃圾分类、垃圾处理的公益宣传，每周有专栏和专题节目。创建垃圾分类和资源化处理宣传教育基地，在中小学普及垃圾分类知识。广泛听取群众建议，集中群众智慧，动员群众参与，群策群力解决垃圾分类和减量工作中的难点问题。将垃圾减量化、资源化和垃圾分类，纳入市民文明素质教育和基层文明创建活动考核内容，组织动员街道、社区、物业等单位参与垃圾减量和资源回收利用。

（七）强化协调推进机制，落实各级各部门管理责任

市政府成立了由主管副市长牵头、32 个相关部门和区县政府参加的生活垃圾处理工作协调小组，实行例会制度，统筹加快推进垃圾处理工作。区县政府也成立相应的协调小组，切实做到分工明确、任务明确、目标明确，确保各项工作落到实处。

垃圾处理实行全市统筹，区县政府属地负责制。市政府主管部门负责全市垃圾管理的综合协调、检查指导、督促考核，组织制定生活垃圾处理的规划和标准，各相关部门按照各自的职责承担相关任务；区县政府负责组织落实本辖区垃圾处理工作并承担相应的费用，根据工作需要，确定各级管理机构的职责、岗位和人员编制；街道、乡镇负责具体实施和日常管理；社区和行政村负责组织发动群众参与垃圾分类等工作。各区县、各部门齐心协力、互相配合，共同研究治理垃圾的对策措施，形成齐抓共管、联合治理的工作局面。

主任、各位副主任、秘书长、各位委员，做好垃圾处理和循环利用工作意义重大，任务艰巨。市政府将继续加强组织领导，认真落实折子工程确定的各项任务，力争本市生活垃圾处理工作今年取得突破性进展，三年得到显著提高，五年达到国内一流、国际领先水平。我们衷心感谢市人大对垃圾处理工作的高度关注和热情支持，同时也希望市人大在今后的工作中一如既往地关心、支持政府工作，多提宝贵意见和建议。我相信，在

市人大的支持和监督下，通过各区县、各部门的共同努力，本市的垃圾处理和循环利用工作一定能够迈上一个新的台阶，为建设繁荣、文明、和谐、宜居的首善之区作出更大贡献。

以上报告，提请市人大常委会审议。

关于对“提高垃圾收集处理现代化水平建设宜居城市”议案办理暨加强垃圾处理工作的意见和建议

——2009年7月25日在北京市第十三届人民代表大会常务委员会第十二次会议上

市人大城建环保委员会主任委员　赵　义

主任、各位副主任、秘书长、各位委员：

在今年1月份召开的市十三届人大二次会议上，共有朝阳团、通州团以及283人次代表联名，提出16件加强垃圾处理工作方面的议案，内容涉及加快垃圾处理设施建设、进一步推动垃圾分类收集和分类运输、完善资源回收利用体系建设、利用科技手段防控污染、加大宣传动员全社会参与等多个方面，涵盖了本市垃圾处理工作的主要内容，反映了广大人民群众和市人大代表对加强垃圾处理工作的呼声。经大会主席团讨论决定，合并为一项“提高垃圾收集处理现代化水平，建设宜居城市”议案，交由市政府办理，市人大常委会对议案办理情况暨加强垃圾处理专项工作报告进行审议。

为督促支持市政府及有关部门做好该项议案的办理工作，切实增强办理实效，推动我市垃圾处理现代化水平的全面提升，按照常委会的要求和部署安排，城建环保委员会认真组织开展了议案督办工作。

一、工作的基本情况和办理成效

根据市人大常委会主任会议讨论通过的工作方案，成立了由议案领衔代表、部分常委会委员、城建环保委员会委员共36人组成的议案督办专题组；先后召开了议案督办专题组全体会议、政府有关部门工作协调会、18区县人大城建环保工作座谈会，全面部署启动此项工作。围绕议案的主要内容，议案督办专题组开展了深入充分的调研，4月1日至5月5日，分别就垃圾减量化和资源化工作情况，垃圾处理设施运行和污染防控情况，农村垃圾管理情况，电子废弃物、危险废弃物和建筑垃圾处置情况等内容进行了五次专题调研，实地检查了16家单位和企业，着重了解垃圾处理工作中存在的问题，听取基层的意见和呼声，掌握了第一手材料；我们还通过召开座谈会和个别访谈等方式，听取市市政市容委、市发展改革委、市商务委、市农委、市环保局等政府部门的工作汇报，听取市人大代表、相关企业、专家的意见和建议。对此次议案督办工作，市人大常委会给予了高度重视，常委会领导多次对做好议案督办、增强工作实效作出明确具体的指示，5月26日，杜德印主任、刘晓晨副主任亲自带队，赴朝阳区和顺义区对议案办理情况进行了实地调研。此次议案督办过程中，充分发挥了代表的主体作用，累计近90人次代表参加了调研活动，提出了很多建设性的意见；采取市和区县人大联动的方式进行调研，有效运用了两级人大的监督合力，区县人大提供了很好的素材和建议，为做好督办工作打下了坚实的基础；切实加强了沟通协调，有机统一了人大督办与政府办理过程，议案督办组多次主动与市政府及有关部门沟通，共同研究，在垃圾处理工作的思路和发展方向、保障机制和推进方式等方面形成了共识，坚定了决心。6月26日，城建环保委员会召开第七次会议，同时邀请部分领衔代表，共同听取市政府提请本次会议审议的报告（稿），并进行了认真讨论。黄卫副市长代表市人民政府所作的《关于“提高垃圾收集处理现代化水平，建设宜居城市”议案办理暨加强垃圾处理工作情况的报告》，全面、客观地反映了本市垃圾处理工作取得的成效和存在的问题，提出的工作对策和措施切实可行，城建环保委员会同意这个报告。

城建环保委员会认为，市政府及有关部门高度重视此项议案的办理工作，郭金龙市长多次就垃圾处理工作作出重要批示，黄卫副市长亲自带队开展实地调研，市政府常务会、市政府专题会对垃圾处理工作进行了专门研究；为办理好议案，市政府还专门成立了由主管副市长牵头、主管副秘书长负责日常协调，各相关部门共同办理的工作机制，市市政市容委、市发改委、市商务委等相关部门积极配合议案督办专题组开展工作，保证了议案督办工作的顺利进行。市政府及有关部门认真研究分析议案内容，充分听取吸纳代表建议，结合本市垃圾处理工作的实际状况，进一步明确了工作思路，及时制定工作方案，积极采取有效措施改进工作，实现了议案办理与推进整体工作的有机结合。市政府在前期工作的基础上，就垃圾处理工作向市委进行了专题汇报，并得到了市委的高度重视和支持。4月28日，市委、市政府联合发布了《关于全面推进生活垃圾处理工作的意见》（以下简称《意见》），对本市当前及今后一段时期生活垃圾处理工作进行了全面规划和总体部署，明确了生活垃圾处理作为关系民生的基础性公益事业的工作定位和工作思路，确定了加快建设生活垃圾焚烧厂、综合处理厂和餐厨垃圾处理设施，分年度实现“增能力、调结构、促减量”的工作目标和任务，提出了一系列加强垃圾处理工作的保障措施，具有很强的针对性和指导性。市政府据此制定了工作方案和2009年工作折子工程，并在6月25日召开全市垃圾处理工作大会，与区县政府和市相关部门签订了责任书，开始着手落实各项工作任务。

可以说，该项议案的办理工作已经取得了阶段性的明显成效，为我市垃圾处理工作的进一步开展、垃圾处理现代化水平的进一步提高打下了坚实的基础。广大代表对议案办理和督办工作是认可的、满意的。

二、关于加强《意见》贯彻落实，进一步推动本市垃圾处理工作的几点意见和建议

鉴于我市垃圾处理工作形势的严峻性，存在矛盾和问题的复杂性，落实《意见》的长期性和艰巨性，我们认为，市政府及有关部门必须时刻保持清醒的认识，采取切实有力的措施，突出重点，持续推进垃圾处理各项工作的开展。

（一）统一思想认识，进一步增强工作的紧迫感和责任感

本市垃圾处理能力严重不足，现有设施普遍超负荷运转，导致垃圾填埋场使用周期缩短一半，“无害化”处理压力加大，而垃圾产生量每年还在以8%左右的速度持续增长，垃圾“减量化”任务艰巨。可以说，目前垃

圾消纳能力和处理水平面临严峻挑战，垃圾过量和污染对北京城乡环境可持续发展构成严重威胁。此外，本市焚烧设施建设滞后，垃圾处理结构极不合理，目前仍有90%以上的垃圾采取卫生填埋的方式处理，焚烧处理只占到总量的2%，远低于国内先进城市的水平（深圳、上海、广州垃圾焚烧比例分别为40%、15%、10%），资源化水平低，不可持续，与首都的城市功能定位和形象极不相符、与经济社会发展的水平极不协调、与建设“三个北京”的目标要求极不适应。

各级政府及有关部门要充分认识在这一严峻形势下实现《意见》提出工作目标和任务的艰巨性，进一步增强工作紧迫感和责任感。特别是《意见》中首次明确将生活垃圾处理定位于基础性公益事业，将其作为城市管理和公共服务的重要组成部分，改善城乡生态环境、保障城市安全运行、实现首都经济社会可持续发展的重要内容，关系民生的基础性公益事业，各级政府及有关部门，尤其是市政市容、发展改革、财政、国土、规划、建设、商务等部门要切实把认识统一到这一定位上来，强化政府主体责任、突出政府主导地位、发挥政府主导作用，像治理大气污染和解决公共交通问题一样，下大决心，采取切实有力的措施，保证《意见》真正落到实处，提出的目标任务如期实现，使首都北京的生活垃圾处理工作迈上一个新的台阶。

（二）抓住突出矛盾，全面加快垃圾处理设施建设步伐

加快垃圾综合处理设施建设，全面提升处理能力和水平，是解决目前我市垃圾处理问题的有效途径和根本出路。《意见》明确提出了垃圾处理设施建设的具体任务和完成时限。实事求是地说，按时完成上述目标的难度非常大，任务非常重，时间非常紧迫。这就要求我们必须全面加快垃圾处理设施建设的步伐，采取超常规的方式、付出超常规的努力，在设施建设上取得突破性进展。

一是加大统筹协调力度，确保新规划确定的生活垃圾综合利用生态循环园区尽快建设并尽早投入使用。二是对已经列入规划的建设和升级改造项目，必须加快建设步伐，加紧征地、环评等前期工作环节，尽快将其建设成为集生化处理、焚烧、发电于一体的现代化综合垃圾处理设施。三是远郊区县垃圾处理，建议参照顺义区垃圾处理工作模式，由区县负责对各自辖区内城乡全部生活垃圾进行就地消纳处理。市政府及有关部门要加大对规划、相关建设和运行标准制定的统筹力度，加大投入保障力度，加强对项目建设和日后运营的监督指导。四是全面提高垃圾焚烧比例。垃圾焚烧技术经过多年发展已经非常成熟，本市应把大力推进垃圾焚烧处理设施建设、大幅度提高焚烧比例作为摆脱目前垃圾处理困境、提高垃圾处理现代化水平、突破瓶颈实现垃圾处理可持续发展的最优选择和治本之策，大力加以推广和应用。五是加快餐厨垃圾处理设施建设，充分发挥首都人才聚集优势和科技创新优势，采用先进成熟的生物处理技术，按时高质量完成《意见》确定的餐厨垃圾处理设施建设任务。市政府及相关主管部门要加强对设施建设的统筹规划和整体布局，加快工作进度，确保在2年至3年内取得明显进展和成效。市人大常委会也将继续对议案办理落实情况进行跟踪监督检查，进一步推动垃圾处理各项工作的开展。

（三）加大宣传力度，引导和动员全社会积极参与垃圾处理工作

垃圾处理是一项涉及千家万户的社会系统工程，全面提升本市垃圾处理的现代化水平，需要市民和全社会的大力支持和共同参与。各级政府应当创新形式，充分利用电视、网络、电台、报纸等媒介，深入开展宣传教育，提高市民和社会对垃圾处理工作重要性、

紧迫性的认识，引导其树立主体和责任意识，增强参与的积极性和主动性，切实发挥社会和公众的力量，使之成为垃圾处理工作合力的重要组成部分。同时，要充分发挥机关、街道、居委会、学校和民间团体的作用，在全社会普及垃圾分类、处理等方面知识，特别要加大对垃圾焚烧等科技知识的宣传力度，垃圾处理企业应当向社会公开相关垃圾处理数据信息，以便于社会监督，消除部分群众对垃圾焚烧处理技术的疑虑，求得支持，创造良好的社会氛围。

以上报告，供常委会组成人员在审议时参考。

关于“推进北运河水系综合治理，实现污水防治资源化”议案办理暨北运河流域水系综合治理情况的报告

——2009年7月25日在北京市第十三届人民代表大会常务委员会第十二次会议上

北京市副市长　夏占义

主任、各位副主任、秘书长、各位委员：

我代表市人民政府，向市人大常委会报告关于“推进北运河水系综合治理，实现污水防治资源化”议案办理暨北运河流域水系综合治理情况。

在市十三届人大二次会议上，共有5个代表团、83人次代表就北运河流域水系综合治理和污水防治资源化提出了10件议案，涉及流域污染防治、水资源综合利用、防洪减灾及建立长效机制等方面。主要内容包括：建立流域水系综合治理领导机制，成立治理工作协调小组；制定流域水系综合治理规划，对流域水系实施综合治理，加大农业面源及工业废水的污染治理力度，实施污水处理、垃圾治理、河道截污等工程，加快河道、湿地及水网生态治理；加大流域水污染治理的投入力度，建立流域水系综合治理项目审批绿色通道；建立管护及考核机制，完善流域水系综合治理法律、法规体系，加大水污染治理监督执法力度；污水治理由无害化向资源化转变，扩大再生水利用规模，实现水资源循环利用，提高水资源利用率。

经大会议案审查委员会审议，主席团讨论通过，将这10件议案合并为“推进北运河水系综合治理，实现污水防治资源化”的议案，交市政府办理。

市政府接到议案后进行了认真研究，认为议案站在人口、资源、环境可持续发展的高度，抓住了北运河流域水污染防治对于首都经济社会发展具有深远影响这一关键问题，有针对性地提出了解决问题的对策建议，推动了北运河流域水系综合治理工作。议案的提出和办理，对推进首都经济社会发展、建设“人文北京、科技北京、绿色北京”，具有十分重要的战略意义。

市委、市政府领导高度重视北运河治理工作。刘淇书记作出了重要批示，要求有关部门将北运河治理作为城乡一体化建设的重要内容，在摸清底数基础上，抓紧制定规划、加快推进北运河流域水系综合治理。

杜德印主任、赵凤山副主任、部分市人大常委会委员和人大代表，多次深入基层调研，为议案办理和流域水系综合治理提出了许多宝贵的意见。市人大采取了“双层同步督办”的方式，即在市人大常委会进行督办的同时，委托相关区人大常委会对本区政府负责的辖区范围内的流域水系综合治理情况同步进行督办，以期实现市区联动的良好效果。

金龙市长、有成、凤桐等领导同志多次听取汇报，对流域综合治理规划的编制工作提出指导性意见，有效推进了北运河流域水系综合治理工作。

在议案办理过程中，充分吸纳代表意见和建议。议案办理报告已经6月29日第43次市政府常务会讨论通过。

一、议案办理情况

一是加强领导，成立了北运河流域水系综合治理议案办理工作协调小组。由我任组长，市政府安钢副秘书长、市水务局程静局长任副组长，市水务局牵头，市发展改革委、市财政局、市国土局、市环保局、市规划委、市市政市容委、市农委、市园林绿化局、市农业局等10个相关部门和朝阳、海淀、丰台、石景山、通州、顺义、大兴、昌平等8个区政府作为成员单位。在市水务局设立议案办理工作协调小组办公室，负责议案办理的日常工作。多次召开议案办理协调会，明确了部门职责，落实了任务，对议案中提出的23条具体建议逐条落实到责任单位和责任人。

二是组织部分市人大代表就农业面源污染、垃圾污染、生活污水、工业废水、河道治理以及环保监督执法等进行现场调研，并召开专题座谈会，代表们认为北运河流域水系水污染防治虽然已取得一定成效，但是水污染治理工作还存在很大难度，与首都发展的要求还有差距，提出了许多重要的意见和建议，对推动北运河治理工作十分有益。

三是认真落实人大议案的要求，市政府有关部门组织专业技术力量，对流域基本情况进行了深入调查研究，编制完成了《北运河流域水系综合治理规划（2009—2015年）》（以下简称《规划》），市政府已原则通过。《规划》提出对流域内生活污染、农业面源污染和工业污染进行综合治理，探索建立长效机制，为推进北运河流域水系综合治理明确了思路、目标、任务和措施。

四是北运河流域水系综合治理工程已全面启动。市有关部门相互配合，加强联动，建立绿色通道，加快推进各项治理工作的实施。

2009年，定福庄截污管线、清河再生水厂二期、卢沟桥再生水厂已开工建设，海淀翠湖、昌平沙河等污水处理厂建设已启动，昌平半壁店沟、大兴小龙河等河道治理工程已开工。80处养殖粪污治理方案已确定，海淀上庄三个规模化养牛场制定了综合治理方案。

市委、市政府联合印发了《关于全面推进生活垃圾处理工作的意见》，启动了非正规垃圾填埋场风险评价，开始对北运河干流1公里范围内非正规垃圾填埋场进行集中治理。2009年6月25日，金龙市长主持召开“全面推进垃圾处理工作大会”，动员部署今后几年本市垃圾处理和循环利用工作。

有关部门正在研究制定《北京市水污染防治条例》及《北京市排水和再生水管理办法》，为确保北运河流域综合治理成效打好法规基础。依据《关于加强北京市农村地区环境卫生日常运行管理工作的指导意见》，落实了农村地区垃圾分类、垃圾处理市级转移资金，提出每250人配备一名保洁员，初步建立了农村地区保洁队伍。已开始对区县出境断面水质进行全面考核。

二、北运河流域水系治理现状

2008年，市人大将“北运河水系治理的建议”作为杜德印主任重点督办建议。根据督办意见，为推进北运河流域治理，市政府相关部门组织专业技术力量对流域内污染源、河流水质、生态环境及社会经济状况进行了深入全面的调查，摸清底数，为流域综合治理打下坚实基础。

（一）北运河流域概况

北运河是北京五大水系中一条常年有水的河流。发源于海淀、昌平山区，全流域有13条一级支流，长度300公里，流域面积4423平方公里，占全市总面积的27%。通州北关闸以上称为温榆河，北关闸以下称为北运河。

作为北京市最重要的排水河道，北运河承担着中心城区的90%的排水任务。全流域污染主要来自生活污染、农业面源污染和工业排放废水，日产生污水近300万吨。南沙河、北沙河、清河、坝河、小中河、通惠河、凉水河等几大支流的雨污水均由北运河下泄。多数支流没有截污，每天仍有32万吨污水未经处理直接入河。

流域多年平均降雨量为582毫米。1999年以来，遭遇连续9年干旱，年均降雨量仅为435毫米，比多年平均减少25%。多条支流断流，河流自净能力低，环境容量极为有限。

根据国家与市政府签订的《“十一五”大气和水污染物总量削减目标责任书》，北运河榆林庄闸2010年出境断面COD考核指标为50毫克/升，治理任务十分艰巨。

（二）流域经济社会情况

北运河流域是北京市人口集中、产业聚集、城市化程度最高的区域。国务院批复的《北京城市总体规划》（2004—2020年）中确定的1085平方公里中心城区，东部发展带的通州、顺义、亦庄，西部发展带的昌平、大兴，高端产业功能区、创意产业基地和奥林匹克中心区等全部在该流域内。流域内有人口1300多万（含暂住人口约400万），占全市总人口的70%以上，流域经济总量约占全市80%以上。

（三）流域治理情况

筹办奥运以来，通过污水治理、生态治河、生态清洁小流域建设、垃圾收集处理、农业面源污染治理、环保监督执法等措施，流域水环境显著改善。

1. 流域上游构筑“三道防线”，建设生态清洁小流域

在北运河流域上游水源保护区建成响潭、漆园、碓臼峪等7条生态清洁小流域，治理面积79平方公里。按照生态修复、生态治理、生态保护“三道防线”的分区治理的原则，实施“污水、垃圾、厕所、河道、环境”五同步治理。目前，重点水源区的村庄基本完成了污水治理、农厕改造，垃圾集中收集处理。通过生态清洁小流域建设，改善农村整体环境、调整农业产业结构，促进民俗旅游发展，实现了水源保护和经济发展的“双赢”。

2. 实施生态治河工程，恢复河道健康生命

坚持以生态治河、还清水质为重点，按照“治河先治污”的原则，治理转河、护城河、通惠河、清河、凉水河、小月河等河道520公里。多年黑臭的清河、坝河、凉水河、清洋河等水体还清。建成清河、中南海、龙潭湖等8处水循环工程，促进水体循环。目前，城区水系Ⅱ—Ⅲ类水质河道占到56%，城市湖泊达标水面达到72%，中心区水质基本达到Ⅲ类。

3. 加快污水资源化，提高水资源的循环利用率

中心城区先后建成了高碑店、小红门、清河、吴家村、北小河、卢沟桥等9座污水处理厂。市区污水处理能力达到254万吨/日，市区污水处理率达到93%。流域内郊区建成13座污水处理厂，污水处理能力达到26万吨/日，污水处理率达到48%。

实施了引温入潮工程，恢复了潮白河流域40公里的水面，改善了环境。建设了东南郊水网，通州、大兴建成了58万亩的再生水灌区。9座热电厂全部使用再生水。建成了4.7万公顷再生水灌溉绿地。城市水系70%的河段使用了再生水。年利用再生水6亿立方米，再生水利用率达到50%。

4. 养殖粪污资源化治理

对流域内的养殖场实施搬迁，对不能搬迁的养殖场采取相关技术措施，对产生的粪污实行无害化处理和资源化利用。流域内共有规模化养殖场705家，目前已治理200家，流域内规模养殖场粪污每年产生总量从2005年的250万吨下降到现在的135万吨。已治理的养殖场粪污基本实现了循环利用，污染零排放。

5. 生活垃圾无害化处理

市委、市政府下发了《关于进一步加强城市生活垃圾工作的若干意见》，加快垃圾无害化治理。全市现有生活垃圾处理设施23座，日处理能力1.04万吨，其中卫生填埋、堆肥和焚烧比例为90∶8∶2，2008年生活垃圾处理率为94%。农村普遍推行了“村收集、镇运输、区处理”的垃圾无害化治理模式。

6. 加大监督执法力度，促进工业污染源达标排放

对废水超标排放的企业依法处罚并限期治理或停产整治，尤其对化工、冶金等重污染行业加大查处力度，淘汰了188家“三高”企业。同时，加强对市区河湖以及各区的地表水体水质监管，重点检查富营养化情况，认真查处企业的污染隐患，防范突发事件。2008年以来，全市已累计出动2000余人次，对流域内重点排污企业进行检查，依法对违法排污企业进行监督执法，有效控制了企业违法排污，对北运河流域水系水质改善起到积极作用。

北运河干流榆林庄断面化学需氧量（COD）已从2003年的112毫克/升下降到2008年的52.2毫克/升，流域化学需氧量（COD）排放量不断下降；城市段河道防洪已基本达标，干流昌平段、通州段达到50年一遇的防洪标准。水污染恶化趋势得到有效控制，流域水环境明显改善。

（四）流域存在的突出问题

北运河流域治理虽然初见成效，但与北京城市功能定位和发展形势还不相适应。为应对北京水资源紧缺的形势，服务“人文北京、科技北京、绿色北京”，建设首都城乡一体化新格局和宜居城市，满足全社会对优美环境的期望，迫切需要加快北运河流域水系综合治理。目前北运河流域水系主要存在三个方面的问题：

一是流域支流未全面截污，河流水质较差。全流域水系水质达标率仅为20%，多数支流水质未达标。流域内支流未进行系统治理，淤积严重，干流部分骨干建筑物老化失修，影响水资源配置利用和行洪安全。

“三个北京”和宜居城市建设，对北运河功能定位提出了新要求，由原来的保障城市防洪安全，承担排水功能，变为城市防洪安全、生态水景观、休闲娱乐等功能。社会各界对加快治理北运河，还清水质，恢复河流自然生态功能期望很高。

二是流域水量未得到有效开发利用。北京是严重缺水的特大型城市，流域内污水资源化的程度还很低，再生水开发利用还有很大空间。年流域水量为12.4亿立方米，其中天然径流1.8亿立方米，污水及再生水量10.6亿立方米（再生水8.9亿立方米，污水1.7亿立方米）。由于水质差、输水工程不配

套、水网不通、缺乏蓄滞工程，流域内水量只利用了4.6亿立方米，利用率仅为36%。

迫切需要对流域水系进行综合治理，充分利用流域现有的水量，实现污水资源化，增加可利用水量，减少清水使用量，有效缓解流域内工业、环境、农业灌溉用水紧缺状况。

三是水污染防治执法难度大。一些支流河段生活污水直接排放，部分企业违规偷排现象未得到根治，农业面源污染、养殖粪污还没得到有效治理，农村生活垃圾无害化治理还有很大空间。防污治污的责任不够清晰，政府监管体系不够完善，执法手段还需加强，执法体系有待健全。

随着首都经济社会的发展、城乡居民生活水平的提高，对北运河水系的治理提出了更高要求。经济实力的增强、社会投入的增加，为北运河流域治理提供了资金保障。水源保护理念的创新、生态治河的实践、雨洪利用技术的普及、水体循环技术的运用、污水处理新技术的推广，为综合治理北运河流域水系提供科技支撑。加快北运河流域水系综合治理，条件具备、时机成熟。

三、科学制定规划，加快综合治理

北运河流域涉及中心城区，城乡结合部和农村地区，经济社会发展水平差异较大。随着城市化进程的不断加快，城乡结合部地区和农村地区已成为今后北京城市新的发展空间，是最具经济发展潜力的地区，该区域由第一产业向第二、三产业加速转化，水污染问题日益凸显。北运河现状的水环境与周边区域的发展极不相适应，严重制约该区域的经济社会的可持续发展。

针对当前流域内城区污染治理程度高、郊区相对较低、水污染防治工作不平衡的实际情况，迫切需要按照建设城乡一体化新格局的要求制定流域水系综合治理规划，加快城乡结合部地区的污染治理，提升区域整体环境质量，促进城乡一体化，带动经济社会发展。

北运河流域水系治理涉及多部门、多区县、多领域，是一项系统工程。因此，科学规划是实现北运河流域水系综合治理的前提。在总结水污染防治经验的基础上，市有关部门编制完成了《北运河流域水系综合治理规划（2009—2015年）》。《规划》明确提出：北运河流域水系治理必须坚持区域统筹，溯源治污，综合治理，循环利用。治理观念要实现“三个转变”：一是坚持城乡统筹，从重点治理中心城区污染向统筹城乡污染治理转变；二是坚持综合治理，从分段分块治理向流域综合治理转变；三是坚持循环利用，从污水处理无害化向资源化转变。

（一）落实城市发展功能定位，确定流域综合治理思路

针对北运河流域水系的功能定位，确定水系综合治理以流域为单元，统筹城乡和区域，科学合理布局，坚持“向观念要水、向机制要水、向科技要水”的理念：建立水资源保护体系，以治污为核心，还清水质，恢复北运河干支流水体功能，将北运河建成“清洁的河”；建立水资源配置体系，以提高流域水资源利用率为重点，实现循环利用，将北运河建成“有水的河”；建立防洪减灾体系，以安全迎汛、生态治河为重点，构建流域绿色生态走廊，实现人水和谐，将北运河建成“安全的河”。

（二）科学划分治污单元，建立完善的水资源保护体系

一是按照单元实施综合治理。根据污水处理厂的布局、合理的收集半径和自然汇集区，将全流域划分为226个治污单元。在每个治污单元内，对生活污染源、工业污染源和农业污染源分类指导、综合治理。

二是加快污水处理设施建设，促进污水资源化。中心城 9 座污水处理厂全部升级改造，出厂水质达到地表水Ⅳ类。加快推进郊区污水处理厂和污水收集管网建设，新城升级改造和新建 21 座再生水厂，大力推广污水处理新工艺，出厂水质达到地表水Ⅳ类。乡镇完善、新建 33 座污水处理厂及配套管网，出水水质达到排放标准。结合新农村建设，大力推广农村生活污水治理，因地制宜选择治理工艺、治理模式，分散治理与集中治理相结合，污水处理与再生水回用相结合，农村排水与水环境建设相结合。通过提高出水水质标准及加快污水处理设施建设，加快推进全市污水资源化进程，促进水资源循环利用。

三是全面解决垃圾污染。按照属地管理的原则，各区县对流域内历史遗留的非正规垃圾填埋场制定治理计划，限期完成。日常村庄垃圾按照“户分类、村收集、镇运输、区处理”模式，集中收集，无害化处理，实现沟渠、水塘、河道、水库周边 1 公里范围内无垃圾堆放点。

四是严格控制农业面源污染。建立农业面源污染控制机制，实行化肥和农药总量控制。调整化肥品种结构，大力推广有机肥料，推行测土配方施肥，提高化肥利用率。推广高效、低毒、安全的农药新品种及生物防治技术，建设清洁田园。全面完成畜禽养殖业的污染治理。划定限养区、禁养区，根据环境承载能力，适度发展养殖业。应急备用水源地、新城和乡镇水源保护区内严禁养殖，限定畜禽养殖业污染物排放总量，实现粪污无害化处理。

五是对工业污染源严格监管确保达标排放。环保部门加强执法监督，充分发挥社会监督作用，加大处罚力度，对工业污染源要认真排查、登记造册、落实监管责任、限期整改，对不能按期完成整改的企业要关、停、并、转。对重点企业的污水排放逐步实现在线监控，对拟建项目实行严格的环评审批制度，严格执行排污许可制度，确保工业污染源实现达标排放。

（三）统筹全流域用水需求，建立高效的水资源配置体系

根据流域水量和水质情况，结合流域污水治理和回用规划，统筹考虑上下游用水，对现状地表水资源进行优化配置。

一是建设昌平沙河水资源利用工程、顺义引温入潮二期工程、中心城再生水循环利用工程等三项水资源调度工程，改善区域生态水环境，解决绿化灌溉用水问题，回补地下水，替代清水，新增可利用水量 1.8 亿立方米。

其中，中心城再生水循环利用工程，已编制完成《北京中心城区再生水利用近期规划》，进一步加大城市水系再生水使用量，铺设再生水回用管线 190 公里，广泛用于工业冷却、城市绿化、道路浇洒等方面。规划实施后城市中心区每年使用再生水达到 4.6 亿立方米。

二是沟通水系，建设东南郊、小中河、蔺沟河、北沙河 4 片生态水网工程，增加区域生产、生态用水量，回补地下水，新增可利用水量 2.2 亿立方米。

三是因地制宜建设 183 处雨洪利用工程，新增水面 590 万平方米，每年收集雨水 2000 万立方米。

（四）统筹生态环境与河道安全，建立安全的防洪减灾体系

北运河流域水系支流众多，流经区域是全市经济发展的重点地带，河流的行洪安全、生态环境对首都经济社会发展具有重要影响。

一是改造骨干建筑物。改建辛堡闸，提高上游引温入潮工程供水保证率。改建榆林庄闸，闸前形成 180 万平方米水面，蓄水 550 万立方米，为东南郊地区水资源利用提供保障。

二是建设 12 处生态湿地，共 600 万平方

米，发挥湿地涵养水源、净化水质、蓄滞雨洪、回补地下水、调节气候、维护生物多样性的功能，营造优美水环境。

三是河道生态治理。加快治理城乡结合部、边缘集团及新城周边重点河道23条134公里。实现防洪安全、排水达标，形成水清、岸绿、流畅的自然生态水系。

（五）合理确定阶段目标，确保实施效果

2012年的阶段目标是：出境断面COD浓度达到45毫克/升，流域内一级、二级支流实现“不黑不臭无水华”。重点工业区污染源严格监管、实现达标排放。规模畜禽养殖粪污实现循环利用、污水达标排放。流域内主要河段1公里范围内无垃圾堆放，建立科学规范的垃圾处置机制。流域内水量利用率提高到56%。初步建立北运河流域面源污染控制机制。

2015年的阶段目标是：出境断面COD浓度达到40毫克/升。流域内工业污染源严格监管、全部达标排放，畜禽养殖粪污实现循环利用，垃圾集中收集，无害化处理。全流域水质基本满足水体功能要求，水生态系统得到初步恢复，流域内水量利用率提高到70%。建成全流域的防污治污体系。

（六）增加财政投入，扩大投资渠道

规划总投资162亿元，其中市级投资90亿元，占55%；区级投资37亿元，占23%；社会企业投资35亿元，占22%。为确保规划顺利实施，以政府投入为主，鼓励社会参与，推动多元化投资。

市级主要负责重点镇以上污水处理厂站、管网及中水回用、干流及跨乡镇和功能区周边河道治理、水资源调度、生态水网等工程建设投资，一般镇污水处理工程建设由市级补助、区县配套。区级主要负责村内污水处理厂站及管网、乡镇内河道治理、湿地、雨洪利用工程建设投资，落实工程运行管护责任，管护资金纳入本级财政预算，确保足额到位。

规划分7年实施。从2009年开始，结合新城建设、小城镇建设、城乡结合部改造、新农村建设，坚持先重点，后一般，成熟一项，实施一项，到2015年全部完成。规划实施后，基本形成北运河流域城乡一体化的水资源保护、调度、循环利用的新格局，使全流域实现水源安全、供水安全、水环境安全和迎汛安全，推进宜居城市和优美乡村建设。

北运河流域水系综合治理规划，将本市山区生态清洁小流域建设的成功经验推广到平原、城市水系治理当中，突出了综合治理、溯源治污、按照排水区域划分治理单元，实现了污水无害化处理向资源化利用转变，创新了治理思路，明确了治理目标，为治理工作的开展奠定了基础。

四、建管并重、多措并举，建立健全污染防治长效机制

在推进规划各项工程措施落实的同时，探索建立污染防治长效机制，以确保北运河流域水系综合治理各项措施落实到位、巩固治理成果。按照“谁污染、谁治理”、“谁治理、谁受益”的原则，向管理要效益，向机制要效益，多措并举，建立健全水污染防治的长效机制。

（一）部门联动，落实责任

市政府有关部门负责制定规划，落实任务，各负其责，加强联动，加大投入，强化监管。市发展改革委负责根据权限审批规划的建设项目，按现行投资体制安排市政府投资；市财政局负责考核达标奖励政策，安排工程维护及运行良好的奖励资金；市规划委负责做好相关规划衔接工作；市国土局负责做好项目用地选址和审查报批工作；市环保局负责监督执法和水质监测工作，使流域内企业污水实现达标排放和各区出境断面水质

考核工作；市市政市容委负责组织垃圾集中收集、无害化治理；市农委、市农业局负责组织养殖粪污及农业面源污染治理；市园林绿化局负责湿地的规划与建设、推广再生水浇灌绿地、办理林木移栽手续等工作；市水务局负责组织流域水系治理规划编制，流域水资源调度配置，流域生活污水治理及监管，组织协调全流域水系治理工作，会同环保局做好出境断面水质考核工作。

区县政府是责任主体，负责工程建设和管理。将工程建设及运行维护资金纳入区财政预算，确保足额到位。建立运行管理机制。

（二）完善法规制度建设

完成《北京市水污染防治条例》的制定工作，以污水处理资源化、农业污染治理和流域污染治理为重点，完善水污染防治法律制度，建立水污染防治流域管理、综合规划、排污总量控制、区县减排与流域内出境断面水质考核以及排污许可制度，对污染源单位建设水污染治理设施提出强制性要求，加大对种植业、畜禽养殖业等面源污染治理力度。

制定《北京市排水和再生水管理办法》，规范排水和再生水利用管理，加快排水和再生水设施建设，建立污水处理设施建设及运行管理长效机制，推进污水资源化，实现地表水、地下水和再生水的统一调度，促进首都水资源的可持续利用。

市委、市政府出台了《关于全面推进生活垃圾处理工作的意见》，明确生活垃圾处理工作定位，实现垃圾处理“增能力、调结构、促减量”，改善城市环境面貌的同时，减少垃圾对水体的污染。

市农委正在研究制定《北京市农田农药化肥经营与使用管理意见》，实现农药和化肥总量控制，减少农业面源污染。

（三）完善水污染监督考核机制

根据国家与市政府签订的《“十一五”大气和水污染物总量削减目标责任书》，按照行政区划，在北运河流域建立28个河流考核及控制断面，按监测断面，明确责任主体，逐级落实责任。市环保局正在研究制定《北运河流域断面水质目标考核办法》，将出境断面水质作为区县政府经济社会发展重要考核指标。

市财政局、市环保局制定了《北京市区域污染总量减排奖励暂行办法》，每新增削减1公斤化学需氧量（COD）奖励6元；对超额完成年度减排计划的区县和市有关部门，按照超额完成的削减量在当年奖励的基础上再提高20%给予奖励。

（四）建立运行管护资金投入机制

区县政府是责任主体，实行属地管理，各区县根据《关于印发市与区县分税制财政管理体制支农专项转移支付资金管理办法的通知》（京财农〔2009〕423号），将市级下划、让渡给各区县的资金与本地区财力统筹考虑，安排用于农村污水处理厂运行经费补助，要求区县认真落实，将有效解决农村污水处理设施正常运行的资金问题。

结合公共财政体制改革，市市政市容委、市财政局、市农委制定了《关于加强北京市农村地区环境卫生日常运行管理工作的指导意见》，市级安排下划农村地区环境卫生运行补助资金1.8亿元/年。按照“不低于每250人配备1名保洁员”的标准，在全市农村地区建立1.1万人的保洁员队伍，每名保洁员每月补助500元，做好农村地区环境卫生日常运行维护工作。

（五）建立河流分级管理负责制

探索建立北运河流域水系分级管理责任体系，市级主要领导对流域内水污染防治工作负总责，各区政府主要领导负责辖区内的水污染防治工作。市环保局、市水务局联合对跨区界河道断面和入河口实行分段管理、分段监控、分段考核，建立支流到干流的全流域监督考核机制。将治理措施、任务目标、监管责任落实到位，确保治理成果。

（六）加大节水型社会建设力度

充分认识节约用水对减少污水的作用，加大节水宣传力度，提高全社会节水意识。加强对高耗水行业的管理，实行总量控制、定额管理。严格用水考核制度和超定额累进加价制度。择机推行水价改革，充分发挥价格杠杆在供水、用水、排水、污水治理和再生利用等方面的作用，加快建立政府主导、市场引导、社会参与的节水体系，推进节水型社会的建设。

主任、各位副主任、秘书长、各位委员，推进北运河流域水系综合治理、实现污水防治资源化是一项长期性、复杂性的工作，市政府虽然做了大量工作，但与人大代表、广大人民群众的期望还有较大差距，迫切需要我们以科学发展观为指导，下大力气继续推进北运河流域水系综合治理，希望市人大继续监督我们的工作进展，为北运河流域水系的综合治理提出批评建议。我相信，有市人大和各位委员、代表的支持和监督，北运河流域水系的综合治理工作将进入一个新的发展阶段，迈上一个新的台阶，为建设“人文北京、科技北京、绿色北京”作出新的贡献。

以上报告，提请市人大常委会审议。

关于对“推进北运河水系综合治理，实现污水防治资源化”议案办理暨北运河流域水系综合治理工作的意见和建议

——2009年7月25日在北京市第十三届人民代表大会常务委员会第十二次会议上

市人大农村委员会主任委员　雷德才

主任、各位副主任、秘书长、各位委员：

为做好对“推进北运河水系综合治理，实现污水防治资源化”议案的督办和专项工作报告的审议工作，常委会领导多次提出了重要的督办指导意见和原则要求，主任会议讨论通过了市人大农村委员会制定的工作方案，并确定由农村委员会组织督办。为使委员和代表全面了解北运河流域水系综合治理进展情况，有效推进综合治理工作，我们建议将各项任务分解到区及市政府相关部门，并将任务分解情况函告相关区人大常委会，采取委托相关区人大常委会与市人大常委会“双层同步督办”的方式，收到了市区联动的良好效果。其间，开展了一系列调研，检查和视察活动，召开了6个座谈会；听取市政府议案办理工作方案和主协办部门的情况汇报；深入到朝阳、通州等8个区和有关部门进行专题调研；征集了区县人大关于北运河流域水系本区段面治理调研和督办的报告。7月3日，赵凤山副主任带领部分委员、代表到昌平、通州等区视察了此项议案办理和北运河流域水系综合治理情况。督办期间，共有33位、56人次市人大代表参与了调研、座谈、检查和视察，广泛听取了基层干部群众的意见和建议。7月7日，农村委员会召开会议，对市政府提请本次会议审议的报告进行了研究和讨论。

农村委员会认为，在去年工作的基础上，

今年以来，市政府按照建设“人文北京、科技北京、绿色北京”的构想和加快首都城乡经济社会统筹发展的要求，高度重视此项议案办理和专项工作报告审议工作，一是认真制定和完善了北运河流域水系综合治理规划，使治理工作有重点、分阶段、有序推进；二是采取得力措施，加大了投入和综合治理力度，规划总投入162亿元，为流域综合治理提供了资金保障；三是加大了流域水系监管和执法力度，初步有效遏制了沿流域垃圾乱堆放、面源污染和企业违法排污等现象，对水质改善起到积极作用；四是综合治理阶段性成果初步显现，规划确定年内启动的21项治理工作已全部开工，计划本年度内将有14项治理项目完成，对改善北运河流域水系水质和周边环境收到了明显效果。农村委员会认为，夏占义副市长代表市政府所作的《关于“推进北运河水系综合治理，实现污水防治资源化”议案办理暨北运河流域水系综合治理情况报告》全面、客观地反映了北运河流域水系综合治理的基本情况、取得的阶段性进展和存在的问题，并提出了切实可行的继续推进综合治理的对策和措施，我们对此表示满意，并同意这个报告。

农村委员会认为，北运河流域水系综合治理虽然取得了阶段性成果，但也还存在一些需要关注的问题，主要是：

一是需进一步提高污水处理水质标准。虽然污水处理已达到国家排放标准，但仍是五类水质，与合理利用目标还有距离，仍应采取相应措施，提高排放标准。二是污水处理工程和中水利用管网建设不够配套。应加快提升改造高碑店污水处理厂等9座市级污水处理厂和昌平沙河再生水厂等21座区县级再生水厂，完善、新建乡镇33座污水处理厂，加强中水管线配套建设，提高污水处理的整体水平和中水利用水平。三是资金投入仍显不足。对市级专项资金的使用及区县配套资金的到位情况还需加大督查的力度。

为此，农村委员会建议：

一、要全面落实流域水系综合治理规划，坚持常抓不懈

在市政府和各区县政府的共同努力下，北运河流域水系综合治理工作虽然取得了明显的阶段性进展，但按照规划确定的治理目标，还要做艰苦扎实具体的工作。因此，建议市政府按照规划既定的治理目标，制定更加详细的工作方案，一步一个脚印地扎实落实。力争提前完成。同时，要继续加大综合治理的投入，保证市里的资金到位，又要关注财政转移支付资金的使用和区县配套资金的落地，确保项目、资金、组织、措施四落实，最终实现水污染得到治理、水环境得到改善、水生态得到修复、水资源得到利用的目标。

二、要始终坚持水污染治理由无害化向资源化转变的治水理念

通过水处理厂升级改造和应用先进技术，提高污水处理标准，力争在两三年内，使处理后的水质从现在的劣五类提升为五至四类标准，争取五年内全流域水质有更大改善，达到水功能区域的标准，要加快中水利用配套管网建设；不断提高再生水的利用率，力争中水利用率由现在的36%提高到60%。

三、要进一步加大源头治理和执法力度，控制和减少排污量

要严把沿北运河流域水系两岸新上产业发展项目的环评关。对于已有的那些高投入、高耗能、高污染的落后产能项目，要抓紧改造升级和转产关停工作；今后在流域两

岸上项目应严把审批关，坚决杜绝“先上马再治理”的做法。同时，要继续落实全流域按照单元实施综合治理，明确治污标准，全面解决垃圾污染、严格控制农业面源污染、坚持工业污水达标排放等措施，加大执法力度，保持监管的经常性和有效性，巩固和发展综合治理成果，提升综合治理的整体水平。

四、在加快水污染治理的同时，切实加强水生态的保护与利用

一是在不影响行洪的前提下，在河道两侧规划栽种片林和绿色植物，既塑造景观又有效控制水土流失。二是在适宜区域增加湿地面积，并在河道适量放养鱼苗及可移动水生植物，或放置太阳能增氧器，有效控制河水富养化。三是选择适宜河段，增加河上游船，为市民观光提供条件。同时也促进水体流动，保持水体清洁。四是建设两岸生态公园，为市民休闲、锻炼提供场所。真正把北运河流域建成造福市民的“休闲观光带”、“绿色产业带”。

五、应尽快建立起治理和管理的长效制度

应抓紧建立起“谁污染、谁治理、分区负责、部门监管、公众监督”的长效机制，用机制和制度推进治理和管理。探索建立相关乡镇、村和畜禽养殖场污水处理的运行经费补贴制度，保障已有设施正常运转，发挥设施应有效益；要建立城乡统筹的水环境监测网络，实行定点监测、定期通报等制度。

以上意见，供常委会组成人员审议时参考。

北京市人民代表大会常务委员会任免名单

（2009年7月25日北京市第十三届人民代表大会常务委员会第十二次会议通过）

（一）

任命李健、刘长华、容红、周其濛、赵宇晖、李晓、范宏、范跃如、王晓燕、杨林、邢文河、邢卫国为北京市高级人民法院审判员。

免去李敬、王立新、张学磊、卫苏华的北京市高级人民法院审判员职务。

（二）

任命淳于国平为北京市第一中级人民法院副院长、审判委员会委员、审判员，免去其北京市第二中级人民法院副院长、审判委员会委员、审判员职务。

任命马立娜为北京市第一中级人民法院审判委员会委员。

任命温云翔、关芳、王良胜、温志军、钟欣、乔军、陈金玲为北京市第一中级人民法院审判员。

（三）

任命肖龙为北京市第二中级人民法院副院长、审判委员会委员、审判员，免去其北

京市第一中级人民法院副院长、审判委员会委员、审判员职务。

任命周建忠、徐辉、唐季怡、麻学军、赵静、肖荣远、陈妍、李蔚林、刘琨、罗珊、曹欣、孙田辉、周荆、何暄、刘保河、胡欣宁、史佳伟、徐宁、陈良刚、蔡洪、付冬青、邢军、杨明婕、贾奕良、赵晖、韩树华、陈学芹为北京市第二中级人民法院审判员。

北京市人民代表大会常务委员会免职名单

（2009年7月25日北京市第十三届人民代表大会常务委员会第十二次会议通过）

免去张本才的北京市人民检察院副检察长、检察委员会委员、检察员职务。

免去周明川的北京市团河地区人民检察院副检察长、检察委员会委员职务。

免去金国雯的北京市人民检察院检察员职务。

免去许京琼的北京市人民检察院第二分院检察员职务。

北京市第十三届人民代表大会

常务委员会第十三次会议

在市十三届人大常委会第十三次会议上的讲话

（2009 年 9 月 25 日）

市人大常委会主任　杜德印

各位委员、同志们：

本次会议是在党的十七届四中全会刚刚闭幕、全国人民迎接新中国成立 60 华诞的喜庆氛围下召开的，经过大家的共同努力，会议顺利完成了各项议题，开得很成功。会议审议通过了《北京市实施〈中华人民共和国妇女权益保障法〉办法》；听取和审议了“一府两院”3 个专项工作报告、市人大常委会执法检查组关于检查《中华人民共和国农产品质量安全法》实施情况的报告、市人民政府关于“实施积极就业政策，促进社会和谐稳定”等两个议案办理情况的报告，以及市政府关于“加强乡村基础设施建设，加快社会主义新农村建设进程议案办理情况报告”审议意见落实情况的报告，还决定了人事任免事项。两天多来，常委会组成人员以及列席会议的代表，以饱满的热情认真参加审议，积极发表意见。大家对会议的各项报告表示同意，并给予了充分肯定，同时提出了许多很好的意见和建议。常委会工作机构要认真汇总整理好大家的意见，形成各项审议意见书，交“一府两院”及有关部门研究处理。借这个机会，我受主任会议委托，讲四点意见。

一、加强对经济工作的监督，保证和促进首都经济持续快速发展

加强对经济工作的监督，保证市委决策部署的贯彻落实，保证市十三届人大二次会议有关决议的有效执行，推动首都经济持续较快发展，是常委会今年监督工作的一个重点。今年 7 月召开的常委会第十二次会议，在专题调研的基础上，围绕首都经济社会发展提出了九条建议，明确指出要把保增长的应急性措施与奥运会后首都经济发展新阶段的战略性安排有机统一起来，强调要大力推进科技创新，依靠科技创新和科技进步促进产业结构的优化升级，在更高的水平上推动首都的经济发展。

这次会议安排听取和审议市政府关于推动高新技术在本市经济社会发展中应用情况的报告，专题研究科技创新问题，这是常委会对经济工作监督的继续和深化。奥运会成功举办后，首都经济社会发展进入了一个新的阶段，特别是面对国际金融危机，首都经济如何在新起点上持续较快发展，面临着一系列新的矛盾和挑战。根据市委关于建设“人文北京、科技北京、绿色北京”的决策和部署，这次会议在广泛深入调查研究的基础上，集中人民群众的智慧创造和人大代表的真知灼见，借鉴科技奥运的经验，围绕推进首都科技创新问题，提出了一系列有价值的建议。概括起来主要包括：一是坚持并完善首都经济的发展战略。在经济社会发展方面，提出建设全国创新中心与服务中心的定位和目标，使首都经济更好地立足于北京城市的性质和功能，依托首都的政治、经济、文化和社会资源优势，面向全国和世界，抢占新一轮发展的战略制高点，并承担起北京在全

国发展大局中应负的责任。二是进一步明确科技创新在首都经济社会发展全局中的战略地位。把科技创新对经济社会发展的引领和支撑作用大大加强起来，充分发挥出来，使经济社会发展进一步走上依靠科技创新和科技进步的轨道。三是改进政府对科技创新工作的组织模式和管理方式。把科技创新作为市政府的全局性、统领性工作，确立首都科技创新的概念，并把首都科技创新工作融入全国科技创新的总体战略和全局工作中，积极探索建立健全首都经济和科技创新合作机制。市政府要充分发挥好在首都科技创新中的规划、组织、协调、服务职能，打破科技创新资源的分割，实现科技创新资源的有效整合。四是深化科技创新体制和机制改革。通过完善知识产权制度、改革创新体制、建立资本与科技资源的融通机制、改善科技创新环境等措施，把政府的主导作用、市场的基础作用、企业的主体作用、科技人员的能动作用充分地调动和组织起来。五是先行抓好中关村科技创新示范区建设和一批重大科技创新项目。会后，常委会工作部门要在教科文卫体委员会提出的意见和建议基础上，概括委员们的意见和建议，整理好审议意见书交市政府研究。同时，常委会准备进一步与政府主要领导、主管领导沟通，支持和帮助政府做好这方面的工作。下一步，常委会还要继续搞好专题调研，搞好中关村国家科技自主创新示范区立法、专利保护和促进条例修订，为科技创新提供法制保障，并综合运用人大及其常委会的各项职能，坚持不懈地抓下去，持续不断地推进首都科技创新工作。

二、推进对司法工作的监督，保证、支持和促进司法机关公正司法

去年 9 月，市人大常委会第六次会议听取和审议了市高级人民法院关于知识产权审判工作情况的报告、市人民检察院关于开展诉讼监督工作情况的报告。常委会着眼于改进人大对司法工作的监督，着力于发挥中国特色社会主义司法制度的内在优势，通过了关于加强人民检察院对诉讼活动的法律监督工作的决议（以下简称决议），并确定今年加强对法院商事审判工作的监督，督促检察院对决议的贯彻落实。这次会议我们听取和审议了市高级人民法院关于商事审判工作情况、市人民检察院贯彻落实决议的工作情况两个报告，也是常委会加强对司法工作监督的持续和进一步探索。会上，大家对池强院长、慕平检察长的报告给予了充分的肯定，对“两院”的工作表示满意。

一年来，市人民检察院认真贯彻常委会的决议，积极加强和推进法律监督工作，取得了明显的进展和成效。市高级人民法院商事审判工作做得是好的，有效地维护了全市市场经济秩序，维护了公民和法人的合法权益，保证和促进了首都经济社会发展。大家认为，尽管法院、检察院的工作还有许多需要改进的地方，还存在着这样那样一些群众还不满意的问题，但是总的看来，我市的司法工作是公正的、有效的，司法机关和司法队伍是可以信赖的。一年多来的实践也说明，常委会改进对司法工作监督的探索是有益的、有效的，思路是正确的。通过一年多来对司法工作监督的实践，我们也积累和取得了一些人大常委会加强和改进对司法工作监督的初步认识。

第一，必须坚持人大监督的性质，明确人大监督的目标。人大及其常委会对“一府两院”的监督是代表国家和人民进行的具有法律效力的监督。人大及其常委会对司法工作监督的目的是保证、支持和促进司法机关公正司法。人大对司法工作的监督要有利于维护国家法律的尊严，维护社会主义法制的

权威，维护公民、法人和其他社会组织的合法权益。这一条很重要，因为我们要依法履行对司法工作监督的职能，就要明确我们的立场和价值取向，就是要站在党、国家和人民的立场上开展监督。人大常委会每年都要听取和审议“两院”的专项工作报告，人民代表大会也要听取和审议“两院”的报告，还要投票表决。在我们行使这个权力的时候，一定要站在党、国家和人民的立场上依法进行。我们提出意见和建议，进行投票表决，都要从“三个有利于”的角度出发。

第二，坚持以保证司法权的正确行使为重点，把促进司法行为的公正与推进保证公正司法的制度和机制建设结合起来。我们监督的是司法行为，但是司法行为是建立在司法制度、机制、程序的基础之上的。现在人民群众对司法公正和公正司法有强烈的要求，充满期待，社会上也有各种各样的议论，但是我们人大及其常委会作为地方国家权力机关依法进行的监督，要抓住一个重点，就是要紧紧抓住保障司法权力的正确行使。我们不仅要监督司法机关的司法行为，考量司法机关司法行为的公正性，而且要研究保证司法行为公正的司法制度、工作机制和审判程序。现在对司法机关，群众议论很多，有不少意见。这是个复杂的问题，有我们司法队伍、司法行为上的问题，也有个别的法官贪赃枉法、腐败、不正之风等方面的问题，但这不是主流。根本的问题是我们整个的司法体制、工作机制，包括司法程序与当前形势下司法需求还有不适应的地方，还需要进一步改进和完善。目前中央、市委部署推动司法体制和工作机制的改革，原因也就在于此。我们说司法行为的公正是重要的，但提供保障司法行为公正的制度更重要。下一步，我们考虑跟市高法进一步研究这个问题。其实，去年我们作出了对检察院开展诉讼监督的决议，目的就是着眼于发挥社会主义司法制度的内在优势，既保证、支持、促进司法行为的公正，又保证、支持、促进司法机关推进司法体制、工作机制的改革和程序的完善。

第三，坚持实事求是、客观公正，增强监督工作的科学性。这也是当前人大对司法工作监督一个非常重要的问题。要全面正确地认识和评价司法工作，必须把握好现象和本质的关系，减少片面性，避免以偏概全，更不能搞捕风捉影，人云亦云。这就要求我们面对社会反映强烈的问题，在行使监督权力时，工作要提高质量、提高水平，要讲究科学性，这样才能给公众一个正确的引导。今年出了多少事件，“躲猫猫”、“邓玉娇”等等，各个方面有很多质疑，进而提出司法公信力的问题。我们作为地方国家权力机关必须保持头脑清醒，坚持全面客观公正。

第四，坚持依法监督，不侵犯司法机关的司法权力。这方面我们一直做得是好的，但也有需要进一步改进的地方。比如我们要严格按照监督法的规定来办事，不搞个案监督。常委会委员和人大代表如果接到人民群众对一些案件的反映，不要直接利用人大代表或委员的职务干预司法机关的审判工作，可以交给人大常委会来统一研究和处理。如果人大代表直接参与一些案件审理，直接影响司法机关，实际上会加剧司法不公，不利于司法公正。

下一步，常委会将坚定不移地支持检察院行使法律监督的职能，坚持不懈地推进检察院法律监督工作的开展；要继续支持法院改革、完善审判工作的机制和程序，加强内部监督，不断地推进公正、文明、廉洁、高效司法。

三、加强和改进代表议案办理工作，切实提高办理质量和实效

这次会议涉及三个议案的办理，审议中，

委员们对办理情况给予了充分肯定。作为人大常委会，要认真总结议案办理的经验，不断完善议案办理工作制度和方法，不断提高议案办理工作水平。通过这几件议案办理，我们也形成了一些新的认识，有以下几点。

第一，把办理好代表议案作为坚持和完善人民代表大会制度的一项重要制度性措施来抓。通过办理好代表议案，保障人大代表依法行使职权，保障人民群众当家作主的权利。代表议案是人大代表依据法律履行职责的一种重要方式，它不属于监督工作，而属于人大代表在代表大会召开期间提出的、希望能够列入人民代表大会议题的一个项目建议。但是由于时间、条件等限制，一般情况下，很难列入代表大会的议题。这样就经议案审查委员会审查，主席团决定，交由政府办理，人大常委会审议。所以议案本身的特点实际上是代表通过依法行使职权来保障人民群众当家作主权利的实现。也可以说，这是我们推进社会主义民主政治建设的一条重要途径。在当前情况下，随着市场经济的发育，利益主体的多元化，人民群众对民主政治参与的需求和积极性非常高。现在有些制度内的渠道不畅，老百姓就纷纷在网上发表意见，一些领导干部、领导机关，也在纷纷呼应网络论政、网民对话，这些都是重要的。但是我们人大常委会作为地方国家权力机关，应当把握住一条，就是必须坚持和完善人民代表大会制度这个国家的根本政治制度，发挥好这个制度内在的优越性，保障在这个制度内，人民群众民主有序的政治参与。我们都要增强对我们建立的根本政治制度的敬畏之心。人大及其常委会有责任通过依法履行职权，使人民群众的意志和愿望，通过人大制度有序地进入党和国家的决策，这就是推进民主政治建设。所以，办好一个议案就是推进社会主义民主政治的生动具体的实践，就是要从一点一滴、一件一件事做起。所以对议案办理还是要作为制度性措施来看待。明年可以尝试把办好议案作为一个单独问题，写入常委会的工作报告，向人民代表大会报告，这也是向人民代表大会有一个郑重的交待，接受人民代表大会、人大代表的监督。

第二，在办理的过程中，要坚持党的领导、人民当家作主和依法治国的有机统一。从代表提出议案，到主席团确立议案，都是在市委领导下进行的，议案审查委员会拿出一个初步意见，请示市委并与市政府协商，最后市委决定。像南城发展的议案、垃圾处理的议案，中间多次向市委请示，多次和市政府的领导同志沟通。今年出现了两个新的进展，一个是上次会议审议的垃圾处理的议案，市委、市政府下发了有关文件。这次南城发展的议案方案，市政府在向人大常委会报告的基础上形成了今后三年加快南部地区发展行动计划，提交市委常委会讨论通过确定。这就说明我们办理议案，始终代表人民群众的意志和愿望，又在市委的领导下，和市政府密切合作。这再次证明，党的领导、人民当家作主和依法治国的有机统一，就是要贯彻到人大履行的每一项职能，所做的每一项工作当中。这不是一般性的工作原则，而是人大工作的根本原则，只有始终坚持这个原则，才能够保证我们所做的每一项工作都有用有效。

第三，不断改进议案办理的工作方式和方法。这次议案的办理，重要的经验是人大常委会提前介入和参与，实现政府办理、人大审议有机的衔接和融合，解决了审议和办理的脱节问题，这是一个方法上的改进。人大常委会和市政府密切配合，协同动作，把人大的意见融合到办理议案的过程中，加强协同与沟通，形成一种合力。实际上也增强了人大常委会、人大代表、人民群众和政府的良性互动，保证了办理的质量。

第四，注重办理的质量和实效。这方面

我们还需要总结，除了要作为常委会工作报告单独一个部分，向人民代表大会报告外，还要作为一项制度性措施加以强化。每年人大代表如何提好议案，代表大会如何选准题目确定好议案等等，还要进一步探索。代表们提出的议案都是一些关系到全市的全局性长远发展，关系到广大人民群众切身利益的重点问题、热点问题、难点问题，所以今后还要加大议案办理在人大常委会每年工作当中的份量。

四、认真学习贯彻党的十七届四中全会精神，加强常委会机关党的建设

刚刚闭幕的十七届四中全会，是在新中国成立60周年前夕召开的专题研究党的建设的重要会议。胡锦涛总书记做了工作报告，并就贯彻落实中央全会精神，进一步做好当前工作作了重要讲话。全会通过了《中共中央关于加强和改进新形势下党的建设若干重大问题的决定》，科学分析了党的建设面临的新形势、新任务，总结了我们党成立88年、执政60年、改革开放30年来党的建设的基本经验，对加强和改进新形势下党的建设作出全面部署，通篇体现了改革创新的精神，具有很强的思想性、理论性、针对性和可操作性，是指导我们在新的形势下，加强和改进党的建设的纲领性文件。

9月21日到22日，市委常委会召开扩大会议，传达贯彻党的十七届四中全会精神，刘淇同志作了重要的讲话。我们要按照中央和市委的统一部署，把传达学习四中全会精神，作为当前的一项重大政治任务，精心安排部署，采取有力措施，抓好贯彻落实。市人大常委会党组、常委会组成人员以及市和区县人大代表中的党员同志，机关党组织、党员干部，要组织好对十七届四中全会精神的学习，认真领会精神实质，把思想和行动统一到四中全会精神上来，树立政治忠诚意识，改进工作方式，提高履职能力，努力成为首都民主法制建设的专门人才。在学习和贯彻四中全会精神的过程中，要深入研究坚持和完善人民代表大会制度、改进常委会工作与加强党的领导、加强和改进党的建设的关系。下一步市委将要制定贯彻中央决定的实施意见，人大常委会党组以及机关党委要按照市委的要求制定具体的措施加以落实。

当前主要是要原原本本地学习有关的文件，学习领会四中全会的精神，根据四中全会的精神，扎扎实实地推进常委会的党组建设和机关党组织的建设，用党的建设来保障、带动整个常委会的机关建设，保障做好常委会各方面的工作。

各位委员、同志们，国庆和中秋佳节即将来临，让我们共同祝愿伟大的祖国更加繁荣昌盛，也祝愿大家节日快乐，阖家幸福！

北京市第十三届人民代表大会常务委员会第十三次会议议程

（2009 年 9 月 23 日—25 日）

（2009 年 9 月 23 日北京市第十三届人民代表大会常务委员会第十三次会议第一次全体会议通过）

一、审议表决《北京市实施〈中华人民共和国妇女权益保障法〉办法》

二、听取和审议市高级人民法院关于商事审判工作情况的报告

三、听取和审议市人民检察院关于贯彻落实人大决议、加强诉讼监督工作情况的报告

四、听取和审议市人民政府关于推动高新技术在本市经济社会发展中应用情况的报告

五、听取和审议市人民政府关于“加快南城建设，促进首都经济社会协调发展”议案办理情况的报告

六、听取和审议市人民政府关于“实施积极就业政策，促进社会和谐稳定”议案办理情况的报告

七、听取和审议市人大常委会执法检查组关于检查《中华人民共和国农产品质量安全法》实施情况的报告

八、听取和审议市人民政府关于“加强乡村基础设施建设，加快社会主义新农村建设进程议案办理暨本市乡村基础设施建设情况报告”审议意见落实情况的报告

九、决定人事任免事项

北京市人民代表大会常务委员会公告

（第 6 号）

《北京市实施〈中华人民共和国妇女权益保障法〉办法》已由北京市第十三届人民代表大会常务委员会第十三次会议于 2009 年 9 月 25 日修订，现将修订后的《北京市实施〈中华人民共和国妇女权益保障法〉办法》予以公布，自 2009 年 11 月 1 日起施行。

北京市第十三届人民代表大会常务委员会

2009 年 9 月 25 日

北京市实施《中华人民共和国妇女权益保障法》办法

（1994年5月21日北京市第十届人民代表大会常务委员会第十次会议通过 2009年9月25日北京市第十三届人民代表大会常务委员会第十三次会议修订）

目 录

第一章 总 则

第一条 为了实施《中华人民共和国妇女权益保障法》，结合本市实际情况，制定本办法。

第二条 本市国家机关、社会团体、企业事业单位、城乡基层群众性自治组织、其他组织和公民，应当依照《中华人民共和国妇女权益保障法》、有关法律、法规和本办法的规定，保障妇女权益。

第三条 妇女在政治、经济、文化、社会和家庭生活等各方面享有同男子平等的权利。

实行男女平等是国家的基本国策。本市采取必要措施，逐步完善保障妇女权益的各项制度，消除对妇女一切形式的歧视。

第四条 本市鼓励妇女自尊、自信、自立、自强，运用法律维护自身权益。

妇女应当遵守国家法律，尊重社会公德，履行法律所规定的义务。

第五条 市和区、县人民政府应当重视和加强妇女权益保障工作，制定本行政区域妇女发展规划，并将其纳入国民经济和社会发展规划；妇女权益保障工作的经费应当列入本级财政预算。

市和区、县人民政府的妇女工作机构，负责组织、协调、指导、督促有关部门做好妇女权益保障工作，其主要职责是：

（一）组织宣传男女平等基本国策及保障妇女权益的法律、法规；

（二）组织实施保障妇女权益的法律、法规和妇女发展纲要、规划；

（三）研究解决妇女权益保障工作中的重大问题；

（四）督促有关部门依法查处侵害妇女权益的行为；

（五）表彰、奖励在妇女权益保障工作中成绩显著的组织和个人；

（六）协调办理其他妇女权益保障工作的事项。

第六条 市和区、县人民政府所属的教育、公安、民政、司法行政、人力资源和社会保障、卫生、人口和计划生育、统计等有关行政部门，应当在各自职责范围内做好妇女权益保障工作，并做好妇女发展规划的实施监测、评估工作和分性别的统计工作。

乡、镇人民政府和街道办事处应当明确相关机构和人员负责妇女权益保障工作。

第七条 本市各级妇女联合会依照法律、法规，代表和维护各族各界妇女的利益，听取和反映妇女的意见和要求，教育、引导妇女全面提高素质，树立依法维权意识，为权益遭受侵害的妇女提供帮助；发挥社会监督职能，支持、协助本市各级人民政府及其有关部门做好维护妇女权益的工作。

工会、共产主义青年团、残疾人联合会等社会团体应当在各自的工作范围内，做好维护妇女权益的工作。

鼓励志愿者组织以心理咨询、法律援助、教育培训等方式开展妇女权益保障工作。

第八条 居民委员会、村民委员会应当在人民政府的指导下做好妇女权益保障工作。居民委员会、村民委员会制定自治章程、居民公约、村规民约和居民会议、村民会议或者居民代表、村民代表讨论决定事项，应当贯彻男女平等原则，维护妇女权益。

第九条 新闻、出版、广播、电视等单位应当进行男女平等基本国策和维护妇女权益方面的宣传、教育，营造维护妇女权益的良好氛围。

第十条 对保障妇女权益成绩显著的组织和个人，本市各级人民政府和有关部门应当给予表彰和奖励。

第二章 政治权利

第十一条 本市制定地方性法规、政府规章和公共政策时，对涉及妇女权益的重大问题，应当听取妇女联合会的意见。

本市国家机关、社会团体、企业事业单位、居民委员会、村民委员会，应当为妇女依法参与国家事务、经济和文化事务及社会事务的管理创造条件。

妇女和妇女组织有权向有关国家机关提出妇女权益保障方面的意见和建议。

第十二条 妇女享有与男子平等的选举权和被选举权。

本市各级人民代表大会代表候选人中，妇女应当占有适当比例；本市采取措施逐步提高女代表候选人的比例。

居民委员会、村民委员会成员中和居民代表会议、村民代表会议中，妇女应当有适当的名额。

各单位职工代表大会中女代表的比例应当与本单位女职工占职工总人数的比例相适应。

第十三条 本市国家机关、社会团体、企业事业单位培养、选拔、任用干部，应当坚持男女平等的原则。

本市有关部门在制定干部规划时，应当重视女干部的培养、选拔，确定女干部的比例并逐步提高；采取组织措施对女干部进行培养和交流，全面提高女干部的能力。

本市国家机关、社会团体、企业事业单位领导成员中，妇女应当有适当数量；女性比较集中的，领导成员中女性成员的比例应当逐步提高。

本市逐步完善女干部培养、选拔机制。各级妇女联合会及其团体会员可以向国家机关、社会团体、企事业单位推荐女干部。

第三章 文化教育权益

第十四条 本市保障妇女享有与男子平等的文化教育权利。

妇女享有从事科学、技术、文学、艺术和其他文化活动的权利，任何单位和个人不得非法干涉。

第十五条 学校在录取学生时应当坚持男女平等的原则，除国家规定的特殊专业外，不得以性别为由拒绝录取女性或者提高对女性的录取标准。

学校应当进行男女平等基本国策教育，并根据女性青少年特点，进行青春期的心理、生理卫生教育，开展适合女性青少年特点的体育、文化娱乐活动，保障女性青少年身心健康发展。

第十六条 市和区、县人民政府应当建立、健全妇女教育培训制度，根据经济社会发展需要和城乡妇女的不同特点，利用学校、现代远程学习平台、图书馆等教育资源，开展相应的职业教育、文化教育、劳动技能培训。

用人单位应当有计划地对女职工进行职业教育和岗位技能培训；重视培养女性专业人才，在评审科研项目、派出学习深造、安排继续教育等方面，应当坚持男女平等原则，不得歧视女性。

居民委员会、村民委员会应当协助人民政府及其有关部门开展面向妇女的法律知识教育和健康的文化娱乐活动。

第四章 劳动和社会保障权益

第十七条 本市各级人民政府应当采取多种措施，促进妇女就业，鼓励、支持妇女自主创业；通过多种途径开展面向妇女的岗位培训、职业技能培训和实用技术培训，拓展妇女就业渠道，为就业困难的单亲家庭、低收入家庭中的妇女及残疾、失地等妇女提供就业援助。

人力资源和社会保障行政部门及其他有关部门应当为妇女就业提供必要的指导和帮助。

第十八条 用人单位在招用职工时，除国家规定的不适合妇女的工种或者岗位外，不得以性别为由拒绝招用妇女或者提高对妇女的招用标准。

用人单位的招聘广告、规章制度中不得含有歧视妇女的内容。

用人单位在招用女职工时，应当依法与其签订劳动合同或者聘用合同。合同中应当约定女职工的岗位、劳动报酬、劳动安全卫生、社会保险等事项，不得含有限制女职工结婚、生育等歧视性内容。

第十九条 本市实行男女同工同酬。妇女在享受福利待遇方面享有与男子平等的权利。

用人单位和有关部门在晋职、晋级、评定专业技术职务等方面，应当坚持男女平等的原则，不得歧视妇女。

第二十条 职工一方与用人单位经平等协商，可以就女职工的特殊保护签订专项集体合同，或者将女职工的特殊保护纳入集体合同。

区域或者行业工会与相应的企业组织可以按照国家和本市有关规定，签订区域性或者行业性的女职工特殊保护的集体合同。

协商、签订集体合同，职工一方的协商代表中一般应当有女职工委员会成员或者女职工代表。

第二十一条 用人单位应当严格执行有关女职工劳动保护的法律、法规，保护女职工的安全和健康。

女职工在经期、孕期、产期和哺乳期享受特殊保护。女职工因怀孕或者哺乳不能适应工作岗位的，经本人申请，用人单位应当与本人协商调整工作岗位或者改善相应的工作条件。

用人单位应当执行国家和本市的有关规定，不得取消或者减少女职工的产假、哺乳时间。

在女职工孕期、产期、哺乳期内，除符合法定情形外，用人单位不得变更、解除或者终止与女职工签订的劳动合同或者聘用合同。

各单位在执行国家退休制度时，不得以性别为由歧视妇女，侵害妇女权益。

第二十二条 本市各级人民政府应当按照国家规定发展社会保险、社会救助和社会福利事业，保障妇女享有社会保险、社会救助和社会福利等权益。

本市建立、健全覆盖城乡居民的基本医疗卫生制度，提高妇女的卫生保健和生殖健康水平。

第二十三条　用人单位应当执行国家和本市有关规定，保障女职工生育费用和生育津贴的落实。

本市逐步健全生育保险制度，扩大生育保险的社会覆盖面，使适龄妇女享有生育、节育等方面的保障。

第二十四条　本市建立妇女特殊疾病定期普查制度。

女职工进行妇女特殊疾病检查的费用由其所在单位负担；不属于单位职工的妇女的检查费用，由区、县人民政府统筹安排。具体实施办法由市卫生、人力资源和社会保障、财政等行政部门制定。

鼓励单位和个人为妇女特殊疾病普查工作提供帮助和支持。

第五章　财产权益

第二十五条　妇女对家庭共有财产享有与男子平等的权利。在处理家庭共有财产时，不得侵害妇女的权益。

第二十六条　村民会议制定或者修改村民自治章程、村规民约，以及村民会议或者村民代表讨论决定事项，不得违反宪法、法律、法规和国家政策侵犯妇女财产权益。

第二十七条　农村集体经济组织成员中的妇女与男子享有平等的财产权利、集体福利和保障待遇。

农村集体经济组织成员中的妇女结婚、离婚或者丧偶的，任何组织和个人不得侵犯其在集体经济组织收益分配、股权分配、宅基地使用及土地征收或者征用补偿费使用等方面依法享有的权益。

第二十八条　在农村土地承包期内，任何组织或者个人不得因妇女结婚、离婚或者丧偶，收回或者侵占其已经取得的承包地。

第二十九条　妇女享有与男子平等的财产继承权。在同一顺序的法定继承人中，不得歧视妇女。对生活有特殊困难的缺乏劳动能力的妇女，分配遗产时，应当依法予以照顾。

丧偶妇女对公、婆尽了主要赡养义务的，作为公、婆的第一顺序法定继承人，其继承权不受子女代位继承的影响。

第三十条　离婚、丧偶妇女有权自主处分本人所有的财产，任何单位或者个人不得以妇女离婚、丧偶、再婚为由侵害其财产权益。

第六章　人身权利

第三十一条　妇女的生命权和健康权不受侵犯。

禁止进行非医学需要的胎儿性别鉴定；禁止非医学需要的选择性别的人工终止妊娠。

禁止溺、弃、残害女婴；禁止歧视、虐待、遗弃生育女婴的妇女和不育的妇女；禁止用迷信、暴力等手段残害妇女；禁止虐待、遗弃病、残妇女和老年妇女。

第三十二条　妇女的人身自由不受侵犯。

禁止非法剥夺、限制妇女人身自由。依法检查或者搜查妇女身体应当由女性工作人员或者医师进行。

第三十三条　禁止违背妇女意志，以具有性内容或者与性有关的语言、文字、图像、电子信息、肢体行为等形式对妇女实施性骚扰。

遭受性骚扰的妇女，可以向本人所在单位、行为人所在单位、本市各级妇女联合会和有关机关投诉，也可以直接向人民法院起诉。所在单位、本市各级妇女联合会和有关机关接到投诉后，应当采取对被投诉人批评教育、对双方进行调解或者支持投诉人起诉等措施。

用人单位、公共场所经营管理单位应当根据情况采取措施，预防和制止对妇女的性骚扰。

第三十四条 妇女的名誉权、荣誉权、隐私权、肖像权等人格权受法律保护。

禁止以侮辱、诽谤、宣扬隐私等方式损害妇女的人格尊严。

第七章 婚姻家庭权益

第三十五条 妇女对夫妻共有财产享有知情权，女方有权了解由男方管理的共有财产的状况。

第三十六条 夫妻在婚姻关系存续期间取得的财产属于夫妻共有财产，但是法律另有规定或者夫妻双方另有约定的除外。

男方处置登记在其名下的夫妻共有财产时，应当征得女方同意。

夫妻在申请办理房屋及其他所有权、国有土地使用权、农村土地承包经营权、林权登记时，可以申请联名登记；申请联名登记的，登记机构应当予以登记。

第三十七条 婚姻关系依法解除后，男方不得干扰女方的人身自由、财产权利及其正常生活。

第三十八条 禁止对女性家庭成员施加或者威胁施加使其身体、心理遭受伤害或者痛苦的家庭暴力行为。

遭受家庭暴力的妇女，有权向公安机关、民政部门、司法行政部门、妇女联合会、居民委员会、村民委员会及其所在单位提出救助请求，有关部门和单位应当提供救助，必要时依法提供法律援助。

第三十九条 居民委员会、村民委员会和有关单位对正在实施的家庭暴力应当及时予以制止，参与对家庭暴力的调解，并可以根据受害妇女的请求出具证明或者提供帮助。

公安机关应当将家庭暴力报警纳入出警工作范围，并按照有关规定对家庭暴力求助投诉及时进行处理。

市和区、县民政部门救助管理机构应当开展家庭暴力救助工作，为遭受家庭暴力暂时不能归家的妇女提供庇护和其他必要的临时性救助；会同司法行政、卫生、妇联等有关方面建立工作协调机制，为接受庇护的妇女提供法律服务、医疗救治、心理咨询。

第八章 法律救济与法律责任

第四十条 妇女在权益受到侵害时，有权要求有关部门依法处理，或者依法向仲裁机构申请仲裁，或者向人民法院起诉。

对有经济困难需要法律援助或者司法救助的妇女，法律援助机构或者人民法院应当给予帮助，依法为其提供法律援助或者司法救助。

第四十一条 妇女在权益受到侵害时，可以向妇女组织投诉。妇女组织应当为权益受侵害的妇女提供法律咨询和指导，对于受害妇女进行诉讼需要帮助的，应当给予支持。

妇女组织有权要求有关部门或者单位查处侵害妇女权益的行为，有关部门或者单位应当依法查处，并予以答复。

第四十二条 妇女联合会或者相关妇女组织对侵害特定妇女群体利益的行为，可以通过大众传播媒介揭露、批评，并有权要求有关部门依法查处。

第四十三条 任何单位和个人对于侵害妇女权益的行为，都可以向有关部门检举、控告，有关部门应当依法查处。

第四十四条 违反本办法第十五条第一款和第十六条第二款规定，对在录取学生、评审科研项目、派出学习深造、安排继续教育等方面，违反男女平等原则，侵害妇女文化教育权益的，由其所在单位或者上级机关责令改正，直接负责的主管人员和其他直接责任人员属于国家工作人员的，由其所在单位或者上级机关依法给予行政处分。

第四十五条 违反本办法第十八条第一款、第二十一条第四款规定，对无法定理由拒绝招用妇女、对妇女提高招用标准，违法变更、解除或者终止与女职工签订的劳动合同或者聘用合同，侵害妇女劳动权益的，由其所在单位或者上级机关责令改正，直接负责的主管人员和其他直接责任人员属于国家工作人员的，由其所在单位或者上级机关依法给予行政处分。

第四十六条　违反本办法第二十六条规定，村民会议制定或者修改村民自治章程、村规民约，以及村民会议或者村民代表讨论决定事项违反宪法、法律、法规和国家政策侵害妇女财产权益的，受侵害的妇女可以向乡、镇人民政府申请调解，也可以依法向人民法院提起诉讼。

第四十七条　违反本办法规定，对侵害妇女权益的申诉、控告、检举，推诿、拖延、压制不予查处的，或者对提出申诉、控告、检举的人进行打击报复的，由其所在单位、主管部门或者上级机关责令改正，并依法对直接负责的主管人员和其他直接责任人员给予行政处分。

本市国家机关及其工作人员未依法履行职责，对侵害妇女权益的行为未及时制止或者未给予受害妇女必要帮助，造成严重后果的，由其所在单位或者上级机关依法对直接负责的主管人员和其他直接责任人员给予行政处分。

第四十八条　对侵害妇女权益的其他行为，有关法律、法规已规定法律责任的，依照其规定。

第九章　附　则

第四十九条　本办法自2009年11月1日起施行。

关于《北京市实施〈中华人民共和国妇女权益保障法〉办法（修订草案）》的说明

——2009年5月21日在北京市第十三届人民代表大会常务委员会第十一次会议上

北京市人民政府法制办公室主任　周继东

主任、各位副主任、秘书长、各位委员：

我受市人民政府的委托，现就提请本次会议审议的《北京市实施〈中华人民共和国妇女权益保障法〉办法（修订草案）》（以下简称《实施办法（修订草案）》），作如下说明。

一、修订的必要性

（一）制定《实施办法（修订草案）》是贯彻落实新修订《中华人民共和国妇女权益保障法》的需要

1992年4月国家颁布的《中华人民共和国妇女权益保障法》（以下简称《妇女权益保障法》），在保障妇女权益、促进男女平等方面发挥了积极作用。2005年8月，全国人大常委会针对法律实施中出现的新情况、新问题对《妇女权益保障法》作了修订。新修订的《妇女权益保障法》主要变化有六个方面：第一，将男女平等基本国策写入法律；第二，明确了各级政府在保障妇女合法权益中的主导作用，以及各级政府负责妇女儿童权益保障机构的工作职责；第三，补充完善了妇联在维护妇女权益方面的职能和作用；第四，充实了妇女劳动和社会保障权益的内容；第五，强化了对农村妇女财产权益的保护；第六，增加了禁止性骚扰和家庭暴力的规定。新修订的《妇女权益保障法》颁布后，一些省（自治区、直辖市）结合工作实际陆续制定了本地区的《妇女权益保障法》实施办法。截至目前，已有十九个省（自治区、直辖市）制定或者修订了本地区的《妇女权益保障法》实施办法。

（二）制定《实施办法（修订草案）》是总结本市妇女权益保障工作经验，进一步完善妇女权益保障措施的需要

长期以来，本市一直高度重视妇女权益保障工作，积极采取多种措施推进妇女事业的发展。1992年4月国家颁布《妇女权益保障法》后，为贯彻落实国家法律，1994年5月本市颁布了《北京市实施〈中华人民共和国妇女权益保障法〉办法》（以下简称《实施办法》）。《实施办法》的颁布实施，全面推动了本市妇女权益保障工作的开展。此后，本市又陆续制定了《北京市实施〈中华人民共和国母婴保健法〉办法》、《北京市劳动合同规定》、《北京市企业职工生育保险规定》、《北京市人口和计划生育条例》等十余部地方性法规、政府规章和一系列政策，使本市妇女在参政议政、文化教育、劳动就业、社会保障、卫生保健等各方面的权益保障取得了显著进展。据北京市“十一五”妇女发展规划监测统计显示，截至2007年年底，本市第十次党代会女代表比例为36.3%、市第十三届人代会女代表比例为30.6%、市第十一届政协会女委员比例为31.6%，在全国居领先水平；全市干部队伍中的女性比例不断增长，已达到48.5%。女性受教育程度稳步提高，全市女性平均受教育年限为10.8年；各类专业技术人员中女性比例达44%。全市城镇从业人员中女性达215.3万人，占全市城镇从业人员总数的39.6%，失业妇女再就业率达到65%以上；女性参加社会保险的人数逐年提高，生育保障覆盖面逐步扩大，妇女卫生保健保持在较高水平。为进一步巩固本市妇女事业发展成果，需要通过立法手段优化整合本市有关保障妇女权益的制度措施，增强其法律效力。

当前本市妇女发展面临的主要问题是：政府及其有关部门在保障妇女各项权益中的职责需要进一步明确；城乡基层妇女的民主参与程度不均衡，据相关资料显示本市居委会中女性成员比例较高且逐年上升，而村委会中女性成员比例较低且近年有所下降；侵害妇女劳动和社会保障权益的现象依然存在，劳动就业中歧视女性的案例时有发生；妇女的婚姻家庭权益和农村妇女的财产权益保护需要加强等。这些问题不仅影响妇女自身发展，也影响首都和谐社会建设，亟须从法律制度层面加以解决。

此外，原《实施办法》中的一些规定，如口粮田和责任田的分配、生育保障等内容，有的已不适应社会发展实际、有的不符合现行法律的规定，需要按照法制统一的原则作出调整。

综上所述，在《妇女权益保障法》全面修订和首都经济社会已实现新的发展进入新阶段的背景下，为适应新时期妇女权益保障工作的新情况、新要求，有必要对《实施办法》进行全面修订。修订《实施办法》已列入市人大常委会2009年立法计划。

二、起草和征求意见情况

2007年1月，北京市妇女儿童工作委员会（以下简称市妇儿工委）、市妇联启动了立法前期调研工作，委托中国政法大学、北京大学等院校的教授组成专家组开展调研和修订草案初稿的起草工作。同年3月，市妇儿工委、市妇联与市政府法制办及专家组联合成立起草工作组，市人大常委会内司办和法

制办也提前介入给予指导。经过近两年的调研论证和修改完善，2008 年 12 月形成修订草案送审稿。送审稿书面征求了 29 家市妇儿工委成员单位、18 个区县政府、8 个民主党派北京市委、15 个市级女性团体的意见，并通过首都之窗网站征求社会意见。同时，我们召开不同层面的座谈会，分别听取了部分市人大代表、市政协委员，女职工较集中的教科文卫单位代表以及国有、民营和外资企业代表，区县妇联、基层妇女组织以及其他妇女组织的意见。各方面反馈意见共计 1000 余条，主要集中在妇儿工委职责、女代表候选人比例、延长部分女性工作年限、女职工劳动权益保障、健全落实妇女病普查制度、农村妇女财产权益保障、防治性骚扰和家庭暴力等七个方面。

在草案审查过程中，我们专门召开了法律专家审查会听取了法律专家的意见。专家审查组一致认为《实施办法》修订的具体内容紧密结合北京市妇女权益保障工作的现状与需求，较好地贯彻了《妇女权益保障法》的精神和要求，具有较强的可操作性，同时就草案的具体内容提出了修改完善建议。

我们在充分研究吸收各方面意见的基础上，经过反复修改，进一步完善了《实施办法（修订草案）》。草案已经 3 月 31 日市政府第三十一次常务会议审议通过。

三、修订的主要内容

本次修订工作坚持以科学发展观为指导，以《妇女权益保障法》为依据，贯彻落实男女平等基本国策，突出首都妇女事业发展特色，遵循三个原则：一是突出重点，增强针对性和适用性；二是兼顾长远与现实，增强可行性；三是简化内容，避免重复。

修订草案的体例与《妇女权益保障法》一致，包括总则、政治权利、文化教育权益、劳动和社会保障权益、财产权益、人身权利、婚姻家庭权益、法律责任、附则，共九章五十三条。主要内容包括：

（一）明确了本市各级政府及其有关部门的职责

按照《妇女权益保障法》的精神和要求，修订草案进一步细化了本市各级政府及其有关部门的职责：一是市和区、县政府应当制定妇女发展规划，并将其纳入国民经济和社会发展规划；同时要为妇女权益保障工作提供必要的保障。二是市和区、县政府负责妇女儿童工作的机构，负责组织、协调、指导、督促有关部门做好妇女权益保障工作。三是教育、公安、民政、人力资源和社会保障、卫生等有关部门应当在各自职责范围内做好妇女发展规划的实施和分性别的统计工作。四是乡、镇政府和街道办事处要明确专门机构和人员负责妇女权益保障工作。

（二）对妇女各项权益的保障作出了新的规定

1. 政治权利保障方面

针对本市农村基层妇女参与民主管理程度不高的问题，同时为了巩固本市女性参政议政的成果，修订草案着重从以下两个方面作出规定：一是要求居委会、村委会成员中，妇女应当有适当的名额。二是明确本市地方各级国家机关，应当有适当数量的妇女担任领导成员；对女性较集中的单位和部门，要求逐步增加领导班子中女性成员的比例。

2. 文化教育权益保障方面

全面提升妇女的综合素质，完善妇女终身教育机制对建设学习型、创新型城市具有非常重要的意义，也是全面保障妇女权益的一项长期的、重要的基础性工作。为此，修订草案规定：一是要求市和区、县政府建立健全妇女教育培训制度，根据城乡妇女的不同特点，统筹利用各种教育资源开展相应的职业教育、文化教育、劳动技能培训。二是要求用人单位在开展职业教育和岗位技能培训的同时，重视培养女性专业人才，在接受继续教育等方面不得歧视女性。三是居委会、村委会应当协助政府及有关部门面向妇女开展法律知识教育和健康向上的文化娱乐活动。

3. 劳动和社会保障权益保障方面

劳动和社会保障权益是妇女权益的重要内容，也是重要的民生问题。做好妇女劳动和社会保障权益的保障工作，对于妇女与男子平等参与首都经济社会建设、平等地享受社会发展成果，对于构建和谐社会具有重要意义。对此，社会十分关注，在起草过程中各方面提出了不少意见和建议。我们在统筹考虑各方面意见的基础上，从以下三个方面作出规定：一是明确要求各级政府采取多种措施，拓展妇女就业渠道，为就业困难的妇女提供就业援助，促进妇女就业，鼓励妇女自主创业。二是明确规定了用人单位在招用职工的各个环节不得歧视妇女，包括不得以性别为由拒绝招用妇女或者提高对妇女的招用标准，招聘广告不得含有歧视妇女的内容，签订劳动合同时不得规定限制女职工结婚、生育等歧视性内容。三是加大了对女职工特殊保护的力度。对孕期、产期、哺乳期妇女的劳动权益作出了具体的保护规定，同时增加了对妇女病普查制度的规定，保障城乡适龄妇女定期接受妇女病检查。

4. 财产权益保障方面

随着经济和社会的发展，涉及妇女财产权益的纠纷大量增加。针对实践中妇女财产权益受侵害的情况，修订草案着重从以下两个方面作出规定：一是明确了女性对家庭共有财产享有与男性平等的权利；在处分家庭共有财产时，不得侵害女性家庭成员的权益。二是针对农村妇女财产权益受侵害的情况，明确规定：农民集体中的女性成员与男性成员享有平等的财产权利、集体福利和保障待遇。农村土地承包中，妇女与男子享有平等的权利，不得以妇女婚姻状况发生变化为由，侵害妇女的合法权益。

5. 人身权利和婚姻家庭权益保障方面

针对《妇女权益保障法》新增加的关于禁止对妇女实施性骚扰、禁止家庭暴力的规定，修订草案结合本市实际情况作了进一步细化：一是列举了禁止对妇女实施性骚扰的形式，规定了用人单位、公共场所管理经营单位在防治性骚扰方面的责任。二是界定了家庭暴力的概念，并明确了受害妇女的救济途径。

此外，修订草案根据《妇女权益保障法》的规定，针对侵害妇女合法权益的行为，明确了救济途径，设定了相应的法律责任。

四、需要补充说明的问题

2008 年 12 月，市妇联报送市政府审查的《实施办法（修订草案）》送审稿在通过首都之窗网站向社会征求意见时，很多人通过网络表达了对送审稿第二十三条中关于“适当延长女性处级以上领导干部和女性高级知识分子的工作年限”内容的意见。据统计，共提出 519 条意见，其中表示赞同的意见有 219 条，表示反对的意见有 210 条，其他意见 90 条。表示赞同的意见主要理由是：男女同龄退休是妇女应当享有的平等劳动权利；有利于保护女性人才，充分发挥她们的才能为社会服务；对社会就业不会造成不良影响等。表示反对的意见主要理由是：国务院和国家有关部门对退休年龄问题都有明确规定，无需地方立法再行明确；在地方立法中只对国家规定中的一部分内容进行明确，强调延长部分女性的工作年限不妥。

为了处理好这个问题，我们会同市委组织部、市人力资源和社会保障局、市高级人民法院等单位就送审稿第二十三条进行了认真审慎的专题研究，书面征求了国家人力资源和社会保障部的意见，并组织法律专家进行论证审查。各方面的意见基本倾向是建议对此不作具体规定，依照国家有关法律规定执行。

2009年3月31日，市政府第31次常务会议在对《实施办法（修订草案）》审议时认为：一是规定职工退休年龄是国家事权，按照《中华人民共和国立法法》的有关规定精神，地方立法不宜对此作具体规定；二是关于女性领导干部和高级知识分子的退休年龄，国家已有明确、完整、具体的规定。《国务院关于安置老弱病残干部的暂行办法》（国发〔1978〕104号）和《国务院关于高级专家离休退休若干问题的暂行规定》（国发〔1983〕141号）对此已作了专门规定。《人事部关于高级专家退（离）休有关问题的通知》（人退发〔1990〕5号）和《中共中央组织部、人事部关于县（处）级女干部退（离）休年龄问题的通知》（组通字〔1992〕22号）对此作了进一步细化规定。此外，《中华人民共和国公务员法》第八十七条规定："公务员达到国家规定的退休年龄或者完全丧失工作能力的，应当退休。"《妇女权益保障法》第二十七条第二款规定："各单位在执行国家退休制度时，不得以性别为由歧视妇女。"因此，在市政府提请市人大常委会审议的《实施办法（修订草案）》中只作了与国家规定相衔接的原则规定，即《实施办法（修订草案）》第二十六条第五款："各单位在执行国家退休制度时，不得以性别为由歧视妇女，侵害妇女合法权益。"

《实施办法（修订草案）》已印送各位委员，请予审议。

市人大内务司法委员会
关于《北京市实施〈中华人民共和国妇女权益保障法〉办法（修订草案）》审议意见的报告

——2009年5月21日在北京市第十三届人民代表大会常务委员会第十一次会议上

市人大内务司法委员会主任委员　李小娟

主任、各位副主任、秘书长、各位委员：

市人大内务司法委员会收到市人大常委会交付审议的《北京市实施〈中华人民共和国妇女权益保障法〉办法（修订草案）》（以下简称《实施办法（修订草案）》）后，以召开座谈会或书面征求意见的形式，征求了18个区县人大常委会、部分市人大代表、市政府相关委办局、社会团体等方面的意见，并在市人大常委会网站上公开征求了社会各界的意见。此前，内务司法委员会委员、部分市人大代表和内务司法办公室有关同志提前介入立法调研和法规的起草工作，所提出的主要意见已吸收在《实施办法（修订草案）》中。4月23日，内务司法委员会召开会议，依照《北京市制定地方性法规条例》的规定，对《实施办法（修订草案）》进行了审议。现将审议意见报告如下。

内务司法委员会认为，本市1994年颁布

实施的《北京市实施〈中华人民共和国妇女权益保障法〉办法》（以下简称《实施办法》）在提高首都广大妇女的社会地位，保障妇女合法权益，促进男女平等方面发挥了重要作用。但是随着我国经济社会的发展，《实施办法》中有些规定与现实情况和法律、法规、政策的规定不一致和不相适应。特别是2005年，第十届全国人大常委会对《中华人民共和国妇女权益保障法》进行了修订，按照国家法制统一的原则，结合本市实际情况，修订《实施办法》十分必要。

内务司法委员会认为，《实施办法（修订草案）》符合本市实际，具有较强的针对性和可操作性，已经比较成熟。同时，对《实施办法（修订草案）》部分条款提出以下具体修改意见和建议。

一、建议在总则中增加一条作为第七条

内务司法委员会认为，《实施办法（修订草案）》中除规定了本市各级政府及其有关部门的职责外，还应该明确人民法院和人民检察院依法保障妇女合法权益的责任。因此，建议增加第七条："人民法院、人民检察院应当依法保障妇女合法权益"。

二、建议将第六条中"市和区县人民政府应当重视和加强妇女权益的保障工作，提供工作保障"的内容删去

《实施办法（修订草案）》第六条规定的是妇女儿童工作机构的职责。关于"市和区、县人民政府应当重视和加强妇女权益保障工作"的内容，已经在第五条中作了规定，第六条不必重复规定。因此，建议删去第六条中"市和区县人民政府应当重视和加强妇女权益的保障工作，提供工作保障"的内容。

三、建议修改第二十条关于妇女从事科学、技术、文学、艺术、教育和其他文化活动权利的规定

《实施办法（修订草案）》第二十条规定"妇女享有从事科学、技术、文学、艺术、教育和其他文化活动的权利，任何单位和个人不得非法干涉"。内务司法委员会认为，上位法规定的是妇女享有与男子平等的从事以上活动的权利，而不是仅有这些权利。因此，建议与上位法保持一致，增加"与男子平等的"表述，即：妇女享有与男子平等的从事科学、技术、文学、艺术、教育和其他文化活动的权利，任何单位和个人不得非法干涉。

四、建议修改第二十二条第一款关于招用女职工的规定

《实施办法（修订草案）》第二十二条第一款规定"用人单位在招用职工时，除法律规定的不适合妇女的工种或者岗位外，不得以性别为由拒绝招用妇女或者提高对妇女的招用标准。"内务司法委员会认为，劳动法和就业促进法对此规定的表述都是"除国家规定"的不适合妇女的工种或者岗位外，不得以性别为由拒绝录用妇女或者提高对妇女的录用标准。因此，建议将"除法律规定"修改为"除国家规定"。

五、建议将第二十二条第二款修改为"用人单位的招聘广告、规章制度中不得含有歧视妇女的内容"

《实施办法（修订草案）》第二十二条第二款规定了用人单位的招聘广告不得含有歧视妇女的内容。内务司法委员会认为，现实

中有些用人单位的规章制度中有歧视妇女的内容，应当针对这个问题加以规定。因此，建议此条第二款修改为“用人单位的招聘广告、规章制度中不得含有歧视妇女的内容。”

六、建议修改第二十五条第二款关于签订区域性集体合同的规定

《实施办法（修订草案）》第二十五条第二款规定“区域或者行业工会可以按照国家和本市有关规定，签订区域性或者行业性的女职工特殊保护的集体合同”。内务司法委员会认为，此条规定没有明确区域或者行业工会和谁对应订立集体合同，因此，建议此条第二款修改为“区域或者行业工会与相应的企业组织可以按照国家和本市有关规定，签订区域性或者行业性的女职工特殊保护的集体合同。”

七、建议修改第二十八条关于本市逐步健全生育保险制度的规定

《实施办法（修订草案）》第二十八条规定了本市逐步健全生育保险制度，扩大生育保险的社会覆盖面，使适龄妇女享有生育、节育等方面的医疗保障。内务司法委员会认为，医疗保障的提法没有涵盖生育保险中包括的产假工资部分。因此，建议删去“医疗”二字，修改为“本市逐步健全生育保险制度，扩大生育保险的社会覆盖面，使适龄妇女享有生育、节育等方面的保障”。

八、建议将《实施办法（修订草案）》中涉及“机关”的表述统一修改为“本市各级国家机关”

《实施办法（修订草案）》中第二条、第十三条、第十四条关于“机关”的表述有“本市机关”、“国家机关”、“本市地方各级国家机关”等多种不同的表述，建议统一修改为“本市各级国家机关”。

除以上修改意见外，内务司法委员会还对《实施办法（修订草案）》提出了一些条款顺序的调整和文字修改的意见。

以上意见，供常委会组成人员审议时参考。

市人大法制委员会关于《北京市实施〈中华人民共和国妇女权益保障法〉办法（修订草案）》审议结果的报告

——2009年9月23日在北京市第十三届人民代表大会常务委员会第十三次会议上

市人大法制委员会副主任委员 张 引

主任、各位副主任、秘书长、各位委员：

5月21日，市十三届人大常委会第十一次会议审议了《北京市实施〈中华人民共和国妇女权益保障法〉办法（修订草案）》（以下简称修订草案），会上有25位常委会组成人员和2位列席代表发表了意见。常委会组成人员和代表们认为，修订草案贯彻男女平等的基本国策，从本市妇女权益保障工作的

实际出发作了具体规定，内容基本成熟。同时，常委会组成人员和代表们对涉及妇女权益保护组织职责、农村妇女权益保障、性骚扰行为的禁止和预防、对遭受家庭暴力妇女的救助等方面的内容提出了修改意见。会后，法制委员会对常委会审议意见进行了认真研究，到部分区县进行了专题调研；书面征求了市高级人民法院、市政府有关部门和区县妇联的意见；听取了专家学者的意见。此外，为了提高立法质量，法制委员会还将修订草案文本交由4位语言文字专家审校，请他们从语言文字使用规范的角度提出意见。8月28日，法制委员会召开会议，根据常委会审议意见、内务司法委员会审议意见和其他方面的意见，对修订草案进行了审议，提出了进一步修改的意见。现将审议结果报告如下。

一、关于进一步明确妇女权益保护组织的职责

修订草案第六条规定："市和区、县人民政府负责妇女儿童工作的机构，负责组织、协调、指导、督促有关部门做好妇女权益保障工作。"第七条第一款规定："本市各级妇女联合会依照法律、法规和章程，代表和维护各族各界妇女的权益，发挥社会监督职能，支持、协助本市各级人民政府及其有关部门做好维护妇女权益工作。"有的委员提出，应当加强妇女权益保护组织的作用，进一步明确妇女儿童工作机构及妇女联合会的具体职责，这样有利于妇女权益保障工作的开展，更好地维护妇女权益。法制委员会根据委员的意见，建议将第六条修改为："市和区、县人民政府的妇女工作机构，负责组织、协调、指导、督促有关部门做好妇女权益保障工作，其主要职责是：

（一）组织宣传男女平等基本国策及保障妇女权益的法律、法规；

（二）组织实施保障妇女权益的法律、法规和妇女发展纲要、规划；

（三）研究解决妇女权益保障工作中的重大问题；

（四）督促有关部门依法查处侵害妇女权益的行为；

（五）表彰、奖励在妇女权益保障工作中成绩显著的组织和个人；

（六）协调办理其他妇女权益保障工作的事项。"（修订草案修改稿第五条第二款）

将第七条第一款修改为："本市各级妇女联合会依照法律、法规，代表和维护各族各界妇女的利益，听取和反映妇女的意见和要求，教育、引导妇女全面提高素质，树立依法维权意识，为权益遭受侵害的妇女提供帮助；发挥社会监督职能，支持、协助本市各级人民政府及其有关部门做好维护妇女权益的工作。"

二、关于农村妇女权益保障

修订草案在财产权益一章中规定了农村妇女权益保障的内容。有的委员提出，相对于城市妇女权益的保障程度而言，农村妇女权益保障还存在不少问题，建议增加农村妇女在农村土地承包、集体经济组织中的权益保护条款。根据委员的意见，法制委员会建议作如下修改。

1. 增加一条作为修订草案修改稿第二十六条："村民会议制定或者修改村民自治章程、村规民约，以及村民会议或者村民代表讨论决定事项，不得违反宪法、法律、法规和国家政策侵犯妇女财产权益。"

2. 将修订草案第三十二条修改为："农村集体经济组织成员中的妇女与男子享有平等的财产权利、集体福利和保障待遇。

农村集体经济组织成员中的妇女结婚、离婚或者丧偶的，任何组织和个人不得侵犯

其在集体经济组织收益分配、股权分配、宅基地使用及土地征收或者征用补偿费使用等方面依法享有的权益。”（修订草案修改稿第二十七条）

3. 将修订草案第三十三条修改为：“在农村土地承包期内，任何组织或者个人不得因妇女结婚、离婚或者丧偶，收回或者侵占其已经取得的承包地。”（修订草案修改稿第二十八条）

三、关于性骚扰行为的禁止和预防

修订草案第三十八条第一款、第二款规定：“禁止以语言、文字、图像、电子信息、肢体行为等形式对妇女实施性骚扰。”“遭受性骚扰的妇女，可以向本人所在单位、行为人所在单位、本市各级妇女联合会和有关机关投诉，也可以直接向人民法院起诉。”有的委员提出，对性骚扰行为的表述过于宽泛，应当进一步明确。根据委员意见，法制委员会建议将该条内容修改为：“禁止违背妇女意志，以具有性内容或者与性有关的语言、文字、图像、电子信息、肢体行为等形式对妇女实施性骚扰。

遭受性骚扰的妇女，可以向本人所在单位、行为人所在单位、本市各级妇女联合会和有关机关投诉，也可以直接向人民法院起诉。所在单位、本市各级妇女联合会和有关机关接到投诉后，应当采取对被投诉人批评教育、对双方进行调解或者支持投诉人起诉等措施。”（修订草案修改稿第三十三条第一款、第二款）

四、关于对遭受家庭暴力妇女的救助

修订草案第四十三条规定：“禁止对女性家庭成员施加或者威胁施加使其身体、心理遭受伤害或者痛苦的家庭暴力行为。”“遭受家庭暴力的妇女，有权向公安机关、民政部门、司法行政部门、妇女联合会、居民委员会、村民委员会及其所在单位提出救助请求，有关部门和单位应当依法提供法律援助或者必要救助。”法制委员会调研中，有关方面反映，遭受家庭暴力的妇女往往身心受到伤害，一时有家难归，需要专门的救助机构为其提供临时庇护。另外，基层组织和相关部门在维护遭受家庭暴力妇女权益中的具体职责需要进一步明确。法制委员会建议，结合2008年全国妇联、公安部、民政部、司法部、卫生部等七部门联合制定的《关于预防和制止家庭暴力的若干意见》的相关规定，增加一条作为第三十九条：“居民委员会、村民委员会和有关单位对正在实施的家庭暴力应当及时予以制止，参与对家庭暴力的调解，并可以根据受害妇女的请求出具证明或者提供帮助。

公安机关应当将家庭暴力案件纳入出警工作范围，并按照有关规定对家庭暴力求助投诉及时进行处理。

市和区、县民政部门救助管理机构应当开展家庭暴力救助工作，为遭受家庭暴力暂时不能归家的妇女提供庇护和其他必要的临时性救助；会同司法行政、卫生、妇联等有关方面建立工作协调机制，为接受庇护的妇女提供法律服务、医疗救治、心理咨询。”（修订草案修改稿第三十九条）

此外，根据常委会审议意见、内务司法委员会审议意见、语言文字专家及其他方面的意见，对修订草案中的一些文字表述作了修改，对条文顺序作了必要的调整。

法制委员会按照上述意见提出《北京市实施〈中华人民共和国妇女权益保障法〉办法（修订草案修改稿）》，提请本次常委会会议进行审议。

修订草案修改稿和以上意见是否妥当，请审议。

市人大法制委员会关于《北京市实施〈中华人民共和国妇女权益保障法〉办法（表决稿）》的说明

——2009 年 9 月 25 日在北京市第十三届人民代表大会常务委员会第十三次会议上

市人大法制委员会副主任委员　张　引

主任、各位副主任、秘书长、各位委员：

2009 年 9 月 23 日，市十三届人大常委会第十三次会议对《北京市实施〈中华人民共和国妇女权益保障法〉办法（修订草案修改稿）》进行了审议，会上常委会组成人员没有提出新的意见。法制委员会据此提出《北京市实施〈中华人民共和国妇女权益保障法〉办法（表决稿）》，建议本次常委会会议通过，并自 2009 年 11 月 1 日起施行。

北京市高级人民法院关于商事审判工作情况的报告

——2009 年 9 月 23 日在北京市第十三届人民代表大会常务委员会第十三次会议上

北京市高级人民法院院长　池　强

主任、各位副主任、秘书长、各位委员：

根据市人大常委会本次会议议程安排，我代表北京市高级人民法院，报告全市法院 2006 年以来商事审判工作的情况，请予审议。

商事审判与经济社会发展密切相关，主要解决市场主体在经济活动中产生的合同和侵权纠纷，审理买卖、借款、公司、保险、证券、担保、破产、承包等案件。2006 年至 2008 年，全市法院受理商事案件 154,262 件，审结 154,143 件，解决争议标的 1297.97 亿元。

三年来，在市委的领导、市人大及其常委会的监督和最高人民法院的指导下，全市法院坚持公正高效，依法审理各类商事案件，维护当事人的合法权益，促进首都经济社会发展。

一、发挥审判职能，服务首都经济发展

商事审判直接调整各种利益主体之间的经济关系，全市法院通过依法审理商事案件，规范市场秩序，倡导公平正义，营造良好的法治环境。

以公正高效的裁判定分止争，规范市场

秩序。一是依法促进金融市场的公开、公平、有序竞争。随着金融业改革的深入和国际资本的融入，金融机构债权清收步入了高峰期。在金融案件审理中，注意树立交易安全与交易效率并重的意识，规范不良债权处置，避免国有资产流失。通过审理理财、融资案件，制裁违约侵权行为，保护投资者公平、公正地享有经济增长成果。二是坚持诚信和公平原则，鼓励正常交易。合同类纠纷占到全部商事案件的95%，审理中尊重当事人的合同自由，不轻易否定合同的效力，维护交易的稳定。受国际金融危机的影响，买卖合同当事人规避交易风险、主动违约情况增多，市高级法院及时制定了《关于审理买卖合同纠纷案件若干问题的指导意见》，对当事人借口金融危机逃废债务的行为，依法予以制裁。三是平等保护公司、股东和债权人的合法权益，促进市场主体健康发展。公司类案件主体多、诉因多、法律关系复杂，是规范市场秩序的重点。市高级法院制定了《关于审理公司纠纷案件若干问题的指导意见》，加强公司类案件审判管理，尊重公司自治行为，引导公司完善内部治理结构，三年共审结此类案件17,581件。

应对社会司法需求，及时提供司法指引。一是积极应对金融危机给商事审判带来的挑战。市高级法院广泛听取各方面意见，认真分析研究审判实践中反映的问题，制定了《商事审判应对金融危机的若干意见》、《审理公司强制清算案件规范》，明确了金融危机背景下，金融类案件，公司解散、清算案件，企业非法撤资案件，企业破产案件的审判指导原则，慎重适用强制措施，注重帮扶危困企业，充分发挥商事审判的“疏导”和“保障”功能。二是及时明确裁判思路、统一裁判尺度，妥善处理阶段性多发案件。近几年，全市法院受理了大量汽车消费贷款纠纷、委托理财纠纷、房屋贷款纠纷案件，这些案件具有阶段性强、法律关系复杂、社会影响大、利益主体对抗激烈的特点，市高级法院制定了《关于审理汽车消费贷款纠纷案件若干问题的指导意见》、《关于审理金融类委托理财合同纠纷案件若干问题的指导意见》，为规范证券市场、保险市场、信贷市场的秩序，防范、化解金融风险提供了正确的司法指引，及时审结此类案件3067件。

规范市场主体依法平稳退市，促进北京产业结构调整。受新《企业破产法》实施和金融危机的影响，破产案件明显增多。2008年受理102件，比2007年增长92.5%，今年前8个月，受理85件，同比增长41%，其中包括8家金融机构、6家房地产企业破产案件。全市法院把维护好职工合法权益放在首位，严把法律、政策关，重点关注破产管理人指定、资产处置、财产分配等环节，依法推进破产程序。严格把握金融机构破产案件的受理条件，保障破产程序与行政撤销、关闭、整顿程序的有效衔接。对有挽救希望的企业，鼓励运用股权和资产置换，运用重整、和解制度，尽可能维持企业的生存。例如北京五谷道场食品技术开发有限公司负债总额6.2亿元，如果破产，清偿率仅为2.76%。法院经过106天细致的工作，使重整计划顺利通过。企业现已恢复生产，2000多人获得了新的就业机会，600多位债权人的利益得到保护，企业的优质资产得以盘活，实现了良好的社会效果、法律效果和经济效果。

审理好涉外、涉港澳台案件，为优化外商投资环境提供司法保障。三年来，受理涉外、涉港澳台案件504件，涉及30余个国家和地区的当事人。案件类型新颖多样，包括外资机构收购不良债权引发的纠纷、国有企业和外资企业之间的合作经营纠纷、外商投资企业突然撤资引发的纠纷、仲裁的司法审查等。全市法院坚持平等保护、法制统一、审判独立和公开透明原则，积极行使司法管辖权，准确适用中国法、外国法、国际公约和国际惯例，平等保护中外当事人的合法权益。通过公正、妥善审理案件，为北京对外开放提供良好的法制环境。

二、提供优质的司法服务，努力满足人民群众的司法需求

全市法院商事审判以确保当事人打一个公正、明白、便捷、受尊重的官司为工作目标，努力维护好当事人的合法权益。

积极采取便民利民措施，让当事人感受公正。认真落实司法为民的工作要求，在法律、法规允许的范围内，全面实行诉讼引导和诉讼风险提示制度，让当事人明白诉讼流程、诉讼权利和义务。注重在裁判文书中逐一分析证据是否采信的理由，围绕当事人的争议焦点阐明裁判的依据，努力做到明法释理，让当事人“赢得清楚、输得明白”。有的法院还设立了“法庭便民日”，专门为企业、人民群众解答法律问题。在涉农案件中，全市法院结合区域特点，正确掌握和运用政策。注意当事人诉讼能力的差别，用农民群众听得懂的语言进行诉讼和举证指导，适当行使释明权。对因转租、出租、互换、股份合作等形式流转土地承包经营权引发的纠纷，积极促成多部门参与的涉农纠纷协调处理机制。远郊区县法院对土地承包合同纠纷案件，经常实行巡回审理，达到“审理一案、教育一片”的良好效果，三年共审结此类案件1568件。

注重审判效率，保障诉讼快捷。积极探索简易商事案件的速裁机制，通过案件繁简分流，使事实清楚、法律关系简单的案件得以快速审结。加强类案管理，对同一类案件的审查要点、审理规则进行总结，对全市范围内具有普遍意义的法律适用问题及时调研和指导。推行审判事务分类管理，将送达、保全等事务类工作交由专人或专门机构负责。加强审限管理，充分发挥案件信息管理系统的审限监控作用，对临近审限的案件予以警示，对超审限案件进行通报。三年来，商事案件法定审限内结案率达96%。

加强审判与执行工作衔接，努力实现当事人的合法权益。在审判程序中注意强化审判人员的执行意识，不仅通过依法裁判确认当事人的合法权益，还充分关注判决确定的义务能否得到实际履行。建立全市法院审判信息与执行信息共享制度。加大诉讼财产保全的力度，市高级法院制定了《关于财产保全若干问题的规定》，要求各级法院在接受当事人提出的诉讼保全申请后，情况紧急的，在48小时内作出裁定，裁定采取财产保全措施的，立即执行。通过及时控制债务人的财产，为强制执行创造条件，促使当事人自动履行义务。

三、注重案件的社会效果，促进社会和谐稳定

三年来，全市法院把商事审判与“平安奥运”、“平安北京”建设紧密结合起来，努力维护首都社会和谐稳定。

加强调解工作，维护和谐的交易关系。认真贯彻“调解优先、调判结合”的原则，推进调解工作的专业化、类型化和多样化。提高调解案件的自动履行率、当庭履行率。在一起标的金额9亿元人民币的股权转让纠纷案件中，经法院多次调解，并邀请有利益关系的案外人加入调解协议，直接调解执结了此案。对于根本没有调解可能的，及时判决，避免久调不决。加强调解调研工作，不断总结调解经验，推广“息诉多、效果好”的调解模式。市高级法院制定了《关于加强社会力量参与商事纠纷调解工作的意见》，鼓励、引导和支持当事人选择社会力量调解商

事纠纷。有的法院与北京民营科技实业家协会创设了商事特邀调解员制度，特邀调解员参与的案件调解率达到86.3%，无一进入强制执行程序，赢得了广泛认可和好评。多家法院与北京保险行业协会共同推出了“联合调解机制”。三年来，全市法院商事案件调撤结案87,930件，调撤率达到57%。

妥善处理群体性纠纷，及时化解矛盾。许多商事案件涉及众多当事人，例如群体性养殖案件涉及养殖户人数众多，柜台租赁案件涉及商户人数众多，超市拖欠货款案件涉及供货商人数众多，破产案件涉及债权人、职工人数众多。各级法院在引导当事人推选代表参加诉讼的同时，注意听取当事人的意见，疏导情绪，引导当事人按照法律程序维护权利。根据案件实际情况，把握好审判进程，多方沟通协调，平衡各方利益，及时消除不稳定因素。注重现场勘查，主动、全面了解纠纷产生的背景，努力以人民群众能理解、能接受的方式处理案件。注意完善集中诉讼和大要案报告制度，通过对案件的跟踪、分析，对潜在的矛盾纠纷作出及时合理的预判，全市法院建立了群体性纠纷预防化解机制。

加强司法建议工作，延伸审判职能。市高级法院每年组织司法建议评比，制定了《关于进一步加强司法建议工作，为“人文北京、科技北京、绿色北京”提供司法服务的意见》，对司法建议的质量和管理提出了明确的要求。通过对个案的剖析和对日常审判工作的研究，及时向地方党委、政府、监管部门、行业组织和相关企业提出司法建议，为调整相关政策、弥补法律漏洞、改进工作作风、完善工作机制、防范经营风险提供意见、建议。例如商务部、中国连锁经营协会高度重视法院关于商业特许经营中有关问题的司法建议，并制定文件，规范全国特许经营活动；有的法院通过司法建议，使该区、县政府及时完善了关于农村土地承包的相关规定；有的法院还建立了“诉讼后法官建议制度”。

四、加强自身建设，确保廉洁公正司法

全市法院主动适应人民群众的新要求和新期待，努力培养一支合格的商事审判队伍。

坚持司法为民，牢固树立公平正义理念。深入开展学习实践科学发展观活动，组织了20多场“以案析理”报告会。教育审判人员在依法办案过程中不忘服务发展、维护稳定、促进和谐。规范办案从小事做起，认真对待每一个当事人，认真写好每一份裁判文书。进行经常性的廉政教育，建立了廉政信用评价系统，各商事审判庭设立了廉政监察员，切实加强廉政风险防范。三年来，商事审判系统涌现出“全国优秀法官”郭利军、“全国优秀女法官”安辉、“全国法院民商审判工作先进个人”赵晨、韩志忠等一批先进典型。

加强业务学习，提高司法能力。一是定期组织全市法院商事审判庭庭长业务学习，对前瞻性问题与业内专家深入交流，如组织“中国证券市场发展战略与前景”研讨，及时更新知识。二是每年组织2—3次业务培训，涉及公司法、证券法、票据法、破产法、物权法等内容。业务培训从实践需求和司法要求出发，通过调研发现问题，通过案例讲解问题，制定规范解答问题。三是办好《北京商事审判》、《庭长参阅》和商事审判内网，突出业务指导的及时性、实效性和调查研究的互动性。四是加强与法学界、行业组织的业务交流，如与北京市经济法学会共同组织“金融危机后的制度思考——金融创新、监管与社会责任”法律论坛，与北京大学共同完成“十一五”社科规划项目“新类型公司诉讼疑难问题研究”课题，及时了解经济社会发展动态，拓宽商事审判人员的视野，提高

理论水平和责任意识。

规范司法行为，提高案件审判质量。为规范法官自由裁量权、统一裁判尺度，市高级法院及时出台指导性意见；建立商事案件典型案例库，为审判提供参考，已收集典型案例120多件；每年组织案件质量评查；高、中院对上诉案件改判和发回重审情况定期调研，及时反馈意见、规范裁量标准；三级法院对案件审理程序中积累的经验和存在的问题进行了系统总结，制定了《商事审判办案规则》和《商事审判书记员工作细则》。为提高裁判文书水平，统一执行市高级法院印发的商事案件一、二审判决书制作样式；每年进行优秀商事裁判文书评比，有多人次在最高人民法院、中国法学会组织的裁判文书评比活动中获奖，现已编成《商事判例文书专家点评》一书；从2008年10月起，每月对全市法院裁判文书进行评查，在内部网站上公布发现的问题。三年来，89.4%的商事案件在一审阶段得到化解。

五、认真接受人大和社会监督，努力维护司法公正

人大和社会的监督，对法院改进工作、提高审判质量有着重要的推动作用，全市法院自觉接受监督的意识不断增强。

落实市人大各项决议，积极接受监督。一是认真办理人大代表、法院特邀监督员的建议和来信，做到件件有答复，并把重点放在按照建议改进工作上。三年来，市高级法院就商事审判工作答复市人大代表、特邀监督员的建议、来信36件。二是认真接受市人大常委会对商事审判工作的监督评议。全市法院在思想上高度重视的同时，具体工作有计划、有落实，组织接待市人大代表旁听庭审；按照要求汇报商事审判工作情况；认真听取社会各界对北京法院商事审判工作的意见和建议，及时进行整改。三是认真贯彻落实市人大常委会《关于加强人民检察院对诉讼活动的法律监督工作的决议》，认真执行市高级法院关于贯彻落实该决议的意见，主动邀请检察机关监督商事审判活动，促进商事审判质量和效率的提高。

落实司法公开制度，主动接受社会监督。从2008年10月起，全面开展商事裁判文书上网工作，市高级法院制定了《关于商事案件裁判文书上网的规定》，除涉及当事人商业秘密、隐私等情况，以及以撤诉、调解方式结案的，生效商事裁判文书全部上网公开。截至今年8月份，上网裁判文书10,200件。为方便人民群众旁听庭审，开展庭审网络直播工作，与“法治中国传媒”合作，对一些典型商事案件进行了庭审直播。进一步扩大人民陪审员参与审判的范围，定期组织人民陪审员进行业务培训，尊重人民陪审员对案件的评议意见，充分发挥人民陪审员对法官的监督制约作用。

近年来，商事审判工作取得了一定的成绩，这是与人大及其常委会的支持和帮助分不开的。但与人民群众的新要求、新期待相比，与面临的新形势、新任务相比，商事审判工作还存在一些不足，需要引起全市法院的高度重视。

（一）在国际金融危机背景下，新类型案件、疑难复杂案件、社会敏感性案件不断进入商事审判领域。利益主体多元化，当事人的诉求也呈现多样性，但法官队伍人员的结构相对年轻，应对、处理疑难复杂案件的能力和化解社会矛盾的能力尚需进一步提高。

（二）人民群众对司法公正的期待不断提高，商事案件直接涉及市场主体的经济利益，审判工作中存在的问题容易成为社会关注的焦点；同时，法律赋予了法官比较大的自由裁量权。需要法官更加严格地规范司法行为，

保持廉洁自律。与这种要求相比，少数审判人员司法为民意识不牢固，工作责任心不强，审判质量和工作效率有待提高。

（三）北京商事审判法官人均结案居全国之首；商事案件程序比较严格，一些案件法律关系复杂、审理周期较长。面对繁重的审判任务压力，商事审判管理机制还不完全适应。必须进一步创新工作机制、调整审判资源配置、完善业绩考核办法，通过科学管理、严格管理，提高商事审判工作水平。

下一阶段商事审判工作的设想：

今后一段时期，全市法院要进一步深入学习实践科学发展观，紧紧围绕“保增长、保民生、保稳定”的工作大局，充分发挥商事审判职能，主要做好以下几方面工作。

（一）继续做好应对金融危机的工作，能动司法

认真研究金融危机对北京经济的传导性影响和对司法的需求，积极发挥商事审判化解矛盾纠纷的作用，妥善审理相关案件。一是继续围绕服务北京工作大局进行调研，发挥规范引导、预警防范和决策参考的功能。二是探索通过《北京商事审判》等媒介，定期向相关部门提供涉金融危机案件的审判动态，健全信息交流机制。三是积极引入专家资源，建立专家咨询辅助制度，充分发挥其在新类型案件和金融审判前瞻性调研中的参考论证作用，提高案件审理水平。

（二）继续公正高效地审理各类商事案件，服务首都发展

正确把握各类商事案件的审判原则，维护健康有序的市场环境，保护当事人的合法权益。加大调解工作力度，扩大专业性社会组织参与调解的范围。积极延伸审判职能，通过向国家机关、企事业单位发送司法建议，促进有关单位、企业改进管理和堵塞漏洞，从源头上减少纠纷的发生。继续完善维护稳定的工作机制，积极应对宏观经济变化引发的新情况、新问题，维护首都的安全稳定。

（三）坚持司法为民，完善便民诉讼的各项措施

从充分尊重当事人的知情权、参与权、表达权与监督权出发，推动审判活动更加公开。从辖区群众的实际司法需求出发，及时更新诉讼须知、应诉通知书、举证通知书的内容，不同类型案件的告知内容既要有共性，还要有特性。从具体案件出发，从诉讼程序到实体判决，让当事人切实感受到“公正、明白、便捷、受尊重”，增进当事人对法院工作的理解和支持。

（四）进一步提高司法能力，更好地实现司法公正

继续探索审判管理方式改革，在整合商事审判资源、发挥整体效能和业绩考核上加大创新力度，提高司法效率。全市法院要加强审前程序的研究和推广工作，完善速裁机制、诉讼文书送达方式，促进审判效率提高。加强商事审判人员的业务培训，重视调查研究能力的培养。倡导老法官对年轻法官进行传、帮、带，增强年轻法官应对、处理复杂局面的能力和化解社会矛盾的能力。

（五）继续加强队伍建设，积极接受监督

始终保持廉洁自律、公正司法的工作作风。进一步树立公平正义理念，坚持从严治院、公信立院、科技强院、人才兴院，抓好队伍建设。加强廉政制度建设，严格执行最高人民法院《关于“五个严禁”的规定》、市高级法院《关于规范法官和当事人及其律师相互关系的六条禁止性规定》，不断提高商事审判队伍的能力素质和职业道德水平。自觉接受人大和社会监督，按照监督评议意见，积极进行整改；继续完善内部审级监督，让内外监督形成合力，推进监督机制规范化、制度化。

主任、各位副主任、秘书长、各位委员，全市法院将继续在市委的领导、市人大及其

常委会的监督和最高人民法院的指导下，充分发挥商事审判职能，努力保障当事人打一个公正、明白、便捷、受尊重的官司，为首都经济社会发展作出更大的贡献！

关于对我市法院开展商事审判工作的意见和建议

——2009 年 9 月 23 日在北京市第十三届人民代表大会常务委员会第十三次会议上

市人大内务司法委员会主任委员　李小娟

主任、各位副主任、秘书长、各位委员：

为了协助常委会听取和审议好市高级人民法院关于商事审判工作情况的报告，从今年 3 月开始，内务司法办公室对本市商事审判工作组织了深入的调研活动，其间，共有常委会组成人员和市人大代表 89 人次参加了 12 次调研和视察活动，先后听取了全市三级法院商事审判情况的汇报；分别与三级法院的部分一线商事审判法官、部分律师和人民陪审员座谈，与市国资委、市银监局、市证监办等相关部门的同志座谈，征求他们对商事审判工作的意见和建议；旁听了三级五个法院的商事案件庭审情况；并到顺义、宣武、通州了解了基层法院开展商事审判工作的情况；此外，还协助常委会举办了“关于我国商事审判的现状及其发展趋势的法制讲座”。在此基础上，我们汇总整理了各方面的意见和建议共 92 条，同时梳理归纳出内务司法办公室关于我市商事审判工作的 6 点意见和建议，一并反馈给市高级人民法院，要求他们认真研究，据此改进工作，并在报告中予以回应。市高级人民法院提交了关于商事审判工作报告的初稿后，8 月 25 日，内务司法委员会举行会议，对报告初稿进行了认真讨论。市高级人民法院根据内务司法委员会的意见和建议，对报告稿又进行了修改，提请常委会审议的报告认真吸收、回应了我们的意见、建议，比较客观全面地总结了三年来全市法院商事审判工作的情况，实事求是地分析了当前工作中存在的问题和困难，并提出相应的对策措施，我们同意这个报告。

内务司法委员会认为，三年来，全市各级法院紧紧围绕首都经济社会发展的大局，围绕“新北京、新奥运”战略构想，在商事审判工作中坚持“公正司法、一心为民”的方针和“公正与效率”的工作主题，积极应对首都经济社会发展过程中出现的新情况、新问题，认真分析研究新形势下商事审判工作的特点、规律，切实加强商事审判队伍建设，不断提高规范司法和化解矛盾纠纷的水平，不断提高审判质量和效率，为和谐北京、平安奥运及首都经济又好又快发展提供了有力的司法保障。

一是充分发挥商事审判的职能作用，维护规范市场经济秩序。三年来，全市法院共审结各类商事纠纷案件 15.4 万余件，解决争议标的数额 1297.97 亿元，审判质量和审判效率有明显提高。各级法官认真履行法定职责，在案多人少的情况下，常年超负荷努力工作，近三年的人均年结案都在 180 件以上，法定审限结案率在 96%以上。通过商事审判活动，及时化解矛盾、定分止争，平等地保护市场主体的合法权益，促进商事交易行为，保护商事交易安全快捷，引导市场主体公平竞争，维护了市场的竞争秩序和社会信用。

二是妥善处理涉及多重利益主体的商事纠纷，促进首都社会和谐稳定发展。三年来，全市法院在审理破产案件中，把维护好职工权益放在首位，依法规范破产行为，严格破产程序，公平保护各利害关系人主体的权益；在审理企业改制和公司纠纷案件中，规范国企改制行为，避免国有资产流失，平等保护公司、股东和债权人的合法权益，促进企业完善内部治理结构；在审理养殖和柜台租赁、超市拖欠货款、土地承包经营权等群体性纠纷案件中，注重平衡各方面利益，及时消除不稳定因素，努力提高调解成功率，防止了群体性事件的发生，促进首都社会的和谐稳定，保障了首都经济安全。

三是认真落实各项司法改革措施，不断完善商事审判机制。三年来，全市各级法院从满足人民群众的司法需求出发，紧紧抓住影响和制约司法公正、司法效率的关键环节，探索创新审判模式，取得了初步成效：根据案件性质和复杂程度实行繁简分流，缓解了案件数量不断增长与审判力量相对不足的矛盾，提高了审判效率；大力推进审判公开和诉讼便民措施的落实，设立巡回审判点并在保证案件质量的前提下争取一次开庭结案，采取异地邮寄方式交换证据并进行初步质证，做好诉讼指导和释法答疑，减轻了当事人诉累；坚持调解优先、调判结合，创造性地引入行业组织或专业组织参与调解，形成了以海淀法院引入民营科技实业家协会、东城法院引入保险业协会参与调解为代表的多元调解机制的先进经验；进一步规范和完善裁判文书制作，实现了生效商事裁判文书上网向社会公开。

四是深入开展调研督导工作，努力保障法律适用统一。三年来，全市各级法院针对商事审判面临的新情况、新问题，深入开展调查研究，了解把握国家和首都经济社会发展大局，摸清国企改制、企业破产、公司诉讼和因金融危机引发的商事案件的特点及其审判规律，积极探讨在特定国情市情的环境下对法律的准确理解和统一适用。市高级法院依法及时制定了一系列商事审判指导文件，督促、指导全市法院在商事审判中严格执行国家法律、法规和司法解释，规范法官自由裁量权、统一裁判尺度，促进了审判水平的提高。

五是大力加强司法能力建设，不断提高商事审判队伍素质。通过开展“规范司法行为，促进司法公正”、社会主义法治理念教育等活动，进一步增强了全市商事审判法官的宗旨意识、大局意识、公正意识和廉洁意识；通过有计划、多形式、分层次的专业化培训，提高了法官的业务素质，法官队伍中涌现出了一大批一心为民、公正司法、无私奉献的先进典型。近三年来，仅是单位和个人获得二等功和市级以上荣誉的就有上百次，全市商事审判法官的奉献精神和艰苦努力，保证了繁重的审判任务得到较好的完成。

内务司法委员会认为，全市法院通过商事审判发挥了定分止争、规范市场秩序的作用；发挥了化解矛盾、司法宣传和司法指引的作用；发挥了维护交易安全、优化投资环境的作用；发挥了促进首都经济平稳较快发展提供司法保障的作用。全市法院的商事审判工作总体上是公正、高效的，商事法官队伍是可以信赖的，我市法院探索创新审判模式、引入行业组织或专业组织参与调解等一些做法，也得到了最高法院的认可。对全市法院商事审判工作所取得的成绩应当给予充分肯定。

同时，我们也应当看到，当前，我国正处在改革发展的关键时期，随着经济体制深刻变革、社会结构深刻变动、利益格局深刻调整、思想观念深刻变化，社会矛盾多发，新情况新问题层出不穷，司法工作面临着前所未有的压力与挑战。一是随着经济活动的活跃发展，商事纠纷增多，案件数量持续上升，法院案多人少，工作压力加大；二是新类型案件不断涌现，法律关系更加错综复杂，法律上的空白与立法滞后给法院的审理带来困难；三是人民群众对司法的需求、标准不断提高，也给法院的审判工作提出了许多新课题；四是法官队伍总体比较年轻，经验不足，还需要一个成长与成熟的过程。这些都是在国家法治建设进程中难以避免的矛盾。

从法院自身的工作看，确实存在商事审判工作机制还不完善、有些案件的审判质量和效率还不高、执法不统一的情况；有的法官认识和解决社会矛盾的综合能力比较欠缺，特别是处理新类型案件和复杂情况的能力较弱，在审判中把握全局、驾驭法庭的能力不强，不善于辨法析理、把法律语言转换成符合法律精神的群众语言；个别法官工作责任心不强，自由裁量权运用不当、司法行为不规范，也给当事人对司法工作的信赖造成负面影响。面对商事审判领域不断拓展，商事纠纷案件数量不断增加，新类型案件和各种复杂因素增多，全市法院的商事审判能力显得相对不足，特别是随着民事诉讼法修改，基层法院商事案件受案范围扩大，其审判力量不足的问题更加突出。为了监督和帮助市高级人民法院加强和改进商事审判工作，内务司法委员会提出以下具体意见和建议。

一、要坚持以科学发展观统领商事审判工作，积极稳妥推进司法体制和工作机制改革

全市法院一定要以党的十七大和中央关于司法体制改革的精神为指导，坚持以科学发展观统领商事审判工作全局，从人民群众的司法需求出发，积极稳妥地推进司法体制和工作机制的改革，大力加强司法能力建设。要按照中央司法体制改革的总体部署，深入研究和准确把握首都经济发展的特点和规律，紧紧抓住影响和制约商事审判工作的关键环节，优化商事审判资源配置，健全商事审判为民服务的工作机制，完善法官考评激励机制，以改革促公正、提效率，切实维护宪法、法律的尊严和人民群众的利益，进一步发挥商事审判为首都经济发展保驾护航的作用。

二、要坚持人民法院为人民的根本宗旨，不断增强法官辨法析理、化解矛盾纠纷的能力

全市各级法院要以维护人民利益为根本，以促进社会和谐为目标，坚持司法为民，努力使商事审判工作最大限度地贴近社会、贴近群众、贴近实践。要加强庭审和裁判文书的说理性，防止就案办案、机械办案的不良倾向，力求达到案结事了、社会和谐的司法目标。法官要苦练辨法释理、综合分析问题、化解矛盾的基本功，要学会把法律语言转化成符合法律精神的群众语言，使群众听得清、听得懂、听得明，努力使法官的公正司法被群众所感知、所理解。特别是在审理涉农案件中，更要注重对诉讼能力较弱的农民当事人的理解和沟通，更好地保护其合法权益。要善于把司法的原则性与实际情况结合起来，综合考虑法律、法理、人文、历史、社会等多重因素，努力从根本上化解矛盾，平息纷争。要在查清事实、明辨是非的基础上促进当事人互相理解、和谐共赢，实现法律效果和社会效果的统一。

三、要以提高审判质量和效率为中心，进一步优化商事审判资源配置，完善工作机制

全市法院要根据商事案件增加和审判力

量不足的实际情况，进一步调整和充实基层法院商事审判力量，加强基层法院和基层法官的司法能力建设，最大限度地将矛盾纠纷解决在基层。要积极探索专业化和综合化审判方式，加强商事审判与非诉调解制度衔接。要进一步加强商事审判合议庭建设，不断强化合议庭职责，完善评议规范，确保合议庭成员共同办案、共同把关，防止“合而不议”、“审而不判”。要积极探索和完善人民陪审员制度，充分发挥人民陪审员在商事审判中的作用。

四、要以有利于稳定基层法官队伍为着眼点，进一步完善法官考核激励机制

全市各级法院要以有利于稳定基层法官队伍为着眼点，进一步建立健全科学的法官考核机制。要正确对待并合理评估结案率、发改率、群众投诉率以及信访率等考核事项，逐步建立以绩效考核为主体的考核激励机制，切实增强广大商事审判人员特别是基层和一线审判人员的责任感、荣誉感和使命感。要根据中央关于司法体制和工作机制改革的相关要求，结合本市实际，积极探索对商事法官人员编制的合理配置，并会同市有关部门统筹解决法官长期超负荷工作的问题，完善法官职业保障制度。

五、要加强对优秀法官和典型案例的宣传，正确引导舆论，在全社会进一步树立社会主义法治的权威

全市各级法院要加强对法律和司法工作的宣传，加强对在审判工作岗位上长期努力工作、默默奉献，为维护人民群众的合法权益做出优异成绩的法官的宣传，加强对引导社会生活具有典型意义的案例的宣传，以增进广大人民群众对人民法院商事审判工作以及商事法律规则的了解，提高人们依法参与经济生活的认识和能力，在全社会营造崇尚法治、尊重规则的氛围，以正确的舆论促进法院的依法审判，增强全社会对法律的信仰，树立社会主义法治的权威。

以上意见和建议，供常委会组成人员审议报告时参考。

北京市人民检察院贯彻落实人大决议、加强诉讼监督工作情况报告

——2009年9月23日在北京市第十三届人民代表大会常务委员会第十三次会议上

北京市人民检察院检察长　慕　平

主任、各位副主任、秘书长、各位委员：

去年9月25日，市第十三届人大常委会第六次会议通过了《北京市人民代表大会常务委员会关于加强人民检察院对诉讼活动的法律监督工作的决议》（以下简称《决议》）。根据市人大常委会本次会议议程的安排，我代表北京市人民检察院，报告全市检察机关贯彻落实《决议》、加强对诉讼活动的法律监督（以下简称诉讼监督）的情况，请予审议。

一、北京市检察机关一年来贯彻落实《决议》的主要情况

去年以来，党中央和高检院对加强诉讼监督工作作出一系列重大部署。《中共中央转发〈中央政法委员会关于深化司法体制和工作机制改革若干问题的意见〉的通知》将优化司法职权配置、完善诉讼监督机制作为司法改革的重要内容。在全国政法工作会议、全国检察长会议和全国基层检察院建设会议上，中央和高检院领导进一步对加强诉讼监督工作，切实防止司法权力失控、行为失范，提出了明确、具体的要求。我们充分认识到，《决议》的出台是市人大常委会发挥中国特色社会主义司法制度的内在优越性，完善对司法权行使的监督机制的有效途径，也为检察机关推动诉讼监督工作创新发展提供了重要机遇。全市检察机关高度重视《决议》的贯彻落实，将贯彻落实《决议》、加强诉讼监督工作作为首都检察机关义不容辞的责任，采取多项措施保障工作取得实效。

(一）统一思想认识，树立正确的监督观念

《决议》对全市各级人民检察院进一步增强监督意识和工作主动性，对全市公安机关、人民法院和刑罚执行等单位自觉接受并积极配合人民检察院的法律监督，提出了明确要求。全市检察机关紧紧抓住《决议》出台的契机，着力转变观念，统一认识。

一是主动接受党委领导和人大监督，牢固树立在监督下开展诉讼监督工作的观念。今年年初以来，市院主动配合市人大常委会组织的专项检查和调研活动，积极参加民行检察监督工作、行政执法与刑事司法衔接机制等五个专题调研座谈会。《决议》出台后，共有15个区县院已经或拟向同级人大常委会专项报告诉讼监督工作，人大常委会对汇报工作的检察院均提出了改进工作的具体意见，反映出人大以及人民群众对这项工作的高度关注和大力支持。石景山院出台诉讼监督工作向人大常委会备案制度，促进监督工作的顺利开展。此外，市院多次向市委政法委报告诉讼监督工作，并受其委托，对昌平区法院等5个法院清理民事执行积案工作进行督查，牵头调研并制定规范抗诉案件审理工作的会签文件。

二是采取多种形式学习《决议》内容，不断强化诉讼监督意识。全市检察机关将贯彻落实《决议》与开展“大学习、大讨论”活动、学习实践科学发展观活动紧密结合，通过召开全体检察人员会议、组织党组理论中心组和检察委员会学习等多种形式，深入学习《决议》精神和要求，并明确将贯彻落实《决议》作为当前和今后一个时期全市检察机关的主要任务。通州、丰台、宣武等院还以“强化诉讼监督”为主题，举办了检察官论坛。通过广泛、深入的学习，不仅侦查监督、民事行政检察等诉讼监督部门进一步增强了工作主动性，职务犯罪侦查、控告申诉检察等部门检察人员的监督意识也明显提高。二分院专门制定《关于加强控告申诉检察部门诉讼监督工作的规定》，首次明确控申部门开展诉讼监督工作的具体职责。

三是加强与其他执法司法机关的沟通，共同将认识统一到《决议》要求上来。去年11月，市检察院分别与市高级法院、公安局、司法局举行座谈，就贯彻落实《决议》、加强诉讼监督的基本问题达成共识。今年年初以来，市检法两院就监督文书反馈、民行再审检察建议工作规范、检察长列席法院审判委员会制度等问题多次座谈交流。各分院、区县院也积极与同级执法司法机关召开座谈会，共同研究贯彻落实《决议》的具体措施。通过加强沟通联系，各单位接受法律监督的意识明显增强，共与全市各级检察机关会签规

范性文件29份，为诉讼监督工作的顺利开展搭建良好平台。市高级法院还专门出台贯彻落实《决议》的意见，要求全市法院依法自觉接受人民检察院对审判活动的法律监督。崇文公安分局与检察院共同制定《侦查机关办案质量考评办法》，由检察院对预审承办人办案质量进行考核，并作为其评先评优的重要依据。

（二）改进监督方法，建立科学的监督机制

《决议》要求全市各级人民检察院创新监督工作机制，改进监督工作方法，增强监督实效。为加强机制建设，市院专门成立贯彻落实《决议》工作领导小组，历经7个多月的深入调研，下发《关于加强对诉讼活动的法律监督工作的意见》，制定刑事立案监督、侦查活动监督、刑事审判监督、刑罚执行和监管活动监督、民事审判和行政诉讼活动监督五个细则，出台相关工作规则，初步解决了诉讼监督工作程序不严密、操作性不强的问题，在全国检察机关率先基本建立诉讼监督制度体系，全面规范诉讼监督工作的开展。

一是建立健全内部联动机制，形成检察机关诉讼监督的整体合力。针对上下级检察院之间、检察院内部各业务部门之间诉讼监督职责分散、协作配合不够的情况，通过完善下级院对重大监督事项向市院报告和备案制度，各业务部门之间监督线索移送和工作衔接配合制度，业务部门内部设立专门机构或人员管理诉讼监督工作制度等项制度，整合监督资源，共同解决监督难题，尤其是减少基层院开展监督工作遇到的阻力，增强检察人员监督信心。一分院制定《关于办理刑事二审上诉案件加强上下级公诉部门配合工作的暂行规定》，强化上下级院在办理二审案件中的协作力度。市院按《决议》要求加强对下级院的工作指导，制定《基层人民检察院建设考评实施细则》，增加诉讼监督工作考核权重，修订立案监督等七类案件质量考核标准，鼓励检察人员加强诉讼监督，促使全市检察机关诉讼监督工作协调、均衡开展。

二是建立健全延伸监督机制，保证监督工作取得实效。针对实践中监督意见回复反馈少、监督效果不明显的情况，通过建立递进式监督制度，对被监督单位收到检察机关纠正意见后不予反馈或认真整改的，加强跟踪监督，并视具体情况，依次采取提出口头纠正意见，发出检察建议书、纠正违法通知书，报市院通知同级执法司法机关督促其下级单位改正，通报相关单位监察部门等方式，最大限度地发掘现有监督手段的效能。完善综合监督制度，定期将开展各项监督的情况和办理类案中发现的问题分析汇总，向被监督单位进行通报，促使其建章立制、加强整改。市检察院建立向市高级法院、公安局定期通报全市诉讼监督情况制度。朝阳、大兴、昌平等院针对法院审判程序不规范、公安机关侦查取证违法等情形开展综合监督，引起对方单位高度重视，收到良好效果。

三是建立健全与其他执法司法机关的联系机制，共同维护司法的公正和权威。积极与人民法院建立联系机制，市检察院与市高级法院多次协商，就建立两院及相关部门之间的沟通机制达成一致意见，将于近期会签文件；积极与行政执法机关建立联系机制，按照《决议》要求，在规范各级检察机关对行政执法机关移送涉嫌犯罪案件的监督程序的同时，采取措施，促进行政执法与刑事司法的有效衔接。目前全市检察机关共与各行政执法机关签订协作文件30余份，宣武、崇文、平谷、昌平等院还在区委、区政府的支持下，建立起辖区统一的行刑衔接工作机制；建立其他执法司法机关不服检察机关纠正违法意见的复议复核机制，对于其他执法司法机关书面提出异议的，各级检察院应当进行复议复核，确保监督的准确有效。

（三）加强自身建设，不断提高监督能力

《决议》强调，全市各级人民检察院应当加强自身建设，切实提高法律监督能力。《决议》出台以来，全市检察机关将加强自身建设摆在与加强诉讼监督同等重要的位置，不断提升检察队伍的整体素质，做到严格、公正、文明、清廉执法，正确行使法律监督职权。

一是加强队伍建设，促进诉讼监督队伍结构不断优化。深化检察队伍管理制度改革，分院、区县院均配备了法学专家担任挂职副检察长，全市检察机关共选任检委会专职委员15名，在全市范围内实行检察官遴选、交流锻炼制度，检察队伍结构明显优化；推进队伍专业化建设，组织开展检察技能比武活动，评选北京市检察机关侦查监督十佳检察官、民行检察十佳办案能手等优秀检察官，推行专业化办案组模式，选派部分民事行政检察人员到法院学习交流，设立全市重点课题开展诉讼监督理论研究，举办全国直辖市民事行政检察工作论坛，出版《民事行政检察监督难点与对策研究》和《民事行政检察优秀抗诉案例选编》等书籍，不断提升诉讼监督水平。

二是加强自我制约，保障检察权依法公正行使。强化对自行立案的职务犯罪案件的侦查活动的监督，明确对自侦立案工作的监督程序，由举报中心和侦查监督部门分别履行线索管理和立案监督职责，认真贯彻执行自侦案件批捕权上提一级规定，促进侦查权的规范行使。开展直接立案侦查案件扣押、冻结款物专项检查工作，完善涉案款物的长效管理机制；强化检务督察，围绕“规范案件线索分流管理”、“涉检信访排查化解矛盾专项工作情况”等事项开展专项督察，在全市检察机关全面推行廉政风险防范管理，促进执法监督体系的逐步形成；完善检务公开制度，通过明确各部门职责、规范工作流程、举办检察开放日活动、完善“北京检察网”内容等途径，加大检务公开力度，得到社会各界好评。

二、《决议》出台以来全市检察机关诉讼监督工作的主要成效

随着我国社会主义民主法制建设的深入发展，广大人民群众对于通过公正司法维护社会公平正义的要求愈加迫切，对于检察机关加强诉讼监督、维护司法公正寄予殷切期望。全市检察机关严格按照《决议》要求，从更好地满足人民群众的司法需求出发，以人民群众反映强烈的影响司法公正的突出问题为重点，高度关注涉及民生和社会和谐稳定的执法、司法活动，加强对诉讼活动中执法过程的法律监督，不断加大刑事诉讼监督工作力度，积极稳妥地加强民事行政检察工作，坚决查处隐藏在执法不严、司法不公背后的职务犯罪，有效地促进严格执法和公正司法。

（一）加大刑事诉讼监督工作力度

一是加强刑事立案监督。要求侦查机关说明不立案理由108件，促使其主动立案8件8人，通知立案14件14人，已经移送审查起诉16件37人，法院同期作出有罪判决14件39人，其中判处10年以上有期徒刑的6人。不断拓宽立案监督渠道，平谷院对公安机关刑事拘留后未按犯罪处理的案件实行定期复查，怀柔院与各镇乡司法所建立情况通报制度，朝阳、顺义等院对“另案处理”情况进行专门监督，铁路检察系统对站车交接案件的执行情况进行全面检查，及时发现了一批立案监督线索。

二是加强侦查活动监督。严格掌握逮捕和起诉条件，决定不批准逮捕1175件1792人、不起诉308件441人，监督侦查机关撤回移送起诉401件768人，决定追加逮捕51

件62人、追加起诉39件70人，依法追捕追诉的谢增、刘进涛等犯罪分子被判处10年以上有期徒刑，被告人刘军宝以故意杀人罪被判处死刑立即执行。除案件量较大的朝阳、海淀、丰台院外，其他检察院在审查逮捕阶段对犯罪嫌疑人意见听取率达到100%，通过听取工作及时发现了一些侦查违法行为。加大对侦查违法行为的纠正力度，共提出书面纠正意见47份、检察建议124份，同比分别上升30.6%和35.48%。所办案件中，1件荣获“全国十佳诉讼监督案件”，2件当选“全国优秀诉讼监督案件”，侦查监督质量稳步提高。

三是加强刑事审判监督。向法院提出二审程序抗诉71件，同比上升44.9%，上级院支持抗诉46件，法院同期改判或发回重审22件。今年上半年全市抗诉率达到历史最高水平的6.15‰。严格保证抗诉质量，撤回抗诉率同比下降0.47%；法院对抗诉意见的采纳率为52.5%，同比上升1.15个百分点。抗诉案件中，有2件针对法院审判程序违法，2件针对法院量刑畸重提出，意见均被法院采纳，体现出刑事抗诉工作的全面深入发展。针对刑事审判违法行为提出书面纠正意见5份，发出检察建议2份。市院党组专题研究部署刑事审判法律监督专项检查活动，认真开展自查、复查和整改。全面推行量刑建议工作，促进量刑公正，量刑建议采纳率达到87%。完善检察长列席法院审委会制度，明确了列席目的、重点和程序，全市检察机关有22个院的检察长列席了法院审委会，有13个基层检察院与同级法院签署了检察长列席审委会的协议，《决议》出台后全市检察机关共列席审委会48次。

四是加强刑罚执行和监管活动监督。全市检察机关深入监管场所，进行各项检察监督40,464人次，先后开展在押人员羁押期限、监外执行情况、罪犯交付执行、刑罚变更执行等专项检察活动，针对发现的问题，向监管机关提出口头纠正意见1171次，发出纠正违法通知书2份，发出检察建议9份。平谷院在看守所检察中，针对三名公安人员违法取证、电击犯罪嫌疑人的行为发出检察建议书，三名公安人员被严肃处分。全市检察机关以云南“躲猫猫”事件为鉴，与公安机关联合开展看守所监管执法专项检查，建立监管场所重大事故调查制度，制定《被监管人死亡事件检察工作制度》，维护监管场所的安全和在押人员合法权益。完善对羁押期限的监督制度，东城检察院与区法院、看守所会签《加强延期审理案件法律监督工作的联系办法》，着力解决审判环节“隐性超期羁押”的监督难题。

（二）积极稳妥地加强民事行政检察工作

一是加强民事行政监督工作。全市检察机关共受理民行申诉案件1437件，审结1149件，提请上级院抗诉68件，同比上升13.3%，提出抗诉39件，向法院发出再审检察建议34件，同比上升58.0%，法院同期改判或发回重审18件，改变原判决率为66.7%，同比上升36.9%。一分院办理的台资企业北京京都宝岛眼镜有限公司申诉案，经审查抗诉后，法院依法改变原判决，引起广大台商的高度关注，表示更加坚定了继续投资祖国大陆的信心。提请抗诉的王在船劳务合同纠纷案经法院再审得到改判，30多名农民工的合法权益得到维护。全市检察机关不断拓展民事审判监督领域，加大对虚假诉讼的监督力度，海淀院在办理案件过程中，发现7件案件系虚假诉讼，并就1件向法院提出再审检察建议，法院对另6件自行启动了再审程序，海淀院同时书面建议法院加强立案审查工作；对调解案件、执行案件的监督取得较大进展，审查13件调解案件，对其中3件向法院发出再审检察建议。审查5件执行案件，二分院等单位对法院执行工作中存在的违法问题发出检察建议，崇文检察院还与法院会签了《关于加强民事执行活动法律监督的若干意见》。《决议》出台后，全市各级检察机关检委会研究决定重大疑难民行案件逐渐形成一项制度，海淀、宣武、密云等院检察长就民事案件列席了法院审委会，实现了列席审委会讨论民事案件的突破。

二是做好民行息诉工作。对不服法院正确裁判的825件申诉案件，做好当事人的服判息诉工作，努力维护司法权威。不断创新工作方法，加强对民行检察和解工作机制的研究和探索，对于有和解意愿的当事人，积极促成其达成和解，彻底化解纠纷。《决议》出台以来，共促成当事人达成和解13件。门头沟院根据辖区人口不多、民风淳朴的特点，将和解作为民行息诉的主要工作方式，仅今年上半年就促成和解6件，有效促进了社会和谐。一分院成功和解4件案件，其中对一起雇员受害赔偿纠纷案件，与执行法官共同配合，促成当事人达成一次性支付15万元的和解协议。建立与司法行政机关的联系机制，与司法调解员联合做好民行息诉工作。市院在全市范围内推广通州院的工作经验后，目前已有7个检察院与辖区司法局（所）建立了协作机制，在维护社会稳定方面发挥了积极作用。

（三）坚决查处隐藏在执法不严、司法不公背后的职务犯罪

建立健全司法人员职务犯罪案件查处机制，通过制定相关文件，规范职务犯罪侦查部门与其他业务部门的工作衔接，强化检察机关侦查部门与其他执法司法机关监察部门的联系，促进查处隐藏在执法不严、司法不公背后的职务犯罪工作。《决议》出台以来，全市检察机关共立案侦查司法人员受贿、滥用职权、枉法裁判、刑讯逼供、虐待被监管人等职务犯罪24人，同比上升100%；已经移送审查起诉10人，法院同期作出生效判决9件9人。立案侦查的案件中包括最高法院执行局法官张某、市公安局东城分局预审处民警段某利用职务便利分别收受或索取贿赂等严重徇私枉法案件。监所检察部门查办监管人员职务犯罪取得突破，西城院针对一起法院法警提押时虐待被监管人的行为立案侦查，丰台院侦查的监管民警胡某受贿案被法院终审裁定有期徒刑11年。对于一些经调查后不构成犯罪、但涉嫌违纪的案件线索移送相关执法司法机关，促使其启动内部纠错和预防机制，努力形成内外部相结合的整体监督体系。房山检察院对区法院两名法官执行判决、裁定中的滥用职权行为向区法院予以通报，同时指出其内部监督制度的执行程序等方面存在的问题，法院对此高度重视，有针对性地加强人员管理和制度建设，开展廉政警示教育活动，并对有关人员进行了严肃处理。

三、贯彻落实《决议》中存在的问题和下一步工作措施

全市检察机关在贯彻落实《决议》、加强诉讼监督工作中取得了一定成效，但由于这项工作的长期性、复杂性，我们的工作开展还存在一些问题和不足：诉讼监督制度仍需进一步规范，已经建立的工作机制得以落实、转化为成效也需要一个过程；受传统思维的影响，内外部对诉讼监督的认识难以在短时间内完全统一；部分检察人员对监督的定位还不清晰，对监督与配合、监督与办案的关系存在片面理解；诉讼监督人员特别是民行检察人员力量不足，监督能力也还有很大的提升空间；诉讼监督工作整体较为薄弱、发展不平衡的现状尚未得到根本扭转。要解决这些问题和不足，实现党的十七大关于建设公正高效权威的中国特色社会主义司法制度的目标，满足新时期广大人民群众对维护司法公正的强烈需求，全市检察机关必须进一

步增强工作主动性，迎接挑战、开拓进取，坚定不移地加强诉讼监督工作。下一步将抓好以下几个方面的工作。

（一）强化监督意识，进一步树立科学的监督观念

引导全市各级检察机关和广大检察人员坚持检察工作的科学发展，以对党、对人民、对宪法、法律高度负责的态度，全面加强诉讼监督工作。将监督的着力点放在监督司法权的有效运行和正确行使上，既关注个案实体处理的公正，又注重对执法过程中违反程序性规定的不规范执法行为的监督，树立全面全程监督观念；正确处理监督与配合的关系，做到既敢于监督，又加强配合，使各执法司法机关站在促进严格执法、公正司法的共同立场上，发展完善监督与配合相协调的工作关系；正确处理监督与办案的关系，既要自觉地将监督职能融入办案之中，又不能逾越监督权限，影响其他执法司法机关正常行使法定职责。

（二）突出监督重点，进一步加大诉讼监督工作力度

抓住影响司法公正的突出问题和法律监督的薄弱环节，注意监督严重违反诉讼程序、严重侵犯人权、适用法律标准不统一的问题。将可能影响社会和谐稳定的案件、涉及民生的案件、容易出现诉讼违法问题的案件作为监督的重点，进一步提高对民事行政检察工作重要性的认识，加大办理民事行政申诉案件力度。高度重视群众的举报、申诉，围绕群众反映强烈的突出问题强化监督，进一步推进群众告状难、申诉难、判决执行难问题的解决；认真审查当事人及其他诉讼参与人反映的司法不公等线索，对违法行为依法纠正。把惩治司法领域的腐败作为事关政法事业兴衰成败的关键问题来抓，对司法人员涉嫌贪赃枉法、失职渎职犯罪造成司法不公的，坚决依法严肃查处。

（三）深化检察改革，进一步完善诉讼监督工作机制

按照中央和高检院关于深化司法改革和检察改革的要求，结合北京市检察工作实际，制定2009—2012年检察改革实施意见，重点抓好以下改革任务：健全立案监督案件跟踪监督机制，完善对适用强制措施和强制性侦查措施的监督程序；探索对简易程序刑事审判活动的监督，健全对民事、行政申诉案件提出再审检察建议和抗诉工作机制，探索民事执行监督、公益诉讼和支持起诉、督促起诉制度；完善对未决犯羁押和看守所监管活动的监督制度，健全纠正和防止超期羁押的工作机制，完善对留所执行、监外执行和社区矫正进行监督的方式和措施，健全刑罚变更执行同步监督制度。

（四）积极争取支持，进一步加强与其他执法司法机关的联系

主动向党委和人大报告重要工作部署和工作事项，并在党委、人大的支持与协调下，加强与其他执法司法机关的机制建设。在两院沟通机制的基础上，与市高级法院规范检察长列席审委会、量刑建议等工作程序。在与政府法制部门加强协商，建立统一的行刑衔接工作机制，努力实现信息共享的同时，重点推进涉及经济发展、民生等执法领域的行刑衔接工作。加强与其他执法司法机关监察部门的联系，建立健全相互移送违法犯罪线索的工作机制。

（五）加强队伍建设，进一步提高检察人员诉讼监督能力

深化社会主义法治理念教育，引导检察人员牢固树立正确的执法观念。制定《北京市检察机关2009—2012年大规模推进检察教育培训工作的实施意见》，针对诉讼监督工作特点，加大业务培训力度，大力培养诉讼监督业务专家和业务骨干。加强对诉讼监督理论和工作机制的研究，深化对诉讼监督工作规律的认识。强化自身监督制约，认真规范

自侦案件批捕权上提一级的改革措施，加强对自侦权的监督制约；强化对执法办案重点岗位和关键环节的监督制约，完善各部门在内部监督中的协作配合机制，形成监督的整体合力；注重宣传检察机关的诉讼监督职能，发挥控告申诉检察环节的监督作用，落实与市律师协会的定期联系制度，自觉将诉讼监督工作置于社会各界和人民群众的监督之下，提高执法透明度和公信力。

主任、各位副主任、秘书长、各位委员，在新形势下，全市检察机关将认真贯彻落实党的十七大精神，深入学习实践科学发展观，按照《决议》的要求，不断提高诉讼监督能力，循序渐进地加强和改进诉讼监督工作，为构建社会主义和谐社会、维护社会公平正义作出新的贡献！

关于对我市检察机关贯彻落实市人大常委会《关于加强人民检察院对诉讼活动的法律监督工作的决议》工作的意见和建议

——2009年9月23日在北京市第十三届人民代表大会常务委员会第十三次会议上

市人大内务司法委员会主任委员　李小娟

主任、各位副主任、秘书长、各位委员：

去年9月，本届常委会第六次会议通过了《关于加强人民检察院对诉讼活动的法律监督工作的决议》（以下简称《决议》），同时主任会议决定，在本次常委会会议上听取和审议市人民检察院贯彻落实《决议》的工作情况报告。为了协助常委会做好听取和审议报告的工作，内务司法办公室从今年3月开始，组织部分常委会委员、市人大代表共计61人次，对本市检察机关贯彻落实《决议》的情况进行了调研。调研中，除听取了市检察院、两个检察分院和海淀区检察院的专题汇报外，还针对《决议》要求重点落实的主要工作，先后召开了五个专题座谈会，直接听取了来自检察工作一线的三级检察院的干警代表，以及各级法院和行政执法部门的情况介绍及意见、建议；深入宣武、通州、大兴、顺义、延庆五个区县调研了基层人民检察院及政法各机关在区县人大常委会监督下贯彻落实《决议》的情况；会同部分常委会委员、市人大代表列席了全市民事行政检察工作会议和四直辖市民事行政检察工作专业研讨会，深入了解检察机关加强对民事审判和行政诉讼活动法律监督的整体工作部署和近期工作动态，并征求了法院、公安、监狱和劳教管理部门对检察机关一年来贯彻落实《决议》，开展诉讼监督工作的意见和建议。在此基础上，内务司法办公室系统汇总梳理了各方面的意见和建议，及时反馈给市人民检察院，要求他们认真研究这些意见、建议，积极改进工作，并在报告中予以回应。

市人民检察院提交了关于贯彻落实市人大常委会《决议》的工作情况报告初稿后，内务司法委员会于8月25日召开会议，听取了前期调研工作情况的汇报，并对报告初稿进行了认真讨论。市人民检察院根据内务司法委员会的意见和建议，认真研究修改了报告初稿，比较客观全面地总结了一年来全市检察机关贯彻落实《决议》的工作情况，实事求是地分析了当前工作中存在的问题和困难，并提出相应的对策措施，形成了提交常委会审议的正式工作报告，我们同意这个报告。

内务司法委员会认为，一年来，全市检察机关高度重视贯彻落实《决议》，按照《决议》要求，大力加强和改进诉讼监督工作，取得了明显的成效，主要表现在五个方面。

一是认真学习《决议》，依法履行诉讼监督职责的意识明显增强。一年来，全市检察机关把贯彻落实《决议》与开展“大学习、大讨论”活动、学习实践科学发展观活动紧密结合，通过召开全体检察人员会议、组织党组理论中心组和检察委员会专题学习会、举办主题论坛或专题研讨会等多种形式，认真学习《决议》，深刻领会把握《决议》的精神和要求，积极教育并引导检察干警充分认识加强和改进诉讼监督工作是坚持和完善中国特色社会主义司法制度的要求，是满足人民司法需求的需要，也是法律赋予检察机关的重要职责，使全市检察干警的诉讼监督意识和工作主动性明显增强。

二是深入开展调查研究，为全面落实决议要求奠定了良好的工作基础。市检察院成立贯彻落实《决议》工作领导小组，在全系统组织开展深入调研，认真查找分析制约诉讼监督工作发展的“瓶颈”问题，进一步明确了当前加强和改进诉讼监督工作的重点，制定了《关于加强对诉讼活动法律监督工作的意见》，并组织召开四个直辖市民事行政检察工作专业研讨会，深入探讨加强民事行政检察监督的工作思路和措施办法，为有效推动《决议》的贯彻落实和诉讼监督工作的开展奠定了良好基础。

三是大力加强制度、机制建设，诉讼监督规范化水平进一步提高。一年来，市检察院认真落实《决议》要求，高度重视诉讼监督工作的制度完善和机制创新。在充分调研的基础上，及时制定了各项诉讼监督工作的实施细则，进一步健全、完善了诉讼监督内部联动机制、外部协作机制、延伸监督机制、内部制约机制及一系列具体工作机制，形成了比较完备的制度、机制体系，初步解决了诉讼监督工作程序不严密、衔接不顺畅、配合不协调的问题，有力地促进了诉讼监督规范化水平的提高。

四是努力提高诉讼监督能力，各项诉讼监督工作取得新进展。一年来，全市检察机关大力加强诉讼监督专业化建设，通过调整队伍结构、设立专业办案组、开展技能比武和业务研讨等方式，着力提高干警的诉讼监督能力，带动了各项诉讼监督工作的有效开展：刑事诉讼监督的力度进一步加大，提出监督纠正意见的质量有了一定提高；民事行政检察监督稳步发展，抗诉和建议再审意见更加受到重视，民事申诉和解工作取得较好成效；查办执法和司法人员职务犯罪工作进步明显，主动发现隐藏在执法不严、司法不公背后的职务犯罪的能力和查办案件的水平有了较大幅度提高。

五是积极营造良好的工作环境，保证诉讼监督工作顺利开展。一年来，全市检察机关进一步增强接受党委领导和人大监督的自觉性，主动向同级党委和人大常委会报告诉讼监督工作，认真落实党委的指示要求和人大常委会的监督意见，使诉讼监督工作得到了各级党委和人大常委会的高度重视和大力支持。同时，还积极加强与其他执法、司法机关的沟通联系，就共同贯彻落实《决议》达成共识，并会签了多份规范性文件。市高级法院还专门制定了贯彻落实《决议》、自觉接受审判监督的意见。各执法、司法机关的有力配合，为诉讼监督工作顺利开展提供了良好的外部环境。

内务司法委员会对全市检察机关一年来就贯彻落实《决议》所做的工作及取得的成效给予充分肯定。内务司法委员会认为，全市检察机关贯彻落实《决议》是积极认真的。经过一年的努力，我市的诉讼监督工作有了比较显著的加强，贯彻落实《决议》的实际效果逐步显现，并在全国检察系统产生了良好反响。但是也必须看到，加强和改进诉讼监督工作需要与国家司法体制和工作机制改革的整体进程相协调，按照改革的总体部署积极有序地推进。因此，全面贯彻落实好《决议》的各项要求是一项长期的任务，还需要在司法实践中不断探索，做更多扎实、细致的工作。新建立的诉讼监督制度、机制，应进一步落实和完善；按照中央关于深化司法体制和工作机制改革的要求，诉讼监督工作在整体上仍需加强；诉讼监督能力建设要继续强化；在共同落实《决议》的过程中，与其他执法、司法机关的工作协调配合还需要更积极有效地推进。全市检察机关要立足于维护司法公正、树立司法权威，为首都经济社会发展提供良好法治环境的全市司法工作大局，坚持从实际出发，针对工作中的薄弱环节，继续改进和完善诉讼监督工作，不断提高诉讼监督工作的质量和水平，促进《决议》更全面地贯彻落实。

为了进一步推动《决议》的贯彻落实，监督、支持检察机关依法正确行使检察权，更充分地履行对诉讼活动的法律监督职责，内务司法委员会提出以下意见和建议。

一、结合司法体制改革，继续抓好《决议》的贯彻落实

全市检察机关要按照中央关于以加强权力制约和监督为重点，优化司法职权配置，进一步规范司法行为，完善对司法权行使的监督机制，强化对诉讼活动的法律监督，切实解决影响司法公正、制约司法能力的突出问题，推进社会主义司法制度自我完善和发展，努力建设公正高效权威的社会主义司法制度的工作部署，把贯彻落实《决议》与推进检察工作改革紧密结合起来，突出强化诉讼监督这一主线，继续落实已建立起的相关工作制度、机制，并在实践中不断完善；要认真研究中央和高检院部署的完善对诉讼活动的法律监督的改革事项，在开展试点的基础上，尽快作出统筹安排，稳步实施；要进一步加强上级检察院对下级检察院诉讼监督工作的指导，有效解决诉讼监督工作整体仍显薄弱、发展不够平衡的问题；要按照司法机关既相互配合支持，又相互监督制约的法律要求，继续加强与其他执法、司法机关的沟通合作，进一步巩固和完善协作配合的工作机制，结合落实《决议》，共同推进我市的司法工作改革，努力提升全市规范执法和公正司法的整体水平。

二、以监督执法和司法权力的行使为重点，进一步加强诉讼监督工作

市人民检察院要继续引导全体干警深入领会《决议》精神，明确对诉讼活动实行法律监督的目的，树立正确的监督观，把工作的着力点放到监督执法、司法职权的有效运行和正确行使上，全面加强对诉讼活动各环节，尤其是诉讼活动中执法过程的法律监督。要切实加强诉讼监督能力建设，努力提高检察干警在诉讼监督中及时发现问题、准确提出监督意见、正确运用监督手段、妥善处置监督事宜的能力和水平，在不放松个案监督的同时，更加注重解决诉讼中执法不规范和可能影响司法公正的带有普遍性或倾向性的突出问题，做到既敢于监督、规范监督，又善于监督，不断提高诉讼监督的整体实效。要根据中央关于司法体制和工作机制改革的部

署要求，积极稳妥地探索新的监督方式和措施，大力推进以量刑程序改革为重点的刑事审判监督和以民事执行活动为重点的民行检察监督的试点工作；进一步加强对刑罚执行和监管活动的监督，确保监管场所依法文明监管，切实维护在押人员的合法权益。要与其他执法、司法机关密切配合，进一步完善查办和预防执法、司法人员违纪违法行为的协调协作机制，形成工作合力，有效预防和减少执法、司法人员的违纪违法和职务犯罪。

三、进一步强化职责意识，促进我市诉讼监督工作的科学发展

全市检察机关要进一步强化职责意识，坚持以党的十七大精神和科学发展观为指导，清醒认识当前我市司法工作面临的形势和任务，准确把握诉讼监督在司法工作中的职能定位，不断总结诉讼监督工作经验，及时查找制约工作开展的薄弱环节，认真分析研究诉讼监督工作中出现的新情况、新问题，注意倾听人民群众和社会各界的意见，积极探索诉讼监督工作发展的规律，不断改进和完善各项诉讼监督工作，脚踏实地地促进我市诉讼监督工作的科学发展。

内务司法委员会认为，全面贯彻落实《决议》，是在新形势下进一步改进和提高我市整体司法工作水平，促进严格执法、公正司法，保证在全社会实现公平和正义，维护社会和谐稳定的重要措施，也是相关执法和司法机关的共同责任。相关执法和司法机关也应从更好地满足人民群众的司法需求，促进中国特色社会主义司法制度自我完善，充分发挥我国司法制度优势的高度，认真抓好《决议》相关要求的落实，支持、配合人民检察院依法开展诉讼监督工作，共同推进司法体制和工作机制改革。区县人大常委会也要按照《监督法》的规定，继续做好落实《决议》的监督工作。

以上意见和建议，供常委会组成人员审议报告时参考。

关于推动高新技术在本市经济社会发展中应用情况的报告

——2009年9月23日在北京市第十三届人民代表大会常务委员会第十三次会议上

北京市科学技术委员会主任　闫傲霜

主任、各位副主任、秘书长、各位委员：

我受市人民政府委托，向市人大常委会报告市政府推动高新技术在本市经济社会发展中应用的工作情况。

一、近年来推动高新技术应用的工作和成效

推动高新技术的应用，是支撑首都经济社会发展和转变经济发展方式的重要途径，对于增强重点产业核心竞争力、促进产业结构调整、发展高新技术产业、提高城乡建设和管理水平、保障和改善民生，推进“人文北京、科技北京、绿色北京”建设，具有重要的意义。

近年来，市政府认真贯彻落实中央和市委的决策部署，深入学习实践科学发展观，

以首都经济社会发展需求为导向，以体制机制创新为动力，以提高自主创新能力为核心，加快转变政府职能、提高行政效能、强化服务功能，积极推动高新技术在首都经济社会发展中的应用。尤其是今年以来，市政府将推动高新技术应用作为发挥科技支撑作用、应对国际金融危机的重要举措，把扩内需、保增长与调结构、上水平有机结合起来，大力推进自主创新，培育新兴产业和新增长点，保持了首都经济社会平稳较快发展的良好局面。

近年来市政府推动高新技术应用的主要工作是：

（一）加强依法行政，优化政策环境

加强对法律、法规、政策的学习宣传和贯彻落实，在全社会营造有利于高新技术应用的良好环境。按照依法行政的要求，贯彻落实《科学技术进步法》和其他法律、法规，明确政府职责，强化资源整合，突出自主创新，强调企业主体，引导和动员社会力量开展高新技术应用。制定实施高新技术企业、高新技术成果转化、技术合同认定登记、科技中介服务机构、产学研合作等40余项政策文件，充分发挥政策的引导和激励作用。认真落实国务院批复精神，在中关村国家自主创新示范区积极推进先行先试的改革措施，推动高新技术成果的转化应用。

（二）制定发展战略，加强规划指导

落实国家创新战略，紧密结合北京实际，充分发挥政府对高新技术应用的宏观调控作用。落实“自主创新、重点跨越、支撑发展、引领未来”的国家科技工作方针，制定并实施《北京市中长期科学技术发展规划纲要（2008—2020年）》。制定并实施“十一五”时期15个市级重点专项规划和47个市级一般专项规划，促进高新技术在首都经济社会发展各个领域的应用。发布《“科技北京”行动计划（2009—2012年）——促进自主创新行动》，加快推进“科技北京”建设，充分发挥“科技北京”对“人文北京”、“绿色北京”的支撑作用。

（三）加大政府投入，支持企业创新

强调研发和应用并重，发挥政府投入的“杠杆”作用，引导企业开展高新技术的研发和产业化。据统计，2004—2008年，北京地区全社会研发经费投入从316.9亿元增长到610.9亿元，年均增长17.8%，占北京地区生产总值的比例从5.2%增长到5.8%。其中，2004—2007年政府投入的研发经费年均增长18%，企业投入的研发经费年均增长21.8%。2004—2008年，北京技术市场技术合同成交额从331.8亿元增长到1027亿元，年均增长32.6%，成为推动技术成果转化的重要渠道。

（四）实施重大项目，带动技术应用

围绕“信息惠民”、“信息强政”、“信息兴业”三大应用计划和“数字奥运”专项工程，推动信息通信技术在电子政务、电子商务、企业信息化、城市信息网络等领域的应用。加快推进轨道交通、环境保护、能源供应、应急保障、医疗卫生等发展建设，推广应用新技术、新工艺、新方法和新产品。推进重大产业项目建设，培育吸纳和应用高新技术成果的行业骨干企业。实施重大科技项目，配置公共科技资源，形成产业聚集效应，推动高新技术应用成为区域经济发展的主导力量。

（五）搭建服务平台，发展科技中介

建设服务中央单位和驻京部队综合服务平台，为重大科技成果产业化提供统筹、协调和综合服务。初步建成“科技成果产业化综合服务平台”，面向科研院所、高校、企业和专业技术人员提供服务，促进企业与科研院所紧密合作。从政策、资金、项目等方面支持科技中介机构为高新技术转化应用提供对接服务。

（六）加强国际科技合作，推动高新技术的引进、消化、吸收再创新

积极开拓利用国际资源、推动高新技术的研发、应用与推广的渠道。鼓励跨国公司在京设立地区总部和研发中心，提高北京高新技术整体水平。鼓励跨国公司和北京地区企业、高校院所开展消化、吸收再创新的联合研究，或者联合建立研发机构。鼓励归国留学人员和海外高层次人才携带科技成果在京进行转化、推广和应用，并给予税收、资金、融资等方面的政策。

主任、副主任、秘书长、各位委员，近年来，市政府推动高新技术应用的政策、措施，对于加快高新技术产业发展、促进产业结构优化、优化区域经济空间布局、提升城乡建设和管理水平、推动高新技术惠及民生，取得初步成效：

一是高技术产业快速发展，在首都经济中的地位显著提升。高新技术的应用，形成了总量规模较大、发展速度较快的高技术产业。2004—2008年，包含高技术服务业在内的北京高技术产业保持了年均23.2%的增长速度。2008年，高技术产业实现增加值2398.2亿元，约占地区生产总值的22.9%，比2004年增加了5.7个百分点。今年上半年，科技服务业实现增加值396.9亿元，同比增长20.6%，增幅在国民经济行业门类中仅次于金融业居第二位。

二是推动产业结构优化升级，强化重点产业振兴的自主创新支撑。高新技术的应用，一方面形成了以服务业为主导的产业结构，同时提升了有核心技术的现代制造业。今年上半年，北京服务业增加值增长10.5%，占地区生产总值的比重达到74.6%。汽车、生物医药产业实现增加值分别同比增长7.3%和14.8%。自主创新能力得到加强，制约重点产业发展的一批关键核心技术得到突破，涌现出一大批处于国内外领先水平、具有自主知识产权的产品、技术和企业，原始创新、集成创新和引进、消化、吸收再创新能力不断提升，重点产业核心竞争力得到增强。

三是形成高端产业集群，成为优化区域经济布局的重要力量。高新技术的应用，推动了各重点产业和产业价值链各环节在不同空间形成集聚，逐步形成了与城市功能、资源环境相协调的产业空间分布。中关村科技园区、金融街、北京商务中心区、奥林匹克中心区、北京经济技术开发区、临空经济区等高端产业功能区，成为高端产业相对聚集、高新技术得到广泛应用的区域性空间载体。2008年中关村科技园区高新技术产业总收入突破1万亿元，高新技术企业达到2万家，形成了“一区十园”的空间布局。在软件和信息服务业、移动通信、集成电路、光机电一体化、新材料、新能源与环保、生物医药等领域，形成了一批具有特色优势的产业基地和专业园区，发挥了各领域高新技术应用的聚集、辐射和带动作用。

四是提升城乡建设和管理水平，促进城乡、区域协调发展。据统计，四年来全市城市管理运行共采用先进技术成果5万7千多项，合同成交总额近1千亿元。“北京一号”卫星的遥感数据应用于全市10余个相关部门，在2008年抗击南方冰雪灾害、汶川抗震救灾、北京奥运环境整治工作中发挥了重要作用。搭建城市管理信息化平台，在全国率先建设城市网格管理体系。机电装备、自动化控制、减震降噪、信号控制等先进技术的应用，提升了轨道交通的建设和运营效率。基于通信的列车控制（CBTC）系统和中低速磁悬浮列车的工程化开发取得突破，通过政府采购的强力推动，将在轨道交通建设中示范应用。垃圾焚烧发电、餐厨垃圾处理、废弃物资源化利用等技术应用于垃圾减量化、无害化和资源化工程，为2008年全市生活垃圾无害化处理率达到95.4%提供了科技支撑。

高新技术在节能减排工作中得到应用，推动北京市连续三年超额完成“十一五”年度节能减排目标。建立新型的农村科技服务体系，推广应用一批先进适用技术，既支持区县培育和发展特色优势产业，又改善了区县生态环境。

五是高新技术的应用为保障和改善民生提供支撑。污染治理技术的研发与应用，为实施大气污染控制措施、改善空气质量提供了技术保障，全面兑现了奥运环保承诺。2008年市区空气质量达到二级和好于二级的天数为274天，占全年总天数的74.9%。水污染监测控制、污水处理、再生水利用和节水、湿地和土地处理等先进适用技术得到推广应用，推动了水资源的保护与利用。在食品生产、加工、运输、流通等环节推广应用了生产履历、源头追溯、安全检测、质量控制等先进技术，初步构建起“从农田到餐桌”的食品安全科技支撑体系。搭建紧急医学救援无线移动信息平台，建设“北京重大疾病临床数据和样本资源库”，甲型H1N1流感疫苗研制和临床试验取得成功。推动先进适用技术在社区应用，提升市民的生活质量和科学素质。

二、科技奥运成果的应用推广

北京筹办奥运期间，一大批先进、可靠的科技成果在奥运建设和奥运会举办中得到应用，为举办一届“无与伦比的奥运会”作出了突出贡献，北京奥运会成为高新技术成果集中应用的平台与展示窗口。

（一）一大批科技成果为奥运会成功举办提供了科技支撑

据统计，自市政府和国家有关部委共同实施“科技奥运行动计划”以来，通过国家、部门（地方）的科技计划，累计安排支持项目（课题）1200余项，来自全国近200家企业、170多个科研院所和50多所高校，超过3万5千名科技人员参与，取得了一大批科技奥运成果，构成了落实“科技北京”行动计划、推进“科技北京”建设的重要物质基础。

奥运火炬珠峰燃烧技术突破了在极端环境下燃烧的世界性难题。国家体育场、国家游泳中心等奥运场馆的钢结构设计和施工技术达到了国际先进水平。大量先进技术的应用，为全世界奉献了精彩纷呈、震撼心灵的奥运会和残奥会开、闭幕式盛典。奥运会比赛现场实时中文字幕显示系统的出现，改变了历届奥运会只以英语作为显示语言的历史。奥运期间，在各场馆、奥运村之间进行交通运输和赛事引导工作的500多辆新能源汽车，在奥运史上首次实现了奥运场馆中心区的交通“零排放”。奥运主要场馆大面积使用半导体照明和地（水）源热泵等高效能源利用技术，实现节能60%—70%。奥运智能交通系统的研发建设成果已通过国家科技进步一等奖评审。

（二）总结和借鉴奥运成功经验，力推科技奥运成果的应用

“科技奥运”最重要的成功经验就是，以奥运筹备建设提出的实际需求为导向，围绕重大工程项目，加强组织创新和机制创新，调动和集成各方面的力量，开展联合攻关、分工协作，突破重大关键技术问题，取得实际效果。

奥运会成功举办以后，市政府相关部门从2000余项科技奥运成果中挑选出具有应用前景的项目，面向全国重点行业和重点企业，举办科技奥运成果专场推介会。依托技术转移服务机构，加强科技奥运成果的广泛应用。目前，在信息通信、清洁能源、污水治理、智能交通、安全保障、垃圾处理、环境保护等方面的科技奥运成果得到大量运用。

三、推动高新技术应用工作中存在的主要问题

近年来，市政府在推动高新技术应用方面做了大量工作，取得了很好的成效。但从全社会来看，高新技术产业发展尤其是具有自主知识产权的自主创新产品的开发应用还存在一些突出问题，亟须高度重视，认真对待。

（一）政府统筹协调机制不完善，高新技术应用对于自主创新的拉动作用还不显著

推动自主创新已经成为当前全社会的共识，但对于自主创新的具体实现方式，以及如何处理引进技术、产品和自主创新的关系，政府各部门和社会的认识不统一。例如，有些观点认为，首都的地位决定了在北京应用的技术必须是最先进的，国外产品在先进性、可靠性等方面优于自主创新产品，引进国外技术虽然要付出较高的购买成本，但风险小，而开发和使用自主创新产品要承担更大的风险和责任。

在推动高新技术应用过程中，政府的统筹协调机制不完善，包括公共服务在内的许多领域如城市建设、基础设施、医疗卫生等，大量资金用于购买进口的成套设备、技术甚至是产品，而投入自主创新的研发和购买自主创新产品的资金相对较少。这为国外技术和产品创造了较大的市场空间，但对自主创新产品有效需求的拉动作用不显著，关键核心领域自主创新产品的市场份额有限。

（二）企业技术创新能力不强，产业链不完整，产学研合作机制有待加强

根据2008年对北京地区2万个规模以上工业企业和非工业企业的数据调研显示，有科技活动的企业只占样本企业总数的26.1%，其中有科技机构的企业数量仅占样本企业总数的5.1%。上述2万个企业科技经费筹集额总计1000余亿元，其中规模以上工业企业筹集额不到20%。北京地区规模以上工业企业技术引进经费与消化吸收经费之比为100∶32，购买国外技术经费与引进国内技术经费之比为3∶1。企业技术创新能力不强，既无法承接和吸收北京丰富的科技资源，也不能高效率地产出符合北京产业发展要求的高新技术成果。

北京凭借丰富的科技创新资源，在高新技术研发方面占有领先优势，每年产生大量成果，但北京地区企业承接高新技术成果并在本地实现产业化应用的比例不高。调研结果显示，今年北京地区承担国家科技重大专项产业类项目比例只占37%，而其中企业参与的产业类项目只占12.7%。大多数现代制造业在北京地区没有形成完整的产业链条。

与此同时，产学研合作机制不健全，缺少战略性实质合作，缺乏产业技术创新的持续性，缺乏创新成果产业化的保障机制。产学研合作的重心没有落到企业，应用部门很少直接参与到科技成果转化环节中来。有数据表明，我国2/3以上的科技成果靠科技人员自己和所在单位联系并实施转化，通过中介服务机构实现科技成果转化的比例仅占10%左右，而应用部门直接参与的就更少了。

（三）科技中介机构在推动高新技术应用过程中发挥的作用有待提高

目前，北京市拥有9000多家科技中介机构、160多家相关协会、500多家各类专业服务中心，对于推动高新技术的供需对接，发挥了重要的作用。但其发展处于起步阶段，不能满足高新技术应用对科技中介服务的需求。第一，促进科技中介机构发展的政策、法规体系不健全，缺乏对科技中介机构的管理和规范。第二，缺乏有效的服务手段，服务水平偏低。为创新主体提供咨询服务和为高新技术应用提供对接服务的科技中介机构不够发达，供需双方信息传递渠道少，方便

性差，信息不对称，可靠性难保证。第三，缺少对科技成果产业化的评价制度，技术交易缺少风险评估，金融支撑等重要环节急需大量中介机构服务。

四、下一步推动高新技术应用的主要措施

市政府推动高新技术应用的工作思路是，坚持以科学发展观为指导，总结和借鉴奥运成功经验，通过组织创新和机制创新，汇聚首都科技资源，加快推进中关村国家自主创新示范区建设，全面落实“科技北京”行动计划，推动高新技术产业发展，促进科技和经济社会紧密结合，推动首都经济社会又好又快发展。

（一）提高认识，创新政府管理理念，建立有利于推动自主创新的高新技术应用的体制机制

要充分认识科技创新在推动首都科学发展中的重要战略地位，紧紧围绕首都经济结构调整、社会发展、城市建设和管理中的重大需求，制定科技发展战略、确定科技计划、安排资金投入。建立和完善以需求为导向、以重大产业项目为统领的科技管理体制，加强组织创新和机制创新，健全高新技术应用统筹协调机制，积极探索推动高新技术应用的组织模式，统筹推动“科技北京”建设，为高新技术应用提供坚实的体制基础和有效的组织保障。

全面实施“科技北京”行动计划，着力推进中关村国家自主创新示范区建设，进一步完善高新技术应用的政策环境。认真落实政府采购自主创新产品的相关政策，建立有效的激励机制。在以政府投入为主的领域中，加强对支持自主创新的统筹协调力度。采购自主创新产品的适用领域，从政府行政类办公扩展到市政设施、建筑、节水节能、环保和资源循环利用、交通管理、公共安全、医疗卫生、技术改造、科技研发、工程养护等使用市区两级财政性资金全额投资或部分投资的项目，引导和带动全社会使用自主创新高新技术产品。

加大政府采购自主创新产品试点工作力度，支持更多有条件的企业进入自主创新产品目录，通过首购、订购、首台（套）重大技术装备试验和示范项目、推广应用等方式，推进自主创新产品在首都建设发展中的广泛应用，今年政府采购自主创新产品金额要达到30亿元。

（二）支持企业提高创新能力，促进产学研用相结合

创新组织方式，发挥行业骨干企业的领军作用，带动中小企业参与，对接服务国家重大科技专项和重大科技基础设施建设。支持企业研发中心的建设和发展，加强国家工程研究中心等研发机构建设。选择一批转制科研院所和优势骨干企业技术中心，作为重点产业振兴的技术创新支撑平台。加大科技资源整合力度，建设好首都科技条件平台，整合200个以上的国家级和北京市级重点实验室，以及1万台（套）以上的仪器设备，每年为5000家以上企业提供技术服务。

创新科技研发模式，从经济社会发展的实际需求出发，鼓励、支持企业和应用部门开展科技研发与产业化，促进科技研发由政府投入推动向市场应用拉动转型。建立政府投入资金的整合机制，今后4年市政府财政用于支持自主创新和产业化的资金投入不低于500亿元，市级科技经费中支持产业化关键技术的投入比例保持在70%以上。

推动产学研用合作的新型产业组织开展联合攻关、制定技术标准、完善产业链条，解决重点产业发展的关键技术问题。支持新兴产业组织承担国家和北京市重大科技计划与产业化项目，积极探索支持联盟发展的有

效措施和方式。

（三）推动重点产业振兴，促进高端产业功能区发展

抓紧完善并发布汽车、新能源、装备制造、生物医药、都市工业、科技服务等重点产业振兴规划，研究出台相关配套政策，分解落实任务，推动各项规划加快实施。以中关村创新创业型企业为重点，扶持、引领重点产业和新兴产业发展。高度重视科技对重点产业发展的支撑引领作用，从成果孕育到实现产业化的全过程强化科技支撑，从围绕高新技术源头组织创新研发，到围绕中间环节组织应用示范，再到围绕市场与产业的需求推动关键技术攻关。

组织实施一批重大产业化项目，努力突破重大关键技术，培育一批创新能力强、成长性好、带动效应明显、具有国际竞争力的行业领军企业，加快形成代表未来发展方向的产业集群。到2012年电子信息、生物医药、新能源和环保、汽车、装备制造、文化创意、科技服务、都市型现代农业等8个产业力争新增产值超过5000亿元。

（四）建设和完善科技中介服务平台，促进高新技术的应用转化

进一步完善科技中介服务体系，制定和完善适合科技中介机构发展的政策、措施，营造公平有序的市场环境。支持科技中介机构提高服务水平和服务质量，吸引专业人才进入各类科技中介机构，培养一批高素质的科技中介人才和一批大型骨干中介机构。

建设科技成果产业化综合服务平台。到今年年底在生物医药、新材料等领域，初步建成科技成果产业化情报系统，为科技成果产业化提供信息对接服务。推动技术交易要素聚集，建设“中国技术交易所”，打造技术与资本对接的服务平台、科技成果产业化的支撑平台、股权激励改革试点工作的操作平台，参与股权激励试点单位到年底达到200家，全年北京技术市场技术合同成交额力争达到1200亿元。

促进高新技术成果在北京落地实施。对接科技部“十城千辆”节能与新能源汽车推广应用工程，在公交、环卫等公共服务行业开展以混合动力汽车和纯电动汽车为重点的大规模应用示范，到2012年累计形成5000辆的示范应用规模，推动新能源汽车的跨越式发展。发挥中央单位和驻京部队综合服务平台的作用，加强重大项目和中央投资项目的对接服务，推进与国防科技工业集团公司、中国科学院、中国石化、中国石油、神华集团、中央转制院所等中央单位的战略合作，共同筛选推出一批重大高新技术成果，形成产业化对接方案，为高新技术应用提供产业依托和空间载体。

主任、各位副主任、秘书长、各位委员，市政府认识到，当前的国际金融危机，正在带来全球范围生产方式、消费方式的转变，引发全球市场结构的重新调整，酝酿着科学技术的重大突破和新兴产业的成长，这是占领未来经济发展制高点、推动首都实现可持续发展的有利时机。市政府按照市委关于首都经济社会发展的总体部署，紧密结合当前的新形势、新阶段和新任务，将加强科技创新、推动高新技术应用，既作为当前应对国际金融危机、实现保增长的必要措施，又作为促进“调结构、促改革、惠民生”、实现首都经济可持续发展的必由之路。

下一步，我们将以市人大常委会审议工作为契机，总结和借鉴奥运成功经验，完善促进高新技术应用和扶持企业成长的政策环境，加快推进中关村国家自主创新示范区建设，全面落实“科技北京”行动计划，提高自主创新能力，推动高新技术产业发展，使高新技术应用在首都经济社会发展中发挥出重要的引领和支撑作用，努力将北京建设成为有国际影响力的科技创新之都。

我们将加强依法行政，自觉接受市人大及常委会的工作监督、法律监督，做好推动高新技术在首都经济社会发展中的应用工作。

以上报告，提请市人大常委会审议。

关于对市政府推动高新技术在本市经济社会发展中应用工作的意见和建议

——2009年9月23日在北京市第十三届人民代表大会常务委员会第十三次会议上

市人大教育科技文化卫生体育委员会主任委员 梁 平

主任、各位副主任、秘书长、各位委员：

为协助常委会做好对市政府关于推动高新技术在本市经济社会发展中应用情况报告的审议工作，德印主任亲自挂帅，教科文卫体委员会围绕市政府推动高新技术应用工作的总体思路、采取的措施、取得的成效，以及本市科技创新战略、科技管理体制和机制问题，开展了调查研究。组织部分常委会组成人员、教科文卫体委员会委员和市人大代表，先后听取了市科委和市政府相关部门的工作汇报，部分区县主管区县长和科委主任、部分高新技术企业、科研院所、高等院校以及科技中介组织的意见和建议，并在市人大常委会网站上公开征求了社会各方面的意见。

在调研过程中，我们及时将发现的问题以及各方面对该项工作的意见反馈给市政府相关部门。9月1日，部分常委会组成人员、教科文卫体委员会委员和市人大代表进行了视察。当日，教科文卫体委员会召开第八次会议，讨论了市政府的专项报告，形成了委员会对此项工作的意见和建议。

一、市政府推动高新技术应用工作取得了明显成效

近年来市政府认真贯彻落实中央和市委的决策部署，以首都经济社会发展需求为导向，以体制机制创新为动力，以提高自主创新能力为核心，采取了一系列措施，积极推动高新技术在本市经济社会发展中的应用，取得了明显成效。

市政府及其有关部门出台了多项政策文件，优化有利于高新技术应用的政策环境；制定并实施《北京市中长期科学技术发展规划纲要（2008—2020年）》，发布《“科技北京”行动计划（2009—2012年）——促进自主创新行动》；加大政府投入力度，发挥政府投入的引导作用，引导企业开展高新技术的应用。2007年北京地区全社会研发经费占地区生产总值的比例达到5.8%；推进重大产业项目建设，实施重大科技专项工程，形成产业聚集效应，带动高新技术应用；搭建服务平台，为高新技术应用提供统筹协调和综合服务，促进企业和科研院所紧密合作。

市政府推动高新技术应用的工作，加快了我市高新技术产业的发展速度，推动了产业结构优化升级。2004—2008年，我市高新技术产业保持了年均23.2%的增长速度；今年上半年，我市服务业增加值增长10.5%，占地区生产总值的比重达到74.6%；汽车和生物医药产业等现代制造业实现增加值分别同比增长7.3%和14.8%。一大批高新技术成果在奥运会筹办期间得到应用，为奥运会

成功举办提供了支撑，奥运会后开展了富有成效的科技奥运成果的推广应用。高新技术在首都社会发展、城市建设和管理以及改善民生中得到了应用。通过搭建城市管理信息化平台，提升了城市建设和管理水平；垃圾焚烧发电、餐厨垃圾处理等技术的应用，为全市生活垃圾无害化处理提供了科技支撑；污水处理、再生水利用等技术的应用，加强了水资源的保护和利用。高新技术在经济社会发展中的应用，为促进城乡协调发展，改善民生和促进社会和谐，推动首都创新型城市建设和科技北京建设，保持首都经济社会平稳较快发展作出了贡献。

委员会认为，报告真实反映了市政府推动高新技术在本市经济社会发展中应用的情况，认真总结了近年来推动高新技术应用的做法和成效，准确找出了当前存在的主要问题，提出了下一步的工作思路和措施，委员会同意这个报告。

主任、各位副主任、秘书长、各位委员，当前，首都经济社会发展正在进入一个新的发展阶段，面临新的形势任务。特别是面对国际金融危机的影响和挑战，要保持首都经济社会的持续较快发展，实现市委提出的建设“人文北京、科技北京、绿色北京”的任务，必须把科技创新作为一项全局性、战略性措施来抓，充分发挥科技创新对经济社会发展的引领和支撑作用。在调研中我们认识到，推动高新技术在经济社会发展中的应用，是政府科技管理的重要内容，是发挥科技创新作用的重要体现。然而，只有从科技创新的整体战略出发，通盘考虑科技创新的组织、体制、制度、机制等方面的问题，才能进一步发挥首都的资源优势，解放科技生产力，也才能解决好高新技术应用中面临的各种问题。因此，需要将高新技术应用作为整个科技创新工作的一个组成部分，从更高的角度，以更宽的视野，深入研究解决科技创新面临的各种问题，从首都发展的战略上加以考虑。委员会根据调研中了解的情况，主要围绕我市在科技创新中存在的主要问题，对市政府进一步提升科技创新在首都发展中的战略地位及其相关工作提出意见和建议。

二、对市政府下一步工作的建议

委员会认为，当前我市的科技创新工作还存在一些问题。一是科技创新在首都发展中的战略地位还有待提升。在实际工作中，科技创新往往被当作科技系统的任务，主要局限于市政府部门工作的层面，还没有完全提升到关系首都经济社会发展的全局性、战略性的地位加以组织、统筹和协调。如何充分发挥首都的科技优势，在为中央机构做好服务的同时，加强中央科技资源与北京经济社会发展的结合，还需要研究更有效的组织模式。二是科技管理的体制和机制还需要深化改革。以经济社会发展需求为导向配置科技资源的管理体制有待健全，产学研结合、以企业或企业化组织为核心、多种创新主体协同创新加快高新技术应用的体系和机制还不完善，科技中介组织的作用还需要加强，科技人员的积极性和创造性还没有得到充分激发。三是政府领导科技工作的职能还需要更合理的定位。对于如何在市场经济条件下，发挥政府推动科技创新的主导作用和市场配置创新资源的基础性作用；政府行使科技管理职能的边界、重点和方式等，有待进一步的明确。营造良好的创新环境、培育社会创新意识的工作还有一定差距。

针对这些问题，我们提出如下建议。

（一）进一步明确科技创新在首都经济社会发展中的战略地位，坚定不移依靠科技创新求发展

首都得天独厚的科技创新资源，是本市科学发展的决定性因素。真正地依靠科技创

新实现首都经济社会和谐、全面、可持续发展，是贯彻落实科学发展观、推进“人文北京、科技北京、绿色北京”建设的本质要求，是当前应对国际金融危机、挖掘潜在市场的根本对策，是推动产业结构升级，缓解人口、资源、环境矛盾的重要手段，是首都奥运会后新阶段的战略选择。

建议市政府进一步提升科技创新的战略地位，把推动科技创新从局部的、部门的工作，上升为全局的、市政府统筹协调的战略任务。切实发挥“科技北京行动计划”协调工作小组及其办公室的作用，整合经济社会发展战略与科技创新战略，协调经济、社会、科技等公共政策，统筹科技创新管理活动。完善科技行政管理部门牵头，发改、经信、财政、金融、科技园区等市政府多个部门的协作机制，集中力量、集成资源，建立统一的科技创新管理服务平台。

建议市政府明确提出建设全国科技创新中心和服务中心的战略任务。从发展战略的高度谋划和推动科技创新，建立和巩固全国科技创新中心的地位，推动科技特别是高新技术在本市以及全国经济社会发展中的应用。大力发展科技服务业，用科学技术提升传统服务业、支撑新兴服务业，在金融服务、咨询、旅游、医疗、文化创意、工程设计、技术转移、研发服务等领域，占据服务业链条的高端，成为全国服务业的龙头。

（二）健全组织模式，发挥首都科技创新优势

首都科技创新具有独特的资源优势，国务院批复建设中关村国家自主创新示范区提供了首都创新发展新的契机，实施国家创新战略也要求首都发挥科技创新的引领、辐射和示范作用。因此，我市的科技创新工作，要进一步突出首都概念，在服务和利用好中央机构上作文章。

建议市政府研究建立由我市和国家有关部门共同组成的首都科技创新协调机构，强化与中央机构的融通，在做好为中央所属机构服务的同时，积极承接国家重点科技创新项目，积极争取中央在京企业、大学、科研院所的科技、资金、人才资源支持，培育在市场经济条件下技术合作、责任共负、风险共担、成果共有、利益共享的首都经济技术合作新机制。通过扎实的工作，真正破除条块分割，协调解决信息与科研条件共享、人才培养与流动、科技成果应用等方面的问题。

（三）完善科技管理体制，营造良好创新环境

建立完善的科技管理体制，必须充分发挥政府推进科技创新的主导作用、市场配置科技创新资源的基础作用、企业组织实施科技创新的主体作用、科技人员创新的能动作用，营造有利于科技创新的社会环境。

建议市政府进一步转变职能，发挥好规划、组织、协调、服务的作用。一是制定好首都科技创新战略规划，完善科技创新的法规与政策，针对经济社会发展需求确定科技创新的战略重点和路径选择，引导和规范科技创新活动。加强对科技创新管理规律、产业技术发展趋势的研究，围绕首都发展的重大问题，综合系统地运用自然科学、社会科学、工程技术及现代分析方法，把握产业发展趋势和社会发展需求，制定首都优势产业发展技术路线图。二是挖掘和梳理产业发展、城市建设与管理等方面的科技需求，策划和组织实施重大科技项目，利用市场机制调节各种创新主体的利益关系，利用好资本市场，打通产业资本、金融资本与科技资源融通的渠道，充分发挥技术市场、科技中介组织和产业技术联盟的作用，引导、支持多种创新主体以企业为核心、市场化运营，结成紧密的利益共同体，进一步完善首都科技创新体系。三是解决好在科技创新活动中资本和人的劳动之间的利益分配问题，加强知

识产权的创造、运用、管理和保护，充分发挥科技人员的创造性。四是贯彻管理就是服务的理念，提高为各类创新主体、各种创新活动服务的质量和水平。当前特别要把帮扶科技企业渡过难关作为重要任务来落实好，尽快让企业享受到政策的实惠。五是政府发挥规划、组织、协调、服务的职能，要求科技管理干部成为组织人才，而不仅仅是项目专家；要求政府作出有利于统筹协调的组织和制度安排，科技主管部门的内部机构设置，也需要作出相应的调整；财政科技经费，主要应当投入到战略研究与策划，制定法规、政策与规划，需求调研和技术选择，重大项目的组织和协调，创新环境的营造等方面。

（四）组织实施一批重大项目，加强高新技术的应用

建议市政府抓紧选择一批对我市经济社会发展有重大影响的科技项目，抓住不放、强力推动，用好用足有关政策，集中市政府相关部门的力量，广泛发动市场资源，抢先一步取得重大技术突破、获取自主知识产权，增强在制定技术标准上的话语权，占据产业链的高端。同时，在组织实施重大项目的过程中，探索和检验科技管理改革的经验，走出一条真正依靠科技创新实现首都科学发展的新路。

一是把推动高新技术应用与首都建设节约型社会、发展循环经济、解决交通和环境保护等重大问题紧密结合起来，依托国际先进技术，选择重大科技项目，在北京以及全国推广应用相关技术和产品。二是针对农业发展中的难点问题，发挥首都农业科技优势，组织和部署科技力量，最大限度地利用好农地资源，在籽种、种禽种畜、疫苗等农业产业高端组织实施一批重大项目，建设辐射服务全国农业发展的科技创新基地。三是依托中关村科技园区，深入调查研究，把握产业技术发展趋势，在信息、通讯、生物医药、新材料等领域，抓住一批我市有优势或者有潜力的重大高科技产业项目，设计好项目组织模式和机制，集中资源和力量，力争取得重大突破，迅速占领市场，培育一批高科技品牌产品和品牌企业。

以北京奥运会为标志，首都的发展已经进入了从中等发达城市向发达城市迈进的新阶段，工作的重点将转移到全面提升城市国际竞争力和管理服务水平，建设能代表富强、民主、文明、和谐的社会主义中国的首善之区上来。要实现这个任务，必须把科技创新提升到首都发展战略的高度，切实转变发展思路，抓住历史机遇，深化科技管理改革，发挥首都资源优势，调动一切积极因素，推动首都经济社会全面健康发展。

以上意见和建议，供常委会组成人员审议时参考。

关于“加快南城建设，促进首都经济社会协调发展”议案办理情况的报告

——2009年9月24日在北京市第十三届人民代表大会常务委员会第十三次会议上

北京市常务副市长 吉 林

主任、各位副主任、秘书长、各位委员：

我代表市人民政府，向市人大常委会报告本市“加快南城建设，促进首都经济社会协调发展”议案办理工作情况。

在今年市十三届人大二次会议上，共有五个代表团（218位代表）就加快城市南部地区建设和促进首都经济社会协调发展联名提出了议案，从功能区建设、产业发展、民生改善等方面提出了意见和建议。这些意见和建议中肯、务实，很有针对性，对于更好地加快城市南部地区建设，促进首都经济社会协调发展很有意义。经主席团同意，市人大常委会将五个代表团所提议案合并为“加快南城建设，促进首都经济社会协调发展”议案，交市政府办理。

奥运会以后，本市经济社会发展进入了一个新的阶段，加快城市南部地区发展已成为全市发展的重大战略之一。本市在长期的历史发展过程中形成了“南城”的概念。在地域范围上，南城原来主要指崇文、宣武两区，后来加上丰台区，本报告所指城市南部地区包括崇文、宣武、丰台、房山和大兴五区。城市南部五区总面积3367.1平方公里，占全市的20.5%；2008年年底常住人口461.2万，占全市的27.2%；地区生产总值1400.4亿元，占全市的13.4%。五区分布在四类功能区中，既有属于首都功能核心区的崇文区、宣武区，又有属于城市功能拓展区的丰台区；既有属于城市发展新区的大兴区和房山平原地区，还有属于生态涵养发展区的房山山区。不同区域功能定位不同，面临的发展问题就不同。因此，按照统筹兼顾、分类指导的要求，找准城市南部五区的共性和差异性所在，统筹解决一批基础设施和公共服务等共性问题，有针对性地解决一批产业发展等差异性问题，是加快城市南部地区发展、同时也是进一步寻求首都经济社会新发展的必然选择。

在议案办理过程中，市人大常委会高度重视。杜德印主任亲自督办，多次深入城市南部五区调查研究，对议案办理给予了多方面指导，明确提出了将议案办理与促进城市南部地区发展紧密结合起来，未来三年，力争在重大基础设施、重点功能区、主导和特色产业、民生改善等四个方面集中精力解决一批重大问题，为城市南部地区未来发展积极创造条件。

市政府高度重视议案办理工作。为了将议案办好、办实，市政府专门成立了议案办理工作协调小组，由我负总责，市政府副秘书长协调，市发展改革委牵头，市财政局等34个相关部门和城市南部地区五区政府共同参与。各区、各委办局认真工作、密切配合，制定了详细的议案办理工作方案。几个月以来，先后召开了多次专题会议，研究部署议案办理工作，组织部门和专家深入城市南部

地区各区做了大量调查和研究，与人大代表多次沟通讨论，对社会各界的发展需求进行了认真梳理，形成了本议案办理报告。本报告已经市政府第49次常务会讨论通过。在议案办理报告的基础上，又进一步提出了《关于促进城市南部地区加快发展的行动计划》，准备以市政府名义印发执行。

一、近年来加快城市南部地区发展的主要成效

近年来，社会各界关于加快城市南部地区发展的呼声越来越高。市委、市政府高度重视，采取了多项措施积极促进城市南部地区加快发展，取得了一定成效。

（一）城市南部地区发展的战略地位和发展方向进一步明确

在城市总体规划修编和“十一五”规划编制中，进一步明确了城市南部地区在全市整体发展中的战略地位和作用。市十次党代会明确提出，要将北京城市南部地区建设成为“新北京富有活力的地区”，为未来城市南部地区的发展指明了方向。在近几年的年度国民经济和社会发展计划安排中，也对加快城市南部地区发展的重点任务作出了明确、具体的安排，为有步骤、分阶段地提升城市南部地区整体发展水平，提供了有力保障。各部门在工作中都非常重视城市南部地区工作，目前，市规划委、市发展改革委正牵头起草促进城市南部地区发展的意见，积极推进城市南部地区发展。

（二）对城市南部地区发展的政策引导进一步加强

土地出让金政策倾斜方面，对大兴、房山实行土地出让金全额返还，对崇文、宣武已累计返还78亿元。投资政策倾斜方面，在近期出台的《关于进一步规范和加强市政府投资区县项目管理的有关意见》中，进一步加大了市政府投资向城市南部地区的倾斜力度，政府投资比例一般比同类功能区其他城区高出近20个百分点。土地供应政策倾斜方面，2008年，城市南部地区征地和农用地转为建设用地审批面积占到全市的33%，土地供应面积占到全市的20%。在国有老字号企业改革发展等方面采取积极措施，支持了老字号聚集较多的城市南部地区的发展。在其他出台的一系列政策意见中也对城市南部地区给予了重点考虑。如《关于促进生态涵养发展区协调发展的意见》将房山区的山区部分纳入生态涵养发展区范围，享受生态涵养发展区相关政策；《“十一五”时期物流发展规划》、《北京市流通业发展分类指导目录》等也强调积极引导大型流通设施向新城、城市南部地区和郊区转移。这一系列政策、措施对城市南部地区加快发展发挥了积极的促进作用。

（三）支持城市南部地区产业优化升级力度进一步加大

近年来，市委市政府非常重视对城市南部地区产业功能的培育和提升，大力推进了中关村科技园丰台园、大兴生物医药基地、丽泽金融商务区、龙潭湖体育产业园等一批产业功能区的建设和发展，着力推动了京西重工并购德尔福、北京市与国防科工集团合作等一批重大项目，支持了一批“三高”企业以及不符合首都功能定位的产业加快退出。以金融保险、商贸物流、信息服务、旅游会展、商务服务为代表的新型产业格局在城市南部地区逐步形成，产业结构优化升级的步伐逐步加快。

（四）城市南部地区的发展环境得到进一步改善

近年来，市委市政府越来越重视改善城市南部地区的发展环境，从基础设施到公共服务，从资源保障到生态环境，实施了一批重大项目，发展条件得到较大的提升。基础

设施建设方面，全面加快了城市南部地区交通体系建设，服务于城市南部地区的8条轨道交通线路全部有了时间表，其中建成里程达19.6公里，在建里程达103.1公里。城市快速路和联络线重点推进，崇文、宣武、丰台等一批城区路网建成通车，房山、大兴新城路网和外部交通体系加快实施。能源、水资源保障方面，建成了三热燃气发电、草桥燃气供热厂、郑常庄燃气热电厂等一批重要城市热源点工程，实施了一批清洁能源改造、老旧热网改造等能源安居工程，全面启动了房山和大兴等新城的集中供热工程，极大地改善了城市南部地区的供热条件。城市供水、污水、地下管线等基础设施条件得到较大程度完善。公共服务提供方面，实施了国家话剧院、市新少年宫等一批重大社会公共服务项目。推进了北京八中大兴分校、十三中房山青龙湖分校等建设。支持了房山、大兴等区域性医疗中心以及崇文、大兴文化馆、图书馆等一批公共卫生、文化、体育项目建设。生态环境建设方面，推进了一、二道绿化隔离带、污水处理厂升级改造、郊野公园、小流域治理、河湖整治、矿山修复等工程，城市南部地区环境明显改善。

（五）支持城市南部地区发展的各类资金投入进一步加大

市级固定资产投资方面，2006年至2008年的平均投资比2003年至2005年增长了83%；仅2008年，向城市南部地区倾斜就实现了两个成倍增长，即城市南部地区安排政府投资比前三年平均水平增长一倍，城市南部地区区县项目投资较上年增长70.7%，比城八区增幅高出一倍。财政资金方面，市政府每年安排了5亿元的“南城发展转移支付”、5.8亿元的旧城区解危排险专项资金。2008年市级财政对崇文、宣武区又各安排了2.5亿元资金，集中对旧城区历史风貌保护区内的重点院落、街巷进行保护和整治。2009年根据市委、市政府《关于进一步完善市与区县分税制财政管理体制的通知》要求，市级财政向城市南部五区大幅倾斜，新增财力达63亿元。大规模市级资金的投入对于促进城市南部地区发展提供了财力保障。

近年来城市南部地区的建设和发展取得了较大成绩，这是全市大力支持的结果，也是城市南部各区共同努力的结果。应该说过去的三年是城市南部地区历史上发展较快的三年，是城市面貌改善较大的三年，是城市南部地区发展问题解决较多的三年，也是城市南部地区群众得到实惠较多的三年。城市南部地区经济发展整体水平实现稳步提高。2008年地区生产总值达到1400.4亿元，地方财政收入完成131.8亿元，分别为2004年的1.43倍和1.87倍。基础设施水平有了较大提升。已完成地铁5号线、京津城际轨道交通（北京段）、北京南站改造等重大工程，实现了轨道交通大提速和“区区通高速”、“村村通油路”。公共服务和民生状况有了较大改善。各级各类教育办学条件明显改善，社区卫生服务基本实现城乡全覆盖，文化体育服务网络加快构建，公共安全保障条件日益巩固，社会公共服务设施逐步升级，功能不断完善。生态环境有了较大提升。城市南部地区控制大气污染各阶段治理任务圆满完成，空气质量明显改善。2008年，城市南部地区绿化率达到41%，比2004年提高约8个百分点。

二、城市南部地区发展的主要问题及成因

尽管城市南部地区发展取得了一些成效，但必须客观地看到，城市南部地区发展还相对滞后，诸多领域还存在着一些突出矛盾和问题。

（一）主要问题

经济发展的总体水平还相对较低。只就

经济总量的比较来说，2008年南北城相比，城市南部五区GDP总量为城市北部五区的五分之一；人均GDP、全社会固定资产投资额、社会消费品零售额相当于城市北部五区的三分之一；财政收入仅相当于城市北部五区的四分之一。

高端要素的集聚能力还相对较弱。全市高端产业功能区主要分布在城市北部地区，城市南部地区相对较少。城市南部地区的企业总部少，国务院国资委直接监管的大型央企、在京投资的近200家世界500强企业近九成分布在城市北部地区。城市南部地区地均GDP仅为城市北部地区的六分之一。

社会发展还相对滞后。从人口结构来看，常住人口中每万人本科学历以上人数仅相当于城市北部地区的46%，享受低保的人口比重比城市北部地区高2.5个百分点。从社会公共服务设施来看，城市南部地区大型、优质的公共服务设施相对缺乏。优质教育资源较为不足。医疗卫生机构数量不到城市北部地区的三分之一，其中，50家三级甲等医院中，城市南部地区仅有11家。公共图书馆藏书仅为城市北部地区的十四分之一。全市50家大型博物馆，分布在城市南部地区的只有6家。基本公共服务设施标准化配套不足，区级文化、体育中心等建设亟待加强。

基础设施和环境支撑还相对不足。城市南部地区路网系统性、整体性不强，跨区连接通道少，仅有京石、京开两条快速放射线；主干路网仅实现规划的48%；路网密度每平方公里1.9公里，仅为全市平均水平的59%；断头路多，微循环不畅。城市南部地区缺水、少绿，影响环境整体品质。缺少主力供水厂，缺水问题较严重；供水管网不完善，安全保障能力低。城市绿化率低于全市平均水平2.3个百分点，缺少集中成片的城市绿地。雨污水收集系统不完善，崇文、宣武、丰台三区的积水点占城八区总量的40%。

（二）主要原因

城市南部地区发展相对滞后有多方面的原因。主要是：

历史原因和传统观念对城市南部地区发展有一些不利影响。在北京发展史上，城市南部地区承载的城市功能、人口结构、基础设施和生活环境等长期处于相对较低的水平，解放前就已经形成了相对滞后的基本事实。北部地区的生态环境好于南部地区，重北轻南的传统观念长期以来客观存在，导致一些优质要素自发选择在城市北部地区发展，城市南部地区在整个城市发展过程中长期处于弱势地位。

建国以来优质资源和重大活动配置的“重北倾向”进一步拉大了南北城的差距。计划经济时期，行政机关、科教文卫中心和企业总部主要布局在城市北部地区。城市北部地区借助资源优势，高技术产业、现代服务业加快发展。同时，在亚运、奥运等大型赛事的带动下，城市北部地区的基础设施、公共服务更加完善。相比之下，城市南部地区这方面的机遇较少，发展步伐相对较慢，南北城差距有进一步拉大之势。

南北城在基础设施和环境条件上的差距进一步加大了市场配置资源的失衡。城市南部地区基础设施总体滞后，环境条件差距明显，对高端要素缺乏足够的市场吸引力，自主发展能力有限，市场自发动力不足。市场经济条件下社会投资往往自发选择在城市北部地区发展，进一步加大了南北城资源配置的差距。

目前，城市南部各区发展的积极性很高，各方面发展需求很多。既有对缩小基础设施、公共服务等差距的迫切需要，也有对经济社会跨越式发展的期盼。但是，还要客观地看到，加快城市南部地区发展将是一个长期、艰巨的任务，不可能一蹴而就，要有长期攻坚的思想准备，要做好长远谋划，要对城市南部地区发展的阶段性目标进行系统设计，要调动好各方面力量，积极、主动、长期、逐步地缩小差距，促进南北互动，构建区域协调发展的新格局。

三、加快城市南部地区发展的总体思路

（一）城市南部地区发展的机遇与优势

奥运会后本市进入新的发展阶段，城市南部地区的发展正面临难得的机遇。一是促进城市南部地区加快发展已经成为全市各界的共识；二是奥运会之后，全市把更多的资源和精力投入到城市南部地区发展上来成为可能；三是随着城市发展的土地瓶颈日益凸显，城市南部平原地区的土地空间优势逐渐显现；四是城市南部地区作为本市参与京津冀区域合作的重要门户通道，其区位优势不可替代；五是城市南部地区基础设施和发展环境不断改善，对高端要素的吸引力进一步增强；六是随着本市城市整体形象、经济实力的提升，城市化、市场化、国际化、现代化步伐加快，更多新的发展要素看好本市，城市南部地区的发展机会也进一步增多。同时，城市南部地区各区发展的积极性很高，为促进城市南部地区加快发展提供了有力保障。

总体考虑，城市南部地区的发展要注重把握机遇、发挥优势，抓住制约城市南部地区发展的突出矛盾和关键环节，进一步缩小城市南部地区发展条件和公共服务等方面差距，进一步强化城市南部地区的产业、文化和对外服务等功能，努力将城市南部地区培育成为城市协调发展的新区域、首都高端产业发展的新空间、京津冀区域合作的桥头堡，成为“人文北京、科技北京、绿色北京”中一个新的富有活力的地区。

（二）未来三年的发展思路

以科学发展观为指导，落实“人文北京、科技北京、绿色北京”的战略部署，按照集中力量、分类指导、分阶段解决一批重大问题的原则，循序渐进，重点突破。以功能提升为重点改善城市南部地区发展形象，以基础设施提升为重点优化发展环境，以产业集聚和业态创新为重点带动区域经济，以公共服务提升为重点促进民生改善。有步骤、分时序实施一批重大工程，配置一批重大项目，集成一批资金政策。着力打基础、调结构、上水平，为城市南部地区乃至首都经济社会的进一步发展奠定更加坚实的基础，并力争使城市南部地区相对滞后的发展面貌得到较为明显的改善。

（三）加快城市南部地区发展的主要原则

加快城市南部地区发展，是一项十分艰巨、复杂、长期的系统工程。因此，促进城市南部地区加快发展必须注意遵循以下原则。

政府推动，市场跟进。注重发挥政府和市场两个主体、两种机制的作用。在起步阶段，要注重发挥政府的主导作用，进一步明确区域功能定位，加强规划引导，缩小发展条件的差距。同时，在推进城市南部地区建设的整个过程中，要始终发挥市场在资源配置中的基础性作用，吸引社会投资参与城市南部地区建设发展。

夯实基础，营造环境。把“打基础，调结构，上水平”作为未来三年促进城市南部地区加快发展的着力点，进一步加强城市南部地区基础设施、公共服务和产业发展环境等方面的建设，为产业结构优化、发展条件改善、生活水平提高创造条件。

循序渐进，分步实施。发展城市南部地区是一个长期的历史过程。面对发展中的诸多矛盾和问题，必须安排好建设的时序和步骤，统筹好当前与长远的关系。近期要优先缩小基础设施、公共服务和产业功能区建设等发展条件的差距，“筑巢引凤”，提升发展活力，为城市南部地区长远发展奠定坚实的

基础。

统筹兼顾，突出重点。在统筹经济社会各方面发展的同时，重点抓住基础设施建设、产业功能区开发、主导特色产业培育和民生改善四大领域，“输血”与“造血”并重，以点串线，以线带面，努力提升城市南部地区的自我发展能力。

部门联动，分类指导。根据各区的功能定位，围绕重点任务，积极完善相关政策。既要注重资金的注入和投资项目的布局，又要注重政策的倾斜和体制机制的完善。要根据各类功能区不同的发展取向，实施差异化政策。各部门要互相支持配合，形成合力，共同促进城市南部地区加快发展。

市区两级，共同推进。充分发挥市区两级政府的作用，在市政府的统筹协调和支持帮助下，进一步调动区县政府的积极性、主动性和创造性，同时，提高市民参与区域发展和建设的积极性，依靠多方面力量，共同推进城市南部地区加快发展。

南北协调，良性互动。在统筹区域发展的过程中，要注重南北城的优势互补、互利共赢，促进南北城长期、动态、均衡、协调发展。

四、未来三年加快城市南部地区发展的主要任务与措施

（一）加快城市南部地区基础设施建设，为城市南部地区发展提供强有力的支撑条件

未来三年将统筹实施一批交通、水资源、环境、能源项目，切实提高基础设施承载能力，为加快城市南部地区发展提供有力支撑。

1. 推进一批重大交通设施建设，构建城市南部地区快速交通体系。加快建设一批轨道交通线。未来五年，力争将服务城市南部地区的7条轨道交通线全部建成通车，新增运营里程188.5公里。打通一批跨区交通通道，基本解决城市南部地区交通瓶颈。南北通道方面，开工建设京台高速、蒲黄榆快速路、万寿路南延、马家堡西路南延4条南北通道，力争实现大兴新城进出中心城区的通道由目前的京开高速1条增加到4条。西南通道方面，开工建设京石二高速、丰良路、京良路及其西延、梅市口路西延、南水北调巡线路4条通道，力争实现房山新城进出中心城区通道由目前的京石高速1条增加到5条，缓解杜家坎交通瓶颈的压力，逐步解决丰台河西地区交通通道不足的问题。跨区联络线方面，开工建设黄良路、房黄亦路等3条跨区联络线，构建城市南部地区区域间路网主骨架。建设石榴庄路西延、兴华大街南延、房山新城东环路等一批主干路，完善城市南部地区城市路网主骨架。

2. 实施一批环境精品工程，尽快改变城市南部地区的环境面貌。重点建设南干渠、大宁调蓄水库等南水北调配套工程，启动郭公庄水厂、丁家洼水厂等配套水厂建设，实施中心城区供水管网改造和自备井置换，为城市南部地区安全供水提供保障。加强城市南部地区生态环境水源建设，建成卢沟桥、吴家村、大兴黄村等一批高品质再生水厂，年新增高品质再生水3亿立方米。实施丰草河、马草河、吴店河等河道治理工程，恢复重点河道水系生态功能。加快建设南中轴森林公园一期、三海子郊野公园一期及一批郊野公园等工程，提升城市南部地区环境品质。提高城市南部地区生活垃圾的处理能力，力争新增日处理生活垃圾1万吨。

3. 大力支持城市南部地区能源项目建设，为城市南部地区发展提供安全可靠的能源保障。积极推进丰台石榴庄路热力管线、蒲黄榆路热力管线等工程建设，提升城市南部中心城区集中供热水平。加强新城集中供热，新增供热能力2800万平方米。加快推进西南（大灰场）热电中心等重大城市热源点建设，

新增集中供热面积2500万平方米，新增本地发电能力约140万千瓦。加强丰台、房山、大兴等区输变电工程建设，解决电力瓶颈问题。

要加快推进城市南部地区信息基础设施提升工程，建设城市高速信息网络，为信息产业加速发展创造良好条件。

（二）以吸引高端要素聚集和创新发展业态为目标，大力提升和培育城市南部地区重点产业功能区

产业功能区是承载和提升产业的重要平台，是增强区域“造血”功能的关键。未来三年，要加快推动城市南部地区产业调整升级，积极构建“一轴一带多园区”的城市南部地区产业空间格局。

1. 加快推进南中轴建设，促进经济文化融合发展，发展新业态。依托城市南部地区文化基础，促进经济与文化融合发展。布局上依托自北向南的前门—天桥历史文化风貌集聚区、永外—大红门服装文化商务区、大兴新媒体基地组成的南北向轴，集成城市南部地区的历史、民俗、演艺、服装和传媒文化，通过规划引导、提升基础设施、开发地下空间、引入高端产业要素、创新经营模式等，发展新的文化业态，实现文化创意产业各功能区的互联互动，将南中轴展现出来。

2. 启动永定河水岸经济带建设，构建西部绿色经济走廊。整体推进永定河水环境、生态建设和经济发展，加强水资源保护和配置体系、防洪减灾体系建设，加大生态环境建设力度，逐步吸引高端产业项目落户，将永定河沿岸地区逐步建设成为兼具优美生态环境和良好经济发展态势的水岸经济带。

3. 提升产业园区的发展能级，发挥高端引领作用。要继续做大做强亦庄等现有高端产业功能区，增强其辐射能力，带动城市南部地区发展。同时，还要积极培育建设新的产业功能区，提升南部地区对高端产业的集聚和承载能力。要加大对园区基础设施及配套建设的支持力度，完善环境，大力引进高端要素，发挥高端引领功能。

丽泽金融商务区。丽泽金融商务区是首都金融和商务服务业发展的新空间。当前，要加快园区规划编制工作，加快推动园区建设，为大型产业项目早日入驻创造条件。要加快园区的土地一级开发和地下空间开发；加快内部路网和外部联络线建设；加快水电气热等配套市政设施建设。同时，要加大园区推介力度，并参照本市支持金融业发展的相关政策，支持丽泽金融商务区发展。

中关村丰台科技园。强化园区高技术服务业、总部经济基础，加快东区三期建设，启动西区开发，完善基础设施和公共服务平台建设，提升丰台科技园对城市南部地区发展的辐射带动作用。

大兴生物医药基地。抓住振兴生物医药产业机遇，通过加快园区土地一级开发，拓展新的产业承载区域；通过搭建园区公共服务平台，促进首都医药产业资源的整合；加快自主创新成果在园区产业化，使园区成为促进城市南部地区产业结构升级的重要推动力量。

大兴新媒体产业基地。充分发挥星光影视园龙头效应，加快园区一级开发和热电等配套工程，积极吸引全国各省市电视台驻京机构等入驻，建设国内最大最强的综艺节目制作中心。

龙潭湖体育产业园。加快龙潭湖体育产业园建设，鼓励充分开发利用地下空间资源，积极引导国内体育俱乐部、体育彩票、体育传媒、体育研发、体育赛事策划中心和体育品牌中心等入驻园区，支持体育产业孵化器等建设发展，打造具有广泛影响力的新型体育产业和体育产业集聚区。

广安产业园区。充分发挥广安产业园区

地处核心区、有空间、交通便利的优势，加快土地一级开发、道路基础设施和配套市政设施建设，同时参照本市支持高端功能区产业发展的政策意见，支持金融机构地区性总部、出版、传媒等企业入驻，将广安产业园区发展成新兴高端产业集聚区。

良乡高教园区。加快北京理工大学、中国社会学院研究生院等新校区建设，完善园区基础设施，加快公共服务配套设施建设，积极支持高技术产业孵化器建设运营，借助园区高校吸引高技术产业项目进入，为城市南部地区聚集高技术、人才等优质"种子"要素，增强可持续发展后劲。

北京石化新材料科技产业基地。以燕房合作为依托，加快道路基础设施和配套市政设施建设，有序引导全市石化新材料产业向产业基地集中，培育和发展与大项目、大企业配套的高端新材料产业集群，延伸产业链条，提高资源综合开发利用水平，发挥区域带动作用。

此外，要积极推进房山窦店产业基地建设发展，支持产业基地土地一级开发、基地路网、园区联络线和配套市政设施建设，加快产业培育，推动与北京经济技术开发区的合作，为城市南部地区现代制造业提供新的发展空间。

（三）发挥重大项目的引领和带动作用，创新发展业态，促进城市南部地区主导产业形成和特色产业发展壮大

未来三年，要把产业的发展壮大作为加快南部地区发展的主攻方向，发挥城市南部地区作为发展门户吸纳高端要素进入、辐射周边发展的桥梁纽带作用。对已有的业态，要进一步加快其改造升级的步伐，逐步实现传统产业元素与现代发展方式和经营模式的融合，焕发新的活力。同时，要积极规划和实施一批重大项目和重大活动，发展新业态、寻求新发展、实现新带动，使城市南部地区产业升级步伐与本市城市化、现代化、市场化、国际化的发展趋势相适应，与城市发展的新阶段相适应。积极争取和重点支持一批带动性强的产业项目在城市南部地区实施，推动城市南部地区与城市北部地区在产业发展上的相互合作与配套，在此基础上实现结构调整、水平提升。要促进总部经济在城市南部地区加快发展，同时进一步优化中小企业发展环境，促进城市南部地区主导产业形成和特色产业壮大。

1. 加快一批高端服务业项目在城市南部地区发展。大力发展金融、文化创意、旅游、物流等现代高端服务业，增强城市南部地区的"造血"机能。促进城市南部地区金融产业的发展与提升。大力支持新华08等重大金融项目和交易所、股权基金、控股公司、财务公司、外资银行等金融类机构入驻丽泽金融商务区等新兴高端产业功能区。做大文化、旅游等特色优势产业。支持文化创意产业总部在城市南部地区发展，推动影视节目制作、动漫等龙头企业落户城市南部地区。统筹考虑旅游资源开发和品牌营销。打造京味文化游，重点支持前门、大栅栏、琉璃厂京味文化体验游、北京会馆文化游、天桥演艺园区等项目建设。加快丰台河西生态休闲旅游带的开发建设，建设丰台河西北宫、鹰山森林公园及向西南延伸的生态休闲旅游线路。加快西南山区旅游带的建设，完善世界地质公园景区内外部道路体系，重点支持石花洞、十渡等风景区升级改造，发挥西南部旅游资源潜力，打造西南山区旅游精品路线，为市民开辟更多的西南休闲旅游场所。加快城市南部地区商贸、物流业发展。立足城市南部地区的区域交通优势，充分发挥城市南部地区作为连接北京市和我国南方物流重要节点的辐射带动作用，加快专业物流园区和物流中心建设，培育现代交易型物流等新业态，拓展第三方物流。积极支持社会资金在城市

南部地区建设大型商贸设施，增强城市南部地区的商业活力。充分挖掘新建重大基础设施带来的潜在机遇，在重要交通节点建设若干“金十字”产业集聚区。在蒲黄榆路与三四环交汇区、房山、大兴轨道交通线与城市主干道、城市快速路交汇区等，实施道路两侧或地下地上一体设计，促进生产性服务业等集聚。

2. 支持一批高新技术产业和现代制造业项目集聚发展。依托现有基础，将生物医药产业作为城市南部地区加快发展的战略产业进行培育，重点支持中药、疫苗、生物制药、医疗仪器、制药设备等生物医药产业集聚发展。依托燕房合作，发展高端石化新材料产业集群。实施重大项目带动，发展现代制造业。重点加快已有初步意向的央企、轨道交通车辆研发制造基地等装备制造业项目在城市南部地区启动。发挥京西重工并购美国德尔福汽车零部件项目的区域带动作用，支持采育汽车零配件基地发展，打造服务北京、辐射全国的汽车零配件产业集群。

3. 扶持一批城市南部地区具有一定优势的农业产业项目和重点镇产业项目发展，继续加大城乡结合部的整治和发展力度。发挥高端、高技术农业产业项目的辐射带动效应，大力扶持城市南部地区具有优势的花卉、种子和农产品加工等产业项目发展。扶持一批重点镇产业项目。重点发展与市级园区、大型重点企业相配套的产业。同时，布局一批都市工业项目，建设中小企业聚集地，带动镇域经济发展。加快城市南部地区城乡结合部整治，大力促进绿隔地区产业发展，推进相关改革试点工作。

4. 进一步淘汰和退出一批落后产业，大力发展新型替代产业项目。按照本市第十五阶段大气污染治理措施要求，对房山的水泥、石灰灰粉、采石、石板等资源型产业实行有序退出。在房山区重要旅游节点地区，加快旅游集散镇建设，促进资源型产业退出地区新型替代产业加快发展。

5. 推动产业业态升级与城市发展趋势相适应。在存量上，推动南城文化、商业等传统优势产业业态升级。促进传统商业等与现代工艺、现代传媒、时尚元素、现代营销相结合，突出特色，打造精品，提高商业形象和市场占有率。在增量上，结合城市功能演进规律，大力发展现代金融、文化创意、体育策划和体育赛事运营等高端服务业，提高产业素质，培育和发展适应新需求的新业态。

（四）实施一批重大民生工程，为加快城市南部地区发展提供良好的社会环境

重点布局一批带动性强的大型社会公共服务设施项目，支持一批社会基本公共服务设施建设，实施一批文保、危改、能源安居工程，提高城市南部地区社会公共服务供给的能力和水平，为加快城市南部地区发展提供良好的社会环境。

1. 增强城市南部地区社会公共服务设施的带动服务能力。布局一批重大科教文卫大型社会公共服务设施。力争全面建成国家话剧院、首都医科大学科研楼、宣武医院改扩建一期、周口店北京人遗址博物馆等重大项目；加快推进并力争完成北京儿童文化艺术中心、天坛医院迁建、建工学院新校区等重大项目，增强城市南部地区优质公共服务资源的服务水平。整合建设一批基本公共服务设施。进一步完善崇文、宣武、房山3个区级文化活动中心和大兴区体育中心等工程，推进城市南部地区基本公共服务水平进一步提高。

2. 加快改变城市南部地区历史风貌保护区、危改区的面貌。按照“解危先行、修缮为主、完善市政、适当疏散”原则，支持前门、大栅栏、会馆、挂牌院落等重点保护区的修缮改造，不断提升城市南部地区历史文化资源的价值。充分挖掘城市南部地区会馆、故居等文化资源价值，完成宣武安徽会馆、

粤东新馆等会馆腾退，以及绍兴会馆（鲁迅故居）、谭嗣同故居等名人故居腾退，增强城市南部地区历史文化的吸引力。支持丰台宛平城内外侧环路建设等文保区道路环境建设，打造一批特色街区，为立体展现文保区风采创造条件。着力实施好丰台南苑镇棚户区改造项目，妥善解决生活配套设施。

3. 加大力度推进能源等安居工程。在中心城区大力推进老楼通气、老旧供热管网、老旧给排水管网改造工程，在农村因地制宜实施“绿色燃气”、“阳光浴室”和“送气下乡”工程。

五、促进城市南部地区发展的政策考虑

积极完善推进城市南部地区重大项目的配套支持政策，同时建立健全支持城市南部地区发展的长效机制，加快城市南部地区发展。

（一）进一步发挥规划对城市南部地区发展的引导和支持作用

要发挥规划的引导作用，在市区两级的“十二五”国民经济和社会发展等规划中，对城市南部地区发展进行更深远的规划。要根据各类功能区的不同定位，在政策取向上更加注重分类指导。要对历史风貌保护区、城乡结合部地区、资源产业退出型地区的建设发展等重点问题进行深入的研究规划。要研究通过适当的规划调整，积极拓宽城市南部地区产业发展空间。研究在城市南部地区重点产业功能区，适当放宽规划条件。研究在重点交通沿线两侧布置产业发展带，适当增加产业用地指标。要集中在城市南部地区储备一批产业用地，加大城市南部地区土地供应力度，为产业项目落户城市南部地区创造条件。要积极探索改革城市南部地区历史风貌保护区土地供应方式，研究对文物及保护院落实行较为灵活的用地供应。

（二）加大城市南部地区人口疏解扶持力度

加大崇文、宣武区拆迁安置用房建设和筹措力度，在全市范围内统筹考虑并进一步明确崇文、宣武区年度安置房源指标，积极安置有搬迁意愿的人口。研究人口向外疏散的相关鼓励政策。

（三）积极探索多种投融资方式

加快城市南部地区发展面临着较大的资金需求，需要大量的资金注入。因此，要积极探索政府支持下的市场化融资方式，为加快发展提供资金支持。要加快城市南部各区投融资平台建设，研究探索使用特定重点功能区未来三年土地收益等政府资金支持投融资平台发展的多种途径。要根据公共事业项目公益性和市场化程度的不同，采用多种投融资方式，吸引社会资金参与。对公益性较强的项目的资金需求，可以通过国有资产重组等途径，放大投融资平台的投融资能力。对有一定市场化程度的项目的资金需求，可以考虑引进有行业发展经验、有实力的战略合作伙伴，共同搭建新的投融资平台。积极发挥市区投融资平台联动作用，创新投融资模式，支持有条件的城市南部地区投资开发公司通过发行企业债、或向银行贷款等方式，拓宽融资渠道。放宽政府垄断性行业准入，根据基础设施项目盈利程度，有针对性地采取特许经营、公私合营（PPP 模式）、建设移交（BT 模式）等方式。研究适当调高企业参与旧城危改项目的一级开发收益标准，鼓励企业参与旧城改造。

（四）建立健全促进城市南部地区发展的长效机制

要创新体制机制，加强统筹协调，为城市南部地区发展提供体制机制保障。进一步强化组织保障机制，加大组织协调、监督检查力度，增加城市南部地区建设发展事项在政府折子工程中的比重。实行重大项目优先配置机制，对符合城市南部地区功能定位和

实际需求的重大项目和重大活动，要优先考虑在城市南部地区布局，并在项目前期储备、审批、实施等环节主动向城市南部地区倾斜。深入推进区县合作机制，深化中关村科技园区与城市南部地区的合作发展机制、区县之间的产业对口合作机制、人口疏解和安置房源的对口支援机制。研究探索亦庄开发区和相关区县的税收分享机制，中心城区对丰台、房山、大兴的公共服务帮扶机制。建立城市南部地区建设发展推介机制，要积极发挥市区两级宣传推介城市南部地区的积极作用，不定期举办城市南部地区发展建设推介会，注重利用广播、电视、报纸、网络等多种媒体介绍、宣传城市南部地区，吸引国内外资金进入。

主任、各位副主任、秘书长、各位委员，推动城市南部地区发展是一项长期的系统工程，市政府虽然做了大量工作，但还需要下大力气继续推进，希望市人大继续监督市政府的工作进展，为城市南部地区的发展建设提出意见和建议。我相信，有市人大和各位委员、代表的支持和监督，城市南部地区的发展将进入一个新阶段，迈上一个新台阶。

以上报告，提请市人大常委会审议。

关于对“加快南城建设，促进首都经济社会协调发展”议案办理情况的意见和建议

——2009 年 9 月 24 日在北京市第十三届人民代表大会常务委员会第十三次会议上

市人大财政经济委员会主任委员　王　火

主任、各位副主任、秘书长、各位委员：

在今年市十三届人大二次会议上，崇文、宣武、丰台、大兴和房山 5 个代表团就加快南部地区建设提出了 5 件议案。经大会议案审查委员会审查，大会主席团决定，合并为“加快南城建设，促进首都经济社会协调发展”一项议案交市人民政府办理，由市人大常委会审议。常委会高度重视该项议案的办理，为做好议案督办工作，按照市人大常委会主任会议讨论通过的工作方案，成立了由杜德印主任、吴世雄副主任牵头，部分常委会委员、专委会委员和市人大代表参加的专题组，并由财经办公室负责议案督办的具体组织工作，城建环保办公室、农村办公室做好协办工作。专题组多次深入到崇文、宣武、丰台、大兴、房山等区进行实地考察，认真听取各区主要负责同志的意见和建议，围绕重大基础设施建设、重点产业功能区、特色主导产业、民生重点工程等方面开展专题调研，并就做好议案办理工作、增强监督实效提出明确具体的指导意见；常委会主要领导就加快南部地区建设及时与郭金龙市长、吉林常务副市长进行沟通、交换意见；先后听取市发展改革委、体育局、财政局、农委等政府部门的情况汇报，召开有提议案代表和相关部门参加的专题座谈会，广泛听取有关专家、基层干部群众的意见和建议，共同分析加快南部地区建设需要解决的主要问题，研究发展的总体思路。9 月 4 日，财经委员会召开第十四次会议，对市人民政府提请本次常委会审议的报告进行了认真讨论。

财经委员会认为，市人民政府历来重视

本市南部地区的建设和发展，近年来，按照市委提出的把北京南城及南部地区发展成为“新北京富有活力的地区”的要求和目标，在加快南部地区建设方面已经做了大量工作。对于今年市人大代表提出的议案，市政府高度重视，将议案办理工作和进一步推进南部地区建设有机统一起来，有针对性地提出了一系列重要举措并认真组织实施，取得明显进展。一是明确了战略地位。把加快城市南部地区的建设与发展作为推进首都科学发展、协调发展的全局性、战略性问题来抓。二是建立了工作机制。由吉林常务副市长牵头，成立了市政府主管副秘书长任组长的工作协调小组，确定了6个牵头部门、16个责任单位和18个协办单位，加强了部门间的协调配合，形成了市区两级共同推动南部地区发展的工作机制。三是明确了工作目标。在深入调查研究和充分论证的基础上，进一步明确了南部地区建设的努力方向和工作目标。四是制定了实施计划。为支持南部地区发展，从战略规划、政策引导、优化产业、发展项目和资金投入等方面，分类分项研究发展建设内容，并起草了《促进南城若干领域发展的2010—2012年重点项目实施计划》，拟定年内出台。五是取得了阶段性的成果。一些条件比较成熟、群众和代表比较关注的工作和措施，提前启动、加快实施。市政府投资进一步向南部地区倾斜，市级财政向南部5区转移支付力度加大，新增财力63亿元；南部地区交通体系建设全面提速，轨道交通线路和蒲黄榆路等城市快速路建设加快；国家话剧院、市新少年宫、三热燃气发电工程等一批重大社会公共服务设施和城市运行保障项目落户南部地区，有的已经建设完成。吉林常务副市长代表市人民政府所作的《关于加快南城建设，促进首都经济社会协调发展议案办理情况的报告》，全面、客观地反映了我市在推进南部地区建设方面的基本情况、取得的成绩和存在的问题，并就下一步工作提出了切实可行的对策措施。在这个报告中，已经体现了市人大常委会主要领导和一些常委会委员、市人大代表关于加快南部地区发展的意见和建议。财经委员会经过讨论，同意这个报告，对市政府高质量的议案办理工作给予充分肯定。

为进一步推动南部地区的建设和发展，财经委员会建议：

一、坚持把加快南部地区发展作为首都奥运会后新的发展阶段的重大战略举措，进一步加大市政府的领导、组织和支持促进力度

市委、市政府历来重视南部地区建设。但是，由于历史、区位和其他一些现实的原因，我市南部地区在经济建设和社会发展，特别是城市基础设施建设方面，相对落后于其他地区。奥运会结束以后，我市经济社会建设进入一个新的发展阶段。在这新的发展阶段，进一步加快南部地区建设，对于优化整个城市的功能和经济布局、促进全市区域协调发展、实现首都经济社会持续较快发展具有重要意义，也是南部地区干部群众乃至全市人民的共同愿望。而且，随着全市经济发展和城市建设的进程，南部地区的资源优势和后发优势正在显现出来。加快南部地区建设和发展的时机和条件已经成熟。

当前，要紧紧抓住目前南部地区发展的大好机遇，坚持以科学发展观为统领，按照市委提出的“人文北京、科技北京、绿色北京”的要求，从首都经济社会持续、稳定、健康、协调发展的要求出发，增强紧迫感和责任感，把握有利时机，加快南部地区建设步伐，力争在本届市政府任期内，使南部地区建设和发展取得明显的进展和成效。

二、统筹规划南部地区的城市功能和产业布局，充分发挥政府的主导作用和市场配置资源的基础作用

在发展社会主义市场经济的条件下，加快南部地区的建设和发展，要充分调动市、区两级政府的积极性，切实发挥政府主导作用和市场配置资源的基础作用，形成合力，促进南部地区发展。一是要按照《北京城市总体规划》，对南部地区进行战略性的谋划布局，进一步明晰区域功能定位。要充分考虑各区实际情况和在经济发展方向、发展速度上的差异性，更具前瞻性地明确南部地区各区具体功能定位和发展模式；二是充分发挥政府在南部地区建设中的主导作用，加强统筹协调。要建立和完善有利于消除制约南部地区发展瓶颈的差异化政策体系，做好相关产业引导，不断完善公共管理和服务。在市政府制定出台促进发展的政策、措施、加大投入力度的同时，更注重调动南部地区各区的积极性，逐步建立区域间优势互补，分工协作、相互促进、良性互动的协调关系，实行多元化、多层次的发展；三是充分发挥南部地区发展的优势。要利用南部地区作为京城门户在首都经济社会整体发展中的区位优势，在历史文化资源、传统文化特色等方面的文化优势，在土地、房屋等要素价格方面的比较优势，以及在发展空间方面存在的较大拓展潜力，认真做好规划设计，发展一批高起点、具有核心竞争力的产业，显现南部地区的后发优势，实现跨越式发展；四是协调统一好建设发展与环境保护的关系。充分考虑资源供给和生态环境承载的能力，更多地发展清洁、环保的高新技术产业和现代服务业，特别是要妥善解决好历史风貌保护地区的建设改造与继承保护问题。

三、明确政府在加快南部地区建设和发展上的职责任务，着力在改善发展环境和改善民生上下功夫

市政府要立足自身职能，重点在优化发展环境、确定产业政策、加快公共服务、解决民生问题等方面加大力度，适当倾斜。南部地区的建设和发展是一个长期的过程，不可能通过一次议案的办理工作使得所有问题全部解决。要抓住影响南部地区发展的突出问题和主要矛盾，既要明确当前建设的重点工作、重点任务、重点目标，又要建立和完善长效机制，着眼于中远期发展，坚持不懈地加以推进。要着眼于南部地区的整体建设和发展，集中解决南部地区的共性问题，对一些具体问题的解决需要区分情况给予分别指导、帮助和支持。

现阶段，在基础设施建设方面：实施基础设施适度先行战略，加快重点道路、轨道交通和供热、供水等方面的建设，完善南部地区的交通网络和城市运行保障设施，促进南部地区基础设施水平实现大幅提升。在重点产业功能区建设方面：加强规划引导，在明确总体功能定位的基础上，进行空间的有效分解，优化空间布局，促进南部地区各有关功能区进一步发挥特点和优势，与北城形成错位竞争，协调发展。在特色主导产业方面：认真研究产业链发展规律，找准南部地区各区在产业链中的定位和分工，发挥南部地区优势，促进老字号传承保护和创新发展，大力推进现代物流、生物医药、旅游休闲等产业发展，重点培育和打造一些在北京举足轻重，在全国、甚至在国际上有一定地位和影响力的主导产业项目。在民生重点工程方面：重点支持群众最急需的社会基本公共服务设施建设，整合提升教育、医疗等基本社会公共服务资源，提高南部地区

社会公共服务供给的能力和水平。

同时，需要按时序、分步骤明确南部地区建设的中长期发展目标，在“十二五”规划编制中要把南部地区建设作为重点进行统筹安排。要立足南部地区经济增长优质化、建设管理集约化、城市发展国际化、公共服务均等化的发展需求，在规划引领下，进一步加强产业引导和环境改善，加快建立区域合作机制，不断丰富社会参与机制，加强综合改革试验区建设，逐步完善在地下空间利用、土地出让金返还、绿化隔离带、人口疏散安置房等方面的政策、措施，为进一步促进南部地区建设创建一个良好的发展环境。

主任、各位副主任、秘书长、各位委员，在这项议案办理和督办过程中，我们在杜德印主任、吴世雄副主任的带领下，围绕提高工作质量和实效，在工作方式、方法上进行了一些改进，做了一些实践上的探索和尝试，主要有以下四点深切体会。一是把议案办理作为发挥人民代表大会制度优势，坚持党的领导、人民当家作主和依法治国有机统一的具体实践。十三届人大二次会议上有5个代表团共218位市人大代表提出加快南城建设的议案，是充分表达群众意愿、认真行使代表职权、有序参与首都经济社会发展的很好例证，市人大常委会和市政府在市委的领导下，依法进行督办和办理，这是在现有制度框架下，保证人民当家作主，推进首都社会主义民主和法制建设的生动具体的体现；二是努力实现人大督办与政府办理工作的有机结合和密切协同。在议案办理过程中，人大常委会切实发挥统筹协调作用，提前介入、主动参与，和政府及相关部门密切沟通，研究需要做好的主要工作，确立建设的重点任务和阶段性工作目标，合力推动南部地区的建设与发展；三是充分发挥有关地区市人大代表和人大常委会的作用，争取有关地区党委、政府的支持，提出议案的部分市人大代表和五个区的人大常委会领导全程参与了议案的办理过程。市政府对南部地区发展建设的工作安排，主动征求南部各区区委、区人大、区政府、人大代表及相关部门的意见。在进行整体规划布局的同时，充分尊重和大力支持各区发挥在本区建设发展中的主体作用；四是求真务实。议案办理工作力求落到实处，办理结果追求质量实效，着力解决基础设施建设、民生重点工程等一些广大人民群众关心的热点、难点问题。这个议案的办理，预示着首都南部地区的建设与发展将掀开新的一页，也为我们今后的议案的办理工作积累了新的经验。

以上意见，供常委会组成人员审议时参考。

关于“实施积极就业政策，促进社会和谐稳定”议案办理情况的报告

——2009年9月24日在北京市第十三届人民代表大会常务委员会第十三次会议上

北京市副市长　丁向阳

主任、各位副主任、秘书长、各位委员：

在市十三届人大二次会议上，80位代表提出了5件有关本市就业工作的议案，经大会议案审查委员会批准，合并为“实施积极

就业政策，促进社会和谐稳定”一项议案，交由市政府办理。

市政府十分重视此项议案的办理工作，成立了由主管副市长负责，市政府一位副秘书长为组长，市人力社保局、财政局、经济信息化委、旅游局等19个单位为成员的领导小组，研究落实议案办理工作。市政府有关部门先后7次邀请了近60位委员和市人大代表开展视察和座谈。针对议案涉及的应对金融危机影响、加大困难群体帮扶力度、积极促进大学生就业、完善公共就业服务体系、推进创业带动就业、大力发展旅游业带动就业、市场准入服务等重点问题，成立了6个专题小组，形成了1个主报告和6个分报告。

下面，我代表市人民政府，将近年来本市就业工作整体情况及“实施积极就业政策，促进社会和谐稳定”议案办理情况向市人大常委会报告如下。

一、整体推进，城乡一体化的就业格局基本形成

本市就业制度的改革发展始终与首都经济体制改革和社会发展同步进行、相辅相成。就业工作围绕首都经济建设和产业结构调整方向，坚持劳动者自主择业、市场调节就业、政府促进就业的方针，以稳定就业扩大就业为目标，实施积极的就业政策，不断优化就业结构，城乡就业规模不断扩大。

1998年以来，本市失业保险基金和财政已投入80.86亿元用于促进就业，30万名下岗职工、174万名失业人员实现再就业，46.8万名农村劳动力实现了转移就业。截至2008年年底，本市从业人员总量由“九五”期末的619.3万人增加到980.9万人，增加361.6万人，第三产业从业人员达到72.4%。城镇登记失业率一直在2.3%的控制目标内，保持了就业局势的基本稳定。

（一）政府促进就业责任不断强化

就业是民生之本，涉及千家万户。市委、市政府始终把促进就业摆在首都经济社会发展的突出位置，在发展中解决就业问题。围绕促进社会就业更加充分的目标，建立健全多部门促进就业的工作协调机制，市、区县、街乡均成立了以主要领导为组长的社会保障和就业工作领导小组，各级小组成员单位分工协作、密切配合，统筹研究解决就业问题。逐步完善就业工作目标责任制和考核责任体系，将预防失业、促进就业作为政府的重要责任，年初将就业工作主要目标任务逐级分解、下达，定期通报检查，年终作为各级政府的重要考核内容进行考核评比，全面推动就业工作深入开展。

（二）统筹城乡就业管理制度基本建立

在城镇就业顺利实现下岗职工基本生活保障制度向失业保险制度并轨，逐步建立起市场导向的就业机制的同时，本市城镇失业人员就业管理制度从单一的失业登记管理，逐步发展到以就业服务为主的适时监测、动态管理、重点帮扶的就业失业管理制度。随着城市化进程的推进，本市将就业工作向农村延伸，建立并逐步完善了农村劳动力转移就业管理制度，将有转移就业要求的农村劳动力纳入全市统一的公共就业服务范围，按无业求职、转移就业、阶段性务农三种就业状态，进行分类管理服务，基本形成了城乡统筹的就业管理制度。

（三）积极的就业政策体系不断完善

经过十年的不断探索、完善和充实，从着力解决国有企业下岗职工再就业问题，逐步转向统筹解决城乡就业问题。促进就业政策的人员范围由领取失业保险金的失业人员，扩大到所有城镇登记失业人员和有转移就业愿望的农村劳动力。促进就业的项目从职业介绍补贴、职业培训补贴两个项目，扩展到鼓励用人单位招用、鼓励失业人员自主创业

和灵活就业、对特困人员托底安置、鼓励就业服务机构免费服务、促进困难地区均衡发展等5类12项，且各项政策标准不断提高。同时，各区县、街乡结合自身情况，延伸充实就业政策，形成了市级政策为主体，区县、街乡政策为补充的多层次、覆盖城乡的具有首都特色的积极就业政策体系。

（四）公共就业服务体系逐步健全

按照“科学化、规范化和现代化”的要求，不断扩大公共就业服务机构规模，完善服务功能，提高服务质量，初步形成了公益性与产业化相结合、综合性与专业化相补充，覆盖市、区县、街道（乡镇）、社区（村）的公共就业服务体系。目前全市共建立公共就业服务机构377家，面向用人单位和劳动者提供职业介绍、职业指导、职业培训、技能鉴定、创业指导、社会保险办理、人力资源管理咨询、公共人事人才服务等公益性就业服务，并针对就业服务需求，集中组织开展了再就业援助月、春风行动、民营企业招聘周、促进高校毕业生就业服务月等专项服务活动，在促进城乡困难群体、高校毕业生、农村劳动力就业方面发挥了积极作用。

完善了支持自主创业的政策体系，强化创业培训和创业服务，初步建立了政策扶持、创业培训、创业服务“三位一体”的工作机制，使更多城乡劳动者成为创业者，促进创业带动就业。

（五）职业培训促进就业的实效不断提高

落实鼓励开展职业技能培训的各项政策，本市初步形成了“职业培训与就业效果挂钩”的职业培训补贴机制。建立了以本市有学历教育的技工学校、职业院校和区县职业技术学校为主渠道，企业、社会团体职业培训机构为补充的职业培训体系，为企业在职职工提供了提升技能水平和职业资格培训，为本市城镇失业人员、农村劳动力进行就业能力的技能培训，培训后就业率均保持在65%以上。

二、突出重点，帮扶企业，实施更加积极的就业政策

去年四季度以来，随着国际金融危机对实体经济的影响不断扩散和蔓延，其对本市就业的影响逐步显现：部分企业岗位流失，在岗职工稳定就业面临压力；新增就业岗位减少，新成长劳动力、城镇失业人员就业难度加大，困难群体就业问题尤为突出；农村劳动力转移就业受到较大影响，人力资源市场岗位竞争更趋激烈。严峻的就业形势引起了社会及广大群众的密切关注，尤其在国际金融危机给本市经济发展带来困难的情况下，就业问题不解决，扩大内需、发展经济、保障民生就无从谈起。针对市人大代表在议案中关注的问题和提出的建议，为贯彻落实中央和市委“保增长、保民生、保稳定”的决策部署，我们将办理好代表议案与应对金融危机对就业的影响结合起来、与完善促进就业政策进一步推动就业工作结合起来、与改进促进就业工作方式和方法结合起来，及时制定、调整和完善了帮扶企业、稳定就业扩大就业等一系列政策、措施，全力维护就业局势的基本稳定。

（一）调结构保增长并重，积极帮扶企业

坚持稳就业与促发展共举，调结构与上水平并重，保企业与保岗位并行，全方位加大工作力度。在着力帮助解决普遍遇到的生产经营问题的同时，支持企业创新发展、提升竞争力。年初，市政府出台了66条帮扶政策，有关部门和各区县制定了85项具体措施，市区两级直接用于帮扶企业的资金近100亿元。成立市区两级帮扶机构，建立每周协调调度机制，共走访企业1.45万次，已帮助企业解决实际困难和问题941项。拓展企业融资渠道，组织银企对接，安排专项资金用于产业项目贷款贴息，帮助企业通过动产抵

押、股权和商标权质押等方式贷款融资160亿元。发挥中小企业创业投资引导基金、信用再担保公司等融资平台的作用，支持企业多渠道融资，采取减轻企业资金压力的工商管理措施，缓解企业资金短缺困难。积极协调解决出口退税等问题，扩大外贸发展资金规模，支持出口企业开拓国内外市场。

围绕电子信息、汽车、装备制造等8大重点产业制定振兴规划，颁布首都信息基础设施提升计划，与铁道部、中国农业银行、中石化等九大集团签订战略合作协议，加快实施重大优势产业项目，支持成立各类产业技术联盟，率先开展政府采购自主创新产品试点，统筹推进区域协调发展。

以上措施，为企业克服困难以及稳定岗位、扩大就业奠定了良好的基础。

（二）降低社会保险缴费费率，减轻企业负担

为应对金融危机的影响，本市于年初及时果断地实施了“一升一降、一统一分、一抓一放”的“六个一”政策、措施，为企业降压减负，增加居民转移性收入，全年安排社保基金支出和财政投入97.3亿元。在降低社会保险缴费费率方面，失业保险缴费费率降低0.8个百分点，降幅为40%；工伤保险缴费费率降低0.11个百分点，降幅为18.6%；农民工大病医疗保险缴费费率降低1个百分点，降幅为50%；调整医疗保险缴费周期，今年企业、职工少缴一个月医疗保险费；暂缓调整养老保险缴费下限，仍为全市职工月平均工资的40%等措施，惠及了全市所有参保单位和参保人员，仅降低费率一项全年预计减少45.72亿元。截至目前，共减轻企业和个人负担32.69亿元。

（三）加大政策帮扶力度，支持企业稳定就业岗位

为进一步支持企业克服困难，4月又实施了以稳定就业和扩大就业、支持企业不裁员或少裁员为核心的六项政策、措施，即“新六条”。其中在鼓励企业稳定职工就业岗位，给予稳定就业补贴方面，通过深入基层会审、资金即批即拨等措施，截至目前，已为402家困难企业拨付稳定就业补贴5.18亿元，预防6.58万名企业待岗、轮岗职工流向社会失业，有效地调控失业率1.1个百分点。

从享受稳定就业补贴政策企业的行业分布看，以外向型加工制造业为主，制造业企业及人数分别占总数的76%和82%，一半以上的企业是民营企业。企业和社会各界对此项政策均给予了充分肯定和认同，认为此项政策不仅增强了企业战胜金融危机的信心和决心，也确实收到了良好效果。

（四）拓宽渠道加强服务，积极促进高校毕业生就业

为积极应对国际金融危机对高校毕业生就业形势造成的影响和冲击，市政府明确今年要把高校毕业生就业工作放到全市就业工作的首要位置，研究出台了促进高校毕业生就业的15条新政策和10个配套文件，进一步完善了鼓励支持大学生自主创业和到中小企业就业，帮扶困难家庭毕业生、残疾人大学生就业的优惠政策，同步推进了选聘1847名大学生“村官”、选聘2476名高校毕业生进社区、招聘3000名毕业生到中小学任教、聘用311名毕业生参与科研项目研究等多个就业项目，创建了856个青年就业创业见习基地，组织开展了“首都人才市场促进高校毕业生就业服务月”、“侨资企业专场招聘会”、“女大学生创业导师行动”等系列毕业生就业服务活动。各类就业平台服务高校毕业生近100万人次，招聘服务、网络信息服务和就业指导推荐服务的工作量均比往年增加了一倍左右，有效推动了高校毕业生就业工作的平稳有序开展。截至目前，高校毕业生就业率达到90.53%，与去年同期基本持平，毕业生心态平稳。

（五）完善就业援助制度，重点帮扶城乡困难群体

本市不断扩大就业困难群体帮扶范围，加大帮扶力度。从今年开始，认定就业困难群体范围已覆盖到城乡“4050”人员、低保人员、有劳动能力的残疾人、零就业家庭劳动力、初次来京的随军家属、登记失业一年以上人员以及绿化隔离、资源枯竭、矿山关闭、保护性限制地区的农民。针对就业困难人员的特点，本市将日常就业援助与重点援助相结合，依托基层就业服务机构，为困难人员提供“一对一”职业指导、求职技巧和短期职业经历训练、岗位推荐、职业培训、就业后跟踪等服务。截至目前，全市共有6.78万名城镇就业困难人员实现再就业，2.49万名经过多次援助仍未就业的特别困难人员，在社区公益性组织实现“托底”安置就业；8.45万名残疾人通过各种方式实现就业。

继续坚持零就业家庭动态管理服务制度，巩固城乡零就业家庭就业帮扶工作成果，帮助408户新出现城乡零就业家庭的447名劳动力实现就业，做到了“出现一户，帮扶一户，消除一户”，实现了动态“无城乡零就业家庭”的目标。

（六）实行城乡统一的就业政策，促进农村劳动力转移就业

进一步加大促进本市农村劳动力转移就业力度，从今年开始，本市从四个方面统一了城乡就业政策：一是统一了鼓励用人单位招用城乡就业困难人员的岗位补贴和社会保险补贴政策；二是统一了鼓励本市农村劳动力和城镇失业人员自谋职业、自主创业的小额担保贷款和减免行政事业性收费政策；三是统一了城乡职业培训政策，并扩大了免费职业技能培训享受范围，增加了享受免费职业技能培训的次数，提高了免费职业技能培训补贴标准；四是本市农村劳动力转移就业并按规定参加城镇企业职工社会保险的，可享受与城镇职工同等的社会保险待遇。通过以上一系列政策、措施，有力促进了农村劳动力转移就业。截至目前，全市已帮助6.78万名农村劳动力实现转移就业。

（七）加大资金支持力度，促进区域就业均衡发展

针对部分地区就业任务繁重，失业率高于全市调控指标等情况，本市2006年建立区域均衡发展机制、出台鼓励高失业率地区失业人员跨地区就业、职业技能培训和公益性就业岗位开发等倾斜政策。几年来，失业保险基金和财政共投入资金9.1亿元，通过采取市级政策倾斜、大力开发岗位、加大培训力度、实行城乡“手拉手”就业协作机制等措施，帮助房山、门头沟、丰台、石景山、密云5个高失业率地区的18.4万名城镇失业人员实现了就业，城镇登记失业率平均下降0.91个百分点。在此基础上，今年再从失业保险基金中安排一定资金，支持高失业率地区在一定范围内研究制定适合本地区特点的促进就业政策、措施，资金支持额度为区县级政策所需资金的50%，进一步调动区县积极性，调控区域失业率。

由于采取以上政策、措施，从二季度开始，就业形势逐渐好转，走出了年初的低谷。截至目前，全市城镇单位从业人员达到563.7万人，同比增长1.5%，城镇新增就业32.86万人，城镇登记失业率1.78%，同比降低0.06个百分点，比一季度末降低0.06个百分点。二季度用工需求31.5万人，比一季度增加11.8万人，城镇企业职工劳动合同续订率为93.13%，比一季度提高0.08个百分点，扭转了持续5个季度下滑的态势。

三、就业工作面临的形势及主要问题

从当前经济形势上看，经济发展虽呈现企稳向好的态势，但发展的外部环境依然严

峻，不确定性和不稳定性因素较多，加上就业的变化滞后于经济发展的变化，今后一个时期，金融危机对本市就业存量和增量的不利影响仍将持续，劳动力总量矛盾和结构性矛盾突出，新成长劳动力、城镇失业人员、农村劳动力的就业问题相互交织，就业形势依然严峻。主要表现在：

（一）高校毕业生就业形势依旧严峻

2003年以来本市应届毕业生数量翻了一番，预计今后几年本市每年仍将保持在20万人左右。从当前就业形势看，高校毕业生就业供求仍不匹配，结构性矛盾比较突出。毕业生择业意愿过于集中，京外生源毕业生首选在京择业、北京生源毕业生不急于就业的现象比较普遍。部分毕业生求职遇到困难，消极等待政府政策或者学校帮助。各学校签约进展不够平衡，同一学校不同专业签约进展也很不平衡。艺术类、文艺体育类专业毕业生签约率偏低。

（二）困难群体就业难度加大

随着就业困难群体帮扶范围不断扩大，人数不断增加，目前全市共有城镇就业困难失业人员14.84万人，同比增加了2.99万人，增幅26%，占城镇登记失业人员总量的59%，同比增加17个百分点；农村就业困难人员需要转移就业的有9万人，占全年需要转移就业农村劳动力总量的60%，同比增加2.5万人。由于就业困难群体部分人员就业观念陈旧，择业期望过高，就业难度较大，截至目前，城镇就业困难群体就业率仅为45.69%，同比下降13.25个百分点。

（三）城乡一体化建设过程中农村劳动力就业矛盾更加突出

随着城市化进程和农业结构调整步伐的加快，本市农民在二、三产业就业的规模不断扩大，转移就业的要求也日益迫切。截至目前，全市农村劳动力共计163.2万人，在二、三产业实现就业的约100万人，占68.8%，预计每年需要转移就业的农村劳动力约有15万人。特别是在城乡一体化建设过程中，随着新农村建设、土地开发、农村集体资产产权制度改革等措施的不断推进，很多农民需要重新就业。因此，为其提供适宜的就业岗位、稳定的工资性收入以及平等的权益保护，是确保城乡一体化工作有序推进的关键所在。此外，全市尚有纯农就业家庭1.3万户，收入大大低于全市居民平均收入水平，亟待通过转移就业增加工资性收入。

从工作角度看，也存在一些问题需要研究解决。

一是高校毕业生就业体制仍需进一步改革。现行高校毕业生就业制度仍受计划经济体制影响，对以各类灵活形式参加就业的高校毕业生有较多约束，成为毕业生合理流动、充分就业的政策性障碍。北京地区高校毕业生就业资源相对分散，对于中央机关、驻京央企的毕业生需求和接收渠道，缺乏统一的管理体系和信息反馈机制。

二是失业人员就业稳定性差。从本市城镇失业人员就业渠道上来看，目前有75%的失业人员是通过灵活就业方式实现就业，这些人员工作不稳定、收入偏低，大部分靠政府社会保险补贴接续社会保险，受经济波动和政策调整影响反复失业；而通过单位招用方式实现就业的失业人员仅占17.5%，比2001年的63.7%下降了46.2个百分点，与首都又好又快的经济发展形势不相适应。

三是统一规范的人力资源市场亟待形成。由于历史的原因，形成了由政府人事部门和劳动部门分别管理的两套人力资源服务体系，人力资源市场分割，公共服务体系职能交叉重叠，管理制度和服务规范存在差异，一些市场中介服务机构不诚信经营问题时有发生，这些都影响了人员的合理流动和社会良好就业环境的形成。《北京市人才市场管理条例》和《北京市劳动力市场管理条例》亟须重新修订整合，以适应建立统一规范的人力资源市场的要求。

四是公共就业服务还不能完全满足城乡劳动力日益增长的就业需求。目前，公共就业服务经费不足、基层服务力量薄弱、人员素质偏低、服务手段单一、服务方式粗放、服务效率不高等问题依然存在，与城乡劳动力日益增长的就业需求相比，仍存在一定差距。

四、完善措施，努力实现城乡社会就业更加充分

深入贯彻《就业促进法》，落实科学发展观和构建和谐社会首善之区的要求，把促进就业摆在政府工作更加突出的位置，将就业作为各级政府最核心的指标，继续强化政府促进就业的责任。发挥社会保障和就业工作领导小组的作用，各成员单位形成合力，按照建设“人文北京、科技北京、绿色北京”的发展思路，推进城乡一体化建设，坚持把抓好发展作为促进就业和再就业的根本途径，围绕政府投资的重大项目建设、基础设施建设、产业结构升级等，积极培育和发展新的就业增长点，大力开发就业岗位，促进就业总量增长，实现经济社会发展与扩大就业的良性互动，使社会就业更加充分。

（一）加强政策创新，促进高校毕业生充分就业

进一步完善高校毕业生干事创业的长效机制，强化对离校未就业毕业生的就业服务，力争年底前使大多数登记求职毕业生实现就业、困难毕业生全部就业。同时着手研究和启动以下工作。

一是加强政策调研，清理各类制约毕业生就业的制度性障碍。着力改革现行毕业生就业管理体系中限制毕业生合理流动、正常就业的障碍因素，加大对自主创业、灵活就业、跨省市就业高校毕业生的政策支持，简化办事程序，鼓励毕业生多渠道实现就业。

二是整合就业资源，扩大服务领域，切实提高毕业生就业服务工作水平。统筹协调中央与地方、校内与校外、京内与京外、政府与社会各类就业资源，加大地方政府服务中央驻京企业、服务校园招聘、服务京外用人单位来京招聘的工作职能，建立毕业生离校前后就业指导和服务工作的衔接和过渡机制；贯通北京地区高校毕业生就业服务工作体系，形成北京地区毕业生就业工作一盘棋的局面。

三是建立工作评估和反馈机制，带动毕业生就业市场趋向结构平衡。加强督促和指导，建立高校毕业生就业工作相关指标排行榜，对各高校、各区县、各有关单位开展毕业生就业工作的成效进行跟踪和评估。成效显著的，以适当的方式给予奖励。以市场需求为导向调整专业设置，提高专业与市场需求的匹配程度。不断深化高等教育改革，提高实践环节在高等教育课程中所占比重，增强高校毕业生的实践能力和适应能力，实现供需市场的良好对接。

（二）发挥政策引导作用，提高单位招用城乡劳动力比例

一是深化服务，满足用人单位招聘需求。各级公共就业服务机构要积极主动地为本地区用人单位提供就业服务，最大限度地满足单位用工需求，宣传促进就业政策，指导辖区内用人单位招用本市城乡劳动力。要充分利用网络科技手段，为用人单位和本市城乡劳动力提供即时职业指导、岗位匹配、推荐介绍、跟踪回访等就业服务，提高就业服务效率。

二是政策引导，调动单位招用城乡劳动力积极性。将单位招用本市城乡劳动力比例纳入就业工作综合评定考核内容。实行经济发展与促进就业“三同时”制度，各区县政府批准招商引资企业招用本市城乡劳动力比

例要达到50%以上；用人单位当年新招用人员中本市城乡劳动力比例要达到50%以上。

三是政府机关带头，招用城乡劳动力和就业困难人员。本市各级党、政机关、事业单位、社会团体及财政出资的工勤岗位应带头招用本市城乡劳动力，特别是保洁、保绿、保安等岗位应优先招用本市城乡就业困难人员。市属国有（控股）企业在同等条件下，应优先招用本市城乡劳动力和就业困难人员。

（三）完善帮扶制度，解决当前困难群体的突出问题

针对困难群体规模大、就业率低等情况，将促进困难群体就业作为政府的重要责任，制定工作目标，加强督促检查，通过落实促进就业政策，实施再就业援助，开展“一对一”就业服务，托底安置就业困难人员等措施，提高困难群体就业率。重点做好以下两项工作：

一是强化援助，逐步消除纯农就业家庭。在强化零就业家庭动态帮扶机制的基础上，建立农村纯农就业家庭转移就业援助制度。对有转移就业愿望的纯农就业家庭进行调查认定，有条件的区县、乡镇、行政村帮助其至少一名农村劳动力实现在二、三产业转移就业，增加他们的工资性收入，提高生活质量，力争在两年内基本消除纯农就业家庭。

二是强化服务，促进社区服刑和刑释解教人员就业。加强协调，齐抓共管，对有就业需求的社区服刑人员和刑释解教人员，根据其自身实际和需求，开展多层次、多形式的技能培训，增强其就业能力，充分发挥政策引导就业的作用，鼓励单位招用，加强教育引导，转变其择业观念，鼓励其自谋职业和灵活就业，对符合条件就业困难的人员实施公益性岗位托底安置。

（四）强化职业能力建设，促进城乡劳动者就业

加强本市统筹城乡的职业培训体系建设，根据首都产业结构调整和人力资源市场发展需要，继续调整职业培训机构结构布局和专业设置，不断优化办学格局，提高办学层次，为新成长劳动力、企业在职职工、失业人员、农村劳动力等城乡劳动者提供多渠道、多层次的职业技能培训服务。积极探索建立失业人员和农村转移就业劳动力定向、订单、定岗的技能培训制度，改进和完善校企合作形式，对准备新招用的城乡劳动者开展上岗培训和技能提升培训，实现岗位和技能的有效对接，进一步提高培训的针对性、有效性和实用性。夯实职业能力建设基础工作，加强师资队伍建设，加大教学研究、课程改革和教材开发工作力度，适应职业培训和企业用人需要。

（五）建立统一规范的人力资源市场，加快推进城乡公共就业服务均等化

全面实施《就业促进法》，针对本市情况，重点加快人力资源市场立法进程，力争尽快出台《北京市人力资源市场管理条例》，并在此基础上清理修订相关制度规定，形成全市统一的人力资源市场管理政策、法规体系，解决本市人力资源市场分割，公共服务体系职能交叉重叠问题。

一是统一人力资源市场管理体制。统筹规划人力资源市场的建设和发展，明确人力资源市场的发展方向、建设目标、改革路径和主要举措，指导全市加快改革进程，推进统一规范的人力资源市场建设。

二是加快全市人力资源市场公共服务体系建设。明确公共人力资源服务机构职能定位，完善人力资源市场公共服务体系，健全公共服务信息平台，拓宽公共服务领域和范围，不断提高公共服务质量。制定统一的服务项目、服务流程、服务标准、工作规程，实行标准量化的公共服务绩效考评制度，加快推进城乡公共就业服务均等化。建立政府购买服务机制，引导各类人力资源服务机构

共同促进社会就业。

三是营造良好的人力资源市场发展环境，促进人力资源服务业发展。建立公开、平等、规范的市场准入制度，维护市场秩序，营造良好的人力资源市场发展环境，使本市人力资源服务业逐步走向专业化、信息化、产业化和国际化，满足社会就业的需要和市场不同层次的需求，促进人力资源的合理流动。

（六）加大宣传力度，扩大各项政策、措施的效果

在全面落实本市促进高校毕业生就业、稳定就业、扩大就业、农村劳动力转移就业和帮扶困难群体就业等政策、措施的基础上，进一步加大对各项政策、措施的宣传力度，通过报刊、杂志、电台、电视台、宣传栏、板报等各种媒介，制作简洁易懂的宣传折页、宣传手册，以新近出台的稳定就业、扩大就业政策为重点，发动基层工作人员深入企业全面加强对各项促进就业优惠政策的宣传力度，力争在较短时间内使广大企业和城乡劳动者都了解、熟悉相关政策规定、及时享受到相关补贴，有效地帮助企业渡过难关、帮助城乡劳动者实现稳定就业。同时，通过政策宣传，引导城乡劳动者转变就业观念，多渠道、多形式实现就业。

主任、各位副主任、秘书长、各位委员，就业工作事关民生大事、事关首都改革发展稳定大局。我们将以“三个代表”重要思想为指导，按照党的十七届三中全会要求，坚持科学发展观，坚持把以人为本作为搞好就业工作的出发点和落脚点，继续开拓创新，扎实工作。我相信，有各位委员、人大代表的指导和监督，有全社会的广泛关注和大力支持，本市就业工作一定会迈上新的台阶。

以上报告，提请市人大常委会审议。

关于对“实施积极就业政策，促进社会和谐稳定”议案办理情况的意见和建议

——2009年9月24日在北京市第十三届人民代表大会常务委员会第十三次会议上

市人大财政经济委员会副主任委员　赵巨鹏

主任、各位副主任、秘书长、各位委员：

为积极应对国际金融危机，有效促进本市就业工作，在市十三届人大二次会议上，代表们提出了“实施积极就业政策，促进社会和谐稳定”议案。市人大常委会高度重视该项议案的办理工作，主任会议讨论通过了议案督办工作方案，成立了由刘新成副主任担任组长的专题工作组，并确定由财经委员会组织督办。专题工作组围绕促进高校毕业生就业、支持企业稳定就业、加大对失业率较高地区支持力度、发展旅游业带动就业以及农村劳动力转移就业等议案涉及的重点内容，组织开展了一系列调研、检查和视察活动。分别听取了市人力社保局、市教委、市旅游局等政府相关部门的情况汇报，深入到石景山、海淀、顺义、房山等区和北京经济技术开发区、北京航空航天大学进行调研，召开座谈会分别听取有关高等院校、生产经营单位负责人、基层人大代表和区县就业主管部门的情况介绍。9月4日，财经委员会召

开第十四次会议，对市人民政府提请本次会议审议的报告进行了研究和讨论。

财经委员会认为，市人民政府高度重视就业工作，始终把保障和改善民生作为工作重点，在完善积极的就业政策体系、促进城乡劳动者平等就业和加强公共就业服务等方面做了大量工作，成效明显。今年以来，紧紧围绕“保增长、保民生、保稳定”的目标，把就业工作摆在更加突出的重要位置，结合议案办理，及时研究制定稳定就业和扩大就业的政策、措施，努力消除国际金融危机的不利影响，保持了首都就业局势的稳定。一是采取降低社会保险缴费费率，向困难企业拨付稳定就业岗位补贴、社保补贴等政策、措施减轻企业负担，支持企业稳定就业岗位；二是高度重视高校毕业生就业工作，加大政策力度，研究制定了促进高校毕业生就业的15条新政策和10个配套文件，推进了6项促进毕业生就业项目；三是在小额担保贷款、职业培训、享受社会保险待遇等方面实行城乡统一的就业政策，促进农村劳动力转移就业；四是制定实施了困难企业待岗职工职业培训补贴等政策，启动待岗人员技能提升、失业人员再就业等特别职业培训计划，进一步完善了职业技能培训体系。丁向阳副市长代表市人民政府所作的《关于实施积极就业政策，促进社会和谐稳定议案办理情况的报告》，全面、客观地反映了本市就业工作的基本情况、取得的成绩、面临的形势和存在的问题，并提出了切实可行的对策与措施。财经委员会同意这个报告，并对议案办理工作表示满意。

财经委员会指出，当前，我市就业形势基本稳定，这是前期做了大量工作的成果和体现。但是，对这种形势还要有清醒的认识。就业问题与经济社会发展是密切联系的。我市经济虽然出现企稳回升向好的势头，但基础尚未巩固。今后一段时间，不确定因素仍然很多。这些情况与原有的劳动力总量供大于求、结构性矛盾突出等问题交织在一起，就业压力仍不容低估。解决就业问题将是一个长期的任务，政府部门必须继续给予高度重视。同时，还存在一些问题需要进行认真研究，切实加以解决。主要是：经济发展及时有效促进就业的作用尚未充分发挥；高校毕业生、城乡就业困难人员就业和农村劳动力转移就业难度增加，部分区县因产业转型、矿山关闭等原因，局部失业率偏高，政策支持力度有待进一步加大；公共就业服务能力和水平有待提高；职业教育和劳动技能培训的专业课程设置与人力资源市场的要求尚有一定的差距，培训的针对性、实用性和有效性需要切实加强；人力资源市场管理体制尚未理顺，政策、法规体系仍不健全，需要进一步完善。

为进一步推动本市就业工作，财经委员会提出以下意见和建议。

一、充分认识就业工作的重要性，切实把实施积极就业政策作为落实科学发展观的重要举措

就业是民生之本、和谐之源、富裕之门、稳定之基。首都北京是首善之区，在就业工作面临国际金融危机较大冲击的情况下，在充分发挥市场对人力资源配置基础作用的同时，要把促进就业工作作为政府的重要职责摆在更加突出的位置，加强领导，统筹安排，实施更加积极的就业政策，努力实现社会就业更加充分。一是切实落实就业工作目标责任制。把扩大就业和稳定就业作为制定国民经济和社会发展规划的重要指标之一，将新增就业人数和控制失业率作为政府政绩考核的重要内容。完善就业与失业调查统计摸底等各项基础性工作，准确掌握就业形势，及时调整相关政策和应对措施；二是进一步完

善就业和社会保障政策体系，强化政策引导作用，优化就业结构，逐步形成工作岗位与劳动者年龄、知识、技能更加匹配的就业结构和人力资源配置；三是健全政府公共就业服务体系，加强街道（乡镇）、社区（村）等基层公共就业服务机构建设，建立健全公共就业服务信息网络，不断提高公共就业服务的能力和水平。鼓励社会资本投资人力资源服务领域，完善市场准入和监管制度，逐步形成公共服务与市场经营性服务协调发展的人力资源市场服务体系；四是进一步加大对就业形势和就业政策的宣传力度，坚持正确的舆论导向，培育正确的就业观念，引导高校毕业生调整就业预期，树立自主创业、基层就业均能成才的观念。

二、充分发挥经济增长带动就业的作用，推动经济建设与促进就业的协调发展

继续紧密结合扩大内需发展经济的措施，保持有利于扩大就业的经济增长。在产业结构调整升级中加强对促进就业的考虑，加强产业政策与就业政策的衔接，推进产业结构升级与扶持就业创业相协调。在注重发展资本和知识密集型产业的同时，要积极扶持符合首都经济发展要求的劳动密集型产业，充分重视和支持第三产业的发展，大力发展旅游业，努力发挥服务业吸纳就业的优势。落实鼓励中小企业发展的各项扶持政策，保护和提高中小企业吸纳就业的能力。采取积极措施减轻企业负担，鼓励企业稳定就业岗位。依靠企业发展提供更多就业机会，通过稳定生产、稳定市场来促进就业稳定。更好地发挥政府投资带动就业的作用，以重大项目的立项、建设和运营来带动就业。不仅要注重对项目经济效益的评估，也要重视和强调在安置就业方面的社会效益。

三、拓宽就业渠道，进一步做好高校毕业生、失业率较高地区等重点群体和地区的就业工作

一是大力促进高校毕业生充分就业。认真贯彻落实中央要求，把促进高校毕业生就业摆在当前就业工作首位。落实各项扶持政策，多渠道开发就业岗位，支持各类企业和科研单位招用、聘用高校毕业生，引导毕业生到非公有制企业、中小企业和城乡基层就业，积极支持大学生自主创业。加强就业指导和培训，提供就业信息和咨询。加强高校毕业生见习基地建设，积极组织以促进就业为目的的教学与见习，帮助学生积累就业创业实践经验。二是进一步落实各项针对失业率较高地区的倾斜政策，采取适当的差别性措施，加大帮扶力度，鼓励其大力开发适合地区特点的就业岗位资源，有效缓解局部地区就业压力。鼓励跨地区就业，完善城乡就业协作机制，促进城区岗位资源优势与郊区劳动力资源优势有效对接。三是强化对零就业家庭劳动力等城乡就业困难人员的援助。进一步开发公益性就业岗位，完善各项帮扶政策，切实落实鼓励企业吸纳就业困难人员的社会保险补贴等政策，帮助就业困难人员实现就业。四是积极拓展农村劳动力转移就业的空间。完善农村劳动力转移就业的管理服务和政策体系，鼓励农村劳动力就近就地转移就业、自谋职业、自主创业，加强农村社会保障和公共服务工作。

四、积极实施职业技能培训，提升劳动者就业创业能力

进一步加强职业教育和劳动技能培训的针对性和实效性。调整和改革职业培训机构的专业课程设置，引导职业院校和培训机构开展多层次、多形式的职业技能培训，通过校企合作、订单式培训等模式，加快培养企业发展和

产业升级中急需的技能人才，提高培训质量和培训后的就业率。落实培训补贴政策，充分发挥财政资金在支持职业培训中的引导作用，调动社会力量参与职业培训，建立和完善培训与就业效果挂钩的激励机制。通过实施有效的职业技能培训，不断提高劳动者素质和适应市场竞争的能力，以解决就业矛盾。

五、优化促进就业法制环境，着力消除制约人力资源市场发展的体制性障碍

深入贯彻就业促进法，切实做好各项政策、措施的落实工作。采取有力措施，加强对法律实施和政策落实情况的监督检查，做好就业促进法实施办法的立法调研工作，确保就业法律、法规在本行政区域内有效施行和有关政策、措施见到实效。要努力消除影响人力资源优化配置的体制性障碍，理顺人才市场和劳动力市场管理体制，加快推动人才市场条例和劳动力市场条例的整合，逐步形成统一规范的人力资源市场法规、政策体系和管理体制。

以上意见，供常委会组成人员审议时参考。

市人大常委会执法检查组关于检查《中华人民共和国农产品质量安全法》实施情况的报告

——2009年9月24日在北京市第十三届人民代表大会常务委员会第十三次会议上

市人大常委会副主任　赵凤山

主任、各位副主任、秘书长、各位委员：

为进一步推进首都食品安全工作，市人大常委会在连续几年对本市食品卫生与食品安全有关法律、法规开展执法检查的基础上，将本市实施《中华人民共和国农产品质量安全法》（以下简称农产品质量安全法）情况列为今年执法检查项目。常委会成立了执法检查组，从4月份开始，先后听取了市农委、农业局、园林绿化局、工商局、商委和质量监督局关于实施农产品质量安全法情况的汇报，视察了市农产品质量安全检测中心、农药配送中心。4月至7月，执法检查组成员分为3个小组，深入到朝阳、顺义、通州、昌平、密云、延庆等区县的农产品批发市场、农业标准化生产基地和农产品加工、储运企业，重点检查了农产品质量安全监管体系，农业投入品使用和农产品生产、加工、销售等环节的执法情况。同时，还委托18个区、县人大常委会围绕确定的检查重点，对农产品质量安全法在本地区的实施情况进行了检查，通过市人大常委会门户网站广泛征求了市民意见和建议。8月27日，组织部分市人大常委会组成人员、农村委员会委员和市人大代表对本市农产品质量安全情况进行了视察。9月2日，执法检查组讨论通过了执法检查报告。现在我代表农产品质量安全法执法检查组报告执法检查情况。

一、贯彻实施农产品质量安全法的主要成效

执法检查组认为，近年来，市人大常委会对本市食品卫生与食品安全有关法律、法规实施情况进行的一系列执法检查，有效地促进了农产品质量安全工作。市、区县各级政府以科学发展观为指导，认真贯彻农产品质量安全，在加强源头基础建设，强化流通环节监管，构建农产品质量安全监管体系等方面做了大量、富有成效的工作。特别是经过奥运会农产品的成功供应和有效保障，使本市农产品质量安全水平得到全面提升。总体上，我市农产品质量是安全的、放心的。

（一）农产品质量安全法得到了较好的贯彻实施

农产品质量安全法颁布实施后，市人大常委会通过多种形式，开展法律宣传培训工作，营造了法律实施的良好氛围。市政府及其相关部门组织开展了“农产品质量安全法宣传周”、“农业行政执法形象展示”等一系列活动，有力推动了法律实施。按照法律要求，完成了我市兽医管理体制改革，进一步完善了农产品质量安全监管体系，依法加大了农产品质量安全专项整治。2008 年，全市各级执法部门共出动执法人员约 4 万人次，先后到 15,000 多家农业生产经营企业和农贸市场进行了行政执法，查获不合格农资 13,663 公斤，为农民挽回经济损失 1 千多万元。依法取缔了 42 个私屠滥宰窝点。

（二）农产品质量安全状况进一步提升

据有关部门 2008 年监测数据显示：本市猪肉、水产品全部合格，蔬菜农药残留抽查合格率为 93.1%，这些指标在全国处于领先水平。市质量技术监督局今年前 7 个月抽查了 165 家本市农业标准化基地的果蔬样品 578 件，蔬菜、水果合格率均比上年有了明显提高。

（三）农业安全生产体系建设继续推进

农产品质量安全法颁布实施以后，我市积极推进食用农产品标准化生产体系、无公害食品行动计划和食品放心三项重点工程，以生产环节为源头依法规范农业生产行为。目前，全市实施农产品生产标准 1600 余项，已建成市和区县级农业标准化基地 2200 多家，覆盖面积达 8.93 万公顷，全面开展了无公害农产品、绿色食品、有机农产品认证，种养业主导产品的标准覆盖率达到 90%以上。

（四）农产品质量安全监管体系基本形成

市政府制定了《关于细化农产品质量安全监管责任的意见》，建立了农产品质量安全监管统一领导，统筹协调的工作机制。增加了农产品安全检测设施的投入，目前已建成 6 个市级专业质检中心，区县级综合质检站正在建设之中，市、区县和重点生产经营单位的三级检测监管网络正逐步形成。完善农产品质量追溯制度，建立市、区县、乡镇三级农产品质量安全田间督导队伍，强化生产环节的督导。加强了农业投入品监管，实施了农产品主产区农药连锁配送和优质农药“空瓶回收”补贴政策。对进京动物及产品和农产品批发市场进行了重点的监督检测，建立了批发市场农产品质量监控系统，实现了批发市场监测信息联网传输、交换。实施了蔬菜、水产品、鲜肉、豆制品等农产品的市场准入制度，对不合格农产品及时采取退市、下架等强制措施。

二、贯彻实施农产品质量安全法存在的主要问题

从检查的情况看，农产品质量安全法在实施中还存在一些突出问题，主要表现在生产基础不够稳固，服务体系不够完善，依法监管还有漏洞。

（一）农业产业的组织化、集约化程度不高，保证农产品质量安全的生产基础还不够稳固

一是农业标准化生产水平有待进一步提升。农业标准化生产是保证农产品质量安全的源头，农产品质量安全法明确规定："国家引导、推广农产品标准化生产，鼓励和支持生产优质农产品"。从总体上看，我市农业实行标准化生产起步早，发展快，但与首都市场对农产品质量安全的高要求还有一定的差距。目前市和区县两级农业标准化生产基地虽然已达到8万多公顷，但仅占全市耕地面积的三分之一，农业标准化生产还有很大的提升空间。二是饲料生产企业规模化、集约化程度较低，部分企业产品质量不合格。目前全市有饲料生产企业376家，年产销量超过10万吨的只有6家，这6家企业的产销量仅占到全市产销量的37.1%。低于1万吨的生产企业有346家，这些企业的饲料产销量占全市总产量的27%。2008年，在行政执法中有16家饲料企业被停业整顿，查封不合格饲料83,700多公斤。三是地产农产品配送环节相对薄弱。地产蔬菜、水果等时令农产品，通过配送环节进入市场的不足三分之一，农产品冷链运输也刚刚起步。

（二）农业生产服务体系不够完善，保证农产品质量安全的关键环节还比较薄弱

本市农业生产经营单位规模较小且比较分散，这与农产品的高质量要求是一对矛盾。大力培育和发展面对千家万户的农业生产服务组织，构建从生产到流通的社会化服务体系是解决这一矛盾的重要出路。农产品质量安全法明确要求："农业科研教育机构和农业技术推广机构应当加强对农产品生产者质量安全知识和技能的培训"，但在这个环节上，有些工作还未到位。例如在机构和队伍建设上，2000年以后，有些区县设在乡镇一级的农业生产服务机构由公益性变为经营性，人员工资和经费由财政全额保障变为差额预算或自收自支，因此出现农业服务组织"线断、网破、人散"的现象，公益性服务功能明显弱化。虽然近些年来在农业产业化带动下，公司带农户，农民专业合作社带农户等新型农业服务组织和服务形式发挥了积极作用，但还不能满足千家万户的服务需求。由于面向生产者的基层公益性服务相对薄弱，使生产源头的质量安全难以得到有效的保证。

（三）监管体制、机制不顺，执法力量不足，农产品质量安全监管存在漏洞

一是执法主体责权脱节。农产品质量安全法规定："县级以上人民政府农业行政主管部门负责农产品质量安全的监督管理工作"。在执法检查中了解到，目前各区县农委虽然依法承担了监督管理的职责，但却将执法权委托给下属的种植业服务中心（事业单位），由于执法单位和执法人员没有相应的法律地位，使执法力度大打折扣。二是监测制度不落实。建立农产品质量安全监测制度是国家明确的法律规定和保证农产品质量安全的重要关口，但目前我市农产品检测机构与专业人员相对不足，监测覆盖面过窄。法律规定："农业行政主管部门监督抽查的农产品检测不得向被抽查人收取费用"，但对企业和农民专业合作社委托检测未做不收费的规定。在检查中，我们了解到，农产品质量安全检测机构对委托检测实行收费，且费用较高，导致一部分农业企业和农民专业合作社不愿主动送检。三是对畜禽产品屠宰加工存在监管漏洞。城乡结合部、北京与外省市交界处的私屠滥宰窝点，仍是监管执法的薄弱环节。目前生猪屠宰定点及许可由市商委负责，肉牛、肉羊、肉鸡屠宰及许可由市农业局负责，但由于近年来郊区大力发展特色养殖业，肉驴、肉鸽及其他特种养殖畜禽类屠宰加工的监管责任不清晰，存在监管漏洞。例如，在执法检查期间，新闻媒体披露了发生在通州区的

肉驴私屠滥宰和注水事件，违法者将肉驴私屠滥宰并注水后，销售给岳各庄批发市场商户和大兴、朝阳区的部分餐馆，从生产到销售失于监管。

（四）法律实施中存在的问题

农产品质量安全法在农产品生产上的规定很具体，但在农产品流通环节规定的比较原则，存在处罚依据不足等问题。例如首都60%的农产品靠外埠供应，法律虽然规定了："农产品批发市场应当设立或者委托农产品质量安全检测机构，对进场销售的农产品质量安全状况进行抽查检测"，但批发市场出于切身利益考虑，抽查的积极性不高，检测面过窄，有的检测机构形同虚设。另外，发现不符合质量安全标准的农产品，法律只要求立即停止销售，未作出监督销毁的法律规定，致使有些商贩把不合格的农产品由大批发市场转到农贸市场或异地销售。诸如此类问题，亟需地方立法加以解决。

三、进一步贯彻实施农产品质量安全法的建议

为了更好地贯彻实施农产品质量安全法，推动我市农产品质量安全工作，结合各区县、各单位、各部门提出的意见，检查组提出以下建议。

（一）强化源头治理，狠抓关键环节，不断提高农产品质量安全水平

一是要进一步加强对农产品质量安全法的宣传、教育。不断提高农产品生产加工企业和生产者的法律意识，使他们切实履行食品安全第一责任人的职责，形成以生产安全食品为荣，以生产假冒伪劣产品为耻的社会氛围。二是提升农业生产的组织化程度。要大力培育和发展农业产业化龙头企业和农民专业合作社，积极探索农民专业合作社与农业产业化龙头企业资本联合、利益共赢的体制、机制，实施标准化生产，品牌化经营战略。三是积极推进农业标准化基地建设。加快制定和逐步完善主导农产品的质量标准和质量认证，争取经过几年努力，把主导农产品的主产区大部或全部建成农业标准化生产基地。四是要进一步加强农产品生产环节各项基础工作。加大生产者培训力度，使他们更好地掌握标准化生产技术和生产规程，要健全农产品生产档案制度建设，建立农产品生产者自检制度，为农产品质量安全追溯提供详实的依据。五是继续狠抓农业投入品监管。要进一步明确农产品质量安全服务组织的公益性质，继续推进农药、化肥、种子的连锁配送，保证农业投入品安全，有效控制面源污染。六是创新农产品流通方式。要以北京农产品抢占首都中高档消费市场为目标，积极扶持农产品物流配送中心建设，发展保质、保鲜农产品的冷链运输，打牢"农超"对接的基础。继续完善农产品市场准入、退出、召回和可追溯制度，强化农产品批发市场、超市和农贸市场农产品质量监测和管理，有效提高农产品市场抽检合格率。

（二）进一步完善农产品质量安全监管体系，加大执法力度

一是进一步理顺农产品质量安全监管的体制、机制。要进一步明确区县动物卫生监督管理局、农业局的职责，在区县农委的协调下，形成分工明确，相互衔接，协调运转的农业行政执法体系，切实增强区县的属地管理功能。总结推广昌平区的经验，在全市乡镇村一级设立农产品质量安全监管机构和队伍。二是进一步加强特种畜禽屠宰加工环节的监管。明确肉驴、肉鸽及其他特种养殖畜禽类屠宰加工的监管部门，有条件的实行集中定点屠宰及许可制度，堵塞特种养殖畜禽类屠宰加工的监管漏洞。三是制定农产品质量安全检测的扶持政策。在农业行政主管部门依法抽检基础上，进一步调动农业企业

和农民专业合作社委托送检的积极性，扩大检测覆盖面，建议市政府制定委托送检的扶持政策。四是有效开展农资打假行动。充分发挥“12316”电话专线作用，为农民直接进行“农资投诉”提供服务，要定期或不定期地开展农资打假专项行动，有效遏制贩假、售假的违法行为。

（三）进一步明确政府部门职责，强化公共服务

各级政府要抓住当前机构改革和财政体制改革的契机，进一步明确属地和部门责任，把保证农产品质量安全的生产服务、监管检测和必要的基础建设纳入政府基本公共服务范畴，逐步增加投入和必要的经费保障。建设动物及动物产品留检场和动物产品废弃物处理中心，事关有效防控动物疫情和畜禽产品安全。据了解，2004 年，市发改委已提出了项目建设意见，但由于种种原因，项目至今尚未启动，建议市政府抓紧解决相关问题，尽快使项目落地并着手建设。要进一步健全“统一领导，综合协调，责任明确，运行高效”的工作机制，建立群防群控的社会监督体系，营造良好的执法环境与社会氛围。

（四）深入开展农产品质量安全法地方立法工作的前期调研

农产品质量安全法已颁布实施两年多了，在法律实施过程中，遇到了一些结合北京特点，需要地方立法加以解决的问题。今年国家颁布了食品安全法，国务院出台了相应的管理条例。制定农产品质量安全法地方性法规需要与食品安全法及其国务院有关规定相衔接，相配套。为此，建议市政府在认真实施相关法律，加大执法力度的基础上，组织有关部门针对问题进行深入的调研论证，市人大常委会有关部门要围绕制定地方性法规做好前期准备工作。

主任、各位副主任、秘书长、各位委员，北京是一个特大、特殊的农产品消费市场，具有消费需求旺、消费层次多、流通渠道广、市场影响力大等突出特点。保证首都农产品质量安全不仅直接关系到民生和都市型现代农业的可持续发展，也直接影响到首都的形象和政治声誉。要通过这次执法检查，更好地促进法律实施和政府工作，把北京农产品质量安全提高到一个新的水平。

以上报告，请予审议。

关于北京市贯彻执行《中华人民共和国农产品质量安全法》情况的报告（书面）

——2009 年 9 月 24 日在北京市第十三届人民代表大会常务委员会第十三次会议上

北京市农村工作委员会

主任、各位副主任、秘书长、各位委员：

受市人民政府委托，向市人大常委会报告本市贯彻执行《中华人民共和国农产品质量安全法》（以下简称《农产品质量安全法》）的有关工作情况。

一、贯彻执行《农产品质量安全法》的基本情况

《农产品质量安全法》颁布实施以来，

在市人大的监督支持下，全市各级人民政府和各有关部门，深入宣传和贯彻落实《农产品质量安全法》，扎实推进农产品质量安全监管工作，逐步完善农产品质量安全监管体系，探索农产品质量安全管理的新手段、新机制，本市农产品质量安全水平稳步提升。特别是在2008年奥运会期间，全市各级政府和各有关部门积极配合，群策群力，实现了供奥农产品质量安全合格率100%，鲜切蔬菜品项和数量供应100%，鲜切蔬菜、果品、鸡肉、猪肉、肉鸭和鸡蛋6类农产品由京内农产品加工配送企业供应率100%，有效确保了奥运农产品的成功供应和保障，为北京奥运会的成功举办作出了突出贡献。近几年来，本市在贯彻执行《农产品质量安全法》方面主要开展了以下工作。

（一）加强源头监管，规范农产品生产行为

1. 推进农业标准化建设。质检部门积极组织完善农产品质量安全标准体系，组织研究并建立“北京市农业标准体系”，共收集现行的国家标准、行业标准和北京市地方标准共1585项，涉及本市144种主导和特色农产品。截至目前，本市共发布与农产品相关的地方标准237项，与上级标准共同构成本市农业标准体系，实现了“从农田到餐桌”的全过程标准覆盖。农业部门加强农业标准化生产示范基地建设，做到产前有环境质量标准、产中有生产技术操作标准、产后有卫生质量和包装标准、全过程有规范管理标准，实现产前、产中、产后全过程标准化生产和管理。目前已建成市级农业标准化基地1128家。区县利用专项资金，建设区县级农业标准化生产基地上千家。

2. 开展“三品”认证。无公害农产品、绿色食品、有机农产品的认证工作已经做到了日常化、制度化和规范化。全市992家农业企业的2800个产品获得了“三品”认证，占全市农产品生产量的34.96%。此外，京郊农产品争创名牌、参与国际竞争的意识不断增强，目前全市共有200家农业企业通过了ISO9000系列、ISO14000系列、HACCP、GAP、GMP等各类国际认证。

3. 强化田间督导。田间督导制度是本市农业部门总结出的一套完整的农产品安全生产督导体系。通过规范生产记录，实行田间督导等制度，强化“三品”认证基地的标准化管理。本市的田间督导队伍已达672人，其中检查员180人、内检员492人；对京郊13个区县的重点生产基地（企业）从投入品出入库记录与规范使用、质量安全控制等10多个方面实施了现场田间督导工作。

4. 推广先进的农业生产技术。利用首都农业科技资源优势，组织实施重大科技项目10多项，开展了农产品生产、加工、运输、贮藏等重点环节的技术攻关和推广，建立了农产品质量安全生产综合示范体系，为提升本市的农产品质量安全水平提供了技术支持。

（二）加强投入品监管，创新农业投入品监管模式

1. 深入开展农资打假等专项治理行动。每年年初，农业部门会同工商、公安、质检、发展改革、工业促进、供销社等部门，组织召开全市农业打假专项治理行动大会，部署全年的农资打假和市场监管工作。按照会议的部署，农业部门组织开展“绿箭护农”行动，工商部门组织开展了“红盾护农”行动，质检部门组织开展了农资监管专项治理行动，各部门组织力量在全市范围内深入开展农资打假和市场监管工作，严厉打击各种制售假劣农资坑农害农的违法行为，有效地保障了农业生产安全和农产品质量安全，维护了农民的权益。在三鹿事件发生后，农业部门组织开展了饲料和奶站专项整治行动。将奶站100%纳入监督管理范围，对全市的77个奶站实施驻点监管；加大饲料行业的监管力度，

对全市的饲料企业和养殖基地进行了全方位、拉网式的检查，取缔无证饲料生产企业7家，停业整顿16家，共查封不合格饲料83,723公斤，监督销毁不合格饲料42,721公斤，坚决杜绝违法添加和使用违禁药物以及三聚氰胺等有害化学物质。

2. 积极推进农资市场监管长效机制建设。农业部门启动了“农资企业信用信息系统”建设，根据合同履约率、守法程度、消费者投诉、公众评价等相关信息，建立了全市近5000家种子、农药、肥料、兽药、饲料等农资生产经营企业的信用档案，纳入数据库管理，完成对农资企业的危险分级、量化监管、信用管理和分类指导，并且将农资企业信用等级作为调配执法力量、进行分类监管的一项重要依据。现一期工程已经建成并投入试运行。

3. 推进农药连锁配送建设。采取“五统一”的管理模式（“统一门店设计、统一配送标识、统一购销档案、统一货源品种、统一规范价格”），农业部门建成农药连锁配送服务站89家，改善农资市场农药多、乱、杂的无序经营状况，有效解决了农药的质量问题。

4. 开展新型农业投入品的推广服务建设。充分利用本市植保系统的技术优势和已建成的连锁配送服务站，采取“空瓶回收”直接补贴农户的新方式，大力推广安全新型农药、新型生物肥及器械。在京郊推广应用安全新型农药10万亩，更新新型植保器械3万台套；直接补贴有机肥7.5万吨，推广应用面积20万亩。补贴惠及到12个郊区县、150个乡镇的300余个村庄的50,335户农户。

（三）开展农产品质量安全追溯，构建农产品质量安全信息服务体系

1. 开展农产品质量安全追溯体系建设。农业部门从2007年起，集成开发了食用农产品质量安全追溯总平台和果蔬、水产、畜禽产品三个子平台。截至2008年年底，本市13个涉农区县共126家生产基地（配送企业）实行追溯管理试点。消费者和监管者随时随地可以通过手机短信、互联网、电话、超市触摸屏和手持PDA等5种方式实现产品质量查询。市食品安全办、工商、农业部门积极推进批发市场与食品安全追溯系统的对接机制，通过在批发市场设置食品安全追溯系统的验证查询设备，对进入市场的畜禽、水产品等农产品及重点预包装食品的来源进行验证，实现安全信息的可追溯。

2. 构建农产品质量安全信息服务体系。农业部门建设完成并投入使用“12316农业服务热线”，作为本市农业行政执法投诉举报平台、促进农民增产增收的信息咨询平台、发展都市型现代农业的决策支持平台。工商、质检等部门也通过“12315”、“12365”等服务热线，为广大市民提供农产品质量安全信息服务，畅通广大市民对农产品质量安全问题的投诉举报渠道，初步构建起了农产品质量安全信息服务体系。

（四）完善农产品批发市场工作基础和管理制度，加强市场质量安全监管

1. 完善农产品批发市场质量安全监测。农业部门为本市30家主要食用农产品批发市场的检测室配备了农药残留速测仪27台、酶标仪24台，农药残留试剂盒、孔雀石绿试剂盒等试剂盒200余个，并培训了市场检测员，建立了市场相关信息汇总周报制度，实现批发市场检测信息联网传输、交换，建立了批发市场农产品质量监控系统。同时，农业、工商部门联合开展对重点农产品批发市场的监督检测行动；各区县将辖区内的农产品批发市场纳入监管范围；各农产品批发市场也对进场销售的农产品进行抽查检测，实现本市大中型批发市场100%纳入监测范围的目标。

2. 严格农产品市场准入的监管。工商部门以蔬菜、水产品、鲜肉、豆制品为重点商

品，进一步深化协议准入及市场退出等制度。蔬菜方面，认真落实外埠蔬菜进京产地证明制度，督促经营者严格执行进货台账、索证索票等制度。水产品方面，联合市食品办先后与辽宁省葫芦岛市、山东省大连市等相关省市建立了水产品安全联合监管机制，签署《联合监管机制备忘录》。在鲜肉市场管理方面，出台多项措施进一步强化了批发市场与零售市场的批零挂钩制度，同时规定鲜肉经营者要在市场经营摊位的明显位置悬挂“公示牌”，明示鲜肉产地、屠宰企业名称等信息，提高社会监督力度。

3. 深化农产品市场的升级改造和规范达标。市工商局会同市商务委等相关部门从2006年开始，在全市范围内积极组织开展了市场升级改造工作。2008年升级改造市场160个，涉及投资59,801万元，其中升级改造农副产品市场134个，涉及投资30,247万元。截至目前，全市已累计升级改造市场742个，总投资27.58亿元。为提高市场规范管理水平，工商部门根据蔬菜、鲜肉、粮食等专业市场的经营特点及管理要求，制定了《北京市有形市场经营管理规范》，并积极采取措施，进一步推进市场规范达标进程。

4. 加强市场环节的执法监管力度。工商部门以农副产品市场为重点，在全市有形市场内开展了设置投诉举报箱活动，公开收集各类市场经营者的信息和对违法情况的举报。积极组织开展了农副产品市场专项整治。通过多项整治活动的开展，加强了对市场主办单位、经营者及入市商品的监管力度，强化了各项制度的落实。

（五）积极开展动物及动物产品检疫监督，确保动物产品质量安全

1. 开展动物产品检疫监管工作。农业部门对动物及动物产品实施“风险分级、量化监督、档案管理”监管模式；通过进京动物及产品卫生监督网络信息管理系统项目建设，实现了对进京动物及产品检疫监督工作的信息化管理。2008年，全市共产地检疫生猪130.2万头，牛4.5万头，羊6.6万头，禽2.9亿只，其他动物12.8万头/只；屠宰检疫生猪644.6万头，牛羊2.3万头，禽9082.8万只；消毒车辆41万辆；检出并无害化处理动物47.9万头/只，动物产品410.6吨。

2. 加强对生猪屠宰行业的管理。商务部门积极推进肉类加工体系现代化建设，累计关闭57家不达标生猪屠宰企业，截止到目前全市只保留了14家生猪定点屠宰企业，同时，经过改造升级，鲲鹏、资源、千喜鹤等5家企业设施基本达到了欧美发达国家水平，9家企业通过了HACCP认证，在全国率先实现了肉类加工体系现代化；加强生猪定点屠宰企业规范化管理，建立稳定的生猪货源基地，建立病害猪无害化处理登记制度，建立健全生猪定点屠宰厂检查档案，实现动态管理；会同市相关部门，对非法生猪私屠滥宰点进行了重点查处。通过采取部门协作、公布举报电话、实行派驻驻厂监督员制度等有效措施，严打生猪屠宰中的违法行为；积极推行“场厂挂钩”制度，强化市场准入和退出制度，推进品牌经营，建立安全猪肉品专柜、专卖店、连锁店，目前本市二商大红门、顺鑫鹏程公司等6家大型生猪定点屠宰企业的配送网点达到5000多家。

（六）完善农产品质量安全检测机构建设，强化农产品质量安全监督检测

1. 农业、发展改革部门积极落实国家“十五”农产品质量安全检测体系建设规划，开展本市农产品质量安全检测体系建设规划的制定与实施工作，形成了市、区县和重点生产经营单位的三级检测网络构建思路。目前，市农业环境监测站、农药检定所、新型肥料质检站、水产推广站、兽药饲料所、畜牧业环境监测站等6个市级专业质检中心已初步建成；大兴、房山、通州等区已开始建

设区县级农产品质检站。同时，农业部门积极开展农产品质量安全例行监测、监督抽检、质量监控，依法加大对生产、加工配送、市场等环节监督抽查力度。每年完成定量检测样本1.4万个。区县级实施自检和抽检样本任务37万个、农产品批发市场自检任务20多万个。

2. 工商部门在市场流通环节制定了详细的抽检计划，2008年，全市共抽取样本23,338个，其中蔬菜8641个，水果1510个，猪肉3966个，牛羊肉1449个，水产品及水发产品1344个，禽肉及其制品925个，蛋类760个，熟食1425个，豆制品950个，粮油1724个，奶及其制品644个。

3. 质检部门在开展农业标准化基地检查工作的同时，对基地产品开展果蔬农残及有害金属等抽检。2008年共计抽查了386家农业标准化基地的果蔬样品1026件，其中蔬菜样品648件，水果样品378件。

4. 商务部门重点加强生猪定点屠宰厂的检测力度。要求所有生猪定点屠宰厂都要配备必要的“瘦肉精”检测装置，对每一批生猪都要进行宰前抽检，严把宰前关，目前“瘦肉精”的抽检率达到3%—5%。

二、目前在贯彻执行《农产品质量安全法》中存在的主要问题

（一）配套的法规、规定需要进一步完善

《农产品质量安全法》是全国性的法律，原则性强，但对北京这样一个消费城市而言，需要把法律的规定加以细化，并体现北京的特色。此外，《农产品质量安全法》颁布实施后，国家又先后制定出台了《中华人民共和国食品安全法》、《中华人民共和国食品安全法实施条例》。《北京市食品安全条例》也于2008年1月1日起实施。贯彻执行《农产品质量安全法》的同时，如何与相关法律、法规相衔接，进一步完善农产品质量安全监管的法律体系，是亟待解决的问题。

（二）与外埠农产品质量安全监管的协调机制需要进一步加强

北京是特大型消费城市，受自然条件的影响，郊区生产的农副产品远远不能满足首都市民的需要，首都市场的外埠进京农产品比例大，约60%的蔬菜、65%的肉类、78%的水产品靠外埠供应。如何加强与外省市的协调，确保进京农产品的质量安全，是监管工作的难点问题。

（三）监管力度需要进一步强化

农产品质量在生产过程中涉及产地环境、农业投入品使用、收割屠宰、储藏运输、保鲜、包装等多个环节，供应链条长，运用技术复杂。同时，由于农产品生产受季节影响和一些生产技术尚不配套，加上少数不法份子受经济利益的驱动，在生产环节非法添加、滥用投入品，这些因素导致了农产品质量不安全因素时有显现，农产品质量存在安全隐患。因此，农产品质量安全监管工作需进一步强化，时刻不能放松。

（四）保障力度需要进一步加大

市委、市政府近几年一直将农产品等食品安全列为重点工作，但农产品质量安全工作刚刚起步，与市民对质量安全的要求有差距。各部门、各地区的政策支持和保障不平衡，执法队伍、人员素质、装备水平等基础条件也影响了农产品质量安全工作的顺利开展。

三、下一步工作计划

（一）加快农产品质量安全地方性法规立法进程

本着强化源头、过程控制、预防为主的原则，进一步加强《北京市实施〈农产品质量安全法〉办法》的立法调研工作，加快立

法进程，争取形成一部具有国际先进水平、实现国内领先水平、体现首都示范水平的法律文件。

（二）继续加大农产品质量安全监管保障力度

要借此次机构改革之机，依照《农产品质量安全法》相关规定，进一步理顺、明确区（县）级农产品质量安全行政管理、执法机构、技术服务机构的职责与分工，继续加强对农产品质量安全监管工作的经费和政策扶持力度，加强农产品质量安全执法装备建设，提高农产品质量安全的执法水平。同时，按照今年中央 1 号文件的精神，加快推动镇（乡）级农产品质量安全管理队伍建设，实现北京每个镇（乡）有一个农产品质量安全的公益管理机构与人员的目标。

（三）推进北京农产品质量安全水平提升行动

北京奥运会的农产品保障供应，既为这届盛会的成功作出了贡献，也打造了一个北京农产品质量安全管理的形象品牌。按照市委、市政府积极转化奥运成果、建设“人文北京、科技北京、绿色北京”的战略目标，我们将按照农产品质量安全管理的根本要求，立足北京都市型现代农业实际，积极实施北京农产品质量安全水平提升行动，全面推进农产品生产基地、加工配送企业和市场环节的质量安全建设，实现以生产源头为重点的质量安全关键环节的有效控制。要建成覆盖全市的农产品质量安全监测体系和农产品质量安全服务体系；全面实现标准化生产，健全农业龙头企业、农民合作组织和市场的质量安全自控措施，形成主要农产品质量实施全程可追溯；促进本市农产品竞争力提升、农产品品牌发展和农业产业化发展，树立北京区域性农产品质量安全良好品牌形象，全面提高本市农产品质量安全水平。

以上报告，提请市人大常委会审议。

关于“加强乡村基础设施建设，加快社会主义新农村建设进程议案办理暨本市乡村基础设施建设情况报告”审议意见落实情况的报告

——2009 年 9 月 24 日在北京市第十三届人民代表大会常务委员会第十三次会议上

北京市农村工作委员会主任　王孝东

主任、各位副主任、秘书长、各位委员：

我受市人民政府委托，向市人大常委会报告“关于加强乡村基础设施建设，加快社会主义新农村建设进程议案办理暨本市乡村基础设施建设情况”审议意见的落实情况。

2008 年 9 月 25 日，市十三届人大常委会第六次会议，听取审议了市政府“关于加强乡村基础设施建设，加快社会主义新农村建设进程议案办理暨本市乡村基础设施建设情况的报告”，提出了审议意见。同年，市政府根据审议意见，责成原议案办理工作小组制定了办理方案和整改措施。按照市政府组成部门的职责分工，将审议意见书中提出的农业基础设施、乡村基础设施和长效机制建设

三方面意见分解成24项办理内容，由市农委等15个部门共同研究办理。各承办单位对照意见内容，查摆问题，逐条提出了办理意见，积极推进乡村基础设施建设。现将有关情况分两部分报告如下。

一、以深入学习实践科学发展观活动为契机，采取新举措推动“三农”工作体制机制创新

市委、市政府结合深入贯彻落实党的十七届三中全会精神和深入学习实践科学发展观活动，围绕建设“人文北京、科技北京、绿色北京”的战略目标，抓住“三农”工作的重点、难点和关键点，及时研究制定了切实有效的重大意见和办法，推动了“三农”工作的体制机制创新与改革。

（一）以推进城乡一体化统领“三农”工作全局

2008年12月，市委十届五次会议通过了《关于率先形成城乡经济社会发展一体化新格局的意见》，这个意见作为指导全市“三农”工作的一个纲领性文件，提出要加快北京农村改革发展步伐，率先形成城乡经济社会发展一体化新格局的指导思想、目标任务和重大原则。到2020年，建立完善城乡一体的社会保障体系，实现城乡教育、文化、卫生等基本公共服务均等化，农村基础设施和社会事业取得长足进步，都市型现代农业体系日臻成熟，农民人均纯收入比2008年翻一番。到2020年，全市主干路网、电力、供排水、消防、通信等骨干基础设施网络要实现城乡全覆盖；城乡结合部、新城周边以及乡镇中心区的农村地区全部实现城市社区管理。

今年4月份，市委、市政府召开城乡一体化会议，明确指出城乡一体化是中央和市委作出的历史性决策，提出要以城乡一体化的目标总揽全局，以保增长、保民生、保稳定为切入点和工作抓手，重点在城乡规划、产业布局、基础设施、公共服务、劳动就业、社会管理六个方面加快一体化。力争在年内取得五个方面的突破性进展，一是在推进城乡结合部和小城镇改革发展方面取得新突破，二是在构造都市型现代农业产业体系方面取得新突破，三是在促进农民转移就业方面取得新突破，四是在深化农村改革、保障农民权益方面取得新突破，五是在理顺政府职能、强化联动与协调机制方面取得新突破。为保证城乡一体化各项任务的落实，启动了“1＋N”行动计划，即在全市城乡一体化工作会议基础上，通过“会议＋现场观摩”的方式，围绕小城镇建设、农村基础设施建设、农产品加工业、设施农业、沟域经济、产权制度改革、城乡结合部改革、农村实用人才等方面，组织一系列活动，推广基层经验和做法。目前，已开展了六个专项的现场拉练观摩，取得了明显成效。

（二）以财政体制改革促进区县统筹发展能力提高

为增强区县政府统筹地区发展的能力，市委、市政府出台了《进一步完善市与区县分税制财政管理体制的通知》，通过进一步健全转移支付制度，提高一般性转移支付的规模和比例，实现财力向基层倾斜，切实促进不同功能区域的差异化发展和协调发展。今年，市财政将213亿元资金划转区县，使区县财力增长30％以上，市与区县比由57：43调整为43：57。一方面，调整收入分配政策和增加功能区转移支付，让渡财力110亿元由区县统筹安排；另一方面，按照事权与财力相匹配的原则，将文化、医疗卫生、社会保障和就业、城市管理、农村五项基础设施、农林水事业发展等专项资金103亿元划转区县，扩大公共财政覆盖农村的范围。

二、以研究办理审议意见为重点，进一步加快乡村基础设施建设速度

一年来，市政府各相关部门对照审议意见书所提出的问题和建议，进行了认真研究办理。能立即整改的，各相关部门针对存在问题和不足及时进行了整改；对需要一定时限才能完成和不断改善提高的工作，特别是涉及体制、机制和制度等方面需要改革创新的问题，各相关部门也采取了一些积极的措施和办法，有效推动了工作深化。目前，按照市委、市政府的统一部署，北京的新农村建设逐步迈入了城乡一体化发展新阶段。

（一）农业基础设施建设扎实推进

1. 切实加强农业基础建设和综合开发。编制了《北京都市型现代农业基础建设及综合开发规划（2009—2012年）》，四年计划投资46亿元，完成123.5万亩以基本农田保护区为主的农业基础建设，其中基本农田101.4万亩，规模果园22.1万亩。一是通过实施以配水节水为中心的农田水利改善工程，使全市每年农业用清水总量控制在9亿立方米以内，机井供水保证率由现在的60%提高到85%。年内，计划完成3.66万亩新建设施农业与23万亩大田水利改善工程建设，更新机井1500眼。二是通过实施以质量提升为中心的农田培肥工程，增施有机肥、配方肥共约14万吨，面积25.1万亩；启动耕地质量管理信息系统建设，建立土壤肥力长期定位监测点200个。三是通过实施以改善环境质量为中心的田园清洁循环工程，控制农业面源污染，建设农业废弃物循环利用示范区8个，新建耕地污染监控和预警点位300个。四是通过实施以农田景观建设为中心的沟路林渠配套工程，开展土地规模整理，提高农田植被覆盖度和生态景观价值。今年，四项工程计划建设规模33.5万亩，投资8.3亿元，目前工程全面实施。

2. 逐步扩大设施农业面积。本着规模化布局、集约化生产、专业化服务、组织化经营、规范化建设的思路，通过积极的引导扶持政策，2009—2012年每年新建设施农业4万亩，到2012年，全市设施农业种植面积达到35万亩。今年，以永久型温室和钢架大棚为主的4万亩设施农业已全面启动。目前，已完成设施农业面积约1.38万亩，其中日光温室6400余亩、钢架大棚7400余亩。

3. 不断提高农业机械装备水平。进一步加大购机补贴力度，编制了《北京市2009年度农业机械购置补贴产品目录》，积极推广适宜生产作业、加工运输、贮藏保鲜的各类农机具和装备。一是加大玉米收获机的购置数量，将玉米收获机械化水平由30万亩增加到40万亩，使全市玉米机械化收获水平提高5个百分点。二是加大卷帘机的推广，提高设施农业机械化水平。三是围绕农机化生产示范点建设，补贴急需的农机设备，带动提高全市农机化水平提高。截至目前，共完成中央购机补贴资金4000万元，购机总额8000万元，补贴机具1934台套。

4. 加快养殖业设施标准化建设。按照“环境友好，清洁生产”的目标，加快各类养殖场标准化建设与改造。一是加快奶牛规模场（小区）建设，引导奶牛散户入区养殖。大力发展标准化肉禽舍建设，今年将在7个远郊区县建设标准化肉禽舍800栋。二是以种猪、蛋种鸡为重点，大力发展畜禽良种产业。以顺义、大兴为种猪发展优势区域，建成北方最大的种猪生产基地，今年将新建（改扩建）种猪场15个，新增种猪生产能力达到年出栏种猪3.6万头。以华都峪口禽业为龙头，建成全国最大的蛋种鸡生产基地。三是进一步加强畜禽养殖场粪污治理和资源利用，目前，已开始对121家规模化养殖场

进行治理，其中治理北运河周边规模猪场83家，共落实资金4500万元。

（二）乡村基础设施加快建设

1. 加快编制乡村基础设施建设规划。今年，将完成所有乡镇规划的编制与审批工作，2010年年底前，完成所有村庄的规划编制与审批工作，基本做到乡村规划全覆盖。截至目前，全市累计批准实施的乡镇总体规划71个，占应编规划乡镇（有68个乡镇纳入中心城或新城范围内）的62%，另有17个乡镇的规划正在审批，剩余27个乡镇正在抓紧编制；今年新编村庄规划1400余个，累计完成村庄规划编制2507个，占全市应编规划村庄的70%，另有1000个村庄规划正在编制中。

2. 全面推进村庄“五项基础设施”建设。编制了《新农村“五项基础设施”建设规划（2009—2012年）》。从今年起，“五项基础设施”建设在农村全面铺开，对所有未改造的村庄按“缺什么、补什么”的原则进行填平补齐，同时，加强农村消防、信息化等基础设施配套。在规划实施中，为落实“三保”任务目标，切实拉动农村投资增长，市政府提出提速农村“五项基础设施”建设，四年任务调整为两年完成。今年预计工程总投资75亿元，覆盖1700个村庄，直接使120万农村人口受益。截至目前，已有1500个村庄开工建设，累计完成投资30亿元。

3. 继续深化“三起来”建设工程。围绕“让农村亮起来、让农民暖起来、让农业资源循环起来”的农村新能源建设，编制了《新农村“三起来”工程建设规划（2009—2012年）》，并经市政府批准实施。今年的“三起来”工程，除继续推进太阳能路灯照明、太阳能公共浴室、大中型生物质气化和沼气工程、户用沼气、雨洪利用、养殖场粪污治理等项目外，重点是加大既有农宅节能保温改造、新建民居节能示范、户用节能灯更换、村内节能路灯更换的力度。如新实施的户用节能灯绿色照明工程，两年内将为郊区的223万户居民更换1100余万只户用节能灯；年内将支持2万户农民实施新建或既有住房节能保温工程，是前3年建设总量的3倍多。今年，“三起来”工程作为市政府为民办的57件实事之一，工程预计投资8亿元，截至目前，80%的项目已开工建设。

4. 切实加快山区基础设施建设。出台了《关于推动山区经济社会发展的若干政策措施》。一是加快山区县联络线和乡镇联络线的建设。今年先启动房山、密云等部分山区新建路网建设，明年将全面实施500公里主线、400公里支线建设工作，力争在3年内实现从京西南到京东北旅游通道贯通。二是继续推进生态清洁小流域建设工作，年内治理水土流失面积575平方公里。三是实施宜林荒山绿化和生态修复。从今年开始，用3年时间完成约2.75万公顷宜林荒山绿化任务，年内完成2.2万亩废弃矿山综合治理工程。

5. 加大城乡结合部地区改革与小城镇建设力度。按照“城乡统筹、双轮驱动、梯次推进、协调发展”的要求，一是积极开展北坞、大望京等村一体化改革试点。今年以来，刘淇书记、郭金龙市长八进北坞村调研，市人大、市政协主要领导也把城乡一体化列为重点课题，朝阳、海淀等区县及市各主管部门按照创新发展思路、发展途径和发展模式的要求，在两个村庄的规划调整、土地利用、产业政策、拆迁上楼、产权改革等方面取得了突破性进展，为城乡结合部农村地区推进一体化发展创造了典型经验。二是小城镇建设发展有了新的提高。随着新城规划的实施，7月份，市政府对本市重点小城镇空间布局进行了调整，由过去的37个中心镇调整为42个重点小城镇，作为今后小城镇建设的重点。同时，进一步明确了小城镇承担转移本地农村人口、聚集农村产业、解决当地农民就地城镇化的功能定位，理清了“先生产、后生活”、把产业培育作为小城镇建设核心的发展思路。按照这一要求，今年，市发展改革委等部门用于小城镇基础设施建设的投入将超过20亿元，重点加强镇区、产业园区和农民就业基地的“十个一”工程；市国土局将重点小城镇的4600公顷土地列入市级土地储备开发项目中，总投资超过600亿元，年内计划完成投资220亿元，现已完成48亿元。目前，市政府关于进一步加快推进小城镇建设的指导意见和政策、措施正在征求意见。

（三）制度创新力度进一步加大

1. 稳定了资金投入的长效机制。市与区县分税制财政管理体制调整已经实施，今年将继续确保市级农业投入增长幅度高于经常性收入增长幅度，保障区县财力有明显的改善和提高。直接加大了市级财政对农村地区一般性转移支付的规模和比例，在今年103亿元的划转专项转移支付中，涉及农村基础设施建设、农林水事业发展和乡村基础设施管理维护等资金达到50%以上。上半年，农村固定资产投资完成184.7亿元，同比增长73.3%。

2. 多元化的投融资体制逐步建立。充分发挥财政资金杠杆作用，今年，市农委与北京农商行等六家银行签署了合作协议，目前已有10个郊区县签订了48亿元的贷款协议，其中到位的32亿元已陆续投入新农村基础设施建设。农村金融体系建设加快推进，初步搭建起的农业贷款、农业投资、农业担保、农业投资基金、农村信用建设、农业保险、农村金融综合改革试验区等“七农”构成的金融服务平台作用开始显现，如政府投资10亿资本金的农业投资平台，预计能放大到90亿元。专门为农村和农民服务的新型金融组织逐步发展，延庆县和密云县设立的两家村镇银行、大兴区成立的全市第一家小额贷款公司运转良好，截至目前，发放贷款近9000万元。政策性农业保险覆盖面不断扩大，截至目前收取保费、参保农户、保险总额均达到去年同期的2倍左右，今年将能实现参保农户达到20万户以上，总保额达到80亿元以上。

3. 项目审批程序和手续进一步简化。实施新的财政转移支付制度后，直接促进了投资管理、项目审批重心向区县下移。市发展改革委将90%投资项目的审批权限下放到区县，现村一级的基础建设项目基本都由区县审批，项目审批、工程监理、资金拨付的环节有了明显的简化，今年大多区县的农村基础建设开工日期比往年提前了3—5个月。

4. 乡村基础设施管护的长效机制得到巩固。把生态林补偿、水源地补偿机制作为一项长效机制予以长期坚持，在巩固管水员、护路员等管护队伍的基础上，调整完善生态林管护员补助政策，今年在原有每人每年4800元的基础上增长10%，达到每人每年5280元，以后每三年提高10%，同时将实行公益就业岗位人员全员投保制度。另外，市财政划转专项转移支付1.77亿元，用于农村地区环境卫生运行补助。

5. 以农民专业合作社为载体的综合服务体系逐步完善。加快制定《北京市实施〈农民专业合作社法〉办法》。围绕主导产业，基层合作社规模逐步扩大、数量不断增加，今年农民专业合作社工商登记注册新增900余家，累计达到3028家，带动农户42.7万户，占一产农户总数的66%。

6. 农村劳动力转移就业培训政策实现城乡并轨。市人力社保局等部门为农村劳动力转移就业培训出台了一系列新的政策，明确规定本市农村转移就业劳动力每年都可以参加一次免费职业技能培训或创业培训，并大幅提高补助标准，农村劳动力职业技能培训、创业培训的补助标准由原来的人均550元分别提高到1100元和2400元。目前，已完成转移就业培训2.6万人，还有2.1万人在培；完成创业培训2400余人。

乡村基础设施建设是一项系统工程，市人大常委会审议意见所提的问题和建议切中要害，通过努力，一些问题已经得到初步解决和正在落实中，还有些涉及体制机制的重点难点问题也在积极探索，如农村各类专项规划的有序衔接与科学实施、集体建设用地的集约使用等问题都正在进行试点试验，下一步争取在面上有所突破和创新。今后，还希望各位委员和人大代表继续关注、监督和支持“三农”工作，为本市的新农村建设提出更多宝贵的意见和建议。

主任、各位副主任、秘书长、各位委员，经过近年来的不断努力，本市乡村基础设施建设取得了一定的成效，但新农村建设是一项长期的历史任务，下一步，我们将按照建设“人文北京、科技北京、绿色北京”的要求，从规划编制、制度设计、政策制定、体制机制创新等方面认真抓好市人大常委会审议意见的落实，加快解决制约和影响农村经济社会发展的各类问题，扎实有序推进本市的社会主义新农村建设和城乡一体化建设。

以上报告，提请市人大常委会审议。

关于检查“加强乡村基础设施建设，加快社会主义新农村建设进程议案办理暨本市乡村基础设施建设情况报告”的审议意见落实情况的报告

——2009年9月24日在北京市第十三届人民代表大会常务委员会第十三次会议上

市人大农村委员会主任委员　雷德才

主任、各位副主任、秘书长、各位委员：

2008年9月25日，市十三届人大常委会第六次会议听取并审议了市政府《关于“加强乡村基础设施建设，加快社会主义新农村建设进程”议案办理暨本市乡村基础设施建设情况的报告》，审议意见经常委会主任会议讨论通过后，形成了《市十三届人大常委会第六次会议关于对“加强乡村基础设施建设，加快社会主义新农村建设进程议案办理暨本市乡村基础设施建设情况报告”的审议意见书》，提出了加强农业基础设施建设，夯实都市型现代农业的产业基础；加强乡村基础设施建设，加快城乡经济社会发展一体化进程；坚持建管并举，建立和完善乡村基础设施投入与管护的长效机制等三大类意见和建议，交由市政府研究办理。受常委会委托，市人大农村委员会对该审议意见的整改措施落实情况进行跟踪检查。为做好此项工作，农村办公室制定了工作方案，紧紧围绕审议意见书中提出的内容，明确了跟踪检查的重点，开展了一系列活动。多次与市农委和相关部门进行沟通，督促了解审议意见落实情况，召开座谈会，听取市农委和相关部门关于乡村基础设施建设情况的专题汇报，组织部分

市人大代表到郊区进行了实地检查，听取了代表和农村干部群众的意见。9月2日，市人大农村委员会召开第七次会议，认真研究讨论了市政府《关于“加强乡村基础设施建设，加快社会主义新农村建设进程议案办理暨本市乡村基础设施建设情况报告”审议意见落实情况的报告》。

农村委员会认为，市政府及其有关部门高度重视常委会审议意见的落实工作，对审议意见进行了认真研究和分析，如期向常委会提交了研究处理方案，从规划编制、制度设计、政策制定、体制机制创新等方面认真整改落实，制定出台了一系列加强乡村基础设施建设的强农惠农政策。目前，新农村建设已由试点、示范到普遍推进，农业农村基础设施建设效果明显，农民的生产生活条件得到进一步改善，农民和农村集体经济组织的主体作用进一步发挥，制度创新和长效机制取得成效，有力地推进了本市乡村基础设施建设工作的开展，加快了新农村建设进程，取得了显著成效。现将跟踪监督检查的情况简要报告如下。

一、农业基础设施建设力度进一步加大

一是农业基础建设和综合开发进一步加强。市政府把加强农田基本建设作为夯实都市型现代农业基础的重要举措，编制了《北京都市型现代农业基础建设及综合开发规划(2009—2012年)》，实施以配水节水为中心的农田水利改善工程，以质量提升为中心的农田培肥工程，以改善环境质量为中心的田园清洁循环工程，以农田景观建设为中心的沟路林渠配套工程，计划总投资46亿元。四项工程的实施进一步提高了首都农业的综合生产能力、农田生态服务能力和田园景观欣赏能力。二是设施农业面积逐步扩大。2009—2012年每年将新建设施农业4万亩，到2012年总面积达到35万亩。设施农业对农业增加值和农民增收起到重要的拉动作用。三是农业机械装备水平得到提高。编制了《北京市2009年度农业机械购置补贴产品目录》，购机补贴力度进一步加大，适宜生产作业、加工运输、贮藏保鲜的各类农机具和装备得到进一步推广。目前共完成购机总额8000万元，补贴机具1934台套。四是养殖业设施标准化建设进一步加快。加快建设奶牛规模场（小区），引导奶牛散户入区养殖，发展标准化肉禽舍建设，大力发展以种猪、蛋种鸡为重点的畜禽良种产业，畜禽养殖场粪污治理和资源利用得到进一步加强。

二、乡村基础设施建设加快

一是加快编制乡村基础设施建设规划。目前全市累计已批准实施的乡镇总体规划71个，占应编规划的62%，已累计完成村庄规划编制2507个，占全市的70%。二是村庄“五项基础设施”建设全面铺开。四年任务调整为两年完成，同时，加强了农村消防、信息化等基础设施建设。编制了《新农村“五项基础设施”建设规划（2009—2012年)》。今年预计工程总投资75亿元，覆盖1700个村庄，直接使120万农村人口受益。三是“三起来”建设工程进一步深化。今年，“三起来”工程预计投资8亿元，在继续推进原来项目的基础上，重点加大了对既有农宅节能保温改造、新建民居节能示范、户用节能灯更换、村内节能路灯更换的力度。四是山区基础设施建设加快。出台了《关于推动山区经济社会发展的若干政策措施》。力争在3年内实现从京西南到京东北旅游通道贯通；生态清洁小流域建设工作继续推进，年内治理水土流失面积575平方公里；宜林荒山绿化和生态修复继续实施，将用3年时间完成约2.75万公顷宜林荒

山绿化和2.2万亩废弃矿山综合治理工程。五是城乡结合部地区改革与小城镇建设力度加大。北坞、大望京等村一体化改革试点，在规划调整、土地利用、产业政策、拆迁上楼、产权改革等方面取得了突破性进展。对重点小城镇空间布局进行了调整，由过去的37个中心镇调整为42个重点小城镇。今年，市发展改革委等部门用于小城镇基础设施建设的投入将超过20亿元。

三、乡村基础设施投入与管护的长效机制进一步建立和完善

一是资金投入的长效机制进一步稳定。市级农业投入增长幅度高于经常性收入增长幅度得到保障，加大了市级财政对农村地区一般性转移支付的规模和比例，今年103亿元的专项转移支付中，涉及农村基础设施建设、农林水事业发展和乡村基础设施管理维护的费用达到50%以上。二是多元化的投融资体制正逐步建立。农村金融体系建设加快推进，进一步优化了农村金融环境，强化了农业投入的制度支撑，初步搭建起的农业贷款、农业投资、农业担保、农业投资基金、农村信用建设、农业保险、农村金融综合改革试验区等“七农”构成的金融服务平台作用开始显现。延庆县和密云县设立了两家村镇银行、大兴区成立了全市第一家小额贷款公司。政策性农业保险今年将达到参保农户20万户以上、总保额80亿元以上。三是项目审批更加便捷。新的财政转移支付制度直接促进了投资管理、项目审批重心向区县下移。项目审批、工程监理、资金拨付的环节更加便捷高效，今年大多区县的农村基础建设开工日期比往年提前了3—5个月。四是乡村基础设施管护的长效机制得以完善。今年生态林管护员在原有每人每年4800元的基础上达到5280元，增长10%，以后每三年提高10%，同时将实行公益就业岗位人员全员投保制度。市财政今年专项转移支付1.77亿元，主要用于农村地区环境卫生运行补助。五是农民专业合作社发展迅速。农民专业合作社得到大力培育和发展，农民的组织化程度不断提高，数量增多，规模扩大。六是农村劳动力转移就业培训政策实现城乡并轨。

农村委员会认为，一年来，经过市和区县政府及其有关部门的共同努力，本市乡村基础设施建设取得了一定成效，采取的各项政策和措施正在积极推进和认真落实。但鉴于新农村建设是一项长期的历史任务，更是一项庞大的系统工程。为此，结合跟踪检查情况，农村委员会建议市政府及其有关部门继续落实常委会审议意见，在推进过程中把握和解决好以下几个问题：一是把握好新农村建设与城镇化进程的关系。普遍推进新农村建设是必要的，可行的，也得到了广大农民的赞成。但在普遍推进新农村建设的同时，更应把小城镇建设和城乡结合部改造放在城乡统筹和推进城镇化进程的大格局中来谋划，从战略的高度加以设计、建设与管理，最终使小城镇和城乡结合部成为吸纳农村劳动力、实现农民就业增收的重要渠道，成为首都经济发展新的增长点。此外，在普遍推进新农村建设的同时，政策制定上要适当向薄弱地区、薄弱村倾斜。本市山区基础设施建设相对滞后，山区道路、通讯、收视、网络、供电等基础设施欠账较多，要继续加大山区基础设施建设与管理的投入。二是要把握好城市建设总体规划与各专项规划的关系。加强农业农村基础设施建设，推进新农村建设进程，加快实现城乡经济社会发展一体化新格局，必须符合北京城市建设总体规划的要求。要解决规划实施中总体规划与各专项规划、各专项规划之间相互脱节的问题，要克服短期行为，避免出现“一地多用”、“先建后拆”

等现象发生。在处理好总体规划与各类专项规划实施关系的同时，要进一步研究探索盘活集体建设用地的新模式，实现与新农村建设和基础设施建设的有机衔接。既要保障依法加强新农村建设和基础设施建设，又要有利于项目落地和工作推进。三是要把握好基础产业发展与基础设施建设的关系。基础设施建设与发展需要产业支撑，产业发展也是农民持续增收的重要基础，更是基础设施建设与维护的资金来源。因此，要把农村产业发展放在更加突出的位置，投入更大的气力、更多的资金加以培育和发展。四是要把握好积极推进与量力而行的关系。积极推进，符合中央和市委要求，符合城乡发展的客观规律，也深得农民群众的欢迎。但是，加大农业农村基础设施建设，积极推进新农村建设进程，工作面广，任务重，资金需求量大，且建成后的维护与管理也需要相当的财力来支撑。因此，在加强农业农村基础设施建设、积极推进新农村建设进程中，要量入为出，量力而行，防止“一哄而上”，欲速则不达。要进一步建立和完善农业农村基础设施建设与管理资金投入的长效机制、管理与维护的长效机制，特别是对基础设施建成以后，对管理责任缺位、运营维护经费缺乏等问题，要采取更加具体的长效措施加以解决。

以上报告，供常委会组成人员审议时参考。

北京市人民代表大会常务委员会
任免名单

（2009年9月25日北京市第十三届人民代表大会常务委员会第十三次会议通过）

（一）

任命孙力为北京市高级人民法院副院长、审判委员会委员、审判员。

任命鲁桂华为北京市高级人民法院审判委员会委员、审判员。

任命张美欣为北京市高级人民法院审判委员会委员。

（二）

任命孙国鸣为北京市第一中级人民法院副院长、审判委员会委员、审判员。

任命王宜生为北京市第一中级人民法院审判委员会委员、审判员，免去其北京市高级人民法院审判员职务。

（三）

免去路金櫟的北京市第二中级人民法院审判委员会委员、刑事审判第二庭庭长、审判员职务。

免去孙宝祥的北京市第二中级人民法院审判员职务。

北京市人民代表大会常务委员会
任　免　名　单

（2009 年 9 月 25 日北京市第十三届人民代表大会常务委员会第十三次会议通过）

（一）

任命李新生为北京市人民检察院副检察长、检察委员会委员、检察员。

任命邹开红为北京市人民检察院检察委员会委员。

任命王京立、王向明、李继华、马军、林剑为北京市人民检察院检察员。

（二）

免去苗生明的北京市人民检察院第二分院副检察长、检察委员会委员、检察员职务。

免去李继华的北京市人民检察院第二分院检察委员会委员、检察员职务。

免去朱力、宋保真的北京市人民检察院第二分院检察员职务。

北京市第十三届人民代表大会

常务委员会第十四次会议

在市十三届人大常委会第十四次会议上的讲话

（2009年11月20日）

市人大常委会主任　杜德印

各位委员：

本次常委会会议安排审议表决两项地方性法规，听取和审议两项专项报告、两项议案办理审议意见落实情况的报告，以及审议通过其他有关事项。经过大家的共同努力，会议顺利地完成了各项预定任务，开得很成功。

制定《北京市绿化条例》是市人大常委会的一项重点立法项目，去年的第八次常委会会议对该项条例草案进行了初审，此后，市人大法制委员会会同农村委员会以及市政府有关部门，根据常委会委员和各方面提出的意见有针对性地开展了调查研究，对条例草案进行了进一步修改。在本次常委会审议之前，市委常委会对条例草案进行了研究，对条例的制定给予了充分肯定和重要的指导。提交本次常委会审议表决的《北京市绿化条例（草案修改稿）》贯彻了科学发展观的要求，在原城市绿化条例的基础上，进一步打破城乡二元结构，强调统筹城乡绿化资源，严格绿化建设、管理和保护。条例的出台对于做好首都绿化工作，推动首都绿化事业发展，改善和保护生态环境，促进生态文明建设，维护人民群众的环境利益具有重要的意义。

近年来，本市农民专业合作经济组织得到蓬勃发展，呈现出规模扩大、主体多元、领域多样的趋势，在农业生产经营、科技推广、市场营销、信息服务等方面发挥了积极作用。党的十七届三中全会指出，要按照服务农民、进退自由、权利平等、管理民主的要求，扶持农民专业合作社加快发展，使之成为引领农民参与国内外市场竞争的现代化农业经营组织。市人大常委会通过制定《北京市实施〈中华人民共和国农民专业合作社法〉办法》，确保农民专业合作社法在本市得到更好地贯彻实施，进一步发挥农民专业合作社的组织载体作用，提高农民组织化程度，加快郊区农村产业化进程，推动首都都市型农业发展；进一步规范农民专业合作社的组织和行为，完善内部机制和管理体制，更好地发挥农民的主体作用，实现“民办、民管、民受益”，使国家的惠农政策直接地惠及广大农民，促进农业发展、农村稳定和农民增收。

实行基层群众依法自治，是发展社会主义民主政治的基础性工作。本次常委会听取并审议了市政府关于推进城乡社区居民自治工作的报告。审议中常委会组成人员普遍认为，在市委、市人大、市政府的高度重视和努力推动下，本市城乡社区居民自治工作稳步有序推进，全市社区基层群众自治机制不断完善，自治内容不断充实，工作方式不断创新，民主管理制度逐步完善，自治水平不断提高，基础设施和队伍建设发展呈现良好态势。同时大家也指出，要认真贯彻落实“居委会组织法”和“村委会组织法”，进一步增强社区自治功能，健全自治机制，扩大自治范围，实现政府行政管理与基层群众自治有效衔接和良性互动，不断提高社区居民自我管理、自我服务、自我教育、自我监督的能力，切实保障好社区居民的共同利益，将首都基层民主政治建设不断提高到新的水平。

促进农村医疗卫生事业发展是十七届三中全会的明确要求，农村医疗卫生工作关系到农民生活质量的提高和农村经济社会的进步，关系到本市新农村建设和“人文北京”建设，常委会组成人员充分肯定了政府所做的工作，进一步提出要把农村基本医疗卫生体制建设作为农村改革发展的目标和任务，市政府及有关部门应当继续坚持以人为本的理念，统筹城乡卫生事业，加强农村医疗卫生服务体系的建设，强化政府基本公共卫生责任，巩固和发展新型农村合作医疗制度，不断扩大农民基本医疗服务覆盖面，真正让广大农民看得起病、看得上病、少得病。

此外，常委会组成人员对市政府关于“制定生态涵养发展区产业发展政策，推进环境友好型城市建设议案办理情况报告”、“加快保障性住房建设，解决中低收入群体住房困难议案办理暨解决城市低收入家庭住房困难情况报告”两项审议意见落实情况报告进行了审议。大家对市政府一年来的工作表示满意，同时提出了一些建议和意见，供市政府及有关部门在下一步工作中借鉴参考，并进一步抓好工作的落实。

本次常委会会议已经作出决定，市十三届人民代表大会第三次会议将于明年1月25日召开，现在已经进入到了人代会的筹备期，我们要在做好今年工作总结的同时，提出明年常委会的工作任务和议题安排。希望在筹备工作中，各位常委会委员能够积极参与、提出意见，集中大家共同的智慧，起草好市人大常委会的工作报告，提交人代会审议，共同努力把市十三届人大三次会议开好。

各位委员，本次会议预定的各项议程已经全部进行完毕，现在闭会。

北京市第十三届人民代表大会常务委员会第十四次会议议程

（2009年11月19日—20日）

（2009年11月19日北京市第十三届人民代表大会常务委员会第十四次会议第一次全体会议通过）

一、审议通过《北京市人民代表大会常务委员会关于召开北京市第十三届人民代表大会第三次会议的决定》

二、审议表决《北京市绿化条例》

三、审议表决《北京市实施〈中华人民共和国农民专业合作社法〉办法》

四、听取和审议市人民政府关于推进城乡社区居民自治工作情况的报告

五、听取和审议市人民政府关于本市农村医疗卫生工作情况的报告

六、听取和审议市人民政府关于“制定生态涵养发展区产业发展政策，推进环境友好型城市建设议案办理情况报告”审议意见落实情况的报告

七、听取和审议市人民政府关于“加快保障性住房建设，解决中低收入群体住房困

难议案办理暨解决城市低收入家庭住房困难情况报告”审议意见落实情况的报告

八、审议通过市十三届人民代表大会常务委员会代表资格审查委员会关于个别代表的代表资格的报告

九、决定人事任免事项

北京市人民代表大会常务委员会关于召开北京市第十三届人民代表大会第三次会议的决定

(2009年11月19日北京市第十三届人民代表大会常务委员会第十四次会议通过)

北京市第十三届人民代表大会常务委员会第十四次会议决定：北京市第十三届人民代表大会第三次会议于2010年1月25日召开。

北京市人民代表大会常务委员会公告

(第7号)

《北京市绿化条例》已由北京市第十三届人民代表大会常务委员会第十四次会议于2009年11月20日通过，现予以公布，自2010年3月1日起施行。

北京市第十三届人民代表大会常务委员会

2009年11月20日

北京市绿化条例

(2009年11月20日北京市第十三届人民代表大会常务委员会第十四次会议通过)

目　　录

第一章　总　　则

第一条　为了加强本市绿化建设和管理，改善和保护生态环境，建设宜居城市，促进生态文明建设，根据有关法律和行政法规，

结合本市实际情况，制定本条例。

第二条　本条例适用于本市行政区域内绿化的规划、建设、保护、监督和管理。

法律、法规对森林、古树名木、公园、自然保护区、风景名胜区有规定的，适用其规定。

第三条　本市绿化工作应当贯彻科学发展观，体现人文北京、科技北京、绿色北京的理念，坚持以人为本、生态优先、城乡统筹和政府组织、全民参与、共建共享的原则，妥善协调、处理各种利益关系，依法明晰树木权属，完善生态公益林建设和管护补偿补助机制，保护树木所有权人和管护者合法权益，促进首都绿化事业可持续发展。

第四条　市和区、县人民政府应当加强对绿化工作的领导，将绿化事业纳入本级国民经济和社会发展规划，确定本行政区域绿化覆盖率目标，实行绿化目标责任制，保障公共绿地建设和养护经费的投入。

乡、镇人民政府和街道办事处依职责做好本辖区内的绿化工作。

第五条　市人民政府绿化行政主管部门负责全市行政区域内的绿化工作。

区、县绿化行政主管部门在市绿化行政主管部门的指导下，负责本行政区域内的绿化工作。

第六条　基层群众性自治组织、学校应当结合本单位实际，教育居民和在校师生履行绿化义务，保护绿化成果，做好本社区、本单位的绿化工作。

第七条　新闻媒体应当加强绿化科学知识、绿化法律法规和建设环境友好型社会的宣传工作，增强公民履行绿化义务和保护绿化成果的意识。

第八条　本市推进林业碳汇工作，普及碳排放知识，倡导低碳生产生活方式和实现碳中和的绿色环保理念，引导公众参与碳补偿活动。

第九条　本市鼓励和支持绿化科学技术的基础研究和转化应用，选育、引进适应本市自然条件、节水耐旱及兼顾冬季绿化美化效果的植物品种。引进植物品种应当防止有害植物侵入。

第十条　任何单位和个人都有权制止、投诉和举报损害绿化、破坏生态环境的行为。

第十一条　本市对在绿化工作中做出显著成绩的单位和个人给予表彰、奖励。

第二章　规划与建设

第十二条　市和区、县人民政府应当根据绿化事业发展需要和实际情况，按照因地制宜、科学布局、切实可行的原则组织编制和实施绿化规划。

绿化规划应当符合城市总体规划、土地利用总体规划，适应防灾避险需要，保持历史风貌，体现首都特色。

绿化规划包括绿地系统规划、植树造林规划等专项规划。

绿地系统规划确定的各类绿化用地按照国家有关规定实行绿线管理。

第十三条　市和区、县绿地系统规划应当包括各类绿地的功能形态、绿地指标、绿地布局面积和控制原则等内容。区、县绿地系统规划还应当包括分期建设计划和建设标准等内容。

绿地防火设施建设应当纳入所在地区消防规划。

第十四条　市绿地系统规划由市绿化行政主管部门编制，市规划行政主管部门组织审查，报市人民政府审批后纳入本市城市总体规划。

区、县绿地系统规划由区、县人民政府组织编定，并符合市绿地系统规划，与所在地控制性详细规划相衔接。

建制镇绿地系统规划由镇人民政府组织编定，并与区、县绿地系统规划相一致，与所在地控制性详细规划相衔接。

第十五条 绿地系统规划报批前，组织编制部门应当将规划草案予以公示，并可以采取论证会、听证会或者其他形式征求有关部门、社会公众和专家的意见。

绿地系统规划在实施中因特殊情况确需变更的，应当按照原批准程序重新审批。

第十六条 本市依照北京城市总体规划，建设绿化隔离地区，改善城市生态环境。

绿化隔离地区建设应当坚持城乡统筹原则，维护农民合法权益，合理安排土地利用，扶持与绿化隔离地区功能定位相适应的绿色产业发展，促进城乡经济社会发展一体化。

绿化隔离地区建设按照市人民政府的规定执行。

第十七条 本市加强城市公园、郊野公园、乡村公园建设，为公众提供更多绿色活动空间。

第十八条 绿地建设应当严格按照绿化规划实施，坚持生态、景观、文化协调统一和节约资源的原则，充分利用乡土植物，注重营造植物景观，突出生物多样性，形成合理的种植结构。

第十九条 绿地建设责任按照下列规定确定：

（一）公共绿地由区、县绿化行政主管部门组织建设。其中，城市道路、公路、河道等用地范围内的公共绿地分别由各有关主管部门组织建设；

（二）建设工程附属绿地由开发建设单位建设；

（三）铁路、湖泊、水库管理范围内的绿地由有关主管部门组织建设；

（四）村庄规划绿地由村民委员会或者村集体经济组织建设。

前款规定以外的绿地建设责任不明确的，由所在区、县人民政府根据实际情况，按照有利于建设并方便管护的原则确定。

公共绿地由市和区、县人民政府确定并公布。

第二十条 建设工程应当按照规划安排绿化用地。

规划行政主管部门在办理相关审批手续时，应当按照绿地系统规划和详细规划确定建设工程附属绿化用地面积占建设工程用地总面积的比例。其中，新建居住区、居住小区绿化用地面积比例不得低于30%，并按照居住区人均不低于2平方米、居住小区人均不低于1平方米的标准建设集中绿地；成片开发或者改造的地区应当按照规划要求建设集中绿地，绿地建设费用纳入开发建设总投资。

建设单位报送的建设工程设计方案应当包括附属绿化用地平面图并标明绿化用地的面积和位置。

第二十一条 绿化工程建设应当符合国家和本市有关标准和规范。从事绿化工程设计、施工、监理活动的单位应当具备相应资质。依法应当实行招标的绿化工程，按照国家和本市的有关规定进行招标。

第二十二条 公共绿地绿化施工前，绿化工程设计方案应当报送市绿化行政主管部门。绿化行政主管部门可以组织专家对设计方案进行论证并提出意见。

建设工程附属绿地面积达到1000平方米的，建设单位应当在绿化施工的30日前，书面告知绿化行政主管部门，并报送绿化工程设计方案。绿化行政主管部门应当对建设工程附属绿化工程建设提供技术服务。

第二十三条 建设工程附属绿化工程应当与主体工程同步建设。绿地建设费用应当纳入建设工程总投资。

居住区、居住小区建设工程分期建设的，其附属绿化工程的具体建设时序应当作为国有土地使用权出让合同或者划拨土地条件的内容并予以明确。

居住区、居住小区建设工程附属绿化用地的面积和位置应当在房屋买卖合同中予以明示。

第二十四条　公共绿地建设工程竣工后，市或者区、县绿化行政主管部门应当组织验收，验收合格后方可交付使用。

建设工程附属绿化工程应当纳入建设工程竣工验收范围，规划行政主管部门应当对附属绿化用地的面积和位置是否符合规划许可的内容予以核实；建设单位应当组织绿化工程的设计、施工、工程监理等有关单位对绿化工程是否符合设计方案进行验收，将验收结果载于建设工程竣工验收报告，并按照有关规定报建设行政主管部门备案。

公共绿地建设工程、建设工程附属绿化工程竣工验收后，有关资料应当纳入城市建设档案进行管理。

第二十五条　居住区、居住小区附属绿化工程竣工后，建设单位应当制作绿地平面图标牌，在居住区、居住小区的显著位置进行永久公示。

第二十六条　露天停车场地面应当按照技术规范进行绿化，种植可以达到遮阳效果的树木。

鼓励屋顶绿化、立体绿化等多种形式的绿化。机关、事业单位办公楼及文化体育设施，符合建筑规范适宜屋顶绿化的，应当实施屋顶绿化。

第二十七条　经土地行政主管部门确定为闲置土地的，土地使用权人应当按照有关规定进行临时绿化，所需费用由土地使用权人承担。

第二十八条　农村地区应当科学布局绿化用地，按照村庄园林化、道路林荫化、河渠风景化、农田林网化的要求实施绿化；提高农村绿化科学技术和艺术水平，兼顾绿化的生态效益和经济效益。

第二十九条　村民委员会或者村集体经济组织应当组织村民参加村庄绿化建设，组织村民对荒山、荒沟、荒丘、荒滩和村庄周围的空地、村庄内的闲置土地进行绿化，支持村民对住宅庭院和周边的空地进行绿化美化。

绿化行政主管部门应当为村庄绿化建设提供技术服务。

第三十条　农村居民在住宅房前屋后种植树木的，树木收益归种植者所有。

第三章　义务植树

第三十一条　本市行政区域内的单位和有劳动能力的适龄公民，应当按照有关规定履行植树义务。

第三十二条　机关、团体、企业事业单位及其他单位应当组织本单位适龄公民参加植树活动。鼓励个人参加所在地区的义务植树活动。

驻本市的中国人民解放军和武警部队，依据国务院和中央军委有关规定参加义务植树活动。

各级绿化委员会统一领导、组织协调本地区的义务植树和造林绿化工作。

第三十三条　单位和个人可以通过植树造林、认建认养树木绿地、购买碳汇、参与绿化宣传咨询等多种形式履行植树义务。

第三十四条　各级绿化委员会应当建立义务植树登记卡制度，核定并记录单位参与义务植树的情况。

第三十五条　单位和个人将种植或者养护的树木移交绿地、树木管护责任单位的，所移交树木应当符合有关规定并经过验收。

绿化委员会应当指导各单位义务植树责任区和义务植树基地的建设和管理，做好服务工作。

第三十六条　单位因特殊原因无法完成义务植树任务的，可以向所在区、县绿化委员会提出协助完成义务植树任务的申请。接到申请的区、县绿化委员会应当组织专业绿化单位代其完成植树任务，所需费用由申请单位承担。

第三十七条 单位或者个人通过认养公共绿地履行植树义务的，可以在区、县绿化委员会指导下与公共绿地管护单位签订协议，按照要求对公共绿地实施养护，并根据协议对公共绿地享有一定期限的冠名权。

第三十八条 各级人民政府、各单位应当根据义务植树规划和年度计划，每年安排一定资金用于开展义务植树活动。

第四章 绿地保护

第三十九条 加强对绿地、树木的管理和保护（以下简称管护）。绿地、树木的管护责任按照下列规定确定：

（一）公共绿地由绿化行政主管部门负责落实。其中，城市道路、公路、河道用地范围内的绿地分别由各有关主管部门或者区、县绿化行政主管部门负责；

（二）单位所属绿地，由该单位负责；

（三）居住区、居住小区内依法属于业主所有的绿地由业主负责，业主可以委托物业服务企业进行管护；

（四）建设工程范围内保留的树木，在建设期间由建设单位负责；

（五）铁路、湖泊、水库等用地范围内的绿地由各有关主管部门负责；

（六）村庄绿地由村民委员会或者村集体经济组织负责。

前款规定以外的绿地或者零星树木及管护责任不清或者有争议的，由所在区、县绿化行政主管部门确定管护责任。

第四十条 管护单位应当按照国家和本市绿地、树木养护规范对绿地、树木进行管护并做好防火工作。

绿化行政主管部门应当对绿地、树木的管护给予技术指导。

第四十一条 管护单位应当加强道路附属绿地的管护，按照公安交通管理部门的要求制定作业方案。占用道路施工影响交通安全畅通的，应当征得公安交通管理部门同意。公安交通管理部门应当为道路绿化养护作业提供道路交通安全保障。

第四十二条 居住区内严重影响居住采光、通风、安全的树木，管护单位应当按照有关技术规范及时组织修剪。当事人应当协助管护单位做好修剪工作。

第四十三条 影响管道、线路、交通等公共设施使用和安全的树木，管护单位应当按照树木修剪规范及时修剪。

新设管道、线路、交通等公共设施，需要修剪树木的，应当经区、县绿化行政主管部门批准。

第四十四条 因抢险救灾和处理突发事件等紧急情况需要，可以对树木进行修剪或者砍伐。组织紧急情况处理的单位应当在处理结束之日起10日内，将有关处理情况报告所在区、县绿化行政主管部门。

因抢险救灾和处理突发事件等紧急情况修剪或者砍伐树木，造成公民、法人和其他组织财产损失的，按照国家有关规定给予补偿。

第四十五条 市政、交通、电力、通讯等建设工程项目影响绿化的，建设单位应当按照有关规定采取保护绿地和树木的措施，并在施工前告知管护单位。

第四十六条 开发利用绿地地下空间的，应当符合国家和本市有关建设规范，不得影响树木正常生长和绿地使用功能。

第四十七条 矿山、砂石开采场、砖瓦窑的生产经营活动造成地表植被破坏的，责任单位应当负责植树造林、恢复植被，不得造成地表裸露。

第四十八条 森林和野生动物类型自然

保护区的保护，应当科学确定适宜的保护范围，保护天然植被和植物资源的自然特性。

第四十九条　各级风景名胜区应当坚持保护优先、利用服从保护的原则，保护绿化资源的完整性与观赏性。游览者和风景名胜区内的居民有保护林草植被和各项绿化设施的义务。

第五十条　禁止下列损害绿化的行为：

（一）在树木旁或者绿地内倾倒、排放污水、垃圾、渣土及其他废弃物；

（二）损毁树木、花草及绿化设施；

（三）在树木或者绿化设施上悬挂广告牌或者其他物品；

（四）在绿地内取土、搭建构筑物；

（五）在绿地内用火、烧烤；

（六）其他损害绿化成果及绿化设施的行为。

第五十一条　本市实行树木所有权登记制度。树木所有权不明确的，由所在区、县人民政府确定。登记工作按照国家和本市有关规定执行。

第五章　监督与管理

第五十二条　市和区、县绿化行政主管部门应当根据绿化事业需要制定绿化规范和标准，加强绿化工作监督检查，及时处理有关绿化违法行为的投诉和举报，依法查处有关违法行为。

发展和改革、环境保护、规划、建设、农业、财政等部门依照职责分工做好绿化相关工作。

交通、水务、市政管理、卫生、教育等有关部门应当组织做好本行业、本系统的绿化监督与管理工作。

第五十三条　绿化行政主管部门应当加强对绿化工程的监督；对使用国有资金投资或者国家融资的绿化工程应当进行质量监督。

第五十四条　乡、镇人民政府和街道办事处应当配备专职或者兼职绿化管理人员，做好绿化管理工作；对本辖区内违反本条例的行为应当及时予以制止，或者向市和区、县有关部门报告，并配合有关部门进行查处。

村民委员会、居民委员会发现本区域内违反本条例行为的，应当予以制止或者向有关部门报告。

第五十五条　市和区、县绿化行政主管部门在监督检查中，可以进行现场检查，调查了解有关情况，查阅、复制有关文件、资料，采取责令停止违法行为、限期恢复等措施。

被监督检查的单位和人员不得拒绝、阻挠、妨碍行政执法人员依法进行监督检查。

第五十六条　规划行政主管部门对建设项目作出规划许可前，应当就建设工程设计方案中有关绿化用地的内容征求绿化行政主管部门的意见。绿化行政主管部门应当在7个工作日内反馈意见。

第五十七条　任何单位和个人不得擅自改变绿地的性质和用途。中心城、新城、建制镇范围内，因基础设施建设等特殊原因需要改变公共绿地性质和用途的，应当经市人民政府批准。需要改变其他绿地性质和用途的，应当经市绿化行政主管部门审核、市规划行政主管部门批准。

因前款情形造成公共绿地面积减少的，建设单位应当在该绿地周边补建相应面积的绿地。

第五十八条　严格限制移植树木。因城市建设、居住安全和设施安全等特殊原因确需移植树木的，应当经绿化行政主管部门批准。移植许可证应当在移植现场公示，接受公众监督。

同一建设项目移植树木不满50株的，由区、县绿化行政主管部门批准；一次或者累计移植树木50株以上的，由市绿化行政主管部门批准。

第五十九条 严格控制砍伐树木。符合下列情形之一的树木，经批准可以砍伐：

（一）已经死亡的；

（二）发生检疫性病虫害无保留价值或者发生其他严重病虫害的；

（三）因抚育或者更新改造需要且无移植价值的；

（四）因城市建设、居住安全和设施安全等特殊原因确需移植但无法移植或者无移植价值的。

同一建设项目砍伐树木胸径小于30厘米并且不满20株的，由区、县绿化行政主管部门批准；砍伐树木胸径30厘米以上的，以及一次或者累计砍伐树木20株以上不满50株的，由市绿化行政主管部门批准；一次或者累计砍伐树木50株以上的，由市绿化行政主管部门报市人民政府批准。

砍伐许可证应当在砍伐现场公示，接受公众监督。

第六十条 未经批准不得临时占用绿地。因特殊情况确需临时占用绿地的，应当经绿化行政主管部门批准。其中临时占用中心城公共绿地的，由市绿化行政主管部门批准；临时占用其他绿地的，由区、县绿化行政主管部门批准。临时占用期限最长不得超过2年。临时占用绿地期满后，占用人应当按照规定恢复原状。

第六十一条 代征的城市绿化用地，建设单位应当自规划验收合格之日起30日内交区、县绿化行政主管部门组织绿化，不得擅自转作他用。

第六十二条 市和区、县绿化行政主管部门应当每5年开展一次绿化资源清查，建立绿化资源档案，并根据国家有关规定，开展资源监测和效益评估。

市和区、县绿化行政主管部门应当加强绿化植物的检疫和有害生物防治，建立有害生物疫情监测预报网络，编制有害生物灾害事件应急预案，健全有害生物预警预防控制体系。

林业植物检疫机构应当按照有关规定，做好绿化植物的检疫和有害生物防治工作。

第六章 法律责任

第六十三条 违反本条例第二十五条规定，建设单位未按照要求公示绿地平面图的，责令限期改正；逾期不改正的，处5000元罚款。

第六十四条 违反本条例第二十七条规定，土地使用权人未按照规定对闲置土地进行临时绿化的，责令限期改正；逾期不改正的，处2000元以上2万元以下罚款。

第六十五条 违反本条例第四十条规定，管护单位未按照养护规范进行养护并做好防火工作的，责令限期改正；逾期不改正，造成树木死亡、绿化设施损毁、景区风貌破坏的，处2000元以上2万元以下罚款。

第六十六条 违反本条例第四十六条规定，未按照国家和本市有关建设规范开发利用绿地地下空间，影响树木正常生长或者绿地使用功能的，责令限期改正；逾期不改正的，处2万元以上10万元以下罚款。

第六十七条 违反本条例第五十条规定，损害绿化成果及绿化设施的，责令停止违法行为。情节较轻的，处20元以上50元以下罚款；情节严重的，处50元以上500元以下罚款。

第六十八条 违反本条例第五十七条规定，未经许可擅自改变绿地性质和用途的，责令限期改正、恢复原状，并按照改变的面积处取得该处土地使用权地价款3至5倍的罚款。

第六十九条 违反本条例第五十八条规定移植树木的，责令限期改正；无法改正的，责令在规定地点补种移植株数5倍的树木，并可以处所移植树木价值3至5倍的罚款。

第七十条　违反本条例第五十九条规定砍伐树木的，责令停止违法行为，并在规定地点补种砍伐株数10倍的树木，处所砍伐树木价值5至10倍的罚款。

第七十一条　违反本条例第六十条规定，未经许可临时占用绿地的，责令限期改正、恢复原状，并可按照占用面积处取得该处土地使用权地价款3至5倍的罚款。临时占用绿地期满后不按照规定恢复原状的，按照擅自改变绿地性质予以处理。

第七十二条　违反本条例第六十一条规定，建设单位未按照规定将代征绿地交区、县绿化行政主管部门组织绿化的，责令限期交回，并处每日每平方米0.5元的罚款。

第七十三条　本章规定的行政处罚由市或者区、县绿化行政主管部门实施。市人民政府决定由城市管理综合行政执法部门行使行政处罚权的，由城市管理综合行政执法部门实施。

第七十四条　违反本条例规定，按照规划、建设、环境保护等法律、法规和规章的规定应当给予行政处罚的，由各有关部门依法给予处罚。

第七十五条　各级绿化行政主管部门及其工作人员玩忽职守、滥用职权、徇私舞弊的，由所在单位或者上级主管部门给予行政处分；构成犯罪的，依法追究刑事责任。

第七十六条　违反本条例规定，造成树木、花草或者绿化设施损坏、灭失的，应当承担相应的民事责任；构成犯罪的，依法追究刑事责任。

第七十七条　违反本条例规定，经责令改正，逾期不改正的，绿化行政主管部门可以委托有资质的专业单位代为履行，所需费用由违法行为人承担。

第七章　附　则

第七十八条　本条例自2010年3月1日起施行。1990年4月21日北京市第九届人民代表大会常务委员会第十九次会议审议通过、1997年4月16日北京市第十届人民代表大会常务委员会第三十六次会议修改的《北京市城市绿化条例》和1988年9月2日北京市第九届人民代表大会常务委员会第四次会议审议通过、1997年4月15日北京市第十届人民代表大会常务委员会第三十六次会议修改的《北京市郊区植树造林条例》同时废止。

关于《北京市绿化条例（草案）》的说明

——2008年12月18日在北京市第十三届人民代表大会常务委员会第八次会议上

北京市园林绿化局局长　首都绿化委员会办公室主任　董瑞龙

主任、各位副主任、秘书长、各位委员：

我受市人民政府的委托，现就提请本次会议审议的《北京市绿化条例（草案）》（以下简称《条例（草案）》），作如下说明。

一、立法背景和必要性

绿化作为城市的基础设施，是生态环境

建设的主体；作为社会公益事业，是实现人与自然和谐的重要纽带；作为古都风貌的构成元素，是传统文化和现代文明的载体。在首都经济社会的发展进程中，绿化对于维护首都生态安全，推进首都生态文明建设，构建和谐社会首善之区，建设环境友好型城市，实现“人文北京、科技北京、绿色北京”，发挥着越来越重要的作用。

在党中央和国务院领导下，长期以来，市委、市政府十分重视首都绿化工作，坚持一手抓发展，扩大绿化资源；一手抓保护，巩固绿化成果。特别是改革开放的几十年，本市绿化事业发展迅速，取得了显著成就。到2007年年底，城市建成区绿地面积达到3.9万公顷，人均公共绿地面积达到12.6平方米，城市绿化覆盖率达到43%，“五河十路”两侧形成了2.5万公顷绿化带，市区建成1.26万公顷绿化隔离带，自然保护区面积达到了全市总面积的8.18%。目前，全市城乡总体的林木绿化率达到51.6%，山区、平原、城市绿化隔离地区三道绿色生态屏障基本形成，首都北京呈现出城市青山环抱、市区森林环绕、郊区绿海田园的优美景观，城乡一体化的绿化系统初步形成。

1990年市人大常委会审议通过《北京市城市绿化条例》，对推动本市城市绿化事业发展起到了重要作用。在总结《北京市城市绿化条例》施行经验的基础上，制定新的城乡一体的绿化条例非常必要。

（一）制定《条例（草案）》是落实科学发展观，建设“绿色北京”的需要

党的十七大报告明确提出“坚持生产发展、生活富裕、生态良好的文明发展道路，建设资源节约型、环境友好型社会，使人民在良好生态环境中生产生活”。以绿化为主体的生态环境，是经济社会协调和可持续发展的重要保障，是建设环境友好型社会的重要内容。进一步加强绿化的建设和管理，是落实建设“绿色北京”不可或缺的必然要求。为此，需要通过制定与绿化事业发展相适应的地方性法规，为建设“绿色北京”提供法制保障。

（二）制定《条例（草案）》是实现城乡统筹，促进绿化事业又好又快发展的需要

2006年3月，市政府对首都绿化资源进行了整合，提出了加强对全市园林和林业资源的集中统一管理、统筹城乡绿化发展、形成一体化城乡绿化系统的要求和目标。新修编的《北京城市总体规划》，将规划建设范围扩大到整个行政区域，明确了城乡规划的统一。国家城乡规划、建设等有关法律也对城乡统筹发展提出了新的要求。为此，需要通过制定绿化条例，统一规范城乡绿化的建设、保护和管理等工作。

（三）制定《条例（草案）》是巩固“绿色奥运”成果，保障绿化事业可持续发展的需要

筹办奥运的七年，是首都绿化建设发展最好、最快的时期，不仅建设了一大批绿化精品工程，也创造和积累了大量经验，摸索与创新出许多成功的办法和措施。将这些已被实践证明的切实有效的作法和措施纳入地方性法规，对保护和巩固“绿色奥运”成果、促进首都绿化事业可持续发展是非常必要的。

同时，随着首都经济社会的快速发展和城乡一体化绿化格局的逐步形成，现有的绿化管理模式需要调整，管理重心需要下移，管理职责需要进一步明确，监督手段需要进一步强化，执法工作需要进一步加强，亟须制定新的地方性法规加以规范。

二、指导思想和起草过程

《条例（草案）》的指导思想是：以党的十七大精神为指导，贯彻落实科学发展观，围绕“人文北京、科技北京、绿色北京”发展战略，坚持城乡统筹，坚持生态优先，密切联系实际，

总结奥运成果，突出地方特色，注重针对性和可操作性，促进首都绿化事业可持续发展。

为了做好《条例（草案）》的起草工作，2006年6月，市园林绿化局、市政府法制办和市人大常委会农村办、法制办成立了起草工作小组，深入到区县、街道、乡镇、农村，开展了广泛的调查研究，通过召开座谈会、论证会，听取人民群众、专家学者、企事业单位、中央机关、驻京部队的意见，借鉴了兄弟省市绿化立法经验，形成了草案的报审稿。报审稿征求了有关市级行政主管部门和区县人民政府意见，并上网征求了社会公众的意见。经过对上述意见的反复讨论、研究、吸收，形成了《条例（草案）》，《条例（草案）》已经2008年9月28日的市政府第十二次常务会议审议通过。

三、主要内容的说明

《条例（草案）》共七十二条，分为总则、规划与建设、义务植树、绿地保护、管理与监督、法律责任、附则七章。主要内容说明如下。

（一）关于条例的适用范围

《条例（草案）》第二条规定“本条例适用于本市行政区域内的绿化规划、建设、保护、管理和监督等活动”。条例将适用范围由城市建成区扩大到本市全部行政区域，符合全面落实科学发展观、统筹城乡绿化建设的总体要求，符合市委对新时期首都绿化功能和管理职责的新定位，符合首都绿化工作城乡一体化的具体要求。

（二）关于政府职责

《条例（草案）》明确了市、区（县）两级人民政府的领导责任，加大了各级人民政府和政府有关部门在绿化建设和管护中的责任，规定了树木移植、树木砍伐、临时占用绿地和改变绿地使用性质等行政许可事项的主体、条件、程序等内容，并根据权力下放、管理重心下移的改革思路，将大部分行政许可权限下放到区、县绿化行政主管部门，增加了市绿化行政主管部门的监督和指导职责。为了加强绿化行政主管部门的监管职责，《条例（草案）》进一步明确、充实了监督检查的内容和措施，规定现场检查可以调查了解有关情况，查阅、复制有关文件、资料等。

同时，《条例（草案）》还确定了街道办事处和村民委员会、居民委员会的绿化建设、管理、保护职责。规定乡、镇人民政府和街道办事处应当配备专职或者兼职绿化管理人员，对违反本条例的行为，应当及时予以制止，配合有关部门进行查处。村民委员会、居民委员会应当及时制止或者报告所辖区域内违反本条例的行为。

（三）关于绿化建设管理

为了提高绿化工程建设质量，科学发挥绿化的生态、景观效益，《条例（草案）》第二十二条规定，建设工程附属绿地面积达到一定规模的，建设单位应当在绿化施工前，书面告知绿化行政主管部门，并附绿化工程设计方案，绿化行政主管部门要加强对建设工程附属绿地建设的指导与服务。

根据国家规定的有关指标和《北京城市总体规划》确定的本市总体绿化目标，《条例（草案）》第十六条规定了建设工程附属绿化用地面积标准。该指标保持了现行《北京市城市绿化条例》的绿化用地面积标准，同时根据绿化工作新情况，本着实事求是的原则，对个别建设工程的绿化用地面积指标作了微调。《条例（草案）》根据实际情况，在第十七条规定，部分建设工程绿化用地面积难以达到规定标准又确需建设的，经市人民政府批准，由建设单位按照所缺的绿化用地面积缴纳绿化补偿费，同时规定住宅类建设工程绿化用地面积必须达标。《条例（草案）》根据农村绿化的实际需要，规定了农村绿化的建设原则、建设主体等内容。

《条例（草案）》吸收了“绿色奥运”建设的成功经验，规定了对使用国有资金或者国家融资的绿化工程质量监督制度，明确了建立监测预报网络，编制应急预案，健全有害生物预警预防控制体系的要求。

（四）关于义务植树和全民参与

为适应义务植树运动的深入开展，规范义务植树活动，结合近年来本市义务植树实际情况，《条例（草案）》专设了义务植树一章，对义务植树的适用范围、组织机构、尽责形式、经费保障等方面作出具体规定。

《条例（草案）》确定了“全民参与、共建共享”的原则，鼓励、引导、规范全社会参与绿化，在第十三条、第二十四条、第二十七条、第三十四条等规定了相关内容。

（五）关于法律责任

《条例（草案）》针对绿化成果“破坏容易恢复难”的情况，加大了对绿化违法行为的处罚力度，突出了限期改正、恢复原状、补种树木等恢复绿化成果的行政管理措施。明确规定罚款数额依据树木价值和缴纳绿化补偿费标准计算。同时规定了代履行制度。

《条例（草案）》已印送常委会组成人员，请予审议。

市人大农村委员会关于《北京市绿化条例（草案）》审议意见的报告

——2008 年 12 月 18 日在北京市第十三届人民代表大会常务委员会第八次会议上

市人大农村委员会主任委员　雷德才

主任、各位副主任、秘书长、各位委员：

市人大农村委员会收到市人大常委会交付审议的《北京市绿化条例（草案）》（以下简称《条例（草案）》）后，以书面或者座谈会的形式，先后征求了全国人大农业与农村委员会、18 个区县人大常委会和市人大常委会有关工作机构的意见，并在市人大常委会门户网站上公开征求了广大代表和公众意见，召开座谈会听取了部分市人大常委会委员、市人大代表和专家意见，并组织部分委员和代表到朝阳区、平谷区和市城市建设档案馆进行了专题调研。此前，市人大常委会农村办公室作为立法起草小组成员单位提前介入，参与了《条例（草案）》的起草工作，所提出的一些意见已吸收在《条例（草案）》中。12 月 2 日，市人大农村委员会召开会议，依照《北京市制定地方性法规条例》的规定，对《条例（草案）》进行了审议，现将审议意见报告如下。

本市 1989 年和 1990 年颁布实施的《北京市郊区植树造林条例》和《北京市城市绿化条例》，在提高郊区植树造林和城市绿化水平、推动全市绿化工作方面发挥了重要作用。全市绿化事业得到迅速发展，取得了显著成效，首都生态环境得到明显改善。特别是 2008 年北京奥运会的成功举办，使全市绿化水平有了明显提高。随着北京城市总体规划的落实和经济社会发展，对本市绿化建设和管理提出了新的更高的要求。因此，在总结原有法规施行经验的基础上，按照城乡一体化的要求，结合本市发展实际，制定《北京市绿化条例》十分必要。

《条例（草案）》符合“坚持科学发展，建设人文北京、科技北京、绿色北京”的总体要求，体现了绿化工作生态优先、政府组织、全民参与和城乡一体化的原则。一是按功能统筹城乡绿化资源，统一规范本市行政区域内的绿化规划、建设、保护、管理和监督等活动；二是明确规定了市、区县、街道、乡镇的职责和村民委员会、居民委员会的责任，落实绿地建设和管护主体，完善了义务植树协调管理机制；三是强化监督和管理，规定了绿化行政主管部门对公共绿地和建设工程附属绿地的监管职责，加大了对绿化违法行为的处罚力度；四是注重树木和绿地所有者的权益保护，合理划分民事损害赔偿与行政管理的关系。《条例（草案）》符合本市实际，具有较强的针对性和可操作性，建议常委会审议通过。

同时，农村委员会对《条例（草案）》部分条款提出以下修改建议。

一、关于相关法律、法规衔接

《条例（草案）》第二条第二款中规定的适用法律、法规另有规定的，应当包括古树名木，而且应当将森林表述为森林、林木和林地，顺序前移。为此建议《条例（草案）》第二条第二款修改为：“法律、法规对森林、林木和林地以及古树名木、公园、自然保护区、风景名胜区另有规定的，适用其规定。”

二、关于绿化工作原则

《条例（草案）》第三条中对本市绿化工作原则的表述应当突出生态优先和城乡一体化的原则，而且内容表述上也应作适当调整。为此建议《条例（草案）》第三条修改为：“本市绿化工作应当按照以人为本和城乡一体化的要求，坚持生态优先、科学发展，政府组织、全民参与、共建共享的原则。”

三、关于市和区县政府责任

《条例（草案）》第四条对市和区、县人民政府责任的规定不全面。市和区、县人民政府在本市绿化工作中除了领导之外还应当包括组织、协调和监督责任。为此建议《条例（草案）》第四条第一款修改为“市和区、县人民政府应当加强对绿化工作的领导、组织、协调和监督，将绿化事业纳入本级国民经济和社会发展规划，确定本行政区域绿化覆盖率目标，实行绿化目标责任制，保障公共绿地建设和养护经费投入。”

四、关于生态公益林建设和保护

公益林是首都生态环境的重要屏障，是公共服务的重要方面。这一公益性质必须保证以公共财政为支撑，才能实现公益林较好的建设与保护。因此，必须建立起长效的生态效益补偿机制。建议《条例（草案）》总则中增加一条作为第五条，具体表述为：“统筹土地利用和城乡规划，合理安排生态公益林空间布局，加强生态公益林建设和保护。建立生态公益林生态效益补偿制度，实行生态公益林用地补偿，逐步提高补偿和养护标准，完善保护绿化成果的激励机制。”

五、关于公共绿地界定

《条例（草案）》中公共绿地的概念和范围有待明确，并且相当一部分公共绿地的使用是无偿的，绿地的维护费用也应当落实。为此，建议在《条例（草案）》第四章中增加一条，具体表述为：

“建立公共绿地用地补偿和绿化建设管护经费保障机制。

“本条例所称公共绿地，包括中心城、新城、建制镇范围内的公园绿地、河道绿地和道路绿地，第一道绿化隔离地区，第二道绿化隔离地区和五河十路等河道、道路两侧的永久性绿化带，乡村公园以及其他市和区县人民政府确定的公共绿地。”

六、关于村庄绿地建设责任

村庄属于农村社区，应当比照城市社区来确定村庄规划绿地的建设责任，《条例（草案）》第十五条第一款第四项“村庄规划绿地由村民委员会或者村集体经济组织建设”的规定，将村民委员会这一农村基层群众性自治组织或者村集体经济组织作为农村社区规划绿地的建设责任主体不妥，实施起来将会增加村民委员会或者村集体经济组织和农民负担。为此，建议将《条例（草案）》第十五条第一款第四项删除。

七、关于绿化工程的竣工验收和档案管理

《条例（草案）》第二十三条有关绿化工程竣工验收的规定应当进一步完善。本市建设工程中规划的附属绿地被侵占问题比较突出。为了维护当事人合法权益，防止规划绿地被侵占，严格绿化工程竣工验收制度十分必要。为此，建议《条例（草案）》第二十三条第二款修改为：“含附属绿化工程的建设工程竣工验收，建设单位应当通知绿化行政主管部门参加，验收合格后，由绿化行政主管部门为建设单位办理绿化工程竣工验收备案手续。未经验收或者验收不合格的，建设行政主管部门不得办理建设工程竣工验收备案手续。”同时，绿化工程建设档案作为建设工程城市建设档案的重要组成部分，应当加强绿化工程建设档案的管理工作。建议增加一款作为《条例（草案）》第二十三条第三款，具体表述为：“公共绿地建设工程、建设工程附属绿化工程竣工验收后，有关资料应当列入城市建设档案进行管理。”

八、关于绿地养护

在绿地养护工作中，露天焚烧树叶树枝的现象时有发生，存在安全隐患，《条例（草案）》中需要突出强调管护单位的防火责任。为此，建议第三十八条第二款修改为：“管护单位应当按照国家和本市绿地养护规范对绿地进行管护，禁止露天焚烧树叶、树枝和枯草，做好防火工作。”

九、关于防洪、防火抢险救灾树木损失补偿

因自然灾害和突发事件引起树木损毁，造成公民、法人和其他组织财产损失的，应当给予补偿。为此，建议《条例（草案）》第四十二条修改为：

“因防洪、防火等抢险救灾和处理突发事件等紧急情况需要，可以对树木进行修剪或者砍伐。组织紧急情况处理的单位应当在处理结束之日起10日内，将有关处理情况报告所在地区、县绿化行政主管部门。

“因防洪、防火等抢险救灾和处理突发事件修剪或者砍伐树木，造成公民、法人和其他组织财产损失的，按照国家有关规定给予补偿。”

十、关于树木砍伐

为了防止一项工程中砍伐树木申请审批采取化整为零和规避公示监督情况的发生，有关树木砍伐需要增加行政许可程序性和公示时限规定。为此，建议将《条例（草案）》第五十五条第二款修改为：

“一个项目砍伐树木胸径小于30厘米并且累计不满20株的，由区、县绿化行政主管部门批准；一个项目砍伐树木胸径30厘米以上或者20株以上累计不满50株的，由市绿化行政主管部门批准；一个项目砍伐树木累计50株以上的，由市绿化行政主管部门报市人民政府批准。砍伐树木期间，砍伐许可证应当在砍伐现场公示，接受公众监督。”

十一、关于绿化植物的检疫和有害生物防治

绿化植物的检疫和有害生物防治是保护绿化成果的重要措施。林业植物机构应当配备专业人员和相应设备，做好绿化植物的检疫和有害生物防治工作。建议《条例（草案）》第五十八条增加相应内容，具体表述为：“市和区、县绿化行政主管部门应当加强绿化植物的检疫和有害生物防治，建立有害生物疫情监测预报网络，编制有害生物灾害事件应急预案，健全有害生物预警预防控制体系。林业植物检疫机构应当配备专业人员和相应设备，落实经费保障和各项措施，按照林业植物检疫有关规定，做好绿化植物的检疫和有害生物防治工作。”

十二、关于法律责任

《条例（草案）》第五十九条相关内容已在建议修改的《条例（草案）》第二十三条第二款中表述，建议删除《条例（草案）》第五十九条。

对违反《条例（草案）》第二十四条第二款规定，建设单位未按要求公示绿地平面图的行为，应当按照同一的处罚幅度进行处罚。为此，建议《条例（草案）》第六十条修改为：“违反本条例第二十四条第二款规定，建设单位未按要求公示绿地平面图的，责令限期改正；逾期不改正的，处2000元罚款。”

对违反《条例（草案）》第三十八条规定，管护单位未按养护技术规范进行管护处以罚款的，应当限于逾期不改正且造成树木和绿地损毁的行为。为此，建议《条例（草案）》第六十一条修改为：“违反本条例第三十八条规定，管护单位未按养护技术规范进行管护的，责令限期改正；逾期不改正，造成树木和绿地损毁的，对管护单位处2000元以上2万元以下罚款。”

另外，建议对《条例（草案）》第三章中有关绿化委员会组织、指导、服务义务植树和造林绿化工作有关内容的条款顺序进行调整，将第二十九条第三款、第三十一条、第三十二条第二款合并为一条作为《条例（草案）》第三章的第一条。

主任、各位副主任、秘书长、各位委员，绿化在全市经济社会发展，建设宜居城市，全面建设小康社会，改善生态环境和提高广大人民群众生活质量方面发挥着不可替代的作用。首都绿化取得的成就来之不易。

因绿化建设与保护涉及不同主体，已呈现出多元化的趋势。为维护好各方利益，特别是保障农民利益的实现，建议在审议《条例（草案）》过程中进一步关注下面几个问题。

一是如何进一步加大绿化建设保护力度，切实维护当事人的权益，巩固绿化成果，防止违法侵占绿地、损毁树木等行为发生，加大对违法行为的处罚力度。

二是如何进一步明确所有者、建设管护者和受益群体之间的责任、权利和义务，协调处理好相互关系，以便于充分调动各方面的积极性，共建共享，形成合力，共同推动首都绿化事业不断向前发展。

三是如何在做好绿化建设和保护的同时，维护好农民的权益，不断完善生态补偿等政策保障机制，使农民不仅仅作为绿化事业的建设者，同时也能共享绿化成果带来的利益。

市人大法制委员会关于《北京市绿化条例（草案)》审议结果的报告

——2009年11月19日在北京市第十三届人民代表大会常务委员会第十四次会议上

市人大法制委员会副主任委员　郑树森

主任、各位副主任、秘书长、各位委员：

2008年12月18日，市十三届人大常委会第八次会议对《北京市绿化条例（草案)》（以下简称《条例（草案)》）进行了初审。在审议中，有20位常委会组成人员和1位人大代表发表了意见。组成人员和代表认为，《条例（草案)》贯彻科学发展观，在原城市绿化条例的基础上，打破城乡二元结构，强调统筹城乡绿化资源，严格绿化建设、管理和保护，对推进首都绿化事业发展，促进生态文明建设有重要意义，立法非常必要，草案的针对性和可操作性也比较强。同时，组成人员和代表还对《条例（草案)》提出了修改意见和建议。

会后，市人大法制委员会会同市人大农村委员会根据各方面的意见有针对性地开展调研，听取了市政府园林绿化、发展改革、住房和城乡建设、规划，区县、乡镇政府，法院系统，基层单位等多个部门、单位及相关人员的意见。2009年10月30日，法制委员会召开会议，根据常委会审议意见、农村委员会审议意见和其他方面的意见进行审议，提出了进一步修改的意见。现将审议结果报告如下。

一、关于本市绿化工作的指导思想和原则

绿化工作的指导思想和原则是做好首都绿化工作、推动首都绿化事业发展的重要依据。《条例（草案)》第三条规定了绿化工作原则。有的委员提出，在绿化工作中要处理好绿化事业各主体的责、权、利关系，保障绿化事业的可持续发展。农村委员会提出，应当将“生态优先”写入绿化工作原则，同时要完善生态公益林的补偿和补助机制。法制委员会根据委员和农村委员会的意见，建议将《条例（草案)》第三条修改为：“本市绿化工作应当贯彻科学发展观，体现人文北京、科技北京、绿色北京的理念，坚持以人为本、生态优先、城乡统筹和政府组织、全民参与、共建共享的原则，妥善协调、处理各种利益关系，依法明晰树木权属，完善生态公益林建设和管护补偿补助机制，保护树木所有权人和管护者合法权益，促进首都绿化事业可持续发展。”（草案修改稿第三条）

二、关于推进林业碳汇工作，倡导绿色环保理念

生态文明建设是首都实现可持续发展的必由之路，其中一个重要内容就是要倡导绿色环保的制度理念和生活理念。林业碳汇是指利用森林的储碳功能，通过植树造林、加强森林经营管理、减少毁林、保护和恢复森林植被等活动，吸收和固定大气中的二氧化碳，并按照相关规则与碳汇交易相结合的过程、活动或机制。近年来，本市推进林业碳汇工作，倡导低碳生产生活方式，也倡导公

众通过参与碳补偿活动，即通过购买碳汇来集中资金，用于规模化的植树造林和植被保护活动，依靠植物作用实现碳中和。因此，法制委员会建议增加一条，表述为："本市推进林业碳汇工作，普及碳排放知识，倡导低碳生产生活方式和实现碳中和的绿色环保理念，引导公众参与碳补偿活动。"（草案修改稿第八条）同时，在义务植树一章中，增加规定"购买碳汇"作为单位和个人履行植树义务的形式之一，丰富了义务植树形式，表述为："单位和个人可以通过植树造林、认建认养树木绿地、购买碳汇、参与绿化宣传咨询等多种形式履行植树义务。"（草案修改稿第三十三条）

三、关于绿化隔离地区建设

绿化隔离地区建设是本市落实北京城市总体规划，改善城市生态环境，统筹城乡发展，促进城乡经济社会发展一体化的重大举措。有的委员提出，绿化隔离地区的绿化建设是首都绿化的重要组成部分，在继续推进的同时要注意解决好建设中的问题和矛盾，完善相关政策，切实维护好农民的合法权益。法制委员会经过调研认为，市委、市政府高度重视绿化隔离地区建设，先后出台一系列关于绿化隔离地区建设的政策和措施，实施的情况总体是好的，但也存在一些矛盾和问题。要彻底解决绿化隔离地区的问题，还需要一个循序渐进、不断调整、整体推进的过程。因此，立法中增加对绿化隔离地区建设的规范，一方面要总结绿化隔离地区建设的基本经验，作为以后工作的指导；另一方面，还要考虑绿化隔离地区建设中相关问题的长期性和复杂性，给政府实施具体政策留下空间。据此，建议在草案修改稿中增加一条，对绿化隔离地区的功能、地位和建设要求进行原则规定，表述为："本市依照北京城市总体规划，建设绿化隔离地区，改善城市生态环境。

"绿化隔离地区建设应当坚持城乡统筹原则，维护农民合法权益，合理安排土地利用，扶持与绿化隔离地区功能定位相适应的绿色产业发展，促进城乡经济社会发展一体化。

"绿化隔离地区建设按照市人民政府的规定执行。"（草案修改稿第十六条）

四、关于建设工程附属绿化用地面积标准

《条例（草案）》中规定的本市建设工程附属绿化用地面积标准，基本上延用了现行的绿化用地面积标准。法制委员会认为，由于首都经济社会快速发展，在立法中硬性规定各项绿化用地面积标准已很难适应新形势的要求，建议在法规中不列具体指标，但对成片开发或改造区，特别是新建居住区、居住小区的绿地建设仍然提出要求，以保护居民的环境利益。据此，将《条例（草案）》第十六条修改为："建设工程应当按照规划安排绿化用地。

"规划行政主管部门在办理相关审批手续时，应当按照绿地系统规划和详细规划确定建设工程附属绿化用地面积占建设工程用地总面积的比例。其中，新建居住区、居住小区绿化用地面积比例不得低于30%，并按照居住区人均不低于2平方米、居住小区人均不低于1平方米的标准建设集中绿地；成片开发或者改造的地区应当按照规划要求建设集中绿地，绿地建设费用纳入开发建设总投资。"（草案修改稿第二十条第一款、第二款）同时，删去《条例（草案）》第十七条和第五十三条有关收取绿化补偿费的规定。

五、关于建设工程附属绿化工程的竣工验收

农村委员会提出，由于建设工程附属绿

化工程建设和管理不规范，造成规划绿化用地被侵占、群众利益受损害的现象比较多，应当从程序上严格绿化工程的竣工验收制度，保证绿化建设指标的实现。法制委员会认为，建设工程附属绿化工程应当是建设工程的组成部分，规划行政主管部门在规划许可、规划验收等环节应当对绿化工程有相应要求并进行审核；建设单位也应当组织对绿化工程进行验收；购房者可以通过房屋买卖合同予以监督。根据上述意见，法制委员会建议从以下几方面加以完善。

（一）在《条例（草案）》第十六条中增加一款，表述为："建设单位报送的建设工程设计方案应当包括附属绿化用地平面图并标明绿化用地的面积和位置。"（草案修改稿第二十条第三款）

（二）将《条例（草案）》第二十三条第二款修改为："建设工程附属绿化工程应当纳入建设工程竣工验收范围，规划行政主管部门应当对附属绿化用地的面积和位置是否符合规划许可的内容予以核实；建设单位应当组织绿化工程的设计、施工、工程监理等有关单位对绿化工程是否符合设计方案进行验收，将验收结果载于建设工程竣工验收报告，并按照有关规定报建设行政主管部门备案。"（草案修改稿第二十四条第二款）

（三）在草案修改稿第二十三条中增加"居住区、居住小区建设工程附属绿化用地的面积和位置应当在房屋买卖合同中予以明示"的内容。（草案修改稿第二十三条第三款）

六、关于绿化工程的档案管理

农村委员会提出，绿化工程的档案资料是城市建设资料的重要组成部分，应当纳入城市建设档案进行管理。法制委员会根据农村委员会的意见，建议增加一款，表述为："公共绿地建设工程、建设工程附属绿化工程竣工验收后，有关资料应当纳入城市建设档案进行管理。"（草案修改稿第二十四条第三款）

七、关于法律责任

《条例（草案）》第二十四条规定："居住区、居住小区附属绿化工程竣工后，建设单位应当将绿地平面图制作成标牌，在居住区、居住小区的显著位置进行永久公示。"在法律责任一章中的第六十条规定对未进行公示的行为可以处2000元以上2万元以下罚款。农村委员会提出，是否公示的行为没有情节轻重之分，对这种违法行为不需要设定处罚幅度。法制委员会根据农村委员会的意见，建议将第六十条修改为："违反本条例第二十五条规定，建设单位未按照要求公示绿地平面图的，责令限期改正；逾期不改正的，处5000元罚款。"（草案修改稿第六十三条）

《条例（草案）》第二十条对闲置土地的临时绿化作了规定。有的委员提出，对不按照规定进行临时绿化的行为应当追究法律责任。法制委员会根据委员意见，建议增加一条，表述为："违反本条例第二十七条规定，土地使用权人未按照规定对闲置土地进行临时绿化的，责令限期改正；逾期不改正的，处2000元以上2万元以下罚款。"（草案修改稿第六十四条）

此外，法制委员会还根据常委会审议意见、农村委员会审议意见、语言文字专家和其他各方面的意见，作了一些完善性的修改，对条款顺序作了必要的调整。

法制委员会按照上述意见，提出《北京市绿化条例（草案修改稿）》，提请常委会进行第二次审议。

草案修改稿和以上意见是否妥当，请审议。

市人大法制委员会关于《北京市绿化条例（表决稿）》的说明

——2009年11月20日在北京市第十三届人民代表大会常务委员会第十四次会议上

市人大法制委员会副主任委员　郑树森

主任、各位副主任、秘书长、各位委员：

2009年11月19日，市十三届人大常委会第十四次会议对《北京市绿化条例（草案修改稿）》进行了审议，会上常委会组成人员没有提出新的意见。法制委员会据此提出《北京市绿化条例（表决稿）》，建议本次常委会会议通过，并自2010年3月1日起施行。

北京市人民代表大会常务委员会公告

（第8号）

《北京市实施〈中华人民共和国农民专业合作社法〉办法》已由北京市第十三届人民代表大会常务委员会第十四次会议于2009年11月20日通过，现予以公布，自2010年3月1日起施行。

北京市第十三届人民代表大会常务委员会

2009年11月20日

北京市实施《中华人民共和国农民专业合作社法》办法

（2009年11月20日北京市第十三届人民代表大会常务委员会第十四次会议通过）

目　录

第一章　总　则

第一条　为了实施《中华人民共和国农民专业合作社法》，结合本市实际情况，制定本办法。

第二条 本办法适用于本市行政区域内农民专业合作社的设立、生产经营，以及相关的规范管理、指导、扶持和服务活动。

第三条 农民专业合作社是在农村家庭承包经营基础上，同类农产品的生产经营者或者同类农业生产经营服务的提供者、利用者，自愿联合、民主管理的互助性经济组织。

农民专业合作社以其成员为主要服务对象，提供农业生产资料的购买，农产品的销售、加工、运输、贮藏及与农业生产经营有关的技术、信息等服务。

第四条 农民专业合作社应当遵循下列原则：

（一）成员以农民为主体；

（二）以服务成员为宗旨，谋求全体成员的共同利益；

（三）入社自愿，退社自由；

（四）成员地位平等，实行民主管理；

（五）盈余主要按照成员与农民专业合作社的交易量（额）比例返还。

第五条 农民专业合作社应当依法从事生产经营活动，诚实守信，遵守社会公德和商业道德。

第六条 市和区、县人民政府应当将促进农民专业合作社发展与本地区农业及相关产业发展相结合，加强统筹协调，创新工作机制，及时组织农业行政主管部门和其他有关部门、有关组织制定政策，加大财政、科技和人才支持，落实金融、税收优惠政策，完善农业社会化服务体系。

乡、镇人民政府和街道办事处应当支持当地农民专业合作社发展，宣传有关政策，制订落实措施，为农民专业合作社的设立和生产经营等活动提供服务。

村民委员会、村集体经济组织对农民专业合作社的设立和生产经营活动依法给予支持和帮助。

第七条 市和区、县人民政府对在促进农民专业合作社事业发展中做出显著成绩的单位和个人，予以表彰、奖励。

第二章 设立与运行

第八条 本市农村家庭承包经营基础上同类农产品的生产经营者或者同类农业生产经营服务的提供者、利用者，自愿联合，依法从事下列生产经营活动的，可以申请设立农民专业合作社：

（一）种植业、养殖业；

（二）农产品销售、加工、贮藏、运输；

（三）农业休闲观光和民俗旅游；

（四）农民家庭手工业；

（五）农业机械作业服务；

（六）农业技术服务；

（七）依法开展的其他互助性农业生产经营活动。

设立农民专业合作社的，应当向所在区、县工商行政管理部门提出设立登记申请，依法取得农民专业合作社法人营业执照。

农民专业合作社的业务范围有属于法律、行政法规或者国务院规定在登记前须经批准的项目的，应当提交有关批准文件。

第九条 设立农民专业合作社的，应当依法制定章程。章程的制定，可以参照本市农民专业合作社示范章程。

农民专业合作社应当健全内部管理制度，履行章程的约定。

第十条 农民专业合作社的成员中，农民至少应当占成员总数的80%。

农民专业合作社的成员为农民的，成员身份证明为本市农业人口户口簿；拥有本市农村土地承包经营权证的非农业户籍人员，凭本人居民身份证和本市农村土地承包经营权证或者村民委员会、居民委员会出具的身份证明，可以以农民成员身份申请办理入社登记。

第十一条 农民专业合作社自愿联合组成新的互助性经济组织，可以向工商行政管理部门提出设立登记申请，依法取得农民专业合作社法人营业执照。

第十二条 农民专业合作社应当为每位成员设立成员账户。

第十三条 农民专业合作社成员可以用货币出资，也可以用实物、知识产权及其他能够用货币估价并可以依法转让的非货币财产作价出资。

第十四条 农民专业合作社章程应当对成员的出资方式、出资额进行规定；成员应当按照章程规定出资，出资额应当计入该成员账户。

农民专业合作社成员的出资方式、出资额及成员出资总额，应当在出资清单上载明，并经全体出资成员签名、盖章确认。

第十五条 农民专业合作社成员大会由全体成员组成，是本社的权力机构，依法行使职权。

农民专业合作社成员超过150人的，可以依照章程设立成员代表大会。成员代表大会按照章程规定可以行使成员大会的部分或者全部职权。

设立的成员代表大会，成员代表人数不少于成员总数的30%；成员超过500人的，成员代表人数不少于成员总数的20%。成员代表大会代表的选举办法由章程规定。

第十六条 农民专业合作社设立理事会、执行监事或者监事会的，农民专业合作社成员在150人以下的，理事会成员一般不少于3人，至少设执行监事1人；成员151人至500人的，理事会成员一般不少于5人，监事会成员一般不少于3人；成员超过500人的，理事会成员一般不少于7人，监事会成员一般不少于5人。

第十七条 农民专业合作社应当依法建立财务管理制度。财务管理制度应当明确规定成员大会、理事长、理事、经理的财务权限和职责，并经成员大会审议通过。

农民专业合作社应当建立财会人员的岗位责任制，明确相关岗位的职责权限。

农民专业合作社可以设置专职会计人员，也可以委托会计服务机构代理记账。

第十八条 农民专业合作社应当按照农民专业合作社财务会计制度进行独立会计核算，并按时进行财务年度决算。

农民专业合作社在进行年终盈余分配或者返还前，应当准确核算全年的收入和支出；清理财产和债权、债务，将其真实完整地记入成员账户。

第十九条 在弥补亏损、提取公积金后的当年盈余，为农民专业合作社的可分配盈余。

农民专业合作社的可分配盈余按成员与本社交易量（额）比例返还，返还总额不得低于可分配盈余的60%；剩余部分以成员的出资额、公积金份额及本社接受国家财政直接补助和他人捐赠形成的财产平均量化到成员的份额，按比例分配给成员。可分配盈余的具体分配办法，按照章程规定或者经成员大会决议确定。

年度盈余分配方案，应当经成员大会批准后实施。

第二十条 成员资格终止的，农民专业合作社应当按照章程规定的方式和期限，退还记载在该成员账户内的出资额和公积金份额，并依法将该成员资格终止前的可分配盈余向其返还。

成员资格终止后，农民专业合作社应当在会计年度终了时，将该成员账户内记载的由国家财政直接补助形成的财产份额，重新平均量化到本社现有成员。

第二十一条 农民专业合作社应当向成员实行社务公开。

农民专业合作社的重大经营决策、国家

财政对农民专业合作社的直接补助和他人捐赠形成财产的到账和使用情况，以及其他涉及成员切身利益的事项应当向成员公开。

农民专业合作社应当在会计年度终了时向成员公布经营和财务状况，接受成员的监督。

第二十二条 执行监事或者监事会负责对农民专业合作社财务的监督和内部审计工作，审计结果应当向成员大会报告。

成员大会可以委托有关审计机构对本社的财务进行年度审计、专项审计和换届、离任审计。

农民专业合作社应当接受并配合政府有关部门对国家财政直接补助资金开展的审计监督工作。

第二十三条 农民专业合作社应当按照国家和本市有关规定报送统计、财务报表。

第二十四条 农民专业合作社应当加强对成员的培训，帮助成员增强法律意识、合作意识、自律意识，提高生产技能和经营水平。

第二十五条 农民专业合作社与成员之间发生纠纷时，应当依照章程和有关约定协商解决；协商不成的，可以向农村合作经济经营管理机构申请调解，也可以直接向人民法院起诉。

第三章 指导与服务

第二十六条 市和区、县人民政府应当建立由有关部门和机构参加的促进农民专业合作社发展的联席会议制度，研究和协调解决农民专业合作社发展中的重大问题。

第二十七条 市和区、县农业行政主管部门负责下列与农民专业合作社建设和发展有关的指导、扶持和服务工作：

（一）制定指导和扶持农民专业合作社发展的具体政策；

（二）提供有关政策咨询，收集发布相关信息；

（三）引导帮助农民专业合作社开展农业标准化、农产品质量安全、认证申报、品牌培育、产品营销、开拓市场等工作；

（四）开展农民专业合作社典型示范和推广交流活动；

（五）其他帮助农民专业合作社提高组织化程度，增强自我服务、抵御风险和市场竞争能力的工作。

第二十八条 市和区、县农村合作经济经营管理机构负责下列与农民专业合作社建设和发展有关的指导和服务工作：

（一）指导农民专业合作社制定章程、建立健全内部运行机制、财务会计等管理制度；

（二）指导农民专业合作社申报建设项目；

（三）开展对农民专业合作社的统计监测、人员培训等工作。

区、县农村合作经济经营管理机构可以为农民专业合作社的设立提供咨询、指导和登记代办服务。

第二十九条 市和区、县工商行政管理、财政、发展改革、商务、税务、科学技术、国土资源、规划、环境保护、交通、园林绿化、水务、旅游、知识产权和质量技术监督等行政管理部门应当依据各自职责，对农民专业合作社建设和发展给予指导、扶持和服务。

供销社、农产品行业协会、科学技术协会等有关单位或者组织应当对相关的农民专业合作社给予指导、扶持和服务。

第三十条 工商行政管理部门应当将农民专业合作社信息纳入本市法人基础数据库，为相关部门及组织统一提供基础数据的共享交换服务。

农业和工商行政管理等部门应当加强沟通协调，建立、健全部门之间的信息交流与共享机制。

第三十一条 本市将农民专业合作社纳入企业信用信息系统，对农民专业合作社实施信用监管。

第三十二条 办理农民专业合作社工商、税务登记的，登记机关不收取登记费用。

第四章 扶持与促进

第三十三条 市和区、县人民政府应当推进新型农业社会化服务体系建设，支持各类农业社会化服务组织为农民专业合作社发展提供市场营销、科技推广、人才引进、农资供应、农业信息、农村金融和保险等服务。

第三十四条 市和区、县人民政府应当安排资金，重点用于扶持农民专业合作社的下列项目：

（一）农业标准化生产基地建设；

（二）农产品加工、仓储、销售设施建设；

（三）农产品质量标准与认证、产品包装、品牌建设和市场营销；

（四）农业机械、农产品运输设备购置；

（五）信息服务、科技推广、人才引进和培训；

（六）其他重点扶持项目。

本市各级人民政府应当对扶持农民专业合作社的资金使用情况予以监督。

第三十五条 农民专业合作社有下列情形之一的，不列入国家和本市财政资金扶持范围：

（一）与本社成员的交易量（额）不足全部交易量（额）50%的；

（二）可分配盈余未依法按成员与本社的交易量（额）返还给成员的；

（三）未依法实行民主管理造成不良影响的。

第三十六条 农民专业合作社可以独立申报、承担农业建设项目、农业科技项目及其他政府支持发展农业和农村经济的建设项目。

有关部门应当对承担政府支持发展农业和农村经济建设项目的农民专业合作社加强指导和服务。

第三十七条 本市应当完善农产品市场流通体系，加强仓储、流通、信息等基础设施建设，改善农产品销售的市场环境。

市和区、县商务、农业行政主管部门应当采取措施，组织、引导、支持农民专业合作社与市场对接，为农民专业合作社生产的农产品进入市场销售提供便利和信息咨询服务。

鼓励农产品加工、销售和会展企业与农民专业合作社建立直接联系，对农民专业合作社生产的农产品进行加工、销售和展览展销。

第三十八条 农产品生产、加工、销售企业，以及其他有销售渠道、生产加工技术、开拓创新能力的企业，可以联合农民创办或者加入农民专业合作社，带动农民专业合作社发展。

引导农业产业化龙头企业和农民专业合作社通过资本、劳动等方面合作，建立稳定的利益联结机制，共享农产品生产、加工、仓储、销售等环节的利益。

鼓励农业产业化龙头企业为农民专业合作社及其成员提供技术、信息、农业生产资料等多种服务。

第三十九条 鼓励高等院校、中等职业学校和科研院所与本市农民专业合作社开展技术合作。依托农民专业合作社建立科研试验示范基地的，享受相关政策优惠。

第四十条 农民专业合作社享受国家规定的对农业生产、加工、流通、服务和其他涉农经济活动相应的税收优惠。

第四十一条 政策性金融机构应当采取多种形式为农民专业合作社提供信贷服务。鼓励商业性金融机构对农民专业合作社开展信贷服务，提供资金支持。

农民专业合作社申请的相关贷款，符合市财政、农业行政主管部门有关规定的，财政部门根据项目用途和实际需要给予贴息支持。

鼓励社会担保机构开展农民专业合作社贷款担保业务。政府扶持的政策性担保机构应当为农民专业合作社提供担保服务。

第四十二条 农民专业合作社可以组织成员依法开展内部资金互助服务，解决成员在农业生产经营活动中的资金困难。

第四十三条 政策性农业保险机构应当开发适合农民专业合作社特点的保险产品。

鼓励政策性、商业性保险机构通过农民专业合作社为农民提供农业保险服务。

第四十四条 本市各级人民政府应当采取措施鼓励各类人才到农民专业合作社工作。高等院校毕业生到农民专业合作社工作的，享受有关优惠待遇。

支持农业技术专家及其他各类优秀人才以咨询、培训等方式加强与农民专业合作社的合作。

鼓励各类科技人员为农民专业合作社提供技术服务。

第四十五条 农民专业合作社的农产品生产基地、农业机械服务场所、规模养殖场、设施农业，以及其他有关项目的建设，应当符合土地利用总体规划和城乡规划；前述项目相关用地，未使用建筑材料硬化地面或者虽使用建筑材料但未破坏土地并易于复垦的，按照设施农用地进行管理。

农民专业合作社建设农产品加工、仓储、冷藏和人员培训及设施农业附属的管理和生活用房等永久性建筑物的用地，使用农村集体建设用地的，应当符合土地利用总体规划和城乡规划，按照乡镇集体企业用地办理用地手续；使用农用地的，应当依法办理农用地转用审批手续。

农民专业合作社从事种植、养殖及本社成员农产品初加工、仓储、冷藏的用水用电，按照有关规定执行农业生产水电价格标准。

第四十六条 农民专业合作社申请认证无公害农产品、绿色食品、有机食品、原产地标记、地理标志和注册商标的，政府有关部门和相关组织应当给予指导、扶持和帮助。

第四十七条 本市将农民专业合作社信息平台建设纳入全市信息化体系，通过信息化手段为农民专业合作社及其成员提供相关生产经营信息服务。

第五章 法律责任

第四十八条 国家行政机关和负有管理职责的机构及其工作人员有下列行为之一的，根据情节轻重对直接负责的主管人员和其他直接责任人员，依法给予相应行政处分：

（一）非法干预农民专业合作社及其成员生产经营活动的；

（二）侵占、挪用、截留农民专业合作社及其成员财产或者应当属于农民专业合作社及其成员财产的；

（三）非法向农民专业合作社及其成员收费或者摊派的；

（四）强迫农民专业合作社及其成员接受有偿服务的；

（五）其他玩忽职守、滥用职权、徇私舞弊侵害农民专业合作社及其成员合法权益的。

前款所列行为构成犯罪的，由司法机关依法追究刑事责任；给农民专业合作社造成损失的，依法承担民事责任。

第四十九条 农民专业合作社违法开展生产经营活动的，由农业、工商行政管理、质量技术监督等有关部门依法处理。

第五十条 农民专业合作社管理人员侵占、挪用、私分农民专业合作社及其成员财产的，依法追究其法律责任。

第五十一条 农民专业合作社成员违反农民专业合作社章程及财务管理制度，造成本社或者其他成员财产损失的，应当依法承担民事责任。

第六章 附 则

第五十二条 本办法自 2010 年 3 月 1 日起施行。

关于《北京市实施〈中华人民共和国农民专业合作社法〉办法（草案）》的说明

——2009 年 7 月 23 日在北京市第十三届人民代表大会常务委员会第十二次会议上

市农村工作委员会主任 王孝东

主任、各位副主任、秘书长、各位委员：

我受市人民政府的委托，现就《北京市实施〈中华人民共和国农民专业合作社法〉办法（草案）》（以下简称《办法（草案）》），作如下说明。

一、立法的背景和必要性

农民专业合作社是在农村家庭承包经营基础上，同类农产品的生产经营者或者同类农业生产经营服务的提供者、利用者，自愿联合、民主管理的互助性经济组织。2007 年 7 月 1 日实施的《中华人民共和国农民专业合作社法》（以下简称《农民专业合作社法》），为农民专业合作社的发展提供了法律保障，促进了本市农民专业合作社的快速发展。截至 2008 年年底，全市各类农民专业合作组织 2406 个，带动农户 38.4 万户，其中在工商登记注册的农民专业合作社有 2136 个，到 2009 年一季度末，农民专业合作社数量已达到 2650 个，覆盖种植、养殖及农产品销售加工等各个领域，成为带动农民增收的重要途径。从总体上看，本市农民专业合作社呈现出发展速度加快、合作领域拓宽、竞争能力增强、农民社员增收明显等特征，发展势头较好。但是，本市农民专业合作社仍处于发展的初期阶段，还存在一些问题。从合作社自身发展看，存在着规模较小、服务功能较弱、带动作用发挥有限等现实问题；从发展的外部环境看，主要是在扶持政策、政府部门职责等方面缺乏具体的法规支撑。这些问题，都需要通过地方立法，将扶持农民专业合作社的政策、措施及部门职责以地方性法规的形式予以明确，加强指导、扶持和服务工作，促进本市农民专业合作社快速、健康发展。

农民专业合作社是一个特定的互助性经济组织，它既不同于公司性企业，也有别于社团类的协会。《农民专业合作社法》实施以后，国务院《农民专业合作社登记管理条例》、《农民专业合作社示范章程》和《农民专业合作社财务会计制度》也相继出台。这些法律、法规和规章制度的出台，为引导和支持农民专业合作社健康发展创造了大的发展环境。法律实施几年中，本市农民专业合作社发展中遇到了整建制农转居后仍在当地从事农业生产的人员无法以农民成员身份入社、合作社的专业合作领域发展需求较上位法有所拓宽、合作社内部管理需进一步规范等一些现实问题。因此，需要有针对性地研究支持、规范和促进本市农民专业合作社发展的具体政策性措施，并将这些政策措施规范化、法制化，既保证国家法律、法规的全面落实，又能解决发展中遇到的实际问题，为本市农民专业合作社发展创造更好的法制环境。

党的十七届三中全会《决定》指出要“按照服务农民、进退自由、权利平等、管理民主的要求，扶持农民专业合作社加快发展，使之成为引领农民参与国内外市场竞争的现代农业经营组织”，对农民专业合作社发展提出了更高的要求。因此，为了贯彻好《农民专业合作社法》和十七届三中全会《决定》精神，细化法律和行政法规有关规定，支持和促进本市农民专业合作社又好又快发展，结合本市实际，制定《北京市实施〈中华人民共和国农民专业合作社法〉办法》十分必要。

二、立法的起草过程

市委、市政府高度重视本次立法工作。2008年，市委1号文件对农民专业合作社建设提出“开展地方性立法前期调研工作”要求。2008年上半年，市政府有关部门完成了立法的前期调研工作，市人大专门组织了立项论证。从2008年7月下旬开始，本市正式启动立法起草工作，由市农委牵头组织成立了立法起草小组，起草小组成员由市人大农委、市人大法制办、市政府法制办、市农委和市农研中心等部门的有关同志组成。

起草过程中，起草小组邀请曾参加过《农民专业合作社法》起草的农业部、农业大学、中国社会科学院的专家教授参与，组织对密云、怀柔、昌平、延庆等区县进行了调研，多次征求了区县农业主管部门及部分农民专业合作社的意见，吸收本市多年来发展农民专业合作社的政策、措施，同时参考了浙江、陕西和湖北等地的立法经验，并征求了市发展改革、财政、劳动保障、国土、工商、银监会、国税、地税等部门的意见，形成了《办法（草案）》初稿，于2009年4月13日报送市政府审查。

市政府法制办在征求意见过程中，书面征求了发展改革、财政、工商、质量技术监督、国土等28个政府部门和除城四区以外的14个区县人民政府的意见；同时，于4月13日至5月13日将草案全文及说明上网公开征求社会的意见；5月6日，又召开了由来自北京大学、清华大学、人民大学、政法大学、农业大学和国家行政学院的六位法律教授参加的专家审查会，对《办法（草案）》进行了专题研究。在对上述三方面所提意见进行研究整理吸收采纳后，形成《办法（草案）》。当前草案已经2009年6月16日市人民政府第41次常务会议审议通过。

三、立法指导思想和主要问题说明

《办法（草案）》分为总则、设立与发展、指导与服务、扶持与促进、法律责任和附则，共六章49条。

（一）关于立法的指导思想

《办法（草案）》是在坚持《农民专业合作社法》基本原则的前提下，根据本市都市型现代农业发展要求，结合农民专业合作社建设的实际，以及在贯彻《农民专业合作社法》、国务院《农民专业合作社登记管理条例》过程中发现存在的突出问题，本着突出本市地方特色、解决实际问题、明确扶持政策、促进合作社健康长远发展的精神，坚持“以指导、服务为主，尊重农民意愿，不干涉合作社的经营管理，在发展中规范，在规范中发展”的原则，开展本次立法工作。在本次立法中，有针对性地健全了农民专业合作社的内部管理制度，增加和细化了一些支持、促进农民专业合作社发展的措施，明确了政府对农民专业合作社的指导、服务职责。

（二）关于农民专业合作社登记范围

《农民专业合作社法》规定的业务范围是农业生产资料购买、农产品销售、加工、运输、贮藏及与农业生产经营有关的技术、信息等服务。根据本市都市型现代农业发展现状，本市农民家庭经营的产品不仅只是农产品，还有很多是农副产品加工、传统的家庭手工艺产品、“农家乐”旅游等休闲观光农业以及农业科技服务、农业机械作业服务等。因此，《办法（草案）》在第7条中规定从事上述行业的农民也可以设立相应的农民专业合作社，享受相关扶持和优惠。

（三）关于设立登记中对农民成员身份的界定

《农民专业合作社法》第15条明确要求“农民专业合作社的成员中，农民至少应当占成员总数的百分之八十。”随着本市郊区城市化进程加快，有一些农民已转为非农业户籍居民，但依然从事着农业生产或为农业生产提供服务，并拥有土地承包经营权。据统计，涉及房山区、门头沟区因京煤集团（原矿务局）和燕化集团占地形成的农转居人员约2.1万人。另外，本市约有近5万户的11余万人已转为小城镇户口同时仍依法享有土地承包经营权。根据国务院《农民专业合作社登记管理条例》第15条规定，本着有利于调动各方面资金、技术、人才参与农民专业合作社建设的精神，《办法（草案）》对农民成员的界定作了进一步明确，在第9条中规定“拥有本市农村土地承包经营权证的小城镇户籍人员、非农业户籍人员，凭本人居民身份证和本市农村土地承包经营权证或者村民委员会（居民委员会）出具的身份证明，可以农民成员身份申请办理入社登记。”

（四）关于规范农民专业合作社内部管理制度

坚持发展与规范并重，是本市发展农民专业合作社坚持的原则之一。在法律规定的原则下，结合本市实际情况，为加强农民专业合作社内部管理和规范操作，《办法（草案）》在第二章“设立与发展”中作出进一步规范。明确要求农民专业合作社应当为每位成员设立成员账户，规定成员可以用实物、知识产权以及其他能够用货币估价并可以依法转让的非货币财产作价出资，并在农民专业合作社成员代表的产生、理事会和监事会人数、建立财务会计制度、加强财政扶持专项资金管理、明确盈余返还方式、建立统计制度、坚持社务公开、接受审计监督等方面作出了较为具体的规定。

（五）关于政府部门和有关组织的指导、扶持和服务职责

《农民专业合作社法》第9条规定“县级以上各级人民政府应当组织农业行政主管部门和其他有关部门及有关组织，依照本法规定和各自职责，对农民专业合作社的建设和发展给予指导、扶持和服务。”《办法（草案）》第25条中，对市和区、县人民政府作出应当建立促进农民专业合作社发展的联席会议制度的要求，以求加强部门间的沟通和协调，研究解决本地区农民专业合作社发展中的重大问题。在第26条中具体规定了市和区、县农业行政主管部门、各级农村合作经济经营管理部门分别承担的指导、扶持和服务工作。并在第27条中列出了市和区、县工商行政管理、财政、发展改革、商务、税务、科技、规划等与扶持农民专业合作社发展相关的政府部门，要求依据各自职责，做好与农民专业合作社建设和发展有关的指导、扶持和服务工作；此外，还要求供销社、科协和农产品行业协会等有关单位或组织做好指导、扶持和服务工作。为了更加方便农民组建成立合作社，对农民专业合作社登记提供更好的服务，《办法（草案）》第28条规定，区、县农村合作经济经营管理机构对农民专

业合作社的设立提供咨询、指导和服务，为农民专业合作社提供登记代办服务。

（六）关于扶持、优惠政策

根据《农民专业合作社法》第七章政策扶持有关规定和市委、市政府《关于加快发展农民专业合作组织，提高农民组织化程度的意见》精神，《办法（草案）》第31条至第43条，对本市扶持农民专业合作社的政策进行了完善和具体化，在政府资金扶持、产业政策倾斜、促进产品生产与市场销售的渠道对接、鼓励龙头企业领办、加大科技支持力度、落实税收政策、提供金融服务、允许开展资金互助、完善农业保险、吸引人才服务、鼓励开展质量认证以及在用地、信息支持等方面作出了较为全面的政策性规定。

一是在财政扶持资金方面。目前，本市每年都安排一定的扶持资金，用于支持农民专业合作社的发展。为更好地促进农民专业合作社的发展，《办法（草案）》第31条规定，市和区、县人民政府应当安排资金，重点支持农民专业合作社建设标准化生产基地、兴办加工仓储销售设施、开展农产品质量标准与认证、产品包装、品牌建设和市场营销、购置农业机械和农产品运输设备，以及开展信息、技术、培训等服务。

二是在项目建设方面。为了通过以项目建设带动产业发展，提升农产品内在附加值、提高产品进入市场销售的能力，增强农民专业合作社经济实力，《办法（草案）》第32条规定，农民专业合作社可以作为实施单位，独立申报、承担农业建设项目、农业科技项目以及其他政府支持发展农业和农村经济的建设项目。有关部门应当对承担建设项目的农民专业合作社，加强指导和服务。

三是在金融保险服务方面。目前，本市开展银农合作的涉农担保机构共有8家，并于2007年建立了政策性农业保险机制。综合这些情况，为解决农民专业合作社融资难、贷款难、抗风险能力差等问题，《办法（草案）》第37条至第39条对金融支持、贷款贴息、农业保险及农民专业合作社内部开展资金互助作出了明确规定。

四是在用地政策方面。《办法（草案）》在制定相关土地使用政策时，积极落实国家对耕地严格保护的要求，充分领会《国土资源部关于促进农业稳定发展农民持续增收推动城乡统筹发展的若干意见》精神，结合农民专业合作社发展中面临的土地使用情况，在第41条中明确“农产品生产基地、农业机械服务场所、规模养殖场、设施农业以及其他有关项目的建设，应当符合土地利用总体规划和城乡规划”，并作出“前述项目相关用地，未使用建筑材料硬化地面或者虽使用建筑材料但未破坏土地并易于复耕的，按照农用地进行管理”的规定。

五是在奖励制度方面。为了提高本市农产品质量安全水平和市场竞争力，加大绿色食品品牌开发力度，促进农业增效和农民增收，《办法（草案）》在第6条规定“市和区、县人民政府对在农民专业合作社发展中做出显著成绩的单位和个人，予以表彰、奖励。”并在第42条作出支持农民专业合作社申请认证无公害农产品、绿色食品、有机食品、原产地标记、地理标志和注册商标的鼓励性规定。

《办法（草案）》已印送各位委员，请予审议。

市人大农村委员会关于《北京市实施〈中华人民共和国农民专业合作社法〉办法（草案）》审议意见的报告

——2009 年 7 月 23 日在北京市第十三届人民代表大会常务委员会第十二次会议上

市人大农村委员会主任委员　雷德才

主任、各位副主任、秘书长、各位委员：

2007 年 7 月 1 日，《中华人民共和国农民专业合作社法》实施以后，市人大农村委员会、农村办公室在赵凤山副主任的带领下，围绕法律在本市的实施情况进行了为期一年的调研。在此基础上，对农民专业合作社地方立法的必要性进行了论证，并向市人大常委会主任会议提交了立项论证报告。经主任会议研究确定，将制定《北京市实施〈中华人民共和国农民专业合作社法〉办法》列入 2009 年立法计划，农村办公室全程参与了实施办法的起草工作。

今年 7 月 2 日，市人大农村委员会收到市人大常委会交付审议的《北京市实施〈中华人民共和国农民专业合作社法〉办法（草案）》（以下简称《办法（草案）》）后，以书面或者座谈会的形式，征求了全国人大农业与农村委员会、区县人大常委会、市人大常委会有关工作机构、部分市人大常委会委员、市人大代表和专家意见，在市人大常委会门户网站上公开征求了社会各界的意见和建议。7 月 7 日，市人大农村委员会召开第六次会议，依照《北京市制定地方性法规条例》的规定，对《办法（草案）》进行了审议，现将审议意见报告如下。

农村委员会认为，发展农民专业合作社，是在农村实行家庭承包经营基础上，把农民有效地组织起来的一项重要举措，是解决高度分散的小农经济与社会主义市场经济这一矛盾的重要出路。促进农民专业合作社健康发展，对于提高农业生产组织化程度，促进农业产业化经营，推进社会主义新农村建设具有重要意义。近年来，市委、市政府高度重视农村合作组织发展，出台了一系列支持举措和扶持政策。2007 年《中华人民共和国农民专业合作社法》实施以后，本市农民专业合作社步入了法制化管理、规范化运行的轨道，呈现出整体规模扩大、主体多元、产业多样的趋势，成为促进都市型现代农业发展、推动社会主义新农村建设的重要力量。但在农民专业合作社发展和实施《中华人民共和国农民专业合作社法》过程中，也存在一些问题。一是合作社内部制度不健全，运行管理不规范，农民在合作社中的主体地位体现的不充分。二是合作社产权不明晰，存在“政社不分”、“企社不分”和关联交易、账目混乱的现象。三是合作社个体规模较小、产业链较短、服务能力低、积累能力弱，缺乏市场竞争力。同时，《中华人民共和国农民专业合作社法》从适用于各地不同农村经济发展水平出发，在一些方面只是作了较为原则的规定，结合我市农村的实际情况，需要在合作社办社主体、登记适用范围等方面通过地方立法加以解决。因此，为支持和促进本市农民专业合作社依法健康发展，在总结实施《中华人民共和国农民专业合作社法》实践经验的基础上，按照上位法，制定《北京市实施〈中华人民共和国农民专业合作社法〉办法》十分必要。

农村委员会认为，《办法（草案）》符合上位法精神和合作社的理念，指导思想明确，基本思路清晰，突出了地方特色，具有较强的针对性和可操作性。体现了民主立法、科学立法和问题引导立法，立法解决问题的要求。建议经常委会审议修改后颁布实施。同时，农村委员会对《条例（草案）》部分条款提出以下修改建议。

一、关于村民委员会、村集体经济组织支持农民专业合作社发展问题

农民专业合作社的社员大多是村民委员会村民或者是村集体经济组织成员。农民专业合作社的设立与生产经营活动大部分是在行政村的范围内，因此在土地承包、土地流转、用水用电等方面与村民委员会、村集体经济组织有着紧密的联系。建议在《办法（草案）》第五条中增加一款，作为第三款，表述为：“村民委员会、村集体经济组织应当为农民设立专业合作社及其在生产经营过程中用地、用房、用水、用电等方面给予支持和帮助。”

二、关于农民专业合作社自愿联合问题

为了提高农民专业合作社的市场竞争力，一部分规模较小的合作社有扩大产销联合的要求。为了促进专业合作社之间的联合，建议修改《办法（草案）》第十条，表述为：“已登记注册的农民专业合作社，为扩大产销联合而自愿组建专业性经济组织，可以到工商行政管理部门登记，取得农民专业合作社法人资格。”

三、关于成员代表选举问题

为了使合作社成员代表大会的代表具有代表性，在代表产生的程序上应当有明确的规定，并写入合作社章程。因此，建议修改《办法（草案）》第十四条第二款，表述为：“农民专业合作社成员超过150人的，可以依照章程设立成员代表大会。成员代表选举办法由章程规定。成员代表大会按照章程规定可以行使成员大会的部分或者全部职权。”

四、关于设立理事会、执行监事或者监事会问题

具有较大规模的农民专业合作社，设立理事会、执行监事或者监事会是有必要的，但人员多少应遵循有利于民主管理民主监督的原则由合作社自己来定，以充分体现农民专业合作社的自治性。《办法（草案）》第十五条在人员比例上作了规定，过于具体。建议修改《办法（草案）》第十五条，表述为：“农民专业合作社可以设理事会、执行监事或者监事会。设立的，成员在150人以下的，理事会成员一般不少于3人，执行监事1人；成员151人至500人的，理事会成员一般不少于5人，监事会成员一般不少于3人；成员超过500人的，理事会成员一般不少于7人，监事会成员一般不少于5人。”

五、关于加强政府扶持资金的监督问题

为了提高政府扶持农民专业合作社项目资金的使用效率，解决个别合作社骗取国家扶持资金或者挪用、截留等问题，建议在第

三十一条中增加一款，作为第二款，表述为："政府对扶持农民专业合作社的资金使用情况应当加强监督。"

六、关于龙头企业与农民专业合作社的关系问题

我市有84家国家级和市级农业产业化龙头企业，它们的资产规模大，加工能力强，市场占有率高，并具有知名品牌，相当一部分农民专业合作社的生产经营与龙头企业在产品交易上有着紧密的联系。为了改变农民专业合作社在交易中的弱势地位，培育龙头企业与农民专业合作社的利益双盈机制，建议在第三十四条中增加一款，作为第二款，表述为："政府鼓励和支持农业产业化龙头企业与有密切产销关系的农民专业合作社相互投资，在平等交易的基础上，以资本联合为纽带，形成风险共担、利益双盈的机制。"

七、关于农民专业合作社生产用地问题

《办法（草案）》第四十一条对农民专业合作社的生产用地给予了优惠，为了增强法规的适用性和稳定性，建议对第一款进行修改，表述为："农民专业合作社的农产品生产基地、农业机械服务场所、规模养殖场、设施农业以及其他有关项目的建设，应当符合土地利用总体规划和城乡规划；前述项目相关用地，未影响土地耕作层并易于复耕的，按照农业生产用地进行管理。"

除以上修改意见外，农村委员会在审议中还对《办法（草案）》中部分文字作了修改，修改建议稿已送常委会各位组成人员。

以上意见，供常委会组成人员审议时参考。

市人大法制委员会关于《北京市实施〈中华人民共和国农民专业合作社法〉办法（草案）》审议结果的报告

——2009年11月19日在北京市第十三届人民代表大会常务委员会第十四次会议上

市人大法制委员会副主任委员　张　引

主任、各位副主任、秘书长、各位委员：

2009年7月23日，市十三届人大常委会第十二次会议对《北京市实施〈中华人民共和国农民专业合作社法〉办法（草案）》（以下简称《办法（草案）》）进行了初审。在审议中，有20位常委会组成人员和2位人大代表发表了意见。组成人员和代表认为，大力发展本市农民专业合作社事业，有利于提高农民的组织化程度，促进农村经济发展，加快农业科技进步，增加农民收入，对推进首都社会主义新农村建设、率先实现城乡经济社会发展一体化有重要意义。本市根据《中华人民共和国农民专业合作社法》制定实施办法非常必要。同时，组成人员和代表还对《办法（草案）》提出了一些修改意见和建议。

会后，市人大法制委员会会同市人大农村委员会针对问题进行了调研，听取了市和区县政府有关部门、人大代表、专家学者、

合作社负责人及成员等多方面的意见。2009年10月30日，法制委员会召开会议，根据常委会审议意见、农村委员会审议意见和其他方面的意见进行了审议。法制委员会对《办法（草案）》修改的指导思想是，根据首都发展的实际，针对问题立法，突出地方特色。对《中华人民共和国农民专业合作社法》在农民专业合作社的设立和登记、成员、组织机构、财务管理及农民专业合作社的合并、分立、解散、清算等方面已经作了比较具体规定的内容，除确有必要外草案修改稿不再重复规定。据此，法制委员会提出了进一步修改的意见。现将审议结果报告如下。

一、关于本市各级人民政府和基层群众性自治组织在推进农民专业合作社事业发展中的职责

《办法（草案）》第五条对本市各级人民政府在推进农民专业合作社事业发展中的职责作了规定。有的委员提出，职责内容还应当进一步完善。农村委员会提出，农民专业合作社与基层群众性自治组织具有天然联系，其设立与生产经营活动更需村民委员会、村集体经济组织的支持和帮助。法制委员会根据委员和农村委员会的意见，建议增加以下内容：一是市和区、县人民政府应当将促进农民专业合作社发展与本地区农业及相关产业发展相结合，加强统筹协调，完善农业社会化服务体系建设；二是乡、镇人民政府和街道办事处应当制订有关政策的具体落实措施；三是村民委员会、村集体经济组织依法给予支持和帮助。将《办法（草案）》第五条修改为：“市和区、县人民政府应当将促进农民专业合作社发展与本地区农业及相关产业发展相结合，加强统筹协调，创新工作机制，及时组织农业行政主管部门和其他有关部门、有关组织制定政策，加大财政、科技和人才支持，落实金融、税收优惠政策，完善农业社会化服务体系。

“乡、镇人民政府和街道办事处应当支持当地农民专业合作社发展，宣传有关政策，制订落实措施，为农民专业合作社的设立和生产经营等活动提供服务。

“村民委员会、村集体经济组织对农民专业合作社的设立和生产经营活动依法给予支持和帮助。”（草案修改稿第六条）

同时，在第四章“扶持与促进”中，建议增加一条关于市和区县人民政府推进新型农业社会化服务体系建设的规定，表述为：“市和区、县人民政府应当推进新型农业社会化服务体系建设，支持各类农业社会化服务组织为农民专业合作社发展提供市场营销、科技推广、人才引进、农资供应、农业信息、农村金融和保险等服务。”（草案修改稿第三十三条）

二、关于农民专业合作社理事会、执行监事或者监事会的设立规范

《办法（草案）》第十五条对农民专业合作社设立理事会、执行监事或者监事会的，在人员数量上作了规定。农村委员会提出，引导农民专业合作社健全组织机构，有利于落实农民专业合作社的民主管理原则，但《办法（草案）》的规定过于具体，应当尊重农民意愿，既指导农民完善治理结构，又给予充分的自主权。法制委员会根据农村委员会意见，建议修改为：“农民专业合作社设立理事会、执行监事或者监事会的，农民专业合作社成员在150人以下的，理事会成员一般不少于3人，至少设执行监事1人；成员151人至500人的，理事会成员一般不少于5人，监事会成员一般不少于3人；成员超过500人的，理事会成员一般不少于7人，监事会成员一般不少于5人。”（草案修改稿第十六条）

三、关于农民专业合作社的社务公开

《办法（草案）》第二十条对农民专业合作社实行社务公开制度作了规定。有的委员提出，社务公开制度有利于保护农民利益，应当作进一步细化。法制委员会根据委员意见，建议修改为：“农民专业合作社应当向成员实行社务公开。

“农民专业合作社的重大经营决策、国家财政对农民专业合作社的直接补助和他人捐赠形成财产的到账和使用情况，以及其他涉及成员切身利益的事项应当向成员公开。

“农民专业合作社应当在会计年度终了时向成员公布经营和财务状况，接受成员的监督。”（草案修改稿第二十一条）

四、关于农民专业合作社的纠纷解决机制

有的委员提出，农民专业合作社与其成员之间发生纠纷，涉及主体多、影响广，法规中应当明确一旦发生纠纷先协商解决，协商不成的如何解决也应当有引导性规定。法制委员会根据委员的意见，建议增加一条，表述为：“农民专业合作社与成员之间发生纠纷时，应当依照章程和有关约定协商解决；协商不成的，可以向农村合作经济经营管理机构申请调解，也可以直接向人民法院起诉。”（草案修改稿第二十五条）

五、关于市和区、县农业行政主管部门指导、扶持和服务农民专业合作社的具体职责

《办法（草案）》第二十六条对市和区、县农业行政主管部门负责做好农民专业合作社的指导、扶持和服务工作作了原则性规定。有的委员提出，相关的职责应当进一步具体化，提高可操作性。法制委员会根据委员意见，建议修改为：“市和区、县农业行政主管部门负责下列与农民专业合作社建设和发展有关的指导、扶持和服务工作：

“（一）制定指导和扶持农民专业合作社发展的具体政策；

“（二）提供有关政策咨询，收集发布相关信息；

“（三）引导帮助农民专业合作社开展农业标准化、农产品质量安全、认证申报、品牌培育、产品营销、开拓市场等工作；

“（四）开展农民专业合作社典型示范和推广交流活动；

“（五）其他帮助农民专业合作社提高组织化程度，增强自我服务、抵御风险和市场竞争能力的工作。”（草案修改稿第二十七条）

六、关于引导和鼓励农业产业化龙头企业与农民专业合作社的合作

农村委员会提出，农业产业化龙头企业的加工能力强，市场占有率高，品牌认知度高，本市有相当一部分农民专业合作社与龙头企业在产品交易上存在着紧密联系，应当引导和鼓励农业产业化龙头企业与农民专业合作社合作。法制委员会根据农村委员会的意见，建议在《办法（草案）》第三十四条中增加相应内容，表述为：“引导农业产业化龙头企业和农民专业合作社通过资本、劳动等方面合作，建立稳定的利益联结机制，共享农产品生产、加工、仓储、销售等环节的利益。

“鼓励农业产业化龙头企业为农民专业合作社及其成员提供技术、信息、农业生产资料等多种服务。”（草案修改稿第三十八条第二款、第三款）

七、关于农民专业合作社从事生产经营活动用水用电的价格标准

有的委员提出，对农民专业合作社的扶持措施应当具体实用。在法制委员会调研中基层提出，农民专业合作社生产经营活动的用水用电价格适用农业生产水电价格标准，是对合作社发展的有力支持。法制委员会建议增加一款，表述为："农民专业合作社从事种植、养殖及本社成员农产品初加工、仓储、冷藏的用水用电，按照有关规定执行农业生产水电价格标准。"（草案修改稿第四十五条第三款）

此外，法制委员会还根据常委会审议意见、农村委员会审议意见、语言文字专家和其他各方面的意见，作了一些完善性的修改，对条款顺序作了必要的调整。

法制委员会按照上述意见，提出《北京市实施〈中华人民共和国农民专业合作社法〉办法（草案修改稿）》，提请常委会进行第二次审议。

草案修改稿和以上意见是否妥当，请审议。

市人大法制委员会关于《北京市实施〈中华人民共和国农民专业合作社法〉办法（表决稿）》的说明

——2009年11月20日在北京市第十三届人民代表大会常务委员会第十四次会议上

市人大法制委员会副主任委员　张　引

主任、各位副主任、秘书长、各位委员：

2009年11月19日，市十三届人大常委会第十四次会议对《北京市实施〈中华人民共和国农民专业合作社法〉办法（草案修改稿）》进行了审议，会上常委会组成人员没有提出新的意见。法制委员会据此提出《北京市实施〈中华人民共和国农民专业合作社法〉办法（表决稿）》，建议本次常委会会议通过，并自2010年3月1日起施行。

关于推进城乡社区居民自治工作情况的报告

——2009年11月19日在北京市第十三届人民代表大会常务委员会第十四次会议上

北京市民政局局长　吴世民

主任、各位副主任、秘书长、各位委员：

我受市人民政府委托，向市人大常委会报告本市推进城乡社区居民自治工作情况。

实行基层群众自治制度，是党和政府总结历史经验、发展社会主义民主政治的一项基础性工程。党的十七大将基层群众自治制度纳入中国特色政治制度范畴，赋予了基层群众自治制度建设新的历史使命，是党不断推进社会主义政治制度自我完善和发展的生动体现。

2005年以来，按照中央关于加强基层民主政治建设的方针政策，坚持党的领导、人民当家作主、依法治国有机统一，围绕和谐社区、和谐村镇和城乡经济社会发展一体化建设的总体目标，本市认真贯彻落实《中华人民共和国城市居民委员会组织法》（以下简称《居委会组织法》）和《中华人民共和国村民委员会组织法》（以下简称《村委会组织法》），充分发挥各级政府的主导作用，积极稳步推进城乡社区居民自治工作。目前，全市城乡社区多元治理机制初步形成，城乡基层群众自治制度日益完善，基层群众的主体作用不断增强，基层社会管理和服务水平明显提升，保障了城乡基层社会的和谐稳定，促进了首都经济社会协调健康发展。

一、推进城乡社区居民自治工作情况

（一）全面规划，分步实施，城乡社区居民自治工作稳步推进

市委、市政府高度重视发展基层民主工作，将推进基层群众自治作为本市重要改革、重点工作的基础性工作，有目标、分步骤地稳步推进城乡社区居民自治。

在城市，先后召开了五次城市管理工作会议，确定了街道管理体制改革、创新社区管理体制和民主自治机制同时进行，政府依法行政与基层民主自治同步推进的工作方针。去年全市社会建设大会明确提出，要加强社区居民自治，增强社区自治功能，健全自治机制，扩大自治范围，实现政府行政管理与基层群众自治有效衔接和良性互动，不断提高社区居民自我管理、自我服务、自我教育、自我监督的能力。

在农村，随着农村配套改革的深入，村民自治工作整体有序推进。各项农业改革政策中明确了村民自治阶段性的工作目标，在清理乡村两级债务中规定了民主决策的程序要求，在加强农村税费改革工作中引入了民主监督的内容，在推进乡镇政务公开的同时完善了村务公开的具体内容，管理民主成为社会主义新农村建设的重要目标。

在城乡结合部，坚持统筹城乡发展，建设和谐社区、和谐村镇，切实改善城乡居民生活环境，提高城乡居民生活质量。加快农村地区新建居民区的居委会组建工作，加强基层民主法制建设，使广大群众在基层社会事务中能够依法当家作主，推进城乡经济社会一体化新格局。通过农村社区建设试点工作，借鉴城市社区建设的经验，积极探索在新型农村基层社会管理体制下创新村民自治

机制。

广泛开展争优创先和示范活动。多年来，市政府每年开展评选表彰先进居委会、村委会集体和个人的活动，交流民主自治经验，近五年已累计表彰先进居委会、村委会1430个次，先进居、村委会主任795人次。认真开展“村务公开民主管理示范单位”创建活动，3个区县被评为全国示范单位，71个乡镇、1475个村被评为市级示范单位。大力开展和谐社区创建活动，共评选表彰全国示范区县6个、示范街道7个、示范社区16个，市级示范区县6个、示范街道27个、示范社区135个。争优创先和示范单位创建活动的广泛开展，有效推动了本市城乡社区居民自治工作。

（二）健全组织，完善结构，城乡社区多元治理机制初步形成

1. 健全城乡社区基层党组织，充分发挥在城乡社区多元治理机制中的领导核心作用。城乡社区党组织是社区各类组织和各项工作的领导核心，其基本职责是领导居、村委会开展民主自治，领导社区服务站和各类社区服务组织开展社区服务。全市城乡社区普遍建立健全了基层党组织，共有城市社区党组织2469个，党员36万余人，农村基层党组织3950个，农村党员18万余人，在基层实现了党建工作的全覆盖。加强对离退休党员、流动人口党员、下岗失业党员的管理，逐步形成了以城乡基层党组织为领导核心、党员为主体、驻基层单位党组织参与的基层党建工作新格局。

2. 以居、村委会为基础，完善基层群众自治组织体系。居、村委会在基层党组织领导下，按照《居委会组织法》和《村委会组织法》履行自治职能，依托社区服务站办理本社区居民的公共事务和公益事业，指导、监督业主大会、业主委员会和物业管理企业等组织开展工作。全市设立了2633个社区居委会和3950个村委会，基本实现了城乡基层群众自治组织的全覆盖。结合本市实际，社区居委会统一设立了六个下属委员会，村委会也设立了相应的下属委员会。根据居民居住状况，共划分57,377个居民小组，24,276个村民小组。广泛开展了和谐楼门院建设，普遍设立楼门层长、院委会、楼门会等，并建立例会制度、报告制度，及时快捷地联系各居民户，收集居民反映诉求，掌握社区情况，楼、门、层、院成为新型社区自治体制的基本单元。

3. 以社区服务站为依托，实现政府公共服务延伸到城乡社区。社区服务站是政府在城乡社区设立的公共服务平台，在街道办事处、乡镇政府的领导和政府职能部门的业务指导下开展工作，同时接受城乡基层党组织的领导和居、村委会的监督。目前，全市共建成2552个社区服务站，实现了社区服务站在城区的基本覆盖。在农村地区已完成区县级社区服务中心建设。农村社区服务站试点工作有序推进，已建成205个农村社区服务站试点，基本形成覆盖市、区、街、居（村）四级的社区服务网络，对推进城乡社区居民自治、落实政府公共服务、改善居民生活发挥了重要作用。

（三）丰富形式，拓宽渠道，基层群众自治制度日益完善

1. 依法开展民主选举，保障群众的选举权。全市居、村委会已进行了七届选举工作，村委会已全部实现直接选举，社区居委会直选和户代表选举比例达到11%。依法选举产生社区居委会成员16,961人、村委会成员12,651人，居民代表126,107人、村民代表105,971人。通过民主选举，社区居民民主法制观念明显增强，基层民主进一步扩大。在本社区居住一年以上的流动人口经过民主程序参加社区居委会选举，切实保障了群众的民主权利，推进了基层民主政治建设。通过

换届选举，把群众公认、党组织满意、真心实意为群众服务的人选进居、村委会班子，实现了居、村委会班子的结构优化：一是党员比例进一步提高，居、村委会成员中党员比例分别为45.8%和74.7%；二是文化程度进一步提高，居、村委会成员高中以上学历的人员分别为16,261人和6752人；三是平均年龄明显降低，居、村委会成员平均年龄分别为42岁和45.2岁；四是专业化水平逐步提高，社区居委会成员中，5246人通过北京市社区专职工作者考试，1245人取得国家社工资格，一大批能带领村民致富、有生产管理经验的人才进入村委会班子。

2．规范民主决策程序，保障群众的决策权。居、村委会积极组织基层群众对城乡社区内涉及群众利益的重大事项实行民主决策。出台了居民会议、村民代表会议规则和村级民主决策程序，对代表职责、决策的内容、时间、程序等进行统一规范，特别是在村级事务决策程序上推行八步决策法，实现了决策的科学化和合理化，有效保障了群众的切身利益。积极创新民主议事形式，如召开社区协商议事会、议题征集制度、听证会、民生座谈会等，发挥社区成员代表和驻区单位的作用，在决策前统一思想，在日常工作中沟通问题，达成一致意向，通过民主协商，积极解决社区事务。在解决社区居民关心的热点难点问题时，引入先进社会工作方式，如开放空间讨论、居家养老论坛、专题论坛等形式，吸引更多的社区居民参与，共同协商解决关系居民切身利益的重要事项。

3．健全民主管理制度，保障群众的参与权。一是通过民主方式形成共同遵守的自律公约。城乡社区居民积极参与制定《居民自治章程》、《村民自治章程》和《邻里互助公约》、《村民节水节电公约》、《文明户公约》、《文明养犬公约》等，并在换届选举后根据实际情况及时进行修订。不同利益群体通过自律实现了对城乡社区事务的自我管理、自我教育和自我服务。二是民主化、制度化程度不断提高。居、村委会建立健全了岗位责任制、承诺制，统一规范了财务管理、印章使用、档案管理等工作程序，广泛推行“村账托管”，村民民主理财小组参与集体财务收支审批的制度，将民主理财与审计监督有效衔接，受到广大群众的认可和欢迎。三是社会力量参与民主管理。专业社会事务所、流动人口管理服务组织、农村地区社工协会等社会组织，积极引导群众理性表达多元化的需求，及时将意见和建议收集反馈给居、村委会，努力化解各种不和谐的因素，有效维护了城乡社区居民的合法权益。

4．完善民主监督制度，保障群众的知情权和监督权。一是统一公开程序。出台了《居务公开指导意见》和《村务公开民主管理工作规程》（试行），编制了村务公开目录，规范公开的内容、时间、形式和具体程序。普遍设立了公开栏，并采取明白纸、广播电视、网络、短信等多种形式进行公开。二是认真实行民主评议和勤廉双述制度。居、村委会成员向居、村民会议报告工作情况，接受质询和民主评议，评议结果与奖惩情况挂钩。近几年来因评议不合格而被罢免的居、村委会成员有25人。三是建立“下评上”制度。居、村委会参与对街道、乡镇和派出站所的工作评议，作为考核政府部门工作的主要指标，强化了基层组织对政府职能部门、街道办事处、乡镇政府工作的监督。

（四）扩大参与，创新载体，基层群众的主体作用不断增强

1．居、村委会组织驻社区单位和居民广泛参与城乡社区事务。根据社区事务的特点，建立以城乡社区居民为主体的社区单位密切配合的动员参与、利益协调机制，将广大群众的各种利益诉求向有关部门及时反映。积极探索社区居委会与业主委员会和物业管理

企业的关系，协调社区居民与物业的利益冲突。积极搭建参与平台，讨论不同利益群体关心的问题，共同提出解决的意见。积极为社区单位服务，实现共驻共建、资源共享。宣传发动群众广泛参与国家重大事件、主要节日的基层安全稳定工作，参与抗击低温雨雪冰冻灾害、四川汶川抗震救灾和恢复重建的捐款捐物工作，参与服务北京奥运会的各项相关活动，参与新中国成立60周年庆典治安保卫等，充分发挥了社区基础保障作用。

2. 社区社会组织的社会协调机制作用有效发挥。创新社区社会组织培育机制，实行在民政部门登记和备案相结合的管理制度，积极培育发展社区志愿者组织、老年人组织、残疾人组织、群众性文体教育组织等，将崭新的社区工作理念和专业工作方法引入社区，吸引广大居民参与城乡社区事务。在农村地区，引导村民建立农村专业经济协会和农民专业合作组织，促进农民增收和农业发展。目前，本市已培育发展社区社会组织1.2万余个，分布在城乡社区文化、体育健身、公益慈善、农村经济、志愿服务等领域。社区社会组织积极参与和支持社区建设，促进了政府职能转变、城乡基层社会稳定和社区自治功能的有效发挥。

3. 社区志愿者活动广泛开展。全市普遍建立了形式多样的、以社区居民为参与主体的各种志愿服务队伍和自我服务组织，涉及治安巡逻、困难帮扶、纠纷调解、自助绿化、环境秩序维护等多方面内容，成为社区居民自治的主力军。出台推动全市社区志愿服务工作的意见，组织动员更多社区居民和不同类别的社区群体参与到社区志愿服务，已初步形成了市、区、街、居（村）四级的社区志愿服务网络，社区志愿者人数已超过30万人。宏大的社区志愿者队伍全面参与社区管理和服务，为居民提供了大量的无偿、快捷、便利服务，也为更多居民参与社区自治起到了推动作用。

4. 基层群众的民主法制意识显著提高。加大民主法制宣传教育力度，积极开展各种群众文体活动，以市民学校、社区图书室等为载体，整合社区教育资源，普及科学文化法律知识，广泛开展学习型、科普型等特色社区创建活动，深入开展社会公德教育，推进廉政文化教育进社区，每年定期举办“村级民主日”，开展新型农民培养活动，组织“送法下乡”等活动进行普法宣传教育。通过这些形式多样的特色活动，广大基层群众的民主法制意识和综合素质不断提高。

（五）加大投入，改善保障，各级政府推进基层群众自治的主导作用有效发挥

1. 加强队伍建设，提高专业化水平。一是出台了社区工作者队伍建设相关文件，明确了社区工作者的基本职责、工资待遇、服务协议、考核评议、教育培训、档案管理、职业资格、表彰奖励等规定。二是加强教育培训，健全完善了居、村委会成员的教育培训制度，近年来共培训了10多万人次，切实提高了队伍的工作能力和综合素质。三是用政府购买岗位的方式，为基层自治组织输入高素质人才。2006年以来，本市共选聘8000余名高校毕业生担任“村官”助理。今年共招录2000余名应届高校毕业生，全部充实到社区服务站工作，为进一步提高社区工作的专业化、职业化水平奠定了坚实基础。

2. 加强基础设施建设，改善基层自治组织办公和服务条件。制定了社区居委会办公和服务用房标准，并通过新建、改扩建、购买、租赁、置换等途径逐步改善。目前，1506个社区的办公和服务用房达到190平米，其中，1100个社区达到350平米的标准。在1255个经济薄弱的山区村，实施了为期三年的“山区星光计划”，每村补助10万元，建设200平米的公益性服务活动用房，到2008年年底全部完成。基层群众自治组织办公、

议事、服务场所条件得到明显改善。

3. 加大资金投入，保障工作经费。按照本市“十一五”期间社区建设发展规划要求，社区办公经费由区县财政按照每户30元标准核拨，社区居委会办公经费基本得到保障。2005年开始，本市每年为基层提供总额约8亿元的公益事业专项补助资金，每个社区8万元，每个村8万元或15万元，用于支持基层组织开展公益事业。居、村委会按照民主程序和项目管理方式，统一规范使用此项资金，收到了良好的效果，受到群众的广泛欢迎。

4. 搭建信息化平台，提高社区管理与服务水平。开通96156社区服务热线，建立了覆盖市、区、街、居（村）四个层次的社区公共服务信息网络。全市居、村委会换届选举通过社区管理信息系统报送数据，不仅提高了选举工作效率和数据分析的科学性，也方便了城乡社区基础数据的日常采集，为基层群众自治、社区管理和服务等各项工作搭建了信息平台，成为政府关注民生、服务民生的重要桥梁和纽带。

二、存在的主要问题

（一）城乡社区治理结构需要进一步完善

一是基层自治组织的行政负担较重影响了自治功能的充分发挥。根据法律规定，基层自治组织有协助政府开展做好与居民利益有关的公共卫生、计划生育、优抚救济、青少年教育等工作的职责，但在实践中往往成为政府部门及政府派出机构行政工作的具体承担者和落实者，行政负担加重，在一定程度上给城乡社区民主自治功能的发挥带来影响。二是基层自治组织与其他各类组织的关系需要进一步明确。如社区居委会与业主委员会、物业管理企业的关系，居、村委会与社区社会组织的关系不够明确，不利于基层群众自治的深入开展。

（二）城乡社区居民参与程度有待于进一步提高

一是自治内容有限，自治手段缺乏。与群众切身利益相关的诸多事项不能完全通过民主自治的方式解决，而是需要服从相关政策规定，在一定程度上影响了城乡社区群众参与的积极性、主动性和创造性。二是城乡社区居民参与自治的渠道和利益诉求表达渠道需要进一步拓宽，基层群众自治组织在居民中的认知度需要进一步提高。

（三）基层群众自治组织干部队伍建设需要进一步加强

一是居、村委会干部队伍的综合素质和管理服务不能充分满足城乡社区居民的需要。二是各级政府对基层群众自治组织干部队伍的培养、关心需要进一步加强，特别是生活保障、工资待遇等相关政策，没有建立起一套科学的增长机制。

（四）基层群众自治工作需要进一步加大支持和保障力度

在加强基层民主实践方面，各级政府还需要完善相应的配套制度，加强指导力度。在居、村委会办公用房和服务用房等基础设施、办公经费、费随事转等基础保障方面，还需要加大支持力度。

（五）现行的基层群众自治法规不能满足实践发展的需要

现行法律中，关于居民、村民、选民、居住区、地区、社区等概念不明确，在基层民主实践中很难把握。对违反民主自治制度的行为，特别是民主选举中的贿选、破坏选举的行为没有相应的惩罚措施。

三、下一步工作思路

基层群众自治制度是中国特色民主政治的重要内容，是一项长期而复杂的系统工程。

当前和今后一个时期全市城乡社区居民自治工作的基本思路是：以邓小平理论和“三个代表”重要思想为指导，深入贯彻落实科学发展观，坚持党的领导、人民当家作主、依法治国有机统一的原则，按照首都城乡经济社会发展一体化的总要求，充分发挥群众主体作用和首创精神，完善自治制度，创新自治机制，扩大自治范围，培育社区社会组织，力争用三到五年的时间，在创新自治体制上得到新突破，在拓展自治范围上取得新进展，在培育社区社会组织上实现新飞跃，切实保障好社区居民的共同利益，将首都基层民主政治建设提高到一个新水平，为建设繁荣、文明、和谐、宜居的首善之区作出新的更大贡献。为此，要重点做好以下五个方面的工作。

（一）转变职能，完善城乡社区治理结构

一是理顺关系，转变职能。坚持政府依法行政和居民依法自治的原则，进一步理顺政府部门与基层自治组织的关系，改进工作方式，转变政府职能、下放事权，为民主自治创造宽松发展空间。积极推进街道管理体制创新和农村综合改革，建立健全利益协调机制、诉求表达机制、矛盾调处机制、权益保障机制，积极推进城乡管理一体化进程。实施社区服务站与“一站式”办公大厅和社区服务中心工作的有机衔接，探索建立乡镇政务公开与村务公开上下联动、相互促进的工作机制。

二是完善以民主自治为基础的城乡社区治理结构。建立健全以城乡社区党组织为核心、社区自治组织为基础、社区服务站为依托、社区社会组织为补充、各共建单位密切配合、社区居民广泛参与的新型社区治理结构。按照本市社区规范化建设试点方案的要求，进一步明确居委会职责，减轻居委会的行政负担，在社区服务站建设、社区工作职能、社区运行机制、社区志愿服务、社区工作者管理、社区基础设施配置和社区经费投入等七个方面进行社区规范化建设，今年年底完成600个试点工作。理顺村“两委”关系，加快农村社区服务站建设。

三是推进城乡社区自治组织统筹发展。根据本市城乡经济社会发展一体化的要求，做好撤村建居的规划工作，力争到2020年实现城乡结合部、新城周边以及乡镇中心区的农村地区全部实现城市社区管理的目标。出台关于本市农村社区建设工作的意见，将农村社区建设纳入社会主义新农村建设的总体规划。以促进基层民主自治为主要内容，在城乡社区之间大力开展社区管理、社区服务、社区文化、社区救助等一系列交流与合作活动，初步形成以城带乡、以乡促城、优势互补、共同提高的新局面。

（二）完善社区民主自治制度，拓展民主参与渠道

一是健全城乡基层群众自治机制。继续推进城乡基层群众自治组织体系建设，进一步明确居、村委会的主体地位，实现对社区服务站、业主委员会、物业管理企业及社区社会组织的有效指导和监督，维护社区居民和业主的合法权益，切实提高城乡社区居民自治组织化程度，强化社区自治功能。

二是完善城乡社区民主自治制度。深入开展以民主选举、民主决策、民主管理、民主监督为重要内容的实践活动，推进基层群众自治制度化、规范化、程序化。在解决涉及城乡居民切身利益的社区事务问题上，探索建立政府决策咨商制度。充分发挥社区居民会议、村民会议和村民代表会议作用，坚持社区协商议事制度和社区听证会制度，完善社情民意表达机制，畅通民意诉求渠道。继续完善民主评议和考核制度，落实村干部勤廉双述制度，积极支持、鼓励流动人口参与社区民主决策、民主管理和民主监督，拓展社区居民自治领域，丰富社区居民自治内

容。尊重居民群众的首创精神，及时总结推广好经验好做法，并将之上升为行之有效的自治制度。

三是积极扩大民主参与渠道。加大城乡社区社会组织培育力度，建立健全民政部门依法登记和备案相结合的政策，重点培育慈善公益类、生活服务类、社区管理类等组织，加强以城乡社区居民为参与主体的组织载体建设。加强城乡社区文化建设，组织开展诸如社区文化节、邻里节等丰富多彩的社区活动，引导社区居民树立共同的社区理念和价值观，切实提高对社区的认同感、归属感，充分体现社区居民主体意识和参与程度。积极鼓励和引导驻社区的机关、部队、学校和企事业单位发挥各自优势，与社区建立多种形式的资源共享、共驻共建机制，提高社区单位参与意识。

（三）加强队伍建设，提高专业化、职业化水平

一是完善社区基层干部的待遇保障机制。健全居、村委会干部的薪酬保障机制、考核评议和激励制度，完善大学生进社区工作的相关政策，切实保障高素质人才发挥积极作用，充分保护和调动居、村委会干部的工作积极性、主动性和创造性。

二是加强居、村委会成员的教育培训工作。做好三年培训规划，规范培训内容，完善培训考核制度，努力建设一支政治素质高、工作能力强、群众威信高的基层干部队伍，并力争使30%的社区工作者达到社会工作专业化水平。

三是继续开展争优创先活动。全市力争培养一批城乡社区居民自治与和谐社区建设先进带头人，发挥典型示范作用。

（四）发挥政府主导作用，切实保障首都城乡社区居民自治发展的需要

一是加大政府推进力度。各级政府进一步加强城乡社区居民自治的基础理论和政策研究，深入基层指导民主实践，及时帮助解决民主实践中出现的困难和问题。继续开展村务公开民主管理示范单位创建活动和民主法治示范村创建活动，深入推进和谐社区示范单位创建活动。认真开展“难点村”专项治理工作，力争三年内使本市“难点村”整体面貌得到根本性改变。

二是加大基础保障力度。根据不同区域经济发展的水平，研究并建立城乡社区工作经费增长机制，重新确定新建居委会开办费的标准，为推进城乡结合部地区实现社区管理提供支持。统筹解决社区党组织、居委会、服务站的保障经费和办公服务用房，确保社区工作正常运转。加强社区公益事业专项补助资金的项目式管理，减少街道、乡镇层面的统筹使用比例。

三是加强社区信息网络平台建设。以96156社区服务信息平台为依托，充分发挥社区信息网络在政府关注民生、服务民生方面的重要桥梁和纽带作用，加大对城乡社区网络建设的投入，利用信息化手段，构建一个联结各级政府、各类企业、社会团体和居民个体在内的互动交流通道。让城乡社区居民通过社区服务信息平台反应诉求、化解矛盾，参与社区治理和民主决策，用现代信息网络手段推动以居民知情权、参与权、监督权为核心的基层民主自治建设。

（五）继续加强调查研究，适时提出立法修订建议

一是结合首都实际，认真研究在实践中得到检验、切实可行的民主自治制度和程序，及时以地方性法规或政府规章的形式固化。二是加强法律、法规修订的调研工作。跟踪国家立法修订进程，组建本市立法调研工作小组，深入城乡社区基层，开展多种形式的调研活动。根据城乡社区发展的实际和居民自治中出现的新情况、新问题，提出修订的意见和建议，适时提交给相关部门，为《居

委会组织法》和《村委会组织法》修订提供有益的参考。待《居委会组织法》和《村委会组织法》修订后，配合市人大及时启动本市城乡社区居民自治的地方性法规的修订工作。

以上报告，提请市人大常委会审议。

关于推进城乡社区居民自治工作的意见和建议

——2009年11月19日在北京市十三届人民代表大会常务委员会第十四次会议上

市人大内务司法委员会主任委员 李小娟

主任、各位副主任、秘书长、各位委员：

基层群众自治是社会主义民主的直接体现，是人民当家作主最有效、最广泛的实现途径。《中华人民共和国城市居民委员会组织法》（以下简称《居委会组织法》）和《中华人民共和国村民委员会组织法》（以下简称《村委会组织法》）明确规定居民委员会和村民委员会是城乡社区居民实行民主自治的组织形式，政府负有指导、支持和帮助居民委员会和村民委员会依法开展工作、实现城乡社区居民自治的责任。党的十七大明确提出，必须把实现基层群众依法自治作为发展社会主义民主政治的基础性工程重点推进。要健全基层党组织领导的充满活力的基层群众自治机制，扩大基层群众自治范围，完善民主管理制度，把城乡社区建设成为管理有序、服务完善、文明祥和的社会生活共同体。这就为我们指明了构建和谐社会、推进社会建设的方向。为了贯彻落实党的十七大精神，保证《居委会组织法》和《村委会组织法》的实施，常委会把听取审议市政府关于推进城乡社区居民自治工作情况的报告列为今年的重点议题。为协助常委会做好听取和审议这项报告的工作，从今年3月份开始，内务司法办公室对2004年北京市第五次城市管理工作会议以来我市推进城乡社区居民自治的情况开展了专题调研，并组织部分常委会委员、市人大代表参加了调研和视察活动。先后听取了市和区县政府主管部门贯彻落实《居委会组织法》和《村委会组织法》情况的汇报；分别与街道、乡镇政府、社区居委会、村委会负责人，居民、村民代表座谈听取意见；深入到东城、西城、朝阳、石景山、房山、通州、顺义、平谷等区的城乡社区，实地了解基层群众开展自治的情况；对今年上半年城镇社区居委会换届工作过程进行了跟踪检查。与此同时，十八个区县人大也都以不同形式开展了调研，有的区县将推动基层群众自治工作列入常委会会议议题，有的和我们共同召开调查会，并组织所在区县的各级人大代表一起调研，各区县人大内司委都撰写了调研报告，在此基础上，我们召开了区县人大推动基层自治工作的调查研讨会，在深入调研、充分听取各方面意见的基础上，内务司法办公室汇总整理了各方面的意见和建议共80条，及时反馈给市民政局，市民政局进行了认真研究，并在专项工作报告中予以回应。10月27日，内务司法委员会举行会议，对市政府的专项工作报告稿进行了认真讨论。

内务司法委员会认为，在市委、市人大、市政府的高度重视和努力推动下，我市城乡社区居民自治工作稳步有序推进，全市共建立社区居委会和村委会6583个，实现了基层群众自治组织的全覆盖。全市社区基层群众自治机制不断健全，自治内容不断充实，工作方式不断创新，民主管理制度日臻完善，自治水平不断提高，基础设施和队伍建设发展态势越趋良好。特别是近几年来，我市大力推进以改善民生为重点的社会建设，通过创新社会工作管理体制，加大财政保障和基础设施建设力度，不断满足基层群众日益增长的物质和精神文化需求，也为基层自治组织依法自治创造了更好的条件。市政府及其主管部门在贯彻实施《居委会组织法》和《村委会组织法》，依法指导基层群众开展民主选举、民主决策、民主管理和民主监督的工作上作出了很大努力，取得了明显的成效，主要表现在以下四个方面。

一是民主选举工作取得很大进展，各项基层民主选举依法有序进行。本市居民委员会、村民委员会已依法进行了七届选举，各级政府及相关部门高度重视基层民主选举工作，加强对换届选举的组织指导，保证了民主选举顺利举行，保障了基层群众的选举权。城乡社区居民广泛参与换届选举，村委会全部实现直接选举，社区居委会直选、户代表选举比例不断提高；面对流动人口增多、人户分离现象突出等新情况，及时调整参选范围。选举后的社区居委会、村委会成员的综合素质和专业程度有所提高，一批高校毕业生进入城乡社区，使基层自治组织体系和人员结构进一步完善。

二是民主决策和协商议事机制不断完善，基层群众的参与权和表达权得到有效保障。全市各级政府指导、支持基层自治组织完善民主决策机制，为城乡社区居委会和村委会决定本居住区内的重大公共事项和公益事业的发展提供帮助，在关系群众基本民生和精神文化需求的决策内容上体现城乡社区居民的主体地位和作用。各区县结合本地实际形成了各具特色的决策机制，如顺义区的自治组织重大事项“八步决策法”、东城区的“社区公共事务听证会制度”等。在基层党组织领导下，社区居委会召集，业主委员会、物业公司、民间社团组织和驻区单位共同参与的集体协商社区共建事项的基本规则逐步确立。村委会形成了村民大会决策重大事项、村务公开和民主理财专人监督的整体架构，城乡社区居民自治的民主决策机制得到了基本保障。

三是民主管理的服务保障工作顺利推进，基层公共事务和公益事业逐步开展。本市制定了《“十一五”期间社区发展规划》，各级政府从办公条件、工作经费和管理机制等方面为城乡社区提供财政支持，如建立社区服务站，由政府购买服务，专业人员管理，积极解决社区居委会行政性负担过重的问题。在农村普遍实现了村级账目的有效管理和双重监督制度，保障农村基层自治组织依法管理本村集体资产。同时，基层自治组织积极管理公共事务和促进公益事业发展，社区组织的居家养老服务、无障碍设施建设、村级图书室、体育健身室等新型服务和公益设施得以完善，如东城九道弯社区提供的老年饭桌，通州区的楼门文化建设和金秋社区节活动等，提高了基层自治组织的民主管理水平。

四是民主监督形式创新，范围不断扩大，政府搭建平台推动居务公开、村务公开已成为常态，民主评议考核机制逐步完善。各级政府及相关部门大力推进民主监督工作，全市城乡社区普遍实现了自治工作的定期公开，自治组织成员的述职考核制度得到普遍重视和实施，确保群众监督的“民主日”、民主评议等活动不断完善。除传统的公开方式之外，一些地方还创造了新的公开方式，如石景山新立社区建立了居务公开网站和电子触摸屏，通州区永顺、梨园等乡镇采用了网络、手机短信等方式，在涉及基层自治的重大事项上做到及时公开和有效公开，确保民主监督取得实效。

但是，随着首都经济社会的快速发展，城乡社区居民自治工作还存在一些亟待解决的问题。

一是政府行政管理与基层群众自治的有效衔接和良性互动机制还没有形成。虽然近些年来通过改革行政管理体制，政府在减轻居委会的行政负担方面做了不少工作，但社区居委会自治功能弱的问题仍比较突出，居委会作为政府“腿”的角色，实际改变不大。在一些政府主导的社区建设中，政府还充当着替群众规划生活的角色，难以改变过去长期以来形成的行政命令的习惯做法，不善于“指导、支持、帮助”居委会独立地开展工作。政府的一些社会管理和公共服务职能还没有实现与社区民主自治功能的有机联系和融合。不少社区居委会仍处于政府布置什么就干什么的工作状态，有的街道办事处和政府部门也把社区居委会当作自己的下属单位使用，动辄指令、检查、评比；各项工作都要求“建班子、挂牌子、设展板、建台账、要数据”，居委会干部整天忙于应付政府硬性指派的行政事务，难以自主开展工作。二是全市城乡自治的发展水平不均衡，虽然有一些先进典型，但他们的经验没有得到有效推广，还有相当数量的社区自治组织功能薄弱、社区居民参与自治的工作制度不健全，群众参与度不高、对社区认同感不强，对社区建设的满意度低，群众文化、体育及其他公益性社会组织发育不充分，还不能有效承担群众所需的社会服务职能，一些农村基础设施和公益事业建设还比较薄弱。三是自治组织工作人员的素质和管理水平尚不适应工作的需要。虽然绝大多数通过“街聘民选”产生的社区工作人员都具有年纪较轻、文化水平和工作热情较高的特点，但由于他们许多不是本社区的居民，缺少与居民因共居同一社区而生的共同利益和联系，其中一些人往往只注重完成政府布置的工作任务，而缺乏组织动员群众开展自治的意识和能力。我们在调查中就发现，一方面居委会干部很忙很辛苦；另一方面群众又反映见不着居委会干部，过去有事还可以到家里去说，现在干部下了班就不知道上哪找去了。有的村委会民主管理制度不落实，重大事务少数人说了算，一些村干部依法办事、化解矛盾的能力不强。四是城乡一体化进程中出现的新情况、新问题还没有得到很好的研究解决，如村民转为居民后的身份认定、集体资产的管理和处置、社会保障问题，流动人口的管理服务问题等等。五是区县乡镇以及村级组织的负责人普遍呼吁、建议对法律法规的有关条文进一步细化，以解决实践中遇到的难题，如候选人资格和选民资格的认定、选举违法行为的界定等。

内务司法委员会认为，上述问题，应当引起市政府及其主管部门重视并切实加以解决。城乡社区居民自治的发展是一个渐进的过程，是要随着国家民主法制建设的逐步完善而不断进步的，需要根据现有的条件和基础不断提升基层群众自治的水平。《居委会组织法》和《村委会组织法》是基层群众开展自治的重要法律依据，也是政府推动城乡社区居民自治的依据，尽管随着实践的发展，两部法律的有些规定还需要进一步完善，但其基本精神仍然是适用的。全面贯彻落实《居委会组织法》和《村委会组织法》，是在新形势下进一步提高我市城乡社区居民自治工作水平的要求，是政府依法行政、实现社会管理目标的基础，是保证人民当家作主的重要途径。推动实现城乡社区居民“自我管理、自我教育和自我服务”是贯彻落实《居委会组织法》和《村委会组织法》的基本要求，也是衡量政府工作好坏的主要标准。为进一步推动《居委会组织法》和《村委会组织法》的贯彻落实，促进市政府及其相关部门依法履行职责，进一步加强和改进城乡社区居民自治工作，内务司法委员会提出以下具体意见和建议。

一、要进一步提高贯彻落实《居委会组织法》、《村委会组织法》的自觉性，坚持依法行政，努力实现政府公共管理职能和基层群众自治功能的有效衔接和良性互动

全市各级政府及其相关部门要以党的十七大和《居委会组织法》、《村委会组织法》基本精神为指导，坚持完善基层群众自治制度，以保障人民享有切实的民主权利、满足城乡群众的物质和精神文化需求为目标，继续高度重视、大力推进城乡社区居民自治工作，不断健全城乡社区居民自治体制和机制，增强自治组织功能，激发自治组织活力。要坚持依法行政，认清和理顺各级政府及相关部门对基层群众自治组织的指导关系，明确政府行政管理职能和社区群众自治功能的分工与合作，大力培育发展适合群众需要的社会组织，不断探索完善社会管理的有效模式和适合国情、市情的社区治理结构与社区管理体制，大力推进党委领导、政府主导的基层群众民主自治。

二、要积极推广典型经验，扩大成熟社区的覆盖面，探索基层群众自治形式的多样化，创新社区管理体制、机制

各级政府及其有关部门要注重总结成熟社区的先进经验并加以推广，逐步扩大自治功能健全的社区范围，缩小城乡发展差距，解决全市基层自治组织发展不平衡的问题。要坚持依法指导基层自治，尊重社区群众开展自治活动形式的多样性和创造性，结合城乡不同社区的具体情况，从解决基层群众最关心、最直接、最现实的利益问题入手，加强分类指导，鼓励创新有利于提高基层自治活力的自治形式和工作机制，避免指导工作格式化和一刀切。

三、要加强基层自治组织的队伍建设，提高人员素质和管理能力，完善自治组织体系，确保民意表达渠道的畅通

要加强对进入城乡社区工作的大学生、社会工作者和其他市场专业服务机构的工作指导，通过多种形式的培训，不断提高基层自治组织成员的综合素质和管理能力，注重发挥社区楼门长、村民小组长和基层群众性组织在基层群众自治活动中的骨干作用，完善自治章程和自治公约，加强自治体系建设。要以群众为监督、评价自治组织工作的主体，做好自治组织工作人员的考核监督工作，充分保障社区群众的知情权、参与权、表达权和监督权，大力发展关系群众切身利益的公共事务和公益事业，不断提升群众的自治参与度和满意度。

四、针对城乡一体化发展和法律、法规实施过程中出现的新情况与新问题，加强调研，及时调整工作方式

要加强对社会快速发展带来的新情况、新问题的调查研究，把流动人口纳入社区自治管理和服务，妥善解决“村转居”伴生的一系列利益问题。对法律、法规执行中出现的具体问题，一方面要注意总结积累实践经验和做法，为将来修改完善法律、法规作准备；另一方面要改进工作方式方法，特别是

针对基层选举中存在的突出问题，加强指导，依法妥善处理好相关问题，进一步规范选民资格登记、候选人参选程序和选举秩序，打击破坏选举的违法行为。

以上意见和建议，供常委会组成人员审议报告时参考。

关于本市农村医疗卫生工作情况的报告

——2009年11月19日在北京市第十三届人民代表大会常务委员会第十四次会议上

北京市卫生局局长　方来英

主任、各位副主任、秘书长、各位委员：

我受市人民政府委托，向市人大常委会报告本市农村医疗卫生工作情况。

市委、市政府高度重视推进北京市农村基本医疗卫生制度建设工作，为加快实现本市确定的率先建立覆盖城乡居民的基本医疗卫生制度，率先实现人人享有基本医疗卫生服务的工作目标，市政府各有关部门积极协同配合，共同研究解决农村卫生工作中存在的突出问题。本着“边调查、边研究、快整改、快见效”的整改工作思路，尽最大努力做好市人大常委会年度视察意见的当期转化工作，力求在深化医药卫生体制改革的实践中，坚持城乡统筹发展方向，重点缩小城乡卫生差距，进一步提高农村居民健康水平。现将本市农村卫生工作情况报告如下。

一、本市农村卫生事业发展取得一定成效

（一）调整优化农村基本医疗卫生服务资源

近年来，制定实施了农村医疗卫生机构基础设施建设、医疗设备标准化配备以及农村实用人才培养等各项举措，从薄弱环节入手，强化农村基层卫生服务能力建设，重点采取三项具体措施。

1. 加大农村卫生基础设施建设投入。一是简化立项审批流程，加快推进10个远郊区县11个新城二级综合医院按照三级医院的标准（准三级）进行建设，总建筑面积约41.9万平方米，为农村居民就近享有优质基本医疗服务创造条件。二是2006—2008年市政府相继投入10.7亿元，用于镇、村医疗机构建设及主要医疗设备标准化配置。三是按照本市社区卫生服务站设置与建设规划的要求，在农村地区建设了标准化社区卫生服务站1347个，社区卫生服务网络初步形成；投入1100万元，统一采购100辆“便民巡诊车”，临时解决“空白村”和山区居民就近医疗问题；一定程度上改善了农村居民基本医疗卫生服务的可及性。

2. 着力加强农村卫生人才队伍建设。一是做好农村基层卫生技术骨干人员的培养。2002年以来共为基层培养学科骨干522名，在当地卫生事业发展中发挥了重要作用。二是积极引进和培养高校毕业生到基层卫生服务机构工作。2008年全市共引进卫生专业技术人员1906名；同年开始由政府出资为山区、半山区乡镇卫生院定向培养临床专业医学生，连续两批共招生171人，突出培养的针对性和实用性。三是创新工作机制，稳定村级队伍，规范村级卫生服务。在全国率先建立起覆盖9268名乡村医生的养老保险政策，初步建立政府购买卫生服务与乡村医生绩效考核相挂钩的管理制度。积极做好乡村

医生学历教育和岗位培训，面向 45 岁以下在岗乡村医生开展中专学历教育；落实《2006—2010 年北京市乡村医生岗位培训规划》和《岗位培训大纲》，全市 5000 余名乡村医生每年均进行规范化岗位培训和考核。四是实施稳定农村基层卫生技术人员队伍的鼓励政策，明确大中专及以上学历的毕业生到农村基层卫生机构就业可提前转正定级且薪级工资高定一级至两级。同时，采取农村基层卫生技术人员职称晋升倾斜政策，改变以往农村卫生技术人员职称晋升中重学历、轻能力，重理论、轻实践的做法。2007 年和 2008 年市级投入农村卫生人才培养经费 585.3 万元，乡村医生学历教育农村卫生保健专业经费 1287 万元。

3. 狠抓城市卫生支援农村卫生工作质量。2007 年、2008 年市政府投入 1032.4 万元，支持市级医院对口支援远郊区县“区域医疗中心”重点学科建设。2009 年，突出强化城市医院对口支援农村卫生工作的质量与成效，从年初签订对口支援协议书到具体落实人员，都做到对口支援目标、任务、效果“三明确”。一年来，城市医院对口支援工作通过专家定时出门诊、指导查房、示范手术、组织讲座、病例讨论、双向转诊、优先接受进修和住院医师培训等多种形式，实实在在地帮助远郊区县“区域医疗中心”真正承担起为百姓提供“安全、有效、方便、价廉”基本医疗卫生服务的责任。此外，严格执行职称晋升有关规定，城市医生晋升高级职称之前到农村基层卫生单位累计服务 1 年或到 83 个山区半山区乡镇基层卫生单位累计服务 8 个月，对提高基层诊疗水平起到很好的促进作用。

（二）完善新型农村合作医疗制度，引导参合人员合理有序就医，有效减轻农村居民医疗经济负担

市委、市政府强力推进新型农村合作医疗制度建设与发展，于 2004 年年底按国家规定提前 4 年实现全市行政村 100%全覆盖。针对本市农村居民年度医疗费用支出较高的实际情况，合理确立 2008—2010 年新农合筹资增长机制，初步形成“政府主导、多方筹资、分类补助、动态调整”的新农合基金筹集模式，有效减轻了参合人员的医疗负担。主要成效体现在：一是筹资及保障水平稳步提高。从 2004 年至 2009 年，本市农民参合率由 74.69%提高到 95.7%；筹资标准由年人均 102 元增长到 420 元；门诊补偿率由 6%提高到 32%；住院补偿率由 29%提高到近 50%。二是制度建设得到完善与发展。2008 年在全市层面实现了“统一筹资标准、统一制度框架、统一补偿项目、统一工作目标”，学生儿童补偿政策与城镇医保衔接的“四统一、一衔接”制度设计。2009 年又进一步强化全市的综合管理，统一规范“特殊病种”门诊补偿范围；统一试行乡镇卫生院“零起付”补偿政策；统一住院补偿“封顶线”18 万元；统一推行“出院即报和随诊随报”。三是通过政策设计，引导参合人员在基层就医，加强费用控制效果明显，基金监管安全有效。四是社会监督作用得到有效发挥。各区县设立新农合监督委员会，监督检查新农合运行情况；各郊区县审计部门每年对新农合基金的筹集、管理、使用情况进行专项审计；实行区、镇、村三级公示制度，建立举报投诉制度；定期开展基金稽查。

本市新农合制度逐步实现了“三个转变”。即制度性质由“互助共济”逐步向政府主导的农村居民基本医疗保障转变；统筹模式由以“大病统筹为主”逐步向住院与门诊医疗费用统筹兼顾转变；制度定位由侧重缓解“因病致贫、因病返贫”逐步向公平、持续、有效减轻全体参合人员基本医疗负担转变。

（三）落实农村初级卫生保健目标，改善整体卫生大环境，力求使农村居民少得病

1990 年以来，持续推进《中国农村初级

卫生保健发展纲要》实施工作，为建立基本医疗卫生制度打下坚实基础。农村居民平均期望寿命从71.6岁提高到78.8岁，婴儿死亡率从2000年的5.32‰下降到4.21‰，孕产妇死亡率等主要健康指标保持稳定。一是连续实施“健康知识进农家”科普讲座，增强农村居民健康意识和自我保健能力，促进健康文明生活方式的形成。二是以改水改厕为重点，改善农村居民劳动生活环境。2007年、2008年市级累计投入改厕经费5443万元。目前，全市卫生厕所普及率达到74.4%，自来水覆盖率达到99.4%。三是探索实施了村级基本用药试点，对参合农民常见慢性病用药实行100%补偿，取得良好成效。四是初步建立农村居民健康管理制度，有效开展慢病防治和健康干预，让群众不得病或少得病。

（四）推动建立基本医疗卫生制度，促进城乡居民共享社会发展成果

本市在全国率先实施推进农村基本医疗卫生制度建设的工作举措。根据各项工作部署，各郊区县党委政府，市、区县两级卫生行政及有关部门积极贯彻落实，并结合实际创造性地开展工作。如：密云县着手实施以强化乡镇卫生机构医疗服务能力为切入点的农村卫生发展举措；房山区积极开展村级基本用药试点工作；顺义区对镇村两级卫生资源进行全面整合；怀柔区镇级政府和村级组织大力支持，实施镇村卫生机构建设规划和完善运行机制。

随着农村基本医疗卫生制度建设的推进，基层卫生服务体系得到进一步完善，医疗卫生服务能力逐步得到提高，属地政府卫生管理责任进一步加强。基层卫生机构全部实行社区常用药品零差率销售，药品目录由312个品种（923个品规）逐步扩大到328个品种（1024个品规）；推行首批三十类122项农村基本医疗卫生服务免费项目，努力实现农村居民公平享有与首都经济发展水平相适应的公共卫生、基本医疗和基本药品服务。结合医药卫生体制改革，积极研究制定促进农村公共卫生服务均等化相关政策，加快推进农村基本医疗卫生制度建设进程。

二、当前本市农村卫生工作中存在的问题

本市农村卫生工作仍然存在很多不足之处，诸如：一是基层医疗卫生机构服务功能有待进一步明确，镇村两级医技水平偏低、基本医疗服务能力较弱，难以吸引群众就近就医，无法发挥基层医疗卫生网底作用，对城市大医院就诊人满为患的现状难以起到有效的缓解作用。二是农村三级医疗卫生服务网络建设尚需完善，基层网底有待夯实，运行保障机制有待进一步调整。三是农村基层卫生人力资源缺乏、分布不均、流失严重、结构不合理且能力不强的问题突出。编制不足与补充困难问题同时存在，人员兼职岗位现象较为普遍，兼职率达35%；区县级医院学科带头人仍显缺乏，科研能力明显不足；乡村医生年龄老化、学历及执业助理医师比例偏低，村级人员后续补充机制尚未建立；基层卫生机构人员工学矛盾突出，专业培训内容和形式也有待进一步改进，对实际工作能力的评价考核机制还需完善。四是远郊区县财政压力大，对基层医疗卫生投入显现不足。2008年本市开展完善市与区县财政管理体制改革工作，市财政将原来通过转移支付方式支持区县的部分卫生经费随财政体制划转区县，同时要求各区县确保卫生经费依法增长及卫生事业发展需要。但由于甲型H1N1流感防治、深化医药卫生体制改革等需区县为主体的工作不断增加，各区县尤其是农村区县，普遍反映卫生支出压力巨大。五是新型农村合作医疗制度建设需要继续加强。新阶段的筹资增长机制亟须确立，信息化管理

程度、支付方式、便民措施有待改进，保障水平仍待大幅度提高。在正视这些问题的同时，在今后的工作中我们将着力加以解决。

三、全面加强本市农村卫生工作的重点措施

（一）明确农村医疗卫生服务体系构成及功能定位

根据市编制部门批复的《北京市卫生局主要职责内设机构和人员编制规定》，调整设立基层卫生处，整合城市社区卫生、农村卫生及新型农村合作医疗等管理职能，使农村卫生纳入城乡基层卫生工作的统筹谋划、统一管理之中。充分考虑农村地区，特别是山区、半山区地广人稀、资源不足等实际情况，结合实施城市发展规划，确定农村卫生服务体系由区（县）、镇（乡）、村三级医疗卫生机构及其运行管理制度构成，镇、村两级医疗卫生机构是农村基层卫生服务的主体。

郊区县综合医院是农村医疗卫生服务网络的“龙头”，是区域医、教、研中心，直接为新城地区及全辖区的居民提供医疗卫生服务，承担对镇村两级卫生人才的培养和业务指导。郊区县专科医疗机构以及公共卫生机构，按照业务范围提供专科诊疗和公共卫生服务，同时承担基层人员培训和业务指导。镇（乡）级医疗卫生机构是农村三级医疗卫生服务网的骨干，为辖区群众提供公共卫生、基本医疗服务等综合服务，受委托承担公共卫生管理，村级卫生机构管理、乡村医生培训与指导和派出村级卫生服务人员等任务。为实现农村居民常见病在基层得到解决的目标，应加强以分科门诊与住院诊疗服务为主要内容的镇级基本医疗服务，以及不同层次的专科保健服务以及家庭护理、临终关怀等延伸性卫生服务。村级医疗卫生机构为农村三级医疗卫生服务网的网底，负责本行政村公共卫生和基本医疗等“六位一体”服务，依法履行突发公共卫生事件报告等职责。

（二）完善农村三级卫生服务网络建设

按照国家关于农村卫生服务体系建设的总体要求，落实《2009年市政府工作报告》中关于“全面加强农村卫生体系建设，落实远郊区县区域医疗中心建设计划，强化乡镇卫生院服务功能，规划建设一批村级卫生室和健康工作室”的具体部署，一是在加快推进区域医疗中心建设的同时，积极引导密集的城市优质医疗卫生资源向郊区县转移，确保农村居民就近享受到质量较高的基本医疗服务。二是重点加强农村建制地区镇（乡）机构基本医疗职能方面的建设。依据一般镇和中心镇的划分，按照辖区服务人口、地域特点及群众实际医疗卫生需求确定床位及建设规模。三是本着“统一规划、合理布局，统一进度、分步实施，统一考核、完善机制”的原则，填平补齐，建设完善村卫生室、社区卫生服务站及健康工作室等村级医疗卫生机构，实现《中国农村初级卫生保健纲要（2001—2010年）》阶段目标。四是继续实施农村医疗卫生机构服务设施标准化配置。根据各郊区县村级卫生机构基本建设规划进度，市级实施机构装备标准化配置。对于区（县）、镇（乡）两级医疗卫生机构的标准化范围内的设备配置，市级财政可结合医药卫生体制改革重点对经费困难的区县给予适当补助。

（三）多措并举建设农村卫生人才队伍

根据农村卫生三级服务机构的功能，结合卫生发展实际，充分考虑不同地域、服务人口等因素完善人员配置标准，改善专业人才结构，提高基层卫生服务队伍整体素质。

1. 有针对性地补充镇村两级卫生人员。一是调整充实镇级基本医疗服务岗位编制。贯彻落实《北京市社区卫生服务机构设置和编制标准的实施意见》中“关于农村地区特别是山区的社区卫生服务中心的核编标准可

适度放宽”的规定，镇（乡）医疗卫生机构在按“社区卫生服务中心”标准核定了覆盖村级的公共卫生及全科医疗服务岗位编制的基础上，按照“一个机构、综合职能，分类核编、统一管理”的原则，进一步核定增加基本医疗服务岗位编制，满足镇级开展基本医疗卫生服务的工作需求。从而，将《2009年市政府工作报告》关于“强化乡镇卫生院服务功能”的要求落到实处。同时，对于规划设置的农村地区社区卫生服务站，按照2—3名卫生专业技术人员/站的标准进行核增人员编制。二是通过制定优惠政策招聘大学毕业生或离退休人员到乡镇卫生机构工作，全面充实基本医疗服务岗位。通过解决非北京生源进京问题确保引进人才的数量和质量；对引进大学生工作进行追踪调查，为进一步制定相关政策作准备；加大面向农村基层卫生机构定向招收医学生的力度，鼓励更多的农村户籍学生报考定向生，志愿到山区、半山区乡镇卫生院和社区卫生服务站工作。三是探索通过学历教育建立村级卫生人员补充机制。积极研究定向招收初中毕业生开展农村医学专业普通中等学历教育、招收高中毕业生开展临床医学专科学历教育的有关政策、措施。由政府出资培养，毕业后定向到所在乡镇指定的村卫生室服务，弥补现有村级卫生人员不足以及乡村医生退出后村级卫生人员的补充问题。

2. 强化城市卫生支援农村卫生工作实效。一是增强学科建设扶持的针对性。目前，受援医院的需求不断扩大，一对一的支援方式已经不能满足受援医院的学科建设及发展要求。针对受援医院人员和技术状况及其所在区域的人口和疾病谱状况，有针对性地确立学科扶持计划。根据受援医院的学科情况和需求，按基础类和提高类分别予以指导。二是建立联席会议制度。定期召开城乡医院对口支援工作联席会议，及时沟通支援工作进展和需要解决的问题。三是制定科学合理的信息统计及考核指标，重点加强对受援单位实际发展成效的考核。四是统筹指导区县二级医院做好对辖区镇（乡）医疗机构的对口支援工作，并适时开展督查。

3. 建立农村卫生人才培养长效机制。一是建立以区域医疗中心为龙头，以乡镇卫生院为基础的农村卫生人才培养机制和人才培养基地。强化区域医疗中心学科带头人的培养，提高疑难病症的诊治能力、科技创新能力和教学能力，促进学科发展。重点建设区县级医院的基层人才培训基地，使之成为开展全科医师规范化培训和乡镇卫生院卫生技术人员定期培训的重要基地。二是加强分层师资队伍建设，提高农村卫生人才培养能力。通过三级师资培养机制，建立一支相对稳定的师资队伍。三是开展乡镇卫生院卫生技术人员的岗位培训。在全科医学培训基础上，重点加强乡镇卫生院卫生技术人员基本理论、基本技能的培训，提高对常见病的诊治能力、急诊急救能力和规范诊治疾病的水平。四是加大对卫生人才培养的投入。在引进高水平人才的基础上，市级卫生行政主管部门将进一步完善农村卫生人才培养可持续机制。结合“215”高层次卫生人才队伍建设、公共卫生人才培养等工作，在未来三年大幅度提高对农村地区医疗卫生学科骨干、公共卫生人才师资队伍建设等方面的资金投入，并对区县卫生人才培养提出业务指导和工作要求，形成市与区县联动的农村卫生人才培养体系。

4. 完善农村卫生专业技术人才评价制度。进一步完善评价标准、创新评价手段，以能力、业绩为导向，建立健全向农村卫生专业技术人员倾斜的评价机制，实现对农村卫生专业技术人员的科学评价，实现科学管理，促进农村卫生事业发展。

（四）加大投入，强化绩效考核，完善基层卫生运行机制

为确保农村医疗卫生事业发展，市政府

一方面将继续强调区县政府职责，监督区县卫生依法投入；另一方面将结合本市深化医药卫生体制改革工作，对生态涵养区等经济困难区县的区域医疗中心建设等重点项目，恢复通过转移支付方式的补助，尽快缩小城乡医疗卫生差距。

为最大程度地满足群众对基本医疗服务的需求，研究农村镇（乡）级医疗卫生机构绩效工资的管理。在清理规范津贴补贴的基础上，以促进提高公益服务水平为导向，建立健全绩效考核制度，搞活农村医疗卫生机构内部分配。不断完善绩效工资政策，逐步形成向农村卫生人员倾斜的合理的绩效工资水平决定机制、完善的分配激励机制和健全的分配宏观调控机制，充分调动卫生技术人员的积极性，鼓励镇（乡）级医疗卫生机构在规定业务范围内，主动开展基本医疗和各类公共卫生服务，促进农村公共卫生、基本医疗服务“两个加强”。

村级机构实行政府购买服务保障方式。继续贯彻落实《北京市人民政府办公厅转发市卫生局等部门关于建立健全乡村医生社会养老保险制度与基本待遇保障机制的意见》，对村卫生室和健康工作室人员，按照承担的村级公共卫生和村级常见病的防治两项职能，采取“政府购买服务”的方式分别给予适当补助，逐步完善政府购买卫生服务与乡村医生绩效考核相挂钩的管理制度。结合公共卫生服务任务量的增加，逐步建立村级卫生人员岗位补助稳定增长机制。

为确保农村基层医疗卫生机构顺利运行，镇（乡）政府和村级组织要履行属地管理责任，对镇、村医疗卫生机构的运行予以支持和保障。

（五）进一步推进城乡一体化的医疗保障制度建设

根据卫生部关于新型农村合作医疗综合管理工作的总体要求，充分尊重城乡居民自愿参加城镇居民医保和参加新型农村合作医疗制度的选择权，坚持医疗保障制度的公平性设计，逐步提高医疗保障水平。一是参照农村居民人均年度医疗保健费用支出水平，确定新型农村合作医疗下一个发展阶段的筹资标准。加大政府补助力度，个人缴费参照各郊区县农民年人均纯收入确定。二是加快信息管理系统升级改造步伐，为拓宽基层定点医疗机构和实时结算范围提供保障，进一步方便参合人员。三是稳步推行村级基本用药制度，进一步减轻参合农民基本医疗负担。四是2010年，参合人员实际住院补偿水平将达到60%以上，门诊补偿水平达到40%以上，使本市农村居民基本医疗保障水平达到一个新高度。

按照党的十七大及国家医药卫生体制改革关于建立覆盖全民的基本医疗保障制度的要求及市委关于加快推进城乡一体化新格局的工作部署，在巩固和发展新型农村合作医疗制度的基础上，逐步缩小城乡居民基本医疗保障差距，稳步推进城乡一体化的医疗保障制度的建立。

根据2009年全国新型农村合作医疗暨农村卫生服务工作会议的要求，落实中央医改政策的重点、难点还是在农村，必须统筹城乡、齐头并进，如果卫生改革没有在农村取得应有的突破，没有在农村的成功，就谈不上医改取得了进展，就很难说医改的成功。就本市而言，加强农村卫生服务体系建设与发展是实现人人享有基本医疗卫生服务的关键和重点，做好农村卫生工作对于深化本市医药卫生体制改革全局举足轻重。加快推进农村公共卫生服务体系、基本医疗服务体系、基本医疗保障体系和基本药品供应保障体系建设是确保农村居民共享改革开放成果的重大民心工程。

请市人大常委会和各位委员对本市农村卫生工作继续给予监督和指导，切实推进本市农村基本医疗卫生制度建设工作进程，以提高农村居民健康水平和缩小城乡居民医疗卫生差距的实效，让农村卫生这一重大民生工作得到更好、更快的发展。

以上报告，提请市人大常委会审议。

关于加强本市农村医疗卫生工作的意见和建议

——2009年11月19日在北京市第十三届人民代表大会常务委员会第十四次会议上

市人大教科文卫体委员会主任委员　梁　平

主任、各位副主任、秘书长、各位委员：

为协助常委会做好对市政府关于农村医疗卫生工作报告的审议工作，教科文卫体委员会制定了工作方案，成立了由部分常委会委员、教科文卫体委员会委员和市人大代表组成的调研组，围绕本市农村医疗卫生的服务机构建设、服务体系建设和服务功能建设等重点，开展了调查研究。调研组先后召开了市政府相关部门、涉农区县人大主管主任、主管区县长的座谈会，并到怀柔、延庆、大兴、朝阳和通州等5个区县听取了相关部门的意见，深入到20余个农村基层医疗卫生机构及多户农民家中，与医务工作者和农民座谈。同时，在市人大常委会网站上公开征求了社会各方面的意见。

在调研中，我们将发现的问题以及各方面的意见、建议及时反馈给了市政府有关部门。一些问题在市政府有关部门的重视和努力下，已经得到初步解决。比如在调研中部分区县反映的，财政体制改革前由市里直接投资建设的项目，为了按时完成应当继续由市里拨专款建设的问题，市政府有关部门经研究已妥善解决。11月6日，部分常委会委员、教科文卫体委员会委员和市人大代表进行了视察。当日，教科文卫体委员会召开第九次会议，讨论了市政府的专项工作报告。

委员会认为，市政府按照市委的要求，坚持科学发展观，以人为本，统筹城乡卫生事业发展，在加强农村医疗卫生服务体系的建设、强化政府基本公共卫生的责任、巩固和发展新型农村合作医疗制度、不断改善农民享有基本医疗服务的可及性、着力让广大农民享有均等化的公共卫生服务、逐步缩小城乡居民基本医疗保障差距、稳步推进城乡一体化医疗保障制度的建立等方面做了大量工作，取得了明显成效。一是财政投入大幅增长，农村医疗卫生机构基础设施建设得到加强。2008年市财政对13个涉农区县医疗卫生补助11.42亿元，比2007年增长了57.1%。对镇、村医疗机构几年来相继投入10.7亿元用于购置主要医疗设备和标准化配备，农民就医条件有了极大改善。二是人才队伍建设得到重视，农村基层卫生服务能力不断提升。引进了一批高层次人才，开展了定向培养，加强了医务人员的在职培训，提高了基层医疗机构人员的专业水平。三是实行药品零差率销售，开展基本医疗卫生免费服务项目。本市农村基层医疗卫生服务机构全部实施药品零差率销售，并推选首批30类122项农村基本医疗卫生免费服务项目，降低了农民医疗费用。四是新型农村合作医疗制度建设成效明显，城乡医疗卫生保障差距逐步缩小。2009年，本市农民参合率已达到95.7%；筹资标准年人均提至420元，住院补偿封顶线达18万元，有效缓解了农民因病致贫、返贫问题，受到农民的欢迎。

市政府的报告全面、客观地反映了本市农村医疗卫生工作的情况，并抓住目前存在的主要问题，提出了今后工作的思路和措施。委员会同意这个报告。

在肯定本市农村医疗卫生工作的同时，委员们提出，农村医疗卫生工作一直是中央和市委强调的卫生工作的重点。党的十七届三中全会通过的《中共中央关于推进农村改革发展若干重大问题的决定》将基本医疗卫生制度更加健全，确定为农村改革发展的基本目标任务之一。2008 年中共北京市委十届五次全会通过的《中共北京市委关于率先形成城乡经济社会发展一体化新格局的意见》指出，北京已经进入从中等发达城市向发达城市迈进的新阶段，必须进一步加快农村改革发展，着力破除城乡二元结构，率先形成城乡经济社会发展一体化新格局。本市有 13 个涉农区县，面积 1.41 万平方公里，占全市总面积的 86%；农村常住人口 547.37 万，占本市常住人口总数的 32.3%。农村医疗卫生工作是统筹城乡发展的重要内容，关系到全市改革发展稳定大局，关系到农民生活质量的提高和农村经济社会的进步，关系到北京率先实现小康目标的进程。因此，按照科学发展观要求，着眼于建设“人文北京、科技北京、绿色北京”全局，在深化医药卫生体制改革的进程中抓住机遇，加快提升本市农村医疗卫生的服务水平具有重要的意义。目前，在本市统筹城乡一体化建设的进程中，农村基层卫生服务机构的公共卫生服务能力得到加强，但基本医疗服务能力却有所削弱；多数基层医疗卫生服务机构医疗人员短缺，服务能力尚待进一步提升；边远山区医疗卫生服务基础薄弱，农民离公平均等化享有与首都经济社会相适应的基本医疗卫生服务的目标还有一定差距。针对调研中发现的问题，提出如下建议。

一、以科学发展观为指导，不断完善农村医疗卫生体制机制

近几年，按照《市委、市政府关于加快发展社区卫生服务的意见》的精神，本市在农村医疗卫生工作上大力发展社区卫生服务，乡镇卫生院整体划转为社区卫生服务中心，农村基层公共卫生工作得到加强。由于社区卫生服务中心和乡镇卫生院在功能定位、人员编制和运行方式等方面存在差异，在实践中还存在一些问题。比如，对于出行不便的边远山区农民来说，就近就医仍是他们当前的主要需求。但按照卫生部和国家中医药管理局 2006 年下发的《城市社区卫生服务机构管理办法（试行）》的规定，社区卫生服务中心相继取消了手术和病床设置，同时需下派医务人员到所辖社区卫生服务站，由于人员紧缺，部分专业科室无法正常开诊，一些小手术、小专科病，农民也要跑到几十公里以外的区县医院。农村基层基本医疗服务能力相对削弱，给农民带来不便。

建议市政府进一步专题研究完善农村医疗卫生的体制机制。在统筹城乡一体化发展的过程中，从实际出发，把握城乡各自特点，充分考虑农村地区医疗资源相对贫乏、交通不便、仍以基本医疗为主要需求的现状，区别城市社区卫生服务模式，因地制宜，适当分类，科学合理地确定农村基层医疗卫生服务机构的功能定位、规划设置、运行机制和人员编制，不断增强农村基层医疗卫生服务能力，让农民看得上病、看得起病、看得好病。

二、优化布局，合理配置医疗卫生资源

本市医疗卫生资源丰富，但优质医疗卫生资源主要集中在城区，农村医疗卫生服务

机构不但在服务水平上与市区存在差距，同时在人员的配置上也存在不足。比如，怀柔区第一医院现有床位538张，按照卫生部床位与人员配备标准，目前至少缺145人的编制。通州区2008年新建的111个社区卫生服务站，因缺少医务人员只有44个在运行，多数还是只配1名医务人员。造成的原因，一是人员编制不够科学合理。目前，区镇村三级医疗卫生服务机构及公共卫生管理部门的人员编制，没有充分考虑户籍人口增长和对流动人口的服务；也没有充分考虑山区、半山区地广人稀，服务半径大，社区卫生服务中心派出站点多而分散等其他有关因素。二是人才难进更难留。由于农村地区生活条件比较艰苦、经济收入低、照顾家庭不便、事业发展空间有限，人才引进困难，流失更为严重。比如，门头沟山区的7家卫生院按现有编制还缺72人，仅永定卫生院就缺44人。通州区不到两年已有近40名社区卫生机构技术骨干流失到其他区县。三是乡村医生年龄老化，后继乏人。怀柔区在岗乡村医生319人，60岁以上的132人，占总数的41.4%，35岁以下9人，仅占总数的2.8%，海淀区2008年注册乡村医生427名，50岁以上的占到62%。

建议市政府一是科学合理地调整编制标准。充分考虑服务人口增加、服务职能拓展、农村地区地广人稀服务半径大等多种相关因素，根据实际需求，科学合理地调整农村医疗卫生服务机构编制标准，并实施动态管理。二是加大人才培养力度。要加强对在岗人员的培养，不断提高现有基层医疗卫生机构的服务水平；要进一步扩大定向招生、定向培养、定向就业的规模，并根据基层需求，合理设置专业和确定招生数量，为农村地区各级医疗卫生机构输送更多用得上、留得住的人才。三是发挥好乡医的作用。进一步研究乡村医生的培养补充和待遇问题，保持乡医队伍的稳定和后续有人，充分发挥他们在村级基本医疗卫生服务中的作用。四是制定并落实好优惠政策。对远郊区县适当放宽卫生人才引进政策和增加引进指标，缩短手续办理周期，为引进人才创造好的条件；对在农村地区，特别是边远山区工作条件较为艰苦的医务人员，要在工资待遇、职称晋升、住房、子女上学等方面制定和落实好优惠政策，用事业和待遇吸引和留住人才。五是充分利用城区优质医疗卫生资源支援和辐射农村。政府相关部门要继续完善市区县医疗卫生机构对口支援农村的各项制度；进一步开展三级医院协作共建郊区区域医疗中心和二、三级医院对口支援乡镇卫生院等工作；探讨组建医疗集团或医疗共同体，不断优化本市卫生资源配置，确保城乡不同人群享有公平可及的基本医疗卫生服务。

三、继续加大投入倾斜力度，加快农村医疗卫生事业的发展

近年来，本市不断加大了对农村医疗卫生工作的投入，并取得了很好的效果，但与党和国家建立覆盖全民基本医疗卫生制度，与市委关于进一步缩小城乡医疗卫生服务差距的要求，还有差距。今年，本市以科学发展观为统领，对财政管理体制进行了改革，市政府按照事权与财力相匹配原则，将包括卫生经费在内的市级财政213亿元划由区县统筹安排，不再安排直接投资。这样从总体上增加了各区县的自主财力，有利于区县医疗卫生事业的长期发展。但调研中区县普遍反映，一些需要集中投入大量资金的项目，比如大型医疗卫生设备的购置和医疗卫生机构的基本建设，仅靠区县自主支配财力很难在短时期内统筹安排所需资金，这将会对远郊区县农村医疗卫生事业的发展进程造成一定影响。

建议市政府一是在实行新的财政管理体制后，对远郊区县2009年卫生经费的支出情

况进行专题调研，监督区县财政卫生经费的依法增长，切实保障卫生事业发展的需要。二是从加快推进城乡一体化新格局出发，在本市深化医药卫生体制改革中，对定位为生态涵养发展区的远郊区县，根据具体情况，对其重大医疗卫生基本建设项目和大型医疗设备配置专项给予补助，帮助其尽快完善基础设施，加快统筹城乡医疗卫生一体化发展的进程，加快缩小城乡居民基本医疗卫生服务水平的差距。三是根据农村地区相对城区基础薄弱、发展不均衡、运行成本高的实际情况，进一步研究提高农村医疗卫生服务机构的公共经费核定标准。

四、进一步完善新型农村合作医疗制度，给农民更多实惠

目前，本市的新型农村合作医疗制度逐步完善，筹资及保障水平居全国前列，但与广大农民的期望和需求还有一定差距。一是新农合信息化建设有待进一步加强。目前本市虽已实现新农合网上报销系统的统一，但定点医疗机构信息管理系统与新农合信息系统的无缝对接尚未完全实现，报销手续繁琐，资金到位时间较长，大额报销资金由农民垫付已影响患者的再就医和家庭正常生活。二是目前农民在村卫生室看病的医药费，没能纳入新农合报销范围，增加了农民就近就医的经济负担。

建议市政府进一步加强新型农村合作医疗信息化建设，加大系统开发力度，尽快实现农民医疗费用实时结算；采取措施，逐步解决农民在村卫生室看病不能报销的问题，让广大农民得到更多方便和实惠。

此外，对多数区县的急救分中心和急救站还是依托在基层医疗卫生机构，经费、人员编制和业务用房没有专项保障等公共卫生体系建设中的突出问题，建议市政府尽快研究解决办法，明确急救体系的性质，保障急救人员编制和经费，科学规划急救站点，合理确定资源配置标准，完善急救体系运行保障机制。

以上意见和建议，供常委会组成人员审议时参考。

关于“制定生态涵养发展区产业发展政策，推进环境友好型城市建设议案办理情况报告”审议意见落实情况的报告

——2009 年 11 月 20 日在北京市第十三届人民代表大会常务委员会第十四次会议上

北京市发展和改革委员会主任　张　工

主任、各位副主任、秘书长、各位委员：

2008 年 9 月 25 日，市十三届人大常委会第六次会议听取审议了市政府“关于制定生态涵养发展区产业发展政策，推进环境友好型城市建设议案办理情况的报告”，围绕增强统筹协调发展意识、完善生态补偿机制、制定和完善产业扶持政策、建立和完善可持续发展长效机制、促进基本公共服务均等化等方面提出了审议意见。同年，市政府责成原议案办理工作小组制定办理方案和整改措施。我们将意见中的内容分解成 22 项任务，由发展改革委等 16 个部门共同研究办理。各承办单位和区县对照

意见内容，逐条研究提出办理意见，并在工作中加快落实，进一步促进了生态涵养发展区科学发展。下面，我受市人民政府委托，向市人大常委会报告审议意见的落实情况。

一、以践行科学发展观活动为契机，积极谋划生态涵养发展区统筹协调发展新政策

一年来，市政府结合深入学习实践科学发展观活动，围绕建设“人文北京、科技北京、绿色北京”的战略目标，不断增强统筹协调发展意识，坚持把促进生态涵养发展区协调发展与推动首都可持续发展、建设生态文明城市有机统一起来，紧抓“保增长、扩内需”的发展机遇，充分发挥各区县的区位优势与生态优势，及时研究制定促进生态涵养发展区协调发展的有关政策。

（一）以议案办理成果为基础，研究制定了《关于促进生态涵养发展区协调发展的意见》

2009 年 5 月，市政府正式发布了《关于促进生态涵养发展区协调发展的意见》。这是首个针对功能区域发展提出的系统性政策意见。意见一是突出了对生态涵养发展区发展蓝图的整体设计，提出了“一条主线、三个统筹兼顾、两个目标”的总体思路。即按照“人文北京、科技北京、绿色北京”的要求，全面提升生态资源质量，加快产业结构调整优化，提高城镇化水平；统筹兼顾近期和长远发展，统筹兼顾生态涵养和生态经济发展，统筹兼顾政府推动和发挥市场机制作用；将生态涵养发展区建设成为山川秀美、社会和谐的生态文明示范区和产业友好、人民富裕的生态经济发展区。二是提出了生态优先发展、生态服务经济发展、融合化发展、区域合作发展四大发展策略。三是把生态涵养发展区远期展望与解决当前突出问题结合起来，细化了近期发展方向、发展路径和重点任务。围绕提升生态涵养功能、促进富民就业提出了生态建设、产业发展、城乡建设十项重点任务，充分体现了政策意见的系统性、长效性和可操作性。四是加大政策扶持力度，明确了六项扶持政策，主要包括加大政府投资支持力度、加大财政转移支付和生态补偿力度、加强高端产业引进培育、大力支持旅游业发展、促进山区废弃工矿的生态修复和合理利用、建立健全区域发展保障机制。意见为促进生态涵养发展区实现生态、经济和社会协调发展奠定了坚实的政策基础。

（二）以科技创新促进产业发展，研究出台了《北京市关于科技促进生态涵养发展区高新技术产业发展的意见》

2009 年 8 月，市政府办公厅转发了市科委《关于科技促进生态涵养发展区高新技术产业发展的意见》。围绕生态涵养发展区的功能定位及产业特色，充分发挥首都丰富的科技资源优势，以科技促进生态涵养发展区一产出特色、二产上水平、三产增比重。意见提出要加快发展生态涵养发展区高新技术产业，增强生态友好型产业、高端产业对生态涵养发展区经济发展的带动作用。到 2012 年，生态涵养发展区实现聚集企业 2000 家，高新技术产业新增产值达 200 亿元。明确了具体实现路径：一方面，通过优化产业结构，推动生态涵养发展区协调发展。加大科技对农业的支撑力度，促进生态涵养发展区现代农业特色化发展；大力发展高新技术产业，提升生态涵养发展区低碳高端产业发展水平；加快发展特色服务业，增加生态涵养发展区现代服务业比重。另一方面，通过推动要素融合与政策集成，为生态涵养发展区提供良好的发展环境。重点包括加大对龙头企业创新能力的培育力度，加大科技政策扶持力度，加大高科技企业认定帮扶力度，加大自主创新产品支持力度，以及搭建企业科技融资平台，大力促进适用的科技成果在生态涵养发

展区内转化，支持生态涵养发展区与城区合作共建产业基地、与中关村国家自主创新示范区共建创新基地，享受相关扶持政策等八个方面。

二、着力培育生态友好型产业，促进生态涵养发展区经济发展和农民增收

按照深山区保护限制、浅山区优化培育、平原地区发展引导的原则，以总部经济、高端产业以及环境友好的劳动力密集型产业为方向，大力发展生态农业、生态旅游业、现代服务业和高新技术产业，各区县经济发展水平明显增强，农民收入水平不断提高。2009 年 1—9 月，在全市应对国际金融危机，努力实现“保增长、扩内需”的发展要求下，生态涵养发展区总体形势向好，完成全社会固定资产投资 317 亿元，同比增长 76.4%，比全市平均增幅高 22 个百分点；农民人均现金收入达到 9411 元，同比增长 13%，快于平原区县。

（一）加强政策引导和资金扶持，都市型现代农业进一步发展

一是启动农业基础建设工程，提高农田综合生产能力、生态服务能力和景观服务能力。今年上半年，市政府审议通过了《北京都市型现代农业基础建设及综合开发规划（2009—2012 年）》。按照规划安排，今后 4 年生态涵养发展区计划在 62.5 万亩基本农田和规模果园上实施农田培肥、农田水利改善、田园清洁循环和沟路林渠配套等“四大工程”，2009 年 17 万亩建设任务已全面启动实施，安排市级扶持资金 5 亿元以上。二是继续推进设施农业发展，带动山区农民就业增收。按照市政府《关于促进设施农业发展的意见》安排，到 2012 年全市每年新建设施农业 4 万亩左右。去年以来，生态涵养发展区累计新建设施农业面积 1.3 万亩。通过发展设施农业，每个棚平均可以增加农民收入 5000 元以上。三是促进农业产业化经营，提高农产品附加值。为进一步加快农产品加工业发展，做大做强农业产业化龙头企业，市政府有关部门制定加快发展农产品加工业的指导意见，生态涵养发展区的农产品加工企业借势不断发展壮大。预计到 2009 年年底，生态涵养发展区农产品加工企业总资产规模可达到 45.9 亿元，同比增长 8%；可吸纳农民工就业 1.59 万人，同比增加 9%；实现销售收入 44.2 亿元，同比增长 11%。

（二）发挥生态环境优势，促进高端要素流入和高端产业发展

一批生态友好型高端产业向生态涵养发展区集聚。北京呼叫中心产业基地落户密云县，集中了服务政府部门、金融企业等各类组织的呼叫业务；北京市绿能产业基地落户平谷区马坊工业园区，项目投产后将有效推动首都清洁能源发展；碧水源产业基地落户怀柔区，新建年产达到 140 万平方米的高品质中空纤维膜自动化生产线，将有力推动我市污水资源化工作，提高资源利用率。一批区县合作产业共建基地启动建设。目前，海淀—密云、西城—门头沟、朝阳—延庆 3 个区县合作产业共建基地已经正式挂牌并启动建设。产业共建基地专项扶持资金正式建立，首批安排市政府投资近 1000 万元扶持西城—门头沟共建基地内基础设施建设。

（三）注重特色产业培育，生态旅游业不断发展壮大

突出规划统筹，编制生态涵养发展区旅游项目建设规划。市政府有关部门组织编写了《北京生态涵养发展区旅游项目建设规划》，目前已经基本完成。这是生态涵养发展区近期和中远期旅游产业发展的指导性规划，将促进该区域旅游产业布局优化和产业升级。突出区域禀赋，加快推进沟域经济特色化发展。以昌平区“温泉胜地”、怀柔区“不夜怀

柔”、密云县“渔乐文化”为代表的区县旅游定位已初步确立。通过打造“一区（县）一色”，实现了各区县旅游休闲功能的清晰定位，推动了山区沟域经济快速发展。目前生态涵养发展区已有近70条沟域完成或正在进行整体规划，17条沟域已经具备一定规模并起到了示范作用。突出产业升级，丰富新型旅游业态。通过不断培育，生态涵养发展区形成了乡村酒店、国际驿站、采摘篱园、生态渔家、休闲农庄、山水人家、养生山吧、民族风苑等八类全新的旅游业态。昌平拉菲特城堡酒店、密云张裕爱斐堡酒庄、延庆北京辉煌国际会议度假区等一批投资大、档次高、功能全、复合型的乡村休闲度假旅游项目纷纷落户生态涵养发展区。外来国际资本也逐步向生态旅游产业渗透，形成了怀柔区慕田峪村的“小园”、“鹅和鸭”农庄等独具特色的旅游服务产品。同时，为规范新业态的发展，制定颁布了《乡村旅游特色业态标准及评定》系列标准，对乡村旅游的实际管理和服务水平提出了科学、合理的管理和技术要求。突出煤矿关闭产业转型，以旅游业为主的替代产业加快发展。去年以来，按照市政府对矿区产业转型给予政策倾斜的要求，市有关部门不断加大对房山、门头沟煤矿关闭地区产业转型的扶持力度，累计安排市政府投资2亿元，重点支持了百花山、圣莲山景区配套基础设施和一批生态农业观光项目建设。项目完成后，预计可解决就业人员3000人以上。

三、加快推进生态环境和公共服务设施建设，不断改善生态涵养发展区发展条件

（一）继续加强水源保护和生态屏障建设，保障首都可持续发展

2009年以来，全市以扩大森林面积、保护水源、提高生态环境质量为重点，着力推进京津风沙源治理、低效生态林改造、废弃矿山生态修复、新城滨河森林公园等重点工程建设，努力构建山区绿色生态屏障。截至目前，生态涵养发展区新增绿化造林15.5万亩，林木覆盖率达到70.5%；水土流失治理率达到75%，比去年同期提高7个百分点；生态环境质量评价指数从“十五”末期的60.4提高到67.8。

一是继续加强森林生态体系建设。以北部燕山和西部太行山为重点，坚持增量扩大和存量优化并重，着力构建森林生态屏障。提高工程建设标准，加快工程进度。2009年完成人工造林、爆破造林10.3万亩。年度完成任务比往年增加近1倍，造林标准由原来的1000元/亩至2000元/亩，提高到3000元以上/亩，年度安排政府投资增加1.5倍，由近4亿元提高到10亿元以上。实施废弃矿山治理工程。2009年，全市累计完成已关闭的废弃矿山治理3.4万亩，比去年同期增加2.2万亩，预计“十一五”末可超额完成市政府确定的5.5万亩废弃矿山治理任务。试点实施低效生态林改造工程。完成了5万亩低效生态公益林改造，迈出由单纯增加林木面积向增量扩大和存量优化并重转变的关键一步。

二是继续加快水源保护能力建设。着力推进生态清洁小流域治理工程。2009年生态清洁小流域治理任务由往年的310平方公里提高到435平方公里，工程建设资金全部由市级安排解决。启动永定河水岸经济带建设。编制完成了《永定河绿色生态走廊建设规划》，安排市政府投资2.6亿元，启动永定河卢沟桥—三家店段生态环境综合整治和永定河流域山区河道生态修复治理工程，将有效改善沿线生态环境和自然景观。加快新城万亩滨河森林公园建设。安排市政府投资31.5亿元，全面启动生态涵养发展区新城滨河森林公园建设工程，在治理新城周边水系的同时着力提升新城环境，增强新城对高端产业

的集聚能力。

三是提高生态涵养保障能力。加强森林防火基础设施建设，保障森林资源安全。去年以来，新建森林防火公路70公里，防火步道61公里，防火阻隔栏99公里。下一步将继续健全完善森林火险监测预报、火情瞭望监测、防火阻隔、林火信息及指挥、林火扑救等五大系统。继续实施山区生态移民工程。2009年，在山区泥石流易发区及生存条件恶劣地区搬迁农民2000人，研究了房山区煤矿关闭地区人口迁移工程相关政策，巩固煤矿关闭成果，解决山区群众生活困难。

（二）加快基础设施建设，提高区域承载力

加快提升新城公共设施水平。新建门头沟、昌平2个再生水厂，铺设密云、延庆、房山3个新城集中供热管线近40公里，建设门头沟区、房山区、昌平区、平谷区等4处区域性医疗中心，预计用1—2年时间，生态涵养发展区的新城中心区将全部拥有再生水厂和实现集中供热，区域性医疗中心将全部建成。启动“一环、十一放射、多联络”为主的山区路网建设。率先启动环绕山区、连接所有生态涵养发展区县的交通环线密云段建设；启动连接城区与山区县的放射道路109、111国道改造；通往房山区、昌平区的轨道交通已破土动工。启动山区旅游集散特色镇建设。为加快山区生态旅游资源开发，在生态涵养发展区选择交通便利、旅游资源丰富、生态条件优良、规划基础相对较好的乡镇打造旅游集散特色镇，提升首都山区小城镇知名度和旅游产业发展水平。目前，前期规划已初步完成，2010年将开始逐步实施。加快新农村“五项基础设施”建设。按照市政府的统筹安排，加快推进新农村村庄道路硬化、排水、垃圾收集转运等基础设施建设工程。2009年，生态涵养发展区完成街坊路硬化1780万平方米，改造老化供水管网2250公里，在138个重要地表水源区村庄和市级民俗旅游村实施污水治理工程。

（三）加快公共服务设施建设，促进基本公共服务均等化

市政府在社保、教育、医疗等方面加大了城乡统筹力度，生态涵养发展区受益较大。安排市级投入0.69亿元支持生态涵养发展区农村优抚社救对象危房改造，彻底消除农村危房问题。市区两级投入6.5亿元，生态涵养发展区27.05万无社会保障老年居民享受到养老保障。生态涵养发展区新型农村合作医疗参合人数达到143.95万人，农业人口参合率达到96.4%。继续支持生态涵养发展区中小学达标建设，抗震加固23所中小学校舍。村文化活动室和数字影厅改造全面展开，预计年底前将全部完成；数字广播的覆盖范围从城区及平原地区向山区县延伸，年底前将覆盖生态涵养发展区；所有行政村实现了100%配建全民健身设施。除全市统一政策外，针对生态涵养发展区农村医疗卫生人员短缺的问题，以定向培养方式委托首都医科大学为生态涵养发展区乡镇卫生院和村卫生室培养大专学历的临床和预防医学专业学生，培养期间学生学费、培训费等费用由市财政统一支付。

四、完善机制，保障生态涵养发展区可持续发展

一年来，市政府坚持将区域统筹、城乡统筹思想以及有关政策、措施落实到具体工作中，加大推进落实力度，不断完善生态补偿、考核评价、金融支撑、社会参与、转移支付和投资倾斜等长效机制，进一步开创了生态涵养发展区科学发展的新局面。

（一）进一步完善山区生态补偿机制

一是建立了普惠的生态补偿机制。市区财政每年拨款4亿元，用于生态效益补贴，

已明晰产权的山区集体生态林将按照每亩40元标准获得补贴，其中补贴资金的60%按照股份分配给每一名集体经济组织成员，40%统一用于林木抚育、森林健康经营、增强碳汇能力等生态工程建设。二是完善了集体生态林管护机制。从2009年7月起，将山区生态林管护补偿标准由每人每月平均400元提高到440元，并建立了每三年提高10%的长效增长机制。同时，实行生态林管护员全员投保制度，并建立村级林务员管理制度，专门负责本村生态林管护的管理工作。三是完善了水资源补偿政策。按照密云水库一级保护区补助标准，市政府每年在财力性转移支付中安排588万元，对怀柔水库一级水源保护区周边农民发放生活困难补助。同时，将郊区县水资源费由市与区县共享收入调整为区县固定收入，在功能区转移支付中充分考虑地表水取水量、地下水取水量和水源保护区面积三个因素，进一步加大向水源地区县倾斜力度。四是保障公益性污水、垃圾设施建设维护资金。在功能区转移支付中，选用农村污水达标排放率、生活垃圾无害化处理率等指标，加大对区县落实各项公益性污水处理设施和垃圾收集处理运行维护经费的保障力度。将设施运行维护资金连同支出责任一起下划区县，由区县结合本地区工作开展情况落实资金。

（二）初步建立了生态涵养发展区考核评价指标体系

以区县绩效考核指标体系为基础，结合生态涵养发展区的区位优势和特点，初步研究建立了经济发展、社会发展、资源环境三个方面为主的生态涵养发展区发展评价和绩效考核体系，共包括3个一级指标、14个二级指标、37个三级指标。在考核评价上重点突出了区域特色经济、优势产业、城乡居民生活、生态涵养和基础设施建设、新农村建设水平等内容。

（三）不断创新适合区域发展的金融服务组织

一是优先在生态涵养区开展新型农村金融机构准入试点工作。全市首批两家村镇银行2008年年底和2009年年初相继在延庆、密云两县开业。截至今年9月底，两家村镇银行累计发放贷款15,726万元，贷款余额8250万元，为生态涵养发展区建设提供了一定的资金支持和保障。二是搭建农业投融资平台，加大对生态涵养发展区农业发展的投入力度。去年，市政府出资10亿元设立了市农业投资公司。截至2009年上半年，市农业投资公司已分别投资2000万和5000万元，参与了平谷区华利丰种植公司和昌平区天翼生物工程公司的温室设施建设。2009年3月，市农业投资公司和门头沟、昌平、平谷、怀柔、密云、延庆等区县共同出资组建了市农业担保公司。此举将有效解决生态涵养发展区农业发展面临的信用不足问题，吸引更多信贷资金和社会资金进入农业领域，加快生态涵养发展区都市型现代农业发展。

（四）积极落实市政府办公厅《关于鼓励社会力量参与生态修复的意见》，大力推动社会力量参与生态建设

去年以来，本市首个以吸收二氧化碳、缓解温室效应为目的的森林碳汇造林项目在房山区青龙湖镇开始建设，计划在今后20年内营造6000亩碳汇林。八达岭林场碳汇造林项目启动。这是全国第一个民间捐资开展的碳汇造林项目，计划通过利用全国各地公众、企业、社会团体的购买碳汇资金，在八达岭林场种植元宝枫、白蜡、油松等为主的碳汇示范林3100亩。

（五）以完善市与区县分税制财政管理体制为契机，加大了财力支持力度

从2009年开始，市与区县执行新的分税制财政管理体制。在保持原有体制的延续性和稳定性方面，2009年市政府安排77.5亿元

保证生态涵养发展区基本需求；拨付农村税费改革转移支付0.7亿元，保证农村税费改革后村级组织正常运转；拨付基本公益事业补助资金3.6亿元，促进基层公益事业发展。在进一步加大倾斜方面，2009年共增加生态涵养发展区财力100.3亿元，其中调整收入分配政策增加5.7亿元，建立功能区转移支付增加46.4亿元；整合市级专项转移支付为一般性转移支付增加48.2亿元，进一步增强了生态涵养发展区统筹经济社会发展的能力和自主性。

（六）以投资倾斜为导向，加大了市级固定资产投资力度

在支持总量上，2009年下达市政府固定资产投资75.2亿元，集中力量用于解决山区联络线等区域连接性强的交通设施项目、提升生态功能的环境建设项目、新城集中供热等关系长远的资源能源保障项目和重点镇基础设施等促进新城和重点镇发展的关键项目。在支持结构上，按照建设生态文明示范区和生态经济发展区的目标要求，由重点支持生态环境、城市公共设施建设向全面支持生态建设、产业发展和城乡建设转变，努力推动生态涵养发展区生态、经济和社会协调发展。在支持方式上，从2009年起生态涵养发展区重点生态建设工程及新城、重点镇主次干路工程投资由市政府固定资产投资全额安排；新城及重点镇市政基础设施建设项目安排市政府固定资产投资比例由70%提高到90%；部分市级和区县级重点公益性项目给予不超过50%的拆迁资金补助；对区县创建国家级生态区、承办全国性和国际性重大活动的配套公共设施建设项目优先给予资金支持。通过提高市级投入比例，减少地方财力负担10亿元以上。

一年来，市政府各部门按照生态涵养发展区功能定位要求，不断深化对生态涵养发展的科学认识，大力加强生态环境、基础设施和公共服务设施建设力度，为把资源优势转化为发展优势创造条件。但促进生态涵养发展区生态保护和经济协调发展是一项系统工程，还有一些涉及体制机制创新的重点和难点问题，需要在今后的工作中不断积极研究探索，加以推进，如生态涵养发展区立法、重大产业项目的环境准入标准等。希望各位委员和人大代表继续关注、监督和支持生态涵养发展区发展工作，多提宝贵意见和建议。

主任、各位副主任、秘书长、各位委员，在过去的一年，本市为促进生态涵养发展区全面、协调、可持续发展，促进首都环境友好型城市建设取得了一些实际成效，但与科学发展观的要求、与人民群众的期望相比，我们的工作无论是在机制层面还是操作层面，都有需要进一步改进提高的地方。下一步，我们将继续认真抓好市人大常委会审议意见的落实，坚持以科学发展观为指导，不断开拓创新，建立完善相关政策和体制机制，在保护区域生态环境的基础上，进一步严格环境准入，发展生态友好型产业，促进区域经济社会全面发展。我们相信，有市委的坚强领导、有市人大的监督指导，有全社会的广泛关注和支持，生态涵养发展区发展一定会迈上新的台阶。

以上报告，提请市人大常委会审议。

关于检查“制定生态涵养发展区产业发展政策，推进环境友好型城市建设议案办理情况报告”的审议意见落实情况的报告

——2009 年 11 月 20 日在北京市第十三届人民代表大会常务委员会第十四次会议上

市人大财政经济委员会主任委员　王　火

主任、各位副主任、秘书长、各位委员：

2008 年 9 月 25 日，市十三届人大常委会第六次会议听取并审议了吉林常务副市长代表市人民政府所作的关于“制定生态涵养发展区产业发展政策，推进环境友好型城市建设”议案办理情况的报告，审议意见经常委会主任会议讨论通过后，形成了审议意见书，交由市政府研究处理。市人大财政经济委员会对审议意见的落实情况进行跟踪检查。

为做好此项工作，财经办公室制定了工作方案，紧紧围绕审议意见书中提出的审议意见，明确了跟踪检查的重点；多次与市发展改革委等相关部门进行沟通，督促审议意见的落实；深入门头沟区、怀柔区等地，围绕产业转型地区的生态修复工程和新农村建设情况、生态涵养发展区生态建设和产业发展情况等重点内容，开展了一系列调研活动，听取了市和部分区县发展改革部门的专题汇报，了解审议意见落实情况。常委会召开前，组织部分常委会组成人员赴延庆县视察山区沟域经济等生态友好型产业发展情况。10 月 28 日，市人大财政经济委员会召开第 15 次会议，讨论了市政府审议意见落实情况的报告。

市政府及其有关部门十分重视常委会审议意见的落实工作。在对审议意见进行认真研究和分析的基础上，进行了任务分解，落实责任单位，认真整改落实。调研和视察中，生态涵养发展区的广大干部、群众对议案办理和审议意见落实工作的效果表示满意，对市政府及其有关部门推进生态涵养发展区建设和发展的各项工作给予了高度评价。财经委员会认为，一年来，市政府把推进生态涵养发展区建设作为重点工作，按照科学发展观和“人文北京、科技北京、绿色北京”建设要求，进一步增强了统筹协调发展的意识，深化了对生态涵养发展科学内涵的认识，在全面提升生态资源质量、加快产业结构调整优化等方面作了大量工作，取得了新的进展和明显成效。

——出台指导性政策、措施，为促进生态涵养区发展提供制度保障。制定了《关于促进生态涵养发展区协调发展的意见》，确立了区域协调发展的总体思路和具体发展目标，明确了发展策略，并制定了建设发展的十项重点任务，这对于进一步促进生态涵养发展区协调发展，推进环境友好型城市建设提供了有效的制度保障。同时，出台了《北京市关于科技促进生态涵养发展区高新技术产业发展的意见》等指导性政策、措施，从充分

发挥首都科技资源优势，以科技创新促进区域产业优化升级等方面，推动生态涵养发展区建设。

——生态补偿、绩效考评、金融服务等体制机制进一步完善，促进可持续发展的长效机制逐步健全。加大生态补偿力度，完善了山区集体生态林管护机制和水资源补偿政策，对山区集体生态林实行普惠的生态效益补贴。公益性污水、垃圾设施建设维护资金得到进一步保障。村镇银行等新型农村金融机构的设立，农业投融资平台的搭建，为区域经济发展提供资金支持和产业导向的作用逐步显现。生态涵养发展区发展评价和绩效考核体系初步建立，为区域发展提供了有效的保障机制。

——生态友好型产业发展成效显著，农民收入水平不断提高。加强了产业布局的统一规划，按照深山区、浅山区和平原地区的各自特点，实施保护限制、优化培育、发展引导等差异化支持政策，着力推进产业互补。生态农业、生态旅游业、现代服务业和高新技术产业等生态友好型产业得到大力发展。《北京都市型现代农业基础建设及综合开发规划（2009—2012年）》全面实施，都市型现代农业进一步发展。一批无污染、低耗能的高端产业向生态涵养区集聚。生态涵养发展区旅游产业发展指导性规划已基本完成，旅游集散地建设、山区沟域经济特色化发展加强，旅游资源不断整合，旅游布局不断优化。产业的发展有效地带动了农民收入增加。

——生态环境不断改善，社会公共服务水平不断提升。通过继续加强生态流域和森林生态体系建设，加快关停废弃矿山生态修复，着力提高森林覆盖率和宜林荒山绿化率，强化流域水环境综合治理工作，生态环境质量有效提升。不断改善的生态环境质量为北京建设宜居城市，促进首都可持续发展发挥了重要作用。同时，山区路网、村庄道路硬化和排水、垃圾收集转运等基础设施建设不断加快。生态涵养发展区基础教育、医疗卫生和文化体育等各项社会事业取得一定进展。

生态涵养发展区是首都生态屏障和重要资源保证地，是构建全市城乡一体化发展的重点地区，实现生态涵养发展区生态保护、产业发展和城乡建设的协调发展，加强生态文明建设需要长期的过程，应当在取得阶段性成果的基础上，继续扎实推进各项工作，进一步促进区域科学发展。为此，财经委员会结合跟踪检查情况，提出以下意见和建议。

一、科学统筹生态涵养发展区建设发展，全面落实各项政策、措施

市委关于我市率先形成城乡经济社会发展一体化新格局的意见，是新形势下贯彻落实科学发展观，建设繁荣、文明、和谐、宜居的首善之区的重大决策部署，市政府出台了《关于促进生态涵养发展区协调发展的意见》等政策，为本市生态涵养发展区建设提供了坚实的制度保障。今后的工作重点是落实，市与区县各有关部门要切实加强组织领导，把相关政策、措施落实到位，有计划、分步骤地扎实推进生态涵养发展区各项工作。

二、坚持不懈地做好生态环境建设工作，努力实现生态保护与经济发展的融合

近年来，我市在生态环境保护和建设方面取得了一定成绩，但生态环境依然脆弱，因此，要继续将生态建设和保护作为首要任务，坚持经济发展以保护生态为前提，大力发展生态服务型经济，建立健全生态建设与

保护的长效机制，完善生态屏障功能，不断提升生态涵养质量。在此基础上，加快淘汰有污染、高耗能的低端产业，发展循环经济，更加重视资源节约利用，使这一区域在为首都生态环境建设作出贡献的同时，能够把资源优势充分转化为发展优势。

三、充分调动各方面积极性，合力推动生态涵养区又好又快发展

在市政府统筹协调下，切实发挥生态涵养发展区各区县的主动性和创造性，进一步落实城市总体规划和区县功能定位，从自身实际出发，研究制定发展的新思路、新举措，细化有关政策，形成特色更鲜明、更具针对性和操作性的行动计划，稳步推进各项工作。要发挥农民的主体作用，充分调动广大农民的积极性，提高农民在生态涵养发展区建设过程中的参与热情。在强调政府主导作用的同时，完善社会参与机制，拓宽参与渠道，鼓励社会力量参与生态建设。推进投资主体多元化，引导首都科技、人才、资金等要素资源更多地投入生态涵养发展区。

以上意见，供常委会组成人员审议时参考。

关于“加快保障性住房建设，解决中低收入群体住房困难议案办理暨解决城市低收入家庭住房困难情况报告”审议意见落实情况的报告

——2009 年 11 月 20 日在北京市第十三届人民代表大会常务委员会第十四次会议上

北京市住房和城乡建设委员会主任　隋振江

主任、各位副主任、秘书长、各位委员：

我受市人民政府委托，向市人大常委会报告“加快保障性住房建设，解决中低收入群体住房困难议案办理暨解决城市低收入家庭住房困难情况报告”审议意见落实情况。2008 年 11 月 20 日，市十三届人大常委会第七次会议听取和审议了市政府“关于‘加快保障性住房建设，解决中低收入群体住房困难’议案办理暨解决城市低收入家庭住房困难情况的报告”，并就加强我市保障性住房建设和管理工作提出了审议意见。市政府高度重视，认真研究，作出了明确部署，责成市相关部门和各区县政府专项落实。市住房城乡建设、发展改革、规划、国土、财政、民政等部门和各区县政府按照工作部署，通力配合，制定了落实方案，有针对性地采取改进措施，审议意见书提出的意见和建议得到了进一步落实，现将有关工作情况报告如下。

一、把住房保障工作摆在更加突出的地位，全面推进保障性安居工程

市政府始终高度重视关系民生的住房问题，把住房保障工作作为重要的政府职责来

抓。为贯彻落实国务院保障性安居工程工作会议精神，今年5月，市政府召开全市保障性安居工程工作会议，会议传达学习了李克强副总理的重要讲话精神，进一步统一了思想，对本市保障性安居工程工作进行了全面部署。会议要求：全市各级政府、各有关部门要切实承担起住房保障责任，加强统筹规划，着力抓好保障性安居工程，加快解决低收入群众住房困难；同时，要针对首都住房市场的特点和实际，坚持结构调整，发展具有保障性质的限价商品房和公共租赁住房，完善分层次的住房供应体系，满足群众不同层次的住房需求，努力实现“住有所居”的目标。会议明确提出，本市实施保障性安居工程的总体目标是：全面提速住房保障进程，从2009年起，用三年时间基本解决全市约28万户居民住房困难，使廉租家庭实现应保尽保，低收入家庭住房基本解困，旧城危旧房区和棚户区居民住房条件明显改善，城镇危险房屋实现解危，农村优抚和社会救助家庭住房困难全部解决。

为完成上述目标，市、区两级政府和各有关部门进一步细化指标，分解任务，认真抓好组织实施。一是进一步加大廉租住房实物配租力度，对廉租家庭实现应保尽保，今后三年解决3.3万户廉租家庭住房困难，到2011年年底全市廉租住房保障家庭累计达到4.8万户；二是加强经济适用房建设和管理，三年解决6万户低收入家庭住房问题；三是加快推进棚户区改造，解决5万户棚户区居民住房困难；四是深入实施旧城房屋保护修缮和无城镇危房户工程，切实改善居民住房条件，三年完成6万户旧城房屋保护修缮计划；五是加大农村优抚社救家庭危房翻建和维修工作力度，大力推进农村抗震节能住宅建设，三年完成新建、改建抗震节能农民住宅7.2万户。

二、完善住房保障政策和管理制度，建立健全分层次的住房保障体系

（一）完善廉租住房管理政策，加大实物配租力度

一是扩大了廉租住房保障范围。将廉租住房家庭收入准入标准与城市低收入家庭认定标准挂钩，今年1月1日起，本市廉租住房准入标准从人均月收入580元调整至697元，城市低收入住房困难家庭全部纳入了廉租住房保障范围。二是加大廉租住房实物配租力度，将连续两年以上低保和连续两年低于城市低收入认定标准并且家庭成员中有男55周岁（含）、女50周岁（含）老人以及大病、重残等特殊困难家庭都纳入了廉租住房实物配租范围。进一步加大廉租住房建设力度，增加房源供应。已累计新开工廉租住房100万平方米，2007年开工建设的30万平方米廉租住房目前已调配至区县，随着摇号配租工作的陆续开展，约7000户廉租家庭住房困难将得到解决。三是廉租住房实物配租由“暗补”变“明补”。按照廉租房成本并结合市场租金水平确定廉租房租金标准，根据廉租家庭收入水平计发租房补贴，租金与补贴的差额部分由承租家庭负担。实行“明补”方式，进一步完善了廉租住房动态管理机制，有利于促进廉租住房的合理退出，逐步实现廉租住房的良性循环。

（二）实施公共租赁住房政策，推动住房保障向“租售并举”转变

为解决“夹心层”家庭住房困难和过渡期住房需求，今年8月1日，市住房城乡建设委、发展改革委、规划委、国土局等10部门联合发布了《北京市公共租赁住房管理办法（试行）》，明确了供应对象、房源筹集方式、审核配租和后期管理制度。公共租赁住

房政策的实施，实现了廉租住房、经济适用住房、限价商品住房的合理衔接，推动住房保障方式从“以售为主”向“租售并举”转变，有利于促进本市住房供应结构的调整和合理梯度消费模式的形成。公共租赁住房政策出台后，受到了广大市民普遍关注，截至10月底，已累计受理预登记申请近8000户。目前，相关部门正在抓紧落实建设收购50万平方米公共租赁住房计划，明确实施主体，搭建统一的运行管理平台。并按照“政府支持、市场运作、多方建设、统一管理”的原则，研究落实公积金委托贷款、税收减免等配套政策支持公共租赁住房建设，对独立建设或配建的公共租赁住房项目将采用协议租赁方式，按年缴纳土地租金。随着公共租赁住房的发展，本市将进一步完善相应的租金管理政策，逐步实现廉租住房与公共租赁住房并轨运行。

（三）进一步落实各项管理制度，加强经济适用住房管理

在去年全面改进和规范经济适用住房制度的基础上，进一步加强了资格审核、配售、再上市交易等各个环节的管理。市、区县、街乡住房保障管理机构按照新的经济适用住房管理办法规定的准入条件、标准和程序，对每一户申请家庭严格审核把关，截至10月底，已累计受理申请6.9万户，审核通过5.5万户；在配售管理工作中，严格执行公开摇号制度，今年还对选房结果进行现场公示，工作流程更加规范透明，从而保证了符合条件的低收入住房困难家庭进入经济适用住房保障范围；在经济适用住房再上市交易管理上，进一步落实5年后方可上市交易、提高补交土地收益比例至70%、政府优先回购等一系列政策、措施，有效抑制了投机行为。经济适用住房管理逐步走上了规范化的轨道，受到了广大市民的认可。

三、统筹规划，完善建设管理体制，加快保障性住房建设步伐

一是落实保障性住房建设规划，增加有效供应。落实保障性住房“十一五”建设规划，统筹安排年度建设计划，加大建设力度，增加房源供应。调整优化住宅用地供应结构，在年度土地供应计划中优先安排保障性住房建设用地，加快落实土地供应。合理安排保障性住房项目规划布局，今年60%以上的保障性住房建设项目靠近轨道交通沿线和站点周边区域。坚持“以区为主、全市统筹”的保障性住房建设原则，支持各区县组织建设保障性住房。进一步完善了市、区联动的建设管理体制和推进机制，将政策性住房项目全部纳入市政府绿色审批通道，建立协调例会制度，全力以赴落实今年开工850万平方米、竣工200万平方米建设计划。截至10月底，已实现新开工636.1万平方米，竣工175.9万平方米；本月底全部按期完成今年开工和竣工计划，年底政策性住房在建规模将达到2200万平方米以上，约占全市商品住房建设规模的1/3。

二是加大资金投入，支持保障性住房建设。进一步调整了廉租住房建设资金管理及拨付方式，市财政按工程进度提前安排廉租住房建设资金5.94亿元，加快了廉租住房的建设进度。积极会同国家开发银行北京分行开展经济适用住房开发贷款试点，落实贷款金额13.1亿元；同时协调各商业银行支持经济适用住房建设，截至9月底，经济适用住房开发贷款余额67.2亿元，同比增长83.2%。

三是妥善解决历史遗留项目亏损问题。回龙观、翠城、朝阳新城经济适用住房项目由于时间跨度长、征地拆迁费用和材料价格提高等因素造成建设成本和销售价格倒挂，导致项目亏损。经研究决定采取将项目中的

一部分调整为商品房等方式，妥善解决项目亏损问题，回龙观项目已完成调整商品房立项核准，翠城、朝阳新城项目完成亏损核定工作，为下一步解决项目亏损问题奠定了基础。

四是加强工程质量和市政配套设施建设管理，建设群众放心工程。市、区政府高度重视保障性住房工程建设质量，实施质量安全专项监督，进一步加强施工现场综合执法，加大监督检查的力度和频次，对在建项目实施周检查、月通报、季总结。今年以来，共检查保障性住房工地209次，建筑面积1185万平方米，及时排查消除质量安全隐患，对发现的问题依法严肃处理，并在全市通报。针对保障性住房项目陆续进入竣工阶段的特点，认真抓好市政配套设施建设。市政府办公厅印发了《关于落实2009年保障性住房和限价商品房竣工项目红线外配套市政基础设施建设工作的通知》，明确了市政配套设施建设主体和投资分担原则，市有关部门会同区县政府、各专业公司协调落实，今年竣工的200万平方米政策性住房将实现市政配套设施与住宅同步交用。同时，认真研究保障性住房入住和后期管理工作，落实建设单位保修责任，物业公司提前介入小区管理，为入住居民创造良好的居住环境。

四、健全住房保障管理机构，加强资格审核，统筹做好房源分配管理工作

一是进一步落实住房保障管理机构和人员编制。市政府在机构改革调整中，进一步充实和加强了市住房城乡建设委的住房保障职能，把市住房保障工作领导小组办公室设在市住房城乡建设委，负责政策制定、统筹协调、指导各区县住房保障工作等职责。各区县按照政府机构改革要求，调整职能，目前城八区和5个远郊区县在建委和房管局设立了住房保障管理机构，11个区县在街道（乡镇）一级政府设立住房保障管理机构，全市314个街道（乡镇）全部开设资格审核受理窗口。市、区县、街乡三级住房保障机构和人员逐步落实到位。同时，积极组织开展住房保障工作人员岗前政策培训，采取集中授课、窗口交流、编写百问百答服务手册等多种形式，提高基层工作人员素质和业务管理水平。

二是不断提高资格审核科学化管理水平，切实加强保障性住房配租配售管理。完善住房保障资格审核信息管理系统，整合部门信息资源，实现住房保障资格审核系统与房屋交易、权属和住房公积金系统的对接，基本掌握了申请家庭的住房情况。通过管理系统数据比对，查处了700余户隐瞒住房情况的申请人。组织开展了通过审核家庭租购房资格的年度复核工作。加强住房保障管理信息系统建设，市财政、科技部门拨付专项资金，搭建市、区县、街乡三级的住房保障信息平台，建立住房保障综合数据库。全面推行了“三级审核，两级公示”的审核机制，加强窗口管理，规范工作流程，防范廉政风险。通过近两年“三级审核，两级公示”审核机制的运行和完善，目前本市每月新增申请家庭基本稳定在5000户左右，根据申请和审核通过的数量，基本掌握了保障性住房实际需求底数，为统筹安排建设和分配计划、平衡供需提供了可靠的基础数据。

截至10月底，已累计审核通过13.2万户，其中廉租住房2.3万户、经济适用住房5.5万户、限价商品住房5.4万户。自去年7月本市首次组织公开摇号以来，共完成配售经济适用住房1.6万套、限价商品房2.5万套，年底前还将调配2.4万套房源进行公开配售。同时，通过发放租赁补贴、实物配租方式已解决了1.9万户廉租家庭的住房困难，累计发放租赁补贴2.67亿元。

五、通过棚户区改造、旧城房屋保护修缮、危房解危和农房改造等多种渠道，解决中低收入家庭住房困难

城郊棚户区、旧城危旧平房区是本市低收入家庭集中的区域，尽快对这些地区实施改造，是保障性安居工程的重要内容。今年市政府进一步明确了棚户区改造的目标，市和有关区政府均成立了棚户区改造领导小组，签订了市区棚户区改造目标责任书，市、区财政和北京开发银行投入资金和落实项目贷款57亿元，有力地支持了棚户区改造工程的全面启动。截至10月底，共计开工建设、筹集棚户区安置用房130余万平方米；门头沟采空区、通州老城棚户区完成居民搬迁8000余户，丰台南苑镇棚户区居民搬迁已经启动，正在抓紧进行定向安置房施工建设。

积极推进旧城区房屋保护修缮工作，按照“修缮、改善、疏散”的总体要求，坚持政府主导与居民自愿相结合的原则，统筹安排好房屋保护性修缮和街巷胡同市政设施改造工作。市政府安排了10亿元旧城房屋保护修缮专项资金，各区相应安排了配套资金；市住房城乡建设委等部门出台了《北京旧城历史文化街区房屋保护和修缮工作的若干规定》，指导各区逐步建立旧城房屋保护修缮长效机制；积极调配外迁房源，鼓励旧城区居民疏散安置。截至10月底，旧城房屋修缮已完工房屋3.18万间，涉及居民2.36万户，提前超额完成今年2万户修缮任务。

继续实施城镇“无危房户”工程，目前已实现危房解危1052户，提前完成全年任务目标。与此同时，结合新农村建设，推进农村抗震节能住宅新建和改造工程。截至10月底，完成新建抗震节能新农宅1963户，改建节能保温农宅1.1万户，改善了农村困难群体的住房条件。

将住房保障与棚户区改造、旧城房屋保护修缮有机结合起来，统筹调配政策性住房房源，妥善安置搬迁居民，集中解决棚户区、旧城危旧房区低收入家庭住房困难。自去年7月以来，全市共调配定向安置房源3.1万套，对于全面推进保障性安居工程的实施发挥了重要作用。

六、进一步完善保障性住房建设与管理体制，建立健全住房保障长效工作机制

总体上看，通过市区政府和有关部门的共同努力，本市住房保障工作力度不断加大，分层次的住房保障体系基本建立，全市住房保障工作进入一个新的发展阶段。

但同时我们也清醒地认识到，住房保障体制机制建设是一项长期的、系统性的工作，需要不断的健全和完善。当前，“以区为主、全市统筹”的建设管理机制尚未完全理顺；用于公开摇号配售的保障性住房供应不足；现行的经济适用住房定价机制还难以有效发挥价格调节作用；后期管理还需不断完善，住房保障管理科学性有待进一步提高；部分区县住房保障工作人员尚未完全到位，基层住房保障队伍建设还不能适应长期性、专业化的工作需要。下一步，市政府将继续按照国务院决策部署和工作要求，切实抓好本市保障性安居工程的组织实施，进一步完善住房保障政策和管理制度，健全保障性住房建设与管理体制机制，推动本市住房保障事业持续发展。重点做好以下工作。

（一）全面推进保障性安居工程建设，确保完成三年住房解困目标和年度实施计划

进一步加大保障性住房建设力度，增加房源供应，加快解决低收入家庭住房困难。坚持以人为本，统筹安排保障性住房规划布

局，在公交枢纽和轨道交通站点周边优先安排保障性住房建设用地，方便居民群众工作生活。加大资金筹措力度，根据保障性住房年度建设计划，落实市、区财政资金，积极搭建投融资平台，广泛吸引社会资金参与保障性住房建设、收购和管理。明年进一步加大用于公开租售的公共租赁房（含廉租房）、经济适用住房和限价商品房建设力度，基本满足至本年底累积的轮候家庭的租、售需求，新建政策性住房7万套。同时增加政策性住房竣工量，明年计划竣工公共租赁房（含廉租房）、经济适用住房和限价商品房等各类政策性住房400万平方米，比今年翻一番。加强政策引导，积极推进建成区存量土地和房屋资源有效利用，结合棚户区改造和旧城房屋保护修缮、危改拆迁，拓宽住房保障渠道，多种方式解决中低收入住房困难家庭的住房需求。

（二）进一步完善“以区为主、全市统筹”的建设与审核分配相统一的管理体制

根据各区县实际保障性需求安排各区年度建设及分配规模，将建设和保障任务落实到各区县，实施专项考核，市里实行统一协调调度与督导。对四个城区由市里根据其保障需求，结合规划统筹安排保障性住房建设用地，输出区和市政府对输入区建立相应的机制，在市政建设、社会服务供给、居民后期管理方面给予政策和管理上的支持。

（三）坚持租售并举，切实抓好公共租赁住房建设与管理

坚持政府主导，调动单位、产业园区、乡镇集体经济组织、开发企业等多方面积极性，拓展建设收购渠道，明年计划建设收购公共租赁住房（含廉租住房）100万平方米。细化公共租赁住房各项管理政策并抓好组织实施，建立公共租赁住房建设收购的融资平台以及房源分配、后期管理机制。同时，规范房屋租赁市场，促进住房租赁市场健康发展，解决群众多层次的住房需求，并为筹措廉租住房房源提供市场支持。

（四）研究完善保障性住房定价机制

逐步建立与建筑安装、市政配套工程成本相衔接的动态调整机制和区位差异定价机制，综合考虑项目成本利润及周边区域的房价水平等因素确定招标价格，防止价格倒挂，合理确定保障性住房价格。

（五）加强管理信息系统建设，提高住房保障审核科学性和准确性

进一步完善住房保障管理信息平台建设，建立与民政、税务、金融、公安、工商、劳动保障等相关系统对接机制，逐步做到对申请家庭收入、资产和住房情况进行联合核查。

（六）健全保障性住房后期管理制度

研究实施新的廉租住房和公共租赁住房租金管理办法、标准；完善保障性住房再上市管理具体政策；研究制定定向安置房管理办法，规范其建设、销售和后期管理。明确各区县承担保障性住房后期管理的主要职责，充分发挥街道办事处、社区居委会、物业公司的作用，加强保障性住房配租配售后的监督管理。

（七）加强基层队伍建设，进一步落实住房保障管理机构，充实人员力量，实现机构全面覆盖、人员全部到位

加大业务培训力度，逐步推行持证上岗。在社区试行设立住房保障协管员，协助街道开展住房保障政策宣传、资格初审以及使用监督。加强廉政风险防范管理和行政效能监察工作，建设专业、稳定、廉洁、高效的住房保障工作队伍。

主任、各位副主任、秘书长、各位委员，审议意见书对加快推进本市保障性住房建设管理工作提出了宝贵的意见和建议，有力促进了本市住房保障事业的发展。非常感谢各位委员的支持和帮助，同时，希望委员们继续关注住房保障工作。我们将围绕建设“人文北京、科技北京、绿色北京”的总体目标，进一步加大住房保障工作力度，加快解决群

众住房困难，让更多市民享受到住房发展的成果，为建设繁荣、文明、和谐、宜居的首善之区作出应有贡献。

以上报告，提请市人大常委会审议。

关于检查“加快保障性住房建设，解决中低收入群体住房困难议案办理暨解决城市低收入家庭住房困难情况报告”的审议意见落实情况的报告

——2009年11月20日在北京市第十三届人民代表大会常务委员会第十四次会议上

市人大城建环保委员会主任委员 赵 义

主任、各位副主任、秘书长、各位委员：

2008年11月20日，市十三届人大常委会第七次会议听取和审议了陈刚副市长代表市政府所做的关于“加快保障性住房建设，解决中低收入群体住房困难”议案办理暨解决城市低收入家庭住房困难情况的报告。审议意见经常委会主任会议讨论通过后，形成了审议意见书，交由市政府研究处理，市人大城建环保委员会对审议意见的落实情况进行跟踪检查。

根据常委会的要求，城建环保办公室制定了工作方案，明确了跟踪检查重点，开展了一系列跟踪检查活动：组织召开了城八区人大常委会座谈会，了解各区保障性住房工作进展情况及相关的意见和建议；组织召开专家座谈会，与专家学者就“如何构建本市基本住房保障制度体系”进行了专题研讨；组织部分常委会组成人员和市人大代表，分别赴朝阳区翠城小区和海淀区金隅美和园小区实地调研，了解我市经济适用住房和廉租住房的规划、建设和管理情况。其间，城建环保办公室还多次与市住房和城乡建设委员会沟通意见，了解常委会审议意见落实工作的进展情况，共同研究推进审议意见落实的相关工作。市人大常委会刘晓晨副主任和黄石松副秘书长多次参加调研活动，对做好议案跟踪检查高度重视，提出了明确具体的指导意见和要求。10月30日，城建环保委员会召开第八次会议，专题听取了市政府提请本次会议审议的报告并进行了认真讨论。

城建环保委员会认为，市政府对常委会审议意见高度重视，郭金龙市长主持召开了全市保障性安居工程工作会议，对保障性住房工作进行全面部署，陈刚副市长多次召开专题会议，对审议意见的落实提出了明确要求。市住房和城乡建设委员会等相关政府部门做了大量卓有成效的工作，先后制定并实施了公共租赁住房管理、廉租房实物配租管理等多个规范性文件，进一步完善了保障性住房相关政策。各区县政府紧抓落实保障性住房建设项目，积极做好资格审核和配租配售工作。一年来，经过市区两级政府的不懈努力，审议意见书中提出的意见、建议正在逐步得到落实，本市保障性住房工作稳步发展，取得了阶段性的成效。

保障性住房工作是一项长期、艰巨、系

统的民生工程，关系到广大市民的切身利益，关系到本市人口、资源、环境的协调可持续发展。本市的保障性住房工作仍处于探索、改进和完善阶段，不可能一蹴而就，在工作推进过程中还存在一些不容忽视的问题，审议意见书中提出的意见和建议若要得到完全落实，还必须下大力气。为此，城建环保委员会提出以下建议。

一、不断总结，规范完善我市基本住房保障制度体系建设

市政府及相关部门在推进我市保障性住房方面做了大量工作，取得了阶段性的成效，但低收入家庭的住房困难问题仍待进一步解决。我们认为，基本住房保障体系是本市住房结构体系的基础和重要组成部分，应当合理界定基本住房保障体系的构成，明确保障范围，加大解决城市低收入家庭住房困难工作力度，充分发挥基本住房保障制度体系在解决民生问题、构建和谐社会中的作用。

第一，继续加快健全廉租住房制度。城市廉租住房制度是解决低收入家庭住房困难的主要途径。我们认为，廉租住房制度作为社会保障制度的重要组成部分，应当与本市其他社会保障制度有机衔接，统筹开展相关工作。城市住房保障家庭占全市人口的比例是较为固定的，随着经济和城市建设的发展，应保对象将长期存在。建议在解决当前3.3万户低收入家庭住房问题，实现应保尽保的基础上，要结合本市经济社会发展水平，逐步扩大廉租住房保障范围。必须深入研究适用廉租住房实物配租和租金补贴家庭的方法，研究制定廉租住房退出机制的具体操作办法，加强对廉租住房承租家庭收入、资产的动态监管，建立整合房管、税务、金融、公安、工商等各相关部门信息资源的审核体系，定期核查保障对象承租条件，根据情况变化及时作出调整，充分体现廉租住房制度在保障生活困难群体方面应有的作用。

第二，继续改进和完善经济适用住房制度。要明确经济适用住房的供应对象，与廉租住房供应对象有效衔接，满足有一定支付能力的城市低收入家庭的住房需要。要尽快改进和完善经济适用住房的资格审核、住房标准及交易管理等相关制度，保证经济适用住房的使用性质。逐步理顺我市经济适用住房在建设、资审、管理中存在的突出矛盾。在调研中我们发现，目前拆迁定向安置、城市危旧房改造等政策性用房与经济适用住房房源存在混同使用的情况。建议在工作中应当严格执行经济适用住房的资格条件，对于不符合经济适用住房审核资格的拆迁安置户，应当通过其他方法和渠道加以解决，保证经济适用住房的保障性质不发生偏离。

第三，研究确定科学合理的经济适用住房价格形成机制。在翠城小区调研时发现，该项目是1999年立项并建设的，由于是分期开发建设，预计将在2012年全部建设完成。该小区经济适用住房定价由市政府相关部门于建设初期确定，且价格多年不变，缺少浮动空间。随着开发建设成本逐年增加，经济适用住房开发建设企业资金压力很大。翠城项目全部建成后，预计将会给开发建设企业造成较大的政策性亏损。市政府应当组织发改、规划、土地、建设、财政、税务等多个部门共同研究制定科学合理的经济适用住房价格动态形成机制，明确价格构成因素，根据市场变化情况及时调整成本价格，避免在同一区域内的经济适用住房项目，因建设周期不同而产生较大的价格差异。要合理划定价格构成中政府、企业、个人承担的比例，保证企业合理盈利，提高企业参与经济适用住房建设的积极性。

二、统筹规划，多措并举加大保障性住房房源供应力度

第一，合理布局，发挥区县主体作用。在调研中我们发现，本市保障性住房建设由于时间紧、任务重，仍然采取见缝插针式的建设模式，缺乏全市统筹的规划布局。由于各区县土地供应量的差别，导致各区县的建设规模、房源分布不平衡，有的房源位置相对偏远，出现了相当数量的跨区调配，实际效果不是很理想。我们认为，从方便群众工作、生活等综合因素考虑，保障性住房的建设管理工作，应当按照“全市统筹、属地负责”的原则，充分发挥区县政府的主体作用，廉租家庭的住房困难问题逐步做到在各自辖区范围内解决；经济适用住房供应，应当在落实城市总体规划和区县功能定位的基础上，尽量做到统筹规划布局，合理确定各区县保障性住房建设规模。为了平衡各区县建设任务的差异，应当尽快研究建立区县间财政转移支付制度，调动承担较多经济适用住房建设任务区县的积极性，加快建设步伐。

第二，加大保障性住房房源供应力度。在调研中，各区县普遍反映经济适用住房房源严重不足，不能满足群众需求。截至 8 月底，全市经济适用住房累计通过审核备案 5.1 万户，而配售的经济适用住房，截至 7 月底累计只有 2.46 万套，房源缺口仍然较大。市政府应当采取在商品房和棚户区改造项目中插花配建的方式，进一步加大保障性住房建设力度，通过商品房回购等多种方式，多渠道增加保障性住房房源供应。

第三，加强住房租赁市场管理。大力发展住房租赁市场是实现人民群众“住有所居”目标的重要途径，对促进房地产市场稳定健康发展、缓解人口资源环境矛盾具有重要作用。目前全市出租房屋占到存量住房的 20%左右，市场潜力仍然很大（2004 年纽约存量住房中有 67%由承租人居住）。建议市政府尽快摸清住房租赁市场现状和需求，出台相关政策，加强监管，规范住房租赁市场有序发展，在本市切实形成租售并举的合理的住房消费模式。积极探索将进入租赁市场的住房作为廉租住房重要的房源，由市政府给予承租家庭租金补贴，增加廉租住房的供给。

三、明确责任，加快配套市政基础设施建设，完善管理机制

目前，本市居住区配套市政基础设施和公共服务设施建设滞后问题普遍存在，居民入住时配套设施不能同时交付使用，这种现象在保障性住房小区建设中更加突出。例如，朝阳区翠城经济适用住房小区边建设、边入住，相关水、电、道路、商业服务等配套设施建设至今仍未完全竣工交付使用，给居民生活造成极大不便。对于保障性住房配套市政基础设施和公共服务设施，必须明确市区两级政府、市区政府与开发建设企业的相关责任。对已建成的小区，其欠缺配套设施要明确由市区政府牵头研究补建；对新建保障性住房小区，要按照责任划分明确投资建设主体，使配套设施与项目主体工程同时开工或提前开工建设，并保证与主体工程一同竣工交付使用，为居民生活提供方便。

在调研中我们还了解到，由于本市基层住房保障工作人员较为紧缺，保障性住房小区还存在管理不到位的现象。建议进一步完善保障性住房小区管理机制，充实基层住房保障工作力量，落实属地区县政府的管理职责，充分发挥基层党组织、街道办事处及社区居委会在保障性住房小区管理中的监督、指导和协调作用。

保障性住房工作是一项长期、艰巨、重大的民生工程，关系到人民群众的切身利益，

关系到本市人口、资源、环境的可持续发展，关系到“三个北京”的建设。市政府要继续深入研究保障性住房制度体系与本市住房供应结构体系的关系，多渠道、多形式解决低收入群体的住房困难问题，改善人民群众的居住条件，营造和谐宜居的居住环境。建议市人大常委会继续对审议意见落实情况进行跟踪监督检查，进一步推动我市保障性住房各项工作的开展。

以上意见，供常委会组成人员审议时参考。

北京市人民代表大会常务委员会公告

北京市第十三届人民代表大会代表王建明、唐本高，因工作需要，已调离本行政区域，根据代表法的有关规定，王建明、唐本高的代表资格终止。

现在，北京市第十三届人民代表大会代表实有767名。

特此公告。

北京市人民代表大会常务委员会

2009年11月20日

北京市第十三届人民代表大会常务委员会代表资格审查委员会关于个别代表的代表资格的报告

（2009年11月20日北京市第十三届人民代表大会常务委员会第十四次会议通过）

代表资格审查委员会副主任委员　刘新成

北京市人民代表大会常务委员会：

东城区选举的北京市第十三届人民代表大会代表王建明、丰台区选举的北京市第十三届人民代表大会代表唐本高，因工作需要，已调离本行政区域，根据《中华人民共和国全国人民代表大会和地方各级人民代表大会代表法》第四十一条的规定，王建明、唐本高的代表资格终止。

现在，北京市第十三届人民代表大会代表实有767名。

现报请北京市人民代表大会常务委员会予以公告。

以上报告，请予审议。

北京市第十三届人民代表大会

常务委员会代表资格审查委员会

2009年11月19日

北京市人民代表大会常务委员会
任　命　名　单

（2009 年 11 月 20 日北京市第十三届人民代表大会常务委员会第十四次会议通过）

任命何春禄为北京市人民代表大会常务委员会城市建设环境保护办公室副主任。

北京市人民代表大会常务委员会
任　免　名　单

（2009 年 11 月 20 日北京市第十三届人民代表大会常务委员会第十四次会议通过）

（一）

任命政玉英为北京市高级人民法院执行一庭副庭长，免去其北京市高级人民法院执行庭副庭长职务。

任命田建为北京市高级人民法院执行二庭副庭长，免去其北京市高级人民法院执行庭副庭长职务。

任命雷运龙为北京市高级人民法院执行三庭副庭长，免去其北京市高级人民法院执行庭副庭长职务。

任命靳学军为北京市高级人民法院审判员。

免去田玉玺的北京市高级人民法院执行庭庭长职务。

免去张解放的北京市高级人民法院立案庭副庭长、审判员职务。

免去张德文、席小俐、刘建美、刘长华的北京市高级人民法院审判员职务。

（二）

任命王保民为北京市第一中级人民法院执行一庭副庭长，免去其北京市第一中级人民法院执行庭副庭长职务。

任命郭燕枝为北京市第一中级人民法院执行二庭副庭长，免去其北京市第一中级人民法院执行庭副庭长职务。

任命张继文为北京市第一中级人民法院执行三庭副庭长，免去其北京市第一中级人民法院执行庭副庭长职务。

任命高卫为北京市第一中级人民法院执行三庭副庭长。

免去郭忆滨的北京市第一中级人民法院执行庭庭长职务。

免去王东的北京市第一中级人民法院审判员职务。

（三）

任命王范武为北京市第二中级人民法院审判委员会委员。

任命王志军为北京市第二中级人民法院行政审判庭庭长，免去其北京市第二中级人民法院执行庭庭长职务。

任命靳起为北京市第二中级人民法院审判监督庭庭长，免去其北京市第二中级人民法院民事审判第一庭庭长职务。

任命张贤昌为北京市第二中级人民法院执行一庭庭长。

任命李宏哲为北京市第二中级人民法院执行一庭副庭长。

任命龚浩鸣、夏宁为北京市第二中级人民法院执行二庭副庭长。

任命王怀勤为北京市第二中级人民法院执行三庭庭长，免去其北京市第二中级人民法院审判监督庭庭长职务。

任命孙涛为北京市第二中级人民法院执行三庭副庭长，免去其北京市第二中级人民法院执行庭副庭长职务。

任命吴宝升为北京市第二中级人民法院立案庭副庭长，免去其北京市第二中级人民法院民事审判第三庭副庭长职务。

任命刘邦明为北京市第二中级人民法院申诉审查庭副庭长。

任命周瑞生为北京市第二中级人民法院民事审判第一庭副庭长、审判员。

任命陈良刚为北京市第二中级人民法院行政审判庭副庭长。

免去苏丽英的北京市第二中级人民法院立案庭庭长职务。

免去齐丽华的北京市第二中级人民法院民事审判第二庭庭长职务。

免去赵军的北京市第二中级人民法院民事审判第四庭庭长、审判员职务。

免去杨蔼的北京市第二中级人民法院行政审判庭庭长职务。

免去李力的北京市第二中级人民法院执行庭副庭长职务。

北京市人民代表大会常务委员会
任　免　名　单

（2009年11月20日北京市第十三届人民代表大会常务委员会第十四次会议通过）

任命史向明、刘晓斌为北京市人民检察院检察员。

免去徐向丽的北京市人民检察院检察员职务。

免去薛玉萍的北京市人民检察院第一分院检察员职务。

北京市人民代表大会常务委员会
批准辞职名单

（2009年11月20日北京市第十三届人民代表大会常务委员会第十四次会议通过）

批准孙力辞去北京市海淀区人民检察院检察长职务。

批准王振峰辞去北京市石景山区人民检察院检察长职务。

北京市第十三届人民代表大会

常务委员会第十五次会议

在市十三届人大常委会第十五次会议上的讲话

（2009年12月30日）

市人大常委会主任　杜德印

各位委员、同志们：

经过大家的共同努力，本次会议预定的各项议程已全部进行完毕。本次会议一审了《北京市实施〈中华人民共和国节约能源法〉办法（修订草案）》，《北京市水污染防治条例（草案）》两项法规。各位组成人员以高度负责的态度，认真履行职责，提出了许多很好的意见和建议。常委会有关部门要根据组成人员的审议意见，进一步修改完善好法规。

本次会议还审议了市人大常委会的工作报告。大家对这个报告给予了充分的肯定，对常委会一年的工作也给予了充分的肯定，同时对工作报告和常委会工作，也提出了很多好的意见和建议。这个报告有几个方面的重要功能。第一，人大常委会今年的工作要依法向人民代表大会报告，接受监督，明年的工作要得到人民代表大会的批准。第二，这是宣传人大工作和人民代表大会制度的一次重要机会。常委会有关部门要按照这样的要求，结合大家的意见，进一步修改完善好工作报告。

2009年对于北京市人民代表大会制度建设和市人大工作来说，是具有重要意义的一年。市委以市人大设立常委会30周年为契机，召开了第三次人大工作会议，总结了30年来全市人民代表大会制度建设的重大进展，从制度的角度深刻阐述了人民代表大会制度在首都改革开放和现代化建设当中发挥的作用和优势，进一步增强了全市各个方面坚持和完善人民代表大会制度的自觉性和坚定性。同时围绕“三个北京”建设，对进一步发挥人民代表大会制度的优势，更好地发挥人大及其常委会的作用，做好新形势下的人大工作作出了重要部署，为我们坚持和完善人民代表大会制度、做好人大工作指明了方向，提出了要求。这在全市人大制度建设和人大工作进程中具有重要的历史地位和作用。这是今年人大常委会工作的一大特点。

常委会工作的又一特点，就是在大家的共同努力下，进一步走上坚持正确方向、完善工作方式、提高工作质量和实效的轨道。在深刻总结过去工作经验，特别是本届市人大两年来的实践探索基础上，常委会对民主政治建设进程和人大工作规律有了更深入的把握，进一步明确了“坚持正确方向、完善工作方式、努力有所作为”的总体指导思想，对完善工作方式做了比较系统的研究，提出了完善人大工作方式的总体原则和具体要求，并在今年的立法、监督、议案办理等工作实践中取得了较好的效果。实践证明，通过召开市委人大工作会议，人大工作走上提高质量和实效的轨道，进一步在全市展现了人民代表大会制度的优越性，全市各个方面进一步增强了坚持和完善这个制度的自觉性。借此机会，我就学习贯彻市委十届七次全会和第三次人大工作会议精神，简单讲三点意见。

第一，要认真学习、深刻领会市委十届七次全会和市委第三次人大工作会议精神。

市委十届七次全会对全市今年工作进行了总结，对明年工作作出了部署，并根据首都发展的新情况、新特点，提出了要从建设世界城市的高度，加快实施“人文北京、科技北京、绿色北京”发展战略，以更高标准推动首都经济社会又好又快发展。市委第三次人大工作会议对做好新时期人大工作作出了全面部署。这是我们做好今后工作的重要依据和统领。常委会组成人员、市人大代表和常委会机关干部，要深入学习这两个会议的精神，进一步了解和把握全市工作大局，认清人民代表大会制度的优势，认清人大及其常委会在坚持完善人民代表大会制度当中肩负的责任和使命，认清在当前形势下完善人大常委会及其机关工作方式的必要性，真正以提高工作的质量和实效为核心，树立正确的工作价值观，完善工作格局，改进工作方法，创新工作制度，在前两年工作基础上使本届人大的工作能够取得新的进展。

第二，要把市委十届七次全会和第三次人大工作会议精神贯彻到即将召开的市十三届人大三次会议中去。以这两个会议的精神为指导，把这次代表大会会议开好，对于动员、凝聚全市人民的力量，做好本市各项工作，具有重要意义和作用。经过本次常委会会议，代表大会会议的各项准备工作已基本就绪，元旦之后要组织代表会前活动，1月25日人代会就正式开幕。希望各位委员和全体代表共同努力，把工作做好，确保大会顺利召开和圆满成功。

第三，要把这两个会议的精神体现到常委会明年的各项工作中去。要以这两个会议的精神为主线，做好立法、监督、代表工作等各项具体工作，不断提高工作质量和实效。明年，常委会机关要组织安排好这两次会议精神的学习活动，比如常委会组成人员培训班、代表培训班，包括对区县人大常委会主任，也要进行必要的学习和培训，进一步增强贯彻落实市委十届七次全会和第三次人大工作会议精神的自觉性。

应该说，随着本次会议结束，2009年的常委会工作告一段落，各项任务基本完成。一年来，各位委员认真履职，对常委会工作付出了大量辛勤的劳动、心血和智慧，作出了重要贡献。借这个机会对大家表示衷心的感谢。新年就要到了，祝大家新年快乐，工作顺利，全家幸福！

现在闭会。

北京市第十三届人民代表大会常务委员会第十五次会议议程

（2009年12月29日至30日）

（2009年12月29日北京市第十三届人民代表大会常务委员会第十五次会议第一次全体会议通过）

一、审议《北京市实施〈中华人民共和国节约能源法〉办法（修订草案）》

二、审议《北京市水污染防治条例（草案）》

三、听取和审议市人大常委会代表联络室、“一府两院”关于市十三届人大二次会议代表建议、批评和意见办理情况的报告

四、审议通过市十三届人大常委会代表

资格审查委员会关于个别代表的代表资格的报告

五、讨论市人大常委会向市十三届人大三次会议所作的工作报告（讨论稿）

六、审议通过市十三届人大三次会议议程（草案）

七、审议通过市十三届人大三次会议主席团和秘书长名单（草案），议案审查委员会名单（草案）

八、决定市十三届人大三次会议列席人员名单

九、决定人事任免事项

关于市十三届人大二次会议代表建议、批评和意见办理情况的报告

——2009年12月29日在北京市第十三届人民代表大会常务委员会第十五次会议上

市人大常委会副秘书长、代表联络室主任　张　清

主任、各位副主任、秘书长、各位委员：

根据《北京市人民代表大会代表建议、批评和意见办理条例》的有关规定，我就2009年代表建议工作的基本情况、市人大常委会督办代表建议工作的情况以及常委会机关办理代表建议的情况报告如下。

一、代表建议工作的基本情况

在市十三届人大二次会议期间，市人大代表紧紧围绕全市中心工作，就人民群众普遍关心的热点问题和涉及群众切身利益的具体问题，提出了大量建议。全市各承办单位认真办理代表建议，解决了大量具体问题，推动了各方面工作，为建设“三个北京”，推进首都社会和谐发展，作出了积极贡献。

（一）代表建议提出情况

市十三届人大二次会议收到代表提出的建议1278件，经议案审查委员会审查、主席团讨论通过，代表议案作为建议处理的202件，以上两项共计1480件。其中，城建城管方面688件；财政经济方面240件；教育科技文化卫生体育方面228件；公安民政劳动人事方面228件，其他方面96件。根据建议内容和有关单位的职能，交由市人大常委会工作机构研究办理26件，市人民政府研究办理1416件，市高级人民法院研究办理24件，市人民检察院研究办理6件，本市其他机关和组织研究办理119件；转有关部门参考18件。其中有关单位共同办理的129件。

总体看，市人大代表依照法律有关规定积极行使建议权，参与提出建议的代表比例较高，共有596人，占代表总数的77.4%，其中，有412位代表单独或领衔提出了建议，占代表总数的53.5%。从建议内容看，代表们对与民生相关的问题仍然较为关注，所反映的问题主要集中在改善公交环境、优化道路规划、加强交通管理、改进地铁建设及运营、完善保障性住房政策、加大社会保障力度等几个方面。

（二）代表建议办理情况

为保障代表的建议权得到落实，一年来，全市各承办单位积极创新工作方法，认真办理代表建议，建议办理工作取得了新的进展，

主要表现在以下几个方面：一是指导思想更加明确。各承办单位从坚持和完善人民代表大会制度出发，把办理好代表建议作为推进首都民主法治建设、社会和谐、科学发展的有效措施，狠抓落实，努力提高办理质量和实效。二是领导体制更加健全。各承办系统、部门都建立了主要领导负责、分管领导组织、工作部门实施的办理工作责任制，层层负责，责任到人。三是工作机制更加完善。各承办单位按照建议办理工作的要求，建立和完善了内部工作程序，就受理建议、制定办理工作方案、组织实施、检查验收、与代表沟通等多个环节，制定了工作流程，明确了办理要求，有力地保障了代表建议办理工作顺利开展。四是与代表沟通、征求意见的方式更加多样。采取登门拜访、电话沟通、书面报告、集中答复等多种方式，加强与代表的沟通，取得了代表的支持或理解。五是承办人员的工作状态更加积极。建议承办工作人员在办理工作中尊重代表，工作认真，积极负责，想方设法落实代表建议，受到了代表的肯定和赞扬。今年8月，市人大常委会代表联络部门向单独或领衔提出建议的全体代表发函征询意见，有412名代表对95.3%的建议的办理情况表示同意或者理解。

经过各承办单位和广大工作人员的共同努力工作，1480件建议中，采纳代表建议，问题得到解决或基本解决的176件；代表建议内容相对宏观，需要长期坚持、逐步完善，工作已有进展并取得一定成效的962件；受政策、法规限制目前尚不能解决，向代表作出解释说明的217件；已列入工作计划，明确了完成时限，近两三年内可以解决的48件；因财力或条件所限，留待以后逐步解决的44件；留作参考的33件。另外，截止到12月15日，代表在闭会期间提出建议218件，已办复141件。

二、督办工作的主要措施

2009年，市人大常委会进一步贯彻中央9号文件和市委23号文件精神，积极落实市十三届人大二次会议有关要求，认真执行建议办理条例，充分考虑政府机构改革的实际情况，在坚持以往有效做法的基础上，进一步改进了督办工作，提高了建议办理实效。

（一）改进基础性工作，加大服务保障力度

为了保障代表依法及时提出建议，提高建议办理实效，市人大常委会注重加强基础性建设，改进代表建议的服务保障工作，努力提高服务质量。一是保持工作的连续性，加大信息服务的力度。二次会议前，我们将本届人大一次会议代表建议的题目、承办单位、办理结果汇编成册，印发给全体代表，供代表在会议期间提出建议时参考。二是推进建议工作的信息化建设，试行网上提交建议。大会期间，在市人大常委会门户网站开通了代表建议网上提交系统，为各代表团配备了服务保障工作人员，方便了代表提交建议。据统计，网上提交率达到了97.7%，提高了建议提交和处理的效率，同时也为会上和会后的代表建议综合分析工作奠定了基础。三是加大建议办理部门和工作人员的培训。建议交办以后，各系统都及时召开会议，明确分工，提出要求，加强培训。市政府针对承办建议多，面临机构改革任务繁重等情况，召开了高层次的工作会议，常务副市长吉林同志出席会议并提出了明确要求，各承办部门的主要负责人到会接受了任务。市政府办公厅对具体承办工作人员进行了集中培训，进一步提出了工作要求。市高级人民法院，市人民检察院也对承办单位和工作人员进行了培训。

（二）探索分类督办方法，完善三层督办方式

为了完善督办方式，提高代表建议的办理实效，按照本届人大二次会议的要求，市人大常委会探索了专门委员会分类督办的方法，初步形成了常委会主任、副主任牵头督办、专门委员会分类督办和代表联络部门统筹督办的工作机制。

常委会主任、副主任牵头督办建议，重在扩大建议办理工作的影响，推动重大疑难问题的解决。从4月初开始，杜德印主任，赵凤山、刘晓晨、吴世雄、柳纪纲、刘新成、李昭玲副主任邀请部分提建议的代表，采取专题调研、听取汇报、座谈交流和实地考察等多种方式，分别对老字号文化事业与文化产业齐头并进、三海子郊野公园规划建设、地铁建设和运营安全报告评估、京西旅游休闲功能区建设、老年人权益保障体系建设、中小学校校长和教师培训、台商中小企业贷款问题等7个方面的建议进行了牵头督办，取得了明显效果。目前，市政府法制办已将老字号保护和促进立法项目列入立法调研计划；市政府常务会已批复了大兴区三海子公园总体规划编制，一期工程已经审定立项，现已开工建设；市交通委修订并颁布施行了城市轨道交通安全运营管理办法；市旅游局加大了对西部地区旅游发展的协调、支持、引资、宣传等工作力度；市民政局加强研究健全了养老服务机构、完善了服务体系、制定了惠及老年人的政策；市教委制定了中小学教师带薪脱产培训专项经费保障、扩大教师培训数量等措施；市政府把解决中小台资企业贷款问题纳入了全市帮扶台资企业的大系统中统筹安排等等。

专门委员会分类督办建议，重在扩大督办工作的覆盖面，推动代表集中关注的一类问题的解决。人大专门委员会针对某一承办单位办理的相似的代表建议进行的分类督办，目的是发挥人大专门委员会在建议工作中的职能作用，通过调查研究、政策分析、机制创新等方法，推动一类问题的解决，扩大建议工作的影响力，提高解决问题的深度。今年，市人大各专门委员会进行了积极的探索，对8类共21件建议进行了分类督办。各专门委员会在分类督办工作中，全面分析对口单位承办的建议，认真梳理反映集中的问题，精心制定督办方案，加强与相关代表和单位的沟通，采取了督办与执法检查、与跟踪检查往年建议落实情况、与常委会其他工作相结合等方法，积极推进了分类督办工作的开展，积累了分类督办的经验。如城建环保委重点选取了公共交通和出租车管理两类建议进行了分类督办，和市政府有关部门共同研究建议办理方案，开展调查研究，集中听取了整体工作和建议办理情况汇报，有针对性地提出了意见、建议，督促有关单位认真研究、改进公共交通和出租车管理体制机制等问题。

与此同时，市人大常委会代表联络部门在督办工作中积极发挥统筹协调作用。一是加强与“一府两院”的沟通和协调，及时了解办理情况，掌握办理进度，采取会同市政府办公厅走访承办任务较重且在机构改革中职能有较大调整的承办单位，听取承办建议百件以上单位办理情况的汇报等方法，协调解决办理中遇到的困难和问题，促进总体办理工作的开展。二是加强同常委会相关工作机构的沟通和配合，做好服务协调，共同推动督办工作。三是加强对办理难度较大建议的个案研究，会同有关部门认真分析原因，寻找解决问题的办法，共同做好和代表的沟通工作。

（三）完善复查补办工作机制，提高建议办理实效

按照建议办理条例的有关规定，建议办复后，市人大常委会要向代表发函征询意见，

对代表不同意办理结果的，要会同“一府两院”认真研究，开展复查补办工作。为了切实提高建议办理工作实效，将建议复查补办工作落到实处，今年对复查补办工作方式进行了改进。一是改进了征求意见的内容和方式。将过去只征求代表对整体办理情况意见的方式，调整为征求代表对每件建议办理结果和办理态度两方面的意见。二是拓宽了了解代表意见的渠道。将过去只通过信函征求代表意见，调整为通过信函、短信和电话等多种形式向所有提建议代表征求意见，方便代表及时反馈。三是改进了复查补办的处理形式。在明确将14件建议交有关单位重新办理外，还将153件代表对办理结果有意见的建议交承办单位进一步与代表沟通解释，要求承办单位充分披露信息，说明理由，以取得代表理解。有关单位高度重视市人大常委会的复查补办意见，认真开展了补办或沟通解释工作，到目前为止，交有关单位重新办理的14件建议中已有10件取得实质性进展；交有关单位与代表进一步沟通的153件建议中，除4件代表仍然表示不同意外，其他建议代表都基本上表示同意或者理解，沟通效果较为明显。

（四）改进跟踪检查方法，加大建议落实力度

建议办理条例规定，要对承办单位承诺代表在一定期限内解决的问题进行跟踪检查。今年，跟踪检查的方式方法也有所改进。一是在沟通的基础上，要求有关单位对市十三届人大一次会议承诺代表在二、三年内解决的46件建议，进行跟踪办理并反馈情况。到目前为止，原计划今年落实的20件建议已经得到落实或取得实质性进展，其余建议承办单位向代表汇报了进一步的办理计划，代表们基本上表示同意或者理解。二是11月底，对承诺代表今年解决的市十三届人大二次会议期间代表提出的建议的落实情况，组织部分代表进行了抽查，情况良好。三是将代表建议工作与政府为人民群众拟办实事工作进行了有机结合。在今年征集市人大代表对市政府2010年为群众拟办重要实事项目意见工作时，将代表提出的实事建议项目和代表在市十三届人大一次、二次会议期间提出的建议进行了比对，将其中34件重叠的作为重点，反馈给市政府，建议政府通过编制拟办实事项目进一步落实代表建议。

三、市人大常委会机关办理代表建议的情况

今年，市人大常委会机关共承办代表建议26件（其中2件为会办件），涉及常委会监督工作的6件，涉及人大及常委会自身建设的20件，分别交由常委会6个工作机构办理。各工作机构紧紧围绕2009年常委会工作重点，加强对自身建设工作的研究，积极汲取代表意见，加强协调，改进工作，建议办理取得了较好成效。代表对26件建议的办理均表示同意或者理解。

（一）代表建议反映的问题得到解决或基本解决的6件

如高扬代表提出的“群众要求切实加强对限养条例的执法检查和评估”的建议，市人大常委会内务司法办公室进行了办理。常委会将养犬管理规定进行立法后评估列入了2009年工作计划，并开展了调研活动：听取了市公安局、卫生局等六个职能部门的工作汇报，到基层社区调研了养犬自律会建设情况，实地查看了通州梨园犬类交易市场，同时还委托北京市社会科学院对法规的执行情况进行了评估。目前评估工作已经结束，评估报告对法规及其执行情况进行了实事求是的评价，提出了改进工作的具体意见和措施。再如吴元增代表提出的关于预算工作的两件建议，市人大常委会财政经济办公室与市财

政局认真研究，积极采纳代表意见，对预算工作作了两方面的改进：一是改进了预算草案的形式，将草案附在报告后，并写明草案字样，其他文字说明另编成册；二是取消预算草案文件编号，并明确预算草案文件会后不再收回，方便代表进一步了解、分析、研究预算草案，更好地行使预算审查监督的职责。

（二）汲取代表建议，工作有进展并取得一定成效，需要长期坚持工作逐步完善的18件

如市人大常委会办公厅办理沈小克代表提出的“关于市、区人大常委会采用门户网站向代表通报工作情况”、杨燕新代表提出的“市人大利用网络资源优势，减少不必要的印刷品，做环保节约模范”的建议，在已经对常委会门户网站“代表园地”栏目改造升级，为代表知情知政、依法履职提供更加优质的信息化服务的基础上，加强了有关工作：一是对全体市代表的需求进行了调查，根据代表意愿对具备运用电子文档条件的代表不再寄送纸质材料；二是在“代表园地”公布了所有市代表的工作单位和专用电子邮箱等信息，方便代表之间的网上联络；三是开通了手机短信服务平台，及时将有关信息通过手机传送给代表。通过多种措施，有效地发挥了市人大常委会门户网站保证代表知情知政的支撑作用。

另外，受政策、法规限制目前尚不能解决，向代表说明解释的有2件。

主任、各位副主任、秘书长、各位委员，今年的代表建议工作，在各承办单位相互配合、共同努力下，在市人大代表的理解支持下，探索和实践了一些新方法，采取了一些新措施，工作取得了一些新的进展。但是，也存在着一些比较突出的问题，主要是：代表建议在朝综合性方向发展，一些建议需要多个部门共同办理，分办、会办机制需要改进和完善；市人大专门委员会分类督办机制还需要在实践中不断完善，代表联络部门的综合协调职能也有待加强等等。这些问题都需要在今后的工作中不断改进。明年，我们将继续以中央9号文件精神为指导，以贯彻落实市委第三次人大工作会议精神为契机，加强培训交流，进一步提高建议工作人员整体素质；完善工作流程，进一步规范建议办理和督办工作；加强建议综合分析，进一步增强办理工作的针对性；加强统筹协调，逐步完善各承办系统内部督办机制；加强工作调研，进一步提高代表建议工作水平和建议办理实效。

以上报告，请予审议。

关于办理市十三届人大二次会议代表建议、批评和意见工作情况的报告

——2009年12月29日在北京市第十三届人民代表大会常务委员会第十五次会议上

北京市人民政府秘书长　黎晓宏

主任、各位副主任、秘书长、各位委员：

我受市人民政府委托，向市人大常委会报告办理市十三届人大二次会议代表建议工作的情况。

一、代表建议及办理的基本情况

今年是新中国成立60周年，积极应对国际金融危机的冲击和影响，保持首都经济平稳较快发展和社会祥和稳定面临前所未有的压力和挑战。在此形势下，各位人大代表紧紧围绕全市工作大局，积极建言献策，提出许多很好的建议和意见，对推动政府做好今年各项工作、促进首都经济社会又好又快发展，发挥了十分重要的作用。

（一）代表建议基本情况及特点

市十三届人大二次会议，交市人民政府研究办理的代表建议共1416件，比十三届人大一次会议增加166件。其中，涉及城建城管方面的682件，占48.16%；经济方面的234件，占16.53%；教科文卫体方面的224件，占15.82%；公安、司法、民政、社会保障方面的217件，占15.32%；其他方面的59件，占4.17%。代表建议呈现以下主要特点：

1. 城市建设、城市管理和社会公共事业以及民生问题仍是代表关注的重点，这些方面建议占75%。

2. 财政、金融类经济方面的建议大幅增加，同比增长148%。

3. 在建议总量增加的情况下，公安、司法方面的建议明显减少，同比下降24.6%。

4. 多部门联合办理建议比例较高。需由2个以上承办单位共同研究办理的744件，占45.48%。

（二）办理代表建议情况

在市人大常委会和各位代表的支持和帮助下，市十三届人大二次会议交市人民政府研究办理的1416件代表建议全部按期办复。其中，所提问题得到解决或基本解决的152件，占建议总数的10.73%；建议所提问题取得进展的940件，占66.38%；因受政策、法规等一些因素限制，所提问题短期内难以解决，向代表说明后得到理解的213件，占15.04%；所提问题列入工作计划，预计两、三年内可以解决或缓解的46件，占3.25%；因目前条件所限，有待以后逐步解决的44件，占3.11%；留作参考的21件，占1.48%。

二、办理代表建议的主要成效

面对新形势，全市各级政府、各承办单位更加重视代表建议和意见，把代表建议作为做好各方面工作的重要智力资源，作为更高层次"问政于民、问需于民、问计于民"的重要工作方式。通过办理代表建议，加快了一系列"保增长、保民生、保稳定"政策、措施的出台和落实，解决了一批关系民生的具体问题，取得了较好的办理成效。

（一）通过办理代表建议，推动了一系列经济政策、措施的出台

"调结构、上水平、保增长、保民生、保稳定"是今年全市工作的大局，是全市工作的重中之重。市政府参考代表关于"扩大内需，发展首都经济"、"下放市级项目开工审批权限，加快项目建设进度"、"加强对中小企业融资支持"、"发挥驻京央企作用，打造央企总部经济"等建议，结合首都经济发展实际，研究出台了66条帮扶企业创新发展政策，建立了重大项目绿色审批通道机制，完善了服务中央单位综合服务平台等一揽子政策、措施。推动了全市经济企稳回升，为完成全年经济增长的目标任务奠定了坚实基础。

（二）通过办理代表建议，促进了一批民生问题的解决

各承办单位深入贯彻落实科学发展观，牢固树立以人为本、履职为民的理念，着力解决人民群众最关心、最直接、最现实的利益问题。针对代表提出的关于食品安全、住房补贴发放、平房取暖、胡同照明、下水道

改造、增设公交车站点、调整公交线路、延长公交车运营时间、统一就医卡、门诊费实时报销等方面的建议，市政府坚持把民生工作摆在突出位置，统筹协调，加大力度，解决了一批与人民群众生活密切联系的衣食住行等诸多方面的具体问题。今年有近200件建议中反映的问题得到解决或基本解决，有的已列入工作计划逐步解决；有900多件建议反映的问题取得一定进展。

（三）通过办理代表建议，提升了城市服务管理水平

城市服务管理工作是建设和谐宜居、生态文明城市的重要内容，也是人大代表关注的热点。结合代表关于"缓解北京交通拥堵"、"在全市逐步推广垃圾资源化管理"、"要进一步加强节能减排工作"、"开发利用绿色能源，实现节能减排和循环经济的目标"等建议，市政府坚持加强基础设施建设力度，着力推进重点工程建设，加强组织协调，加快轨道交通建设和交通管理，出台全面推进生活垃圾处理工作的意见，加大垃圾减量化、资源化处理力度，落实大气污染治理措施，扎实推进节能减排工作，加快水污染防治立法工作，稳步推进北运河水系治理，完成永定河绿色生态走廊建设规划。首都城市管理秩序、城乡环境面貌明显改善。

（四）通过办理代表建议，加快了城乡一体化建设

市政府各部门认真贯彻落实党的十七届三中全会关于建立促进城乡经济社会发展一体化制度的要求，积极向郊区延伸工作职能，加快推进城乡一体化建设。结合代表关于"统筹城乡发展实现城乡一体化发展目标"、"妥善解决好城乡一体化进程中的诸多问题"等建议，研究制定了在城乡规划、产业布局、基础设施、公共服务、劳动就业、社会管理6个方面推进本市城乡一体化进程的发展目标，召开了城乡一体化工作会议，明确今年在城乡结合部和小城镇改革、构造都市型现代农业产业体系、促进农民转移就业、保障农民权益以及转变政府职能、加快政府工作创新、强化联动与协调机制等方面取得新突破。

（五）通过办理代表建议，推动社会保障工作再上新台阶

促进基本公共服务均等化，使民生工作继续走在全国前列，是今年市政府改善民生、促进社会和谐的工作目标。结合代表关于"完善低保家庭界定，救助低保边缘家庭政策"、"进一步落实老年人权益保障法，缩小城乡老年人权益保障差距"、"协调各方加大再就业工作力度"、"落实促进高校毕业生就业措施"等建议，着力解决人民群众关心的就业、就医等社会保障问题，制定了一系列扩大就业和促进高校毕业生就业的措施，确定城乡低收入家庭认定标准，专项救助政策覆盖60多万低收入群体。实施了面向城乡老年人的交通、卫生、养老服务等优待政策，新增养老床位1.5万张，在全国率先实现了养老保障制度城乡一体化，进一步夯实了首都和谐稳定的基础。

实践证明，代表建议为本市应对国际金融危机冲击和影响，保持首都经济平稳较快发展，促进首都社会和谐稳定，提高市民生活质量等方面，发挥了积极的推动作用。可以说，市政府的每一项政策、措施都蕴涵着人大代表的智慧，所取得每一份成绩都凝结着人大代表的心血。

三、办理代表建议的主要做法

在办理建议的过程中，我们坚持以科学发展观为指导，紧紧围绕全市"打赢一场硬仗、办好一件大事"的工作大局，充分发挥代表建议的作用，积极探索新思路、新途径、新方法，取得了一定进展。主要做法是：

（一）加强组织领导，切实保证办理工作顺利开展

市政府各级领导高度重视办理建议工作。在市政府第26次常务会上，郭金龙市长专门就办理建议工作特别强调：各部门、各单位务必高度重视，认真研究办理，提出落实办法和改进措施。要把办理过程，变成加快政府职能转变、改进作风、提高效率的过程，变成推动各项工作、促进首都经济社会又好又快发展的过程。年初，吉林常务副市长出席市政府系统办理人大代表建议工作会，要求各承办单位从坚持和完善人民代表大会制度、构建社会主义和谐社会、推动首都各项事业发展三个方面提高对办理代表建议工作的认识，同时还专门就面临政府机构改革、职能调整的部门提出办理工作要求。各承办单位认真贯彻落实会议精神，在已经形成的“一把手”亲自抓、负总责，分管领导直接抓、分口把关，办公室主任具体抓等基础上，进一步严格落实领导责任制，明确工作任务和工作要求，关注办理工作进程，及时协调解决工作中遇到的困难和问题，扎实有效地推进了办理工作。

（二）改进建议交办，明确质量要求

建议交办是办理建议工作的第一环节，直接关系到建议的办理质量和效率。今年，市政府办公厅专门就建议交办工作进行了研究，采取了一系列措施：一是在人代会召开之前，对近年来交办困难、交办不准的问题进行梳理分析，并与市编办共同探讨研究了交办中涉及的部门职责分工。二是加强建议组工作人员培训，认真学习、熟练掌握市政府机构职能分工，严格按照各单位职责确定承办单位。三是会议期间，加强与市人大相关委室和承办单位的沟通交流，在充分沟通的基础上进行交办。四是及时召开建议交办分析会，对交办确有困难的进行会商交办。五是人代会闭会后，为配合今年市政府机构改革和部分单位职能调整，对建议中反映的难以确定承办单位的新情况、新问题进行会诊研究。市政府领导高度重视，吉林常务副市长批示市编办在编制各部门“三定”方案时研究参考，为做好今后交办工作创造了条件。

（三）加强建议分析，切实增强办理工作的针对性

加强代表建议分析、提高办理工作的针对性是办好代表建议的基础，对于市政府领导科学决策、各部门扎实做好各方面工作，具有十分重要的意义。一是加强人代会期间的代表建议分析，对每天收到的代表建议情况进行汇总整理并上报，以便市政府领导及时掌握人大代表提出建议的情况。二是加强办理前的代表建议分析，对代表建议进行梳理分类，做到突出重点，以点带面，统筹推进。三是在各承办单位建议分析的基础上，对每位副市长分管部门承办的建议进行归纳整理，分送各位副市长参阅，为市政府领导及时了解、掌握代表关注的热点、难点问题，加强对分管部门、领域的指导和督办提供参考。

（四）加强统筹协调，切实提高办理实效

围绕今年市政府确定的重点工作，结合代表建议，加强了统筹协调。一是加强建议办理工作与政府重点工作的统筹。包括市政府重要实事项目和六大折子工程以及各单位年度工作计划等，将办理建议与落实工作相结合，细化各项政策、措施，统筹人力、物力、财力，共同推动落实。比如：市发展改革委把扩内需保增长的建议作为重点，充分发挥市政府扩大内需重大项目绿色审批通道领导小组办公室作用，会同相关部门进一步优化审批环节，提高审批效率，对落实全年投资任务和实现经济增长目标形成了有力支撑。二是加强承办单位之间的协调。针对代表建议综合性强、覆盖面广、涉及承办单位

多的特点，各承办单位之间及内部各处室之间积极协作、加强沟通，形成办理合力。比如：市城管执法局在市市政市容委的领导下，积极联合市公安局等10个相关单位，先后召开7次协调会，共同研究办理“关于社区内报废机动车处理问题的建议”，取得较好的办理成果。三是加强同类建议办理工作的统筹。针对多个代表提出同类建议较多的特点，各承办单位将其作为办理工作的重点，集中力量推动解决。比如：市交通委深入研究公交线网优化方案，分4批调整优化公交线路88条，方便了海淀科技园、三路居等150余个小区的居民出行。

（五）加强督办检查，切实推动办理建议工作的落实

为了确保办理建议工作质量，今年切实加强了督促检查。一是加强对重点建议的督办工作。把市人大常委会主任、副主任牵头督办和各专门委员会重点督办的14类47件建议作为重点建议，督促各相关单位密切配合，深入调研，加大办理力度，取得了较好的办理效果。二是变简单督办为跟踪服务。认真落实市政府领导“高度重视，按时限、高质量完成办理工作”的要求，市政府办公厅主管领导带队走访承办单位，重点走访了涉及机构改革、职能整合的部分单位，及时了解并帮助解决办理工作中存在的困难和问题。三是跟踪督办、务求实效。建议办复之后，市政府办公厅及时下发通知，要求各承办单位进行自查。对代表不满意或不同意的建议，要求承办单位深入研究办理、继续沟通；对承诺代表能够解决或列入计划解决的问题，要求承办单位及时向代表报告工作进度，落实后再次向代表反馈情况。四是扎实开展复查补办工作。按照市人大常委会的要求，对市人大常委会确定重新办理的14件建议和需要跟踪办理的46件建议以及需要再次沟通解释的141件建议，及时下发通知，要求53个相关承办单位加强研究、认真办理。经过各承办单位的不懈努力，需要重新办理的有10件建议取得实质性进展；跟踪办理的有20件建议已经得到解决或基本解决；再次沟通的有126件建议得到代表满意、同意或理解的回复意见。

（六）加强工作创新，创建联系人大、政协工作信息平台

为了加强与人大、政协的工作联系，畅通人大代表、政协委员与政府沟通渠道，为市领导科学决策提供信息服务，方便各承办单位沟通交流办理建议、提案工作。今年市政府依托办公厅《昨日市情》，创建了“联系人大、政协工作”和“代表、委员建言献策”两个专栏，搭建了政府联系人大、政协的信息平台，促进了市政府与市人大的工作交流与沟通。

（七）加强队伍培训，全面提高办理人员政策水平和工作能力

为适应新形势的要求，培养一支政策水平高、工作能力强的办理建议队伍，针对今年由于政府机构改革带来的工作人员流动大、岗位轮换快等因素的影响，我们着重加强办理建议队伍培训。一是以召开市政府系统办理建议工作会为契机，通过市领导讲话、先进单位经验介绍、印发联系人大工作法规文件汇编和办理要求等，提高办理人员的思想认识、政策水平和工作能力。二是在建议办复后，及时对办理工作进行总结。今年分3次召开办理建议工作总结培训会，交流办理工作经验、工作方法和工作技巧。在办理总结培训会上，还专门邀请人大代表与承办人员一起座谈，使大家深刻理解办好代表建议的重要作用和重大意义。

四、下一步打算

在近年来的办理工作实践中，我们不断

完善和规范办理工作，积累了一些经验，也取得了一些成效，但与新形势的要求和人大代表的期望还存在一定差距。比如，办理队伍的政策水平和业务能力参差不齐，有些工作人员认识还不到位；少数建议仍存在交办难、交办不准确的问题，交办方式有待进一步研究改进；跟踪解决问题的力度不够，重答复、轻落实的现象依然存在。

为此，我们将认真研究办理工作中面临的新情况、新问题，改进方法，完善措施，确保优质高效地完成办理任务。一是进一步加强办理队伍的学习与培训，全面提高办理工作人员的政治素质和业务能力。二是加强建议交办工作研究，不断改进建议交办工作，进一步提高建议交办的准确性。三是积极研究办理建议工作的评估办法，不断提高办理建议工作整体水平。

主任、各位副主任、秘书长、各位委员，认真办理人大代表建议，解决建议中反映的问题，是各级政府、各部门、各单位的重要责任。在今后的工作中，我们将以党的十七大和十七届四中全会精神为指导，认真贯彻市委第三次人大工作会议精神，与时俱进，扎实工作，努力把办理建议工作提高到一个新水平！

以上报告，提请市人大常委会审议。

关于市十三届人大二次会议代表建议、批评和意见办理情况的报告

——2009年12月29日在北京市第十三届人民代表大会常务委员会第十五次会议上

北京市高级人民法院院长　池　强

主任、各位副主任、秘书长、各位委员：

市第十三届人民代表大会第二次会议期间，我院收到大会交办的市人大代表建议、批评和意见（以下统称建议）24件，由我院单独办理21件，与其他单位分别办理2件，会同其他单位办理1件。在市人大常委会的监督、指导下，上述建议全部办理完毕，我院已将办理报告报送市人大常委会及建议代表，并向建议代表进行了答复。现将有关情况报告如下。

一、关于代表建议的总体情况

今年的代表建议具有以下特点：一是涉及法院工作的建议增加，体现了代表对法院工作的关心、帮助和支持。今年，涉及法院工作的建议21件，与去年同期相比，增加了15件。二是建议内容更贴近人民群众对审判工作的要求，体现了代表对社情民意的了解。代表提出的建议集中在司法公开、便民诉讼和提高审判质量等方面，丰富了法院工作思路。三是建议内容具体，体现了代表务实的工作作风。建议围绕法院实际工作，提出了改进措施，对法院推进工作很有帮助。

代表建议主要涉及四个方面的内容：一是关于审判和其他信息公开的建议，包括公开法院地址、立案标准、审理期限、被执行人信息等。二是加强法院管理方面的建议，包括严格审限内结案、调整年终考核指标等。三是关于创新工作体制、机制的建议，如建

立企业家担任特邀调解员长效机制、建立环境保护法庭等。四是关于推进司法民主、加强民主监督的建议，如改进人民陪审员工作、加强特邀监督员工作等。

二、代表建议的办理情况

（一）涉及审判及其他信息公开的建议办理情况

李大进等代表提出的“加强首都法院信息公开”的建议，我院非常重视，充分利用信息技术，以多种方式向社会提供法院信息。目前已开通的 12368 司法信息公益服务系统和北京法院网，可查询全市各法院及派出法庭的办公地址、乘车路线、联系方式。我院还要求全市法院及时更新信息，保证公众随时了解。今年，全市各法院成立了审判事务管理办公室，除提供以上信息外，还负责诉讼引导、法律咨询、接收案件材料等，为当事人诉讼提供便利。

王玉梅等 2 位代表提出“告知当事人延审情况”的建议后，我院从案件审理期限的计算、延长审限申请的审批、审理期限的扣除等 8 个方面规范了审限制度，要求承办人严格在法定审限内结案，必须延长的，由承办人向当事人或代理人解释说明延审的原因。我院还将审限内结案作为对法官考核的标准，并通过网上警示制度，提示法官注意案件审理期限。

为落实佟丽华代表提出的“建立拒不履行判决裁定的被执行人名单”的建议，全市法院完善了已开通的被执行人信息查询平台。目前，通过这个平台，当事人能够查询到被执行人的基本情况，既对被执行人发挥威慑作用，又能实现各执行机构联动功能。市高级法院还制定了《执行案件信息管理系统运行管理办法》，为该平台的运行提供了规范保障。

上述建议办理完毕后，我院向建议代表分别汇报，建议代表表示满意。

（二）涉及加强法院管理的建议办理情况

朱建岳代表提出民事案件审理要“加强工程造价鉴定管理工作”的建议后，我院开展相关调研，着力解决建议中反映的“鉴定资质管理不严、鉴定周期过长”等问题。一是市高级法院与工程造价鉴定机构的主管部门市建委造价处建立协调机制，促请主管部门加强工程造价鉴定机构的资质管理和行业监督。二是市高级法院成立司法鉴定办公室，以摇号方式公开确定鉴定机构，设专人听取法官及当事人对鉴定机构意见，对鉴定机构实施量化考核。三是引入竞争机制，强化鉴定机构的服务意识。去年新增了 5 家鉴定机构，并对 1 家越级鉴定的鉴定机构作出中止委托的决定，督促鉴定机构加快工作节奏，提高工作质量。

针对强磊代表提出的“解决当事人交纳诉讼费困难”的建议，我院对各院收费点进行了逐一调查，目前全市 20 个法院中，12 个法院内设了农业银行收费点，未设立收费点的 8 个法院中，朝阳、海淀、东城、崇文、宣武、石景山等 6 个法院周边就有农业银行，延庆、怀柔的有关银行因考虑经营成本，尚未在法院内设立收费点。我院将积极争取相关银行支持，方便当事人交费。

卫爱民代表提出“开展裁判文书评比工作”的建议后，市高级法院制定了《关于开展案件质量评查工作的指导意见》，要求全市法院认真开展裁判文书评比活动，不仅要评选优秀裁判文书，而且要评选差错裁判文书，注重发挥评比结果对法官的激励作用，对裁判文书有差错的，给予警示。全市各级法院按照市高级法院的要求，加强了裁判文书评比工作，对评选出的优秀裁判文书和有差错的裁判文书，以制作展板等方式公开进行了展示，以促进裁判文书制作水平的提高。

刘红宇等14位代表提出“严格在审限内结案”的建议后，我院制定了《关于提高审判效率、加强审限管理的意见》和《关于在行政审判中保护行政相对人合法权益的若干意见》，对案件延期审理报批手续加以规范：民事案件需要延审的，报本院院长批准后延长6个月，还需延长的，在届满15日前书面报上一级法院批准；行政案件需要延长审限的，须提前10日报市高级法院批准。我院还修订了先进法院考评细则，将审限内结案列入考核指标，严格控制延审案件数量。截至11月，在收案增长10%的情况下，全市法院审限内结案率仍达到了95.9%。

王建民等5位代表提出的“减轻法官工作负担，保证审判工作质量”的建议，反映了法院目前面临的现实困难。我院积极采取措施，努力加以解决：一是创新机制，提高审判效率。全市法院探索速裁机制，实行繁简分流，截至11月，适用简易程序审理案件16.9万件；设立审判事务管理办公室，集中处理事务性工作，让法官集中精力办案，提高审判效率。二是加强信息化工作，提高审判质量。完善“审判信息管理系统”，研发“法律文书管理系统”等办案软件，确保司法公正。三是会同有关部门，积极争取增加编制，今年全市法院招收大学毕业生622人。我院还加大内部挖潜力度，将有限编制运用到审判一线。但是，截至11月，北京法院收案已超过40万件，同比又增长了10%，案多人少仍是北京法院长期面对的现实，法官超负荷工作状态还会持续，全市法院将从加强管理、创新工作机制、提高司法能力着手，确保审判公正与高效，努力保障当事人打一个“公正、明白、便捷、受尊重”的官司。

李大进代表提出“进一步加强法院立案条件统一工作”的建议后，我院进一步完善了立案工作规范。制定了《北京法院民事诉讼起诉、立案指南》，对民商事每个类型案件的立案条件、手续进行了规范，并以适当方式告知当事人；制定了《民事案件执行立案审查程序的意见》，除了一般执行立案外，还确定了执行异议、执行监督、案外人异议等各个执行程序的立案标准。

上述建议办理完毕后，我院向建议代表分别进行了汇报，建议代表表示满意。

（三）涉及创新工作体制、机制方面的建议办理情况

王小兰等13位代表提出的“建立企业家担任特邀调解员长效机制”的建议，是实现案结事了的有效途径。今年，我院加大工作力度，促进诉讼与非诉讼相衔接的矛盾纠纷解决机制的构建，制定了《加强社会力量参与商事纠纷调解工作的意见》（以下简称《意见》），对包括企业家参与调解在内的矛盾纠纷化解模式作出规定，全面推进社会力量参与商事调解。《意见》要求对案件事实简单，有一定行业特点或专业性较强的商事案件，征得当事人同意，可委托行业协会等先行调解。《意见》还对社会力量调解的程序、效力和法院指导等方面作出规定。目前，保险、知识产权、劳动争议、医患等纠纷的处理，均已引入行业协会进行调解。北京法院的上述做法得到最高人民法院的肯定，朝阳、海淀法院还在全国法院调解工作会议上作了经验介绍。

王灿发代表提出的“建立环境法庭”的建议，对处理好环境纠纷非常有益，我院高度重视，进行了深入调研。我院认为，随着社会经济发展，因环境冲突引发的诉讼会逐渐增加，设立专业环境法庭确有必要。鉴于目前法院编制、机构设置审批等方面的原因，我院还在积极与相关部门协商，争取早日设立专门环境审判庭。目前，为妥善处理此类案件，我院专门下发了《关于加强环境案件审判工作的通知》，要求各级法院指定专人或成立专门合议庭负责审理环境类案

件，努力培养一支高素质的专业化环境案件审判队伍。

田汉等12名代表提出“解决民事案件执行难”的建议，体现了代表对法院执行工作的关心。今年，我院加大了执行力度，努力化解“执行难”。一是集中清理执行积案4.8万件，执行标的额226亿元。依靠党委、政府支持，以司法救助方式解决了一批申请人生活困难、被执行人又确无履行能力的交通事故赔偿、刑事附带民事赔偿案件；在各级政府的大力配合下，协调解决了所有乡镇企业发展过程中遗留的执行案件。二是加大新收案件的执行力度，截至11月，执结新收案件8.5万件，同比上升10.9%。三是推进了执行体制改革，成立了执行局，将执行权划分为实施权和裁决权，由不同部门分别行使，并在7个法院试点将执行实施过程进一步划分为财产调查、控制、变现等环节，提高执行效率，强化监督。四是建立了执行威慑机制和执行联动机制，探索化解“执行难”的长效工作机制。

上述建议办理完毕后，我院向建议代表分别进行了汇报，建议代表表示满意或同意。

（四）涉及扩大司法民主、加强民主监督的建议办理情况

刘维林等5位代表提出的“加强监督员工作，增强人大监督”的建议，我院非常重视，采取有力措施加以落实。一是在新一届特邀监督员换届工作中，增加了特邀监督员中人大代表的人数。新一届特邀监督员76人，比上一届增加了28人，其中人大代表58人，占总数的76.3%，充分发挥人大代表的监督作用。二是特邀监督员任期从原来的2年延长到3年，便于特邀监督员全面了解法院工作，增强监督实效。三是制定了《特邀监督员工作实施细则》，规定了特邀监督员的权利义务，明确了特邀监督员的监督方式、监督程序，使特邀监督员工作制度化、规范化。

雷达代表提出“改进人民陪审员工作”的建议后，我院结合全市法院人民陪审员换届工作，进一步完善人民陪审员制度。全市法院新选任人民陪审员1267名，在新选任工作中注重了人民陪审员的代表性、专业性和参审意愿。10月至11月，市高级法院对新选任人民陪审员进行了职业纪律、庭审技巧、诉讼程序等方面的集中培训，各基层法院也结合辖区实际和审判工作情况，开展了形式多样的培训，以提高人民陪审员的参审能力。全市法院还进行试点，发挥人民陪审员在庭前调解、执行程序中的作用，扩大人民陪审员参与司法活动的方式，推进司法民主。截至11月，人民陪审员共参与陪审案件1.7万件，占同期适用普通程序审理案件总数的36%。

上述建议办理完毕后，我院向建议代表分别进行了汇报，建议代表表示满意。

除上述建议外，关于“法律援助案件中由败诉方承担法律援助成本”、“规范违约金高限”、“裁判文书应写明迟延履行金”等建议及关于商事、执行类案件的建议，我院均认真办理完毕，并将办理结果报告给各建议代表，建议代表表示满意或同意。

三、办理代表建议工作的主要做法

十三届人大二次会议交办建议的顺利办理，得益于市人大常委会的监督和指导，得益于各位代表的理解和支持，同时也是全市法院自觉接受人大监督、努力改进工作的结果，我院办理代表建议主要做法有：

（一）强化接受监督意识，加强办理工作的组织领导

代表的建议，是对法院工作的监督，更是对法院工作的支持，我院高度重视建议办理工作。市“两会”后，我院立即召开会议，

专项研究建议办理工作，逐一落实承办部门，明确办理时限，强化办理责任。要求各承办部门对代表提出的建议：能立即落实的，要及时采取措施，制定方案，加以整改；对短期内因客观原因不能解决的，要及时通报，并拟定计划，稳步推进；确实无法解决的，要做好解释工作，争取得到代表的理解和支持。为落实会议要求，市高级法院院领导与分管各承办部门共同研究建议办理思路，挑选业务强、素质高的人员负责建议的办理。我院代表联络室根据各承办部门的实际情况，发挥组织协调作用，对办理工作全程跟进，做到交办前分工明确，办理中协调到位，办结后严格把关。

（二）结合实际，力争建议办理取得实效

代表的建议，是帮助法院发现问题、改进工作的重要途径，办理建议关键要改进和完善法院工作，务求取得实效。今年，我院充分采纳和吸收了代表建议，先后出台了《关于在审判活动中切实保护当事人诉讼权利的通知》、《关于开展案件质量评查工作的指导意见》、《关于财产保全若干问题的规定》等6项规范性文件，从不同方面解决法院工作中存在的问题。我院还注重将建议内容融入整体工作中加以通盘考虑，努力落实代表建议，例如今年推进的审判事务集中管理和司法公开工作，都吸收了代表的建议。

（三）加强沟通，提高建议办理质量

在建议办理过程中，我院加大沟通力度，准确把握代表建议的目的和要求，提高建议办理质量，做到了“三沟通”：办理前沟通，全面了解代表想法，使办理具有针对性；办理中沟通，通报办理进度，交流办理思路，提高办理效率；办结后沟通，报告办理结果，做好答复工作。今年我院对建议代表均作了当面答复，通过当面交流沟通，取得代表的理解和支持，确保建议办理质量和效果。

主任、各位副主任、秘书长、各位委员，代表提出建议，是代表履行监督职责的重要形式，有助于提高法院工作水平。我院将继续强化接受人大监督的自觉性，努力提高建议办理工作的质量，以公正、高效的审判工作，为“人文北京、科技北京、绿色北京”建设提供有力的司法保障！

以上报告，请予审议。

关于市十三届人大二次会议代表建议、批评和意见办理情况的报告

——2009年12月29日在北京市第十三届人民代表大会常务委员会第十五次会议上

北京市人民检察院检察长　慕　平

主任、各位副主任、秘书长、各位委员：

市第十三届人民代表大会第二次会议期间，市人民检察院收到大会交办的市人大代表建议、批评和意见（以下简称“建议”）6件，其中单独办理2件，与其他单位分别办理和会同办理各2件。这些建议中涉及加强诉讼监督工作的2件，涉及加强检察机关与人大代表联系的2件，涉及加强职务犯罪预防工作的1件，涉及加强检务保障方面的1件。市检察院十分重视这些代表建议，经努

力工作，上述建议均已依法办理完毕并答复代表。现将办理情况报告如下。

一、关于加强诉讼监督工作方面的建议

佟丽华代表建议检察机关对法院民事判决、裁定“执行难”问题开展法律监督，唐西兰等35位代表共同提出“法院审案判决的时间应受到切实的监督”。

民事行政检察工作一直是人大代表和社会群众关注的重点问题，也是全市检察机关近年来一直着重加强的工作。特别是北京市人大常委会作出《关于加强人民检察院对诉讼活动的法律监督工作的决议》（以下简称《决议》）以后，在各级党委的高度重视和市人大的监督、支持下，北京市民事行政检察工作迎来了难得的发展机遇。一年来，全市检察机关认真贯彻落实《决议》，不断强化诉讼监督意识，建立健全相关工作规则，基本建立诉讼监督制度体系。针对民行监督，市检察院制定了《民事审判和行政诉讼活动监督细则》，进一步优化队伍结构，提高监督能力，增加考核权重。全市检察机关共提出民行申诉案件抗诉38件，向法院发出再审检察建议20件，法院同期已审结的案件改判或发回重审14件，改变原判决率为60.9%。充分运用检察和解化解矛盾纠纷，共促成当事人达成和解案件18件。同时，坚持息诉与抗诉并重，对922件经审查驳回当事人申诉的案件认真做好息诉服判工作，努力维护司法权威和社会稳定。

全市检察机关在贯彻落实《决议》、加强诉讼监督工作中取得了一定成效，但我们深知这些成绩和人民群众的新要求和新期待相比，还有较大的差距，一些制度性问题还没有得到切实解决，如检察机关对法院民事执行活动和审理期限的监督，目前还没有明确的法律规定，实践中也缺乏有力的监督手段。针对这些情况，我们正在积极稳妥地探索新的监督模式和措施。今年以来，全市检察机关共受理并审查了5起民事执行申诉案件，并已对1起违法执行案件向法院发出检察建议。上半年，市检察院受市委政法委委托，成立检查组，对平谷、门头沟、崇文、宣武等基层法院清理执行积案工作进行检查，促进法院清理执行积案工作能够依法公正进行。根据中央司法体制改革的精神和部署，为解决“执行难”问题，将赋予各级检察机关对民事案件执行活动进行法律监督的职责，并进一步明确监督的范围和程序。明年市检察院将按照中央和高检院的统一部署，继续加强与法院的沟通和研究，不断完善对民事审判活动和执行活动的监督渠道和方式，也针对审理期限等司法活动中的关键环节进一步加大监督力度，积极探索诉讼监督工作发展的规律，努力推动诉讼监督工作科学发展。

做好诉讼监督工作，贯彻落实好市人大常委会《决议》各项要求是一项长期的重要任务，需要检察机关在司法实践中不断探索，做更多扎实、细致的工作。我们将按照市人大常委会的要求，继续推进《决议》的贯彻落实，努力解决诉讼监督中的一些难点问题，以满足人民群众对维护司法公正的强烈需求，发挥好检察机关的法律监督职能。

二、关于职务犯罪预防工作的建议

卫爱民代表提出：市政府今年投入大量资金，以应对国际金融危机，为保障这些资金的使用安全，建议检察机关全面开展政府投资项目的职务犯罪预防工作。

全市检察机关紧紧依靠各级党委的领导，自觉把预防职务犯罪工作纳入党委惩治与预防腐败体系建设中，积极向各级党委、政府和一些行业主管部门提出预防对策建议，截至11月底，已协调有关部门共同对30个重

点工程开展了预防工作。我们借鉴“阳光奥运工程”的成功经验，主动与各区县发改委、财政局等部门取得联系，了解各地区的项目名称、投资数额、主管单位、管理方式和建设进程等各方面情况，对可能存在犯罪隐患的环节和关键部位开展预防调查。我们结合查办的重大工程建设和项目资金使用中的职务犯罪案件，开展类案的对策调查，找准主客观原因，针对机制、制度、管理问题，提出防范意见和对策，确保各项投资资金的使用安全。如针对拆迁领域职务犯罪易发环节制定了《拆迁工作流程风险及防控办法》，以拆迁工作为中心，细化为 21 项工作流程，明确因教育、制度、监督不到位而产生的拆迁风险监控重点；针对不同级别的风险点，实行分级管理、分级负责，查找拆迁环节风险点 31 个，制定防控措施 48 项，真正把“保增长、保民生、保稳定”的任务要求转化为切实的措施和成效。

卫爱民代表对检察机关落实这项建议的扎实工作表示满意，并希望检察机关履行好法律监督职责，大力加强反腐败能力建设，筑起一道反腐倡廉的钢铁长城，向人民交上一份满意的答卷。

三、关于加强接受人大监督方面的建议

为保障人大代表的知情权，帮助代表及时了解掌握检察工作重要情况，特别是一些重点和难点工作的开展情况，刘维林代表建议市检察院将本市检察工作重要情况，定期向市人大代表通报。我们十分赞同这项建议，并积极改进工作方法，加强与代表的联系，及时向人大报告检察工作，进一步提高检察工作的透明度，使代表的知情权得到切实保障。

今年我们集中两个月时间对“检务公开”工作开展调研，并在此基础上拟制定出台进一步加强和改进“检务公开”工作的实施意见，对保障代表及人民群众对检察工作的知情权、参与权和监督权提出一些具体的措施。为保证代表能够及时、全面、深入地了解首都检察工作情况，提高监督的针对性和有效性，我们及时向市人大报告全市检察工作的重大部署和主要工作的进展情况；坚持每年年底召开市、区两级代表座谈会，通报全市检察机关工作情况；邀请代表参加各级院组织的检察开放日活动，深入了解首都检察工作；坚持为市人大代表订阅《检察日报》，使代表及时掌握和了解全国检察工作动态，更有针对性地对首都检察工作进行监督。为适应信息社会发展的需要，市检察院还建立了“人大代表、政协委员短信平台”，发挥手机短信这种现代沟通方式的优势，较为及时地向人大代表、政协委员发布全市检察工作的最新动态；同时完善“京检网”上的“人大代表、政协委员联络专栏”，实现市检察院与代表之间的实时联系和沟通，为代表了解、监督检察工作提供一个交互性的信息平台。

在市人大常委会的指导和各位代表的支持下，市检察院将上述 4 件建议按时办理完毕并答复代表，代表对办理结果均表示满意。此外，我们还积极配合市人大办公厅和市人力资源和社会保障局，及时提供会办意见，协助完成好 2 件会办建议的办理工作。为做好今年的办理工作，我们主要采取了以下措施。

一是高度重视建议办理工作。做好建议办理工作是坚持人民代表大会制度和中国特色检察制度的重要内容，是自觉接受人大及其常委会监督的直接体现，是贯彻落实科学发展观的具体要求。多年来，我们坚持将代表建议列为专项督办事项，把建议办理工作作为各院“一把手工程”，各级检察机关主要领导负总责，层层把关负责，高标准、严要求，全力做好办理工作。

在办理工作中，我们还坚持主动与代表沟通，虚心听取代表意见，坦诚分析工作中存在的不足和困难，和代表一起研究解决办法，促进首都检察工作健康发展。例如，为了办理好唐西兰代表关于加强诉讼监督工作的建议，我们两次邀请唐西兰代表参加相关调研会议，市检察院主要领导和分院、区县院主管领导直接与代表进行了座谈，使代表更加全面、深入地了解我们的工作，增进了相互理解。

二是不断加大督办力度。办理代表建议是检察机关的法定职责，更是一项重要的政治任务。为进一步加强建议办理工作，使办理工作的程序更加严谨、规范，标准更加科学、严格，市检察院制定了《督促检查工作办理规范》，将代表建议列为专项督办事项，纳入全系统绩效考核体系，切实提高了建议办理质量。

在建议办理过程中，我们深刻地体会到，代表建议是社情民意的集中体现，是谋划首都检察工作科学发展的重要依据。通过建议办理工作，使检察机关和人民群众的联系得到进一步的巩固和密切，检察工作也更加紧密地融入到全市发展稳定的大局之中，为首都检察工作的科学发展奠定了良好基础。

主任、各位副主任、秘书长、各位委员，近年来，北京市检察机关在市人大的指导、监督下，认真办理好每一件意见、建议，但我们的建议办理工作和形势发展的要求和代表的期望还有一定的差距，还需要在建议办理方式进一步创新、办理过程督办和办理成果运用等方面下更大的功夫。我们将在市委的领导下，在市人大及其常委会的支持和监督下，深入学习贯彻党的十七届四中全会精神和市委关于进一步做好人大工作会议精神，紧紧依靠人大的支持，进一步提升建议办理水平，更好地履行法律监督职能、更好地推进服务首都经济社会发展大局。

以上报告，请予审议。

北京市人民代表大会常务委员会公告

最近，东城区人大常委会补选杨柳荫为北京市第十三届人民代表大会代表；朝阳区人大常委会补选张瑞清为北京市第十三届人民代表大会代表；丰台区人大常委会补选魏哲为北京市第十三届人民代表大会代表。北京市人民代表大会常务委员会同意代表资格审查委员会的审查报告，确认杨柳荫、张瑞清、魏哲的代表资格有效。

西城区选举的北京市第十三届人民代表大会代表韩永文，因工作需要，调离本行政区域，依照代表法的有关规定，其代表资格终止。

北京市第十三届人民代表大会代表现有769名。

特此公告。

北京市人民代表大会常务委员会

2009年12月29日

北京市第十三届人民代表大会常务委员会代表资格审查委员会关于个别代表的代表资格的报告

（2009年12月29日北京市第十三届人民代表大会常务委员会第十五次会议通过）

代表资格审查委员会主任委员　赵凤山

北京市人民代表大会常务委员会：

最近，东城区人大常委会补选杨柳荫为北京市第十三届人民代表大会代表；朝阳区人大常委会补选张瑞清为北京市第十三届人民代表大会代表；丰台区人大常委会补选魏哲为北京市第十三届人民代表大会代表。经代表资格审查委员会审查，杨柳荫、张瑞清、魏哲的代表资格有效，提请北京市人民代表大会常务委员会确认。

西城区选举的北京市第十三届人民代表大会代表韩永文，因工作需要，调离本行政区域，根据《中华人民共和国全国人民代表大会和地方各级人民代表大会代表法》第四十一条的规定，其代表资格终止。

北京市第十三届人民代表大会代表现有769名。

现报请北京市人民代表大会常务委员会予以公告。

以上报告，请予审议。

北京市第十三届人民代表大会
常务委员会代表资格审查委员会
2009年12月29日

北京市人民代表大会常务委员会免职名单

（2009年12月30日北京市第十三届人民代表大会常务委员会第十五次会议通过）

（一）

免去于厚森的北京市高级人民法院副院长、审判委员会委员、审判员职务。

免去田玉玺、马强的北京市高级人民法院审判委员会委员、审判员职务。

（二）

免去杨柏勇的北京市第一中级人民法院审判委员会委员、民事审判第五庭庭长、审判员职务。

（三）

免去任淑荣的北京市第二中级人民法院立案庭副庭长、审判员职务。

北京市人民代表大会常务委员会
任　免　名　单

（2009年12月30日北京市第十三届人民代表大会常务委员会第十五次会议通过）

（一）

任命伦朝平、王一俊为北京市人民检察院副检察长、检察委员会委员、检察员。

任命张幸民为北京市人民检察院检察委员会委员、检察员。

任命韩冰、朱家海、温都日娜、邱春燕、曹文革、秦小兵、郑惠智、金志航、孙芳、孙存德、张洪臣、林友华为北京市人民检察院检察员。

免去卢希的北京市人民检察院副检察长、检察委员会委员、检察员职务。

免去刘旭东的北京市人民检察院检察委员会委员、检察员职务。

免去韩索华、蓝向东、张铁军、刘昆锋、严承秀的北京市人民检察院检察员职务。

（二）

任命王化军为北京市人民检察院第一分院副检察长、检察委员会委员、检察员。

任命白宝贵为北京市人民检察院第一分院检察委员会委员、检察员。

免去王一俊的北京市人民检察院第一分院副检察长、检察委员会委员、检察员职务。

（三）

任命王伟为北京市人民检察院第二分院副检察长、检察委员会委员、检察员。

任命赵泽臣为北京市人民检察院第二分院检察委员会委员、检察员。

免去张宝来的北京市人民检察院第二分院检察员职务。

北京市人民代表大会常务委员会
决定任免名单

（2009年12月30日北京市第十三届人民代表大会常务委员会第十五次会议通过）

任命卢希为北京市人民检察院第二分院检察长。

免去伦朝平的北京市人民检察院第二分院检察长、检察委员会委员、检察员职务。

北京市人民代表大会常务委员会批准辞职名单

（2009年12月30日北京市第十三届人民代表大会常务委员会第十五次会议通过）

批准窦秀英辞去北京市顺义区人民检察院检察长职务。

批准白金刚辞去北京市昌平区人民检察院检察长职务。

批准张幸民辞去北京市平谷区人民检察院检察长职务。

批准林友华辞去北京市怀柔区人民检察院检察长职务。

批准王化军辞去北京市密云县人民检察院检察长职务。

批准王伟辞去北京市延庆县人民检察院检察长职务。

北京市第十三届人民代表大会

常务委员会第十六次会议

在市十三届人大常委会第十六次会议上的讲话

（2010 年 2 月 26 日）

市人大常委会主任　杜德印

各位委员、同志们：

我国宪法和地方组织法规定，地方人大常委会由人民代表大会选举，对人民代表大会负责，受人民代表大会监督。加强市人大常委会对市人民代表大会决议的贯彻落实，加强市人民代表大会对市人大常委会工作的监督，是坚持和完善人民代表大会制度、推进首都民主法制建设的一个重要方面，也是市委第三次人大工作会议的一项重要要求。这次常委会会议的主要任务就是贯彻落实市十三届人大三次会议关于常委会工作报告的决议，具体安排常委会 2010 年的工作，抓好各项工作的落实。刚才各位组成人员对常委会的工作安排进行了认真审议，大家原则上同意这个工作安排，并提出了一些很好的意见和建议。对这些意见和建议，常委会机关有关部门要认真研究，修改完善好工作安排。

借这个机会，我受主任会议委托，简要讲四点意见。

第一，深入学习贯彻落实科学发展观，紧紧围绕全市工作大局，抓好各项工作的落实。

最近中央举办了“深入贯彻落实科学发展观，加快经济发展方式转变”专题研讨班，市委、市政府以召开理论中心学习组扩大会议的方式，进行了传达学习，并将围绕加快经济发展方式的转变作出一系列工作部署。市人大常委会要深入学习贯彻中央专题研讨班的精神，在市委的领导下，具体做好常委会今年各项工作，为加快全市经济发展方式转变，建设“三个北京”提供民主法制保障。

第二，继续完善工作方式，进一步提高各项工作的质量和实效。

经市十三届人大三次会议批准的常委会工作报告提出，常委会工作进一步走上了坚持正确政治方向，完善工作方式，提高质量和实效的轨道。今年，我们要沿着这条轨道继续推进，着力于提高各项工作的质量和实效，做该做、能做、有用、有效的事。对此，工作安排中已经提出了一系列的措施，我这里再强调两点。

一是进一步坚持工作项目负责制。每一项议题、每一项工作任务都要组成专项工作小组，把常委会机关、常委会组成人员，以及相关领域的专门委员会委员、市人大代表，组织到各个工作项目小组当中，明确责任，按照常委会的议题计划切实抓好组织实施，为常委会的审议和决策工作做好充分准备。

二是要做好会前准备。要认真落实“会议的质量在会前，会议的实效抓会后”的工作要求，做到“一个主动、三个提前”。每一项议题都要主动地研究策划，不论立法项目、监督议题、议案办理，都要审题，认真研究这个议题的要求是什么，人大常委会的工作角度是什么，着力点在哪里，跟政府工作的结合点在哪里。

要建立每一项议题的预期目标，明确推动解决到什么程度，达到什么成效。然后提前搞好调查研究，提前加强与政府及其有关部门的沟通协调，提前为常委会的审议提出调研报告。或者提供审议参考意见。要通过不断完善工作方式，改进工作方法，切切实实地把每项议题、每项工作的质量和实效抓出来，通过工作的实际成效来展示人民代表大会制度的优越性。

第三，要下更大的力气抓立法工作，切实提高立法质量。

推进民主法制建设是人大及其常委会的根本任务，立法工作是人大常委会的首要任务，因此提高立法能力是人大常委会的看家本事。市人大常委会今年要在这方面下功夫，抓好首要任务，练好看家本事，搞好地方立法。提高立法工作质量。提高立法工作的质量不仅包括法规文本质量，而且包括法规实施效果。所以，提高立法质量不仅是把每一项法规的文本质量搞好、文字质量搞好，更要强调地方性法规必须解决问题。只有解决问题，才能发挥法规的制度保障作用，才能有效推进普法，有效推进民主法制建设和法制社会建设的进程。

经过这几年的努力，我们完善了立法工作格局，比较好地解决了新形势下地方立法工作宗旨问题，初步建立了科学立法与民主立法有机结合的工作机制。当前，经济社会发展中仍面临着不少无法可依，或者有法难依的问题。在中国特色社会主义法律体系基本形成的条件下，怎么按照这个法律体系，密切结合北京市的实际情况，使法律真正解决问题，迫切需要我们认真加以研究。今年是本届市人大常委会的第三个年头，在前几年工作的基础上，我们有必要、也有条件在总结多年地方立法工作经验基础上，进一步加大工作力度，在本届人大任期内制定出几部能够有效解决全市经济社会发展突出问题和关系老百姓切身利益问题的地方性法规。

一是要抓好今年立法工作。对列入常委会议题的立法项目，不论是审议项目、调研起草项目，还是立项论证项目，都要抓质量，强调解决问题。一部法规，多至几十条，而最核心、最关键的只有几条，要善于抓住核心条款，把法规立好。

二是试验法规案预备研究。对已经列入立法计划的要按计划，根据法定程序来进行。同时，为了使立法工作更加超前、超脱一些，我们也可以开展法规案的预备研究。将一些经济社会发展中的难题列入本市立法计划，北京作为首都，方方面面会比较敏感。但如果搞前瞻性课题研究，先不进入立法的法定程序，条件和时机不成熟就作为准备工作，条件成熟、时机适宜就进入立法程序，我们的立法工作就会主动得多。同时，这种研究可以整合调动首都立法资源，有效弥补常委会自身立法能力的不足，使市人大常委会在市委领导下，通过与政府共同开展研究，把立法研究过程变成统一思想的过程。法规案预备研究不完全受立法规划和立法计划的约束，可以多选择一些题目，以成立课题组的方式，或者委托有关高等院校、科研机构去研究。我们今年可以做一点实验，对一些涉及群众切身利益的问题进行研究，逐步积累经验，制定出更多与人民群众利益密切相关，同时又能有效解决问题的地方性法规。

第四，推进学习型组织和学习型机关建设，不断提高常委会及其机关的素质和能力。

建设学习型组织和学习型机关，是市人大常委会工作报告提出的一项重要任务。学习型组织一定要抓好学习，但决不就是组织学习。市人大常委会要围绕履行好自身职责，明确共同的政治方向，建立共同的价值基础，确定共同的奋斗目标，凝聚共同的奋斗力量。在市委的领导下，在全体市人大代表和全市人民的支持下，做好常委会各项工作，为首都各项建设事业和发展作出应有的贡献。

新的一年开始了，希望大家认真履职，共同努力，把常委会各项工作继续向前推进。元宵节快到了，祝大家节日快乐！

北京市第十三届人民代表大会常务委员会第十六次会议议程

（2010年2月26日）

（2010年2月26日北京市第十三届人民代表大会常务委员会第十六次会议第一次全体会议通过）

一、讨论《北京市人大常委会2010年工作安排（讨论稿）》

二、审议通过市十三届人大常委会代表资格审查委员会关于个别代表的代表资格的报告

三、决定人事任免事项

四、市人大常委会主任杜德印同志讲话

北京市人大常委会2010年工作安排

（2010年2月26日北京市第十三届人民代表大会常务委员会第十六次会议通过）

市十三届人大三次会议批准了常委会工作报告并通过了相应决议。决议要求，2010年，市人大常委会要全面贯彻落实市委的工作部署和第三次人大工作会议精神，坚持党的领导、人民当家作主、依法治国有机统一，按照“围绕中心、服务大局，坚持制度、发挥优势，完善方式、增强实效”的思路，切实抓好各项工作任务的落实。要继续完善工作方式，进一步提高立法质量，增强监督工作的保障性、建设性和实效性，有效保障代表依法行使职权，为首都科学发展提供民主法制保障。

为贯彻落实好大会决议，常委会今年拟安排7次常委会会议，初步确定40项议题。其中审议地方性法规草案7项；听取和审议“一府两院”专项工作报告9个，听取和审议议案办理情况报告3个，听取和审议国民经济和社会发展计划、预算上半年执行情况及审计工作的报告，审查和批准2009年决算，听取和审议2个方面法律、法规执行情况的报告。

一、立法工作方面

1. 审议7项法规草案。为加快建设中关村国家自主创新示范区，制定中关村国家自主创新示范区条例。拟安排在5月份第十八次和11月份第二十一次常委会会议上审议。有关工作由教科文卫体委员会、教科文卫体办公室和法制委员会、法制办公室负责。

为完善农机监管和社会化服务体系，提高农业生产力水平，修订农机管理条例。拟

安排在7月份第十九次和11月份第二十一次常委会会议上审议。有关工作由农村委员会、农村办公室和法制委员会、法制办公室负责。

为进一步规范管理相对人的安全责任，有效应对本市大型社会活动安全面临的新情况和新问题，修订大型社会活动安全管理条例。拟安排在4月份第十七次和7月份第十九次常委会会议上审议。有关工作由内务司法委员会、内务司法办公室和法制委员会、法制办公室负责。

为适应首都经济社会和城市建设快速发展对加强消防安全工作的需要，解决当前消防工作面临的突出矛盾和问题，修订消防条例。拟安排在11月份第二十一次常委会会议上审议。有关工作由内务司法委员会、内务司法办公室和法制委员会、法制办公室负责。

为深入贯彻落实安全生产法和国家相关政策，全面推进政府安全生产监管责任和企业安全生产主体责任的落实，修订安全生产条例。拟安排在9月份第二十次和12月份第二十二次常委会会议上审议。有关工作由财政经济委员会、财政经济办公室和法制委员会、法制办公室负责。

继续审议水污染防治条例和实施节约能源法办法。水污染防治条例拟安排在9月份第二十次常委会会议上审议。有关工作由法制委员会、法制办公室和城建环保委员会、城建环保办公室负责。实施节约能源法办法拟安排在5月份第十八次常委会会议上审议。有关工作由法制委员会、法制办公室和财政经济委员会、财政经济办公室负责。

2．做好4项法规草案的调研起草工作。包括实施就业促进法办法、生活垃圾管理条例、出版条例、实施残疾人保障法办法。各项法规草案的调研及起草工作分别由财政经济办公室、城建环保办公室、教科文卫体办公室、内务司法办公室负责。

3．做好对6个法规的立项论证工作。包括制定审计条例、社区卫生服务条例、促进中小企业发展条例，修订区县乡镇人大代表选举实施细则、老年人权益保障条例、城市河湖保护管理条例。以上工作分别由财政经济办公室、教科文卫体办公室、人事室、内务司法办公室、农村办公室负责。

同时，就房屋租赁方面的立法工作进行调研，提出意见和建议。有关工作由法制办公室和城建环保办公室负责。

4．继续推进立法后评估工作。开展对历史文化名城保护条例的评估。有关工作由城建环保委员会、城建环保办公室负责。

5．按照全国人大常委会的要求对现行有效的137项地方性法规集中进行审查和清理。着重解决法规中存在的不一致、不适应、不协调的问题，维护国家法律体系的统一性。以上工作由法制委员会、法制办公室牵头，各专门委员会和常委会工作机构共同参与完成。拟于12月份第二十二次常委会会议上，安排听取审议法制委员会关于法规审查和清理结果的报告。

6．继续提高立法工作质量。在立法工作中，要坚持已经确定的立法宗旨，切实解决好涉及国家权力配置、公民权益保障和社会利益协调的制度安排。要继续完善立法工作格局，加强市人大常委会和市政府的整体统筹工作。拟于6月份与市政府共同召开立法工作研讨会，就加强立法工作统筹、完善法规立项论证的沟通协调机制进行研讨，进一步健全科学立法、民主立法有机统一的工作机制，完善法规立项工作程序，提高立项论证工作水平。发挥首都智力资源优势，开展法规案预备研究，延长立法工作链条，提高法规储备项目质量。要完善法规审议机制和程序，处理好法制委员会和其他专门委员会的关系，做好法规审议各个阶段和环节的协调与衔接工作。要加强立法工作制度建设，制定法规起草论证工作规程、立法后评估工作指导意见，修订年度立法计划编制和立法技术规范，提高立法工作的科学化、民主化和法制化水平。有关工作由办公厅、法制办公室牵头，各专门委员会和常委会工作机构参与完成。

二、监督工作方面

7. 听取和审议“一府两院”9个专项工作报告。听取和审议市政府关于建设中关村国家自主创新示范区情况的报告。重点报告关于发展战略和重大政策制订、机制体制创新、重大科技成果转化和战略性新兴产业发展情况等。报告拟安排在5月份举行的市人大常委会第十八次会议上听取和审议。有关工作由教科文卫体委员会、教科文卫体办公室负责。

听取和审议市政府关于《北京城市总体规划（2004—2020年）》实施情况评估工作的报告。重点报告关于市政府开展城市总体规划实施情况评估工作及五年来城市总体规划的落实情况。报告拟安排在11月份举行的市人大常委会第二十一次会议上听取和审议。有关工作由城建环保委员会、城建环保办公室负责。

听取和审议市政府关于本市少数民族乡村经济发展情况的报告。重点报告关于少数民族乡村经济发展情况、少数民族乡村法规政策落实情况、存在的主要问题以及下一步工作设想等。报告拟安排在5月份举行的市人大常委会第十八次会议上听取和审议。有关工作由民族宗教侨务委员会、民族宗教侨务办公室负责。

听取和审议市政府关于推进城市南部地区发展的报告。重点报告关于统筹规划南部地区城市功能和产业布局、改善发展环境和民生、完善城市南部地区建设长效机制和落实促进城市南部地区加快发展行动计划等情况。报告拟安排在9月份举行的市人大常委会第二十次会议上听取和审议。有关工作由财政经济委员会、财政经济办公室负责。

听取和审议市政府关于生活垃圾处理工作进展情况的报告。重点报告关于垃圾处理设施和垃圾处理保障制度体系建设进展情况，以及委员、代表和人民群众集中反映的其他突出问题等。报告拟安排在7月份举行的市人大常委会第十九次会议上听取和审议。有关工作由城建环保委员会、城建环保办公室负责。

听取和审议市政府关于北运河流域水系综合治理情况的报告。重点报告关于落实北运河流域水系综合治理规划和常委会审议意见、推动实现污水处理从无害化向资源化转变、建立综合治理长效机制、完善水事制度等情况。报告拟安排在7月份举行的市人大常委会第十九次会议上听取和审议。有关工作由农村委员会、农村办公室负责。

听取和审议市政府关于推进保障性住房建设，完善住房保障制度的报告。重点报告关于基本住房保障制度体系建设进展情况、住房租赁市场的管理情况，以及委员、代表和人民群众集中反映的其他突出问题的解决情况等。报告拟安排在7月份举行的市人大常委会第十九次会议上听取和审议。有关工作由城建环保委员会、城建环保办公室负责。

听取和审议市高级人民法院关于加强制度建设，强化内部监督，确保司法公正的报告。重点报告关于法院加强制度建设，强化内部监督的基本情况、存在的主要问题、工作目标及思路等。报告拟安排在9月份举行的市人大常委会第二十次会议上听取和审议。有关工作由内务司法委员会、内务司法办公室负责。

听取和审议市人民检察院关于深化诉讼监督工作，促进执法司法公正的报告。重点报告关于检察机关贯彻落实《决议》、深化诉讼监督工作的总体情况、取得的成效、存在的主要问题以及进一步加强诉讼监督工作的打算和设想。报告拟安排在9月份举行的市人大常委会第二十次会议上听取和审议。有关工作由内务司法委员会、内务司法办公室负责。

8. 做好计划和预算监督工作。听取和审议本市2010年国民经济和社会发展计划上半年执行情况、预算上半年执行情况的报告，以及2009年预算执行和其他财政收支的审计工作报告、2009年决算草案的报告，审查批准2009年市级决算。以上四个报告拟安排在7月份召开的市人大常委会第十九次会议上听取和审议。有关工作由财政经济委员会、财政经济办公室负责。

拟于5月份围绕听取和审议计划、预算上半年执行情况报告，以及审计和决算报告，开展对首都经济社会发展情况的专题调研，并为十三届人大四次会议审查批准“十二五”规划做好必要准备。有关工作由财政经济委员会、财政经济办公室负责。

拟于11月份结合代表会前集中视察，帮助代表了解“十一五”规划执行和“十二五”规划编制情况，为审议好“十二五”规划作准备，采取分专题小组的形式，开展对首都经济社会发展情况的专题调研。有关工作由办公厅、代表联络室牵头，各专门委员会和常委会工作机构共同参与完成。

9. 做好两项执法检查。检查《中华人民共和国中小企业促进法》实施情况。重点检查国家促进中小企业发展资金扶持政策落实、创业和技术创新政策制定和落实、发展环境优化和社会服务体系建设、合法权益维护等情况。执法检查报告拟安排在9月份举行的市人大常委会第二十次会议上听取和审议。有关工作由财政经济委员会、财政经济办公室负责组织和实施。

检查《北京市征兵工作条例》实施情况。重点检查法规实施的总体情况、各级政府及相关部门健全和完善工作机制的情况、当前征兵工作面临的困难及解决的对策等。执法检查报告拟安排在5月份举行的市人大常委会第十八次会议上听取和审议。有关工作由内务司法委员会、内务司法办公室负责组织和实施。

10. 做好去年13项议题审议意见书落实情况的跟踪检查工作。为了提高工作效率，减轻工作负担，除将其中的6项合并到听取审议“一府两院”专项工作报告和代表议案办理工作报告中外，其余7项常委会审议的“一府两院”专项工作报告、议案办理工作报告和常委会执法检查报告审议意见落实情况，由各专门委员会进行跟踪检查。具体项目包括：常委会关于高新技术在本市经济社会发展中应用情况、城乡社区居民自治工作情况、农村医疗卫生工作情况3个专项工作报告，安全生产法、水污染防治法、农产品质量安全法3项执法检查报告，以及实施积极就业政策议案办理工作情况报告的审议意见。有关工作分别由教科文卫体委员会、教科文卫体办公室，内务司法委员会、内务司法办公室，财政经济委员会、财政经济办公室，城建环保委员会、城建环保办公室，农村委员会、农村办公室负责。

11. 进一步完善人大监督工作方式。继续深入贯彻实施监督法，坚持把保证市委决策部署和人民代表大会会议决议的贯彻落实，推进首都科学发展，促进经济发展方式转变，推动人民群众普遍关心的重点问题的解决作为监督工作的重点任务，要立足于人大监督的特点和优势，着重于对国家权力运行和公共资源配置的监督，推动和促进“一府两院”加强制度建设，完善内部监督制约机制。要加强改进预算监督工作，深化对财政资金使用绩效的监督，支持政府审计机关充分发挥职能作用，促进政府预算编制和管理水平的提高；继续深入探索对司法工作监督的有效途径和方法。要改进监督方法，完善监督工作协调机制，综合运用各种监督形式，加大监督力度，增强监督实效，加强市人大与“一府两院”以及区县人大常委会的整体协调，积极扩大人大代表和人民群众对监督工作的参与，使人大常委会的监督工作更富于保障性、建设性和实效性。有关工作由办公厅牵头，各专门委员会和常委会工作机构参与完成。

三、行使重大事项决定权和人事任免权方面

12. 认真行使重大事项决定权。围绕全市中心工作和发展大局，落实市政府向市人大常委会报告重大事项的若干规定，认真讨论关系本行政区域改革发展稳定大局和群众切身利益、社会普遍关注的重大问题，适时作出决议、决定。拟在4月份第十七次常委会会议上由市政府提交关于同外国缔结友好城市情况的书面报告。有关工作由办公厅负责。

13. 依法行使人事任免权。按照有关法律、法规的规定，认真做好各次常委会会议的人事任免工作，为市级国家机关开展工作提供组织保障。有关工作由人事室负责。

四、代表议案办理及报告审议工作方面

14. 听取和审议市政府关于“推进老龄事业发展，完善养老服务和保障体系”议案办理情况的报告。重点是制定老龄事业发展规划、提高养老服务和保障水平、加大财政投入、加强队伍建设等情况。议案办理报告拟安排在9月份召开的市人大常委会第二十次会议上听取和审议。有关工作由内务司法委员会、内务司法办公室负责。

15. 听取和审议市政府关于“首钢搬迁、矿山关停后开发替代产业，促进西部地区经济发展”议案办理情况的报告。重点是首钢搬迁、矿山关停后西部地区区域功能定位、产业结构调整、基础设施建设、公共服务保障、人员就业安置等情况。议案办理报告拟安排在11月份召开的市人大常委会第二十一次会议上听取和审议。有关工作由财政经济委员会、财政经济办公室负责。

16. 听取和审议市政府关于“推动城乡结合部建设，促进城乡统筹发展”议案办理情况的报告。重点是城乡结合部重点村建设、“城中村”改造、产业发展、农民就业、基础设施建设、政策支持等情况。议案办理报告拟安排在11月份召开的市人大常委会第二十一次会议上听取和审议。有关工作由农村委员会、农村办公室负责。

17. 进一步完善议案办理工作机制。要更加重视代表议案办理工作对保障人民当家作主的重要作用，认真总结行之有效的议案办理工作经验，进一步健全办理工作机制，加大调研和沟通协调力度，切实提高办理工作的质量和实效。一是要及时向市委请示议案办理工作中的重要问题，并及时报告办理工作情况，将市委意图体现到对议案办理报告的审议意见中。二是与市政府加强沟通，密切协同，提前介入办理工作，同步进行调查研究，广泛征集民意，及时提出办理意见和建议，形成共同办理议案的合力，不断提高办理工作的质量和实效。三是将推进民主法制建设作为办理议案的着力点，通过督促“一府两院”出台政策、完善制度，努力从根本上推动议案反映问题的解决。要进一步完善市和区县人大常委会上下联动办理的机制，对于涉及区域性问题、与部分区县关联度高的议案，吸收区县人大常委会共同办理。对一些重大议案或议案涉及的重要问题，抓住不放，坚持连续跟踪检查，保证常委会审议意见和“一府两院”办理措施落到实处。有关工作由办公厅牵头，各专门委员会和常委

会工作机构参与完成。

五、代表工作方面

18. 进一步完善代表执行职务与代表大会及其常委会履行职能密切衔接的制度和方法。更加有效地发挥代表工作格局的作用，提高代表闭会期间开展各项活动的组织服务水平，提高活动的质量和实效。完善代表参与常委会议题调研和审议的工作方法，更好地发挥代表工作在常委会工作中的基础作用。对2009年各专门委员会相对固定联系代表工作进行总结分析，制定2010年代表列席常委会会议工作计划，增强各专门委员会工作的计划性，扩大代表列席常委会会议和参加专委会活动的范围。有关工作由代表联络室牵头，各专门委员会共同参与完成。

19. 进一步加强代表密切联系人民群众工作。完善市人大代表信息公开制度、市人大代表和区县人大代表联系制度、市人大代表联系人民群众的制度，明确联系的形式、途径和要求，建立工作标准和工作流程，畅通民意表达的渠道，积极主动接受人民群众的监督。拟于9月份邀请部分人大街工委、乡镇人大召开代表工作研讨会，集中研讨代表联系群众问题，探索把人大街工委、乡镇人大建设成为代表联系群众的基础性平台。有关工作由代表联络室负责。

20. 进一步加强和改进代表建议督办工作。继续完善牵头督办、分类督办、统筹督办相结合的办理工作模式。加强分类督办工作研究，规范分类标准，进一步完善分类督办工作机制，加强代表建议的分析梳理，对代表反映较为集中的问题和多年重复提出的难点问题，充分发挥专委会的积极作用和督办的针对性，实现代表建议与相关工作和议题的有机结合。充分发挥互联网的优势，利用政府“网上直通车”、“局长、主任接待代表日”等渠道，规范代表与承办建议单位网络询问和沟通。有关工作由代表联络室牵头，各专门委员会共同参与完成。

拟在12月份召开的第二十二次常委会会议上听取和审议市人大常委会代表联络室、“一府两院”关于市十三届人大三次会议代表建议、批评和意见办理情况的报告。有关工作由代表联络室、办公厅负责。

21. 进一步加强代表履职服务保障工作。推进服务代表的信息系统建设，坚持搞好代表培训，保障代表知情知政，帮助代表提高履职的素质和能力。拟于上半年继续开展集中培训，围绕学习贯彻市委第三次人大工作会议精神，编制好“十二五”规划、加快转变发展方式，做好地方人大立法工作等内容，帮助代表提高思想认识和履职水平。根据代表需求继续举办经济形势报告会，并积极向区县延伸，邀请部分区县人大代表参加。有关工作由代表联络室负责。同时积极发挥各专门委员会作用，围绕开展常委会议题调研和视察，组织相关领域代表学习有关法律、法规和政策文件，提高履职能力和水平。有关工作由有关专门委员会和常委会工作机构负责。

拟于7月份组织开展代表年中分团集中活动，委托各区县人大常委会和北京军区政治部，向代表传达全市半年经济形势分析会精神、通报全市经济社会发展计划和预算上半年执行情况、征集代表对市人大常委会和全市有关方面重要工作的意见。有关工作由代表联络室负责。

拟于9月份协助市政府就办实事工作听取代表意见。将市政府采纳代表意见情况向主任会议汇报并通报代表。组织代表对市政府当年办实事的情况进行检查。有关工作由代表联络室负责。

拟于11月份组织代表集中视察。改进工作方法，规范工作流程，继续完善选举单位视察和专题视察相结合的形式，提高视察实效。有关工作由办公厅、代表联络室负责。

六、常委会自身建设方面

22. 进一步加强思想政治建设。认真贯彻落实党的十七届四中全会和市委十届七次全会、第三次人大工作会议精神，以建设学习型组织、学习型机关为抓手，通过举办常委会组成人员学习班、代表培训班、法制讲座等多种形式，组织引导常委会组成人员和机关干部坚持用中国特色社会主义理论体系武装头脑，深入学习实践科学发展观，学习践行社会主义核心价值体系，学习人民代表大会制度理论和民主法制建设专业知识。坚持正确的政治方向，建立共同的理想目标，形成共同的价值基础，凝聚共同的奋斗力量，不断提高履行职能的素质和能力，使人大工作更加富有活力，人民代表大会制度的优势得到更充分的发挥。有关工作由人事室、代表联络室、法制办、机关党委负责。

充分发挥理论研究会作用，就深化对人大制度认识，加强地方立法工作，增强监督实效，发挥人大民意表达功能，发挥区县、乡镇人大作用等问题进行深入研究，努力完善与人民代表大会制度本质特点相符合，与人大及其常委会职能相适应的工作方式，使人大工作更富活力，更有实效。围绕重要议题加强调查研究，提高调研工作的针对性；通过调查研究提高工作的质量和实效，提升常委会工作的整体水平。有关工作由研究室牵头、各厅办室参与完成。

23. 继续完善工作方式。加强常委会组织机构建设，强化内部各工作机构间的沟通协调，进一步发挥专门委员会和常委会工作机构作用。设置预算监督的专门机构，选配好相关工作人员。有关工作由办公厅、人事室牵头，各厅办室参与完成。

加强常委会制度建设，着力推动工作制度、工作机制和工作方法创新，使常委会工作更加规范化、制度化和科学化。继续推行和完善项目责任制以及项目质量实效评价工作，围绕重要项目和议题，建立相关代表参加的项目和议题小组，探索邀请专家参加有关议题和项目的工作，加强各项议题的前期准备。进一步完善“一主动、三提前”的基本做法，对常委会议题，会前主动分析把握议题解决的主要问题和实现目标，提前调查研究，提前与“一府两院”沟通，提前形成调研报告和审议参考意见。有关工作由办公厅牵头，各厅办室参与完成。

继续加强常委会履职的服务保障体系和支持体系建设，强化学习、信息、调研等基础工作，加强信访、新闻宣传、对外交往等工作。有关工作由办公厅、研究室、机关党委牵头，各厅办室参与完成。

24. 加强机关干部队伍建设。进一步完善干部选拔任用竞争机制，健全干部考察考核机制、规范干部日常管理，推进干部人事制度改革；认真开展党员作风建设年活动；继续推进廉政风险防范工作；通过加强理论学习、挂职锻炼、基层实践、对口岗位学习实践、交流轮岗等形式，加强干部的实践锻炼和专业培训，推进干部队伍专业化、职业化建设。有关工作由人事室、机关党委牵头，各厅办室参与完成。

25. 加强对区县人大常委会工作的指导和联系。要进一步加强市和区县人大有关工作的协调与配合。深入调研区县人大和乡镇人大行使职权、开展工作、加强自身建设的情况，提出推进工作的意见、建议。组织区县人大常委会就学习贯彻市委第三次人大工作会议精神、做好区县人大工作进行交流研讨，统一思想、提高认识，提升本市人大工作整体水平。有关工作由办公厅、研究室牵头，各厅办室参与完成。

北京市人大常委会2010年立法工作计划

（2010年2月4日市十三届人大常委会第五十六次主任会议通过）

一、安排审议项目（7项）

第十七次常委会会议（4月）

北京市大型社会活动安全管理条例（修订）（市人民政府提请审议）

第十八次常委会会议（5月）

北京市实施《中华人民共和国节约能源法》办法（修订）（第二次审议）

中关村国家自主创新示范区条例（市人民政府提请审议）

第十九次常委会会议（7月）

北京市大型社会活动安全管理条例（修订）（第二次审议）

北京市农业机械管理条例（修订）（市人民政府提请审议）

第二十次常委会会议（9月）

北京市水污染防治条例（第二次审议）

北京市安全生产条例（修订）（市人民政府提请审议）

第二十一次常委会会议（11月）

中关村国家自主创新示范区条例（第二次审议）

北京市农业机械管理条例（修订）（第二次审议）

北京市消防条例（修订）（市人民政府提请审议）

第二十二次常委会会议（12月）

北京市安全生产条例（修订）（第二次审议）

二、调研起草项目（4项）

1. 北京市实施《中华人民共和国残疾人保障法》办法（修订）
2. 北京市出版条例
3. 北京市实施《中华人民共和国就业促进法》办法
4. 北京市生活垃圾管理条例

三、立项论证项目（6项）

1. 北京市老年人权益保障条例（修订）

2. 北京市审计条例
3. 北京市促进中小企业发展条例
4. 北京市社区卫生服务条例
5. 北京市城市河湖保护管理条例（修订）
6. 北京市区、县、乡、民族乡、镇人民代表大会代表选举实施细则（修订）

四、立法后评估项目（1项）

北京历史文化名城保护条例

五、法规清理（137项）

根据全国人大常委会的统一部署，对本市现行有效的137项地方性法规集中进行审查和清理，着重解决法规存在的不一致、不适应、不协调的问题，维护我国社会主义法律体系的统一性。法规清理工作于2010年6月底前取得阶段性成果，并在12月份第二十二次常委会会议上报告法规清理结果。

北京市人大常委会2010年监督工作计划

（2010年2月4日市十三届人大常委会第五十六次主任会议通过）

市人大常委会2010年监督工作，要全面贯彻党的十七届四中全会、市委十届七次全会、市委第三次人大工作会议和市十三届人大三次会议决议精神，深入落实科学发展观，认真贯彻实施监督法，坚持监督工作的保障性、建设性和实效性，紧紧抓住涉及首都科学发展的一些基础性、长远性问题和人民群众反映强烈、社会高度关注的问题，把推动首都经济社会协调发展、提高自主创新能力、加强生态环境建设、改善民生和促进公正司法等方面作为监督重点，以增强监督实效为核心，综合运用多种监督方式，加大工作力度，增强针对性和实效性，推动“一府两院”依法行政、公正司法，为建设“人文北京、科技北京、绿色北京”提供民主法制保障。

现对2010年监督工作具体安排如下。

一、听取和审议专项工作报告

1. 听取和审议市政府关于建设中关村国家自主创新示范区情况的报告。重点报告发展战略和重大政策制定、体制机制创新、重大科技成果转化和战略性新兴产业发展情况等。报告拟安排在5月份举行的市十三届人大常委会第十八次会议上听取和审议。有关工作由教科文卫体委员会、教科文卫体办公室负责。

2. 听取和审议市政府关于本市少数民族乡村经济发展情况的报告。重点报告少数民族乡村经济发展情况、贯彻落实相关法规政策情况、存在的主要问题以及下一步工作设想等。报告拟安排在5月份举行的市十三届人大常委会第十八次会议上听取和审议。有关工作由民宗侨委员会、民宗侨办公室负责，农村委员会、农村办公室协助。

3. 听取和审议市政府关于推进保障性住房建设，完善住房保障制度的报告。重点报告基本住房保障制度体系建设进展情况、住房租赁市场的开发和管理情况，以及委员、代表和人民群众集中反映的其他突出问题等。报告拟安排在7月份举行的市十三届人大常委会第十九次会议上听取和审议。有关工作由城建环保委员会、城建环保办公室负责。

4. 听取和审议市政府关于生活垃圾处理工作进展情况的报告。重点报告垃圾处理设施和垃圾处理保障制度体系建设进展情况、常委会审议意见落实情况，以及委员、代表和人民群众集中反映的其他突出问题等。报告拟安排在7月份举行的市十三届人大常委会第十九次会议上听取和审议。有关工作由城建环保委员会、城建环保办公室负责。

5. 听取和审议市政府关于北运河流域水系综合治理情况的报告。重点报告落实北运河流域水系综合治理规划和常委会审议意见、推动实现污水处理从无害化向资源化转变、建立综合治理长效机制、完善水事制度等情况。报告拟安排在7月份举行的市十三届人大常委会第十九次会议上听取和审议。有关工作由农村委员会、农村办公室负责，城建环保委员会、城建环保办公室协助。

6. 听取和审议市高级人民法院关于加强制度建设，强化内部监督，确保司法公正的报告。重点报告法院加强制度建设，强化内部监督的基本情况、存在的主要问题、工作目标及思路、常委会审议意见落实情况等。报告拟安排在9月份举行的市十三届人大常委会第二十次会议上听取和审议。有关工作由内务司法委员会、内务司法办公室负责。

7. 听取和审议市人民检察院关于深化诉讼监督工作，促进执法司法公正的报告。重点报告检察机关贯彻落实《决议》、深化诉讼监督工作的总体情况、取得的成效和存在的主要问题、进一步加强诉讼监督工作的打算和设想、常委会审议意见落实情况等。报告拟安排在9月份举行的市十三届人大常委会第二十次会议上听取和审议。有关工作由内务司法委员会、内务司法办公室负责。

8. 听取和审议市政府关于推进城市南部地区发展的报告。重点报告统筹规划南部地区城市功能和产业布局、改善发展环境和民生、完善城市南部地区建设长效机制和落实促进城市南部地区加快发展行动计划等情况。报告拟安排在9月份举行的市十三届人大常委会第二十次会议上听取和审议。有关工作由财政经济委员会、财政经济办公室负责。

9. 听取和审议市政府关于《北京城市总体规划（2004—2020年）》实施情况评估工作的报告。重点报告市政府开展城市总体规划实施情况评估工作及五年来城市总体规划落实的基本情况。报告拟安排在11月份举行的市十三届人大常委会第二十一次会议上听取和审议。有关工作由城建环保委员会、城建环保办公室负责。

二、审查和批准决算，听取和审议审计工作报告和计划、预算执行情况的报告

根据监督法、预算法和预算监督条例，安排听取和审议市政府关于本市2009年预算执行和其他财政收支的审计工作报告，本市2009年决算草案报告，批准2009年市级决算。

听取和审议市政府关于本市2010年国民经济和社会发展计划上半年执行情况的报告，本市2010年预算上半年执行情况的报告。

以上四个报告拟安排在7月份召开的市十三届人大常委会第十九次会议上听取和审议。有关工作由财政经济委员会、财政经济

办公室负责。

拟于5月份围绕听取和审议计划、预算上半年执行情况报告，以及审计和决算报告，开展对首都经济社会发展情况的专题调研，并为十三届人大四次会议审查批准“十二五”规划作好必要准备。有关工作由财政经济委员会、财政经济办公室负责。

拟于11月份结合代表会前集中视察，帮助代表了解“十一五”规划执行和“十二五”规划编制情况，为审议好“十二五”规划作准备，采取分专题小组的形式，开展对首都经济社会发展情况的专题调研。有关工作由办公厅、代表联络室牵头，各专门委员会和常委会工作机构共同参与完成。

三、法律、法规实施情况的检查

1. 检查《北京市征兵工作条例》实施情况。重点检查法规实施的总体情况、各级政府及相关部门健全和完善工作机制的情况、当前征兵工作面临的困难及解决的对策等。执法检查报告拟安排在5月份举行的市十三届人大常委会第十八次会议上听取和审议。有关工作由内务司法委员会、内务司法办公室负责组织和实施。

2. 检查《中华人民共和国中小企业促进法》实施情况。重点检查国家促进中小企业发展资金扶持政策落实、创业和技术创新政策制定和落实、发展环境优化和社会服务体系建设、合法权益维护等情况。执法检查报告拟安排在9月份举行的市十三届人大常委会第二十次会议上听取和审议。有关工作由财政经济委员会、财政经济办公室负责组织和实施。

此外，今年要对2009年常委会听取和审议的13项监督议题的审议意见落实情况进行跟踪检查，其中：南城建设议案办理、垃圾收集处理议案办理暨专项工作报告、北运河水系综合治理议案办理暨专项工作报告、商事审判专项工作报告、贯彻加强检察院对诉讼活动法律监督工作决议专项工作报告、老年人权益保障法和老年人权益保障条例执法检查等6项跟踪检查纳入今年专项工作报告工作或议案办理工作合并办理；推进城乡社区居民自治专项工作报告、推动高新技术在本市经济社会发展中应用专项工作报告、农村医疗卫生专项工作报告、安全生产法和安全生产条例执法检查、水污染防治法和实施办法执法检查、农产品质量安全法执法检查、就业议案办理等7项委托相关专门委员会跟踪检查。

对列入2010年监督工作计划的项目，各负责单位要各司其职，密切配合，精心组织，务求实效，确保常委会各项监督工作的顺利开展。

附件：市人大常委会2010年听取和审议监督方面的报告时间安排表

附件：

市人大常委会2010年听取和审议监督方面的报告时间安排表

时　间	听取和审议的议题
5月 （3项）	听取和审议市政府关于建设中关村国家自主创新示范区情况的报告
	听取和审议市政府关于本市少数民族乡村经济发展情况的报告
	检查《北京市征兵工作条例》实施情况
7月 （7项）	北京市2009年预算执行和其他财政收支的审计工作报告
	北京市2009年决算草案报告，批准2009年市级决算
	北京市2010年国民经济和社会发展计划上半年执行情况的报告
	北京市2010年预算上半年执行情况的报告
	听取和审议市政府关于推进保障性住房建设，完善住房保障制度的报告
	听取和审议市政府关于生活垃圾处理工作进展情况的报告
	听取和审议市政府关于北运河流域水系综合治理情况的报告
9月 （4项）	听取和审议市高级人民法院关于加强制度建设，强化内部监督，确保司法公正的报告
	听取和审议市人民检察院关于深化诉讼监督工作，促进执法司法公正的报告
	听取和审议市政府关于推进城市南部地区发展的报告
	检查《中华人民共和国中小企业促进法》实施情况
11月 （1项）	听取和审议市政府关于《北京城市总体规划（2004—2020年）》实施情况评估工作的报告

北京市人民代表大会常务委员会
公　　告

根据北京市第十三届人民代表大会常务委员会第十五次会议分配的代表名额，房山区人民代表大会选举史全富为北京市第十三届人民代表大会代表；通州区人民代表大会选举张文山为北京市第十三届人民代表大会代表。北京市人民代表大会常务委员会同意代表资格审查委员会的审查报告，确认史全富、张文山的代表资格有效。

北京市第十三届人民代表大会代表现有771名。

特此公告。

北京市人民代表大会常务委员会
2010年2月26日

北京市第十三届人民代表大会常务委员会代表资格审查委员会关于个别代表的代表资格的报告

（2010年2月26日北京市第十三届人民代表大会常务委员会第十六次会议通过）

代表资格审查委员会副主任委员　刘新成

北京市人民代表大会常务委员会：

根据市十三届人大常委会第十五次会议分配的代表名额，房山区人民代表大会选举史全富为北京市第十三届人民代表大会代表；通州区人民代表大会选举张文山为北京市第十三届人民代表大会代表。经代表资格审查委员会审查，史全富、张文山的代表资格有效，提请北京市人民代表大会常务委员会确认。

北京市第十三届人民代表大会代表现有771名。

以上报告，请予审议。

北京市第十三届人民代表大会
常务委员会代表资格审查委员会
2010年2月26日

北京市人民代表大会常务委员会决定任免名单

（2010年2月26日北京市第十三届人民代表大会常务委员会第十六次会议通过）

任命孙康林为北京市人民政府秘书长。

免去黎晓宏的北京市人民政府秘书长职务。

任命傅政华为北京市公安局局长。

免去马振川的北京市公安局局长职务。

任命于泓源为北京市司法局局长。

免去吴玉华的北京市司法局局长职务。

任命陈添为北京市环境保护局局长。

免去史捍民的北京市环境保护局局长职务。

北京市人民代表大会常务委员会
免　职　名　单

（2010年2月26日北京市第十三届人民代表大会常务委员会第十六次会议通过）

免去孟桥的北京市人民代表大会常务委员会城市建设环境保护办公室副主任职务。

北京市人民代表大会常务委员会
决定任免名单

（2010年2月26日北京市第十三届人民代表大会常务委员会第十六次会议通过）

任命朱江为北京市第二中级人民法院院长、审判委员会委员、审判员。

免去贺荣的北京市第二中级人民法院院长、审判委员会委员、审判员职务。

北京市人民代表大会常务委员会
任　免　名　单

（2010年2月26日北京市第十三届人民代表大会常务委员会第十六次会议通过）

（一）

任命贺荣为北京市高级人民法院副院长、审判委员会委员、审判员。

免去朱江的北京市高级人民法院副院长、审判委员会委员、审判员职务。

任命靳学军为北京市高级人民法院审判委员会委员。

任命黄宝跃为北京市高级人民法院审判员。

免去刘兰芳的北京市高级人民法院审判委员会委员、民事审判第二庭庭长、审判员职务。

免去薛埙的北京市高级人民法院审判员职务。

（二）

任命徐庆斌为北京市第一中级人民法院民事审判第二庭副庭长，免去其北京市第一中级人民法院民事审判第一庭副庭长职务。

任命崔学锋为北京市第一中级人民法院民事审判第五庭副庭长，免去其北京市第一中级人民法院民事审判第四庭副庭长职务。

任命张弓为北京市第一中级人民法院民事审判第六庭副庭长，免去其北京市第一中级人民法院民事审判第二庭副庭长职务。

任命刘艳霞为北京市第一中级人民法院民事审判第六庭副庭长，免去其北京市第一中级人民法院民事审判第一庭副庭长职务。

任命王忠为北京市第一中级人民法院民事审判第六庭副庭长，免去其北京市第一中级人民法院民事审判第一庭副庭长职务。

任命李国强为北京市第一中级人民法院民事审判第一庭副庭长。

任命郭京霞为北京市第一中级人民法院审判员。

免去郭忆滨的北京市第一中级人民法院审判委员会委员、审判员职务。

免去王亚东的北京市第一中级人民法院民事审判第三庭庭长职务。

免去刘梅玲的北京市第一中级人民法院民事审判第四庭庭长职务。

免去林民华的北京市第一中级人民法院行政审判庭庭长职务。

北京市人民代表大会常务委员会 任 免 名 单

（2010 年 2 月 26 日北京市第十三届人民代表大会常务委员会第十六次会议通过）

任命杨永华、于敏、杨宝军、温军为北京市人民检察院检察员。

任命齐心为北京市人民检察院第一分院检察员。

免去孙进军、于敏的北京市人民检察院第一分院检察员职务。

免去张旭明的北京市人民检察院第二分院检察委员会委员、检察员职务。

免去杨宝军的北京市人民检察院第二分院检察员职务。

北京市人民代表大会常务委员会 批准任命名单

（2010 年 2 月 26 日北京市第十三届人民代表大会常务委员会第十六次会议通过）

批准任命王振峰为北京市海淀区人民检察院检察长。

批准任命苗生明为北京市石景山区人民检察院检察长。

批准任命张守良为北京市顺义区人民检察院检察长。

批准任命韩索华为北京市昌平区人民检察院检察长。

批准任命蓝向东为北京市怀柔区人民检察院检察长。

批准任命刘旭东为北京市平谷区人民检察院检察长。

批准任命陈平为北京市密云县人民检察院检察长。

批准任命张铁军为北京市延庆县人民检察院检察长。

北京市第十三届人民代表大会

常务委员会第十七次会议

北京市第十三届人民代表大会常务委员会第十七次会议议程

（2010 年 4 月 1 日）

（2010 年 4 月 1 日北京市第十三届人民代表大会常务委员会第十七次会议第一次全体会议通过）

一、审议《北京市大型社会活动安全管理条例修正案（草案）》

二、关于北京市同国外缔结友好城市情况的报告（书面）

三、决定人事任免事项

北京市人民代表大会常务委员会任免名单

（2010 年 4 月 1 日北京市第十三届人民代表大会常务委员会第十七次会议通过）

（一）

任命张晓琨为北京市高级人民法院审判委员会委员、申诉审查庭庭长、审判员。

任命邵明艳为北京市高级人民法院审判监督庭庭长、审判员，免去其北京市第二中级人民法院民事审判第五庭庭长、审判员职务。

任命程霞为北京市高级人民法院立案庭副庭长。

任命陈海鸥为北京市高级人民法院民事审判第二庭副庭长，免去其北京市高级人民法院申诉审查庭副庭长职务。

任命刘双玉为北京市高级人民法院审判员。

免去徐扬的北京市高级人民法院审判委员会委员、审判监督庭庭长、审判员职务。

免去王增勤的北京市高级人民法院审判委员会委员、申诉审查庭庭长、审判员职务。

免去赵彬的北京市高级人民法院民事审判第二庭副庭长职务。

免去张凤琴、陈玉香的北京市高级人民法院审判员职务。

（二）

免去高洁、盛涵的北京市第二中级人民法院审判员职务。

北京市第十三届人民代表大会

常务委员会第十八次会议

在市十三届人大常委会第十八次会议上的讲话

（2010 年 5 月 28 日）

市人大常委会主任 杜德印

各位委员：

本次常委会会议会期不长，内容不少，也很重要。经过大家的共同努力，会议顺利地完成了各项任务，开得很成功。

刚才，会议审议通过了新修订的《北京市实施〈中华人民共和国节约能源法〉办法》。北京市作为全国能源消费第二大城市，节能降耗工作有很好的基础，也取得了明显的进展和成效，但仍面临着比较严峻的形势和艰巨的任务，需要通过进一步完善法规制度，加大节能工作力度。这次对节约能源法实施办法的修订，既是贯彻落实国家节约能源法的必然要求，也是推进本市加快经济发展方式转变，推进节能工作可持续发展的现实需要，更是建设“人文北京、科技北京、绿色北京”，建设资源节约型、环境友好型社会的重要保障。此次修订工作坚持以科学发展观为指导，从本市实际情况出发，按照“全面修订、突出北京特色”的思路进行。去年的第十五次常委会会议对该项办法修订草案进行了初审，常委会组成人员在审议中提出了很多很好的意见和建议，会后市人大法制委员会会同有关部门，根据各方面提出的意见，有针对性地开展了调研，对法规草案进行了进一步的修改，还将修改后的草案文本交由语言文字专家审校，请他们从语言文字使用规范的角度提出意见。在本次常委会审议之前，市委常委会对办法修订草案进行了研究，对办法的修订工作给予了充分肯定和重要指导。新修订的实施节约能源法办法进一步突出了节能在本市经济社会发展中的战略地位，扩大了法律调整范围，健全了管理制度，完善了激励机制，明确了节能管理和监督主体，强化了有关各方的法律责任，增强了法规的针对性和可操作性，充分强调和体现了“政府引导、市场调节、科技推动、社会参与”的原则，为节能工作提供了良好的法律保障。各有关单位要切实采取措施，加强法规的学习培训和宣传力度，增强全社会节能减排的责任感和自觉性，以法规的贯彻实施为契机，全面推进本市的节能工作。

本次会议还听取和审议了市政府关于建设中关村国家自主创新示范区情况的报告，审议了《中关村国家自主创新示范区条例（草案）》。建设中关村国家自主创新示范区是党中央、国务院在新的历史时期着力推进自主创新、完善和增强首都功能、加快建设创新型国家的重大决策；是北京市深入贯彻落实科学发展观，加快发展方式转变的重大措施；是充分发挥中关村创新优势，探索中国特色自主创新之路的重要实践。审议这两项议题是本届人大常委会围绕党和国家工作大局，为推进科技创新，建设“人文北京、科技北京、绿色北京”提供民主法制保障的重要安排，是常委会今年的重点工作任务之一。

关于市政府的这个报告，大家总体上同意并充分肯定了一年多来市政府所做的工作和中关村自主创新示范区建设取得的进展。大家高度赞同市人大教科文卫体委员会提出的意见和建议，从深化对建设中关村自主创新示范区的全局和战略意义的认识，在自主创新的示范、引领、功能上下功夫；理顺中关村自主创新示范区管理体制，进一步打破资源分割和分散状态；着力推进自主创新的制度创新，确立激励创新的利益导向和动力机制；完善政府服务体系和市场体系，充分发挥政府的引导作用和市场配置资源的基础作用；遵循创新规律，加强对中小科技企业的扶持；抓住重点领域和关键技术，组建科研单位、企业、金融资本共同参与的自主创新平台等方面，提出了意见和建议。这些意见和建议将在教科文卫体委员会报告的基础上进行汇总整理，形成常委会的审议意见书，交由市政府研究处理，一定会对中关村自主创新示范区建设起到重要的指导和督促作用。

关于《中关村自主创新示范区条例（草案）》，大家认为在市委的统一领导下，市政府做了大量的前期工作，提请审议的条例草案已经有了重要的基础，取得了很大进展。根据组成人员提出的意见和建议，下一步人大常委会要继续做好工作，进一步就以下一些重要问题进行深入研究。

一是立法的宗旨和功能。要认真学习贯彻国务院的批复精神，在“自主创新”和“示范”两个关键词上下功夫，主题是围绕自主创新，率先进行制度创新，大胆推进有利于自主创新的制度创新，通过制度创新激发自主创新的动力，增强自主创新的能力。通过这项立法保障、规范、促进政府和各相关组织、人员的创新活动，以利于形成中关村自主创新活力竞相爆发，自主创新要素充分涌流，自主创新成果大量涌现的生动局面。二是自主创新的组织创新。提出有效改变国家创新资源部门分割，资金、人才、装备等要素固化，产、学、研、用脱节的制度安排，逐步消除这些影响创新的制度障碍。三是自主创新要素配置方式创新。遵循自主创新的规律，合理确定人的知识创新与资金、装备以及土地等要素配置的关系，确立人的知识创新在创新活动中的主导和能动作用，降低知识创新的社会成本。四是政府管理和服务创新。按照规划、组织、协调、服务的总体职能，完善管理体制，创新服务体系，提高服务的水平和效率，改进政府创新资源的配置方式。五是健全自主创新的市场体系。发育人才、技术、产权市场，推进金融创新，发展风险投资。六是知识产权制度。合理确定知识产权创造者的权益，保护知识产权人的权利。

下一步的立法工作要坚持在市委的领导下，与市政府密切合作沟通，要考虑市级政府的事权，争取国家有关部门的支持，坚持科学立法、民主立法，充分征求和听取各个方面，特别是科研单位、科技企业和科技工作者的意见，把这项法规制定好，努力搞出一部管用、有效的地方性法规。

中央为了进一步应对国际金融危机，保持经济平稳较快发展，继续实施积极的财政政策，继去年之后，国务院决定由财政部在全国范围内代理发行了2000亿元地方政府债券，其中北京市债券规模为54亿元。本次常委会会议审议通过了市政府《关于2010年地方政府债券收支安排专项预算调整方案（草案）的报告》，并作出了决议。希望市政府继续认真做好地方政府债券发行的相关工作，合理安排好地方政府债券的支出，加强对债券收支预算的管理和监督，切实保障资金的使用效益。

本次会议还听取和审议了市政府《关于本市少数民族乡村经济发展工作情况的报告》。在审议中大家普遍认为，支持和发展民族乡村经济关系到首都各民族共同繁荣发展、共同团结进步，是经济问题，也是政治问题。近年来，市政府高度重视此项工作，不断加大对少数民族乡村经济的扶持力度，取得了明显的成效。大家强调，要继续坚持贯彻落实《北京市少数民族权益保障条例》和全市民族乡村经济工作会议精神，进一步增强自觉性和紧迫感，将民族乡村经济融入全市发展大局，纳入全市郊区发展和新农村建设总体布局，纳入区县经济发展整体规划。要提出明确的工作目标和年度计划，加强市政府的整体统筹和政策的集成，动员各方面的力量和资源扶持民族乡村的经济发展。要在加强基础设施建设的同时，重点扶持产业发展，因地制宜地引导和帮助民族乡村培育主导产业。要提高农民的组织化程度，加强服务体系建设，引导少数民族乡村的群众以专业合作社、少数民族经济龙头企业等多种形式走向市场，切实促进少数民族群众增收致富。

这次对《北京市征兵工作条例》进行执法检查，是该项法规实施以来的第一次。市人大常委会成立了以驻京部队人大代表为主，部分常委会委员参加的执法检查组，先后听取了市政府、卫戍区及有关部门的工作汇报。检查组赴东城、海淀、朝阳、石景山等区进行了实地检查，并与相关单位负责人、部分义务兵家长、退役义务兵进行了座谈，在深入调研了解情况的基础上，研究提出了执法检查报告。审议中常委会组成人员和列席代表充分肯定了执法检查组所做的工作，普遍赞成执法检查报告。大家认为，全市各级政府高度重视征兵工作，能够紧紧围绕征兵工作条例的贯彻实施，以提高兵员质量为核心，强化组织领导、健全体制机制、规范工作程序，圆满完成了各年度的征兵任务，使本市征兵工作走在了全国的前列。大家指出，要进一步认识和把握首都征兵工作面临的新情况、新问题，进一步加强国防教育，优化和完善征兵工作机制，加强征兵办公室建设，依法提高优待安置水平，特别是研究解决好从大学征收义务兵的问题，解决好义务兵的后顾之忧。

会议期间，常委会组成人员对专项工作报告和执法检查组提出的意见和建议，会后请常委会相关工作机构整理形成审议意见书，经主任会议研究后，由办公厅函送市政府及有关部门研究处理。

北京市第十三届人民代表大会常务委员会第十八次会议议程

（2010年5月27日至28日）

（2010年5月27日北京市第十三届人民代表大会常务委员会第十八次会议第一次全体会议通过）

一、审议表决《北京市实施〈中华人民共和国节约能源法〉办法》

二、审议《中关村国家自主创新示范区条例（草案）》

三、听取和审议市人民政府关于建设中关村国家自主创新示范区情况的报告

四、听取和审议市人民政府关于北京市2010年地方政府债券收支安排专项预算调整方案的报告，并作出决议

五、听取和审议市人民政府关于本市少数民族乡村经济发展情况的报告

六、听取和审议市人大常委会执法检查组关于检查《北京市征兵工作条例》实施情况的报告

七、决定人事任免事项

北京市人民代表大会常务委员会公告

（第9号）

《北京市实施〈中华人民共和国节约能源法〉办法》已由北京市第十三届人民代表大会常务委员会第十八次会议于2010年5月28日修订，现将修订后的《北京市实施〈中华人民共和国节约能源法〉办法》予以公布，自2010年7月1日起施行。

北京市第十三届人民代表大会常务委员会

2010年5月28日

北京市实施《中华人民共和国节约能源法》办法

（1999年9月16日北京市第十一届人民代表大会常务委员会第十三次会议通过　2010年5月28日北京市第十三届人民代表大会常务委员会第十八次会议修订）

目　　录

第一章　总　　则

第一条　为了实施《中华人民共和国节约能源法》，结合本市实际情况，制定本办法。

第二条　本办法适用于本市行政区域内的节能管理、能源使用和节能技术的开发、利用等活动。

第三条　本市贯彻节约资源的基本国策，实施节约与开发并举、把节约放在首位的能源发展战略，建设资源节约型、环境友好型社会。

节能工作遵循政府引导、市场调节、科技推动、社会参与的原则。

第四条　市和区、县人民政府应当将节能工作纳入国民经济和社会发展规划、年度计划，并组织编制和实施节能中长期专项规划、年度节能计划。

市和区、县人民政府每年向同级人民代表大会或者其常务委员会报告节能工作。

第五条　市和区、县人民政府应当根据经济和社会发展的需要，调整产业结构、企业结构、产品结构和能源消费结构，加快发展低能耗的高新技术产业、服务业、现代制造业和节能环保产业，限制发展高耗能产业，提高能源利用效率。

第六条　市和区、县发展改革部门主管本行政区域内的节能监督管理工作，负责节能综合协调，组织拟定本市节约能源综合规划，按照职责分工组织实施节能监察和考核工作。

发展改革部门所属的节能监察机构具体实施节能监察工作。

经济和信息化、住房和城乡建设、交通、公共机构节能管理、市政市容、规划、科技、财政、质量技术监督、统计、农业等部门在各自的职责范围内负责节能监督管理工作，并接受同级发展改革部门的指导。

第七条 本市鼓励、支持节能科学技术的研究、开发、示范应用及推广，促进节能技术的创新与进步。

鼓励、支持开发利用新能源、可再生能源。

第八条 市发展改革部门应当会同有关部门和社会组织，开展节能宣传和教育，通过国民教育和培训体系、节能宣传周、节能社区、节能家庭、志愿者服务等形式，普及节能科学知识，增强公众的节能意识，倡导节约型的消费方式。

新闻媒体应当加强宣传节能法律、法规、政策和节能知识，对浪费能源的行为进行舆论监督。

本市在每年六月开展节能宣传周活动。

第二章 节能管理

第九条 市和区、县人民政府建立议事协调机制，统筹协调、组织推动本地区节能工作，研究解决节能工作中的重大问题。

第十条 本市实行节能目标责任制和节能考核评价制度。市人民政府根据节能中长期专项规划和年度节能计划，与区、县人民政府签订节能目标责任书，将节能目标完成情况作为对区、县人民政府及其负责人考核评价的内容。

节能目标、节能考核评价标准应当结合各区、县发展水平、区域功能定位和各类能耗所占比重等因素，科学合理地制定。

第十一条 经济和信息化、住房和城乡建设、交通、公共机构节能管理、市政市容等部门会同发展改革部门，根据本市节能中长期专项规划，分别编制工业、民用建筑、交通运输、公共机构、供热等领域或者系统的节能规划，报市人民政府批准后实施。

节能规划应当包括编制依据、节能目标、重点任务、保障措施等内容。

第十二条 本市节能领域严格执行国家标准、行业标准。没有国家标准、行业标准，本市需要制定地方标准的，或者本市需要制定严于强制性国家标准、行业标准的地方标准的，由市质量技术监督部门、有关行政部门依法组织制定。本市制定的地方节能标准应当公布，并根据经济社会发展情况适时修订。

第十三条 本市按照国家规定实行固定资产投资项目节能评估和审查制度。达到国家规定的规模和标准的项目，由市发展改革部门组织节能评估并出具节能审查意见。

固定资产投资项目的建设单位和设计单位，应当按照节能强制性标准及节能审查意见进行建设项目的设计。施工图设计文件审查机构应当按照节能强制性标准及节能审查意见对施工图设计文件进行审查。

固定资产投资项目的施工单位、监理单位和建设单位，应当按照审查合格的施工图设计文件进行施工、监理和竣工验收。

第十四条 市经济和信息化部门编制工业结构调整目录，指导用能单位对耗能过高的用能产品、设备和生产工艺实施技术改造。

第十五条 禁止生产、进口、销售国家明令淘汰或者不符合强制性能源效率标准的用能产品、设备；禁止使用国家明令淘汰的用能设备、生产工艺。

第十六条 质量技术监督部门按照国家规定对高耗能特种设备的设计、制造、安装、改造、维修、使用及检验检测实行节能审查和监管。

第十七条 市统计部门建立健全能源统计制度和能源统计指标体系，定期发布主要耗能行业的能源消费和节能情况等信息。

第十八条 市发展改革部门建立统一的节能公共服务网站，公布节能政策法规、节能服务机构名录，宣传节能知识，介绍节能技术和产品，披露违反节能法律、法规行为的信息，促进节能信息资源共享。

第十九条 政府部门可以委托行业协会、节能服务机构开展节能宣传培训、信息咨询和技术推广等工作。

第二十条 本市建立和完善节能服务体系。支持节能服务机构开展节能咨询、设计、评估、检测、审计、认证等活动，开展节能知识宣传和节能技术培训，提供节能信息、节能示范和其他公益性节能服务。

节能服务机构应当按照法律规定和合同约定从事节能服务活动，提高服务质量，保障提供的信息真实准确。

市和区、县人民政府及负有节能监督管理职责的部门制定与节能有关的政策和标准时，应当听取节能服务机构的意见。

第二十一条 本市推行合同能源管理，发展节能服务产业。节能服务机构通过与用能单位签订节能服务合同，为用能单位提供节能诊断、融资、改造等服务，并按照合同约定与用能单位分享节能效益。

本市将合同能源管理项目纳入有关专项资金支持范围。对采用合同能源管理方式实施的节能改造项目，按照国家和本市有关规定，给予税收扶持和补助、奖励。

用能单位采用合同能源管理方式支付节能服务机构的支出，按照国家会计制度的规定予以列支。

鼓励金融机构根据节能服务机构的融资需求特点，创新信贷产品，拓宽担保品范围，简化申请和审批手续，为节能服务机构提供项目融资、保理等金融服务。

第二十二条 任何单位和个人应当依法履行节能义务，有权举报浪费能源的违法行为。

负有节能监督管理职责的部门应当公布举报电话、电子邮箱或者其他联系方式；接到举报，应当完整地进行记录，及时调查核实并依法作出处理。

负有节能监督管理职责的部门应当为举报人保密；对举报属实、为查处违法案件提供线索和证据的举报人给予奖励。

第三章 合理使用与节约能源

第二十三条 用能单位应当加强用能管理，采取技术上可行、经济上合理及环境和社会可承受的措施，降低能源消耗，减少排放，有效、合理地利用能源，制止能源浪费。

第二十四条 用能单位应当做好以下工作：

（一）建立节能目标责任制和节能奖惩制度；

（二）制定并实施节能计划和节能技术措施；

（三）建立月度能源消费统计台账和能源利用状况分析制度；

（四）定期开展节能教育和岗位节能培训。

年综合能源消费总量2000吨以上不满1万吨标准煤的用能单位，除市发展改革部门指定的重点用能单位外，应当每年向所在地的区、县发展改革部门报送能源利用状况报告。

第二十五条 用能单位应当加强能源计量管理，按照规定配备和使用经依法检定合格的能源计量器具，记录和汇总能源计量原始数据，确保数据真实、完整。

第二十六条 供热单位应当加强供热系统节能管理，对供热系统进行定期检查、维护和更新改造，提高供热系统效率。

第二十七条 能源生产经营单位不得向本单位职工无偿提供能源。任何单位不得对能源消费实行包费制。

第二十八条 本市鼓励用能单位与同行业的能源效率先进水平指标进行对比，强化节能管理，实施节能技术改造，优化用能结构，提高能源利用效率。

有关行业协会应当为会员单位进行能效指标对比和优化节能管理提供指导和咨询服务。

第二十九条 本市鼓励工业企业采用高效、节能的电动机、锅炉、窑炉、风机、泵类等设备，采用热电联产、余热余压利用、洁净煤以及先进的用能监测和控制等技术。

第三十条 电网企业应当按照国家规定的并网技术标准，加强电网建设，提高吸纳可再生能源电力的能力，为可再生能源发电提供上网服务。

第三十一条 建筑所有权人或者使用权人应当保证建筑用能系统正常运行，不得人为损坏建筑围护结构和用能系统。

第三十二条 本市在民用建筑领域推广太阳能利用系统，其中，新建保障性住房、政府投资的公共建筑，以及在小城镇、工业园区建设中应当率先推广使用。新建民用建筑安装太阳能利用系统或者预留安装位置的，应当符合国家和本市有关太阳能利用系统与建筑一体化设计、施工的技术标准，并与建筑主体工程同步设计、同步施工、同步验收。具体办法由市住房和城乡建设部门会同有关部门制定，报市人民政府批准后执行。

本市推广太阳能在新农村建设中的普及和应用；开展示范项目，支持农业生产、农民生活与太阳能利用相结合。

支持太阳能利用项目的补贴办法按照市人民政府有关规定执行。

第三十三条 既有居住建筑不符合民用建筑节能强制性标准的，在尊重该建筑所有权人意愿的基础上，逐步实施节能改造。节能改造费用由政府、建筑所有权人共同负担。

住房和城乡建设部门制定既有居住建筑节能改造计划，明确节能改造的范围、要求和项目实施单位，报同级人民政府批准后执行。

第三十四条 居住建筑以外的其他既有民用建筑不符合民用建筑节能强制性标准的，在进行扩建、改建时，应当同步进行节能改造。

第三十五条 农民对住宅实施节能保温改造的，按照本市有关规定给予政策性资金扶持。

第三十六条 使用空调采暖、制冷的公共建筑应当改进空调运行管理，充分利用自然通风，并按照国家规定实行室内温度控制制度。

第三十七条 实行集中供热的建筑分步骤实行供热分户计量、按用热量收费的制度。新建建筑或者对既有建筑进行节能改造，应当按照规定安装用热计量装置、室内温度调控装置和供热系统调控装置。新建建筑未按照规定安装用热计量装置、室内温度调控装置和供热系统调控装置的，建设单位不得出具竣工验收合格报告。

第三十八条 公用设施、公共场所的照明和大型建筑物装饰性景观照明及其控制系统应当优先使用节电的技术、产品和新能源，按照节能要求降低照明能耗。

第三十九条 本市促进各种交通运输方式协调发展和有效衔接，优化交通运输结构，建设节能型综合交通运输体系；推进交通信息化建设，建设智能交通运输管理系统，逐步提高交通运行效率。

第四十条 本市优先发展公共交通、轨道交通，推广大容量快速公交系统，科学规划调整公共交通线路布局，优化城市道路网络系统。

第四十一条　本市鼓励和支持公共交通等公共服务行业优先采购和使用电动车、混合动力车、天然气车等节能环保型汽车。

第四十二条　公共机构应当落实下列节能管理工作：

（一）制定年度节能目标和实施方案，有针对性地采取节能管理或者节能改造措施；

（二）带头使用节能产品和设备，提高能源利用效率；

（三）加强能源消费计量和监督管理，定期报告能源消费状况；

（四）对重点用能部位的用能情况实行监测，采取有效措施降低能耗。

公共机构负责人对本单位节能工作全面负责。

第四十三条　公共机构新建建筑和既有建筑节能改造，应当使用新型墙体材料等节能建筑材料和节能设备。具备可再生能源利用条件的，应当安装和使用可再生能源利用系统。

发展改革部门应当安排对公共机构既有建筑的节能改造投资。

第四十四条　本市推广绿色建筑标准。鼓励、支持新建民用建筑执行绿色建筑标准；鼓励、支持既有民用建筑通过改造达到绿色建筑标准。具体办法由市住房和城乡建设部门会同有关部门制定，报市人民政府批准后执行。

第四十五条　公共机构节能管理部门制定公共机构能源消耗定额标准，对公共机构实行能源消耗定额管理制度。能源消耗定额标准应当根据经济社会发展状况定期调整。

第四十六条　公共机构和大型公共建筑应当安装能源消耗计量装置，实行能源消耗分类、分项计量和能源审计制度。

公共机构和大型公共建筑的能源消耗情况按照国家有关规定向社会公布。

第四十七条　市发展改革部门按照国家规定加强对重点用能单位的节能管理，并于每年6月底前会同统计部门向社会公布全市重点用能单位的能源利用状况。

第四十八条　市发展改革部门在年综合能源消费总量5000吨以上不满1万吨标准煤的用能单位中指定重点用能单位，并会同统计部门公布具体名单。

市发展改革部门指定的重点用能单位在每年3月底前向市发展改革部门报送上年度的能源利用状况报告。

市发展改革部门应当组织对重点用能单位报送的能源利用状况报告进行审查。对节能管理制度不健全、节能措施不落实、未完成年度节能考核目标、能源利用效率低的重点用能单位，发展改革部门应当开展现场调查，组织实施用能设备能源效率检测，责令实施能源审计，并提出书面整改要求，限期整改。

第四十九条　能源审计主要包括下列内容：

（一）查阅用能系统、设备台账资料，核对能源消耗计量记录；

（二）检查用能系统、设备及能源计量器具的运行状况，审查节能管理制度及能源消耗定额执行情况；

（三）查找存在节能潜力的用能环节或者部位，提出合理使用能源的建议。

第五十条　重点用能单位应当设立能源管理岗位，按照国家规定的条件聘任能源管理负责人，并报所在地的区、县发展改革部门和有关部门备案。

能源管理负责人应当接受节能培训。

第五十一条　政府有关部门可以采用在线监测和现场检测等方式，掌握公共机构、大型公共建筑、重点用能单位和其他用能单位的用能情况。有关用能单位应当予以配合。

政府有关部门应当加强节能监测，并利

用在线监测系统或者通过现场检测等方式，为用能单位提供指导和服务。

第四章 节能技术进步

第五十二条 市和区、县人民政府应当把节能技术研究开发作为政府科技投入的重点领域，支持开展节能技术应用研究，开发节能共性和关键技术，促进节能技术创新与成果转化。

鼓励开展节能和可再生能源技术与信息的国际交流合作。

第五十三条 市发展改革部门会同有关部门制定并公布节能技术和产品的推广目录；市住房和城乡建设部门按照国家规定制定并公布推广使用、限制使用和禁止使用的民用建筑材料目录。

第五十四条 本市鼓励和支持研究开发交通节能技术和产品，推广节油技术和新能源汽车。

第五十五条 本市按照因地制宜、多能互补、综合利用、讲求效益的原则，发展和推广太阳能、生物质能、地热能和风能等可再生能源利用技术。

第五章 激励措施

第五十六条 市人民政府应当安排节能专项资金，支持节能技术研究开发、节能技术和产品的示范与推广、重点节能工程的实施、节能技术改造、节能宣传培训、信息服务和表彰奖励等。

第五十七条 市和区、县人民政府应当安排民用建筑节能资金，支持民用建筑节能的科学技术研究和标准制定、既有建筑围护结构和供热系统的节能改造、可再生能源的应用，以及民用建筑节能示范工程、节能项目的推广。

第五十八条 本市鼓励采用高效照明、高效电机、蓄能设备等节能技术和产品；推广节能自愿协议、电力需求侧管理等节能办法。具体奖励和补助办法由市人民政府另行制定。

第五十九条 本市实行有利于节能和开发利用可再生能源的价格政策，逐步建立和完善能耗超限额加价制度和能源阶梯价格制度，引导用能单位和个人节能。

第六十条 政府采购监督管理部门会同有关部门制定节能产品、设备政府采购名录。公共机构应当优先采购列入政府采购名录中的产品、设备。

第六十一条 本市引导金融机构增加对节能项目的信贷支持，为符合条件的节能技术研究开发、节能产品生产及节能技术改造等项目提供优惠贷款；引导社会有关方面加大对节能的资金投入，加快节能技术改造；逐步开展节能量指标交易。

第六十二条 本市鼓励和支持消费者购买和使用能源效率等级较高或者有节能认证标志的用能产品。

第六十三条 市和区、县人民政府对在节能工作中取得显著成绩或者作出突出贡献的单位和个人，给予表彰和奖励。

第六章 法律责任

第六十四条 固定资产投资项目建设单位开工建设不符合强制性节能标准的项目或者将该项目投入生产、使用的，由发展改革部门责令停止建设或者停止生产、使用，限期改造；不能改造或者逾期不改造的生产性项目，由发展改革部门报请同级人民政府按照国务院规定的权限责令关闭。

第六十五条 使用国家明令淘汰的用能设备或者生产工艺的，由发展改革部门责令停止使用，没收国家明令淘汰的用能设备；情节严重的，可以由发展改革部门提出意见，报请同级人民政府按照国务院规定的权限责令停业整顿或者关闭。

依法没收的国家明令淘汰的用能设备，交由指定单位解体处理。

第六十六条 节能服务机构从事节能咨询、设计、评估、检测、审计、认证等活动提供虚假信息的，由发展改革部门责令改正，没收违法所得，并处5万元以上10万元以下罚款，并将违法行为信息记入本市企业信用信息系统。

第六十七条 用能单位未按照规定配备、使用能源计量器具的，由质量技术监督部门责令限期改正；逾期不改正的，处1万元以上5万元以下罚款。

第六十八条 瞒报、伪造、篡改能源统计资料或者编造虚假能源统计数据的，依照《中华人民共和国统计法》的规定处罚。

第六十九条 能源生产经营单位无偿向本单位职工提供能源或者对能源消费实行包费制的，由发展改革部门责令限期改正；逾期不改正的，处5万元以上20万元以下罚款。

第七章 附 则

第七十条 本办法自2010年7月1日起施行。

关于《北京市实施〈中华人民共和国节约能源法〉办法（修订草案）》的说明

——2009年12月29日在北京市第十三届人民代表大会常务委员会第十五次会议上

北京市发展和改革委员会主任 张 工

主任、各位副主任、秘书长、各位委员：

我受市人民政府的委托，现就《北京市实施〈中华人民共和国节约能源法〉办法（修订草案）》（以下简称修订草案）作如下说明。

一、关于修订的必要性

《北京市实施〈中华人民共和国节约能源法〉办法》（以下简称实施办法）自1999年12月1日施行以来，市政府及其有关部门高度重视，从规划指导、产业结构调整、技术推广等方面做了大量工作，强化了全社会的节能意识，取得了较好的节能效果。全市万元GDP能耗由“九五”末（2000年年底）的1.31吨标准煤下降到“十五”末（2005年年底）的0.80吨标准煤，降幅位居全国各省市第二位；“十一五”前3年，全市万元GDP能耗由2006年的0.75吨标准煤，下降到2008年的0.66吨标准煤，3年累计下降17.53%，是全国唯一连续3年完成节能目标的省市。随着本市经济社会的快速发展，能源短缺已经成为制约本市经济社会发展的重要因素，能源形势日益严峻，节能工作面临许多新情况和新问题，实施办法已经不能完全适应当前以及今后节能工作的需要，有必要对实施办法进行修订。

（一）修订实施办法是贯彻实施节能法等法律、法规，维护国家法制统一的需要

自2006年以来，全国人大修订了《中华人民共和国节约能源法》（以下简称节能法），国务院陆续颁布了《关于加强节能工作的决

定》、《民用建筑节能条例》和《公共机构节能条例》，上述法律、法规都对节能工作提出了新要求。特别是新修订的节能法与原节能法相比，主要有5个方面的变化：一是扩大了调整范围；二是健全了节能管理制度和标准体系；三是完善了促进节能的经济政策；四是明确了节能管理和监督主体；五是强化了法律责任。为了维护国家法制统一，进一步细化节能法等法律、法规，增强其可操作性，突出地方特色，需要对实施办法进行修订。

（二）修订实施办法是实现“人文北京、科技北京、绿色北京”和建设资源节约型环境友好型社会的需要

本市节能工作虽然取得了一定成绩，但仍然面临一些困难和问题，主要表现在：一是低能耗、低污染的高端产业结构已经基本形成，“以退促降”空间有限，“内涵促降”压力较大；二是第三产业和生活能耗比重增速较快，能耗总量已超过全市能源消费的50%，急需节能管理手段；三是节能新技术和新产品的应用和推广还面临着较大制约和障碍，需要通过有效措施增强科技进步对节能的支撑和引领作用；四是当前推进节能工作，仍主要依靠行政手段，节能工作缺乏行之有效的激励约束机制和市场服务体系。修订实施办法，转变经济增长方式，大力推进节能工作，是实现“人文北京、科技北京、绿色北京”的必然要求，是建设资源节约型环境友好型社会重要的制度保障。

（三）修订实施办法是落实国家“十一五”规划纲要，完成国家节能考核目标的需要

国家“十一五”规划纲要将“十一五”期间单位国内生产总值能耗下降20%左右作为约束型性目标，国务院将全国“十一五”节能目标分解落实到各省、自治区和直辖市，并自2007年起由国家有关部门负责对各省、自治区和直辖市节能目标完成情况进行考核，节能目标完成情况将作为对地方人民政府及其负责人考核评价的内容。从目前看，不仅“十一五”期间，“十一五”以后仍然要实行节能目标责任制和考核评价制度。在国家对本市的几次检查中，提出的建议主要有：一是建立节能工作领导机构，进一步提高统筹协调能力；二是抓紧修订实施办法，为节能工作提供制度基础；三是落实节能奖励制度，开展节能表彰奖励，发挥先进典型的示范作用；四是创新体制机制，探索三产和生活领域的节能管理方法和手段。

二、关于修订草案的起草过程

根据立法计划安排，2008年6月，市发展改革委和市政府法制办组成了修订草案起草小组。起草小组拟定了详细的工作计划，就本市节能情况开展了广泛调研，认真学习了节能法等有关法律、法规，梳理了本市节能工作存在的问题和节能管理工作中行之有效的做法，并对有关问题进行专题研究。2008年9月，修订实施办法通过了市人大的立项论证。

为了提高立法质量，起草小组组织召开了重点用能企业、节能中介机构、公共机构、有关部门、区县发展改革委、节能专家等7个座谈会；实地走访了燕京啤酒公司、华能北京热电有限公司等重点用能单位；采取书面和上门征求意见的形式，征求相关委、办、局对立法的需求和修改意见；委托北京节能环保促进会召开了3个不同层面的座谈会。有关部门的领导同志对修订工作高度重视，专门听取了立法工作进展情况汇报，两次召开扩大会，听取有关部门的意见和建议。经过反复讨论修改，形成了修订草案送审稿，报送市政府审查。

市政府审查期间，将修订草案送审稿全

文及说明在首都之窗网站上公开向社会征求意见；书面征求了市经济信息化、住房城乡建设、规划、市政市容、交通等25个政府部门和18个区、县人民政府的意见；召开了市政府法律专家工作组会议，对有关问题进行了法律审查和论证。在充分听取和吸收各方面意见和建议的基础上，形成了修订草案。在起草过程中，市人大财经办、法制办自始至终参加修订草案的起草工作并给予了具体指导。修订草案已经2009年10月25日第51次市政府常务会议审议通过。

三、关于立法的指导思想和原则及修订草案的主要内容

本次立法指导思想和原则是：落实节约资源基本国策，以提高能源利用效率为核心，以调整产业结构和民用建筑、交通运输、公共机构等领域为着力点，以制度创新、政策引导、宣传教育和行政监管为保障，调动市场主体和公众参与节能的积极性，为促进首都经济社会全面协调可持续发展，提供制度保障。

修订草案对节能法等法律、法规已有明确规定的，除一些重大原则条款外，一般不再重复；对需要进一步明确和工作中亟待解决的突出问题，根据有关节能法律、法规，结合本市实际情况作出具体规定，突出北京特色。修订草案共7章63条，分别为：总则、节能管理、合理使用与节约能源、节能技术进步、激励措施、法律责任、附则。主要内容有：

（一）明确了节能监督管理体制

原实施办法主要是调整工业领域的节能，修订草案根据节能法和本市实际情况，将调整范围扩大到民用建筑、交通运输、公共机构等领域，并明确了主管和分管相结合的节能监督管理体制。如发展改革部门主管本行政区域内的节能监督管理工作，经济信息化、住房城乡建设、规划、市政市容、交通等部门在各自的职责范围内负责节能监督管理工作（第八条）；同时根据国务院的要求，明确规定了市和区、县人民政府建立议事协调机制（第九条）。

（二）补充完善了节能基本制度

修订草案根据节能法的规定，对固定资产投资项目节能评估和审查制度（第十三条）、公共建筑室内温度控制制度（第三十二条）、重点用能单位节能管理办法（第四十一条）等内容作了补充和细化；还结合本市实际情况，创设了部分节能制度，主要有：一是能效指标对比制度。通过与同行业的能源效率先进水平指标进行对比，实施节能技术改造，优化用能结构（第二十六条）；二是用能监测制度。采用现场和在线监测等方式，掌握公共机构、重点用能单位、大型公建的用能情况（第四十五条）；三是目录管理制度。公布节能技术和产品的推广目录，公布推广使用、限制使用和禁止使用建筑材料目录（第四十七条）。同时，规定了制定行业节能规划（第十一条）、完善地方节能标准（第十二条）等措施。

（三）细化了建筑和交通运输等重要领域的节能措施

从本市的现状看，建筑和交通运输已成为能源消费的重要领域，公共机构是能源消费的重要部门，突出抓好上述领域的节能工作，对于缓解日益严峻的能源形势，推动全社会节能，将起到重要作用。对此，修订草案规定了具体管理措施。一是在建筑领域，建筑所有权人或者使用权人应当保证建筑用能系统正常运行（第二十九条）、实行集中供热的建筑分步骤实行供热分户计量、按照用热量收费的制度（第三十三条）等；二是在交通运输领域，建设节能型综合交通运输体系（第三十四条）、优先发展公共交通，鼓励

利用非机动交通工具出行（第三十五条）等；三是在公共机构，节能工作由本单位负责人全面负责及具体工作要求（第三十七条）、实行能源消耗定额管理制度（第三十九条）等。

（四）拓宽了全社会参与节能渠道

抓好全社会的节能，必须增强全民的节能意识。为了培养全民的节能意识，修订草案规定：一是通过开展节能宣传周、创建节能社区等形式，普及节能科学知识，增强公众节能意识（第六条）；二是新闻媒体应当加强宣传节能法规、政策和节能知识，对浪费能源的行为进行舆论监督（第七条）；三是建立了浪费能源的举报投诉制度，规定任何单位和个人都有权检举浪费能源的行为（第七条）。

（五）加大了政策激励力度

加强节能工作，需要政府采取激励政策加以引导和推动。修订草案根据节能法规定的主要激励措施有：一是安排节能专项资金，支持节能技术研究开发、节能产品的示范与推广、节能宣传培训、表彰奖励等（第五十条）；二是安排民用建筑节能资金，用于支持民用建筑节能既有建筑围护结构和供热系统的节能改造、可再生能源的应用（第五十一条）；三是推广合同能源管理、节能自愿协议、电力需求侧管理等节能办法（第五十二条）；四是实行有利于节能和开发利用可再生能源的价格政策（第五十三条）等。

（六）完善了可再生能源利用途径

开发利用可再生能源，是节约常规能源的重要途径。为进一步推动可再生能源利用工作，修订草案规定：一是具备太阳能利用条件的新建居住建筑，应当安装太阳能热水系统（第三十条）；二是公共机构在新建建筑和既有建筑节能改造中，具备可再生能源利用条件的，应当安装和使用可再生能源利用系统（第三十八条）；三是本市按照因地制宜、综合利用的原则，发展和推广沼气、太阳能、生物质能、地热能和风能等可再生能源利用技术（第四十九条）等。

（七）强化了法律责任

修订草案根据节能法的规定，对使用国家明令淘汰的用能设备或者生产工艺（第五十八条）、节能服务机构提供虚假信息（第五十九条）、用能单位未按照规定配备、使用能源计量器具（第六十条）、能源生产经营单位无偿向本单位职工提供能源（第六十二条）等行为设定了法律责任。

修订草案已印送各位委员，请审议。

市人大财政经济委员会关于《北京市实施〈中华人民共和国节约能源法〉办法（修订草案）》审议意见的报告

——2009年12月29日在北京市第十三届人民代表大会常务委员会第十五次会议上

市人大财政经济委员会主任委员　王　火

主任、各位副主任、秘书长、各位委员：

2009年11月，市人大财政经济委员会收到市人民政府提请市人大常委会审议的《北京市实施〈中华人民共和国节约能源法〉办法（修订草案）》（以下简称《办法（修订草案）》）后，书面征求了十八个区县人大常委会、市人大常委会相关委室的意见；召开座谈会分别听取了全国人大财经委、国家发展和改革委能源研究所、市政府有关委办局、部分供能用能企业和节能中介机构负责人、法律专家、节能领域专家、部分委员和代表的意见和建议；在北京市人大常委会门户网站上公开征求了社会各界的意见和建议。12月8日，市人大财政经济委员会召开第十六次会议，对《办法（修订草案）》进行了审议，现将审议意见报告如下。

财政经济委员会指出，北京是全国第二大能源消费城市，也是全国唯一连续三年完成节能目标的省市，节能工作具有较好的基础。但能源形势依然严峻，一些能源浪费情况还比较严重，部分领域能源消耗缺乏有效的管理手段，新技术推广和新能源开发存在一定困难，激励约束机制还需完善，这些困难和问题已经制约和影响本市经济社会的可持续发展。2008年4月1日，新颁布实施的《中华人民共和国节约能源法》（以下简称节能法）在管理领域、标准体系、监管制度、激励机制和法律责任等方面作了重要修订，建筑节能、交通运输节能和公共机构节能、节能标准体系和监管制度、能源消耗的源头控制等内容得到进一步明确。今年11月26日，我国正式对外宣布减排量化的行动目标，决定到2020年单位国内生产总值二氧化碳排放比2005年下降40％—45％，这对节能减排工作提出了更高的目标和要求。新的形势下，推进节能降耗是北京贯彻落实科学发展观，建设“人文北京、科技北京、绿色北京”，加快转变经济发展方式的必然要求。加强节能法制建设是推进节能工作的有力保障。为了更好地贯彻落实新修订的节能法，推动全市节约能源，保护和改善环境，结合本市实际，及时修订我市的实施办法十分必要。

财政经济委员会认为，实施办法的修订根据立项论证报告和主任会议对立法思路及主要内容提出的要求，立足我市能源发展战略和建设资源节约型环境友好型社会目标，注重解决实际工作中存在的问题，吸收了节能领域一些行之有效的做法。《办法（修订草案）》细化了节能法关于固定资产投资项目节能评估和审查、重点用能单位节能管理、能源审计等方面的内容；结合本市节能工作实践，创设了能效指标对比、在线监测、现场监测等节能制度，并推广合同能源管理、节能自愿协议、电力需求侧管理等节能办法；在原有工业节能规定的基础上，对建筑、交通运输等重要领域的节能措施作了补充细化规定；明确了主管和分管相结合的节能监督管理体制。《办法（修订草案）》的内容较为全面，符合本市实际情况，具有可操作性。《办法（修订草案）》基本成熟。

财政经济委员会在审议过程中，对《办法（修订草案）》提出了以下具体修改意见和建议。

一、关于法律适用

《办法（修订草案）》第二条规定了对本市行政区域内节约能源及其相关活动应当遵守的法律、法规。鉴于国家节能方面的法律和行政法规较多，难以逐一列举。按照地方立法技术规范，建议对本条进行修改，具体表述为：“本办法适用于本市行政区域内节约能源及其相关管理活动。”

二、关于节能工作遵循的原则

《办法（修订草案）》第三条第二款规定“节能工作遵循政府引导、市场调节、技术推动、社会参与的原则”。其中表述为技术推动，范围偏窄，与建设科技北京的提法也不一致；在强调社会参与的同时，应当突出公众参与节能的作用。建议对本款进行修改，具体表述为："节能工作遵循政府引导、市场调节、科技推动、社会协同、公众参与的原则。"

三、关于节能宣传周

为提高公众的节能环保意识，营造良好的社会氛围，需要继续加强节能方面的教育，广泛开展节能环保宣传活动，其中节能宣传周是一种十分有效的方式。根据国务院关于开展节能宣传周活动的有关要求和近年来本市节能宣传教育活动的实际，有必要通过立法将节能宣传周确定下来。建议增加一款作为《办法（修订草案）》第六条第三款，具体表述为："每年六月份的第二周为本市节能宣传周。"

四、关于检举浪费能源行为的有关规定

检举浪费能源的行为是公众参与节能工作，加强对违反节能法律、法规行为监督的一种有效形式。《办法（修订草案）》第七条对此进行了相应规定，但未对举报的途径、处理的程序等内容作出具体规定，不利于实际操作。建议增加相关内容作为第七条第二款，具体表述为："节能监督管理部门应当公布受理举报的联系方式，对举报的行为及时调查处理。对举报浪费能源的重大违法行为经查证属实的，节能监督管理部门应当对举报人给予奖励。"

五、关于节能监督管理体制

《办法（修订草案）》第九条第一款对市和区县人民政府建立议事协调机制作了规定，第二款对发展改革部门所属的节能监察机构职责作了规定，两款规范的是两个不同层次的职责，内容缺乏必然联系。建议将第九条第二款与第八条第一款合并，作为第八条第一款，具体修改为："市和区、县发展改革部门主管本行政区域内的节能监督管理工作，所属的节能监察机构应当做好本地区的节能监察工作。"

六、关于固定资产投资项目的审核

《办法（修订草案）》第十三条、第十四条对固定资产投资项目的节能管理内容进行了细化和补充。为进一步增强条款之间的逻辑性，建议将第十三、十四条合并为一条，对固定资产投资项目的节能管理进行统一规定。同时，第十三条第二款在节能法中已有相同表述，本办法可以不再重复。具体表述为："本市按照国家规定实施固定资产投资项目节能评估和审查制度，达到国家规定的规模和标准的项目，由市发展改革部门组织节能评估并出具审查意见。

"固定资产投资项目的建设单位和设计单位，应当按照节能强制性标准及节能审查意见进行建设项目的设计。施工图设计文件审查机构应当按照节能强制性标准及节能审查意见对施工图设计文件进行审查。

"固定资产投资项目的建设单位、施工、监理单位应当按照审查合格的施工图设计文件进行施工、监理和竣工验收。"

七、关于供热单位的节能

加强供热环节节能管理也是我市节能工作的重要方面。目前，城市的部分供热管网等设施设备因使用时间较长，已经陈旧老化，一些技术和生产工艺比较落后，热效率较低，供热领域的能源大量流失现象比较严重，需

要供热单位加强对供热系统的科学管理，提高能源利用效率。建议在《办法（修订草案）》第二十五条前增加一条，具体表述为："供热单位应当加强供热系统节能管理，对供热系统进行定期检查、维护和更新改造，提高供热系统效率。"

八、关于太阳能利用

随着太阳能利用技术日趋成熟，太阳能作为一种资源丰富、清洁的可再生能源，在本市生产生活领域得到更大范围的使用成为可能。太阳能的大量使用也成为经济社会发展、居民生活水平提高的内在要求。为突出生态文明理念，按照建设"绿色北京"的目标，本市应当进一步提高太阳能在居住建筑中的利用程度。特别是应当对保障性住房的太阳能使用进行严格的统一规定，以有效地发挥保障性住房实用、经济等特点，更好地改善人民群众的居住条件。《办法（修订草案）》第三十条关于具备太阳能利用条件的新建居住建筑，应当安装太阳能热水系统的规定过于笼统，而且仅限为太阳能热水系统也范围过窄，不利于今后太阳能的综合利用。建议对《办法（修订草案）》第三十条进行修改，具体表述为："本市新建的保障性住房应当安装太阳能采集利用系统。具备太阳能利用条件的其他新建居住建筑，应当安装太阳能采集利用系统。太阳能采集利用系统应当与建筑主体工程同步设计、同步施工、同步验收。

"新建居住建筑太阳能利用的具体办法，由市住房城乡建设部门会同市政府有关部门制定。"

九、关于既有民用建筑的节能改造

对不符合民用建筑节能强制性标准的既有居住建筑进行节能改造，是有效降低建筑能耗的重要途径之一。《办法（修订草案）》中对既有居住建筑节能改造作了规定。但是考虑到既有居住建筑改造涉及面广，情况比较复杂，在实际操作中需要有更加详细、具体的规定。另外，现有公共建筑中，占总面积三分之二的建筑（约1.5亿平方米），是在2005年国家颁布公共建筑节能设计标准之前建设施工的。由于当时没有统一规范的节能设计要求，很多建筑达不到现有的民用建筑节能标准，需要逐步进行节能改造。因此，应当对公共建筑的节能改造加以规范和要求，进一步推动全市建筑节能改造工作。建议对《办法（修订草案）》第三十一条作相应修改，具体表述为："既有居住建筑不符合民用建筑节能强制性标准的，在尊重该建筑所有权人意愿的基础上，结合扩建、改建，逐步实施节能改造。节能改造费用，由政府、建筑所有权人共同负担。

"居住建筑以外的其他既有民用建筑不符合民用建筑节能强制性标准的，在进行扩建、改建时，应当同步进行节能改造。

"住房城乡建设部门制定既有建筑节能改造计划，明确节能改造的范围和要求，报同级人民政府批准后组织实施。

"本市既有建筑节能改造的具体办法由市住房城乡建设部门会同市政府有关部门制定。"

十、关于新建建筑用热计量等装置的有关规定

加快实施用热分户计量，是推动供热体制改革的重要内容之一，也是供热节能的重要方法。《办法（修订草案）》第三十三条对安装室内温度调控和供热系统调控装置作了具体要求，但对未按规定进行安装的没有相应的管理措施。为强化建设单位管理责任，

加大行政主管部门监督力度，增强法规的实用性和可操作性。建议第三十三条增加相关内容，具体修改为："对实行集中供热的建筑分步骤实行供热分户计量、按照用热量收费的制度。新建建筑或者对既有建筑进行节能改造，应当按照规定安装用热计量装置、室内温度调控装置和供热系统调控装置。新建建筑未按规定安装用热计量装置、室内温度调控装置和供热系统调控装置，建设单位不得组织竣工验收和交付使用，住房城乡建设部门不予办理竣工验收备案。"

十一、关于节能资金的投入

《办法（修订草案）》第五十条第二款规定"其他专项资金应当加大对节能领域的投入"。专项资金是具有指定用途或特殊用途的资金，专款专用。不宜在《办法（修订草案）》中对其他专项资金加大对节能领域的投入进行规定。建议改为："其他资金应当加大对节能领域的投入。"

十二、关于制定统一的激励措施具体办法

《办法（修订草案）》第二十六条、二十七条、三十五条、三十六条、四十八条及第五章都对节能鼓励、支持措施作了原则规定，但仅在第五十二条针对节能技术、节能办法推广，作出市人民政府制定具体奖励和补助办法的规定。为了推进各项鼓励、支持措施的落实，提高办法可操作性，建议由市人民政府根据办法相关条款的原则规定，制定统一的办法对激励措施加以细化。建议删去第五十二条有关"具体奖励和补助办法由市人民政府另行制定"的表述，增加一条作为《办法（修订草案）》第五十七条，具体表述为："鼓励、支持节能的具体办法由市人民政府另行制定。"

十三、关于将提供虚假信息的违法行为记录纳入企业信用信息系统

为进一步加强节能的监督管理，规范节能服务机构服务行为，增强企业信用观念，在对违法行为进行查处的同时，应当将从事节能评估、检测等服务提供虚假信息的违法行为纳入企业信用信息系统，提高企业守法自觉性。建议第五十九条增加相关内容，具体表述为："节能服务机构从事节能咨询、设计、评估、检测、审计、认证等服务提供虚假信息的，由发展改革部门责令改正，没收违法所得，处5万元以上10万元以下罚款，并将违法行为信息记入本市企业信用信息系统。"

除以上意见以外，财政经济委员会还对《办法（修订草案）》部分文字和条款顺序提出了一些修改建议。

以上审议意见，供常委会审议《办法（修订草案）》时参考。

市人大法制委员会关于《北京市实施〈中华人民共和国节约能源法〉办法（修订草案）》审议结果的报告

——2010年5月27日在北京市第十三届人民代表大会常务委员会第十八次会议上

市人大法制委员会副主任委员　张　引

主任、各位副主任、秘书长、各位委员：

2009年12月29日，市十三届人大常委会第十五次会议审议了《北京市实施〈中华人民共和国节约能源法〉办法（修订草案）》（以下简称修订草案）。有28位常委会组成人员、2位列席人大代表发表了意见。组成人员和代表认为，北京是全国第二大能源消费城市，也是全国唯一连续三年完成节能目标的省市，节能工作具有较好的基础。为了更好地贯彻落实新修订的节能法，推动全市节能减排工作，修订我市实施办法十分必要。修订草案的内容较为全面，符合实际，基本成熟。同时，对修订草案也提出了一些具体修改意见和建议。

会后，法制委员会有针对性地开展了一系列调研活动，会同有关部门通过座谈会、实地调研、书面征求意见等形式，听取了市政府有关部门、部分区县、基层单位和专家的意见。2010年5月4日，法制委员会召开会议，根据常委会审议意见、财经委员会审议意见和其他方面的意见进行审议，提出了进一步修改的意见。现将审议结果报告如下。

一、关于节能服务机构

修订草案第二十一条对节能服务机构开展服务作了义务性规定。有的委员提出，节能服务机构拥有专业技术能力和服务经验，在节能技术咨询、项目评估、向公众宣传节能知识等方面发挥了积极作用，建议增加促进节能服务机构发展的内容。根据委员意见，法制委员会建议将第二十一条修改为：“本市建立和完善节能服务体系。支持节能服务机构开展节能咨询、设计、评估、检测、审计、认证等活动，开展节能知识宣传和节能技术培训，提供节能信息、节能示范和其他公益性节能服务。

“节能服务机构应当按照法律规定和合同约定从事节能服务活动，提高服务质量，保障提供的信息真实准确。

“市和区、县人民政府及负有节能监督管理职责的部门制定与节能有关的政策和标准时，应当听取节能服务机构的意见。”（修订草案修改稿第二十条）

二、关于合同能源管理

合同能源管理是发达国家普遍推行的、运用市场手段促进节能的服务机制。其运作方式是，节能服务公司与用户签订能源管理合同，为用户提供节能诊断、融资、改造等服务，并以节能效益分享方式回收投资和获得合理利润。合同能源管理可以降低用能单位节能改造的资金和技术风险，充分调动用能单位节能改造的积极性，是行之有效的节能措施。最近国务院转发了国家发改委等部门《关于加快推行合同能源管理促进节能服务产业发展意见的通知（国办发〔2010〕25号）》。为了在本市推行这项机制，法制委员会建议增加这方面的内容，增加一条作为修订草案修改稿第二十一条，表述为："本市推行合同能源管理，发展节能服务产业。节能服务机构通过与用能单位签订节能服务合同，为用能单位提供节能诊断、融资、改造等服务，并按照合同约定与用能单位分享节能效益。

"本市将合同能源管理项目纳入有关专项资金支持范围。对采用合同能源管理方式实施的节能改造项目，按照国家和本市有关规定，给予税收扶持和补助、奖励。

"用能单位采用合同能源管理方式支付节能服务机构的支出，按照国家会计制度的规定予以列支。

"鼓励金融机构根据节能服务机构的融资需求特点，创新信贷产品，拓宽担保品范围，简化申请和审批手续，为节能服务机构提供项目融资、保理等金融服务。"

三、关于太阳能利用

修订草案第三十条规定："具备太阳能利用条件的新建居住建筑，应当安装太阳能热水系统。太阳能热水系统应当与建筑主体工程同步设计、同步施工、同步验收。"有的委员提出应当扩大太阳能利用范围。财经委员会建议明确新建的保障性住房应当安装太阳能采集利用系统。法制委员会认为，太阳能作为一种清洁、安全、可再生的绿色能源，在本市可再生能源利用中应用比例最高、发展潜力最大，但目前还处于发展推广阶段。为促进本市太阳能利用，市政府于2009年年底转发了市发改委等部门关于《北京市加快太阳能开发利用促进产业发展指导意见》。根据上述情况，法制委员会建议将修订草案第三十条修改为："本市在民用建筑领域推广太阳能利用系统，其中，新建保障性住房、政府投资的公共建筑，以及在小城镇、工业园区建设中应当率先推广使用。新建民用建筑安装太阳能利用系统或者预留安装位置的，应当符合国家和本市有关太阳能利用系统与建筑一体化设计、施工的技术标准，并与建筑主体工程同步设计、同步施工、同步验收。具体办法由市住房和城乡建设部门会同有关部门制定，报市人民政府批准后执行。

"本市推广太阳能在新农村建设中的普及和应用；开展示范项目，支持农业生产、农民生活与太阳能利用相结合。

"支持太阳能利用项目的补贴办法按照市人民政府有关规定执行。"（修订草案修改稿第三十二条）

四、关于既有建筑节能改造

修订草案第三十一条规定了既有居住建筑节能改造的原则。有的委员提出，既有建筑改造是节能工作的重点和难点，应当认真考虑各种建筑情况，在尊重所有权人意愿的基础上，明确各方应承担的责任，使条文更具有可操作性。财经委员会建议增加对公共建筑节能改造的规范和要求，进一步推动全市建筑节能改造工作。法制委员会认为，既有居住建筑节能改造是改善人民群众居住条件的惠民工程，不仅能节省能源，而且能够有效提高住房舒适度和生活质量，尤其对农村建筑实施的节能保温改造深受农民欢迎。为了保障这项工作的顺利进行，根据各方面意见，法制委员会建议将修订草案第三十一条修改为："既有居住建筑不符合民用建筑节能强制性标准的，在尊重该建筑所有权人意愿的基础上，逐步实施节能改造。节能改造费用由政府、建筑所有权人共同负担。

“住房和城乡建设部门制定既有居住建筑节能改造计划，明确节能改造的范围、要求和项目实施单位，报同级人民政府批准后执行。”（修订草案修改稿第三十三条）

同时，增加一条作为修订草案修改稿第三十四条：“居住建筑以外的其他既有民用建筑不符合民用建筑节能强制性标准的，在进行扩建、改建时，应当同步进行节能改造。”增加一条作为修订草案修改稿第三十五条：“农民对住宅实施节能保温改造的，按照本市有关规定给予政策性资金扶持。”

五、关于新建建筑安装用热计量等装置

修订草案第三十三条对安装室内温度调控和供热系统调控装置作了具体要求。财经委员会建议对未按规定进行安装的应当增加相应的管理措施。根据财经委员会意见，法制委员会建议将这条修改为：“实行集中供热的建筑分步骤实行供热分户计量、按用热量收费的制度。新建建筑或者对既有建筑进行节能改造，应当按照规定安装用热计量装置、室内温度调控装置和供热系统调控装置。新建建筑未按照规定安装用热计量装置、室内温度调控装置和供热系统调控装置的，建设单位不得出具竣工验收合格报告。”（修订草案修改稿第三十七条）

六、关于绿色建筑

绿色建筑是指民用建筑在达到建筑节能设计标准的基础上，进一步优化规划设计方案，采取技术措施，提高建筑物的节能、节地、节水、节材和环保水平，完善居住小区与医疗、教育、购物等要素的配套，减少污水、垃圾对外排放和交通流量，实现建筑物与周边环境的和谐。从新建建筑推行节能设计标准到推广绿色建筑，是建筑节能的深入和扩展。为了进一步推进这项工作，法制委员会建议增加有关绿色建筑的内容，增加一条作为修订草案修改稿第四十四条，表述为：“本市推广绿色建筑标准。鼓励、支持新建民用建筑执行绿色建筑标准；鼓励、支持既有民用建筑通过改造达到绿色建筑标准。具体办法由市住房和城乡建设部门会同有关部门制定，报市人民政府批准后执行。”

七、关于政府采购

有的委员提出，对一些比较好的节能产品，政府应当鼓励推广并率先垂范，将其列入政府采购名单。根据委员意见，法制委员会建议增加一条作为修订草案修改稿第六十条：“政府采购监督管理部门会同有关部门制定节能产品、设备政府采购名录。公共机构应当优先采购列入政府采购名录中的产品、设备。”

此外，根据常委会审议意见、财经委员会审议意见、语言文字专家及其他方面的意见，对本办法的适用范围、举报浪费能源行为、节能标准、供热单位节能等方面的规定作了完善性修改，增加了发展改革部门职责、节能宣传周、景观照明等内容，还对修订草案作了文字修改，对条文顺序作了必要的调整。

法制委员会按照上述意见提出《北京市实施〈中华人民共和国节约能源法〉办法（修订草案修改稿）》，提请本次常委会会议进行审议。

修订草案修改稿和以上意见是否妥当，请审议。

市人大法制委员会关于《北京市实施〈中华人民共和国节约能源法〉办法（表决稿）》的说明

——2010 年 5 月 28 日在北京市第十三届人民代表大会常务委员会第十八次会议上

市人大法制委员会副主任委员 张 引

主任、各位副主任、秘书长、各位委员：

2010 年 5 月 27 日，市十三届人大常委会第十八次会议对《北京市实施〈中华人民共和国节约能源法〉办法（修订草案修改稿）》进行了审议，会上常委会组成人员没有提出新的意见。据此，法制委员会提出《北京市实施〈中华人民共和国节约能源法〉办法（表决稿）》，建议本次常委会会议表决通过，并自 2010 年 7 月 1 日起施行。

关于建设中关村国家自主创新示范区情况的报告

——2010 年 5 月 27 日在北京市第十三届人民代表大会常务委员会第十八次会议上

中关村科技园区管理委员会主任 郭 洪

主任、各位副主任、秘书长、各位委员：

我受市人民政府委托，向市人大常委会报告本市建设中关村国家自主创新示范区的工作情况。

一、中关村示范区建设取得了阶段性成果

党中央、国务院和北京市委、市政府始终高度重视中关村在提升自主创新能力、建设创新型国家中的示范引领和辐射带动作用。刘淇同志、刘延东同志、万钢副主席多次到中关村调研并作出重要指示。

部际协调小组成员单位结合自身职责，采取多种措施，积极支持中关村示范区建设。北京市举全市之力建设中关村示范区。近日，部际协调小组和北京市联合召开了贯彻落实国务院批复加快推进中关村国家自主创新示范区建设大会。中关村的企业、高等院校、科研院所、社会组织和全市各部门、各区县认真贯彻国务院批复精神，落实建设“人文北京、科技北京、绿色北京”和世界城市的战略部署，积极应对国际金融危机，加快转变经济发展方式，推动中关村示范区建设取得了阶段性成果，中关村的自主创新能力不断提升，发展势头良好。

2009 年，中关村企业实现总收入达到

12，995 亿元，同比增长 27%；实现增加值 2182 亿元，占全市地区生产总值的 18.4%，比上年提高了 1 个百分点；专利授权 6362 件，同比增长 47.8%；企业从业人员超过 100 万人。中关村的技术交易额达到全国的四分之一以上，其中 80%以上输出到北京以外地区。

（一）抓紧研究、制定中关村示范区的发展战略和重大政策

一是研究制定支持创新创业的税收政策。财政部、国家税务总局和北京市组成了部市联合工作组，研究提出了支持中关村的创新创业的税收政策，目前已经国务院批准。要在完善高新技术企业认定、科技人员股权激励、研发费用加计扣除、教育经费列支等 4 个方面，在中关村开展税收政策试点。

二是组织编制发展规划纲要。国家发改委牵头，组成了由 14 个部门、北京市、专业研究机构参加的发展规划纲要编制领导机构和工作机构，开展了 9 个重大课题的战略研究，起草了《中关村示范区发展规划纲要(2010—2020 年)》，近期将报送国务院审批。在上述规划纲要的讨论稿中，研究提出了“创新驱动、重点突破、开放合作、引领示范”的建设原则，提出了中关村示范区作为国家“深化改革先行区、开放创新引领区、高端要素聚合区、创新创业集聚地、战略产业策源地”的战略定位。同时，按照全市的统一部署，我们正在组织编制中关村示范区“十二五”发展规划，作为全市的重点专项规划。

三是启动了中关村示范区的地方立法工作。完成了《中关村国家自主创新示范区条例》的起草工作，努力在企业设立、社会组织发展、产学研用协同创新、科技成果转化、投融资、政府行为规范等方面作出创新性的规定。市政府常务会议已经审议通过，并提请市人大常委会审议。

四是制定具体的实施性政策文件。目前，国务院有关部门和北京市已经出台了支持中关村示范区建设的政策文件 30 项左右，包括企业股权和分红权激励、政府采购自主创新产品、重大科技成果转化股权投资、工商管理改革、信用贷款、信用保险及贸易融资、企业改制上市、创业投资风险补贴等方面。

（二）深化体制机制创新，各项先行先试的改革取得显著进展

一是创新管理体制和模式。完善了示范区建设的组织和领导机制，建立了科技部牵头、21 个国家部委参与的中关村示范区部际协调小组，北京市与国务院有关部委组成了部市联合工作组，北京市组成了以郭金龙市长为组长的中关村示范区领导小组，市委市政府主管部门牵头组成了落实各项政策、措施的 10 个专项工作组。市委常委赵凤桐同志兼任海淀区委书记和中关村管委会党组书记。市政府有关部门正在研究完善中关村示范区的管理体制，在充分发挥区县积极性的同时，将进一步加大市级的统筹、决策和督办职能。成立了中关村发展集团，充分调动和优化市区两级资源，统筹重大科技成果转化和落户。在核心区率先开展了行政审批制度改革试点，目前有 17 项市级审批事项下放到海淀区。

二是深化产学研用结合的创新组织，推动协同创新。研究制定了“中关村开放实验室工程”和相应的政策，引导和激励中关村大院大所的实验设备向企业开放。目前挂牌的中关村开放实验室达到 59 家，为 1842 家企业提供了 3407 项服务。活跃在中关村的新型协会组织有 43 家，创业服务体系向社会化、网络化和专业化发展的趋势明显。

三是启动了股权激励试点，极大地调动了科技人员创新和成果转化的积极性。财政部、科技部制定了《中关村国家自主创新示范区企业股权和分红权激励实施办法》。目前已有 263 家单位参加试点，其中中央属单位

113家，市属单位150家。

四是深化科技金融创新试点，中关村初步形成了“一个基础、六项机制、十条渠道”的投融资体系。“一个基础”是以企业信用体系建设为基础；“六项机制”包括信用激励、风险补偿、以股权投资为核心的投保贷联动、分阶段连续支持、银政企多方合作、市场选择聚焦重点等机制；“十条渠道”包括天使投资、创业投资、代办股份转让、境内外上市、并购重组、集合发债、担保贷款、信用贷款、小额贷款、信用保险和贸易融资。国务院批准了新的中关村股份报价转让试点制度，证监会、科技部和北京市积极组织实施，在代办系统挂牌的中关村企业达到66家；支持中关村企业到境内外资本市场上市，2009年新增上市公司23家，融资额超过240亿元，创历史新高，上市公司总数达到149家，其中境内创业板上市公司19家，占全国五分之一左右；北京银行、中国银行、交通银行等设立了12家专营机构，为科技企业提供信用贷款、股权质押贷款、认股权贷款、知识产权质押贷款以及信用保险和贸易融资等创新产品，累计提供的融资额超过300亿元；设立了100亿元的北京股权投资发展基金，国家发改委支持中关村的股权投资机构进行备案，中关村的投资案例和投资金额占全国的三分之一左右，活跃的创业投资机构超过100家。

五是开展重大科技专项经费列支间接费用的试点，改进了科技经费的管理方式，促进了高校院所和企业吸引高素质人才、提高科研水平。财政部、科技部、发改委出台了《民口科技重大专项资金管理暂行办法》，北京市制定了中关村示范区重大科技专项资金管理和间接费用列支管理办法，选择了两批71家试点单位及其承担的101个国家及北京市科技重大项目开展试点工作。

六是支持中关村的新型产业组织和民营科技企业参与、承担国家重大科技项目，建立了产学研用结合的协同创新机制，着力培育和发展战略性新兴产业。中关村的产业技术联盟达到42家。长风软件、TD-SCDMA等9家联盟纳入科技部产业技术创新战略联盟试点。2009年，中关村企业承担的国家科技重大专项有129项。

七是实施了工商管理改革政策试点，创造良好的市场秩序。工商总局在企业登记、商标战略、信用体系建设、市场管理等方面出台了43条试点政策，工商总局商标局专门设立了驻中关村办事处，这是全国第一个派驻的商标办事机构。北京市专门设立了中关村示范区工商分局。

八是深化政府采购自主创新产品的试点，拓展自主创新产品的应用空间。北京市制定了首台（套）重大技术装备试验和示范、首购、订购、资金审计监督等一批政策文件；51项中关村的自主创新产品入选首批国家自主创新产品目录，居全国之首；北京市组织认定了6批《北京市自主创新产品目录》和5批《北京市自主创新产品政府首购目录》，组织了5批政府采购中关村自主创新产品的签约大会，采购中关村自主创新产品47亿元。

九是在中关村聚集高端领军人才，建设世界一流水平的新型研究机构。有29名中关村人才入选中央“千人计划”，其中创业类人才27名，占全国总数的17.6%，位居全国第一。43名中关村人才被认定为北京首批海外高层次人才，占北京市总数的86%。中央组织部等单位组织14家中央企业在中关村集中建设“未来科技城”，其中神华集团的北京低碳清洁能源研究所已开工建设。北京市实施了中关村高端领军人才聚集工程，大力吸引高端领军创新创业人才和创业投资家，有57名个人或团队被认定为2009年中关村高端领军人才。市人才工作领导小组研究制定了在核心区加快人才引进的试点政策，拓宽引才标准，加强对重点企业的扶持和服务。

（三）加快促进科技成果转化，扶持企业做强做大，中关村的自主创新能力和整体发展水平持续提升

一是积极帮扶企业应对国际金融危机。落实市政府关于帮扶企业应对国际金融危机的66条措施，针对中关村企业的特点，组建帮扶的工作机构和机制，在资金支持、高新技术企业认定、支持承接重大建设工程、开拓市场等17个方面制订专门的帮扶措施和工作任务，对重点企业采取“一对一”的帮扶方案。圆满完成了年度高新技术产业增加值增长18%的目标。

二是大力扶持创新型企业做强做大。继续推进由科技部、中科院和北京市共同领导的中关村百家创新型企业试点工作。试点企业总数达到305家，有56家企业完成了试点任务，被命名为首批创新型企业。试点企业的创新能力持续增强，市场竞争力大幅提升，有三分之一企业的收入同比增长超过50%。

三是着力推动重大科技成果研发和产业化。经国务院批准，北京市与科技部、国家知识产权局联合在中关村成立了中国技术交易所，成为首家国家级技术交易机构。国家标准委批准开展中关村标准创新试点工作。以中关村的企业为主体，研发了全球第一个甲型H1N1流感疫苗、国内单机功率最大海上风电机组、大容量锰酸锂动力电池等一批新的自主创新成果，LED显示屏、智能终端设备、信息安保系统等中关村的技术和产品在国庆60周年庆典中应用。重点推进了中科院龙芯芯片、中科院纳米绿色打印、纯电动车电池隔膜、清华大学抗肿瘤药物等一批重大科技成果在北京落户和产业化。

四是专业园和产业基地建设取得新进展。按照产业功能区和行政区协调发展、集约利用资源、培育高端产业集群的原则，完善中关村“一区多园”的产业空间布局。核心区进一步聚集创新要素，加快业态调整和综合环境整治。以核心区为依托，启动建设北部研发服务和高技术产业聚集区。统筹大兴区和北京经济技术开发区的行政资源，启动建设南部高技术制造业和战略性新兴产业聚集区。加快建设一批国家级产业基地、生态型园区和低碳经济示范区。

中关村示范区建设取得了阶段性成果。当前，面对建设具有全球影响力的科技创新中心和世界城市的新目标和新形势，需要进一步拓宽思路，勇于创新，在机制体制创新方面不断取得新突破，需要将中关村的创新资源优势进一步挖掘并转化为产业竞争优势，需要加快推进重大科技成果产业化和企业做强做大。

二、2010年建设中关村示范区的主要任务

2010年是集中精力推动科学发展、加快转变经济发展方式的重要之年，是全面推动“人文北京、科技北京、绿色北京”和世界城市建设的重要之年，是全面完成“十一五”规划任务并谋划“十二五”时期发展的关键之年，也是中关村示范区建设的深入推进之年。当前的发展环境和形势，既有良好的机遇，也有重大的考验。我们要深刻分析后国际金融危机时期面临的国内外环境和中关村的内在条件，加深对加快转变经济发展方式的理解和认识，加强对“人文北京、科技北京、绿色北京”和世界城市发展战略的贯彻实施，提高培育自主创新能力、推动战略性新兴产业发展的能力。

面对新形势和新要求，2010年中关村示范区建设的总体要求是：以科学发展观为统领，全面落实国务院关于建设中关村国家自主创新示范区的重大战略决策，进一步解放思想、抢抓机遇，以提高自主创新能力为中心，以加快转变经济发展方式为主线，加强

统筹协调，加快建设步伐，深入开展体制机制改革创新，坚持高起点谋划和高标准建设，在战略性新兴产业领域，继续培养和聚集一批优秀创新人才特别是产业领军人才，研发和转化一批国际领先的科技成果，做强做大一批具有全球影响力的创新型企业，培育一批国际知名品牌，保持在自主创新和产业化方面的领头和先行地位。争取全年企业总收入在2009年基础上再增长15%以上。

重点抓好以下任务。

（一）立足国家战略高度，制订实施4项重大政策

一是抓紧组织实施国务院批准的支持中关村示范区创新创业的税收政策。

二是国务院批准中关村示范区发展规划纲要后，研究制订创新能力、产业发展、科技金融、人才资源、创业服务等方面的专项规划和年度实施方案。争取将中关村示范区的建设纳入国家“十二五”发展规划纲要。

三是制定《中关村国家自主创新示范区条例》，研究起草有关的配套实施文件，完善示范区的法规体系。

四是编制“十二五”时期中关村示范区发展规划纲要，作为北京市的“十二五”重点专项规划。

（二）大力实施“中关村示范区行动计划”的6大工程

为加快转化重大科技成果、扶持企业做强做大和发展战略性新兴产业，从2010年到2012年，要制订“中关村示范区行动计划”，重点实施6大工程。

一是“十百千工程”。实行“一企一策”的支持方式，集成市场开拓、技术创新、人才激励、上市并购、知识产权等多方面的措施，探索形成支持企业快速做强做大的支持模式，培育一批具有全球影响力的千亿元规模企业、产业带动力大的百亿元规模企业和高成长的十亿元规模企业。

二是重大科技成果产业化工程。建立重大项目的发现和筛选、政府股权投资和股权激励、后续服务等机制，转化或引进一批具有国际领先水平、产业引领作用和规模化前景的成果，促进重大科技成果在中关村落地和产业化。加快中国技术交易所的建设和发展，力争年内带动北京技术市场合同成交额达到1400亿元。

三是关键技术示范工程。围绕城市应急、轨道交通、污水处理、社区医疗等首都城市管理和低碳经济发展中的关键问题，以应用为导向，以产学研用结合为手段，发挥政府的统筹、协调和示范作用，组织开展一批具有标志性和影响力的关键技术的应用和示范项目。

四是高端领军人才聚集工程。围绕重点发展的战略性新兴产业领域，制订有吸引力的政策、措施，引进世界水平的科学家和研究团队到中关村开展重大创新研究，建设具有国际一流水平的新型研究机构；引进掌握前沿技术、有成功创业经历的高端人才到中关村创业；引进国际知名的天使投资家和创业投资家，到中关村设立创业投资机构和开展投资业务。通过吸引和认定中关村高端领军人才，为中央“千人计划”和北京市“海聚工程”推荐人选，为建设具有全球影响力的科技创新中心提供人才支撑。力争通过引进一个高端领军人才团队，带回一批高科技专利，造就一批拥有自主知识产权的高端项目，带动一个战略性新兴产业的发展。

五是高端产业聚集工程。按照建设世界城市的总体要求，进一步完善中关村示范区“一区多园”的空间布局。统筹产业发展和空间布局，加强配套设施建设和生态环境保护，建立严格的项目准入标准和程序，按照布局集中、用地集约、产业集聚的原则，重点建设南北两个高端产业聚集区。立足于北京市各区县的资源特色，引导高技术产业链和价

值链细分环节的合理布局和辐射，建设若干定位明确、分工合理的专业化产业基地，形成一批百亿级的产业集群。

六是科技金融创新工程。扩大和完善中关村代办股份试点，并在此基础上争取在北京建设全国场外交易市场，聚集一大批天使投资人、股权投资机构和股权投资管理公司，进一步扩大科技企业担保规模和贷款规模，大力推动为科技企业服务的银行信贷专营机构和小额贷款机构发展，建立科技保险保障机制，制订针对“十百千工程”企业、高端领军人才创办企业、承接国家重大建设工程企业的综合融资支持方案，努力形成政府资金与社会资金、股权融资与债权融资、直接融资与间接融资有机结合的科技金融体系。争取上市公司总数达到160家左右，在境内创业板形成“中关村板块”。

（三）重点推进8项体制机制改革试点，不断完善创新创业环境

一是继续深入开展股权激励工作。加快推进中关村示范区高等院校、科研院所、企业的股权和分红权激励试点，探索科技成果类国有资产管理的新模式。

二是启动社会组织改革创新试点。在中关村示范区设立协会、自然科学类的研究会和民办非企业单位、公益性非公募基金会等社会组织，可以直接向市民政部门申请登记，不再需要业务主管部门，并可以吸收外地会员开展活动。

三是落实工商管理改革试点政策。研究制订债权出资、股权激励试点企业工商登记等实施办法，加快落实国家工商总局关于促进示范区建设的有关工商管理改革政策。同时，通过地方立法，推动开展企业筹建、简化验资手续等改革试点工作。

四是深化科技重大专项项目经费列支间接费用的试点。总结试点工作经验并扩大试点范围，加大试点力度，研究列支人员费用的试点办法，进一步提高财政投资科技项目的资金使用效率。

五是加大政府采购自主创新产品的力度。在政府投资类项目、国防建设等方面扩大对自主创新产品的采购和应用，今年市区政府采购中关村自主创新产品的金额争取超过40亿元，充分发挥政府采购对自主创新的促进作用。

六是支持新型产业组织参与国家重大科技项目。聚焦战略性新兴产业领域，明确产业联盟的法律地位，研究制订实施细则，建立对接和对话机制，探索新型产业组织参与国家重大科技项目的有效途径和机制。

七是深化知识产权促进工作。加快中关村国家知识产权制度示范园区建设。开展标准创新试点，支持企业、产业技术联盟等创制国家和国际技术标准。大力实施名牌战略，支持企业开展品牌培育和自律活动。

八是完善行政管理。总结核心区行政审批制度改革的做法和经验，向其他区县推广。设立专门的示范区统计机构，完善统计调查、统计分析工作体系，编制和发布反映中关村自主创新的指标体系。建立北京市与国家部门的联动机制，健全市政府有关部门之间的协同机制。按照全市“作风建设年”的部署，加强示范区政府部门的作风建设，提高政府服务的水平和效率。

以上报告，提请市人大常委会审议。

关于对市政府建设中关村国家自主创新示范区工作的意见和建议

——2010年5月27日在北京市第十三届人民代表大会常务委员会第十八次会议上

市人大教育科技文化卫生体育委员会主任委员　梁　平

主任、各位副主任、秘书长、各位委员：

为协助常委会做好对市政府关于建设中关村国家自主创新示范区进展情况报告的审议工作，教科文卫体委员会重点围绕示范区发展战略和重大政策的制订情况，贯彻落实国务院批复、加强体制机制创新情况以及促进重大科技成果转化和战略性新兴产业发展情况，开展了调查研究。组织部分常委会组成人员、教科文卫体委员会委员和市人大代表，先后听取了中关村管委会和市政府相关部门的工作汇报，召开了部分区县主管区县长和园区管委会主任、部分高新技术企业、科研院所、高等院校、科技中介组织以及专家、学者参加的座谈会。到海淀园、丰台园、德胜园、电子城科技园、清华大学、北京航空航天大学等进行了实地调研，并专门组织常委会组成人员、教科文卫体委员会委员和部分人大代表对中关村建设国家自主创新示范区进展情况进行了视察。委员会还专门听取了科技代表小组的意见和建议，并在市人大常委会网站上公开征求了社会各方面的意见。5月6日，教科文卫体委员会召开第十二次会议，讨论了市政府的专项工作报告，形成了委员会对此项工作的意见和建议。

一、中关村国家自主创新示范区建设取得显著成绩

自国务院批复建设中关村国家自主创新示范区以来，市政府及其有关部门认真贯彻落实国务院批复精神，举全市之力，在加强和完善示范区建设的组织和领导体制，积极争取国家有关部门的指导和支持，组织编制示范区发展规划纲要，研究制定示范区的发展战略和支持创新创业等相关政策，完善示范区建设的法制环境和创新创业环境，深化体制机制创新，开展先行先试改革试点，推动重大科技成果研发转化等方面，做了大量卓有成效的工作，示范区建设取得了明显进展和阶段性成果，对提高首都自主创新能力，推动产业结构调整和经济发展方式转变，实现“人文北京、科技北京、绿色北京”和“世界城市”的战略部署，发挥了重要作用。

委员会认为，市政府的报告真实客观地总结了一年来贯彻落实国务院批复精神，建设示范区所取得的进展和成效，明确提出了今年工作思路、总体要求和重点任务，委员会同意这个报告。

二、对市政府下一步工作的建议

委员会认为，示范区建设虽然取得了明显进展，但要实现建设“具有全球影响力的科技创新中心”这一战略目标，还需要作出艰苦的努力。当前，示范区建设还面临着一些问题，一是具有独特优势的创新体制机制

还未完全形成。首都科技创新资源优势得天独厚，但目前在一定程度上仍处于被分割和固化的状态，由于缺少有效的整合平台与机制，大量科技成果难以实现转化；加强中央科技资源与北京经济社会发展的结合，还需要研究更有效的组织模式；高校、院所的创新活动和首都经济社会发展的需求结合得还不紧密，知识创新体系与技术创新体系相互融合的机制还不完善。二是创新创业环境需要进一步改善。有些扶持企业创新的政策在具体落实当中还存在一些障碍；创新创业人才的引进、培养、激励和评价等方面的制度还不健全，科技人员在企业、高校和院所之间的流动的动力不足、渠道不畅；企业在用地和用人等方面的成本、员工的生活成本越来越高；目前的政策对新诞生的企业和处于发展初期的企业关注较少；一些中小科技型企业的发展还面临一些困难和障碍，未能及时得到有力有效的支持和扶持。三是政府管理服务的水平有待进一步提高。政府作用与市场作用还需更加协调；市政府统筹的长效机制，示范区管理部门协调、监督和指导的职能，需要进一步完善和加强。

委员会建议，市政府应当继续坚决贯彻落实国务院批复精神，按照市委的总体部署，发扬敢为天下先的精神，进一步抓住机遇，大胆创新，勇于突破，着力完善创新生态系统，大力推进示范区的发展。

（一）从实施国家战略的高度谋划示范区建设

建设中关村国家自主创新示范区，是党中央、国务院针对新形势、新任务，为建设创新型国家作出的重大战略决策。建议市政府从实施国家创新战略的高度、在创新型国家建设的战略格局中，谋划示范区的建设和发展。一是依托部际协调小组，积极争取国家相关部门的指导和支持。全面落实国务院批复的各项政策、措施，把示范区的创新发展纳入国家有关发展战略与规划。加快提升示范区的自主创新能力，使其成为我国战略性新兴产业的策源地、抢占后国际金融危机时期国际竞争的战略制高点，为国家创新战略的实施在制度创新、管理创新、组织创新等方面探索道路、提供示范。二是以国际化的视野推动示范区建设。支持企业、高校和院所等创新主体在全球范围内吸纳和聚集创新要素，开展国际经济技术交流与合作，参与全球范围内的协同创新和产业竞争。三是注重发挥示范区的辐射和带动作用。充分利用示范区的科技创新优势，对京津冀以及环渤海地区的技术辐射和带动作用，使北京与周边省市优势互补、协调发展。

（二）深化体制机制改革创造性地推动示范区建设

体制机制创新，是关系示范区建设的核心问题。建议市政府一是完善政府与市场协调作用的机制。在科技创新的关键环节上，处理好发挥政府推进科技创新的主导作用和市场配置科技创新资源的基础作用的关系。在创意、技术研发、中间试验、产业化等技术创新的不同阶段，根据示范区创新主体的特定需求，确定政府介入的环节与方式以及与市场机制相结合的模式。大力促进科技成果转化，在科技成果中试和产业化阶段，政府要给予更大的资金和政策支持。进一步明确政府与社会组织职责界限的划分，政府要发挥好规划、组织、协调、服务的职能，同时要高度重视和支持科技中介等社会组织的发展，提升其服务企业的质量和水平。二是完善示范区建设的管理体制，建立有力的统筹协调机制和各相关部门有效配合、高效运作的合作机制。充分发挥示范区建设领导小组的作用，研究和决定园区建设发展的重大事项，并明确指定一个管理部门负责领导小组决定事项的督办、落实和检查工作；把推动中关村示范区发展作为各相关部门的共同职责和考核标准，使市政府各相关部门的政策、资金等在示范区形成聚合，形成推动示范区发展的合力；中关村管委会的职责和工作任务要与市政府各相关部门明确划分、形成错位，应当着重发挥“调研、规划、协调、督办、指导”的职能，梳理示范区内各创新主体的需求，加强与各相关行政部门和区县的协调，督促有关事项的贯彻落实，加强对区县的指导和各个园区的业务领导。使各个园区在空间布局和产业结构上形成优势互补和协调发展的态势。并将统筹、协调、指导和督办的职能具体化、制度化、长效化。三是完善创新资源的整合机制和创新的组织模式。积极争取中央在京企业、大学、科研院所的技术、资金、人才资源支持，不断加强中关村与中央科技资源的融通，以项目为龙头，以企业为主体，形成在市场经济条件下技术合作、责任共负、风险共担、成果共有、利益共享的中关村经济技术合作新机制；健全首都知识创新体系与技术创新体系的融合机制，使智力优势转化为技术创新优势和区域竞争优势。完善科技研发资源的共享平台，推广北京科技大学科研设施所有权与运营权分离的经验，通过“政府引导、依托高校和院所、市场运作、企业运行”的模式，实现高校和院所实验、测试等资源的真正开放和共享，整合形成面向企业、降低成本、提高效率的技术创新服务网络；切实发挥政府的协调与组织作用，建设针对重点产业的科技成果转化平台。四是创新科技管理体制。变“技术导向”为“需求导向”，以首都经济发展和城乡建设的需求引导示范区的创新活动，增强科研机构和科技人员转化科技成果、与企业和用户相结合的动力；财政产业化科技资金应当主要投入到重大项目的组织和协调，支持企业和其他科技应用机构根据发展需求，自行或与科研单位合作开展科技攻关。

（三）营造更加有利于创新创业的环境加快示范区建设

精心打造更加有利于创新创业的发展环境，是示范区建设充满活力和动力的基本条件。建议市政府一是优化创新创业的政策环境。配合国家有关部门，进一步完善落实国务院批复中先行先试的具体政策，同时要根据示范区建设的实际需要，在市级层面研究制定促进创新创业的新的政策。要消除现有政策在贯彻落实上的障碍，解决好股权激励在国有资产和税收等方面的问题，保障已经颁布的政策能够得到有效的贯彻落实。二是创造尊重人才、人尽其才的社会环境。人才是创新的核心要素。要把中关村的人才建设作为一个系统工程，研究制定示范区的人才建设和发展规划，以及人才培养、激励、流动、评价等各个方面的制度。要建立和完善高校、院所和企业对科技人才的联合培养机制；健全对人力资本的激励机制，解决好在科技创新活动中资本和人的劳动之间的利益分配问题，保障科技人员的合法权益，使其研发成果能够与产业化相结合，并能参与科技成果产业化的利益分配；增强科技人员在企业、大学、科研院所合理流动的动力，畅通流动渠道；建立科学合理的人才考评机制，大学和研究机构应当鼓励和支持有条件的科技人员从事科技成果转化工作，政府有关部门要对企业的科技人员在职称评定等方面，打破部门和所有制限制，给予政策倾斜。要完善针对高层次人才和企业骨干人员在创业扶持、户口进京、购买和租赁住房、子女入学等方面的优惠政策，并加以落实。三是积极扶持中小科技型企业。加大对新创的和处于快速成长期的科技企业的扶持力度，帮助其解决在创业融资、并购和国际化发展中的困难和问题。四是要降低土地资源的成本。研究和探索土地利用和开发的新模式，对战略性新兴产业、国际高端产业或具有完全自主知识产权的企业用地，可以采取协议出让、土地使用权租赁或作价入股等多种方式。五是要重视中间组织的作用。大力推进科技企业孵化器和大学科技园以及科技中介机构的发展，通过制定相关扶持政策，充分发挥其在聚集人才、孵化企业、转化成果、创业就业等方面的积极作用，帮助其提升专业化服务水平和市场化服务能力。六是促进科技与金融的结合，积极推进金融创新。加快推进各类金融机构在中关村的聚集，为企业创新创业提供符合企业特点和需求的金融产品和系统的金融服务，为示范区创造良好的金融环境。

以上意见和建议，供常委会组成人员审议时参考。

北京市第十三届人民代表大会常务委员会关于批准北京市 2010 年地方政府债券收支安排专项预算调整方案的决议

（2010 年 5 月 28 日北京市第十三届人民代表大会常务委员会第十八次会议通过）

北京市第十三届人民代表大会常务委员会第十八次会议听取了市财政局局长杨晓超受市人民政府委托所作的《北京市关于 2010 年地方政府债券收支安排专项预算调整方案（草案）的报告》，对预算调整方案进行了审查。会议同意市人民代表大会财政经济委员会提出的《关于北京市 2010 年地方政府债券收支安排专项预算调整方案（草案）的初步审查报告》，决定批准北京市 2010 年地方政府债券收支安排专项预算调整方案。

北京市关于 2010 年地方政府债券收支安排专项预算调整方案（草案）的报告

——2010 年 5 月 28 日在北京市第十三届人民代表大会常务委员会第十八次会议上

北京市财政局局长　杨晓超

主任、各位副主任、秘书长、各位委员：

我受市人民政府委托，现将北京市关于 2010 年地方政府债券收支安排专项预算调整方案（草案）的报告提请市人大常委会审议，并请各位委员提出意见。

一、中央关于发行 2010 年地方政府债券的有关情况

（一）必要性

为继续应对国际金融危机，保持经济平

稳较快发展，加快转变经济发展方式，中央决定继续实施积极的财政政策。考虑到2010年财政收支矛盾仍然十分突出，为增强地方安排配套资金和完成在建项目的能力，根据《中华人民共和国预算法》（以下简称《预算法》）第二十八条关于“除法律和国务院另有规定外，地方政府不得发行地方政府债券”的规定，国务院决定由财政部代理，继续发行地方政府债券筹措部分所需资金。

（二）发行规模

经国务院批准，2010年财政部继续代理发行2000亿元地方政府债券。

（三）发行方式

为提高发行效率，降低融资成本，2010年地方政府债券统一由财政部代理发行，并代办还本付息和拨付发行费。地方政府债券为可流通记账式债券，期限为3年、5年，发行后可按规定在全国银行间债券市场和证券交易所市场上市流通。

（四）资金使用方向

根据《财政部关于做好发行2010年地方政府债券有关工作的通知》（财预〔2010〕12号）的文件规定，地方政府债券资金安排要按照中央经济工作会议精神，重点用于完成在建项目，严格控制用于新上项目；必须主要用于保障中央投资公益性项目地方配套，优先用于保障2009年后两批（第三、四批）中央投资公益性项目地方配套缺口；足额配套后债券资金尚有剩余的地区，要参照《国务院关于发行2009年地方政府债券有关问题的通知》（国发〔2009〕2号）精神，优先安排其他难以吸引社会投资的公益性建设项目，严格控制安排能够通过市场化行为筹资的投资项目，不得安排经常性支出。

（五）预算管理要求

参照《财政部关于印发〈2009年地方政府债券预算管理办法〉的通知》(财预〔2009〕21号）的有关规定，地方政府债券收支实行预算管理。地方政府债券收入全额纳入省级财政预算管理，地方政府债券收入安排的支出纳入地方各级财政预算管理。用地方政府债券发行收入安排支出的部门和单位，要将支出纳入部门预算和单位预算，严格按照预算制度管理。

2010年度政府预算未报经本级人民代表大会审查批准的，要将本地区地方政府债券收入和支出纳入预算，报请同级人民代表大会审查批准。2010年度政府预算已经报本级人民代表大会审查批准的，要根据地方政府债券收支计划及时编制预算调整方案，报同级人民代表大会常务委员会审查批准。

二、本市关于2010年地方政府债券收支安排专项预算调整方案（草案）

财政部代理发行的2010年北京市地方政府债券规模为54亿元，其中三年期限37亿元，五年期限17亿元。按照上述预算管理要求，提出关于2010年地方政府债券收支安排专项预算调整方案（草案）如下。

（一）市十三届人大三次会议批准的市级预算

经市十三届人大三次会议批准，市级地方财政收入安排1226.0亿元，加中央返还及补助182.5亿元、区县上解164.5亿元、上年专项政策性结转1.5亿元，收入合计1574.5亿元；市级地方财政支出安排1060.0亿元，加上解中央支出76.7亿元、区县税收返还和转移支付423.1亿元、专项政策性结转下年使用1.6亿元、划转水利建设基金13.1亿元，支出合计1574.5亿元。市级预算安排收支平衡。

（二）债券收支安排专项预算调整方案（草案）

1. 财政部要求

参照《财政部关于印发〈2009年地方政

府债券预算管理办法〉的通知》（财预〔2009〕21号）的有关规定，财政部代理我市发行的2010年地方政府债券收入54亿元，计入“财政部代理发行地方政府债券收入”收入科目，同时根据实际使用方向列入政府收支分类相应功能支出科目。

2. 支出方向和使用项目

根据财政部确定的债券规模和相关要求，按照中央经济工作会议精神，统筹考虑市政府固定资产投资规模，重点用于完成在建项目，优先用于保障2009年后两批中央投资公益性项目地方配套，确定了2010年我市地方政府债券资金的支出方向和使用项目，计划将地方政府债券资金用于中央投资配套、保障性安居工程、医疗卫生文化教育等社会事业、交通基础设施、资源能源保障等方面。具体安排是：

（1）中央投资配套项目。拟安排地方政府债券资金8亿元，主要用于京津风沙源治理工程、清河再生水厂二期及再生水利用工程。

（2）保障性安居工程项目。拟安排地方政府债券资金4亿元，主要用于门头沟区棚户区改造市政基础设施建设。

（3）医疗卫生文化教育等社会事业项目。拟安排地方政府债券资金12亿元，主要用于高清交互基础设施示范工程、北京天坛医院迁建工程及北京人民艺术剧院扩建北京国际戏剧中心等。

（4）交通基础设施项目。拟安排地方政府债券资金21.1亿元，主要用于蒲黄榆路、广渠路征地拆迁、阜石路征地拆迁、宋家庄交通枢纽、怀柔区111国道二期山区道路工程等。

（5）资源能源保障项目。拟安排地方政府债券资金8.9亿元，主要用于门头沟黑山锅炉房项目、房山城关东区集中供热项目、三河热电厂输热主干线工程等。

上述项目为初步安排，具体资金安排将根据项目建设进度，按照确定的投资领域，在部分项目间进行适当调整，以确保地方政府债券资金发挥最大的使用效益。

3. 预算调整方案（草案）

根据上述债券收支安排，提出预算调整方案（草案）。调整后，市级预算草案平衡情况如下。

市级地方财政收入安排1226.0亿元，加中央返还及补助182.5亿元、区县上解164.5亿元、上年专项政策性结转1.5亿元，以及财政部代理发行地方政府债券收入54亿元，收入合计1628.5亿元；市级地方财政支出安排1060.0亿元，地方政府债券支出安排54亿元，加上解中央支出76.7亿元、区县税收返还和转移支付423.1亿元、专项政策性结转下年使用1.6亿元、划转水利建设基金13.1亿元，支出合计1628.5亿元。市级预算安排收支平衡。

（三）本息及发行费的资金解决渠道

财政部代理发行地方政府债券，资金到位后向地方政府收取支付承销商的发行费，发行费比例为发行面值的0.5‰。按我市发行规模为54亿元计算，共需支付发行费270万元。地方政府债券利息按年支付，到期后一次还本。发行费及每年偿债利息所需资金从“偿债资金”中解决，到期后还本资金纳入市政府固定资产投资计划。

三、下一步工作

（一）认真制订发债计划

根据审查批准的债券收支预算，结合项目建设进度，研究确定在核定的总额度内选择债券发行月份及月份债券发行额，尽快上报财政部我市2010年地方政府债券发行计划。

（二）严格地方债券项目和资金管理

切实加强对地方政府债券收支的管理和

监督，使用债券资金安排的项目将严格履行基本建设管理程序，确保资金切实发挥效益。

上述地方债券收支安排专项预算调整方案（草案）已经市政府同意，现提请审议批准。

市人大财政经济委员会关于北京市2010年地方政府债券收支安排专项预算调整方案（草案）的初步审查报告

——2010年5月28日在北京市第十三届人民代表大会常务委员会第十八次会议上

市人大财政经济委员会主任委员　王　火

北京市人民代表大会常务委员会：

4月16日，市人大财政经济委员会召开了有市人大常委会预算监督顾问列席的第21次（扩大）会议，听取和审查了市财政局《关于2010年地方政府债券收支安排专项预算调整方案（草案）的报告》，听取了市发展改革委关于地方政府债券项目安排情况的汇报，现将审查意见报告如下。

按照国务院关于发行地方政府债券的要求和批准的额度，我市2010年确定的地方政府债券规模为54亿元，其中三年期37亿元，五年期17亿元，主要用于在建中央投资配套项目、保障性安居工程、社会事业等方面。财政经济委员会认为，市人民政府提出的地方政府债券资金使用安排符合国家的要求和本市实际情况，对于进一步贯彻中央部署，实施好积极的财政政策，增强地方投资和安排配套资金的能力，促进经济结构调整和发展方式转变有着积极的作用。根据《中华人民共和国预算法》、《北京市预算监督条例》有关预算调整的规定，财政经济委员会建议本次会议批准市人民政府关于北京市2010年地方政府债券收支安排专项预算调整方案。

为进一步做好本市地方政府债券收支管理工作，财政经济委员会建议：根据市人大常委会批准的专项预算调整方案，抓紧落实债券发行并及时批复债券资金使用部门和单位。严格预算管理，强化预算约束和责任追究，确保资金按照规定的用途使用，严禁挤占、截留、挪用。加强对债券资金使用情况的审计和监督检查，切实提高资金使用的透明度和效益。统筹考虑本市综合财力，做好政府债券风险防范工作。资金使用和投资项目的实施情况，市人民政府要适时向市人大常委会报告。

以上报告，请予审议。

关于本市少数民族乡村经济发展工作情况的报告

——2010年5月28日在北京市第十三届人民代表大会常务委员会第十八次会议上

北京市民族事务委员会主任 申建军

主任、各位副主任、秘书长、各位委员：

我受市人民政府委托，向市人大常委会报告本市少数民族乡村经济发展工作情况。

本市有5个少数民族乡和117个少数民族村，分布在12个区县、54个乡镇。少数民族乡村总人口16.8万人，其中，少数民族人口6.7万人，约占少数民族乡村总人口的40%。近年来，市委、市政府认真贯彻落实中央民族工作会议精神和《北京市少数民族权益保障条例》，高度重视少数民族乡村经济发展工作，把发展少数民族乡村经济纳入我市社会主义新农村建设总体布局。2009年和2010年，市委、市政府分别召开全市少数民族乡村经济工作会议及交流会，突出发展主题，从率先实现城乡一体化发展新格局的高度，对进一步加快少数民族乡村经济发展提出了明确要求。同时，市政府通过将少数民族乡村经济发展专项资金再次翻番到每年2400万元，创新以奖代补工作机制等举措，进一步强化了市政府各部门的主导作用，进一步调动了区县乡镇政府的主体作用，为少数民族乡村经济注入了新的发展动力。

一、“十一五”期间少数民族乡村经济发展情况

“十一五”以来，在市政府的正确领导和市人大监督指导下，在社会各界的高度关注下，全市各级政府以科学发展观为统领，引领少数民族乡村的干部群众攻坚克难、砥砺奋进，进一步强化了“区县领导、乡镇负责、村为基础”的工作格局，少数民族乡村在基础设施建设、产业结构调整、科技投入等方面取得了显著成效，开创了少数民族乡村经济工作的新局面。

（一）注重加大投入，少数民族乡村基础设施建设和生活环境改善取得新成效

“十一五”期间，市政府本着“优先规划、优先支持”的原则，加大了对少数民族乡村人畜饮水、道路硬化、农田水利、低压线路改造等项目的扶持力度。长期影响少数民族乡村群众生活，制约经济发展的安全用水、道路交通等突出问题得到有效解决。全市少数民族乡村基本实现了安全用水，全面实现了“村村通油路”，生产生活条件有了明显改善。

——扎实推进少数民族乡村新农村建设。2006年至2008年有11个民族村列入新农村建设示范村。2009年又将38个少数民族村纳入全市农村道路、饮水、垃圾、污水、厕所等“五项基础设施”建设和“农村亮起来、农民暖起来、农业资源循环起来”的“五十三”工程中，使完成五项基础设施建设工程的少数民族村达到49个，占全市少数民族村总数的42%，从根本上改善了这些少数民族乡村的村容村貌。2个民族乡和10个民族村

被评为优美乡镇和文明生态村。在山区泥石流、滑坡等易发地区实施山区搬迁工程中，对涉及延庆、怀柔、密云等区县的共373户777名少数民族群众，优先安排，及时搬迁，切实保障了少数民族乡村群众生命财产安全。

——优先做好少数民族乡村水务工作。“十一五”期间，投入资金2.1亿元，帮助全市少数民族乡村农民完成安全饮水工程建设；投入资金2600多万元，为35个少数民族村发展节水灌溉面积1.3万亩，新打和更新机井51眼，共节水160万方，节电6434万度，节省劳动力2.6万个，促进了少数民族村的可持续发展；投入资金6000万元，建设庄户沟、南泉水河等7条清洁小流域，涉及7个少数民族村，治理水土流失面积119平方公里；建成9处雨洪利用工程，增加了农村可利用水量，改善了少数民族乡村周边生态环境，为当地群众提供了健身、娱乐和休闲场所。

——大力改善少数民族乡村群众的出行环境。在道路建设中，坚持对少数民族乡村实施计划优先、投资优先和支持优先的“三优先”原则。在“村村通油路”和“自然村通油路”工程中，优先规划和启动涉及少数民族乡村的道路建设。“十一五”期间，投入资金8000多万元为少数民族乡村修建道路130多公里，桥梁2座，街坊路4万平米。有效解决了部分少数民族乡村在生产生活中遇到的突出问题。

（二）注重产业结构调整，“一村一品”特色产业有了新发展

“十一五”以来，围绕社会主义新农村建设，在少数民族经济发展专项资金带动下，按照“规划先行、项目推进”的思路，积极培育“一村一品”特色主导产业，不断调整产业结构，逐步从一产向一、二、三产业协调发展转变，加快了农民增收致富的步伐。在深入调研、科学论证的基础上，按照“以扶持低收入村为主、兼顾其他发展较快村”的原则，6000万元少数民族经济发展专项资金共扶持了5个民族乡和78个少数民族村，主要用于发展特色种植、绿色养殖、民俗旅游业和农产品深加工，这些项目均产生了良好的经济和社会效益。

——大力发展特色种养殖业。积极扩大林果、食用菌、西洋参和药材等高附加值作物的种植面积，共为16个少数民族村建成4460亩设施面积，设施农业规模化种植发展形势好、见效快，已成为少数民族村增收致富的重要渠道。着力发展肉牛、肉驴、柴鸡、梅花鹿等特色养殖业，特别是依托企业先进的技术和成熟的市场共同培育项目，探索出了一条以市场为拉动，以企业为龙头，产业化养殖带动少数民族村产业发展，实现农民增收致富的新路子。据不完全统计，截止到2009年年底，共扶持少数民族乡村新建蔬菜大棚、蘑菇大棚3000多栋，新建肉鸡养殖大棚170多个，新增奶牛、肉牛近4000头，新增和改良果园面积近4500亩，新增药材种植面积近500亩。

——积极发展民族民俗特色旅游业。密云县古北口村、怀柔区苗营村、小梁前村，房山区东甘池村等少数民族村，依托资源优势，打破单一产业结构，延长产业链，以果蔬标准化基地、设施农业为支撑，发展集花卉观光、果蔬采摘、民俗旅游于一体的综合休闲农业园区。不断完善旅游景观建设，改善接待环境，民族民俗特色旅游业有了较快发展，旅游业收入不断增加，为村民增收开辟新途径，已成为少数民族乡村新的经济增长点。

——不断推进农业产业化进程。鼓励引导少数民族乡村创办特色企业，大力发展二、三产业。市经管站提供的数据显示，目前有73个少数民族村的二、三产收入占总收入的70％以上，约占全市少数民族村总数的62％。

有的少数民族村已由直接面对低端市场逐渐向定单农业转移，提高了农业产业规模化生产经营程度。通过促进农业、工业、运输业、旅游服务业、房屋土地租赁等行业的协调发展，部分少数民族村经济发展初步呈现出一、二、三产融合发展的业态。提高了经济增长速度，壮大了集体经济，在显著提高当地农民收入水平的同时，有效解决了剩余劳动力就业问题，为农民增收致富奠定了基础。

（三）注重科技兴农，依靠科技加快发展的能力有了新提高

——制定和落实产业发展规划。以发展都市型现代农业为着力点，共投入科技经费550万元，通过“北京市少数民族经济发展科技服务工程”、“北京市少数民族乡村建设科技服务工程”和“北京市少数民族乡村产业发展科技支撑工程”，帮助19个少数民族村制定了产业发展规划，通过引导和培育优势主导产业，进行农业新品种的引进和示范，较好地解决了部分少数民族村发展思路狭窄、发展项目盲目、发展水平不高的问题。

——开展科技培训。通过建设农村远程教育站点，开设田间学校，积极引导少数民族村劳动力参加免费职业技能培训和新品种推广。聘请科研单位的专家教授深入到少数民族乡村，深入到田间地头，采取集中授课、答疑解惑、具体指导等方式，积极开展了科技下乡活动。近年来，针对少数民族乡村干部群众开展的培训累计达1500人次以上，进一步提高了农民种植、养殖方面的技能，促进了优势主导产业的发展，拓宽了发展思路，提高了民族乡村依靠科技致富的能力。

（四）注重机制创新，可持续发展能力有了新提升

——专项资金以奖代补工作机制激发了主体发展动力。2009年研究确立了以奖代补原则，在对项目实施定额补助的基础上，设立奖励资金，建立奖励机制。以奖代补工作改变了专项资金使用的方向和性质，提高了资金使用效率，进一步调动了区县、乡镇政府和少数民族乡村干部群众的积极性，特别是区县和乡镇政府对少数民族乡村经济工作的重视、投入和支持，有力地促进了少数民族乡村经济的发展。

——大力培育农民专业合作组织。积极探索建立“公司＋专业合作组织＋农户”的经营模式，目前全市少数民族乡村共有种养殖专业合作组织66个。这些专业合作组织已经逐渐成为推进少数民族乡村经济发展的重要抓手，引导少数民族村从事专业化生产和规模化经营，推动了少数民族乡村农业结构调整，提高了少数民族乡村农产品市场竞争力，促进了农民增收和特色产业的发展。

在各级政府的惠农政策和少数民族经济发展专项资金扶持下，农民人均收入实现了稳步增长，低收入村数量逐年减少，特别是在以奖代补机制的激励下，少数民族乡村发展的步伐明显加快，经济发展实力明显增强。据市经管站提供的数据，2009年全市民族乡人均劳动所得达到10,844.7元，同比增长9.2%；民族村人均劳动所得达到11,192.2元，同比增长11.9%，远高于全国农村居民人均收入水平，比全市平均水平10,953.6元高238.6元。较2006年的7724元增长3468.2元，年平均增长率为14.9%。2006年的18个人均劳动所得在4500元以下的低收入少数民族村已经全部消除。达到全市郊区农民人均劳动所得的少数民族村由2008年的27个增加到41个，达到所在区县农民人均劳动所得的少数民族村由2008年的32个增加到42个。

二、存在的主要问题

（一）发展相对缓慢且不平衡

少数民族村多数地处偏远，经济基础相

对薄弱，有的少数民族村受区、乡镇规划及自身条件限制，资金、项目、人才的引进受到制约，发展速度缓慢。目前，还有76个少数民族村年人均收入水平未达到全市郊区平均水平，占全市少数民族村总数的65%；有75个少数民族村年人均收入未达到所在区县平均水平，占全市少数民族村总数的64%。有6个少数民族村人均劳动所得在6000元以下，还有1个村低于5000元。少数民族村之间经济发展也不平衡，年人均劳动所得最高的大兴区西红门镇五村和九村，已达到27,200多元，主要从事二三产的影视、照明设备生产和场地出租。收入最低的少数民族村是房山区韩村河镇二龙岗村，人均收入为4600元，主要从事玉米、土豆种植，两者相差5.9倍。

（二）产业结构调整仍处于起步阶段

少数民族乡村农业产业化、规模化程度不高，产业优势不突出，缺乏科技含量高、附加值高的项目。有的少数民族村土地租赁费用在村集体收入中占有很大比重，租期长且租金低，农民增收致富渠道窄。目前，一产收入占总收入50%以上的少数民族村还有19个。部分少数民族村或缺乏发展二三产业的基础，或有二三产业但是经营粗放、效益低。总体而言，少数民族乡村经济结构还不合理，缺少强有力的产业支撑，企业数量不多、规模不大，结构性矛盾仍很突出。转变发展方式、优化产业结构的任务相当艰巨。

（三）基层主体作用有待进一步增强

有的区县乡镇政府对少数民族乡村经济发展缺乏统筹规划，优先发展意识不强。部门联动、政策集成、资源整合、整体推进的力度不够，效果不明显。特别是对少数民族乡村经济发展项目缺乏科学管理和有效指导。有的少数民族村干部年龄相对老化，战斗堡垒作用发挥不够，缺少创新发展思路，带领群众致富能力弱。部分村民在一定程度上存在"等、靠、要"的思想，主动发展动力不足。

（四）发展资金不足问题仍然存在

少数民族乡村大多经济基础特别是集体经济薄弱，普通村民基本上没有资金积累，加上贷款困难，资金短缺问题比较严重。特别是对那些已经从以基础设施建设为主转向以产业发展为主，又多处于产业发展起步阶段的少数民族村，仅仅依靠少数民族乡村经济发展专项资金很难满足资金需求。致使一些已经制定好的产业发展规划实施处境艰难，后劲不足；一些已经取得良好效益、市场前景很好的现代农业项目难以形成规模化、产业化生产经营。发展资金不足已经成为困扰和制约少数民族乡村经济发展的瓶颈。

上述问题很大程度上制约了少数民族乡村的经济发展，需要我们从贯彻落实科学发展观和构建社会主义和谐社会的高度来提高认识，深入研究，并采取切实有效的措施，认真加以解决。

三、全面推进本市少数民族乡村经济发展的思路和措施

随着首都经济实力不断增强，强农惠农政策体系不断完善，特别是建设世界城市的要求，决定了少数民族乡村经济的发展思路必须从加快发展转向跨越式发展，少数民族乡村经济发展迎来了难得的发展机遇。今后一个时期要重点加强以下几方面的工作。

（一）提高思想认识，强化优先发展，为实现少数民族乡村经济发展新的跨越奠定思想基础

2009年，全市少数民族村人均收入已经远远高于全国农村居民人均纯收入，经济发展处在全国农村前列。但是从全市范围来看，只占全市农村行政村总数3%的少数民族村中，仍有65%没有达到全市郊区平均水平，

制约首都经济全面协调发展的“短板”现象没有根本改善，少数民族乡村经济发展的形势严峻、任务艰巨。特别是首都独特的政治地位决定了少数民族乡村经济发展不仅是经济发展问题，更是政治责任问题。这就要求各级政府不断提高思想认识，强化优先发展意识，深入贯彻落实科学发展观，紧紧围绕“共同团结奋斗，共同繁荣发展”的民族工作主题，紧紧围绕建设“人文北京、科技北京、绿色北京”战略任务，立足世界城市发展要求，进一步强化“规划先行、项目推进、部门联动、政策集成、优先发展”的工作思路，创新机制，充分发挥基层的主体作用，通过“强基础、惠民生，转方式、调结构，抓特色、促发展”，抓住制约少数民族乡村经济发展的突出矛盾，充分发挥民族特色和比较优势，破解发展难题，在创新驱动、内生增长上下功夫，全面推进、重点突破，努力实现少数民族乡村经济的跨越式发展。

（二）发挥主导作用，加大扶持力度，为实现少数民族乡村经济发展新的跨越创造良好环境

——充分发挥民委委员单位和社会各界的积极性。坚持“部门联动、政策集成”，推进民族工作社会化是近年来民族乡村经济持续发展的一条重要经验。一是优先规划。将少数民族乡村经济发展纳入各部门的“十二五”规划中，优先安排、优先发展。二是全面推进。在全市“集中力量统筹城乡，集中资源聚集三农，全面推进城乡一体化进程”中，在新农村建设各项工作中优先考虑少数民族乡村，支农惠农政策进一步向少数民族乡村倾斜聚集。积极探索对少数民族乡村对口支援的工作机制。着力改善少数民族村群众生产生活条件，促进农业产业结构调整升级，扎实推进民族特色产业发展。力争年内完成少数民族村“五项基础”建设工程全覆盖。三是重点突破。全市49个山区少数民族村多处于生态涵养发展区中，自然资源丰富，但是经济发展缓慢，其中47个村的人均收入低于全市平均水平，是少数民族乡村经济发展的重点和难点。要抓住这个突破口，指导区县对制约少数民族乡村经济发展的突出问题认真研究，优先解决，有针对性地集中使用政策，切实做好扶持少数民族乡村经济发展的政策制定和集成工作。

——继续设立并完善少数民族经济发展专项资金管理。专项资金是发挥政府主导作用的重要抓手和载体，体现了市委、市政府对少数民族群众的关怀。使少数民族乡村在享受一般政策的同时，感受到党和政府民族政策的关怀和温暖，在促进和推动少数民族经济发展中发挥着重要甚至是不可替代的作用。特别是通过实施以奖代补机制，专项资金的放大和带动效应充分显现。“十二五”期间将继续设立少数民族经济发展专项资金。不断深化以奖代补考评机制，管好用好专项资金，充分体现政策导向，带动相关部门、各级政府加大对少数民族乡村经济发展的投入，充分调动社会各界支持和关注少数民族乡村经济发展的热情，放大资金使用效能。

（三）转变发展方式，深化结构调整，为实现少数民族乡村经济发展新的跨越提供强力支撑

——提升都市型现代农业发展质量。着力改变少数民族乡村多从事农业资源型、传统型等初级产品生产的情况，指导民族乡村从服务城市需求出发，大力发展花卉、无公害蔬菜标准化设施农业，推进规模化养殖业发展。继续强化科技支撑，提供更多高品质的名优鲜农副产品。重点扶持少数民族乡村优先发展一批现代化生态果品园林区、休闲农业园区和休闲旅游景区，使少数民族乡村经济发展向生态农业和观光农业延伸，提高都市型现代农业的质量和效益。

——推动产业协调融合发展。加强规划

引导，促进结构调整和产业升级。注重发挥农村集体经济组织和农民专业合作社的作用，加快培育少数民族乡村发展以绿色养殖和特色林果为重点的“一村一品”特色产业，促进生态环境建设和农民收入增加。大力扶持中小型特色生产加工、仓储物流、休闲旅游等行业的发展，使农产品生产转向精、深加工，努力实现一二三产业的融合增效。

——突出民族和区域特色。从少数民族群众的切身利益和特殊需要出发，突出都市农业、生态治理、森林管护、绿色食品等主导产业发展优势，按照规模化、专业化、产业化综合开发的思路，发展有少数民族特色的优势农业、经济林果业和畜牧业。地处远郊山区的少数民族乡村，要依托生态涵养发展区的功能定位，依靠国家建立生态环境保护建设补偿机制的政策、措施，大力发展循环经济。在沟域经济规划中，发挥民族特色的资源优势，发掘名特优产品和民族风土人情，提升少数民族乡村影响力，使民族民俗特色旅游成为展示民族特色现代化农业的窗口。

（四）强化主体责任，激发发展动能，为实现少数民族乡村经济发展新的跨越注入不竭动力

——“区县领导、乡镇负责、村为基础”的工作格局决定了少数民族乡村经济发展成败在主体的素质和积极性。特别是在财政体制改革后，加大了对区县的财政转移支付力度，区县乡镇政府要强化主体责任意识，充分发挥掌握政策、了解情况的优势，切实承担起少数民族乡村经济发展的领导和组织责任。一是充分利用编制“十二五”规划的契机，认真盘点“十一五”期间辖区内少数民族乡村经济发展情况，专题研究、分类指导，做到底数清、情况明、问题准、措施实。按照“区县挂帅，市里挂帐”的要求，针对低收入村经济发展特别是对部分资源贫乏、产业发展受限的少数民族村要重点关注、重点研究，制定明确的量化指标和销帐进度。二是进一步加大对少数民族村基础设施、产业发展的投入力度。帮助少数民族乡村做好“一村一品”产业规划，选好产业和项目，重点培育和发展适宜少数民族村发展实际的特色经济。通过积极探索和推广“联乡帮村”、“对口帮扶”，进一步集成政策、整合资源，全面加强对少数民族乡村的政策、资金和科技帮扶。

——不断提高少数民族乡村干部群众整体素质。人的因素是目前制约少数民族乡村经济发展最重要的因素。建立和完善少数民族乡村干部的培养机制，选好配强致富带头人。进一步加大对少数民族乡村的智力帮扶和信息帮扶力度，针对少数民族乡村经济发展需求，深入开展科技成果推广和技术培训活动。充分调动农民群众的创造性和积极性，拓宽发展思路，努力培养一些懂技术、会管理的实用型技术人才，不断提高少数民族乡村群众科学种养殖的水平和自我发展的“造血”能力。

——积极推进专业合作组织健康发展。加强对农村专业合作组织建设的指导，全面提高专业合作组织的发展水平。对带动能力强、发展潜力大的专业合作组织，从资金、技术、政策等方面给予重点扶持。通过抓点带面、典型带动，提高少数民族农户主动参与专业合作组织的热情，推动少数民族乡村实现标准化生产、规模化经营。

（五）加快改善民生，关注低收入农户，为实现少数民族乡村经济发展新的跨越奠定和谐基础

把经济发展与改善民生紧密结合起来，重点改善平均数下的低收入农户的民生。促进有劳动能力且有就业要求的农户向二、三产业转移就业。在招商引资、重组引进项目时，将农民就业作为硬性指标和前提条件，努力提高民族村群众的工资性收入。鼓励自

主创业，为少数民族农户自主创办个体工商企业提供便捷服务。对于地处深山、资源短缺的少数民族村实行整村搬迁。积极做好低收入农户家庭成员参加养老保险、新型农村合作医疗和政策性农业保险工作，将城市化进程中失地的少数民族农民纳入城镇社会保障体系。按照发展产业、安置就业、整村推进、分户指导的原则，在摸清底数、建立档案的基础上，采取“一户一策”的方式确定帮扶措施，努力促进少数民族低收入农户特别是生态涵养发展区的低收入农户增收。通过落实一系列帮扶措施，力争到2015年实现低收入农户人均纯收入翻一番的目标。

以上报告，提请市人大常委会审议。

关于对本市少数民族乡村经济发展的意见和建议

——2010年5月28日在北京市第十三届人民代表大会常务委员会第十八次会议上

市人大民族宗教侨务委员会主任委员　席文启

主任、各位副主任、秘书长、各位委员：

为了协助市人大常委会做好听取和审议市政府《关于本市少数民族乡村经济发展工作情况的报告》，按照市人大常委会有关规定和要求，民族宗教侨务委员会认真研究和制定了工作方案，并于今年3月、4月组织专委会委员和少数民族代表小组成员，重点就市政府对《北京市少数民族权益保障条例》中支持民族乡村经济发展的规定落实情况、政府有关部门贯彻落实市委市政府有关全市民族乡村经济工作会议精神的情况，以及我市低收入民族村经济建设等问题进行了调研和视察。期间，我们先后赴房山、顺义、昌平、大兴、怀柔、延庆等区县民族乡村进行调研，与民族乡村干部进行座谈并听取他们的意见。4月9日组织部分常委会组成人员、民宗侨委和农村委委员、少数民族人大代表，视察了密云县古北口镇民族村，听取了市政府有关部门和县政府的工作汇报。4月20日民族宗教侨务委员会召开第九次会议，研究讨论了市政府《关于本市少数民族乡村经济发展情况的报告》初稿。

市人大民族宗教侨务委员会认为，北京作为国家首都应当成为各民族“共同繁荣发展、共同团结进步”的榜样。支持和发展本市民族乡村经济，是体现党和国家的民族政策是否得到落实的重大问题。支持民族乡村经济发展既是经济问题，也是政治问题。也正是基于这样的认识，市人大常委会非常重视民族乡村经济发展的问题，主要领导亲自带队到有关区县民族村调查研究，提出建议，给予关心和指导。

市人大民族宗教侨务委员会认为，近年来市政府高度重视民族乡村经济发展，采取多种措施，取得了很大成绩。市政府《关于本市少数民族乡村经济发展工作情况的报告》，比较全面、客观地反映了本市民族乡村的经济发展情况，提出了当前存在的主要问题，有针对性地研究制定了下一步工作设想和措施。市人大民族宗教侨务委员会同意这个报告。

近年来，通过市和区县政府的共同努力，

本市民族乡村农民人均收入逐年提高。2009年5个民族乡和117个民族村人均劳动所得分别为10,844.7元和11,192.2元，与2008年相比分别增长9.2%和12%。民族乡村基础设施不断完善，村民生产生活条件有了较大改善。民族乡村经济发展注重科学发展规划的制定和产业项目的选择，发展态势很好。取得上述成绩的原因：一是政府部门间建立联动机制，强化了扶持民族乡村经济发展的协同力度。形成了在市政府领导下，以市民委、农委牵头，市发展改革委、科委、财政局、农委、交通局、水务局等部门积极配合，共同扶持民族乡村经济发展的工作格局。与此同时，一些区县将民族工作作为一项得民心的重点工程，加强了对民族乡村经济发展的领导，建立了民族乡村经济工作协调机制，形成了有领导、有组织、有政策、有投入、有机制的良好态势。二是从组织保障入手，加强了民族村领导班子建设。一些区县和乡镇加强了对民族村领导班子的培训工作，并选派优秀干部担任民族村党政班子的主要领导，增强民族村领导班子干实事、谋发展的责任意识。选派机关干部包村，为民族村发展出谋划策。挑选优秀大学生村官担任书记、主任助理，使他们的知识、技术和管理才能在民族村得到发挥。三是采取措施，加大了政策扶持力度。市政府及其有关部门本着“政策集成、优先发展”的原则，在新农村建设中，对民族乡村实施优先政策倾斜，使山区民族乡村受益。近几年，5个民族乡、49个民族村基础设施得到了改善，仅2009年就修建民族乡村道路11条17.68公里，2010年所有民族乡村安全用水工程将全部升级改造完毕。四是增加专项资金额度，加大了对民族乡村的资金投入。2010年，民族乡村经济发展专项资金从1200万元增加到2400万元，以“扶持低收入村为主、兼顾其他发展较快村”为原则，已有8400多万元扶持了民族乡村的发展项目。与此同时，新农村建设项目资金有意识优先对民族乡村的投入，已有9927万元用于推进民族乡村五项建设、村村通、生态小流域治理等工程。五是注重科技先导，对民族乡村的科技支持成效明显。本着“规划先行、项目推进”的原则，政府有关部门加强了协调，与区县乡镇村干部共同研究民族乡村发展规划，指导民族乡村选准发展项目。同时，加强了对民族乡村干部和群众的技术培训，使他们掌握加快新农村建设和经济发展的专业知识。组织专家和技术人员帮助民族乡村解决生产中遇到的各种技术难题。六是加强对村级经济合作组织的培育，民族乡村农民组织化程度有所提高。为了方便村民种植养殖，生产优质产品，抵御市场风险，市和区县政府及其有关部门加大了对民族村农民专业经济合作组织的扶持力度，专业合作组织围绕民族村特色优势产业逐步建立，在蔬菜种植业、畜牧养殖业、果树和种子业，均有一些专业合作社在组织合作社成员发展特色产业、抵御市场风险上发挥了重要作用。

在本市民族乡村经济有较大发展的同时，也还存在一些问题。目前，还有75个民族村年人均收入低于所在区县农民人均年收入水平，占到全市民族村的64%。存在的主要问题是：一是政府协调统筹各部门集中解决民族乡村经济发展的力度和相关政策集成的力度尚需进一步加大。二是部分民族乡村缺少适应当地条件的经济发展项目；在发展二、三产业方面的技术帮扶和科学指导有待进一步加强。三是一些民族乡村缺少起动资金或后续资金，村级集体经济薄弱，缺乏发展农民专业经济合作组织的基础。四是某些环节缺少具体可操作的政策规定，有关法规和政策的集成使用力度还不够。针对以上问题，我们提出以下意见和建议。

一、进一步加强对发展少数民族乡村经济的统筹领导和政策集成力度

加快民族乡村经济发展是市政府整体的工作责任，应当定期研究民族乡村经济发展中的问题，制定统一规划和措施，优先把低于全市及其所在区县平均收入水平的低收入民族村纳入新农村建设重点。为尽快使低收入民族村达到全市及其所在区县平均水平，要进一步统筹市发展改革委、农委、民委、财政、科委等各相关部门的力量，明确其职责，加大政策集成力度。要进一步加大市政府扶持民族乡村经济发展的专项资金投入，在“十一五”期间的基础上适当增加一定额度。要进一步树立加快民族乡村经济发展的责任感和紧迫感，争取在几年内改变面貌，解决低收入民族村所占比率过高的问题。

二、进一步重视发展民族乡村特色经济，选好项目，有针对性地进行帮扶

民族乡村经济能否较快发展，关键是选好适合当地实际情况的产业项目，做到宜农则农、宜林则林、宜养殖则养殖、宜旅游则旅游。市政府要在以上几个方面进一步加大帮助和扶持的力度，尽快解决一些低收入民族村尚未确立适宜发展项目的问题，切实做到一村一品、一村一策。在选准、选好项目的基础上，加大投入力度，争取较快改变民族乡村人均收入水平发展滞后的局面。

三、进一步加大培育民族乡村经济专业合作组织力度，逐步提高民族乡村经济的组织化程度

在民族乡村经济已经具有一定基础的地方，要积极引导，着力培育和大力发展专业合作社，使民族村走上“农户＋专业合作社＋公司”的发展道路。实践证明，这是降低发展成本，抵御市场风险，实现可持续发展的有效模式。与此同时，制定扶持那些能够与民族乡村经济发展相结合的企业（如养肉牛与清真食品加工企业等）的发展政策，引导他们与适宜发展对路产品的民族乡村结成对子，走解决扩大农民就业与促进民族乡村经济发展相结合的路子，实现项目对接，培育相关产业链，为民族乡村经济发展注入新的活力。

四、进一步发挥本市科技资源和人才优势，继续组织有关科研院所和其他科技力量，深入开展适宜民族乡村经济发展的科技成果推广和技术培训活动

要围绕当地民族乡村的特色产业项目，有针对性地进行专业技术培训，干什么学什么，缺什么补什么，让村民真正学得了、用得上。要加强对民族乡村经济发展带头人的经济管理、科学技术等知识培训。要充分利用大学生村官文化水平高、知识面广、信息灵通的优势，发挥他们在培训和传播村民所需要的技术知识方面的作用。

五、进一步完善有关法规和政策，创造条件修订《北京市少数民族权益保障条例》，制定相关制度措施

1998年制定的《北京市少数民族权益保障条例》实施12年来，对促进我市民族乡村经济发展起到了很好的规范和指导作用。但是，随着形势的发展和情况的变化，需要积极创造条件进行修订。另外，2005年市民委、农委制定的《关于进一步加快本市

少数民族乡村经济发展的意见》对促进本市民族乡村经济发展起到了重大作用，应当在总结近几年实践经验的基础上以市政府名义制定新的政策性文件，更好地指导和促进“十二五”期间本市民族乡村经济的发展。

以上意见和建议，供常委会组成人员审议时参考。

市人大常委会执法检查组关于检查《北京市征兵工作条例》实施情况的报告

——2010年5月28日在北京市第十三届人民代表大会常务委员会第十八次会议上

执法检查组副组长　任恩尚

主任、各位副主任、秘书长、各位委员：

为加强国防和军队现代化建设，保障征兵工作的顺利进行，2003年市第十二届人大常委会第四次会议制定了《北京市征兵工作条例》(以下简称“征兵条例”)。为推动条例进一步贯彻实施，适应经济社会发展与征兵工作改革的新形势，市人大常委会成立了以驻京部队人大代表为主、部分常委会委员参加的征兵工作执法检查组，从3月起到5月对本市条例实施情况进行了检查。执法检查组先后听取了市政府及有关部门的工作情况汇报，赴东城、海淀、朝阳、石景山区进行实地检查；召开了相关单位负责人参加的座谈会，听取他们对征兵工作的意见和建议；与部分现役义务兵家长、退役义务兵进行座谈，了解他们的意见和需求。执法检查过程中，参加检查和调研活动的市人大代表共50人次。4月27日，执法检查组召开全体会议，讨论通过了执法检查报告。现将执法检查情况报告如下。

一、全市贯彻落实征兵条例的基本情况

执法检查组认为，七年来，全市各级政府高度重视征兵工作，认真开展对征兵条例的宣传教育，严密组织征兵条例的贯彻实施；以完成征兵任务为目标，以提高兵员质量为核心，依法健全征兵工作体制机制，规范各级职责和工作程序；各级征兵办公室及兵役机关、公安、卫生、教育、财政、民政、人力社保、工商、地税等相关部门依法制定各项工作制度措施和配套规章政策，保证了征兵条例全面贯彻落实，圆满地完成了各年度新兵征集任务，兵员文化素质位居全国前列。在2009年征兵工作检查中，国防部检查组评价北京市征兵工作为指导思想端正、工作程序规范、各项措施有力、取得成效明显；在北京军区检查中名列第一。

（一）征兵工作体制机制比较健全

全市各级政府依法成立了征兵工作领导小组，由政府主要负责人任组长，兵役机关和有关部门主要领导任小组成员，全面领导征兵工作；市、区县健全由兵役机关、公安、卫生、教育、财政、民政等部门组成的征兵办公室，负责征兵工作组织筹划、指导协调，乡镇（街道）和相关单位征兵办事机构具体落实征兵工作，形成了比较严密的工作体系。

各级政府及相关部门依法制定配套的规章政策、实施办法和工作细则，对征兵各环节的工作进行规范，不断完善征兵工作制度措施，建立目标责任制，确保了征兵工作顺利开展。各级纪检、监察部门成立征兵工作纪检组，制定《廉洁征兵实施办法》，签订《廉洁征兵、接兵责任书》，建立廉洁征兵“首问负责制”和“一票否决制”，依法规范廉洁征兵工作，并实行全程跟踪监督检查，保证了征兵工作公开、公正、廉洁。

（二）新兵征集任务完成圆满

条例颁布实施以来，本市均圆满完成各年度国家下达的征兵任务。为保证征兵任务的顺利完成，各级政府采取有效措施，广泛宣传动员，科学筹划准备，严格目标管理。在征兵宣传中，采取公开信、宣传栏、征兵宣传高潮月、建设学校国防教育基地等多种形式，充分利用“数字北京”、公交地铁移动电视和传统主流媒体，使征兵工作信息家喻户晓，为完成征集任务做好思想准备。在兵役登记过程中，各级征兵办公室和乡镇（街道）、相关单位征兵办事机构认真准备，每年设立约500个兵役登记站，建立兵役登记档案约13万份；结合征兵宣传、民兵整组和学校开学等时机，深入走访调查，采取上门登记、集中登记和分散登记等多种措施进行摸底筛查，为完成征集任务奠定数质量基础。围绕完成征兵任务，严格实行各级主要领导负总责，分管领导具体抓，一级对一级负责，层层签订工作责任书的目标管理责任制，确保了新兵征集任务圆满完成。

（三）兵员质量得到有效保证

全市各级征兵办公室及政府相关部门围绕提高新兵质量，依法严把应征青年的政审关、学历关、体检关和定兵关。在政治和文化审查上，坚持村（居）委会初审、乡镇街道复审、区县终审和横向联审、网上比对制度，通过人口、治安、教育等多部门审查核实，做到100%覆盖与无缝隙审查。在体格检查环节，抽调经验丰富、业务熟练的医务人员上岗，严格执行《应征公民体格检查标准》，坚持四级检查把关和新兵体检质量跟踪回访制度，全市征兵体检平均抽（复）查合格率达到97%。在审批定兵阶段，坚持军地联合定兵小组集体定兵、择优定兵、公开定兵原则，确保把优秀青年征入部队。2008年以来全市征集新兵全部为高中以上文化程度，2009年征集新兵大专以上文化程度占33.9%，兵员文化素质逐年提高。

（四）优待安置政策得到落实

市各级政府及相关部门依据征兵工作条例的相关规定，制定了一系列优待、安置政策和办法措施。在优待政策上，义务兵优待金随当地平均生活水平逐年提高，由2003年每人每年2000元提高至2010年的人均1.5万元，且自2008年开始实现了城乡标准统一。安置就业方面，在为城乡退役义务兵提供免费就业培训基础上，采取多种措施，拓宽城镇义务兵安置就业渠道，积极帮助农村退役义务兵在二、三产业就业，为应征入伍青年解除了后顾之忧。7年来全市共接收安置城镇退役义务兵28,425人，帮助支持自谋职业9672人；推荐农村退役义务兵在二、三产业就业人数达49%。针对各类高校应届毕业生、在校大学生应征入伍人数逐年增多的新情况，市政府及相关部门依据国家有关规定和条例的基本精神先后出台了多项政策、措施，从学籍保留、复学升学优待、减免学费、安置就业等多方面对入伍大学生给予鼓励和支持，有效地调动了高学历青年应征入伍积极性。

二、存在的问题

随着经济社会和军队现代化建设的快速发展，征兵工作改革不断深化，各类高中以上应届毕业生、在校大学生由以前的缓征对象转变为征集主体，给征兵条例的贯彻实施带来了一些新情况、新问题；同时由于适龄青年职业选择渠道多元，本市高考升学率和就业比率上升，适龄青年应征人数逐年减少；另外人户分离情况增多，人口流动性加大等因素，给兵役登记和政治文化审查等工作带来了一定困难。条例的贯彻实施存在以下问题。

（一）部分公民和相关单位依法履行兵役义务的法律意识淡薄

条例规定：依法服兵役是公民的光荣义务，依法做好征兵工作是全社会的共同责任。但是部分公民和相关单位法律意识淡薄，对落实条例规定的法定义务不重视、自觉性不高。部分适龄青年不主动进行兵役登记，致使兵役登记不充分，不能做到应登尽登；部分相关单位在条例规定的环节不依法履行查验适龄公民《北京市公民兵役证》的责任和义务，该查验的不查验。

（二）征兵工作机制与征兵任务需求不相适应

随着征兵工作改革的不断深化，征兵工作已经由原来的季节性、阶段性任务变成了全年性、经常性工作，每年3月至翌年2月分别开展高校征兵普查、直招士官、应届毕业生与社会青年兵役登记及冬季征兵工作，参与征兵的政府部门和社会单位相应增多，各级征兵办公室承担的工作更多，肩负的责任更重，而目前各级征兵办公室仍基本采取临时抽组人员、突击完成任务的模式开展工作，一定程度上造成征兵准备不扎实，征兵执法难落实。

（三）优待安置政策需进一步完善

义务兵优待金虽逐步提高，但仍低于全市的平均生活水平，且未形成正常增长机制；自谋职业补助金地区、城乡差别较大，城镇退役义务兵自谋职业补助金最高的区县为每人6.7万元，最低的区县只有2.5万元，除海淀、顺义两区外，农村退役义务兵还未能享受自谋职业补助金。在大学生应征入伍的优待上，虽然各级政府及相关部门特别是承担征兵任务的院校，出台了系列优待政策和措施，有效地保证了征集任务的完成，但是部分政策不系统、不完善、相互间衔接不紧密，部分政策不明确、不具体，造成各学校理解执行不一致、相互攀比等问题。

（四）征兵条例本身存在的问题

七年来，随着经济社会的发展和征兵工作改革不断深入，条例本身存在一些不适应、不完善的方面。一是新兵征集主体发生改变和直招士官工作开展以后，大专院校成为征兵相关单位，大学生成为征集对象主体，新兵最高年龄限制也进行了调整，条例需针对这些变化进行调整完善。二是城乡退役义务兵安置就业还未实现政策统筹，滞后于现实情况，与本市城乡一体化的进程不相适应。三是条例的部分条款可操作性不强。如兵役证查验的具体行政职责、征兵执法主体和具体罚则等需要进一步明确规范。

三、几点建议

（一）进一步加大对征兵条例的宣传力度，提高公民和相关单位依法履行兵役义务的法律意识

一是要广泛深入地进行宣传教育，以增强宣传教育的有效性为目标，把征兵工作期间的宣传与“八一”建军节、春节等拥军优属活动衔接起来，根据不同主体、不同对象开展多种形式的宣传教育活动，形成良好的舆论氛围。二是进一步增强法规宣传的针对性、导向性，要切实将其纳入国防教育体系，强化对在校学生的宣传教育，提高全社会对依法履行兵役义务重要性、必要性的认识，提高公民的法律责任意识和守法自觉性，增强广大适龄青年积极应征入伍的主动性。三是加强拥军优属工作，在发扬传统做法基础

上，采取荣誉表彰和典型宣传教育等有效形式，扩大征兵工作的社会影响力，增强应征入伍青年及其家庭的荣誉感、自豪感，形成良好的社会氛围。

（二）进一步完善征兵工作机制

一是加强征兵办公室建设。各级政府要针对征兵工作改革发展的新情况及市场经济条件下依法征兵、规范征兵、廉洁征兵的新要求，不断加强、规范征兵办公室建设，充实参加单位和人员，优化组织结构，建立定期联席会议制度，形成经常化工作机制，及时研究解决工作中出现的问题。二是完善征兵执法机制。实施征兵执法是征兵条例赋予各级政府的职责，也是教育培养公民提高法律责任意识、增强守法自觉性的有效措施。各级政府及相关部门要提高认识，加强研究，完善征兵执法体系和机制，明确区分职责，规范执法的工作程序方法，认真组织执法工作，切实维护兵役法规的权威性、严肃性。

（三）完善优待安置政策

认真研究市场经济发展给优待安置工作带来的新情况，针对以往优待安置工作中存在的困难和问题，进一步完善相关政策、措施，提高优待和安置就业保障水平。要认真落实征兵条例中关于优待金标准不低于当地平均生活水平的规定，并建立优待金正常增长机制；应加强全市的统筹和协调，逐步实现全市退役义务兵自谋职业补助金城乡统筹和标准统一，缩小优待安置的地区和城乡差别；加强对城乡退役义务兵的免费培训和就业引导，进一步拓宽安置就业渠道。各级政府及相关部门要针对面临的高校在校生和毕业生退役后的优待安置情况和在校大学生服役期间考入军校、专科生退役后复学的学籍衔接及本科生考研优待等问题，研究出台系统配套、可操作性强的政策、措施，提高服务水平。

（四）关于对修订完善征兵条例的建议

针对征兵条例存在的问题和本市征兵工作面临的新情况，考虑到国家已将兵役法的修订列入立法工作计划，建议待上位法修订后，再适时修订本条例。下一步重点做好两个方面工作：一是深入开展调查研究。针对执法检查中发现的问题进行调研，摸清情况和原因，研究对策措施，为修订条例奠定基基础。二是完善相应的政策、措施。针对本市征兵工作面临的新情况、新问题，不断完善相应的配套政策、措施，并在实施过程中总结规范，为补充修订条例做好准备。

以上报告，请予审议。

关于贯彻执行《北京市征兵工作条例》情况的报告（书面）

——2010年5月28日在北京市第十三届人民代表大会常务委员会第十八次会议上

北京市人民政府征兵办公室

主任、各位副主任、秘书长、各位委员：

受市人民政府委托，向市人大常委会报告本市贯彻执行《北京市征兵工作条例》的情况。《北京市征兵工作条例》（以下简称《条例》）适应社会主义市场经济新形势和军队现代化建设新要求，明确了征兵工作职责，完善了征兵工作制度，规范了征兵工作程序，是本市依法开展征兵工作的基本依据，对本市圆满完成征兵任务发挥了重要作用。现将贯彻执行《条例》的有关情况汇报如下。

一、全市征兵工作的基本情况

多年来，市委、市政府和卫戍区高度重视征兵工作，以提高兵员质量为核心，强化组织领导，坚持依法征兵，严密组织实施，狠抓廉洁征兵，圆满完成了国务院、中央军委赋予本市的征兵任务。

2008年开始，本市开展从普通高等学校毕业生中直接招收士官的工作，主要招收机电、通信、工程机械等专业的毕业生，探索了直接招收士官工作的方法路子，为今后展开这项工作创造了条件。

7年来，本市征集新兵的整体素质不断提高。从体现新兵素质的重要内容文化程度变化的情况看，2008年以来征集的新兵全部为高中以上文化程度，全国仅有北京市和上海市达到此水平。大专以上文化程度的新兵数量显著增加，其中相当一部分还是重点大学的毕业生或在校生，有的还是硕士研究生。此外，具有网络技术、车辆驾驶、电器维修等专业特长的新兵也逐年增多，北京兵越来越受到部队的欢迎。首都青年在国防和军队建设中作出了重要贡献，先后涌现出北京大学入伍学生高明、清华大学入伍学生贾娜等一大批先进典型，多次受到中央和军委领导同志的高度评价，在地方和军队中发挥了积极的导向作用。

二、贯彻执行《条例》的情况

（一）加强组织领导，严格落实目标管理责任制

一是健全组织机构。建立了由市长任组长，卫戍区司令员、政委和1名副市长任常务副组长，市有关部门领导任成员的市征兵工作领导小组。市政府1名副秘书长兼任市征兵办公室主任。卫戍区、市教委、市公安局、市卫生局每年选调部分思想素质好、业务能力强的同志到市征兵办公室，负责组织筹划、宣传教育、工作指导、综合协调等日常工作。二是加强组织领导。市政府和卫戍区领导同志亲自参加征兵各项活动，多次就高标准做好征兵工作作出重要批示，并深入一线检查指导工作，协调解决难题。郭金龙市长在全市2009年冬季征兵工作动员大会上强调：北京是首都，征兵工作理应走在全国前列，各级要加强组织领导，高标准、高质量地做好征兵工作。郭市长的讲话，为我们做好征兵工作明确了努力方向，提出了更高的标准。三是严格落实责任。各级实行主要领导负总责，分管领导具体抓，一级对一级负责，层层签订工作责任书。制定了征兵质量责任卡，对批准入伍的新兵，做到谁承办、谁签字、谁负责，把责任落实到具体单位、具体岗位、具体人员。

（二）认真组织筹划，扎实高效地做好准备工作

一是搞好兵役登记。每年8、9月份，各区县在乡镇、街道开设兵役登记站，在社区、学校张贴兵役登记公告，向适龄青年普遍发放《兵役登记通知书》，组织适龄青年填写《北京市兵役登记证》。2008年开始，为应届毕业生预征对象专门填写《应届毕业生预征对象登记表》，作为优先征集的凭证。二是科学筹划部署。每年8月份，市征兵办公室研究制定工作实施方案，拟制兵员分配计划，安排好冬季征兵的各项工作。10月份，市召开征兵工作领导小组会、征兵工作动员大会，对征兵工作进行全面部署。每年冬季征兵期间，市征兵办公室平均印发各类简报30期至40期，撰写专题报告15份至20份，完成文字材料40余万字，为市和卫戍区领导指导工

作提供了一手资料，为基层开展工作提供了政策依据。三是集中组织业务培训。针对征兵工作改革力度大，政策规定调整变化快，征兵工作人员成份新等情况，市征兵办公室、市卫生局、市公安局、市教委每年利用10日左右的时间，采取集中组织、分类实施的方式，统一开展征兵业务培训。2003年以来，市和各区县累计培训5万多人次，提高了征兵工作人员的政策水平和业务素质。

（三）深入宣传教育，努力营造征兵工作浓厚氛围

一是上下联动全面展开。市委宣传部、卫戍区政治部和市征兵办公室每年都联合召开新闻通气会，部署征兵宣传工作。市征兵办公室统一印制《冬季征兵宣传教育提纲》、《致首都适龄青年的公开信》等材料下发各区县。7年来，累计下发征兵宣传材料150余万份，为基层搞好宣传教育创造了条件。二是拓展宣传渠道。充分利用电视、广播、报刊、网络等宣传渠道，广泛开展征兵宣传教育，鼓励适龄青年报名应征。选择公信力强、影响面广、受众率高的中央、军队及市属各新闻媒体，宣传征兵政策，发布征兵动态，使征兵工作信息家喻户晓。2008年开始，北京电视台及公交、地铁的移动电视，在征兵期间全天滚动播出征兵动漫宣传片；《北京日报》、《北京青年报》以每次半版彩色版面的篇幅，刊登征兵系列宣传画。市征兵办公室有关人员在新华网、人民网，现场解答广大听众、网友关心的热点问题。通过平面、立体、网络三位一体的宣传渠道，有效宣传、普及征兵政策，不仅促进了本市的征兵工作，在全国也起到了良好的示范作用。三是广泛开展活动。每年10月中旬，全市集中开展“征兵宣传高潮日”和“征兵宣传周”活动。各区县和高等院校采取多种形式，开展形式丰富多彩、群众喜闻乐见的活动，基本实现了征兵宣传工作进学校、进企业、进社区、进家庭，充分调动广大适龄青年参军入伍的积极性。

（四）采取有效措施，积极稳妥推动征兵工作改革

一是扩大征集范围。2003年以来，本市先后下发了多份关于征集普通高等学校应届毕业生和在校生入伍工作的文件，明确大学生征集的条件、标准、程序和方法，为应届毕业生、在校大学生入伍制定了16项优惠措施，从政治、经济和学业等多方面对入伍大学生给予鼓励和支持。按照“先试点、后普及，先公办、后民办”的思路，先后在全市88所高等院校开展征兵工作，择优征集新兵的范围不断扩大。二是开辟“绿色通道”。我们要求：高校应届毕业生、在校生无论是否已确定为预征对象，在征兵体检工作结束前，各区县征兵办公室必须接收其报名，并安排参加征兵体检。各级严格落实高校毕业生优先报名应征、优先体检政审、优先审批定兵、优先安排去向的“四优先”政策，合格的高校毕业生未全部批准入伍前，不得批准其他青年入伍，确保合格的高校毕业生都能参军入伍。由于措施比较得力，全市大学生入伍人数增幅明显。三是推进女兵征集制度改革。2008年以前，本市是全国唯一面向社会公开征集女兵的省市，取得了较好的成绩，多次受到国防部征兵办公室的肯定。2009年冬季，国家对女兵征集工作进行全面改革，我们健全了由区县负责征集、市征兵办公室审查把关的工作机制，并下发了女兵征集办法，全面规范女兵征集工作。针对国防部女兵征集必须实行面试考查、综合评定的要求，市征兵办公室先后对女兵面试考查的组织实施、分数评定、公开公示以及审批定兵等内容作出具体规定。通过扩大征集范围，规范征集程序，女兵质量大幅度提高。

（五）严格程序标准，全面提升征集兵员的质量

一是严把体格检查关。卫生部门抽调了

经验丰富的医务人员组成体检队伍，实施一站式、封闭式、网络化征兵体检，坚持体检现场全封闭管理，规范体检秩序。严格落实“基层目测、乡镇初检、区县体检、市级复查”四级把关制度，防止把身体不合格兵员征入部队。二是严把政治和文化审查关。公安部门坚持“三级政审”、“区域联审”及“网上比对”等制度，严格落实“五见面”制度，重点加强对人户分离和长期外出预征对象的外调取证，对适龄青年个人和主要社会关系情况实施了全覆盖、无缝隙审查。教育部门充分运用学历查询和验证系统，认真审核适龄青年的学历情况，凡查询不到或有出入的，一律不得批准入伍，较好地把住了政治和文化关口。三是严把审批定兵关。落实集体定兵、择优定兵、公开定兵的原则，对体检、政审合格的应征青年，由区县兵役机关和卫生、公安、教育等部门，按照“全面衡量，集体商定，择优挑选”的原则统一审定新兵，确保把优秀青年征入部队。

（六）提高优待安置水平，切实解决入伍士兵的后顾之忧

一是优待政策不断完善。2003 年以来，本市先后出台了《实施〈军人抚恤优待条例〉办法》、《关于扶持城镇退役士兵自谋职业优惠政策意见的通知》等一系列优待安置政策，制定了对自谋职业的退役士兵进行免费培训、减免税费、提供贷款等优惠政策；规范了优待金发放的范围、程序和办法。二是优待金标准不断提高。2003 年以前，本市义务兵优待金标准为每人每年 2000 多元。在市委、市政府的关心支持下，2004 年全市城镇户口义务兵优待金提高到每人每年 1 万元，农业户口义务兵提高到每人每年不低于 4200 元。2008 年统一了城乡义务兵优待金标准，对从本市高等院校在校大学生中征集的外省市籍义务兵实施优待金补助，对从本市高等院校在校大学生中征集的义务兵，给予每人 1 万元的助学补助经费。2009 年又将义务兵优待金提高到每人每年 1.5 万元。三是安置水平不断提升。民政部门主动想办法，不断挖掘安置潜力。市财政局、市人力社保局、市地税局、市工商局出台了支持退役士兵自谋职业的优惠政策，体现政府对退役士兵的关心、关爱，为做好征兵工作提供了有力的支持和保障。

（七）加强廉洁征兵，坚决维护兵役机关的良好形象

一是明确了各方面的职责。市征兵办公室将征集名额一次性下达到各区县，不办理具体的兵员征集手续，只负责征兵政策的制定、检查监督和业务指导。实行廉洁征兵“一票否决制”，廉洁征兵出现问题的区县，当年既不能评为征兵工作先进单位，也不能评为先进区县人武部。规范了接兵部队的工作，规定接兵部队家访的方式和范围，加强征接双方的监督制约。二是全面接受社会监督。市征兵办公室统一印制《廉洁征接兵监督卡》，发放到每名应征青年或家长的手中，请广大群众对征兵工作进行监督。各级的举报电话在北京市主要新闻媒体公布，在区县、街道征兵办公室和所有征兵体检站醒目位置张贴，形成了无处不在的监督体系。三是严格各项工作制度。市征兵办公室的电话向全社会公布，电话号码在北京市电信局登记，通过 114 查号台就可查到，便于广大群众和适龄青年咨询和举报。实行廉洁征兵工作“首问负责制”，第一个接到举报的工作人员，在第一时间上报主管领导，并全过程跟踪处理。对接到的各类举报，每件都将查办结果及时反馈举报人和上级纪检部门。通过各级努力，本市廉洁征兵工作取得了较好成绩。2009 年 12 月，总政转发了本市廉洁征兵的经验做法。总政首长专门批示：北京市对廉洁征兵工作抓的力度很大，工作很扎实，取得的成效很明显，总结的经验很宝贵，值得学习借鉴。

三、工作中存在的主要问题

在贯彻执行《条例》的过程中也存在一些问题和矛盾，我们感到主要集中在以下三个方面。

（一）征兵工作改革和发展出现了一些新情况、新问题，有些工作落实比较困难

近年来，国家对征兵工作进行了一系列的调整改革，提出了很多新要求、出台了一些新政策。由于这些政策和工作大多是近几年才出台和开展的，缺乏现行法规的支持，开展工作比较困难，容易出现遗留问题。《条例》规定对违反法规的单位和个人的处罚，由区、县人民政府执行。但由于执法程序不够明确，区县兵役机关的工作人员又是现役军人，实际工作中，很难把握执法尺度，客观上造成了征兵执法难。《条例》规定义务兵优待金标准不低于当地平均生活水平，但在实际工作中落实时还有差距。2009年冬季，本市义务兵优待金提高到了每人每年1.5万元，但仍然低于全市的平均生活水平。另外，本市征集入伍的大学生士兵逐年增多，对这些大学生士兵，如何优待、如何安置的问题，还没有明确的规定。如果不从法规政策层面解决这个问题，会影响大学毕业生参军入伍的积极性，从而影响这项工作的可持续开展。

（二）办事机构临时组建的状况，与征兵工作常态化、规范化的客观要求还有较大差距

多年来，本市各级征兵办公室基本上是采取临时抽组人员、突击完成任务的模式开展工作。随着征兵工作的深入发展，征兵已由阶段性任务、局部性工作，向经常性任务、普遍性工作发展，参与部门和承担任务也不断增加，需要征兵办公室在平时做更多的工作，需要各部门常年参与，对工作人员专业化程度也提出了更高的要求。目前各级征兵办公室的设置方式，已不适应征兵工作改革与发展的客观要求，需要尽快研究解决。

（三）中心城区“征兵难”问题比较突出，全市完成征兵任务的压力进一步加大

近年来，中心城区的党委、政府、兵役机关对征兵工作高度重视，围绕完成征兵任务做了大量工作，取得了一些效果，但“征兵难”的问题没有从根本上缓解。中心城区可征集的适龄青年越来越少，积极报名参军的适龄青年越来越少，开展征兵工作的难度越来越大，造成全市完成征兵任务的压力进一步增大。

四、今后重点抓好的几项工作

为确保本市征兵工作的健康发展，进一步贯彻执行好《条例》，今后我们拟主要抓好以下几项工作。

（一）探索建立征兵联合执法机制

我们将加强对征兵执法问题的研究，完善征兵执法机制，初步设想由市和区县政府法制部门牵头，兵役机关、公安、监察和司法等部门组成联合执法机构，明确征兵执法的程序和各部门的相关责任，加强征兵执法处罚力度，切实维护兵役法规的严肃性。

（二）进一步提高优待安置水平

按照市统计局公布的数据，研究建立义务兵优待金定期增长机制，确保《条例》落实。重点研究和解决入伍普通高等学校毕业生士兵退伍后的优待安置政策问题，在安置工作中，体现鼓励高素质青年参军入伍的政策导向，动员更多高素质青年参军入伍。

（三）推动征兵办公室常设

根据国家的有关要求，参考外省市的成功经验，结合本市的实际情况，研究论证市征兵办公室常设的有关问题。同时，进一步明确市公安、教育、卫生等有关部门和各高等院校，在征兵工作中的具体责任、具体负责业务部门，确保征兵工作机构健全、职责清楚、制度

落实，全面提高本市征兵工作水平。

以上报告，提请市人大常委会审议。

北京市人民代表大会常务委员会任免名单

（2010年5月28日北京市第十三届人民代表大会常务委员会第十八次会议通过）

（一）

任命杨艳、佟福和、闫颖、许秀、夏林林、景滔、梁慧琴、李宝刚、陈伟红、姚学谦、杨瑞玲、许琳为北京市高级人民法院审判员。

免去辛尚民的北京市高级人民法院审判委员会委员、行政审判庭庭长、审判员职务。

免去陈立如、付国忠、刘晓玲、李梅、冯立国的北京市高级人民法院审判员职务。

（二）

任命郭嘉节为北京市第二中级人民法院民事审判第二庭副庭长。

任命王平为北京市第二中级人民法院民事审判第二庭副庭长、审判员。

任命徐庆为北京市第二中级人民法院民事审判第四庭副庭长。

任命邓颖为北京市第二中级人民法院执行三庭副庭长、审判员。

免去张红燕、陈春燕、蒋立杰的北京市第二中级人民法院审判员职务。

北京市人民代表大会常务委员会任免名单

（2010年5月28日北京市第十三届人民代表大会常务委员会第十八次会议通过）

（一）

免去曹学荣、姚仓、李强、张伟的北京市人民检察院检察员职务。

（二）

任命李强为北京市人民检察院第一分院检察员。

免去周光权的北京市人民检察院第一分院副检察长、检察委员会委员职务。

免去张桂琴、李亚菲的北京市人民检察院第一分院检察员职务。

（三）

免去黄京平的北京市人民检察院第二分院副检察长、检察委员会委员职务。

免去陶书贵的北京市人民检察院第二分院检察员职务。

北京市第十三届人民代表大会

常务委员会第十九次会议

在市十三届人大常委会第十九次会议上的讲话

（2010 年 7 月 30 日）

市人大常委会主任　杜德印

各位委员、同志们：

本次会议是今年常委会的一次重要会议，议题多、任务重，涵盖了立法、监督、重大事项决定、人事任免等人大常委会的主要职能。三天来，常委会组成人员以及列席的代表和同志们，认真学习贯彻市委上半年经济形势分析会精神，充分审议各项议题。会议审议通过了大型群众性活动安全管理条例，审议了农业机械化条例；就涉及城市基础设施建设、保障性住房建设、污水防治和垃圾处理等人民群众普遍关心的问题持续进行监督，提出了进一步改进的意见和建议；批准了 2009 年市级决算，就做好下半年经济社会发展工作，完成全年国民经济和社会发展计划，加强预算管理和审计监督提出了意见和建议；审议了人大常委会调研组关于制定北京市“十二五”规划几个问题的建议，对新阶段关系全市发展大局的一些重要问题，集中表达了人民群众的意愿。会议还就城市核心区行政区划调整的有关问题作出了决定，为这项工作的顺利进行提供了法制保障和制度基础。会议开得很成功。常委会工作机构要汇总整理好大家的意见，对政府的专项工作报告形成审议意见书，交市政府及有关部门研究处理。对常委会调研组关于“十二五”规划几个问题的建议及调研报告进行修改，送市政府研究，并报市委。下面，我受主任会议委托，简要讲几点意见。

一、认真贯彻全市上半年经济形势分析会精神，确保全年经济社会发展计划和“十一五”规划全面完成

半年来，市政府在市委的领导下，认真贯彻中央的决策部署，认真执行十三届人大三次会议决议，奋力推进全市社会经济发展。全市经济保持了平稳较快发展的势头，产业结构调整、科技创新、城市基础设施建设、保障性住房建设等方面取得新的进展。但当前面临的形势仍然比较复杂，保持经济发展的良好势头，特别是加快转变经济发展方式，把当前经济增长与首都经济持续发展统一起来，还面临很多矛盾和挑战。下半年，要认真贯彻全市上半年经济形势分析会精神，依法履行人大常委会职能，保证和支持政府处理好以下几个问题。

一是以加快经济发展方式转变为主线，坚持把当前的经济增长与首都经济社会的持续发展统一起来。既要保持投资、出口、消费对当期经济增长的拉动作用，又要准确判断和把握首都经济的功能和阶段性特点，着力解决经济发展的结构性、体制性矛盾，增强经济发展的活力和持续发展的能力。

二是坚持社会主义市场经济的取向，既要充分发挥政府对经济的调控和引导作用，又要通过持续不断的改革，完善首都资源配置的市场环境和制度环境，调动和发挥多元

投资主体的积极性，规范政府融资工作，防范和规避政府债务风险。

三是着力推进科技创新和结构优化，加强对首都科技创新的统筹规划、组织、协调和服务，加强政府研发资金的宏观统筹，完善科技创新的组织模式和制度安排，积极推动科技自主创新。

四是要着力保障和改善民生，调整收入分配格局，完善社会保障体系，健全基本住房保障制度，协调社会利益关系，提高消费需求对经济的拉动作用。

五是切实加强城市建设、管理、运行工作。围绕建设信息化基础设施，建立现代化交通体系，建立现代垃圾处理体系，加快推进城市水资源、水环境和水生态的综合治理，加快城乡一体化进程等热点、难点展开工作，大力推动关系民生的基础性公益事业发展，切实改善城市发展环境，加快宜居城市建设。

二、加强和改进预算管理和审计监督，不断提高财政资金的使用绩效

今年本市预算执行情况总体上是好的，常委会同意政府提交的关于上半年计划和预算执行情况的报告。应当指出，预算编制管理和执行中仍然存在一些突出问题，市政府在对审计出来的具体问题认真进行整改的同时，要深入分析产生问题的原因，坚持不懈地推进预算制度建设，加强和改进预算管理，提高预算资金绩效。整改情况要在今年年底向人大常委会报告。

当前，进一步加强预算管理和审计监督，要解决好以下一些问题。

一是进一步推进政府的绩效管理制度建设和预算公开，逐步实现预算从目标管理到程序管理的全过程监管。要研究实行部门预算制度后出现的新问题，既要充分发挥部门在预算编制、预算管理中的积极性，更要强化部门预算的职责和绩效管理；既要坚持部门预算制度，又要加强对预算资金的统筹管理，按照财事结合、统分结合的原则，完善预算资金使用的制度和程序，整体推进绩效管理制度建设，要把最终目标的管理和程序、过程的管理统一起来，持续不断地抓下去，抓出成效。

二是要全面加强和发挥审计监督的功能。今年市审计局在加强对预算执行和其他收支情况的审计方面不断改进，做了大量的工作。向常委会报告工作，不仅有综合报告，而且提供了11个部门具体情况的审计报告，把情况和问题分析得更加具体透彻。在这个基础上，人大常委会要支持政府及其审计部门加强审计监督，充分发挥审计监督的作用。要进一步加大审计工作的力度，扩大审计面，建立和完善审计分析的工作机制，通过审计分析，发现问题产生的原因，反过来促进预算的管理工作，提高预算编制的科学性，从根本上解决要钱容易、花钱随意、预算执行绩效不高的问题。建议审计部门要加强对政府新的收支方面的监督，特别是针对去年以来政府投融资平台迅速增加，投融资额度迅速增大的情况，加强对投融资平台、政府债务运行进行审计监督。

三是继续推进人大常委会对预算绩效的监督工作。本届人大常委会着眼于推动政府绩效管理制度的建设，提高预算资金的使用绩效，坚持把对预算的绩效管理作为一个重点。这项工作要持续不断地抓下去，要推进财政资金绩效的考评工作，完善绩效考评结果应用和信息公开，促进绩效考评和预算编制的有机结合。

三、集中好、表达好广大人民群众的意愿，制定好“十二五”规划

（一）总结好上半年专题调研的成果，向市委、市政府提出建议

为了审议好计划、预算上半年执行情况

的报告，制定好“十二五”规划，常委会在总结去年专题调研成功经验的基础上，今年继续组织开展了对首都经济社会发展情况的专题调研。这次调研选择了6个题目，100多位常委会组成人员和人大代表参加，形成了调研报告提交本次会议。财经委在专题调研报告的基础上综合形成了关于对制定“十二五”规划几个问题的建议，大家反映工作很有成效。这次调研有以下几个特点。

一是紧密围绕全市发展的大局，抓住了人民群众普遍关心、同时又是经济社会发展中迫切需要解决的几个问题。包括建立健全基本住房保障制度，建立现代垃圾处理体系，合理调控城市人口规模、加快推进科技创新、商务服务业建设和城乡一体化进程等，都是首都经济社会发展中面临的一些重要的问题，针对性强，能够表达人民群众的意志和愿望。

二是坚持实事求是和群众路线，认真总结群众创造的实践经验。小平同志多次强调，我们作决策、做事情要尊重人民群众的首创精神。我们这些调研报告，之所以能够做到言之有物，就是在抓准问题的基础上，认真总结全市基层群众创造的好经验，因此就有了客观实际的基础，有了很强的生命力。比如人口问题，就是总结了顺义区在市场经济条件下，面对全国加快农村城市化的大背景，通过调整产业结构、改进经济组织方式，特别是改善传统服务业的组织方式，提高组织化程度和现代化水平，有效加强劳动力市场的监管和服务，走出了一条符合当地特点，有利于合理调控人口规模的路子。再比如农村城市化，农村委调研组总结了城乡结合部的经验，也总结了郊区和浅山区的经验。从中认识到，只要坚持以农民为主体，切实保障农民的合法权益，农民就可以在党和政府的领导下走出一条符合实际的农村城市化的路子。其他的几个调研报告也都是在广泛征求、听取群众的意见，听取专家的意见，总结基层群众的实践创造所形成的。

三是坚持人大工作的保障性、建设性和实效性的统一。我们不仅要提出问题，还要在总结群众经验的基础上拿出解决问题的对策和建议，并力求对策和建议明确、具体、可操作，而不是停留于一般的议论。这次会议后，常委会工作机构要根据常委会审议中提出的意见进一步修改、完善好有关报告，为制定好“十二五”规划提供参考。

（二）继续为制定好“十二五”规划作准备

明年年初的十三届人大四次会议将审议批准北京市“十二五”规划。这是关系首都新阶段发展和长远发展的一件大事。市人大及其常委会要在市委的领导下积极做好各方面的工作，把这件大事做好。

奥运会和建国60年大庆结束以后，市委作出了首都发展进入新阶段的正确判断，并带领全市干部群众围绕新阶段如何发展的问题，进行了积极的探索和实践。及时把奥运会的三大理念转化为新阶段首都发展的战略，提出建设“人文北京、科技北京、绿色北京”和世界城市，采取了一系列措施。在这次经济形势分析会上，刘淇同志又提出了三个问题，一是首都发展面临的形势和阶段性特征，二是我们面临的机遇和挑战，三是首都发展的目标和任务，要求大家进行讨论。这说明我们的探索和实践还没有完成，这也是在制定“十二五”规划当中必须要解决的问题。市人大常委会包括全体市人大代表，有责任在市委领导下，就北京新阶段如何发展的问题继续进行研究探索，特别是对人大及其常委会来说，应该在制定“十二五”规划过程中，充分汇集和表达全市广大人民群众的意志和愿望，使广大人民群众的意志和愿望能够通过人大的工作进入到党和国家的决策当中，进入到“十二五”规划当中。所以，我们在下一步工作中需要进一步把握好以下几点。

第一，我们要始终坚持中央关于首都城市性质和功能的定位，在服务全国中发展自己。北京发展虽然进入一个新的阶段，但是首都城市的性质和功能并没有变化，中央关于首都性质和功能的定位和要求始终是明确的。我们应在新的形势下进一步深入学习贯彻中央关于首都工作的一系列重要指示，深刻理解和把握首都城市的性质功能和内涵。中央确定的北京的城市性质和功能定位，大家都耳熟能详了，北京是全国的政治文化中心、国际交往中心，北京要做好四个服务。在批复北京城市总体规划中又提出四个概念，即国家首都、国际城市、文化名城、宜居城市。市委提出来建设“三个北京”的目标，充分贯彻和体现了中央的指示和首都城市性质和功能定位，符合首都发展新阶段的实际情况，也符合广大人民群众的意志和愿望。一方面，这个性质和功能定位是首都肩负的重大责任和使命，同时，这个性质和功能也是首都发展的巨大优势和潜力所在，明确了首都经济社会发展的方向。我们要深化认识，增强首都意识，建设好国家政治中心、国家文化中心、国家国际交往中心和国家服务中心。比如，应当怎样建设好国家文化中心，我们还没有足够的认识，工作上也有差距。文化中心至少应该包括科技、教育、文化等方面，在国家实施创新战略、推动自主创新的背景下，北京处于什么位置、应该承担什么责任、发挥什么作用？北京的科技创新绝不仅仅是为了北京自身的发展，必须在国家的科技创新战略中发挥服务、支撑和引领作用。如果我们自觉地认识和肩负起在国家创新战略中的支撑、服务、引领作用，就会为北京获得巨大的发展空间，也会为全国作出应有的贡献。所以，要把我们北京的发展自觉地纳入到国家的发展战略和大局当中。

再比如作为国际交往中心，应该是国家国际交往的中心，如果北京离开国家的国际影响力，怎么能有自己城市的国际影响力？我们就是要努力为国家扩大国际影响力做好服务工作，这也正是我们作为国际交往中心在功能定位和发展机遇上的有机统一。所以，还可以深化一点，就是要服务于中央的领导、服务于国家发展战略、服务于全国各地的发展、服务于全市和全国人民。这样我们看到的就不只是责任和使命，同时也是我们发展的巨大优势和潜力所在。

第二，坚持建设“人文北京、科技北京、绿色北京”的战略，加快转变经济发展方式。前一个阶段，我们经济的发展方式有两个显著的特点：第一是抓住重大活动的机遇，发挥重大活动的带动作用；第二是发挥集中力量办大事的体制优势。在奥运会申办之前，我们抓住新中国建立50年大庆的机遇，成立重大办，推进重点工程建设。2001年成功申办奥运会后，我们提出的口号是“新北京、新奥运”、“同一个世界、同一个梦想”，这不仅凝聚了北京市的力量，而且在中央的领导下，动员全国人民的力量来办这件事情，走出了一条通过奥运会来带动城市建设、推动经济社会发展的路子。奥运会成功举办和新中国建立60周年大庆以后，一些同志还寄希望于新的重大活动的带动，对于在常态的情况下推动首都经济社会的持续发展感觉不适应。这就是一个阶段性的变化，我们进入了一个艰难的爬坡上升的阶段。我们要从现实出发，坚持城市性质和功能，善于通过制度创新、技术创新、管理创新来提高城市经济社会发展、城市建设管理的质量和水平。要进一步优化首都社会主义市场经济的体制、机制环境，充分调动各个方面资源的优势，改革首都技术创新的体制、机制，形成新的产业形态和优势。如以信息化为基础，以高新技术作为支撑和引领，融一、二、三产为一体的商务服务业形态等。我们要在市委的领导下，进一步研究好这些问题，搞清楚我们的方位、方向，然后作艰苦的努力。

第三，清醒地判断首都经济发展面临的形势和任务，着力破解发展中面临的突出矛盾和挑战。奥运会举办之后，我们的实力增强了，人均 GDP 超过 1 万美元，这使我们的发展有了一个很好的基础。但是我们还面临什么样的问题和挑战？要有一个清醒的认识。这次调研的选题就是人民群众普遍关心、经济社会发展中迫切需要解决的一些矛盾和问题。应该看到我们还没有做到全面的发展，比如城市建设，为了办好奥运会，履行向国际社会的承诺，我们重点抓了空气、交通等问题，但是对于关系老百姓切身利益的污水、垃圾问题，欠帐不少，治理的任务很紧迫。再如人口和资源环境的突出矛盾，农村城市化、城乡统筹协调的问题等等。我们应该清醒地看到差距，这都是制定“十二五”规划面临的重大问题，必须有针对性地提出缓解矛盾、解决问题的对策，这样才能使经济和社会协调发展，经济和城市协调发展，发展和人口资源环境相协调。

四、努力做好下半年各项工作，着力在提高质量和实效上下功夫

对常委会上半年的工作情况已经有了一个总结报告，将印发年中的代表活动，接受代表的监督，这里不详述了。今年的特点是认真落实市委第三次人大工作会议精神，在工作质量和实效上下功夫，并努力取得明显成效。下半年的工作任务仍然很重，我们要按照市委第三次人大工作会议的精神，继续完善工作方式，推动工作质量和实效的提高。要坚持不懈地抓住几个重点问题，采用各种方式持续不断地去推进，加大力度，保证支持政府解决好各方面的问题。

通过今年上半年的工作，我们形成一个新的认识，即人民代表大会依法履行职能，表达好人民群众的意愿、反映好人民群众呼声，特别是推动问题得到解决，并不是一个简单的问题。人大常委会并不只是提出问题或呼吁问题的解决就行了，关键是要提出解决问题的办法。比如污水治理、建立住房保障制度等问题，我们要推动这些问题解决，必须从实际出发，从现有的体制、机制，物质基础和技术条件出发，提出解决问题的思路、对策和措施的建议，这就对我们自身提出了很高的要求，这也正是上半年我们开展首都经济社会发展情况专题调研的意义所在。监督工作如此，立法工作也如此。现在我们遇到很多转型期的立法问题，很多改革的问题附着在立法工作上，怎么来立法，怎样来表述，都需要我们通过深入调研提出解决的办法。我们更深刻地体会到，做好新时期人大工作，提高人大工作的质量和实效对我们提出了很高的要求，需要我们认真地学习，在市委的领导下，总结经验找到解决问题的办法。其次，即使我们提出了有用、有效的建议，但是推动问题得到解决还需要了解问题的复杂性，理解客观实际的情况，也需要锲而不舍的精神。对政府在落实过程中遇到的矛盾和问题，不是简单地去批评，而是要注意研究潜在的矛盾和障碍，和政府一道推动问题得到解决。所以，做好人大工作，发挥好作用对我们提出了新的更高要求，我们要不断地改进和完善工作方式，注意加强与政府及有关方面的沟通和协调。

总之，我们要在市委领导下，围绕中心、服务大局，依法履行职能，始终坚持人大工作的保障性、建设性和实效性，做有用有效的事。让我们大家共同努力，切实做好常委会下半年的各项工作！

北京市第十三届人民代表大会常务委员会第十九次会议议程

（2010年7月28日至30日）

（2010年7月28日北京市第十三届人民代表大会常务委员会第十九次会议第一次全体会议通过）

一、审议表决《北京市大型群众性活动安全管理条例》

二、审议《北京市农业机械化条例（草案）》

三、听取和审议市人民政府关于北运河流域水系综合治理情况的报告

四、听取和审议市人民政府关于推进保障性住房建设，完善住房保障制度的报告

五、听取和审议市人民政府关于生活垃圾处理工作进展情况的报告

六、审议表决《北京市人民代表大会常务委员会关于东城区和崇文区、西城区和宣武区行政区划调整有关问题的决定（草案）》

七、听取和审议市人民政府关于北京市2009年市级预算执行和其他财政收支的审计工作报告

八、听取和审议市人民政府关于北京市2009年市级决算和2010年上半年预算执行情况的报告，批准2009年市级决算

九、听取和审议市人民政府关于北京市2010年国民经济和社会发展计划上半年执行情况的报告

十、听取和审议关于对制定北京市国民经济和社会发展第十二个五年规划几个问题的建议

十一、决定人事任免事项

十二、市人大常委会主任杜德印同志讲话

北京市人民代表大会常务委员会公告

（第10号）

《北京市大型群众性活动安全管理条例》已由北京市第十三届人民代表大会常务委员会第十九次会议于2010年7月30日修订通过，现将修订后的《北京市大型群众性活动安全管理条例》予以公布，自2010年12月1日起施行。

北京市第十三届人民代表大会常务委员会

2010年7月30日

北京市大型群众性活动安全管理条例

（2005 年 9 月 9 日北京市第十二届人民代表大会常务委员会第二十二次会议通过 2010 年 7 月 30 日北京市第十三届人民代表大会常务委员会第十九次会议修订）

目　　录

第一章　总　　则

第一条　为了加强大型群众性活动安全管理，维护首都社会秩序、公共安全和社会稳定，保护国家、集体财产和公民生命、财产安全，促进经济和社会协调发展，根据有关法律、行政法规，结合本市实际情况，制定本条例。

第二条　本条例适用于在本市行政区域内举办大型群众性活动的安全管理。安全生产、消防、集会游行示威以及其他法律、法规另有规定的，从其规定。

前款所称大型群众性活动（以下简称大型活动），是指租用、借用或者以其他形式临时占用场所、场地，面向社会公众举办的文艺演出、体育比赛、展览展销、招聘会、庙会、灯会、游园会等群体性活动。

第三条　大型活动的安全工作应当遵循安全第一、预防为主的方针。

大型活动承办者对其承办活动的安全负责，承办者的主要负责人为大型活动的安全责任人；主办者及其他参与大型活动的单位依照本条例规定履行安全职责。政府依法承担监管职责。

第四条　本市对单场次参加人数一千以上的大型活动实行安全许可。

第五条　本市各级人民政府应当加强对大型活动安全工作的领导，必要时建立综合协调工作机制，督促政府有关部门依法履行对大型活动安全工作的监督管理职责，沟通信息，及时协调、解决大型活动安全管理中的重大问题。

公安机关是大型活动安全许可的实施机关，对大型活动的安全工作实施监督管理。

安全生产、质量技术监督、卫生、工商行政管理、住房和城乡建设、商务、文化、体育、教育、旅游、园林绿化、交通等有关部门和城市管理综合执法组织，按照有关法律、法规、规章的规定和市人民政府确定的职责，对大型活动安全工作实施监督管理。

第六条　市和区、县人民政府及其有关部门应当采取多种形式，加强与大型活动安全有关的法律、法规和安全知识的宣传，增强有关单位、个人及社会公众的安全意识和安全防范能力。

第七条　鼓励与大型活动有关的行业协会加强行业自律和自我服务，制定行业规范和技术标准，开展安全教育和培训活动，指导其会员单位建立安全责任制度，履行安全职责。

第二章　安全职责

第八条　大型活动承办者应当履行下列

安全职责：

（一）进行安全风险预测或者委托专业评估机构进行安全风险评估，制定安全工作方案和处置突发事件应急预案并组织训练；

（二）建立并落实安全责任制度，明确安全措施、岗位安全职责；

（三）配备与大型活动安全工作需要相适应的专业保安人员及其他安全工作人员；

（四）为大型活动的安全工作提供必需的物质保障；

（五）组织实施现场安全工作，开展安全检查，发现安全隐患及时消除；

（六）对参加大型活动的人员进行安全宣传和教育，及时劝阻和制止妨碍大型活动秩序的行为，发现违法犯罪行为及时向公安机关报告；

（七）接受公安等有关部门的指导、监督和检查，及时消除安全隐患；

（八）保障临时搭建的设施、建筑物的安全，消除安全隐患；

（九）按照实施安全许可的公安机关的要求，配备必要的安全检查设备，对参加大型活动的人员进行安全检查，对拒不接受安全检查的拒绝其进入。

第九条 大型活动由主办者直接承办的，主办者履行本条例第八条规定的安全职责。

大型活动由主办者委托其他单位承办的，应当选择有资质、具备相应能力和条件的承办单位，接受委托的承办单位履行承办者的安全职责。主办者应当与承办者签订安全协议，明确各自的具体职责，落实安全工作；确定专门人员监督、检查承办单位安全责任和安全措施的落实情况，协调解决存在的问题并及时向有关部门报告；支持承办者落实安全职责和安全措施，并不得向承办者提出可能危及大型活动安全的要求。

第十条 大型活动场所管理者应当履行下列安全职责：

（一）保证大型活动场所、设施符合国家和本市建筑、消防、卫生等安全标准，并向承办者提供场所人员核定容量、安全通道、出入口以及供电系统等涉及场所使用安全的资料、证明；

（二）根据安全要求设立安全缓进通道、安全出入口和安全通道，设置明显的引导指示标志，并保证畅通；

（三）配备应急广播、照明设施，并确保完好、有效；

（四）对停车设施不得挤占、挪用，并维护安全秩序；

（五）保证安全防范设施与大型活动安全要求相适应；

（六）配备专业工作人员，保证重点部位安全和重要设施正常运转。

第十一条 承担大型活动安全风险评估的机构应当根据保障大型活动安全相关标准，结合大型活动的实际情况开展风险评估。风险评估报告的内容应当包括发生安全事故的可能性、安全风险程度及防范和控制风险的建议等事项。

安全风险评估机构应当具备相应专业能力和条件。

第十二条 承担大型活动安全服务的保安服务公司应当按照相关标准提供规范的服务，并按照保安服务合同的规定履行大型活动安全服务职责。

第十三条 公安机关在大型活动安全监督管理工作中应当履行下列职责：

（一）制定大型活动安全许可和安全监督管理的工作规范和标准，并向社会公布；

（二）制定大型活动安全监督方案和突发事件应急处置预案；

（三）建立大型活动不良安全信息记录制度，并向社会公布；

（四）审核许可申请材料，实地勘验活动场所；

（五）在大型活动举办前，对活动场所组织专项安全检查，发现安全隐患的责令改正；

（六）在大型活动举办过程中，对安全工作的落实进行指导、监督和检查，发现安全隐患的责令改正；

（七）对安全工作人员进行宣传、教育；

（八）根据公共安全需要组织相应警力，维持活动现场周边的治安、交通秩序；

（九）对现场秩序混乱，可能导致安全事故或者危害公共安全的紧急情况和其他突发事件，及时进行处置；

（十）依法查处大型活动中的违法犯罪行为。

第三章　安全许可

第十四条　大型活动有下列情形之一的，由承办者在举办大型活动的二十个工作日前向公安机关申请安全许可：

（一）拟印制、发售票证一千张以上的；

（二）组织参加人数一千以上的；

（三）其他预计参加人数一千以上的。

第十五条　大型活动有下列情形之一的，承办者应当向市公安机关申请安全许可：

（一）举办场所跨区、县的；

（二）预计参加人数一万以上的文艺演出、体育竞赛；

（三）展位总数在二千以上的展览、展销。

前款规定以外的其他大型活动，承办者应当向举办所在地区、县公安机关申请安全许可。

第十六条　承办者申请大型活动安全许可时，应当向公安机关提交下列材料：

（一）承办者合法成立的证明及安全责任人的身份证明；

（二）主办者与承办者签订的协议，两个或者两个以上承办者共同承办大型活动的，提交联合承办的协议；

（三）场所租赁、借用协议；

（四）大型活动方案及其说明、安全工作方案。

第十七条　大型活动方案内容应当包括活动的时间、地点、内容、组织方式。大型活动须经有关部门事先批准的，附有关部门的批准文件。

第十八条　大型活动安全工作方案应当包括下列内容：

（一）安全风险预测或者评估报告、现场平面图；

（二）安全工作人员的数量、任务分配和识别标志；

（三）活动场所消防安全措施；

（四）活动场所可容纳的人员数量以及活动预计参加人数；

（五）治安缓冲区域的设定及其标志；

（六）票证管理方案和样本、入场人员的票证查验和安全检查措施；

（七）车辆停放、疏导措施；

（八）现场秩序维护、人员疏导措施；

（九）突发事件应急预案；

（十）安全协议文本。

第十九条　公安机关收到申请材料应当依法作出受理或者不予受理的决定。受理申请的，公安机关应当自受理之日起七个工作日内，对申请人提交的材料进行审查，并对大型活动场所、设施进行现场核查，作出许可或者不予许可的决定，并书面通知申请人；不予许可的说明理由。七个工作日不能作出决定的，经本机关负责人批准，可以延长十日，并将延长期限的理由告知申请人。

承办者申请年度内在相同地点举行相同内容的多场次大型活动的，公安机关可以采取一次许可的方式。

第二十条　大型活动符合下列条件的，公安机关予以安全许可：

（一）承办者具有合法身份；

（二）内容符合法律、法规的规定；

（三）场所、设施符合安全要求；

（四）安全责任明确、措施有效。

第二十一条 大型活动有下列情形之一的，公安机关不予安全许可：

（一）危害国家安全和社会公共利益的；

（二）影响国事、外交、军事或者其他重大活动的；

（三）严重妨碍道路交通安全秩序和社会公共秩序的；

（四）不符合本条例第二十条规定条件的。

第二十二条 对经安全许可的大型活动，承办者不得擅自变更活动的时间、地点、内容或者扩大大型活动的举办规模。

大型活动举办时间需要变更的，承办者应当在原举办时间的五个工作日前向作出安全许可决定的公安机关提出变更申请，公安机关同意变更的及时办理变更手续；举办地点、内容变更或者规模扩大的，承办者应当依照本条例重新申请安全许可。

大型活动取消的，承办者应当在原举办时间的五个工作日前书面告知作出安全许可决定的公安机关，并交回大型活动安全许可证件。

第二十三条 作出安全许可决定所依据的客观情况发生重大变化的，为了公共利益的需要，作出行政许可决定的公安机关可以变更或者撤回已经生效的安全许可并及时告知承办者。由此给大型活动承办者造成财产损失的，应当依法给予补偿。

第二十四条 负有大型活动安全监督管理职责的部门及其工作人员不得向承办者或者主办者提出与安全监督管理无关的要求，不得强制承办者委托指定的风险评估机构或者保安服务公司。

第四章 安全规范

第二十五条 变更、取消已向社会公布的大型活动的，承办者应当通过报纸、电视、广播等媒体予以公告，并做好善后工作。

第二十六条 大型活动承办者应当遵守下列规定：

（一）不得将大型活动转让他人举办；

（二）按照安全许可的时间、地点和内容举办大型活动；

（三）按照公安机关核准的安全容量印制、发放、出售票证；

（四）公开售票的，采取票证防伪、现场验票等安全措施；

（五）根据安全需要在场所入口设置安全、有效的机读验票设施、设备。

大型活动承办者可以投保公众责任险。

第二十七条 承办者搭建临时设施、建筑物应当委托有资质的单位设计、施工，并与场所管理者、施工单位签订搭建临时设施、建筑物的安全协议。

设计、施工单位应当按照有关标准和规范设计、搭建和拆除临时设施、建筑物，确保临时设施、建筑物的施工安全和使用安全；必要时承办者应当聘请专业机构进行检验、检测，相关专业机构应当对其出具的检验、检测结果承担法律责任。

第二十八条 承办者在大型活动举办期间，应当落实各项安全措施，配备足够的工作人员维持现场秩序。在人员相对聚集时，承办者应当采取控制和疏散措施，确保参加活动的人数在安全条件允许的范围内。

在活动举办过程中发生公共安全事故、治安案件的，安全责任人应当立即启动应急救援预案，并立即报告公安机关。

第二十九条 大型活动现场安全工作人员应当遵守下列规定：

（一）掌握安全保卫工作方案和处置突发事件应急预案的全部内容；

（二）能够熟练使用应急广播和指挥系统；

（三）能够熟练使用消防器材，熟知安全出口和疏散通道位置，掌握本岗位应急救援措施；

（四）掌握和运用其他安全工作措施。

第三十条 参加大型活动的人员应当遵守下列规定：

（一）遵守有关法律、法规、规章；

（二）遵守大型活动现场的管理制度；

（三）自觉接受安全检查，服从管理；

（四）不得影响大型活动正常秩序、妨碍公共安全；

（五）遵守社会公德。

第三十一条 公安机关应当及时对大型活动场所进行安全检查，记录安全检查的情况和处理结果，并由公安机关检查人员和大型活动承办者、场所管理者签字归档。必要时，公安机关可以会同安全生产、质量技术监督、住房和城乡建设等部门进行检查。

监督检查人员发现大型活动场所存在安全隐患的，提出整改意见，责令承办者立即或者限期消除安全隐患。

第三十二条 公安机关根据公共安全的需要，可以组织对进入大型活动场所的车辆和人员所携带物品进行安全检查。

实施安全检查的工作人员，不得从事与安全检查无关的活动，不得实施侵犯受检查人合法权益的行为。

第五章 法律责任

第三十三条 承办者违反本条例第八条规定，主办者违反本条例第九条规定，以及场所管理者违反本条例第十条规定的，由公安机关或者其他有关部门责令限期改正；逾期不改正的，由公安机关责令其停止或者部分停止大型活动，并处1万元以上5万元以下罚款。

第三十四条 承办者违反本条例第二十二条第一款规定，擅自变更大型活动的时间、地点、内容或者扩大大型活动举办规模的，由公安机关处1万元以上5万元以下罚款；有违法所得的，没收违法所得。

依法应当取得安全许可但未经公安机关安全许可，擅自组织大型活动的，由公安机关予以取缔，并对组织者处10万元以上30万元以下罚款。

第三十五条 承办者违反本条例第二十六条第一款第（一）项、第（四）项、第（五）项规定的，由公安机关处1万元以上3万元以下罚款；造成严重后果的，处3万元以上5万元以下罚款。

第三十六条 承办者、场所管理者违反本条例规定致使发生重大伤亡事故、治安案件或者造成其他严重后果，尚不构成犯罪的，对安全责任人和其他直接责任人员依法给予处分、治安管理处罚，对单位处1万元以上5万元以下罚款；构成犯罪的，依法追究刑事责任。

承办者、场所管理者违反本条例规定造成他人人身、财产损害的，应当依法承担民事责任。

第三十七条 安全责任人违反本条例第二十八条第二款规定，在大型活动举办过程中发生公共安全事故，不立即启动应急救援预案或者不立即向公安机关报告的，由公安机关对安全责任人和其他直接责任人员处5000元以上5万元以下罚款。

第三十八条 参加大型活动的人员违反本条例第三十条规定的，公安机关可以予以批评教育；对严重危害社会治安秩序或者威胁公共安全的，强行带离现场；属违反治安管理行为的，依照治安管理的有关规定予以处罚。

第三十九条 承担大型活动安全风险评估的机构未尽到安全提示义务，或者应当预见而没有预见安全风险，造成大型活动安全事故的，应当依法承担民事责任。

第四十条　本市各级人民政府及其所属部门主办大型活动，造成安全责任事故的，对责任人给予行政处分；构成犯罪的，依法追究刑事责任。

第四十一条　负有大型活动监督管理职责的部门不依法履行监督职责，造成严重后果的，由其上级机关或者监察机关责令改正，对直接负责的主管人员和其他直接责任人员依法给予行政处分；构成犯罪的，依法追究刑事责任。

第六章　附　　则

第四十二条　市和区、县人民政府直接举办的大型活动，不实行安全许可制度，其安全保卫工作由举办活动的人民政府负责。举办活动的人民政府应当按照本条例的有关规定，制定严格的安全保卫工作方案，并组织实施。

第四十三条　本条例自2010年12月1日起施行。

关于《北京市大型社会活动安全管理条例修正案（草案）》的说明

——2010年4月1日在北京市第十三届人民代表大会常务委员会第十七次会议上

北京市公安局局长　傅政华

主任、各位副主任、秘书长、各位委员：

我受市人民政府的委托，现就提请本次会议审议的《北京市大型社会活动安全管理条例修正案（草案）》（以下简称《修正案（草案）》）作如下说明。

一、立法背景和必要性

2005年9月9日，市第十二届人大常委会第二十二次会议审议通过了《北京市大型社会活动安全管理条例》（以下简称本市《条例》），并自2005年11月1日起施行。本市《条例》建立了政府领导、公安部门主管、相关部门各负其责的管理体制，明确了安全责任和规范，确立了安全许可制度，为本市大型活动的安全举办提供了重要的法制保障。据统计，本市年均举办大型活动在2000场次以上，主要类型包括展览展销、文艺演出和体育比赛，其中展览展销场次占大型活动场次总数的75%以上。万人以上的大型活动年均在100场次以上，居全国首位。本市《条例》的实施为确保我市大型活动安全工作万无一失提供了坚实的法规基础，特别是为确保筹办和举办奥运会、新中国成立60周年庆典活动安全发挥了重要作用。本市《条例》施行以来，大型活动举办过程中没有出现重大安全事故。近年来，随着国务院《大型群众性活动安全管理条例》发布实施和本市大型活动安全管理实践中一些问题的凸显，为维护法制统一和解决突出问题，本市《条例》相关条款需要进行修订。

（一）修订本市《条例》是维护法制统一的需要

2007年9月，国务院颁布了《大型群众性活动安全管理条例》（以下简称国务院《条例》），本市《条例》与国务院《条例》比较，主要内容和制度框架没有冲突。但是，本市《条例》与国务院《条例》在安全管理的责任主体、安全许可权限、许可时限、活动地点和内容变更、处罚额度等具体制度上规定不一致。例如，国务院《条例》规定大型活动“坚持承办者负责，政府监管的原则”，本市《条例》则规定“按照谁主办、谁负责的原则，由主办者对安全工作全面负责”；国务院《条例》规定公安机关应当自受理许可申请之日起7日内进行审查，本市《条例》则规定公安机关应当自受理许可申请之日起10个工作日内对申请人提交的材料进行审查。因此，按照法制统一的原则，本市《条例》需要对照国务院《条例》及时修改。

（二）修订本市《条例》是总结奥运经验，解决大型活动安全管理实践中遇到突出问题的需要

在筹办和举办奥运会、新中国成立60周年庆典活动期间，为确保活动的平安、顺利开展，本市在认真落实安全管理制度的基础上，加大了政府部门间协调统筹力度，强化了大型活动举办各方的安全责任，进一步明确了政府监管职责。奥运会以后，随着奥运场馆逐步投入使用，大型活动场次与日俱增。2008年本市举办大型活动2151场次，2009年达到2665场次，增幅超过20%。大型活动安全管理实践中遇到的问题也日益增多，需要通过立法解决的问题主要有三个方面：一是大型活动中搭建的临时设施越来越复杂，安全问题越来越突出，本市《条例》在临时设施安全管理方面的规定不够完善，需要进一步补充；二是大型活动管理过程中涉及领域越来越广泛，统筹协调问题越来越突出，本市《条例》虽然已有相关规定，但仍需进一步加强；三是大型活动数量日益增多，本市《条例》对大型活动管理实行的以市级行政部门管理为主的管理体制已不适应大型活动管理的实际，需要按照本市关于适当下移管理重心的要求，进一步调整。因此，本市《条例》需要在全面总结筹办和举办奥运会、新中国成立60周年庆典活动期间大型活动安全管理的成功经验的基础上，根据国务院《条例》，调整完善本市《条例》相关规定。

市人大常委会已将本市《条例》修订工作列入2010年市人大常委会立法计划。

二、起草和征求意见情况

为了做好修订工作，市公安局、市政府法制办开展了深入调研，广泛深入征求了国务院法制办、公安部，市相关部门，各区、县政府及其有关部门，部分法律专家，大型活动主办者、承办者和场所管理者代表的意见，并在“首都之窗”网站向社会公开征集意见。2010年1月7日，市政府法制办召开《修正案（草案）》立法专家委员会审查论证会。在起草和审查阶段，市人大常委会内司办和法制办也提前介入，给予指导。

各方面提出的意见主要集中在三个方面：一是进一步明确举办大型活动各方主体的安全责任。二是进一步明确大型活动临时设施的主体责任和规范。三是进一步调整和明确政府及其有关部门对大型活动安全举办的监管责任。

在充分吸收采纳各方面意见的基础上，我们对《修正案（草案）》进行了反复修改。2010年2月11日，市政府常务会审议并原则通过了《修正案（草案）》。

三、修订的主要内容

本次修订工作以贯彻落实国务院《条例》为依据，全面总结本市大型活动安全管理工作经验并借鉴国内外成功做法，遵循维护法制统一、突出首都实际、注重针对性和可操作性原则，以大型活动安全管理社会化为主线，进一

步明确责任、强化监管，建立健全具有首都特色的大型活动安全管理工作机制，为促进首都经济社会发展和社会和谐稳定、实现建设世界城市的目标提供良好的法制保障。

本次修订建议采取修正案的方式。根据国务院《条例》，本市《条例》名称修改为《北京市大型群众性活动安全管理条例》。修订的内容主要包括三个方面。

（一）进一步明确了举办大型活动各方主体的安全责任

明确各有关方面的安全责任，保证大型活动的安全举办是本市大型活动安全管理工作的重要经验。为此，《修正案（草案）》根据“承办者负责，政府监管”的原则和有关承办各方在举办大型活动中的作用，进一步明确了举办大型活动各方面的具体安全责任。

关于承办者的安全责任，根据国务院《条例》规定，《修正案（草案）》第四条明确“大型活动的安全工作，应当遵循安全第一、预防为主的方针，坚持承办者负责、政府监管的原则”，并在第六条承办者具体承担的大型活动安全责任中新增加了两项规定：一是保障临时搭建的设施、建筑物的安全，消除安全隐患；二是按照国家和本市有关规定配备安全检查设备，对进入大型活动场所的人员及物品进行安全检查。

关于主办方的安全责任，《修正案（草案）》第七条规定：大型活动由主办方直接承办的，主办方履行承办者的安全职责。大型活动由主办方委托其他单位承办的，主办方应当与接受委托的承办单位签订协议，明确各自的具体职责，共同落实安全工作；确定专门人员监督、检查承办单位安全责任和安全措施的落实情况，协调解决存在问题并及时向有关部门报告；不得向承办单位提出可能危及大型活动安全的要求。

关于场所管理者的安全责任，《修正案（草案）》第八条在明确了场所管理者具体安全责任的基础上，新增加了一项责任规定：配备专业工作人员，保证重点部位的安全和重要设施的正常运转。

对以上安全责任主体违反安全管理责任的行为，《修正案（草案）》设定了相应的法律责任。

（二）明确了大型活动搭建临时设施的安全责任主体

针对大型活动搭建临时设施安全责任不清的问题，《修正案（草案）》第十八条重点作出三个方面的规定：一是明确了承办者保障临时设施安全的职责，规定了承办者应当委托有资质的单位设计、施工，并与场所管理者、施工单位签订施工安全协议，必要时应当聘请专业机构进行检验、检测；二是设计、施工单位按照有关标准和规范设计、搭建和拆除临时设施，确保临时设施的施工安全和使用安全；三是相关专业机构对出具的检验、检测结果承担法律责任。

（三）完善、调整了大型活动安全管理的体制

按照创新工作机制、工作模式，改善行政执法，建立服务型政府的要求，《修正案（草案）》在管理体制上重点作了三个方面的调整：

一是针对大型活动综合管理性强，需要加强统筹管理的情况，《修正案（草案）》第五条规定：市和区县政府建立综合协调工作机制，督促有关部门依法履行职责、沟通信息，及时协调、解决重大问题。

二是按照本市适当下移管理重心，审批权限下放的精神，结合本市实际，特别是区县部门管理能力提高、本市大型活动增多的实际，《修正案（草案）》第九条规定：大型活动安全许可由区、县公安机关实施，其中重大大型活动的安全许可由市公安机关实施。重大大型活动的范围，由市公安机关确定，并向社会公布。

三是对市和区、县人民政府直接举办的大型活动，《修正案（草案）》第二十七条规定：不实行安全许可制度，其安全保卫工作由举办活动的人民政府负责。举办活动的人民政府应当按照本条例的有关规定，制订更加严格的安全保卫工作方案，并组织实施。

此外，《修正案（草案）》按照法制统一的原则，对本市《条例》的法律责任进行了相应的修改调整。

《修正案（草案）》已印送各位委员，请予审议。

市人大内务司法委员会关于《北京市大型社会活动安全管理条例修正案（草案）》审议意见的报告

——2010年4月1日在北京市第十三届人民代表大会常务委员会第十七次会议上

市人大内务司法委员会主任委员　李小娟

主任、各位副主任、秘书长、各位委员：

市人大内务司法委员会收到市人大常委会交付审议的《北京市大型社会活动安全管理条例修正案（草案）》（以下简称《修正案（草案）》）后，先后征求和听取了18个区县人大常委会、市人民政府有关部门、大型活动各有关行政管理相对人等方面的意见，并在市人大常委会网站上公开征求了社会各界的意见。3月16日，内务司法委员会召开会议，依照《北京市制定地方性法规条例》的规定，对《修正案（草案）》进行了审议。现将审议情况报告如下。

内务司法委员会认为，《北京市大型社会活动安全管理条例》（以下简称本市条例）自2005年11月1日施行以来，对于规范安全管理行为、明确活动安全工作责任、保障本市大型活动特别是"平安奥运"的安全和成功举办发挥了重要作用。2007年8月，国务院制定颁布了《大型群众性活动安全管理条例》，对大型群众性社会活动安全管理进行了规范。为了维护国家法制统一，进一步加强本市大型群众性社会活动安全管理工作，今年3月2日，市人民政府提出了《修正案（草案）》，提请市人大常委会审议，拟对本市条例与上位法不一致的内容进行修改，并总结本市条例实施以来的经验，一并进行一些完善性修改。内务司法委员会认为，这些修改是必要的。会议原则同意《修正案（草案）》的主要内容。同时，根据我们征求各方面意见的情况和国务院条例，对《修正案（草案）》提出以下修改意见。

一、关于《修正案（草案）》第四条

本条是大型活动立法的基本原则，目前的修改内容原文照抄了国务院条例的相关规定。我们认为，在不违背国务院条例原则规定的前提下，还应当针对本市大型活动的特点，作出具体化的规定。从本市举办大型活动的实际情况看，许多大型活动都有"主办方"。"主办方"作为活动的发起人或者出资人，赢得了社会效益或经济效益，也应当对活动安全承担责任。因此，我们建议补充对主办方安全责任的规定，将本条修改为："大型活动的安全工作应当遵循安全第一、预防为主的方针，主办方、承办方按照各自职责落实安全责任，政府加强监管。"

二、关于《修正案（草案）》第五条

本条规定"本市各级人民政府应当加强对大型活动安全工作的领导"。而国务院条例和《修正案（草案）》第三条都规定，大型活动的安全工作坚持"承办者负责、政府监管的原则"。因此，我们建议删除"加强领导"的字样，把本条修改为："本市各级人民政府应当督促有关职能部门依法履行对大型活动安全工作的监督管理职责、沟通信息，必要时建立监督管理工作协调机制，协调、解决大型活动安全管理中的重大问题。"

三、关于《修正案（草案）》第九条

本条授权市公安机关自行确定大型活动安全许可的权限。而根据行政许可法，行政许可只能由法律、行政法规或者地方性法规进行设定。从方便管理相对人申请行政许可出发，法规应明确规定各级公安机关的许可权限。国务院条例第十二条已明确规定对于预计参加人数在5000人以下的，由县级公安机关实施安全许可；5000人以上的，由设区的市级公安机关或者直辖市公安机关实施安全许可。因此，我们建议对这一条按照国务院条例进行修改。

四、关于《修正案（草案）》第二十四条

本条是对承办者或者场所管理者违法犯罪行为的罚则规定，设定顺序是由重到轻，不太符合立法和实际工作处理的一般规律。因此，建议按照由轻到重的逻辑顺序设定。

此外，我们还对一些文字表述提出了修改意见。

以上审议意见，供常委会审议时参考。

市人大法制委员会关于《北京市大型社会活动安全管理条例修正案（草案）》审议结果的报告

——2010年7月28日在北京市第十三届人民代表大会常务委员会第十九次会议上

市人大法制委员会副主任委员　张　引

主任、各位副主任、秘书长、各位委员：

2010年4月1日，市十三届人大常委会第十七次会议审议了《北京市大型社会活动安全管理条例修正案（草案）》。共有27位常委会组成人员发表了意见。常委会组成人员在审议中认为，近些年本市大型群众性活动的数量与日俱增，活动类型逐渐多样化，安全管理中出现一些新的情况；2007年国务院颁布了《大型群众性活动安全管理条例》，对大型活动安全提出了新的要求，因此对本市

的条例进行修改十分必要。修正案草案符合本市的实际需要，内容也比较具体可行。同时，常委会组成人员也提出一些修改意见和建议。

会后，法制委员会针对常委会审议中提出的问题开展了调研活动，听取了相关政府部门、大型活动承办单位和安全风险评估机构的意见。7月6日，法制委员会召开会议，根据常委会审议意见、内务司法委员会审议意见和其他方面的意见进行审议，提出了进一步修改的意见，现将主要修改情况报告如下。

一、关于法规名称

有的常委会组成人员认为，法规名称应保留原条例的名称“大型社会活动安全管理条例”；也有的组成人员提出，同意将法规名称修改为“大型群众性活动安全管理条例”。法制委员会认为，修改本条例的直接法律依据是国务院制定的《大型群众性活动安全管理条例》，根据法制统一原则，本市地方性法规的内容、名称应当与上位法保持一致，建议将法规名称确定为“北京市大型群众性活动安全管理条例”。

二、关于大型活动安全职责

常委会组成人员认为，立法应当明确参与组织大型活动各方的安全责任。有的组成人员和内务司法委员会提出，大型活动承办者的责任应当具体化，同时也不能忽略主办者的责任，其他参与大型活动的单位也要各负其责；安全责任既要规定具体，又要分清主次，这样才能形成一个明确的责任体系。根据上述意见，法制委员会认为，有必要明确本市大型活动安全管理的基本原则，建议将总则第三条中“坚持承办者负责、政府监管的原则”修改为：“大型活动承办者对其承办活动的安全负责，承办者的主要负责人为大型活动的安全责任人；主办者及其他参与大型活动的单位依照本条例规定履行安全职责。政府依法承担监管职责。”（修订草案第三条第二款）

在此原则下，建议对参与组织大型活动的各类主体的安全职责进一步作出规定，具体如下。

（一）增加承办者相关职责的规定，将原条例第七条第一项修改为：“进行安全风险预测或者委托专业评估机构进行安全风险评估，制定安全工作方案和处置突发事件应急预案并组织训练。”（修订草案第八条第一项）

（二）为进一步明确、细化主办者的职责，将修正案草案第七条中增加的内容修改为：“大型活动由主办者直接承办的，主办者履行本条例第八条规定的安全职责。”“大型活动由主办者委托其他单位承办的，应当选择有资质、具备相应能力和条件的承办单位，接受委托的承办单位履行承办者的安全职责。主办者应当与承办者签订安全协议，明确各自的具体职责，落实安全工作；确定专门人员监督、检查承办单位安全责任和安全措施的落实情况，协调解决存在的问题并及时向有关部门报告；支持承办者落实安全职责和安全措施，并不得向承办者提出可能危及大型活动安全的要求。”（修订草案第九条）

（三）增加规定大型活动风险评估机构的职责，作为修订草案第十一条，表述为：“承担大型活动安全风险评估的机构应当根据保障大型活动安全相关标准，结合大型活动的实际情况开展风险评估。风险评估报告的内容应当包括发生安全事故的可能性、安全风险程度及防范和控制风险的建议等事项。”“安全风险评估机构应当具备相应专业能力和条件。”

（四）增加规定大型活动保安服务公司的职责，作为修订草案第十二条，表述为：“承担大型活动安全服务的保安服务公司应当按照有关标准提供规范的服务，并按照保安服务合同的规定履行大型活动安全服务职责。”

（五）增加规定公安机关的职责，在原条例第九条中增加一项，表述为：“根据公共安全需要组织相应警力，维持活动现场周边的治安、交通秩序。”（修订草案第十三条第八项）

三、关于安全许可

原条例第十条第一款规定了申请大型活动安全许可的条件，修正案草案将第二款修改为：“前款规定的安全许可由区、县公安机关实施，其中重大大型活动的安全许可由市公安机关实施。重大大型活动的范围，由市公安机关确定，并向社会公布”。有的常委会组成人员和内务司法委员会认为，这一规定对大型活动的分级许可原则作了调整，但各级公安机关的许可权限仍然不够清楚，建议按照国务院条例的相关规定予以明确。据此，法制委员会建议删去这一规定，根据国务院条例，结合本市实际情况，增加一条作为修订草案第十五条，表述为：“大型活动有下列情形之一的，承办者应当向市公安机关申请安全许可：（一）举办场所跨区、县的；（二）预计参加人数一万以上的文艺演出、体育竞赛；（三）展位总数在二千以上的展览、展销。”“前款规定以外的其他大型活动，承办者应当向举办所在地区、县公安机关申请安全许可。”

四、关于行政行为规范

为了规范政府监督管理行为，法制委员会建议增加一条作为修订草案第二十四条，表述为：“负有大型活动安全监督管理职责的部门及其工作人员不得向承办者或者主办者提出与安全监督管理无关的要求，不得强制承办者委托指定的风险评估机构或者保安服务公司。”

五、关于法律责任

按照常委会组成人员的意见，大型活动安全责任体系也包括相关主体的法律责任。法制委员会建议，结合上述条例内容的变化，对大型活动中各类主体的法律责任也作相应的补充和完善。

（一）增加规定大型活动承办者、场所管理者的法律责任，作为修订草案第三十六条第二款，表述为：“承办者、场所管理者，违反本条例规定造成他人人身、财产损害的，应当依法承担民事责任。”

（二）增加规定风险评估机构的法律责任，作为修订草案第三十九条，表述为：“承担大型活动安全风险评估的机构未尽到安全提示义务，或者应当预见而没有预见安全风险，造成大型活动安全事故的，应当依法承担民事责任。”

此外，根据常委会审议意见、内务司法委员会审议意见、语言文字专家意见和其他方面的意见，对条例作了文字修改，对条文顺序作了必要的调整。

法制委员会按照上述意见提出《北京市大型群众性活动安全管理条例（修订草案）》，提请本次常委会会议进行审议。

修订草案和以上意见是否妥当，请审议。

市人大法制委员会关于《北京市大型群众性活动安全管理条例（表决稿）》的说明

——2010 年 7 月 30 日在北京市第十三届人民代表大会常务委员会第十九次会议上

市人大法制委员会副主任委员　张　引

主任、各位副主任、秘书长、各位委员：

2010 年 7 月 28 日，市十三届人大常委会第十九次会议对《北京市大型群众性活动安全管理条例（修订草案）》进行了审议，会上常委会组成人员没有提出新的意见。据此，法制委员会提出《北京市大型群众性活动安全管理条例（表决稿）》，建议本次常委会会议表决通过，并自 2010 年 12 月 1 日起施行。

北京市人民代表大会常务委员会关于东城区和崇文区、西城区和宣武区行政区划调整有关问题的决定

（2010 年 7 月 30 日北京市第十三届人民代表大会常务委员会第十九次会议通过）

经国务院批复，同意撤销北京市东城区、崇文区，设立新的北京市东城区；撤销北京市西城区、宣武区，设立新的北京市西城区。为了积极稳妥地做好有关工作，根据《中华人民共和国全国人民代表大会和地方各级人民代表大会选举法》、《中华人民共和国地方各级人民代表大会和地方各级人民政府组织法》的规定，结合北京市的实际情况，北京市第十三届人民代表大会常务委员会第十九次会议决定：

一、新的东城区和新的西城区新一届人民代表大会代表于 2011 年下半年本市区县人民代表大会代表换届时依法选举产生。

在新的东城区和新的西城区新一届人民代表大会产生前，分别由东城区和崇文区、西城区和宣武区第十四届人民代表大会代表组成新的东城区和新的西城区人民代表大会（临时），依法审议决定新的行政区域内属于本级人民代表大会职权范围内的事项。

二、新的东城区和新的西城区人民代表大会（临时）设立常务委员会，分别由东城区和崇文区、西城区和宣武区第十四届人民代表大会常务委员会组成人员组成，依法审议决定新的行政区域内属于本级人民代表大会常务委员会职权范围内的事项。

三、新的东城区和新的西城区人民代表大会（临时）及其常务委员会，工作至2011年下半年产生新的东城区和新的西城区新一届人民代表大会及其常务委员会为止。

四、分别成立新的东城区和新的西城区人民代表大会（临时）第一次会议筹备组，负责组织本区人民代表大会（临时）第一次会议的筹备工作，召集本区人民代表大会（临时）第一次会议。

五、东城区和崇文区、西城区和宣武区选举产生的北京市第十三届人民代表大会代表的代表资格继续有效，在市十三届人民代表大会召开会议期间分别组成新的东城区和新的西城区代表团。

关于《北京市人民代表大会常务委员会关于东城区和崇文区、西城区和宣武区行政区划调整有关问题的决定（草案）》的说明

——2010年7月28日在北京市第十三届人民代表大会常务委员会第十九次会议上

市人大常委会副秘书长、人事室主任　高岩辉

主任、各位副主任、秘书长、各位委员：

经国务院批复，同意撤销北京市东城区、崇文区，设立新的北京市东城区，以原东城区、崇文区的行政区域为东城区的行政区域；撤销北京市西城区、宣武区，设立新的北京市西城区，以原西城区、宣武区的行政区域为西城区的行政区域。这次行政区划调整，涉及两个新区新一届人民代表大会代表的选举，以及在两个新区新一届人民代表大会产生前人大工作如何开展等重大事项，为了积极稳妥地做好有关工作，需要市人大常委会就有关问题作出决定。按照中共北京市委的统一部署，主任会议根据有关法律规定，结合本市实际情况，研究提出了《北京市人民代表大会常务委员会关于东城区和崇文区、西城区和宣武区行政区划调整有关问题的决定（草案）》（以下简称《决定（草案）》），提请本次会议审议。下面，我受主任会议的委托，就《决定（草案）》作如下说明。

一、关于新的东城区和新的西城区新一届人民代表大会代表的选举时间和召开新区人民代表大会（临时）会议

根据宪法和法律对地方人民代表大会任期的规定，北京市各区县人民代表大会将于2011年下半年任期届满，按照全国人大常委会关于全国县乡人大进行换届的统一部署，北京市将在明年下半年依法进行新一届区县人民代表大会代表的选举。考虑到这次行政区划调整与2011年下半年全市区县人大代表换届选举时间较近，新的东城区和新的西城区新一届人大代表的选举，安排在2011年下半年与全市区县人大换届选举同步进行为宜。为此，《决定（草案）》第一条第一款规定，“新的东城区和新的西城区新一届人民代表大会代表于2011年下半年本市区县人民代表大会代表换届时依法选举产生”。

北京市这次行政区划调整，涉及首都功能核心区建设，调整工作涉及面广，组建新区的筹备工作量大，城市建设管理、维护稳定和服务中央等各项工作繁重。在2011年下半年全市区县人大换届之前，为了在推进新区建设的过程中，坚持发挥人民代表大会制度的优势和人民代表大会的职能作用，保证国家权力机关、行政机关、审判机关和检察机关依法有序的开展工作，需要从这次行政区划调整的实际出发，在新的东城区和新的西城区新一届人民代表大会产生前，分别由东城区和崇文区、西城区和宣武区各选区选民依法选举产生的第十四届区人民代表大会代表组成新的东城区和新的西城区人民代表大会（临时），召开代表大会（临时）会议，共同讨论涉及新区建设发展的有关重要工作，依法审议决定新的行政区域内属于本级人民代表大会职权范围内的事项，保证人大、政府、法院、检察院的工作依法正常运行。为此，《决定（草案）》第一条第二款规定，“在新的东城区和新的西城区新一届人民代表大会产生前，分别由东城区和崇文区、西城区和宣武区第十四届人民代表大会代表组成新的东城区和新的西城区人民代表大会（临时），依法审议决定新的行政区域内属于本级人民代表大会职权范围内的事项”。

二、关于新的东城区和新的西城区人民代表大会（临时）设立常务委员会

由于新的东城区和新的西城区尚未产生新一届人民代表大会及其常务委员会，为了在两个新区人民代表大会（临时）会议闭会期间，及时依法审议决定必须由人大常委会决定的涉及新区工作的事项，需要分别设立两个新区的人民代表大会（临时）常务委员会，根据工作需要召开会议，依法审议决定新的行政区域内属于本级人民代表大会常务委员会职权范围内的事项。

关于新的东城区和新的西城区人民代表大会（临时）常务委员会的组成。为了有利于更好地把东城区和崇文区、西城区和宣武区人民群众的意愿融合在一起，推动两个新区工作的平稳过渡，按照新区人民代表大会（临时）由原两区选民选举的人大代表组成的办法，新区人民代表大会（临时）常务委员会也由经原两区人民代表大会选举产生的人大常委会现有组成人员共同组成。

《决定（草案）》第二条对以上内容作了规定，明确“新的东城区和新的西城区人民代表大会（临时）设立常务委员会，分别由东城区和崇文区、西城区和宣武区第十四届人民代表大会常务委员会组成人员组成，依法审议决定新的行政区域内属于本级人民代表大会常务委员会职权范围内的事项”。

三、关于新的东城区和新的西城区人民代表大会（临时）及其常务委员会的工作期限

根据有关法律规定和本市区县人大换届的总体安排，两个新区人民代表大会（临时）及其常务委员会，工作至2011年下半年产生新的东城区和新的西城区新一届人民代表大会及其常务委员会为止。《决定（草案）》第三条对此作了规定。

四、关于设立新的东城区和新的西城区人民代表大会（临时）第一次会议筹备组

为了统筹协调新区人民代表大会（临时）第一次会议的筹备工作，分别成立新的东城区和新的西城区人民代表大会（临时）第一次会议筹备组，负责组织人民代表大会（临

时）第一次会议的筹备工作，并召集第一次会议。《决定（草案）》第四条对此作了规定。

五、关于由东城区和崇文区、西城区和宣武区选举的市人大代表的代表团

由东城区和崇文区、西城区和宣武区人民代表大会选举的北京市第十三届人民代表大会代表，在东城区和崇文区、西城区和宣武区的行政区域整建制调整为新的东城区和新的西城区后，没有离开北京市行政区域，根据代表法的规定，其代表资格继续有效。这几个区选举的市人大代表在市人民代表大会召开会议的时候，需要根据行政区划调整的实际情况，组成新的东城区和新的西城区代表团。《决定（草案）》第五条对此作了规定。

《决定（草案）》及以上说明，请予审议。

北京市第十三届人民代表大会常务委员会关于批准北京市2009年市级决算的决议

（2010年7月30日北京市第十三届人民代表大会常务委员会第十九次会议通过）

北京市第十三届人民代表大会常务委员会第十九次会议，听取了市财政局局长杨晓超受市人民政府委托所作的《关于北京市2009年市级决算和2010年上半年预算执行情况的报告》和市审计局局长李颖津受市人民政府委托所作的《关于北京市2009年市级预算执行和其他财政收支的审计工作报告》。会议结合审议审计工作报告，对2009年市级决算草案和市级决算的报告进行了审查，同意北京市人民代表大会财政经济委员会提出的《关于2009年市级决算的初步审查报告》，决定批准2009年市级决算。

关于北京市2009年市级决算和2010年上半年预算执行情况的报告

——2010年7月29日在北京市第十三届人民代表大会常务委员会第十九次会议上

北京市财政局局长　杨晓超

主任、各位副主任、秘书长、各位委员：

我受市人民政府委托，向市人大常委会报告本市2009年市级决算和2010年上半年预算执行情况。

一、北京市2009年市级决算情况

2009年，面对极其严峻复杂的局面，全市上下坚决贯彻中央及市委的决策部署，积极应对国际金融危机，全力以赴保增长、保民生、保稳定，圆满完成了市十三届人大二次会议确定的各项预算收支任务，为促进首都经济社会协调发展提供了财力保障。

市人大财经委员会按照市人大常委会要求，对2009年预算执行情况进行了初步审查，为编制决算打下良好基础。市审计部门

按照有关法规对2009年预算执行情况进行审计，提出了整改意见，对做好决算工作起到重要的监督作用。财政部门在市人大及其常委会的依法监督和市政协民主监督下，进一步规范预算管理，严格预算执行，按照“全面、真实、准确、及时”的方针，核实基础数字，搞好对账衔接，为编制好决算做了大量细致的工作。

2009年决算草案与市十三届人大三次会议审议批准的2009年预算执行情况相比较，结余数有所加大，主要是积极向财政部反映落实中央企业税收优惠政策造成的减收影响，以及争取对首都安全稳定和城市建设的支持，财政部相应减少了本市的企业所得税上解支出，增加了对本市的补助收入，使得结余增加。下面根据《中华人民共和国预算法》（以下简称《预算法》），重点报告市级决算情况。

（一）市级一般预算收支决算情况

2009年市级财政总收入1764.6亿元，其中：财政收入1123.8亿元，完成预算的100.6%；中央税收返还和补助收入189.2亿元；中央追加178.5亿元；中央和地方上年专项政策性结转21.0亿元；区县上解157.7亿元；调入预算稳定调节基金20.0亿元；财政部代理发行地方政府债券收入56.0亿元；上年结余18.4亿元。市级财政总支出1730.3亿元，其中：财政支出995.2亿元，完成预算的100.0%；中央追加支出166.7亿元；地方政府债券支出56.0亿元；上解中央支出57.1亿元；中央和地方专项政策性结转下年33.8亿元；划转水利建设基金12.1亿元；区县税收返还和转移支付（含下划区县）403.0亿元；安排预算稳定调节基金6.4亿元。市级财政收支相抵，结余34.3亿元。

市级预算超收增加的财力，除依法增加相应支出外，转入市级预算稳定调节基金，具体安排使用情况及时报市人大常委会备案，并在市十三届人大三次会议上作了报告。

1. 市级财政收入决算情况

主要收入项目具体情况如下。

（1）增值税98.8亿元，完成预算的100.2%。超预算主要得益于2009年扩内需各项政策有效落实，社会消费品零售额稳定增长，车市活跃，石油价格上涨，带动增值税收入增加。

（2）营业税386.3亿元，完成预算的103.0%。超预算主要是金融机构存贷款规模增加，房地产市场回暖，增加营业税收入。

（3）企业所得税246.1亿元，完成预算的77.4%。未完成预算主要是受国际金融危机影响，企业利润下滑，以及结构性减税、总分机构纳税办法调整等，造成企业所得税大幅减收。

（4）个人所得税177.8亿元，完成预算的92.2%。未完成预算主要是受国际金融危机影响，职工工资和奖金增长放缓，税源减少。

（5）契税103.2亿元，完成预算的132.3%。超预算较多主要是受国家鼓励住房消费的政策影响，房地产成交量和成交价格不断上涨，土地交易市场趋于活跃，带动相关税收增长。

（6）土地增值税27.2亿元，完成预算的164.5%。超预算主要是税务部门大力清算以前年度土地增值税，入库税款大幅增加。

（7）非税收入61.4亿元，完成预算的396.8%。超预算较多主要是完善预算管理，加大清缴力度，增加了非税收入。

2. 市级财政支出决算情况

主要支出项目具体情况如下。

（1）一般公共服务69.3亿元，完成预算的105.5%，其中：人口与计划生育法定支出2.0亿元，完成预算的100%。超预算主要是增加了社会面防控等综合治理工作相关经费支出。

（2）公共安全及国防73.4亿元，完成预算的104.1%。超预算主要是加大了政法装备建设的支出。

（3）教育158.3亿元，完成预算的100.2%，其中：教育法定支出141.7亿元，完成预算的100%。超预算主要是教育费附加超收2711万元用于中小学校舍安全工程建设。

（4）科学技术100.1亿元，完成预算的100%，其中：科学技术法定支出41.7亿元，完成预算的100%。

（5）文化体育与传媒42.9亿元，完成预算的113.0%，其中：文化法定支出15.0亿元，完成预算的100.7%。超预算较多主要是增加了博物馆免费开放地方配套补助、文物征集经费等支出。

（6）社会保障和就业56.6亿元，完成预算的100.3%。超预算主要是增加了援助旱灾雪灾省份救灾支出。

（7）医疗卫生48.6亿元，完成预算的100.1%，其中：卫生法定支出35.4亿元，完成预算的100%。超预算主要是增加了防控甲型H1N1流感病毒的相关支出。

（8）环境保护22.4亿元，完成预算的103.3%。超预算主要是增加了节能减排支出。

（9）城乡社区事务37.5亿元，完成预算的100.7%。超预算主要是增加了城市环境整治支出。

（10）农林水事务51.5亿元，完成预算的101.2%，其中：农业法定支出40.9亿元，完成预算的100%。超预算主要是增加了南水北调工程建设支出。

（11）交通运输89.2亿元，完成预算的96.6%。未完成预算主要是加强补贴资金管理，压缩补贴规模。

（12）采掘电力信息等事务41.8亿元，完成预算的99.7%。未完成预算主要是完善对燃气电厂补贴的核算方法，节约了补贴资金。

（13）粮油物资储备及金融监管等事务11.5亿元，完成预算的108.7%。超预算主要是增加了家电、摩托车、汽车下乡及以旧换新补贴资金。

2009年市级支出决算与年初预算安排相比，总体看是相一致的。部分支出科目决算数与预算数存在差异，主要原因：一是根据需要，年初安排的预备费在执行中按照实际用途转列相关科目；二是一些科目年初按预计数安排预算，执行中据实结算并拨付资金，使相关科目决算数与预算数产生差异。

（二）市级政府性基金收支决算情况

2009年，市级基金收入437.6亿元，完成预算的201.6%；加上中央补助收入4.0亿元，中央和地方上年专项政策性结转109.1亿元，划转水利建设基金12.1亿元，调入资金1.3亿元，市级基金总收入564.1亿元。市级基金支出268.8亿元，完成预算的157.6%；加上中央追加支出5.8亿元，返还区县38.3亿元，市级基金总支出312.9亿元。市级基金收支相抵，结转下年251.2亿元。

1. 市级政府性基金收入决算情况

主要收入项目具体情况如下。

（1）一般公共服务7.9亿元，完成预算的102.6%。超预算主要是彩票销售额高于预期，相应提取的彩票公益金超收0.2亿元。

（2）文化体育与传媒7.9亿元，完成预算的98.2%。未完成预算主要是受国际金融危机影响，部分娱乐行业营业收入较预期有所下降，文化事业建设费征收相应减少。

（3）社会保障和就业5.7亿元，完成预算的110.8%。超预算主要是征管部门加大征缴力度，残疾人就业保障金超收0.6亿元。

（4）城乡社区事务406.2亿元，完成预算的211.1%，其中：政府住房基金收入17.8亿元，城市公用事业附加收入19.5亿元，国有土地使用权出让金收入299.1亿元，国有土地收益基金收入10.0亿元，农业土地开发资金收入0.8亿元，地方新增建设用地土地有偿使用费收入16.0亿元，城市基础设施配套费收入43.0亿元。超预算较多，一是从2009年起城市基础设施配套费43.0亿元纳入预算管理；二是土地出让金超收增加148.6亿元。

（5）农林水事务8.7亿元，完成预算的295.5%，其中：森林植被恢复费收入0.8亿元，地方水利建设基金收入7.9亿元。超预算较多主要是落实保增长政策、措施，增加政府土地储备，以土地审批量计征的防洪工程建设维护管理费增加，使地方水利建设基金超收5.4亿元。

（6）采掘电力信息等事务1.2亿元，完成预算的138.7%，其中：散装水泥专项基金收入0.2亿元，新型墙体材料专项基金收入1.0亿元。超预算主要是开工建设项目增加，预缴新型墙体材料专项基金超收0.3亿元。

2. 市级政府性基金支出决算情况

主要支出项目具体情况如下。

（1）一般公共服务8.1亿元，完成预算的106.4%。主要是彩票公益金支出。超预算主要是彩票公益金收入超收，相应增加群众体育和福利事业支出。

（2）文化体育与传媒6.4亿元，完成预算的80.1%。主要是文化建设事业费支出。未完成预算主要是文化事业建设费收入减少，在保证重点支出的基础上，调减了部分支出。

（3）社会保障和就业6.0亿元，完成预算的114.4%。主要是残疾人就业保障金支出。超预算主要是残疾人就业保障金收入超收，适当增加相关支出。

（4）城乡社区事务226.9亿元，完成预算的171.0%，其中：政府住房基金支出16.2亿元，国有土地使用权出让金支出141.5亿元，国有土地收益基金支出10.0亿元，农业土地开发资金支出0.8亿元，新增建设用地有偿使用费支出1.2亿元，城市公用事业附加支出16.7亿元，城市基础设施配套费支出40.5亿元。超预算主要是国有土地使用权出让金收入超收，相应增加返还土地开发成本、计提各项基金，及城市基础设施建设支出。

（5）农林水事务19.0亿元，完成预算的140.3%，其中：森林植被恢复费支出0.1亿元；地方水利建设基金支出18.9亿元。超预算主要是地方水利建设基金超收，适当增加当年支出。

（6）采掘电力信息等事务1.1亿元，完成预算的79.7%，其中，散装水泥专项基金支出0.1亿元；新型墙体材料专项基金支出1.0亿元。未完成预算主要是部分建设单位未能及时办理新型墙体材料资金返还手续。

政府性基金按规定专款专用。当年收入与支出不完全相等，主要是根据有关管理办法，部分收入结转下年使用。

（三）落实市人大预算决议情况及2009年预算执行效果

按照市十三届人大二次会议有关决议，以及十三届人大财政经济委员会审查结果报告的要求，财政及有关部门积极发挥职能作用，完善预算管理，提高财政资金使用效益，确保完成年度预算目标任务，较好地服务了首都改革发展稳定大局。

1. 促进了首都经济平稳较快发展。注重财政资金与金融手段的协调配合，财政投入165.7亿元，吸引社会投资1682.5亿元，总体放大效益10.2倍。投入50亿元落实各项帮扶企业的政策、措施，增强企业应对危机能力。筹集政府投资309亿元，重点支持以民生工程、轨道交通为重点的基础设施建设。采购自主创新产品33.1亿元，推进科技产品产业化。实施高新技术企业所得税优惠政策，认定高新技术企业5225家，占全国的22%。

落实结构性减税政策，全年减轻企业和居民负担171.5亿元。投入13.0亿元，支持文化创意、体育、旅游等现代服务业发展壮大。完善组收工作责任制，健全财政、国税、地税、工商等部门横向联席会议制度和市区纵向沟通协调机制，严格依法征管，实现财政收入持续稳定增长。

2. 全面落实了各项民生政策。拨付资金125.6亿元，保障57项政府为民办实事项目按时完成。投入33.5亿元，落实办学标准达标、义务教育减免等政策，促进教育公平。实施提高社会保险待遇标准等“一揽子”政策、措施，全年企业和居民受益97.3亿元。全面落实福利性养老金等11项老年优待政策，惠及城乡200多万人。累计投入廉租住房建设及廉租家庭租赁补贴资金15.5亿元，解决廉租住房保障家庭1.9万户。拨付大气污染治理资金17.0亿元，重点实施文保区7.5万户平房居民“煤改电”工程等项目。创新公共交通补贴核算机制，节约补贴资金17.8亿元，提高财政补贴效益。

3. 进一步健全了财政管理机制。落实新的市与区县财政体制，新增区县财力213.0亿元，在国际金融危机的严峻形势下，有力增强了区县统筹经济社会发展的能力。进一步压缩出国、车辆购置及运行、公务接待等费用5292.8万元，保障重点支出需要。将国有资本经营预算纳入政府预算管理体系，健全预算分配机制，深化结余资金管理，完善定员定额标准体系，提升了政府统筹配置资源的完整性、科学性。严格项目审核和监管，投资评审审减资金达102.4亿元。支出预算绩效评价范围覆盖到全市9个部门、305个项目，资金规模达70亿元，绩效评价激励约束作用进一步强化。将行政单位国有资产出租出借及处置收益缴入国库，事业单位上缴财政专户，非税收入管理体系进一步健全。促进各项预算管理改革的衔接配合，加强财政监督，推进预算信息公开，预算约束进一步强化。

从决算结果来看，2009年市级预算执行总体情况较好，但也应清醒地认识到，财政运行和财政管理中仍存在一些不容忽视的问题：一是预算编制的科学性、合理性有待提高，部分项目预算编制粗放，造成预算调整较多，执行进度较慢，资金结余、结转规模较大；二是资金资产配置使用效益需进一步提高，基础工作有待加强，部门支出责任需进一步落实，新的财政管理体制尚需严格执行；三是融资及政府债务缺乏统筹管理，监管体系尚不健全，由此可能引致的财政风险需高度重视。审计部门十分中肯地指出了财经秩序和预算管理方面存在的问题，并提出了很好的意见和建议。对此，市政府已要求有关部门按照市人大有关决议和审计意见，认真整改。财政部门也高度重视，已经并将继续采取措施整改，不断提高财政财务管理水平。

二、2010年上半年预算执行情况

今年以来，本市全面贯彻市委十届七次全会和市十三届人大三次会议精神，从建设世界城市的高度，审时度势，全面谋划，加快实施“人文北京、科技北京、绿色北京”发展战略，加强和改善宏观调控，财政收入较快增长，重点支出得到有力保障，财政科学化精细化管理水平进一步提升。

（一）财政收支总体运行平稳，增收入、优支出

上半年，全市地方财政收入完成1293.4亿元，同比增长25.2%，完成预算的58.5%。其中，市级财政收入726.6亿元，完成预算的59.3%，区县财政收入566.8亿元，完成预算的57.6%。全市地方财政支出完成992.1亿元，同比增长10.4%。其中，

市级财政支出（含追加区县支出 80.9 亿元）502.3 亿元，完成预算的 47.4%；区县财政支出 570.7 亿元，完成预算的 46.0%。

今年以来，财政收入增长较快。分析原因：首先，得益于本市经济平稳向好势头继续巩固，带动税收收入增长；其次，去年年底房地产市场集中放量交易，政策的惯性和税收的相对滞后性使今年年初房地产业营业税大幅增长；第三，去年同期收入基数处于较低水平，上半年财政收入下降 3.5%，相应使今年上半年收入增幅提高。此外，“横纵结合、上下联动”的组收工作起到了积极的促进作用。

但是，对上半年财政收入的形势需审慎客观看待。1—6 月，财政收入呈现“高开低走”态势，累计增幅分别为 42.8%、40.6%、39.6%、33.8%、34.6%、25.2%，整体趋于下行。分析原因：一是房地产业、金融业等主体税源行业波动影响税收收入。一系列房地产市场调控政策效果已经显现，楼市交易量“趋冷”、交易价格松动，受此影响，房地产业营业税增幅、增收贡献率均快速下降；信贷规模月度增加额递减，股指震荡回调，金融业收入增长动力不足。二是由于年初翘尾增收因素随时间的推移逐渐弱化，同时去年上半年财政收入降幅逐渐收窄，也促使今年财政收入增幅不断走低。

今年上半年全市财政收入与 2008 年同期相比，增长 20.8%；若折算两年平均增幅，仅增长 9.9%。因此，目前财政收入的高增速仍属恢复性增长。

财政支出有保有压。加大支出管理力度，强化统筹，优化结构，经济社会发展的各项重点支出得到切实保障。全市支出增长集中于教育、社会保障、就业、医疗卫生等方面。其中：教育支出 161.5 亿元，同比增长 24.8%；社会保障和就业支出 130.2 亿元，同比增长 17.6%；医疗卫生支出 61.1 亿元，同比增长 16.2%；科学技术支出 67.1 亿元，同比增长 5.4%；农林水事务支出 41.6 亿元，同比增长 10.4%。

（二）扎实实施积极财政政策，调分配、扩内需

进一步促进国民收入分配格局调整。按照月人均 200 元的标准提高企业退休人员养老金待遇，扎实落实居家养老（助残）服务“九养”政策；提高最低工资标准、失业保险金待遇标准和城乡居民低保标准，完善保障政策；落实油、电、气、运、粮等惠民补贴政策，拨付补贴资金 55.8 亿元，降低居民生活成本。继续实施家电、汽车下乡等消费刺激政策，拨付补贴资金 2.6 亿元，销售家电下乡产品 12.1 万台，“以旧换新”产品 87 万台，汽车摩托车 7220 台。多渠道筹集资金，市政府第一批投资预算 104.2 亿元已全部下达，保证基础设施、城市交通、能源节约、生态环境等工程建设有序推进。

（三）统筹运用财税政策手段，转方式、提效益

建立重大科技专项及产业化资金统筹机制，集中财力加快重点产业调整及振兴规划实施。拨付资金 22.5 亿元，加快首钢结构调整，增强北汽控股生气能力，支持纺织等 13 家企业调整退出等。进一步推进中关村国家自主创新示范区建设，完善重大科技项目经费列支间接费用管理办法，加大政策宣传，扩大试点范围；争取自主创新示范区税收优惠政策取得重大突破，国务院已批复完善高新技术企业认定管理办法试点、以及科技创新企业研发费用加计扣除等政策先行先试；对 125 个涉及新能源汽车、装备制造、信息化和服务等领域的项目实施自主创新产品政策，实现采购金额 30.2 亿元。累计安排电力补贴资金 29.8 亿元，支持采用清洁能源的 5 家燃气电厂和北京官厅风电厂进行电源结构调整。

（四）关注社会事业发展重要环节，保民生、促和谐

落实“人文北京”行动计划，统筹安排197.6亿元，落实市政府为民办实事项目。延长企业稳定就业岗位补贴、社会保险补贴和培训补贴政策执行期，提高稳定就业岗位补贴标准，进一步促进就业。支持推进医药卫生体制改革，实施提高医保待遇等一揽子惠民措施，完善基本药物制度，健全公共卫生服务体系。拨付资金14.5亿元，支持中小学校舍安全工程。安排资金4.2亿元，确保完成今年100万户高清电视机顶盒转换任务。投入9740万元，支持“益民书屋”、数字电影放映、“百姓周末大舞台”等项目，丰富群众文化生活。多渠道筹集安居工程保障资金75亿元，采取预拨等方式，支持旧城人口定向安置。筹集资金15.3亿元，支持区县增加资本金投入，加快推进“三区三片”试点棚户区改造。

完成对口支援什邡恢复重建70亿元资金筹集任务，累计支出60.4亿元。加大对口援疆工作力度，筹措资金1.5亿元，先期启动五个重点民生项目。

（五）公共财政继续向农村倾斜，强三农、促均等

促进都市型现代农业发展，安排资金6亿元，支持新建4万亩设施农业等项目。拨付政策性农业保险再保险资金1.6亿元，扩大农业保险覆盖面。及时拨付粮食直补和农资综合补贴资金2.8亿元，进一步促进稳粮增收。拨付资金1.2亿元，加快小流域综合治理项目建设。积极引导金融资金，保障1500个村庄的道路硬化、老化供水管网改造、污水处理、垃圾分类等建设任务有序推进。拨付资金1.0亿元，为12.97万水库移民发放补助，改善生活条件。对农村优抚救助对象翻建、维修房屋给予财政补助，积极构建农村住房救助长效机制。

（六）统筹推进各项财政工作，促科学、强管理

制定推进财政科学化精细化管理实施方案，明确进一步完善财政管理的主要任务。继续加强财政收入管理，细化分解目标任务，强化分析监控，促进财源建设与结构调整良性互动。压缩市级预算单位会议、培训、印刷、出国、差旅、车辆购置（含更新）、办公用房维修及改造等一般性支出5%，共计3.69亿元，集中用于市委市政府确定的重点事项。对市级行政事业单位公务用车定点维修中标单位开展全面检查，加强政府采购项目监管。完善会议费、印刷费公用经费定额标准和会议费项目预算编制标准，规范支出管理。启动财政“十二五”规划编制工作，健全财政规划体系，提升规划编制的科学性和操作性。进一步推进预算信息公开，制定本市预算信息公开工作实施方案，明确公开主体和时限，增加公开内容。年初人代会审议批准的政府预算及上会部门预算除涉密单位外已全部公开。

从上半年预算执行情况看，财政收入增长较快，重点支出得到保障，财政运行较为平稳。展望下半年，预计财政形势更加复杂，收支矛盾仍非常突出，主要体现在：

一是财政收入形势日趋复杂，不确定因素日益增多。从有利因素看，全球经济整体处于缓慢复苏之中，国家继续保持宏观经济政策的连续性和稳定性，为进一步巩固国内经济回升态势创造了有利条件，也为本市财政收入增长奠定了基础。从不利因素看，世界经济回升基础仍然不稳定、不牢固；国内经济快速增长的政策拉动效应逐步递减，通胀预期日益强化，融资环境趋紧，银行和企业的利润空间受到挤压，随着信贷和房地产业调控力度进一步加大，财政收入下行风险不断增加。此外，继续落实结构性减税政策，实施中关村国家自主创新示范区税收优惠政

策等也会减少当期收入。再考虑到去年收入基数逐步抬高、一次性增收因素不再，预计全年财政收入增长将呈现“前高后低”态势。面对复杂严峻的财政收入形势，全市上下将共同努力，确保完成全年预算任务。

二是财政支出压力日益增加，收支平衡难度很大。下半年，需要财政资金保障的领域宽、重点多、资金量大。围绕改善民生、推动国民收入分配格局调整，要依法增加对教育、卫生、农业、科技、文化事业的投入，增加对社会保障和就业、保障性住房、维护稳定的投入；围绕经济发展方式转变，要落实重点产业调整振兴规划，培育战略性新兴产业，推动重大项目建设，支持科技自主创新和节能减排，保持政府投资对社会投资的拉动效应；围绕城乡区域协调发展，要进一步加快城市南部和西部地区建设、推进城乡一体化试点改造，以及落实对口支援新疆任务等。这些重点工作对财力保障都提出了新的要求，财政收支矛盾更为突出，收支平衡难度很大。

三、2010 年下半年财政重点工作

针对当前经济财政工作中的突出矛盾，财政及有关部门下半年要坚持“科学统筹、深化改革、夯实基础”的工作要求，推进财政科学化精细化管理，把提高效益贯穿财政管理及财政改革的各环节和全过程。重点抓好以下工作。

（一）提升收支运行的稳定性、统筹性、安全性，确保完成全年目标任务

进一步提高组织财政收入的水平，建立税源建设奖励机制，提升财源建设效果；健全“横纵结合”的组收工作协调机制，协调部门、督促区县按照目标任务落实到位。建立财政收入综合管理平台，加强重点行业税源分析，提高收入预测预警能力。规范非税收入管理，挖掘收入潜力。严格控制一般性支出，完善公用经费定额管理体系，建立健全“小金库”治理工作长效机制，严格预算约束。强化财政资金统筹，切实用好重大科技及产业化项目统筹资金，提高结余资金的统筹利用效率，统筹担保、再担保、股权投资等投入方式，促进财政资金与金融资金、社会资本相互融合。根据国务院精神，清理规范融资平台，强化统筹管理，探索编制政府债务预算，严格核算，完善监管，有效防范财政风险。

（二）抓好结构调整，加快转变经济发展方式

积极落实政府投资资金，完善消费促进政策，增强经济增长的内在动力。落实重点产业调整振兴规划，统筹支持京东方八代线、新能源汽车等重大产业项目，集中力量打造新的经济增长极。推进中关村国家自主创新示范区建设，尽快制定先行先试财税政策实施细则，抓紧完成政府采购自主创新产品 40 亿元任务，支持科技金融创新、高端人才引进、重大技术成果转化等。落实节能减排各项重点任务，完善新能源、新产品补贴以及垃圾处理机制，推广节能环保产品应用。加强民间资本与政府资金联动，贯彻落实中小企业担保、再担保、风险投资、风险补偿等扶持机制，切实增强中小企业活力。

（三）落实好民生政策，进一步推动和谐社会建设

继续落实居家养老、助残服务“九养”政策，加大农民转移就业和大学生就业支持力度，完善就业岗位和公益性岗位补贴政策。多渠道筹集资金，加快廉租房建设收购进度，落实公共租赁房政策，加快推进“三区三片”棚户区改造、中心城区危旧房改造和人口定向安置。支持实施第十六阶段控制大气污染措施和城市交通疏堵工程，不断提升首都城市功能。推进医药卫生体制改革，鼓励和引导优质医疗资源向基层流动，提高基本医疗

保险参保率和医疗救助的报销比例，促进城乡居民医疗保障制度一体化。确保新增教育经费主要向农村地区、薄弱学校倾斜。大力支持文化、体育惠民工程。深化政法经费保障体制改革，建立政法部门业务装备配备标准体系，支持安全维稳工作大局。

（四）强化财政体制运行效能，推进城乡区域协调共享发展

加强政策和资金统筹，落实城南行动计划，支持永定河绿色生态发展带、城乡结合部整治、重点新城和城市西部地区建设。进一步明确市区两级支出责任，健全支出责任落实奖励机制，严格转移支付资金管理，凡区县事权范围内的事项，除中央明确要求省（市）级政府配套外，市级原则不再予以补助，提高体制运行效率。根据城区合并和重点功能区整合要求，研究制定财税分享、税源户迁移管理等办法，促进区县协调、共享发展。建立健全市区财力协同机制，落实“三农”各项支持政策，全面促进农村经济社会发展。

（五）完善预算管理，提升财政资金绩效水平

推进“事前、事中、事后”一体化管理，建立健全重大项目支出事前评估机制，增强项目管理和预算编制的科学性、准确性；将市政府基本建设资金纳入国库集中支付改革范围，加快资金拨付，减少资金沉淀。加大大额专项资金绩效考评力度，健全绩效考评结果通报和整改核查等制度，促进评价结果与预算编制有机结合。完善公物仓资产管理体系，组织行政事业单位资产产权登记试点，推进资产管理与预算管理相结合。加强全口径政府预算体系建设，修订国有资本经营预算管理的相关制度，积极探索国有资本金投入和运作的新模式，细化政府性基金预算编制内容，完善社会保险基金预算编制。积极推动预算信息公开，从2011年开始，进一步细化报送市人代会审议的政府预算报表，其内容基本编列到款级科目，市本级支出预算表中的部分重点支出编列到项级科目。进一步扩大部门预算提交市人代会审议的范围，经市人代会审议批准的政府预算和部门预算全部向社会公开，打造透明财政。

2010年是继续应对国际金融危机、保持经济平稳较快发展、加快转变发展方式的关键一年，是全面实现“十一五”规划目标、为“十二五”发展打好基础的重要一年，形势复杂，任务艰巨。我们将按照市委确定的工作方针，在市人大的监督指导下，坚定信心、坚守目标、克服困难、扎实工作，确保全年预算任务目标顺利实现！

以上报告，提请市人大常委会审议。

市人大财政经济委员会
关于北京市2009年市级决算的初步审查报告

——2010年7月30日在北京市第十三届人民代表大会常务委员会第十九次会议上

市人大财政经济委员会主任委员　王　火

北京市人民代表大会常务委员会：

为配合本次会议审查和批准北京市2009年市级决算，市人大财政经济委员会依据《北京市预算监督条例》的规定，于2010年7

月5日至6日召开了有市人大常委会预算监督顾问列席的财政经济委员会第22次（扩大）会议，听取了市财政局《关于北京市2009年市级决算和2010年上半年预算执行情况的报告》，并结合市审计局《关于北京市2009年市级预算执行和其他财政收支的审计工作报告》和市国税局、地税局有关税收情况的报告，对2009年市级决算（草案）进行了初步审查，现将审查意见报告如下。

市人民政府提出的2009年市级决算，市级财政总收入1764.6亿元，其中：财政收入1123.8亿元，完成预算的100.6%；市级财政总支出1730.3亿元，其中：财政支出995.2亿元，完成预算的100.0%。市级财政收支相抵，结余34.3亿元。

2009年决算草案与市十三届人大三次会议审议批准的2009年预算执行情况相比较，增加了结余，主要是积极向财政部反映落实中央企业税收优惠政策造成的减收影响，以及争取对首都安全稳定和城市建设的支持，财政部相应减少了本市的企业所得税上解支出，增加了对本市的补助收入。

财政经济委员会认为，2009年市级决算总体情况是好的。2009年，受国际金融危机影响，我市经济社会发展面临严峻的形势。市人民政府及其财政等部门认真落实市十三届人大二次会议批准的预算，坚持科学发展观，深入贯彻中央和市委的各项决策部署，有效应对国际金融危机对首都经济社会发展的严重冲击，充分发挥财政职能作用，财政收入保持平稳增长，支出结构进一步优化，各项财政改革不断深化，圆满完成了全年预算任务，有力地促进了首都经济社会协调健康发展。财政经济委员会建议本次会议批准北京市2009年市级决算（草案）。

财政经济委员会指出，2009年市级预算执行中还存在着一些需要注意的问题，主要是：有些部门预算编制不够科学，执行不够严格；有的部门和项目的资金使用效益不高，绩效管理工作需要进一步加强；政府性债务规模增长较快，管理不够规范；市对区县转移支付制度需要进一步完善，财政资源配置有待进一步优化；违反财经法纪和财务制度的现象时有发生，财政管理监督体系需要进一步健全。对此，市人民政府及其财政等部门要认真加以改进。

市审计局对本市2009年市级预算执行情况和其他财政收支依法开展了审计监督，为做好市级决算的审批工作提供了依据。市审计局在充分肯定本市2009年市级预算执行情况的同时，也指出了存在的一些问题。市审计局已责成有关单位采取相应的整改措施，部分问题已得到纠正和处理。尚未解决的问题，也正在督促办理之中。市人民政府要按照《北京市预算监督条例》的规定，在年底前，将审计查出问题的整改情况和处理结果向市人大常委会提交书面报告。

财政经济委员会还对市财政局关于北京市2010年上半年预算执行情况的报告进行了审议。上半年全市地方财政收入完成1293.4亿元，比去年同期增长25.2%，完成预算的58.5%。全市地方财政支出完成992.1亿元，比去年同期增长10.4%。今年以来，我市经济继续稳步回升，市人民政府及其财政等部门认真贯彻中央和市委的一系列决策部署，财政收入保持平稳较快增长，重点支出得到了切实保障，保民生、促和谐等各项工作不断推进，预算执行情况总体上是比较好的。但是，财政收入持续增长面临很多不确定因素，财政收支矛盾较大，完成全年预算任务仍然很艰巨。市人民政府及其财政等部门要坚定信心，加强管理，努力完成市十三届人大三次会议批准的预算。

针对2009年市级决算和今年以来预算执行中反映出的矛盾和问题，财政经济委员会提出如下建议。

一、认真组织好财政收入，努力完成全年预算任务

建立健全财政收入长效增长机制，大力抓好财源建设，努力培育财政收入新的增长点。依法加强税收征管，强化对重点税收、重点税源的监控和分析，努力做到应收尽收。继续完善市区“横纵结合、上下联动”的组收工作机制，深入分析经济形势对财政收入的影响，加强收入分析监控，及时准确掌握全市财政收入变动趋势。建立规范的非税收入管理体系，逐步将非税收入全部纳入预算管理。

二、严格预算支出管理，加强绩效考评

提高部门预算编制的科学性、准确性，严格预算执行。继续做好对区县财力性转移支付和专项转移支付的提前告知工作，提高区县预算编报的完整性。切实改进和加强项目支出预算管理，强化部门的支出责任，科学合理安排支出进度。加强对市级预算和部门、单位预算结余资金的管理，提高结余资金的统筹利用效率。增强勤俭节约的意识，严格控制一般性支出，做到有保有压。科学界定各级政府的支出责任，进一步完善市对区县转移支付制度，加强对体制下划资金使用的指导监督。继续推进财政资金绩效考评工作，完善绩效考评结果应用和信息公开、整改核查等制度，促进绩效考评结果应用和预算编制的有机结合。

三、强化地方政府债务管理，防范财政风险

按照《国务院关于加强地方政府融资平台公司管理有关问题的通知》要求，做好清理政府融资平台的工作，强化对政府融资平台的风险监控。建立健全政府债务管理的长效体制和风险预警机制，加强统筹管理，严格控制债务规模，规范政府投融资行为，落实偿债责任。进一步完善政府债务管理信息系统、会计核算和统计报告制度，加强对政府债务的动态监控。逐步建立健全政府债务信息披露制度，适时向市人大常委会报告政府债务情况。

四、加强审计监督，完善整改机制

支持审计部门依法开展审计监督工作，充分发挥审计“免疫系统”功能，认真贯彻审计法实施条例，积极推进审计地方立法工作，为审计工作创造良好的法制环境。加强对政府性融资资金管理使用的审计监督，加大对重大政府投资项目、重大民生工程、重点专项资金的审计力度，保障资金使用的安全、合规、有效。继续推进和深化绩效审计工作，扩大绩效审计范围，加强对绩效审计结果的应用。强化对审计查出问题的整改，深入揭示体制机制上存在的问题，认真分析出现问题的原因，建立健全有利于科学发展的体制机制，促进发展方式转变，保障首都经济社会健康发展。进一步严肃财经纪律，严格责任追究，推进审计结果向社会公开。

五、完善预算编报工作，增强预决算的透明度

进一步细化预算编制，2011年，提交市人代会审查的预算草案原则上都要编列到款级科目，部分重点支出要编列到项级科目。继续完善和细化提交市人代会审查的预算材料，扩大向市人代会报送部门预算的范围。

加快推进全口径政府预算体系建设。增强财政决算信息的透明度，进一步充实和完善决算相关材料，争取2011年向市人大常委会提交部门决算汇总表，逐步将部门决算向社会公开。

以上报告，请予审议。

关于北京市2009年市级预算执行和其他财政收支的审计工作报告

——2010年7月29日在北京市第十三届人民代表大会常务委员会第十九次会议上

北京市审计局局长 李颖津

主任、各位副主任、秘书长、各位委员：

我受市人民政府委托，向市人大常委会报告本市2009年市级预算执行和其他财政收支的审计工作情况。

根据《中华人民共和国审计法》（以下简称《审计法》）和《北京市预算监督条例》的规定，市审计局对本市2009年市级预算执行和其他财政收支进行了审计。对部分财政收支追溯到以前年度。审计工作认真贯彻落实市人大常委会对去年审计工作报告审议意见书的要求，结合2009年本市中心工作，紧紧围绕应对国际金融危机、促进首都经济社会平稳较快发展这一条主线，重点关注扩大投资、调整结构、保障民生等政策、措施的贯彻落实情况，加强重大投资项目跟踪审计，突出重点财政资金的绩效审计，深化财税管理和预算执行审计，坚持预防与查处问题并重的原则，及时纠正违法违规问题，积极促进完善相关政策和管理，较好地发挥了首都经济社会运行中的免疫系统作用。市人大财政经济委员会按照市人大常委会的要求，加强了对审计工作的监督指导，听取审计结果汇报，并进行了初步审查，为审计客观评价预算执行情况，反映预算执行中存在的突出问题奠定了很好的基础。

审计结果表明，2009年市级预算执行和其他财政收支总体情况较好，全年市级财政总收入1764.6亿元，其中财政收入1123.8亿元，完成预算的100.6%，财政收入增收目标圆满完成。全年市级财政总支出1730.3亿元，其中财政支出995.2亿元，完成预算的100%。财政支出中安排教育、农业、卫生、文化、计划生育等支出增长符合有关法律规定；严格控制了一般性支出，落实了中央和本市关于党政机关厉行节约要求，继续压缩了出国、购车和接待三项经费；安排重点项目支出体现了公共财政原则和实施积极财政政策的要求，保障了中央和本市促进经济社会平稳较快发展一系列重大决策的贯彻落实和顺利推进；落实了市与区县分税制财政管理体制的要求，下划区县财力213亿元，增强了区县财政保障能力，调动了区县结合实际自主发展的积极性。但是，市级预算执行和其他财政收支中也存在一些问题。主要是部分资金分配不够规范合理、一些单位预算执行不够严格、一些资金使用效益需要进一步提高等。

针对2009年审计发现的问题，市政府部署了整改工作。涉税、私设“小金库”、多申报项目预算、事业收费未及时上缴等违法违规问题已经得到纠正。对私设“小金库”等严重违法违纪问题，已经追究了相关人员责任。对管理不规范和资金使用绩效问题，各相关部门进一步加强了政策研究和内部管理，已经制定了整改措施122项、建立健全相关制度61项。2009年审计查出问题的具体整改情况，市政府已书面报告市人大常委会。

对2010年审计发现的问题，市政府高度重视，已责成有关部门和单位落实整改，同时将问题整改情况纳入市政府部门绩效管理，整改工作不力的，要行政问责。根据《北京市预算监督条例》的规定，2010年审计查出问题的处理和整改情况，市政府将在年底向市人大常委会书面报告。

一、市级财政管理审计情况

（一）市财政局组织市级预算执行和市发展改革委管理分配市级基本建设资金审计情况

2009年，市财政局和市发展改革委组织实施积极的财政政策，进一步深化财政投资体制改革，在促进首都经济社会平稳较快发展过程中，发挥了重要的调控和保障作用。市财政局积极采取措施增收节支，继续深化非税收入收缴改革，加强资产管理与预算管理的有机结合，强化财政投资评审和财政绩效管理，较好履行了组织市级预算执行和财政管理职能。市发展改革委注重以政府投资带动社会投资增长，进一步完善投资审批控制和重大项目稽查监管，开通了重大项目绿色审批通道，促进加快投资进度，规范投资管理，较好履行了投资管理职能。但是，市级财政管理中也存在一些问题。

1. 2009年部门预算编报中，2个部门为24个基层单位代编了50个项目预算5924万元，同时，编报了区县对口单位62个项目补助预算1.46亿元，这些做法不符合市级部门预算编报要求。但是，市财政局在批复市级部门预算时，审核把关不够严格，对上述部门、单位的预算仍然予以批复执行。

2. 按照完善市与区县分税制财政管理体制的要求，农民专业合作组织、新农村宣传等资金和支出责任已经下划给区县。但是，2009年市财政局仍然安排给区县相关补助资金3065万元。

3. 2009年市财政局将预拨区县2010年残疾人三项生活困难补助资金1288万元，列入当年支出，影响了当年财政收支决算的准确性。

4. 市级行政事业单位资产动态管理系统的基础数据缺乏日常维护管理，市财政局不能全面、及时、准确掌握行政事业单位资产状况。抽查56个行政事业单位，有55个单位固定资产基础信息填报不全；有41个单位实物资产与资产动态管理系统录入的资产无法对应，需盘点核对；有10个单位新购置的固定资产未录入资产动态管理系统。

5. 市发展改革委在市政府投资计划中，安排了防洪费征收手续费和节能推广工作管理经费，共计758万元。这种做法不符合财政预算管理要求，也不利于合理安排使用市级基本建设资金。

对上述问题，市审计局已向市财政局、市发展改革委和有关部门提出改进管理的建议。相关部门正在逐项研究，加以整改。

（二）市级地方税收征管审计情况

2009年，市地税局面对国际金融危机的影响，积极采取措施组织税收入库。进一步规范税源管理，打击发票违法犯罪，强化税收专项检查，全年累计完成各项税费收入1771.9亿元，同比增收193.9亿元，增长12.3%，完成年初计划的102.1%，较好履行了税收征管职能。但是在减免税、税务检查案件欠税管理等方面还存在一些问题。

1. 减免税管理仍需完善。市地税局部分税收减免管理信息反映不够完整，部分区县地税局未严格按照规定设置、填制减免税台账，使地税部门不能完全掌握企业实际享受减免税情况。个别区县地税局还批准部分不符合条件的纳税人，享受了安置自主择业军队转业干部减免税政策。

2. 市地税局税收计会报表中对部分税务检查案件形成的欠税，反映不够准确，有18件检查案件存在欠税统计不准确情况。此外，北京广厦京都置业有限公司在经过税务检查后，应补缴税款3010万元，在尚未补缴税款的情况下，该公司变更了注册地，市和有关区县地税局对其欠税未及时追缴，也未采取相应管理措施。

3. 对房地产企业税收征管工作需要进一步加强。延伸审计22户房地产企业，其中18户企业存在涉税问题，共查出应缴未缴各项税款1160万元。

对上述问题，市审计局要求市地税局对企业应缴未缴各项税款进行追缴，同时，进一步加强减免税和税务检查案件欠税管理。市地税局高度重视审计意见，正在研究进一步加强税收征管基础工作的措施。

二、完善分税制财政管理体制下划区县资金审计调查情况

审计调查了18个区县财政局管理使用体制下划资金情况。2009年，本市完善市与区县分税制财政管理体制后，共下划区县财力213亿元。下划资金已纳入区县预算监督管理，区县政府基本能够结合本地区经济社会发展实际，按照规定的支出方向，统筹安排资金使用。但是部分区县下划资金安排和使用中还存在一些问题。

（一）2009年，18个区县财政局共下达体制下划专项转移支付资金预算99.05亿元，年末有4.06亿元尚未下达预算安排使用，占市对区县体制下划专项转移支付资金的3.9%。

（二）由于区县政府部门间工作协调不够等原因，部分体制下划资金不能及时落实项目，造成部分资金预算下达较晚。18个区县财政局2009年第四季度共下达体制下划资金预算98.62亿元，占当年18个区县已安排体制下划资金的47.5%。

（三）个别区县在安排使用下划资金时，对市下达的重点项目没有足额安排资金，影响了市下达的重点项目推进。此外，部分区县下划资金在使用中，未按规定实行国库集中支付和政府采购，涉及资金8.5亿元。

对体制下划资金管理使用中存在的问题，市审计局已向有关区县政府和市级部门通报，同时要求区县政府进行整改，保证市重点项目和下划事项的落实，加快项目资金支出进度。

三、市级部门预算执行和决算草案审计情况

审计了市市政市容委、市交通委、市民政局、市水务局、市住房城乡建设委、市经济信息化委（原市信息办、市工业促进局、市乡镇企业局）、市商务委、市旅游局、市农林科学院、市科研院、市社科院等11个市级部门，延伸审计了44个所属单位。2009年，11个部门收支预算184.11亿元，其中财政拨款162.73亿元，占88%。收入决算248.35亿元，支出决算200.50亿元。从审计结果看，相关部门、单位积极履行职责，认真落实财政管理改革措施，不断完善内部管理，规范预算编制，提高财务和预决算管理水平，资金总体使用情况较好，保障了宏观调控和民生政策落实，促进了城市建设和社会事业发展。但是，审计也发现部门预算管理、财务管理和资产管理等方面存在一些问题。

（一）5个部门收支预算审核不严格，编制不够规范，涉及资金2629万元

其中：主管部门预算审批监管不严格，

少数项目单位在申报项目补助经费时，虚报了项目或工程量，多申领了财政资金902万元；个别部门取得的存款利息收入等其他收入1461万元未纳入预算管理；个别部门存在将以后年度办公用房租金提前在本年度申报，会议费、互联网接入费未单独编制预算的现象。

（二）一些部门支出预算执行不到位，预算管理不严格

1. 部分项目支出改变了用途。4个部门本级和3个部门所属4个单位存在这类问题，涉及资金1929万元。其中：自行在项目间调剂使用或用于当年预算中尚未安排的一些项目支出等1859万元；弥补基本经费开支70万元，主要用于了事业单位人员和公用经费等开支。此外，个别部门在预算执行过程中，自行扩大开支范围，办理了无预算或超预算支出，涉及金额603万元。

2. 一些部门未按规定实施政府采购和招投标程序，5个部门存在这类问题，涉及资金4374万元。主要是：有的部门在设备采购过程中自行变更了政府采购合同；有的部门工程修缮等项目未按规定履行招投标程序，有的还将工程直接委托给所属单位实施。

（三）9个部门国有资产收益管理不够规范，涉及资金3.51亿元

一是3个部门取得的拆迁补偿款、售楼款等国有资产处置收益3.25亿元，未纳入预算管理或上缴财政，目前，有3.14亿元已被部门自行安排了基本建设等方面支出。二是8个部门房屋出租等国有资产有偿使用收入2613万元，未纳入部门预算或上缴财政专户管理，有的在物业公司或关联单位存放使用，有的直接抵减了福利支出，还有的在往来账户挂账。同时，一些部门将房屋、仪器设备对外出租、出借，未按规定报经财政部门审核批准。出租、出借房屋涉及面积3.28万平方米。

（四）7个部门3.79亿元财政资金使用效益不高

其中：一些项目未按计划开工或实施进度较慢，形成资金闲置2.25亿元；一些项目资金安排或拨付使用不及时，形成资金闲置1.23亿元；一些已完成的项目没有达到预期目标，涉及资金2672万元；个别项目资金使用中存在损失浪费现象，涉及资金371万元。例如，由于部门间缺乏沟通协调，导致刚刚竣工交付使用不足3个月的刘家窑桥夜景照明工程，就因蒲黄榆路建设施工而拆除。

（五）一些部门对发票审核把关不严格，存在接受虚假发票报账问题

3个部门本级和3个部门所属的11个基层预算单位及个别项目单位存在这类问题，涉及资金1388万元。此外，少数项目实施单位在无真实经济业务背景的情况下，利用虚假发票套取了财政资金。另外，个别部门内部处室采取收入不入账和以交通费、资料费、餐费等名义从财务处套取现金等方式，设立“小金库”，市审计局已依法对其进行了处理和处罚。

（六）10个部门决算草案编报数字不够准确

涉及资金4.34亿元。其中：收支结余决算不实1.84亿元。主要是各项收支在往来账户挂账，有的长期未清理，有的以拨代支、虚列支出，造成结余不真实。资产负债决算不完整2.5亿元。主要是所属自收自支单位未纳入决算编报范围，固定资产入账不及时，账实不符，长期投资未纳入财务核算等。

针对部分资产处置收益和有偿使用收入未上缴国库或财政专户、收支核算不规范等问题，市审计局下达了审计决定，要求有关部门采取措施追回有关款项，调整相应账目；针对其他管理不规范问题，市审计局向相关部门提出了加强内部控制、进一步健全和完善财务和预决算管理的建议。同时，向市财

政局通报了有关问题，以促进健全完善相应的预算和绩效管理制度。目前，各项整改工作正在进行中。

此外，在审计的同时，市审计局根据市政府的要求，组织未纳入审计范围的145个市级部门进行了自查。自查共查出预算管理不规范等问题金额26.01亿元。各部门积极整改有关问题。目前，已有41个部门采取调账、上交国库等方式，纠正各类问题7.68亿元。同时，各相关部门结合自身管理中存在的问题，制定了374项整改措施，补充完善各种内部管理办法、制度37项，自查取得了较好的成效。

四、政府投资项目审计情况

对轨道交通建设、政府土地储备开发、中小学校舍安全工程、南水北调配套工程、永定河生态环境整治以及城市交通、道路建设等市政府扩内需重点工程进行了跟踪审计和审计调查，涉及471个投资项目，涉及投资额2017亿元。审计结果表明，相关部门积极落实扩内需、保增长政策，不断加强对项目的组织实施和监督管理，采取有效措施推进项目建设，严格资金管理，保证工程质量，较好地完成了建设任务。但是审计也发现一些问题。

（一）一些已开工项目尚未取得初步设计概算批复和相关建设规划许可；部分已完工项目不在规定时限内办理工程决算或不及时办理竣工验收备案；一些项目在建设过程中不履行质量监督备案程序。

（二）54个项目和147个单项工程没有按规定履行公开招标程序，涉及资金11.81亿元；部分项目未经批准，将公开招标改为邀请招标，涉及资金42.21亿元。此外，在履行了公开招标程序的一些项目中，也存在公开招标操作不规范，个别中标单位资质等级不符合要求和违规分包的现象。

（三）5个区县有36个项目的拆迁补偿补助方案及调整情况未履行市、区政府审批备案程序；5个区县的15个项目超范围拆迁，涉及拆迁补偿款14.9亿元。同时，部分项目拆迁管理不规范，一些拆迁工作中，存在拆迁补偿评估资料不齐全、依据不充分、评估结果不合理问题，涉及拆迁补偿款2.39亿元，个别不法人员还涉嫌骗取了拆迁补偿款。

（四）由于项目规划调整，未取得相关立项和方案审批手续等原因，截至审计时，110个项目未按照计划开工建设，占471个项目的23%。

审计实施过程中，市审计局采取边审计边纠正的做法，及时向被审计单位提出改进建议，督促被审计单位整改落实相关问题，促进了建设项目规范管理。目前有关单位已采纳审计建议228条，完善和制定整改措施34项，建立健全规章制度70项。审计累计整改管理不规范等问题金额17.72亿元，核减工程价款9454万元。同时，审计机关已将2件涉嫌违法违纪案件线索移送至有关部门。针对审计中发现的突出问题，结合工程建设领域专项治理工作，为了进一步促进落实监管责任，市审计局组织全市审计机关开展了重点工程和土地管理专项检查工作。通过检查，查出超概算、基本建设程序履行不完整、土地管理政策不落实、拆迁工程进度慢、招投标管理不严格和资金管理使用不规范等问题共110项，涉及资金26.8亿元。对检查中发现的问题，市审计局正在督促有关部门和单位落实整改。

五、专项资金审计情况

（一）重点专项资金绩效审计情况

对农村义务教育投入、社区卫生服务体系建设和运行、残疾人就业保障金，以及工业发展、商业发展、旅游发展等专项资金管理使用情况进行了绩效审计或审计调查，涉及市级财政相关专项投入215.08亿元。审计调查结果表明：相关财政资金投入和使用绩效总体情况较好。教育、卫生、残疾人就业保障等涉及民生的专项资金支持了义务教育均衡发展，提高了公共卫生服务体系建设水平，保障了残疾人就业和基本生活。各项促进产业发展资金的专项投入，推动了经济结构优化升级，扶持了中小企业发展，推进了国有经济战略性调整。但是，审计仍然发现一些影响资金使用绩效的问题。

1. 农村义务教育部分支出结构需要调整，部分资产存在闲置现象

截至2008年末，农村中小学校结存改善办学条件、校舍修缮等项目资金2.83亿元，而同时供暖费、公务用车、设备维修费等公用经费定额标准偏低，不能满足农村学校实际需求，形成资金缺口3860万元，有些学校因公用经费不足而影响教学开展。

部分学校在设施建设、设备配置过程中未考虑教学的实际情况，一些专项资金形成实物资产后，存在闲置现象。

2. 部分社区卫生服务标准化设备未及时配置到位，相关机构公用经费保障方式需要进一步研究调整

2006年，市、区共筹集资金8.2亿元用于社区卫生服务中心（站）的标准化设备配置。计划采购设备29.33万台（套），应于2008年6月末配置到位。但截至2009年6月，尚有12.79万台（套）设备没有配置到位，占计划采购总量的44%；10个区县已建成的部分社区卫生服务中心（站），由于人员设备未到位等原因未投入运行或停运。

截至审计时，有6个郊区县对社区卫生服务中心的经费采取“人员经费由财政保障，公用经费和专项支出主要依靠诊疗和药品收入解决”的保障方式。社区卫生服务中心公用经费与诊疗和药品收入挂钩，不利于较好地体现社区卫生服务的公益性。

3. 部分残疾人就业保障金使用效益有待提高

2009年昌平区252家用人单位安排残疾人就业985人，应享受补贴433万元，但区残联直至2010年4月才向相关单位发放。

3个区县使用残疾人就业保障金62万元分别用于精神病防治院、残联购置车辆。个别区县项目结余资金用于弥补人员及公用经费不足。另外，个别区县扶助贫困残疾人的辅助器具还存在超范围发放或闲置的现象。

4. 部分促进产业发展专项资金分配管理不够规范，拨付不够及时

2007年至2009年，商业发展资金中已安排5380万元，补助了25个物流项目，但是，由于主管部门没有制定相应的管理制度，造成资金分配缺乏统一标准，相关项目安排的补助资金比例相差悬殊，补助比例最高的占项目投资额的43%，最低的仅占3%。

由于主管部门对项目申报审批不严格，工业发展专项资金安排的“三高”企业退出奖励资金中，有7家企业不符合奖励范围，但仍获得奖励资金800万元。此外，抽查42家企业发现，8家企业提供虚假财务报表、能源购置发票，多获得“三高”退出奖励资金416万元。

由于前期准备工作不充分，2009年工业发展专项资金中安排的部分项目资金9831万元，在主管部门滞留未拨。

针对绩效审计查出的问题，市政府责成有关部门认真分析原因，加强制度建设。市审计局积极协调各部门，共同促进审计查出问题的落实整改。目前整改工作已全面展开，并取得阶段性成果。市教委针对部分农村中小学校公用经费定额标准偏低的问题，加快推动了学校标准化建设，将每年新增教育经费70%用于农村，并将调整中小学公用经费定额标准；市卫生局针对社区卫生服务中心

的公用经费保障问题，正在研究建立社区卫生服务公用经费补偿机制。其他部门根据审计建议，也正在制定整改措施，切实落实支出责任，进一步提高资金使用效益。

（二）土地征收和水资源保护专项投入审计情况

对本市土地征收及耕地保护政策执行以及水资源保护资金投入情况进行了审计调查，审计涉及市级财政投入的征地补偿、土地开发整理、水资源保护等资金136亿元。审计调查结果表明，近年来，本市不断完善土地征收、耕地和水资源保护方面的政策，相关资金投入力度加大，各项政策总体上落实较好，实现了土地利用控制目标，保障了本市水资源安全。但是，审计调查也发现一些问题。

1. 部分已征用土地开发进度慢

由于征地拆迁难度大等原因，截至2009年6月，在2006年至2007年已批复征用的土地中，尚有64%的土地未完成开发工作，由于没有办理供地手续，影响了供地速度。此外，部分新增耕地管护责任未落实到人，有的新增耕地存在闲置现象。

2. 部分再生水生产后未能有效利用，个别污水处理厂建设资金投入未取得预期效果

由于相关管理部门沟通协调不够，再生水厂和管网配套建设工程未能同步申报立项和建设，一些再生水厂已建成，但配套管网尚未铺设，影响了再生水的生产利用，有的再生水生产后又直接排入河道。

通州区台湖镇污水处理厂由于选址不当，立项批复后需要迁址建设。但是，在未办理相关审批调整手续的情况下，建设资金1000万元已拨付到位，建设单位还先期采购了设备，造成资金和设备闲置。

3. 部分专项资金管理使用不规范

土地征收和水资源保护专项投入审计中，共查出管理不规范等各类问题金额4.5亿元，其中：不符合招投标相关规定涉及资金1.88亿元；改变专项资金用途涉及资金2.62亿元。

对上述问题，市审计局已向相关部门提出改进管理工作的建议，同时要求有关单位及时纠正审计查出的问题。目前，相关单位正在对有关问题进行整改。

（三）对口支援什邡市灾后恢复重建和玉树地震抗震救灾资金物资跟踪审计情况

市审计局继续加强了对口支援什邡市灾后恢复重建资金的跟踪审计。截至2010年4月末，由本市出资并建设的72个灾后重建项目已全部开工，完工61个，完成投资41.39亿元，占72个项目总投资的87%。从审计情况看，灾后重建取得实效，基本保证了“三年任务，两年基本完成”目标的实现。除部分工程结算和竣工决算进展缓慢的问题外，审计未发现挤占、挪用援建资金等违法违规问题。

按照审计署关于开展玉树地震抗震救灾资金物资跟踪审计的要求，市审计局对两级救灾捐赠事务管理中心、红十字会等单位救灾资金物资的筹集、汇缴、直接拨付灾区及使用等情况进行了跟踪审计。审计结果表明，玉树地震发生后，本市各接收捐赠单位积极组织开展救灾资金物资的捐赠工作，各部门发挥职能作用，加强协调配合，保障了救灾工作有力开展、有序进行。截至目前，审计未发现挤占、挪用等重大违法违规问题。

六、企业审计情况

对地铁运营公司、公交集团、热力集团、京能集团的财务收支情况进行了审计，涉及企业资产总额1183.45亿元。审计结果表明，接受和使用财政补贴的地铁运营公司、公交集团、热力集团，实现了公共交通的快速发展，保障了热力供应，取得了较好的社会效益。京能集团建设了一批发电项目，突出了节能减排和绿色能源项目建设。但是审计也

发现一些问题。

（一）会计信息失真问题较为普遍

审计查出地铁运营公司、公交集团、热力集团、京能集团资产、负债、损益不实问题金额4.53亿元。其中资产不实1.42亿元，负债不实4492万元，所有者权益不实9442万元，多计、少计成本费用7832万元，多计、少计收入9401万元。

（二）部分资产运营质量不高，存在潜在损失风险

截至审计时，公交集团所属的3家企业对外出租经营用房和营运车辆，被拖欠租金等，形成潜在损失4068万元。

目前，相关企业针对会计核算中存在的问题，及时调整了有关账目。公交集团进一步加强了资产管理，正在采取措施盘活资产。

此外，2010年6月初，国务院下发了《关于加强地方政府融资平台公司管理有关问题的通知》（以下简称《通知》）。市政府高度重视政府融资平台的管理工作，按照《通知》的精神，正在对本市政府性融资情况进行全面核查，通过核查，将进一步加强对本市地方政府融资平台公司管理，促进构建更加科学合理、管理规范、运行高效的政府债务和投融资管理体制。市审计局根据市政府的部署，正在着手开展政府性融资管理情况审计调查。市政府将在全面核查的基础上，结合审计调查结果，研究制定加强政府融资平台监管，落实监管责任的具体措施。

七、进一步加强财政财务管理的建议

（一）市和区县财政和发展改革部门要深入研究政府资金统筹管理的工作机制，进一步梳理资金分配政策、依据、标准和投向，理清事权范围和支出责任，使市、区县两级政府资金，在预算安排、预算执行，以及财政体制落实过程中更好地统筹协调起来，使公共财政体制改革和政府投资体制改革的推进更好地统筹协调起来。

（二）贯彻落实《国务院关于加强地方政府融资平台公司管理有关问题的通知》要求，清理整合现有融资平台公司，进一步规范融资平台公司的设立、经营和筹资行为。强化政府债务统筹管理，建立政府债务计划和监督管理制度，实现市、区两级政府性债务融资分级、分类管理，有效防范政府性债务融资和财政风险。

（三）财政部门和各级预算执行部门要继续深化部门综合预算管理改革，切实加强对行政事业单位财政收支的统筹管理，认真落实对行政事业单位国有资产监管职能，特别是结合当前城市建设和部门办公用房使用情况的特点，强化行政事业单位资产处置收入监管，对国有资产处置收入实行收缴改革，促进资产管理与预算管理的有机结合。同时，进一步加强对国有企业的监管，完善国有资本经营预算管理。

（四）继续推进政府部门绩效管理和考核工作，将部门预算资金使用与绩效管理和考核有效衔接，不断健全绩效管理考核和行政问责机制，进一步强化财政绩效管理，加大对重点资金使用绩效的监督，不断提高公共资源配置的科学性、合理性、有效性。

（五）切实落实监管责任，建立健全投资项目跟踪检查机制。进一步加强投资计划和投资控制管理，加快投资项目审批制度改革，明确和落实部门监督和属地监管的责任，对重点项目决策和审批管理、招投标管理、资金管理、施工管理等重点环节加大监督检查力度，清理整顿突出问题，在重大项目推进过程中，实现责任、质量、效率的协调统一。

以上报告，提请市人大常委会审议。

关于北京市2010年国民经济和社会发展计划上半年执行情况的报告

——2010年7月29日在北京市第十三届人民代表大会常务委员会第十九次会议上

北京市发展和改革委员会主任 张 工

主任、各位副主任、秘书长、各位委员：

我受市人民政府委托，向市人大常委会报告本市国民经济和社会发展计划上半年执行情况。

一、上半年计划执行情况

今年以来，面对极其复杂的宏观形势和极为繁重的工作任务，在市委的坚强领导下，在市人大的监督指导下，全市上下按照科学发展观的要求，深入推进“人文北京、科技北京、绿色北京”建设，坚决贯彻落实中央决策部署和年初确定的各项计划任务，加快转方式、调结构、重创新、促统筹、惠民生，本市经济社会发展延续了回升向好势头，结构发生积极变化，民生不断改善，就业持续增加，价格基本稳定，主要指标运行态势良好，符合计划安排要求，符合调控预期方向。

（一）经济保持平稳较快增长

经济运行高开稳走。一季度，全市地区生产总值增长14.9%，上半年累计增长12%，高于全年9%的预期目标，增速逐步走稳。服务业增加值增长11%，同比加快0.5个百分点；工业增加值增长16.6%，同比回升17.9个百分点，其中高技术制造业和现代制造业增加值扭转了上年增速偏低的态势，分别增长20.1%和21.8%。克服低温冻害等异常气候影响，加大工作力度，夏粮生产基本稳定。与此同时，价格水平温和上涨，居民消费价格指数上涨1.4%。从主要经济指标看，除出口总值仍略低于2008年同期水平外，投资、消费、工业增加值、入境游等指标均比2008年同期有较大幅度增长。

综合效益稳步提高。城乡居民收入平稳增长，城镇居民人均可支配收入和农村居民人均现金收入分别增长8.7%和11.4%，扣除价格因素，实际分别增长7.2%和9.8%，高于6%的年度调控目标。企业效益继续好转，1—5月，规模以上工业企业主营业务收入增长28.8%，利润增长54.6%；规模以上服务业企业收入增长36.8%，利润增长6.1%。财政收入增长较快。全市地方财政收入完成1293.4亿元，同比增长25.2%，其中增值税、营业税、企业所得税和个人所得税分别增长18.1%、30.8%、20.6%和23.6%。

（二）发展基础进一步巩固

市场活力逐步增强。全市主要工业企业订单饱满，生产稳定，全市工业用电量同比增长10.5%，规模以上工业企业出口交货值增长18.2%。全市批发零售企业实现商品销售额达到1.7万亿元，增长43.4%；受金融危机冲击较大的会展和酒店业持续恢复，本市四、五星级酒店出租率分别达到56.3%、57%，同比分别提高8.9个和12个百分点，接近危机之前的正常水平；市场主体更加活跃，工商登记新增市场主体11.9万户，同比增长13.8%。企业用工需求有所恢复，全市法人单位从业人员达到829.9万人，同比增加74.7万人，比年初增加7.6万人。

发展后劲不断积累。物流业、商务服务业、软件和信息服务业调整和振兴实施方案先后出台，《全面推进设计产业发展的意见》发布实施。服务业综合改革试点加快推进。文化创意产业加快发展，国家出版创意产业园正式挂牌，奥林匹克公园、中国动漫游戏城被新认定为市级文化创意产业集聚区。旅游业发展动力增强，第十届世界旅游旅行大会成功举办，集中推介了总投资550多亿元的30个旅游项目，“北京旅游”的品牌魅力显著提升。北京国际航空城、雁栖湖生态发展示范区、青龙湖国际文化会都等项目成功落地。一批推动结构调整的现代制造业项目加紧实施。上半年共签约入驻重大制造业项目44项，总投资483亿元，中航发动机北京产业基地、纳米材料绿色打印技术产业化基地、长安汽车北京基地等现代制造业项目签约落地，龙芯芯片等重大产业化项目开工建设，发展潜力不断积累。

要素市场加快发展。北京金融资产交易所挂牌成立，北京贵金属交易所、北京特许经营权交易所、中国文化产权交易所等正积极筹备。电子信息、生物医药、新能源和环保、高技术服务业等4只创业投资基金正式设立。农村金融、科技金融、消费金融进一步发展。上市融资步伐加快，七星电子等25家企业在A股上市，其中创业板11家，中小板12家。

（三）结构调整出现积极变化

产业结构进一步优化。都市型现代农业发展迅速。全市设施农业收入增长20%，种业收入增长26.5%，观光农业园和民俗旅游接待收入分别增长18.9%和12.2%。工业重点行业加快发展，电子信息产业规模已接近高峰期水平，装备制造业、汽车、医药、都市工业产值分别增长20%、36%、13%、15%。服务业结构有所优化，信息服务业保持稳定增长，增加值增长16.2%；上年增速偏低的居民服务、租赁商务服务业、文体娱乐实现快速增长，分别增长29.2%、23.1%、22.6%。旅游对服务业的综合带动作用明显，全市旅游总人数达到8031万人次，同比增长8.2%；旅游总收入1284亿元，同比增长14.1%，均创历史新高。

需求拉动趋于协调。投资保持适度增长，完成全社会固定资产投资2156.2亿元，增长13.3%，高于年初11%的预期目标，进度符合预期要求。民间投资增长74.7%，占全社会投资比重为64%，超过常年水平；金融、居民服务、批发零售、租赁商务服务业投资分别增长87%、57.7%、56.3%、32%；工业投资增长11.5%。房地产开发投资增长38.8%，其中住宅投资增长68.5%，占全社会投资的25.9%；写字楼、商业营业用房分别增长1.8倍和50.4%，分别占全社会投资的7.3%和5.6%。消费对经济的支撑带动效果明显，实现社会消费品零售额2902.2亿元，同比增长16%，高于年初12%的预期目标。汽车、燃油、金银珠宝、家具、电子出版物等消费增长较快，特别是网上消费增长迅速，重点网络零售企业零售额增长70%以上。对外贸易继续恢复，全市实现出口总值260亿美元，同比增长16.2%，目前出口量已恢复到金融危机前水平，但受出口产品价格影响，出口总值比2008年同期仍下降4.6%。

自主创新深入推进。中关村国家级自主创新示范区建设步伐加快，《建设中关村国家自主创新示范区行动计划（2010—2012年）》发布实施，中关村发展集团成功设立。各项先行先试改革积极推进，《支持中关村创新创业的税收政策》已获批准，《中关村国家自主创新示范区企业股权和分红激励实施办法》

发布实施，截至目前，共有263家企业参加股权激励试点，71家单位进入重大科技专项经费列支间接费用试点，完成政府采购自主创新产品30.2亿元。整合企业科技资源，非晶产业链创新联盟、中关村云计算产业联盟相继成立。重大科技创新成果不断涌现，全国首台单芯片高性能云计算终端平台研制成功，“北京牌”纯电动轿车下线。北京被批准为三网融合试点城市。“科技北京”行动计划2010年折子工程全面推进。上半年，全市专利授权量增长27.3%，技术合同成交额增长21.6%。

节能减排成效明显。1—5月，全市重点耗能工业企业万元产值能耗同比下降14.8%，万元地区生产总值能耗在“十一五”前四年累计减少23.5%的基础上继续下降，在全国处于前列。《北京市实施〈中华人民共和国节约能源法〉办法》、《“绿色北京”行动计划(2010—2012年)》、《2010年节能节水减排技术推荐目录》发布实施，“2010中国北京国际节能环保展览会”成功举办。严格实施第十六阶段控制大气污染措施，上半年本市空气质量二级和好于二级天数累计达到140天，占总天数的77.3%。“绿色北京”行动计划加快落实，更新淘汰黄标车2.5万辆。

（四）重大项目和重点区域建设加快

基础设施建设加快推进。落实200项重点项目建设计划，实现新开工30项，竣工4项，累计完成投资364.7亿元。轨道交通建设加快，亦庄线、大兴线、房山线、昌平线一期、15号线一期等5条新线开通试运营筹备工作正在推进。京沪高铁、京石客专拆迁和施工进展良好。京张、京沈、京唐等城际快速铁路以及北京大外环和京台等高速公路的前期工作加快推进。西外大街西延建成通车，阜石路完成工程量的70%，蒲黄榆路完成60%，宋家庄、四惠、苹果园交通枢纽开工建设。电力、热力、自来水、架空线入地等资源能源建设稳步推进，东南华能热电中心开工建设，城市四大热电中心全面启动。环境建设力度加大，新增造林绿化面积12.1万亩，完成全年任务的75.6%。密云、通州、大兴等滨河森林公园加快建设；11个新建郊野公园向公众开放，三海子郊野公园主体工程基本完成。

区域统筹力度不断加大。高效整合配置行政资源，稳步推进首都功能核心区区划调整，顺利完成大兴区和经济技术开发区行政管理体制改革。积极争取央企、央院、央校资源参与地区经济建设、推动结构调整和产业升级的共识和工作格局已经形成。各区县加紧与中央单位资源全面对接，一批重大研发和产业项目成功落地。中关村北部产业聚集区和南部现代制造业产业带建设统筹推进，六大产业高端功能区保持快速发展势头，未来科技城、丽泽金融商务区、首钢搬迁调整地区、石化新材料基地、永定河水岸生态带等热点功能区建设加快推进。通州国际新城面向全球征集规划和推介项目。落实城南行动年度计划，一批重点工程加快启动。城乡结合部地区建设全面加强，全市50个重点村改造加快推进，8个村完成搬迁。新农村五项基础设施和“三起来”工程建设任务加快进行。

（五）社会民生不断改善

就业形势继续向好。继续落实各项促进就业政策、措施，将稳定就业各项补贴政策延长至2010年年底；进一步完善高失业率地区促进就业政策，并向生态涵养区延伸。截至6月末，全市城镇登记失业率为1.55%，同比下降0.27个百分点。城镇登记失业人员人数同比下降20%。通过各项帮扶措施，全市共有7.96万失业人员实现就业，农村劳动力实现转移就业3.24万人。毕业生就业工作顺利推进，就业率达到91%，高于去年同期水平。

社会保障力度持续加大。社保卡工程加快推进，目前已发放629万张，1757家定点医疗机构全部实现就医实时结算。全市参加基本养老、基本医疗、失业、工伤和生育保险人数同比增长18.9%、8.6%、12.7%、12.5%和7.3%。实施“九养”政策，38万老年人、7.7万残疾人受益。社会保障和救助标准进一步提高。企业退休人员养老金平均水平由1832元/月增至2032元/月；最低工资标准从800元/月调整为960元/月；失业保险金发放标准每档提高70元；城市低保标准由家庭月人均收入410元调整到430元；农村最低保障标准从年人均收入2040元调整为2520元。

房地产市场调控取得初步成效。积极贯彻落实中央对房地产的调控政策，《促进本市房地产市场平稳健康发展的实施意见》、《贯彻落实国务院关于坚决遏制部分城市房价过快上涨文件的通知》、《加快发展公租房指导意见》相继出台。政策性住房建设得到优先保障。政策性住房用地供应1123公顷，实现年度计划的90%；各类政策性住房施工面积2564.6万平方米，增长50.6%，其中新开工422.7万平方米，增长62.3%，审核通过5.3万户政策性住房申请；棚户区改造加快推进，搬迁1.2万户居民。从实施效果看，投机性购房需求得到有效抑制，房价涨幅开始回落。本市房屋销售价格指数5月份环比下降0.1%，6月份环比持平；二手住宅交易价格指数5、6月份环比分别下降1.6%和0.9%。上半年四环至五环的商品住宅期房每平米均价比1—4月下降1176元，六环路以外下降532元。

（六）综合改革稳步推进

年度改革计划发布实施。医药卫生体制改革取得重大进展。《2010—2011年深化医药卫生体制改革实施方案》正式出台，获得市民积极响应和普遍欢迎；稳步推进公费医疗试点改革，出台《关于区县公费医疗改革的指导意见》。绿色审批通道机制常态化工作稳步推进，市级固定资产投资审批大厅正式运行。城乡管理体制改革有序开展。加强群租房规范和管理，完善流动人口和出租房屋管理网络。农村综合改革全面加快。截至6月底，全市新完成农村集体经济产权改革单位83个；出台了《关于进一步规范本市农村土地承包经营权流转工作的若干意见》。

二、计划执行中需要关注的主要问题

总体上看，本市经济社会发展形势总体平稳，重点工作实现时间过半、任务过半，国民经济继续朝着宏观调控的预期方向发展，计划执行情况是好的，尤其是在脱离了长期借助重大活动推动工作的惯性和积极应对国际金融危机后续影响过程中，取得这样的成绩实属不易。这是市委市政府坚定不移贯彻落实中央各项决策部署，各区县、各部门真抓实干的结果；是不断深化对城市发展规律的认识，科学统筹的结果；是不断针对形势变化，综合运用各种手段，加强调度、灵活应对的结果。但在好的形势下还要冷静、谨慎、客观地看待当前存在的问题和潜在矛盾，及早应对。从国际看，世界经济正在逐步复苏，但复苏基础并不牢固，欧元区主权债务风险上升，国际汇率波动，贸易保护主义抬头，国际市场波动对国内需求和预期产生明显影响。从国内看，国家在保持宏观调控政策稳定性和连续性的同时，调控的针对性和灵活性也在增强，特别是信贷和房地产市场调控力度进一步加大，带来的叠加影响需要关注。从本市看，当前经济发展还存在一些挑战和隐忧，需要高度关注。

一是基数逐月升高和政策效应递减相叠加，经济增长势头趋缓。二季度以来，受去年同期基数前低后高、政策效应递减、房地产调控力度加大、项目前期条件不完备等因素共同影响，本市固定资产投资、规模以上工业增加值、财政收入、生产用电量、采购经理人指数等指标增速逐月下滑，预计二季度以后经济增长势头将有所放缓。

二是资金平衡压力仍然较大。从资金需求看，当前本市在建和新增重大建设项目多、规模大，资金需求量达到历史高位。从资金供给看，一方面政府资金总量有限，综合平衡难度增加；另一方面，在清理规范融资平台和宏观调控针对性取向增强的背景下，融资难度加大，后续影响值得关注。从资金衔接看，去年开工建设的一批“扩内需、保增长”大项目相继进入施工高峰期，新的重大项目正处于拆迁和土地整理阶段，资金需求在短期内比较集中，实现年初确定的“保存量、优增量”的要求、积极化解可能形成的债务风险还需付出更大努力。

三是房地产市场新情况、新变化还需要积极应对。目前本市房地产调控效果初步显现，房价过快上涨势头得到初步遏制，下一步还要坚决落实中央确定的房地产市场调控政策，坚持调控方向不动摇，通过稳定政策来稳定预期。同时，我们也注意到近期房地产市场出现交易量环比下降、租价上升、市场观望等新情况。房地产市场与稳定投资、带动消费、关联就业、承载业态、惠及民生关系密切，特别是与本市土地储备和部分重大项目建设的资金循环关联紧密，是民间投资集中的主要领域。因此，保持房地产市场平稳健康，对全市经济实现平稳发展至关重要，需要密切关注。

四是企业经营环境仍存在较大不确定性。今年以来企业效益明显改善，既有政策引导、国内外市场需求恢复的因素，也有去年基数较低因素的影响，下半年企业经营还面临较大压力。从国际看，主要发达经济体失业率居高不下、消费疲软，欧洲一些国家主权债务问题凸显，外需恢复仍存在不确定性。从国内看，一方面需求恢复还比较脆弱，国家和本市采购经理人指数（PMI）已连续两个月走低，后续市场仍存在不确定性；另一方面在供给上，企业融资、劳动用工、能源原材料等方面支出可能增加，客观上将推升生产经营成本。

此外，下半年价格形势仍比较复杂，对生产生活领域的传导和影响需要关注；节能减排年度任务仍很艰巨；安全生产、社会维稳等方面也需要加大工作力度。

三、努力完成全年计划的主要措施

当前经济发展正处于由回升向好向稳定增长转变的关键时期。中央把稳定政策作为宏观调控的主基调，将继续实施积极的财政政策和适度宽松的货币政策，同时也更加注重调控政策的针对性和灵活性。我们既要看到保持经济平稳较快增长具有很多有利条件，增强发展信心；又要看到外部环境的复杂性和社会预期的敏感性，增强忧患意识。要继续把调结构、转方式、惠民生作为重点，保持好政策的稳定性，加强工作的针对性，防止发展的波动性，进一步巩固经济回升向好势头，全面完成全年各项目标和任务。

（一）突出重点，创造条件，统筹推进重大项目建设

在扎实有序推进年初确定的各项折子工程、实事工程的基础上，还要落实好通州新城、雁栖湖生态发展示范区、50个重点村整治、城南行动、永定河生态发展带、政策性住房建设等重大任务。在保护好、引导好各方面发展热情和积极性的同时，突出重点，统筹项目，集成政策，平衡资金，千方百计保障重大项目顺利进行，对已确定的重点工作和项目要着力做好实施方案的细化和完善工作，集中力量创造开工实施条件；对新增

加的重点增量项目要高度重视前期系统谋划。要进一步明确市区两级政府责任，市级政府要着力加强重点工程专项调度和协调服务，优化审批环境；区县政府要积极落实市委市政府决策部署，创造条件，确保各项重点任务顺利推进。要针对新阶段、新问题以及制约重点工作推进的体制瓶颈，大力加强基础工作，创造有利条件，通过改革释放活力，推进各项工作。

（二）多措并举，狠抓融资，全力做好资金平衡

重点针对资金平衡压力大的问题，创新融资模式，保障资金需求。一是加快完善已完成一级开发和储备的土地入市条件，加快资金循环。二是盘活沉淀资金，加强调度，同时严控成本，优化设计，厉行节约，提高政府资金使用效益。三是适应国家宏观调控增强针对性、灵活性的取向，建立与各类金融机构更为密切的协商沟通机制，保障重点建设项目资金到位。四是通过资本金注入、贴息、优化融资平台、引入社会投资等方式，强化政府投资的引导放大作用。五是加快出台本市《贯彻落实国务院关于鼓励和引导民间投资健康发展的意见》，重点在一批重大项目建设中通过BT、BOT、PPP、信托、融资租赁等方式吸引民间资本参与。六是切实做好今年企业债发行和上市公司培育工作。

（三）强化责任，完善服务，抓好产业项目引进和落地

产业项目投资是未来首都经济发展的潜力所在。当前要针对产业投资占比不高、落地不快的现状，在引进和落地上狠下功夫。一要继续坚定不移地引进一批新兴战略性产业研发项目和符合产业调整振兴规划的实体项目，重点引进高技术产业、现代制造业和现代服务业项目，夯实首都的产业基础。二要坚持“引进与落地并重”，集中政策和优势资源，对已引进的和在建的产业投资项目加大服务力度，促使产业项目早建成、早投产。三要更加注重国有资源优化整合和国有股权合理进退，充分发挥市属国有企业在推动产业升级和结构调整中的支撑和引领作用。

（四）扩大内需，优化结构，保持消费投资协调拉动

进一步巩固和扩大消费对经济增长的拉动作用。把握消费升级和下半年节日多的特点，积极扩大节假日消费和外来消费；改善消费环境，完善购物场所的停车、休闲、刷卡服务等配套设施；大力发展文化娱乐、信息服务等新兴消费，拓展网络消费，增加信用消费，加快特色商业街发展。更加注重旅游的带动作用，支持社会资金参与文化体育设施建设，激发旅游文化健身等消费需求；加大旅游推介力度，举办好北京高端国际商务会议奖励展、北京国际旅游博览会、北京国际旅游节、北京首届国际山地徒走大会等重大活动，推动旅游持续繁荣。继续实施好两年新增1万亿元投资计划，加强投资管理，统筹年初确定的以及今年以来新增加的重点项目和重点工作，加大条件成熟的续建和在建项目的推进力度，衔接好当期投资和长远投资的关系，避免形成“半拉子”工程，防范债务风险，提高投资拉动效果。

（五）抢抓机遇，锐意创新，加快发展方式转变

一是落实好《建设中关村国家自主创新示范区行动计划》，理顺管理体制，尽快制定先行先试财税政策实施细则，推进股权激励试点，抓紧完成政府采购自主创新产品40亿元任务。注重研究通过重大需求带动科技成果产业化和促进产业升级。完善产业技术联盟机制，整合企业研发资源，打造“产、学、研、用”密切衔接、上下游有机联系的优势产业链和价值链。二是贯彻落实好已出台的产业调整振兴规划，注重用科技创新引领企业技术改造，改进和创新技改贴息方式，引

导企业加大技改投入。三是贯彻落实中小企业担保、再担保、股权投资、创业投资、风险补偿等扶持机制，加强政府资金的带动作用，增强中小企业创新活力。四是做好节能减排工作，落实“绿色北京”年度分解任务，继续关闭、整合高耗能、高排放企业和生产工艺及设备，加快实施一批清洁能源改造、生活垃圾处理等重点工程，推进可持续发展。

（六）以人为本，促进共享，做好攸关民生各项工作

继续落实各类折子工程中涉及民生的项目，增进市民福祉。积极拓展就业渠道，加快推进统一规范的人力资源市场建设，整合劳动力市场和人才市场，高度重视北京生源毕业生和“4050”人员就业，对首钢等国企分流人员加强技能培训。加快公共租赁房建设和棚户区改造。完成中小学校校舍加固工程，加大公办学前教育办学力度。推进重点文化、体育等惠民工程建设。落实好医药卫生体制改革年度工作，确保年底前实现参加医疗保险的职工和居民就医全部实时结算。缩小城乡在供热、供水、出行等基础设施和公共服务方面的差距，让更多的郊区居民享受到城市发展的成果。加大环境绿化、大气治理、垃圾和污水处理等重大项目建设力度，促进生态惠民。研究建立重大风险防控预警机制和重大项目风险评估机制，确保社会稳定。

（七）把握形势，主动应对，增强工作措施的针对性和适应性

一是密切跟踪宏观调控和国内外形势变化对本市经济的影响，结合本市实际，加强政策储备，增强措施的针对性和适应性。二是密切关注房地产走势，保持房地产市场健康发展。稳定商品房土地供应规模，推动储备土地上市交易；进一步落实中央调控要求，着重调整结构，加快落实政策性住房“两个50%”的供地和建设计划，力争三季度全面开工；加强市场监管，严厉打击囤积土地、捂盘惜售的行为，改善二级市场和租赁市场环境。三是密切关注价格变化，保障首都市场供应。充分发挥生活必需品应急调控协调小组作用，加强价格监测，畅通鲜活农产品运输“绿色通道”，增强大型集贸市场的资源掌控和输配调节功能，保障市场供应和价格稳定。提前做好电、天然气等资源能源价格方案储备和评估，进一步完善落实价格调整与低收入群体补贴联动机制，确保低收入群体生活不受影响。四是做好城市防汛、资源平衡、应急保障以及电力迎峰度夏等季节性工作。

（八）做好“十一五”收尾和“十二五”谋划各项工作

着眼拾遗补缺，加强梳理重要监测指标，重点推进“十一五”规划中尚未完成的重点任务和重大项目，全面完成“十一五”规划目标，为“十二五”发展奠定基础。认真做好“十二五”规划编制工作，充分吸纳民众意见，认真研究首都发展新阶段的新需求、新特点，着力加强对创新驱动、城市管理、文化软实力、综合改革等重大问题的研究，规划好未来发展的格局、路径，高水平、高质量地编制好“十二五”规划。

主任、各位副主任、秘书长、各位委员，面对愈加复杂的形势，下半年任务将更加繁重，我们将坚决贯彻中央决策部署，在市委领导下，在市人大的监督支持下，以更加艰辛的努力、更加饱满的热情、更加昂扬的斗志，解放思想，迎难而上，为全面推动首都经济社会平稳健康发展、胜利完成“十一五”规划各项任务而努力奋斗！

以上报告，提请市人大常委会审议。

市人大财政经济委员会关于对北京市2010年国民经济和社会发展计划执行情况的意见和建议

——2010年7月29日在北京市第十三届人民代表大会常务委员会第十九次会议上

市人大财政经济委员会主任委员　王　火

主任、各位副主任、秘书长、各位委员：

2010年7月5日至6日，市人大财政经济委员会召开第二十二次（扩大）会议，听取了市发展和改革委员会主任张工所作的《关于北京市2010年国民经济和社会发展计划上半年执行情况的报告》，以及市财政局、国税局、地税局和统计局关于市级预决算、税收、经济形势的报告。结合今年上半年市人大常委会开展的关于首都经济社会发展情况专题调研，财政经济委员会对2010年国民经济和社会发展计划执行情况进行了讨论。

一、2010年上半年，市人民政府及其发展改革部门贯彻中央、市委决策部署，以科学发展观为指导，积极应对国际金融危机的后续影响，加快转变经济发展方式，调整经济结构，着力保障和改善民生，扎实推进“人文北京、科技北京、绿色北京”建设。我市经济发展呈现“高开稳走”态势，增长的稳定性和可持续性进一步增强，民生保障继续改善，宏观调控效果继续显现，各项工作有序推进，全市经济社会运行基本平稳，主要指标陆续恢复到国际金融危机前水平，为全面实现“十一五”规划目标和2010年国民经济和社会发展计划指标打下了良好的基础。财政经济委员会认为，我市2010年国民经济和社会发展计划上半年执行情况是好的。

财政经济委员会指出，当前经济回升向好过程中还存在不少矛盾和困难：投资结构有待优化，投资效益尚需提高，资金平衡难度进一步加大；价格形势复杂，调控压力较大；城市交通、垃圾处理、住房保障等方面需要加大工作力度；收入分配问题需要关注等。对此，市人民政府及其发展改革部门要切实采取措施，认真加以解决。

二、财政经济委员会就当前需要关注和亟须解决的几个问题，着重提出以下意见和建议。

（一）努力转变经济发展方式，确保全面完成全年计划指标

要立足当前，着眼长远，将保证全年计划指标实现，与转变发展方式结合起来，为明年乃至更长时期的经济平稳较快发展奠定基础。在推进国民经济和社会发展计划过程中，更加重视转变经济发展方式和调整经济结构，有针对性地解决当前存在的突出问题，着力解决存在的结构性问题，缓解经济发展的体制性、结构性矛盾，不断增强经济发展的后劲和活力。要坚持扩大内需，保持宏观调控政策的连续性、稳定性，增强调控的针对性和灵活性。优化投资结构，提高投资效益，保存量优增量，统筹政策、统筹资金、统筹调度，努力在结构优化的基础上，实现平稳增长。完善收入分配制度，健全工资正常增长机制，增强城乡居民消费能力，完善

并实施促进消费的政策，进一步提高消费需求对经济增长的拉动作用。

（二）清醒认识复杂经济形势，冷静分析“两难”问题，妥善处理经济发展中的突出矛盾

当前国内外经济环境较为复杂，宏观调控面临经济平稳较快增长与调整结构、管理通胀预期，满足大规模建设资金需要与财政资金有限、防范债务风险等诸多“两难”问题。要冷静、客观审视当前首都经济社会发展情况和今后走势，准确把握外部环境和自身发展存在的不利因素和不确定因素，掌握好政策实施的力度、节奏和重点，提高宏观调控的质量和水平。改进投融资模式，注意防范债务风险，努力保持资金平衡。改善投资环境，拓宽社会投资的领域和范围，促进社会投资。落实好促进中小企业发展的政策，充分发挥中小企业聚集民间资本的作用。密切关注房地产市场变化，增加供给与强化监管并重，做好房地产后续政策的研究工作，加强政策储备，保持房地产市场平稳健康发展。努力稳定价格总水平。做好价格预警监测，客观分析资源能源价格改革、国际大宗商品价格变动、自然灾害、供求关系等对本市价格走势的影响，强化价格监督检查，稳定生活必需品的供应和价格水平，遏制和严厉打击串通涨价等违法行为。

（三）切实履行城市建设、管理、运行的职责，大力推动关系民生的基础性公益事业发展

在完成全年计划目标任务过程中，要始终抓住民生问题不放松，切实履行政府关于城市建设、管理、运行的职责。全面加快垃圾处理设施建设进度。尽快落实已经确定的四个大型生活垃圾综合利用循环经济园区的建设规划，争取下半年在设施建设上取得突破性的进展。高度重视水、电、气等能源、资源供需矛盾加剧的紧迫形势。加快供水设施建设，努力保障水资源基本供需平衡。城乡建设要“量水而行”，完善水资源配置管理，改供水管理为需水管理。推进污水治理由无害化向资源化转变，提高再生水利用率。加大保障房土地供给，加快政策性住房开工建设进度，增加廉租住房、公共租赁住房的有效供应，进一步规范和改进经济适用住房制度。

（四）努力完成“十一五”规划目标任务，编制好“十二五”发展规划

2010年下半年是全面完成“十一五”各项任务和谋划“十二五”发展的关键时期。要认真对照梳理“十一五”规划任务完成情况，加快工作进度，把握工作节奏，全面完成好“十一五”规划各项目标任务。对完成难度较大的目标任务，要采取积极措施，加快推进，为“十二五”打下坚实的工作基础。在认真总结“十一五”规划的基础上，要立足首都发展新阶段的新特征、新需求，集中各方面智慧，科学编制好“十二五”发展规划。积极做好与中央有关规划的对接工作，提前谋划布局，大力推进国际交往中心、国际文化中心、国家创新中心、人才聚集中心和国家服务中心建设，加快培育北京在国际、国内的影响力和控制力，为建设世界城市奠定坚实的基础。

以上意见和建议，供常委会组成人员审议时参考。

关于对制定北京市国民经济和社会发展第十二个五年规划几个问题的建议

——2010年7月29日在北京市第十三届人民代表大会常务委员会第十九次会议上

市人大财政经济委员会主任委员　王　火

今年5月至7月，市人大常委会结合上半年计划、预算执行情况，围绕制定十二五规划，就人民群众普遍关心、首都经济社会发展迫切需要解决的一些问题开展了专题调研。调研由常委会负责同志带队，常委会委员、市人大代表共100多人参加，按照加快推进科技创新、加快商务服务建设、建立健全基本住房保障制度、生活垃圾处理体系建设、城乡统筹发展、合理调控人口规模等专题，分成六个小组来开展，财政经济委员会负责汇总工作。各调研小组采取实地考察、召开座谈会等多种形式，深入到区县、企业和基层单位，广泛听取干部群众和专家学者的建议，认真分析我市在加快经济发展方式转变、提高核心竞争力方面具备的优势与潜力，在城市建设发展、改善民生中面临的困难与存在的问题，深入研究进一步促进首都经济社会又好又快发展的思路，特别是和一些区县人大常委会共同总结了一批基层干部群众创造的典型经验。在此基础上，就制定十二五规划需要认真研究的几个问题形成如下建议。

一、关于制定十二五规划在总体上要把握的一些问题

——深入贯彻落实科学发展观，立足中国国情，坚持首都的城市性质和功能，着力抓好“人文北京、科技北京、绿色北京”建设，着力增强首都对全国的服务功能，着力培育首都经济、文化在国内、国际的影响力，逐步提高城市现代化建设水平和国际化程度，努力实现经济繁荣、社会和谐、人民幸福、城市宜居的发展目标，扎实推进世界城市建设。

——按照国务院关于北京城市总体规划批复的要求，坚持做好为中央党、政、军领导机关的工作服务，为国家的国际交往服务，为科技和教育发展服务，为改善人民群众生活服务，努力实现履行首都四个服务功能与促进北京经济社会发展、建设世界城市的有机融合，在服务中更快发展，在发展中更好服务。

——培育和增强北京服务全国、影响国际的功能和能力。不断加强自主创新，建设国内国际科技创新中心；加快转变经济发展方式，大力发展现代服务业，建设国内国际服务业中心；提高城市国际化程度，建设国家的国际交往中心；有效承载中国文化核心价值，继承、弘扬中华民族优秀文化，发展文化事业、文化产业，大力提升北京的文化影响力。

——切实改善城市发展环境，加快宜居城市建设。坚持以人为本，努力维护人民群众利益，把推进世界城市建设与保障和改善民生有机结合，使首都人民得到更多的实惠，

生活得更加幸福。

二、关于建设国内国际科技创新中心

——进一步明确科技创新在首都发展中的战略地位和在经济发展方式转变中的根本性作用。提高认识，真正依靠科技创新实现首都经济社会和谐、全面、可持续发展。立足首都城市性质和功能定位，在服务全国中发展自己。确定目标、坚定信心，切实承担起首都在全国发展大局中应负的责任，努力建设国内国际的创新中心与服务中心，为国家自主创新战略实施和经济发展方式转变，发挥服务、支撑和引领作用。

——加强政府科技管理的宏观统筹。加强科技创新的宏观战略规划研究，制定好首都科技创新战略规划。加强三个方面的统筹，即加强中央在京单位和北京的统筹，建议成立由我市和国家有关部门共同组成的“首都科技创新协调委员会”；加强中关村管委会和市政府各相关部门的统筹；加强市政府各相关部门的统筹。整合经济社会发展战略与科技创新战略，协调经济、社会、科技等公共政策，统筹科技创新管理活动。同时，加强对全市财政科技投入的宏观规划、统一协调，可以“统法不统权、统用不统钱”，在不改变现有管理框架的前提下，加大市级层面的统筹力度，建立和完善科技财政资金整合机制。

——改进财政资金投入路径。财政科技资金的投入，要变“学术导向”为“需求导向”，以首都乃至全国经济发展和城乡建设的需求引导创新活动。要重视在大学、科研院所中形成的大量科技成果的转化，在政策支持、资金引导、信息平台建设等方面做好服务。

——完善科技创新的组织模式和制度安排。总结和借鉴“科技奥运”经验，加大组织创新的力度。建立和完善以需求为导向的科技创新制度，制定科技发展战略、确定科技计划、安排资金投入。在重点领域和重点产业积极搭建以项目为龙头、以企业为主体的自主创新平台。切实保障科技人员发明创造的权利。通过制度设计，精心打造有利于科技人员创新创业的发展环境，努力营造尊重知识、尊重创造的良好氛围。

——降低土地利用的成本。研究和探索土地利用和开发的新模式。改变土地出让的衡量标准。实行多样化的土地供给方式。对我市确定的重点领域和重点产业用地，可以考虑采取协议出让、土地使用权租赁等多种方式，支持科技创业与创新。

——推动科技与金融资本的结合。建议研究组建首都科技创新投资公司，利用财政资金直接支持科技创新活动。同时，发挥财政资金的引导作用，努力形成政府资金与社会资金、直接融资与间接融资有机结合的科技金融体系。支持金融机构为科技创新提供优惠、便捷的金融服务。积极探索多样化的科技金融模式，为企业创新创业提供多样化的金融产品和金融服务。

三、关于建设国内国际服务业中心

——抓住加快转变经济发展方式的有利时机，立足首都城市性质和服务功能定位，充分利用北京的资源优势、科技优势、人才优势，大力发展面向国内国际的现代服务业。着力提高我市服务业的能力和水平，不断增强我市服务业在国内、国际的影响力，在引领和服务全国的过程中发展壮大自己，走出一条融增强服务功能与发展服务产业为一体的创新之路。

——建设国内国际服务业中心、国际商贸中心。大力发展生产性服务业，尤其是商务服务业，努力培育一批基础好、竞争力强，具有自主品牌的龙头骨干企业，逐步建立辐射全国、面向全球，具有强大影响力的现代服务业产业体系。

——加大规划引导和分类扶持力度。进一步优化服务业的发展空间布局，加快产业内部结构调整和重组，推动产业和产品结构升级，提高专业服务水平，增强高端服务能力，更好地满足国家经济更高水平发展的产业需求，为国家参与国际经济竞争提供有力的服务保障。

——加快推进行业标准化建设。充分利用北京服务业目前在国内的领先优势，率先获得在建立和制定现代服务业领域行业规则、技术标准的话语权，逐步确立北京现代服务业在国内的标杆和龙头地位，更好地发挥北京在全国的产业引领和成效示范作用。

四、关于建设宜居城市

——建立健全基本住房保障制度。一是要从北京经济社会发展客观要求和实际情况出发，认真研究建立基本住房保障制度体系，有效满足全体社会成员的基本居住需求。二是加大工作力度，切实增加廉租住房、公共租赁住房的有效供应。从土地供应、资金投入、规划设计和建设时序、审核分配等方面予以优先保障，尽快增加租赁型住房的实物供给。采取切实有效措施，加大规范和监管力度，促进住房租赁市场健康有序发展。在此基础上，积极探索租赁市场住房纳入保障供应体系的有效方式，扩大保障住房的渠道来源。三是改进和规范经济适用房在规划、建设、出售、使用、回购及监管等方面的制度，探索“房地分离”的建管模式，建立购房人与政府共有产权住房制度，形成购买时按出资比例形成明确产权比例及权属关系，出售时按产权比例进行收益分配的住房保障新模式。四是要完善配套实施机制。加强配套市政基础设施统筹规划和建设，做到同步规划、同步施工、同步交付使用。坚持保障性住房封闭运行的总体思路，完善准入资格审核管理制度，优化审核层次和程序，健全退出机制，高度重视政策性住房的后续社会管理问题。

——加快建立现代垃圾处理体系。一是加强统筹协调，全面加快垃圾处理设施建设进度。在明确责任的基础上，建立并完善部门间协调配合机制，形成工作合力，整体统筹推进。完善垃圾处理设施建设相关政策保障机制。认真做好垃圾处理设施建设用地规划。二是以分离餐厨垃圾为重点，加快垃圾分类体系建设。完善垃圾分类收集、分类运输、分类处理的物质技术组织和体系建设。三是提高资源化水平，加快再生资源回收体系建设。整合现有再生资源回收渠道，健全再生资源回收网络，加快回收分拣中心建设，加强对从业人员的规范化管理，提高资源回收行业组织化、专业化程度。

——坚持不懈抓好水污染防治。一是抓好污染源头治理，实行最严格的水环境监控制度，制定并执行更严格的污水排放标准，缓解水环境容量压力，建立从污染源头到再生水使用全过程的监控监管体系。二是推进污水治理由无害化向资源化转变，加快污水处理厂升级改造和污泥处置设施建设，做好中水利用管网配套建设，提高再生水利用率。三是要巩固治理成果，完善长效监管机制，加强流域水系的综合治理。四是坚决淘汰落后产能，推进企业的清洁生产，降低污水排放强度。

五、关于加快农村城镇化

——坚持以科学发展观为指导，深刻理解城乡统筹和农村城镇化的内涵。在推进我市农村城镇化进程中，牢牢把握城乡统筹和农村城镇化的内涵，切实在土地征占、房屋拆迁、就业安置、社会保障等方面维护农民的合法权益，走出一条符合首都特点的农村城镇化道路。

——充分发挥农民在农村城镇化中的主体作用，切实保护农民的正当权益。努力实现“一变四有三进”，即：随着农民集体土地性质功能的变化，使农民有住房、有新型产业、有稳定就业、有新型经济组织的股权，进入与城市衔接的社会保障体系、进入均等化的基本公共服务范围、进入股份合作制的新型经济组织。

——深化农村改革，为农民有组织地融入城镇化奠定制度基础和组织基础。依法明确农民长期而稳定的土地承包经营权，依法保护农民宅基地的使用权。深化农村综合改革，积极推动乡村集体经济组织产权制度改革，探索建立归属清晰、责权明确、保护严格、流转顺畅的现代农村产权制度和以农民为主体的新型经济组织。

——遵循规律、把握节奏，把产业发展作为农村城镇化的支撑。坚持以科学发展观为统领，在一个区县范围内统筹规划产业发展布局，配置生产要素，建设各具特色的高端产业园区。积极培育利用集体建设用地建设公租房等新型产业和生产性、生活性现代服务业，夯实农村城镇化的产业基础。高度重视本地农村劳动力的转移就业，积极引导农民向城镇和新型社区集中，因地制宜，把握好农村城镇化的节奏，防止求之过快、求之过急。

——从不同地区、不同条件出发，积极探索实现农村城镇化的多种路径。推进农村城镇化，应坚持分区域、分层次、多路径的发展思路。把政府主导和农民主体有机结合起来，特别要调动乡村和农民的积极性，尊重他们的创造精神，鼓励农民在发展生产的基础上，改造建设自己的家园。政府规划部门应依据北京的实际情况，调整规划思路，把握整体性与局部性的统一与衔接，把握规划形态、生态与规划业态的统一与衔接，使农村城镇化的规划编制更好地适应农村城镇化的实际情况与发展进程。

六、关于合理调控城市人口规模

——将合理调控人口规模纳入十二五规划。充分考虑北京的实有人口状况，把人口问题作为编制十二五规划的重要因素统筹考虑，加强对人口流动的调控，认真总结顺义区的做法和经验，积极寻找市场经济条件下合理调控人口规模的具体路径和有效措施，并按照规划调控的目标要求，强化对规划执行的监督力度。

——通过调整优化产业结构来调控人口结构和规模。加快发展方式转变，调整优化产业结构，坚持走科技创新之路，大力发展高端产业和知识、技术密集型产业，在加大对高端人才引进的同时，减少对低端劳动力的需求。同时，要调整本市房地产业发展的指导思想，以着力解决本市常住人口的住房需求为主，加快建立健全基本住房保障制度。

——大力推进低端产业、传统服务业的改造升级，提高其组织化程度。下决心淘汰一批不符合首都功能定位的低端产业和劳动密集型产业，提高各类市场的开业门槛标准。改造传统服务业和生活性服务业的组织方式，实现其组织体系现代化。

——加大政策帮扶力度，加强对劳动力市场的管理，促进本市劳动力充分就业。加强对就业岗位总量以及劳动力就业情况的宏观调控，健全公共就业服务网络，加大职业技能培训工作力度，鼓励和支持用人单位优先招用本地劳动力，扩大政府购买公共服务的力度，大力发展公益性岗位。

——加强对流动人口合法权益的保护。制定出租房屋人均最低承租居住面积标准。

对已就业的流动人口，提高劳动合同签订率，上齐各项社会保险，保证工资的及时足额发放。加强对流动人口结构的分析研究，对那些在京已经拥有合法所有权住房、具有稳定职业和收入、连续居住并缴纳社会保险金达到一定年限，符合一定条件的流动人口，研究采取新的户籍管理模式。

——完善人口综合管理体制，建立人口发展协调机制。建议由市政府领导牵头，发展改革委、公安局、规划委、人口计生委、住房城乡建设委、人力社保局、经济信息化委等市政府相关部门并邀请中央有关部门参加，统筹规划实施首都人口调控工作，做到长期有战略，中期有规划，年度有计划。对发展新区流动人口逐年加速增长情况，市政府要高度重视，研究具体应对措施。

关于北运河流域水系综合治理情况的报告

——2010年7月28日在北京市第十三届人民代表大会常务委员会第十九次会议上

北京市水务局局长　程　静

主任、各位副主任、秘书长、各位委员：

我受市人民政府委托，向市人大常委会报告关于北运河流域水系综合治理情况。

2008年，市人大提出了《推进北运河水系综合治理，实现污水防治资源化议案》，加快了北运河流域水系综合治理的步伐。2009年，市十三届人大常委会第十二次会议审议通过了市政府《关于推进北运河水系综合治理，实现污水防治资源化议案办理暨北运河流域水系综合治理情况的报告》。为进一步推动北运河流域水系综合治理，一年多来市人大对北运河治理工作实施重点督办、双层督办，多次组织人大代表实地调研，听取治理情况专项汇报，为北运河综合治理工作注入了源源动力和强大支撑。

根据市人大常委会就议案办理及北运河流域水系综合治理提出的审议意见，市政府相关部门通力协作，根据审议意见，紧紧围绕“流域水资源保护、流域水资源配置和流域防洪减灾”三个体系建设，建立健全组织机构，制定详细工作方案，逐一落实治理项目，探索研究长效机制，使综合治理工作走上良性发展轨道，取得了显著成效。现将有关情况报告如下。

一、常抓不懈，扎实推进，治理工作成效显著

自2009年规划实施以来，市政府各相关部门加强联动、通力协作、政策集成、资金聚焦，实施治理项目30多项，完成投资50多亿元。

通过治理，流域水环境得到明显改善。北运河流域28个COD监控断面中，年达标率大于70%的断面有11个，其中有3个断面达标率为100%。COD年均值小于50毫克/升的有13个。北运河榆林庄闸出境断面COD年均值持续降低，从2008年的49.6毫克/升下降到2009年的46毫克/升，干流河道实现了“水清岸绿，全年无水华”。

（一）健全组织机构，强化治理工作领导

市政府高度重视，成立了北运河流域水系综合治理工作协调小组，由夏占义副市长任组长，市有关部门和相关区县政府作为成

员单位。协调小组下设北运河流域水系综合治理办公室（办公室设在市水务局），具体负责规划推进工作。健全的组织机构，保障了治理工作常抓不懈。

（二）深化完善综合治理规划，进一步细化治理目标

根据市委、市政府提出的建设世界城市、建立城乡经济社会一体化新格局的战略构想，以新思路、新视野，深化完善北运河水系治理规划体系。一是结合流域内各区发展目标，调整完善治污规划；二是结合区域发展，深化完善水资源循环利用规划；三是配合新城发展，提高防洪减灾标准；四是适应通州新城、丽泽商务区和昌平未来科技城的发展需要，配套编制了供水、河道治理、水环境整治等专项水务规划；五是针对污染严重、跨区域的城乡结合部地区，编制了清河、凉水河等支流治理分项规划，细化重点区域的水资源保护和水资源配置，为经济社会发展服务。规划的不断完善与深化，使治理工作目标更加明确。

（三）突出重点，统筹安排，提前做好项目储备，实现项目滚动实施

两年来，治理工作边推进、边总结，充分采纳人大代表意见，开拓工作思路，围绕“流域治污、循环利用、生态宜居”三大任务，构建起“污水治理、工业污染源控制、养殖场粪污治理、农业面源污染治理、垃圾治理、再生水设施建设、雨洪利用、水资源循环利用、河道生态治理和滨河森林公园建设”十大类治理项目体系。

根据规划，每年年初，市环保局、市市政市容委、市农委、市水务局、市园林绿化局、市农业局按照部门职责，及早谋划，制定详细的年度实施方案，确保规划内确定的项目开工一批、建成一批、准备一批，实现了项目滚动，保障了治理项目的扎实推进。

（四）建立治理任务目标责任制，强化部门联动

北运河流域水系综合治理工作涉及水务、环保、市政、农业等多个领域，需要统筹协调多方资源，形成合力。北运河流域水系综合治理办公室根据相关部门的年度实施方案，汇总编制年度任务责任分解表，落实责任主体，明确工作目标，确保项目资金、组织机构和保障措施的“三落实”。

市发展改革、国土、规划等负责审批的部门主动服务，将北运河治理作为重点支持领域，建设项目全部纳入绿色审批通道，保障了治理项目的顺利实施。

（五）严格监督考核，确保治理效果

完善的考核机制是保证目标责任制实现的制度保障，市环保局与市水务局共同出台了《北京市北运河流域水系考核及控制断面水质考核暂行办法》，每月检测 28 个断面水质，将 COD 检测数据在《北运河水系综合治理简报》和网站上予以公布。断面考核机制的建立，有效地促进了沿河各区县治理工作的开展。

北运河流域水系综合治理规划实施两年来，通过健全组织机构，完善工作制度，加强部门联动，深化考核机制，细化治理目标，保障了治理规划的扎实推进，形成了全流域“一盘棋”统筹治理的格局，治理工作取得了显著成效。

二、溯源治理，建管并重，全面推进流域水污染防治

（一）综合治理，推进流域水系全方位治污

1．城乡污水处理设施建设全面提速，流域内污水处理率持续提高，河道水质明显改善

城镇污水处理厂建设项目全面展开。北

苑污水处理厂建成运行，新增日处理能力4万立方米，北苑边缘集团和来广营地区污水得到收集处理，清河水质明显改善。建成运行海淀永丰、温泉、昌平南口、北七家和大兴天堂河5座污水处理厂，新增日处理能力12万立方米。已经开工建设定福庄—高碑店流域污水调水工程和朝阳东坝、海淀翠湖、昌平沙河等7座污水处理厂工程。目前，北运河流域污水处理率已接近90%，高于全市平均水平10个百分点。

加快城镇污水处理厂建设的同时，大力推进流域村庄污水治理。建成13个村庄污水治理工程，新增日处理能力1300立方米。在上游山区，完成13条生态清洁小流域建设，开展“污水、垃圾、厕所、河道、环境”五同步治理，治理面积155平方公里，改善了当地生活条件和生态环境，促进了山区沟域经济发展。

2. 农业污染治理初见成效

编制完成流域内705家规模化养殖场分步治理计划，所有规模养殖场改用干清粪工艺，节约用水60%以上。到今年年底，实现粪污治理与资源化利用的规模养殖场将达到110家，依托农业生产，消纳COD5000吨，并建立了监测评估长效机制。

流域内推广测土配方施肥13万亩，推广专用肥、有机肥、替代肥共计6.53万吨，年均减少化肥用量30%。建设了生物防治病虫害核心示范区和雾化技术试验基地各2000亩，发放精准施药配套量具5000户，开展2.5万亩蔬菜农药减施工作，年均减少化学农药用量25%。

3. 流域垃圾治理稳步推进

完成对流域内非正规垃圾填埋场的调查，并对流域内二级以上河道两侧414座非正规垃圾填埋场开展风险等级评价，制定了年度实施方案。今年将治理完成石景山黑石头和大兴三海子等非正规垃圾填埋场。

（二）溯源治污，从源头控制和减少排污量

一是环保部门严把项目环评审批关，严格准入制度。推广应用自动监测设备，强化对企业污水达标排放的监督和监测。

二是调整产业结构，退出流域内高耗水企业，发展高新产业。北运河流域内退出92家“三高”（高污染、高耗能、高耗水）企业，在55家重点污染企业开展清洁生产审核，每年减少COD排放77吨，2009年全市工业废水排放达标率达到98.6%。

三是加大工业污染源治理力度。加快工业园开发区污水集中处理设施的建设步伐，大兴医药基地、通州环保产业园区和轻纺服装服饰园等开发区污水处理厂建成投运；首钢、华能电厂等重点企业实施污水回用工程，将工业废水深度处理后回用于工业生产，实现节水减排，进一步减少工业废水和污染物的排放；2007—2009年，在冶金、石化、电力、水泥、电镀等重点污染行业的55家企业开展清洁生产审核，实施清洁生产方案1000多个，通过采用清洁工艺和强化生产管理，在节水减耗的同时减少化学需氧量排放77吨/年。

（三）建管并重，切实提高水污染防治水平

市环保局、市水务局强化污水处理设施运行监管，为城市污水处理厂安装了在线水质检测仪，以监督污水处理设施正常运行。开展环保专项行动，对流域内工业污染源加大监督执法力度，监督企业污水达标排放。先后出动2000多人次，集中检查了流域内700多家重点中小企业，依法查处没有处理设施或有设施不运转的企业，有效打击了违法排污行为。

市市政市容委、市农委、市财政局联合印发了《关于加强北京市农村地区环境卫生日常运行管理工作的指导意见》，研究制定《农村地区环境卫生日常运行管理质量标准》

和《农村地区环境卫生日常运行管理作业经费标准》，完成了郊区县环境卫生责任划界工作，建立健全区（县）、街道（乡镇）、社区（行政村）层级垃圾管理体制，全市配备农村地区环境卫生保洁员达4万多名，建立了农村地区保洁员制度。做好垃圾收集清理工作，减少垃圾对水体造成污染。

三、推动水污染治理由无害化向资源化转变

统筹兼顾，加快现有污水处理厂升级改造和再生水厂建设步伐。所有再生水厂出水标准提高到地表水四类，提供优质再生水，替代清水资源，改善城市生态环境，为水资源循环利用提供基础支撑。加快推进16座再生水厂建设。年内建成海淀翠湖等3座再生水厂，继续建设卢沟桥等7座再生水厂，清河再生水厂明年将完成15万吨的扩建任务。新开工海淀稻香湖再生水厂，推进高碑店等5座再生水厂前期工作。

在提高污水处理标准的同时，综合采取“集、蓄、拦、调”措施，建设调水、配水工程，大力推进流域水资源循环利用。2009年，全市再生水利用量达到6.5亿立方米，其中工业1.22亿立方米，环境1.99亿立方米，农业灌溉3.02亿立方米，市政杂用0.27亿立方米。再生水用量已占我市全年用水量的18%，居全国之首。

（一）加大中心城区再生水利用力度

以再生水厂为中心，辐射周边，优先用于工业冷却、市政杂用、河湖补水和绿地浇灌。仅2009年一年，中心城区建成再生水管线15公里，完成200万平方米园林绿地再生水替代工程。2010年，继续建设再生水管线20公里，园林绿地再生水替代100万平方米。9座热电厂已全部使用再生水。正在推进清河、卢沟桥等再生水厂配套管线工程前期工作，以进一步扩大中心城区再生水利用的空间和规模。

（二）建设输配水工程，实现流域内循环利用

按照先工业、后环境、再农业的再生水利用原则，实现一水多用、循环利用。目前，建成东南郊水网工程，共清淤沟渠43条238公里，建成骨干配水设施74座。工程已初见成效，发展再生水灌溉60万亩，增加了农业再生水用量。汛期蓄滞雨洪水2700万立方米，地下水得到有效回补，在全市地下水位普降的情况下，地下水位回升近1米。增加水面200万平方米，改善了地区生态环境。

北运河辛堡闸改建工程已经开工建设，明年汛前完成主体建设，建成后将进一步提高引温入潮工程的调水保证率，新增调水能力3000万方以上。榆林庄闸改建项目已经启动，建成后进一步加大北运河与凉水河水资源优化配置条件，增加水资源调配能力1000万立方米以上。同时，两处控制性骨干建筑物的建成后，将极大增强流域泄洪调峰能力。

（三）推进跨流域调水，实现水资源优化配置

在加大流域内循环利用的同时，统筹考虑全市其他重点发展地区用水需求，实现水资源在不同流域间的优化配置。

一是在总结引温入潮一期工程经验的基础上，建成引温入潮二期工程。两期工程年调水能力7000万立方米，恢复了潮白河及城北减河40多公里河段水面，常年有水，碧波荡漾，为市民休闲娱乐提供了亲水场所，带动了周边经济社会发展。

二是做好北运河水资源循环利用工程前期工作。拟通过运潮减河将北运河水跨流域调往潮白河，年调水能力1.4亿立方米。工程建成后，通过支流河道配水系统，实现北运河、潮白河流域间的水资源优化配置，在

两河之间形成140平方公里水网，极大改善该地区生态环境和地下水形势。

三是开展由清河、小红门再生水厂向永定河绿色生态走廊引水的前期研究工作，计划年调水1.2亿立方米，为永定河绿色生态走廊提供水资源支撑。

四、加强水生态保护，营造优美水环境

在北运河流域水系综合治理工作中，大力推进“生态水务”建设，将水系治理与迎汛安全、水资源高效利用、营造优美水环境相结合，沿河建设昌平温榆河、海淀南沙河等一批“休闲观光带”和“绿色产业带”，为流域经济社会发展提供环境与资源支撑，服务“宜居城市”，造福广大市民。

（一）坚持生态治河理念，改善河流生态环境

结合城乡结合部整治、重点经济发展组团及小城镇建设，实施河道生态治理，提高河道绿化水平，营造自然、生态水景观。已经完成海淀金河、昌平半壁店沟等12条45公里河道治理，年底前将完成朝阳小场沟、顺义龙道河等5条河道27公里的治理任务。

通过在重点水域安置生态浮床、放养鱼苗、设置太阳能增氧器等措施，促进水体循环，改善河流水质，预防和有效控制河水富营养化，恢复河流生态。建设亲水平台、生态护岸和叠石景观，形成水岸相亲、碧水涟漪、人水和谐的绿色景观走廊。实现了防洪安全、排水达标，形成了水清、岸绿、流畅的自然生态水系，大大改善了沿河地区人居环境。

（二）服务新城发展，建设滨河森林公园

依托河道，按照“以水为魂，以林为体，林水相依”的理念，以治水为基础，对河道两侧进行绿化美化，在流域内建设大兴、昌平、通州、亦庄4座滨河森林公园和三海子郊野公园，总面积近4万亩，水面面积达8000多亩。营造沿河景观，实现有水有林、水绿相融，提升沿线整体环境品质，造福周边百姓，服务流域水岸经济发展。

通州滨河森林公园总面积1.07万亩，一期工程已经建成，开始对市民开放。全部工程建成后将形成“一河、两岸、六区、十八景”的景观组团，实现滨河文化、水岸风情、湿地展示、游憩、度假、趣味运动等六大功能。

（三）建设湿地，提升水质，改善水环境

按照“净化水质、改善环境”的原则，依据《北运河流域水系综合治理规划》，扎实推进湿地建设。已经建成海淀翠湖、西玉河、昌平沙河、白各庄、朝阳马泉营、通州运河等6处生态湿地，新增220万平方米水面，完善了河道生态系统，提高了水体自净能力，改善了环境。

（四）蓄滞利用雨洪，营造乡村水景观

按照“四治一蓄”（治污水、治垃圾、治违章、治砂石坑、蓄滞雨洪）的思路，治理村镇废弃坑塘。到今年年底，流域内雨洪利用工程将达到151处，蓄水能力1050万立方米。蓄滞雨洪水资源，构建细水长流、绿荫满地、风格迥异的乡村生态水景观。

五、建立综合治理长效机制，确保治理成果

（一）建立流域分级管理、分区域负责制度

市政府对流域内水污染防治工作负总责，各区政府负责辖区内的水污染防治工作。将治理措施、任务目标、监管责任落实到位，确保治理成果。进一步深化考核机制，制定分解监测断面水质达标率，逐级落实责任。

（二）建立水质监测和考核通报制度

建立流域断面水质考核监测体系。现已建成以手工监测为主，自动监测为辅，以流域水环境质量评价与监控为目标的地表水环境质量监测系统，以监控达标排放情况与核定排污总量为目标的水污染源监测系统。今后将继续加强北运河流域水环境质量监测，增加手工监测频次，加快地表水自动站及重点污染源在线监测设备的建设，最终实现实时监控。

市环保局、市水务局印发了《北京市北运河流域水系考核及控制断面水质考核暂行办法》，按时发布《北京市地表水质状况》及《北京市河流考核及主要控制断面水质状况通报》，对流域内水质进行监测和定期通报。有关部门跟踪国内外先进环境监测技术，逐步建立城乡统筹的水环境监测网络。在区县分界断面，探索建立化学需氧量（COD）、总磷（TP）、总氮（TN）水质考核和奖励机制，增强区县治理水污染的责任感和积极性。

（三）通过价格机制进一步加大污水处理力度，提高再生水利用水平

经市政府批准，市发展改革委对居民和非居民用水水资源费和污水处理费收费标准进行了调整，其中居民和非居民用水水资源费每吨分别上调 0.16 元和 0.22 元，污水处理费每吨分别上调 0.14 元和 0.18 元。充分发挥价格机制对用水需求的调节作用，提高污水再生利用水平，鼓励节水型的生产和生活方式，促进水资源的保护和高效利用。

（四）探索构建适应流域管理的政策、法规体系

市政府出台了《北京市排水和再生水管理办法》。将排水设施从规划、建设、移交、运行、养护、再生水开发利用等方面实行统一管理，实现了从污水源头控制、管网运行、污水处理、污泥处置、再生水开发利用，直至再生水客户终端服务的全方位的监督管理。《办法》也明确了主管部门和各有关管理部门的职责，改变了多头管理和政出多门的情况。强化了监督和对违章行为的处罚力度，特别是在安全运行和突发事件情况下的应急处置等方面也作出了明确规定，为本市排水设施的安全稳定运行提供了保障。

《北京市水污染防治条例》已经报出，待市人大常委会审议。条例的修订，一是强调污染物减排与生态用水保障并重的原则，加强污水资源化；二是确立了流域管理与目标责任制；三是加强了农村和农业水污染防治；四是强化了对饮用水水源和地下水的保护；五是明确了污水处理厂污泥处置的原则与措施。条例正式出台后，将为本市的水污染防治进一步奠定法律基础。

《北京市河湖管理条例》立项论证工作已经启动。在市人大和市政府法制办的支持下，市水务局就如何制定统筹城乡的河湖保护与管理地方性法规，正在着手调研和立法论证工作，以进一步完善河湖保护与管理的法律制度。

六、找准差距，与时俱进，开拓综合治理新局面

近两年，北运河流域水系治理工作取得了初步的成效，但是与规划目标还有一定差距。一是源头控制污染治理的力度不够，企业违规排污的情况还未得到完全控制，奖优罚劣的机制尚未真正建立。二是在控制农业面源污染和畜禽养殖粪便污染等项目治理上投入仍显不足。三是再生水资源有待进一步利用。四是工程建后的长效管护措施尚未落实，如滨河森林公园的管护费用尚未落实。

在下一步工作中，我们将北运河流域水系综合治理纳入“十二五”规划，加大综合治理投入，加快治理步伐。在具体工作中，

引入新理念和新技术，提高治理标准。总结综合治理成功经验，巩固治理效果，将已经建立的各种良好制度规范化、常态化，进一步完善长效机制。

主任、各位副主任、秘书长、各位委员，北运河流域水系综合治理工作开局良好，成果凸显，这与市人大的高度重视和大力支持密不可分。我们也清醒的认识到，北运河流域水系综合治理是一项系统性、复杂性、艰巨性的工程，市有关部门将进一步加大部门联动，切实推进流域水系综合治理。希望市人大继续监督我们的工作，为北运河流域水系的综合治理提出批评建议。随着治理工作的不断深入和治理机制的不断深化，治理工作将进入一个新的发展阶段，为建设“人文北京、科技北京、绿色北京”和“世界城市”作出新的贡献。

以上报告，提请市人大常委会审议。

关于对市人民政府推进北运河流域水系综合治理工作的意见和建议

——2010年7月28日在北京市第十三届人民代表大会常务委员会第十九次会议上

市人大农村委员会主任委员　雷德才

主任、各位副主任、秘书长、各位委员：

根据市人大常委会2010年工作计划安排，在2008年建议重点督办和2009年政府议案办理的基础上，今年，常委会采取听取和审议政府专项工作报告的方式，继续对北运河流域水系综合治理工作进行跟踪监督推进。为做好对专项工作报告的审议工作，常委会领导多次提出了办理指导意见和原则要求，并确定由农村委员会协助常委会做好听取审议专项工作报告的相关工作，主任会议讨论通过了市人大农村委员会制定的工作方案。为使委员和代表全面了解北运河流域水系综合治理进展情况，有效推进综合治理工作，农村委员会继续采用“双层同步督办”的方式，开展了北运河流域内滨河森林公园项目建设情况、流域内垃圾实行“集中收集、无害化处理”综合整治情况、流域内重点工业源污水治理情况、流域内农业面源污染治理工作、流域污水处理厂升级改造、水资源循环利用情况等五项专题调研，召开了6个座谈会；听取市主协办部门的工作方案和情况汇报；征集了8个区人大关于北运河流域水系本区段面治理的意见和建议。7月13日，常委会农村办公室组织部分委员、代表到朝阳、海淀等区视察了北运河流域水系综合治理情况。其间，共有27位48人次委员、代表参与了调研、座谈、检查和视察，广泛听取了基层干部群众的意见和建议。6月29日，农村委员会召开会议，对市政府提请本次常委会审议的报告进行了研究和讨论。

农村委员会认为，一年来，市政府相关部门积极落实十三届人大常委会第十二次会议审议意见，全面推进北运河综合治理规划，坚持水污染治理由无害化向资源化转变的治水理念，采取强力措施控制和减少排污量，切实加强水生态的保护和利用，加强综合治理制度和长效机制建设，北运河流域水系综合治理取得明显进展。2009年北运河流域水系综合治理规划实施以来，市政府将“推进北运河流域水系综合治理、实现污水防治资源化”作为城乡一体化建设的重要内容来抓。各相关部门加强联动、通力协作、政策集成、资金聚焦，以“流域治污、循环利用、生态宜居”为主线，有效开展了污水治理、生态治河、清洁小流域建设、垃圾收集处理、农业面源和畜禽粪便污染防控防治、环保监督执法等工作，完成治理项目30多个，投资50多亿元，流域水环境得到明显改善。其主要标志是：一是污水处理厂和再生水厂建设加快。中心城区污水处理厂项目全面展开；流域内重点城镇污水处理厂建设加速推进；流域内村庄污水处理大力推进。二是农业养殖、种植污染防治防控工作扎实推进，全面启用干清粪工艺，通过推广测土配方施肥、生物防治等各种措施，效果明显。三是流域内非正规垃圾填埋场治理工作进展较快。对北运河流域二级以上河道两侧非正规垃圾填埋场开展风险等级评价，已治理完成29%。并研究制定了农村地区环境卫生相关标准，建立了农村地区保洁员制度。四是重点工业污染源得到有效监管。积极开展环保专项行动，依法查处没有排污设施或有排污设施但不运转的企业，有效打击了违法排污行为；开展清洁生产审核，淘汰落后产能，每年减少COD排放77吨，全市工业废水排放达标率达到98.6%。五是流域水资源实现优化配置，循环利用。在治理污染的同时，综合采取“集、蓄、拦、调”措施，建设调水、配水工程，大力推进流域水资源循环利用。全市再生水利用量达到6.5亿立方米，比上年增加0.5亿立方米，再生水用水量已占本市全年用水量的18%。六是通过生态治河，营造了优美水环境。建设沿河湿地，完善了河道生态系统，依托河道，全市规划和在建滨河森林公园11座，大兴、通州、昌平等3处滨河森林公园已经开工建设。七是通过推进流域水系综合治理，部门协调联动机制、全流域整体监控和分区负责、分段面考核机制等初步建立。

农村委员会认为，市水务局局长程静受市政府委托所作的《关于北运河流域水系综合治理情况的报告》全面客观地总结了北运河流域水系综合治理取得的进展情况和存在的问题，提出的继续推进综合治理的主要思路和措施也是切实可行的，农村委员会同意这个报告。

农村委员会认为，市、区两级政府在北运河流域水系综合治理方面虽然做了大量工作，流域水环境有了较大改善，但按照高标准衡量，还有很大距离。主要是：

一是目前污水治理只达到一般排放标准，距离可充分利用还有很大差距。企业违规向河道排污的情况还未得到完全遏制，向沿岸两侧乱倒垃圾现象依然存在，源头治理力度还有待强化。二是控制农业面源污染专项投入的力度有待进一步加大。据统计，全市共有705家规模化养殖场需要进行粪污治理，目前已治理44%，还有56%尚未治理。在沿北运河流域水系两岸，农业面源污染需要防控和控制的面积达60万亩，已经治理30%，尚有70%需要治理。据估算，解决北运河流域水系两岸农业面源和畜禽粪便污染共需资金2.5亿元，现每年投入不足3000万元，而按计划任务，每年需投入5000万元。而目前这项资金主要靠申请财政追加和转移支付两部分解决，尚未列入市政府计划和专项财政预算安排。三是现行污水处理和再生水利用经营管理体制缺乏竞争机制，不利于调动社会各方面参与污水处理和再生水利用的积极性。四是长效管护措施尚未完全落实。沿流域已建和再建的11座总共7125.7公顷滨河森林公园管护费用目前尚未落实。目前执行的管护费每平方米4元的标准，低于城市公园平均养护费标准。

为此，农村委员会建议：

一、继续完善北运河流域水系综合治理方案，并将其纳入“十二五”规划

在市人大常委会连续三年采取不同方式推进北运河流域水系综合治理，市政府和各区政府的持续努力下，北运河流域水系综合治理工作取得明显进展，但按照《北运河流域水系综合治理规划》确定的治理目标，任务还很艰巨，还有许多工作要做。要按照目标和目前治理任务，进一步完善北运河流域水系综合治理的各专项工作方案；要根据规划确定的治理任务、形象进度等，加大市区两级综合治理投入，特别是要将沿流域综合治理农业面源和畜禽粪便污染防治和控制以及非正规垃圾填埋场治理经费列入市政府计划和年度专项财政预算安排；要按照城乡统筹的原则研究制定滨河森林公园管理办法，为后期管理提供制度保障；要将北运河流域水系的综合治理纳入十二五规划，从整体上有计划、有步骤、持续推进本市河湖综合治理工作。

二、要坚持将污水治理由无害化向资源化转变的价值取向，提高污水处理和排放利用标准

北京水资源严重短缺，目前北京水资源总量为21.84亿立方米，而年用水总量为35.5亿立方米，其中，地下水为21.8亿立方米，地表水为7.2亿立方米，再生水为6.5亿立方米。近几年，尽管采取多种渠道调水、补水，但仍远远不能完全满足本市用水的需求。如果使处理后的污水（再生水）得到充分有效利用，必将缓解本市水资源紧缺状况。因此，不能只满足污水处理达到一般的排放标准，要通过污水深度处理，达到水资源得到补充，水环境得到改善，水生态得到修复。要通过工程系统升级改造和应用国内外先进技术，集中改造污水处理厂为再生水厂，加快中水利用管网配套建设，不断提高污水处理排放利用标准，争取在三五年内使深度处理的水质提高到可以广泛利用的新标准，大幅提高再生水利用率；要合理有效地开发利用已经治理的流域，培育和发展有利于保护水环境的水上经济和河岸经济，将治理与维护、治理与开发利用、治理与农民致富有机结合起来，因地因水制宜地建设高标准的北运河沿岸绿色生态走廊，使沿岸人民充分享受治理成果。

三、坚持不懈地抓好源头治理，实行最严格的水环境监控制度

一是要提高治理标准和污水排放标准。继续采取综合性措施实施全流域治理，全面解决垃圾污染，严格控制农业面源和畜禽粪便污染，坚持工业污染和生活污水提高处理标准，对河湖实行完全截污，采取水利工程与园林绿化工程、生物工程等多种手段相结合的措施，继续深入治理。二是要对沿流域两岸新上项目严把环评关。杜绝不符合环保要求的新上项目，严格实行环保一票否决制度。三是要建立从源头到再生水使用全过程的监控监管体系。实行人工监控与自动监控相结合的最严格的水环境监测监管机制。同时要抓紧研究制定鼓励工业企业自觉治污的政策，建立起奖优罚劣的机制。

四、建立统一管理和市场化经营的污水处理和再生水利用的经营管理体制，调动社会各方面参与污水处理和再生水利用的积极性

建议市政府要深化污水处理和再生水利

用公益性服务行业经营管理体制改革，在明确污水处理和再生水利用公益性质的基础上，建立起政府统一管理和市场化经营的污水处理再利用的经营管理体制。打破行业垄断，引入市场竞争，调动方方面面的积极性，把管理目标、企业效益、社会效益和百姓利益调整到一个方向上来，把眼前利益和长远利益调整到一个基点上。建立起富有活力的新的排水体制和利益机制。

五、巩固综合治理成果，完善长效治理监管机制

一是要将综合治理的好做法和有效措施上升为长效的监管制度。将综合治理的年度责任制度、水系断面监测考核制度、流域治理联席例会制度、项目进度总汇制度、日常监管检查制度等各项制度规范化、常态化，形成长效的治理管理机制。二是要探索构建适应流域治理管理的政策、法规体系。加快研究制定《北京市河湖保护管理条例》等地方性法规；鉴于水文监测是现代水利的基础性工作，是防洪抗旱、水资源管理、水环境保护、生态建设以及经济社会发展的基础性保障，因此，建议市政府抓紧制定水文监测与水文信息利用的相关规章，并认真总结排水和再生水管理办法实施情况，以便为今后制定相关地方性法规创造条件。

以上意见，供常委会组成人员审议时参考。

关于推进保障性住房建设，完善住房保障制度的报告

——2010 年 7 月 30 日在北京市第十三届人民代表大会常务委员会第十九次会议上

北京市住房和城乡建设委员会主任　隋振江

主任、各位副主任、秘书长、各位委员：

我受市人民政府委托，向市人大常委会报告本市推进保障性住房建设，完善住房保障制度的有关情况。市人大常委会 2008 年听取审议了市政府“关于‘加快保障性住房建设，解决中低收入群体住房困难’议案办理暨解决城市低收入家庭住房困难情况的报告”，2009 年听取审议了市政府关于审议意见落实情况的报告，并就完善本市基本住房保障制度体系、多种方式加大保障性住房供应力度、加快市政配套设施建设和完善管理机制等方面提出了工作建议，市政府高度重视，专项研究部署，责成相关部门认真落实。

近年来，本市紧紧围绕党的十七大提出的“住有所居”目标，全面贯彻落实国务院一系列文件精神，按照“低端有保障、中端有支持、高端有市场”的总体思路，加快实施保障性安居工程，加大保障性住房建设力度，通过多种方式解决中低收入家庭住房困难；大力推动体制机制创新，不断完善住房保障政策，建立健全符合本市实际的住房保障制度体系，现将有关情况报告如下。

一、推进保障性住房建设工作情况

近年来，本市进一步完善保障性住房建设管理体制和推进机制，逐年加大保障性住房建设规模。2007—2009 年连续三年超额完成建设计划，大部分项目实现当年供地、当年开工。三年来通过多种方式累计解决了 20

万户中低收入家庭住房困难：一是租金补贴与实物配租并举，全市廉租住房保障家庭累计达到2.4万户；二是通过公开摇号配售与定向安置相结合，解决了9.8万户家庭住房问题；三是通过旧城保护修缮、棚户区改造和农房抗震节能改造，改善了7.8万户家庭的住房条件。

今年市政府继续把住房保障工作作为重要的民生工程来抓，郭金龙市长亲自担任市住房保障工作领导小组组长，进一步加强对住房保障工作的组织领导。3月19日，市政府召开全市住房保障工作会议，对今年住房保障工作进行了全面部署和安排，明确提出了“两个50%”的工作目标：政策性住房建设用地占全市住宅供地50%以上；新开工建设和收购各类政策性住房13.6万套以上，占全市新开工住宅套数50%以上；加快在建项目建设进度，年底竣工交用4.6万套以上。各区县、各部门按照市政府工作要求，进一步统一思想、落实责任，完善“一个体制”，抓好“四个优先”，把好“六道关”，加快建设进度，确保完成今年保障性住房建设目标和任务。

（一）完善“以区为主、全市统筹”的建设管理体制，确保实现“两个50%”的目标

今年3月，市政府与各区县政府签订目标责任书，进一步强化区县政府属地管理责任。区县政府全面负责本区县保障性住房建设和管理的各项工作职责，市政府相关部门抓好统筹协调，积极为区县服务，下放审批权限，开辟绿色通道，加大协调力度，加快推进保障性住房建设。截至7月底，全市保障性住房施工面积达到3031.6万平方米，其中新开工面积889.7万平方米（10.9万套），同比增长3.4倍，完成全年13.6万套开工计划的80%；竣工面积196.9万平方米（2.1万套），同比增长1.4倍，完成全年竣工计划的46%；完成投资212.7亿元，同比增长78%。在加快推进廉租住房、经济适用住房和限价商品住房建设的基础上，今年创新公共租赁住房建设组织模式，通过市区政府建设收购、组织产业园区管理机构和企业、社会单位建设经营等多种方式扩大公共租赁住房规模，目前已落实19个项目，可提供公共租赁住房约2.6万套。

（二）采取“四个优先”措施，加快保障性住房建设速度

在土地供应上，进一步加大保障性住房建设用地供应力度，优先安排储备土地用于保障性住房建设，确保土地及时供应。在规划布局上，保障性住房项目优先布局在轨道交通沿线和站点周边区域，方便群众工作和生活。在建设资金上，市、区财政安排落实专项资金，用于廉租房建设和租金补贴、首都功能核心区定向安置住房建设、棚户区改造、保障性住房项目红线外市政基础设施建设等。在审批手续办理上，进一步完善绿色审批机制，优先办理保障性住房建设前期手续，压缩审批时限，推进项目早落地、早开工。

（三）创新管理方式，严把“六道关”，努力把保障性住房建设成为群众满意的精品工程

在规划设计方面，组建保障性住房规划设计专家评审委员会，对项目规划设计方案进行集中评审；编制规划设计指导图集，指导区县及建设单位优选设计方案，提高保障性住房的规划设计水平。在工程建设管理方面，创新建设模式，鼓励推行设计、施工一体化工程总承包方式；严格履行工程招投标程序，优先选择实力强、信誉好、设计施工水平高的大型骨干企业作为建设主体。在建材使用方面，落实节能、省地、绿色环保建设理念，大力推广使用绿色、环保、节能建材，组织50万平方米保障性住房开展住宅产业化试点，不断提升保障性住房建设整体水平和品质。在工程质量监管方面，对保障性

住房项目实施专项监督，组织工程质量网格管理执法检查，及时排查消除质量安全隐患。全面推行工地开放日活动，建立第三方抽样检测、业主预验房制度，主动接受社会监督。在市政配套设施建设方面，加强协调，理顺体制，今年竣工交用的4.6万套保障性住房要实现市政配套设施与住宅同步交用。在后期管理方面，强化入住后的资格动态管理、社区管理和物业服务。创新物业服务模式，试行业主入住前成立业主大会，组织开展物业承接查验试点，推行第三方评估制度，提高物业服务水平。

（四）统筹推进中心城区居民对接安置和棚户区改造工作，多渠道解决群众住房困难

进一步加大首都功能核心区居民疏解安置力度，改善旧城居民住房条件。市政府划拨郊区建设用地专项用于首都功能核心区住房保障和人口疏解对接安置，一期200万平方米于7月底前全面开工，二期400万平方米将于9月底前全部开工。通过对接安置与人口疏解，进一步抓好旧城风貌保护和房屋修缮，提高保护性改造水平，改善居民住房条件，打造精品院落和特色街区，提升城市品位，促进旧城可持续发展。

积极贯彻落实国务院城市和国有工矿棚户区改造工作会议精神，全面推进本市棚户区改造工作。一是加快现有“三区三片”棚户区改造，目前已建设筹措安置房源266.8万平方米，累计搬迁居民1.2万户，明年年底以前基本完成5.2万户居民搬迁改造计划；二是积极落实棚户区改造优惠政策，扩大棚户区改造范围，将符合改造条件的国有工矿棚户区统一列入改造计划，力争年内启动，三年基本完成本市城市和国有工矿棚户区改造任务。

二、完善住房保障制度工作情况

2007年国务院24号文件下发后，本市进一步调整和完善住房保障政策管理体系，扩大保障范围，提高保障能力，逐步构建起符合本市实际的“多层次、多渠道、多方式”的基本住房保障制度。“多层次”就是通过廉租住房、经济适用住房、公共租赁住房、限价商品住房等多种保障性住房，解决不同层次的中低收入家庭住房困难；“多渠道”就是在供应保障性住房的同时，结合首都功能核心区保护性改造、棚户区改造、农村住宅抗震节能改造、城乡结合部整治等多种渠道建设筹集定向安置住房，加快改善中低收入家庭住房条件；“多方式”就是采取实物保障与货币补贴相结合，大力发展租赁型住房，推动住房保障方式从以售为主向租售并举转变。

（一）健全廉租住房制度，逐步扩大覆盖面，实现“应保尽保”

坚持实物配租与租金补贴相结合的保障方式，逐步扩大廉租住房保障覆盖面。一是建立准入标准动态调整机制，实现与城市低收入家庭认定标准挂钩，经市政府批准，目前本市申请廉租住房家庭收入准入标准已从原规定的家庭人均月收入697元提高到960元，并从8月1日起正式实施；二是加大实物配租力度，今年将对符合实物配租条件的廉租家庭实现“应保尽保”；三是租金补贴实行“暗补”变“明补”，并根据廉租家庭的收入水平计发租金补贴，完善廉租住房准入退出管理机制，改善和加强廉租住房后期管理和服务。

（二）创新公共租赁住房政策和管理制度，大力发展租赁型住房

2009年8月，本市在全国率先出台了《北京市公共租赁住房管理办法（试行）》，明确了公共租赁住房的供应对象、房源筹集、租金标准、资格审核等相关政策，并创新土地使用制度，实行土地年租制。今年6月11日，国务院在北京召开全国公共租赁住房工作会议，李克强副总理作了重要讲话，会议

印发了住房城乡建设部等七部门《关于加快发展公共租赁住房的指导意见》。为落实国务院会议精神，本市目前正在研究制定贯彻实施意见，进一步完善公共租赁住房有关政策和管理制度，坚持租售并举，多种渠道增加租赁型住房供应比例。一是市区政府继续加大建设收购规模，主要解决已通过保障性住房资格审核的轮候家庭和新就业职工等中低收入家庭的过渡性住房需求；组织各类产业园区管理机构建设经营公共租赁住房，面向用工单位或就业人员出租；支持各类企业和社会单位投资建设、经营公共租赁住房。二是鼓励农村集体经济组织依照规划、利用建设用地建设经营租赁住房，今年先在50个挂账整治村开展试点，作为本市发展公共租赁住房的重要补充，多种方式解决中低收入家庭住房困难，合理解决外来务工人员住房需求，促进城乡结合部建设和集体经济发展。三是进一步规范和发展住房租赁市场。加强市场监管，规范中介服务，维护租赁双方合法权益。完善政策，简化手续，搭建全市房屋租赁信息平台，盘活存量住房。鼓励引导开发企业建设经营租赁住房，增加房源供应，解决不同收入群体多层次、多样化的住房需求。

（三）完善相关配套政策，进一步规范定向安置住房建设和使用管理

近年来，在推进首都城乡建设发展和城市化进程中，定向安置住房对于解决搬迁居民安置问题发挥了重要作用。定向安置住房主要用于重点工程建设、首都功能核心区保护改造、棚户区改造、新城建设和城乡结合部整治等搬迁安置，集中改善农（居）民住房条件。目前市有关部门已制定了定向安置住房管理办法，明确了定向安置房计划管理、审批程序、建设方式、房源分配和后期管理等一系列要求，严格审核安置对象资格，规范房源使用管理，确保房源定向用于搬迁安置。

（四）严格资格审核管理制度，对全市已通过资格审核家庭实施专项复查

在完善“三审两公示”资格审核制度的基础上，进一步改进审核手段，提高审核的准确性和工作效率，2009年本市住房保障资格审核系统实现与房屋交易、权属和住房公积金系统的数据对接。今年又建立了资格审核系统与民政、公安车管、社保、地税等系统的信息比对机制，资格审核管理手段进一步完善。今年4月，下发了《关于进一步加强廉租住房、经济适用住房和限价商品住房申请资格审核管理有关工作的通知》，从严规范资格审核工作。

从5月开始，市区建设部门会同纪检、监察部门对已通过资格审核的17.9万户家庭，联合开展保障性住房资格专项核查工作，重新复核备案家庭的收入、资产和住房情况，严厉打击骗租骗购行为。经过认真细致的工作，已查实1430户家庭存在瞒报住房、收入、资产等情况，被取消申请资格，并在5年内禁止再次申请保障性住房；对其中已与开发企业签订购房合同的100余户家庭，责令解除了购房合同。对于核查中发现的出具虚假证明的单位和个人，将根据相关规定进行严肃处理。

（五）加强房源分配监督管理，全面落实阳光配售制度

房源分配是住房保障工作的核心环节，事关政府公信力和社会和谐稳定。市政府高度重视房源分配管理，不断完善监督管理制度，全程引入廉政风险防范和效能监察机制，并加强社会监督。在房源分配过程中，严格执行公开摇号、顺序分配制度，做到了政策、程序、房源、配租配售对象、摇号过程、摇号结果“六公开”。摇号过程主动邀请人大代表、政协委员和新闻媒体进行监督，摇号结果由公证部门进行公证，通过政府网站、新闻媒体对社会公示。三年来累计组织摇号配售73批次，

全部做到了公开透明、阳光操作。

三、存在的主要问题和下一步工作措施

总结三年来本市住房保障工作情况，总体上看，取得了明显成效。但我们也清醒地认识到，住房保障工作是一项长期性、系统性的复杂工程，保障性住房建设和管理任务非常繁重，工作中还存在很多亟待解决的问题：一是保障性住房实物供应总量不足，需要进一步加大建设力度，扩大受益面，惠及更多的住房困难家庭；同时供应结构需要调整优化，增加租赁型住房比例，解决中低收入家庭多样化的住房需求。二是住房保障法制建设工作需进一步加强。目前已出台的住房保障政策多属于规范性文件，法律效力不高，需在总结实践经验基础上适时出台地方层面的法规，为推动住房保障工作提供法制保障。三是随着保障性住房陆续竣工交用，后期管理成为今后工作的重点，需要进一步完善资格动态管理、物业服务和社区管理等各项配套政策和制度，切实抓好居民入住后的管理和服务工作。四是住房保障体制机制有待进一步健全。各区县住房保障工作发展还不平衡，需要加快落实管理机构，充实管理队伍；同时在保障性住房规划、建设、土地供应、资金保障等方面需要建立和完善长效工作机制。下一步工作措施是：

（一）加大保障性住房建设力度，优化供应结构，增加房源有效供应

进一步加强协调调度，加快推进保障性住房建设，全面落实今年开工建设和收购13.6万套的目标任务，9月底全部开工。力争实现当年开工、当年配租配售，全年安排公开摇号配售经济适用住房3.2万套，限价商品住房3万套，完成廉租住房实物配租6500套；建设用于首都功能核心区人口疏解、棚户区改造以及城乡结合部整治定向安置住房不少于6万套；新建抗震节能农民住宅4000余户，完成既有农民住宅节能增温改造2.2万户。进一步抓好公共租赁住房的组织实施，争取今年建设收购规模达到2万套以上，调整结构，加大租赁型住房供应比例。同时，加快在施项目建设进度，完善市政配套设施，年底前保障性住房竣工交用不少于4.6万套。

（二）坚持“建管并重”，加强保障性住房工程建设、房源分配和后期管理

一是进一步完善各项配套政策和管理制度，切实抓好保障性住房工程建设、资格审核、房源分配等重点环节的管理。创新区域统筹定价方式，制定科学合理的经济适用住房定价机制。二是全面实施保障性住房全过程“阳光工程”，做到政策制定公开、建设计划公开、土地供应公开、建设过程公开、资格审核公开、房源分配公开、资金使用公开、后期管理公开、违规查处公开、办事程序公开“十个公开”。三是切实加强保障性住房后期管理，各区县政府要切实承担起管理职责，充分发挥区县住房保障部门、街道、社区居委会的作用，做好配租配售后的资格复核、社区管理等各项工作。进一步健全住房、规划、公安、工商、城管执法等部门的联合监督机制，定期检查保障性住房居住和使用情况，对于出租、出借、闲置等违法违规行为依照规定严肃查处。

（三）进一步完善管理体制，建立健全住房保障工作的长效机制

市住房保障工作领导小组充分发挥统筹协调作用，加强对全市住房保障工作的指导、监督，及时研究解决相关重大问题。进一步落实“以区为主、全市统筹”的建设管理体制，强化区县政府住房保障管理责任。各区县要把住房保障管理机构全面落实到位，充实人员力量，切实担负起保障性住房的建设计划、工程建设、资格审核、分配和监督管

理等各项工作职责。进一步完善市政府对区县政府考核监督机制，将住房保障各项任务落实情况纳入对区县政府考核指标体系，实施专项考核监督。市相关部门要加强协作，密切配合，提高效率，形成工作合力，在土地供应、资金保障、项目审批、建设协调、资格审核、销售定价、监督考核等七个方面建立健全住房保障工作的长效机制，保证各项工作顺利推进。

（四）科学编制“十二五”住房保障发展规划，推动住房保障事业持续发展

根据本市中低收入家庭住房、收入等调查数据和住房需求，统筹考虑首都人口资源环境条件和经济社会发展水平，科学编制“十二五”住房保障事业发展规划，研究制定本市“十二五”期间保障性住房的建设规模、供应结构、规划布局、建设时序和各项政策、措施。同时，结合国家正在研究制定基本住房保障法，认真总结本市住房保障工作实践和经验，不断完善住房保障政策体系和管理制度，推进住房保障工作法制化进程。

主任、各位副主任、秘书长、各位委员，感谢市人大长期以来对本市住房保障工作的关注和支持，我们将按照“人文北京、科技北京、绿色北京”的发展战略，进一步加大保障性住房建设力度，完善基本住房保障制度，加快解决群众住房困难，为早日实现“住有所居”的目标，建设繁荣、文明、和谐、宜居的首善之区作出更大贡献。

以上报告，提请市人大常委会审议。

关于对市人民政府推进保障性住房建设完善住房保障制度工作的意见和建议

——2010年7月30日在北京市第十三届人民代表大会常务委员会第十九次会议上

市人大城市建设环境保护委员会主任委员　赵　义

主任、各位副主任、秘书长、各位委员：

保障性住房工作是一项长期、艰巨、系统的民生工程，关系广大市民特别是中低收入群体的切身利益，也关乎建设“三个北京”任务和世界城市目标的顺利实现。鉴于这项工作的长期性和重要性，市人大常委会在2008年、2009年对“加快保障性住房建设，解决中低收入群体住房困难”议案办理暨解决城市低收入家庭住房困难情况报告审议的基础上，今年再次听取和审议市政府关于推进保障性住房建设，完善住房保障制度的专项工作报告。

根据市人大常委会的要求，城建环保办公室制定了工作方案，明确了跟踪检查重点，围绕建立并完善基本住房保障制度体系、加快保障性住房建设、健全相关实施保障机制等内容，组织开展了多次调研活动：包括召开专家座谈会，与专家学者就“如何构建本市基本住房保障制度体系”进行专题研讨；组织部分常委会组成人员和市人大代表，听取市、区、街道三级住房保障管理部门及相关政府部门情况汇报，了解我市保障性住房的规划、建设和管理情况；组织召开了18区县人大城建环保部门座谈会，听取各区县住房保障工作进展情况及相关的意见和建议。市人大常委会杜德印主任、刘晓晨副主任分

别参加了调研座谈活动，对加强保障性住房建设工作，建立并完善住房保障制度体系提出了明确具体的指导意见和要求。委员和市人大代表也积极参加调研活动，提出了很多很好的建设性意见。

7月6日，城建环保委员会召开第十一次会议，听取市政府提请本次会议审议的报告（稿），并进行了认真讨论。市住房和城乡建设委员会隋振江主任受市人民政府委托所作的《关于推进保障性住房建设，完善住房保障制度的报告》，全面、客观地反映了本市近年来保障性住房工作取得的进展和存在的问题，提出的工作对策和措施切实可行，城建环保委员会同意这个报告。

城建环保委员会认为，近年来，市政府高度重视住房保障工作，采取切实有效措施不断加大工作力度，建设规模逐年增加，特别是今年提出了“两个50%”的目标任务，中低收入群体的住房困难正在逐步得到解决，各项工作稳步推进，取得了较好成效。但住房保障工作中的问题和矛盾依然存在，有的还比较突出，集中表现在：一是基本住房保障制度体系尚不完善；二是保障性住房供应量仍显不足，保障性住房的品种尚需进一步调整优化；三是后续管理工作仍显薄弱。这些问题的存在不同程度地影响着本市住房保障工作的持续发展。为进一步推动我市住房保障工作稳步健康开展，提出以下意见和建议。

一、必须建立健全基本住房保障制度体系，确保工作健康有序发展

我们认为，住房保障与养老保障、失业保障、医疗保障等共同构筑了社会保障体系，是社会保障制度的重要组成部分。建立基本住房保障制度体系，保证公民基本的居住需求、实现“住有所居”的目标，是政府的一项重要职责，也是实现社会公平、确保社会和谐稳定的基础性工作。随着经济社会的发展，低收入家庭或无法完全依靠市场解决自身住房问题的群体将始终存在，我们所说的基本住房保障制度，就是面向社会所有成员的，实现公民居住权的一项长期的基本制度。之所以称为基本住房保障制度，是因为它所解决的不仅仅是城镇中低收入家庭的住房困难，而是面向城乡居民，符合经济社会发展客观要求，标准科学、便于操作、公平有效的制度体系。保障性住房是社会住房供应结构体系的基础和重要组成部分，基本住房保障制度体系的建立和完善，既可以满足不同群体的差异化住房需求，逐步形成租售并举、租买自愿的健康理性的住房消费模式，促进房地产市场的健康有序发展，又可以让广大群众对解决住房问题有一个明确、合理的制度预期，稳定民心，营造良好和谐的社会氛围。

目前本市住房保障工作还处于探索、改进和不断完善的阶段，基本住房保障制度的建立健全迫在眉睫。建议市政府及有关部门结合“十二五”规划的编制，认真研究借鉴国内外住房保障工作的有益经验，从促进本市人口、资源、环境协调可持续发展，保障公民、特别是中低收入群体基本居住权利的高度，对现有的住房保障制度进行有效补充和发展完善，全面构建符合首都实际情况的基本住房保障制度体系，确保住房保障工作健康有序发展。

二、加大工作力度，切实增加廉租住房、公共租赁住房的有效供应

通过调研了解到，目前保障性住房供需矛盾依然突出，房源紧张，建设分配速度跟不上申请的速度，“人等房”的情况比较普遍。特别是廉租房、公租房等租赁型保障住

房所占比例偏低，绝对供应量偏少，需求缺口也最大。

我们认为，廉租房、公租房等租赁型住房最能体现保障性功能。建议市政府采取有力措施，从土地供应、资金投入、规划设计和建设时序、审核分配等方面予以优先保障，加大建设规模，加快建设速度，尽快增加租赁型住房的实物供给。

发展公共租赁住房是解决城市中低收入家庭住房需求的重要途径，目前这项工作仍处于起步阶段，要积极探索符合本市实际的建设管理新模式，力争在短时间内取得实质性突破。

需要强调的是，本市房屋租赁市场为解决居民住房问题发挥着积极的作用，目前租赁市场比较活跃、潜力仍然很大，但急需加强监管和规范。建议市政府进一步采取切实有效的措施，尽快破解住房租赁市场监管难题，促进其健康有序发展。在此基础上，积极探索租赁市场住房纳入保障供应体系的有效方式，进一步扩大保障住房的渠道来源，增加有效供给。同时，合理确定廉租住房实物配租与租金补贴的比例，逐步扩大租金补贴发放家庭的范围，让广大低收入住房困难群体的居住和生活条件早日得到改善。特别是特困家庭的廉租住房问题，建议以配租和补贴方式，由各区县通过各自的房屋租赁市场来解决，尽可能不采取统一集中建设的方式来解决。

三、探索创新建管模式，进一步规范和改进经济适用住房制度

经济适用住房在解决有一定支付能力的低收入群体住房困难方面发挥了一定的作用，建议市政府进一步改进和规范经济适用房在规划、建设、出售、使用、回购及监管等方面的制度，确保其社会保障的性质和功能，真正有效发挥在住房保障中的基础性作用。

我们认为，规范和改进经济适用住房制度是建立和完善基本住房保障制度体系的重要内容，经济适用住房可否采取“房地分离”的建管模式，即购房人只享有房屋所有权，不享有土地收益、处置权。在价格构成上，购房人只承担房屋的基本建安费用、相应的配套设施费用和税费，与政府按照一定比例共有产权。出售时购房人与政府按产权比例进行收益分配。在适用对象上，应该是面向所有的城镇居民，首次购房的居民都可以根据自己的意愿和实际需要，购买一套能够满足基本生活需求、标准化配置的住宅，做到公平普惠。这种模式，有利于解决以往经济适用住房与市场不接轨、“有限产权”界定难、退出机制难以操作等弊端，还可以大大降低监管成本。

四、完善配套实施机制，推进住房保障工作又好又快发展

第一，加强统筹规划，加大配套市政基础设施建设力度。目前，保障性住房项目的配套基础设施相对薄弱，建设资金压力很大，由于建设责任主体不明确、资金不到位导致建设速度缓慢，无法与主体工程同步交付使用，给居民生产生活带来不便。建议市政府相关部门统筹协调，优先安排与保障性住房项目配套的电力、交通、供水、排水、燃气、供热等市政基础设施，以及教育、卫生、邮政等相关配套设施，做到同步规划、同步施工、同步交付使用。

第二，健全准入和退出监管机制，发挥有限资源的最大效用。随着住房保障政策的逐步实施，保障性住房的供应、监管将是一项重点和难点工作。目前实践中暴露出的各

工作环节中的问题，严重制约了住房保障制度的有效实施和良性运行。建议市政府坚持保障性住房封闭运行的总体思路，进一步完善准入资格审核管理制度，优化审核层次和程序，提高审核的公信度和运行效率；进一步健全退出机制，增强可操作性和权威性。

第三，未雨绸缪，高度重视后续社会管理问题。由于前期规划布局不尽合理，保障性住房相对集中建设，造成低收入人群相对集中居住，容易引发社会管理问题的产生；另外，保障对象跨区域入住后，在社会治安管理、社会保障等方面，存在属地和户籍所在地管理上的交叉，既不便于居民生活又造成诸多管理难题。建议市政府高度重视保障性住房居住区相关社会管理问题，加强相关综合性政策、措施的前瞻性研究，加大统筹解决问题的力度，防患于未然，营造和谐的社会氛围。

以上报告，供常委会组成人员在审议时参考。

关于生活垃圾处理工作进展情况的报告

——2010年7月30日在北京市第十三届人民代表大会常务委员会第十九次会议上

北京市市政市容管理委员会主任　陈　永

主任、各位副主任、秘书长、各位委员：

我受市人民政府委托，向市人大常委会报告本市生活垃圾处理工作进展情况。

2009年4月28日，市委、市政府发布了《关于全面推进生活垃圾处理工作的意见》（以下简称《意见》），7月25日，市人大常委会审议了《关于提高垃圾处理现代化水平建设宜居城市议案办理暨加强垃圾处理专项工作报告》，并提出了审议意见，对本市垃圾处理工作起到了巨大的推进作用。市政府及各相关部门进行了认真深入的研究，积极采纳、吸收市人大常委会的审议意见，抓住当前垃圾处理工作中的重点、难点问题，集中力量、攻坚克难、开拓创新，全力推进各项工作落实。下面将本市垃圾处理工作进展情况汇报如下。

一、2009年以来推进工作的基本情况

2009年以来，在各部门、各区县的积极协调配合和共同努力下，通过加快推进垃圾处理设施建设，深入开展垃圾减量化、资源化工作，全市垃圾处理能力得到一定提高，垃圾焚烧、生化和填埋处理结构有所改善，垃圾产生量增长率得到有效控制，《意见》确定的“增能力、调结构、促减量”的目标取得了初步成效。

（一）进一步提高思想认识，增强工作的紧迫感和责任感

生活垃圾处理是目前城市管理的重要内容，妥善处理生活垃圾是建设生态文明、实现人与自然和谐共处的必然要求，是建设人文北京、科技北京、绿色北京的核心内容之一，是建设世界城市必须解决的问题，也是关系到首都可持续发展的重大问题。

市委、市政府高度重视垃圾处理工作，不断加大工作力度。刘淇书记指出：“垃圾问题不是小问题，它涉及城市的可持续发展，影响着绿色北京建设和首善之区和谐宜居环境，是关系到千家万户的一项重要的民生工程，垃圾处理是全社会的责任，关系着广大

群众的生产生活环境，是北京迈向世界城市必须练好的一项城市管理基本功”；郭金龙市长多次主持召开垃圾处理专题会议，研究加快推进设施建设工作，他强调“垃圾处理是本市城市管理工作中刻不容缓的重大课题之一，必须高度重视”；杜德印主任亲自调研垃圾处理工作，刘晓晨副主任多次指导督促落实，人大城建环保委组织人大代表在充分调研市、区处理设施和垃圾分类工作的基础上，对垃圾处理提出了重要的意见和建议，我们予以认真的研究和采纳；主管副市长亲自率领相关部门进一步深入调研垃圾处理设施建设和垃圾分类试点工作。为完成《意见》确定的2012年到2015年的工作目标，市政府连续两年制定了垃圾处理折子工程，确定了60多项重点任务，成立了由主管市领导牵头、市相关部门和区县组成的推进生活垃圾处理工作协调小组，建立北京市垃圾处理推进工作联席会议制度，已组织召开了三十余次专题会议，研究解决推进中的问题。

（二）加快垃圾处理设施建设，全市统筹，提高垃圾处理能力

2009年，安排市政府固定资产投资1.7亿元，重点支持了高安屯餐厨垃圾处理厂、平谷区生活垃圾综合处理厂等8个项目建设，建成高安屯垃圾焚烧厂、阿苏卫综合处理厂、安定垃圾填埋场二期等垃圾处理设施；南宫堆肥厂优化工艺，提升了处理能力。全市垃圾处理能力从10350吨/日提高到12700吨/日，比2008年提高了20%，处理设施超负荷率由67%降至33%。焚烧、生化和填埋处理的比例由2∶8∶90调整为10∶10∶80。

各委办局和相关区县积极研究、协调、配合，加大设施规划选址工作力度。市发展改革部门明确了区属垃圾处理设施项目工程投资差异化支持政策，研究提出了重点项目投资意见；市规划部门将垃圾处理设施选址和建设纳入城市总规、详规，正在研究完善建设工程生活垃圾分类收集配套设施建设标准；市国土部门在土地修编中充分考虑了垃圾处理设施建设用地需求；市环保部门积极配合项目的选址和环评工作。

积极推进在建设施建设。目前，朝阳、顺义（二期）等区县9座生活垃圾综合处理中心以及京西南生物质能源厂等项目正在开展前期工作；董村综合处理厂今年投入试运行。

按照集中与分散处理相结合的原则，本市还对餐厨垃圾处理工作进行了整体规划、整体研究、整体推进，出台了《关于全面推进北京市餐厨垃圾资源化处理的工作方案》，计划在两到三年内实现餐厨垃圾资源化处理。目前，本市已建成南宫餐厨垃圾处理厂，今年建成了高安屯餐厨垃圾处理厂、原崇文区餐厨垃圾处理厂，处理能力达到430吨/日，还有3座餐厨垃圾集中处理厂（1300吨/日）正在开展前期工作，明后两年建成。同时，在餐饮街、高校集中区、度假村建设一批餐厨垃圾处理站，2009年已建成3座，今年将开工3座，并要求餐饮服务单位按照有关标准配建餐厨垃圾资源化处理设施设备。

（三）加强垃圾分类系统建设和全过程管理，垃圾减量化资源化取得成效

我们把生活垃圾减量和分类作为长期坚持的战略性方针，在不断总结的基础上，研究了垃圾分类系统建设的工作方案，确立了“全程管理、系统衔接、科学分类、适应处理”的基本原则，以餐厨/厨余垃圾分类为突破口，重点抓了朝阳区垃圾分类系统建设试点、600个小区的垃圾分类达标试点、原崇文区餐厨垃圾辖区内处理试点和100个生活垃圾“零废弃”管理试点，截止到6月底已有153个小区基本达到了垃圾分类系统衔接的要求，提高了垃圾运输效率，实现了作业过程中“不臭、不撒、不漏”，改善了环境，获得了居民的肯定。市商务部门在全市组织建成

了3638个社区再生资源回收站点和13个再生资源分拣中心，覆盖了全市各区县，初步实现了垃圾分类系统与再生资源回收系统的衔接。大件垃圾分类清运处理试点工作项目启动，将居民和社会单位的大件垃圾，纳入环卫专业部门统一进行清运及处理。

通过试点工作，各区县积极探索和创新，重点实现四个方面的突破。

1. 着力解决垃圾分类收集、分类运输、分类处理全过程的系统衔接问题。在试点小区向居民家庭发放分类垃圾桶和垃圾袋，按照“大类粗分”的原则，将垃圾分成：可回收物、餐厨/厨余垃圾、其他垃圾；小区公共区域建设垃圾分类投放站；开展密闭式垃圾清洁站的改造，使之具备分类、压缩、密闭、环保功能；建设餐厨/厨余垃圾处理设施设备，实现餐厨/厨余垃圾分类投放、分类收集、分类运输、分类处理；可回收物纳入再生资源回收体系回收利用，逐步增加分类回收再利用的品种。

2. 推进垃圾收集作业体制改革，提高垃圾收集运输系统专业化水平。实现垃圾分类收集和运输专业化，由环卫专业化队伍直接到小区收集居民分类后的垃圾，不同种类的垃圾，用不同类型的专用车辆运送，提高垃圾的资源利用率，为垃圾分类处理创造条件，也为产业化发展打下基础。

3. 提高市民参与建设绿色北京的积极性，提升市民环境意识和文明素质。市市政市容委和首都精神文明办启动了“做文明有礼的北京人，垃圾减量垃圾分类从我做起”和“周四垃圾减量日”主题活动，目前，已开展16次“周四垃圾减量日”活动，带动全社会参与垃圾减量、垃圾分类。市教委积极推进中小学校开展垃圾分类教育；市社会办已将垃圾分类纳入社区公共服务体系建设工作中。首都环境建设委、首都文明委联合下发《关于在600个小区建立垃圾减量垃圾分类指导员队伍的指导意见》，要求区县财政给予一定补助，强化社区宣传、指导和监督的作用。截止到6月底全市已招募垃圾减量垃圾分类“绿袖标”指导员3467人，年底600个小区指导员将全部到位。下发了《关于在餐饮业推进垃圾减量垃圾分类工作的通知》和《关于2010年旅游饭店推广节能减排的通知》，倡导绿色餐饮、适量点餐、杜绝浪费，减少一次性餐具，规范餐厨垃圾收集运输和处理等措施，加强源头减量和垃圾分类。

4. 抓政策、机制建设。建立了垃圾处理考核、奖励机制，发布了《北京市生活垃圾减量化、资源化、无害化指标考核办法》和《北京市生活垃圾管理奖励办法》。以市政府办公厅名义下发了《关于建立生活垃圾处理调控核算平台的意见》，实行生活垃圾总量控制、异地补偿、超量加价、减量减费，提高垃圾处理基准费用标准，鼓励源头分类。市级财政对区属垃圾焚烧和综合处理设施运行给予补助，促进垃圾焚烧厂、综合处理厂等垃圾处理设施建设和运行管理水平的提升，并继续加大对垃圾收集系统建设的支持，研究制定垃圾分类收集运输系统建设补助资金政策。市市政市容委研究制定了“户用垃圾桶袋标准”、“垃圾收集容器产品技术要求”、“密闭式垃圾清洁站建设改造技术导则”、“餐厨垃圾收集和处理设施设备配建标准”等20多项标准，为垃圾分类系统建设提供了依据。

通过上述垃圾分类系统建设和政策机制的建立，再生资源回收量进一步增加，生活垃圾产生量有所减少，据商务部门统计，2009年全市共回收再生资源440万吨，比2008年上升10%，其中回收废纸134.4万吨、废金属227万吨、废物塑料49万吨、废玻璃21万吨，垃圾资源化率达到37%，比2008年提高4个百分点。2009年，城八区的生活垃圾年产生量首次出现负增长，远郊区县生活垃圾年产生量增长率明显下降，2010

年1—6月全市垃圾产生量实现负增长，同比下降4.8%，垃圾减量初见成效。

（四）深入实际，加强调研，积极开展生活垃圾管理条例的起草工作

在市人大常委会领导下，市政府相关部门积极开展法规调研起草工作，制定了《关于制定〈北京市生活垃圾管理条例〉的工作方案》，成立了立法工作小组，按照市人大立法项目立项意见书中明确的主要内容，结合本市生活垃圾管理的现状，重点围绕处理设施的规划与建设、生活垃圾分类体系建设、设施运行管理、建筑垃圾管理、监督考核、公众参与等内容，梳理出38项主要问题，深入开展调研、论证工作，广泛听取市政府相关委办局、基层管理部门、作业单位、有关专家学者、部分人大代表、政协委员的意见、建议，并在此基础上，起草了《北京市生活垃圾管理条例（草案）》。目前我们正在征求各部门对法规草案的意见并继续修改完善，计划于今年10月底将修改完善后的《条例（草案）》按照立法程序报送市政府。

（五）创新工作方式，多渠道、多方式进行宣传和沟通

编制了垃圾处理知识问答系列宣传材料；抽调人员、邀请专家组成工作小组，深入社区，与市民沟通，解答群众问题；组织媒体和市民代表考察国外和本市垃圾处理设施，加强多种形式的宣传报道，提高了群众对垃圾处理的认识。

二、推进垃圾处理工作中存在的主要问题

本市垃圾处理工作形势仍然严峻，存在着复杂的矛盾和问题，要求我们必须全面加快垃圾处理工作步伐，采取超常规的方式、付出超常规的努力，取得突破性进展。通过工作实践，总结分析目前存在的主要问题是：

（一）垃圾分类、垃圾处理设施建设等方面的部门和属地责任尚未完全落实；垃圾处理设施建设配套支持政策尚需进一步完善；新建垃圾焚烧设施进展缓慢，影响到垃圾分类工作的推进。

（二）垃圾源头减量的投入不足和落实不到位的问题仍然突出；垃圾分类收集、运输专业化水平低。

（三）全社会参与垃圾减量和垃圾分类的程度低，全社会齐抓共管、共同参与的氛围尚未形成，市民主体作用发挥不够，需要进一步加强引导和提高全社会对垃圾处理的正确认识。

（四）垃圾处理管理体制、机制不健全，垃圾处理产业化程度低，需进一步完善从生产、流通、消费到处理的全过程管理体系、法规政策及收费机制。

三、下一步推进生活垃圾处理工作的任务和措施

当前本市垃圾处理正处于关键时期，既要解决历史欠账，又要谋求长远发展，时间紧，任务重。根据《意见》要求，2010年，本市继续扎实推进垃圾处理工作，制定了包括垃圾处理设施建设、垃圾分类、垃圾处理设施污染控制等25项折子工程任务，并分解到各部门和区县，限时落实。

（一）进一步落实责任，科学规划、合理布局，加快垃圾处理设施建设

进一步落实垃圾处理市级统筹、区县负责的相关制度。市政府统筹全市垃圾处理设施规划布局、垃圾流量流向、垃圾收费等，市、区两级政府根据生活垃圾处理设施建设规划，保障建设资金投入，同时建立垃圾处理设施投融资平台，拓宽融资渠道，鼓励社会力量参与生活垃圾处理设施的投资、建设和运行管理。各区县都要落实垃圾处理规划

和设施，组织实施本行政区域生活垃圾处理工作，餐厨垃圾原则上在本区域内处理。同时，各区县按照优化处理结构的目标，调整补充完善处理设施，增加焚烧和生化处理能力，并具备一定的安全处理余量；没有建设条件的区县，可通过采用与其他区县合作建设、采购服务等方式，处理本区域的生活垃圾。

按照远期规划与近期建设相结合，跨区域集中处理与区县分散处理相结合的原则，确立了垃圾处理设施的布局，按照垃圾产生量和成分特点，2012 年垃圾处理能力将达到 1.7 万吨/日，焚烧∶生化∶填埋处理比例为 20∶30∶50，餐厨垃圾集中处理能力达到 1545 吨/日，全市将实现餐厨垃圾资源化处理，城区基本实现原生垃圾零填埋；2015 年垃圾处理能力将达到 3 万吨/日，焚烧∶生化∶填埋处理比例为 40∶30∶30，基本满足全市生活垃圾处理的需要，实现全市原生垃圾零填埋。2010 年加大政府投资支持力度，加快推进建设一批生活垃圾焚烧厂、生化处理厂和餐厨垃圾处理厂，力争 2012 年建成。积极开展大型循环经济园区的前期工作，进一步研究落实循环园区的配套政策，超前规划、预留土地，满足首都 50 年及长远发展需要。

（二）抓试点、树典型、推经验、建机制，深入持久的开展垃圾减量和垃圾分类工作

一是鼓励各区县进行探索，创新垃圾减量、垃圾分类的新模式。今年年底完成朝阳区建成区垃圾分类系统建设工作和全市 600 个小区实现垃圾分类收集、分类运输和分类处理。在总结朝阳区垃圾分类系统建设运行、房山区配备垃圾分类指导员以及原崇文区餐厨垃圾辖区内处理和排放登记试点经验的基础上，力求摸索出垃圾分类系统的技术路线、管理机制、资金投入和运行标准等做法，为全市推广试点经验创造条件。2012 年全市垃圾分类达标率达到 50%，2015 年达到 65%。

二是开展垃圾分类收集容器、车辆、垃圾楼等配套设备设施的更新、改造，推进餐厨/厨余垃圾专业化收集运输作业队伍的发展，逐步推广餐厨垃圾登记排放制度试点工作，加大商务、卫生、工商、环保、市政市容、公安交管、城管等多部门联动的综合监管力度。促进再生资源回收主体企业扩大规模、整合资源、规范主体，进一步完善再生资源站点布局，健全再生资源回收网络，2010 年再建设 300 个再生资源回收站点。

三是各区县要制定垃圾分类年度实施计划，加大对垃圾分类系统建设和运行的资金投入，市财政给予一定的资金支持，确保垃圾分类效果到位。

四是完善垃圾收费制度，制定并出台调整非居民生活垃圾收费标准的方案，充分发挥价格杠杆作用，强化“产生者付费”理念，按照计量收费、分类计价、鼓励减量、综合配套的原则，逐步提高非居民生活垃圾收费标准。同时，着手开展居民生活垃圾处理收费调研工作。

（三）加快落实立法工作，切实加强生活垃圾长效管理和制度建设

按照生活垃圾立法工作方案，进一步研究、论证《北京市生活垃圾管理条例（草案）》中确定的各项制度、措施，着力解决本市生活垃圾管理中的突出问题。

1. 明确生活垃圾产生区县的设施建设责任。按照属地管理、区域负责的原则，市级行政管理部门加强规划、政策、法规的研究和制定，进一步落实区县生活垃圾处理设施建设主体责任，加快推进区县垃圾处理设施建设进度。

2. 建立部门配合机制，保障生活垃圾分类收集处理配套设施的建设。市政市容部门会同规划部门研究制定本市建设工程生活垃圾分类收集处理配套设施的建设标准，由规

划部门纳入建设工程公共服务配套设施建设指标，并加强前期规划审查、把关。同时，将生活垃圾分类收集处理配套设施竣工验收许可与建设工程竣工验收备案相衔接，保障生活垃圾配套设施建设的落实。

3. 建立生活垃圾分类责任人制度，完善生活垃圾分类管理体系。本市实行生活垃圾分类，各单位和个人应当按照要求分类投放生活垃圾，作业单位应当按照规范分类收集、分类运输、分类处理生活垃圾，拟建立生活垃圾分类责任人制度，确定机关、部队、企事业单位、居住区、写字楼、行政村以及商场、集贸市场、车站等公共场所的生活垃圾分类责任人及其管理责任，保障生活垃圾分类工作的有效开展。

4. 建立和规范公众参与生活垃圾管理的渠道。各级政府应当拓宽公众参与生活垃圾管理渠道，保障社会公众的知情权，同时通过设立处理设施驻厂监督员、建立设施开放日和宣传教育基地等制度，引导社会公众规范、有序地参与生活垃圾管理，禁止任何单位和个人阻碍设施正常建设、运行的行为，保障生活垃圾处理工作的有序开展。

（四）依靠科技，加强监管和人员培训，全面提升生活垃圾收集运输和处理运行管理水平

按照“高起点、高水平、高标准”的要求，鼓励使用先进技术，发展低碳产业，促进节能减排，积极探索等离子、机械生物处理（MBT）、垃圾衍生燃料（RDF）等新技术的应用，推进全市垃圾处理设施运行监管系统建设。按照《关于切实提高生活垃圾收集运输和处理运行管理水平的通知》的要求，强化属地管理责任，消除生活垃圾管理盲区；完善管理和作业体制，创新监管运行机制；提高垃圾运输作业水平，垃圾运输密闭无遗撒；提高作业规范和标准，确保垃圾处理设施达标运行。

在引进先进技术的同时，确保拥有高水平的骨干人才，加强对世界范围内先进技术和管理经验的学习，通过走出去学习、请进来培训等方式，培养掌握世界先进理论和实践经验、技术过硬的运行团队，提高垃圾处理设施的运行管理水平。

（五）加大垃圾分类及垃圾处理知识的宣传力度，引导和动员全社会积极参与垃圾处理工作

结合落实“绿色北京行动计划”和“做文明有礼的北京人，垃圾减量垃圾分类从我做起”主题宣传活动，继续开展绿色办公、绿色餐饮、绿色旅游、绿色社区、绿色包装、绿色市场、绿色校园、绿色成果宣传展示的垃圾减量垃圾分类“八大主题”宣传月活动。联合首都精神文明办编制“绿娃在行动——图说垃圾减量垃圾分类”手册。在中央电视台、北京电视台、北京日报、北京青年报等媒体继续宣传垃圾处理知识；搭建专家、人大代表、政府、市民相互沟通、交流的平台，通过座谈会、现场接待、电话热线等方式倾听群众意见、解答群众疑问；组织群众代表参观垃圾处理设施，增进市民对垃圾处理工作的理解和支持。

主任、各位副主任、秘书长、各位委员，垃圾处理工作是一项关系民生的公益事业，也是一项长期的社会系统工程。我们将按照市委、市政府的部署，在市人大及广大人大代表指导和支持下，进一步统一思想、凝聚共识、脚踏实地、坚持不懈地推进此项工作，为实现建设“人文北京、科技北京、绿色北京”的战略目标，建设世界城市而努力奋斗。

以上报告，提请市人大常委会审议。

关于对市人民政府推动生活垃圾处理工作的意见和建议

——2010 年 7 月 30 日在北京市第十三届人民代表大会常务委员会第十九次会议上

市人大城市建设环境保护委员会主任委员　赵　义

主任、各位副主任、秘书长、各位委员：

2009 年 7 月 25 日，市十三届人大常委会第十二次会议审议了市政府关于“提高垃圾收集处理现代化水平，建设宜居城市议案办理暨加强垃圾处理工作情况的报告”。为了增强监督工作实效，进一步推动本市生活垃圾处理工作的开展，今年市人大常委会继续安排听取并审议市政府关于生活垃圾处理工作进展情况的专项工作报告。

按照常委会的要求和部署安排，城建环保委员会认真组织开展了调研工作，成立了由部分常委会委员、城建环保委员会委员、市人大代表组成的调研专题组。4 月初至 6 月下旬，先后组织召开了不同专题类型的调研会议，分别就垃圾分类收集分类运输、餐厨垃圾收集和处理、垃圾处理设施建设和运行、生活垃圾处理技术科研及转化情况等内容进行了多次较为深入的专题调研。市人大常委会高度重视此项工作，常委会领导多次参加专题调研和视察活动，并作出明确具体的指示，6 月 7 日，杜德印主任、刘晓晨副主任亲自带队，赴原崇文区对垃圾处理工作进展情况进行了实地调研。委员和代表积极参加调研活动，提出了很多很好的建设性意见。

7 月 6 日，城建环保委员会召开第十一次会议，听取市政府提请本次会议审议的报告（稿），并进行了认真讨论。城建环保委员会认为，一年来，市政府及相关部门高度重视，围绕“增能力、调结构、促减量”的工作目标做了大量工作，按照各自职责认真落实市委、市政府《关于全面推进生活垃圾处理工作的意见》（以下简称《意见》）和市人大常委会审议意见。随着全市 600 个居住小区开展垃圾分类试点、高安屯垃圾焚烧厂和阿苏卫综合垃圾处理厂等设施先后建成投入使用、社会宣传工作力度的不断加大，本市垃圾产量开始呈下降的趋势，焚烧和生化处理结构得到初步优化，市民参与垃圾处理工作的积极性逐步提高。

看到成绩的同时，也不能忽视本市垃圾处理工作在推进过程中仍存在的一些突出问题：一是生活垃圾焚烧和综合处理设施建设进展较为缓慢。市委、市政府《意见》中明确提出“到 2012 年，垃圾焚烧、生化处理和填埋比例要达到 2∶3∶5，实现城区原生垃圾零填埋；2015 年比例达到 4∶3∶3，基本满足不同成分垃圾处理的需要，实现全市原生垃圾零填埋”的目标，按照目前的工作进展情况，上述目标将难以实现；二是市和区县政府、市政府各有关部门之间尚没有形成真正的工作合力，市政府统筹协调力度还需进一步加大；三是垃圾分类试点工作刚刚起步，分类收集、分类运输、分类处理有效衔接的系统建设还处在试点阶段，尤其是末端分类处理能力的不足是最为滞后、薄弱的环节，与目标要求还有较大差距；四是再生资源回收站点较为分散，组织化、专业化程度低，再生资源回收利用体系尚需进一步完善。

城建环保委员会认为，陈永主任受市人民政府委托所作的《关于生活垃圾处理工作进展情况的报告》，全面、客观地反映了本市一年来垃圾处理工作取得的进展和存在的问题，提出的工作对策和措施切实可行，城建环保委员会同意这个报告。

市委十届七次全会提出，我市要从建设世界城市的高度，加快实施“人文北京、科技北京、绿色北京”发展战略，以更高标准推动首都经济社会又好又快发展。北京在建设世界城市的过程中，必须切实提高生活垃圾减量化、资源化、无害化水平，促进经济社会发展与人口资源环境相协调，实现可持续发展。为了进一步加快工作步伐，按照建设世界城市的目标和要求深入推进垃圾处理各项工作的开展，城建环保委员会提出以下意见和建议。

一、加强统筹协调，全面加快垃圾处理设施建设进程

目前本市日产生垃圾 1.83 万吨左右，日处理能力仅为 1.27 万吨，焚烧和生化处理比例很低，垃圾处理结构依然不尽合理。按照现在垃圾产生量和填埋速度，全市大部分垃圾填埋场在 4—5 年内即将填满封场。我市“十一五”规划建设的四座焚烧设施，目前只有高安屯垃圾焚烧厂建成投入试运行，其他几座已无法按时完成。生活垃圾处理能力不足，已成为制约本市经济社会协调可持续发展的重要因素。因此，必须采取超常规的方式、付出超常规的努力，在设施建设上取得突破性进展。

第一，要完善垃圾处理设施建设相关政策保障机制。市政府要进一步加大统筹协调力度，在明确责任的基础上，建立并完善部门间协调配合机制，形成工作合力，整体统筹推进。要研究调动区县政府积极性的激励约束机制，将年度工作任务、指标完成情况列入督查考核的内容。要为企业参与垃圾处理事业提供政策、机制方面的支持。要进一步完善生活垃圾处理设施投资机制，像建设轨道交通一样，拓宽融资渠道，全面加大垃圾处理设施建设的投入力度。2015 年以前拟建成并投入使用的垃圾焚烧厂、大型餐厨垃圾处理厂、综合处理厂和配套填埋场、垃圾转运站等项目，市政府必须确保在投资和设施运行经费等方面的投入。

第二，必须全面加快落实垃圾处理设施建设规划。本市在研究编制“十二五”经济社会发展规划时，应当按照建设世界城市的标准和“公共环境优先”的原则，制定并实施好垃圾处理设施建设规划。当前的首要任务，是必须按照“高起点、高水平、高标准”的要求，科学规划选址，采用国际最先进的技术标准，加快四个大型生活垃圾综合利用循环经济园区、垃圾焚烧设施和其他新建、扩建垃圾处理设施的建设进度，把垃圾处理设施建设属地第一责任真正落到实处，力保及早投入使用。

二、以分离餐厨垃圾为重点，加快垃圾分类体系建设

当前，生活垃圾分类的重点是“大类粗分”，城镇地区主要是将企事业单位的餐厨垃圾与其他生活垃圾分类投放、收集、运输和处置，农村地区主要是将灰土与其他生活垃圾分开收集处理。原崇文区探索了一套“餐厨垃圾分类收集、统一运输、集中处理”与“有条件的居住小区就地处理”相结合的工作模式，保证餐厨垃圾在本区域内就地消化，对全市垃圾分类工作起到了很好的示范作用。

建议市政府总结原崇文区的运作经验，

以区县为单位，建立相对独立的餐厨垃圾处理体系，达到餐厨垃圾在本区县范围内消化处理的要求；进一步完善垃圾分类收集、分类运输、分类处理的物质技术组织和体系建设，使各个环节有效衔接、相互协调；尽快研究并实施非居民餐厨垃圾收费标准，充分发挥价格杠杆作用，促使企事业单位从源头减少餐厨垃圾的产生；提高垃圾分类收集、分类运输专业化程度，由专业化收集运输队伍深入到餐饮街规范运作，加大对餐饮企业餐厨垃圾收集的监管力度，形成商务、卫生、城管、交通等多部门协作的综合管理体制。

三、提高资源化水平，加快再生资源回收体系建设

再生资源回收利用是生活垃圾分类工作的重要组成部分，也是本市大力发展循环经济，加快建设资源节约型、环境友好型社会，提高垃圾处理资源化水平的重要内容。目前本市初步形成了覆盖 18 个区县，由 20 家主体回收企业、13 个分拣中心、3600 多个社区回收站点构成的再生资源回收网络，回收品种基本覆盖了居民日常生活的主要方面，再生资源回收量稳步增长。

为解决再生资源回收行业存在的回收站点较为分散、组织化专业化程度低等问题，提高本市垃圾处理资源化水平，建议市政府进一步加强统筹规划和有效监管，完善再生资源回收管理机制；加强社区回收站点建设，整合现有再生资源回收渠道，健全再生资源回收网络；扩宽回收种类，在居住小区逐步规范开展废旧家具、废旧家电的回收利用工作；加强对回收企业和从业人员的培训，提高资源回收行业组织化、专业化程度；加大政府引导和支持力度，加快回收分拣中心建设，推进再生资源回收利用产业化发展。

四、深入开展宣传，积极引导全社会共同参与

垃圾处理是一项涉及全市人民的社会系统工程，需要全社会和全体市民的大力支持和共同参与。要深入开展对本市垃圾处理严峻形势的舆论宣传，增强全社会对垃圾处理工作紧迫性的认识；要在学校和社区推广垃圾减量分类，提高广大市民积极参与的责任意识；要做好垃圾焚烧科普知识的广泛宣传，生活垃圾焚烧是一项很成熟的技术，已经被大多数发达国家的城市广泛应用；要将垃圾处理设施运行中的监测数据等相关信息向社会公开，保障公众的知情权；要开放一批市级大型垃圾处理设施，组织学校、社区、单位参观，让广大市民对垃圾焚烧等先进技术有更为科学、理性的认识。

北京市全面推进生活垃圾处理工作，是深入贯彻科学发展观，加快建设“人文北京、科技北京、绿色北京”的必然要求。垃圾问题是影响本市可持续发展的重要问题，解决好生活垃圾处理问题是建设世界城市的重要课题。各级政府应当高度重视，全社会共同参与，努力提高我市生活垃圾处理工作水平，为实现首都人口、资源、环境协调可持续发展奠定良好基础。

以上报告，供常委会组成人员在审议时参考。

北京市人民代表大会常务委员会
任　免　名　单

（2010年7月30日北京市第十三届人民代表大会常务委员会第十九次会议通过）

（一）

任命于建伟为北京市高级人民法院副院长。

任命高晓陵为北京市高级人民法院审判委员会委员、审判员。

任命邵明艳、刘双玉、黄宝跃为北京市高级人民法院审判委员会委员。

任命吕京生为北京市高级人民法院审判员。

免去周为群的北京市高级人民法院审判员职务。

（二）

任命田玉玺为北京市第二中级人民法院副院长、审判委员会委员、审判员。

任命王健、郑敏、杨子良、史磊、田海雁、马宏敏、付辉、霍翠玲、顾国增、佘卫、郭文彤、闫飞、任淳艺、蒋春燕、梁立君、张浩、胡红莲、刘险峰、路平、霍占林、崔晓畅、王小虎、史伟为北京市第二中级人民法院审判员。

北京市人民代表大会常务委员会
任　免　名　单

（2010年7月30日北京市第十三届人民代表大会常务委员会第十九次会议通过）

（一）

任命李京生为北京市人民检察院检察员。

免去吴向晖的北京市人民检察院检察员职务。

（二）

任命李立为北京市人民检察院第一分院副检察长、检察委员会委员、检察员。

免去李军的北京市人民检察院第一分院检察员职务。

（三）

任命曹新民为北京市人民检察院第二分院副检察长、检察委员会委员、检察员。

任命宋勇为北京市人民检察院第二分院检察员。

免去支宏伟、许文秀的北京市人民检察院第二分院检察员职务。

北京市第十三届人民代表大会

常务委员会第二十次会议

在市十三届人大常委会第二十次会议上的讲话

（2010 年 9 月 17 日）

市人大常委会主任　杜德印

各位委员：

本次常委会会议经过大家的共同努力，顺利地完成了各项预定任务，开得很成功。

制定《北京市水污染防治条例》对于贯彻落实科学发展观，建设资源节约型、环境友好型城市具有重要意义。一审后，法制委员会根据常委会组成人员提出的意见进行了认真的修改。本次常委会审议前，市委常委会也专门进行了研究，对这项条例的制定工作给予了充分的肯定和重要的指导。这项法规的制定，市人大常委会贯彻了“针对问题立法、立法解决问题”的原则，针对首都水污染、水资源、水环境的特定情况，把实施《中华人民共和国水污染防治法》、《中华人民共和国水法》统一起来，把防治水污染和水资源利用统一起来，在水污染防治和污水资源化、水源保护和水环境改善、城乡统筹治理、流域综合治理等方面作出了带有创新性的制度安排。在这次常委会审议中，大家又提出了许多很好的意见，对于这些意见，会后请法制委员会进行认真研究和整理，作进一步修改后提请下次常委会表决。

对于这项法规的审议首次采取了“两审三通过”的方式，即将二审法规案改为分组会议进行审议，之后由法制委员会根据常委会组成人员的审议意见进行修改，提出表决稿，由主任会议决定提请下次常委会全体会议表决。主要目的是为了便于大家充分地发表审议意见，有利于提高立法工作质量。实践证明，这种做法是好的，以后将坚持下去。

这次会议听取和审议了市高级人民法院关于加强制度建设，强化内部监督，确保司法公正工作情况的报告，以及市人民检察院关于深化诉讼监督工作，促进执法司法公正工作情况的报告。这是市人大常委会加强对司法工作的持续监督和进一步探索。会上，各位委员对这两项报告给予了充分肯定，对“两院”在这些方面取得进展和成效表示满意。今年以来，市高级人民法院在加强法院和法官队伍核心价值观建设的同时，切实加强了审判工作的管理和审级监督，健全了审判工作的制度和工作机制，开展了大规模的案件评查工作。本市法院系统在公正、高效、文明、廉洁司法方面迈出了新的步伐，取得了新的进展。市人民检察院坚持贯彻市人大常委会的决议，不断深化诉讼监督工作，进一步增强法律监督工作的自觉性和责任感，不断完善诉讼监督的具体工作制度，加强与法院的沟通和协调，开展了“百件案件评查”工作，并将有关情况在这次常委会会议之前向市人大内务司法委员会作了专门的报告。通过“百件案件评查”，使我们对当前诉讼工作，特别是法院的审判工作、民事、刑事案件的审判工作的状况和面临的客观环境有了进一步的了解，从而也开创了诉讼监督工作的新局面，积累了诉讼监督工作的新经验。

通过听取和审议市高院、市检察院两项专项工作报告，市人大常委会也在加强司法监督方面取得了新的进展，得到了一些新的认识。这项工作我们已经连续抓了三年，三年来始终抓住一个主题不放，到现在可以说初步形成了市人大常委会开展司法监督的基本思路，归结起来主要有以下五点：一是坚持以保证促进公正司法，满足广大人民群众对公正司法的要求和期待为目标，并且抓住这个目标不放。二是坚持依法监督，不搞个案监督，认真贯彻《中华人民共和国监督法》，着眼于发挥中国特色社会主义司法制度的内在优势，保障、支持、促进司法机关依据国家法律和制度正确行使审判权和检察权。三是坚持人民代表大会统一行使国家权力，把人大的司法监督、检察院的法律监督和法院的内部监督统筹衔接、有机结合起来。对检察院诉讼监督工作作出决议，就是要通过抓对检察权的监督，推动检察院对法院的监督，从而推动法院的内部监督。四是人大常委会坚持站在国家和人民的立场上，代表国家和人民群众行使监督权。坚持客观公正地认识和评价新形势下的司法工作，要看到我们的法院、检察院、法官、检察官队伍内部蕴藏着极大的促进公正司法的积极性，这是推进公正司法最基础的力量，要着力保护好和调动好这种积极性。五是坚持持续不断地开展监督。推进公正司法是一个长期的过程，所以我们要始终抓住这个主题不放，逐步深入，与“两院”之间形成密切的配合、良性的互动，使这项工作不断地取得新的进展，以此增强人大监督工作的有效性。

推进公正司法是一项长期而艰苦的工作。法院系统要认真落实好报告中提出的措施和委员们提出的意见、建议，进一步抓好公正、廉洁、为民的核心价值观的建设，依法独立行使好审判权，进一步加强审判工作的管理，抓好制度落实，规范司法行为，进一步加强审判层级的监督，继续推进审判公开，完善人民陪审员制度。检察院要进一步深入贯彻人大常委会的决议，健全完善诉讼监督制度，加大诉讼监督工作的力度，进一步增强法律监督的自觉性和责任感。

这次会议我们听取和审议了关于《中华人民共和国中小企业促进法》执法检查情况的报告，目的是进一步推进这项法律在本市的贯彻实施，促进中小企业的发展。执法检查组听取了市政府及有关部门的工作汇报，又到西城、通州、顺义、大兴区进行了实地的检查，召开了银行、担保再担保公司、融资服务平台、投资基金公司等机构负责同志参加的座谈会，还深入到多家中小企业了解情况，在调研的基础上提出了执法检查报告。常委会组成人员和列席代表充分肯定了执法检查组所做的工作，普遍赞成执法检查报告。大家认为近年来我市中小企业发展迅速，在推动经济发展方式转变、促进产业结构调整、缓解就业压力、保持社会和谐稳定等方面发挥了重要的作用，市政府及有关部门积极完善相关的政策、措施，加大帮扶力度，不断改善中小企业的发展环境。大家指出要继续认真贯彻实施好《中华人民共和国中小企业促进法》，提高对中小企业重要性的认识，加强引导扶持的力度，优化发展环境，健全服务体系，全面推动我市中小企业的健康发展。同时还要抓紧前期调研，在适当的时候启动促进中小企业发展的地方立法工作。

这次会议还听取和审议了市政府关于城市南部地区发展的报告，这项议题在去年议案督办的基础上今年转为专项工作报告，就是要持续不断地推进城市南部地区的发展。常委会组成人员普遍认为，一年来市、区政府做了大量卓有成效的工作，城市南部地区的发展出现了新的良好态势，一批基础设施建设项目陆续开工，一批重大产业项目落户，一批重大民生工程在建，有的已经完工，一批配套支持的政策陆续发布实施，城市南部地区主要发展指标明显向好，发展的基础条件不断改善。大家对于市政府所做的工作表示充分肯定。当然，城市南部地区涉及整个首都的全面协调发展问题，不是一蹴而就的事情，需要我们长期的努力。要进一步加大《城南行动计划》的落实力度，要不断适应新的形势和新的情况，结合“十二五”规划的制定，进一步研究南部地区的科学发展，围绕首都城市的总体性质和功能，把南部地区的发展纳入到整个北京城市建设与发展的大局之中。要做好《城南行动计划》与“十二五”规划的衔接。在推进城市南部地区发展中要坚持“又好又快，好字优先”。对于如何充分挖掘和展示城南地区深厚历史文化的底蕴；在南部地区建设什么样的现代制造业；如何统筹城乡发展，妥善保障农民的合法权益；如何解决好南部地区人口、资源、环境的协调发展等一系列问题，都还需要我们共同地认真研究和逐步解决。

我们还听取和审议了“推进老龄事业发展，完善养老服务和保障体系”议案办理情况的报告，大家对市政府所做的工作给予了充分肯定。应当说北京市在老年保障这方面走在了全国前列。但是大家指出，我市老龄事业尚处于发展的起步阶段，下一步要选择薄弱环节来抓，要不断地健全完善养老保障的政策，解决好老年保障的组织和服务体系。通过进一步的努力，真正建立起一个适合首都特点的养老服务体系。

会议期间，常委会组成人员对专项工作报告和执法检查报告提出的意见和建议，会后请相关专委会整理形成审议意见书，经主任会议研究后，由办公厅函送市政府及有关部门研究处理。

各位委员、同志们，年底前我们还要召开两次常委会会议，还有不少重要议题需要审议，同时还要为明年十三届人大四次会议的召开做好准备工作，希望大家再接再厉，共同努力完成好今年的各项任务。中秋佳节和国庆节即将来临，借此机会祝愿大家节日快乐！阖家幸福！

本次会议预定的各项议程全部进行完毕，现在闭会。

北京市第十三届人民代表大会常务委员会第二十次会议议程

（2010年9月16日至17日）

（2010年9月16日北京市第十三届人民代表大会常务委员会第二十次会议第一次全体会议通过）

一、审议《北京市水污染防治条例（草案修改稿）》

二、听取和审议市高级人民法院关于加强制度建设，强化内部监督，确保司法公正工作情况的报告

三、听取和审议市人民检察院关于深化诉讼监督工作，促进执法司法公正工作情况的报告

四、听取和审议市人大常委会执法检查组关于检查《中华人民共和国中小企业促进法》实施情况的报告

五、听取和审议市人民政府关于推进城市南部地区发展情况的报告

六、听取和审议市人民政府关于“推进老龄事业发展，完善养老服务和保障体系”议案办理情况的报告

七、审议通过市十三届人民代表大会常务委员会代表资格审查委员会关于个别代表的代表资格的报告

八、决定人事任免事项

北京市高级人民法院关于加强制度建设，强化内部监督，确保司法公正工作情况的报告

——2010年9月16日在北京市第十三届人民代表大会常务委员会第二十次会议上

北京市高级人民法院院长　池　强

主任、各位副主任、秘书长、各位委员：

根据市人大常委会本次会议议程的安排，我代表北京市高级人民法院，报告全市法院加强制度建设、强化内部监督、确保司法公正的情况，请予审议。

近年来，全市法院强化内部监督制约机制，逐步形成案件质量评查、审判流程管理、审判质效评估、审判监督指导等一体化的审判管理格局，努力保障当事人在首都法院打一个公正、明白、便捷、受尊重的官司。

一、加强审判质量管理，统一裁判尺度，确保司法公正

面对日益增长的审判压力，全市法院加强制度建设，防止因管理缺位出现审判质量问题，影响司法公正。

（一）统一法律适用标准，防止同案不同判

经济社会的快速发展和法律、法规的不断更新，使审判工作中新情况、新问题层出不穷，统一执法标准的难度不断增大。为此，市高级法院从三个层面统一法律适用标准：一是加强审判督导，规范执法标准。在市高级法院各审判庭建立督导机构，调研总结新类型案件中的法律适用问题，及时制定指导法律适用的规范性文件。先后制定《关于审理医疗损害赔偿纠纷案件的意见》、《关于审理涉及网络著作权案件的指导意见》等涉及执法标准统一的文件40余件。二是实施案例指导制度，统一裁判尺度。市高级法院适时选取在法律适用中具有典型意义和指导作用的案例，通过内部网络向全市法院发布，便于法官遵循、参照。目前已下发民事、刑事、行政、执行等各类指导案例1000余期。三是建立案例数据库，方便法官查询、比对。北京法院内部网上建立案例数据库，分类收集了100余万件案例的案件事实、法律适用和处理结果，法官可以对类似案件进行查询、比对，达到吸取审判经验、统一法律认识的效果。近年来，最高法院《审判案例要览》每年采用我市法院审判指导案件均在百篇以上，是全国最多的。

（二）注重审判层级管理，落实司法制度内在监督机制

通过依法办理二审、再审案件，加强上级法院对下级法院的审级监督。2009年审结二审案件43,564件，其中改判、发回重审3987件；审结再审案件543件，其中改判、发回重审364件，发挥了审级监督的纠错、补救功能。各法院切实发挥审判委员会的监督作用，对重大疑难案件严格把关，院长、庭长直接参与疑难案件审理，基层法院的副

庭长多数在本庭结案最多，2009年办案数量占到结案总量的20%。同时，注重发挥人民陪审员的参审监督作用，2009年人民陪审员参与一审案件审理22,368件。

（三）完善案件质量检查机制

民事诉讼法修订后，基层法院不再审理民事再审案件，市高级法院制定了《关于开展案件评查工作的意见》，将基层法院审判监督庭的职能转变为以案件质量检查为主，每年随机检查的案件数量不少于结案总数的5%，达2万余件。今年又开展了“万件重点案件检查”活动，重点检查当事人信访投诉、检察机关抗诉、人大代表和政协委员提出意见的案件，邀请代表、委员、检察机关、特邀监督员共同参与检查，对重点信访案件，组织公开听证，目前已基本完成检查1万件重点案件的任务。对检查发现的问题，立即整改，公开讨论讲评，把检查活动变成统一认识、统一执法的过程，变成明确责任、责任倒查的过程，变成法官自我教育、自我提高的过程。随着审判质量的提高，1—8月与去年同期相比，全市法院申诉申请再审案件中刑事案件下降18.5%，民商事案件下降41.8%，行政案件下降21.6%；市高级法院受理民商事申请再审案件下降52.4%。

（四）建立审判权正当行使的保障制度

我市各级党委、人大、政府尊重法院依法独立行使审判权，为法院营造了良好的司法环境，这也对法院内部确保审判权的正当行使提出了很高的要求。为此，全市法院加强了审判权依法行使保障制度的建设。法院各级领导一律不得超越职权过问案件，不能对非分管的业务部门过问、转递、批示案件；一律不得违反工作程序越级过问案件，院长不得越过主管副院长批示案件，主管副院长不得越过庭长批示案件。同时，对正常批转案件的情况，都以书面形式载入副卷备查，做到过问案件“全程留痕”。并明确规定所有审判人员不得接受当事人的宴请、请托、钱物以及其他任何形式的财务支付；对非自己承办的案件，不得打听案情，不得为当事人转递材料。全市法院开展了廉政风险防范工作，围绕审判权、执行权的运行，全面查找廉政风险点，有针对性地采取防范措施。如为防止委托拍卖过程中营私舞弊，全市法院的委托拍卖工作均由市高级法院统一摇号随机选取拍卖机构，目前已组织107期委托拍卖工作，拍卖金额531亿元，没有发生一起信访投诉和廉政问题。

二、加强审判效率管理，合理配置审判资源，促进司法高效

为解决一些案件审理周期长、案件办理进度查询难等问题，我们采取了以下措施。

（一）对简易案件建立速裁机制

坚持“简案快办，繁案精审”的原则，对疑难复杂案件，认真研究法律适用问题，组织高质量庭审，精心撰写裁判文书，努力办出具有规范指引作用的案件。在各基层法院设立速裁审判庭，将案情简单、当事人争议不大、标的额较小的民商事案件，以及简易刑事案件，交由速裁审判庭通过简易程序办理。许多速裁案件实现了当即开庭、当庭审结、当庭送达、当庭执行，全市基层法院近80%的民事案件通过简易程序解决，方便了当事人。今年，全市法院还重点推广了“李红星工作法”，该法官善于科学安排工作、审判业务能力强、具有为当事人排忧解难的强烈责任心，近5年结案4000余件，做到了工作效率高加班少、调解率高上诉少、结案数高没有投诉。

（二）实行审判事务集中管理

今年全市25个法院都设立了专门的审判事务管理机构，负责诉讼引导、证据材料收转、上诉案件移转、委托鉴定等事务性工作，

市高级法院统一制定了八项工作规范，保证当事人到法院有人接待、咨询问题有人回答、诉讼活动有人引导、递交材料有人接收。今年1—8月，共接待群众和当事人40余万人次，提高了为当事人服务的水平，也将法官从大量事务工作中解放出来，集中精力审理案件。

（三）推进执行工作改革

一是在试点的基础上，全面推行分段集约执行工作机制。改变一名执行法官"一包到底"的传统执行模式，将执行过程划分为督促执行、财产查找查封、财产变现、案款发放等不同阶段，由不同的执行庭和执行法官分别完成，一方面加强了内部监督制约，规范了执行行为；另一方面，减少了重复劳动，提高了执行效率。今年1—8月，全市法院执结各类案件54,330件，同比上升4.1%，执行到位率除西藏外在全国排名第一。二是统一执行信访接待。由于执行法官需要经常外出办案，以往经常出现当事人找不到执行法官、相关问题得不到及时解决的情况。从今年4月起全市法院确定每个月的第一、第三个周五的上午作为统一的执行接待日，三级法院主管执行的院领导、执行局领导和全体执行法官集中接待、现场办公、当场研究、马上解决，目前已解决当事人相关问题1万余件。涉执行信访出现明显下降，在最高法院今年的"涉执行信访排位通报"中，北京法院仅有1件执行信访案件，与其他省市法院相比数量最低。三是加大执行工作力度。对拒不履行法律义务的被执行人，依法采取强制措施，1—8月对300余名拒不执行人采取拘留措施。建立定期曝光制度，每季度召开新闻发布会曝光一批长期不履行法律义务的被执行人，现已在电视报刊等媒体上曝光公司、个人21个，争取社会舆论的支持，维护法律的严肃性。

（四）实现审判管理的信息化

信息化是提高审判管理的严格透明、减少随意性的有效途径。市高级法院专门成立了信息化建设领导小组。一是实现了审判工作全过程的信息化。所有案件上网运行，从立案、排期、开庭到送达、结案、执行、归档等各个环节都有信息节点；收结案数量、结案率、上诉率等各类数据指标即时生成、统一管理、动态分析，使审判工作的运行状况公开透明。二是实现了信息系统自动提示、警示、通报。各类案件的审理期限已满三分之二时，在内部网上发出催办通知，审限届满前十日发出警示，对超审限案件一律公开通报。上诉案件移转曾经是当事人反映较多的问题，有的案件从当事人上诉到二审立案用时长达几个月，为此，我们定期公示各院所有案件的移转用时，今年全市法院上诉移转平均用时为23天，比去年减少了16天，得到当事人的普遍好评。三是便利群众诉讼，增强司法透明。在远程立案审查、远程电子签章的基础上，今年推广了"远程视频庭审、信访接待"系统，远郊区县的当事人，在当地法院就可以参加二审庭审、反映意见，减轻了诉累。信息技术的应用大大提高了审判效率，全市法院案件平均审理天数由以前的76.5天下降到现在的50.5天，今年1—8月审限内结案率达到96.6%。今年6月，国家工业和信息化部在市高级法院召开了全国电子政务建设经验交流现场会，各部委、各省市150多人参加会议，对北京法院信息化建设与审判管理相结合给予"深度融合、精细管理"的高度评价。

三、加强审判绩效管理，体现审判规律的内在要求，形成正确导向

针对工作标准不统一、司法行为不规范、考核指标不科学等问题，我们遵循审判规律，结合工作实际，着重加强了审判绩效管理。

（一）统一工作评判标准，实时进行监控

针对当事人反映的民商事案件立案标准不统一问题，市高级法院制定了《民事案件立案指引》，对361种案件类型，逐一明确受理条件、管辖法院、当事人需要提交的起诉材料和证据，对符合受理条件的依法及时立案。在全市所有法院的211个立案窗口安装监控设备，检查、考评立案接待工作。针对有的案件庭审质量不高的问题，市高级法院制定了《民事案件办案规范》、《行政案件庭审程序的规定》等文件，明确了庭前准备、举证质证、法庭辩论等各个庭审环节中审判人员的职责和工作规范。对所有案件的庭审过程全程录像，刻盘存档，并对庭审光盘随机抽查，分析点评，促进审判人员规范庭审行为、提高庭审质量。

（二）调整考核评比指标，科学引导审判工作

今年，我们在四次测算和五次模拟的基础上，对各法院和审判人员审判绩效考评办法作了很大修改。一是加大对审判质量的考评力度。新的考核办法明确规定基层法院一审服判息诉率要达到85%。现已初步发挥了导向作用，全市法院一审民商事案件的调撤率上升了1.5个百分点。二是加大对审判效率的考评力度。针对一、三季度结案少，二、四季度结案多，年底集中结案，全年结案不均衡的问题，新的考核办法加大了对法定审限内结案率、均衡结案率的考核力度。1—8月，经过全市法院共同努力，审结案件239,275件，同比上升5.3%，未结案近十年来第一次实现了同比下降，初步达到了均衡结案的目标。三是实行排名通报，发挥考核制度的激励作用。从过去每两年进行一次考核评先，改为每年进行一次考评，同时，对各法院主要工作指标每季度进行一次排名公示，各项基础考评指标公开透明，各法院都能看到不足、找到差距，调动了法院各级领导和审判人员的积极性，大家群策群力，千方百计抓好审判工作，形成了全市法院创先争优的良好局面。在今年五一表彰的全国劳模和先进工作者中，全国法院系统有19名，其中北京法院有4名法官获此殊荣，另有17名法官获得北京市先进工作者称号。

四、自觉接受人大监督，完善接受外部监督的工作机制

全市法院主动适应人民群众的新要求，在法律规定的范围内，尽量为群众监督提供便利。为加强代表建议的督办工作，今年市高级法院专门成立了督促检查办公室，对意见办理情况全程督办。目前，市高级法院主办的24件建议已办理完毕，均得到了代表同意或满意的评价。在落实特邀监督员制度的同时，今年市高级法院建立了民意咨询员制度，聘请50名人大代表、政协委员和社会各界人士担任市高级法院特邀民意咨询员，对全市各法院开展明查暗访，反馈社情民意，提出意见和建议。在市统计调查中心进行的社会测评中，全市法院系统的总体评价分数为80.1分，比上次测评提高了14.1分。为配合检察机关落实检查100件民商事案件的工作，我们提供了40件当事人长期不满、可能存在质量问题的案件，支持检察机关查找问题。认真落实市人大常委会《关于加强人民检察院对诉讼活动的法律监督工作的决议》，2009年，全市法院审结检察机关抗诉案件125件，依法改判、发回重审45件。今年，市高、中级法院邀请同级检察长列席审委会共计47次，所有基层法院都积极邀请检察长列席相关案件的审委会。市高级法院与市检察院联合下发了《关于建立沟通机制的若干规定》，两院将每半年举行一次沟通会议，通报、反馈、研究工作情况，共同促进司法公正。

在全市法院加强制度建设、强化内部监督、确保司法公正不断取得成绩的同时，工

作中案多人少的矛盾依然突出，加之审判资源配置不够合理、审判执行工作机制不够科学、有的制度落实不到位等，影响了法院职能的发挥。同时，从审判质量上看，执法不规范、不统一的问题还在一定程度上存在，有的法官法律适用水平和证据运用能力有待提高，统一执法标准的工作需要进一步加强。从审判效率上看，部分案件审理周期较长、当事人了解诉讼进度不便等问题还未根本解决，审判管理工作水平需要进一步提高。

结合市人大常委会调研法院制度建设情况后向我们反馈的意见、建议，我们将重点解决好以下几个方面的问题：一是更加注重制度的严格性。针对制度不落实、责任不到位等问题，坚持从严治院，进一步完善监督机制，严格落实审判责任，切实做到公正廉洁司法、提高司法公信力。二是更加注重维护法制的严肃性，坚持严格执法，针对生效裁判文书自动履行率不高等问题，依法加大强制执行力度，用足用好法律赋予的各种执行手段，加强与公安、金融、房管等部门的配合，穷尽财产查询手段，对拒不履行法律义务的被执行人，该曝光的曝光、该拘留的拘留，该追究刑事责任的依法追究刑事责任，最大限度地提高执行到位率，维护社会的公平正义。三是更加注重加强内部和外部监督的结合。在加强内部监督制度建设的同时，积极主动接受外部监督，使内部监督与人大监督、检察监督、舆论监督等多种形式的外部监督有机衔接，共同发挥作用。四是更加注重在全市法院形成按制度办事的氛围。在广大干警中形成讲制度、讲规矩、讲廉洁的风气和文化，增强法官接受监督的意识，同时引导法官自我教育、自我管理，努力缓解法官面临的过大压力，调动法官的积极性。

公正是司法工作的本质要求，也是全市法院的永恒追求。我们将在市人大和社会各界的监督帮助下，进一步加强制度建设，完善监督机制，切实履行好宪法和法律赋予的职责，为首都经济社会发展提供更加有力的司法保障。

关于加强制度建设，强化内部监督，确保司法公正工作情况的意见和建议

——2010年9月16日在北京市第十三届人民代表大会常务委员会第二十次会议上

市人大内务司法委员会主任委员　李小娟

主任、各位副主任、秘书长、各位委员：

为了协助常委会听取和审议好市高级人民法院关于加强制度建设、强化内部监督、确保司法公正工作情况的专项报告，内务司法办公室邀请部分常委委员和代表组成专题调研组，在今年4月至7月间对全市法院的有关工作情况进行了调研。调研结束后，内司办将汇总梳理的各方面意见和建议以及形成的调研报告一并向市高级人民法院进行了反馈。8月20日，杜德印主任带领人大工作班子再次到法院调研，与法院各级领导就如何回应人民群众对公正司法的强烈要求深入交换了意见。8月24日，内务司法委员会举行会议，讨论了市高级人民法院提交的报告征求意见稿。内务司法委员会认为，市高级人民法院提请常委会审议的报告认真吸收、

回应了我们反馈的意见和建议，比较客观全面地总结了三年来全市法院加强制度建设、强化内部监督、确保司法公正的工作，全市法院在受理案件数量持续增长，法律政策不断更新，审理难度很大的情况下，采取有效措施，在提高审判工作的质量和效率上狠下功夫，工作取得了明显的进步，报告也比较实在，我们同意这个报告。

内务司法委员会认为，三年来，全市各级法院以确保公正、规范、高效、文明司法，维护国家法制权威为目标，坚持从严治院，从提高审判质量和效率出发，不断完善审判管理，加强内部制度建设，规范司法行为，形成了比较完善的保证国家审判制度落实的内部管理和监督制约工作机制，有力促进了法官依法公正地行使审判权。三年来，全市法院通过建立审判督导、案例指导和案例比对等制度，统一法律适用标准，认真落实审判公开和人民陪审员制度，坚持调判结合，发挥调解在化解矛盾中的功能，在一审就能服判息诉的民商事案件达到了84%以上，不足16%的民商事案件提起了上诉，申诉申请再审的比例占2%左右，绝大部分案件在法院的正常审判程序中得到了解决，审判质量总体上是好的。通过不断完善审判管理、严格审限制度、推行案件繁简分流、狠抓均衡结案，进一步提高了审判效率，案件平均审理天数和上诉案件移转用时大幅度下降，在受理案件持续增长的情况下，审限内的结案率达到95%以上。通过对立案、审判事务和庭审活动的规范化、科技化管理，加强对审判行为的约束和规范，促进了审判作风和工作作风改善。通过不断提高考核制度的科学化水平，进一步增强了审判绩效管理的实效。通过加强与人大代表、政协委员、特邀监督员的联系，建立民意咨询员制度，落实检察长列席审判委员会制度，接受外部监督的自觉性明显增强，有力地促进了公正廉洁司法。

内务司法委员会认为，对全市法院所取得的成绩应当给以充分肯定。同时认为，全市法院在加强制度建设、强化内部监督方面也还存在一些不足。主要是有的法律制度和工作制度的落实还不到位，受案件压力大、人员不足等因素影响，或因未能及时解决管辖权异议问题，有的案件立案不够及时，在一定程度上影响了当事人的诉权；个别案件还存在超审限结案的情况；有的二审案件质量不高，未能有效发挥二审程序及时纠错和审级监督的功能；有的法官对人民陪审员制度重视不够，组织陪审工作不规范，未能充分发挥人民陪审员的作用；在便民、利民，减轻当事人诉累、落实司法公开制度等方面，有的措施还不到位，机制还有待进一步健全；内部监督与外部监督衔接的机制还需要进一步完善等。

内务司法委员会认为，人民法院是解决社会矛盾纠纷的最终裁决机关，审判活动是维护社会公平正义的最后一道防线。在当前社会矛盾凸显、大量纠纷涌入司法领域，法院受理案件逐年快速增长而司法公信力又受到一定程度质疑的情况下，全市各级法院及全体干警需要充分认识维护司法公正的紧迫性和复杂性，认识到“审判权力归属在国家、行使在法院、责任在法官、管理在院长”，切实承担起法律赋予的审判职责，必须认真依照国家的法律和司法制度，搞好审判工作，充分发挥维护社会公平正义的职能作用。为此，提出以下意见和建议。

一、要进一步完善保障公正司法的制度、机制

全市法院要坚持从保证公正司法的客观需要出发，加强审判管理，要根据审判工作规律，围绕影响司法权正确行使的重要工作环节，不断完善相关制度和工作机制。要进一步完善审判流程管理和绩效考核制度，努

力做到既严格规范司法行为又充分调动审判人员的积极性；要进一步规范层级管理和程序监督机制，努力做到既规范自由裁量权又有利于审判组织依法独立发挥职能作用；要坚持审判公开制度，进一步完善便民措施，努力做到既充分保证当事人的诉讼权利和群众的知情权又使司法活动依法、便捷和有序进行；要注意及时总结法院调解工作经验，适时形成制度规范，努力做到在不断创新调解方式的同时，坚持依法、公平的原则，防止出现重大偏差；要注意各项制度之间的关联性和制度的系统性，使各项制度有机配合，形成保障公正司法的合力。

二、要狠抓制度落实

市高级法院要加大对制度落实的监督检查力度，建立奖惩激励机制，特别是在促进责任到位、制度落实、工作均衡发展方面狠下功夫，努力提升本市法院贯彻国家审判制度的整体水平。上级法院要加强对下级法院审判工作的监督，坚持实事求是，有错必究，充分发挥审级监督和审判监督制度对于保证司法公正的功能。要认真落实人民陪审员制度，逐步拓展人民陪审员参与审判工作的范围，切实保证人民陪审员依法履行职责，充分发挥人民陪审员联系人民群众、参与案件审判、监督审判活动的作用。法院的各级领导干部要带头遵守和执行各项制度，坚持从严治院，并教育引导法官养成事事讲规矩、时时保廉洁的意识，提高落实制度的自觉性。

三、要进一步提高接受外部监督的自觉性，处理好内部监督与外部监督的关系

外部监督是促使发现内部工作问题的重要渠道，也是促进内部监督的重要推动力。因此，法院在加强内部监督制度机制建设的过程中，要进一步处理好外部监督与内部监督的关系，更加自觉地倾听群众呼声，特别是要把法院对司法活动的内部监督与检察机关的诉讼监督有机衔接起来，进一步畅通内外部监督的对接渠道，以外部监督促进内部监督制度、机制的完善。以内外部监督的结合促审判的公开、公正，不断提高司法的公信力，引导群众理性有序地表达诉求，并将司法程序作为解决矛盾纠纷的终结机制，不断提高本市的法治水平，为建设“人文北京、绿色北京、科技北京”，提供公正、高效的司法保障。

以上意见，供常委会组成人员审议时参考。

北京市人民检察院深化诉讼监督工作，促进执法司法公正工作情况的报告

——2010 年 9 月 16 日在北京市第十三届人民代表大会常务委员会第二十次会议上

北京市人民检察院检察长　慕　平

主任、各位副主任、秘书长、各位委员：

根据市人大常委会本次会议议程的安排，我代表北京市人民检察院，报告全市检察机关深化诉讼监督工作、促进执法司法公正的

情况，请予审议。

一、北京市检察机关深化诉讼监督工作的做法

去年年底召开的全国政法工作会议提出深入推进“社会矛盾化解、社会管理创新、公正廉洁执法”三项重点工作的要求。最高人民检察院关于深入推进三项重点工作的实施意见明确指出：检察机关要以促进公正廉洁执法为目标，全面加强和改进诉讼监督工作。我们充分认识到，诉讼监督是发挥中国特色社会主义司法制度的内在优势、促进公正廉洁执法的有效机制。全市检察机关高度重视《关于加强人民检察院对诉讼活动的法律监督工作的决议》（以下简称《决议》）的贯彻落实，不断深化诉讼监督工作，促进执法司法公正。

（一）深入研究谋划，促进诉讼监督工作的科学发展

市人大常委会对去年市检察院专项报告的审议意见指出，全市检察机关要积极探索诉讼监督工作发展的规律，促进我市诉讼监督工作的科学发展。去年年底以来，市检察院通过召开检察长务虚会、全市检察长会、检察委员会，下发业务工作要点、诉讼监督工作方案等方式，逐步明确当前和今后一段时期诉讼监督工作的总体思路，即以向市人大常委会作专项报告工作为主要载体，以突出监督实效为目标，以工作机制建设为重点，把工作的着力点放到监督执法司法职权的有效运行和正确行使上，全面加强对诉讼活动各环节、尤其是执法过程的法律监督，推进诉讼监督工作的持续、健康发展。为深化对诉讼监督规律的认识，不断加强理论研究。今年7月28日至29日，市检察院主办了首个全国性的诉讼监督论坛，邀请其他出台类似决议或决定的9个省、市、自治区的检察院，相关执法司法机关及学者代表，共同研究诉讼监督的基础理论、与人大监督的关系以及内外部工作机制等重要问题，在全国范围内产生良好的反响。围绕“中国的民事检察”、“诉讼监督的改革与完善”等专题，在知名报刊上发表了十余篇具有一定影响力的理论成果，诉讼监督逐渐引起学界关注和研究。

（二）结合检察改革，进一步完善诉讼监督工作机制

审议意见指出，全市检察机关要把贯彻落实《决议》与推进检察工作改革紧密结合起来，加强与其他执法司法机关的沟通合作，巩固和完善相关工作制度，积极稳妥地探索新的监督方式和措施。市检察院在深入调研的基础上，出台2009年至2012年检察改革实施意见，将“改革和完善对诉讼活动的法律监督制度”作为深化改革的主要任务，结合高检院下发的关于进一步加强诉讼监督工作的意见，改进监督方法，建立科学的监督机制。

一是完善内部工作机制。在继续落实已经建立的工作制度、机制的同时，今年将内部机制建设的重点放在具体工作规则的完善上。针对监所检察制度操作性不强和“躲猫猫”事件以来社会关注的实际情况，上半年市检察院研究制定罪犯减刑、假释检察监督规则，暂予监外执行检察监督规则以及监外执行检察工作细则，下发《关于进一步加强监所检察工作的意见》，完善监管场所重大事件调查和应对机制、违法监管活动发现和纠正机制、刑罚变更执行同步监督机制等工作制度。为进一步规范监督工作程序，研究制定《检察建议工作实施细则》、《民事行政检察案件审批程序暂行规定》。各分院、基层院制定各项工作规则90项（相关数据统计从去年7月至今年6月，下同），详细规定各环节诉讼监督事项及方法，进一步增加工作规范

性。市检察院根据高检院考核评价省级院检察业务工作实施意见，修订基层院建设考评指标，加大诉讼监督工作权重，对部门间移送监督线索实行单独计分，打造监督合力，促进广大检察人员诉讼监督工作积极性。

二是完善外部工作机制。积极完善行政执法与刑事司法的衔接机制，由市政府法制办和市检察院共同牵头，上半年正式启动全市层面上的“两法衔接”工作，建立由市公安局、市监察局等22家成员单位参加的联席会议制度，下发《行政执法与刑事司法衔接工作办法》和《行政执法与刑事司法衔接工作联席会议制度》，并在顺义、昌平等区着手启动“两法衔接”网络平台建设。全市检察机关受理行政执法机关报备案件305件，提出立案监督意见46件，同期批准逮捕48人，已判刑35人。积极完善与其他执法司法机关的工作联系机制，市检察院与市高级法院会签《关于建立沟通机制的若干规定》，通过院级沟通机制和部门沟通机制两个层面，加强工作联系，统一执法标准，规范执法行为。与市公安局会签《关于进一步加强和完善公安监管执法与检察监督工作联系制度的意见》，从建立联席会议制度、建立监管场所突发事件紧急会商和处置工作机制等方面，加强监所检察部门与公安机关监管部门的联系。

三是创新监督方法。积极参与法院量刑规范化改革，确定市检一分院、原西城检察院，海淀、房山等检察院为试点院，按照高检院开展量刑建议工作的指导意见，规范量刑建议工作，促进量刑的公开、公正。积极探索对民事执行活动的监督，运用检察建议以及促成当事人达成执行和解等方式，促进民事“执行难”等问题的解决。昌平检察院与区法院会签民事行政执行监督协作文件，市检二分院就法院错误追加被执行人的裁定提出监督意见得到采纳。积极运用综合监督方式，要求全市检察机关对2008年以来办理的各类诉讼监督典型案件集中进行调研，对于反映出来的执法司法中带有普遍性或倾向性的突出问题，向相关执法司法机关予以通报。大兴检察院对近年来区公安分局移送审查起诉的生产销售伪劣商品、侵犯知识产权、非法经营等类案件逐一进行整理、分析，针对侦查取证不规范等问题提出检察建议，分局予以高度重视并积极落实。

（三）加强自身建设，保障检察权依法公正行使

审议意见强调，要切实加强诉讼监督能力建设，努力提高检察人员在诉讼监督中及时发现问题、准确提出监督意见、正确运用监督手段、妥善处置监督事宜的能力和水平。全市检察机关把提升诉讼监督能力摆在深化诉讼监督工作的关键位置，大力加强队伍的专业化建设，不断提高执法公信力。

一是加强队伍的专业化建设。实施人才强检战略，着力培养高层次、专家型人才，评选出第二届“北京市检察业务专家”20名。不断加大公开选拔、人才遴选、挂职锻炼、上下交流力度，改善各级院人才结构。在民事行政检察、侦查监督、公诉等部门推行专业化分工，全市检察机关共有15个院相继成立各种形式的诉讼监督组，专司诉讼监督职责，尤其在开展类案调研、审核监督线索、落实监督事项等方面发挥了重要作用。在侦查监督、公诉、民事行政检察、监所检察等部门开展诉讼监督精品案例和事项评选活动，共评选出各类精品案件、事项36件，优秀案件、事项42件，引导全市检察人员改进监督方法，提高监督质量。

二是加强对检察权行使的自我制约。扎实开展“恪守检察职业道德，促进公正廉洁执法”主题实践活动，组织自身反腐倡廉教育展览，教育广大检察人员牢固树立“忠诚、公正、清廉、文明”的检察职业道德。加强执法监督管理，完善案件质量考核系统，建

立检察人员执法档案，深化廉政风险防范管理机制，认真开展检务督察工作，围绕办案安全防范工作、警车枪支警械具的管理使用、扣押冻结款物专项检查工作等内容，开展督察3次。积极推进自侦案件批捕权上提一级改革，研究制定实施细则，自去年9月1日实行改革以来对自侦案件决定不予逮捕13件14人，不捕率为7.9%，同比上升0.3个百分点。深化检务公开工作，制定下发《关于进一步深化“检务公开”工作的实施意见》、《北京市检察机关关于进一步加强释法说理工作的规定（试行）》，市检察院成立检务接待中心，建立全市统一的案件信息查询系统，突出执法过程信息的公开，切实保障人民群众的知情权、参与权和监督权。

二、全市检察机关深化诉讼监督工作的主要成效

全市检察机关始终坚持人民检察为人民的根本宗旨，从更好地满足人民群众的司法需求出发，以人民群众反映强烈的影响司法公正的突出问题为重点，脚踏实地的促进诉讼监督工作取得新的成效。

（一）刑事诉讼监督工作进一步深化

一是加大对刑事立案侦查活动的监督力度。要求侦查机关说明不立案理由135件，促使其主动立案16件19人，同比增长97.8%和90%，通知立案29件32人，同比增长107%和77.8%。加强对立案侦查案件的跟踪监督，监督立案案件已经移送审查起诉19件21人，法院同期作出有罪判决12件17人。积极查究漏罪漏犯，决定追加逮捕114件144人，同比增长128%和128.6%，追加起诉116件182人，同比增长190%和133%。依法追诉的江苏华、刘凤涛等犯罪嫌疑人被判处十年以上有期徒刑。加大对侦查违法行为的纠正力度，共提出书面纠正意见73份，同比增长62%。积极拓展监督领域，通州、怀柔等检察院开展对刑拘后未报捕案件的监督。延庆检察院强化农村“两委”换届中的诉讼监督职能，追捕一名在选举现场指使亲属殴打村民的村支部书记，督促公安机关对贿选不成进而用刀扎伤选民的两名犯罪嫌疑人立案查处，为“两委”换届营造了良好的法治环境。

二是加大对刑事审判活动的监督力度。向法院提出二审程序抗诉79件，抗诉率为4.5‰，上级院支持抗诉59件，法院同期改判或发回重审31件，法院对抗诉意见的采纳率为50%。原西城检察院办理的曹强贪污案经抗诉，由有期徒刑三年缓刑三年改判为十一年。认真开展刑事审判监督专项检查活动，提出审判监督程序抗诉9件17人，上年同期为1件1人，专项检查工作受到高检院充分肯定。对于法院量刑不当的故意杀人、盗窃案被告人张海生，五年中两次抗诉、两次改判，经最高法院核准被执行死刑。针对刑事审判违法行为提出书面纠正意见7份，同比增长2.5倍。认真贯彻执行两高《关于人民检察院检察长列席人民法院审判委员会会议的实施意见》，全市各级检察机关检察长、受检察长委托的副检察长列席法院审委会会议69次。加强对薄弱环节的审判监督，海淀、昌平等检察院与法院会签办理简易程序公诉案件工作规范，对于不派员出庭公诉的简易程序案件，就审限、程序、裁判、送达等重点事项开展法律监督。

三是加大对刑罚执行和监管活动的监督力度。以安全防范检察为重点，开展监狱“清查事故隐患，促进安全监管”专项活动，针对2008年以来全市13所监狱中有关工作情况进行检察，纠正了监狱管理中存在的制度落实不到位、干警执法不规范等问题。按照市检察院《关于被监管人死亡事件检察工作规定》，今年上半年对9件被监管人员死亡

事件开展独立调查，及时化解了被监管人家属的疑问。向监管机关发出纠正违法通知书13份，发出检察建议73份，促进监管场所依法、文明、科学管理。针对大兴区看守所民警违规使用防爆器械造成在押人员轻微伤的事件，提出书面纠正意见，相关责任民警被处以行政告诫。依法开展对社区矫正各执法环节的法律监督，原西城检察院紧密结合区域特点，设置北京市首家社区矫正检察官办公室，创新和规范监外执行检察监督新模式。丰台、延庆等检察院针对监外执行罪犯存在的漏管问题，提出意见后予以纠正。通州检察院针对海淀区法院未及时送达监外执行罪犯有关法律文书，致使执行机关对罪犯漏管，未对其进行社区矫正，并造成缓刑罪犯重新犯罪的情况，向法院发出纠正违法通知书。

（二）民行检察工作进一步深化

一是加大民事行政监督工作力度。全市检察机关共受理民行申诉案件1919件，同比增长27%，提出抗诉44件，向法院发出再审检察建议25件，法院同期改判或发回重审27件，改变原判决率为73.7%，同比上升20个百分点。在开展民行监督工作中，以涉及稳定、民生、农村的案件以及虚假诉讼、违法调解、执法标准不统一案件为重点。市检察院、市检一分院就两起当事人制造虚假诉讼案件向法院提出抗诉，市检二分院就一起涉及非法占用农村40亩土地的民事案件提出抗诉，大兴检察院针对法院“同案不同判”问题发出再审检察建议，意见均被法院采纳。注重对法院执法过程的监督，发出纠正违法通知书2件、纠错性检察建议6件，法院均回函表示对相关问题进行整改。

二是积极做好矛盾化解工作。对不服法院正确裁判的1229件申诉案件，做好当事人的服判息诉工作，努力维护司法权威。立足社会矛盾化解，积极探索“检调对接”，有8个院制定了关于民事行政和解息诉的制度规定，对于有和解意愿的当事人，积极促成和解19件，彻底化解纠纷。大兴检察院和解的一起民事案件标的达2900万元，原西城检察院成功和解一起长达16年的劳动争议案件。推动息诉工作与行政调解、司法调解、人民调解、公益律师调解的有效衔接，共同化解社会矛盾。截至目前，各院共与司法局、律师协会签订协作意见14份，与法院签署工作意见3份，与街道办事处签署协作办法7份。原崇文检察院主动与区法院对接，借助司法救助基金，成功化解多起缠访缠诉的民事申诉案件。

（三）依法查处执法司法人员职务犯罪

贯彻高检院《关于完善抗诉工作与职务犯罪侦查工作内部监督制约机制的规定》，健全诉讼监督部门与职务犯罪侦查部门协作配合机制，深入查处司法不公背后的职务犯罪案件。全市检察机关共立案侦查司法人员职务犯罪19人，同期提起公诉24人，法院作出生效判决13件16人。包括最高法院立案庭法官李某受贿，市公安局民警汪某受贿，原崇文分局民警崔某、董某帮助犯罪分子逃避处罚等徇私枉法案件，其中汪某被判处无期徒刑。反渎职侵权部门与监所检察、控告申诉检察、检察技术等部门通力协作，查办一起十多年前发生的被监管人马某被虐待致死案，三名涉案监管干警分别被判处七至十年有期徒刑。

（四）促进相关机关规范执法司法行为

随着诉讼监督工作的逐步深化，其他执法司法机关与检察机关加强互相配合、规范执法司法行为、共同维护司法公正和权威的意识日益增强。相关机关针对诉讼监督各环节需要研究解决的问题，与各级检察院会签文件33份。第一中级法院与市检一分院经过深入调研，联合制定《关于加强诉审关系协调的若干意见》。朝阳区公检法三机关共同制定扣押款物移送办法，法检两家会签《关于进一步加强案件审限流程管理的规定》。顺义公安分局对检察机关监督立案案件的办理程序、立案和终结时限作出规定，积极解决久侦不结的问题。检察机关发出的一些书面纠正意见得到有关执法司法机关主要领导重视，在单位内部开展了专项教育整顿活动。

（五）积极开展涉法涉诉案件专项评查工作

根据市人大常委会的要求，为了分析当事人涉法涉诉信访的原因，提出解决问题的建设性意见，市检察院自今年 5 月起开展了百件案件评查分析专项工作。从市人大常委会、市高级法院和全市检察机关移送的 99 件涉法涉诉信访案件中，选出 84 件司法程序终结后仍然信访的案件进行逐一评查，对反映出来的执法司法问题进行认真分析，同时立足于深入推进社会矛盾化解，对于影响社会和谐稳定的倾向性问题进行了综合反映。我们认为，本次评查工作是检察机关在新形势下改进监督方式、提高监督能力的一次积极探索。

当前，我国正处于利益格局深刻调整的社会转型期，因利益诉求引发的人民内部矛盾层出不穷，许多涉及社会公正和群众利益的问题以举报、控告、申诉等形式汇集到司法机关。经过近几年集中治理，全国涉法涉诉信访案件呈现逐年下降的趋势，但其总量占全国信访的比例依然较高，涉法涉诉信访仍呈高位运行态势。在评查案件中，由于司法人员执法不规范甚至违法而导致的信访客观存在，但只占到极少数，绝大部分案件的司法处理是公正的。在其他案件中，有的反映了基层基础工作的薄弱，一些基层干部因工作方式简单、作风不文明引发干群矛盾；一些基层组织化解矛盾不力，致使大量个人之间的琐事纠纷进入司法程序，又逐渐发展成为涉法涉诉信访。有的案件是由于行政执法不当造成的，一些行政管理部门在工作中没有贯彻严格执法的理念，执法程序不规范或行政不作为导致群众信访。有的案件反映出当事人法律意识和诉讼能力不强，一些当事人对自己的诉讼主张不能依法举证，或对法律不能正确理解，最终选择信访继续反映自己的要求。有的案件当事人提出了过高的申诉请求，这种请求由于缺乏法律依据而无法得到满足，进而产生缠访缠诉。信访机制本身也需要进一步完善，救助金发放的不规范在信访人中产生攀比效应，信访终结机制的缺乏造成终审不终结的现象，这些都在一定程度上削弱了司法权威和政府管理权威。我们认为，合理解决涉法涉诉信访问题，必须深入推进中央提出的三项重点工作，在党委领导下，充分动员、组织各方面社会力量，大力提高化解社会矛盾的能动性和水平，积极推进社会管理创新，完善社会救助和法律服务体系，坚持公正廉洁执法、严格依法行政，努力实现公平正义。

三、诉讼监督工作存在的问题和下一步措施

经过两年来的持续推动，全市诉讼监督工作整体薄弱的局面已经有了较大转变，但作为一项以权力制约权力的司法制度设计，诉讼监督工作涉及面广、问题复杂，北京市检察机关的诉讼监督工作尚存在一些困难和不足：检察人员监督能力还不适应维护司法公正的要求，这仍然是制约工作开展的重要因素，尤其是民事行政检察队伍的专业能力相对薄弱，办理复杂民商事案件和知识产权案件的经验不足；诉讼监督的内外部工作机制还需要进一步完善，检察长列席法院审委会机制未能在市级层面上予以正式规范，行政执法与刑事司法衔接等已经建立的工作制度需要更深入的贯彻执行，部分检察机关对市检察院下发的相关细则和工作规则尚未出

台相应的配套落实措施；一些执法司法人员主动接受监督的意识还不强，检察机关在办理刑事案件中发出的书面纠正意见回函率仅为54%。总之，全面贯彻落实好《决议》的各项要求是一项长期的任务，需要在司法改革和实践中不断探索，做更多扎实、有效的工作。

（一）进一步加强诉讼监督能力建设

统一思想认识，将诉讼监督纳入三项重点工作整体格局，以深入推进公正廉洁执法为目标，以解决群众反映强烈的问题为重点，坚持把监督纠正个案中的问题与监督纠正普遍性问题、开展经常性监督与开展专项监督、加强诉讼监督与查处司法腐败、强化监督制约与加强协作配合有机结合起来，不断改进监督方式方法，提高监督能力水平，优化评价激励机制，努力做到敢于监督、善于监督、依法监督、规范监督。增强检察决定和法律文书的说理性，将诉讼监督工作置于社会各界和人民群众的监督之下，提高执法透明度和公信力。认真总结诉讼监督工作的特点和规律，按照高检院要求，在中国法学会检察学研究会下牵头成立刑事诉讼法律监督专业委员会，推动诉讼监督理论研究的深入发展。

（二）结合司法改革进一步明确诉讼监督方向

按照中央和高检院关于深化司法改革和检察改革的要求，落实好已经出台和即将出台的各项改革措施。与公安机关建立刑事案件信息通报制度，加强对公安机关立案活动的监督，注重对监督立案后侦查工作的跟踪督促。完善审查逮捕阶段讯问犯罪嫌疑人的制度，探索对强制措施及搜查、扣押、冻结等侦查措施的监督，建立对侦查活动中违法行为的调查制度。切实抓好中央政法各部门联合下发的《关于办理死刑案件审查判断证据若干问题的规定》、《关于办理刑事案件排除非法证据若干问题的规定》的学习宣传和贯彻落实，认真总结经验、吸取教训，进一步强化对自身执法活动的监督制约，在确保自身依法办案的同时，加强对公安机关取证活动的监督。

（三）进一步健全诉讼监督工作机制

加强与市政府法制办、市公安局和市信息办的协作配合，力争在两年内逐步实现行政执法与刑事司法的“网上衔接、信息共享”。与市高级法院在两院沟通机制框架下研究解决相关问题，共同完善检察长列席法院审委会制度。将诉讼监督与执法司法机关内部机制建设结合起来，通过加强综合监督，定期通报监督中反映的普遍性问题，促进各执法司法机关完善内部监督机制。将对案件的监督与对人的监督结合起来，建立与其他执法司法机关监察部门的联系机制，加强对司法人员在诉讼活动中渎职行为的监督和预防工作。积极推进与律师及社会各界的联系，拓宽诉讼监督案件的来源和渠道。

（四）进一步加强民事行政检察工作

始终把民行检察工作放在党和国家工作大局中谋划和推进，密切关注热点领域的经济纠纷和司法状况，综合运用抗诉、督促起诉、支持起诉等手段，加强对国有资产、知识产权、环境资源、新农村建设等方面的司法保护。着力构建以抗诉为中心的多元化监督格局，注意抗诉与再审检察建议、纠正违法通知书、检察建议等其他监督手段的综合运用和有效衔接。积极完善对民事执行、调解的监督，推进对行政诉讼的法律监督，更好地维护司法公正、促进依法行政。牢固树立抗诉与息诉并重的观念，完善“检调对接”机制，把检察调解纳入社会大调解工作格局之中，着力发挥民行检察工作化解社会矛盾的职能作用。大力推行检察一体化办案机制，加强上下级检察院之间的协作配合，增强办案合力。

主任、各位副主任、秘书长、各位委员，在新形势下，全市检察机关将深入贯彻落实科学发展观，按照《决议》的要求，在各级党委领导、人大监督下，坚定不移地加强和改进诉讼监督工作，为促进司法公正、维护法制权威作出新的贡献！

关于深化诉讼监督工作促进执法司法公正工作情况的意见和建议

——2010年9月16日在北京市第十三届人民代表大会常务委员会第二十次会议上

市人大内务司法委员会主任委员　李小娟

主任、各位副主任、秘书长、各位委员：

今年是本届常委会第三次听取审议市人民检察院关于诉讼监督工作情况的专项报告。为了推动两院认真落实市人大常委会加强诉讼监督工作的决议，破解影响深化诉讼监督的难题，4月12日，杜德印主任亲自带领我们赴市检察院调研，与检察院领导同志深入地交换意见，提出工作要求。内务司法办公室邀请部分常委委员和代表组成专题调研组，自今年4月至7月开展了深入的调查研究，先后到四个区县了解基层检察院的工作情况；召开了五次专题座谈会，听取各方面的意见；组织代表视察，听取了市检察院、市检一分院和东城区检察院的系统工作汇报。在此基础上，调研小组汇总梳理了各方面的意见和建议，并形成调研报告一并反馈给市检察院，要求他们据此研究改进工作，并在专项工作报告中予以回应。市检察院根据我们反馈的意见，认真研究修改了报告初稿。8月24日，内务司法委员会召开会议，听取了市检察院甄贞副检察长"关于百件案件评查专项工作情况"的通报，讨论了市检察院"深化诉讼监督工作、促进执法司法公正工作情况的报告"。内务司法委员会认为，报告比较客观全面地总结了全市检察机关深化诉讼监督工作的情况，实事求是地分析了当前工作中存在的问题和困难，并提出了切实可行的对策措施，我们同意这个报告。

内务司法委员会认为，一年来，全市检察机关结合贯彻最高人民检察院《关于进一步加强对诉讼活动法律监督工作的意见》，认真落实去年市人大常委会会议对检察院专项工作报告的审议意见，进一步明确了深化诉讼监督工作的思路，着力强化对诉讼活动各环节、尤其是诉讼活动中执法过程的监督，使诉讼监督工作在原有基础上，又有新进展，取得了新成效。目前，全市行政执法与刑事司法相衔接的外部工作机制已经启动，检察长列席同级法院审判委员会的制度普遍推开；通过会签文件，与公安机关、人民法院的工作沟通联系机制更加规范完善，进一步统一了执法标准、规范了执法行为，促进了内外部监督的衔接；通过在主要工作部门普遍设立诉讼监督组专司诉讼监督职责，在强化对个案监督的同时，加强对类案的调研分析，推动了带有普遍性、倾向性的执法不规范问题的解决；通过细化诉讼监督工作规范，开展涉诉涉法信访百案评查活动，深入分析缠诉缠访案件中存在的社会管理和执法、司法问题，提出改进工作的对策建议，增强了队伍的诉讼监督能力；通过推进刑事审判监督量刑建议和民事执行活动监督改革试点工作，积累了深化诉讼监督的经验。

内务司法委员会认为，一年来，全市检察机关的诉讼监督工作取得了明显的进步，对于维护司法公正发挥了应有的职能作用。对全市检察机关诉讼监督工作取得的进展和成效应当给予充分肯定。但同时也必须看到，深化诉讼监督是一项长期的任务，诉讼监督工作中存在的一些问题难以在短时间内根本解决，如少数检察人员不敢监督、不愿监督、不善监督的问题仍不同程度的存在；诉讼监督的能力、特别是民事行政检察监督的能力还比较薄弱；诉讼监督的内部工作制度、规则在有的基层单位还没有落实到位；诉讼监督的外部工作机制还需要进一步细化和完善等等。面对人民群众对严格执法、公正司法的强烈呼声，面对中央提出的“深入推进社会矛盾化解、社会管理创新、公正廉洁执法”三项重点任务，检察机关的诉讼监督工作还需要不断深化。为此，内务司法委员会提出以下意见和建议。

一、要持之以恒地抓好职责教育，坚定深化诉讼监督工作的信心

随着市人大常委会《关于加强人民检察院对诉讼活动的法律监督工作的决议》（以下简称《决议》）的贯彻落实，目前在全市已初步形成了有利于诉讼监督工作深入发展的氛围。市检察院要抓住这一有利时机，结合贯彻最高人民检察院《关于进一步加强对诉讼活动法律监督工作的意见》，分析研究深化诉讼监督工作中的重点、难点问题，采取更有针对性的措施加以突破。要继续强化诉讼监督职责教育，切实解决少数检察人员的思想反复问题，引导全体检察人员统一思想、坚定信心，进一步增强诉讼监督的责任感和使命感，勇于破解监督中的难题，从建设和维护公正高效权威的社会主义司法制度的高度，坚定不移地推动诉讼监督工作深入发展。

二、要结合推进“三项重点工作”，继续深化诉讼监督工作

中央部署的“深入推进社会矛盾化解、社会管理创新、公正廉洁执法”三项重点工作，为深化诉讼监督开辟了新的领域。全市检察机关要把加强诉讼监督与推进“三项重点工作”紧密结合起来，充分发挥诉讼监督在化解社会矛盾、促进公正廉洁执法中的积极作用，结合处理涉法涉诉信访积案，注意监督纠正造成“案结事不了”的执法不严、司法不公问题，特别要严肃查处隐藏在执法不严、司法不公背后的职务犯罪，在积极化解社会矛盾的同时，促进公正廉洁执法。要针对当前社会矛盾纠纷主要集中在民商事争议和社会管理领域的特点，大力加强民事行政检察监督，加快推进监督民事调解和执行活动等试点工作，高度关注可能造成社会矛盾激化的行政监管及执法、司法不当的倾向性问题，在依法监督纠正的同时，加强综合分析，及时提出检察建议，充分发挥检察职能对促进社会管理创新的积极作用。

三、要在深化诉讼监督工作的实践中，不断总结经验、提高能力

市检察院要认真总结近年来加强诉讼监督能力建设的经验，针对当前检察人员素质能力的薄弱点，在加强执法办案工作的实践过程中，采取更有效的措施，提高检察人员诉讼监督的能力，重点提高民行检察和控告申诉检察的专业素质能力。要加强上级院对下级院的工作指导，以促进规范执法和公正司法为目标，注重监督效果，妥善处理勇于

监督与善于监督的关系，监督工作的创新性与规范性、拓展性与合法性的关系，从实际出发，把握好监督的角度和力度，依法用好用足现有的监督手段，切实做到严格依法履行职责、推进工作。

四、要结合司法改革，进一步完善诉讼监督工作机制

根据中央司法体制改革的部署，最高人民检察院即将出台多项有关诉讼监督的规范性文件。市检察院要结合贯彻中央和最高检的文件，会同有关执法、司法机关尽快完善、细化与之配套的工作措施，保证各项工作迅速有序开展。对市检察院已制定的加强诉讼监督工作的规范性文件，要抓好落实。要加快推进现有外部工作机制的进一步完善，抓紧研究细化“两法衔接”机制实施层面的程序、工作标准和衔接措施，抓实“信息共享网络平台”建设的试点工作；同时要强化对自身执法活动的监督和制约。

以上意见，供常委会组成人员审议时参考。

市人大常委会执法检查组关于检查《中华人民共和国中小企业促进法》实施情况的报告

——2010年9月16日在北京市第十三届人民代表大会常务委员会第二十次会议上

市人大常委会副主任　吴世雄

主任、各位副主任、秘书长、各位委员：

为进一步推进《中华人民共和国中小企业促进法》(以下简称中小企业促进法）的贯彻实施，促进我市中小企业的发展，市人大常委会把检查中小企业促进法实施情况列入了今年的执法检查项目。市人大常委会成立了由部分常委会组成人员、财政经济委员会委员和市人大代表组成的执法检查组，制定了工作方案，重点围绕改善中小企业发展环境，落实各项支持扶持措施，推动社会服务体系建设，保障中小企业合法权益等情况进行了检查。执法检查组先后听取了市经济信息化委、财政局、金融局、人力社保局和工商局等部门，以及顺义区、大兴区政府贯彻实施中小企业促进法的情况汇报；到市中小企业服务中心检查社会服务体系建设情况，并听取西城区、通州区和怀柔区中小企业服务中心的汇报；召开了银行、担保再担保公司、融资服务平台、投资基金公司等机构负责人参加的中小企业融资情况座谈会；深入十多家中小企业了解情况；征求了市工商联合会的意见；还通过市人大常委会网站向社会征求意见和建议。8月31日，执法检查组召开会议，讨论并通过了执法检查报告。现在，我代表执法检查组将检查情况报告如下。

一、贯彻实施中小企业促进法的主要成效

中小企业促进法全文共七章45条，从资金支持、创业扶持、技术创新、市场开拓、

社会服务五个方面对促进中小企业发展作了规定。自2003年该法实施以来，市政府及其有关部门做了大量工作，取得一定成效。我市中小企业迅速发展，目前已有25.2万户，占全市企业总数的99.7%，在推动我市经济发展方式转变，促进产业结构调整，缓解就业压力，保持社会稳定等方面发挥了重要作用。

（一）完善政策、措施，为中小企业发展提供制度保障

近年来，市政府及其有关部门按照中小企业促进法的相关规定，注重制度建设，结合我市实际，制定了一系列促进中小企业发展的配套政策。先后出台了《北京市“十一五”时期中小企业发展促进规划》、《支持中小企业发展专项资金管理暂行办法》、《中小企业创业投资引导基金实施暂行办法》、《中小企业信用再担保资金使用管理暂行办法》、《关于鼓励支持和引导个体私营等非公有制经济发展的意见》等政策、措施，细化了中小企业促进法的有关规定，为促进我市中小企业发展提供了制度保障。

（二）加大资金支持力度，发挥财政资金的带动作用

按照中小企业促进法第十条关于地方人民政府应当根据实际情况为中小企业提供财政支持的规定，市政府设立了市级中小企业发展专项资金，每年5亿元，支持中小企业发展。另外，利用农业结构调整资金、文化创意产业发展资金、体育产业发展资金及旅游产业发展资金等其他专项资金，加大对中小企业发展支持力度。同时，注重发挥财政资金的带动作用，引导社会资本支持中小企业。2008年设立8亿元创业投资引导基金，引导社会投资20亿元以上。在担保体系建设方面，截至2009年年底，已安排1.07亿元用于担保风险补偿，出资10亿元支持设立第一家省市级再担保机构，出资1.5亿元支持设立高端制造业担保代偿资金。另外，还建立了区县担保网络体系，目前首创和中关村科技担保公司的分支机构基本覆盖了各区县及中关村1区11园。

（三）提供各类融资服务，缓解中小企业融资困难

市政府及其有关部门针对中小企业不同的发展阶段，采取了多项措施提供融资服务。对处于初创期的企业，用引导基金带动创业投资基金和股权投资基金，2009年这两类基金向我市投资总金额62.5亿美元，占全国总量的55.4%，居全国首位。对处于成长期的企业，以完善担保体系为切入点，搭建融资服务平台，支持企业间接融资。北京中小企业再担保公司为直接服务于中小企业的担保机构提供增信和分险服务，扩大了全市担保规模，2009年，中小企业贷款担保总额达536亿元，同比增长28.3%。对处于成熟期的企业，以建立企业上市服务平台为重点，支持中小企业上市融资。截至2010年7月底，我市企业在中小企业板上市20家，在创业板上市24家。另外，按照中小企业促进法关于拓宽融资渠道的规定，进行了有益的尝试和探索，在开展股权质押登记，无形资产抵押贷款，发行中小企业集合债券和企业集合票据等方面都取得了一些进展。2009年，北京银行与市知识产权局签署协议，在3年内将提供50亿元知识产权质押贷款授信额度，扩大北京知识产权质押贷款规模，使更多拥有知识产权的中小企业从中受益。

（四）推动科技创新及成果转化，提升中小企业的核心竞争力

市政府及其有关部门重视支持中小企业自身创新能力建设，连续5年共认定94家中小企业技术中心，占市级技术中心的41.2%，出资7000多万元对所有认定的技术中心进行支持。结合企业需求建立技术转移机制，围绕重点发展领域设立了9家技术转移中心，

提高了中小企业科技成果转让、转化的效率和效益。构建信息化科技服务平台，汇集科研成果2600余项，企业技术需求2000余项，建立了千余名专家教授组成的专家库，还通过举办推介会及参加国际交流等形式促进科技创新转化。这些措施有效增强了我市中小企业的核心竞争力，促进了科技型中小企业的发展。

二、贯彻实施中小企业促进法存在的主要问题

检查中发现，我市在实施中小企业促进法方面也存在一些问题和薄弱环节，需要引起重视并认真研究解决。

（一）中小企业发展环境有待进一步优化

各级政府还应更加重视中小企业的发展。按照中小企业促进法的规定，政府应在财税、信贷、用地等方面给予中小企业支持。检查中有企业反映中小企业负担重、社保压力大、发展用地难。中小企业很多都是微利企业，由于我市用地成本很高，客观上挤压了中小企业的利润空间。有企业反映，近年来因国家政策调整，中小企业办理土地证更加困难，企业资产无法有效盘活。检查中还发现，政府对中小企业的服务在很多方面需要进一步改进，对中小企业合法权益的保护力度不够，部分已出台的政策执行不力。比如：企业注册前置审批项目过多，资格认定环节复杂，审批程序繁琐，有的企业反映相关政府部门之间沟通协调不够，行政批件互为前置，给企业办理相关证照带来较大困难。

（二）社会服务体系尚未完善

对照中小企业促进法关于国家鼓励社会各方面力量，建立健全服务体系，为中小企业提供服务的规定，我市中小企业服务体系建设还需要进一步加强，政府对服务体系建设的主导、支持作用还需要进一步发挥。首先，政府扶持建立的服务机构亟待健全规范。市与区县中小企业服务中心模式不统一，有的是专门设立的，有的是政府有关科室承担着服务中心的职能，有的是政府下设的事业单位，但从事着政府部门的大量行政辅助工作。市与区县服务中心人员不足，总人数不超过50人，有的区县服务中心只有两三个人，难以承担为属地中小企业开展多领域、全方位服务的职能。各级服务中心经费保障不足，大部分是差额拨款或自收自支，要靠部分收费维持自身运转。其次，支持中介机构为中小企业提供服务的政策、措施尚不完善，各种社会服务机构分散服务、各自为营，缺乏统一的协调、指导和监管，影响了服务体系综合作用的有效发挥。

（三）资金支持机制有待进一步健全

市政府及其有关部门对中小企业财政支持资金缺乏统筹，资金支持机制尚需健全。我市中小企业数量较多，行业分布比较广泛，政府管理部门众多，财政支持资金分散，种类多，发挥合力不够。检查中发现，由于缺乏各部门之间的沟通审查机制，企业获得资金支持比较困难，但也有同一个项目或企业经包装后向多个部门、多个渠道申请资金的现象，影响了财政资金使用效益。另外，财政资金大多用于对单个中小企业或项目的支持，对社会服务体系建设的支持力度不够，有限的资金如何合理使用需要进一步研究。

（四）小企业融资仍然十分困难

据统计，全市只有10%的小企业得到过银行贷款，5%的小企业得到过财政资金补助，0.1%的小企业得到过风险投资，能够上市融资的仅仅万分之一，融资难依旧是制约中小企业，特别是小企业发展的重要因素。分析原因，一是有限的融资支持与巨大的融资需求之间的供需矛盾仍然非常突出。二是受中小企业自身素质不够高、信用体系不完

善、信息不对称等因素的影响，金融机构了解中小企业信息难度大、成本高，加上受机构内部风险管控制度的制约，一些科技创新能力强、成长性良好的企业也难以获得融资贷款，金融机构支持中小企业融资的积极性普遍不高。三是适合中小企业的区域性及小规模金融机构非常欠缺，集体土地证、知识产权等质押受到限制，这些因素都制约了中小企业融资环境的改善。

三、进一步贯彻实施中小企业促进法的意见和建议

为了更好地贯彻实施中小企业促进法，推动我市中小企业健康发展，执法检查组提出以下意见和建议。

（一）提高对中小企业重要性的认识，加强对中小企业发展的引导和支持

党的十七大提出要推进公平准入，改善融资条件，破除体制障碍，促进个体、私营经济和中小企业发展。就我市而言，近年来，中小企业发展十分迅速，25.2万户中小企业上缴税收、获得发明专利分别占全市企业总量的62.3%和58.2%，从业人员约占全市企业就业人数的72.6%，在繁荣首都经济，推进技术创新，增加就业岗位等方面，发挥着越来越重要的作用，已经成为推动首都经济社会发展必不可少的力量。各级政府部门要充分认识促进中小企业发展的重要意义，坚持以科学发展观为指导，立足首都城市的性质和功能，按照建设中国特色世界城市的长远目标，紧密结合“人文北京、科技北京、绿色北京”建设，明确中小企业发展的方向和目标任务，采取切实有效的措施，促进我市中小企业的发展。一是从建设国家科技创新中心和服务中心的要求出发，发挥好政府规划、组织、统筹、协调和服务的职能，切实改善创新创业的法制与政策环境，将中小企业作为转变经济发展方式的重要载体，大力推进科技型和服务型中小企业的发展。二是深入分析研究我市中小企业的结构特点和发展状况，编制好“十二五”中小企业发展专项规划，根据我市的产业政策，抓紧研究制定中小企业发展产业指导目录，确定扶持重点，有针对性地予以支持和引导全市中小企业的发展。

（二）增强服务意识，进一步优化中小企业的发展环境

要树立抓大扶小的服务理念，在发展大企业、做好大项目的同时，合理布局、科学规划，鼓励和扶持符合国家和北京市产业政策的中小企业做优做强，培育和提升企业核心竞争力，形成持续、稳定、健康发展的中小企业成长梯队。认真落实《国务院关于进一步促进中小企业发展的若干意见》、《国务院关于鼓励和引导民间投资健康发展的若干意见》，认真研究制定我市的实施意见，完善配套措施，建立优化发展环境的标准，切实解决准入门槛高、负担重、用地难等问题。完善政府对中小企业的服务，深化行政审批制度改革，加强部门协调，简化程序、缩短时限、提高效率，为中小企业提供便捷服务。

（三）整合政策、措施，形成支持中小企业发展的合力

认真落实中小企业促进法关于加强对中小企业促进工作综合协调、指导和服务的规定，做好政策统筹，加强政府部门之间的协调，努力形成支持中小企业发展的合力。一是统筹资金支持，加强对全市财政投入的统筹安排。按照“统用不统钱”的原则，建立完善支持中小企业财政资金整合机制，不改变现有的管理框架，资金各自管理。在此基础上统一安排，形成合力，重点支持社会化服务、融资、信用及科技创新服务，特别是扶持具有广阔市场前景和发展潜力、成长性

强的高新技术中小企业。二是要协调整合中小企业支持政策。按照“统法不统权”的原则，明确各部门在促进中小企业发展方面的责任和职权，建立以落实责任为核心、综合支持为导向、政策协调为抓手的工作机制。要统一中小企业发展各阶段的扶持措施，把创业扶持、支持技术创新与市场开拓结合起来，保持政策的连续性和一致性。三是要突出对小企业的扶持。小企业占全市中小企业总量的98.7%，小企业得到的扶持少，面临的困难多，要适当加大对小企业的倾斜，研究有针对性的扶持政策，为小企业营造良好环境。

（四）完善融资服务体系，努力缓解融资困难

中小企业促进法第十九条规定，县级以上人民政府和有关部门应当推进和组织建立中小企业信用担保体系，推动中小企业的信用担保，为中小企业融资创造条件。结合我市实际，一是加快推进信用制度建设。市政府有关部门要提高录入信用信息的及时性和准确性，建立方便快捷的信用信息披露和咨询机制，提供免费信用信息服务。引导和规范信用评估行业发展，推动信用服务机构正确评价中小企业的信用。二是加强信用担保体系建设。完善担保机构风险控制和资金补偿、奖励机制，进一步扩大担保业务。支持再担保机构扩大再担保的规模和范围，充分发挥其分散风险的作用。完善知识产权等无形资产评估、登记、质押等政策规定，支持中小企业信贷融资。三是加强融资服务平台建设，丰富金融机构的类型，创新金融服务方式。构建政府、企业、金融机构合作机制，支持中小型非存款性金融机构、民营小额贷款公司和村镇银行的发展，为中小企业特别是小企业提供更好的融资服务。鼓励大型金融机构开发适合中小企业的金融产品，增加对中小企业贷款，提高中小企业在大银行融资成功率。进一步发挥风险投资基金的引导作用，促进我市风险投资行业的发展，拓展发行企业债、集合债、股权债权及企业上市等直接融资渠道。

（五）健全社会服务体系，为中小企业提供更加优质的服务

中小企业促进法专门设置了社会服务一章，对建立健全服务体系作出了规定，市政府及其有关部门要认真贯彻落实，完善相关政策制度，加大投入力度，尽快建立起以政府为主导，市和区县中小企业服务中心为骨干，行业协会和企业联盟为支撑，社会中介组织广泛参与的社会服务体系。一是要完善市与区县服务中心建设，逐步解决人员少、资金不足、功能不全等问题。二是支持行业协会的发展，探索建立中小企业联盟，通过这些行业自律组织整合中小企业设备、技术及营销等资源，实现资源共享、创新互帮、融资互助。三是充分发挥中介组织、高等院校、科研院所等各方面的作用，为中小企业提供更多专业化服务。要按照中小企业促进法的要求，加快建立信息化服务体系，为中小企业提供全面的信息及咨询服务。要加强培训体系建设，做好中小企业经营管理者及生产技术人员的培训，提高中小企业整体素质，推动中小企业依法诚信开展生产经营活动。

（六）深入开展促进中小企业发展地方立法工作的前期调研

检查中不少企业和政府部门反映，中小企业促进法已经实施七年，其中许多条款属于一般性、原则性、倡导性的规定，实施起来有一定的难度，需要结合我市的特点，通过地方立法加以细化。中小企业促进法第四十四条明确规定：省、自治区、直辖市可以根据本地区中小企业的情况，制定有关的实施办法。目前全国已有22个省、自治区、直辖市制定了中小企业促进地方法规，我们可

以在地方立法中学习借鉴。按照常委会的工作安排，今年要对促进中小企业发展开展地方立法的立项论证工作，本次执法检查就是与立项论证调研结合起来进行的。建议市政府及其有关部门在继续实施好中小企业促进法的基础上，组织力量加快地方立法的调研工作。

主任、各位副主任、秘书长、各位委员，促进中小企业发展，是保持我市经济平稳较快发展的重要基础，是关系民生和社会稳定的战略任务。我市要全面贯彻实施好中小企业促进法，结合编制“十二五”规划，认真研究中小企业发展面临的新情况、新问题，加大对中小企业的支持力度，帮助中小企业克服困难，采取更加积极有效的政策、措施，促进中小企业健康发展，为建设“人文北京、科技北京、绿色北京”作出应有的贡献。

以上报告，请予审议。

关于贯彻《中华人民共和国中小企业促进法》实施情况的报告（书面）

——2010年9月16日在北京市第十三届人民代表大会常务委员会第二十次会议上

北京市经济和信息化委员会

主任、各位副主任、秘书长、各位委员：

受市人民政府委托，向市人大常委会报告本市贯彻《中华人民共和国中小企业促进法》实施工作情况。

2003年，《中华人民共和国中小企业促进法》（以下简称《中小企业促进法》）颁布实施以来，本市中小企业发展十分迅速。目前，全市中小企业25万多户，占全市企业总数99.7%；营业收入、创造利润、上缴税收，分别占全市企业总量的56.6%、68.2%、62.3%；从业人员约占全市企业就业人口的72.6%。2004—2008年，中小企业实收资本增长126.7%，年均增长率为22.7%；营业收入增长86.3%，年均增长率为16.8%；利润增长153%，年均增长率为26.1%；税收增长85.7%，年均增长率为16.7%。

本市中小企业是首都经济的重要组成，是建设世界城市的重要基础，是落实“人文北京、科技北京、绿色北京”战略的重要力量。中小企业在确保首都经济稳定发展、扩大社会就业、优化经济结构、推动技术创新、保障改善民生等方面具有不可替代的地位和作用。

一、贯彻中小企业促进法实施情况

几年来，市委、市政府以贯彻落实《中小企业促进法》为主线，研究出台扶持中小企业发展的政策、措施，积极为中小企业发展创造良好经营环境。为加强对中小企业工作的领导，在2009年市级机构改革中，将原市工业促进局管理工业中小企业的职能、原市乡镇企业局管理乡镇企业的职能及市发展改革委管理中小企业的职能，统一整合划入新成立的市经济信息化委，进一步明确了中小企业管理部门，改变了多头管理的局面。2010年，郭金龙市长在市政府工作报告中又进一步明确提出“努力促进民营经济和中小企业发展”的工作任务。

（一）依法制定扶持政策，不断优化发展环境

市委、市政府先后制定出台一系列促进中小企业发展相关配套政策，如《关于鼓励支持和引导个体私营等非公有制经济发展的意见》、《北京市帮扶企业应对国际金融危机若干措施》、《关于实施稳定就业扩大就业六项措施》、《关于金融促进首都经济发展的意见》等政策。政府有关委办局出台了《北京市"十一五"时期中小企业发展促进规划》、《关于支持企业稳定就业岗位有关问题的通知》、《中小企业担保资金管理办法》、《中小企业创业投资引导基金实施暂行办法》、《高端制造业担保代偿资金管理办法》、《中小企业信用再担保资金使用管理暂行办法》、《支持中小企业发展专项资金管理暂行办法》等政策。

（二）设立发展专项资金，加大财政扶持力度

市财政设立专项资金，通过政府各职能部门，采取银行贷款贴息、财政拨款补助、引导性委托入股等方式支持中小企业发展。重点打造政府支持企业的公共服务平台，引导中小企业进入现代服务业、现代制造业、高新技术产业、现代农业等科技含量高、市场竞争力强、能源资源消耗水平低的产业。2005 年起，设立中小企业发展专项资金，每年 5 亿元。2008 年，建立中小企业创业投资引导基金，规模为 8 亿元；出资 10 亿元，设立北京中小企业信用再担保公司，支持信用再担保发展。安排中小企业信用担保代偿补偿资金 1.07 亿元；安排高端制造业担保代偿资金 1.5 亿元，建立担保风险补偿机制。为应对金融危机，2009 年 3 月，出台了《北京市工业企业流动资金贷款贴息补助政策实施细则》，对工业企业新增流动资金贷款进行贴息支持。截至 2009 年年底，共有 227 家工业企业新增流动资金贷款获得共计 1.82 亿元的贴息支持，涉及企业新增流动资金贷款共计 112.65 亿元。

（三）不断加强融资服务，逐步缓解融资难题

针对初创期中小企业，利用中小企业创业投资引导基金，解决其股权融资难题。引导基金规模达 8 亿元，预计可引导社会投资 20 亿元以上，形成投资规模 30 亿元，影响和带动中小企业资本规模近百亿元。目前，引导基金与 19 家投资机构，合作设立 13 家创投公司，引导基金出资 4.94 亿元，总资本金达 18.5 亿元。

针对成长期中小企业，搭建间接融资服务平台，设立再担保机构，解决其信贷融资难题。2008 年年底，开通了服务中小企业和制造业的"北京高端制造业投融资服务平台"，已有多家银行、担保机构加入融资服务平台。截至 2010 年 7 月底，平台接受企业注册 438 家，受理企业融资申请 369 项，并设立了担保代偿资金，累计放大倍数超过 10 倍。2008 年，在国内率先设立了省市级中小企业再担保公司，到 2009 年年底，为中小企业提供再担保授信 326.9 亿元，实际承保 142.1 亿元，承保项目 1507 笔。稳步推进担保行业健康发展，据对 94 家正常运行的担保机构统计，2009 年，中小企业贷款担保总额达 535.98 亿元，较 2008 年增长 28.3%。

针对成熟期中小企业，搭建上市融资服务平台，解决其上市融资难题。建立政府部门推动企业改制上市工作协调机制，解决企业改制上市过程中的共性问题；围绕创业板的推出，开展企业改制上市系列培训；建立企业改制上市辅导师队伍；引导广大中小企业踊跃参加上市培育。截至 2010 年 7 月底，本市在深交所中小企业板上市企业 20 家、创业板企业 24 家。

不断创新金融产品和服务。中关村、顺义区在全国率先发行中小企业集合债券、企业集合票据；创新知识产权质押贷款等新型融资产品。建立北京市政银企沟通交流机

制；引导设立中小企业金融服务专营机构；设立小额贷款公司、村镇银行等新型金融机构。

（四）加强创业引导服务，扶持劳动者创办企业

搭建公共创业服务平台，对创业者实施“一条龙”服务。2004年，启动了“以创业带动就业”的就业倍增计划，扶持劳动者实现自主创业。目前，全市300多家社保所，59个社区承担着创业政策咨询和小额担保贷款受理的业务；19所培训机构承担着创业培训业务；130多名创业指导专家和多家专业服务机构承担着创业指导服务业务。另外，建立了供创业者查询的创业项目库，举办了多场创业项目展示活动和两届高校毕业生创业模拟大赛。截至2010年7月底，累计扶持4.2万人实现自主创业，带动就业21.7万人。

开展创业培训，制定创业扶持政策。建立了一支专业化的创业培训师资队伍，形成了比较完善的创业培训管理系统。开展创业实训和创业见习，强化创业培训的后续服务，力争提高创业成功率。2003年以来，已累计培训各类创业人员近6万人。先后出台了《北京市下岗失业人员小额贷款担保基金和微利项目小额贷款财政贴息管理办法》、《关于完善小额担保贷款办法促进创业工作的实施意见》；建立了市、区县两级小额贷款担保基金。对具备创业培训资质的各类培训机构提供创业培训补助经费。

（五）继续完善服务体系，不断提升服务能力

完善市中小企业服务中心建设，支持13个区县建立中小企业服务中心。成立北京中小企业协会，建立联系政府和企业的纽带。以北京中小企业网为依托，搭建服务平台，并在16区县形成了覆盖全市的中小企业网络系统，现已有15个区县的中小企业网站正式开通。组建专家顾问团队，聘请中国社科院、北京大学和中国民（私）营经济研究会等专家出任顾问，发挥他们在政策研究、参谋建议和咨询服务等方面的作用，在不同领域提供管理咨询服务。

（六）保护企业合法权益，不断减轻企业负担

2006年，对本市限制非公有制经济发展的规定进行了全面清理。清理地方法规和政府规章420件，其中，8项规章涉及限制非公经济发展的规定，废止4项，修改4项；清理规范性文件及其他文件12.6万件。近几年来，本市认真贯彻国务院减负办各项工作部署，狠抓落实，企业治乱减负工作取得了明显效果。2007年至2009年，全市累计取消各种行政事业性收费项目1122项，涉及金额51.84亿元。本市针对企业的“三乱”问题已基本解决。2006年，北京市人民政府《关于鼓励支持和引导个体私营等非公有制经济发展的意见》发布实施当年，全市停收“集贸市场管理费”和“个体工商户管理费”，约2.5亿元，涉及几十万户中小企业、私个经济，比2009年全国范围停收“两费”提前两年半。

（七）建立产学研合作机制，推进企业技术创新

2005年以来，在政府主导下，在京高校、中小企业中围绕北京重点发展领域，根据企业需求分领域建立了9家技术转移中心，提高中小企业技术创新的水平和综合竞争力。科研成果增至2600余项，收集企业技术需求2000余项，聚集专家教授1000余名，拓展中介渠道500多个；转移技术成果200多项，其中重大项目14项，技术转移收入1300多万元，促成技术交易额2.64亿元。

支持中小企业创新能力建设。连续5年共认定了94家中小企业的技术中心，占市级企业技术中心的41.2%。政府资金支持，累计达7050万元。据统计，上述94家企业，四年中实现新产品销售收入共计97.1亿元，

占其全部营业收入总额的57%；4年共申请专利734件，其中发明专利403件，极大地推进了企业创新能力的提高，使一批企业成功在中小板和创业版上市。

资助科技型中小企业开展技术创新活动。2006年，设立"北京市科技型中小企业技术创新资金"，用于对科技型中小企业的技术创新项目进行支持，目前，资金累计对1747家科技型中小企业进行了立项支持，立项金额达到6.46亿元。创新资金对社会资金的投入带动比例达到1：8，带动一批科技型中小企业实现快速成长。

（八）不断促进合作交流，开拓国内外市场

鼓励和支持中小企业"走出去"、"请进来"，通过展会、研讨等形式，构建"展示、交易、合作"的平台，为中小企业开拓国内、国际市场。连续组织本市千余家中小企业参加七届中国中小企业国际博览会、六届APEC中小企业技展会。2008年启动"老字号商标海外注册保护工程"，共支持16家老字号企业的22个商标完成了马德里商标国际注册。2005年，市财政预算安排1亿元的外经贸发展资金，2010年增加到1.5亿元，支持中小企业开拓国外市场。为帮扶企业开拓国内市场，在全国率先推进政府采购自主创新产品政策试点，今年累计有137个项目应用了中关村自主创新产品，采购金额37.2亿元，已完成年初市政府下达的全年40亿元采购计划的93%。在政府采购管理工作中，注重保护中小企业参与政府采购的合法权益，避免中小企业在供应商规模、业绩、资格和资信等方面受到歧视。2010年1—7月，在全市已签订的政府采购合同中，授予中小企业的合同金额为45亿元，占全部合同总金额的80.6%。

二、存在的问题

在充分肯定本市贯彻落实《中小企业促进法》，促进中小企业发展取得成效的同时，也要看到，中小企业工作还存在着一些突出矛盾和问题。

（一）政策、法规体系尚不完整

2003年，《中小企业促进法》发布实施后，有22个省市已完成地方立法，正在研究制定的5个（含北京）。本市由于缺少一部促进中小企业发展的地方法规，政府扶持中小企业发展的管理机制、措施，缺乏明确、具体的法律依据，导致政策的权威性和有效性不足，中小企业政府管理职能分散，权责不清。各职能部门支持中小企业的政策和办法不能有机衔接，难以形成集成效应，并且容易造成政策之间的矛盾、冲突和重复。

（二）发展环境需要改善

由于首都独特的区位特征，形成环保、土地、资源、人力等高成本压力，中小企业生存、发展环境比较严峻。由于缺乏有力的政策、措施，本市中小企业创业动力不足，且受制于较高的运营成本，存在数量相对较少、竞争力相对较弱、寿命较短的现象。据资料统计，西方发达国家平均每千人有40家中小企业，发展中国家平均每千人20家企业，我国台湾53家，上海18家，本市约为14家。

（三）财政资金支持缺乏增长机制

2005年起，市财政安排中小企业发展专项资金，每年5亿元。市财政收入每年增长20%以上，受金融危机影响最困难的2009年，市财政增长也达到了10%。专项资金规模未形成随市财政收入增长比例增加的机制。而且，在使用方面比较注重单个中小企业的支持，缺乏对中小企业公共服务体系的投入。

（四）融资难亟待缓解

中小企业融资渠道少，银行对中小企业贷款的规模有限，利用资本市场直接融资难。由于中小企业规模较小、资产少、资信度低等因素，且信用信息征集与评价体系尚未建立，融资担保和再担保的作用有限，中小企业从商业银行获得信贷资金的难度较大。在公共财政资金的使用方面，中小企业中生命力更加脆弱的小型企业、微型企业，在“扶优扶强”机制作用下，无法真正享受到目前政府提供的优惠政策。

（五）合法权益保护力度不够

在促进中小企业发展上，与沿海省市相比，在思想观念方面、扶持政策等均有较大的差距和不足。侧重国有企业、大企业的发展和权益保护，对中小企业重视不够。表现为中小企业与大企业竞争地位不平等，审批环节多、时间长、市场门槛高等问题，中小企业在竞争中处在弱势群体的地位。

（六）社会化服务体系尚未形成

中小企业社会化服务体系的建立还处于初步探索阶段，服务能力有限，不能满足中小企业快速成长的需求。政府对各类服务机构的协调、指导及监管力度不够，政府财政投入不足。如各区县中小企业服务中心，部分名存实亡，部分服务中心的主要职能仍停留在从事政府相关部门的行政辅助工作，远未承担起为属地中小企业服务的功能。服务平台少，作用有限，还未形成有效的社会化服务体系。

三、今后工作措施

深入贯彻落实科学发展观，践行“人文北京、科技北京、绿色北京”三大理念，全面建设现代化国际大都市。以体制、机制创新为动力，以结构调整、转变经济增长方式为重点，进一步营造有利于本市中小企业发展的良好环境，不断加强市政府相关部门之间的沟通与协调，实现部门联动，切实解决中小企业发展中的诸多矛盾和问题，帮助中小企业克服困难，转变发展方式，实现又好又快发展。

（一）完善法律体系，推进中小企业地方立法

市政府有关部门已于2009年10月，正式启动制定中小企业地方立法即《北京市促进中小企业发展条例》的前期准备工作。在市十三届人大三次会议上，代表提出了关于制定《北京市促进中小企业发展条例》的7件法规案。政府有关部门将积极配合市人大有关部门，做好中小企业地方立法的各项工作。通过地方立法，推动全社会特别是各级政府为中小企业创造一个更加开放、公平、良好的发展环境，特别是法治环境，解决制约中小企业发展的主要问题。

（二）落实国务院精神，尽快出台实施意见

在充分调查研究，多次征求相关部门、区（县）政府及社会各方面意见的基础上，已完成《北京市贯彻〈国务院关于进一步促进中小企业发展的若干意见〉实施意见》（审议稿，以下简称《实施意见》）。《实施意见》将进一步梳理本市已有的政策，完善政策、措施；紧紧围绕建设世界城市、实施“三个北京”战略等要求，针对本市特点，加强对中小企业的融资、成长空间与公共服务等方面的支持力度。现已进入市政府审议程序，待通过后以市政府名义向社会发布。

（三）加大财政资金支持，建立稳定增长机制

设立市和区县两级中小企业发展专项资金，建立稳定增长机制，逐年扩大市、区县两级财政预算扶持中小企业发展的专项资金规模。建立中小企业资金使用绩效评估机制，加强各部门促进中小企业发展相关资金的统筹。加快设立本市中小企业发展基金，带动社会资金支持中小企业发展，重点用于支持创业、健全中小企业信用担保体系、加强对中小企业融资支持。

（四）构建服务平台，建立健全服务体系

建设完善中小企业服务网络，以市、区县中小企业服务中心，构建市、区县两级协同、区域和行业全覆盖的中小企业服务体系；加强中小企业服务中心能力建设；建设面向中小企业的政务信息网络，为中小企业提供一站式信息服务。建设一批专业化服务平台，引导社会优质资源，健全中小企业专业服务体系，在各区县、各中小企业集聚发展区配套中小企业服务机构与相应设施。建设一批公共技术服务平台，利用与整合现有科技资源，向中小企业开放、共享实验室，建设一批适应北京中小企业发展需求的公共技术服务平台。支持技术转移等中介服务机构建立中小企业人才、技术需求发布平台，建立中小企业科技成果发布机制，帮助中小企业开展科技成果引进、使用、交易等活动。支持中小企业加强联盟协作，鼓励大企业与中小企业建立稳定的协作关系。

（五）拓宽融资渠道，努力缓解资金难题

拓宽中小企业直接融资渠道，加大创业扶持资金投入，鼓励有条件的区县设立创业投资引导基金；完善中小企业上市育成机制，对企业上市予以一定补助；深入推进产权交易市场发展；积极推进中小企业集合债券、集合票据、集合信托等融资方式，并予以一定补助。改善中小企业间接融资服务，鼓励银行延伸小企业金融服务专营机构服务网点，扩大中小企业信贷规模；鼓励金融机构创新融资产品，推行多种形式融资方式；鼓励并引导民间资本进入金融服务领域，参与发起设立村镇银行、社区银行、小额贷款公司等金融机构。完善中小企业信用担保体系，加大市区财政支持力度，采用多种方式组建多层次的中小企业融资担保机构；综合运用资本注入、增加再担保资金规模、风险补偿和考核奖励等多种方式，提高融资性担保公司对中小企业的服务能力；鼓励保险机构积极开发为中小企业服务的金融保险产品。建立健全中小企业信用信息征集机制、信用评价体系和信息披露机制。

（六）建立产业用地机制，着力拓展发展空间

加强对中小企业的用地支持，开展中小企业尤其是高成长企业投资项目用地需求调查，纳入全市土地利用年度计划和土地供应计划，每年安排一定的中小企业用地指标；在区域规划调整和新城建设中配套落实满足各类中小企业需求特点的发展空间。建设一批小企业创业基地，开展市、区县两级小企业创业基地认定工作，建立针对已有各类创业基地的互认机制，制定政府扶持政策，降低小企业创业成本。打造一批中小企业产业集群，制定专业化布局指导政策，推进中小企业在不同类型园区的集聚发展；支持具有产业链协作配套关系的中小企业加强空间集聚。

以上报告，提请市人大常委会审议。

关于推进城市南部地区发展情况的报告

——2010 年 9 月 17 日在北京市第十三届人民代表大会常务委员会第二十次会议上

北京市发展和改革委员会主任　张　工

主任、各位副主任、秘书长、各位委员：

我受市人民政府委托，向市人大常委会报告推进城市南部地区发展的工作情况。

加快城市南部地区发展是市委、市政府统筹本市区域协调发展的一项重大战略举措。2009 年 9 月 24 日，市十三届人大常委会第十三次会议听取审议了“加快南城建设，促进首都经济社会协调发展”议案办理情况的报告，对事关城市南部地区发展的重要问题提出了审议意见。市委、市政府对此高度重视，2009 年 9 月，经市委常委会、市政府常务会审定，以市政府名义制定发布了《促进城市南部地区加快发展的行动计划》（以下简称《城南行动计划》）。《城南行动计划》公布实施一年来，社会反响强烈，总体上看，城市南部地区发展呈现明显加快的态势。一是相关指标明显向好。2009 年，在政府投资的带动下，城市南部地区全社会固定资产投资占全市比重增长了 6 个百分点。2010 年上半年，城市南部地区实现地区生产总值同比增长了 10.5%，财政收入同比增长了 32%，比全市财政收入增速高出 7 个百分点。二是城市南部地区发展的基础条件不断提升。一批轨道交通、南北和西南大通道、水环境、能源等重大基础设施开工建设，一批民生工程陆续实施。三是优质要素和高端资源加入城市南部地区发展的意愿增强。一批产业功能区加快发展，一批产业项目相继落户城市南部地区，一批大企业纷纷签约城市南部地区，城市南部地区自身发展的内在动力更加强劲。四是调动了多方面加快城市南部地区发展的积极性。城市南部地区各区广大干部群众干劲十足，加快发展的热情空前高涨。五是社会各界对城市南部地区的评价认识有了很大提升。城市南部地区迎来了前所未有的发展机遇。

一年来，城市南部地区各区、市政府各有关部门结合深入学习实践科学发展观活动，围绕建设“人文北京、科技北京、绿色北京”和世界城市的战略目标，不断增强统筹协调发展意识，坚持把加快城市南部地区发展作为推动首都经济社会可持续发展的重要抓手，紧紧围绕基础设施建设、产业功能区开发、主导特色产业培育和民生改善 4 大重点领域，明确分工、明确责任、明确进度，认真落实《城南行动计划》各项工作任务，取得了明显成效。

一、建立四大工作机制，狠抓《城南行动计划》落实

将工作机制的建立作为落实《城南行动计划》的重要抓手，着力推进四大机制建设。

（一）建立综合的组织协调机制

由杜德印主任任组长、吉林常务副市长任副组长，成立了推进《城南行动计划》工作协调小组，明确部门分工，多次召开会议，协调推进《城南行动计划》各项工作的落实。在协调小组的组织领导下，市人大积极指导，市人大领导、市人大财经委多次带队赴城市南部地区进行专项调研；城市南部地区各区积极发挥主体作用，均制定了本区的行动计划和年度实施方案，建立了强有力的工作班

子，确保责任到人、任务落实。市政府各相关部门紧密配合，加快前期审批，加强政策支持，形成了共同推进《城南行动计划》落实的良好格局。

（二）建立务实的工作推进机制

一是将《城南行动计划》实实在在落在项目上。统筹制定《城南地区重大项目实施计划》和《2010年推进城南行动计划工作安排意见》。结合项目建设前期、建设实施、建设收尾的内在规律特点，2010年重点是打开工作面，形成态势；2011年重点是加快建设，形成实物工作量；2012年重点是竣工收尾，形成明显效果。按照第一年重点抓前期、争取开工的规律特点，2010年计划实施103个重点项目，前期工作加快推进，以确保重要项目按计划实施。二是将《城南行动计划》实实在在落在市政府年度折子工程上。统筹调动各相关单位力量，共同推进《城南行动计划》的落实。三是将《城南行动计划》实实在在纳入绿色审批通道中。加快前期审批，加强政策支持。

（三）建立严格的督查督办机制

市政府督查室联合市发展改革委，多次深入丰台区、房山区、大兴区等建设任务较重的地区，开展督促检查，确保任务落实。

（四）建立系统的宣传推介机制

通过新闻发布会、制作电视系列专题片、开辟媒体专栏等多种形式，向社会释放明确信号，广泛宣传、追踪报道《城南行动计划》的实施成效，吸引国内外人才、资金等优质要素和资源进入，充分调动多方力量特别是广大市民积极参与城南建设发展。

二、加快一批基础设施建设，为发展提供有力支撑

突出重点，加大力度，统筹实施一批交通、环境、水资源、能源等重大基础设施项目，切实提高城市南部地区基础设施承载能力。

（一）加快推进交通基础设施建设

轨道交通大兴线、亦庄线、房山线陆续进入试运营，2010年年底全部通车。大兴线、房山线已分别于8月20日、8月28日开始空载试运行；亦庄线计划9月20日开始试运行。一批跨区通道和区域主干路建设获得市政府批复，陆续开工。按《城南行动计划》安排，打通一批跨区交通通道，大兴新城进出中心城区的通道由1条增加至4条，房山新城进出中心城区的通道由目前的1条增加到5条，加快解决城市南部地区交通瓶颈。目前，万寿路南延、京石二通道、黄良路等一批跨区通道和区域主干路已获得市政府批复。蒲黄榆快速路主体工程已完成70%，2010年年底通车；黄良路工程大兴段已开工建设；京良路、京石二通道、东环路等将于近期陆续开工。针对第九届国际园林博览会选址丰台河西地区这一新情况，将丰台河西地区射击场路建设纳入《城南行动计划》加快实施。

（二）加强环境建设

森林公园方面，房山区、大兴区新城万亩滨河森林公园已全面开工建设，分别完成总工程量的30%和53%，年内竣工。三海子郊野公园一期主体工程基本完工，计划2010年10月份整体亮相。加快开展南中轴森林公园建设工作，预计年内完成规划选址及概念性招标工作。水系和垃圾治理方面，马草河（三期）、葆李沟等水系治理工程已批准立项；丰台区生活垃圾循环经济园和房山区孤山口生活垃圾综合处理循环经济园等相关项目正在开展前期工作。

（三）加强水资源、能源承载能力建设

南干渠、大宁调蓄水库等南水北调配套工程按计划推进，卢沟桥、吴家村再生水厂等一批再生水厂、水厂已取得立项批复。大

兴区观音寺和康庄2座供热工程已完工，计划2010年年底供热；房山城关城东锅炉房计划2010年年底建成。已建成运营了李营、南梨园等5座110千伏变电站，扩建了东管头110千伏变电站，开工建设了义和庄、九龙等4座110千伏变电站。

三、吸引一批重大产业项目，加快特色主导产业发展

《城南行动计划》的发布实施提振了社会对城市南部地区发展的信心，央企、外企、民企的一批重大产业项目相继签约落户，城市南部地区“一轴一带多园区”产业格局发展步伐加快，特色、主导产业发展呈现良好态势。

（一）一批重大产业项目落户城市南部地区

一批优质金融企业落户丽泽金融商务区。国家金融信息大厦（新华08）、中国农业银行软件开发中心、通用（北京）投资资金管理公司等一批优质企业已签约落户丽泽，呈现了首都高端金融产业向丽泽地区加速聚集的良好态势。

一批文化、会展、旅游、商贸等特色产业项目落户城市南部地区。文化、会展方面，洛克菲勒公司与中方合作成立中国（北京青龙湖）国际文化会都有限公司，启动青龙湖国际文化会都项目。园博园规划设计及周边基础设施加快推进，已进入征地拆迁阶段。成立全国首家金融服务文化创意产业专营机构——“北京文化创意产业金融服务中心”。旅游方面，引入港中旅等知名企业，加快发展西南地区旅游业。南宫旅游区被评为全市首家生态休闲旅游度假区。房山世界地质公园博物馆附属设施建设已完工，景区基础设施达标工程已完成65%。商贸、物流方面，房山中央休闲购物区（CSD）加快建设，奥特莱斯旗舰店已开工。宜家落户大兴区西红门商业综合区。新发地农产品批发市场大力发展电子结算系统。

一批高技术产业、战略性新兴产业和现代制造业重大项目落户城市南部地区。长安汽车集团。2010年6月29日，长安汽车集团与市政府签署战略合作协议，正式落户房山区窦店产业基地。项目预计总投资约90亿元，主要进行整车生产及研发，年整车产能40万—50万辆，年产值1000亿元，带动就业2万人。军民结合产业园区。军工央企集团将在丰台区、大兴区重点发展航空航天、卫星应用、智能装备制造以及新材料等战略新兴产业，使本市军工优势资源与加快城市南部地区发展有机结合，到2015年预计年产值将达到1500亿元。燕房合作。依托燕化资源和技术优势，实现产业链向区域经济延伸，进一步加强燕房合作，拉动首都经济发展。2009年至2012年，北京石化新材料科技产业基地计划总投资228亿元，建成后预计可实现销售收入580亿元、利税100亿元。目前石化新材料重点项目陆续落地，中石化化工销售华北分公司已入驻基地并正式挂牌运营。发挥重大项目带动作用。着力推进京东方八代线、移动硅谷产业园等重大项目建设，发展电子信息、数字电视等高端产业。加快中国药制品监测所建设，发挥国家兽监所和动物疫病防控中心作用，建设国内药品和生物制品检测评审中心。北汽控股新能源汽车项目在大兴采育开发区加快建设，带动新能源汽车产业在城市南部地区加快发展。中核北京科技园项目建设稳步推进，为新能源产业发展奠定良好的基础。成立了北京轨道交通产业技术创新战略联盟，加快推动城市南部地区轨道交通装备产业发展。

一批优势农业产业项目落户城市南部地区。中粮集团与房山区合作，在琉璃河地区发展以“中粮全产业链”为代表的农业加工

区、绿色有机食品体验区、国际农业交流区和现代农业科技示范区。加大力度支持郊区小城镇发展。支持房山区、大兴区重点镇道路、重要联络线、集中供水和污水处理项目建设，涉及道路里程22公里，新建集中供水管网58公里，每日新增5万吨污水处理能力，改善城镇发展面貌，增强小城镇对产业和人口的集聚承载能力，一批现代农业产业项目在郊区城镇落户。

一批落后产业加快淘汰退出，大力发展新型替代产业。房山区2010上半年已关闭所有小煤矿，年底前非煤矿资源型企业将全部退出。市政府积极支持修复废弃矿山、开展长沟旅游集散特色镇建设和进行山区人口迁移等，为山区未来发展创造条件。

（二）全力推进南中轴路沿线产业园区建设

前门—天桥历史文化风貌集聚区方面，前门大街已全面开市，台湾会馆项目2010年5月已竣工投入使用，鲜鱼口民俗餐饮区预计2010年年底完工并投入使用。加大力度改善大栅栏地区环境，完成了煤市街、观音寺街等街区整治。琉璃厂历史文化创意产业集聚区升级改造有序推进，东西廊桥项目已开工建设，计划2010年年底完工。天桥演艺区建设发展步伐加快，重点实施了天桥表演艺术中心综合工程、东方演艺城等项目。

永外—大红门服装文化商务区方面，以产业结构与环境“双升级”为目标，引进中国流行色协会、中国服装设计师协会等服装文化产业高端要素，加快建设新型服装文化商务区。

大兴新媒体产业基地方面，星光影视园获国家广电总局批复成立“中国北京星光电视节目制作基地”，星光影视园四期星光卫视传媒使馆区基本建成。全国各省市电视台驻京机构陆续入驻，高端媒体集聚效应不断增强。

（三）重点推进永定河绿色生态发展带的开发建设

编制了《永定河绿色生态走廊建设规划》和《永定河绿色生态发展带综合规划》。全面启动了门城湖、莲石湖、宛平湖、晓月湖“四湖”以及循环管线工程，目前，宛平湖已开始蓄水，计划2010年年内“四湖”全部具备蓄水条件。按照生态优先、文化引领、创新驱动和宜居宜业的方向，深化永定河沿岸产业发展规划，成功申报国家服务业综合改革试点，吸引高端商务、文化创意、会展等产业项目，加快园博会、中国动漫城、丰台长辛店生态城等重大项目建设发展。

（四）大力推进重点产业园区建设

在继续做大做强北京经济技术开发区等现有高端产业功能区的基础上，积极培育建设重点产业功能区，加强园区基础设施和配套环境建设，提升对高端产业的集聚和承载能力。丽泽金融商务区制定了《关于加快推进北京丽泽金融商务区建设发展的总体实施方案》。已完成2个地块土地一级开发。中关村丰台科技园启动了民营企业总部基地建设，总部广场主体结构已封顶，并优化了西区的控规。大兴生物医药基地三期土地储备工作基本完成。芦求路南段（黄良路以南）等基础设施建设有序推进。龙潭湖体育产业园国际体育交流中心全面开工建设，龙潭湖体育馆竣工并投入使用。广安产业园区拆迁已完成60%，土地储备工作进展顺利，校场口五条等项目建设有序推进。良乡高教园区加快土地一级开发，已完成园区所有征地项目批复和95%的土地拆迁腾退工作。北京理工大学、北京工商大学、首都师范大学已经入驻，中国社会科学院研究生院等新校区建设工作已基本完成。北京石化新材料科技产业基地全面启动了燕化7个厂中村的搬迁工作，拆迁安置房已经大部分封顶。积极推进轨道交通房山线西延至燕房组团，开展了燕房线站点及周边用地空间规划优化工作。房山窦店产业基地基础设施建设进展顺利，京西重工减震器项目厂房主体封顶。

四、实施一批重大民生工程，提升社会公共服务水平

一年来，本市按《城南行动计划》重点布局了一批带动性强的大型社会公共服务设施项目，支持了一批社会基本公共服务设施建设，实施了一批能源安居工程，为加快城市南部地区发展创造良好的社会环境。

教育、文化方面，北京青少年活动中心、首都医科大学科研楼、北京联合大学特殊教育学院改扩建项目、北京建筑工程学院新校区学生宿舍等项目已完成主体工程。国家话剧院拆迁已全部完成，工程量完成80%。北京十八中改扩建工程已完成主体结构的70%。

医疗卫生方面，丰台医院妇幼保健中心楼、房山区良乡医院门急诊综合楼已建成并投入使用。大兴区妇幼保健院和疾病预防控制中心项目主体结构已封顶，正在进行内外部装修和设备安装，计划2010年年内投入使用。天坛医院迁建项目已经市政府立项批复。

民政方面，南苑棚户区改造一期工程安置房建设已完工，北京市救助管理总站预计2010年11月开工。

能源安居方面，完成了城市南部地区45个小区的老旧热网改造，解决了约4万居民冬季暖气不热的问题。6.3万户居民告别煤气罐，用上了方便清洁的管道燃气。实施了8个村的大中型沼气利用工程，为村民提供炊事用气。

五、集成一批配套支持政策，推动区域长远发展

积极进行改革创新，从空间、土地、资金、人口疏解、区县合作等多方面营造良好的政策环境，从体制、机制上确保《城南行动计划》顺利实施，推动城市南部地区的长远发展。

（一）调整行政区划，整合推动城市南部地区新一轮发展

对首都功能核心区行政区划进行调整。将原东城区和原崇文区合并为东城区，原西城区和原宣武区合并为西城区，突破资源环境承载力对发展的制约，促进核心区北部优势资源加快向南辐射延伸，推动城北城南功能联动，共同发展。

积极推动大兴区和北京经济技术开发区行政资源整合。向大兴区下放部分市级审批权限，发挥北京经济技术开发区对周边区域的带动作用，打造新的发展空间，建设南部现代制造业新区。目前，大兴区与北京经济技术开发区在规划编制、城市管理等方面加快对接，呈现良好的发展态势。

（二）进一步优化城市南部地区空间规划

研究出台了《北京南部地区规划实施纲要（2010—2020年）》。统筹考虑城市南部地区的现状与发展条件，提出市级战略重点空间，为城市南部地区产业发展创造良好条件。

进一步调整优化了重点产业功能区规划。重点深化了永定河、北京经济技术开发区、广安产业园、龙潭湖国家体育产业基地、丽泽金融商务区、大兴生物医药基地及物流园区、北京石化新材料科技产业基地、房山窦店产业基地等产业功能区的规划，拓展了产业发展空间。

（三）加大对城市南部地区土地供应力度

按照《城南行动计划》要求，通过加快行政审批效率、“多储快供”等手段加大城市南部地区土地供应，切实推进城市南部地区加快发展。

加大城市南部地区土地储备开发计划规模。2010年城市南部地区共安排新增项目用地3220公顷，占全市总规模的40%，同比提

高了10个百分点。

加大城市南部地区土地供应计划规模。2010年城市南部地区土地供应量约占全市土地供应总量的30%。

调整完善城乡结合部土地规划。对丰台区、房山区和大兴区城乡结合部17个挂账村的土地利用规划进行了适当调整，拓展绿色产业发展空间，积极为产业项目落户创造条件。

（四）加强城市南部地区发展的资金保障

加大市政府固定资产投资投入力度。为确保项目顺利实施，在资金投入上对城市南部地区予以倾斜。在2010年全市投资需求旺盛的情况下，计划安排108亿元市政府固定资产投资支持《城南行动计划》实施，占2010年全市市政府固定资产投资计划总规模的1/3强。

提高政府投资引导带动作用。安排专项资金，以资本金注入、补助和贴息等方式，支持和引导社会资金投入。2009年以来，对城市南部地区投融资平台注入资本金61亿元，放大政府资金的使用效果。

建立投资激励机制。根据工作进度统筹调度资金安排，对工作进度快的项目加快资金拨付进度，对工作进度缓慢的项目适当放缓资金拨付，减少资金沉淀，提高资金使用效率。

积极推动股权投资基金成为城市南部地区重要的投融资平台。截至2010年6月底，城市南部地区已注册5家股权投资基金，计划投资总额25亿元。

鼓励小额贷款公司为城市南部地区发展提供资金支持。在全市24家批准设立的小额贷款公司中，共有10家位于城市南部地区，总注册资本达到7.5亿元。截至2010年7月底，城市南部地区10家小额贷款公司共发放贷款11.26亿元，贷款余额7.46亿元。

着力推动城市南部地区企业上市融资。积极发挥企业上市联动机制作用，城市南部地区新增上市企业3家。

（五）加大人口疏解扶持力度

在全市范围内进一步明确原崇文区、原宣武区年度安置房源指标，为城市南部地区涉及的首都功能核心区人口疏解提供安置房源。目前原崇文区、原宣武区2010年人口疏解所需的300万平方米建筑规模的对接安置地块已经选定，正在抓紧开展前期工作，并陆续开工。

（六）深入推进区县合作

完善区县之间的产业对口合作机制。完成北京经济技术开发区与房山产业共建基地认定评审工作，相关基础设施建设项目等加快推进。在中关村科技园区新一轮发展中，积极争取将城市南部地区重点产业功能区纳入统筹发展之中。

六、下一步工作思路和措施

过去的一年，在市委的正确领导下，在市人大的监督支持下，城市南部地区各区、市政府各有关部门为推动城市南部地区发展做了大量工作，取得了显著成效。但必须客观地看到，加快城市南部地区发展是一项艰巨、复杂、长期的系统工程，城市南部地区区域功能整合和配套政策需要进一步深化，产业升级调整需要进一步加大力度，人口资源环境矛盾需要进一步关注。下一步，将继续坚持以科学发展观为指导，完善工作机制，创新工作思路，加大工作力度，切实落实《城南行动计划》的各项任务，打基础，调结构，上水平，为城市南部地区乃至整个首都经济社会的进一步发展奠定更加坚实的基础。

（一）加强统筹调度，确保行动计划各项任务尽快落实

加快城市南部地区发展是全市具有战略意义的重大举措，需要长期持续推进。在推

进的过程中，针对陆续出现的新情况、新问题，要继续完善工作推进机制，加强统筹调度，按照“明确任务、落实责任、督办到位、考核激励”的原则，充分发挥各区的主体作用，发挥市级委办局和项目建设单位的积极性，及时沟通情况、交流经验，研究解决新情况、新问题。加强信息通报工作，定期公布实施进度，按照倒排工期的时限要求，进一步加快项目的规划设计、立项审批、资金拨付、开工建设和质量监管，确保重大建设任务如期完成。

（二）转变发展方式，促进城市南部地区科学发展

要将加快转变发展方式贯穿于城市南部地区发展过程中，更加注重加快永定河等重点区域发展，加快发展高端产业，有序退出低端产业；更加注重业态创新，引导产业创新发展；更加注重发挥文化的引领带动作用，提升区域发展的软实力，为建设中国特色社会主义先进文化之都作出贡献；更加注重提升公共服务的水平，促进民生改善；更加注重体现人性化，提高城市建设和管理的人文水平；更加注重资源节约和环境友好，走绿色发展之路；更加注重统筹协调，促进城乡、区域协调发展。

（三）创新投融资模式，吸引更多资金投入

根据城市南部地区发展资金的需求情况，多措并举，多方努力，狠抓融资，全力做好资金的保障工作。对已完成一级开发和储备的土地，加快完善入市条件，调动社会投资广泛参与城市南部地区发展建设，加快资金循环。加强资金调度，盘活沉淀资金，同时严控成本，优化设计，厉行节约，提高政府资金使用效益。建立与各类金融机构更为密切的协商沟通机制，探索利用保险资金的适当方式，保障重点建设项目资金到位。发挥政府资金的引导作用，通过资本金注入、贴息、优化融资平台管理、引入社会投资等方式，强化政府投资的引导放大作用，在一批重大项目建设中通过BT、BOT、PPP、信托、融资租赁等方式吸引民间资本参与。

（四）做好区划调整后的体制创新和资源整合，带动城市南部地区加快发展

抓住首都功能核心区行政区划调整和大兴、北京经济技术开发区行政资源整合的机遇，创新机制体制，系统研究配套政策，实现功能提升和资源共享。结合首都功能核心区行政区划调整，发挥市、区两级政府积极性，市级各部门对《城南行动计划》涉及原崇文区、原宣武区的项目、资金等相关配套支持政策不因行政区划调整受影响，支持力度不减弱。新东城区和新西城区进一步统筹城区资源，促进功能及产业融合，加强历史文化名城的整体保护，加快行政管理体制改革，促进首都功能核心区科学发展。发挥北京经济技术开发区的政策优势、产业基础和大兴区的公共服务等优势，有效整合产业空间资源，构筑南部高技术制造业和战略性新兴产业发展区。

（五）积极谋划城市南部地区长远发展，建设富有活力的新城南

深化实施《城南行动计划》，将加快城市南部地区振兴崛起作为战略目标纳入本市“十二五”规划。要通过“十二五”规划，按照建设世界城市的高标准要求，进一步明确城市南部地区城市功能、产业功能和区域合作定位。在产业上要统筹布局城市南部地区产业发展，做好产业园区和重大产业项目的规划布局，与北部产业发展合作互补，全面加快城市南部地区产业的升级步伐。在基础设施建设上要重点做好北京新机场及相关联络通道的规划建设，发挥新机场对城市南部地区长远发展的带动作用。在公共服务领域要着眼高端产业功能区配套要求，高水平

规划建设，在满足市民的教育、医疗、文化、体育等需求的同时，大力发展与国际接轨的教育服务与医疗服务，加强面向国际人士的服务能力建设。在区域合作上要在更大范围内谋划城市南部地区的长远发展，充分发挥京南门户作用，加强与河北相邻地区的基础设施联系、资源要素整合与产业联动发展。

（六）运用综合手段调控，促进人口资源环境协调发展

要从深入贯彻落实科学发展观、建设世界城市和对未来发展负责的高度，在战略上高度重视、积极谋划，综合利用经济、科技、法律、行政等手段，合理调控人口规模和布局，促进人口资源环境协调发展。

以上报告，提请市人大常委会审议。

关于对市人民政府推进城市南部地区发展情况的意见和建议

——2010年9月17日在北京市第十三届人民代表大会常务委员会第二十次会议上

市人大财政经济委员会主任委员　王　火

主任、各位副主任、秘书长、各位委员：

市人大常委会高度重视推进城市南部地区发展工作。去年9月，听取并审议了市人民政府关于“加快南城建设，促进首都经济社会协调发展”议案办理情况的报告。为了增强监督实效，进一步推动城市南部地区建设和发展，今年继续安排听取并审议市人民政府关于推进城市南部地区发展情况的专项工作报告。

根据市人大常委会的要求，财政经济办公室将听取和审议专项工作报告与跟踪检查议案审议意见落实情况结合起来，制定了工作方案，成立了专题工作组。与市政府有关部门多次召开会议，共同推进城南行动计划落实；听取市发展改革委及大兴区关于加快城南建设情况的汇报，重点了解首都功能核心区行政区划调整、大兴和亦庄行政资源整合等城南建设新情况；深入到房山、丰台等区，实地考查窦店产业基地、阎村山区人口搬迁集中安置地、丽泽金融商务区等开发建设情况，广泛听取基层干部群众意见和建议，并在市人大常委会网站上公开征求社会各方面的意见。常委会召开前，组织部分常委会组成人员和市人大代表赴丰台区进行了视察。

8月31日，召开财政经济委员会第二十三次会议，听取了市政府提请本次会议审议的报告（稿），并进行了认真讨论。财政经济委员会认为，市人民政府高度重视城市南部地区的发展，做了大量工作，取得了很好的效果。一是建立了推进机制，为城市南部地区加快发展提供了制度保障。对城南行动计划按年度进行了分解，制定并下发了《2010年推进城南行动计划工作安排意见》，明确分工、落实责任、细化进度。二是实施了一批重大项目，城市南部地区出现了加快发展的良好态势。围绕重大基础设施建设、重点产业功能区建设、特色主导产业发展、民生重点工程建设，统筹实施了一批重大项目，起步快，进展好，效果初步显现，打开了城南

地区建设的新局面。三是形成了社会共识，营造凝聚全市之力推进城市南部地区发展的良好社会氛围。通过系列宣传推介活动，以及城南行动计划的扎实推进，社会各界进一步坚定了加快城南建设的信心，奠定了加快城市南部地区发展的思想基础。在调研及征求意见过程中，基层干部群众普遍反映，加快城南建设合时宜、顺民心、定得准、抓得实。

财政经济委员会认为，张工主任受市人民政府委托所作的《关于推进城市南部地区发展情况的报告》，全面、客观地反映了城南行动计划实施一年来，推进城市南部地区发展取得的进展和存在的问题，提出的工作对策和措施切实可行。财政经济委员会同意这个报告，对市政府的工作给予充分肯定。

城市南部地区的发展是一项长期、系统、艰巨的工程，虽然现阶段工作取得了一定成绩，但这只是良好的开端，要完成这项任务，需要我们认真贯彻科学发展观，持续不断作出艰苦的努力。当前，推进城市南部地区发展出现了一些新情况、新问题，需要引起关注。一是首都功能核心区行政区划调整后，如何在新的城市功能布局框架下，依托新的功能定位，加快城南地区发展，有待进一步加强研究。二是城市南部地区建设过程中，资金平衡问题需要高度关注。当前，城市南部地区建设重点多、战线长、规模大，资金需求量达到历史新高，资金综合平衡难度加大。三是推进城市南部地区建设过程中，就业、社会保障等民生问题需要进一步关注。城南地区大规模集中建设，征地拆迁等引发的利益纠纷较多，社会稳定等方面也需要进一步加大工作力度。

为进一步推动城市南部地区发展，财政经济委员会提出以下意见和建议。

一、积极研究应对新情况、新问题，推动城市南部地区在更高水平上的科学发展

市政府在议案办理工作的基础上，通过大量、深入的调查研究，形成了城南行动计划，力争通过2010年至2012年三年的实施，为城市南部地区长远发展打下基础。城南行动计划实施以来，市委、市政府进一步打破体制机制障碍，陆续作出了整合大兴和亦庄行政资源、调整首都功能核心区行政区划等一系列重大决策部署，城市南部地区发展出现了新的格局，迎来了新的机遇。在这种情况下，一是要保持计划相对稳定，按照计划安排和任务分工，扎扎实实做好2010年有关工作，确保城南行动计划如期实施；二是要密切关注城市南部地区新的发展变化，加强对新情况、新问题的研究，以更高的标准明确相关区域的功能定位，合理调整城南行动计划的实施范围和工作重点，按年度修订，完善好、实施好城南行动计划；三是要注意保护城市南部地区的历史文化遗产，充分挖掘和展示城市南部地区深厚历史文化底蕴，使城南地区成为中国特色社会主义文化之都的重要组成部分。

二、要立足当前，着眼长远，做好城南行动计划与“十二五”规划的衔接

城市南部地区是推动我市下一阶段整体发展的战略区域。加快城市南部地区建设是一项长期的战略举措，不可能一蹴而就，需要“十二五”期间持续不断地付出艰苦努力。要做好城南行动计划与“十二五”规划的衔接，将城市南部地区振兴崛起作为战略目标纳入“十二五”规划，统筹考虑城南地区与本市其他地区的协调发展，站在首都科学发

展新阶段的战略高度，从城市南部地区的性质和功能以及资源禀赋的实际出发，发挥南部地区的巨大潜力和优势，高标准地推动城市南部地区发展。

三、要突出重点，加快转变经济发展方式，全面推进城市南部地区发展

充分发挥国家大项目和亦庄经济技术开发区的辐射带动作用，把南部现代制造业发展带做大做强。掌握好宏观调控的力度和重点，遵循规律，把握节奏，引导、发挥好各方面发展的积极性，努力保持资金平衡，妥善处理好人口资源环境的关系，将推进城市南部地区发展，与缓解体制性、结构性矛盾，增强经济发展的后劲和活力结合起来，加快改善要素聚集条件，为城市南部地区明年乃至更长时期的可持续发展打下良好基础。

四、要将改善民生作为城市南部地区发展的出发点和落脚点，使人民群众得到更多的实惠

保障和改善民生是坚持以人为本、建设“人文北京”的重要方面，要把保障和改善民生放在城市南部地区发展大局中通盘加以考虑，让广大市民共享城南建设发展的成果。在推进城市南部地区产业发展过程中，要处理好产业发展和城市建设的关系，明确功能定位，科学规划、建设好产业发展中心和产业服务中心，为城市南部地区群众创造宜居、宜业的良好生产生活环境。要高度重视转移就业和社会保障工作，以产业发展作为支撑，妥善处理好征地拆迁、山区人口搬迁等各项工作，努力使城市南部地区的开发建设过程成为化解社会矛盾的典范。

以上报告，供常委会组成人员审议时参考。

关于“推进老龄事业发展，完善养老服务和保障体系”议案办理情况的报告

——2010年9月17日在北京市第十三届人民代表大会常务委员会第二十次会议上

北京市副市长　丁向阳

主任、各位副主任、秘书长、各位委员：

我代表市人民政府，向市人大常委会报告“推进老龄事业发展，完善养老服务和保障体系”议案办理工作情况。

在市十三届人大三次会议上，延庆、大兴团和202位市人大代表联名提出了18件有关本市老龄事业发展的议案。经大会议案审查委员会审查，主席团讨论通过，将这些议案合并为“推进老龄事业发展，完善养老服务和保障体系”一项，交由市政府办理。

市政府高度重视议案办理工作，把办理议案作为贯彻落实党的十七大和十七届三中、四中全会精神，完善养老服务和保障体系、推动老龄事业发展的切入点和着力点。为办好议案，市政府专门成立了协调小组，确定了议案办理工作方案，明确了责任部门和办理要求。在议案办理过程中，坚持从建设“人文北京、科技北京、绿色北京”和世界城

市的高度出发，在市人大的监督和指导下，通过开门办议案、公开办议案等形式，组织召开由领衔人大代表参加的座谈会，召开由各议案办理单位、各级民政、残联、老龄工作部门和部分人大代表、政协委员参加的近千人的通报会，认真听取吸纳代表在调研过程中针对本市居家养老服务和机构养老服务发展情况提出的意见、建议。市人大常委会和有关部门的领导多次专题听取议案办理工作进展情况的汇报，有效指导了议案的办理工作。

下面，我就“推进老龄事业发展，完善养老服务和保障体系”议案办理情况报告如下。

一、议案办理的基本情况

议案针对完善养老保障制度、落实居家养老（助残）服务“九养政策”和老年人优待办法、加快养老服务机构建设、编制老龄事业发展规划、加强老龄工作力量等方面提出了中肯、务实的意见和建议。围绕这些意见和建议，结合2009年市人大常委会老年法律、法规执法检查报告审议意见书提出的各项建议，加大落实政策力度，我们主要做了以下工作。

（一）完善养老保障制度，提高老年人生活保障水平

以制度建设为重点，建立了广覆盖、多层次、可持续的养老保障体系，实现了制度上城乡全体居民人人享受社会保障的目标。

1. 社会养老保险制度实现全覆盖。形成了以企业职工基本养老保险制度、机关事业单位退休制度和城乡居民养老保险制度为主体，城乡无社会保障老年居民福利养老金制度为补充，有机衔接、共同支撑、覆盖城乡全体居民的养老保险制度。一是深化企业职工基本养老保险制度改革，建立了基本养老金正常增长机制，全市退休人员193万人，养老金水平在今年春节前调整至月人均2089元，比上一年平均增长了200元。二是建立了城乡统筹的居民养老保险制度，有14.5万人享受到包括每月280元基础养老金在内的月人均400元左右的养老保险待遇。三是建立了城乡无社会保障老年居民福利养老金制度，62.37万人享受每人每月200元的福利养老金待遇。

2. 老年医疗保障水平逐步提高。基本医疗保险、城镇居民大病医疗保险、新型农村合作医疗和公费医疗，构成了惠及城乡全体居民的医疗保险制度。一是建立了城镇职工基本医疗保险制度，参加基本医疗保险的离退休人员达197万人。二是在全国率先实施城镇无医疗保障老年人和儿童的“一老一小”大病医疗保险制度，其中，18万老年人每人每年由财政补贴1500元、个人承担300元参加保险。三是50余万农村老年人享受新型农村合作医疗报销待遇。为满足老年人的医疗健康服务需求，今年5月，本市大幅提高了老年人医疗费用的医保支付限额和报销比例，参加基本医疗保险的老年人住院医疗费用，一个年度内医保最高支付限额由17万元调整到30万元，社区门诊医疗费用报销比例和住院大额医疗费用报销比例统一提高到90%；参加城镇居民大病医疗保险的老年人住院医疗费用，一个年度内医保最高支付限额由7万元调整为15万元。这些举措进一步减轻了老年人个人医疗费用的负担。

3. 老年社会救助力度进一步加大。以城乡最低生活保障制度为基础，建立了老年社会救助制度，为困难老年人提供基本生存保障和救助措施。一是建立了城乡低保标准的正常调整机制，今年7月1日起，将城市低保标准调整为月人均430元，农村低保最低标准调整为月人均210元，全市有4万多名城乡老年人按照低保标准105%至115%的分

类救助系数，享受最低生活保障待遇。二是建立了新型农村五保供养制度，3500名五保供养对象实现了从村民互助供养模式向公共财政供养模式的转变，供养标准为年人均9141元。三是建立了农村部分计划生育家庭奖励扶助制度，1万多老年人享受每人每年1200元的奖励扶助。四是每年给予500名高龄特困老人每人1000元的帮扶金。

4. 建立了适度普惠的老年社会福利制度。为促进老年人共享经济社会发展成果，本市建立了分年龄段享受、适度普惠的老年社会福利制度。一是建立了居家养老（助残）券制度，目前全市80周岁及以上的老年人和60至79周岁的重度残疾人，每人每月发放100元养老（助残）券。二是建立了高龄津贴制度，全市90—99周岁老年人每月发放100元高龄津贴，百岁老人每月发放200元的百岁津贴。

（二）落实“九养政策”和老年优待办法，提高老年人（残疾人）生活质量

为解决老年人的养老服务问题，本市围绕“9064”的养老服务发展目标（90%的老年人居家养老、6%的老年人在社区养老、4%的老年人机构养老），制定实施了一系列惠老助老政策。

1. 加快落实“九养政策”。在10区县开展居家养老服务试点工作的基础上，本市坚持政府主导、部门协作、社会参与、个人自愿的工作思路，统筹兼顾养老、助残和就业工作，制定了居家养老助残服务“九养政策”，于2010年1月1日起实施。目前，各项政策全面实施，取得了良好的社会效果。

（1）开展万名“孝星”和千个为老服务先进单位评选表彰活动。按照家庭孝老、社会敬老、行业助老等类型，评选了万名“孝星”和千个为老服务先进单位，目前正在进行市级评审，拟于重阳节期间全市表彰。万名“孝星”中年龄最大的87岁，最小的8岁，有孝敬父母、长辈，对老人精心照顾的，有几十年如一日赡养社会老人的，有在为老服务岗位和助老志愿活动中勤勤恳恳、无私奉献的。在评选过程中，通过开展各种形式的宣传活动，努力营造良好的尊老、敬老、爱老、助老、孝老的社会风尚。

（2）为28万名80岁以上老年人和8万名残疾人每人每月发放100元养老（助残）券，总金额3.2亿元。养老（助残）券不能用于购物或兑换现金，实现了全市通用、全年通用。落实了百岁老人补助医疗制度，对100周岁及以上老年人，在本市定点医疗机构门诊及住院发生的，且符合本市有关医疗报销规定的医疗费用中的个人负担部分给予补助。

（3）建立4584个城乡社区（村）养老（助残）餐桌，初步形成了与餐饮企业签约开办、依托辖区单位内部食堂开办、非营利性组织开办、街乡镇和各级社区服务中心自建、农家院开办、居民互助等6种养老（助残）餐桌开办形式，努力满足老年人、残疾人的就餐服务需求。

（4）建立5305个城乡社区（村）托老（残）所，形成了社区服务中心、残疾人温馨家园等公益性服务场所改建，社会力量开办，城乡居民自愿组成家庭互助点，养老机构空闲床位开办等4种托老（残）所发展模式。

（5）在“4050”人员及社工队伍中招聘了1664名居家服务养老（助残）员，通过巡视探访、了解需求、反馈信息和组织、监督社会组织提供养老服务等形式，为老年人和残疾人的居家养老（助残）做好协调、监督服务工作。

（6）为全市街乡镇配备了养老（助残）服务车322辆，方便组织老年人和残疾人参加社会活动。

（7）签约成立35家精神关怀定点服务单位，依托96156服务热线，广泛开展多种形

式的精神关怀服务。

(8) 在去年改造1.5万户的基础上，今年又为1.7万户家庭实施无障碍设施改造，为居家生活的老年残疾人提供在洗澡、如厕、做饭、户内活动等方面的便利，实现了80周岁及以上有需求的老年残疾人全覆盖。

(9) 有计划地为有需求的老年人（残疾人）配备使用“小帮手”电子服务器，提供生活服务、紧急救助、信息咨询等方面服务。首批发放了22,513台，第二批申报统计工作已结束，预计两批共发放4万余台。

“九养政策”的实施，有效促进社会化养老助残服务向系统化、多元化发展，推进了社会福利由补缺型向适度普惠型转变，得到了广大老年人（残疾人）和社会的广泛好评。

2. 进一步拓展社区为老服务。不断加大资金投入，完善社区服务平台，为老年人在社区生活提供便利。一是加强退休人员社会化管理的组织和队伍建设，形成了完善的管理和服务体系。二是加强社区卫生服务机构建设，推进社区首诊制、双向转诊制和老年人常见病、慢性病的社区综合防治管理制度。三是发挥96156社区服务平台作用，开展适合老年人需要的便民利民服务。四是积极开展社区老年文化、教育、体育等活动，搭建老年人社会参与的平台，丰富老年人的精神文化生活。

3. 继续落实老年人优待政策。本市实施《关于加强老年人优待工作的办法》，为老年人提供日常出行、游览公园、文体娱乐等方面的11项优待措施。目前，已为160万老年人办理了优待卡，老年人凭卡免费乘坐市域内1347条线路的地面公交车，免费游览150家公园景区。300多家博物馆、美术馆、体育健身场馆向老年人免费或优惠开放。134家二、三级医院为老年人提供优先挂号、交费等“六优先”服务。社区卫生服务机构为老年人提供就诊、出诊和建立家庭病床“三优先”服务。各级社区服务中心、老年活动中心、司法所、法律援助中心等为老年人提供免费或优惠服务。对议案提出的“以老年人IC卡替代老年人优待卡”的建议，我们正在积极探索，计划依托本市信息化建设工程，整合当前老年人优待卡、养老（助残）券、高龄津贴和百岁老人医疗补贴的功能，作为“十二五”时期老龄事业发展规划的重点推进项目。

“九养政策”和老年优待办法的实施，让老年人“出行更省钱，就餐更方便，身心更健康，生活更幸福”，进一步促进了老年人共享经济社会发展成果。

（三）加大养老服务投入，加快养老服务机构发展

本市将养老服务机构建设列入2010年为民办实事项目中，加快推进1.5万张养老床位建设，完成街道、乡镇敬老院改造工程。截至目前，全市新建养老床位8871张，养老床位总数达到64,680张。

1. 加强养老服务设施布局规划。认真编制《北京市养老设施专项规划（2010—2020)》，将“9064”养老服务格局中需要的土地指标落实到空间布局上，特别是在新城规划中，要求整合社区资源，建设更多适合老年人养老的场所。

2. 加大养老服务机构建设的投入。市政府固定资产投资全额支持市级重大功能性和示范性养老服务机构项目建设，包括北京市第一福利院改扩建工程、市南城养老院等项目。大力推进城乡基本养老公共服务均衡化发展。按照街道敬老院每张床位1万元、乡镇敬老院每张床位5000元的一次性建设资助，对困难区县适度给予倾斜。

3. 积极鼓励社会力量兴办养老服务机构。对社会办养老服务机构每收住1名老年人每月给予100元至200元运营补贴；积极开展

符合资助条件的社会办养老服务机构每张床位给予8000元至1.6万元一次性基本建设补助试点工作。继续落实扶持养老服务机构的税收优惠政策。

据不完全统计，近两年来北京市政府在落实福利养老金制度、老年人优待政策、“九养政策”、为老办实事项目、老年福利服务设施建设、老龄社会管理建设等方面，共投入老龄事业经费69.56亿元。

（四）科学编制老龄规划，谋划老龄事业发展蓝图

为了加快发展老龄事业，《北京市“十二五”时期老龄事业发展规划》作为专项规划纳入市级规划体系中，现已形成了初稿，并向议案领衔代表初步汇报了规划编制工作进展情况。“十二五”时期，北京市老龄事业将围绕“完善养老保障体系，构建养老服务体系，健全老龄工作体系”展开，人大代表在议案中提出的建议，将在规划中得到体现。我们将做好老龄事业发展规划与其他专项规划和本市总体规划纲要的衔接工作，明年向社会公布并组织实施。

二、老龄事业发展面临的主要问题

目前，本市养老服务和保障体系框架基本形成，但与人口老龄化、老年人口高龄化快速发展的形势和建设“人文北京、科技北京、绿色北京”及世界城市的要求相比，仍存在很大差距和问题，需要认真研究解决。

（一）社会老龄意识需要进一步增强

本市老龄化形成早且速度快，老年人口规模大，社会各界对老龄问题的严峻性和复杂性、对老龄工作的紧迫性认识都还不够充分，需要进一步提高全社会的老龄意识。

（二）养老保障水平需要进一步提高

由于城乡发展不平衡，部分居民和农村老年人保障水平还不高，老年人看病难、看病贵问题依然存在，需要进一步完善制度，提高老年人养老和医疗保障水平。

（三）养老服务体系需要进一步完善

养老服务支撑体系还不健全，居家养老服务项目发展不平衡，整体服务水平还不高。养老床位与“9064”养老服务发展目标和群众的需求相比存在差距，养老服务机构空间分布不尽合理，养老床位存在空置现象，规范化、标准化管理水平有待进一步提升。

（四）老龄工作力度需要进一步加大

基层老龄工作任务越来越重，机构设置、经费保障、人员队伍和工作机制等还不健全。老年人口动态信息管理和服务系统尚未建立。专业化的管理和服务队伍缺口大，服务质量不高。

三、完善养老服务和保障体系，推进老龄事业全面发展

据统计，2009年年底，全市老年人口263.3万，占总人口的15%，其中户籍老年人口226.6万，占全市户籍人口的18.2%。预计2015年和2020年，老年人口将达到360万和450万，分别占总人口的17.6%和20%，人口老龄化形势更为严峻。我们将牢固树立大民政理念，进一步完善养老服务和保障体系，提高老龄工作水平，推进老龄事业全面发展。

（一）增强老龄意识，促进老龄事业发展

从改革、发展、稳定的大局出发，充分认识老龄事业在社会发展中的战略地位和作用，坚持政府主导、社会主体的原则，把满足老年人的新期待、新要求，不断提高老年人的生命生活质量作为一项重要的民生工程来抓。建立与经济社会发展水平和老龄化发展形势相适应的老龄事业公共财政投入机制，发挥财政资金的引导作用，研究利用市场机

制，积极鼓励社会力量参与老龄事业发展，引导社会资金投入老龄事业，逐步形成国家、社会、家庭和个人等多元化的老龄事业投入机制。

（二）提高保障水平，完善养老保障体系

根据首都经济社会发展实际，不断提高养老保障水平。继续实施企业退休人员基本养老金水平正常调整制度，研究建立城乡居民基础养老金、福利养老金科学增长机制。实现城乡居民养老保险市级统筹。鼓励发展商业养老保险，探索开展养老护理保险试点工作。加快推进基本医疗保障制度建设，提高老年人医疗保障水平。整合城镇居民大病医疗保险和新型农村合作医疗制度，建立城乡一体化的居民基本医疗保险制度。完善老年人医疗救助制度。适应经济社会发展和人民生活水平提高的需要，逐步实现社会救助从城乡统筹到城乡一体化发展，不断提高社会敬老优待服务水平。完善高龄津贴制度和百岁老人补助医疗制度。健全计划生育家庭老年父母社会保障和奖励扶助制度。

（三）加强基层基础建设，构建养老服务体系

1. 继续落实“九养政策”。加强规范化和标准化建设，提高居家养老（助残）服务工作水平，促进居家养老服务健康发展。研究编制居家养老服务发展专项规划和老龄产业发展专项规划。建立政府购买社会服务长效机制，加强政策扶持和资金引导，鼓励和支持社会力量参与提供居家养老服务业。根据老年人身心特点和实际需求，制定家政、老年餐饮、日间托老、精神关怀等行业服务标准，提高服务质量。

2. 加强社区养老服务网络建设。进一步加大社区服务资源整合力度，规范社区管理，完善社区服务体系，建立市、区、街、居四级养老服务中心。依托96156社区信息平台，构建社区养老服务网络。继续实施家庭和社区无障碍设施改造，创建老年人宜居社区，打造老年人居家生活幸福圈。

3. 加快养老服务机构发展。加强规划、土地、税收、融资政策和市政府固定资产投资对发展养老服务机构的支持力度，研究将养老设施建设项目纳入绿色审批通道。贯彻落实《北京市养老设施专项规划》，促进基本养老公共服务均衡化和城乡、区域的协调发展，切实提高养老床位的使用率。积极盘活存量国有建设用地，合理确定建设项目用地规模，在年度土地供应计划中优先安排养老服务设施用地指标。落实现有对养老服务机构的税收优惠政策。本着“低端有保障、中端有市场、高端有控制”的原则，建立公开、平等、规范、优惠的养老服务业准入制度，引导社会力量积极参与建设养老服务机构。扶持护养型养老服务机构发展。加快研究解决养老服务机构内设医务室纳入医疗保险定点问题。

4. 完善老年医疗卫生服务网络。完善以市级老年医院为龙头，以区县老年医院为骨干，以社区卫生服务机构为基础，以综合医院老年病科、康复医院、护理院等为补充的老年医疗卫生服务网络。建立起以社区慢性病管理为基础，运动健身与心理咨询干预相结合的社区医疗服务网络。提高社区老年医疗卫生服务水平，开展社区医疗门诊延时和“24小时医疗应急处置服务”试点工作，推行家庭医生式服务、山区巡诊服务等新型模式，为老年人社区就医创造便利条件。

5. 建立养老服务专业化、职业化和志愿者队伍。组建一支养老服务社会工作者队伍，为养老服务提供管理人才。培育一支专业护理员队伍，完善培训、取证、上岗制度。建设一支由家庭医生、社区护士、预防保健人员和大医院专家构成的家庭医生服务团队，实行家庭医生式服务。组建北京市助老敬老志愿服务队，鼓励和支持社会各界人士为老

年人提供多种形式的服务。本着自愿、量力的原则，探索时间储蓄方式，组织低龄健康老人为高龄、病残老人提供服务。

6. 建立养老服务评估监管机制。在符合条件的老年人接受政府购买服务实行适度普惠的基础上，建立特殊老人经济收入、身体状况和服务需求的评估机制，研究低收入家庭中生活不能自理的老年人接受养老服务的补贴制度。建立养老服务绩效考核和评估机制，对养老服务商、养老服务机构的服务水平和服务质量进行监管，建立准入和退出机制。建立养老政策实施效果的评估机制，为完善政策、措施提供依据。

7. 开展老年精神文化生活服务。加强老年文化建设，开展老年教育、科技、体育活动，完善精神关怀服务体系。拓展老年人社会参与渠道，引导老年人参与和谐社会建设，实现老有所为。加强老年法制宣传和教育，完善老年维权组织网络，加大老年人法律援助力度，积极维护老年人合法权益。

（四）健全老龄工作体系，提高老龄工作整体效能

加强应对人口老龄化战略研究，科学分析老年人口结构和老年人需求特点，完善老龄政策、法规体系。健全老龄工作体制机制，不断提高老龄工作水平。坚持正确舆论导向，宣传动员全社会共同参与，促进老龄事业科学发展。

主任、各位副主任、秘书长、各位委员，完善养老服务和保障体系，推动老龄事业发展是一项长期的系统工程。我们将继续在市委的领导下，在市人大的监督指导下，围绕“六个老有”目标，坚持“党政主导、社会参与、全民关怀”的方针，主动、科学应对人口老龄化，统筹解决老龄问题，不断满足老年人的多层次保障和服务需求，稳步提高老年人的生活质量。我们坚信，在全社会的共同努力下，首都老龄事业发展必将进入一个崭新阶段，迈上一个新台阶。

以上报告，提请市人大常委会审议。

关于对“推进老龄事业发展，完善养老服务和保障体系”议案办理情况的意见和建议

——2010 年 9 月 17 日在北京市第十三届人民代表大会常务委员会第二十次会议上

市人大内务司法委员会主任委员　李小娟

主任、各位副主任、秘书长、各位委员：

为督促市政府及有关部门做好对“推进老龄事业发展，完善养老服务和保障体系”议案办理工作，按照主任会议通过的工作方案，由马振川副主任牵头，内司委组织了包括议案领衔代表参加的专题调研组进行督办。调研组多次听取了市政府办理议案工作情况的汇报，召开专题座谈会和深入区县调研了解我市老龄工作的现状，同时请部分市人大代表开展了养老服务需求的调查，并委托市统计局开展入户调查工作。8 月 24 日，内务司法委员会召开会议，对市政府议案办理报告进行了讨论，并就进一步推进老龄事业发展、完善养老服务和保障体系提出意见和建议。

内务司法委员会认为，市政府为加强社会事业建设以及应对我市日益严峻的人口老

龄化发展趋势，几年来持续加大投入，大力推进养老服务和保障体系建设，出台了一系列养老优待政策、措施，社会反映热烈，受到老年人的欢迎。去年市人大常委会听取和审议老年人权益保障法律、法规执法检查报告后，市政府认真落实市人大常委会的审议意见，加快了推进老龄事业发展的步伐。今年为做好议案办理工作，市政府成立了由主管领导牵头、各相关职能部门参加的议案办理工作协调组，协调议案办理工作。根据代表议案提出的问题，重点围绕编制“十二五”时期老龄事业发展规划、推进居家养老服务政策、措施（“九养”政策）落实和加大养老机构建设等内容开展工作，目前议案办理工作已取得阶段性成果。丁向阳副市长代表市政府所作的议案办理情况报告，比较全面、客观地反映了当前我市老龄工作取得的成效和存在的问题，提出的下一步工作措施切实可行，内务司法委员会同意这个报告并对议案办理工作给予充分肯定。

按照主任会议的要求，为了发挥市人大代表联系群众、反映民意的优势，内务司法委员会发函邀请市人大代表协助开展养老服务需求的调查并得到积极响应，有150位市人大代表就近就便对所在单位或社区的514位老年人进行了访谈。同时，市人大常委会办公厅委托市统计局在全市范围内对2264位老年人进行了入户调查。从汇总被调查老年人所反映的情况看，老年人的养老服务需求主要集中在以下三个方面。

一是希望加强居家养老服务工作。调查中了解到，目前我市多数老年人在自己家庭中生活，由家庭成员照料，以社区活动为主。从代表随机调查的数据看，老年人与子女或亲属共同居住的占78.3%，纯老年人家庭占21.7%（统计局调查中45.8%为纯老年人家庭）；在日常生活照料上，由子女亲属或老年夫妻相互照料的占83%，聘用保姆或小时工照料的占11.1%，在养老机构的占5.9%；据市统计局调查显示，92.8%的老年人生活能够完全自理，81.6%的被访老年人希望在家中养老时得到家人的照顾，52.3%的老年人希望社区提供服务，39.9%的老年人认为必要时会聘请保姆或小时工提供服务，30.3%的老年人希望志愿者提供帮助。总的看，老年人希望政府和社会为居家养老提供更多的方便。

二是希望社区能够提供更为丰富的养老服务项目，尤其是医疗卫生服务。据市统计局调查：58.6%的老年人认为社区养老条件一般或不能满足需求，69.4%的老年人认为社区医疗卫生服务还不能令人完全满意；希望开设老年餐桌并提供上门送餐服务的占78.1%，希望建立社区老年医疗保健机构的占69.4%，希望社区办托老所的占59%，希望建立社区老年活动中心的占52.2%。从代表调查的情况看，老年人对医疗方面的需求最为迫切，希望得到更好的医疗卫生服务的为78.2%，占各项需求之首；对入住养老机构的需求中，盼望在养老机构得到医疗保障服务的老年人占71.6%，也占各项需求的首位。调查中老年人除提出以上希望和建议外，还反映养老服务券使用不方便、范围小、限制多；多数老年人并不知道所在社区设有老年餐桌，去过老年餐桌就餐的老年人有相当部分认为饭菜不合口味、不适合老年人、价格偏高等。

三是相当一部分老年人有入住养老机构的需求。据市统计局调查，有31.6%的老年人将来希望入住养老机构（代表调查中老年人预期或希望入住养老机构的比例更高，达到45.2%）。老年人未选择入住养老机构的原因主要包括认为本人或亲属不愿意、家庭照顾方便、养老机构费用高、没有合适的养老院可供选择等。养老机构的医疗卫生保障和服务质量是影响老年人选择入住养老机构的重要因素，此外养老机构的环境、交通、远近以及能否提供身心娱乐休闲活动等也是老年人考虑是否入住的因素。

由于是采取随机调查的方式，参与调查的老年人面也比较窄，具体数据不一定十分准确，但我们认为这个调查结果基本上反映了当前老年人的生活状况和服务需求。内务司法委员会认为，我市自1990年步入老龄化社会以来，老年人口逐年增加，目前已进入快速增长时期，老龄问题已是关系国计民生和社会稳定的一个重大社会问题。老年人是社会的重要组成部分，他们为国家的建设、社会发展作出了重要贡献。满足老年人日益增长的物质文化生活需要，让老年人共享经济建设和社会发展的成果，是弘扬中华民族传统美德、建设社会主义精神文明的重要内容，也是国家和社会义不容辞的责任。为推动老龄事业的发展，内务司法委员会提出以下建议。

一、认真研究编制“十二五”老龄事业发展规划，完善养老服务体系

市政府要把发展老龄事业作为编制我市“十二五”规划的一项重要内容，明确今后一个时期老龄事业发展的总体目标和阶段性任务，坚持老龄事业与首都经济社会协调发展。受传统生活方式以及老年人自身健康状况、经济收入等因素影响，居家养老是当前老年人的首选，为老年人提供必要的帮助，解决老年人的实际需求，应当成为各级政府及其有关部门关注的重要问题。因此，在“十二五”规划中要把构建并不断完善以居家养老为基础、社区服务为依托、机构养老为补充的养老服务体系作为推进老龄事业发展的首要任务。要充分发挥政府的政策导向作用，建立综合协调机制，积极探索养老服务的新模式、新路子，大力发展以家政服务、社区服务、养老服务和病患陪护为重点的家庭服务业，推进养老服务的城乡一体化建设，力争在全国率先建立适合中国国情、具有中国特色的养老服务新格局。

二、强化社区养老服务功能，充分发挥社区开展居家养老服务的基础作用

老年人主要居住、生活在社区，是社区各项活动的主要参与者，要确保“9064”新型养老模式的建立，充分发挥社区作用，依托于社区开展社会化养老服务是必不可少的。要把老龄工作的重点放在基层、放在社区，认真研究社区在居家养老服务体系建设中的功能定位，进一步完善社区居家养老服务功能，开发适合老年人需求的服务项目，提高服务水平，加强规范化管理，建立评估和监管机制；充分利用社区的资源优势和便利条件，加强社区养老配套服务设施建设，建立热心为老年服务的专业化队伍，积极倡导社区开展志愿服务活动。要继续加大对社区医疗卫生服务的投入，完善社区老年卫生服务网络，切实提高社区医疗卫生机构服务能力和医疗水平。要重视老年人的精神文化生活需求，丰富老年人的文化娱乐休闲活动，为老年人提供更多的便利。

三、加大工作力度，保证各项养老优待政策、措施落实到位

近年来，市政府陆续出台了20余项养老优待政策、措施，涉及养老保险、医疗保障、社会福利、居家养老等多方面内容。这些政策、措施的出台，极大地改善了老年人的社会福利和生活质量，得到了老年人的广泛拥护。要认真研究总结已有养老优待政策在实

践中取得的成效和不足，不断健全养老服务的政策体系。在今后一段时间内切实抓好对已出台的各项养老优待政策的落实和完善，应当是政府工作的重点。老年人由于所处的地域不同、经济状况不同，对养老服务的需求也不尽相同，要鼓励各区县及基层单位加强对老年人服务需求的调查研究，因地制宜地开发适合不同群体、不同层次老年人需求的服务项目，在满足老年人基本生活需求的同时为老年人的个性化需求提供帮助。要认真听取群众的反映，切实研究解决养老政策在具体执行中存在的问题，完善工作机制，把好事办好，使养老优待政策真正惠及城乡社区的所有老年人。

四、抓好养老机构基础设施建设，提升养老机构服务水平

随着老年人入住养老机构需求的增多，对养老机构建设也提出了更高的要求。要研究解决当前养老机构在规划布局、服务管理、运行机制以及社会参与等方面存在的重点难点问题。继续加大政府对保障型养老机构建设的投入，用于满足中低收入老年人的需求。要改造升级已有养老机构的服务设施，充分利用现有资源，提高养老床位的使用率。要完善配套服务项目，制定服务标准，加强监督管理，使养老机构能够满足老年人的生活需求、医疗卫生需求和精神文化需求。要加强社会办养老服务机构的政策扶持和引导力度，满足养老服务的市场需求。要对社会办养老服务机构给予准确定位，通过政策扶持和引导，吸引社会资金参与养老服务，促进养老服务社会化、产业化和投资主体的多元化。

此外，为保证老龄工作的顺利开展，建议应当进一步加强对老龄工作机构和干部队伍建设的力度。

以上意见，供常委会组成人员审议时参考。

北京市人民代表大会常务委员会公告

解放军驻京部队选举的北京市第十三届人民代表大会代表王治民、刘毅、何少剑，西城区选举的北京市第十三届人民代表大会代表林铎，因工作需要，调离本行政区域，根据代表法的有关规定，其代表资格终止。

最近，解放军驻京部队召开军人代表大会，补选李宗德、李道明、冷振庆为北京市第十三届人民代表大会代表。北京市人民代表大会常务委员会同意代表资格审查委员会的审查报告，确认李宗德、李道明、冷振庆的代表资格有效。

北京市第十三届人民代表大会代表现有770名。

特此公告。

北京市人民代表大会常务委员会

2010年9月17日

北京市第十三届人民代表大会常务委员会代表资格审查委员会关于个别代表的代表资格的报告

（2010 年 9 月 17 日北京市第十三届人民代表大会常务委员会第二十次会议通过）

代表资格审查委员会副主任委员　刘新成

北京市人民代表大会常务委员会：

解放军驻京部队选举的北京市第十三届人民代表大会代表王治民、刘毅、何少剑，西城区选举的北京市第十三届人民代表大会代表林铎，因工作需要，调离本行政区域，根据《中华人民共和国全国人民代表大会和地方各级人民代表大会代表法》第四十一条的规定，其代表资格终止。

最近，解放军驻京部队召开军人代表大会，分别补选李宗德、李道明、冷振庆为北京市第十三届人民代表大会代表。经代表资格审查委员会审查，李宗德、李道明、冷振庆的代表资格有效，提请北京市人民代表大会常务委员会确认。

北京市第十三届人民代表大会代表现有 770 名。

现报请北京市人民代表大会常务委员会予以公告。

以上报告，请予审议。

北京市第十三届人民代表大会
常务委员会代表资格审查委员会
2010 年 9 月 16 日

北京市人民代表大会常务委员会免职名单

（2010 年 9 月 17 日北京市第十三届人民代表大会常务委员会第二十次会议通过）

免去常荣华的北京市人民代表大会常务委员会办公厅副主任职务。

北京市人民代表大会常务委员会任免名单

（2010年9月17日北京市第十三届人民代表大会常务委员会第二十次会议通过）

（一）

任命孙永禄、李旭辉、纪红勇为北京市高级人民法院审判员。

任命朱绮文为北京市高级人民法院审判员，免去其北京市第二中级人民法院审判员职务。

免去刘京华的北京市高级人民法院刑事审判第一庭副庭长、审判员职务。

免去张温泉、国立民的北京市高级人民法院审判员职务。

（二）

任命王晓巍、于宏伟、林骁、张靛卿、艾军、陈伟、陈立新、张军、张素珍、赵兰、刘新泉、韩静、张丽新、刘燕风、肖伟、刘景蕙、张惠民、辛荣、刘宇红为北京市第一中级人民法院审判员。

免去苏杭的北京市第一中级人民法院审判员职务。

北京市人民代表大会常务委员会任免名单

（2010年9月17日北京市第十三届人民代表大会常务委员会第二十次会议通过）

（一）

任命娄云生、杨杰为北京市人民检察院检察员。

免去王燕英、王瑞兴、海明珍、于海林的北京市人民检察院检察员职务。

（二）

任命焦鸿光为北京市人民检察院第一分院检察员。

免去殷健的北京市人民检察院第一分院副检察长、检察委员会委员、检察员职务。

（三）

任命汪长青、闫晓东为北京市人民检察院第二分院检察委员会委员。

任命于海林、彭强为北京市人民检察院第二分院检察员。

免去李显的北京市人民检察院第二分院检察委员会委员、检察员职务。

北京市人民代表大会常务委员会批准任命名单

（2010 年 9 月 17 日北京市第十三届人民代表大会常务委员会第二十次会议通过）

批准任命殷健为北京市东城区人民检察院检察长。

批准任命顾军为北京市西城区人民检察院检察长。

北京市第十三届人民代表大会

常务委员会第二十一次会议

在市十三届人大常委会第二十一次会议上的讲话

（2010 年 11 月 19 日）

市人大常委会主任　杜德印

各位委员：

本次会议日程多，内容重要，经过大家的共同努力，顺利地完成了各项预定任务，开得很成功。

刚才会议审议通过了《北京市水污染防治条例》，这项法规的制定历时一年多，是本届市人大常委会改进立法工作的一次重要尝试和实践。立法坚持了“针对问题立法、立法解决问题”的原则，着力突出地方立法特色。我们依据《中华人民共和国水污染防治法》、《中国人民共和国水法》及有关法律、法规，共同研究解决北京市的水和水污染防治的问题。较早地启动了立法论证工作，增强了人大常委会在立法工作中的主导作用，统筹协调了法规起草和审议各个环节的工作，坚持了科学立法和民主立法，在立法的过程中广泛征求听取专家和各界群众的意见，而且是首次采取“两审三通过”的审议程序，更加充分地集中了常委会组成人员的意见和智慧，提高了立法工作的质量。这项法规较好地处理了水污染防治、水资源开发利用、水生态保护的关系，为推进全市水污染防治从无害化向资源化转变，实现城乡水流域统筹治理、水环境持续改善和水资源的循环利用，建设资源节约型、环境友好型城市奠定了坚实的法治基础。

本次会议听取和审议了市政府关于《北京城市总体规划（2004—2020 年）》实施情况评估工作的报告。在本市深入贯彻落实十七届五中全会精神、推进“三个北京”建设和编制“十二五”规划的关键时期，市政府对城市总体规划的实施情况进行评估，具有重要的意义。大家认为，市政府及有关部门对此次评估工作高度重视，按照城乡规划法律、法规的要求，紧密围绕总体规划，严格制定评估标准，明确评估具体内容，吸收专家、公众参与，深入开展评估工作，评估报告总体上较为客观地反映了北京市五年来落实总体规划的基本情况。

常委会组成人员充分肯定了市政府在实施总体规划中所做的大量工作和取得的成效，同时也指出了规划实施过程中出现的一些问题，对当前城市规划建设和经济社会发展中面临的一些突出矛盾高度关注，并对进一步实施好总体规划提出了意见和建议。一是要增强实施总体规划的坚定性和自觉性，维护总体规划的权威性和严肃性。国务院的批复集中体现了中央对北京市建设和发展的总体要求，批复精神及总体规划指明了首都科学发展的方向，规划了首都科学发展的蓝图，深入贯彻落实科学发展观，就要认真贯彻实施好总体规划，要把实施总体规划与贯彻落实十七届五中全会精神密切结合起来，与制定并执行“十二五”规划密切结合起来，与推进全市科学发展和加快经济发展方式转变密切结合起来。要充分发挥总体规划在推动科学发展、加快经济发展方式转变中的统领、规范、约束的作用，切实防止和克服经济发展与实施总体规划脱节甚至抵触的现象。二是深刻认识坚持首都城市的性质、功能和目标，进一步增强首都意识、服务意识和群众意识，使城市建设和经济社会发展与首都的城市性质、功能和目标相协调，与首都的人口、资源、环境状况相适应。要通过科学的城市建设和经济社会发展不断提高政治中心、文化中心建设的水平，不断提高“四个服务”的能力，不断提高人民群众的生活质量，走好服务全国、发展自己、造福人民的路子。三是通过有效实施总体规划，解决好城市发展面临的突出问题，发挥规划的龙头作用，统筹、引导、规划、约束城市建设和经济发展，从根本上为缓解人口、资源、环境的矛盾，促进城乡和区域协调发展，保障和改善民生，治理交通拥堵，改善人民生活和发展的环境奠定基础。四是要改善总体规划实施的领导和组织工作，进一步完善详细规划，制定阶段性的目标和任务，今后五年如何更好地实施规划，可以在这次评估的基础上，开展一些专项的评估工作和区域的评估工作，坚持依法实施规划，切实防止和纠正违法违规的行为，不断提高实施总体规划的工作水平。

加强和改进对人大代表议案的办理工作，是本届人大及其常委会在坚持和完善人民代表大会制度上采取的一项重要措施，做好对人大代表议案的办理工作，对于保障代表依法行使职权和发挥作用，保障广大人民群众的意志和愿望通过人民代表大会制度有序地进入党和国家的决策和工作中具有重要作用，对于保证人民当家作主的权利具有重要意义。这次常委会审议了市政府关于市人大代表的两项议案办理情况的报告，应当说市人大和市政府对于这两项议案的办理都是高度重视的。经过市委人大三次工作会议，我们积累总结了一些关于议案办理的经验，这两项议案的办理吸取了去年以来议案办理的成功做法，包括市人大督办和市政府的议案办理工作相互配合、密切协调；经过深入的调查研究和论证，制定既符合当地实际又符合全局要求的办理的工作方案；同时又对调研中发现的重要问题和重要的工作先行启动，使议案办理的过程又成为推动工作的过程等等，因而这两项议案的办理都取得了明显的成效。

大家对“首钢搬迁、矿山关停后开发替代产业，促进西部地区经济发展”议案办理情况的报告给予了高度的肯定。认为市政府对这项议案的办理是高度重视、认真负责的，大家赞同市政府提交的报告，并提出下一步要切实抓好工作方案的实施。在这里我强调以下几点：一是要坚持建设西部绿色新区的目标不能动摇。这个方案的主旨是建立一个首都的绿色新城，要突出抓好两个关键词即“绿”和“新”，不要再重蹈单纯追求经济规模，追求GDP总量的老路，要建立一个新的生态涵养带，建立新的发展方式。二是要坚持民生为本、生态优先、文化为主、科技支撑、制度创新、宜居宜业的原则。根据大家的意见，我们在报告中增加了两个概念，一个是民生为本，强调在矿山关停并转过程中优先安排好民生问题，包括工人的就业问题、农民的增收问题、棚户区的住房问题以及首钢搬迁后附近居民面临的用电、用气问题，而且要在解决好这些问题的基础上，创造进一步增加收入、改善群众生活新的条件，给群众以新的希望。第二个概念是制度创新，西部地区要通过制度的创新来激发多元主体发展的积极性，增强地区发展的活力。要总结其他地区、开发区建设的经验或教训，真正能够用新的制度来为中小企业，特别是民营科技企业开辟创业发展的舞台，形成以文化产业和服务业为主，以科技为支撑，以制度为保障，投入较少资源发展经济的局面，从而实现绿色新区的目标。三是要加强整体的规划和统筹开发建设。西部地区有许多企业和单位，在开发建设中首先要明确西部在首都功能区划中的地位、功能和作用，加强多元主体的整体统筹，避免分割、分散，不仅要加强统一的领导、协调机制，而且要研究建立利益协调机制，使各方围绕新区建设目标追求长远的利益、分享长远的利益。

关于“推动城乡结合部建设，促进城乡统筹发展”议案办理情况，委员们对市政府提交的报告和市政府所做的工作给予了肯定，认为市政府高度重视城乡结合部的建设和改造，高度重视推进农村城市化，建立城乡一体化发展新格局的工作，近年来做了大量艰苦细致的工作，特别是从去年试点以来，抓了城乡结合部50个重点村的建设和改造，投入了大量的人力、物力和财力，切实维护农民的利益，目前50个重点村的改造建设已经取得了重要的进展，为全市整个城乡结合部的建设以至农村城市化积累了经验和应汲取的教训。下一步要继续抓好这些重点村的改造建设，同时要不断地进行总结，认真分析建设过程中遇到的矛盾和困难，特别是要分析这些矛盾和困难的深层次原因，尤其是政策上或者制度上的原因。大家赞同农村委提出的对策和建议，要用多种途径和方式推进农村城市化，尊重农民的首创精神，特别是要进一步明确政府在农村城市化中肩负的职责，理顺政府与农民的关系，坚持政府为主导、农民为主体。下一步我们要继续研究和解决如何能够使农村城市化奠定在建立农村城市化制度基础和组织基础上，真正能够在明晰产权制度的基础上，组织农民有序地转变为新的城市居民；如何以多种方式，在尊重农民意愿、保障农民权益、保护农民利益的情况下，稳步有序地推进城市化。

制定《中关村国家自主创新示范区条例》是本届常委会的一项重点立法项目。建设中关村国家自主创新示范区是新形势下党中央、国务院作出的一项重大决策，也是赋予首都的一项重要而光荣的责任，是建设创新型国家整个战略部署的重要组成部分。做好这项立法工作，就是要为中关村自主创新和示范区建设提供法律保障和制度基础。这项法规也要采取“两审三通过”的方式，上次审议后市人大常委会和市政府有关部门作了大量的研究修改，关于建设创新平台，专门增加了一章，经过这次审议，根据大家的意见再作进一步的修改后，争取今年通过。

回顾中关村的立法过程，我们看到《中关村科技园区条例》在改善科技创新环境方面起了重要的作用，为当时中关村的发展奠定了坚实的基础。而《中关村自主创新示范区条例》要废旧立新，要解决好推动科技创新的制度创新，要处理好分割和脱节这两个问题。分割是市属科技资源或创新要素资源与中央科技资源的分割，脱节是产学研用的脱节，通过制度创新来解决分割和脱节的问题，核心是创新要素配置方式的改革，就是要求建立一个共同创新、分享利益的新制度。实现制度创新的关键是政府自身的改革，改变土地供应方式、科研资金的使用方式和科技人才的配置方式，只有政府抓住制度创新这个根本，敢于触及原有的资源格局和利益配置方式，不断实现自身的改革发展，就会提高中关村科技创新能力，增强创新活力。

我们本次会议还一审了对于涉及人民生命财产安全的两项法规，得到了各位委员的高度重视，发表了很多好的意见。大家认为，《北京市消防条例（修订草案）》和《北京市安全生产条例（修订草案）》要进一步修改好，关键是要明确各相关责任主体的责任，明晰具体的责任内容，建立完整的统筹协调的责任体系，防止立法中存在的部门痕迹。比如《北京市消防条例（修订草案）》，不仅要明确社会各单位的消防责任，而且要强化政府和政府主管部门的责任，细化各方在责任体系中的权利和义务，同时也包括违反责任的追究以及责任的承担。

本次会议我们通过了召开北京市第十三届人民代表大会第四次会议的决定，标志着大会的各项筹备工作正式全面地启动。在今后一段时期，我们要把人代会的筹备工作与学习贯彻党的十七届五中全会精神和市委即将召开的八次全会精神有机结合起来，认真地学习十七届五中全会精神和市委十届八次全会精神，统一思想，解放思想，组织代表进一步密切联系群众，深入实地调查研究，为开好会议作准备。常委会要起草好工作报告，听取征求各方面的意见。这次会议任务很重，不仅是一个年度性的工作，而且要审查批准北京市的“十二五”规划，我们要做好准备，充分发挥人大的职能作用，振奋精神，尽职尽责，依法履职，为制定和实施好“十二五”规划营造良好的法治环境，把这次会议开好，圆满完成这次大会赋予我们的各项职责。

这次会议的各项任务已经完成，现在闭会。

北京市第十三届人民代表大会常务委员会第二十一次会议议程

（2010年11月17日至19日）

（2010年11月17日北京市第十三届人民代表大会常务委员会第二十一次会议第一次全体会议通过）

一、审议通过《北京市人民代表大会常务委员会关于召开北京市第十三届人民代表大会第四次会议的决定》

二、听取和审议市人民政府关于《北京城市总体规划（2004—2020年）》实施情况评估工作的报告

三、审议《北京市消防条例（修订草案）》

四、审议《北京市安全生产条例（修订草案）》

五、听取和审议市人民政府关于“首钢搬迁、矿山关停后开发替代产业，促进西部地区经济发展”议案办理情况的报告

六、听取和审议市人民政府关于“推动城乡结合部建设，促进城乡统筹发展”议案办理情况的报告

七、审议《中关村国家自主创新示范区条例（草案修改稿）》

八、审议《北京市农业机械化促进条例（草案修改稿）》

九、审议《北京市人民代表大会常务委员会关于废止〈北京市小公共汽车管理条例〉的决定（草案）》

十、审议《北京市人民代表大会常务委员会关于修改部分地方性法规的决定（草案）》

十一、表决《北京市水污染防治条例（表决稿）》

十二、决定人事任免事项

北京市人民代表大会常务委员会关于召开北京市第十三届人民代表大会第四次会议的决定

（2010年11月17日北京市第十三届人民代表大会常务委员会第二十一次会议通过）

北京市第十三届人民代表大会常务委员会第二十一次会议决定：北京市第十三届人民代表大会第四次会议于2011年1月16日召开。

北京市人民代表大会常务委员会公告

（第11号）

《北京市水污染防治条例》已由北京市第十三届人民代表大会常务委员会第二十一次会议于2010年11月19日通过，现予以公布，自2011年3月1日起施行。

北京市第十三届人民代表大会常务委员会

2010年11月19日

北京市水污染防治条例

（2010年11月19日北京市第十三届人民代表大会常务委员会第二十一次会议通过）

目　录

第一章　总　则

第一条　为了保护和改善本市水环境，保障饮用水安全，推进污水再生利用，促进经济社会全面协调可持续发展，根据《中华人民共和国水污染防治法》、《中华人民共和国水法》及国家其他有关法律、法规，结合本市实际情况，制定本条例。

第二条 本条例适用于本市行政区域内地表水体和地下水体的污染防治，以及与水污染防治相关的水资源管理和再生水利用等相关活动。

第三条 水污染防治应当坚持预防为主、防治结合、综合治理的原则。

本市水污染防治坚持城乡统筹，实行流域管理，严格保护饮用水水源；坚持水污染防治与水资源开发利用相结合，推进污水资源化，提高水资源循环利用率；坚持污染物排放总量控制，在削减污染物的同时补充生态环境用水，逐步改善水环境质量，恢复和保护水体生态功能。

第四条 市和区、县人民政府对本行政区域内的水环境质量负责，并将水环境保护工作纳入国民经济和社会发展规划、计划，建立与水环境保护工作相适应的资金投入和保障机制，采取有效的对策和措施，提高水环境质量。

乡镇人民政府和街道办事处根据所在区、县人民政府的要求，开展本辖区内有关的水污染防治工作。

第五条 市和区、县环境保护行政主管部门对本行政区域内的水污染防治实施统一监督管理。

市和区、县水行政主管部门对本行政区域内的水资源保护和再生水利用进行管理，负责污水处理和河道综合整治等方面工作。

发展和改革、规划、农业、市政市容、国土资源、卫生、住房和城乡建设、园林绿化、工商、旅游等行政主管部门按照各自的职责，依法做好有关水污染防治工作。

市和区、县环境保护行政主管部门可以根据需要聘请监督员，协助开展水污染防治工作。

第六条 本市实行水环境保护目标责任制和考核评价制度。

市人民政府应当根据本市水环境保护目标制定考核评价指标，将考核指标的完成情况作为对市人民政府有关部门和区、县人民政府及其负责人考核评价的内容，定期公示考核结果。

第七条 单位和个体工商户排放水污染物，不得超过国家和本市规定的水污染物排放标准及重点水污染物排放总量控制指标。

第八条 市人民政府应当根据国家水环境质量标准、本市水环境质量目标及经济、技术条件，制定本市水污染物排放标准，严格控制水污染物排放，定期对标准进行评估并适时修订。

第九条 市和区、县人民政府应当针对本行政区域内水环境的特点和水污染防治的需求，采取措施，加强水污染物排放控制、再生水利用、水生态修复等方面的科学技术研究和示范推广，提高水环境保护的科学技术水平。

第十条 任何单位和个人都有义务保护水环境，并有权对污染损害水环境的行为进行检举。

本市各级人民政府应当加强水环境保护的宣传教育，普及相关科学知识，提高公民的水环境保护意识，拓宽公众参与水环境保护的渠道，并对在水环境保护方面作出显著成绩的单位和个人给予表彰和奖励。

第二章 水污染防治规划与监督管理

第十一条 市环境保护行政主管部门应当会同市水行政、国土资源等行政主管部门提出地表水和地下水环境功能区划方案，报市人民政府批准，并向社会公布。

第十二条 市环境保护行政主管部门应当会同市发展和改革、水行政、农业、国土资源等行政主管部门，在环境保护和建设规划中制定水污染防治专项规划，经市规划行政主管部门组织审查后报市人民政府批准实施，并依法报国务院备案。

市水行政主管部门应当会同有关部门，根据水污染防治专项规划，结合水资源开发利用等专业规划，编制潮白河、北运河、永定河、大清河、蓟运河流域综合整治规划，并组织实施。

市水行政主管部门应当会同市环境保护、国土资源等行政主管部门，根据水污染防治专项规划，编制本市地下水保护规划，并组织实施。

市农业行政主管部门应当会同有关部门，根据水污染防治专项规划，结合环境承载力和农产品保障的要求，编制农业水污染防治规划，确定畜禽、水产养殖及农业种植的规模、结构和布局等内容，并组织实施。

第十三条　市人民政府应当定期对水污染防治专项规划、流域综合整治规划、地下水保护规划、农业水污染防治规划及其执行情况进行评估，评估结果作为水环境保护目标考核依据。

第十四条　本市对重点水污染物排放实行总量控制制度。

市环境保护行政主管部门应当会同发展和改革、水行政、农业等行政主管部门，根据本市水污染防治专项规划和水污染防治状况，制定全市及各流域的重点水污染物排放总量控制指标、分解方案和削减计划，报市人民政府批准后实施。

市人民政府有关部门和区、县人民政府应当根据分解的总量控制指标及削减计划，制定年度总量控制实施方案，将总量控制指标和削减计划落实到排污单位和污水处理设施的运营单位，并报送市环境保护和水行政主管部门备案。

市人民政府可以根据流域水环境质量的状况，增加流域实施总量控制的重点水污染物种类。

第十五条　本市逐步建立流域水环境资源区域补偿机制。

对超额完成重点水污染物排放总量控制指标和水环境质量考核指标的市人民政府有关部门和区、县人民政府，市人民政府应当给予奖励。

对完成重点水污染物排放总量控制指标和削减计划作出突出贡献的单位，市人民政府有关部门或者区、县人民政府应当给予奖励。

补偿和奖励的具体办法由市人民政府制定。

第十六条　对未完成区域重点水污染物排放总量控制指标或者水环境质量考核指标的区、县，环境保护行政主管部门应当暂停审批该区、县行政区域内新增水污染物排放总量的建设项目的环境影响评价文件，发展和改革、规划等项目审批部门不得批准其建设，建设单位不得开工建设。

对未完成流域重点水污染物排放总量控制指标的区、县，环境保护行政主管部门应当暂停审批该区、县未达标流域内新增水污染物排放总量的建设项目的环境影响评价文件，发展和改革、规划等项目审批部门不得批准其建设，建设单位不得开工建设。

第十七条　市环境保护行政主管部门会同市水行政主管部门确定本市各流域重点排污单位名录。

重点排污单位应当安装水污染物排放自动监测设备，与环境保护、水行政主管部门的监控设备联网，并保证监测设备正常运行。

城镇污水集中处理设施的运营单位对其出水，排放工业废水的企业对其所排放的废水，应当进行监测，并保存原始监测记录。

第十八条　本市按照国家和本市有关规定实行排污申报登记、排污许可和排污收费制度。

第十九条 直接向水体排放水污染物的企业事业单位和个体工商户，应当按照有关规定设置、规范排污口，设立标志，并将排污口地理坐标等信息报告区、县环境保护行政主管部门。

在河流、湖泊、水库、渠道设置排污口的，还应当遵守水行政主管部门的规定。

第二十条 本市应当统筹规划、建设、完善污染源、水环境质量、水量和水位监测网络，并逐步实现环境保护、水行政、国土资源、卫生等有关行政主管部门之间监测数据的共享。

第二十一条 本市实行水环境质量公报制度。

水环境质量信息由市环境保护行政主管部门统一发布。

第二十二条 建设或者运行水环境监测设施需要相关机关、团体、企业事业单位或者其他组织提供便利条件的，相关机关、团体、企业事业单位或者其他组织应当予以配合。

任何单位或者个人不得破坏、损毁或者擅自改动水环境监测设施。

第二十三条 市人民政府及有关部门应当将排污单位违反水污染防治法律、法规的行为纳入本市企业信用信息系统，对严重污染水环境的企业通过媒体予以公布。

第二十四条 市和区、县环境保护、水行政等部门应当公布本部门受理对污染损害水环境行为举报的联系方式。对属于本部门职责范围的举报事项，应当及时处理；对不属于本部门职责范围的，应当及时转交有权处理的部门，并告知举报人。对举报属实的，应当对举报人给予奖励。

第三章 水污染防治措施

第一节 一般规定

第二十五条 在水环境质量达标之前，市人民政府可以根据本市水资源特点和水环境容量状况，采取更加严格的水污染防治措施。

第二十六条 本市禁止下列行为：

（一）向水体排放油类、酸液、碱液或者剧毒废液；

（二）在水体清洗装贮过油类或者有毒污染物的车辆和容器；

（三）向水体排放、倾倒工业废渣、垃圾和其他废弃物；

（四）在河流、湖泊、渠道、水库最高水位线以下的滩地和岸坡堆放、存贮固体废弃物和其他污染物；

（五）利用渗坑、渗井、裂隙、溶洞排放、倾倒污水和其他废弃物；

（六）在砂石坑、窑坑、滩地等低洼地排放污水，倾倒、存贮垃圾、粪便及其他污染物，或者以漫流方式排放、倾倒污水；

（七）利用无防渗漏措施的沟渠、坑塘等输送或者存贮含有毒污染物的废水、含病原体的污水和其他废弃物；

（八）生产和销售含磷洗涤用品。

第二十七条 本市严格控制有毒污染物的排放。

有毒污染物的名录由市环境保护行政主管部门会同有关部门根据水污染物的毒性、持久性、对人体健康和生物影响的性质和程度等因素确定，并向社会公布。

第二十八条 禁止向水体排放、倾倒放射性固体废物或者含高放射性和中放射性物质的废水。

向水体排放含低放射性物质废水的，应当符合有关放射性污染防治的规定和标准。

第二十九条 学校、科研院所、医疗机构、企业等单位的实验室、检验室、化验室产生的废液应当按照国家和本市关于危险废物的有关规定单独收集，进行安全处置，禁止排入排水管道或者直接排入水体。

市和区、县环境保护行政主管部门应当按照有关规定加强对实验室、检验室、化验室废液处理的监督管理，为有关单位依法处理废液提供指导。

第二节 工业水污染防治

第三十条 本市鼓励工业企业进行技术改造，推行清洁生产，采用先进的废水处理技术，减少水污染物排放量。

第三十一条 本市按照国家有关循环经济和清洁生产的要求推动工业园区建设，通过合理规划工业布局，引导工业企业入驻工业园区。

第三十二条 建设工业园区，应当配套建设废水集中处理设施。

工业园区未建设废水集中处理设施或者集中处理设施废水排放不达标的，环境保护行政主管部门应当暂停审批该工业园区新增水污染物排放总量的建设项目的环境影响评价文件，发展和改革、规划等项目审批部门不得批准其建设，建设单位不得开工建设。

第三十三条 本市应当采取措施，对高污染、高耗水行业加以限制。禁止新建、扩建制浆、制革、电镀、印染、有色冶炼、氯碱、农药合成、炼焦等对水体有严重污染的项目。对现有排放含重金属废水的小型生产企业限期关停。

市经济和信息化行政主管部门应当会同市环境保护、水行政、发展和改革及其他相关行政主管部门，根据本市水污染防治工作的需要，制定鼓励、限制、禁止的行业和产品名录，报市人民政府批准后公布实施。

第三十四条 向公共污水处理设施排放工业废水的企业事业单位，应当在排污口建设取样井，并为水行政、环境保护行政主管部门和受纳废水的污水集中处理设施的运营单位提供取样、监测流量的便利条件。

污水集中处理设施的运营单位有权对汇水范围内排污单位的排水进行取样检测，发现排水水质超过排放标准的，应当及时告知排污单位，并报告水行政主管部门。

第三节 城镇水污染防治

第三十五条 城镇污水应当集中处理。

本市各级人民政府通过政府投资或者其他方式筹集资金，统筹安排建设污水集中处理设施及配套污水管网，提高城镇污水的收集率和处理率。

第三十六条 城镇污水集中处理设施的运营单位按照国家有关规定提供污水处理的有偿服务。

城镇用水单位和个人应当按照国家有关规定缴纳污水处理费。污水处理费应当用于污水管网和城镇污水集中处理设施的养护、运行、保护和建设，不得挪作他用。

乡镇污水集中处理设施的运营单位取得的污水处理费不能满足污水处理设施正常运行的，不足部分由区、县人民政府统筹安排。

第三十七条 向公共污水处理设施排放水污染物，有下列情形之一的，应当在排入公共污水处理设施之前进行预处理，并达到规定的标准：

（一）含有毒污染物名录内污染物的污水；

（二）医疗卫生机构产生的含病原体的污水；

（三）含难以生物降解的有机污染物的废水。

第三十八条 本市应当加强雨水的收集、处理和利用，采取措施，防止初期雨水造成污染。

任何单位和个人不得向雨水收集口、雨水管道排放或者倾倒污水、污物和垃圾等废弃物。

第三十九条 对污水处理产生的污泥的处理处置，应当遵循源头削减和全过程控制原则，实现污泥的减量化、稳定化、无害化和资源化。

禁止采用倾倒、堆放、直接填埋的方式处置污泥。

第四十条 本市各级人民政府应当通过政府投资或者其他方式筹集资金，统筹安排建设污泥处理处置设施，将污泥处理处置规划纳入本市排水和再生水规划。

市水行政主管部门应当会同有关部门建立污泥收集、运输、处理和处置的技术标准体系和运营监管体系，规范污泥的处理处置及综合利用。

第四十一条 污水处理单位对所产生的污泥的贮存、运输、处理、处置全过程承担污染防治责任，并对处理处置后的污泥的去向、用途、用量等进行跟踪、记录，不得造成二次污染。污水处理单位将产生的污泥委托其他单位处置的，应当与被委托单位约定双方的污染防治责任。

第四十二条 新建、改建、扩建污水处理设施，应当按照规划确定配套的污泥处理工艺或者措施。现有污水处理设施不能达到污泥处理标准的，应当限期进行改造完善。

第四十三条 本市鼓励和支持通过资源综合利用方式，采用循环经济模式对污泥进行处置。

在农林、建材等生产领域利用经无害化处理的污泥的，享受国家和本市资源综合利用相关优惠政策。

政府投资的沙荒地治理、园林绿化、土壤改良等项目实施政府采购的，应当优先采购符合国家和本市相关标准的污泥衍生产品。

第四节 农村和农业水污染防治

第四十四条 本市应当根据水资源承载力和水污染防治的要求，优化农村产业结构和产业发展布局，发挥农业的生态功能。

第四十五条 区、县和乡镇人民政府应当对未纳入城镇污水管网的村庄的生活污水进行治理，优先采用生态、低能耗、资源化的污水处理技术；对在饮用水源保护区、河道两侧等重点区域的村庄，应当建设集中污水处理设施，并保证建设及运转资金。

第四十六条 市和区、县农业行政主管部门应当对畜禽养殖、水产养殖及种植业水污染防治进行监督管理，对农业生产环境进行监测，加强农业水污染防治的业务指导。

第四十七条 本市鼓励畜禽养殖场、养殖小区采取生态养殖方式。建设规模化畜禽养殖场、养殖小区，应当符合本市农业水污染防治规划的要求，并配套建设集中式畜禽粪污综合利用设施或者无害化处理设施。规划禁养区内已有的畜禽养殖场、养殖小区项目，由所在地区、县人民政府限期拆除。

规模化畜禽养殖企业应当采取防渗漏、防流失、防遗撒措施，防止畜禽养殖废水、粪污渗漏、溢流、散落对环境造成污染。

第四十八条 市和区、县人民政府应当制定政策，鼓励、引导建设集中式畜禽粪污综合利用或者无害化处理设施，引入市场化机制进行运营。

第四十九条 水产养殖的排水直接排入地表水体的，应当达到受纳水体水环境功能区的要求。

第五十条 本市鼓励种植业通过推行测土配方施肥、病虫害生物防治等措施，提高肥料使用效率，合理使用有机肥和化肥，减少化学农药施用量，防止污染水环境。

第五节 水污染事故处置

第五十一条 本市各级人民政府负责组织突发水污染事故的应急准备、应急处置和事后恢复等工作。

造成水污染事故的单位和个人应当承担事故的处置和事后恢复责任，对受到损失的单位或者个人依法进行赔偿。

第五十二条 可能发生水污染事故的企业事业单位，应当制定有关水污染事故的应急方案，建设事故状态下的水污染防治设施，储备相应的应急救援物资，作好应急准备，并定期进行演练。

生产、使用、储存危险化学品的企业事业单位，应当在其储存场所建立防渗漏围堰，在厂区修建消防废水、废液的收集装置，采取措施防止在处理安全生产事故过程中产生的可能严重污染水体的消防废水、废液排入水体。

第五十三条 企业事业单位发生事故或者其他突发性事件，造成或者可能造成水污染事故的，应当立即启动本单位的应急方案，采取应急措施，并向市或者区、县人民政府或者环境保护行政主管部门报告。环境保护行政主管部门接到报告后，应当及时向本级人民政府报告，并抄送有关部门。

环境保护行政主管部门应当会同水行政主管部门等相关部门及时对水污染事故可能影响的区域进行监测，督促造成事故的单位和个人妥善处理事故造成的水体污染。

第五十四条 市和区、县人民政府及有关部门应当依法公开水污染事故的预警信息和应对情况，将事故信息和应当注意的事项及时告知可能受到影响的单位和个人。

第四章 饮用水水源与地下水保护

第五十五条 本市实行饮用水水源保护区制度。饮用水水源保护区分为一级保护区和二级保护区；在饮用水水源保护区外围可以划定一定区域作为准保护区。

跨区、县供水的饮用水水源保护区和准保护区的划定，由市环境保护行政主管部门会同市水行政、国土资源、规划、卫生、住房和城乡建设、园林绿化等相关行政主管部门提出方案，报市人民政府批准。其他饮用水水源保护区和准保护区的划定，由区、县人民政府提出方案，报市人民政府批准。

市人民政府可以根据饮用水水源保护的需要，调整饮用水水源保护区和准保护区的范围，确保饮用水安全。

第五十六条 禁止在饮用水水源一级保护区内新建、改建、扩建与供水设施和保护水源无关的建设项目。已建成的与供水设施和保护水源无关的建设项目，由市或者区、县人民政府责令拆除或者关闭。

禁止在饮用水水源一级保护区内从事旅游、垂钓或者其他可能污染饮用水水体的活动。

第五十七条 禁止在饮用水水源二级保护区内新建、改建、扩建排放污染物的建设项目。已建成的排放污染物的建设项目，由市或者区、县人民政府责令拆除或者关闭；建设项目未拆除或者关闭前，应当采取有效措施，达到饮用水水源保护的要求。

在饮用水水源二级保护区内从事旅游等活动的，应当按照规定采取措施，防止污染饮用水水体。

第五十八条 禁止在饮用水水源准保护区内新建、扩建对水体污染严重的建设项目。改建建设项目，不得增加排污量。

本市各级人民政府应当根据保护饮用水水源的实际需要，在准保护区内采取工程措施或者建造湿地、水源涵养林等生态保护措施，防止水污染物直接排入饮用水水体，确保饮用水安全。

第五十九条 地表饮用水水源保护区内禁止下列行为：

（一）装载有毒污染物的车辆驶入；

（二）从事网箱养殖；

（三）从事水上旅游、游泳或者其他可能污染水源的活动。

地表饮用水水源准保护区内禁止从事网箱养殖。

第六十条 地下饮用水水源保护区内禁

止下列行为：

（一）堆放和贮存易溶、含有毒污染物的废弃物；

（二）堆放垃圾、粪便及其他可能污染地下饮用水水源的固体废弃物；

（三）新建贮存液体化学原料、油类或者其他含有毒污染物物质的地下工程设施。

在地下饮用水水源准保护区内禁止堆放和贮存易溶、含有毒污染物的废弃物。

第六十一条　饮用水水源受到污染可能威胁供水安全的，环境保护行政主管部门应当责令有关单位采取停止或者减少排放水污染物等措施，当地人民政府应当视情况采取停止取水等应急措施。

第六十二条　建设、使用垃圾填埋场或者贮存液体化学原料、油类等地下工程设施的单位，应当对地下工程采取防止渗漏的有效措施，并配套建设地下水监测井等水污染防治设施，定期向环境保护行政主管部门提交地下水水质监测报告，防止污染地下水。

第六十三条　多层地下水的含水层水质差异较大的，应当分层开采；对已受污染的潜水和承压水，不得混合开采。因过量开采地下水导致水质恶化，不宜继续开采的，市水行政主管部门应当会同市国土资源行政主管部门向市人民政府报告。市人民政府应当责成有关部门采取措施，停止或者限制开采地下水。

第六十四条　从事地下热水资源开发利用或者使用水源热泵、地源热泵的，应当采取有效措施，防止地下水污染。市国土资源行政主管部门和市水行政主管部门应当依法加强监督管理和指导。

第六十五条　人工回灌补给地下水的，不得恶化地下水水质。

进行地下勘探、采矿、工程降排水、地下空间的开发利用等可能干扰地下含水层的活动，应当采取防护性措施，防止地下水污染。

大口井、废弃机井的产权单位应当采取合理的封井措施和工艺，防止造成地下水污染。

第五章　生态环境用水保障与污水再生利用

第六十六条　本市坚持水资源开发利用与水污染防治相结合，实行用水总量控制，鼓励污水再生利用，逐步保障生态环境用水，实现用水量与水资源量的平衡，恢复地表、地下水体合理的水量、水位。

水行政主管部门在制定水资源利用规划或者进行水资源调配时，应当统筹考虑再生水与地表水、地下水的利用，在保障城乡居民生活用水的基础上，统筹兼顾生态环境、工业、农业用水。

第六十七条　市水行政主管部门会同市环境保护行政主管部门确定本市重点河段和重点湖泊最低生态环境用水量，在流域综合整治规划中提出具体生态用水保障方案并组织实施。

第六十八条　本市生态环境用水应当优先使用雨水和再生水。严格限制使用地下水和自来水作为城市景观用水。

住宅小区、单位内部景观用水和市政杂用水具备使用雨水或者再生水条件的，应当使用雨水或者再生水，不得使用地下水和自来水。

各类工程施工降水的抽排水应当综合利用，优先用于施工现场及城市景观用水。

前三款所列各项用水的具体管理办法由市人民政府制定。

第六十九条　市水行政主管部门应当将水体生态修复纳入流域综合整治规划，通过采取生态保护措施，改善水体水质。

第七十条　跨河流调配水资源的，应当充分论证，统筹兼顾水资源利用和水污染防治的需要，防止对生态环境产生不利影响。

第七十一条 市和区、县水行政主管部门应当按照管理权限组织编制排水和再生水规划，经规划行政主管部门组织审查后报本级人民政府批准实施。

本市各级人民政府依据有关规划，通过政府投资或者其他方式筹集资金，统筹安排建设公共再生水设施，逐步扩大再生水输配管网的覆盖范围。

第七十二条 本市各级人民政府应当制定政策，采取措施，发展工业再生水用户，鼓励工业企业的废水处理后循环使用，扩大农业再生水灌溉范围，推动再生水回补地下水的技术研究和应用。

再生水输配管网覆盖范围内的园林绿化、环境卫生、工程施工等用水应当使用再生水。

再生水输配管网覆盖范围以外的地区新建、改建、扩建的建设项目，可回收水量较大的，应当配套建设再生水利用设施。

第七十三条 市水行政主管部门应当根据用水规模、水质要求和经济、技术条件等因素，确定本市重点行业的再生水使用指标，报市人民政府批准施行。

重点行业的企业具备再生水利用条件的，市水行政主管部门应当将再生水用量纳入其用水指标；无正当理由未使用再生水的，由市水行政主管部门责令限期改正，逾期不改正的，由市水行政主管部门核减相应的用水指标。

第七十四条 再生水用户应当根据不同用途，按照国家和本市规定的再生水水质标准使用再生水。

再生水设施运营单位应当加强设施的维护管理，保证其正常运行，并对再生水水质负责。

第七十五条 本市开展再生水利用的风险研究，建立再生水利用的监测和预警系统。

第六章　法律责任

第七十六条 对违反本条例规定的行为，有关法律、法规已经规定法律责任的，适用其规定；法律、法规没有规定的，适用本条例的规定。

第七十七条 市和区、县环境保护行政主管部门或者其他依照本条例规定行使监督管理权的部门有下列行为之一的，由任免机关或者监察机关依法对直接负责的主管人员和其他直接责任人员给予行政处分；构成犯罪的，依法追究刑事责任：

（一）不依法作出行政许可或者办理批准文件的；

（二）未按规定实施行政处罚或者违法采取行政措施的；

（三）发现违法行为或者接到对违法行为的举报后不予查处的；

（四）其他未依照本条例规定履行职责的行为。

第七十八条 违反本条例规定，排放水污染物超过国家或者本市规定的水污染物排放标准，或者超过重点水污染物排放总量控制指标的，由市或者区、县环境保护行政主管部门责令限期治理，并处应缴纳排污费数额二倍以上五倍以下的罚款。应缴纳排污费数额按年计算。

排放水污染物进入公共污水处理设施，水质不符合排水管理规定的，由水行政主管部门依法按照排水管理的有关规定予以处理。

城镇污水集中处理设施的运营单位排放水污染物超过水污染物排放标准的，由市或者区、县环境保护行政主管部门责令限期治理，并处一万元以上十万元以下的罚款。

限期治理期间，由环境保护行政主管部门责令限制生产、限制排放或者停产整治。被责令限期治理的单位应当向有关行政主管部门提交治理计划，定期报告治理进度，并按照规定期限完成治理任务。限期治理的期限最长不超过一年，逾期未完成治理任务的，报经有批准权的人民政府批准，责令关闭。

第七十九条　违反本条例规定，装载有毒污染物的车辆驶入地表饮用水水源保护区的，由公安机关交通管理部门责令改正，并依法处理。

在地表饮用水水源保护区组织水上旅游或者其他可能污染饮用水水源活动的，以及在地表饮用水水源保护区和准保护区内从事网箱养殖的，由所在地区、县环境保护行政主管部门或者水行政主管部门按照职责分工责令停止违法行为，并处二万元以上十万元以下的罚款。个人在地表饮用水水源一级保护区内游泳、垂钓或者从事其他可能污染饮用水水体的活动的，由所在地区、县环境保护行政主管部门或者水行政主管部门按照职责分工责令停止违法行为，并可以处五百元以下的罚款。

第八十条　违反本条例规定，有下列行为之一的，由市或者区、县环境保护行政主管部门责令限期改正，并处一万元以上十万元以下的罚款：

（一）在地下饮用水水源保护区或者准保护区内堆放和贮存易溶、含有毒污染物的废弃物；

（二）在地下饮用水水源保护区内堆放垃圾、粪便及其他可能污染地下饮用水水源的固体废弃物；

（三）在地下饮用水水源保护区内新建贮存液体化学原料、油类或者其他含有毒污染物物质的地下工程设施。

第八十一条　有关排污单位违反本条例规定，不执行市人民政府采取的更加严格的水污染防治措施，造成水环境污染的，由市或者区、县环境保护行政主管部门处一万元以上十万元以下的罚款；情节严重的，市或者区、县人民政府可以责令其停产、停业。

第八十二条　违反本条例规定，有下列行为之一的，由市或者区、县环境保护行政主管部门责令停止违法行为，采取限期治理措施，消除污染，处以罚款；逾期不采取治理措施的，环境保护行政主管部门可以指定有治理能力的单位代为治理，所需费用由违法者承担：

（一）向水体排放油类、酸液、碱液；

（二）向水体排放剧毒废液；

（三）在水体清洗装贮过油类或者有毒污染物的车辆和容器；

（四）向水体排放、倾倒工业废渣、垃圾和其他废弃物；

（五）在河流、湖泊、渠道、水库最高水位线以下的滩地和岸坡堆放、存贮固体废弃物和其他污染物；

（六）利用渗坑、渗井、裂隙、溶洞排放、倾倒污水和其他废弃物；

（七）在砂石坑、窑坑、滩地等低洼地排放污水，倾倒、存贮垃圾、粪便及其他污染物，或者以漫流方式排放、倾倒污水；

（八）利用无防渗漏措施的沟渠、坑塘等输送或者存贮含有毒污染物的废水、含病原体的污水和其他废弃物；

（九）向水体排放、倾倒放射性固体废物或者含高放射性和中放射性物质的废水；

（十）未将实验室、检验室、化验室废液按照国家和本市关于危险废物的有关规定单独收集，进行安全处置。

有前款第（三）项、第（七）项、第（十）项行为之一的，处一万元以上十万元以下的罚款；有前款第（一）项、第（四）项、第（五）项、第（八）项行为之一的，处二万元以上二十万元以下的罚款；有前款第（二）项、第（六）项、第（九）项行为之一的，处五万元以上五十万元以下的罚款。

第八十三条　违反本条例规定，生产含磷洗涤用品的，由市或者区、县环境保护行政主管部门责令停止违法行为，并处一万元以上十万元以下罚款；销售含磷洗涤用品的，由市或者区、县工商行政主管部门责令停止违法行为，并处一千元以上一万元以下的罚款。

第八十四条 违反本条例规定，未按规定对排放的水污染物进行预处理的，由市或者区、县环境保护行政主管部门责令限期改正，并处一万元以上三万元以下的罚款。

第八十五条 违反本条例规定，向雨水收集口、雨水管道排放或者倾倒污水、污物和垃圾等废弃物的，由城市管理综合执法部门责令停止违法行为，对个人处一千元以上一万元以下的罚款；对单位处一万元以上十万元以下的罚款。

第八十六条 违反本条例规定，有下列行为之一的，由市或者区、县环境保护行政主管部门责令停止违法行为，消除污染，并处一万元以上十万元以下的罚款：

（一）用倾倒、堆放、直接填埋的方式对污泥进行处置；

（二）未按照规划确定配套的污泥处理工艺、措施，或者污泥处置设施未正常运行。

第八十七条 违反本条例规定，规模化畜禽养殖企业未采取有效措施，致使畜禽养殖废水、粪污渗漏、溢流、散落对环境造成污染的，由市或者区、县环境保护行政主管部门责令停止违法行为，并处一千元以上一万元以下的罚款。

第八十八条 违反本条例规定，有下列行为之一的，由市环境保护行政主管部门责令改正；情节严重的，并处二万元以上十万元以下的罚款：

（一）企业事业单位未按照规定制定水污染事故的应急方案；

（二）企业事业单位未按照规定建立事故状态下的水污染防治设施、储备相应的应急救援物资；

（三）水污染事故发生后，造成事故的单位和个人未及时采取有关应急措施，做好事故的事后处置和事后恢复工作。

第八十九条 违反本条例规定，造成水污染事故的，由市或者区、县环境保护行政主管部门依照国家规定处以罚款，责令消除污染；不具备治理能力的，由环境保护行政主管部门指定有能力的单位代为治理，所需费用由违法者承担；对直接负责的主管人员和其他直接责任人员依法处以罚款。

第九十条 违反本条例规定，使用地下水或者自来水作为城市景观水体补水的，由市或者区、县水行政主管部门责令停止违法行为，并处一万元以上三万元以下的罚款。

第九十一条 当事人对有关行政管理部门依照本条例作出的行政处罚决定不服的，可以申请行政复议，也可以在收到通知之日起十五日内向人民法院起诉；期满不申请行政复议或者起诉，又不履行行政处罚决定的，由作出行政处罚决定的机关申请人民法院强制执行。

第九十二条 因水污染造成损害的，排污方应当承担侵权责任，法律另有规定的除外。

因水污染受到损害的当事人，有权要求排污方排除危害和赔偿损失。因损害赔偿责任和赔偿金额发生纠纷的，当事人可以请求市和区、县环境保护行政主管部门进行调解；调解不成的，当事人可以向人民法院提起诉讼。当事人也可以直接向人民法院提起诉讼。

第九十三条 环境保护行政主管部门和有关社会团体可以依法支持因水污染受到损害的当事人向人民法院提起诉讼，并在确定污染源、污染范围及污染造成的损失等事故调查方面为当事人提供支持。

本市的法律援助机构应当将经济困难公

民因水污染受到损害请求赔偿的案件，纳入法律援助的事项范围。

第七章　附　　则

第九十四条　本条例所称公共污水处理设施，是指城镇集中污水处理设施及开发区、工业园区的集中污水处理设施。

第九十五条　本条例自2011年3月1日起施行。2002年5月15日北京市第十一届人民代表大会常务委员会第三十四次会议通过的《北京市实施〈中华人民共和国水污染防治法〉办法》同时废止。

关于《北京市水污染防治条例（草案）》的说明

——2009年12月29日在北京市第十三届人民代表大会常务委员会第十五次会议上

北京市环保局局长　史捍民

主任、各位副主任、秘书长、各位委员：

我受市人民政府委托，现就提请本次会议审议的《北京市水污染防治条例（草案）》（以下简称《条例（草案）》）作如下说明。

一、立法的必要性

近年来，本市高度重视水污染防治工作，采取了一系列污染治理措施，在水资源严重短缺、人口快速增长和污水总量不断增加的情况下，饮用水安全得到有效保障，污水处理率逐年提高，水环境恶化的趋势得到了初步遏制。但是，由于水资源短缺、污染物排放总量超过环境容量、流域水环境管理制度不健全等问题，导致河流超标现象依然严重，城市中、下游地区大部分为不达标水体。据监测，2008年全市有水河流中，水质不达标的河道占44.1%，水质状况依然不容乐观。水环境质量与落实科学发展观、建设“三个北京”、构建和谐社会首善之区的要求还有很大差距。因此，采取严格的水污染防治措施，改善水环境质量，已经成为社会各界的共识。

当前水资源短缺、水污染严重是制约本市水环境进一步改善的主要因素，需要统筹节约水资源、污水资源化、水污染防治措施，由单一的防治水污染向水污染防治和水资源利用有机结合转变；由分段分块治理向按流域综合治理转变；由污水治理无害化向资源化转变；由重视城镇污染防治向城乡统筹转变，以推进水环境进一步改善。因此，迫切需要将这些制度以及之前行之有效的措施，通过立法的形式确定下来，制定一部更加适合本市水污染防治实际情况的地方性法规，为采取更严格的措施防治水污染提供有力的法律支持。

2008年2月28日第十届全国人大常委会第三十二次会议通过了新修订的《中华人民共和国水污染防治法》（以下简称《水污染防治法》）。为适应上位法规定的变化，也有必要制定新的地方性法规，替代2002年9月施行的《北京市实施〈中华人民共和国水污染防治法〉办法》。

二、《条例（草案）》起草过程和基本思路

2009年年初，市政府、市人大常委会将水污染防治立法列入了立法工作计划。在市

人大常委会的全程指导下、市政府有关部门的通力配合下，遵循市人大常委会确定的基本思路，结合立法调研和市人大执法检查中发现的问题，市环保局会同市政府法制办等单位共同起草了《条例（草案）》。经多次征求市政府有关部门、区县政府和社会的意见，并针对主要问题进行专家论证，反复协调、修改，各方面意见基本达成一致。在《条例（草案）》起草期间，杜德印主任、刘晓晨副主任率人大常委会委员、人大代表及专家就《条例》立法进行调研，并对立法工作进行指导。

《条例（草案）》的核心在于推进首都污水综合治理和水污染防治工作由无害化向资源化转化。基本思路是：从深入贯彻落实科学发展观，建设宜居城市，维护人民群众根本利益的战略高度出发，以污水处理资源化、城乡统筹和按流域治理为原则，以实现高标准治污、提高水质、修复水生态、改善水环境为目标，通过制定新的条例，为建设人文北京、科技北京、绿色北京提供法制保障。

三、《条例（草案）》的主要内容

《条例（草案）》共七章八十四条，分为总则、水污染防治规划与监督管理、水污染防治措施、饮用水水源与地下水保护、生态环境用水保障与污水再生利用、法律责任和附则。主要内容如下。

（一）确立流域治理思路，提高整体治理效果

一是按流域编制水环境综合整治规划，实现治理思路的全流域统一。二是按照流域分配主要污染物排放指标并按流域进行考核。三是按照“谁污染、谁治理”的理念，确立上下游区县的补偿机制。考虑到这一制度在操作上还要作前期准备，具体标准和方式等问题还需进一步研究，《条例（草案）》授权市政府另行制定具体操作办法。四是建立流域限批制度。明确了对未完成流域重点水污染物排放总量控制指标的区、县，相关行政主管部门应当暂停审批该区、县行政区域内新增水污染物排放总量的建设项目的相关文件。

（二）实行污染物总量控制制度，推进污染减排工作

一是进一步完善重点污染物总量控制制度，并在国家规定的区域总量控制的基础上增加了流域总量控制。市政府将总量控制指标分解到相关部门、区县及流域，并逐年削减。相关部门和区县将总量控制指标分解落实到各排污单位，提出削减计划，并对重点水污染物排放总量控制指标的完成情况予以考核。二是细化了《水污染防治法》规定的区域限批制度。对未完成区域重点水污染物排放总量控制指标或者水环境质量考核指标的区、县，相关行政主管部门暂停审批该区、县行政区域内新增水污染物排放总量的建设项目的相关文件。工业园区未建设废水集中处理设施或者集中处理设施废水排放不达标的，相关行政主管部门暂停审批该工业园区新增水污染物排放总量的建设项目的相关文件。

（三）加强水污染防治由无害化向资源化转变，保障生态环境用水

针对我市水资源短缺和生态用水保障严重不足的现状，亟须推进污水资源化进程。因此，《条例（草案）》专章规定了生态用水保障与污水再生利用的内容，鼓励使用再生水。一是规定市水行政主管部门应当会同市环境保护行政主管部门确定本市重点河段和重点湖泊最低生态环境用水水量，并在流域水污染防治综合规划中提出具体生态用水保障方案并组织实施。二是实行用水总量控制，逐步实现用水量和水资源量的平衡。三是明

确市和区、县人民政府应当制定鼓励使用再生水的政策，采取措施，发展工业再生水用户，扩大农业再生水灌溉范围。

（四）加强农业和农村水污染防治，实现城乡统筹发展

一是市农业部门会同有关部门编制农业水污染防治规划，合理确定种植业和养殖业规模，优化调整种植业品种和布局，合理划定畜禽养殖的禁养区和限养区。二是明确了农村污水处理设施的建设和运行经费来源。乡、镇污水处理厂收取的污水处理费不能满足设施正常运行时，不足部分由区、县政府统筹安排。水源保护区、主要河道两侧等重点区域的村庄污水治理设施的建设和运转资金由各级政府优先予以保障。

（五）明确各级政府和排污单位的责任

落实《水污染防治法》规定的水环境保护目标责任制和考核评价制度。《条例（草案）》规定，市政府根据水环境保护目标制定考核评价指标，将指标完成情况作为对相关部门和区县政府及其负责人考核评价的内容。各级政府对本行政区域内污染源监管负总责，排污单位要严格遵守法律、法规。对超过标准和超过重点水污染物总量控制指标排放的单位，处以罚款并要求其限期治理；重点排污单位要依法安装在线监测系统，并保证其正常运转。

《条例（草案）》已经2009年12月1日第53次市政府常务会议讨论通过，并已印送各位委员，请予审议。

市人大城建环保委员会
关于《北京市水污染防治条例（草案）》
审议意见的报告

——2009年12月29日在北京市第十三届人民代表大会常务委员会第十五次会议上

市人大城建环保委员会主任委员　赵　义

主任、各位副主任、秘书长、各位委员：

市人大城建环保委员会收到市人大常委会交付审议的《北京市水污染防治条例（草案）》（以下简称《条例（草案）》）后，书面征求了十八个区县人大常委会的意见，并召开座谈会征求了有关专家和代表以及市政府有关部门的意见。12月15日，城建环保委员会第九次会议对《条例（草案）》进行了审议，现将审议意见报告如下。

城建环保委员会认为，进一步加强水污染防治和水资源利用工作，改善首都水环境质量是贯彻落实科学发展观、建设“人文北京、科技北京、绿色北京”的重要战略性举措，与首都经济社会全面协调可持续发展和人民群众的生产、生活密切相关。通过2008年年底开展的修订《北京市实施〈中华人民共和国水污染防治法〉办法》立项论证工作、今年上半年常委会对本市实施《中华人民共和国水污染防治法》和《北京市实施〈中华人民共和国水污染防治法〉办法》的情况进行检查，我们认为，根据国家新修订的水污染防治法及相关法律，结合北京市的实际情况，制定本市新的水污染防治条例是必要的，也是可行的。《条例（草案）》紧紧围绕立项

论证和执法检查工作中提出的制定条例的指导思想和基本思路，针对本市水环境特点及存在的主要问题，就本市水污染防治原则、水污染防治规划和监督管理、水污染防治措施、饮用水水源与地下水保护、生态用水保障与污水再生利用等内容进行了进一步的规范和调整，特别是在对工业、农业、生活水污染防治措施作出规定的同时，对有毒有害水污染物和重金属污染防治进行了规范。《条例（草案）》结构完整，条理清晰，内容全面，比较成熟，建议经常委会审议修改后颁布施行。同时，提出以下意见和建议。

一、关于进一步推进污水资源化，提高水资源循环利用率

本市属于水资源严重短缺的城市，水体的环境容量和纳污能力极有为限。虽然全市COD排放量逐年降低，污水处理率逐年提高，但水污染物排放总量仍远远大于水环境容量。除了引水进京外，改善本市水环境的另一重要举措就是进一步推进污水资源化，不断提高水资源循环利用率。这就要求我们的治污理念要从污水处理的无害化向资源化转变。为了进一步节水减排，提高水资源循环利用率，缓解水环境容量的压力，建议对《条例》草案作如下修改。

一是，将《条例（草案）》第三条第二款修改为："本市坚持水污染防治与水资源利用相结合，坚持削减污染物的同时补充生态环境用水，严格保护饮用水水源，建立和完善流域管理**制度**，推进污水资源化、**节水减排和提高水资源循环利用率**，统筹城乡水污染防治工作，逐步改善水环境质量，恢复和保护水体生态功能。"（加黑部分为新增内容，下同。）

二是，在《条例（草案）》第二十三条中增加两款，表述为：

"向未达标的水体排放污染物的，应达到水环境功能区划的水质标准。

"本市水环境功能区划的水质标准不能满足宜居城市要求的，应当提高水环境功能区划的水质标准。"

三是，在《条例（草案）》第六十五条中增加两款，表述为：

"重点行业企业利用再生水达不到再生水使用指标的，水行政主管部门责令限期改正。

"重点行业企业新建、改建、扩建时再生水利用达不到再生水使用指标的，水行政主管部门不予批准用水指标。"

二、关于实验室有毒有害废液的处理处置

本市学校、科研院所、医疗机构等单位数量较多，这些单位进行实验、化验和检验产生大量含有有毒有害物质的废液。由于这些有毒有害物质难以降解，污水处理厂无法进行有效处理。这些有毒有害物质进入环境后，会对周边的土壤和水环境造成污染，甚至影响人体健康。目前，实验室有毒有害废液仍是管理的薄弱环节。为了进一步加强源头治理，建议对《条例（草案）》第二十六条作如下修改：一是进一步明确有毒有害废液的产生单位是对废液进行安全处置的责任单位；二是本市逐步建立有毒有害废液的收集、运输、处置体系，为有关单位安全处置这些废液提供服务。具体表述为：**"学校、科研院所、医疗机构等单位对进行实验、检验和化验产生的含有有毒有害物质的**废液应当单独收集，按照国家**和本市**关于**危险废物**的有关规定进行安全处置，禁止排入污水管道或者直接排入水体。

"市环境保护行政主管部门应当会同市有关行政主管部门建立实验室、检验室和化验室产生的含有有毒有害物质的废液的收集、

运输和处置体系。”

三、关于污水集中处理设施产生的污泥的处理处置

随着本市污水处理率的不断提高，污水处理产生的污泥量也大幅度增长。2008 年，全市污泥产量已达 106 万吨，预计 2020 年污泥产生量将达到 180 万吨。污泥如果得不到妥善的处理处置，将会造成污染转移，污染土壤、水源甚至进入食物链。因此，污泥的处理处置已经成为我市污染防治工作中亟待解决的重要问题之一。《条例（草案）》在有关上位法均无相关规定的情况下，在地方性法规中首次对污泥处理处置作出了规范，为污泥的处理处置提供了法制保障。同时，针对长期以来存在的“重水轻泥”倾向，污泥处理处置设施建设严重滞后等问题，我们建议作如下修改。

一是，在《条例（草案）》第三十二条第二款后增加一句，修改为：“本市各级人民政府通过政府投资或者其他方式筹集资金，统筹安排建设污水集中处理设施及配套污水管网，提高城镇污水的收集率和处理率。**污水集中处理设施产生的污泥的处理处置是城镇污水处理系统的组成部分。**”以此强调本市各级人民政府在安排建设污水集中处理设施时，要统筹考虑污泥处理处置问题。

二是，在《条例（草案）》第三十六条中增加一款，作为第一款，并补充相关内容，修改为：**“市水行政主管部门应当会同市有关行政主管部门建立污水处理产生污泥的收集、运输、处理和处置体系。**

“对污水处理产生的污泥应当**实行源头削减和全过程控制**，进行减量化、稳定化、无害化、资源化处理处置。禁止采用倾倒、堆放、直接填埋的方式处置污泥。

“污水处理**设施运营**单位对所产生的污泥的贮存、运输、处理、处置全过程承担污染防治责任，**并对处理处置后的污泥的去向、用途、用量等进行跟踪、记录。**污水处理**设施运营**单位将产生的污泥委托其他单位处置的，应当与被委托单位约定双方**各自的**污染防治责任。”

四、关于集中式畜禽粪污处理设施建设

目前本市畜禽养殖业污染物排放量大，以规模化养殖场为例，2008 年产生的粪污约 584 万吨，已成为本市主要的面源污染物。畜禽养殖业粪污中污染物浓度高，对环境的影响十分严重。与此同时，本市的集中式畜禽粪污综合利用和无害化处理设施严重不足。由于缺少相应的鼓励和引导机制，养殖场普遍在粪污处理和相关产品使用环节存在积极性不高的问题。因此，建议进一步强调市和区、县政府在政策支持方面的责任，将《条例（草案）》第四十一条修改为：“市**和区、县人民政府应当制定政策，鼓励**、引导建设集中式畜禽粪污综合利用或者无害化处理设施，引入市场化机制进行运营。”

五、关于再生水输配管网的建设和再生水水质标准的制定

城建环保委员会认为，再生水输配网管的覆盖面是影响再生水利用的重要因素，建议在《条例（草案）》第六十四条中增加一款，作为第二款，明确政府在再生水输配管网建设方面的责任，表述为：**“本市各级人民政府依据有关规划，通过政府投资或者其他方式筹集资金，统筹安排建设再生水输配管网，逐步扩大再生水输配管网的覆盖范围。”**

《条例（草案）》第六十六条第一款，关

于由利用者来确定再生水水质标准的规定，不具有可行性。再生水利用者既没有相关专业知识和能力，也不应该承担这一义务。确定再生水水质标准应当是市政府有关部门的职责所在。建议修改为：**“市水行政主管部门应当会同市有关行政主管部门根据再生水的不同用途，确定相应的再生水水质标准。”**

六、关于法律责任

（一）关于对有关行政主管部门的行政责任和法律责任

《条例（草案）》第六十八条与《水污染防治法》第六十九条内容完全一致，建议采取列项式写法予以细化，修改为：

“市和区、县环境保护主管部门或者其他依照本条例规定行使监督管理权的部门有下列行为之一的，对直接负责的主管人员和其他直接责任人员，由任免机关或者监察机关依法给予行政处分；构成犯罪的，依法追究刑事责任：

“（一）不依法作出行政许可或者办理批准文件的；

“（二）未按规定实施行政处罚或者违法采取行政措施的；

“（三）发现违法行为或者接到对违法行为的举报后不及时查处的；

“（四）其他未依照本条例规定履行职责的行为。”

（二）关于应缴纳排污费如何计算

由于《水污染防治法》及国务院《排污费征收使用管理条例》均规定了按照排污费数额几倍给予罚款的处罚，但并未明确该排污费是月排污费、季排污费或者年排污费，缺乏一定的可操作性。建议借鉴《浙江省水污染防治条例》的规定，在《条例（草案）》第六十九条第一款后增加一句，修改为：“违反本条例规定，排放水污染物超过国家或者本市规定的水污染物排放标准，或者超过重点水污染物排放总量控制指标的，**由市或者**区、县环境保护行政主管部门责令限期治理，并处应缴纳排污费数额二倍以上五倍以下的罚款。**应缴纳排污费按年计算。**”

七、其他修改意见和建议

（一）《条例（草案）》第二十条，关于污染源、水环境质量、水量和水位监测网络的建设，应当强调统筹规划和数据共享，以避免重复建设造成资源浪费。建议修改为：“本市应当**统筹规划**、建设、完善污染源、水环境质量、水量和水位监测网络，并逐步实现**环境保护、水行政、国土资源、卫生等有关行政主管部门之间**监测数据的共享”。

（二）《条例（草案）》第三十条第二款，关于有毒有害水污染物名录由市环境保护行政主管部门会同有关部门确定，建议增加一句**“并向社会公布”**，以保障公众知情权。

（三）《条例（草案）》第四十三条，关于种植业水污染防治，有专家提出，“鼓励使用有机肥”的表述不够准确，有机肥并不是使用越多越好，建议修改为：“本市种植业通过推行测土配方施肥、病虫害生物防治**等措施，鼓励使用有机肥替代化肥**，减少**化学**农药施用量，防止污染水环境。”

此外，在常委会对水污染防治法律、法规实施情况进行检查，以及在《条例（草案）》征求意见过程中，多位委员、代表和有关专家提出，水污染防治法规的处罚力度太小，存在着“守法成本高、执法成本高、违法成本低”的现象，对恶意违法排污行为难以起到遏制和惩戒作用，致使大量企业逃避水污染治理责任，对本市水环境造成严重危害。如何进一步加大对违法排污行为的处罚力度，对恶意违法排污企业施以重处，彻底扭转“两高一低”现象，同时充分发挥环保法规的震慑和警示作用，从源头预防和减少违法排污行为，是本次立法过程当中遇到的一个的突出问题。据了解，重庆市2007年出台的《重庆市环境保护条例》以地方法规的形式率先确立了“按日计罚”制度，该制度实施之后，企业违法现象明显呈下降趋势，有效地减少了违法行为对环境的影响。建议常委会对《条例（草案）》进行审议修改时对这一问题给予重点研究。

城建环保委员会还对《条例（草案）》部分文字表述提出了修改意见。

以上意见，供常委会审议时参考。

市人大法制委员会关于《北京市水污染防治条例（草案）》审议结果的报告

——2010年9月16日在北京市第十三届人民代表大会常务委员会第二十次会议上

市人大法制委员会副主任委员　张　引

主任、各位副主任、秘书长、各位委员：

2009年12月29日，市十三届人大常委会第十五次会议对《北京市水污染防治条例（草案）》（以下简称《条例（草案）》）进行了第一次审议。会上共有19位常委会组成人员和3位列席人大代表发表了意见。组成人员和代表认为，《条例（草案）》以科学发展观为指导，从缓解首都人口、资源、环境矛盾和建设宜居城市的高度出发，坚持城乡统筹、按流域治理和污水资源化原则，将水污染防治与污水再生利用有机结合，指导思想更加明确，管理措施更加具体，对于本市建立和完善水污染防治工作机制，改善水环境质量，加快实施“三个北京”战略，建设世界城市具有重要意义。立法非常必要，《条例（草案）》结构合理、内容全面，针对性和操作性比较强。同时，常委会组成人员和代表也对《条例（草案）》提出了修改意见和建议。

会后，市人大法制委员会会同城建环保委员会根据各方面的意见有针对性地开展调研，听取了市水务、发展改革、农业、财政、公安等政府有关部门、法院、部分区县及污水处理厂、小区物业等基层单位的意见。2010年8月30日，法制委员会召开会议，根据常委会审议意见、城建环保委员会审议意见和其他方面的意见进行审议，提出了进一步修改的意见。现将审议结果报告如下。

一、关于水污染防治工作的原则

《条例（草案）》第三条规定了水污染防治工作的原则。城建环保委员会提出，本市水资源严重短缺，水环境容量极为有限，改善本市水环境质量的一项重要措施就是推进污水资源化，提高水资源循环利用率。法制委员会认为，污染物排放总量控制是水污染防治的重要制度，应当在原则中予以体现。据此，建议将《条例（草案）》第三条第二款修改为：“本市水污染防治坚持城乡统筹，实行流域管理，严格保护饮用水水源；坚持水污染防治与水资源开发利用相结合，推进污水资源化，提高水资源循环利用率；坚持污染物排放总量控制，在削减污染物的同时补充生态环境用水，逐步改善水环境质量，恢复和保护水体生态功能。”（草案修改稿第三条第二款）

二、关于对水污染防治成绩突出单位的奖励

《条例（草案）》第十五条规定，对超额完成重点水污染物排放总量控制指标和水环境质量考核指标的市人民政府有关部门和区、县人民政府，市人民政府应当给予奖励。法制委员会认为，排污单位和污水处理设施运营单位是落实重点水污染物排放总量控制指标和削减计划的主体，应当建立对其水污染防治行为的奖励制度，以充分调动其水污染防治的积极性，引导其主动提高污水处理水平。据此，建议增加一款，表述为：“对完成重点水污染物排放总量控制指标和削减计划作出突出贡献的单位，市人民政府有关部门或者区、县人民政府应当给予奖励。”（草案修改稿第十五条第三款）

三、关于对污染损害水环境行为的监督

在审议中有的组成人员提出，应当建立排污单位违法排污信息记录和公布制度，使违法排污单位在贷款、担保、投标、政策支持等方面受到限制。还有的组成人员提出，应当建立污染损害水环境行为的举报制度，鼓励公众参与水环境保护。据此，法制委员会建议在《条例（草案）》中增加两条，分别表述为：“市人民政府及有关部门应当将排污单位违反水污染防治法律、法规的行为纳入本市企业信用信息系统，对严重污染水环境的企业通过媒体予以公布。”（草案修改稿第二十三条）“市和区、县环境保护、水务等部门应当公布本部门受理对污染损害水环境行为举报的联系方式。对属于本部门职责范围的举报事项，应当及时处理；对不属于本部门职责范围的，应当及时转交有权处理的部门，并告知举报人。对举报属实的，应当对举报人给予奖励。”（草案修改稿第二十四条）

四、关于对实验室废液处理的监管

《条例（草案）》第二十六条对实验室废液的安全处理提出了要求。有的组成人员和城建环保委员会提出，本市学校、科研院所、医疗机构众多，其实验、检验和化验过程中产生的大量含有毒有害物质废液的处理仍是管理的薄弱环节，应当在法规中对实验室废液的收集、运输、处置提出要求。法制委员会认为，根据《中华人民共和国固体废物污染环境防治法》的规定，含有毒有害物质的实验室废液应当按照危险废物进行管理。目前，国家和本市关于危险废物管理的法律规定已经比较完善，有关部门应当按照相关规定加强对实验室废液处理的监督管理和指导。据此，建议将《条例（草案）》第二十六条修改为：“学校、科研院所、医疗机构、企业等单位的实验室、检验室、化验室产生的废液应当按照国家和本市关于危险废物的有关规定单独收集，进行安全处置，禁止排入排水管道或者直接排入水体。

“市和区、县环境保护行政主管部门应当按照有关规定加强对实验室、检验室、化验室废液处理的监督管理，为有关单位依法处理废液提供指导。”（草案修改稿第二十九条）

五、关于污泥的处理处置

随着本市污水处理率的不断提高，污水处理产生的污泥量也在大幅增长。有的组成人员提出，应当进一步明确污泥处理处置的

责任主体，提高污泥安全处置水平。城建环保委员会提出，应当针对长期以来“重水轻泥”的倾向，对污泥处理处置的原则、本市各级人民政府及污水处理设施运营单位的责任作出规定。法制委员会认为，政府应当加强对污泥处理处置的规划和设施建设，对污泥的资源化处置和利用给予政策支持。根据上述意见，建议从以下几方面对污泥的处理处置作出进一步规定。

（一）明确污泥处理处置的原则，将《条例（草案）》第三十六条第一款修改为：“对污水处理产生的污泥的处理处置，应当遵循源头削减和全过程控制原则，实现污泥的减量化、稳定化、无害化和资源化。”（草案修改稿第三十九条第一款）

（二）明确政府在污泥处理处置方面的责任，增加一条表述为：“市和区、县人民政府应当加强污泥安全处理处置设施的建设，将污泥处理处置规划纳入本市排水和再生水规划。

“市水行政主管部门应当会同有关部门建立污泥收集、运输、处理和处置的技术标准体系和运营监管体系，规范污泥的处理处置及综合利用。”（草案修改稿第四十条）

（三）细化污水处理单位在污泥处理处置过程中的义务，将《条例（草案）》第三十六条第二款修改为：“污水处理单位对所产生的污泥的贮存、运输、处理、处置全过程承担污染防治责任，并对处理处置后的污泥的去向、用途、用量等进行跟踪、记录，不得造成二次污染。污水处理单位将产生的污泥委托其他单位处置的，应当与被委托单位约定双方的污染防治责任。”（草案修改稿第四十一条）

（四）明确本市对污泥资源化处置和利用的支持措施，增加一条表述为：“本市鼓励和支持通过资源综合利用方式，采用循环经济发展模式对污泥进行处置。

“在农林、建材等生产领域利用经无害化处理的污泥的，享受国家和本市资源综合利用相关优惠政策。

“政府投资的沙荒地治理、园林绿化、土壤改良等项目实施政府采购的，应当优先采购符合国家和本市相关标准的污泥衍生产品。”（草案修改稿第四十三条）

六、关于再生水利用

我市水资源严重短缺，水污染防治的理念要从污水处理的无害化向资源化转变，推进污水再生利用。有的组成人员和城建环保委员会提出，应当明确政府在再生水输配管网建设方面的责任，对重点行业的企业使用再生水作出强制性规定。法制委员会认为，政府应当加强对再生水利用的规划，承担公共再生水设施的建设；再生水用户应当按照国家和本市规定的水质标准使用再生水，以保证再生水使用安全。根据上述意见，建议从以下几方面对再生水利用作出进一步规定。

（一）加强再生水设施建设，增加一条表述为：“市和区、县水行政主管部门应当按照管理权限组织编制排水和再生水规划，报本级人民政府批准实施。

“本市各级人民政府依据有关规划，通过政府投资或者其他方式筹集资金，统筹安排建设公共再生水设施，逐步扩大再生水输配管网的覆盖范围。”（草案修改稿第七十一条）

（二）推进重点行业的企业使用再生水，在《条例（草案）》第六十五条中增加一款，表述为：“重点行业的企业具备再生水利用条件的，市水行政主管部门应当将再生水用量纳入其用水指标；无正当理由未使用再生水的，由市水行政主管部门责令限期改正，逾期不改正的，由市水行政主管部门核减相应的用水指标。”（草案修改稿第七十三条第二款）

（三）对再生水水质提出要求，将《条例

(草案)》第六十六条第一款修改为:“再生水用户应当根据不同用途,按照国家和本市规定的再生水水质标准使用再生水。”(草案修改稿第七十四条第一款)

七、关于对水污染侵权诉讼案件受害人的支持

水污染事故的受害人由于受经济条件、监测技术、专业知识等限制,在诉讼中往往处于不利地位。法制委员会认为,应当发挥环境保护部门和法律援助机构的专业优势,对水污染侵权诉讼案件中的受害人给予支持。建议增加一条,表述为:“环境保护行政主管部门和有关社会团体可以依法支持因水污染受到损害的当事人向人民法院提起诉讼,并在确定污染源、污染范围及污染造成的损失等事故调查方面为当事人提供支持。

“本市的法律援助机构应当将经济困难公民因水污染受到损害请求赔偿的案件,纳入法律援助的事项范围。”(草案修改稿第九十三条)

此外,法制委员会还根据常委会审议意见、城建环保委员会审议意见、语言文字专家和其他方面的意见,对《条例(草案)》作了一些完善性的修改,对条款顺序作了必要的调整。

法制委员会按照上述意见,提出《北京市水污染防治条例(草案修改稿)》,提请本次常委会进行第二次审议。

草案修改稿和以上意见是否妥当,请审议。

市人大法制委员会关于《北京市水污染防治条例(草案修改稿)》修改意见的报告

——2010年11月19日在北京市第十三届人民代表大会常务委员会第二十一次会议上

市人大法制委员会副主任委员 张 引

主任、各位副主任、秘书长、各位委员:

2010年9月16日,市十三届人大常委会第二十次会议对《北京市水污染防治条例(草案修改稿)》(以下简称草案修改稿)进行了分组审议,会上有16位常委会组成人员和3位列席人大代表发表了意见。11月1日,法制委员会召开会议,根据常委会的审议意见对草案修改稿进行审议,提出了进一步修改的意见。现将修改情况报告如下。

一、有的组成人员提出,应当加大对违法排污行为的监督力度,建议建立协管员监督制度。法制委员会根据组成人员的意见,建议在草案修改稿第五条中增加一款,表述为:“市和区、县环境保护行政主管部门可以根据需要聘请监督员,协助开展水污染防治工作。”(表决稿第五条第四款)

二、法制委员会认为,目前本市污水集中处理产生的污泥的处理处置设施建设严重不足,大量污泥未进行安全处理处置,政府应当加大投入,统筹安排建设污泥处理处置

设施。据此，建议将草案修改稿第四十条第一款修改为："本市各级人民政府应当通过政府投资或者其他方式筹集资金，统筹安排建设污泥处理处置设施，将污泥处理处置规划纳入本市排水和再生水规划。"（表决稿第四十条第一款）

三、有的组成人员提出，草案修改稿第五十条关于"鼓励使用有机肥替代化肥"的规定容易造成误解，有机肥施用过量也会造成二次污染。法制委员会根据组成人员的意见，建议将第五十条修改为："本市鼓励种植业通过推行测土配方施肥、病虫害生物防治等措施，提高肥料使用效率，合理使用有机肥和化肥，减少化学农药施用量，防止污染水环境。"（表决稿第五十条）

四、有的组成人员提出，水污染事故关系到广大人民群众的生命财产安全，政府及有关部门应当按照《政府信息公开条例》的要求公开水污染事故的预警信息和应对情况。法制委员会根据组成人员的意见，建议在草案修改稿中增加一条，表述为："市和区、县人民政府及有关部门应当依法公开水污染事故的预警信息和应对情况，将事故信息和应当注意的事项及时告知可能受到影响的单位和个人。"（表决稿第五十四条）

五、有的组成人员提出，草案修改稿第六十八条关于生态环境用水、城市景观用水、住宅小区和单位内部的景观用水以及市政杂用水的使用限制，缺乏程序和机制保障。法制委员会根据组成人员的意见，建议在草案修改稿第六十八条中增加一款，表述为："前三款所列各项用水的具体管理办法由市人民政府制定。"（表决稿第六十八条第四款）

六、有的组成人员提出，回补地下水是再生水利用的一个重要方面，应当加强研究。法制委员会根据组成人员的意见，建议将第七十二条第一款修改为："本市各级人民政府应当制定政策，采取措施，发展工业再生水用户，鼓励工业企业的废水处理后循环使用，扩大农业再生水灌溉范围，推动再生水回补地下水的技术研究和应用。"（表决稿第七十二条第一款）

七、有的组成人员提出，应当针对违法成本低、执法成本高的问题，加大对违法排污行为的处罚力度。法制委员会根据组成人员的意见，建议将第七十八条第一款修改为："违反本条例规定，排放水污染物超过国家或者本市规定的水污染物排放标准，或者超过重点水污染物排放总量控制指标的，由市或者区、县环境保护行政主管部门责令限期治理，并处应缴纳排污费数额二倍以上五倍以下的罚款。应缴纳排污费数额按年计算。"（表决稿第七十八条第一款）

此外，法制委员会还对草案修改稿的个别文字和条款作了完善性修改。

法制委员会按照上述意见提出《北京市水污染防治条例（表决稿）》，建议本次常委会会议通过，并自 2011 年 3 月 1 日起施行。

关于《北京城市总体规划（2004—2020年）》实施情况评估工作的报告

——2010年11月17日在北京市第十三届人民代表大会常务委员会第二十一次会议上

北京市规划委员会主任 黄 艳

主任、各位副主任、秘书长、各位委员：

我受市人民政府委托，向市人大常委会报告本市关于《北京城市总体规划（2004—2020年）》实施评估工作情况。

2004年，为了深入贯彻落实科学发展观，充分利用奥运机遇，实现首都的全面、协调和可持续发展，北京市委、市政府组织编制了《北京城市总体规划（2004—2020年）》。总体规划从新的历史阶段首都城市发展建设面临的形势和任务出发，在科学定位首都性质功能的基础上，明确了“国家首都、国际城市、文化名城、宜居城市”的城市发展目标，明确了北京发展建设的指导思想和具体要求，明确了城市发展的规模和布局以及需要高度重视并切实解决好的若干重大问题。2005年1月27日，国务院下发了《国务院关于北京城市总体规划的批复》，批复共计12条，涉及首都工作的方方面面，是指导首都现代化建设的大纲。

作为指导首都未来十五年发展建设的纲领性文件和基本依据，在党中央、国务院的关怀支持下，在首都规划建设委员会和市委、市政府的领导下，在市人大的监督和市政协的指导下，国务院批复和总体规划得到了认真的贯彻执行。

五年来，随着圆满完成2008年夏季奥运会和新中国成立60周年庆祝活动以及成功应对国际金融危机，首都经济社会保持平稳较快发展，北京已经发展成为当今世界上最具活力和潜力的城市之一。首都的发展已经站在了新的历史起点上，进入了新的发展阶段。

为深入贯彻落实科学发展观，加快转变经济发展方式，更好地落实中央对做好首都各项工作的要求，我们必须客观地回顾和总结五年来贯彻和实施总体规划中的经验，正确地分析和判断形势的变化和面临的挑战，用更宽广的视角和更长远的眼光谋划首都新一轮的科学发展，以更高的标准贯彻国务院批复和落实总体规划，继续发挥总体规划对全市经济社会发展和城乡建设的战略指导和宏观调控作用。

此次北京城市总体规划实施评估工作，是依据《城乡规划法》（第四十六条、第四十七条）及《北京市城乡规划条例》（第十九条、第五十条及第五十五条）有关规定，根据市委、市政府的工作部署、市人大的工作要求，结合本市规划建设实际，组织有关单位开展的对总体规划实施情况进行阶段总结和总体评估工作。

一、此次评估工作的工作原则、组织方式和主要过程

第一，工作原则。

一是坚持整体框架：以国务院批复为纲领，深化认识首都城市性质定位，坚持总体

规划确定的发展目标和城市空间结构调整等重大战略，针对总体规划确定的城市发展战略性整体框架，对规划实施情况进行系统的总结评估。

二是充分整合资源：充分整合、集成和统筹总体规划批复后，在实施过程中，各级政府、各委办局、各科研单位所做的各项规划、研究及政策成果。

三是突出重点内容：客观判断和辨析城市未来发展的阶段性特征，抓住总体规划实施过程中面临的突出问题，重点对人口规模、资源环境承载能力、城镇化与城乡一体化发展、产业布局与重点功能区建设等进行论证评估。

四是提出优化建议：着眼于深化落实科学发展观，从中国特色世界城市建设的高度，加快推进“人文北京、科技北京、绿色北京”发展战略，在客观评估的基础上，结合“十二五”规划的编制，提出进一步落实国务院批复和实施总体规划的方向性建议。

第二，组织方式。

此次评估工作，坚持总体规划确定的“政府组织、专家领衔、部门合作、公众参与、科学决策”的工作方式。

组织总体规划三家主要参编单位，以清华大学、中国城市规划设计研究院、北京市城市规划设计研究院为技术主体，同时委托10家专业研究部门开展重点专题研究。聘请吴良镛、李晓江等权威专家领衔，并邀请李京文、冯飞、王如松等近30名各领域知名专家，参与人口、产业、生态等专题研究。2010年4月以来，五次召开总体规划实施评估专家研讨会，就实施评估工作征求专家意见。

与市发展改革委、市经济信息化委、市国土局、市住房城乡建设委、市市政市容委、市交通委、市农委、市水务局、市园林绿化局等相关委办局密切合作，与“十二五”规划和土地利用规划紧密衔接。与各区县政府密切沟通，征求区县政府的意见。多次召开中央在京单位座谈会，深入各大产业功能区进行调研，了解企业发展需求。

通过开展公众满意度调查、开辟网络专栏、群众来信整理、公众信箱分析等多种方式，充分听取广大市民对于城市发展热点、难点问题的意见建议。

第三，工作过程。

此项工作历时一年半，受到市委、市政府、市人大、市政协的高度重视。为做好此次评估工作，市委、市政府领导多次听取汇报，并作出重要指示，对评估工作提出了明确要求。市人大组织代表多次深入基层开展调查研究，并多次听取工作情况汇报，对评估工作提出了重要的意见和建议。2010年10月26日，郭金龙市长主持市政府第76次常务会议对此项工作进行审议。2010年11月3日，刘淇书记主持十届市委常委会第163次会议对此项工作进行审议。

二、评估工作的主要内容

评估工作认真回顾和总结了北京城市总体规划实施五年的总体情况，努力把握北京新的发展历史阶段的趋势和规律，客观分析了城市发展面临的机遇和挑战，根据新的发展形势，针对新的发展问题，按照新的发展要求，对总体规划实施情况进行了系统的总结和重点评估。

第一，总体规划实施五年来的回顾与总结。

总体规划实施五年来的总体情况表明，在科学发展观的指导下，作为首都城乡发展、建设和管理的基本依据，批复和总体规划有效发挥了纲领性文件的指导作用。在筹办举办奥运会等重大事件的带动下，首都职能不断强化，城市的现代化、国际化水平显著提升，城乡居民生产生活条件明显改善，文化影响力逐步增强，城市环境质量全面提高。首都经济社会发展成绩显著，基本实现了构建现代国际城市基本构架的阶段性发展目标。

主要体现在以下八个方面。

一是城市空间战略性调整有序展开。按照“两轴—两带—多中心”的市域空间布局，中心城调整优化、新城发展、小城镇和新农村建设协调推进，初步形成了内外联动、南北均衡、城乡一体发展的新格局。

自2005年总体规划实施以来，通过实施六个调整、六个优化，积极疏解中心城的人口和部分职能。加强CBD、金融街、奥林匹克中心区等重点功能区建设，加快实施首钢搬迁等重大项目，加大环境整治和绿地系统建设力度，不断提高中心城城市建设品质，提升城市综合竞争力。同时，积极实施新城发展战略，以轨道交通带动新城发展的战略得到大力推动，以土地储备、框架性基础设施建设、重大高端产业项目引进和环境建设与整治为重点，高标准、高起点、高水平推进新城加速发展，新城在首都现代化过程中疏解中心和聚集新功能的作用逐步显现。城乡统筹战略不断深化，小城镇和新农村建设加速推进，“以工促农、以城带乡”长效机制初步建立，强农惠农政策体系基本成型，城乡一体化发展格局加快形成。同时，出台了促进城市南部地区加快发展行动计划和永定河绿色生态发展带规划，使城市发展更加均衡和协调。

二是首都经济实现又好又快发展。按照高端、高效、高辐射的发展思路，加快发展现代服务业、高新技术产业和现代制造业，积极促进农业产业化经营，推动增长方式的转变和产业结构升级。以首都资源优势为基础、以服务经济为主体、以自主创新为引领的首都经济，具备了持续领先发展的良好条件。2009年本市三次产业结构比例达到1：23.2：75.8，三产就业比重达到75%以上。人均地区生产总值超过1万美元，提前11年实现了总体规划确定的发展目标。

产业布局不断优化，基本形成了两轴优化、两带聚集、多中心联动发展的初步格局。积极调整不符合首都功能定位的产业，推进首钢、化工二厂、有机化工厂等企业的搬迁改造。中关村国家自主创新示范区的启动建设，成为首都加快转变经济发展方式的强力引擎。六大高端产业功能区综合竞争力进一步提升，聚集辐射能力和品牌国际影响力增强，运行效率、服务水平和环境质量不断改善。2009年，六大高端产业功能区实现增加值4638.5亿元，产业增加值占全市GDP比重从2004年的28.9%提高到2009年的38.2%。

三是城市资源环境综合承载力稳步提升。坚持节约优先，积极推进土地、水资源、能源的节约与合理利用，加强污染防治和环境保护工作，加大节能减排工作力度，城市可持续发展保障能力增强。

按照推进环境友好型和资源节约型城市建设的总体要求，严格执行和落实北京市节能减排综合工作方案，关停和退出了一大批资源消耗大、影响生态环境的产业项目。从2005年到2009年，北京万元地区生产总值能耗从0.79吨下降到0.54吨标准煤，水耗从49.5立方米下降到29.92立方米，提前1年达到“十一五”节能降耗目标。实施100多项大气污染控制措施，减少污染排放，空气质量达到二级以上的天数逐年增加，2009年的二级和好于二级的天数达到285天，占到全年的78.1%，实现城市空气质量持续11年改善。全面推进生活垃圾处理工作，全市生活垃圾无害化处理率达到95.8%。加快污水处理厂升级改造，市区、郊区污水处理率分别达到94%和51%。搞好重点生态工程建设，不断加强生态清洁小流域和废弃矿山综合治理，不断提高生态建设水平。

四是宜居城市建设成效显著。坚持以人为本，更加注重民生，着力解决人居环境和住房、交通、上学、就医等关系人民群众切身利益的重大问题，大力推进基本公共服务均等化，公共服务设施体系更加完善。

五年来，北京市将解决住房问题作为改善民生的重要方面，始终把改善群众居住条件作为城市住房制度改革和房地产业发展的根本目的。逐年加大保障性住房建设力度，2007年到2009年三年间分别新开工592万、803万、938万平方米保障性住房。“十一五”期间，保障性住房开发完成投资1035亿元，是“十五”期间的2.7倍。基本形成了山区、平原地区和中心城三个层次的绿地系统，大面积、集中式绿化建设取得良好成效，全市林木绿化率达到52.6%。按照人人享有基本公共服务和促进公共服务均等化的目标，加快教育、医疗卫生、文化等公共服务设施的建设，在重视大型公共服务设施建设的同时，努力完善“社区”公共服务设施，初步形成了覆盖城乡、布局优化、面向基层、级配合理的公共服务设施体系。

五是城市交通市政基础设施和防灾减灾体系更加完善。按照公共交通优先和市政基础设施建设适度超前的原则，全力加快交通市政基础设施体系建设，城市运行保障能力大大提高。加快建设完善的综合防灾减灾体系，城市整体防灾抗毁和救援能力明显增强。

落实以轨道交通为核心的公共交通优先战略，全市公共交通出行比例上升至38.9%。其中轨道交通运营里程达到228公里，正在建设里程291公里，轨道交通对城市功能优化的引导作用明显加强。水、电、气、热、通信等市政基础设施体系逐步完善，完成一大批重大基础设施建设，以及居住区、功能区、开发区建设的市政配套工程，承载能力和服务保障水平大大提高。加强组织领导机构的建设，成立全市协调统一的应急指挥中心，结合城市公园、绿地、广场等建设城市灾害避难场所，提高公共突发事件应急处理能力，不断加强城市生命线系统设施和应急体系建设。

六是以旧城保护为核心的文化名城建设取得新进展。正确处理在保护中实现可持续发展的各类问题，积极探索旧城小规模渐进式微循环改造新模式，古都风貌保护工作成效显著。全方位保护历史文化资源，加强国际文化交流，加快文化事业和文化创意产业发展，首都文化软实力和国际影响力不断提升。

近年来历史文化名城保护工作取得了阶段性成果。2007年《北京历史文化名城保护条例》出台并实施，逐步健全了历史文化名城保护的相关配套法规和政策。同时，形成了制度化的专家论证机制。2008年以来，市委、市政府确定了旧城区“修缮、改善、疏散”的工作思路，2008年至2009年，通过房屋保护修缮和人口疏散方式，共计修缮房屋76.5万平方米，涉及居民3.85万户。2010年6月，设立新的东城区和西城区。2010年10月，成立了北京历史文化名城保护委员会，从机构和机制上进一步强化了历史文化名城建设的保障力度。

七是带动和辐射区域合作与协调发展呈现新局面。坚持区域统筹的原则，以区域性重大基础设施建设为先导，发挥首都优势，着力推进京津冀地区乃至更大区域的多领域多层次的全面合作，区域协调发展机制逐步健全。

北京与天津、河北省在产业、能源、交通、环境等多领域的合作取得重大进展。京津城际铁路的建成运行，实现了北京到天津30分钟到达的目标。2009年启动京沈客运专线和京唐、京张城际铁路的规划编制和建设前期工作，北京段线路长度约250公里。随着城际铁路等重大交通基础设施的建设，总体规划确定的“京津冀地区两小时交通圈”将基本实现，将为区域一体化发展提供更大的动力。

八是规划实施的体制机制不断完善。城乡规划基本实现全覆盖，各级各类规划（计划）统筹落实、协调推进。市委、市政府出台《关于区县功能定位及评价指标的指导意见》等一系列重要政策、措施，合理调整行政区划，规划实施的统筹力度和整体协调性显著增强。

2005年国务院批复北京城市总体规划以来，相继完成了中心城控规、新城规划、新农村规划、限建区规划、山区协调发展规划、城市快速轨道交通建设规划、近期建设规划年度实施计划等各级各类专业专项规划，规划体系不断完善，以贯彻落实科学发展观为主旨的城乡规划基本实现全覆盖。统筹空间、产业、土地、生态、交通发展布局，加强各级各类规划（计划）在空间布局上的衔接统合，城市发展的有机协调性大大加强。

通过首都功能核心区行政区划的调整，以及大兴区和北京经济技术开发区行政资源的整合，创新体制机制，优化资源配置，不断增强首都服务功能以及产业功能区的承载力。

第二，新形势下首都面临的机遇与挑战。

五年来，北京城市发展建设成绩显著。面向未来，随着我国改革开放和社会主义现代化建设的不断推进，首都发展面临难得的历史机遇。从首都发展的国际环境看，世界多极化、经济全球化深入发展，世界经济政治格局出现新变化，科技创新孕育新突破。为了更好地适应这种国际形势变化的要求，北京需要加强培育与大国首都相适应的国际交往和文化中心职能；从国内趋势看，我国发展仍处于可以大有作为的重要战略机遇期，国务院要求北京建设成为全球影响力的科技创新中心，成为首都加快经济发展方式转变和保持经济领先发展的重大机遇；从区域发展看，随着国家推进天津滨海新区开发开放、建设唐山曹妃甸科学发展示范区等一系列重要战略部署，京津冀地区将成为我国核心经济区域和参与全球竞争的重要区域。作为环渤海地区和京津冀区域的核心城市，在引领和参与区域发展的同时，北京将得到更宽广的发展空间和更有力的发展支撑。

同时也必须看到，北京要提高发展的全面性、协调性、可持续性，实现更高水平的科学发展，还面临诸多问题和挑战：一是人口规模的快速增长与资源环境承载能力之间的矛盾日益突出，人口单中心过度聚集的状况没有根本改变，资源特别是水资源紧缺成为北京发展长期面临的重大瓶颈。二是产业结构优化升级的任务十分繁重，自主创新能力、综合竞争力和产业发展的内生动力还不够强。三是城乡二元结构导致城乡之间发展差距依然存在，城乡结合部矛盾突出，并已呈现向新城、小城镇蔓延的趋势。四是文化软实力和影响力亟须提高，以旧城保护为核心的文化名城建设需要探索更有力的实施机制。五是宜居城市建设任重道远。交通、住房、公共服务和社会稳定等方面的矛盾依然存在，以及由此导致的成本上升、效率下降问题，成为影响首都协调可持续发展和城市竞争力的突出环节。六是区域协调发展机制尚待健全，北京对区域发展的辐射带动作用还没有完全发挥，京津冀区域协调发展有待进一步推动。

首都面向未来发展中所面临的问题，在总体规划修编时就已经存在，这些问题的出现，有其经济社会发展阶段的必然性，也反映了城市发展中不平衡、不协调、不可持续问题依然突出。这些问题相互关联、互为因果，不是孤立存在的，所以也不可能单独解决。发展中的问题，要靠进一步的科学发展去解决。这些问题落在规划实施的体制机制上，主要体现在规划的整体性与实施的分散性之间的矛盾一直存在。如何统筹兼顾，制定全面而连贯的实施计划，有效地整合资源，从而实现统筹时空、同步高效的协调发展，成为更好的实施总体规划的关键。

第三，深化认识城市功能定位和发展目标。

未来五到十年，是北京深入贯彻落实科学发展观，实施“人文北京、科技北京、绿色北京”发展战略，加快经济发展方式转变，以建设中国特色世界城市为努力目标，全面建成现代化国际城市的关键时期。应对形势新变化，落实发展新要求，全面转型成为首都发展新的历史起点的主要阶段性特征。

一是坚持国务院批复和总体规划确定的城市功能定位。国务院对总体规划的批复中指出：“北京市是中华人民共和国的首都，是全国的政治中心、文化中心，是世界著名的古都和现代国际城市。北京城市的发展建设，要按照经济、社会、人口、资源和环境相协调的可持续发展战略，体现为中央党、政、军领导机关的工作服务，为国家的国际交往服务，为科技和教育发展服务，为改善人民群众生活服务的要求。”中央确定的北京城市性质定位和做好“四个服务”的工作要求，有效地指导了首都的城市发展与建设，凝聚了建国以来几十年北京城市发展实践经验的总结，反映了首都工作的基本要求和北京城市发展的客观规律，来之不易，应当毫不动摇地继续坚持。要增强首都意识和服务意识，充分利用和整合好首都资源优势，延伸发展与基本职能密切相关的其他职能。服务国家战略、支撑北京发展，在服务中实现更好的发展，在发展中做到更好的服务。

二是要坚持国务院批复和总体规划确定的北京城市发展目标，把握首都在国家发展大局中的定位，根据北京发展的实际情况，进一步完善和明确未来十年北京城市发展的阶段目标，即从当前到2020年左右，建设成为经济繁荣、文化发达、社会和谐、生态良好的现代化国际城市，在建设中国特色世界城市上有重大进展。

三是客观判断首都发展的趋势，明确进一步落实国务院批复和总体规划的实施策略。首都的发展建设，必须立足首都职能和北京实际，认真落实“四个服务”的工作要求，不断增强带动区域、服务全国、面向世界的综合辐射能力和影响力，推动首都科学发展、促进社会公平正义。坚持把经济结构战略性调整作为加快转变经济发展方式的主攻方向，坚持把科技进步和创新作为加快转变经济发展方式的重要支撑，坚持把保障和改善民生作为加快转变经济发展方式的根本出发点和落脚点，坚持把建设资源节约型、环境友好型社会作为加快转变经济发展方式的重要着力点，坚持把改革开放作为加快转变经济发展方式的强大动力。有效整合和充分发挥首都的资源优势，促进经济、社会、文化、生态、城乡、空间发展的全面转型，推动各项事业协调发展，为首都在更长远的时期内实现在更高层次上的可持续发展，打下坚实的基础。

第四，进一步贯彻国务院批复和落实北京城市总体规划的工作重点。

1. 继续积极推进城市空间结构的战略调整

按照总体规划确定的城市空间发展战略性调整的总体思路，在北京市域乃至更大的空间范围内，加快构建“两轴—两带—多中心”的城市空间结构，强化空间发展在区域、市域和中心城三个层次的协调落实。在此基础上，积极推进形成中心城—新城—镇—新型农村社区的市域城镇体系和城乡一体化发展格局，推动城市中心与多中心结合、中心城与新城互动、南城与北城均衡和区域协调、城乡一体化发展。通过构筑新的城市空间结构，解决人口和功能在中心城过度聚集带来的诸多问题，保障城市全面、协调和可持续发展目标的实现。

2. 促进人口、资源和环境协调发展

人口、资源、环境的矛盾是当前首都经济社会发展中最主要的矛盾，必须统筹处理好人口增长、经济建设与资源利用、生态环境保护的关系，提高资源环境承载能力，实现城市可持续发展。

一是坚持以人为本的理念，落实国务院批复关于着力提高人口素质，防止人口规模盲目扩大和积极引导人口合理分布的要求。

根据北京人口增长的现状与趋势，充分考虑影响城市人口聚集的多方面因素和不确定性，在坚持国务院批复和总体规划确定的近远期适宜人口规模的基础上，适度扩大服务保障水平和合理预留未来扩展的可能性。同时，要加强对人口增长情况的动态监控，积极应对各种发展状况，制定针对不同情况的应对预案。管理与服务并重，建立健全人口综合管理调控机制，通过控总量、调结构、优化分布和提高资源环境承载能力，使人口增长与首都城市性质定位和可持续发展的长远目标相适应。

二是坚持“节流、开源、保护水源并重”的指导方针，把保证首都近远期供水安全放在首位。城市发展量水而行，按照水资源的实际供应能力，引导和调控需求，严格遵照“总量控制、统筹配置”的原则，合理安排城市建设规模和时序。按照全面建设节水型社会的要求，采取最严格、最有效的水资源管理，依靠科技进步和市场机制，强化节水措施。探索外埠调水与本地地表水、地下水及再生水统一配置，确保首都供水安全。

三是落实国务院对北京城市总体规划和土地利用总体规划两个批复的要求，加强两个规划对城乡土地利用的指导和调控作用，坚持两个规划确定的城乡建设用地控制规模，统筹城乡土地资源利用，加快经济发展方式转变，提高土地集约节约利用水平和综合效益，增强土地对首都经济社会发展的保障能力。

四是坚持生态保育、生态恢复与生态建设并重的原则，重新强调和执行限建区规划，严格控制城市开发边界，保护城市生态基本构架；落实市域绿地系统建设规划，加快郊野公园建设，建成功能完备的山区、平原、城市绿化隔离地区三道绿色生态屏障；实施低碳生态城市发展战略，保障首都可持续发展。

3. 加快调整经济结构与引导产业合理布局

坚持首都经济发展方向，充分发挥首都资源优势，加快产业结构战略性调整，由传统要素驱动向创新引领转变，推进科技进步和创新，实现转变经济发展方式取得实质性进展。

一是坚持国务院批复确定的产业发展方向，促进经济和社会协调发展。产业发展要突出首都特点，充分发挥科技优势，加快发展现代服务业、高新技术产业。要调整现有产业结构，适度发展现代制造业，积极促进农业产业化经营。二是有效整合和充分发挥首都的资源优势，把中关村科技园区打造成为具有国际影响力的科技创新中心，发挥创新引领作用，加快转变经济发展方式。三是坚持经济、社会、人口、资源和环境相协调的可持续发展，有所为有所不为，强化节能减排，着力发展绿色、低碳和循环经济。四是积极发展高端产业和产业的高端部分，进行科学有序的深度产业结构调整。加快发展生产性服务业、文化创意产业、高新技术产业和战略型新兴产业，坚决淘汰落后产能，促进传统制造业的升级、退出和转移。五是依据“两轴—两带—多中心”的城市空间结构，根据不同区域的现状发展特征和资源环境条件，构建以高端产业功能区为核心，主导功能明确、布局合理、职住均衡、配套完善、综合竞争力强的经济板块，并积极稳妥地推进浅山休闲旅游带发展。

4. 着力建设宜居城市和改善人居环境

按照国务院批复的要求，力争把北京建设成为我国宜居城市的典范。坚持以人为本，加强交通、住房、人居环境、公共空间和城市管理，更加注重民生和统筹兼顾各方面利益，推进公共服务均等化、城市管理精细化，实现社会和谐和城市宜居。

重点解决好交通和住房问题。建设可持续发展、以人为本、以公共交通为主导的高标准、现代化综合交通体系。优化供给和控制需求并举，空间结构和产业布局调整并重，采取更加有效的综合措施，积极应对交通拥堵问题。切实履行政府职责，建立健全以公共租赁住房和经济适用住房为主的基本住房保障制度，加快保障性安居工程建设。进一步加强和改善房地产市场调控，保持房地产业健康稳定发展。全面推行符合国情市情的住房建设模式和消费模式，促进民生改善、社会和谐和经济发展。

全面履行政府社会管理、公共服务职能，构建健全的新型社会管理制度体系。积极扩大优质公共服务资源供给，推进基本公共服务均等化。加强城市环境的建设与管理，积极倡导人性化设计和精细化管理，建设景观优美、尺度宜人、可达性强、功能混合、密度适当、安全方便的公共空间体系。提高生活垃圾减量化、资源化、无害化水平，做好大型生活垃圾处理设施规划建设，加快推进垃圾无害化焚烧处理。加大统筹协调力度，健全和完善城市管理运行机制，通过增强城市管理的人性化、社会化、法治化、精细化和智能化，实现城市的高效运行和公共服务质量的全面提升。

5. 加大统筹协调力度和深入执行区县功能定位

按照总体规划的要求和四类区域的划分，进一步深化落实市委、市政府提出的区县功能定位，完善促进科学发展的考核评价指标体系，按照“全市一盘棋”的方针，统一思想认识，创新体制机制，处理好提升城市整体功能和保护区县发展积极性的关系，加大统筹协调和执行力度，实现经济、社会、人口、资源和环境相协调的可持续发展。

贯彻落实国务院批复精神和总体规划，仍然是当前和今后一段时期内首都工作的重要任务。我们将以科学发展为主题，以加快转变经济发展方式为主线，按照首都的性质定位和做好“四个服务”的工作要求，紧紧围绕建设“人文北京、科技北京、绿色北京”的战略任务，科学把握发展规律，以更高的水平深化落实国务院批复和总体规划，努力保障首都实现全面、协调和可持续发展。

以上报告，提请市人大常委会审议。

关于《北京城市总体规划（2004—2020年）》实施情况评估工作的意见和建议

——2010年11月17日在北京市第十三届人民代表大会常务委员会第二十一次会议上

市人大城建环保委员会主任委员　赵　义

主任、各位副主任、秘书长、各位委员：

为协助常委会做好审议工作，城建环保委员会认真研究制定了工作方案，成立了由部分常委会委员、城建环保委员会委员和市人大代表组成的监督工作组。自今年7月份以来，监督工作组紧紧围绕《北京城市总体规划（2004—2020年）》（以下简称总体规划）评估工作，以及总体规划的实施情况开展了多次较为深入的调研。市人大常委会高度重视此项工作，常委会领导多次参加调研座谈活动，9月21日，杜德印主任、刘晓晨副主任专题听取了市政府有关部门关于评估工作进展情况的汇报，并作出了明确具体的要求。委员、代表积极参加调研活动，提出了很多建设性的意见和建议。

10月22日，城建环保委员会召开第十二次会议，听取市政府提请本次会议审议的报告（稿）。城建环保委员会认为，市政府按照《中华人民共和国城乡规划法》、《北京市城乡规划条例》的规定和要求，对五年来总体规划的实施情况和贯彻落实《国务院关于北京城市总体规划的批复》（以下简称国务院批复）情况进行了认真检查和全面回顾。市政府及有关部门高度重视，评估工作依法有序、深入细致，评估结果较为客观准确，对五年来北京经济社会发展的总体情况有了一个比较清晰的认识和判断，符合北京的实际情况，评估工作基本上取得了预期效果，我们同意市政府这个报告。

通过评估我们清楚地看到，五年来我市认真贯彻落实国务院批复，充分发挥总体规划的龙头指导作用，紧紧围绕举办一届有特色、高水平的奥运会和建设“三个北京”的中心任务，本市经济社会发展取得了显著成绩：首都经济实现平稳较快发展，经济结构得到进一步优化，城市功能分布与城市空间结构调整初见成效，教育、科技、文化、卫生、体育等公共服务水平稳步提升，公共交通、市政基础设施和防灾减灾体系建设不断改善，历史文化名城保护工作取得新进展，生态环境建设取得新成效，区域合作与协调发展开创新局面，城市可持续发展保障能力逐步增强。同时，这次评估也比较充分地反映了总体规划实施过程中存在的突出问题：城市人口、资源、环境之间的矛盾愈发尖锐；城市空间布局调整与城乡协调发展任务依然艰巨；科技创新和产业结构调整力度仍显不足；城市综合服务能力与北京首都的功能要求差距仍然较大。

我们认为，此次总体规划实施情况评估工作不仅仅是依照法律、法规开展的一项常规性工作，其重要意义更在于能够通过评估真正破解奥运会后北京如何更好更快发展的问题；通过评估进一步明确发展方向、坚定信心，更加严格、深入、全面地贯彻落实国务院批复和总体规划的要求，加快“三个北京”建设，编制好“十二五”规划，制定好下一个五年发展的目标和任务。城建环保委员会结合评估工作中所反映出的突出问题，为进一步全面推进总体规划的顺利实施，提出以下意见和建议。

一、必须按照中央关于北京城市性质和功能定位的要求，强化首都职能、突出首都特色

2005年国务院批复的总体规划中明确规定了北京的城市性质和功能：北京是中华人民共和国的首都，是全国的政治中心、文化中心，是世界著名古都和现代国际城市。北京的城市发展建设，要为中央党、政、军机关的工作服务，为国家的国际交往服务，为科技和教育发展服务，为改善人民群众生活服务。改革开放三十年来，中央关于首都性质和功能定位的要求始终是明确如一的。1980年4月，中共中央书记处作出了《关于首都建设方针的四项指示》，首先明确了北京的城市性质和发展方向；1983年中共中央、国务院对《北京城市建设总体规划方案》的批复，强调了首都经济发展要适应和服从于城市性质的要求；1993年国务院对《北京城市总体规划》的批复中，再次明确了北京国家首都、政治中心、文化中心的城市性质；1995年以来，先后到北京视察工作的中央领导同志多次强调首都功能，重申北京要全面做好“四个服务”的指示要求。这一切都说明了首都职能和首都特色的重要性。

奥运会成功举办和新中国成立60周年大庆以后，首都经济社会发展进入了一个新的阶段。面临着新的形势和任务，坚持建设“三个北京”发展战略，努力实现将北京建设成为中国特色世界城市的目标，我们要进一步学习贯彻党的十七届五中全会、市委十届七次会议精神和中央关于首都工作的一系列重要指示，更加深刻地理解和把握北京城市性质和功能的内涵，全面贯彻国务院批复和落实总体规划。只有坚持首都职能，使北京的社会发展和经济建设始终服从和服务于城市的功能定位，才能将北京逐步建设成为经济繁荣、文化发达、社会和谐、生态良好的现代化国际城市，才能更好地为中央服务、为国家发展战略服务、为全国各地的发展服务。同时，要进一步突出首都特色，利用好首都的特殊地位及科技、人才、信息等优势，加快发展现代服务业、高新技术产业、文化创意产业等与首都城市性质和功能定位相适应的产业，在履行服务职能中实现自身发展，从而提升北京在全国和世界的影响力。

二、必须着力破解北京城市发展建设中面临的突出矛盾和问题，确保总体规划的全面实施

应当看到，北京的城市发展建设中还面临着一些突出的矛盾和问题，影响和制约着首都经济社会的可持续发展。解决好这些矛盾和问题，也是“十二五”期间的重要任务。

一是要着力解决好人口、资源、环境的矛盾。要充分认识到，人口、资源、环境的矛盾依然是当前首都经济社会发展中最主要的矛盾。三者中最迫切的又是人口问题，从目前情况来看，总体规划中确定的2020年人口规模目标将难以实现，不断增长的人口规模给首都生态环境带来极大压力，特别是水资源承载能力已经达到极限。1999年以来，北京地区连续干旱，为了保证城市发展，我市付出了巨大的水资源代价，水资源连续12年入不敷出，致使水库库存严重不足，地下水位持续下降，应急水源地连年超采，使水资源安全面临极大风险，特别是“十二五”期间水资源的形势将更为严峻。不断膨胀的

人口规模和十分有限的资源承载力形成鲜明对比，解决人口与资源、环境之间的矛盾已经刻不容缓。我们要充分认识到这一异常严峻的形势，从北京的城市性质和功能出发，把人口问题作为编制“十二五”规划的重要因素统筹考虑，将人口规划和经济社会发展规划合理衔接，积极探索市场经济条件下合理调控人口规模的具体路径和有效措施，通过调整优化产业结构和科技创新，着力提高人口素质，合理调控人口结构和规模，防止人口无序过快增长，减轻人口对资源和环境的压力。要把保证首都用水安全放在更加重要的位置，从水资源承载力出发，严格落实总体规划中的“总量控制、统筹配置”原则，合理安排城市建设规模和时序，积极从国家层面协调，跨区域、多渠道地解决首都的水资源短缺问题。同时，要注重生态环境建设与保护，按照“坚持生态保育、生态恢复与生态建设并重”的原则，严格落实总体规划中建设限制分区的规定，确保到2020年，城市空气、水和声环境质量全面符合国家标准。

二是要着力推进城市基础设施建设，提高综合服务能力。现代化国际城市的前提和基础是城市基础设施的现代化，这也是北京实现“四个服务”职能、建设宜居城市的必要条件。围绕着办好奥运会和新中国成立60周年庆祝活动，近年来市政府重点抓大气污染治理、轨道交通建设和城市景观等问题，取得了显著的成效。但在垃圾处理、污水治理、公共交通、住房保障和地下管网建设等方面相对滞后，欠账不少，这些问题已经成为制约首都经济社会发展的不和谐因素，必须下决心尽快解决。按照国务院批复和总体规划的要求，要坚持城市发展以基础设施为先导的方针，适度超前，优先发展；要进一步强化政府责任，全面履行政府社会管理、公共服务职能，充分发挥政府主导性作用；要逐步建立起与社会主义市场经济体制要求相适应，政府、市场、社会各主体之间分工合理、责任明确、协调有序、运转高效的现代化城市管理体制，切实提高公共服务水平，改善人居环境，为建设宜居城市打下良好的基础。

三是要着力解决城市空间布局调整问题。以城市性质、发展目标和规模为基础，北京要实现协调发展的目标，必须在更大的空间范围内实现城乡统筹和区域统筹，通过对城市空间结构的调整，解决中心城人口和功能过度聚集所带来的诸多问题。目前我市中心城人口和产业过度集中的局面没有得到根本改变，城六区内集中了全市60％以上的人口和75％的国民生产总值，摊大饼式的城市发展格局依然没有得到有效遏制。新城综合功能尚显不足，产业与居住脱节状况比较普遍，没有有效发挥总体规划中提出的疏解中心城人口和功能、聚集新的产业、带动区域发展的作用。为了更好地实现“两轴—两带—多中心”的城市空间结构，必须要下大决心调整优化中心城空间布局，加大对人口和城市功能的疏解力度，合理控制中心城的城市建设规模，积极推动中心城产业的优化升级，提高城市运行效率，以城市功能和产业的疏解带动人口的疏解，切实改善中心城生态环境和交通市政基础设施条件，提高城市的核心功能和综合竞争力。新城发展要处理好“建城”和“兴业”的关系，积极探索产居挂钩联动的政策、措施，使新城住房建设与中心城疏解的企事业单位挂钩、与产业和就业挂钩、与拆迁安置挂钩，实现职住均衡，更好地发挥新城作用，从而有效缓解城市中的人口、资源、环境、交通、公共服务等问题。

三、必须加强统筹协调，完善体制机制，进一步推动总体规划的顺利实施

总体规划评估工作反映出产业发展中存在的主要问题是：经济增长的质量和效益有

待进一步提高，产业发展与人口增长和资源环境承载能力之间的矛盾尚需更好地加以协调；自主创新能力不足，首都科技优势尚未完全发挥，产业核心竞争力不足；产业发展整体统筹协调力度需要加强，各级各类产业区布局分散，存在同质化竞争现象，区域范围内综合配套、梯度协作的产业集群化程度不高。生态涵养区的主要任务本应是加强生态环境的保护与建设，引导自然资源的合理开发与利用，发展生态友好型产业，但有些区县迫于经济发展的压力，很难将生态保护与建设放在首要位置。这些看似产业结构调整和优化升级问题，实际上是实施总体规划的政策环境问题。总体规划虽然对新城发展、次区域发展、产业发展与布局引导都有相应规定和要求，但还是受制于统筹协调力度不够，相应的实施保障体制机制不完善等因素，使得这些问题很难得到有效解决。

为维护总体规划的严肃性、权威性，切实保障总体规划对全市经济社会发展和城乡建设的指导和调控作用，市政府必须加强统筹协调力度，进一步明确各级政府及相关部门职责，要进一步研究并完善相关的体制机制，建立健全切实有效的产业发展政策、财政政策、考核制度体系，从政策和制度上给予充分保障，为确保总体规划的顺利实施营造很好的环境。否则，城市空间结构和产业布局调整将无法很好实现。

“十二五”时期是北京深入贯彻落实中央加快转变经济发展方式重大部署、全面推进“人文北京、科技北京、绿色北京”建设的关键时期。面对新的机遇与挑战，我们更要冷静思考，科学决策，在科学发展观的统领下，坚定不移地贯彻落实国务院批复精神，全面实施总体规划，不断完善首都职能，更好地服务中央、服务全国、发展自己，全面实现首都经济、社会、生态的协调可持续发展。

以上报告，供常委会组成人员在审议时参考。

关于“首钢搬迁、矿山关停后开发替代产业，促进西部地区经济发展”议案办理情况的报告

——2010年11月18日在北京市第十三届人民代表大会常务委员会第二十一次会议上

北京市常务副市长　吉　林

主任、各位副主任、秘书长、各位委员：

今年初，在市十三届人大三次会议上，石景山、房山二个代表团和134位（次）代表联名提出6件议案，主要涉及首钢搬迁、矿山关停、永定河流域治理、替代产业培育等问题。经大会议案审查委员会审查、主席团讨论通过，合并为关于“首钢搬迁、矿山关停后开发替代产业，促进西部地区经济发展”议案，交由市政府办理。

本报告所指的北京西部地区主要包括石景山、门头沟两区全境，丰台的河西地区、房山的山区及永定河流域地区，总面积为3666平方公里，占全市的22%。2009年常住人口195万人，占全市的11%。议案办理区

域跨度大，涉及主体复杂多样，涵盖替代产业培育、生态涵养、民生改善等诸多重大领域发展问题，政策性很强。为办好此项议案，市政府精心组织、周密部署。一是加强组织领导，专门成立了议案办理工作协调小组，由我来负责，刘志副秘书长任组长，市发展改革委牵头，市经济信息化委、市规划委、市农委等27家相关部门，石景山、门头沟等四区政府，以及首钢总公司、京煤集团等3家企业作为成员，统筹协调议案办理工作。二是注重思路创新，实施了“六个一”的议案办理新举措，即完成一个议案办理报告，出台一个实施意见，创建一个服务业综合改革试点区，设立一支股权投资基金，举办一次重大项目推介会，储备一批重点项目，都取得了阶段性成果，努力将议案办理过程转化为推进西部转型发展的过程。三是强化分工落实，制定了实施方案，按照部门职责，逐条分解落实。四是深入实际调研，摸清情况和问题，有针对性地研究政策、措施。

市人大高度重视议案办理工作，专门成立了议案督办组，进行全程督办。杜德印等市人大领导多次深入西部地区调研，并对议案办理工作提出了明确要求，强调将议案办理与推动西部地区转型发展紧密结合起来，在立足功能定位的基础上，加快替代产业培育，积极探索政策创新，充分调动社会各方资源参与西部地区建设和发展。市人大财经委加大组织协调力度，各区人大代表积极建言献策，对于推进议案办理发挥了重要作用。本报告已经市政府常务会讨论通过。下面我代表市政府，向市人大常委会报告西部近年来经济社会发展和议案办理工作情况。

一、近年来西部地区转型发展的工作情况及成效

近年来，按照国务院和市委、市政府决策部署，相继实施了首钢搬迁、矿山关闭等重大工程和举措，取得了积极成效。

（一）加强组织领导和规划引导，统筹区域协调发展

为顺利实施首钢调整搬迁，2005年国务院和北京市先后成立了首钢搬迁调整工作协调领导小组。今年5月，成立了首钢地区规划建设及产业调整工作领导小组，由郭金龙市长任组长。

市委、市政府加强战略层面的规划引导。市第十次党代会明确提出支持西部地区发展，统筹规划首钢产业调整。陆续出台了多项综合性规划，以及首钢工业区改造规划、永定河绿色生态发展带等专项规划。西部四区也相继制定了一系列区域发展规划，对促进西部地区转型发展发挥了重要的推动作用。

（二）出台针对性强的扶持政策，加大各类资金支持力度

多层次、有力度政策密集出台。财政部出台了《关于首钢搬迁有关税收政策》。市政府出台了《关于促进生态涵养发展区协调发展的意见》，围绕首钢搬迁、西部区县财政收入补助、科技支持山区发展等方面也出台了系列政策。

资金落实快速到位。从2002年到2010年9月，国家和市级财政共下达资金169.6亿元，用于首钢搬迁。2005年到2009年，市政府共安排支持西部四区建设的固定资产投资达223亿元，仅2009年就下达80亿元，较2006年投资翻一番。2009年市财政对西部四区实现财力性转移支付达97亿元。

（三）改善基础设施条件，提升产业承载能力

集中实施了一批交通基础设施项目。全线贯通西六环路，建成了莲石路、阜石路一期等对接中心城区的联络线，年底前房山轻轨线将投入运营。中关村科技园石景山园、燕房合作基地等产业园区发展提速、初具

规模。

逐步完善市政配套设施，基础设施承载力不断提升。实施了新城再生水厂、变电站、供热、门城矿区安全饮水等工程。全面实施新农村五项基础设施和“三起来”工程，稳步推进重点镇集中供水、垃圾治理和门头沟“送气下乡”等工程建设。

（四）加快资源型产业退出，推进生态修复治理

加快退出资源型产业。截至2009年年底，房山、门头沟两区已陆续关闭煤矿885家，非煤矿山983家。今年年底，两区最后24家区属煤矿全部关闭，首钢冶炼部分全面停产。

加大生态修复力度。实施了京津风沙源治理、关停废弃矿山植被恢复、第二道绿化隔离地区绿化、重要地表水源区生态建设、永定河山峡段河道生态修复等建设工程。累计修复废弃矿山面积2.5万亩，完成宜林荒山治理面积20.5万亩。率先在全国建立了集体生态公益林补偿机制。

（五）围绕薄弱环节，着力改善民生

启动实施了采空棚户区改造工作。市区两级政府累计投资21.3亿元，改造门头沟采空棚户区，实现3.1万户拆迁安置。计划2012年采空棚户区改造工程全面完工。

稳步推进山区人口搬迁工程。2004年以来，全市对房山、门头沟两区山区采空区、泥石流易发区搬迁安置1.4万人。房山区正在实施煤矿关闭地区涉及3万人的新一轮人口搬迁工程。

实施了积极的就业政策。通过转岗就业、托底安置等方式，累计实现首钢和矿山关停地区4.85万人再就业，并设立了公益性就业组织专项补贴。

同步改善了基本公共服务设施条件。加快了良乡高教园建设，稳步推进“名校办分校”和办学条件标准化工程。建成了门头沟疾病预防控制中心等一批公共卫生设施，实施了社区卫生服务设施标准化改造。推进了一批文化、体育工程建设，有效提高了基层文体服务设施覆盖率。

在推动西部调整转型过程中，全市上下特别是四区政府、重点企业和广大职工克服困难，狠抓落实，保障了西部地区千年矿山开采关停、百年钢铁冶炼搬迁工作的顺利实施，取得了较好成效。一是经济平稳发展。在传统支柱产业全面退出情况下，“十一五”时期西部四区经济总量仍保持了近10%的增速。二是民生持续改善。居民收入整体稳步提升，失业率逐步下降。三是生态逐步恢复。已修复废弃矿山占全市修复总量的六成，西部四区万元GDP能耗持续下降。四是工作体系初步形成。多层次、跨部门支持西部地区发展的规划、政策、资金和工作机制不断完善。

但是，我们也应清醒地看到，西部地区发展仍面临一些突出问题。一是资源型支柱产业全面退出，而新兴替代产业培育还需要长期、艰苦的努力。二是产业转型过程中的居民增收和社会就业保障压力较大，转岗就业安置任务艰巨。三是生态环境仍然较为脆弱，交通等基础设施建设相对滞后。四是统筹协调难度较大，发展的长效机制有待完善，未来城市功能再造和提升任务较重。此外，西部四区还存在着发展路径依赖、高端人才不足、资金缺口较大等问题，在今后发展中要逐步解决。

二、加快西部地区转型发展的总体思路

（一）发展形势和要求

首都发展新阶段赋予西部地区新功能和新定位。北京在加快建设“人文北京、科技北京、绿色北京”和中国特色世界城市的新阶

段，亟须提升首都城市整体功能，要求西部地区加快转变经济发展方式，更好地承载中心城区功能疏解，提升生态屏障功能、旅游休闲等服务功能，成为首都功能承载的新空间。

西部地区积累了加快转型发展的后发优势。目前，西部四区人均GDP超过5000美元，正处于产业加速转型、经济加快发展、功能加速提升的关键时期，随着首钢搬迁、传统产业的全面退出，提升了生态环境，释放了土地空间，重彰了文化魅力，具备了产业跨越式升级、区域功能战略提升的现实条件。

政策、资金、项目、活动等要素不断向西部地区倾斜。市委、市政府结合国内外资源开采和老工业基地城市改造经验，加强了组织领导和规划引导，不断加大了政策和资金支持力度，陆续实施了一批重大项目，永定河绿色生态发展带、国家级服务业综合改革试点区、长安街西延等重大项目建设的推进，都将助力西部地区转型发展。

（二）总体思路和原则

以科学发展观为统领，以转变经济发展方式和产业结构深度调整为主线，从建设世界城市的高度，按照首都功能定位要求，立足生态建设、创新驱动、文化引领，着力提升区域服务功能，持续增强战略带动能力；着力吸引高端要素，持续推进产业转型升级；着力强化生态修复和景观营造，持续提升生态服务功能；着力改善基础设施和公共服务条件，持续优化发展环境；着力提高转岗就业和居民城镇化水平，持续促进民生改善。通过加强统筹联动，引导社会投资参与，推动产业跨越升级、区域经济转型发展和城市功能战略提升，逐步将西部地区打造成为生态友好、功能协调、经济繁荣、人文和谐的京西绿色发展新区。

在具体原则上，注重把握好以下几个方面。

坚持功能定位，走绿色发展道路。落实西部不同区域功能定位，强化永定河绿色生态发展带对西部转型发展的带动作用，突出山区生态屏障功能，增强平原地区服务功能和经济承载力，实现人口分布、产业布局与资源环境承载力的协调互促，走高端、高效、低碳、绿色的发展道路。

坚持科技创新，推动产业转型升级。充分发挥中关村国家自主创新示范区政策优势，探索科技与土地、金融、人才等产业要素紧密结合的新途径，吸引民营科技企业入驻，将西部地区打造成为富有活力的科技创新基地。

坚持规划先行，分步实施推进。强化规划引导，着力推进空间、土地、产业、生态和人口“五规”的有效衔接。合理制定开发建设时序，集中解决一批突出问题，并为长远发展预留空间。

坚持政策引导，发挥市场主导作用。加大各类政策集成和创新力度，营造优质的引智引资环境。强化市场主导作用，引导社会资本积极参与西部地区开发建设，推动重大要素和项目落地。

坚持统筹协调，实施市区联动。建立强有力的市、区、企业联动机制，加强西部地区内部沟通协作，推进与中心城区、重点产业功能区及周边省市的互动合作，促进区域加速发展。

（三）发展目标和步骤

总体考虑，用十年时间实现“两个转变”，即城市经济功能由传统生产向现代服务转变，主导产业由资源密集型向知识密集型转变。在发展步骤上，采取“两步走”。

第一步：全面修复和开发建设阶段（2011—2015年）：夯实基础，基本完成永定河等重点流域治理、废弃矿山修复和宜林荒山荒地造林绿化工作，力争到2015年，生态环境得到明显改观，水土流失治理率达到

95%，林木绿化率达到56%。基础设施承载能力明显提高，形成以5条轨道交通和16条通道为重点的快速交通体系。强化重大产业项目招商选资，着力推动生产性服务业、高技术产业、文化创意、旅游休闲、生态农业五大新兴替代产业的重大项目落地，西部四区经济发展速度比“十一五”时期提高2个百分点左右，服务业比重达到65%。城镇居民人均可支配收入平均增速不低于全市平均水平，农民收入稳步提高，公共服务和社会保障水平明显改善。

第二步：功能提升和发展提速阶段（2016—2020年）：形成以生产性服务业和高技术产业为主体、文化创意产业和旅游休闲产业为特色、生态农业为补充的京西现代产业体系，五大主导产业占区域经济比重达70%。永定河绿色生态发展带成为西部发展的重要引擎，全面彰显“生态京西”品牌，显著提高社会公共服务质量，把西部地区建设成为全国加快转变经济发展方式的示范区、全市生态文明建设的重点区和首都功能拓展的重要承载区。

三、进一步推进西部地区转型发展的主要任务

按照促进西部地区转型发展的总体思路和发展目标，全面实施六大提升工程。

（一）实施生态环境提升工程，增添绿色北京新亮点

强化生态优先理念，坚持把生态建设作为西部地区可持续发展的立足点，全面恢复山水生态系统，显著提升西部生态屏障和生态服务功能。

加快永定河等重点流域生态治理。落实《永定河绿色生态走廊建设规划》，加快“四湖一线”建设，构筑防洪安全保障、水生态保护、水资源配置三大体系，全线恢复永定河水域生态环境，形成溪流—湖泊—湿地连通的健康河流生态系统和水绿相融的生态休闲带。加快实施大石河流域综合治理，争取2012年全面完成大石河本市境内121公里河道的整治工作。

实施废弃矿山生态修复等重点生态工程建设。以优化生态结构为重点，推进西部地区京津风沙源治理、第二道绿隔地区生态改造升级、太行山绿化等重点工程建设，增强生态防护、涵养水源、固碳释氧等生态服务功能。落实《北京市矿区植被保护与生态恢复工程规划》，加快实施门头沟“一线三沟”地区、房山北沟地区、京煤集团所属等废弃矿山的生态修复。争取在“十二五”期间，完成4万亩废弃矿山修复，进一步提升山区生态涵养功能。

完善生态林建管机制，促进山区深度涵养。健全山区公益林生态效益促进发展机制，加强森林健康经营工程建设。建立多元化的公益林建设投融资机制，鼓励社会力量参与生态公益林建设和经营。加强矿区安全稳定维护工作，严厉打击非法盗采行为。

（二）实施重点区域功能提升工程，增强战略带动能力

按照“规划先行、政策跟进、项目带动、基础配套”的思路，打造“一核、两区、三带”的产业发展空间格局，建设一批重点产业园区和现代服务业综合体，提升区域发展的承载能力。

重点打造“一核”，即新首钢创意商务区。以永定河绿色生态走廊建设和长安街西延为契机，以首钢主厂区为核心，坚持高起点规划、高标准建设、高品质招商，重点发展数字娱乐、工业设计等文化创意产业，商务、金融、会展等生产性服务业，电子信息、节能环保、新能源等高技术产业和高端制造业，积极吸引国内外大中型冶金、装备等制造业企业总部入驻，打造全国首个“制造业

总部集聚区”。鼓励设计机构入驻，打造“设计之都”核心区，将首钢协作区逐步建设成为高端要素聚集、创新创意活跃、总部特征明显、生态环境优美的新首钢创意商务区。

着力开发“两区”，即房山新城现代产业发展区和丰台河西绿色产业发展区。加快建设北京良乡经济开发区、房山工业园区、北京石化新材料等产业园区，实施京西重工、长安新能源汽车等重大项目，打造房山新城现代产业发展区，重点发展高端制造、新能源、新材料和现代服务业。推进中关村丰台科技园西区、长辛店生态城、青龙湖国际文化会都等重大项目建设，做好中国国际园林博览会和世界种子大会的筹办工作，将丰台河西地区建设成为以创新研发和高端旅游休闲为重点的绿色产业发展区，发展科技服务、文化创意、商务会展、生态旅游等绿色低碳产业。

加快发展“三带”，即永定河绿色生态发展带，108 国道和 109 国道沿线生态旅游休闲带。充分挖掘永定河的生态资源和文化底蕴，发展高端商务、科技研发、文化创意、旅游休闲等低碳高端产业，推进龙泉务商务区、京西古城滨水商务区、长阳半岛综合商务区等重点产业区域建设，打造集防灾防洪、生态功能、旅游休闲、水岸经济等功能为一体的绿色生态发展带。发挥大石河、清水河等流域的生态和文化资源，依托 108 国道和 109 国道沿线区域，发展旅游休闲、特色种植和农产品加工等产业，建设集健康休闲、观光旅游、特色农业为一体的生态旅游休闲带。

（三）实施现代产业提升工程，推动产业跨越升级

立足京西资源禀赋，坚持区域重点突破、重大项目带动和高端要素引入，营造开放创新的良好氛围。大力发展生产性服务业，优化提升高技术产业和高端制造业，繁荣活跃文化创意产业，推进西部地区现代产业加快发展。

推进国家服务业综合改革试点区建设，打造生产性服务业新中心区。积极发展特色金融业，探索推进保单交易中心、钢铁期货交易中心、金属交易中心建设，吸引基金管理、融资租赁、财务公司和担保公司等新兴机构落户。建设工业设计、制造业等特色总部集聚区，吸引外资、侨资、民营企业等各类总部及分支机构落户。优化商务服务发展环境，引导审计、法律、咨询和经纪等中介服务机构入驻。培育云计算、物联网、电子商务和信息服务外包等新兴业态。高标准建设一批特色鲜明的专业服务集聚区、现代服务业综合体和主题楼宇，增强高端要素的定向吸引力，加速形成服务经济主导的产业结构。

发挥首钢、京煤等龙头企业的带动作用，引领区域转型发展。采取“引智、引资、引项目”相结合，创新土地开发建设模式，重点吸引央企、民营经济等高端要素落户。充分发挥大企业的人才、技术、品牌优势，实现多元化、多区域发展。多措并举，确保首钢年内实现安全、稳定停产。加快首钢主厂区的规划建设，推进中国动漫游戏城、中国绿能港、首钢工业遗址公园等项目建设。适度发展高端金属材料及装备制造业，尽快量产京西重工、顺义冷轧等项目。力争用五年时间，再造一个新首钢，实现在京综合收入突破 1000 亿元。鼓励京煤集团参与西部地区矿山修复、特色小城镇建设及旅游业开发，支持能源装备产业园、王平镇中瑞生态谷等项目实施，鼓励京外拓展煤炭、发电等业务。力争到 2015 年，京煤集团综合收入突破 600 亿元。

优化区域发展环境，提高科技创新水平。以首钢、京煤集团等大企业及中关村科技园石景山园、丰台园等园区为依托，探索采取灵活的供地方式，自主建设一批研发型主题

楼宇，吸引高科技民营企业入驻。支持西部企业与大院大所大学共建国家及市级工程研究中心、工程实验室，吸引国家重大科技专项和科技基础设施落户。鼓励首钢与石景山区、北方工业大学共建科技园，深化原子能研究院、北车集团、中国兵器工业集团等与西部地区的合作，建设一批石化、冶金、装备、新能源等领域的技术研发及产业化基地。对于西部地区的自主创新产品和服务，加大政府采购力度，做强本土科技创新企业。

创建“一企一镇”央地结对合作新机制，逐步形成一批现代产业强镇。推广中粮集团—琉璃河镇、航天集团—王佐镇、中坤集团—斋堂镇等央地合作经验，探索通过共建产业基地、搭建总部后台、乡镇整体开发等模式，促进央企的品牌、技术、资金、人才等要素与山区乡镇的生态、土地等优势资源有效对接，因地制宜地发展旅游休闲、商务会议、养老、教育等特色产业。将镇企合作纳入本市区县合作机制，享受有关优惠政策。

（四）实施“生态京西”品牌提升工程，带动山区富民就业

以108和109国道、大石河、拒马河等沿线区域为重点，积极培育旅游休闲业和生态农业，塑造“生态京西”品牌，实现“一沟一色”、“一镇一品”，形成一批影视外景拍摄地、书画写生风景区、户外有氧运动场和养老疗养基地，成为首都旅游度假新目的地和健康休闲中心。

打造若干“京西特色生态谷”。在有条件的主干沟域和废弃工矿，规划建设京西溶洞矿山博览带、清水—灵山草甸带、中国房山世界地质公园等特色生态谷，适度发展旅游休闲、总部经济、文化创意、养老康体、教育培训等高端服务业。编制古镇古村古道旅游发展规划，开发多层次的旅游产品。

建设多条“京西特色农业带”。以浅山区特色林果种植业为重点，突出高端、有机农产品品牌，促进生态农业与旅游业融合发展，形成磨盘柿、京白梨、玫瑰、葡萄酒等多条特色农业带。

培育一批“京西特色小城镇”。以培育特色宜居宜业小镇为目标，重点打造斋堂镇、王平镇等旅游度假特色镇，王佐镇、青龙湖镇等商务会议特色镇，琉璃河镇、窦店镇等园区经济特色镇，扩大“生态京西”的品牌效应。

提高旅游配套服务能力。积极鼓励央企及民间资本深度参与旅游开发，建设功能齐全的旅游休闲配套服务设施。改善农村人居条件，传承历史文脉与乡村文化，建设富有田园特色和乡村风貌的新民居，推进生态节能休闲木屋试点建设。完善西部乡村旅游服务标准，提高服务水平。落实“促进产煤地区产业转型发展实施方案”，支持旅游休闲等替代产业项目建设。

（五）实施基础设施提升工程，增强生产要素定向吸引力

实施一批基础设施和公共服务工程，构建完善的基础设施和普及的公共服务体系，从根本上打破因公用设施承载力不足带来的发展瓶颈。

优先打通一批外部连接通道。加快建设4条轨道交通，确保房山线年内运营，力争S1线西段年内开工，推进M14号线建设，做好燕房线前期工作。实施丰沙铁路石景山段入地改造工程。加快建设京石第二高速、长安街西延等重大项目，升级改造108、109国道等主要公路，进一步完善首钢主厂区、新城等重点区域的路网结构，积极建设山区旅游环线。到2015年，构建以5条轨道交通和16条跨区通道为骨干的快速交通体系。

积极改善市政基础设施条件。妥善解决好首钢停产转换期的供水、污水处理和用能保障问题，并将首钢市政管网纳入全市大市政体系。开展首钢焦化厂等污染区土壤清理

修复工作。加快推进首钢4个“厂中村”拆迁。集中力量建设南水北调配套工程、西北热电中心迁建工程、丰台河西再生水厂、首钢生物质能源等重点工程。支持新能源和水资源的综合利用，重点提高污水处理设施能力。统筹提高新城和重点镇的市政基础设施水平。

大力推进公共服务体系建设。加快教育、医疗等城区优质资源向西部地区转移，重点提高新城和重点镇公共服务能力。积极实施西部郊区中小学改造，确保首钢、矿山关停地区基础教育设施达标。以北京工业职业技术学院为试点，推进石景山高等职业教育综合改革实验区建设。加快朝阳医院京西院区改扩建，支持门头沟区做好医疗卫生改革试点工作。完善文体服务网络建设和运营，规划建立特色文化设施群落，推进市级文、图两馆分馆和区级体育中心建设。

（六）实施民生保障提升工程，构建和谐宜居的新西部

围绕民生薄弱环节，有针对性地实施一批民生改善工程，推动城镇化社区和新型农村社区建设，惠及西部广大民众。

加快推进棚户区改造。实施好全市棚户区三年改造规划，到2012年年底全面完成门头沟区规划改造任务。推进门头沟、房山及京煤集团工矿棚户区改造，并将其纳入全市新一轮规划。

稳步推进山区人口搬迁工作。实施房山煤矿关闭地区人口搬迁工程，重点建设公主坟等地安置房和配套设施。加强再就业培训，帮扶外迁人员实现转岗就业，逐步实现“搬得出、稳得住、能致富”的目标。

积极安置转产富余人员。通过提供公益性岗位、发展替代产业、转岗培训等多种方式，有针对性地解决首钢搬迁、矿山关停人员就业安置及相关社保问题。研究推进首钢和京煤集团社会职能剥离工作，通过托管经营、资产重组等多种方式，将国企公共服务、物业、后勤等资源进行整合，与区县进行对接，或组建专业化运营公司进行管理。

四、加快西部地区转型发展的政策机制保障

（一）加强组织协调，强化责任落实

充分依托首钢地区规划建设及产业调整工作领导小组的职能，统筹协调首钢地区的发展规划、政策制定、产业布局、基础设施和土地开发建设等重大事项。建立由市领导牵头，市级相关部门、西部四区及重点企业组成的“西部发展联席会议制度”，统筹西部地区建设和发展工作，协调解决重大问题，推进重大项目实施。研究制定“加快北京市西部地区转型发展的实施意见”，分解落实各项任务，将主要任务列入市区两级政府折子工程，将重点项目列入市政府重大项目绿色审批通道。

（二）加大市级资金支持力度，营造良好的发展环境

加大市政府固定资产投资对西部地区的倾斜力度，重点支持生态建设、产业培育、基础设施、公共服务、民生保障等方面。增加对房山、门头沟两区的财政转移支付力度，在市级转移支付体系中，建立矿山关停地区生态修复补贴机制。研究将首钢地区土地出让收入用于该地区基础设施建设。全市文化创意、旅游、科技成果转化、体育、中小企业等各类产业资金，进一步向西部地区倾斜。

（三）不断深化服务业综合改革，完善适合服务经济发展的体制机制

探索围绕放宽市场准入、吸引要素市场落户、重点行业混业经营、国企社会职能剥离、优化民营经济发展环境等方面，完善石景山区服务经济发展的体制机制，研究制定“加快推进国家及本市服务业综合改革试点区建设的实施意见”。加大市政府固定资产投资

对石景山区重点产业园区和重大产业项目的支持力度。完善市财政对石景山区风险结构转移支付政策。扩大石景山区国家服务业综合改革试点区的政策范围，积极争取国家相关政策，力争将西部地区建设成为国家级服务业综合改革试验区的政策先行区。

（四）强化产业政策的引导作用，加速新兴替代产业发展

设立由首钢和京煤集团发起的“北京服务·新首钢”股权投资基金，市政府固定资产投资首期跟进出资2亿元，重点支持西部本土服务企业和产业园区发展。“十二五”时期，市政府固定资产投资用于西部产业发展的资金不低于40亿元，重点支持产业园区、现代服务业综合体等重大项目建设。鼓励和支持首钢、京煤等大中型企业发行债券，吸引社会资本进入。支持首钢主厂区、石龙经济开发区、北京石化新材料产业基地、窦店现代制造业基地等重点产业园区，纳入中关村国家自主创新示范区政策范围，享受相关优惠政策。在西部地区新认定若干市级文化创意产业集聚区，加大园区建设的支持力度。建立西部重大产业项目储备库，定期举办西部重大项目推介会。深入落实《关于促进生态涵养发展区协调发展的意见》，加快合作共建基地建设和重大产业项目引进，扶持浅山区低碳高端产业和旅游业发展。

（五）创新重点区域开发建设模式，建立合作共赢机制

授权首钢总公司承担主厂区的土地一级开发，对于以首钢为主体的首钢主厂区内重点产业项目，可以采取包括协议出让等多种灵活供地方式。根据实际情况，积极研究京煤集团权属内土地一级开发，由京煤集团承担。对于“一核”、“两区”内的重点产业园区，探索以首钢等重点企业和园区为主体的研发型主题楼宇项目，可按协议出让方式获得国有土地使用权，吸引有实力的民营企业入驻。支持以划拨方式取得土地的首钢等单位利用存量土地资源培育信息服务、研发设计、文化创意等现代服务业，土地性质和使用权人可暂不变更。

（六）优化土地资源利用方式，拓展产业发展空间

结合相关规划，在采空棚户区、废弃矿区、浅山区、衙门口绿隔等地区，科学合理地确定土地性质和建设用地指标，优先发展替代产业。选择以集体经济组织为主体、权属清晰、符合相关规划并依法取得的现状建设用地，探索开展农村集体建设用地使用权流转试点，可采取土地租赁、出让、作价入股、转让等方式，用于替代产业发展，但不得进行商品房开发。支持永定河绿色生态发展带土地储备项目，增加土地储备指标。

（七）完善人才引进和培养机制，支撑产业转型升级

实施“西部引智工程”，扩大首钢人才引进绿色通道机制辐射范围。加大全市引进高端人才进京户籍指标向西部地区的倾斜力度，借助中关村人才特区资源，加快央地人才联合培养。采取人才、项目、管理模式一体化引进的方式，吸引海外高端领军人才。支持有条件的区县、企业利用本地职教资源，开办专业旅游学校，定向培养旅游经管人员。整合首钢工学院、北京科技高级技校等教育资源，设立2—3所综合性的职业技能培训机构，提供在职培训、转岗就业培训、技能鉴定等一体化服务。以挂职锻炼、定向交流等方式，加强西部地区与城区干部队伍的合作交流。

主任、各位副主任、秘书长、各位委员，西部地区替代产业培育和区域转型发展是一项长期而艰巨的任务，尽管各级政府和企业做了大量工作，但与人大代表和人民群众的要求相比，还有一定差距。为此，市政府将继续以科学发展观为指导，下大力气、持续推动西部地区转型发展。希望市人大继续监

督市政府的工作，并提出宝贵的意见和建议。我相信，有市委的坚强领导，市人大的支持和监督，市区两级政府和企业单位共同努力，西部地区必将进入一个新的历史发展阶段，实现新的跨越和腾飞。

以上报告，提请市人大常委会审议。

关于“首钢搬迁、矿山关停后开发替代产业，促进西部地区经济发展”议案办理情况报告的意见和建议

——2010年11月18日在北京市第十三届人民代表大会常务委员会第二十一次会议上

市人大财政经济委员会主任委员　王　火

主任、各位副主任、秘书长、各位委员：

市人大常委会高度重视“首钢搬迁、矿山关停后开发替代产业，促进西部地区经济发展”议案办理和督办工作，为做好这项工作，按照主任会议讨论通过的工作方案，成立了由杜德印主任为组长、吴世雄副主任为副组长，部分常委会组成人员、专门委员会主要负责同志、西部相关区人大常委会主任、财经委员会委员和市人大代表为成员的议案督办组，财经办公室负责议案督办的具体工作。杜德印主任、吴世雄副主任专门听取市政府议案办理相关责任单位的情况汇报，与市发展改革委、市规划委、市国土局等部门主要负责同志沟通情况、交换意见；多次带队深入门头沟、石景山等区进行实地考察，到首钢京唐钢铁公司、迁安钢铁公司调研首钢搬迁工作进展、产业结构调整及职工就业安置情况。今年4月至10月，财经办公室围绕议案涉及的重点问题，组织委员和代表开展了一系列实地调研活动，分别听取市发展改革委、市经济信息化委等部门的情况汇报，到首钢总公司、京煤集团了解西部重点企业在开发替代产业促进发展方面的意见和建议。在调研和座谈中，常委会主要领导多次针对西部地区发展及议案办理工作提出明确的指导意见，为办理和督办工作取得实效提供了有力支持。10月29日，财经委员会召开第二十四次会议，对市政府提请本次常委会审议的报告进行了认真讨论。

财经委员会认为，市政府高度重视议案办理工作，将议案办理过程与推动西部地区发展有机统一起来，成立了由吉林常务副市长总负责，市政府主管副秘书长任组长的工作协调小组，形成了市发展改革委主办、27家市级责任单位、西部相关区政府和重点企业分工协作、统筹谋划的议案办理工作合力。通过实地调研、政策研究、举办项目推介会等多种方式，提出了“六个一”的办理实效目标，创新了工作思路和方法，做了大量富有成效的工作。

石景山、门头沟、房山等西部各区，以及首钢、京煤等企业，历史上作为本市重要的重工业和能源基地，为首都的建设与发展作出过突出贡献。在新的发展阶段，中央和市委作出首钢搬迁、矿山关停等推动西部地区转型发展的重要决策，是符合首都地区功能定位的战略举措。近年来，特别是今年结合议案办理工作，市政府及有关部门、西部相关区和企业坚决贯彻有关工作要求和部署，

围绕企业调整、关停，开发替代产业，促进西部地区经济社会平稳转型，有针对性地采取了一系列重要举措并认真组织实施，取得积极成效。一是加强了组织领导，企业搬迁调整工作取得重大进展。成立了由郭金龙市长任组长的首钢地区规划建设及产业调整工作领导小组，出台多项扶持政策，加大资金支持力度，统筹规划首钢搬迁；二是加快转变经济发展方式，产业结构调整全面展开。炼钢、采矿等资源型产业加速退出，2010 年年底，首钢主厂区钢铁冶炼将全部停产、西部区属小煤矿和非煤矿山基本关停，石景山区被确定为国家服务业综合改革试点区，为西部地区加快由传统工业区向绿色生态新区转型提供了良好条件；三是加强生态修复，生态管护运营和补偿机制逐步完善。实施了关停废弃矿山植被恢复、永定河流域综合治理等多项生态工程。在全国率先建立集体生态公益林补偿机制；四是民生和社会保障不断改善。通过转岗就业、托底安置等手段，首钢搬迁和矿山关停富余人员安置工作稳步推进。加快实施安居工程，积极推进采空棚户区、山区以及煤矿关闭地区的人口搬迁安置；五是强化基础设施和公共服务，推进了一批重点项目。交通、市政等基础设施规划建设显著加快，教育、医疗等基本公共服务体系逐步完善；六是储备了一批符合产业发展方向的重大项目。通过举办“加快西部地区转型发展高层论坛暨重大项目推介会”等活动，吸引外资及中央企业、民间资本推动西部开发建设，项目总投资额达 2000 多亿元；七是着手研究制定促进西部地区发展实施意见，转型发展的长效机制逐步落实。财经委员会认为，吉林常务副市长代表市人民政府所作的《关于首钢搬迁、矿山关停后开发替代产业，促进西部地区经济发展议案办理情况的报告》，全面、客观地反映了本市促进西部地区转型发展的主要成效和存在的问题，对下一步工作的总体思路准确清晰，主要任务和对策措施切实可行。财经委员会经过讨论，同意这个报告，对市政府高质量的议案办理工作给予充分肯定。

首钢搬迁、矿山关停工作取得重要阶段性成果，为西部地区传统产业退出及转型奠定了扎实基础，在充分肯定工作成绩的同时，也应清醒地看到发展中仍存在的一些较为突出的矛盾和问题，主要表现在：西部地区经济社会转型尚处在起步阶段，对区域整体功能定位的认识有待进一步统一和深化；新兴替代产业培育需要科学规划的引导；产业发展的科技创新驱动作用有待增强；共同推动西部地区发展的统筹协调机制需要尽快建立健全；产业转型过程中，富余职工转岗就业安置任务仍然艰巨，社会保障体系急需完善等。为进一步做好促进西部地区发展工作，财经委员会提出以下建议。

一、立足首都城市性质功能和发展战略，进一步明确西部地区功能定位，努力打造西部绿色发展新区

首钢搬迁、矿山关停是对西部地区资源环境的一次重大解放，是以更高标准实施“人文北京、科技北京、绿色北京”战略的必然要求。要进一步统一思想、提高认识，明确西部在首都经济社会发展全局中所承担的功能，准确把握西部地区转型发展的重要机遇。以科学发展观为指导，立足首都功能定位，结合西部资源禀赋特点，进一步明确区域的整体功能和定位、发展的总体思路和目标。坚持“生态优先、文化为主、科技支撑、宜业宜居”的原则，将生态涵养和生态建设作为首要任务，着力突出西部地区绿色生态功能。加快生态系统修复和环境综合治理，实现生态环境由浅层修复向全面优化提升。

积极发展生态友好型绿色产业，将资源承载能力、生态环境保护作为发展替代产业的重要依据，严把准入门槛，做好水资源论证、节能评估等工作，推动经济发展与资源、环境相协调。着重发展文化创意、高新技术、生产性服务业等少污染、低能耗的产业，建立生态、低碳、环保的价值体系，避免经济发展上的短期行为，创造宜业宜居的良好环境。

二、系统谋划“十二五”科学发展，推动产业跨越升级，实现西部地区持续健康发展

认真贯彻落实党的十七届五中全会精神，按照中央关于“十二五”规划建议的要求，立足于更好地履行“四个服务”职责，做好区域规划与全市“十二五”规划的有机衔接。广泛集聚智力资源，高质量地编制首钢工业区、西部生态涵养区、矿山地区、永定河流域等重点规划。强化规划的约束力，制定合理的实施计划，认真组织落实，切实发挥好规划对西部地区建设发展的调控引导作用。选择符合首都产业发展方向，适合西部地区功能特点的战略新兴产业。优化产业空间布局，探索与新兴替代产业相适应的经济发展模式，更加科学、有序地进行深度产业结构调整。继续深化国家服务业综合改革试点区建设，扩大试点区辐射范围。把高端产业功能区作为发展替代产业的重要载体，促进重点产业集聚，形成分工合理、主体功能定位清晰、优势互补的园区布局，扎实推进西部地区科学发展。

三、以体制机制创新为驱动，提高西部地区科技创新能力

一是把科技创新作为西部地区转型发展的重要支撑。充分利用和发挥首都科技资源优势，引导创新资源与西部产业结构调整相结合。积极搭建以项目为龙头，以企业为主体的科技创新平台，着力提升企业研发积极性，激发民营科技企业和中小科技企业创新创业的活力。建立以市场需求为导向的科技创新体制，支持建立高新技术产业化基地，促进创新成果转化。将西部地区打造成为富有创新活力的科技创新基地，为本市加快建设科技创新中心发挥服务和支撑作用；二是逐步建立土地资源分享创新成果的机制，促进土地利用效益最大化。首钢搬迁、矿山关停释放出了宝贵的土地空间，要认真研究如何更好地发挥其土地利用价值。要积极探索土地利用新模式，降低科技创新企业的用地成本。改变仅以价格作为衡量标准的要素流转机制，创新土地资源配置政策，探索实行租赁、协议出让、作价入股等多样化的土地供给方式，力争在科技创新型企业、民营企业用地等方面有所突破；三是完善鼓励创新的政策环境，建立有利于推进体制创新、制度创新和管理创新的长效机制。在符合法律、法规的前提下，遵循西部地区经济发展的特点和规律，完善激励制度，创新管理体制和运行机制，优化发展环境。研究有利于推动土地、资本、技术相结合，政府投资和社会投资相结合的政策、措施，鼓励社会资本参与西部地区建设的积极性。

四、妥善安置富余人员，将保障和改善民生作为转型发展的出发点和落脚点

一是妥善解决首钢和矿山富余人员转岗就业安置，提高政府保障能力。突出就业政策针对性，制定切实可行的就业援助政策。加强产业政策与就业政策、社会保障政策的衔接，将替代产业开发与职工就业安置相结合，以重大项目的立项、建设和运营带动富余人员转岗就业。强化职业技能培训，大力

开发适合本地区劳动力特点的就业岗位资源，完善城乡就业协作和跨地区就业机制，进一步拓宽安置渠道；二是将生态修复、生态管护与农民致富相结合。通过生态建设和管护，缓解当地劳动力就业困难。完善生态补偿机制，拓展补偿渠道，实现生态文明和农民增收双赢的目标；三是加快推进棚户区改造、山区人口搬迁等民生工程，探索建立搬迁补偿机制，将棚户区改造与让群众得实惠同步推进，着力维护西部地区社会和谐稳定；四是稳步推进西部地区农村城市化进程。建立农村城市化的制度基础和组织基础，以替代产业发展为支撑，妥善处理好征地拆迁、棚户区改造和山区人口搬迁中的农民合法权益保障问题；五是保证企业调整关停后的电力、供热等系统与全市市政配套体系妥善衔接，加快垃圾分类处理、污水资源化利用等项目建设，确保水电气热等民生相关的基本生活保障供应。西部地区企业社会职能剥离后，要重点围绕改善群众生活条件，加快完善社会基本公共服务体系，加大基础教育和医疗卫生设施建设力度，促进基本公共服务均等化。

五、建立统筹协调发展机制，形成整体推进西部地区发展的合力

要将西部地区发展作为关系首都全面、协调、可持续发展的全局性战略问题，纳入全市建设发展的大局中统筹谋划。一是统筹规划建设。整体规划西部地区生态建设、产业转型与替代，加大市政府统筹力度，避免项目分割和重复建设，有序整合利用资源，实现规模化、集约化配置；二是建立市级统筹协调领导机制，研究解决促进西部发展工作中的重大问题。充分发挥市、区两级政府在西部建设发展中的规划、组织、协调和服务职能，统筹协调组织推进西部地区发展；三是完善市政府及相关部门、西部相关区和企业共同参与的西部开发建设利益协调机制，构建既保护和尊重各方主体利益诉求，又有利于整体推动西部建设发展的制度安排，形成各方主体共同负责、共同建设、共享成果、合作共赢的工作格局；四是充分发挥西部重点企业的龙头和引领作用。发挥好首钢地区规划建设及产业调整工作领导小组的统筹协调作用，盘活和利用好土地资源，积极打造创新平台，营造适合民营科技企业和中小企业的发展空间。统筹考虑企业与所在区的利益关系，明确土地开发模式与开发主体，完善开发建设和利益协调机制，搞好利益平衡。引导和鼓励首钢、京煤等企业拓宽发展领域，发挥品牌效应，面向西部全局，努力实现企业利益与西部整体利益和全市发展大局相一致；五是统筹资金扶持体系，保持资金平衡。按照“统法不统权、统用不统钱”的原则，整合资金支持渠道，优化转移支付结构，提高财政资金使用效益。发挥政府资金的引导和放大作用，探索区县与企业合作建立投融资平台，拓展筹资渠道，努力保持资金平衡；六是统筹规划基础设施建设，采取适度先行战略，综合考虑交通网络体系，加快轨道交通、城市快速路等规划建设，完善城市运行保障设施，提高西部地区基础设施的承载能力和服务功能。

主任、各位副主任、秘书长、各位委员，促进西部地区发展是关系首都发展全局的重大问题，是一项长期、系统、艰巨的工程，为实现将西部地区建设成为加快转变经济发展方式的示范区、生态文明建设的重点区和首都功能拓展的重要承载区的目标，要认真贯彻党的十七届五中全会精神，以科学发展为主题，以加快转变经济发展方式为主线，坚持首都城市的性质和功能，构建现代产业体系，推动西部地区建设成为青山碧水、经济繁荣、和谐宜居、富有创新活力的首都绿色发展新区。

以上意见，供常委会组成人员审议时参考。

关于“推动城乡结合部建设，促进城乡统筹发展”议案办理情况的报告

——2010 年 11 月 18 日在北京市第十三届人民代表大会常务委员会第二十一次会议上

北京市副市长　陈　刚

主任、各位副主任、秘书长、各位委员：

我代表市人民政府，向市人大常委会报告“推动城乡结合部建设，促进城乡统筹发展”议案办理工作情况。

城乡结合部建设是首都科学发展的重要任务。绿隔建设实现绿地 128 平方公里，奥运环境整治、改造“城中村”171 个，去年进行海淀区北坞村和朝阳区大望京村试点，今年成立市城乡结合部建设领导小组及其办公室，全面启动城乡结合部 50 个重点村城市化工程。市人大代表积极为城乡结合部建设建言献策，在今年市十三届人大三次会议上，110 位（次）代表联名提出了 6 件有关城乡结合部建设的议案，以保护农民权益为核心，从加强规划统筹、建立工作机制、完善拆迁补偿政策、发展新型产业、加强社会建设等 5 个方面，提出了 27 条意见和建议。经大会议案审查委员会审查，主席团讨论通过，合并为“推动城乡结合部建设，促进城乡统筹发展”一项议案，交由市政府办理。

市政府高度重视此项议案的办理工作，成立了由我负责，市政府副秘书长任组长，市城乡结合部建设领导小组办公室牵头，市发展改革委、市规划委、市财政局、市国土局、市住房城乡建设委、首都综治办、市农委、市人力社保局等共 25 家单位和相关区县人民政府为责任单位的议案办理工作协调小组，针对代表在议案中提出的意见和建议，精心组织议案办理工作。在议案办理过程中，市人大常委会高度重视，市人大常委会杜德印主任亲自带队调研，市人大农村委全程督办，推动了议案办理工作的深入进行。

一、城乡结合部建设扎实推进

城乡结合部建设是关系首都科学发展的一场硬仗，市政府各部门充分吸收人大代表的意见和建议，坚持城市化的发展方向和坚持保护农民利益的政策取向，按照城市总体规划要求，积极调整农村集体土地性质和功能，使农民成为有住房、有新兴产业、有稳定就业、有新型经济组织的股权，进入与城市衔接的社会保障体系、进入均等化的基本公共服务范围、进入股份合作制的新型经济组织的新市民，城乡结合部建设进展顺利。

（一）多途径推进

由于中心城区首都功能不断增强、中关村国家自主创新示范区建设不断加快、亦庄开发区与大兴区深度整合、聚焦通州战略深入实施、永定河水岸经济带全面启动、城南发展计划的适时推出，一系列重大战略举措推动了城乡结合部快速发展。通过土地储备、产业园区带动、重点工程带动、宅基地腾退换房、“一村一策”建设、新农村自主建设等模式，形成了不同的城乡结合部建设发展路径。今年全市动迁的村庄将超过 300 个，其

中城乡结合部占了三分之二。按照“先难后易”的原则在城乡结合部选择出来的50个重点村，村域面积85.3平方公里，户籍人口21.4万，流动人口超过100万，目前已启动31个重点村拆迁，已完成拆迁12个村，已启动24个重点村回迁安置房建设，3个已建成。住建部门积极引导相关单位，依据国家拆迁补偿政策，结合搬迁实际情况，组织编制搬迁方案，制定合理的搬迁安置补偿标准，明确安置房源和搬迁时限，保证旧村又稳又快地拆除。市城乡结合部建设领导小组办公室、市住房城乡建设委、市农委联合制定了《关于推进城乡结合部建设中住房搬迁的指导意见》，明确政策和标准，指导旧村搬迁工作平稳有序进行。另外，市市政市容委在朝阳区、海淀区、丰台区启动29个城乡结合部地区环境整治项目，到9月底已完成20个。

（二）推动产业发展

产业发展关系到城乡结合部可持续发展。市国土局出台了加快农村集体经济组织产业发展的优惠政策，乡镇或村集体经济组织可以按照一定条件采取占地、定向出让等方式使用本集体经济组织土地发展集体产业。进一步完善征地补偿安置办法，在确保人员安置费用的前提下，可以依据实际情况采取实物补偿、留地安置、合作分成等多元化补偿安置方式。同时在此基础上进行创新，将实物补偿用地纳入土地招拍挂的条件，项目建成后将相应权属办理给农村集体经济组织。城乡结合部主要分布在一、二道绿隔地区及其周边，市规划委统一按照绿地面积3%标准规划第一道绿隔绿色空间内绿色产业，将容积率由1.0提高至1.5左右，满足业态多样性需求，集约节约利用建设用地。借鉴绿隔产业发展政策，规划了3.3平方公里集体产业用地，建筑规模约620万平方米。市住房城乡建设委牵头，在深入调查研究的基础上，即将出台加强农村租赁住房建设管理的意见。市商务委积极引导各类投资主体规范化经营、品牌化发展社区商业，安排补助资金扶持便民商业发展。城乡结合部产业发展区位优势明显，建设规模大，市规划委正在加紧研究，计划编制集体产业用地规划导则，引导集体产业健康、快速发展。

（三）促进农民转移就业

市人力社保局在去年海淀北坞村试点的基础上，组织城乡结合部50个重点村开展充分就业示范社区（村）的创建活动。按照“拆迁改造、就业先行”的原则，集中区县、乡镇和社区（村）公共就业服务力量，实施“一对一”的跟踪服务，根据农民就业需求，开展有针对性的岗位征集、职业指导、技能培训等精细化就业援助。市人力社保局、市财政局、市社会工委共同研究起草《关于加强城市化建设进程中就业工作的意见》，按照城市化发展目标，围绕构建城乡一体化的就业管理制度，加大建设征地、土地储备或腾退、整建制农转非、绿隔建设等地区农村劳动力就业的政策帮扶力度，强化基层公共服务平台建设，规范公共服务行为，推广就业困难人员精细援助措施。各区县、乡镇以及部分村级组织从实际出发，制定本区域的社会保险补贴、交通补贴、外出就业奖励等促进就业政策，进一步为农民提供了平等就业环境。

（四）深化产权制度改革

按照“资产变股权、农民当股东”的思路，今年全面推进全市集体经济组织产权制度改革，到9月底，全市新完成产权制度改革单位194个，累计达到1006个，正在进行改革的单位1799个。城乡结合部是今年产权制度改革重点，市委农工委、市农委牵头，组成专门工作班子，全面加强督促和指导重点村集体产权制度改革工作。目前25个重点村已完成改革任务，其余25个村正在进行改革。城乡结合部地区的集体经济产权制度改革与集体产业用地优化、多样化征地补偿、农村劳动力就业社保工作有机结合起来，让农民带着资产进城，真正成为拥有集体资产的新市民，保障农民集中上楼后有稳定收入来源，不再依赖违章违规建设生存发展，有效杜绝违章建设。海淀区实行乡级核算的重点村和朝阳区土地资源乡域统筹的重点村，改革难度极大，积极选择试点，探索经验。出台《关于进一步加强新型集体经济组织管理、指导和服务的意见》，明确农转非后新型集体经济组织的性质，落实促进新型集体经济组织发展的优惠政策，规范新型集体经济组织运作机制和管理机制。

（五）促进农民转居

市人力社保局与相关部门严格执行市政府148号令，对于建设征地项目，按照“逢征必转，逢转必保”原则，确保建设征地农转非人员参加社会保险。在符合条件的地区，按照北京市整建制农转居人员参加社会保险试行办法，一事一议，由各区上报市政府批准，实现整建制农转居。城乡结合部50个重点村建设确定了整建制农转居的思路。整建制农转居是为了提供公平的社会公共服务，不挂钩土地管理制度，不区分遗留集体剩余土地多少，不改变剩余土地的产权属性。目前，各区已对重点村的人口、规划用地、剩余土地性质、未加入城镇保险人数、超转人员人数等情况进行认真调查，摸清了底数。在编制重点村建设实施方案中，已将整建制农转居费用纳入到建设资金平衡当中，为下一步工作创造了条件。另外，顺义区正在研究相关政策，推进在二、三产业有稳定就业的农村劳动力转非工作。

（六）防控违章建设

防控违章建设是规范城乡结合部建设发展秩序，控制城市化成本的重要手段。今年5月建立了制止和查处违法用地违法建设联席会议制度，成立了市规划委、市国土局、市住房城乡建设委、市城管执法局、市公安局等部门参加的工作小组，建立了联动工作机制。市创先争优领导小组办公室和市委农工委下发《关于深入开展创先争优活动，充分发挥基层党组织和党员在防控整治违章建设工作中作用的通知》，各级党组织和党员在整治违章违法建设中充分发挥战斗堡垒和先锋模范作用，进一步强化拆违控违工作。各区县组织城管、建设、国土、规划、公安等部门与镇政府一起开展联合执法行动，对违章建筑和抢栽抢种苗木进行强行拆除和清理，遏制违法建设行为。各区县加强宅基地管理，完善拆迁补偿安置政策，按照“多建不多得、少建不少得、不让老实人吃亏”的原则，给予合法宅基地及地上房屋补偿，在源头上把握住遏制违章违法建设的主动权。加强农村集体土地出租和使用管理，依法保护和利用农村土地资源，遏制和纠正农村集体土地出租、流转和使用中的违法行为。50个重点村建设明确了“拆迁先拆违”的工作原则，下发《关于在城乡结合部建设中坚决制止和查处违法建设的紧急通知》，有效遏制了私搭乱建的歪风。初步统计，50个重点村所在的九个区，在防控违章建设专项行动中，今年已拆除违章建筑约400万平方米。

（七）服务流动人口

年初以来，全市综治、流管系统按照“服务与管理并重”的原则，为城乡结合部建设特别是50个重点村建设创造和谐的社会环境。组织开展安全稳定问题排查整治，切实维护流动人口人身和财产安全。深入做好入户宣传工作，发动流动人口超过100万人次，最大限度争取流动人口对城乡结合部建设工作的支持配合。深入开展专题调研，加强流动人口流向流量变化监测，引导流动人口有序流动。市教委建立统筹协调机制，妥善做好被拆迁学校学生分流安置工作，保证每一个学生学业不间断。研究制定规划，力争经过3年的努力，公办学校接收90%左右随迁子女入学。市卫生局发挥社区卫生服务机构网底功能，为流动人口提供安全、有效、方便、价廉的基本医疗卫生服务，加强城乡结合部疾控管理工作，为流动人口提供基本公共卫生服务。市妇联针对城乡结合部建设的新形势、新问题，关爱留守流动儿童的生存和发展，维护流动妇女的合法权利。加强基层基础建设，积极推广村庄社区化管理，在城乡结合部创造良好的环境秩序。

二、城乡结合部建设积极探索城乡统筹发展

市委、市政府统筹部署，各委办局积极协调配合，各区县积极落实实施主体责任，按照“政府主导、农民主体”，一切从实际出发，实事求是地破解城乡二元的体制性障碍，推动城乡统筹发展。

（一）规划编制创新

城乡结合部问题必须在城市化的进程中加以彻底解决。规划部门将做好城乡结合部建设的规划工作作为实施城市总体规划、推进全市城市化健康发展的重要举措。城乡结合部规划方案编制本着“城乡统筹、一村（乡）一策”的原则，充分考虑区位特点、空间条件，实事求是研究存在的矛盾和问题，适当调整城市规划，促进土地的集约利用和城市化，提高规划措施的可行性和可操作性。农民利益优先，统筹建设用地资源，落实资金平衡方案，确保农民安置能上楼，确保农民长远生计有保证，确保城市长远发展目标能实现。2009年年底开始编制重点村规划实施方案，今年3月底全部完成编制和审查工作，目前47个重点村的规划实施方案已完成公示并经市政府审批，搬迁安置用房的建筑设计和规划审批工作正有序开展。市规划委与市园林绿化局相互配合，在保证规划绿地总量不减少的前提下，采取土地置换的方式，适当调整绿地建设规划，50个重点村建设可以实现城市绿色空间约13平方公里。

（二）立项审批创新

各部门坚持依法依规办事，结合行政审批制度改革，创新机制，优化流程，加强指导，主动服务，加快办理各项审批手续。举办建设项目申报和审批流程培训会，服务、督导、协调和帮助重点村建设项目的申报工作。市发展改革委将城乡结合部地区农民安置房项目、劳动力安置产业项目和用于平衡资金土地一级开发项目全部纳入“绿色审批通道”，办理立项核准手续。对涉及重点村的建设项目，不再逐个征求部门意见，直接报市政府批准后各部门盖章确认，压缩审批时间。目前50个重点村已有123个项目进入“绿色审批通道”。协助贷款主体与银行沟通，出具前期确认函，同步推进贷款前期流程，争取贷款时间。反复梳理基础设施需求，将绿隔地区基础设施建设纳入城市基础设施建设体系，逐步实施，确保配套基础设施与回迁房同步交付使用。市规划委在规划实施方案的编制、审查阶段，就着眼审批，会同相关部门确定重点村土地储备实施主体和开发范围，加快办理规划审批手续。市国土局创新授权审批流程，特事特办，于9月底完成全部重点村土地储备项目授权审批工作，从源头上为后续手续办理争取了时间。市住房城乡建设委缩短拆迁项目、建设项目许可手续审批时间，推进建设项目顺利进行。监察、审计部门全程跟踪，严格招投标管理，保证项目建设合法、规范、廉洁，打造“阳光工程”。

（三）资金融通创新

今年经济形势复杂，融资环境偏紧。重点村建设资金需求量大，市国土局优先支持重点村建设用地指标，优先统筹融资抵押物，优先安排储备土地上市，落实资金平衡方案。

市金融局、北京银监局等部门加强统筹协调，积极支持城乡结合部建设融资工作，健全政银企沟通交流合作机制，推出7种融资模式。在各部门的共同努力下，国家开发银行在昌平区东小口试点了棚户区改造贷款。农发行推出了城乡一体化旧村改造贷款金融产品，在丰台区和昌平区重点村建设中发放了贷款。农行推出了城乡一体化综合贷款，在石景山重点村建设中发放了贷款。通过BT融资模式，国有企业积极参与城乡结合部建设。市财政局进一步完善市与区县分税制财政管理体制，通过调整城市维护建设税增加50个重点村所在9个区财力15亿元，通过功能区转移支付增加了丰台、石景山、大兴、通州、昌平、顺义、房山等7区财力36亿元，通过建立财政风险应急资金破解重点村建设融资自有资本金不足难题，设立3亿元奖励资金支持城乡结合部重点村建设。

（四）集体土地租赁房政策创新

集体土地租赁房建设涉及诸多政策障碍，发展改革、国土、规划、建设等部门就项目的土地供应方式、规划建设内容、租赁房配租对象及租金管理等相关问题进行深入研究，为盘活城乡结合部地区的存量土地、促进土地资源集约节约利用，为发展农村集体产业，增加农民收入，为多种方式解决中低收入家庭住房困难，保障流动人口居住需求，探索新的途径。市国土局加强与国土资源部沟通协调，牵头编制在集体土地上建设租赁房的试点方案，已经市政府批准。目前，市政府已正式向国土资源部申报试点。市住房城乡建设委牵头研究，就农村集体经济组织利用建设用地，依据规划建设租赁住房问题，起草《关于加强农村租赁住房建设管理的若干意见》。近期，已有5个农村集体经济组织申请建设租赁住房10,000多套。

（五）社会管理创新

按照市政府批示，由市发展改革委牵头会同有关部门研究完善昌平区东小口地区综合配套改革试点工作方案，试点方案拟于近期向市政府专题汇报后实施，在行政管理体制、旧村改造机制、社会管理体制、城乡公共服务均等化机制、城乡产业一体化机制等方面进行改革创新。政法部门积极发挥维稳职能作用，服务保障城乡结合部建设，形成维护稳定工作的整体合力。深入开展社会稳定风险评估工作，加强社会治安排查整治工作，重点村建设未发生影响工作进度和社会面安全稳定的突出案件和事件，110警情在上半年同比下降12.9%的基础上，8月份和9月份又分别同比下降14.7%和9.2%。组织法律服务团提供咨询服务，引导群众通过合法途径正当反映合理诉求和保护自身权益。积极推广大兴区村庄社区化管理、海淀区文明村庄创建、石景山新居民互助服务等好的做法，创新社会管理模式。优先调处涉及重点村建设案件，采取有效措施化解矛盾纠纷。信访部门超前介入、完善机制、协调联动，全力保障重点村建设平稳有序开展。同步推进基层组织建设工作，由各区结合实际情况，提出切实可行的方案，促进农村管理体制向城市社区管理体制转型、无缝对接，社区事务管理与经济管理分离、双重服务。

（六）基层组织建设创新

适应城乡结合部发展需要，探索建立村居合一、村居并行的党组织设置模式，创新基层组织设置。加强城乡结合部建设中党组织建设，创新党组织联系和服务党员、群众的途径，确保在村庄搬迁建设不同阶段基层组织不散、党员作用不减、活动阵地不撤。加强基层党组织负责人队伍建设，举办重点村党支部书记培训班，提高支部书记队伍素质，维护群众利益，保障群众权利，充分调动农民主体的积极性。深入开展创先争优活动，充分发挥基层党组织在推进城乡结合部建设中的服务保障作用。发挥党员先锋模范作用，深化党员责任区、党员联系户、党员承诺制活动，广大党员带头签订拆迁协议、带头做好群众工作、带头维护社会稳定，确保城乡结合部建设顺利进行。

三、城乡结合部建设下一步重点工作

城乡结合部建设虽然进展顺利，但也要看到，城乡二元体制性障碍有待进一步破解，农民主体作用有待进一步发挥，区域产业发展有待进一步提高，社会公共服务有待进一步加强。要在总结经验、把握规律的基础上，开拓创新，扎实推进城乡结合部建设。

（一）统筹谋划城乡结合部“十二五”建设

城乡结合部发展活力最强、人口资源环境矛盾最突出、城乡一体化要求最迫切，下一步如何推进城乡结合部建设受到社会高度关注。市市政市容委已印发“十二五”时期城乡结合部地区市政市容发展规划指导意见。市发展改革委、市农委等部门正在编制“十二五”经济社会发展规划及城乡经济社会一体化发展专项规划，着眼于首都发展全局，兼顾这一地区的人口资源环境等条件，谋划城乡结合部建设发展思路，整体规划、重点突破、总结经验、逐步推进。按照“坚持农民主体、尊重农民意愿、保护农民利益”的原则，加快城乡结合部地区城市化改造，使农民成为“有房屋、有资本、有社保、有工作”的新市民。完成集体产权制度改革，科学规划、整合利用集体土地，聚集产业发展高端要素，壮大集体经济实力，解决农民长远保障。加快中心城区公共设施和运行管理向城乡结合部地区延伸覆盖，配套完成乡镇向街道、村庄向社区的转型建设，完善城乡一体的社会保障、城市运行和社会管理体系。到2015年，基本完成城乡结合部村庄改造，使之成为现代化新城区和城乡一体化示范区。

（二）加快转变城乡结合部经济发展方式

转变发展方式是解决城乡结合部人口资源环境矛盾的根本出路，发展高端产业是巩固城乡结合部建设成果的需要。下一步，将加强规划引导，整合城乡结合部土地资源，集约节约利用建设用地，推动产业集群发展，以土地价值高端化实现产业高端化。利用区位优势，促进城乡资源的优化组合，对接中心城区和高端产业功能区发展，培育战略新型产业，以城乡产业一体化实现产业高端化。加强重大项目引进，使重大项目成为加快城乡结合部发展的切入点、着力点和支撑点，切实把发展思路转化为具体可执行的工程项目，以重大项目承载产业高端化。把集体产业发展与转移农村劳动力就业、推动集体经济产权制度改革结合起来，彻底转变依靠低端违法“瓦片经济”生存发展的局面，走可持续的、合法的共同富裕之路，以民生工程支撑产业高端化。

（三）继续探索城乡经济社会一体化发展政策

建立促进城乡经济社会发展一体化制度，是从根本上消除城乡二元结构的必然要求。城乡结合部建设的实践，在规划编制、产业发展、劳动就业、基础设施建设、公共服务、社会管理等方面加强了城乡统筹，在土地利用、立项审批、资金融通、搬迁补偿政策平衡、集体产权制度改革、流动人口服务、防控违章建设等方面进行了政策探索。下一步，城乡结合部建设要在完善既有政策创新上，进一步探索城乡经济社会一体化发展政策，形成科学政策体系，为以后城乡结合部建设提供可借鉴的政策依据。

（四）大力促进城乡结合部社会转型

城乡结合部建设不是简单的旧村拆除、农民集中上楼，要在解决农民就业和社保的基础上，实现社会平稳顺利转型。下一步，将加强城乡结合部地区基层自治组织建设，规范撤销村委会的条件和程序，明确设立社区居委会的条件和程序，加大基层在实践中的可操作性，实现城乡结合部地区社区管理的全覆盖。加强社区组织建设、社区公共服务体系建设、社区基础设施建设、社区工作者队伍建设，建立在社区党组织领导下，社区居委会和社区服务站紧密对接、协调联动的工作机制，顺利完成从农村管理到城市社区管理的全面对接工作，及时满足居民群众各类公共服务需求。加强基层党组织建设，构建城乡一体化党建新格局，实现党组织对城乡结合部各个基层组织、各类党员群体的动态全覆盖。

主任、各位副主任、秘书长、各位委员，推动城乡结合部建设，促进城乡统筹发展是一项长期的系统工程，市政府虽然做了大量工作，但与人大代表、广大人民群众的期望还有较大差距。市政府将深入贯彻落实科学发展观，按照率先形成城乡经济社会一体化发展新格局的目标，下大力气继续推进城乡结合部的建设发展。希望市人大继续监督市政府工作进展，为统筹城乡发展提出意见和建议。我相信，有市人大的支持和监督，城乡结合部的建设将进入一个新的发展阶段，迈上一个新的台阶。

以上报告，提请市人大常委会审议。

关于“推动城乡结合部建设，促进城乡统筹发展”议案办理情况的意见和建议

——2010年11月18日在北京市第十三届人民代表大会常务委员会第二十一次会议上

市人大农村委员会主任委员　雷德才

主任、各位副主任、秘书长、各位委员：

为了督促市政府及其有关部门做好“推动城乡结合部建设，促进城乡统筹发展”议案办理工作，按照常委会主任会议通过的“保护农民利益、推动工作进展”的督办重点和工作方案，由赵凤山副主任牵头，农村委员会组织了包括议案领衔代表参加的专题调研组进行督办。调研组多次听取了市政府议案办理工作进展情况的汇报，并建立了信息交流制度；通过深入基层调研，召开座谈会、协商会的形式，征求了人大代表和农民的意见。同时，结合市人大常委会开展的农村城镇化专题调研，先后到朝阳、丰台等5个区县的8个乡镇和13个行政村进行了实地考察，从剖析典型入手，总结了农村城镇化进程中带有普遍性的经验。本次常委会前，赵凤山副主任带领部分常委会委员、农村委员会委员和市人大代表到大兴和丰台两区，视察了城乡结合部建设情况。10月29日，农村委员会召开会议，对市政府提请本次会议审议的议案办理情况报告进行了专题研究，并就进一步推动城乡结合部建设、促进城乡统筹发展进行了充分的讨论。

农村委员会认为，市政府历来高度重视城乡结合部建设，通过绿化隔离带建设、城中村改造、新农村建设等多种举措，加快了城乡结合部建设的进程。但由于历史矛盾积淀较多、城市化进程加快等历史与现实的原因，城乡结合部仍然存在着基础设施落后、生活环境脏乱、流动人口集聚、社会管理薄弱等问题，在这里居住的本市居民和流动人口都急切地盼望政府尽快改变这一地区的落

后面貌。去年市委、市政府主要领导多次深入到这一地区调研，通过海淀区北坞村、朝阳区大望京村的先行试点，今年启动了以50个村为重点的新一轮城乡结合部建设工程。一年来，各项工作取得了积极的进展。

农村委员会认为，市政府对议案办理工作给予了高度重视，成立了由主管市长牵头的领导小组，建立了专门的办事机构，25个政府职能部门参与了议案办理工作。在深入调研的基础上，出台了指导城乡结合部建设的政策性文件。城乡结合部地区各区县政府，在市政府的领导下，认真履行属地职责，克服了诸多困难，推动了各项工作的开展。首先，在指导思想上坚持把实现好、维护好、发展好农民利益作为城乡结合部建设的根本出发点和落脚点，建立了“政府主导、农民主体”的工作机制，尊重并维护了农民的知情权、参与权、决策权，较好地发挥了农民的主体作用。其次，在房屋拆迁、土地征占、转居安置、就业保障等关系农民切身利益的问题上，坚持惠民的政策取向，较好地解决了农民当前和长远的生计问题。第三，以破解城乡二元体制性障碍为重点，在规划编制、资金融通、立项审批、集体土地使用与管理、农民就业与社会保障、社会管理和基层组织建设等方面进行了积极的探索与创新，为推进城乡结合部建设创造了良好的政策环境。刚才，陈刚副市长代表市政府所作的《关于“推动城乡结合部建设，促进城乡统筹发展”议案办理情况的报告》，内容翔实全面，客观地反映了本市推动城乡结合部建设的工作进展和取得的成效以及存在的问题，对下一步工作提出了可行的对策措施，农村委员会同意这个报告。

农村委员会认为，城乡结合部建设是一项复杂的系统工程，它涉及新旧矛盾的交织、新旧体制的碰撞、经济发展方式的转变与社会管理体制的转型。因此，在今后的工作中，仍有一些深层次的矛盾与问题需要认真研究解决：一是对城乡结合部地区的规划控制滞后，导致了农民建房无章可循、产业发展定位困难、流动人口无序聚集，加大了城市化建设的经济社会成本；二是在政府发挥主导作用的前提下，宣传、组织、教育农民的工作还不够到位，农民的主体作用有待进一步发挥；三是在征地拆迁、安置补偿、就业保障等涉及农民切身利益的重大问题上，由于存在体制性障碍和政策缺陷，在具体工作和操作程序上还有待进一步完善。

为了实现城乡结合部建设的可持续发展，农村委员会提出以下意见和建议。

一、坚持以人为本，始终把实现好、维护好、发展好农民利益作为城乡结合部建设的根本出发点和落脚点

进行城乡结合部建设，从根本上说，是要解决农民城市化问题，在此基础上实现城市规划发展目标。因此，各级政府应牢固树立以人为本的思想，把城乡结合部建设作为一项保障与改善民生的工程，组织引导农民把对城市化幸福生活的向往与追求变为现实。在具体工作中，应当充分尊重和自觉维护农民的知情权、参与权、决策权，更好地发挥农民的主体作用，政府应当把维护公平正义放在首要位置，发挥规划、组织、引导、协调作用，在法治的轨道上理顺各方利益关系，促进社会的和谐稳定；在政策设计上，要切实维护农民的合法权益，使农民在城市化进程中实现“一变四有三进”，即：随着农民集体土地性质功能的变化，使农民有住房、有新兴产业、有稳定就业、有新型经济组织的股权，进入与城市衔接的社会保障体系、进入均等化的基本公共服务范围、进入股份合作制的新型经济组织。

二、坚持城乡统筹，逐步破除制约城乡结合部建设的制度障碍

城乡分割的二元体制，在城乡土地性质、城乡规划、投资建设、城乡居民就业与社会保障、城乡房屋拆迁等方面实行了不同的制度安排。城乡结合部建设是实现城乡融合的工程，必须着力改革二元体制，逐步破除制约城乡结合部建设的制度障碍，开创城乡一体化的新格局。为此，建议市政府坚持城乡统筹规划的原则，把农村城镇化纳入到“十二五”规划中，同步推动基础设施、公共设施和社会事业专项规划向农村延伸。要加快集体建设用地、农民宅基地的确权登记发证工作，为建立城乡统一的建设用地流转市场打好基础，为维护农民的土地权益作出制度安排。要继续完善农村养老、医疗保障体系，使农民在城市化过程中实现养老、医疗、就业等基本社会保障与城市接轨。特别是城乡结合部地区整村拆迁、整建制转居的，农民社保应一次性纳入城市居民社会保障体系，转保中形成的资金缺口，建议由市区（县）两级政府的土地收益中统筹解决。要进一步完善城乡结合部地区的房屋拆迁政策，保持政策层面上的一致性、稳定性和连续性。要进一步完善绿化隔离带建设的相关政策，妥善解决历史遗留问题。

三、坚持和完善“政府主导、农民主体”的工作机制，鼓励和支持城乡结合部地区建设模式多样化

在推进城乡结合部建设中，要处理好政府主导和农民主体的关系，把握好实现城市目标与实现农民利益的结合点。要加强对农民的组织、宣传和教育工作，激活他们的主体意识和参与意识，引导他们不在正当合法利益之外寻求其他利益。城乡结合部建设的典型告诉我们，政府主导的整建制搬迁和农民自主进行旧村改造都是推进城乡结合部建设的可行路径。目前，城乡结合部地区的一些农村具备了自主改造的条件，建议政府进一步完善“政府主导、农民主体”的工作机制，加强对旧村改造的指导，充分尊重农民的选择，制定统一的旧村改造鼓励政策，积极稳妥地推进农村城镇化进程。

四、坚持以产业带动城市化，把产业发展作为城乡结合部建设的重要支撑

城乡结合部地区区位优势明显，是首都经济新的发展空间。建议市政府在城乡结合部建设中，要以转变经济发展方式为主线，科学规划产业布局，合理配置生产要素，大力发展适合当地实际的产业和现代服务业，逐步实现这一地区的产业升级和经济发展方式的转型。要坚持把保障和改善民生作为加快转变经济发展方式的根本出发点和落脚点，在统一规划、统一组织、统一管理的基础上，鼓励和支持农民利用集体建设用地发展房屋租赁和适合当地实际的生产性、生活性服务业，培育新型集体经济，创造更多的就业岗位，逐步满足当地农民的就业需求，增加农民的财产性收益，同时为在当地稳定就业的外来人口解决“住有所居”的问题。

五、坚持改革创新，积极稳妥地推进城乡结合部地区社会管理体制转型

在城乡结合部建设中融入城市化的农民，其生产方式、生活方式发生了根本性转变，相应的社会管理体制也应随之进行调整。特

别是整村拆迁上楼的，应实行整建制的农转居，并逐步消除原有户籍身份与城市居民户籍身份上的福利待遇差距，提高政府保障能力，推进基本公共服务均等化。要加快完成集体资产产权制度改革，培育股份制或股份合作制的新型集体经济组织，使农民成为有资产的新市民。要依法完成农村社会管理向城市社区管理的转型，逐步减轻和剥离原有集体经济组织承担的社会管理职能和财政负担。要加强社会转型中的社区组织建设，使其尽快适应新形势的要求，更好地发挥社会管理服务职能。要加强人口调控和对流动人口的服务与管理，营造包容和谐的社会氛围。

以上意见，供常委会组成人员审议时参考。

北京市人民代表大会常务委员会 任免名单

（2010年11月19日北京市第十三届人民代表大会常务委员会第二十一次会议通过）

（一）

免去王亚东的北京市第一中级人民法院审判委员会委员、审判员职务。

（二）

任命杨越为北京市第二中级人民法院民事审判第一庭庭长，免去其北京市第二中级人民法院申诉审查庭副庭长职务。

任命李艳红为北京市第二中级人民法院民事审判第四庭庭长。

任命张昆仑为北京市第二中级人民法院立案庭副庭长。

任命唐季怡为北京市第二中级人民法院刑事审判第二庭副庭长。

任命肖荣远为北京市第二中级人民法院申诉审查庭副庭长。

任命霍炬、梁立君为北京市第二中级人民法院执行一庭副庭长。

免去张岩的北京市第二中级人民法院审判员职务。

北京市人民代表大会常务委员会 任免名单

（2010年11月19日北京市第十三届人民代表大会常务委员会第二十一次会议通过）

（一）

任命张笑英为北京市人民检察院检察委员会委员、检察员。

任命郭万生为北京市团河地区人民检察院副检察长、检察委员会委员，免去其北京市清河人民检察院检察委员会委员职务。

任命杜维齐、李松宁、郑平海、韩晓霞、

张磊、杨水泉、施颖、曹晶、任彩晖、赵双月、闫宇红、陈萍为北京市人民检察院检察员。

免去吴同平的北京市人民检察院检察委员会委员、检察员职务。

免去林友华、吴斌、彭唯良的北京市人民检察院检察员职务。

（二）

任命吴斌、何晓丹、赵芳芳、王冬平、王翠杰、曾晖、郭春燕、杨明、邸桂珍、吴敏、黄伟为北京市人民检察院第一分院检察员。

免去周立强的北京市人民检察院第一分院检察员职务。

（三）

任命丁子舟、马一民、支学军、王红、王东翔、孙晴、吴焕杰、张俭、张青松、李华伟、李松义、肖静、谷春祥、赵世欣、徐航、郭勇、高翔、康平、黄金枝、董长利为北京市人民检察院第二分院检察员。

北京市人民代表大会常务委员会批准辞职名单

（2010年11月19日北京市第十三届人民代表大会常务委员会第二十一次会议通过）

批准张笑英辞去北京市房山区人民检察院检察长职务。

北京市第十三届人民代表大会

常务委员会第二十二次会议

在市十三届人大常委会第二十二次会议上的讲话

（2010年12月23日）

市人大常委会主任　杜德印

各位委员：

这次会议的议题很多，主要涉及三个方面的内容：一是听取和审议市十三届人大三次会议代表建议办理情况的报告；二是讨论市人大常委会的工作报告，做好市十三届人大四次会议的有关准备工作；三是立法工作，审议通过了几部法规。经过大家的共同努力，会议顺利地完成了各项议程。

加强和改进对人大代表建议、批评和意见的办理工作，对于依法保障代表行使职权、充分发挥代表作用、保证人民当家作主的权利具有重要意义。市人大常委会和“一府两院”对代表建议办理工作高度重视，广泛听取代表意见，完善研究分析和沟通协商机制，深化认识、明确责任、加强合作、认真办理，交办方式不断改进，办理质量不断提高，督办实效不断增强，使代表建议办理的过程成为密切联系群众、推动工作开展、促进首都经济社会科学发展的过程。委员们对市人大常委会和“一府两院”的代表建议办理工作总体上表示满意，也对今后的办理工作提出了很好的意见和建议。一是做好代表建议办理工作，是坚持人民代表大会制度、保障人民当家作主权利的必然要求，切实尊重代表提出建议的权利，保障代表自觉、主动、依法、有效地行使职权，使广大人民群众的意志和愿望有序地进入本市的各项决策和工作中，不断推动本市经济社会的科学发展。二是市人大常委会和“一府两院”有关部门，要不断改进和完善代表建议办理的方式方法，不断提高代表建议办理工作的质量和实效，对于那些应该办又能够办的建议，要努力创造条件办理好、跟踪好、检查好、落实好。要做好代表建议的综合归类工作，对于带有普遍性问题的建议，力争整体推动这些问题的解决，同时对于反映具体问题的建议，要加以分析研究，结合实际情况具体解决。三是某些问题具有综合性、复杂性、难度性的特点，有些办理的期限会比较长、有些需要统筹解决、有些需要在今后的工作中逐步推动，代表要理解并支持办理部门的工作，加强沟通、做好配合。四是要不断提高代表提出建议的质量，大家共同开创代表建议办理工作的新局面。

起草和修改好常委会工作报告是筹备市十三届人大四次会议的一项重要工作。委员们认真地讨论了常委会工作报告，对常委会一年的工作和提请审议的报告给予了充分的肯定，认为今年的工作报告着眼全局、特点鲜明、体例完备、重点突出，既肯定了成绩和亮点，又查找了差距和不足，同时提出了明年的目标和任务。常委会报告起草部门要认真研究大家的意见，作进一步的修改后，下发给各位代表，在代表会前的集中活动中进一步地讨论，修改完善后，提请明年人代会审议。

市人大常委会今年的工作在各位委员的共同努力下实现了预期目标，大家付出了很多的时间和精力，做了大量卓有成效的工作，提出了很多有份量的意见，为常委会圆满完成本年度的各项工作奠定了基础。一是各位委员表现出高度的责任感和使命感，坚持和完善人民代表大会制度，站在党、国家和人民的立场上，认真履行宪法和法律赋予的职责，积极参与人大常委会的工作，为推动首都科学发展和民主法治建设作出了贡献；二是坚持正确的政治方向，坚持党的领导、人民当家作主和依法治国的有机统一，各位委员紧紧围绕这个方向，把党的主张和人民的意志统一起来，转化为国家意志，充分发挥了人民代表大会制度的优势；三是充分发扬民主，坚持实事求是的优良作风，讲实情、说实话、办实事、求实效，营造了民主和谐的氛围，践行了民主的精神，各位委员在审议中畅所欲言、共议大事，形成了良好的会风和文风；四是密切联系人民群众，通过准备议题、参与审议、调查研究等各种方式，使群众的利益和诉求融入到常委会的决策和工作中来，从而实现好、维护好、发展好最广大人民的根本利益；五是委员们共同营造团结、协作、和谐、融洽的工作气氛，大家互相尊重、互相关心、互相支持、互相帮助，形成了民主团结、顺畅有序的良好工作局面。

本次会议表决通过了两项法规案、废止和修改部分地方性法规的决定，标志着本年度的立法工作已经完成。会议刚刚表决通过的《中关村国家自主创新示范区条例》，是在贯彻落实十七届五中全会和市委十届八次全会精神、推进“三个北京”建设和编制“十二五”规划的关键时期，制定的一部鼓励自主创新、促进产业升级、实现科学发展的重要法规。本届常委会对这项法规高度重视，依据国务院批复精神，紧紧围绕中关村的情况和特点，用创新的精神开展这项立法工作。一是创新立法工作机制。成立了由一名市委常委为组长、市人大常委会两名副主任、市政府一名副市长，以及市人大、市政府相关部门负责人参加的领导小组，研究解决法规起草、修改中的重要问题，为本部法规的制定和出台提供了坚实的组织保障；二是明确“创新科技资源配置方式，实现促进自主创新的制度创新”为法规的主要内容。法规通过在培育创新主体，搭建创新平台，整合创新要素，孵化创新组织等方面的制度安排，改变科技资源与创新要素部门分割的局面，解决产学研用脱节的问题，实现人才、技术、资金、土地等要素的合理配置和有效利用，进而创新资源配置方式，促进自主创新的制度创新，以制度激发创新活力，以制度增强创新动力，以制度提高创新能力。在本次常委会审议之前，市委常委会对条例进行了研究，市委书记刘淇同志对中关村立法工作给予了充分的肯定，提出了重要的意见。下一步我们要按照市委的有关要求，在条例通过后，与市政府法制办、中关村管委会等有关部门密切沟通合作，加强对条例的学习、宣传、贯彻和实施，并以此为契机，推动本市加强科技创新特别是自主创新，推动本市坚持走创新驱动发展的道路，推动首都加快经济发展方式的转变，为“十二五”期间实现首都的科学发展奠定法制基础。

各位委员，市委十届八次全会刚闭幕不久，我们要认真学习、深刻领会党的十七届五中全会和市委十届八次全会精神，把思想统一到中央和市委的决策和部署上来，以饱满的热情、良好的风貌、严谨的作风、认真的态度投入到市十三届人大四次会议的筹备工作当中来，振奋精神，扎实工作，务求实效，为审查批准好“十二五”规划，开好市十三届人大四次会议而努力。

一年来，各位委员以身作则、依法履职，为常委会的各项工作作出了重要的贡献，付出了大量的劳动和心血，借这个机会，向大家表示衷心的感谢！在新年即将来临之际，祝愿大家工作顺利，身体健康，新年快乐，万事如意！

现在闭会。

北京市第十三届人民代表大会常务委员会第二十二次会议议程

（2010年12月22日至23日）

（2010年12月22日北京市第十三届人民代表大会常务委员会第二十二次会议第一次全体会议通过）

一、听取和审议市人大常委会代表联络室、“一府两院”关于市十三届人大三次会议代表建议、批评和意见办理情况的报告

二、审议通过市十三届人大常委会代表资格审查委员会关于个别代表的代表资格的报告

三、讨论市人大常委会向市十三届人大四次会议所作的工作报告（讨论稿）

四、审议通过《北京市人民代表大会常务委员会关于设立预算工作委员会的决定》

五、审议通过市十三届人大四次会议议程（草案）

六、审议通过市十三届人大四次会议主席团和秘书长名单（草案），议案审查委员会名单（草案）

七、决定市十三届人大四次会议列席人员名单

八、表决《中关村国家自主创新示范区条例（表决稿）》

九、表决《北京市农业机械化促进条例（表决稿）》

十、表决《北京市人民代表大会常务委员会关于废止〈北京市小公共汽车管理条例〉的决定（表决稿）》

十一、表决《北京市人民代表大会常务委员会关于修改部分地方性法规的决定（表决稿）》

十二、市人大法制委员会关于北京市第十三届人民代表大会第三次会议法规案办理结果的书面报告

十三、决定人事任免事项

北京市人民代表大会常务委员会关于设立预算工作委员会的决定

（2010年12月22日北京市第十三届人民代表大会常务委员会第二十二次会议通过）

北京市第十三届人民代表大会常务委员会第二十二次会议，根据《中华人民共和国地方各级人民代表大会和地方各级人民政府组织法》第五十三条的规定和工作需要，决定设立北京市人民代表大会常务委员会预算工作委员会。

北京市人民代表大会常务委员会公告

（第12号）

《中关村国家自主创新示范区条例》已由北京市第十三届人民代表大会常务委员会第二十二次会议于2010年12月23日通过，现予以公布施行。

北京市第十三届人民代表大会常务委员会

2010年12月23日

中关村国家自主创新示范区条例

（2010年12月23日北京市第十三届人民代表大会常务委员会第二十二次会议通过）

目　录

第一章　总　　则

第一条　为了促进和保障中关村国家自主创新示范区建设，制定本条例。

第二条　本条例适用于中关村国家自主创新示范区内的组织和个人。

中关村国家自主创新示范区外的组织和个人从事与中关村国家自主创新示范区建设相关的活动，也适用本条例。

第三条　中关村国家自主创新示范区（以下简称示范区）由海淀园、丰台园、昌平园、电子城、亦庄园、德胜园、石景山园、雍和园、通州园、大兴生物医药产业基地以及市人民政府根据国务院批准划定的其他区域等多园构成。

第四条　示范区应当以科学发展观为指导，服务国家自主创新战略，坚持首都城市功能定位，推进体制改革与机制创新，建设成为深化改革先行区、开放创新引领区、高端要素聚合区、创新创业集聚地、战略性新兴产业策源地和具有全球影响力的科技创新中心。

第五条　示范区应当以提高自主创新能力为核心，营造创新创业和产业发展环境，创新组织模式，构建和完善以项目为载体、企业为主体、市场为导向、产学研用相结合的技术创新体系。

第六条　示范区建设应当纳入本市国民经济和社会发展规划和计划，统筹示范区与行政区协调发展，统筹各种创新资源配置，统筹示范区研发、生产和生活需要。

第七条 示范区重点发展高新技术产业，加快发展战略性新兴产业，培育发展以各园区特色产业基地为基础的产业链和产业集群。

示范区重点建设中关村科学城、未来科技城等海淀区和昌平区南部平原地区构成的北部研发服务和高新技术产业聚集区，北京经济技术开发区和大兴区整合后空间资源构成的南部高技术制造业和战略性新兴产业聚集区。

第八条 鼓励和支持示范区内的企业制定创新发展战略，提升创新能力和市场竞争力，形成一批具有全球影响力的创新型企业和国际知名品牌。

第九条 鼓励组织和个人在示范区开展创新创业活动，支持有利于自主创新的制度、体制和机制在示范区先行先试，营造鼓励创新创业、宽容失败的文化氛围。

第十条 市人民政府负责统筹、规划、组织、协调、服务示范区的建设与发展。

市人民政府设立示范区管理机构负责具体工作落实。

第二章 创新创业主体

第十一条 任何组织和个人可以依法在示范区设立企业和其他组织，从事创新创业活动。

在示范区申请设立企业，经营范围中有属于法律、行政法规、国务院决定规定在登记前须经批准的项目的，可以申请筹建登记。对符合设立条件的，工商行政管理部门直接办理筹建登记，并将办理筹建登记的情况告知有关审批部门；企业获得批准后，应当申请变更登记。筹建期限为一年，筹建期内企业不得开展与筹建无关的生产经营活动。

在示范区设立企业，除申请的经营范围中有属于法律、行政法规、国务院决定规定在登记前须经批准的项目外，以指定集中办公区作为住所的，工商行政管理部门依法予以登记。

示范区内经工商行政管理部门登记的各类企业，根据发展需要可以向工商行政管理部门申请转换组织形式；企业的分支机构或者分公司可以向工商行政管理部门申请变更隶属关系。

第十二条 鼓励科技人员以知识产权、科技成果等无形资产入股的方式在示范区创办企业。

以知识产权和其他可以用货币估价并可以依法转让的科技成果作价出资占企业注册资本的比例，可以由出资各方协商约定，但是以国有资产出资的，应当符合有关国有资产的管理规定。

投资人可以其所有的可用货币估价并可依法转让的股权和债权作价出资，工商行政管理部门依法办理登记。

中国公民以自然人身份在示范区出资兴办中外合资、合作企业，经审批机关批准后，工商行政管理部门予以登记注册。

创业投资机构的注册资本可以按照出资人的约定分期到位。

第十三条 在示范区设立企业，以货币作为初次出资或者增资的，可以银行出具的企业交存入资资金凭证或者以依法设立的验资机构出具的验资证明作为验资凭证；以非货币作价出资的，可以依法设立的评估机构出具的评估报告或者以依法设立的验资机构出具的验资证明作为验资凭证。

工商行政管理部门对在示范区设立的企业的章程、合伙协议实行备案制。

第十四条 支持企业联合高等院校、科研院所和其他组织组建产业技术联盟。符合条件的，可以申请登记为法人。

第十五条 鼓励在示范区培育科技创新服务体系，支持信用、法律、知识产权、管理和信息咨询、人才服务、资产评估、审计等各类专业服务组织发展。

鼓励企业、高等院校、科研院所以及其他组织和个人，在示范区设立大学科技园、创业园、创业服务中心等各类创业孵化服务机构以及科技中介机构，利用社会资源，提升创新创业服务能力。

第十六条　申请在示范区设立有利于自主创新的社会团体、民办非企业单位、基金会，除法律、行政法规、国务院决定规定登记前须经批准的以外，申请人可以直接向市民政部门申请登记。

按照前款规定申请成立社会团体，可以吸收本市行政区域外的境内组织及个人作为会员，跨行政区域开展活动。

按照本条第一款设立的社会组织，名称应当冠以行政区划名称或者“中关村”字样。

第十七条　支持社会组织参与示范区建设，开展经济技术交流与合作，制定标准，帮助企业开拓国际市场，进行品牌推广，承担法律、法规授权或者政府委托的工作。

政府及有关部门可以通过购买服务等方式，支持服务于示范区的社会组织的发展。

第十八条　示范区应当推进自主创新资源配置方式改革，围绕国家自主创新战略的重大项目和首都经济社会发展的重大需求，在政府引导和支持下，以企业为主体或者采取企业化的运行模式，聚集企业、高等院校、科研院所、社会组织等各类创新创业主体，整合土地、资金、人才、技术、信息等各种创新要素，链接科技研发和科技成果产业化等各个创新环节，形成协同创新、利益共享的自主创新机制。

第三章　科技研发、成果转化和知识产权

第十九条　支持示范区内的企业加大研发投入，利用全球科技资源，提升原始创新、集成创新、引进消化吸收再创新的能力。

鼓励示范区内的企业自行或者联合高等院校、科研院所在境内外设立研发机构和成果转化中心。

鼓励高等院校、科研院所和示范区内的企业联合研发新技术、开发新产品。

鼓励高等院校、科研院所组织科技人员为示范区内的企业创新创业提供服务。

第二十条　支持示范区内的中小企业技术创新，通过资金资助、设立孵化器、搭建公共服务平台等多种方式，引导中小企业向专、新、特、精方向发展，提高市场竞争力。

第二十一条　支持示范区内的企业、产业技术联盟按照规定申报国家或者地方科技型中小企业技术创新基金或者资金项目，参与承担国家和地方人民政府科技重大专项、科技基础设施建设、各类科技计划项目和重大高新技术产业化项目。

市发展改革、科技、经济和信息化等行政管理部门在编制本市重大科技项目规划、计划和实施方案过程中，应当听取示范区内的企业、产业技术联盟的意见。

第二十二条　示范区内的企业、高等院校、科研院所承担国家和本市科技重大专项项目（课题），可以按照一定比例在科技重大专项项目（课题）经费中列支间接费用，用于支付实施项目（课题）过程中发生的管理、协调、监督费用，以及其他无法在直接费用中列支的相关费用。

第二十三条　市科技、教育、经济和信息化、发展改革、质量技术监督等行政管理部门应当整合公共科技资源，采取多种方式为示范区内的企业创新发展提供研发、工业设计、咨询、检测、测试等技术服务，帮助企业研发新产品、调整产品结构、创新管理和开拓市场。

第二十四条　支持示范区内的企业、高等院校、科研院所、产业技术联盟利用各自优势，开放和共享科技资源，共同培养人才，

共建国家和本市的工程研究中心、工程技术研究中心、重点实验室、企业技术中心等共性技术研发平台，联合承担科技项目，开展产学研用交流与合作。

支持战略科学家领衔组建新型科研机构。

第二十五条 鼓励示范区内的企业、高等院校、科研院所依法转让科技成果。高等院校、科研院所按照国家和本市有关规定，可以将科技成果转化收益用于奖励和教学、科研及事业发展。

鼓励高等院校、科研院所的科技人员在示范区创办企业，转化科技成果。

第二十六条 对本市财政资金支持的科技项目，政府有关行政管理部门应当与示范区内承担项目的高等院校、科研院所、企业等组织就项目形成的科技成果约定知识产权目标和实施转化期限，在项目验收时对知识产权目标完成情况进行考核评价。

第二十七条 市人民政府有关部门应当根据国家自主创新战略和首都科学发展需要，定期发布一批关键核心技术研发和重大科技成果产业化与应用示范项目，按照公开、公平、公正原则，组织示范区内的企业、高等院校、科研院所和由其组成的联合体参与招标。

第二十八条 市和区、县人民政府及有关部门运用政府采购政策，支持示范区创新创业主体的自主创新活动；通过首购、订购、首台（套）重大技术装备试验和组织实施示范项目、推广应用等方式，发挥政府采购对社会应用的示范引领作用。

第二十九条 市科技行政管理部门应当将符合条件的示范区创新创业主体的创新产品纳入本市自主创新产品目录，推荐示范区创新创业主体的创新产品纳入国家自主创新产品目录。

市财政等行政管理部门应当建立健全使用首台（套）装备的风险补偿机制。

第三十条 使用市、区两级财政资金的采购以及市、区两级财政资金全额或者部分投资的市政设施、技术改造、医疗卫生、教育科研、节能环保等项目，应当采购、使用示范区创新创业主体的创新产品。

通过招标方式进行政府采购的，评标规则中应当对示范区创新创业主体的创新产品给予一定的价格扣除或者加分。

第三十一条 市人民政府应当不断加大科技资金的投入；建立健全资金统筹机制，统筹各类资金的使用，采取股权投资、贴息、补助等方式，重点支持示范区内的重大科技研发、成果转化项目；逐步提高科技和产业化资金的统筹比例和使用效率。

第三十二条 市人民政府设立示范区发展专项资金，支持在示范区创新创业、建设创新环境和促进产业发展。

市人民政府可以运用科技产业投资基金和绿色产业投资基金等产业投资基金，支持科技成果在示范区转化。

第三十三条 市和区、县人民政府及专利、商标、著作权等行政管理部门通过补贴、奖励等措施，支持示范区内的企业、高等院校、科研院所及相关人员获得专利权、商标注册和著作权登记。

鼓励示范区内的企业成立专利联盟，构建专利池，提高专利创造、运用、保护和管理的能力。

工商行政管理部门应当指导和帮助示范区内的企业制定和实施商标战略，加强商标管理，培育驰名商标、著名商标。

工商行政管理部门可以依据企业申请，对企业的驰名商标、著名商标，在本市企业名称登记中予以保护。

第三十四条 支持示范区内的企业、高等院校、科研院所等创新创业主体开展标准创新，参与创制地方标准、行业标准、国家标准和国际标准，成立标准联盟，加强与国内外标准化组织的战略合作，推动技术标准的产业化应用，促进创新产品开发。

第三十五条　专利、商标、著作权等行政管理部门应当建立健全示范区知识产权保护的举报、投诉、维权、援助平台以及有关案件行政处理的快速通道，完善行政机关之间以及行政机关与司法机关之间的案件移送和线索通报制度。

专利行政管理部门应当鼓励、引导示范区内的企业建立专利预警制度，支持协会、知识产权中介机构为企业提供目标市场的知识产权预警和战略分析服务。

专利行政管理部门应当建立企业专利海外应急援助机制，指导企业、协会制定海外重大突发知识产权案件应对预案，支持协会、知识产权中介机构为企业提供海外知识产权纠纷、争端和突发事件的应急援助。

第四章　人才资源

第三十六条　本市在示范区建设人才特区。

示范区管理机构应当会同市有关部门，制定示范区创新创业型人才发展规划，建立健全人才培养、引进、使用、流动、评价等制度，为示范区内的人才发展提供服务和保障。

第三十七条　支持示范区内的组织根据需要引进高端领军人才和高层次人才。市和区、县人民政府及有关部门应当根据国家和本市的有关规定为高端领军人才和高层次人才在企业设立、项目申报、科研条件保障、户口或者居住证办理、房屋购买和租赁等方面提供便利。

本市在示范区建立与促进科技成果转化相适应的职称评价制度，为工程技术人员提供职称评价服务；对示范区内的企业引进科技研发和成果转化方面的紧缺人才，建立侧重能力、业绩、潜力、贡献等综合素质的人才评价机制和突出贡献人才的直接引进机制。

第三十八条　示范区内的高等院校、科研院所和企业按照国家和本市有关规定，可以采取职务科技成果入股、科技成果折股、股权奖励、股权出售、股票期权、科技成果收益分成等方式，对作出贡献的科技人员和经营管理人员进行股权和分红激励。

示范区内的高等院校、科研院所和企业可以探索符合自身特点和有利于鼓励创新的激励机制。

第三十九条　支持高等院校利用自身优势，结合示范区的发展需求开展新的学科建设，开设创新创业培训课程。支持示范区内的企业接收高等院校学生实习和就业，促进企业与高等院校合作培养创新型人才。

支持企业、高等院校、科研院所的负责人举荐人才在示范区承担重大科技创新和产业化项目。

第四十条　鼓励协会等社会组织在示范区开展人才信用评价和管理，建立人才信用记录，推广使用人才信用报告等信用产品。

第四十一条　市人力资源和社会保障、科技、教育、经济和信息化、发展改革等行政管理部门应当建立健全示范区内的高等院校、科研院所的科技人员与企业的沟通交流机制，促进科技人员与企业的双向选择。

第四十二条　市人民政府应当对在示范区创新创业、为示范区建设作出突出贡献的人员给予表彰和奖励。

第五章　科技金融

第四十三条　市和区、县人民政府及有关部门应当鼓励和支持各类金融机构在示范区开展金融创新，促进技术与资本的对接。

市金融等行政管理部门应当健全企业上市联动机制，为企业上市提供综合协调和指导服务，支持示范区内的企业上市。支持示范区内的企业在证券公司代办股份转让系统挂牌。

支持示范区内的企业运用中期票据、短期融资券、公司债、信托计划等方式筹集资金，拓宽直接融资渠道。

第四十四条 支持商业银行、担保机构、保险机构和小额贷款机构开展针对示范区内企业的知识产权质押、信用贷款等业务。

支持商业银行在示范区内设立专营机构，创新金融产品和服务方式，创新考核奖励、风险管理、授信、贷款审批和发放等机制，为企业融资服务。

支持企业和其他组织在示范区内设立为科技型企业服务的小额贷款机构和担保机构。

本市建立贷款风险补偿机制，为商业银行、担保机构、保险机构和小额贷款机构开展针对示范区内企业的知识产权质押、信用贷款、信用保险、贸易融资、产业链融资等提供风险补偿。

第四十五条 市和区、县人民政府及有关部门设立创业投资引导资金和基金，采取阶段参股、跟进投资、风险补助等多种方式，支持境内外创业投资机构在示范区开展不同阶段的投资业务。

第四十六条 政府有关行政管理部门应当支持商业银行、担保机构、保险机构为示范区内的中小企业投标承担国家和地方人民政府立项的重大建设工程提供优惠、便捷的金融服务，对由此产生的相关费用，给予一定比例的补贴或者其他资金支持。

第四十七条 支持示范区内的企业购买产品研发责任保险、关键研发设备保险、营业中断保险、信用保险、高管人员和关键研发人员团体健康保险、意外保险、补充医疗保险和补充商业养老保险等保险服务。

鼓励保险机构在示范区设立专营机构，创新保险产品，建立保险理赔快速通道，分散企业创业风险。

第四十八条 市和区、县人民政府鼓励和支持示范区内的企业开展并购重组，对符合条件的，按照规定给予政策和资金支持。

第六章 土地利用

第四十九条 市和区、县人民政府应当根据示范区发展规划纲要的要求，统筹示范区与周边地区的基础设施、公共设施以及其他配套设施的开发建设与利用。

第五十条 示范区集中新建区的建设用地应当用于高新技术产业、战略性新兴产业项目和配套设施建设。

鼓励将示范区城市建成区存量土地用于发展高新技术产业、战略性新兴产业。

市国土资源等行政管理部门应当建立示范区土地节约集约利用的评价和动态监测机制，提高建设用地的利用效率。

第五十一条 示范区管理机构应当会同市人民政府有关行政管理部门、有关区县人民政府，建立对企业使用示范区建设用地的联审机制，制定示范区的产业目录和项目入驻标准、程序，统筹企业、项目的进入、调整和迁出。

第五十二条 示范区内高新技术产业、战略性新兴产业的研发和产业化项目用地，经报请市人民政府批准后，可以采取协议出让等方式。

示范区内原以协议出让方式取得的国有土地使用权不得擅自转让、改变用途；确需转让的，须报请市人民政府批准，土地所在地的区人民政府根据国家有关规定享有优先购买权。

示范区探索集体建设用地使用的流转机制，重大科技成果研发和产业化项目可以通过租赁、入股和联营联建等方式使用集体建设用地。

第七章 政府服务和管理

第五十三条 市人民政府会同国务院相关部门建立示范区科技创新和产业化促进中心服务平台，健全跨层级联合工作机制，统筹政府的资金投入和土地、人才、技术等创新资源配置，推进政策先行先试、重大科技成果产业化、科技金融改革、创新型人才服务、新技术应用推广和新产品政府采购等工作。

第五十四条　市人民政府及有关部门根据示范区发展规划纲要和本市国民经济和社会发展规划、城市总体规划、土地利用总体规划，按照生态良好、节能环保、用地集约、产业聚集、设施配套的原则，编制示范区建设的各类规划。

市和区、县人民政府及有关部门在各自职责范围内负责组织实施相关规划。

市人民政府及有关部门应当组织对示范区各类规划的实施情况进行评估，根据评估结果可以依法对规划进行调整。

第五十五条　本市各级人民政府及有关部门对示范区内的组织和个人办理行政许可、审批、年检和其他服务、管理事项，应当简化程序、缩短期限、减少层级、优化流程，提高行政管理效率和服务水平。

市和区、县人民政府及有关部门应当通过多种方式，主动公开对示范区建设所采取的支持措施的适用范围、标准和条件、申请程序以及其他相关信息，方便组织和个人查询。

第五十六条　本市实行示范区重大行政决策公开征求意见制度和科学论证制度。有关示范区建设的重大行政决策事项，决策机关应当采取座谈会、论证会、听证会、媒体公开征集意见等方式广泛听取意见，并组织专家或者研究咨询机构对重大行政决策方案进行论证。

市和区、县人民政府及有关部门应当加强与协会等社会组织的沟通协调，支持社会组织参与相关政策、规划、计划的起草和拟订，归集、反映行业动态或者成员诉求，反馈相关政策实施情况。

第五十七条　市人力资源和社会保障、科技、金融、专利、商标、著作权等行政管理部门应当组织建设人才流动和技术、资本、产权交易的平台，促进创新要素的聚集和高效配置。

第五十八条　市统计行政管理部门应当设立示范区统计机构，建立并完善符合示范区发展特点的统计指标体系，负责组织实施统计调查，对示范区建设情况进行监测、分析、预警和评价，组织编制并定期发布中关村指数。

第五十九条　示范区应当完善企业信用体系，建立健全企业信用信息的数据库和公共服务平台，推广使用企业信用报告等信用产品，培育信用产品的应用市场。

政府有关部门应当在政府采购、财政资助、政府投资项目招标等事项办理中，将企业信用报告作为了解企业信用状况的参考。

鼓励商业银行、担保机构、小额贷款机构在融资服务中使用企业信用报告。

第六十条　市和区、县人民政府及有关部门应当为示范区内的组织和个人开展国际经济技术交流与合作提供便利，支持企业在境外开展生产、研发、服务、投资等跨国经营活动。

示范区管理机构应当组织开展与其他国家或者地区科技园区的合作，推动人才交流、协同创新和产业合作。

第八章　核心区建设

第六十一条　为发挥创新资源优势，推进体制机制创新，集中力量重点突破，带动示范区整体发展，根据自主创新资源分布状况，在示范区设立核心区，具体范围由市人民政府确定。

第六十二条　市人民政府支持产学研用创新体系建设、科技成果研发、转化和股权激励、科技金融改革、科技经费改革、新型产业组织参与国家重大科技项目、政府采购、工商管理、社会组织管理等体制机制创新的政策和措施在核心区先行先试。

第六十三条 市人民政府应当通过划分管理权限、简化管理程序、直接委托等方式，推进核心区行政审批改革。核心区所在地的区人民政府应当采取统一办理、联合办理、集中办理等方式，优化审批流程，减化审批环节。

市人民政府应当按照减少执法层次、适当下移执法重心的原则，推进核心区行政执法体制改革。核心区所在地的区人民政府承担市人民政府及其有关部门下放的行政审批项目的行政执法权。

第六十四条 核心区所在地的区人民政府应当根据示范区发展规划纲要和核心区的实际需要，研究制定和实施有利于组织和个人在核心区创新创业的政策和措施。

第六十五条 核心区所在地的区人民政府应当根据示范区发展规划纲要，通过规划实施、环境建设、业态调整等方式，推动核心区的土地、资金、人才、技术等资源的统筹配置，吸引创新要素在核心区聚集，建设高端产业集群。

第九章 法律责任

第六十六条 对违反本条例规定的行为，法律、法规已规定法律责任的，从其规定。

行政机关未履行本条例规定职责的，由上级机关责令改正；情节严重的，由监察机关或者上级机关追究直接责任人和主要负责人的行政责任。

第十章 附 则

第六十七条 实施本条例需要制定配套规章或者其他具体办法的，由市人民政府或者有关行政管理部门研究制定并发布实施。

第六十八条 本条例自公布之日起施行。2000 年 12 月 8 日北京市第十一届人民代表大会常务委员会第二十三次会议通过的《中关村科技园区条例》同时废止。

关于《中关村国家自主创新示范区条例（草案）》的说明

——2010 年 5 月 27 日在北京市第十三届人民代表大会常务委员会第十八次会议上

中关村科技园区管理委员会主任 郭 洪

主任、各位副主任、秘书长、各位委员：

我受市人民政府的委托，现就提请本次会议审议的《中关村国家自主创新示范区条例（草案）》（以下简称《条例（草案）》），作如下说明。

一、立法背景和必要性

中关村科技园区是国务院批准的我国第一家国家级高新技术产业开发区。为促进和保障中关村科技园区的建设和发展，市人大常委会于 2000 年 12 月审议通过了《中关村科技园区条例》（以下简称《园区条例》）。《园区条例》以改革理念和法治精神为指导，遵循社会主义市场经济基本原则，致力于为园区企业发展提供良好的竞争秩序和法治环境，极大地释放了中关村的创新活力，自主创新成果不断涌现，高新技术产业发展又好又快，实现了市委、市政府确定的中关村科技园区建设“三年大变样，五年上台阶”的目标。

近年来，国内外环境发生了显著变化。国际新兴高科技业态不断涌现，全球产业转移不断加快，创新资源全球化流动、全球创新中心多极化发展的趋势凸显，各国政府都加大了对创新和高科技产业化的促进和扶持。党中央、国务院相继作出了落实科学发展观、走中国特色自主创新道路、建设创新型国家等一系列重大决策。

中关村的发展也进入了新的阶段。2009年3月13日，国务院作出了《关于同意支持中关村科技园区建设国家自主创新示范区的批复》（国函〔2009〕28号）。批复明确了中关村未来发展的战略目标是成为具有全球影响力的科技创新中心，还提出了支持中关村国家自主创新示范区建设的八条具体措施。为落实国务院批复，市委、市政府出台了《关于建设中关村国家自主创新示范区的若干意见》（京发〔2009〕11号）。目前，在国务院有关部门和北京市的共同领导和推动下，示范区的各项建设工作正在稳步推进。

中关村建设的新目标、新要求和新举措，需要通过立法予以肯定，《园区条例》已不适应这种新形势。同时，实现国务院批复确定的目标，中关村还面临一系列亟待解决的问题，比如：企业设立的工商管理措施需要进一步改革，对创新主体科技研发的支持力度需要进一步加大，重大科技成果转化和落地的比率不高，金融对科技企业的支撑力度不够，示范区高端产业聚集效应不明显及发展空间不足的问题越来越突出。这些问题制约着中关村的发展，有必要在总结《园区条例》实施情况的基础上，结合新的形势和要求，制定新的《中关村国家自主创新示范区条例》，通过固化经验、创新制度、探索新路，推动中关村发展再上新台阶。

市委、市政府高度重视示范区立法工作。此项立法分别作为市人大常委会和市政府2009年立法工作计划中的地方性法规调研项目和今年的计划完成项目。

二、起草工作情况

2009年3月国务院批复出台后，按照市委、市政府的工作部署，本市迅速启动了示范区立法工作，经过调研、梳理问题、框架设计、方案论证、拟写条文、征求意见、协调修改，历时近一年，起草条例草稿多达20多稿。与以往立法项目相比，此次起草工作具有以下特点。

一是领导高度重视。为了加强对立法工作的领导，本市成立了以市委常委赵凤桐为组长、市人大常委会副主任柳纪纲、市政府副市长苟仲文为副组长，市人大常委会法制办、市人大常委会教科文卫体办、市政府法制办和中关村管委会主要领导，市政府落实国务院批复各专项工作组牵头单位以及海淀区政府有关领导参加的中关村立法工作领导小组，同时成立了由以上单位具体负责的工作人员组成的立法起草工作小组。凤桐同志先后六次、立法工作领导小组先后三次听取立法起草工作情况的汇报，就立法各阶段涉及的重大问题进行讨论决策。1月11日，示范区建设领导小组召开会议，原则同意立法工作的思路和主要制度设计。

二是政府法制部门牵头。由于此次立法工作时间紧、难度大、涉及面广、综合性强，立法工作领导小组确定市政府法制办牵头起草工作，并成立由市政府法制办、市人大、中关村管委会等方面人员组成的起草工作小组，具体承担起草任务。这种模式为条例起草提供了有力的组织保障。

三是调研全面深入。2007年至2008年年底，开展《园区条例》修订调研，形成14个专题调研报告和1个总调研报告。2009年3

月国务院批复出台后，立法起草工作小组在前期立法调研的基础上，深入企业和园区，相继开展了有针对性的补充调研和多个轮次的立法需求征集工作。

四是人大提前介入。市人大常委会法制办和教科文卫体办派员参加起草工作小组，参与了立法起草工作全过程。3 月 25 日，市人大常委会主任会议听取了市人大教科文卫体办公室的汇报。会议指出，在立法领导小组的领导下，市政府有关部门充分调研，市人大常委会有关工作机构提前介入，发挥了积极作用，取得了很好的成效。

五是专家深度参与。中关村管委会委托专家完成美、日、韩等七个国家和地区有关科技立法的翻译、汇编，形成 21 万字的研究报告；市政府法制办组织召开了市政府立法工作法律专家委员会审核会，就先行先试与法制统一的关系、知识产权的强制实施等重点、难点问题听取法律专家的审核意见；还征求了中关村管委会主任顾问以及中关村企业家顾问委员会的意见。

六是征求意见广泛。2009 年 12 月至 2010 年 3 月，中关村管委会和市政府法制办开展了广泛的征求意见工作：征求了国家发改委、科技部、财政部等 12 家国家部委，市委、市政府 54 家相关部门，各区县政府，示范区内 41 家协会及其部分会员企业、25 家联盟及其成员、17 家大学科技园、27 家留学生创业园、10 家分园管理机构等各方面的意见；其次通过首都之窗网站向社会公开征求意见；针对重点问题，分别召开了 15 个专题征求意见座谈会，听取了部分协会、联盟、企业、分园管理机构以及发改、科技、财政、工商、民政、金融、知识产权等部门的意见；还听取了部分人大代表的意见。

各方面意见主要集中在五个方面：一是进一步简化工商登记制度和社会组织登记制度；二是进一步明确培育、引进人才的重点方向和相应的保障措施；三是进一步加强科技金融创新，建立健全促进技术和资本高效对接的平台和保障制度；四是进一步采取措施，促进本市财政资金支持的科技项目形成的科技成果的转化；五是进一步调整和明确政府在推进示范区建设中的职责，健全相应的服务和管理规范。

在充分吸收采纳各方面意见的基础上反复修改，形成了《条例（草案）》。2010 年 4 月 13 日，第 65 次市政府常务会审议并原则通过了《条例（草案）》。

三、《条例（草案）》的主要内容

按照国务院批复和本市落实国务院批复建设中关村示范区的一系列指示精神以及“针对问题立法、立法解决问题”的指导思想，《条例（草案）》立足本市权限，围绕解决制约中关村发展的实际问题，在保持现行政策连续性的同时，重点落实国务院批复先行先试的支持措施，对目前正在试点的一些做法及时总结、肯定，并对体现示范作用的有利于鼓励创新的体制机制创新作出探索性、引导性规定。

《条例（草案）》的主要内容包括以下六个方面。

（一）总则部分

一是明确示范区范围由现在的一区十园以及市政府根据国务院批准划定的其他区域等多园构成，同时规定示范区以海淀园、昌平园为核心区，市政府可以根据需要调整核心区的范围。二是明确示范区的发展目标和定位是“四区一中心”，即：全球高端人才创新创业的聚集区、世界前沿技术研发和先进标准创制的引领辐射区、国际性领军企业和高新技术产业的发展区、国家体制改革与机制创新的试验区、具有全球影响力的科技创新中心。三是明确示范区重点建设的产业聚集区和产业发展方向：重点建设北部研发服务和高新技术产业聚集区、南部高技术制造业和战略性新兴产业聚集区；重点发展高新技术产业，加快发展战略性新兴产业，培育发展以特色产业基地为基础的产业链和产业集群。四是提出示范区管理体制要符合创新发展要求和决策科学、统筹协调、执行顺畅、监督有力的原则，明确市政府设立示范区议事协调机构，统筹示范区建设。

（二）支持创新创业主体的设立和发展

一是为了支持企业设立，《条例（草案）》在总结现行条例实施经验的基础上，进一步改革了工商管理措施，以便企业设立，比如，企业可以申请筹建登记，可以选择是否具体核定经营范围，科技成果出资占企业注册资本的比例可以协商，简化验资手续，企业章程实行备案等。

二是为了支持社会组织和产业联盟设立，《条例（草案）》规定：在示范区设立有利于自主创新的社会组织，可以直接向市民政部门申请登记；社会组织的名称可以冠以“中关村”字样；对于符合条件的产业联盟，可以申请登记为法人。

三是为了统筹示范区的人才发展，进一步激发科技人员的创新活力，《条例（草案）》规定：示范区管理机构应当会同有关部门制定示范区创新创业型人才发展规划，建立健全人才培养、使用、流动、评价等制度；支持示范区内的组织引进高端领军人才和高层次人才，市和区、县人民政府及有关部门应当为高端领军人才和高层次人才在企业设立、项目申报、科研条件保障、户口或者居住证办理等方面提供便利；明确高等院校、科研院所和企业可以对科技人员和管理人员进行股权和分红激励。

（三）推动科技研发、成果转化和知识产权保护

一是为了加大对创新创业主体科技研发的支持，《条例（草案）》规定：支持企业加大研发投入，采取多种措施提升自主创新能力；支持企业和产业技术联盟参与承担科技重大专项、各类科技计划项目等；市有关部门整合公共科技资源，采取多种方式为企业创新发展提供研发、咨询、检测、测试等技术服务；支持示范区的创新创业主体开展产学研用交流与合作。

二是为了促进科技成果转化，《条例（草案）》规定：由市发展改革等行政管理部门建立健全科技成果转化项目的发现、评价、激励和服务机制，建立科技成果转化服务平台；针对本市财政资金支持的科技项目，要求有关部门与项目承担单位约定知识产权目标和实施转化期限。

三是为了提高创新创业主体创造、运用、管理和保护知识产权的能力，《条例（草案）》规定：政府通过补贴、奖励等措施，支持创新创业主体获得专利权、商标注册和版权登记；鼓励企业成立专利联盟，构建专利池，制定和实施商标战略，培育驰名商标、著名商标；支持创新创业主体参与创制标准、成立标准联盟，推动技术标准的产业化应用；知识产权部门应当建立健全示范区知识产权保护的举报、投诉、维权、援助平台以及有关案件行政处理的快速通道，完善行政机关之间以及行政机关与司法机关之间的案件移送和线索通报制度。

（四）深化科技金融体系建设

为了解决科技企业融资难的问题，加大金融对科技的支撑力度，促进技术与资本对接，《条例（草案）》规定：一是在直接融资方面，要求市金融等行政管理部门健全企业上市联动机制，为企业上市提供综合协调和指导服务，支持企业上市；支持示范区内的企业到证券公司代办股份转让系统挂牌；支持企业运用中期票据、短期融资券、信托计划等方式筹集资金。二是在间接融资方面，

提出“支持商业银行在示范区设立专营机构，创新金融产品和服务方式”，“支持设立融资担保机构和为科技企业服务的小额贷款机构”、“建立贷款风险补偿机制”等措施。三是市和区、县政府及有关部门设立创业投资引导资金和基金，采取阶段参股、跟进投资、风险补助等多种方式，支持境内外创业投资机构在示范区开展投资业务。四是鼓励保险机构在示范区设立专营机构，创新保险产品；支持企业购买保险分散创新创业风险。

（五）加强示范区规划、建设的统筹

为了解决示范区在规划建设、土地使用方面存在的突出问题，《条例（草案）》规定：一是政府及有关部门应当编制示范区建设的各类规划。二是明确土地集约利用的要求，规定示范区集中新建区的建设用地应当用于高新技术产业、战略性新兴产业项目和配套设施建设；要求市政府有关部门建立示范区土地节约集约利用的评价和动态监测机制。三是明确建立对企业使用示范区建设用地的联审机制，统筹企业、项目的进入、调整和迁出。四是提出示范区内的高新技术产业、战略性新兴产业研发和产业化项目用地可以采取协议方式出让。

（六）加强政府服务创新创业的能力

为了优化示范区软环境建设，提高政府服务创新创业的能力和水平，《条例（草案）》规定：一是对政府服务的原则性要求，比如，简化程序、缩短期限、科学民主决策、为企业“走出去”提供便利等。二是明确市、区两级政府及有关部门运用政府采购政策支持企业自主创新。三是项目经费中可以列支一定比例的间接费用。四是市政府设立示范区发展专项资金，并统筹各类专项资金，重点支持示范区的重大科技研发和成果转化项目。五是要求市统计行政管理部门设立示范区统计机构，建立并完善符合示范区发展特点的统计指标体系。

《条例（草案）》已印送各位委员，请予审议。

市人大教育科技文化卫生体育委员会关于《中关村国家自主创新示范区条例（草案）》审议意见的报告

——2010年5月27日在北京市第十三届人民代表大会常务委员会第十八次会议上

市人大教育科技文化卫生体育委员会主任委员 梁 平

主任、各位副主任、秘书长、各位委员：

北京市人大教科文卫体委员会收到市人民政府提请市人大常委会审议的《中关村国家自主创新示范区条例（草案）》（以下简称《条例（草案）》）后，先后召开了5次座谈会，分别听取了市政府各相关部门、部分区县政府和园区管委会、部分企业、高校和科研院所、专家以及科技代表小组的意见和建议。同时，将《条例（草案）》寄送全国人大教科文卫委员会、国务院法制办、科技部、十八区县人大常委会书面征求意见，并在北京市人大常委会网站上公开征求社会各界对《条例（草案）》的意见和建议。自立法工作启动以来，常委会领导高度重视，吴世雄、柳纪纲两位副主任多次组织研究立法有关问题。市人大常委会教科文卫体办公室和法制办公室提前介入，参与了立法前期的相关工作。其间，所提出的一些意见和建议已被《条例（草案）》吸收和采纳。5月6日，市十三届人大教科文卫体委员会召开第十二次会议，对《条例（草案）》进行了审议。现将审议意见报告如下。

教科文卫体委员会认为，市人大常委会于2000年12月审议通过的《中关村科技园区条例》以其市场化、国际化和富有前瞻性、创新性的规定，构建了中关村科技园区的法制环境基础，是园区软环境建设的一个重要里程碑，为推动中关村科技园区的建设和发展营造了良好的法制和政策环境，对园区的创新创业活动和持续快速发展，起到了极大的推动作用。随着国际高科技产业发展出现的新趋势和国家宏观经济环境的新变化，《中关村科技园区条例》的立法背景和实施条件发生了一些重要变化。特别是2009年年初，国务院作出了关于同意建设中关村国家自主创新示范区（以下简称示范区）的批复，为示范区提出了建设成为“具有全球影响力的科技创新中心”的新目标和新要求。为了给示范区建设提供良好的法制保障，营造有利于创新创业的法制环境，制定《中关村国家自主创新示范区条例》十分必要。

委员会认为，《条例（草案）》贯彻了国务院批复精神，总结了中关村科技园区建设的经验，适应了示范区发展的新形势，在开展体制机制创新、落实先行先试、支持创新主体的发展、推动科技成果的研发和产业化、加强科技金融体系建设、统筹示范区的规划和发展、提高政府服务创新创业的能力等方面，作出了具有一定创新性的规定。内容比较全面，框架基本合理，《条例（草案）》已基本成熟。

委员会在审议中，对《条例（草案）》提出以下修改意见和建议。

一、关于制度创新的方向

委员会认为，示范区应当构建尊重劳动、尊重创造、尊重知识、尊重人才的社会环境，坚持从国情出发打造有社会主义制度独特优势的科技创新机制的正确方向，通过制度创新，激发创新活力，降低创新成本。建议在《条例（草案）》总则部分第四条之后增加一条，规定：“示范区建设应当发挥政府在科技创新中的主导作用和市场配置资源的基础作用，深化体制机制改革，激发创新活力，完善区域创新网络，构建以企业为主体、市场为导向、产学研用相结合的技术创新体系。”

同时将《条例（草案）》第四条修改为：“本市以科学发展观为指导，以提高自主创新能力为核心，发挥首都科技教育资源优势，营造创新创业和产业发展环境，将示范区建设成为国家体制改革与机制创新的实验区、全球高端人才创新创业的聚集区、世界前沿技术研发和先进标准创制的引领辐射区、国际性领军企业和高新技术产业的发展区、具有全球影响力的科技创新中心。”

二、关于产业发展方向和产业布局

委员会认为，《条例（草案）》第六条第一款是关于示范区产业发展方向和布局两个不同方面的表述。为了使该款规定的内容更为明确和突出，建议分为两款分别表述。将“示范区重点发展高新技术产业、战略性新兴产业。”作为第一款；将“示范区重点建设北部研发服务和高新技术产业聚集区、南部高技术制造业和战略性新兴产业聚集区，培育发展以各园区特色产业基地为基础的产业链和产业集群。”作为第二款。

三、关于管理机构的职责

委员会认为，《条例（草案）》第八条规定了示范区的管理体制，其中第二款和第三款对示范区“议事协调机构”、“管理机构”的职责作出了规定。但是对于“议事协调机构”，应当明确其与国家有关部门的协调职能；对于“管理机构”，应当明确其督促、检查相关部门落实示范区建设工作的职责。建议将该条第二款修改为：“本市设立示范区议事协调机构，统筹研究审议示范区建设的重大事项，协调国家有关部门落实示范区各项专项改革工作。”将该条第三款修改为：“市人民政府设立示范区管理机构，负责研究拟订示范区建设的相关规划和政策，重点开展创新资源整合、科技研发和成果转化等方面的促进服务工作，推动先行先试的机制体制改革试点，统筹示范区内的产业空间布局，综合指导各园区建设，督促、检查示范区建设相关事项的落实工作。”

四、关于支持企业的设立和发展

委员会认为，为了支持示范区企业的设立和发展，《条例（草案）》还需要在改革工商管理措施、为企业发展提供服务方面增加相关内容：

一是为了便于不同类型市场主体在经营发展过程中，对组织形式转换和分公司、分支机构的变更登记，建议在《条例（草案）》第九条增加第四款，规定：“工商行政管理部门登记的各类市场主体，可以根据发展需要转换其组织形式；企业的分支机构（分公司）可以变更隶属关系。”

二是明确投资人可以股权出资设立公司，放宽对风险投资公司和创业投资公司的出资期限，建议将《条例（草案）》第十条第三款修改为：“投资人可以股权、可用货币估价并可依法转让的债权作价出资。”增加第四款规定“风险投资公司和创业投资公司的出资期限由投资人在章程中自行约定。”

三是放宽投资人的投资主体资格，建议在《条例（草案）》第三章中增加一条规定：“中国公民可以自然人身份出资兴办中外合资、合作高新技术企业。”

四是放宽企业住所登记的要求，建议在《条例（草案）》第三章中增加一条规定：“在示范区内从事非专项许可经营项目的高新技术企业，可以集中办公区作为住所登记。”

五是为减轻企业负担，简化企业年检手续，建议在《条例（草案）》第三十六条增加第三款，规定：“工商行政管理部门对示范区内的企业可以实行报备式年检制度，通过信息网络方式确认企业年检结果。”

六是为加强对示范区内企业商标权的保护力度，建议在《条例（草案）》第二十四条增加第四款，规定：“对获得知名商标、驰名商标的企业，工商行政管理部门可以依据企业申请，在北京市范围内对其名称予以全行业保护。”

五、关于人才队伍建设

委员会认为，人才是科技创新的核心要素，建设示范区的人才队伍，应当处理好政府和市场之间的关系，发挥市场配置人才的基础作用、企业培养人才的能动作用，政府要围绕着企业对创新人才的需求，开展人才方面的服务工作。《条例（草案）》在这方面的规定还不够系统和全面，应当对人才的培养、使用、流动、评价等各方面都作出规定。建议在《条例（草案）》第十六条增加一款，规定：“本市应当为示范区企业的人才需求提供服务和保障。”

将第二款修改为：“支持示范区内的组织

根据需要引进高端领军人才和高层次人才。按照先行先试的原则，建立人才测评体系，对企业引进的研发和成果转化方面的人才在年龄、学历、职称等方面予以政策倾斜。市和区、县人民政府及有关部门应当根据国家和本市的有关规定为高端领军人才和高层次人才在企业设立、项目申报、科研条件保障、户口或者居住证办理、房屋购买和租赁等方面提供便利。”

增加第三款，规定：“本市完善人才评价体系，建立服务于科技成果转化的职称评价制度，在示范区内评定高级工程系列职称。”

增加第四款，规定：“建立示范区内企业、高等院校、科研院所合作培养创新人才的长效机制。支持高等院校利用自身优势，结合示范区的发展需求开展新的学科建设，开设创新创业培训课程。市人民政府应当采取资金支持、政策优惠等方式支持企业接收大学生实习，促进企业与高等院校合作培养创新型人才。”

六、关于研发和产业化用地

委员会认为，为推动高新技术的研发和产业化，有必要在《条例（草案）》中制定适合示范区产业发展的土地政策，降低创新创业成本。建议将《条例（草案）》第三十五条第二款修改为：“示范区内的高新技术产业、战略性新兴产业研发和产业化项目用地，可以采取协议出让、土地入股、土地使用权租赁等方式。”

七、关于信用体系建设

委员会认为，加强示范区信用体系的建设，对于示范区的健康发展有着重要作用。《条例（草案）》中关于信用建设的规定涉及第十八条第一款、第二十八条第四款、第四十三条，内容较为分散。建议将上述第十八条第一款、第二十八条第四款并入第四十三条，修改为：“本市统筹推进示范区信用体系和信用信息制度建设，建立和完善信用信息共享交换平台，培育信用报告等信用产品的应用市场。政府有关部门应当在政府采购、财政资助、政府投资项目招标等事项办理中，将信用报告作为了解企业状况的参考。鼓励协会等社会组织在示范区开展企业信用、人才信用评价，推广使用信用产品。鼓励商业银行、担保机构、小额贷款机构在融资服务中使用企业信用报告。相关组织和个人，应当依法收集信用信息，并保护个人隐私和商业秘密。”

八、关于提升国际化发展水平

委员会认为，示范区要建设成为有全球影响力的科技创新中心，必须从国际市场聚集创新要素，整合国际创新资源。建议在《条例（草案）》总则部分增加一条，规定：“示范区应当利用全球科技资源开展自主创新，提升国际化发展水平。”

九、关于核心区建设

委员会认为，《条例（草案）》中应当对核心区的功能定位予以强调，促进核心区的建设。建议将《条例（草案）》第四十五条第一款修改为：“核心区应当发挥体制机制创新、要素聚集和产业主体的功能作用，实验实现示范区总体目标的路径和方法，带动示范区整体发展。”

此外，委员会对《条例（草案）》的文字还作了一些修改，不再一一说明了。另外，《条例（草案）》中关于鼓励、支持的条款，建议市政府按照《条例（草案）》第四十九条的规定，尽快研究制定出台配套规章和具体办法，保障法规的有效实施。

以上报告，请予审议。

市人大法制委员会关于《中关村国家自主创新示范区条例（草案）》审议结果的报告

——2010年11月19日在北京市第十三届人民代表大会常务委员会第二十一次会议上

市人大法制委员会副主任委员　郑树森

主任、各位副主任、秘书长、各位委员：

2010年5月27日，市人大常委会第十八次会议对《中关村国家自主创新示范区条例（草案）》进行了第一次审议。会上，市人大教科文卫体委员会作了审议意见的报告，有35位常委会组成人员和5位列席人大代表发表了审议意见。大家认为，《条例（草案）》认真贯彻落实国务院批复精神，总结中关村科技园区建设的经验，适应示范区发展的新要求，在开展体制机制创新、支持创新主体的发展、推动科技研发和成果转化、科技金融创新、提高政府服务能力等方面作了一些创新性规定，对于提高首都自主创新能力、转变经济发展方式和推动产业结构调整、建设“人文北京、科技北京、绿色北京”具有重要意义；《条例（草案）》内容比较全面，框架基本合理。同时，还提出了一些修改意见和建议。

会后，市人大常委会法制办会同起草小组各成员单位积极开展草案修改工作。

1. 认真落实领导批示，对示范区立法中的重大问题进行研究。按照总书记关于“中关村的发展，关键是要搭建平台，把资源整合好”的重要指示，认真分析了国家科技部和外省市的相关资料、听取了教科文卫体办公室、市政府法制办、中关村管委会、市发改委、市科委等部门意见，对自主创新平台的概念、内涵和外延进行了深入研究，对现有的平台条款进行了全面梳理；德印主任专门听取了研究情况的汇报，并作出指示。根据市领导同志有关批示，研究了台湾产业创新条例、武汉东湖条例草案以及中关村行动计划、国外促进科技成果转化的专题资料，还召开了部门座谈会，专题研究“借鉴鸟巢机制、以需求带动创新”指示，并在修改中吸收相关内容。

2. 两次向立法领导小组汇报情况。6月上旬，汇总整理了常委会的审议意见，专门向德印主任作了关于审议意见情况的汇报，之后将审议意见正式报送市委；6月18日，召开会议向立法领导小组汇报审议意见汇总情况，明确了人大调研工作重点和修改的主要思路。9月27日，再次召开会议向立法领导小组汇报草案修改情况，会议原则同意了修改的主要内容，并明确增加自主创新平台、产业发展格局等内容。

3. 组织开展系列调研座谈，并反复协调修改。9月上中旬，针对审议中的重点难点问题，听取了北京生命科学研究所、10位人大代表、6位知识产权专家以及海淀区人大、12个行政部门、5个园区、3家企业等的意见，书面征求了12个相关部门的意见，并对收集到的66条意见和建议进行了分析、研究和采纳。在调研工作的基础上，会同起草小组成员单位进行了反复协调、讨论和修改。修改后，在结构上增加了一章，在内容上增加了21条，涉及51个方面，主要包括：示范区建设指导思想和战略目标、自主创新平台以及按照法制统一与改革创新原则落实国务院批复精神、采取先行先试措施等内容。

11月2日，法制委员会召开会议，根据常委会审议意见、教科文卫体委员会审议意见和有关方面的意见进行审议，提出了进一步修改的意见。现将审议结果报告如下。

一、关于示范区建设的指导思想和战略目标

法制委员会认为，建设中关村国家自主创新示范区，是党中央、国务院在新的历史时期，着力推进自主创新，加快建设创新型国家的重大决策；是本市深入贯彻落实科学发展观、加快转变经济发展方式的迫切需要。为此，有必要明确示范区建设应当立足首都城市性质和功能定位，在服务全国中发展自己，为国家自主创新战略的实施，发挥服务、支撑、引领和辐射的作用。

建议将第四条修改为："示范区建设应当以科学发展观为指导，服务国家自主创新战略，坚持首都城市功能定位，成为全球高端人才创新创业的聚集区、世界前沿技术研发和先进标准创制的引领辐射区、国际性领军企业和高新技术产业的发展区、国家体制改革与机制创新的试验区和具有全球影响力的国家科技创新中心。"（草案修改稿第四条）

二、关于自主创新平台

法制委员会认为，自主创新平台是以自主创新为根本目的，以建立共享机制为核心，以创新要素资源系统整合为主线，遵循市场经济规律，打破资源分散、封闭和垄断的状况，形成基础性、战略性、开放性的体制机制和有形载体；要根据国家自主创新战略和首都发展需要，注重创新组织模式，构建和完善以项目为龙头、企业为主体、市场为导向、产学研用相结合的自主创新平台；要坚持需求拉动创新，在政府引导下，重点搭建自主创新主体平台，聚合各类创新创业主体、整合各种创新要素、链接各个创新环节，形成协同创新、利益共享的体制机制。建议从以下方面进行修改和完善。

（一）第一章中将第四条修改为："示范区建设应当以提高自主创新能力为核心，营造创新创业和产业发展环境，创新组织模式，构建和完善以项目为龙头、企业为主体、市场为导向、产学研用相结合的自主创新平台。"（草案修改稿第五条）

（二）第二章中增加一条，表述为："示范区应当发挥首都科技教育资源优势，坚持需求拉动创新，围绕重大项目，在政府引导下，聚集企业、高等院校、科研院所、社会组织等各类创新创业主体，整合人才、技术、资本、信息等各种创新要素，链接科技研发、成果转化等各个创新环节，采取企业化运行模式，形成协同创新、利益共享的自主创新主体平台。

"自主创新主体平台享受国家和本市规定的资金补贴和优惠政策。"（草案修改稿第十九条）

（三）第七章中增加一条，表述为："中关村科技创新和产业化促进中心在市人民政府和国务院相关部门的领导下，落实示范区建设的各项重大决策，整合各级资源，提高审批效率，促进重大科技成果产业化，构建有利于政策先行先试的工作机制，形成高效运转、充满活力的科技创新和产业化服务体系。"（草案修改稿第五十三条）

经过上述调整，目前《条例（草案修改稿）》通篇体现了以提高自主创新能力为根本

目的，以先行先试为重要路径，以搭建自主创新平台为主要手段的指导思想。第一章总则中，明确要以提高自主创新能力为核心，创新组织模式，构建和完善自主创新平台；第二章创新创业主体中，规定了企业、产业技术联盟、社会组织等各类创新创业主体，以及由各类创新创业主体、各种创新要素、各个创新环节聚集整合形成的自主创新主体平台；第三章科技研发、成果转化和知识产权平台中，有效链接了自主创新的各个环节；第四、五、六章中分别规定了人才资源、科技金融、土地利用，形成了资源要素高度整合、有效配置的创新平台；第七章政府服务和管理中，提高了政府服务创新创业的水平。

三、关于示范区的产业发展格局

目前，示范区已初步形成“一区多园”的发展格局，为了促进高端产业集群的发展，下一步将重点加强核心区、南北两个产业聚集区和中关村科学城的发展建设，拓展新的发展空间。法制委员会建议，增加一款，表述为：“示范区重点建设由未来科技城、生命科学园、环保园等海淀北部地区和昌平南部平原地区构成的北部研发服务和高技术产业聚集区，由北京经济技术开发区和大兴区行政资源整合后构成的南部高技术制造业和战略性新兴产业聚集区，由中关村大街、知春路、学院路周边区域构成的中关村科学城。”（草案修改稿第七条第二款）

四、关于促进科技成果转化

有的委员提出，立法要积极促进科技成果转化为现实生产力，推动首都经济社会发展；鼓励科技人员创办企业；根据国家自主创新战略和首都城市发展需要，定期发布重大科技创新和产业化项目的规划和计划，并组织实施。法制委员会建议从以下方面作出规定。

（一）增加一款，表述为：“鼓励示范区内的高等院校、科研院所的科技人员创办企业，转化科技成果。”（草案修改稿第二十五条第二款）

（二）增加一条，表述为：“市人民政府有关部门应当根据国家自主创新战略和首都城市发展需要，定期发布重大科技创新和产业化项目的规划和计划，按照公开、公平、公正原则，组织示范区内的企业、高等院校、科研院所参与申报和承担，推动关键技术的应用和示范。”（草案修改稿第二十八条）

（三）将第三十八条修改为：“市和区、县人民政府及有关部门运用政府采购政策，支持示范区创新创业主体的自主创新活动；通过首购、订购首台（套）重大技术装备试验和组织实施示范项目、推广应用等方式，发挥政府采购对社会应用的示范引领作用。”（草案修改稿第二十九条）

五、关于人才资源

有的委员和教科文卫体委员会提出，人才是自主创新的核心要素，要把示范区建设成为人才特区，营造人才创新创业的环境，激发创新活力、提高创新能力。法制委员会认为，人才是创新要素的重要方面，人才资源的整合是创新资源整合平台的重要内容，有必要将人才条款从第二章中单列出来，作为第四章人才资源；同时增加以下内容。

（一）增加一款，表述为：“本市在示范区建设人才特区。”（草案修改稿第三十七条第一款）

（二）增加一条，表述为：“支持高等院校利用自身优势，结合示范区的发展需求开展新的学科建设，开设创新创业培训课程。

支持示范区内的企业接收高等院校学生实习和就业，促进企业与高等院校合作培养创新型人才。

“支持示范区内的企业、高等院校、科研院所的负责人举荐人才承担重大科技创新和产业化项目。”（草案修改稿第三十九条）

六、关于土地利用

有的委员和教科文卫体委员会提出，要探索土地开发利用的新模式，降低企业利用土地资源的成本。法制委员会认为，土地是资源配置要素的重要方面，土地的合理利用是创新资源要素平台的重要内容。建议将第六章“规划和建设”修改为“土地利用”，同时增加以下内容。

（一）增加一款，表述为：“示范区内原以协议出让方式取得的国有土地使用权不得擅自转让、改变用途，确需转让的，须报请市人民政府批准，且土地所在地区人民政府根据国家有关规定享有优先购买权。”（草案修改稿第五十二条第二款）

（二）增加一款，表述为：“示范区探索集体建设用地使用权的流转机制，重大科技成果研发和产业化项目可以通过出租、入股和联营联建等方式取得集体建设用地使用权。”（草案修改稿第五十二条第三款）

七、关于支持创业投资机构

有的委员提出，科技金融创新是示范区发展的重要内容，立法应鼓励在示范区设立创业（风险）投资机构，支持创业（风险）投资。法制委员会建议增加以下内容。

（一）增加一款，表述为：“创业投资机构的注册资本可以按照出资人的约定分期到位。”（草案修改稿第十二条第五款）

（二）将第二十九条修改为：“市和区、县人民政府及有关部门设立创业投资引导资金和基金，采取阶段参股、跟进投资、风险补助等多种方式，支持境内外创业投资机构在示范区开展不同阶段的投资业务。”（草案修改稿第四十五条）

八、关于支持企业设立和发展

有的委员和教科文卫体委员会提出，为了支持示范区内企业设立和发展，有必要增加改革工商管理措施、为企业提供服务的内容。法制委员会认为，工商行政管理部门本着先行先试、改革创新的原则，在企业设立、登记注册、监督管理等方面进行了大量探索，有利于营造良好的市场环境，支持和促进示范区的发展和建设。建议增加以下内容。

可以集中办公区作为住所登记、支持企业转换组织形式（第十一条第四、五款）；开展股权和债权作价出资试点、可以自然人身份出资外资企业（第十二条第三、四款）；调控示范区的行业发展、可以“中关村”作为企业商号、探索建立报备式年检制度（第十四条第一、二、三款）；保护企业的驰名商标、著名商标（第三十四条第四款）。

九、关于核心区建设

有的委员和教科文卫体委员会提出，应明确核心区的功能定位，发挥创新资源优势，开展先行先试，带动示范区整体发展。法制委员会认为，核心区应当重点在股权激励、深化科技金融改革创新等方面，进行改革试点，发挥在创新体系建设中的示范作用。建议增加以下内容。

发挥核心区创新资源优势（第六十二条）；开展行政审批和行政执法改革（第六十三条）；统筹利用开发土地资源，建设高端产业集群（第六十六条）；支持企业开展产学研用合作（第六十七条）；鼓励兴办科技企业加速器（第六十八条）。

此外，法制委员会还根据常委会审议意见、教科文卫体委员会的审议意见和有关方面的意见，对《条例（草案）》作了一些完善性的修改，对条款顺序作了必要的调整。

法制委员会按照上述意见，提出《中关村国家自主创新示范区条例（草案修改稿）》，提请本次常委会进行第二次审议。

草案修改稿和以上意见是否妥当，请审议。

市人大法制委员会关于《中关村国家自主创新示范区条例（草案修改稿）》修改意见的报告

——2010 年 12 月 23 日在北京市第十三届人民代表大会常务委员会第二十二次会议上

市人大法制委员会副主任委员　郑树森

主任、各位副主任、秘书长、各位委员：

2010 年 11 月 19 日，市十三届人大常委会第二十一次会议对《中关村国家自主创新示范区条例（草案修改稿）》进行了分组审议，会上有 16 位常委会组成人员和 1 位列席人大代表发表了意见。12 月 13 日，法制委员会召开会议，根据常委会的审议意见对草案修改稿进行审议，提出了进一步修改的意见。现将修改情况报告如下。

一、关于示范区建设的指导思想和战略目标

根据近期上报国务院的《中关村国家自主创新示范区发展规划纲要》精神，法制委员会建议将草案修改稿第四条修改为："示范区应当以科学发展观为指导，服务国家自主创新战略，坚持首都城市功能定位，推进体制改革与机制创新，建设成为深化改革先行区、开放创新引领区、高端要素聚合区、创新创业集聚地、战略性新兴产业策源地和具有全球影响力的科技创新中心。"（表决稿第四条）

二、关于示范区的产业发展格局

示范区已初步形成"一区多园"的发展格局，为了促进高端产业集群的发展，下一步本市将重点加强中关村科学城、未来科技城和南北两个产业聚集区的发展建设。据此，法制委员会建议将草案修改稿第七条第二款修改为："示范区重点建设中关村科学城、未来科技城等海淀区和昌平区南部平原地区构成的北部研发服务和高新技术产业聚集区，北京经济技术开发区和大兴区整合后空间资源构成的南部高技术制造业和战略性新兴产业聚集区。"（表决稿第七条第二款）

三、关于市政府统筹示范区建设发展的职责

有的委员提出，应进一步加强市政府对示范区建设和发展的整体统筹，推动创新资源整合和体制机制改革创新。根据委员的意见，法制委员会建议将草案修改稿第十条修改为："市人民政府负责统筹、规划、组织、

协调、服务示范区的建设与发展。

“市人民政府设立示范区管理机构负责具体工作落实。”（表决稿第十条）

四、关于筹建登记制度

有的委员提出，草案修改稿第十一条第二款中应增加筹建登记效力的内容，以与现有的企业登记管理制度相衔接。根据委员的意见，法制委员会建议将第十一条第二款修改为：“在示范区申请设立企业，经营范围中有属于法律、行政法规、国务院决定规定在登记前须经批准的项目的，可以申请筹建登记。对符合设立条件的，工商行政管理部门直接办理筹建登记，并将办理筹建登记的情况告知有关审批部门；企业获得批准后，应当申请变更登记。筹建期限为一年，筹建期内企业不得开展与筹建无关的生产经营活动。”（表决稿第十一条第二款）

五、关于示范区的行业发展调控和“中关村”商号管理

有的委员提出，草案修改稿第十四条第一款中限制发展行业的内容与第十一条“任何组织和个人可以依法在示范区设立企业和其他组织”的规定，在立法本意上存在冲突；第二款中关于“中关村”作为企业商号的标准不明确，有产生权力寻租的风险。根据委员的意见，法制委员会建议删除上述两款内容。

六、关于自主创新机制

为借鉴鸟巢机制，实现需求拉动创新，法制委员会建议将草案修改稿第十九条修改为：“示范区应当推进自主创新资源配置方式改革，围绕国家自主创新战略的重大项目和首都经济社会发展的重大需求，在政府引导和支持下，以企业为主体或者采取企业化的运行模式，聚集企业、高等院校、科研院所、社会组织等各类创新创业主体，整合土地、资金、人才、技术、信息等各种创新要素，链接科技研发和科技成果产业化等各个创新环节，形成协同创新、利益共享的自主创新机制。”（表决稿第十八条）

七、关于支持战略科学家领衔组建新型科研机构

为支持战略科学家领衔组建新型科研机构，发挥其体制机制创新和科技创新的引领示范作用，法制委员会建议在草案修改稿中增加一款，表述为：“支持战略科学家领衔组建新型科研机构。”（表决稿第二十四条第二款）

八、关于科技成果转化收益的使用

为提高转化科技成果的积极性，可以允许高等院校、科研院所按照有关规定使用科技成果转化获得的收益，法制委员会建议将草案修改稿第二十五条第一款修改为：“鼓励示范区内的企业、高等院校、科研院所依法转让科技成果。高等院校、科研院所按照国家和本市有关规定，可以将科技成果转化收益用于奖励和教学、科研及事业发展。”（表决稿第二十五条第一款）

九、关于科技成果转化方面的人才制度

有的委员提出，应当根据示范区发展实际需要，建立与促进科技研发、成果转化相适应的人才引进和职称评价制度。根据委员的意见，法制委员会建议在草案修改稿中增加一款，表述为：“本市在示范区

建立与促进科技成果转化相适应的职称评价制度，为工程技术人员提供职称评价服务；对示范区内的企业引进科技研发和成果转化方面的紧缺人才，建立侧重能力、业绩、潜力、贡献等综合素质的人才评价机制和突出贡献人才的直接引进机制。”（表决稿第三十七条第二款）

十、关于建立示范区科技创新服务平台

根据市委《关于制定“十二五”规划的建议》精神，为构建高效有力的创新支持和服务平台，法制委员会建议将草案修改稿第五十三条修改为：“市人民政府会同国务院相关部门建立示范区科技创新和产业化促进中心服务平台，健全跨层级联合工作机制，统筹政府的资金投入和土地、人才、技术等创新资源配置，推进政策先行先试、重大科技成果产业化、科技金融改革、创新型人才服务、新技术应用推广和新产品政府采购等工作。”（表决稿第五十三条）

十一、关于核心区建设

有的委员提出，核心区应当明确其功能定位，发挥创新资源优势，带动示范区整体发展；还有的委员提出，草案修改稿第六十七、六十八条的内容存在重复，概念不明确。根据委员的意见，法制委员会建议增加一条，表述为：“为发挥创新资源优势，推进体制机制创新，集中力量重点突破，带动示范区整体发展，根据自主创新资源分布状况，在示范区设立核心区，具体范围由市人民政府确定”（表决稿第六十一条），同时建议删除第六十七、六十八条。

此外，法制委员会还对草案修改稿的个别文字作了完善性修改，对个别条款的顺序作了必要的调整。

法制委员会按照上述意见提出《中关村国家自主创新示范区条例（表决稿）》，建议本次常委会会议通过，并自公布之日起施行。

北京市人民代表大会常务委员会公告

（第13号）

《北京市农业机械化促进条例》已由北京市第十三届人民代表大会常务委员会第二十二次会议于2010年12月23日通过，现予以公布，自2011年3月1日起施行。

北京市第十三届人民代表大会常务委员会

2010年12月23日

北京市农业机械化促进条例

（2010年12月23日北京市第十三届人民代表大会常务委员会第二十二次会议通过）

目　　录

第一章　总　　则

第一条　为了鼓励、扶持农民和农业生产经营组织使用先进适用的农业机械，促进本市农业机械化，建设都市型现代农业，根据《中华人民共和国农业机械化促进法》，结合本市实际情况，制定本条例。

第二条　本条例所称农业机械化，是指运用先进适用的农业机械装备农业，改善农业生产经营条件，不断提高农业的生产技术水平和经济效益、生态效益的过程。

本条例所称农业机械，是指用于农业生产及其产品初加工等相关农事活动的机械、设备。

第三条　市和区、县人民政府应当加强对农业机械化工作的领导，将推进农业机械化纳入国民经济和社会发展规划，确定农业机械化发展目标，加大政策扶持和资金投入，充分发挥市场机制的作用，按照因地制宜、经济有效、保障安全、保护环境的原则，促进农业机械化的发展。

乡、镇人民政府负责本行政区域内农业机械化工作，做好对农民和农业生产经营组织的服务和指导，确定专门人员开展促进农业机械化的具体工作。

第四条　市和区、县人民政府农业机械化主管部门（以下简称市和区、县农业机械化主管部门）负责本行政区域的农业机械化促进和农业机械安全监督管理工作。

市和区、县人民政府有关部门应当按照各自的职责分工，共同做好农业机械化促进和农业机械安全监督管理工作。

第五条　鼓励和支持开发、推广先进适用、安全可靠、节能环保的农业机械。

从事农业机械科研开发、推广、生产、销售、维修、作业和示范基地建设的单位和个人，依法享受政府扶持、税收优惠和金融支持等政策。

第二章　科研开发与推广

第六条　市人民政府及其有关部门应当组织科研机构、院校和企业，开展基础性、关键性、公益性的农业机械化技术攻关，支持开发节能减排、低碳和适应都市型现代农业发展的农业机械化新技术、新产品、新工艺。

第七条　市农业机械化主管部门根据农业发展规划和农业生产需要，组织制定本市农业机械化科研开发项目计划。科技、财政部门应当在资金安排、项目组织、创新奖励等方面对农业机械化科研开发项目的技术攻关予以支持。

第八条 鼓励农业机械技术人员和使用者根据农业生产实际需要，开展技术改进和技术革新活动，提高农业机械化水平和农业生产效率。市和区、县农业机械化主管部门应当会同财政、科技等有关部门予以支持。

第九条 农业机械生产者或者销售者，可以委托农业机械试验鉴定机构，对其定型生产或者销售的农业机械产品进行适用性、安全性、可靠性检测，作出技术评价。

农业机械试验鉴定机构应当公布具有适用性、安全性、可靠性的农业机械产品的检测结果，为农民和农业生产经营组织选购先进适用农业机械提供信息。

第十条 市农业机械化主管部门所属的农业机械试验鉴定机构应当提供农业机械推广鉴定服务，按照国家规定受理农业机械生产者或者销售者提出的推广鉴定申请，对其定型生产或者销售的农业机械产品进行适用性、安全性、可靠性检测，如实出具试验鉴定报告。通过推广鉴定的农业机械的相关信息由市农业机械化主管部门予以公告。

第十一条 市和区、县农业机械化主管部门应当组织制定农业机械化推广计划。农业机械化重点推广项目应当列入同级人民政府的科技发展计划。农业机械化推广工作由农业机械技术推广机构组织实施。

第十二条 市和区、县人民政府应当通过建立农业机械化示范基地，加快农业机械化新技术、新产品的引进和试验，为农民和农业生产经营组织使用先进适用的农业机械提供示范服务。

本市农业机械化示范基地建设标准，由市农业机械化主管部门会同有关部门制定并公布。

第十三条 支持在本市举办农业机械化高科技产品展览会、演示会或者技术交流研讨活动。

第三章 质量保障

第十四条 农业机械生产者、维修者、作业者应当执行农业机械产品质量、维修质量和作业质量的国家标准或者行业标准。

本市根据都市型现代农业的需要，建立和完善农业机械维修质量和作业质量标准。没有国家标准或者行业标准，又需要在本市范围内统一农业机械技术要求的，市农业机械化主管部门应当会同质量技术监督部门及时制定地方标准。

第十五条 质量技术监督部门应当依法组织对农业机械产品质量的监督抽查。工商行政管理部门应当依法加强对农业机械产品市场的监督管理工作。

市农业机械化主管部门可以根据农业机械使用者的投诉情况或者农业生产的实际需要，组织对在用的特定种类农业机械产品的适用性、安全性、可靠性和售后服务状况进行调查，并公布调查结果。

第十六条 农业机械生产者、销售者应当对其生产、销售的农业机械产品质量负责，按照国家有关规定为使用者提供零配件供应、培训等售后服务，并承担相应的维修、更换、退货责任。

销售、使用的农业机械产品，应当符合本市相关环保要求。

第十七条 从事农业机械维修经营的，应当向当地区、县农业机械化主管部门提出申请，取得相应等级的农业机械维修技术合格证书，并依法办理工商登记手续。

第十八条 农业机械维修者应当在农业机械维修技术合格证书核准的维修范围内开展业务，执行国家有关技术标准、规范，履行与用户签订的维修协议，保证维修质量；维修者应当按照国家有关规定对维修质量承担相应的责任。

第十九条 提供农业机械作业服务的组

织或者个人，应当按照相关作业质量标准确保作业质量；没有相关作业质量标准的，当事人双方可以约定作业验收条件。

提供有偿农业机械作业服务的组织或者个人作业质量不符合标准或者未达到约定验收条件，造成经济损失的，应当依法赔偿。

第二十条　因农业机械产品质量、维修质量和作业质量发生争议的，当事人可以协商解决；协商不成的，可以向当地区、县农业机械化主管部门或者其他有关部门申请调解，也可以直接向人民法院提起诉讼。

第四章　社会化服务

第二十一条　市和区、县人民政府应当采取措施，鼓励和扶持多种形式的农业机械服务组织的发展，推进农业机械化信息网络建设，完善农业机械化服务体系。

农业机械服务组织可以根据农民、农业生产经营组织的需求，提供农业机械示范推广、维修、实用技术培训、信息咨询、中介等社会化服务。

第二十二条　支持农业生产经营者通过机械、土地、资本、技术等要素进行联合，在自愿的基础上，依法设立农业机械作业服务合作社。

鼓励农民共同使用、合作经营农业机械，扩大作业规模，提高农业机械利用率和作业效率。

第二十三条　农业机械化主管部门应当建立全市统一的农业机械化信息服务平台，健全信息搜集、发布制度，为单位和个人购买、使用、租赁、流转、维修农业机械和跨行政区域作业提供信息服务。

第二十四条　市和区、县农业机械化主管部门应当为农业机械跨行政区域作业做好服务工作，提供作业信息，维护作业秩序，依法实施安全监督管理。

公安、交通等部门应当根据农业机械跨行政区域作业实际需要，采取有效措施，合理安排跨行政区域作业的农业机械运行时间和路线，并提供相关保障和服务。

第二十五条　市和区、县农业机械化主管部门应当组织农业机械技术推广机构和农业机械化学校，结合本地区农业生产实际，开展农业机械推广和科普宣传活动，做好农业机械化从业人员的培训和继续教育工作，提高农民对先进生产工具及技术的接受能力和安全操作水平。

第二十六条　鼓励有关高等院校、中等职业学校和培训机构通过远程教育、现场观摩、广播网络等多种形式，开展农业机械化专业人才和农业机械作业、维修、管理等高技术人员培养工作。

第二十七条　农业机械生产者、销售者、维修者可以依法自愿成立行业协会，实行行业自律。

行业协会应当为成员提供农业机械化的相关信息咨询、技术指导、市场营销、宣传培训等服务，维护成员和行业的合法权益。

第五章　扶持措施

第二十八条　市和区、县人民政府应当安排资金，用于下列农业机械化发展相关事项：

（一）农业机械科研开发与推广；

（二）农业机械化从业人员教育培训；

（三）农业机械购置补贴和贷款贴息；

（四）农业机械生产作业用燃油补贴；

（五）农业机械维修服务体系建设；

（六）农业机械化基础设施建设；

（七）其他促进农业机械化发展的事项。

市和区、县人民政府应当加强对农业机械化扶持资金使用情况的监督。

第二十九条　鼓励和支持农业机械生产者增加新技术、新产品、新工艺的研究开发投入。农业机械的科研开发和生产活动，依法享受税收优惠。

第三十条 鼓励农民和农业生产经营组织购买先进适用的农业机械。市农业机械化主管部门会同财政部门，按照国家有关规定制定并公布本市农业机械购置补贴的产品目录。

具有较大规模的农业机械作业服务合作社及其他农业机械作业服务组织购买农业机械产品，可以按照有关规定享受扶持政策。

第三十一条 市和区、县农业机械化主管部门应当组织有关部门和燃油供应单位采取措施，对季节性农业机械生产作业用燃油优先予以保障。

第三十二条 政策性金融机构应当采取多种形式为农民和农业机械作业服务组织购买先进适用的农业机械提供信贷服务，扩大购置农业机械信贷规模，加大扶持力度。

鼓励商业性金融机构开展购置农业机械信贷服务，对农民和农业机械作业服务组织提供资金支持。

第三十三条 建立和完善农业机械保险制度，将农业机械保险纳入本市政策性农业保险范围。

鼓励各类保险机构研究开发适合本市农业机械特点的保险产品。

第三十四条 本市各级人民政府应当采取措施，加强农村机耕道路和农业机械存放场库等农业机械化基础设施建设和维护，改善农业机械作业、通行条件。

农业机械存放场库、维修保养车间等农业机械化基础设施用地，应当符合土地利用总体规划和城乡规划；未使用建筑材料硬化地面或者虽使用建筑材料但未破坏土地并易于复垦的，按照设施农用地进行管理。农业机械化基础设施用地不得挪作他用。

村民委员会对农业机械存放场库、维修保养车间等农业机械化基础设施用地和建设，应当给予配合和支持。

第三十五条 市和区、县农业机械化主管部门应当加强农业机械维修服务体系建设，扶持社会力量及农业机械生产企业兴办农业机械维修服务站点，为农业机械的维修、保养提供便利。

从事农业机械维修经营活动的，依法享受税收优惠。

第六章 安全监督管理

第三十六条 本市完善农业机械安全监督管理体系，建立健全农业机械安全生产责任制。市和区、县农业机械化主管部门应当与同级安全生产、公安、工商行政管理、质量技术监督等部门建立定期通报和工作协调制度，依法做好农业机械安全监督管理工作。

第三十七条 本市农业机械使用操作的安全监督管理及其行政处罚、安全事故处理，由市和区、县农业机械安全监督管理机构实施。

市和区、县农业机械安全监督管理机构应当定期对危及人身财产安全的农业机械进行免费实地安全检验。安全检验的农业机械目录及相关检验标准由市农业机械化主管部门制定。

第三十八条 本市按照国家有关规定，实行农业机械的淘汰和报废制度，具体办法由市农业机械化主管部门会同有关部门制定。

明令淘汰和达到报废条件的农业机械应当停止使用并依法实行回收。

市和区、县农业机械化主管部门应当监督回收单位对回收的农业机械进行解体或者销毁。

第三十九条 农业生产经营组织应当制定农业机械安全管理制度，定期对农业机械进行必要的安全检查，排除安全事故隐患，并对农业机械操作人员及相关人员进行农业机械安全知识教育和操作培训，提高其安全意识和安全操作技能。

农业机械所有人不得将农业机械提供给未依法取得相应操作证件的人员操作，不得将明知存在安全事故隐患的农业机械出租、出借给他人使用。

第四十条　农业机械操作人员在农业机械作业前，应当对农业机械进行安全查验；在作业过程中，应当严格执行农业机械安全生产规章制度和安全技术操作规程，正确佩戴和使用劳动防护用品。农业机械操作人员有权拒绝违章指挥和强令冒险作业。

拖拉机、联合收割机操作人员及其他应当依法取得相应操作证件的农业机械操作人员，在农业机械作业过程中，应当随身携带本人合法、有效的操作证件。

第四十一条　投入使用的农业机械，应当确保安全防护装置、警示标志等安全设施完好。

禁止改装、拆除农业机械安全设施。

第七章　法律责任

第四十二条　违反本条例的行为，相关法律、行政法规对其法律责任有规定的，适用其规定；没有规定的，依照本条例规定执行。

第四十三条　市和区、县农业机械化主管部门以及农业机械鉴定、技术推广、安全监督管理等机构工作人员，在农业机械化促进和安全监督管理工作中玩忽职守、滥用职权、徇私舞弊的，由所在单位或者上级主管部门给予行政处分；构成犯罪的，依法追究刑事责任。

第四十四条　违反本条例第三十九条第二款规定，农业机械所有人将农业机械提供给未依法取得相应操作证件的人员操作或者将明知存在安全事故隐患的农业机械出租、出借给他人使用，导致发生农业机械安全事故的，应当依法承担相应法律责任。

第四十五条　违反本条例第四十条第二款规定，拖拉机、联合收割机操作人员及其他应当依法取得相应操作证件的农业机械操作人员，在作业过程中未随身携带本人合法、有效操作证件的，由农业机械安全监督管理机构给予警告，责令改正，可以并处50元以上100元以下罚款。

第四十六条　违反本条例第四十一条第二款规定，改装、拆除农业机械安全设施的，由农业机械安全监督管理机构给予警告，责令限期改正；逾期不改正的，责令停止使用，并处200元以上500元以下罚款。

第八章　附　　则

第四十七条　本条例自2011年3月1日起施行。1997年7月18日北京市第十届人民代表大会常务委员会第三十八次会议通过、2001年5月18日北京市第十一届人民代表大会常务委员会第二十六次会议修改的《北京市农业机械管理条例》同时废止。

关于《北京市农业机械化条例（草案）》的说明

——2010 年 7 月 28 日在北京市第十三届人民代表大会常务委员会第十九次会议上

北京市农业局局长　赵根武

主任、各位副主任、秘书长、各位委员：

我受市人民政府的委托，现就《北京市农业机械化条例（草案）》（以下简称《条例（草案）》）作如下说明。

一、立法的背景

农业机械是农业生产力的基本要素，是现代农业的重要基础，农业机械化是发展现代农业的根本出路。市委、市政府始终把“三农”工作作为首都经济社会发展的基础性工程来抓，大力发展都市型现代农业，努力提高农业机械化水平。1997 年市人大制定了《北京市农业机械管理条例》（以下简称《管理条例》），有力地推动了本市农业机械的发展，提高了农业现代化水平。

经过多年发展，截至 2009 年年底，本市农业机械总动力达到 271.5 万千瓦，各类农业机械 40 万台（件），农业机械原值 23.7 亿元；有各类农机作业服务组织 858 个；农机行业从业人员近 6.8 万人。本市大田作物机播面积 324 万亩，占播种总面积的 68.6%；机械收获面积达到 157 万亩，占播种总面积的 33.2%，其中小麦机收水平达到 99.9%。综合机械化水平达到 61.8%，高于全国平均水平 15 个百分点。

随着首都现代农业的发展，农业生产结构不断调整，本市农业机械化发展呈现出如下特点：农业机械化在大田作物全程机械化生产、农业增效、农民增收、农业生态保护和农机安全等方面处于全国领先地位；拥有农业机械的主体，由过去单一的集体所有，向农业机械作业合作社、农机大户个体等主体多元化趋势发展；农业机械作业领域由传统的种植、养殖环节，向农产品加工、配送、销售环节延伸；农机应用领域更为广泛，为设施农业、健康养殖业、观赏鱼业、林果、花卉、节水灌排、农产品加工等具有首都特色的都市型农业提供农机服务；高端、高效、安全、节能、环保的农业机械新技术、新产品支撑都市型现代农业发展。本市农业机械化发展虽然在全国处于领先，但与世界发达国家相比仍存在不足，主要表现在：农机推广服务能力有待进一步加强，农机社会化服务体系有待进一步完善，农机化基础设施有待进一步健全，政府扶持、服务与监管工作有待进一步强化等。随着本市农业结构调整、产业升级，一些新兴特色产业也亟须用先进适用的农机新产品、新技术提供支撑与保障。用法律的手段强化本市农机化发展，势在必行。

二、立法的必要性

（一）制定本条例，是贯彻国家法律和行政法规，维护国家法制统一的需要

2004 年，国家出台《中华人民共和国农业机械化促进法》，加大了扶持和服务农机的力度，促进了农业机械化发展，对农业机械的科研开发、质量保障、推广使用、社会化

服务以及扶持措施等作了规范。2009年，国务院颁布实施《农业机械安全监督管理条例》，构建了统一、完整的农业机械安全监督管理体系，对农业机械生产、销售、维修、使用操作、安全监督等活动作出具体规定，加强了农业机械的安全管理工作。近几年，国务院也制定一系列有关发展现代农业、推进新农村建设的文件，出台很多促进农业机械化发展的扶持、优惠措施。

由于本市原《管理条例》出台在前，在生产者、销售者质量安全责任、产品质量监督工作分工以及违法处罚等方面与国家规定不一致。同时有必要结合本市实际，制定出贯彻落实国家法律、行政法规的管理制度和扶持、优惠措施。因此，根据法制统一的原则，亟须开展本次立法。

（二）制定本条例，是建设世界城市和发展都市型现代农业，带动农业增效、农民增收的需要

市委、市政府提出了建设世界城市的宏伟目标。都市型现代农业是世界城市的重要组成部分。建设世界城市，推进都市型现代农业发展，对本市的农业机械化提出了更高要求。目前，发达国家的农业生产已经实现了全过程机械化。本市农业机械化虽然在全国处于较高水平，但是与发达国家相比、与建设世界城市的目标相比仍有一定的差距，具有很大的发展空间。

农业机械化可以降低农业生产成本，提高农业生产效率，减少农作物损失，提升农产品品质，直接促进农民增收。农业机械还可以把农民从繁重的农业生产劳动中解放出来，加快农村劳动力的转移。据测算，一台联合收割机能替代200人的工作量，以一个农民外出打工日收入50元计算，一台联合收割机一个收获季节（15天）可实现农民增收15万元。通过推动农业机械化的发展，对于加快农民非农就业的进程、增加农民综合性收入具有重要的意义。

（三）制定本条例，是维护农民合法权益，保障农民生命财产安全的需要

随着本市农业机械数量的增多，农机的质量管理更加重要，农机事故已然成为一个严峻的问题，严重损害了农民的利益，直接危及了农民群众的生命财产安全，甚至影响到农村社会的稳定。因此，需要通过制定《条例》，依法加强对本市农机市场的管理和农机产品质量的有效监督，加强农机的安全监督管理，这对维护农民群众的合法权益，保护农民群众生命财产安全极为重要。

综上所述，由过去对农业机械物的监督管理，转变为农业机械化的管理，制定一个涵盖农机化全过程的地方性法规，对于走出一条具有首都特色，体现世界城市水平的农机化道路，是非常必要的。

三、立法的工作情况

2009年6月8日，市人大常委会主任会议讨论了关于修订《管理条例》的立项论证报告，同意立项，建议废旧立新，制定《北京市农业机械化促进条例》。市人大农村办和法制办有关领导同志积极参与、全程指导本次立法，给予大力帮助。

立项通过后，市农业局成立立法起草小组，开展一系列调研起草工作。起草小组收集了有关农机化的国内外资料和国内相关省市的农业机械化地方性法规，到有关区县进行调研。在此基础上，就法规条款进行了反复研究，形成初稿，于2010年4月17日正式报送市政府审查。

在审查过程中，书面征求了市发展改革委、经济信息化委、财政局、工商局、地税局、农委、国土局、科委、交通委、公安局、编办等36个部门和18个区、县人民政府的意见；在首都之窗网站公开向社会征求意见；

组织召开了部分区、县主管部门、农机合作组织代表和农机手代表参加的座谈会，当面听取意见；还邀请农业部技术开发推广总站、试验鉴定总站领导以及部分农机院校和科研单位同志座谈，听取意见；并按照立法程序要求，组织召开了市政府法律专家工作组会议，听取了法律专家和农机专家的意见。在征求意见过程中，普遍认为开展本次立法工作十分必要，是促进本市农业机械化发展的必然要求，草案规定的措施比较具体、有针对性，符合本市农业发展需要；并对加大政府扶持服务力度、整合本市科研资源、解决农机用地难等方面提出立法建议。

当前的草案，已经2010年6月8日市政府第68次常务会议审议通过。

四、立法有关问题的说明

《条例（草案）》分为总则、科研开发与推广、质量保障、社会化服务、扶持措施、安全监督管理、法律责任、附则共8章，计45条。

（一）关于立法的基本思路和原则

开展本次立法的基本思路是，全面贯彻落实科学发展观，从本市实际情况出发，加强监管，强化服务，鼓励、扶持农民和农业生产经营组织使用先进适用的农业机械，规范农机社会化服务组织，提高农民的组织化程度，保障农民生命财产安全，促进现代农业发展和农民增收。

在立法时，把握以下几个原则：一是立足于扶持和促进，即通过市场机制和政策引导，调动各个方面的积极性，鼓励和扶持农民和农业生产经营组织使用先进适用的农业机械，加快农机化的发展；二是通过对农业机械生产、销售、使用、维修、鉴定、推广、培训和安全监督等环节的管理和规范，为农业机械化发展创造一个良好的环境；三是从都市型现代农业的实际出发，将扶持、促进、管理、监督有机地结合起来，解决实际问题，增强可操作性，提高本市的农机化水平，推动都市型现代农业又好又快的发展。因此，《条例（草案）》的名称拟定为“北京市农业机械化条例”。

（二）细化了农机科研和推广的具体措施

开发和推广先进、适用的农机是农业机械化的重要内容。在创新科研推广机制、提高推广能力方面，《条例（草案）》提出了具体措施：市人民政府及其有关部门应当组织科研机构和院校开展基础性、关键性、公益性的农业机械化技术攻关，支持开发节能减排、适应现代农业发展的新技术、新产品；市农业行政管理部门应当组织制定科研开发项目计划，鼓励使用者和技术人员开展先进适用性的技术革新活动，建立农业机械化示范基地。此外，还规范了农业机械的安全评价和推广鉴定活动。

（三）完善了质量保障责任

农业机械的产品质量、维修质量和作业质量，是促进农业机械化发展的重要条件。为了确保质量，《条例（草案）》规定：建立和完善农业机械维修质量和作业质量标准；农业机械生产者、销售者应当对产品质量负责，并按照国家有关规定承担相应的修理、更换、退货责任；农业机械作业服务应当确保作业质量，造成经济损失的，应当依法予以赔偿。

（四）创新了社会化服务体系

农机服务市场化、社会化、产业化是发展农业机械化的要求和方向。着力创新服务模式，《条例（草案）》规定：1.政府鼓励发展多种形式的农业机械服务组织，完善农业机械化服务体系；2.支持农业生产经营者通过机械、土地、资本、技术等要素联合，依法设立农业机械作业服务合作社；3.鼓励农民共同使用、合作经营农业机械，提高利用效率；4. 建立农业机械化信息服务平台，为购买、使用、租赁、流转、维修和跨区作业提供信息服务；5. 农机化主管部门和有关院校、各类培训机构通过多种形式为农业机械化从业人员提供培训服务；6. 农业机械生产者、销售者、维修者依法成立行业协会，实行行业自律。

（五）加大了政策扶持力度

现阶段农业机械化发展依然离不开政策的支持。《条例（草案）》规定：1. 政府安排资金用于农业机械化发展的科研推广、从业人员培训、购机补贴、贷款贴息、燃油补贴、维修服务体系建设、基础设施建设等事项；2. 农业机械的科研开发、制造、维修经营活动，依法享受税收优惠；3. 制定购置补贴产品目录，并按照有关规定给予政策扶持；4. 对季节性农业机械生产作业所用燃油，政府协调有关单位优先予以保障；5. 对购置先进适用农机的，提供金融信贷支持；6. 建立和完善政策性农业保险政策，提供农机保险服务；7. 农业机械存放场库、维修保养车间等基础设施用地，按照设施农用地管理；8. 加强维修服务体系建设、扶持兴办维修服务站点。

（六）完善了农机安全监督管理工作

生产必须安全，安全为了生产，各项农业生产必须有强有力的安全措施作保障。《条例（草案）》完善了农业机械安全监督管理体系、建立健全安全生产责任制，建立部门间的定期通报和工作协调制度；明确授权农业机械使用操作的安全监督管理、行政处罚和事故处理，由农业机械安全监督管理机构实施；结合安全监管实际需要，规范了农业机械操作人员的安全操作使用行为。

《条例（草案）》已印送各位委员，请予审议。

市人大农村委员会关于《北京市农业机械化条例（草案）》审议意见的报告

——2010年7月28日在北京市第十三届人民代表大会常务委员会第十九次会议上

市人大农村委员会主任委员　雷德才

主任、各位副主任、秘书长、各位委员：

今年6月13日，市人大农村委员会收到市人大常委会交付审议的《北京市农业机械化条例（草案）》（以下简称《条例（草案）》）后，以书面或者座谈会的形式，征求了区县人大常委会、市和区县有关部门、市人大常委会有关工作机构和有关专家、部分人大代表以及全国人大农业与农村委员会法案室、农业部法规司的意见，同时在市人大常委会门户网站上公开征求了社会各界的意见和建议。此前，市人大农村委员会、农村办公室为做好《条例（草案）》审查工作，围绕法律、法规在本市的实施情况进行了深入的调查研究，提前介入，参与了立法前期的相关工作，所提出的一些意见和建议已被《条例（草案）》采纳。6月29日，市人大农村委员会召开第九次会议，依照《北京市制定地方性法规条例》的规定，对《条例（草案）》进行了审议，现将审议意见报告如下。

1997年市人大常委会颁布的《北京市农

业机械管理条例》（以下简称《管理条例》）对加强本市农业机械管理，促进农村经济发展，发挥了重要作用。但是，随着2004年《中华人民共和国农业机械化促进法》（以下简称《促进法》）、2009年国务院《农业机械安全监督管理条例》（以下简称《监督管理条例》）的颁布实施，以及我市社会经济发展形势的变化，《管理条例》已经不能适应我市都市型现代农业发展的需要。为此，废止《北京市农业机械管理条例》，根据《促进法》，按照着眼于世界城市、建设“人文北京、科技北京、绿色北京”、发展都市型现代农业、率先实现农业现代化的目标要求，结合工作实践，制定北京市农业机械化地方性法规十分必要。

农村委员会认为，市人民政府提请本次会议审议的《条例（草案）》，立法思路清晰，符合常委会主任会议对该项法规立项论证意见精神，体现了运用先进适用的农业机械装备农业、改善农业生产经营条件，不断提高农业的生产技术水平和经济效益、生态效益，加快都市型现代农业发展的主旨。《条例（草案）》对农业机械化科研开发与推广、质量保障、社会化服务、扶持措施、安全监督管理等方面进行了具体规范。通过立法，使各级政府和农业机械化监管部门、服务机构的职责更加明确，农业机械化扶持措施得到进一步细化。《条例（草案）》根据国务院《监督管理条例》的有关规定，结合北京市实际情况，专门设置安全监督管理一章，体现了整合节约立法资源的精神。在适用范围、内容安排等方面较好地处理了两个上位法的关系，将《促进法》和《监督管理条例》的内容有机地结合起来，既突出了促进发展的内容，又进一步充实和细化了农业机械安全监督管理的相关规定，使《条例（草案）》结构布局更为合理。

农村委员会认为，《条例（草案）》符合上位法精神，并较好地把握了问题引导立法、立法解决问题的立法原则，紧密结合北京实际，突出了地方特色，具有较强的针对性和可操作性，《条例（草案）》已基本成熟。

同时，农村委员会在审议中，对《条例（草案）》在政府职责、政策扶持措施、加快农业机械更新、农业机械所有者安全责任等方面提出以下修改意见和建议。

一、关于法规名称

《北京市农业机械化条例》名称的确定是为了平衡“促进”与“安全监督管理”的关系。农村委员会认为，本项地方性法规的主旨应当是促进农业机械化发展，农业机械安全监督管理是促进农业机械化发展不可或缺的内容和重要保障。将“监督管理”写进《条例（草案）》，与“促进”相辅相成、相得益彰，是本项地方立法的创新。为了更好地体现《促进法》的精神，建议法规名称修改为《北京市农业机械化促进条例》。

二、关于总则

农村委员会认为，建立农业机械化目标责任制，是政府加强对农业机械化工作领导的有效形式。逐步加大政府对农业机械化的资金投入是加快农业机械化发展的重要保障，也是政府的重要职责。目前，本市农业机械化资金投入相对不足，加大政策扶持和资金投入，应当有可以量化考核的标准，使其更具有可操作性，更便于法规的有效实施和监督。为此，建议《条例（草案）》第三条第一款修改为：“市和区、县人民政府应当将推进农业机械化纳入国民经济和社会发展规划、年度计划，加大政策扶持和资金投入，逐步提高农业机械化资金投入在整个农业资金投入中的比例，充分发挥市场机制的作用，按照因地制宜、经济有效、保障安全、保护环境的原则，确定农业机械化发展目标，采取措施促进农业机械化的发展。”

同时建议，根据《促进法》的有关规定和本市实际，将《条例（草案）》第四条第一款、第二款并为一款，修改为：“市和区、县人民政府农业机械化主管部门负责本行政区域的农业机械化促进和农业机械安全监督管理工作。”

三、关于科研开发与推广

农村委员会认为，根据实际需要编制并组织实施农业机械化发展规划及年度计划是科学推进农业机械化发展的重要保障和依据。适时提出先进适用的农业机械科研开发和示范推广项目目录，并列入科研开发和示范推广项目年度计划，有针对性地组织开展农业生产以及初加工薄弱环节的农业机械科研攻关和推广应用，是有效推进我市农业机械化整体水平提高的重要举措。为此，建议在《条例（草案）》第七条后增加一条相关规定，具体表述为：“市和区、县农业机械化主管部门应当会同有关部门编制本行政区域农业机械化发展规划及年度计划，结合实际，提出先进适用的农业机械科研开发和示范推广项目目录，列入本级科研开发和示范推广项目年度计划。”

四、关于质量保障

农村委员会认为，农业机械完好率不高，是造成农业机械安全隐患、环境污染、能源浪费、农业机械使用效率低的重要原因。目前，本市先进适用的农业机械只占20%，农机具老化，废旧的农机具得不到及时更新直接阻碍了先进适用农业机械的推广应用和机械化水平的提高，由此造成的环境污染和农业机械安全隐患还没有引起足够的重视，本市应当加大对农业机械更新换代的鼓励扶持力度。为此，建议《条例（草案）》第十九条后增加一条，第一款具体表述为：“本市实行农业机械年检和报废淘汰制度，达到报废或淘汰条件的农业机械应当停止使用。”第二款具体表述为：“市农业机械化主管部门应当会同有关部门根据国家有关规定，结合本市实际，制定并公布年检、淘汰产品标准及产品目录。”第三款具体表述为：“市和区、县农业机械化主管部门应当组织回收单位对达到报废或淘汰条件的农业机械实行回收。”

五、关于扶持措施

农村委员会认为，加强对农业机械化扶持资金使用情况的监管，是确保扶持资金落到实处，发挥资金使用效果的重要保障。为此，建议在第二十八条增加一款，作为第二款，具体表述为：“本市各级人民政府应当对农业机械化扶持资金使用情况予以监督。”

同时认为，应当鼓励和扶持农民通过成立农业机械生产作业服务专业合作社，开展适度规模经营，提供农业机械自我服务，从而降低生产成本，提高农业生产技术水平，增加农民收入。为此，建议在《条例（草案）》第三十条后增加一条相关规定，具体表述为：“本市各级人民政府应当采取措施，鼓励扶持农民成立农业机械作业服务专业合作社，开展适度规模经营，为提高农业机械使用效率，提升农业机械化水平创造条件。”

建议《条例（草案）》第三十四条第一款增加“农田排灌、土地整治”等内容，具体表述为：“本市各级人民政府应当采取措施，加强农田排灌、土地整治、机耕道路和农业机械存放场库等农业机械化基础设施建设和维护，改善农业机械作业、通行条件。”

六、关于安全监督管理

有些农业机械事故的发生，与农业机械所有者安全意识淡薄有直接关系。为了强化农业机械所有人安全意识和相关法律责任，进一步预防和减少农业机械事故的发生，更好地维护农业机械事故受害者的合法权益，农村委员会认为，法规中应当对农业机械所有者的安全监管责任作出明确规定。为此，建议在《条例（草案）》第三十八条后增加一条，第一款具体表述为：“农业机械所有者应当定期对其所有的农业机械进行必要的安全检查，发现农业机械存在安全隐患的，应当及时排除。”第二款具体表述为：“农业机械所有者将其所有的农业机械雇用或者租赁、出借给不具备相应执业资质的人使用，或者将存在安全隐患的农业机械雇用或者租赁、出借给他人使用，导致发生农业机械安全事故造成损害的，农业机械所有者承担相应的赔偿责任。”

《条例（草案）》第三十九条对农业机械操作人员安全操作进行了规范。农村委员会认为，按要求应当具有执业资格的农业机械不仅是拖拉机、联合收割机这两种机型。为此，建议第三十九条第二款修改为：“拖拉机、联合收割机操作人员及其他应当依法取得操作资质的农业机械操作人员，在农业机械作业过程中应当随身携带本人合法、有效的操作证件。”

此外，农村委员会还对《条例（草案）》的部分条款和文字作了修改。

以上报告，请予审议。

市人大法制委员会关于《北京市农业机械化条例（草案）》审议结果的报告

——2010年11月18日在北京市第十三届人民代表大会常务委员会第二十一次会议上

市人大法制委员会副主任委员　张　引

主任、各位副主任、秘书长、各位委员：

2010年7月28日，市十三届人大常委会第十九次会议对《北京市农业机械化条例（草案）》（以下简称《条例（草案）》）进行了初审。会上，市人大农村委员会作了关于《条例（草案）》审议意见的报告，24位常委会组成人员发表了审议意见。审议意见认为，立法对于扶持和促进本市农业机械化，进一步提高农业机械化水平，推动都市型现代农业的发展十分重要；立法中的引导和促进措施，应当围绕本市农业机械化的目标，体现前瞻性，突出针对性。同时还对《条例（草案）》提出了一些具体修改意见。

会后，市人大法制委员会针对审议中的问题，到市农业局、顺义区、大兴区进行了调研，听取了农机管理部门及农机经营、操作、监理、服务等各类机构和人员的意见、建议。2010年11月1日，法制委员会召开会议，根据常委会组成人员审议意见、农村委员会审议意见和其他各方面的意见进行了审议。据此，法制委员会提出了进一步修改的意见。现将审议结果报告如下。

一、关于法规的名称

有的委员和农村委员会提出，本次农业机械立法的直接依据是国家的《农业机械化促进法》，立法主旨在于扶持和促进农业机械化，通过政府的政策引导以及发挥市场机制作用，调动各方面积极性，提高本市农业机械化水平。在法规名称中增加“促进”两字，能够更好地体现立法主旨。根据上述意见，法制委员会建议将法规名称修改为《北京市农业机械化促进条例》。

二、关于农业机械化发展目标

有的委员和农村委员会提出，农业机械化是一个长期过程，明确政府目标责任制，确定农业机械化发展目标非常重要。根据上述意见，法制委员会建议在《条例（草案）》第三条第一款中增加相应内容，具体表述为：“市和区、县人民政府应当加强对农业机械化工作的领导，将推进农业机械化纳入国民经济和社会发展规划，确定农业机械化发展目标，加大政策扶持和资金投入，充分发挥市场机制的作用，按照因地制宜、经济有效、保障安全、保护环境的原则，促进农业机械化的发展。”

三、关于对农业机械化扶持资金使用情况的监督

《条例（草案）》第二十八条规定了市和区、县人民政府应当安排资金，扶持农业机械化发展相关事项。农村委员会提出，加强对农业机械化扶持资金使用情况的监督，是确保扶持资金落到实处，发挥资金使用效果的重要保障。根据上述意见，法制委员会建议在《条例（草案）》第二十八条中增加相应内容，作为本条第二款，具体表述为：“市和区、县人民政府应当加强对农业机械化扶持资金使用情况的监督。”

四、关于对危及人身财产安全的农业机械的安全检验

法制委员会认为，为了预防农业机械安全事故发生，政府有关部门应当强化安全监督和服务，对危及人身财产安全的农业机械实行安全检验制度。国务院《农业机械安全监督管理条例》规定，政府有关部门应当定期对危及人身财产安全的农业机械进行免费实地安全检验。这一内容需要地方明确具体的落实措施。据此，法制委员会建议在《条例（草案）》第三十七条中增加相应内容，作为本条第二款，具体表述为：“市和区、县农业机械安全监督管理机构应当定期对危及人身财产安全的农业机械进行免费实地安全检验。安全检验的农业机械目录及相关检验标准由市农业机械化主管部门制定。”

五、关于农业机械的淘汰、报废

农村委员会提出，老旧农机不及时淘汰、报废，会造成安全隐患、环境污染、能源浪费等问题，本市应当实行农业机械的淘汰、报废制度。根据上述意见，法制委员会建议增加相应内容，作为《条例（草案修改稿）》第三十八条，具体表述为：“本市按照国家有关规定，实行农业机械的淘汰和报废制度。明令淘汰和达到报废条件的农业机械应当停止使用并依法回收。

“市和区、县农业机械化主管部门应当监督回收单位对淘汰、报废的农业机械进行解体或者销毁。”

六、关于农业机械生产经营组织和农业机械所有人的安全责任

农村委员会提出，为了预防和减少农业机

械事故的发生，应当强化农业机械生产经营主体的安全意识，并明确相关法律责任。根据上述意见，法制委员会建议增加相应内容，将《条例（草案）》第三十八条修改为：“农业生产经营组织应当制定农业机械安全管理制度，定期对农业机械进行必要的安全检查，排除安全事故隐患，并对农业机械操作人员及相关人员进行农业机械安全知识教育和操作培训，提高其安全意识和安全操作技能。

“农业机械所有人不得将农业机械提供给未依法取得相应操作证件的人员操作，不得将明知存在安全事故隐患的农业机械出租、出借给他人使用。”（草案修改稿第三十九条）

同时在第七章法律责任中增加一条，作为《条例（草案修改稿）》第四十四条，具体表述为：“违反本条例第三十九条第二款规定，农业机械所有人将农业机械提供给未依法取得相应操作证件的人员操作或者将明知存在安全事故隐患的农业机械出租、出借给他人使用，导致发生农业机械安全事故的，应当依法承担相应法律责任。”

七、关于违法行为的行政处罚

有的委员提出，应当进一步完善法律责任的内容。根据委员的意见，法制委员会建议将《条例（草案）》第四十三条修改为：“违反本条例第四十条第二款规定，拖拉机、联合收割机操作人员及其他应当依法取得相应操作证件的农业机械操作人员，在作业过程中未随身携带本人合法、有效操作证件的，由农业机械安全监督管理机构给予警告，责令改正，可以并处50元以上100元以下罚款。”（草案修改稿第四十五条）

将《条例（草案）》第四十四条修改为：“违反本条例第四十一条第二款规定，改装、拆除农业机械安全设施的，由农业机械安全监督管理机构给予警告，责令限期改正；逾期不改正的，责令停止使用，并处200元以上500元以下罚款。”（草案修改稿第四十六条）

此外，法制委员会还根据常委会组成人员审议意见、农村委员会审议意见、语言文字专家和其他各方面的意见，对《条例（草案）》作了一些完善性的修改，对条款顺序作了必要的调整。

法制委员会按照上述意见，提出《北京市农业机械化促进条例（草案修改稿）》，提请常委会进行第二次审议。

草案修改稿和以上意见是否妥当，请审议。

市人大法制委员会关于《北京市农业机械化促进条例（草案修改稿）》修改意见的报告

——2010年12月23日在北京市第十三届人民代表大会常务委员会第二十二次会议上

市人大法制委员会副主任委员　张　引

主任、各位副主任、秘书长、各位委员：

2010年11月19日，市十三届人大常委会第二十一次会议对《北京市农业机械化促进条例（草案修改稿）》（以下简称《条例（草案修改稿）》）进行了审议，会上有1位委员发表了意见。2010年12月13日，法制委员会召开会议，根据委员的审议意见对《条例（草案修改稿）》进行审议，提出了进一步修改的意见。现将修改情况报告如下。

关于《条例（草案修改稿）》第三十八条，委员提出，农业机械的淘汰和报废是农业机械安全管理的重点和难点，《条例（草案修改稿）》作了规定，但还不够具体，建议就有关农业机械回收的内容再作充实。法制委员会认为，国务院《农业机械安全监督管理条例》第三十六条规定了“农业机械回收办法由国务院农业机械化主管部门会同国务院财政部门、商务主管部门制定”，本市有关部门应当依据国家有关规定，针对实际情况，制定具体实施办法，使农业机械的淘汰和报废制度更具操作性。建议将《条例（草案修改稿）》第三十八条修改为：“本市按照国家有关规定，实行农业机械的淘汰和报废制度，具体办法由市农业机械化主管部门会同有关部门制定。

“明令淘汰和达到报废条件的农业机械应当停止使用并依法实行回收。

“市和区、县农业机械化主管部门应当监督回收单位对回收的农业机械进行解体或者销毁。”

法制委员会据此提出《北京市农业机械化促进条例（表决稿）》，建议本次常委会会议通过，并自2011年3月1日起施行。

北京市人民代表大会常务委员会公告

（第14号）

《北京市人民代表大会常务委员会关于废止〈北京市小公共汽车管理条例〉的决定》已由北京市第十三届人民代表大会常务委员会第二十二次会议于2010年12月23日通过，现予以公布，自公布之日起施行。

北京市第十三届人民代表大会常务委员会
2010年12月23日

北京市人民代表大会常务委员会
关于废止《北京市小公共汽车管理条例》的决定

（2010年12月23日北京市第十三届人民代表大会常务委员会第二十二次会议通过）

北京市第十三届人民代表大会常务委员会第二十二次会议决定废止《北京市小公共汽车管理条例》。

本决定自公布之日起施行。

市人大法制委员会关于《北京市人民代表大会常务委员会关于废止〈北京市小公共汽车管理条例〉的决定（表决稿）》的说明

——2010年12月23日在北京市第十三届人民代表大会常务委员会第二十二次会议上

市人大法制委员会副主任委员 郑树森

主任、各位副主任、秘书长、各位委员：

2010年11月18日，市十三届人大常委会第二十一次会议对《北京市人民代表大会常务委员会关于废止〈北京市小公共汽车管理条例〉的决定（草案）》（以下简称《决定（草案）》）进行了审议。常委会组成人员没有提出新的意见和建议。

法制委员会于12月13日召开会议，对《决定（草案）》进行了统一审议，提出《北京市人民代表大会常务委员会关于废止〈北京市小公共汽车管理条例〉的决定（表决稿）》，建议本次常委会会议通过。

北京市人民代表大会常务委员会公告

（第15号）

《北京市人民代表大会常务委员会关于修改部分地方性法规的决定》已由北京市第十三届人民代表大会常务委员会第二十二次会议于2010年12月23日通过，现予以公布，自公布之日起施行。

北京市第十三届人民代表大会常务委员会

2010年12月23日

北京市人民代表大会常务委员会关于修改部分地方性法规的决定

（2010年12月23日北京市第十三届人民代表大会常务委员会第二十二次会议通过）

北京市第十三届人民代表大会常务委员会第二十二次会议决定对下列地方性法规作出修改。

一、关于议案的若干暂行规定

1. 将第二条修改为："北京市人民代表大会主席团、北京市人民代表大会常务委员会、北京市人民代表大会专门委员会、北京市人民政府，可以向北京市人民代表大会提出属于市人民代表大会职权范围内的议案。在代表大会举行会议期间提出的议案，由主席团决定交大会审议，或者并交议案审查委员会审议、提出报告，再由主席团审议决定提交大会表决。"

2. 将第四条修改为："北京市人民代表大会常务委员会主任会议可以向北京市人民代表大会常务委员会提出属于常务委员会职权范围内的议案，由常务委员会会议审议。

"北京市人民政府、北京市人民代表大会专门委员会，可以向北京市人民代表大会常务委员会提出属于常务委员会职权范围内的议案，由主任会议决定提请常务委员会会议审议。"

3. 将第八条修改为："北京市人民代表大会代表向市人民代表大会或者市人民代表大会常务委员会提出的对各方面工作的建议、批评和意见，由市人民代表大会常务委员会办事机构分别交由市人民政府、市高级人民法院、市人民检察院及其他有关机关、组织认真研究办理。

"承办单位应当自代表建议、批评和意见交办之日起三个月内办理完毕并答复代表；问题复杂的，经交办机关同意，至迟不得超过六个月予以答复。

"在市人民代表大会下一次会议前，市人民代表大会常务委员会听取并审议市人民政府、市高级人民法院、市人民检察院和市人民代表大会常务委员会代表联络工作部门关于代表建议、批评和意见办理情况的报告。"

二、北京市水利工程保护管理条例

1. 将第二条、第三条、第五条、第七条第一款、第八条第二款、第十条、第十一条第一款、第三款、第十二条、第十三条、第十四条第一款、第十五条第二款、第三款、第十六条、第十七条、第十九条第一款、第二十一条、第二十七条中的"水利部门"、"水利局"、"水利局（水资源局，下同）"、"水利主管部门"修改为"水行政主管部门"。

2. 删去第四条第五款。

3. 将第十一条第一款中的"《北京市城市建设规划管理暂行办法》"修改为"《北京市城乡规划条例》"。

4. 将第二十二条第一款第六项、第二十六条中的"《中华人民共和国治安管理处罚条例》"修改为"《中华人民共和国治安管理处罚法》"。

5. 将第二十三条修改为："根据第二十二条处以罚款的，行政处罚决定按照水利工程管理权限，分别由市和区、县水行政、园林绿化、市政工程主管机关作出。当事人对罚款决定不服的，可以依法申请行政复议或者提起行政诉讼。逾期不申请复议、不起诉又不履行的，由作出决定的机关申请人民法院强制执行。"

三、北京市人民代表大会常务委员会议事规则

1. 将第十一条第二款修改为："市人民政府、市人民代表大会专门委员会，可以向常务委员会提出属于常务委员会职权范围内的议案，由主任会议决定提请常务委员会会议审议；或者先交有关的专门委员会、常务委员会有关工作机构研究，提出意见，再提请常务委员会会议审议。"

2. 将第二十五条第一款修改为："常务委员会组成人员对专项工作报告的审议意见，由常务委员会有关工作机构整理，经主管主任或者秘书长签发，由办公厅转交有关机关研究处理。有关机关应当于收到审议意见书后三个月内，将常务委员会审议意见的研究处理方案送交市人民代表大会有关专门委员会或者常务委员会有关工作机构；一年内，将审议意见的研究处理情况送交市人民代表大会有关专门委员会或者常务委员会有关工作机构征求意见，并向常务委员会提出书面报告。"

四、北京市乡、民族乡、镇人民代表大会组织条例

将第三条修改为："乡、民族乡、镇人民代表大会每届任期五年。"

五、北京市人民代表大会议事规则

1. 将第十八条第一款修改为："市人民代表大会举行会议的时候，主席团、市人民代表大会常务委员会、市人民代表大会专门委员会、市人民政府、一个代表团以全体代表的过半数通过或者代表10人以上联名，可以向市人民代表大会提出属于市人民代表大会职权范围内的议案。"

2. 将第二十九条修改为："市人民代表大会代表向市人民代表大会提出的对各方面工作的建议、批评和意见，由市人民代表大会常务委员会办事机构交由有关机关、组织研究处理，并应当自代表建议、批评和意见交办之日起三个月内办理完毕，予以答复；问题复杂的，经交办机关同意，至迟不得超过六个月予以答复。代表对办理结果不同意的，经市人民代表大会常务委员会代表联络工作部门会同有关部门研究，需要再次办理的，可以责成承办单位在两个月内重新研究办理并答复代表。"

六、北京市禁止赌博条例

1. 将第十一条第一款修改为："以营利为目的，为赌博提供条件，或者参与赌博赌资较大，尚不够刑事处罚的，依据《中华人民共和国治安管理处罚法》的有关规定予以处罚。"

2. 将第十四条中的"《中华人民共和国治安管理处罚条例》"修改为"《中华人民共和国治安管理处罚法》"。

3. 将第十六条修改为："当事人对公安机关根据本条例作出的行政处罚和行政强制措施决定不服的，可以依法申请行政复议或者提起行政诉讼。"

七、北京市实施《中华人民共和国水土保持法》办法

1. 将第五条第一款、第六条第一款、第八条、第十一条第二款、第十三条、第十六条、第十七条、第二十四条、第二十六条第一款、第二十七条、第二十八条、第三十条至第三十四条、第三十八条第二款、第四十条中的"水利局"、"水利局（含水资源局）"修改为"水行政主管部门"。

2. 将第二十三条第一款中的"《北京市农业联产承包合同条例》"修改为"《北京市农业承包合同条例》"。

3. 将第三十六条中的"《中华人民共和国治安管理处罚条例》"修改为"《中华人民共和国治安管理处罚法》"。

4. 将第三十七条第一款、第二款修改为："当事人对行政处罚决定不服的，可以依法申请行政复议或者提起行政诉讼。"

八、北京市社会治安综合治理条例

1. 将第十五条中的“犯罪人员”修改为“犯罪嫌疑人”。

2. 将第二十七条修改为：“民政部门应当做好优抚安置、救灾救济、社会福利工作。民政、公安、卫生等部门应当做好精神病人和流浪乞讨人员的救助工作。”

九、北京市农村集体资产管理条例

1. 将第十一条修改为：“集体资产所有权争议，除法律、法规另有规定的以外，当事人可以协商解决，也可以直接向人民法院起诉。”

2. 删去第二十六条。

3. 将第二十八条中的“征用”修改为“征收、征用”。

4. 将第三十九条中的“农林办公室”修改为“农村工作主管部门”。

十、北京市人民代表大会常务委员会组成人员守则

将第五条修改为：“常委会组成人员要积极参加检查法律、法规和决议、决定执行情况等方面的活动。参加市人民代表大会专门委员会或者常委会工作委员会的委员，要积极参与专门委员会或者工作委员会的工作，遵守专门委员会或者工作委员会的工作制度。”

十一、北京市实施《中华人民共和国教师法》办法

1. 将第八条第一款修改为：“幼儿园、小学和初级中学教师资格由区、县教育行政部门认定；高级中学、中等职业学校教师资格和中等职业学校实习指导教师资格由市教育行政部门认定；市属高等学校教师资格由市教育行政部门或委托的高等学校认定。”

2. 删去第十条第一款。

3. 删去第十二条第三款中的“服务期未满的师范毕业生，任何单位不得聘用”。

4. 删去第十八条。

十二、北京市产品质量监督管理条例

1. 将第三条第一款修改为：“市和区、县人民政府产品质量监督管理部门负责本行政区域内的产品质量监督管理工作。”

2. 删去第九条。

3. 删去第十一条。

4. 删去第十四条。

5. 将第十八条修改为：“受检者对检验数据和检验结论有异议的，可以在接到检验报告之日起15日内向市级产品质量监督管理部门申请复验。”

6. 将第二十七条修改为：“销售者应当加强质量管理，建立、健全质量责任制，执行进货检查验收制度。”

7. 将第三十三条修改为：“违反本条例第十七条、第二十条、第二十一条第一款、第二十五条、第二十八条规定的，依据《产品质量法》及有关法律、法规的规定处罚；构成犯罪的，依法追究刑事责任。”

8. 删去第三十四条第一款。

9. 删去第三十六条。

10. 删去第三十八条中的“第二十八条”。

11. 删去第四十二条。

12. 删去第四十四条。

十三、北京市农村集体所有荒山荒滩租赁条例

1. 将第九条第三款中的“《北京市农村林

木资源保护管理条例》”修改为“《北京市森林资源保护管理条例》”。

2. 将第二十四条第一款第（二）项中的“征用”修改为“征收、征用”。

3. 将第二十八条第一款修改为：“租赁合同发生纠纷时，当事人可以通过协商或者由人民政府调解解决。当事人不愿通过协商、调解解决或者协商、调解不成的，可以向农村土地承包仲裁机构申请仲裁，也可以直接向人民法院起诉。”

4. 将第二十九条中的“农林办公室”修改为“农村工作主管部门”。

十四、北京市实施《中华人民共和国母婴保健法》办法

将第三十七条修改为：“未取得市和区、县卫生行政部门颁发的有关合格证书，有母婴保健法第三十五条所列行为之一的，由市和区、县卫生行政部门给予警告，责令停止违法行为，没收违法所得；违法所得5000元以上的，并处违法所得3倍以上5倍以下的罚款；没有违法所得或者违法所得不足5000元的，并处5000元以上2万元以下的罚款。”

十五、北京市农村集体经济审计条例

1. 将第三条第一款、第三十二条中的“农林办公室”修改为“农村工作主管部门”。

2. 将第九条第（六）项中的“土地征用补偿费”修改为“土地征收、征用补偿费”。

3. 删去第十二条。

十六、北京市旅游管理条例

1. 删去第六十一条中的“第三十五条第三款”。

2. 删去第六十二条中的“第三十五条第四款”。

3. 删去第六十四条第二款。

十七、北京市森林资源保护管理条例

1. 将第二条第二款修改为：“绿化的规划、建设、保护、监督和管理，依照《北京市绿化条例》执行。”

2. 将第十七条第二款、第三款中的“征用”修改为“征收、征用”。

3. 将第二十三条修改为：“在森林防火期内，根据高温、干旱、大风等天气预报，由市森林防火指挥部确定并公布本市森林高火险期。

“在森林高火险期内，各级森林防火区禁止一切野外用火，禁止携带火种进入森林和林地。”

十八、北京市招标投标条例

1. 将第七条第一款、第十一条、第四十条中的“发展计划部门”修改为“发展改革部门”。

2. 删去第四十三条中的“和第29届奥林匹克运动会场馆建设项目建设过程中”。

十九、北京市实施《中华人民共和国道路交通安全法》办法

1. 将第十二条修改为：“在本市办理机动车注册登记期间，机动车需要临时在道路上行驶的，应当取得临时通行牌证。”

2. 将第九十五条第（一）项修改为：“（一）未悬挂机动车号牌的”。

3. 将第一百零七条第二款修改为：“公安机关交通管理部门及其交通警察发现机动车

有未处理的违法行为记录的，应当通过信函或者手机短信、电子邮件等方式通知机动车所有人或者驾驶人，机动车所有人或者驾驶人应当按照告知的时间、地点接受处理。”

二十、北京市烟花爆竹安全管理规定

1. 将第十一条第一款第（五）项修改为：“（五）医疗机构、幼儿园、中小学校、敬老院”。

2. 将第十八条中的“对个人处 20 元以上 200 元以下罚款”修改为“对个人处 100 元以上 200 元以下罚款”。

二十一、北京市公路条例

1. 删去第二十二条。
2. 删去第二十三条。
3. 删去第二十四条。

本决定自公布之日起施行。

关于《北京市人民代表大会常务委员会关于废止〈北京市小公共汽车管理条例〉的决定（草案）》、《北京市人民代表大会常务委员会关于修改部分地方性法规的决定（草案）》的说明及本市地方性法规清理工作情况的报告

——2010 年 11 月 18 日在北京市第十三届人民代表大会常务委员会第二十一次会议上

市人大常委会法制办公室副主任　王德林

主任、各位副主任、秘书长、各位委员：

我受主任会议的委托，作关于《北京市人民代表大会常务委员会关于废止〈北京市小公共汽车管理条例〉的决定（草案）》和《北京市人民代表大会常务委员会关于修改部分地方性法规的决定（草案）》的说明，并报告本市地方性法规清理工作情况。

一、开展法规清理工作的必要性与过程

地方性法规是我国社会主义法律体系的重要组成部分，市人大常委会成立 30 年来，在市委领导下，与市政府密切配合，紧紧围绕全市工作大局，把立法与首都的改革发展稳定紧密结合起来，制定、修订地方性法规 300 余项，其中，现行有效的 137 项，内容涉及经济建设、社会发展、民生、民主法制等不同领域，保证了宪法、法律、行政法规在本行政区域的有效实施，为首都改革开放和现代化建设提供了有力的法制保障。由于本市现行法规形成于我国改革和发展的不同历史阶段，随着首都经济社会的快速发展，社会主义民主法制建设的不断推进，部分法规也存在着与当前经济社会发展不相适应、与国家新出台的法律、行政法规不一致，以及法规之间不协调的问题。

为了如期实现党中央提出的到 2010 年形

成中国特色社会主义法律体系的目标，2009年11月，全国人大常委会下发了《关于做好地方性法规清理工作的意见》，要求各省、自治区、直辖市和较大的市人大常委会，按照确保到2010年形成中国特色社会主义法律体系的要求，对现行地方性法规进行一次集中清理，着重解决法规规定中存在的明显不适应、不一致、不协调的突出问题，根据不同情况，区分轻重缓急，分类进行处理，以维护中国特色社会主义法律体系的内在和谐与统一，更好地发挥法律、法规在国家经济、政治、文化和社会生活中的规范、引导和保障作用，并要求2010年6月底前取得阶段性成果，12月底前将清理情况向全国人大常委会报告。

市人大常委会对法规清理工作高度重视，把法规清理作为2010年的一项重要工作。为了保证法规清理工作质量和进度，主任会议年初通过了法规清理工作实施方案，明确了法规清理的目标任务和重点、工作原则、组织领导及分工、实施步骤，并明确一位副主任负责法规清理工作。

本市法规清理工作按照全国人大统一部署和本市法规清理工作实施方案有序进行，经历了四个阶段。

2009年12月至2010年1月为工作准备和部署阶段。常委会主管副主任与市政府主管副市长就本市开展法规清理工作进行了协调，法制办公室根据全国人大对法规清理工作的要求和市人大、市政府立法工作协调会的意见，提出本市法规清理工作实施方案，提请主任会议讨论通过，对本市法规清理工作进行部署。

2010年1月至4月为初审阶段。常委会有关工作机构、市政府法制办组织政府有关部门、市高级人民法院、市人民检察院、区县人大常委会按照清理工作实施方案的要求，同步开展了清理工作，对截至2009年年底前的137项现行有效的地方性法规是否存在不一致、不适应、不协调的问题进行了认真梳理和查找。4月底，各单位提出了初审意见。

2010年5月至6月为复核阶段。法制办公室对各方面提出的初审意见进行了汇总、整理，并逐件进行复核。复核的重点是法规是否存在与上位法明显不一致的问题，即是否有“硬伤”。在复核工作中，法制办公室与常委会有关工作机构、市政府法制办就每件法规的问题确认及处理方式进行了会商，在取得共识的基础上，形成了法规清理结果的初步意见，并向主任会议作了汇报。

2010年7月至11月为处理阶段。法制办公室根据主任会议的意见，对拟废止的法规进行专题论证，对拟修改法规的修改内容逐条反复进行研究，经广泛听取意见，反复论证，并与常委会有关工作机构、市政府法制办、市政府有关部门多次沟通协调，确定了拟废止、修改的法规，并据此起草了《北京市人民代表大会常务委员会关于废止〈北京市小公共汽车管理条例〉的决定（草案）》和《北京市人民代表大会常务委员会关于修改部分地方性法规的决定（草案）》，经11月4日第七十二次主任会议讨论决定，提请本次常委会会议审议。

二、关于本市法规清理工作的原则及清理结果

本市法规清理工作坚持法制统一原则，按照中国特色社会主义法律体系统一性、科学性的要求，地方性法规不得与宪法、法律、行政法规相抵触，法规之间应当相互协调和衔接；坚持从实际出发，对查找出的问题在处理方式上注意把握两点：一是突出重点，统筹兼顾。把清理重点放在本市法规是否存在与宪法、法律和行政法规明显不一致的突出问题上，主要解决法规中的“硬伤”，同时

也要解决法规中明显不适应首都经济社会发展要求，以及法规之间明显不协调的问题。二是区分情况，分类处理。对于实际已不执行的法规采取废止方式；对于修改内容较少且主要解决与上位法不一致、法规之间明显不协调的法规，采取简易修改方式；对于存在不一致、明显不适应，但需要深入调研以进行全面修订、废旧立新的法规，采取纳入年度立法计划或立法规划进行修改的方式；对于存在不一致，但上位法已启动立法或修改工作的法规，则采取暂不处理方式，待上位法出台后再作处理。

经过清理，截至2009年年底前本市现行有效的137项地方性法规中，需废止和修改的法规共35件，其中，需废止的法规1件；需对法规部分条款作简易修改的法规21件；需列入年度立法计划或立法规划进行修订或废止的法规13件。

三、关于《北京市人民代表大会常务委员会关于废止〈北京市小公共汽车管理条例〉的决定（草案）》

《北京市小公共汽车管理条例》于1998年6月5日由市十一届人大常委会第三次会议通过，并于2001年5月18日经市十一届人大常委会第二十六次会议修改。随着本市公共交通事业的发展，曾作为公共交通补充的小公共汽车现已不存在，条例的调整对象已经消失。据此，建议对该法规作废止处理。

四、关于《北京市人民代表大会常务委员会关于修改部分地方性法规的决定（草案）》

由于需要进行简易修改的法规比较多，本市法规清理参照全国人大常委会法律清理的做法，把通过清理需要修改或删除部分内容的法规集中起来，统一作出一个修改决定进行处理，这种方式又称为打包修改。采取这种方式处理的法规包括以下五种情况。

（一）法规制定时间早于国家法律、行政法规，或者法规所依据的上位法已作了修改，造成法规的部分内容与上位法的规定不一致，需要进行修改

1. 将法规中“征用”的表述统一修改为“征收、征用”。2004年宪法修正案将宪法第十条第三款有关“征用”的规定作了修改，规定国家为了公共利益的需要，可以依照法律规定对土地实行征收或者征用并给予补偿。据此，将森林资源保护管理条例第十七条第二款、第三款，农村集体经济审计条例第九条第六项，农村集体资产管理条例第二十八条以及农村集体所有荒山荒滩租赁条例第二十四条第二项中有关“征用”的表述相应修改为“征收、征用”。

2. 将法规中关于行政复议和行政诉讼的相关规定按照上位法进行修改。1989年全国人大制定了行政诉讼法，1999年全国人大常委会制定了行政复议法，这两部法律对于行政诉讼和行政复议程序均作出了明确规定。据此，将水利工程保护管理条例第二十三条，禁止赌博条例第十六条，实施水土保持法办法第三十七条第一款、第二款以及农村集体资产管理条例第十一条中关于行政复议和行政诉讼的相关内容，依照法律规定作了修改。

3. 将法规中法律责任规定与上位法不一致的条款作出修改。禁止赌博条例第十一条第一款，产品质量监督管理条例第三十四条第一款、第三十六条、第三十八条、第四十二条，实施母婴保健法办法第三十七条、烟花爆竹安全管理规定第十八条以及旅游管理条例第六十一条、第六十二条、第六十四条第二款等规定的法律责任，分别与治安管理处罚法、产品质量法、母婴保健法、烟花爆

竹安全管理条例、旅行社条例等法律、行政法规对相同行为规定的法律责任不一致。对于这些与上位法不一致的内容，分别采取了删除、按上位法规定修改或者直接规定按上位法处罚等方式，作了修改。

4. 将法规中有关主体、时间的规定与上位法不一致的内容作了修改。地方组织法第十八条、第四十六条规定的提议案主体不包括人民法院和人民检察院，据此，删除了关于议案的若干暂行规定第二条、第四条，常委会议事规则第十一条第二款以及人代会议事规则第十八条第一款中规定的市高级人民法院、市人民检察院可以作为提议案主体的内容。2004年宪法修正案和地方组织法规定各级人民代表大会每届任期为五年，据此，将乡、民族乡、镇人民代表大会组织条例第三条规定的“三年”任期修改为“五年”。

（二）法规所规定的部分内容已被国家明令废止或取消，需要将有关内容删除或修改

1.2009年国务院决定开征燃油税，同时取消了养路费。据此，删除了公路条例中涉及养路费征收的第二十二条、第二十三条、第二十四条规定。

2.1999年国务院发布3号文件，明令全国统一取缔农村合作基金会。据此，删除了农村集体经济审计条例第十二条和农村集体资产管理条例第二十六条等关于农村合作基金会的规定。

3.2003年6月，国务院发布了《城市生活无着的流浪乞讨人员救助管理办法》，同时废止了《城市流浪乞讨人员收容遣送办法》。据此，对社会治安综合治理条例第二十七条中关于收容、遣送的规定作了修改。

（三）法规规定的部分内容已自然失效，需要将有关内容删除

1.1998年，国务院《关于进一步深化城镇住房制度改革，加快住房建设的通知》（国发〔1998〕23号）明确取消了福利分房制度，实施教师法办法第十八条关于通过福利分房方式解决教师住房问题的规定已自然失效，因此，对该条内容作了删除处理。

2. 第29届奥林匹克运动会已成功举办，招标投标条例第四十三条中规定的“第29届奥林匹克运动会场馆建设项目建设”的内容已自然失效，因此，对该内容作了删除处理。

（四）制定于不同时期的法规，彼此间存在着不协调的情况，需要按照后法的规定对前法中不协调的内容进行修改

1. 关于议案的若干暂行规定第八条，人代会议事规则第二十九条规定的代表建议、批评和意见办理完毕的时间，与2005年修订后的代表建议、批评和意见办理条例规定不一致，据此，对前两件法规中的相关内容，按照代表建议、批评和意见办理条例的规定作了修改。

2. 常委会议事规则第二十五条第一款中关于审议意见书研究处理的时间规定，与2007年制定的常委会听取和审议人民政府、人民法院和人民检察院专项工作报告办法规定不一致，据此，对前件法规的相关内容，按照常委会听取和审议人民政府、人民法院和人民检察院专项工作报告办法作了修改。

（五）法规所引用的其他法规已被废止，或已被新的法规所替代，为了保证法规的有效执行和法规间的协调，需要对法规所引用的其他法规的名称进行相应修改

1. 森林资源保护管理条例第二条中引用的《北京市城市绿化条例》已于2009年废止，并被《北京市绿化条例》所取代。

2. 水利工程保护管理条例第十一条第一款中引用的《北京市城市建设规划管理暂行办法》已于1992年废止，现已被《北京市城乡规划条例》所取代。

3. 实施水土保持法办法第二十三条第一款中引用的《北京市农业联产承包合同条例》已于1998年废止，并被《北京市农业承包合

同条例》所取代。

4. 农村集体所有荒山荒滩租赁条例第九条中引用的《北京市农村林木资源保护管理条例》已于1999年废止，并被《北京市森林资源保护管理条例》所取代。

此外，结合对这21件法规的修改，对相应法规中引用“治安管理处罚条例”名称的条款，以及所引用的行政主管部门名称发生变化的条款，一并进行了修改。

《北京市人民代表大会常务委员会关于废止〈北京市小公共汽车管理条例〉的决定（草案）》、《北京市人民代表大会常务委员会关于修改部分地方性法规的决定（草案）》已印发各位常委会组成人员，请予审议。

市人大法制委员会关于《北京市人民代表大会常务委员会关于修改部分地方性法规的决定（表决稿）》的说明

——2010年12月23日在北京市第十三届人民代表大会常务委员会第二十二次会议上

市人大法制委员会副主任委员　张　引

主任、各位副主任、秘书长、各位委员：

2010年11月18日，市十三届人大常委会第二十一次会议对《北京市人民代表大会常务委员会关于修改部分地方性法规的决定（草案）》（以下简称《决定（草案）》进行了审议。常委会组成人员没有提出新的意见和建议。

法制委员会于12月13日召开会议，对《决定（草案）》进行了统一审议，提出《北京市人民代表大会常务委员会关于修改部分地方性法规的决定（表决稿）》，建议本次常委会会议通过。

关于市十三届人大三次会议代表建议、批评和意见办理情况的报告

——2010年12月22日在北京市第十三届人民代表大会常务委员会第二十二次会议上

市人大常委会副秘书长、代表联络室主任　张　清

主任、各位副主任、秘书长、各位委员：

根据《北京市人民代表大会代表建议、批评和意见办理条例》的有关规定，我就市十三届人大三次会议代表建议、批评和意见

（以下简称建议）的提出、办理以及督办情况报告如下。

一、代表建议提出情况

市十三届人大三次会议期间，市人大代表提出了1437件建议。其中，直接以建议形式提出的1226件；经议案审查委员会审查、主席团讨论通过，代表议案作为建议处理的211件。经统计分析，关于城建城管方面的670件，占建议总数的46.6%；教育科技文化卫生体育方面的249件，占17.3%；公安司法民政劳动人事方面的242件，占16.9%；财政经济方面的198件，占13.8%；其他方面的78件，占5.4%。

市人大代表提出建议的热情比较高，共有602位代表参与提出建议，占代表总数的78.3%。其中，有399位代表单独或者领衔提出建议，占代表总数的51.9%。从建议内容看，代表们对转变经济发展方式、编制好“十二五”规划、建设中国特色世界城市等给予了高度关注，对优化公交路网及环境建设、完善道路规划、改进地铁建设及运营、完善保障性住房政策、加大养老机构建设力度等进行了比较集中的反映。代表建议总体质量较高。

二、代表建议办理情况

市十三届人大三次会议闭幕后，市人大常委会及时组织召开会议，将1437件代表建议进行了交办。其中，交由市人大常委会工作机构研究办理30件，市人民政府研究办理1382件，市高级人民法院研究办理17件，市人民检察院研究办理4件，本市其他机关和组织研究办理99件（有101件建议由有关机关共同办理）；转国家有关部委参考6件。共涉及全市105个具体承办单位。

各承办单位对办理代表建议高度重视，积极改进工作方式，努力做好办理工作，主要表现在：一是加强组织领导。继续坚持和完善主要领导负责，分管领导组织，综合部门统筹，业务部门承办的建议办理体制。责任明确，分工明确，要求明确。二是加强综合分析。各承办单位都加强了代表建议的综合分析工作，把握重点、热点、难点问题，对代表集中反映的问题主动调整业务工作安排，改进办事方法，完善业务流程，在一定程度上形成了办理建议和完善业务工作良性互动的局面。三是加强统筹、协调和沟通。发挥办公厅室系统督办工作优势，掌握办理进度，协调解决难点，督查办理质量，加强和代表的沟通。四是加强工作制度建设。初步形成了一套分析、交办、督查、反馈的工作制度和程序，办理工作规范化程度进一步提高。

经过各承办单位和广大工作人员的辛勤努力，1437件代表建议除转国家有关部委参考的6件外，均已按照规定在5月底前办复。其中，代表建议被采纳，问题得到解决或基本解决的190件；代表建议内容相对宏观，需要持续不懈努力，目前工作已有进展并取得一定成效的907件；受政策、法规限制，短期内难以解决，向代表作出解释说明的187件；已列入工作计划，明确了完成时限，近两三年内可以解决的63件；因财力或条件所限，留待以后逐步解决的59件；留作参考的25件。今年8月下旬，市人大常委会代表联络室向单独或领衔提出建议的代表发函征求意见，有179名代表作了回复。经统计，代表对97%的建议办理情况表示同意或者理解。另外，截止到11月底，代表在闭会期间提出建议118件，已办复80件。

三、代表建议督办检查情况

2010年，市人大常委会在坚持以往有效经验和做法的基础上，进一步改进建议督办检查工作，努力提高建议办理实效。

（一）改进完善建议督办方式

常委会主任、副主任牵头重点督办继续发挥了示范作用。经主任会议研究，今年确定了加快发展北京学前教育、加强潮白河流域水系综合治理、加大养老服务和保障力度、改革北京停车管理工作、促进都市旅游商品市场开发、增加农村卫生院编制、加快少数民族乡村经济发展等7个方面共38件代表建议，由杜德印主任，赵凤山、马振川、刘晓晨、吴世雄、柳纪纲、刘新成、李昭玲副主任分别牵头督办。在精心做好准备工作的基础上，从3月起，主任、各位副主任通过召开座谈会、实地调研视察、听取专题汇报等多种方式邀请提建议的代表开展了督办工作，所办建议都有实质性进展。目前，市教委已对发展学前教育作出规划，计划5年内投入50亿元，新建、扩建600所幼儿园，并制定政策鼓励社会多渠道办园；市水务局牵头编制了潮白河流域水系综合治理规划，完成了温榆河水资源利用工程，增加潮白河调水量3500万立方米，治理水土流失面积123平方公里，开工建设密云、怀柔、顺义3个滨河森林公园，完成近80个新农村治污工程，村镇管网改造1200公里；市民政局加强养老机构床位建设，加大“九养政策”及老年优待办法的落实力度，提高了养老机构的服务水平；市交通委采取措施缓解了胡同停车问题，加强了违法停车的管理处罚，通过改进二环内地面停车收费办法引导机动车停放到地下停车场；市科委制定了《北京市促进设计产业发展的指导意见》；市经信委正积极研究制定《关于推进工业设计促进制造业高端化发展指导意见》；市卫生局加大了《北京市社区卫生服务机构设置和编制标准的实施意见》的落实力度，开展了对全市社区卫生机构编制情况的调研；市政府将对少数民族乡村经济发展加大资金支持力度，完善以奖代补机制。

专门委员会分类督办进一步扩大了建议督办的覆盖面。今年各专门委员会积极探索了对口整体督办方式，即督办其对口联系的政府部门及相关单位承办的建议，扩大了建议督办的覆盖面。为了做好督办工作，各专门委员会都制定了详细的督办工作方案，加强了综合分析，提炼出了代表建议集中反映的热点问题。在建议督办工作中，各专门委员会积极与代表及承办单位进行沟通，协调解决建议办理中的困难和问题，采取座谈交流、实地视察等多种形式开展了建议督办工作。财经委将督办的建议分为综合经济、劳动保障及财政金融三大类，指定专人加强协调。教科文卫体委对相关单位承办的建议进行了分析归类，召开办理工作座谈会，及时听取提出建议代表的意见。城建环保委加强分析研究，认真部署督办工作，组织召开建议督办工作会，邀请提建议的代表现场督办。农村委明确专人与各对口承办单位主管领导和工作人员保持联系，及时掌握办理进度，对办理数量较多、难度较大的单位有针对地进行协调沟通。经过各专门委员会和承办单位的共同努力，建议办理工作取得了新的进展。

代表联络室继续努力做好统筹协调和服务保障工作。一是加强对代表建议的综合分析，为领导和各专门委员会把握建议总体情况提供服务。二是加强同各专门委员会的沟通，协商重点督办工作意见。三是及时了解、汇总各专门委员会督办工作进展情况。

（二）探索实践建议督办与常委会监督工作的有机结合

在坚持三层督办模式的基础上，今年积极探索了将建议督办与常委会监督工作相结合的工作方式，以提高督办效果。一是将建议督办与议案督办相结合。内司委将马振川副主任牵头督办“加大养老服务和保障力度”

的建议与督办"推进老龄事业发展，完善养老服务和保障体系建设"的议案密切结合，邀请提建议代表参加议案督办全过程。二是将建议督办与听取和审议专项工作报告相结合。民宗侨委将李昭玲副主任牵头督办的"加快少数民族乡村经济发展"的建议与常委会听取和审议市政府关于本市少数民族乡村经济发展情况的专项工作报告相结合，邀请代表参加调研、列席常委会和专门委员会会议。三是将建议督办与调研市政府实事办理工作相结合。代表联络室围绕代表建议反映的热点问题，组织部分提建议代表对市政府年初承诺为群众办理的58件实事中的4件，即保障性住房建设、城乡结合部整治、养老机构床位建设、幼儿园建设进行了实地调研，督促政府有关单位将代表建议办好，将实事办实。

（三）积极探索人大督办与"一府两院"系统内部督查相结合的督办方法

今年，积极探索了人大督办与"一府两院"等承办系统内部督查相结合的督办方法。首先，在建议办理过程中，会同市政府办公厅，重点调研了部分承办建议较多的单位，掌握办理进度，了解难点问题，提出工作要求，督促承办单位将建议办理落到实处。其二，在建议办结答复代表后，"一府两院"办公厅室在系统内部进行自查，要求各承办单位在一个月内与对办理结果有意见的代表进行沟通，再次听取代表意见，并在系统内部确定进行补充办理的建议件，改进了办理工作。在此基础上，代表联络室向单独或领衔提出建议的代表发出征求意见函，征求代表对建议办理工作的意见，并与市政府办公厅共同研究，确定了7件建议交承办单位重新办理。经过工作，5件取得了实质性进展，2件经与代表沟通代表表示理解。

四、市人大常委会机关办理代表建议情况

2010年，市人大常委会机关共承办代表建议30件（与其他单位共同办理3件），涉及常委会9个工作机构。各工作机构认真研究办理代表的建议，办理工作取得了较好效果。代表建议反映的问题得到解决或基本解决的10件；工作已有进展并取得一定成效的14件；受政策、法规限制，短期内难以解决，向代表作出解释说明的4件；已列入工作计划，近两三年内可以解决的1件；留作参考的1件。代表对30件建议的办理结果均表示同意或者理解。

（一）关于立法工作方面的建议5件

建议内容主要包括加快房屋出租立法，尽快出台流动人口管理的新法规，抓紧修改完善《北京市养犬管理规定》和《北京市征兵工作条例》等。针对李红兵代表提出的"加快房屋出租立法"的建议，法制办与城建环保办一起召开了立法调研座谈会，听取了相关部门情况汇报，完成了《本市房屋租赁调研报告》，提出了关于房屋租赁立法的意见、建议，修改《北京市房屋租赁管理若干规定》已列入市政府的立法计划，有关工作正在进行中。内司办将办理周永杉等代表提出的"关于修改完善《北京市征兵工作条例》的问题"的建议与今年常委会执法检查相结合，在5月份召开的市人大常委会第十八次会议上听取并审议了市人大常委会执法检查组的报告，审议了市政府贯彻执行该条例情况的报告，提出了条例修改意见。考虑目前国务院已对《兵役法》修订草案征求意见，准备待上位法修改后再修订该条例。

（二）关于监督工作方面的建议9件

建议内容主要包括督促首都检、法两家就诉讼监督问题会签相关文件，督促市政府

抓紧解决北京市回民公墓备用土地问题，对北京市社会医疗保险基金使用和结余工作开展评议，将2010年“小升初”列入市人大重点监督检查专题等。承办部门认真考虑了这些意见。针对汤维建等代表提出的“关于首都检、法两家就诉讼监督问题会签相关文件”的建议，内司办组织“两院”有关负责同志召开了办理工作协调会，并将办理建议与听取和审议市检察院“关于深化诉讼监督工作，促进执法司法公正”专项报告的调研工作结合起来。市检察院为会签诉讼监督文件开展了相关试点工作，市高级人民法院也在为及早会签《关于建立检察院诉讼监督沟通机制的若干规定》作准备。针对吴守伦等代表提出的“建议市人大常委会督促市政府抓紧解决北京市回民公墓备用土地问题”的建议，民宗侨办积极协调，确立了在现有回民公墓西侧扩展用地的工作方案，推动了相关问题的解决。

（三）关于代表工作方面的建议4件

建议内容主要包括进一步加强代表培训工作，就提高代表建议办理质量进行专题研讨，认真研究改进代表工作等。代表联络室及时与代表及有关方面进行了沟通。针对吴守伦代表提出的“召开进一步提高代表建议办理质量的专题研讨会”的建议，代表联络室将代表建议工作列为今年常委会重点调研课题，先后组织“一府两院”建议承办单位、常委会各工作机构、部分市人大代表进行了调研，提出了改进建议工作的意见。针对张锦东代表提出的“关于进一步加强代表培训工作”的建议，代表联络室在今年的代表培训中已根据代表意见就培训内容和方式进行了改进，丰富了培训内容，活跃了培训形式。

（四）关于人大及其常委会自身建设方面的建议12件

建议内容主要包括公开立法审议报告及政府绩效考评，进一步完善代表结构及任职仪式，提高人代会会议服务质量，改进文件材料发放方式，在人代会上带头节约资源、节省经费等。王玉梅代表提出的“关于市人大公开立法审议报告及政府绩效考评的建议”，法制办和财经办分别进行了办理，对立法公开程序进行了调整和改进。一审法规审议报告、法规立项论证报告及常委会主任会议的审议意见，通过常委会门户网站或门户网站的“代表园地”平台，向全社会或全体代表公开。经与市财政局沟通，代表提出的加强绩效考评结果公开的建议已被政府部门采纳。针对韩克非代表提出的“关于市人民代表大会会议简报采用电子文本的建议”、毛铮铮代表提出的“关于人代会资源节约问题的建议”，办公厅认真研究改进办法，重新统计了可以用电子方式接收会议简报材料的代表，扩大电子文本使用范围，并将在会议期间对文件材料进行保密甄别后，尽量减少纸质文件，厉行节约。

主任、各位副主任、秘书长、各位委员，今年的代表建议工作，在各级领导的高度重视，有关单位、广大代表的共同努力下，认真贯彻市委三次人大工作会议精神和市十三届人大三次会议决议，探索和实践了一些新方法，取得了一些新进展。但是，我们感到代表建议的服务工作还需要进一步加强，代表建议办理的工作机制还有待进一步完善，代表建议督办检查的整体实效尚需进一步提高。今年全国人大常委会对代表法进行了修订，对代表建议方面的规定也作了一些调整。明年，我们将认真执行新修订的代表法，做好建议办理条例修订的调研论证工作，加大建议工作宣传和培训力度，加强统筹协调，进一步改进建议工作，提高建议工作实效。

以上报告，请予审议。

关于办理市十三届人大三次会议代表建议、批评和意见工作情况的报告

——2010年12月22日在北京市第十三届人民代表大会常务委员会第二十二次会议上

北京市人民政府秘书长　孙康林

主任、各位副主任、秘书长、各位委员：

我受市人民政府委托，向市人大常委会报告办理市十三届人大三次会议代表建议工作的情况。

一、代表建议及办理的基本情况

2010年是实施“十一五”规划的最后一年，也是在新的起点上全面推进“人文北京、科技北京、绿色北京”建设的重要一年。各位代表着眼世界城市建设，紧紧围绕推动首都科学发展、促进社会和谐，深入调查研究，提出了许多有价值的建议，对全面推动市政府做好今年各项工作，加快建设繁荣、文明、和谐、宜居的首善之区发挥了重要作用。

（一）代表建议的基本情况

市十三届人大三次会议交市人民政府研究办理的代表建议共1382件（比十三届人大二次会议减少34件）。其中，涉及城建城管方面的666件，占48.19%；教科文卫体方面的242件，占17.51%；公安、民政、人事和劳动方面的228件，占16.50%；经济方面的193件，占13.97%；其他方面的53件，占3.83%。

（二）办理代表建议的情况

在市人大常委会和各位代表的支持、帮助下，市十三届人大三次会议交市政府研究办理的代表建议已按法定时限全部办复。其中，所提问题得到解决或基本解决的168件，占12.16%；所提问题取得进展的888件，占64.25%；因受政策、法规等一些因素限制，所提问题短期内难以解决，向代表说明后得到理解的182件，占13.17%；所提问题列入工作计划，近两、三年内可以解决或缓解的61件，占4.41%；因目前条件所限，有待以后逐步解决的58件，占4.20%；留作参考的25件，占1.81%。

闭会期间，截至11月底，共收到107件代表建议。其中，73件已办复，34件正在办理中。

二、主要做法

在今年的办理工作中，我们坚持从加强民主政治建设、推动首都科学发展、构建和谐社会首善之区的高度，把办好代表建议作为改进工作作风、提高工作水平的重要内容，积极探索新形势下做好办理工作的新思路、新途径和新方法，取得了明显成效。主要做法是：

（一）领导高度重视，明确办理工作要求

2009年年底，刘淇书记对提案工作作出“要认真改进提案交办工作”的批示，我们与市委办公厅、市人大常委会代表联络室、市

政协提案委员会等单位进行了认真研究，把改进交办工作作为提高办理质量的重要环节，加强沟通协商、通力合作，共同完善了今年市“两会”交办制度。今年代表建议交办的准确率有了明显提高，建议调整总数为71件，比去年减少42件。

今年年初，在市政府第三次全体会上，郭金龙市长要求“各部门、各单位一定要高度重视，提高自觉性和主动性，把办理议案、建议和提案作为依法履职的具体体现，作为全心全意为民办实事的具体行动，认真落实好、完成好，切实推动政府各方面工作”。市“两会”后，市政府及时召开办理代表建议工作会，吉林常务副市长要求各承办单位在办理建议工作中，要统筹安排、整合力量，下大力气解决一些实际问题，并认真分析代表提出的建议和意见，及时吸纳到今年的各项工作中。

各承办单位的领导也非常重视代表建议的办理工作。采取召开办公会（专题会）研究部署、主要领导和主管领导亲自参与办理工作等方式，推动了办理工作顺利开展。如，市教委、经济信息化委、公安局、农委等单位都由主要领导主持召开代表建议办理工作会，组织各承办处室负责人就建议的办理进行专门研究。

（二）加强综合分析，找准改进工作突破口

近年来，我们一直坚持把做好建议分析作为办理代表建议的首项工作。不以办完建议为目的，而是把办理工作作为了解民意、加强与人民群众联系、提高工作水平的机会，认真对待。今年我们继续组织力量对代表建议进行认真研究和分析。

一是各承办单位对代表建议普遍作了系统分析。通过分析，深入了解本行业内人民群众关心什么，哪些问题亟待解决，哪些问题需要通过个案来解决，哪些需要通过完善制度、调整政策来解决，研究制定下一步改进工作的措施，并层层明确责任、落实任务。

二是办公厅对全部建议作整体分析。既分析数量的变化，又分析代表关注点的变化，找出建议总体情况的趋势和特点，把握代表关注的重点，找准政府工作的着力点；将《2010年市政府承办代表建议综合分析》分送各位副市长参阅，使市政府领导能够了解代表反映的主要问题及对其分管部门工作的建议和意见，为市政府领导科学决策提供了第一手资料。

三是在代表建议交办过程中通过分析，归纳整理了涉及政府部门职能交叉和管理盲点的12个问题，吉林常务副市长批示“请市编办和市政府法制办研究参考”。两部门按照市领导批示精神认真研究落实，为代表建议的准确交办奠定了基础。

（三）突出重点难点，确保办理工作见实效

在办理工作中，针对代表关注的重点难点，各承办单位加大统筹协调力度，有效促进了代表建议的办理和落实。

对于反映问题复杂、涉及部门多、办理难度大的建议，市政府各相关部门通力合作、加大工作力度，促进了问题较好的解决。如，针对代表反映多年的治理黑车、打击号贩子等问题，市公安局会同多个部门合力推进“脉冲”和“晨锋”专项行动，开展了有效打击，得到了群众的拥护。针对代表长期关注的城市道路架空线管理问题，市市政市容委等相关部门按照市领导要求，成立了北京市架空线入地专项整治领导小组，制定了《北京市架空线入地工作方案》和《2010年架空线入地实施计划》，加快推进本市架空线整治工作。

针对代表关注的重点问题，市政府相关部门高度关注，千方百计加以解决。如，2008年北京奥运会成功举办后，代表们一直关注新建奥运场馆的赛后利用问题，市体育局、国资委等部门加快改造奥运场馆，拓展新的发展空间，以“鸟巢”、“水立方”为代表的奥运场馆不断探索新的经营模式，取得了社会效益和经济效益双丰收。今年8月8日“水立方”重新开业，截至11月底，共接待游客107.3万人次，提供了1300个就业岗位。又比如，近年来，群众医疗费报销周期长、垫款负担重的问题得到代表们的高度关注，建议医疗费用实时结算，市人力社保局积极牵头推进社保卡工程建设。现该工程取得了重大进展，截至11月底，累计发放社会保障卡710万张，1779家定点医疗机构实现“持卡就医、实时结算”，受到群众普遍欢迎和好评。

（四）强化跟踪督办，在提高办理质量上下功夫

一是重视重点督办建议工作。市政府及各相关单位深入调研，密切配合市人大常委会相关部门，加大办理力度，取得了较好的办理效果。如，在“加快发展北京学前教育，加强幼儿园管理”和“潮白河流域水系综合治理”等重点督办建议的办理过程中，主管副市长、副秘书长及相关部门先后多次召开督办工作座谈会，各部门各司其职，通力协作，有力地推动了这些工作。

二是走访承办单位，跟踪服务。今年初市政府办公厅与市人大常委会代表联络室一同走访了一些承办代表建议较多的部门，对办理情况进行详细了解，并就有关问题进行探讨和沟通，同时对办理工作具体指导，帮助解决办理工作存在的困难。

三是扎实开展自查、复查工作。代表建议办复之后，各承办单位全面开展了自查工作；在市人大常委会征求代表意见中，代表对49件建议的办理结果表示不同意，10个相关承办单位高度重视，认真查改问题，积极开展了沟通说明解释工作；对需要重新办理的7件建议，一方面，市政府领导要求相关单位从自身查找原因，加大工作力度再次办理，通过办理以点带面改进工作。另一方面，对于确实难以解决的问题，要求相关单位与代表当面沟通，说明原因、解释政策、增进理解，促进提、办双方良性互动。

（五）开展调查研究，推进办理工作上水平

针对目前办理工作面临的新形势、新情况，我们以课题为载体，有针对性地开展了调研工作。年初，市政府办公厅就“如何提高建议交办准确率”、“如何提高办理建议质量”、“如何评价考核办理建议工作”等专题展开调研。通过调研，我们体会到：

1. 依法推进办理代表建议工作的制度化、规范化和程序化，是新形势下提高办理代表建议工作水平的重要途径。只有在坚持和完善行之有效的经验做法的基础上，进一步解放思想，创新工作方式方法，完善工作制度，才能使办理代表建议工作更加富有生机和活力。

2. 衡量办理代表建议质量，应当有一个相对客观、具有可操作性的办法。只有通过不断总结和实践，并在广泛听取提、办双方意见的基础上，形成双方认可的评价标准体系或规范，才能对办理代表建议质量进行客观公正的评判。

3. 立足全局是提高综合性建议办理质量的关键。综合性、全局性、前瞻性较强的建议，对于拓宽政府部门工作思路、推进首都各项事业长远发展，具有重要价值。但这些建议往往情况复杂、涉及面广、办理难度大，只有将其放在全局工作中加以部署、研究，建立部门协作机制，共同完成，才能更好地发挥综合性建议对政府工作的推动作用。

（六）加强业务培训，提升队伍整体素质

针对近年来办理建议工作人员变动大、新人多等特点，市政府办公厅围绕如何坚持

人民代表大会制度，进一步强化承办队伍的政治意识、法律意识、大局意识和责任意识，结合承办人员在办理工作中遇到的一些具体问题，研究起草了《办理代表建议工作有关问题解答》；组织召开了四期市政府系统办理代表建议工作交流培训会，对46个承办单位180余名承办人员进行了系统业务培训。为帮助承办单位全方位做好服务代表及市人大常委会工作，培训活动除学习人民代表大会根本政治制度外，还详细介绍了市政府向市人大及其常委会报告工作情况，接待全国及市人大常委会的执法检查、视察、调研的相关工作程序及要求。会后将培训讲义上传专网供各单位学习，以帮助承办人员提高依法办理水平。市发展改革委、交通委、市政市容委、国资委等多个部门还结合实际对本系统办理人员进行业务培训，收到了良好效果。

三、通过办理代表建议，有效地推动了政府工作

在办理代表建议的过程中，我们深刻地体会到，代表所提建议，给政府工作以许多有益的启示、帮助和支持。结合办理代表建议，市政府在加快转变发展方式、破解发展难题、改善民生、提升城市运行保障能力等方面的工作都取得了新进展。

（一）*在加快发展方式转变方面*

结合代表提出的“抢占战略制高点，扎实推进中关村国家自主创新示范区建设”的建议，市政府制定实施《中关村国家自主创新示范区行动计划（2010—2012年）》，加快各项先行先试改革，重点推进中关村科学城、未来科技城建设，积极搭建产业创新发展平台，示范区建设取得了新的成效。结合代表提出的“大力发展绿色经济、低碳经济，促进首都经济发展”、“关于提升北京市现代绿色物流业发展”等建议，先后出台物流业、商务服务业、软件和信息服务业调整和振兴实施方案，增强了首都产业发展后劲；制定《北京市实施〈中华人民共和国节约能源法〉办法》、《“绿色北京”行动计划（2010—2012年）》，发布实施《2010年节能节水减排技术推荐目录》，进一步提升了首都节能减排工作水平。

（二）*在加大区域统筹力度方面*

结合代表提出的“应专项调研北京中心城区行政区划调整问题”、“拉动城南经济发展”、“关于加快推进永定河绿色生态走廊建设”、“依法整治违章建筑、促进社会和谐”等建议，市政府加强体制机制创新和资源整合，着力推进城乡、区域统筹协调发展。一是报经中央批准，对首都功能核心区进行行政区划调整，现正稳步推进。二是整合大兴和亦庄开发区行政资源，促进海淀和昌平南部地区产业基地顺利对接，积极打造“一南一北”两个高端产业发展带，为首都战略性新兴产业和高技术产业发展奠定了坚实基础。三是积极推进CBD核心区建设和金融街功能区拓展，加快通州国际新城、首钢地区、永定河绿色生态发展带规划建设步伐，全面推动城南行动计划。四是成立市城乡结合部建设领导小组办公室，整体启动50个重点村的城乡一体化建设，同步推进“城中村”改造，进一步优化环境，逐步缩小城乡区域发展差距。

（三）*在改善民生方面*

结合代表提出的“关于大力发展北京学前教育，缓解幼儿入园难”、“进一步加强养老服务业发展”、“关于加速推进保障性住房建设，加大保障性住房政策执行力度，解决中低收入人群住房问题”等建议，市政府采取多项有效措施，积极改善民生，努力为群众营造更加和谐宜居的生活环境。完成30所公办幼儿园的改造扩建，增加入园名额万余个，有效缓解入园紧张状况。继续完善养老

保障制度，落实“九养政策”和老年优待办法，加大养老服务投入，本市老龄事业取得新进展。加大对中低收入群众住房保障的力度，提出坚持政策性住房建设用地占全市住宅供地50%以上，政策性住房套数占全市新开工住宅套数50%的要求，政策性住房建设全面提速。

（四）在提升城市运行保障能力方面

结合代表提出的关于北京市交通治理、加强北京市公共交通管理、加强城市垃圾处理前端减量工作等方面的建议，市政府坚持标本兼治、建管并重的思路，下大力气破解交通、环境等城市发展难题，不断提高城市承载能力。一是大力发展轨道交通，着力构建以轨道交通为骨干、地面公交为主体、多种交通方式协调运转的绿色出行系统，年底全市轨道交通运营总里程将达到336公里，公交出行比例将达到40%。二是制定实施了《缓解北京市区交通拥堵第七阶段工作方案》，加快推出新的治理交通拥堵措施。三是深入推进垃圾减量、垃圾分类工作，在600个居住小区、30%的党政机关和学校中开展垃圾减量、垃圾分类示范引导活动，在100个单位开展生活垃圾“零废弃”试点。四是开展“做文明有礼的北京人—垃圾减量、垃圾分类从我做起”主题活动，动员全社会共同参与垃圾处理工作，从源头上减少垃圾产生。

（五）在编制“十二五”规划工作方面

编制好“十二五”规划，是今年全市工作的一项重要任务。规划编制工作得到代表们的高度关注，提出的“‘十二五’规划应把解决首都人口资源矛盾、提升城市发展质量列为优先目标”、“深入贯彻落实科学发展观，高度重视‘十二五’规划编制工作，切实发挥政府规划先导作用”等建议，给予本市“十二五”规划编制工作很大的支持和帮助。结合代表建议，本次规划将认真总结“十一五”期间的经验，牢牢把握可以大有作为的重要战略机遇期，以科学发展为主题，以加快转变经济发展方式为主线，全力推动人文北京、科技北京、绿色北京三大战略，进一步提高“四个服务”水平，努力打造国际活动聚集之都、世界高端企业总部聚集之都、世界高端人才聚集之都、中国特色社会主义先进文化之都、和谐宜居之都，推动首都向中国特色世界城市迈出坚实的步伐。

总之，代表建议对本市调整经济结构、转变发展方式、推动科学发展、促进社会和谐等方面工作都起到了重要的积极推动作用。

四、下一步打算

一直以来，市政府高度重视办理代表建议工作，在市人大常委会和代表们的支持下，工作取得了一定成效。同时也认识到，我们的工作还存在一些不足之处，一是个别承办单位对办理工作重视不够，需要不断提高思想认识。二是有些答复缺乏针对性，跟踪落实不到位的现象时有发生。三是对需要多个部门共同解决的综合性问题的协调力度还需进一步加大。针对以上问题，下一步我们将着力做好以下工作：一是进一步提高认识，加强组织领导和督促检查，推进办理代表建议工作取得新进展。二是深入调查研究，探索建立市政府系统办理代表建议工作考核评估机制，探索分类办理、集中答复的方式，针对代表反映突出的问题，注重建议的有效落实。三是联系实际，进一步加大对承办人员的培训力度，不断提高业务素质和工作能力，提高办理代表建议的质量和效率。

主任、各位副主任、秘书长、各位委员，认真办理代表建议是加强社会主义民主政治的重要内容，是全面贯彻落实科学发展观的具体体现。我们将认真贯彻落实党的十七届五中全会精神，进一步改进和完善代表建议的办理工作，通过市人大代表更好地做好联系群众、宣传群众、组织群众、服务群众、团结群众的工作，为加快建设充分体现人文、科技、绿色特征的中国特色世界城市作出新的更大的贡献。

以上报告，提请市人大常委会审议。

关于市十三届人大三次会议代表建议、批评和意见办理情况的报告

——2010 年 12 月 22 日在北京市第十三届人民代表大会常务委员会第二十二次会议上

北京市高级人民法院院长　池　强

主任、各位副主任、秘书长、各位委员：

市第十三届人民代表大会第三次会议期间，我院收到大会交办的市人大代表建议、批评和意见（以下统称建议）17 件，由我院单独办理 13 件，会同其他单位办理 4 件。在市人大常委会的监督、指导下，上述建议全部办理完毕。现将建议办理情况报告如下。

一、关于代表建议的总体情况

今年的代表建议具有以下特点：一是建议总数有所下降，今年我院共收到代表建议 17 件，同比减少 7 件。二是 17 件建议中有关加强审判、执行工作的建议有 9 件，超过全部建议的一半，体现出代表对法院工作的重视和关心。三是建议内容更加翔实，近一半建议附有代表的调研成果，尤其是建议围绕法院实际工作，提出了具体的改进措施，体现出代表务实的工作作风。

二、代表建议的办理情况

代表建议总体上可分为四个方面，现就每个方面的办理情况分别报告如下。

（一）有关改进法院管理工作，保障当事人诉讼权利的建议办理情况

针对李军代表提出的“年底立案难”的建议，我院在深入调研的基础上，采取多种措施加以解决，一是在全市法院推进全年均衡结案工作，将过去按年度考核分解为逐月、逐季度考核，杜绝因年底未结案多形成不收案的现象。二是重新修订对全市各级法院的“双先”评比标准，取消“年终结案率”和“人均结案率”考核指标，加入对法定审限内结案率的考核。

针对李爱庆代表提出的“改进涉诉国有资产处置工作”的建议，我院先后 3 次对北京市的产权交易场所进行实地考察，协调市国资委等相关部门予以解决。今年 10 月，我院与市国资委联合下发了《关于对涉诉国有资产进行拍卖的规定（试行）》，对拍卖国有或国有控股企业的财产处置方式加以明确，切实保护了国有资产，提高了被执行人财产处置的效率和效益。

李大进代表提出的关于“司法文书公开应注意保护公民和法人的隐私权和商业秘密”的建议，与我院在裁判文书公开工作中的调研结果高度一致。通过对市高级法院今

年聘请的50名特邀民意咨询员的问卷调查，我们发现，支持全面公开和要求隐去文书中相关信息的人数基本持平。为慎重推进此项工作，我院在贯彻落实公开审判这一基本法律原则的前提下，实现了全部商事案件、知识产权案件和部分刑事案件的裁判文书上网公开，同时制定了严格的审查程序，确保法定不得公开的事项不因文书上网而泄密。截至目前，全市法院上网公开的裁判文书已达41,700余件。

李军代表还提出了“保障代理律师复制庭审笔录权利”的建议，市高级法院已经制定下发了《关于保障律师执业权利维护司法公正的意见》，明确要求各法院应为律师复制材料提供便利。目前各法院全部能够做到为代理律师复制庭审笔录，对个别开庭后不能立即复制诉讼材料的，市高级法院要求各院应向当事人和律师充分说明客观情况，并预约安排专门时间，为当事人和律师阅卷及复制诉讼材料提供便利，充分保障代理律师的诉讼权利。

（二）有关市高级法院加强审判指导、统一执法尺度的建议办理情况

针对强磊代表提出的“加强高级法院申诉审查工作”的建议，我院重点做了以下几方面工作：一是加大申诉案件立案阶段的调解力度，争取案结事了。2010年通过调解化解申诉案件688件。二是通过全市法院开展的“万件案件检查”工作，主动复查可能存在问题的案件，及时纠正处理。全市三级法院共复查10,053件重点案件，在查处问题的同时，也收到了良好的警示效果。三是充分发挥审判监督作用，加大审查力度，对确实存在实体或程序问题的案件依法提起再审，保护当事人合法权益。2010年通过申诉审查，依法再审案件339件，切实维护当事人合法权益。

就孟卫东代表提出的“统一刑满释放人员档案丢失的赔偿标准”的建议，我院对全市法院相关案件的审理情况进行了调研，在与中级、基层法院共同研讨的基础上，下发了《劳动人事争议研讨会会议纪要》，对此类案件处理原则和赔偿标准加以明确。

朱建岳代表提出的“统一执法尺度，制定建设施工合同案件审理规范”的建议，尤其是所附的“规范讨论稿”，具有较强的可操作性。此类案件法律关系复杂，涉及合同法、物权法等多个法律领域，审查内容涉及建设、规划、土地甚至消防等多个行政部门，制定规范性指导文件难度较大。市高级法院将在后续调研和业务培训中，认真研究朱建岳代表的建议，充分采纳可行内容，指导此类案件的审理。针对朱建岳代表就再审案件提出的法律适用和交纳诉讼费等几个具体问题，我院根据现行法律、司法解释的规定，作了认真解答。

近年来，人大代表越来越关注市高级法院加强审判指导工作。由于经济社会的快速发展和法律、法规的不断更新，使审判工作中亟待解决的新情况、新问题不断涌现。市高级法院从三个层面加强审判指导工作：一是加强审判督导，规范执法标准。今年市高级法院通过审判委员会研究，先后制定了《审理医疗损害赔偿纠纷若干问题的意见》、《指定管辖案件审理工作规范》、《执行工作规范》等12个涉及审判执行业务的指导性文件，为审判督导提供了有力依据。二是实施案例指导，统一裁判尺度。截至目前，市高级法院已下发各类指导案例1000余期，就一些具有普遍意义的案件明确了处理原则，也提高了法官的审判效率。三是建立案例数据库，目前北京法院局域网上已分类收集了100余万件各类案例，方便法官查阅，吸取已有的审判经验，统一法律认识。

（三）涉及建立执行工作机制的建议办理情况

唐西兰、李大进和朱建岳等3位代表分别

针对法院执行工作，提出了“完善执行工作的长效机制”、“加强对消极执行监督”等建议，反映出了人民群众对法院执行工作的期待和要求。今年，市高级法院在巩固去年清理执行积案成果的基础上，规范执行行为，探索执行工作新机制，切实将代表建议落到实处。

一是总结试点经验，在全市法院推行分段集约执行机制。在去年7个法院试点的基础上，今年在全市全面推行分段集约执行机制。由不同执行人员分别负责督促执行、财产查找、财产变现、案款发放等执行环节，加大对执行流程监控的力度，在提高执行效率的同时，降低了廉政风险。

二是完善执行工作规范。今年，我院汇编出台了多达612条的《执行工作规范》，实现了对执行行为的全覆盖，从制度层面解决了拖延执行、消极执行的问题。

三是加大执行工作力度，创建“无执行积案法院”。在金融、工商、建委、公安等多部门的配合下，我院建立了全国首家执行信息查询中心，实现个人身份、企业代码、账户、股权、房产、车辆等执行信息的共享，有效提高了查询和控制被执行财产的效率。全市法院加大执行力度，在媒体上对355名拒不执行人予以曝光，司法拘留530人，限制出境341人，追究刑事责任23人，震慑了拒不执行人。全年执结各类案件106,606件，同比上升1.6%，执行到位率在全国排名第二。

四是统一执行信访接待工作。为解决执行法官经常外出办案，当事人找不到执行法官的问题，今年4月起，全市法院确定每月第一、第三个周五的上午作为统一的执行接待日，三级法院主管执行领导和执行法官集中接待，确保来访的当事人能找到执行员。统一的执行接待工作，使涉执行信访出现明显下降，在最高法院今年的“涉执行信访排名通报”中，北京法院一季度排名第一，二、三季度排名第三，得到最高法院的表扬。

（四）关于加强检察监督的建议办理情况

针对汤维建等16名人大代表提出的“建立法院、检察院就诉讼监督问题会签文件制度”的建议，我院作为会办单位高度重视，与市检察院共同研究，积极建立法院、检察院沟通协调机制。今年，我院与市检察院联合签署了《关于建立沟通机制的若干规定》，对各项制度的细节加以明确。每半年举行一次院级沟通会，根据需要随时举行部门沟通会，研究解决具体问题。还就检察机关提起抗诉、建议再审以及提出检察建议等项工作实行通报制度，便于市高级法院加强全市法院审判监督和管理，促进司法公正。

上述建议办理完毕后，我院均向建议代表做了答复，建议代表表示满意或同意。

除以上建议外，我院还主办了“引入郊区法官，充实城区基层法院调解力量”、“建设法院系统档案馆”等建议，与其他单位会办了“规范涉法信访程序”、“理顺房改房供暖关系”等建议，建议代表对办理结果也表示满意或同意。

三、办理代表建议工作的主要做法

十三届人大三次会议交办建议的顺利办理，得益于市人大常委会的监督和指导，得益于各位代表的理解和支持，同时也是全市法院自觉接受人大监督、努力改进工作的结果，我院办理代表建议主要做法有：

（一）加强组织领导，强化自觉接受人大监督的意识

我院对建议办理工作高度重视，市“两会”后，高级法院党组立即听取职能部门拟定的建议办理方案，建立了院“一把手”全面负责，各部门领导为本单位第一责任人、主管院领导定期听取办理进度予以督办的工作机制。3月份，我院成立了督促检查办公室，对全院各部门的办理工作实施全程监督。

做到交办前分工明确，办理中协调到位，办结后严格把关，切实建立起建议办理工作的长效机制。今年，我们还调整了全市法院“创先争优”考核指标，加大建议办理工作的考核权重，强化办理职责，各承办部门自觉接受人大监督的意识得到提高。

（二）完善制度措施，提高建议办理水平

在今年的建议办理过程中，我院首先从修改完善工作制度入手，制定了《北京市高级人民法院专项督办工作细则（试行）》，修订了《办理人大代表、政协委员交办事项规定》，进一步理顺了办理工作流程、提高了办理要求和标准，促进建议办理的规范化。其次，注重加强办理过程中的沟通工作。在继续落实办前、办中和办后“三沟通”工作方法的基础上，我院还邀请了部分建议代表参与调研，充分了解代表建议的初衷，使办理结果更好地得到代表的认可。第三，做好追踪办理工作。5月底我院向市人大提交“会上建议”办理报告后，继续对办理结果进行了梳理分析，将办理结果划分为“已落实”、“近期落实”和“远期落实”三类。对确定为“近期落实”的建议，由职能部门继续实施追踪办理，确保年内形成制度成果。对确定为“远期落实”的建议，责成承办部门列入明年计划，分阶段、分步骤完成。如“检、法两家会签文件”、“执行工作制度建设”、“改进涉诉国有资产处置途径”等代表建议，都是通过追踪办理，在下半年具体落实，并出台了相应规范性文件。建议代表对我院的追踪办理工作给予了充分肯定。

（三）注重成果转化，确保建议办理实效

办理建议取得实效的关键在于落实。我院高度重视建议办理工作的成果转化。今年，我院在充分采纳和吸收代表建议的基础上，先后出台了《关于统一民事和刑事案件二审立案标准的规范性意见》、《关于审理医疗事故赔偿案件的若干问题的意见（试行）》、《关于审理房屋买卖合同纠纷案件适用法律若干问题的指导意见（试行）》等一系列指导性文件，规范全市法院审判执行工作，促进法院整体工作提升。

主任、各位副主任、秘书长、各位委员，代表提出建议，是代表履行监督职责的重要形式，是帮助法院发现问题、改进工作的重要途径。我院将在市委、最高法院、市人大常委会的领导、指导和监督下，继续强化接受监督的自觉性，努力提高建议办理工作的质量，以公正、高效的审判执行工作，为首都的法制建设作出贡献！

以上报告，请予审议。

关于市十三届人大三次会议代表建议、批评和意见办理情况的报告

——2010年12月22日在北京市第十三届人民代表大会常务委员会第二十二次会议上

北京市人民检察院检察长　慕　平

主任、各位副主任、秘书长、各位委员：

市第十三届人民代表大会第三次会议期间，市人民检察院收到大会交办的市人大代表建议、批评和意见（以下简称“建议”）4件，其中与其他单位会同办理2件。市检察院十分重视这些代表建议，在市人大常委会

的监督和支持下，经努力工作，上述建议均已依法办理完毕并答复代表。现将办理情况报告如下。

一、关于代表建议的情况

今年的代表建议主要涉及三个方面的内容：一是关于加强诉讼监督工作方面的建议；二是关于加强矛盾化解工作方面的建议；三是关于加强检察队伍建设方面的建议。

这些建议具有以下特点：一是内容比较集中，从不同方面对检察机关落实市人大常委会《关于加强人民检察院对诉讼活动的法律监督工作的决议》（以下简称《决议》），做好诉讼监督工作提出中肯意见；二是综合性较强，建议涉及多个层面的问题，需要多个承办单位共同进行研究办理；三是更加注重制度建设，代表不仅关注具体问题的切实解决，更从制度层面提出了建设性的意见和建议。这些建议为市检察机关继续贯彻落实好市人大常委会《决议》，全面加强和改进诉讼监督工作，深入推进三项重点工作，加强队伍建设，促进执法司法公正提供了有益帮助。

二、代表建议的办理情况

（一）关于加强诉讼监督工作方面的建议

市人大常委会《决议》的出台，在全国引起了积极反响，也得到全市人大代表的持续关注和支持，他们认真调查研究，积极建言献策，不断支持和推进人大常委会《决议》的贯彻落实。

汤维建等16名代表认为贯彻落实好《决议》需要各司法机关的紧密配合，更需要用制度建设来巩固和推进诉讼监督工作。于是，他们共同提出第2207号（会上）建议，希望“首都‘检法’两家就诉讼监督问题会签相关文件”，通过更加具体的规范性文件使《决议》更具可操作性，增强诉讼监督工作的实效性。

市检察院认真配合该建议的主办单位市人大内司委做好办理工作，积极参加建议办理协调会，落实会议各项要求，主动与市高法联系、共同协商，制定了《北京市高级人民法院、北京市人民检察院关于建立沟通机制的若干规定》。这项规定增进了市检察院与市高法在工作机制、具体业务等方面的交流沟通，对于司法机关统一执法标准、规范执法行为、促进司法公正、维护司法权威都具有重要意义，是贯彻落实市人大常委会《决议》的又一项重要制度性成果。

同时，市检察院还注意加强与其他执法司法机关的沟通协作。今年上半年，在市政府领导支持下，市检察院和市政府法制办牵头正式启动全市层面上的“两法衔接”工作，积极完善行政执法与刑事司法的衔接机制，建立由市公安局、市监察局等22家成员单位参加的联席会议制度，下发《行政执法与刑事司法衔接工作办法》和《行政执法与刑事司法衔接工作联席会议制度》，并在顺义、昌平等区着手启动“两法衔接”网络平台建设。与市公安局会签《关于进一步加强和完善公安监管执法与检察监督工作联系制度的意见》，从建立联席会议制度、建立监管场所突发事件紧急会商和处置工作机制等方面，加强监所检察部门与公安机关监管部门的联系。

此外，为深化对诉讼监督工作规律的认识，加强诉讼监督工作理论研究，今年7月，市检察院主办了首个全国性的诉讼监督论坛，在全国范围内产生良好的反响。汤维建代表作为特邀专家，也参加了本次会议，并对北京市检察机关落实《决议》，扎实推进诉讼监督工作给予高度评价。

（二）关于加强矛盾化解工作方面的建议

当前，我国正处于利益格局深刻调整的社会转型期，经济社会快速发展中各种不利因素仍然很多，涉法涉诉信访仍呈高位运行态势。因此，中央政法委部署开展了“百万案件评查”活动。市委政法委要求检察机关以中央挂帐的重点信访积案为重点，深入推进案件评查工作。市人大常委会要求检察机关针对涉法涉诉信访案件启动“百案评查”工作。唐西兰代表提出“检察院和公安局尽快协调解决陈年旧案”，汤维建等15名代表建议市政法委协调各司法机关，“规范涉法涉诉信访上访，构建北京市化解矛盾纠纷的系统工程”。以上建议与中央、市委、市人大的部署和要求不谋而合，也是改进检察工作的重要参考。

按照建议主办单位市委政法委的统一部署，市检察院积极办理代表建议，结合落实上级单位各项部署，自今年5月起全面开展涉法涉诉案件评查分析专项工作。从评查个案入手，深入解剖分析、认真查找问题，制定专门的整改措施，着力提高办案水平和效率，有力推动信访积案的化解。一是完善涉检信访工作机构。在市检察院控申部门内部设立涉检信访督办办公室，理顺涉检信访的责、权关系，解决由于没有专门机构而导致的工作分工不明确、工作人员不固定、涉检信访办案力量不足等问题。二是建立涉检信访工作联席会议制度。进一步加强检察机关内部各部门之间的协调配合，强化市检察院信访工作一盘棋格局的作用，推进涉检信访的案前预防、案中化解、案后责任倒查工作的顺利开展。三是建立更为科学的信访工作业务考核办法。完善全市信访工作对口考核办法，使考核项目重点突出、便于操作、奖惩明确、层次清晰，切实达到警示教育、举一反三、源头治理的目的。四是多种矛盾解决方式相结合。在立足社会矛盾化解，积极探索“检调对接”的同时，尝试建立检察机关与政府机关信访案件协调处理机制，推动息诉工作与行政调解、司法调解、人民调解、公益律师调解的有效衔接，努力维护司法权威，共同化解社会矛盾。五是积极进行机制和制度创新。紧紧围绕三项重点工作，通过出台《北京市人民检察院关于加强检务接待工作的决定》、《北京市检察机关关于进一步加强释法说理工作的规定（试行）》，进一步推进社会矛盾化解工作取得新成效。

市检察院通过办理这两件代表建议，积极完善相关工作机制，不断增强化解社会矛盾的能力和水平，对推动解决涉法涉诉问题、推进公正廉洁执法都起到了积极作用，代表们也对市检察院的建议办理工作表示满意。

（三）关于加强基层检察队伍建设方面的建议

基层人民检察院是人民检察院整体工作的基础，各项具体的检察工作主要依靠广大基层检察干警来承担和履行。邓秀琴代表在第0511号（会上）建议中指出，由于基层检察机关招录中存在“门槛高”、“待遇低”等问题，造成基层检察院招不来、留不住人才，影响和制约检察工作的健康协调发展，因此建议市检察院与市人力资源和社会保障局协调，“解决基层检察机关招录人员问题”。邓秀琴代表的建议反映了一些基层院的实际情况，市检察院对此建议非常重视，专门进行调查研究，并制定了相应解决措施。

一是优化编制分配，充实基层检察队伍，切实解决“招不来”的问题。近年来，市检察院将中央补充给北京市检察机关的第一批政法专项编制中超过80%的编制分配给各区、县检察院，为解决基层检察院招录编制不足的问题提供了根本保障。2009年下半年以来，通过面向社会人员考试录用公务员，全市基层检察院共招录公务员401名，约占总招录人数的94%。新增检察人员全部具有大学本科以上学历和相对应的学位。通过优化编制分配、考试择优录用公务员，全市各级检察机关尤其是基层检察院，队伍得到了壮大、结构得到了改善。

二是加强基层检察院人才队伍建设，为基层检察院检察人员的成长搭建舞台，有效解决“留不住”的问题。市检察机关近年来以增强法律监督能力为核心，以促进专业化建设为目标，以领导干部和业务一线检察官为重点，坚持大规模培训、分层次培训、分类培训相结合，切实提高检察官队伍，特别是基层检察官的专业化水平和素能。同时，市检察院把加强交流作为培养人才、提升能力的重要途径和手段，加快基层检察院检察官培养的步伐。分期分批地组织区、县院后备干部或优秀年轻干部到市院机关挂职锻炼；加强城区院与郊区院之间的业务骨干定期交流锻炼；综合采取各院调整、系统交流等方法，逐步打通人才交流渠道，促进人才合理流动，为基层检察院人才培养提供平台。

市检察院将继续优化检力资源配置，不断加强基层院队伍建设，坚持将有限的编制用于引进高素质人才，切实改善队伍结构、提高队伍素能。邓秀琴代表对建议办理情况表示满意。

三、代表建议办理工作的主要做法

市十三届人大三次会议建议的顺利办理得益于市人大及其常委会的监督和市人大代表联络室的工作指导，得益于代表的理解和支持，得益于各会办单位的帮助和配合，同时也是全市各级检察院自觉接受人大监督，注重提升工作水平的结果。我们的主要做法是：

（一）高度重视代表建议，不断改进首都检察工作

做好代表建议办理工作是推动检察工作全面健康发展的有力保障。近年来，虽然每年代表对检察机关提出的意见、建议总数并不多，但针对性都比较强，引起我们的高度重视。市检察院党组也把办理代表建议，作为自觉接受人大监督，深入了解人民群众期待的重要途径，从而更加准确地认识到我们工作中的不足，不断改进首都检察工作。如汤维建等16名代表提出“希望首都‘检法’两家就诉讼监督问题会签相关文件”的建议，有力地推动了检察机关和其他司法机关在落实《决议》方面取得新的进展。市检察机关不断加强对代表建议的研究办理，通过主要领导牵头、专门机构督办、具体部门承办，既解决好人民群众的困难和诉求，又注重通过办理代表建议完善相关的政策、制度，建立健全长效工作机制，为首都民主法治建设作出了积极贡献。

（二）加强建议综合分析，切实提高建议办理质量

办理代表建议工作是对检察机关履职能力、创新能力的检验和推进。随着代表履职能力的不断提升，代表建议的综合性也逐渐增强。2008年，市检察院受理的建议中没有会办类的建议，2009年会办类建议比例增加为33%，今年更是达到了75%。与此同时，代表建议涉及的内容也由单一问题向综合性问题发展。市检察院积极应对形势变化，按照市人大有关文件精神，尝试开展分类分层办理，加大对代表建议的综合分析力度。注重增强与主办单位、会办单位的沟通协调力度，不断密切与代表的沟通联系，在建议办理前、办理中、办理后及时听取代表的反馈意见。专门组织召开诉讼监督工作情况通报会，重点邀请提出建议的代表参加并再次听取他们的意见。通过市检察院“督办网络平台”建设，增强机关内各承办部门的督办协调力度，切实形成办理合力，推进代表建议的办理和落实，不断提高建议办理的质量和实效。

（三）加大检务公开力度，继续增强接受监督的实效

进一步创新和完善接受外部监督机制是检察工作发展的迫切要求。为了充分保障代表的知情权、参与权和监督权，切实提高服务代表建议工作的针对性和实效性，市检察院不断深化“检务公开”工作。制定下发《关于进一步深化“检务公开”工作的实施意见》，围绕履行检察职能，不断完善公开形式，丰富公开内容，自觉主动接受社会各界和人民群众的监督。积极推广触摸屏式案件查询系统，做好执法办案信息公开；再次对“北京检察网”的“代表、委员联络平台”进行改版，调整、充实有关栏目和功能；根据市人大有关部门的要求，充分做好“网上询问咨询活动”的各项准备工作，为代表履职提供更加便捷、高效、优质的信息服务，切实以公开促公正、保廉洁、赢公信。

主任、各位副主任、秘书长、各位委员，认真办理代表建议是坚持在人大监督下不断改进检察工作，坚持和完善人民代表大会制度和中国特色社会主义检察制度的具体实践。我们的建议办理工作水平与目前形势发展和人大代表的要求还有差距。市检察院将在市委、高检院、市人大及其常委会的领导和监督下，努力提升建议办理工作的能力和水平，不断改进首都检察工作，为促进司法公正、维护首都社会和谐稳定作出新的贡献。

以上报告，请予审议。

北京市人民代表大会常务委员会公告

最近，西城区人大常委会补选孙康林、傅政华为北京市第十三届人民代表大会代表；朝阳区人大常委会补选叶青纯为北京市第十三届人民代表大会代表；海淀区人大常委会补选郑传福为北京市第十三届人民代表大会代表。北京市人民代表大会常务委员会同意代表资格审查委员会的审查报告，确认叶青纯、孙康林、郑传福、傅政华的代表资格有效。

北京市第十三届人民代表大会代表现有774名。

特此公告。

北京市人民代表大会常务委员会

2010年12月22日

北京市第十三届人民代表大会常务委员会代表资格审查委员会关于个别代表的代表资格的报告

（2010年12月22日北京市第十三届人民代表大会常务委员会第二十二次会议通过）

代表资格审查委员会主任委员　赵凤山

北京市人民代表大会常务委员会：

最近，西城区人大常委会补选孙康林、傅政华为北京市第十三届人民代表大会代表；朝阳区人大常委会补选叶青纯为北京市第十三届人民代表大会代表；海淀区人大常委会补选郑传福为北京市第十三届人民代表大会代表。经代表资格审查委员会审查，叶青纯、孙康林、郑传福、傅政华的代表资格有效，提请北京市人民代表大会常务委员会确认。

北京市第十三届人民代表大会代表现有774名。

以上报告，请予审议。

北京市第十三届人民代表大会常务委员会代表资格审查委员会

2010年12月22日

北京市人民代表大会常务委员会关于罢免罗金保第十一届全国人民代表大会代表职务的决议

（2010年12月23日北京市第十三届人民代表大会常务委员会第二十二次会议通过）

北京市第十三届人民代表大会常务委员会第二十二次会议审议了市十三届人大常委会主任会议提请审议的《关于罢免罗金保第十一届全国人民代表大会代表职务的议案》，根据《中华人民共和国全国人民代表大会和地方各级人民代表大会选举法》第四十八条的规定，决定罢免罗金保第十一届全国人民代表大会代表职务。

北京市人民代表大会常务委员会
任命名单

（2010年12月23日北京市第十三届人民代表大会常务委员会第二十二次会议通过）

任命朱秋征为北京市人民代表大会常务委员会办公厅副主任。

任命陈京朴为北京市人民代表大会常务委员会预算工作委员会主任。

北京市人民代表大会常务委员会关于接受黄卫同志辞去北京市副市长职务请求的决定

（2010年12月23日北京市第十三届人民代表大会常务委员会第二十二次会议通过）

根据黄卫同志的请求，依照《中华人民共和国地方各级人民代表大会和地方各级人民政府组织法》第二十七条的规定、《北京市人民代表大会常务委员会任免国家机关工作人员条例》第二十五条的规定，北京市第十三届人民代表大会常务委员会第二十二次会议决定：接受黄卫辞去北京市副市长职务的请求，并报北京市人民代表大会备案。

北京市人民代表大会常务委员会关于接受梁平同志辞去北京市第十三届人民代表大会教育科技文化卫生体育委员会主任委员职务请求的决定

（2010年12月23日北京市第十三届人民代表大会常务委员会第二十二次会议通过）

根据梁平同志的请求，参照《中华人民共和国地方各级人民代表大会和地方各级人民政府组织法》第二十七条的有关规定，北京市第十三届人民代表大会常务委员会第二十二次会议决定：接受梁平辞去北京市第十三届人民代表大会教育科技文化卫生体育委员会主任委员职务的请求，并报北京市人民代表大会备案。

北京市人民代表大会常务委员会关于接受王子生等4名同志辞去北京市第十三届人民代表大会常务委员会委员职务请求的决定

（2010年12月23日北京市第十三届人民代表大会常务委员会第二十二次会议通过）

根据王子生、孙长泰、郑树森、梁平同志的请求，依照《中华人民共和国地方各级人民代表大会和地方各级人民政府组织法》第二十七条的规定，北京市第十三届人民代表大会常务委员会第二十二次会议决定：接受王子生、孙长泰、郑树森、梁平辞去北京市第十三届人民代表大会常务委员会委员职务的请求，并报北京市人民代表大会备案。

市人大法制委员会关于北京市第十三届人民代表大会第三次会议代表法规案办理结果的书面报告

市人大常委会：

市十三届人大三次会议期间，代表团及代表联名提出法规案8件，经法制委员会审议提出意见，大会主席团讨论通过，该8件法规案不列入大会会议议程。其中，关于制定《北京市促进中小企业发展条例》的7件法规案，因法规草案文本及起草说明内容基本相同，合并为1项，交市人民政府研究，提出制定地方性法规的立项报告，由市人大常委会进行立项论证；关于制定《北京市建设工程造价管理办法》的1件法规案，交市人民政府研究，并将研究意见报送市人大法制委员会。

一、关于制定《北京市促进中小企业发展条例》的7件法规案的办理情况

市人民政府接到此项法规案后，明确由市经济信息化委会同市政府法制办研究办理。市经济信息化委会同市政府法制办等有关部门就立法思路进行了研究协调，对立法涉及的问题作了进一步调研。2010年10月27日，由市政府法制办向市人大常委会财经办报送了关于制定《北京市促进中小企业发展条例》的立项报告。市人大常委会财经办对制定《北京市促进中小企业发展条例》进行了立项

论证，并向主任会议提交了立项论证报告；12月16日，主任会议对立项论证报告进行了讨论，同意立项。

二、关于制定《北京市建设工程造价管理办法》法规案的办理情况

市人民政府接到此项法规案后，明确由市住房和城乡建设委员会会同市政府法制办研究办理。市住房和城乡建设委员会全面调研了该项法规案的有关情况，梳理分析了本市建设工程造价管理工作现状，并会同市政府法制办等有关部门对立法思路进行了研究协调，提出了《关于制定〈北京市建设工程造价管理办法〉法规案办理情况的报告》及《北京市建设工程造价管理暂行规定（讨论稿）》。

市住房和城乡建设委员会的《办理报告》认为，工程造价管理贯穿于建设工程全过程，是建筑市场管理的核心内容之一。为保证建设工程质量安全、加强国有投资工程造价管理和规范市场主体计价行为，有必要通过立法来规范建设工程造价工作。2007年建设工程造价立法被提上议事日程；2008年、2009年列为市政府立法调研项目，项目组成员对本市建筑市场有关主体进行了调研，赴相关省市学习取经，开展了立法前期准备工作；今年4月底，会同有关部门认真研究后，一致认为应先制定出规范性文件，以加强建设工程造价管理。目前，市住房和城乡建设委员会牵头起草了《北京市建设工程造价管理暂行规定（讨论稿）》，共六章四十一条，包括总则、工程计价依据的制定、工程计价的编制与管理、工程价款的确定与结算、监督管理、附则等内容，并针对当前存在的建筑市场恶性竞争、工程造价编制不规范、建设工程计价软件较乱等问题规定了解决措施。下一步，在广泛征求意见的基础上，市住房和城乡建设委员会将对《暂行规定（讨论稿）》进行完善修改；待颁布实施后，拟召开政策宣贯会，指导帮助建筑市场相关主体贯彻执行文件规定；还将对实施情况进行跟踪调研，收集反馈意见，不断加以完善。

2010年12月13日，法制委员会召开第二十一次会议，听取了市住房和城乡建设委员会关于该法规案办理情况的报告。法制委员会认为，建设工程造价管理是城市建设管理领域的重要内容，臧美华等15名代表充分发挥代表作用，经过深入调研，提出的法规案切合实际；市住房和城乡建设委员会办理工作细致，《办理报告》提出的工作思路和建议符合本市实际情况。法制委员会同意该《办理报告》，建议市住房和城乡建设委员会会同市政府法制办尽快制定规范性文件，并做好文件实施后的宣传培训和贯彻落实。

以上情况，特此报告。

2010年12月22日

北京市第十三届人民代表大会

常务委员会第二十三次会议

在市十三届人大常委会第二十三次会议上的讲话

（2011年2月16日）

市人大常委会主任　杜德印

各位委员、同志们：

这次常委会会议的主要任务是贯彻落实市十三届人大四次会议精神，具体安排常委会2011年的工作，抓好各项工作任务的落实。刚才组成人员分组对常委会的工作安排进行了认真讨论，大家原则上同意这个工作安排，并提出了一些很好的意见和建议。对这些意见和建议，常委会有关部门要认真研究，修改完善好工作安排。这次会议还决定了人事任免事项，审议通过了代表资格审查委员会关于个别代表的代表资格的报告。

借这个机会，我受主任会议委托，简要讲四点意见。

一、认真贯彻落实十三届人大四次会议精神，紧紧围绕实施“十二五”规划纲要扎实推进首都民主法制建设

市十三届人大四次会议审查批准了“一府两院”工作报告、北京市国民经济和社会发展第十二个五年规划纲要和市人大常委会的工作报告并作出了相关决议。这次大会对于动员首都人民统一思想、坚定信心、团结一致、艰苦奋斗，推进首都科学发展，对于坚持和完善人民代表大会制度，做好今年和今后一个时期市人大及其常委会的工作，具有十分重要的意义。市委书记刘淇同志在大会闭幕式上作了重要讲话，对进一步发挥人民代表大会制度优势，做好市人大常委会各项工作提出了明确要求。市人大常委会要认真学习贯彻落实这次会议精神，切实执行大会关于市人大常委会工作报告的决议，全面完成大会批准的今年常委会各项工作任务。

坚持和完善人民代表大会制度、推进民主法制建设，是市人大及其常委会的根本任务。市人大常委会要紧紧围绕实施“十二五”规划纲要扎扎实实推进首都民主法制建设，为实施“十二五”规划纲要提供民主法制保障，使人民代表大会制度优势在推进首都的科学发展中充分发挥出来。落实好今年常委会各项工作任务，要求我们进一步认识和把握好当前人大常委会工作面临形势的特点。一是“十二五”开局，首都科学发展、转变经济发展方式的目标宏伟、任务艰巨，面临的一些矛盾突出复杂。二是中国特色社会主义法律体系已经形成，但不论是从实施国家法律的方面看，还是从解决首都发展面临的突出矛盾方面看，我们地方立法的任务都还相当繁重，不少方面急需的地方性法规还不健全，或者说不少方面问题的解决还没有明确具体的法规可依。三是本届人大及其常委会的工作已进入第四个年头，我们的工作在取得重要进展和成效的同时仍然存在一些薄弱环节，人大代表和人民群众有许多新的期待。比如，在立法工作中进一步突出首都特点，为解决发展中的突出矛盾和维护人民群众的基本权益提供法制保障；在监督工作中进一步加强对国家权力运行的监督，促进“一府两院”依法行政和公正司法，防止公共

权力的滥用和公共资源的浪费；在代表工作中进一步保障代表依法行使职权，密切代表同人民群众的联系，特别是提高代表建议办理工作的质量，提高代表闭会期间活动的实效。面对这样的形势和特点，我们思想不能懈怠，工作不能停滞。要在完成今年各项工作任务的过程中，继续积极探索工作方式的完善和工作方法的改进，坚持围绕提高工作的质量和实效，针对薄弱环节改进工作，不断提高工作的水平。

二、认真学习贯彻吴邦国同志重要讲话精神，进一步加强和改进立法工作

最近，吴邦国委员长在形成中国特色社会主义法律体系座谈会上发表了重要讲话，阐述了形成中国特色社会主义法律体系的重要意义，总结了形成中国特色社会主义法律体系的重要经验，提出了今后立法工作和法治建设的任务。指出要认识到立法工作依然艰巨而繁重，要把修改完善法律和制定配套法规摆在更加突出的位置，要在科学立法民主立法方面迈出新步伐。市人大常委会已经作出安排，在市人大代表、常委会组成人员、机关工作人员中认真学习吴邦国同志的重要讲话，并从学习贯彻这个讲话入手，提高思想认识，总结评估工作，明确目标任务，改进工作方式，做好今后一个时期的立法工作，并抓好法律的实施。

今年，市人大常委会在立法工作中要着力做好三个方面的工作。一是完成好人代会确定的立法项目。包括审议 8 项法规草案，做好 4 项法规草案的调研起草、10 项法规的立项论证、以及对动物防疫法实施办法的立法后评估等。二是要与市政府共同开好立法工作研讨会。适应中国特色社会主义法律体系形成后法治建设的新要求，针对“十二五”规划纲要实施的需要，加强对新形势下地方立法工作的研究，统筹研究确定今后一个时期地方立法工作，明确立法工作的指导思想、工作任务、工作方式等问题。三是开展法规预案研究。这是一项对立法工作机制和方法的重要探索，主要是对涉及首都科学发展和人民群众迫切需要解决的重点问题进行立法，直接进入立法程序条件又不充分，就可以先开展法规预案研究。法规预案研究可以采取不同于现有立法体制和程序规定的方法，比如项目的提出，可以由市人大常委会根据人大代表、人民群众的意愿和经济社会发展的迫切需要，与政府充分沟通后提出项目，报市委同意后确定。工作的组织可以实行领导部门、专业机构、人大代表和人民群众相结合，更多地发挥首都立法资源的优势，依托专业院校、科研机构开展。法规预案研究成果，要与五年立法规划和年度立法计划密切衔接，条件成熟就进入立法程序，条件不成熟先进入储备库。这有利于提高立法的科学化和民主化水平，有利于提高地方性法规的针对性和实效性，解决比较复杂的突出矛盾和问题；也会对适应新的形势、改进现有立法体制积累新的认识和经验。此外，还要抓好法规宣传和实施的监督检查工作，结合总结“五五”普法工作，作出开展“六五”普法的决议，进一步推动法规的实施，为“六五”普法的良好开局奠定基础。

三、继续以预算监督、司法工作监督为重点，不断深化对国家权力运行的监督

人大监督是代表国家和人民进行的具有法律效力的监督。近年来，常委会认真贯彻落实监督法，努力把握人大监督的本质和特点。一方面，坚持围绕全市工作大局和涉及人民群众切身利益的重要问题开展监督工作，

推动一些重点问题的解决；另一方面，抓住预算监督和司法工作监督两个重点，不断加强对国家权力运行的监督，推动国家机关依法行政和公正司法，特别是在发挥我国司法制度内在优势、加强对司法工作的监督上取得了明显进展和成效。

今年，常委会要在预算监督方面下更大力量，取得新的进展。要与政府共同开好预算监督工作研讨会，认真总结几年来，常委会按照“一个目标、三个结合”的工作思路，围绕建立科学、民主、依法的财政预算管理制度，确保财政资金规范运行和有效使用，特别是开展绩效审计监督方面探索总结的实践经验，与市政府共同研究下一步的工作思路和目标任务，加大对预算资金运行情况和使用绩效的监督力度，推动市政府在进一步完善预算绩效管理制度，全面开展部门预算绩效管理、大额专项资金绩效管理等方面取得明显进展。

四、贯彻实施新修订的代表法，进一步加强和改进代表工作

去年10月28日，十一届全国人大常委会第十七次会议表决通过了关于修改代表法的决定。这次修改代表法，按照党的十七大提出的“保障人大代表依法行使职权，密切人大代表同人民的联系”的要求，深入总结实践经验，将中央9号文件关于支持、规范和保障各级人大代表依法履行职责的有关精神上升为法律规定。新代表法进一步明确了代表的七项权利和七项义务，进一步细化了代表的履职规范和保障，强化了对代表的监督。

今年，常委会要围绕贯彻落实新修订的代表法，加强和改进代表工作，召开代表工作座谈会，推动相关制度和机制的建立和完善。要在坚持和完善代表工作格局的基础上，抓好以下三个方面工作：一是要加强和改进代表建议办理工作。注重对建议的综合分析，按照建议的内容特点、办理的客观条件和难易程度进行分门别类的研究和督办。加强人大专门委员会和常委会工作机构的统筹交办和督办；督促政府部门建立行政首长负责制，加强对建议办理的整体统筹；加强与提交建议代表的沟通，改进建议办理的答复和解释工作，并推动建议提出质量的提高。二是密切代表同人民群众的联系。改进代表调研、视察的组织方式，提高代表调研视察的针对性和实效性，密切代表与人民群众的联系，畅通民意表达的渠道。三是要探索规范代表参与常委会议题的准备和审议工作。进一步完善专门委员会相对固定联系代表制度，提高代表参与常委会和专门委员会活动的广度和深度。

此外，要认真组织和开展好“推进全国文化中心建设”的专题调研。为巩固首都作为全国文化中心的功能定位，大力推进全国文化中心建设，加快转变经济发展方式，实现首都的科学发展提出意见和建议。做好对区县、乡镇人大代表换届选举工作的指导，确保代表换届工作依法有序顺利完成。

北京市第十三届人民代表大会常务委员会第二十三次会议议程

（2011 年 2 月 16 日）

（2011 年 2 月 16 日北京市第十三届人民代表大会常务委员会第二十三次会议第一次全体会议通过）

一、讨论北京市人大常委会 2011 年工作安排

二、决定人事任免事项

三、审议通过市十三届人大常委会代表资格审查委员会关于个别代表的代表资格的报告

北京市人大常委会 2011 年工作安排

（2011 年 2 月 16 日北京市第十三届人民代表大会常务委员会第二十三次会议通过）

市十三届人大四次会议批准了常委会工作报告并通过了相应决议。决议要求，2011 年，市人大常委会要认真贯彻党的十七届五中全会、中央经济工作会议和市委十届八次全会、第三次人大工作会议精神，以科学发展为主题，以加快转变经济发展方式为主线，紧紧围绕推动市委决策部署和本市“十二五”规划纲要的贯彻落实，依法有效履行职能，为实施人文北京、科技北京、绿色北京战略提供民主法制保障。为贯彻落实好大会决议，常委会要统筹安排好各项工作任务，注重提高工作的质量和实效，把工作提高到一个新水平。

一、立法工作方面

完成人代会确定的立法项目。审议 8 项法规草案，包括继续审议并表决消防条例和安全生产条例；制定生活垃圾管理条例，就业援助规定，审计条例；修订实施残疾人保障法办法，河湖保护管理条例，区县、乡镇人大代表选举实施细则。做好 4 项法规草案的起草工作，包括促进中小企业发展条例、出版条例、社区卫生服务条例、专利保护与促进条例（修订）。做好 10 项法规的立项论证工作，包括制定人力资源市场管理条例、急救医疗服务条例、湿地保护条例、规范性文件备案审查条例；修订实施村委会组织法的若干规定、村民委员会选举办法、食品安全条例、实施大气污染防治法办法、实施防震减灾法办法、实施代表法办法。继续推进立法后评估工作，结合听取和审议市政府关于动物防疫工作情况的报告，对动物防疫法实施办法进行立法后评估。

与市政府共同开好立法工作研讨会，对

法规预案研究进行探索。为适应中国特色社会主义法律体系形成后法治建设的新要求，贯彻落实好吴邦国委员长在形成中国特色社会主义法律体系座谈会上的重要讲话精神，针对“十二五”规划纲要实施的需要，统筹考虑今后一个时期地方立法工作，将于今年上半年召开立法工作研讨会。有关研讨成果要及时转化，并运用到下半年及今后的立法工作中。同时，今年拟安排2—3项法规预案研究，主要考虑是首都地方立法有其特殊性，同时又拥有科研院所和专家聚集的优势，对一些比较重要和急需的立法项目，在法规案进入工作程序之前，先依托专业院所和科研机构，对立法的必要性、可行性、科学性和可操作性进行全面深入的研究，并在此基础上起草法规草案，再提请主任会议决定是否纳入立法计划。开展法规预案研究的具体项目和方案，由常委会报市委同意后实施。在法规预案研究中，常委会及相关工作机构、人大代表、市政府及相关部门都要全程参与，积极发挥作用。这项工作是对首都立法工作机制和方法进行的探索和改进，有利于充分体现坚持党的领导、人民当家作主、依法治国有机统一的原则，有利于完善科学立法、民主立法有机统一的工作机制。

二、监督工作方面

完成人代会确定的监督议题。计划听取和审议“一府两院”9个专项工作报告，包括听取和审议进一步缓解交通拥堵、科技创新平台建设、加快西部地区转型发展、推进全国文化中心建设、动物防疫、“五五”普法、学前教育、加强刑事审判、加强刑事诉讼监督等工作情况的报告，并对“六五”普法作出决议；其中听取和审议推进全国文化中心建设、学前教育工作情况两个报告，将与相关议案办理报告合并听取和审议。做好计划和预算监督工作，听取和审议国民经济和社会发展计划、预算上半年执行情况，审计工作及决算草案的报告，审查和批准2010年决算；听取和审议市政府关于地方政府债券收支安排专项预算调整方案的报告并作出决议。听取审议这些报告，要高度关注转变经济发展方式、缓解人口资源环境矛盾、增强消费拉动和保障改善民生等问题。开展对防震减灾法及本市实施办法、台湾同胞投资保护法两个方面法律、法规执行情况的检查。做好对去年14项议题审议意见落实情况的跟踪检查工作。

深化对国家权力运行的监督。要立足于人大监督的性质和特点，坚持围绕中心、服务大局，推动关系首都科学发展和人民群众切身利益的重大问题的解决，进一步增强人大监督的保障性、建设性和实效性。要切实加强对国家权力运行的监督，督促“一府两院”依法行政和公正司法，重点是深化对预算和司法工作的监督。在预算监督方面，今年上半年召开预算监督工作研讨会，认真总结几年来常委会按照“一个目标、三个结合”的工作思路，围绕建立科学、民主、依法的财政预算管理制度，确保财政资金规范运行和有效使用，特别是绩效监督方面的实践经验，与市政府共同研究下一步的工作思路和目标任务，加大对预算资金运行情况和使用绩效的监督力度，推动市政府在进一步完善预算绩效管理制度，全面开展部门预算绩效管理、大额专项资金绩效管理等方面取得明显进展。在监督司法工作方面，要结合听取和审议市高级人民法院和市人民检察院相关专项工作报告，推动“两院”深入贯彻市人大常委会关于加强检察机关对诉讼活动的法律监督工作的决议，促进公正司法，维护公平正义。

开展对推进全国文化中心建设的专题调研。为巩固首都作为全国文化中心的功能定位，大力推进全国文化中心建设，加快转变经济发展方式，实现首都的科学发展，常委会今年上半年开展对推进全国文化中心建设的专题调研。专题调研要立足北京城市性质功能和全国文化中心建设在全国文化发展全局中的定位，着眼北京对全国文化事业、文化产业的辐射、带动、影响和服务作用，分若干专题，由各相关专门委员会具体负责，组织相关领域的人大代表积极参与，就全国文化中心建设的现状、问题和今后的工作目标、工作任务、工作重点等，有针对性地提出意见和建议，形成调研报告。同时也为听取和审议好市政府相关专项工作报告奠定基础。

三、行使重大事项决定权和人事任免权方面

认真行使重大事项决定权。围绕全市中心工作和发展大局，积极落实市政府向市人大常委会报告重大事项的若干规定，认真讨论关系本行政区域改革发展稳定大局和群众切身利益、社会普遍关注的重大问题，并适时作出决议、决定。

依法行使人事任免权。按照有关法律、法规的规定，认真做好常委会的人事任免工作，为本市国家机关开展工作提供组织保障。

四、代表议案办理及报告审议方面

听取和审议市政府关于“加强全国文化中心建设”议案办理情况的报告。重点是加快转变经济发展方式，推进全国文化中心建设，促进文化大发展大繁荣，实现首都科学发展等情况。议案办理报告与相关专项工作报告合并听取和审议。

听取和审议市政府关于“推进潮白河流域综合治理”议案办理情况的报告。重点是推进潮白河流域综合治理，实现流域水源安全、防洪安全，改善首都生态环境和加强水资源利用等情况。

听取和审议市政府关于“进一步完善政策，推进绿化隔离地区建设”议案办理情况的报告。重点是进一步完善和落实有关政策，加快绿化隔离地区建设，妥善解决农民转居转工和社会保障问题，促进城乡一体化进程，维护农民合法权益，促进社会和谐稳定等情况。

听取和审议市政府关于“发展学前教育”议案办理情况的报告。重点是推动市政府制定规划，加快学前教育有关意见的实施，促进学前教育事业的发展等情况。议案办理报告与相关专项工作报告合并听取和审议。

进一步完善议案办理工作机制。进一步完善代表议案办理工作机制，加强对议案本身的综合分析，加大调研和沟通协调力度，形成工作合力，提高办理的质量和实效。

五、代表工作方面

完成人代会确定的代表工作任务。继续完善代表工作格局，提高为代表履职的服务保障水平。进一步提高代表闭会期间活动的质量和实效，举办好代表培训班，开展好年中代表活动，协助市政府就办实事工作听取代表意见，改进人代会前的代表集中视察，提高视察调研的质量和实效。继续组织代表参与常委会议题的准备和审议工作，完善专门委员会相对固定联系代表制度，提高代表参与常委会和专门委员会活动的广度和深度。密切人大代表与人民群众的联系，畅通民意表达渠道。

进一步加强和改进代表建议办理工作。完善代表建议督办方式，探索建立常委会主任、副主任牵头分类督办的机制，加强对建议的综合分析，按照建议的内容特点、办理的客观条件和难易程度进行分门别类的督办。加强人大专门委员会和常委会工作机构的统筹交办和督办；督促政府部门建立行政首长

负责制，加强对建议办理的整体统筹；加强与提交建议代表的沟通，改进建议办理的答复和解释工作，并推动建议提出质量的提高。

召开代表工作座谈会。今年上半年召开代表工作座谈会，贯彻落实新修订的代表法，加强和改进代表工作，推动相关制度和机制的建立和完善，为代表依法执行职务，特别是密切联系原选举单位、所在单位的人民群众，畅通民意表达渠道，提供制度保障。

六、常委会自身建设方面

加强思想政治建设。继续举办常委会组成人员学习班、法制讲座及有关座谈会、研讨会，认真学习中央和市委一系列指示精神，增强坚持走中国特色社会主义政治发展道路，坚持党的领导、人民当家作主、依法治国有机统一的自觉性和坚定性，把坚持正确的政治方向贯穿于人大依法履职的全过程。

加强素质能力建设和制度机制建设。认真总结常委会在立法、监督等方面积累的实践经验，结合新形势新要求，探索进一步改进工作的思路和措施，不断提高立法、监督工作的能力和水平；继续完善人大工作方式，改进创新工作制度、工作机制和工作方法。

加强机关干部队伍建设。扎实推进“创先争优”活动，努力建设学习型机关，完善工作项目绩效管理，提高服务保障工作质量，加强廉政风险防范管理工作，以优异成绩迎接建党90周年。

七、指导区县、乡镇人大工作方面

加强对区县人大常委会工作的指导和联系。加强市和区县人大有关工作的协调与配合，推动区县人大常委会进一步贯彻落实市委第三次人大工作会议精神，加强与区县人大工作的交流研讨，统一思想、提高认识，提升本市人大工作整体水平。

做好对区县、乡镇人大代表换届选举工作的指导。要在市委的领导下，认真落实全国人大新修订的选举法，深入研究选举中的新情况新问题，制定工作方案，及时提出指导意见，确保代表换届工作依法有序顺利完成。

北京市人大常委会2011年立法工作计划

（2011年2月10日市十三届人大常委会第八十次主任会议通过）

一、审议项目（8项）

第二十四次常委会会议（3月）

北京市安全生产条例（修订）（第二次审议）

北京市消防条例（修订）（第二次审议）

北京市区、县、乡、民族乡、镇人民代表大会代表选举实施细则修正案（常委会主任会议提请审议）

第二十五次常委会会议（5月）

北京市实施《中华人民共和国残疾人保障法》办法（修订）（市人民政府提请审议）

北京市生活垃圾管理条例（市人民政府提请审议）

北京市安全生产条例（表决）

北京市消防条例（表决）

北京市人民代表大会常务委员会关于修改《北京市区、县、乡、民族乡、镇人民代

表大会代表选举实施细则》的决定（表决）

第二十六次常委会会议（7月）

北京市就业援助规定（市人民政府提请审议）

第二十七次常委会会议（9月）

北京市实施《中华人民共和国残疾人保障法》办法（修订）（第二次审议）

北京市生活垃圾管理条例（第二次审议）

第二十八次常委会会议（11月）

北京市审计条例（市人民政府提请审议）

北京市就业援助规定（第二次审议）

北京市实施《中华人民共和国残疾人保障法》办法（表决）

北京市生活垃圾管理条例（表决）

第二十九次常委会会议（12月）

北京市河湖保护管理条例（市人民政府提请审议）

北京市就业援助规定（表决）

二、起草项目（4项）

1. 北京市中小企业促进条例
2. 北京市出版条例
3. 北京市社区卫生服务条例
4. 北京市专利保护和促进条例（修订）

三、立项论证项目（10项）

1. 北京市实施《中华人民共和国村民委员会组织法》的若干规定（修订）
2. 北京市村民委员会选举办法（修订）
3. 北京市人力资源市场管理条例
4. 北京市食品安全条例（修订）
5. 北京市急救医疗服务条例
6. 北京市实施《中华人民共和国大气污染防治法》办法（修订）
7. 北京市实施《中华人民共和国防震减灾法》办法（修订）
8. 北京市湿地保护条例
9. 北京市实施《中华人民共和国全国人民代表大会和地方各级人民代表大会代表法》办法（修订）
10. 北京市规范性文件备案审查条例

四、立法后评估项目（1项）

北京市实施《中华人民共和国动物防疫法》办法

五、法规预案研究项目（1项）

北京市控制吸烟条例

北京市人大常委会2011年监督工作计划

（2011年2月10日市十三届人大常委会第八十次主任会议通过）

市人大常委会2011年监督工作，要全面贯彻党的十七届五中全会、市委十届八次全会和市十三届人大四次会议决议精神，深入落实科学发展观，认真贯彻实施监督法，紧紧围绕建设“人文北京、科技北京、绿色北京”的战略任务和“十二五”规划纲要的贯彻落实，以科学发展为主题，以加快转变经济发展方式为主线，把推动首都经济社会协调发展、提高自主创新能力、加强文化中心建设、促进学前教育事业发展、缓解交通拥堵、促进公正司法等方面作为监督重点，进一步完善监督工作方式，加强跟踪监督，增强监督实效，督促和支持“一府两院”按照市人大批准的“十二五”规划纲要和各项目标任务做好工作。

现对2011年监督工作具体安排如下。

一、听取和审议专项工作报告

1. 听取和审议市政府关于开展“五五”普法工作情况的报告。重点报告我市开展“五五”普法工作取得的成效，存在的问题以及下一步工作设想，并就“六五”普法工作作出决议。时间安排在5月份举行的市十三届人大常委会第二十五次会议上。有关工作由内务司法委员会、内务司法办公室负责。

2. 听取和审议市政府关于学前教育工作情况的报告。重点报告本市学前教育发展的目标、规划和基本思路，政府发展学前教育的主要责任，优化学前教育资源，加强师资队伍建设，提高学前教育的管理水平以及发展婴幼儿早期教育等情况。时间安排在5月份举行的市十三届人大常委会第二十五次会议上，与相关议案办理报告合并听取和审议。有关工作由教科文卫体委员会、教科文卫体办公室负责。

3. 听取和审议市政府关于推进全国文化中心建设情况的报告。重点报告从首都的性质和功能定位出发，发挥资源优势，推进文化体制、机制改革，构建公共文化服务体系，发展文化产业和保护历史文化名城等情况。时间安排在7月份举行的市十三届人大常委会第二十六次会议上，与相关议案办理报告合并听取和审议。有关工作由教科文卫体委员会、教科文卫体办公室负责。

为了全面深入了解和推动全国文化中心建设工作，市人大常委会将开展关于首都全国文化中心建设情况的专题调研。有关工作由教科文卫体委员会、教科文卫体办公室负责，办公厅等相关部门协助。

4. 听取和审议市政府关于进一步缓解交通拥堵工作情况的报告。重点报告加强城市规划和管理，缓解交通拥堵；以人为本，创新体制机制，加大发展公共交通力度，鼓励绿色出行；加大交通疏堵工程和基础设施投资力度，提高路网承载能力；建设智能交通系统，提高交通科技管理和运营服务水平等情况。时间安排在7月份举行的市十三届人大常委会第二十六次会议上。有关工作由城建环保委员会、城建环保办公室负责。

5. 听取和审议市政府关于动物防疫工作情况的报告。重点报告我市动物防疫工作责任制和动物疫病防治措施落实、突发重大动物疫病应急控制能力建设，以及动物防疫机构建设、基础设施建设、资金投入等情况。时间安排在9月份举行的市十三届人大常委会第二十七次会议上。有关工作由农村委员会、农村办公室负责。

6. 听取和审议市高级人民法院关于加强刑事审判工作的报告。重点报告全市法院严厉打击严重刑事犯罪、落实宽严相济刑事政策、严格刑事证据标准、推动量刑规范化、积极参与社会治安综合治理、加强刑事审判队伍建设，以及接受人大监督等方面工作情况。时间安排在9月份举行的市十三届人大常委会第二十七次会议上。有关工作由内务司法委员会、内务司法办公室负责。

7. 听取和审议市人民检察院关于加强刑事诉讼监督工作的报告。重点报告全市检察机关深入贯彻落实市人大常委会关于加强检察机关诉讼活动法律监督工作的决议，履行刑事诉讼监督职责，依法开展刑事立案监督、侦查监督、刑事审判监督以及刑罚执行监督，促进公正司法的情况。时间安排在9月份举行的市十三届人大常委会第二十七次会议上。有关工作由内务司法委员会、内务司法办公室负责。

8. 听取和审议市政府关于加快西部地区转型发展情况的报告。重点报告统筹协调发展机制的建立与完善，明确西部地区整体功能定位，以体制机制创新为驱动，加快转变经济发展方式，提高西部地区科技创新能力，保障和改善民生等情况。时间安排在11月份举行的市十三届人大常委会第二十八次会议上。有关工作由财政经济委员会、财政经济办公室负责。

9. 听取和审议市政府关于科技创新平台建设进展情况的报告。重点报告市政府整合首都科技资源，推动科技创新平台建设的总体思路、主要措施、取得的成效和存在的问题等情况。时间安排在11月份举行的市十三届人大常委会第二十八次会议上。有关工作由教科文卫体委员会、教科文卫体办公室负责。

二、审查和批准决算，听取和审议审计工作报告和计划、预算执行情况的报告

根据监督法、预算法和预算监督条例，安排听取和审议市政府关于本市2010年预算执行和其他财政收支的审计工作报告，本市2010年决算草案报告，批准2010年市级决算。

听取和审议市政府关于本市2011年国民经济和社会发展计划上半年执行情况的报告，本市2011年预算上半年执行情况的报告。

时间安排在7月份举行的市十三届人大常委会第二十六次会议上。有关工作由财政经济委员会、财政经济办公室、预算工作委员会负责。

三、法律、法规实施情况的检查

1. 检查《中华人民共和国防震减灾法》及《北京市实施〈中华人民共和国防震减灾法〉办法》实施情况。重点检查贯彻落实法律、法规各项制度，保护人民生命和财产安全，促进经济社会的可持续发展情况。同时，查找实施办法在贯彻执行中存在的主要问题，为法规修订打下基础。执法检查报告安排在7月份举行的市十三届人大常委会第二十六次会议上听取和审议。有关工作由城建环保委员会、城建环保办公室负责组织和实施。

2. 检查《中华人民共和国台湾同胞投资保护法》实施情况。重点检查法律规定的落实情况，查找法律实施中存在的突出问题，督促主管机关采取有效措施，保障台胞在京投资权益，提升本市对台工作的整体水平。执法检查报告安排在7月份举行的市十三届人大常委会第二十六次会议上听取和审议。有关工作由民族宗教侨务委员会、民族宗教侨务办公室负责组织和实施。

此外，今年要对2010年常委会听取和审议的14项监督议题的审议意见落实情况进行跟踪检查，其中：促进西部地区经济发展议案办理、深化诉讼监督工作专项工作报告两项跟踪检查纳入今年专项工作报告工作合并办理；中小企业促进法执法检查、少数民族乡村经济社会发展、中关村国家自主创新示范区建设、北运河流域水系综合治理等12项监督议题审议意见落实情况，由专委会跟踪检查。

对列入2011年监督工作计划的项目，各负责单位要各司其职，密切配合，精心组织，务求实效，确保常委会各项监督工作的顺利开展。

附件：市人大常委会2011年听取和审议监督方面的报告时间安排表

附件：

市人大常委会2011年听取和审议监督方面的报告时间安排表

时间	听取和审议的议题
5月（2项）	听取和审议市政府关于开展“五五”普法工作情况的报告
	听取和审议市政府关于学前教育工作情况的报告
7月（8项）	北京市2010年预算执行和其他财政收支的审计工作报告
	北京市2010年决算草案报告，批准2010年市级决算
	北京市2011年国民经济和社会发展计划上半年执行情况的报告 北京市2011年预算上半年执行情况的报告
	听取和审议市政府关于推进全国文化中心建设情况的报告
	听取和审议市政府关于进一步缓解交通拥堵工作情况的报告
	检查《中华人民共和国防震减灾法》及《北京市实施〈中华人民共和国防震减灾法〉办法》实施情况
	检查《中华人民共和国台湾同胞投资保护法》实施情况
9月（3项）	听取和审议市政府关于动物防疫工作情况的报告
	听取和审议市高级人民法院关于加强刑事审判工作的报告
	听取和审议市人民检察院关于加强刑事诉讼监督工作的报告
11月（2项）	听取和审议市政府关于加快西部地区转型发展情况的报告
	听取和审议市政府关于科技创新平台建设进展情况的报告

北京市人民代表大会常务委员会公告

海淀区选举的北京市第十三届人民代表大会代表黄卫、孙其信，解放军驻京部队选举的北京市第十三届人民代表大会代表刘战勤、刘建国，已调离本行政区域，依照代表法的有关规定，其代表资格终止。

丰台区选举的北京市第十三届人民代表大会代表张志毅因病去世，北京市人民代表大会常务委员会对张志毅代表的去世表示哀悼。张志毅的代表资格终止。

依据选举法的有关规定，孙其信的北京市人民代表大会常务委员会委员职务和北京市人民代表大会农村委员会委员职务相应终止；张志毅的北京市人民代表大会农村委员会委员职务相应终止。

北京市第十三届人民代表大会代表现有769名。

特此公告。

北京市人民代表大会常务委员会

2011年2月16日

北京市第十三届人民代表大会常务委员会代表资格审查委员会关于个别代表的代表资格的报告

（2011年2月16日北京市第十三届人民代表大会常务委员会第二十三次会议通过）

代表资格审查委员会副主任委员　刘新成

北京市人民代表大会常务委员会：

自2010年12月以来，海淀区选举的北京市第十三届人民代表大会代表黄卫、孙其信，解放军驻京部队选举的北京市第十三届人民代表大会代表刘战勤、刘建国，已调离本行政区域，依照代表法的有关规定，其代表资格终止。

丰台区选举的北京市第十三届人民代表大会代表张志毅，因突发心脏病医治无效，于2011年2月7日去世。代表资格审查委员会对张志毅代表的去世表示哀悼。张志毅的代表资格终止。

北京市第十三届人民代表大会代表现有769名。

现报请北京市人民代表大会常务委员会予以公告。

以上报告，请予审议。

北京市第十三届人民代表大会

常务委员会代表资格审查委员会

2011年2月16日

北京市人民代表大会常务委员会决定任命名单

（2011年2月16日北京市第十三届人民代表大会常务委员会第二十三次会议通过）

任命洪峰为北京市副市长。

北京市人民代表大会常务委员会决定任免名单

（2011年2月16日北京市第十三届人民代表大会常务委员会第二十三次会议通过）

任命姜沛民为北京市教育委员会主任。

免去刘利民的北京市教育委员会主任职务。

任命池维生为北京市民族事务委员会（北京市宗教事务局）主任（局长）。

免去申建军的北京市民族事务委员会（北京市宗教事务局）主任（局长）职务。

任命刘志为北京市人口和计划生育委员会主任。

免去邓行舟的北京市人口和计划生育委员会主任职务。

北京市人民代表大会常务委员会任免名单

（2011年2月16日北京市第十三届人民代表大会常务委员会第二十三次会议通过）

任命卜世成为北京市人民代表大会法制委员会副主任委员。

任命杨文华、崔君乐为北京市人民代表大会法制委员会委员。

任命王琪为北京市人民代表大会财政经济委员会委员。

任命赵淑君、夏强为北京市人民代表大会教育科技文化卫生体育委员会委员。

任命李和平、郭普金为北京市人民代表大会城市建设环境保护委员会委员。

任命李福忠为北京市人民代表大会农村委员会委员。

任命赵玉民为北京市人民代表大会民族宗教侨务委员会委员。

免去郑树森的北京市人民代表大会法制委员会副主任委员职务。

免去倪文驹的北京市人民代表大会法制委员会委员职务。

免去孙长泰的北京市人民代表大会财政经济委员会委员职务。

免去梅占山的北京市人民代表大会教育科技文化卫生体育委员会委员职务。

免去刘淀生、胡桂枝的北京市人民代表大会城市建设环境保护委员会委员职务。

免去李清云的北京市人民代表大会农村委员会委员职务。

北京市人民代表大会常务委员会任免名单

（2011年2月16日北京市第十三届人民代表大会常务委员会第二十三次会议通过）

任命孙世超为北京市人民代表大会常务委员会教育科技文化卫生体育办公室主任。

任命轩德祥为北京市人民代表大会常务委员会人事室副主任。

免去刘宝杰的北京市人民代表大会常务委员会副秘书长职务。

免去梁平的北京市人民代表大会常务委员会教育科技文化卫生体育办公室主任职务。

免去赵巨鹏的北京市人民代表大会常务委员会财政经济办公室副主任职务。

免去张环的北京市人民代表大会常务委员会人事室副主任职务。

北京市人民代表大会常务委员会任免名单

（2011年2月16日北京市第十三届人民代表大会常务委员会第二十三次会议通过）

（一）

任命陈海鸥为北京市高级人民法院民事审判第二庭庭长。

任命王继红为北京市高级人民法院立案庭副庭长、审判员。

任命高文斌为北京市高级人民法院刑事审判第一庭副庭长、审判员。

任命马军为北京市高级人民法院民事审判第一庭副庭长、审判员。

任命刘春梅为北京市高级人民法院民事审判第二庭副庭长。

任命范君、闫辉为北京市高级人民法院民事审判第二庭副庭长、审判员。

任命张雪松为北京市高级人民法院民事审判第三庭副庭长、审判员。

任命邢颖为北京市高级人民法院审判监督庭副庭长。

任命姜春玲为北京市高级人民法院申诉审查庭副庭长、审判员。

任命陈伟红为北京市高级人民法院申诉审查庭副庭长。

任命侯军、张永忠为北京市高级人民法院执行一庭副庭长、审判员。

任命丁亮华为北京市高级人民法院执行二庭副庭长、审判员。

任命周孟炎为北京市高级人民法院执行三庭副庭长。

任命郭京霞为北京市高级人民法院审判员，免去其北京市第一中级人民法院审判员职务。

免去曹庆安、林小涛的北京市高级人民法院审判员职务。

（二）

任命王金山为北京市第一中级人民法院副院长、审判委员会委员、审判员。

任命杨跃进为北京市第一中级人民法院未成年人案件综合审判庭副庭长，免去其北京市第一中级人民法院刑事审判第一庭副庭长职务。

任命李国强为北京市第一中级人民法院未成年人案件综合审判庭副庭长，免去其北京市第一中级人民法院民事审判第一庭副庭长职务。

北京市人民代表大会常务委员会
任　免　名　单

（2011年2月16日北京市第十三届人民代表大会常务委员会第二十三次会议通过）

（一）

任命郑滔为北京市人民检察院检察员。

免去刘英群、刘洪源的北京市人民检察院检察员职务。

（二）

任命于振辉为北京市人民检察院第一分院检察员。

免去张文志的北京市人民检察院第一分院副检察长、检察委员会委员、检察员职务。

（三）

免去刘连长、赵志强的北京市人民检察院第二分院检察员职务。

北京市人民代表大会常务委员会
批准任命名单

（2011年2月16日北京市第十三届人民代表大会常务委员会第二十三次会议通过）

批准任命王建平为北京市房山区人民检察院检察长。

北京市第十三届人民代表大会

常务委员会第二十四次会议

北京市第十三届人民代表大会常务委员会第二十四次会议议程

（2011 年 3 月 31 日）

（2011 年 3 月 31 日北京市第十三届人民代表大会常务委员会第二十四次会议第一次全体会议通过）

一、审议《北京市安全生产条例（修订草案修改稿）》

二、审议《北京市消防条例（修订草案修改稿）》

三、审议《北京市区、县、乡、民族乡、镇人民代表大会代表选举实施细则修正案（草案）》

四、决定人事任免事项

北京市人民代表大会常务委员会关于接受蔡赴朝辞去北京市副市长职务请求的决定

（2011 年 3 月 31 日北京市第十三届人民代表大会常务委员会第二十四次会议通过）

根据蔡赴朝同志的请求，按照《中华人民共和国地方各级人民代表大会和地方各级人民政府组织法》第二十七条的规定、《北京市人民代表大会常务委员会任免国家机关工作人员条例》第二十五条的规定，北京市第十三届人民代表大会常务委员会第二十四次会议决定：接受蔡赴朝辞去北京市副市长职务的请求，并报北京市人民代表大会备案。

北京市人民代表大会常务委员会决定任命名单

（2011 年 3 月 31 日北京市第十三届人民代表大会常务委员会第二十四次会议通过）

任命鲁炜为北京市副市长。

北京市人民代表大会常务委员会
决定任命名单

（2011 年 3 月 31 日北京市第十三届人民代表大会常务委员会第二十四次会议通过）

任命鲁勇为北京市旅游发展委员会主任。

北京市第十三届人民代表大会

常务委员会第二十五次会议

在市十三届人大常委会第二十五次会议上的讲话

（2011年5月27日）

市人大常委会主任　杜德印

各位委员：

本次常委会会议在大家的共同努力下已经顺利完成了各项议程。

这次会议通过了三项地方性法规，《选举法实施细则》的修改为本市今年下半年将要进行的区县乡镇人大代表换届选举工作提供了切实可行和有力的法制保障。各级人大及其常委会、各有关部门和广大公民要认真学习贯彻选举法和这部地方性法规，依法搞好区县乡镇人大代表的换届选举工作。《北京市安全生产条例》和《北京市消防条例》分别经过两次常委会审议，常委会组成人员和部分人大代表提出了很多好的意见和建议，法制委员会在统一审议的过程中，进行了认真地研究和吸纳，在本次常委会会议前又专门向市委常委会进行了汇报，得到了市委的充分重视、肯定和重要指导。这两项法规对于推进北京城市的精细化管理，保障城市安全有序运行，保护人民生命财产安全具有重要意义和作用。最近我市火灾不断发生，安全生产形势不容乐观，需要保持高度警惕。这些事实说明光有法律的规定是不够的，有了法规必须严格地执行，真正做到有法必依和执法必严、违法必究。这两部法规通过颁布后，要认真组织实施。市人大常委会有关工作机构要会同市政府有关部门，通过各种形式加强对这两部法规的宣传、培训，推动各有关部门和全社会严格执法，促进法规真正能够落到实处，真正依法推动消防和安全生产方面的管理。

这次会议听取和审议了市政府关于北京市实施“五五”普法规划和制定“六五”普法规划情况的报告，并作出了《关于进一步加强法制宣传教育，推进法治建设的决议》。大家在审议中一致认为，要认真贯彻和落实全国人大常委会和市人大常委会的决议，切实组织好“六五”普法规划的实施。要搞好“六五”普法工作，关键是要把社会主义法制宣传教育和社会主义法治实践密切结合起来。此次市人大常委会作出的决议共五条，主要是要坚持把法制宣传教育和法治实践结合起来，通过社会主义法制的宣传教育推动全市法治建设的进程。切实增强全社会的法律意识和法治精神，切实树立和维护宪法、法律的权威和尊严，使学法、遵法、懂法、用法、执法成为一种普遍的社会风尚，使依法办事成为一种生活方式，使对法律的尊崇和敬畏成为一种文化价值。中国特色社会主义的法律体系已经形成，但是我们离建设一个法治国家，建设好一个法治社会还有很大的距离，所以我们的普法工作应该按照上述精神来推进，市人大及其常委会应该为此作出不懈的努力。

这次会议我们听取和审议了市人民政府关于发展学前教育议案办理及本市学前教育工作情况的报告，各位委员在审议中充分肯定了市政府对议案的办理工作，同意洪峰副市长关于议案办理的报告，同时希望市政府及其有关部门认真抓好报告当中各项任务和措施的落实，认真搞好“三年行动计划”的实施。当前要抓紧缓解学龄前儿童入园难、入园贵的问题，满足人民群众对学前教育的需要。大家在审议当中还提出了不少很有价值的建议和意见，比如要进一步明确学前教育的性质和发展制度、体制，要通过进一步研究厘清学前儿童的保育和特殊教育之间的界限。现在提出发展学前教育要政府主导和社会参与，但学前教育到底是什么性质还需要进一步的研究，因为明确了定性就好确定政府、社会、市场在发展学前教育当中各自承担的责任和范围，就可以进一步完善发展学前教育的体制、制度和政策。大家一方面希望政府加大力度，尽快缓解当前的难题，又指出要研究好它的性质，避免政府包揽过多，使这个事业不能持续发展，这都是很重要的建议。再比如大家提出来的学前教育的功能问题，要进一步明确学前教育的功能，提高学前教育的质量，大家普遍担忧，提出要防止学前教育小学化的倾向。由于受现在大的教育制度的左右，学前教育不可避免的受到了义务教育甚至是中高级教育的影响，出现了比较明显的学前教育小学化的倾向，有的小学规定入学要认识500字，入学要会100以内的加减法，还有因为在义务教育甚至中学阶段有特长生加分的规定，所以幼儿园和家长在学前教育当中就开始培养孩子的特长，本来应该快快乐乐成长的孩子们，面临着极大的压力，家庭也因此不断发生矛盾，两种教育倾向的矛盾让家庭不得安宁。有的常委会委员提出保育，首先是保，就是看管、保护他的安全和健康；其次是育，就是指良好习惯的养成、价值的启蒙。再比如，要根据实际的需求来进一步细化，科学地制定学前教育的发展规划。原来幼儿园老师不好安排，因为孩子少，现在随着人口的增加，特别是流动人口的增加，对幼儿园的需求又供不应求了。孩子出生三岁要进入学前教育的阶段，这是可以预测和预见的，要使我们办园的数量、规模能够跟实际的需求相吻合，使它能够健康地、持续地发展，避免出现大起大落的情况。对于这些意见，教科文卫体办公室要认真的汇集整理，制定好审议意见书，会议后经过主任会议研究后送交市政府研究处理。

这次会议还对《北京市实施〈中华人民共和国残疾人保障法〉办法（修订草案）》、《北京市生活垃圾管理条例（草案）》进行了一审。这两部法规也是北京市急需要的、很重要的，一个是涉及残疾人的权益保障问题，一个是涉及北京城市的管理和运行问题，也是我们人大常委会承担的两项重要的立法任务，会后请法制委员会会同有关部门对各位委员的审议意见进行认真的汇总、整理和研究，特别是对大家提出的一些重要问题进行比较深入、细致的研究，提出法规草案修改稿，提请以后的常委会会议进行第二次审议。

本次会议预定的各项议程已经全部完毕，现在闭会。

北京市第十三届人民代表大会常务委员会第二十五次会议议程

（2011 年 5 月 26 日至 27 日）

（2011 年 5 月 26 日北京市第十三届人民代表大会常务委员会第二十五次会议第一次全体会议通过）

一、审议《北京市实施〈中华人民共和国残疾人保障法〉办法（修订草案）》

二、审议《北京市生活垃圾管理条例（草案）》

三、审议表决《北京市人民代表大会常务委员会关于修改北京市区、县、乡、民族乡、镇人民代表大会代表选举实施细则的决定》

四、听取和审议市政府关于北京市实施“五五”普法规划和制定“六五”普法规划情况的报告，并作出相应决议

五、听取和审议市政府关于 2011 年地方政府债券收支安排专项预算调整方案的报告，并作出决议

六、听取和审议市政府关于“发展学前教育”议案办理暨本市学前教育工作情况的报告

七、表决《北京市安全生产条例》

八、表决《北京市消防条例》

九、决定人事任免事项

北京市人民代表大会常务委员会公告

（第 16 号）

《北京市安全生产条例》已由北京市第十三届人民代表大会常务委员会第二十五次会议于 2011 年 5 月 27 日修订，现予以公布，自 2011 年 9 月 1 日起施行。

北京市第十三届人民代表大会常务委员会

2011 年 5 月 27 日

北京市安全生产条例

（2004 年 7 月 29 日北京市第十二届人民代表大会常务委员会第十三次会议通过
2011 年 5 月 27 日北京市第十三届人民代表大会常务委员会第二十五次会议修订）

目　　录

第一章　总　　则

第一条　为了加强安全生产监督管理，防止生产安全事故，保障人民群众生命和财产安全，促进经济和社会协调发展，根据《中华人民共和国安全生产法》，结合本市实际情况，制定本条例。

第二条　在本市行政区域内从事生产经营活动的单位（以下统称生产经营单位）应当遵守《中华人民共和国安全生产法》和本条例。

有关法律、法规对消防安全和道路交通安全、铁路交通安全、水上交通安全、民用航空安全另有规定的，适用其规定。

第三条　本市安全生产管理应当以人为本，坚持安全第一、预防为主的方针，建立健全以生命安全为核心的安全生产责任体系和物质技术保障体系，保障城市安全运行，促进首都安全发展。

第四条　生产经营单位应当根据本单位生产经营活动的特点，加强安全生产管理，建立健全安全生产责任制度，完善安全生产条件，确保安全生产，保障从业人员和社会公众的安全健康。

第五条　生产经营单位的主要负责人对本单位的安全生产工作全面负责。

第六条　工会依法组织职工参加本单位安全生产工作的民主管理和民主监督，维护职工在安全生产方面的合法权益，对单位执行安全生产法律、法规的情况进行监督。

第七条　各级人民政府应当加强对安全生产工作的领导，将安全生产工作纳入国民经济和社会发展计划，合理调整产业结构，加大安全生产投入，将安全生产专项工作所需经费列入本级政府预算，支持、督促各有关部门依法履行安全生产监督管理职责，及时协调、解决安全生产监督管理中的重大问题。

第八条　各级人民政府的主要领导人和政府有关部门的正职负责人对本行政区域和本部门的安全生产工作负全面领导责任；各级人民政府的其他领导人和政府有关部门的其他负责人对分管范围内的安全生产工作负领导责任。

第九条　市和区、县安全生产监督管理部门对本行政区域内安全生产工作实施综合监督管理，指导、协调和监督政府有关部门履行安全生产监督和管理职责，依法对生产经营单位的安全生产工作实施监督检查。

公安、住房和城乡建设、质量技术监督、

国土资源、煤炭、电力、国防科技工业等负有安全生产监督管理职责的政府有关部门，按照有关法律、法规的规定，分别对消防、道路交通、建筑施工、特种设备、矿山、电力、民用爆破器材生产等方面的安全生产工作实施监督管理。

商务、文化、教育、卫生、旅游、交通、市政市容、农业、民防等政府有关部门，按照法律、法规、规章的规定和市人民政府确定的职责，负责有关行业或者领域的安全生产管理工作。

第十条 各级人民政府及其有关部门应当采取多种形式，加强对有关安全生产的法律、法规和安全生产知识的宣传，组织开展安全生产教育和培训，推进安全文化建设，增强全社会的安全生产意识和安全防范能力。

第十一条 各级人民政府及其有关部门应当鼓励安全生产科学技术研究，支持安全生产先进适用技术、装备、工艺的推广应用，提高安全生产信息化水平，推进安全生产产业发展。

第十二条 本市推进安全生产社会化服务体系建设，支持、指导、规范有关社会服务机构依法开展评价、认证、检测、检验、咨询、宣传和技术培训等安全生产服务活动。

有关社会服务机构应当按照法律、法规规定和合同约定从事安全生产服务活动，保障所提供的报告、信息真实准确，并对其作出的安全评价、认证、检测、检验的结果负责。

第十三条 安全生产协会和其他相关行业协会应当加强行业自律，对生产经营单位的安全生产工作进行指导，提供安全生产管理和技术咨询等服务。

本市鼓励安全生产协会和其他相关行业协会参与安全生产标准的制定。

第十四条 市和区、县人民政府对在改善安全生产条件、推进安全文化建设、防止生产安全事故、参加抢险救护、安全生产科学技术研究和推广应用、安全生产监督管理等方面取得显著成绩的单位和个人，给予表彰和奖励。

第二章 生产经营单位的安全生产保障

第十五条 生产经营单位应当具备下列安全生产条件：

（一）生产经营场所和设备、设施符合有关安全生产法律、法规的规定和国家标准或者行业标准的要求。

（二）矿山、建筑施工单位和危险化学品、烟花爆竹、民用爆破器材生产单位依法取得安全生产许可证。

（三）建立健全安全生产责任制，制定安全生产规章制度和相关操作规程。

（四）依法设置安全生产管理机构或者配备安全生产管理人员。

（五）从业人员配备符合国家标准或者行业标准的劳动防护用品。

（六）主要负责人和安全生产管理人员具备与生产经营活动相适应的安全生产知识和管理能力。危险物品的生产、经营、储存单位及矿山、建筑施工单位的主要负责人和安全生产管理人员，依法经安全生产知识和管理能力考核合格。

（七）从业人员经安全生产教育和培训合格。特种作业人员按照国家和本市的有关规定，经专门的安全作业培训并考核合格，取得特种作业操作资格证书。

（八）法律、法规和国家标准或者行业标准、地方标准规定的其他安全生产条件。

不具备安全生产条件的单位不得从事生产经营活动。

第十六条 生产经营单位的主要负责人对本单位安全生产工作负有下列职责：

（一）建立健全并督促落实安全生产责任制；

（二）组织制定并督促落实安全生产规章制度和操作规程；

（三）保证安全生产投入；

（四）定期研究安全生产问题；

（五）督促、检查安全生产工作，及时消除生产安全事故隐患；

（六）组织实施本单位从业人员的职业健康工作；

（七）组织制定并实施生产安全事故应急救援预案；

（八）及时、如实报告生产安全事故。

生产经营单位的主要负责人应当每年向职工代表大会或者职工大会报告本单位的安全生产情况。

第十七条　生产经营单位的安全生产责任制应当明确各岗位的责任人员、责任内容和考核要求，形成包括全体人员和全部生产经营活动的责任体系。

第十八条　生产经营单位应当制定下列安全生产规章制度：

（一）安全生产教育和培训制度；

（二）安全生产检查制度；

（三）生产安全事故隐患排查治理制度；

（四）具有较大危险因素的生产经营场所、设备和设施的安全管理制度；

（五）危险作业管理制度；

（六）特种作业人员管理制度；

（七）劳动防护用品配备和管理制度；

（八）安全生产奖励和惩罚制度；

（九）生产安全事故报告和调查处理制度；

（十）其他保障安全生产的规章制度。

第十九条　生产经营单位应当具备的安全生产条件所必需的资金投入，由生产经营单位的决策机构、主要负责人或者个人经营的投资人予以保证，并对由于安全生产所必需的资金投入不足导致的后果承担责任。

矿山、建筑施工单位和危险化学品、烟花爆竹、民用爆破器材生产单位实行提取安全费用制度。具体办法由市人民政府制定。

第二十条　生产经营单位的安全生产资金投入或者安全费用，应当专项用于下列安全生产事项：

（一）安全技术措施工程建设；

（二）安全设备、设施的更新和维护；

（三）安全生产宣传、教育和培训；

（四）劳动防护用品配备；

（五）重大危险源监控；

（六）生产安全事故应急救援演练；

（七）应急救援队伍建设或者救援服务；

（八）其他保障安全生产的事项。

第二十一条　生产经营单位应当对从业人员进行安全生产教育和培训，并建立考核制度。未经安全生产教育和培训合格的人员不得上岗作业。生产经营单位应当对安全生产教育、培训和考核情况进行记录，并按照规定的期限保存。

第二十二条　生产经营单位的主要负责人和安全生产管理人员应当接受相应的安全生产知识和管理能力的培训，具体培训和考核办法按照国家有关规定执行。

危险物品的生产、经营、储存单位从事危险作业的人员应当按照国家有关规定参加专门的安全作业培训，经培训合格方可上岗。

第二十三条　以劳务派遣形式用工的，劳务派遣单位应当对劳务派遣人员进行必要的安全生产教育和培训；用工单位应当对劳务派遣人员进行岗位安全操作规程和安全操作技能的教育和培训。

用工单位与劳务派遣单位应当在劳务派遣协议中明确各自承担的教育和培训的职责和具体内容。

第二十四条　安全生产的教育和培训主要包括下列内容：

（一）安全生产法律、法规和规章；

（二）安全生产规章制度和操作规程；

（三）岗位安全操作技能；

（四）安全设备、设施、工具、劳动防护用品的使用、维护和保管知识；

（五）生产安全事故的防范意识和应急措施、自救互救知识；

（六）生产安全事故案例。

第二十五条 生产经营单位主要负责人、安全生产管理人员和从业人员每年接受的在岗安全生产教育和培训时间不得少于8学时。

新招用的从业人员上岗前接受安全生产教育和培训的时间不得少于24学时；换岗的，离岗6个月以上的，以及生产经营单位采用新工艺、新技术、新材料或者使用新设备的，均不得少于4学时。

法律、法规对安全生产教育和培训的时间另有规定的，从其规定。

第二十六条 矿山、建筑施工单位，城市轨道交通运营单位，危险物品的生产、经营、储存单位及从业人员超过300人的其他生产经营单位，应当设置安全生产管理机构或者配备专职安全生产管理人员。专职安全生产管理人员的配备按照国家或者本市有关规定执行。

前款规定以外的生产经营单位，应当配备专职或者兼职的安全生产管理人员，或者委托具有国家规定的相关专业技术资格的工程技术人员提供安全生产管理服务。

第二十七条 安全生产管理机构和安全生产管理人员履行下列职责：

（一）提出安全生产工作计划并组织实施；

（二）组织开展安全生产检查，督促消除生产安全事故隐患；

（三）组织实施生产安全事故应急演练；

（四）督促本单位各部门履行安全生产职责，组织安全生产考核，提出奖惩意见；

（五）依法组织本单位生产安全事故调查处理。

第二十八条 生产经营单位新建、改建、扩建工程项目（以下统称建设项目）的安全设施，应当与主体工程同时设计、同时施工、同时投入生产和使用。

建设项目投入生产或者使用前，建设单位应当根据有关规定对建设项目的安全设施组织验收，验收合格后方可投入生产使用，并将验收报告向安全生产监督管理部门备案。

本市逐步在工业建设项目、城市基础设施建设项目、城市公共交通建设项目等领域推行安全评价制度，具体办法由市人民政府另行规定。

第二十九条 矿山建设项目和用于生产、储存危险物品的建设项目的安全设施设计应当按照国家有关规定报政府有关部门审查。

生产经营单位申请安全设施设计审查，应当提交下列文件：

（一）设计审查申请表；

（二）建设项目可行性研究报告安全专篇；

（三）安全评价报告；

（四）有关安全设施的设计文件及设计单位资质证明。

经审查批准的安全设施设计需要变更的，应当经原审查部门审查同意。

第三十条 矿山建设项目和用于生产、储存危险物品的建设项目竣工投入生产或者使用前，应当按照法律、行政法规的规定对安全设施进行验收；验收合格后方可投入生产和使用。

生产经营单位申请安全设施验收，应当提交下列文件：

（一）安全设施验收申请表；

（二）建设项目安全设施的综合报告；

（三）安全生产规章制度和操作规程。

第三十一条 生产经营单位安全设备的设计、制造、安装、使用、检测、维修、改造和报废，应当符合国家标准、行业标准。

生产经营单位应当对安全设备进行经常性维护、保养，并定期检测，保证正常运转。维护、保养、检测应当作好记录，并由有关人员签字。维护、保养、检测记录应当包括安全设备的名称和维护、保养、检测的时间、人员等内容。

第三十二条　生产经营单位应当在有较大危险因素的生产经营场所和有关设备、设施上，设置符合国家标准或者行业标准的安全警示标志。

安全警示标志应当明显、保持完好、便于从业人员和社会公众识别。

第三十三条　生产经营单位对重大危险源应当登记建档，进行定期检测、评估、监控，制定应急预案，告知从业人员和相关人员在紧急情况下应当采取的应急措施。

登记建档应当包括重大危险源的名称、地点、性质和可能造成的危害等内容。

第三十四条　生产经营单位应当按照国家有关规定将本单位重大危险源及有关安全措施、应急措施报安全生产监督管理部门和政府其他有关部门备案。

第三十五条　生产经营单位的生产区域、生活区域、储存区域之间应当保持规定的安全距离。

生产、经营、储存、使用危险物品的车间、商店和仓库周边的安全防护应当符合国家有关规定，不得与员工宿舍在同一座建筑物内，并与员工宿舍保持规定的安全距离。

生产经营场所和员工宿舍应当设有符合紧急疏散要求、标志明显、保持畅通的出口。任何单位或者个人不得以任何理由和任何方式封闭生产经营场所或者堵塞员工宿舍的出口。

第三十六条　生产经营单位应当按照国家有关规定，明确本单位各岗位从业人员配备劳动防护用品的种类和型号，为从业人员无偿提供符合国家标准或者行业标准的劳动防护用品，不得以货币形式或者其他物品替代。购买和发放劳动防护用品的情况应当记录在案。

第三十七条　生产经营单位应当根据本单位生产经营活动的特点，对安全生产状况进行经常性检查。检查情况应当记录在案，并按照规定的期限保存。

生产经营单位对本单位存在的生产安全事故隐患的治理负全部责任，发现事故隐患的，应当立即采取措施，予以消除；对非本单位原因造成的事故隐患，不能及时消除或者难以消除的，应当采取必要的安全措施，并及时向所在地的安全生产监督管理部门或者政府其他有关部门报告。

第三十八条　生产经营单位设置户外广告、牌匾，应当遵守有关户外设施的安全技术标准和管理规范，并进行经常性检查和维护，确保安全、牢固；发现生产安全事故隐患的，应当及时予以消除。

第三十九条　生产经营单位进行爆破、吊装、悬吊、挖掘、建设工程拆除等危险作业，临近高压输电线路作业，以及在有限空间内作业，应当执行本单位的危险作业管理制度，安排负责现场安全管理的专门人员，落实下列现场安全管理措施：

（一）确认现场作业条件符合安全作业要求；

（二）确认作业人员的上岗资质、身体状况及配备的劳动防护用品符合安全作业要求；

（三）就危险因素、作业安全要求和应急措施向作业人员详细说明；

（四）发现直接危及人身安全的紧急情况时，采取应急措施，停止作业或者撤出作业人员。

根据危险作业生产安全事故发生情况，市安全生产监督管理部门可以制定专项管理措施，生产经营单位应当执行。

第四十条　生产经营单位不得将生产经

营项目、场所、设备，发包、出租给不具备国家规定的安全生产条件或者相应资质的单位和个人从事生产经营活动。

生产经营单位将生产经营项目、场所、设备发包或者出租的，应当与承包单位、承租单位签订专门的安全生产管理协议，或者在承包、租赁合同中约定各自的安全生产管理职责。

同一建筑物内的多个生产经营单位共同委托物业服务企业或者其他管理人进行管理的，由物业服务企业或者其他管理人依照委托协议承担其管理范围内的安全生产管理职责。

第四十一条 危险化学品生产单位不得向未取得危险化学品经营许可证的经营单位或者个人销售危险化学品。

危险化学品经营单位不得从未取得危险化学品生产许可证或者危险化学品经营许可证的单位采购危险化学品。

危险化学品应当储存在专用仓库、专用场地或者专用储存室内，储存方式、方法和数量应当符合国家标准、地方标准，并由专人管理。

第四十二条 供水、排水、污水处理、供电、供气、供热、环卫等市政基础设施管理单位和轨道交通运营单位、传输管线施工和运营单位，应当加强设备、设施日常维护和施工现场安全管理，定期开展运行安全评价，及时排除生产安全事故隐患，保障基础设施的安全运行。

第四十三条 歌舞厅、影剧院、体育场（馆）、宾馆、饭店、商（市）场、旅游区（点）、网吧等公众聚集的经营场所，其生产经营单位应当遵守下列规定：

（一）不得改变经营场所建筑的主体和承重结构；

（二）在经营场所设置标志明显的安全出口和符合疏散要求的疏散通道并确保畅通；

（三）按照有关规定在经营场所配备应急广播和指挥系统、应急照明设施、消防器材，安装必要的安全监控系统，并确保完好、有效；

（四）制定可靠的安全措施和生产安全事故应急救援预案，配备应急救援人员；

（五）有关负责人能够熟练使用应急广播和指挥系统，掌握应急救援预案的全部内容；

（六）从业人员能够熟练使用消防器材，了解安全出口和疏散通道的位置及本岗位的应急救援职责；

（七）经营场所实际容纳的人员不超过规定的容纳人数。

前款规定的场所设在同一建筑物内的，生产经营单位应当按照国家标准、地方标准和有关技术规范设置安全出口和疏散通道并保持畅通。

第四十四条 生产经营单位承办大型群众性活动的，应当制定符合规定要求的活动方案和突发事件的应急预案，并按照国家和本市有关规定履行审批手续。

活动举办期间，承办单位应当落实各项安全措施，保证活动场所的设备、设施安全运转，配备足够的工作人员维持现场秩序，必要时可以申请公安机关协助。在人员相对聚集时，承办单位应当采取控制和疏散措施，确保参加活动的人数在安全条件允许的范围内。

第三章 从业人员的权利和义务

第四十五条 生产经营单位的从业人员享有《中华人民共和国安全生产法》规定的权利，履行相应义务。

第四十六条 生产经营单位与从业人员订立的劳动合同中应当载明有关保障从业人员劳动安全、防止职业危害，以及为从业人员办理工伤保险和其他依法应当办理的安全生产强制性保险等事项。

生产经营单位不得以任何形式与从业人员订立协议，免除或者减轻其对从业人员因生产安全事故伤亡依法应当承担的责任。

第四十七条 从业人员有权向生产经营单位了解下列事项：

（一）作业场所和工作岗位存在的危险因素；

（二）已采取的防范生产安全事故和职业危害的技术措施和管理措施；

（三）发生直接危及人身安全的紧急情况时的应急措施。

生产经营单位应当通过作业场所公示、书面告知、答复、教育培训等方式，将前款所列事项告知从业人员，保障从业人员的知情权。

第四十八条 从业人员有权对本单位安全生产工作和有关职业安全健康问题提出批评、检举、控告；有权拒绝违章指挥和强令冒险作业。

生产经营单位不得因从业人员对本单位安全生产工作提出批评、检举、控告或者拒绝违章指挥、强令冒险作业而降低其工资、福利等待遇或者解除与其订立的劳动合同。

第四十九条 从业人员有权要求生产经营单位依法参加工伤保险和其他安全生产保险。

生产经营单位未依法参加前款规定的保险，从业人员因生产安全事故受到损害的，生产经营单位应当按照相关保险规定的待遇项目和标准支付费用，从业人员依照有关民事法律尚有获得赔偿权利的，有权提出赔偿要求。

第五十条 从业人员应当履行下列义务：

（一）遵守本单位安全生产规章制度和岗位操作规程、施工作业规程；

（二）接受安全生产教育和培训，参加应急演练；

（三）报告生产安全事故隐患或者不安全因素；

（四）发生生产安全事故紧急撤离时，服从现场统一指挥；

（五）配合事故调查，如实提供有关情况；

（六）从事特种作业的，经过专门培训并取得特种作业资格。

第四章　安全生产的监督管理

第五十一条 安全生产监督管理实行属地原则，由生产经营活动所在地的政府及其有关部门实施。

第五十二条 市和区、县人民政府应当建立安全生产控制指标体系，对安全生产工作实行目标管理；每季度至少召开一次会议，专题研究本地区安全生产工作，组织、协调重大生产安全事故隐患治理。

乡镇人民政府和街道办事处根据本地区安全生产工作的需要，设立或者明确负责安全生产工作的机构，配备或者聘请人员，监督、检查本地区安全生产工作，发现安全生产违法行为或者生产安全事故隐患的，应当责令生产经营单位改正或者排除，并及时向安全生产监督管理部门和政府其他有关部门报告。

第五十三条 安全生产监督管理部门履行下列职责：

（一）综合分析本地区安全生产形势，定期向本级人民政府报告安全生产工作，提出安全生产工作的意见和建议，发布安全生产信息；

（二）指导协调、监督检查本级人民政府有关部门和下级人民政府履行安全生产监督管理职责，提出意见和建议；

（三）负责组织对本级人民政府有关部门和下级人民政府的安全生产工作进行综合考核；

（四）法律、法规、规章和市人民政府规

定的其他职责。

第五十四条 市人民政府对所属有关部门和区、县人民政府安全生产工作进行综合考核；区、县人民政府对所属有关部门和乡镇人民政府、街道办事处安全生产工作进行综合考核。考核结果纳入绩效考核内容。

第五十五条 市和区、县人民政府应当加强安全生产基础研究、应用研究和安全生产先进技术的推广；完善安全生产技术支撑体系，支持生产经营单位安全技术改造；保障安全生产基础设施建设资金的投入；推进安全生产重点领域、重点单位的物联网建设；监督管理国家安排的安全生产专项资金，确保专款专用，并安排配套资金予以保障。

第五十六条 市人民政府有关部门应当加强对有关行业或者领域安全生产工作的指导，定期统计生产安全事故、从业人员伤亡和职业危害情况，组织制定有关行业或者领域的安全生产标准、管理规范并督促落实。

市质量技术监督部门应当加强规划，组织、指导有关安全生产地方标准的制定，及时协调和处理标准化工作中的问题。

第五十七条 在本市举办重要会议或者重大活动期间，市安全生产监督管理部门可以根据市人民政府的要求，制定专项安全生产管理措施，生产经营单位应当执行。

第五十八条 安全生产监督管理部门和政府其他有关部门应当建立健全重大危险源备案工作制度，加强对重大危险源的监督管理工作。

第五十九条 生产经营单位销售重点监管的化学品，应当如实记录购买者和所购买化学品的相关信息，并将相关证明材料存档备查。重点监管的化学品目录由市安全生产监督管理部门会同公安机关制定并向社会公布。

第六十条 在重大危险源、高压输电线路和输油、输气管道等场所和设施的安全距离范围内，城乡规划主管部门不得批准建设建筑物、构筑物。

对不符合规定安全距离要求的建筑物、构筑物，应当依法予以拆除或者采取其他保障安全的措施。

第六十一条 安全生产监督管理部门根据工作需要，配备安全生产监督检查人员。

安全生产监督检查人员执行监督检查任务时，应当出示有效的监督执法证件，并将检查的时间、地点、内容、发现的问题及其处理情况，作出书面记录，由检查人员和被检查单位的负责人签字。

第六十二条 安全生产监督管理部门应当制定安全生产监督检查计划，有关部门应当按照计划对生产经营单位的安全生产状况进行联合检查；需要分别检查的，应当相互协调，避免重复检查。

负有安全生产监督管理职责的部门在检查中发现安全问题应当及时处理；应当由其他部门处理的，及时移送有关部门并形成记录备查，接受移送的部门应当及时处理。

第六十三条 任何单位或者个人对生产安全事故隐患或者安全生产违法行为，均有权向安全生产监督管理部门和政府其他有关部门报告或者举报。查证属实的，由有关部门按照规定给予奖励。

安全生产监督管理部门和政府其他有关部门应当公开举报电话、通信地址或者电子邮件地址，受理有关安全生产的举报；受理的举报事项经调查核实后，应当形成书面材料；需要落实整改措施的，报经有关负责人签字并督促落实。

第六十四条 居民委员会、村民委员会发现所在区域的生产经营单位存在生产安全事故隐患或者安全生产违法行为的，应当向所在地人民政府或者安全生产监督管理部门、其他有关部门报告。

第六十五条 区、县安全生产监督管理部门或者政府其他有关部门接到生产安全事故隐患报告的，应当及时调查、了解有关情况，组织协调消除事故隐患；属于重大生产安全事故隐患的，应当及时报请区、县人民政府采取治理措施；对于超出本级人民政府管理权限的，有关区、县人民政府应当及时报告市人民政府。

区、县人民政府应当将治理重大生产安全事故隐患的有关情况，向市安全生产监督管理部门通报。

第六十六条　安全生产监督管理部门和政府其他有关部门在检查过程中发现生产安全事故隐患的，应当责令生产经营单位采取措施立即消除；不能立即消除的，应当责令限期消除，并督促落实。在限期消除期间，安全生产监督管理部门或者政府其他有关部门可以在生产经营场所的明显位置设置事故隐患提示标志。

重大生产安全事故隐患消除前或者消除过程中无法保证安全的，安全生产监督管理部门和政府其他有关部门可以责令生产经营单位全部或者部分停产停业，或者采取其他限制措施；隐患消除后，经审查同意，方可恢复生产经营活动。

第六十七条　安全生产监督管理部门在监督检查过程中有根据认为生产经营单位的设备、设施和器材不符合保障安全生产国家标准或者行业标准的，可以予以查封或者扣押，但应当在15日内依法作出处理决定。

第六十八条　市和区、县人民政府有关部门应当对生产经营单位承办的大型群众性活动安全措施的落实、活动场所设备设施的安全运转及维护现场秩序工作人员的配备等情况进行检查，督促承办单位落实相关安全措施和应急预案。

第六十九条　生产经营单位发生一次死亡3人以上责任事故或者年度内发生两起死亡责任事故的，政府有关部门可以依法降低其相应的生产经营资质，限制其一年内参加政府投资、政府融资建设项目和政府采购项目的投标及该年度政府奖项的评奖，并将有关情况记入本市企业信用信息系统。

前款规定的生产经营单位应当委托具有相应资质的安全生产评价机构进行安全评价，并落实有关安全措施。

第七十条　矿山、道路交通运输、建筑施工、危险化学品、烟花爆竹等领域的生产经营单位按照国家有关规定实行安全生产风险抵押金制度。生产经营单位发生生产安全事故时，安全生产风险抵押金转作事故抢险救灾和善后处理资金。

本市建立安全生产责任保险制度，并在各行业或者领域逐步实施。前款规定的生产经营单位参加安全生产责任保险的，不再存缴安全生产风险抵押金。

第七十一条　市安全生产监督管理部门应当定期向社会公布全市安全生产状况和生产安全事故情况，并及时公开严重安全生产违法行为的情况和重大、特大生产安全事故的有关信息。

市安全生产监督管理部门应当建立安全生产违法行为记录系统，记载生产经营单位及其主要负责人、个人经营的投资人、有关中介机构等安全生产活动当事人的违法行为、责任事故及处理结果。任何单位和个人有权查询相关记录。

第七十二条　本市建立安全生产信息网络平台，及时提供安全生产法律、法规、标准、政策、措施等信息服务。

政府有关部门应当建立健全安全生产信息沟通制度，互相通报有关安全生产的政策和执法监督信息。

区、县人民政府及其有关部门应当采取多种形式，及时将有关安全生产的政策和措施告知生产经营单位，并提供相关信息服务。

行业协会应当配合政府有关部门做好有

关安全生产信息的宣传工作。

第七十三条　新闻、出版、广播、电视等单位应当对违反安全生产法律、法规的行为进行舆论监督，通过开设公益性专题栏目等形式，对社会公众进行安全意识教育和自救互救知识宣传。

第五章　生产安全事故的应急救援与调查处理

第七十四条　市和区、县人民政府应当组织有关部门制定本地区特大生产安全事故应急救援预案，建立应急救援体系。

第七十五条　特大生产安全事故应急救援预案主要包括下列内容：

（一）应急救援的指挥和协调机构；

（二）有关部门在应急救援中的职责和分工；

（三）危险目标的确定和潜在危险性评估；

（四）应急救援组织及其人员、装备；

（五）紧急处置、人员疏散、工程抢险、医疗急救等措施方案；

（六）社会支持救助方案；

（七）应急救援组织的训练和演习；

（八）应急救援物资储备；

（九）经费保障。

第七十六条　生产经营单位应当根据本单位生产经营的特点，制定生产安全事故应急救援预案，对生产经营活动中容易发生生产安全事故的领域和环节进行监控，建立应急救援组织或者配备应急救援人员，储备必要的应急救援设备、器材，按照国家有关规定在作业区域设置救生舱等紧急避险救生设施。

规模较小的生产经营单位可以委托专业应急救援机构提供救援服务。规模较大的生产经营单位可以组建专业应急救援队伍，受市和区、县人民政府委托执行应急救援任务，市和区、县人民政府应当给予必要的支持。

第七十七条　生产经营单位制定的生产安全事故应急救援预案主要包括下列内容：

（一）应急救援组织及其职责；

（二）危险目标的确定和潜在危险性评估；

（三）应急救援预案启动程序；

（四）紧急处置措施方案；

（五）应急救援组织的训练和演习；

（六）应急救援设备器材的储备；

（七）经费保障。

生产经营单位应当定期演练生产安全事故应急救援预案，每年不得少于一次。

第七十八条　生产经营单位发生生产安全事故的，事故现场有关人员应当立即报告本单位负责人。

单位负责人接到事故报告应当迅速启动应急救援预案，采取有效措施组织抢救，防止事故扩大、减少人员伤亡和财产损失，并按照国家有关规定及时、如实报告安全生产监督管理部门或者政府其他有关部门。单位负责人对事故情况不得隐瞒不报、谎报或者拖延报告。

生产经营单位应当保护事故现场；需要移动现场物品时，应当作出标记和书面记录，妥善保管有关证物。生产经营单位不得故意破坏事故现场、毁灭有关证据。

第七十九条　发生生产安全事故造成人员伤害需要抢救的，发生事故的生产经营单位应当及时将受伤人员送到医疗机构，并垫付医疗费用。

第八十条　事故调查处理应当按照实事求是、尊重科学的原则，及时、准确地查清事故原因，查明事故性质和责任，总结事故教训、提出整改措施，并对事故责任者提出处理意见。

事故调查和处理的具体办法，按照国家和本市有关规定执行。

第八十一条　任何单位和个人不得阻挠

和干涉对事故的依法调查、对事故责任的认定及对事故责任人员的处理。

第八十二条 市和区、县人民政府有关部门应当定期统计分析本系统生产安全事故情况，并将有关情况报告同级安全生产监督管理部门。

第六章 法律责任

第八十三条 法律、法规对违反本条例行为的法律责任有规定的，适用其规定；法律、法规没有规定的，适用本条例的规定。

第八十四条 各级人民政府、安全生产监督管理部门或者政府其他有关部门的工作人员，有下列情形之一的，依法给予行政处分；构成犯罪的，依法追究刑事责任：

（一）未按照规定的权限、条件和程序作出行政许可决定或者因其他失职、渎职行为，造成重大生产安全事故隐患的；

（二）未按照规定履行安全生产监督管理责任的；

（三）发生生产安全事故，未按照规定组织救援或者玩忽职守致使人员伤亡或者财产损失扩大的；

（四）对生产安全事故隐瞒不报、谎报或者拖延报告的；

（五）阻挠、干涉生产安全事故调查处理或者生产安全事故责任追究的。

特大生产安全事故行政责任的追究，依照国家有关规定执行。

第八十五条 生产经营单位的主要负责人未履行本条例规定的安全生产管理职责的，责令限期改正；逾期未改正的，责令生产经营单位停产停业整顿。

生产经营单位的主要负责人未履行本条例规定的安全生产管理职责，导致发生生产安全事故，构成犯罪的，依法追究刑事责任；尚不够刑事处罚的，给予撤职处分或者处2万元以上20万元以下罚款。

生产经营单位的主要负责人依照前款规定受刑事处罚或者撤职处分的，自刑罚执行完毕或者受处分之日起，5年内不得担任任何生产经营单位的主要负责人。

第八十六条 生产经营单位有下列行为之一的，责令限期改正；逾期未改正的，责令停产停业整顿，可以并处2万元以下罚款：

（一）违反第十五条第七项，特种作业人员未按照规定经专门的安全作业培训并取得特种作业操作资格证书上岗作业的；

（二）未按照本条例第二十一条、第二十二条和第二十五条规定对从业人员进行安全生产教育和培训的；

（三）未按照本条例第二十六条第一款规定设置安全生产管理机构或者配备专职安全生产管理人员的；

（四）未按照本条例第五十九条规定如实记录相关信息的。

第八十七条 生产经营单位违反本条例第二十八条规定，有下列行为之一的，责令限期改正；逾期未改正的，责令停止建设或者停产停业整顿：

（一）建设项目没有安全设施设计的；

（二）建设项目安全设施未与主体工程同时设计、同时施工、同时投入生产和使用的。

第八十八条 生产经营单位违反本条例第三十六条规定，未提供劳动防护用品的，或者未提供符合规定要求的劳动防护用品的，或者以货币形式、其他物品替代的，责令限期改正；逾期未改正的，责令停产停业整顿，可以并处5万元以下罚款。

第八十九条 生产经营单位违反本条例第三十九条规定，未安排专门人员，落实现场安全管理措施的，责令改正；拒不改正的，责令停产停业整顿，可以并处2万元以上10万元以下罚款。

第九十条 生产经营单位违反本条例第四十条第一款规定，将生产经营项目、场所、设备发包或者出租给不具备安全生产条件或者相应资质的单位或者个人的，责令限期改正，没收违法所得；违法所得5万元以上的，并处违法所得1倍以上5倍以下的罚款；没有违法所得或者违法所得不足5万元的，单处或者并处1万元以上5万元以下的罚款；导致发生生产安全事故给他人造成损害的，与承包方、承租方承担连带赔偿责任。

第九十一条 生产经营单位违反本条例第四十一条规定，有下列行为之一的，处2万元以上20万元以下罚款：

（一）向未取得危险化学品经营许可证的经营单位销售危险化学品的；

（二）从未取得危险化学品生产许可证或者危险化学品经营许可证的单位采购危险化学品的。

第九十二条 生产经营单位违反本条例第四十七条规定，不履行对从业人员告知义务的，责令限期改正；逾期未改正的，依法追究生产经营单位主要负责人的责任。

第九十三条 生产经营单位违反本条例第五十七条规定，在本市举办重要会议或者重大活动期间，未执行专项安全生产管理措施的，责令限期改正；拒绝执行的，责令停止生产经营活动。

第九十四条 矿山、道路交通运输、建筑施工、危险化学品、烟花爆竹等领域的生产经营单位违反本条例第七十条规定，未存缴安全生产风险抵押金或者未参加安全生产责任保险的，责令限期改正，可以并处1万元以上10万元以下罚款。

第九十五条 生产经营单位不具备本条例规定的安全生产条件，经停产停业整顿仍不具备条件的，予以关闭；有关部门应当依法吊销其有关证照。

歌舞厅、影剧院、体育场（馆）、宾馆、饭店、商（市）场、旅游区（点）、网吧等公众聚集经营场所的生产经营单位不具备本条例规定的安全生产条件的，责令限期改正；逾期未改正的，依照前款规定处理。

第九十六条 生产经营单位违反规定，对生产安全事故情况隐瞒不报、谎报或者拖延报告，导致对发生事故的过错无法查明的，生产安全事故认定为生产经营单位的责任事故。

第九十七条 本条例规定的行政处罚，由安全生产监督管理部门决定；予以关闭的行政处罚由安全生产监督管理部门报请市或者区、县人民政府按照国务院规定的权限决定。有关法律、法规对行政处罚的决定机关另有规定的，适用其规定。

第七章 附 则

第九十八条 本条例自2011年9月1日起施行。

关于《北京市安全生产条例（修订草案）》的说明

——2010年11月17日在北京市第十三届人民代表大会常务委员会第二十一次会议上

北京市安全生产监督管理局局长 张家明

主任、各位副主任、秘书长、各位委员：

我受市人民政府的委托，现就《北京市安全生产条例（修订草案）》（以下简称修订草案）作如下说明。

一、修订的背景和必要性

安全生产事关人民群众生命和财产安全，事关国家形象，事关改革发展和社会稳定的大局。《北京市安全生产条例》（以下简称条例）自2004年9月1日施行以来，市政府及其有关部门高度重视，不断健全体制机制，认真履行安全生产监管职责，全面加强对煤矿、非煤矿山、危险化学品、烟花爆竹、建筑施工、交通运输、人员密集场所等行业和领域的安全监管；生产经营单位认真落实主体责任，建立健全安全生产管理制度，强化从业人员安全生产培训，安全生产水平稳步提高。5年来，本市生产安全死亡事故、道路交通死亡事故、火灾死亡事故等各类安全生产事故呈现“双下降”趋势：2009年与2004年相比，各类事故起数减少749起，死亡人数减少823人，全市没有发生10人以上重特大生产安全事故，安全生产形势持续稳定好转。但是，本市各类生产安全事故总量仍然偏大，2007年至2009年分别为：170起、106起、101起，事故发生态势呈现出反复性和不确定性，暴露出一些生产经营单位主体责任不落实，安全监管体制不完善、监管不到位等突出问题，发生重特大生产安全事故的风险依然存在，因此，有必要对条例进行修订，进一步加强安全生产工作，全面提升本市安全生产水平。

（一）修订条例是贯彻落实科学发展观，建设世界城市和实现“三个北京”战略的需要

深入贯彻落实科学发展观，坚持以人为本，牢固树立安全发展的理念，切实转变经济发展的方式，以及建设世界城市和实现“人文北京、科技北京、绿色北京”战略，都要建立在安全生产有可靠保障的基础上。北京作为首都，安全生产具有特殊重要的意义，应该要求更高、标准更严、力度更大。通过修订条例，坚持“安全第一、预防为主、综合治理”方针，全面加强生产经营单位安全管理，健全规章制度，完善安全标准，夯实安全生产基础，落实企业主体责任；进一步完善和强化安全生产监管的体制和机制，创新监管模式，拓宽监管渠道，坚决遏制重特大生产安全事故的发生，为首都经济平稳较快发展和构建和谐社会首善之区创造良好安全生产环境。

（二）修订条例是补充和细化国家有关法规和政策精神的需要

2004年以来，国务院陆续颁布了《生产安全事故报告和调查处理条例》、《关于保险业改革发展的若干意见》（国发〔2006〕23号）等法规和政策，特别是今年7月，国务院又颁布了《关于进一步加强企业安全生产工作的通知》（国发〔2010〕23号），在加强企业安全管理、建设技术保障体系和应急救援体系、严格行业安全准入、强化安全生产监督管理以及考核和责任追究等方面提出了新的要求，这些要求有必要结合本地区实际情况进一步细化并深入贯彻落实。

（三）修订条例是总结成功的管理经验，解决当前本市安全生产面临的突出问题的需要

随着首都经济社会的发展，尤其是国际金融危机的影响，本市安全生产工作出现了一些新情况和新问题：一是生产经营单位主体责任落实不到位。由于生产经营困难，一些单位减少安全投入、疏于安全培训、推迟隐患治理、安全设施建设“三同时”落实不到位；二是从业人员的安全权利保障不力。由于条例对从业人员的知情权、举报权和受事故伤害后的经济保障权缺乏明确具体规定，从业人员的安全权利没有得到有力保障；三是安全生产监管体制机制不够完善。综合监管部门的职责权限不够明确，综合监管与行业监管部门之间的协调需要进一步加强。同时，自条例实施以来，特别是在筹办和举办

奥运会过程中，积累了一定的成功经验和做法。需要通过修订条例，解决上述突出问题，将经验和做法制度化，构建首都安全生产的长效机制。

二、修订工作情况

2008年正式启动条例修订的调研工作，2009年7月，条例修订通过了市人大常委会主任会议的立项论证，并列入2010年立法计划。为了做好起草工作，成立了由苟仲文副市长担任组长的条例修订工作领导小组，组织召开了全市安监系统专题会议，对修订工作进行了全面动员和部署；市安监局和市政府法制办组成了修订草案起草小组，就本市安全生产工作开展了广泛调研，认真学习了有关安全生产的法规和政策，梳理了本市安全生产工作存在的问题和监督管理工作中行之有效的做法，组织召开了国家安全监管总局、市政府有关委办局、基层执法人员、各类生产经营单位及其从业人员、安全生产专家、法律专家参加的19个专题论证会，就安全生产培训、安全预评价、工伤保险基金用于事故预防、安全生产责任保险、以及重点监管的化学品销售登记等问题进行专题研究和论证；领导小组对修订工作高度重视，专门听取了修订情况汇报，并就有关问题提出明确意见。经过反复讨论和修改，形成了修订草案送审稿，报送市政府审查。

市政府审查期间，将修订草案送审稿全文及说明在首都之窗网站上公开向社会征求意见；书面征求了市发展改革、经济信息化、住房城乡建设、规划、市政市容、交通等30个政府部门和各区、县人民政府的意见；召开了市政府法律专家工作组会议，对有关问题进行了法律审查和论证。在充分听取和吸收各方面意见和建议的基础上，形成了修订草案。在起草过程中，市人大财经办、法制办自始至终参加修订草案的起草工作并给予了具体指导。修订草案已经2010年9月14日第74次市政府常务会议审议通过。

三、修订草案的主要内容

条例修订的基本思路是：结合本市实际，突出重点；坚持以人为本，切实保障人民群众生命财产安全；增强可操作性，解决本市实际问题。原条例共6章77条，修订草案共7章92条，主要补充和修改的内容是：

（一）强化了生产经营单位安全生产的主体责任

减少生产安全事故最终要靠生产经营单位自身的安全生产管理水平，因此，进一步强化生产经营单位安全生产的主体责任是本次修订的重点。修订草案主要增加了以下内容：一是将地方标准补充到安全生产条件中，作为生产经营单位的制度保障，规定：生产经营单位应当具备法律、法规和国家标准或者行业标准、地方标准规定的安全生产条件（第十二条）；二是完善了生产经营单位的生产安全规章制度，要求生产经营单位制定生产安全事故隐患排查治理制度（第十五条）；三是强化了生产经营单位安全培训制度，规定：生产经营单位的主要负责人和安全生产管理人员应当接受安全培训和考核，从事危险作业的人员应当经专门的安全作业培训（第十九条）；四是明确了生产经营单位的安全生产管理机构和安全生产管理人员、危险作业现场安全管理人员的职责，落实了有关人员的安全责任（第二十四条、第三十六条）；五是规范了生产经营单位生产经营活动的安全责任，规定：生产经营单位不得将生产经营项目、场所发包给不具备国家规定的安全生产条件的单位或者个人，同时，还对危险化学品生产、经营、储存提出了具体要求（第三十七条、第三十八条）；六是细化了公众聚集场所的安全管理要求，规定：不得变动建筑的主体和承重结构、按照国家标准和有关技术规范，安装必要的安全监控系统，设置独立的安全出口和疏散通道（第三十九条）；七是建立了生产安全事故的评价制度，规定发生一次死亡3人以上责任事故或者年度内发生两起死亡责任事故的生产经营单位，应当委托专业机构进行安全评价并落实有关安全措施（第六十三条）。

（二）从制度上保障了从业人员安全生产的权利

为充分体现以人为本，按照市人大常委会增加"从业人员权利和义务"的要求，修订草案在安全生产法的基础上，从保障从业人员权利实现的角度出发，专门设置第三章，从制度上对从业人员的权利和义务作了进一步规定。主要增加了以下内容：一是明确了从业人员对作业场所和工作岗位存在的危险因素、防范措施及事故应急措施的知情权（第四十三条）；二是规定了从业人员有权对本单位安全生产工作中存在的问题提出批评、检举、控告，有权拒绝违章指挥和强令冒险作业，同时，还规定了生产经营单位不得因此降低从业人员的工资、福利等待遇或者解除与其订立的劳动合同（第四十四条）；三是明确了从业人员有权要求依法参加工伤社会保险，生产经营单位未依法参加保险，从业人员受到事故损害的，应当按照工伤社会保险的标准支付有关费用（第四十五条）；四是规定了从业人员遵守本单位安全生产规章制度、接受安全培训、发生事故时服从统一指挥、配合事故调查等方面的义务（第四十六条）。

（三）创新了安全生产监督管理制度

为进一步构建安全生产的长效机制，修订草案在安全生产监管制度上进行了创新。主要有：一是为落实安全设施"三同时"制度，加强建设项目的日常安全监管，规定：建设项目投入生产或者使用前，建设单位应当根据有关规定对建设项目的安全设施组织验收，验收合格后，方可投入生产使用，并将验收报告向安全生产监督管理部门备案。同时，还规定：逐步在工业、城市基础设施、公共交通等领域的建设项目推行安全预评价制度，具体办法由市人民政府另行规定（第二十五条）；二是为确保首都安全，总结奥运经验，将奥运措施常态化。规定：生产经营单位销售重点监管的化学品，应当如实记录购买者和所购买化学品的相关信息，并将相关证明材料存档备查。重点监管的化学品目录由市安全生产监督管理部门会同公安机关制定（第五十四条）；三是按照国务院"大力发展责任保险"的要求，以经济手段加强事故预防，辅助政府监管，规定：本市建立安全生产责任保险制度，并在各行业或者领域逐步实施。高危行业的生产经营单位参加安全生产责任保险的，不再存缴安全生产风险抵押金（第六十四条）。

（四）完善了政府及其有关部门的安全生产监督管理职责

为切实加强安全生产监督管理，增强把握全市安全生产大局的能力，修订草案进一步明确了政府及其有关部门的职责，主要有：一是强化了政府的职责，规定：进一步加大安全生产投入，将安全生产专项工作所需经费列入本级政府预算；组织开展安全生产教育和培训，推进安全文化建设（第七条、第十条）；二是进一步明确了安全生产监督管理部门"指导、协调、监督"的具体职责，以及行业监管部门组织制定有关安全标准并督促落实的职责（第四十八条、第五十一条）；三是为推动监管重心下移，赋予了乡镇政府和街道办事处对于事故隐患和违法行为责令排除和改正的职责（第四十九条）。

此外，根据修订草案的内容，对法律责任部分也作了进一步补充和完善。

修订草案已印送各位委员，请予审议。

市人大财政经济委员会关于《北京市安全生产条例（修订草案）》审议意见的报告

——2010年11月17日在北京市第十三届人民代表大会常务委员会第二十一次会议上

市人大财政经济委员会主任委员　王　火

主任、各位副主任、秘书长、各位委员：

市人大财政经济委员会收到市人民政府提请市人大常委会审议的《北京市安全生产条例（修订草案）》（以下简称《条例（修订草案）》）后，书面征求了16个区县人大常委会的意见；召开座谈会分别听取了国家安监总局法规司、市和区县人民政府有关部门、工会、部分生产经营单位主要负责人、安全生产管理人员、从业人员、法律专家、安全生产领域专家、部分委员和代表的意见和建议；在市人大常委会网站上公开征求了社会各界的意见。10月29日，财政经济委员会召开第二十四次会议，依照《北京市制定地方性法规条例》的规定，对《条例（修订草案）》进行了审议。现将审议情况报告如下。

财政经济委员会指出，北京作为首都，安全生产具有特殊重要的意义。《北京市安全生产条例》自2004年颁布实施以来，在加强安全生产监督管理，防止和减少生产安全事故，保障人民群众生命和财产安全方面发挥了重要作用。本市生产安全事故总体呈下降趋势，安全生产形势保持基本平稳并趋于好转。近年来，随着首都经济社会的快速发展，我市安全生产形势发生了变化，安全生产工作出现了一些新情况、新问题。生产安全事故的多发领域，由化工、制造业等传统行业向城市建设和维护等领域转移，安全生产监管工作面临新的挑战；大型综合楼宇等场所的安全生产管理工作有待加强；从业人员的安全权利需要进一步加大保障力度；安全生产教育、培训等方面制度还亟待完善等。本市安全生产形势仍然严峻，发生重特大生产安全事故的风险依然存在。为了进一步推进我市安全生产工作深入开展，解决安全生产工作面临的突出问题，及时修订《北京市安全生产条例》十分必要。

财政经济委员会认为，《条例（修订草案）》根据市人大常委会主任会议关于修订思路及主要内容提出的要求，从首都安全生产工作的总体要求出发，注重解决实际工作中存在的问题，落实近年来国家陆续颁布的有关安全生产方面行政法规和政策、措施，吸纳我市安全生产实际工作中一些成熟的、行之有效的做法。《条例（修订草案）》强化了安全生产教育和培训，细化补充了从业人员权力和义务，增加了安全生产责任保险制度等相关规定，创新了安全生产监督管理制度。《条例（修订草案）》的内容较为全面，符合本市实际情况，具有可操作性。

财政经济委员会在审议过程中，对《条例（修订草案）》提出了以下具体修改意见和建议。

一、关于科技保障安全生产的规定

安全生产是一项复杂系统工程，保障安全生产不仅需要加强管理、提高从业人员素质和水平，更需要科学技术强有力的支撑。在推进安全生产工作过程中，发挥我市科技优势，坚持科技兴安战略，重视安全生产科学技术研究和成果的推广应用，对提高我市安全生产工作水平，推动安全发展和可持续发展意义重大。因此，建议在总则中增加科技保障安全生产的有关规定。在《条例（修订草案）》第十条后增加一条，具体表述为："本市鼓励、支持安全生产科学技术研究和安全生产先进适用技术、装备、工艺的推广应用。"

二、关于鼓励社会公众参与安全生产工作的规定

报告或者举报安全生产违法行为是公众参与安全生产工作、加强对违反安全生产法律、法规行为监督的一种有效形式。为了进一步鼓励社会公众参与安全生产工作，建议《条例（修订草案）》第十一条增加对报告或者举报安全生产违法行为给予表彰和奖励的规定，具体表述为："市和区、县人民政府及其有关部门对在改善安全生产条件、防止生产安全事故、参加抢险救护、安全生产科学技术研究和推广应用、安全生产监督管理、报告或者举报安全生产违法行为等方面取得显著成绩的单位和个人，给予表彰和奖励。"

三、关于约定劳务派遣人员安全生产教育和培训的规定

《条例（修订草案）》第二十条关于劳务派遣人员安全生产教育和培训的规定相对原则，实践中不易操作，也容易相互推诿责任，发生纠纷。不同生产经营单位和不同工作岗位对劳务派遣人员的专业技能需求不同，安全培训具体职责和内容也不尽相同。建议增加在劳务派遣协议中约定双方培训具体职责和内容的相关规定，作为本条第二款，具体表述为："劳务派遣单位与使用劳务派遣人员的生产经营单位应当在劳务派遣协议中约定双方具体培训职责和内容。"

四、关于完善安全评价制度的规定

《条例（修订草案）》第二十五条第三款对我市逐步推行安全预评价制度作了规定。安全预评价是安全评价制度的一部分，主要在建设项目设计阶段开展。为了进一步加大安全生产工作力度，保障安全生产法关于"三同时"的相关规定落到实处，有必要根据北京的实际情况，逐步在工业建设项目、城市基础设施建设项目、城市公共交通建设项目开展安全评价。建议将本条第三款"安全预评价制度"修改为"安全评价制度"，具体表述为："本市逐步在工业建设项目、城市基础设施建设项目、城市公共交通建设项目等领域推行安全评价制度，具体办法由市人民政府另行规定。"

五、关于加强悬吊作业、挖掘作业安全管理的规定

随着我市建设国际化大都市进程的不断加快，城市建设和维护等领域逐渐成为生产安全事故多发领域。悬吊作业、挖掘作业过程中，由于缺乏有效的安全管理，生产安全事故时有发生，有必要将其列为危险作业，加强管理。同时现场管理人员履行职责过程中，也需要增加双方签字确认等相关规定，便于落实和监管。建议对《条例（修订草案）》第三十六条进行修改，具体表述为："生产经营单位进行爆破、吊装、建设工程拆除、悬吊作业、挖掘作业等危险作业，临近高压输电线路作业，以及在密闭空间内作业，应当执行本单位的危险作业管理制度，安排专门人员负责现场安全管理，落实下列现场安全管理措施："；其中第三项修改为："就危

险因素、作业安全要求和应急措施向作业人员详细说明并以双方签字的形式予以确认；”；增加第五项，表述为：“法律、法规和市人民政府规定的其他安全生产管理措施。”

六、关于生产经营单位之间经营活动的安全管理规定

《条例（修订草案）》第三十七条关于生产经营单位发包、出租生产经营项目、场所、设备的规定，与安全生产法第四十一条表述一致，为了进一步补充、细化相关内容，增加可操作性，建议不再重复安全生产法这一规定，增加签订安全生产管理协议、约定安全生产管理职责等相关规定。同时实践中，生产经营单位之间的经营活动往往成为安全生产管理的薄弱环节。由于未尽到安全生产管理责任，将相关危险物品销售给不具备资质的生产经营单位，导致生产安全事故隐患或者发生生产安全事故的情况时有发生。因此，建议对本条进行修改。具体表述为：“生产经营单位将生产经营项目、场所、设备发包或者出租的，应当与承包单位、承租单位签订专门的安全生产管理协议，或者在承包、租赁合同中约定各自的安全生产管理职责。

“买卖国家有交易限制的危险物品，应当查验对方资质条件。”

七、关于加强综合楼宇安全管理的规定

北京作为特大型都市，随着城市的建设和发展，数个生产经营单位在同一个建筑内的大型综合楼宇安全管理问题凸显。同一建筑内生产经营单位多、单位类型不同、人员密集、安全生产责任不清、管理难度大，加大了发生群死群伤生产安全事故的风险。有必要在《条例（修订草案）》中增加关于综合楼宇安全管理的有关规定。建议删去《条例（修订草案）》第三十九条第二款，在本条后增加一条，具体表述为：“两个以上生产经营单位在同一建筑物内从事生产经营活动的，建筑物的产权单位、物业单位、使用单位应当签订安全生产管理协议，明确各自的安全生产管理职责，确定负责建筑物内公共区域、安全设施管理的单位。

“任何单位不得占用、堵塞生产经营场所的安全出口和疏散通道，不得妨碍安全设施的正常使用。”

八、关于增加联合检查、避免重复检查的规定

征求意见过程中，一些生产经营单位反映，在安全生产监管中，政府有关部门之间还存在职责交叉、重复执法等问题，给生产经营单位增加了负担。为规范政府有关部门的执法行为，提高我市安全生产监管水平，建议在《条例（修订草案）》第五十六条中增加联合检查、避免重复检查的相关规定，具体表述为：“负有安全生产监督管理职责的部门应当制定安全生产监督检查计划，按照计划对生产经营单位的安全生产状况实行联合检查。需要分别进行检查的，应当相互协调，避免重复检查。发现存在的安全问题应当由其他有关部门进行处理的，应当及时移送其他有关部门并形成记录备查，接受移送的部门应当及时处理。”

九、关于将生产经营单位的违法行为记录纳入企业信用信息系统的规定

生产经营单位违反安全生产法律、法规，导致生产安全事故的，除对生产安全事故进行查处外，还应当将其违法行为记录纳入我市企业信用信息系统，以增强对违法行为的约束力，提高生产经营单位的守法自觉性。建议

《条例（修订草案）》第六十三条第一款增加相关内容，具体表述为："生产经营单位发生一次死亡3人以上责任事故或者年度内发生两起死亡责任事故的，政府有关部门可以依法降低其相应的生产经营资质，限制其一年内参加政府投资、政府融资建设项目和政府采购项目的投标以及参加该年度政府奖项的评奖，并将有关情况依法记入本市企业信用信息系统。"

十、关于设置救生舱等紧急避险救生设施的规定

国内外实践表明，在高危作业场所设置救生舱等紧急避险救生设施，紧急情况下能够为从业人员提供最后一道生命保障，对维护从业人员的生命安全与健康，保障安全生产，具有重要的意义。近期，国家安监总局也对加快强制推行井下救生舱等先进适用的技术装备提出了要求。建议在《条例（修订草案）》第七十一条第一款中增加相应的规定，具体表述为："生产经营单位应当根据本单位生产经营的特点，对生产经营活动中容易发生生产安全事故的领域和环节进行监控，建立应急救援组织或者配备应急救援人员，按照国家有关规定在作业区域设置救生舱等紧急避险救生设施，储备必要的应急救援设备、器材，制定生产安全事故应急救援预案。"

此外，财政经济委员会还对部分文字和条款顺序提出了修改建议。

以上意见，供常委会组成人员审议时参考。

市人大法制委员会关于《北京市安全生产条例（修订草案）》审议结果的报告

——2011年3月31日在北京市第十三届人民代表大会常务委员会第二十四次会议上

市人大法制委员会副主任委员　张　引

主任、各位副主任、秘书长、各位委员：

2010年11月17日，市十三届人大常委会第二十一次会议对《北京市安全生产条例（修订草案）》进行了审议，财经委员会和7位常委会组成人员、1位列席人大代表发表了意见。大家认为，修订草案从首都安全生产工作的总体要求出发，注重解决实际存在的问题，落实近年来国家颁布的有关安全生产方面的行政法规和政策、措施，吸纳我市安全生产工作中一些成熟的、行之有效的经验，明确了生产经营单位的主体责任和政府的监管责任，内容较为全面，可操作性较强；同时提出一些具体修改意见。市委十分关注安全生产立法，提出要按照国际先进水平对条例进行修改和完善。

法制委员会按照市委的要求，针对常委会审议中提出的问题，于2010年12月至今年3月上旬，就综合楼宇安全管理、有限空间作业监管、危险作业和特种作业培训等问题进行了专题调研和实地考察，认真分析生产安全事故发生的原因，听取了有关政府部门、区县、乡镇、生产经营单位和中国安全生产科学研究院对条例草案的意见。3月14日，法制委员会召开会议，根据常委会审议意见、财经委员会审议意见和其他方面的意见进行了审议。法制委员会认为，修订条例是加强本市安全生产管理、促进首都经济社会发展的需要，也是贯彻落实科学发展观、

实现“三个北京”战略的需要；立法应当充分体现首都特色，以确保首都城市安全运行为目标，有针对性地解决安全生产领域的突出问题，借鉴发达国家和地区的先进经验，做到高标准和精细化，全面提升本市安全生产水平，为实现世界城市建设目标提供安全生产法制保障。据此，法制委员会提出进一步修改的意见，现将主要修改情况报告如下。

一、关于本市安全生产管理的方针和原则

修订草案第三条规定了本市安全生产管理的方针。调研中一些部门、单位和专家提出，该条内容应当进一步体现科学发展观的要求和本市安全生产管理的发展方向，一是要突出以人为本的立法精神，关注劳动者从业过程中的安全与健康；二是要充分体现首都城市运行的特点和要求，将安全生产和公共安全、城市运行综合考虑；三是要建立完整的安全生产责任体系，进一步完善各类主体的安全生产责任。根据上述意见，法制委员会建议将修订草案第三条修改为：“安全生产管理坚持以人为本、安全第一、预防为主的方针，建立健全安全生产责任体系，保障城市安全运行，促进首都安全发展。”在修订草案第四条中相应增加“保障从业人员安全健康”的内容；在第二章增加规定市政基础设施管理和轨道交通运营等单位应当加强日常维护、保障基础设施安全运行的内容。(修订草案修改稿第四十二条)

二、关于安全生产科技保障

财经委员会提出，保障安全生产需要强有力的科技支撑，要加强政府对安全生产的投入，加大安全生产科研和技术开发力度，重视安全生产科技成果的推广应用。法制委员会认为，利用科学技术提高安全生产水平也是发达国家的一条基本经验，建议在总则部分增加一条，作为修订草案修改稿第十一条，表述为：“各级人民政府及其有关部门应当鼓励安全生产科学技术研究，支持安全生产先进适用技术、装备、工艺的推广应用，提高安全生产信息化水平，推进安全生产产业发展。”

三、关于安全生产社会化服务体系建设

法制委员会认为，随着本市经济社会的发展，人们的安全需求水平日益提高，打破传统的安全生产运行模式、实现安全生产产业化是必然趋势。产业的持续发展需要有效的激励，需要培育社会化的服务机构，完善相应的市场服务机制。中国安全生产科学研究院的专家和有关政府部门也提出，立法应当积极引导安全生产产业发展，对相关中介组织给予支持和规范。根据上述意见，建议在总则部分增加一条，作为修订草案修改稿第十二条，表述为：“本市推进安全生产社会化服务体系建设，支持有关社会服务机构依法开展评价、认证、检测、检验、咨询、宣传和技术培训等安全生产服务活动”；“有关社会服务机构应当按照法律、法规规定和合同约定从事安全生产服务活动，保障所提供的报告、信息真实准确，并对其作出的安全评价、认证、检测、检验的结果负责。”

另外，为了发挥行业协会在安全生产工作中的指导、服务和行业自律作用，法制委员会建议在总则部分增加一条，作为修订草案修改稿第十三条，表述为：“安全生产协会和其他相关行业协会应当加强行业自律，对生产经营单位的安全生产工作进行指导，提供安全生产管理和技术咨询等服务”；“鼓励安全生产协会和其他相关行业协会参与安全生产标准的制定。”

四、关于生产经营单位的安全生产保障

（一）发挥职工代表大会的监督作用

修订草案明确了生产经营单位主要负责人的安全生产职责。为了发挥职工代表大会的监督作用，推动单位负责人加强安全生产管理，改善安全生产条件，强化单位主体责任的落实，根据财经委员会和有关方面的意见，法制委员会建议在修订草案第十三条中增加一款，表述为："生产经营单位的主要负责人应当每年向职工代表大会或者职工大会报告本单位的安全生产情况。"（修订草案修改稿第十六条第二款）

（二）危险作业和有限空间作业现场安全管理

修订草案对危险作业、有限空间作业现场安全管理作了规定。财经委员会提出，在悬吊和挖掘作业中生产安全事故时有发生，应当将其纳入危险作业管理，并细化现场安全措施。根据财经委员会的意见，法制委员会建议在修订草案第三十六条中增加有关悬吊作业和挖掘作业的内容，强化负责危险作业、有限空间作业现场安全管理的专门人员的责任，增加确认现场作业条件和作业人员的上岗资质、身体状况等现场安全管理措施。（修订草案修改稿第三十九条）

（三）生产经营单位之间的责任划分

财经委员会提出，在生产经营单位发包、出租生产经营项目，或者在同一建筑内生产经营单位较多的情况下，有必要通过签订协议来明确各自的安全生产管理职责。法制委员会认为，大型综合性楼宇众多是北京城市特点之一，为了落实有关单位的安全管理责任，避免管理真空，预防事故发生，建议在修订草案第三十七条中增加两款，分别表述为："生产经营单位将生产经营项目、场所、设备发包或者出租的，应当与承包单位、承租单位签订专门的安全生产管理协议，或者在承包、租赁合同中约定各自的安全生产管理职责"；"同一建筑物内的多个生产经营单位共同委托物业服务企业或者其他管理人进行管理的，由物业服务企业或者其他管理人依照委托协议承担其管理范围内的安全生产管理职责。"（修订草案修改稿第四十条第二款、第三款）

五、关于从业人员的权利

修订草案规定生产经营单位应当保障从业人员了解有关安全生产事项。常委会组成人员提出，为了预防事故发生，生产经营单位应该向从业人员主动告知存在的危险因素、防范措施和应急措施。根据上述意见，法制委员会建议将修订草案第四十三条修改为："从业人员有权向生产经营单位了解下列事项：……"；"生产经营单位应当通过作业场所公示、书面告知、答复、教育培训等方式，将前款所列事项告知从业人员，保障从业人员的知情权。"（修订草案修改稿第四十七条）

六、关于安全生产监督检查

（一）安全生产地方标准

修订草案将地方标准补充到安全生产条件中，规定了行业监管部门组织制定安全标准并督促落实的内容。常委会组成人员提出，修订草案中的相关规定比较原则，应当进一步明确政府部门在标准化工作中的职能，加强规划、计划，推进安全生产标准化工作。根据上述意见，法制委员会建议在修订草案第五十一条中增加一款，表述为："市质量技术监督部门应当加强规划，组织、指导有关安全生产地方标准的制定，及时协调和处理标准化工作中的问题。"（修订草案修改稿第五十六条第二款）

（二）安全生产联合检查机制

财经委员会提出，在安全生产监管过程

中，政府部门之间存在职责交叉、重复执法等问题，给生产经营单位增加了负担，建议增加实行联合检查、避免重复检查的规定。根据财经委员会的意见，法制委员会建议将修订草案第五十六条修改为：“负有安全生产监督管理职责的部门应当制定安全生产监督检查计划，按照计划对生产经营单位的安全生产状况进行联合检查；需要分别检查的，应当相互协调，避免重复检查”；“负有安全生产监督管理职责的部门在检查中发现安全问题应当及时处理；应当由其他部门处理的，及时移送有关部门并形成记录备查，接受移送的部门应当及时处理。”（修订草案修改稿第六十二条）

七、关于法律责任

为了保障本条例规定的安全生产责任落实，根据财经委员会、常委会组成人员和其他方面的意见，法制委员会建议对法律责任的内容加以补充和完善。一是在修订草案第八十四条中增加对违章指挥和强令冒险作业行为的处罚规定。（修订草案修改稿第八十九条）二是依照安全生产法的相关规定对修订草案第八十五条作出一致性修改。（修订草案修改稿第九十条）三是增加规定生产经营单位不履行对从业人员告知义务的责任追究机制。（修订草案修改稿第九十二条）

此外，法制委员会根据各方面的意见对修订草案有关条款的内容和文字作了完善性修改，对条文顺序作了必要的调整。

法制委员会按照上述意见提出《北京市安全生产条例（修订草案修改稿）》，提请本次常委会会议进行审议。

修订草案修改稿和以上意见是否妥当，请审议。

市人大法制委员会关于《北京市安全生产条例（修订草案修改稿）》修改意见的报告

——2011年5月27日在北京市第十三届人民代表大会常务委员会第二十五次会议上

市人大法制委员会副主任委员　张　引

主任、各位副主任、秘书长、各位委员：

2011年3月31日，市十三届人大常委会第二十四次会议对《北京市安全生产条例（修订草案修改稿）》进行了分组审议，会上有9位常委会组成人员和1位列席人大代表发表了意见。5月16日，法制委员会召开会议，根据常委会的审议意见对修订草案修改稿进行审议，提出了进一步修改的意见。现将修改情况报告如下。

一、突出“以人为本”的理念，将第三条修改为：“本市安全生产管理应当以人为本，坚持安全第一、预防为主的方针，建立健全以生命安全为核心的安全生产责任体系和物质技术保障体系，保障城市安全运行，促进首都安全发展。”

二、增加指导、规范安全生产社会服务机构活动的内容，将第十二条第一款修改为：“本市推进安全生产社会化服务体系建设，支持、指导、规范有关社会服务机构依法开展评价、认证、检测、检验、咨询、宣传和技术培训等安全生产服务活动。”

三、增加生产经营单位应当建立生产安全事故调查制度的规定，将第十八条第九项修改为：“生产安全事故报告和调查处理制度。”

四、进一步明确生产经营单位发包或者出租时应当履行的义务，将第四十条第一款修改为：“生产经营单位不得将生产经营项目、场所、设备，发包、出租给不具备国家规定的安全生产条件或者相应资质的单位和个人从事生产经营活动。”

五、增加对生产经营单位使用未取得特种作业操作资格证书人员从事特种作业行为的处罚，在第八十六条中增加一项：“（一）违反第十五条第七项，特种作业人员未按照规定经专门的安全作业培训并取得特种作业操作资格证书上岗作业的。”

此外，法制委员会还根据常委会的审议意见对修订草案修改稿一些条款的文字表述作了完善性修改。

法制委员会按照上述意见提出《北京市安全生产条例（表决稿）》，建议本次常委会会议通过，并自2011年9月1日起施行。

北京市人民代表大会常务委员会公告

（第17号）

《北京市消防条例》已由北京市第十三届人民代表大会常务委员会第二十五次会议于2011年5月27日修订，现予以公布，自2011年9月1日起施行。

北京市第十三届人民代表大会常务委员会

2011年5月27日

北京市消防条例

（1996年9月6日北京市第十届人民代表大会常务委员会第三十次会议通过　1998年9月17日北京市第十一届人民代表大会常务委员会第五次会议修订　2002年3月29日北京市第十一届人民代表大会常务委员会第三十三次会议修正　2011年5月27日北京市第十三届人民代表大会常务委员会第二十五次会议修订）

目　　录

第一章　总　　则

第一条　为了预防火灾和减少火灾危害，

加强应急救援工作，保护人身、财产安全，维护公共安全，根据《中华人民共和国消防法》和有关法律、行政法规，结合本市实际情况，制定本条例。

第二条 本市行政区域内的机关、团体、企业、事业等单位及个人，应当遵守本条例。

森林、军事设施、铁路、民航、矿井地下部分的消防工作，国家另有规定的，从其规定。

第三条 消防工作贯彻预防为主、防消结合的方针，按照政府统一领导、部门依法监管、单位全面负责、公民积极参与的原则，实行消防安全责任制，建立健全社会化的消防工作网络。

第四条 市和区、县人民政府领导本行政区域内的消防工作，制定消防事业发展专项规划并纳入国民经济和社会发展规划，确定本级人民政府有关部门和下级人民政府的消防安全职责，将消防事业经费纳入财政预算，并随着经济社会发展逐步增加。

第五条 市和区、县公安机关对本行政区域内的消防工作实施监督管理，并由本级公安机关消防机构负责实施。

公安派出所依照国家和本市的规定，开展日常消防监督检查，依法处理消防安全违法行为，指导辖区内的单位、居民委员会、村民委员会落实消防安全措施。

公安机关消防机构与公安派出所应当在人民政府和公安机关领导下明确职责范围，互相配合，共同做好消防监督工作。

第六条 机关、团体、企业、事业等单位应当依法履行法律、法规规定的单位消防安全职责，对本单位的消防安全负责。

有固定经营场所的个体工商户应当遵守《中华人民共和国消防法》和本条例关于单位消防安全职责的规定。

第七条 消防协会和其他有关行业协会应当建立健全行业消防安全自律机制和管理制度，制定从业规范，宣传消防法律、法规和专业知识，培训相关从业人员，对消防技术服务机构和相关单位的消防工作进行指导。

第八条 本市鼓励有关企事业单位、科研机构开展消防科学技术研究和创新，鼓励消防组织运用先进科技成果提升灭火救援能力。

第二章 消防安全责任

第九条 市和区、县人民政府应当履行下列消防安全职责：

（一）建立健全防火安全委员会和消防工作联席会议制度，研究并协调解决消防工作中的重大问题；

（二）保障公共消防设施建设和消防业务经费的投入；

（三）制定并组织实施年度及重点防火期消防工作计划；

（四）组织政府有关部门开展消防安全检查；

（五）对下一级人民政府完成年度消防安全责任目标情况进行考核、评比；

（六）对本级人民政府有关部门履行消防安全职责的情况进行监督检查；

（七）其他依法应当履行的消防安全职责。

市和区、县人民政府防火安全委员会组织、指导、监督本级人民政府有关部门和下级人民政府履行消防工作职责，协调消防基础设施建设、消防组织建设等重大事项，督促重大火灾隐患整改。

教育、民政、住房和城乡建设、市政市容、交通、农业、水务、商务、文化、卫生、文物、民防、旅游等行政部门按照各自职责负责消防管理的相关工作。

乡镇人民政府和街道办事处应当依照法律、法规、规章的规定和上级人民政府的部署，统筹负责本辖区的消防安全工作；建立消防安全管理领导机制，监督辖区内政府部门的消防监督管理工作，指导辖区内单位、居民委员会、村民委员会履行各自的消防安全职责。

第十条 公安机关消防机构应当履行下列消防安全职责：

（一）开展消防法律、法规宣传，根据需要指导单位开展消防演练；

（二）依法实施建设工程消防设计审核、消防验收、备案和抽查，以及公众聚集场所投入使用、营业前的消防安全检查；

（三）制定灭火预案并进行实地演练，实施火灾扑救和相关应急救援，依法调查火灾事故；

（四）实施消防监督检查，依法处理消防安全违法行为，督促火灾隐患整改，及时报告、通报重大火灾隐患；

（五）对公安派出所开展日常消防监督检查工作进行指导，定期对公安派出所民警进行消防监督业务培训；

（六）对专职消防队、志愿消防队等消防组织进行业务指导；

（七）其他依法应当履行的消防安全职责。

第十一条 居民委员会、村民委员会应当确定消防安全管理人，组织居民、村民制定防火安全公约，开展消防宣传教育，根据需要建立志愿消防队，建立消防安全联防制度。

第十二条 单位应当履行下列消防安全职责：

（一）落实消防安全责任制，制定本单位的消防安全制度、消防安全操作规程，制定灭火和应急疏散预案并组织演练；

（二）按照国家标准、行业标准配置消防设施、器材，设置消防安全标志，并定期组织检验、维修，确保完好有效；

（三）按照检测规范对建筑消防设施每年至少进行一次全面检测，确保完好有效，不具备检测条件的应当委托具备相应资质的检测机构进行检测，检测记录应当完整准确，存档备查；

（四）保障疏散通道、安全出口、消防车通道畅通，保证防火防烟分区、防火间距符合消防技术标准；

（五）组织防火检查，对发现的火灾隐患采取消防安全防范措施，及时消除火灾隐患；

（六）组织进行有针对性的消防演练，对消防设备操作控制人员、专职和兼职防火人员等重点岗位的人员进行专项培训；

（七）按照消防技术标准和管理规定，对电器设备、燃气用具及其线路、管路进行检测、维护和管理；

（八）按照国家标准设置消防控制室，消防控制室的值班人员应当遵守国家和本市消防控制室操作规程，不得擅离职守；

（九）法律、法规规定的其他消防安全职责。

单位的主要负责人是本单位的消防安全责任人，对本单位的消防安全工作全面负责。

第十三条 消防安全重点单位除应当遵守本条例第十二条规定外，还应当履行下列消防安全职责：

（一）确定消防安全管理人，组织实施本单位的消防安全管理工作；

（二）建立消防档案，确定消防安全重点部位，设置防火标志，实行严格管理；

（三）实行每日防火巡查，并建立巡查记录；

（四）对职工进行岗前消防安全培训，每年至少组织一次消防安全培训，每半年至少组织一次有针对性的消防演练；

（五）按照电气防火技术标准和管理规定定期对电气防火安全进行检测，检测记录应当完整准确，存档备查。

第十四条 个人应当履行下列消防安全

义务：

（一）遵守消防法律、法规和消防安全规定；

（二）遵守单位制定的防火安全责任制度和安全操作规程；

（三）维护消防安全、保护消防设施、报告火警；

（四）按规定接受消防安全教育培训，参加消防演练；

（五）安全用火、用电、用油、用气；

（六）对被监护人进行消防安全教育。

第三章　火灾预防

第十五条　市公安机关消防机构、市规划行政部门应当会同市发展改革、市住房和城乡建设等行政部门组织编制消防专项规划。消防专项规划应当包括消防安全布局、消防站、消防供水、消防通信、消防车通道、消防装备、消防安全监控系统等内容。消防专项规划经市人民政府批准后由有关行政部门按照各自职责实施，不得擅自变更。

城乡消防安全布局不适应消防安全要求的，应当及时调整、完善；公共消防设施、消防装备不足或者不适应实际需要的，应当增建、改建、配置或者进行技术改造。

城市建设、旧城改造应当同步规划、设计、建设公共消防设施。

第十六条　新建、改建公共供水设施的，建设单位应当按照国家和本市标准同步建设消火栓等消防供水设施。公共供水设施尚未覆盖的区域，区、县人民政府应当组织建设消防取水码头、消防水池等消防储水取水设施。

公共供水设施的维护管理单位应当保障消防供水设施的正常使用，因检修、施工等原因不能保证消防供水的，应当提前告知所在区、县公安机关消防机构。公安机关消防机构发现消防供水设施不能正常使用的，应当通知维护管理单位及时维护、保养。

第十七条　在城市地区新建建筑，应当建设一级、二级耐火等级建筑，控制建设三级耐火等级建筑，严格限制建设四级耐火等级建筑。在农村地区新建、改建、扩建公共建筑，应当使用符合耐火等级标准的建筑材料。

农村居民自建房屋应当符合农村消防规划，建筑物的耐火等级、防火间距、防火分隔和安全疏散应当符合有关消防技术标准。乡镇人民政府及有关政府部门、村民委员会应当对农村居民自建房屋的消防安全进行指导和监督。

建设、设计、施工、监理单位进行建设、设计、施工、监理应当遵守前两款和建筑耐火等级标准的规定。

建设工程的消防设计审核、消防验收和备案按照国家有关规定执行。

第十八条　农村消防基础设施建设应当与村容村貌改造、乡村道路、人畜饮水工程等农村公共基础设施统一规划、建设和管理。

新建、改建农村道路时，村内主干道的路面宽度及管架、栈桥等设施跨越道路的高度，应当符合消防车辆通行要求。

第十九条　新建、改建农村自来水管网时，应当按照规定配置消火栓。已有自来水管网但未配置消火栓的村，应当对管网进行改造，并按照规定配置消火栓。没有自来水管网的村，可以利用天然水源设置取水设施；缺乏天然水源的，可以设置消防水池等作为替代水源。

第二十条　消防安全重点单位应当将本单位消防安全责任人、消防安全管理人的基本情况和消防安全管理制度、应急预案向所在区、县公安机关消防机构备案。

市和区、县公安机关消防机构对检查中发现或者主动申报的发生火灾可能性较大，以及发生火灾可能造成重大人身伤亡、财产损失的单位，应当进行风险评估，根据评估结果确定消防安全重点单位，并由公安机关报本级人民政府备案。

第二十一条　建筑物由所有权人直接管理使用的，所有权人应当履行消防安全职责。

建筑物由所有权人以出租、委托等方式交由他人管理使用的，管理使用人应当履行消防安全职责。所有权人应当与管理使用人签订消防安全协议，监督管理使用人落实消防安全职责和措施，不得向管理使用人提出危及消防安全的要求。

第二十二条　同一建筑物有两个以上所有权人的，所有权人对各自专有部分履行消防安全职责。对专有部分以外的共有部分，所有权人共同履行消防安全职责。

第二十三条　对建筑物内共用消防设施和器材进行检测、维修、更新、改造所需的经费，保修期内由建设单位承担；保修期满的，按照物业专项维修资金的管理规定列支；未建立物业专项维修资金的，由业主约定承担；没有约定或者约定不明确的，按照业主专有部分占建筑物总面积的比例确定。

乡镇人民政府和街道办事处应当对业主约定或者确定共用消防设施和器材维护费用的有关事项给予协调和指导。

第二十四条　住宅区的物业服务企业或者其他管理人应当做好下列消防安全工作：

（一）开展日常消防安全宣传教育，提示火灾隐患，组织居民进行灭火和应急疏散演练。

（二）组织安全巡查，发现火灾隐患及时采取措施。

（三）对管理区域内的共用消防设施、器材进行维护管理，确保完好有效。

（四）保障疏散通道、安全出口、消防车通道畅通，划定和设置停车泊位及设施时不得占用、堵塞消防车通道。

（五）对占用、堵塞、封闭疏散通道、安全出口、消防车通道的行为予以劝阻并督促改正；对拒不改正的，及时向公安机关消防机构或者公安派出所报告。

（六）对初起火灾采取必要的处置措施。

第二十五条　高层建筑的管理使用人应当遵守下列消防安全规定：

（一）成立消防安全组织统一管理消防工作，或者配备防火负责人和从事消防设施管理、维护的专职技术人员；

（二）按照国家和本市的消防技术标准和管理规定，整改、消除火灾隐患；

（三）清除高层建筑周边、消防扑救场地上空妨碍登高消防车作业的建筑、设施、设备；

（四）在出入口、电梯口、防火门等醒目位置设置提示火灾危险性、安全逃生路线、安全出口、消防设施器材使用方法的明显标志和警示标语；

（五）设置安全疏散路线指导图；

（六）不得生产、经营、储存易燃易爆危险品；

（七）需要暂时停用消防设施、器材的，采取有效替代措施；停用消防设施、器材超过24小时的，报告所在地公安机关消防机构。

本市倡导高层建筑的管理使用人配备缓降器、软梯、救生袋和防毒面具等避难救生设施；倡导高层建筑的管理使用人自备救生绳、口哨、手电筒等自救工具。

第二十六条　人防工程和普通地下室的管理使用人应当遵守下列消防安全规定：

（一）维修消防设施时采取有效的替代措施；

（二）不得生产、经营、储存易燃易爆危险品；

（三）不得占用安全出口外的人员疏散场地；

（四）不得使用液化石油气；

（五）不得变更规划使用功能。

第二十七条 建设工程的施工单位对建设工程施工现场的消防安全负责，并遵守下列规定：

（一）确定施工现场的主要负责人作为消防安全责任人，负责施工现场的消防安全工作，并指定专人负责日常消防安全管理工作。

（二）建立健全用火用电管理制度，规范用火用电管理，确保安装电气设备、进行电焊气焊等作业由培训合格并取得资格证书的人员按照标准规范操作；临时用电设备和电线符合产品质量标准。

（三）设置临时消防车通道并保证临时消防车通道的畅通；不得在临时消防车通道上堆物、堆料或者挤占临时消防车通道。

（四）按照消防安全管理规定存放、保管、使用施工材料。

（五）施工暂设和安全网、围网、施工保温材料符合消防安全规范，不得使用易燃、可燃材料，不得在建设工程内设置宿舍。

（六）配置消防器材，设置临时消防给水系统。对建筑高度超过24米的建设工程，随施工进度设置消防竖管等临时消防供水设施；在正式消防给水系统投入使用前，不得拆除或者停用临时消防供水设施。

建设工程施工实行总承包和分包的，由总承包单位对施工现场的消防安全实行统一管理，分包单位负责分包范围内施工现场的消防安全，并接受总承包单位的监督管理。

建设工程的施工单位在开工前应当将施工组织设计、施工现场消防安全措施和保卫方案向公安机关消防机构备案。

第二十八条 人员密集场所的经营管理人应当做好下列消防安全工作：

（一）设置符合标准且标志明显的安全出口和疏散通道，配备应急广播、应急照明等消防设施和器材；

（二）有关工作人员应当掌握火灾应急预案的内容，熟练使用消防设施和器材，了解安全出口和疏散通道的位置及本岗位的应急救援职责；

（三）向进入场所的人员开展应急疏散宣传提示；

（四）使用天然气、液化石油气的场所，应当安装浓度检测报警装置；

（五）发生火灾时，立即组织、引导在场人员疏散。

第二十九条 生产、储存、经营易燃易爆危险品的场所不得与居住场所设置在同一建筑物内，并应当与居住场所保持安全距离。

生产、储存、经营其他物品的场所一般不得与居住场所设置在同一建筑物内；确需设置在同一建筑物内的，应当符合国家和本市工程建设消防技术标准，生产经营区域与生活区域应当采取防火分隔措施，分别设置安全出口和疏散通道。

第三十条 不可移动文物、历史建筑的管理使用人应当建立健全火源、电源和易燃易爆危险品管理制度，并遵守下列消防安全规定：

（一）按照消防安全规定设置禁止烟火的标志；

（二）在宗教场所确需进行点灯、烧纸、焚香等宗教活动的，应当采取有效防火措施；

（三）按照电气安全技术规程安装、使用电器设备，保证用电安全；

（四）在保护范围内禁止存放易燃可燃物品；

（五）按照消防安全规定安装避雷设施、设置消防通道和消防供水设施，在收藏、陈列珍贵文物的重点要害部位安装自动报警与灭火设施；

（六）保持保护区通道、出入口畅通，不得堵塞和占用。

第三十一条 进行城市轨道交通工程建设应当同步设计、建设公安消防站。城市轨道交通工程建设、装饰装修应当使用符合耐火等级规定的建筑材料。

城市轨道交通运营单位应当建立重点部位的消防安全管理制度，配备与城市轨道交通消防安全相适应的专业灭火、救援设备，对工作人员开展消防应急救援和人员疏散知识技能的培训；不得在车站内存放易燃易爆危险品。

第三十二条　食品生产加工、餐饮服务企业和单位食堂，应当按照本市有关规范对集烟罩、排油烟管道等集排油烟设施进行清洗。

第三十三条　农村集市的主办者应当制定消防安全管理制度，确定消防管理人员，配备消防器材，保证疏散通道和消防车通道畅通；没有主办者的，集市的消防安全工作由所在地村民委员会负责。

第三十四条　村民委员会应当成立防火安全小组，确定消防安全员，健全消防工作制度，建立消防工作档案，开展消防安全检查、巡查，及时消除火灾隐患，发生火灾时及时组织扑救。

村民委员会应当制定消防宣传教育计划，指导在农村地区居住的人员做好下列防火工作：

（一）不在村内道路上堆物、堆料或者搭设棚屋；

（二）不在林地附近、架空高压输电线路和通讯线路下方堆放可燃物或者燎荒；

（三）毗邻林地居住的人员使用明火时采取必要的防火措施。

第三十五条　任何单位和个人不得实施下列行为：

（一）埋压、圈占、损毁、挪用消防设施和器材；

（二）超负荷用电，安装不合规格的保险丝、保险片；

（三）擅自拆改、安装燃气设施和用具；

（四）利用住宅生产、经营、储存易燃易爆危险品，在阳台堆放易燃易爆危险品；

（五）在公共通道、楼梯、安全出口等部位堆物、堆料或者搭设棚屋；

（六）占用消防车通道。

第三十六条　消防车通道应当设置明显标志。消防车通道标志式样由市公安机关消防机构统一制定。建筑物附属的消防车通道标志由建筑物的管理使用单位设置；其他区域的消防车通道标志由区、县公安机关消防机构根据需要设置。有条件的地区应当设置消防车通道标线。

任何单位和个人不得擅自改变消防车通道用途或者设置妨碍消防车通行和火灾扑救的障碍物。

公安消防队在灭火救援时，有权强制清理占用消防车通道的障碍物。

第三十七条　消防产品质量认证、消防设施检测、消防安全监测等消防技术服务机构和执业人员，应当依法获得相应的资质、资格，并自依法获得相应资质、资格之日起30日内向市公安机关消防机构备案，市公安机关消防机构应当将依法备案并具备合法经营资质的消防技术服务机构名录向社会公布。

消防技术服务机构应当具备与开展业务相适应的人员、设施、设备和场地，建立健全管理制度和服务质量规范，依法出具证明文件，对服务质量负责。

第三十八条　本市鼓励、引导公众聚集场所和生产、储存、运输、销售易燃易爆危险品的企业投保火灾公众责任保险；鼓励保险机构承保火灾公众责任保险；鼓励保险机构开展消防安全技术、产品的研发和应用。

保险机构在承保前，应当对投保单位进行火灾风险评估；承保后，应当对投保单位的消防安全状况进行检查，及时向被保险人提出消除不安全因素和隐患的书面建议，指导被保险人加强火灾预防。保险机构有权根据被保险人履行消防安全职责和火灾事故发生情况调整保险费率。

公安、文化、商务、财政等行政部门应当制定火灾公众责任保险投保、承保的鼓励、支持办法。

第三十九条 禁止在设置禁火标志的场所及其他具有火灾、爆炸危险的场所吸烟、使用明火。因施工等特殊情况需要使用明火作业的，应当按照规定事先办理单位内部审批手续，采取相应的消防安全措施；作业人员应当遵守消防安全规定。

第四十条 市和区、县人民政府应当组织建设消防安全监控系统，完善火灾防范和预警机制。

全国重点文物保护单位、市级文物保护单位，高层公共建筑，人防工程，轨道交通运营单位，人员密集场所，生产、储存、经营易燃易爆危险品的场所和按照建筑设计防火规范应当安装自动消防设施的其他建筑，应当按照消防安全标准建设实时监控设施，并按照规定向公安机关消防机构报送信息。

市和区、县公安机关消防机构负责单位消防实时监控设施建设、使用、维护的日常监督工作，并依托消防安全监控系统做好消防安全监测和相关信息的汇集、储存、分析、传输工作。

第四十一条 在消防安全领域有国家标准、行业标准的，应当执行国家标准、行业标准。没有国家标准、行业标准，需要在本市范围内明确消防安全标准的，由市质量技术监督部门会同市公安机关消防机构、市住房和城乡建设等行政部门及时组织制定，并向社会公布。

第四十二条 公安机关消防机构应当制定单位消防安全管理制度、火灾应急预案、火灾应急演练示范文本，并向社会公布。

第四章 宣传教育

第四十三条 本市各级人民政府应当组织开展经常性的消防宣传教育，提高公民的消防安全意识。

乡镇人民政府和街道办事处应当指导、帮助居民委员会、村民委员会开展群众性的消防安全宣传教育工作，普及家庭防火知识。

第四十四条 公安机关及其消防机构应当加强消防法律、法规、规章及消防安全技术、知识的宣传教育；协调有关部门指导、监督社会消防安全教育培训工作；加强互联网公共消防服务平台建设，开展网络消防宣传教育和在线消防咨询。

第四十五条 民防、安全生产监督管理、住房和城乡建设、文化、广播电影电视、旅游等部门应当结合本系统、本行业特点，开展消防宣传教育工作。

教育、人力资源和社会保障等部门应当将消防知识纳入中小学和职业培训机构的教育内容，督促学校、各类培训机构组织开展多种形式的消防安全宣传教育活动。

科学技术、司法行政等部门应当将消防知识和消防法律、法规纳入科普、普法教育内容。

第四十六条 报刊、广播、电视、网站等新闻媒体应当开设消防安全宣传教育栏目，开展公益性消防安全宣传教育，免费刊播公安机关消防机构提供的消防公益广告，定期开展消防安全提示性宣传、火灾安全警示教育和自救互救知识普及活动。

公共交通运营单位应当通过广播、电视、宣传手册等形式，向乘客宣传防火措施、消防器材的使用方法和避难、逃生方式等消防安全知识。

第四十七条 工会、共产主义青年团和妇女联合会等团体应当结合各自工作对象的特点，组织开展消防宣传教育。

第四十八条　单位应当通过多种形式开展经常性的消防安全宣传教育。消防安全重点单位对每名员工应当至少每年进行一次消防安全培训。宣传教育和培训内容应当包括：

（一）有关消防法律、法规、消防安全制度和保障消防安全的操作规程；

（二）本单位、本岗位的火灾危险性和防火措施；

（三）有关消防设施的性能、灭火器材的使用方法；

（四）报火警、扑救初起火灾及自救逃生的知识和技能。

第四十九条　歌舞厅、影剧院、宾馆、饭店、商场、集贸市场、体育场馆、会堂、医院、客运车站、客运码头、民用机场、公共图书馆和公共展览馆等公共场所应当根据需要编印场所消防安全宣传资料供公众取阅，利用广播、视频、网络设备播放消防安全知识。

养老院、福利院、救助站等单位，应当对服务对象开展经常性的用火用电和火场自救逃生安全教育。

第五十条　各级各类学校应当开展下列消防安全教育工作：

（一）按照教育行政部门的规定，将消防安全知识纳入教学内容，针对学生认知特点，有计划地进行消防安全教育；

（二）每半年组织教师、学生开展消防应急演练；

（三）确定消防安全课教员。

公安机关消防机构的工作人员可以担任学校的兼职消防辅导员。

第五十一条　市民防灾馆、市公安机关消防机构确定开放的消防站等应当向社会免费开放。

第五十二条　每年11月9日为本市消防日。

本市各级人民政府和负有消防工作职责的部门应当在消防日组织开展多种形式的消防安全宣传活动。

第五章　消防组织

第五十三条　市和区、县人民政府应当统筹规划本行政区域内消防组织建设，形成由公安消防队、政府专职消防队、单位专职消防队、志愿消防队等组成的消防组织网络。

第五十四条　市和区、县人民政府应当按照国家标准和本市消防专项规划建设公安消防队，配备消防装备。

公安消防队数量和布局不能满足消防工作需要的，区、县人民政府应当建立专职消防队，并按照国家和本市有关规定配备消防装备。

区、县人民政府应当根据需要，在距离公安消防队或者区、县人民政府专职消防队较远的乡镇建立专职消防队。

区、县人民政府和乡镇人民政府应当保障专职消防队所需场地、业务经费和队员的社会保险、福利待遇，市人民政府给予必要的支持。

第五十五条　公安消防队、专职消防队依照国家和本市规定承担重大灾害事故和其他以抢救人员生命为主的应急救援工作。市和区、县人民政府应当为公安消防队、专职消防队开展应急救援工作配备相应的应急救援装备，并保障工作所需经费。

第五十六条　下列单位应当建立专职消防队，承担本单位的火灾扑救工作：

（一）大型发电厂；

（二）生产、储存易燃易爆危险物品的大型企业；

（三）储备可燃的重要物资的大型仓库、基地；

（四）距离公安消防队、政府专职消防队较远的其他火灾危险性较大的大型企业。

建立专职消防队的单位应当保障专职消

防队的业务经费和队员的社会保险、福利待遇。

第五十七条 鼓励单位和居民委员会、村民委员会建立志愿消防队等多种形式的消防组织，开展群众性自防自救工作。

第五十八条 公安机关消防机构应当对专职消防队、志愿消防队进行业务培训、指导；根据扑救火灾的需要，公安机关消防机构可以调动指挥专职消防队参加火灾扑救工作。

第六章 灭火救援

第五十九条 市和区、县人民政府应当组织公安、交通、卫生、市政市容等有关行政部门制定火灾应急预案，明确火灾应急处置的组织指挥体系和部门职责、处置程序、人员疏散、保障措施等内容。

第六十条 任何人发现火灾都应当立即报警。任何单位、个人都应当无偿为报警提供便利，不得阻拦报警。严禁谎报火警。

任何单位发生火灾，必须立即组织力量扑救。邻近单位应当给予支援。

消防队接到火警，应当立即赶赴火灾现场，救助遇险人员，排除险情，扑灭火灾。

第六十一条 消防车在执行火灾扑救和应急救援任务时，可以使用警报器、标志灯具；在确保安全的前提下，不受行驶速度、行驶路线、行驶方向和指挥信号的限制，其他车辆和行人必须让行，不得穿插超越；发生紧急情况时，对阻碍消防车通行的障碍物和车辆可以实施拆除和强制让道；收费公路、桥梁免收车辆通行费。

公安机关交通管理部门应当采取必要的交通管制措施，保证执行火灾扑救和应急救援任务的消防车辆迅速通行。

第六十二条 公安机关消防机构统一组织和指挥火灾现场扑救，参与火灾扑救的单位和个人必须服从公安机关消防机构的统一指挥。

火灾现场总指挥有权根据扑救火灾的需要决定下列事项：

（一）使用各种水源；

（二）截断电力、可燃气体和可燃液体的输送，限制用火用电；

（三）划定警戒区，实行局部交通管制，疏散、清空警戒区内的人员、物资；

（四）利用临近建筑物和有关设施；

（五）为了抢救人员和重要物资，防止火势蔓延，拆除或者破损毗邻火灾现场的建筑物、构筑物或者设施等；

（六）调动供水、供电、供气、通信、医疗救护、交通运输、环境保护等有关单位协助灭火救援。

第六十三条 公安机关消防机构有权根据需要封闭火灾现场，负责调查火灾原因，统计火灾损失。

火灾扑灭后，起火单位和相关人员应当按照公安机关消防机构的要求保护现场，接受事故调查，如实提供火灾事实情况。任何单位和个人未经公安机关消防机构同意，不得进入、清理封闭的火灾现场。

公安机关消防机构根据火灾现场勘验、调查情况和有关的检验、鉴定意见，制作火灾事故认定书，作为处理火灾事故的证据。

第六十四条 对因参加扑救火灾或者应急救援受伤、致残或者死亡的人员，按照国家和本市有关规定给予医疗、抚恤。

第六十五条 单位专职消防队、志愿消防队参加扑救本单位以外的火灾所损耗的燃料、灭火剂和器材、装备等，由火灾发生地的区、县人民政府给予补偿。

第六十六条 发生下列重大灾害事故的，公安消防队、专职消防队在市和区、县人民政府的统一领导下，按照国家规定开展以抢救人员生命为主的应急救援工作：

（一）危险化学品泄漏事故；

（二）道路交通事故；

（三）地震及其次生灾害；

（四）建筑坍塌事故；

（五）爆炸及恐怖事件；

（六）市人民政府确定的其他重大灾害事故。

第七章　监督检查

第六十七条　公安机关消防机构应当根据本地区消防安全情况开展火灾风险监测、评估，建立分级分类监督检查制度，完善火灾多发季节、重大节假日、重大活动期间的消防监督措施及消防安全重点单位抽查制度。

第六十八条　公安机关消防机构进行消防安全监督检查可以行使下列职权：

（一）进入单位进行检查，调阅有关资料，向有关单位和人员了解情况。

（二）检查中发现能够即时排除的火灾隐患，责令立即排除；不及时消除隐患可能严重威胁公共安全的，依照规定对危险部位或者场所采取临时查封措施；重大火灾隐患排除前或者排除过程中无法保证安全的，责令从危险区域内撤出作业人员，责令暂时停产停业或者停止使用；重大火灾隐患排除后，经公安机关消防机构检查合格，方可恢复生产经营和使用。

（三）对有证据证明不符合保障消防安全的国家和本市标准的设备、设施、器材予以查封或者扣押，并应当在15日内依法作出处理决定。

（四）对检查中发现的消防安全违法行为，当场予以纠正或者责令限期改正；对应当给予行政处罚的行为，依法作出行政处罚决定。

第六十九条　对具有下列火灾隐患，不及时消除可能严重威胁公共安全的危险部位或者场所，公安机关消防机构可以依照有关规定予以临时查封：

（一）疏散通道、安全出口不能满足安全疏散需要的；

（二）建筑消防设施不具备防火灭火功能的；

（三）人员密集场所违反消防安全规定生产、经营、使用、储存易燃易爆危险品的；

（四）公众聚集场所违反消防技术标准，采用易燃、可燃材料装饰装修，可能导致重大人员伤亡的；

（五）其他可能严重威胁公共安全的火灾隐患。

第七十条　对消防监督检查的结果，公安机关消防机构可以向社会公告；对检查发现的影响公共安全的火灾隐患应当定期公布，提示公众注意消防安全。

第七十一条　安全生产监督管理、教育、卫生、住房和城乡建设、质量技术监督、工商行政管理、文化、水务、商务、民政、文物、交通、旅游等行政部门在监督检查中发现火灾隐患，应当由公安机关消防机构依法处理的，应当按照有关规定及时移送。

第七十二条　乡镇人民政府和街道办事处应当建立健全本辖区消防安全检查制度，组织专职消防队、志愿消防队进行消防安全巡视检查，发现火灾隐患、消防违法行为及时告知公安机关消防机构、公安派出所依法处理。

第七十三条　公安机关消防机构在消防监督检查中发现城乡消防安全布局、公共消防设施不符合消防安全需要，或者发现本地区存在影响公共安全的重大火灾隐患的，应当由公安机关书面报告本级人民政府。

接到报告的人民政府应当及时核实情况，组织或者责成有关部门、单位在规定的期限内采取措施，予以整改。

第七十四条　公安机关消防机构实施消防监督检查时，检查人员不得少于两人，并应当出示执法身份证件。

消防监督检查人员应当填写检查记录，如实记录检查情况。

第七十五条 公安机关消防机构及其工作人员应当按照法定的职权和程序进行消防设计审核、消防验收和消防安全检查，做到公正、严格、文明、高效。

公安机关消防机构及其工作人员进行消防设计审核、消防验收和消防安全检查等，不得收取费用，不得利用消防设计审核、消防验收和消防安全检查谋取利益。公安机关消防机构及其工作人员不得利用职务为用户、建设单位指定或者变相指定消防产品的品牌、销售单位或者消防技术服务机构、消防设施施工单位。

第七十六条 《中华人民共和国消防法》和本条例规定负有消防工作职责的各级人民政府、有关行政部门及其工作人员开展消防工作，应当自觉接受社会公众的监督。

任何单位和个人都有权对负有消防工作职责的各级人民政府、有关行政部门及其工作人员在执法中的违法行为进行检举、控告。收到检举、控告的机关，应当按照职责及时查处。

第八章 法律责任

第七十七条 对违反本条例的行为，《中华人民共和国消防法》和其他有关法律、行政法规已经规定法律责任的，依照法律、行政法规的规定处理。

第七十八条 负有消防工作职责的行政机关及其工作人员违反《中华人民共和国消防法》和本条例规定，未履行或者未按照规定履行法定职责的，由其上级行政机关或者监察机关责令改正，并根据情节对直接负责的主管人员和其他直接责任人员依法给予行政处分。

第七十九条 公安机关消防机构工作人员有下列行为之一，尚不构成犯罪的，依法给予行政处分：

（一）对不符合消防安全要求的消防设计文件和建设工程及公众聚集场所准予审核合格、消防验收合格、消防安全检查合格；

（二）无故拖延消防设计审核、消防验收、消防安全检查，不在法定期限内履行审批职责；

（三）发现火灾隐患不及时通知有关单位或者个人整改；

（四）为用户、建设单位指定或者变相指定消防产品的品牌、销售单位或者消防技术服务机构、消防设施施工单位；

（五）其他滥用职权、玩忽职守、徇私舞弊的行为。

第八十条 单位消防控制室的值班人员有擅离职守等违反国家和本市消防控制室操作规程行为，或者单位未对本单位消防设备操作控制人员、专职和兼职防火人员等重点岗位的人员进行专项培训的，责令改正，并可处500元以上5000元以下罚款。

消防安全重点单位未将本单位消防安全责任人、消防安全管理人的基本情况和消防安全管理制度、应急预案向所在区、县公安机关消防机构备案的，责令改正，并可处1000元以上2000元以下罚款；未按照本条例规定进行电气防火安全检测并将检测记录存档备查的，责令改正，并可处1000元以上1万元以下罚款。

第八十一条 住宅区的物业服务企业或者其他管理人有违反《中华人民共和国消防法》和本条例规定的下列行为的，按照下列规定处罚：

（一）未按照规定对管理区域内的共用消防设施、器材进行维护管理，造成消防设施、器材不能保持完好有效的，责令改正，处5000元以上5万元以下罚款；

（二）划定和设置停车泊位及设施占用、堵塞消防车通道的，责令改正，处5000元以上5万元以下罚款；

（三）对占用、堵塞、封闭疏散通道、安全出口、消防车通道的行为未进行劝阻，或者未按照规定向公安机关消防机构或者公安派出所报告的，责令改正，处500元以上1000元以下罚款。

第八十二条 建设工程的施工单位违反本条例规定，有下列行为之一的，责令改正，处警告或者2000元以上2万元以下罚款，可对单位直接负责的主管人员和其他直接责任人员并处200元以上2000元以下罚款：

（一）在开工前未将施工组织设计、施工现场消防安全措施和保卫方案向公安机关消防机构备案的；

（二）施工暂设和安全网、围网、施工保温材料不符合消防安全规范或者使用易燃、可燃材料的；

（三）违反消防安全管理规定存放、保管、使用施工材料的；

（四）在建设工程内设置宿舍的；

（五）未设置临时消防车通道或者有在临时消防车通道上堆物、堆料等挤占临时消防车通道情形的；

（六）未按照规定配置消防器材或者设置临时消防给水系统的；

（七）使用不符合产品质量标准的临时用电设备和电线的。

第八十三条 人员密集场所的经营管理人未在使用天然气、液化石油气的场所安装浓度检测报警装置的，由城市管理综合执法部门责令改正，并可处1万元以上3万元以下罚款。

第八十四条 违反本条例规定，有下列行为之一的，责令改正，并可处1万元以上3万元以下罚款：

（一）高层建筑、人防工程和普通地下室的管理使用人维修消防设施未采取有效替代措施的；

（二）占用人防工程和普通地下室安全出口外的人员疏散场地的；

（三）在人防工程和普通地下室内使用液化石油气的。

在高层建筑、人防工程和普通地下室内生产、经营、储存易燃易爆危险品的，依法采取本条例规定的临时查封、扣押等措施，并处5000元以上5万元以下罚款。

第八十五条 不可移动文物、历史建筑的管理使用人违反本条例规定，有下列行为之一的，责令改正，处5000元以上5万元以下罚款：

（一）未按照消防安全规定设置禁止烟火标志的；

（二）在宗教场所进行点灯、烧纸、焚香等宗教活动，未采取有效防火措施的；

（三）在保护范围内存放易燃可燃物品的；

（四）未按照消防安全规定安装避雷设施、设置消防通道和消防供水的。

第八十六条 食品生产加工、餐饮服务企业和有食堂的单位未按照本市排油烟管道清洗规范对集烟罩、排油烟管道等集排油烟设施进行清洗的，责令改正，可处1000元以上5000元以下罚款；造成火灾的，处1万元以上3万元以下罚款。

第八十七条 消防产品质量认证、消防设施检测、消防安全监测等消防技术服务机构和执业人员未按照规定向市公安机关消防机构备案或者未制定管理制度和服务质量规范的，责令改正，可处2000元以上1万元以下罚款。

第八十八条 单位存在严重消防违法行为或者多次发生同类违法行为，公安机关消防机构应当通知有关机构将该单位的违法信息记入信用信息系统。

第八十九条 个人违反《中华人民共和国消防法》和本条例规定，有下列行为之一的，责令改正，处警告或者500元以下罚款：

（一）损坏、挪用或者擅自拆除、停用消防设施、器材；

（二）占用、堵塞、封闭疏散通道、安全出口或者其他妨碍安全疏散的行为；

（三）埋压、圈占、遮挡消火栓或者占用防火间距；

（四）占用、堵塞、封闭消防车通道，妨碍消防车通行。

第九十条 单位或者个人违反《中华人民共和国消防法》和本条例规定，导致火灾发生或者火灾危害扩大，给他人人身、财产造成损害的，应当依法承担民事责任。

第九十一条 本条例设定的行政处罚，除另有规定外，由公安机关消防机构决定。

第九章 附 则

第九十二条 本条例自2011年9月1日起施行。

关于《北京市消防条例（修订草案）》的说明

——2010年11月17日在北京市第十三届人民代表大会常务委员会第二十一次会议上

北京市公安局局长 傅政华

主任、各位副主任、秘书长、各位委员：

我受市人民政府委托，现就提请本次会议审议的《北京市消防条例（修订草案）》（以下简称《条例（修订草案）》，作如下说明。

一、修订《北京市消防条例》的背景和必要性

（一）修订《北京市消防条例》是贯彻落实新修订的《中华人民共和国消防法》，维护法制统一的需要

《北京市消防条例》（以下简称《条例》）于1996年9月6日由第十届市人大常委会第三十次会议审议通过，并于1998年9月17日和2002年3月29日分别由第十一届市人大常委会第五次会议和第三十三次会议审议修订。《条例》实施十四年以来，为推动我市消防事业发展发挥了重要作用。2008年10月28日，第十一届全国人大常委会第五次会议审议通过了修订后的《中华人民共和国消防法》（以下简称《消防法》），于2009年5月1日起实行。修订后的《消防法》主要在几个方面完善了消防管理制度：一是确立了新的消防工作原则和方针，进一步明确了各级政府及其相关部门的消防安全管理职责，完善了单位、个人的社会消防安全责任制。二是改革了建设工程消防设计审核和竣工验收制度，缩小了强制审核和验收的范围。三是扩大了公安、专职消防队的职责，除承担消防任务外，还承担重大灾害事故和其他以抢救人员生命为主的应急救援工作。四是强化了消防安全监管措施和手段，授权公安派出所进行消防安全检查，加重了消防违法行为的法律责任。《条例》实施以来虽进行过两次修订，但主要内容仍与修订后的《消防法》相抵触，需要按照法制统一的原则进行修改。此外，由于《消防法》适用于全国消防工作，许多内容较为原则，也需要通过地方性法规予以细化、补充和完善，更好地贯彻落实《消防法》。

（二）修订《条例》是全面总结首都消防工作经验，提升首都消防管理水平的需要

《条例》实施以来，本市在消防法规体系

建设、落实消防安全责任制等方面取得了显著成就，积累了许多成熟的经验和做法。本市先后制定了15部消防政府规章，经过修改、废止，现行有效的有9部，例如《北京市建设工程施工现场消防安全管理规定》是全国首部关于施工现场消防安全管理的规章；《北京市消防安全责任监督管理办法》较全面地明确了本市各社会单位在消防安全方面应承担的责任；《北京市农村消防安全管理规定》的制定实施为实现消防工作的城乡统筹发展提供了法律和实践基础等等。这些规章规定的制度具有很强的针对性和可操作性，需要通过修订《条例》固定下来，作为今后消防管理工作的长效机制。此外，政府规章中有许多内容是针对重点单位、重点场所完善单位消防安全责任的规定，而根据《消防法》的授权，只有法律、法规能够对单位消防责任进行补充规定，规章规定单位消防责任缺乏必要的法律基础，也需要通过修订《条例》为本市的消防管理实践提供上位法支持。

（三）修订《条例》是维护首都火灾形势稳定、解决首都消防工作现实问题的需要

经过十几年的快速发展，本市面临的消防安全形势与《条例》制定时相比发生了较大变化，一方面，城市人口迅速增长，人们的生活生产方式发生了较大变化，致灾因素大大增加的同时分布更加广泛、复杂，重特大火灾风险进一步提高，增加了防控工作的难度。2003年至2009年，全市共发生火灾46,997起，死亡288人，伤543人，直接损失21,733余万元。从火灾原因分析看，电气火灾12,319起，占火灾总数的26.21%，居致灾因素的第一位；其他因素包括生活用火不慎10,069起，吸烟5780起，玩火2930起，违章操作1685起，放火1423起，自燃566起，雷击98起，原因不明3357起，其他8341起。另一方面，党中央、国务院对首都新形势下的消防工作提出了新的要求，广大人民群众对消防安全工作也有了更高期待。作为国家的政治文化中心，北京一旦发生火灾就会引起全国乃至世界范围的高度关注，造成重大影响。《条例》颁布实施以来，其主要内容未作较大调整，已不能适应当前首都消防工作的新形势和新需要。目前首都的消防安全工作中暴露出一些问题，亟须通过修订《条例》加以解决。

一是部分消防重点场所、单位的消防安全责任需要进一步健全。首都火灾防控工作中存在许多重点和难点：居民住宅消防安全问题日益突显，2003年至2009年，因居民生活用火不慎引发的火灾共发生10,069起，占火灾总数的21.42%；高层建筑、地下空间、文物保护单位、城市轨道交通运营单位等重点防火单位、部位的防火安全管理亟待加强。本市高层建筑林立，地下空间密布，文物古建级别高、数量多，城市轨道交通运营里程长并仍在迅速增长。虽然从火灾起数看发生的火灾并不多，但这些单位、场所的特点在于潜在火灾危险性大，一旦发生火灾，扑救和人员疏散极为困难，造成的损害后果不堪设想。上述单位、场所消防安全管理的核心在于根据不同单位、场所消防工作特点提出有针对性的防火安全措施，明确特定单位的特殊消防安全责任。

二是公共消防基础设施的建设、管理、维护滞后，不能满足火灾防控和灭火救援的需要。近些年，伴随着奥运会、国庆60周年庆典等重大活动的成功举办，首都经济社会发展水平提高，城市建设速度不断加快，公共消防基础设施建设也得到了长足发展。但从总体上看，城乡公共消防基础设施建设仍然滞后于经济社会发展，特别是在城乡结合部地区、农村地区更加突出。城乡结合部地区消防安全隐患大量存在，城乡消防规划编制和实施、城乡消防安全布局、公共消防基

础设施、消防装备等普遍存在着不同步和难适应等问题；农村地区基本上没有市政水网规划，也没有消火栓，基本是以村里的自备井为主。另外，已建成的公共消防设施也需要进行日常的管理维护才能确保正常使用。公共消防基础设施的建设、管理、维护滞后，固然与当前城市建设成本提高、投入不足等因素有关，但消防规划的编制、实施得不到有效落实、公共消防基础设施的管理、维护职责不清等原因也直接影响了公共消防基础设施的建设和管理、维护水平，因此有必要通过修订《条例》明确公共消防基础设施规划、建设、管理、维护等方面的职责，提升公共消防基础设施的建设管理水平。

三是消防监督检查制度和措施需要进一步健全。《消防法》规定了公安派出所可以负责日常消防监督检查，但并未赋予其必要的行政处罚权，影响了监督检查效果的实现。为了更好地落实派出所日常消防监督检查的职责，有必要通过修订《条例》赋予其必要的行政处罚权。

二、起草和征求意见的情况

市公安局在总结本市消防管理经验的基础上起草了《条例（修订草案）》并报送市政府审查。审查期间，市政府法制办书面征求了市政府相关部门、区县政府的意见；在首都之窗网站上向社会公开征求意见；针对施工现场、高层建筑和多产权单位、居民住宅区、文物古建等重点单位消防责任制，农村消防管理，消防中介机构等专项内容开展了专题调研；组织召开了立法专家委员会会议，对修订草案进行了专家审议。在此期间，市人大常委会内司办、法制办提前介入，对政府起草工作给予指导，与政府进行了充分沟通。

征求意见主要集中在以下几个方面：一是建议进一步明确政府部门、社会单位和居民个人等各方面的消防安全职责。二是建议加强公共消防基础设施的建设、维护和管理。三是建议补充完善单位消防责任制的相关内容，如增加单位电气防火安全检测的规定等。四是对个体工商户能否承担单位消防责任，区分多产权建筑所有权人和管理使用人的消防安全责任等具体问题提出了完善意见。在研究采纳各方面意见的基础上，市政府法制办对修订草案进行了修改完善，形成了现在的《条例（修订草案）》。

三、《条例（修订草案）》的主要内容

《条例（修订草案）》共 7 章 68 条，篇章体例与《消防法》一致，主要内容有：

（一）进一步明确各方面的消防安全职责

一是政府领导职责。《条例（修订草案）》第三条规定：“市和区、县人民政府领导本行政区域内的消防工作，制定消防事业发展专项规划并纳入国民经济和社会发展规划，确定本级人民政府有关部门和下级人民政府的消防安全职责，将消防事业经费纳入财政预算，并随着经济社会发展逐步增加。市和区、县人民政府防火安全委员会组织、指导、监督本级人民政府有关部门和下级人民政府履行消防工作职责，协调消防基础设施、消防组织建设等重大事项，督促重大火灾隐患整改。乡、镇人民政府和街道办事处应当履行本条例规定的消防工作职责，指导、支持居民委员会、村民委员会以及本辖区内的单位开展消防工作。”二是部门监管职责。《条例（修订草案）》第四条规定：“市和区、县公安机关对本行政区域内的消防工作实施监督管理，并由本级公安机关消防机构负责实施。公安派出所可以依照国家和本市的规定实施日常消防监督检查。教育、民政、住房和城乡建设、市政市容、交通、水务、商务、文化、卫生、文物、民防、旅游等行政部门按

照各自职责负责消防管理的相关工作。”三是社会单位的主体责任。社会单位对本单位消防安全承担主体责任，依法履行单位消防职责。四是居民个人的配合参与职责。接受政府及其相关部门的指导，遵守消防法律、法规等。

（二）进一步补充完善了社会单位消防安全职责的内容

落实单位的消防安全主体责任是做好消防工作的基础。《条例（修订草案）》在《消防法》规定的单位消防职责的基础上进一步补充完善了单位消防安全职责的内容。一是明确了一般单位和消防安全重点单位的普遍性消防工作职责。《条例（修订草案）》第十三条规定了单位应当对消防重点岗位人员进行培训、按照国家标准设置消防控制室并严格遵守操作规程等八项职责；第十四条规定，消防重点单位除履行一般单位消防职责外，还应当履行电气防火检测等五项职责。二是针对首都消防工作存在的重点难点问题，对文物古建、高层建筑和地下空间、人员密集场所、施工现场、城市轨道交通运营单位等重点场所、单位的消防管理职责、制度措施作出具体规定。

（三）明确了公共消防基础设施、消防水源的规划、建设、管理维护等方面的职责

《条例（修订草案）》第十条第一款明确了公共消防基础设施的规划、实施等事项，市公安机关消防机构、市规划行政部门应当会同市发展改革、市住房和城乡建设等行政部门组织编制消防专项规划，消防专项规划应当包括消防安全布局、消防站、消防供水、消防通信、消防车通道、消防装备、消防安全监控系统等内容。消防专项规划经市人民政府批准后由有关行政部门按照各自职责实施，不得擅自改变。第二款明确，公共消防设施应当与居住区、重要易燃易爆设施、旧城改造等建设工程同步设计、建设。第三款明确，城乡消防安全布局不符合消防安全要求的，应当调整、完善；公共消防设施、消防装备不足或者不适应实际需要的，应当增建、改建、配置或者进行技术改造。

针对公共消防水源建设、管理维护的重要性和急迫性，《条例（修订草案）》第十一条专门对公共消防水源的建设和管理维护作出规定：“新建、改建公共供水设施的，建设单位应当按照国家和本市标准同步建设消火栓等消防供水设施。公共供水设施尚未覆盖的区域，区、县人民政府应当组织建设消防取水码头、消防水池等消防储水取水设施。公共供水设施的维护管理单位应当保障消防供水设施的正常使用，因检修、施工等原因不能保证消防供水的，应当提前告知所在区、县公安机关消防机构。公安机关消防机构发现消防供水设施不能正常使用的，应当通知维护管理单位及时维护、保养。”

（四）进一步健全了消防监督检查制度

一是规定了监督检查制度的内容。《条例（修订草案）》第四十六条规定：“公安机关消防机构应当根据本地区消防安全情况开展火灾风险监测、评估，建立分级分类监督检查制度，完善火灾多发季节、重大节假日、重大活动期间的消防监督措施以及对消防安全重点单位的抽查制度。”二是明确了必要的监督检查保障措施。《条例（修订草案）》第四十七条规定，检查人员有权查阅资料，向有关人员了解情况；对具有重大火灾隐患、影响公共安全的场所、物品以及不符合消防安全标准的设备、设施、器材可以依法采取临时查封、扣押措施等。三是对消防监督检查活动进行必要的规范与限制。《条例（修订草案）》第五十三条规定：“公安机关消防机构实施消防监督检查时，检查人员不得少于两人，并出示执法身份证件。消防监督检查应当填写检查记录，如实记录检查情况。”四是对《条例（修订草案）》规定的消防职责、措

施设定了必要的行政处罚，并赋予公安派出所必要的行政处罚权。《条例（修订草案）》第六十七条规定："本条例设定的行政处罚，除另有规定外，由公安机关消防机构决定。本条例设定的警告、1000元以下罚款的行政处罚，可以由公安派出所决定。"

《条例（修订草案）》已经2010年10月19日市政府第75次常务会议审议通过，并决定提请市人大常委会审议。《条例（修订草案）》已印送各位委员，请予审议。

市人大内务司法委员会关于《北京市消防条例（修订草案）》审议意见的报告

——2010年11月17日在北京市第十三届人民代表大会常务委员会第二十一次会议上

市人大内务司法委员会主任委员 李小娟

主任、各位副主任、秘书长、各位委员：

市人大内务司法委员会收到市人大常委会交付审议的《北京市消防条例（修订草案）》（以下简称《条例（修订草案）》）后，先后征求了18个区县人大常委会、市人民政府有关部门等方面的意见，并在市人大常委会网站上公开征求了社会各界的意见。10月26日，内务司法委员会召开会议，依照《北京市制定地方性法规条例》的规定，对《条例（修订草案）》进行了审议。现将审议情况报告如下。

内务司法委员会认为，《北京市消防条例》自1996年9月6日施行以来，对于加强本市消防工作，预防和减少火灾危害，保护公民人身、公共财产和公民财产的安全发挥了重要作用。2008年10月国家颁布的《中华人民共和国消防法》（以下简称《消防法》）根据新形势下消防工作发展的实际需要，科学调整了消防工作原则，构建了城乡消防工作体系，进一步明确了消防安全工作责任，加强了消防工作监督检查，强化了违反消防法律规定的法律责任。为了维护国家法制统一，进一步加强本市消防工作，市人民政府提出了《条例（修订草案）》，提请市人大常委会审议，拟对本市条例与上位法不一致的内容进行修改，并总结本市条例实施以来的经验，一并进行一些完善性修改。内务司法委员会认为，这些修改是必要的。会议原则同意《条例（修订草案）》的主要内容。同时，根据我们征求各方面意见的情况，依据《消防法》，对《条例（修订草案）》提出两方面修改意见。

一、关于消防安全责任和法律责任要总体考虑

我们认为，消防工作涉及广大人民群众的人身财产和公共财产安全，随着经济社会的发展，社会财富积累日益增多，火灾所造成的财产损失也越来越大。北京作为首都，消防安全至关重要，全社会要共同行动起来切实维护消防安全，任何单位和个人都有义务保护消防设施、预防火灾和报告火警，任何单位和成年人都有义务参加有组织的灭火工作，这些关于消防安全责任的总体要求在《条例（草案）》总则当中应当予以明确。另外，对于凡违反《条例（草案）》所设定行

为规范的，都应当设定相应的处罚，以保证法规内容的完整性与可操作性。同时，针对加油站、城市轨道交通等消防重点部位和重点单位的消防安全责任和法律责任还应当进一步细化，以确保其消防安全工作万无一失。

二、关于《条例（修订草案）》的几条具体修改意见

（一）关于《条例（修订草案）》第六十一条第二款

本款规定“在高层建筑、人防工程和普通地下室内生产、经营、储存易燃易爆危险品，依法采取本条例规定的临时查封、扣押等措施，并处1万元以上10万元以下罚款”。《消防法》第六十一条第一款对于上述行为设定的处罚是，责令停产停业，并处五千元以上五万元以下罚款。两相对照，本款规定的罚款数额超出了上位法规定的幅度，根据《中华人民共和国行政处罚法》的规定，建议按照《消防法》对本款进行一致性修改。

（二）关于《条例（修订草案）》第六十三条

本条规定，食品生产加工、餐饮服务企业和有食堂的单位“造成火灾的，处1万元以上3万元以下罚款”。我们认为，此处只对上述单位造成火灾的行为设定了罚则，而对其他单位造成火灾的行为没做有关规定，从法规的严谨性、公平性出发，建议对于造成火灾的行为设定罚则的情况进行通盘考虑。

（三）关于《条例（修订草案）》第六十五条

本条是对“居民”违反消防安全管理规定行为设定的罚则，其内容主要援引自《消防法》第六十条关于“个人”相关违法行为的规定，但是，这里将受处罚对象由“个人”具体为“居民”，缩小了责任主体范围。因此，建议按照《消防法》的规定，将此处的“居民”修改为“个人”。

（四）关于《条例（修订草案）》第六十七条

本条第二款规定，“本条例设定的警告、1000元以下罚款的行政处罚，可以由公安派出所决定”。我们认为此规定不合适。在《消防法》修订过程中，曾提出过赋予公安派出所消防行政处罚权的设想，但是没有得到全国人大常委会的认可。全国人大常委会会议审议时，有些常委委员和地方、企业提出，消防安全工作专业性较强，为避免罚款处罚中的随意性，不应赋予公安派出所处罚决定权。在全国人大法律委员会、内务司法委员会、国务院法制办及公安部共同研究建议下，《消防法》取消了可以由公安派出所决定罚款处罚的规定。全国人大法律委员会副主任委员乔晓阳还对此问题专门作了说明。因此，我们建议删去本款规定。

此外，我们还对一些文字表述提出了修改意见。

以上审议意见，供常委会审议时参考。

市人大法制委员会关于《北京市消防条例（修订草案）》审议结果的报告

——2011年3月31日在北京市第十三届人民代表大会常务委员会第二十四次会议上

市人大法制委员会副主任委员　卜世成

主任、各位副主任、秘书长、各位委员：

2010年11月17日，市十三届人大常委会第二十一次会议对《北京市消防条例（修订草案）》进行了审议，内务司法委员会和18位常委会组成人员、2位列席人大代表发表了意见。大家认为，消防工作关系到人民群众的生命财产安全和公共安全，关系到首都城市安全运行，根据《中华人民共和国消防法》和新形势新情况对首都消防工作的要求对条例进行修订十分必要；修订草案明确了政府和社会单位的消防安全责任，健全了消防监督检查制度，内容比较具体可行；建议借鉴国际先进经验和近期重大火灾事故的启示，按照建设世界城市的要求，对条例内容进一步补充完善。同时，对消防安全责任、消防宣传教育等内容提出了一些具体修改意见。

会后，法制委员会根据常委会的审议意见，针对高层建筑和地下空间的消防管理、应急通道管理、派出所监管、火灾保险等问题开展了系列调研，听取了相关政府部门、企业、基层执法人员等各方面意见，就多产权建筑的物业消防管理、派出所的处罚权等问题召开了专家论证会。3月14日，法制委员会召开会议，根据常委会审议意见、内务司法委员会审议意见和其他方面的意见进行审议，提出了进一步修改的意见，现将审议结果报告如下。

一、关于消防工作的方针和基本原则

内务司法委员会和常委会组成人员提出，首都的消防安全至关重要，应当坚持把火灾预防放在首位，将火灾预防和火灾扑救有机结合；政府及其有关部门、单位和个人应当各负其责，全社会共同行动构筑消防安全工作格局。根据上述意见，法制委员会建议在总则中增加规定本市消防工作的方针和基本原则，表述为："消防工作贯彻预防为主、防消结合的方针，按照政府统一领导、部门依法监管、单位全面负责、公民积极参与的原则，实行消防安全责任制，建立健全社会化的消防工作网络。"（修订草案修改稿第三条）

二、关于消防安全责任

常委会组成人员提出，条例应当明确本市消防管理体制，进一步突出消防工作中各类主体的消防安全责任，政府及其管理部门、相关单位和个人的责任要清晰、具体。根据上述意见，法制委员会建议专设"消防安全责任"一章作为修订草案修改稿第二章，将修订草案总则和火灾预防部分相关主体的消防安全职责集中到该章并进一步充实和细化，明确市和区、县人民政府、相关管理部门、乡镇人民政府和街道办事处、公安机关消防机构、居民委员会和村民委员会、单位及个人的消防安全责任和义务，健全消防安全责任体系。（修订草案修改稿第九条、第十条、第十一条、第十二条、第十三条、第十四条）

三、关于火灾预防措施

修订草案第二章规定了火灾预防的各项措施，审议中常委会组成人员从多个方面对完善火灾预防措施提出了修改意见和建议，法制委员会经过调研也提出了修改意见，主要作了如下修改。

（一）加强农村消防基础设施建设

常委会组成人员提出，本市农村特别是农村居民区的消防基础设施建设滞后，需要引起高度重视，条例应当加强引导和规范。根据上述意见，法制委员会建议增加两条，对农村消防基础设施的规划、建设、改造和管理作出进一步规定。（修订草案修改稿第十八条、第十九条）

（二）明确多产权建筑的消防安全责任

常委会组成人员提出，应当进一步明确多产权建筑相关主体的消防安全责任。法制委员会认为，本市多产权建筑数量较多，其消防安全管理工作十分重要且复杂，在明确管理使用人承担消防安全责任的同时，还应当着重解决消防设施的维护费用问题。建议增加一条，明确建筑物内共用消防设施和器材检测、维修、更新、改造所需经费的来源；乡镇人民政府和街道办事处应当对业主约定或者确定共用消防设施和器材维护费用的有关事项给予协调和指导。（修订草案修改稿第二十三条）

（三）加强高层建筑和地下空间的消防安全管理

常委会组成人员提出，高层建筑和地下空间是消防安全管理的重点和难点，应当明确其管理使用人的具体责任，提高其火灾预防和自救能力。根据上述意见，法制委员会建议借鉴国内外经验，增加一条，列举高层建筑的管理使用人应当遵守的消防安全规定，对高层建筑管理使用人配备避难救生设施和自救工具作出倡导性规定；（修订草案修改稿第二十五条）同时增加一条，对人防工程和普通地下室的管理使用人应当履行的消防安全职责作出规定。（修订草案修改稿第二十六条）

（四）明确建设工程总承包和分包单位的消防安全责任

法制委员会认为，建设工程施工总承包单位和分包单位之间的消防安全责任不清是建设工程消防事故发生的重要原因，条例应当予以规范。建议增加一款，明确总承包单位对施工现场的消防安全实行统一管理，分包单位负责分包范围内施工现场的消防安全，并接受总承包单位的监督管理。（修订草案修改稿第二十七条第二款）

（五）加强消防车通道管理

常委会组成人员提出，修订草案对消防通道的规定不够清晰，应当进一步明确以便各方面守法和执法。根据上述意见，法制委员会建议增加一条，规定消防车通道应当设置明显标志，任何单位和个人不得擅自改变消防车通道用途或者设置妨碍消防车通行和火灾扑救的障碍物，公安消防队在灭火救援过程中有权强制清理占用消防车通道的障碍物。（修订草案修改稿第三十五条）

（六）推进火灾公众责任保险制度

法制委员会认为，火灾保险作为市场机制和经济手段，具有十分显著的事故预防和辅助消防管理的功能，可以作为政府消防力量的重要补充，应当通过立法进一步引导其发挥作用。建议在修订草案中增加一款，规定保险机构在承保前，应当对投保单位进行火灾风险评估；承保后，应当对投保单位的消防安全状况进行检查，及时向被保险人提出消除不安全因素和隐患的书面建议，指导被保险人加强火灾预防；保险机构有权根据被保险人履行消防安全职责和火灾事故发生情况调整保险费率。（修订草案修改稿第三十七条第二款）

（七）完善消防安全标准体系

常委会组成人员提出，应当进一步完善消防安全标准体系，保证其与本市社会经济发展需求相适应。根据上述意见，法制委员会建议对修订草案第三十一条第一款进行修改，规定在消防安全领域有国家标准、行业标准的，应当执行国家标准、行业标准；没有国家标准、行业标准，需要在本市范围内明确消防安全标准的，由市质量技术监督部门会同有关部门及时组织制定并向社会公布。（修订草案修改稿第四十条）

四、关于消防安全宣传教育

常委会组成人员提出，加强消防安全宣传教育，提高群众的防火意识和逃生能力是预防火灾事故、减少火灾人员伤亡和财产损失的关键，应当在法规中进一步明确政府相关部门、学校、社会等各方面的具体宣传教育义务。根据上述意见，法制委员会建议专设“宣传教育”一章作为修订草案修改稿第四章，将修订草案有关宣传教育的条款集中到该章并进一步充实和细化，明确各级人民政府和街道办事处、公安机关及其消防机构、相关管理部门、新闻媒体、社会团体、社会单位、学校等主体的宣传教育义务，形成本市消防安全宣传教育的体系和长效机制。（修订草案修改稿第四十二条、第四十三条、第四十四条、第四十五条、第四十六条、第四十七条、第四十八条、第四十九条）

五、关于监督检查

常委会组成人员提出，应当强化对公安机关消防机构依法履行职责的监督。根据上述意见，法制委员会建议增加一条，明确规定公安机关消防机构及其工作人员应当依法进行消防设计审核、消防验收和消防安全检查，不得收取费用和谋取私利；（修订草案修改稿第七十四条）同时，在法律责任一章中相应增加一条对公安机关消防机构工作人员滥用职权、玩忽职守、徇私舞弊行为的处罚规定。（修订草案修改稿第七十八条）

六、关于法律责任

内务司法委员会提出，修订草案第六十一条第二款对高层建筑、人防工程和普通地下室内消防违法行为的处罚与上位法规定不一致；另外，全国人大常委会在审议消防法时删去了草案中关于赋予公安派出所处罚决定权的规定。根据上述意见，法制委员会建议对修订草案第六十一条第二款的罚款数额进行调整；（修订草案修改稿第八十三条第二款）同时删去修订草案第六十七条第二款关于派出所处罚权的规定。（第九十条第二款）

此外，法制委员会根据内务司法委员会审议意见、常委会审议意见、语言文字专家意见和其他方面的意见，对修订草案作了完善性修改，对条款顺序作了必要的调整。

法制委员会按照上述意见，提出《北京市消防条例（修订草案修改稿）》，提请本次常委会会议进行第二次审议。

修订草案修改稿和以上意见是否妥当，请审议。

市人大法制委员会关于《北京市消防条例（修订草案修改稿）》修改意见的报告

——2011年5月27日在北京市第十三届人民代表大会常务委员会第二十五次会议上

市人大法制委员会副主任委员　卜世成

主任、各位副主任、秘书长、各位委员：

2011年3月31日，市十三届人大常委会第二十四次会议对《北京市消防条例（修订草案修改稿）》进行了分组审议，会上有11位常委会组成人员和1位列席人大代表发表了意见。大兴“4·25”火灾发生后，根据市委领导批示，法制委员会就火灾事故情况及此次火灾暴露出的农村地区自建房屋的消防安全问题进行了专题调研，在此基础上对条例内容进行了补充完善。5月16日，法制委员会召开会议，根据常委会的审议意见对修订草案修改稿进行审议，提出了进一步修改的意见。现将修改情况报告如下。

一、进一步明确公安派出所的日常消防监督检查职责，以及公安机关消防机构与公安派出所的指导、配合关系，将第五条修改为：“市和区、县公安机关对本行政区域内的消防工作实施监督管理，并由本级公安机关消防机构负责实施。”“公安派出所依照国家和本市的规定，开展日常消防监督检查，依法处理消防安全违法行为，指导辖区内的单位、居民委员会、村民委员会落实消防安全措施。”“公安机关消防机构与公安派出所应当在人民政府和公安机关领导下明确职责范围，互相配合，共同做好消防监督工作。”同时，增加一项作为第十条第五项：“对公安派出所开展日常消防监督检查工作进行指导，定期对公安派出所民警进行消防监督业务培训。”

二、进一步明确乡镇人民政府和街道办事处的消防安全管理职责，将第九条第四款修改为：“乡镇人民政府和街道办事处应当依照法律、法规、规章的规定和上级人民政府的部署，统筹负责本辖区的消防安全工作；建立消防安全管理领导机制，监督辖区内政府部门的消防监督管理工作，指导辖区内单位、居民委员会、村民委员会履行各自的消防安全职责。”

三、明确农村居民自建房屋的消防安全要求，增加一款作为第十七条第二款：“农村居民自建房屋应当符合农村消防规划，建筑物的耐火等级、防火间距、防火分隔和安全疏散应当符合有关消防技术标准。乡镇人民政府及有关政府部门、村民委员会应当对农村居民自建房屋的消防安全进行指导和监督。”

四、针对同一建筑物内生产经营、储存、人员居住场所三合一，人员疏散困难的消防隐患问题，增加一条作为表决稿第二十九条：“生产、储存、经营易燃易爆危险品的场所不得与居住场所设置在同一建筑物内，并应当与居住场所保持安全距离。”“生产、储存、经营其他物品的场所一般不得与居住场所设置在同一建筑物内；确需设置在同一建筑物内的，应当符合国家和本市工程建设消防技术标准，生产经营区域与生活区域应当采取防火分隔措施，分别设置安全出口和疏散通道。”

五、完善关于消防车通道标志设置的规定，将修订草案修改稿第三十五条第一款修改为：“消防车通道应当设置明显标志。消防车通道标志式样由市公安机关消防机构统一制定。建筑物附属的消防车通道标志由建筑物的管理使用单位设置；其他区域的消防车通道标志由区、县公安机关消防机构根据需要设置。有条件的地区应当设置消防车通道标线。”（表决稿第三十六条）

此外，法制委员会还根据常委会的审议意见对修订草案修改稿一些条款的文字表述作了完善性修改，对条款顺序进行了必要的调整。

法制委员会按照上述意见提出《北京市消防条例（表决稿）》，建议本次常委会会议通过，并自2011年9月1日起施行。

北京市人民代表大会常务委员会公告

（第18号）

《北京市人民代表大会常务委员会关于修改〈北京市区、县、乡、民族乡、镇人民代表大会代表选举实施细则〉的决定》已由北京市第十三届人民代表大会常务委员会第二十五次会议于2011年5月27日通过，现予以公布，自公布之日起施行。

北京市第十三届人民代表大会常务委员会
2011年5月27日

北京市人民代表大会常务委员会关于修改《北京市区、县、乡、民族乡、镇人民代表大会代表选举实施细则》的决定

（2011年5月27日北京市第十三届人民代表大会常务委员会第二十五次会议通过）

北京市第十三届人民代表大会常务委员会第二十五次会议决定对《北京市区、县、乡、民族乡、镇人民代表大会代表选举实施细则》作如下修改。

一、将第六条修改为：“区、县、乡、民族乡、镇人民代表大会代表应当具有广泛的代表性，应当有适当数量的基层代表，特别是工人、农民和知识分子代表；应当有适当数量的妇女代表，并逐步提高妇女代表的比例；在归侨人数较多的地区，应当有适当名额的归侨代表。”

二、将第八条修改为：“驻京人民解放军按照《中国人民解放军选举全国人民代表大会和县级以上地方各级人民代表大会代表的办法》选举所在区、县人民代表大会的代表。”

三、增加一条，作为第九条："选举经费列入财政预算，由国库开支，保证选举工作的需要。"

四、增加一条，作为第十条："市人民代表大会常务委员会指导本市区、县、乡、民族乡、镇人民代表大会代表的选举工作。经市人民代表大会常务委员会决定，在代表选举期间设立市选举工作办公室，办理指导选举工作的有关事宜。"

五、将第九条改为第十一条，修改为："区、县、乡、民族乡、镇选举本级人民代表大会代表时，设立选举委员会，主持本级人民代表大会代表的选举。选举委员会受区、县人民代表大会常务委员会的领导。

"选举委员会的主任、副主任和委员由区、县人民代表大会常务委员会任命。选举委员会的主任、副主任和委员为代表候选人的，应当辞去选举委员会的职务。"

六、将第十条改为第十二条和第十三条。第十二条："选举委员会的职责是：

（一）划分选举本级人民代表大会代表的选区，分配各选区应选代表的名额；

（二）进行选民登记，审查选民资格，公布选民名单，发选民证；受理对于选民名单不同意见的申诉，并作出决定；

（三）确定投票选举日期；

（四）了解核实并组织介绍代表候选人的情况，汇总公布代表候选人名单；根据较多数选民的意见，确定和公布正式代表候选人名单；

（五）主持投票选举；

（六）确定选举结果是否有效，公布当选代表名单，发给代表当选通知书；

（七）法律规定的其他职责。

"选举委员会应当及时公布选举信息。"

第十三条："选举委员会设立办公室，办理选举的具体事务。"

七、将第十一条改为第十四条，第三款修改为："选举委员会分会的职责由选举委员会确定。"

八、将第十三条改为第十六条，增加一项，作为第四项："协助了解核实和组织介绍代表候选人的情况"。

九、增加一条，作为第十七条："选区内的机关、团体、企业事业单位和其他组织，应当积极主动协助做好选举工作，并确定专人配合做好有关工作。"

十、将第十五条改为第十九条，第一款修改为："区、县、乡、民族乡、镇人民代表大会代表的名额，依照《选举法》确定：

（一）区、县的代表名额基数为一百二十名，每五千人可以增加一名代表；人口超过一百六十五万的，代表总名额不得超过四百五十名；

（二）乡、民族乡、镇的代表名额基数为四十名，每一千五百人可以增加一名代表；但是，代表总名额不得超过一百六十名；人口不足二千的乡、民族乡、镇的代表总名额可以少于四十名。"

十一、将第十八条改为第二十二条，修改为："区、县、乡、民族乡、镇人民代表大会代表名额，由本级选举委员会根据各选区的人口数，按照每一代表所代表的城乡人口数相同的原则，以及保证各地区、各民族、各方面都有适当数量的代表的要求进行分配。"

十二、将第二十二条改为第二十六条，第二款修改为："本行政区域内各选区每一代表所代表的人口数应当大体相等。"

十三、将第二十五条改为第二十九条，第二款修改为："选区设立选民登记站，办理选民的登记和选民名单的核对工作。"

十四、将第三十二条改为第三十六条，第二款修改为："选民对于公布的选民名单有不同意见，可以在选民名单公布之日起五日内向选举委员会提出申诉。选举委员会对申诉意见，应当在三日内作出处理决定。申诉人如果对处理决定不服，可以在投票选举日的五日以前向区、县人民法院起诉，人民法院应当在投票选举日以前作出判决。人民法院的判决为最后决定。”

十五、将第三十四条改为第三十八条，第一款第二项修改为：“选民十人以上联名，可以推荐代表候选人。”

第二款修改为：“各政党、各人民团体联合或者单独推荐的代表候选人的人数，每一选民参加联名推荐的代表候选人的人数，均不得超过本选区应选代表的名额。”

增加一款，作为第三款：“推荐者应当向选举委员会介绍代表候选人的情况。接受推荐的代表候选人应当向选举委员会如实提供个人身份、简历等基本情况。提供的基本情况不实的，选举委员会应当向选民通报。”

十六、将第三十五条改为第三十九条，修改为：“各选区对于合法提出的代表候选人都应当列入代表候选人名单，如实上报，不得隐瞒、调换或者增减，选举委员会汇总的代表候选人名单及代表候选人的基本情况，于投票选举日的十五日以前，按选区公布。”

十七、将第三十六条改为第四十条，修改为：“选举委员会将代表候选人名单交各该选区的选民小组讨论、协商，确定正式代表候选人名单。如果所提代表候选人的人数超过本实施细则第四十二条规定的最高差额比例，由选举委员会交各该选区的选民小组讨论、协商，也可以先由选区工作组召集选民小组推选或者几个选民小组联合推选的选民代表进行民主协商后，再将协商意见交选民小组进行讨论、协商，根据较多数选民的意见，确定正式代表候选人名单；对正式代表候选人不能形成较为一致意见的，进行预选，根据预选时得票多少的顺序，确定正式代表候选人名单。正式代表候选人名单及代表候选人的基本情况应当在投票选举日的七日以前公布。”

十八、增加一条，作为第四十一条：“预选按选区进行，参加预选的选民人数不得少于该选区选民总数的三分之一；预选采用无记名投票的方式，可以召开选民大会或者以选民小组为单位进行投票；预选由选举委员会主持，或者由选举委员会委托选区工作组主持；预选结果由选举委员会审查确认后向选民公告。”

十九、将第三十七条改为第四十二条，修改为：“正式代表候选人的人数，应当多于应选代表名额三分之一至一倍。”

二十、将第三十九条改为第四十四条，第一款修改为：“选举委员会应当向选民介绍代表候选人的情况。推荐代表候选人的政党、人民团体和选民可以在选民小组会议上介绍所推荐的代表候选人的情况。选举委员会根据选民的要求，应当在投票选举前组织代表候选人与选民见面，由代表候选人介绍本人的情况，回答选民的问题。”

二十一、增加一条，作为第四十五条：“区、县、乡、民族乡、镇人民代表大会代表的选举，应当严格依照法定程序进行，并接受监督。任何组织或者个人都不得以任何方式干预选民自由行使选举权。”

二十二、将第四十一条改为第四十七条，修改为：“选举委员会应当根据各选区选民分布情况，按照方便选民投票的原则设立一个或者几个投票站，进行选举。选民居住比较集中的，可以召开选举大会，进行选举；因患有疾病等原因行动不便或者居住分散并且交通不便的选民，可以在流动票箱投票。

“投票选举由选举委员会委派人员主持。”

二十三、将第四十二条改为第四十八条，修改为：“投票选举时，应当有由选民推选的监票人对发票、投票、计票的工作过程进行监督，并且有若干名熟悉投票程序的工作人员，向选民说明投票应注意的事项，办理组织投票选举的具体事务，维持投票秩序。

“投票站、选举大会的每个票箱和设立的每个流动票箱应当有两名以上监票人。

“代表候选人及其近亲属不得担任本选区投票选举的监票人、计票人。”

二十四、将第四十三条改为第四十九条，第二款修改为：“投票选举时，应当设有秘密写票处。选民写票，其他人不得围观和干预。选民如果是文盲或者因残疾不能书写选票的，可以委托其信任的人代写。”

二十五、将第四十四条、第四十五条改为第五十条，修改为：“选民应当到投票站或者参加选举大会投票。在选举期间外出的选民，经选举委员会同意，可以书面委托本选区其他选民代为投票。每一选民接受的委托不得超过三人，并应当持委托人的委托书和选民证领取选票，按照委托人的意愿代为投票。”

二十六、将第四十六条改为第五十一条，删去第二款。

二十七、将第四十七条改为第五十二条，修改为：“投票前，由监票人当众检查票箱并加封条，然后开始投票。投票结束，当众封箱。开箱计票时，应当将投票人数和票数加以核对，并作出记录，由监票人签字。流动票箱应当与本选区其他票箱一起，在监票人监督下开箱计票。”

二十八、将第四十九条改为第五十四条，第二款和第三款修改为：“获得过半数选票的代表候选人人数超过应选代表名额时，以得票多的当选。如遇票数相等不能确定当选人时，应当就票数相等的候选人再次投票，以得票多的当选。

“获得过半数选票的当选代表的人数少于应选代表的名额时，不足的名额另行选举。另行选举时，根据在第一次投票时得票多少的顺序，按照本实施细则第四十二条规定的差额比例，确定候选人名单。如果只选一人，候选人应为二人。另行选举时，代表候选人以得票多的当选，但是得票数不得少于选票的三分之一。”

二十九、增加一条，作为第五十六条：“区、县和乡、民族乡、镇人民代表大会代表均不得同时担任无隶属关系的其他行政区域的各级人民代表大会代表。”

三十、增加一条，作为第五十七条：“区、县、乡、民族乡、镇人民代表大会的代表在任期内，因故出缺，由原选区补选。”

三十一、增加一条，作为第五十八条：“补选区、县、乡、民族乡、镇人民代表大会代表，由区、县人民代表大会常务委员会决定，在区、县人民代表大会常务委员会领导下，设立补选机构，主持补选工作。”

三十二、增加一条，作为第五十九条：“补选出缺的代表时，应当重新核对选区现有选民名单。在投票选举日的十五日以前由补选机构公布选民名单、投票选举日期和地点。”

三十三、增加一条，作为第六十条：“补选代表，代表候选人的人数可以多于应选代表的名额，也可以同应选代表的名额相等，代表候选人的具体人数由区、县人民代表大会常务委员会决定。”

三十四、增加一条，作为第六十一条：“补选机构应当在投票选举日的五日以前，公布代表候选人名单及代表候选人的基本情况。经选民酝酿协商后，由补选机构根据较多数选民的意见确定正式代表候选人名单，并在投票选举日的三日以前公布。”

三十五、增加一条，作为第六十二条：“补选代表，采用无记名投票方式进行。选区全体选民的过半数参加投票，补选有效。代表候选人获得参加投票的选民过半数的选票时，始得当选。”

三十六、增加一条，作为第六十三条：“补选出缺的代表时，本章没有规定的，适用本实施细则的其他有关规定。”

三十七、增加一条，作为第六十五条：“选举委员会发现有破坏选举的行为或者收到对破坏选举行为的举报，应当及时依法调查处理；需要追究法律责任的，及时移送有关机关予以处理。”

此外，将第七章的章名修改为“选举程序”，增加“第八章代表的补选”的章名，对章的序号和条文顺序作相应调整。

本决定自公布之日起施行。

《北京市区、县、乡、民族乡、镇人民代表大会代表选举实施细则》根据本决定作相应修改，重新公布。

市人大法制委员会关于《北京市人民代表大会常务委员会关于修改〈北京市区、县、乡、民族乡、镇人民代表大会代表选举实施细则〉的决定（表决稿）》的说明

——2011年5月27日在北京市第十三届人民代表大会常务委员会第二十五次会议上

市人大法制委员会副主任委员 张 引

主任、各位副主任、秘书长、各位委员：

2011年5月26日，市十三届人大常委会第二十五次会议对《北京市人民代表大会常务委员会关于修改〈北京市区、县、乡、民族乡、镇人民代表大会代表选举实施细则〉的决定（草案）》进行了审议，常委会组成人员没有提出新的修改意见。据此，法制委员会提出《北京市人民代表大会常务委员会关于修改〈北京市区、县、乡、民族乡、镇人民代表大会代表选举实施细则〉的决定（表决稿）》，建议本次常委会会议通过，并自公布之日起施行。

北京市区、县、乡、民族乡、镇人民代表大会代表选举实施细则

（1984年2月22日北京市第八届人民代表大会常务委员会第九次会议通过　根据1986年12月26日北京市第八届人民代表大会常务委员会第三十三次会议通过的《关于区县乡镇人民代表大会换届选举工作若干问题的决定》修正　根据1993年7月26日北京市第十届人民代表大会常务委员会第四次会议通过的《关于区县乡镇人民代表大会换届选举若干问题的决定》修正　1998年7月31日北京市第十一届人民代表大会常务委员会第四次会议修订　2003年9月5日北京市第十二届人民代表大会常务委员会第六次会议修正　2005年5月20日北京市第十二届人民代表大会常务委员会第二十次会议修正　根据2011年5月27日北京市第十三届人民代表大会常务委员会第二十五次会议通过的《关于修改〈北京市区、县、乡、民族乡、镇人民代表大会代表选举实施细则〉的决定》修正）

目　　录

第一章　总　　则

第一条　根据《中华人民共和国全国人民代表大会和地方各级人民代表大会选举法》（以下简称《选举法》）和《全国人民代表大会常务委员会关于县级以下人民代表大会代表直接选举的若干规定》，结合本市具体情况，制定本实施细则。

第二条　选举区、县、乡、民族乡、镇人民代表大会代表，必须充分发扬社会主义民主，严格依法办事，以保障选民当家作主，行使选举权利。

第三条　区、县、乡、民族乡、镇人民代表大会代表，由选民直接选举产生，每届任期五年。

第四条　年满十八周岁的公民，不分民族、种族、性别、职业、家庭出身、宗教信仰、教育程度、财产状况、居住期限，都有选举权和被选举权。

依照法律被剥夺政治权利的人没有选举权和被选举权。

第五条　每一选民在一次选举中只有一个投票权。

第六条　区、县、乡、民族乡、镇人民代表大会代表应当具有广泛的代表性，应当有适当数量的基层代表，特别是工人、农民和知识分子代表；应当有适当数量的妇女代表，并逐步提高妇女代表的比例；在归侨人数较多的地区，应当有适当名额的归侨代表。

第七条 少数民族的选举按照《选举法》有关规定办理。

第八条 驻京人民解放军按照《中国人民解放军选举全国人民代表大会和县级以上地方各级人民代表大会代表的办法》选举所在区、县人民代表大会的代表。

第九条 选举经费列入财政预算，由国库开支，保证选举工作的需要。

第二章 选举机构

第十条 市人民代表大会常务委员会指导本市区、县、乡、民族乡、镇人民代表大会代表的选举工作。经市人民代表大会常务委员会决定，在代表选举期间设立市选举工作办公室，办理指导选举工作的有关事宜。

第十一条 区、县、乡、民族乡、镇选举本级人民代表大会代表时，设立选举委员会，主持本级人民代表大会代表的选举。选举委员会受区、县人民代表大会常务委员会的领导。

选举委员会的主任、副主任和委员由区、县人民代表大会常务委员会任命。选举委员会的主任、副主任和委员为代表候选人的，应当辞去选举委员会的职务。

第十二条 选举委员会的职责是：

（一）划分选举本级人民代表大会代表的选区，分配各选区应选代表的名额；

（二）进行选民登记，审查选民资格，公布选民名单，发选民证；受理对于选民名单不同意见的申诉，并作出决定；

（三）确定投票选举日期；

（四）了解核实并组织介绍代表候选人的情况，汇总公布代表候选人名单；根据较多数选民的意见，确定和公布正式代表候选人名单；

（五）主持投票选举；

（六）确定选举结果是否有效，公布当选代表名单，发给代表当选通知书；

（七）法律规定的其他职责。

选举委员会应当及时公布选举信息。

第十三条 选举委员会设立办公室，办理选举的具体事务。

第十四条 区、县选举委员会按照区、县人民政府派出机关和乡、民族乡、镇的管辖范围，设立选举委员会分会。

划分为几个选区的较大单位，以及可以单独组织选举的行业或者系统，根据实际情况，也可以设立选举委员会分会。

选举委员会分会的职责由选举委员会确定。

选举委员会分会的主任、副主任和委员，由选举委员会任命。

第十五条 选区设立选区工作组，在选举委员会或者选举委员会分会的领导下，办理本选区的选举事务。

选区工作组的组长、副组长，由选举委员会任命；经选举委员会授权，也可以由选举委员会分会任命。

第十六条 选区工作组的职责是：

（一）宣传有关选举的法律、法规和政策规定；

（二）办理选民登记和选民名单核对；

（三）组织选民推荐、协商代表候选人；

（四）协助了解核实和组织介绍代表候选人的情况；

（五）安排投票选举事务；

（六）办理选举委员会或者选举委员会分会交办的其他事项。

第十七条 选区内的机关、团体、企业事业单位和其他组织，应当积极主动协助做好选举工作，并确定专人配合做好有关工作。

第十八条 选区可以按照便于召开会议和讨论协商问题的原则，划分若干选民小组，由本组选民推选正、副组长，主持选民小组会议。

第三章　代表名额的确定和分配

第十九条　区、县、乡、民族乡、镇人民代表大会代表的名额，依照《选举法》确定：

（一）区、县的代表名额基数为一百二十名，每五千人可以增加一名代表；人口超过一百六十五万的，代表总名额不得超过四百五十名；

（二）乡、民族乡、镇的代表名额基数为四十名，每一千五百人可以增加一名代表；但是，代表总名额不得超过一百六十名；人口不足二千的乡、民族乡、镇的代表总名额可以少于四十名。

按照前款规定的代表名额基数与按人口数增加的代表数相加，即为区、县、乡、民族乡、镇人民代表大会的代表总名额。

聚居的少数民族多或者人口居住分散的县、乡、民族乡，经市人民代表大会常务委员会决定，代表名额可以另加百分之五。

第二十条　区、县的人民代表大会代表的具体名额，由市人民代表大会常务委员会依照《选举法》确定，报全国人民代表大会常务委员会备案。乡、民族乡、镇的人民代表大会代表的具体名额，由区、县人民代表大会常务委员会依照《选举法》确定，报市人民代表大会常务委员会备案。

第二十一条　区、县、乡、民族乡、镇人民代表大会的代表总名额经确定后，不再变动。如果由于行政区划变动或者重大工程建设等原因造成人口较大变动的，代表总名额依照《选举法》的规定重新确定。

第二十二条　区、县、乡、民族乡、镇人民代表大会代表名额，由本级选举委员会根据各选区的人口数，按照每一代表所代表的城乡人口数相同的原则，以及保证各地区、各民族、各方面都有适当数量的代表的要求进行分配。

第二十三条　区、县行政区域内，中央、市属企业事业单位职工人数在总人口中所占比例较大的，由中央、市属企业事业单位组成的单独选区或者联合选区选举产生的每一代表所代表的人口数，可以适当多于所在区、县每一代表所代表的人口数。

第二十四条　驻区、县人民解放军应选区、县人民代表大会代表的名额，由区、县人民代表大会常务委员会决定。

第四章　选区划分

第二十五条　选区的划分，应当便于选民参加选举活动和选举的组织工作，便于选民了解代表，以及便于代表联系选民和接受选民的监督。

第二十六条　选区的大小，按照每一选区选一名至三名代表划分。

本行政区域内各选区每一代表所代表的人口数应当大体相等。

第二十七条　选区可以按居住状况划分，也可以按生产单位、事业单位、工作单位划分。

生产单位、事业单位、工作单位的选民人数能够划为一个选区的，可以划为单一选区；人数过多的，可以划为几个选区；人数不足以划一个选区的，可以与邻近的单位划为联合选区，也可以与附近居民、村民划为混合选区。

第二十八条　驻在乡、民族乡、镇行政区域内的区、县属单位的职工，应当参加乡、民族乡、镇人民代表大会代表的选举；中央、市属单位的职工，可以只参加区、县人民代表大会代表的选举，不参加乡、民族乡、镇人民代表大会代表的选举，如需要参加，由乡、民族乡、镇选举委员会同有关单位协商决定。

第五章　选民登记

第二十九条　选民按选区登记或者进行选民名单核对。

选区设立选民登记站，办理选民的登记和选民名单的核对工作。

每次选举前，上次选民登记后年满十八周岁的、被剥夺政治权利期满后恢复政治权利的选民到登记站进行登记；已经登记过的选民经核对确认后，列入本次选举的选民名单；选民登记后迁出原选区的，由新迁入的选区核对确认后列入新迁入选区选民名单；对死亡的和依照法律被剥夺政治权利的人，从选民名单上除名。

年满十八周岁选民年龄的计算，以所在地区的选举日为标准。

第三十条 在本市有正式户口的选民，按下列办法登记：

（一）居民、村民在户口所在地登记，户口所在地与现居住地不一致的，经确认选民资格，可以在现居住地登记；

（二）机关、团体、企业事业单位职工在本单位登记；

（三）离休、退休人员一般在户口所在地登记，如本人要求，也可以回原工作单位登记；

（四）在校学生在本校登记。

驻京人民武装警察部队参加所在区、县的选举，人员在本部队登记。

选民名单公布后至投票选举日前，正式户口迁入本市的和恢复政治权利的人员，按上述规定补办登记手续。

选民已经迁出本市，但是没有转出户口的，可以发给选民资格证明，在现居住地参加选举。

机关、团体、企业事业单位应当主动与所在选区联系选民登记事宜，并及时将选民名单送到选区工作组。

第三十一条 户口在外省市现居住在本市的人员，一般应当在户口所在地参加选举；不能回户口所在地参加选举的，由本人提供户口所在地出具的选民资格证明，也可以在现居住地进行登记。

第三十二条 原籍在本市或者出国前在本市居住的旅居国外的中华人民共和国公民，选举期间在本市的，可以参加本市的选举。

第三十三条 不能行使选举权利的精神病患者和其他无行为能力的人，经选举委员会确认，不列入选民名单。

第三十四条 因危害国家安全或者其他严重刑事犯罪案被羁押，正在受侦查、起诉、审判的人，经人民检察院或者人民法院决定，在被羁押期间停止行使选举权利。

第三十五条 下列人员准予行使选举权利：

（一）被判处有期徒刑缓刑、拘役或者管制而没有附加剥夺政治权利的；

（二）正在取保候审或者被监视居住的；

（三）正在受拘留处罚的；

（四）被判处有期徒刑而没有附加剥夺政治权利的；

（五）被羁押，正在受侦查、起诉、审判，人民检察院或者人民法院没有决定停止行使选举权利的；

（六）正在被劳动教养的。

（一）至（三）项所列人员，现有工作单位的，在工作单位进行选民登记，参加选举；没有工作单位的，在户口所在地进行选民登记，参加选举。被判处拘役或者正在受拘留处罚的人，经选举委员会和执行机关决定，可以在流动票箱投票，也可以委托有选举权的亲属或者其他选民代为投票。

（四）至（六）项所列人员，由监狱、看守所、劳教所分别负责审查，并发给选民权利证明，一般由本人将选民权利证明和委托书寄交原户口所在地选区有选举权的亲属或者其他选民，委托其到选区登记，代为投票。

第三十六条 选民登记和选民名单核对工作结束后，由选举委员会在投票选举日的二十日以前公布选民名单，公布投票选举日期和地点。

选民对于公布的选民名单有不同意见，可以在选民名单公布之日起五日内向选举委员会提出申诉。选举委员会对申诉意见，应当在三日内作出处理决定。申诉人如果对处理决定不服，可以在投票选举日的五日以前向区、县人民法院起诉，人民法院应当在投票选举日以前作出判决。人民法院的判决为最后决定。

第六章　代表候选人的提出

第三十七条　代表候选人按选区提名产生。凡本区、县或本乡、民族乡、镇的选民都可以被提名为本区、县或本乡、民族乡、镇人民代表大会代表候选人。

第三十八条　代表候选人按下列办法提名：

（一）各政党、各人民团体，可以联合或者单独推荐代表候选人，并由选举委员会介绍到选区。各政党、各人民团体联合或者单独推荐区、县人民代表大会代表候选人的名额总数，一般不超过应选代表总名额的百分之二十；推荐乡、民族乡、镇人民代表大会代表候选人的名额总数，一般不超过应选代表总名额的百分之十五。

（二）选民十人以上联名，可以推荐代表候选人。

各政党、各人民团体联合或者单独推荐的代表候选人的人数，每一选民参加联名推荐的代表候选人的人数，均不得超过本选区应选代表的名额。

推荐者应当向选举委员会介绍代表候选人的情况。接受推荐的代表候选人应当向选举委员会如实提供个人身份、简历等基本情况。提供的基本情况不实的，选举委员会应当向选民通报。

第三十九条　各选区对于合法提出的代表候选人都应当列入代表候选人名单，如实上报，不得隐瞒、调换或者增减，选举委员会汇总的代表候选人名单及代表候选人的基本情况，于投票选举日的十五日以前，按选区公布。

第四十条　选举委员会将代表候选人名单交各该选区的选民小组讨论、协商，确定正式代表候选人名单。如果所提代表候选人的人数超过本实施细则第四十二条规定的最高差额比例，由选举委员会交各该选区的选民小组讨论、协商，也可以先由选区工作组召集选民小组推选或者几个选民小组联合推选的选民代表进行民主协商后，再将协商意见交选民小组进行讨论、协商，根据较多数选民的意见，确定正式代表候选人名单；对正式代表候选人不能形成较为一致意见的，进行预选，根据预选时得票多少的顺序，确定正式代表候选人名单。正式代表候选人名单及代表候选人的基本情况应当在投票选举日的七日以前公布。

第四十一条　预选按选区进行，参加预选的选民人数不得少于该选区选民总数的三分之一；预选采用无记名投票的方式，可以召开选民大会或者以选民小组为单位进行投票；预选由选举委员会主持，或者由选举委员会委托选区工作组主持；预选结果由选举委员会审查确认后向选民公告。

第四十二条　正式代表候选人的人数，应当多于应选代表名额三分之一至一倍。

第四十三条　代表候选人名单，按姓名笔画顺序排列。经预选确定的，按得票多少顺序排列；票数相等的，按姓名笔画顺序排列。

第四十四条　选举委员会应当向选民介绍代表候选人的情况。推荐代表候选人的政党、人民团体和选民可以在选民小组会议上介绍所推荐的代表候选人的情况。选举委员会根据选民的要求，应当在投票选举前组织代表候选人与选民见面，由代表候选人介绍本人的情况，回答选民的问题。

对代表候选人的介绍在投票选举日必须停止。

第七章　选举程序

第四十五条　区、县、乡、民族乡、镇人民代表大会代表的选举，应当严格依照法定程序进行，并接受监督。任何组织或者个人都不得以任何方式干预选民自由行使选举权。

第四十六条　各选区应按选举委员会确定的投票选举日进行选举。

选民凭选民证在进行登记或者进行名单核对的选区参加选举。

第四十七条　选举委员会应当根据各选区选民分布情况，按照方便选民投票的原则设立一个或者几个投票站，进行选举。选民居住比较集中的，可以召开选举大会，进行选举；因患有疾病等原因行动不便或者居住分散并且交通不便的选民，可以在流动票箱投票。

投票选举由选举委员会委派人员主持。

第四十八条　投票选举时，应当有由选民推选的监票人对发票、投票、计票的工作过程进行监督，并且有若干名熟悉投票程序的工作人员，向选民说明投票应注意的事项，办理组织投票选举的具体事务，维持投票秩序。

投票站、选举大会的每个票箱和设立的每个流动票箱应当有两名以上监票人。

代表候选人及其近亲属不得担任本选区投票选举的监票人、计票人。

第四十九条　区、县、乡、民族乡、镇人民代表大会代表的选举，实行无记名投票。

投票选举时，应当设有秘密写票处。选民写票，其他人不得围观和干预。选民如果是文盲或者因残疾不能书写选票的，可以委托其信任的人代写。

第五十条　选民应当到投票站或者参加选举大会投票。在选举期间外出的选民，经选举委员会同意，可以书面委托本选区其他选民代为投票。每一选民接受的委托不得超过三人，并应当持委托人的委托书和选民证领取选票，按照委托人的意愿代为投票。

第五十一条　选民对于代表候选人可以投赞成票，可以投反对票，可以另选其他选民，也可以弃权。

第五十二条　投票前，由监票人当众检查票箱并加封条，然后开始投票。投票结束，当众封箱。开箱计票时，应当将投票人数和票数加以核对，并作出记录，由监票人签字。流动票箱应当与本选区其他票箱一起，在监票人监督下开箱计票。

第五十三条　每次选举所投的票数，等于或者少于投票人数的有效，多于投票人数的无效。

每一张选票所选的人数，等于或者少于规定应选代表人数的有效，多于规定应选代表人数的作废。

第五十四条　选区全体选民的过半数参加投票，选举有效。代表候选人获得参加投票的选民过半数的选票时，始得当选。

获得过半数选票的代表候选人人数超过应选代表名额时，以得票多的当选。如遇票数相等不能确定当选人时，应当就票数相等的候选人再次投票，以得票多的当选。

获得过半数选票的当选代表的人数少于应选代表的名额时，不足的名额另行选举。另行选举时，根据在第一次投票时得票多少的顺序，按照本实施细则第四十二条规定的差额比例，确定候选人名单。如果只选一人，候选人应为二人。另行选举时，代表候选人以得票多的当选，但是得票数不得少于选票的三分之一。

第五十五条　各选区的选举结果由选举委员会依法确定是否有效，并分别在各选区予以公布。

第五十六条 区、县和乡、民族乡、镇人民代表大会代表均不得同时担任无隶属关系的其他行政区域的各级人民代表大会代表。

第八章 代表的补选

第五十七条 区、县、乡、民族乡、镇人民代表大会的代表在任期内，因故出缺，由原选区补选。

第五十八条 补选区、县、乡、民族乡、镇人民代表大会代表，由区、县人民代表大会常务委员会决定，在区、县人民代表大会常务委员会领导下，设立补选机构，主持补选工作。

第五十九条 补选出缺的代表时，应当重新核对选区现有选民名单。在投票选举日的十五日以前由补选机构公布选民名单、投票选举日期和地点。

第六十条 补选代表，代表候选人的人数可以多于应选代表的名额，也可以同应选代表的名额相等，代表候选人的具体人数由区、县人民代表大会常务委员会决定。

第六十一条 补选机构应当在投票选举日的五日以前，公布代表候选人名单及代表候选人的基本情况。经选民酝酿协商后，由补选机构根据较多数选民的意见确定正式代表候选人名单，并在投票选举日的三日以前公布。

第六十二条 补选代表，采用无记名投票方式进行。选区全体选民的过半数参加投票，补选有效。代表候选人获得参加投票的选民过半数的选票时，始得当选。

第六十三条 补选出缺的代表时，本章没有规定的，适用本实施细则的其他有关规定。

第九章 对破坏选举的制裁

第六十四条 为保障选民自由行使选举权和被选举权，对有下列行为之一，破坏选举，违反治安管理规定的，依法给予治安管理处罚；构成犯罪的，依法追究刑事责任：

（一）以金钱或者其他财物贿赂选民，妨害选民自由行使选举权和被选举权的；

（二）以暴力、威胁、欺骗或者其他非法手段妨害选民自由行使选举权和被选举权的；

（三）伪造选举文件、虚报选举票数或者有其他违法行为的；

（四）对于控告、检举选举中违法行为的人，或者对于提出要求罢免代表的人进行压制、报复的。

国家工作人员有前款所列行为的，还应当依法给予行政处分。

以本条第一款所列违法行为当选的，其当选无效。

第六十五条 选举委员会发现有破坏选举的行为或者收到对破坏选举行为的举报，应当及时依法调查处理；需要追究法律责任的，及时移送有关机关予以处理。

第十章 附　　则

第六十六条 本实施细则自公布之日起实施。

关于《北京市区、县、乡、民族乡、镇人民代表大会代表选举实施细则修正案（草案）》的说明

——2011年3月31日在北京市第十三届人民代表大会常务委员会第二十四次会议上

市人大常委会副秘书长、人事室主任　高岩辉

主任、各位副主任、秘书长、各位委员：

我受主任会议委托，就《北京市区、县、乡、民族乡、镇人民代表大会代表选举实施细则修正案（草案）》（以下简称修正案草案），作如下说明。

去年3月，十一届全国人大三次会议作出了关于修改《中华人民共和国全国人民代表大会和地方各级人民代表大会选举法》（以下简称选举法）的决定。这是贯彻落实党的十七大的要求，进一步扩大人民民主，实行城乡按相同人口比例选举人大代表，保障城乡居民平等参与国家政治生活，发展社会主义民主政治的重大举措，也是完善人民代表大会制度的重要内容；同时，总结经验，统筹兼顾，就人大代表的广泛性、选举机构的设立和职责、乡镇人大代表名额、代表候选人的提名和介绍、直接选举中投票选举程序的组织、保障选民的选举权等方面内容进行了修改。近些年来，在市委的领导下，我市认真贯彻实施选举法，坚持党的领导、充分发扬民主和严格依法办事有机统一，区县、乡镇人大代表选举工作积累了一些实践经验。今年下半年，我市区县、乡镇两级人大五年任期即将届满，为保证换届选举依法有序进行，根据新修改的选举法和我市选举工作实际，建议对《北京市区、县、乡、民族乡、镇人民代表大会代表选举实施细则》（以下简称实施细则）进行必要的修改。

根据常委会的工作部署，在去年3月选举法修改后，我们即组成了修改实施细则立项论证调研小组，认真学习新修改的选举法，广泛听取区县、乡镇人大的意见、建议，全面总结我市直接选举工作经验，借鉴其他省市人大的一些做法，深入研究分析实施细则需要修改的重点内容和解决的主要问题，并通过召开各区县人大常委会负责同志座谈会等多种形式，就有关问题反复征求意见。在认真研究各方面意见的基础上，向主任会议作了关于修改实施细则的立项论证报告，并根据主任会议的意见，形成了提请常委会审议的修正案草案。

这次对实施细则的修改：一是按照新修改的选举法，相应修改实施细则的部分条款；二是结合我市选举工作实际，补充完善实施细则的有关规定。具体情况是：

一、按照新修改的选举法，修改实施细则的相关条款

（一）关于区县、乡镇人大代表名额分配原则

根据选举法第十四条和第二十五条关于城乡按相同人口比例选举人大代表的规定，建议将实施细则第十八条修改为："区、县、乡、民族乡、镇人民代表大会代表名额，由

本级选举委员会根据各选区的人口数，按照每一代表所代表的城乡人口数相同的原则，以及保证各地区、各民族、各方面都有适当数量的代表的要求进行分配。”第二十二条第二款修改为：“本行政区域内各选区每一代表所代表的人口数应当大体相等。”（修正案草案第十一条、第十二条）

（二）关于代表的广泛性

根据选举法第六条关于人大代表的广泛性要求，建议实施细则第六条相应增加：区、县、乡、民族乡、镇人民代表大会代表“应当具有广泛的代表性，应当有适当数量的基层代表，特别是工人、农民和知识分子代表”的规定。（修正案草案第一条）

（三）关于选举委员会及其工作机构

根据选举法第九条、第十条对选举委员会的产生、回避、职责的规定，建议对实施细则第九条和第十条的内容进行相应修改，并增加规定：“选举委员会的主席、副主席和委员为代表候选人的，应当辞去选举委员会的职务。”同时，为完善选区工作组的职责，建议对第十三条选区工作组的职责增加：“协助了解核实和组织介绍代表候选人的情况”的规定。（修正案草案第五条、第六条、第八条）

（四）关于推荐和介绍代表候选人

根据选举法第二十九条、第三十一条关于代表候选人提供个人情况和公布代表候选人基本情况的规定，建议将实施细则第三十四条第一款第二项关于“推荐者应当向选举委员会介绍代表候选人的情况”的规定调整为第三款，并增加规定：“接受推荐的代表候选人应当向选举委员会如实提供个人身份、简历等基本情况。提供的基本情况不实的，选举委员会应当向选民通报。”第三十五条、第三十六条作相应修改。（修正案草案第十五条、第十六条、第十七条）

根据选举法第三十三条关于对代表候选人进行介绍的规定，为了让参加投票的选民对候选人有充分的了解，更好地调动选民参选的积极性，也便于实际工作中组织候选人与选民见面，总结选举工作经验，建议将实施细则第三十九条第一款有关内容修改细化为：“选举委员会根据选民的要求，应当在投票选举前组织正式代表候选人与选民见面，由代表候选人介绍本人的情况，回答选民的问题。”（修正案草案第二十条）

（五）关于投票选举程序的组织

根据选举法第三十六条关于进一步规范投票站的设立和选举大会的召开，以及对使用流动票箱的规定，建议将实施细则第四十一条修改为：“选举委员会应当根据各选区选民分布情况，按照方便选民投票的原则设立一个或者几个投票站，进行选举。选民居住比较集中的，可以召开选举大会，进行选举；因患有疾病等原因行动不便或者居住分散并且交通不便的选民，可以在流动票箱投票。投票选举由选举委员会委派人员主持。”第四十二条增加一款：“投票站、选举大会的每个票箱和设立的每个流动票箱应当有两名以上监票人。”第四十七条增加规定：“流动票箱应当与本选区其他票箱一起，在监票人监督下开箱计票。”（修正案草案第二十二条、第二十三条、第二十七条）

根据选举法第四十一条关于对监票人、计票人实行回避的规定，建议将实施细则第四十二条相关内容修改为：“代表候选人及其近亲属不得担任本选区投票选举的监票人、计票人。”（修正案草案第二十三条）

根据选举法第三十八条关于设立秘密写票处的规定，建议将实施细则第四十三条第二款有关内容修改为：“投票选举时，应当设有秘密写票处。”（修正案草案第二十四条）

根据选举法第四十条关于委托投票的规定，建议将实施细则第四十四条、第四十五条合并，有关内容修改为：“每一选民接受的

委托不得超过三人，并应当持委托人的委托书和选民证领取选票，按照委托人的意愿代为投票。”(修正案草案第二十五条)

同时还根据选举法第七条关于选举经费、第十一条关于乡镇人大代表名额上限、第二十八条关于对选民名单提出申诉的时限、第三十四条关于保障选民的选举权、第四十五条关于不得同时担任两地代表、第五十六条关于对破坏选举行为的调查处理等新增规定内容，建议对实施细则作相应的补充规定。(修正案草案第三条、第十条、第十四条、第二十一条、第二十九条、第三十七条)

二、结合我市选举工作实际，补充完善实施细则的有关规定

（一）关于市人大常委会对选举工作的指导

选举法第八条第三款规定：“省、自治区、直辖市、设区的市、自治州的人民代表大会常务委员会指导本行政区域内县级以下人民代表大会代表的选举工作。”我市历次区县、乡镇人大代表换届选举时，市人大常委会为加强工作指导都决定设立工作机构，承担有关具体工作，保证换届选举在市人大常委会指导下，按照市委的部署依法有序进行。据此，建议增加一条规定：“市人民代表大会常务委员会指导本市区、县、乡、民族乡、镇人民代表大会代表的选举工作。经市人民代表大会常务委员会决定，在代表选举期间设立市选举工作办公室，办理指导选举工作的有关事宜。”(修正案草案第四条)

（二）关于社会单位、组织配合选举工作的职责

选举区县、乡镇人大代表是全市人民政治生活的大事，涉及面广，组织工作量大，一些区县提出，应当明确选区内的机关、团体、企事业单位和各类组织配合搞好选举工作的职责。据此，建议实施细则增加一条规定：“选区内的机关、团体、企业事业单位和各类组织，应当积极主动协助做好选举工作，并确定专人配合做好有关工作。”(修正案草案第九条)

（三）关于区县人大代表名额上限

选举法第十一条第一款第三项规定，不设区的市、市辖区、县、自治县，人口超过一百六十五万的，代表总名额不得超过四百五十名。近些年来，我市经济社会快速发展，城市人口数量发生了较大变化，一些区的户籍人口已经超过了一百六十五万。据此，建议实施细则第十五条第一款第一项补充规定：“人口超过一百六十五万的，代表总名额不得超过四百五十名。”(修正案草案第十条)

（四）关于预选方式确定正式代表候选人

选举法第三十一条第一款规定，在直接选举中，对提名推荐的代表候选人，由各该选区的选民小组讨论、协商，根据较多数选民的意见，确定正式代表候选人名单，对不能形成较为一致意见的，进行预选。从我市近几次换届选举情况看，一部分正式代表候选人是通过预选确定的。预选不同于正式选举，在有关程序、参加人数方面，可以适当简化，但由于实施细则对预选办法没有作出规定，实际工作中随意性较大。根据一些区县的建议，总结我市和其他省市的做法，建议实施细则增加一条规定：“预选按选区进行，参加预选的选民人数不得少于该选区选民总数的三分之一；预选采用无记名投票的方式，可以召开选民大会或者以选民小组为单位进行投票；预选由选举委员会主持，或者由选举委员会委托选区工作组主持；预选结果由选举委员会审查确认后向选民公告。”(修正案草案第十八条)

（五）关于另行选举时代表候选人的人数

选举法第四十三条第四款规定，另行选举时，“如果只选一人，候选人应为二人”。

据此，建议对实施细则第四十九条第三款的内容进行补充。（修正案草案第二十八条）

（六）关于代表补选工作

近年来一些区县经常出现代表出缺后需要补选的情况，由于实施细则对代表补选办法未作具体规定，实践中各区县的做法不尽相同。针对一些区县提出的建议，根据选举法第五十四条第四款关于“补选的具体办法，由省、自治区、直辖市的人民代表大会常务委员会规定”的规定，建议实施细则增加一章“代表的补选”，作为第八章。关于对代表补选办法的规定，一是根据选举法对代表换届选举规定的原则，规范补选工作的基本程序；二是在补选工作中应依法保障选民的选举权利，体现选民的选举意志；三是从代表补选工作的实际出发，适当缩短补选工作期限。（修正案草案第三十条至第三十六条）

此外，建议将第七章的章名改为“选举程序”；对有关条款的顺序和个别文字作必要的调整和修改。（修正案草案第二条、第七条、第十三条、第十九条、第二十六条）

三、需要说明的有关问题

在调研中，有的区县对流动人口参加本市选举问题提出一些建议，考虑到这个问题牵涉面广，比较复杂，目前解决这个问题的条件还不具备，建议暂不作修改，实际工作中按全国人大常委会的有关规定，加强工作指导，采取有效措施，保障流动人口的选举权和被选举权；有的区县对代表的素质要求、选举委员会成员的调整、改进选民登记工作等问题提出了一些建议，考虑到这些问题主要属于换届选举的工作问题，有的工作需要在实践中进一步总结和积累经验，建议市人大常委会根据全国人大常委会对换届选举工作的有关部署要求，通过加强指导，进一步改进和做好这些方面的工作。

修正案草案和以上说明已经印发会议，请予审议。

市人大法制委员会关于《北京市区、县、乡、民族乡、镇人民代表大会代表选举实施细则修正案（草案）》审议结果的报告

——2011年5月26日在北京市第十三届人民代表大会常务委员会第二十五次会议上

市人大法制委员会副主任委员　张　引

主任、各位副主任、秘书长、各位委员：

2011年3月31日，市十三届人大常委会第二十四次会议对《北京市区、县、乡、民族乡、镇人民代表大会代表选举实施细则修正案（草案）》进行了审议。会上有9位常委会组成人员和1位列席代表发表了意见，认为《修正案（草案）》全面贯彻了新修改的选举法的内容，并结合我市选举工作的实际作了有针对性的规定，有利于保障即将开展的两级人大换届选举工作的顺利进行，同时也对《修正案（草案）》提出了一些修改意见和建议。

5月16日，法制委员会召开会议，根据常委会的审议意见和其他有关方面的意见，对《修正案（草案）》进行了审议。法制委员会认为，《修正案（草案）》依据选举法有关规定，结合本市实际情况，具有较强的可操作性。同时，提出了具体的修改建议。现将审议结果报告如下。

一、按照选举法的规定明确选举经费来源，将修正案草案第三条修改为：“选举经费列入财政预算，由国库开支，保证选举工作的需要。”（修改决定草案第三条）

二、为明确选举委员会分会的职责来源，将修正案草案第七条修改为：“选举委员会分会的职责由选举委员会确定。”（修改决定草案第七条）

三、为保障选民在补选阶段的基本权利，将修正案草案第三十二条修改为：“补选出缺的代表时，应当重新核对选区现有选民名单。在投票选举日的十五日以前由补选机构公布选民名单、投票选举日期和地点。”（修改决定草案第三十二条）

常委会组成人员和代表提出的其他意见，有的选举法已有明确规定，有的属于工作层面的问题，建议工作层面的问题通过选举工作相关指导意见解决。

法制委员会按照上述意见提出《北京市人民代表大会常务委员会关于修改〈北京市区、县、乡、民族乡、镇人民代表大会代表选举实施细则〉的决定（草案）》，提请市人大常委会第二十五次会议审议。

《修改决定（草案）》和以上意见是否妥当，请审议。

北京市人民代表大会常务委员会关于进一步加强法制宣传教育，推进法治建设的决议

（2011年5月27日北京市第十三届人民代表大会常务委员会第二十五次会议通过）

自1986年至2010年，我市连续实施了五个法制宣传教育五年规划，取得了显著成效。以宪法为核心的法律知识得到较为广泛的普及，公民的法律意识明显增强，社会管理法治化水平逐步提高，法制宣传教育在服务经济社会发展、维护社会和谐稳定、落实依法治国基本方略中发挥了重要作用。当前，以中国特色社会主义法律体系形成为标志，我国社会主义民主法制建设进入了新的历史阶段，对于进一步深化法制宣传教育、加快推进法治建设提出了新的更高的要求。为了适应全面建设小康社会和“十二五”时期经济社会发展需要，加快本市法治建设进程，特作如下决议。

一、大力弘扬社会主义法治精神，进一步增强全社会的法律意识和法治观念

要以中国特色社会主义法律体系的形成为契机，进一步加强法制宣传教育。全市各级国家机关，所有企业事业组织、社会团体和全体公民都必须以宪法、法律为根本的活动准则。要在全社会大力弘扬崇尚法律、遵守法律、维护法律的社会主义法治精神，进一步增强全社会的法律意识和法治观念，保证宪法、法律在本市得到有效实施，切实维

护宪法、法律的权威和尊严。

二、认真落实“六五”普法规划，深入开展社会主义法制宣传教育

要认真贯彻落实全国人大常委会关于进一步加强法制宣传教育的决议、国家及本市的“六五”普法规划，围绕本市“十二五”时期经济社会发展的目标、任务，在全市深入开展学习宣传宪法和国家基本法律，学习宣传中国特色社会主义法律体系形成的重大意义、基本经验、基本特征，学习宣传促进经济发展、保障和改善民生、加强社会管理、反腐倡廉相关法律和法规的活动。

全市各级国家机关、各企业事业组织和各社会团体，都应当承担开展法制宣传教育的社会责任，落实法制宣传教育工作责任制。

各级人民政府要完善法制宣传教育的工作机制，培养壮大专兼职相结合的法制宣传队伍，保障普法经费，为法制宣传教育工作开展创造良好的条件。

广播、电视、报刊、网络等各类媒体要履行好开展法制宣传教育的社会责任。要根据不同对象确定普法重点，采取群众喜闻乐见的方式，增强法制宣传教育的针对性，力求取得实效。

三、要把法制宣传教育与法治实践紧密结合起来，全面推进法治建设

开展法制宣传教育要与实施“十二五”经济社会发展规划紧密结合，与完成首都经济社会发展的各项目标和任务紧密结合，与解决广大人民群众普遍关注的突出矛盾和问题紧密结合。要着眼于满足人民群众的法律需求，加强与人民群众生产生活密切相关的法律、法规宣传，做好法律服务、法律援助工作，引导群众依法表达合理诉求、解决矛盾纠纷。

全市各级国家机关都要把依法履行职责的工作实践与法制宣传教育有机结合起来，使立法、执法、司法和监督工作的过程成为宣传和普及法律、弘扬法治精神的过程。

一切有接受教育能力的公民都应当接受法制宣传教育，积极参与基层民主自治和其他社会管理活动，依法维护自身权益，自觉履行公民义务。

四、国家机关及其工作人员要做学法守法用法的表率，切实提高依法办事的能力

全市各级国家机关要认真履行宪法、法律赋予的职责，保障公民基本权利，维护社会公平正义。市人大常委会要继续坚持民主立法、科学立法，提高立法质量，通过完善立法不断加强和改进制度建设。各级行政机关要依法行政，加快推进法治政府建设。各级人民法院、人民检察院要依法行使审判权和检察权，确保公正司法。

所有国家机关工作人员特别是各级领导干部要带头学习宣传法律，牢固树立社会主义法治理念，严格依照法定权限和程序行使权力、履行职责，不断增强依法决策、依法行政、公正司法的能力，把人民赋予的权力真正用来为人民谋利益，作全社会学法守法用法的表率。

五、加强对法制宣传教育工作的组织实施和决议落实情况的监督检查

各级人民政府要加强对法制宣传教育工作的组织实施，动员和依靠全社会力量共同

参与。要完善法制宣传教育考核评估机制，做好年度考核、阶段性检查和终期评估验收。市和区县人大常委会，区、县、乡、镇人民代表大会要认真履行保证宪法、法律实施的职责，把加强对法律执行情况的检查和对权力依法运行的监督与深化法制宣传教育结合起来，以完善立法、促进依法行政、公正司法，使全社会加快形成自觉学法守法用法的氛围，营造和谐、文明、依法、有序的法治环境，推进社会主义民主法治建设进程。

关于对我市开展“五五”普法工作的意见和对“进一步加强法制宣传教育，推进法治建设的决议（草案）”的说明

——2011年5月26日在北京市人民代表大会常务委员会第二十五次会议上

市人大内务司法委员会主任委员　李小娟

主任、各位副主任、秘书长、各位委员：

为了协助常委会听取审议好市人民政府关于开展“五五”普法工作情况的报告，内务司法办公室从今年年初开始，组织部分常委会委员、专委会委员和市人大代表开展了深入调研，就本市“五五”普法工作的主要成效和经验、当前法治建设面临的新情况和突出问题，以及如何深入开展“六五”普法工作、加快本市法治建设步伐，征询了市人大常委会法制建设顾问的意见；分别召开了市级信访（法院申诉审查、检察院控告申诉）部门、新闻媒体、律师座谈会，听取了市司法局和市法制宣传教育领导小组成员单位相关工作汇报，深入了解了政府推进依法行政、司法机关公正司法的情况；视察了丰台区大红门服装商贸城和延庆县康庄镇刁千营村，实地考察了法制宣传教育进企业、进农村的情况。此外，市法制宣传教育领导小组办公室还委托零点公司对市民法律素质状况进行了全面调查评估。

市人民政府提交了关于开展“五五”普法工作情况的报告后，4月26日，内务司法委员会会议对报告进行了认真讨论。大家一致认为，5年来，人大关于加强法制宣传教育工作的决议得到了认真贯彻执行，在全体公民中开展法制宣传教育的第五个五年规划得到了全面实施，全市普法工作取得了明显成效，以宪法为核心的法律、法规得到较为广泛的普及，人民群众的法律素质进一步提高，社会管理法治化水平稳步提升，法制宣传教育在服务经济社会发展、维护社会和谐稳定、落实依法治国基本方略中发挥了重要作用。政府报告中对本市“五五”普法工作的主要成效和基本经验进行了比较客观、全面的总结，对“六五”普法工作进行了系统的规划和部署。我们同意这个报告。

内务司法委员会认为，中国特色社会主义法律体系的形成，开启了我国社会主义民主法制建设的新阶段，社会生活的各个方面总体上实现了有法可依，这对我们国家的长治久安具有重大的现实意义和深远的历史意义。同时我们也清醒地看到，建设社会主义法治国家的路还很长。从调研的情况看，当前面临的突出问题，一是对宪法、法律基本

精神的学习、宣传和贯彻还存在较大差距，全社会尊崇、敬畏法律、严格依法办事的法治精神还没有真正树立起来；二是一些国家机关工作人员运用法律手段推动工作、解决社会矛盾的意识和能力不强，有法不依、执法不严、违法不究的问题时有发生。正如吴邦国委员长指出的，一些老百姓反映强烈的食品安全、征地拆迁、环境保护等方面的突出问题，并不是无法可依，也不是说领导干部和公职人员完全不知法，关键是在实际工作中不按法律办事，还有的甚至以权谋私、徇私枉法，严重损害人民群众切身利益，在社会上产生了很坏的影响；三是法律体系本身也还存在不尽完善的问题，有的法律规定比较原则，亟须制定配套的地方性法规或规章，一些保障和改善民生、维护公民基本权利方面的法规、规范权力运行的法规还不健全。因此，“六五”期间，要深化法制宣传教育，还必须进一步完善立法，全面推进依法行政和公正司法，强化对法律实施的监督。特别是各级领导干部和国家公职人员需要进一步提高对社会主义法律保障公民权利、规范公权力运行、维护社会公平正义的核心价值的理解和尊崇，作依法办事的表率。为此，常委会主任会议认为，市人大常委会有必要适应新形势的要求，从本市法治建设工作的实际出发，针对突出问题，作出进一步加强法制宣传教育，推进法治建设的决议。

内务司法办公室按照主任会议的要求，根据国家关于在公民中开展法制宣传教育的第六个五年规划以及全国人大常委会关于深入开展法制宣传教育工作的决议，经过反复征求各方面意见，起草了《北京市人民代表大会常务委员会关于进一步加强法制宣传教育，推进法治建设的决议（草案）》（以下简称《决议（草案）》），主任会议同意提请本次会议审议。下面，我受主任会议委托，就《决议（草案）》的内容作如下说明。

《决议（草案）》共五条，主要包括以下内容。

一是明确提出法制宣传教育的目的、目标。吴邦国委员长在十一届全国人大常委会第二十次会议闭幕会上指出，“深入开展法制宣传教育，根本目的是增强全社会的法律意识”。《决议（草案）》第一条针对当前存在的一些有法不依、执法不严、违法不究的问题，对大力弘扬社会主义法治精神，切实增强全社会的法律意识和法治观念提出了要求。即“要以中国特色社会主义法律体系的形成为契机，在全市掀起新一轮法制宣传教育的高潮。全市各级国家机关，所有企业事业组织、社会团体和全体公民都必须以宪法、法律为根本的活动准则。要在全社会大力弘扬崇尚法律、遵守法律、维护法律的社会主义法治精神，进一步增强全社会的法律意识和法治观念，保证宪法、法律在本市得到有效实施，切实维护宪法法律的权威和尊严”。

二是总结以往经验，针对薄弱环节，对做好“六五”普法工作提出要求。即《决议（草案）》第二条，“要认真贯彻落实全国人大常委会关于进一步加强法制宣传教育的决议、国家及本市的‘六五’普法规划，围绕本市‘十二五’时期经济社会发展的目标、任务，在全市深入开展学习宣传宪法和国家基本法律，学习宣传中国特色社会主义法律体系形成的重大意义、基本经验、基本特征，学习宣传促进经济发展、保障和改善民生、加强社会管理、反腐倡廉相关法律和法规的活动。

“全市各级国家机关、各企业事业组织和各社会团体，都应当承担开展法制宣传教育的社会责任，落实法制宣传教育工作责任制。

“各级人民政府要完善法制宣传教育的工作机制，培养壮大专兼职相结合的法制宣传队伍，保障普法经费，为法制宣传教育工作开展创造良好的条件。

“广播、电视、报刊、网络等各类媒体要履行好开展法制宣传教育的社会责任。要根据不同对象确定普法重点，采取群众喜闻乐见的方式，增强法制宣传教育的针对性，力求取得实效”。

三是指出了深化法制宣传教育的重要途径。法治实践是最好的法制宣传教育。胡锦涛总书记在中共中央政治局第二十七次集体学习时强调，“必须把加强宪法和法律实施作为弘扬社会主义法治精神的基本实践，不断推进科学立法、严格执法、公正司法、全民守法的进程”。据此，《决议（草案）》第三条强调“要把法制宣传教育与法治实践紧密结合起来，全面推进法治建设。开展法制宣传教育要与实施‘十二五’经济社会发展规划紧密结合，与完成首都经济社会发展的各项目标和任务紧密结合，与解决广大人民群众普遍关注的突出矛盾和问题紧密结合。要着眼于满足人民群众的法律需求，加强与人民群众生产生活密切相关的法律、法规宣传，做好法律服务、法律援助工作，引导群众依法表达合理诉求、解决矛盾纠纷。

“全市各级国家机关都要把依法履行职责的工作实践与法制宣传教育有机结合起来，使立法、执法、司法和监督工作的过程成为宣传和普及法律、弘扬法治精神的过程。

“一切有接受教育能力的公民都应当接受法制宣传教育，积极参与基层民主自治和其他社会管理活动，依法维护自身权益，自觉履行公民义务”。

四是对国家机关及其工作人员要做学法守法用法的表率，切实提高依法办事的能力提出要求。深化法制宣传教育的关键，是国家机关及其工作人员要真正做到严格依法办事，只有这样才能让老百姓服气，才能带动全社会形成良好的法治氛围。据此，《决议（草案）》第四条专门对国家机关及其工作人员，特别是领导干部提出要求，即“全市各级国家机关要认真履行宪法、法律赋予的职责，保障公民基本权利，维护社会公平正义。市人大常委会要继续坚持民主立法、科学立法，提高立法质量，通过完善立法不断加强和改进制度建设。各级行政机关要依法行政，加快推进法治政府建设。各级人民法院、人民检察院要依法行使审判权和检察权，确保公正司法。

“所有国家机关工作人员特别是各级领导干部都要带头学习宣传法律，牢固树立社会主义法治理念，严格依照法定权限和程序行使权力、履行职责，不断增强依法决策、依法行政、公正司法的能力，把人民赋予的权力真正用来为人民谋利益，作全社会学法守法用法的表率”。

五是关于加强对法制宣传教育工作的组织实施和决议落实情况的监督检查的要求。即《决议（草案）》第五条，“各级人民政府要加强对法制宣传教育工作的组织实施，动员和依靠全社会力量共同参与。要完善法制宣传教育考核评估机制，做好年度考核、阶段性检查和终期评估验收。市和区县人大常委会，区、县、乡、镇人民代表大会要认真履行保证宪法、法律实施的职责，把加强对法律执行情况的检查和对权力依法运行的监督与深化法制宣传教育结合起来，以完善立法、促进依法行政、公正司法，使全社会加快形成自觉学法守法用法的氛围，营造和谐、文明、依法、有序的法治环境，推进社会主义民主法治建设进程”。

以上意见和说明，供常委会组成人员审议时参考。

关于北京市实施“五五”普法规划和制定“六五”普法规划情况的报告

——2011 年 5 月 26 日在北京市十三届人民代表大会常务委员会第二十五次会议上

北京市司法局副局长　郑振远

主任、各位副主任、秘书长、各位委员：

我受市人民政府委托，向市人大常委会报告本市实施“五五”普法规划的工作情况和实施“六五”普法规划的主要工作任务。请予审议。

一、“五五”法制宣传教育工作情况

2006 年以来，在市委、市政府的领导下，在市人大的有力监督下，全市以科学发展观为指导，以提高市民法律意识和法律素质为中心，坚持法制教育与道德教育紧密结合，与法治实践紧密结合，广泛动员社会各方面力量，深入开展法制宣传教育，为成功举办 2008 年奥运会和国庆 60 周年庆典活动，为构建和谐社会首善之区作出了积极贡献。经过五年努力，基本完成了“五五”普法规划确定的各项任务，达到了预期目标，市人大常委会的相关决议得到了认真的贯彻落实，并取得了四方面显著成效。

（一）以宪法为核心的法律、法规得到广泛普及，全社会自觉学法、尊法、守法、用法的社会氛围逐步形成

“五五”普法以来，各地区、各部门利用人大、政协换届选举及“12·4”法制宣传日等时机，大力开展宪法及相关法律制度的学习宣传；围绕首都经济健康发展，深入开展契约自由、公平竞争、诚实信用、整顿和规范市场经济秩序等法律、法规的学习宣传；围绕和谐社会建设，深入开展“学法律、讲权利、讲义务、讲责任”为主要内容的法制宣传，开展打击非法集资和金融诈骗、依法防治甲流等宣传活动，强化治安和刑事法律、法规宣传教育；围绕首都城乡一体化建设，加大土地管理、城乡规划、征地拆迁、依法维权等法律、法规学习宣传。特别是配合新法的颁布实施，开展了物权法、侵权责任法、劳动合同法、北京市法律援助条例等新法、新规的学习宣传。经过五年的宣传教育和法治实践，市民法律意识和法律素质进一步提高，各级政府和社会组织依法管理和服务社会的水平进一步增强。据第四次零点调查公司调查数据显示，“五五”普法期间，市民法律素质水平综合得分 74.1 分，相对“四五”普法时的 70.2 分，提高了 3.9 分。市民的法治观念进一步增强，依法维权的途径更加多元化，市民对北京法治环境总体满意度评价得分达到 74 分，比“四五”普法时的 69.4 分提高了 4.6 分。

（二）以“人文奥运法治同行”为主题的法制宣传在全社会营造了浓厚的奥运法治氛围

“五五”普法的前三年，是本市筹办 2008 年奥运会的关键时期，市委、市政府将法制宣传教育作为提升市民文明素质、丰富“人文奥运”内涵和优化城市“软环境”的重要基础工作，连续四年纳入市政府奥运会前重点工作倒排期折子工程，连续三年开展了

“人文奥运法治同行”主题宣传活动。市委办公厅、市政府办公厅转发了《北京奥运法制宣传计划》，使奥运法制宣传在全市有计划、有步骤、分阶段的开展。确定了以“两法两条例”（即道路交通安全法、治安管理处罚法、奥林匹克标志保护条例、北京市市容环境卫生条例）为重点的10余部奥运相关法律、法规作为普及性宣传内容。确定奥运比赛和训练场馆周边、奥运火炬传递路线和重点旅游景区为重点宣传地区。提出对全体市民进行普及性宣传，对奥运场馆、奥运火炬传递路线及重点旅游景区所在地居民进行重点宣传，对奥运赛会志愿者和城市志愿者等直接参与人员进行针对性培训，对中外游客进行告知性宣传。动员专职律师、社会普法志愿者、大学生“村官”、社会名人及企事业单位等五方面力量加入到奥运法制宣传队伍中来，据统计，全市共有法制宣传志愿者56,717人次参与奥运法制宣传工作。

在奥运法制宣传中，抓住重要时间节点，利用奥运倒计时500天、300天、200天、100天，开展了丰富多彩的宣传活动。利用公交车身和车厢等流动载体开展奥运法制宣传；利用FLASH动漫形式制成100集电视公益广告片《福娃说法》，在北京电视台8个频道及北广移动电视播出；利用建筑工地围挡、公交、地铁和城铁等户外广告开展奥运法制宣传，形成了立体化、广覆盖的宣传声势。连续三年的“人文奥运法治同行”主题宣传活动，使市民的价值观念、道德水平、思维方式及文明素质得到不断提升，规则意识、环保意识、道路交通安全意识、知识产权保护意识得到明显增强，得到国际社会的充分肯定和广泛好评。

（三）以法律进机关、进乡村、进社区、进学校、进企业、进单位活动为载体的重点对象普法扎实推进

以法律“六进”活动为载体，进一步加强了对各类重点普法对象的宣传教育。一是各级党委、政府坚持和完善理论学习中心组集体学法、法制讲座、任职法律知识考试等制度，通过党校培训、专题讲座等多种形式，提高了各级领导干部依法管理经济社会事务的能力。“五五”普法期间，全市举办16期区县局级领导干部依法行政专题培训班，7万余名公务员通过网上在线学法，10多万公务员参加行政许可法、公务员法、突发事件应对法等学习培训。二是针对青少年特点，编辑《北京市青少年法制宣传教育手册》，发挥课堂教育主渠道作用，做到了课程、课时、教材、教师“四落实”。100%的中小学校配备了法制副校长。注重发挥社会力量，聘请尚秀云、佟丽华、徐滔担任教育系统法制宣传形象大使，创建未成年人法制宣传网站、法律维权热线，学校、家庭、社会“三位一体”的青少年法制教育格局不断完善。三是紧紧围绕企业发展需要，组织企业经营管理人员，加大财政金融税收、国有企业改制、并购重组、公司证券等法律、法规学习，应对国际金融危机，进行法律、法规专题培训，努力增强企业运用法律手段解决问题的能力。“五五”普法期间，全市每年举办大型专题辅导报告会，企业高层经营管理人员近6000人次参加学习。四是发挥公安、工商、劳动、房屋、计生、卫生、规划等流动人口服务管理部门职能，坚持属地管理和谁用工谁负责、谁留住谁负责的原则，形成了流动人口“建筑地、居住地、经商地、求学地”开展法制宣传的“四地”工作模式。五是围绕社会主义新农村建设，加大农业法、村民自治、土地承包、征地补偿、农村房屋宅基地等与农民生产生活密切相关法律、法规学习宣传，通过开展送法下乡、以案说法、影视文艺、法律咨询等多种形式的宣传活动，推动了农村广大干部群众的学法用法。

（四）法制宣传与法治实践的结合日益紧密，基层法治创建活动更加活跃

五年来，本市各级党委政府始终将法制宣传教育作为加强基层民主政治建设的基础性工作，以“两委”干部为重点，结合村（居）委会换届选举，宣传选举法、村委会组织法等法律、法规，不断提高群众参与基层民主法制建设的积极性。坚持法制宣传与法治实践相结合，以延庆县、昌平区为试点，积极开展法治创建活动，推动政治、经济、文化、社会生活的法治化。积极开展“民主法治村”、“民主法治社区”创建活动，全市有35个行政村被司法部、民政部命名为“全国民主法治示范村”，269个行政村被市司法局、市民政局命名为“北京市民主法治示范村”，民主选举、民主决策、民主管理、民主监督制度进一步得到落实。同时，本市紧紧围绕立法、司法、行政执法、法律监督和法律服务等环节，开展普法宣传，促进全社会的法治化管理水平进一步提高。

与“四五”普法相比，本市“五五”普法呈现出四个突出特点。

1.“大普法”理念进一步树立，“大普法”工作格局进一步巩固。进一步加强和完善党委领导、人大监督、政府实施的领导体制，建立健全各级法制宣传教育领导小组及办公室工作制度，加强对全市法制宣传教育工作的规划、指导。进一步加强和完善法制宣传教育工作责任制，强化组织、宣传、教育、人事、农业、企业、财政等单位责任，制定配套文件，推进各类普法对象法制教育工作不断深化。各级人大、政协加强对法制宣传教育工作的督促检查，五年来，人大代表、政协委员视察普法工作500余人次。落实经费保障制度，“五五”普法期间，常住人口人均普法经费达1.85元。

2. 新兴媒体广泛运用于法制宣传教育，多层次、立体化、全方位的法律知识传播体系初显成效。目前，新闻媒体已经成为市民获取法律知识的主要渠道，北京电视台开设5个法制专栏，其中《法治进行时》已成为全市乃至全国的普法名牌栏目，《北京日报》、《北京晚报》、《北京晨报》、《法制晚报》等各大媒体开设的法制专栏和专题已成为普法宣传的重要阵地。全市有11个区县利用本地区有线电视开设法制专栏，五年累计播出节目1304期；12个区县利用各种平面媒体开设专版；市政府各有关部门均利用政府网开展相关法律的宣传；市公安局、市卫生局、市交通委、市政市容委及怀柔、朝阳等区，积极探索利用手机短信等新兴媒体开展法制宣传；制作电影加片、普法短剧在全市社区、农村播放；西客站、北京站等人流密集区，利用电子大屏幕播放普法信息，进一步扩大了普法教育的覆盖面。

3. 与城市文化相结合的新型法制宣传教育阵地不断涌现，法制宣传影响力不断扩大。“五五”普法以来，本市在巩固发挥法制宣传橱窗、专栏等传统阵地的同时，积极探索与城市文化建设相结合，将法制宣传渗透到艺术作品及群众文化建设中，全市形成了法制雕塑公园、法律图书馆、“普法超市”、“普法驿站”、社区普法家园、山区普法公园、农村千米普法墙等一批融知识性、趣味性、标志性、各具特色的法制宣传阵地。目前全市共建立区县、街乡、村居三级法制宣传橱窗11,518个，各类法制教育基地341个，普法广场169个。同时，挖掘文化资源，创作普法评剧、快板、小品、相声等具有鲜明特色的法治文艺作品，特别是大兴区针对新城建设中遇到的拆迁问题，精心创作编排的法制评剧《拆迁风波》，深受广大群众喜爱。

4. 社会力量参与普法更加广泛，志愿者队伍不断发展壮大。“五五”普法期间，法制宣传教育是全社会的共同责任已成为共识。以政府为主导、以法制宣传教育专兼职工作

者、法律专业人员、法制宣传志愿者为骨干的三支力量发挥了重要作用，探索了社会力量参与法制宣传教育三种新模式：一是品牌化运作模式。重点培育了“一线”（《法治进行时》免费法律咨询热线）“一网”（徐滔法律服务网），“普法茶亭”、“流动人口之家”网站等一批公益普法平台，宣传了普法志愿者孟祥贤、张军、高秀伶等先进典型。目前，每个区县至少有一个公益性法律宣传与法律服务平台，初步形成了品牌效应。二是社会化运作模式。“五五”普法期间，首都律师36,000多人次参与奥运法制宣传小分队，4143名大学生“村官”被聘请为普法宣传员，法律工作者、离退休人员、基层群众及文艺团体等社会力量参与普法宣传的热情越发高涨。三是法制宣传与法律服务联动模式，依托全市5000余个社区（村）法律服务室开展法制宣传教育，为法律服务室配备宣传设备，配发宣传品，并组织律师定期开展宣传，使法律服务室成为社区（村）法制宣传的重要阵地。

全市“五五”普法虽然取得了明显成效，但仍存在一些问题和不足。一是以领导干部、司法和行政执法人员为重点的公务员法制教育工作仍需继续加强，公民的法律意识和法律素质还需要进一步提高；二是法制宣传教育的针对性和实效性尚显不足，以人为本、面向基层，不断满足市民的法律需求方面还有大量工作要做；三是社会力量参与普法的机制有待进一步健全，普法志愿者队伍有待进一步发展壮大。

二、“六五”普法规划的主要内容

今年3月23日，中共中央、国务院批转《中宣部、司法部关于在公民中开展法制宣传教育的第六个五年规划》（中发〔2011〕6号文件）；4月22日，全国人大常委会作出《关于进一步加强法制宣传教育的决议》；5月20—21日，全国第七次法制宣传教育工作会议在北京召开，以此为标志，全国“六五”普法正式启动。本市制定的“六五”普法规划，已经市政府专题会、市委常委会审议通过，并于近期以文件形式正式下发。

“六五”普法的指导思想是：高举中国特色社会主义伟大旗帜，以邓小平理论和“三个代表”重要思想为指导，深入贯彻落实科学发展观，紧紧围绕我市“十二五”时期经济社会发展的新目标，紧紧围绕依法治国基本方略的新要求，紧紧围绕人民群众对法律需求的新期待，深入开展法制宣传教育，深入推进民主法治建设，坚持法制宣传教育与社会主义核心价值体系教育相结合、与社会主义法治理念教育相结合、与公民意识教育相结合、与法治实践相结合，努力为广大市民学法用法和提高法律素质服务，为实施“人文北京、科技北京、绿色北京”战略服务，为建设中国特色世界城市服务。

（一）明确目标，开创“六五”普法工作新局面

根据全国普法工作要求，今后五年本市法制宣传教育工作的目标是“四个进一步”：通过深入扎实的法制宣传教育和法治实践，深入宣传以宪法为统领的中国特色社会主义法律体系，广泛传播法律知识，大力弘扬社会主义法治精神，进一步提高行政机关工作人员依法行政的意识和能力，进一步提高全体市民法律意识和法律素质，进一步提高城市法治化管理水平，进一步促进社会主义法治文化建设，推动形成自觉学法尊法守法用法的社会环境。

（二）围绕中心，大力开展以宪法为统领的中国特色社会主义法律体系宣传教育

根据北京实施“十二五”规划纲要、实现“人文北京、科技北京、绿色北京”战略构想和建设中国特色世界城市的要求，我们提出了七项工作任务：一是深入学习宣传宪

法、中国特色社会主义法律体系和国家基本法律制度，推进依法治国方略在本市的落实。二是深入学习宣传国家经济法律制度，营造首都经济平稳较快发展的法治环境。三是深入学习宣传保障和改善民生法律、法规，维护首都社会和谐稳定。四是深入学习宣传社会管理法律、法规，推进城市管理和服务的法治化。五是积极推进社会主义法治文化建设，丰富“人文北京”法治内涵。六是继续深化“法律进机关、进乡村、进社区、进学校、进企业、进单位”主题活动，提高法制宣传教育的针对性和实效性。七是全面开展法治创建活动，加快法治城市建设步伐。“六五”普法的任务突出强调了保障和改善民生及社会管理与公共服务方面的法制宣传内容，提出要结合城市运行的新要求，加强人口计划生育、道路交通、文物保护、市容卫生、市政管理等方面法律、法规的学习宣传；加强社区建设、社会组织管理、基层民主自治、见义勇为、社工队伍及志愿服务、流动人口服务管理、突发事件应急管理等法律、法规的学习宣传；加强食品药品安全、生产安全、消防安全、防灾减灾、公共卫生等法律、法规的学习宣传；加强维权、信访、投诉、调解等法律、法规的学习宣传，引导市民依法按程序表达利益诉求，妥善化解社会矛盾，维护首都社会和谐稳定。

（三）突出重点对象，努力提高全体市民的法律意识和法律素质

本市“六五”普法的对象是一切有接受教育能力的公民。结合全国“六五”普法规划和全国人大常委会《决议》内容，本市将领导干部、公务员、青少年、企事业单位经营管理人员、流动人口作为普法重点对象，把领导干部和青少年作为重中之重。在领导干部、公务员法制教育中，提出要健全完善并落实各级党委（党组）理论学习中心组集体学法、政府常务会议会前学法、法制讲座、法制培训、法律知识考试考核等制度，提高领导干部依法决策、依法行政的意识和能力，提高公务员，特别是司法和行政执法人员运用法律手段解决问题的能力；在青少年法制教育中，提出要健全完善学校、家庭、社会“三位一体”青少年法制教育格局，着力培养青少年学生的爱国意识、守法意识和公民意识；在企事业单位经营管理人员的法制教育中，特别提出要加强事业单位和新经济组织、新社会组织管理人员法制宣传教育；在流动人口的法制教育中，提出以建筑地、居住地、经商地、求学地为重点，深入开展与流动人口生产生活密切相关的法律、法规宣传；针对社区（村）居（村）民，提出要以街道（乡镇）法律服务中心、社区（村）法律服务室为依托，引导和带动社区（村）居（村）民积极参与普法宣传。

（四）加强组织领导，全面落实“六五”普法工作任务

法制宣传教育是一项社会系统工程，必须在党的领导下，建立分工负责、协调配合的工作机制。规划重点提出了以下几项保障措施：一是切实加强组织领导，进一步完善党委领导、人大监督、政府实施的领导体制，把法制宣传教育纳入本地区经济社会发展规划，纳入同级党委政府目标管理。二是健全完善工作机制，继续实行法制宣传教育工作责任制，市委、市政府各相关部门要按照各自职责分工开展法制宣传教育工作，各类媒体要积极承担公益性法制宣传教育责任。三是发展壮大宣传队伍，继续坚持大普法理念，广泛动员社会力量参与普法。四是巩固拓展宣传阵地，要利用互联网、移动通信网络、远程教育网络、有线数字电视网络等信息手段开展普法宣传，要积极探索利用手机短信、博客、微博等新媒体平台，运用视频、音频等多媒体手段开展法制宣传。

主任、各位副主任、秘书长、各位委员，“六五”法制宣传教育工作目标明确，任务艰巨。经过本次市人大常委会审议后，我们将进

一步振奋精神，开拓进取，以卓有成效的工作，扎实抓好“六五”普法规划的落实，为建设中国特色世界城市作出新的更大的贡献！

以上报告，提请市人大常委会审议。

北京市第十三届人民代表大会常务委员会关于批准北京市2011年地方政府债券收支安排专项预算调整方案的决议

（2011年5月27日北京市第十三届人民代表大会常务委员会第二十五次会议通过）

北京市第十三届人民代表大会常务委员会第二十五次会议听取了市财政局局长杨晓超受市人民政府委托所作的《北京市关于2011年地方政府债券收支安排专项预算调整方案（草案）的报告》，对预算调整方案进行了审查。会议同意市人民代表大会财政经济委员会提出的《关于北京市2011年地方政府债券收支安排专项预算调整方案（草案）的初步审查报告》，决定批准北京市2011年地方政府债券收支安排专项预算调整方案。

北京市关于2011年地方政府债券收支安排专项预算调整方案（草案）的报告

——2011年5月26日在北京市第十三届人民代表大会常务委员会第二十五次会议上

北京市财政局局长　杨晓超

主任、各位副主任、秘书长、各位委员：

受市人民政府委托，现将北京市关于2011年地方政府债券收支安排专项预算调整方案（草案）的报告提请市人大常委会审议，并请各位委员提出意见。

一、中央关于发行2011年地方政府债券的有关情况

（一）必要性

为继续应对国际金融危机，保持经济平稳较快发展，加快转变经济发展方式，中央决定继续实施积极的财政政策。考虑到2011年财政收支矛盾仍然十分突出，为增强地方安排配套资金和完成在建项目的能力，根据《预算法》第二十八条关于“除法律和国务院另有规定外，地方政府不得发行地方政府债券”的规定，国务院决定由财政部代理，继续发行地方政府债券筹措部分所需资金。

（二）发行规模

经国务院批准，2011年财政部继续代理发行2000亿元地方政府债券。

（三）发行方式

为提高发行效率，降低融资成本，2011年地方政府债券统一由财政部代理发行，并代办还本付息和拨付发行费。地方政府债券为可流通记账式债券，期限为3年、5年，发行后可按规定在全国银行间债券市场和证券交易所市场上市流通。

（四）资金使用方向

根据《财政部关于做好发行2011年地方政府债券有关工作的通知》（财预〔2011〕29号）的规定，债券资金使用安排要按照中央经济工作会议精神，重点用于完成在建项目，严格控制用于新上项目；必须优先用于保障性安居工程建设和其他中央投资公益性项目地方配套；足额配套后债券资金尚有剩余的地区，要重点用于地方政府融资平台公司主要依靠财政性资金偿还债务的公益性在建项目。严格控制安排能够通过市场化行为筹资的投资项目，不得安排经常性支出。

（五）预算管理要求

参照《财政部关于印发〈2009年地方政府债券预算管理办法〉的通知》（财预〔2009〕21号）的有关规定，地方政府债券收支实行预算管理。地方政府债券收入全额纳入省级财政预算管理，地方政府债券收入安排的支出纳入地方各级财政预算管理。用地方政府债券发行收入安排支出的部门和单位，要将支出纳入部门预算和单位预算，严格按照预算制度管理。

政府预算未报经本级人民代表大会审查批准的，要将本地区地方政府债券收入和支出纳入预算，报请同级人民代表大会审查批准。政府预算已经报本级人民代表大会审查批准的，要根据地方政府债券收支计划及时编制预算调整方案，报同级人民代表大会常务委员会审查批准。

二、本市关于2011年地方政府债券收支安排专项预算调整方案（草案）

财政部代理发行的2011年北京市地方政府债券规模为54亿元，其中三年期限27亿元，五年期限27亿元。按照上述预算管理要求，提出关于2011年地方政府债券收支安排专项预算调整方案（草案）如下。

（一）市十三届人大四次会议批准的市级预算

经市十三届人大四次会议批准，市级地方财政收入安排1422.3亿元，加中央返还及补助194.6亿元、区县上解192.1亿元、上年专项政策性结转使用8.9亿元等，收入合计1824.4亿元；市级地方财政支出安排1254.5亿元，加上解中央支出76.1亿元、区县税收返还和转移支付469.1亿元、专项政策性结转下年使用1.6亿元、划转水利建设基金16.6亿元等，支出合计1824.4亿元。市级预算安排收支平衡。

（二）债券收支安排专项预算调整方案（草案）

1. 财政部要求

参照《财政部关于印发〈2009年地方政府债券预算管理办法〉的通知》（财预〔2009〕21号）的有关规定，财政部代理本市发行的2011年地方政府债券收入54亿元，计入“财政部代理发行地方政府债券收入”收入科目，同时根据实际使用方向列入政府收支分类相应功能支出科目。

2. 支出方向和使用项目

根据财政部确定的债券规模和相关要求，按照中央经济工作会议精神，统筹考虑市政府固定资产投资规模，重点用于完成在建项目，优先用于保障性安居工程建设和中央投资公益性项目地方配套，确定了2011年本市地方政府债券资金的支出方向和使用项目，计划将地方政府债券资金用于保障性安居工程、中央投资配套、医疗卫生文化教育等社会事业、交通基础设施、资源能源保障等方面。具体安排是：

（1）保障性安居工程项目。拟安排地方政府债券资金6亿元，主要用于门头沟棚户区及政策性住房红线外配套市政基础设施建设。

（2）中央投资配套项目。拟安排地方政府债券资金12亿元，主要用于京津风沙源治理工程、清河再生水厂二期及再生水利用工程、密云县医院建设项目等。

（3）医疗卫生文化教育等社会事业项目。拟安排地方政府债券资金8.65亿元，主要用于高清交互基础设施示范工程、北京怀柔医院建设及北京市军供站建设工程等。

（4）交通基础设施项目。拟安排地方政府债券资金21.9亿元，主要用于万寿路南延征地拆迁、阜石路道路工程、111国道改建工程、宋家庄交通枢纽及雁栖湖生态发展示范区对外联络通道工程等。

（5）资源能源保障项目。拟安排地方政府债券资金5.45亿元，主要用于门头沟冯村石门营集中供热工程及北京首钢生物质能源项目。

上述项目为初步安排，具体资金安排将根据项目建设进度，按照确定的投资领域，在部分项目间进行适当调整，以确保地方政府债券资金发挥最大的使用效益。

3. 预算调整方案（草案）

根据上述债券收支安排，提出预算调整方案（草案）。调整后，市级预算草案平衡情况如下。

市级地方财政收入安排1422.3亿元，加中央返还及补助194.6亿元、区县上解192.1亿元、上年专项政策性结转使用8.9亿元，以及财政部代理发行地方政府债券收入54亿元等，收入合计1878.4亿元；市级地方财政支出安排1254.5亿元，地方政府债券支出安排54亿元，加上解中央支出76.1亿元、区县税收返还和转移支付469.1亿元、专项政策性结转下年使用1.6亿元、划转水利建设基金16.6亿元等，支出合计1878.4亿元。市级预算安排收支平衡。

（三）本息及发行费的资金解决渠道

财政部代理发行地方政府债券，资金到位后向地方政府收取支付承销商的发行费，发行费比例为发行面值的0.5‰。按本市发行规模为54亿元计算，共需支付发行费270万元。地方政府债券利息按年支付，到期后一次还本。发行费及每年偿债利息所需资金从“偿债资金”中解决，到期后还本资金纳入市政府固定资产投资计划。

三、下一步工作

（一）认真制定发债计划

根据审查批准的债券收支预算，结合项目建设进度，研究确定在核定的总额度内选择债券发行月份及月份债券发行额，尽快上报财政部本市2011年地方政府债券发行计划。

（二）严格地方债券项目和资金管理

切实加强对地方政府债券收支的管理和监督，使用债券资金安排的项目将严格履行基本建设管理程序，确保资金切实发挥效益。

上述地方债券收支安排专项预算调整方案（草案）已经市政府同意，现提请审议批准。

市人大财政经济委员会关于北京市2011年地方政府债券收支安排专项预算调整方案（草案）的初步审查报告

——2011年5月26日在北京市第十三届人民代表大会常务委员会第二十五次会议上

市人大财政经济委员会副主任委员　陈　婷

北京市人民代表大会常务委员会：

4月26日，市人大财政经济委员会召开了有市人大常委会预算监督顾问列席的第29次（扩大）会议，听取和审查了市财政局《关于2011年地方政府债券收支安排专项预算调整方案（草案）的报告》，听取了市发展改革委关于地方政府债券项目安排情况的说明。现将审查意见报告如下。

按照国务院关于发行地方政府债券的要求和批准的额度，我市2011年确定的地方政府债券规模为54亿元，其中三年期27亿元，五年期27亿元，主要用于在建中央投资配套项目、保障性安居工程、社会事业等方面。财政经济委员会认为，市人民政府提出的地方政府债券资金使用安排符合国家的要求和本市实际情况，对于实施积极的财政政策，增强地方投资和安排配套资金的能力，保障和改善民生有着积极的作用。根据《中华人民共和国预算法》《北京市预算监督条例》有关预算调整的规定，财政经济委员会建议本次会议批准市人民政府关于北京市2011年地方政府债券收支安排专项预算调整方案。

为进一步做好本市地方政府债券收支管理工作，财政经济委员会建议：根据市人大常委会批准的专项预算调整方案，抓紧落实债券发行并及时批复债券资金使用部门和单位。严格预算管理，确保资金按照规定的用途使用，严禁挤占、截留、挪用。强化绩效管理，切实提高资金使用效益。充分发挥审计监督作用，加强对地方政府债券资金使用情况的跟踪检查。对债券项目资金使用情况，市人民政府要适时向市人大常委会报告。

以上报告，请予审议。

北京市人民政府关于发展学前教育议案办理暨本市学前教育工作情况的报告

——2011年5月26日在北京市第十三届人民代表大会常务委员会第二十五次会议上

北京市副市长 洪 峰

主任、各位副主任、秘书长、各位委员：

学前教育关乎儿童的健康成长，关乎千家万户的切身利益，关乎国家和民族的未来。社会各界对学前教育普遍关注，人民群众对发展学前教育强烈期盼。今年初，在市十三届人大四次会议上，怀柔代表团和235名市人大代表提出了13件关于发展学前教育的议案，内容主要有：加强政府统筹，健全服务体系，确保北京学前教育健康持续发展；落实学前教育发展计划，必须先落实学前教育场所；加大公办园比例；核定幼儿教师编制，加强幼儿教师培养；幼儿园实行成本分担机制，促进学前教育事业健康发展；纠正幼儿教育小学化等问题。经大会议案审查委员会审查、主席团讨论通过，将13件议案合并为发展学前教育议案，由市政府办理。

本议案内容社会影响面大、群众关注度高、涉及政策性强，议案的办理工作时间紧、任务重、难度大、综合性强，为确保按时、高质量完成议案的办理工作，市政府高度重视议案办理。一是加强组织领导，统筹协调议案办理。成立议案办理工作协调小组，责成我负责，马林副秘书长任组长，市教委牵头，市编办、市妇联、市流管办、市发展改革委、市公安局、市民政局、市财政局、市人力社保局、市国土局、市规划委、市住房城乡建设委、市卫生局、市人口计生委、市社会办等15个部门及16个区县政府作为成员，统筹协调议案办理工作。二是全面开展调研，了解基本情况。先后召开了2次区县长会议、4次相关委办局协调会、5次区县教育行政部门一把手会议，2次赴16个区县了解入园难情况和针对起草制定学前教育三年行动计划的推进情况，我与相关部门到延庆、密云做了重点调研。三是加强沟通，加快重点问题的解决。针对学前教育的整体发展和重点问题，完成了北京市及各区县学前教育三年行动计划和《关于加强小区配套幼儿园规划建设和管理的意见》初稿的制定工作，制定出台了《北京市举办小规模幼儿园暂行规定》。四是结合议案办理推进学前教育工作。通过扩班、新建改扩建形式新增2万个学位，落实政府决定事项；筹建首都师范大学学前教育学院，加快师资培养；启动非师范类毕业生招聘工作，扩大师资来源；召开区县现场会，推动学前教育三年行动计划制定的落实。五是密切与人大代表的联系，先后两次听取人大代表意见，丰富思路，完善各项措施。

现将有关发展学前教育议案办理暨本市学前教育工作具体情况汇报如下。

一、近年来本市学前教育工作的进展情况

（一）提高对学前教育的重视，不断加大政府投入

“十五”期间，市级学前教育专项经费累

计为2000万元左右，“十一五”期间，市政府将学前教育发展列入国民经济社会整体发展规划和年度政府实事，市本级学前教育专项经费五年累计增加至5个亿，其中1.2亿用于扩大学前教育资源及改善办园条件。“十二五”期间继续加大投入，2011年当年市本级学前教育专项经费预算就提高到5个亿。

（二）以政府为主导，多种形式发展学前教育

1. 不断加强街道园和农村园建设。街道园和农村园一直是本市学前教育的薄弱环节，园所设施、师资力量等都与其他园所有明显差距。“十一五”期间，在对147个农村幼儿园、49个街道幼儿园情况调研的基础上，从软件、硬件及管理方面采取措施加大扶持力度。

2. 不断完善乡镇幼儿园办园体制。从2005年起，进行了乡镇中心园体制改革工作。目前，密云、怀柔、延庆、门头沟、平谷已将乡镇中心园纳入中心小学统一管理，解决了中心园教师编制问题；顺义、房山、大兴、昌平、通州将乡镇中心园改制为具有独立法人资格的事业单位。本市近90%的乡镇中心园成为政府财政拨款的公办园，并且全部纳入北京市幼儿园分级分类管理范围，其中30%达到一级标准。

3. 鼓励引导社会力量举办幼儿园。为满足社会对学前教育的多种需求，积极鼓励民间投资办园，目前已发展到445所，此外还有一批京港、京台及中外合作举办的幼儿园。这些新体制幼儿园的举办，调动了社会投资办园的积极性。为促进民办幼儿园规范管理，本市在全国率先建立了民办幼儿园考核制度，2006年表彰了优秀民办学前教育机构，2008年表彰奖励了年度考核连续三年优秀的69所民办幼儿园；出台了《民办幼儿园考核细则》，近30所幼儿园通过一级一类幼儿园考核验收。

（三）加强队伍建设，促进质量提高

近年来，一方面不断扩大幼儿教育专业的招生规模，另一方面采取分层、分类相结合的培训方式，加强教师的培养培训力度。先后组织开展了园长上岗培训、园长高级研修班培训、业务园长专题培训、骨干教师培训、教师基本功培训、工作室教师培养等多项培训，近6万人次先后接受各类教师培养培训，全市幼儿园教师和管理干部队伍整体素质不断提升。本市还启动了“手拉手”支教活动，目前已有89所市级示范幼儿园与乡镇中心园结为姊妹园，近3000名农村乡镇中心园的干部教师受到手把手的帮助和指导，取得明显成效。

（四）依托社区资源，发展早期教育

依托社区内的幼儿园建立早教基地，可以使儿童、家长和幼儿园三方受益。目前，300个市级早期教育示范基地分布在全市16个区县，基本覆盖了社区内适龄儿童家庭，4000余名教师接受了婴幼儿早期教育专业培训，还向全市10余万0岁至3岁幼儿家庭发放免费教育卡，义务为社区散居儿童组织开放活动，使早期教育的受教育率连年提高。

截至2010年年底，户籍适龄儿童学前三年入园率达到85%以上，常住适龄儿童学前三年入园率达到80%以上，边远山区基本普及学前一年教育，全市建成了一批社区儿童早期教育示范基地，面向0岁至6岁儿童和家长的多种形式的保育和教育服务格局正在形成。

目前，全市共有幼儿园1245所。其中，教育部门办园347所，集体办园234所，其他部门办园219所，民办园445所；其中有37所幼儿园建立了特殊教育基地，民族幼儿园9所。全市在园儿童27.8万人；幼儿园教职工3.7万人，其中，专任教师2.2万人，大专及以上学历专任教师占77.8%。

二、当前本市学前教育存在的主要问题

结合代表们在发展学前教育议案中提出的问题，我们对本市学前教育开展了深入调研。从总体上看，目前本市学前教育存在的主要问题有四个方面。

一是学前教育资源总量不足，入园难问题比较突出，户籍适龄儿童入园尚未得到完全满足，常住适龄儿童学位缺口较大，师资供给不足。

二是城乡之间、区域之间的学前教育资源分布不均衡，住宅小区幼儿园配套建设不到位，农村幼儿园基础薄弱，局部地区入园难和入公办园难问题更加突出。

三是幼儿园运行成本日益增加，公办幼儿园收费标准明显偏低，现有投入不能满足其正常运行和发展的需要，部分幼儿园存在收费不规范的行为。

四是城乡结合部地区无证办园在安全、质量等方面问题突出，在学前教育资源总量不足的情况下，治理起来难度很大。

三、促进本市学前教育发展的思路和措施

针对本市学前教育发展实际，市政府制定了《北京市学前教育三年行动计划（2011—2013年）》（以下简称“行动计划”），将于近期下发，主要内容是：

（一）总体思路

坚持政府主导、社会参与的原则，坚持保证基本、广泛覆盖的原则，坚持公益普惠、优质多样的原则，坚持保教结合、科学育儿的原则，坚持依托社区、就近就便的原则，基本形成以公办园为基础，公办民办并举，办园主体多元、办园形式多样的覆盖城乡的学前教育公共服务体系。

（二）目标任务

本市将加大统筹协调力度，优化结构，合理布局，按照北京市“十二五”规划纲要中提出的城乡建设和人口格局要求，三年内规划建设和改造769所幼儿园，使全市幼儿园总数达到1530所左右，全市公办性质幼儿园比例达到65%以上。

2011年至2013年分别增加学位26,901个、23,879个、23,280个，共增加学位近75,000个，满足户籍适龄儿童入园需求，学前三年学位供给实现全覆盖，入园率由85%提高到95%以上；努力提高常住适龄儿童入园比例，学前三年学位供给覆盖率和入园率由80%提高到90%以上，使入园难问题得到有效缓解；对目前未能入园的在京适龄儿童及家庭，提供多种形式的学前教育指导服务。

（三）实施三项工程

1. 实施幼儿园新建改扩建工程。三年内，市、区县两级政府将安排20亿基本建设资金和18亿财政专项经费，用于370所新建改扩建公办幼儿园的建设和设施设备，接收147所小区配套幼儿园，扶持举办小规模幼儿园、小学附属幼儿园和扩班等。

2. 实施幼儿园条件达标工程。三年内，市、区县两级政府将安排7亿资金，根据《北京市幼儿园托儿所办园、所条件标准》的要求，对250所左右的中央及地方各部门办园、街道和乡镇集体办园的房屋、设施设备进行条件达标改造。

3. 实施幼儿教师培养培训工程。一是通过加强市属师范院校学前教育专业建设的力度，办好大专及以上层次的幼儿教师培养院校，建立首都师范大学学前教育学院，扩大招生规模。同时，通过公开招聘幼儿教师、中小学教师转岗、退休幼儿教师返聘等途径，拓宽师资来源。三年内，共计培养和输送5000余名幼儿教师和4000余名保育员，基本满足师资需求。二是采取分层、分类和重点

项目结合的方式，做好各类幼儿园管理者及教师的在职继续教育培训。包括非师范类幼儿教师上岗培训、农村富余中小学教师转岗为幼儿教师培训、新建小规模幼儿园管理者和教师培训、民办幼儿园管理者和教师培训、特殊教育师资培训、市级骨干教师和学科带头人培训等。三年内，市、区县两级政府将安排约1亿元经费，完成3万人次的幼儿园管理者及教师继续教育培训，95%的幼儿园园长和85%的幼儿教师达到专科及以上学历。

（四）落实六项措施

1. 多种形式扩大公办学前教育资源

一是新建、改扩建一批公办幼儿园；二是利用中小学布局调整后的富余教育资源建设小学附属幼儿园，利用其他富余公共资源优先改建成幼儿园；三是鼓励支持中央及地方各部门办园；四是扶持、稳定街道、乡镇集体办园；五是鼓励优质公办幼儿园举办分部；六是在农村地区每个乡镇建设1至2所农村乡镇中心幼儿园，同时根据本市村庄规划标准的要求建设乡镇中心幼儿园附属分园，覆盖到每个乡村。

2. 做好小区配套幼儿园的规划、建设、接收、使用和管理

根据居住区规划和居住人口规模，按照国家有关规定配套建设幼儿园，并与小区同步规划、同步建设、同步交付使用，建设用地按照国家有关规定予以保障。对未按规定安排配套幼儿园建设的小区规划不予审批。住宅小区配套幼儿园作为公共教育资源，要由当地政府统筹安排，举办公办幼儿园或委托办成普惠性民办幼儿园。在小区规划、建设、审批、验收、使用等各个环节落实配套幼儿园建设政策，确保小区适龄儿童有园上、上得起。

3. 进一步鼓励规范民办幼儿园健康发展

鼓励支持民办幼儿园的发展，特别是对面向大众、收费较低的普惠性幼儿园，要采取减免租金、以奖代补等方式引导民办幼儿园提供普惠性服务。同时，可结合实际，根据近期出台的《北京市举办小规模幼儿园暂行规定》，积极探索创办小规模幼儿园，满足辖区内适龄儿童优质、便利、多样的入园需求。进一步规范民办幼儿园的管理，鼓励民办幼儿园纳入分级分类管理范围。对民办幼儿教师的合法权益应依法保障，在教师培养培训、职称评定、评优评先等方面享有与公办教师的同等待遇。

4. 加大政府投入，实施奖励补贴政策

落实财政投入“五有”政策，即“预算有科目、增量有倾斜、投入有比例、拨款有标准、资助有制度”。一是提高教育部门办园生均经费标准，由每生每年200元提高到每生每年1200元；二是参照教育部门办园生均经费标准，对中央及地方各部门办园、街道及乡镇集体办园进行定额补贴；三是对接受政府委托、办成普惠性幼儿园的民办幼儿园，采取减免租金等补贴政策，对连续两年考核成绩优秀的民办幼儿园参照办园生均经费标准给予奖励；四是通过减免保育费等方式资助家庭经济困难儿童接受学前教育。为保证以上政策实施，市、区县两级政府将安排3.6亿元经费予以支持。

5. 完善幼儿园收费管理机制

按照国家即将出台的幼儿园收费管理办法，根据本市城乡经济社会发展水平、办园成本和群众承受能力，按照非义务教育阶段家庭合理分担教育成本的原则，由市发展改革委牵头、会同财政、教育等部门规范幼儿园收费，制定幼儿园收费管理办法，调整收费标准。同时，进一步加强民办幼儿园收费管理，完善民办幼儿园收费价格备案程序。幼儿园实行收费公示制度，加强幼儿园收费监管，接受社会监督，对违规收费坚决查处。

6. 形成幼儿园安全监管机制

进一步完善学前教育法律、法规，规范学前教育管理。一是严格执行幼儿园准入制

度。二是坚持实行分级分类管理，提高保教质量，尊重儿童发展规律，坚决防止“小学化”倾向。三是进一步完善和落实幼儿园年检制度。年检不合格的要限期整改。对社会各类幼儿培训机构和早期教育指导机构，区县教委要加强监督管理。四是妥善解决无证办园问题。未取得办园许可证和未办理登记注册手续的单位和个人不得举办幼儿园。对目前存在的无证幼儿园，各区县政府要进行全面排查，制定管理办法，加强指导，监督整改。经整改达到相应标准的，颁发办园许可证。整改后仍未达到保障幼儿安全、健康等基本标准的，要依法予以取缔，妥善分流和安置幼儿。五是强化幼儿园安全防范。高度重视幼儿园安全保障工作，加强安全设施建设，配备保安人员，健全各项安全管理制度和安全责任制，落实各项措施，严防事故发生。相关部门按职能分工，建立全覆盖的幼儿园安全防护体系，切实加大工作力度，加强监督指导。幼儿园要提高安全防范意识，加强内部安全管理。幼儿园所在街道、社区和村民委员会要共同做好幼儿园安全管理工作。

（五）充分发挥政府主导作用，落实政府责任

各级政府要加强对学前教育的统筹协调，健全教育部门主管、有关部门分工负责的工作机制，形成推动学前教育发展的合力。

1. 市政府负责统筹制定全市的学前教育发展规划和相关政策并组织实施，宏观管理和领导全市学前教育工作，通过重点项目投入扶持经济欠发达地区发展学前教育事业，制定贫困儿童及特殊儿童的资助政策，促进学前教育事业发展。将学前教育工作纳入区县、乡镇（街道）政府工作考核内容，对重视学前教育工作、表现突出的区县予以表彰奖励。建立学前教育联席会制度，及时通报学前教育发展情况。建立和完善学前教育督导制度，建立学前教育督导评估指标体系，加强对学前教育三年行动计划的督导检查。全面落实学前教育三年行动计划，推动学前教育事业持续健康发展。

2. 区县政府是发展学前教育的责任主体，负责统筹制定本行政区域内学前教育事业的发展规划、调整学前教育机构规划布局、公办幼儿园的建设、教师和设施设备的配备、各类学前教育机构的管理以及学前教育经费的筹措，建立经费奖励扶持政策，确保辖区内 3 岁至 6 岁适龄儿童接受学前教育。建立区县学前教育联席会制度和教育督导评估机制。制定对无证办园的管理办法，对无证办园要明确责任，形成合力，加强治理。结合区域适龄人口分布状况和变化趋势科学测算入园需求和供需缺口，按照有效缓解入园难的基本要求，确定发展目标，制定学前教育三年行动计划，分解年度任务，将区域学前教育三年行动计划落实到位。充分发挥街道和乡镇等基层组织在促进学前教育发展中的作用。

3. 教育部门要完善政策，制定标准，充实管理力量，加强学前教育的监督管理和科学指导。机构编制部门要结合实际，按照国家将要出台的幼儿园编制标准要求，修订公办幼儿园教职工编制标准。发展改革部门要加大幼儿园建设发展力度，配合教育部门和各区县确保新建改扩建 118 所幼儿园落实到位。同时会同财政部门和教育部门研究规范幼儿园收费，制定幼儿园收费管理办法，调整收费标准。财政部门要加大投入，研究制定支持学前教育的投入保障政策，确保学前教育三年行动计划中提出的经费投入到位。城乡建设、规划、教育和国土资源部门认真落实北京市《关于加强小区配套幼儿园规划建设和管理的意见》，督促检查区县住宅小区配套幼儿园建设使用情况。人力资源和社会保障部门要完善幼儿园教职工的人事（劳动）、工资待遇、社会保障和技术职称（职

务）评聘政策。综治、公安部门要加强对幼儿园安全保卫工作的监督指导与规范管理，整治、净化周边环境。卫生部门要监督指导幼儿园卫生保健工作。民政、工商、质检、安全生产监管、食品药品监管等部门要根据职能分工，加强对幼儿园的指导与管理。

主任、各位副主任、秘书长、各位委员，发展学前教育是一项紧迫且长期的任务，尽管各级政府和有关部门做了大量工作，但与人大代表和人民群众的要求相比，还有一定差距。为此，市政府将继续以科学发展观为指导，以《北京市学前教育三年行动计划（2011—2013年）》为重要抓手，加大统筹协调力度，加快推进学前教育事业的发展。同时，也请市人大和各位代表继续关心、关注和支持学前教育的发展，并提出宝贵的意见和建议。

以上报告，提请市人大常委会审议。

市人大教科文卫体委员会关于对发展学前教育议案办理暨本市学前教育工作情况的意见和建议

——2011年5月26日在北京市第十三届人民代表大会常务委员会第二十五次会议上

市人大教育科技文化卫生体育委员会主任委员　孙世超

主任、各位副主任、秘书长、各位委员：

为做好听取和审议市人民政府关于发展学前教育议案办理暨本市学前教育工作情况的报告，按照主任会议通过的工作方案，由刘新成副主任牵头，市人大教科文卫体委员会组织部分常委会委员、教科文卫体委员会委员和市人大代表，围绕议案提出的主要内容，深入开展了调研、视察等活动，听取了市政府有关部门的汇报，赴区县开展了实地调研，召开了各种类型的座谈会，并在网上征求了社会各方面的意见和建议。区县人大常委会按照要求开展了联动工作。5月11日，市人大教科文卫体委员会召开会议，对市政府提请本次会议审议的报告以及教科文卫体委员会的意见和建议进行了研究讨论。5月18日，市人大常委会教科文卫体办公室组织市人大常委会委员、教科文卫体委员会委员和部分市人大代表对议案办理暨本市学前教育情况进行了视察。

教科文卫体委员会认为，市政府及其有关部门高度重视议案办理工作，制定了议案办理工作方案，围绕市人大代表在议案中提出的主要内容，准确分析把握我市学前教育存在的突出矛盾和问题，深入开展了调查研究，积极采取行动，将议案办理与推动整体工作有机结合。洪峰副市长就议案办理情况与委员、代表进行了座谈交流。在前期工作的基础上，市政府研究起草了《北京市学前教育三年行动计划（2011—2013）》（以下简称《行动计划》），对本市当前及今后一段时期学前教育工作进行了全面规划和总体部署。洪峰副市长代表市人民政府所作的《关于发展学前教育议案办理暨本市学前教育工作情况的报告》，充分研究吸收了委员、代表在调研中提出的意见和建议，客观地反映了本市学前教育工作取得的成效和存在的问题，提出的对策和措施切实可行。该项议案办理工作已经取得了阶段性成果，为本市学前教育事业发展打下了基础。教科文卫体委员会同意这个报告。

虽然近年来市政府采取了有效措施，推动了本市学前教育事业的发展，但是本市学前教育的现状，还不能完全满足人民群众的需求。仍然需要进一步明确学前教育的性质，完善学前教育体制机制，推动学前教育平衡发展，加强幼儿教师队伍建设，提高学前教育保教质量，提升学前教育管理水平等。

推动学前教育事业发展重在落实。鉴于发展学前教育事业任务的长期性、艰巨性和复杂性，建议市政府把发展学前教育事业作为当前改善民生和全面实现教育现代化的重要任务，由市政府领导牵头，全面落实《行动计划》，将责任落实到市政府各有关部门和区县政府，明确任务分工，加强督查考核。建议市政府在未来三年内的每年初，向市人大代表通报实施《行动计划》的进展情况。为进一步推动本市学前教育事业发展，教科文卫体委员会提出以下意见和建议。

一、进一步明确学前教育性质，探索完善学前教育发展模式

学前教育是政府主导的社会公益性事业，是民生的主要内容之一。发展学前教育必须坚持政府主导，社会参与，公办民办并举。政府主导是保障学前教育性质的重要条件，市政府应当从战略和全局的高度出发，谋划本市学前教育事业发展，加强政策研究，进一步明确学前教育的性质和本市发展学前教育的主要制度，通过制度设计主导学前教育事业发展，不断完善学前教育体制机制。建议市政府根据当前发展学前教育事业面临的新要求，适时启动对《北京市学前教育条例》的修订调研工作。

探索完善学前教育的发展模式。学前教育作为一项社会领域的公益性事业，应改变主要依赖政府举办公立幼儿园或完全市场化的发展模式，积极探索引入社会组织参与发展学前教育。本市应研究制定支持社会组织发展学前教育的政策、措施，通过政府向社会组织购买公共服务、联合办学、委托管理等多种途径，调动社会组织举办幼儿园的积极性。

建立规模适度、结构优化，适应首都人口发展规律和城市可持续发展的学前教育体系。建议市政府按照本市“十二五”规划中构建适应首都发展的人口格局的要求，研究适龄儿童人口分布、变化趋势的规律，科学测算入园需求和供需缺口，既立足于缓解当前问题，更要着眼长远，充分考虑可能面临的各种形势变化，做到科学规划、合理布局本市学前教育资源。

二、扩大学前教育资源供给，缓解当前入园难问题

入园难是当前本市学前教育发展中迫切需要解决的问题。需要各级政府加大资金投入力度，扩大学前教育资源，缓解学前教育资源供给与需求间的突出矛盾。缓解入园难问题，应满足本市户籍儿童入园的基本需求，并在此基础上按照《国务院办公厅关于开展国家教育体制改革试点的通知》要求，根据学前教育非义务教育阶段的性质，探索非本市户籍儿童接受学前教育的保障制度。

进一步加大学前教育经费投入。新增教育经费要向学前教育倾斜，财政性学前教育经费在同级财政性教育经费中要占合理比例，未来三年要有明显提高。合理确定市和区县两级政府分担学前教育事业发展经费的比例，市级财政应加大对生态涵养发展区和承接中心城区人口疏解的区县的资金支持力度。在调研中了解到，目前每生每年1200元的生均

公用经费拨款尚未到位，建议尽快将此项经费拨付落实到幼儿园。

扩大学前教育资源供给。一是做好公办幼儿园新建改扩建工程。在中心城区新建改扩建幼儿园，应充分考虑土地资源紧缺的现状，加强现有资源整合，做好选址和场地保障。在农村地区新建改扩建幼儿园，应保障幼儿园建设标准。切实保障幼儿园新建改扩建完成后能够按编制标准配齐教职工。二是稳定各部门、街道及农村集体举办幼儿园。研究制定对这些幼儿园教师工资的财政经费支持办法，按照公办幼儿园教师工资标准给予其经费补贴，用以聘请教师。三是引导和支持民办幼儿园提供普惠性服务。将民办幼儿园纳入幼儿园条件改造达标工程、师资培养培训工程等政府工程当中。切实保障民办幼儿园与公办幼儿园享有同等待遇。

三、加强幼儿教师队伍建设，提高保教质量

建设一支高素质的幼儿园教师队伍，保障幼儿教师享有体面的收入，使幼儿教师成为一个令人羡慕的职业。尽快实行绩效工资改革，提高幼儿教师工资水平，并对在农村地区工作的幼儿教师予以倾斜。提高幼儿园园长、教师队伍的整体质量，要特别重视农村幼儿园和薄弱园的园长、教师队伍建设。提升幼儿师范教育水平，结合幼儿园教育工作实践，及时调整专业和教学内容。对幼儿园教职工编制标准进行修订和完善，保障幼儿教师编制充足供给。增加幼儿教师职称评定的指标，探索建立幼儿教师独立的职称评定序列。

坚持科学保教，提高质量。加强对幼儿园保教工作的监督和指导，完善学前教育质量管理制度。幼儿园保教工作应遵循幼儿身心发展规律，培养幼儿良好的生活习惯、卫生习惯、有益的兴趣、求知欲望和动手能力，做到保教结合，寓教于乐，促进幼儿健康成长，防止和纠正幼儿教育“小学化”倾向。

四、加强学前教育管理，规范办园行为

完善标准，推动幼儿园平衡发展。制定和完善幼儿园教育、管理、卫生、安全等各项办园标准，明确办园的各项基本要求。并以办园标准为基础，将各种类型幼儿园纳入统一的政府服务和管理范畴，推动幼儿园标准化建设，促进幼儿园平衡发展。依据办园标准，建立健全监督检查机制，规范办园行为。

规范幼儿园收费管理。尽快测算公办及公办性质幼儿园的办园成本，完善学前教育成本分担机制，并修订收费标准。在办园成本中，政府应当承担教职工工资费用及必要的公用经费，由家庭负担其余的合理费用。完善民办幼儿园收费备案程序，有关部门应核实其办园成本，并对收费项目进行审核，对于不合理的成本测算予以削减，调节民办幼儿园的收费水平。进一步规范幼儿园收费管理，坚决查处乱收费。

加强居住区配套学前教育设施的规划、建设和管理。居住区配套学前教育规划指标不能满足实际需求，应尽快加以修订。完善政策，明确职责，加强管理，确保新建配套学前教育设施的同步规划、同步建设、同步交付使用。市政府有关部门和区县政府应密切配合，摸清底数，准确掌握原来没有建设或没有交付的配套幼儿园的情况，制定具体措施，督促加快建设或尽快收回。

重视少数民族儿童学前教育和特殊儿童学前教育。增加能够接收少数民族儿童入园的幼儿园数量，支持鼓励幼儿园在开展少数

民族特色教育、饮食等方面为少数民族儿童提供有针对性的服务。扩大对特殊儿童提供学前教育的覆盖范围，不断完善学前特殊教育体系，加强对学前特殊教育的研究，培养学前特殊教育师资，保障特殊儿童接受学前教育的基本需求。

加强对无证办园的监管力度。尽快出台对无证办园的管理办法。全面掌握无证幼儿园的具体情况，加强指导，督促整改，并对整改提供必要的支持和帮助。整改期间，要保证幼儿正常接受学前教育。在依法取缔每一所不符合安全、健康等基本要求的无证园前，都应制定详细的工作方案，明确幼儿分流、安置的具体方法和去处等主要内容。

以上意见，供常委会组成人员审议时参考。

北京市人民代表大会常务委员会
任　命　名　单

（2011年5月27日北京市第十三届人民代表大会常务委员会第二十五次会议通过）

任命李福祥为北京市人民代表大会常务委员会副秘书长。

北京市人民代表大会常务委员会
免　职　名　单

（2011年5月27日北京市第十三届人民代表大会常务委员会第二十五次会议通过）

免去杨斌的北京市第十三届人民代表大会城市建设环境保护委员会委员职务。

北京市人民代表大会常务委员会
决定任免名单

（2011年5月27日北京市第十三届人民代表大会常务委员会第二十五次会议通过）

任命杨斌为北京市住房和城乡建设委员会主任。

免去隋振江的北京市住房和城乡建设委员会主任职务。

北京市人民代表大会常务委员会任免名单

（2011年5月27日北京市第十三届人民代表大会常务委员会第二十五次会议通过）

（一）

任命陈海鸥、袁远为北京市高级人民法院审判委员会委员。

任命政玉英为北京市高级人民法院执行一庭庭长。

任命田建为北京市高级人民法院执行二庭庭长。

任命雷运龙为北京市高级人民法院执行三庭庭长。

任命余诤为北京市高级人民法院刑事审判第一庭副庭长，免去其北京市高级人民法院审判监督庭副庭长职务。

任命高文斌为北京市高级人民法院审判监督庭副庭长，免去其北京市高级人民法院刑事审判第一庭副庭长职务。

任命董更、马宏玉、李燕蓉、赵英波、钱锋为北京市高级人民法院审判员。

免去朱春涛的北京市高级人民法院立案庭副庭长职务。

免去李建新、郭宜、张彬、王恒泰的北京市高级人民法院审判员职务。

（二）

任命李健平为北京市第一中级人民法院执行一庭庭长。

任命郭燕枝为北京市第一中级人民法院执行二庭庭长。

任命张继文为北京市第一中级人民法院执行三庭庭长。

任命孙小平为北京市第一中级人民法院民事审判第三庭庭长。

任命张家华为北京市第一中级人民法院民事审判第四庭庭长。

任命崔学锋为北京市第一中级人民法院民事审判第五庭庭长。

任命张弓为北京市第一中级人民法院民事审判第六庭庭长。

任命娄宇红为北京市第一中级人民法院行政庭庭长。

任命杨跃进为北京市第一中级人民法院未成年人案件综合审判庭庭长。

任命贾连春为北京市第一中级人民法院清河法庭副庭长。

免去王保民的北京市第一中级人民法院执行一庭副庭长职务。

免去王惠庆的北京市第一中级人民法院立案庭副庭长职务。

免去薛强的北京市第一中级人民法院审判监督庭副庭长职务。

（三）

任命吴宝升为北京市第二中级人民法院立案庭庭长。

任命袁丽忠为北京市第二中级人民法院刑事审判第二庭庭长。

任命肖大明为北京市第二中级人民法院民事审判第二庭庭长。

任命李艳红为北京市第二中级人民法院民事审判第三庭庭长，免去其北京市第二中级人民法院民事审判第四庭庭长职务。

任命杨小勇为北京市第二中级人民法院民事审判第四庭庭长，免去其北京市第二中级人民法院民事审判第三庭庭长职务。

任命饶林生为北京市第二中级人民法院申诉审查庭庭长。

任命龚浩鸣为北京市第二中级人民法院执行二庭庭长。

任命孙涛为北京市第二中级人民法院执行三庭庭长。

任命李天民为北京市第二中级人民法院刑事审判第二庭副庭长，免去其北京市第二中级人民法院刑事审判第一庭副庭长职务。

任命张素莲为北京市第二中级人民法院刑事审判第一庭副庭长，免去其北京市第二中级人民法院未成年人案件综合审判庭副庭长职务。

任命唐季怡为北京市第二中级人民法院未成年人案件综合审判庭副庭长，免去其北京市第二中级人民法院刑事审判第二庭副庭长职务。

任命周瑞生为北京市第二中级人民法院民事审判第六庭副庭长，免去其北京市第二中级人民法院民事审判第一庭副庭长职务。

任命梁立君为北京市第二中级人民法院执行三庭副庭长，免去其北京市第二中级人民法院执行一庭副庭长职务。

任命李学猛为北京市第二中级人民法院行政庭副庭长、审判员。

任命漆爱君为北京市第二中级人民法院审判员。

免去王怀勤的北京市第二中级人民法院执行三庭庭长职务。

免去王范武的北京市第二中级人民法院民事审判第六庭庭长职务。

免去李经纬的北京市第二中级人民法院民事审判第二庭副庭长职务。

免去朱造所的北京市第二中级人民法院审判监督庭副庭长职务。

免去邓颖的北京市第二中级人民法院执行三庭副庭长职务。

免去刘薇的北京市第二中级人民法院审判员职务。

北京市人民代表大会常务委员会
任 免 名 单

（2011年5月27日北京市第十三届人民代表大会常务委员会第二十五次会议通过）

（一）

任命宋红伟为北京市清河人民检察院副检察长、检察委员会委员。

（二）

免去李辉的北京市人民检察院第一分院检察员职务。

北京市第十三届人民代表大会

常务委员会第二十六次会议

在市十三届人大常委会第二十六次会议上的讲话

（2011 年 7 月 22 日）

市人大常委会主任 杜德印

各位委员、同志们：

本次会议是今年常委会的一次重要会议，议题多、任务重，涵盖了立法、监督、重大事项决定、人事任免等人大常委会的主要职能。两天多来，常委会组成人员以及列席的代表，以高度负责的态度，充分审议各项议题，发表了许多很好的意见，会议开得很成功。会后，常委会工作机构要汇总整理好大家的意见和建议，对政府的专项工作报告和执法检查报告形成审议意见书，由主任会议确定后交市政府及有关部门研究处理。

这次会议的一项重要任务就是审查和批准 2010 年市级决算。正如大家在审议发言中所讲的，市人大常委会和市政府围绕这项议题，进一步加强和改进预算监督工作和预算管理工作。应该说我们既完成了这项议题，又使市人大常委会的预算监督工作和市政府的预算管理工作取得了一些新的进展。

为了更好地完成这项任务，市人大常委会与市政府及其有关部门在会前做了大量准备工作，坚持了“会议质量在会前”的原则。6 月 24 日，经市委批准，市人大常委会和市政府共同召开了“加强预算绩效监督、推进预算绩效管理制度建设”研讨会。这次会议在思想认识、工作安排、制度建设等方面有效地把市人大对预算执行的监督工作和市政府对预算的管理工作统一协调起来，也为这次常委会起草好、审查好、批准好关于预决算的几个报告奠定了重要的基础。

为开好这次会议、审查批准好 2010 年市级决算，在本次常委会召开之前，市人大常委会的领导和主管部门又与市政府的领导和有关部门进行了多次沟通与协调，共同商量确定了几项基本要求，达成了高度共识，概括为四句话：推进信息公开，严格整改问责，注重绩效管理，加强制度建设。市人大常委会和市政府在起草报告、审查报告、批准报告的过程中，包括市人大常委会财经委员会提供的审议意见都努力遵循了这几方面的要求。

推进信息公开就是要在原有基础上，使涉及决算、预算管理有关方面的信息在公开方面迈出新的较大的步伐。市政府按照国务院的要求，根据市人大常委会提出的有关建议，实现了几个第一次：第一次向市人大常委会报告了“三公”经费的情况；第一次向市人大常委会报告了政府债务的情况；第一次向市人大常委会组成人员提供了 31 个部门绩效审计的专项报告。市人大常委会推进市政府加强绩效审计的工作已经连续做了三年，第一年提供了 3 个部门绩效审计的专项报告，第二年是 11 个部门，今年是 31 个部门。前两年的专项报告我们没有报给常委会全体组成人员，也没有在常委会会议上审查，而仅限于在财经委员会的范围内，由人大财经委员会进行审查并提出意见。今年不仅部门增加了，而且将绩效审计的专项报告提供给了常委会的每位组成人员，这说明市政府在加强预算管理、推进信息公开方面有了明显的进展。而且市政府已经制定了关于决算信息公开的有关规定，将在市人大常委会批准2010年市级决算后的15天内，向社会正式公布市级决算的全部信息。下一步还将统一公布政府各部门的决算情况。这些都是我们围绕常委会审查批准决算所取得的新进展。

严格整改问责体现在两个方面，即在审计报告当中，不仅报告了一些单位和部门存在的问题，同时也报告了已经采取的整改措施或整改方案。我们希望在会后，市政府要按照严格整改问责的要求继续做好后续的工作。

突出绩效管理，就是市人大要继续突出对预算的绩效监督。绩效监督要坚持结果导向，它是整个公共财政体制改革必须遵循的一条重要原则，它要解决的是重要钱、重分钱、轻管钱、轻绩效的情况。特别是要加强制度建设，要通过绩效的审计、绩效的监督，来推进整个公共财政体制的改革，推进预算管理绩效制度的建设。人大加强和改进预算监督工作，也要把推进政府建立健全预算绩效管理制度、深化公共财政体制改革作为监督工作的一项重要目标。市政府已经制定了相关文件，提出了推进预算绩效管理制度建设的意见。这标志着在市人大常委会的推动下，市政府在全市建立预算管理制度的工作已经启动。今年先抓试点，总结积累经验，然后逐步扩大范围。这样人大的绩效监督就和政府的绩效制度建设结合起来了。前两年我们抓绩效监督是推动财政部门加强绩效评估工作，推动审计部门加强绩效审计工作，而今年我们开始向整体、向制度层面推进，就是从部门推进到整体，从工作推进到制度。通过这次会议，市人大常委会以审查批准2010年市级决算为契机，既完成了议题，又推进了预算监督工作和政府的预算管理工作。如果简要概括出几个关键词，就是公开、问责、绩效、制度。这构成了市人大和市政府共同加强和改进这方面工作的新的特点。

虽然这方面的工作我们取得了一些进展、一些成效，但是任务还很艰巨。在审议当中大家提出了不少问题，包括信息公开的逐步推进和完善。信息公开是加强人大监督、加强人民群众社会监督的一个重要方式，是一个逐步推进的过程，有大量的工作要做。对于审计报告中提到的九个部门预算编制不细化、不合理的问题，应作说明。如果是普遍存在的一般性问题，为了保护部门的积极性，可以暂不点名，但是对于违规违法突出的，不管是谁都应该点名，存在的问题要严格整改。为什么有些问题年年审计、年年出现、年年不改，情况比较复杂。有些问题不是不改，而是去年审计那个部门存在的问题，今年查这个部门也同样存在；也有些问题涉及制度建设、体制改革和管理改进，如审计标准需要调整。所谓“树根不动、树梢白摇”，意思就是说我们要把解决具体问题和分析问题产生的原因、推进体制改革、推进制度建设、改进工作有机地结合起来。大家要认识到，真正建立公共财政体制的路还很长，任务还很艰巨。我们提出建立预算绩效管理制度，也只是作为建立健全完善公共财政体制的一个突破点，使政府财政的支出结构进一步向公共财政的方向推进，但是贯穿于整个决策执行和监督的、既协调又制约的公共财政资源运行体制还远远没有建立，我们离“不争说了算、共求说得对，不争要得多、但求花得好”的要求还差的很远。现在的财政体制往往是部门要钱、分钱，把公共财政变成部门的权力和利益去分配。要将公共财政真正作为公共资源进行配置，追求公共资源配置的效率，使公共资源配置的方式和公共资源的价值取向相协调。所以我们要在市委的领导下，和市政府一起努力，沿着这个方向，不断深化市人大常委会的预算监督，推进市政府的预算管理。

这次会议听取和审议了市政府关于2011

年国民经济和社会发展计划上半年执行情况的报告。大家对当前全国尤其是北京市经济发展面临的形势高度关注，审议中提出了不少很好的意见和建议。上半年在市委的领导下，市政府和全市各部门共同努力、艰苦奋斗，保持了经济的平稳较快发展，取得了可喜的成绩，这一点得到了大家的充分肯定。同时大家也感到，当前经济形势不容乐观。上半年，我市经济增速是8%，是近年来半年增速比较低的，在全国31个省市当中也是比较低的，对此我们要有正确的认识和把握。市委、市政府将召开上半年经济分析会，大家要认真学习贯彻会议精神，按照市委的要求来统一思想。

在这里，对于如何认识8%，我讲两点看法。一是8%是我们上半年主动转变经济发展方式、调整经济结构的结果。首先，我们对汽车实行了限购措施，小汽车的销售量比去年同期下降了50%多。其次，对房地产进行了宏观调控，使纯商品房销售面积同比下降了30%多。还有如首钢停产等产业调整的因素。统计局的数字表明，主动的调整和限制影响GDP增幅下降1.8%—2%，也就是说我们主动舍弃了差不多两个百分点，如果不主动舍弃，GDP增长还是接近10%。所以8%是符合我们转变经济发展方式、调整经济结构预期的。全市经济增长的质量和效益是比较好的，财政收入增长是27.9%，规模以上企业的效益仍然比较好，就业形势比较稳定，登记失业率不到2%，居民收入有所增长，社会保持稳定。另外，经济发展的新趋势正在形成，创新驱动战略得到贯彻，文化创新也在蓄势，一些战略性新兴产业项目正在落地建设过程当中。人大这几年一直强调要坚持首都城市的性质和功能，使首都的科学发展与城市的性质和功能相协调，与人口、资源、环境的承载能力相适应，今年朝这个方向迈出了更大的步伐。我们现在就是在主动舍弃不该要的，积极探索符合首都特点的发展方式。当然也要进一步研究经济增长速度大体保持在一个什么状态比较好，太低了也不行。

从以上这些情况中我们可以得出一个认识，就是真正转变经济发展方式不容易、不简单，应该说是很艰巨的任务。单纯靠扩大投资、举债、搞基础设施建设、搞房地产是比较好做的，但是好做的难以为继；科技创新、文化创新、制度创新是我们应该做的，但应该做的却不容易。我们要坚定不移地以科学发展为主题，以转变经济发展方式为主线；坚定不移地坚持首都城市的性质和功能，走科学发展的道路；坚定不移地坚持创新驱动战略，下更大的力量推进科技创新、文化创新和制度创新，以此来推动首都经济社会的平稳较快发展。不仅今年下半年不动摇，“十二五”时期乃至今后长期发展都不能动摇。

这次会议报告了政府债务问题。这也是大家比较关心的问题。对于3745.45亿这个数字有人提出了疑问，这里有一些口径问题。现在政府债务出现了多种含义，除了中央代为发行的，更多的是体现在政府的融资平台上。各级政府性债务余额，还有企业融资的数额，到底是多少？这是需要我们重视的问题。

政府债务的增加是在国际金融危机的特定情况下，为保持经济的平稳较快发展而出现的。政府融资形成的债务对保持经济的平稳较快发展，妥善应对金融危机，防止经济过快下滑，维护社会稳定，推动基础设施建设，促进城乡统筹发展，发挥了积极、重要的作用，这点我们要给予充分肯定。但也要清醒地认识到它同时也积累了不少的风险。

首先要看到，全市的政府债务占市区两级政府财力的61%，总体是可控的。政府举债主要用于两方面，一个是通过基础设施建设推动投资，用投资来刺激经济；再一个是土地储备。当大家看到那么多债务的同时，也要看到政府手里有相当数量的土地储备，相当数量的城市基础设施。政府只要将土地上市，不仅可以偿还债务，还可以积累一些资金再搞基础设施建设。所以大家不用担心会出现用预算内的资金来还融资债务的情况。那么现在面临的风险和问题是什么呢？就是土地、房地产市场当前的状况，对我们形成了一个考验。为贯彻国务院的要求，北京市率先提出房价要稳中有降，这就意味着土地的价格要降。如果是按照高价位取得了土地并支付了高额的土地补偿，却在一个低价位的房地产市场出售商品房，房地产商无法接受，土地就不能顺利进入市场交易。更为重要的是转变经济发展方式和政府职能，决定了我们不能再走单纯靠投资拉动，或者主要靠政府举债投资拉动经济的路子。

我们转变经济发展方式为什么那么难？有调整经济结构的问题，也涉及如何完善社会主义市场经济体制，如何转变政府职能的问题。在金融危机的情况下，我们不得不依靠投资去拉动、刺激经济，以保持必要的经济增长速度，特别是当社会资本不活跃的情况下，政府不得不冲到前面去投资。所以在市场经济条件下，我们一定要加强政府的宏观调控，而不需要一个弱势的政府。但是究竟是发挥政府的主导作用还是发挥政府的主体作用？结论应该是清楚的，政府的职能是四句话：经济调控、市场监管、社会管理、公共服务。如果政府在一定程度上成了发展的第一主体，在某种程度上成了第一利益主体，那么，特别是在房地产的问题上，政府就陷入了两难的境地。

市人大常委会的看法是：支持政府通过正常、健康、有序的土地市场来化解政府形成的债务，不要造成用预算内的钱还债的状况。我们要建立健全基本住房保障制度，加大保障性住房建设的力度，使居民的基本住房权益得到有效的保障，然后适当放开商品房的价格，这样一部分土地就能获得比较高的收益，还可以用这些收益去支持保障性住房建设。这就是一个良性循环，政府的两个职能都体现了，一个是政府对居民基本住房权益的保障，一个是政府对土地市场和商品房市场的调控。

总之，我们要高度关注政府的债务情况，要从完善社会主义市场经济体制，转变经济发展方式，转变政府职能的角度来思考今后的改革和发展问题。

这次会议还听取和审议了进一步缓解交通拥堵工作情况的报告。政府在市委的领导下，采取了缓解交通拥堵的28条措施，这些措施也得到了广大市民、社会各界的支持和配合，收到了一定的成效，应该给予充分的肯定。同时要看到，北京是首都，是历史文化名城和国际化大都市，人口规模大，要真正缓解交通拥堵，保持一个比较良好的交通秩序，不是一件容易的事情，而是一件长期、艰巨、复杂的工作。审议中，大家同意专项工作报告，也高度赞成城建环保委员会提出的六条意见和建议，希望政府能够继续贯彻好这些措施，做好这些措施的评估，不断研究一些有效的新措施。当前的重点工作，主要是坚持公交优先的原则，提高道路的通行效率，这方面还有大量的工作要做。要更多地通过经济手段引导居民合理地使用小客车。大家都指出停车收费的效果很明显，当然停车收费也派生出一些新矛盾，如收费的公开和管理问题，但提高中心城区小客车的使用成本，不失为用经济手段合理引导居民使用小客车的一种办法。

城市功能结构的调整是一个根本性的办法。北京的交通拥堵是区域功能、产业结构、居民的就业结构、居住地之间出现脱节造成的。一方面中心城区的功能应该往外疏散，另外一方面要提高小客车进入中心城区的成本，必须两手抓。如果一手抓，居民谁也离不开中心城区，很多服务功能都在中心城区，那么无限制地提高居民进入中心城区的交通成本，就不合理了。所以交通问题要引入一些新观念，它不只是拥堵问题，其实是居民居住地与就业地和公共服务聚集地能否吻合的问题。比如，所有大医院门口都是堵点，如果提高医院门口停车的成本，老百姓又必须去医院看病，这就没有道理可言了。怎样合理布局医疗服务机构、教育服务机构等公共服务机构，通过公共服务的便利化，就业的便利化，来降低居民交通出行的成本和痛苦的指数，是要坚持不懈研究下去的问题。

这次会议还对就业援助规定进行了一审。这是在立法工作改进当中的一次尝试。过去我们很多是搞成实施办法或者是条例，而这次我们作成了一个规定，简明扼要，具体管用，市人大常委会和市政府都高度赞成。政府援助对象特定指就业困难人群，因此要围绕政府在就业援助上承担的责任、职能，需要援助的范围，政府提供援助的种类、方式、途径，居民申请和政府提供援助的具体制度、程序，居民欺诈、作假要承担的责任，政府不提供援助的责任等重点问题，制定明确、具体、可操作、有约束力的条款。在二审之前我们要继续进行认真研究和必要的修改，大家共同努力把这项法规搞好。

最后向大家简要通报一下上半年的基本工作情况和下半年工作的主要安排。在大家共同努力下，我们顺利地完成了上半年的各项议题，同时还做了其他几个方面的重要工作，开展了关于全国文化中心建设的专题调研，召开了代表工作座谈会、立法工作研讨会和预算工作的研讨会，这几个会都开的很好，取得了一些新的认识、新的成果，成为指导今年和今后一段时期人大常委会工作的重要指导性意见。同时我们为区县乡镇下半年的换届选举做了大量的筹备工作。

下半年首要任务是认真学习胡锦涛总书记在纪念中国共产党成立90周年大会上的重要讲话，深刻领会讲话精神，特别是要坚定中国特色社会主义的共同理想、信念，高举中国特色社会主义伟大旗帜，坚持社会主义民主政治建设方向，坚持和完善人民代表大会制度，坚持党的领导、人民当家作主、依法治国有机统一，加强社会主义民主法制建设，发展社会主义民主政治，增强做好人大工作的责任感和使命感。

下半年将召开三次常委会会议，还有不少议题，任务还很重，机关的同志要做好调查研究、做好准备工作。继续做好推进全国文化中心建设的调研，现在已经形成了初步的认识和成果，争取能够在七、八月份形成报告的框架。常委会关于推进全国文化中心建设的若干问题的建议，不要去全面论述，因为这个问题涉及的内容很多，我们的认识也有限，应该就一些重要的问题，给市委、市政府提出建议和意见。

这次会议作出了关于区县、乡镇人民代表大会换届选举有关事项的决定。区县、乡镇人大的换届选举工作就要正式开始了，市人大常委会负有工作指导的责任。本次换届选举面临着新形势、新情况和新问题，我们要坚持党的领导、充分发扬民主、严格依法办事，在市委的领导下，充分发挥人大常委会的职能作用，与有关部门通力合作，切实做好指导工作，确保这项工作依法有序顺利完成。

北京市第十三届人民代表大会常务委员会第二十六次会议议程

（2011年7月20日至22日）

（2011年7月20日北京市第十三届人民代表大会常务委员会第二十六次会议第一次全体会议通过）

一、审议《北京市就业援助规定（草案）》

二、听取和审议市人民政府关于进一步缓解交通拥堵工作情况的报告

三、听取和审议市人大常委会执法检查组关于检查《中华人民共和国防震减灾法》及《北京市实施〈中华人民共和国防震减灾法〉办法》实施情况的报告

四、听取和审议市人大常委会执法检查组关于检查《中华人民共和国台湾同胞投资保护法》实施情况的报告

五、听取和审议市人民政府关于北京市2010年市级决算的报告，批准2010年市级决算

六、听取和审议市人民政府关于北京市2010年市级预算执行和其他财政收支的审计工作报告

七、听取和审议市人民政府关于北京市2011年上半年预算执行情况的报告

八、听取和审议市人民政府关于北京市2011年国民经济和社会发展计划上半年执行情况的报告

九、审议表决《北京市人民代表大会常务委员会关于区县、乡镇人民代表大会换届选举有关事项的决定》

十、决定人事任免事项

关于进一步缓解交通拥堵工作情况的报告

——2011年7月20日在北京市第十三届人民代表大会常务委员会第二十六次会议上

北京市交通委员会主任　刘小明

主任、各位副主任、秘书长、各位委员：

我受市人民政府委托，向市人大常委会报告关于进一步缓解交通拥堵工作情况。

2010年年底，在城市快速发展、交通拥堵日趋严重的情况下，面对人口、资源、环境的压力，在广泛听取各方面意见的基础上，市委市政府科学决策，适时出台了《关于进一步推进首都交通科学发展加大力度缓解交通拥堵工作的意见》，从科学规划和“建、管、限”等方面提出了28条缓解交通拥堵综合措施。今年以来，市政府多次研究，全面部署，各部门、区县政府密切配合，积极推

进落实，广大市民理解支持参与，交通运行状况有所好转，缓解交通拥堵工作取得初步成效。

一、综合措施实施情况

市政府成立了缓解交通拥堵工作推进小组，将28条措施分解为71项具体任务，并与年度重点工作紧密结合，制定了缓解市区交通拥堵第八阶段工作方案，提出2011年公交出行比例达到42%、中心城交通指数降至6.0以下的目标。

（一）调控需求，加强源头管理

“十一五”期间，全市机动车保有量高速度增长，由258万辆增加到484万辆，5年净增226万辆。机动车的高速增长加上高密度聚集和高强度使用，给交通与环境带来了巨大的压力。从源头上调节机动车过快增长和过度使用，对缓解交通拥堵至关重要，更是推进首都交通科学发展的需要。

小客车指标配置平稳实施。小客车指标配置是一项全新的工作。在反复论证并综合考虑道路承载能力和市民购车愿望的基础上，确定了今年小客车调控目标。为确保工作顺利开展，建立了定期会商机制，开发了集受理、审核、摇号、发布等于一体的小客车指标配置系统，制定了摇号规则、审核流程等。在实施初期，交通、公安、人力社保、国税、地税、工商、质监等相关部门以及各区县政府，每天召开例会，及时沟通情况。开展了政策社会稳定风险评估，逐项明确风险控制措施，有效化解了重大风险源和确保稳定。在出现重大、敏感问题时，市领导及相关部门、区县领导第一时间到达现场，连夜研究部署，将问题解决在萌芽状态。目前，小客车指标配置工作已进行6期，共无偿配置个人小客车指标105,600个和单位小客车指标12,000个，机动车保有量快速增长势头得到了有效控制。

严格执法确保限行措施效果。在继续实施机动车工作日区域限行管理措施的基础上，对非本市客车采取工作日早晚高峰时段禁止进入五环路（含）以内道路行驶、平峰时段尾号限行措施。市公安交管部门在强化37处常态卡控岗位基础上，进一步严密岗位设置，形成了“路面网格管控、整体实施联动”的工作格局，对违反限行规定的车辆实施连续处罚，有效遏制了违法行为，对缓解市区高峰时段交通拥堵起到了积极作用。

（二）改善服务，提高公共交通吸引力

近年来本市不断加大优先发展公共交通力度，公共交通出行比例持续增长，但地面公交速度慢、轨道交通乘车拥挤仍是市民反映强烈的问题。今年我们采取了一系列举措着力让地面公交“快起来”、进一步提高地铁运力和公交吸引力，上半年完成公共交通客运量34.2亿人次，同比增长3.6%，最高日客运量达到2273万人次。

地面公交提速和延伸服务。一是5月24日在京通快速路主路上高峰时段启用了公交专用道，公交车平均速度由原来的24公里/小时提高到52公里/小时，沿线地面公交线路日均客运量提高了8%；地铁八通线高峰时段压力也有所缓解，断面最大满载率下降了10个百分点。二是陆续开通了20组社区通勤快车，连接天通苑、回龙观、通州等大型居住区与中央商务区、中关村、金融街等重点功能区，日均客运量已达6200人次。三是开行了10条“袖珍公交”线路，方便市民“最后一公里”出行，日均客运量已达24,000人次，改善了重点地区和地铁站点周边公交微循环。

既有轨道交通运输能力挖潜。一是在确保运营安全的前提下，依靠科技和管理，上半年再次缩短1号线、4号线、13号线高峰时段发车间隔，运力平均提高10%，一定程度上缓解了乘车拥挤。二是推进重点站区换乘设施改造，4月29日建成地铁知春路换乘通道，提高了13号线和10号线的换乘能力。三是7月1日起，市郊铁路S2线实施新运营模式，票价定位由“旅游客运”调整为“地区通勤”为主，日均客运量增加了近10倍，达到每日15,000人次，方便了沿线居民出行。

（三）以静制动，实施差别化停车收费

实施差别化停车价格调整是通过经济手段调节小客车使用的治堵措施，也是今年治堵综合措施中唯一的经济调控手段，涉及全市2942个停车场、53万个停车位。为保证工作顺利开展，成立了市停车价格调整工作小组，精心设计方案，整体协同推进各项措施平稳实施。

停车管理重心下移，试点停车电子收费。发挥区县属地管理优势，将市管占道停车场全部移交区县管理部门管理。各区县结合区域特点，健全机构、充实人员、细化方案，统筹开展规范收费、停车示范街区建设等工作。同时，加强停车收费智能化管理，5个区、12个占道停车场开展了停车电子收费试点。

规范行业管理，整治停车秩序。建立停车场经营企业准入制度，规范停车企业经营。实行占道停车服务人员准入和持证上岗制度。开展停车治理百日活动，重点查处停车收费私自打折、擅自降价、占道乱停车等十大违法行为。增设隔离护栏、便道桩、交通标志和科技执法设备，在消防单位、消防设施周边施划1259处禁停区，加大违法停车处罚力度，遏制了违法停车和违规经营行为。

挖掘既有设施潜力，缓解基本停车难。制定了《关于加强本市居住区周边停车管理工作的指导意见》，在具备条件的支路、胡同、居民小区周边增划了一批基本停车位。鼓励机关企事业单位停车场错时开放，市政府槐柏树街办公区等38处、5482个停车位率先实行，供周边居民夜间停车使用。加快推进停车立法工作，为停车设施的建设、用地、资金等提供必要的法制保障。

停车价格调整3个月来，路内、路外停车场每车位平均停放车辆数分别降低了12%和19%，市民出行方式发生积极变化，监测路段小客车进入中心城流量下降12%。

（四）积极推进，提高设施承载能力

加大交通基础设施建设力度，畅通道路微循环，努力提高设施承载能力。上半年，重点抓好轨道交通和道路微循环系统建设。

中心城轨道交通建设进展顺利。今年计划开通试运营的轨道交通8号线北段、9号线南段、15号线一期东段、房山线大葆台站和郭公庄站区间等土建工程基本完成，正在进行装修、铺轨和设备安装等工作。6号线一期、7号线、14号线等其他在建轨道交通线路建设进展顺利。

加快道路交通基础设施建设。制定了《关于加快实施中心城微循环道路建设的意见》，进一步下放审批权限，简化审批流程，明确市级资金补助政策。确定了城六区第一批47项总投资33亿元的微循环道路项目，完成东校场口南口、百子湾南一路等项目建设；确定两批104项常规疏堵工程，总投资8143万元，高碑店路口渠化、远通桥匝道拓宽等项目已完工。加快重点功能区等区域配套道路前期工作，京良路、万寿路南延、马家堡西路南延等道路建设项目已经开工。

（五）统筹兼顾，提高交通综合管理水平

严格交通执法。公安交管部门共处罚酒后、涉牌、闯红灯以及非法占用公交车道、应急车道、非机动车道等严重违法行为400余万起，排查交通堵点、秩序乱点和事故黑点200余处，结合“事故快清快处”战役，对发生轻微事故不及时挪车造成拥堵的依法严厉处罚，当事人自行协商解决率由40%提高到75%，因交通事故造成的拥堵报警下降23%。交通执法部门加强联合执法、调整勤务安排，检查各类车辆14.5万余辆，查扣各类非法运营车辆6035辆，各运输场站、重点地区因交通运营秩序问题而引起的交通拥堵现象有所缓解。

提高交通信息化水平。一是建成交通运行监测调度中心，动态监测公交、地铁、道路等运行状况，归集路网运行、综合运输、行业执法等近3000个基础数据项、15个应用系统以及重点道路、场站的6000多路视频，初步实现特殊天气、重要节假日期间的协调联动和应急指挥。二是实时监测、动态发布交通指数和路况信息，为交通评价、公众出行和交通决策提供服务。三是强化应急处置，提高突发事件应对能力，努力减少极端天气造成的交通拥堵。

开展文明交通活动。全面推动《首都交通文明行动实施方案》，开展“做文明有礼的北京人——绿色出行、文明交通、从我做起”主题活动。一是开展“公交出行月”、“文明出行推动日”等主题活动，鼓励市民更多选择公交出行、低碳出行。“3公里步行、5公里自行车、10公里坐公交”的“3510”绿色出行倡议得到市民积极响应。二是多种形式开展交通宣传教育活动，开展“交通安全进企业”、“交通安全进学校”和出租汽车“系好安全带、路上防意外，礼让斑马线、和谐保平安”等系列活动，推动单位落实内部交通安全宣传教育措施，组织出租汽车驾驶员粘贴宣传车贴，深入全市中小学校和幼儿园开展交通安全课等宣教活动8110场次。三是营造全社会参与文明交通氛围，大力扩充交通协管员队伍，目前已有市属协管员5215人、区属协管员1962人，协助交通民警维护交通秩序。全市6470名公共文明引导员认真维护公交、地铁乘车秩序。组建“文明交通志愿者”队伍，日均3.1万人在路上维护交通秩序、劝阻不文明交通行为。组织知识竞赛、挂图巡展等文明交通宣教活动6.2万场，发放安全提示卡、宣传海报等宣传品577万份，组织了325万驾驶人文明交通培训。

总之，在机动车保有量比去年同期增长60万辆的情况下，上半年交通运行状况有所好转。五环路内工作日早、晚高峰平均交通指数为4.5，路网运行速度达24公里/小时以上，整体提高10%；拥堵里程减少至115公里，降幅达33%；平均拥堵时间减少1小时零5分钟，降幅达50%。

二、工作体会

总结上半年缓解交通拥堵工作取得的阶段性成效，主要得益于以下四点。

（一）领导高度重视、部门积极配合

刘淇书记今年多次就交通工作作出专门指示，明确了多项关键问题的解决方向，特别是5月11日批示：“在交通委、交管局等部门大力协同作战的基础上，今年，贯彻市缓解交通拥堵综合措施已取得阶段性成果。相信再接再厉，今年定在缓解拥堵上取得明显成绩”。郭金龙市长多次主持会议研究缓堵综合措施任务分解、第八阶段缓堵方案和停车管理工作，对缓解交通拥堵工作进行强调和部署。市人大杜德印主任带队到市交通委开展调研，强调结合缓解交通拥堵工作的实际来办理人大代表建议，提出了“认真分类研究、积极恰当处理、诚恳明确答复、加强统筹协调”的建议办理新思路，以充分沟通民意，争取广泛理解和支持。市人大城建环保委今年就缓解交通拥堵工作开展专题调研并提出了有针对性的建议。中央维稳办、交通运输部、公安部、国家安监总局等中央、国家部委多次调研指导本市缓解交通拥堵工作。市政府各部门统一思想、凝聚共识、依法行政、提高效率，共同推进缓解交通拥堵的各项工作。

（二）区县政府认真履行属地管理责任

城六区政府分别成立了交通工作领导小组和区交通委，通州、大兴、昌平等区县政府明确牵头部门，积极发挥属地优势和作用，加大研究本区域交通发展规划的力度，在加快新城建设过程中统筹考虑疏解老城区功能和人口，统筹区域交通发展和管理，认真履行交通基础设施建设养护、交通运输和交通秩序管理职责。从打通断头路畅通微循环，到小客车数量调控措施中的车辆备案、申请受理，以及公交通勤快车的需求调研、线路设置，停车价格调整中的秩序管理、设施挖潜等，各区县政府花了大力气、下了真功夫，市区联动，保障了缓解交通拥堵工作有效开展。

（三）广大市民理解、支持和积极参与

广大市民建言采取综合措施缓解交通拥堵，人大代表、政协委员积极为缓解交通拥堵献计献策。对目前采取的小客车数量调控、停车价格调整等措施，广大市民以主人翁的姿态给予了理解和支持，并不断加强自我管理和服务，如“停车自治”在一些小区取得了很好的效果，为解决居住区停车难积累了经验；广大交通参与者积极践行绿色出行，做交通文明志愿者，以实际行动参与支持缓解交通拥堵。

（四）创新工作思路和方法

在市委市政府的领导和市人大的监督指导下，各有关部门切实加强和创新社会管理，并在实施过程中及时调整和完善工作方式方法，加强过程控制和风险评估，保证各项措施平稳顺利实施。在治堵措施方面，由过去的主要依靠行政手段为主转变为经济、科技和必要的法律、行政手段相结合，引导市民自主调整出行方式，实现出行结构的优化。在小客车数量调控方面，采用摇号方式无偿配置指标，体现了资源分配的公平性；开展社会稳定风险评估，发现和解决可能存在的潜在风险，推动了政策平稳实施。在停车管理方面，强化市属有关部门的政策制定、监督检查指导职责和落实区县属地管理责任，把停车管理的责、权、利下放到区县并逐步理顺管理体制。在交通设施建设方面，对于次干路以下的道路微循环改造，明确区县主体责任，下放审批权，市级给予资金补助。在地面公交方面，新增公交专用道 28.5 公里，特别是在京通快速路高峰时段开设公交专用道，创新了公交专用道设置模式，成功实践了道路资源的理性配置。

三、面临的形势和下一步重点工作

（一）面临的形势

实施缓解交通拥堵综合措施已经有了一个良好的开端，初步实现了预期目标，交通状况整体可控。但影响交通运行状况的因素较多，交通形势依然严峻，缓解交通拥堵将是一项长期而艰巨的任务。就交通自身而言，一是机动车保有量的快速增长势头虽然得到有效控制，但按现行政策仍将有较大的增长量，小客车的使用强度短期内也难以明显降低；二是交通出行总量仍将持续增长，出行刚性需求和个性化服务需求均有增加，运输服务压力将进一步加大；三是公共交通场站用地缺口较大、建设严重滞后，公交专用道还没有连续成网，制约着公交吸引力的进一步提高；四是受土地资源和历史文化名城保护等因素限制，中心城特别是核心区不可能通过大量修建道路、停车设施来满足交通出行以及机动车停放的需要，供需矛盾突出；五是加强交通精细化管理、提高交通设施利用效率和提高全社会文明交通水平仍有许多工作要做。

另一方面来看，本市交通发展也处于重要的战略机遇期。一是社会各界对交通的密切关注和对交通发展的高度共识前所未有，举全市之力缓解交通拥堵的工作局面初步形成；二是实施缓解拥堵综合措施初见成效，既坚定了我们推进缓解交通拥堵工作的信心，也赢得了广大市民的理解支持和积极参与；三是本市已经走上了加快交通结构调整的治堵之路，优先发展公共交通工作稳步推进，绿色交通消费理念形成共识；四是改革创新为加快转变交通发展方式、推进交通科学发展提供了强大的推动力。

我们将提振信心，加倍努力，在进一步巩固当前缓解交通拥堵成果的基础上，健全工作体系，稳步推进实施缓堵综合措施。重点在建设、服务和管理三个方面加大工作力度，加快中心城轨道交通和道路微循环建设，保障地面公交路权并优化公交线网，着力解决停车设施不足和停车乱问题，切实加强交通精细化管理，全面提升公共服务水平。

（二）近期重点工作

1. 科学规划，进一步加快交通基础设施建设

一是进一步优化调整城市功能布局。严格控制中心城建设总量增量，加快新城建设。加快教育、行政、医疗卫生等公共服务资源向新城配置，鼓励就近就业，从源头上减少交通出行需求。提前研究编制新城交通发展规划，从建设、运营、管理等各环节为交通发展预留条件，并按照适度超前原则安排建设时序，疏解中心城功能。编制完成综合交通运输体系规划纲要，统筹解决公交场站建设、交通运输服务、旅游和节假日交通、城乡交通一体化发展等重点问题。编制完成中心城轨道交通线网加密规划，将80%的轨道交通新线集中在中心城。编制公共停车设施建设专项规划，修订停车位配建标准。

二是加快道路微循环系统等项目建设。落实并推进中心城内西直门南小街、手帕口南街、革新南路、中关村一号桥等一批道路微循环建设项目，同步做好项目储备。加快疏堵工程项目实施，重点推进国贸桥等重点地区和二、三环路进出口等重要节点的区域和路段交通优化。继续组织开展核心区胡同单向交通。继续完善干道网系统，年底前建成京石高速杜家坎改造、京密高速、怀丰路及西岸联络线、京包高速五环路至北清路段等工程，加快建设广渠路二期、京良路、梅市口西延等重要通道。充分发挥缓堵会商机制优势，进一步简化审批程序，缩短前期工作时限。综合利用市级交通投融资平台、中央车购税补助、供应链融资等多种渠道和方式，着力缓解道路建设资金压力。

三是加大停车设施供给力度。深入挖潜，积极研究利用体育文化设施等建设地下停车场，利用边角空地等因地制宜建设机械式停车楼（库），进一步推广错时停车，逐步形成配建停车为主、路外公共停车为辅、路侧停车为补充的停车设施供给格局。年内启动解放军总医院等医院停车楼建设试点，建成2000个以上车位的驻车换乘（P&R）停车场。

2. 加大力度，进一步改善公共交通服务

一是着力提高地面公交运行速度。落实路权保障，在具备条件的道路上继续施划公交专用道，同时根据实际需要，在公交港湾或公交线路集中的站点、路段施划公交专用道，尽快实现中心城公交专用道连续成网，建成以轨道交通和公交专用道为依托的公共交通快速通勤系统。年内建成阜石路大容量快速公交（BRT）线路，进一步完善朝阳路、安立路等BRT线路设施条件，实现与社会车辆物理隔离。实施公交线网优化，继续开行“袖珍公交”和社区通勤快车线路，完善地面公交与地铁接驳。结合出行需求开调延常规公交线路，构建好快线、普线和支线三级线网体系，重点完善小区周边等毛细血管线路。优化市郊公交线网，实现市郊公交线路与地铁和城区公交线路的有效衔接，减少中心城

重复线路。落实设施保障，加快建设完善宋家庄、四惠综合交通枢纽，完成40处公交港湾改造，研究推进公交信息化、智能化建设。

二是着力缓解轨道交通高峰乘车拥挤。提前做好车辆增购工作，确保中心城新开通骨干线路实现2—2.5分钟发车间隔；在确保运营安全的前提下，增加车辆，进一步缩短4号线、5号线、10号线一期、机场线等既有线路发车间隔，降低满载率，完成1号线114辆电动客车加装空调等更新改造。确保年底前8号线北段、9号线南段、15号线一期东段等三条新线顺利开通试运营。继续实施既有线路设施改造，建成西直门换乘通道，努力推进地铁出入口与周边大型公共建筑的“零距离”连接。

3. 多措并举，进一步提高交通精细化管理水平

一是加强停车经营和秩序管理。开展停车服务季主题活动，通过推进创建一批停车示范街区、评选一批停车经营规范企业、推出一批停车资源挖潜示范单位、选拔一批优秀停车收费管理员和交通协管员的“四个一”工程建设，进一步提高停车服务水平。加强停车秩序整治，严格执法，完善重点地区交通设施和科技设备，发动街道、乡镇、社区、居委会、单位、物业公司等多方力量参与停车管理，实现“停车入位”。总结停车电子收费试点经验，逐步进行推广。开展好进企业、进社区和进路段“三进入”调研工作，根据调研结果有针对性地制定完善工作措施和方案。

二是强化道路和交通设施保障。制定完善占掘路管理办法、掘路回填技术规程，严格控制城市道路占掘路，加强占掘路批后监管，规范施工作业、提高道路快速修复能力和质量，降低施工作业对城市交通的影响。建设完善一批道路交通标志、交通信号和隔离护栏、便道桩等交通设施。完善轨道交通车站引导标识系统。研究早晚高峰进出城主要放射线设置潮汐车道的可行性。

三是加强科技手段应用。继续完善交通运行监测调度中心平台，完成民航、铁路、公共交通实时客流、出租车调度、气象等数据的整合，充分发挥交通指数在交通运行监测、预测、预警和服务等方面的作用。继续完善出租汽车调度服务系统，推广电话叫车、网络订车，年底前达到每日2万次以上。构建完善新一代智能交通管理体系，建设1700处交通信号控制系统和公交优先控制系统，增加交通综合检测、视频监控、违法检测、诱导显示屏等设备，开展交通综合监测、实时交通诱导、智能交通指挥调度、交通信息服务、交通组织优化与仿真等科技系统建设。通过实时发布动态交通信息，诱导出行者合理选择出行路线，均衡路网流量，缓解重点区域、重点路段常发性、规律性交通拥堵。制定出台中心城交通严重拥堵应急保障预案，建立交通拥堵分级响应机制，加快建设轨道交通安全防范和极端天气条件下道路交通保畅两个物联网应用示范项目，提高应对轨道交通大客流冲击和确保道路交通运行状况的能力。

四是继续倡导绿色出行。按照公共自行车试点区域规划方案，建成353个站点、10,000辆以上规模的公共自行车租赁系统。发展中小学校校车服务系统，并做好服务示范和推广。完善慢行系统建设，结合公共自行车租赁系统建设，梳理东城区和大北窑桥下自行车、步行出行系统，改善自行车、步行出行环境。

五是落实政策、法规保障。制定出台机动车停车管理办法。修订完善小客车数量调控实施细则。完善交通影响评价的法规支撑体系，将大型建设项目交通影响评价纳入审批环节。鼓励单位开行班车，研究调整公交专用道通行政策。贯彻落实道路智能化交通

管理设施设置要求，实现道路工程建设与智能化交通安全设施同步规划、同步设计、同步建设、同步管理。同时，对28项缓堵措施实施效果进行持续跟踪评估，不断完善政策、法规措施。

我们坚信，在市委的正确领导下，在市人大的监督指导下，在全社会的大力支持下，通过全社会的共同努力，一定能实现首都交通安全顺畅的目标，为建设“人文北京、科技北京、绿色北京”和中国特色世界城市提供强有力的交通保障。

以上报告，提请市人大常委会审议。

对北京市人民政府关于进一步缓解交通拥堵工作情况报告的意见和建议

——2011年7月20日在北京市第十三届人民代表大会常务委员会第二十六次会议上

市人大城市建设环境保护委员会主任委员　赵　义

主任、各位副主任、秘书长、各位委员：

为协助常委会做好审议工作，城建环保委员会认真研究制定了工作方案，成立了由部分常委会委员、城建环保委员会委员和市人大代表组成的监督工作组，同时邀请了部分交通领域专家参与调研工作。自今年3月以来，监督工作组先后就公交优先、静态交通管理、交通科学管理和道路微循环建设等问题进行了多次专题调研，分别召开了代表、交通领域专家及城六区相关部门座谈会，听取了各方面的意见和建议。

6月29日，城建环保委员会召开第十五次会议，听取市政府提请本次会议审议的报告（稿）。城建环保委员会认为，市政府《关于进一步缓解交通拥堵工作情况的报告》全面总结了我市实施缓解交通拥堵28项综合措施以来所做的工作及取得的成效，较为准确地把握了目前交通工作中存在的问题，提出的“十二五”期间交通发展思路和近期缓解交通拥堵主要工作比较符合北京的实际情况。我们同意这个报告。

长期以来，市政府坚持把改善城市交通环境作为事关全局的一项重点和难点工作来抓，稳步推进公共交通优先发展战略，加快基础设施建设，交通事业取得了长足发展。“十一五”期间，本市交通基础设施承载能力不断提高，在机动车由2005年年底的258万辆增长到目前490多万辆的过程中，维持了一定水平的交通服务能力，圆满完成了北京奥运会、残奥会和六十年大庆的交通保障任务；交通管理和服务也逐步走上智能化、信息化的发展轨道。同时，我们也清楚地看到，随着经济社会的快速发展，加之中心城人口和功能高度聚集，交通压力异常巨大，交通拥堵状况还将呈现出愈演愈烈的趋势。存在的主要问题是：交通基础设施建设还相对滞后且不够均衡，公共交通还不能有效满足日益增长的市民出行需求，交通出行结构尚需进一步优化调整，交通科学管理潜力还有待进一步挖掘，全社会的交通文明意识亟须提高。

为了缓解北京的交通拥堵，去年11月，市政府研究出台了《北京市关于进一步推进首都交通科学发展，加大力度缓解交通拥堵工作的意见》，提出了28条缓堵措施。这些措施总结、借鉴了本市及国内外大城市治理交通拥堵的经验，也基本涵盖了交通工作的方方面面。实施半年多来，据监测数据显示，我市交通拥堵的时间和路段与去年同期相比均有不同程度的下降，初步显现出一些成效。为推动首都交通科学发展，进一步缓解交通拥堵，城建环保委员会提出以下意见和建议。

一、深入开展缓堵措施实施效果评估，完善缓堵措施体系

为更加客观准确地认识和判断这些措施的成效，以便更好推动下一步工作的持续开展，建议市政府组织开展评估，对28项缓堵措施的实施效果逐条进行检验和评价，对其中有效的加以完善和深化，对一些原则性的规定要进行细化，对效果不明显的进一步研究调整。我们认为，解决首都北京的交通拥堵问题，应当立足于首都的城市性质和功能定位，坚持经济手段与行政措施并举、长短目标有机结合、标本兼治系统综合的方向。在机动车保有量已经接近500万辆和城市道路发展空间非常有限的大背景下，必须针对小客车“高强度使用、高密度聚集”的特点，以降低小客车的使用量和出行比例为主要政策目标，充分依靠经济手段，有效发挥价格在道路资源配置中的作用，通过提高小客车使用成本，引导小客车使用者转向公共交通，依法调控小客车的合理使用，尽快建立以公共交通为主、以小客车为辅的交通出行结构。通过对现行措施的系统梳理，逐步完善细化市属有关部门和市区两级政府缓解交通拥堵工作体制以及相关配套工作实施机制，力求建立更加科学合理、切实有效的交通政策、措施体系，以更好地适应和满足首都北京缓解交通拥堵工作的需要。

二、全面落实公共交通优先发展战略，真正实现快捷便利

特大型城市土地利用高度集约，道路资源相对稀缺，如何分配有限的道路资源，决定着一个城市的交通出行主导模式，进而影响着交通的运行状况。纵观国际上有效缓解交通拥堵的大型城市，大都拥有先进、快捷、便利的公共交通系统，优先发展公共交通是共同的选择，依靠公共交通通勤的比例一般都在60%左右（东京中心城区、香港早晚高峰时段更是分别达到88%和90%）。相比之下，我市的公共交通出行比例还相对较低，目前仅为41%左右，公共交通的发展空间仍然巨大。

建议市政府从规划、建设、管理等各个环节入手，采取切实有效措施，确保公交优先发展战略真正得到落实，当前尤其要在实现快捷、便利上有所突破，进一步提高公共交通的吸引力。一是切实保障地面公交优先路权，提高运行速度。在有条件的地区，应当修建和开辟独立的公交专用线。同时，加大公交专用道施划力度并使之连接成网，特别是在拥堵严重的地区应优先考虑开设公交专用道；在不具备施划条件的路段，也应当充分发挥交通管理力量，综合运用智能、人工等各种手段，保障公交先行。二是要进一步优化调整地面公共交通线网。统筹地面公交与轨道交通的网络设置、运力配置和换乘，使公共交通网络与人口聚集区和产业发展区合理衔接；对现有的地面公交线网优化调整，解决线路重复、过度聚集、运距过长等问题，提高运能和效率；大力发展社区公交服务，妥善解决居民“最后一公里”出行。三是加快地面公交场站建设。严格落实公交场站控制性详规，研究建立场站建设的政企联动机制，加大投资和建设力度，尽快改变目前公交场站缺口较大的情况，为地面公交发展提供必要的条件。

三、深入挖掘科学管理潜力，提高交通管理和服务水平

提高交通科学管理水平是缓解交通拥堵的重要手段，建议市政府进一步挖掘科学管理潜力，向管理要效益。一是各相关部门要加强统筹协调，各负其责，形成合力。市区两级交通、道路交通安全管理部门要围绕提高道路通行效率这一目标，进一步增强协同配合的意识，发挥好统筹引领交通管理工作的作用，不断规范健全工作机制，切实提高交通管理与服务的水平；道路施工、清扫保洁、绿化养护等行业主管部门，也应当加强对相关道路作业的管理，合理安排作业时段和方式，将对道路通行的影响降低到最低程度。二是进一步提高交通管理和服务的网络化、信息化、智能化水平。更好地发挥和强化交通运行监测调度中心、交通管理指挥中心的作用，实现各层级指挥系统之间的信息共享和协同指挥，特别是要提高应急指挥的能力和水平。三是进一步提高交通组织科学化、精细化水平。大力推进智能交通管理系统的建设和应用，积极推广路口信号灯智能化指挥，加强人工疏导，提高路口通行能力；尽快实现对所有城市道路和快速路的科技手段全覆盖，实现对违法行车的全面监控；要统一规划交通标志、标线，合理设置路段限速标准和单行、禁行，优化交通组织。四是全面提升交通服务水平。增加并完善交通流量电子提示系统，充分利用现代科技手段，借助互联网、手机短信等平台，实现交通信息和交通指数实时发布和查询。

四、进一步完善交通基础设施建设，构建均衡的交通网络

当前，我市交通基础设施在建设时序、资金投入、工作进度等方面存在一些问题，影响和制约着道路整体运行效率的提高，要尽快补齐这些“短板”，实现交通网络的均衡发展。

一是要把加密中心城轨道交通线网作为当前轨道建设的重点。在人口稠密、道路资源十分有限的中心城区，轨道交通拥有无可比拟的优势。近几年我市轨道交通里程增长迅速，但最需要轨道交通的中心城所占比例不高，线网密度与一些世界城市相比差距较大。从目前规划情况来看，到2015年中心城区轨道交通线网密度仅为0.63公里/平方公里，仅为东京大都市圈中心区1.12公里/平方公里的一半（北京市二环内线网密度为0.71公里/平方公里，与东京可比区域2.11公里/平方公里的密度差距更大）。因此，要把加密中心城轨道交通线网作为缓解交通拥堵的重中之重，合理调整中心城线网规划密度，优先投资，优先建设，尽快提高中心城轨道交通承载力。二是要加快建设中心城道路微循环系统。根据《北京城市总体规划（2004—2020年）》，中心城规划道路总长度为4760公里，从目前规划实施情况看，快速路建设最快，已完成规划的80%以上，主干路次之，而次干路和支路仅实现规划的30%左右。由于城市微循环不畅，次干路和支路无法很好分担交通压力，影响了交通路网的整体通行效率。在调研中了解到，目前次干路和支路为区属道路，建设过程中面临拆迁难、资金短缺等困难，同时，一些“断头路”和道路“建而不通”的情况还比较普遍。建议市政府加强统筹研究协调，进一步完善健全政策及其实施工作机制，确保路网建设均衡协调实施推进。三是要完善自行车和步行系统。随着小客车的迅猛发展，我市步行和自行车出行空间被严重挤占，出行环境逐步恶化。在交通拥堵日益严重的今天，我们有必要重新审视“人”与“车”的关系，创造安

全、舒适的绿色出行空间，实现各种出行方式的均衡发展。

五、着力解决静态交通问题，破解停车难停车乱瓶颈

目前本市停车位供给严重不足，全市停车位仅有250万个左右，远低于机动车保有量，城六区停车位与机动车之比仅为0.63：1，远低于国际通行1.15—1.3：1的标准，特别是基本停车位缺口更大；另一方面违法停车、违法经营现象还比较普遍，加剧了停车难、停车乱的矛盾。

建议市政府从增加基本停车位的供给与加强静态交通管理两个方面入手，下大力气破解停车难、停车乱的问题。一是合理调整居住区停车位配建比例。我市停车位配建指标出台较晚、配建指标偏低，目前三环内0.3个/户、三环外0.5个/户的配建标准与城六区0.86辆/户的机动车拥有率相比有较大缺口。应当根据目前机动车发展水平，对停车位特别是居住区基本停车位配建比例进行合理调整，满足基本停车需求。二是盘活现有停车资源。挖掘整合现有地上地下停车资源潜力，加强政府监管，将停车设施作为社会资源进行统一管理使用，发挥现有资源的最大效益；在有条件的小区周边路段，采取夜停昼行的方式施划停车位。三是加快停车设施建设。针对目前停车设施建设中成本高、投资回收期长等问题，要对公共停车设施给予明确定位，积极探索停车设施建设、运营、管理的新模式，在土地、投资、审批等方面给予一定政策支持，尽快缓解医院等重点区域停车难；针对老旧居住小区、平房居住区，要研究出台针对性强、可操作的配建、补建政策并加快实施。同时，各相关职能部门应密切协作，建立完善长效管理机制，不断提高监管的科技化水平和能力，营造良好的停车环境和秩序。

六、积极调整城市空间布局，从源头减小交通压力

目前，我市中心城人口和功能过度集中的局面还没有得到根本改变，新城功能尚显不足，产业与居住脱节状况比较普遍。这是造成中心城交通压力异常巨大、早晚高峰中心城内、中心城与新城之间潮汐式拥堵的根本原因，如不采取切实有效的措施疏解中心城的功能，无法从根本上解决交通拥堵问题。建议市政府充分发挥城市总体规划的统筹引领作用，尽快制定中心城功能疏解的实施方案，明确重点疏解内容、标准和时限，明确各相关部门的具体责任，目前应当下决心将中心城及其周边各类大型批发市场，以及其他不符合中心城功能定位的产业坚决迁出；必须尽快研究制定建设增量控制目录和控制办法，明确具体控制内容和增量审批机制，鼓励中心城医院、学校将其增量放至新城。只有实现中心城与新城的均衡发展，构建多中心的城市格局，才能从源头减小交通压力，使城市开发建设与交通承载力更加协调，从根本上解决交通拥堵问题。

同时，全市上下要大力开展并推进文明交通行动，组织发动社会力量，采取多种形式加强宣传教育，倡导绿色交通理念，提高交通参与者的责任意识，在全市营造缓解拥堵我有责、文明交通我践行的良好氛围。

以上报告，供常委会组成人员在审议时参考。

北京市人民代表大会常务委员会执法检查组关于检查《中华人民共和国防震减灾法》及《北京市实施〈中华人民共和国防震减灾法〉办法》实施情况的报告

——2011年7月20日在北京市第十三届人民代表大会常务委员会第二十六次会议上

市人大常委会副主任　刘晓晨

主任、各位副主任、秘书长、各位委员：

为推动防震减灾法律、法规的全面实施，实现“科学防震减灾，构建安全北京”的工作目标，保护人民生命和财产安全，促进经济社会的可持续发展，市人大常委会决定对《中华人民共和国防震减灾法》（以下简称《防震减灾法》）和《北京市实施〈中华人民共和国防震减灾法〉办法》（以下简称《实施办法》）在本市的实施情况进行检查。3月18日，市人大常委会防震减灾执法检查组召开第一次全体会议，听取了市政府及有关部门关于本市贯彻执行防震减灾法律、法规情况的汇报，全面启动了执法检查工作。在市政府及有关部门自查、部分区县人大常委会对防震减灾法律、法规实施情况进行全面检查的基础上，市人大常委会执法检查组按照工作方案的要求，对我市城市建筑抗震设防、应急救援体系和应急避难场所建设、校舍抗震加固、农村房屋抗震设防、防震减灾科普宣传情况等，分专题进行了重点检查，并召开座谈会分别听取了市区政府有关部门及专家的意见和建议。6月29日，城建环保委员会召开第十五次会议，与执法检查组共同就市政府关于防震减灾法律、法规实施情况的报告（稿）、执法检查组关于检查防震减灾法律、法规实施情况的报告（稿）进行了认真研究和讨论。现将执法检查情况报告如下。

一、主要成效

执法检查组认为，市政府及相关部门认真贯彻执行防震减灾法律、法规，完善相关配套政策，落实各项制度措施，加强宣传教育，防震减灾法律、法规实施的总体情况是好的。通过全面实施防震减灾法律、法规，本市地震监测能力不断提升，新建工程抗震设防能力明显增强，地震应急应对能力显著提高，城市防震减灾能力稳步增长，城市安全得到相应保障。工作成效主要体现在以下几个方面：

——建成现代化地震监测台网。本市高度重视地震监测台网的建设和改造工作，共建成测震、前兆、强震动以及流动观测等监测站点400多个，群众性地震宏观观测网点86个，台网密度位于全国前列，基本实现监测手段数字化、自动化和网络化。

——完善新建工程监管工作机制。按照《防震减灾法》第三十五条和《实施办法》第十八条的规定，本市将建设工程抗震设防标准审查和地震安全性评价等相关内容纳入基本建设程序，从规划、设计、施工等环节进行监管，严格做好建设工程的抗震设防管理。

——全面提高中小学校舍抗震设防能力。按照《防震减灾法》第三十九条的规定，本市从2009年开始实施全市中小学校舍安全改造工程。截至2010年年底，完成全市中小学校舍排查工作，并已开工改造学校762所，竣工281万平米，占全部工程总量的43%。按计划2011年将完成全部改造任务。

——率先在全国开展应急避难场所建设。按照《实施办法》第二十条的规定，本市在2003年10月建成全国第一个应急避难场所——北京元大都城垣遗址公园，填补了我国大城市应急避难场所的空白。目前，全市有7个区县主要依托公园、绿地、广场、学校操场等设施，建成应急避难场所33个，总面积501.24万平方米。

——开展了多种形式的宣传教育活动。本市抓住“5·12防灾减灾日”、“7·28唐山地震纪念日”、《防震减灾法》颁布日等重要节点，充分利用互联网、广播、电视、报纸等媒体，对防震减灾法律、法规和应急避险常识进行宣传。同时在全市开展防震减灾示范校和安全社区创建活动，带动全社会的防震减灾宣传教育工作。

——健全了区县防震减灾组织机构。《实施办法》出台后，本市区县防震减灾组织机构不断完善，2006年将区县地震办统一更名为区县地震局，将全部工作人员纳入参照公务员管理序列，保障了工作经费，健全了组织机构，为防震减灾事业的发展提供了组织保障。

二、存在问题

执法检查组认为，防震减灾法律、法规的实施虽然取得了一定成效，但有些规定还没有全面有效落实，本市的防震减灾工作水平与建设世界城市的目标要求还有一定差距。存在的问题和不足主要表现在：

（一）地震观测环境亟待改善

随着经济社会的发展，城市地震观测受到越来越多因素的干扰，地震监测设施和观测环境保护难度日益增大。尚未完全依据《防震减灾法》第二十四条的规定对危害地震监测设施和观测环境的建设工程增建抗干扰设施，影响了地震观测效果。此外，与国际先进水平相比，本市地震烈度速报系统建设还有明显差距。

（二）部分房屋抗震能力较差

一是农村地区民居基本不设防。由于受社会和经济发展水平等因素的限制，本市农村地区民居缺乏统一的规划管理，没有纳入基本建设程序进行规范管理。建房方式仍然是传统的砖木结构，建造时未考虑房屋的抗震要求，抗震能力较低。

二是城镇地区部分老旧房屋抗震能力较差。由于历史原因，本市1979年年底之前建成的房屋建筑，基本未进行抗震设防设计；1980年至1989年建成的房屋建筑，在结构设计方面考虑了抗震要求，但设防标准偏低。

三是违法建设、装修行为带来严重安全隐患。本市存在大量违章建筑和临时建筑，基本未按照抗震设防的要求进行设计和施工，房屋抗震能力较差，存在较大安全隐患。此外，违法进行住宅装修和违规将住宅楼底层改建为商铺，对房屋结构安全破坏很大，影响建筑的抗震性能。

（三）地震应急体系有待进一步完善

一是应急避难场所建设不足，缺乏有效管理。北京市虽然率先在全国建设应急避难场所，但在场所建设规模、分布等方面还存在着很多不足，疏散能力与本市经济社会发展水平不相匹配。已建成的避难场所设计及配套设施建设标准不统一，缺乏规范性的规划引导。同时，由于《防震减灾法》和《实施办法》缺乏相应规定，本市应急避难场所投资主体和管理主体不明确，已建成的场所和设施存在损坏或挪作他用的现象。

二是应急协调联动机制不健全。本市尚未建立首都应急救援体制，在统筹中央和地方资源、部队和地方资源等方面存在较大欠缺，影响和制约了首都地震应急救援效能。本市部门间应急信息共享机制不很健全，城市地下管线等基础信息难以满足现代化城市的应急救援需要。

（四）宣传教育实效有待进一步提高

本市防震减灾宣传不够深入，宣传方式有待进一步创新。防震减灾示范学校和安全社区建设刚刚起步，市民防灾减灾意识仍较为淡薄，未能掌握必要的应急避险技能，灾难发生后自救互救能力较低，全民参与防震减灾宣传的社会氛围尚未形成。

三、几点建议

北京市地处华北平原地震带、山西地震带与张家口——渤海地震带的交汇区，是我国大陆东部多地震的地区之一。由于地处复杂的地震构造背景中，首都圈地区多年来一直被列为全国的地震重点监视防御区。本市在经济社会发展的同时，要更加关注城市的安全，要更加注重城市灾害风险的预防，提高城乡防震减灾综合能力，增强社会公众防御灾害风险的意识。为此，我们应当居安思危，认真总结国内外地震灾害的经验和教训，切实有效地做好防震减灾各项工作。

（一）立足于防，切实增强建设工程的抗震设防能力

地震预报是世界性难题，现有科技水平还很难做到准确预报。《防震减灾法》第三条和《实施办法》第三条均规定防震减灾工作，实行预防为主、防御与救助相结合的方针。地震灾害的破坏对象主要是建筑物和构筑物，在地震中绝大部分人员伤亡是由于建筑物倒塌造成的。因此，提高建设工程的抗震设防能力是防震减灾工作的重中之重。只要依法做好地震预防工作，就能够把地震灾害造成的人员伤亡、经济损失的影响减至最低程度。

1. 必须保障新建工程抗震设防能力

一是要充分发挥防震减灾规划在城市建设中的指导作用。本市建设工程必须严格按照城乡规划的要求进行选址，特别是要落实土地利用规划和空间布局规划中关于地质构造等限建条件的要求，最大限度地避免在地震带和相关地区安排建设工程。二是要明确政府对建设工程质量的监管责任。市区政府及相关部门要对建设工程进行全过程监管，建立并完善建设工程质量保证体系。要重点加强对建筑市场的监管，确保建筑材料的质量。要加强对工程建设监理单位的监管，使其能够切实承担对工程质量进行监督的责任。三是要按照《防震减灾法》第三十八条的规定，严把建设工程抗震设计和施工两个重要关口。要确保工程的地基基础、建筑结构等严格按照抗震设防要求和规范进行抗震设计，要采取措施确保施工单位严格按照设计要求落实抗震措施。同时，本市要研究推广建筑物隔震等先进技术，提高建筑物的抗震能力。

2. 要确保城市生命线工程的安全

市政府应当严格按照《防震减灾法》第三十五条和《实施办法》第十七条的要求，对交通、通信、供水、供电、供气、大型医疗等城市生命线工程进行地震安全性评价，提高生命线工程的抗震能力，确保地震发生后生命线工程不受或少受损失，为救灾工作提供必要保障。同时，市政府要切实依法及时对生命线工程各系统可能存在的隐患加以改造、更新，保障城市功能的正常发挥。必

须要着重提高学校、医院、大型文体活动场馆等建设工程的抗震能力。

3. 要逐步对城市现有建设工程进行抗震加固改造

市政府应当组织对本市建筑物、构筑物的抗震性能进行普查。对达不到抗震设防标准的建设工程，应当根据普查结果和实际抗震能力，分类别编制年度计划，逐步进行加固改造或者进行拆迁。特别是要对违法建设坚决予以拆除，要对擅自改变建筑物结构的野蛮装修行为坚决予以纠正，消除城市建筑物的安全隐患。

此外，必须按照城乡统筹的要求推进农村抗震民居建设。一是要加强村镇建设规划管理，将民居抗震设防和综合防灾要求纳入村镇布局规划和村庄建设规划，使农民建房避开地震、洪水、泥石流、滑坡等自然灾害易发地段，从源头上提高防灾抗灾能力；二是要加强对村镇建筑抗震设防的监管，编制适合不同地区、满足不同需求的农村民居建设标准、设计图集和施工技术指南，鼓励、引导农村建房执行抗震设防规范，并逐步过渡为强制性要求。

（二）加强统筹协调，完善应急救援机制

1. 建立首都救援体系，完善协调联动机制

按照首都城市性质和功能的要求，本市应当尽快构建首都应急救援体系，统筹中央在京单位、部队和地方的资源，提高应急指挥能力和响应速度。充分利用现有资源，实现组织、资源、信息的有机整合，进一步理顺体制、机制，努力实现中央和地方、地方政府各部门之间的协调联动。要发挥行业积极性和专业优势，组建社会基础广泛、指挥协调统一的高水平地震灾害紧急救援队伍。要完善地震灾情速报网络，在地震发生时及时收集、上报地震灾情信息，保证震情灾情信息快速传递。

2. 按照平灾结合的原则，加快应急避难场所建设

应急避难场所是城市综合防灾减灾的基础建设工程，对于拓宽城市应急避险空间，满足社会公众紧急疏散和应急避险需求具有重要意义。本市要切实做好地震应急避难场所的规划工作，尽快出台地震应急避难场所专项规划，将重点应急避难场所建设列入年度建设计划。要按照平灾结合的原则加快应急避难场所建设，将现有公园、绿地、广场、体育场馆、学校等按照应急避难场所的标准进行改造，配备救灾设施和设备。避难场所投入使用后，应当明确管理和维护责任主体，保障避难场所的使用功能。要将应急避难场所建设和维护管理费用纳入市区两级政府财政预算，制定政策鼓励企事业单位参与应急避难场所的建设。应当加强应急避难场所救灾物资储备库建设，备足备全救灾物资，确保突发状态下的应急需求。

3. 制定科学应急预案，定期组织演练

地震灾害对城市的威胁在于灾害引发后果的严重性、复杂性和灾害的连锁性。全市各单位和部门应当结合实际，制定科学、实用的应急预案，健全我市突发公共事件预测预警、应急响应、后期处置和恢复重建体系。要对现有预案从实用、适用、可操作性等层面入手进行逐一修订，并定期组织综合性和专业性的演习演练，提高地震灾害发生后的应对能力。

（三）强化宣传效果，提升市民应急避险能力

地震较其他灾害有其特殊性，爆发的突然性和极大的破坏性容易使人在心理上产生恐惧，并做出失常反应，这会增加地震时的人员和财产损失。因此，宣传、普及防震减灾的基本知识是减轻地震灾害，保障震前、震时和震后社会安定，有条不紊开展抗震防灾的重要工作。一是要不断创新宣传方式，充分发挥公共媒体的宣传作用，不断把地震科学知识渗透到

社会各个层面，提高广大市民防震减灾意识；二是要建立常态化的防震减灾知识宣传教育机制，将防震减灾教育纳入中小学课程；三是要完善并发挥防震减灾知识宣传教育基地的作用，通过科学性、实用性、互动性、趣味性相结合的手段，提高宣传教育吸引力；四是要注重宣传实效，使市民掌握基本的、实用的灾时应对、应急避险和自救互救技能。

（四）突出首都特色，尽快修订实施办法

新修订的国家《防震减灾法》已于2009年5月1日起正式施行。《防震减灾法》在防震减灾规划、地震监测台网建设与保护、地震预报统一发布制度、建筑物抗震设防制度、应急救援机制、抗震救灾组织协调及法律责任等方面进行了修改和完善。这些新的规范和制度都需要地方性法规结合北京实际情况作进一步细化。今后将尽快开展我市《实施办法》的修订工作，重点围绕国家法律修订的主要内容，结合北京实际，体现首都特色，为全面提升首都北京防震减灾能力，确保人民生命财产安全和城市安全提供法律保障。

以上报告，请予审议。

关于北京市贯彻《中华人民共和国防震减灾法》及《北京市实施〈中华人民共和国防震减灾法〉办法》实施情况的报告（书面）

——2011年7月20日在北京市第十三届人民代表大会常务委员会第二十六次会议上

北京市地震局

主任、各位副主任、秘书长、各位委员：

受市人民政府委托，我局向市人大常委会报告本市贯彻《中华人民共和国防震减灾法》和《北京市实施〈中华人民共和国防震减灾法〉办法》的工作情况。

市人大高度重视防震减灾工作。1998年3月，《中华人民共和国防震减灾法》（以下简称《防震减灾法》）颁布实施后，2002年1月，市人大常委会颁布实施了《北京市实施〈中华人民共和国防震减灾法〉办法》（以下简称《实施办法》）。自《防震减灾法》及《实施办法》颁布实施以来，在市人大的支持和监督下，市政府及相关部门、各区县认真抓好贯彻执行，加快完善配套政策，狠抓工作落实，在提高地震监测预报水平、提升城市震害防御能力、加强应急体系建设和强化市民防灾应急宣传等方面做了大量卓有成效的工作，取得了显著成绩，本市多项防震减灾工作走在全国前列。2008年12月全国人大常委会对《防震减灾法》进行了修订，并于2009年5月施行。为了更好地贯彻落实新修订的《防震减灾法》，进一步加强首都防震减灾工作，市人大常委会将《实施办法》的修订列为2011年立法调研项目，并组织开展了防震减灾执法检查工作。为了配合好市人大常委会的立法调研工作，下面简要报告本市近年来防震减灾工作情况。

一、北京历史地震活动和未来发生地震预计

北京位于华北、山西和张家口—渤海3个

地震带的交汇部位，是全国21个地震重点监视防御区之一。历史上曾多次发生破坏性地震，最大地震为1679年三河—平谷8级地震，造成近10万人伤亡。另外，1057年大兴6.8级、1665年通州6.5级、1730年颐和园6.5级地震都造成了较大的破坏。周边地区的地震也曾给北京造成较大的破坏和伤亡，如1976年唐山地震，北京死亡189人，伤5000多人。

近年来，国内外地震频发，灾害十分严重。今年新西兰、云南盈江地震都造成了较大的破坏和伤亡。特别是3月11日，日本9.0级地震和地震引发的巨大海啸，造成了惨重的人员伤亡和财产损失，并引发了核泄漏、火灾等严重次生灾害。专家分析认为，汶川地震以后，我国大陆已经进入地震活跃时段，主体地区在南北地震带，华北地区也存在发生6级地震的可能。以北京为中心的首都圈地区缺震异常突出，中小地震活跃。必须充分吸取汶川、日本大震的教训，居安思危，进一步树立防震抗震意识，切实加强防震减灾工作。

二、贯彻落实《防震减灾法》和《实施办法》，依法推进首都防震减灾工作情况

（一）不断完善基础设施，地震监测能力得到明显提升

全市建有测震、前兆、强震动以及流动观测等监测站点400多个，群众性地震宏观观测网点86个，台站密度和监测能力居全国前列。地震监测台网基本实现了监测手段的数字化、自动化和网络化，达到了现代化的标准，地震监测能力大幅度提升。首都圈发生地震可在1—2分钟内给出初步结果，5—8分钟内给出准确速报信息。地震部门建立了严格的震情跟踪监视和分析会商工作制度，建立了由首都圈各省市地震局和中国地震局各研究所知名专家参加的震情定期会商机制。近年来较好地把握了北京地区的地震形势，圆满完成了奥运会等重要时段的防震安全保障任务。

（二）建立健全体制机制，地震应急应对能力不断增强

完成了全市各级政府、有关部门、生命线工程管理单位、大型企业等部门和单位的地震应急预案修订工作，地震应急预案基本覆盖全市。市和各区县政府都成立了地震应急指挥部，明确了地震应急程序和职责分工。率先在全国开展了应急避难场所建设，截至目前，全市已建成达到规范要求的地震应急避难场所33处，可容纳160万市民应急避险。2010年成立了市级地震灾害救援队，多个区县组建了区县级地震救援队，12个区县建有地震应急志愿者队伍426支，总人数1万9千余人。全市普遍建立了“三网一员”，即地震宏观测报网、地震灾情速报网、地震知识宣传网和防震减灾助理员，总人数达到7000多人。积极组织开展市区政府、大型企业、街道、社区、学校等地震应急演练活动，有效提高了地震应急预案的操作性，增强了政府和市民的应急意识和应对能力。

（三）加强组织机构建设，区县防震减灾工作显著加强

完成了区县地震工作部门机构改革，健全和加强了区县防震减灾组织机构。从2006年开始，区县地震办统一更名为区县地震局，按照防震减灾三大体系设立内设科室，人员编制数一般不少于12人，纳入参照公务员身份管理。市政府法制办明确了区县地震工作部门为所辖地区的防震减灾行政执法主体，将地震工作部门列入了政府行政管理序列。市地震局、财政局联合下发了《关于地震事业经费纳入区县年度经费预算的通知》，使防震减灾工作经费有了一定保障。

（四）加强协调配合，中小学校舍安全工程进展显著

由市教委牵头，多部门共同配合，制定了《北京地区既有中小学建筑抗震鉴定与加固技术细则》，计划用三年时间完成全市中小学校舍安全工程，改造校舍约650万平方米，总投资约154亿元，资金已全部到位。按照工作要求，对全市2303所中小学、幼儿园所处地震断裂带分布情况进行了详细排查，对滑坡、泥石流、采空区和行滞洪区的校舍进行了安全排查，建设完成了全市校舍信息管理系统。截至2010年年底，全市已开工学校762所，开工项目2014个，竣工面积281万平米，占校安工程总量的43%。

（五）进一步规范行政审批流程，确保新建工程的抗震能力

将抗震设防要求管理和地震安全性评价纳入了北京市固定资产投资审批程序。市规划、建设、发展改革、地震等部门相互配合，严格做好新建工程的抗震设防管理，采取有效措施监管规划、抗震设防要求审查、抗震设计、施工等阶段，推进法律、法规和相关技术标准贯彻落实，有效保障了新建工程达到抗震设防要求。对重大工程和容易产生次生灾害的工程依法开展了地震安全性评价工作，为工程建设提供了安全保障。

（六）加大排查加固工作力度，提高既有城镇建筑与基础设施抗震能力

2010年召开了全市防震减灾工作会议，对下一步工作进行部署，各有关部门按照各自职能开展了扎实的工作。市住房城乡建设委完成了1980年前建设的市属城镇房屋建筑基本情况的调查工作，建立了房屋建筑台账。今年8月将启动城镇既有房屋建筑抗震鉴定及老旧住宅建筑的抗震加固改造工程，到2015年基本完成市属城镇老旧房屋的抗震加固改造工作，累计投资将超过100亿元。市交通委开展了桥梁隧道抗震性能普查与评价工作，及时消除各类隐患，截至目前，开展大修工程52项，中修工程14项。组织了全市公路地质灾害隐患排查，制定了治理方案及措施。市铁路局明确了排查和加固改造范围，制定了抗震排查、加固改造计划。市水务局对市属供水、排水设施、大中型水库、堤坝堤防等水务设施进行了抗震能力普查，建立了管网状况、泵站汇水面积、抽升能力等基础档案。市地震局、地勘局开展了北京市活动断裂探测与监测工作。市国土局对全市地质灾害隐患点进行新一轮摸底排查，更新完善了“北京市地质灾害险村险户数据库”。今年5月1日，市政府颁布实施了《北京市房屋建筑使用安全管理办法》（市政府令第229号），对房屋日常维护、定期安全评估、加固改造作了明确规定，进一步完善了房屋建筑的抗震减灾措施。

（七）坚持城乡统筹，逐步提高农村民居的抗震水平

为贯彻落实国务院对实施农村民居地震安全工程的统一部署，市规划、地震、建设、农委等部门联合发布了《关于实施北京市农村民居地震安全工程意见的通知》，要求结合新农村建设及城乡一体化进程，分类型、多途径提高农村民居的抗震水平，并配合新建节能民居和既有农宅改造建设，出台了相应的资金补贴政策。市农委对农村现有住宅情况进行了全面普查，完成了全市农居基本情况的调查分析报告。市住房城乡建设委出台了北京市地方标准《北京地区农村民居建筑抗震设计和构造做法》，编制了《农村民居构造图集》和《农村民居户型图集》，以指导农民科学建房，并对1500名村镇工匠进行了培训考核发证。市规划委完成了4000个村庄规划编制工作。截至目前，已完成新建节能抗震民居近13,000户，完成既有农宅改造42,000余户。

（八）大力发展地震科技，抗震工作服务经济社会发展能力逐步提升

全面开展了全市主要活动断裂的探测与危险性评价工作，为建筑工程避让活断层、城乡规划、国土利用等提供基础数据，并为中小学校舍安全工程提供支持。相继完成了顺义、怀柔、昌平、通州和未来科技城等地震小区划工作，为区域规划、建筑工程抗震设防提供依据。几年来，完成了包括奥运场馆在内的数百项重大建设工程地震安全性评价工作，为工程提供科学合理的抗震设防标准。建成了由243个子台组成的强震动台网和烈度速报台网，可提供准实时的地震烈度速报，并为工程抗震设计提供了基础数据和依据。研发了多种地震监测仪器、设备，服务地震监测预测工作，并在我国援建国外台网建设中发挥了重要作用。

（九）深入开展防震减灾科普宣传，提高全社会防震减灾意识和水平

进一步加大宣传工作力度，充分利用互联网、广播、电视、报纸、杂志、公交视频等媒体宣传普及防震减灾知识，针对不同群体制作了多种宣传材料，举办各类防震减灾知识竞赛，开展防震减灾知识大讲堂活动。一是结合“5·12防灾减灾日”、“7·28唐山地震纪念日”、《防震减灾法》颁布日、科技周、法制宣传日、“国际民防日”、“世界红十字日”等开展活动，强化防震减灾知识宣传教育。二是大力推动防震减灾知识“进机关、进学校、进企业、进社区、进农村、进家庭”活动。按照“教育一个孩子，影响一个家庭，带动整个社会”的目标要求，进一步推进防震减灾示范学校创建活动，目前全市已建成防震减灾示范学校17所，这些学校定期开展防震减灾教育，定期组织地震应急演练。地震安全社区、安全村庄、安全企业创建工作也在逐步开展，市地震、科技部门联合实施了地震安全示范社区建设项目，带动全市建设地震安全社区、村庄、企业20多个。同时，注重加强宣传基础设施建设，2004年以来，全市建成了21处防震减灾科普教育基地，4处获国家级认定，9处获市级认定，另有社区宣传站70多个，发挥了重要的宣传作用。

三、存在的主要问题和不足

一是地震监测预测能力还需要进一步提高。城市建筑的快速增加，对地震前兆观测的干扰越来越大，异常信息的可信度大大降低，进一步增加了地震预测的难度。地震烈度速报台网在密度、稳定性等方面与国际先进水平还有明显差距。群测群防工作缺乏有效的政策支持，城市和重大建设工程的地震预警系统急需建立。

二是地震应急能力建设需要加强。政府、相关部门、军地协调联动机制尚未有效健全，在合理配置有限的应急救援专业资源、充分利用公共资源、统筹中央地方资源、科学配置军地资源等方面存在较大欠缺，影响和制约了首都地震应急救援总体效能。应急预案也需要进一步完善，没有特别针对大震巨灾制定应对措施。应急演练活动开展不够充分，可操作性难以有效检验。应急避难场所建设规模、分布等方面存在很多不足，一些应急避难场所的维护、管理责任主体不明，缺乏保障措施。

三是地震安全农居工程需要全面开展。农村房屋多是农民自建，由于农民防震减灾意识相对欠缺，所建房屋基本处于不设防状态，因而成为地震安全重大隐患之一。目前，本市地震安全农居工程还处在试点、示范阶段，全面开展还有待时日。

四是城市老旧房屋和城乡接合部抗震能力普遍较低。我国在不同时期颁布实施的抗震设计规范中，抗震设防标准存在较大的差异。北京有大量1977年以前建造的房屋，这类房屋抗震隐患严重。另外，城乡结合部大量临时建

筑和违章建筑抗震能力低下，管理比较混乱，还有破坏房屋结构的违规装修与住宅底层改建商铺，都是地震安全的重大隐患所在。

五是区县防震减灾工作力度仍然薄弱。目前，区县地震机构法定职责还不够清晰，权利义务界定也不够明确，特别是对建设工程抗震设防的监管力度不够，制约了区县防震减灾工作的有效开展。市区两级地震机构管理体制还不够顺畅，影响了全市防震减灾工作协调发展。同时，区县地震机构缺乏专业技术人员，地震监测信息获取和分析能力也相对较弱。

六是市民防震减灾综合素质亟待增强。近年来，通过加大防震减灾宣传力度，市民防震减灾意识和应急避险能力有所提升，但与日本等国家的民众防灾素养比较，还有较大差距。调查显示，仍有大部分市民不具备基本的自救互救知识。防震减灾宣传精品不多、宣传方式方法陈旧、经费有限等因素，也影响了防震减灾宣传效果。

四、下一步工作计划

（一）明确各部门职能职责，切实落实抗震设防责任

抗震设防是最大限度减轻地震灾害的有效途径。我们将进一步明确规划、建设、地震、国土等部门的监管职责，落实建设、设计、施工和工程监理单位的责任。继续完善抗震设防行政监管机制和监督检查制度，强化部门间协作机制，将抗震设防要求纳入基本建设程序，严格执行法律、法规的各项要求和相关技术标准，落实建设工程全过程监管，确保建筑工程具备相应的抗震能力，不产生新的抗震隐患。

（二）建立健全绩效考评制度，强化各级政府防震减灾职责

防震减灾是一项社会公益性事业，事关人民生命财产安全，是各级政府落实以人为本、执政为民理念的重要体现。我们将按照全国防震减灾工作会议要求和2010年国务院《关于进一步加强防震减灾工作的意见》，探索建立区县政府防震减灾绩效考评制度，强化政府的职责，更好地落实防震减灾各项措施。

（三）健全联动机制，提升地震应急救援能力

进一步统筹中央在京单位、部队和本市应急资源，健全地震应急协调联动机制，完善首都应急救援体系，提升首都快速、有力、有序应对大震巨灾的能力。明确地震应急准备、响应、处置、救援、恢复等各个阶段的工作内容和要求。建立地震应急预案演练机制，把预案规定的程序措施变成政府、部门和全社会应对地震灾害的自觉行动，做到“各级领导掌握预案，应急人员熟悉预案，社会各界了解预案”。建立跨部门的地震灾害损失调查评估制度。统筹编制地震应急避难场所规划，加大应急避难场所包括室内应急避难场所的建设力度。

（四）大力推进抗震排查鉴定与加固改造工作，切实消除地震安全隐患

按照2010年全市防震减灾工作会议的部署，有计划、有步骤地实施城镇老旧房屋和交通、通讯、供水、供电、供气等生命线工程在内的基础设施的抗震性能排查鉴定和加固改造工作，消除地震安全隐患。继续做好中小学校舍安全工程，启动全市幼儿园的抗震排查加固工作。建立长效机制，提高新建中小学、医院等人员密集场所建筑物的抗震设防标准，力求把新建中小学建成应对大震的应急避难场所。

（五）加强台网建设，进一步提高地震监测预测能力

建设多学科、高精度、高密度的多维立体地震监测网络，进一步提高震情灾情速报

质量，丰富速报信息，逐步实现直通式信息发布服务。广泛利用国土、气象、水利、石油等部门的探测资料，扩大地震监测的渠道和范围。推进地震预警系统和公共预警信息发布系统建设，提高北京的地震监测预测能力和应急信息服务水平。

（六）加大政策支持力度，抓紧解决农居抗震问题

将农居工程纳入新农村建设，建立政府扶持、农民自愿、科技服务的地震安全农居推广机制。建立农村抗震设防行政监管制度，加强村镇建设规划，逐步规范农村建设管理。出台相关优惠政策，设立地震安全农居建设专项补贴资金，充分调动广大农民积极性。根据农民的经济承受能力和风俗习惯，在选址、设计、施工等环节提供及时周到的技术服务。

（七）进一步加大宣传工作力度，努力提升市民防震减灾综合素质

新修订的《防震减灾法》对各级政府强化防震减灾科普宣传作出了明确要求和具体规定。我们将加快制定防震减灾科普宣传规划，建立多部门合作宣传机制，充分发挥公共媒体的作用，以推进中小学生宣传教育为重点和突破口，拓宽广度、加大深度、强化力度，全面提高市民防震减灾综合素质。进一步明确中小学防震减灾教育要求，明确学校地震应急疏散演练要求，在全市普遍推广防震减灾示范学校经验。全面推进防震减灾知识“进机关、进学校、进企业、进社区、进农村、进家庭”。

主任、各位副主任、秘书长、各位委员，《防震减灾法》和本市《实施办法》为推动首都防震减灾工作发挥了重要的作用。市人大常委会将《实施办法》的修订列为2011年立法调研项目，是根据近年来国内外频发大震巨灾的现实形势，立足于首都发展的实际情况，适应以更高标准、更高要求做好首都防震减灾工作的发展要求，作出的一项重要决策，必将推动首都防震减灾工作的大发展，为首都建设世界城市作出新的贡献。

做好防震减灾工作意义重大，任务艰巨。我们衷心感谢市人大对防震减灾工作的高度关注和热情支持，同时也希望市人大在今后的工作中一如既往地关心、支持政府工作，多提宝贵意见和建议。我们将在市人大的支持和监督下，坚决贯彻落实国务院的要求，认真执行法律、法规，按照市委市政府的统一部署，扎实做好首都防震减灾工作，为首都安全稳定尽职尽责。

以上报告，提请市人大常委会审议。

北京市人民代表大会常务委员会执法检查组关于检查《中华人民共和国台湾同胞投资保护法》实施情况的报告

——2011年7月20日在北京市第十三届人民代表大会常务委员会第二十六次会议上

市人大常委会副主任　马振川

主任、各位副主任、秘书长、各位委员：

1994年全国人大常委会制定并颁布了《中华人民共和国台湾同胞投资保护法》（以下简称《台胞投资保护法》）。1999年国务院

制定并颁布了《中华人民共和国台湾同胞投资保护法实施细则》（以下简称《实施细则》）。为更好地贯彻落实中央和北京市委对台工作会议精神，进一步推进《台胞投资保护法》及其《实施细则》的宣传贯彻和实施工作，依法维护台胞在京投资权益，从今年4月开始，市人大常委会成立了由分管副主任担任组长，部分市人大常委会委员、市人大民宗侨委员会委员和市人大代表等17人组成的执法检查组，对本市贯彻执行《台胞投资保护法》的情况进行了检查。

这次执法检查是《台胞投资保护法》颁布后，市人大常委会对该法在本市的执行情况进行的第四次检查，其中一次检查是受全国人大常委会委托进行的。本次执法检查围绕充分保障台湾同胞的投资合法权益，为台胞来京投资、合作、发展提供更加良好的环境，促进两岸关系和经济合作的更好发展这个主题，重点检查了三个方面：一是本市贯彻实施《台胞投资保护法》的总体情况和具体措施；二是建立和完善台湾同胞投资权益保障工作机制，以及营造关心重视台湾同胞权益保障工作良好社会氛围的情况；三是《台胞投资保护法》实施过程中存在的主要问题，对进一步贯彻实施《台胞投资保护法》及其《实施细则》和相关政策规定的意见和建议。在近2个月的检查中，执法检查组注重把法律监督和工作监督紧密结合起来，力求突出重点，注重实效。5月6日执法检查组召开了第一次全体会议，分别听取了市政府、市高级人民法院、市检察院关于实施《台胞投资保护法》及其《实施细则》情况的汇报。5月至6月，执法检查组分赴东城、丰台、通州、石景山、海淀等5个区进行了检查，实地考察了前门台湾文化商务街、育青食品公司、北京润泰环保公司和石景山区的北京台湾街等台资企业，并与区县政府、台湾事务工作部门和市相关委办局、涉台团体负责人以及台胞台资企业代表进行了座谈，广泛听取了意见和建议。6月23日，执法检查组召开了第二次全体会议，讨论了执法检查报告。现在，我代表执法检查组，将检查情况报告如下。

一、本市贯彻落实《台胞投资保护法》的主要成绩

据市有关部门统计，截至2010年年底，注册地为台湾的投资者在京投资2400家，合同投资12.04亿美元，实际使用台资（不含隐性台资）3.20亿美元。台商在本市投资主要涉及高新技术产业、生产性服务业、现代农业等多个领域。随着两岸关系和北京经济社会的不断发展，京台两地的交流合作不断扩大，呈现了良好的发展势头。多年来，市政府及其有关部门高度重视对台工作，认真贯彻实施《台胞投资保护法》及其《实施细则》，切实维护台胞投资的合法权益，得到了广大在京台胞和台商的认可，全市的台胞权益保障工作总体情况是好的。

（一）市政府以及公检法机关高度重视，法律实施工作成效显著

《台胞投资保护法》颁布以来，市政府及其有关部门围绕该法及其实施细则，结合本市实际，陆续出台了10项政策性文件，增强了法律、法规的可操作性，为该法在本市的贯彻执行，依法保护台胞和台商的正当权益，提供了有力的政策保障。

十几年来，市政府先后颁布了《北京市鼓励台湾同胞投资的若干规定》和《北京市鼓励台湾同胞投资的补充规定》。另外，市高级法院制定了《涉台案件通报制度》，加强了对涉台案件的审理与配合。与此同时，市高中两级法院采取有效措施，安排专业能力较强、水平较高的法官专门负责涉台商务案件的审理，以求实现更好的法律效果和社会效

果。市检察院充分发挥市台胞权益保障协调小组成员单位作用，将台胞投资合法权益保障工作纳入工作日程，以《责任书》方式统一予以研究和部署。市教委、市台办和市公安局联合下发了《关于简化台胞子女在京中小学借读手续的通知》，规定各中小学对台胞子女借读生按有本市正式常住户口的学生同样对待。市公安局采取了一系列措施，简化了台湾居民入出境和居留手续。市人力社保局制定了《香港、澳门和台湾地区高级人才来京工作有关政策的实施意见》，为台胞和台资企业来京创业发展提供便利。市台办、市农委下发了《关于促进京台农业合作的若干政策意见》，对台胞投资农业给予七个方面的优惠政策。2008 年以来，为有效帮扶台资企业应对金融危机的冲击，缓解台资企业经营困难，市政府于 2009 年 3 月下发了《关于帮扶企业应对国际金融危机若干措施的通知》，并成立了市、区县两级困难企业帮扶办公室，将在京台资企业纳入帮扶企业。为此，市台办编写了《北京市帮扶台资企业应对国际金融危机政策汇编》，下发到各区县台办和台资企业，《汇编》详细介绍了北京市政府及其各组成部门，如金融、土地、劳动、地税等部门颁布的，适用于各类台资企业的 15 项政策、措施，受到了广大台资企业和台商的好评。上述政策、措施的出台，为《台胞投资保护法》在本市的贯彻执行，依法保护台湾同胞正当权益，提供了强有力的政策保障。

（二）建立台胞权益保护工作协调机构和机制，有效促进了投诉与纠纷案件的快速妥善处理

市政府于 2003 年设立了“台商投诉协调中心”。在此基础上，随着两岸形势发展和对台工作需要，市政府于 2008 年在市台办增设投诉协调处，专门负责从事在京台胞的权益保护工作，加大台胞权益保护工作力度。多年来，市政府及其有关部门不断健全台胞投诉协调工作机制，依法维权，妥善解决各类涉台纠纷。除受理台胞投诉案件外，市政府及其有关部门还注重加强全市台胞台属的来信来访及社会各界有关涉台政策、法律、法规的咨询服务工作，设立了台胞服务热线和台胞服务电子信箱，印制了台胞联系卡，为在京台胞和台商投诉、咨询提供了方便。

2007 年，为贯彻落实中共中央办公厅、国务院办公厅下发的《关于进一步加强台商投诉协调工作的意见》，进一步做好台胞权益保障工作，经市委常委会同意，市政府成立了由市委常委、常务副市长吉林同志任组长，市 33 个委办局为成员单位的北京市台胞权益保障工作协调小组。协调小组成立以来，充分发挥机制作用，运用机制创造良好的涉台维权工作环境，促进台胞权益保障工作的有效开展。在此基础上，市政府坚持“属地管理，分级负责”原则，加强对区县台胞权益保障工作的指导。目前，全市各区县相继建立了台胞权益保障机制，加大协调处理涉台案件的工作力度，并显现出良好的效果。

（三）采取有效措施，做好服务和权益保障工作，不断优化台胞在京投资环境

市政府及其有关部门，认真贯彻执行《台胞投资保护法》，针对实际情况和特点，采取积极有效的保护措施。坚持“市长、区县长接待台商日”制度，加大了市和区县政府依法行政力度，为台胞解决实际困难。1995 年，我市建立了“市长接待台商日”制度。15 年来，共举办了 18 次“市长接待台商日”活动，主管市长及政府各有关部门负责人直接听取台胞投资者和台资企业经营者的意见，及时帮助他们解决生产、经营、生活中遇到的问题。目前，东城、西城、朝阳、海淀、丰台、通州等台资企业比较集中的区县已相继建立起“区县长接待台商日”制度。如：西城区政府本着“特事特办，同等优先，

让利放宽”的原则，妥善处理了一批台资企业在城建拆迁过程中遇到的问题。通州区从1998年建立起领导干部联系台资企业制度，坚持深入企业了解情况，既为投资的台胞解决了实际问题，又拓宽了听取台资企业意见的渠道。石景山区政府为支持和保障北京台湾街的健康发展，成立了“北京台湾街服务管理小组”并制定了《北京台湾街管理暂行办法》，优化了服务环境。顺义、昌平、怀柔等区县以定期走访等多种方式密切与台胞投资者的联系，依法协调解决涉台经济纠纷，有效维护了台胞的合法权益。“市长、区县长接待台商日”已经成为在京台商与政府沟通的重要渠道，为有效维护台胞合法权益，发挥了重要作用。

市政府以及公检法机关发挥职能作用，切实做好在京台胞服务和权益保障工作。如：市人力社保局与市台办积极协作，认真调处涉台劳资纠纷，及时沟通，妥善处理。市公安交通管理局与台资企业建立了定期联系制度，为近2000名台胞举办了申办大陆机动车驾驶证专场考试，对考试合格的台胞，核发了机动车驾驶证。北京海关对进口量大、信誉良好的生产型台资企业采取信用放行、纳税担保等措施，加速台资企业的通关过程。市国土局妥善处理台资企业用地拆迁纠纷。市国税局、市地税局对存在特殊困难的台资企业，采取减、缓交纳的措施。市公检法机关在办理涉台案件中，加强与市台办的沟通与协调。此外，根据《实施细则》关于设立台湾同胞子女学校的规定，2005年，为解决中芯国际集成电路制造（北京）有限公司台籍员工子女就学的迫切需求，北京经济开发区管委会与市台办、市教委等部门协调，充分考虑台胞子女学校的特殊性，筹备建立了北京中芯小学。2009年，学校正式获批，为辖区内台资企业员工解决了子女就学的实际困难，深受台胞的好评。

总之，多年来，市政府以及公检法机关认真贯彻实施《台胞投资保护法》及其《实施细则》，依法保障台胞投资的正当权益，重视解决台胞和台商在经营中遇到的困难，法律实施成效显著，有力的促进了北京市经济社会建设以及京台两地经济科技的合作和发展。

二、法律实施中存在的主要问题

从对市和区县政府、法院、检察院等有关部门实地检查以及与干部群众和台胞台商座谈中反映的情况看，《台胞投资保护法》及其《实施细则》在实施中还存在一些问题，主要是：

（一）《台胞投资保护法》规定较为原则，相关政策规定不够具体和完善

《台胞投资保护法》及其《实施细则》执行至今已有十几年时间未作修改，特别是其中的一些规定条款，且与目前国家其他有关法律、法规之间、台胞台商投资权益新的需求之间存在不尽一致的情形。实施中对台湾同胞投资企业的范围、种类没有做细致规定，无法与新出台的法规和政策相衔接，如前门台湾文化商务街、石景山区北京台湾街为两岸高度重视的经贸文化交流平台，却因在有关法规和政策中找不到对台湾商圈的界定，无法根据有关规定享受优惠政策，甚至相关服务管理措施不到位。另外，台资企业经营活动仍面临一些实际困难。主要表现，一是具体政策以及相关配套服务措施跟不上。随着京台两地的交流合作不断加深，许多台商表达了进一步扩大投资的愿望，但是现有相关政策和配套措施难以解决台资企业遇到的实际困难，影响台资企业扩大投资。二是在有些征地拆迁中引发了纠纷。有的区县由于土地规划进行调整，涉及对台资企业使用土地的征收、拆迁等，而有关法律、法规和政策关于拆迁补偿标准和实施程序方面的规定

还不够具体，往往导致纠纷的产生，部分台商反映比较强烈。

（二）依法维护台胞和台资企业权益的工作机制尚待加强和完善

随着两岸关系和经济的逐步发展，以及京台两地经济合作进一步深化，台胞来京投资呈大幅上升之势，同时涉台商事案件也开始逐年增多。近几年，虽然市政府采取措施加强了台胞投资权益保障、协调的组织和机制建设，但是在市政府涉台主管行政部门与公检法等机构之间的日常信息沟通、权益维护协调等方面，特别是对于涉台商事案件的庭外调解的工作机制尚待加强和完善。

（三）台胞在京工作和生活方面还面临一些问题，有待加以研究和解决

台资企业落户到北京，带来大批台胞高中层管理和技术人员。他们和家属长期在京工作、生活，逐渐产生对北京的归属感和认同感；他们希望与当地居民享受同等待遇，以便更加紧密地融入当地社会生活。尽管政府及其有关部门已实施一些政策、措施予以保障，但是在台胞子女就学、医疗、就业、购房入户、社会保障等方面仍面临一些实际困难。检查中台胞反映，希望市和区县政府针对台胞工作和生活上遇到的一些共性问题，进行深入调研并能出台一些具体政策规定，使他们及其子女能在北京安心工作，安居乐业。

三、对进一步加强执法工作和修改完善法规、政策的建议

（一）进一步加强对涉台法律、法规和政策执行情况的调研，抓紧有关政策规定的研究制定和修改完善工作

建议市政府及其有关部门抓紧立法调研，适时修改《北京市鼓励台湾同胞投资的若干规定》及其《补充规定》，进一步完善保障台胞权益的地方性法规和政策体系。从执法检查情况看，由于《台胞投资保护法》及《实施细则》的实施已有十几年时间未作修改，期间两岸关系和经济文化交流发生了深刻变化，台胞投资权益保护出现了一些新情况和新要求，处理时缺乏可操作的具体政策性规范。建议市政府针对台胞投资权益保护工作积极开展专题调查研究，及时了解和掌握在京台胞的实际需求，进一步完善对台商比较集中的台湾文化商务区的优惠扶持政策。根据台商经营特点制定有关专门指导和规范台湾文化商务区、北京台湾街区的服务和管理政策、措施。

（二）进一步采取有力措施，加强和完善台胞投资权益保障的有关工作机制

切实发挥市和区县两级台胞权益保障工作机制的职能和作用，进一步增进各级政府之间、政府各职能部门之间、政府与公检法、人大机关之间的联系协调和联动。一是建议市政府及其有关部门在做好台商投诉协调中心工作的基础上，加强和完善与公检法有关机构的联系协调机制，探索建立某种形式的庭外调解机制。二是建议适当增加区县对台工作机构中台胞投诉协调工作的力量，为进一步做好台胞投诉协调工作提供组织保障，推动台胞权益保障工作的有效开展。三是建议在本市台商较多的重点区县、具有公民身份的本市籍台胞中遴选部分人民陪审员，依法参与法院有关涉台案件的处理，以及庭外调解工作。

（三）进一步完善有关具体政策、措施，优化台胞在京工作和生活的环境

一是抓紧研究制定和完善引进台湾优秀人才就业、创业的政策、措施，特别是要关注在大陆院校毕业的台籍学生在京就业、创业的情况。发展和培育针对台湾人才来京创业的中介服务组织，探索召开人才招聘会，实现大陆企业与台湾优秀人才的对接。参照本市现有有关人才引进、青年创业的优惠措

施，扶持台湾优秀青年人才在京创业和发展，为他们在京创业发展提供便利条件。二是围绕台胞提出的及其家属在京就学、就医和社会保障等方面的生活需求，市政府及其有关部门应当抓紧进行专题调查研究和修改细化有关政策、措施，进一步健全有关服务和管理工作机制，为台胞多办实事、多做好事，为台胞在京投资发展和生活提供一个更加良好、宽松的环境。

以上报告，请各位委员审议。

关于北京市贯彻《中华人民共和国台湾同胞投资保护法》实施情况的报告（书面）

——2011年7月20日在北京市第十三届人民代表大会常务委员会第二十六次会议上

北京市人民政府台湾事务办公室

主任、各位副主任、秘书长、各位委员：

受市人民政府委托，向市人大常委会报告本市贯彻《中华人民共和国台湾同胞投资保护法》实施情况。

一、北京市贯彻落实《中华人民共和国台湾同胞投资保护法》基本情况

长期以来，市政府认真贯彻落实中央对台方针政策和工作部署，切实开展依法保护台湾同胞合法权益工作，进一步优化首都涉台发展环境，积极营造依法保护台湾同胞合法权益的良好氛围，促进了京台两地的交流与合作。

（一）市政府高度重视台湾同胞合法权益保护工作

1994年3月5日，第八届全国人民代表大会常务委员会第六次会议通过了《中华人民共和国台湾同胞投资保护法》（以下简称《保护法》），将台湾同胞投资合法权益保护工作纳入法制化轨道。1999年12月5日，国务院颁布了《中华人民共和国台湾同胞投资保护法实施细则》（以下简称《实施细则》），进一步明确了依法保护台湾同胞投资合法权益的措施。《保护法》及其《实施细则》颁布实施以来，市政府每年都听取台湾同胞合法权益保护工作的汇报，主要领导多次强调，各部门要认真贯彻落实《保护法》及其《实施细则》等法律、法规，加强做好对涉台矛盾纠纷的预警、排查和调处工作，切实维护台湾同胞合法权益。市政府还制定、颁布了《北京市鼓励台湾同胞投资的若干规定》、《北京市鼓励台湾同胞投资的补充规定》，建立了“北京市人民政府台资项目审批绿色通道”，设立了“市长接待台商日”制度，成立了以市委常委、常务副市长吉林同志任组长的北京市台胞权益保障协调小组，在全市范围内建立了台胞权益保护工作机制。

（二）各部门各区（县）积极采取措施，切实加强台湾同胞合法权益保护工作

1. 全市各部门采取切实有效措施，认真贯彻落实《保护法》及其《实施细则》。市教委会同相关部门，简化台胞子女在京中小学借读手续；市公安局各相关单位认真履行职责，严厉打击涉及两岸特别是针对台胞的刑事犯罪活动、简化台胞入出境和居留手续、为在京台胞换领驾驶证提供一站式服务；市

高院制定了《涉台案件通报制度》，加强了对涉台案件的审理与配合；市检察院发挥检察机关职能，依法维护台胞、台资企业合法权益；市人力社保局，认真制定相关措施，在劳动就业和社会保险等方面为保护台胞合法权益做了大量工作。市工商局在企业注册登记、年审上为台资企业提供规范、便捷服务，加强市场监管，依法保护台资企业注册专用权；市海关积极支持对台经贸合作，改善通关环境，为台资企业提供通关便利；市经济信息化委等部门为帮扶台资企业有效应对金融危机，积极制定工作措施，帮助台资企业疏困解难。此外，政府其他各有关部门服务对台工作大局，为切实依法保护台胞合法权益，也都做了大量认真细致的工作。

2. 市台办认真履行对台工作职责，不断加强和完善保护台胞合法权益工作。一是设立专责机构。2003 年 5 月，经市编办批准，在市台办设立了“台商投诉协调中心”。2008 年经市委、市政府同意，在市台办增设投诉协调处，增加 2 名公务员编制，原台商投诉协调中心 9 名事业编制不变，专责从事在京台胞合法权益保护工作。二是做好建章立制工作。通过建立台商投诉案件数据库，完善了台商投诉案件分析、统计制度；设立了台胞服务电子信箱，制作、发放了台胞在京服务手册、台胞联系卡；推动建立了北京市台胞权益保障协调小组，进一步健全了台胞权益保护工作机制。三是发挥市台办的工作职责，通过对台政策指导、涉台信息通报、涉台案件调处等工作方式，注重加强与各相关涉台部门的工作沟通与配合；认真办理人大代表、政协委员提出的涉及台胞权益保护工作的建议和提案；依法调处了一批重大、复杂、敏感的涉台投诉案件，既维护了法律的严肃性，又体现了对台工作的特殊性。截止到今年 5 月，市台办累计受理各类台胞投诉案 567 件，结案率均在 90％以上。接待处理台胞来信来访 2099 人次，接听咨询电话 3936 人次。四是与台湾民间组织海峡两岸商务协调会建立合作，有计划、有步骤的组织市台胞权益保障协调小组成员单位入台宣导依法保护台胞合法权益政策、措施，就台胞关心的权益保护问题展开研讨与交流。

3. 各区（县）认真贯彻落实《保护法》及其《实施细则》，建立和完善了本地区台胞权益保障工作机制，稳步推进台胞合法权益保护工作。东城、西城、朝阳、海淀、丰台、通州、石景山等一些台资企业比较集中的区（县）建立了“区（县）长接待台商日”制度、领导干部联系和定期走访台资企业制度。同时，区（县）各有关部门采取各种措施，狠抓落实，注意改进工作作风，提高办事效率和服务质量，主动关心台资企业生产经营，帮助台胞、台资企业解决实际困难。努力为台胞投资和台资企业发展创造良好的环境。

（三）保护台湾同胞合法权益工作取得积极进展

1. 促进了京台两地经济交流与合作。台商在京投资领域不断拓宽，涉及高新技术产业、生产性服务业、现代农业等多个领域。2010 年，全球最大显示器制造商冠捷集团，在本市经济技术开发区北京数字电视产业园，投资建设年产达 800 万台液晶电视生产基地；东贝光电 LED 项目已入驻数字电视产业园；亿光电子集团 LED 项目正在洽商中。京台两地经济交流与合作品牌活动“京台科技论坛”，已连续举办了十三届，成为京台两地科技和工商企业界交流的重要渠道。在第十三届京台科技论坛期间，与台湾企业签订了总额达 32 亿美元的采购协议。统一、联华、旺旺、君太百货、新光天地、蓝天百脑汇等食品、百货、物流企业享誉京城。国泰人寿、新光人寿、富邦金控等台湾金融企业也率先在京设立金融企业。以北京台湾会馆、前门台湾文化商务区、石景山北京台湾街为载体的“一馆一区一街”，为对台文化经贸提供了交流平台，形成了京台两地全方位、多领域交流与合作的良好局面。同时，京资入岛取得突破，京东方集团成功并购台湾美齐科技股份公司显示器业务，北控集团在台湾设立子公司，成为北京首家具有国企背景的入岛企业。

根据市商务委统计，截止到2010年年底，台商在京实际投资（注册地在台湾）3.2亿美元，经第三地在京实际投资达30亿美元以上。2010年，京台两地进出口贸易额为33.94亿美元，比上年度增长28.4%。2005年以来，市与台湾进出口贸易额累计达179.36亿美元，年均增长10.5%。其中，出口66.39亿美元，年均增长18.2%；进口112.97亿美元，年均增长6.3%。形成了以投资带动贸易，贸易促进投资，制造业稳步发展，服务业逐渐融合，产业链不断延伸的经济合作格局。

2. 依法调处了一大批台胞投诉案件。自2003年设立台胞权益保护工作机构以来，全市各级台办在各相关涉台部门的大力支持、配合下，共协调处理台胞投诉案件976件。此外，市高院、市检察院等市各级法院、检察院也依法审理了一批涉及台胞权益的民商事案件。

3. 建立和完善了保护台胞合法权益工作机制。市台办充分发挥在台胞权益保护工作中“组织、指导、管理、协调”的职责。各部门、各区（县）严格执行《保护法》及其《实施细则》和其他法律、法规，积极研究工作思路，创新工作方法，改进工作措施，建立和完善了市区两级台胞权益保障工作机制，确保台胞权益保护工作取得实效。

4. 逐步形成了依法保护台胞合法权益的社会氛围。多年来，从市政府到各部门、各区（县）认真贯彻中央对台工作精神，服务对台工作大局，积极开展《保护法》及其《实施细则》的宣传和教育工作，指导台胞守法经营，依法维权，创造了全社会重视保护台胞合法权益的社会环境。

二、北京市贯彻落实《台湾同胞投资保护法》工作中存在的主要问题

（一）《保护法》及其《实施细则》的制定已经十多年了，当前两岸关系发生了重大变化，因此，《保护法》及其《实施细则》在实际执行中遇到了不少新的问题，不能完全适应两岸关系和平发展的新要求，需要加以修改和完善。

（二）随着祖国大陆改革开放的不断深入发展，新出台的一些政策与《保护法》及其《实施细则》未有效、细致衔接，使台胞合法权益保护工作产生了新的难度。对在台胞权益保护工作中出现的新问题、新情况，需要进一步调查研究，制定相应的政策、措施。

（三）台胞合法权益保护工作是争取台湾民心，反对和遏制“台独”分裂活动，促进两岸关系和平发展的一项重要工作，具有很强的政治性、政策性、策略性和敏感性，一些政府部门和工作人员在具体工作中，涉台工作大局意识不强，需要不断提高认识，改进工作方式、方法，提高服务水平。

三、进一步推动依法保护台湾同胞合法权益工作的措施

（一）统一思想，提高认识，切实增强做好台胞合法权益保护工作的责任感

台胞合法权益保护工作是对台工作的重要组成部分，是做好台湾人民工作的重要手段，事关两岸关系和平发展的大局。北京作为首都，对台工作任务重、关注度高、影响大，稍有失误就有可能对中央对台工作大局造成不良影响，市政府将站在维护两岸关系和平发展，促进社会和谐稳定的高度，充分认识加强和改进台胞合法权益保护工作的重要性和必要性，切实采取扎实有效的措施，把台胞合法权益保护工作做实、做稳、做好。

（二）加强领导，落实责任，进一步深化台胞合法权益保护工作

台胞合法权益保护工作关键在领导，重点在部门，落实在队伍。按照“属地管理，分级负责”和“谁主管，谁负责”的工作要求，全市各部门、各区（县）将对所辖系统、所管领域的台胞合法权益保护工作现状和存在的问题继续进行排查，认真分析研究，及时制定、完善各项工作制度和措施。进一步加强组织领导，加大工作力度，拓展工作资源，落实工作责任，切实有效的做好本部门本地区的台胞合法权益保护工作。

（三）依法行政，热情服务，继续优化良好的涉台发展环境

坚持依法行政，积极引导台胞通过调解、行政复议、仲裁、诉讼等多种方式解决问题，逐步将台胞合法权益保护工作纳入法制化、制度化、规范化的轨道。继续推进和完善务实高效、责任到位、保障有力的协调工作机制。努力提高台胞投诉案件办案质量，进一步加强对涉台矛盾纠纷的排查、预警，力争把矛盾化解在基层、化解在萌芽状态。同时，结合转变政府职能，采取多种形式，进一步强化各级政府和工作人员的服务意识，提升服务水平。坚持开展“市（区、县）长接待台商日”、定期走访台资企业等活动，主动了解和关心台胞投资经营活动，不断提高为台胞和台资企业服务的质量和水平，继续优化良好的涉台发展环境。

（四）扩大宣传，加强教育，营造依法保护台胞合法权益的社会氛围

利用多种形式，不断加深广大干部、群众，特别是基层工作人员对贯彻《保护法》及其《实施细则》重大意义的认识，进一步增强各级政府和工作人员执行《保护法》及其《实施细则》的自觉性。加强对台胞的法制宣传，使台胞熟悉祖国大陆相关法律、法规，提高法律意识，树立法制观念，依法维护自身的合法权益。通过形式多样，内容丰富的宣传、教育措施，营造依法保护台胞合法权益的社会氛围。

台胞合法权益保护工作是对台工作的重要组成部分，维护台胞、台资企业合法权益不仅是对台工作大局的要求，也是为地方经济发展服务，维护社会稳定的需要。我们将在市委的领导下，在市人大常委会的监督下，继续深入贯彻落实《保护法》及其《实施细则》的各项规定，扎实推进本市对台工作，努力为推动两岸关系和平发展，为实施人文北京、科技北京、绿色北京战略、建设中国特色世界城市作出积极贡献。

以上报告，提请市人大常委会审议。

北京市高级人民法院关于贯彻实施《中华人民共和国台湾同胞投资保护法》的情况报告（书面）

——2011年7月20日在北京市第十三届人民代表大会常务委员会第二十六次会议上

北京市高级人民法院

市人大常委会：

我院于2011年5月30日收悉贵委于2011年5月25日签发的《关于做好本市贯彻执行〈中华人民共和国台湾同胞投资保护法〉

情况书面报告的函》，我院领导非常重视，责专人督办。现根据来函要求，汇报如下。

一、涉台商事案件的基本情况

根据“台胞投资保护法”第三条的规定，国家依法保护台湾同胞投资者的投资、投资收益和其他合法权益。因此，法院审理的与“台胞投资保护法”有关的案件主要是商事案件，即经济案件和知识产权案件。根据我们的调研，2000 年以前，本市法院受理的涉台商事案件极少。2000 年以来，随着两岸关系的逐步发展，台商投资呈大幅上升之势，作为经济生活晴雨表的涉台商事案件开始逐渐增多，截至 2010 年 12 月 20 日，本市两个中院共审结涉台经济案件 95 件，审结涉台知识产权案件 300 件；高院二审审结涉台经济案件 20 件，审结涉台知识产权案件 41 件。审结的涉台经济案件主要是一般借款合同纠纷、一般买卖合同纠纷、公司类纠纷和申请撤销仲裁裁决纠纷。其中公司类案件占九成以上，包括股东知情权纠纷、董事、监事、经理损害公司利益纠纷、股东权纠纷、公司清算纠纷等。审结的涉台知识产权案件主要是商标、专利、版权、不正当竞争等纠纷。

二、贯彻实施“台胞投资保护法”及“实施细则”的几点做法

（一）增强法官对涉台商事案件审理重要性的认识，为涉台商事案件的审理提供专门保障

对于涉台商事案件，我们要求法官在思想上要高度重视。通过组织学习，使法官充分认识依法保护台胞投资权益是促进国家经济建设和实现祖国统一大业的需要，是提高人民法院在台胞中公信力的需要，是人民法院认真贯彻落实台胞投资保护法的实际行动。今年，我们还专门组织学习了胡锦涛同志 5 月 10 日就推动两岸关系发展提出的 4 点意见：继续把握两岸关系和平发展大局；继续维护国共两党、两岸双方的良性互动；继续稳定推进两岸交流合作；继续保障台湾基层民众共享两岸交流合作成果。力图使承办涉台商事案件的法官站在更高的角度、用更远的视野妥善审理涉台商事案件，以求实现政治效果、法律效果和社会效果的有机统一。

在具体做法上，一是规范涉台商事案件的审理程序。根据最高人民法院的相关司法解释，统一参照适用民事诉讼法中涉外民事诉讼程序的规定，审理涉台商事案件。二是提高涉台商事案件的管辖级别。最高人民法院 2002 年规定涉外、涉港澳台商事案件均由指定的中级人民法院管辖，2004 年又规定可由高院指定并报最高法院批准指定部分基层法院管辖。我院为了保证涉台商事案件的审理质量，没有下放管辖权，一审涉台商事案件始终由中级人民法院管辖。三是中院及高院配备了专业的涉外商事合议庭，配备了专业能力较强、审判水平较高的法官专门负责涉台商事案件的审理，保障涉台商事案件的审理质量。根据统计，涉台经济案件的一审服判息诉率为 78%，涉台知识产权案件的一审服判息诉率为 89%，其审理质量均高于普通商事案件、知识产权案件。

（二）依法维护台湾同胞的合法权益，妥善解决涉台纠纷，为台商的投资创业提供公正高效的司法服务

公正高效地审理涉台商事案件，为台胞投资营造良好的司法环境是人民法院“为大局服务，为人民司法”的必然要求。商事法官在审理涉台商事案件中，高度重视对台胞在大陆投资的服务力度和保护力度。

针对涉台商事案件的审理，我们强调：一是平等保护。要坚持“法律面前人人平等”的原则，依法平等保护当事人的合法权益。

台湾地区当事人在人民法院参与民事诉讼，与大陆当事人有同等的诉讼权利和义务，其合法权益受法律平等保护。如对于符合司法救助条件的台湾当事人，我们也给予如缓交、减免诉讼费的待遇。2010年12月最高人民法院专门颁布了《关于审理涉台民商事案件法律适用问题的规定》，其中第二条指出：台湾地区当事人在人民法院参与民事诉讼，与大陆当事人有同等的诉讼权利和义务，其合法权益受法律平等保护。此规范的出台使我们以前的做法有了更为明确的法律依据。二是侧重保护。台胞投资保护法是特别法，诉讼中要运用好这部法律，侧重保护台胞的利益，并贯彻对台湾投资者“同等优先，适当放宽”的政策精神。三是调解保护。坚持“调解优先，调判结合”的原则，将调解贯穿于立案、审判、执行、申诉、信访等各个环节，完善全程调解工作机制。根据统计，2000年以来，本市法院调撤的涉台一审经济案件共计30件，调撤率为31%，调撤的涉台一审知识产权案件共计184件，调撤率为62%。四是延伸保护。随着台商投资方向从初期的劳动密集型行业转向资本技术服务密集型行业，存在很多行业的准入限制问题，对于审判中发现的此类问题，我们及时向有关部门反映，以期更好地保护台胞投资权益。五是主动保护。由于台商对于大陆的法律并不是十分了解，我们积极参加有关部门组织的协调会，对于台商投资中的法律问题进行解释，为台胞提供法律咨询服务。法院对于审理中出现的法律问题，也能及时详细耐心地向台胞释法明理。

（三）加强我院与台办等相关部门的沟通和协调，支持和尊重仲裁机构依法裁决涉台案件，推动仲裁制度在纠纷解决方面积极发挥作用

“台胞投资保护法”第十四条规定台湾同胞投资者的纠纷可以通过协商或者调解解决或者申请仲裁或者提起诉讼。由于“台胞投资保护法”及“实施细则”中的规定多为宣示性条款，且与国家其他有关法律、法规之间存在不尽一致的情形。在具体的涉台商事案件审理中，机械地照搬法条处理未见得是最优的处理结果，为了争取法律效果与社会效果的统一，我们主动与台办等相关部门沟通，征询意见，借助其力量以使涉台商事案件真正做到案结事了。对于台办等相关部门转来的信函，我们做到专人负责、件件落实、认真督办与回复。对于申请撤销或不予认可仲裁机构作出的涉台裁决案件，我们严格按照《纽约公约》的精神，充分尊重仲裁机构依法裁决，到目前为止，向本市法院申请撤销仲裁机构作出的涉台仲裁裁决案件共计7件，还没有涉台仲裁裁决被撤销的情况。去年，我们在国台办的安排下，参加了国台办法规局“涉台仲裁座谈会”，专门就扩大台籍仲裁员在涉台仲裁案件的作用进行了沟通，听取了台湾仲裁员的意见，发表了我们的看法。

三、两点建议

（一）加强宣传，促进台胞依法投资

据我们了解，一些台湾投资者为了规避台湾或者大陆的各种限制，不是直接投资，而是通过其在第三地成立投资控股公司的方式投资，这种隐名投资产生的出资纠纷或确认股权纠纷成为审判中的难点。去年，最高人民法院发布了《关于审理外商投资企业纠纷案件若干问题的规定（一）》，该规定适用台湾地区的投资者在内地投资设立企业产生的相关纠纷案件。根据该规定第十四条：当事人之间约定一方实际投资、另一方作为外商投资企业名义股东，实际投资者请求确认其在外商投资企业中的股东身份或者请求变更外商投资企业股东的，人民法院不予支持。同时具备以下条件的除外：（一）实际投资者

已经实际投资；（二）名义股东以外的其他股东认可实际投资者的股东身份；（三）人民法院或当事人在诉讼期间就将实际投资者变更为股东征得了外商投资企业审批机关的同意。一般来说，同时具备上述三项条件是很难的。因此，在审判实践中，隐名的台籍投资者试图通过法律诉讼变更为显名股东的可能性极小，台胞投资的实质权益无法得到有效地保护。此外，上述《关于审理涉台民商事案件法律适用问题的规定》第三条指出：根据本规定确定适用有关法律违反国家法律的基本原则或者社会公共利益的，不予适用。据此建议相关部门加大加强对大陆法律、投资政策的宣传，使台湾同胞能够合法合规地进行投资，避免其后的纠纷，以有效地实现其投资权益。

（二）建议人大协调能在台办与法院之间建立某种形式的庭外调解机制

对于涉台商事案件，在当事人均同意的情况下，由台办下辖的台商权益保护中心进行庭外调解。在条件许可的情况下，建议通过人大常委会任命符合条件的台湾同胞为人民陪审员，依法参与涉台案件的处理。

特此报告。

北京市检察机关关于贯彻实施《中华人民共和国台湾同胞投资保护法》的情况报告（书面）

——2011 年 7 月 20 日在北京市第十三届人民代表大会常务委员会第二十六次会议上

北京市人民检察院

市人大常委会：

近年来，北京市各级检察机关在市委、市政府和最高人民检察院的领导下，牢固树立大局意识和责任意识，不断增强政治敏感性和历史责任感。在北京市对台工作协调小组的具体指导下，按照国家对台工作总体部署，紧密结合检察工作实际，以执法办案为依托，延伸职能、完善制度，努力为台湾同胞创造宽松、平等、和谐的投资服务和保护环境，推动《台湾同胞投资保护法》的贯彻实施。

一、总体情况

（一）办理案件情况

2008 年来，全市各级检察机关共受理公安机关提请批准逮捕的各类与台湾同胞有关的刑事案件 50 件 85 人。其中，台湾籍人实施的普通刑事犯罪案件 47 件 75 人，与台湾同胞投资有关的刑事案件 3 件 10 人。经审查，批准逮捕 40 件 66 人，不予批准逮捕补充侦查提纲，对 20 件批准逮捕的案件发出继续提供法庭所需证据意见书，引导公安机关侦查取证。

受理与台湾同胞投资相关的民事申诉案件 1 件。审查后，依法提请上级检察机关抗诉，上级检察机关出庭支持抗诉，人民法院审理后予以改判。

（二）其他工作情况

为深入贯彻《台湾同胞投资保护法》，检察机关将其列入“八五”、“九五”普法宣传内容中。按照“六进”的要求，深入我市各工业开发区和企业、厂矿集中地区进行普法宣传。在宣传《台湾同胞投资保护法》的同时，也积极宣传检察机关的职能以及办案流程，为来京投资台湾同胞提供法律帮助和服务。2008年以来，全市各级检察机关共开展检务公开、法制宣传等活动67次，印发各类宣传材料4万余份。

二、主要做法

（一）高度重视，加强领导

1. 认真组织学习。胡锦涛总书记发表“12·31”讲话后，市院党组要求各级检察官充分认识讲话重要意义，把落实讲话精神和贯彻落实《台湾同胞投资保护法》紧密结合起来，加强学习，通过妥善处理好每一起涉及台湾同胞投资合法权益的案件，执行好《台湾同胞投资保护法》，推动两岸关系快速发展、服务好国家对台工作和我市世界城市建设以及经济发展方式的转变。为方便干警学习，研究室在改造办公办案内网中，及时将《台湾同胞投资保护法》全文予以转录。

2. 强化领导体系建设。为提高台胞投资权益保障工作力度，市检察院党组决定由负责刑事检察工作的副检察长担任市台胞权益保障协调小组委员，全面承担领导职责。将台胞投资权益保障工作作为重要内容，纳入检察机关综合治理工作体系中，以《综治任务书》的方式，统一予以部署。明确具体任务的牵头处室和责任部门，推动该项工作与检察职能更好地融合。目前，全市各级检察机关均成立了综治工作协调小组，为台胞投资权益保障工作实现“条块结合、以块为主，上下贯通”的工作格局提供了强有力的组织保障。

（二）完善制度，把权益保护落到实处

各级检察机关不断强化机制建设，为台胞投资合法权益保障工作规范化、长效化发展打牢基础。一是明确了“三同等、一特别”的原则。即“同等对待、同等保护、同等服务”，对涉及台湾同胞投资的各类案件特别关注和审查。二是突出了“三个重点”。即突出保护来京投资台湾同胞人身权益、突出保护台湾同胞投资的合法权益、突出打击侵犯投资台胞人身、财产权益的犯罪。三是夯实各个执法办案环节的制度化基础。市检察院建立了统一的案件报告、指导、质量评估制度，对涉及台湾同胞的案件统一管理，加强监控。强化办案风险评估制度，防止出现负面影响。侦查监督部门完善来京台湾人员逮捕必要性的审查制度，慎用逮捕措施。控告申诉部门落实首办责任制，对涉及台胞投资权益的案件跟踪到底。在信访接待工作中，坚持优先受理、优先调查、优质服务，为台胞排忧解难。公诉部门试行轻刑快审制度改革，加快办案节奏，减少台胞诉累。法制宣传部门建立舆情监控和快速应对机制，职务犯罪预防部门加强对《检察建议书》整改落实情况的跟踪，协助发案单位堵塞治安漏洞，完善管理制度。全市各级检察机关不断深入推动行政执法与刑事司法衔接工作机制建设，促进执法司法公正。四是各部门定期编写执法办案情况分析，及时发现并反映涉及台胞权益保障的新情况、新特点，为党委、政府决策提供参考。

（三）立足职能，提供优质高效司法保护

多年来，各级检察机关按照统一要求，依法、准确、慎重、妥善地处理了每一起涉及台胞投资权益保障的案件，为营造和谐稳定的政治环境和安全有序的经济发展环境提供了有力的司法保障。

1. 严厉打击侵害台胞投资权益的犯罪。检察机关把涉及台湾同胞投资的案件作为一类特殊案件，坚持打击犯罪与服务发展并重。在加大同级审查和上级指导、监督工作力度，确保办案质量的同时，加快办案速度，缩短办案周期，减轻台胞诉讼负担。对发生在台资企业中的侵财类犯罪案件，不论实体方面是否达到处理条件，都对资产保全、赃款追缴问题加强法律监督，要求公安机关尽快做好相应工作，努力降低犯罪给企业造成的损失，并注重于公安机关的协作配合，形成打击犯罪的合力。如2011年年初，朝阳区检察院办理台胞投资的上海古典玫瑰餐饮有限公司北京分公司负责人杨威挪用资金一案时，指定专人负责，仅用两天即审结了案件。在因证据不足作出不予批准逮捕决定的情况下，为保障台胞投资安全，还列出详细的补充侦查提纲，要求公安机关继续开展侦查补证工作，同时通过深入的释法说理，消除了台资企业的顾虑。

2. 加强民事审判监督，保护好台湾同胞的财产利益。以提起抗诉和提出再审建议等手段，对涉及台湾同胞投资的案件开展民事、行政审判监督，是检察机关服务台湾同胞投资权益保护的基本方式。几年来，北京市各级检察机关充分发挥职能作用，注重发现并纠正涉及台胞投资合法权益的错误裁判。如市检察院第一分院受理了一起租赁合同纠纷申诉案，申诉人是知名台资企业北京京都宝岛眼镜有限公司。宝岛眼镜有限公司与北京金悦物业管理有限责任公司因房屋租赁问题发生纠纷诉讼，海淀区法院和第一中级法院两审均判宝岛眼镜有限公司败诉，给付金悦物业公司租金41万余元。市检一分院对宝岛眼镜有限公司的申诉高度重视，控告申诉处受理申诉线索后，迅速进行审查，民事行政检察处在民事行政申诉案件大量增加，人员极度紧张的情况下，指派资深检察人员对该起案件优先进行审查，并多次走访协商相关部门，调取案件卷宗材料，组织深入讨论，最终认定原判决适用法律不当，向上级检察机关提请诉。市院提起抗诉后，市高级法院责令一中院再审。经再审撤销了原判决，驳回金悦物业公司诉讼请求。此案抗诉成功为宝岛眼镜有限公司避免了四十余万元经济损失，该公司负责人表示，该案的改判，坚定了他们在京投资的信心，他们将一如既往地坚持合法经营，为广大顾客提供更好的服务。

3. 防止并纠正错误追诉，保护好投资台胞的人身权益。在刑事检察工作中，全市检察机关把维护来京投资台胞人身权益放在重要位置。如侦查监督部门在办案任务重、人员紧张的情况下，对公安机关提请批准逮捕的涉嫌电信诈骗的124名台湾籍犯罪嫌疑人（非投资台胞）全部进行了提讯，详细核实证据，深入开展侦查活动监督，严格防止刑讯逼供、超期羁押、违法搜查、扣押、冻结台胞人身财产权利现象的发生。

在处理投资台胞与大陆民众、企业双方经济纠纷以及民刑交叉案件时，坚持严格依法、平等公正的原则，防止出现执法偏差，努力维护好投资台胞的人身财产权益。如：昌平区检察院在办理台胞投资的北京金德茂房地产经纪有限公司负责人聚众扰乱社会秩序一案时，发现案件起因是该公司在与北京久长房地产开发公司合作中发生纠纷后，久长公司组织多人闯入金德茂公司售楼处，将工作人员强行驱逐，并更换门锁、占据办公地点，另外组织销售。金德茂公司报警未得到处理，又提起民事诉讼，并多次与对方协商解决，但事经一年多仍未得到妥善处理，便组织人员使用不当手段冲入原办公场所，将属于本公司的电脑和文件资料抢回。公安机关接到久长公司报案后，对久长公司负责人立案侦查，并提请检察机关采取人身强制措施。市检察院接到台胞申诉材料后，及时指导该检察院重新审查核实证据，走访相关人员，在全面掌握案件背景和真实情况的基础上，提出了本案不应按照犯罪处理的纠正意见，避免了涉案六名台湾同胞被错误追诉的后果。该区检察院还积极协调有关部门，做好了善后处理工作。

（四）注重效果，维护良好投资发展环境

在办理来京投资台胞涉嫌犯罪的案件中，检察机关坚持“四个不轻易”原则，即不轻易羁押企业负责人，不轻易查封企业帐册，不轻易冻结企业帐户，不轻易扣压企业财产。对于涉嫌犯罪的台资企业经营者、管理者或关键岗位工作人员，在采取强制措施前，及时向相关部门或企业领导通报，努力维护企业正常生产经营活动。例如，北京海关缉私局对北京春林农产品有限公司涉嫌走私农产品偷逃税款案件进行了立案侦查，并将台湾籍公司负责人吕政祐等3人刑事拘留，拟向市检察院第二分院提请批准逮捕。市检察院在接到市台办有关通报后，及时了解案件情况，认为涉案公司系台湾有关人士在京投资设立，多年来对两岸农业交流有较大贡献，案发后犯罪嫌疑人认罪态度较好，表示将积极补缴税款，弥补国家损失。为不影响该企业的生产经营，鼓励台胞在京投资积极性。市检察院与侦查部门进行了沟通，3名犯罪嫌疑人被取保候审。今年3月9日，市检二分院依据刑法有关规定，对涉案人员作出相对不起诉的从宽处理，该企业依然运营良好。

（五）搞好延伸，营造良好的法制氛围

全市各级检察机关注重结合办案，推动标本兼治，以台商投资企业为重点，积极开展法制宣传和综治帮扶工作，努力营造良好的台胞权益保障环境。

一是通过各种媒介宣传报道检察机关查办的典型案例，剖析案发的原因和规律，提高台资企业及员工知法、懂法、学法、用法的能力和自觉性。二是妥善运用检察建议的方式，为台资企业提供法律服务。在办案中，针对台胞投资企业在安全生产、经营管理等方面存在的漏洞，提出相应的检察建议，帮助台资企业建章立制，堵塞治安漏洞，推动企业规范化管理。三是积极配合有关部门开展社会治安综合治理工作，参与台资企业周边地区的重点整治活动和法制宣传活动，不断改善台资企业经营发展的治安环境。

（六）加强联系和沟通，提升权益保障合力

市检察院第一分院与市台湾事务办公室共同举办了“发挥检察机关职能，依法保护台胞合法权益”座谈会，最高检、国台办、市检察院、市台资企业协会及10余位在京台资企业代表参加了会议。检察机关向与会人员详细介绍了检察机关的职能设置、民事、行政检察、刑事申诉检察的职责和程序。详细解答了与会台胞提出的有关人身权保护、投资权保护等多方面问题。通过检、企对话，宣传了国家保护台胞投资活动的法律、政策，加深了台胞对检察机关维护法律正确实施，依法保障台商合法权益的了解，增强了台资企业在京投资发展的信心和决心。

目前，我市已进入“十二五”规划的开局之年，加快转变经济发展方式，积极推进世界城市建设是首都发展的总体工作目标。全市各级检察机关将按照中央、市委相关工作要求，不断完善台湾同胞投资权益的保障工作，依法、稳妥、慎重地处理好每一起涉及台胞投资权益保护的案件，为加强两岸同胞的理解和沟通，促进两岸经贸共同发展作出应有贡献。

北京市第十三届人民代表大会常务委员会关于批准北京市2010年市级决算的决议

（2011年7月22日北京市第十三届人民代表大会常务委员会第二十六次会议通过）

北京市第十三届人民代表大会常务委员会第二十六次会议，听取了市财政局局长杨晓超受市人民政府委托所作的《关于北京市2010年市级决算的报告》和市审计局局长李颖津受市人民政府委托所作的《关于北京市2010年市级预算执行和其他财政收支的审计工作报告》。会议结合审议审计工作报告，对2010年市级决算草案和市级决算的报告进行了审查，同意北京市人民代表大会财政经济委员会提出的《关于北京市2010年市级决算的初步审查报告》，决定批准2010年市级决算。会议要求，要做好2010年市级决算及市级部门决算向社会公开的工作，对审计查出的问题认真进行整改，切实改进预算编制，规范预算执行，积极推进预算绩效管理制度建设，完善公共财政预算管理体制，加强政府债务管理和防范财政风险，充分发挥财政职能作用，促进首都经济社会又好又快发展。

关于北京市2010年市级决算的报告

——2011年7月21日在北京市第十三届人民代表大会常务委员会第二十六次会议上

北京市财政局局长　杨晓超

主任、各位副主任、秘书长、各位委员：

市十三届人大四次会议审查批准了《关于北京市2010年预算执行情况和2011年预算草案的报告》。目前，2010年北京市财政决算已经汇编完成。根据《中华人民共和国预算法》等法律规定和市人大常委会的工作安排，受市人民政府委托，我向市人大常委会报告北京市2010年市级决算情况。

一、2010年市级决算情况

2010年，面对极其复杂的国内外环境，全市上下坚决贯彻党中央、国务院及市委的决策部署，在市人大的监督指导下，深入落实科学发展观，认真实施“人文北京、科技北京、绿色北京”战略，圆满完成了市十三届人大三次会议确定的各项预算收支任务，为促进首都经济社会协调发展提供了财力保障。

市人大财经委员会按照市人大常委会的要求，对2010年预算执行情况进行了审查，为编制决算草案打下良好的基础。市审计部门按照有关法规对2010年预算执行情况进行了审计，并提出整改意见，为完成决算工作起到重要的监督作用。财政部门在市人大及其常委会的依法监督和市政协的民主监督下，进一步规范预算管理，严格预算执行，按照“全面、真实、准确、及时”的方针，核实基础数字，做好对账衔接，为编制好决算做了大量细致的工作。

2010年决算草案与市十三届人大四次会议审议批准的2010年预算执行情况相比较，年度资金结余有所增加。主要是本市积极向财政部反映落实中央企业税收优惠政策造成的减收影响以及争取中央对首都城市发展和履行服务职责的支持，财政部相应减少了本市的企业所得税上解支出，增加了补助收入。

下面根据《中华人民共和国预算法》（以下简称《预算法》）的要求，重点报告2010年市级决算情况。

（一）市级一般预算收支决算情况

2010年市级财政总收入2093.5亿元，其中：一般预算收入1304.2亿元，完成预算的106.4%；中央返还及补助收入198.2亿元；中央追加上年结转使用收入32.9亿元；中央追加收入287.4亿元；财政部代理发行地方政府债券收入54.0亿元；区县上解收入180.9亿元；地方上年专项政策性结转使用收入1.5亿元；调入资金0.1亿元；上年结余34.3亿元。

市级财政总支出2067.2亿元，其中：一般预算支出1135.0亿元，完成预算的107.1%；中央追加支出269.7亿元；中央追加结转下年使用50.5亿元；划转水利建设基金13.6亿元；地方政府债券支出54.0亿元；上解中央支出59.0亿元；区县返还和一般性转移支付440.3亿元；地方专项政策性结转下年使用9.0亿元；安排预算稳定调节基金36.1亿元。

市级财政收支相抵，结余26.3亿元。

市级预算超收增加的财力，除依法增加相应支出、保障交通疏堵工程等重点项目外，其余转入市级预算稳定调节基金。具体安排使用情况已报市人大常委会备案，并在市十三届人大四次会议上作了报告。

1. 市级一般预算收入决算情况

主要收入项目具体情况如下。

（1）增值税115.9亿元，占一般预算收入的8.9%，完成预算的105.1%。超预算主要是消费品市场活跃，工业生产稳步回升，特别是汽车行业产销两旺，带动增值税保持良好增势。

（2）营业税438.0亿元，占一般预算收入的33.6%，完成预算的100.8%。超预算主要是在适度宽松的货币政策环境下，金融机构存贷款规模和中间业务增加，金融行业对营业税贡献突出。

（3）企业所得税289.2亿元，占一般预算收入的22.2%，完成预算的104.6%。超预算主要是实体经济逐步回暖，企业利润率提高，带动企业所得税增长。

（4）个人所得税215.3亿元，占一般预算收入的16.5%，完成预算的111.3%。超预算主要是经济逐步企稳回升，带动工资薪金、股息、红利个人所得税增长。

（5）契税134.3亿元，占一般预算收入的10.3%，完成预算的119.4%。超预算主要是房屋、土地交易活跃，带动契税增加。

（6）土地增值税43.2亿元，占一般预算收入的3.3%，完成预算的141.8%。超预算主要是土地市场交易活跃以及税务部门加大清算力度，带动土地增值税增长较快。

2. 市级一般预算支出决算情况

2010年市级支出决算与年初预算安排相比，总体看是一致的。部分支出科目决算数与预算数存在差异，主要原因：一是根据需要，年初安排的预备费在执行中按照实际用途转列相关科目；二是一些科目年初按预计数安排预算，执行中据实结算拨付资金；三是按照相关法律规定，市级财政超收收入增加了教育等法定支出和部分重点项目支出。

主要支出项目具体情况如下。

(1) 一般公共服务72.9亿元，占一般预算支出的6.4%，完成预算的113.0%，其中：人口与计划生育法定支出2.4亿元，完成预算的106.8%。超预算主要是增加对口支援新疆和田地区援助等支出。

(2) 公共安全及国防83.0亿元，占一般预算支出的7.3%，完成预算的110.3%。超预算主要是加大智能交通等设施建设支出。

(3) 教育188.1亿元，占一般预算支出的16.6%，完成预算的106.2%，其中：教育法定支出168.7亿元，完成预算的107.0%。超预算主要是增加对学前教育和校舍抗震加固工程建设投入以及改善农村义务教育阶段学校办学条件等支出。

(4) 科学技术114.5亿元，占一般预算支出的10.1%，完成预算的102.8%，其中：科学技术法定支出49.6亿元，完成预算的106.8%。超预算主要是增加促进公益性科研院所发展以及支持中关村股份代办转让试点等支出。

(5) 文化体育与传媒42.3亿元，占一般预算支出的3.7%，完成预算的102.4%，其中：文化法定支出17.4亿元，完成预算的106.5%。超预算主要是增加对公共文化事业单位推广节能产品以及基层公共文化建设等支出。

(6) 社会保障和就业75.3亿元，占一般预算支出的6.6%，完成预算的114.7%。超预算主要是增加离退休人员补贴、市级救灾储备物资等支出。

(7) 医疗卫生58.0亿元，占一般预算支出的5.1%，完成预算的109.9%，其中：卫生法定支出41.5亿元，完成预算的107.9%。超预算主要是加大医药卫生体制改革经费等支出。

(8) 环境保护25.7亿元，占一般预算支出的2.3%，完成预算的106.2%。超预算主要是增加延长居民采暖季燃料成本补助以及能源节约利用等支出。

(9) 城乡社区事务36.6亿元，占一般预算支出的3.2%，完成预算的101.0%。超预算主要是增加老旧房屋抗震加固以及交通疏堵工程等支出。

(10) 农林水事务60.1亿元，占一般预算支出的5.3%，完成预算的103.6%，其中：农业法定支出48.7亿元，完成预算的106.9%。超预算主要增加水务普查、农业保险以及设施农业建设等支出。

(11) 交通运输90.2亿元，占一般预算支出的7.9%，完成预算的100.7%。

(12) 资源勘探电力信息等事务59.9亿元，占一般预算支出的5.3%，完成预算的150.5%。超预算主要是加大对国有企业结构调整扶持力度、完善中小企业服务体系等支出。

(13) 商业服务业等事务11.5亿元，占一般预算支出的1.0%，完成预算的153.7%。超预算主要是旅游产业发展专项资金从年初的3亿元增加到7亿元等。

上述支出中包括市对区县转移支付资金。2010年市对区县返还和一般性转移支付440.3亿元，完成预算的104.1%，与预算的差异主要是根据财政收入实际完成情况，对体制返还和转移支付据实结算；市对区县专项转移支付100.4亿元，完成预算的111.6%，与预算的差异主要是加大对区县非正规垃圾填埋场治理及农村医疗卫生等转移支付支出。

经汇总，2010年市级党政机关、全额拨款事业单位的“三公”经费财政拨款支出合计11.3亿元，其中：因公出国（境）费用1.3亿元；公务接待费0.9亿元；公务用车购置及运行维护费9.1亿元（购置费3.3亿元，运行维护费5.8亿元）。

(二) 市级政府性基金收支决算情况

2010年市级政府性基金总收入950.1亿

元，其中：市级政府性基金收入 684.7 亿元，完成预算的 314.6%；中央补助收入 1.1 亿元；中央和地方上年专项政策性结转 250.7 亿元；划转水利建设基金 13.6 亿元。

市级政府性基金总支出 793.4 亿元，其中：市级政府性基金支出 609.2 亿元，完成预算的 196.2%；中央追加 0.5 亿元；返还区县 183.7 亿元。

市级政府性基金收支相抵，结转下年 156.7 亿元。

1. 市级政府性基金收入决算情况

主要收入项目具体情况如下。

（1）文化体育与传媒 10.2 亿元，完成预算的 121.7%。超预算主要是部分行业营业收入提高，带动文化事业建设费征收相应增加。

（2）社会保障和就业 7.4 亿元，完成预算的 127.7%。超预算主要是残疾人就业保障金征收标准提高所致。

（3）城乡社区事务 644.8 亿元，完成预算的 336.6%，其中：城市基础设施配套费收入 9.8 亿元，政府住房基金收入 13.9 亿元，国有土地使用权出让金收入 557.7 亿元，城市公用事业附加收入 19.6 亿元，国有土地收益基金收入 29.0 亿元，农业土地开发资金收入 1.4 亿元，新增建设用地土地有偿使用费收入 13.4 亿元。超预算幅度较大主要是受土地供应规模、房地产市场景气度等多方面影响，国有土地使用权出让金收入大幅增长。

（4）农林水事务 7.6 亿元，完成预算的 257.5%，其中：森林植被恢复费收入 1.2 亿元，地方水利建设基金收入 6.4 亿元。超预算主要是以土地审批量计征的防洪工程建设维护管理费增加，使地方水利建设基金超收 3.8 亿元。

（5）交通运输 1.7 亿元。主要是部分高速公路车辆通行费收入 2010 年新纳入政府预算管理。

（6）资源勘探电力信息等事务 3.0 亿元，完成预算的 285.6%，其中：散装水泥专项基金收入 0.3 亿元，新型墙体材料专项基金收入 2.7 亿元。超预算主要是由于开工建设项目增加，造成预缴新型墙体材料专项基金超收。

2. 市级政府性基金支出决算情况

主要支出项目具体情况如下。

（1）文化体育与传媒 8.6 亿元，完成预算的 102.9%。超预算主要是增加本市高清交互数字电视机顶盒补助资金等支出。

（2）社会保障和就业 7.2 亿元，完成预算的 121.5%。超预算主要是加大对残疾人就业扶持力度，实施残疾人家庭无障碍改造工程等支出。

（3）城乡社区事务 371.9 亿元，完成预算的 228.4%。其中：城市基础设施配套费支出 0.5 亿元，政府住房基金支出 12.8 亿元，国有土地使用权出让金支出 313.9 亿元，城市公用事业附加支出 13.1 亿元，国有土地收益基金支出 29.0 亿元，农业土地开发资金支出 0.8 亿元，新增建设用地有偿使用费支出 1.8 亿元。超预算主要是增加廉租住房保障资金计提金额，返还土地开发前期成本以及加快城市基础设施建设等支出。

（4）农林水事务 8.7 亿元，完成预算的 169.8%。其中：森林植被恢复费支出 0.3 亿元，地方水利建设基金支出 8.4 亿元。超预算主要是增加南水北调工程建设、外省市调水管理等支出。

（5）交通运输 1.5 亿元。主要用于京平高速公路 2010 年运行管理及偿还贷款等支出。

（6）资源勘探电力信息事务 0.6 亿元，完成预算的 41.6%。其中，散装水泥专项基金支出 0.1 亿元，新型墙体材料专项基金支出 0.5 亿元。未完成预算主要是部分建设单位未能及时办理新型墙体材料资金返还手续所致。

二、2010年预算执行效果

按照市十三届人大三次会议有关决议和十三届人大财政经济委员会审查结果报告的要求，财政及有关部门积极发挥职能作用，努力实现财政收入平稳较快增长，继续深化预算管理改革，加强财政资金监督管理，着力提高财政资金统筹使用效益，确保了2010年预算任务的顺利完成，较好地服务了首都经济社会发展大局。

（一）增强经济增长内在动力，支持经济发展方式转变

落实积极财政政策，拨付油电气粮以及家电汽车下乡、以旧换新等各项惠民补贴资金，扩大居民消费需求。向中央申请代理发行地方政府债券，加大保障性安居工程、医疗卫生文化教育等公共投资支出，增强政府投资对经济增长的引导和拉动作用。加强农业基础设施和综合生产能力建设，大力发展都市型现代农业，全年新增设施农业面积4万余亩。支持实施重点产业调整振兴规划，促进高端装备制造业、新能源、生产性服务业、文化创意产业等发展，集中力量打造首都新的经济增长极。落实中关村国家自主创新示范区先行先试政策，推进350家单位实施股权激励试点、161家单位实施科技专项经费列支间接费用试点，支持企业提高自主创新能力。增加中小企业信用再担保资金和创业投资引导基金投入，运用金融手段吸引社会资金，促进中小企业发展。

（二）促进和谐社会建设，着力保障和改善民生

统筹安排市政府58件为民办实事资金，着力解决关系人民群众切身利益及制约首都发展等方面的问题。做好就业和社会保障工作，支持促进就业再就业政策，实现城镇新增就业44.6万人和农村劳动力转移就业9.6万人；实施一揽子医保惠民政策，减轻群众负担；全面落实居家养老（助残）“九养”政策和老年优待办法，为2.1万户家庭实施无障碍设施改造。积极推进教育事业发展，支持30所幼儿园改扩建，加快中小学校舍安全工程建设，实现义务教育阶段“两免一补”政策全覆盖。实施重点文化体育惠民工程，支持基层文化建设和全民健身服务体系建设，率先实现“村村有书屋”。改善居民住房条件，支持新建和收购政策性住房22.5万套，加快推进旧城人口对接安置、“三区三片”试点棚户区改造以及城乡结合部50个重点村建设。加大节能减排和环境综合整治投入力度，拨付居民供暖清洁能源等补贴资金，努力提升首都宜居水平。

（三）推进财政科学化精细化管理，构建科学的财政管理机制

一是构建稳定的财政收入增长机制。不断优化企业发展环境，培植涵养优质财源；加强企业跨区县迁移管理，维护税收征管秩序；密切关注宏观经济形势变化和税收政策调整情况，强化对财政收入走势的研判。二是构建长效的财政资金统筹机制。继续压缩行政事业单位一般性支出，建立全市重大科技成果转化和产业项目资金统筹机制，加强财政性结余资金管理，统筹用于全市重点事项。三是构建科学的财政资金分配机制。开展项目支出事前评估和财政再评价试点工作，完善基本支出公用经费定额标准体系，调整项目支出分类方式，适度提高预算部门机动经费比例，增强对全市重点事项的保障力度。四是构建规范的财政资金监管机制。深入开展“小金库”、假发票专项治理工作，健全政府采购管理体制，扩大非税收入国库收缴范围，做好行政事业单位国有资产的配置、使用、处置等工作，清理规范政府融资平台公司。

三、进一步提高预决算管理水平

从决算结果来看，2010 年市级预算执行情况总体较好。但也应清醒地认识到，预算管理中仍存在一些不容忽视的问题，审计部门也十分中肯地提出了意见和建议。突出反映在以下几方面：一是财政资金和政策统筹不够，财政资金支出结构仍需优化。二是预算编制不准、不实。三是部分项目支出预算审批不严、国有资产收益未应收尽收等。四是决策机制不够健全，部分项目安排较随意，管理较粗放，预算执行缓慢，结余较大，资金使用绩效不高等。市政府对这些问题予以高度重视，责成市财政局与市级各相关部门和区县政府共同努力，采取有效措施进行整改，进一步提升财政预算管理水平。

一是突出绩效理念，建立健全政府决策与预算编制相衔接的工作机制，继续完善基本支出定额标准，推动项目预算滚动管理，扩大项目事前评估范围，完善决算编制指标体系，实现决算与预算联通衔接，提高预算编制的科学性和财政资金的绩效性。二是继续加大统筹力度，加强结余资金管理，盘活存量，挖掘资金潜力。三是完善国库集中收付管理，健全预算执行动态监控机制，提高预算执行效率。四是提高行政事业单位资产动态管理水平，健全国有资产处置收益收缴管理机制，积极推进资产管理与预算管理的有机结合。五是推进决算信息公开，进一步细化 2010 年决算审议内容，首次将决算草案细化至款级科目，充实“三公”经费决算数据。经市人大常委会审议后，由财政部门公开 2010 年市级财政总决算和“三公”经费决算总额；由市级有关部门公开本部门 2010 年部门决算、“三公”经费决算数和 2011 年“三公”经费预算，依法加强外部监督。

以上报告，提请市人大常委会审议批准。

关于北京市 2010 年市级预算执行和其他财政收支的审计工作报告

——2011 年 7 月 21 日在北京市第十三届人民代表大会常务委员会第二十六次会议上

北京市审计局局长　李颖津

主任、各位副主任、秘书长、各位委员：

我受市人民政府委托，向市人大常委会报告本市 2010 年市级预算执行和其他财政收支的审计工作情况。

根据《中华人民共和国审计法》和《北京市预算监督条例》的规定，市审计局对本市 2010 年市级预算执行和其他财政收支进行了审计。审计工作以科学发展观为指导，紧紧围绕促进首都经济社会又好又快发展的目标，以维护财政安全和提高资金绩效为主线，对 31 个部门预算执行、重点项目资金、政府性债务资金、部分国有大中型企业进行了审计和审计调查。审计中发现的 4 起涉嫌违法案件线索，已依法移交有关部门进行处理。市人大财经委员会按照市人大常委会的要求，加强了对审计工作的指导，听取审计工作汇报，组织部分委员、代表和顾问，实地跟踪调研绩效审计整改效果，为促进整改发挥了重要作用。

审计结果表明，2010年，面对极为复杂的国内外形势，市级各部门在市委、市政府的领导下，认真贯彻国家宏观调控政策，全面实施人文北京、科技北京、绿色北京战略，加快转变经济发展方式，推动首都经济社会发展取得了新的显著成绩。市级预算执行和其他财政收支情况总体较好，2010年市级财政总收入2093.5亿元，市级财政总支出2067.2亿元，收支相抵，结余26.3亿元。财政支出体现了公共财政原则，继续加大对市政设施、城市交通、生态环境、城乡统筹等领域的政府投资，着力保障和改善民生，严格控制一般性支出，继续推进党政机关控制和降低行政运行成本。

市政府高度重视审计结果和整改工作，将审计整改情况纳入了年度绩效管理考核综合评价意见，2010年共对9个部门进行了绩效问责。2009年预算执行审计有关整改情况已经书面报告市人大常委会。2010年预算执行审计整改情况，市政府将在年底向市人大常委会进行书面报告。

一、市级财政资金管理分配审计情况

（一）市财政局组织市级预算执行审计情况

2010年，市财政局积极组织收入，合理安排支出，继续深化财政体制改革，加快推进预算科学化、精细化管理，取得了显著效果。但是也存在由于预算安排不够合理，预算审批不够严格，影响财政资金效益的问题。

一是市财政局对部分项目支出预算批复不严，造成预算执行率不高。在缺少实施方案情况下，批复“中小商贸企业融资担保平台”项目2010年预算7300万元，截至2011年4月，项目未启动；“北天堂垃圾填埋场治理”项目，未按项目进度拨付资金，一次拨付3年预算资金1.89亿元，其中1.16亿元闲置；部分项目2009年预算资金尚未支出情况下，市财政局又继续安排了2010年预算。

二是两项重点基金缺乏统筹，合理利用不够。新增建设用地土地有偿使用费和农业土地开发资金，使用范围为农田建设、耕地开发和土地整理等，但实际仅安排了土地整理和山区生态清洁小流域治理，投向较为单一，资金使用率不高。2008年至2010年，新增建设用地土地有偿使用费年均支出1.84亿元，仅占年均收入13.85亿元的13%；2005年至2010年，农业土地开发资金实现收入12.66亿元，支出3.61亿元，仅占收入的28%。截至2010年年末，上述两项基金累计结余76.55亿元。

三是部分大额专项资金预算安排与实际脱节，效益不高。2010年，市财政共安排13项大额专项资金186.64亿元，对其中旅游、商业、体育、文化等4项发展专项资金19亿元进行了审计。审计发现，部分大额专项资金由市级财政部门按定额划归主管部门确定项目使用，由于预算与当年实际需求不完全一致，影响了资金使用效益。如，2010年旅游、体育产业发展专项资金预算12亿元，由于项目主管部门未落实项目，其中的4.15亿元在市财政局未拨付。

（二）市发展改革委管理分配市级基本建设资金审计情况

2010年，市级基本建设资金投入334.77亿元，重点保障了公共基础设施和城市交通、产业发展、生态环境建设和资源能源保障等资金需求。市发展改革委认真履行了建设项目程序审批和监督检查职责，较好发挥了计划调控、规范管理和执行监督的作用。经对99个项目延伸审计发现，项目执行过程中还存在一些问题。

一是9个项目的区县配套资金应为1.89亿元，实际仅到位5674万元，到位率30%。

二是部分项目进度滞后。2010 年北京国际戏剧中心等 5 个项目，计划投资 3.94 亿元，受拆迁进展缓慢的影响，当年未实施，造成资金闲置。

三是对 47 个 2005 年至 2009 年完工项目的检查发现，44 个项目没有完成财务决算审批手续，涉及投资额 487.45 亿元，占 47 个项目总投资 505.5 亿元的 96.42%，不利于资产的移交和管理。

（三）政府性债务审计情况

在审计署统一组织下，对本市 1997 年至 2010 年政府性债务开展了审计。审计涉及市区两级财政、发展改革等部门和 41 个政府融资平台（其中市级 2 家，区级 39 家）。审计重点是政府负有偿还责任的债务、政府履行担保责任的债务，以及政府可能承担救助责任的其他债务。

审计结果表明，截至 2010 年年末，市和区（县）两级政府性债务余额为 3745.45 亿元（其中市本级 2183.77 亿元，区级 1561.68 亿元）。全部债务中，政府负有偿还责任的债务 3170.83 亿元，占 84.65%；政府担保债务 279.02 亿元；其他债务 295.6 亿元。本市在加大财政资金投入的同时，通过设立融资平台公司多方筹资，有效弥补了地方财力不足，在支持地方经济社会发展、筹办奥运会，应对亚洲和国际金融危机冲击等方面发挥了积极作用，为本市经济增长提供了资金保障。债务资金主要投向市政建设、土地储备、轨道交通、公用事业等方面，为推动改善民生、改善环境和城市建设等各项社会事业发展提供了重要支撑，为首都“十二五”及今后时期的发展积蓄了后劲。截至 2010 年年末，与全市综合财力相比，本市地方政府负有偿还责任的债务率为 61.71%，按照国务院下发的审计工作方案，处于可控范围内。审计发现的主要问题是：部分政府性债务管理制度不健全，债务的举借、使用、偿还管理不到位。北京市本级的政府性债务由北京市财政局归口管理，并采取建立债务专网等制度和措施进行监管。目前除地方政府债券和国债转贷资金外，其他政府负有偿还责任的债务尚未纳入财政预算管理，全市尚未制定统一的政府性债务举借计划或债务收支计划，且未将高校、医院、公用事业单位等存在其他债务的单位纳入统计和监控范围。部分政府性债务资金未按规定用途使用。

审计提出上述问题后，市政府已经研究起草了《北京市人民政府关于加强政府性债务管理的意见》，明确了部门管理职责，要求加强对政府性债务举借、管理、使用、偿还各环节的风险控制。有关部门、单位正在逐项制定整改措施，解决存在的问题。市财政、发展改革部门针对各自问题，进行了系统研究，着手准备建立健全相关制度、标准，加强相关项目和资金管理。市商务委“中小商贸企业融资担保平台”项目已于 2011 年 6 月启动。

二、市级部门预算执行审计情况

审计了市教委、市卫生局等 31 个部门 2010 年度预算执行和决算草案情况，延伸审计了 87 个二级或基层预算单位。2010 年 31 个部门收支决算 879.61 亿元。重点抽查了 945 个经常性项目和政府办实事等重点项目，涉及资金 111 亿元。审计中关注了国库集中支付和政府采购制度执行、非税收入和资产管理等情况，重点对资金使用和项目执行情况进行了绩效审计。各部门认真落实市委、市政府的工作要求，紧紧围绕当年全市中心工作和重点工作，有力推动了首都经济发展和社会进步，相关内部管理制度基本健全，预算执行总体情况较好，资金使用较为规范。但是审计也反映出一些部门和单位预算管理不够严格、政府采购和招投标制度执行不到位、非税收入没有全额收缴、资产管理薄弱、决算不够真实等问题。部门预算执行的单项审计结果，将提供市人大常委会审议。

（一）非税收入未能应收尽收、应缴尽缴

4个部门负责征收的超量用水加价费等4项非税收入未能做到应收尽收，涉及资金4045万元。如2010年超量用水加价费，应收1213万元，由于缺乏有效的征收手段，实际收取41万元，欠费率为96%。13个部门执收的行政事业性收费、取得的国有资产处置收益和有偿使用收入1.01亿元，未能及时上缴国库或财政专户，其中516万元被坐支。

（二）预算管理不够严格，预算执行不够规范

一是9个部门54个项目6.63亿元支出预算编制不细化、不合理；5个部门2.76亿元净结余资金未能得到合理统筹安排，有的资金闲置3年以上。

二是6个部门通过多报在编人数和办公面积，多申领经费684万元；3个部门重复或虚报项目资金746万元。

三是25个部门2.4亿元专项资金未按指定用途使用。其中，1.92亿元被部门自行安排了项目，4861万元被用于补充人员、公用等基本支出。

四是12个部门预算支出不够真实，涉及资金2.87亿元。其中，6个部门采取虚列支出方式，将资金2.53亿元划拨到二级预算单位结存未用；5个部门在工程尚未实施的情况下，提前支付工程款2875万元；3个部门虚列支出，将财政资金553万元转至往来款挂账。审计还发现，15个部门收支及资产负债决算不准确、不完整，涉及资金2.47亿元。

五是13个部门政府采购和招投标制度执行不到位，涉及资金1.96亿元；7个部门违规从零余额账户向基本账户划转资金9632万元，脱离了国库监管。

（三）行政事业单位资产管理不到位

15个部门5148万元固定资产账实不符；4个部门未经批准出租、出借固定资产，涉及房屋面积7.97万平方米，涉及资产58万元，有的租期已达3年，租金一直未收回。

（四）往来账款清理不及时，影响决算的真实性

截至2010年年末，31个部门应收、应付账款分别是91.03亿元和132.35亿元，比2008年分别增长4.5%和20.7%。延伸审计的87个二级预算单位，应收、应付账款分别比2008年增长16.5%和3.4%，其中三年以上未清理资金所占比例分别为40%和35%，部分资金账龄已达十年以上，有的已形成呆死账。审计还发现，16个部门将2.09亿元收入结余在往来款挂账。

（五）部分预算资金绩效不高

一是13.55亿元的项目资金闲置。其中，由于项目前期论证不充分、无具体实施计划，7个部门10.25亿元资金闲置；由于项目单位组织协调不力，项目进展缓慢，7个部门41个项目3.3亿元资金闲置。

二是部分办实事项目未按计划完成。2009年，本市计划投资162万元，在12个区县增设2720块旅游景观等标识牌，但截至审计时，2682块标识牌仍存放于中标单位仓库；“医疗急救摩托车及相关设备购置”项目，预算资金485万元，应于2009年11月完成，截至2011年2月，仍有332万元的设备尚未使用。

此外，审计还发现，市经济管理学校等3家单位私存私放资金或私设“小金库”，涉及金额397万元。市节水中心等3家单位在项目承担单位领取劳务费、补贴共计359万元。

针对私存私放资金和私设“小金库”问题，依法依规对相关单位和责任人进行了处理处罚，审计提出了对责任人进行行政处理的建议。针对从零余额账户向基本账户划转资金，脱离了国库监管的问题，要求有关单位严格执行国库集中支付制度，向市财政局提出了加强监管的建议。针对其他问题，市

财政局正在分析问题成因，完善相关管理办法。各相关部门进一步完善了内部管理制度，加强了采购招投标管理，对资产情况进行了清查，加大了对项目执行的检查力度。部分进度滞后项目已经采取措施加快实施，部分非税收入已上缴国库和财政专户。

三、政府投资项目跟踪审计情况

（一）轨道交通建设跟踪审计情况

继续对7条轨道交通建设项目进行了跟踪审计。7条线路总长180.48公里，总投资估算1024.44亿元。市政府高度重视轨道交通建设，各相关管理部门密切配合，有效促进了工程建设的顺利实施。工程质量、安全、工期及资金管理等方面内控制度基本健全，但在执行中还存在一些问题。

截至审计日，部分区县应到位拆迁配套资金48.54亿元，实际到位3.18亿元，到位率仅6.55%；部分施工现场管理和监理人员资质不符合要求；部分区县未严格执行拆迁补偿安置方案，多拨付了拆迁补偿款。

（二）什邡灾后恢复重建跟踪审计情况

根据审计署及市委、市政府要求，自2009年起，对支援什邡市灾后恢复重建项目开展了跟踪审计。本市承诺的70亿元援建资金已全部到位。2010年9月，108个援建项目已全部完工，并向什邡市进行了移交，全面实现了“三年任务，两年基本完成”的工作目标。

2009年以来，市审计局共提出审计建议61条，被审计单位已全部采纳并整改，54个项目改进了工程质量管理。截至2011年3月，市审计局对72个由本市负责建设的援建工程价款结算和竣工决算情况进行了审计，工程总投资47.97亿元，在项目管理单位审核的基础上，审计核减工程造价4800万元。

（三）中小学校舍安全工程跟踪审计情况

组织市区两级审计机关，对本市中小学校舍安全工程建设情况进行了跟踪审计。2010年，全市校安工程计划投资90.85亿元，其中市级专项补助资金30.16亿元，已拨付到位。相关部门积极采取措施推进校安工程建设，学校建筑抗震防灾能力明显提升，办学条件得到较大改善，但审计也发现工程进度滞后，部分施工、监理人员不具备相应资质，施工单位同原中标单位不一致，钢筋材料加工和质量证明不规范等问题。由于校舍数量不清、房屋权属关系复杂等原因，民办学校校舍加固工作较为困难。部分已竣工的整体加固项目未及时完成工程结算、竣工决算及资产交付工作。

审计提出上述问题后，地铁建设单位已经责令具备相应工程、监理资质人员到岗监督，保证工程质量和进度。对多申领的拆迁补偿，承诺冲抵以后补偿费用。相关区县已经采取措施，正在加紧实施校舍安全建设工程。

四、民生资金和重点民生项目审计情况

（一）涉农专项资金审计情况

“十一五”期间，本市不断加大农业产业投资和项目建设投入，共投入353亿元，实现了农民增收、农业增效的目标。各项补助政策和财政投入在民生、农业产业发展和基础设施建设等方面发挥了显著作用，使农民真正得到了实惠。对市级财政投入的农村基础设施建设、大中型水库移民、煤矿关闭等9项涉农资金进行了绩效审计或审计调查。审计发现，部分农村基础设施建成后，由于管护责任不明确，导致后期管护资金不足、配套设施不完善，出现了设施闲置、使用绩效不够明显的问题。审计抽查了部分区县的895盏太阳能路灯，发现有653盏未及时更换蓄电池，其中186盏已停用。对1754个农村五项基础设施运行情况调查发现，公厕和污水处理站使用率较低，分别为31%和25%。

（二）2009年度五项社会保险基金管理审计情况

对2009年度五项社会保险基金管理情况进行了审计。相关部门不断完善制度，加强监管，增强服务意识，改进服务手段，扩面征缴工作成效显著。各项基金支出方向基本符合规定，资金到位比较及时，基金运行总体安全。审计发现的问题主要集中在失业保险基金的管理使用方面。

一是支持企业稳定就业补贴资金申领、发放不够规范。审计抽查了63家享受补贴的企业，其中4家企业不符合条件，多申领补贴资金374万元；6家企业不属于补贴范围，多申领补贴资金91万元。

二是安置就业特困人员补贴资金管理使用不规范。审计抽查了53个享受补贴的公益性就业组织，其中2家单位挤占或违规使用补贴资金186万元；4家单位补贴资金结余1099万元。

（三）保障性住房建设审计情况

对本市2010年保障性住房建设情况进行了审计调查。市级各相关部门贯彻落实市委、市政府要求，切实加强保障性住房分配和建设管理，在土地供应、规划、资金、审批手续等方面优先安排保障性住房建设。2010年本市筹集廉租住房保障资金50.85亿元，支出15.21亿元，新开工各类保障性住房22.55万套，竣工5.58万套，完成了当年工作目标。

审计中发现的主要问题是，保障性住房申请资格审核过程中，对申请人家庭财产信息的真实性核查难度较大。由于房屋权属信息不够完整，住房保障部门与金融部门之间信息不共享等原因，对保障房申请人家庭住房、银行存款和有价证券等个人财产信息真实性的核查监管手段有限，一些家庭承租的住房租金明显高于申报的资产和收入水平。

审计提出上述问题后，市农委起草了农村基础设施维护管理指导意见，进一步规范工程招标和资金使用，并协调市级财政等部门加强监督检查。市人力社保局已经研究制定相关结余资金管理办法，并责成区县人保部门追回企业多申领的补贴资金。市住房保障办公室会同有关单位正在完善保障性住房申请信息审核管理系统。

五、资源环境资金审计情况

（一）城市污水处理投入及设施运行审计情况

对2008年至2010年市排水集团等六家污水处理企业污水处理投入及污水处理设施的运行情况进行了绩效审计调查。2008年至2010年，污水处理财政补贴投入不断加大，各级财政共补贴污水处理企业38.27亿元，2010年，城区污水处理率达到95%，全市平均污水处理率达到80%以上，水环境得到有效改善。但在资金管理和使用绩效等方面还存在一些问题。

一是部分污水处理费应征未征。根据用水量和污水处理费收费综合单价计算，2010年本市城区污水处理费少征收9724万元。

二是污泥无害化处置能力不足，处置率较低。截至2010年年末，本市城区污泥无害化处置能力仅占污泥产生量的50%。2008年至2010年，共有169万吨污泥没有经过无害化措施处置。

三是部分地区污水没有得到有效处理、污水处理设施闲置。审计抽查了部分区县，发现一些区县部分污水未经处理直接排放；90个村级污水处理设施，由于运行费用不足，20%以上的设施处于闲置状态。

（二）土地开发整理资金审计情况

对34个土地开发整理项目进行了审计，建设总规模8.09万亩。2006年以来，本市通过土地开发整理，增加了耕地面积，基本实现耕地占补平衡目标，提高了耕地质量，促进了土地集约利用。但也存在一些问题。

一是部分项目违规招投标和转、分包。29个由乡镇政府实施的项目中，4个项目虚假招投标，涉及资金2129万元；4个项目由无施工资质单位或个人“挂靠”施工，涉及资金4539万元；10个项目存在违规转、分包问题，涉及资金2706万元。

二是部分项目资金管理使用不规范。2个项目工程款1046万元，在区县土地储备整理分中心滞留，部分资金闲置长达28个月。

审计提出上述问题后，市国土局对所有在施工程项目进行了全面核查，已经着手研究土地开发整理项目实施规范，建立基本农田和耕地后备资源管理信息系统，继续推进规划、设计、监理单位的全市统一招标工作。市排水集团等污水处理企业对审计提出的问题正在进行分析研究，将采取有效措施整改。

六、科技资金审计情况

（一）中关村科技发展专项资金审计情况

对2007年至2009年中关村科技发展专项资金的管理使用情况进行了审计。上述期间，共投入中关村科技发展专项资金39.5亿元，其中中关村管委会安排使用18.5亿元。中关村管委会及各区管委会围绕中央和市委、市政府确定的园区产业发展规划，合理调配资金投入方向，加大了对高新技术企业的支持力度，在新产品、新技术的研发和产业化等方面，较好发挥了财政性资金的引导与杠杆作用。但也存在一些问题，主要是2008年至2009年，4个项目1298万元经费相互调剂或捆绑使用；8个项目因执行延期，资金结余0.17亿元；中关村科技发展专项资金利息收入0.6亿元和收回的本金及投资收益0.63亿元，未编制年度预算，预算编制工作有待加强。

（二）科技专项资金审计情况

对2006年至2009年科技专项资金管理使用情况进行了审计。上述期间，市级财政拨付科技专项资金113.14亿元，重点支持关键技术攻关，促进经济结构调整和增长方式转变，推动重点产业振兴发展。

但是审计也发现，截至审计时，市科委2006年至2009年立项的课题中，有75个课题未按期完成，涉及资金1.8亿元。其中，31个课题因调整了研究内容和范围而未能按时完成；28个课题由于尚未进行成果验证等原因致使验收工作推迟；9个课题因资金到位晚而影响了进度；7个课题由于项目单位变更等原因未能继续实施。

审计提出上述问题后，中关村管委会加强了预算管理，监督资金使用单位按照协议专款专用，调整了相关账目，将投资收益纳入预算管理。市科委已督促科研课题承担单位尽快攻克科研难题，按计划完成。目前55个课题已经完成或正在办理结题手续，其余课题正在办理延期手续。

七、企业审计情况

对城建集团、北控集团、市政设计院、市政路桥建设集团4家国有控股企业财务收支情况进行了审计，涉及资产总额1202亿元。审计结果表明，4家企业法人治理结构不断完善，经营规模不断扩大，盈利能力持续增强，国有资产得到保值增值，但也存在一些问题。主要是部分重大经营决策未经董事会决议；会计信息不够真实，3家企业36.05亿元损益不实；财务管理不够严格，4家企业账外资金或账外资产达3.23亿元；薪酬管理不够规范，存在高管人员超标准领取薪酬、违规从所属企业领取报酬的问题。

对审计提出的问题，市政府高度重视，责成市国资委督促整改。市国资委召开专题会议，责令有关人员清退了超发薪酬，完善了国有企业境外薪酬管理办法。相关企业进一步规范董事会运行，严肃财经纪律，确保会计信息真实可靠，完善了内控和财务管理制度，健全了内审机构，对违反财经纪律的相关责任人进行了严肃处理。

八、审计建议

（一）继续深化公共财政体制改革，完善国库集中支付、政府采购、绩效考评等相关制度，加大财政一般性转移支付，优化公共资源配置，加强对有资金分配权的部门和重点资金的监督，提高预算管理的科学化、合理化水平，加强预算执行有效性。

（二）抓紧研究确定政府债务管理体制，完善相关配套制度，明确财政部门对政府性债务“借、管、用、还”的统管职责。建立健全政府性债务风险指标体系，强化债务动态监控；通过注入优质资产、明确经营范围、重组合并等方式，加快对融资平台公司的整合升级。

（三）加强政府投资管理，研究建立重大建设项目案件防范和预警机制。加大对工程建设领域违规招投标和转、分包工程等问题的专项监督检查力度，加大对违法违纪案件的查处力度，严格责任追究。

（四）建立健全政府绩效管理问责机制，加强部门绩效跟踪，加大绩效问责力度，实现决策、执行、监督的相互协调和相互制约，有效推进政府预算绩效管理。

主任、各位副主任、秘书长、各位委员，我们将坚决贯彻落实党中央、国务院要求，在市委的正确领导和市人大的大力支持下，强化绩效审计，推进审计结果公开，为首都经济又好又快发展提供坚实有力保障。

以上报告，提请市人大常委会审议。

关于北京市2011年上半年预算执行情况的报告

——2011年7月21日在北京市第十三届人民代表大会常务委员会第二十六次会议上

北京市财政局局长　杨晓超

主任、各位副主任、秘书长、各位委员：

我受市人民政府委托，向市人大常委会报告本市2011年上半年预算执行情况。

一、2011年上半年预算执行情况

今年以来，本市全面贯彻市委十届八次全会及市十三届人大四次会议精神，坚持以科学发展为主题，以加快转变经济发展方式为主线，按照推进财政科学化精细化管理的工作部署，围绕“调结构，抓统筹、抓管理、抓效益”的财政工作总思路，全面谋划、扎实工作，财政收支总体运行良好，科学化精细化管理水平进一步提升。

（一）收支预算总体情况

1. 一般预算收支情况

上半年，全市地方财政一般预算收入累计完成1654.0亿元，同比增长27.9%，完成年度预算的64.5%，其中，市级完成896.3亿元，同比增长23.4%，完成年度预算的63.0%；区县完成757.7亿元，同比增长33.7%，完成年度预算的66.3%。上半年，全市地方财政一般预算支出累计完成1175.2亿元，同比增长18.4%，完成年度预算的44.0%，其中：市级财政支出602.1亿元（含追加区县支出83.3亿元），同比增长19.9%，完成年度预算的48.0%；区县财政支出656.4亿元，同比增长15.0%，完成年度预算的46.4%。

2. 基金预算收支情况

上半年，全市基金收入累计完成732.2亿元，同比下降17.1%，完成年度预算的42.9%，其中，市级完成473.3亿元，同比下降5.0%，完成年度预算的66.4%。全市基金支出累计完成659.8亿元，同比增长105.1%，完成年度预算的37.8%，其中，市级完成284.7亿元，同比增长139.5%，完成年度预算的45.4%。

上半年，全市土地收入完成688.9亿元，同比下降17.8%，完成年度预算的43.2%，其中，市级土地收入完成439.5亿元，同比下降5.2%，完成年度预算的69.8%。土地收入下降的主要原因是成交土地面积减少、成交价降低，以及去年同期土地收入基数较高等。全市土地出让金支出完成594.1亿元，同比增长111.1%，完成年度预算的38.4%，其中，市级土地出让金支出完成240.5亿元，同比增长185.2%，完成年度预算的50.9%。

（二）收入预算执行情况

1. 财政收入增速高位回落，增收结构符合产业结构宏观调控预期目标

今年以来，财政收入保持“高位”增长，一是受经济增长的带动；二是政策性增收拉动，主要是开征外资企业和外籍个人城市维护建设税、教育费附加，以及提高土地增值税预征率等；三是去年年末车市销售“井喷”、楼市交易反弹，促使今年年初翘尾增收较多；四是物价上涨形成一定助推因素。

随着经济运行态势的变化，财政收入增速呈现“回落”趋势。上半年，财政收入分月累计增幅分别为43.3%、43.4%、36.7%、30.2%、29.2%、27.9%。主要原因：一是经济运行环境压力较大导致增速有所回调，与经济关联度较大的四大主体税种普遍下行；二是房市、车市降温，新兴产业处于培育期，影响相关税收增长；三是翘尾及一次性增收作用逐渐被消化。

从财政增收结构看，财政收入增长出现积极变化，呈现“一减一增”趋势。“一减”即房地产业虽然仍是本市主要收入来源，但在土地、金融、税收等一系列调控政策综合作用下，相关税种呈不同程度的下行走势，支撑作用有所减弱。其中，房地产业营业税快速下滑，同比增速由年初的41.5%降至上半年的5.5%；“一增”即金融、信息软件等新兴产业以及批发零售、居民和商务服务业等产业相关税收增势较好，税收贡献不断增强。其中，上半年，制造业、批发零售业企业所得税分别增长51.0%、63.2%；信息传输、计算机服务和软件业企业所得税增长137.6%，金融业、租赁和商务服务业营业税分别增长30.4%、34.6%。财政收入增收结构的变化与宏观调控预期目标相符，表明转变经济发展方式、优化产业结构政策效果初步显现。

2. 主体税种呈现结构化差异

上半年，增值税累计完成124.3亿元，同比增长21.5%，保持较高增速，主要受经济较为活跃、价格指数不断抬高，以及政策性增收的带动；营业税累计完成557.3亿元，同比增长20.3%，增速不断下行，主要受房地产业营业税增速快速下滑的影响；企业所得税累计完成430.5亿元，同比增长44.7%，对整体收入拉动作用较强，主要得益于经济质量和企业经营效益的提高，以及上半年汇算清缴上年度税款增加较多；个人所得税累计完成156.5亿元，同比增长33.3%，保持平稳增长，主要得益于就业形势稳定，城乡

居民收入稳步增加。

（三）支出预算执行情况

财政部门进一步调整优化支出结构，科学统筹财力，全面加强管理，提升资金使用效益。全市支出增长集中于教育、社会保障、就业、医疗等民生方面。其中：教育支出204.0亿元，同比增长26.3%；社会保障和就业支出167.3亿元，同比增长28.5%；医疗卫生支出74.0亿元，同比增长21.3%；文化体育与传媒支出20.5亿元，同比增长10.0%；交通运输支出85.5亿元，同比增长34.3%。

1. 突出内需主导和科技创新驱动，推动经济结构调整

巩固消费、投资拉动格局。继续完善扩大消费需求政策，汽车下乡、以旧换新政策顺利实施完毕。投入市政府固定资产投资111.63亿元、轨道交通建设专项资金100亿元，有力推进结构调整、民生工程建设。

加快经济发展方式转变。落实中关村国家自主创新示范区系列优惠政策，继续开展股权激励试点，采购自主创新产品32亿元，打造具有全球影响力的科技创新中心。拨付国家科技重大专项资金，促进高新技术产业发展。继续扩大政府采购节能产品范围，构建绿色生产生活方式。

2. 突出民生优先，完善公共服务体系

坚持就业优先，进一步提高社会保障水平。拨付促进就业资金10.3亿元，帮助7.72万人实现就业。继续提高养老、失业、低保等社会保障待遇标准，完善各项残疾人保障政策，支持无假日门诊、预约挂号等医改惠民举措，加大保障力度。及时拨付低收入群体生活补贴，应对物价上涨。积极筹措资金，推进保障性安居工程建设。加快发展社会事业，加大学前教育经费保障力度，支持提高各级各类学校办学质量，推动首都教育率先实现现代化；将美术馆、图书馆、文化馆纳入财政保障范围，推进文化资源共享。

3. 突出一体化新格局，统筹城乡区域协调发展

支持提高农业综合生产能力。完善农业产业化扶持政策，促进“菜篮子”工程建设，推动都市型现代农业发展。落实各项涉农补贴政策，拨付政策性农业保险补助1133.61万元，保护农民生产积极性。落实大中型水库移民补助资金，拨付1.87亿元支持小流域综合治理，提高生态治理综合效益。加大畜产品质量安全检测投入，保证食品质量安全。

4. 突出统筹规范，提升资金使用效益

提高财政收支运行的稳定性。密切关注财政经济形势变化，加强对房地产、金融等重点税源监控，把握收入走势，依法应收尽收；建立支出进度管理长效机制，提高预算执行进度均衡性。

提升财政资金运转效能。加大本市重大科技成果转化和产业项目资金统筹力度，将统筹资金从300亿元增加到500亿元。完善中小企业创业投资引导基金管理模式，鼓励优胜劣汰。启动预算绩效管理研究工作，将绩效理念贯穿于预算编制、执行、监督全过程。完善财政补贴机制，科学核定补贴规模，提升补贴效益。加大结余资金统筹力度，收回市级行政事业单位2010年及以前年度零余额账户结余资金，统筹用于全市重点事项。清理整顿财政专户、全面复查“小金库”，保证财政资金安全运转。摸清债务底数，完善债务专网，健全财政风险防控机制。

加快预算信息公开步伐。将2011年预算报表细化至款级科目，部分重点支出内容细化至项级科目。将报送市人代会审议部门预算的部门从45家增加到58家，并在全国率先公开项目支出预算表。健全日常沟通机制，及时向市人大财经委汇报绩效管理、政府债务等工作情况，增加土地收支的分析，为强化监督提供参考。

二、当前需要关注的问题

从上半年预算执行情况看，财政收入增长较快，重点支出得到有力保障，财政运行符合预期。展望下半年，影响财政改革发展的深层次矛盾和问题不断凸显，预计财政形势更加复杂，保障任务更加艰巨，财政工作面临收入增速放缓与支出不断增加的“两难”问题，收支矛盾仍非常突出。主要体现在：

一是收入形势紧。经济的平稳发展为实现财政收入增长奠定了基础。但当前财政收入面临的不确定因素仍然较多。从经济层面看：国际局势动荡和通胀压力加剧出口难度，内需增长需要进一步拓宽升级，投资的外部环境不断趋紧。从政策层面看：随着新个人所得税法、结构性减税政策的实施，以及限房、限车政策效果的不断显现，特别是在控制通胀任务紧迫、总体流动性不断收紧的背景下，全市房地产业、金融业税收后续走势存在较大不确定性，财政收入增长难度加大。同时，替代产业和消费热点的成长尚需时日，财政收入结构优化任务也十分艰巨。

二是支出压力大。当前，一方面财政部门既需要按照公共财政的要求，加大向教育、医疗、社会保障等民生领域的倾斜力度，切实保障和改善民生，另一方面落实促进经济结构调整和发展方式转变的宏观调控政策，也需要财政部门对战略性新兴产业等发展给予引导和扶持。产业发展与社会建设都要求财政“有所为”，资金需求空前旺盛，调整优化财政支出结构的压力很大。加上价格机制改革不到位，财政补贴规模不断扩大，财政刚性支出不断增加，支出结构日益固化，进一步加剧了财政收支矛盾，加大了统筹安排的难度，不利于集中财力办大事。

三是财政既要促发展，又要防风险的任务很重。目前，为了解决融资困难，实现较快发展，部分领域不断提出设立新的融资平台的要求。但如果政府债务不能控制在合理范围内，没有形成良好的约束机制，增强持续融资能力，也容易加大金融、财政风险。

三、2011年下半年财政重点工作

针对当前经济财政工作中的突出矛盾，财政及有关部门下半年要坚持以科学发展为主题，按照“一调三抓”的总体要求，突出预算绩效管理，扎实推进财政科学化精细化工作，不断提高财政资源统筹能力和财政资金的效益水平，全面完成年度收支预算任务，重点做好以下工作。

（一）努力保持财政收入稳定增长

下大力气抓好财源建设，加强财政收入综合管理。强化财政政策与货币、产业等政策的协调配合，把财源建设与重点投资方向、产业结构深度调整有机结合起来，积极支持符合首都功能定位和资源禀赋的新兴产业、优势产业、特色产业和中小企业发展，强化财政收入增长的稳定性、可持续性。完善财源建设转移支付办法，建立税源建设综合考评机制，引导区县科学涵养财源。加快收入综合管理平台建设，密切关注税收政策动态，深入研判收入走势，提升非税收入规范化管理水平，为财政收入预期提供支撑。

（二）进一步优化财政投入结构

坚持以科技进步和创新为重要支撑，加快转变经济发展方式。积极推进中关村国家自主创新示范区先行先试政策落实到位，加大对科技创新型中小企业的扶持力度，吸引民间投资支持旅游、文化创意、体育产业及新兴服务业发展，落实好重大项目、重点园区、重点产业投资。

坚持以保障和改善民生为投入重点，促进提升社会服务管理水平。落实稳定物价、促进居民收入增长的各项措施，完善养老、失业、低保等社会保障政策，健全就业扶持政策体系，全面推进教育、文化、卫生等社会事业发展。加快推进保障性住房建设，加大对交通治理和环境整治的投入力度，健全城市应急救援体系保障机制，提高城市精细化管理水平。

坚持以城乡一体化为目标，进一步健全财政强农惠农政策体系。积极促进优质教育、文化、体育、医疗、基础设施等资源向农村地区延伸，缩小城乡公共服务差距。健全各项涉农补贴制度，促进农民创业就业，拓宽农民增收渠道。推进“菜篮子”工程、设施农业和农田水利建设，推动农业发展方式转变。支持新型农村专业合作组织发展，引导更多社会资金投向农村。

（三）积极强化财政统筹力度

继续加大资金统筹力度。充分运用重大科技成果转化及产业项目资金统筹机制，出台大额专项资金设立、评价、退出调控制度，发挥政策和资金的集成效应，集中财力保重点。严格控制一般性支出，减少运转性资金投入，构建厉行节约的长效机制。建立结余资金管理与预算编制相衔接的激励约束机制，进一步挖掘存量资金潜力。完善国有资本经营预算管理体系，扩大国有资本经营预算规模，加强监督检查，规范预算执行。

（四）着力提升财政资金使用绩效

构建全过程的预算绩效管理体系。出台《北京市关于推进预算绩效管理的意见》、《北京市预算绩效管理办法》及《北京市预算绩效管理问责办法》，逐步建立依法、科学、民主的预算绩效管理制度体系，健全以绩效为导向的财政资金管理模式，更好实现公共财政的目标。2011 年将选择市卫生局、市科委开展全过程预算绩效管理试点工作，对两个部门 2010 年整体预算完成情况进行绩效评价，并在编制 2012 年部门预算过程中实行绩效目标填报和审核试点，实施预算编制、执行、监督全过程绩效管理。

严格预算执行。简化国库集中支付、政府采购等业务流程，强化账户统一管理，健全预算执行动态监控体系，提升支出安全性和均衡性。加强政府债务管理，出台相关管理意见，按照明确责任、规模适度、归口管理、程序规范等原则，积极促进政府融资平台公司规范发展，构建地方政府性债务规模控制机制和风险预警机制，防范财政风险。

强化财政体制执行效能。进一步理清市与区县事权范围和支出责任，建立区县落实支出责任与市对区县转移支付挂钩的奖励机制，研究建立区县基本公共服务均等化评价指标体系，加大对基本公共服务保障能力相对薄弱区县的转移支付力度。积极推动完善区县与乡街财政体制，鼓励区县进一步落实功能定位，促进重点区域加速发展。

2011 年是“十二五”时期的开局之年，也是加快转变经济发展方式、以更高标准推动“人文北京、科技北京、绿色北京”建设的重要之年，形势复杂，任务艰巨。我们将按照市委确定的工作方针，在市人大的监督指导下，坚定信心、扎实工作，确保全年预算任务目标顺利实现！

以上报告，提请市人大常委会审议。

北京市人民代表大会财政经济委员会关于北京市2010年市级决算的初步审查报告

——2011年7月21日在北京市第十三届人民代表大会常务委员会第二十六次会议上

市人大财政经济委员会副主任委员　陈　婷

北京市人民代表大会常务委员会：

为配合本次会议审查和批准北京市2010年市级决算，市人大财政经济委员会依据《北京市预算监督条例》的规定，于7月4日至5日召开了有市人大常委会预算监督顾问列席的财政经济委员会第三十次（扩大）会议，听取了市财政局《关于北京市2010年市级决算的报告》和《关于北京市2011年上半年预算执行情况的报告》，并结合市审计局《关于北京市2010年市级预算执行和其他财政收支的审计工作报告》和市国税局、地税局有关税收情况的报告，对2010年市级决算（草案）进行了初步审查，现将审查意见报告如下。

市人民政府提出的2010年市级决算，市级财政总收入决算数为2093.5亿元，其中：市级一般预算收入1304.2亿元，完成预算的106.4%。市级财政总支出决算数为2067.2亿元，其中：市级一般预算支出1135.0亿元，完成预算的107.1%。市级财政收支相抵，本年结余26.3亿元。

2010年市级决算（草案）与市十三届人大四次会议审议批准的2010年预算执行情况相比较，年度结余有所增加，主要是积极向财政部反映落实中央企业税收优惠政策造成的减收影响，以及争取中央对首都城市发展和履行服务职责的支持，财政部相应减少了本市的企业所得税上解支出，增加了对本市的补助收入。

财政经济委员会认为，2010年市级决算总体情况是好的。市人民政府及其财政部门认真落实市十三届人大三次会议批准的预算，坚持科学发展观，深入贯彻中央和市委的各项决策部署，努力发挥公共财政职能作用，财政预算管理得到了进一步加强，财政收入保持平稳较快增长，支出结构不断优化，预算公开工作取得了新进展，各项财政改革继续深化，圆满完成了全年预算任务，为促进首都经济社会协调健康发展发挥了重要作用。财政经济委员会建议本次会议批准北京市2010年市级决算（草案）。

财政经济委员会指出，2010年市级预算执行中还存在着一些需要注意的问题，主要是：部分财政资金的分配决策机制不够科学，财政统筹能力需要进一步增强；部分单位预算编制较为粗放，代编预算的现象仍然存在；预算绩效管理制度和工作需要进一步完善和加强，部分资金使用效益有待提高；违反财经法纪和财务制度的现象时有发生，财政管理监督体系需要进一步健全。对此，市人民政府及其财政等部门要认真加以改进。

市审计局认真履行职责，依法开展了对本市2010年市级预算执行情况和其他财政收支的审计，为做好市级决算的审批工作提供了依据。审计工作报告内容全面翔实，重点突出，在充分肯定了本市2010年市级预算执行情况的同时，也揭示了存在的一些问题。建议市人民政府责成有关部门切实进行整改，完善相关制度，严格责任追究，并按照《北京市预算监督条例》的规定，在年底前，将审计查出问题的整改情况和处理结果向市人大常委会提交书面报告。

财政经济委员会还对市财政局关于北京市2011年上半年预算执行情况的报告进行了审议。上半年全市地方财政一般预算收入完成1654.0亿元，比去年同期增长27.9%，完成预算的64.5%。全市地方财政一般预算支出完成1175.2亿元，比去年同期增长18.4%。今年以来，市人民政府及其财政部门认真贯彻中央和市委的一系列决策部署，加快经济发展方式转变，继续落实积极的财政政策，财政收入保持了平稳较快增长，重点支出得到了切实保障，突出了保障和改善民生，预算执行情况总体上是比较好的。但是，财政收入面临的不确定因素仍然很多，财政收支矛盾依然突出。市人民政府及其财政等部门要认真采取有效措施，努力完成市十三届人大四次会议批准的预算。

为了进一步做好财政预算工作，财政经济委员会提出如下建议。

一、进一步优化财政资金配置

充分发挥公共财政职能作用，完善财政资金配置方式，建立大额专项资金设立、管理、评价、退出机制，加大财政资金的统筹力度，集中财力办大事。建立结构科学、统筹有力、执行有序的财政政策体系，做好各项政策之间的衔接，提高政策的针对性和有效性。强化预算管理基础工作，进一步规范和完善预算编制，促进预算编制和年度工作计划的有机结合，切实减少代编预算规模，提高年初项目预算到位率，增强预算编制的科学性和准确性。不断细化预算编制内容，向市人代会提交的预算报表内容逐步编列到项级科目。按照财力与事权相匹配、资金与支出责任相衔接的原则，继续完善市对区县转移支付制度。

二、大力推进预算绩效管理制度建设和管理工作

落实市人大常委会和市政府关于加强人大预算监督工作、推进预算绩效管理制度建设的要求，加快完善我市财政预算管理体制。尽快出台北京市人民政府关于推进预算绩效管理的意见和预算绩效管理、问责的相关配套办法。加强对预算绩效管理试点部门的指导和监督，及时向市人大常委会报告试点部门预算绩效管理进展情况。进一步规范和完善绩效审计工作，扩大范围，突出重点，促进绩效审计常态化。不断强化审计分析能力，完善整改机制，建立健全审计结果公告制度。加大预算绩效问责力度，建立和完善绩效问责机制。每年向市人大常委会报告政府预算绩效管理和绩效审计情况。

三、继续深化财政预算管理改革

加快推进全口径政府预算管理体系建设，规范和细化政府性基金预算，不断扩大市级国有资本经营预算覆盖范围，做好向2012年市人代会报告国有资本经营预算的准备工作，进一步做好社会保险基金预算的试编工作。推进市级项目支出事前评估试点工作，逐步扩大事前评估试点范围。按照中央要求，2012年年底前将所有预算单位的财政性资金全部纳入国库集中支付范围。严格按照收入集中管理、支出国库拨付、账户严控开设的要求，强化国库单一账户体系管理，做好财政专户清理整顿工作。

四、加大预决算公开透明力度

市人民政府要切实加强对部门预决算公开工作的领导，完善公开的制度和相关工作机制，各部门要认真履行预决算公开责任主体职责。认真做好市级财政预决算、部门预决算，政府性基金、国有资本经营、政府重大投资项目等方面的预决算以及审计结果向社会公开的各项基础工作，进一步细化公开的内容。积极回应公众关切，做好预决算公开后的解释说明工作。

五、强化地方政府性债务管理

按照规模适度、风险可控、责任明确、程序规范的原则，建立健全政府举债融资管理机制，尽快制定相关管理办法，规范政府举债融资行为。继续做好政府投融资平台公司的清理和规范工作，完善政府债务规模控制和风险预警机制，加强对政府性债务的动态监控。妥善处理现有债务偿还和在建项目后续融资问题，切实防范财政风险。

以上报告，请予审议。

关于北京市2011年国民经济和社会发展计划上半年执行情况的报告

——2011年7月21日在北京市第十三届人民代表大会常务委员会第二十六次会议上

北京市发展和改革委员会主任　张　工

主任、各位副主任、秘书长、各位委员：

我受市人民政府委托，向市人大常委会报告本市国民经济和社会发展计划上半年执行情况。

一、上半年计划执行情况

今年以来，全市经济社会发展环境极其复杂。在市委的坚强领导下，在市人大的监督指导下，各区县、各部门坚决贯彻落实主题主线要求，紧紧围绕“十二五”发展取向和年初主动调控目标，不断增强工作的主动性和针对性，在内外部调整力度明显加大的情况下，全市经济经受住了主动实施调控的考验，实现了在调整中优化、在优化中发展，调结构、转方式迈出坚实步伐，重点领域调控初见成效，社会民生进一步改善，“十二五”重大任务开局良好，年度主要指标和重大任务基本实现时间过半、任务过半，好于预期。

（一）经济实现平稳协调增长

上半年，在国内外因素综合影响持续加深、本市主动加大交通治理和房地产调控力度的情况下，经济继续保持平稳协调增长，地区生产总值增长8%，符合年度计划要求和“十二五”调结构、转方式发展取向，总体好于预期。产业支撑和内需拉动稳固，在首钢主流程停产的情况下，规模以上工业增加值仍增长8%，服务业增长8.2%；全社会固定资产投资实现2364亿元，增长15.6%；社会消费品零售额实现3230.8亿元，增长11.3%；进出口总额实现1856.3亿美元，增长28.7%，实际利用外资38.3亿美元，增长

6.8%，均好于年初目标。

（二）经济增长质量和效益较好

经济效益增长快于经济总量增长。1—5月份规模以上工业企业利润增长12.9%，快于同期工业增加值增幅4.8个百分点；限额以上服务业企业利润增长27.3%。地方财政收入在主体税种拉动下实现1654亿元，增长27.9%，完成全年计划任务的64.5%。城乡居民人均收入分别增长10.1%和12.4%，为近年来较高水平。在经济稳定增长的同时，节能减排深入推进，一季度万元GDP能耗下降8.4%，上半年规模以上工业万元增加值能耗同比下降13.2%；空气质量二级和好于二级天数比重达到77.3%，各项污染物浓度全面下降。

（三）经济结构调整取得新进展

创新势能加速积蓄。中关村国家自主创新示范区条例、建设人才特区的若干意见、促进科技成果转化和产业化指导意见、鼓励产业技术创新联盟等一批政策相继发布。创新资源服务平台高效运行，各项先行先试政策加紧实施，创新发展活力加速释放。上半年全市完成技术交易成交额1080.8亿元，增长35.2%；1—5月份拥有自主品牌和自主知识产权的“双自主”企业出口14.6亿美元，增长24.8%，高于全市出口增幅23个百分点。中关村国家自主创新示范区除电子信息外，先进制造技术、生物工程和新医药、新材料及应用技术等高技术领域收入增长均超过20%。全市首批160个战略性新兴产业重大项目及首批市级工程研究中心和工程实验室通过认定。第三代半导体碳化硅项目、微软亚太研发总部等重大研发项目成功落地。政府累计签约采购自主创新产品32亿元。

重点产业态势良好。服务业发展优势依然突出，对经济增长的支撑作用比较稳固。信息服务业、商务服务业、科技服务业增加值分别增长18.3%、15.6%、10.9%。金融业贷款投放比较稳定，中间业务、理财业务快速增长。服务引领制造态势明显，数字出版、移动互联等成为服务业发展的新生动力。旅游业发展比较平稳，旅游景区接待人数增长13%。成功举办第三届中国服务贸易大会，中国国际服务贸易交易会永久落户北京。北京航空组建工作基本完成。现代制造业增加值增长11.9%，医药、通用设备、交通运输设备等重点产业增加值分别增长25.8%、20.4%和18.4%，京东方8.5代线成功点亮投产，京西重工投入试生产。现代农业发展势头良好，设施农业和种业收入分别增长13.8%和41.5%，农业观光园和民俗旅游收入分别增长37.6%和12.8%。克服异常气候影响，夏粮、蔬菜产量平稳，鲜蛋、生猪生产稳步增长，农副产品自给能力不断增强。

内需支撑不断优化。在机动车销售量同比下降五成、纯商品住宅销售面积同比下降三成的情况下，投资、消费依然保持平稳增长，正逐步摆脱对房地产和汽车市场的过度依赖，共同支撑经济发展的良性格局得到巩固。投资结构呈现“五个倾斜”的特点，对经济增长的支撑作用不断增强。一是向重点工程倾斜，累计完成投资726.2亿元，完成年度计划的45.4%，完成度高于上年同期19.4个百分点；二是向重点产业倾斜，完成工业投资319.8亿元，增长1.1倍；三是向基础设施领域倾斜，完成基础设施投资512.5亿元，增长12%；四是向政策性住房建设倾斜，完成投资278.7亿元，同比增长2.3倍；五是向实体领域倾斜，建安投资增长30.4%，费用支出下降6.6%。消费拉动向多元化转变，扣除汽车因素影响，社会消费品零售额增长23%。其中，金银珠宝、通讯器材、文化办公用品类销售额分别增长73.7%、52.7%、31.3%。大型商场销售好于往年，连锁经营稳步发展，电子商务企业表现活跃，全市网上商店销售额增长1.6倍，传统家电卖场开始向电子商务和物流服务延伸和布局。

（四）区域功能特色更加鲜明

四类功能区要素配置效能进一步提升。首都功能核心区内涵发展、集约发展特征日益明显，在土地要素投入下降的情况下，知识、技术等要素投入不断加快，生产性服务业和文化创意产业引领作用不断增强，区域经济保持较快增长。城市功能拓展区受车市、房市调控影响最大，经济增速有所放缓，但集聚高端总部、人才、技术、资本等优质要素的能力不断增强，发展势能仍较为充足。城市发展新区土地、资本投入力度持续加大，人口和产业承载功能不断提升，整体处于加速建设和发展时期。生态涵养发展区在强化生态保护功能的同时，一些高端要素开始进入乡村旅游、影视休闲、文化研发、养老保健、循环经济等生态产业领域。

创新和高端产业发展高地加快构建。中关村科学城的航空科技园、航天科技创新园建设全面展开，龙芯新品、激光显示、太阳能电池等重大产业化项目加快转化，北京航空航天大学、北京理工大学等9所高校组建了产业技术研究院。未来科技城基础设施建设和土地开发全面展开，神华、商飞、国电等项目加紧建设。北部产业带产学研项目加速引进落地，总收入增长20.9%。南部产业带生物医药、电子信息等一批重大项目加紧建设，固定资产投资增长30%。六大高端产业功能区发展态势良好。中关村国家自主创新示范区总收入增长19.3%，企业内部科技活动经费支出增长22%。CBD税收增长17.7%，重点楼宇出租率超过90%，核心区土地一级开发基本完成。金融街税收增长50.3%，扩区步伐加快。奥林匹克中心区加紧国家5A级旅游景区申报，税收增长20.7%。临空经济区税收增长31.4%。通州国际商务服务区、丽泽金融商务区、新首钢高端产业综合服务区、怀柔文化科技高端产业新区规划和建设加快推进。

薄弱地区加快发展。加快西部地区转型发展实施意见和2011年城南行动计划相继发布实施。西部地区转型发展扎实起步，文化创意产业和生产性服务业开始发力，石景山区在首钢停产情况下，经济实现了较快增长，完成了首钢2万多名职工分流安置，首期募集12亿元的“北京服务·新首钢”股权投资基金进入实质性运作。南部地区交通、生态等基础设施以及园博会主场馆等重大项目有序推进，大兴新城滨河森林公园建成开放。城乡结合部50个重点村建设稳妥推进，41个村拆迁启动，其中27个拆迁完成。新农村建设稳步推进，首期50亿元的小城镇发展基金成功设立，10个新型农村社区建设试点启动实施，华润希望小镇建设取得阶段性进展。继续推进“三起来”工程，出台加强农村基础设施维护和管理的意见，维护管理长效机制加快建立。

（五）重点领域调控效果显现

房地产调控取得实效。本市出台严格的“京15条”调控细则，率先提出“稳中有降”的房价调控目标，政策效果逐步显现。一是投资投机需求得到有效遏制。首次购买商品房购房者比例提高到90%左右，商品住房开始回归居住属性。二是商品住宅价格涨幅稳步回落。6月末，新建普通住房价格成交均价比上年全年降低了6.1%；新建商品住宅销售价格指数同比上涨2.2%，涨幅连续回落。三是政策性住房保障力度显著加大。完成保障房土地供应811公顷，占年度供应计划的61%。新开工各类保障性住房12.6万套，已竣工3.6万套，完成年度任务的63%和36%。

缓解拥堵措施初见成效。加快交通设施建设，地铁8号线二期北段、9号线南段等基本完成土建主体结构，计划年底提前开通运营。城区疏堵工程加紧推进。汽车限购、停车费调整、社区公交线路开通、公交专用道施划等政策综合发挥作用，早、晚高峰主要道路运行速度有所提高。

融资结构进一步优化。在信贷监管和地方融资平台清理力度加大的情况下，本市主动适应调控政策，创新融资渠道和模式。信贷投放比较稳健，上半年，全市新增人民币贷款2176.2亿元，同比多增76.1亿元。重点领域得到信贷优先支持，中小企业贷款、文化创意贷款余额分别增长21.7%、73.8%。直接融资超过间接融资，辖区企业累计发行短期融资、中期票据、超短期融资券、中小企业集合票据和企业债券共5349.2亿元，约为全市新增人民币贷款的2.5倍。积极采取BT等方式，缓解当期资金压力。

生活必需品市场保持稳定。针对国内自然灾害频发、农产品价格波动上涨等新形势，采取加强生产、扩大储备、保障流通、加强监管、规范摊位费进场费等多种措施，保障生活必需品市场供应，减缓价格波动。加快大型农产品批发市场升级改造，推动6家农产品批发市场与50家规范化菜市场进行场店对接，设立“保本菜”摊位100个，减少中间环节费用，缩小批零价差。

（六）社会民生不断改善

就业形势保持稳定。城镇登记失业率为1.51%，保持在较低水平，全市法人单位从业人员同比增长4%。落实就业优惠政策和实施就业援助制度，帮助5.6万名就业困难人员实现就业，同比增长43.8%；实现农村劳动力转移就业2.8万人。发布企业工资指导线，推进工资集体协商，引导一线职工收入稳定增长。

社会保障水平稳步提高。全市参加基本养老、基本医疗、失业、工伤和生育保险人数分别增长9.8%、12.9%、13.6%、6.1%和6.7%。落实中央精神，积极推动基本养老保险关系转移接续工作。针对价格水平持续高位运行的新情况，年内两次调整城乡低保等社会保障待遇标准，城镇低保标准由上年的430元提高到500元，农村低保标准由上年的210元提高到340元；继续提高城乡居民基础养老金、失业保险金、工伤职工伤残津贴标准，为企业退休人员发放一次性生活补贴，对无固定性收入重残无业人员给予生活补助，保障低收入群体的基本生活。

社会建设和管理创新不断加强。出台加强和创新社会管理全面推进社会建设意见。加大医改方案落实力度，推进公立医院改革试点，深化医保付费方式改革，提高高龄老年人医疗福利保障待遇，实行无假日门诊和预约挂号方式，方便群众就医。加快中小学校舍安全改造工程，实施学前教育三年行动计划，缓解入园矛盾。稳妥推进国有文艺院团转企改制，推动新闻出版企业战略重组，进一步推进文化设施免费开放和共享。完善食品安全监管组织网络和责任体系。加大违章建筑拆除力度，减少城市安全隐患。

总体上看，上半年本市经济社会发展计划执行良好，经济运行态势符合预期。本市坚持调结构、转方式、上水平，实现了有质量、有效益的经济增长，特别是直面城市发展难题，下决心加大主动调控力度，有利于变压力为动力推动发展方式转变，有利于缓解资源环境压力，有利于各方面把握好节奏、缓解社会矛盾。

二、计划执行中需要关注的主要问题

下半年，国内外环境仍然复杂和严峻，外需不振与内需调整相互交织，主动调控政策与经济自身内在调整相互影响，本市发展仍面临一些压力和挑战，完成全年任务尚需付出艰苦努力。

（一）实现价格调控目标压力较大

上半年，居民消费价格指数累计上涨5.5%，新涨价因素有所增加，价格水平持续高位运行。一是国际市场粮食和大宗商品输入性通胀压力仍然较大。二是国内价格水平总体处于高位，农副产品价格受生产周期和自然灾害影响仍不稳定。三是价格间传导压力加大，原材料成本、人工成本持续上升，企业通过内部挖潜和提高劳动生产率消化成本上升的空间有限，价格上涨由生产领域向消费领域传导的趋势增强。扣除物价因素后，本市城乡居民收入实际增速与年初目标相比还有一定差距。

（二）经济运行环境出现一系列新的变化

从国际看，全球经济增长乏力，调控政策有所收紧，债务危机和通胀压力持续加大。从国内看，价格持续高位运行，部分先行指数开始走弱。在复杂的内外部环境影响下，本市经济运行中也出现了一些新的情况。从产业支撑看，受国内外市场变化和年内能够投产的大项目支撑有限影响，工业增长稳定性减弱，特别是起支柱作用的电子信息产业受国际市场周期下行和自身调整升级不断深入双重影响，生产和出口出现下滑。从政策影响看，国家宏观调控政策和本市车、房调控影响还在陆续释放，国有土地上房屋征收补偿政策出台给拆迁工作提出了新的更高要求，新增长点尚在培育，后续影响还需关注。

（三）项目需求集中，资金平衡难度增大

当前，本市城市功能提升、城市化推进和重点区域开发正处于关键时期，建设任务、时序和资金需求相对比较集中。受银行信贷额度收紧、平台融资能力下降影响，部分重大项目和重点区域融资难度增加、融资成本上升。土地储备规模和资金需求较大，与土地市场关联的资金回笼和土地滚动开发受到一定影响。政府财政和建设资金平衡难度加大。

（四）实体企业生产经营状况仍需关注

成本上升、需求放缓等加大了企业特别是中小企业的生产经营压力。一是企业融资难度加大、成本上升，部分中小企业和高科技企业资金链条收紧，回款周期延长，本市规模以上小型工业企业财务费用增长28.8%、应收账款增长23.1%。二是企业人工、物流、原材料等成本不断提高，对企业特别是中小企业经营和效益影响较大。三是外需有所减缓，工业出口交货值同比下降7.8%，增速连续13个月下滑。

此外，电力供需出现新一轮紧平衡，“迎峰度夏”面临新的压力；城市安全隐患有待消除，极端气候给城市运行和应急管理带来诸多挑战；食品安全、收入差距等问题成为社会关注的焦点等等，也需要引起高度关注。

三、努力完成全年计划的主要措施

下半年是完成全年目标和任务的关键时期，也是确保全市经济实现平稳增长的关键时期。要深入学习胡锦涛总书记“七一”讲话精神，密切结合本市实际，坚定不移地推进科学发展和发展方式转变，坚定不移地加强主动调控不动摇，坚定不移地狠抓落实，解放思想，坚定信心，迎难而上，确保实现全年经济社会发展主要目标。

（一）着力巩固投资和消费支撑

采取综合措施，持续增强内需对经济增长的支撑作用。在投资促进方面，重点解决融资、项目前期、拆迁等主要瓶颈，全力落实重点建设任务。

1. 多渠道、多模式平衡建设资金。有针对性地规范现有投融资平台发展，抓好保障房、南水北调等新平台建设，增强平台融资能力。继续加强与金融机构特别是金融总部的沟通合作，争取政策支持，推动融资渠道已明确的框架协议资金尽快到位。加强与央企的深度合作，通过股权投入、投资基金等多种方式吸引央企资金投入。扩大企业债券、私募债、中期票据、短期融资券、股票上市、配股融资等直接融资规模。抓好小城镇发展基金、新城建设发展基金、文化创新基金设立和运营。鼓励市和区县在基础设施、公共服务、园区开发等方面采用BT、PPP等模式，开放市场，吸引社会资本。用好政府投资，发挥好引导和放大作用，加强下达资金监管，避免资金沉淀。

2. 在需求旺盛的情况下，各区县、各部门要切实区分轻重缓急，突出重点，集中力量有序推动高端要素落地。从项目准入和项目落地双重环节提升要素配置效率，审慎把好项目准入关，把有限的土地资源、资金配置到有技术、有潜力、有市场的高端项目。加大已确定重大项目、重点园区的协调和调度，加快落实土地和规划条件，加强专项调度和绿色审批通道服务，促开工、督施工、保竣工。积极启动一批关系民生和城市运行、规划已经确定、具备建设条件的城市节水改造、农村节能房改造、雨水调蓄池等项目建设。

3. 加强拆迁和土地供应管理。深入落实房屋征收与补偿条例实施细则，耐心细致做好群众工作，积极稳妥推进拆迁工作。按照“控制新增、消化存量、加速出地、有序供应”的原则，重点完成在施土地储备项目扫尾，增加有效土地供应，把握好熟地入市步伐，适当增加经营用地供应，支持商务楼宇建设，为后续产业进入创造条件。

4. 加快保障房建设，力争实现9月底前全部开工，确保完成全年竣工任务，通过配租配售发挥其拉动经济、保障民生的双重作用。抓好保障房建设投资中心运营，强化保障房后续管理。协调处理好中心城疏解定向安置房相关问题。

5. 进一步加强投资全过程监管，加快已建成重大项目结算和转固报竣，提高管理水平。抓好《加强农村基础设施维护和管理的意见》的落实，提高已建设施运转效率。

在扩大消费方面，重点开拓新兴消费空间、消费业态和消费领域。

1. 继续落实家电下乡、以旧换新政策，鼓励新能源汽车消费，举办北京购物季、各地商品大集、刷卡消费奖励、节能产品促销等系列活动，加快保障性住房入市进度，带动相关消费。

2. 集中建成推出王府井国际商城等一批大型商业设施，主动引导老字号、品牌商户布局，营造特色街区、郊区新城商业氛围，在巩固传统商业区域优势的同时，打造新兴消费热点区域。

3. 适应消费升级换代需求，拓宽消费渠道，延伸消费链条，扩大网上购物份额，推动产品创新，培育新兴消费。

4. 做好黄金周旅游营销，开展与周边区域及京沪高铁沿线的旅游联动，拉动外来消费。

5. 充分利用暑期假日时机，大力发展影视、文化、娱乐消费，扩大服务消费和精神消费。

6. 在扩大零售的同时，更加注重鼓励和培育批发业态发展，提升首都中心市场功能。

（二）着力抓好科技创新和产业促进

既关注调整中的调减、调限影响，更要关注调整中的调增、调升因素，处理好“舍”与“得”的关系，在调整退出的同时，推动创新要素和高端产业落地。

1. 加快激发科技创新活力。抓好《中关村国家自主创新示范区规划》实施，用足用好“1＋6”先行先试政策，因势利导，为加快流入的创新资源和要素创造落地条件。统筹用好100亿元的政府支持资金，全年完成60亿元自主创新产品采购，支持重大科技研发和产业化项目以及重点产业功能区开发。大力实施“十百千”和“小巨人”企业培育工程，促进企业加快发展和壮大。运作好本市参股设立的创业投资基金和担保基金，加大对高技术企业贷款贴息和融资补贴力度，缓解中小高科技企业融资困难。集中力量抓好生物医药产业园、软件园、数字电视产业园等专业特色园区的规划建设，积极培育外包设计、外包制造、外包服务等新兴业态。加快中关村开放试验室建设，在节能环保、新能源汽车、高端装备制造、航空航天等领域布局一批市级工程研究中心和工程实验室。推进城市应急物联网应用、城市垃圾和污水污泥处理、三网融合等关键技术示范工程。

2. 提升服务业发展质量。加大服务业开放力度，集聚高端服务要素，大力提升总部经济水平，研究设立支持“北京服务”的相关基金，培育和巩固北京服务优势，稳步推动服务业由大做强。加紧出台服务业综合改革试点相关政策、措施，增强高端服务的核心竞争力。突出特色，全面加强国家文化中心建设，推进文化主题公园、国家音乐产业基地等重大项目建设，做大做强文化创意产业，提升文化中心的影响力和辐射力。继续推动中轴线申遗工作，制订促进一轴一线发展意见，提升首都文化魅力。加快国家高技术服务业基地、云计算服务创新试点城市建设。积极打造主题商务楼宇，引导商务服务业集聚发展。举办好国内外高端大型会议和知名品牌展会，促进会展业发展。大力发展电子商务，重点改善信用、支付、物流配送等环境。

3. 努力培育战略性新兴产业。发布实施《本市培育和发展战略性新兴产业的指导意见》，推动液晶显示、集成电路、新能源装备等关键技术和产品的开发应用，带动相关产业链发展，培育北京创造品牌。加快推进三网融合、云计算、电子商务等试点城市建设，实施智能交通、新能源汽车、智能电网等示范应用工程，带动相关产业链发展，增强在国内的引领能力。落实国家战略性新兴产业创投计划，加快设立创业投资引导基金。

4. 促进制造业转型升级。加强在建项目协调服务，推动京东方8.5代线、现代三工厂、奔驰汽车扩能、同仁堂中药现代化产业园建设。落实国家鼓励软件和集成电路产业发展政策，研究制订本市促进意见，助推电子信息产业升级。抓住医药产业整合和创新加快的时机，壮大医药产业规模。

（三）着力抓好高端产业功能区和重点区域培育

大力推进高端产业功能区和重点区域建设，提升城市功能，增强发展后劲。

1. 加快两城两带建设。支持中关村科学城核心企业培育，加快未来科技城企业入区步伐和配套基础设施建设，推进南北两个产业带规划和建设。

2. 提升六大高端产业功能区服务环境，推动园区发展从注重开发建设向注重园区运营、提升服务环境并重转变。用足用好各项政策，推进中关村自主创新示范区大发展，突出抓好核心区海淀园的升级和发展。抓好商务中心区核心区重点地块的开发建设，完善区域整体服务功能。强化金融街的总部金融、金融标准制定、金融产品研发和金融信息聚散等高端金融服务功能。推动临空经济区保税区开展口岸管理与通关体制创新，完善保税物流体系，强化临空服务功能。

3. 扎实推进四大高端产业新区建设起步。做好园区规划、准入标准制定、软硬件环境完善等相关工作。全力推进通州高端商务核心区重点地块以及文化旅游区、重点功能区开发进度，完善配套环境和政策体系。优先抓好丽泽金融商务区南区开发，加大新兴金融机构引进力度。加快新首钢高端产业综合服务区规划和建设，落实区域能源管网系统，为集聚高端服务要素创造条件。推进怀柔文化科技高端产业新区整体规划，集中力量推进国际生态示范区建设。

4. 加快推进城市薄弱地区和新城、新农村发展。深入实施城南行动年度计划和西部地区转型发展意见，完成城乡结合部50个重点村拆迁任务，研究出台建设通州国际新城行动计划，推进新城发展。落实新农村建设行动计划，组织引导企业和社会力量参与重点小城镇、沟域经济、新型农村社区等重点领域建设。

（四）着力稳定物价水平和保障居民基本生活

按照“稳生产、保供应、强监管、畅流通、惠民生”的思路，切实加强物价调控，抑制价格过快上涨，防止价格领域风险蔓延扩散到社会领域。

1. 多渠道确保生活必需品市场供应和价格稳定。落实新发展菜田5万亩、日光温室2万亩、建立稳定可靠的外埠生产基地20万亩的年度任务。通过政府入股等方式，推进新发地批发市场升级改造，在城市东南方向新规划建设大型批发市场，增强政府资源掌控和调配能力。丰富政府储备品种，优化储备结构，适当提高小包装商品的储备能力。实施绿色通道政策，规范市场摊位费，发展新型流通模式，切实降低农副产品流通环节成本。

2. 完善社会救助与物价上涨联动机制。进一步完善最低工资、养老金、失业保险金等社会保障标准联动机制以及城乡低保标准调整机制，健全资源能源价格调整对低收入群体的直补机制。

3. 完善房屋租赁市场价格调控政策，引导规范中介市场，增加租赁市场供应，严控住房租金价格不合理上涨。

4. 研究建立本市价格调节基金，丰富和完善应急条件下价格调控手段。

5. 关注国内外形势变化，审慎出台政府调价政策，加大市场价格监督检查力度，严厉打击各类价格违法行为。

（五）着力提高城乡居民收入水平

抓紧落实促进本市居民收入增长的意见，细化各项实施方案，多措并举提高城乡居民收入水平。

1. 加大公益性就业岗位的开发力度。重点做好西部转型地区、大学生、农民工、就业困难群体就业帮扶工作。适时提高农村公益性就业人员收入。

2. 完善工资正常增长机制。继续完善事业单位绩效工资政策，研究机关事业单位增资机制落实问题。建立和完善企业工资指导线、劳动力市场工资指导价位、企业人工成本状况为主要内容的工资宏观指导体系。大力推行工资集体协商制度。逐步提高最低工资标准。

3. 加强国有企业工资管理，调整优化分配结构，着力提高低收入职工和一线职工的工资水平。

4. 积极落实《北京市促进农民增收行动计划》，稳步提高农民收入。

（六）着力提升社会管理和服务水平

落实社会管理创新意见，切实提高社会管理和服务水平。

1. 进一步加强社会管理。推进社区用房达标、“一刻钟社区服务圈”和社区服务站服务规范试点等建设。制定加强社区居委会建设工作实施意见及相关配套政策。落实社区基本公共服务指导目录，完善政府购买公共服务机制。

2. 不断提升教育医疗等公共服务水平。完成中小学校舍安全加固工程，推进幼儿园建设，做好新学期入学招生等各项工作。继续抓好医改方案落实，加快推进医疗机构分类管理和公立医院改革试点，出台鼓励和引导社会资本举办医疗机构意见，推动新儿童医疗机构的规划和建设。

3. 以社会保险法实施为契机，加快健全城乡一体的社会保障体系，扩大保障范围，提高保障水平。

4. 高度关注社会安全稳定形势。坚决遏制重特大安全事故发生。合理把握新政策新举措出台的节奏和时机，完善政策制定、执行中的操作细节。密切关注重大政策和重大项目推进实施过程中的社会舆情反映，从源头减少新矛盾的产生。完善社会调解机制，完善农民工工资支付保障长效机制，开展劳资纠纷专项治理。

（七）着力抓好城市运行保障和各项管理

1. 做好能源和城市运行管理。落实电力迎峰度夏工作预案，尽早安排冬季天然气和煤炭供应，早部署、早落实、早到位，妥善处理突发事件，确保电力和能源运行安全。把地下设施和公共基础设施安全隐患消除和功能完善放在更加突出的位置，提高应对异常气候、突发事件的能力。做好应急保障、食品安全、违建拆除等重要工作，保障城市运行安全平稳。

2. 继续加强和改善重点领域调控。确保全年新建普通住房价格“稳中有降”目标实现。继续坚持实施现有缓解交通拥堵综合措施，并在实施过程中不断完善。

3. 深入推进节能减排。合理控制能源消费总量，提升清洁能源利用比重。发展新能源汽车，加快老旧机动车淘汰更新。开展低碳楼宇试点，创新推动服务业降耗。健全绿色发展体制机制，加快研究制订重点行业能耗定额和单位产品能耗标准，提高准入标准。

4. 认真做好“十二五”规划任务分解及责任制落实，加快各专项规划的编制和发布工作。

主任、各位副主任、秘书长、各位委员，面对复杂的形势，下半年任务更加繁重，我们将坚决贯彻中央决策部署，在市委领导下，在市人大的监督指导下，奋发有为，迎难而进，全力推动首都经济社会平稳健康发展，努力实现全年任务目标，为开创“十二五”时期新局面而努力奋斗！

以上报告，提请市人大常委会审议。

北京市人民代表大会财政经济委员会关于北京市2011年国民经济和社会发展计划执行情况的意见和建议

——2011年7月21日在北京市第十三届人民代表大会常务委员会第二十六次会议上

市人大财政经济委员会主任委员　王　火

主任、各位副主任、秘书长、各位委员：

2011年7月4日至5日，市人大财政经济委员会召开第三十次（扩大）会议，听取了市发展改革委《关于北京市2011年国民经济和社会发展计划上半年执行情况的报告》，以及市财政局、国税局、地税局和统计局关于市级预决算、税收、经济形势的报告，对2011年国民经济和社会发展计划上半年执行情况进行了讨论。

2011年上半年，市人民政府及其发展改革部门坚持以科学发展为主题，以加快转变经济发展方式为主线，坚决落实中央各项宏观调控政策，扎实推进“人文北京、科技北京、绿色北京”战略，推动自主创新和结构调整，加强民生保障，促进社会健康有序运行，保持了经济平稳较快发展。财政经济委员会认为2011年国民经济和社会发展计划上半年执行情况总体是好的。

财政经济委员会同时指出，应当清醒地认识到全市经济社会发展中还存在不少困难和问题。经济运行面临复杂形势，物价上涨的压力较大，重点工程建设和企业经营还面临一些实际困难，一些涉及群众切身利益的教育、医疗等问题还比较突出。对此，市人民政府及其发展改革部门要切实采取措施，认真加以解决。

财政经济委员会对下半年国民经济和社会发展计划执行，着重提出以下意见和建议。

一、全面完成全年计划指标，实现“十二五”时期良好开局

要认真总结上半年经济社会发展取得的成绩，深入分析存在的困难和问题，准确判断全市经济总体走势，立足当前，着眼长远，统筹安排好下半年的工作，确保市十三届人大四次会议通过的国民经济和社会发展计划主要指标圆满完成，实现“十二五”时期良好开局。同时，要加快完成与“十二五”规划纲要相配套的18个综合专项规划和64个一般专项规划，把规划纲要的目标任务落到实处。加强对“十二五”规划重大任务的组织实施，深入研究在实际工作中可能遇到的困难和不利因素，做好防范措施和应对准备，积极创造有利条件，加快重点项目、重点工程的推进和落地。要切实发挥规划纲要的引领和指导作用，防止规划与工作脱节，真正做到长短结合、标本兼治，抓住重点、突破难点，促进我市经济长期平稳较快发展与社会和谐进步。

二、坚定不移加快转变经济发展方式，保持全市经济发展的持续性和稳定性

坚持首都城市性质和功能定位，加快转变经济发展方式，率先形成创新驱动发展格局。清醒认识经济运行面临的复杂形势，把握经济运行的节奏，深化各项改革，全面改善经济发展环境。尽快制定各类扶持政策，及时采取切实有效措施，缓解当前经济发展面临的能源供应紧张等影响企业经营发展的问题，保持经济持续稳定增长，实现结构优化的目标。注重提高经济增长的质量和效益，大力推进重点产业发展。全面提升首都服务业发展水平，扩大北京服务业在全国的市场占有率，形成金融保险、信息服务、会展旅游、教育培训、流通服务等优势产业集群，把北京的服务业发展成为全国的桥头堡和排头兵。实施科技创新和文化创新的“双轮驱动”战略，加快中关村国家自主创新示范区建设，充分发挥引领示范作用，率先实现创新发展。全面推进全国文化中心建设，规划和建设好文化创意产业集聚区，增强首都文化创意产业的辐射力、竞争力，努力提高文化创意产业的经济效益和社会效益，使文化创新和科技创新共同成为推动首都加快转变经济发展方式、实现科学发展的重要引擎。

三、健全各项机制，加大工作力度，切实保障和改善民生

高度关注居民消费价格指数的走势，切实加强物价调控，有效减少农副产品流通环节成本，确保生活必需品市场供应量和价格稳定。认真贯彻落实中央关于努力实现居民收入增长和经济发展同步，以及加大国民收入分配调整力度，增强居民消费能力的要求，尽快研究制定我市收入分配制度改革的政策、措施，建立完善工资正常增长机制和保障制度，着力提高城乡居民收入，持续扩大中等收入群体，努力提高低收入群体的实际收入水平，切实提高人民生活质量，增强消费对经济增长的拉动作用。把抓好食品安全作为

解决民生问题的头等大事，建立健全食品安全体系，千方百计为市民提供安全、放心的食品。继续做好房地产市场调控，切实落实资金投入，提高保障性住房建设竣工率，逐步解决中低收入家庭住房困难。加强城市安全防范和应急救援能力建设，提高抗灾减灾能力，完善应急管理机制，有效应对暴雨、火灾等各种突发情况，最大程度地降低突发性公共事件对居民工作、生活带来的影响。加快发展教育、社会保障、医药卫生、保障性住房等各项社会事业，让广大群众充分享受改革发展的成果。

以上意见和建议，供常委会组成人员审议时参考。

北京市人民代表大会常务委员会关于区县、乡镇人民代表大会换届选举有关事项的决定

（2011年7月22日北京市第十三届人民代表大会常务委员会第二十六次会议通过）

根据宪法和有关法律、法规的规定，结合本市具体情况，北京市第十三届人民代表大会常务委员会第二十六次会议对本市区县、乡镇两级人民代表大会换届选举有关事项决定如下。

一、本市区县、乡镇人民代表大会于2011年下半年进行换届选举。新一届区县、乡镇人民代表大会代表在2011年11月同步选出。新一届区县人民代表大会第一次会议在2011年12月底以前举行；新一届乡镇人民代表大会第一次会议在2011年11月底以前举行。

二、因行政区划变动或者因城市建设等原因造成人口较大变动，以下各区的新一届人民代表大会代表名额重新确定为：东城区339名，西城区418名，朝阳区445名，海淀区445名，丰台区342名，昌平区231名，大兴区245名。其他区县新一届人民代表大会代表名额与本届相同，不作变动。本市新一届区县人民代表大会代表总名额为4349名。

新一届乡镇人民代表大会代表名额，因行政区划调整的乡镇，由所在区县人民代表大会常务委员会重新确定，其他乡镇新一届人民代表大会代表名额与本届相同，不作变动。

三、东城区、西城区、朝阳区、海淀区、丰台区新一届人民代表大会常务委员会组成人员名额为35名，其他区县新一届人民代表大会常务委员会组成人员名额为27名。

四、区县、乡镇设立选举委员会，在区县人民代表大会常务委员会的领导下，分别主持本级人民代表大会代表的选举。选举委员会设立办公室，负责办理选举的具体事务。

五、市人民代表大会常务委员会指导本市区县、乡镇人民代表大会的换届选举工作，设立北京市区县、乡镇人民代表大会换届选举工作办公室，在市人民代表大会常务委员会的领导下，办理指导区县、乡镇人民代表大会换届选举工作的有关事宜。

附件：

1. 北京市新一届区县人民代表大会代表名额

2. 北京市新一届区县人民代表大会常务委员会组成人员名额

3. 北京市区县、乡镇人民代表大会换届选举工作办公室主任、副主任名单

附件 1:

北京市新一届区县人民代表大会代表名额

（共 4349 名）

东 城 区	339 名	通 州 区	240 名
西 城 区	418 名	顺 义 区	228 名
朝 阳 区	445 名	昌 平 区	231 名
海 淀 区	445 名	大 兴 区	245 名
丰 台 区	342 名	平 谷 区	209 名
石景山区	185 名	怀 柔 区	182 名
门头沟区	168 名	密 云 县	217 名
房 山 区	271 名	延 庆 县	184 名

附件 2:

北京市新一届区县人民代表大会常务委员会组成人员名额

东 城 区	35 名	通 州 区	27 名
西 城 区	35 名	顺 义 区	27 名
朝 阳 区	35 名	昌 平 区	27 名
海 淀 区	35 名	大 兴 区	27 名
丰 台 区	35 名	平 谷 区	27 名
石景山区	27 名	怀 柔 区	27 名
门头沟区	27 名	密 云 县	27 名
房 山 区	27 名	延 庆 县	27 名

附件 3：

北京市区县、乡镇人民代表大会换届选举工作办公室主任、副主任名单

主　任：高岩辉　　市人大常委会副秘书长、人事室主任
副主任：严力强　　市委副秘书长、市委宣传部副部长
　　　　刘宇辉　　市委组织部副部长
　　　　张凤华（女）市人大常委会办公厅副主任、巡视员
　　　　郭金忠　　市人大常委会法制办公室副主任
　　　　李正斌　　市人大常委会研究室副主任
　　　　张　越　　市人大常委会人事室副主任

《关于区县、乡镇人民代表大会换届选举有关事项的决定（草案）》的说明

——2011 年 7 月 22 日在北京市第十三届人民代表大会常务委员会第二十六次会议上

市人大常委会副秘书长、人事室主任　高岩辉

主任、各位副主任、秘书长、各位委员：

我受主任会议的委托，就市人大常委会《关于区县、乡镇人民代表大会换届选举有关事项的决定（草案）》（以下简称《决定（草案）》），作简要说明，请审议。

这次区县、乡镇人大换届选举，是在全面实施“十二五”规划的开局之年，我市深化改革开放、推进科学发展、加快转变经济发展方式、实施“人文北京、科技北京、绿色北京”战略、努力建设中国特色世界城市的新形势下进行的，是我市根据新修改的选举法首次进行的区县、乡镇人大代表直接选举，是全市人民政治生活中的一件大事。做好这次换届选举工作，对于巩固党的领导地位，坚持和完善人民代表大会制度，保障人民当家作主，推进社会主义民主政治建设，加强国家基层政权建设，激发全市人民的政治热情，完成“十二五”目标任务，推动首都科学发展，具有十分重要的意义。

这次换届选举工作的指导思想是，在中共北京市委的领导下，全面贯彻党的十七大和十七届三中、四中、五中全会精神，以邓小平理论和“三个代表”重要思想为指导，深入贯彻落实科学发展观，深入学习贯彻胡锦涛总书记在庆祝中国共产党成立 90 周年大会上的讲话，认真贯彻落实中央关于做好换届选举工作的各项要求，坚持党的领导、人民当家作主、依法治国有机统一，坚持和完

善人民代表大会制度，扩大社会主义民主，全面落实依法治国基本方略，加快建设社会主义法治国家，进一步巩固国家基层政权、推动科学发展、促进社会和谐，推进全市经济建设、政治建设、文化建设、社会建设以及生态文明建设的全面协调可持续发展。

这次换届选举工作必须坚持党的领导、发扬民主和依法办事相统一的原则。换届选举工作的全过程都要在党委统一领导下进行，保证换届选举的正确方向。要充分发扬民主，保障人民的知情权、参与权、表达权、监督权，最广泛地动员人民群众参加选举。要严格依法办事，认真学习贯彻选举法和本市区县、乡镇人大代表选举实施细则，严格程序，周密组织，确保换届选举严格依法有序进行。

一、关于换届选举的时间安排

根据中华人民共和国宪法和地方组织法关于地方各级人民代表大会每届任期五年的规定，本市各区县、乡镇本届人民代表大会将于2011年年底前任期届满，需依法进行换届选举。为此，《决定（草案）》第一条规定："本市区县、乡镇人民代表大会于2011年下半年进行换届选举。"根据全国人大常委会关于县、乡两级人民代表大会代表同步换届选举的要求，以及市委对区县、乡镇分别召开新一届人民代表大会第一次会议的时间安排，《决定（草案）》第一条规定："新一届区县、乡镇人民代表大会代表在2011年11月同步选出。新一届区县人民代表大会第一次会议在2011年12月底以前举行；新一届乡镇人民代表大会第一次会议在2011年11月底以前举行。"

为了圆满完成这次换届选举任务，在工作安排上要统筹兼顾、紧凑合理、适当集中、依法进行。这次换届选举大体分5个步骤进行：一是8月上旬进行动员部署，8月底以前，各区县、乡镇依法设立各级选举机构，制定工作计划，抽调培训选举工作人员，做好调查摸底、划分选区、代表名额分配和宣传发动等各项准备工作。二是9月上旬至10月中旬，各选区基本完成选民登记和选民名单核对工作。各区县、乡镇选举委员会依法公布投票选举日期，并于投票选举日的20日以前，公布选民名单。三是10月中旬至11月初，各选区进行代表候选人提名推荐工作，选举委员会于投票选举日的15日以前按选区依法公布候选人初步名单和基本情况；经反复酝酿、民主协商或预选，选举委员会于投票选举日的7日以前依法确定并公布正式代表候选人名单和基本情况。四是在11月上旬的同一天，选举委员会依法组织选民投票选举区县、乡镇两级人大代表。五是在11月底前召开新一届乡镇人民代表大会第一次会议，在12月底前召开新一届区县人民代表大会第一次会议，分别选举产生新一届乡镇、区县国家机关领导人员。

二、关于新一届区县、乡镇人大代表的名额

选举法第十三条规定："地方各级人民代表大会的代表总名额经确定后，不再变动。如果由于行政区划变动或者由于重大工程建设等原因造成人口较大变动的，该级人民代表大会的代表总名额依照本法的规定重新确定"。本市各区县人大代表的总名额是1998年确定的。十几年来，各区县的人口状况发生很大变化，特别是朝阳、海淀、丰台、昌平、大兴5个区的户籍人口数比1998年确定代表名额时的人口数增幅达到或超过15%，同时第六次人口普查的常住人口数都超过了100万。根据选举法的规定，并经全国人大常委会同意，建议对上述5个区的人大代表总

名额进行重新确定。另外，对2010年行政区划调整后的新的东城区、西城区的代表总名额，也重新确定。

根据全国人大常委会的有关精神，在这次换届选举中，为了更好地反映行政区域人口分布的实际状况，重新确定新一届人大代表的名额，以户籍人口数为基础，可结合人口普查统计数。重新确定的代表总名额应低于选举法规定的名额上限，并留有一定余地。据此，结合本市实际，对东城等区重新确定代表名额的具体意见是：

1. 东城、西城、丰台、昌平、大兴等区的代表总名额，在根据选举法规定的代表名额基数和户籍人口数计算的基础上，结合第六次人口普查情况，并考虑首都功能核心区中央党政军机关多、各方面代表性人物多保证代表广泛性的实际，以及区县之间代表名额的大体平衡等因素，重新确定东城区代表总名额为339名，西城区为418名，丰台区为342名，昌平区为231名，大兴区为245名。

2. 朝阳区、海淀区人口数均已超过165万，根据选举法关于人口超过165万的，代表总名额不得超过450名的规定，以及全国人大常委会的有关精神，这两个区新一届人大代表总名额分别重新确定为445名。

《决定（草案）》第二条对东城等7个区重新确定的代表总名额作了规定。其他区县的新一届人大代表名额与本届相同，不作变动。本市16个区县的新一届人大代表总名额共计4349名。

根据选举法，《决定（草案）》第二条还规定："新一届乡镇人民代表大会代表名额，因行政区划调整的乡镇，由所在区县人民代表大会常务委员会重新确定，其他乡镇新一届人民代表大会代表名额与本届相同，不作变动。"全市新一届乡镇人大代表总名额预计10,000名左右。

三、关于新一届区县人大常委会组成人员的名额

根据地方组织法的有关规定和市委对这次换届选举区县人大常委会组成人员的构成要求，为加强新一届区县人大常委会的组织建设，《决定（草案）》第三条对新一届区县人大常委会组成人员的人数作了规定，东城、西城、朝阳、海淀、丰台等5个区的新一届人大常委会组成人员名额为35名，其他区县新一届人大常委会组成人员名额均为27名。

四、关于换届选举的组织机构

根据选举法和本市选举实施细则的规定，主持区县、乡镇人大代表选举的机构，是区县、乡镇依法设立的选举委员会，选举委员会受区县人大常委会的领导。《决定（草案）》第四条规定："区县、乡镇设立选举委员会，在区县人民代表大会常务委员会的领导下，分别主持本级人民代表大会代表的选举。选举委员会设立办公室，负责办理选举的具体事务。"

同时，为了加强对全市区县、乡镇两级人大换届选举工作的指导，根据法律赋予的职权，结合我市实际，《决定（草案）》第五条还规定："市人民代表大会常务委员会指导本市区县、乡镇人民代表大会的换届选举工作，设立北京市区县、乡镇人民代表大会换届选举工作办公室，在市人民代表大会常务委员会的领导下，办理指导区县、乡镇人民代表大会换届选举工作的有关事宜。"

《决定（草案）》已印发会议，请予审议。

北京市人民代表大会常务委员会
任　命　名　单

（2011 年 7 月 22 日北京市第十三届人民代表大会常务委员会第二十六次会议通过）

任命尹玲珍为北京市人民代表大会常务委员会内务司法办公室副主任。

北京市人民代表大会常务委员会
决定任命名单

（2011 年 7 月 22 日北京市第十三届人民代表大会常务委员会第二十六次会议通过）

任命袁军为北京铁路运输中级法院院长、审判委员会委员、审判员。

北京市人民代表大会常务委员会
决定任免名单

（2011 年 7 月 22 日北京市第十三届人民代表大会常务委员会第二十六次会议通过）

任命肖培为北京市文化局局长。

免去降巩民的北京市文化局局长职务。

免去朱炎的北京市经济和信息化委员会主任职务。

北京市人民代表大会常务委员会
任　命　名　单

（2011 年 7 月 22 日北京市第十三届人民代表大会常务委员会第二十六次会议通过）

（一）

任命韩启生、王建、融鹏为北京铁路运输中级法院副院长、审判委员会委员、审判员。

任命崔宏为北京铁路运输中级法院审判委员会委员、立案庭庭长、审判员。

任命高智力为北京铁路运输中级法院审判委员会委员、刑事审判庭庭长、审判员。

任命陈丰为北京铁路运输中级法院审判委员会委员、民事审判庭庭长、审判员。

任命刘宁为北京铁路运输中级法院审判委员会委员、审判监督庭庭长、审判员。

任命孙国泉为北京铁路运输中级法院审判委员会委员、执行庭庭长、审判员。

任命邹积兴为北京铁路运输中级法院审判委员会委员、审判员。

任命张勤缘为北京铁路运输中级法院立案庭副庭长、审判员。

任命贾骥、徐威亚为北京铁路运输中级法院刑事审判庭副庭长、审判员。

任命郭奕、高晶为北京铁路运输中级法院民事审判庭副庭长、审判员。

任命吴海辰为北京铁路运输中级法院审判监督庭副庭长、审判员。

任命辛建、孙永欣、董哲民、贾毅、朱秋菱、李刚、李军、刘国宏、张小亭、王民祥、刘文生、杨颖、邵怀寅、秦光伟、陆彬、李建勋、邹慧、张培基、韩建中、梅慧为北京铁路运输中级法院审判员。

（二）

任命王罗颐为北京铁路运输法院院长、审判委员会委员、审判员。

任命刘永昌为北京铁路运输法院副院长、审判委员会委员、审判员。

任命袁景宽、苏微为北京铁路运输法院审判委员会委员、审判员。

任命刘建寅为北京铁路运输法院审判委员会委员、立案庭庭长、审判员。

任命杜灵军为北京铁路运输法院审判委员会委员、刑事审判庭庭长、审判员。

任命邢富顺为北京铁路运输法院审判委员会委员、民事审判庭庭长、审判员。

任命夏增华为北京铁路运输法院审判委员会委员、审判监督庭庭长、审判员。

任命陈广慧为北京铁路运输法院立案庭副庭长、审判员。

任命曾智湄、李哲为北京铁路运输法院刑事审判庭副庭长、审判员。

任命崔丽萍、于春华为北京铁路运输法院民事审判庭副庭长、审判员。

任命赵俊清、王恒为北京铁路运输法院执行庭副庭长、审判员。

任命王少杰、梁春明、周浩、丁晓云、庞子文、张亚丰、王德民、袁建华为北京铁路运输法院审判员。

北京市人民代表大会常务委员会
任　免　名　单

（2011年7月22日北京市第十三届人民代表大会常务委员会第二十六次会议通过）

（一）

免去谭京生的北京市高级人民法院审判委员会委员、刑事审判第一庭庭长、审判员职务。

（二）

任命陶炜为北京市第一中级人民法院刑事审判第二庭副庭长、审判员。

任命王靖为北京市第一中级人民法院刑事审判第二庭副庭长、审判员。

任命杜卫红为北京市第一中级人民法院民事审判第四庭副庭长、审判员。

任命姜颖为北京市第一中级人民法院民事审判第五庭副庭长、审判员。

任命张琳、周万毅、胡嘉荣、杨立新、刘兵、梁志雄、裴文莉为北京市第一中级人民法院审判员。

免去李琴、姜鹏翔的北京市第一中级人民法院审判员职务。

（三）

任命谭劲松为北京市第二中级人民法院刑事审判第二庭副庭长、审判员。

任命刘海东为北京市第二中级人民法院民事审判第二庭副庭长、审判员。

任命段鹏为北京市第二中级人民法院执行二庭副庭长、审判员。

任命朱印、张濡、陈胜涛、宋环宇、张浩、邢军、崔智瑜、曾小华、胡君、武子文、周岩、郭菁、宋毅、宋光、葛红、陈海川、杨海澄、吕海宁、闫明、赵楚、李晶雪、郭诗荣、孟龙为北京市第二中级人民法院审判员。

免去杨蔼的北京市第二中级人民法院审判委员会委员、审判员职务。

北京市人民代表大会常务委员会决定任命名单

（2011年7月22日北京市第十三届人民代表大会常务委员会第二十六次会议通过）

任命高二江为北京市人民检察院北京铁路运输分院检察长。

北京市人民代表大会常务委员会任命名单

（2011年7月22日北京市第十三届人民代表大会常务委员会第二十六次会议通过）

（一）

任命王晶渤为北京市人民检察院北京铁路运输分院副检察长、检察委员会委员、检察员。

任命许庆文、刘明林、于泓、徐鸿伟为北京市人民检察院北京铁路运输分院检察委员会委员、检察员。

任命张志民、徐敏体、张冬梅、刘秀敏、叶露、解玉华、李玉华、王笑男、袁永、袁健华、肖永明、王浩山、龙凌军、刘勇、于阳、高建民、张显华、孙晓刚、张海英、赵文革、李晶、温园、姚文军、游兆兴、赵大地、陈阳、黄传旭、刘美兰、曹晋齐、孙勇、苑海静、李丽、赵明为北京市人民检察院北京铁路运输分院检察员。

（二）

任命孙晓刚为北京铁路运输检察院检察长。

任命杨秀锦、张亚林为北京铁路运输检察院副检察长、检察委员会委员、检察员。

任命郭水宝、才国林、秦建明、郑煜为

北京铁路运输检察院检察委员会委员、检察员。

任命胡惠荣、陈刚、温兰平、王群、秦长明、佟亚森、李崇绪、郑琪、李洪、王文利、桑寿峰、杨洪涛、张杨、张朴、王丽珠、尚杰、高鹤、梁勇、关晓春、张寅生、付宝良、安振威、傅文劭、王善明、王雪梅、于学忠为北京铁路运输检察院检察员。

北京市人民代表大会常务委员会 任免名单

（2011年7月22日北京市第十三届人民代表大会常务委员会第二十六次会议通过）

（一）

任命张新宪、王新环、高兰圣为北京市人民检察院检察委员会委员。

任命南淑丽、滕力为北京市人民检察院检察员。

免去方工的北京市人民检察院副检察长、检察委员会委员、检察员职务。

免去谷微、曹文革的北京市人民检察院检察员职务。

（二）

任命甄卓为北京市人民检察院第一分院检察员。

免去赵连捷的北京市人民检察院第一分院检察员职务。

（三）

任命曹文革为北京市人民检察院第二分院检察员。

北京市第十三届人民代表大会

常务委员会第二十七次会议

在市十三届人大常委会第二十七次会议上的讲话

（2011 年 9 月 23 日）

市人大常委会主任　杜德印

同志们：

这次会议在大家的共同努力下，顺利完成了各项议题。审议了两项法规，听取和审议了五个专项工作报告。常委会组成人员和列席会议的同志在审议中提出了许多很好的意见和建议，发言质量很高。对这些意见，常委会有关工作机构要进行认真整理，做好后续工作。

关于《北京市实施〈中华人民共和国残疾人保障法〉办法（修订草案修改稿）》，要根据大家的意见重点研究以下几个问题。第一，进一步完善和明确残疾人申请评定的程序。建议相关部门更加明确残疾人从申请到列入保障范围的程序。第二，完善好关于残疾人就业的规定。现在既规定了机关和各单位要按照1.7%的比例安排残疾人就业，又规定了如果安置就业困难可以交纳残疾人保障金，导致交保障金的单位比较多，每年的保障金支出有余，而残疾人就业的情况并不乐观。保障金的交纳只是促进就业的一个辅助性措施，不应成为主要措施，不能代替企业吸纳、安排有就业能力和意愿的残疾人就业。要通过立法，在企业促进残疾人就业方面增强约束力。特别是党政机关、事业单位，要按照程序，根据公正平等的原则，带头解决好安排残疾人就业的问题。北京作为首善之区，要做得更好，使残疾人能够妥善地就业，生活得更有尊严。

关于《北京市生活垃圾管理条例（草案修改稿）》。大家认为这是北京的一部创制性法规。二审之后，要对以下重点问题进行深入具体的研究。第一，要进一步确立政府、企事业单位、个人和家庭在生活垃圾处理问题上的责任和义务，把它界定得更明确、更清晰。第二，进一步确定单位利益、个人利益和公共利益的协调约束机制。每个单位、个人都要承担起维护公共利益的责任，再加上刚性的约束机制和严格的执法，才能使生活垃圾处理进入法制轨道。第三，对一些重点问题再作一些分门别类的研究，比如建筑垃圾分类问题、物资回收问题、餐厨垃圾处理问题等。现在的条例是一个总法，但生活垃圾处理只有一个总法是不够的，可以借鉴东京的“1+6”做法，总法作出原则性规定，为解决餐厨垃圾、建筑垃圾处理、物资回收等问题制定具体法规奠定基础，留有空间和余地。要强调的是，立法要适应生活垃圾体系建设的进程，比如当前整个垃圾收集处理的体系还不能实现分类，就让老百姓先分类，其作用就难以体现。

会议听取和审议了市高级人民法院关于加强刑事审判工作情况的报告以及市人民检察院关于加强刑事诉讼监督工作情况的报告。这是今年市人大常委会继续推进司法监督工作的一项重要安排。大家充分肯定了“两院”的报告，充分肯定了“两院”所做的工作，希望“两院”在这个基础上继续努力，深化司法体制和工作机制的改革，进一步提高工作水平，推进工作创新。

关于刑事审判工作，大家主要提了三方

面的意见。第一，要进一步规范审判工作和审判行为；第二，要逐步扩大审判公开；第三，要研究解决好刑事辩护率低的问题。这些都是涉及刑事审判工作中的基础性重要问题，请市高级人民法院进一步研究、解决。

关于检察院的刑事诉讼监督工作，大家的建议主要在两个方面。一是要深入开展诉讼监督的理论研究，探索中国特色社会主义司法体制中诉讼监督的特点和规律。我们的监督不能只是“纠错”，而要立足于“防错”。市人大内司委和检察院、法院要共同加强这方面的研究和探索。二是要抓住诉讼监督的一些关键环节，实现监督工作制度和机制的突破。希望检察院通过进一步加强改进刑事诉讼监督，为整个诉讼监督特别是民事、行政审判的诉讼监督工作积累经验。

会议听取和审议了市政府关于“推进潮白河流域综合治理”议案办理情况的报告。大家高度肯定了潮白河流域的治理工作，认为市政府高度重视人大代表的议案，制定了两方面的治理规划并开始实施。办理是认真的，措施是得力的。大家的建议是，要认真实施好这两个治理规划，抓住重点，抓好落实。首先，要认真贯彻保护优先、适度利用的原则，加大生态建设的力度。一定要保护环境、涵养生态，解决绿化和私开乱采砂石的问题。其次，希望继续完善规划，特别是对通州区以下、延庆以上的界河段的保护，要进一步加强省市间的协调，共同把界河段的治理工作做好。第三，合理确定市、相关区县、乡镇包括村的责任，充分发挥各方面的积极性，形成一个市政府统一规划领导、相关方面各负其责的局面。

会议听取和审议了“进一步完善政策，推进绿化隔离地区建设”议案办理情况的报告。对市政府的议案办理工作，大家是满意的。推进绿化隔离地区建设是一件关乎全局的大事，也是一件难事。首先，在落实的过程中要进一步明确指导思想。指导思想可以概括成四句话，就是保障农民权益、保护绿化成果、推进创新发展、促进社会进步。其次，要稳定地权林权，不断完善补偿机制。绿化隔离地区建设中反映的基本矛盾是集体土地上种了公益林，土地的集体性质和林地的公益性质使农民的土地补偿与重点农村改造地区产生较大的反差。绿化隔离地区土地的所有权和使用权仍然属于农村集体和农民，而重点村改造后农民的地没了，成为政府的土地储备，两者的情况很不一样。如果我们能够给农民一个非常明确的制度预期，让农民长期、稳定地享受土地、林地的权益，这件事就会稳定下来。所以，应该加强这方面的研究，使地权林权更清晰，制定明确、具体、透明的绿化补偿机制，让农民安心。第三，社会保障制度和公共服务体系对市民是均等的，对绿化隔离地区的农民要优先建立健全城乡统筹的社会保障制度，实现公共服务体系的全覆盖。第四，以农民和农村新型集体合作经济组织为主体，创新农村城市化发展的途径，实现地区的发展和建设。虽然地还是集体的，但可以建立一种新型的股份经济或者合作经济组织，发展与该地区相适应的产业，使农民进入城市新型集体经济，增加收入，成为城市建设和管理的主人，而不是城市边缘人群。这是一个大问题，需要探索创新城市化途径，逐步实现农民生产方式、生活方式和社会管理方式的深刻变革，实现新的发展。第五，按照共建共享的原则，探索建立绿化补偿资金的共担机制。大家共享了绿化的成果，不能只让绿化隔离地区的农民承受绿化的成本。这个问题关乎社会公平。

会议还听取和审议了市政府关于动物防疫工作情况的报告。大家认为市政府高度重视这方面的工作，严格执行《中华人民共和国动物防疫法》，工作水平较高，工作的基础也比较好。随着经济社会的发展和人民生活水平的提高，动物与人的关系越来越密切。搞好动物防疫，与畜禽业的健康发展、人的食品安全和身体健康，关系也越来越大。所以，动物防疫并不是一项局部性的工作，而是一件基础性的重要工作，要不断夯实工作基础，完善工作体制，创新工作制度，提高工作水平。这项工作也有几个重要问题需要解决。首先，结合食品安全体系的建设，解决好动物源性食品的安全问题。市人大常委会主任会议通过了修订《北京市食品安全条例》的法规立项报告，一个重要的指导思想就是要把食品安全和安全食品结合起来，把建立首都安全食品的生产、供给体系和健全食品安全的监督管理体系有机结合起来，使食品安全的监管体系建立在安全食品的生产、供给体系基础上。改被动的、简单的监管思维为主动的、文明的建设思维，把动源性食品安全纳入其中，统一推进建设。其次，要加强宠物的疫病防治。去年和今年上半年本市都有因狂犬病导致人员死亡的情况出现，社会也很关注这个问题。犬不登记就没有免疫，这涉及养犬条例的执行和落实，有关部门要认真研究解决。第三，动物尸体无害化处理问题。要继续完善重大动物疫情应急管理机制，对实验性动物进行严格监管，不断提高动物防疫工作的水平，既保障动物的安全，更保障人的安全。

本次会议预定的各项议程已经全部完毕，现在闭会。

北京市第十三届人民代表大会常务委员会第二十七次会议议程

（2011 年 9 月 22 日至 23 日）

（2011 年 9 月 22 日北京市第十三届人民代表大会常务委员会第二十七次会议第一次全体会议通过）

一、审议《北京市实施〈中华人民共和国残疾人保障法〉办法（修订草案修改稿）》

二、审议《北京市生活垃圾管理条例（草案修改稿）》

三、听取和审议北京市高级人民法院关于加强刑事审判工作情况的报告

四、听取和审议北京市人民检察院关于加强刑事诉讼监督工作情况的报告

五、听取和审议北京市人民政府关于动物防疫工作情况的报告

六、听取和审议北京市人民政府关于“推进潮白河流域综合治理”议案办理情况的报告

七、听取和审议北京市人民政府关于“进一步完善政策，推进绿化隔离地区建设”议案办理情况的报告

八、审议通过北京市第十三届人民代表大会常务委员会代表资格审查委员会关于个别代表的代表资格的报告

九、决定人事任免事项

北京市高级人民法院关于加强刑事审判工作情况的报告

——2011年9月22日在北京市第十三届人民代表大会常务委员会第二十七次会议上

北京市高级人民法院院长　池　强

主任、各位副主任、秘书长、各位委员：

根据市人大常委会本次会议议程的安排，我代表北京市高级人民法院，报告全市法院加强刑事审判工作情况，请予审议。

按照宪法和法律赋予的职责，全市法院刑事审判重证据、重事实、重程序，准确把握宽严相济刑事政策，严格依法审理各类刑事案件，努力维护社会主义法制、维护社会公平正义、维护国家安全和社会稳定。

一、切实履行刑事审判职责，依法惩罚犯罪，保护公民人身财产安全

全市法院充分发挥刑事审判惩罚犯罪、保障人权、化解矛盾的职能作用，近三年审结刑事案件58,647件，判处罪犯82,724人。

对各类严重刑事犯罪依法从严惩处、严厉打击。一是严厉打击严重暴力犯罪、黑恶势力犯罪和重大毒品犯罪。近三年审结杀人、抢劫、绑架等严重危害群众生命财产安全的犯罪4116件6819人，对连续杀害9人的宋京华，多次实施杀人、绑架等恶性犯罪的张北，制造166公斤冰毒的梁瑞南等罪行极其严重的犯罪分子依法判处死刑；贯彻中央开展打黑除恶专项斗争的部署，审结黑恶势力犯罪案件71件569人，依法审理了胡亚东、胡亚风组织、领导黑社会性质组织案，房广成组织、领导黑社会性质组织案，体现了对公民生命、健康和财产安全高度负责的精神。严格执行《中华人民共和国刑法修正案（八）》，截至8月底，对起诉至法院的205件醉酒驾车案件全部依法定罪处罚，对教育引导公民杜绝酒驾发挥了重要作用，我市酒驾行为得到有效遏制，中央电视台对北京法院审理的高晓松等多起醉驾案件进行了庭审现场直播。二是从严惩处贪污、贿赂等职务犯罪。依法审理了中石化原董事长陈同海受贿案、辽宁省人大原副主任宋勇受贿案、国家开发银行原副行长王益受贿案等大要案。对情节严重、数额巨大的职务犯罪被告人依法判处有期徒刑直至死刑，三年共审结职务犯罪782件883人，判处五年有期徒刑以上刑罚的比例上升至42.6%，促进了反腐倡廉建设，回应了群众对反腐倡廉的关切。三是依法严惩经济领域的严重犯罪。针对经济快速发展过程中，非法吸收公众存款、集资诈骗、组织领导传销活动等涉众型经济犯罪高发，市高级法院制定了《关于加强涉众型经济犯罪审判工作的若干意见》，并与公安、检察机关会签了《关于依法打击涉众型经济犯罪维护首都经济秩序的工作意见》和《关于加强涉案资金管理工作的意见》，加大对犯罪行为的惩处力度，加强案款追缴、发还工作。妥善处理了涉案2万多人、金额16.8亿元的亿霖非法传销林地案，涉案5000多人、金额10

多亿元的碧溪广场案等，三年共审结涉众型经济犯罪案件117件，遏制了涉众型经济犯罪对经济秩序和社会秩序带来大范围危害。同时，依法严惩非法经营、内幕交易、商业贿赂等犯罪行为，审结黄光裕内幕交易案、汪建中操纵证券市场案等社会关注的重大案件，维护了市场秩序。

对各类具有从轻减轻情节的刑事犯罪依法予以从宽。全市法院在严惩严重刑事犯罪的同时，通过依法从宽处罚，发挥刑罚的教育感化功能，最大限度地化消极因素为积极因素。一是对未成年人犯罪、轻微刑事犯罪的被告人，依法适用拘役刑以及缓刑、管制等非监禁刑，三年间，判处拘役刑的被告人数增长25%，缓刑适用人数增长21%。二是对具有自首、立功等情节的被告人，对案发后积极赔偿并且认罪悔罪，或因婚恋、家庭、邻里等民间纠纷引发犯罪并得到被害方谅解的被告人，在量刑时依法从轻、减轻处罚。三是对侵财、贪利型犯罪，通过并处财产刑矫正其犯罪心理，同时限制其再犯能力。三年来，还对416名罪行轻微的被告人单处罚金刑，实现教育惩戒目的。

努力做好社会矛盾化解工作，修复被犯罪行为破坏的社会关系。刑事审判的职责不仅是定罪量刑，还要依法处理损害赔偿等问题，妥善化解矛盾纠纷，特别是基层法院审理大量因邻里纠纷、经济纠纷引发的轻微刑事案件，更需要做好矛盾化解工作，全市法院以高度的社会责任感妥善处理刑事案件引发的社会问题。一是将调解作为刑事附带民事案件审理的必经程序，教育引导被告人真诚悔罪，主动赔偿被害人的损失，取得被害人的谅解，在此基础上，对被告人酌情从轻处罚。通过附带民事诉讼调解，既解决了刑事附带民事判决难以执行的问题，及时弥补了被害人的损失，又化解了民间矛盾，促进了社会和谐稳定。市高级法院制定了《关于审理刑事附带民事诉讼案件若干问题的解答(试行)》，三年来全市法院调解刑事附带民事案件5800余件，调解履行金额2.3亿元。二是积极探索刑事和解制度，对事实清楚、证据充分的自诉案件和可能判处三年有期徒刑以下刑罚的轻微刑事案件，在充分考虑当事人意愿和社会接受程度的前提下，引导双方当事人充分协商，以赔偿、道歉等形式达成和解协议，化解当事人之间的冲突。全市法院通过刑事和解结案的轻微刑事案件，当事人均息诉服判，没有出现申诉、投诉和信访问题。三是大力开展司法救助工作，针对许多案件中，被告人确无赔偿能力，附带民事判决得不到执行，被害人及其家属因犯罪侵害陷入严重经济困境的问题，市高级法院与市财政、民政等部门共同建立了司法救助制度，将因遭受犯罪致伤致残，急需医疗费而无力支付的被害人，以及其他符合规定的特困被害人纳入司法救助范围，为被害人及其家属缓解生活困难，为社会消除不稳定因素。

坚持教育感化挽救的方针，不断加强未成年人审判工作。一是对未成年人犯罪，尽量适用非监禁刑，帮助他们更好地改过自新、融入社会，三年来全市法院对1247名未成年人适用了非监禁刑，非监禁刑的比例达31.3%，重新犯罪的比例在1%以下，为全国最低。二是寓教于审，完善未成年人审判工作机制。建立心理辅导机制，对受到心理伤害，出现抑郁、恐惧等心理疾病，对生活和学习失去信心的未成年被告人，由法院聘请心理专家进行疏导和矫治。对未成年人与成年人共同犯罪案件实行分案审理制度，避免与成年被告人同案审理造成的量刑不平衡、审理周期长等问题，目前，全市中级法院和基层法院设立了未成年人案件专门审判庭，市高级法院设立了少年法庭工作办公室，指导全市法院未成年人审判工作。建立社会调查报告制度，全面了解未成年人家庭、学习等情况，将调查报告作为量刑的重要依据。探索未成年人轻罪记录封存制度，对于被判处轻刑或免予刑事处罚的未成年罪犯，犯罪后确有悔改表现、无新的违法犯罪行为的，法院准予封存其犯罪记录，限制对社会公开。三是利用社会慈善资金对涉诉未成年人进行救助，让未成年当事人感受到社会的温暖。2008年起市高级法院先后与全国律协未成年人保护专业委员会、国务院新闻办公室主管的中国人权发展基金会合作设立“未成年人救助基金”，对陷入生活困难的未成年当事人进行救助，三年共提供救助资金50余万元。例如在审理一起出租车司机遇害案件中，法院发现其妻因病丧失劳动能力，其子面临辍学困境，市高级法院少年法庭工作办公室协调给予1万元的救助，帮助孩子完成高中学业，并考入大学。近三年，我市3个少年法庭、4名未成年人审判法官获得“全国关心下一代工作先进集体”、“中国公益事业贡献奖”等国家级荣誉称号。

二、坚持严格的证据标准、程序标准和法律适用标准，努力做到公正、统一、严格司法

刑事审判事关人的生命和自由，事关社会安定和行为规范，责任重大。全市法院通过强化审判管理，切实做到刑事案件事实清楚、证据确实充分、程序规范严格、定罪量刑准确。

坚持严格的证据标准。牢固树立证据裁判意识，将证据作为认定案件事实的唯一依据，审查判断证据做到排除合理怀疑、得出唯一结论。全市法院认真贯彻《关于办理刑事案件排除非法证据若干问题的规定》和《关于办理死刑案件审查判断证据若干问题的规定》，严格执行刑事证据规则，不断提高证据审查判断水平。一是坚持独立审查。对侦查机关、公诉机关获取的证据材料，切实做到独立审查、严格把关，切实履行审判职责，切实发挥司法机关相互监督、相互制约的作用。二是坚持合法性审查，非法证据一律排除，有效遏制刑讯逼供等各种违法取证行为。三是坚持综合审查。对证据进行综合归纳、分析和比较，判断其能否形成完整的证据体系，能否形成排除合理怀疑的唯一结论，对被告人供述的审查更加慎重，不轻信和依赖口供。三年来，对23名因证据不足不能认定有罪的被告人依法宣告无罪；对于判决宣告前检察机关要求撤回起诉的933起案件，依法裁定准许撤诉。

坚持严格的程序标准。认真执行刑事诉讼程序规定，维护程序公正，通过程序公正保证实体公正。一是规范庭审程序，所有认定案件事实的证据都在庭审中出示，所有控辩意见都在庭审中发表，真正发挥庭审查明事实、分清是非的作用。市高级法院制定了《关于司法鉴定人出庭作证的规定》、《关于死刑第二审案件证人等诉讼参与人出庭作证的意见》，探索解决鉴定人、证人不出庭作证的问题，促进庭审程序的完善和庭审作用的发挥。对减刑、假释案件实行开庭审理，改变以往书面审理的做法，保障减刑、假释的公开公正，同时，探索利用远程视频庭审方式审理减刑、假释案件，减少了提押风险，提高了办案效率，社会公众和服刑人员在法院和监狱的远程视频法庭都可以旁听案件，充分发挥了庭审的警示、教育作用。二是依法保障被告人的各项诉讼权利，彰显我国刑事诉讼制度的公正、文明、开放。保障被告人的辩护权利，保证辩护律师依法履行辩护职责，三年来律师在审判阶段参与刑事诉讼22,000人次，同比增长60%，被告人拥有律师进行辩护的比例稳步提升，位居全国第一。尽量扩大法律援助的范围，三年来，承担法律援助义务的辩护律师由2008年的1870人增加至2010年的

2701人，增长了45%。市高级法院会同有关部门制定了《关于律师会见在押犯罪嫌疑人、被告人有关问题的规定》，保障律师会见在押犯罪嫌疑人、被告人的权利。三是在确保审判质量的同时，严格执行审理期限的规定，加强审限管理，推进繁简分流，积极探索轻微刑事案件依法快速办理机制，切实提高审判效率，近三年此类刑事案件法定审限内结案率达99.3%。

坚持严格的法律适用标准。最大限度规范裁量权的行使，确保法律的准确适用。一是推进量刑规范化改革，量刑更加公正透明。市高级法院制定了《〈人民法院量刑指导意见〉实施细则》，设置了具体的量刑情节和量刑标准，使法官有了可操作的依据，统一法律适用标准，基本实现了量刑结果的均衡和公正。同时，将量刑纳入庭审程序，充分保障当事人和社会公众对量刑的知情权、参与权和监督权。通过量刑规范化，转变了有的审判人员重定罪、轻量刑的传统观念，规范了裁量权的行使，避免了同案不同判问题。二是强化审级监督。市高级法院和中级法院从案件事实、证据、程序、法律适用等方面加强对二审、死刑复核案件的审查力度，充分发挥上级法院对下级法院的审级监督职能。三年来，高、中两级法院共审理二审、死刑复核案件7582件，改判587件，发回230件。三是强化案例指导。三年来，市高级法院针对疑难、复杂案件共发布各类典型案例210件，全国首例对“碰瓷”者追究刑事责任的案件、制作网游外挂销售牟利等新类型案件，为法院审理类似案件确立了先例。同时，利用电脑网络平台，开发了“刑事案件比对系统”，通过该系统，法官可以将正在审理的案件与全市法院办理的同类案件进行比对，参考同类案件的处理结果，使法官办案不仅有法律依据，也有案例作为参照，促进了司法尺度的统一。

三、坚持不懈抓好队伍建设，培养高素质刑事审判队伍

队伍建设是刑事审判工作的根本。全市法院努力打造一支道德品格优良、业务能力精湛的刑事审判队伍。

加强社会主义法治理念教育，践行“公正、廉洁、为民”司法核心价值观。深入开展人民法官为人民主题教育实践活动，切实增强职业道德素质，以公正的裁判和优良的作风取信于民。以巡回报告会、图片展览等方式，在全市法院系统开展学习刑事女法官张勇等先进典型活动。张勇同志在癌症手术后的近三年，带病坚持工作，将每个案件都作为自己法官生涯里最后一个案件来审理，精心审结刑事案件1000多件，刑事附带民事诉讼案件调解率达到80%以上，没有一起差错案件，没有一起超审限案件，没有一起涉诉信访案件，今年获得“全国五一劳动奖章”，并被最高法院授予“全国模范法官”荣誉称号。最近，房山法院厉莉法官被中宣部、中央文明办等六部委评为全国道德模范。

加强司法能力建设，提高刑事司法水平。每年定期组织全市法院刑事审判人员参加“刑事犯罪审判实务培训班”，邀请最高法院、全国人大常委会法工委、高校专家学者及经验丰富的优秀法官授课，积极参与北京市刑法学研究会的学术研讨活动。市高级法院刑事审判庭设立了专门的督导调研组，将督导调研作为审判工作的重要内容，有针对性地加强调查研究，及时制定法律适用指导意见，解决审判中的热点、难点问题，先后就刑事附带民事诉讼、伤残鉴定审查标准、涉烟草专卖品犯罪、非法持有毒品犯罪等适用法律问题制定出台了21件规范性文件，促进了刑事审判业务水平的提升。

坚持从严管理，确保审判队伍公正廉洁。

开展了刑事审判廉政风险查找工作，编写《刑事审判庭审判流程、工作人员岗位职责风险防控图表与说明》，切实加强廉政风险防范。在全市法院开展了刑事案件质量评查工作，将人大代表和政协委员提出意见、当事人信访投诉及上级法院改判发回重审的刑事案件作为评查重点，对查出的问题公开讲评、集中展示，予以纠正并追究责任。

四、自觉接受人大和社会各界监督，促进刑事审判的公开透明

全市法院把接受人大和各界监督作为公正廉洁司法、不断改进工作的保障和动力，积极完善和落实接受监督的各项工作机制。

认真落实市人大及其常委会的有关决议，促进司法公正。全市法院认真落实市人大常委会《关于加强人民检察院对诉讼活动的法律监督工作的决议》（以下简称《决议》），市高级法院及时制定了贯彻落实《决议》的意见，连续三年坚持抓《决议》的落实。一是落实《决议》关于检察长列席审判委员会制度的规定。完善检察长列席的配套举措，推动列席制度规范化。目前全市法院已实现所有抗诉案件检察长列席审判委员会。二是依法审理抗诉案件，支持检察机关依法开展诉讼监督。对人民检察院提起的刑事抗诉案件，一律开庭审理；对开庭审理的抗诉案件，一律通知人民检察院派员出庭。市高、中两级法院三年共审结刑事抗诉案件219件，其中改判66件，发回22件。三是与市检察院联合签署《关于建立沟通机制的若干规定》，建立与检察机关沟通协调的长效机制，为检察机关监督权的行使提供便利条件。

深化审判公开制度，自觉接受社会监督。坚持以公开促公正，大力开展刑事案件旁听和庭审网络直播工作，方便人民群众和社会各界监督。三年中组织网络直播刑事案件庭审300余件。推进刑事裁判文书上网工作，制定了《关于在互联网公布刑事裁判文书的若干意见》，在依法保障当事人隐私权的前提下，三年共在互联网上公开刑事裁判文书13,318份。充分发挥人民陪审员的监督作用，保障人民陪审员依法行使职权，三年来人民陪审员共有30,647人次参与18,933件刑事案件的审理。

在刑事审判质量效率整体提高的同时，工作中还存在一些问题和困难。一是由于经济社会的快速发展和利益结构的深刻调整，当前和今后一段时间内我国仍处于刑事案件高发期，同时社会公众对刑事审判的价值取向呈现多元化特点，在惩罚犯罪和保障人权之间，严厉打击和刑罚宽缓之间，确保质量和提高效率之间，需要法院慎重权衡，惩罚犯罪、化解矛盾的责任更加重大。二是刑事司法工作机制有待完善。量刑规范化、刑事证据规则的细化落实需要一个过程。辩护律师参与刑事诉讼的比例仍不高，对辩护律师执业权利的保障和尊重尚不充分。三是刑事审判队伍建设仍需加强。司法行为不规范现象仍然存在，影响了司法公信力；法官职业保障机制、激励机制不健全的问题仍然存在；刑事审判力量与繁重审判任务之间的矛盾尚未有效缓解。

全市法院将结合市人大常委会调研刑事审判工作情况后向我们反馈的意见、建议，采取有针对性的措施，努力解决好这些困难和问题。在刑事审判工作中，全市法院将更加注重宽严相济刑事政策的准确把握，确保刑法正确适用；更加注重证据的审查判断，严格执行刑事证据规则；更加注重审判程序的严谨规范，依法保护被告人、被害人和辩护人等诉讼参与人的各项诉讼权利；更加注重审判队伍建设，不断提高刑事审判工作水平。

主任、各位副主任、秘书长、各位委员，刑事审判事关社会稳定和群众生命财产安全，

全市法院将在市人大及其常委会的监督支持下，切实贯彻落实中国特色社会主义法律体系，充分发挥刑事审判职能，严厉打击严重刑事犯罪，为维护人民群众的生命财产安全、维护首都稳定、维护社会公平正义作出更大的努力。

北京市人民代表大会内务司法委员会对北京市高级人民法院关于加强刑事审判工作情况报告的意见和建议

——2011年9月22日在北京市第十三届人民代表大会常务委员会第二十七次会议上

市人大内务司法委员会主任委员 李小娟

主任、各位副主任、秘书长、各位委员：

为了协助常委会听取审议北京市高级人民法院关于刑事审判的专项工作报告，内务司法办公室邀请部分常委委员和代表组成专题调研小组，从2011年5月开始，开展了为期两个多月的系列调研活动，通过召开座谈会、实地考察、旁听庭审等方式，深入了解我市各级法院近三年来的刑事审判工作情况。之后，内务司法办公室汇总梳理了各方面提出的意见和建议，及时向市高级人民法院进行了反馈。8月30日，内务司法委员会举行会议，讨论了市高级人民法院的报告。内务司法委员会认为，报告认真吸纳并回应了反馈的调研意见和建议，比较全面地总结了三年来全市法院刑事审判工作的情况，客观地报告了依法履行审判职责、坚持公正审判所取得的成绩，实事求是地分析了当前工作中存在的困难、问题，我们同意这个报告。

内务司法委员会认为，三年来，全市法院充分发挥刑事审判职能，认真贯彻宽严相济刑事政策，依法严惩严重刑事犯罪，慎重审理、妥善处置涉众型经济犯罪、轻微犯罪、未成年人犯罪案件，不枉不纵，当严则严、当宽则宽，有效发挥了刑罚的惩治犯罪和教育感化功能；积极探索轻刑快审、刑事和解，加大刑事附带民事案件调解和司法救助工作力度，努力修复被破坏的社会关系，化解社会矛盾，有力地维护了人民的人身财产权利。三年来，全市法院围绕提高刑事审判工作质量，不断加强审判管理，深化审判机制改革，通过程序公正保障实体公正，取得了明显的进步，一是严格执行刑事证据规则，加强对证据的审查把关，不轻信和依赖口供，坚决排除非法证据；二是规范庭审程序，注重发挥庭审功能，依法保障被告人、辩护人的诉讼权利，通过加大指定辩护力度、扩大法律援助范围，使被告人拥有律师辩护的比例不断提高；三是推进量刑规范化改革，将量刑纳入庭审程序，公开量刑标准，依法规范了法官的裁量权；四是严格执行审限制度，推行案件繁简分流，使法定时限内的结案率达到99.3%，切实提高了审判效率；五是强化审级监督和上级法院对下级法院的指导，促进了全市法院刑事办案标准和司法尺度的统一。三年来，全市法院认真贯彻市人大常委会关于加强诉讼监督工作的决议和最高法院《关于自觉接受检察机关法律监督进一步推动刑事审判工作的通知》精神，普遍落实了抗诉案件检察长列席审判委员会制度，支持检察机关依法开展诉讼监督，主动接受人大和社会各界的监督，不断完善内部监督机制，加强司法能力建设，努力改进审判作风，受到社会好评。

内务司法委员会认为，三年来全市法院的刑事审判工作取得了明显成绩，在社会矛盾凸显、疑难复杂案件增多，许多案件的社会关注度很高的情况下，全市法院以对党对人民高度负责的精神，严格依照刑法和刑诉法的规定，坚持公正审判，有效维护了社会秩序、保护了人民群众的合法权益，维护了社会主义法治的权威。在充分肯定成绩的同时，内务司法委员会认为，工作中存在的主要问题和不足是，有的法官对新颁布的刑事法律和相关司法解释理解还不透彻，存在机械适用量刑标准的现象；被告人拥有律师辩护的比例虽在全国居第一，但仍然比较低，对律师执业权利的保障还不充分；证人、鉴定人出庭作证的比率还不高，部分刑事裁判文书对证据采信理由和裁判依据的阐释不够充分，在一定程度上影响了判决的权威性和公信力；落实检察长列席审判委员会制度还需要会同检察机关进一步统一规范。

内务司法委员会认为，当前我国正处于重要的历史发展时期，社会矛盾凸显、刑事犯罪高发的状况尚未明显改变。刑事审判作为惩治犯罪、保护人民、维护社会安定的最后一道防线，任务艰巨、责任重大。全市各级法院要增强责任感，进一步改进和加强刑事审判工作，为此，我们提出以下意见和建议。

一、进一步提高刑事审判工作质量，维护社会主义法治权威

全市法院要认真分析当前社会治安形势和犯罪情况的新变化、新问题、新特点，高度重视人民群众对刑事审判工作的关注与期待，认真研究改进工作中存在的问题，进一步提高刑事审判工作的质量。要在严格依法裁判的前提下，正确适用宽严相济刑事政策，继续从严惩治严重危害国家安全犯罪、严重破坏社会秩序和经济秩序犯罪、严重危害人民群众安全犯罪、重大渎职腐败犯罪，及时惩处影响民生、社会关注的各类新型犯罪和涉众型犯罪，准确把握对轻微犯罪、未成年人犯罪及其他具有依法可予从宽处罚情节的犯罪的裁判尺度。要结合审判主动参与社会管理创新工作，积极稳妥地推进刑事附带民事案件调解和轻微刑事案件和解，在不损害法律严肃性的前提下，最大限度的化解社会矛盾，修复被犯罪损害的社会关系。要进一步加大对犯罪所得和涉赔偿判决的追缴执行力度，扩大司法救助范围，努力保护被害人的合法权益，减少社会不安定因素。通过提高审判质量，更加充分有效地发挥刑事审判依法惩罚犯罪、保障人权、化解矛盾、维护社会公平正义的职能作用，维护社会主义法治的权威。

二、进一步推进刑事审判工作机制改革，完善审判管理

全市法院要坚持以确保公正、规范、文明、高效司法为目标，继续深化刑事审判工作机制改革。要严格遵守刑事诉讼程序规定，切实保障诉讼参与人，特别是当事人和出庭律师的诉讼权利，充分听取控辩双方的意见，真正发挥法庭审理查明事实、分清是非的作用；要严格执行刑事审判的证据标准，结合审判实践经验进一步细化刑事证据规则，努力扩大证人、鉴定人出庭作证的范围，加强证据合法性审查，坚决排除非法证据，把经法庭查证属实的证据作为认定案件事实的唯一依据；要严格遵循定罪量刑的法律标准，进一步深化量刑规范化改革，科学规范法官及合议庭的裁量权，在总结实践经验的基础上，逐步拓宽量刑指导意见的覆盖范围，引

导控辩双方积极发表量刑意见，确保法律的准确适用；要充分发挥审级监督作用，逐步扩大二审、再审案件开庭审理的比率，严格对案件事实、证据、程序和适用法律的审查复核，完善重大典型案例发布制度，进一步加强案例指导，统一上诉、抗诉案件改判和发回重审的裁判标准；要落实案件审限制度和质量评查制度，加强合议庭建设，更好地发挥人民陪审员的作用，强化对法官独任审判的监督管理；要继续完善司法工作沟通协调配合的长效工作机制，全面落实检察长列席审判委员会制度，统一规范相关程序，努力形成保障司法公正的合力。

三、大力提高刑事审判人员的素质能力，确保公正司法

全市法院要坚持不懈地加强审判队伍建设，着力提高职业素质和司法能力。刑事审判人员要牢固树立社会主义法治理念，自觉践行“公正、廉洁、为民”的司法核心价值观，要切实加强对相关法律的学习，特别是对新颁布的刑事法律和司法解释的学习，准确把握法律精神，提高适用法律的能力和水平；要认真研究新时期刑事审判面临的新情况、新问题，有针对性地组织开展审判实务培训，重点提高审判人员驾驭法庭、审查判断证据、主持调解和解、裁判文书分析论证的能力和水平；要始终不渝地抓好审判作风建设，坚持从严教育、从严管理、从严监督，树立刑事审判队伍公正廉洁的良好社会形象，确保公正司法。

以上意见，供常委会组成人员审议时参考。

北京市人民检察院关于加强刑事诉讼监督工作情况的报告

——2011年9月22日在北京市第十三届人民代表大会常务委员会第二十七次会议上

北京市人民检察院检察长 慕 平

主任、各位副主任、秘书长、各位委员：

根据市人大常委会本次会议议程的安排，我代表北京市人民检察院，报告全市检察机关贯彻落实人大常委会决议、加强刑事诉讼监督工作的情况，请予审议。

一、全面强化对刑事诉讼活动的法律监督，维护司法公正和法制统一

市人大常委会《关于加强人民检察院对诉讼活动的法律监督工作的决议》（以下简称《决议》）强调，全市各级人民检察院应当全面强化立案监督、侦查监督、审判监督以及刑罚执行和监管活动监督，忠实履行宪法和法律赋予的法律监督职责。刑事诉讼监督是人民检察院对诉讼活动法律监督的主要内容，对于促进刑事诉讼法的正确实施和执法司法机关严格公正执法具有重要意义。《决议》出台以来，全市检察机关依法履行职责，全面开展各项刑事诉讼监督工作。

（一）依法开展刑事立案监督

严格执行刑事诉讼法和高检院、公安部《关于刑事立案监督有关问题的规定》，进一步完善公安机关的刑事立案和检察机关的立案监督工作。《决议》出台以来，全市检察机关共要求公安机关说明不立案理由561件，公安机关主动立案162件221人；通知公安机关立案104件123人，公安机关已经立案87件103人。监督立案案件提起公诉后法院均作有罪判决，有期徒刑判决率达87.4%。东城检察院监督立案的郭某集资诈骗案，被告人被判处有期徒刑十二年，与其他犯罪合并执行十九年。逐步加强对公安机关不应当立案而立案的监督，提出纠正意见或监督公安机关撤销案件65件78人，公安机关对52件65人予以撤销。不断开拓监督渠道，昌平、房山等区检察院与公安分局建立刑事案件信息通报工作机制，将公安机关立案、破案的情况全部纳入检察机关的监督视野。通过发出《督促工作函》等形式促进监督立案案件久侦不结问题的解决，朝阳检察院对2006年监督立案的杨某某合同诈骗案，积极与公安机关沟通，督促侦查活动及时进行，2009年该被告人被判处有期徒刑十四年。

行政执法与刑事司法衔接工作取得新进展。按照《决议》要求，市检察院与市政府法制办牵头成立由市公安局、市监察局等22家成员单位参加的联席会议，下发《行政执法与刑事司法衔接工作办法》和《行政执法与刑事司法衔接工作联席会议制度》。以中办、国办转发《关于加强行政执法与刑事司法衔接工作的意见》为契机，组织召开全市行政执法部门联席会议暨“两法衔接”工作会议，市检察院下发《关于进一步促进行政执法与刑事司法衔接工作的意见》，推进“两法衔接”工作深入开展。2010年以来，全市各级行政执法部门共移送涉嫌犯罪案件631件，检察机关对未及时移送和公安机关未依法立案的情形提出了监督意见，公安机关共立案360件，检察机关批准逮捕156件234人，提起公诉79件105人，77件103人被定罪判刑。在顺义、昌平、大兴等区建成“两法衔接”网络信息共享平台，相关机关信息互通、工作互动、成效互享的格局正在形成。

（二）依法开展侦查活动监督

全市检察机关坚持客观公正立场，对侦查活动认真进行监督，依法保障公民合法权益，促进社会和谐稳定。一是加强追捕追诉和延长羁押审查工作。决定追加逮捕563人，追加起诉538人。其中刘某某以故意杀人罪被判处死刑立即执行，郑某以票据诈骗罪、金融凭证诈骗罪被判处死刑缓期二年执行。延庆检察院对使用暴力手段强迫选民给自己投票、并已经当选的某村主任予以追捕，保障了“两委”换届工作的顺利进行。严格审查办理公安机关提请的延长侦查羁押期限案件，不批准40人。二是及时纠正公安人员侦查违法行为。认真落实“两个证据规定”等要求，针对侦查取证活动和办案程序违法提出书面纠正意见215份。探索对公安派出所刑事办案的监督，西城、房山、昌平等区检察院与公安机关会签实施意见，试行对派出所案件受理、案件录入、案件初查、刑警分流及强制措施等方面的监督。三是强化对职务犯罪案件侦查活动的监督。下发《关于检察机关立案侦查案件审查逮捕工作实施细则》，实行批捕权上提一级，自2009年9月1日改革实施以来，对检察机关自行侦查案件不予逮捕22人，不捕率为8.3%，比实施改革前上升1.5个百分点，并对侦查活动中存在的违规问题严肃提出纠正意见。全面推行人民监督员制度，由市检察院和各分院统一选任人民监督员，监督程序也采取上提一级模式。人民监督员共对103件职务犯罪侦查案件进行了监督，对其中1件提出不同意检察机关处理决定的意见，检察机关予以采纳。

（三）依法开展刑事审判监督

全市检察机关以高检院刑事审判法律监督专项检查活动为契机，不断加强刑事审判监督工作。加强上级院对下级院抗诉前的指导，建立对被害人申请抗诉的书面答复机制，不断提高抗诉质量，向法院提出二审程序抗诉216件，上级院支持抗诉158件，法院同期改判或发回重审73件。法院对抗诉意见的采纳率为47.7%。提出审判监督程序抗诉13件。既监督重罪轻判，又注意监督轻罪重判，对量刑畸重案件提出抗诉3件，切实维护当事人权益。办理不服法院生效刑事裁判的申诉案件495件，对裁判错误的依法抗诉或提出再审检察建议，对裁判适当或基本适当、当事人因为各种原因要求检察机关抗诉的申诉案件，认真予以释法说理、息诉罢访。针对刑事审判中超期审理、预收罚金并作为从轻处罚依据等违法行为提出书面纠正意见17份。

采取各种措施不断深化刑事审判监督工作。一是完善监督渠道。通过量刑建议促进量刑公开公正，在2008年量刑建议改革试点的基础上，积极参与法院量刑规范化改革，截至今年3月已在全市普遍推开。全市检察机关提出量刑建议的案件占公诉案件数量的39%，一审法院采纳建议率达89%。抓好检察长列席法院审判委员会工作，各级检察院检察长、受检察长委托的副检察长列席法院审委会会议392次并依法发表意见。二是完善监督内容。将简易程序案件纳入刑事审判监督工作的整体格局，通过集中出庭、调阅卷宗、旁听庭审等方式开展监督。下发《加强职务犯罪案件第一审判决法律监督的实施办法》，对职务犯罪案件第一审判决实行上下两级检察院同步审查。通过派员出庭方式，开展对法院自行决定再审案件的监督。完善对法院二审书面审改变一审判决案件的监督，市检一分院与第一中级法院共同研究确定二审开庭审理案件范围，保证相关案件不脱离检察监督视野。三是完善资源配置。在各院公诉部门成立诉讼监督工作组，专司诉讼监督职责，在审查裁判文书、落实监督事项、开展类案调研等方面发挥了重要作用。

（四）依法开展刑罚执行和监管活动监督

全市检察机关认真贯彻高检院监所检察“四个办法”和市检察院《关于进一步加强监所检察工作的意见》，在做好日常检察的基础上，认真开展各项专项检察，促进刑罚执行活动的公平公正。一是加强对刑罚变更执行的监督。针对罪犯减刑、假释、暂予监外执行分别制定检察监督规则，通过建立罪犯计分台帐、参加监狱呈报审批会议等多种渠道，对刑罚变更执行的各个环节进行同步监督，对9894件减刑案件、2610件假释案件、283件暂予监外执行案件从实体条件和法律程序上进行了审查，检察纠正减刑、假释、暂予监外执行不当8件。今年5月31日，还派员参加了全国首例服刑人员减刑案远程视频开庭。二是加强对社区矫正活动的监督。研究制定社区矫正检察工作细则，针对未按规定收监、脱管等违法情形提出纠正意见33件，促进社区矫正工作依法、规范进行。创新社区矫正检察监督机制，西城检察院在区司法局内设立社区矫正检察官办公室，怀柔检察院在辖区乡镇、街道设立社区矫正检察官联络站，大兴检察院在社区矫正“中途之家”设立检务公开栏，派出检察官进行巡回检察。三是加强对监管活动的监督。截至目前，全市24个派驻看守所检察室有19个与看守所实现了监控联网，13个派驻监狱检察室有12个与监狱实现了监管信息和监控系统双联网，在看守所监室内统一设置检察官信箱，实现了对监管场所执法活动的动态监督。吸取云南监管场所被监管人非正常死亡等事件教训，制定《关于被监管人死亡事件检察工作规定》，建立对监管场所重大事故独立调查制度，对被监管人死亡事件开展调查，维护了被监管人的合法权益和监管秩序的稳定。

（五）依法查办刑事司法不公背后的职务犯罪

全市检察机关按照《决议》要求，坚决查处隐藏在执法不严、司法不公背后的职务犯罪，使法律监督由“软”变“硬”。对外加强与执法司法机关监察部门联系，共同贯彻最高法院、高检院、公安部等部门制定的《关于对司法工作人员在诉讼活动中的渎职行为加强法律监督的若干规定》，对内建立相关业务部门向职务犯罪侦查部门线索移送机制，严肃查处刑事司法活动中的职务犯罪，促进公正廉洁执法。

二、加强工作机制和监督能力建设，促进刑事诉讼监督工作取得实效

《决议》的出台在全国范围内产生广泛影响，目前全国共有30个省级人大常委会出台类似决议或决定。同时，中央关于加强司法体制和工作机制改革的意见将优化刑事诉讼监督职权配置作为改革的重要内容，高检院下发《关于进一步加强对诉讼活动法律监督工作的意见》，最高法院下发《关于自觉接受检察机关法律监督进一步推进刑事审判工作的通知》，市委政法委也将“加强对诉讼活动的法律监督”列入推进“三项重点工作”中由检察机关牵头的分工项目，刑事诉讼监督外部环境不断优化。全市检察机关紧抓机遇，主动接受党委领导和人大监督，不断加强工作机制建设和监督能力建设，坚持将强化诉讼监督与促进执法司法机关内部监督相结合，保证刑事诉讼监督工作取得良好成效。

（一）加强刑事诉讼监督工作规范化建设

《决议》出台以来，市检察院以下发《关于加强对诉讼活动的法律监督工作的意见》为总的指导，分别发布刑事立案监督、侦查活动监督、刑事审判监督、刑罚执行和监管活动监督四个专门细则，并先后制定《检察建议工作实施细则》、《关于规范使用纠正违法等诉讼监督方式的规定》、《侦查活动违法情形具体认定标准和纠正方式》等规范性文件和监督文书格式样本26件，各分院、基层院制定各项工作规则110件，进一步细化监督流程及方法，初步解决刑事诉讼监督工作程序不严密、操作性不强的问题，也使得上下级院之间配合更加紧密，业务部门之间衔接更为顺畅，在全国检察机关率先建立起刑事诉讼监督制度体系。为促进相关制度切实得到贯彻执行，市检察院每年下发诉讼监督工作要点，多次组织专项检查，提出改进工作的要求。科学设置刑事诉讼监督考核项目和权重，完善立案监督等案件质量考核标准，建立检察人员执法档案，激励全市检察人员积极开展刑事诉讼监督工作。

（二）以追求工作实效为目标创新监督方法

全市检察机关注重用足用好法律赋予的监督手段，综合运用多种方式，突出刑事诉讼监督效果。一是建立健全延伸监督机制。针对实践中监督意见回复反馈少、监督效果不明显的情况，加强跟踪监督，采取通报相关单位监察部门、报告上级检察院、向党委人大备案等多种方式，递进式地监督纠正各类违法情形。石景山、海淀、房山等区检察院试行重大监督事项向党委、人大报备制度，提升诉讼监督权威。二是探索综合监督方式。市检察院对2010年全市检察机关开展刑事立案监督、侦查活动监督、刑事审判监督的工作情况进行调研，对发现有倾向性的问题和改进工作的建议以座谈会和工作函的形式向相关机关予以通报，市公安局积极研究并予以函复，还提出多项完善内部工作措施的意见。大兴、顺义、通州等区检察院对办理类案中发现的侦查工作问题进行整理分析，集中提出纠正意见或检察建议，受到公安机关

高度重视，有的被列入侦查工作培训教材。三是通过监督统一执法标准。司法实践中，检察机关针对实体问题的监督一部分是由于执法司法机关之间认识不一致导致，为避免同样问题重复出现，通过监督来统一执法标准是十分有效的方法。市检二分院在审查一件非法持有毒品抗诉案时，对辖区内非法持有毒品案件进行了全面分析，发现对情节严重的认定标准差异较大，导致量刑失衡。在抗诉和调研的基础上，市检二分院与法院会商形成《非法持有毒品罪适用法律座谈会纪要》，有效解决同类案件执法标准不统一问题。

（三）坚持促进执法司法机关内部监督制约

检察机关的刑事诉讼监督虽然具体表现为对诉讼违法行为的纠正，但最终目的是促进刑事司法活动的规范性、公正性，减少乃至杜绝违法情形发生，因此将诉讼监督与执法司法机关内部监督相结合，对于实现监督目标至关重要。《决议》出台以来，全市检察机关与其他执法司法机关加强互相配合，共同规范执法行为，维护司法公正和权威。市检察院与市高级法院联合下发《关于建立沟通机制的若干规定》，两院沟通交流实现常态化、规范化。与市公安局会签贯彻高检院、公安部关于刑事立案监督有关问题的规定的指导意见，确保相关文件的顺利实施。与市公安局会签《关于进一步加强和完善公安监管执法与检察监督工作联系制度的意见》、《关于人民检察院对看守所实施法律监督若干问题的意见》，与市司法局等单位共同出台《关于对社区服刑罪犯减刑、假释工作的规定》，明确检察监督的范围、方式和程序。各分院、基层院针对刑事诉讼监督各环节需要解决的问题，与其他执法司法机关会签文件69份。为协助市公安局完善执法监督管理，市检察院下发《关于加强对侦查活动监督文书备案工作的通知》，将针对执法办案质量问题向各级公安机关发出的诉讼监督文书，根据情况直接送达或抄送市公安局法制办公室，并定期向其汇总全市检察机关侦查监督文书。在相关单位的共同努力下，一些影响执法司法的突出问题得到解决，有关执法司法机关主要领导针对检察机关发出的书面纠正意见进行批示，促进工作整改或专门开展执法检查，特别是对检察机关移送的涉嫌违纪案件线索高度重视，适时启动内部处理和预防机制，内外部相结合的整体监督体系逐步形成。

（四）不断提升刑事诉讼法律监督能力

具备过硬的法律监督能力，是正确履行法律监督职责的重要前提。全市检察机关根据刑事诉讼监督工作的职责和特点，不断加强监督能力建设。积极开展刑事诉讼监督精品案评选，共评出各类精品案件和事项26件、优秀案件和事项32件。所办案件中，一件荣获“全国十佳诉讼监督案件”，两件当选“全国优秀诉讼监督案件”。积极开展岗位练兵，参加高检院组织的业务技能竞赛，一名同志荣获“全国侦查监督十佳检察官”，两名同志荣获“全国十佳公诉人”称号。积极开展刑事诉讼监督理论研究，受高检院委托，牵头成立中国法学会检察学研究会刑事诉讼监督专业委员会，举办首个全国性的诉讼监督论坛和两届刑事诉讼监督论坛，在知名专业期刊发表一批有关刑事诉讼监督的研究成果，首都检察机关刑事诉讼监督理论研究的影响力不断增强。

三、以科学发展观为指导，全面加强和改进刑事诉讼法律监督工作

近三年来，检察机关在加强刑事诉讼法律监督方面采取了一些措施，取得了积极进展，但工作中也存在一些不足和困难：一是检察队伍的素质还不完全适应履行监督职责的需要。刑事诉讼监督职能发挥得还不充分，

与人民群众的期望和要求相比还有差距。一些检察人员监督意识和能力不强，不愿监督、不善监督、监督不到位、重点不突出等现象在一定范围内仍然存在。二是工作机制有待进一步完善。检察机关内部职权配置仍然存在优化空间，部门之间的衔接协作需进一步加强。中央司法体制改革任务中涉及诉讼监督的有关措施尚未在北京市完全落实，有的单位对检察监督还存在消极应付现象，对检察机关监督意见的督促反馈不够及时规范。三是关于刑事诉讼监督范围、渠道、措施和程序的立法还不够完备。一些诉讼领域仍然存在监督盲区或薄弱环节；检察机关发现监督线索主要依赖卷宗审查，缺乏必要的调查程序和信息获取机制；监督措施主要是纠正违法意见和检察建议，手段较少，效力有限，还不适应实践中履行监督职责的需要。

当前，我国社会主义民主法治建设已经进入新的阶段，加强法律监督成为广泛共识，检察职能包括刑事诉讼监督职能发挥作用的空间更加广阔。针对新时期面临的新形势、提出的新要求，全市检察机关将从以下几个方面，加强和改进刑事诉讼监督工作。

一是进一步明确刑事诉讼监督工作思路。深入贯彻市人大常委会《决议》和高检院有关意见，以中央加强司法改革、深入推进三项重点工作和刑事诉讼法再修改为契机，紧紧依靠党委领导、人大监督和社会支持，积极争取其他执法司法机关的重视和配合，加强对全市检察机关诉讼监督工作的指导力度，不断强化监督意识，突出监督重点，加大监督力度，完善监督机制，增强监督实效，提升监督权威，推动解决人民群众反映强烈的执法不严、司法不公、司法腐败问题。

二是进一步完善刑事诉讼监督渠道和方式。加强对诉讼监督职能和工作的宣传，建立方便群众举报、申诉、听取律师意见以及从新闻舆情中发现监督线索的制度。强化控告申诉环节诉讼监督作用，探索诉讼职能与监督职能的合理配置，认真总结规范诉讼监督组经验，促进办案工作和监督工作的有机融合。完善检察长列席审委会工作机制，逐步规范、推广重大监督事项向党委、人大报备制度，增强监督效果。注重抗诉、纠正违法、检察建议、违法行为调查等监督手段和方式的综合运用和有效衔接，在强化个案监督的基础上，完善综合监督制度，定期对刑事诉讼中普遍性、深层次问题进行分析，向其他执法司法机关通报。开展年度司法公正问题专项报告工作，从诉讼监督视角反映全市刑事司法工作情况，向党委、人大报告。坚持把对案件的监督与对人的监督相结合，建立健全查处刑事司法活动中渎职行为工作机制。

三是进一步加强各项刑事诉讼监督工作。加强刑事立案监督，重点监督涉及公共利益、民生的案件，以及违法动用刑事手段插手民事经济纠纷等突出问题，加快推进“两法衔接”及刑事司法信息平台建设。加强侦查活动监督，注重对另案处理、在逃人员后续侦查情况的监督，建立对刑讯逼供、违法取证等侦查违法行为的投诉和调查机制，健全对适用强制措施和强制性侦查措施的监督制度，规范对公安派出所刑事执法行为的法律监督。加强刑事审判监督，充分行使量刑建议权，提高抗诉工作质量，加强对法院二审改变原判决、自行决定再审等情形的监督，做好派员出席简易程序法庭工作。加强刑罚执行和监管活动监督，完善刑罚变更执行同步监督机制，探索开展减刑、假释案件庭审检察监督，提升社区矫正监督实效，完善分级负责的纠防超期羁押和久押不决工作机制，推行被监管人及其家属约见检察官制度，探索上级检察院巡视检察工作方式，严格执行被监管人死亡事件独立调查制度，完善重大监管事故应急处理和应对机制。

四是进一步强化刑事诉讼监督能力建设。针对刑事诉讼监督工作的规律和特点，完善业务考评和案件质量考核体系，提高业务培训的系统性、实效性，加大岗位练兵、业务实训、案例指导、释法说理工作力度，着力增强检察人员执行法律和刑事政策的能力、发现司法不公问题的能力、办理刑事监督案件的能力和做好群众工作等能力。充分发挥刑事诉讼监督专业委员会作用，深入开展刑事诉讼监督理论研究。抓好自身监督制约机制建设，深化检务公开，规范刑事执法办案中的自由裁量权，认真接受其他执法司法机关在刑事诉讼中的制约，认真维护律师合法权益，确保法律监督权的依法正确行使。

主任、各位副主任、秘书长、各位委员，随着中国特色社会主义法律体系的形成，有法必依、执法必严、违法必究的问题显得更为突出和迫切，检察机关刑事诉讼监督的责任更加重大。全市检察机关将恪尽职守、锐意进取，努力在新的起点上开创刑事诉讼监督工作局面，为加快建设社会主义法治国家，维护法制的统一、尊严、权威作出新的更大的贡献！

北京市人民代表大会内务司法委员会对北京市人民检察院关于加强刑事诉讼监督工作情况报告的意见和建议

——2011 年 9 月 22 日在北京市第十三届人民代表大会常务委员会第二十七次会议上

市人大内务司法委员会主任委员　李小娟

主任、各位副主任、秘书长、各位委员：

今年是本届人大常委会专题监督我市检察机关开展诉讼监督工作的第四年。为了协助常委会听取审议市人民检察院关于刑事诉讼监督的专项工作报告，内务司法办公室邀请部分常委会委员和代表组成专题调研小组，自今年 4 月至 7 月开展了深入的调查研究，通过召开各有关方面的座谈会、赴基层单位和监管场所实地考察、旁听公诉和抗诉案件庭审、听取市检察院、检察分院和部分基层检察院工作汇报等方式，比较全面地了解了三年来我市刑事诉讼监督工作的情况。之后，内务司法办公室汇总梳理了各方面的意见和建议，及时反馈给市检察院。8 月 30 日，内务司法委员会召开会议，讨论了市检察院拟提交常委会审议的关于加强刑事诉讼监督工作情况的报告。内务司法委员会认为，市检察院的报告认真吸纳并回应了反馈的调研意见和建议，比较客观全面地总结了全市检察机关三年来加强刑事诉讼监督工作的情况，实事求是地分析了当前工作中存在的问题和困难，并提出了切实可行的改进措施，我们同意这个报告。

内务司法委员会认为，三年来，全市检察机关坚持认真贯彻落实市人大常委会关于加强诉讼监督工作的决议，切实履行宪法和法律赋予的法律监督职责，推动刑事诉讼监督工作持续深入发展，取得了明显成效。检察人员依法监督、规范监督的意识日益增强；刑事诉讼监督各项工作机制逐步健全，相关工作制度规则基本完备并得到较好落实；对刑事立案、侦查、审判及刑罚执行和监管活动的监督工作不断深化，启动各种监督措施的数量、质量和效果稳步提高；涉及刑事诉讼监督的司法改革措施逐步推开，量刑建议工作全面实施，针对刑事执法和司法工作中的突出问题开展综合监督增强了监督工作的实效；在相关执法、司法机关的支持配合下，全市行政执法与刑事司法相衔接的工作机制普遍建立，行政执法信息网络共享平台建设有了新的进展，检察长列席法院审判委员会制度得到较好落实，执法、司法工作与诉讼监督工作间的沟通协调配合初步实现了规范化和制度化，形成了有利于刑事诉讼监督工作开展的良好外部环境，有力地促进了全市规范执法和公正司法水平的整体提高。

内务司法委员会同时指出，刑事诉讼监督工作覆盖面广，是一项法律性、政策性很强的工作。随着社会环境的日益开放、高度透明，人民群众民主意识、法治意识、权利意识、监督意识不断增强，检察机关的诉讼监督工作也开始成为社会各界对司法公正问题的关注点之一。面对新形势，检察机关的刑事诉讼监督工作离人民群众的期待和要求还有不少差距，主要是：目前刑事诉讼监督中，特别是在立案监督、侦查监督方面，仍然存在着监督权行使不充分、诉讼参与人合法权益保障不到位的问题；极少数检察人员存在为完成考核不规范监督的现象；对社会各界和人民群众普遍关切的涉及刑事司法公正的突出问题，还需要进一步加大监督的力度，对于贯彻中央关于加强诉讼监督的司法改革要求，还有很多工作需要落实。为此，内务司法委员会提出以下意见和建议。

一、要紧抓机遇，进一步落实好诉讼监督决议

随着社会主义法律体系宣告形成，我国的民主法治建设开始进入新的阶段，加强对法律实施和执法、司法活动的监督，已经成为全社会的共识。目前，全国已有三十个省级人大常委会制定了相关的决议或决定，形成了良好的诉讼监督法制环境。通过近三年的努力，我市人大常委会关于加强诉讼监督工作的决议也在全市得到全面的贯彻落实，有力支持了检察机关诉讼监督职能的发挥，促进了全市执法、司法水平的提高。全市检察机关要主动适应形势发展的要求，紧抓机遇，进一步增强责任感和使命感，继续坚定不移地贯彻落实好市人大常委会的决议，不断加强和深化刑事诉讼监督工作。针对当前社会矛盾关联性、聚合性突出，敏感性、积累性增强的特点，要把人民群众的关注点作为刑事诉讼监督的着力点，重点加强对社会广泛关注，容易引发矛盾的放纵犯罪、侵犯人权等问题的监督，严肃追究惩治司法腐败。要加强与其他执法、司法机关的良性互动，进一步推动中央部署的有关刑事诉讼监督的司法改革措施的实施落实，构建起司法工作沟通协调配合的长效工作机制，实现检察监督与内部纠错机制的有机结合，有效预防和纠正执法不严、司法不公的突出问题，共同维护司法公正和法制权威。

二、要进一步加强刑事诉讼监督工作，以刑事诉讼监督带动整个诉讼监督工作的向前发展

刑事诉讼监督一直是检察机关诉讼监督中的主要内容，多年来的探索和努力为刑事诉讼监督工作奠定了坚实的理论和实践基础，形成了比较系统、完备的监督程序和监督手段，也使得刑事诉讼监督在整个诉讼监督中成效明显。全市检察机关要继续巩固和发扬刑事诉讼监督已经取得的成绩，在有效发挥诉讼监督权作用方面继续深入研究和探索，为民事行政诉讼监督积累经验，摸索路径，继而以刑事诉讼监督的不断完善带动整个诉

讼监督工作的全面发展。要进一步加大诉讼监督力度，深入探索检察机关诉讼职能与监督职能的有机结合及合理配置，努力提高从执法办案、听取律师意见、受理群众举报申诉以及社情舆论中发现监督线索的能力，依法用足用好现有的监督手段，增强监督的实效。要重点加大对违法立案、动用刑事手段插手民事经济纠纷、违法采取强制性侦查措施、刑讯逼供、暴力取证、超期羁押、违法减刑假释、被监管人非正常死亡等问题的监督力度，切实防止因不严格规范执法诱发或激化社会矛盾。

三、要进一步加强队伍能力建设，不断完善自身监督

全市检察机关要根据刑事诉讼监督面临的新形势、新任务和新要求，继续有针对性地抓好检察队伍的诉讼监督能力建设，注重刑事诉讼监督的经验总结和理论研究，增强业务培训的系统性和实效性，重点提高检察人员准确理解、适用新颁布的刑事法律以及刑事政策的能力、及时发现并恰当运用监督手段解决需纠正问题的能力，特别是结合诉讼监督化解社会矛盾的能力，不断提高监督工作的质量和水平。要进一步强化自身监督，完善并严格落实内部监督制约制度，加强对检察刑事和解的监督指导，科学规范对不批捕、不起诉案件的检察裁量权，认真办理侦查机关提请复议、复核的案件和人民法院的司法建议，注重听取律师的诉讼意见，自觉接受其他执法司法机关的制约。要更加自觉主动地接受人大和社会各界的监督，坚持重要工作部署和重大工作事项向党委、人大报告制度，进一步落实检务公开，拓宽听取人民群众批评、意见和建议的渠道，努力获取社会各界对刑事诉讼监督工作的理解和支持，有力促进我市刑事诉讼监督工作的科学发展。

以上意见，供常委会组成人员审议时参考。

关于动物防疫工作情况的报告

——2011 年 9 月 23 日在北京市第十三届人民代表大会常务委员会第二十七次会议上

北京市农业局局长　赵根武

主任、各位副主任、秘书长、各位委员：

我受市人民政府委托，向市人大常委会报告本市动物防疫工作情况。

近年来，市政府高度重视动物防疫相关工作，在各级政府和政府各部门的共同努力下，本市动物防疫体系日臻完善，动物防疫队伍的整体素质显著提高，动物防疫基础设施逐步建设到位，重大动物疫病得到有效控制。2004 年，高致病性禽流感疫情在全国范围内暴发流行，本市未发生一起疫情，市场动物产品供应正常，取得了阻击高致病性禽流感疫情的重大胜利。2005 年至 2007 年，本市在国内率先建立了执业宠物医师考核登记、无主动物收容、重大动物疫情风险评估等制度。2008 年以来，本市兽医管理体制改革顺利完成，动物防疫体系建设规划发布实施，奶牛布病与结核病净化项目、生物安全隔离区建设先后启动，动物卫生与畜牧管理体系

建设稳步推进。在国内外动物疫情形势严峻、动物产品安全事件频发的背景下，本市连续六年未发生口蹄疫、高致病性禽流感等重大动物疫情，未发生重大动物源性食品安全事件，圆满完成了奥运、国庆60周年的动物卫生专项保障任务，动物防疫各项工作在全国考核中屡次名列前茅，工作成效得到农业部肯定。现将本市动物防疫工作情况分三部分报告如下。

一、动物防疫工作情况及取得的主要成效

动物防疫工作对保障社会稳定、确保动物产品供应、促进养殖业健康发展和农民增收、保护市民身体健康意义重大。2005年，《北京市实施〈中华人民共和国动物防疫法〉办法》（以下简称《实施办法》）的颁布实施，对本市动物防疫工作起到极大的规范和促进作用。在科学、严格的动物防疫保障下，本市畜牧业按照“规模化、标准化、品牌化”方向快速发展，本市畜禽产品的自给率和控制率稳步提升，保障了首都“菜篮子”产品的稳定供应和质量安全。

目前，全市奶牛入区养殖比例达到95％以上；生猪和家禽规模养殖比例分别达到了60％、75％以上，形成了由13家大型企业组成的生猪产业化体系，年屠宰加工能力1000万头，占本市市场消费量的83％；形成了由43家企业组成的肉禽产业化体系，年屠宰加工能力1.2亿只，占市场消费量的63％；形成了由38家企业组成的乳品加工产业化体系，日加工鲜奶2500吨，占市场消费量的79％；培育出“三元”、“华都”、“鹏程”、“大红门”、“德青源”等一批国内知名品牌。2010年，全市生猪、牛奶、鸡蛋、禽肉的自给率分别达到32％、59％、60％和65％；畜牧业总产值139.6亿元，养殖从业者获经济效益近20亿元。

近年来，本市强化各项动物防疫工作采取的措施和取得的成效主要有以下几个方面。

（一）健全机构，调整完善兽医管理体制

为建立完善的兽医工作机构，本市于2006年下发了《北京市人民政府贯彻落实国务院关于推进兽医管理体制改革若干意见的实施意见》，按照“精简、效能、统一”的原则，对本市动物防疫机构全面实施了改革调整，并于2008年顺利完成。通过改革，健全了动物防疫行政管理、监督执法和技术支持三类机构，完善了市、区县、乡镇、村四级动物防疫队伍，为有效落实各项防控措施奠定了良好的基础。

2006年以来，市农业局增设了兽医管理处和动物防疫应急工作处。东城、西城、石景山在区卫生局挂牌成立动物卫生监督管理办公室，明确为区兽医行政主管部门；朝阳、海淀、丰台在区农业行政管理部门加挂动物卫生监督管理局的牌子；其他10个郊区县组建了动物卫生监督管理局；全市在乡镇设立了161个基层派出机构；市、区县两级在原兽医卫生监督所基础上成立了动物卫生监督所，承担动物检疫和监督执法任务，人员列入执法编制；郊区13个区县在原兽医工作站基础上成立了动物疫病预防控制中心，承担动物疫病监测、报告和防治任务。

为弥补强制免疫人员力量的不足，健全基层动物疫情观察报告网络，全市共设置了3000多名村级防疫员，其工作补助经费列入区县经常性支出，由区县财政安排解决。

（二）加大投入，不断完善动物防疫基础设施

为解决本市动物防疫基础设施薄弱的问题，市发改、财政、农业、园林绿化四部门联合编制下发了《北京市动物防疫体系建设规划（2008—2012）》，总投资约7.6亿元。

重点建设内容包括：市级动物疫病预防与控制中心、动物留检及收容中心；区县级动物疫病预防与控制中心、动物卫生监督所、公路检查站、报检点、基层派出机构、动物无害化处理以及大型国有企业防疫设施等。

目前，市动物疫病预防与控制中心即将投入使用；市级动物留检及收容中心、动物无害化处理厂已完成选址。区县级项目也在有序落实之中。

（三）强化培训，全面提升动物防疫队伍整体素质

近年来，本市建立了官方兽医、执业兽医和村级防疫员三支队伍，并加强了对相关人员的培训与考核工作。

对于官方兽医，本市启动了动物卫生与畜牧行业管理素质能力提升工程，下发了指导意见和考核管理办法，制定了行政、执法、技术三类人员的培训大纲。市、区县两级每年有计划的开展全员培训及考核。

对于执业兽医，在《实施办法》颁布后，本市在国内率先建立了动物诊疗执业人员考核管理制度，先后共有 1104 人取得宠物医师或助理考核合格证，执业人员每年完成 40 学时继续教育课程。2010 年，国家开始实行执业兽医资格考试制度。在全国首次考试中，本市共有 1217 人取得执业兽医师或助理兽医师资格，考试通过率居全国前列。

对于村级防疫员，本市制定了村级防疫员培训大纲，各区县分别制定了村级防疫员考核管理办法，建立了村级防疫员培训考核档案，每年至少对其进行四次业务培训和一次业务考核，培训考核结果作为聘用及奖励的主要依据。

（四）细化管理，健全动物防疫管理制度

《实施办法》颁布后，本市制定了《北京市动物诊疗条件审核管理办法》、《北京市动物收容管理办法》等 8 个规范性文件，有效提升了《实施办法》的可操作性。

针对部分工作缺乏技术标准支持的问题，本市组织制定了《牛羊屠宰检疫技术规范》、《狂犬病隔离检疫技术规范》、《植入式宠物电子标识技术规范》等 15 项地方标准。

全市每年统一制定动物疫病强制免疫计划、监测计划、流行病学调查计划、兽药质量监测计划、兽药残留监测计划等 5 个专项工作计划，部署并指导区县完成相关工作。

2009 年，本市启动了动物卫生社会责任、标准化监管和机构效能评估等三大体系建设。动物卫生社会责任体系以建立动物卫生责任主体诚信和守法意识为目标，对全市 5600 多个动物防疫相关单位和近 20 万监管对象，建立社会责任履行情况评价和公示机制，评价结果可在市农业局网站进行查询。动物卫生标准化监管体系以管理制度化、职责程序化、工作标准化、责任明确化为目标，强化依法管理的能力和水平。机构效能评估体系借鉴世界动物卫生组织（OIE）提出的评估方法，从组织机构、人才队伍、硬件设备、协调配合和措施落实等方面，形成了 15 项指标、22 个参数的考核标准，科学的开展对各级兽医机构工作效能的考核管理。

2010 年，本市着手畜牧兽医精细化管理制度研究，目前已基本完成指导手册、操作指南等相关材料的起草，拟于今年年底前全面部署实施。

（五）预防为主，落实各项防控措施

按照“预防为主”的工作原则，本市通过实施强制免疫、监测、检疫、净化等手段，使动物疫病得到了有效控制。

本市对高致病性禽流感、口蹄疫、高致病性猪蓝耳病、猪瘟等 4 种动物疫病实施强制免疫；对登记犬实施狂犬病免费免疫，并通过加强宣传和组织开展进村、入社区服务，努力提高非登记犬免疫率。通过设立动物免疫提示栏，制发免疫提示卡、通知单和登记册，对程序化免疫实行全程提示及跟踪管理，

确保应免动物免疫率100%。

本市对高致病性禽流感、口蹄疫、高致病性猪蓝耳病、狂犬病、布病等16种动物疫病实施血清学和病原学监测，监测覆盖面100%。2005年以来，全市共采集各类样本222万份次，开展实验室检测410万份次，印发监测通报539份，为免疫效果评估和疫情预警提供了准确的信息。

通过落实产地检疫报检、屠宰检疫驻厂等制度，2005年至今，全市共屠宰检疫生猪4366万头，牛羊23万只，禽4.9亿只，无害化处理动物270万头只、动物产品5139吨。

为确保生鲜乳质量安全，2010年，本市启动了奶牛布病和结核病净化工作。采取统一监测、免疫审批、电子标识、隔离检疫等综合措施，力争利用5年时间，达到全市净化。

按照国家统一要求，本市对动物饲养、屠宰等四类场所重新进行了动物防疫条件审查。通过强化防疫设施条件和管理制度，加强封闭管理和消毒等生物安全措施，净化了养殖环境，降低了动物疫病发生和传播风险。

本市对动物诊疗机构实行医院、诊所两级管理，全面建立了动物诊疗审核管理、废弃物处理、毒麻药品管理等制度。2010年，本市按农业部要求对所有动物诊疗机构进行了重新审核和实地验收。目前，全市共有动物医院247家、动物诊所74家。

（六）夯实基础，强化重大动物疫情应急管理机制

为强化重大动物疫情应急管理，本市先后制定了高致病性禽流感应急预案、突发重大动物疫情应急预案等六项应急预案及实施方案；制定出台了强制扑杀补偿制度和应急物资分级储备制度；实行重大动物疫病免疫抗体监测结果通报制度，实现“以监测促免疫”；农业、卫生、公安等部门建立了重大动物疫病信息通报机制；市和区县两级也分别与周边省、市、县建立了联防协作机制。

2007年，本市重大动物疫病应急指挥网络平台正式启用，实现了数据共享、部门协同、资源调度等功能，提升了应急反应和决策能力。

（七）严格执法，全面加强检疫监管和追溯管理

本市在推行风险分级、量化监管的基础上，围绕阶段性工作重点，组织专项执法活动，推进可追溯监管体系建立。

按照风险系数及分级标准，本市确定了A（高风险）、B（一般风险）、C（低风险）三个风险等级，对监管对象实施户籍化管理。经统计，全市共有各类监管对象19.9万个，其中A级监管对象324个，B级415个，C级19.8万个。

在每年重大节日组织开展全市性执法检查的基础上，重点开展了“绿剑行动”等多个专项执法检查，初步形成以日常执法为基础，专项执法为带动的执法模式。专项执法共出动执法人员20.5万人次，查处案件3153件，罚没款439.89万元。

2009年，本市建立了“畜牧兽医综合执法智能管理系统”。系统辐射16个区县监督所、31个公路（铁路、航空）监督检查站、46个区域官方兽医室、29个驻厂（场）官方兽医室、545个移动终端，实现了统计、分析、预警、追溯等功能。

（八）双管齐下，努力控制无主动物数量

除犬外其他无主动物的收容管理，是《实施办法》赋予兽医部门的一项新职责。以控制流浪猫数量为重点，本市采取了“收容与绝育”双管齐下的综合控制措施。

2006年，本市开始推行“捕捉—绝育—放归”相结合的管理模式（TNR模式），组织有关协会及动物诊疗机构发起免费绝育公益行动，使本市快速增长的流浪猫数量得到

初步控制。2008年，为了使此项活动能够长期、稳定开展，市政府开始对免费绝育进行补助。目前，本市已有100家动物诊疗机构参与此项活动，东城、西城等10个区，已初步形成流浪猫群管群控模式，许多小区环境得到了改善。2006年以来，全市共绝育流浪猫4万余只，每年可减少流浪猫繁殖约7万只。

2007年，本市启动了除犬外无主动物收容体系建设，制定了收容流程、认养程序、暂存标准等管理规范，公布了服务电话。目前，市级收容场所初步具备了年4000只的收容能力。4年来，累计收容无主动物6904只。

（九）强化监测，完善兽药质量及残留控制体系

2005年以来，本市共抽检兽药产品样品3472批次，合格率由78%提高到99%，总合格率比全国平均水平高出11%；共抽检动物产品样品1.2万批次，合格率99.2%。在农业部实施的全国监测中，本市猪肉产品“瘦肉精”已连续8年零检出。

奥运期间，为防止发生运动员因食物造成的兴奋剂事件，实施了奥运动物产品违禁药物监控，对8家企业的供奥动物产品进行4大类34种兴奋剂检测。奥运会“两村、两中心”餐饮使用的肉、蛋、奶全部由本市生产和供应，经检测全部符合质量安全要求。

二、面临的形势和存在的问题

近年来，各级政府和各有关部门认真贯彻落实《中华人民共和国防疫法》和《实施办法》，在体制建设、基础设施建设、队伍建设、制度建设等方面均取得了一定成效。这些成效的取得，离不开市委、市政府的正确领导，更离不开市人大从法律上给我们提供的指导与支持。然而当前，高致病性禽流感、狂犬病、布病等人畜共患传染病仍威胁着城市公共卫生安全，国内及周边国家口蹄疫疫情仍十分严重，动物源性食品安全问题持续不断，本市动物防疫工作面临的形势依然严峻。以下几个问题需要我们认真研究并加以解决。

（一）进京动物及产品安全问题

国内发生的“三聚氰胺”和“瘦肉精”等事件，暴露出部分地区动物源性产品生产领域问题复杂。北京是特大消费城市，动物及产品大量来源于外埠。为严防问题产品进入我市，仍需进一步完善非指定进京路口监管、原产地风险评估及控制、违规产品惩戒及退出等机制。

（二）动物疫病区域化管理问题

本市已启动奶牛两病净化项目，家禽生物安全隔离区建设和种畜禽场疫病净化工程也在抓紧研究准备。在奶牛两病净化项目实施过程中，无法可依、监管缺少依据等问题十分突出。

（三）畜禽散养问题

畜禽散养是影响动物防疫工作成效的重要因素，尽管本市通过调整畜牧业结构和发展规划对畜禽养殖提出了禁限制区，但对于畜禽散养及泔水喂猪等行为无法有效治理，成为影响本市动物疫病控制和动物产品质量安全的重大隐患。

（四）狂犬病防控问题

随着城乡居民养犬数量的增加，我国进入了第三次狂犬病高发期。本市每年都发生数起人感染狂犬病死亡病例，暴露出本市在犬的繁殖、销售、登记、外埠输入、标识追溯、非登记犬免疫等方面的管理工作还有待进一步加强。

（五）无害化处理问题

全市养殖场所及家养宠物每天都有相当数量的死亡，由于没有无害化处理设施，目前只能采取掩埋和焚烧等方式处理。为避免病死畜禽流向市场、减少城市环境污染，加快本市动物无害化处理设施建设迫在眉睫。

（六）动物诊疗管理问题

本市家养犬、猫等伴侣动物数量持续上升，动物诊疗行业快速发展。诊疗纠纷、诊疗收费等方面引发的矛盾不断。由于缺乏相应的法律规定，目前出现“消费者诉求难、执业兽医维权难、行政部门管理难”的情况，还需要尽快予以规范。

（七）村级防疫员待遇问题

2008年确定的月人均500元补助标准，是基于2种病免疫，对非全时工作给予的劳动补助。在强制免疫种类增加和工作时间延长的情况下，补助未相应增加，与繁重的工作量不相匹配，待遇低的问题已影响到人员稳定。

三、下一步工作意见

结合市人大常委会听取和审议动物防疫专项工作报告工作，本市对动物防疫工作进行了全面自查。下一步，我们将根据市人大常委会提出的意见和建议，按照建设有中国特色世界城市的总体要求，继续强化相关工作，确保首都社会稳定、养殖业健康发展和市民身体健康。

（一）对动物疫病区域化管理、动物及产品准入、狂犬病防控、动物诊疗管理、执业兽医登记管理、病死动物无害化处理和动物产品追溯管理等方面，进行重点调研和分析，研究提出建议，争取立法支持。

（二）对动物防疫管理体制、基层防疫队伍、重大动物疫情应急反应机制、保障措施等方面，进行专题调研。对动物疫病预防控制、兽药质量及兽药残留控制、动物诊疗管理、兽医实验室生物安全管理、执业兽医及乡村兽医管理、无主动物收容管理等制度措施实施情况进行全面总结，进一步完善工作，切实履行好职责。

（三）积极协调有关部门，强化基层动物防疫力量，充分利用执业兽医和乡村兽医资源，探索建立签约兽医制度和社区动物防疫协管员制度，切实落实动物防疫和动物产品安全监管职责。

（四）深入推进动物卫生与畜牧管理三大体系建设，探索建立以动物疫病和动物产品残留监控为核心的风险管理体系，实施精细化管理，强化源头控制和全程管理，确保不发生区域性重大动物疫情和重大动物产品质量安全事件。

近年来，市人大多次组织动物防疫专项执法检查，及时发现问题并提出整改意见，充分体现了市人大对本市动物防疫工作的关心和重视，在此，也表示衷心地感谢！希望各位委员和代表一如继往，继续监督和指导我们的工作。

以上报告，提请市人大常委会审议。

北京市人民代表大会农村委员会对北京市人民政府关于动物防疫工作情况报告的意见和建议

——2011年9月23日在北京市第十三届人民代表大会常务委员会第二十七次会议上

市人大农村委员会主任委员　雷德才

主任、各位副主任、秘书长、各位委员：

为协助常委会听取和审议市政府关于动

物防疫情况的报告，农村办公室制定了详细的工作方案，成立了由农业、卫生、法律等领域的市人大代表参加的调研小组，紧紧围绕群众关心的动物产品质量安全、狂犬病防控、动物诊疗等8个方面的重点问题，开展了调查研究。通过座谈研讨、实地考察、书面和网络征求意见等形式，广泛听取了动物防疫主管部门、相关职能部门、养殖屠宰企业、科研机构等单位以及部分人大代表、基层群众的意见。

9月6日，农村委员会召开第十二次会议，听取了市政府提请本次会议审议的《关于动物防疫工作情况的报告（稿）》。农村委员会认为，报告全面总结了近年来我市动物防疫工作采取的措施及取得的主要成效，客观反映了面临的形势和存在的问题，并针对问题提出了下一步的工作意见。农村委员会同意这个报告。

长期以来，市政府高度重视动物防疫工作。特别是2005年动物防疫法实施办法施行以来，我市动物防疫工作取得了长足进展。在周边国家和省区市动物疫情异常严峻的形势下，我市有效地控制了重大动物疫病，畜禽产品自给率和控制率逐步提高，提升了动物产品质量安全总体水平。全市动物防疫工作成效显著。同时，农村委员会认为，当前我市动物防疫形势依然严峻，防疫工作仍存在着以下几个方面的问题：一是源头防控依然薄弱，以免疫为主的防疫方式亟待调整。二是对输入性动物和动物产品的安全管控存在漏洞，风险点控制措施不到位。三是狂犬病、布病病例呈现出上升趋势，人畜共患病防控存在风险。四是无害化处理设施建设严重滞后，存在较大的安全隐患。五是动物防疫保障能力与满足现实需求相比仍显不足。针对这些问题，农村委员会提出以下意见和建议。

一、强化源头防控，大力推进动物疫病区域化管理

我市动物防疫工作应遵循科学规律，讲究科学的养殖方式，转变重免疫轻防疫的防控模式，加大源头治理力度。一是提高养殖规模化、标准化水平。要克服饲养点多面广的弊端，发展适度规模养殖，减少散养户数量，并科学规范养殖品种和密度等标准，从源头上减少动物疫病的发生。二是强化动物疫情测报和预警。各级动物疫病预防控制机构应根据疫情变化情况，及时向养殖者提供预警信息服务。完善疫情发现报告制度，确保及时切断疫病传播途径，增强防控工作的主动性。三是大力推进疫病区域化管理。继续强化疫病监测净化措施，制定完善特定动物疫病的预防、控制和消灭专项规划，有效控制或消灭口蹄疫、猪瘟、狂犬病、布病等传染性动物疫病。要以养殖主产区域为重点，加快推进生物安全隔离区和无特定动物疫病企业、区域建设。

二、强化风险点控制，提高动物源性食品安全水平

动物源性食品安全监管链条长，应加强风险评估，强化风险点控制。一是加强进京动物和动物产品监管。要实行更加严格的市场准入制度，加强公路、铁路、航空等检查站点的检疫监管，严防不合格动物和动物产品流入北京市场。继续推进外埠畜产品生产基地建设，深化与外埠兽医工作机构的合作，强化联防联控。二是加强养殖投入品监管。完善饲料、兽药的生产使用监管制度，严厉查处使用霉变饲料、违禁添加物等饲喂畜禽及违规使用兽药等行为。三是加强屠宰和销售等重点环节的

监管。要强化屠宰企业驻厂监管，严厉打击私屠滥宰行为，并加大对农贸市场、超市、餐饮单位、食堂等场所的监督检查力度。四是加强水生动物疫病防控。我市水产品消费数量大、品种多，且多靠外埠供应，但疫病防控相对薄弱，应当加强对水生动物疫病的研究、预警和监管。

三、强化人畜共患病控制，切实维护市民人身安全

近年来，我市犬只数量逐年增多，登记犬数量已达95万只，犬只伤人事件时有发生，仅去年就有3万多人被咬伤，狂犬病死亡病例达到9人，今年上半年又死亡6人，给市民造成了巨大的经济损失和精神伤害。因此，必须加大宣传力度，科学控制犬只数量，加强狂犬病防控工作。一是有效控制狂犬病发生，加大强制免疫力度。狂犬病有效控制的条件是免疫密度达到70%以上。但目前我市养犬登记率不高，犬只底数不清，登记免疫率并不能反映实际免疫密度，狂犬病防控存在严重隐患。为此，必须加强养犬登记管理，定期开展养犬普查，依法做好犬只强制免疫，努力实现狂犬病免疫全覆盖。二是规范养犬行为，加大监管力度。应完善犬只禁限养规定，加强犬主依法履行义务的监督，严厉查处违规饲养烈性犬、违规遛犬等行为。实行犬只芯片植入措施，全面记录综合信息，实现可追溯监管。三是明确职责分工，加大考核力度。针对养犬登记率和强制免疫率低，流浪狗泛滥等问题，要进一步理顺相关部门职责，加强督查考核，确保养犬管理规定落实到位。此外，要采取有效措施，加强对鼠疫、布病等其他人畜共患病的防控。要针对我市宠物数量和种类增多的实际，做好宠物疫病防控工作。

四、采取更加有力的措施，加快无害化处理设施建设

无害化处理是防止动物疫情扩散的必要手段。虽然我市多年前就制定了无害化处理设施建设规划，但规划建设的9个处理场所至今无一建成。据统计，去年全市需无害化处理的动物及其产品已达3.71万吨。另据测算，全市每年死亡宠物近20万只。由于无害化处理设施建设严重滞后，致使这些物品大部分是采取填埋方法处理，存在着较大的安全隐患。此外，目前全市仍有近一半的餐厨垃圾得不到无害化处理，饲喂泔水猪的现象屡禁不止，增加了疾病传播的风险。因此，必须采取果断措施，加快无害化处理设施建设。一是优化布局，促进项目落地。应科学测算全市待处理物品种类和数量，结合生活垃圾、医疗垃圾处理设施和殡葬场所建设，合理确定无害化处理设施处理能力和布局，促进项目尽快落地。二是落实责任，促进建设进度。要明确牵头单位和相关单位职责，定出具体时间表，加快无害化处理设施建设。三是采取多种工艺，提高处理效率。应按照日常和应急状态下的不同情况、待处理物品的不同种类以及宠物殡葬的需要，综合采取多种无害化处理工艺，统筹建设和使用无害化处理设施。

五、完善法规健全制度，提高动物防疫保障水平

一是适时修订动物防疫法实施办法等相关法规。2007年动物防疫法进行了重大修改，我市实施办法需要在兽医管理体制、疫病区域化管理、动物诊疗等方面进行相应修订。同时，我市动物防疫情况的变化，也要求在强化动物疫病源头管控、人畜共患病防控和

无害化处理等方面作出进一步规范。因此，要适时修订动物防疫法实施办法及养犬管理规定等相关法规，健全配套规章、规范性文件和技术标准，为我市动物防疫工作提供更加有力的法规和制度支撑。二是进一步加强兽医队伍建设。要严格兽医资格准入，积极推行官方兽医、执业兽医制度。加强教育培训，提高兽医从业人员临床操作能力。实施定向委托培养，为基层输送兽医人才。建立兽医协会，加强对兽医行业的协调指导。健全城区动物疫病防控机构，增加基层动物卫生执法编制，增强区县动物卫生监督机构协调职能。完善签约兽医管理，设立社区动物防疫协管员，提高村级防疫员待遇，健全基层动物防疫网络。三是进一步加大财政扶持力度。制定扶持政策，加强检疫检测技术研究，加大对优质饲料和兽药企业的支持。改进强制免疫疫苗招投标采购方式，确保疫苗质量。加大无害化处理、野生动物疫病监测、监测采样补偿等方面的投入，确保防疫措施落到实处。

以上报告，供常委会组成人员在审议时参考。

关于“推进潮白河流域综合治理”议案办理情况的报告

——2011年9月23日在北京市第十三届人民代表大会常务委员会第二十七次会议上

北京市副市长　夏占义

主任、各位副主任、秘书长、各位委员：

我代表市人民政府，向市人大常委会报告关于“推进潮白河流域综合治理”议案办理情况。

今年以来，中共中央、国务院发布《关于加快水利改革发展的决定》，召开全国水利工作会议，这是我们党成立以来、新中国建立以来第一次以中央名义出台水利改革发展，推进水利工作的文件和会议。为全面贯彻落实中央1号文件精神，市委、市政府结合北京的市情和水情，针对水资源严重紧缺、水生态环境脆弱、水务基础设施建设滞后、水务管理体制机制不完善等制约首都可持续发展的问题，制定出台了《关于进一步加强水务改革发展的意见》，先后召开两次全市性会议，部署水务改革发展工作。

近年来，在市人大的指导和监督下，市政府开创了整流域推进水系治理的模式，克服重重困难，先后系统性治理了北运河流域，创造性治理了永定河流域，破解了多年难以解决的难题。2010年市十三届人大三次会议上，部分代表提出了“推进潮白河流域水系综合治理”的建议，市人大高度重视，将此列为常委会领导重点督办建议，市政府立即组织有关部门开展了前期调研工作。2011年市十三届人大四次会议上，共有5个代表团、153人次就“推进潮白河流域综合治理”提出了7件议案，围绕潮白河流域水源保护、水系综合治理、水资源开发利用、区域空间规划与建设等提出了建议。

市政府接到议案后高度重视，成立了以夏占义同志为组长的议案办理领导小组，由安钢副秘书长、张工主任、程静局长任副组长，市发展改革委、市财政局、市国土局、市环保局、市规划委、市市政市容委、市农委、市农业局、市园林绿化局、市水务局及5区县政府为领导小组成员单位，统一协调议案办理工作。

在议案办理过程中，市人大高度重视此项工作，组织3次现场调研和5次座谈会，有力推动了议案办理工作。

现就议案办理工作报告如下。

一、科学制定潮白河流域综合治理规划

根据议案的要求，总结近年流域综合治理的经验，市政府相关部门组织专业技术力量对流域内污染源、河流水质、生态环境及社会经济状况进行了深入全面的调查，编制完成了《潮白河流域水系综合治理规划》、《潮白河绿色生态发展带综合规划》及相关专业规划，统筹确定了潮白河流域的功能定位、水系治理、环境保护、产业发展和人居环境建设。

（一）基本情况

1. 潮白河流域概况

潮白河全流域总面积1.9万平方公里，境内流域面积5700平方公里，占总流域面积的30%。潮白河干流境内长84公里，流域内二级以上支流40条，长约1150公里。流域内有密云、怀柔等41座水库，占全市的48%。潮白河流域是北京市重要的水源地，平均每年向城市供水9.2亿立方米。2010年本市共监测潮白河水系有水河流18条段，达标长度占94.8%。其中，Ⅱ类水质河长占监测河段总长度的89.4%，Ⅲ类占8.4%，Ⅳ类占0.6%，劣V_3类占1.6%。

2. 社会经济

潮白河流域涉及延庆、密云、怀柔、顺义、通州等新城。其中顺义、通州是规划重点新城，是北京东部发展带的重要节点。流域内有47个乡镇，875个村，常住人口约100万人，GDP519亿元，约占全市的5%。

3. 存在问题

一是水源地长期超采，地下水位持续下降。目前，潮白河水源地已形成近100平方公里的漏斗区。

二是生态环境脆弱。流域内部分支流尚未治理，局部河段污水入河；部分山区民俗旅游排放污水、乱弃垃圾对水源地有一定不良影响。河道两岸绿化水平低，存在大量低质林，生态环境脆弱。流域内年排放COD总量2.9万吨，年排放氨氮总量0.2万吨。

三是防洪安全仍然存在隐患。潮白河干流通州段右堤43公里及20条支流堤防不达标，水库设施、河道建筑物年久老化，存在防洪安全隐患。

（二）功能定位和治理目标

1. 功能定位

一是水功能，是首都重要的水源地及城市防洪保安屏障。二是自然生态保护功能，是城市东部发展带的生态新区。三是城市景观功能，是城市重要滨水形象展示区。

2. 治理目标

流域水系治理目标：构建“一网、三区、多点”的流域水系，建设水资源保护体系、水生态与水资源配置体系、防洪保安体系。保障流域供水安全、防洪安全、生态安全，形成“自然修复、有机调节、健康成长”的河流生态系统，服务流域社会经济的可持续发展。

一网：建设集“水源安全、防洪安全、生态健康”三位一体的流域水系生命树网。

三区：在水库上游山区建设山清水秀的生态水源保护区。在山前区建设以服务商务会议、旅游休闲度假为主的生态涵养发展区。在平原区建设亲水宜居、城乡统筹的河流城市融合发展区。

多点：根据流域自然、历史、人文、资源等条件，结合区域发展定位，在流域水系打造多处体现功能定位的重要节点。

生态发展带建设目标：在潮白河城市段

构建“一河、四城、多组团”的空间布局。“一河”指潮白河河道及两侧滨水空间。“四城”指密云新城、怀柔新城、顺义新城、通州新城，三个开敞空间穿插其中。“多组团”即构建多个功能区联动发展的城市空间格局。

（三）治理方案

1. 水系规划治理方案

按照“溯源治污、深山保护、山前涵养、平原修复”的原则，通过实施污染源治理、雨水集蓄、地下水源地保护与涵养、生态清洁小流域治理、库滨带生态修复、干支流生态治理等，形成“有水的河、安全的河、生态的河”。主要包括流域污染源治理、生态清洁小流域治理、地下水源地保护与涵养、库滨带生态修复、水源区河道生态修复、潮白河干流生态治理、新城水系治理、湿地修复和堤外砂坑治理等方面。

2. 城乡发展布局

以潮白河绿色生态走廊建设为基础，加强水资源统筹利用、水生态环境修复与建设；突出新城特色，改善城市风貌；以人为本，完善城市公共空间系统；城乡统筹，推进经济社会城乡一体化发展。将潮白河绿色生态发展带建设成为生态良好、功能完善、经济繁荣、宜居和谐之区。

一是统筹资源、合理利用。进一步加强地表水设置与两岸土地利用规划的关联性，结合城市开发合理进行河道地表水源配置。

二是以水为本，保护水源。潮白河流域作为北京市最重要的水源供给地区，水源的保护是地区发展与建设的前提。

三是生态优先，治理环境。山区实施生态清洁小流域治理；平原区生态治理河道，增加河道对地下水的入渗补给，加强污水收集处理，改善水质。

四是强化安全，城乡统筹。进一步明确不同堤线的位置、功能及防洪标准。结合村庄城镇化相关政策的研究落实，对潮白河堤内的村庄进行规划安排，最终实现搬迁。

五是产业升级，功能整合。打造潮白河沿线具有水岸经济特点的产业链，以低碳经济发展为目标，对原有工业区产业升级改造，同时着力打造休闲度假、创意研发、现代服务等第三产业集群。

六是提升形象，突出特色。城市段沿线新城应结合自身特点及发展优势，建设各具特色的新城滨水区域，体现现代化滨水新城的风貌。

七是水城交融、亲水宜居。在城市段，将滨水空间与城市公共活动中心相联系、使城市公共活动功能向滨河靠拢，滨水生态水绿向城市渗透。同时在水边设置各类公共服务设施，加强亲水性。

八是分类引导、优化交通。河道两侧用地为建设用地的，交通规划重点关注滨水空间的可进入性。河道两侧为非建设用地的，交通规划重点关注与河道两侧绿化、景观的融合，避免破坏河道两侧空间的完整性。

（四）建设任务及预期效果

1. 建设任务

规划任务是建设 3 大体系，实施 16 类工程。

一是建设水资源保护体系，实施 9 类工程。即污水处理厂、再生水厂建设工程，生态清洁小流域建设工程，排水沟污水治理工程，面源污染防控工程，水库库滨带建设工程，水源地集中供水工程，水源地河流生态修复工程，地下水源地保护工程和水环境监测能力建设工程。

二是建设水生态与水资源配置体系，实施 5 类工程。即中小河流、湿地治理工程，雨水集蓄工程，砂石坑治理工程，跨流域调水工程和水网连通工程。

三是建设防洪保安体系，实施 2 类工程。即骨干河道治理工程和水库设施配套及改造工程。

2. 预期效果

一是确保了水源地水源安全。水源地一二级保护区及水库上游主要河道无污水直排，垃圾实现统一收集、无害化处理；新城和乡镇新增污水处理能力 40 万吨/年，年削减 COD2.6 万吨，削减氨氮 0.18 万吨，处理率达到 80%以上。

二是涵养水源地，增加了地下水回补。通过实施雨水积蓄及跨流域调水工程，涵养水源。在常规回补基础上，每年增加地下水回补约 0.7 亿立方米，同时改善了水源区生态环境。

三是建成了有水有绿，生态良好的东部生态屏障。潮白河流域 5700 平方公里范围内，形成有水则清、无水则绿、丰水多蓄、水少多绿的河流生态景观，提高潮白河生态服务价值，服务东部发展带。

四是建成了完善的防洪保安体系。消除水库、河道建筑物的安全隐患，干、支流河道堤防全部达标，提高流域洪水风险调度能力，确保密云、怀柔、顺义、通州新城的防洪安全。

五是解决了水源区群众饮水问题，缓解了水源地取水矛盾。通过建设水源保护区集中供水工程，新增供水能力 19 万立方米/日。不仅支撑了流域新城的建设发展，还有效解决了水源区 35 万人的饮水问题。

二、大力推进潮白河流域治理工作

（一）深化完善综合治理规划，进一步细化治理目标

一是编制堤外砂石坑整治规划。潮白河流域现有废弃砂石坑 270 个，总面积约 20,000 亩，分布在密云、怀柔、顺义、通州 4 个区县。规划选取权属、面积、深度、土质、植被等 14 个评价指标，建立评价模型，采用了生态修复、雨洪调蓄、土地复垦等治理模式，建设绿色廊道生态修复区、水源保护生态修复区、城镇建设整治区、生态恢复综合利用区等，提出了治理的技术手段和工作计划。

二是编制了潮白河干流休闲绿带建设方案。计划在非城镇集中建设区的主河道两堤以外 1 公里范围内，进行集中绿化，建成 4 个新城滨河森林公园，建设沿线多处生态绿化节点。今年安排密云、延庆彩叶树种造林 5500 亩，安排延庆、密云、怀柔林木抚育工程 33.6 万亩，改善树木生长环境，促进林木生长；开展密云县“六路一口”绿化工程，打造风景优美的景观大道，提高森林绿地的整体生态涵养功能；启动汉石桥万亩湿地公园建设，开展湿地公园地形整理、水生及陆生植被的种植、景观打造、道路及配套服务设施的构建等前期基础性工作。

三是编制工业污染、农业面源污染治理规划。摸清了潮白河流域内工业污染和农业面源污染内容和防治现状，规划利用 3—5 年时间治理面源污染 5.5 万亩，治理 205 家畜禽养殖场，改造 1 万亩水产养殖业池塘。通过采取严格环境准入、推进清洁生产、完善废水处理设施、强化污染源监管等措施，实现工业废水排放稳定达标，确保饮用水源环境安全。

四是编制流域非正规垃圾场治理规划。潮白河流域河道 1 公里范围内有非正规垃圾填埋场 84 处，目前已经完成治理 65 处，有 19 处尚未治理。根据全市非正规垃圾填埋场勘察和风险评价报告，有针对性地研究技术工艺，确定治理方案，2 年内完成 19 处非正规垃圾填埋场治理。

（二）加快流域综合治理，涵养水源，提高水资源利用效率

2011 年初，按照提高水资源的使用效率和水源涵养能力，遵循突出生态、先行治污、抓好供水的原则，计划重点推进项目 15 个，资金规模控制在 20 亿元。实际执行情况是：

续建项目已下达投资 5.2 亿元。

新批复项目 4 个：生态清洁小流域建设、

密云云西再生水厂建设、密云新城地表水厂、北京市岩溶水资源勘探评价，涉及项目总投资6.6亿元。

已启动招标工作项目3个：潮白河三区交界河道综合治理、怀柔雁栖生态示范区污水收集管线建设、怀柔新城供水厂建设，涉及项目总投资9.5亿元。

拟于近期批复的项目8个：密云水库库滨带建设、李遂污水处理厂建设、顺义城南水厂建设、延庆地表水厂建设、密云巨各庄污水处理厂建设、牛栏山和马坡组团再生水厂建设、农业节水灌溉，涉及项目总投资13.4亿元。

正在完善方案的项目1个：汉石桥湿地引水工程，涉及项目总投资1亿元。

一是生态治河。完成了顺义区空港新城龙道河生态治理工程、白河密云新城段生态治理工程、怀柔大水峪上游综合治理工程；完成了温榆河水资源利用工程（二期），实现向潮白河年调水量7000万立方米，干流水面面积增加430公顷，极大改善了潮白河水环境；正在建设延庆千家店黑白河流域综合治理工程、密云水库水源保护区九道湾流域河道综合治理工程；顺义汉石桥湿地自然保护区湿地恢复与基础设施建设工程已开工；推动潮白河三区交界段生态涵养工程前期工作，正在开展综合治理试验。

二是加大供水工程建设力度。完成了怀柔新城老城区供水管网改造工程、密云县溪翁庄镇集约化供水工程、密云六路一园一口绿化配水工程等供水保障项目；批复了密云新城地表水厂工程、怀柔新城供水一期工程、北京市岩溶水资源利用工程等项目；开展了延庆平原区地表水供水工程、顺义区城南水厂等工程前期工作。解决了水源区群众饮水问题，缓解了水源地取水矛盾，为首都水源地社会经济可持续发展提供了保障，加大了为中心城供水保障的力度。

三是加大排水工程建设力度。建设了通州区河东再生水厂配套污水管网工程、密云县河南寨镇再生水灌溉工程等再生水利用项目；批复了密云云西地区再生水厂工程、雁栖湖生态示范区环湖污水收集管线工程；开展了密云巨各庄污水处理厂、顺义李遂污水处理厂、顺义新城（马坡组团）再生水厂及配套管网工程前期工作。实现了污水处理由无害化向资源化转变，通过再生水厂建设和污水处理厂升级改造，出水水质主要指标达到地表水Ⅳ类，全部回用。

四是雨洪资源化。完成了顺义区石园大街雨水改造工程、怀柔区农村雨洪利用工程等项目；推动了顺义杨镇水网及雨洪利用工程前期工作。将循环水务落实到经济社会发展的微观领域，为落实市政府提出全面开展“集、蓄、拦、调”等雨洪利用措施提供了宝贵的经验。

五是滨河森林公园建设。密云、怀柔、顺义三区滨河森林公园继续加快建设，面积3.7万亩，治理河道长37公里，部分河段已形成景观效果。

六是生态清洁小流域治理。继续推进生态清洁小流域污水、垃圾、厕所、河道、环境五同步治理工作，治理了延庆县、密云县、怀柔区小流域8条，123平方公里，确保地表水水质达标；批复了延庆县、密云县、怀柔区生态清洁小流域9条，面积118平方公里。

三、大力推进潮白河流域管理创新工作

（一）探索流域与区域相结合的新机制

一是建立适应流域管理的工作机制。探索流域管理与区域管理相结合的管理新模式，建立“统分结合”的工作机制。市级统筹做好全流域的规划编制与实施、防洪调度、水资源配置、水环境保护，分区县做好流域内具体涉水事务的建设、运行、管理等工作。

二是建立稳定的水务投资机制。发挥政府

在水务建设中的主导作用，将水务作为公共财政投入的重点领域，每年从市区两级土地出让收益中提取10%，设立专项资金用于水利建设。延长水利建设基金征收年限，拓宽水利建设基金征收渠道，增加提取比重，扩大基金规模。进一步研究从城市维护建设税中提取一定比例资金，用于防洪和水源工程建设。继续做好水资源费的征收、使用、管理工作，全面落实水源地水资源费返还政策，每年向水源地所在区县返还水资源费1.8亿元。

三是建立考核奖惩机制。加强水量水质监测，建立三级指标管理、两级达标考核的管理制度。三级指标管理是市政府对区县政府、行业主管部门，区县政府对乡镇、街道以及行业主管部门对用水单位，乡镇、街道对村、社区三级指标管理责任制。两级考核是实施市对区县、行业，区县对乡镇、街道、行业用水单位的两级考核制度。考核结果将作为对各级政府和行业主管部门的综合考核的重要依据。

（二）实施最严格的水资源管理制度

1. 用水总量控制

实行用水总量控制制度，推行重大建设项目布局规划、行业专项规划、区域发展规划、新城和重点发展区域规划时开展规划水资源论证制度，按照用水总量控制指标开展取水许可审批，形成有利于水资源节约保护的发展模式、经济结构、生产方式、消费行为。

在顺义区试点推行节水分类分级管理，建立用水目标量化体系。对用水单位按照属地管理的原则进行摸排，建立用水台账，取得了良好的效果。

2. 用水效率控制制度

实行用水效率控制制度，逐步降低万元地区生产总值和万元工业增加值用水量，提高农业灌溉水有效利用系数。实行用水定额动态管理，用水实现全面计量，加大对用水户的监管力度，对年用水5万方以上的用户分期分批实现在线监测，逐步实现“日清月结、月统月报、季度预警、年度考核”。推行建设项目节水设施与主体工程同时设计、同时施工、同时投入使用的“三同时”制度。建立健全高耗水项目退出机制。

3. 水功能区限制纳污制度

实行水功能区限制纳污管理，逐步提高水功能区水质达标率。根据水功能区对水质的要求和水体净化能力，核定水域纳污能力，提出水域限制排污总量控制指标。严格排水许可制度，在公共排水管网未覆盖范围，新增建设项目要同步建设污水处理设施。在公共管网覆盖的范围内，不得设置排污口。未经许可，任何单位和个人不得直接或者间接向河湖、水库排放未经处理或者经处理未达到规定排放标准的污水。

（三）加强雨洪资源的管理与调度

今年入汛以来，局部地区暴雨频繁，潮白河流域抓住“7·24”等3次强降雨的机遇，充分发挥流域统一调度的优势，最大限度的拦蓄雨洪。在密云县沙厂水库泄洪、通州运潮减河分洪、箭杆河排洪中，通过对拦河闸坝的科学调度，结合充分利用沿河砂石坑、临时挡土坝及自然低洼地形等多种措施，将潮白河流域的雨洪全部拦蓄在本市境内，充分回补地下水。到8月1日，潮白河王各庄地区地下水回升3.9米，顺义地区地下水位回升1.5—3.5米。潮白河形成水面总长度为86公里，其中潮河16公里、白河10公里、怀河10公里、潮白河50公里，累计蓄水总量为2956万方，增加蓄水量为2260万方。截止到9月20日，潮白河流域大中型水库蓄水12.37亿立方米，比去年同期多蓄水1.68亿立方米，密云水库蓄水超过11亿立方米，均为近10年来蓄水最多的一年。

主任、各位副主任、秘书长、各位委员，市人大将“推进潮白河流域水系综合治理”列为2011年人大议案，是推动建立法治政府，接受人大监督的范例，也是贯彻落实中央1号文件和市委市政府9号文件，推动潮白河流域协调发展、可持续发展的重大举措。市政府将各项任务分解到市有关部门，集中各部门的优势力量开展了议案办理工作。今年以来，潮白河流域各项规划分期分批编制和发布，各项建设工作顺利推进，各项任务正在逐步落实。在推进议案办理工作中，我们也认识到，潮白河流域综合治理工作是一项复杂、系统的工作，目前的工作与各位人大代表、广大人民群众的期望还有差距，希望市人大继续监督我们的工作进展，及时提出批评意见，指导我们做好下一步工作。

以上报告，提请市人大常委会审议。

北京市人民代表大会农村委员会关于“推进潮白河流域综合治理”议案办理情况的意见和建议

——2011年9月23日在北京市第十三届人民代表大会常务委员会第二十七次会议上

市人大农村委员会主任委员　雷德才

主任、各位副主任、秘书长、各位委员：

为协助常委会做好“推进潮白河流域综合治理”议案的督办工作，农村办公室制定了工作方案并经主任会议通过，成立了由赵凤山副主任牵头，部分常委会组成人员和领衔代表参加的议案督办小组。期间，督办小组进行了3次实地调研，召开了5次座谈会，充分听取了市政府相关部门、沿流域各区县和人大代表对潮白河流域综合治理的意见和建议。同时，委托相关区县人大常委会同步开展了专题调研。本次常委会前，部分常委会组成人员、农村委员会委员和市人大代表到顺义、怀柔两区，实地视察了潮白河流域综合治理重大项目的进展情况，再次向市政府及其相关部门表达了人大代表的意见和诉求。9月6日，农村委员会召开会议，对市政府提请本次会议审议的议案办理情况报告进行了研究，并就进一步推动潮白河流域综合治理及水资源保护与利用、水环境治理等问题进行了充分的讨论。

农村委员会认为，市政府高度重视“推进潮白河流域综合治理”议案办理工作。一是成立了以夏占义副市长为组长的议案办理领导小组，建立了由市水务局牵头，市发展改革委、市规划委、市财政局、市国土局、市环保局等十个政府职能部门及五个区县政府参加，统筹推进的工作机制。二是市政府编制完成了《潮白河流域水系综合治理规划》和《潮白河绿色生态发展带综合规划》，明确了流域功能定位、治理目标和重要工程任务，并将其列入了“十二五”规划。三是进一步细化了治理责任和目标。在两个规划的指导下，市政府各部门各负其责，制定了堤外砂石坑整治、农业面源污染治理、非正规垃圾场治理和流域污染源调查及治理等相关专项规划。四是初步落实了政府投资和重点工程项目。流域综合治理总投资估算为149亿元，“十二五”期间计划投资94亿元，2011年预计完成重点治理项目15个，总投资近20亿元。五是流域综合治理初见成效。如，在流域雨洪资源管理与调度上，紧紧抓住今年汛期“7·24”等多次强降雨的机遇，充分发挥流域统一调度的优势，不仅确保了流域内城乡地区的防洪安全，而且最大限度地拦蓄雨洪，增加了水库、河道蓄水，地下水位止降回升，密云水库蓄水量超过11亿立方米，为近10年来最多的一年。农村委员会认为，夏占义副市长代表市政府所做的《关于"推进潮白河流域综合治理"议案办理情况的报告》，内容具体翔实，客观反映了本市推动潮白河流域综合治理的工作进展、初步成效和存在的问题，提出了可行的对策措施，农村委员会同意这个报告。

农村委员会认为，潮白河流域是本市重要的水源地和城市东部发展新区的生态带，抓好潮白河流域综合治理，对建设"人文北京、科技北京、绿色北京"将起到重要的支撑作用。目前，流域综合治理工作取得了阶段性的成果，但区域治理进展不平衡，存在一些需要继续关注的问题：一是两个《规划》虽然已经制定并实施，但尚需进一步完善，今后工作重心是坚持规划的权威性、严肃性，并将规划理念及方案逐步转化为行动方案。二是潮白河流域水源地长期超采，地下水位持续下降，严重影响首都的供水安全。三是防洪仍然存在隐患，干支流局部堤防不达标，水库设施、河道建筑物年久老化。四是生态环境依然脆弱，促进经济社会发展、水资源开发利用和保护生态环境三者之间的关系需进一步理顺。

为进一步推进潮白河流域综合治理工作，农村委员会提出以下意见和建议。

一、坚持科学治理，进一步完善实施两个《规划》

要认真学习贯彻中央水利工作会议精神，进一步完善两个综合治理规划，使其能够经受住历史考验，对潮白河流域综合治理提供科学、正确的指导。要将实施两个《规划》提高到促进本市东部区域可持续发展的战略层面，制定更加详细的工作方案和行动计划。要围绕市委"聚焦通州"的新城发展战略，加强潮白河下游的规划实施和重点项目布局，统筹协调潮白河与河北省交界段的综合治理工作。要坚持流域治理与区域治理紧密结合，协调好上下游、左右岸、干支流的关系，使流域治理和保护的整体部署与区域经济社会发展战略相协调。要充分发挥市和区县政府两个积极性，特别是流域内五区县，应抓住机遇、加强领导、增加投入，在区域治理上有所作为。

二、坚持保护优先，切实保证水源地安全

潮白河流域综合治理，要坚持以提高水源地保护区水源涵养能力和水资源利用效率为主线，把保水理念贯穿于规划、论证、建设及运行调度等各个环节，切实保证流域水源安全、供水安全和水环境安全。为此，建议市政府把水源地保护作为基础设施建设的优先领域，水源涵养区内的各区县要把保水作为第一责任，要把保水与促进区域经济社会发展和富民作为加快转变经济发展方式的战略举措，成为政府制定重大公共政策的基本依据。

三、坚持人水和谐，全面提升潮白河流域的资源功能、环境功能和生态功能

要坚持流域治理的整体性、生态环境修复的系统性和开发利用的科学性，把潮白河流域打造成为生态环境良好、都市型现代农业特色突出、自然景观优美的绿色走廊，为建设中国特色世界城市起到重要的支撑和保障作用。要牢固树立污水处理资源化理念，加强东部新城与小城镇等重要节点污水处理

厂建设，逐步实现生产、生活污水达标排放；继续实施山区生态清洁小流域治理工程，有效防控农业面源污染，加大流域内自然或人工湿地的保护修复力度，营造安全的水环境。要坚持堤内治理与堤外治理相结合，以堤外环境修复为重点，严格控制河堤两岸的建设规模，坚决制止违法违章建筑和私挖滥采砂石等行为。对已形成的废弃砂石坑，要因地制宜，通过土地整理、绿化美化等措施，逐步恢复水清岸绿的景观，打造供城乡居民休闲健身的绿色步道。要合理规划建设雨洪利用、水网连通和跨流域调水工程，提高水资源的利用效率。要大力发展民生水利，积极推进水利基本公共服务均等化，解决好水源区群众饮水和生产生活问题。

四、坚持未雨绸缪，进一步完善潮白河防洪减灾体系

要做好应对旱涝急转的思想准备，克服在防洪减灾上的松懈情绪；要进一步细化防洪减灾预案，建立应急机制；要加强防洪减灾基础设施建设，特别要抓紧治理通州段右堤43公里及20条支流堤防不达标等问题，有计划地推进河道行洪区内的村庄搬迁工作，清除水库、河道建筑物的安全隐患，使水库及干支流河道堤防达到五十年一遇的设防标准。

五、坚持统筹协调，建立有利于科学治理的体制机制和制度体系

进一步完善潮白河流域管理与区域管理相结合的水资源管理制度，建立“三级指标管理、两级达标考核”的奖惩机制，进一步强化各级政府和行业主管部门的管理责任；强化对流域内水事活动的统一协调，加强流域管理机构在流域规划编制与实施、防洪调度、水资源配置、水环境保护和行政许可等方面的监管职能。要充分发挥公共财政对水利发展的保障作用，建立水务投入稳定增长机制，落实党中央、国务院关于每年从市区两级土地出让收益中提取10%，设立专项资金用于水利建设的规定。要完善水资源涵养区补偿机制，保障好流域内人民群众的切身利益。要实行最严格的水资源管理制度，加快制定新法规的进程。

以上意见，供常委会组成人员审议时参考。

关于“进一步完善政策，推进绿化隔离地区建设”议案办理情况的报告

——2011年9月23日在北京市第十三届人民代表大会常务委员会第二十七次会议上

北京市常务副市长　吉　林

主任、各位副主任、秘书长、各位委员：

我代表市人民政府，向市人大常委会报告关于“进一步完善政策，推进绿化隔离地区建设”议案办理情况。

在今年市十三届人大四次会议上，经大会议案审查委员会审查、主席团讨论通过，将丰台代表团和朝阳、海淀部分市人大代表共140人，就第一道绿化隔离地区建设提出

的3件议案，合并为一项，交市政府办理。

市人大成立了议案督办组，杜德印主任、吴世雄副主任对议案办理给予多方面指导。财经委、农村委及部分市人大常委会委员和人大代表，为议案办理提出了许多宝贵意见。

市政府成立了议案办理工作协调小组，由我负责，张玉平副秘书长协调，市发展改革委具体牵头，市农委、市人力社保局、市财政局等13个部门和6个区政府共同参与。先后多次召开座谈会、研讨会，并向81个绿隔实施单位发放了包含151项内容的调查表。在梳理情况、分析问题、调查研究的基础上，形成了本议案办理报告，已经市政府第102次常务会讨论通过。

一、绿隔地区建设政策体系不断完善

第一道绿化隔离地区规划总面积240多平方公里，其中规划绿地125平方公里。涉及朝阳、海淀、丰台、石景山、大兴、昌平6个区，共26个乡、177个村，户籍人口17.9万户、34万人，其中农业户籍15.5万人。

绿隔地区建设是城市建设与发展的战略性决策，是本市落实城市总体规划、改善城市生态环境、统筹城乡发展、促进城市化进程的重要举措。建设政策经历了7号文试点推进、12号文全面开展和17号文深化提升三个阶段。

（一）7号文试点阶段

1994年市政府印发了7号文件（《北京市人民政府批转首都规划委办公室关于实施市区规划绿化隔离地区绿化请示的通知》〈京政发〔1994〕7号〉）及配套政策，主要原则是“以绿引资、引资开发、开发建绿、以绿养绿”，通过房地产开发改造旧村、实现绿化。对于实施绿化改造的乡村土地全部征为国有，转居后的劳动力由乡村集体经济组织安置，超转人员由原乡村参照建设征地的办法管理。1997年4月中央冻结建设用地征用耕地后，7号文件的执行受到影响。

（二）12号文全面开展阶段

2000年市政府印发了12号文件（《关于加快本市绿化隔离地区建设意见的通知》〈京政发〔2000〕12号〉）及配套政策，主要内容是新村建设采取农民合作或引资开发的方式，农民自住房人均40—50平方米，与上市商品房比例为1∶0.5，用于新村建设的农民宅基地“空转”征为国有；绿化建设按照国家有关部门要求采取退耕还林、不征地的方式，政府给予占地补偿。但是随着环境和条件的变化，拆迁成本涨幅过快，新村建设资金难以平衡，农民上楼面临新的困难。

（三）17号文深化提升阶段

2008年市政府印发了17号文件（《关于进一步推进本市第一道绿化隔离地区建设意见的通知》〈京政发〔2008〕17号〉），确立了“远近结合、以近为主、先易后难、积极推进”的原则，将重点工作划分为近期任务和远期任务。近期任务是提高占地补偿，统筹基础设施建设，保障农民切身利益；远期任务是发展产业促进就业，试点探索整建制转居，逐步加强和推进绿隔地区城市化进程。具体包括以下几个方面：保持绿化用地农村集体所有性质不变，提高占地补偿标准，从每年每亩500元提高到1000元；建立个案处理机制，灵活务实解决农民住房问题；集中建设资金，规范投资政策，统筹安排基础设施建设；按照多元化补偿的方式，促进产业项目供地，积极引导集体产业发展。

二、绿隔地区建设取得显著成效

2008年17号文件实施以来，全市上下形成了加快推进绿隔地区建设的良好工作局面，在实现绿化功能、推进旧村改造、完善基础设施、加快经济发展、提升公共服务等方面取得了显著成效。

(一) 生态功能不断提升

逐步形成了以绿地为载体、郊野公园为支撑的"环状宽带式"绿色生态景观，有效遏制了城市"摊大饼式"的无序扩张。新建郊野公园48个，总面积3.9万亩，累计实现绿化104平方公里，完成绿化任务的83%。基本实现了绿色屏障、休闲场所的功能定位，在建设生态文明、实现绿色北京战略等方面发挥了重要作用，初步估算每天可吸收二氧化碳9360吨，释放氧气6240吨。

(二) 绿隔建设全面提速

旧村改造加快实施。2008年以来，以北坞村、大望京村试点改造为起点，30多个绿隔实施单位完成了"一村一策"规划方案调整，20个乡村启动了剩余建设用地土地储备开发，25个村全面启动了旧村改造，已启动和完成改造的旧村达70%以上。已建成绿隔农民新村住宅2100万平方米，农民居住条件得到极大改善。

基础设施建设进展良好。加快了主干路和快速路建设，完善了路网骨架，打通了一批断头路，改善了交通微循环，3年市政府共投入建设资金40亿元。完成了中心城四环路供水配水干管，六环以内市属骨干城市河湖水系实现生态治理，污水处理率到达95%，水体质量大幅改善。建成了40座110千伏变电站，3座35千伏变电站，保障了用电需求。

(三) 公共服务逐步完善

社会保障制度全覆盖。实现了基本养老保险城乡职工政策统一。建立了城乡统一的无保障老年人福利养老金制度、"个人账户+基础养老金"的城乡居民养老保险制度，参保人员约13.2万人，其中农村户籍约12.36万人。建立了"一老一小"和无业居民的城镇居民基本医疗保险制度，提高新型农村合作医疗筹资水平，实现了补偿模式由大病统筹向住院和门诊兼顾转变，参保率接近100%。

就业服务城乡一体化。有转移就业愿望的农村劳动力，纳入城乡统一的公共就业服务范围，享受城乡统一的岗位补贴、社会保险补贴、职业培训补贴、小额担保贷款、劳动力培训等政策。

社会服务水平不断提升。通过名校办分校等方式，提高了优质教育资源的供给能力。建立了以区域性医院、社区卫生服务中心、村卫生室为主体的基层医疗卫生服务网络，形成了15—30分钟社区卫生服务圈。街道文化中心、行政村文化活动室、城市社区服务站、全民健身工程等实现全覆盖。开展了农村社区建设试点和村务公开民主管理示范单位创建活动，打造了一批农村典型示范社区。进一步加强流动人口服务，提高了管理水平。

(四) 区域经济加快发展

经济结构逐步优化调整。形成了第三产业支撑的发展格局，到2010年朝阳、海淀、丰台三个区绿隔地区第三产业比重均超过75%。建成了燕莎奥特莱斯、玉泉慧谷、杰华生物等为代表的一批集体产业项目。

集体经济组织实力不断壮大。共建成产业项目79个，完成投资220亿元。到2010年年末，绿隔地区集体经济组织资产总规模达到690亿元。2010年度实现利润总额约31亿元，人均利润1.16万元。

产权改革有序推进。170家集体经济组织中，101家开展了集体产权制度改革，75家已完成。

农民收入持续增长。农民人均劳动所得从2008年的1.5万元提高到2010年的1.8万元，年均增长10.2%，高于全市平均增速1.3个百分点。

但是，从城乡一体化和城市化的目标要求来看，在社会保障、就业增收、公共服务等方面还存在一定差距。妥善解决这些问题，促进区域经济社会发展，关系到绿隔地区绿化成果的巩固和可持续发展，关系到首都和谐社会首善之区的建设。

三、进一步推进绿隔地区建设的意见

以实现城乡一体化发展和城市化为目标，以扎实落实和完善17号文件政策为取向，稳定地权，分区分片，积极创造条件试点推动绿隔地区整建制转居工作，构筑城市社会保障体系；加大投入，创新管理，完善公共服务供给能力和提升社会管理水平，构筑城市公共服务体系；完善产权，促进发展，增加农民就业和收入，构筑适合绿隔地区发展的产业体系。巩固提升绿化成果，保障农民利益，促进绿隔地区稳定、较快发展。重点抓好以下几方面工作。

（一）提高占地补偿标准，积极保障农民收入稳定增长

继续保持绿化用地的农村集体土地性质不变，建立占地补偿增长机制，稳定增加农民收入。自2012年起，绿隔地区占地补偿标准由每年每亩1000元提高到1500元，原则上每2年到3年调整一次。

（二）有序推进整建制转居工作，努力提高农民社会保障水平

1. 有条件推进整建制转居

旧村完成拆除，绿化基本实现，农民全部安置，集体产业项目已建成使用并切实发挥就业引导作用的乡村，有序开展产权制度改革，可以根据农民意愿稳步推进整建制转居工作。

2. 多渠道筹措社会保险资金

市、区两级政府根据发展条件和资源禀赋情况，统筹采用以下三种方式：

乡村集体自行筹措。城市化程度较高、集体经济实力较强、能够自行筹集整建制转居费用的，鼓励以乡村为主体，自主实施整建制转居。

统筹利用土地资源。土地资源较为充裕的区域，根据土地承载能力，通过土地开发筹集整建制转居费用。

加大财政支持力度。农民转居意愿强烈、集体经济实力较弱、统筹利用区域土地资源仍难以承担整建制转居费用的乡村，由市、区财政统筹解决。

3. 加大管理力度。区政府组织编制整建制转居试点方案，经市政府审批后区政府会同市相关部门组织实施。通过土地开发筹集整建制转居费用的，由征地单位直接将费用划入区县财政账户；市、区统筹解决整建制转居费用的，按比例分别向人力社保和民政部门支付。

（三）加大投入，加快建设城乡一体化的公共服务体系

1. 实施一批市政能源保障项目，提高基础设施承载能力

推进交通设施建设，优化绿隔地区公共交通体系。加密骨干路网，改善绿隔地区与重点新城及边缘集团之间的交通联系，建成马西路南延、八家南北线等重点工程。加快区域微循环道路建设，建成郭公庄南路、张新路等次干路。推进重点村周边配套市政道路和综合管线建设，尽快启动垡头南路西段、双清路等道路建设。

完善资源能源设施建设，提高污水处理和用能保障水平。升级改造现有污水处理厂，完成高碑店再生水厂、小红门再生水厂等工程，尽快开工东干渠、东水西调改造、团城湖调节池、郭公庄水厂一期等南水北调4项配套工程。提高集中供热水平，“十二五”期间基本实现供热无煤化，积极推进朝阳北路热力管线、蒲黄榆路热力管线等项目建设。

2. 实施一批基本公共服务设施项目，提高社会公共服务供给水平

加快优质社会公共服务资源向绿隔地区转移和辐射。加大政府投资力度，加快推进天坛医院迁建、朝阳常营等医院建设，鼓励

社会力量举办高标准、高水平的医疗机构，提高一道绿隔地区医疗卫生服务能力和水平。创新学区化管理、学校联盟等办学形式，建立与职业教育学校的长效合作机制，围绕绿隔地区功能定位和产业发展，提高绿隔地区劳动力的就业技能。

完善社会基本公共服务设施，实现城市公共服务网络全覆盖。健全基础教育服务体系，建设40个幼儿园、9所九年一贯制学校、6所高中，推动绿隔地区与城区之间合作办学、委托管理以及教育资源合理流动。提升社区卫生服务水平，建设9个社区卫生服务中心，40个卫生服务站，建立居民电子健康档案和电子病历。推进文体达标工程，构筑广泛覆盖、均等服务的公共文化服务网络和体系，建设32个文体活动中心，完善全民健身设施。提高绿隔地区公共安全水平，建设15个消防标准站、8个派出所。

构建贴近群众的生活服务网络。加快推进社区服务设施规范化建设，完成绿隔地区8个社区服务中心、40个居委会组建工作。完善社区公共服务功能，提高社会救助、医疗卫生等基本公共服务水平。

3. 实施一批环境建设项目，进一步改善区域生态居住环境

大力推进绿隔地区规划绿地建设，完成剩余绿化任务，确保绿隔规划目标实现。进一步提升绿化质量，优化绿地结构，力争70%的绿地到达公园绿地标准。加快推进郊野公园建设，构筑“整体成环、分段成片”的“链状集群式”结构，形成“一环一六区一百园”的空间布局。

4. 实施一批旧村改造工程，完成剩余新村建设任务

按照“个案处理”机制分类采取土地储备、土地整理、重点工程带动、宅基地腾退和新农村建设等模式，继续做好旧村改造和农民安置工作，全面改善农民居住条件。

（四）大力支持发展产业，增强农村集体经济“造血”机能

1. 发挥辐射带动作用，实现特色发展。依托重点功能区，发挥高端要素和高端产业的辐射带动作用，推动集体经济发展，构建发展集约、产业融合的发展格局。依托绿色生态环境和完善的基础设施，积极发展以文化休闲产业为特色、设施农业为补充的新型产业体系，构建环境友好、引导就业的产业结构。

2. 加快产业转型，实现规模发展。确保集体产业项目同步建设，引导乡村集体“腾笼换鸟”，有序退出不适合绿隔地区生态功能的低端产业，促进产业转型和升级。整合绿隔地区散小的集体产业，升级改造“瓦片经济”，集聚发展后劲，实现乡村集体经济规模发展。

3. 培育产业载体，实现开放发展。按照农民主体、市场参与的原则，吸引社会资本广泛参与绿隔地区产业项目建设。引导集体资产处置与集体经济改制同步进行，按照现代企业制度完善集体经济组织法人治理结构，引进专业经营管理团队参与资产运营，打造一批有市场竞争力的集体企业。

4. 加强服务协调，实现快速发展。将绿隔地区产业项目全部纳入“绿色审批通道”，加快项目前期手续办理，推进项目实施。利用好存量土地资源，适度扩大产业用地占比，提升持续发展能力。

（五）创新机制，进一步提升绿隔地区社会管理水平

1. 引导促进就业。按照城市就业服务体系积极促进农转居人员就业。将绿化隔离地区农村劳动力纳入城镇失业人员管理范围，通过单位招用、自谋职业、自主创业、公益性就业等形式，促进多元化就业。绿地养护和公益型就业岗位要向就业困难人群倾斜，千方百计提高绿隔地区农民的就业水平。

2. 完善社会管理格局。实现基层党组织

全覆盖，建立社区居委会，实现村居、街乡、人户管理体制的并轨。鼓励各类社会组织参与社会管理，支持、鼓励居民参与社区自治。努力形成“党委领导、政府负责、社会协同、公众参与”的社会管理格局。

3. 实现社会管理服务社区化。构建以社区党组织为核心，社区居民委员会为主体，社区服务站为依托，社区社会组织为补充，社区居民广泛参与的新型社区服务管理体系。推动城市化过程中村委会与居委会的无缝对接，实现对社区居民的全员管理。

（六）加强组织，健全绿隔地区建设发展工作推进机制

提升工作层级，加大组织协调力度。成立绿隔地区建设发展协调推进领导小组，领导小组下设办公室。办公室设在市农委，由市农委、市发展改革委牵头。相关部门按照职能分工，进一步完善绿隔地区建设的政策，加快推进绿隔地区建设发展。

主任、各位副主任、秘书长、各位委员，市人大将“进一步完善政策，推进绿化隔离地区建设”列为2011年人大议案，既是市人大对推进绿隔地区建设的密切关注，也是对率先形成城乡一体化发展新格局的深刻把握。在办理过程中，我们也认识到，绿隔地区建设发展是一项长期任务，需要不断研究完善政策、措施，促进绿隔地区稳定较快发展。希望市人大继续监督我们的工作，及时提出批评意见，指导我们做好下一步工作。

以上报告，提请市人大常委会审议。

北京市人民代表大会财政经济委员会关于“进一步完善政策，推进绿化隔离地区建设”议案办理情况的意见和建议

——2011年9月23日在北京市第十三届人民代表大会常务委员会第二十七次会议上

市人大财政经济委员会主任委员　王　火

主任、各位副主任、秘书长、各位委员：

为做好“进一步完善政策，推进绿化隔离地区建设”议案办理和督办工作，按照主任会议讨论通过的工作方案，成立了由吴世雄副主任牵头，部分常委会委员、财经委委员、农村委委员、提议案代表及相关区县人大常委会负责人为成员的议案督办组，财经办公室和农村办公室负责议案督办的具体工作。4月份以来，市人大常委会财经办公室、农村办公室围绕议案涉及的有关问题，组织委员代表开展了一系列调研活动。组织召开座谈会，听取市发展改革委、农委、人力社保局及财政局等十几家政府部门的情况汇报；与市发展改革委共同开展摸底调研，并与各办理单位深入沟通交流，了解议案办理的重点和难点；充分发挥市区两级人大常委会作用，委托朝阳、海淀、丰台等绿化隔离地区较多的区人大常委会调研本区情况，深入了解区县基层的意见和建议；及时听取市政府各部门议案办理情况工作汇报，掌握议案办理进度；组织督办组实地考察海淀区、朝阳区绿化建设、搬迁上楼、产业发展等情况，与区县相关部门及当地镇村领导进行沟通交流。议案督办过程中，杜德印主任、吴

世雄副主任专门听取了市发展改革委议案办理情况的工作汇报，针对推进绿化隔离地区建设，提出了明确的要求和指导意见，为办理和督办工作取得实效提供了有力支持。9月6日，财经委员会召开第三十一次会议，对市政府提请本次常委会审议的报告进行了认真讨论。

我市自1994年启动绿化隔离地区建设至今，经过十几年的努力，各项工作取得了重大成就，完成绿化任务的83%，基本实现了绿色生态屏障功能，为改善首都生态环境，促进区域经济社会发展，加快城市化进程发挥了重要作用。今年办理议案过程中，市政府成立了由吉林常务副市长总负责的工作领导小组，形成了市发展改革委主办、12家市级责任单位、6家绿化隔离地区政府分工协作、统筹谋划的议案办理工作机制。通过大量调查研究、深入沟通协调，广泛听取各方面意见，认真总结绿化隔离地区建设发展成效，深入分析该区域经济社会发展转型面临的形势，提出规划、基础设施、公共服务、就业、保障、社会管理“六个一体化”的办理目标，明确了进一步推动绿化隔离地区建设的工作思路和政策、措施，创新了工作思路和方法，实现了议案办理和绿化隔离地区建设同步推进。

财经委员会认为，吉林常务副市长代表市政府所作的《“进一步完善政策，推进绿化隔离地区建设”议案办理情况的报告》，全面、客观地反映了本市绿化隔离地区发展的主要成果以及面临的困难和问题，下一步工作的总体思路清晰，主要任务和对策措施切实可行。财经委员会经过讨论，同意这个报告，对市政府议案办理工作给予肯定。

议案办理取得重要阶段性成果，为推进绿化隔离地区建设发展奠定了扎实基础，在充分肯定工作成绩的同时，也应清醒地看到发展中仍存在的一些较为突出的矛盾和问题，与人民群众的迫切愿望和加快城乡一体化建设的目标相比仍有一定差距，主要表现在：绿化隔离地区农民的有关权益、就业及社会保障问题需要进一步解决；绿化隔离地区产业化发展及基础设施建设需要进一步科学的规划、支持和引导；推动绿化隔离地区建设的统筹协调机制需要尽快建立健全，相关的政策需要进一步梳理、衔接和完善。为进一步做好促进绿化隔离地区建设有关工作，财经委员会提出以下建议。

一、保障农民合法权益，使农民更好地共享城市化发展成果

坚持保护绿化成果，保障农民权益，促进地区发展的指导思想，采取切实有效的措施推动绿化隔离地区建设，走出一条绿化隔离地区城市化发展的新路。要进一步明晰地权、林权，在未办理征地的地区，积极探索土地所有权与使用权分离的具体形式，建立农民和集体经济组织依据土地使用权、林木有关权属获取相应收益补偿的具体途径。完善绿化补偿机制，提高绿化补偿标准，建立与农业产业结构调整预期收益、居民消费价格指数等因素挂钩的增长机制，切实维护农民的权益。研究设立绿化补偿专项基金，按照共建、共享、共担原则，构建政府、受益企业或组织共同出资的补偿分担机制。要优先完善绿化隔离地区社会保障体系，将之纳入统筹城乡发展大局，使农民享受城乡一体化社会保障待遇和服务。充分发挥政府职能作用，尊重农民的主体意愿，区别具体情况逐步推进农民转居。加快推进绿化隔离地区基础设施等公共服务均等化，加强道路、水、电、气等基础设施建设，把统筹推进与优先解决基础设施滞后结合起来，使推进绿化与加快基础设施建设、旧村改造、新村建设相协调。创新组织形式、引导资源配置，促进绿化隔离地区的教育、文化、医疗卫生

等公共服务逐步同城区接轨。认真研究农村生产方式和生活方式转变后社会管理和服务中出现的新情况新问题，加强社会管理，完善长效机制。

二、保护绿化成果，加快促进适合绿化隔离地区的产业发展

进一步完善推进绿化建设、保护绿化成果、促进地区发展的机制，综合考虑绿化建设、绿地养护成本及集体经济组织承受力，科学合理确定绿化补助及绿地养护标准，增强绿化隔离地区建设发展的内在动力。要创新工作思路，妥善应对人口增长、拆迁成本上升，以及集体经济实力偏弱等造成的绿化进展缓慢情况，解决好绿化隔离地区产业发展问题，促进地区经济发展。坚持从实际情况出发，使绿化隔离地区规划兼顾绿地与产业发展需求，让农民有条件发展产业。引导农民根据区域功能定位，抓好地区优势产业的发展，最大程度地提高产业建设水平，壮大集体经济组织力量。着力构建绿化隔离地区群众发展致富的长效机制，安排好绿化隔离地区建设中农民就业，并规划好农民转居后发展致富的途径，加强对就业工作的组织协调，按照产业导向进行有针对性地培训，提高农民就业能力，搭建劳动力服务平台，支持农民通过自主创业实现就业，引导和帮助转居后的农民顺利实现充分就业，走出一条农民通过自我发展促进致富的路子。

三、建立健全统筹推进绿化隔离地区建设的领导机制和政策体系

要充分认识绿化隔离地区建设的系统性、复杂性和艰巨性，加强对绿化隔离地区建设的组织领导，建立市级层面推进工作的领导机构，明确分工、落实责任、形成合力，统筹协调解决诸如推进绿化隔离地区的中央、市属企业和部队顺利搬迁等重大问题。要建立和完善推进绿化隔离地区发展的长效机制，明确和细化阶段性工作目标，并狠抓落实，坚持不懈地加以推进。要清理绿化隔离地区建设有关政策，在妥善处理历史遗留问题同时，结合现实情况需要，兼顾各区各村具体情况，进一步补充、完善原有政策，做到政策前后衔接、相互适应、内容全面。要平衡绿化隔离地区建设所需资金，通过创新体制机制，拓宽资金来源，拓展融资渠道，并加强对区县债务监控，防范债务风险。

主任、各位副主任、秘书长、各位委员，绿化隔离地区在首都可持续发展中具有重要地位，是我市实现城乡协调发展的重要地域，推进绿化隔离地区建设对于有效缓解城乡结合部人口、资源、环境矛盾，率先形成城乡一体化的发展格局，推动首都的科学发展具有十分重要的意义。要立足于首都的城市性质和功能定位，尊重历史，面对现实，按照统筹城乡发展的要求，把绿化隔离地区建设成为首都科学发展的战略新区。

以上意见，供常委会组成人员审议时参考。

北京市人民代表大会常务委员会公告

解放军驻京部队召开军人代表大会，补选陈勉、贺天成、徐俊杰为北京市第十三届人民代表大会代表。北京市人民代表大会常务委员会同意代表资格审查委员会的审查报告，确认陈勉、

贺天成、徐俊杰的代表资格有效。

解放军驻京部队选举的北京市第十三届人民代表大会代表王秋生因工作需要，调离本行政区域，依照代表法的有关规定，其代表资格终止。

大兴区选举的北京市第十三届人民代表大会代表许勇因病逝世，北京市人民代表大会常务委员会对许勇代表的去世表示哀悼。其代表资格终止。

北京市第十三届人民代表大会代表现有770名。

特此公告。

北京市人民代表大会常务委员会

2011年9月23日

北京市第十三届人民代表大会常务委员会代表资格审查委员会关于个别代表的代表资格的报告

（2011年9月23日北京市第十三届人民代表大会常务委员会第二十七次会议通过）

代表资格审查委员会主任委员　赵凤山

北京市人民代表大会常务委员会：

最近，解放军驻京部队分别召开军人代表大会，依照《中国人民解放军选举全国人民代表大会和县级以上地方各级人民代表大会代表的办法》的有关规定，补选陈勉、贺天成、徐俊杰三位同志为北京市第十三届人民代表大会代表。经代表资格审查委员会审查，陈勉、贺天成、徐俊杰的代表资格有效，提请北京市人民代表大会常务委员会确认。

解放军驻京部队选举的北京市第十三届人民代表大会代表王秋生因工作需要，调离本行政区域，依照代表法的有关规定，其代表资格终止。

大兴区选举的北京市第十三届人民代表大会代表许勇因病逝世，代表资格审查委员会对许勇代表的去世表示哀悼。其代表资格终止。

北京市第十三届人民代表大会代表现有770名。

现报请北京市人民代表大会常务委员会予以公告。

以上报告，请予审议。

北京市第十三届人民代表大会
常务委员会代表资格审查委员会

2011年9月22日

北京市人民代表大会常务委员会
免 职 名 单

（2011 年 9 月 23 日北京市第十三届人民代表大会常务委员会第二十七次会议通过）

免去张凤华的北京市人民代表大会常务委员会办公厅副主任职务。

北京市人民代表大会常务委员会
任 免 名 单

（2011 年 9 月 23 日北京市第十三届人民代表大会常务委员会第二十七次会议通过）

（一）

任命于同志为北京市高级人民法院刑事审判第一庭副庭长、审判员。

任命张立明、闫洪升为北京市高级人民法院申诉审查庭副庭长、审判员。

免去政玉英的北京市高级人民法院执行一庭庭长、审判员职务。

免去周萍的北京市高级人民法院审判员职务。

（二）

任命张晓津为北京市第二中级人民法院民事审判第五庭庭长。

免去刘云的北京市第二中级人民法院审判员职务。

北京市人民代表大会常务委员会
任 免 名 单

（2011 年 9 月 23 日北京市第十三届人民代表大会常务委员会第二十七次会议通过）

（一）

任命岳慧青为北京市人民检察院检察员。

免去杨永华的北京市人民检察院检察员职务。

（二）

免去刘芸的北京市人民检察院第一分院检察委员会委员、检察员职务。

（三）

免去王伟的北京市人民检察院第二分院副检察长、检察委员会委员、检察员职务。

免去叶文胜的北京市人民检察院第二分院检察委员会委员、检察员职务。

免去董爱平的北京市人民检察院第二分院检察员职务。

北京市第十三届人民代表大会

常务委员会第二十八次会议

在市十三届人大常委会第二十八次会议上的讲话

（2011年11月18日）

市人大常委会主任　杜德印

各位委员：

本次会议在大家的共同努力下已经顺利完成了各项议程，会议开得很好。

这次会议表决通过了两项地方性法规，要认真抓好法规的宣传和实施。在其他各项议题的审议中，大家都发表了很多好的意见。比如在《北京市审计条例（草案）》的审议中，大家肯定了政府提交的法规议案，同时提出要进一步明确审计目标、加强绩效审计、完善审计程序、搞好审计结果的运用、严格整改问责，我们将按照委员们审议中提出的意见，进一步搞好二审之前法规的修改工作。

关于西部地区转型发展和科技创新平台建设两个专项工作报告，大家进行了充分讨论，发表了很多好的意见。关于西部地区转型发展的报告，大家充分肯定了市政府及其有关部门一年来所做的大量工作，取得了重要的进展和成效。同时，提出要进一步贯彻落实科学发展观，坚持建设首都西部绿色新区的目标和“民生为本、生态优先、文化为主、科技支撑、制度创新、宜业宜居”的指导思想，希望政府加强对西部建设的整体统筹，既要发挥有关区县单位的积极性，又要从整体上规划好西部地区的建设。

关于科技创新平台建设的报告，大家指出这项工作取得了很大的进展，有了一个很好的局面。同时提出要深化认识科技创新平台建设的本质，即针对首都科技资源密集、但科技创新资源分割的情况，着力推进科技创新的体制和机制改革，真正激活创新活力，提高创新能力；要坚持以企业为主体的创新地位，解决好在科技创新中土地资源、资本资金、人才和科技要素的整合，尤其要充分发挥科技人员知识创新的能动作用，改变资本、土地束缚科技人员知识创新的状况。市人大常委会有关部门要在会后对大家的意见和建议进行整理，完成好审议意见书，提交给政府研究，解决好有关的问题，继续推动各个方面工作的进展。

借这个机会，就市人大常委会如何认真学习贯彻十七届六中全会精神，简要讲三点意见。

第一，认真学习十七届六中全会精神，深刻认识和把握全会的重大意义和重点内容。市人大常委会的组成人员、市人大代表和市人大常委会机关工作人员，要认真学习全会通过的《中共中央关于深化文化体制改革、推动社会主义文化大发展大繁荣若干重大问题的决定》，深刻认识全会对于增强文化自觉、建设文化强国，全面建设小康社会、开创中国特色社会主义事业新局面的重大意义；深入领会推进文化改革发展的指导思想和重大方针，深入领会坚持中国特色社会主义文化发展道路的深刻内涵和基本要求，深入领会建设社会主义文化强国的战略目标和到2020年文化改革发展的奋斗目标，深入领会新形势下推进改革发展的主要任务和重大举措。学习全会精神，要紧密结合首都推进全国文化中心建设的实际，使学习贯彻十七届六中全会的精神成为推动首都文化创新发展的强大力量。

第二，根据党的十七届六中全会精神，修改和完善好市人大常委会关于推进全国文化中心建设的建议。这次我们是“三合一”，即办理人大代表的议案、听取市政府关于推进全国文化中心建设的专项工作报告和市人大常委会今年的专项调研这三个任务合在一起，我们调研以后提交的建议也作为办理议案和听取政府专项工作报告的审议意见书。

专项调研是我们近三年一以贯之的工作的组成部分，2009 年为应对金融危机开展的专项调研，提出把应对金融危机、防止经济下滑的应急性措施和 2008 年奥运会之后首都长远发展的战略性安排有机地统一起来，强调推进服务业发展，特别是科技创新，产生了积极作用。2010 年又结合“十二五”规划的制定搞了专题调研，提出的建议核心就是坚持首都城市的性质和功能，推进首都的科学发展和经济发展方式转变。市人大常委会围绕首都科学发展的大局，在市委领导下，连续不断地就转变经济发展方式和城市发展转型开展工作。今年专项调研是在前两年工作基础上的延续，具体的回答首都城市的性质功能当中的一个重要问题，就是全国文化中心的建设。

这次专项调研报告，一是认真学习贯彻中央包括党的十七大以来关于深化文化体制改革，推动文化大发展大繁荣的一系列重要精神和部署；二是深入学习贯彻中央关于北京工作的一系列重要指示；三是坚持从北京的实际情况出发。虽然初步成果是产生于中央全会之前，但是调研报告和提出的建议在总体上符合六中全会精神，符合北京市的实际情况。我们要根据中央全会的精神以及这次常委会审议的情况作好进一步修改。

这次专项调研在市委的领导下，在市政府及各有关部门的密切配合下，特别是在市人大代表包括常委会组成人员、广大人民群众、专家学者的广泛参与下，取得了重要成果，产生了积极的影响。一是第一次比较系统地研究了全国文化中心建设的问题，或者说从全国文化中心的角度来研究文化发展和首都发展问题；二是为市委的决策提供服务，注重应用对策研究，提出具有基础性、全局性、战略性的建议。我们的成果和影响主要体现在五点。

第一点是功能定位和发展坐标。着眼于首都城市全国文化中心的功能定位，建立首都文化发展的坐标体系。我们强调文化中心建设，将其放在文化与首都发展，首都文化与全国文化、中华民族文化和中国特色社会主义文化的发展的角度去提出建议，使全国文化中心这个功能定位提升到首都发展的全局和战略层面，有利于我们增强首都的政治责任感和历史使命感。

第二点是文化创新与首都发展战略转型问题。我们从文化创新的角度来解决首都的发展战略问题和城市发展的转型问题，因而在建议中没有单纯讲文化创意产业，而是讲实施科技创新和文化创新的“双轮驱动”和发展文化创意产业，解决整个北京城市的转变、发展方式和城市模式的转型问题。

第三点是全国文化中心建设的顶层设计和战略布局。顶层设计上我们提出了全国文化中心建设的两个目标：即当代中华文化的中心和中国特色社会主义文化的中心。这个中心从三个层面回答了文化与文明的关系、历史与现实的关系。第一个层面是历史文化名城和名城历史文化的保护与传承，这是推进全国文化中心的基础和渊源。北京成为全国文化中心的重要依据：一是历史文化名城，二是首都和政治中心，因而，我们承担着保护历史文化名城和传承名城历史文化的责任，这既是北京前进的基础和资源，也是全国人民、中华民族的文化积淀和精神家园，是全国文化中心建设的基础性工作。第二个层面是围绕中国特色社会主义文化主题推进文化的创新和发展，从而在当代文化发展中保持文化中心的地位。第三个层面是文化和文明的关系。文化包括精神文化、物质文化、制度文化、行为模式文化，只有使文化的思想价值渗透到物质文化、制度文化和人们的行为文化当中，才能转化成文明，文明才是软实力。因而，要研究如何以文化的创新发展来推动、促进我们的物质文明、政治文明和社会文明，包括生态文明，这是一个大的战略。我们的任务可以概括为“1＋4”：“1”是中国特色社会主义核心价值建设，这是一个统领，是灵魂；“4”是历史的名城保护和名城历史文化传承、公共文化体系建设、文化创意产业发展和首都的公共文明建设，这样从总体上形成推进全国文化中心建设的任务布局。

第四点是推进全国文化中心建设的前进方向和首要任务。就是关于建设中国特色社会主义文化和抓好中国特色社会主义核心价值观。坚持中国特色社会主义文化的发展道路，尤其要增强中国特色社会主义文化的自觉和自信，防止对中国特色社会主义文化的历史虚无主义。我们党在领导全国人民开创中国特色社会主义道路的同时，就开启了中国特色社会主义文化的新阶段，逐步形成了中国特色社会主义的核心价值，我们要更好地坚持这些核心价值，并用这些核心价值去指导推动我们的各项改革和发展。

第五点是文化的科学发展。要很好地研究首都文化发展的问题，坚持以人为本，文为人需、文为人创、文为人想、文以化人，充分发挥文化凝聚人、团结人、教育人的重要作用，同时更要注意保障人民群众的文化权益，满足人民群众的文化需求，发挥人民群众的主体作用，促进人的解放和发展。

第三，依法履行人大及其常委会的职能，为贯彻落实中央和市委的决策部署，推进全国文化中心建设提供民主法制保障。市委全会将对全市文化中心建设、文化中心发展作出部署，我们人大要依法履行职能，发挥人民代表大会的优势和作用。要加强文化立法方面的工作，研究今后五年的立法规划、明年的立法计划，围绕重点问题制定法律制度。要履行监督职能，保证、支持、促进政府及有关部门围绕全国文化中心建设，做好相关方面的工作。明年初步考虑还要听取市政府推进全国文化中心建设的专项工作报告，通过我们的保证性、建设性、实效性的监督，来推动文化和各方面的发展。

这次会议决定了市十三届人大五次会议召开的时间，我们已经进入了这次会议的准备期，会前还有大量的工作要做。希望大家共同努力，把这次会议准备好、召开好。

现在闭会。

北京市第十三届人民代表大会常务委员会第二十八次会议议程

（2011 年 11 月 17 日至 18 日）

（2011 年 11 月 17 日北京市第十三届人民代表大会常务委员会第二十八次会议第一次全体会议通过）

一、审议通过《北京市人民代表大会常务委员会关于召开北京市第十三届人民代表大会第五次会议的决定》

二、审议《北京市审计条例（草案）》

三、审议《北京市就业援助规定（草案修改稿）》

四、听取和审议市人民政府关于“加强国家文化中心建设”议案办理暨推进全国文化中心建设情况的报告

五、听取和审议市人民政府关于加快西部地区转型发展情况的报告

六、听取和审议市人民政府关于科技创新平台建设进展情况的报告

七、表决《北京市实施〈中华人民共和国残疾人保障法〉办法》

八、表决《北京市生活垃圾管理条例》

九、决定人事任免事项

北京市人民代表大会常务委员会关于召开北京市第十三届人民代表大会第五次会议的决定

（2011 年 11 月 17 日北京市第十三届人民代表大会常务委员会第二十八次会议通过）

北京市第十三届人民代表大会常务委员会第二十八次会议决定：北京市第十三届人民代表大会第五次会议于 2012 年 1 月 12 日召开。

北京市人民代表大会常务委员会公告

（第 19 号）

《北京市实施〈中华人民共和国残疾人保障法〉办法》已由北京市第十三届人民代表大会常务委员会第二十八次会议于 2011 年 11 月 18 日修订，现予以公布，自 2012 年 3 月 1 日起施行。

北京市第十三届人民代表大会常务委员会

2011 年 11 月 18 日

北京市实施《中华人民共和国残疾人保障法》办法

（1994 年 7 月 22 日北京市第十届人民代表大会常务委员会第十一次会议通过 2011 年 11 月 18 日北京市第十三届人民代表大会常务委员会第二十八次会议修订）

目 录

第一章 总 则

第一条 为了实施《中华人民共和国残疾人保障法》，结合本市实际情况，制定本办法。

第二条 残疾人在政治、经济、文化、社会和家庭生活等方面享有与其他公民平等的权利。

残疾人的公民权利和人格尊严受法律保护。

禁止基于残疾的歧视。禁止侮辱、虐待、遗弃、侵害残疾人。禁止通过大众传播媒介或者其他方式贬低损害残疾人人格。

第三条 本市推进残疾人社会保障体系和服务体系建设，对残疾人给予特别扶助，减轻或者消除残疾影响和外界障碍，保障残疾人权利的实现，提升为残疾人服务的水平。

第四条 市和区、县人民政府应当加强对残疾人事业的领导，制定专项发展规划，将残疾人事业纳入国民经济和社会发展规划，将残疾人事业所需经费列入财政预算并随国民经济发展和财政收入增长逐步增加，促进残疾人事业与经济、社会协调发展。

市和区、县人民政府残疾人工作机构应当组织、协调、指导、督促有关部门做好残疾人事业的工作，监督检查有关法律、法规、政策、规划的实施，建立和完善残疾人基础数据信息系统，研究解决残疾人工作中的重大问题。

发展改革、民政、卫生、教育、财政、人力资源和社会保障、统计等政府有关部门应当按照各自的职责开展残疾人权益保障工作，做好残疾人事业发展规划的实施监测、评估和残疾人的统计工作。

乡镇人民政府和街道办事处应当明确相关机构和人员负责本辖区内残疾人权益保障工作。

第五条 本市各级残疾人联合会代表残疾人共同利益，维护残疾人合法权益，团结教育残疾人，为残疾人服务。

残疾人联合会依照法律、法规、章程或者接受政府委托开展残疾人工作，参与与残疾人事业有关的社会管理和公共服务，动员社会力量，发展残疾人事业。

市和区、县残疾人联合会根据政府授权负责联系、指导、管理面向残疾人服务的社会组织，提供相关服务，做好残疾人工作。

第六条 居民委员会、村民委员会应当协助政府及有关部门开展残疾人权益保障和服务工作，反映残疾人的特殊需求，组织残疾人开展文化体育等有益活动。

第七条 本市各级人民政府应当保障残疾人依法参与管理国家事务，管理经济和文化事业，管理社会事务。

本市各级人民代表大会代表候选人中应当有残疾人或者残疾人工作者。

残疾人和残疾人组织有权向本市各级国家机关提出残疾人权益保障、残疾人事业发展等方面的意见和建议。制定地方性法规、规章和公共政策时，对涉及残疾人权益和残疾人事业的重大问题，应当听取残疾人和残疾人组织的意见。

本市逐步建立和完善残疾人干部培养、选拔机制。

第八条 全社会应当发扬人道主义精神，理解、尊重、关心、帮助残疾人，支持残疾人事业。

本市采取公办民营、民办公助、政府补贴和政府购买服务等方式，鼓励和支持各类社会组织、企业、个人兴办残疾人康复、教育、托养、无障碍信息交流等服务机构和项目，发展残疾人服务业。

鼓励社会组织和个人以向残疾人福利基金会等慈善机构捐赠等形式参与残疾人事业，开展社会公益活动，为残疾人提供便利和服务。

彩票公益金应当按照国家和本市规定用于发展残疾人事业。

支持志愿服务组织参与残疾人事业，鼓励志愿者学习、掌握相应的知识和技能，为残疾人提供志愿服务。志愿者可以依照有关规定享受志愿者权益。

第九条 鼓励残疾人自尊、自信、自强、自立，为社会主义建设贡献力量。

残疾人应当遵守法律、法规，履行应尽的义务，遵守公共秩序，尊重社会公德。

第十条 本市各级人民政府应当建立健全出生缺陷和残疾预防体系，有计划地开展残疾预防工作，宣传普及母婴保健和预防残疾的知识，完善产前检查制度，针对遗传、疾病、药物、事故、灾害、环境污染和其他致残因素，组织和动员社会力量，采取措施，预防残疾的发生和发展。

第十一条 申请残疾评定的人员应当按照本市有关规定到户籍所在地居民委员会或者村民委员会领取残疾评定申请表，并到区、县卫生行政部门会同残疾人联合会确定的医疗机构进行医学诊断；区、县残疾评定委员会根据医学诊断结果作出残疾评定结论。申请残疾评定人员对区、县残疾评定委员会作出的残疾评定结论有异议的，可以向市残疾评定委员会申请复查。经评定符合国务院规定的残疾标准的人员，由区、县残疾人联合会核发残疾人证。

居民委员会、村民委员会、有关医疗机构及残疾人联合会应当为残疾人申请残疾评定提供便利和服务。

残疾人凭残疾人证享受国家和本市规定的相关福利待遇。

第十二条 本市各级人民政府和有关部门对在社会主义建设中作出显著成绩的残疾人，以及在维护残疾人合法权益、发展残疾人事业、为残疾人服务等方面取得显著成绩的单位和个人，给予表彰和奖励。

第二章 康 复

第十三条 各级人民政府和有关部门应当将残疾人康复纳入基本医疗卫生制度和基层医疗卫生服务体系，建立和完善以社区康复为基础、康复机构为骨干、残疾人家庭为依托的残疾人康复服务体系，保障残疾人享有康复服务的权利。

市卫生、民政、教育、质量技术监督等行政部门和残疾人联合会应当制定和完善残疾人康复技术和服务规范，实行规范化管理，保障残疾人得到有效的康复服务。

第十四条 社区卫生服务机构应当按照设置标准配备康复基本设施和专业人员，开展康复工作。卫生等相关部门负责对社区康复工作进行检查、指导和评估。

民政、人口计生行政部门和残疾人联合会应当指导社区服务组织、计划生育服务站、社区残疾人组织、残疾人家庭和其他社会力量，为残疾人提供社区康复服务。

第十五条 市和区、县人民政府应当组织卫生等行政部门和残疾人联合会编制康复机构建设发展计划，建立公益性康复机构；鼓励、扶持社会组织和个人兴办残疾人康复机构。

卫生行政部门应当指导医疗机构设立康复医学科室，开展康复医疗与训练、人员培训、技术指导、科学研究等工作。

残疾人教育机构、福利性单位和其他为残疾人服务的机构应当创造条件，开展康复训练活动。

第十六条 从事康复工作的机构应当具备与开展康复服务相适应的场地、设备、设施和专业人员，并按照残疾人康复技术服务规范开展康复服务。

第十七条 公益性康复机构、社区卫生服务机构等康复机构应当对实施家庭康复的残疾人及其家属、志愿者给予技术指导、培训和支持。

第十八条 各级人民政府应当创造条件，优先开展残疾儿童抢救性治疗和康复。

卫生行政部门应当将儿童残疾的早期监测、发现、转诊和干预纳入市和区、县及基层卫生服务机构三级保健网，组织医疗机构建立儿童残疾早期报告制度。

对零至六周岁残疾儿童免费提供早期筛查、诊断、康复训练、辅助器具适配等抢救性康复服务。

第十九条 市和区、县人民政府应当建立健全残疾人辅助器具服务体系，支持辅助器具产品研发和产业发展。

残疾人辅助器具服务机构应当组织开展辅助器具的适配评估、供应、配发、维修、改造和信息咨询等服务。

第二十条 市人民政府应当根据国家有关规定和本市实际情况确定向残疾人免费提供的基本公共卫生服务项目。

残疾人医疗康复服务按照国家和本市有关规定纳入基本医疗保障范围。

残疾人接受基本康复服务，配置和更换辅助器具，按照本市有关规定享受救助或者补贴。

对重性精神疾病患者实行基本药物免费制度。重性精神疾病患者基本药物费用中由基本医疗保险基金支付以外的个人负担部分，由政府给予全额补贴。具体办法由市卫生行政部门会同财政、人力资源和社会保障、民政等行政部门和市残疾人联合会制定。

第二十一条 卫生、民政、教育等行政部门和残疾人联合会应当完善培养机制，采取多种形式培养各类康复专业人才，对从事康复工作的人员定期进行技术培训，鼓励卫生专业人员和社会工作者从事残疾人康复工作。

教育行政部门应当指导各类医学院校和其他有关院校增设康复课程，设置相关专业，开展康复科学研究与教学。

第三章 教 育

第二十二条 市和区、县人民政府应当将残疾人教育作为本市教育事业的组成部分，统一规划，采取措施，完善残疾人教育体系，加强残疾人学前教育、高级中等以上教育机构建设，开展教育督导和评估，保障残疾人享有平等接受教育的权利。

第二十三条 市和区、县教育、规划行政部门和残疾人联合会应当会同发展改革、民政、财政、人力资源和社会保障、卫生等行政部门制定残疾人教育规划并组织实施。

市教育行政部门应当制定和完善特殊教育机构的办学标准和残疾人教育评估标准。

随班就读残疾学生生均公用经费标准按照特殊教育学校生均标准执行。

第二十四条　本市普通幼儿教育机构应当接收能适应其生活的残疾儿童。

市和区、县人民政府应当支持特殊教育机构设立残疾儿童学前班。

支持、鼓励社会公益性组织兴办招收残疾儿童的幼儿园、启智班等，对残疾儿童进行心理康复、智力开发、行走定向及听力、视力、言语、肢体等功能训练。

残疾人康复机构、社会福利机构应当保障机构内的残疾儿童接受学前教育。

第二十五条　实施义务教育的学校必须招收能适应学校学习生活的残疾儿童、少年入学。对不能随班就读的残疾儿童、少年，教育行政部门应当根据需要在普通学校附设特殊教育班或者组织到特殊教育学校就读。对义务教育年龄段内不能到学校就读的重度和多重残疾儿童、少年，教育行政部门应当建立统一的学籍管理制度，组织开展送教上门服务。

第二十六条　普通高级中等学校、中等职业学校和高等院校应当按照国家和本市有关规定，允许符合条件的残疾人报考，对达到录取标准的，必须录取，不得拒收。

普通高级中等学校、中等职业学校和高等院校应当通过随班就读或者附设的特殊教育班，对残疾人实施文化教育和职业教育。

高级中等以上特殊教育机构应当根据残疾人特点开展职业教育。

第二十七条　各级人民政府和有关部门应当健全和完善扶残助学制度，对残疾学生及经济困难的残疾人家庭的子女接受学校教育给予资助。

本市逐步实行残疾人免费接受高级中等普通教育和职业教育。

第二十八条　对残疾人实施教育的机构应当根据需要聘用专业教师，配备必要的康复、技术设备和无障碍设施，方便残疾学生学习和生活。

教育行政部门应当根据实际情况为残疾人参加国家各类升学考试提供大字试卷、盲文试卷等便利条件或者组织专门服务人员予以协助；鼓励和支持教育机构通过远程教育等方式为残疾人接受教育提供便利。

第二十九条　教育行政部门应当有计划地举办特殊教育师范院校，在普通师范院校开设特殊教育专业，培养、培训特殊教育师资。普通师范院校应当开设特殊教育课程，使普通教师掌握必要的特殊教育知识。

从事特殊教育的教师及从事聋人手语、盲文翻译的专业工作人员，按照国家和本市的有关规定给予特殊教育津贴。对承担随班就读工作的教师给予岗位补助。对从事特殊教育满十年的，发给荣誉证书，累计十五年以上并从特殊教育岗位退休的，其享受的特殊教育津贴计入退休费的计算基数。

本市建立和完善特殊教育教师持证上岗、培训考核、职称评定和表彰奖励制度。

第四章　劳动就业

第三十条　各级人民政府应当将有劳动能力和就业愿望的残疾人纳入就业困难群体范围，按照集中与分散相结合的方针，给予优惠扶持和特殊保护，创新就业方式，多渠道、多层次、多种形式促进残疾人就业，保障残疾人的劳动权利。

市和区、县人民政府残疾人工作机构应当统筹协调人力资源和社会保障、民政、农村工作等行政部门及残疾人联合会制定和实施残疾人就业规划，加强对残疾人就业情况的监督，做好残疾人就业工作。

第三十一条 机关、团体、企业事业单位、民办非企业单位等各类用人单位应当根据国家和本市有关规定履行安排残疾人就业的义务，按照不少于本单位在职职工总数1.7%的比例安排残疾人就业。

本市国家机关、事业单位、国有及国有控股企业安排残疾人就业未达到规定比例的，招录工作人员时应当单列一定数量的岗位，依照公开、平等、竞争、择优的原则和程序定向招录符合岗位要求的残疾人。

用人单位应当按照有关规定定期向所在区、县残疾人就业服务机构申报安排残疾人就业情况。达不到规定比例的用人单位，应当缴纳残疾人就业保障金。

残疾人就业保障金应当用于残疾人职业培训及为残疾人提供就业服务和就业援助。残疾人就业保障金的征缴、管理、使用，按照国家和本市有关规定执行。

第三十二条 政府和社会举办残疾人福利企业、盲人按摩机构等残疾人福利性单位，集中安排残疾人就业。

民政部门及有关行政部门应当组织确定适合残疾人生产、经营的产品、项目，由残疾人福利性单位优先生产或者经营，并根据生产特点确定某些产品由其专产。

政府采购在同等条件下优先购买残疾人福利性单位的产品或者服务。

鼓励社会组织和个人购买残疾人福利性单位的产品或者服务。

第三十三条 本市对安排残疾人就业达到、超过规定比例的用人单位或者集中安排残疾人就业的残疾人福利性单位和从事个体经营的残疾人，符合国家和本市有关规定的，给予税收优惠；区、县人民政府和民政、规划等有关行政部门应当在生产、经营、技术、资金、物资、场地等方面给予协调和扶持。

用人单位安排残疾人就业的，按照规定享受岗位补贴和社会保险补贴。对安排残疾人就业超过规定比例的用人单位，按照规定给予奖励。

残疾人自主创业从事经营活动的，享受资金扶持、社会保险补贴和信贷支持。

第三十四条 由政府投资或者扶持开发的公益性岗位，应当根据岗位性质和残疾人特点，优先安排残疾人就业。

各级人民政府和有关部门应当开发适合残疾人特点的公益性岗位，按照合理、就近、便利的原则安置残疾人就业。

第三十五条 各级人民政府和有关部门、农村基层组织应当采取措施，扶持农村残疾人开展生产劳动，在生产服务、技术指导、农用物资供应、农副产品销售和信贷等方面给予帮助。

鼓励有条件的经济实体或者农村经济合作组织，采取建设助残基地等多种形式，扶持农村残疾人开展生产劳动。

第三十六条 市和区、县人民政府应当统一规划，在社区组织建设残疾人职业康复劳动服务设施和庇护性劳动场所，安置智力残疾人、稳定期的精神残疾人。

支持社会组织和个人兴办残疾人职业康复劳动设施或者为残疾人提供合适的职业康复劳动项目。

残疾人进行职业康复劳动和其他庇护性劳动的机构和场所应当建立安全管理制度，聘用的工作人员应当经过岗前业务培训，具备相应的专业知识。

第三十七条 用人单位应当合理安排残疾职工的工种和岗位，创造适合残疾人工作的无障碍环境，提供残疾职工必需的安全生产条件，对确需调整工种或者岗位的残疾职工应当妥善安置。

第三十八条 用人单位录用残疾职工，应当签订劳动合同或者聘用合同。

职工一方与用人单位经平等协商，可以就残疾职工的特殊保障签订集体合同。

第三十九条　本市健全残疾人职业能力评估、职业培训、职业介绍等就业服务制度。

政府举办的公共就业服务机构和各级残疾人联合会所属的残疾人就业服务机构应当免费为残疾人提供职业培训、岗位推荐等就业服务，并为用人单位提供残疾人就业信息，指导、帮助用人单位安排残疾人就业。鼓励、支持社会就业服务机构为残疾人提供职业介绍等服务。

用人单位应当根据本单位残疾职工的实际情况，对残疾职工进行上岗、在岗、转岗等培训，提高其劳动技能和技术水平。在职残疾人参加职业培训按照有关规定享受补贴。

第五章　文化生活

第四十条　各级人民政府和有关部门应当创造条件，鼓励、帮助残疾人参加各种文化、体育、娱乐活动，保障残疾人基本公共文化权益。

政府应当提供适应残疾人特殊需要的公共文化服务和产品。

第四十一条　政府和社会采取下列措施，丰富残疾人精神文化生活：

（一）组织和扶持盲人读物、盲人有声读物及其他残疾人读物的编写和出版，根据盲人的实际需要在公共图书馆设立盲人读物、盲人有声读物图书室。

（二）公共媒体设置反映残疾人事业发展、残疾人生活的栏目，安排促进残疾人事业的公益广告。开办电视手语节目，开办残疾人专题广播栏目，推进电视栏目、影视作品加配字幕、解说。

（三）开发推广残疾人群众性文化、体育项目，举办特殊艺术演出和残疾人运动会。

（四）文化、体育、娱乐和其他公共活动场所应当为残疾人参与活动提供方便和照顾。

（五）公园、旅游景点、图书馆、美术馆、展览馆、博物馆、纪念馆、文化馆、体育场馆等公共文化体育场所，应当按照规定免费向残疾人开放，并提供辅助性服务。

第四十二条　鼓励和支持残疾人进行文化、艺术、科技等方面的创作、发明，扶持残疾人文化艺术产品生产。

第四十三条　机关、团体、企业事业单位应当支持、鼓励、组织本单位残疾人参加文化、体育、娱乐活动。残疾人参加区、县级以上组织的文艺、体育活动，所在单位应当支持，保证其工资和福利待遇不受影响；无工作单位的，由组织单位给予适当补助。

第六章　社会保障

第四十四条　本市按照重点保障和特别扶助的原则，完善残疾人社会保障，改善残疾人生活。

第四十五条　残疾职工及其所在单位应当依法参加社会保险。

本市对残疾人参加城乡居民养老保险、城镇居民基本医疗保险、新型农村合作医疗给予补贴。

第四十六条　本市建立对残疾人参加公共活动和接受公共服务的意外伤害保险制度。

第四十七条　市和区、县人民政府及有关部门对城乡低收入家庭中的残疾人在生活、教育、住房等方面遇到的困难，给予及时救助。

本市完善城乡最低生活保障制度，按照分类救助原则，适当提高城乡重度残疾、一户多残、老残一体等特殊困难对象的救助标准。

对符合条件的重度残疾人家庭优先配租、配售保障性住房，并对行动不便的残疾人家庭予以照顾。在保障性住房项目中应当有无障碍设计并专门设计建造部分适合残疾人生活、居住的住房。实施农村住房救助时，应当优先安排符合救助条件的农村残疾人家庭。

规范和完善临时救助政策，对城乡经济困难家庭中的残疾人在生活、医疗、教育等方面遇到的困难给予及时救助。

第四十八条 各级人民政府应当积极发展残疾人社会福利事业，建设残疾人福利服务设施，根据本地区经济社会发展水平，逐步提高残疾人福利水平。

本市根据残疾人的残疾程度和就业及收入状况，建立残疾人生活补贴制度。

对生活不能自理的残疾人，市和区、县人民政府根据实际情况给予护理补贴。

第四十九条 各级人民政府和有关部门应当统一规划，整合资源，利用社会福利机构为残疾人提供托养服务，并有计划地设立专门的残疾人托养机构。

乡镇人民政府、街道办事处应当利用社区资源建立综合服务平台，为残疾人提供就业、康复、日间照料、文化娱乐、体育健身等服务。

民政、社会建设部门和残疾人联合会可以通过购买服务等方式为残疾人提供生活照料、家政服务、康复护理等居家服务。

第五十条 市人民政府及有关部门在制定老年人优待政策时，应当充分考虑老年残疾人的特殊需要，在托养、医疗、居家服务等方面给予照顾和特别扶助。

第五十一条 铁路、民航、公路等交通部门和卫生医疗机构、公用事业、商业等单位应当为残疾人提供优先服务和辅助性服务。

残疾人持有效证件免费乘坐本市公共汽车、电车，盲人持有效证件免费乘坐本市公共汽车、电车、地铁。残疾人搭乘公共交通工具，其随身必备的辅助器具可以免费携带。盲人读物邮件免费寄递。

鼓励和支持提供电信、广播电视服务的单位对盲人、听力残疾人、言语残疾人给予优惠。

第七章 无障碍环境

第五十二条 各级人民政府应当对无障碍环境建设进行统筹规划和管理，逐步推进无障碍环境建设的系统化、科学化；鼓励和支持无障碍技术产品的研发、推广和应用。

第五十三条 本市新建、扩建和改建公共建筑、居住建筑、城市道路和居住区内道路、公共服务设施的建设单位，应当按照国家和本市有关规定建设无障碍设施。

各级人民政府和有关部门应当有计划地在残疾人集中的企业、学校、居住区、公共服务机构进行无障碍设施改造，支持残疾人家庭进行无障碍设施改造。

有关部门和单位应当加强无障碍设施的管理、保护和维修，保证设施完好和安全使用。

第五十四条 政府应当推动适合残疾人使用的信息交流无障碍技术和产品研发。

政府及有关部门公开政务信息应当采取信息无障碍措施，方便残疾人获取信息。

公共服务机构、公共场所应当在必要的服务区域创造条件，为残疾人提供语音和文字提示等信息交流服务；有条件的应当提供手语服务。

第五十五条 政府有关部门应当逐步增加无障碍公交车、出租车的数量，为残疾人出行提供方便。公交车应当配备字幕、语音报站系统并保持正常使用。运营单位购置、改装无障碍公交车、出租车的，政府有关部门应当给予支持。

第五十六条 各级人民政府和有关部门应当依法为残疾人办理各项车务手续、使用残疾人专用车辆提供便利。

公共停车场应当依据城市道路和建筑物无障碍设计规范，在方便通行的区域按照停车位总数2%的比例设置无障碍停车位，比例不足一个的至少应当设置1个无障碍停车位。公共停车场应当设置无障碍停车位显著标志，并采取必要措施加强对无障碍停车位使用的管理。公共停车场管理人员在残疾人停放机动车时，应当进行引导，并提供必要的便利服务。

残疾人持公安机关交通管理部门核发的残疾人专用通行证驾驶残疾人本人专用车辆在本市各类非居住区停车场停放时，免收停车费。

第八章　法律责任

第五十七条　残疾人联合会对有关单位未依法履行残疾人权益保障义务的行为，应当向有关部门提出意见或者建议。有关部门对残疾人联合会提出的意见或者建议应当按照规定调查处理，并及时将处理情况书面告知残疾人联合会。

第五十八条　行政机关及其工作人员未按照本办法规定履行法定职责或者滥用职权的，由上级行政机关或者监察部门责令改正；对直接负责的主管人员和其他直接责任人员依法给予行政处分；构成犯罪的，依法追究刑事责任。

第五十九条　对在残疾评定过程中弄虚作假或者不依法核发残疾人证的，由所在单位或者主管部门予以批评教育或者行政处分；违反行政管理规定的，依法给予行政处罚；构成犯罪的，依法追究刑事责任。

第六十条　拒不招收符合条件的残疾人入学，在国家规定的录取标准以外附加条件限制残疾学生入学或者其他侵犯残疾人受教育权的，由上级机关或者有关主管部门对责任单位给予批评教育并责令限期改正；对拒不改正的，由其上级机关或者所在单位给予直接责任者行政处分。

第六十一条　用人单位违反本办法，有下列情形之一的，由人力资源和社会保障等行政部门责令改正，并依法承担相应的法律责任：

（一）无正当理由拒不安排残疾人就业的；

（二）无正当理由解除或者终止与残疾职工签订的劳动合同、聘用合同的；

（三）未依法为残疾人缴纳社会保险费的；

（四）其他侵犯残疾人劳动权益的。

第六十二条　用人单位未按照规定缴纳残疾人就业保障金的，由财政部门给予警告，责令限期缴纳；逾期仍不缴纳的，除应当补缴欠缴数额外，还应当自欠缴之日起，按日缴纳5‰的滞纳金。

对未按规定履行按比例安排残疾人就业和缴纳残疾人就业保障金义务的，由市人民政府残疾人工作机构建立用人单位信用信息系统，并根据规定向社会公示。

第六十三条　违反本办法规定侵犯残疾人的合法权益，其他法律、法规规定行政处罚的，从其规定；造成财产损失或者其他损害的，依法承担民事责任；构成犯罪的，依法追究刑事责任。

第九章　附　　则

第六十四条　实施本条例需要制定配套规章或者其他具体办法的，由市人民政府或者有关行政部门研究制定并发布实施。

第六十五条　本办法自2012年3月1日起施行。

关于《北京市实施〈中华人民共和国残疾人保障法〉办法（修订草案）》的说明

——2011年5月27日在北京市第十三届人民代表大会常务委员会第二十五次会议上

北京市人民政府法制办公室主任　周继东

主任、各位副主任、秘书长、各位委员：

我受市人民政府委托，现就提请本次会议审议的《北京市实施〈中华人民共和国残疾人保障法〉办法（修订草案）》（以下简称《办法（修订草案）》），作如下说明。

一、修订的必要性

（一）是贯彻落实新修订的《中华人民共和国残疾人保障法》的需要

1994年7月，本市依据《中华人民共和国残疾人保障法》（以下简称《残疾人保障法》）制定了《北京市实施〈中华人民共和国残疾人保障法〉办法》（以下简称《实施办法》）。2008年4月全国人大常委会针对法律实施中出现的新情况、新问题对《残疾人保障法》进行了全面修订，于同年7月1日起正式实施。新修订的《残疾人保障法》在立法原则上进行了调整，遵循以权利为本、机会均等、全面融入社会、反对歧视、特别扶助等原则，对残疾人权利保障、无障碍环境建设、政府职责等方面的内容进行了修改完善。《实施办法》的很多内容需要按照新修订的《残疾人保障法》的规定进行调整。此外，新修订的《残疾人保障法》的一些授权性规定，如明确授权地方政府根据实际情况，完善残疾人基本生活保障、基本康复服务等具体优惠措施，也需要通过修订《实施办法》加以落实。

（二）是总结、固化本市残疾人事业发展成绩和经验的需要

《实施办法》施行16年来，促进了本市保障残疾人权益相关法规、政策、措施的制定与实施，市委、市政府及有关部门出台了《关于促进残疾人事业发展的实施意见》等一系列行之有效的保障措施，改善了残疾人康复、教育、就业、文化体育、社会保障、法律维权和社会参与等状况，推动了本市残疾人权益保障工作的开展。

本市“十一五”时期残疾人权益保障工作取得了显著成效。《残疾人保障法》、《北京市无障碍设施建设和管理条例》、《北京市精神卫生条例》等法律、法规得到贯彻施行。市委、市政府和有关部门先后制定了50多项配套政策。残疾人权益保障水平显著提升，体现在：就业方面，改变残疾人就业保障金征缴方式，完善了按比例就业制度；社会保障方面，形成了残疾人社会保障基本制度框架，实现了基本生活、基本医疗、基本养老保障的全覆盖；服务体系建设方面，健全了四级残疾人组织体系，创建了一大批具有首都特色的社区残疾人温馨家园、职业康复站和扶贫助残基地等基层服务载体，推动了机构、社区和居家助残服务；城市无障碍环境方面，以举办奥运会、残奥会为契机，推出了一系列促进残疾人走出家门、融入社会的

有效措施，营造了扶残助残良好氛围。

为进一步巩固本市残疾人权益保障成果，优化整合本市有关保障残疾人权益的制度、措施，增强其法律效力，迫切需要修订《实施办法》，以法规的形式，体现市委促进残疾人事业发展的新理念、新政策、新要求，将行之有效的保障措施予以固化，进一步推动残疾人权益保障工作。

（三）是针对残疾人保障工作中的突出问题，进一步完善、强化残疾人权益保障措施的需要

随着本市经济社会发展，残疾人基本情况以及保障需求都有了显著变化，残疾人权益保障工作中也出现一些问题需要立法予以解决。本市残疾人口由原来的41.3万人增加到99.9万人，残疾人群年龄结构趋向老龄化，残疾人保障需求呈现多元化发展趋势。当前残疾人权益保障工作中面临的主要问题：一是政府及其职能部门在残疾人保障工作中的职责需要进一步明确。二是残疾人基本康复保障水平需要进一步提高。残疾人康复服务体系和保障措施需要进一步完善，机构康复和社区康复的服务能力亟待加强。三是残疾人教育体系需要进一步健全。残疾人学前教育和中、高等教育相对薄弱，特殊教育师资队伍建设亟待加强。四是保护和促进残疾人就业的措施需要进一步完善。促进残疾人就业的工作机制需要进一步建立健全，针对残疾职工的劳动保护措施需要进一步加强。五是残疾人社会保障制度和措施需要进一步健全。六是对残疾人社会组织的扶持力度需要进一步加大，规范化管理水平需要进一步提高。同时，《实施办法》中的一些规定已经难以适应经济社会发展要求，如关于残疾人生活救助、减轻农村残疾人社会负担等方面的规定，与本市现实情况已不相符合。以上这些问题亟须从制度的层面上加以解决。

综上所述，在《残疾人保障法》全面修订和首都经济社会已跨入第十二个五年规划的背景下，为适应新时期残疾人权益保障工作的新情况、新要求，有必要对《实施办法》进行全面修订。修订《实施办法》已列入市人大常委会2011年立法计划。

二、起草和征求意见情况

为做好《实施办法》修订起草工作，2010年4月，由市人大常委会内司办、法制办，市政府法制办，市残联和市残工委其他有关部门、市高级人民法院组成了起草工作组。起草工作组在深入调研，委托专家研究，反复征求市政府有关部门、各级残联组织、残疾人服务机构、社会单位、残疾人工作者和残疾人代表等方面意见的基础上，形成了《办法（修订草案）》送审稿。

在市政府立法审查期间，市政府法制办就《办法（修订草案）》送审稿书面征求了市政府相关部门、区县政府的意见；在首都之窗网站上公开征求了社会意见；进行了多次实地调研；召开了重点部门的意见协调会；组织召开了法律专家工作组会议，对修订草案进行了专家审核。各方面的反馈意见主要集中在以下几个方面：一是建议合理配置政府、社会和家庭在保障残疾人权益方面的责任。二是建议明确各级政府及有关部门的职责。三是建议残疾人权益保障的内容和范围应当符合受保障的不同群体之间的公平原则。四是建议加大对残疾人，特别是重度和经济困难残疾人的保障力度。在研究采纳各方面意见的基础上，我们对修订草案进行了修改完善。《办法（修订草案）》经2011年4月7日第89次市政府常务会议审议通过。

三、修订的主要内容

本次修订工作坚持以科学发展观为指导，

充分体现《残疾人保障法》确定的立法原则。在对残疾人权益保障责任承担方面，合理配置政府、社会及个人的责任。在对残疾人权益保障方面，遵循残疾人保障水平与本市经济社会发展状况相适应的原则，重点保障残疾人的基本权益，同时向重度残疾人和经济困难残疾人倾斜。力求抓住主要矛盾，解决实际问题，增强针对性和适用性。

《办法（修订草案）》共 9 章 62 条，篇章体例与《残疾人保障法》一致，主要内容有以下两个方面。

（一）进一步明确了各级政府及有关部门和社会各方面的责任

一是政府的主体保障责任。《办法（修订草案）》在总则中规定了市和区县政府对残疾人事业负有领导、规划、经费保障的职责；市和区县政府负责残疾人工作的机构负有组织、协调、指导、督促的统筹职责；政府各部门负有履行残疾人权益保障工作和落实规划的职责；乡镇政府和街道办事处负责本辖区内的残疾人权益保障工作。

二是社会的补充保障责任。《办法（修订草案）》规定本市采取公办民营、民办公助、政府补贴和政府购买服务等方式，鼓励和支持各类社会组织、企业、个人兴办残疾人康复、教育、托养、无障碍信息交流等服务机构和项目，发展残疾人服务业；明确市和区、县残疾人联合会对面向残疾人服务的社会组织履行联系、指导和管理职责，以促进其健康发展；鼓励社会组织和个人参与残疾人事业，开展慈善捐赠和公益活动；鼓励志愿者学习、掌握相应的知识和技能，为残疾人提供志愿服务。

（二）进一步健全了保障残疾人权益的制度、措施

1. 在参与国家事务和社会事务管理方面，规定本市各级人民代表大会代表候选人中应当有残疾人或者残疾人工作者；本市制定地方性法规、规章和公共政策，对涉及残疾人权益和残疾人事业的重大问题，应当听取残疾人和残疾人组织的意见。

2. 在康复权益保障方面，一是针对康复服务体系不健全、服务能力不足的问题，规定各级政府和有关部门应当将残疾人康复纳入基本医疗卫生制度和基层医疗卫生服务体系，建立和完善以社区康复为基础、康复机构为骨干、残疾人家庭为依托的残疾人康复服务体系。二是强调各级政府应当创造条件，优先开展残疾儿童抢救性治疗和康复；规定卫生行政部门应当将残疾儿童的早期监测、发现、转诊和干预纳入市和区、县及基层卫生服务机构三级保健网，组织医疗机构建立残疾儿童早期报告制度；同时对零至六周岁残疾儿童免费提供早期筛查、诊断、康复训练、辅助器具适配等抢救性康复服务。三是注重解决残疾人康复服务的保障问题，规定政府应当确定面向残疾人免费提供的基本公共卫生服务项目；残疾人接受医疗康复服务按照规定纳入基本医疗保障范围；残疾人接受基本康复服务，配置和更换必要的辅助器具，按照有关规定享受救助或者补贴；针对重性精神疾病患者的特殊困难，规定对重性精神疾病患者实行门诊基本药物免费制度，重性精神疾病患者门诊基本药物费用按照国家和本市基本医疗保险规定予以保障，个人负担的费用给予全额补贴。

3. 在教育权益保障方面，一是根据残疾人教育事业发展相对滞后的实际，规定将残疾人教育作为首都教育事业的组成部分，完善残疾人教育体系，加强规划和督导评估，加快残疾人教育机构建设。二是针对残疾儿童学前教育难的问题，规定普通幼儿教育机构应当接收能适应其生活的残疾儿童；市和区、县政府应当积极创造条件，组织特殊教育机构设立残疾儿童学前班；残疾人康复机构、社会福利机构应当保障机构内的残疾儿

童接受学前教育。三是保障残疾儿童少年接受义务教育的权利，对适龄残疾儿童少年随班就读、特教学校就读和对各类重度、多重残疾儿童少年送教上门等教育方式作了规定。四是为帮助残疾人提高就业能力，规定了高级中等以上特殊教育机构应当根据残疾人特点开展职业教育。五是规定了教育扶助措施，本市各级人民政府和有关部门应当健全和完善扶残助学制度，对残疾学生及经济困难的残疾人家庭的子女接受学校教育给予资助，为残疾人学习和生活提供必要的便利条件。六是为鼓励教师从事特殊教育，提高特殊教育质量，明确了特殊教育师资队伍建设，对培养、培训特殊教育教师的渠道和方式作了规定，同时还规定建立从事残疾人教育教师的职称评定、培训考核、持证上岗和表彰奖励制度；对承担适龄儿童少年随班就读工作的教师给予岗位补助；对从事特殊教育累计十五年以上，并从特殊教育岗位退休的特教教师以及从事聋人手语、盲文翻译的专业工作人员，其享受的特殊教育津贴计入退休费的计算基数。

4. 在劳动就业权益保障方面，一是规定各级政府应当将有劳动能力和就业愿望的残疾人纳入就业困难群体范围，制定残疾人就业规划，采取优惠扶持和特殊保护，促进残疾人就业。二是落实《残疾人保障法》的规定，明确民政部门应当组织确定适合残疾人生产、经营的产品、项目，由残疾人福利性单位优先生产或者经营，并根据生产特点确定某些产品由其专产；政府采购在同等条件下优先购买残疾人福利性单位的产品或者服务。三是规定市和区县政府应当统一规划，在社区组织建设残疾人职业康复劳动服务设施和庇护性劳动场所，安置智力残疾人、稳定期的精神残疾人。四是规定公共就业服务机构和残疾人联合会所属的残疾人就业服务机构免费为残疾人提供职业培训和就业服务，提高残疾人就业能力。

5. 在文化权益保障方面，《办法（修订草案）》从满足残疾人特殊文化需求出发，规定政府应当提供适应残疾人特殊需要的公共文化服务和产品，鼓励和支持残疾人进行文化、艺术、科技等方面的创作、发明，扶持残疾人文化艺术产品生产；政府投资兴建或者管理的公园、旅游景点、图书馆、美术馆、展览馆、博物馆、纪念馆、文化馆、体育场馆等公共文化体育场所，应当按照规定免费向残疾人开放，并提供辅助性服务，鼓励、支持社会组织和个人兴办的公共文化体育场所免费向残疾人开放。

6. 在社会保障权益方面，一是规定各级政府及有关部门在完善社会保障体系过程中对残疾人给予重点保障和特别扶助。二是为保障残疾人出行，促进残疾人融入社会，规定本市建立对残疾人参加公共活动和接受公共服务的意外伤害保险制度。三是通过完善整合社会保障政策、措施，重点关注残疾人在基本生活、医疗、养老、住房等方面的实际困难，结合近年来本市出台实施的残疾人社会保障政策、措施，将《残疾人保障法》规定的残疾人社会保障内容具体化；同时规定在公共交通、公用事业等方面给予残疾人优待，保障残疾人更好地共享社会发展成果。四是为满足残疾人的特殊服务需求，要求发展残疾人托养和居家服务，对残疾人机构托养、社区照料和居家服务的途径和方式作了规定。

7. 在无障碍环境建设方面，由于本市已于2004年出台了《无障碍设施建设和管理条例》，《办法（修订草案）》根据本市实际情况作了以下规定：一是规定公共服务机构、公共场所应当在必要的服务区域，为残疾人提供语音和文字提示等信息交流服务，有条件的提供手语服务。二是规定逐步增加无障碍公交车、出租车的数量，公共停车场应当依据城市道路和建筑物无障碍设计规范，在方便通行的区域按照停车位总数2%的比例设置无障碍停车位。

此外，《办法（修订草案）》根据《残疾人保障法》的规定，对违反办法的行为设定了法律责任。

《办法（修订草案）》已印送各位委员，请予审议。

北京市人民代表大会内务司法委员会关于《北京市实施〈中华人民共和国残疾人保障法〉办法（修订草案）》审议意见的报告

——2011年5月27日在北京市第十三届人民代表大会常务委员会第二十五次会议上

市人大内务司法委员会主任委员　李小娟

主任、各位副主任、秘书长、各位委员：

市人大内务司法委员会收到市人大常委会交付审议的《北京市实施〈中华人民共和国残疾人保障法〉办法》（修订草案）（以下简称《实施办法（修订草案）》）之后，以书面或者座谈会的形式，先后征求了16个区县人大常委会、市人民政府有关部门、社会团体、人大代表等方面的意见，并在市人大常委会网站上公开征求了社会各界的意见。此前，内务司法办公室有关同志提前介入了立法调研和法规的起草工作，所提出的主要意见政府已经采纳并体现在《实施办法（修订草案）》中。4月26日，内务司法委员会召开会议，依照《北京市制定地方性法规条例》的规定，对《实施办法（修订草案）》进行了审议。现将审议意见报告如下。

内务司法委员会认为，本市1994年颁布实施的《北京市实施〈中华人民共和国残疾人保障法〉办法》（以下简称《实施办法》）在促进首都残疾人事业发展，保障残疾人合法权益等方面发挥了重要作用。但是随着形势的发展，《实施办法》中的一些规定已经难以适应当前首都残疾人事业发展的要求。2008年，全国人大常委会对《中华人民共和国残疾人保障法》进行了修订，因此，需要根据上位法和本市的实际，对本市《实施办法》进行修订。《实施办法（修订草案）》体现了上位法的立法精神，并从本市的实际出发作了修改完善，内务司法委员会总体认为《实施办法（修订草案）》是可行的，同时，对部分条款提出以下具体修改建议。

一、关于对重性精神疾病患者实行基本药物免费制度问题

《实施办法（修订草案）》第二十条第四款规定“对重性精神疾病患者实行门诊基本药物免费制度。重性精神疾病患者门诊基本药物费用按照国家和本市基本医疗保险规定予以保障，个人负担的费用给予全额补贴”。内务司法委员会认为《国家基本公共卫生服务规范（2009年）版》已明确将重性精神疾病患者管理纳入基本公共卫生服务项目范畴，按规范要求应当为城乡居民免费提供。因此，建议此款修改为“重性精神疾病患者门诊基本药物列入本市公共卫生服务项目，所需费

用由政府予以保障”。

二、关于社会力量办残疾儿童学前教育问题

内务司法委员会认为，残疾儿童学前教育具有康复和教育相结合的特点，其对残疾儿童康复具有非常重要的作用。但目前我市公办教育资源有限，不能满足残疾儿童接受学前教育的需要，因此，应当鼓励社会公益性组织兴办残疾儿童学前教育园所来弥补公办园所的不足。建议在第二十四条中增加一款，即“支持、鼓励社会公益性组织兴办招收残疾儿童的幼儿园（所、班）、启智班等，进行心理康复、智力开发、行走定向以及听力、视力、言语、肢体等功能训练。”

三、关于康复人才培养问题

目前我市各医院和基层社区卫生服务机构康复专业人才严重短缺，内务司法委员会认为应当利用首都高校集中，人力资源基础雄厚的优势，在各类医学院校和其他有关院校内增设康复课程，从源头上解决康复人才短缺问题，因此，建议增加一条，即：“教育行政部门应当指导各类医学院校和其他有关院校增设康复课程，设置相关专业，开展康复科学研究与教学，培养各类康复专业人才。”

四、关于加强对残疾人就业情况的劳动监察问题

《实施办法（修订草案）》第三十条规定了政府保障残疾人劳动权益、促进残疾人就业职责。内务司法委员会认为，除此之外，还应强调政府对残疾人实际就业状况的监督，切实保障有劳动能力的残疾人就业。因此，建议在第三十条第二款中增加劳动就业监察的内容，即：“市、区县人民政府负责残疾人工作的机构应当统筹协调人力资源和社会保障、民政、农村工作等部门和残疾人联合会制定和实施残疾人就业规划，加强对残疾人就业情况的劳动监察，做好残疾人就业工作。”

五、关于开发公益性岗位安排残疾人就业问题

《实施办法（修订草案）》第三十四条的两款都是规定政府投资、扶持、开发公益性岗位安排残疾人就业，两款表述内容语义重复，因此建议合并为一款，修改为“各级人民政府和有关部门应当投资、扶持、开发适合残疾人特点的公益性岗位，按照合理、就近、便利的原则，优先安置残疾人就业。”

六、关于残疾人参加文体活动的福利待遇问题

《实施办法（修订草案）》第四十三条对有单位的残疾人参加文艺、体育活动的福利待遇作出了规定，但是未将无单位、无固定收入的残疾人包括在内，因此，内务司法委员会建议将这部分人增加进来，将本条修改为：“残疾人参加区县级以上组织的文艺、体育活动，所在单位应当支持，保证其原有工资和福利待遇。无工作单位的，由组织单位给予适当补助。”

七、关于公园、旅游景点等公共文化体育场所，免费向残疾人开放问题

《实施办法（修订草案）》第四十一条第五款规定：“政府投资兴建或者管理的公园、旅游景点、图书馆、美术馆、展览馆、博物

馆、纪念馆、文化馆、体育场馆等公共文化体育场所，应当按照规定免费向残疾人开放，并提供辅助性服务；鼓励、支持社会组织和个人兴办的公共文化体育场所免费向残疾人开放，提供辅助性服务。”内务司法委员会认为，目前，国家和我市关于公园、旅游景点等公共文化体育场所免费向残疾人开放已有明确规定，这些规定中均未作“政府投资兴建或管理”的限定。因此，建议删除“政府投资兴建或管理”的表述，将此款修改为：“公园、旅游景点、图书馆、美术馆、展览馆、博物馆、纪念馆、文化馆、体育场馆等公共文化体育场所，应当按照规定免费向残疾人开放，并提供辅助性服务。”

八、关于交通无障碍问题

《实施办法（修订草案）》第五十四条是关于残疾人出行交通无障碍的规定，内务司法委员会认为，除对残疾人出行乘坐公交车、出租车作规定以外，还应对残疾人驾驶专用机动车等交通工具提供便利服务作出规定。因此，建议增加一款作为五十四条第二款，即“各级人民政府和有关部门应当依法为残疾人购买、使用残疾人专用机动车等交通工具提供便利。”另外，此条第二款是关于停车无障碍方面的规定，为了更加凸显对残疾人停车泊位设置的必要，建议单独作为一条予以规定。

此外，在征求意见中，有的委员、代表还提出，应根据首都的地位、性质，进一步完善残疾人劳动就业、社会保障等制度，切实保障残疾人的合法权益。同时，还提出了一些文字修改意见。

以上意见，供常委会组成人员审议时参考。

北京市人民代表大会法制委员会关于《北京市实施〈中华人民共和国残疾人保障法〉办法（修订草案）》审议结果的报告

——2011年9月22日在北京市第十三届人民代表大会常务委员会第二十七次会议上

市人大法制委员会副主任委员　张　引

主任、各位副主任、秘书长、各位委员：

2011年5月27日，市十三届人大常委会第二十五次会议对《北京市实施〈中华人民共和国残疾人保障法〉办法（修订草案）》进行了审议。会上，内务司法委员会和10位常委会组成人员、2位列席人大代表发表了意见。大家认为，保障残疾人权益是社会文明进步的重要标志，根据《中华人民共和国残疾人保障法》和本市实际情况对实施办法进行修订十分必要；修订草案从本市残疾人保障的实际问题出发作出具体规定，体现了上位法的立法精神，内容比较全面可行。同时，大家对残疾人康复、教育、就业等问题提出了具体修改意见和建议。

会后，法制委员会对常委会审议意见及其他各方面意见进行了认真研究，会同内务司法委员会到部分区县进行了专题调研，书面征求了市财政、卫生、民政、人力资源和社会保障等政府有关部门的意见。2011 年 8 月 31 日，法制委员会召开会议，根据常委会审议意见、内务司法委员会审议意见和其他方面的意见进行审议，提出了进一步修改的意见。现将审议结果报告如下。

一、关于残疾人基础数据信息系统

准确掌握残疾人的相关基础数据是制定残疾人保障政策、措施的前提。有的常委会组成人员提出，应当建立相关机制摸清残疾人底数，深入分析不同类型残疾人的需求，保证残疾人保障的各项政策、措施具有针对性和可操作性。根据委员意见，法制委员会建议在修订草案第四条第二款残疾人工作机构的职责中增加建立和完善残疾人基础数据信息系统的内容，将该款修改为："市和区、县人民政府残疾人工作机构应当组织、协调、指导、督促有关部门做好残疾人工作，监督检查有关法律、法规、政策、规划的实施，建立和完善残疾人基础数据信息系统，研究解决残疾人工作中的重大问题。"（修订草案修改稿第四条第二款）

二、关于残疾评定制度

修订草案第十一条规定了残疾评定制度。有的常委会组成人员提出，残疾评定委员会的职责定位不清晰，应当进一步明确。根据上述意见，结合北京市换发第二代残疾人证的做法，同时借鉴上海市残疾评定的有关规定，法制委员会建议将修订草案第十一条第一款修改为："区、县卫生行政部门会同残疾人联合会确定有关医疗机构负责申请残疾评定人员的医学诊断。区、县残疾评定委员会负责申请残疾评定人员的残疾评定。申请残疾评定人员对区、县残疾评定委员会作出的评定结论有异议的，由市残疾评定委员会负责复查。"（修订草案修改稿第十一条第一款）

三、关于重性精神疾病患者基本药物免费制度

修订草案第二十条第四款规定了重性精神疾病患者门诊基本药物免费制度。法制委员会认为，服用基本药物是对重性精神疾病患者的基本保障，不应只限定于门诊。另外，该项制度的具体操作应当考虑重性精神疾病患者及其家属的便利，对当事人直接免费，所发生的费用由政府部门之间进行内部结算，政府相关部门应当就此制定具体的操作办法。据此，法制委员会建议将修订草案第二十条第四款修改为："对重性精神疾病患者实行基本药物免费制度。重性精神疾病患者基本药物费用按照国家和本市基本医疗保险规定予以保障，个人负担的费用由政府给予全额补贴。具体办法由市卫生行政部门会同财政、人力资源和社会保障、民政等行政部门和市残疾人联合会制定。"（修订草案修改稿第二十条第四款）

四、关于鼓励社会公益性组织参与残疾儿童学前教育

修订草案第二十四条对残疾儿童学前教育作了相关规定。内务司法委员会认为，残疾儿童学前教育具有康复和教育相结合的特点，对残疾儿童康复具有非常重要的作用。但目前我市公办教育资源有限，不能满足残疾儿童接受学前教育的需要，因此应当鼓励社会公益性组织兴办残疾儿童学前教育园所，弥补公办园所的不足。根据上述意见，法制委员会建议在修订草案第二十四条中增加一款，表述为："支持、鼓励社会公益性组织兴

办招收残疾儿童的幼儿园、启智班等，进行心理康复、智力开发、行走定向及听力、视力、言语、肢体等功能训练。”（修订草案修改稿第二十四条第三款）

五、关于残疾人就业推荐和就业服务

用人单位按比例安排残疾人就业是保障残疾人就业的一项重要制度。有的常委会组成人员提出，缴纳残疾人就业保障金应当作为按比例安排残疾人就业的辅助措施而不是替代措施，应当引导用人单位积极安排残疾人就业，进一步促进残疾人实质性就业。根据上述意见，法制委员会建议在修订草案第三十一条增加残疾人就业推荐制度，表述为：“残疾人就业服务机构可以向安排残疾人就业未达到规定比例且有适合残疾人就业空缺岗位的用人单位推荐有相应劳动技能的残疾人。该用人单位应当在残疾人就业服务机构推荐的残疾人中选择录用工作人员。”（修订草案修改稿第三十一条第三款）同时，在第三十九条中增加就业服务机构指导、帮助用人单位安排残疾人就业的内容，表述为：“政府举办的公共就业服务机构和各级残疾人联合会所属的残疾人就业服务机构应当免费为残疾人提供职业培训和就业服务，并为用人单位提供残疾人就业信息，指导、帮助用人单位安排残疾人就业。鼓励、支持社会就业服务机构为残疾人提供职业介绍等服务。”（修订草案修改稿第三十九条第二款）

六、关于老年残疾人保障

有的常委会组成人员提出，老年人是致残的最大人群，老年残疾人既有养老的问题，也有残疾人权利保障的问题，应当设专门条款对老年残疾人予以特殊保障。根据上述意见，法制委员会建议在修订草案中增加一条，表述为：“市人民政府及有关部门在制定老年人优待政策时，应当充分考虑老年残疾人的特殊需要，在托养、医疗、居家服务等方面给予照顾和特别扶助。”（修订草案修改稿第五十条）

此外，法制委员会还根据常委会审议意见、内务司法委员会审议意见和其他方面的意见，对修订草案一些条款的文字表述作了完善性的修改，对条款顺序作了必要的调整。

法制委员会按照上述意见，提出《北京市实施〈中华人民共和国残疾人保障法〉办法（修订草案修改稿）》，提请本次常委会会议进行审议。

修订草案修改稿和以上意见是否妥当，请审议。

北京市人民代表大会法制委员会关于《北京市实施〈中华人民共和国残疾人保障法〉办法（修订草案修改稿）》修改意见的报告

——2011年11月18日在北京市第十三届人民代表大会常务委员会第二十八次会议上

市人大法制委员会副主任委员　张　引

主任、各位副主任、秘书长、各位委员：

2011年9月22日，市十三届人大常委会第二十七次会议对《北京市实施〈中华人民共和国残疾人保障法〉办法（修订草案修改稿）》进行了分组审议，会上有8位常委会组成人员和2位列席人大代表发表了意见。会后，法制委员会就审议中提出的问题进行了调研，并于11月9日召开会议，根据常委会审议意见及其他各方面意见对修订草案修改稿进行审议，提出了进一步修改的意见。现将修改情况报告如下。

一、为方便残疾人申请残疾评定，进一步明确申请残疾评定的程序，将修订草案修改稿第十一条修改为："申请残疾评定的人员应当按照本市有关规定到户籍所在地居民委员会或者村民委员会领取残疾评定申请表，并到区、县卫生行政部门会同残疾人联合会确定的医疗机构进行医学诊断；区、县残疾评定委员会根据医学诊断结果作出残疾评定结论。申请残疾评定人员对区、县残疾评定委员会作出的残疾评定结论有异议的，可以向市残疾评定委员会申请复查。经评定符合国务院规定的残疾标准的人员，由区、县残疾人联合会核发残疾人证。""居民委员会、村民委员会、有关医疗机构及残疾人联合会应当为残疾人申请残疾评定提供便利和服务。""残疾人凭残疾人证享受国家和本市规定的相关福利待遇。"（表决稿第十一条）

二、为促进残疾人实质性就业，对本市国家机关、事业单位、国有企业履行安排残疾人就业义务提出进一步要求，增加一款作为表决稿第三十一条第二款："本市国家机关、事业单位、国有及国有控股企业安排残疾人就业未达到规定比例的，招录工作人员时应当单列一定数量的岗位，依照公开、平等、竞争、择优的原则和程序定向招录符合岗位要求的残疾人。"同时删去修订草案修改稿第三十一条第三款。（表决稿第三十一条第二款）

三、为方便残疾人交通出行，为残疾人参与社会生活创造更加便利的条件，增加两款作为表决稿第五十六条第一款、第三款："各级人民政府和有关部门应当依法为残疾人办理各项车务手续、使用残疾人专用车辆提供便利。""残疾人持公安机关交通管理部门核发的残疾人专用通行证驾驶残疾人本人专用车辆在本市各类非居住区停车场停放时，免收停车费。"（表决稿第五十六条第一款、第三款）

四、为完善残疾人联合会维护残疾人合法权益的机制，增加一条作为表决稿第五十七条："残疾人联合会对有关单位未依法履行残疾人权益保障义务的行为，应当向有关部门提出意见或者建议。有关部门对残疾人联合会提出的意见或者建议应当按照规定调查

处理，并及时将处理情况书面告知残疾人联合会。”（表决稿第五十七条）

此外，法制委员会还根据常委会的审议意见对修订草案修改稿一些条款的文字表述作了完善性修改，对条款顺序进行了必要的调整。

法制委员会按照上述意见提出《北京市实施〈中华人民共和国残疾人保障法〉办法（表决稿）》，建议本次常委会会议通过，并自2012年3月1日起施行。

北京市人民代表大会常务委员会公告

（第20号）

《北京市生活垃圾管理条例》已由北京市第十三届人民代表大会常务委员会第二十八次会议于2011年11月18日通过，现予以公布，自2012年3月1日起施行。

北京市第十三届人民代表大会常务委员会

2011年11月18日

北京市生活垃圾管理条例

（2011年11月18日北京市第十三届人民代表大会常务委员会第二十八次会议通过）

目　　录

第一章　总　　则

第一条　为了加强生活垃圾管理，改善城乡环境，保障人体健康，维护生态安全，促进首都经济社会可持续发展，依据国家有关法律、法规，结合本市实际情况，制定本条例。

第二条　本市行政区域内生活垃圾的管理活动适用本条例。

本条例所称生活垃圾，包括单位和个人在日常生活中或者为日常生活提供服务的活动中产生的固体废物，以及法律、行政法规规定视为生活垃圾的建筑垃圾等固体废物。

危险废物、医疗废物、废弃电器电子产品按照国家相关法律、法规和本市其他有关规定进行管理。

第三条　生活垃圾处理是关系民生的基础性公益事业。加强生活垃圾管理，维护公共环境和节约资源是全社会共同的责任。

本市生活垃圾管理工作遵循减量化、资源化、无害化的方针和城乡统筹、科学规划、综合利用的原则，坚持政府主导、社会参与、全市统筹和属地负责，逐步建立和完善生活垃圾处理的社会服务体系。

第四条　生活垃圾管理是本市各级人民政府的重要职责。

市人民政府统一领导全市生活垃圾管理工作，将生活垃圾管理事业纳入本市国民经济和社会发展规划，确定生活垃圾管理目标，统筹设施规划布局，制定促进生活垃圾减量化、资源化、无害化的经济、技术政策和措施，保障生活垃圾治理的资金投入。

区、县人民政府负责本行政区域内的生活垃圾管理工作，将生活垃圾管理事业纳入区、县国民经济和社会发展规划，保障生活垃圾治理的资金投入，组织落实市人民政府确定的生活垃圾管理目标。

乡镇人民政府和街道办事处负责本辖区内生活垃圾的日常管理工作，指导村民委员会、居民委员会组织动员辖区内单位和个人参与生活垃圾减量、分类工作。

第五条　市政市容行政主管部门负责本行政区域内生活垃圾管理工作的综合协调、督促指导、检查考核和生活垃圾投放、收集、运输、处理的监督管理。

发展改革、财政、国土资源、环境保护、规划、住房城乡建设、交通、农村工作、商务、卫生、工商、园林绿化、公安、城管执法等部门，按照法律、法规、规章和本级人民政府确定的职责，相互协调配合，做好生活垃圾管理的相关工作。

第六条　单位和个人应当遵守国家和本市生活垃圾管理的规定，依法履行生活垃圾产生者的责任，减少生活垃圾产生，分类投放生活垃圾，并有权对违反生活垃圾管理的行为进行检举和控告。

第七条　从事生活垃圾清扫、收集、运输、处理服务的企业事业单位应当按照作业标准以及相关规定，提供安全并符合环境保护要求的服务。

本市制定鼓励政策，引导社会投资进入生活垃圾清扫、收集、运输、处理及循环利用等领域。

第八条　本市按照多排放多付费、少排放少付费，混合垃圾多付费、分类垃圾少付费的原则，逐步建立计量收费、分类计价、易于收缴的生活垃圾处理收费制度，加强收费管理，促进生活垃圾减量、分类和资源化利用。具体办法由市人民政府制定。

产生生活垃圾的单位和个人应当按照规定缴纳生活垃圾处理费。

第九条　本市坚持高标准建设、高水平运行生活垃圾处理设施，采用先进技术，因地制宜，综合运用焚烧、生化处理、卫生填埋等方法处理生活垃圾，逐步减少生活垃圾填埋量。

本市支持生活垃圾处理的科技创新，促进生活垃圾减量化、资源化、无害化先进技术、工艺的研究开发与转化应用，提高生活垃圾再利用和资源化的科技水平。

本市鼓励单位和个人使用再利用产品、再生产品以及其他有利于生活垃圾减量化、资源化的产品。

第十条　报刊、广播、电视和网络等媒体应当加强对生活垃圾管理的宣传，普及相关知识，增强社会公众的生活垃圾减量、分类意识。

市政市容行政主管部门应当组织生活垃圾集中收集、运输、处理设施对公众开放，建立生活垃圾管理宣传教育基地。

教育行政主管部门应当将生活垃圾减量、分类、处理的知识，纳入中小学校课程。

第十一条　本市对在生活垃圾管理工作中作出突出贡献和取得优异成绩的单位和个人给予奖励。

第二章　规划与建设

第十二条　市市政市容行政主管部门应当会同市政府有关部门，组织编制市生活垃圾处理规划，报市人民政府批准后实施。涉及设施规划布局和用地的，纳入本市城乡规划和土地利用规划。

本市生活垃圾处理规划应当明确生活垃圾处理体系，确定设施总体布局，统筹生活垃圾处理流向、流量。

第十三条 区、县人民政府应当根据市生活垃圾处理规划，组织编制本区、县生活垃圾处理规划，报市市政市容行政主管部门备案。涉及设施建设的，应当与所在地的控制性详细规划相衔接。

区、县生活垃圾处理规划应当明确本区、县生活垃圾的处理方式，确定生活垃圾设施的布局和处理工艺、能力。

第十四条 编制涉及生活垃圾处理设施建设的城乡规划，组织编制机关应当依法征求专家和公众的意见。规划草案报送审批前，应当依法予以公告，公告的时间不得少于30日，报送审批的材料中附意见采纳情况及理由。

第十五条 本市有关部门编制城乡规划年度实施计划、年度投资计划、年度土地供应计划时，应当统筹安排重点生活垃圾集中转运、处理设施的建设。

区、县人民政府应当根据本市的统筹安排，制定年度生活垃圾集中收集、转运、处理设施的建设工作计划并组织实施，保障生活垃圾集中收集、转运、处理设施的建设与运行。

第十六条 按照城乡规划、土地利用规划确定的生活垃圾集中收集、转运、处理设施建设用地，未经法定程序，不得改变用途。

规划行政主管部门应当会同市政市容、环境保护等有关部门编制生活垃圾处理设施规划管理技术标准，根据设施的工艺和规模，对设施周边地区实施规划控制。

第十七条 本市对生活垃圾集中转运、处理设施建设、运行及周边环境保护建设，给予资金、土地等方面的支持与保障。

第十八条 新建、改建、扩建生活垃圾集中收集、转运、处理设施应当符合生活垃圾处理规划。

发展改革部门批准、核准生活垃圾集中转运、处理设施建设项目时，应当就项目处理工艺、规模、服务范围等内容征求市政市容行政主管部门的意见，市政市容行政主管部门应当及时提供相关意见。

第十九条 建设生活垃圾集中转运、处理设施，应当依法进行环境影响评价，分析、预测和评估可能对周围环境造成的影响，并提出环境保护措施。建设单位应当将环境影响评价结论向社会公示。

建设单位在报批环境影响文件前，应当征求有关单位、专家和公众的意见。报送环境影响文件时，应当附具对有关单位、专家和公众的意见采纳或者不采纳的说明。

生活垃圾集中收集、转运、处理设施建设应当符合国家和本市有关标准，采取密闭、渗沥液处理、防臭、防渗、防尘、防噪声、防遗撒等污染防控措施；现有设施达不到标准要求的，应当制定治理计划，限期进行改造，达到环境保护要求。

第二十条 市市政市容行政主管部门应当会同市规划、发展改革、住房城乡建设等行政主管部门，组织编制建设工程配套生活垃圾分类设施建设标准。

市规划行政主管部门应当将建设工程配套生活垃圾分类设施建设标准中的有关内容，纳入本市建设项目公共服务设施配套建设指标，并在对公共建筑项目进行行政许可审查时，就生活垃圾分类设施的配套建设征求市政市容行政主管部门的意见。

第二十一条 新建、改建、扩建建设项目，应当按照标准配套建设生活垃圾分类设施，建设工程设计方案应当包括配套生活垃圾分类设施的用地平面图并标明用地面积、位置和功能。

建设工程配套生活垃圾分类设施应当与建设项目主体工程同步设计、同步建设、同步交付使用，建设费用纳入建设工程总投资；建设工程竣工后，建设单位应当向市政市容行政主管部门申请验收配套生活垃圾分类设施。

新建住宅建设项目，建设单位应当在销售场所公示配套生活垃圾分类设施的设置位置、功能等内容，并在房屋买卖合同中明示。

第二十二条 任何单位和个人不得擅自拆除、迁移、改建、停用生活垃圾集中收集、转运、处理设施或者改变其用途。确需拆除、迁移、改建、停用生活垃圾集中收集、转运、处理设施的，应当经市政市容行政主管部门和环境保护行政主管部门核准，并按照规定先行重建、补建或者提供替代设施。

第二十三条 生活垃圾填埋场停止使用的，运行管理单位应当按照国家和本市相关标准、规定实施封场工程，并做好封场后的维护管理工作。

第三章 减量与分类

第二十四条 生产者、销售者应当严格执行国家和本市对限制产品过度包装的标准和要求，减少包装材料的过度使用和包装性废物的产生；对列入国家强制回收目录的产品和包装物按照规定予以标注，并进行回收。

第二十五条 单位和个人应当减少使用或者按照规定不使用一次性用品，优先采购可重复使用和再利用产品。

本市鼓励净菜上市，提倡有条件的居住区、家庭安装符合标准的厨余垃圾处理装置。

第二十六条 餐饮经营单位应当在餐饮服务场所设置不剩餐的醒目标识，在服务过程中提示消费者合理消费，适量点餐。

餐饮行业协会应当在餐厨垃圾减量化工作中发挥行业自律和服务作用，引导企业行为，推广先进技术，督促落实本市餐厨垃圾管理的有关规定。

第二十七条 市和区县人民政府应当加快建筑垃圾资源化处理设施建设，提高处理能力，并制定建筑垃圾综合管理循环利用政策，促进建筑垃圾排放减量化、运输规范化、处置资源化以及再生产品利用规模化。

本市市政市容、住房城乡建设等相关行政主管部门应当加强对建筑垃圾的全程控制和管理，制定建筑垃圾再生产品质量标准、应用技术规程，采取措施鼓励建设工程选用建筑垃圾再生产品和可回收利用的建筑材料，支持建筑垃圾再生产品的生产企业发展。

建设单位、施工单位应当根据建筑垃圾减排处理和绿色施工有关规定，采取措施减少建筑垃圾的产生，对施工工地的建筑垃圾实施集中分类管理；具备条件的，对工程施工中产生的建筑垃圾进行综合利用。

第二十八条 市商务行政主管部门应当会同有关部门编制再生资源回收体系建设规划，建立健全再生资源回收体系，合理布局再生资源回收网点，规范再生资源回收市场秩序，加强服务与管理。

第二十九条 可回收物应当交由经商务行政主管部门备案的再生资源回收经营者处置，或者投入可回收物收集容器中。

市商务行政主管部门应当会同有关部门制定并公布可回收目录，将回收统计数据纳入生活垃圾统计内容。

第三十条 再生资源回收经营者应当到区县商务行政主管部门备案，并遵守下列规定：

（一）在服务范围内，公示可回收物目录，公布回收价格及服务电话；

（二）根据可回收物目录，扩大收集渠道，做到应收尽收；

（三）配备相应的贮存设施设备，不同种类的物品应当分类贮存；

（四）运输可回收物品，采取措施防止扬散、渗漏；

（五）消防、环境保护和市容环境卫生等法律、法规、规章的其他规定。

再生资源回收经营者可以采取固定站点回收、定时定点回收、上门回收等方式，开展回收服务，方便单位和个人交售可回收物品。

第三十一条 本市按照全程管理、系统衔接、科学分类、适应处理的原则建立生活垃圾分类制度，对生活垃圾实行分类投放、分类收集、分类运输、分类处理。具体办法由市人民政府制定。

市市政市容行政主管部门应当会同有关部门根据有利于减量化、资源化和便于识别、便于分类投放的原则，以及本市生活垃圾的特性、处理方式，制定生活垃圾分类标准向社会公布，并根据生活垃圾处理结构的变化进行调整。

产生生活垃圾的单位和个人应当按照下列规定分类投放生活垃圾：

（一）餐厨垃圾、厨余垃圾、可回收物、其他垃圾分别投入相应标识的收集容器；

（二）废旧家具等体积较大的废弃物品，单独堆放在生活垃圾分类管理责任人指定的地点；

（三）建筑垃圾按照生活垃圾分类管理责任人指定的时间、地点和要求单独堆放；

（四）农村村民日常生活中产生的灰土单独投放在相应的容器或者分类管理责任人指定的地点；

（五）国家和本市有关生活垃圾分类投放的其他规定。

危险废物、医疗废物、废弃电器电子产品应当单独收集，不得混入生活垃圾。

第三十二条 本市实行生活垃圾分类管理责任人制度。生活垃圾分类管理责任人按照下列规定确定：

（一）城市居住地区，包括住宅小区、胡同、街巷等，实行物业管理的，由物业管理单位负责；单位自管的，由自管的单位负责。

（二）农村居住地区，由村民委员会负责。

（三）机关、部队、企业事业单位、社会团体及其他组织的办公管理区域，由本单位负责。

（四）公共建筑，由所有权人负责；所有权人委托管理单位管理的，由管理单位负责。

（五）建设工程的施工现场，由建设单位负责。

（六）集贸市场、商场、展览展销、餐饮服务、沿街商铺等经营场所，由经营管理单位负责。

（七）机场、火车站、长途客运站、公交场站、轨道交通车站，由管理单位负责。

（八）河湖及其管理范围，由河湖管理单位负责。

（九）公园、风景名胜区、旅游景点，由管理单位负责。

（十）城市道路、公路及其人行过街桥、人行地下过街通道等附属设施，由清扫保洁单位负责。

按照前款规定不能确定生活垃圾分类管理责任人的，由所在地街道办事处或者乡镇人民政府负责。

第三十三条 生活垃圾分类管理责任人应当遵守下列规定：

（一）建立生活垃圾分类日常管理制度；

（二）在责任范围内开展生活垃圾分类知识宣传，指导、监督单位和个人进行生活垃圾分类；

（三）根据生活垃圾产生量和分类方法，按照相关规定设置生活垃圾分类收集容器，并保持生活垃圾分类收集容器完好和整洁美观，出现破旧、污损或者数量不足的，及时维修、更换、清洗或者补设；

（四）明确不同种类生活垃圾的投放时间、地点，分类收集、贮存生活垃圾；

（五）将生活垃圾交由有资质的单位收集运输，并签订生活垃圾收集运输服务合同，合同示范文本由市市政市容行政主管部门会同相关部门制定并公布；

（六）及时制止翻拣混合已分类的生活垃圾的行为；

（七）国家和本市的其他规定。

第三十四条　生活垃圾分类管理责任人应当按照规定，向所在地的街道办事处或者乡镇人民政府进行生活垃圾排放登记，并提供生活垃圾收集运输服务合同。

生活垃圾分类管理责任人应当建立生活垃圾管理台账，记录责任范围内实际产生的生活垃圾的种类、数量、运输者、去向等情况，并定期向所在地的街道办事处或者乡镇人民政府报告。

街道办事处和乡镇人民政府应当及时将数据汇总录入生活垃圾管理信息系统。

第三十五条　新建、改建、扩建建设项目的建设单位，建筑物、构筑物等拆除工程和城市道路、公路等施工工程的承担单位应当在施工前，依法办理渣土消纳许可。渣土消纳许可应当在施工现场公示。

拆除工程的承担单位向住房城乡建设行政主管部门办理拆除工程施工备案时，堆放、清除废弃物的措施资料中应当包含渣土消纳许可证。

第三十六条　居民在装饰装修过程中产生建筑垃圾，应当按照生活垃圾分类管理责任人规定的时间、地点和要求单独堆放，并承担处理费用；生活垃圾分类管理责任人应当依法办理渣土消纳许可。

第三十七条　单位和个人应当按照生活垃圾分类管理责任人公示的时间、地点投放生活垃圾，不得随意丢弃、抛撒生活垃圾。

第四章　收集、运输与处理

第三十八条　从事生活垃圾收集、运输服务的企业，应当取得生活垃圾收集、运输经营许可。

第三十九条　运输生活垃圾的车辆应当取得生活垃圾准运证。运输餐厨垃圾或渣土、砂石、土方、灰浆等建筑垃圾，应当专车专用并符合相关规定。

第四十条　收集、运输生活垃圾的单位应当遵守下列规定：

（一）按时、分类收集、运输不同种类的生活垃圾，根据生活垃圾收集量、分类方法、作业时间等因素，配备符合标准的收集工具、运输车辆以及符合要求的人员；

（二）将生活垃圾分类运输至集中收集设施或者符合规定的转运、处理设施，不得混装混运，不得随意倾倒、丢弃、遗撒、堆放；

（三）建立生活垃圾管理台账，记录生活垃圾来源、种类、数量、去向等情况，并向区、县市政市容行政主管部门报告；

（四）国家和本市的其他规定。

第四十一条　生活垃圾集中转运、处理设施的运行管理单位应当按照要求接收生活垃圾，并进行分类处理。

从事生活垃圾经营性处理服务的企业，应当取得市政市容行政主管部门核发的生活垃圾处理经营许可。

设置建筑垃圾消纳场所的，应当取得市政市容行政主管部门核发的建筑垃圾消纳场所设置许可。

第四十二条　建设单位应当将建筑垃圾交由有资质的运输单位，按照渣土消纳许可确定的时间、路线和要求，运输至符合规定的渣土消纳场所。实施建筑垃圾就地资源化处置的，应当采用符合建筑垃圾资源化处理要求的设备或者方式。

建设单位应当将实际产生的建筑垃圾的

种类、数量、运输者、去向等情况，及时告知渣土消纳场所。渣土消纳场所发现与实际接收的数量不符的，应当及时报告市政市容行政主管部门。

第四十三条 市和区县人民政府应当加快餐厨垃圾集中处理设施建设，提高处理能力，并按照集中与分散处理相结合的原则，推进餐厨垃圾源头就地处理，对餐厨垃圾就地处理设施的建设、运行给予指导和经济补助。具体办法由市人民政府制定。

餐饮服务单位应当单独收集餐厨垃圾，并委托有资质的生活垃圾收集、运输、处理专业服务单位进行集中处理；达到一定规模并具备就地处理条件的，应当按照本市有关规定建设符合标准的餐厨垃圾就地处理设施，对餐厨垃圾进行就地处理和资源化利用。

禁止使用未经无害化处理的餐厨垃圾饲养畜禽；禁止生产、销售、使用以餐厨废弃食用油脂为原料的食用油；禁止无资质的单位和个人收集、运输餐厨垃圾。

第四十四条 大型蔬菜果品批发市场、物流配送中心的经营管理单位应当按照要求建设处理设施，集中处理废弃蔬菜、果品。

园林绿化行政主管部门应当组织建设处理设施，集中处理园林、公共绿地、公园中废弃的枝叶、花卉。

第四十五条 区、县人民政府可以建立农村地区生活垃圾收集运输队伍，或者通过公开招标投标等方式委托具备专业技术条件的单位，负责农村地区的生活垃圾分类收集、运输。

农村地区产生的厨余垃圾，应当按照农业废弃物资源化的要求，采用生化处理等技术就地或者集中处理。

农村村民日常生活中产生的灰土，应当选择在远离水源和居住地的适宜地点，采用填坑造地等方式处理。

第四十六条 本市建立生活垃圾异地处理经济补偿机制。产生生活垃圾的区县跨区域处理生活垃圾的，区县人民政府应当根据跨区域处理的生活垃圾量，交纳生活垃圾异地处理经济补偿费用。

第四十七条 生活垃圾集中转运、处理设施的运行管理单位应当遵守下列规定：

（一）按照有关规定和技术标准处理生活垃圾；

（二）按照规定处置生活垃圾处理过程中产生的污水、废气、废渣、粉尘等，保证生活垃圾集中转运、处理设施的排放达到国家和本市有关标准；

（三）设置化验室或者委托专业化验机构，对生活垃圾、渗沥液等处理过程中常规参数进行检测，并建立检测档案；

（四）按照要求建设在线监管系统，对生活垃圾处理设施相关指标进行检测，并将数据传送至生活垃圾管理信息系统；

（五）建立生活垃圾处理台账，并按照要求向相关管理部门报送数据、报表以及相关情况；

（六）按照要求公开设施污染控制监测指标和处理设施运行数据；

（七）配套建设相应的参观、宣传设施，在规定的公众开放日接待社会公众参观、访问；

（八）国家和本市的其他规定。

第五章 监督管理

第四十八条 本市各级人民政府应当建立和完善生活垃圾管理的综合考核制度，并纳入政府考核指标。

第四十九条 市政市容行政主管部门应当建立和完善有关生活垃圾排放全过程管理制度，建立生活垃圾投放、收集、运输、处理管理信息系统。

第五十条 市政市容行政主管部门应当会同有关部门加强对生活垃圾分类投放、分类收集、分类运输、分类处理的全过程监管，实行联单制度；发现不符合规定的，及时督促改正。

环境保护行政主管部门应当定期对生活垃圾集中转运、处理设施的污染物排放情况进行监测，并按照规定发布监测信息。

监督检查过程中需要对生活垃圾处理数量、质量和环境影响情况进行监测的，相关行政管理部门可以委托具有相应资格的第三方机构进行。

第五十一条　本市应当建立健全对餐厨垃圾的全程监管和执法联动机制，并按照属地负责的原则纳入网格化管理。

卫生、工商、环境保护、城管执法等部门应当将餐厨垃圾的排放和流向纳入对餐饮服务单位的日常监督管理范围；城管执法部门、公安机关交通管理部门应当加强对收运餐厨垃圾车辆的执法检查。

市政市容行政主管部门应当会同环保等有关部门对餐厨垃圾就地处理设施建设、运行和环境保护等情况进行监督管理。

第五十二条　市政市容行政主管部门应当向社会公布举报和投诉电话、信箱和电子邮件地址，依法处理有关生活垃圾管理方面的举报和投诉。

举报违反生活垃圾管理行为，经查证属实的，对举报人给予奖励。具体办法由市市政市容行政主管部门制定并向社会公布。

第五十三条　市政市容行政主管部门应当会同有关部门建立生活垃圾监督管理和执法工作的协调配合机制，定期通报情况，实现生活垃圾监督管理信息、数据的及时互通和共享。

第五十四条　街道办事处和乡镇人民政府可以组织辖区内的居民委员会、村民委员会在居住区设立生活垃圾减量分类指导员，宣传生活垃圾分类知识，指导居民正确开展生活垃圾分类。

街道办事处、乡镇人民政府和生活垃圾分类管理责任人可以通过奖励、表彰、积分等方式，鼓励单位和个人开展生活垃圾减量和分类。

第五十五条　本市实行生活垃圾处理社会监督员制度。

市和区、县市政市容行政主管部门向社会公开选择一定数量的生活垃圾处理社会监督员，参与生活垃圾集中处理设施的监督管理工作。社会监督员中应当有周边居民代表。

社会监督员有权监督生活垃圾集中处理设施运行，进入相关场所，了解污染控制的措施及实施情况，查阅环境监测数据，并遵守相关安全管理规范。运行管理单位应当予以配合、协助。

第六章　法律责任

第五十六条　本市各级行政主管部门、执法部门及其工作人员不依法或者不正当履行生活垃圾管理职责的，由其上级行政机关或者监察机关责令改正，对直接负责的主管人员和其他直接责任人员依法给予行政处分；构成犯罪的，依法追究刑事责任。

第五十七条　违反本条例第二十一条第一款规定，建设单位未按照标准配套建设生活垃圾分类设施的，由规划行政主管部门按照城乡规划法律、法规中未按照建设工程规划许可证许可内容进行建设的违法行为进行处罚。

第五十八条　违反本条例第三十条规定，再生资源回收经营者未公示可回收物目录或者未分类贮存物品的，由区县商务行政主管部门给予警告，责令限期改正；逾期不改正的，可处1000元以上1万元以下罚款。

第五十九条　违反本条例第三十三条第（一）、（三）、（四）项规定的，由城市管理综合执法部门责令限期改正；逾期不改正的，处1000元以上1万元以下罚款。

违反本条例第三十三条第（五）项规定的，生活垃圾分类管理责任人将生活垃圾交由未经许可或者备案的企业和个人进行处置的，由城市管理综合执法部门责令限期改正，并处5000元以上5万元以下罚款。

第六十条 违反本条例第三十四条第一款规定，生活垃圾分类管理责任人未办理生活垃圾排放登记或者登记信息虚假的，由城市管理综合执法部门责令限期改正；逾期不改正的，可处1000元罚款。

违反本条例第三十四条第二款规定，生活垃圾分类管理责任人未建立生活垃圾管理台账，或者不如实记录责任范围内生活垃圾排放情况的，由城市管理综合执法部门责令改正，并处1000元以上1万元以下罚款。

第六十一条 违反本条例第四十条（一）项规定的，由城市管理综合执法部门责令限期改正，并处500元以上3000元以下罚款；情节严重的，由原发证机关吊销生活垃圾收集、运输经营许可证。

违反本条例第四十条第（二）项规定的，由城市管理综合执法部门责令清除，并处5000元以上5万元以下罚款；情节严重的，由原发证机关吊销生活垃圾收集、运输经营许可证。

违反本条例第四十条第（三）项规定的，由城市管理综合执法部门责令限期改正，并处1000元以上1万元以下罚款；情节严重的，由原发证机关吊销生活垃圾收集、运输经营许可证。

第六十二条 违反本条例第四十一条第一款规定，生活垃圾集中转运、处理设施未按照要求接收生活垃圾，或者未进行分类处理的，由城市管理综合执法部门责令限期改正，并处5万元以上10万元以下罚款；情节严重的，由原发证机关吊销生活垃圾处理经营许可证或者渣土消纳场所许可证。

第六十三条 建设工程的建设单位、拆除工程的承担单位违反本条例第四十二条第一款规定处理建筑垃圾的，由城市管理综合执法部门责令限期改正，处1万元以上10万元以下罚款。

第六十四条 餐饮服务单位违反本条例第四十三条第二款规定收集、处理餐厨垃圾的，由城市管理综合执法部门责令停业整顿，并可处5000元以上5万元以下罚款。

违反本条例第四十三条第三款规定，使用未经无害化处理的餐厨垃圾饲养畜禽，或者生产、销售、使用以餐厨废弃食用油脂为原料的食用油的，由农业、质量技术监督、工商行政管理、卫生等行政主管部门依据各自职责依法予以查处；构成犯罪的，依法追究刑事责任。

无资质的单位和个人违反本条例第四十三条第三款规定收集、运输餐厨垃圾的，由城市管理综合执法部门暂扣其车辆，没收违法收运的餐厨垃圾，并可处5000元以上5万元以下的罚款。违反道路交通安全法律、法规关于道路通行规定，上道路行驶的车辆，由公安机关交通管理部门依法予以查处。

第六十五条 违反本条例第四十七条第（一）项、第（二）项规定的，由城市管理综合执法部门责令限期改正，并可处3万元以上10万元以下罚款；情节严重的，由原发证机关吊销生活垃圾处理经营许可证；由于排放未达到标准，给单位和个人造成损失的，应当依法进行赔偿。

违反本条例第四十七条第（三）项、第（四）项规定，未按照要求进行检测的，由城市管理综合执法部门责令限期改正，并可处3万元以上10万元以下罚款；未将数据传送至市政市容行政主管部门的生活垃圾处理设施运行监督管理信息系统的，由城市管理综合执法部门责令限期改正，并可处2000元以上2万元以下罚款。

违反本条例第四十七条第（五）项规定的，

由城市管理综合执法部门责令限期改正，并处1000元以上1万元以下罚款；情节严重的，由原发证机关吊销生活垃圾处理经营许可证。

违反本条例第四十七条第（六）、（七）项规定，生活垃圾集中转运、处理设施的运行管理单位未按照要求公开设施污染控制监测指标和处理设施运行数据或者对外开放设施的，由城市管理综合执法部门责令限期改正；逾期不改正的，处3万元罚款。

第六十六条　违反本条例的行为，《北京市市容环境卫生条例》已有处理规定的，由城市管理综合执法部门依据《北京市市容环境卫生条例》的规定予以处理。

第六十七条　违反本条例，妨碍、阻挠生活垃圾管理监督检查人员依法执行职务，或者围堵生活垃圾收集、处理设施和运输车辆，或者阻碍生活垃圾处理设施建设和正常运行，违反治安管理规定的，由公安机关依照《中华人民共和国治安管理处罚法》处理。

第七章　附　　则

第六十八条　本条例中有关用语的含义：

（一）建设工程配套生活垃圾分类设施，包括垃圾分类投放站（间）、垃圾分类收集房、密闭式垃圾分类清洁站等设施设备。

（二）可回收物，是指在日常生活中或者为日常生活提供服务的活动中产生的，已经失去原有全部或者部分使用价值，回收后经过再加工可以成为生产原料或者经过整理可以再利用的物品，主要包括废纸类、塑料类、玻璃类、金属类、电子废弃物类、织物类等。

（三）建筑垃圾，是指建设单位、施工单位新建、改建、扩建、拆除各类建筑物、构筑物和城市道路、公路施工等以及居民装饰装修房屋过程中所产生的弃土、弃料以及其他废弃物，视为生活垃圾进行管理。

（四）餐厨垃圾，是指从事餐饮经营活动的企业和机关、部队、学校、企事业等单位集体食堂在食品加工、饮食服务、单位供餐等活动中产生的食物残渣、食品加工废料和废弃食用油脂。其中，废弃食用油脂是指不可再食用的动植物油脂和油水混合物。

（五）厨余垃圾，是指家庭中产生的菜帮菜叶、瓜果皮核、剩菜剩饭、废弃食物等易腐性垃圾。

（六）餐饮服务单位，是指从事餐饮经营活动的企业和机关、部队、学校、企事业等单位的集体食堂。

（七）生活垃圾收集运输专业服务单位，包括取得从事生活垃圾经营性收集、运输许可的企业和承担环境卫生作业的事业单位。

第六十九条　本条例自2012年3月1日起施行。

关于《北京市生活垃圾管理条例（草案）》的说明

——2011年5月27日在北京市第十三届人民代表大会常务委员会第二十五次会议上

北京市市政市容管理委员会主任　陈　永

主任、各位副主任、秘书长、各位委员：

我受市人民政府委托，现就提请本次会议审议的《北京市生活垃圾管理条例（草案）》（以下简称《条例（草案）》）作如下说明。

一、立法的必要性

近年来，本市高度重视生活垃圾管理工作，市委、市政府下发了《关于全面推进生活垃圾处理工作的意见》，将生活垃圾处理工作确定为关系民生的基础性公益事业，坚持政府主导、社会参与，不断完善政策、措施，加大资金投入，加快设施建设，健全管理体制，生活垃圾收集、运输、处理体系基本形成，生活垃圾处理水平不断提高，城乡环境得到了明显改善。

据统计，2010 年全市生活垃圾产生量 635 万吨，日产生量 1.74 万吨，全市垃圾无害化处理率 97%。目前，全市共有垃圾处理设施 28 座，总处理能力从 2008 年的 10,350 吨/日提高到 16,680 吨/日，焚烧、生化、填埋比例由 2∶8∶90 优化为 10∶10∶80。

今年 3 月，国务院常务会议研究部署进一步加强城市生活垃圾处理工作，提出切实控制城市生活垃圾产生、增强城市生活垃圾处理能力、强化监督管理的要求。会上，特别提到了本市的生活垃圾处理工作，会议予以充分肯定，并要求本市在全国先行开展生活垃圾处理工作试点。

但我们也清醒的认识到，随着人口的增加和本市经济社会的快速发展，生活垃圾管理工作依然面临严峻的考验，处理设施建设相对滞后、处理结构不合理的矛盾依然存在，生活垃圾产生量增加的趋势并没有从根本转变，设施建设难落实，处理能力急待提高。同时，生活垃圾分类责任不清，标准不明，监管手段薄弱；生活垃圾分类投放、收集、运输、处理各环节衔接机制不完善；生活垃圾处理信息不透明等问题，与建设“人文北京、科技北京、绿色北京”和世界城市的要求还有很大差距。有必要坚持源头减量和分类，加强生活垃圾分类投放、收集、运输、处理全过程的管理，改善处理结构，提高处理能力，做到从被动消极地处理生活垃圾向积极削减生活垃圾产生量转变；从以卫生填埋为主的处理方式，向焚烧、生化、卫生填埋相结合的综合处理方式转变；管理重点从末端无害化处理向加强生活垃圾全过程管理转变；从以城市化地区为主向城乡统筹、均衡发展转变。

因此，本市迫切需要制定一部符合生活垃圾管理实际情况的地方性法规，将各项行之有效的措施，通过法规制度的形式确定下来，为深入推进生活垃圾管理工作，保障社会公众的合法权益，促进生活垃圾处理现代化水平的全面提升，提供有力的法律支撑。

二、《条例（草案）》起草过程和基本思路

年初，市政府、市人大常委会将制定《北京市生活垃圾管理条例》列入了立法工作计划。在市人大常委会城建环保办和法制办的全程指导下、市政府有关部门的通力配合下，遵循市人大常委会立项时确定的基本思路，结合立法调研中梳理的问题，根据国家《固体废物污染环境防治法》、《循环经济促进法》以及《北京市市容环境卫生条例》等法律、法规的规定，研究、借鉴国外和外省市管理经验的基础上，市市政市容委会同市政府法制办等单位共同起草了《条例（草案）》。经多次征求市政府有关部门、区县政府和社会各界的意见，并针对主要问题进行了专家论证，在反复协调、修改后，各方面意见达成一致。在《条例（草案）》起草期间，杜德印主任、刘晓晨副主任率人大常委会委员、人大代表及有关专家就生活垃圾管理工作进行调研，并对立法工作进行指导。

起草《条例（草案）》的基本思路是从本市生活垃圾管理实际出发，按照建设“人文北京、科技北京、绿色北京”和世界城市的

要求，建立科学的生活垃圾管理体系，明确政府、专业服务单位、垃圾产生者的责任，强化生活垃圾的源头减量，推进生活垃圾分类，加强从产生到处理的全过程监管，积极引导社会公众参与，切实提高生活垃圾减量化、资源化、无害化水平。

三、《条例（草案）》的主要内容

《条例（草案）》共七章六十二条，分为总则，规划与建设，生活垃圾减量与分类，生活垃圾收集、运输、处理，监督管理，法律责任和附则。主要内容如下。

（一）法规的适用范围

按照“城乡统筹、协调发展”的原则，法规的适用范围为全市行政区域，即本市行政区域内生活垃圾的管理活动适用本条例。

根据《固体废物污染环境防治法》的规定，《条例（草案）》明确了本条例所称生活垃圾，是指在日常生活中或者为日常生活提供服务的活动中产生的固体废物以及建筑垃圾等法律、行政法规规定视为生活垃圾的固体废物。

此外，由于危险废物、医疗废物、废弃电器电子产品，不属于生活垃圾，并且在《固体废物污染环境防治法》、《医疗废物管理条例》、《废弃电器电子产品回收处理管理条例》等法律、法规中，已对其管理主体、管理要求有了明确规定，因此，《条例（草案）》未将这些事项的管理纳入适用范围。

（二）明确了生活垃圾处理工作的定位及政府、社会公众和专业作业单位的责任

《条例（草案）》明确了生活垃圾处理是关系民生的基础性公益事业，并基于此定位，设计各项管理制度，合理划分政府、社会公众以及专业作业单位的责任。

对于政府责任，《条例（草案）》确定为市级统筹、属地负责。市政府统一领导全市生活垃圾管理工作，制定全市生活垃圾处理规划，确定管理目标。区县政府负责本行政区域内的生活垃圾管理工作，制定本区县的生活垃圾处理规划，确定生活垃圾处理设施建设计划并组织实施，落实市政府确定的管理目标。乡镇政府和街道办事处负责本辖区的生活垃圾相关管理工作，组织动员市民积极参与生活垃圾管理工作。

对于社会公众，在生活垃圾管理上具有两种角色，既是产生者又是监督者。《条例（草案）》也是从两个角度进行了规范，作为生活垃圾产生者，承担生活垃圾减量与分类的责任，并按照污染者付费的原则，承担一定的处理费用。作为生活垃圾管理的监督者，有权了解与生活垃圾相关的政府及企业信息，并监督生活垃圾处理企业的运行情况。

对于从事生活垃圾清扫、收集、运输、处理服务的专业作业单位，《条例（草案）》要求应当取得相应资质，并按照作业标准及规范，提供安全、稳定、环保的服务。包括建设相应设施，遵守相关的行为规范，建立台账记录相关数据，公开运行监测数据，接受社会公众监督等。

（三）加强了生活垃圾设施规划、建设的统筹

《条例（草案）》在现有建设流程的制度框架内，加强了生活垃圾设施规划与建设的统筹。

一是强化垃圾处理规划的编制及与相关规划的衔接。市政市容部门会同相关部门制定生活垃圾处理规划，涉及事业发展的，纳入国民经济和社会发展规划；涉及设施规划布局和用地的，纳入城乡规划和土地利用规划。

二是强调相关标准制定过程中的多方协调。要求规划部门会同市政市容、环保等有关部门编制生活垃圾处理设施规划管理技术标准，根据设施的工艺和规模，对设施周边地区实施规划控制。市政市容部门会同规划、

发展改革、建设等部门编制建设工程配套生活垃圾分类设施建设标准。

三是在设施建设审批上增加专业技术方面的意见。生活垃圾处理设施建设立项时，市政市容部门应当及时就项目处理工艺、规模、服务范围等提出意见。规划部门在对公共建筑项目进行行政许可审查时，应当就生活垃圾分类设施的建设征求市政市容部门的意见。

四是加强设施使用的监管。规定建设工程配套生活垃圾分类设施竣工后，建设单位应当向市政市容部门申请验收。拆除、迁移、改建、停用生活垃圾分类、集中收集、转运、处理设施的，应当经市政市容和环保等部门核准。

（四）确定了生活垃圾分类管理制度，推动生活垃圾源头减量

按照减量化、资源化、无害化的方针，《条例（草案）》注重从源头减少生活垃圾产生，实行可回收物的综合利用，坚持发展循环经济，建立健全生活垃圾分类管理制度。

在生活垃圾减量方面。一是切实控制生活垃圾产生。对生产者、消费者分别提出要求，限制一次性用品使用和过度包装，促进源头减量。二是畅通废品回收渠道。推广废品回收利用等生活垃圾资源化利用方式，制定并公布可回收物目录。三是坚持集中处理与分散处理相结合。有条件的可就地处理生活垃圾，但必须采用符合规定的无害化处理设备、措施。集中处理生活垃圾的，采用焚烧、生化、卫生填埋等综合处理方式。

在生活垃圾分类方面。一是明确了分类标准。按照餐厨垃圾（厨余垃圾）、可回收物、其他垃圾进行分类管理，同时也对建筑垃圾、园林垃圾、果蔬垃圾提出了分类处理要求。二是设立分类管理人，保障源头分类的组织落实。分类管理人由物业企业、村委会、公共场所的管理单位等担当，负责组织、宣传、指导、监督社会公众进行生活垃圾分类。三是将分类要求贯穿投放、收集、运输、处理全过程。规定由分类管理人按照要求设置生活垃圾分类收集容器，收集运输作业单位要分类收集、运输不同种类的生活垃圾，处理设施的运行管理单位应当按照要求接收生活垃圾，并进行分类处理。

（五）实行生活垃圾投放、收集、运输、处理全过程监管

一是实行生活垃圾排放登记制度，掌握源头产生量。要求生活垃圾分类管理人向所在地的街道办事处或者乡镇政府登记生活垃圾产生情况。

二是实行运输合同制度，掌握生活垃圾流向。要求生活垃圾分类管理人选择收集运输专业服务单位，签订服务合同，并在排放登记时一并提交街道办事处或者乡镇政府。并针对农村的特点作了特别规定，农村地区的生活垃圾分类收集、运输，区县政府可以专门成立收集运输队伍负责，或者通过招标等方式委托专业服务单位负责。

三是实行台账管理，掌握生活垃圾流量。要求生活垃圾分类管理人、收集运输服务单位、处理单位分别建立生活垃圾管理台账，记录垃圾来源、种类、数量、去向等，进行全过程监管，发现问题易于追查责任，防止乱丢、乱倒生活垃圾。

四是明确管理要求，加强监督管理。要求将生活垃圾密闭运输至符合规定的处理设施，不得混装混运，不得随意倾倒、丢弃、遗撒、堆放生活垃圾；处理设施的运行管理单位应当按照要求处理污水、废气、废渣、粉尘，定期进行水、气、噪声、土壤等环境影响监测，保证生活垃圾处理场所环境整洁，防止周边受到恶臭气体的污染。

（六）加强了对建筑垃圾、餐厨垃圾的管理

《条例（草案）》针对建筑垃圾、餐厨垃圾在产生源头和处理方式上的特殊性，在生

活垃圾基本管理制度的基础上，对其规定了更加严格的措施。

对于建筑垃圾，一是要求建设单位、施工单位采取措施减少建筑垃圾产生，并对产生的建筑垃圾进行综合利用，优先选用建筑垃圾再生产品及可以回收利用的建筑材料。二是建设工程和拆除工程施工前应当办理渣土消纳许可并公示，将产生情况告知渣土消纳场所，渣土消纳场所发现与实际接收数量不符的，向主管部门报告。三是建设单位应当将建筑垃圾交由有资质的运输单位，按照渣土消纳许可确定的时间、路线和要求，运输至符合规定的处理场所。

对于餐厨垃圾，一是规定餐饮单位应当单独收集餐厨垃圾，并委托专业服务单位进行处理或者实施就地处理。就地处理的，应当安装符合相关技术标准的设施。二是餐饮单位新建、改建、扩建餐饮服务设施的，应当根据规模要求配套建设符合标准的处理设施，将可以自行处理的餐厨垃圾按照规定就地处理和资源化利用。三是禁止将未经无害化处理的餐厨垃圾作为饲料使用、销售；禁止将废弃食用油脂加工后作为食用油使用、销售。

（七）加强公众宣传，引导公众参与，提高社会公众的生活垃圾管理意识

一是加强社会公众的宣传教育。规定各级政府要充分利用媒体宣传、普及生活垃圾管理相关知识。市政市容部门要组织建立宣传教育基地。教育部门要将生活垃圾管理知识纳入中小学课程。

二是完善相关信息公开制度。规定编制设施规划应当征求专家、社会公众的意见。设施建设环境影响评价应当征求公众意见，公开环评结论。运行中的处理设施应当公开污染监测指标和运行数据。

三是强化了社会公众的参与和自我管理。要求街道和乡镇组织居（村）委会设立分类指导员，宣传、指导公众正确分类。要求市政市容部门设立社会监督员，参与对生活垃圾处理设施的监督。

《条例（草案）》已经2011年3月29日第88次市政府常务会议讨论通过，并已印送各位委员，请予审议。

北京市人民代表大会城建环保委员会关于《北京市生活垃圾管理条例（草案）》审议意见的报告

——2011年5月27日在北京市第十三届人民代表大会常务委员会第二十五次会议上

市人大城建环保委员会主任委员　赵　义

主任、各位副主任、秘书长、各位委员：

市人大城建环保委员会收到市人大常委会交付审议的《北京市生活垃圾管理条例（草案）》（以下简称《条例（草案）》）后，先后召开座谈会征求了市政府有关部门、有关专家和代表以及部分区县人大常委会和主管部门的意见，并通过市人大常委会门户网站征求了社会各界对《条例（草案）》的意见和建议。5月4日，城建环保委员会第十四次会议对《条例（草案）》进行了审议，现将审议意见报告如下。

城建环保委员会认为，随着首都经济社

会的全面快速发展，城市化进程的不断加快，我市生活垃圾的环境承载能力已面临严峻挑战，生活垃圾已成为制约本市经济社会协调可持续发展的重要因素。为进一步规范、引导、保障垃圾处理工作的有序开展，促进我市生活垃圾处理现代化水平的全面提升，为人民群众创造良好的生产生活环境，市人大常委会主任会议于2009年11月26日讨论通过了关于制定《北京市生活垃圾管理条例》的立项论证报告，同意将条例列入常委会立法工作计划。市人大常委会城建环保办公室按照主任会议的要求提前介入，参与了调研起草的相关工作。其间，所提出的一些意见和建议已被《条例（草案）》吸收和采纳。

《条例（草案）》紧紧围绕立项论证提出的制定条例的指导思想和基本思路，固化了工作经验，针对本市生活垃圾管理现状及存在的主要问题，明确了本市生活垃圾处理的定位和管理原则，明确了政府、社会公众和专业服务企业的责任，并对设施规划与建设、生活垃圾减量与分类、生活垃圾收集运输与处理等内容进行了规范。《条例（草案）》基本成熟，但在进一步强化突出政府责任、规范权力运行，完善生活垃圾处理体系和管理机制，保障并加快处理设施建设等方面，还需要进行更加深入的研究。委员会在审议中，对《条例（草案）》提出以下意见和建议。

一、关于总则

（一）关于生活垃圾管理原则

按照国务院转发的《关于进一步加强城市生活垃圾处理工作的意见》的要求，本市生活垃圾管理原则应当增加城乡统筹、科学规划、综合利用的内容，并将权责明确、规范有序的一般性原则予以删除。建议将《条例（草案）》第三条修改为：“生活垃圾处理是关系民生的基础性公益事业。本市遵循减量化、资源化、无害化的方针，按照政府主导、社会参与、城乡统筹、科学规划、综合利用的原则对生活垃圾进行管理。”

（二）关于建立有效的生活垃圾管理体系，发挥政府主导作用

一是要进一步细化市人民政府统一领导全市生活垃圾管理工作的具体职责，建议将《条例（草案）》第四条第一款修改为：“市人民政府统一领导全市生活垃圾管理工作，确定管理目标，统筹设施规划布局，制定有利于生活垃圾管理的经济、技术政策和措施。”

二是要明确本市将通过建立生活垃圾收费制度、完善投资体系、建立市级生活垃圾处理调控核算平台等经济手段调整生活垃圾处理关系。建议在《条例（草案）》第八条后增加一条作为第九条，表述为：“本市实施生活垃圾收费制度。产生生活垃圾的单位和个人应当按照规定缴纳生活垃圾处理费用。

本市按照补偿成本、合理盈利的原则制定鼓励政策，引导社会投资进入生活垃圾清扫、收集、运输、处理及循环利用等领域。”

建议在《条例（草案）》第四十条后增加一条作为第四十四条，表述为：“本市建立生活垃圾异地处理经济补偿机制。产生生活垃圾的区县跨区域处理生活垃圾的，区县人民政府应当根据跨区域处理的生活垃圾量，交纳生活垃圾异地处理经济补偿费用。”

（三）关于明确本市生活垃圾处理技术路线

垃圾焚烧等先进技术经过多年发展已经非常成熟，本市应把大幅度提高焚烧比例、逐步实现原生垃圾零填埋作为实现垃圾处理可持续发展的最优选择和治本之策。同时必须按照“高起点、高水平、高标准”的要求建设生活垃圾处理设施，将处理设施对周边群众的影响降到最低。建议将《条例（草案）》第九条第一款拆分为两款，第一款表述为：“本市采用先进技术，坚持高标准建设、

高水平运行生活垃圾处理设施，因地制宜，综合运用焚烧、生化、卫生填埋等方法处理生活垃圾，逐步减少生活垃圾填埋量。”第二款表述为：“本市支持生活垃圾减量化、资源化、无害化先进技术、工艺的研究开发与应用。”

二、关于设施建设

目前本市生活垃圾焚烧等处理设施建设仍显滞后，要实现市委提出2015年垃圾焚烧、生化处理和填埋比例为4∶3∶3的目标，处理设施建设的任务仍然十分艰巨，《条例（草案）》应当对此给予保障。

一是要完善生活垃圾处理设施建设相关政策保障机制，全面加大对设施建设和运行的投入力度。建议将《条例（草案）》第十六条修改为：“本市对生活垃圾集中转运、处理设施及周边环境建设和设施运行，给予资金、土地等方面的支持与保障。”

二是在设施立项审批过程中，要在明确责任的基础上，建立并完善部门间协调配合机制，形成工作合力。建议将《条例（草案）》第十七条第二款修改为：“发展改革部门批准、核准生活垃圾集中转运、处理设施建设项目时，应当就项目处理工艺、规模、服务范围等内容征求市政市容行政主管部门的意见，市政市容行政主管部门应当及时提供相关意见。”

三、关于再生资源回收利用

再生资源回收利用是生活垃圾减量工作的重要组成部分，也是本市大力发展循环经济，加快建设资源节约型、环境友好型社会，提高垃圾处理资源化水平的重要内容。为进一步完善再生资源回收利用体系，解决回收站点较为分散、组织化专业化程度低等问题，建议在《条例（草案）》第二十四条后增加一条作为第二十六条，表述为：“市商务行政主管部门应当会同有关部门建立健全再生资源回收体系，合理布局再生资源回收站点，规范再生资源回收市场秩序，加强服务与管理。”

同时建议将《条例（草案）》第二十五条第二款修改为：“市商务行政主管部门应当会同有关部门制定并公布可回收物目录，将回收统计数据纳入生活垃圾统计内容。”

四、关于生活垃圾分类

当前，生活垃圾分类的原则是“大类粗分”，城镇地区主要是将企事业单位的餐厨垃圾与其他生活垃圾分类投放、收集、运输和处理，农村地区主要是将灰土与其他生活垃圾分开收集处理。为便于社会公众更好的进行垃圾分类，生活垃圾分类规范应当根据分类主体和场所不同进行更细致的规定。为此，建议在《条例（草案）》第二十七条中增加一款作为第一款，表述为：“本市实行生活垃圾分类制度。市市政市容行政主管部门应当制定并公布生活垃圾分类规范。”

此外，《条例（草案）》第二十八条及相关条款设立了生活垃圾分类管理人制度。鉴于分类管理人只是针对生活垃圾分类这一环节承担管理责任，因此建议明确概念，将相关条款中“生活垃圾分类管理人”修改为“生活垃圾分类管理责任人”。

五、关于建筑垃圾管理

虽然《固体废弃物污染环境防治法》规定建筑垃圾属于视为生活垃圾的固体废物，但建筑垃圾产生主体及资源化利用方式与普通生活垃圾存在较大区别，因此应当对建筑垃圾的管理进行特别规定。

建议《条例（草案）》在对建筑垃圾资源化处置进行原则性规定的基础上，由市政府另行制定具体管理办法。一是建议在《条例（草案）》第三十七条中增加一款作为第三款，表述为："建筑垃圾资源化处置的具体管理办法，由市人民政府另行制定。"二是在《条例（草案）》第二十四条中增加一款作为第一款，表述为："本市应当制定建筑垃圾综合循环利用政策，采取措施，促进建筑垃圾资源化利用"，并将原第一款的顺序调整为第三款。

六、关于集中转运、处理设施的运行监管

近年来，多位市人大代表和市政协委员多次就生活垃圾处理集中转运、处理设施的污染环境问题提出议案和提案，建议加强对生活垃圾处理设施运行的监管，建立环境定期监测和公示制度，以保证周边环境质量，保障公众的知情权。建议从完善运营单位的行为规范和加强相关管理部门的监管两个方面进行修改。

一是将《条例（草案）》第四十一条修改为："生活垃圾集中转运、处理设施的运营单位应当遵守下列规定：

"（一）按照有关规定和技术标准处理生活垃圾；

"（二）按照规定处置生活垃圾处理过程中产生的污水、废气、废渣、粉尘等，保证生活垃圾集中转运、处理设施的排放达到国家和本市有关标准；

"（三）设置化验室或者委托专业化验机构，对生活垃圾、渗沥液等处理过程中常规参数进行检测，并建立检测档案；

"（四）按照要求建设在线监管系统，对生活垃圾处理设施相关指标进行检测，并将数据传送至生活垃圾管理信息系统；

"（五）建立生活垃圾处理台账，并按照要求向相关管理部门报送数据、报表以及相关情况；

"（六）按照要求公开设施污染控制监测指标和处理设施运行数据；

"（七）配套建设相应的参观、宣传设施，在规定的公众开放日接待社会公众参观、访问；

"（八）国家和本市的其他规定。"

二是在《条例（草案）》第四十四条第一款后增加两款，第二款表述为："环境保护行政主管部门应当定期对集中转运、处理设施相关指标进行环境影响监测。"第三款表述为："生活垃圾集中转运、处理设施在线检测和定期监测结果应当向社会公开。"并将原第二款的顺序调整为第四款，修改为："监督检查过程中需要对生活垃圾处理数量、质量和环境影响情况进行监测的，相关行政管理部门可以委托具有相应资格的第三方机构进行。"

七、关于法律责任

为更好地实施生活垃圾分类制度，应当对单位和个人在生活垃圾分类过程中的基本禁止性行为予以明确，并增设罚则。

一是建议在《条例（草案）》第三十二条后增加一条作为第三十五条，表述为："禁止任何单位和个人实施下列行为：

"（一）随意丢弃、抛洒生活垃圾；

"（二）不按照指定的时间、地点倾倒、堆放生活垃圾；

"（三）将生活垃圾排入雨水管道、河道、公共厕所。"

二是在《条例（草案）》第五十三条后增加一条作为第五十八条，表述为："违反本条例第三十五条规定的，由城市管理综合执法部门责令改正，拒不改正的，对个人处20元以上200元以下罚款；对单位处5000元以上

5 万元以下罚款。”

此外，生活垃圾集中转运、处理设施未按照有关规定和技术标准处理生活垃圾的，应当进行处罚；由于排放未达到国家和本市有关标准，给单位和个人造成损失的，应当承担相应的民事责任。建议将《条例（草案）》第五十八条第一款修改为：“违反本条例第四十五条第（一）项、第（二）项规定的，由城市管理综合执法部门责令限期改正，并可处 3 万元以上 10 万元以下罚款；情节严重的，由原发证机关吊销生活垃圾处理经营许可证；由于排放未达到标准，给单位和个人造成损失的，应当依法进行赔偿”。

城建环保委员会还对《条例（草案）》部分文字表述提出了修改意见。

以上意见，供常委会审议时参考。

北京市人民代表大会法制委员会关于《北京市生活垃圾管理条例（草案）》审议结果的报告

——2011 年 9 月 22 日在北京市第十三届人民代表大会常务委员会第二十七次会议上

市人大法制委员会副主任委员　卜世成

主任、各位副主任、秘书长、各位委员：

2011 年 5 月 27 日，市人大常委会第二十五次会议对《北京市生活垃圾管理条例（草案）》（以下简称《条例（草案）》）进行了第一次审议。会上，市人大城建环保委员会作了审议意见的报告，17 位常委会组成人员和 2 位列席人大代表发表了审议意见。大家认为，生活垃圾处理是城市管理和公共服务的重要组成部分，是改善城乡生态环境、保障城市安全运行、实现首都经济社会可持续发展的重要内容，《条例（草案）》认真贯彻落实了市委全面推进生活垃圾处理工作的精神，总结固化了本市生活垃圾处理工作的经验，针对生活垃圾管理现状和存在的主要问题，明确了本市生活垃圾处理的定位和管理原则以及政府、社会公众、专业服务企业的责任，在规划制定、设施建设、生活垃圾减量与分类、生活垃圾收集运输与处理等方面进行了规范，内容比较具体可行，框架结构基本合理。同时，还提出了一些具体修改意见和建议。

会后，法制办公室会同城建环保办公室、市政府法制办、市政市容委以及市环保、住建、商务、发改、财政等部门，针对常委会审议中的重点问题，包括：生活垃圾源头减量、分类的标准及与收集运输处理的衔接、餐厨垃圾处理、建筑垃圾综合循环利用、废弃食用油脂监管、公众参与生活垃圾处理工作等，通过召开座谈会、实地调研、书面征求意见等方式开展了系列调研，听取了政府有关部门、区县、专业企业、饮食行业协会和社区居民等各方面的意见。8 月 31 日，法制委员会召开会议，根据常委会的审议意见、城建环保委员会的审议意见和其他有关方面的意见进行审议，提出了进一步修改的意见，现将审议结果报告如下。

一、关于促进生活垃圾源头减量

常委会组成人员和列席代表提出，条例应当明确规定提倡不剩餐行为和限制商品过度包装等促进生活垃圾源头减量的具体手段。法制委员会同意组成人员和代表的意见，认为，促进生活垃圾源头减量是全面推进本市生活垃圾处理工作的重要内容。条例中有必要规定提倡不剩餐行为，提示消费者合理消费、适量点餐，这是从源头减少餐厨垃圾产生的有效手段，符合社会主义精神文明建设的要求；同时，在条例中明确市、区（县）餐饮行业协会作为社会组织参与社会管理工作，发挥其在餐厨垃圾减量工作中的行业自律和服务作用。据此，法制委员会建议对《条例（草案）》第二十三条进行修改，同时增加一款，表述为："餐饮经营单位应当在餐饮服务场所及餐桌上设置不剩餐的醒目标识，在服务过程中提示消费者合理消费，适量点餐。

餐饮行业协会应当在餐厨垃圾减量化工作中发挥行业自律和服务作用，引导行业行为，推广先进技术，督促落实本市餐厨垃圾处理的有关规定。"（《条例（草案修改稿）》第二十五条）

法制委员会还认为，目前，国家已出台《限制商品过度包装要求—食品化妆品》标准，有必要在条例中明确严格执行限制商品过度包装的要求。据此，建议在《条例（草案）》第二十二条中增加："严格执行国家和本市对限制产品过度包装的标准和要求"的内容。（《条例（草案修改稿）》第二十三条）

二、关于加强建筑垃圾综合管理和循环利用

常委会组成人员和城建环保委员会提出，由于建筑垃圾产生主体及资源化利用方式与普通生活垃圾存在较大区别，因此建议由市人民政府另行制定建筑垃圾资源化处置的具体办法。也有的常委会组成人员和列席代表提出，建筑垃圾与普通生活垃圾适用的基本原则相同，建筑垃圾处理的问题又非常紧迫，因此建议在条例中加以细化规定。法制委员会认为，建筑垃圾是垃圾产生的重要源头之一。有效促进建筑垃圾综合管理和资源化利用，是深入贯彻落实科学发展观和建设世界城市的必然要求。近期，本市已出台《关于全面推进建筑垃圾综合管理循环利用工作的意见》，明确了"十二五"时期建筑垃圾管理和利用的指导思想、工作任务和保障措施。为进一步提高建筑垃圾综合管理循环利用工作的制度化、规范化水平，有必要在条例中明确政府部门和相关主体的责任，加强对建筑垃圾排放、处置、循环利用的全程监管，据此，法制委员会建议将《条例（草案）》第二十四条修改为："本市应当制定建筑垃圾综合管理循环利用政策，加强对建筑垃圾的全程控制和管理，促进建筑垃圾排放减量化、运输规范化、处置资源化。

建设单位、施工单位应当根据建筑垃圾减排处理和绿色施工有关规定，采取措施减少建筑垃圾的产生，对施工工地的建筑垃圾实施集中分类管理，并回收可以利用的建筑垃圾。

本市相关行政主管部门应当制定建筑垃圾再生产品质量标准、应用技术规程，采取措施鼓励建设工程优先选用建筑垃圾再生产品和可回收利用的建筑材料，支持建筑垃圾再生产品的生产企业发展。"（《条例（草案修改稿）》第二十六条）

同时，增加一款，表述为："市市政市容行政主管部门会同有关部门加强对建筑垃圾收集、运输、处理的全过程监管，实行联单制度。"（《条例（草案修改稿）》第四十一条第三款）

三、关于建立健全再生资源回收体系

常委会组成人员和城建环保委员会提出，再生资源回收利用是生活垃圾减量工作的重

要内容，也是本市大力发展循环经济，提高垃圾处理资源化水平的重要内容，条例应进一步完善再生资源回收利用体系，解决回收站点分散、组织专业化程度低等问题。法制委员会同意上述意见，建议按照市政府关于加快推进本市再生资源回收体系建设工作的意见，增加一条，表述为："市商务行政主管部门应当会同有关部门编制再生资源回收体系建设规划，建立健全再生资源回收体系，合理布局再生资源回收网点，规范再生资源回收市场秩序，加强服务与管理。"（《条例（草案修改稿）》第二十七条）

同时，为了方便公众参与回收工作，规范回收服务方式，增加一款，表述为："再生资源回收经营者可以采取固定站点回收、定时定点回收、上门回收等方式，开展回收服务，方便单位和个人交售可回收物品。"（《条例（草案修改稿）》第二十九条第二款）

四、关于实行生活垃圾分类制度

常委会组成人员和城建环保委员会提出，实行生活垃圾分类制度是全面推进本市生活垃圾处理工作的重要基础性工作，为方便社会公众更好地参与垃圾分类，垃圾分类规范应当准确科学，并与后续的垃圾处理方式相衔接；同时，条例还应明确单位和个人在生活垃圾分类投放过程中的基本禁止性行为。法制委员会同意上述意见，建议根据国务院《关于进一步加强城市生活垃圾处理工作的意见》，将《条例（草案）》第二十七条第一款修改为："本市实行生活垃圾分类制度。市市政市容行政主管部门根据本市生活垃圾的特性、处理方式和管理水平，制定并公布生活垃圾分类规范。"（《条例（草案修改稿）》第三十条第一款）

同时，增加一条，表述为："单位和个人应当按照生活垃圾分类管理责任人公示的时间、地点投放生活垃圾，不得随意丢弃、抛撒生活垃圾，不得将生活垃圾排入雨水管道、河道、公共厕所。"（《条例（草案修改稿）》第三十六条）

考虑到《北京市市容环境卫生条例》第五十四、五十八条对本条禁止性行为已有处罚规定，因此不再重复。

五、关于推进餐厨垃圾就地处理工作

最近，市委、市政府在研究加快推进本市餐厨垃圾和废弃油脂资源化处理工作时提出，要加强餐厨垃圾的就地处理工作，要求就餐人员或营业面积达到一定规模并具备条件的单位应当建设餐厨垃圾就地处理设施。根据上述意见，法制委员会认为应当在条例中增加相关内容；同时，为有效规范餐厨垃圾的就地处理设施建设和运行，提升餐厨垃圾就地处理水平，有必要在条例中明确规定政府对餐厨垃圾就地处理设施建设、运行和环境保护等情况的监管责任。据此，建议将《条例（草案）》第三十八条第二款修改为："符合一定规模并具备就地处理条件的餐饮服务单位，应当按照本市有关规定建设符合标准的餐厨垃圾就地处理设施，将可以自行处理的餐厨垃圾按照规定就地处理和资源化利用。"（《条例（草案修改稿）》第四十二条第二款）

增加一款，表述为："市政市容行政主管部门应当会同有关部门对餐厨垃圾就地处理设施建设、运行和环境保护等情况进行监管。"（《条例（草案修改稿）》第四十二条第三款）

六、关于鼓励公众参与生活垃圾处理工作

常委会组成人员提出，条例中应增加鼓励公众参与生活垃圾减量和分类的内容，使

全社会都参与到生活垃圾处理工作中。法制委员会认为，鼓励公众参与是加强和创新社会管理、完善社会管理格局的重要内容，生活垃圾处理工作关系到人民群众的切身利益，应采取奖励、表彰等多种形式，充分调动公众的积极性和创造性，切实提高工作水平。据此，建议增加一款，表述为：“街道办事处、乡镇人民政府和生活垃圾分类管理责任人可以通过奖励、表彰、积分等方式，鼓励单位和个人开展生活垃圾减量和分类。”(《条例（草案修改稿）》第五十二条第二款）

此外，法制委员会根据常委会审议意见、城建环保委员会审议意见和其他方面的意见，对《条例（草案）》作了完善性修改，对条款顺序作了必要的调整。

法制委员会按照上述意见，提出《北京市生活垃圾管理条例（草案修改稿）》，提请本次常委会会议进行第二次审议。

草案修改稿和以上意见是否妥当，请审议。

北京市人民代表大会法制委员会关于《北京市生活垃圾管理条例（草案修改稿）》修改意见的报告

——2011 年 11 月 18 日在北京市第十三届人民代表大会常务委员会第二十八次会议上

市人大法制委员会副主任委员　卜世成

主任、各位副主任、秘书长、各位委员：

2011 年 9 月 22 日，市十三届人大常委会第二十七次会议对《北京市生活垃圾管理条例（草案修改稿）》进行了分组审议，会上有 16 位常委会组成人员发表了审议意见。总的认为，条例是本市一部创制性的法规，内容基本成熟，同时也提出了一些修改意见和建议，主要是如何进一步确立政府、企事业单位、个人和家庭在生活垃圾处理问题上的责任，如何进一步确定单位利益、个人利益和公共利益的协调约束机制，以及生活垃圾分类标准、餐厨垃圾就地处理、建筑垃圾、生活垃圾收费等问题。

会后，法制委员会会同条例起草小组成员单位并邀请部分常委会组成人员，针对常委会审议中提出的重点问题进行专题调研，并于 11 月 9 日召开会议，根据常委会审议意见及其他各方面意见，对条例草案修改稿进行了审议，提出了进一步修改的意见，现将修改情况报告如下。

一、关于进一步明确各相关主体责任

为进一步明确政府、单位、家庭和个人在本市生活垃圾处理工作中的责任，构建本市生活垃圾处理工作的责任体系，将草案修改稿第三条修改为：“生活垃圾处理是关系民生的基础性公益事业。加强生活垃圾管理，维护公共环境和节约资源是全社会共同的责任。

“本市生活垃圾管理工作遵循减量化、资源化、无害化的方针和城乡统筹、科学规划、综合利用的原则，坚持政府主导、社会参与、全市统筹和属地负责，逐步建立和完善生活垃圾处理的社会服务体系。”（表决稿第三条）

将草案修改稿第四条修改为：“生活垃圾管理是本市各级人民政府的重要职责。

“市人民政府统一领导全市生活垃圾管理工作，将生活垃圾管理事业纳入本市国民经济和社会发展规划，确定生活垃圾管理目标，统筹设施规划布局，制定促进生活垃圾减量化、资源化、无害化的经济、技术政策和措施，保障生活垃圾治理的资金投入。

“区、县人民政府负责本行政区域内的生活垃圾管理工作，将生活垃圾管理事业纳入区、县国民经济和社会发展规划，保障生活垃圾治理的资金投入，组织落实市人民政府确定的生活垃圾管理目标。

“乡镇人民政府和街道办事处负责本辖区内生活垃圾的日常管理工作，指导村民委员会、居民委员会组织动员辖区内单位和个人参与生活垃圾减量、分类工作。”（表决稿第四条）

二、关于进一步建立公共利益协调约束机制

一是通过建立收费制度，达到运用经济手段促进生活垃圾减量、分类和资源化利用的目的。将草案修改稿第九条修改为：“本市按照多排放多付费、少排放少付费，混合垃圾多付费、分类垃圾少付费的原则，逐步建立计量收费、分类计价、易于收缴的生活垃圾处理收费制度，加强收费管理，促进生活垃圾减量、分类和资源化利用。具体办法由市人民政府制定。

“产生生活垃圾的单位和个人应当按照规定缴纳生活垃圾处理费。”（表决稿第八条）

二是明确部门监管责任，加强执法检查力度，对餐厨垃圾实行全程监管，严肃查处违法违规行为。包括：在草案修改稿第四十二条第四款中增加：“禁止无资质的单位和个人收集、运输餐厨垃圾”的内容。（表决稿第四十三条第三款）

增加一条，表述为：“本市应当建立健全对餐厨垃圾的全程监管和执法联动机制，并按照属地负责的原则纳入网格化管理。

“卫生、工商、环境保护、城管执法等部门应当将餐厨垃圾的排放和流向纳入对餐饮服务单位的日常监督管理范围；城管执法部门、公安机关交通管理部门应当加强对收运餐厨垃圾车辆的执法检查。

“市政市容行政主管部门应当会同环保等有关部门对餐厨垃圾就地处理设施建设、运行和环境保护等情况进行监督管理。”（表决稿第五十一条）

同时在草案修改稿第六十二条中增加了停业整顿、暂扣运输工具和对构成犯罪的，依法追究刑事责任的内容。（表决稿第六十四条）

三是实行联单制度，由政府相关部门搭建平台，在政府部门的全程监管下，形成生活垃圾投放、收集、运输、处理各环节相关主体之间的利益协调机制。将草案修改稿第四十九条第一款修改为：“市政市容行政主管部门应当会同有关部门加强对生活垃圾分类投放、分类收集、分类运输、分类处理的全过程监管，实行联单制度；发现不符合规定的，及时督促改正。”（表决稿第五十条第一款）

四是增加举报人奖励制度，引导公众积极参与生活垃圾管理工作，创新社会管理。增加一款，表述为：“举报违反生活垃圾管理行为，经查证属实的，对举报人给予奖励。具体办法由市市政市容行政主管部门制定并向社会公布。”（表决稿第五十二条第二款）

三、关于生活垃圾分类

为推动生活垃圾分类投放、分类收集、分类运输、分类处理的系统建设，促进源头分类与终端处理的有效衔接，同时也为了使全社会更好地参与生活垃圾分类工作，促进减量化、资源化，根据国务院《关于进一步

加强城市生活垃圾处理工作的意见》和市委、市政府《关于全面推进生活垃圾处理工作的意见》，将草案修改稿第三十条第一款修改为："本市按照全程管理、系统衔接、科学分类、适应处理的原则建立生活垃圾分类制度，对生活垃圾实行分类投放、分类收集、分类运输、分类处理。具体办法由市人民政府制定。

"市市政市容行政主管部门应当会同有关部门根据有利于减量化、资源化和便于识别、便于分类投放的原则，以及本市生活垃圾的特性、处理方式，制定生活垃圾分类标准向社会公布，并根据生活垃圾处理结构的变化进行调整。"（表决稿第三十一条第一款、第二款）

四、关于建筑垃圾

为了明确政府在建筑垃圾减量化、资源化工作中承担的责任和相关行政主管部门的全程监管职责，将草案修改稿第二十六条第一款、第三款修改为："市和区县人民政府应当加快建筑垃圾资源化处理设施建设，提高处理能力，并制定建筑垃圾综合管理循环利用政策，促进建筑垃圾排放减量化、运输规范化、处置资源化以及再生产品利用规模化。

"本市市政市容、住房城乡建设等相关行政主管部门应当加强对建筑垃圾的全程控制和管理，制定建筑垃圾再生产品质量标准、应用技术规程，采取措施鼓励建设工程选用建筑垃圾再生产品和可回收利用的建筑材料，支持建筑垃圾再生产品的生产企业发展。"（表决稿第二十七条第一款、第二款）

五、关于餐厨垃圾就地处理

为了加快餐厨垃圾集中处理设施建设，提高处理能力，规范餐饮服务单位收集、处理餐厨垃圾行为，推进餐厨垃圾就地处理，加大经济鼓励政策支持力度和就地处理设施的监管力度，根据国务院办公厅《关于加强地沟油整治和餐厨废弃物管理的意见》和8月23日市政府办公厅印发的《关于加快推进本市餐厨垃圾和废弃油脂资源化处理的工作方案》，将草案修改稿第四十二条第一款、第二款修改为："市和区县人民政府应当加快餐厨垃圾集中处理设施建设，提高处理能力，并按照集中与分散处理相结合的原则，推进餐厨垃圾源头就地处理，对餐厨垃圾就地处理设施的建设、运行给予指导和经济补助。具体办法由市人民政府制定。

"餐饮服务单位应当单独收集餐厨垃圾，并委托有资质的生活垃圾收集、运输、处理专业服务单位进行集中处理；达到一定规模并具备就地处理条件的，应当按照本市有关规定建设符合标准的餐厨垃圾就地处理设施，对餐厨垃圾进行就地处理和资源化利用。"（表决稿第四十三条第一款、第二款）

六、关于增加生活垃圾处理设施封场的规定

为了加强对生活垃圾处理设施封场后的管理，增加一条，表述为："生活垃圾填埋场停止使用的，运行管理单位应当按照国家和本市相关标准、规定实施封场工程，并做好封场后的维护管理工作。"（表决稿第二十三条）

此外，法制委员会根据常委会的审议意见对草案修改稿的文字作了完善性修改，对条款顺序进行了必要调整。

法制委员会按照上述意见提出《北京市生活垃圾管理条例（表决稿）》，建议本次常委会会议通过，并自 2012 年 3 月 1 日起施行。

关于“加强国家文化中心建设”议案办理暨推进全国文化中心建设情况的报告

——2011 年 11 月 17 日在北京市第十三届人民代表大会常务委员会第二十八次会议上

北京市副市长　鲁　炜

主任、各位副主任、秘书长、各位委员：

我代表市人民政府，向市人大常委会报告关于“加强国家文化中心建设”议案办理暨推进全国文化中心建设情况的报告。

今年 1 月，在市十三届人大四次会议上，共 1 个代表团和 127 位市人大代表就加强国家文化中心建设联名提出了 9 项议案，从文化创新、公共文化服务、文化产业发展、文化遗产保护等方面提出了意见和建议。经大会议案审查委员会审查，主席团讨论通过，把这 9 项议案合并成了“加强国家文化中心建设”议案，交市政府办理。按照市人大常委会的要求，现将议案办理情况及发挥首都作为全国文化中心的示范作用工作情况汇报如下。

一、以高度的文化自觉，扎实办理议案，确定进一步发挥首都全国文化中心示范作用的战略方针

党的十七届六中全会指出，坚定不移地走中国特色社会主义文化发展道路，建设社会主义文化强国，明确把“发挥首都作为全国文化中心的示范作用”写入决定。在党的十七届六中全会召开前，李长春同志到北京视察，对北京提出了发挥首都作为全国文化中心的示范作用的十个方面要求。刘淇书记、郭金龙市长高度重视首都作为全国文化中心发挥示范作用这项工作，市委常委扩大会传达、学习、贯彻十七届六中全会精神，并召开市委专题会议研究发挥首都作为全国文化中心的示范作用的工作安排，就首都文化发展进行了系列专题调研，对推进发挥首都作为全国文化中心的示范作用提出了具体要求。郭金龙市长主持召开市政府常务会议专题研究议案办理工作。

在议案办理过程中，议案办理单位得到市人大的热情指导和鼎力支持，杜德印主任、各位副主任、部分常委会委员和市人大代表为议案办理工作提供了许多宝贵的意见。

为加强领导，市政府专门成立了议案办理工作协调小组，由副市长负总责，市政府副秘书长协调，市文化局牵头，市委宣传部、市发展改革委、市规划委、市中医管理局、房山区政府、怀柔区政府等 30 个相关委办局和 4 个区（县）政府共同参与，通过研究制定详细的议案办理工作方案，明确了议案办理的目标任务、工作分工和时间进度，按照市委市政府关于发挥首都作为全国文化中心示范作用的总体要求开展了议案办理工作。在议案办理和办理报告起草过程中与市人大常委会教科文卫体办公室进行了多次沟通，同时与提出议案的代表进行了交流，根据大家的意见进一步完善和丰富了议案办理报告。

市委市政府认真贯彻落实党的十七届六中全会精神，确定发挥首都作为全国文化中

心示范作用总的思路是：坚定不移地走中国特色社会主义文化发展道路，培养高度的文化自觉和文化自信，实施思想道德引领战略，科技创新和文化创新“双轮驱动”战略，实施文化精品战略，打造文化航母战略，造就文化名家战略，大力推进文化走出去发展战略；实现体制、政策和管理转型的突破；搭建文化创意产业园区、产业融资、营销服务平台；统筹处理国有与民营的关系、体制内与体制外的关系、中央资源与北京资源的关系、北京资源与各省市资源的关系、利用国内与国外两个市场两种资源的关系、文化与科技旅游等融合发展的关系，打造社会主义先进文化之都，建设具有重大国际影响力的文化中心，为增强国家文化软实力、建设社会主义文化强国作出应有贡献。

二、以文化创新精神，坚持一流标准，确定发挥首都全国文化中心示范作用的主要任务

根据中央、市委市政府和市人大的要求，议案办理各单位密切配合，采取召开会议、实地调研、汇报座谈等多种方式与市人大代表积极沟通讨论，并对社会各界的发展需求进行了认真梳理，有针对性地明确了发挥首都全国文化中心示范作用的主要任务，共分为七个部分。

（一）进一步加强社会主义核心价值体系建设，大力宣传践行“北京精神”

要在构建社会主义核心价值体系、加强思想道德建设方面发挥示范带动作用。大力宣传践行“爱国、创新、包容、厚德”的北京精神，使之成为推进社会主义核心价值体系建设、弘扬民族精神和时代精神、践行社会主义荣辱观的具体实践，成为团结鼓舞首都人民、推动首都科学发展的精神动力，不断夯实全市人民共同奋斗的思想基础，建设共有精神家园。巩固“党在百姓心中”百姓宣讲活动常态化成果，进一步坚定人民群众跟党走中国特色社会主义道路的信心和决心。开展公民道德建设实施工程，通过新闻媒体和互联网大力宣传，用群众“身边的感动”引领社会风尚。深化群众性精神文明创建，持续开展“做文明有礼的北京人”主题活动，大力加强农村精神文明建设，开展文化、文明进乡村活动。

（二）为人民群众提供更好更多的精神食粮

创作生产出更多的无愧于历史、无愧于时代、无愧于人民的优秀作品，在发挥文化引领风尚、教育人民、服务社会、推动发展上发挥示范带动作用。

实施文化精品战略。在理论、文艺、新闻等各个领域打造一批“原创的、当代的、北京的”精品力作。组建专门机构推进精品工程。动员全社会力量参与，推动文化生产机制和文化内容、形式、主题、素材创新，扶持原创，创作一批精品力作；通过建立高水平的文艺评论队伍打磨精品。实施首都哲学社会科学精品工程，培育提升一批有影响的学术活动、理论刊物、应用对策研究基地、优秀学术成果。

创新多出精品的体制机制。设立首都文化贡献奖，建设高水平的文艺理论和评论队伍。努力营造“出精品、出人才、出效益”的良好发展环境，制定推行重点作品扶持制度和鼓励创作现实题材精品力作的实施办法，以项目制为中心加大对首都文化作品生产的扶持和奖励力度。筹备成立文化艺术作品交易平台。实施四大精品创作扶持工程。落实出版原创创新工程，支持群众文艺创作，扶持创作新人，打造出版物精品佳作；实施首都动漫原创作品扶持推广工程，鼓励和扶植动漫游戏企业开发自主原创、具有民族文化底蕴的优秀产品；实施影视剧精品创作工程，

制定支持影视精品创作的实施意见，全面推进高清交互数字电视应用，加快电影院线建设和影院数字化；实施网络文化精品工程，形成一批体现民族特色和时代精神的网络文化品牌。

一手抓繁荣，一手抓管理。在推动首都文化大发展大繁荣的同时，把社会效益放在首位，加强文化法制建设，按照中央要求，一是加强互联网管理，在互联网的建设管理应用和引导方面发挥示范带动作用。依照国家电信条例第59款第4条的规定，强化运营商、服务商的责任，大力推进网络身份认证管理，规范微博客传播秩序，制定《关于加强北京地区属地门户网站微博管理办法》。二是深入开展文明网站创建评选活动，发挥举报热线、网络监督志愿者、网站自律专员、妈妈评审团和网络信息评议会的作用，探索设立网络自律协会，进一步推动文明办网、文明上网，培育文明理性的网络环境。加强网络内容建设，精心组织丰富多彩的网络文化活动，通过举办新春祝福短信大赛、网络文学作品征集评选、网上大讲堂等，用健康向上的作品占领网络文化阵地。三是加强文化市场管理。深化文化市场综合行政执法改革，加大文化执法力度，健全市区分工合作机制，坚持不懈地开展“扫黄打非”斗争，坚决封堵政治性非法出版物。加强对文艺演出的管理，完善审查、备案、复审制度。切实维护文化市场秩序，在推动文化市场繁荣发展的同时确保文化安全。四是要抓好798、宋庄等重点艺术区的管理服务。成立艺术区管理服务领导小组，成立美术家协会分会，落实好十项管理措施，确保艺术区的健康发展。

（三）大力发展公益性文化事业

在构建覆盖城乡的公共文化服务体系方面发挥示范带动作用。继续加大对首都公共文化服务体系建设的投入力度，推动公共文化设施建设向城南、城乡结合部和广大农村地区倾斜。坚持统筹规划和管理，开展文化设施标准化建设，打造便捷的文化服务圈。完善政府采购、项目补贴等投入方式，引导社会资金参与公益性文化建设。

实现现代化公共文化服务的全覆盖。更加注重公共文化服务的软环境建设，实施“全面提高公共文化现代化服务水平”的重大工程，重点依托信息网络技术、多媒体技术，抓好在公共文化资源共享体系、广播影视数字化、数字益民书屋系统、博物馆展陈保护等方面的建设工作，提升公共文化服务的装备水平和科技含量。

率先成为城乡文化一体化发展的示范地区。研究制定进一步加强首都公共文化服务体系建设的实施办法，建成网络健全、结构合理、发展均衡、运行有效的基本公共文化服务体系。完成乡村的公共文化设施和文化活动项目建设并达到全国领先标准。推动朝阳区创建国家公共文化服务体系示范区，实践具有首都特色的公共文化服务体系发展模式。推动公共文化服务由“一街一品”向“一村一品”延伸。面向城市社区、郊区乡镇农村居民、来京务工人员、低收入人群及其他弱势群体，有针对性地增加公共文化产品和服务，有效维护和保障居民基本文化权益，让群众广泛享有免费或优惠的基本公共文化服务。

文化服务的内容和质量领先全国。整合中央、市属国有和民营的资源，深入实施“文艺院团万场演出”到基层、“群众文艺团队”大汇演、广播电视村村通等重点文化工程，增加服务内容的数量，提升服务品质。继续完善农村文化信息资源“八网合一”工程（农村有线电视、电子政务、有线广播、图书信息服务、文化信息资源共享、数字电影、党员教育和远程教育）。扶持一批首都标志性大型文化节庆活动，提高水平。建立完善公益性广播影视内容生产与播映的扶持奖励机制，丰富电影公益放映的片源。继续推进文化馆、图书馆、博物馆等公共文化服务设施建设，扩大文化馆、图书馆和美术馆三馆免费开放的活动内容、品种和数量，让首都市民充分感受文化发展最新成果。

创建基层公共文化服务效能评估机制。更好地发挥基层文化设施的社会服务作用，率先推出针对街道乡镇、社区村基层公共文化设施的服务和效能评估措施，推动基层公共文化设施达到100%全覆盖和达标率的快速提升，并引领全国文化设施服务效能评估工作。依据《全市基层公共文化设施服务规范》、《北京市基层公共文化设施建设标准》和《北京市文化社区指导标准细则》等文件，制定评审标准和评审办法，启动实施设施规范、服务规范、活动规范、经费使用规范和管理规范五方面的评估工作，每三年评审一次。

加快标志性文化设施建设，强化高端文化服务能力。支持建设央属的国家美术馆、中国工艺美术馆—中国非物质文化遗产展示馆、中国国学中心、北京自然博物馆、周口店北京遗址博物馆、中国民航博物馆和中国海关博物馆等，新建和改扩建奥运博物馆、北京文化艺术活动中心、北京国际戏剧中心、首都图书馆二期、北京市儿童文化艺术中心等文化设施，形成一批首都文化新地标，进一步提高首都的高端文化服务能力。

（四）加强历史文化名城保护

在加强历史文化名城保护、创新保护模式、充分利用历史文化资源、弘扬中华文化方面发挥示范作用。

全面加大整体性保护力度。发挥北京历史文化名城保护委员会的指导作用，统筹领导北京历史文化名城保护和建设，探索设立历史文化名城保护基金会，进一步完善加强旧城整体保护的规划和实施方案，提出保护力度更大、保护范围更广、保护水平更高的战略目标。加快实施包含故宫、天坛、永定门一线的古建筑群在内的北京中轴线申遗文物工程。重点加强对历史文化街区、文保单位、挂牌院落等保护，形成“点、线、面”保护框架体系。加强世界文化遗产及区县级文物保护修缮和周边整治工作，修复和对外开放一批会馆、名人故居。对北京作为六朝古都积累下来的丰厚文化资源进行开发利用，创造出丰富的融合北京传统文化与现代文化的文艺精品力作。

创新历史文化名城保护的体制、机制和保护模式。创新保护资金筹措模式，搭建投融资平台，结合发展文化创意产业，努力吸引社会资本参与保护，探索形成政府、产权人、使用人和市场等多方参与的保护利用新模式，形成人口疏解和风貌保护的新途径，实现加快推进老城街区整体保护和利用进程。围绕世界文化遗产景观，积极培育新的文化消费热点，带动周边发展，融合文化、旅游和商业等业态，实现文物保护与利用开发的同步发展，实现社会效益和经济效益的统一。

发展民族优秀文化，开展非物质文化遗产保护和传承。建立健全非物质文化遗产保护项目的保护、传承和监督检查机制，强化队伍建设，研究制定进一步加强活化非物质文化遗产的实施办法。借助“文化遗产日”、春节等平台，开展非物质文化遗产保护宣传展示活动。实施中医药文化保护工程。

（五）加快发展文化创意产业

要在大力发展文化产业，繁荣社会主义文化市场方面发挥示范带动作用。充分认识文化产业是最具发展潜力的新兴产业之一，发挥其对推动经济结构战略性调整、加快转变经济发展方式所具有重要作用，健全产业扶持政策，实施重大项目带动战略，扶持重点企业，鼓励原创项目，促进产业集聚，完善文化要素市场，构建现代文化产业体系，加快首都的文化创意产业发展。

科学规划产业发展格局。探索构建国家文化自主创新示范区，建设集行政审批、投融资服务、原创作品采购与推广等服务和功能于一体的一站式首都文化改革创新资源服务平台。建设市级六大产业功能区、30个文化创意产业集聚区，建设2个至3个大型文化创意产业功能区，结合北京市“十二五”规划、城市功能定位和文化改革发展需要，加强市级文化创意产业集聚区的统筹规划，梳理各区县文化创意产业发展现状和重大项目，本着规模化、集约化、专业化的原则，减少同质化竞争，实现差异化发展。

建立和完善营销平台。设立中国艺术品交易中心，完善北京国际版权交易中心、中国设计交易市场的平台功能，提升北京文博会、北京国际电影季、北京国际设计周的营销平台功能，建立京津冀晋蒙五省区市剧目演出联盟，成立博物馆联盟、剧院联盟和图书出版联盟，进一步推动文化产品的生产、流通和消费，不断开拓市场，扩大交易规模。加快培育文化产品和要素市场，积极开拓大众性文化消费市场，引导和扩大文化消费。

实现文化与科技、与旅游等多业态领域的融合。在创新科技与文化融合、与旅游等多业态领域的融合方面发挥示范带动作用。充分利用中关村科技资源优势，积极借鉴中关村的模式、经验和做法，积极推动科技与文化融合发展，率先建立健全以企业为主体、市场为导向、充分发挥首都高校和科研机构作用的产学研相结合的文化科技创新体系，加强核心技术、关键技术、共性技术的攻关，为文化发展发挥先导作用、提供有力支撑，让文化插上科技的翅膀。运用高新技术提升文化创作、生产和传播方式，对传统文化产业进行升级改造，大力发展手机电视、网络电视、数字出版、动漫游戏等新兴文化产业，催生新兴文化业态，努力掌握文化发展和文化传播的主动权。积极推动“三网融合”，促进文化产业、信息产业和相关服务业健康发展，用科技创新推动文化创新。同时，要加快推动文化与金融、旅游、体育、现代制造、信息、广告等相关产业融合发展，提升经济的文化含量。

打造设施完备、内容一流的演艺产业。在天桥—幸福大街区域规划建设容纳多个演出场所的首都演艺核心区，打造东方演艺中心；将国家大剧院建设成为代表我国最高水平、国际一流的艺术表演中心；组建北京剧院联盟，推动首都文化资源整合；集中力量制作一部高水平的大型驻场演出剧目，成为来京游客必看的旗舰式演出节目；支持相关企业用先进技术传播内容健康的音乐产品，规范网络音乐行为，推动网络音乐产业健康发展。

建设品种丰富、实力雄厚、交易活跃的国家出版中心。加强新闻出版业重大基础设施建设，推进中国北京出版创意产业园、国家数字出版基地等项目建设；做强一批特色新闻出版企业和大型综合新闻出版集团，培育若干出版上市企业；办好北京国际图书博览会、中国国际版权博览会等活动；建设国家版权交易中心、国家版权贸易基地、版权综合业务公共服务平台、版权融资和中介服务平台。

形成技术先进、渠道畅通、交易量最大的国家影视中心。规划建设中影数字电影制作基地、国家新媒体产业基地星光影视园、亦庄数字电视产业园等；构建北京广播影视节目交易平台，积极开拓世界华语地区影视市场；推动高清基础设施建设、双向网络建设和高清交互数字电视普及推广；逐步实现多厅影院在城市中心区、郊区城关地区的全覆盖。

实施文化走出去战略。扩大开放，充分利用国内与国外两个市场两种资源，在积极探索文化走出去的新途径、新形式方面发挥示范带动作用。一是充分发挥文化桥梁纽带作用，积极借鉴国外文化建设和发展的有利经验，加强文化领域的智力、人才、技术的引进工作，吸引外资进入法律、法规许可的文化产业领域。二是加强对外文化合作与交流，积极构建人文交流机制，把政府交流和民间交流结合起来，利用互办文化节、中外青年交流、缔结友好城市等多种形式，展示文明、民主、开放、进步的城市形象。三是加快培育一批外向型文化企业，选择有基础、有实力的企业，对其进行重点扶持，让他们代表首都、代表中国开拓国际市场，支持他们在海外设立分支机构，入股或并购境外优质企业。四是办好北京文博会、北京国际电影季等重要文化节（展），加强营销网络和出口平台建设，使更多的文化企业借助首都文化的平台和服务跳板走向世界，不断扩大中华文化的国际影响力。

（六）进一步深化文化体制改革

要在体制机制创新、文化创新、文化行政管理创新方面发挥示范带动作用。要进一步推动文化体制改革，继续为全国创造先进经验。要充分发挥首都文化教育、科研机构、文化人才和创意企业聚集的优势，把文化创新作为推动文化科学发展的强大引擎，当好文化创新的排头兵。

加强领导，加强顶层设计。建立科学配置和有效整合首都文化要素和资源的体制，成立首都文化建设统筹协调机构，统筹文化改革发展中的各种关系，形成合力；按照管人管事管资产管导向相结合的原则，拟组建文化资产管理委员会，统筹规划和实施文化改革和发展的相关工作。拟设立文化发展基金，在整合资源的基础上，每年集中拿出100亿元文化专项资金，进行集中管理，统筹支持文化领域的发展建设。

实现政策突破，完善政策体系。针对目前北京市文化改革发展政策针对性不强、突破性不够、比较优势不明显的现状，制定出台包括《关于进一步加快首都文化发展的若干意见》在内的一系列文化发展政策，形成体系。主要包括支持北京文化企业集团做强做大和培育文化品牌的政策，支持文化和科技融合的政策，推动文化企业上市融资的政策，推进文化产业功能区发展的政策，加快文化与相关产业融合发展的政策，加强文化高端人才培养和引进的政策，打造文化精品的政策，支持动漫产业发展的政策，加快发展798、宋庄艺术区的政策，支持北京京昆艺术发展的政策等，目前正在修改完善，不久将陆续推出。

加快文化行政管理创新。加快政府职能转变，继续推进政企分开、政资分开、政事分开、政府与市场中介组织分开，推动文化行政管理部门实现由办文化为主向管文化为主转变，由管微观向管宏观转变，由主要面向直属单位转为面向全社会，更加注重综合运用法律、经济、行政、科技等手段，做到科学管理、依法管理、有效管理。

进一步深化文化体制改革。按照“巩固、完善、提高”的思路，推动已转制企业建立现代企业制度、完善法人治理结构，进一步做大做强；同时，积极推进北京市河北梆子剧团、中国评剧院、北京市曲剧团三家文艺院团转企改制，分两批推动市属53家非时政类报刊出版单位的转企改制工作，在十八大前率先完成已经确定的改革任务。对部分文化单位实行事业单位企业化管理，探索名角领办文艺演出团体机制，积极探索目前中央虽然尚未提出、但仍束缚文化生产力发展的领域的改革。抓好京津冀晋蒙华北五省区市区域文化合作。

加大资源整合力度。整合中央和市属出版发行资源，组建出版发行集团；与国家工商总局合作，建设国家广告产业园区，组建广告传媒集团；整合中央和市属文艺演出资源，组建演艺集团；整合市属都市报资源，组建新的大型都市报集团；为上市公司歌华有线注入优质资源，组建歌华有线集团；大力扶持一批民营文化企业做大做强。打造一批“引领中国、影响世界”的首都文化航母。

（七）加强文化人才队伍建设

实施人才带动战略，在加大人才培养力度，建设人才高地方面发挥示范带动作用。实施名家大师、四个一批人才等重点人才工程，加快培养造就一批有影响的文化名家、文化大师和各领域领军人物。制定文化人才队伍建设方案，加大教育培训力度，加快建立剧作、评论、投资、媒体、营销策划、统筹管理六支队伍。建立和完善有利于优秀人才健康成长和脱颖而出的体制机制。继续实施“文艺人才百人工程”，丰富文艺人才库。加强公共文化服务人才队伍建设，实施基层千名文艺骨干培训工程，在全市各社区（行政村）配备基层群众文化组织员7000余名，建成万余名高水平的文化志愿者服务队伍。试行引进人才认定制度，探索股权分配作品参股、知识产权入股等多种形式的人才激励机制。加强与国内外高端文化人才的交流合作。引进和汇聚一批职业素养好、开拓能力强、具有战略思维和全球视野的文化产业发展领军人才和创业团队。

三、市各有关单位扎实推进各项议案办理，均已取得重大进展

本次议案中提出了许多宝贵的意见和建议，经研究被归纳为六项主要议案办理内容，均取得了明显的办理进展。

第一项是由第015号、第043号、第104号、第141号议案提出的关于国家文化中心建设的内容，已由本议案办理报告进行了全面办理情况的说明。第二项是由第141号、第198号、第205号议案提出的关于加强历史文化名城和文化遗产保护利用的内容，第三项是由第015号、第043号、第104号、第141号议案提出的关于公共文化服务体系建设的内容，第四项是由第015号、第104号、第141号议案提出的关于加快发展文化创意产业的内容，第五项是由第104号和第141号议案提出的关于各类艺术人才培养、文化创意产业人才队伍建设和高水平基层文化活动队伍建设的内容，也均在本议案办理报告中进行了专项的办理情况说明。第六项是包括第213号、第059号、第048号在内的具体事项内容，市政府非常重视，督促相关单位作为主责部门抓紧办理，并在市人大教科文卫体委员会会议上进行了专门说明。

主任、各位副主任、秘书长、各位委员，发挥首都作为全国文化中心的示范作用是一项长期的、艰巨的、复杂的系统工程。以上只是市政府在议案办理过程中形成的，落实发挥首都作为全国文化中心示范作用的工作思路、主要任务和办理的阶段性进展，还不是全部，市政府虽然做了大量工作，但与人大代表、广大人民群众的期望还有较大差距，迫切需要我们以科学发展观为指导，在中央和市委的领导下，下大力气做好发挥首都作为全国文化中心示范作用的工作，希望市人大继续监督市政府的工作进展，提出意见和建议。我相信，有市人大和各位委员、代表的支持和监督，发挥首都作为全国文化中心示范作用的工作将会不断取得新成就。

以上报告，提请市人大常委会审议。

北京市人大常委会关于推进全国文化中心建设的建议

——2011 年 11 月 17 日在北京市第十三届人民代表大会常务委员会第二十八次会议上

在当前形势下，加快推进北京全国文化中心建设，对于坚持首都城市的性质和功能，实现首都城市的转型发展和科学发展，建设人文北京、科技北京、绿色北京和中国特色的世界城市；对于发挥全国文化中心的示范作用，促进全国文化的大发展大繁荣，实现中华文化的繁荣兴盛和中华民族的伟大复兴，都具有十分重要的意义。为了贯彻落实中央关于深化文化体制改革，推动社会主义文化大发展大繁荣的决策部署和市委关于把北京建设成为中国特色社会主义先进文化之都和具有重大国际影响力的全国文化中心的要求，根据市人大代表在市十三届人大四次会议上提出的议案，市人大常委会于今年四月至十月组织部分常委会委员、专门委员会委员和人大代表围绕推进全国文化中心建设问题进行了专题调研，形成了建议初稿和 10 个专项调研报告。中共中央十七届六中全会召开以后，市人大常委会和调研组全体成员认真学习了《中共中央关于深化文化体制改革推动社会主义文化大发展大繁荣若干重大问题的决定》，对建议初稿又进行了修改完善。经市十三届人大常委会第二十八次会议审议，现就推进全国文化中心建设涉及的一些问题，提出以下建议。

一、关于新的历史时期推进全国文化中心建设的目标和任务

（一）进一步明确全国文化中心承担的基本功能和责任

北京是国家的首都，是全国的政治中心、文化中心和国际交往中心。北京作为全国文化中心的功能定位，一是和国家首都的城市性质相融合，是国家首都功能的一个重要组成部分；二是和全国政治中心的功能相互依存，相辅相成；三是和国家的国际交往密切相连，具有开放性和国际化的特点；四是具有唯一性，是国内任何其他城市不可替代的。因此，北京作为全国文化中心，在文化上应承担和发挥好五个方面的基本功能。第一，代表展示功能。荟萃中华民族文化精华，引领中华文化创新，率先繁荣发展中国特色社会主义文化，成为中华文化和中国特色社会主义文化的代表和向世界展示的窗口。第二，向心凝聚功能。发挥文化对增强国家向心力和民族凝聚力的作用，使首都的文化成为全国人民和整个中华民族共建、共有、共享的美好精神家园，成为凝聚人们维护国家统一、增进民族团结、坚持中国特色社会主义道路、实现中华民族伟大复兴的重要精神力量。第三，首善辐射功能。顺应时代的发展，始终成为中华文化和中国特色社会主义文化发展的高地，成为充满创新活力，包括科技教育在内的文化发展和社会道德风尚的首善之区，引领和影响全国文化的发展。第四，示范带动功能。在文化创新发展的各个方面和各项工作中走在全国的前列，为全国的文化建设探索思路、积累经验，引领文化创新先河和文化发展潮流。第五，服务保障功能。为首都人民和全国人民的文化需求服务，为全国的文化发展服务，为国家的文化国际交流服务，为中央领导全国文化建设和推进全国文

化繁荣发展提供服务保障。

（二）明确新的历史时期推进全国文化中心建设的目标和基本任务

根据北京全国文化中心的定位和中央关于北京工作一系列重要指示的精神，在新的历史时期，应当把建成当代中华文化的中心和中国特色社会主义文化的中心作为推进全国文化中心建设的目标。围绕这个目标，北京应重点做好三方面的工作：一是充分保护、挖掘、利用历史文化名城的文化积淀，传承中华民族优秀文化遗产和优秀文化传统，使之成为推动首都文化创新发展的重要基础，成为推进中国特色社会主义文化建设的历史源泉，成为凝聚全国人民全面建设小康社会、实现中华民族伟大复兴的精神力量和智慧资源。二是全面推进首都文化创新发展，坚持中国特色社会主义文化发展道路，突出首都特点，首先推进文化内容的创新和创造，抓好思想理论、精神价值、社会道德建设和知识创新、技术创新，同时以中国特色社会主义理论体系和核心价值体系为指导，抓好深化文化体制改革、完善公共文化服务体系、发展文化创意产业、建设公共文明等方面的工作。三是统筹推进精神文化、物质文化、制度文化的建设，用文化创新发展推动经济、政治和社会发展，不断把科技创新、文化创新的成果转化成物质文明、精神文明、政治文明和生态文明建设的实际成效，充分展示中华文明的强大力量和独特魅力。

（三）通过推进全国文化中心建设推动首都城市转型发展

建设全国文化中心既是中央和全国人民赋予北京的重要职责，也是推动首都科学发展的巨大优势。要将推进全国文化中心建设和加快转变经济发展方式、推动首都城市转型发展有机结合，更好地贯彻“人文北京、科技北京、绿色北京”的发展理念，走文化立市、创新驱动之路，把文化，包括思想、价值、精神、知识、技术、创意、艺术作为发展的资源；把文化创新，包括科技创新、教育创新作为发展的动力；把文化，包括科技、教育作为发展的重点；把文化创意产业作为战略性新兴支柱产业。使首都的经济社会发展和城市建设更好地与首都城市的性质功能相适应，更好地与首都人口、资源、环境的承载能力相协调。

二、关于建设中国特色社会主义文化

（一）加强对中国特色社会主义文化和首都文化的研究

在新的历史时期推动文化的发展繁荣，必须首先弄清什么是中国特色社会主义文化，特别是中国特色社会主义文化中的核心价值。北京作为全国的文化中心，要紧密结合改革开放和现代化建设的实践，结合首都和全国文化建设的实践，并把中国特色社会主义文化放在几千年中华文化延绵不断发展的历史进程中，组织开展对中国特色社会主义文化、中国特色社会主义核心价值和首都文化的研究。当前，要切实增强对中国特色社会主义文化的自觉和自信。继承发扬传统社会的优秀文化遗产和革命时期的优秀文化传统是完全必要的，但更要充分认识到，党的十一届三中全会以来，中国共产党在带领全国人民开创中国特色社会主义道路的同时，即开启了中国特色社会主义文化建设的新阶段，开创了中国特色社会主义文化建设的新局面，创造了中华文化的新篇章。在中国特色社会主义理论体系指导下，恢复了实事求是的思想路线，促进了人的思想解放；确立了“以人为本”的发展理念，保障了人的权利和促进了人的发展；确立了共同富裕的原则，促进了生产力的解放和发展；确立了民主法治的思想和依法治国方略，推动了社会主义民主政治的发展，等等。人民群众在推进改革开放和现代化的实践中，坚持爱国主义的民族精神和改革创新的时代精神，特别是在举办奥运会、抗震救灾中表现出了崇高的精神境界、鲜明的价值取向和高尚的道德情操。所有这些，都彰显了中国特色社会主义的核心价值，闪耀着当代中华文化和中国特色社会主义文化的光辉。推进全国文化中心建设，要把对中国特色社会主义文化的研究作为一项重要的基础工程持续不断地抓好。要精心规划，整合资源，组织首都社会科学界的力量，认真总结中国特色社会主义文化建设的历程和经验，深入研究中国特色社会主义文化的内涵、特征和发展规律，研究中国特色社会主义的核心价值，研究传统社会优秀文化遗产和革命时期优秀文化传统与中国特色社会主义文化的关系，研究文化建设在经济社会发展中的地位和作用，研究中国特色社会主义文化建设的方式和途径，研究北京在中华文化发展不同阶段所处的地位和发挥的作用，以及在建设中国特色社会主义文化中应肩负的使命和任务，坚定自觉地沿着中国特色社会主义文化发展道路推动首都文化创新发展。

（二）在改革开放和现代化建设实践中坚持中国特色社会主义核心价值

中国特色社会主义的核心价值是中国特色社会主义文化的灵魂，是凝结在文化中的国家、民族和人民群众的思想、精神、价值、道德、情趣的共同准则，是社会判断评价是非、真假、善恶、美丑的基本标准，是建立经济、政治、社会等方面制度、规则、程序的重要依据，也是推动文化发展繁荣的前提条件。建设中国特色社会主义文化要把建设中国特色社会主义核心价值体系作为首要任务。北京作为全国的文化中心，应当在这个方面走在前列，作出表率。建设中国特色社会主义核心价值体系重在建设、重在实践。一是要做到“认之以同”。要在党的领导下，坚持以中国特色社会主义理论为指导，把体现中国特色社会主义的本质要求，代表广大人民群众的根本利益，符合党、国家和人民共同意志和愿望的思想、精神、价值、道德凝结成为全社会共同的思想基础、共同的行为准则和共同的精神追求。经过几十年改革开放和现代化建设的实践，传承几千年传统文化的优秀遗产和党领导的革命文化的优秀传统，当前，实事求是、以人为本、爱国亲民、共同富裕、公平正义、民主法治、天人和谐等已经成为党和人民高度认同、共同追求并为之奋斗的价值。建设中国特色社会主义核心价值体系，形成较为完善的话语体系是必要的，更重要的是把广大人民群众已经高度认同、强烈期盼的价值倡导好、坚持好、实践好。二是要做到“赋之以形”。把中国特色社会主义核心价值具体贯彻到经济、政治、社会各方面的制度、规则、程序和法律规范中，使话语的表述转化成实践的规矩，用以引导和约束经济、政治和社会生活的实践。当前，要切实坚持中国特色社会主义理论，坚持中国特色社会主义道路，坚持社会主义市场经济的改革取向，遵循中国特色社会主义核心价值，全面推进经济、政治、社会和文化体制改革，使各方面的体制、机制和制度更好地体现和表达中国特色社会主义核心价值。尤其要坚持解放思想、实事求是，重点围绕坚持共同富裕、维护公平正义、推进民主法治、促进社会和谐、建设生态文明等方面推进制度创新。三是要做到“付诸于行”。坚持中国特色社会主义核心价值必须知行合一，必须有先行者。各级党和国家领导机关要把中国特色社会主义核心价值贯彻到自己的领导工作和行政工作中。党员、领导干部和国家公务人员要身体力行，作出表率。四是要做到旗帜鲜明。建立与中国特色社会主义核心价值相符合的社会评价体系，实行正确的舆论导向，旗帜鲜明地扬善抑恶，大力弘扬激励真善美，严格约束惩戒假恶丑。当前全市正在开展的培育和实践“北京精神”活动，是结合首都实际推进社会主义核心价值体系建设的一项有益探索，应当进一步搞好宣传普及工作，充分发挥其指导实践的作用。

（三）把中国特色社会主义核心价值作为首都文化创新发展的灵魂

坚持中国特色社会主义核心价值，既是文化建设的首要任务，又是文化繁荣发展的前提条件。当前，影响文化创新发展的因素虽然是多方面的，但首要的问题是方向不明确，价值不清晰，不少文化产品缺文化、少价值，难以满足人民群众的精神文化需求。因此，推进全国文化中心建设，繁荣发展首都文化，必须坚持中国特色社会主义文化发展道路，坚持把中国特色社会主义核心价值作为文化的灵魂，把中国特色社会主义的核心价值渗透到公共文化服务体系建设、文化创意产业发展、首都公共文明建设的各个方面。特别是在文化产品创作生产上，要坚持思想性、知识性、艺术性、观赏性的统一。既尊重差异，包容多样，又能有力地表现中国特色社会主义核心价值。要在改革开放和现代化建设实践中切实坚持中国特色社会主义核心价值的同时，组织引导文化创造者、生产者、工作者认真学习中国特色社会主义理论，自觉把握中国特色社会主义核心价值，全面了解人民群众的文化需求，树立正确的文化发展观和价值观，增强家国情怀，充满人文关怀，努力成为中国特色社会主义核心价值的实践者和传播者。

三、关于首都文化的科学发展和转变文化发展方式

（一）全面认识和发挥新形势下文化的功能

推动文化的发展繁荣，必须深入贯彻落实科学发展观，坚持以人为本，做到文为人需、文为人创、文为人享、文以化人。在建设中国特色社会主义现代化的新时期，要坚持发挥文化教育人民、凝聚人民共同奋斗的作用，同时要在文化建设中切实保障人民群众的基本文化权益，满足人民群众的文化需求，发挥人民群众的主体作用，促进人的提高和发展。人民群众的文化需求，包括信仰价值需求、认知体验需求、审美情感需求。首都文化发展，要在保障人民群众文化权益的同时，面向和满足人民群众全面的文化需求。特别是对于发展文化创意产业，既要充分发挥文化创意产业在创造社会财富、创造就业机会和实现经济发展中的重要作用，又要全面适应和满足人民群众对高尚的精神价值、科学的知识方法、健康的审美情趣的需要。要切实防止简单为了发展文化经济而忽视人民群众文化权益和全面文化需求的问题，防止单纯追求经济利益而使文化产品庸俗化、低俗化的偏向，引导文化及文化创意产业全面健康持续发展。

（二）发展体现首都功能和具有首都特点的文化

要坚持全国文化中心的定位，依托丰厚的历史文化积淀，充分发挥教育、科技、智力资源优势，大力发展体现首都功能和具有首都特点的文化。一是抓好思想理论和学术文化建设。加强对马克思列宁主义和中国特色社会主义思想理论体系的研究，发展哲学社会科学，繁荣学术思想，领风气之先，不断推动思想解放。二是加强国家级标志性文化设施和院团建设。进一步完善国家级文化设施，充分发挥国家级文化设施的功能作用。继续培育体现国家水准的文艺院团，形成具有国际影响力的文化品牌。三是聚焦文化生产的前端。鼓励创意、创作与创造，支持标准的创制和商业模式的创新，注重获取自主知识产权，有效地引领和服务于全国文化的建设发展，走服务全国、发展自己之路，避

免与其他省市在文化产业发展上的雷同。

（三）深化文化体制机制改革

深化文化体制机制改革，首先是分清和明确文化遗产保护、公共文化服务、文化创意产业发展、公共文明建设的不同属性及其规律特点，合理确定政府、市场、社会和公众在各个方面承担的职能、履行职能的方式、享有的权益及其协同发挥作用的连接机制。要在市委的统一领导下，分门别类地研究推进体制机制的改革，既要改变政府包办文化的状况，又要防止把政府应当承担的职能和责任全部推向市场的偏向。第二是进一步明确和转变政府职能，推进政企分开、政资分开、政事分开、政府与市场中介组织分开，推动文化行政管理部门逐步实现由办文化为主向管文化为主转变，由用行政手段直接管理文化向运用法律、法规间接管理文化转变，更好地履行统筹规划、政策调节、市场监管和公共服务的职能。要改革国有文化资本的配置方式和监管体制。扶持文化生产的资金要坚持绩效导向，面向各类文化企业，重点围绕文化原始创新、文化产品生产、文化品牌培育、文化技术研发安排。市政府要进一步增加文化投入，在整合现有文化投入的基础上建立首都文化发展基金，用以推动全市文化的发展。建立健全与社会主义市场经济体制和文化发展规律相适应的国有文化资产监管体制，统筹推进资产整合和机制创新，提高资产使用的社会效益和经济效益。第三是培育文化创意产业的市场主体和建立现代企业制度。要加快推进国有文化院团的改革，在政府主导下，坚持需求导向，充分发挥市场在资源配置过程中的基础性作用，按照各自产业的发展和运行规律，培育现代企业制度的市场主体，实现文化资源的真正融合，激发产业活力，增强产业竞争力。整合文化产业资源要避免急于求成和单独依靠行政手段捏合的方法。同时，要平等对待市场主体，给予民营文化企业与国有文化企业同等的待遇，鼓励其参与首都文化建设，促进其健康有序发展。

四、关于保护历史文化名城和传承名城的历史文化

（一）充分认识和深入研究历史文化名城蕴含的历史文化价值

北京历史文化荟萃了中华民族优秀的思想文化、价值文化、方法文化和艺术文化，是一座充满了知识、思想和智慧的宝库；是推进首都现代化建设，建设人文北京、科技北京、绿色北京的底色和基石；是推进全国文化中心建设的历史依据和智慧源泉。要把研究北京的历史文化作为一项重大的文化建设工程，统筹规划、精心组织，动员专业机构、专业人员和各种社会力量，认真研究和深入挖掘北京历史文化名城蕴含的历史信息、历史记忆、历史价值、历史文脉，使中华民族优秀文化遗产与传统的“灵魂”在这座名城中鲜活起来、涌流起来，成为推动中国特色社会主义文化建设的重要力量和资源。

（二）把保护历史文化名城和保护传承名城历史文化有机统一起来

要以保护历史文化名城的历史文化价值为出发点，进一步增强保护历史文化名城的自觉性。在进一步加强对“物”保护的同时，更要强化对“文”的保护，要将对有形遗产的保护最终归结到对城市文化的保护。要进一步完善历史文化名城保护规划，把对“名城”的保护和对名城“历史文化”的保护统一起来；把对物质文化遗产的保护和非物质文化遗产的保护统一起来；把对传统社会文化遗产的保护和近现代的文化遗产的保护统一起来。要健全、完善历史文化名城保护的统筹协调机制，进一步克服保护名城和文物与传承历史文化脱节，保护名城和文物与利用名城和文物脱节，国家部门与市属部门以

及市属部门之间资源管理脱节等突出问题。在北京历史文化名城保护委员会的机制下，进一步明确充实职能，完善领导格局，确定各有关部门的职责，建立工作协调机制，切实担负起保护历史文化名城和传承名城历史文化的责任。要正确处理保护、传承历史文化遗产和利用历史文化遗产促进经济社会发展的关系。着力做好北京历史文化中优秀遗产和优秀传统的传播，通过瞻仰凭吊、展示展览、旅游观光、文化活动、影视出版等方式宣传推介北京的历史文化价值。在严格保护遗产、认真传承文化的前提下，把适于经营的文化要素经营起来，把有条件推向世界的文化项目宣传出去。当前特别是要提高文物观光旅游的品质，坚决防止和纠正“厚物薄文”、“重利轻义”和把珍贵的物质文化遗产变成“非文化物质遗产”的现象。

（三）加大历史文化名城保护和重点文物修复工作的力度

认真贯彻实施历史文化名城保护的法律、法规和规划，确定阶段性和年度保护与修复的工作计划、工程项目，不断取得实质性进展。全面落实本市“十二五”规划纲要提出的系统规划实施魅力中轴线工程，并结合中轴线的申遗，切实做好其整体的保护与开发利用工作。加强重点历史文化街区、重点文物的保护和修复，认真研究做好皇城、天坛、朝阜大街、什刹海、香山、圆明园遗址、商周遗址、宣南文化区等文化遗产的规划和保护工作。加强与中央有关部门的沟通协调，争取各方面支持，大力推进文物腾退搬迁、整治和利用工作。同时，加强对社会舆论的引导，取得广泛共识，使重点文物修复工作得以在一个良好的社会氛围中实施。

（四）创新旧城街区整体保护和利用的机制

对于旧城街区风貌的整体保护，要认真总结多年来在实践中创造出的经验，坚持以政府为主导，按照统筹规划、统一管理、保护为主、合理利用的原则，围绕土地权属配置和文化要素经营方式，大胆创新保护利用机制，探索政府、产权人、使用人、市场等多方参与、多方负责、多方受益的保护利用模式。根据“有利于古都风貌保护、有利于群众生活条件改善、有利于符合城市功能定位产业发展”的标准，在尊重居民的合理意愿、保护居民合法权益前提下，采取多种模式，创新土地和房屋使用制度。要认真研究土地和房屋的权属关系，可以试行在坚持国有的土地和房屋所有权不变的前提下，妥善处理现有居民的居住权益，研究探索居民居住权益实现和流转的多种方式，以此拓宽人口疏解和风貌保护的途径。可以采取“人走权益随”的方式，实行搬迁转移；也可以采取“人不走、权益也不走”的方式，制定优惠政策，完善基础设施，改善居住环境，保护历史遗存，恢复街区风貌，促进文化传承；在适宜发展文化产业的地区，也可以采取“人走、权益不走”的方式，使居民土地或房屋的相关权益以股份的方式参与到文化产业的经营中来，分享文化产业经营的长期收益，从而降低文化产业经营的当期成本，降低街区保护的一次性投入。

五、关于实行科技创新、文化创新双轮驱动和发展文化创意产业

（一）确立科技创新、文化创新双轮驱动格局

中央确定北京作为全国的文化中心，实际上是要求北京成为包括思想、科技、教育和文化在内的广义的全国文化中心，明确指出了北京城市的特质和发展的方向。市委提出要坚持科技创新和文化创新双轮驱动，推动首都城市和经济社会的科学发展，是完全符合首都城市的性质和功能，完全符合首都经济社会发展的实际情况的。要根据中央和市委的

要求，认真研究思想、科技、教育和文化发展的内在联系，明确实现双轮驱动格局的思路和对策。借鉴绿色奥运、科技奥运、人文奥运的经验，制定具体的规划和措施，实施一批融科技创新、文化创新于一体的重大项目和工程，整体推动首都的创新发展，使创新切实成为首都发展的强大动力和时代潮流。

（二）以创新推动文化创意产业发展

文化创意产业发展的源头是创新。要在激发创新活力、提高创新能力、创造创新成果上狠下功夫。一是加强内容创新。目前，北京在影视、出版印刷、传播、演艺、网游、艺术品交易以及旅游、会展、设计等方面的产业已形成一定的优势。基于北京文化中心的功能、文化资源的优势和文化产业的竞争态势，北京要坚持“内容为王、质量优先”，把力量下在各类产业的产业链和价值链的前端，抓好高端创意和前端创造，鼓励和推动融思想性、知识性、艺术性、观赏性于一体的好创意、好故事、好作品、好品牌的创作和生产，提升文化产品内涵、质量和消费价值。要培育各类文化研发、创作机构，鼓励文化企业的原创活动，激励全社会的文化创作。政府设立的促进产业发展的基金，应当主要奖励内容创新。二是加强制度创新。发挥文化企业的创新主体作用，以市场机制整合创新资源、促进创新要素的结合，调动文化生产者的积极性。放宽市场准入，放低进入门槛，推动各类社会资本进入文化创意产业，通过资本运作手段实现国有、民营文化企业跨地区、跨行业发展。按照现代企业法人治理结构，完善国有文化企业的管理制度和规范。三是加强业态创新。实现文化与科技的融合，创造新的文化业态。发展手机电视、网络电视、数字出版、设计服务、动漫游戏等战略性新兴文化产业。充分运用高新技术特别是数字技术、网络技术发展的最新成果，加快构建覆盖广泛、技术先进的文化传播体系和创新体系，切实增强首都的文化传播力和文化感染力。实施网络内容建设工程，推动优秀传统文化瑰宝和当代文化精品网络传播，制作适合互联网和手机等新兴媒体传播的精品佳作，鼓励网民创作格调健康的网络文化作品。四是加强经营模式创新。按照创意研发、产品创造、生产制作、营销传播相结合的方式，鼓励生产与服务商业模式的创新，抓住“微笑曲线”的两端，重点支持产业链中高附加值的上游研发、设计和下游品牌运作、版权交易及营销环节，以及相关衍生产品开发、生产、经营，并做好对产业链的服务配套，支持首都的文化创新主体基于产业链的兼并、重组、联盟，实现产业链效益最大化。

（三）健全市场体系和加强市场监管

充分发挥市场机制在文化创意产业发展中的重要作用。引导建立健全文化创意产业的市场规则，通过建立正确的价值取向、规范的市场秩序、合理的利益分配机制、知识产权保护制度等市场规则，使以创新文化和创意生产为核心的文化创意产业得到良性发展。当前要着重研究解决文化产品的知识产权保护和研发、创作、生产、营销、展示、传播、交易各环节利益分配不合理的问题。

加强市场监管，完善文化市场主体和产品准入制度，推动建立科学合理的文化市场运行机制，加快文化市场诚信体系和标准体系建设；建立不合格市场经营主体以及文化产品的自动退出和强制退出机制；理顺文化执法体制，健全文化市场综合行政执法机构，不断规范行政许可和执法行为，按照谁主管谁负责和属地管理原则，落实行政管理和执法责任制，提高市场监管水平。

强化行业自律，积极组织、推动、引导建立文化创意产业的相关行业协会，并通过健全登记备案、年检制度，加强岗位培训等多种手段，推动文化创意企业形成自我约束、自我监督、自我管理的发展机制。

完善知识产权法制体系和保护机制，明确知识产权执法责任，提高执法水平和效率，健全知识产权保护网络，依法严厉打击各类侵权行为，保障文化创意企业和个人的创造性劳动及其合法权益。

（四）扶持文化品牌企业

加大财政资金投入和政策扶持力度，放大政府资金的杠杆效应，吸引社会投资，以市场化方式运作首都文化发展基金，集中力量支持有原创、有品牌、有潜力的文化企业搞活、做精、做强、做大，增强市场竞争力。培育一批具有原始创新能力、拥有自主知识产权和独特商业模式的大型文化企业集团。鼓励和扶持文化创意产业走品牌化道路，深入挖掘和开发利用丰富的文化资源，充分发挥高新技术的支撑作用，不断推进文化创新，打造一批具有首都文化个性、主题和特色的文化产品品牌，辐射全国、影响世界，不断扩大首都文化的竞争力、传播力和影响力。同时，推动文化创意企业以品牌为龙头开发衍生产品、延伸产业链条，形成品牌企业，增强其在国内外市场的竞争能力。

（五）建立健全文化创新的评价体系和激励机制

在充分发挥市场评价和社会评价作用的同时，加强政府的宏观调控和引导，不断完善文化创新的评价体系，引导文化创新真正做到面向群众、面向市场、面向基层，实现社会效益和经济效益的有机统一。要把人民群众的满意度、认可度，作为评价文化创新的最终标准。

设置首都文化创新奖，加大对文化创新成果和人才的奖励力度；实施首都文化名家工程，培养造就一批造诣高深、成就突出、影响广泛的文化领域杰出人才，并通过授予“首都人民艺术家”等荣誉称号，激励各类文化人才创新创优；通过实行股权、期权、年薪制等多种方式，增强对文化创新人才的吸引和激励；实施知识产权战略，推动文化创新领域的知识产权创造、管理、保护、应用的结合，使其成为企业提高成长性和竞争力、培育新业态和制定新标准的重要基础。

六、关于完善首都公共文化服务体系

（一）进一步明确公共文化服务的性质和功能

要进一步研究人民群众基本文化权益的内涵、公益性文化事业的范围和公共文化服务的方式。坚持公共文化服务的公益性、基本性、均等性、便利性。把对人民群众进行思想道德教育、文化科学普及的文化活动，满足人民群众基本文化需求的文化活动，保护传承国家和民族文化遗产的工作列入公益性文化事业和公共文化服务的范围。形成政府主导、单位负责、社会协同和公众参与的体系。将公共文化服务纳入本市各级政府年度绩效考核指标；将公共文化服务经费纳入本市各级政府年度预算，建立公共文化服务体系经费保障机制和业绩考核奖惩机制。全面加强公共博物馆、文化馆、图书馆、纪念馆、美术馆等公共文化服务设施建设。发挥好文化宫、企业文化俱乐部等现有文化设施的作用。继续推进实施文化资源共享、公共电子阅览室、益民书屋等重点文化惠民工程。大力推进民族艺术进校园。明确以政府投入为主的媒体、文艺演出院团应当承担的公共文化服务职能，充分发挥其为基层人民群众提供文化服务的作用。同时，要充分发挥社会力量的作用，采取政府购买、项目补贴、定向资助、贷款贴息等多种形式，通过优惠政策的激励机制和公共资源的补偿机制，积极引导社会力量参与公共文化服务，促进公共文化服务方式的多元化、社会化，拓宽公共文化服务供给途径。

首都公共文化服务体系不仅要为首都人民服务，还要为全国人民提供公共文化服务。继续搞好国家、市级博物馆和图书馆对全国人民的免费开放，举办好代表国家的大型文化活动，完善面向全国人民和整个中华民族的文化设施建设，保护好全国各地区、各民族在京的文化遗产。利用天安门广场升旗仪式等文化仪式，国家大剧院、孔庙、国子监和“北京时间”博物馆等文化设施，充分发挥凝聚全国人民、增强民族认同的功能。

（二）完善公共文化服务的供给方式

要加强对人民群众不同公共文化需求的研究，探索建立以人民群众需求为导向的公共文化服务供给方式，充分尊重人民群众对公共文化的选择权，鼓励文化创作贴近社会、贴近基层、贴近群众，从“有什么送什么”，转变为“需要什么送什么”，扩大人民群众的受益面，提高公共文化服务的社会效益和经济效率。着力挖掘城乡优秀的传统文化遗产的内涵，鼓励民间创作，发展人民群众喜闻乐见的特色乡村（街区）民俗文化。积极采用现代化信息手段，大力推动文化信息资源共享工程，建立公共文化资源供给平台。加强数字图书馆建设，形成覆盖城乡的数字文化服务体系，提高公共文化服务的现代化水平。

（三）切实保障农村居民和流动人口的基本文化权益

加大对农村和基层公共文化服务投入的倾斜力度，提高其公共文化服务经费标准，推动文化资源向农村和基层流动，保障城乡居民共享首都文化发展成果。制定引导和支持政策，疏通公共文化资源在城乡之间的互流互动，逐步实现公共文化资源的动态、优化配置。注重保障城乡居民在公共文化权益上享有均等，而不是单纯在内容上追求均等，要为农村居民提供适应农村实际、符合农民需求的公共文化服务，做到“文化育民”、“文化乐民”、“文化富民”。

针对北京市700多万常住流动人口的实际，建立“政府主导、企业共建、社会参与”的流动人口文化工作机制，推动流动人口文化工作的规范化、制度化和常态化。在注重为流动人口提供文化知识、专业技能培训教育的同时，还要注重满足他们对文化娱乐的需求，切实维护和保障流动人口的基本文化权益，增强流动人口的归属感、认同感，促进社会和谐。

（四）积极支持群众性健康文化活动的开展

政府应当因势利导，通过政策支持、活动补贴、营造环境、提供便利等方式，积极支持和不断丰富群众文化活动，进一步调动群众参与文化活动的积极性和创造性，更好地满足人民群众精神文化需求；充分发挥乡镇、街道、社区、机关、企事业单位和社会组织的作用，充分发挥文化工作者、文艺爱好者、民间文化能人、志愿者的指导服务作用，积极培育发展群众自愿组织起来的文化团体，提高群众文化组织化程度，促进群众文化健康发展。

七、关于建设首都公共文明

（一）积极推进首都公共文明建设

在社会利益格局多元化，人们思想活动的独立性、选择性、多变性、差异性增强的情况下，推进社会公共文明建设成为文化建设的一种重要方式，成为推进精神文明建设的一个重要实现形式。推进首都公共文明建设，就是要以宪法和法律为依据，根据公民的基本权利和义务，确定每一个公民在社会公共生活中行为的基本准则和规范，共同约定、同意遵守、共同分享。用以提高全体市民的文明素质，提升整个城市的文明程度，共建、共享优美的城市环境、良好的公共秩序、和谐的社会关系。

（二）健全首都公共文明建设的公共治理体制和工作机制

建立党委领导、政府主导、社会协同、群众参与的良好公共治理体制、结构和制度。认真贯彻市委关于社会管理创新的部署，从突击式、运动式的治理转向常态化、制度化和规范化，从“我要求你文明”转向引导和支持以公民为主体的“共同建设文明”的公共治理体制。

研究总结已有经验，在充分发挥社会组织作用、扩大志愿者参与等方面逐步形成配套的制度安排，调动社会组织和公民个人积极性，拓宽参与领域，丰富参与内容。发展各类志愿者组织和队伍，倡导志愿服务精神，共同参与治理和建设。

（三）完善公众行为规范

根据首都科学发展的实际需要，围绕解决当前老百姓最关注和城市与社会最突出的环境、交通、公共卫生等方面的问题，完善共同约定和遵守的公共文明行为规范体系。大力倡导讲究卫生、爱护环境的行为规范，坚持推进垃圾减量分类和文明养犬；大力倡导排队礼让、文明出行的行为规范，广泛宣传文明交通理念；大力倡导尊老爱幼、扶贫济困、扶弱助残的行为规范，整合各方面社会资源，积极深化特殊群体帮扶工作。进一步健全首都公共文明的制度和法规体系，逐步将公共文明建设中广大群众普遍认同的行为规范上升为法律。要发挥国家公务人员在公共文明建设中的率先垂范作用。要以为民、公正、廉洁为主要要求，加强廉政文化建设，坚持和完善从政规范。

八、关于培育城市创新文化

（一）营造学习和创新的浓厚氛围

建设学习型社会和学习型组织。营造重视学习理论、学习文化、学习历史、学习科学技术的良好社会氛围，使全国文化中心真正成为学习、学术氛围最浓，科技创新、文化创新最活跃的地方。各级领导干部要率先垂范、带头学习，发挥示范带头作用。充分发挥首都科教文化资源丰富、现代技术手段发达、各类人才荟萃等优势，构建多层次、多领域的市民学习服务平台，打好城市创新基础。

坚持解放思想，实事求是。鼓励倡导研究、探索的科学精神和创新实践，形成敢于冲破各种思想束缚，求真务实，讲实话、办实事、求实效的良好风气。

（二）培育全民创新精神

要将市民的创新精神和创造力作为城市最可宝贵的财富，把培育城市创新文化和市民的创新精神、创新能力作为战略性、基础性的工作来抓。

发挥教育培养年轻人创新意识和创新能力的基础作用，在基础教育和高等教育中把培养学生的创新意识和创新能力作为育人的重点，确保教育能够使学生获得他们所需的技能。要让年轻人通过多种方式从创新体验中获益，提高技能、建立自信，激发其持续一生的创新激情；探索从学校培养到创意就业的职业发展路径，构建覆盖全市的见习和孵化服务网络，提供大批文化创意产业的实习机会，创造大量使年轻人发挥创造力的现实机会，使他们有可能在创意领域获得长远的职业发展，确保其创意潜力有机会得到施展。

要制定政府采购市民创意成果的相关政策，鼓励举办各类竞赛活动，为城市的创意发展提供更加开放的平台。加强对创新的舆论宣传和引导，充分发挥报刊、广播、电视、网络等媒体的作用，多层次、多角度宣传创新成果、创新方法，让创新活动走进社区、走进市民，使创新文化在全社会广为弘扬，使创新精神深深植根于民。

（三）加强创新专业人才队伍建设

创新人才培养方式，开拓人才培养领域，

提高人才培养质量，完善人才创新素质和创新能力的培养体系，鼓励支持企业与高等院校、科研院所合作，建立产学研用一体化的人才创新培养基地，集中力量培育创新的精英团队和领军人才，形成一支规模宏大、适应时代要求、富有开拓精神、善于创新创造的专业人才队伍。改革人才的选拔任用、流动配置机制，提高对创造性人才的吸引力，使首都成为国家创新人才的聚集和培养中心。

九、关于加强推进全国文化中心建设的组织领导

（一）建立有利指导和有效整合首都文化要素与资源的体制

探索建立全国文化中心建设的首都体制。成立首都文化建设协调委员会或首都文化建设领导小组，由中央、国务院部委、部队系统和北京市委、市政府负责同志组成，负责研究首都文化建设发展战略、中长期规划、产业布局、重大政策和重大项目，形成高效协调的领导体制和领导格局。借鉴整合首都创新资源的经验，建立首都文化设施、信息、人才、资金等文化资源的整合平台，打破不同所有制、不同隶属关系的界限，贯通创意、生产、传播各个环节，协调中央有关部门和管理机构与北京市的政策、措施，完善利益协调和利益结合的体制和机制，充分发挥首都文化资源的效益，提升首都文化竞争力和影响力，增强服务全国文化发展的能力。同时，还要加强市委和市政府各相关部门之间、市和区县之间、区县之间的统筹协调，促进文化与经济、社会等方面相关公共政策的协调，实现首都文化的统筹发展。

（二）加强推进全国文化中心建设的顶层设计

充分发挥首都人才智力资源密集的优势，加强对中国特色社会主义文化和首都文化的理论基础研究、应用对策研究、发展战略研究，为作出推进全国文化中心建设的顶层设计和战略规划提供决策支撑。

以坚持首都城市性质和功能，传承中华民族优秀文化传统，增强首都文化创新活力，推动城市转型发展，促进首都文化大发展大繁荣为原则，着眼于首都文化与全国文化建设和经济社会发展的关系，以及文化创新与首都科学发展的关系，做好推进全国文化中心建设的顶层设计，明确全国文化中心建设的整体目标和任务，突出重点，持续推进。根据顶层设计，对现有文化领域的各类规划进行梳理，制定推进全国文化中心建设的总体规划，统筹协调、形成合力。

（三）加快推进文化法制环境建设

高度重视法制在推进全国文化中心建设中的重要地位和作用，加快推进文化法制环境建设。坚持文化行政管理与依法保障公民基本文化权益和促进文化发展繁荣并重，重点针对文化立法整体薄弱的现状，统筹规划文化立法总体思路，稳步推进文化立法工作；尤其是在编制下一个五年立法规划时，要围绕推进全国文化中心建设的目标，根据国家法律、法规，结合本市实际，坚持立改废相结合，整合地方性法规和政府规章的立法资源，将文化创新促进、文化创意产业促进、知识产权保护、文化市场管理、公共行为规范、出版管理、文物保护等方面的重要文化立法项目列入下一步的立法规划和计划，并根据立法条件的成熟程度，分阶段分步骤加以实施。在推进文化立法的同时，要加强文化执法、普法和文化法制理论研究，为推进全国文化中心建设提供法制保障。

（四）开展国际文化交流和借鉴其他国家文化中心城市的经验

综观当代世界发达国家文化中心城市的发展情况，文化发展和城市建设具有一些相同的特征，主要表现在高度的文化自觉、宽松的

文化发展环境、严格的文化法制、成熟的文化市场、主打的文化品牌、市民的文化共建共享、不断的文化创新等。北京在坚持中国特色社会主义文化发展道路的前提下，应加强国际文化的交流，吸收人类社会的文明成果，借鉴国际上推进文化建设的有益经验。

关于市人大常委会推进全国文化中心建设专题调研工作情况暨对市政府议案办理和专项工作报告的意见和建议的说明

——2011年11月17日在北京市第十三届人民代表大会常务委员会第二十八次会议上

市人大教育科技文化卫生体育委员会主任委员　孙世超

主任、各位副主任、秘书长、各位委员：

现在，我受常委会委托，就市人大常委会推进全国文化中心建设专题调研工作情况，以及对市政府议案办理和专项工作报告的意见、建议作如下说明。

多年来，市委市政府一直非常重视文化建设，采取了有力措施，取得了明显成效，文化体制改革进展顺利，历史文化名城保护不断加强，公共文化服务体系建设明显加快，文化创意产业蓬勃发展。当前，在中共中央作出深化文化体制改革，推动社会主义文化大发展大繁荣的决策部署和市委提出要把北京建设成为中国特色社会主义先进文化之都和具有重大国际影响力的全国文化中心的新形势下，加快推进北京全国文化中心建设，对于坚持首都城市的性质和功能，实现首都城市的转型发展和科学发展，建设人文北京、科技北京、绿色北京和中国特色的世界城市；对于发挥全国文化中心的示范作用，促进全国文化的大发展大繁荣，实现中华文化的繁荣兴盛和中华民族的伟大复兴，都具有十分重要的意义。市人大常委会将推进全国文化中心建设列为今年工作的重中之重，安排了专题调研、议案督办和听取审议市政府专项工作报告等三项重点工作。

一、专题调研的基本情况

（一）将专题调研与议案督办和听取审议市政府专项工作报告相结合

在市十三届人大四次会议上，1个代表团和127位代表提出了关于“加强国家文化中心建设”的议案。为加大工作力度，常委会又安排了听取和审议市政府关于推进全国文化中心建设情况的专项工作报告，并决定开展专题调研。为提高工作效率，常委会将这三项工作有机结合起来，以调查研究为基础，形成了《北京市人大常委会关于推进全国文化中心建设的建议》（以下简称《建议》）。《建议》作为听取和审议市政府关于“加强国家文化中心建设”议案办理暨推进全国文化中心建设工作情况报告的意见、建议与政府的报告一并提请常委会审议，在根据常委会组成人员的审议意见修改完善后，作为审议意见书交市政府办理。同时，报送市委供决策参考。

（二）专题调研在市委的领导下进行

常委会围绕贯彻落实市委十届八次会议

发挥国家文化中心职能，加强首都文化建设的精神和保障“十二五”规划的实施开展专题调研。4月初，市人大常委会制定了专题调研工作方案，并向刘淇书记和郭金龙市长作了汇报，刘淇书记对专题调研工作作出了重要指示，指明了调研的方向和重点。10月中旬，刘淇书记等市委领导还专门听取了市人大常委会专题调研工作情况和《建议》（讨论稿）主要内容的汇报。调研过程中，鲁炜副市长多次出席人大的会议，听取和研究吸纳委员代表的意见、建议。

中共中央十七届六中全会提出了深化文化体制改革，推动社会主义文化大发展大繁荣的决策部署，市委将要召开全会进行部署安排。因此，这个《建议》不仅要给政府提出建议，而且要汇集各方面的意见，为市委决策提供服务和支撑。专题调研的定位是应用性对策研究，提出的是一些具有基础性、战略性、全局性的对策和比较明确的思路性建议。《建议》力求务实，但又避免过于具体化，以利于市委统揽全局、作出决策。

（三）汇集和表达人民群众的意志和愿望

一是代表参与度高。由200多位代表组成11个调研组，共计1000多人次进行了50余次的实地调研。二是调研广泛深入。杜德印主任亲自谋划、部署、组织、协调专题调研工作，广泛听取专家学者和社会各方面的意见，对重点问题进行深入研究。常委会各位副主任分别带队，常委会部分工作机构和专门委员会的领导出任组长，共计调研考察了100多个文化企事业单位，召开各类研讨会、座谈会80多个，听取市委市政府近20个部门的汇报和150多位专家学者的意见、建议，形成了重要的专项调研成果。同时，委托16个区县人大常委会结合各自的功能定位和区域特色开展专项调研，并通过常委会门户网站，广泛征集市民和市人大代表的意见、建议。三是充分利用首都的学术资源优势。委托首都师范大学和市社科院进行专项研究。这些都为《建议》的起草工作奠定了很好的基础。

（四）把学习贯穿调研的全过程

参加调研的委员、代表和常委会机关工作人员，抓住难得的学习机会，向实践学习、向群众学习、向专家学习，提高认识、把握规律、形成思路、提出建议，取得了很大收获。同时，这次调研是常委会第一次全面研究文化问题，也是第一次深入研究推进全国文化中心建设的问题，是探索性、尝试性的工作。大家边调研，边学习，边思考，有些建议可能不完善、不成熟，但总体方向和思路是正确的，《建议》（讨论稿）得到了刘淇书记和市委其他领导同志的高度肯定。

二、专题调研遵循的几个原则

（一）立足首都城市的功能定位，着眼促进首都科学发展

推进北京全国文化中心建设，首先要立足国家首都，全国政治中心、文化中心和国际交往中心的城市功能定位，着眼于北京市的科学发展，按照市委的部署，推进人文北京、科技北京、绿色北京和中国特色的世界城市的建设，更好地促进首都城市转型发展；同时要在全国文化大发展大繁荣背景中，研究如何发挥首都作为全国文化中心应有的作用。调研以这个定位为基点，着力理清全国文化中心的功能、目标、任务，明确总体思路，构筑推进全国文化中心建设的逻辑体系，提出对策性建议。

（二）把握中国特色社会主义文化的发展方向，探索实践社会主义核心价值

在新的历史时期推动首都文化的发展繁荣，必须首先弄清什么是文化，什么是首都文化，特别是什么是中国特色社会主义文化。把握推进全国文化中心建设，最根本的问题

是确立核心价值、明确发展道路和发展模式。调研围绕如何确立和实践中国特色社会主义核心价值，坚持中国特色社会主义文化发展道路，实现首都文化的科学发展和转变首都文化发展方式，进行深入系统的研究，提出相应的建议。

（三）立足于人大常委会的职能，坚持建议的保障性、建设性和实效性

在整个专题调研过程中，充分汇集了市人大代表、专家学者和市民的意见、建议，并加强了与政府的沟通，使得调研形成的认识、思路和具体建议，在市政府的报告和实际工作中被及时采纳，有力地促进了市政府进一步重视和加强全国文化中心建设工作。同时，由于这是市人大常委会首次对推进全国文化中心建设工作进行系统研究，因此，《建议》主要着眼于顶层设计、战略规划和框架描述，以服务于市委决策和全市循序渐进地推进全国文化中心建设工作。

三、《建议》的主要内容

《建议》共9个部分，分为3个板块。前三部分构成第一板块，主要是关于全国文化中心的功能定位和建设的目标任务、发展理念及方式等总体性的建议。第四至七部分构成第二板块，是关于推进全国文化中心建设四个重点方面工作的建议。第八、九部分构成第三板块，是关于推进全国文化中心建设的基础工作和制度保障的建议。

第一板块，关于全国文化中心的功能定位和建设的目标任务、发展理念及方式等总体性的建议。

第一部分，关于全国文化中心的功能、责任和建设的目标任务。《建议》提出，推进全国文化中心建设，首先要明确全国文化中心承担的功能和责任，确定奋斗目标和当前的主要任务。北京作为全国文化中心应承担和发挥好代表展示、向心凝聚、首善辐射、示范带动、服务保障等五个方面的基本功能。把建成当代中华文化的中心和中国特色社会主义文化的中心作为推进全国文化中心建设的目标。做好充分保护、挖掘、利用历史文化名城的文化积淀，全面推进首都文化创新发展，用文化创新推动经济、政治和社会发展等三方面的重点工作。同时，《建议》强调，要将推进全国文化中心建设和加快转变经济发展方式、推动首都城市转型发展有机结合，更好地贯彻“三个北京”的发展理念，走文化立市、创新驱动之路。要使首都的经济社会发展和城市建设更好地与首都城市的性质功能相适应，更好地与首都人口、资源、环境的承载能力相协调。

第二部分，关于建设中国特色社会主义文化。《建议》提出，在新的历史时期推动文化的发展繁荣，首先必须弄清什么是中国特色社会主义文化，特别是中国特色社会主义文化中的核心价值。《建议》回顾了党的十一届三中全会以来，中国特色社会主义文化建设取得的成果，提出北京作为全国的文化中心，要紧密结合改革开放和现代化建设的实践，结合首都和全国文化建设的实践，增强自觉和自信，坚定地沿着中国特色社会主义文化发展道路推动首都文化创新发展。《建议》提出，北京作为全国的文化中心，应当把建设中国特色社会主义核心价值体系作为首要任务，把广大人民群众已经高度认同、强烈期盼的价值追求，如实事求是、以人为本、爱国亲民、共同富裕、公平正义、民主法治、天人和谐等中国特色社会主义核心价值内涵，在改革开放和现代化建设中坚持好、实践好，要做到“认之以同”、“赋之以形”、“付诸于行”和旗帜鲜明。《建议》针对当前不少文化产品缺文化、少价值、难以满足人民群众的精神文化需求的问题，提出要把中国特色社会主义核心价值作为首都文化创新

发展的灵魂，渗透到首都文化建设的各个方面。

第三部分，关于首都文化的科学发展和转变文化发展方式。《建议》提出，在建设中国特色社会主义现代化的新时期，人民群众既有对健康的审美情趣的需求，也有对高尚的精神价值和科学的知识方法的需求。推动文化的发展繁荣，必须深入贯彻落实科学发展观，全面认识和发挥新形势下文化的功能，坚持发挥文化教育人民、凝聚人民共同奋斗的作用；同时，要切实保障人民群众的基本文化权益，满足人民群众全面的文化需求。《建议》还强调，对于发展文化创意产业，既要充分发挥其在创造社会财富、创造就业机会和实现经济发展中的重要作用，又要防止单纯追求经济利益而使文化产品庸俗化、低俗化的偏向。首都文化发展要坚持全国文化中心的定位，依托丰厚的历史文化积淀，充分发挥教育、科技、智力、人才资源优势，大力发展高端文化。要分清和明确文化遗产保护、公共文化服务、文化创意产业发展、公共文明建设的不同属性及其规律特点，合理确定政府、市场、社会和公众的各自作用，建立协同发挥的连接机制。

第二板块，关于推进全国文化中心建设四个重点方面工作的建议。

第四部分，关于保护历史文化名城和传承名城的历史文化。《建议》认为，在北京历史文化名城保护中，仍然存在“厚物薄文”、“重利轻义”和把珍贵的物质文化遗产变成“非文化物质遗产”的现象。当前，要在加强对“物”的保护的同时，更注重对“文”的保护，要把对有形遗产的保护最终归结到对城市文化的保护上。为此提出4个方面的建议：一是认真研究和深入挖掘北京历史文化名城蕴含的历史信息、历史记忆、历史价值、历史文脉；二是把保护历史文化名城和传承名城历史文化有机的统一起来；三是加大对历史文化名城保护和对重点文物修复的工作力度；四是围绕土地权属配置和文化要素经营方式，大胆创新旧城街区保护和利用的机制。

第五部分，关于实行科技创新、文化创新双轮驱动和发展文化创意产业。《建议》围绕落实市委率先形成创新驱动发展格局的要求，探索实施科技创新和文化创新的“双轮驱动”战略，使文化创新和科技创新共同成为推动首都科学发展的重要引擎，提出了5个方面的建议：一是明确实现双轮驱动格局的思路和对策，制定具体的规划和措施，实施一批融科技创新、文化创新于一体的重大项目和工程；二是加强内容创新、制度创新、业态创新和经营模式创新；三是健全市场体系和加强市场监管；四是培育一批具有原始创新能力、拥有自主知识产权和独特商业模式的大型文化品牌企业；五是建立健全文化创新的评价体系和激励机制。

第六部分，关于完善首都公共文化服务体系。《建议》认为，随着经济社会的发展和物质生活水平的提高，人民群众的精神文化需求日益增长，对公共文化服务提出了更高的要求。为此，提出4个方面的建议。一是进一步明确公共文化服务的性质和功能；二是探索建立以人民群众需求为导向的公共文化服务供给方式；三是切实保障农村居民和流动人口的基本文化权益；四是积极支持群众性健康文化活动的开展。

第七部分，关于建设首都公共文明。《建议》提出，公共文明建设是衡量国家和城市文明程度的重要标尺，是国家和城市整体形象的重要体现。围绕加强首都公共文明，提出3个方面的建议。一是以宪法和法律为依据，根据公民的基本权利和义务，确定每一个公民在社会公共生活中行为的基本准则和规范，共同约定、同意遵守、共同分享；二是健全首都公共文明建设的公共治理体制和工作机制；三是完善公众行为规范，并逐步将行为规范上升为法律。

第三板块，关于推进全国文化中心建设基础工作和制度保障的建议。

第八部分，关于培育城市创新文化。《建议》强调，一个城市最可宝贵的财富在于其市民的创新精神和创造能力。要把培育城市创新文化和市民的创新精神、创新能力作为战略性、基础性的工作来抓。为此，提出3个方面的建议。一是营造学习和创新的浓厚氛围；二是培育全民创新精神；三是加强创新专业人才队伍建设。

第九部分，关于加强推进全国文化中心建设的组织领导。《建议》认为，北京文化资源丰富，但由于隶属关系多元化，文化资源优势尚未得到充分利用。同时，全国文化中心建设的总体规划设计，相关的配套政策、法制保障、体制机制尚不健全。为此，提出4个方面的建议。一是建立有利指导和有效整合首都文化要素和资源的体制；二是对现有文化领域的各类规划进行梳理，制定推进全国文化中心建设的总体规划；三是加快推进文化法制环境建设；四是开展国际文化交流和借鉴其他国家文化中心城市的经验。

关于加快西部地区转型发展情况的报告

——2011年11月18日在北京市第十三届人民代表大会常务委员会第二十八次会议上

北京市发展和改革委员会主任　张　工

主任、各位副主任、秘书长、各位委员：

我受市人民政府委托，向市人大常委会报告关于加快西部地区转型发展的工作情况。

加快西部地区转型发展是本市转方式、调结构、促协调、惠民生的重大战略举措。2010年11月18日，市十三届人大常委会第二十一次会议听取并审议了关于“首钢搬迁、矿山关停后开发替代产业，促进西部地区经济发展”议案办理情况的报告，对西部地区转型发展的重要问题提出了审议意见。2011年1月，经市委、市政府批准，以市政府一号文件形式颁布了《关于加快西部地区转型发展的实施意见》，结合今年重点工作，市发展改革委还制定了《关于加快西部地区转型发展2011年实施计划》。

2011年是西部地区转型发展的起步之年，国家及市委、市人大、市政府对西部地区转型发展高度重视，市相关部门精心组织、行动迅速、工作有力，西部四区和首钢、京煤等重点企业狠抓落实，西部地区转型发展实现良好开局。现将一年来西部地区转型发展情况和下一步主要工作汇报如下。

一、2011年各项工作进展情况

西部地区转型发展是一项庞大而复杂的系统工程，全市建立了“市级统筹、区企主责、部门支持”的工作机制，统筹实施了一批重大项目，加强政策支持，形成了共同推动西部地区转型发展的良好格局。

（一）建立西部转型发展四大机制

加强组织领导，建立健全政策支持体系和工作推进机制，强化任务分解落实。

建立了多层次的综合组织协调机制。市政府建立了西部地区转型发展联席会议制度，统筹协调西部转型重大事项，推进重大项目实施。市人大积极给予工作指导，多次参与重要会议、重大活动，开展了多次视察调研工作。首钢地区规划建设及产业调整工作领导小组、永定河绿色生态发展带建设领导小组加强统筹调度。西部区县、企业分别建立了转型发展专项工作机制，区县和企业积极搭建了政企合作平台。建立了严格的督查督办机制，确保任务落实。

建立了成体系的规划政策导向机制。实施了《关于加快西部地区转型发展的实施意见》和《关于加快西部地区转型发展2011年实施计划》，研究制定了推进服务业综合改革试点的指导性意见、新首钢高端产业综合服务区建设发展意见、新首钢高端产业综合服务区核心区控制性规划等综合性规划政策，西部四区出台了一系列区级政策文件。

建立了多渠道的重点项目推进机制。西部地区40多项重大项目纳入了2011年市政府重点建设项目计划，110多项纳入了市政府重大项目绿色审批通道，32项制造业项目纳入了市重大工业项目落地协调推进机制。1—9月，西部四区共安排市政府固定资产投资95.2亿元，比上一年度增长17.5%，占全市投资计划的28.4%。政府投资的放大作用有效发挥，1—9月，全社会投资933.4亿元，同比增长18.7%，高于全市1.3个百分点。

建立了多形式的招商推介服务机制。组织举办了第十五届京港洽谈会首钢专场、门头沟区招商项目推介会等大型活动。石景山区与首钢建立了联合招商和政策共享的全方位合作机制，市外联办与首钢建立了央企对接平台。通过召开新闻发布会、制作系列电视专题片、编制工作简报等多种方式，向社会释放信号，吸引国内外人才、资金、项目等优质要素进入，充分调动各方力量参与西部地区转型发展。

（二）强化生态环境优先建设

以永定河生态治理为重点，不断加大生态修复力度，宜业宜居的生态环境逐步优化。

永定河城市段治理取得突破性进展。门城湖、莲石湖、晓月湖和宛平湖“四湖”全面蓄水并对外开放，园博湖启动建设，构建了永定河上中游防洪安全保障、水环境保护和水资源配置三大体系，为永定河绿色生态发展带产业要素集聚奠定了良好基础。完成了门头沟区中门寺沟等3条沟域及房山区北泉水河下游治理，有效改善了重点小流域生态环境。

大力实施了一批生态建设工程。以关停矿山生态修复为重点，实施了京津风沙源治理、太行山绿化等生态工程，2011年共完成绿化造林3.45万亩、封山育林6万亩。加快建设房山、门头沟新城滨河森林公园，明年可全面对外开放。开展了莲石路、长周路等主要道路两侧绿化美化。相关部门采取了联合执法、设立检查站等多种手段，严厉打击非法开采和私挖盗采。

完善了山区公益林生态效益促进机制。出台了山区公益林相关管理办法，制定了补偿标准，今年补偿资金已下拨。门头沟、房山、丰台三区共完成林木抚育11万亩。

（三）加快构建基础设施框架体系

加大力度，统筹实施了一批重大基础设施工程，不断提高基础设施的承载能力。

加快“5+16”对外交通通道建设。M14号线建设进展顺利，增设了园博园站；年内将实现已运营的房山线与M9号线连通；加快推进S1线、燕房线前期工作，完成了丰沙铁路入地改造工程立项和初步设计方案审批。108国道改造一期工程完成80%；新开工建设了京良路—京石第二高速、黄良路、梅市口路西延—南水北调巡线路3条通道；抓紧开展长安街西延、丰良路、房黄亦路3条通道前期工作，完成了长安街西延涉及首钢两个厂中村拆除，力争明年开工建设。同步完善西部微循环道路。

全面快速推进市政基础设施建设。供水体系建设进程加快，启动了东水西调、门头沟城子水厂改建等南水北调配套工程建设，大宁调蓄水库完成工程量七成。资源循环利用设施建设同步跟进，门头沟区再生水厂建成投入使用，卢沟桥再生水厂、良乡中水综合利用工程基本完成，吴家村再生水厂二期工程接近尾声，河西再生水厂启动建设。鲁家山垃圾处理焚烧发电厂、房山生活垃圾综合处理厂等垃圾消纳设施加快建设。

稳步提高能源保障供应能力。房山新城西里、城中等5座集中供热中心年底基本具备供热条件，全面完成房山老城区供热资源整合工作。建设完成门头沟区冯村石门营和黑山地区集中供热工程，保障了棚户区改造回迁居民供暖。加紧开展了西北热电中心配套热力主干线前期工作，明年随长安街西延同步实施。启动了门头沟区高压架空线路迁改工作，青龙湖、中门寺等一批110千伏变电站等竣工投入使用，加快建设长青、梅花庄等变电站。

首钢地区市政管网完成与大市政有效衔接。首钢停产转换期的能源、资源保障工作平稳过渡。按照高起点规划、高标准建设、高水平服务的原则，制定完成了供水、排水、能源供应及电力改造等专项方案。

有效改善山区市政设施条件。积极推进了西部山区绿色燃气工程，逐步推广了山区送气下乡工程。在门头沟区试点实施了山区能源综合工程，普及使用清洁能源和可再生能源，西部山区农村太阳能浴室工程覆盖范围不断扩大，山区农民生活条件进一步改善。

（四）全面推动重点功能区开发建设

大力实施重点区域功能提升工程，“一核、两区、三带”的产业发展空间格局初步显现，助推新兴业态加快成长。

全面启动新首钢高端产业综合服务区开发建设。核心区拆迁工作有计划推进，完成厂中村拆迁整体进度近80%，启动了核心区土地一级开发前期工作，积极推进首钢原工业用地的环境评价和土壤修复。全面调整深化启动区规划。中国动漫游戏城西区完成厂房改造24万平方米，取得了土地一级开发授权。稳步推进中国绿能港、首钢生物质能源等重大产业项目建设。门头沟滨河地区土地一级开发和招商引资工作取得实质性进展，引入10余项重大产业项目，总投资近1000亿元。

积极推进丰台河西绿色产业发展区建设。园博园建设、招展进展顺利，园博馆、主展馆、永定塔等标志性工程启动建设，基本完成园区招展工作。青龙湖国际文化会都核心区开发建设提速，完成了核心区一级开发实施主体授权。丰台科技园西区开发工作有序推进，西Ⅰ区一级开发进展顺利，西Ⅱ区控制性规划调整方案已编制完成。

扎实推进房山新城现代产业发展区建设。北京石化新材料科技产业基地双酚A、聚碳酸酯项目已投入试运行，润滑油系统技术改造等多个项目开工建设。北京高端制造业基地建设取得积极进展，长安新能源纯电动汽车样车下线，京西重工减震器投产，北车高端轨道交通装备产业园开工建设，北京控股集团太阳能系统生产基地奠基。长阳现代产业服务区（CSD）奥特莱斯旗舰店年底将对外营业。加快建设北京海聚工程产业化基地，已完成规划方案编制。

稳步推进永定河绿色生态发展带等“三带”建设。永定河绿色生态发展带龙泉务商务区、良乡高教园区、长辛店生态城等重点园区加快建设，引进了高端商务、文化创意、旅游会展等一批产业项目。中央企业、国外资源介入沟域经济和重点镇开发建设取得阶段性成果，“一企一镇”合作模式不断深化，有效推动了108、109国道两条沿线生态旅游休闲带建设。中坤投资与斋堂镇、中粮集团与琉璃河镇等合作实施镇域开发顺利进行，妙峰山镇、河北镇等京西特色小城镇基础设施不断完善。积极培育山区特色功能载体，中芬生态谷、中瑞生态谷、中国美丽谷规划编制和配套环境优化工作积极推进。

（五）科技、文化创新双轮驱动产业转型

坚持科技、文化创新双轮驱动，以国家服务业综合改革试点区建设为着力点，加强体制机制完善和创新，加快构建京西现代产业体系，产业升级的内生动力不断积蓄。

加快石景山区国家服务业综合改革试点区建设。创新服务业发展支持方式，争取到国家服务业发展引导资金，加大市政府固定资产投资力度。支持石景山区设立了每年3亿元的服务业发展专项资金，用于试点区重点园区和产业项目建设。建立健全规模企业引进和上市企业培育机制，新引进注册资本千万元级企业100多家，加快新首钢高端产业综合服务区、中关村石景山园等重点园区规划建设，积极推动了银河综合商务区、苹果园交通枢纽商务区、京西会展中心等一批现代服务业综合体建设，启动了中国绿能港等一批重大产业项目，服务业特色功能载体承载力进一步提升。

加强科技创新引领转型。着力推进西部科技创新主体建设，新认定市级重点实验室3家、市级工程技术研究中心4家，积极做好国家重大科技专项的建设工作。北方工业大学与石景山区洽谈共建大学科技园已形成初步方案，首钢与市科委共同搭建了“科技成果承接及转化平台”。积极支持西部地区企业参与新技术新产品认定及采购，新认定20家企业、37项产品，政府采购创新产品达2.3亿元。深入实施“千人计划”和“海聚工程”，强化科技人才引进工作。研究推动将首钢主厂区、中国动漫游戏城等西部重点产业功能区纳入中关村国家自主创新示范区范围。

加快重点文化园区和重大项目建设。挖掘首钢工业文化、永定河生态文化底蕴，加强项目和活动策划，积极吸引和培育工业旅游、特色文化演艺等新兴文化业态，云居寺文化景区等文化创意产业集聚区加快建设，北京华嬉数字文化产业功能区部分地块完成土地一级开发。系列特色文化活动彰显京西文化魅力，成功举办了首届中国动漫游戏嘉年华、第十二届世界漫画大会、第二届国际山地徒步大会、长阳音乐节等有影响力的品牌赛事和文化活动。

不断完善投融资体系。市政府支持设立的“北京服务·新首钢”股权投资基金运作良好，已储备项目30余项，首个投资西部的节能环保服务项目已开始盈利，拟投资的小额贷款公司项目已进入筹建阶段，实现了基金当年设立、当年投资、当年获利的预期目标。支持石景山区设立了总规模2亿元的“石景山区创业投资引导基金”，重点推动文化创意、高新技术、生产性服务业等领域的项目建设。支持丰台区成功发行20亿元企业债券，加强西部各区融资平台建设。门头沟区创新运用BT方式，推进了文化馆、少年宫等30项社会事业项目建设。

（六）重点做好民生保障工作

有针对性地实施了一批民生工程，持续改善西部地区居民生活条件。

西部棚户区改造工作取得阶段性成效。截至9月，门头沟采空棚户区改造定向安置房累计完成投资56.6亿元，第一批288户居民已入住，可完成采空棚户区改造的年度预期目标。出台了《北京市加快城市和国有工矿棚户区改造工作实施方案》，将京煤集团门头沟、房山矿区及丰台长辛店地区191万平方米工矿棚户区纳入棚户区改造范围，改造项目已纳入市政府重大项目绿色审批通道。全面启动了京煤集团三地块项目建设，安置房总面积55.7万平方米，可安置1.5万户。启动了丰台区长辛店老镇10万平方米棚改居民安置房建设。

妥善安置首钢停产富余职工。制定了首

钢停产职工分流安置方案，出台了《关于做好首钢总公司停产职工就业工作有关问题的通知》、《支持首钢解除劳动合同人员就业创业办法》等相关政策，市区两级建立现场办公机制，采取新项目转移安置、内退等多渠道，基本完成了首钢3万名富余职工和4000名协力工安置工作。通过提供就业岗位、落实就业和社保政策、加强职业技能培训等方式，积极帮扶转岗人员再就业。

大力推进房山山区人口搬迁工程。出台了《关于房山区山区人口迁移工程有关问题的意见》，明确了山区人口迁移定向安置房建设、配套市政基础设施建设等七项政策。今年建设完成了集中安置地起步区安置用房606套，建筑面积6万平方米，首批搬迁安置了1661人。二期安置房建设工程已经启动前期工作。

同步跟进完善公共服务设施建设。实施了西部地区中小学校舍加固改造工程，房山区长沟中学、石景山区古城外国语学校综合楼等一批改造工程投入使用。引进了首师大附中、实验二小等市区优质教育资源进入西部郊区。启动了北京工业职业技术学院职业教育分级制改革。推进门头沟区医院医疗卫生体制改革试点。开展了农村社区卫生服务一体化管理试点，着力解决山区居民看病就医难问题。建设完成石景山区医院医疗楼、房山区妇幼保健院门诊病房楼等工程，加快推进朝阳医院京西院区改扩建等项目建设。积极推动西部地区文化评估达标定级工作，加强文化中心服务网络运营，推进房山区群众文化活动中心等一批文化设施建设。房山良乡体育中心一期工程竣工并投入使用。

二、2011年工作取得的主要成效

一年来，在市委领导下，在市人大支持和监督指导下，在市政府各部门、西部四区和重点企业的共同努力下，西部地区转型发展实现了扎实起步，成效显现。

（一）西部四区经济在首钢石景山厂区钢铁冶炼全面停产的情况下，仍实现了与全市经济同步增长

1—9月，西部四区实现地区生产总值1161.8亿元，现价同比增长12.9%，高出全市水平0.7个百分点；实现地方一般预算财政收入同比增长28.4%，高于全市增速2.7个百分点；完成全社会固定资产投资增速比全市高1.3个百分点；实现服务业增加值711.7亿元，现价同比增长15.4%，第三产业占比较2010年提高1.9个百分点。

（二）“一核、两区、三带”规划建设全面启动，新兴产业引进培育提速

石景山区国家服务业综合改革试点区建设全面启动，中关村石景山园培育数字娱乐、数字媒体、新一代移动通讯等新兴产业提速，园区实现收入、税收同比分别增长48%和50%，增速位于中关村“一区十园”前列，弥补了首钢停产缺口。一批符合产业发展方向的重点园区和重大项目相继落户，吸引了大企业入驻。1—9月，西部地区新引进注册资本超千万元的企业达523家，其中亿元企业40家。

（三）西部地区生态环境质量明显改善，“生态京西”品牌效应有效彰显

首钢石景山厂区停产促进西部地区生态环境质量大幅改善，带动全市1—9月万元GDP能耗下降4个百分点，贡献率达49.1%，带动石景山区1—9月万元GDP能耗同比下降51.6%，二级及好于二级天数增加9天。永定河生态治理“四湖一线”全面蓄水，“卢沟晓月”等历史人文风貌恢复，昔日胜景得以重现。关停矿山和非煤矿山生态修复取得积极进展，西部地区生态服务功能显著提升，有效带动了山区生态旅游、特色种养殖、农产品加工等产业发展，促进了山

区富民就业。

（四）“5＋16”交通通道框架加快构建，支撑西部地区转型发展的基础设施承载力不断提升

5条轨道交通建设积极推进，2条已通车。16条对外通道中7条完工，4条加快建设，其余加紧推进前期工作。一批重大市政基础设施加快实施，一批社会公共服务设施陆续完工。首钢停产转换期的能源、资源保障工作过渡平稳，为新首钢高端产业综合服务区建设发展创造了良好条件。

（五）转岗就业基本完成，民生持续改善

首钢转岗职工分流安置工作基本完成，社会保持和谐稳定，1—9月，石景山区城镇居民人均可支配收入同比增长12.9%，增幅在各区县中名列前茅。门头沟采空棚户区改造年内可望竣工100万平方米安置房，棚户区改造三年完成的年度目标可全部完成。教育和公共医疗等公共服务水平有效提升，居民生活条件持续提高。

（六）多层次、跨部门支持西部地区发展的工作机制和政策规划体系不断深化

统筹协调工作机制不断强化，政企合作和厂区协调机制进一步完善，全市支持西部地区转型发展的共识基本形成，各项工作有序推进。

但我们也清醒地认识到，西部地区转型发展仍处于爬坡阶段，新兴产业的培育壮大还需要长期而艰苦的努力，基础设施和生态环境承载力有待提高，新首钢高端产业综合服务区开发建设的管理体制和利益平衡机制亟须完善，当前内外需求趋紧，区域开发建设存在资金瓶颈，居民增收和社会保障压力仍然较大，西部地区转型工作仍任重道远。

三、下一步主要工作

2012年是落实全市“十二五”规划和推动西部地区转型发展的关键之年，产业结构深度调整和经济转型发展仍处在攻坚阶段，将主要做好以下相关工作。

（一）加强组织领导，强化重点任务分工落实

充分发挥西部地区转型发展联席会议制度作用，统筹西部地区建设和发展工作。市发展改革委继续牵头制定《2012年加快西部地区转型发展实施计划》，按照定目标、定要求、定进度、定责任人的“四定”要求，统筹推进年度实施计划的落实。西部四区政府及首钢总公司、京煤集团进一步发挥主体作用，制定本区、本企业的年度实施方案，确保每项任务年内形成阶段性成效。市各相关部门全力支持，强化责任分解，确保实施到位。

（二）以新首钢高端产业综合服务区建设发展为着力点，大力推动产业转型升级

研究制定新首钢高端产业综合服务区开发建设与产业转型的指导性文件，积极推动启动区的首钢总部开发建设。大力推进石景山国家级服务业综合改革试点区建设。加快数字娱乐产业功能区等西部重点文化创意产业功能区建设，启动非物质文化遗产国际博览中心的土地开发和国家级文化园区申报工作。研究探索吸引中小型科技、文化企业入驻的土地政策。积极支持煤矿和非煤矿山关停后，发展特色替代产业。推进和谋划一批重大项目，加快中国动漫游戏城、中国绿能港、园博园、云居寺文化景区、华嬉园等重大项目建设。

（三）突出重点，把握节奏，促进西部地区深度调整转型

西部地区的转型发展是一个产业、功能双转型，体制、机制双调整的系统工程。明年将突出规划政策同步、招商推介同步、建设运营同步，吸引中央、民营、外资、地方各种经济主体参与重点园区和新兴产业载体

开发建设。加强体制机制完善和创新，合理制定开发建设时序，集中解决一批突出问题，进一步增强发展承载力，促进人口分布、产业布局与资源环境承载力的协调互促。

（四）强化生态环境和基础设施建设，积蓄发展后劲

加快实施轨道交通S1线、长安街西延、京石第二高速等重大交通通道，完善交通路网结构。积极推进永定河、大石河等流域治理及滨河森林公园建设，加强关停矿山生态修复等重点生态工程建设。加快实施续建项目，抓紧办理新开工项目前期手续，重大项目列入市政府绿色审批通道，力争2012年再集中开工一批，竣工一批。

（五）实施民生保障提升工程，进一步提高社会公共服务水平

积极实施西部地区采空棚户区、工矿棚户区改造工程，确保采空棚户区三年任务目标按计划完成。稳步推进房山区人口搬迁任务实施和政策落实。继续推进职业技能培训、自主创业服务、社会保障等工作，大力做好转岗就业服务。完善教育、卫生、文化、体育等社会公共服务设施配置。加强首钢地区、西部山区、煤矿关闭地区的用能保障。

（六）强化宣传推介，促进高端要素集聚

充分利用推介会、洽谈会等各种活动，大力宣传西部地区的资源优势和政策环境优势。积极筹备2013年园博会、2014年世界种子大会、北京国际山地徒步大会等品牌赛事和品牌活动，吸引社会资本和高端要素进入。加强信息交流，保障市区、重点企业间的信息畅通。全市上下齐心协力，共同推动西部地区转型发展。

以上报告，提请市人大常委会审议。

北京市人民代表大会财政经济委员会关于对市人民政府加快西部地区转型发展情况的意见和建议

——2011年11月18日在北京市第十三届人民代表大会常务委员会第二十八次会议上

市人大财政经济委员会主任委员　王　火

主任、各位副主任、秘书长、各位委员：

根据市人大常委会2011年工作计划安排，在2010年政府议案办理的基础上，今年常委会采取听取和审议政府专项工作报告的方式，继续对加快西部地区转型发展工作进行跟踪监督。

按照市人大常委会的要求，财政经济办公室将听取和审议专项工作报告，与跟踪检查议案审议意见落实情况结合起来，制定了工作方案，成立了专题工作组。与市政府有关部门多次召开会议，共同推进《关于加快西部地区转型发展的实施意见》的落实；组织部分委员代表参加京港洽谈会西部发展核心区专场推介会，了解新首钢高端产业综合服务区规划开发情况；深入到石景山、门头沟等区，实地考察中国动漫游戏城、永定河绿色生态发展带、采空棚户区改造石门营安置房建设情况，广泛听取基层意见和建议。常委会召开前，财政经济办公室组织部分常委会委员就西部地区转型发展情况进行了集中视察。

10月26日，财政经济委员会召开第三十

二次会议，听取了市政府提请本次会议审议的报告（稿），并进行了认真讨论。财政经济委员会认为，市人民政府高度重视西部地区的转型发展，做了大量工作，西部地区建设发展稳步推进，取得了很好的效果。一是政策支持体系和推进机制建立完善，为西部地区加快转型发展提供了制度保障。二是产业转型发展取得阶段性成果，西部地区经济保持稳定增长。科技、文化双轮驱动取得成效，文化创意产业等替代产业发展态势良好。三是重点功能区建设加快推进。石景山新首钢高端产业综合服务区、丰台河西绿色产业发展区、房山新城现代产业发展区、门头沟生态旅游休闲带等建设成效显著。四是生态环境明显改善，基础设施全面优化。实施了一批生态建设工程，生态京西、山清水秀的生态效应逐步彰显。道路交通、供水供能、市政管网等建设全面推进，基础设施日趋完善。五是民生保障得到改善，转岗就业进展较快。首钢职工分流安置基本完成，采空区、棚户区改造安置房加快建设，西部地区教育、医疗、文化等公共服务水平大幅提升。

财政经济委员会认为，张工主任受市人民政府委托所作的《关于加快西部地区转型发展情况的报告》全面、客观地反映了一年来，加快西部地区转型发展取得的进展和存在的问题，提出的工作对策和措施切实可行。财政经济委员会同意这个报告，对市政府的工作给予充分肯定。

西部地区的转型发展是一项长期、系统、艰巨的工程，现阶段工作已经取得了一定成绩，但这只是良好的开端，要完成这项任务，需要我们持续不断作出艰苦努力。当前，西部地区转型发展过程中仍存在一些矛盾和问题，主要表现在：新兴替代产业规模尚小、集群效应不明显，尚未成长为经济发展的主导产业；居民增收、社会保障的压力仍然较大；生态环境治理任务艰巨，公共服务基础仍较薄弱；发展的体制机制还需进一步完善等。市政府及其有关部门要认真研究加以解决。

为进一步推动西部地区转型发展，财政经济委员会提出以下意见和建议。

一、坚持科学发展，立足西部地区的整体功能定位，走转型发展的可持续之路

西部地区是首都重要的绿色生态屏障，是新时期北京经济调结构、转方式、上水平的重要区域。西部地区的建设既要有加快发展的紧迫感，更需要在发展中保持清醒头脑，冷静分析西部地区的发展环境，牢牢把握“民生为本、生态优先、文化为主、科技支撑、制度创新、宜业宜居”的原则，立足西部地区的整体功能定位，结合自身的资源禀赋特点，有效把握转型发展的重要机遇，扎实稳健地推进西部地区转型，促进经济社会的全面、协调、可持续发展。

二、坚持转变经济发展方式，大力培育新兴替代产业，走科技创新和文化创新发展之路

西部地区的转型发展，在高污染、高耗能的资源型产业全面退出的同时，要加快构建符合首都产业发展要求，与西部地区人口、资源、环境相适应的京西现代产业体系。要把科技创新作为西部地区转型发展的重要支撑，搭建以项目为龙头、以企业为主体的创新平台，激发中小科技企业的研发热情和创新活力，为民营企业低成本创新开辟道路，以科技创新推动新兴产业快速发展。要按照党的十七届六中全会精神，大力推动西部地区文化产业特别是文化创意产业的发展，加快文化与旅游、会展、商贸、体育、休闲等行业的融合，有效延伸产业链条，形

成西部新的经济增长点，支撑西部经济健康发展。

三、坚持保障和改善民生，加强生态环境建设，打造宜业宜居的绿色发展新区

西部地区的转型发展要始终坚持“民生为本”的原则，充分肯定因首钢搬迁、矿山关停，西部人民为地区转型发展作出的重大贡献，让他们更好地共享发展成果。要针对不同类型转岗人员量身定制切实可行的就业援助计划，强化职业技能培训，加强就业保障体系建设。要在就业保障的基础上，全面提升西部地区人民生活质量，完善市政配套设施，加大基础教育和医疗卫生建设力度，进一步健全社会基本公共服务体系。要继续强化“生态优先”理念，以生态建设作为西部地区可持续发展的立足点，建设宜业宜居的生态京西。

四、坚持统筹协调、统一规划，创新发展模式，为首都“绿色北京”建设树立典范

西部地区的转型发展要切实发挥市政府的主导作用，加强统一规划、统一指导，整体谋划西部地区的生态建设和产业转型，避免项目分割和盲目建设，有序整合资源，市、区两级政府统筹协调地推进西部地区建设。同时，随着资源型产业的全面退出，要敢于对传统发展模式和机制的突破与创新。基于产业结构的完全转型，逐步建立一种全新的发展模式，走出一条有西部特色的产业转型发展之路，为首都加快经济发展方式转变、建设绿色北京树立典范。

主任、各位副主任、秘书长、各位委员，加快西部地区转型发展是关系首都转变经济发展方式、协调区域发展的重大战略举措，寄托着广大西部人民的殷切希望。在长期的建设过程中，首先要保持规划、政策的连续性和一致性，实现西部地区转型发展的可持续。同时立足首都的城市性质和功能定位，坚持以保障民生为基础，以产业转型升级为主线，以生态治理和保护为根本，以改革创新为动力，把西部地区建设成为生态友好、功能协调、经济繁荣、人文和谐的京西绿色发展新区，还北京一个绿色的西部，给西部人民一个美好的未来！

以上意见，供常委会组成人员审议时参考。

关于科技创新平台建设进展情况的报告

——2011年11月18日在北京市第十三届人民代表大会常务委员会第二十八次会议上

北京市科学技术委员会主任　闫傲霜

主任、各位副主任、秘书长、各位委员：

我受市人民政府委托，向市人大常委会报告市政府推动科技创新平台建设的进展情况。

一、主要工作和取得的成效

科技创新平台是以政府、企业、高校院

所、科技服务机构作为建设和运行主体，面向全社会各类创新主体提供科技研发、成果转化、资源共享、产学研用结合、政策实施等服务的机构、设施的总称，是加强科技合作、集成科技资源的有效组织形式，是支撑科技进步和创新的重要物质基础。

近年来，尤其是2009年“科技北京”行动计划实施以来，市政府以整合科技资源、提高资源配置效率为主线，以促进自主创新和科技成果转化为核心，着眼科技创新和产业化的全过程，整合科技成果、人才、资本、技术、政策、空间等要素，引导企业、高校院所、科技服务机构等主体参与，推动北京地区形成了不同类型、各具特色的科技创新平台。

目前，北京地区的各类创新平台可大致分为：技术研发创新平台、科技成果转化平台、首都科技条件平台、新型产业组织平台、中关村创新平台等5类平台。技术研发创新平台主要提供科学研究、技术开发、技术咨询、标准制订等服务。科技成果转化平台主要提供成果筛选、技术评估、技术融资、技术转移、推广应用等服务。首都科技条件平台主要提供分析、检测、认证等服务，促进科研仪器设备、科技文献、科学数据、自然科技资源等科技条件资源的开放共享。新型产业组织平台以龙头企业或研发机构为核心，与行业或产业链上下游的相关单位通过产学研用相结合有效整合创新资源，为行业或产业提供共性服务。中关村创新平台，是北京市政府和中央有关部门共同建设的联动工作平台，负责落实中关村国家自主创新示范区一系列先行先试的改革试点政策。

随着北京市自主创新环境建设发展，各类平台不断发展壮大，为培育战略性新兴产业、率先形成创新驱动发展格局提供了重要支撑，也将成为营造良好创新环境、建设国家创新中心的重要基础条件。

近年来，市政府推动科技创新平台建设的主要工作是：

（一）加强规划引导，调动社会力量建设科技创新平台

2009年4月，市政府发布实施《“科技北京”行动计划（2009—2012年）》，提出要加强企业技术创新服务平台建设。通过市场化运作，促进科技条件资源的开放、共享，整合形成面向社会创新主体开放的技术创新服务平台，在重点产业，选择一批转制科研院所和大型优势骨干企业技术中心，作为产业振兴的技术创新支撑平台。在《中关村国家自主创新示范区发展规划纲要（2011—2020年）》中，提出要搭建产业创新发展平台，促进国家与地方创新资源的高效配置和综合集成，上下联动凝聚创新合力。今年8月，市政府通过的《“十二五”时期科技北京发展建设规划》提出要对科技成果转化平台、技术创新服务平台、产业技术创新战略联盟、首都科技条件平台等各类科技创新平台重点支持。

（二）加强政策支持，促进科技创新平台发展

北京市初步形成了针对不同类型科技创新平台的政策支撑体系。针对技术研发创新平台，制定实施了北京市重点实验室、工程（技术）研究中心、工程实验室、企业技术中心等专项政策。针对科技成果转化平台，制定实施了技术市场、促进科技成果转化和产业化、大学科技园和科技企业孵化器等专项政策。针对新型产业组织平台，制定并发布了《关于促进产业技术创新战略联盟加快发展的意见》。针对中关村创新平台，与中央有关部门协同配合，制定实施关于股权激励、政府采购新技术新产品、科技成果处置权和收益权、科技金融、高新技术企业认定管理等先行先试的改革试点政策。

（三）加大政府投入，为科技创新平台提供资金扶持

组织、引导北京地区单位对接国家科技

重大专项和国家重大科技基础设施，做好配套服务工作，支持在北京建设创新孵化基地和大型科研设施。例如，对接“重大新药创制”重大专项，加快建设北京生物医药创新孵化基地。推动重大工程材料服役安全研究评价设施、子午工程等6个重大科技基础设施在京落地建设。创新政府资金的投入方式和支持方式，在2010年统筹安排60亿元政府资金的基础上，“十二五”时期每年统筹安排100亿元政府资金，集中资源重点支持对接国家科技重大专项和重大科技基础设施、重大科技成果转化和产业化，以及战略性新兴产业项目。支持市属企业、科研院所、高校与中央单位联合建设国家重点实验室、国家工程实验室和国家工程（技术）中心，联合承担重大科技任务。

（四）加强机制创新，推动科技创新平台高效运行

一是市政府牵头搭建中关村创新平台，探索首都地区各级行政资源统筹协调机制。整合19个中央部委和31个北京市相关部门的行政资源，采取特事特办、跨层级联合审批模式，初步形成了集中办公、主动受理、联合审批、一条龙服务的工作机制，推进央地合作和工作联动。

二是市科委牵头搭建首都科技条件平台，形成促进中央地方科技资源开放共享的“北京模式”。通过市场化的制度安排，组织中央高校、院所、企业自愿开放可供其他创新主体使用的仪器设备、实验数据库等。引入专业服务机构作为核心运营与服务载体，采取所有权和经营权分离的方式，建立能调动各方积极性的工作机制与利益分配机制，实现科技资源所有者、使用者和经营者各方一致认可的长效运行机制。根据科技条件平台开放的科技资源量以及对外提供的服务业绩，政府财政科技经费给予奖励。

三是调动全社会力量搭建科技成果转化平台，探索促进科技成果转化“全链条、全要素、全社会”的“北京模式”。政府在平台建设中支持多种要素、多个环节和多元主体相互组合，形成大批有特色的专业化成果转移转化服务机构，支撑科技创新与成果产业化链条上的各个节点。集聚科技成果转化所需的资金、市场、空间、人才等多种要素。激发全社会参与科技成果转化的积极性，促进社会各相关主体协同创新。逐渐探索出“发现—评价—培育—推进”的科技成果转化路径，形成了以科技创新平台促进科技成果转化的新思路。

近年来，北京地区各类科技创新平台取得了良好的发展，对凝聚和整合首都科技资源、增强自主创新能力、加快科技成果转化和产业化、促进产业结构优化升级发挥了重要的支撑作用。具体成效主要体现在以下四个方面。

第一，开展多层次科技合作，促进了首都科技资源的有效整合。

积极探索社会主义市场经济条件下科技创新的举国体制，促进中央和地方创新资源的整合。建立了与科技部等中央部委的部市会商。与科技部共建国家现代农业科技城，与财政部等联合开展现代服务业发展试点。联合建设中科院北京怀柔科教园，成立中科院北京技术转移中心。开展高校科技成果落地区县对接活动。通过项目支持中央级转制院所开展关键技术研发、创新产品开发和示范工程应用。促进九大军工集团军用技术向民用领域转移。据不完全统计，自2009年以来，北京市与中央部委、中央企业、高校院所签署的重大科技合作协议30余项，直接推动落地的中央单位重大成果转化项目200余项，总投资超过1000亿元。

2009年以来，北京市与中国科学院、清华大学、北京大学等14家中央单位联合建设首都科技条件平台，推动科技资源的整体开放共享。截至今年9月底，首都科技条件平台引导近500个国家级、北京市级的重点实

验室（工程中心）、价值超过120亿元的科研仪器设备面向社会开放服务，累计为9000余家企业提供研发实验服务，服务合同额超过13亿元。

建设了一批国家级和市级的科技创新基地。截至今年9月底，北京地区国家级重点实验室、工程中心等科技创新基地数量达到220多家，占全国的30%以上，居全国首位。经认定的市级重点实验室、工程技术研究中心和企业技术中心数量达612家。

搭建了各种形式的科技成果转化平台。科技部“中国创新驿站”在京设立了3个站点，驿站合作伙伴已达50家。由市科委发起成立了北京协同创新服务联盟，目前成员已达170家，其中大部分成员单位直接从事技术成果转化、转移工作，进一步凝聚了北京地区的科技成果转化服务资源。截至今年9月底，科技部认定的三批共202家国家技术转移示范机构中，北京地区有36家，占总数18%，其中75%为高校院所的技术转移服务机构。在北京市技术市场协会备案的直接从事技术成果转化的服务机构达136家。

推动了一批产业技术联盟发展。截至2010年年底，北京地区产业技术联盟超过100家，成员单位超过6000家，在承担国家重大科技项目、标准创制、成果转化、市场开拓、凝聚资源促进产学研合作等方面发挥了重要作用，其中TD-SCDMA、长风联盟等10家联盟纳入科技部产业技术创新战略联盟试点。

第二，突破一批重大关键核心技术，带动了首都自主创新能力的提升。

通过技术研发创新平台建设，突破了一批重大关键核心技术。三分之二以上的北京市重点实验室和工程技术研究中心布局在战略性新兴产业领域，对战略性新兴产业发展起到了重要的支撑和引领作用。绿色制版、基于通信的列车控制系统等一批重大科技成果在京落地转化和产业化。甲型H1N1流感病毒裂解疫苗的研制成功印证了本市在该领域的国际前沿地位；闪联、第三代无线通信的技术（TD-SCDMA）等标准的制定以及千万亿次超级计算机的自主知识产权产品带动了信息产业结构升级；中低速磁悬浮列车和自主品牌纯电动轿车等一批新产品打破国际技术垄断；新能源汽车、太阳能利用、节能环保、公共安全等领域2000余项科技成果在奥运建设中得到应用。“十一五”期间，本市专利申请量和授权量分别达21万件和10万件，均比“十五”时期增长1.5倍。2010年，共有72个项目分获国家自然科学奖、技术发明奖和科技进步奖，占全国通用项目获奖总数的26%。2010年，技术合同成交总额达1579.5亿元，是2005年的3.6倍，占全国的40.4%；实现技术交易增加值1239.5亿元，对北京地区生产总值的直接贡献率达9%。

第三，培育一批创新型企业，推动了首都产业结构优化升级。

截至2010年年底，全市共有83家科技企业孵化器、26家大学科技园，经认定的高新技术企业6500家，占全国总数的22%。2009年以来制定实施了电子信息、生物和医药、新能源、装备制造等重点产业调整振兴规划，形成了一批具有技术主导权的新兴产业链。2010年，本市生物医药产业销售收入560亿元，同比增长17%，节能环保产业销售收入超过1800亿元，同比增长20%；高技术产业、信息服务业和科技服务业快速发展，2010年实现增加值3021.6亿元，占同期地区生产总值的21.9%。在中关村科学城新建12个新型体制的产业技术研究院。神华集团、国家电网等15家中央企业入驻未来科技城。

第四，应用一批科技创新成果，提高了人民生活和城市建设管理水平。

“十一五”期间，启动实施食品安全三年行动计划，完善农产品安全生产技术规程和产品质量安全标准体系，全市500家大中型商场、超市建立了重点食品的可追溯制度和食品安全自检体系。支持环保技术研发和应用，为实施大气污染控制措施、水资源保护和利用、垃圾处理和资源综合利用提供科技支撑。开展地下管线及地下空洞综合探测技术与高层建筑消防灭火救援关键技术的研究和示范应用，保障城市安全运行。全市城市管理运行采用的先进技术成果超过6万项。在全国率先建设和推广城市网格管理体系。机电装备、自动化控制、减震降噪、信号控制等先进技术的应用，提升了轨道交通的建设和运营效率。2010年开始实施的“首都十大危险疾病科技攻关与管理实施方案”，率先在全国搭建了危险疾病防控的共性研究平台。10位首席专家和核心专家队伍组成了专家团队，100家医疗机构加入研究网络，建成临床病例2万例、病毒样本6万例的全国最大的样本资源平台。

二、中关村创新平台建设进展

中关村创新平台于2010年12月31日正式揭牌成立，截至今年9月底设立了重大科技成果产业化项目审批联席会议办公室、科技金融工作组、人才工作组、新技术新产品政府采购和应用推广工作组、政策先行先试工作组、规划建设工作组、中关村科学城工作组、现代服务业工作组8个具体办事机构，来自19个国家部委和31个北京市相关部门的人员参加平台工作。截至今年9月底，共服务企业超过2000家，完成1000余项项目审批和资助。

（一）先行先试的改革试点工作进展顺利

实施《中关村国家自主创新示范区条例》，为中关村创新平台的建设发展提供了法制保障。积极推进国务院支持中关村各项政策的贯彻落实。截至今年9月底，360家单位参加股权激励试点。上市公司187家，IPO融资额超过1800亿元。37家企业在创业板上市，占创业板上市企业总数的15.9%，初步形成了“中关村板块”。累计挂牌及通过备案企业99家，代办系统逐渐成为全国场外交易市场的雏型。累计认定1663家单位的4681个自主创新产品，累计签约近700个示范项目，政府采购金额累计116.5亿元。

（二）产业空间布局正在优化完善

研究起草了《中关村国家自主创新示范区优化产业布局指导意见》，提出优化“一区多园”各具特色的发展格局、重点发展“两城两带”的规划布局目标。支持中央企业、高校院所布局一批特色产业研发基地和运营中心，构建高端创新要素和产业资源的聚集载体。重点推进中关村航空科技园和中关村航天科技创新园等25家单位的产业创新园建设，与35家高校院所和中央企业签署合作协议，累计37个项目启动建设。

（三）中关村人才特区建设加快推进

根据《关于在中关村国家自主创新示范区建设人才特区的若干意见》，配套制定了《加快建设中关村人才特区行动计划（2011—2015年）》，提出了实施6项工程、落实10项支持政策，加大对海外高层次人才引进力度。深入实施中央“千人计划”和北京市“海聚工程”。研究建立吸引海外高层次人才联动机制和中关村人才引进联合审批机制。开展了海外高层次人才创新创业基地申报、高层次留学人才回国资助等工作。

三、存在的主要问题

（一）对科技创新平台发展规律的认识有待进一步深化，政府工作定位需要进一步明确

各类科技创新平台是伴随着科技创新、推动科技与经济结合过程不断产生和不断发展的，有面向前沿技术研发、行业技术创新、

区域创新等不同功能，有政府推动、行业成员联合建设、企业对接市场需求自发产生等多种模式，形式多样、各具特色，许多模式仍处于探索和发展阶段。全社会对各类平台的需求主体、功能定位及成长发展规律的认识还需进一步深化，政府推动和市场培育的机制还需进一步融合。各类主体协同参与平台建设的格局还需要更加清晰地设计。

（二）平台的市场化运行机制有待完善

科技创新平台建设投入主体多，既有中央投入，又有地方投入，还有企业投入。从整体情况来看，目前北京地区科技条件资源开放程度已有了较大幅度的提高，但使用效率偏低的状况尚未得到总体改善。地方政策对中央科技资源开放共享的引导力度不足，市场动力机制还需加强，专业化的服务企业数量较少，社会中介组织支撑平台建设的潜力尚待挖掘，科研仪器设备租赁等低成本、高效率的市场化运作模式尚待开拓，平台社会化、市场化程度不高。

（三）平台的规范化、专业化服务能力有待增强

科技资源与创新需求对接不足，科技创新平台尚未形成专业化分工和网络化协作的服务体系。情报信息系统分散，服务规范和服务标准有待健全，信用评价体系尚不完善。对高端人才的吸引力不足，从业人员的素质和能力有待提高。对国际科技创新资源的利用有待进一步提高，国际合作水平有待进一步提升。

四、下一步的主要措施

（一）加强战略研究，强化顶层设计和统筹协调

在市人大推动下，市政府联合科技部、中科院、工程院等单位成立了首都科技发展战略研究院，下一步将在市人大支持下，充分发挥首都科技发展战略研究院的作用，紧紧围绕科技创新平台的基本定位、建设格局、运行模式、共享机制，深入了解各类主体的创新需求，关注新型服务模式和服务业态，深入开展科技创新平台发展规律研究。

充分利用“科技北京”行动计划协调工作小组的组织模式和运行机制，在年度折子工程的组织实施中，加强对科技创新平台建设发展的顶层设计和统筹协调，研究解决科技创新平台发展面临的重大问题。

充分发挥中关村创新平台的作用，加强与国家部委的沟通协调以及与中央科技资源的融通，强化地方政策与中央政策的联动机制。深入贯彻《中关村国家自主创新示范区条例》，落实好先行先试政策。以促进首都科技资源的整合、流动、开放和共享，提高科技创新平台的效率和效益为核心目标，发挥政策引导作用，完善相关政策、法规，强化对科技创新平台建设的法制保障。大力促进中央在京科技资源的开放共享，在科学仪器设备共享的基础上，进一步促进科学数据资源、创新成果、人力资源的开放共享，深入推进产学研合作。明确各个职能部门对科技创新平台建设的职责，强化分工合作和统筹协调。

（二）支持和引导科技创新平台市场化、专业化运作

深化科技资源共享的“北京模式”。完善研发实验服务基地、领域平台和工作站“三位一体”的工作体系，全面推动科技资源开放共享，为全社会尤其是中小型企业提供分析测试、技术研发、技术转移、科技金融、科技咨询等服务。支持和培育科研仪器设备租赁等新型的科技服务业态，形成市场化运作的组织模式和长效机制。

完善考核评价机制。研究建立符合科技创新规律，适合各类科技创新平台发展特点的考核和信用评价体系，适时引入第三方专业评价机构，从资金投入、运行机制、服务能力、服务绩效、信用等方面，加强对平台

管理及运营机构的绩效评价，切实提高平台的运行效率和效益，提高财政公共资金的投入绩效。研究建立平台服务规范和服务标准，进一步规范平台服务与管理。探索对各类平台进行备案登记，以便进一步做好统计和政府服务工作。

完善科技中介服务体系。制定实施促进科技服务业发展的政策、措施，支持科技机构提高服务水平和服务信誉，吸引专业人才进入各类科技中介机构，培养一批高素质的科技中介人才和一批大型骨干中介机构，作为科技创新平台的核心运营载体。引导大学科技园和科技企业孵化器专业化、市场化发展，推动孵化联盟和服务网络建设。充分发挥首都科技资源禀赋的优势，推进平台服务的辐射范围向全国拓展。

加快技术市场发展。建设“北京技术交易信息服务平台”，推进技术转移服务行业标准的编制和实施工作，规范技术转移服务行为，培育具有较强能力和专业化的技术转移服务机构。

加强人才队伍建设。高度重视专业技术人才、管理人才在科技创新平台建设和运营中的突出作用。建立适合平台建设与管理特点的科学合理的人才评价与激励机制。联合与平台相关企业、科研院所、高校，培养高层次的平台运营、管理人才，开展平台专业人员的技能培训和在岗继续教育。对科技咨询师、技术经纪人、技术经营人才、科技金融人才进行职业准入资格和专业化培训，形成多层次技术转移人才培养体系。完善市场体制和人才竞争机制，促进人才合理有序流动。

加强对国际科技创新资源的整合利用。建设跨国技术转移协作网络，以平台拓展国际合作渠道，促进国际科技合作向深度和广度发展。建设国际技术转移平台和国际科技合作基地，在全球整合创新资源，促进国际技术成果和项目落地北京。

（三）充分发挥科技创新平台对科技成果转化和新兴产业发展的支撑作用

创新政府资金的投入方式和支持方式。采取直接资助、后补贴、贷款贴息、股权投资、间接费用等多种方式，引导社会资本投入、调动全社会科技资源支持科技成果转化和产业化。加大政府资金的统筹使用力度，提高政府资金使用效率，形成促进科技成果转化和产业化的强大合力。

突破科技人员的激励机制。对作出突出贡献的科技人员和经营管理人员实施科技成果入股、科技成果折股、股权奖励、股权出售、股票期权、分红激励、科技成果收益分成等股权激励试点，调动科技人员研发和转化科技成果的积极性。鼓励、引导科技人员带着科技成果，与企业、产业资本、投资机构、科技服务机构等联合成立新体制、市场化的科技成果转化实体。

完善产学研用合作机制。进一步加强对中小型企业的支持和服务力度，促进全社会对科技创新平台建设的广泛参与及公平竞争。贯彻落实《关于促进产业技术创新战略联盟加快发展的意见》，支持以企业为主体的产业技术创新联盟加快创新成果产业化，推动联盟建立和完善技术成果扩散机制，向中小企业辐射和转移先进技术，带动中小企业产品和技术创新。支持中关村科学城区域内的中央企业、高等院校、科研院所，建设一批面向市场需求、产学研用结合的产业技术研究院。

主任、各位副主任、秘书长、各位委员，市政府将以市人大常委会审议工作为契机，深入总结科技创新平台建设经验及问题，深化科技体制机制改革，创新科技资源整合的体制机制。坚持以市场需求为导向，立足首都、面向全国，在加强管理的基础上，更加重视平台的服务性，瞄准经济社会和城市发展的重大紧迫需求，完善以企业为主体的政产学研用相结合的技术创新体系，显著提高自主创新和成果转化水平，使平台成为首都乃至国家创新发展的强有力的支撑，成为首都实施科技创新、文化创新“双轮驱动”战略、转变经济发展方式的重要力量。我们将加强依法行政，自觉接受市人大及常委会的工作监督、法律监督，做好推动科技创新平台建设工作。

以上报告，提请市人大常委会审议。

北京市人民代表大会教育科技文化卫生体育委员会对市人民政府科技创新平台建设工作的意见和建议

——2011 年 11 月 18 日在北京市第十三届人民代表大会常务委员会第二十八次会议上

市人大教育科技文化卫生体育委员会主任委员　孙世超

主任、各位副主任、秘书长、各位委员：

近年来，市政府创新体制机制，积极探索、勇于实践，大力推动科技创新平台建设，取得了明显进展和成效。目前已搭建起技术研发创新平台、科技成果转化平台、新型产业组织平台、首都科技条件平台、中关村创新平台等各类平台。特别是由 19 个中央部委和 31 个北京市单位共同组建的中关村创新平台，近一年来，通过建立部市会商机制、推进政策先行先试、建设中关村人才特区、开展政府采购试点、建设国家科技金融创新中心、加强规划建设等措施，实现了央地联动、部门协同，有效地整合了多层次政府创新管理资源。科技创新平台的建设和发展，为首都科技创新活动提供了重要基础和有力支撑。

为协助常委会做好对市政府关于科技创新平台建设进展情况报告的审议工作，教科文卫体委员会围绕首都科技创新平台建设的重点任务，充分发挥科技代表小组作用，开展了广泛的调查研究。在调研和起草报告过程中，委员会与市科委一起组织了实地考察、座谈交流等活动，与市发展改革委、市经济信息化委、中关村管委会等有关部门进行了多次讨论。我们所提出的关于市政府专项工作组织方式、注重经验总结和问题分析、注意突出首都特色等方面的建议，都已被市政府所吸纳。

市政府及其有关部门高度重视此项工作，由苟仲文副市长牵头，成立了以戴卫副秘书长任组长、市政府有关部门参加的专项工作组，扎实细致地开展了工作。市政府的专项报告充分吸收了委员、代表提出的意见和建议，比较客观地反映了本项工作取得的成效，特别是对存在的问题作了比较深入系统的分析，在此基础上提出了下一步的工作思路、具体措施。委员会同意这个报告。

委员会认为，虽然我市科技创新平台建设取得了很大成效，但是还不能完全适应首都科技创新和经济社会发展的要求。除市政府报告中提出的问题外，首都科技创新平台建设格局还需要更加清晰地设计；科技创新平台建设还存在体制机制障碍；首都科技创新资源还没有实现优化配置；市政府下一步工作重点还需要进一步明确。

当前，市委确定了“双轮驱动”的首都发展战略，面对世界新一轮科技革命和产业革命即将来临、全国转变经济发展方式和实现科学发展的新形势，必须紧紧依靠科技创新、文化创新，实现首都城市转型发展，才能在竞争中赢得主动。必须加快科技创新平台建设，使其成为首都科技创新的重要支撑，成为新一轮抢占科技和产业发展制高点的助推器。市政府关于科技创新平台下一步工作的考虑比较全面，应按照这样的安排，采取更加具体、更为有效的举措，做好统筹落实。要突出重点，在整合创新资源的体制机制方面寻求突破。特别是要继续抓好中关村创新平台的建设，加强与中央科技资源的融通，落实好先行先试政策，进一步推动示范区的创新和发展。为推动科技创新平台建设，委员会提出以下意见和建议。

一、完善首都科技创新平台建设格局

建议市政府立足于满足首都经济社会发展的科技需求，抓住全国调整经济结构、发展战略性新兴产业的市场机遇，着眼于在全球范围内优化配置科技创新资源，完善首都科技创新平台建设格局。

要进一步完善好政府服务平台。市政府要发挥好规划、组织、协调、服务职能，把工作重点放到制定有关规划和政策法规、破除体制机制障碍、创造良好发展环境、提供公共服务上来。从科技创新的整体战略出发，通盘考虑科技创新平台的组织、机制，进一步明确平台建设总体思路，把平台建设纳入有关科技发展战略与规划中。采取更加有效的政策、措施，切实提高首都科技创新平台的效率和效益。加强由政府主导对各类平台进行的评估，同时引入社会专业机构对政府工作进行评价。可以考虑根据当前首都科技发展需要，借鉴其他省市经验，适时启动相关立法工作。

在完善好政府服务平台的同时，支持和促进研发主体参与的、产学研用相结合的项目平台的发展。建议市政府确定一批我市有优势的科技产业项目，构建和完善以需求为导向、以项目为统领的，链接研究开发、商用化、产业化等各个创新环节的项目平台。对服务于基础研究、前沿研究和社会公益性技术研究的研发项目平台，市政府要在配合国家有关部门给予必要支持的同时，落实相关政策，进行组织协调，进一步破除大学、科研院所在科研仪器设施共享、科技成果转化、人才流动等方面的体制机制障碍。

二、注重科技创新平台建设的体制机制创新

建立符合市场经济规律和科技创新规律的平台运营机制。利用平台集聚资金、土地、技术、人才等各种创新要素，在纵向上打通科研、应用、生产等各个创新环节，在横向上整合高等院校、科研院所、国有企业、民营企业、社会服务机构等不同隶属关系、不同所有制的创新资源，使首都科技创新资源能够围绕平台实现聚集，真正激发创新活力，提高创新能力。

一是突出企业的主体作用。对服务于应用技术研究开发、试验开发、商用化、产业化的科技创新平台，要建立由企业组织建设的机制。由企业根据市场需求，牵头与大学、科研院所联合共建工程实验室和技术研发平台，组建研发团队，进行技术研发，实现商用化和产业化。市政府要发挥好组织和协调的作用，通过资金扶持等方式帮助企业与大学、科研院所构建共享、合作的网络。二是加强对中小企业，特别是民营科技中小企业科技创新的扶持。满足中小企业对资金、土地、产业关键共性技术、科研仪器设备等方面的迫切需求，通过平台建设促进中小企业，特别是小型、微型企业的发展。三是从首都资源服务全国市场的高度，从发展创新服务

业的角度，通过政策激励、环境保障、监督管理、财税补贴等措施，大力培育和发展行业协会、技术联盟、专业实验室管理公司等社会中间组织，孕育和催生新的服务业态。帮助社会中间组织在企业与大学、科研院所之间建立基于市场机制的协作关系，提高社会中间组织的社会公信力。四是通过市场机制的作用，解决平台运行过程中不同主体的利益分配问题。要形成协调、共赢的利益分配机制，满足不同主体的利益诉求。

三、利用平台实现首都科技资源的优化配置

建议市政府针对首都科技资源丰厚但被分割、固化、难以融通的障碍，以首都科技资源的整合、流动、共享为目标建设和完善科技创新平台。充分利用中央在京科技创新资源。改变目前科技部门、产业部门、教育部门等市政府相关部门在工程技术研究中心、工程研究中心、重点实验室等平台的认定、审批、评价和资金扶持等方面存在的职能交叉重叠、投入分散重复的问题。

加强市政府的整合统筹力度。建议在市政府层面建立首都科技创新平台协调领导机制，统筹科技创新平台建设和管理。整合宏观决策资源，统筹制定和实施有关科技创新平台的战略、规划、政策，整合现有分散于各部门的政策资源；整合科技管理活动，实现职能相近部门的归口管理，统一认定、管理和扶持各类科技创新平台；完善科技行政管理部门牵头，发改、经信、财政、教育、科技园区管理机构等市政府相关部门配合的协作机制和联席会机制。可以考虑借鉴科技部的管理模式，在现有科技创新平台推进机构的基础上筹建首都科技创新平台中心，整体推动这项工作。

要利用平台进一步整合首都科技创新资源。采取政策、措施，使首都地区的各种创新资源在各类平台上发挥各自作用、相互融合协作、共同实现价值。积极对接国家科技创新平台，组织首都地区的科技力量承担各种类型的国家科技创新平台的建设任务。建立高水平的科技智库，建议由市政府协调，充分利用首都科技人才优势，邀请知名学者、战略科学家、企业家、研发专家参与，成立首都科技创新平台专家顾问组，对科技创新平台建设进行指导和提供咨询，使市政府能够及时了解国际、国内科技发展前沿态势，抓住科技发展机遇，避免决策失误。

四、重点扶持好一批首都发展迫切需要的科技创新平台

建议市政府根据首都经济社会发展的迫切需求，选择好产业方向和技术路线，抓紧完善一批科技创新平台。现阶段，重点应围绕我市“十二五”时期国民经济和社会发展规划，在新一代信息技术、生物医药、新能源、节能环保、新能源汽车、新材料、高端装备制造、航空航天等战略性新兴产业领域，在现有平台的基础上，以项目为龙头、企业为主体、市场为导向，选择一批有优势、有潜力的平台进行重点扶持，使其成为抢占科技发展制高点的重要支撑。

一是按照择优扶持的原则，在重点高等学校和科研院所推进重点实验室建设，打造国际一流的基础研究骨干基地；重点扶持和完善一批工程研究中心、工程实验室、工程技术研究中心等技术创新服务平台。加强政策引导，提高关键核心技术和共性技术研发攻关的协同与集成能力。对战略性新兴产业的关键共性技术，要集中资金和研究力量实施重点突破。二是推动军民结合的科研设备共享平台建设，加强军地科技资源开放共享和军民两用技术相互转移，提高民口科技企业和机构对军用技术的承接能力。三是重视

对国际科技创新资源的利用。应具有科技全球化的视野，以中关村建设具有全球影响力的科技创新中心为契机，立足首都的科技、产业基础，利用首都科技资源优势，采取高端切入战略，积极推动国际科技合作基地建设，在全球范围内集成科技资源和创新要素。

以上意见和建议，供常委会组成人员审议时参考。

北京市人民代表大会常务委员会
任免名单

（2011年11月18日北京市第十三届人民代表大会常务委员会第二十八次会议通过）

任命张文山为北京市人民代表大会法制委员会委员。

任命冯熙为北京市人民代表大会城市建设环境保护委员会委员。

任命史全富为北京市人民代表大会农村委员会委员。

任命李维昌为北京市人民代表大会农村委员会委员。

免去任宝贵的北京市人民代表大会法制委员会委员职务。

北京市人民代表大会常务委员会
免职名单

（2011年11月18日北京市第十三届人民代表大会常务委员会第二十八次会议通过）

免去吕淑英的北京市人民代表大会常务委员会办公厅副主任职务。

免去孙军民的北京市人民代表大会常务委员会教育科技文化卫生体育办公室副主任职务。

北京市人民代表大会常务委员会
任免名单

（2011年11月18日北京市第十三届人民代表大会常务委员会第二十八次会议通过）

（一）

任命吉罗洪为北京市高级人民法院副院长、审判委员会委员、审判员，免去其北京市第二中级人民法院副院长、审判委员会委员、审判员职务。

任命索宏钢为北京市高级人民法院副院长、审判委员会委员、审判员。

免去靳学军、黄宝跃的北京市高级人民法院审判委员会委员、审判员职务。

（二）

任命王晓巍为北京市第一中级人民法院立案庭副庭长。

任命钟欣为北京市第一中级人民法院刑事审判第二庭副庭长。

任命黄海涛为北京市第一中级人民法院民事审判第一庭副庭长、审判员。

任命张军为北京市第一中级人民法院民事审判第二庭副庭长。

任命李利为北京市第一中级人民法院民事审判第三庭副庭长、审判员。

任命饶亚东为北京市第一中级人民法院民事审判第五庭副庭长。

任命阎军为北京市第一中级人民法院执行二庭副庭长、审判员。

任命赵兰为北京市第一中级人民法院申诉审查庭副庭长。

任命郑伟华为北京市第一中级人民法院审判员。

（三）

任命董建中为北京市第二中级人民法院审判委员会委员、审判员。

任命张贤昌、王晓松、杨越、李经纬为北京市第二中级人民法院审判委员会委员。

任命高福勇为北京市第二中级人民法院立案庭副庭长。

任命蒋春燕为北京市第二中级人民法院民事审判第一庭副庭长。

任命刘琨为北京市第二中级人民法院民事审判第二庭副庭长。

任命陈红建为北京市第二中级人民法院民事审判第三庭副庭长。

任命周荆为北京市第二中级人民法院民事审判第四庭副庭长。

任命葛红为北京市第二中级人民法院民事审判第五庭副庭长。

任命孙少杰为北京市第二中级人民法院执行一庭副庭长、审判员。

免去孟祥的北京市第二中级人民法院审判委员会委员、审判员职务。

免去龙云斌的北京市第二中级人民法院审判员职务。

（四）

免去刘永昌的北京铁路运输法院副院长、审判委员会委员、审判员职务。

北京市人民代表大会常务委员会
任　免　名　单

（2011年11月18日北京市第十三届人民代表大会常务委员会第二十八次会议通过）

（一）

任命顾军、高祥阳、苗生明为北京市人民检察院副检察长、检察委员会委员、检察员。

任命舒强、杨建清、张恩革、张宁宇、于静、闫俊瑛、史书斌、韩冰为北京市人民检察院检察员。

免去高凯、王向明、曾瑞华的北京市人

民检察院检察员职务。

（二）

任命侯晓焱、游小琴、李辰、周健辉、张剑、岳浩延、段晓娟、傅尧、崔誉、高琴、梁月明、吕萍、鲁雪松、刘晓宁为北京市人民检察院第一分院检察员。

免去胡应桃的北京市人民检察院第一分院检察员职务。

（三）

任命张家贞为北京市人民检察院第二分院副检察长、检察委员会委员、检察员。

任命高凯为北京市人民检察院第二分院检察委员会委员、检察员。

北京市人民代表大会常务委员会批准辞职名单

（2011 年 11 月 18 日北京市第十三届人民代表大会常务委员会第二十八次会议通过）

批准顾军辞去北京市西城区人民检察院检察长职务。

批准王振峰辞去北京市海淀区人民检察院检察长职务。

批准蔡柏林辞去北京市丰台区人民检察院检察长职务。

批准苗生明辞去北京市石景山区人民检察院检察长职务。

批准东晓钟辞去北京市通州区人民检察院检察长职务。

批准韩索华辞去北京市昌平区人民检察院检察长职务。

批准赵成辞去北京市大兴区人民检察院检察长职务。

北京市第十三届人民代表大会

常务委员会第二十九次会议

在市十三届人大常委会第二十九次会议上的讲话

（2011年12月23日）

市人大常委会主任　杜德印

同志们：

本次常委会会议经过大家的共同努力，各项议程已圆满完成。这次会议的主要内容是为召开市十三届人大五次会议作准备的。代表大会召开之前，常委会的主要任务是要学习贯彻好市委十届十次全会精神，筹备好市十三届人大五次会议，安排好明年的各项工作。借此机会，我受主任会议委托，简要讲三点意见。

一、认真学习贯彻市委十届十次全会精神，把握好工作大局

12月19日至21日，中共北京市委召开十届十次全会。会议全面贯彻党的十七届六中全会及中央经济工作会议精神，总结2011年全市经济社会发展工作，部署2012年各项工作任务。会议审议通过了《中共北京市委关于发挥文化中心作用，加快建设中国特色社会主义先进文化之都的意见》。市委书记刘淇向大会报告了市委常委会今年的工作，并对明年全市中心工作进行了安排部署。我们要深入学习贯彻党的十七届六中全会、中央经济工作会议精神，贯彻落实市委十届十次全会精神，把握好明年工作的大局，围绕明年全市中心工作，推进首都民主法制建设。

第一，要把握好首都工作面临的新形势。市委全会对明年首都工作形势进行了深入分析，我们要认真学习，把握好当前工作形势。

第二，要把握好明年工作“稳中求进”的总基调。市委全会提出，明年的经济工作要坚持“稳中求进”。“稳”是指经济稳、物价稳、社会稳。“进”是指在加快转变经济发展方式、调整经济结构、改善民生、推进改革开放等方面要有新的进展。

第三，要把握好明年经济社会发展的目标和任务。市委全会提出了明年经济社会发展的各项预期目标，以及一系列保障措施。我们要把握好这些目标和任务，明确我们的发展方向。

深入学习贯彻党的十七届六中全会、市委十届十次全会精神，有利于我们正确地把握当前面临的形势，把握“稳中求进”的工作基调和要求，把握全市明年经济社会发展的目标和任务，有利于我们更好地坚持人民代表大会制度，依法履行人大及其常委会的各项职能。我们要继续以民主法制建设为根本任务，并为全市各项任务的完成提供民主法制保障。这是我们做好人大及其常委会各项工作的重要依据。

二、筹备和召开好市十三届人大五次会议，把市委的主张通过法定程序上升为国家意志

党的十七届六中全会、中央经济工作会议以及市委十届十次全会的召开，为开好市十三届人大五次会议奠定了重要的思想政治基础，也为开好人代会提出了要求，指明了方向。我们要通过人代会的召开，把市委按

照中央要求作出的决策部署，经过法定程序上升为国家意志，进一步动员全市人民为做好明年各项工作而共同努力、团结奋斗。

本次会议后，就到了代表会前集中活动的阶段。要组织代表提前对提交人代会的各项报告进行讨论，提出修改意见和建议，使人民群众的意愿提前写入会议的各项报告。在代表大会召开期间，各代表团要组织代表认真充分地审议好各项报告，为做好各项决议奠定基础。

开好这次人代会对于做好明年全市工作意义重大。刚召开的市委常委会会议听取了市人大常委会党组的工作报告。刘淇同志指出，在当前形势下，开好这次会议对动员和团结全市人民，集中精力抓好明年各项工作非常重要。我们要在市委的领导下，把这次会议的筹备工作抓紧抓好。

三、做好向代表大会报告常委会工作的有关事项，统筹安排好明年各项工作

本次会议讨论了常委会向代表大会所作的工作报告，大家在分组审议中发表了很多很好的意见和建议。常委会有关部门要根据大家的意见，修改好报告。还要进一步听取代表在会前活动中提出的意见和建议，对工作报告作进一步的修改完善，使提交大会的报告能够更客观、更集中地反映常委会一年来的工作和取得的成效。概括说，常委会的工作报告有四项功能：一是报告工作，接受监督。常委会要贯彻落实好代表大会作出的各项决议，通过向代表大会全面报告工作，接受大会的监督。二是宣传制度、营造氛围。要通过报告人大常委会的工作，宣传人民代表大会制度，营造民主法制建设的良好氛围。三是统一思想、提高认识。通过报告人大工作，提高全社会对坚持和完善人民代表大会制度、发挥人大制度优势的认识。四是振奋精神、部署工作。通过明确明年人大工作的任务，调动全体市人大代表认真履职、发挥作用的积极性。

安排好明年常委会的各项议题，要考虑以下四方面因素。

第一，明年是实施“十二五”规划，推进首都科学发展的关键一年。市委十届十次全会对目前首都工作形势进行了全面分析，指出今年是首都经济社会发展具有阶段性标志的一年。要在此基础上，做到明年工作的“稳中求进”，实际上是转型问题，就是用经济发展方式的转变和城市发展模式的转型来统一“稳”和“进”的关系。

我们现在面临的城市管理与服务问题，是如何把经济社会发展与城市规划建设管理服务相互协调统一。应当看到，一方面经济快速发展，另一方面城市管理矛盾突出，而经济的进一步发展又带来了更多的城市问题。必须要把城市的规划建设与经济社会的发展协调统一起来。

自2009年以来，常委会坚持每年开展专题调研。2009年的专题调研提出，要把应对金融危机的应急性措施和奥运会后首都长远发展的战略安排有机结合起来。2010年的专题调研主要围绕制定本市“十二五”规划进行，提出北京的发展要坚持首都的城市性质和功能，也就是“一、二、四”，即一个首都、两个中心、四个服务，这是我们的城市之本。今年开展的推进全国文化中心建设调研，是要破解我们如何在发展中坚持首都的城市性质和功能，研究在新的形势下转变首都经济发展方式和城市发展模式问题，也就是转型问题。“转型”这两个字，是在专题调研中吴良镛先生提出来的，这使我们的思路进一步清晰了。北京城市的发展不能继续受单纯追求GDP的困扰。要把北京从一个生产城市转化成一个文化城市，要以人的知识、

思想、价值、技术、创意作为这个城市不竭的资源，少一点自然资源的消耗，少一点生态环境的污染，少一点劳动力的盲目流动。人大要协助市委、支持政府不断破解首都的发展问题、转型问题。

第二，党的十八大将在北京召开。

第三，北京市第十一次党代会将要召开，全市的市级班子面临换届。要围绕党代会的召开，进一步汇集广大人民群众的意见，使这次会议能够更好地贯彻党的路线方针政策，更好地体现全市广大人民群众的意志和愿望。

第四，市人大代表将进行换届选举，本届市人大常委会进入任期的最后一年。要保持本届人大工作的连续性，力求持续推动重点工作取得新进展。如永定河流域综合治理、潮白河流域综合治理、城南发展、垃圾处理、中关村自主创新示范区建设等问题，都要继续推进，不断深化。

考虑到明年全市工作特点，人大的议题不宜安排太多，工作面不宜铺的太大，要少而精，抓重点，求实效。但明年我们的工作任务还是很重的，还要探索专题询问的监督形式，拟对市政府关于市级大额专项资金使用和管理工作开展专题询问。明年的立法任务也不少，我们延长了立法工作周期，每个立法项目都要按照既定的工作环节和机制连续推进。

我们要团结奋斗，力争各项工作在常委会任期的最后一年取得新的进展。要通过我们的努力，证明人大制度是有优越性的，人大及其常委会的工作是能够有所作为的。

北京市第十三届人民代表大会常务委员会第二十九次会议议程

（2011年12月22日至23日）

（2011年12月22日北京市第十三届人民代表大会常务委员会第二十九次会议第一次全体会议通过）

一、讨论市人大常委会向市十三届人大五次会议所作的工作报告（讨论稿）

二、审议《北京市河湖保护管理条例（草案）》

三、听取和审议市人大常委会代表联络室、“一府两院”关于市十三届人大四次会议代表建议、批评和意见办理情况的报告

四、审议通过市十三届人大常委会代表资格审查委员会关于个别代表的代表资格的报告

五、审议通过市十三届人大五次会议议程（草案）

六、审议通过市十三届人大五次会议主席团和秘书长名单（草案），议案审查委员会名单（草案）

七、决定市十三届人大五次会议列席人员名单

八、表决《北京市就业援助规定》

九、市人大法制委员会关于北京市第十三届人民代表大会第四次会议法规案办理结果的书面报告

十、决定人事任免事项

北京市人民代表大会常务委员会公告

（第21号）

《北京市就业援助规定》已由北京市第十三届人民代表大会常务委员会第二十九次会议于2011年12月23日通过，现予以公布，自2012年5月1日起施行。

北京市第十三届人民代表大会常务委员会
2011年12月23日

北京市就业援助规定

（2011年12月23日北京市第十三届人民代表大会常务委员会第二十九次会议通过）

第一条　为了促进就业困难人员就业，规范就业援助工作，根据《中华人民共和国就业促进法》等相关法律、法规，结合本市实际情况，制定本规定。

第二条　本规定适用于对本市就业困难人员的就业援助。

本规定所称就业困难人员，是指在法定劳动年龄内，有劳动能力和就业愿望，处于无业状态并难以实现就业的本市城乡劳动者，具体范围包括：

（一）属于零就业家庭成员的；

（二）享受城乡居民最低生活保障待遇的；

（三）女满四十周岁以上、男满五十周岁以上的；

（四）经残疾评定机构评定为残疾的；

（五）连续失业一年以上的；

（六）市人民政府规定的其他情形。

本市绿化隔离、矿山关闭、资源枯竭或者受保护性限制等地区的农村劳动力，进行转移就业登记后，纳入本市就业困难人员范围。

第三条　本规定第二条第二款、第三款所列范围内的人员可以按照本市有关规定，到住所地街道、乡镇公共就业服务机构进行失业登记或者转移就业登记，申请就业困难人员认定。

街道、乡镇公共就业服务机构应当自受理就业困难人员认定申请之日起5个工作日内完成审查认定，对符合法定条件属于就业困难人员的，应当依法给予就业援助。

申请人对认定结果有异议的，可以自收到认定结果之日起15个工作日内向作出认定结果的公共就业服务机构所在区、县人力资源和社会保障行政部门申请复核。

就业困难人员认定、复核的具体程序由市人力资源和社会保障行政部门制定并向社会公布。

第四条　本市就业援助工作坚持政府主导、市场调节、城乡统筹、属地管理的原则，对就业困难的城乡劳动者实行优先扶持和重点帮助。

本市倡导就业困难人员树立正确的择业观念，鼓励就业困难人员提高就业能力和创业能力，自主择业，通过多种方式实现就业。

第五条 市和区、县人民政府应当将就业援助工作纳入促进就业中长期规划和年度工作计划，制定援助就业困难人员就业的具体措施，将就业援助工作纳入促进就业的目标责任制考核评价制度；在就业专项资金中统筹安排资金，用于就业援助工作；建立健全就业援助服务体系，加强基层就业援助服务工作，扶持和帮助就业困难人员就业。

市和区、县人力资源和社会保障行政部门具体负责本行政区域内就业援助工作的组织实施和检查。

乡镇人民政府、街道办事处应当落实国家和本市有关就业援助的政策和措施，组织开展基层就业援助服务工作。

第六条 市和区、县人民政府建立健全促进就业工作协调机制，统筹就业援助工作，协调解决就业援助工作中的重大问题。

第七条 市和区、县人民政府在调整产业结构时，应当统筹协调产业政策与就业政策；安排政府投资和确定重大建设项目时，应当进行就业需求预测，增加就业岗位。

政府投资和以政府投资为主的建设项目的建设、施工或者运营管理单位应当优先招用符合岗位要求的就业困难人员。

第八条 对因城市区域功能定位或者区域经济结构调整原因造成就业矛盾突出的地区，市人民政府在岗位开发、跨地区就业、技能培训等方面给予扶持和帮助。

第九条 各级人民政府及有关部门应当根据经济社会发展状况和就业援助需要，通过投资、购买等方式开发适合就业困难人员的公益性岗位，定向安排就业困难人员就业。

第十条 各级人民政府设立的公共就业服务机构应当建立和完善就业援助工作制度，制定就业援助计划，配备专门人员，采取多种方式宣传就业援助法律、法规、政策，免费为就业困难人员提供就业咨询、职业指导、职业培训、创业培训、职业技能鉴定、职业介绍、档案管理等专业化的就业援助服务，扶持和帮助就业困难人员实现就业。

街道、乡镇公共就业服务机构应当对辖区内的就业困难人员进行登记，建立专门台账，实行就业困难人员认定、退出动态管理制度和援助责任制度，为就业困难人员提供及时、有效的就业援助服务。

公共就业服务机构应当按照公共就业服务标准开展就业援助服务，公开服务流程、服务内容，简化办事程序，提高办事效率，接受社会监督。

第十一条 就业困难人员有权向公共就业服务机构了解有关就业援助的法律、法规、政策和办事程序，免费享受公共就业服务机构提供的就业服务。

就业困难人员应当积极参加公共就业服务机构安排的职业培训，接受公共就业服务机构提供的职业指导和岗位推荐等就业服务。

第十二条 市人民政府及有关部门应当做好就业援助制度与失业保险制度、最低生活保障制度和最低工资制度之间的衔接，鼓励和引导就业困难人员积极主动就业。

第十三条 本市鼓励用人单位向公共就业服务机构提供岗位空缺信息，用人单位提供的岗位空缺信息应当真实准确。

公共就业服务机构应当优先为提供岗位空缺信息的用人单位提供服务，对符合该用人单位需求并适合就业困难人员就业的岗位，优先推荐就业困难人员。

第十四条 本市鼓励公共就业服务机构以外的职业中介机构、职业技能培训机构和职业技能鉴定机构免费为就业困难人员提供服务。

免费为就业困难人员提供职业介绍、职业指导等服务的职业中介机构，按照国家和本市有关规定享受职业介绍补贴。

免费为就业困难人员提供职业技能培训、创业培训、技能鉴定的职业技能培训机构、职业技能鉴定机构，按照国家和本市有关规定享受培训补贴、鉴定补贴。

第十五条 用人单位招用就业困难人员的，按照国家和本市有关规定享受营业税、企业所得税等税费减免，贷款贴息，养老、医疗、失业等社会保险补贴和岗位补贴。

就业困难人员自主创业、自谋职业的，按照国家和本市有关规定享受营业税、个人所得税等税费减免，贷款贴息，养老、医疗、失业等社会保险补贴，各级人民政府及有关部门应当在经营场地等方面给予照顾。

就业困难人员灵活就业的，按照国家和本市有关规定享受养老、医疗、失业等社会保险补贴。

第十六条 本市失业保险基金按照国家和本市有关规定，可以用于就业援助工作。

第十七条 市和区、县人民政府及有关部门对在就业援助等促进就业工作中作出显著成绩的单位和个人，给予表彰和奖励。

第十八条 有关行政部门、公共就业服务机构及其工作人员违反本规定，滥用职权、玩忽职守、徇私舞弊的，对直接负责的主管人员和其他直接责任人员依法给予处分。

公共就业服务机构未按照服务标准提供就业援助服务，侵害就业困难人员合法权益的，就业困难人员有权向所在区、县人力资源和社会保障行政部门提出申诉。

第十九条 职业中介机构、职业技能培训机构、职业技能鉴定机构、用人单位违反本规定，以欺诈、伪造证明材料或者其他手段骗取补贴的，由人力资源和社会保障行政部门责令退回骗取的补贴，并处1万元以上5万元以下罚款，同时将违法行为信息记入企业信用信息系统。

第二十条 有关人员违反本规定，以欺诈、伪造证明材料或者其他手段骗取就业援助相关补贴的，由人力资源和社会保障行政部门责令退回骗取的相关补贴，并处骗取金额2倍以上5倍以下罚款，同时将违法行为信息记入有关个人信用信息系统。

第二十一条 单位和个人违反本规定，其他法律、法规、规章规定有法律责任的，从其规定。

第二十二条 本规定自2012年5月1日起施行。

关于《北京市就业援助规定（草案）》的说明

——2011年7月20日在北京市第十三届人民代表大会常务委员会第二十六次会议上

北京市人力资源和社会保障局局长 张欣庆

主任、各位副主任、秘书长、各位委员：

我受市人民政府的委托，现就《北京市就业援助规定（草案）》（以下简称草案）作如下说明。

一、立法的必要性

市委、市政府高度重视就业工作，始终把促进就业摆在首都经济社会发展的突出位置，围绕首都经济建设和产业结构调整方向，坚持劳动者自主择业、市场调节就业、政府促进就业的方针，以稳定就业扩大就业为目标，实施积极的就业政策，不断优化就业结构，城乡就业规模不断扩大。1998年以来，全市共帮助30万名下岗职工、187万名失业人员实现再就业，53万名农村劳动力实现了转移就业。全市从业人员总量由622万人增加到998万人，增加了376万人，城镇登记失业率一直在2.3%的控制目标内，保持了就业局势的基本稳定。

自2002年《中共中央、国务院关于进一步做好下岗失业人员再就业工作的通知》（中发〔2002〕12号）明确就业援助主要对象以来，国家和本市陆续出台关于加强再就业工作的文件，不断扩大就业援助对象范围。截至目前，本市城乡就业困难人员累计约124万人次，其中城镇就业困难人员约95.6万人次（2003—2010年）；农村就业困难人员约28.4万人次（2007—2010年）。通过日常援助和重点援助，共帮助约66.3万人次城乡就业困难人员实现就业。2010年本市城乡就业困难人员约32万人次，实现就业约16万人次，就业援助工作任重道远。因此，有必要通过地方立法，建立健全就业援助的长效机制，将本市现行有效的就业援助政策法制化，保障本市就业援助政策可持续实施，维护就业局势的整体稳定。

（一）以人为本，构建和谐社会首善之区的需要

就业是民生之本，关系到每一位劳动者特别是就业困难人员及其家庭的切身利益。就业是和谐之基，实现就业比较充分，是构建和谐社会的重要目标之一。北京作为首都，做好就业困难人员就业援助工作，不仅是确保首都经济全面、协调、可持续发展的客观需要，同时也是构建和谐社会首善之区的必然要求。积极帮助和扶持有就业愿望和就业能力的就业困难人员就业，对于稳定就业局势、促进首都社会和谐具有重要作用。

（二）贯彻落实国家法律和本市“十二五”规划纲要的需要

2007年全国人大审议通过的《中华人民共和国就业促进法》（以下简称《就业促进法》）专门设立“就业援助”一章，规定就业援助的对象和主要措施，并将对就业困难人员实施就业援助作为政府促进就业工作的一项重要内容。《北京市国民经济和社会发展第十二个五年规划纲要》提出：“十二五”时期，要继续坚持积极的就业政策导向，不断完善就业公共服务，努力让所有劳动者体面而有尊严地生活；城镇登记失业率控制在3.5%以内。贯彻落实上述法律和政策文件精神，需要通过地方立法，进一步完善就业援助制度，明确就业援助的责任、途径和措施，更好地推动就业援助工作。

（三）进一步做好就业困难人员就业援助工作的需要

本市就业工作虽然取得一定成绩，但对就业困难人员的就业援助工作仍然面临一些突出问题，需要通过地方立法予以解决，主要表现在：一是随着本市城乡一体化进程的加快，经济发展方式的转变，就业结构性矛盾逾显突出。在产业结构调整过程中，现代服务业、高新技术产业等新兴行业多数是资本密集型和技术密集型，就业容量不大，不可能创造大量新的就业岗位，即使创造一些新的就业岗位，往往对就业人员的专业知识和技能要求较高；而本市求职人员，特别是就业困难人员中不少人由于年龄偏大、职业技能偏低，难以适应用人单位就业岗位的要求，造成供需脱节。二是就业困难地区就业压力大。由于区域产业结构调整、新的支柱产业及就业增长点尚未形成等原因，造成个别地区就业困难人员比较集中。截至2010年年底，门头沟、石景山、房山、密云、丰台5

个区县，登记失业率仍分别高于全市 3.28、1.83、1.80、1.02、0.40 个百分点。三是就业困难人员就业稳定性较差。2010 年，灵活就业和自谋职业的人员占失业人员就业总人数的 78.1%，这些人员收入不固定，靠政府补贴接续社会保险，易反复失业。

二、立法工作情况

市人力社保局自 2009 年初启动了促进就业的地方立法调研论证工作，同年 12 月通过了市人大常委会主任会议立项论证，论证意见是：考虑到《就业促进法》内容比较全面和明确，本市不再制定全面的实施办法；地方立法重点解决本市困难群体就业工作中存在的主要矛盾和突出问题，明确和细化政府促进就业方面的职责，规范公共就业服务，进一步促进本市就业工作；集中整合本市近年来在实施积极就业政策、促进困难群体就业等方面的成熟政策、措施，上升为地方性法规，实现促进本市困难群体就业政策和工作机制的法制化、规范化。

根据市政府立法工作计划，2010 年 3 月，市人力社保局和市政府法制办组成了立法起草小组。起草小组在认真学习《就业促进法》等有关法律、法规的基础上，梳理了本市就业援助工作存在的问题和行之有效的做法，并对有关问题进行专题研究；先后召开了 5 次专题论证会，深入听取人力社保部、市政府有关部门、区县人力社保部门以及部分法律和就业领域专家、企业负责人、人大代表和基层群众的意见和建议，并就有关难点问题赴江西、福建等地学习调研，形成了草案送审稿，报送市政府审查。

市政府审查期间，将草案送审稿全文及说明在首都之窗网站上向社会公开征求了意见；书面征求了市发展改革委、经济信息化委、财政局、地税局、民政局、教委、农委、国资委等 19 个政府部门和 16 个区、县人民政府的意见；召开了基层座谈会，听取了职业中介、职业技能培训、职业技能鉴定机构代表、街道社保所代表和就业困难人员代表的意见和建议；召开了市政府法律专家工作组会议，对有关问题进行了法律审核。在充分听取和吸收各方面意见和建议的基础上，形成了目前的草案。在起草过程中，市人大财经办、法制办自始至终参加了起草工作并给予了具体指导。草案已经 2011 年 6 月 21 日第 95 次市政府常务会议审议通过。

三、草案的主要内容

草案共 20 条，主要内容如下。

（一）根据《就业促进法》的授权，明确由市政府确定就业困难人员的具体范围

根据《就业促进法》第五十二条的授权，草案规定：就业困难人员的具体范围由市人力资源和社会保障部门会同有关部门根据实际情况拟订，报市人民政府批准后公布实施。就业困难人员按照本市有关规定在所在地街道、乡镇公共就业服务机构进行就业或者失业登记。此外，根据残疾人就业的特殊情况，草案作了与残疾人权益保障法律、法规相衔接的规定（第二条）。

（二）细化政府就业援助职责

《就业促进法》明确对就业困难人员实施就业援助是政府促进就业工作的一项重要内容，草案对此作了进一步细化：一是制定促进就业困难人员就业的具体措施；将就业援助纳入促进就业的目标责任制考核；统筹安排资金用于就业援助工作；建立健全就业援助服务体系，扶持和帮助就业困难人员就业（第四条）；建立健全促进就业工作协调机制，统筹协调解决就业援助工作中的重大问题（第五条）。二是在调整产业结构时，统筹协调产业政策与就业政策；在安排政府投资和

确定重大建设项目时，进行就业需求预测，增加就业岗位（第七条）。三是对因城市区域功能定位或者区域经济发展等经济结构调整原因造成就业矛盾突出的地区，市政府在岗位开发、跨地区就业、技能培训等方面给予扶持和帮助（第八条）。四是政府投资开发的公益性岗位，优先安排符合岗位要求的就业困难人员，确保城市有就业需求的家庭至少有一人实现就业；本市国家机关的工勤人员优先招用符合岗位要求的就业困难人员（第九条）。五是按照国家和本市有关规定，对符合裁员条件而未裁员的用人单位给予必要的扶持和帮助（第十四条）。

（三）明确就业困难人员就业享受的具体优惠措施

援助就业困难人员就业，离不开税费减免、补贴等优惠政策，草案将本市现行有效的就业援助政策上升为法律制度：一是用人单位招用就业困难人员的，按照国家和本市有关规定享受税费减免、贷款贴息、社会保险补贴和岗位补贴。二是就业困难人员自主创业、自谋职业的，按照国家和本市有关规定享受税费减免、贷款贴息和社会保险补贴。三是就业困难人员灵活就业的，按照国家和本市有关规定享受社会保险补贴。同时，根据不同人群就业前后参加社会保险的不同，可能存在不同社会保险之间的衔接问题，草案规定人力资源和社会保障部门应当会同有关部门做好就业困难人员就业前后所参加的社会保险之间的接续工作（第十条）。

（四）明确就业服务机构及其工作职责

考虑到就业援助工作需要由就业服务机构具体承担，草案进一步明确了就业服务机构承担的就业援助工作职责：一是公共就业服务机构配备专门人员，采取多种方式宣传就业援助政策，免费为就业困难人员提供政策咨询、职业指导、职业介绍、档案管理等服务（第十一条）。二是公共就业服务机构优先为提供空岗信息的用人单位推荐适合的就业困难人员（第十二条）。三是鼓励社会职业中介、职业技能培训和职业技能鉴定机构免费为就业困难人员提供服务，并有权按照国家和本市有关规定享受有关补贴（第十三条）。

此外，草案还对有关行政部门、公共就业服务机构及其工作人员滥用职权、玩忽职守，用人单位、就业困难人员骗取补贴和社会保险待遇等行为，设定了法律责任（第十六条、第十七条、第十八条和第十九条）。

草案已印送各位委员，请审议。

北京市人民代表大会财政经济委员会关于《北京市就业援助规定（草案）》审议意见的报告

——2011年7月20日在北京市第十三届人民代表大会常务委员会第二十六次会议上

市人大财政经济委员会主任委员　王　火

主任、各位副主任、秘书长、各位委员：

市人大财政经济委员会收到市人民政府提请市人大常委会审议的《北京市就业援助规定（草案）》（以下简称《规定（草案）》）后，书面征求了16个区县人大常委会的意见，召开座谈会听取了部分市人大代表、市政府有关部门、企业、社会中介组织和专家的建议，并在市人大常委会网站上公开征求了社会各界的意见。7月5日，财政经济委员会召开的第三十次会议，依照《北京市制定地方性法规条例》的规定，对《规定（草案）》进行了审议。现将审议意见报告如下。

财政经济委员会认为，本市高度重视就业工作，始终把促进就业摆在首都经济社会发展的突出位置，在完善积极的就业政策体系、加强公共就业服务和劳动者就业保障、促进城乡劳动者平等就业等方面做了大量工作，成效明显，全市的就业形势总体是好的。特别是重视对就业困难人员的援助，出台了一系列优惠政策、措施，帮助扶持有就业愿望和就业能力的困难人员实现就业。为进一步规范全市就业援助工作，完善就业援助制度，更好地为就业困难人员就业援助提供法制保障，实现全社会充分就业的目标，制定出台本市就业援助方面的地方性法规十分必要。

《规定（草案）》紧紧围绕立项论证所提出的指导思想和基本思路，针对本市就业援助工作的特点和存在的问题，重点规定了政府就业援助职责、就业困难人员就业所享受的相关优惠政策、就业服务机构及其工作职责等方面内容，并将我市几年来就业援助实践中一些行之有效的政策、措施通过法规的形式加以规范和固化。《规定（草案）》重点突出，针对性强，符合北京实际。同时，财政经济委员会就《规定（草案）》有关内容提出以下修改意见和建议。

一、关于就业困难人员的具体范围

《规定（草案）》第二条第一款只规定由有关部门拟定我市就业困难人员的具体范围。我们认为，在条文中不明确规定就业援助的对象和具体范围，将影响法规的可操作性，不便于大家了解和掌握就业困难人员的认定条件和判断标准，在实际中也不利于更好地开展就业援助工作。因此，需要根据本市实际，在条文中明确规定就业困难人员的具体范围，同时授权有关部门可以根据本市经济社会发展实际及时进行调整。建议《规定（草案）》第二条第一款增加相关内容作为第二条，具体表述为：“本规定适用于对本市就业困难人员的就业援助。

“在法定劳动年龄内，有劳动能力和就业愿望、处于无业状态的本市户籍人员有下列情形之一难以实现就业的，属于就业困难人员：

“（一）经残疾等级评定机构评定为残疾的；

“（二）女满四十周岁以上、男满五十周岁以上的；

“（三）享受城乡居民最低生活保障待遇的；

“（四）属于零就业家庭成员的；

“（五）连续失业一年以上的；

“（六）市人民政府规定的其他情形。

“市人力资源和社会保障部门可以根据本市经济和社会发展实际，对就业困难人员的具体范围适时进行调整，报市人民政府批准后公布实施。”

二、关于就业困难人员的申请认定程序

《规定（草案）》第二条第二款规定，就业困难人员需要按照有关规定进行就业或者失业登记，但对就业困难人员的申请和认定没有程序规定，为便于申请人了解具体申请程序，规范受理机构审查认定工作，提高法规的可操作性，建议增加相关内容。另外，鉴于残疾人已经纳入就业困难人员范围，《规定（草案）》中有关就业援助的相关规定全部适用于残疾人，本条第三款可以不就残疾人的

援助单独表述。建议将《规定（草案）》第二条第二款增加相关内容作为第三条，具体表述为："符合本规定第二条第二款相关条件的人员按照本市有关规定，可以持本人身份证件、困难人员身份证明等材料，在所在地街道、乡镇公共就业服务机构进行失业登记或转移就业求职登记，申请就业困难人员认定。

"申请材料完备、符合法定条件的，街道、乡镇公共就业服务机构应当自受理就业困难人员申请之日起 5 个工作日内完成审查并作出是否认定为就业困难人员的决定。

"经认定属于就业困难人员的，应当依法给予就业援助。经认定不属于就业困难人员的，应当书面告知申请人并说明理由。

"申请人对认定结果的决定有异议的，可以自收到决定之日起 15 日内向作出认定结果的公共就业服务机构所在区县人力资源和社会保障行政部门申请复核。"

三、关于建立失业预警制度以及对未裁员企业进行扶持和帮助的相关规定

《规定（草案）》第十四条是有关市和区、县人民政府建立失业预警制度，以及对符合裁员条件而未裁员的用人单位给予扶持和帮助的规定。本条第一款是照搬国家法律有关条文，属于对就业促进法第四十二条内容的重复表述。针对本条第二款的规定，我们认为，应对金融危机时采取一些临时性政策、措施，对符合裁员条件而未裁员的用人单位给予扶持和帮助，有助于防止大规模失业和保持经济社会平稳发展。但是这些政策、措施属于非常时期的非常手段和应急性措施，如果通过地方性法规确定下来成为长期措施，既不利于企业提高劳动生产率，也不符合充分就业、有效就业的目标要求。同时，考虑到本条第一款和第二款的内容均不属于就业援助的范畴，建议删除《规定（草案）》第十四条。

四、关于个人欺诈、伪造证明材料的法律责任

《规定（草案）》第十八条规定了就业困难人员以欺诈、伪造证明材料或者其他手段骗取社会保险待遇行为的法律责任。我们认为，只对就业困难人员和只对骗取社会保险待遇的行为追究法律责任，规定不够全面。对非就业困难人员以欺诈、伪造证明材料骗取相关社会保险待遇的行为，以及骗取社会保险待遇以外补贴的行为都应当追究法律责任，同时还应当增加相应的信用惩戒措施。建议将《规定（草案）》第十八条修改为："相关人员违反本规定，以欺诈、伪造证明材料或者其他手段骗取就业援助相关补贴的，由人力资源和社会保障行政部门责令退回骗取的相关补贴，并处骗取金额 2 倍以上 5 倍以下罚款，同时将违法行为信息记入有关个人信用信息系统。"

此外，财政经济委员会在审议中还对《规定（草案）》中部分文字表述提出了修改意见。

以上报告，供常委会审议时参考。

北京市人民代表大会法制委员会关于《北京市就业援助规定（草案）》审议结果的报告

——2011年11月17日在北京市第十三届人民代表大会常务委员会第二十八次会议上

市人大法制委员会副主任委员　张　引

主任、各位副主任、秘书长、各位委员：

2011年7月20日，市十三届人大常委会第二十六次会议对《北京市就业援助规定（草案）》（以下简称规定草案）进行了审议。会上，财政经济委员会和19位常委会组成人员、1位列席人大代表发表了意见。大家认为，就业是民生之本，通过立法健全就业援助制度，促进就业困难人员就业，对于稳定本市就业局势，促进首都社会和谐具有重要意义；同时，大家对这项法规的立法形式给予了充分肯定，认为规定草案针对北京市的实际问题，将就业困难群体的就业作为切入点，抓住了重点和难点，体现了“针对问题立法、立法解决问题”的思路，立法形式新颖，值得今后立法借鉴；建议进一步调研分析本市就业困难群体的具体情况和需求，提出有针对性的援助措施，增强法规内容的可操作性。

会后，法制委员会对常委会审议意见及其他各方面意见进行了认真研究，听取了市人力资源和社会保障部门的专题汇报，并会同财政经济委员会到部分区县进行了专题调研。2011年11月9日，法制委员会召开会议，根据常委会审议意见、财政经济委员会审议意见和其他方面意见进行审议，提出了进一步修改的意见。现将审议结果报告如下。

一、关于就业困难人员的范围

规定草案第二条第一款授权市人民政府确定本市就业困难人员的具体范围。财政经济委员会和多位常委会组成人员提出，就业困难人员的具体范围应当在法规中直接予以明确，以增强法规的可操作性。根据上述意见，法制委员会建议将规定草案第二条修改为：“本规定适用于对本市就业困难人员的就业援助。

“本规定所称就业困难人员，是指在法定劳动年龄内，有劳动能力和就业愿望，处于无业状态并难以实现就业的本市城乡劳动者，具体范围包括：

“（一）属于零就业家庭成员的；

“（二）享受城乡居民最低生活保障待遇的；

“（三）女满四十周岁以上、男满五十周岁以上的；

“（四）经残疾评定机构评定为残疾的；

“（五）连续失业一年以上的；

“（六）市人民政府规定的其他情形。

“本市绿化隔离、矿山关闭、资源枯竭或者受保护性限制等地区的农村劳动力，进行转移就业登记后，纳入本市就业困难人员范围。”（草案修改稿第二条）

二、关于申请就业援助的程序

规定草案对就业困难人员申请就业援助的程序未作具体规定。财政经济委员会和多位常委会组成人员提出，为了便于就业困难人员了解具体申请程序，同时规范受理机构的审查认定工作，有必要对申请就业援助的程序予以明确。根据上述意见，法制委员会建议增加一条作为规定草案第三条，表述为："本规定第二条第二款、第三款所列范围内的人员可以按照本市有关规定，到住所地街道、乡镇公共就业服务机构进行失业登记或者转移就业登记，申请就业困难人员认定。

"街道、乡镇公共就业服务机构应当自受理就业困难人员认定申请之日起5个工作日内完成审查认定，对符合法定条件属于就业困难人员的，应当依法给予就业援助。

"申请人对认定结果有异议的，可以自收到认定结果之日起15个工作日内向作出认定结果的公共就业服务机构所在区、县人力资源和社会保障行政部门申请复核。"（草案修改稿第三条）

三、关于政府开发的公益性岗位

通过政府开发的公益性岗位安排就业困难人员是就业援助的重要措施，规定草案第九条第一款对此作出了原则规定。有的常委会组成人员建议，政府应当采取措施增加适合就业困难人员就业的公益性岗位，定向招用就业困难人员。根据上述意见，法制委员会建议将规定草案第九条修改为："各级人民政府及有关部门应当根据经济社会发展状况和就业援助需要，通过投资、购买服务等方式开发适合就业困难人员的公益性岗位，定向安排就业困难人员就业。"（草案修改稿第九条）

四、关于公共就业服务机构的就业援助服务

公共就业服务机构是政府对就业困难人员提供就业援助服务的主要窗口。为了进一步规范公共就业服务机构的就业援助服务，法制委员会建议将规定草案第十一条修改为："各级人民政府设立的公共就业服务机构应当建立和完善就业援助工作制度，制定就业援助计划，配备专门人员，采取多种方式宣传就业援助法律、法规、政策，免费为就业困难人员提供就业咨询、职业指导、职业培训、创业培训、职业技能鉴定、职业介绍、档案管理等专业化的就业援助服务，扶持和帮助就业困难人员实现就业。

"乡镇、街道公共就业服务机构应当对辖区内的就业困难人员进行登记，建立专门台账，实行就业困难人员认定、退出动态管理制度和援助责任制度，为就业困难人员提供及时、有效的就业援助服务。

"公共就业服务机构应当按照公共就业服务标准开展就业援助服务，公开服务流程、服务内容，简化办事程序，提高办事效率，接受社会监督。"（草案修改稿第十条）

同时，增加一款作为草案修改稿第十八条第二款："公共就业服务机构未按照服务标准提供就业援助服务，侵害就业困难人员合法权益的，就业困难人员有权向所在区、县人力资源和社会保障行政部门提出申诉。"（草案修改稿第十八条第二款）

五、关于就业援助制度与其他相关制度的衔接

目前本市失业保险待遇、最低生活保障待遇水平与最低工资标准之间缺乏协调，部分就业困难人员就业积极性不高。为了增强就业困

难人员就业的动力，进一步引导其积极主动就业，法制委员会建议增加一条对政府及有关部门做好相关制度衔接作出规定，表述为："市人民政府及有关部门应当做好就业援助制度与失业保险制度、最低生活保障制度和最低工资制度之间的衔接，鼓励和引导就业困难人员积极主动就业。"（草案修改稿第十二条）

六、关于失业预警和裁员制度

规定草案第十四条规定了失业预警制度，以及对符合裁员条件而未裁员的用人单位给予扶持和帮助的规定。财政经济委员会和多位常委会组成人员提出，失业预警制度超出了就业援助制度的范围；另外，对符合裁员条件而未裁员的用人单位给予扶持和帮助是特殊时期的应急性措施，不适宜作为长效措施在法规中固定下来。根据上述意见，法制委员会建议删除规定草案第十四条。

此外，法制委员会还根据常委会审议意见、财政经济委员会审议意见和其他方面的意见，对草案一些条款的文字表述作了完善性的修改，对条款顺序作了必要的调整。

法制委员会按照上述意见，提出《北京市就业援助规定（草案修改稿）》，提请本次常委会会议进行审议。

草案修改稿和以上意见是否妥当，请审议。

北京市人民代表大会法制委员会关于《北京市就业援助规定（草案修改稿）》修改意见的报告

——2011年12月23日在北京市第十三届人民代表大会常务委员会第二十九次会议上

市人大法制委员会副主任委员　张　引

主任、各位副主任、秘书长、各位委员：

2011年11月17日，市十三届人大常委会第二十八次会议对《北京市就业援助规定（草案修改稿）》进行了分组审议，会上有4位常委会组成人员发表了意见。会后，法制委员会根据常委会审议意见进行了调研，并于12月6日召开会议对草案修改稿进行审议，提出了进一步修改的意见。现将修改情况报告如下。

一、有的委员提出，法规中应当增加就业困难人员认定和复核的具体程序，以方便就业困难人员理解和操作。鉴于实践中就业困难人员申请认定和异议复核涉及一系列具体要求，法规限于体例不宜规定过细，法制委员会建议增加一款授权市人力资源和社会保障行政部门制定具体程序，表述为："就业困难人员认定、复核的具体程序由市人力资源和社会保障行政部门制定并向社会公布。"（表决稿第三条第四款）

二、有的委员提出，法规中应当明确人力资源和社会保障行政部门在就业援助工作中的具体职责，进一步保障本市就业援助工作的执行和落实。根据委员意见，法制委员会建议增加一款明确人力资源和社会保障行政部门的职责，表述为："市和区、县人力资源和社会保障行政部门具体负责本行政区域内就业援助工作的组织实施和检查。"（表决稿第五条第二款）

此外，法制委员会还根据常委会的审议意见对草案修改稿一些条款的文字表述作了完善性修改。

法制委员会按照上述意见提出《北京市就业援助规定（表决稿）》，建议本次常委会会议通过，并自2012年5月1日起施行。

关于北京市第十三届人民代表大会第四次会议代表建议、批评和意见办理情况的报告

——2011年12月22日在北京市第十三届人民代表大会常务委员会第二十九次会议上

市人大常委会副秘书长、代表联络室主任 张 清

主任、各位副主任、秘书长、各位委员：

根据《北京市人民代表大会代表建议、批评和意见办理条例》的有关规定，我就市十三届人大四次会议代表建议、批评和意见（以下简称建议）的提出、办理以及督办情况报告如下。

一、代表提出建议情况

市十三届人大四次会议期间，市人大代表共提出建议1302件。其中，直接以建议形式提出的1111件；经议案审查委员会审查、主席团讨论通过，代表议案作为建议处理的191件。从内容看，城建城管方面598件，占45.9%；教育科技文化卫生体育方面204件，占15.7%；公安司法民政劳动人事方面223件，占17.1%；财政经济方面201件，占15.4%；其他方面76件，占5.9%。

市人大代表提出建议的热情较高，共有571位代表参与提出建议，占代表总数的73.8%。其中，有353位代表单独或领衔提出建议，占代表总数的45.6%。从建议内容看，代表们对"十二五"规划的实施、加快产业结构升级、加速经济发展方式转变、加强人口调控等给予了高度关注，对加强道路规划、优化公交路网及环境建设、改进地铁建设及运营、完善住房保障制度、改进养老惠民优待措施等进行了集中反映。

二、各承办系统办理建议情况

市十三届人大四次会议闭幕后，市人大常委会及时组织召开会议，根据建议内容和有关单位的职能，将1302件代表建议进行了交办。其中，交由市人大常委会工作机构研究办理26件，市人民政府研究办理1275件，市高级人民法院研究办理17件，市人民检察院研究办理8件，本市其他机关和组织研究办理103件。1302件建议中有127件由2个以上承办系统共同办理。

各承办系统和单位对代表建议高度重视，努力做好办理工作。主要表现在：一是进一步发挥了建议办理工作格局的作用。"主要领导负责、分管领导组织，综合部门统筹、业务部门承办"的工作格局发挥了重要作用。二是探索改进了建议办理方式。各承办系统及时印发了市人大常委会召开的代表工作座谈会会议纪要，积极探索实践"分类分层办理和集中答复"的建议办理方式。三是进一步完善了办理工作机制。"办前综合分析、办

中加强配合和沟通、办后全面集中总结”的工作机制更加完善，办理质量和工作水平有了新的提高。四是加强了系统内部监督检查。通过统筹协调、和重点工作对接、内部通报等多种措施，督促承办单位和业务部门及时办复、办好代表建议。

经过各承办单位和广大工作人员的辛勤努力，1302件代表建议均已按照规定在5月底前办复。其中，代表建议所提问题得到解决或基本解决的172件；代表建议内容被吸收，工作已有进展并取得一定成效的829件；已列入工作计划，明确了完成时限，近两三年内可以解决的55件；受政策、法规以及财力等条件的限制，目前不能解决，向代表作出解释说明的215件；留作参考的31件。今年8月下旬，市人大常委会代表联络室向单独或领衔提出建议的代表发函征求意见，有125名代表作了回复。经统计，代表对96.5%的建议办理情况表示同意或者理解。

另外，截止到11月底，代表在闭会期间提出建议95件，已办复69件。

三、市人大常委会督办建议情况

2011年，市人大常委会认真总结经验，加强工作研究，探索改进了建议督办工作，推动了建议工作的开展。

（一）加强调查研究，探索提出了“分类分层办理和督办，集中答复”的工作思路

为了提高建议工作实效，常委会加强了对代表建议工作的研究与分析，杜德印主任、刘晓晨副主任专门到市交通委开展了专题调研，明确提出了“认真分类研究、积极恰当处理、诚恳明确答复、加强统筹协调”的建议工作思路。市人大常委会及时组织召开了全市代表工作座谈会，重点研讨了代表建议办理工作，并将会议纪要印发了各承办系统以及各区县人大常委会等相关单位，以确保会议精神得到贯彻和落实。

各承办系统和单位认真贯彻落实全市代表工作座谈会会议精神。市政府办公厅向各承办单位下发了《关于加强与改进办理人大代表建议工作的通知》，要求各单位加强组织领导，健全办理工作机制，将办理建议与政府部门工作有效结合起来，加强跟踪督办，抓好落实。市高级人民法院、市人民检察院也分别召开专门会议学习传达了座谈会精神，要求各部门认真开展好建议分类分层办理工作。

（二）认真改进督办工作，努力提高督办工作的实效

按照“常委会领导牵头督办、专委会分类分层督办、代表联络室统筹督办”的工作机制，进一步整合了督办工作力量，努力提高督办工作实效。

1. 继续发挥好建议督办工作格局的作用

常委会主任、副主任发挥领导和示范作用，积极牵头督办。经主任会议研究，今年确定了“改进交通管理、加强农产品生产流通体系建设、落实宗教房产政策、促进北京市旅游发展、合理调控人口规模、完善养老优待政策”等6个方面建议，由杜德印主任，赵凤山、马振川、刘晓晨、吴世雄、刘新成、李昭玲副主任分别牵头督办，通过实地调研视察、召开座谈会、听取专题汇报等形式对建议的办理进行了督促检查，扩大了建议办理工作的影响，所督办的建议都取得了较好的效果。

各专委会加强与对口承办单位的联系，探索开展了分类分层督办。一是进一步加强了对建议的综合分析，认真梳理了代表建议集中反映的重点、热点和难点问题，作好督办的准备。农村委将82件有关“三农”方面的建议划分为“三农”综合、水务、园林、公园管理4大类和11个小类，制定了督办方案，开展了督办工作。二是进一步加强了工

作指导，通过召开会议、工作调研等形式，指导各承办单位开展好分类分层办理工作，为分类分层督办建议打好基础。财经委专门召开了政府部门联席会议，专题部署了建议督办工作，向对口联系的17家单位下发了承办代表建议情况汇总表。城建环保委及时组织对口联系单位召开了建议督办工作会，研讨了分类分层办理与督办、集中答复问题，就建议办理工作提出了具体要求。三是加强了与对口承办单位的联系和沟通，及时了解办理进度，协调解决遇到的问题和困难，组织代表通过实地调研、听取专题汇报、座谈交流等形式开展督办工作，促进了建议办理质量的提高。

代表联络室加强统筹协调，做好服务保障工作。一是加强对建议的分析研究，为常委会领导和各专委会全面了解代表建议情况做好服务。二是及时汇总各承办单位建议分类分层信息，为各专委会确定重点督办建议、开展督办工作打好基础。三是加强与各专委会及代表的沟通协调，为专委会邀请代表以及代表参与建议督办提供支持。

2. 推进建议督办工作与常委会其他工作的有机结合

为了增强督办的效果，提高常委会的整体工作水平，今年常委会进一步推进了建议督办工作与其他工作的有机结合。一是将建议督办工作与立法工作结合起来。农村委结合《北京市城市河湖保护管理条例（草案）》一审和《北京市湿地保护条例》立项论证工作，加强了对“建立首都饮用水源保护长效补偿机制”、“加大湿地保护力度”等方面建议的督办，使建议办理结果对立法工作形成有效借鉴。二是将建议督办与听取和审议专项工作报告结合起来。城建环保委将督办的交通类建议与听取和审议市政府关于进一步缓解交通拥堵工作情况的专项工作报告结合起来，推动了建议的办理和问题的解决。三是将建议督办与议案工作结合起来。内司委将督办的有关加强和改进养老惠民优待政策、措施方面的15件建议，同跟踪检查关于老龄议案报告审议意见的落实情况结合起来，推动有关部门改进了“养老服务券”发放使用等方面的工作，使建议督办和议案审议意见落实产生良性互动。此外，教科文卫体委等专委会还将年终集中视察与检查建议办理落实情况结合起来，进一步推动了建议反映问题的解决。

3. 统筹发挥好人大督办与“一府两院”系统内部督查两方面的作用

今年进一步改进和加强了常委会督办与“一府两院”等承办系统内部督查相结合的督办工作方式。一是在建议办理期间，会同市政府办公厅，调研了部分承办建议较多的单位，进一步明确建议工作思路，及时掌握办理进度，协调解决办理中的问题。二是在建议办结答复代表后，组织各承办系统在系统内部开展自查，代表有不同意见的，要求各承办单位积极与代表沟通，并在系统内选取部分建议补充办理。三是组织开展了复查补办工作，研究确定了12件建议交承办单位重新办理，并要求各承办单位加大解决力度，从政策层面研究和改进工作。

4. 积极组织代表参加常委会建议督办工作

邀请代表参与常委会的建议督办工作，充分发挥代表在建议督办工作中的作用是提高建议工作质量的重要措施。各专委会通过召开座谈会、进行实地调研和视察等形式积极邀请代表参加督办工作，认真听取并及时向承办单位反馈代表提出的意见，促进了建议办理质量的提高。内司委根据解放军驻京部队代表提出的建议，邀请驻京部队代表就我市接收安置军队退休干部工作情况开展了调研，听取了政府相关部门的工作汇报，掌握了我市接收安置军队退休干部工作的现状，形成了调研报告。民宗侨委积极组织少数民族、宗教界、归侨侨眷领域的人大代表参加建议督办等工作，连续三年跟踪督办了“关于恢复本市归侨离、退休公务员临时生活补贴，并将离、退休归侨临时生活补贴标准统一调整”的代表建议，成效明显，问题得到了基本解决。

四、市人大常委会机关办理建议情况

2011 年，市人大常委会机关共承办代表建议 26 件（与其他单位共同办理 12 件），涉及常委会 9 个工作机构。在办公厅的统筹协调下，各工作机构认真研究办理代表建议，取得了较好效果。代表建议反映的问题得到解决或基本解决的 4 件；工作已有进展并取得一定成效的 17 件；受政策、法规限制，短期内难以解决，向代表作出解释说明的 2 件；留作参考的 3 件。代表对 26 件建议的办理结果均表示同意或者理解。

（一）关于立法工作方面的建议 13 件

建议内容主要包括加快北京市公共听证、政府绩效管理等方面的立法，修改《北京市人口与计划生育条例》、《北京市实施〈中华人民共和国道路交通安全法〉办法》等地方性法规。法制办在办理刘牧雨代表提出的“关于加快北京市公共听证立法”建议的过程中，加强对听证制度的研究，跟踪了解全国人大常委会相关立法进程，认真总结本市听证制度实践经验，为本市听证立法奠定基础。为了办理好李大进代表提出的“关于对《北京市实施〈中华人民共和国道路交通安全法〉办法》部分条款进行修改”的建议，内司办积极与市政府有关部门沟通，开展了前期调研分析。教科文卫体办在办理郭鸣代表提出的“修改《北京市人口与计划生育条例》”建议的过程中，与市人口计生委进行了认真研究，拟在进一步做好调研和立项论证的基础上适时启动条例的修订工作。

（二）关于监督工作方面的建议 9 件

建议内容主要包括加强对“十二五”规划的实施和落实情况的监督，开展《律师法》执法检查，继续将垃圾管理工作作为市人大重点督办工作，加强乡镇集体资产监督和管理等。财经办对陈军代表提出的“关于加强对《北京市国民经济和社会发展第十二个五年规划》实施和落实情况监督”的建议进行了认真研究，提出将“十二五”规划实施情况的监督工作列为常委会今后五年工作的重点，同时加强规划实施的中期评估，组织代表开展好监督检查。城建环保办将办理王维平代表提出的“关于市人大继续将我市垃圾管理工作作为重点督办工作”的建议与《北京市生活垃圾管理条例（草案）》的审议工作相结合，既在审议过程中充分吸收了建议的内容，还组织代表对市政府落实市人大常委会审议意见的情况进行了跟踪检查。在办理郭光磊代表提出的“加强乡镇集体资产管理，切实保障农民群众合法权益”建议的过程中，农村办认真调研了我市农村集体资产管理及乡村集体经济产权制度改革情况，计划明年组织代表再行调研，督促市政府相关部门做好集体资产管理和产权制度改革，推动相关地方性法规的出台，保证集体资产的正常运转和使用，促进集体经济发展壮大，切实维护农民合法权益。

（三）关于代表工作方面的建议 2 件

建议内容主要包括市人大常委会每年为每个区县督办一件重点议案或建议，举办代表论坛等。代表联络室对卫爱民代表提出的“关于举办代表论坛”的建议及时进行了研究，并与代表进行了沟通，拟在发挥现有执法检查、视察、专题调研、意见征询等民意表达渠道作用的基础上，积极探索新的形式，以进一步完善民意表达机制，密切常委会与代表的联系。

（四）关于人大及其常委会自身建设方面的建议 2 件

建议内容主要包括建设首善之区需要理顺北京与中央的关系，确立建设“法治北京”的主要任务，推进“法治北京”建设等。相关工作机构积极开展办理工作，认真汲取代表的建议和意见，将其作为今后工作的重要参考，以进一步提高人大及其常委会工作的水平。

主任、各位副主任、秘书长、各位委员，今年是“十二五”规划的开局之年，代表建议工作在各级领导的高度重视、各承办单位的共同努力以及广大代表的支持下，研究、探索了一些新的工作方法，取得了一些新的进展。但也还存在着一些问题，比如：分类分层办理和督办机制还需要继续探索、不断完善；建议办理工作和承办单位业务工作还需要有效衔接；督办工作方法还需要创新；发挥代表在建议办理和督办工作中的作用还不够充分，等等。明年，我们将继续认真贯彻新修改的代表法，做好我市建议办理条例的修订工作，完善“分类分层办理和督办，集中答复”的工作方式，加强建议工作制度建设，加大总结、研讨和培训工作力度，进一步提高建议工作实效。

以上报告，请予审议。

关于办理北京市第十三届人民代表大会第四次会议代表建议、批评和意见工作情况的报告

——2011 年 12 月 22 日在北京市第十三届人民代表大会常务委员会第二十九次会议上

北京市人民政府秘书长　孙康林

主任、各位副主任、秘书长、各位委员：

我受市人民政府委托，向市人大常委会报告市十三届人大四次会议代表建议的办理情况。

一、办理代表建议的基本情况

今年，市十三届人大四次会议交由市人民政府研究办理的代表建议、批评和意见（以下简称建议）共 1275 件，其中：经济方面 197 件，占 15.45%；城市建设和管理方面 598 件，占 46.90%；科技、教育、文化、卫生、体育方面 200 件，占 15.69%；公安、司法、民政、社会保障方面 220 件，占 17.26%；其他方面 60 件，占 4.70%。这些建议分别交由市政府 73 个部门和单位办理。一年来，在市人大常委会的指导和市人大代表的支持、帮助下，在各承办单位的共同努力下，按照《北京市人民代表大会代表建议、批评和意见办理条例》有关规定，建议已于 5 月 31 日前全部按期办复。具体办理情况如下。

（一）代表所提问题当年已经解决或基本解决的（A1 类）有 161 件，占 12.63%

在办理建议工作中，市政府紧紧围绕全市工作大局，着力保障和改善民生，努力破解城市发展难题，有效解决了一批群众普遍关心的民生问题。如赵淑君代表提出的“欲将市郊铁路 S2 线纳入北京市城市轨道交通体系管理”的建议，市交通委等部门认真研究办理，S2 线于 7 月 1 日按照城市轨道交通运

行模式正式启动运行。结合张贵林代表提出的“关于建筑垃圾再生资源循环利用”的建议，市市政市容管理部门研究制定了《关于全面推进建筑垃圾综合管理循环利用工作的意见》和《建筑垃圾综合管理循环利用工作方案》，并在朝阳、海淀、石景山、昌平、大兴区开展了建筑垃圾资源化处置试点工作。此外，代表提出的一些关于提高建筑节能标准、增设道路标识、公交开调延线、学校防震减灾教育、区域环境治理等方面的问题也基本得到解决。

（二）当年汲取代表建议，工作有进展或取得一定成效的（A2类）有813件，占63.77%

代表们高度关注本市经济社会发展，对城市建设与管理方面的工作提出了许多水平较高、操作性较强的建议，有力地促进了政府工作。如在办理陈军代表提出的“关于进一步完善法制环境，保障科技型中小企业健康发展”的建议过程中，市政府成立了促进中小企业发展工作小组，深入开展立法调研、论证工作，研究起草了《北京市中小企业促进条例》（草案稿），制定了中小企业公共服务平台网络建设方案，构建了中小企业公共服务体系。针对强磊代表提出的“通过挖潜进一步解决交通拥堵问题”的建议，市交通委会同有关部门认真研究，初步制定了8亿—10亿元中心城微循环道路建设资金补助政策，在城六区大力推进微循环道路工程和常规疏堵工程，着力缓解中心城拥堵。另外，代表建议涉及的关于促进文化创意产业发展、改善学前教育、开设社区平价便民菜站、落实居家养老服务“九养政策”等方面工作，也取得了明显进展和成效。

（三）受政策、法规限制，目前不能解决，向代表说明解释的（A3类）有169件，占13.25%

对这些建议，市政府责成有关部门实事求是地向代表说明情况，取得代表的理解。如代表提出的“应将幼儿教育尽快纳入全民义务教育体系之中”的建议，《中华人民共和国义务教育法》明确规定，国家实行九年义务教育制度，从法律权限看，地方不能超越上位法规定，学前教育不具有义务教育的强制性。由于本市已初步具备相应的经费保障基础，今后将着手研究并采取措施将相关免费和补助政策向学前教育阶段延伸，逐步提高学前教育普惠程度。一些代表提出的关于规范科研经费税收、农龄计工龄等建议，均因国家政策、法律、法规限制，目前还难以采纳。

（四）已经列入工作计划，预计两、三年内可以解决的（B类）有55件，占4.31%

对于代表建议提出的短期内难以解决的问题，政府相关部门认真研究，积极创造条件，并将其纳入工作计划，逐步加以解决。如陈丽娟代表提出的“关于房山区大堂路尽快实施”的建议，在相关单位的共同努力下，该项目规划设计方案已获批复，并纳入到2011年市政府扩大内需绿色审批通道当中。代表提出的关于启动垃圾焚烧综合处理产业园、完善冬季取暖补贴政策等建议，也列入了政府部门工作计划。

（五）因财力、物力不足等原因，需待以后逐步解决的（C类）有46件，占3.61%

如代表提出的“加快制订文保单位腾退办法，设置专项资金，尽快腾退全国文保单位孚王府”的建议，我们通过摸底调查和测算发现，占用孚王府的单位和居民数量大，产权关系复杂，搬迁需要大量资金，而且安置工作也存在很大困难，目前还难以妥善解决。此外，代表提出的关于提高荒山绿化工程建设资金投入标准、设置隔音屏障等建议，也因为受财力物力等因素限制，今年解决还存在一定困难，待条件成熟后再逐步解决。

还有留作参考的（D类）31件，占2.43%。按照程序和工作分工，这些建议由相关部门和单位研究参考。

闭会期间，截至11月底，共收到85件代表建议。其中，64件已办复，其他正在办理中。

二、办理代表建议的主要做法

今年是“十二五”规划开局之年，市人大代表紧紧围绕市委、市政府中心工作和人民群众普遍关心的热点、难点问题，提出了许多有价值的建议。在办理过程中，市政府各部门、各单位和各区县坚持依法办理、科学办理、实事求是办理，进一步解放思想，充分发挥建议的资源优势，积极探索办理建议新思路，努力使建议在推动首都经济社会发展中发挥更大作用。主要做法是：

（一）领导高度重视，把办理工作作为重要政务来抓

市政府高度重视办理建议工作，牢固树立民主意识、法治意识、责任意识，把办理工作列入各级政府议事日程。市长郭金龙在市政府第四次全体会议上明确提出，认真办理人大代表议案、建议和政协委员提案，是全面落实科学发展观，改进政府工作，密切与人民群众联系，促进廉政建设，实现决策民主化、科学化和依法行政的重要途径，是全市各级人民政府及其部门必须履行的法定职责。常务副市长吉林在年初办理建议提案工作交办会上，对办理工作进行了具体部署并提出明确要求，建议办复后还专门听取了工作汇报。其他市政府领导也分别就代表反映的住房、交通、教育、市政市容、医疗卫生、食品安全、“三农”、文化建设等方面情况进行多次协调，研究解决存在的问题。市政府办公厅按照领导要求，积极走访承办单位，加强统筹协调，督促办理工作有序开展。

市政府各承办单位负责人也高度重视办理工作，把办理建议作为法定职责来认真落实。市公安局局长傅政华带领领导班子成员当面听取代表意见和建议，市教委主要负责人亲自参与重点、难点建议的办理工作，市监察局和市规划委负责人专门召开会议研究办理建议工作，市交通委领导班子对涉及交通发展的重大问题或者连续多年未解决的难点问题，每人牵头办理1件建议，较好地起到了引领和示范作用。

（二）加强分析研究，把握办理工作重点难点

市政府始终坚持将解决实际问题、推动工作作为办理建议的出发点和落脚点。为把握工作重点，提高办理实效：一是年初在市政府各承办单位对建议分析的基础上，市政府办公厅通过总体分析，找出代表的关注点，形成建议综合分析报告，报市政府领导。二是梳理交办建议过程中遇到的一些职能交叉、职责缺失等问题，报市政府领导批示后，转请市编办研究，为今后政府有效开展工作，特别是为建议的准确交办提供依据。三是积极转变工作思路，对近三年来代表提出的4000余件建议，进行分类梳理，重点对多次反映、解决难度大的50余件建议进行深度分析，强化跟踪督办。

（三）完善工作制度，构建新的办理工作机制

今年3月，杜德印主任、刘晓晨副主任带队到市交通委调研办理工作时，提出了“认真分类研究、积极恰当处理、诚恳明确答复、加强统筹协调”的办理工作新思路。市政府办公厅及时印发了《关于加强和改进办理人大代表建议工作的通知》（京政办发〔2011〕37号），要求各承办单位高度重视办理建议工作，提早征集代表对下年度政府工作的意见和建议，力争将其纳入工作计划，以更多解决代表提出的问题。市政府办公厅在认真梳理分析的基础上，对办理建议的难点问题，组织相关部门和区县7次深入实地

了解情况，研究解决对策。经过不断探索，建立了“四位一体”办理工作新机制，即办公厅联络部门从建议中寻找办理重点难点线索，办公厅信息部门主动配合参与办理调研，形成办理调研报告报市政府领导批示决策，市政府督查部门跟踪督办落实建议。代表反映多年的海淀区田村地段永定河引水渠西岸废品收购站、煤炭集散转运场所和朝阳路快速公交等一些重点难点问题，都得到了有效解决。各承办单位加大了对办理工作方式的研究，如市科委为了将办理建议与委年度重点工作相结合，设立了《人大建议和政协提案与委重点工作对接分析研究》软科学课题；昌平区政府以“真心落实、诚心解决、耐心解释”为原则，将建议按所提问题分为“即办件、渐办件、缓办件”，实行分类办理，以此把握工作重点，提高办理实效。

（四）加强统筹协调，促进问题得到有效解决

强化对办理工作的统筹，是解决问题的有效方法。一是市政府办公厅加大统筹协调力度，推动问题的解决。比如对永外车站路6号院老楼通气工程、首钢总公司迁安矿爆炸物品管理、石景山台湾街的发展等重点问题，多次组织召开协调会、现场办公会等，加快了问题解决步伐。二是主办单位与会办单位加强配合，促进了一批问题的解决。如市发展改革委以办理代表提出的“关于继续加大垃圾处理设施政府投资力度和增加配套项目建设投资的建议”为契机，将海淀区循环经济产业园再生能源发电厂、朝阳生活垃圾综合处理厂焚烧中心等项目的政府投资支持比例由30%提高到50%，并协调有关部门研究提出了阿苏卫循环园区周边村庄搬迁资金平衡方案。三是各承办单位注重内部工作的统筹。如市住房城乡建设委、海淀区和丰台区政府分别建立了内部协调工作机制，有效提高了建议办理效率。

（五）强化督促检查，不断提升办理工作质量

市政府办公厅通过多种方式加强督办、审核，确保办理质量。一是实行通报制度。建议办理过程中，对各承办单位办理进展情况、办理质量情况进行及时通报，督促各承办单位抓紧保质办理；办复期前下发通知及办理进度通报；办结后全面检查办理情况，逐件审核办理报告，对检查出来的问题在政府系统中进行通报，更正后重新寄送代表。并要求各承办单位自查承诺事项落实情况。二是实行评比制度。开展了“建议优秀承办件”评比，选出一批办理成效较好的通报表扬，有效调动承办单位办理工作积极性。三是按照市人大常委会的要求，努力做好重点建议督办以及12件建议的复查补办工作，有效推动了海淀区四季青桥南西四环辅路与通汇路口铁路道口不平整以及北太平庄街道文慧园地区环境脏乱等问题的解决。

（六）搭建沟通平台，拓宽代表知情知政渠道

为代表知情知政做好服务，是政府部门应尽的义务。在为代表服务方面，主要开展了以下工作：一是在市人代会前，市政府领导积极参加市人大常委会组织召开的代表集中视察座谈会，当面听取意见和建议，并汇报本市经济社会发展有关工作情况。二是在市人代会期间，举行询问活动，通过现场和视频两种方式，为代表深入了解情况提供便利服务。三是市人力社保局等部分承办单位在市人代会召开前举行座谈会，汇报工作并听取意见和建议。四是定期为代表寄送《北京市人民政府公报》，使代表及时了解政府工作。五是向代表发送《市政府系统办理代表建议、委员提案工作联系手册》，便于代表直接与承办单位联系。六是在市政府组成部门、直属特设机构、直属机构坚持实行“代表接待日制度”，直接听取代表意见并回答代表提

出的问题。七是承办单位通过联系卡、门户网站以及寄送资料等方式，及时向代表汇报重大工作部署和经济社会发展情况，帮助了解实情、掌握政策、把握大局。

三、存在的问题及下一步打算

今年办理建议工作虽然取得了一定的成绩，但是，面对新形势、新任务和新要求，一些差距和不足依然存在，需要我们不断改进和完善。一是个别承办单位对办理建议工作认识不到位，存在着畏难情绪，交办中存在推诿和扯皮现象。二是办理建议与推动政府工作，特别是与承办单位日常工作衔接不够紧密。三是个别办理报告避重就轻，针对性不强，存在答非所问、敷衍塞责，汇报工作多、解释多、措施办法少等问题。四是对新形势下政府工作中出现的一些职能交叉、职责缺失等问题的研究还有欠缺。

针对这些问题，我们将进一步加强宣传、教育和培训，组织承办人员认真学习代表法、人民代表大会制度等有关法律、法规、制度和文件，不断提高承办人员对办理建议工作的认识；加大对新形势下政府工作中出现的问题研究力度，积极探索办理建议与承办单位日常工作紧密衔接的有效方法；加强对办理建议工作的督办，尤其是对办理报告的审核，对不符合要求的坚持退回重新办理。

主任、各位副主任、秘书长、各位委员，做好办理建议工作责任重大、使命光荣。我们将全面贯彻落实党的十七届六中全会精神，在市人大及其常委会的监督指导下，在各位代表的大力支持和帮助下，不断开拓创新，扎实工作，以更高的标准，更有力的举措，把办理建议工作做得更加深入细致，为推动首都科学发展，促进社会和谐稳定作出新的更大贡献，以优异成绩迎接党的十八大胜利召开。

以上报告，提请市人大常委会审议。

关于北京市第十三届人民代表大会第四次会议代表建议、批评和意见办理情况的报告

——2011年12月22日在北京市第十三届人民代表大会常务委员会第二十九次会议上

北京市高级人民法院院长　池　强

主任、各位副主任、秘书长、各位委员：

市十三届人民代表大会第四次会议期间，我院收到大会交办的市人大代表建议、批评和意见（以下统称建议）17件，由我院单独办理11件，会同其他单位办理6件。在市人大常委会的监督、指导下，上述建议全部办理完毕。现将建议办理情况报告如下。

一、代表建议的总体情况

今年我院承办的代表建议，内容涉及人民法院刑事、民事、知识产权等审判和执行工作，以及人民法院队伍建设、基层基础建设、司法改革、编制和经费保障等方面，具有以下特点：一是建议的提出都建立在深入

调研的基础上，内容翔实，观点明确；二是部分建议反映了对当事人和律师诉讼权利、利益的关注，体现了代表坚持以人为本，法治意识和权利意识不断增强；三是代表为加强人民法院工作而提出的建议增多，体现了对人民法院建设及干警队伍的关心和爱护。

二、代表建议的办理情况

代表建议从内容上总体可分为四个方面，现就每个方面的办理情况分别报告如下。

（一）加强审判管理，提高审判质效的建议办理情况

孟卫东代表提出的“关于北京法院系统加强信息核实与交流，防止滥用司法资源”、郑刚代表提出的“关于规制恶意诉讼，净化司法空间”和范承玲等14位代表提出的“关于重视和防范知识产权恶意诉讼”等建议，集中关注了诉讼欺诈与恶意诉讼问题，对我们具有非常重要的启示和指导意义。多年来，面对案件数量居高不下、案多人少矛盾持续存在的现实压力，社会各界和法院更多关注的是如何保护与实现当事人的诉权，而对于防止权利滥用的问题却存在重视不足的现象。代表的建议，从矛盾的另一面提出了诉讼权利保障问题。我们对该问题高度重视，组织全市法院对当事人在一个法院败诉后又到另一个法院重复起诉，以及当事人故意隐瞒或编造重要法律事实制造虚假诉讼等情形进行了认真调研，分析了相关案例的成因及类型。结合今年全市法院开展的立案诉讼服务改革，有意识地加强防范和应对，全年通过立案审查筛查出不应由法院受理具有程序性瑕疵案件6280件。下一步，我们还将根据最高法院的委托，起草规制恶意诉讼的立法建议，促进民事诉讼法修改完善。

根据卫爱民代表提出“关于进一步推进法院审判公开”的建议，我们进一步查找司法公开工作中的薄弱环节，在今年5月份制定下发了《关于进一步推进司法公开的意见》，具体规定了立案、庭审、证据、执行、听证、文书、审务等七个方面司法公开内容，其中尤其突出把证据公开作为单独一项予以规范，明确规定“裁判文书应详细记载当事人提交的主要证据名称、证明内容，对当事人有争议的，应阐明法院采纳或不予采纳证据的理由及相应的法律依据”。同时，积极回应代表的建议，对增强裁判文书的说理性、裁判文书上网公开、建立健全新闻发布制度等方面都规定了详细的落实措施。

为办理汤维建等12位代表提出“关于北京市高级人民法院制定庭审同步录音录像规则”的建议，我们对市高级法院2006年制定的《关于进一步加强庭审纪实光盘刻录系统管理和应用等工作的暂行办法》及其实施情况进行了认真调研总结。目前，全市法院所有的庭审活动全部实现了光盘刻录，并进行硬盘双备份，庭审结束以后刻录设备自动封盘，无法人为删改，保证了光盘资料的完整性和真实性。为了直观地汇报上述工作情况，我们邀请建议代表实地参观了市高级法院有关法庭、信息监控大厅、档案室等场所，并就代表提出的“检察院可以依职权复制庭审录音录像资料”等最高法院有明确管理规定的事项，向最高法院相关部门进行了积极反映，获得了代表的充分肯定。

（二）严格落实法律制度，保障当事人和律师诉讼权利的建议办理情况

李大进代表提出“关于严格按程序，确保公民和律师诉讼权利”的建议后，我们首先认真梳理了北京法院近年来关于保障当事人和律师诉讼权利相关的制度规范，并对制度落实情况进行了全面检查。长期以来，北京法院十分重视当事人和律师诉讼权利保障。2005年市高级法院制定并出台了《关于保障律师执业权利维护司法公正的意见（试行）》，

2008年又会同市检察院、司法局、市公安局、国家安全局联合制定了《关于律师会见在押犯罪嫌疑人、被告人有关问题的规定（试行)》，要求全市法院严格遵照执行。但正如代表建议所言，我们在全市执法规范大检查中也发现，已有的一些制度规范在审判实践中未得到很好的落实，影响了一些案件当事人和律师充分、平等、受尊重地享有诉讼权利。根据代表建议，我们在全市法院切实加强审判管理，比如，强调庭审过程中的证据展示环节，从而提高庭审质证过程的公信力；通过在审判法庭广泛应用同步摄像设备，监督促进庭审的规范进行；开展万件案件评查、均衡结案管理、审判流程管理、重要程序性事项告知当事人等工作，从审判的不同节点，切实查找可能存在的问题，确保当事人和律师诉讼权利的充分行使。

卫爱民代表提出“关于为所有受到刑事追究的人无偿提供辩护人”的建议，我们认为既可有效保障被告人的诉讼权利，也有利于法院刑事审判工作的开展。目前，北京市三级法院审理的刑事案件中，律师在审判阶段参与诉讼的比例呈现不断上升趋势，刑事案件被告人拥有律师进行辩护的比例由2004年的20.6%，上升至2010年的30.9%，远高于全国平均水平。下一步，北京法院将通过加强对刑事被告人的法律援助、加强对被告人的权利告知等措施，不断提高刑事案件被告人拥有律师进行辩护的比例。同时，我们也将积极推动解决国家财政资金的支持、刑事辩护律师力量的加强以及法律援助等配套制度的完善等问题，努力达到代表提出的为所有受到刑事追究的人无偿提供辩护人的目标。

朱建岳代表提出的“关于商事仲裁裁决的司法审查行为亟待规范”的建议，我们认为非常及时和中肯。《中华人民共和国仲裁法》第五十八条规定了人民法院对国内仲裁裁决进行实质审查的范围，但对审判实践中如何掌握各类法律适用情形并未作出具体规定，从而导致司法实践中由于法官对法律的认识和理解不同而出现认定标准不统一、处理结果不一致的情况。特别是在当前北京市第一、第二中级法院均可受理当事人申请撤销仲裁案件的背景下，规范审查标准、统一执法尺度尤为重要和迫切。有鉴于此，我院已将统一国内仲裁案件审查标准的工作列入年度调研计划，目前已基本完成调研报告，争取及早出台指导性文件。

（三）加强执行工作方面的建议办理情况

针对执行工作，费文勇等18位代表提出了“关于解决刑事附带民事赔偿案件执行难的几点建议”、臧美华等13位代表提出了“关于如何解决经法院拍卖后的不动产权属变更问题”、铁伟代表提出了“关于保护投资者合法权益，慎对第三方财产查封”等建议。与往年建议相比，关注焦点从宏观的“执行难”转为刑事附带民事赔偿、不动产拍卖和财产查封等具体执行行为。为落实好上述代表建议，我们严格落实财产保全、先予执行等制度，充分发挥这些制度在固定责任财产、防止财产流失上的应有功能，有效缓解刑事附带民事案件执行难的压力，最大限度维护被害人的合法权益。在代表建议的基础上，今年以来我院制定下发了《关于适用司法拘留措施的若干规定》、《关于审理执行异议之诉案件适用法律若干问题的指导意见（试行)》、《关于〈国有土地上房屋征收与补偿条例〉施行前已取得拆迁许可证项目所涉案件有关审判、执行工作的若干意见（试行)》等规范性文件，进一步规范全市法院执行工作。

（四）加强法院队伍建设、基层基础建设方面的建议办理情况

王灿发代表提出的“关于提高法官和检察官工资，改善其生活条件”、姜培华代表提出的“关于改变公检法系统人员行政编制

‘一刀切’的做法并尽快给海淀、朝阳二区增加编制人数”和王玉梅代表提出的“关于加强本市基层人民法庭建设”等建议，集中关注法官待遇、编制保障、基层基础等法院自身发展和保障问题，为切实改善人民法院执法办案条件积极呼吁。我们对建议涉及问题进行了详细调研，分别向市人力社保局、市委政法委、市发展改革委等主办部门提交了相关会办意见。通过办理上述代表建议，对解决北京法院面临的一些困难和问题，发挥了积极的促进作用。

此外，我院还办理了朱建岳代表提出的“用司法公信力来消除‘上访’现象”、李军代表提出的“关于推进北京律师统一使用出庭服装”等建议。在办理建议过程中，我们认真将建议办理与法院相关工作有机结合，力争使建议办理过程，成为查找不足、发现问题的过程；使建议办理的成果，转化为改进工作、提升水平的动力。

上述建议办理完毕后，建议代表对办理结果均表示满意或同意。

三、办理代表建议工作的主要做法

十三届人大四次会议交办建议的顺利办理，得益于市人大常委会的监督和指导，得益于各位代表的理解和支持，同时也是全市法院自觉接受人大监督、努力改进工作的结果。今年，市人大常委会专门召开全市代表工作座谈会，对建议办理工作提出明确、具体要求。我院党组高度重视，及时向全市法院传达了座谈会精神，要求各院认真做好建议的分析研究，落实好建议分类分层办理工作，切实提高建议办理实效。

一是强化沟通协调，切实提高代表对建议办理工作的满意度。今年我院承办的17件会上代表建议，全部在办理前落实了承办部门与建议代表办前沟通，做到在充分了解掌握代表提出建议的初衷和背景基础上，有针对性地开展办理工作。办理过程中，主动邀请建议代表参与调研、参加协调会，通过深入交换意见，与代表达成共识。在承办李建军代表提出的“呼吁请尽快解决皮革公司8年积案的建议”过程中，我院先后四次组织与市国土局、市规划委等单位进行了会商协调，想方设法推动代表反映问题的解决。深入有效地沟通，切实为提高建议办理质量打牢了基础，也赢得了代表们的充分肯定。

二是跨年度跟踪续办，注重代表建议办理的成果转化。由于政策、条件等方面的限制，有些代表的建议往往不能在建议办理的当年完全得到落实。为避免“重答复轻落实”、“办新遗旧”的现象，我院注重代表建议跟踪督办长效机制建设，尤其针对当年办理工作中未完全落实的建议实行跨年度跟踪督办，真正将代表们对法院工作的中肯建议转化为促进各项工作的动力。今年，我院制定下发了《关于办理民事抗诉案件的指导意见》、《关于委托司法鉴定工作的规定（试行）》、《关于审理网络著作权纠纷案件的指导意见》、《关于审理商业特许经营合同纠纷案件适用法律若干问题的指导意见》等指导性文件，就是跨年度跟踪续办代表建议所取得的成果。

三是将建议办理工作和代表联络工作有机结合，为代表履职创造条件。我们将代表建议办理与代表联络工作有机结合，充分保障代表对法院工作的监督权、知情权和参与权。为克服有些建议提出过程中存在的信息不对称问题，我们从代表关心关注的问题入手，有针对性地开展了北京法院知识产权精品案件研讨、涉诉未成年人心理评估干预工作座谈、人民法庭基层基础建设参观座谈、市高级法院重点工作通报等联络活动，广泛邀请人大代表特别是建议代表走进法院视察工作、旁听庭审、座谈讨论，为代表全面了解和监督法院工作创造条件、提供便利。

主任、各位副主任、秘书长、各位委员，代表提出建议，是代表履行监督职责的重要形式，是帮助法院发现问题、改进工作的重要途径。我院将在市委、最高法院、市人大常委会的领导、指导和监督下，继续强化接受监督的自觉性，努力提高建议办理工作的质量，积极推动北京法院各项工作健康发展。

以上报告，请予审议。

关于北京市第十三届人民代表大会第四次会议代表建议、批评和意见办理情况的报告

——2011年12月22日在北京市第十三届人民代表大会常务委员会第二十九次会议上

北京市人民检察院检察长　慕　平

主任、各位副主任、秘书长、各位委员：

市十三届人民代表大会第四次会议期间，我院收到大会交办的市人大代表建议、批评和意见（以下简称“建议”）8件，其中单独办理和分别办理各1件，与其他单位会同办理6件。我院高度重视代表建议办理工作，在市人大常委会的监督和支持下，经努力工作，上述建议均已依法办理完毕并答复代表。现将办理情况报告如下。

一、代表建议的基本情况

今年代表对检察机关提出的建议主要有三个特点：一是围绕中心、着眼大局。为检察机关切实找准服务大局的切入点和结合点，提供了有益参考；二是紧密结合检察工作实际。从检察职责全面发挥、检察队伍不断优化、检务保障更加有力等方面，对深化检察体制和机制改革提出了很好的建议；三是触及范围广、层次深。多数建议不局限于解决检察工作中的具体事项，还要求检察机关积极发挥联动、协调作用，推动解决普遍性社会问题。

二、代表建议的办理情况

代表建议主要涉及四个方面，现分别报告如下。

（一）关于在保障和服务“十二五”规划顺利实施中充分发挥检察职能建议的办理情况

汤维建等14名代表提出“关于北京市法治政府建设”的建议，希望检察机关在“十二五”时期首都经济社会发展中充分发挥法律监督职能，更好地监督和制约违法行政行为的发生。

此项建议具有很强的综合性和前瞻性，对检察机关充分发挥职能作用，促进政府各职能部门依法行政提出了更高的要求。代表的建议对我们开展工作起到了促进作用，主要体现在以下四个方面：一是深入调研，科学谋划。今年以来，市检察院贯彻高检院、北京市委“十二五”规划精神，深入市委、市政府职能部门开展调研，出台了《北京市人民检察院关于服务和保障“十二五”规划实施的意见》，明确提出要全面发挥打击、监

督、教育、预防、保护等职能作用，为经济社会发展营造廉洁高效的政务环境。二是严肃查办行政领域职务犯罪。着力深挖行政管理、行政执法领域的职务犯罪，查处行政机关工作人员贪污贿赂犯罪案件45件47人。及时查处行政机关工作人员渎职侵权犯罪案件，今年共立案29件29人。深入开展严肃查办危害民生民利渎职侵权犯罪专项工作，在查办城市建设、专项资金管理、能源资源开发等领域行政机关工作人员失职渎职犯罪上取得了新成效。三是深入开展职务犯罪预防。结合办理的案件，积极开展个案预防工作，帮助发案单位完善管理、堵塞漏洞。加大重点领域职务犯罪预防，对教育、医药卫生、城镇建设等领域犯罪问题开展专项预防工作。积极推进职务犯罪预防与廉政风险防范的有机结合，帮助有关单位、行业查找风险点500余个，提出防范建议和对策400余条。加强行政管理和执法领域职务犯罪趋势、规律、惩防对策的深度研究，为党委研究部署反腐倡廉建设提供参考。四是积极推动落实行政执法与刑事司法衔接机制。与市政府法制办公室共同推进“两法衔接”工作联席会议和北京市行政执法部门联席会议的对接，制定下发《关于进一步促进行政执法与刑事司法衔接工作的意见》。审查行政执法机关备案案件359件，建议移送司法机关处理150件，移送后公安机关立案85件，努力解决有案不立、有案难移、以罚代刑等问题，促进严格公正执法。此外，在市、分三院开展民事检察和行政检察部门分设试点，切实加强对行政诉讼活动的监督，促进依法行政。

朱建岳代表“用司法公信力消除‘上访’现象”建议涉及的司法公信力问题，是社会主义法治建设中的一个重大课题。全市检察机关把加强执法公信力建设作为一项具有战略意义的重要工作来抓，今年以来主要开展了四个方面工作：一是狠抓检察队伍建设。深入开展创先争优、“发扬传统、坚定信念、执法为民”等主题教育实践活动，扎实推进检察人才建设，切实提升队伍执法办案和联系群众、服务群众的能力和水平。二是不断强化内部监督制约。健全执法办案监督和管理机制，完善执法办案信息化系统、执法档案等监督措施，确保队伍公正、廉洁、文明执法。三是不断深化“检务公开”。实现受理群众来信、来访、来电、网上举报由一个部门负责、统一窗口答复，畅通群众诉求渠道。在执法办案各个环节推进释法说理工作。完善检察机关公共关系建设，大力宣传检察机关先进典型，不断提升检察工作的透明度和亲和力。四是不断健全化解社会矛盾工作机制。进一步完善执法办案风险评估预警、涉检信访、检调对接等机制，积极开展案件评查工作，探索民事申诉案件公开审查、公开听证等机制，努力解决“信访不信法”、“案结事不了”等问题。

（二）关于全面维护群众合法权益建议的办理情况

针对费文勇等18位代表提出的“关于解决刑事附带民事赔偿案件执行难”的建议，作为会办单位，我院从三个方面加强和改进了相关工作：一是加强与公安、法院的配合，对于犯罪嫌疑人及其家属、被害人提出的赃款赃物线索，及时转交公安机关查证，向法院依法移送相应款物和证据。二是加强对犯罪嫌疑人的说服教育工作。在检察环节，把是否愿意退赃、退赔作为讯问的必要内容，及时向犯罪嫌疑人阐明刑事政策。同时，充分发挥律师、家属的积极作用，认真开展赔偿教育。三是坚持开展刑事和解工作，对积极赔偿被害人损失的被告人依法提出从轻处理的量刑建议，努力促成退赃、退赔。

卫爱民代表提出的“为所有受到刑事追究的人提供无偿辩护人”的建议，对新时期维护当事人权益工作提出了新的更高的要求。

我院加强与主办单位的协作配合，切实加强和改进检察环节维护律师辩护权工作。认真贯彻落实《律师法》以及与相关部门签署的《实施〈律师法〉座谈会纪要》、《关于律师会见在押犯罪嫌疑人、被告人有关问题的规定》，及时告知犯罪嫌疑人诉讼权利，对在押犯罪嫌疑人提出聘请律师的，及时予以转达。建立统一的律师接待制度，为律师会见犯罪嫌疑人、阅卷、调查证据提供便利条件。定期与司法局、律师协会等召开座谈会，不断完善相关协作机制，切实保障律师在刑事诉讼中的合法权利。

卫爱民代表还从细节入手，提出“把全市检察院系统职务犯罪举报网与全市各行政机关、公有垄断行业官方网对接，方便社会监督和举报”的建议。此建议对检察机关拓展职务犯罪线索来源具有积极意义。我们积极开展调研，联系会办单位，制定技术方案，在经信委协助下，今年5月在“首都之窗”首页上挂接了“职务犯罪举报网”链接，截至11月底，共收到网络举报1025条。

（三）关于加强检察队伍建设建议的办理情况

对于姜培华代表“关于改变公检法系统人员行政编制‘一刀切’的做法并尽快给海淀、朝阳二区增加编制人数”的建议，我院按照充分考虑单位、岗位任务量，坚持向一线倾斜的原则，将近几年全市检察机关所增加编制数的近30%分配给了海淀、朝阳两院。目前，两个单位的中央政法专项编制已分别达到300多名，在一定程度上缓解了两院“案多人少”的突出问题。

对于王灿发代表提出“关于提高法官和检察官工资，改善其生活条件”的建议，市检察院根据主办单位市委政法委的要求，及时提供了会办意见，汇报全市检察人员的工资待遇基本情况，为主办单位办理好代表建议提供准确的参考数据。

（四）关于加强人民监督员工作建议的办理情况

对于汤维建等14位代表提出“北京市人民检察院加强实施人民监督员制度”的建议，全市检察机关认真贯彻落实最高人民检察院关于实行人民监督员制度的规定，自今年1月起全面推行人民监督员制度工作。全市共选任人民监督员119人，人民监督员对监督案件实行“上提一级”监督模式，即由市院人民监督员负责评议分院提请案件，分院人民监督员评议基层院提请案件。进一步细化监督流程和规定，全面提升工作的规范性、科学性。今年以来，市院人民监督员共监督评议分院提请案件12件，一、二分院和铁检分院共监督评议各基层院提请案件36件，有力保障了检察权严格公正行使。市检察机关积极争取党委、人大支持，加强与政府的沟通协调，在人民监督员办事机构、经费保障等方面得到了重视和支持。

此外，在闭会期间，我院还收到平类建议2件，目前已办理完毕1件，另1件正在抓紧办理。

三、办理代表建议的主要做法和成效

人大代表对检察工作提出建议，是代表人民参与国家管理、监督国家机关工作的重要形式，也是检察机关倾听群众诉求、密切与群众联系的主要渠道。实践证明，检察机关在办理和答复代表建议的过程中，进一步提升了服务大局、规范执法、保障人民群众权益的水平，促进了服务经济社会科学发展与促进自身科学发展的有机统一。今年以来，我们从三个方面加强了办理代表建议工作。

（一）进一步加强领导，明确工作要求

今年5月，市人大常委会组织召开市人大代表工作座谈会，杜德印主任对代表建议办理工作作出明确指示。我们及时召开了加强和改进北京市检察机关人大代表联络工作专题会，组织各级院、各部门认真归纳梳理本届以来代表建议、委员提案和有关案件的办理情况，制定分工方案，逐项研究落实，做到件件有落实，事事有回复。同时，明确要求各级院、各部门进一步提高办理代表建议的质量，不仅满足于解决个别问题，更要及时研究代表建议中带有全局性、普遍性的问题，加强长效机制建设，真正使办理建议工作成为推动检察工作科学发展的动力。

（二）进一步改进措施，完善工作机制

一是完善分类分层办理机制。按照“认真分类研究、积极恰当处理、诚恳明确答复、加强统筹协调”的思路，进一步建立健全分类分层办理和督办代表建议的工作机制，形成在检察长领导下，主管副检察长分管，职能部门统筹协调，各承办单位分工负责、相互配合、具体组织落实的工作机制，切实保障了建议办理的质量和实效。二是切实提高工作效率和标准。市检察院在接到“两会”代表建议的当天，立即召开分办会，按照建议涉及的业务内容进行了分类交办。针对会办建议较多的情况，明确提出要把“会办”建议当作“主办”建议来对待，充分发挥检察机关与相关部门建立的协作机制和平台作用，协助主办单位形成各部门联动解决问题的合力。三是切实加强督促办理。市检察院于今年8月份建立了“北京市检察机关督办工作管理系统”，进一步加强对代表建议办理工作的督促和审核力度，提升了各承办部门的责任意识。

（三）进一步改进和加强代表联络，增进交流和理解

今年以来，市检察院把加强和改进代表联络工作作为一项重点工作来抓，先后在6月份和10月份召开两次全系统的代表联络工作推进会，明确了“提高质量、改进方式、增强效果”的基本工作思路。统筹三级院力量，集中于8、9月份举办了依法维护市场经济秩序等五个专项工作通报会，先后邀请了106名全国、市级人大代表参加，集中通报检察机关服务“十二五”时期首都经济社会科学发展的新举措、新成效，客观反映工作中的困难，认真听取代表们的意见和建议，也促进了我们更好地办理相关代表建议，保证办理工作效果。

主任、各位副主任、秘书长、各位委员，随着人大代表履职意识的不断增强，代表建议的质量在不断提高，检察机关办理代表建议的质量、效果和水平仍然需要进一步提升，特别是与相关单位的协调配合力度还有待加强。今后，市检察院将在市委、高检院、市人大及其常委会的领导和监督下，进一步增强使命感和责任意识，切实加强和改进建议办理工作，密切与群众的沟通联系，接受社会各界的监督指导，为全面提升首都检察工作水平，促进司法公正、维护首都社会和谐稳定作出新的贡献。

以上报告，请予审议。

北京市人民代表大会法制委员会关于北京市第十三届人民代表大会第四次会议法规案办理结果的报告（书面）

——2011年12月22日在北京市第十三届人民代表大会常务委员会第二十九次会议上

市人大常委会：

市十三届人民代表大会第四次会议期间，法制委员会收到毛铮铮等33名代表联名提出的制定《北京市组织机构代码管理条例》的法规案。根据《北京市制定地方性法规条例》的规定，法制委员会对法规案进行了审议，提出了法规案审议意见的报告，并经大会主席团决定，将该项法规案交由市人民政府研究并提出研究意见，法制委员会听取市人民政府的研究意见后，向市人大常委会报告。

市人民政府接到此项法规案后，明确由市质量技术监督局会同市政府法制办研究办理。市质量技术监督局全面调研了该项法规案的有关情况，梳理分析了本市组织机构代码工作的现状和存在的问题，并会同市政府法制办等有关部门对制定地方性法规的必要性和可行性及立法思路进行了研究讨论，提出了《市政府关于制定〈北京市组织机构代码管理条例〉法规案的研究意见》(以下简称《研究意见》)。

市质量技术监督局提出的《研究意见》认为，组织机构代码是向我国境内依法注册、依法登记的企业、事业单位、机关、社会团体、民办非企业单位及其他组织颁发的在全国范围内唯一、始终不变的代码标识，是国家整个经济和社会实现现代化管理的一项基本制度。通过组织机构代码这一法定代码标识，可以有效确认各类组织机构的真实身份，充分发挥组织机构代码作为单位“身份证”在组织机构实名制管理中的优势和作用；以组织机构代码为信息纽带，可以连接各部门的信息系统，消除当前政府工作中较为突出的“信息孤岛”现象，实现政务信息的有效衔接与统一；通过对组织机构代码所承载的基础信息进行归集、整理，可以构筑统一的信息交换平台，更好地满足职能部门的信息管理需要。据不完全统计，全市已有46个部门、68个领域使用了组织机构代码。

《研究意见》提出，目前我市组织机构代码管理和应用中还存在一些问题，如相关部门之间确定组织机构实际状况时配合不够；各部门数据库的组织机构标识不统一，有价值的信息无法共享；组织机构代码受理范围不全面，对违规行为的处罚操作性差等。为了切实解决这些问题，进一步发挥组织机构代码在社会管理中的重要作用，有必要借鉴兄弟省市的立法经验以及国外机构注册法令的有关内容，制定《北京市组织机构代码管理条例》，以地方性法规的形式规范和推进我市组织机构代码工作。

2011年11月9日，法制委员会召开第二十七次会议，听取了市质量技术监督局关于办理情况的报告。法制委员会认为，组织机构代码是整个经济和社会实现现代化管理的一项基本制度，对于构建社会诚信体系、创新社会管理和推进信息化建设具有重要意义；但目前对组织机构代码的认知程度低，组织机构代码及企业登记等各项相关制度体系之间互相分割，信息共享程度低，需要通过深化改革统筹整合，并从制度上进行顶层设计；在目前体制改革尚未到位的情况下，立法条件尚不成熟，建议政府及相关部门在现有规章基础上继续推进这项工作，对涉及的主要问题和相关制度设计进一步深入研究。

特此报告。

2011 年 12 月 8 日

北京市人民代表大会常务委员会
公　　告

最近，朝阳、海淀、丰台、大兴等 4 个区人大常委会分别召开会议，依法补选佟克克（朝阳区）、关成启（海淀区）、洪峰（海淀区）、王苏维（丰台区）、鲁炜（大兴区）为北京市第十三届人民代表大会代表。

门头沟、顺义、大兴、怀柔等 4 个区的人民代表大会，依法选举罗斌（门头沟区）、韩子荣（门头沟区）、胡尚云（顺义区）、张晓林（大兴区）、王仕龙（怀柔区）为北京市第十三届人民代表大会代表。

北京市人民代表大会常务委员会审议通过代表资格审查委员会提出的关于个别代表的代表资格审查报告，确认以上 10 名代表资格有效。

由朝阳区选举的北京市第十三届人民代表大会代表李敬因病逝世，北京市人民代表大会常务委员会对李敬代表的去世表示哀悼。其代表资格终止。

北京市第十三届人民代表大会代表现有 779 名。

特此公告。

北京市人民代表大会常务委员会
2011 年 12 月 23 日

北京市第十三届人民代表大会常务委员会代表资格审查委员会关于个别代表的代表资格的报告

（2011 年 12 月 23 日北京市第十三届人民代表大会常务委员会第二十九次会议通过）

代表资格审查委员会主任委员　赵凤山

北京市人民代表大会常务委员会：

最近，朝阳、海淀、丰台、大兴等 4 个区人大常委会分别召开会议，根据代表出缺情况，补选佟克克（朝阳区）、关成启（海淀区）、洪峰（海淀区）、王苏维（丰台区）、鲁炜（大兴区）

为北京市第十三届人民代表大会代表。

门头沟、顺义、大兴、怀柔等4个区的人民代表大会，根据市十三届人大常委会第二十八次会议分配的代表名额，依法选举罗斌（门头沟区）、韩子荣（门头沟区）、胡尚云（顺义区）、张晓林（大兴区）、王仕龙（怀柔区）为北京市第十三届人民代表大会代表。

经代表资格审查委员会对以上补选和选举的10名北京市第十三届人民代表大会代表的代表资格进行审查，认为代表的补选和选举符合法律规定，代表资格有效。现提请北京市人民代表大会常务委员会确认。

由朝阳区选举的北京市第十三届人民代表大会代表李敬因病逝世，代表资格审查委员会对李敬代表的去世表示哀悼。其代表资格终止。

北京市第十三届人民代表大会代表现有779名。

现报请北京市人民代表大会常务委员会予以公告。

以上报告，请予审议。

北京市第十三届人民代表大会
常务委员会代表资格审查委员会
2011年12月23日

北京市人民代表大会常务委员会任免名单

（2011年12月23日北京市第十三届人民代表大会常务委员会第二十九次会议通过）

（一）

任命邵明艳为北京市高级人民法院刑事审判第一庭庭长，免去其北京市高级人民法院审判监督庭庭长职务。

任命朱军为北京市高级人民法院刑事审判第二庭庭长、审判员。

任命朱春涛为北京市高级人民法院民事审判第一庭庭长。

任命程琥为北京市高级人民法院行政审判庭庭长。

免去王振清的北京市高级人民法院副院长、审判委员会委员、审判员职务。

免去鲁桂华的北京市高级人民法院审判委员会委员、审判员职务。

免去王飞的北京市高级人民法院刑事审判第二庭庭长职务。

免去张柳青的北京市高级人民法院民事审判第一庭庭长职务。

（二）

免去王宜生的北京市第一中级人民法院审判委员会委员、审判员职务。

免去顾燕的北京市第一中级人民法院审判员职务。

（三）

免去李淑英的北京市第二中级人民法院审判员职务。

北京市人民代表大会常务委员会关于接受王莒生同志辞去北京市第十三届人民代表大会常务委员会委员职务请求的决定

（2011 年 12 月 23 日北京市第十三届人民代表大会常务委员会第二十九次会议通过）

根据王莒生同志的请求，依照《中华人民共和国地方各级人民代表大会和地方各级人民政府组织法》第二十七条的规定，北京市第十三届人民代表大会常务委员会第二十九次会议决定：接受王莒生辞去北京市第十三届人民代表大会常务委员会委员职务的请求，并报北京市人民代表大会备案。

北京市第十三届人民代表大会

常务委员会第三十次会议

北京市第十三届人民代表大会常务委员会第三十次会议议程

（2011年12月31日）

（2011年12月31日北京市第十三届人民代表大会常务委员会第三十次会议全体会议通过）

审议表决《北京市人民代表大会常务委员会关于接受赵凤山同志辞去北京市第十三届人民代表大会常务委员会副主任职务请求的决定（草案）》

北京市人民代表大会常务委员会关于接受赵凤山同志辞去北京市第十三届人民代表大会常务委员会副主任职务请求的决定

（2011年12月31日北京市第十三届人民代表大会常务委员会第三十次会议通过）

根据赵凤山同志的请求，依照《中华人民共和国地方各级人民代表大会和地方各级人民政府组织法》第二十七条的规定，北京市第十三届人民代表大会常务委员会第三十次会议决定：接受赵凤山同志辞去北京市第十三届人民代表大会常务委员会副主任职务的请求，并报北京市人民代表大会备案。

北京市第十三届人民代表大会

常务委员会第三十一次会议

在市十三届人大常委会第三十一次会议上的讲话

（2012 年 2 月 16 日）

市人大常委会主任　杜德印

各位委员：

本次会议的主要任务是贯彻落实市十三届人大五次会议精神，根据大会批准的常委会今年的工作任务，安排常委会全年的各项工作。刚才，各位组成人员对主任会议提交的工作安排进行了认真审议，大家都同意这个工作安排，并提出了一些很好的意见和建议。对这些意见、建议，有关部门要认真研究，修改完善好工作安排。

今年虽然是本届人大及其常委会任期的最后一年，但常委会工作任务依然繁重。常委会要坚持依法履行职能，不懈怠、不停步，认真审议好各项议题，切实做好各项工作。就今年工作总体要求，我讲五个关键词。

一是“坚持”。坚持以推进首都民主法制建设为根本任务。常委会要始终在市委的领导下，把推进民主法制建设作为我们的根本任务，坚持和完善人民代表大会制度，为首都科学发展提供民主法制保障。

二是“持续”。持续推动广大人民群众普遍关注的重点问题的解决。本届人大以来，市人大常委会围绕中心、服务大局，根据人民群众的意志和愿望，根据市人大代表提出的议案和建议，推动了一批关系首都科学发展和广大人民群众切身利益的重点问题的解决。今年虽然是本届人大及其常委会任期的最后一年，但需要持续努力，推动问题得到进一步解决，推进工作取得更好实效。在今年工作安排中已经明确，要持续推动城南地区的发展、北运河流域水系的综合治理、西部地区的转型发展、城市污水治理等一系列重大问题的解决，使本届人大工作取得更大实效。

三是“深化”。深化本届人大常委会开展的重点工作。通过努力，在依法履行职能、坚持和完善人民代表大会制度、创造性地开展工作上取得新的进展。比如在立法工作中，我们逐步完善了立法工作格局，开展了法规立项论证和立法后评估，去年还探索开展了法规预案研究，今年要继续推进。比如在监督工作中，我们加强了对国家权力运行的监督，持续抓了预算绩效监督和司法工作监督，今年还要在推进财政资金绩效管理方面采取新的举措，即对市级大额专项资金使用管理情况进行专题询问，基本思路是“询问资金绩效、检查运行方式、总结经验教训、推进制度建设”。要通过问责、问效，查找存在的问题；要通过总结评估大额专项资金的运行方式，推动建立大额专项资金的决策、执行和监督既相互协调又相互制约的制度；最终目标是要改革、完善财政资金的配置方式，提高财政资金的使用效率。再比如代表工作，我们要沿着去年确定的一些工作思路、方法，继续深入向前发展。这都是一些新课题，我们要边实践边探索，不断总结和完善。

四是“深入”。深入总结本届人大及其常委会五年的工作。要通过认真总结本届人大、特别是常委会五年来的工作，进一步提高对发展社会主义民主政治、坚持和完善人民代表大会制度的认识，增强发展社会主义民主政治、坚持和完善人民代表大会制度的自觉性。不仅要总结五年来人大工作取得的进展和成效，更要通过人大工作的实践，向全社会说明人民代表大会制度是一项需要认真坚持并不断完善的好制度。

五是“圆满”。圆满做好人大代表的服务保障工作。越是届末之年，越要把代表的服务保障工作做好。常委会主任会议要求代表联络室重点研究如何做好届末之年的代表工作，并拟定具体工作方案。要保障代表依法履职到整个任期结束，不能出现代表工作虎头蛇尾的情况。特别是要对本届代表提出来的所有建议、议案进行清理、盘点，努力给代表一个圆满的答复。要研究如何保证市人大代表能够充分参与到本届人大及其常委会五年工作的总结当中，还要组织好代表闭会期间的各项活动，要让代表在最后一年仍然能够有效地履行法定职能，作出更大的贡献。这样才能使本届人大及其常委会的工作圆满收官。

今年的工作安排已经确定了，我就强调这几个关键词，请大家共同把握，努力做好本届人大及其常委会的各项工作。

北京市第十三届人民代表大会常务委员会第三十一次会议议程

（2012年2月16日）

（2012年2月16日北京市第十三届人民代表大会常务委员会第三十一次会议第一次全体会议通过）

一、讨论北京市人大常委会2012年工作安排

二、审议通过市十三届人大常委会代表资格审查委员会主任委员名单（草案）

三、关于北京市区县、乡镇两级人大换届选举工作的总结报告（书面）

四、决定人事任免事项

北京市人大常委会2012年工作安排

（2012年2月16日北京市第十三届人民代表大会常务委员会第三十一次会议通过）

市十三届人大五次会议批准了常委会工作报告并通过了相应决议。决议要求，2012年，市人大常委会要在中共北京市委的领导下，坚持党的领导、人民当家作主、依法治国有机统一，充分发挥人民代表大会制度的优势，认真贯彻党的十七届六中全会、中央经济工作会议和市委十届十次全会精神，坚持以首都科学发展为主题，以加快转变经济发展方式为主线，以推动民主法制建设为根本任务，努力践行“北京精神”，依法履行各项职能，继续推动本届人大关注的重点问题取得新进展，为建设“人文北京、科技北京、绿色北京”和中国特色世界城市提供民主法制保障。常委会要按照决议要求，统筹安排

好各项工作任务，有序推进工作落实，不断提高工作质量和实效，努力把人大工作继续推向前进。

一、立法工作方面

做好法规审议、草案起草和立法后评估工作。审议11项法规草案，包括继续审议审计条例和河湖保护管理条例；制定实施防震减灾法的规定、规范性文件备案审查条例、湿地保护条例；修订食品安全条例、专利保护与促进条例、实施村委会组织法若干规定和村委会选举办法、实施代表法办法和代表批评意见建议办理条例。起草7项法规草案，包括人力资源市场管理条例、促进中小企业发展条例、社区卫生服务条例、急救医疗服务条例、出版条例、大气污染防治条例、实施动物防疫法办法。对学前教育条例进行立法后评估。

深化法规预案研究，推进民主立法、科学立法。认真贯彻去年召开的立法工作研讨会精神，继续把法规预案研究作为探索和改进立法工作机制和方法的重要举措抓实抓好。要加大研究论证力度，分别就去年开展的控制吸烟条例、基本住房保障条例、农村宅基地和农民住宅条例预案研究情况召开研讨会，梳理经验做法，探索特点规律，提出改进措施，进一步深化和完善法规预案研究工作机制。要加大宣传力度，适时公开预案研究进展情况，使法规预案研究成果得到社会广泛关注，集思广益。适时启动修订养犬管理规定的预案研究。

认真总结本届人大五年立法规划完成情况，做好今后五年立法需求的调研。认真分析首都地方立法工作面临的形势，围绕保证首都科学发展、保障公民基本权利、规范国家权力运行、维护社会公平正义等立法工作的主要任务，深入调研，科学规划，为今后五年立法工作奠定坚实的基础。

组织承办好全国地方立法工作研讨会。按照全国人大常委会要求，认真做好第十八次全国地方立法工作研讨会的筹备工作。市人大常委会作为承办单位，要加强沟通协调，尽早形成方案，认真加以落实，确保会议顺利召开。

二、监督工作方面

听取和审议“一府两院”10个专项工作报告。包括听取和审议市政府关于推进全国文化中心建设、北运河流域水系综合治理、城市南部地区建设发展、潮白河流域水系综合治理、食品安全工作、建筑工程质量监管体系建设、推进城乡居民自治工作、市级大额专项资金使用管理情况等专项工作报告；听取和审议市高级人民法院关于加强审判管理、确保依法公正履行审判职责工作情况的报告，市人民检察院关于加强民事行政检察监督工作情况的报告。

做好计划和预算监督工作。听取和审议2011年预算执行和其他财政收支的审计工作报告、2011年决算草案的报告，审查批准2011年市级决算；听取和审议本市2012年国民经济和社会发展计划上半年执行情况、预算上半年执行情况的报告；听取和审议市政府关于地方政府债券收支安排专项预算调整方案的报告并作出决议。

继续推进预算绩效监督工作。督促市政府认真落实《北京市人民政府关于推进预算绩效管理的意见》和预算绩效管理、问责的相关配套办法，扎实推进绩效管理试点工作，同时要加强绩效审计监督，持续问责问效，推动健全完善以结果为导向，决策、执行、监督既相互协调又相互制约的公共财政体制，着力解决好财政资金配置方面一定程度上存在的“重要钱轻管理、重权力轻责任、重花钱轻绩效”问题。

开展两个方面的执法检查。包括对少数民族权益保障条例、中关村国家自主创新示范区条例的实施情况进行检查。根据监督法规定，委托部分区县人大常委会对两个条例在本行政区域内的实施情况进行检查。

积极探索专题询问的监督形式。借鉴全国人大常委会和兄弟省市人大常委会的经验，在听取和审议市政府关于市级大额专项资金使用管理情况报告的同时，开展专题询问。坚持从北京实际需要出发，认真搞好调研，形成切实可行的工作方案，扎实有序地开展工作，努力探索和把握专题询问的规律特点、基本原则、机制和方法，进一步增强监督实效。

继续开展对各项报告审议意见及“六五”普法决议落实情况的跟踪检查。包括抓好去年7项专项工作报告、2项执法检查报告、1项议案办理报告审议意见和“六五”普法决议落实情况的跟踪检查。

三、行使重大事项决定权和人事任免权方面

认真行使重大事项决定权。围绕全市中心工作和发展大局，积极落实市政府向市人大常委会报告重大事项的若干规定，认真讨论关系本行政区域改革发展稳定大局和群众切身利益、社会普遍关注的重大问题，并适时作出决议、决定。

依法行使人事任免权。按照有关法律、法规的规定，认真做好常委会的人事任免工作，为本市国家机关开展工作提供组织保障。

四、代表议案办理及报告审议方面

听取和审议市政府关于“进一步治理大气污染，提升首都空气质量”议案办理情况的报告。重点是在以往治理大气污染成果的基础上，采取科学有效的措施，加大治理主要污染源力度，有效减少机动车排放、煤碳燃烧、各类喷涂和扬尘等主要污染，切实发挥京津冀地区联防联治机制作用，全面提升空气质量等情况。

听取和审议市政府关于“健全安全食品体系，提升首都食品安全总体水平”议案办理情况的报告。重点是进一步加强对食品的监管，不断完善食品生产、加工流通、保障等供给体系和监管体系，全面提高食品安全水平等情况，并与听取和审议市政府关于食品安全工作情况的专项工作报告一并办理。

听取和审议市政府关于“加强建筑工程质量监管体系建设”议案办理情况的报告。重点是改进和完善建筑工程质量的监管标准、方式、手段和机制，提高城市建设和管理精细化水平，确保人民群众生命财产安全等情况，并与听取和审议市政府关于建筑工程质量监管体系建设情况的专项工作报告一并办理。

进一步完善代表议案办理工作机制。认真落实十三届人大五次会议主席团的决定，注重发挥主导作用，加强对议案本身的综合分析，加大与市政府沟通协调的力度，深入调研，形成合力，提高议案办理的质量和实效。

五、代表工作方面

继续完善代表工作格局，发挥代表作用。围绕密切常委会与代表的联系、密切代表与人民群众的联系，提高保障服务代表履职的工作水平。进一步提高代表闭会期间活动的质量和实效，开展好代表年中活动，协助市政府就办实事工作听取代表意见。继续组织代表参与常委会议题的准备和审议工作，不断完善专门委员会相对固定联系代表制度，拓展代表参与常委会和专门委员会活动的广度和深度。围绕常委会和专委会重点工作，继续发挥专业代表小组作用，深入开展调研

活动。

进一步加强和改进代表建议办理工作。认真落实去年代表工作座谈会精神，完善代表建议分类分层督办的工作机制，加强人大专门委员会和常委会工作机构的统筹交办和督办，做好对建议办理整体情况的检查和复查补办等工作；督促政府部门坚持和完善行政首长负责制，加强对建议办理的整体统筹；继续加强与提交建议代表的沟通，切实改进建议办理的答复和解释工作，提高办理效率和实效。

组织代表参与本届人大工作总结和研究。要根据本届人大及其常委会工作总结和研究进展情况，适时组织代表对五年来的工作总结和研究提出意见、建议。要认真总结和研究五年来代表履职的特点和规律、成效和启示；同时要对五年来代表建议办理情况进行综合梳理分析，总结经验，查找不足，积极改进。

六、市人大代表换届选举工作方面

上半年，要结合贯彻落实选举法，围绕如何优化代表结构、提高代表素质、发挥代表作用深入调研，认真听取意见，制定换届选举工作方案，并向市委作出专题报告，为新一届市人大代表换届选举作好充分准备。下半年，要在市委领导下认真组织实施，主持好市人大代表换届选举工作，并在此基础上筹备好新一届人大代表的换届选举工作，确保其依法有序顺利进行。还要及时做好新代表的培训工作。

七、常委会自身建设方面

加强思想政治建设。高举中国特色社会主义伟大旗帜，坚持中国特色社会主义政治发展道路，坚持党的领导、人民当家作主、依法治国有机统一，把坚持正确的政治方向贯穿于本届人大及其常委会依法履职的始终。继续加强学习，推进学习型机关建设，通过举办常委会组成人员学习班、机关法制讲座、代表履职交流研讨等活动，深化对人民代表大会制度的认识，增强坚持和完善人民代表大会制度的自觉性和坚定性，增强做好人大工作的责任感和使命感，以更加饱满的精神状态完成好本届人大任期最后一年的工作任务。

做好本届人大工作总结和研究。要认真总结本届人大及其常委会五年来在立法、监督、代表工作、议案办理、自身建设等方面作出的新成绩、形成的新认识、积累的新经验，努力提炼和把握新时期人大工作的特点和规律，结合新形势、新要求，探索进一步改进工作的思路和措施，为进一步做好今后的人大工作创造条件。继续完善工作制度和机制，要结合五年工作总结，创新工作制度、工作机制和工作方法，不断提高立法、监督等各项工作的能力和水平，确保今年各项工作的圆满完成。

认真组织宣传好本届人大代表履职事迹和成效。认真开展代表征文活动，展示代表履职风采，交流代表履职经验。组织新闻媒体，大力宣传代表密切联系群众、反映人民意愿的典型事迹，集中宣传代表在推进民主法制建设和首都科学发展中发挥作用的情况。

进一步加强机关干部队伍建设。完善工作项目绩效管理，加强对干部的选拔任用、培训交流和基层锻炼，推进创先争优活动的深入开展，加强廉政风险防范管理工作，提高机关服务保障工作的质量和水平。

加强对区县、乡镇人大工作的指导。加强对新一届区县人大常委会工作的指导和联系，组织好新一届区县人大常委会主任、新任副主任交流研讨活动；指导区县人大常委会对乡镇人大专职主席、副主席进行培训，统一思想、提高认识、增强能力，提升本市人大工作整体水平。

关于北京市人大常委会2012年工作安排（讨论稿）的说明

——2012年2月16日在北京市第十三届人民代表大会常务委员会第三十一次会议上

市人大常委会副秘书长、研究室主任　刘维林

主任、各位副主任、秘书长、各位委员：

我受主任会议委托，就《北京市人大常委会2012年工作安排（讨论稿）》（以下简称“工作安排（讨论稿）”）向会议作简要说明。

一、关于工作安排（讨论稿）的起草过程

市十三届人大五次会议批准了常委会工作报告并通过了相应决议。决议要求，2012年，市人大常委会要在中共北京市委的领导下，坚持党的领导、人民当家作主、依法治国有机统一，充分发挥人民代表大会制度优势，认真贯彻党的十七届六中全会、中央经济工作会议和市委十届十次全会精神，坚持以首都科学发展为主题，以加快转变经济发展方式为主线，以推动民主法制建设为根本任务，努力践行“北京精神”，依法履行各项职能，继续推动本届人大关注的重点问题取得新进展，为建设“人文北京、科技北京、绿色北京”和中国特色世界城市提供民主法制保障。

为了全面执行市十三届人大五次会议决议，认真落实市十三届人大五次会议通过的常委会工作报告提出的2012年的各项工作任务，在人代会期间我们即着手常委会2012年工作安排的起草工作。会后，我们将工作安排报常委会主管领导审阅。2月2日在常委会党组会上，德印同志对进一步修改好工作安排提出重要意见，要求突出工作着力点，着眼探索性、创新性和今年工作的特殊性，把需要加大工作力度的方面突出出来。据此我们进行了认真修改和完善，形成了提交今天会议讨论的常委会2012年工作安排（讨论稿）。

二、关于工作安排（讨论稿）的主要内容

工作安排（讨论稿）首先重申了市十三届人大五次会议关于常委会工作报告决议的有关要求，然后从立法工作、监督工作、重大事项决定和人事任免工作、代表议案办理及报告审议工作、代表工作、常委会自身建设、市人大代表换届选举工作七个方面，明确了工作项目和工作重点。

立法工作方面。主要包括四部分内容：一是做好法规审议和立法后评估工作。包括审议11项法规草案，对学前教育条例进行立法后评估。二是深化法规预案研究，分别就去年开展的控制吸烟条例、基本住房保障条例、农村宅基地和农民住宅条例预案研究情况召开研讨会，进一步深化和完善法规预案研究工作机制；适时启动修订养犬管理规定的预案研究。三是认真总结本届人大五年立法规划完成情况，做好今后五年立法需求的调研。四是组织承办好全国地方立法工作研讨会，按照全国人大常委会要求，认真做好

各项筹备工作。

监督工作方面。主要包括六部分内容：一是听取和审议“一府两院”10个专项工作报告。二是做好计划和预算监督工作。三是继续推进预算绩效监督工作，在扎实推进预算绩效管理试点工作的同时着力加强绩效审计监督。四是开展对少数民族权益保障条例、中关村国家自主创新示范区条例两个方面法律、法规实施情况的检查。五是积极探索专题询问的监督形式，在听取和审议专项报告时，对市政府关于市级大额专项资金使用管理工作开展专题询问，努力探索和把握专题询问的规律特点、基本原则、机制和方法，进一步增强监督实效。六是抓好对去年10项议题审议意见和“六五”普法决议落实情况的跟踪检查。

依法行使重大事项决定权和人事任免权方面。与往年一样，鉴于目前还无法确定行使重大事项决定权的更多具体议题和人事任免的具体内容，为了体现工作安排的全面性，工作安排（讨论稿）对这一部分作了原则表述。

代表议案办理及报告审议方面。主要包括：听取和审议市政府关于“进一步治理大气污染，提升首都空气质量”、“健全安全食品体系，提升首都食品安全总体水平”、“加强建筑工程质量监管体系建设”3个议案办理情况的报告，明确了办理工作的重点，以及对进一步完善议案办理工作机制的要求。其中，“健全安全食品体系，提升首都食品安全总体水平”、“加强建筑工程质量监管体系建设”两项代表议案与听取和审议市政府相关专项工作报告一并办理。

代表工作方面。主要包括三部分内容：一是继续完善代表工作格局，发挥代表作用。进一步提高代表闭会期间活动的质量和实效，开展好年中代表活动，协助市政府就办实事工作听取代表意见；继续组织代表参与常委会议题的准备和审议工作，不断完善专门委员会相对固定联系代表制度。二是进一步加强和改进代表建议办理工作。认真落实去年代表工作座谈会精神，完善代表建议分类分层督办的工作机制，督促政府部门坚持和完善行政首长负责制，提高办理效率和实效。三是组织代表参与本届人大工作总结和研究。适时组织代表对本届人大及其常委会五年来的工作总结和研究提出意见、建议；认真组织和研究五年来的代表履职的特点和规律、成效和启示；对五年来代表建议办理情况进行综合梳理分析和总结提高。

市人大代表换届选举工作方面。上半年，要结合贯彻落实选举法，围绕如何优化代表结构、提高代表素质、发挥代表作用深入搞好调研，为新一届市人大代表换届选举作好充分准备。下半年，要在市委领导下，主持好市人大代表换届选举工作，确保依法有序顺利进行。还要及时做好新代表的培训工作。

常委会自身建设方面。主要包括五部分内容：一是加强思想政治建设。把坚持正确的政治方向贯穿于本届人大及其常委会依法履职的始终，完成好本届人大任期最后一年的工作任务。二是做好本届人大工作总结和研究。认真总结本届人大及其常委会五年来在立法、监督、代表工作、议案办理、自身建设等方面做出的新成绩、形成的新认识、积累的新经验，努力提炼和把握新时期人大工作的特点和规律，结合新形势、新要求，探索进一步改进工作的思路和措施。三是认真组织宣传好本届人大代表履职事迹和成效。四是进一步加强机关干部队伍建设，提高机关服务保障工作的质量和水平。五是加强对区县、乡镇人大工作的指导。组织好新一届区县人大常委会主任、新任副主任交流研讨活动；指导区县人大常委会对乡镇人大专职主席、副主席进行培训，提升本市人大工作整体水平。

我就作以上汇报，请审议。

北京市人大常委会2012年立法工作计划

（2012年2月8日市十三届人大常委会第一百零八次主任会议通过）

2012年，是全市继续推进首都科学发展和加快经济发展方式转变的重要一年，是本届市人大及其常委会进入任期的最后一年。市人大常委会今年立法工作的总体要求是：在市委领导下，认真贯彻党的十七届六中全会、中央经济工作会议精神和市委十届十次全会精神，坚持以首都科学发展为主题，以加快经济发展方式转变和城市发展转型为主线，认真贯彻去年召开的立法工作研讨会精神，适应首都科学发展的需要和人民群众的期待，及时启动相关立法工作，在提高法规审议质量的同时，提高立法后评估和预案研究工作质量，推进民主立法、科学立法。

一、计划审议法规草案11项

（一）第三十二次会议（3月）

1. 北京市实施《中华人民共和国村民委员会组织法》若干规定（修订） 内司委
2. 北京市村民委员会选举办法（修订） 内司委
3. 北京市各级人民代表大会常务委员会规范性文件备案审查条例 备案审查办公室

（二）第三十三次会议（5月）

1. 北京市审计条例（二审） 法制委
2. 北京市河湖保护管理条例（二审） 法制委
3. 北京市实施《中华人民共和国防震减灾法》规定 城建环保委
4. 北京市湿地保护条例 农村委

（三）第三十四次会议（7月）

1. 北京市审计条例（表决） 法制委
2. 北京市河湖保护管理条例（表决） 法制委
3. 北京市各级人民代表大会常务委员会规范性文件备案审查条例（二审） 法制委
4. 北京市实施《中华人民共和国村民委员会组织法》若干规定（修订）（二审） 法制委
5. 北京市村民委会选举办法（修订）（二审） 法制委
6. 北京市食品安全条例（修订） 财经委

（四）第三十五次会议（9月）

1. 北京市各级人民代表大会常务委员会规范性文件备案审查条例（表决） 法制委
2. 北京市实施《中华人民共和国村民委员会组织法》若干规定（修订）（表决） 法制委
3. 北京市村民委会选举办法（修订）（表决） 法制委

4. 北京市湿地保护条例（二审） 法制委
5. 北京市实施《中华人民共和国各级人民代表大会代表法》办法（修订） 代表联络室
6. 北京市人民代表大会代表建议、批评和意见办理条例（修订） 代表联络室

（五）第三十六次会议（11 月）
1. 北京市食品安全条例（修订）（二审） 法制委
2. 北京市专利保护与促进条例（修订） 教科文卫体委

（六）第三十七次会议（12 月）
1. 北京市湿地保护条例（表决） 法制委
2. 北京市食品安全条例（修订）（表决） 法制委

二、法规草案起草项目 7 项

1. 人力资源市场管理条例 财经办 法制办
2. 促进中小企业发展条例 财经办 法制办
3. 社区卫生服务条例教 科文卫体办 法制办
4. 急救医疗服务条例教 科文卫体办 法制办
5. 出版条例 教科文卫体办 法制办
6. 大气污染防治条例 城建环保办 法制办
7. 实施动物防疫法办法（修订） 农村办 法制办

三、法规预案研究项目 4 项

1. 推进控烟条例预案研究成果转化 法制办 教科文卫体办
2. 完成基本住房保障条例预案研究 法制办 城建环保办
3. 完成农村宅基地和农民住宅条例预案研究 法制办 农村办
4. 开展修订养犬管理规定的预案研究 法制办 内司办

四、立法后评估项目 1 项

北京市学前教育条例 教科文卫体委

五、完成行政强制措施专项清理工作 法制办

六、总结本届市人大常委会立法工作 法制办

七、做好下届五年立法规划编制的前期准备工作 法制办

八、承办全国立法工作研讨会 法制办 办公厅

北京市人大常委会2012年监督工作计划

（2012年2月8日市十三届人大常委会第一百零八次主任会议通过）

市人大常委会2012年监督工作，要全面贯彻党的十七大和十七届六中全会、市委十届十次全会和市十三届人大五次会议决议精神，坚持以首都科学发展为主题，以加快经济发展方式转变和城市发展转型为主线，立足人大监督的性质和特点，切实加强对国家权力运行的监督，持续开展跟踪监督，拓展监督形式，推动重点问题的解决，增强监督工作实效，促进“一府两院”依法行政、公正司法。

现对2012年监督工作具体安排如下。

一、听取和审议专项工作报告

1. 听取和审议市政府关于食品安全工作情况的报告。重点报告本市安全食品生产、加工、流通、保障等供给体系和监管体系建设情况。时间安排在5月份举行的市十三届人大常委会第三十三次会议上，与“健全安全食品体系，提升首都食品安全总体水平”议案办理报告合并听取和审议。有关工作由财政经济委员会、财政经济办公室负责。

2. 听取和审议市政府关于建筑工程质量监管体系建设情况的报告。重点报告本市建筑质量现状、管理制度、责任落实、队伍建设、监管方式和效能等情况。时间安排在7月份举行的市十三届人大常委会第三十四次会议上，与“加强建筑工程质量监管体系建设”议案办理报告合并听取和审议。有关工作由城建环保委员会、城建环保办公室负责。

3. 听取和审议市政府关于北运河流域水系综合治理进展情况的报告。重点报告强化源头治理，提高排污标准，严格水环境监管；落实《北运河流域水系综合治理规划》，加快综合治理工程建设；完善综合治理规划体系，加强支流水资源保护、水资源配置和防洪减灾三大体系建设；加强改革创新，巩固综合治理工作格局，健全长效监管机制等情况。时间安排在7月份举行的市十三届人大常委会第三十四次会议上。有关工作由农村委员会、农村办公室负责。

4. 听取和审议市政府关于推进城乡居民自治工作情况的报告。重点报告落实基层群众自治制度，健全城乡居民自治组织体系和运行机制，完善基层自治组织的社会管理服务功能，实现政府管理与基层群众自治有效衔接，推进基层民主政治建设和社会管理创新等情况。时间安排在7月份举行的市十三届人大常委会第三十四次会议上。有关工作由内务司法委员会、内务司法办公室负责。

5. 听取和审议市政府关于市级大额专项资金使用管理情况的报告。重点报告市级大额专项资金的设立、使用和绩效管理等情况。时间安排在9月份举行的市十三届人大常委会第三十五次会议上。有关工作由财政经济委员会、财政经济办公室、预算工作委员会负责。

6. 听取和审议市高级人民法院关于加强审判管理，确保依法公正履行审判职责工作情况的报告。重点报告全市法院依法履行审判职责，遵循审判工作规律，强化审判管理工作，加强审判队伍能力建设，增进司法透明，确保公正司法等情况。时间安排在9月份举行的市十三届人大常委会第三十五次会议上。有关工作由内务司法委员会、内务司法办公室负责。

7. 听取和审议市人民检察院关于加强民事行政检察监督工作情况的报告。重点报告检察机关履行对民事审判、行政诉讼活动监督职责，完善监督方式，加强检察队伍能力建设，促进司法公正等情况。时间安排在9月份举行的市十三届人大常委会第三十五次会议上。有关工作由内务司法委员会、内务司法办公室负责。

8. 听取和审议市政府关于潮白河流域水系综合治理情况的报告。重点报告完善和落实《潮白河流域水系综合治理规划》、《潮白河绿色生态发展带综合规划》；坚持保护优先，保障水源地安全；提升流域资源功能、环境功能和生态功能，促进人水和谐；完善流域防洪减灾体系建设；健全流域治理体制机制和制度体系等情况。时间安排在9月份举行的市十三届人大常委会第三十五次会议上。有关工作由农村委员会、农村办公室负责。

9. 听取和审议市政府关于城市南部地区建设进展情况的报告。重点报告城市南部地区建设取得的进展、存在的问题，以及健全工作机制和各项政策制度等情况。时间安排在11月份举行的市十三届人大常委会第三十六次会议上。有关工作由财政经济委员会、财政经济办公室负责。

10. 听取和审议市政府关于推进全国文化中心建设情况的报告。重点报告结合贯彻党的十七届六中全会、市委十届十次全会精神，对常委会关于“加强国家文化中心建设”议案办理暨推进全国文化中心建设情况的报告审议意见的落实情况。时间安排在11月份举行的市十三届人大常委会第三十六次会议上。有关工作由教科文卫体委员会、教科文卫体办公室负责。

二、审查和批准决算，听取和审议审计工作报告和计划、预算执行情况的报告

根据监督法、预算法和预算监督条例，安排听取和审议市政府关于本市2011年预算执行和其他财政收支的审计工作报告，本市2011年决算草案报告，批准2011年市级决算。

听取和审议市政府关于本市2012年国民经济和社会发展计划上半年执行情况的报告，本市2012年预算上半年执行情况的报告。

时间安排在7月份举行的市十三届人大常委会第三十四次会议上。有关工作由财政经济委员会、财政经济办公室、预算工作委员会负责。

三、法律、法规实施情况的检查

1. 检查《北京市少数民族权益保障条例》实施情况。重点检查贯彻落实党和国家的民族政策，巩固和发展社会主义民族关系；依法促进少数民族经济社会发展，保障少数民族的合法权益等情况。执法检查报告安排在5月份举行的市十三届人大常委会第三十三次会议上听取和审议。有关工作由民族宗教侨务委员会、民族宗教侨务办公室负责组织和实施。

2. 检查《中关村国家自主创新示范区条例》实施情况。重点检查支持创新创业主体设立和发展、推动科技研发、成果转化和知识产权保护、深化科技金融体系建设、加强政府服务创新创业能力建设等规定的落实情况，以及条例配套规章制定落实等情况。执法检查报告安排在7月份举行的市十三届人大常委会第三十四次会议上听取和审议。有关工作由教科文卫体委员会、教科文卫体办

公室负责组织和实施。

根据监督法的规定，市人大常委会将委托部分区县人大常委会对《北京市少数民族权益保障条例》和《中关村国家自主创新示范区条例》在本行政区域内的实施情况进行检查。

四、开展专题询问

结合听取和审议市政府关于市级大额专项资金使用管理情况的报告，开展专题询问。通过专题询问了解专项资金使用和管理是否科学、合理、有绩效，责权利是否统一，加强预算绩效监督，推动市政府及其相关部门提高预算资金的使用效益和效率。时间安排在9月份举行的市十三届人大常委会第三十五次会议上。办公厅牵头制定总体工作方案，财政经济办公室、预算工作委员会负责征集询问问题，相关厅委室共同做好有关工作。

此外，今年要对去年加快西部地区转型发展情况报告等7项专项工作报告、检查防震减灾法及其办法实施情况等两项执法检查报告审议意见和“六五”普法决议落实情况进行跟踪检查，有关工作由相关专门委员会和常委会工作机构负责。

对列入2012年监督工作计划的项目，各负责单位要各司其职，密切配合，精心组织，务求实效，确保常委会各项监督工作的顺利开展。

附件：市人大常委会2012年听取和审议监督方面的报告时间安排表

附件：

市人大常委会2012年听取和审议监督方面的报告时间安排表

时间	听取和审议的议题
5月（2项）	听取和审议市政府关于食品安全工作情况的报告
	检查《北京市少数民族权益保障条例》实施情况
7月（8项）	北京市2011年预算执行和其他财政收支的审计工作报告
	北京市2011年决算草案报告，批准2011年市级决算
	北京市2012年国民经济和社会发展计划上半年执行情况的报告
	北京市2012年预算上半年执行情况的报告
	听取和审议市政府关于建筑工程质量监管体系建设情况的报告
	听取和审议市政府关于北运河流域水系综合治理进展情况的报告
	听取和审议市政府关于推进城乡居民自治工作情况的报告
	检查《中关村国家自主创新示范区条例》实施情况

续表

时间	听取和审议的议题
9月 （4项）	听取和审议市高级人民法院关于加强审判管理，确保依法公正履行审判职责工作情况的报告
	听取和审议市人民检察院关于加强民事行政检察监督工作情况的报告
	听取和审议市政府关于潮白河流域水系综合治理情况的报告
	听取和审议市政府关于市级大额专项资金使用管理情况的报告，并开展专题询问
11月 （2项）	听取和审议市政府关于城市南部地区建设进展情况的报告
	听取和审议市政府关于推进全国文化中心建设情况的报告

北京市第十三届人民代表大会常务委员会代表资格审查委员会主任委员名单

（2012年2月16日北京市第十三届人民代表大会常务委员会第三十一次会议通过）

梁　伟

北京市人民代表大会常务委员会任　免　名　单

（2012年2月16日北京市第十三届人民代表大会常务委员会第三十一次会议通过）

任命黄强为北京市人民代表大会常务委员会副秘书长。

免去黄石松的北京市人民代表大会常务委员会副秘书长职务。

北京市人民代表大会常务委员会任　免　名　单

（2012年2月16日北京市第十三届人民代表大会常务委员会第三十一次会议通过）

（一）

任命吴在存为北京市高级人民法院审判委员会委员、审判员，免去其北京市第一中级人民法院副院长、审判委员会委员、审判员职务。

免去单国军的北京市高级人民法院民事审判第一庭副庭长职务。

免去张丽、张宏伟的北京市高级人民法院审判员职务。

（二）

免去刘艳霞的北京市第一中级人民法院民事审判第六庭副庭长、审判员职务。

（三）

免去王怀勤的北京市第二中级人民法院审判委员会委员、审判员职务。

免去傅玛琍的北京市第二中级人民法院审判员职务。

北京市人民代表大会常务委员会 任免名单

（2012年2月16日北京市第十三届人民代表大会常务委员会第三十一次会议通过）

（一）

免去张东亮的北京市人民检察院检察员职务。

（二）

任命杨琦、庄伟、张际枫、和金福为北京市人民检察院第一分院检察委员会委员。

免去邓峰、白宝贵的北京市人民检察院第一分院检察委员会委员、检察员职务。

（三）

任命张文志为北京市人民检察院第二分院副检察长、检察委员会委员、检察员。

任命崔波、刘薇、景滔、刘志奇为北京市人民检察院第二分院检察员。

免去李连嘉的北京市人民检察院第二分院副检察长、检察委员会委员、检察员职务。

北京市人民代表大会常务委员会 批准任命名单

（2012年2月16日北京市第十三届人民代表大会常务委员会第三十一次会议通过）

批准任命殷健为北京市东城区人民检察院检察长。

批准任命韩索华为北京市西城区人民检察院检察长。

批准任命王立为北京市朝阳区人民检察院检察长。

批准任命王伟为北京市海淀区人民检察院检察长。

批准任命叶文胜为北京市丰台区人民检察院检察长。

批准任命王春风为北京市石景山区人民检察院检察长。

批准任命许晓闽为北京市门头沟区人民检察院检察长。

批准任命王建平为北京市房山区人民检察院检察长。

批准任命李华为北京市通州区人民检察院检察长。

批准任命张守良为北京市顺义区人民检察院检察长。

批准任命王向明为北京市昌平区人民检察院检察长。

批准任命杨永华为北京市大兴区人民检察院检察长。

批准任命刘旭东为北京市平谷区人民检察院检察长。

批准任命蓝向东为北京市怀柔区人民检察院检察长。

批准任命陈平为北京市密云县人民检察院检察长。

批准任命张铁军为北京市延庆县人民检察院检察长。

关于北京市区县、乡镇两级人大换届选举工作的总结报告（书面）

——2012 年 2 月 16 日在北京市第十三届人民代表大会常务委员会第三十一次会议上

北京市人大常委会人事室

根据市人大常委会的决定，本市区县、乡镇两级人大换届选举于 2011 年 7 月底全面展开，经过动员部署、摸底调查、宣传发动、选民登记、推荐提名、酝酿协商确定代表候选人、投票选举等工作程序，于 11 月上旬，16 个区县的 4349 名区县人大代表全部足额选出，180 个乡镇共选举产生 9932 名乡镇人大代表。至 2011 年 12 月底，各区县、乡镇召开了新一届人民代表大会第一次会议，依法选举产生了区县人大常委会组成人员、政府领导人员、法院院长和检察院检察长，以及乡镇人大主席、副主席和政府领导人员。本市历时 5 个多月的基层人大换届选举工作已经全面完成。现将这项工作总结报告如下。

一、主要成果

这次换届选举，正值全面实施“十二五”规划的开局之年，是在本市深化改革开放、推进科学发展、加快转变经济发展方式，实施“人文北京、科技北京、绿色北京”战略，努力建设中国特色世界城市的新形势下进行的，是本市根据新修改的选举法首次实行城乡按相同人口比例选举人大代表。在市委的领导下，各级党委、人大和选举工作机构全面贯彻党的十七大和十七届四中、五中、六中全会精神，以邓小平理论和“三个代表”重要思想为指导，深入贯彻落实科学发展观，认真贯彻落实《中共中央转发〈中共全国人大常委会党组关于做好全国县乡两级人民代表大会换届选举工作的意见〉的通知》（中发〔2011〕4 号)、《中共北京市委关于转发〈中共北京市人大常委会党组关于做好全市区县、乡镇两级人民代表大会换届选举工作的意见〉的通知》（京发〔2011〕17 号）的各项要求，坚持党的领导、人民当家作主、依法治国有机统一，坚持和完善人民代表大会制度，扩大社会主义民主，落实依法治国基本方略，换届选举工作取得圆满成功。

一是广大选民积极参与，首都民主政治建设进一步发展。全市人民以高度的政治责任感和主人翁意识，积极参加换届选举，共有937.5万人进行了选民登记，比上一届增加了75万人；其中，同时参加乡镇人大代表选举的选民登记人数为346.3万人。广大选民依法参加推荐提名和协商确定代表候选人等活动，候选人的提名比较广泛。全市2256个选举区县人大代表的选区，推荐出14,437名区县人大代表候选人，是应选名额的3倍多；5154个选举乡镇人大代表的选区，推荐出17,116名乡镇人大代表候选人，是应选名额的近2倍。经过选民广泛酝酿、充分协商，各区县、乡镇选举委员会根据较多数选民的意见和法律规定的差额比例，依法确定了区县、乡镇人大代表的正式候选人，其中选民10人以上联名推荐的区县、乡镇人大代表候选人比例分别达到89.1%和92.7%。投票选举日，全市参加投票选举的选民达到了910多万人，整体参选率达到97%，比上一届提高了一个百分点，充分反映了人民群众关心、重视、支持首都发展建设的期待，是人民当家作主的一次生动实践。

二是代表结构不断优化，人大代表的广泛性和代表性进一步体现。全市新当选的4349名区县人大代表和9932名乡镇人大代表的整体结构得到进一步优化，区县人大代表中，基层一线代表2667人，占61.3%，比上一届上升了9.0%；妇女代表1488人，占34.2%，比上一届上升了1.9%；党政干部代表924人，占21.3%，比上一届下降了4.7%；中共党员代表3088人，占71%；少数民族代表332人，占7.6%。选举结果实现了中央和市委提出的“两升一降”要求，即基层一线代表和妇女代表的比例有所上升，党政干部代表的比例有所下降，同时民主党派和无党派人士、归侨、宗教界人士，中央驻区单位、解放军、武警部队等各方面都有适当数量的代表，连任代表比例适当，代表涉及各行各业、各阶层，分布广泛，体现了人大代表的广泛性和代表性。代表的整体素质进一步提高，为新一届区县、乡镇人民代表大会更好地履行职权奠定了基础。

三是领导班子得到充实，基层政权建设进一步加强。各区县、乡镇依法召开了新一届人民代表大会第一次会议。16个区县共选举产生472名人大常委会组成人员，116名正、副区县长，32名法院院长和检察院检察长。180个乡镇共选举产生268名人大主席和副主席，1017名正、副乡镇长。选举结果表明，新一届区县、乡镇两级国家机关领导人员，一是整体结构较为合理。区县国家机关领导人员中，中共党员占75.3%，女干部占23.1%，少数民族干部占6.1%，55岁以下的占90.6%；乡镇国家机关领导人员中，中共党员占99%，女干部占19.1%，少数民族干部占4.7%，55岁以下的占99.1%。二是文化素质提高。区县国家机关领导人员中，大学本科及以上学历的占93.7%，比上一届提高10.3%；乡镇国家机关领导人员中，大学本科及以上学历的占91.8%，比上一届提高了8.1%。三是乡镇人大力量进一步加强，专职主席、副主席193人，占总数的72%，比上一届提高了12.6%。通过换届选举，一批德才兼备、实绩突出、群众信任的优秀干部走上了领导岗位，班子整体功能进一步增强，对今后五年的工作进行了全面规划，明确了新的发展思路，为落实首都科学发展，实现“十二五”规划的各项目标提供了组织保障。

二、主要做法

在市委的统一领导和市人大常委会的指

导下，各区县、乡镇和市有关部门认真贯彻中央有关文件精神和全国人大常委会的部署要求，全面贯彻落实选举法和本市实施细则的规定，加强领导，精心组织，周密安排，积极工作，圆满完成了区县、乡镇两级人大代表的选举任务。

（一）加强组织领导，建立健全领导小组和选举委员会

市委高度重视这次换届选举，成立换届选举工作领导小组，专题研究并转发市人大常委会党组的意见，加强对换届选举工作的统一领导。市人大常委会设立选举办公室，制定有关工作意见，加强组织协调，依法进行指导。各区县成立由党委书记担任组长的领导小组，充分发挥党委的领导核心作用。区县人大常委会依法成立选举委员会，由区县人大常委会主任担任区县选举委员会主任，加强了选举委员会的领导力量，严格执行选举法关于选举委员会组成人员的回避规定，选举委员会主任、副主任中至少有1名不提名推荐为代表候选人的党委或人大的领导干部，保证选举委员会依法履行职责。

（二）认真筹备部署，深入开展调研推演工作

市人大常委会根据新修改的选举法，及时修改实施细则，就代表名额分配原则、选举委员会的产生、回避和职责、推荐和介绍代表候选人、投票选举程序的组织以及预选、另行选举和补选等内容进行了完善。为做好这次换届选举工作，市人大常委会在2010年年底组建了换届选举筹备工作协调会议，各区县人大常委会的主管领导和市有关部门的负责人参加，并多次召开会议，研究有关筹备工作。各区县人大常委会高度重视，组织力量，提早动手，提前谋划，深入调研。西城、朝阳、丰台、昌平4个区根据新修改的选举法，对换届选举各个环节的工作程序进行了全程推演，其他区县认真开展摸底调查和专题研究，弄清情况、发现问题、研究措施、形成方案，为贯彻落实选举法规定的新要求，应对面临的新情况和新问题，作了比较充分的准备。

（三）强化学习培训，认真贯彻实施选举法

针对法律新、情况新、人员新的实际情况，市选举办公室举办了全市各区县人大常委会主管领导和选举办公室负责人培训班，分阶段、按专题召开每个阶段工作部署会议，对每个阶段的工作提出具体指导意见，并通过以会代训的形式，加强对选举法和本市实施细则以及有关政策的学习培训。各区县人大常委会结合本地区实际，按阶段、分层次全面深入地开展培训工作，重点就选区划分、选民登记、提名确定候选人和投票选举等阶段的关键环节、操作程序、敏感问题处置进行专题培训，逐条讲解法律的规定和程序，深入研讨做好选举工作的办法和措施，确保每一名选举工作人员做到“先培训，再上岗”，使选举工作人员准确掌握选举工作的有关法律、法规，提高选举组织工作的能力和应对处理各类突发事件的能力，培养和锻炼了一支队伍，保证了换届选举始终严格依法有序进行。

（四）多种形式并举，主动服务选民登记

针对人户分离和流动人口增多、单位变动大和行政村整体拆迁等新情况，市选举办公室制定《选民登记工作意见》，加强具体指导。各级选举机构改进工作方法，方便选民登记，服务选民参选。一是提前开展摸底调查，对辖区内选民数、单位数、人户分离、人企分离等情况做到心中有数。二是广泛设置选民登记站，方便选民主动到站登记。全市共设置2.4万多个选民登记站，并安排专人值守，随时接待选民咨询登记。三是加强入户登记，发挥驻区单位、派出所、物业公司、居民村民自治组织的作用，逐人核对登记，确保选民登记工作“横到边、纵到底”。

四是重点做好人户分离、拆迁村民、失业下岗和离退休人员的登记工作，明确专人负责，层层落实责任，创新工作方式，努力防止“漏登、错登、重登”。五是积极宣传流动人口参加选举的相关政策，为他们参加选举提供便利，保障流动人口的选举权利。

（五）坚持正确导向，牢牢把握宣传工作主动权

市委宣传部加强对选举宣传工作的统一领导，严格管理新闻报道和网络媒体信息，按阶段组织全市集中报道活动，加强对基层选举情况的宣传。全市各有关新闻单位和媒体加强正面宣传，充分发挥主流媒体的舆论引导作用。各区县党委宣传部门和各级选举机构利用广播、电视、报刊、网络等，把集中宣传与持续报道结合起来，把对选举法的宣传与“六五”普法教育结合起来，增强实效性和针对性。各级选举工作人员，深入驻区单位和居民小区进行宣传，扩大宣传的覆盖面。市和区县人大常委会都建立了新闻发言人制度，主动向新闻媒体通报选举工作的情况，统筹安排外宣、内宣和境外媒体采访事宜，组织20多家境外驻京媒体有序参加了新闻报道。市网管办加强对网络媒体的管理工作，营造良好的网络舆论环境。各区县、各系统加强信息沟通，市选举办公室通过《选举工作简报》上传下达，及时传达中央和市委的有关精神，总结、交流和反映各区县的做法经验，共编发简报39期。

（六）完善工作机制，做好对代表候选人情况的核实和介绍工作

各区县选举委员会在区县党委的领导下，建立健全代表候选人情况的核实工作机制，紧紧依靠党委组织部门，及时了解核实代表候选人的基本情况，主动向选民如实通报，积极宣传法律和中央、市委对代表资格条件和结构的要求，依靠广大选民保证推荐代表候选人人选的素质和结构。为使广大选民全面了解代表候选人的情况，各区县积极改进代表候选人的介绍方式，增加候选人基本情况的公布内容，扩大代表候选人与选民的见面范围，丰富见面活动的形式，全市53.8%的选举区县人大代表的选区组织了见面活动，参加见面的正式代表候选人占47.6%，比上一届提高近20%。

（七）周密组织安排，保证投票选举严格依法进行

市选举办公室和各区县人大常委会加强对各级选举委员会、各选区的具体指导，规范选举程序和工作流程，提前做好选民参加投票选举的摸底工作，认真核对选民的变化情况。深入宣传发动，发挥街道、乡镇和驻区单位各级组织的作用，有针对性地做好选民的思想政治工作，动员选民珍惜和行使好自己的民主权利，积极参加投票选举活动。各区县、乡镇严格程序，严密组织，严肃纪律，精心布置投票场所，严格管理流动票箱，从严掌握委托投票，依法设立秘密写票处，在监票人的监督下，认真做好选票发放、清点、计票等工作，保证了全市各选区投票选举依法进行，顺利完成了全市区县、乡镇人大代表换届选举的投票工作。

（八）各方通力合作，共同配合做好换届选举工作

为保证全市换届选举工作顺利进行，全市各有关单位和部门积极配合，做了大量卓有成效的工作。市选举办公室统筹换届选举工作，加强与中央、市属单位和驻京部队的沟通联系，及时通报沟通情况。各区县加强与辖区内中央、市属单位、部队以及各类新经济、新社会组织的沟通协调，主动走访本地区的重点单位，积极取得各方面的支持和配合。中央直属机关工委、中央国家机关工委、北京军区政治部、武警北京总队等有关单位，对所属各单位提出要求；市委组织部发出通知，要求全市基层党组织和党员积极

参加选举，充分发挥作用；市委直属机关工委、教育工委、农工委、国资委多次召开会议，对本系统所属各单位提出明确要求，配合区县做好选民登记核对、组织投票选举等工作；市公安局制定换届选举安保方案，全面进行部署；市法院、检察院、公安局、司法局等部门协同工作，配合区县做好选民资格审查工作；各地派出所积极配合，提供户籍数据，协助查找选民，维护选举秩序；驻区单位抽调得力人员直接参与选举工作，为换届选举的顺利进行提供保障。

三、需要研究总结的问题

总结换届选举工作，我们体会到，要保证区县、乡镇人大代表直接选举依法有序进行，一是要自始至终自觉地坚持党的领导，完善在党委领导下人大与各方面协同配合的工作体制机制，切实加强对换届选举工作的领导；二是要充分发挥各级人大和选举机构的职能作用，严格依法开展工作，适应新形势、新情况不断改进规范工作，保障换届选举在各级选举委员会的主持下依法进行；三是要广泛动员、积极组织和正确引导广大选民依法参加选举，尊重和保障选民依法享有的民主权利，发挥选民在代表选举中的主体作用，充分发扬社会主义民主；四是要坚持正确的政治方向，增强政治敏感性，把握宣传舆论导向，依法妥善解决换届选举过程中出现的矛盾和问题，始终维护社会稳定，为换届选举提供良好的民主法制环境。

这次换届选举，还有一些需要我们认真总结、研究和改进的问题。一是要进一步总结改进选民登记的具体办法，利用现代化信息管理手段提高工作效率，提供便于“人户分离”的选民和流动人口参选的具体措施。二是要进一步研究细化选举工作的具体程序，使选举工作更加规范化、程序化，增加可操作性，确保选举各个环节更严谨地依法按程序进行。三是要进一步加强选举工作骨干队伍建设，研究解决健全区县人大常委会负责选举工作的机构问题，建立一支比较稳定的熟悉选举工作的骨干队伍。四是要进一步研究总结妥善处理影响选举依法有序进行的社会矛盾和突发问题的政策、措施，努力营造稳定的社会政治环境。

北京市第十三届人民代表大会

常务委员会第三十二次会议

在市十三届人大常委会第三十二次会议上的讲话

（2012 年 3 月 29 日）

市人大常委会主任　杜德印

同志们：

这次常委会会议的议程已经全部进行完了。本次会议主要审议了三项地方性法规。其中，《北京市实施〈中华人民共和国村民委员会组织法〉的若干规定（修订草案）》和《北京市村民委员会选举办法（修订草案）》是两项非常重要的立法。常委会组成人员和列席代表进行了认真的审议，很多同志都提出了不少很好的意见和建议以及需要进一步研究的问题。主要集中在这样几个方面：一是村民委员会作为依法行使民主自治的机构，如何依法发挥民主自治制度的优势，能够有效地保障和维护村民集体土地和共有财产的权益；二是村委会同集体经济组织的关系问题；三是监督委员会的设置和职能问题；四是村民自治组织与上级政府的关系问题等。对于这些问题，会后常委会有关部门要进一步加强协作，对组成人员和列席代表在审议当中提出的问题、建议和意见进行认真地梳理和研究，把这两项法规修改好。

村民自治制度正处在不断发展完善的过程当中，相关问题的解决需要经过不断的实践总结和探索，有些问题一下子彻底解决也不容易，农村建设现实中还会出现很多新的情况。但是我们要在村民民主制度的运行方式和实现形式、机制方面进一步下功夫，力求能够使村民自治的制度走向健全完善，使这方面的工作不断推向前进，使这两项地方性法规在保证和支持农村坚持村民自治制度，推进民主自治，为村民在基层党组织的领导下更有效地推进基层民主建设提供良好的保障和依据。我们要在党的领导下依法推进民主自治，扩大基层民主，需要解决一些具体的机制性、程序性的安排，使这个制度能够更有效地实行。我们立这个法，不奢求把所有的关系都搞清楚，所有的问题都解决，但至少能够为推进这个制度的完善，为推进基层民主提供法律的保障、依据和支持，能够沿着正确的方向稳步前进。

对于《北京市各级人民代表大会常务委员会规范性文件备案审查条例（草案）》大家也提出了一些意见，也需要在实践中逐步摸索。

本次会议预定的各项议程已经全部完毕，现在闭会。

北京市第十三届人民代表大会常务委员会第三十二次会议议程

（2012年3月29日）

（2012年3月29日北京市第十三届人民代表大会常务委员会第三十二次会议全体会议通过）

一、审议《北京市实施〈中华人民共和国村民委员会组织法〉的若干规定（修订草案）》

二、审议《北京市村民委员会选举办法（修订草案）》

三、审议《北京市各级人民代表大会常务委员会规范性文件备案审查条例（草案）》

四、决定人事任免事项

北京市人民代表大会常务委员会任免名单

（2012年3月29日北京市第十三届人民代表大会常务委员会第三十二次会议通过）

（一）

任命王靖为北京市高级人民法院审判员，免去其北京市第一中级人民法院刑事审判第二庭副庭长、审判员职务。

免去贺荣的北京市高级人民法院副院长、审判委员会委员、审判员职务。

（二）

任命李国强为北京市第一中级人民法院民事审判第六庭副庭长，免去其北京市第一中级人民法院未成年人案件综合审判庭副庭长职务。

任命李纪红为北京市第一中级人民法院未成年人案件综合审判庭副庭长。

任命周万毅为北京市第一中级人民法院执行一庭副庭长。

免去张燕敏的北京市第一中级人民法院审判员职务。

（三）

任命李艳红为北京市第二中级人民法院审判委员会委员。

任命袁丽忠为北京市第二中级人民法院审判委员会委员、刑事审判第一庭庭长，免去其北京市第二中级人民法院刑事审判第二庭庭长职务。

任命李天民为北京市第二中级人民法院刑事审判第二庭庭长。

任命肖大明为北京市第二中级人民法院民事审判第一庭庭长，免去其北京市第二中级人民法院民事审判第二庭庭长职务。

任命杨越为北京市第二中级人民法院民事

审判第二庭庭长，免去其北京市第二中级人民法院民事审判第一庭庭长职务。

任命李经纬为北京市第二中级人民法院民事审判第六庭庭长。

任命姜红为北京市第二中级人民法院审判员。

免去许靖的北京市第二中级人民法院刑事审判第一庭庭长职务。

免去刘立军的北京市第二中级人民法院民事审判第六庭副庭长职务。

免去李仁的北京市第二中级人民法院审判员职务。

（四）

免去邵怀寅的北京铁路运输中级法院审判员职务。

北京市人民代表大会常务委员会
任 免 名 单

（2012年3月29日北京市第十三届人民代表大会常务委员会第三十二次会议通过）

（一）

任命杨淑雅、马胜华、彭陟刚为北京市人民检察院检察员。

免去张京宏的北京市人民检察院检察员职务。

（二）

任命焦慧强为北京市人民检察院第一分院副检察长。

（三）

任命张朝霞为北京市人民检察院第二分院副检察长、检察委员会委员、检察员。

任命张京宏为北京市人民检察院第二分院检察委员会委员、检察员。

免去曹新民的北京市人民检察院第二分院副检察长、检察委员会委员、检察员职务。

免去赵泽臣的北京市人民检察院第二分院检察委员会委员、检察员职务。

（四）

任命雷晓森为北京市人民检察院北京铁路运输分院副检察长、检察委员会委员、检察员。

北京市第十三届人民代表大会

常务委员会第三十三次会议

在市十三届人大常委会第三十三次会议上的讲话

（2012 年 5 月 31 日）

市人大常委会主任　杜德印

同志们：

本次常委会会议在大家的共同努力下已经顺利完成了各项议程，我们共审议了四项地方性法规，听取和审议了两项议案办理情况报告和一项执法检查报告，以及其他议题。

这次会议的议题所涉及的防震减灾、湿地和河湖保护、大气治理、食品安全、少数民族权益保障、国家审计制度建设等问题，都是关系到首都科学发展和广大人民群众权益的重要议题。在审议当中，常委会组成人员和列席代表提出了很多很好的意见和建议，会后常委会有关部门要认真汇总、研究，切实修改好有关法规，制定好有关审议意见书，做好后续的工作。

关于制定《北京市实施〈中华人民共和国防震减灾法〉规定》，大家在审议中提出了很多好的意见和建议，在下一步的立法工作当中，要切实在防震和减灾的制度安排上下功夫。一是要设防，制定并实施各类建筑防震的标准和规范，所有新建设的项目建筑物必须严格执行这些标准和规范。二是要严格建筑施工质量的监管，保障防震标准和规范的实施到位。三是要抓好补防，对 1980 年以前未按防震标准设防的老旧建筑全面实行防震加固，现在这方面的工作在市委的领导下已经在有序地推进。对于 1980 年以后，虽然按防震标准设防，但建筑施工质量存在问题的建筑物也要实行检查制度，采取防震的补救措施。四是要进一步加强全社会的减灾能力建设，包括防震减灾知识的普及、训练、信息披露制度、应急避难场所、应急救灾能力建设等等。五是要切实研究解决好农村建筑的设防和补防问题，政府要支持、引导和帮助农民解决好房屋的防震问题。六是要根据防震减灾的规定进一步理顺政府部门的责任，明确责任体系、责任主体。除了要充分发挥地震部门的作用以外，还要进一步突出城市规划、建设和管理部门在防震减灾工作中的责任。七是法规要严格设定防震减灾责任和责任追究制度。地震灾害造成的损害很大，没有责任追究主体的法规很难执行。我们要使这个法规真正成为一个管用、有效的法规。一审以后要根据常委会组成人员和列席代表的意见，对法规涉及的一系列重要问题进行深入地研究，为整个城市在防震减灾方面提供良好的制度保障。

本次会议中《北京市湿地保护条例》、《北京市河湖保护管理条例》两项法规、“进一步治理大气污染，提升首都空气质量”的议案办理报告几项议题涉及了首都的生态文明建设，这几方面密切相关。因此我们要从整体改善人的生存环境，提高人的生活质量的角度认识这些问题，把首都的生态文明建设摆到更加重要和突出的位置上，把生态环境的改善、生态文明建设作为首都科学发展的一个重要内容和重要目标，落实并进一步完善各个方面的治理措施，坚决遏制环境恶化的趋势。要注意把空气的治理、水环境的治理和整个绿化造林、植被的改善密切结合起来。同时，根本的是要加快转变经济发展方式和城市的发展模式，实现经济发展、城市建设与生态环境建设的和谐统一。下一步我们要把湿地保护条例和河湖保护条例两个法规进一步修改好、审议好。这两项法规都涉及水资源、水生态、水环境的重要问题，我们要扩展一下，不光是水资源，实际上水环境、水生态已经恶化，要遏制住这种势头。空气的治理大家也提出了很多好的意见，大家充分肯定了在市委的领导下市政府采取的措施是有效的、可行的，要认真贯彻落实好。同时大家一致提出科学防治的问题，既要看到解决问题的迫切性，又要看到解决问题的长期性、艰巨性、复杂性，要坚定不移、锲而不舍地抓下去。要讲究科学、讲究实效，从实际出发，使采取的各项措施有一个效果的评价，使我们的措施能够更有效，而不是浪费公共资源。这些内容要在审议意见书里体现出来，转交给政府在工作中研究改进。

关于“健全安全食品体系，提升首都食品安全总体水平”议案办理暨本市食品安全工作情况的报告，市委、市政府多年来一直高度重视食品安全工作，现在全市食品安全的形势总体上是稳定的。这方面的制度建设、体系建设、物质基础都具备了一定的基础。但是对这件事情不可掉以轻心，这方面的工作还需要持续不断地加强。前不久，市政府制定了下一阶段食品安全工作的计划，这个计划当中包括了食品安全工作的指导思想和目标的转变。主要就是要把加强、完善食品安全的监管体系和建设安全食品的供给保障体系有机地结合起来，提出这样一个指导思想是正确的，是符合实际的，也是适时的。下一步市人大常委会要支持、推动政府在这方面下功夫，研究市场经济条件下如何保障食品的安全问题，进一步完善政府的食品安全监管体系，加大监管力度。同时也要推动和培育安全食品的市场化供给和保障体系的建设，特别是要力争把食品安全的监管转化成为企业的自主行为，要使食品安全成为每一个食品企业的企业生命、产品的生命，这方面还有大量的工作要做，政府应该发挥好引导和推动作用。要进一步明确政府各部门的职责，加强食品安全委员会和食品安全办公室的统筹规划、协调的职能。对于小作坊、小餐馆、小摊贩要加强监管，认真研究他们的市场准入和安全监管问题。同时还要积极建立政府在安全食品信息方面的披露机制，市政府应对有问题的食品和企业定期予以曝光。

这次我们还涉及其他一些方面的议题，通过对《北京市少数民族权益保障条例》的执法检查，既要改进工作，又要研究法规的进一步修改；《北京市审计条例》也是和人大预算监督密切相联的重要问题，下一步要把这些工作做好。

各位委员，本次常委会预定的各项议程已全部进行完毕，现在闭会。

北京市第十三届人民代表大会常务委员会第三十三次会议议程

（2012 年 5 月 29 日至 31 日）

（2012 年 5 月 29 日北京市第十三届人民代表大会常务委员会第三十三次会议第一次全体会议通过）

一、审议《北京市实施〈中华人民共和国防震减灾法〉规定（草案）》

二、审议《北京市审计条例（草案修改稿）》

三、审议《北京市湿地保护条例（草案）》

四、审议《北京市河湖保护管理条例（草案修改稿）》

五、听取和审议市政府关于“进一步治理大气污染，提升首都空气质量”的议案办理报告

六、听取和审议市政府关于“健全安全食品体系，提升首都食品安全总体水平”议案办理暨本市食品安全工作情况的报告

七、听取和审议市政府关于 2012 年地方政府债券收支安排专项预算调整方案的报告并作出决议

八、听取和审议市人大常委会执法检查组关于检查《北京市少数民族权益保障条例》实施情况的报告

九、决定人事任免事项

十、审议通过市十三届人民代表大会常务委员会代表资格审查委员会关于个别代表的代表资格的报告

北京市第十三届人民代表大会常务委员会关于批准北京市 2012 年地方政府债券收支安排专项预算调整方案的决议

（2012 年 5 月 31 日北京市第十三届人民代表大会常务委员会第三十三次会议通过）

北京市第十三届人民代表大会常务委员会第三十三次会议听取了市财政局局长杨晓超受市人民政府委托所作的《北京市关于 2012 年地方政府债券收支安排专项预算调整方案（草案）的报告》，对预算调整方案进行了审查。会议同意市人民代表大会财政经济委员会提出的《关于北京市 2012 年地方政府债券收支安排专项预算调整方案（草案）的初步审查报告》，决定批准北京市 2012 年地方政府债券收支安排专项预算调整方案。

北京市关于2012年地方政府债券收支安排专项预算调整方案（草案）的报告

——2012年5月29日在北京市第十三届人民代表大会常务委员会第三十三次会议上

北京市财政局局长　杨晓超

主任、各位副主任、秘书长、各位委员：

受市人民政府委托，现将北京市关于2012年地方政府债券收支安排专项预算调整方案（草案）的报告提请市人大常委会审议，并请各位委员提出意见。

一、中央关于发行2012年地方政府债券的有关情况

（一）必要性

为保持经济平稳较快发展，加快转变经济发展方式，中央决定继续实施积极的财政政策。考虑到2012年财政收支矛盾仍然十分突出，为增强地方安排配套资金和完成在建项目的能力，国务院决定，继续发行地方政府债券筹措部分所需资金。

（二）发行规模

经国务院批准，2012年发行2500亿元地方政府债券。

（三）发行方式

除上海、浙江、广东、深圳按核定规模控制数自行发行债券外，其余省债券仍由财政部代理发行，并代办还本付息和拨付发行费。地方政府债券为可流通记账式债券，期限为3年、5年，发行后可按规定在全国银行间债券市场和证券交易所市场上市流通。

（四）资金使用方向

根据《财政部关于做好发行2012年地方政府债券有关工作的通知》（财预〔2012〕27号）的文件规定，债券资金使用安排要按照中央经济工作会议精神，加大对保障改善民生和经济结构调整的支持力度，债券资金要优先用于保障性安居工程等重点公益性项目支出及普通公路发展。严格控制安排能够通过市场化方式筹资的投资项目，不得用于经常性支出。

（五）预算管理要求

参照《财政部关于印发〈2009年地方政府债券预算管理办法〉的通知》（财预〔2009〕21号）的有关规定，地方政府债券收支实行预算管理。地方政府债券收入全额纳入省级财政预算管理，地方政府债券收入安排的支出纳入地方各级财政预算管理。用地方政府债券发行收入安排支出的部门和单位，要将支出纳入部门预算和单位预算，严格按照预算制度管理。

政府预算已经报本级人民代表大会审查批准的，要根据地方政府债券收支计划及时编制预算调整方案，报同级人民代表大会常务委员会审查批准。

二、本市关于2012年地方政府债券收支安排专项预算调整方案（草案）

财政部代理发行的2012年北京市地方政府债券规模为68亿元，其中三年期限34亿

元，五年期限34亿元。按照上述预算管理要求，提出关于2012年地方政府债券收支安排专项预算调整方案（草案）如下。

（一）市十三届人大五次会议批准的市级预算

经市十三届人大五次会议批准，市级地方财政收入安排1798.0亿元，加中央返还及补助197.4亿元、区县上解229.7亿元、上年专项政策性结转使用15.0亿元、调入预算稳定调节基金55.0亿元，收入合计2295.1亿元；市级地方财政支出安排1652.9亿元，加上解中央支出91.2亿元、区县税收返还和转移支付524.4亿元、专项政策性结转下年使用1.3亿元、划转水利建设基金25.3亿元，支出合计2295.1亿元。市级预算安排收支平衡。

（二）债券收支安排专项预算调整方案（草案）

1. 财政部要求

参照《财政部关于印发〈2009年地方政府债券预算管理办法〉的通知》（财预〔2009〕21号）的有关规定，财政部代理本市发行的2012年地方政府债券收入68亿元，计入“财政部代理发行地方政府债券收入”收入科目，同时根据实际使用方向列入政府收支分类相应功能支出科目。

2. 支出方向和使用项目

根据财政部确定的债券规模和相关要求，按照中央经济工作会议精神，统筹考虑市政府固定资产投资规模，重点用于保障性安居工程等重点公益性项目支出及普通公路发展，确定了2012年本市地方政府债券资金的支出方向和使用项目，计划将地方政府债券资金用于保障性安居工程、社会事业基础设施、生态建设工程、公路建设等方面。

（1）保障性安居工程项目。拟安排地方政府债券资金6.5亿元，主要用于门头沟采空棚户区安置房配套市政基础设施及保障性住房红线外配套市政基础设施建设。

（2）中央投资配套项目。拟安排地方政府债券资金11.7亿元，主要用于清河再生水厂二期及再生水利用工程、京津风沙源治理工程及密云县医院新建项目等。

（3）社会事业项目。拟安排地方政府债券资金10.2亿元，主要用于北京电视台高清晰度电视技术系统工程（二期）、宣武医院改扩建一期工程、北京康复中心改扩建（一期）、人艺扩建北京国际戏剧中心项目等。

（4）公路交通基础设施项目。拟安排地方政府债券资金17.4亿元，主要用于梅市口路道路工程、顺于路西延道路工程、莲石路立交工程及雁栖湖生态发展示范区对外联络通道工程等。

（5）生态资源能源项目。拟安排地方政府债券资金22.2亿元，主要用于房山城关等地区锅炉房集中供热工程、高碑店路至青年路热力管线工程、南干渠工程及中国园林博物馆建设工程等。

上述项目为初步安排，具体资金安排将根据项目建设进度，按照确定的投资领域，在部分项目间进行适当调整，以确保地方政府债券资金发挥最大的使用效益。

3. 预算调整方案（草案）

根据上述债券收支安排，提出预算调整方案（草案）。调整后，市级预算草案平衡情况如下。

市级地方财政收入安排1798.0亿元，加中央返还及补助197.4亿元、区县上解229.7亿元、上年专项政策性结转使用15.0亿元、调入预算稳定调节基金55.0亿元，以及财政部代理发行地方政府债券收入68.0亿元，收入合计2363.1亿元；市级地方财政支出安排1652.9亿元，地方政府债券支出安排68.0亿元，加上解中央支出91.2亿元、区县税收返还和转移支付524.4亿元、专项政策性结转下年使用1.3亿元、划转水利建设基金25.3亿元，支出合计2363.1亿元。市级预算安排收支平衡。

（三）本息及发行费的资金解决渠道

财政部代理发行地方政府债券，资金到位后按照发行面值的一定比例向地方政府收取支付承销商的发行费。地方政府债券利息按年支付，到期后一次性还本。发行费及每年偿债利息所需资金从“偿债及处理历史遗留问题资金”中解决，到期后还本资金纳入市政府固定资产投资计划。

三、下一步工作

（一）认真制定发债计划

根据审查批准的债券收支预算，结合项目建设进度，研究确定在核定的总额度内选择债券发行月份及月份债券发行额，尽快上报财政部本市2012年地方政府债券发行计划。

（二）严格地方债券项目和资金管理

切实加强对地方政府债券收支的管理和监督，使用债券资金安排的项目将严格履行基本建设管理程序，确保资金切实发挥效益。

上述地方债券收支安排专项预算调整方案（草案）已经市政府同意，现提请审议批准。

北京市人民代表大会财政经济委员会关于北京市2012年地方政府债券收支安排专项预算调整方案（草案）的初步审查报告

——2012年5月29日在北京市第十三届人民代表大会常务委员会第三十三次会议上

市人大财政经济委员会副主任委员　赵巨鹏

北京市人民代表大会常务委员会：

4月27日，市人大财政经济委员会召开了有市人大常委会预算监督顾问列席的第三十八次（扩大）会议，听取和审查了市财政局《北京市关于2012年地方政府债券收支安排专项预算调整方案（草案）的报告》，听取了市发展改革委关于2011年地方政府债券资金安排及使用情况的说明。现将审查意见报告如下：

按照国务院关于发行地方政府债券的要求和批准的额度，我市2012年地方政府债券规模为68亿元，其中三年期34亿元，五年期34亿元，主要用于保障性安居工程、社会事业基础设施、生态建设工程、公路建设等方面。财政经济委员会认为，市人民政府提出的地方政府债券资金使用安排，符合国家的要求和本市实际情况，对于落实中央经济工作会议精神，加大对保障改善民生和经济结构调整的支持力度，促进本市加快转变经济发展方式有着积极的作用。根据《中华人民共和国预算法》和《北京市预算监督条例》有关预算调整的规定，财政经济委员会建议本次会议批准市人民政府关于北京市2012年地方政府债券收支安排专项预算调整方案。

为进一步做好本市地方政府债券收支管理工作，财政经济委员会建议：根据市人大常委会批准的专项预算调整方案，抓紧落实本市2012年债券发行相关工作。严格预算管理，确保资金按照规定的用途使用，严禁挤占、截留、挪用。加强项目管理和控制，与债券发行计划做好衔接，避免资金闲置。强化绩效管理，切实提高资金使用效益。充分发挥审计监督作用，加强对地方政府债券资金使用情况的跟踪检查。资金使用和投资项目的实施情况，市人民政府要适时向市人大常委会报告。

以上报告，请予审议。

关于进一步治理大气污染，提升首都空气质量议案办理情况的报告

——2012年5月29日在北京市第十三届人民代表大会常务委员会第三十三次会议上

北京市副市长　洪　峰

主任、各位副主任、秘书长、各位委员：

我代表市人民政府，向市人大常委会报告关于进一步治理大气污染，提升首都空气质量议案办理情况。

进一步治理大气污染，提升首都空气质量议案是在市十三届人大五次会议上，由197位（人次）市人大代表联名提出的9项议案合并而成，议案的核心内容是加强细颗粒物（$PM_{2.5}$）监测和信息发布，采取措施控制$PM_{2.5}$源头排放，加大污染治理力度，进一步提升首都空气质量。

市政府接到议案后高度重视，由我负责总协调，组织成立了议案办理工作协调小组，周正宇副秘书长任组长，市环保局主办，市发展改革委、市财政局、市经济信息化委、市住房城乡建设委、市市政市容委、市交通委等14个相关部门协助办理，议案办理过程中，各部门针对代表提出的建议，认真分析、积极调研，均提交了书面办理意见，提出了各部门治理大气污染的重点工作和措施，议案办理工作协调小组充分协调讨论后，综合汇总形成了议案办理报告，已经市政府专题会讨论通过。

市人大对议案办理给予了大力支持，先后组织了三次现场专题调研。杜德印主任还亲自带队与刘晓晨、唐龙副主任、人大城建环保委以及部分人大常委会委员、代表等一起调研本市大气污染治理工作，进行了深入细致的座谈讨论，为议案办理提供了许多宝贵意见，有力地推进了议案办理工作。

现将议案办理工作报告如下。

一、市委、市政府高度重视空气质量改善工作

在党中央、国务院的正确领导下，市委、市政府一直将大气污染治理工作放在重要位置，1998年以来，全市先后实施了16个阶段大气污染治理措施，在周边省区市的大力支持下，成功举办了一届“绿色奥运”盛会。为巩固奥运时期大气污染治理成果，本市继续实施了清洁空气行动计划。经过全市上下的共同努力，大气中主要污染物浓度全面下降，与1998年相比，2011年大气中可吸入颗粒物（PM_{10}）、二氧化硫、二氧化氮和一氧化碳年均浓度分别下降了39％、77％、26％和

58%，空气质量实现了13年持续改善。

虽然大气污染治理取得了阶段性成果，但是由于以往对颗粒物治理的着力点为PM_{10}，$PM_{2.5}$浓度虽然随着PM_{10}浓度的降低也呈下降趋势，但下降幅度不明显，特别是去年10月底，华北地区大范围的雾霾天气，使$PM_{2.5}$污染受到社会各界的高度关注，人民群众对进一步提升空气质量的呼声不断提高。

为顺应人民群众对空气质量改善的新期盼，根据中央领导同志的要求，市委、市政府迅速反应，自去年11月份开始，组织市环保局等单位，开展了深入的调查和研究，根据多年大气污染治理的经验及科研监测数据，分析$PM_{2.5}$污染成因和来源，提出了治理的措施，经过多次市委、市政府会议研究，确定了以$PM_{2.5}$为重点的大气污染治理工作思路，提出把治理$PM_{2.5}$提升到民生工程、转型工程、生态工程和公信工程的高度来认识。在反复研究论证、慎重决策的基础上，编制了治理措施初稿，经市政府专题会和市委常委会研究审定后，形成了《北京市2012—2020年大气污染治理措施》。同时，市委、市政府领导与环境保护部领导进行了沟通，取得一致意见，并就措施中需要中央部委支持的事项与国家发展改革委能源局、商务部、国土资源部等部委的领导进行了沟通、协调。最后，《北京市2012—2020年大气污染治理措施》经2月29日国务院常务会议审议通过。

二、空气质量改善目标和主要措施

《北京市2012—2020年大气污染治理措施》明确了北京空气质量改善的三个阶段目标：第一阶段是到2015年，空气中主要污染物年均浓度比2010年下降15%，$PM_{2.5}$年均浓度从70微克/立方米左右下降到60微克/立方米左右；第二阶段是2016—2020年，空气中主要污染物年均浓度比2010年下降30%，$PM_{2.5}$年均浓度从60微克/立方米左右下降到50微克/立方米左右，相当于城市背景点密云水库的现状水平；第三阶段是2020年后，通过持续不断地努力，在周边区域联防联控取得实质成效、百万亩森林营造和水利工程发挥生态效应、公众的生产和生活方式转变取得明显进展的情况下，力争突破影响北京大气环境的生态“瓶颈”，早日达到国家环境空气质量新标准。这一目标的制定从北京的实际情况出发，既考虑了人民群众对空气质量改善的期盼和要求，也认识到了治理$PM_{2.5}$的长期性和复杂性。

$PM_{2.5}$来源广泛，成因复杂，既有直接排放的细颗粒，也有二氧化硫、氮氧化物、挥发性有机物等污染物通过大气化学反应生成的二次粒子。针对本市$PM_{2.5}$污染的主要成因，我们确定了本市大气污染治理的九项措施。

一是完善空气质量监测网络和信息发布制度。到2012年年底前$PM_{2.5}$监测站点达到35个左右，基本形成地面和立体相结合的空气质量监测网，实时发布包括$PM_{2.5}$在内的空气质量信息。二是积极发展绿色交通，控制机动车污染。大力发展公共交通，至2015年公共交通的出行比例达到50%，至2020年达到55%。加强对电动车、混合动力车的研发，积极推广使用LNG车等清洁能源汽车。有效控制新增机动车污染，实施机动车总量控制，在严格控制机动车总量增长的同时，不断提高新车和油品的标准，2012年在全国率先实施国Ⅴ标准，力争到2016年实施国Ⅵ标准，并供应相应标准的油品。加快淘汰高排放老旧机动车，2013年力争完成“十二五”期间淘汰40万辆的目标。加强在用车污染控制，继续实施机动车尾号限行，规范机动车检测管理，重点开展大型运输车辆的排放监管。三是大力发展清洁能源，减少燃煤总量。构建电、气等清洁能源为主的能源体系。在继续加快实施燃煤锅炉清洁能源改造的同时，严格控制燃煤增量，城六区、远郊区县新城和重点镇将不再新建燃煤设施，到2015年，煤炭消费总量削减到1500万吨以内，到2020年，削减到1000万吨以内。“十二五”期间，建成四大燃气热电中心，关停现有4座燃煤热电厂；城六区燃煤锅炉全部实施清洁能源改造，建成基本无燃煤区；取消215万户小煤炉原煤散烧，控制低矮面源污染。四是推进产业结构调整，深化工业污染治理。严格环境准入标准，制定并发布不符合首都功能定位的高污染工业行业调整、生产工艺和设备退出目录，禁止新、改、扩建炼油、石化、水泥、钢铁、铸造和建材等高污染企业，实施更加严格的大气污染物排放标准；加快淘汰落后产能和工艺，“十二五”期间，调整、退出高污染企业1200家；到2020年，将水泥产能压缩到400万吨；重点开展工业企业挥发性有机物污染治理，减排挥发性有机物50%。五是加强科技支撑，促进污染减排。深入开展$PM_{2.5}$形成机理及传输规律研究；开展$PM_{2.5}$治理技术研发和新产品应用，重点研究推广挥发性有机物治理技术、机动车污染控制技术、新能源汽车研发等，依靠科技手段，提高大气污染治理水平。六是强化城市精细化管理，控制扬尘污染。推行绿色文明施工，采取有效措施，重点控制土石方阶段施工扬尘。扩大道路保洁新工艺应用范围，城市主干道和施工工地周边道路实施冲刷保洁作业，提高道路保洁水平，控制交通扬尘。七是加强生态建设，增加环境容量。重点是增加平原地区林地面积，用5年的时间，在平原地区增加林地100万亩。同时进一步扩大水面面积，实施矿山生态修复。八是制定重污染日应急预案，实施应急管理。在空气质量达到重度污染时，加强对公众的预警，提醒市民做好防护。同时要积极采取措施，减少大气污染物排放。九是加强宣传引导，促进公众参与。不断提高公众环保意识，践行绿色生活和消费模式；形成社会各界共同参与首都大气污染治理工作的良好格局。

针对区域污染传输对本市大气环境质量的影响，国务院常务会议已明确由环境保护部牵头实施京津冀区域大气污染联防联控，共同改善区域空气质量。

三、措施推进和落实情况

（一）建立有效机制，保证措施落实

措施经国务院常务会议审议后，市委立即召开常委会，要求全市认真贯彻实施。市政府印发了《北京市2012—2020年大气污染治理措施》，明确了各部门、各区县的职责，并要求分别制定实施方案，逐年分解落实任务；召开了全市环保工作会，部署落实大气污染治理工作。针对措施的重要事项，如老旧机动车淘汰、削减燃煤总量、逐步取消平房原煤散烧、平原地区造林绿化等，均成立了市级领导小组，由市委、市政府主管领导任组长，大力推进。

为落实今年各项工作，市政府办公厅发布了《北京市清洁空气行动计划（2012年大气污染治理措施）任务分解表》，已将年度任务逐条分解到各区县、各部门。市政府建立了协调和督查考核工作机制，将任务完成情况纳入区县领导班子和领导干部的政绩考核，实行行政问责制和“一票否决”制。

为加大落实督办力度，市政府已将“提升环境监测能力，建成$PM_{2.5}$监测网络，启动以$PM_{2.5}$为重点的大气治理方案，进一步改善空气质量”作为今年为群众办的第一件实事，将大气中主要污染物年均浓度下降2%列入市政府的折子工程重点推进。

（二）主要措施进展情况

在充分吸取人大代表对进一步治理大气

污染，提升空气质量的建议的基础上，按照市委、市政府的统一部署，全市各项大气污染治理措施正在有计划、有步骤地推进，具体进展情况如下。

1. 逐步完善空气质量监测网络和信息发布制度

空气质量监测网络建设取得一定进展。完成了《2012年北京市$PM_{2.5}$监测工作方案》和《$PM_{2.5}$监测网络建设实施方案》；增加了环境监测人员编制，开展了遥感监测系统建设的前期调研；进行了$PM_{2.5}$监测方法比对和人员培训；设备采购资金已到位，监测设备正在招标采购之中，各项工作都在有条不紊地推进。

建立了空气质量专业发布平台，实时发布了全市27个监测站点、三项主要污染物的小时监测数据和$PM_{2.5}$研究性监测数据，待环境保护部$PM_{2.5}$监测规范出台后，本市将逐步增加$PM_{2.5}$监测信息发布，到2012年年底前，全市35个站点$PM_{2.5}$监测数据全部实现实时发布。

2. 开展$PM_{2.5}$形成机理及防治技术研究，指导大气污染治理工作

目前，本市正在组织北大、中科院等单位开展北京及周边城市大气污染现状和主要污染物区域传输及控制对策研究。在此基础上，结合进一步控制$PM_{2.5}$污染的需求，市有关部门已经启动了相关科研的基础工作；落实了$PM_{2.5}$污染成因、传输规律及治理技术研究课题的立项及资金，下一步将整合在京的科研力量，开展深入研究，为$PM_{2.5}$污染治理工作提供技术支持。

3. 积极推进机动车污染控制

积极推广使用电动车、混合动力车、LNG车等新能源和清洁能源汽车，努力推进低碳交通运输体系建设。在政策引导方面，出台了《北京市纯电动汽车示范推广市级补助暂行办法》，正在研究制定《北京市私人购买新能源汽车补贴试点实施细则》。市政府在重大科技和产业项目统筹资金中明确了对汽车应用天然气等新能源予以支持，并开展了对LNG汽车补助政策的研究。在示范应用方面，截至2011年年底，全市公共服务领域新能源车示范运营规模已达到3510辆，2012年将继续增加1926辆的示范运营。在设施保障方面，已经完成了4个大型集中式充（换）电站和15个分散式充电桩群的建设。下一步将继续推进电动汽车充电设施建设；积极推动LNG汽车发展，加快LNG储备站及加气站建设。此外，还积极推广应用传统燃油汽车节油减排技术，议案中提出的液压混合动力技术（HHV）将在环卫车辆上示范应用。

实施机动车国Ⅴ排放标准工作有序推进，北京市第五阶段油品标准已经发布，于5月31日起正式实施。轻型汽油车第五阶段标准完成了征求意见稿。力争今年9月全市实施机动车国Ⅴ排放标准。

继续采取经济鼓励手段，促进老旧机动车淘汰。在去年下半年已淘汰13万辆的基础上，今年截至4月底，又继续淘汰了老旧机动车9.48万辆，力争到年底淘汰老旧机动车15万辆。

在用车污染控制力度进一步加大。今年3月份，启动了多部门、多警种全面整治车辆违法及尾气超标24小时联勤联动机制，有效遏制了在用车污染排放。交管、公安、城管、质监、环保等多部门配合联动，将进一步加强对机动车的检测管理，严厉打击非法验车中介欺诈行为以及检测场的违规行为，规范在用车排放检测。同时通过加强路检路查、入户抽查、遥感监测，确保在用车达标排放。

4. 实施清洁能源改造，控制燃煤总量

市政府大力推进清洁能源改造工作，主管市领导分别召开了专题会议，落实燃煤总量控制、城市核心区平房煤改电变电站选址、逐步取消平原地区平房原煤散烧等措施。制定了

《关于加快压减燃煤，促进空气质量改善工作方案》，明确了到2015年将全市燃煤削减至1500万吨的实施方案和时间进度安排；替代燃煤电厂的四大热电中心建设稳步推进，在东南热电中心已经投运的基础上，年底，西南热电中心将投入运行，东北、西北热电中心开工建设。2012年，全市将完成1200蒸吨燃煤锅炉清洁能源改造和城市核心区非文保区1万户平房采暖煤改清洁能源工程，目前，改造工作已全面展开。结合城乡结合部50个重点村综合整治，拆除208栋简易住宅楼，10万户农村住宅抗震节能改造，逐步减少原煤散烧。

5. 推进产业结构调整和工业污染治理

编制完成了《北京市工业大气污染治理行动计划（2012—2020年）》，召开了全市工业环保工作会，已将淘汰高污染企业、治理重点行业挥发性有机物污染、水泥厂烟气脱硝等任务分解到各区县和重点企业。在严格环境准入方面，正在组织制定不符合首都城市功能定位的高污染工业行业调整、生产工艺和设备退出目录，计划年内发布实施。在淘汰退出落后产能方面，正在制定"十二五"期间调整、退出1200家不符合首都功能定位的高污染企业实施方案，目前，2家水泥生产企业已经实现原址停产。在深化污染治理方面，一是正在制定铸造等行业更加严格的大气污染物排放标准；二是在重点行业开展挥发性有机物专项治理，减排挥发性有机物5000吨；三是开展水泥窑和燃煤集中供热锅炉烟气脱硝示范。下一步，还将研究制定鼓励高污染落后企业退出、鼓励企业实施污染治理等经济政策，促进工业污染防治。

6. 加大力度控制扬尘污染

市住房城乡建设委、市环保局联合召开了"全市施工现场扬尘治理动员大会"，发布了《关于开展建设工程施工现场扬尘治理专项行动的通知》，建立了标准化工地检查验收长效机制；正在修订完善《北京市建设施工现场管理办法》和《绿色施工文明安全工地评定办法》，进一步规范建筑施工扬尘污染防治。全面推行工地出口使用洗轮机，开展土石方作业密闭施工示范，重点控制土石方作业过程的扬尘污染。强化对建筑施工企业扬尘污染的执法监督，将施工现场扬尘治理纳入《北京市建筑企业违法违规行为记分标准》，将扬尘违法行为作为不良信息纳入建筑企业信用管理系统，定期公布。

严格建筑垃圾运输管理，控制渣土遗撒。建立建筑垃圾运输联单管理制度，对建筑垃圾运输企业实施资质管理，规范运输车辆，从3月1日起，开展了建筑垃圾运输百日专项整治，加大对垃圾遗撒的处罚力度。

提高道路保洁标准，控制交通扬尘污染。逐步扩大"吸、扫、冲、收"组合式道路保洁新工艺应用范围，2012年城市道路新工艺作业率达到82%。建立城市道路清扫保洁质量监测体系，研究制定《北京市城市道路尘土残存量监测办法》，及时发布城市道路清扫保洁尘土残存量信息，并纳入全市环境卫生考评，督促指导作业单位提升清扫保洁服务质量，降低路面尘负荷。

开展城市环境综合整治，使老旧小区、老旧平房区、胡同街巷的市容环境得到显著提升，开展城市立体式综合保洁，减少尘土附着；加强农田裸地扬尘污染防治；加大对露天烧烤、秸秆焚烧等的执法力度；提高城市环境洁净度。

7. 大力推进平原地区绿化造林工程

为进一步改善首都生态环境，控制$PM_{2.5}$污染，市委、市政府按照"两环、三带、九楔、多廊"的空间布局大力推进平原地区绿化，确定了利用5年时间增加平原地区造林面积100万亩的总体目标。为落实总书记"首都绿化、美化工作要走在全国前列"的指示，加快形成与中国特色世界城市建设相适应的生态保障体系，4月7日，刘淇书记召开区县委书记会议，部署推进平原地区植树造林和城区绿化美化工作，决定全年完成25万亩造林任务。截至5月8日，全市已完成植树造林面积20.48万亩，完成植树1317万株，占全年25万亩造林任务的81.94%。

8. 加大宣传力度，促进公众参与

制定了《北京市2012年大气污染治理宣传报道工作方案》，明确了宣传工作重点，计划分三个阶段组织宣传工作。第一阶段重点宣传大气污染治理的相关知识，分析控制$PM_{2.5}$污染的长期性和艰巨性，倡导公众绿色出行，科学消费和限量消费，形成环境保护人人有责的良好社会氛围。第二阶段重点宣传大气污染治理的成功经验，曝光违规排污现象。第三阶段重点宣传大气污染治理工作的成效，宣传以$PM_{2.5}$治理为重点的技术研发和应用成果。全市宣传工作正在按上述方案有序开展。

下一步，我们将继续严格落实已经制定的《北京市2012—2020年大气污染治理措施》，并对治理措施的环境效益进行适时跟踪评估，依据评估结果，及时优化调整大气污染治理措施；同时深入开展$PM_{2.5}$生成机理及污染传输规律及污染控制技术研究，在科学指导下，做好空气质量的改善工作。

主任、各位副主任、秘书长、各位委员，市人大将“进一步治理大气污染，提升首都空气质量”列为2012年人大议案，既是人大对本市大气污染治理工作的高度关注，也是对全市控制$PM_{2.5}$污染，进一步提升空气质量工作的推动和促进，我们在议案办理过程中也深刻认识到治理大气污染，尤其是控制$PM_{2.5}$污染，是一项长期而艰巨的任务，需要不断完善政策，创新机制，需要转变经济发展方式，需要改变生产和生活方式。希望市人大继续监督我们的工作，及时提出意见和建议，指导我们做好下一步工作。

以上报告，提请市人大常委会审议。

北京市人民代表大会城市建设环境保护委员会关于“进一步治理大气污染，提升首都空气质量”议案办理情况的意见和建议

——2012年5月29日在北京市第十三届人民代表大会常务委员会第三十三次会议上

市人大城市建设环境保护委员会主任委员　赵　义

主任、各位副主任、秘书长、各位委员：

为协助常委会听取和审议市政府关于“进一步治理大气污染，提升首都空气质量”议案办理情况的报告，由市人大常委会刘晓晨副主任牵头，城建环保办公室按照常委会主任会议讨论通过的工作方案，组织开展了具体的议案督办工作。自今年3月以来，先后组织部分市人大常委会委员、城建环保委员会委员和议案领衔代表，分别就机动车污染控制、扬尘污染控制、工业大气污染防治和能源结构调整等内容进行了多次专题调研，深入部分区县了解情况，并听取了有关专家的意见。市人大常委会领导高度重视此项工作，3月30日，杜德印主任亲自带队，结合$PM_{2.5}$监测网络建设情况，就我市大气污染防治工作进行了调研。

5月9日，城建环保委员会召开第十九次（扩大）会议，邀请部分议案领衔代表参加，听取并讨论市政府提请本次会议审议的报告（稿）。综合调研过程中了解到的情况和委员、代表及专家的意见，城建环保委员会认为，市政府及有关部门高度重视此项议案办理工作，研究制定的《北京市2012—2020年大气污染治理措施》，比较客观地总结和评价了近年来我市大气污染防治工作所取得的成效，分阶段地提出了我市空气质量改善目标，制定的各项措施内容比较全面、可行，对我市大气污染防治工作所面临的严峻形势，以及进一步改善首都空气质量的迫切性、复杂性、长期性、艰巨性的判断较为客观准确。对于洪峰副市长代表市政府所作的《关于“进一步治理大气污染，提升首都空气质量”议案办理情况的报告》，我们表示同意。

我们认为，市政府一直高度重视大气污染防治工作，1998年到2010年连续实施了16个阶段的大气污染治理措施，2011年又开始实施清洁空气行动计划，取得了令人瞩目的成绩，积累了宝贵的经验，特别是围绕奥运筹备所采取的一些措施，为今后的工作提供了很好的参考。同时，我们也必须要看到，我市大气污染防治工作与首都科学发展的要求相比、与更好实现首都“四个服务”职能相比、与广大市民的新期待相比尚有较大差距：产业结构和能源结构不尽合理，制约着污染物“存量”的进一步削减；人口和机动车持续增长，给控制污染物“增量”带来巨大压力；对污染源监管不到位，致使人为原因造成的污染现象时有发生。这些都直接导致了我市一些主要大气污染物指标仍未达到国家标准。

通过调研我们了解到，北京的大气污染成因异常复杂，既有自身发展不协调、管理不到位等问题，又有区域气候、地质、生态环境相互作用等因素。当前，随着经济社会的快速发展和防治工作的不断深入，我市大气污染防治工作已经进入了一个新的历史时期，呈现出新的阶段性特征，即在防治对象上已由一次污染物向一次污染物和二次污染物并重转变，在管理方式上已由粗放式管理向精细化管理转变，在空间范围上已由单一城市的局地性控制向更大的区域联防联控转变。面对新形势下异常复杂的大气污染问题，一方面我们必须要下定决心、迎难而上，以超常规的努力，采取更加严格的措施，积极主动、认真扎实地做好防治工作；另一方面又必须从实际出发，充分认识到空气质量的改善不可能一蹴而就，要依照客观规律，立足当前经济社会发展水平，综合考虑主客观因素、内外部条件，循序渐进地开展工作，不能急于求成。为全面实施好《北京市2012—2020年大气污染治理措施》，进一步提升首都空气质量，城建环保委员会提出以下意见和建议。

一、严格管理科学评价，全面落实好各项大气污染治理措施

建议市政府进一步严格管理，强化责任，确保各项措施落到实处，特别是在加强和解决当前工作中的一些薄弱环节和瓶颈问题上，要力求有所突破，取得更大进展。要尽快研究制定我市主要大气污染物源清单，为防治管理和科学决策提供依据；要进一步控制燃煤污染，加强市级统筹，严格限制新增燃煤项目，继续扩大无燃煤区范围，切实加强对城市周边和远郊区县小煤炉原煤散烧的治理，确保燃煤总量削减目标如期实现；要进一步控制机动车污染，当前的关键是提高油品质量和强化在用车管理，加强对机动车检测场的监管，杜绝机动车检测中的弄虚作假行为，确保在用车达标排放；要加大对工业企业不达标排放、建筑工地和城乡结合部裸露地面扬尘、交通扬尘、运输遗撒、储煤场煤尘的

监管力度，减少由于人为原因造成的污染。

为了客观准确地认识和判断各项大气污染治理措施的科学性，推动工作更加合理有效地开展，建议市政府对各项措施的实施效果进行阶段性评估，从经济环境协调发展的角度，对其环境效益、经济效益进行分析和评价，对其中效果明显的要继续严格执行，对原则性内容的要予以细化，对效果不理想的要进行调整，对遇到的新问题要有针对性的新措施加以补充，以使措施体系更加科学完善，投入的资金发挥更大效用。

二、完善空气质量监测体系，为防治工作提供科技支撑

建议市政府尽快建立完善的空气质量监测体系和信息发布制度，为进一步治理工作提供科学依据，为加强公众监督奠定基础。北京作为首都，其城市性质和功能定位决定了北京的大气污染防治工作必须走在全国前列。因此，在国家监测技术规范颁布前，要积极开展对$PM_{2.5}$等污染物的研究性监测，科学合理地布置监测点，并将有关信息和数据及时公布；国家规范颁布后，要严格按照规范要求开展监测并实时发布相关数据。与此同时，要充分利用首都科技优势，有效整合各类科研资源，加强对污染物形成机理、传输规律等方面的研究，加大相关研发力度，争取在监测设备生产、污染物研究性监测种类和监测技术上有所突破，为大气污染防治工作提供科技支撑。

三、切实转变经济发展方式，把改善环境作为发展的重要目标

近年来，我市人口、水资源、交通、垃圾处理、空气质量等问题相继凸显，充分表明当前城市的发展方式与资源承载力之间不够协调。要从根本上解决这些问题，必须始终坚持中央对首都北京的城市性质和功能定位，必须使经济社会的发展方式和具体路径符合城市性质的要求、有利于功能定位的实现。要把改善首都水环境、大气环境、生态环境摆在更加突出的位置，作为首都发展的重要目标和方向；要加快经济发展方式转变，全力推进科技创新和文化创新“双轮驱动”，着力培育符合首都功能定位的新的经济增长点；要以科学发展为统领，下决心调整那些与首都功能定位不相协调的产业，进一步优化产业结构，逐步提高产业的环保准入门槛，提高资源价格和排污成本，发挥市场对资源的有效配置作用，淘汰落后产能；要合理调控城市人口规模，采取市场经济条件下控制人口增长的有效措施，减轻人口对环境的压力。只有实现首都经济、社会、环境的全面协调可持续发展，才能为首都空气质量的改善腾出更多空间。

四、深化区域联防联控机制，实现首都空气质量持续改善

北京地处华北污染团北缘，周边地区输入性污染对我市有较大影响，仅凭北京一己之力很难使空气质量得到根本改善。以燃煤污染为例，我市虽然提出到2020年燃煤总量从目前的2600万吨削减至1000万吨，但周边地区燃煤总量高达3亿吨左右。由此可见，北京的大气污染防治问题是一个区域性问题，除自身努力外，如不采取切实有效的区域联防联控措施，协同推进大气污染治理工作，改善区域整体环境，首都的空气质量改善目标将很难顺利实现。

为保障2008年北京奥运会空气质量，我市及周边5省市区曾在区域大气污染联防联控方面进行过一些成功的尝试，具备一定的工作基础。建议市政府继续积极争取国务院

及其相关部门的支持，加强与周边省市区的沟通，借鉴国外大气污染区域治理以及国内水污染流域治理的经验，统筹考虑各行政区域的发展要求和经济利益，建立层次更深、领域更广、长期稳定的区域联防联控机制，实现统一规划、统一监测、统一监管、统一评估、统一协调。从长远看，还应建议在国家层面建立区域大气污染协调管理机构，出台区域性法规，改善区域大气环境，从而使首都的空气质量得到进一步提升。

五、加大公众参与力度，为防治工作营造良好的社会氛围

大气污染防治是公共治理问题，是政府与企业、社会力量、公民的共同责任，需要各方面的共同参与和积极行动。因此，各级政府要切实发挥主导作用，加大信息公开和相关知识的宣传普及力度，不断完善激励机制和相关支持措施，动员、促进公众广泛主动参与大气污染防治工作：要实事求是地讲清大气污染治理工作所面临的现状、存在的问题和困难，实事求是地公布治理方案，争取公众的理解和支持；要强化企业减排主体责任，调动企业的自主性和积极性，引导企业在节能减排、新技术研发与应用等方面发挥更大作用；要提高全民环保意识，通过各类媒体广泛宣传，倡导绿色生活方式，弘扬先进典型，曝光不文明行为，使环保理念深入人心，引导市民在节能环保、绿色出行等方面作出更大贡献，营造改善首都空气质量人人有责的良好氛围。

以上意见，供常委会组成人员审议时参考。

关于健全安全食品体系提升首都食品安全总体水平议案办理暨本市食品安全工作情况的报告

——2012 年 5 月 30 日在北京市第十三届人民代表大会常务委员会第三十三次会议上

北京市常务副市长　吉　林

主任、各位副主任、秘书长、各位委员：

我代表市人民政府，向市人大常委会报告“健全安全食品体系，提升首都食品安全总体水平”议案办理暨本市食品安全工作情况。

食品安全事关人民群众的切身利益，是基本民生问题。北京作为首都，更加突显出做好这项工作的重要性和紧迫性。在今年的市十三届人大五次会议上，88 位代表积极建言献策，联名就食品安全工作提出了 6 件议案，涉及构建食品安全组织体系、安全食品供给体系、科技支撑体系、法规标准体系，严格食品市场准入标准，加强食品安全监管等方面。经大会议案审查委员会审查，主席团讨论通过，合并为“健全安全食品体系，提升首都食品安全总体水平”一项议案，交由市政府办理。

市政府高度重视议案办理工作。郭金龙市长和吉林、洪峰、丁向阳、陈刚、程红、孙康林等领导同志分别作出了重要批示，并将办理工作列入市政府的督查事项。成立了议案办理工作协调小组，由吉林常务副市长

负总责，市政府副秘书长任组长，市食品安全办主办，17个市食品安全委员会成员单位及市编办共同参与，多次召开专题会议认真研究议案办理工作。在议案办理过程中，市人大常委会高度重视，成立了议案督办组，财经委、科教卫体委、农村委组织代表赴食用农产品生产、食品生产加工、流通、餐饮服务等环节开展调研，提出了许多宝贵的意见和建议，有力地促进了议案的办理工作。

一、食品安全工作的主要措施和初步成效

（一）食品安全工作的总体情况

市人大常委会委员和代表经常督促检查食品安全工作，研究提出重要的建设性意见，对于加强和改进首都食品安全工作起到了极大的推动作用。在市人大的监督检查和各部门、各区县的共同努力下，近年来，本市的食品安全工作不断创新，形成了一整套适合首都市情的体制机制和管理措施，食品安全保障水平稳步提高，未发生重大食品安全事故。

一是高度重视食品安全工作。我们深刻地认识到，食品安全是第一民生，怎么强调都不过分。为此，市政府连续八年将食品安全工作列为为民办的重要实事之一，摆在创新社会管理、强化公共服务、保障公共安全的首要位置，并多次召开会议，专题研究部署食品安全“十二五”行动计划、与外埠联动协作机制建设、餐厨废弃油脂处置、打击食品非法添加等重点工作。将食品安全工作纳入了政府绩效考核以及国民经济和社会发展指标体系，不断增强领导干部抓好食品安全工作的责任感和紧迫感。

二是制定实施了食品安全“十二五”行动计划。确立了严格食品市场准入，科学防控食品安全输入型风险，“以市场换安全、以安全拓市场”的原则，着力构建完备的安全食品供给体系和现代化的食品安全保障体系，形成全社会共同参与的食品安全工作格局。“十二五”行动计划实现了由食品安全监管和控制为主向建设和保障并重的转变，成为指导新形势下首都食品安全工作的纲领性文件。

三是初步构建起食品安全保障供给体系。市政府与供应进京食品的八个省（区、市）政府签署了备忘录，建立了检测互认、信息共享、全程追溯、案件协作、产销直挂等机制。40家北京企业与56家进京食品企业签订了安全食品供应协议，18家大型连锁超市和餐饮企业与全国130个农产品基地建立了产销直挂关系。制定了北京市食品市场准入技术规范、安全食用农产品生产基地及安全食品生产企业保障要求，建立了外埠进京食品生产经营者数据库并实施动态更新和信用管理。大力推进食品生产源头标准化、组织化进程，严格食品市场准入机制，提升首都食品安全保障水平。

四是强化了对食品安全的法规制度保障。2007年，市人大颁布了全国首个食品安全地方条例——《北京市食品安全条例》，将食品安全工作实践中各项行之有效的制度措施纳入法制轨道，确保了奥运会和国庆60周年等重大活动食品安全万无一失。市食品安全委员会制定实施了《食品安全违法案件线索举报奖励办法》，将最高奖励金额提升到30万元，动员了全社会参与食品安全工作的积极性。

五是不断完善组织管理体系，创新监管模式。将市食品安全委员会委员调整为各部门的一把手，强化了组织领导核心；构建了市、区、街乡三级食品安全监管体系；加强了部门间的职责衔接，就中央厨房、食品现场制售等12项领域明确了部门分工，消除了监管盲点。在市、区两级公安机关设立了食品案件侦查队伍，建立了食品安全监管部门

与公安机关的内部协作机制，强化了对食品安全违法犯罪行为的打击震慑力度。近年来，为市、区两级公安机关和食品安全综合协调机构、食品安全风险评估技术部门增加或内部调剂编制264名，为食品安全工作提供了人力资源保障。

六是加大科技支撑和经费保障力度。市财政支持本市342家食品企业建立了自检室，开展了监管装备标准化建设。加强了市食品安全风险评估监控中心的建设，使其科研设施达到了国际先进水平。2011年，市、区两级共投入食品安全相关保障经费2.15亿元。

根据北京市食品安全统一抽检和连续监测的结果，1998年，全市食品安全总体合格率为79.8%；2011年，全市合格率达到97.37%，其中列入国民经济和社会发展指标的大米、小麦粉、食用植物油、猪肉、豆制品等6类重点食品的总体合格率达到98.23%。在农业部对全国36个省市的例行监测中，本市蔬菜、畜禽、水产品的监测合格率均位于全国前列，居四个直辖市之首。国务院食品安全委员会在历次督查考核中，也对本市的食品安全工作理念、措施和成效给予了充分肯定。

（二）建立了食品安全监管的三大体系

1. 建立了监管组织网络和责任体系。成立了中直机关事务管理局、国务院机关事务管理局、总后卫生部在内的31个部门组成的市食品安全委员会，各区县和天安门等5个地区以及320个街乡、500余个居（家）委会建立了食品安全领导和协调联络制度，90%以上的社区和行政村设立了食品安全监督员和信息员计8700余名。初步构建了部门监管责任、属地监管责任、综合监管责任、行业管理责任构成的食品安全责任体系。

2. 建立检测体系。制定并实施了市、区两级统一监测抽查计划，年统一监测样本10万个，企业自检样本18万个。初步形成了监督抽查、委托检验、企业自检相结合的检测评估体系。

3. 建立诚信体系。初步建立了信用征集、评价、披露和奖惩制度，按企业信誉度和食品风险度实行分级分类管理。在全市100平方米以上的商场、超市和市场设立食品安全公示栏，在《北京晚报》等媒体定期发布食品安全信息。推广《食品工业企业诚信评价标准》。广泛开展了食品安全示范街、示范店创建活动。

（三）有效控制“从农田到餐桌”的四个重点环节

1. 加强食用农产品源头监控。推进食用农产品安全生产体系建设，建成国家级农业标准化示范区79个、市级农业标准化基地1128家。制定农业地方标准1600余项，种植、养殖业产品的标准覆盖率达到90%以上。1053家食用农产品生产企业的3497个产品获得了无公害、绿色、有机食品和地理标志认证。

2. 加强食品生产加工环节的监控，提升畜禽屠宰加工行业的现代化水平。严格生产许可证的审核发放，全市食品及相关产品生产企业分别达到1653家和345家。全面提升畜禽屠宰加工行业水平，关闭设施不达标的中小型生猪屠宰厂57家，6家大型现代化企业生产的猪肉产品覆盖了80%以上的首都市场份额。

3. 加强食品流通环节监控，推进市场准入和退出制度。严格食品经营主体资格准入，共审核发放食品流通许可10.8万个。2003年至今，共对5323批次不合格食品、56家不合格食品生产企业和7个屡出问题的产区实行了退市措施，带动了京外生产源头食品安全水平的提升。

4. 加强对餐饮服务环节的监控，深入推进量化分级管理制度。量化分级管理达到A、B级的餐饮单位达到了总数的53%。广泛实行食品添加剂备案公示和餐饮负责人约见制度。开展了小餐饮规范提升工程，实施了餐具集中统一消毒和明厨亮灶制度。推行高校标准化食堂建设，80%以上的高校开展了“食品原材料”农校对接工作，供应21万中小学生营养餐的企业全部建立了HACCP（危害分析与关键点控制）预防食物中毒保障系统。

（四）推进五项重点工作，完善长效机制建设

1. 大力发展食品、鲜肉、食盐和农业投入品配送体系。在远郊区县建设和改造了10个食品配送中心、3488家村镇连锁超市和2300多家社区便利店，实现了乡镇和千人以上大村100%双覆盖的目标，远郊区县食品连锁经营网点的行政村覆盖率和食品配送率分别达到75%和65%以上。建立安全猪肉专卖网点5000多家、农村食盐配送路线150条、农药连锁配送服务站200家。

2. 推进市场升级改造和规范化建设。市、区政府和社会各界投资对800余个农副产品市场、社区菜市场实施了升级改造，6家承担食用农产品进京主渠道的批发市场全部建立了检测中心、信息中心和监控中心，市场的仓储、物流设施及场地环境有了显著改善，食品安全管理水平有了较大提高。

3. 建设食品安全信息化工程。建立完善了首都食品安全监控系统，实现了市、区两级监管部门和各监管环节的互联互通、资源共享，提高了快速反应和市场控制能力。

4. 完善突发事件应急处理工作。完善了《突发食品安全事件应急处理预案》，建立了食品安全隐患排查和督查制度。近年来，针对日本福岛核电站事件、双汇瘦肉精事件、三鹿奶粉、学洋明胶等事件，及时作出应对处理，稳定了消费信心。

5. 构建餐厨废弃油脂资源化处置体系。采用疏堵结合的方式，一方面构建集中、统一、规范、有序的餐厨废弃油脂处置体系；另一方面严厉打击非法收运行为。2011年年底，全市重点单位和区域的餐厨废弃油脂规范收运率达到了70%以上。

（五）完善六项工作机制，构建统一、权威、高效的首都食品安全保障体系

建立并完善了食品安全的科学评估、市场准入、监测与监督抽查、突发事件应急处理、信息归集发布和日常监督协调六项日常工作机制，初步形成了市政府统一领导、属地政府负总责、部门各司其职、全社会共同参与的食品安全保障体系。

（六）构建科技支撑体系，提升食品安全保障能力

1. 加强安全投入品和安全食用农产品生产技术的研发与应用。实施了蔬菜、猪肉安全生产关键技术应用示范、标准化高产高效栽培技术等重大科研项目。

2. 完善风险评估的技术手段。以市食品安全风险评估监控中心为核心，对110家国内外媒体发布的食品安全信息进行监控和评估，未雨绸缪地做好首都食品安全工作。近年来，研究完成了动物源性食品中3大类20种违禁药物的检测方法并提升为国家标准。综合运用色谱、光谱、理化分析及基因鉴定等手段，为公安部破获浙、鲁、豫等地利用地沟油制售食用油特大案件提供了关键的技术支撑。

3. 组建了食品安全专家委员会。完善了毒理病理、检测分析、农产品质量安全、食品质量安全、生物医药等领域的专家数据库。

（七）加大整治力度，严厉打击食品安全违法犯罪行为

持续开展了打击非法添加和滥用食品添加剂、农村和城乡结合部食品安全整治等专项行动。2011年，市、区（县）两级公安机关食品案件侦查队伍共侦破制售假劣食品案

件98起，捣毁犯罪窝点166个，极大地震慑了违法犯罪分子，净化了首都市场。加强对乳制品、保健食品、食用油等的质量安全监控。在食用油专项整治中，将有形市场内无证分装、散装食用油的247个大型油罐全部拆除，降低了食用油经营的风险隐患。2011年，全市共组织各类联合执法496次，组织食品从业者6.5万人次参加了政策、法规和职业道德培训。

二、存在的难点和主要问题

首都作为拥有近2000万人口的特大消费型城市，85%以上的食品由外埠供应，食品生产经营的外部环境和供应渠道极为复杂，防控输入型风险是食品安全保障工作面临的主要难点。此外，我们在食品安全工作中仍然存在着一些问题和薄弱环节，市人大代表在议案中，也提出了很好的意见和建议。一是在法规建设方面，《北京市食品安全条例》需要进一步修订完善，严格食品市场准入标准，加大对违法行为的惩戒力度。二是在组织体系方面，食品安全综合协调机构有待进一步充实和加强，街乡等基层食品安全管理人员、经费和责任需要进一步落实。三是在监管手段方面，面对隐蔽的违法行为和新的违法手段，基层监管人员的执法装备需要改进和升级，食品安全风险评估技术需要进一步完善。四是在监督执法方面，城乡结合部、农村等地区的整治以及对小餐饮、小作坊和食品摊贩的规范管理需要进一步加强。五是在教育普及方面，食品安全基本常识的教育普及力度需要进一步加大，以提升全社会的风险防控和科学消费意识。

面对这些难点和问题，我们将认真研究采纳市人大代表的意见和建议，以更大的决心、更坚定的态度和更有力的措施认真加以解决。

三、下一步的主要措施

在市十三届人大第五次会议上，人大代表就食品安全工作提出了高水平的、有建设性的议案。市政府多次召开协调会议和专题会议研究议案办理工作，各有关部门认真学习领会议案内容，经市政府专题会议审议通过，提出了下一阶段加强和改进食品安全工作的重点措施。

（一）指导思想和工作目标

深入贯彻实施食品安全“十二五”行动计划，进一步加强和改进食品安全工作，坚持“以市场换安全、以安全拓市场”的理念，以市场准入制度为切入点，以科学防控食品安全输入型风险和系统性风险为重点，着力建设较为完备的安全食品供给体系和现代化的食品安全保障体系。使食品安全法规标准进一步完善，监管组织网络和责任体系进一步健全，重大突发事件得到有效控制，违法犯罪行为得到坚决查处，监督执法水平和技术保障能力明显提高，全社会食品安全和预防风险意识显著增强，形成政府、企业、行业组织、消费者和媒体共同参与的监管工作格局。

（二）加强领导，完善组织管理体系，夯实监管基础

1. 加强领导，强化综合协调机制建设。将食品安全工作作为社会管理的重要内容，纳入网格化管理。完善市、区（县、地区）食品安全委员会及其办公室的日常协调议事规则，强化重大食品安全事件统一评估、统一决策、统一指挥、统一发布制度。加强食品安全综合协调机构建设，充实加强人员力量，提升食品安全综合监管效能。

2. 完善组织管理体系，健全基层组织网络。加大对街乡食品安全经费、设施的投入力度，明确街乡负责食品安全工作的职能科

室，确保具有一定专业素质和能力的管理人员到位。在监管任务较重、监管情况较复杂的地区设置食品安全专职监督员和协管员队伍。有效动员居委会、村委会参与食品安全工作，形成横到边、纵到底的基层组织网络。

3. 完善考核评价体系和责任追究机制。完善科学的考核评价体系，以群众满意度作为评价考核食品安全工作的出发点和关键尺度，以食品安全总体水平的提高和食品生产经营秩序的切实改善作为衡量食品安全工作的客观标准。对发生重大食品安全事故和区域性食品违法生产经营现象长期不能解决的地方，要依法追究相关负责人的责任。

（三）构建安全食品供给体系，提升食品安全保障水平

1. 深入推进食品安全联动协作机制建设，共筑食品安全防线。在天津、河北、河南、山西、黑龙江、辽宁、山东、内蒙古等地分别建设蔬菜、粮食、水产品、生猪、家禽、奶牛和牛羊基地，形成稳定可靠的食品供应来源。不断提升进京食品源头的组织化、标准化水平，扩大安全食品对首都市场的占有率和控制力，保障进京食品的质量安全。通过强化与外埠的产销对接和区域间食品安全合作，形成“产地要准出、销地要准入、产品有标识、质量可溯源、风险可控制”的全程监控链条。

2. 加强本市食品生产基地建设，大力推动食品产业升级。大力推进优级食用农产品标准化基地建设，使“十二五”末，本市“菜篮子”产品全面达到无公害标准，绿色食品、有机农产品的产量比2009年翻一番。培育乳制品、保健食品、畜禽产品等食品产业集团，强化产业集聚效应。延伸食品制造产业链，建立产供销配套的原料基地和现代市场营销网络，增强首都安全食品的辐射带动作用。探索建设小作坊产业园区，对生产民族或地方特色食品的小作坊实现集中化生产和统一规范化监管。淘汰不符合卫生保障要求的小餐饮单位，鼓励餐饮业发展连锁经营、集中采购、统一配送和网络营销。

3. 严格首都食品市场准入机制。严格规范食品经营主体的准入资格，落实生产经营场所、卫生标准、从业人员培训等准入要求。使“十二五”末，进京食用农产品主要来自具有独立法人资格的经济实体或农民专业合作组织，基地蔬菜种植面积和养殖能力达到一定规模并与北京市场建立稳定的签约关系，产品取得省级以上无公害食品认证，持产地证明和检测报告入市。

（四）完善风险监测评估体系，科学防控食品安全风险

1. 完善监督抽查、委托检验、企业自检相结合的风险监测体系。全市设立3000个风险监测点，实现市、区（县）两级食品安全风险监测统一计划、统一实施、统一评估、统一发布。

2. 完善企业自检体系。继续支持150家食品生产经营企业完善自检设备，强化企业在原料采购、生产加工、成品出厂、储存运输等各个环节的检测能力。督促企业落实自检制度，前移风险防控关口。

3. 完善风险评估体系。密切监测国内外食品安全动态信息和风险评估结果，科学防控首都食品安全风险。加强市、区（县）食品安全风险评估中心建设，研究建立先进的评估方法，提高食品安全风险评估的整体技术能力。

（五）完善法规标准体系，为食品安全工作提供法制保障

1. 完善食品安全法规，加快推进《北京市食品安全条例》的修订。2011年9月，市政府成立了由吉林常务副市长、丁向阳、程红副市长牵头的《北京市食品安全条例》修订起草小组，启动了《条例》修订工作。市人大多次参与和指导《条例》修订稿的起草

工作，对《条例》的修订给予了很大支持。通过本次《北京市食品安全条例》的修订，拟重点解决五个方面的问题：一是明确食品市场准入标准，提高食品市场准入门槛，按照业态分类实施食品生产经营许可。二是承接《中华人民共和国农产品质量安全法》在本市的贯彻实施问题，细化食用农产品的质量安全监管要求。三是通过构建“从农田到餐桌”四个重点环节的监管体系以及实施信用管理等手段，加大对违法行为的惩戒力度。四是明确各部门的监管职责，落实综合协调机制，力争实现各监管环节的无缝隙衔接。五是强化食品生产经营者作为第一责任人的主体责任。《条例》修订稿拟于今年7月提交市人大常委会审议，为新形势下的首都食品安全工作提供法律支持。

2. 完善食品安全标准。引进适用的国际先进标准，加强食品市场准入、农产品质量安全、食品物流和餐饮业等食品安全地方标准的制定、修订，积极转化奥运食品安全标准，鼓励食品生产经营单位制定实施严于国家标准的产品和技术标准。完善食品安全标准数据库，加大食品安全标准的宣传和执行力度。

（六）完善食品安全信用体系，强化企业主体责任

1. 构建统一的食品安全信用信息平台，推进诚信激励和失信惩戒机制建设。建立多部门联网的食品信用信息平台，统一归集、公布食品生产经营者的信用记录。对被吊销生产、流通或餐饮服务许可证的单位，其直接负责的主管人员5年内不得从事食品生产经营管理工作。

2. 大力推动诚信体系建设。充分发挥食品行业协会的作用，加强行业自律，广泛开展宣传教育和质量承诺活动，提升从业人员的业务素质和职业道德水平，树立诚实守信的行业风气。引导企业建立食品安全责任险等机制，树立第一责任人的意识，推动食品安全责任社会共担。

（七）完善应急处置体系，坚决打击违法犯罪行为

1. 严格落实突发食品安全事件应急预案。加强应急队伍建设，定期开展应急演练，提升快速反应和现场处置能力。

2. 建立重大案件快速侦破处置机制。充分发挥食品、药品案件侦查队伍的作用，针对重大典型案件落实公安机关提前介入机制，及时启动刑事侦查。研究建立食品安全监管部门与司法机关的衔接机制，加大追究违法犯罪分子刑事责任的力度。

3. 完善重大活动应急保障机制。加强对食品生物性、化学性、放射性和人为恶意污染事件的监测，确保食品储备、供应和集体用餐安全，有效应对重大突发事件和重大活动对首都食品安全的影响。

（八）完善科技支撑体系，强化食品安全技术保障

1. 综合运用物联网等科技手段，构建食品安全追溯体系。实现婴幼儿配方乳粉、原料乳粉和畜禽、水产品等高风险食品从养殖、收购、加工、储运到销售环节的全程追溯，推进桶装水、酒类等预包装食品的流通和溯源管理。2012年年底前，实现本市大型乳制品生产企业和大型畜禽产品生产企业的原料奶、婴幼儿配方乳粉、鲜肉产品的可追溯。通过5年的努力，基本实现北京市场上重点高风险食品的可追溯。

2. 加强检测评估技术的研究与转化应用。重点开展食品添加剂、食品接触材料和非法添加物检测技术的研究。加强对可能引发重大食品安全事件的未知毒物风险评估技术的研究。完善食品安全应急数据库，将纳入鉴定的物质种类扩充到1600种。

3. 强化实验室能力建设。充分发挥首都科技资源和社会存量检测资源优势，提升10

家综合性重点实验室、20家专业性、区域性实验室和40家监测实验站（点）的设施和能力水平。推动检测资源的整合利用，为食品安全工作服务。

4. 完善标准化执法装备体系。为食品安全一线执法人员研发配备高效、灵敏、便捷的检测设备，大力提升发现和控制风险的能力。今年，将为农业、质监、工商、卫生、城管、公安等部门配备300套数字化快速检测系统和200台便携式分析仪器，实现对60余项农药、兽药残留和非法添加物的检测分析。

（九）加强食品安全基本常识的教育普及，强化社会各界共同参与监管的工作格局

1. 广泛开展食品安全知识的教育普及。制定实施食品安全宣传教育培训纲要。建立食品安全监管人员、生产经营单位负责人、从业人员“先培训、后上岗”的制度，每年开展不少于40小时的培训。深入推进食品安全进社区、村镇、学校、工地、军营等活动，在中小学相关课程中渗透食品安全教育内容，提升首都市民的食品安全意识和科学消费水平。

2. 加强舆情监测，鼓励社会监督。密切关注舆情信息，高效研判处置食品安全风险隐患。及时发布食品安全信息和重大突发事件调查处理情况，回应社会的关切。充分发挥举报奖励制度的作用，鼓励社会各界提供食品安全隐患和违法线索。

（十）加大监督执法力度，强化对重点环节的整治

1. 在食用农产品生产源头，加强对投入品使用的监控。推进由1个市级现代农资物流中心、10个区域配送中心、1000家现代农资连锁经营网点组成的农业投入品配送体系建设，实现主要投入品主渠道供应。

2. 在食品生产加工环节，强化企业的主体责任，严格规范食品生产加工行为。在获得生产许可证的企业中广泛推行GMP（良好生产规范）和HACCP（危害分析与关键控制点）管理体系，督促企业全面落实生产过程质量安全控制、出厂检验和召回、无害化处理等制度。严格规范食品添加剂和食品相关产品生产行业。

3. 在食品流通环节，严格落实食品市场准入制度。督促食品经营者健全并严格落实进货查验、不合格食品下架退市等制度。强化对小食杂店、食品摊贩的监督管理，明确与其经营规模、条件相适应的食品安全要求。将食品批发市场纳入城市基础设施予以升级改造，健全食品安全管理制度，全面提升市场场地、环境和设施水平。“十二五”末，19家大型农副产品批发市场将建立电子交易平台和标准化检测室，350家零售市场建立标准化经营设施、快速检测室和电子台账，200家农村地区市场和集期市场逐步向标准化市场转化。

4. 在餐饮服务环节，深入推进量化分级管理制度。督促餐饮服务单位落实食品原料、食品添加剂采购查验和索证索票制度。完善学校食堂的硬件设施、就餐环境和餐饮管理制度，使自办食堂餐饮服务量化分级全部达到B级以上标准，学生营养餐生产企业全部达到A级标准。加强对建筑工地和打工子弟学校食堂的食品安全监管。加大区县政府综合治理力度，逐步解决因违章建设、环境保护等原因导致的无证餐饮现象。

5. 深入开展食品安全整治。以工地、校园、旅游景区、交通枢纽等为重点场所，以城乡结合部、农村等为重点区域，深入排查风险隐患，严厉打击食品违法生产经营活动。研究建立长效监管机制，促进食品生产经营秩序和食品安全状况的持续好转。

6. 完善餐厨废弃油脂日常监管制度。建立统一专业化收运、定点无害化处理和资源化利用的餐厨废弃油脂处置体系，餐饮服务单位按照标准配置油水分离器、隔油池等设

施，收运企业采用密闭、环保、统一外观标志的专用收集容器和运输车辆。2012年年底前，全市重点单位和区域的餐厨废弃油脂规范收运率达到90%以上；2015年，实现收运处理专业化、运行管理规范化和监管执法常态化的工作目标。

主任、各位副主任、秘书长、各位委员，食品安全工作是民生工程、民心工程，我们虽然做了大量工作，但面对“十二五”时期建设“人文北京、科技北京、绿色北京”和中国特色世界城市的战略目标，面对首都市民的新期待，食品安全工作仍然任重而道远。一直以来，市政府都将食品安全工作作为加强和创新社会管理、保障和改善民生的重要内容，高度重视、常抓不懈。我们将继续采取措施，下大力气推进食品安全工作的有效开展。希望市人大监督食品安全工作进展，继续为食品安全工作提出意见和建议。在市人大和各位委员、代表的支持和监督下，首都食品安全工作将会取得新的进展，迈上一个新的台阶。

以上报告，提请市人大常委会审议。

北京市人民代表大会财政经济委员会关于“健全安全食品体系，提升首都食品安全总体水平”议案办理暨本市食品安全工作情况的意见和建议

——2012年5月30日在北京市第十三届人民代表大会常务委员会第三十三次会议上

市人大财政经济委员会主任委员　王　火

主任、各位副主任、秘书长、各位委员：

为协助常委会听取和审议市人民政府关于“健全安全食品体系，提升首都食品安全总体水平”议案办理暨本市食品安全工作情况的报告，按照主任会议通过的工作方案，由吴世雄副主任牵头，市人大常委会财经办会同教科文卫体办、农村办，组织部分常委会委员、专委会委员和市人大代表，围绕我市食品安全工作的内容和议案涉及的主要方面进行了深入调研，先后听取了市食品办、市农业局、市质监局、市卫生局等政府相关部门的汇报，实地考察了部分农产品种植合作社、食品生产企业、加工小作坊和餐饮服务单位，对城乡结合部地区的小餐饮、打工子弟学校食堂、建筑工地食堂等容易存在食品安全隐患的场所进行了调研，并通过召开专题座谈会和市人大常委会门户网站，征求食品生产经营企业、食品行业组织、人大代表和广大消费者对本市食品安全工作的意见和建议。4月27日，财经委员会召开第三十八次会议，对市人民政府提请本次常委会审议的报告进行了认真讨论。5月22日，财经委员会组织部分市人大常委会委员、提议案代表，对议案办理及本市食品安全工作情况进行了视察。

财经委员会认为，长期以来，市人民政府高度重视食品安全工作，把加强食品安全工作作为保障和改善民生的一件大事来抓。近年来，制定出台了《北京市食品安全行动计划（2011—2015）》，明确了我市“十二五”时期食品安全的工作目标、主要任务和具体要求；密切与周边省区市在食品安全领域的

沟通与协调，推进北京企业与进京食品企业间的食品安全供应合作，建立食品安全重大案件及跨区域案件协作机制；进一步完善了食品安全监督管理，不断健全食品安全综合协调机制，初步构建市、区县和街乡三级食品安全管理体系；加强首都食品安全监控系统等信息化工程建设，构建全市统一的食品安全追溯信息平台。2011 年，我市的食品安全检测合格率达到了 97.37%，蔬菜、禽类、水产的合格率均位于全国前列。北京食品安全工作成效明显，广大市民对本市食品安全工作总体上是肯定的。为做好今年的食品安全议案办理工作，市人民政府成立了由吉林常务副市长总负责、市人民政府主管副秘书长任组长的工作协调小组。市食品办等议案办理牵头部门和责任单位，认真梳理议案中所提的意见、建议，深入开展调查研究，积极采取有效措施改进工作，实现了议案办理与推动食品安全工作的有机统一。吉林常务副市长代表市人民政府所作的关于“健全安全食品体系，提升首都食品安全总体水平”议案办理暨本市食品安全工作情况报告，全面、客观地反映了本市食品安全工作取得的成效、存在的问题，并就下一步工作提出了相应的对策措施，财经委员会同意这个报告。

在肯定食品安全工作成绩的同时，对本市食品安全形势要有清醒的认识，对食品安全方面存在的隐患要高度重视。北京市作为特大消费型城市，85%以上的食品由外埠供应，食品生产经营的外部环境和供应渠道复杂，生产源头控制难度较大，输入型风险客观存在；城乡结合部、农村边远地区食品安全状况有待改善，小作坊、小摊贩缺乏有效管理，部分小餐饮无证经营，存在不少食品安全风险；一些食品生产经营单位主体责任意识不强、违法违规操作的情况也时有发生。这些问题如果得不到有效解决，将直接影响人民群众的身体健康和生命安全，影响经济的健康发展和社会的和谐稳定。

财经委员会认为，加强和改进食品安全工作，要立足于首都的城市性质和功能定位，突出以人为本，坚持构建完备的安全食品供给体系和现代化的食品安全保障体系，保障城乡居民身体健康与生命安全。为进一步做好本市食品安全工作，提出以下意见和建议。

一、规范食品生产经营，强化企业主体责任，实现安全食品供给体系建设与食品安全监管有机融合

食品安全问题需要标本兼治，重在治本。要一手抓食品安全监管，一手抓安全食品供给体系建设。研究制定并积极推行加强食品安全源头控制的政策、措施，注重利用市场机制，不断优化食品生产、流通、销售产业链，培育和完善安全食品的供给市场，提高企业安全食品的生产经营水平，不断构建并完善安全食品供给体系。一是着力提高进京安全食品的供给保障能力。要继续推进农产品供应联动协作机制，与外埠产地建立更加紧密的区域合作关系，支持北京与各有关省区市共建食品供应基地，提升进京食品生产的组织化、标准化程度，加强监测检测和技术指导，推行产地准出制度。充分利用产销对接、农超对接、场厂挂钩等多种形式，减少流通环节，严格市场准入制度，有效控制食品安全的输入型风险。二是加强本市食用农产品生产安全控制，坚决遏制源头污染。要加强对种养殖户的管理，提高科学种植养殖的安全意识和生产水平，对违法使用和滥用农药、兽药等农业投入品的行为予以整治，逐步推行产品标识、产地证明制度。同时，大力推进发展方式转变，加快传统农业向现代农业转型，加大对农产品质量安全的投入，发挥龙头企业、专业合作社的带动作用，推广蔬菜、畜禽、水产等食用农产品标准化、

规模化生产。三是强化食品生产加工和销售企业的主体责任。要督促企业建立进货查验记录、生产经营过程控制、不合格食品管理等规章制度，不断改善食品生产经营条件，加强对生产经营人员的食品安全法律、法规、相关知识和行业道德规范的教育培训，增强企业做好食品安全工作的责任感和自觉性，促使企业从担心食品安全增加成本向依靠食品安全增加效益转变。四是对小作坊、小摊贩、小餐饮要疏堵结合，一方面严格规范其生产经营行为和环境卫生条件，对达不到食品安全要求的要坚决淘汰；另一方面努力提高他们的规范化、组织化、标准化程度，改善生产经营的设施条件，完善早餐便民服务体系，更好地满足人民群众日常生活需要和食品安全要求。

二、充分发挥政府引导、支持和服务作用，创新监管方式，增强食品安全保障能力

一是加强产业引导和政策扶持，促进食品工业结构调整和优化升级，积极培育食品加工配送中心、生鲜处理中心等新型食品生产企业，加快发展连锁经营、物流配送等现代商业业态，鼓励更多优质企业参与“菜篮子”、“放心肉”工程建设。推进实施安全食品的品牌战略，加快培育食品安全方面的优势企业，生产经营优质产品，打造一批优质安全食品品牌，使企业成为提升北京安全食品供给水平的主力军。二是充分利用首都在科技创新和人才智力方面的优势，加强食品安全领域重大科技攻关和成果转化应用，以现代物联网技术为支持，加快生产质量控制体系、食品安全追溯体系建设，不断提高全市食品安全的科技保障水平。三是创新监管模式和工作方式，提高食品安全监管能力。要牢固树立服务意识，加强对企业食品安全工作的指导，做好食品安全预防和事前监督，及时排查食品安全隐患。监管工作要重心下移，对城乡结合部、民俗旅游点、农村边远地区等一些重点区域要加大食品安全监管力度。要进一步增强食品安全综合协调职能，强化部门和属地政府监管责任的落实，对职责不清的领域和新型业态的监管职责要及时研究、科学划分，消除监管盲点，形成食品安全的无缝隙监管。四是继续加大对食品安全违法行为的惩戒力度。对存在严重食品安全问题的企业和违法行为要严肃查处，绝不姑息，强化法律的威慑力，不给违法犯罪分子造成任何可乘之机。对未履行法定职责的，要依法严格追究食品监管部门和相关人员的责任。

三、调动社会各方面积极性，群策群力，营造全社会参与食品安全工作的氛围

要加大宣传教育力度，增强全社会食品安全意识，通过广播、电视、报刊、网络等媒体，多渠道、多形式地倡导健康的饮食习惯和消费习惯，从多方面为市民提供食品安全信息和服务，强化社会公众的食品安全意识和预防应对风险的能力。要加强社会舆论对食品安全的监督，加大对重大事故隐患和生产经营违法行为的曝光力度，并提高食品安全报道的科学性和准确性。要进一步健全举报奖励制度，保持公共监督的渠道畅通，完善举报形式与程序，提高答复质量与效率，并对举报属实的给予奖励，调动公众参与食品安全监督和维护自身合法权益的积极性。要强化行业协会自我管理、自我教育、自我服务、自我监督的职能，鼓励行业协会组织开展食品安全方面法规、政策和职业道德的培训，提高企业的法制观念和道德规范，加强行业内食品安全的研究和业务培训，发挥

好行业协会在政府部门与企业、市场之间的桥梁纽带作用。

四、完善食品安全标准和诚信体系，健全食品安全风险评估和信息披露制度，建立保障食品安全的长效机制

要立足北京食品安全的实际，建设食品安全标准体系，积极引进先进、适用的国际标准，加强食品市场准入、食用农产品、食品物流和餐饮业等食品安全地方标准的制定、修订，增强标准体系建设的科学性、完整性，维护标准的强制性和权威性。要健全诚信体系的规范和标准，创造食品安全诚信文化，积极运用食品安全诚信运行机制，增强我市食品生产经营者的食品安全诚信意识，大力推进市场主体的信用制度建设。要健全食品安全风险监测和风险评估制度，在加强日常监测的同时，运用科学的评估手段有效防控突发事件，及时向社会发布安全预警和消费提示信息，不断提高政府服务质量和效率。要加快建设全市统一的食品安全信息平台，加强监管部门之间的信息交流与共享。食品安全信息公布要及时、准确，充分保障消费者对食品安全信息的知情权。要以今年《北京市食品安全条例》修订为契机，加强对食品安全领域的问题研究，把一些实际工作中比较成熟的做法和经验，如严格市场准入机制、加强区域协作、开展风险评估、强化企业主体责任等内容，通过地方性法规的形式将其固定下来，为我市食品安全工作提供更好的法制保障。

食品安全水平的提升和环境的根本改善是一项长期而艰巨的任务。北京作为首都，做好全市的食品安全工作意义深远、责任重大，需要我们坚持不懈的努力。市人民政府要进一步全面、深入地贯彻落实食品安全法律、法规的各项规定和中央、市委的要求，以扎实有效的工作提升首都食品安全总体水平，让广大代表满意，让全市人民放心。

以上意见，供常委会组成人员审议时参考。

北京市人民代表大会常务委员会执法检查组关于检查《北京市少数民族权益保障条例》实施情况的报告

——2012年5月30日在北京市第十三届人民代表大会常务委员会第三十三次会议上

市人大常委会副主任　马振川

主任、各位副主任、秘书长、各位委员：

1998年，市人大常委会根据宪法和有关法律、法规，结合本市实际情况制定了《北京市少数民族权益保障条例》（以下简称：少数民族权益保障条例）。实践证明，这一法规的制定实施有利于全面贯彻党和国家的民族政策，保证宪法和有关法律、法规在本市的实施，为依法保障少数民族合法权益，依法开展民族工作提供了重要的法律依据，对维护和发展首都平等、团结、互助、和谐的社会主义民族关系，促进各民族“共同团结奋斗、共同繁荣发展”，尤其是促进本市少数民族经济社会全面发展都发挥了重要作用。少数民族权益保障条例是我市具有创制性的地

方性法规，实施以来，市人大常委会高度重视条例在本市的贯彻实施工作，先后对条例贯彻实施情况进行了两次执法检查，听取和审议了市政府关于本市民族工作、少数民族乡村经济发展情况等多项专项工作报告，并结合食品安全法的检查对清真食品有关法律、法规进行检查，有力地推动了法规的贯彻实施以及我市民族工作的开展。

今年，为进一步推动少数民族权益保障条例在本市的贯彻实施，市人大常委会决定再次对条例实施情况进行执法检查。2 月至 5 月，常委会依法组成执法检查组，制定执法检查工作方案，部署执法检查工作。执法检查组集中听取了市政府民族事务委员会和各成员单位关于条例实施情况的汇报；先后到朝阳、通州、大兴、延庆等区县进行检查，实地考察了部分民族工作重点街道和社区、民族村经济合作社、清真饮副食网点、少数民族企业；分别召开了尊重少数民族风俗习惯、民族教育文化卫生体育、民族老字号及品牌企业、民族工作重点街道和社区四个专题座谈会，广泛听取民族宗教界人士、回民公墓殡葬管理处、大中专院校、清真餐饮企业、基层干部和少数民族群众的意见和建议。与此同时，委托东城、西城、房山、怀柔四个区人大常委会对本辖区法规实施情况进行了检查。四区人大常委会高度重视，相继成立了执法检查组，对辖区贯彻实施少数民族权益保障条例进行了认真细致的检查，了解了条例在四区的实施情况，推动了条例执法检查活动在四区的顺利开展。

通过执法检查，全面了解了法律、法规和政策规定在本市的实施情况，总结我市贯彻实施少数民族权益保障条例取得的经验和做法，并对执法检查中发现的主要问题提出改进意见和建议，督促市政府及其有关部门采取有效措施，进一步提高依法行政水平。4 月 25 日，执法检查组召开会议，对执法检查报告进行了认真研究和讨论。现将执法检查情况报告如下。

一、条例实施取得的主要成绩

多年来，本市各级政府认真贯彻实施少数民族权益保障条例，加强相关政策规定的制定，依法开展民族工作，维护少数民族权益，对发展民族经济社会事业予以政策资金支持，在“十一五”期间不断加大投入力度，用于少数民族事业的资金总量超过 10 亿元，在全市“十二五”规划中，首次单独制定了少数民族事业发展规划，为适应新时期城市民族工作的发展变化进行了有益探索，取得了很大成绩。执法检查组认为，我市贯彻实施少数民族权益保障条例的总体情况是好的，应予以充分肯定，主要表现在五个方面。

（一）法规宣传教育力度大，配套政策、措施和工作制度完善

为了更好地贯彻执行法规，市政府及其有关部门高度重视民族法律、法规和政策规定的宣传教育工作，加强对党政机关领导干部的宣传和培训，有效提高全社会对民族法律、法规和政策规定的认知度。由于法规宣传教育工作做得较好，使得法规的实施有了较好的基础。少数民族权益保障条例颁布以来，围绕条例规定，结合本市民族工作实际，市和部分区县在少数民族干部培养使用、民族团结进步创建、清真食品生产经营管理、发展少数民族乡村经济、妥善处理涉及民族领域的矛盾纠纷、做好维护民族团结和社会稳定工作、规范民族工作行政许可审批等方面陆续制定实施了 100 余项政策性文件，大大增强了条例的可操作性。在条例未涉及的民族工作领域做了有益的探索与尝试。通过建立和完善权益保障工作制度和机制，为条例的贯彻实施，切实加强组织领导和各级民族工作机构的建设，形成了比较完备的民族

工作体系。

（二）认真贯彻民族法律、法规和政策规定，保障少数民族政治平等权利

按照少数民族权益保障条例规定，我市在“十一五”期间制定了《2006—2010年培养选拔使用少数民族干部规划》，把培养选拔使用少数民族干部工作纳入全市各级干部队伍和领导班子建设总体规划。“十一五”期间，全市少数民族干部约3.26万人，占全市干部总数的4.6%；市人大、市政协中少数民族代表、委员比例分别达到9.3%和9.7%，均高于全市少数民族人口占总人口的比例。重视民族乡，民族工作重点街道、社区少数民族干部的配置与提拔。注重少数民族代表人士的培养与联系，发挥其在参与管理国家事务、维护社会稳定、促进民族团结方面的作用。

（三）加大资金支持力度，促进民族经济平稳发展

按照少数民族权益保障条例规定，在“十一五”期间，少数民族经济发展专项资金两次翻番，增至每年4000万元，累计投入达到1.4亿元，2011年专项资金实际支出6200万元。市政府有重点地合理安排、使用少数民族经济发展专项资金，取得了显著成效。近年来，市政府每年安排2400万元专项资金用于发展少数民族乡村经济，在“十二五”期间，此项经费还将有较大增长。全市民族乡村人均劳动所得均有显著提高，截至2011年，116个民族村中有69个村农民人均劳动所得达到全市或所在区县的平均水平。通过支持少数民族企业改革、落实贴息贷款优惠、支持企业传承与发展等方式，积极扶持少数民族老字号及品牌企业发展；支持清真饮副食网点改扩建，在扶持清真食品企业发展的同时也满足了少数民族群众的生活需要。

（四）积极推进民族教育、文化、卫生、体育事业发展，着力改善民生

近年来，市、区两级政府加大资金投入，有效改善了民族学校、幼儿园的基础设施，全市51所民族中小学的办学条件已全部达到全市统一标准，少数民族人口素质显著提高。西藏中学和我市举办的内地新疆班和西藏班成果突出，所培养的新疆、西藏学生已有近3000人在大学毕业后返回家乡工作。大力繁荣民族文化，加大民族文化建设投入，积极开展民族特色文化活动，极大丰富了少数民族社区、乡村群众的文化生活。建立健全民族乡村卫生服务和基本医疗保障体系。全市所有民族村都已建立了新型农村合作医疗制度；积极支持北京回民医院、北京藏医院等民族特色医院建设。推动少数民族体育事业发展，提高民族工作重点街道、社区、乡村体育公共服务质量。民族工作重点街道、社区的民族工作基础扎实，如：西城区牛街街道完善民族特色服务体系，积极落实民族、宗教政策，抓好民族团结进步创建，创造了“牛街经验”，并在全市、全国发挥了典型带动作用。

（五）尊重少数民族风俗习惯，促进首都民族团结和社会和谐

“十一五”末，全市清真饮副食网点和清真食品生产加工企业达到2336家，在清真网点不足的机场、车站、重点景区、新建居民小区建设了一批具有一定规模的清真餐饮网点；进一步规范清真食品管理，加大对自挂“清真”标志经营网点的管理力度；2011年，投入4200余万元用于支持全市290所中小学设置清真食堂或清真灶。市和有关区按照国家和本市有关规定，为具有土葬习惯的10个少数民族提供条件，做好殡葬服务和管理工作。城市管理、工商执法、新闻出版、广播影视为维护少数民族权益、维护民族团结作出了贡献。各级政府充分尊重少数民族群众的宗教信仰，“十一五”期间，先后对几十所清真寺进行了修缮和扩建，较好地满足了少数民族群众的宗教生活需求。

二、存在的主要问题

（一）民族文教卫体专项资金不足

目前，少数民族文化、教育、卫生、体育政策性补助主要来自市政府为市民委单独列支的少数民族地区补助费。少数民族地区补助费自1979年每年50万元逐年增加，“十一五”期间增至每年600万元。资金总量虽有较大提高，但是随着全市少数民族人口的快速增长，少数民族文化、教育、卫生、体育工作的支出逐年增长，现有专项资金与本市民族工作实际需要相比还有很大差距。

（二）与少数民族风俗习惯有关的设施建设和保障机制仍存在一些问题

执法检查中，各方反映的具体问题主要集中在几个方面：一是民族幼儿园数量少，分布不尽合理；二是一些地区现有清真饮副食网点规模小、档次低，不能满足少数民族群众的需求；三是清真牛羊肉价格偏高，造成具有清真饮食习惯的少数民族生活成本增加，特别是低收入家庭的生活压力较大；四是一些应当设置清真食堂或清真灶的单位没有进行设置，给具有清真饮食习惯的少数民族群众造成生活不便。

（三）一些民族老字号和品牌企业发展缓慢

我市少数民族老字号和民族用品定点企业多为市、区非物质文化遗产单位或产品单位，多数企业虽然由原国有企业转制成为股份制企业，但是对政府、社会承担的责任并未减少，普遍存在税负重、负担重、贷款难、技艺传承后继无人的问题。清真食品企业由于行业要求严格，成本相对较高，顾客群体专一、利润空间小等因素的限制，行业整体发展缓慢，需要政府进一步给予政策和资金支持。

（四）条例规定略显原则和滞后

少数民族权益保障条例已经实施了13年，对促进本市民族法制建设起到了很好的规范和指导作用，但随着社会的发展变化，保障少数民族权益工作遇到新情况、出现新问题，少数民族权益保障条例并未对一些问题进行规范，或者规范过于原则，缺乏可操作性，如：清真食品监管和网点合理布局、少数民族老字号和品牌企业扶持等问题。同时，少数民族权益保障条例的贯彻实施在某些地区、某些方面仍然有被忽视或不被重视的现象。

三、意见和建议

（一）进一步加大民族经济社会发展投入

根据本市民族经济社会发展的实际情况和财力状况，“十二五”期间，少数民族经济发展专项资金和少数民族文教卫体补助费均应当有较大幅度的增长，并逐步形成正常的增长机制。督促有关区县、乡镇政府在少数民族经济社会事业发展上进一步发挥好主体作用，增加财政投入和政策扶持力度。

（二）进一步方便少数民族群众生活

针对少数民族群众普遍关注的问题，建议统筹规划、合理布局、加快民族幼儿园建设。对全市清真饮副食网点进一步优化布局，扩大规模，提升档次，方便少数民族群众生活。市政府应当关注和研究牛羊肉价格上涨造成部分具有清真饮食习惯且收入较低的少数民族群众生活水平下降问题，并采取适当方式解决。进一步加大资金投入，规范和推进单位清真食堂或清真灶的设置工作。

（三）进一步加大对少数民族老字号和品牌企业的扶持

建立少数民族老字号和品牌企业及其传统生产工艺抢救机制，将列入非物质文化遗产名录的少数民族老字号和品牌企业纳入本市文化创意产业范围，着力解决企业发展中遇到的困难，切实帮助企业减轻负担。在对全市清真食品行业进行调查、分析的基础上，进一步贯彻落实“按照国家和本市有关规定给予税收、信贷、财政等方面的扶持”的法规精神，促进少数民族企业健康发展。

（四）积极创造条件，尽快修订少数民族权益保障条例

在进一步加大法规宣传和贯彻力度的同时，抓紧着手开展少数民族权益保障条例立法调研及修订的相关准备工作，重点对以下几个问题进行规范：一是加强清真食品监管和优化清真饮副食网点布局；二是加大对少数民族老字号和品牌企业在税收、信贷、财政等方面的支持；三是总结提升本市少数民族经济发展的成功做法和以牛街为代表的首都民族团结进步创建工作经验。

以上报告，请予审议。

关于《北京市少数民族权益保障条例》实施情况的报告（书面）

——2012 年 5 月 30 日在北京市第十三届人民代表大会常务委员会第三十三次会议上

北京市民族事务委员会

主任、各位副主任、秘书长、各位委员：

受市人民政府委托，向市人大常委会报告关于《北京市少数民族权益保障条例》（以下简称《条例》）实施情况的报告。北京市是一个多民族并存的城市。我国的 55 个少数民族都有成员在京工作、学习和生活，据第六次人口普查结果显示，全市常住人口中有少数民族人口 80.1 万，占人口总量的 4.1%；少数民族比较集中的区域有 5 个民族乡、116 个民族村和 13 个民族工作重点街道。“十一五”以来，市政府始终高度重视民族工作，认真贯彻落实党的民族政策和国家相关法律、法规，采取了一系列措施，有力地促进了少数民族各项事业的发展，保持了首都各民族共同团结奋斗、共同繁荣发展的良好局面。

一、认真贯彻《条例》要求，在全社会加强民族政策和民族团结的宣传教育

根据《条例》关于“本市各单位应当对各民族公民进行民族政策和民族团结的教育”的规定，五年来，市政府不断加强对民族政策、法规和民族团结的宣传教育，创新宣传理念，初步实现了“三个转变”。即：从着眼“小社会”的宣传向着眼“大社会”的宣传转变；从侧重于特殊性的宣传向认同感为主导的宣传转变；从控制信息式的宣传向开放传播型的宣传转变，逐步形成了多层次、立体化、全方位的“大宣传”工作格局，提高了党领导下的民族宣传工作社会化的程度，有力推动了民族团结教育进学校、进社区、进企业、进乡村、进社团的深入开展。

第一，注重社会化宣传。加强领导干部宣传。市委、市政府主要领导和市相关部门以及区县主要领导都订阅了《中国民族报》；面向基层发送民族方面的书刊和宣传材料，定期编发《民族宗教工作学习文选》。发挥民委委员制作用，相关部门注重对容易发生违反《条例》行为的行业和领域进行有针对性的民族政策、法规宣传。加强流动人口和相关行业宣传，结合每年全市专项治理整顿活动，制作双语宣传材料，宣传民族政策、法规和城市管理规定，并通过举办汉语培训班，增强少数民族

群众的汉语使用能力，增强民族互动和文化认同，取得了较好效果。认真贯彻国办33号文件精神，对各窗口服务单位进行检查，印发各种相关宣传材料13.5万份。以重大活动为契机加强宣传。通过奥运会、国庆60周年庆典、北京民族电影展以及各种民族文化展示等活动，宣传少数民族优秀文化，推动少数民族文化宣传的社会化。在全面报道北京市第八届民族传统体育运动会、全国第九届少数民族传统体育运动会的同时，宣传民族政策，做到政策宣传形象化，理论宣传典型化。

第二，加强媒体宣传。近年来，通过举办报刊杂志、电视台等新闻媒体的编辑、记者民族政策、法规培训班、组织系列报道等形式，进一步提高民族政策和民族团结的宣传覆盖面。据统计，“十一五”期间，各级各类媒体宣传北京民族工作1100余次，报道859篇50余万字。其中电台、电视台编发报道近300条，印发民族政策、法规书籍15万册，发放各类宣传品17万套。同时，积极利用新媒体平台进行宣传，举办了两届北京市民族宗教政策知识网上竞赛，在民族文化交流中心开设6个宣传网站。通过将少数民族领域重大活动的专题网页与首都之窗、中国民族报、千龙网、中工网等开通链接，不断扩大社会影响力。第九届全国少数民族传统体育运动会期间，北京电台以消息、录音、连线等方式报道运动会有关情况，共计播发稿件20多条次。

第三，突出典型经验的宣传和引领作用。大力宣传推广牛街典型经验。围绕“六个一”机制，精心设计制作牛街《古街新唱》宣传片和系列宣传册。组织中央、北京媒体联合采访，并进行系列报道。配合国家民委召开推广“牛街经验”全国视频会2次，组织全市经验交流会、座谈研讨会、宣讲团巡回报告等活动14次，3.3万名干部群众到会参加。广泛宣传牛街“相互尊重、团结一心、同步繁荣、共享成果”的经验，使牛街为少数民族群众提供系列化、精细化服务的具体做法推广到全市。

第四，发挥学校的主阵地作用。积极开展民族团结教育示范学校评选活动。以增强对中华民族的认同感为核心，以校本教材、学科融入、主题活动等形式，将爱国主义教育、素质教育、民族团结教育有机结合，教育学生“了解本民族　热爱大家庭”。在幼儿园进行民族文化感知教育试点，在高校采取党的民族政策讲座、“民族电影”课堂、共建“城市民族工作基地”等形式进行宣传。同时，不断加大投入力度，对“内高班”所在学校校长、班主任、各区县教委、民宗办领导进行定期培训，为切实做好青少年的民族团结教育工作提供了有效的途径和方法。民族团结教育已从单一的面向民族学校向全市学校覆盖，从普通学校向首都名校辐射，涌现出了中关村三小、景山中学等一批典型。西城区少年宫因发挥辐射和带动作用突出，被评为全国民族团结教育基地。

第五，不断开拓外事宣传。为适应新时期民族工作，不断加大外宣力度。建立和完善了新闻发布制度，通过定期编写《口径手册》、民族工作重大活动召开新闻发布会、主动接受境外媒体采访等形式，加强宣传我国民族政策和本市民族工作成果。首届北京国际电影季民族电影展期间，设立外国媒体专场，促成各国记者对少数民族艺术家的专访。协助外交部主管的世界知识出版社，为其制作并发放至世界范围内的中国少数民族挂历提供全部图片及文字。

二、强化制度措施落实，切实保障少数民族政治平等权利

认真贯彻《条例》规定，进一步健全完善各项制度。通过召开会议、下发文件、明确比例和要求等措施，加大制度落实力度，依法保障少数民族政治权利落到实处。据统

计，在全市各级人大、政协中，少数民族代表、委员的比例均高于全市少数民族人口的所占比例。如，市十三届人大代表中，少数民族代表占9.3%，市十一届政协委员中，少数民族委员占9.7%。

各级政府在制定调整城市规划、确定清真餐饮食品网点布局以及出台涉及少数民族利益政策等工作中，能够邀请民族工作部门、少数民族代表人士和群众参加，注意征求和听取他们的意见。认真贯彻国办33号文件要求，通过下发通知、执法检查等措施，在就业、房屋出租、城市管理、行政许可等方面，确保不发生民族歧视问题。在处理和化解涉及民族领域问题和矛盾时，注重发挥少数民族干部和民族界代表人士的作用。几年来，由于措施得力，较好地维护了少数民族群众的合法权益，保持了首都民族团结稳定的局面。

市政府始终高度重视少数民族干部工作。按照《条例》要求，制定实施了《2006—2010年培养选拔使用少数民族干部规划》，切实把少数民族干部工作纳入全市各级干部队伍和领导班子建设总体规划中安排和部署，并提出明确要求，采取有力措施，加强少数民族干部队伍建设。通过多渠道民主推荐、公开选拔、人才储备、培养锻炼、备用结合等措施，使少数民族干部队伍的数量进一步增加，结构逐步合理，素质能力不断提高。“十一五”期间，全市民族干部共有3.26万人，占全市干部总数的4.6%。建立了近600人包括40多个民族的北京市民族优秀处级干部（党外代表人物）信息库，为培养、选拔、使用奠定了基础。

三、加大工作力度，努力促进少数民族经济平稳较快发展

“十一五”期间，市政府高度重视贯彻《条例》相关规定，将少数民族经济发展作为关系到贯彻党的民族政策、率先实现统筹城乡一体化新格局和关注民生的重大问题进行安排部署，制定政策、措施，抓好贯彻落实，取得了明显效果。

一是加大推进力度。从2009年开始，连续三年以市委、市政府的名义召开全市少数民族乡村经济工作会议，总结成绩、分析问题、提出目标任务和措施。牛有成、程红二位市领导均出席会议并发表重要讲话，有针对性地提出了“规划先行、项目推进、部门联动、政策集成、优先发展”的工作思路和要求。市民委建立了台账和“挂账销账”责任制，并会同区县民宗办加强督促检查指导，有力地促进了此项工作的落实。

二是加大扶持力度。针对少数民族经济发展较为缓慢的问题，按照《条例》规定，市政府在“十一五”期间两次大幅度增加专项资金。即由2006年的1000万元增加到2000万元，2009年又从2000万元增加到4000万元。其中，用于少数民族乡村经济发展资金达到2400万元，实现了二次翻番的增幅。2011年，专项资金实际支出6400万元。“十一五”以来，累计投入1.4亿元，扶持产业项目288个。市发展改革委、市农委、市交通委、市水务局等相关部门在新农村建设、特色产业发展、基础设施建设等方面积极向民族乡村倾斜，做到了优先安排、优先实施，较好地形成部门联动、政策集成、优先发展的新格局，极大地促进了少数民族乡村经济的发展、农民增收和生产、生活条件的改善。

三是创新机制，注重发挥主体作用。为充分发挥区县、乡镇政府在发展乡村经济中的主体作用，经过深入调研，建立了专项资金“以奖代补”的工作机制。通过对各民族村新上产业项目、农民增收以及区县、乡镇政府配套政策扶持力度等情况进行评估、考核、评比和排队，对工作力度大、效果明显的区县、乡村进行奖励，较好地调动了区乡两级政府的积极性。目前，已有大兴、房山、

昌平、怀柔、通州、密云、延庆、顺义八个区县政府出台了政策意见，并建立了总额1610万元的专项扶持资金。

经过几年的努力，北京市民族乡村人均劳动所得在全国率先超过万元。2010年全市民族乡人均劳动所得为12,053元，比2006年的6822元增长了77%，年均增长率为19.3%；民族村农民人均劳动所得为12,502元，比全市平均水平11,944元高558元，比2006年的7724元增长了62%，年均增长率为15.5%，比全市13.5%的年均增长率高两个百分点。据统计，2011年全市民族村农民人均劳动所得为13,890.9元，比全市平均水平13,100.5元高790.4元，较2010年的12,501.7元同比增长11.1%，高于全市9.7%的平均增长率。目前，全市已有60%的民族村人均劳动所得达到全市或所在区县平均水平，较2010年增长了10个百分点。

在少数民族企业发展上，市政府按照《条例》规定，认真落实中央各项优惠政策，为19家全国民族特需定点企业落实流动资金贷款额度2.45亿元，帮助企业落实流动资金贷款贴息和补助1462万元，切实解决了企业资金不足的问题。以少数民族聚集区和清真老字号为重点，市政府在“十一五”期间，由原来的400万元/年增加到1600万元/年，共投入5600万元扶持225个项目，用于支持清真餐饮、副食品网点、企业（含扶持全国定点企业924万元）的改扩建、设施更新。既扶持了企业的发展，又较好地满足了少数民族群众的生活需要。

四、积极推进民族教育、文化、体育、卫生事业，促进少数民族社会事业全面发展

（一）在民族教育事业方面

经过各级政府和相关部门的共同努力，全市民族教育取得了长足发展。按照《条例》要求，市政府不断提高对民族教育的投入，办学条件得到明显改善。在坚持由市民族教育工作领导小组统筹规划、组织实施和加强协调机制的基础上，市政府投入10.7亿元，用于民族学校、幼儿园、内地民族班的建设、办学条件的改善和专项经费补助。51所民族中小学的办学条件已全部达到全市中小学统一标准。与此同时，在民族学校师资配备、培训和提高方面继续坚持优先加强学校基础设施建设、优先为民族学校充实毕业生配备优质师资、优先安排教师进修培养的“三优先”政策。在中招和高招中分别实行对少数民族学生每科加1分和提前一个分数段投档录取的政策。注重工作模式创新，在坚持抓好“民族团结示范校评选”、“烛光杯”、“巨人杯”等传统项目的基础上，不断开拓新的工作思路和模式，重点加强全市非民族学校、内地民族班校长及教师培训与提高。建立社团引领模式，在全国率先成立市级民族教育学会，发挥各理事校的能动作用，有力地推动全市民族教育科研水平。组织实施“北京市民族教育系列丛书”工程，已编纂完成系列丛书十五卷。据第六次人口普查数据显示，北京市少数民族人口的文化素质显著提高，并且高于全市常住人口的水平（2010年北京市少数民族人口平均受教育年限为12.1年，比2000年提高1.5年。高于2010年全市常住人口平均受教育年限11.5年的水平）。西藏中学和本市举办的内地新疆班和西藏班成果突出，所培养的新疆、西藏学生已有近3000人在大学毕业后返回家乡工作。

（二）在推动少数民族文化事业发展方面

本市坚持“保护、建设、展示、发展”的工作方针，紧紧围绕繁荣民族文化，推动公共文化建设，服务北京文化发展大局，加大民族文化建设扶持力度。市政府每年拨付600万元少数民族地区补助费，支持少数民族

文化体育教育卫生事业的发展，分批扶持民族乡村文化基础设施建设。目前，已累计投入资金4200万元，完成了全市13个民族工作重点街道、50个重点社区文化活动站（室）的建设；为5个民族乡配备了数字电影流动放映设备和流动放映车；116个民族村全部建成了文化活动室（站）；90%以上的民族村建起了“益民书屋”、文化科技大院，实现了民族乡村广播电视全覆盖。广泛开展民族文化系列活动。市、区两级民族部门和文化部门，积极搭建集中展示民族文化的大平台，形成了涉及民族音乐、舞蹈、书画、医药、服装、电影、旅游等多个领域的系列民族文化艺术节。精心打造了一批民族文化活动品牌，支持基层建立文化活动队伍200多支，建立了3000多人的文化骨干队伍。市民委、市广电局组织的北京民族电影展，填补了我国少数民族文化领域的空白，并使本市民族电影展演常态化，成为首都民族文化活动的标志性品牌。怀柔区“满族民俗风情节”、东城区“5·6民族团结日”等成为区县政府打造的区域性民族文化品牌模式。同时还通过奥运会56个民族国歌合唱团、60周年国庆游行民族方阵等大型活动，集中展示了北京少数民族文化活动的高水准和高品质，演绎了“北京精神”包容的内涵。

（三）*在推动少数民族体育事业发展方面*

为加快全市民族体育健康发展，本市提出了“更快乐、更强健、更和谐”新时期民族体育的理念和精神。“十一五”期间，建立了北京体育大学等4个民族体育训练基地和46个民族体育普及推广基地。为116个民族村、13个民族工作重点街道和50个社区建设了体育健身场地设施和标准篮球场。建立和完善民族体育人才选拔培养机制，培训了一批民族体育学科带头人和教练员队伍，发展少数民族社会体育指导员891名，储备了一批优势民族体育项目，进一步提升了全市民族体育竞技水平。本市挖掘整理的蹴球、珍珠球、弹弓术被列入市级非物质文化遗产目录，获得中国体育学会科学技术奖。通过举办市（区）民族体育运动会、中小学民族运动会，使民族体育得到进一步普及。2010年举办的北京市第八届民族传统体育运动会，参加人员达8000余人，创历史新高。2011年，本市组团参加了第九届全国少数民族传统体育运动会，取得7个一等奖、12个二等奖、15个三等奖和代表团体育道德风尚奖，展示了北京水平和首都风采。根据国务院颁布《全民健身条例》的要求，本市制定的《北京市全民健身实施计划（2011—2015年）》确定了发展少数民族体育的保障和措施。以市政府办公厅名义印发的《〈北京市全民健身实施计划〉任务分解方案》，进一步明确了发展少数民族体育事业是各区县政府和各有关部门应当履行的政府公共服务职责。

（四）*在发展少数民族卫生事业方面*

市政府始终把民族乡村作为农村卫生工作的重点，进一步健全卫生服务体系和基本医疗保障体系，积极推广完善新型农村合作医疗制度和医疗救助制度。目前，全市116个民族村均已建立新型农村合作医疗制度。同时，不断加大5个民族乡卫生院的支持力度。在北京民族医院、回民医院建立了民族医药研发基地，设立了回民医疗特色门诊等个性化医疗服务，保护弘扬了民族医药文化。

在全面推进本市少数民族事业发展的同时，认真落实中央部署，加大对西藏、新疆、内蒙古等民族地区的对口支援和经济合作。“十一五”期间，全市累计支援资金及物资折款21.63亿元，选派713名干部到受援地区工作，为当地培训干部和专业技术人员6864名，为受援地区的跨越式发展和长治久安作出重大贡献。

五、积极构建民族特色服务体系，切实尊重民族风俗习惯

积极推广“牛街经验”，大力支持培育和平里街道、德胜街道、朝外街道、紫竹院街道、西红门镇、窦店村、回民营村等一批民族特色服务重点街道社区，按照系列化、精细化服务理念，为少数民族群众提供了包括教育、文化、医疗、助困、殡葬等公共服务、特色服务内容。一些地区把政府为民服务由街道延伸到民族社区、楼宇，实施了“一窗式办理、多窗口服务”、“一刻钟生活服务圈”等项目，一些街道社区还将科技社区建设与民族特色服务体系紧密结合，增加了服务的科技含量，走出了一条具有鲜明特色的路子，形成了一批“民生街”、“团结社区”和“温馨家园”。按照国家和本市有关规定，为满足信仰伊斯兰教的十个少数民族群众在殡葬习俗方面的需求，确定了回民公墓扩建征地范围、投资渠道和实施主体，目前正在抓紧编制方案，履行各项审批手续。

以解决“清真不便不真”问题为重点，将清真牛羊肉的供应纳入“北京市食品放心工程”。在调研的基础上，研究制定了《关于进一步促进清真食品行业发展的意见》，并拨专款用于促进清真饮副食业发展。“十一五”期间，在首都机场T3航站楼、北京西客站、八达岭长城景区等地新建了一批具有一定规模的清真餐饮网点。在各级政府和相关部门的共同努力下，全市清真饮、副食网点和食品生产加工企业达到2336家，比2006年增加了283家，增幅为13%，基本满足了少数民族群众日常生活需求。在295所中小学校设立清真食堂。2011年，投入4000余万元用于全市中小学清真食堂、非民族中小学校自办食堂的清真灶和专用清真操作间以及内地民族班学校的清真食堂进行改造建设。培育规模以上的民族企业200家、拥有少数民族特需商品定点生产企业19家，民族企业在激烈的市场竞争中得到进一步发展。

根据《条例》关于加强对少数民族流动人口服务的要求，市政府出台了《关于进一步做好新疆少数民族群众在京务工经商服务管理工作的意见》，将少数民族流动人口服务纳入全市流动人口服务管理体系，建立了由市民族、民政、教育、工商、卫生、流管、公安、城管等部门形成的民族平等政策大检查机制、按职能分工负责的服务管理机制、做好新疆少数民族群众在京务工经商服务管理工作机制、对各类无照经营包括少数民族流动人员无照管理整顿机制、涉及少数民族群众的突发事件预防和处置机制和流入流出地的双向协调机制等六项工作机制。积极探索城市民族工作服务管理模式，培育、总结和推广了新发地市场服务新疆来京务工人员的“真诚尊重、真正优惠、真情关怀”经验。妥善处理了四川彝族农民工因伤索赔纠纷、新疆务工人员经济纠纷集体上访、甘肃省广河县176名穆斯林群众集体信访等13起涉及民族因素的问题，维护了少数民族群众的合法权益和首都的社会稳定。各级政府充分尊重少数民族群众的宗教信仰，“十一五”期间，先后对雍和宫等20余处宗教场所和东四清真寺等几十所清真寺进行了修缮和扩建，较好地满足了少数民族群众的宗教生活需求。

六、进一步健全完善《条例》配套措施，积极推进民族工作社会化、法制化进程

为切实落实好《条例》的各项规定，“十一五”以来，全市各级政府在少数民族干部培养使用、民族团结进步创建、清真食品经营管理、少数民族乡村经济社会发展、妥善处理涉及民族领域的矛盾纠纷、做好维护民

族团结社会稳定、规范民族工作行政许可审批等方面，制定和完善了《北京市少数民族经济发展专项资金使用管理办法》、《关于做好少数民族乡村水务工作的通知》、《北京市少数民族地区补助费专项资金使用管理办法》、《关于做好当前维护首都民族领域团结稳定工作的通知》、《关于加强对群众的教育引导切实维护民族领域稳定的通知》、《关于印发〈北京市民族贸易和民族特需商品生产贷款优惠利率管理实施细则〉的通知》等100余个政策文件规定，基本形成了民族工作的政策、法规和制度体系。进一步加强区县民族工作执法机构和队伍建设，“十一五”期间，共有10个区县独立设立了民族宗教工作部门，未独立设置的，也加挂了民族宗教工作办公室的牌子，适当增加了行政编制。加大民族工作执法检查力度，据不完全统计，几年来，全市共开展各项执法检查1100余次，查出各类违法案件和纠正各种违法行为400多起。其中，涉及民族问题的行政执法案件以“清真食品经营”中出现不尊重少数民族风俗习惯或证照不全为主。加强市场监管，切实解决“清真不真”问题。在强化培训宣传、相关企业配备少数民族干部、加强日常检查的基础上，市有关部门在重大节日前夕，对全市大中型副食商场、农贸市场、超市进行执法检查，对发现的问题及时给予政策指导和纠正，确保清真食品的安全。进一步完善民族工作机制，调整完善了民委委员及其工作职责，充分发挥委员单位作用，通过定期召开会议、沟通情况，明确重点任务和要求，研究协调解决重大问题，促进了《条例》的贯彻落实。

积极探索民族工作社会服务管理与创新，依托社会组织为少数民族提供特色服务。以北京市民族联谊会为代表的民族类社会组织，在宣传党和国家的民族政策、联系本市少数民族人士和群众、发挥少数民族代表人士的优势、开展各种服务少数民族群众的公益活动等方面，发挥社团组织的职能作用。北京市民族联谊会作为党和政府开展民族工作的有效补充，已被认定为市级“枢纽型”社会组织，成为联系少数民族人士和群众的桥梁纽带和发现举荐少数民族后备干部、优秀人才的“蓄水池”。目前，联谊会联络的少数民族类社会组织达70多家，每年组织开展30多个少数民族传统节日活动和与传播民族文化、发展民族体育、提升民族教育有关的活动。

市政府高度重视本市民族领域文化、教育、卫生、体育等社会事业发展，并在全市广泛推广“牛街经验”。在“推广‘牛街经验’全国电视电话会议”上，程红副市长代表北京市作了经验介绍。本市《努力建设覆盖城乡的特色服务体系 确保把少数民族权益保障落到实处》的经验，在全国城市民族工作会议上进行了大会交流。在中央统战部和国家民委召开的贯彻落实中央民族工作会议精神经验交流会上，北京市就《紧抓机遇 继往开来 努力开创首都民族工作新局面》做了大会交流。本市首次编制了《北京市少数民族事业“十二五”规划》（以下简称《规划》），并作为专项规划纳入了《北京市国民经济与社会发展第十二个五年规划》，已于2011年年底正式发布实施，《规划》紧紧围绕《条例》的各项规定，比较系统地明确了“十二五”时期全市少数民族事业发展的指导思想、工作原则、总体目标、主要任务、重点工作与保障措施和实施步骤。《规划》的制定，使本市少数民族事业的发展全面纳入了首都国民经济和社会发展整体规划。《规划》的实施将为首都少数民族各项事业又好又快地发展起到制度保障作用。

“十一五”期间，本市的民族工作始终坚持了“共同团结奋斗、共同繁荣发展”的主题，坚持科学化、社会化、法制化的发展道路。通过“大宣传”提高全社会对民族团结重要性的认识，通过“大民生”优先发展少数民族事业，通过“大服务”建立完善民族特色服务体系，创造了做好城市民族工作的“牛街经验”和民族乡村经济科学发展的“北京模式”，保证了《条例》的贯彻落实，促进了各民族大团结，实现了全市涉及民族关系突发事件的“零”目标，为首都和谐稳定作出积极贡献。

以上是“十一五”以来贯彻落实《条例》所做的主要工作。在肯定成绩的同时，我们也深感在《条例》贯彻执行中还存在一些问题和矛盾，主要表现在：

第一，少数单位和领导对新形势下保障少数民族权益的重要性认识还不够高，对少数民族事业发展还不能完全做到优先考虑、重点安排、落实到位，民族政策、法规的宣传教育力度仍需加大；对少数民族干部的选拔、培养、使用工作还需要进一步加强。

第二，用于少数民族文化、教育、卫生、体育的地区补助专项经费与北京市少数民族的实际情况、民族工作的需要相比还有较大差距；在涉及少数民族风俗习惯方面的有关设施建设和保障机制仍存在一些问题；民族乡村经济发展的任务仍然很艰巨，各项优惠政策仍需加大力度。在城市化进程中，确保少数民族的合法权益仍需付出艰苦的努力。

第三，随着社会的发展变化，民族工作领域法制建设仍需进一步加强，坚持依法管理民族事务的水平还需进一步提高。

第四，民族工作纳入社会服务与管理的体制机制还需要进一步健全完善，少数民族流动人口的服务与管理还需要进一步加强。

关于今后一个时期贯彻落实《条例》的工作思路。

一是采取各种形式，继续加大《条例》的宣传力度。特别是要加强对各级领导干部的宣传与培训，切实提高各级政府和相关部门学习贯彻《条例》的自觉性；进一步加强民族工作部门的自身建设，不断提高工作水平和能力；继续加强少数民族干部的选拔、培养和使用，使之在首都改革发展稳定中发挥更大的作用。

二是认真贯彻“十二五”规划。对《规划》提出的目标任务进行层层分解，明确各部门、各区县的责任和要求，并抓好落实，确保各项目标任务的全面完成。着力在领导体制、工作机制、扶持政策、科技人才等方面加大工作力度，着力解决《条例》贯彻落实中的重点、难点问题。进一步加大少数民族地区补助的经费投入和对民族品牌企业、清真食品企业的扶持力度。进一步关注民生，围绕保障少数民族群众特别是低收入群体的特殊生活需求情况开展调研。

三是认真做好《条例》修订的相关准备工作。针对新形势下城市民族工作特点，重点在加强清真食品监管、优化网点布局、对民族老字号企业及品牌支持等方面开展调研。

四是进一步深入开展民族团结进步创建活动，不断巩固平等、团结、互助、和谐的社会主义新型民族关系。

以上报告，提请市人大常委会审议。

北京市人民代表大会常务委员会
免职名单

（2012年5月31日北京市第十三届人民代表大会常务委员会第三十三次会议通过）

免去徐再城的北京市人民代表大会常务委员会农村办公室副主任职务。

北京市人民代表大会常务委员会
决定任命名单

（2012年5月31日北京市第十三届人民代表大会常务委员会第三十三次会议通过）

任命靳伟为北京市经济和信息化委员会主任。

北京市人民代表大会常务委员会
任免名单

（2012年5月31日北京市第十三届人民代表大会常务委员会第三十三次会议通过）

任命朱军、朱春涛、程琥、辛振兴为北京市高级人民法院审判委员会委员。

任命孙建国、齐立新、林兵兵、谷绍勇、潘振东、王成、张力、岑宏宇、罗峥嵘、张学梅、王立杰、韩志新为北京市高级人民法院审判员。

免去范君的北京市高级人民法院民事审判第二庭副庭长、审判员职务。

免去乔新生、杨瑞玲的北京市高级人民法院审判员职务。

北京市人民代表大会常务委员会
任免名单

（2012年5月31日北京市第十三届人民代表大会常务委员会第三十三次会议通过）

任命沈爱民、李继征为北京市人民检察院检察员。

免去崔杨的北京市人民检察院检察委员会委员、检察员职务。

免去罗守梁、田均、刘进生的北京市人民检察院检察员职务。

北京市人民代表大会常务委员会任免名单

（2012年5月31日北京市第十三届人民代表大会常务委员会第三十三次会议通过）

任命高保京为北京市人民检察院第一分院检察长，免去其北京市人民检察院副检察长、检察委员会委员、检察员职务。

免去项明的北京市人民检察院第一分院检察长职务。

免去田玉龙的北京市人民检察院第二分院副检察长、检察委员会委员、检察员职务。

北京市人民代表大会常务委员会公告

最近，顺义区人大常委会决定罢免张志忠北京市第十三届人民代表大会代表职务。依照代表法的有关规定，张志忠的代表资格终止。

北京市第十三届人民代表大会代表现有778名。

特此公告。

北京市人民代表大会常务委员会

2012年5月31日

北京市第十三届人民代表大会常务委员会代表资格审查委员会关于个别代表的代表资格的报告

（2012年5月31日北京市第十三届人民代表大会常务委员会第三十三次会议通过）

代表资格审查委员会副主任委员　刘新成

北京市人民代表大会常务委员会：

由顺义区选出的北京市第十三届人民代表大会代表张志忠，因犯受贿罪由河北省衡水市中级人民法院判处有期徒刑十二年。顺义区人大常委会决定罢免其北京市第十三届人民代表大会代表职务。依照代表法的有关规定，其代表资格终止。

北京市第十三届人民代表大会代表现有778名。

现报请北京市人民代表大会常务委员会予以公告。

另外，由丰台区选出的北京市第十三届人民代表大会代表刘志远因涉嫌受贿被立案侦查，检察机关经市人大常委会许可对其采取刑事拘留、逮捕强制措施。根据代表法第四十八条的规定，刘志远在被采取强制措施期间暂时停止执行代表职务。

以上报告，请予审议。

北京市第十三届人民代表大会
常务委员会代表资格审查委员会
2012年5月31日

北京市第十三届人民代表大会

常务委员会第三十四次会议

在市十三届人大常委会第三十四次会议上的讲话

（2012年7月27日）

市人大常委会主任　杜德印

各位委员、同志们：

本次会议是今年常委会的一次重要会议，讨论议题多，审议任务重。特别是根据中央指示和本市实际，对市政府领导班子主要成员作出了重要调整，社会普遍关注。经过大家的共同努力，我们圆满完成了本次会议的各项议程。会后，常委会工作机构要汇总整理好大家的意见和建议，对政府的专项工作报告和常委会的执法检查报告形成审议意见书，由主任会议研究确定后交市政府及有关部门研究处理。根据会议的主要议题和常委会组成人员审议时提出的意见和建议，我简要讲几点意见。

一、认真学习胡锦涛总书记重要讲话精神，深入贯彻市第十一次党代会精神

7月23日，胡锦涛总书记在省部级主要领导干部专题研讨班上发表了重要讲话，科学分析了当前党和国家面临的新的形势和任务，深刻阐述了事关党和国家全局的若干重大问题，深刻回答了党和国家未来发展的一系列理论和实践问题，对于进一步统一思想，做好新时期的各项工作具有十分重要的指导意义。

根据市委的要求，学习胡锦涛总书记的重要讲话精神，需要把握好以下几点：一是要深刻理解总书记关于高举中国特色社会主义伟大旗帜的重要论述。这是引领当代中国发展进步的伟大旗帜，也是指引全党、全国各族人民团结奋斗的伟大旗帜。二是要深刻理解总书记关于我国发展仍处于可以大有作为的重要战略机遇期的重要论述。三是要深刻理解总书记关于深入贯彻落实科学发展观仍是一项长期艰巨任务的重要论述。四是要深刻理解总书记关于只有改革开放才能发展中国、发展社会主义、发展马克思主义的重要论述。五是要深刻理解总书记关于推进经济建设、政治建设、文化建设、社会建设以及生态文明建设和党的建设的重要论述。作为在人大工作的同志，我们要重点学习好总书记关于推进中国特色社会主义政治建设的重要论述，进一步坚定做好人大工作的政治方向，增强坚持和完善人民代表大会制度的自觉性，增强走好中国特色社会主义政治发展道路的信心和决心。

胡锦涛总书记在讲话中对推进政治体制改革提出了明确要求，强调要坚持党的领导、人民当家作主、依法治国有机统一，发展更加广泛、更加充分的人民民主，保证人民依法实行民主选举、民主决策、民主管理、民主监督，更加注重发挥法治在国家和社会治理中的重要作用，维护国家法治的统一、尊严、权威，保障社会公平正义，保证人民依法享有广泛的权利和自由。这段重要论述明确了今后一个时期政治体制改革和民主政治建设的总任务和要求，对做好新时期人大工作具有十分重要的指导意义。我们要认真学习，深刻领会。同时，还要进一步学习贯彻

市十一次党代会精神，指导我们做好下半年和今后的人大工作。

二、坚持首都城市的性质和功能，全面推进首都科学发展

本次会议听取和审议了本市2012年计划、预算上半年执行情况的报告，2011年市级决算报告以及审计工作报告，还批准了2011年市级决算。对此，我们要把握好以下几点。

一是要正确看待上半年经济发展形势，做好全年各项工作。上半年，北京地区生产总值（GDP）同比增长7.2%，地方公共财政预算收入同比增长5.3%。北京经济增长速度的放缓是符合调控预期的，是首都经济发展阶段的客观和必然反映。首都经济的发展已经进入更加追求质量和效益的阶段，不要再盲目单纯地追求经济增长的高速度。这是国际国内整体经济形势、首都经济自身发展阶段、产业结构调整以及转变经济发展方式等多方面因素共同作用的结果，是客观的和必然的。

做好下半年的经济工作，要坚持中央提出的“稳中求进”的总基调，把“稳增长”放在更加突出的位置。一方面，既然经济增长速度放缓是一个阶段性的、客观的、必然的反映，那么就要把下半年在“稳增长”中努力完成全年经济和社会发展计划，与进一步谋划首都经济长期、科学、持续发展有机地统一起来。我们从2009年搞专题调研开始，就一直坚持这个观点。下半年经济工作采取的措施既要考虑完成全年的计划任务，又要考虑首都经济长远发展的战略措施和安排。另一方面，推进首都的科学发展，必须强调坚持首都城市的性质和功能，使经济发展与首都城市性质功能相符合，与首都城市性质功能的增强相协调，与首都人口、资源、环境状况相适应。胡锦涛总书记在讲话中强调，贯彻落实科学发展观仍然是一项长期、艰巨的任务。推进首都的科学发展最基本的问题，就是要坚持首都的城市性质和功能，从北京是首都这样一个基本点出发做好各项工作。

近期市委市政府将召开上半年经济形势分析会，传达胡锦涛总书记关于做好北京工作的重要指示。1980年，中央书记处对首都工作的四项指示中，明确提出首都的城市性质问题。1995年，中央提出首都“四个服务”的功能，这就形成了首都的性质和功能。切实贯彻落实科学发展观，就必须进一步深入研究探索首都经济发展、首都城市现代化建设以及首都城市工作的特点和规律，推进首都科学发展。这是我们面临的一个重大问题。2008年奥运会以后，市委作出了首都发展进入一个新阶段的重要判断，并带领全市干部群众对做好新阶段的工作进行了积极探索和实践，取得了重要进展。但是，这个阶段的发展只是刚刚开始。这个阶段发展建设的特点和规律是什么？基本特征是什么？面临的主要矛盾和任务是什么？这些都需要根据科学发展观的要求，根据中央关于北京市工作的一系列重要指示，根据市十一次党代会精神，继续解放思想、实事求是，不断进行探索和实践。

首都的“四个服务”功能，既是首都工作的重大责任，又是首都发展的巨大优势和潜力。它明确了首都经济发展的方向，就是要走一条服务中央、服务全国、发展自己的路子。这是其他任何地方没有的优势。要发展好首都的服务业，更好地服务中央、服务全国、服务首都人民，从而实现首都经济的科学发展。这需要扎扎实实地抓好科技创新和文化创新。创新驱动是市委提出的一个重要工作方针。不能把创新当成时髦的口号，而是要把创新同首都的功能有机统一起来。

立足于首都的性质和功能，积极发挥首都科技文化资源的优势，使创新更加务实、更加有的放矢，进而推进首都的创新体系建设。这次常委会听取和审议了执法检查组关于检查中关村国家自主创新示范区条例实施情况的报告。大家都认为中关村国家自主创新示范区条例是一个好法规，实施情况和取得的效果都很好。但这个法规还带有阶段性和局限性，有了这个法规并不等于首都的创新体制、体系就完全建立起来了。我们还要继续解放思想、实事求是，做大量深入细致的工作。

二是要使首都经济的发展与北京城市的规划、建设、管理、服务相协调，相融合。这是常委会组成人员几年来一贯秉持的观点。我们在经济发展过程中遇到了一个矛盾，就是出现了经济增长与城市规划、建设、管理、服务不协调的问题。一方面经济发展速度快；另一方面人口、资源、环境的矛盾日益尖锐。老百姓兜里的钱多了，但是生活不方便、不健康甚至不安全。我们要下大力量解决这些问题。

大家普遍关注的“7·21”水灾，是本市历史上一次罕见的自然灾害，给首都人民的生命财产造成了巨大损失。截至目前已经发现因灾死亡77人。借这次常委会会议的机会，我们对死难者表示沉痛的哀悼，对死难者家属表示深切的同情和慰问。灾害发生以后，在市委的领导下，及时动员全市干部群众以及解放军和武警官兵积极抵御灾害，救灾、善后等各方面工作顺利进行。但是应该如何认识这次自然灾害给我们带来的危害？这需要我们进行深刻的总结和反思，汲取教训。虽然这次是自然灾害，但是也明显反映出城市的防灾抗灾能力不够，不适应城市建设的需要和大自然的变化。城市的排水系统等基础设施、郊区的防洪防灾建设是否完善，灾后的应急预案是否完备，以及如何加强防灾抗灾知识的普及和技能的训练等，都是需要我们好好反思的问题。我们要勇于担当，从各个方面进行总结，不断完善和改进，进一步防止损失、减少损失。这是我们在贯彻落实科学发展观过程中应该认真对待和考虑的问题。

前一段时间常委会讨论制定实施“中华人民共和国防震减灾法”的规定，这次常委会听取和审议了关于加强建筑工程质量监管体系建设议案办理情况的报告。大家都很关心城市安全问题。如果发生强烈地震，北京城市建筑质量能不能经受住考验？还有交通体系、垃圾处理、疾病预防控制等，都在时刻警示着我们。市人大常委会要在市委的领导下，高度关注这些方面的问题，积极推动、支持政府更好地解决问题，从而既能使首都经济保持平稳较快增长，又能不断增强和完善城市功能，使北京服务中央、服务全国的水平不断提高，使市民的生活环境不断改善、生活质量得到提高。这是首都科学发展的应有之义。

三、进一步加强预算监督工作，坚持不懈地推进财政资金配置方式、管理体制、运行机制改革

听取和审议计划、预算、审计报告，批准2011年决算，是这次常委会会议的重要任务。大家对政府的报告给予了充分肯定和较高评价。但是大家也谈到，为什么一些工作中存在的问题都似曾相识，年年出现？回过头来看，2008年市人大常委会对加强预算监督工作确定的“一个目标、三个结合”的工作方向是正确的、必要的。特别是我们抓绩效监督，取得了较大进展。但是如何从根本上建立合理的公共资源配置方式，建立与公共资源的性质、用途相适应的管理体制和运行机制，这是我们面临的重大课题，任务非

常艰巨。政府部门往往比较看重管钱的权力，但是管钱更是责任。只有认真履行这个责任，才能够配置好财政资源。要抓住绩效、责任这个突破口，进一步推进预算绩效责任管理制度建设，加大责任考核和追究的力度，不断加强预算监督工作。要建立对花钱干事的责任进行审计的制度，并有明确的考核和有力的责任追究，靠强化制度和转变观念来解决问题。我们抓绩效应该是抓绩效责任监督，要建立预算责任考核追究机制，对预算绩效责任进行监督，绩效不好的就要追究责任，不断提高人大监督工作水平和政府依法行政水平。

同时，还要抓公开。今年市政府继续加大公开的力度，公开“三公”经费、50多个部门的决算以及这些部门的行政经费使用情况等。要不断推进公开工作，进一步推动资源配置方式的转变，推动预算运行体制的改革和机制的完善。但是改革需要一个过程，要从上到下进行推动。在改革逐步取得进展的情况下，人大的监督工作主要是抓绩效责任、抓推进公开，坚持“一个目标、三个结合”的工作思路，继续做好相关工作。

四、努力做好常委会下半年工作，圆满完成本届常委会各项任务

本次会议各项议题的圆满完成，标志着年初确定的常委会上半年各项工作任务已经顺利完成。半年来，常委会共召开了4次会议，审议了26项议题，在大家的努力下，工作质量比较高。在完成各项议题的同时，我们还做了两方面的重要工作。一是开展本届常委会五年工作总结和研究。坚持就工作论制度，通过总结工作，进一步加深对人民代表大会制度的认识，进一步增强坚持和完善人民代表大会制度的自觉性和坚定性。通过举办两期代表培训班，使组成人员和代表广泛参与总结工作，提出意见、建议，取得较好效果。目前，常委会五年工作总结和研究的总报告和各课题组承担的分报告已经基本完成，下一步要继续进行修改完善，为进一步加强和改进人大工作提供有益借鉴。二是做好新一届市人大代表换届选举的前期准备工作。这次会议作出了“关于北京市第十四届人民代表大会代表名额和选举时间的决定”，通过了代表名额的总数、分配方案等。市人大常委会党组已经向市委提交了“关于做好换届选举工作有关问题的意见”，对本次换届选举工作的指导思想、工作任务以及具体方法作出了安排。市委常委会已经讨论通过，近期将以市委文件的形式下发，成为本次换届选举工作的重要指导性文件。下半年，我们要根据市委要求全面展开工作，确保代表换届选举工作的依法有序完成。

上半年各项工作的圆满完成，是大家共同努力的结果，体现了常委会组成人员高度负责、团结一致、密切协作的工作状态。在此，我代表常委会衷心感谢大家！下半年我们还有不少议题，还要进行换届工作，任务很重。我们要集中精力，按计划做好全年各项工作，确保圆满完成本届常委会的各项任务。

北京市第十三届人民代表大会常务委员会第三十四次会议议程

（2012年7月25日至27日）

（2012年7月25日北京市第十三届人民代表大会常务委员会第三十四次会议第一次全体会议通过）

一、决定人事任免事项

二、审议通过《北京市人民代表大会常务委员会关于北京市第十四届人民代表大会代表名额和选举时间的决定（草案）》

三、听取和审议北京市人民代表大会常务委员会执法检查组关于检查《中关村国家自主创新示范区条例》实施情况的报告

四、审议《北京市各级人民代表大会常务委员会规范性文件备案审查条例（草案修改稿）》

五、审议《北京市实施〈中华人民共和国村民委员会组织法〉的若干规定（修订草案修改稿）》

六、审议《北京市村民委员会选举办法（修订草案修改稿）》

七、听取和审议北京市2011年决算草案报告，批准2011年市级决算

八、听取和审议北京市2011年预算执行和其他财政收支的审计工作报告

九、听取和审议北京市2012年预算上半年执行情况的报告

十、听取和审议北京市2012年国民经济和社会发展计划上半年执行情况的报告

十一、听取和审议北京市人民政府关于“加强建筑工程质量监管体系建设”议案办理暨本市建筑工程质量监管体系建设情况的报告

十二、听取和审议北京市人民政府关于北运河流域水系综合治理进展情况的报告

十三、听取和审议北京市人民政府关于推进城乡居民自治工作情况的报告

十四、表决《北京市审计条例》

十五、表决《北京市河湖保护管理条例》

北京市人民代表大会常务委员会公告

（第22号）

《北京市审计条例》已由北京市第十三届人民代表大会常务委员会第三十四次会议于2012年7月27日通过，现予以公布，自2012年10月1日起施行。

北京市第十三届人民代表大会常务委员会

2012年7月27日

北京市审计条例

（2012年7月27日北京市第十三届人民代表大会常务委员会第三十四次会议通过）

目　　录

第一章　总　　则

第一条　为了加强审计监督，规范审计行为，维护财政经济秩序，提高财政资金使用效益，发挥审计的监督、风险防范和完善制度建设功能，促进廉政建设，保障经济和社会健康发展，根据《中华人民共和国审计法》、《中华人民共和国审计法实施条例》及其他有关法律、法规，结合本市实际情况，制定本条例。

第二条　市和区、县人民政府依法设立审计机关。审计机关根据工作需要，经本级人民政府批准，可以在审计管辖范围内的重点地区和重点部门设立派出机构。

审计机关在本级人民政府行政首长和上一级审计机关的领导下，负责本行政区域内的审计工作，依法履行国家审计职责。

第三条　审计机关依法对本市各级人民政府及其部门（含直属单位）的财政收支、国有的企业事业组织和金融机构的财务收支，以及其他依照法律、行政法规和本条例规定应当接受审计的财政收支、财务收支及相关经济活动的真实、合法和效益进行审计监督。

第四条　市和区、县人民政府应当加强绩效审计制度建设。

审计机关应当对本级预算执行和被审计单位的财政收支、财务收支及相关经济活动的经济效益、社会效益和环境效益进行绩效审计。绩效审计应当重点审计政府部门履行职责中财政资金使用的效益。

第五条　市和区、县人民政府应当建立财政资金、国有资产等公共资源的监督协调机制，统筹安排审计等监督计划，有效利用监督结果，共享公共资源监督管理信息。

第六条　审计机关依法独立行使审计监督权，不受其他行政机关、社会团体和个人的干涉。

审计机关应当依照国家规定的审计程序开展审计工作。

第二章　审计职责

第七条　审计机关应当依法对下列事项进行审计：

（一）本市各级人民政府及其部门预算的执行情况、决算和其他财政收支情况；国家的事业组织和使用财政资金的其他事业组织的财务收支情况；其他取得财政资金的单位和项目接受、使用财政资金的情况。

（二）国有、国有资本占控股地位或者主导地位的企业和金融机构的财务收支及其境内外国有资产经营管理情况。

（三）政府投资和以政府投资为主的建设项目的预算执行情况和决算。

（四）政府部门管理和其他单位受政府委

托管理的社会保障基金、住房公积金、社会捐赠资金、彩票公益金及其他有关基金、资金的财务收支情况。

（五）国家机关和依法属于审计监督对象的其他单位的主要负责人应负经济责任的履行情况。

（六）本级人民政府批准的其他事项。

审计机关可以依法对财经政策和宏观调控措施执行情况，预算管理情况，国家所有的土地、水流、森林、矿藏等国有资产管理使用，以及其他与财政收支有关的特定事项进行专项审计调查。

第八条 审计机关应当依据法律、法规和其他有关规定，按照本级人民政府和上一级审计机关的要求，于每年第四季度提出下一年度审计项目计划草案，征求本级人民代表大会有关专门委员会或者常务委员会有关工作机构的意见，报本级人民政府批准后执行。

区、县审计机关提出的年度审计项目计划，应当在本级人民政府批准后15日内报市审计机关备案；区、县年度审计项目计划的执行情况，应当按规定向市审计机关报告。

市和区、县人民代表大会常务委员会可以要求本级人民政府安排绩效审计等专项审计。

第九条 审计机关应当对本条例第七条所列事项中社会关注度高、使用财政资金等公共资源数量大、涉及重大公共利益的事项，专门开展绩效审计。

第十条 审计机关应当建立并不断完善绩效审计评价体系，依照有关法律、法规、规章及政策、标准、项目目标、绩效目标等方面的规定，选择确定评价标准。政府预算确定的绩效目标应当作为政府预算绩效审计的重要评价标准。

审计机关选择确定评价标准，应当听取被审计单位、专家学者、政府部门、行业协会及社会公众等有关方面的意见。

第十一条 审计机关对政府投资和以政府投资为主的建设项目进行审计，可以对项目的融资情况和国有土地上房屋征收与补偿情况及项目勘察、设计、施工、监理、代理、供货等单位或者个人取得建设项目资金的真实性、合法性进行调查。

第十二条 审计机关按照国家有关规定对有关单位的主要负责人进行任中经济责任审计或者离任经济责任审计，作出审计评价。

有关单位的主要负责人在履行经济职责过程中存在问题的，审计评价中应当对其应承担的直接责任、主管责任、领导责任作出界定。

第十三条 审计机关可以对政府投资和以政府投资为主的重大建设项目的建设情况、重点专项资金或者基金的使用情况，实施跟踪审计。

第十四条 本市全面推进审计信息化建设，在审计与财政、税收、社会保险等领域实现数据系统的互联互通，并逐步实施联网审计。

政府有关部门应当按照审计机关的要求及时、完整地提供有关的电子数据和计算机技术文档等资料。

第十五条 依法属于审计监督对象的单位应当按照国家有关规定建立健全内部审计制度，根据需要设立内部审计机构或者配备内部审计人员。

内部审计机构或者内部审计人员根据本单位确定的职责对本单位和所属单位的财政收支、财务收支及其他经济活动和所属单位负责人应负经济责任等事项，开展内部审计工作。

内部审计工作应当接受审计机关的业务指导和监督。

第三章　审计结果

第十六条 审计机关实施审计后，应当依法出具审计报告或者专项审计调查报告；

实施跟踪审计的，可以出具阶段性审计报告。

对违反国家规定的财政收支、财务收支行为，依法应当由审计机关进行处理处罚的，审计机关应当出具审计决定书；依法应当由其他有关部门纠正、处理处罚或者追究有关人员责任的，审计机关应当出具审计移送处理书。

审计机关应当将审计报告和审计决定书送达被审计单位和有关主管机关、单位。

第十七条　被审计单位应当按照审计机关规定的期限和要求执行审计决定，对审计中发现的问题进行整改，并向审计机关报送审计整改报告。审计整改报告的内容应当包括执行审计机关作出的处理处罚决定的情况，对审计机关要求自行纠正事项采取措施的情况，根据审计机关的审计建议采取措施、健全规章制度、规范财政和财务管理及提高资金使用效益的情况，对有关责任部门和责任人的责任追究处理的情况，尚未整改到位的原因，限期整改和处理的计划等。

审计机关可以对审计决定的执行情况和审计报告中提出的审计意见、建议的采纳情况及审计的整改情况进行跟踪检查或者后续审计。

第十八条　市和区、县人民政府应当建立审计整改联动机制。审计机关提请有关部门协助落实审计整改意见，或者依法移送有关主管部门纠正、处理处罚、追究有关人员责任的，有关主管部门应当依法及时作出处理，并将结果书面反馈审计机关。

第十九条　审计机关应当对审计工作中发现的问题加强分析研究，将涉及宏观性、普遍性、政策性的问题和制度建设方面的问题向本级人民政府报告，并提出改进建议。政府研究后，责成财政、发展和改革、国有资产管理等相关部门落实。

第二十条　审计报告、专项审计调查报告或者审计决定能够满足政府及其有关部门履行职责需要的，政府及其有关部门应当利用。

第二十一条　审计结果应当作为政府及其有关部门编制预算、安排投资、绩效考核的重要依据。

第二十二条　政府投资和以政府投资为主的建设项目，经审计机关审计发现存在违反基本建设投资管理有关规定的问题的，应当按照审计结论进行纠正。

纳入审计项目计划的政府投资和以政府投资为主的建设项目竣工后，建设单位应当依据审计机关的审计报告编制竣工决算报告；有关部门进行竣工决算审批、办理固定资产移交时，应当采用审计机关的审计报告。

第二十三条　政府投资和以政府投资为主的建设项目，建设单位应当与承接项目的单位或者个人在合同中约定，建设项目纳入审计项目计划的，双方应当配合、接受审计，审计结论作为双方工程结算的依据；依法进行招标的，招标人应当在招标文件中载明上述内容。

第二十四条　经济责任审计结果报告按照国家有关规定作为领导干部考核、任免的依据。

第二十五条　审计机关应当每年就本级预算执行和其他财政收支情况，向本级人民政府和上一级审计机关提出审计结果报告。

市和区、县人民政府可以要求同级审计机关就特定事项提出专项审计结果报告。

第二十六条　市和区、县人民政府应当每年向本级人民代表大会常务委员会提出审计机关对预算执行和其他财政收支的审计工作报告。

市和区、县人民代表大会常务委员会可以要求同级人民政府提交专项审计工作报告。

市和区、县人民代表大会常务委员会对审计工作报告和专项审计工作报告作出的审议意见和决议，同级人民政府应当落实并报告落实情况。

第二十七条 市和区、县人民政府应当督促被审计单位对审计工作报告中指出的问题进行整改，年底前向本级人民代表大会常务委员会报告整改情况和处理结果。

市和区、县人民代表大会有关专门委员会或者常务委员会有关工作机构受常务委员会委托，可以组织对整改情况进行检查。

第二十八条 审计结果应当通过新闻媒体、政府网站等途径向社会公布。

审计工作报告经本级人民代表大会常务委员会审议后向社会公布。其他审计结果经履行规定的审核程序后7个工作日内，由审计机关向社会公布。

审计机关公布的审计结果应当包括被审计单位的基本情况，审计机关对被审计单位作出的审计评价，被审计单位存在的问题，审计机关提出的处理意见和建议，被审计单位的整改情况等内容。审计结果涉及国家秘密、商业秘密或者其他依法不予公开的信息的，应当依据相关法律、法规的规定处理。

第二十九条 审计机关应当建立被审计单位违法违规行为信息系统，记录被审计单位违法违规行为，以及处理处罚的情况。

被审计单位为企业的，其违法违规行为信息应当按照有关规定同时纳入本市企业信用信息系统。

第四章　审计保障

第三十条 审计机关负责人按照法定程序任免。

市和区、县审计机关正、副职负责人的任免，应当事先书面征求上一级审计机关的意见。

第三十一条 审计机关应当加强审计队伍建设，提高审计人员的综合素质、依法审计能力和审计专业化水平。

第三十二条 审计机关应当建立健全审计质量分级控制制度，实现从审计组到总审计师、审计机关负责人对审计业务的分级质量控制。

第三十三条 审计人员不得有下列行为：

（一）接受被审计单位的馈赠、报酬、福利待遇；

（二）在被审计单位报销费用；

（三）参加被审计单位安排并支付费用的宴请、娱乐、旅游、出访等活动；

（四）在被审计单位为自己、亲友或者其他人谋取私利；

（五）其他可能影响审计工作客观、公正的行为。

第三十四条 审计机关可以根据审计工作需要，按照公开、公平、公正的原则，确定符合条件的社会中介机构或者其他专业机构，并签订协议，由机构选派专业人员参加审计机关的审计工作。

依照协议约定参加审计工作的专业人员应当遵守审计法律、法规、职业准则和工作纪律，恪守职业道德，接受审计机关的领导和选派机构的监督。

第三十五条 审计机关执行年度审计项目计划所必需的条件，政府及其有关部门应当予以保障。

第三十六条 审计机关有权检查被审计单位管理财政收支、财务收支和相关业务的信息系统。

被审计单位应当按照审计机关的要求及时、完整地提供与财政收支、财务收支和相关业务有关的电子数据和计算机技术文档等资料。

第三十七条 审计机关在审计过程中，有权就审计事项的相关问题向有关单位和个人进行调查，获取审计证据。

有关单位和个人应当如实向审计机关反映情况，对所提供资料的真实性和完整性负责。

有关单位和个人向审计机关提供重要情

况和相关信息，对审计机关获取审计证据作出重大贡献的，由审计机关给予奖励。

第三十八条　审计人员依法执行职务，受法律保护。任何组织和个人不得拒绝、阻碍审计人员依法执行职务，不得威胁、打击报复审计人员。

第五章　法律责任

第三十九条　审计人员有违反本条例第三十三条规定的行为的，按照国家和本市有关规定给予行政问责和行政处分；构成犯罪的，依法追究刑事责任。

第四十条　社会中介机构或者其他专业机构的专业人员违反本条例第三十四条第二款规定的，审计机关有权与该机构解除协议，将有关情况通知相关主管部门。

第四十一条　有关单位或者个人违反本条例第三十七条第二款规定的，由审计机关责令改正，可以通报批评、给予警告。

第四十二条　威胁、打击报复审计人员的，依法给予行政处分；违反治安管理规定的，由公安机关依法给予治安管理处罚；构成犯罪的，依法追究刑事责任。

第四十三条　对违反本条例规定的行为，国家审计法律、法规已经作出处罚规定的，依照其规定执行。

第六章　附　　则

第四十四条　本条例自2012年10月1日起施行。

关于《北京市审计条例（草案）》的说明

——2011年11月17日在北京市第十三届人民代表大会常务委员会第二十八次会议上

北京市审计局局长　李颖津

主任、各位副主任、秘书长、各位委员：

我受市人民政府的委托，现就《北京市审计条例（草案）》（以下简称《条例（草案）》）作如下说明。

一、立法背景和必要性

审计，是1982年宪法确立的一项重要监督制度，是推动民主法治建设的重要手段，是保障经济社会健康发展的“免疫系统”。本市审计机关自1983年成立以来，依法履行审计监督职责，截至2010年年底，全市各级审计机关共审计31,867个单位，查出违规金额7,145,493万元，为国家财政增收节支1,424,105万元，向司法和纪检监察机关移送案件84件，提交报告信息25,522篇。在维护本市经济安全、促进宏观经济政策的贯彻落实、推动反腐倡廉建设和体制制度创新等方面发挥了积极作用。

全国人大和国务院分别于2006年、2010年对《中华人民共和国审计法》（以下简称《审计法》）及其实施条例作出修订，进一步丰富和完善了中国特色社会主义审计监督制度，为审计机关依法履行监督职责创造了良好的条件，也为地方审计立法提供了较为充分的法律依据。

（一）开展本次立法，是新形势下加强审计监督工作的需要

当前，正是首都经济发展战略转型期，建设中国特色世界城市的步伐已经迈开。

2010年，本市市级财政总支出2067.2亿元，相比2009年增长了336.9亿元，加大了民生、市政设施、城市交通、生态环境、城乡统筹等领域的投入。随着财政支出规模的不断扩大，财政资金流向范围更加广泛，社会关注度也越来越高，审计监督的广度和深度也随之增加。以2010年为例，全市审计机关开展了对扩大内需、政府投资、土地储备、轨道交通、中小学校舍安全工程、对口支援什邡灾后重建、青海玉树抗震救灾资金物资等项目的审计，涉及217个投资项目，投资额达2005亿元，纠正工程造价不实等问题金额达5.3亿元。在新的起点上，为贯彻好市委、市政府提出的加快建设“人文北京、科技北京、绿色北京”，努力实现建设世界城市的发展目标，需要通过审计立法，进一步完善审计监督职能，促进财政资金的使用更加规范、安全、有效，推动政府各项经济社会政策的有效落实。

（二）开展本次立法，是应对新挑战、解决新问题的需要

本市经济社会发展进程的日益加快，给审计监督工作带来了新的挑战，实践中审计机关面临着许多新问题，如，在跟踪审计中审计机关职责不明确、国有企业境外投资缺乏审计监督、开展专项审计调查没有法律依据、使用财政资金的非国有单位配合审计的责任有待明确、审计监督与政府其他部门间的协调机制有待健全等，这在一定程度上影响了本市审计机关全面履行监督职责。因此，迫切需要针对审计工作中遇到的具体问题和实际困难，通过地方立法形式予以解决。

（三）开展本次立法，是总结实践经验，提高依法审计水平的需要

考虑到全国各地经济社会发展水平不均衡，《审计法》及其实施条例有些规定比较原则，如绩效审计、政府投资建设项目审计、审计结果利用等制度，从而影响了本市审计机关审计职能的全面、有效发挥。实践中，审计机关在绩效审计、审计整改、跟踪审计、审计结果公开等方面已经积累了一些成功经验，需要通过地方立法加以固化。同时，从规范审计机关自身监督行为，确保依法全面有效地履行监督职责，更加充分地发挥审计“免疫系统”功能的角度来看，也需要开展本次立法。

综上，我们认为，为了改善本市审计法制环境，推进审计事业的可持续发展，结合自身的发展需求，制定一部针对性和可操作性强的审计地方性法规，是十分必要的，其立法所需条件也已基本成熟。

二、立法工作情况

市人大常委会对本次审计立法工作高度重视。2010年9月9日，市人大常委会第69次主任会议通过了制定《北京市审计条例》的立项论证，列入2011年市人大常委会立法计划项目。同时，会议要求本次立法应当以《审计法》和其实施条例为依据，总结本市审计工作的成功经验和做法，针对工作中存在的重点问题和难点问题，增强立法的针对性和可操作性，并明确本次立法应当包括的重点内容：1.对使用财政资金的非国有单位、境外国有资产、政府投资项目的审计监督；2.完善绩效审计的规范体系；3.对政府经济政策落实情况、执行效果的专项审计调查；4.审计结果公布制度和运用机制；5.财政资金监管部门的分工协调机制和监督检查结果的共享机制。

为了做好审计立法工作，市审计局专门成立了审计立法工作小组。在起草过程中先后召开了相关委办局、市属国有企业和金融机构、内部审计机构、专家学者、审计系统各方面的六次征求意见会，并专门赴外省学习立法先进经验。经过反复研究各方面意见，

形成条例草案送审稿，于5月31日正式报送市政府审查。

市政府审查期间，将《北京市审计条例（草案）》及说明在首都之窗网站公开征求社会意见，书面征求所有市政府部门及区、县人民政府的意见，并先后召开三次征求意见会，分别听取了相关监管部门、国有企业和金融机构、编制、组织和外事等部门的意见，还专门就相关重点问题组织发展改革、财政、住房建设、规划、国有资产等部门进行协调。并于8月1日，按照有关立法程序组织召开了市政府立法工作法律专家审核会。在充分听取和吸收各方面意见和建议的基础上，形成了目前的草案。在条例起草过程中，市人大财经办、法制办自始至终参加起草调研工作，并多次给予具体指导和帮助。

当前《条例（草案）》，已于2011年9月20日市政府第103次常务会议审议通过。

三、立法有关问题的说明

《条例（草案）》在补充细化上位法的基础上，结合本市实际情况，增设了部分新创制的内容，分为总则、审计职责、审计结果、审计保障、法律责任和附则，共六章，41条。

（一）关于细化审计职责

1. 明确审计和专项审计调查事项。将国有企业、金融机构的境外国有资产经营管理情况以及住房公积金和彩票公益金的财务收支纳入审计监督范围；同时，将财经政策和宏观调控措施执行情况，预算管理情况，国家所有的土地、水流、森林、矿藏等国有资产管理使用，以及其他与财政收支有关的特定事项，纳入专项审计调查范围（第7条）。

2. 加强对政府投资建设项目的审计。草案规定，一是，审计机关可以对与政府投资建设项目直接相关的各环节，包括融资和房屋征收补偿以及勘察、设计、施工、监理、代理、供货等单位或者个人取得资金的真实性、合法性进行调查（第11条）；二是，根据建设项目是否招标，规定招标人、中标人应当分别在招标文件以及合同中载明，双方应当配合、接受审计，经审计的，审计结论作为双方工程结算的依据（第12条）。

3. 明确跟踪审计制度。跟踪审计是一种新型、适应审计实践需要发展起来的审计方法，在被审计事项实施过程中进行，与传统的事后审计相比具有边审计、边整改、边规范、边提高的优势。审计机关在对奥运场馆、轨道交通等重点项目、拉动内需宏观政策执行情况以及汶川地震捐款、社保基金等专项资金进行审计时利用了跟踪审计方法，取得了良好效果，有力地保证了审计监督职能的发挥。草案第14条明确审计机关可以对相关重大建设项目建设情况、重点专项资金（基金）使用情况的全过程，实施跟踪审计。并在第17条中明确审计机关在实施跟踪审计过程中，可以根据情况出具阶段性审计报告。

（二）关于建立健全绩效审计工作制度

《审计法》及其实施条例对绩效审计只有原则性要求。为了提高财政资金使用和公共资源配置的效益，推动建立健全绩效管理制度，提高绩效管理水平，本市近年来大力推动了绩效审计的开展。在本市绩效审计实践的基础上，草案对绩效审计范围、评价标准、绩效审计结果利用制度作出规定。

1. 明确开展绩效审计的范围。草案第4条中规定，审计机关应当对被审计单位的财政收支、财务收支及相关经济活动实现的经济效益、社会效益和环境效益进行绩效审计。目前的审计工作中，均要对审计事项的绩效作出评价。为进一步强化绩效审计工作，草案第9条还专门规定，审计机关应当对社会关注度高、使用财政资金等公共资源数量大、涉及重大公共利益的事项专门安排绩效审计。

2. 明确绩效审计评价标准。草案第10条规定，审计机关应当按照适用性、相关性、公认性的原则，依照有关法律、法规、规章、政策、标准、项目目标等方面的规定，选择评价标准，并应当听取被审计单位、专家学者、政府部门、行业协会及社会公众等有关方面的意见。

3. 加强绩效审计结果的利用。草案第21条明确规定绩效审计结果应当作为政府及其有关部门编制预算、安排投资、绩效考核的重要参考。

（三）关于实行审计报告和结果公布制度

1. 完善审计结果报告和审计工作报告制度。根据《审计法》，审计结果报告应当向本级政府提出，政府向本级人大常委会作出审计工作报告，接受人大的监督。因此草案明确规定，审计机关每年向本级政府提出审计结果报告，包括本级预算执行和其他财政收支情况以及其他专项审计结果（含绩效审计结果）；政府每年向本级人大常委会提出审计工作报告以及专项审计工作报告（含绩效审计工作报告）（第24、25条）。

2. 明确审计结果公布的要求。推行政府信息公开，是当前政府工作的一项重要内容。目前，社会各界对审计结果公开的期望和呼声很高。对此，草案规定，除依法不予公开的信息外，审计结果应当按照规定程序向社会公布。同时明确，审计工作报告经本级人大常委会审议后向社会公布；其他审计结果，比如，审计报告、专项审计调查报告、审计结果报告等，经政府批准后，由审计机关向社会公布（第27条）。

（四）关于强化审计结果的运用

为了更有效地促进审计结果的落实和审计职责的发挥，草案从以下几个方面强化了对审计结果的运用。

1. 健全审计结果互相利用机制。为有效整合监督资源，加强职能协作、降低行政成本，提高政府内部行政效率，《条例（草案）》明确要求本市应当建立财政资金、国有资产等公共资源的监督协调机制，统筹安排审计等监督计划，有效利用监督结果，共享公共资源监督管理信息（第5条）。同时规定，审计机关出具的审计报告、专项审计调查报告或者审计决定能够满足政府及其有关部门履行职责需要的，政府及其有关部门应当利用（第20条）；此外，分别对绩效审计结果、政府投资建设项目审计结果和经济责任审计结果的利用，提出原则性要求（第21至23条）。

2. 对落实人大常委会审议意见作出规定。草案规定，市和区、县人民政府应当落实本级人大常委会对审计工作报告和专项审计工作报告作出的审议意见和决议，并报告落实情况（第25条第三款）。

3. 明确要求对指出问题的督促整改。草案规定，市和区、县人民政府应当督促被审计单位对审计工作报告中指出的问题进行整改，并向本级人大常委会报告整改情况；市和区、县人大常委会可以对整改情况进行检查（第26条）。

4. 建立违法、违规行为信息系统。草案规定，审计机关建立被审计单位违法违规行为信息系统，记录被审计单位违法、违规行为及其接受处理、处罚的情况；被审计单位是企业的，该信息同时纳入本市企业信用信息系统（第28条）。这样规定，有助于形成审计的长期约束机制，增强被审计单位及审计发现的违法、违规问题所涉及的单位和人员的守法意识。

此外，《条例（草案）》还专门设置“审计保障”一章，从审计机关负责人的任免及资格、审计业务的质量控制、审计机关执行审计项目计划所必需的条件、审计人员的职业操守、审计调查所及单位的配合义务等方面作出了规定。

《条例（草案）》已印送各位委员，请予审议。

北京市人民代表大会财政经济委员会关于《北京市审计条例（草案）》审议意见的报告

——2011年11月17日在北京市第十三届人民代表大会常务委员会第二十八次会议上

市人大财政经济委员会副主任委员　赵巨鹏

主任、各位副主任、秘书长、各位委员：

市人大财政经济委员会收到市人民政府提请市人大常委会审议的《北京市审计条例（草案）》（以下简称《条例（草案）》）后，以召开座谈会或书面征求意见的形式，征求了16个区县人大常委会、部分市人大代表、市政府相关委办局、法律专家和审计领域专家等方面的意见和建议；同时在市人大常委会网站上公开征求了社会各界的意见和建议。10月26日，财政经济委员会召开第三十二次（扩大）会议，对《条例（草案）》进行了审议，现将审议意见报告如下。

长期以来，市人民政府及其审计部门认真落实市委、市人大相关决议和要求，充分发挥审计“免疫系统”功能，不断深化和完善审计工作，为维护财经秩序、严肃财经法纪、推动反腐倡廉建设、提高财政资金使用效益、促进首都经济社会平稳较快发展提供了有力的保障。同时也对加强预算监督、完善监督机制、创新监督方式发挥了重要的作用。随着近年来我市经济社会发展进程日益加快，财政收支规模不断扩大，审计监督的广度和深度随之增加，审计工作也面临着一些新情况、新问题。2006年、2010年全国人大常委会和国务院分别修订了审计法、审计法实施条例，由于考虑到各个地方经济社会发展水平不均衡，有些规定比较原则。另外，近年来，我市在推进审计工作中已经形成了一些比较成熟的做法，需要通过地方立法加以规范。为充分发挥审计在保障和推动首都经济社会健康发展中的作用，填补我市审计地方立法空白，制定本《条例（草案）》是十分必要的。

财政经济委员会认为，《条例（草案）》的制定按照立项论证报告和市人大常委会主任会议对立法思路及主要内容提出的要求，注重解决实际工作中存在的问题，细化了审计职责，突出了绩效审计，明确了审计报告和结果公布制度，强化了审计结果的运用等。《条例（草案）》符合本市实际，内容较为全面，具有可操作性，立法条件基本成熟。

财政经济委员会在审议过程中，对《条例（草案）》提出了以下修改意见和建议。

一、关于审计程序

审计程序是审计法规中规范和约束审计机关的审计行为，保护被审计单位合法权益的重要内容，是审计机关依法有效开展工作及审计结果客观公正的重要保障。为了突出审计程序在审计监督中的重要性，督促审计机关按照国家审计法、审计法实施条例及审计准则规定的审计程序开展审计监督工作，建议在《条例（草案）》总则中增加一条作为第七条，具体表述为“审计机关应当严格按照国家审计法律、法规等规定的审计程序开展审计工作。”

二、关于年度审计项目计划

《条例（草案）》第八条第一款对年度审计项目计划草案的提出和批准作了规定，但对如何做好与人大常委会监督计划的衔接没有相关规定。为了使年度审计项目计划更加科学合理，更好地集中民智、反映民意，建议将《条例（草案）》第八条第一款修改为“审计机关应当于年底前提出下一年度审计项目计划草案，征求本级人民代表大会有关专门委员会或者常务委员会有关工作机构的意见，报本级人民政府批准后执行。”增加一款，作为第二款，表述为“市和区、县人民代表大会常务委员会可以要求本级政府安排绩效审计等专项审计。”

三、关于绩效审计

绩效审计是近年来国家审计署和我市都在大力推进的一项重要工作，对于提高财政资金使用效益和公共资源配置效益，推动建立健全绩效管理制度，提高绩效管理水平，保障和监督政府及各部门依法履行职责，都有着重要的作用和现实意义。绩效审计将成为预算执行和政府重大投资项目审计的重要发展方向。

（一）绩效审计的总体要求和范围问题

开展绩效审计工作的目标是推进政府建立绩效管理制度。从这个目标出发，要求绩效审计应当与预算管理制度的改革相适应，促进预算绩效管理制度的建设，保证财政资金使用的合法、真实、安全、有效。因此，建议在《条例（草案）》总则中第四条增加一款，作为第一款，表述为“本市各级人民政府应当加强预算绩效管理和绩效审计制度建设，建立健全绩效审计评价和方法体系，按照国家有关要求，全面开展绩效审计。”

另外，《条例（草案）》对绩效审计对象的表述还不够全面，没有规定将本级预算执行纳入绩效审计的范围，没有突出对政府部门履行职责的行为进行绩效审计。建议将《条例（草案）》第四条修改为“审计机关应当对本级预算执行、被审计单位的财政收支、财务收支以及相关活动实现的经济效益、社会效益、环境效益进行绩效审计。”作为第四条第二款。

建议第四条增加一款，作为第三款，表述为“绩效审计应当重点关注政府部门履行职责中财政资金使用的效率性和效果性。”

（二）绩效审计与财政预算的衔接问题

当前，本市正在积极推进政府预算绩效管理工作和制度建设，审计作为其中一项重要的监督制度，是政府预算绩效管理制度中的重要组成部分。为了加强绩效审计与绩效预算的衔接，建议在《条例（草案）》第九条增加一款，作为第二款，具体表述为“开展绩效审计应当与政府预算编制确定的绩效目标相衔接。”

四、关于审计结果

（一）审计结果的利用问题

审计结果是对预算编制、重大投资项目安排执行结果的重要反映，是人大常委会审批本级决算的重要依据，政府及其审计机关应当保证提交人大常委会的审计工作报告中审计结果的真实、完整，同时对于审计结果中的有关问题，政府及其有关部门应当予以高度重视。《条例（草案）》第二十一条对审计结果作为“重要参考”的规定力度不够，建议修改为“绩效审计结果应当作为政府及其有关部门编制预算、安排投资、绩效考核的重要依据。”

（二）审计工作报告跟踪检查问题

近两年，市人大常委会听取市人民政府及其审计机关提交的专项审计工作报告，要求侧重突出绩效审计的内容。同时，大力督促对审计查出问题的整改落实，组织部分委员、代表和预算监督顾问开展了跟踪检查。这些做法都得到了常委会组成人员和人大代表的肯定。应当通过立法把这种工作方式制度化，使整改工作真正落到实处。建议将《条例（草案）》第二十六条第一款修改为“市和区、县人民政府应当督促被审计单位对审计工作报告中指出的问题进行整改，年底前向本级人民代表大会常务委员会报告整改情况和处理结果。”第二十六条第二款修改为“市和区、县人民代表大会有关专门委员会或者常务委员会有关工作机构受常务委员会委托，可以组织对整改落实情况进行跟踪检查。”

五、关于审计结果公布

财政经济委员会认为，政府信息公开是人民监督政府的有效途径。近年来，社会公众对财政资金使用公开透明的监督意识越来越强，向社会公布审计结果，是实行政府信息公开的必然要求，也是提高预算管理监督水平和推进首都民主法制建设的迫切需要。因此，建议在《条例（草案）》总则中增加一条作为第八条，具体表述为“市和区、县人民政府及其审计机关应当依法建立审计结果向社会公布制度。”

《条例（草案）》中关于审计结果公布的规定还不够细致，公布的内容也不够明确。建议在《条例（草案）》第二十七条中细化对审计结果公布程序、内容以及向社会公布途径的表述，将第二款修改为“审计结果经本级人民政府批准后5个工作日内，由审计机关向社会公布。”增加两款，第三款表述为“审计结果的公布，应当包括被审计单位的基本情况、审计机关对被审计单位作出的审计评价、被审计单位存在的问题、审计机关提出的处理意见和建议等主要内容。”第四款表述为“审计结果可以通过公告、公众媒体、政府网站等方式向社会公布。”

除以上修改意见外，财政经济委员会还对《条例（草案）》的部分文字和条款顺序提出了一些修改意见。

以上审议意见，供常委会组成人员审议时参考。

北京市人民代表大会法制委员会关于《北京市审计条例（草案）》审议结果的报告

——2012年5月29日在北京市第十三届人民代表大会常务委员会第三十三次会议上

市人大法制委员会副主任委员　张　引

主任、各位副主任、秘书长、各位委员：

2011年11月17日，市十三届人大常委会第二十八次会议对《北京市审计条例（草案）》（以下简称草案）进行了审议。会上，财政经济委员会和15位常委会组成人员、1位列席人大代表发表了意见。大家认为，通过制定审计条例加强审计监督，规范审计行为，完善审计报告、审计结果公开、审计整改监督制度，发挥审计监督预防、纠正和制度建设功能，对于保障本市经济社会健康发展，促进廉政建设具有重要意义。草案反映了当前审计工作面临的新情况，内容比较全面，具有操作性和建设性。同时，大家对推进绩效审计、强化审计整改、细化审计结果运用等问题提出了具体修改意见和建议。

会后，法制委员会对常委会审议意见及其他各方面意见进行了认真研究，会同财政经济委员会进行了专题调研。2012 年 5 月 8 日，法制委员会召开会议，根据常委会审议意见、财政经济委员会审议意见和其他方面的意见进行审议，提出了进一步修改的意见。现将审议结果报告如下。

一、关于绩效审计

开展绩效审计对于提高财政资金使用和公共资源配置的效益，保障和监督政府及各部门依法履行职责具有重要作用。审议中，财政经济委员会和部分常委会组成人员对进一步推进绩效审计工作提出了意见。

1. 对推进绩效审计工作的总体要求。财政经济委员会提出，政府应当加强绩效审计制度建设，将本级预算执行纳入绩效审计的范围，同时应当突出对政府部门履行职责的行为进行绩效审计。根据上述意见，法制委员会建议将草案第四条修改为："市和区、县人民政府应当加强绩效审计制度建设。

"审计机关应当对本级预算执行、被审计单位的财政收支、财务收支及相关经济活动实现的经济效益、社会效益和环境效益进行绩效审计。绩效审计应当重点关注政府部门履行职责中财政资金使用的效益。"（草案修改稿第四条）

2. 关于绩效审计项目安排。财政经济委员会提出，为了使审计机关的年度审计项目计划更加科学合理，更好地集中民智、反映民意，市和区、县人民代表大会常务委员会可以要求本级人民政府安排绩效审计等专项审计。根据上述意见，法制委员会建议增加一款作为草案修改稿第八条第三款，表述为："市和区、县人民代表大会常务委员会可以要求本级人民政府安排绩效审计等专项审计。"（草案修改稿第八条第三款）

3. 关于绩效审计评价标准。财政经济委员会和有的常委会组成人员提出，应当加强绩效审计评价体系建设，并将绩效审计与政府预算绩效管理相衔接。根据上述意见，法制委员会建议将草案第十条第一款修改为："审计机关应当建立并不断完善绩效审计评价体系，依照有关法律、法规、规章及政策、标准、项目目标、绩效目标等方面的规定，选择确定评价标准。政府预算确定的绩效目标应当作为政府预算绩效审计的重要评价标准。"（草案修改稿第十条第一款）

二、关于审计整改

审议中，有的常委会组成人员提出，应当重视审计出的问题屡查屡犯、整改不到位的现象，切实维护审计监督的严肃性，强化审计整改工作，进一步强化审计结果的运用。根据上述意见，法制委员会按照政府主导、部门联动、人大监督、审计跟踪的总体思路，建议对草案从以下几方面作补充完善性修改：

1. 关于审计整改报告的内容。法制委员会认为，对被审计单位报送的审计整改报告的内容进行规范，有助于加强对被审计单位整改情况的监督。建议将草案第十八条修改为："被审计单位应当按照审计机关规定的期限和要求执行审计决定，对审计中发现的问题进行整改，并向审计机关报送审计整改报告。审计整改报告的内容应当包括执行审计机关作出的处理处罚决定的情况，对审计机关要求自行纠正事项采取措施的情况，根据审计机关的审计建议采取措施、健全规章制度、规范财政和财务管理及提高资金使用效益的情况，对有关责任部门和责任人的责任追究处理的情况，尚未整改到位的原因，限

期整改和处理的计划等。”（草案修改稿第十七条第一款）

2. 关于审计机关对审计整改情况的监督。法制委员会认为，法规中应当强化审计机关对审计整改情况进行监督的职责。建议增加一款作为草案修改稿第十七条第二款，表述为：“审计机关可以对审计决定的执行情况和审计报告中提出的审计意见、建议的采纳情况及审计的整改情况进行跟踪检查或者后续审计。”（草案修改稿第十七条第二款）

3. 关于审计整改联动机制。法制委员会认为，审计整改意见的落实需要政府各有关部门积极协助、配合，政府应当建立相应的审计整改联动机制。建议增加一条作为草案修改稿第十八条，表述为：“市和区、县人民政府应当建立审计整改联动机制。审计机关提请有关部门协助落实审计整改意见，或者依法移送有关主管部门纠正、处理处罚、追究有关人员责任的，有关主管部门应当依法及时作出处理，并将结果书面反馈审计机关。”（草案修改稿第十八条）

4. 关于审计结果的运用。有的常委会组成人员提出，应当重视审计结果的运用，通过审计发现制度层面的漏洞或者缺陷，从根本上、从制度层面解决存在的问题。根据上述意见，法制委员会建议将草案第十九条修改为：“审计机关应当将审计工作中发现的宏观性、普遍性、政策性问题和制度建设方面的问题向本级人民政府报告，并提出改进建议。政府研究后，交由财政、发展和改革、国有资产管理等相关部门落实。”（草案修改稿第十九条）

三、关于审计结果公开

财政经济委员会和有的常委会组成人员提出，社会公众对财政资金使用公开透明的监督意识越来越强，向社会公布审计结果是实行政府信息公开的必然要求，条例应当细化审计结果公布的程序、内容及途径。根据上述意见，法制委员会建议将草案第二十七条修改为：“审计结果应当按照规定向社会公布，涉及国家秘密、商业秘密或者其他依法不予公开的信息除外。

“审计工作报告经本级人民代表大会常务委员会审议后向社会公布。其他审计结果经履行规定的审核程序后7个工作日内，由审计机关向社会公布。

“审计机关公布的审计结果应当包括被审计单位的基本情况，审计机关对被审计单位作出的审计评价，被审计单位存在的问题，审计机关提出的处理意见和建议，被审计单位的整改情况等内容。

“审计结果应当通过新闻媒体、政府网站等途径以公告、新闻发布会等形式向社会公布。”（草案修改稿第二十八条）

四、关于审计队伍建设

有的常委会组成人员提出，为了适应新形势下的审计工作需要，审计机关应当建立相应机制加强队伍建设，不断提高审计人员专业化水平。根据上述意见，法制委员会建议在草案中增加一条，作为草案修改稿第三十一条，表述为：“审计机关应当加强审计队伍建设，提高审计人员的综合素质、依法审计能力和审计专业化水平。”（草案修改稿第三十一条）

此外，法制委员会还根据常委会审议意见、财政经济委员会审议意见和其他方面的意见，对草案一些条款的文字表述作了完善性的修改，对条款顺序作了必要的调整。

法制委员会按照上述意见，提出《北京市审计条例（草案修改稿）》，提请本次常委会会议进行审议。

草案修改稿和以上意见是否妥当，请审议。

北京市人民代表大会法制委员会关于《北京市审计条例（草案修改稿）》修改意见的报告

——2012年7月27日在北京市第十三届人民代表大会常务委员会第三十四次会议上

市人大法制委员会副主任委员　张　引

主任、各位副主任、秘书长、各位委员：

2012年5月29日，市十三届人大常委会第三十三次会议对《北京市审计条例（草案修改稿）》（以下简称草案修改稿）进行了分组审议，会上有11位常委会组成人员和2位列席人大代表发表了意见，认为草案修改稿充分吸收了一审的审议意见，内容比较成熟，同时针对具体条款提出了意见和建议。

会后，法制委员会会同市人大财经委、市政府法制办、市审计局就有关问题进行了专题调研，征求了市财政局、市发展改革委等有关部门的意见，并于7月12日召开会议，根据常委会审议意见及其他各方面意见对草案修改稿进行审议，提出了进一步修改的意见。现将修改情况报告如下。

一、将第一条修改为："为了加强审计监督，规范审计行为，维护财政经济秩序，提高财政资金使用效益，发挥审计的监督、风险防范和完善制度建设功能，促进廉政建设，保障经济和社会健康发展，根据《中华人民共和国审计法》、《中华人民共和国审计法实施条例》及其他有关法律、法规，结合本市实际，制定本条例。"（表决稿第一条）

二、将第十九条修改为："审计机关应当对审计工作中发现的问题加强分析研究，将涉及宏观性、普遍性、政策性的问题和制度建设方面的问题向本级人民政府报告，并提出改进建议。政府研究后，责成财政、发展和改革、国有资产管理等相关部门落实。"（表决稿第十九条）

三、将第二十一条修改为："审计结果应当作为政府及其有关部门编制预算、安排投资、绩效考核的重要依据。"（表决稿第二十一条）

四、增加一款作为第二十二条第二款，表述为："纳入审计项目计划的政府投资和以政府投资为主的建设项目竣工后，建设单位应当依据审计机关的审计报告编制竣工决算报告；有关部门进行竣工决算审批、办理固定资产移交时，应当采用审计机关的审计报告。"（表决稿第二十二条第二款）

五、将第二十八条第四款修改为："审计结果应当通过新闻媒体、政府网站等途径向社会公布。"（表决稿第二十八条第一款）

删去草案修改稿第二十八条第一款，并在第三款中增加规定："审计结果涉及国家秘密、商业秘密或者其他依法不予公开的信息的，应当依据相关法律、法规的规定处理。"（表决稿第二十八条第三款）

六、将第三十四条第二款修改为："依照协议约定参加审计工作的专业人员应当遵守审计法律、法规、职业准则和工作纪律，恪守职业道德，接受审计机关的领导和选派机构的监督。"（表决稿第三十四条第二款）

法制委员会按照上述意见提出《北京市审计条例（表决稿）》，建议本次常委会会议通过，并自2012年10月1日起施行。

北京市人民代表大会常务委员会公告

（第23号）

《北京市河湖保护管理条例》已由北京市第十三届人民代表大会常务委员会第三十四次会议于2012年7月27日通过，现予以公布，自2012年10月1日起施行。

北京市第十三届人民代表大会常务委员会

2012年7月27日

北京市河湖保护管理条例

（2012年7月27日北京市第十三届人民代表大会常务委员会第三十四次会议通过）

目　　录

第一章　总　　则

第一条　为加强河湖保护和管理，保持河湖水域面积，改善水生态和水环境，保障河湖防洪、供水功能，维护河湖健康，促进经济社会全面、协调、可持续发展，根据有关法律、法规，制定本条例。

第二条　本条例适用于本市行政区域内的河流、湖泊、水库、塘坝、人工水道工程设施及其水体（以下统称河湖）的保护和管理。

第三条　河湖保护管理坚持统一规划、综合治理、科学管理、保护优先、合理利用的原则。

河湖的规划、建设、治理应当维护古都风貌，与首都城乡整体环境相协调。

第四条　市和区、县人民政府应当加强对河湖保护管理工作的组织领导，将河湖保护管理纳入国民经济和社会发展规划，保证河湖公共基础设施建设所需资金和管护经费；并建立健全水生态保护的补偿制度。

第五条　在国家有关部门的指导下，本市与相关省市建立健全河湖保护管理协作机制，加强河湖保护管理的统筹协调。

第六条　本市河湖保护管理工作实行目标责任制和考核评价制度，上级人民政府应当加强对下级人民政府河湖保护管理工作落实情况的监督。

市人民政府应当根据本市河湖保护管理目标制定考核评价指标，纳入对市人民政府有关部门和区、县人民政府及其负责人考核评价的内容。

第七条　本市河湖保护管理实行流域管理和行政区域管理相结合的管理体制。

市水行政主管部门对全市河湖保护管理工作实施统一监督管理。

市水行政主管部门在永定河、北运河、潮白河等跨区、县重要水系设置流域管理机构，在管辖范围内依照国家和本市的规定履行监督管理及行政执法职责，统筹协调流域内的河湖保护管理工作。

区、县水行政主管部门按照管辖权限，对本行政区域内河湖保护管理工作实施统一监督管理。

乡、镇人民政府应当按照管辖权限，建立健全管理机构或者确定管理人员，落实河湖管护责任。街道办事处按照管辖权限做好河湖保护管理的有关工作。

第八条 水行政主管部门组织编制河湖治理、养护、保护管理标准、规范和规程，建立河湖保护监督管理体系，对工程设施的运行情况进行监督检查，完善监测预警管理制度，组织水文机构对河湖水量、水质定期进行监测，加强执法队伍建设，规范执法行为，履行河湖保护管理的执法职责。

市和区、县发展改革、财政、环境保护、规划、市政市容、园林绿化、农业、国土资源、工商、公安、城市管理综合执法、文物、文化、教育等有关部门按照各自职责做好河湖保护的相关工作。

第九条 公园、能源、电力、旅游、院校等单位管理的湖泊，由其负责建立健全管理制度，确定管理人员，落实河湖管护责任，并报水行政主管部门备案。

第十条 本市鼓励和支持河湖保护管理领域科学技术的研究和应用，提高河湖保护管理的精细化、智能化水平。

本市各级人民政府及有关部门和新闻媒体应当加强河湖保护宣传教育，增强公民河湖环境保护的意识，引导公众和村、社区以及其他社会组织参与河湖保护管理的有关活动。

对保护河湖水环境、水工程、水文化作出突出贡献的单位和个人，由人民政府或者水行政主管部门给予表彰或者奖励。

第二章 规划编制与管理

第十一条 市水行政主管部门负责编制全市河湖治理及保护管理规划，报市人民政府批准。

市水行政主管部门会同相关部门按照全市河湖治理及保护管理规划以及相关要求，编制永定河、北运河、潮白河等跨区、县重要水系的流域治理及保护管理规划，报市人民政府或者其授权的部门批准。经批准的流域治理及保护管理规划，由流域管理机构实施监督、管理。

区、县水行政主管部门应当依据全市河湖治理及保护管理规划和所处水系的流域治理及保护管理规划，按照管辖权限组织编制本区、县河湖治理及保护管理规划，经市水行政主管部门审查后，报区、县人民政府批准，并报市水行政主管部门备案。

乡、镇人民政府可以按照管辖权限组织编制本乡、镇河湖治理及保护管理规划，报区、县水行政主管部门批准。

第十二条 河湖治理及保护管理规划应当包括河湖现状分析，防洪标准及除涝、排水要求，河湖开发利用原则、水功能区划及水质保护目标，河湖治理及保护管理任务、措施和实施方案，限制或者禁止开发、利用的项目等内容。

第十三条 河湖治理及保护管理规划应当结合城乡发展的需要，坚持以人为本、人水和谐的理念，兴利与除害相结合，统筹协调上下游、左右岸、干支流和有关地区之间的利益，兼顾水资源保护、水生态恢复、水文化保护及合理利用，充分发挥河湖综合效益。

第十四条 河湖治理及保护管理规划应

当符合北京城市总体规划和海河流域综合规划，并与国民经济和社会发展规划、土地利用总体规划及环境保护、水资源、防洪排水和水土保持等规划相协调。

有关部门编制各类专业规划涉及河湖的，应当征求水行政主管部门的意见。

第十五条 河湖治理及保护管理规划是河湖保护、开发、利用和管理的依据。编制区域发展规划、新城和重点发展区规划以及重大建设项目布局，应当符合全市河湖治理及保护管理规划和流域治理及保护管理规划。

经批准的河湖治理及保护管理规划应当向社会公开，严格执行；确需修改的，必须经原批准机关批准。

市和区、县人民政府应当对河湖治理及保护管理规划的实施情况进行检查。

任何单位和个人不得违反河湖治理及保护管理规划从事开发、利用活动。

第十六条 在河湖上建设水工程的，必须符合所在流域的治理及保护管理规划。

修建水库的，由市水行政主管部门批准或者经市水行政主管部门审核后依照国家有关规定报上级主管机关批准。

在永定河、潮白河、北运河（含温榆河）、拒马河等跨省（市）河流、官厅水库库区及市管河湖、跨区（县）的河湖上建设水工程的，工程可行性研究报告报请批准前，应当依照《北京市实施〈中华人民共和国水法〉办法》的要求报经市水行政主管部门审核或者审查；在其他河湖上新建、扩建以及改建水工程的，工程可行性研究报告报请批准前，应当报区、县水行政主管部门审查并签署意见。

第三章 河湖工程保护与管理

第十七条 本市各级人民政府应当按照河湖治理及保护管理规划要求划定河湖管理范围和保护范围。

水库、塘坝、人工水道和其他水工程及附属的土地、山场属于该工程的管理范围。有堤防的河流（含湖泊），其管理范围为两岸堤防之间的水域、沙洲、滩地（含可耕地）、行洪区，岸边堤防及护堤地；无堤防的河流（含湖泊），其管理范围根据设计洪水位或者参照历史最高洪水位确定。

在河湖管理范围的周围，根据河湖重要程度、保护河湖功能的需要，确定河湖保护范围的具体边界。

第十八条 市和区、县管理河湖的管理范围、保护范围，由水行政主管部门按照管辖权限提出方案，征求相关部门意见后，报同级人民政府批准。

乡、镇管理河湖的管理范围、保护范围，由乡、镇人民政府提出具体方案，经所在区、县水行政主管部门审核，报区、县人民政府批准。

河湖的管理范围、保护范围划定后，应当向社会公告，并标图立界。

第十九条 在河湖管理范围内，禁止下列行为：

（一）建设妨碍行洪的建筑物、构筑物；

（二）损毁堤防、护岸、闸坝等水工程建筑物、构筑物及防汛、水工水文监测和测量、河岸地质监测、通讯、照明、滨河道路以及其他附属设备与设施；

（三）围堤或者修建阻水渠道、阻水道路；

（四）损毁护堤护岸林木；

（五）非管理人员开启、关闭河湖工程设备与设施；

（六）行驶履带车辆、超过限载标准的车辆；

（七）其他影响河势稳定、危害水工程和河岸堤防安全的行为。

第二十条 在河湖管理范围、保护范围内进行下列活动的，必须报经有管辖权的水行政主管部门批准；涉及其他部门的，按照有关规定执行：

（一）填湖、填河造地、明河改暗河；

（二）围河、挖筑鱼塘、挖坑开槽、勘探，或者设立线杆、线塔、无线通信塔、标识；

（三）设置固定停车场所；

（四）修路，或者修建园林小品、管理房及其附属设施，或者建设临时性建筑物、构筑物；

（五）爆破、打井、挖窖、挖取沙土、采砂、堆放物料；

（六）开采地下资源、进行考古发掘。

河道改线、开挖人工湖泊，必须报经有管辖权的水行政主管部门批准。

第二十一条 在河湖上新建、扩建以及改建开发水利、防治水害、整治河湖的各类工程和在河湖管理范围、保护范围内修建桥梁、道路、管道、缆线、闸房、码头、渡口、取水、排水等工程设施及其附属设施需要临河、跨河、穿堤、破堤、筑坝、围堰的，建设单位应当向有管辖权的水行政主管部门提出申请，报送工程建设方案。水行政主管部门应当在收到申请之日起30个工作日内作出同意或者不同意的决定，不同意的应当说明理由。

经批准的建设项目开工前，建设单位应当到有管辖权的水行政主管部门办理工程开工审批手续并与河湖管理机构签订管理协议；工程竣工后，应当报水行政主管部门验收。验收不合格的，不得投入使用。

第二十二条 本市建立健全建设项目占用河湖工程设施和水域等补偿制度。

在河湖管理范围、保护范围内，经批准的建设项目占用水利设施和水域，或者对原有河湖工程设施和水域有不利影响的，建设主体应当采取相应的补救措施，依法承担经济补偿责任。补偿费用专项用于河湖保护工作。具体办法由市水行政主管部门会同发展改革、财政等有关部门制定。

第二十三条 河湖管理范围、保护范围内依法修建的非河湖工程建筑物及其他设施，其产权单位或者管理单位应当定期检查、维护，确保运行安全。

水行政主管部门应当加强日常监督检查，对不符合河湖保护管理标准规范的，责令及时改正。

第二十四条 水行政主管部门应当会同文物、规划等有关部门制定具有重要历史文化价值的河道、水域及桥、闸等水工建筑物、构筑物和遗址保护名录，明确保护范围和标准，建立相关档案；对河湖非物质文化遗产进行挖掘、整理，保护和弘扬河湖文化。

任何单位和个人不得毁坏、拆除列入保护名录中的水工建筑物、构筑物或者遗址。

第四章 河湖水环境保护与管理

第二十五条 本市各级人民政府应当按照河湖治理及保护管理规划开展河湖综合治理和水网建设，修复水体生态功能，提高水体自然净化能力，涵养和保护水资源。

第二十六条 市水行政主管部门会同有关部门按照河湖治理及保护管理规划确定本市重点河段和重点湖泊生态环境用水量，提出具体生态环境用水保障方案并组织实施。

河湖生态环境用水应当充分利用雨水和再生水。

第二十七条 向河湖排水的，入河水体水质应当达到规定的排放标准，并实行雨水、污水分流。

任何单位或者个人不得直接或者间接向河湖排放未经处理或者经处理未达到规定标准的污水，不得向路边雨水口、雨水管线及其附属设施排放或者倾倒污水、污物和其他有毒、有害物质。

第二十八条 需要在河湖管理范围内新

建、改建或者扩大排水口的，应当经有管辖权的水行政主管部门审查批准。

排水管网覆盖范围地区，不得设置排污口。

第二十九条 本市建立河湖水功能区限制纳污制度。

水行政主管部门应当按照河湖水功能区对水质的要求和水体的自然净化能力，核定水域的纳污能力，向同级环境保护行政主管部门提出该水域的限制排污总量意见。

环境保护行政主管部门实施排污许可时，应当考虑入河水域水功能区水质标准。

水行政主管部门发现水域重点污染物排放总量超过控制指标或者水功能区水质未达到水域使用功能对水质要求的，应当及时报请有关人民政府采取治理措施，并向同级环境保护行政主管部门通报。

第三十条 本市建立河湖断面考核制度，严格落实流域统一管理下的河湖保护属地管理责任。

水行政主管部门和环境保护行政主管部门应当运用信息化手段对河湖水质实施动态监测，定期公布水质监测结果。

第三十一条 在河湖管理范围内，禁止洗刷车辆或者装贮过油类、有毒污染物的容器，实施毒鱼、炸鱼、电鱼、设置拦河渔具活动，使用对河湖水体有害的鱼药和高毒、高残留的农药，开办各类商品交易市场、经营摊点以及开展集市贸易活动。

在河湖管理范围、保护范围内禁止倾倒、堆放、掩埋、弃置垃圾渣土和其他废弃物。

第三十二条 市和区、县水行政主管部门应当会同环境保护行政主管部门按照保护饮用水源安全和人身安全的要求，依法划定并公布禁止游泳、滑冰等水上活动的水域，设置警示标志；在未禁止游泳、滑冰等水上活动的水域，活动人员或组织者应当采取安全防护措施。

新、改、扩建河湖工程时，河湖管理机构应当在陡岸、直墙等危险地段设置必要的安全防护设施。

第三十三条 利用河湖开办旅游项目或者从事其他利用活动的，应当符合水功能区划要求，保证河湖工程、行洪、河湖生态环境、水体、水质的安全，不得使用以柴油、汽油为动力的游船。

利用河湖开办旅游项目或者从事其他利用活动的，必须报有管辖权的水行政主管部门批准；涉及其他部门的，按照有关规定执行。

第三十四条 在河湖管理范围、保护范围内从事种植业的，区县、乡镇人民政府应当推广测土配方施肥、精准施药、病虫害生物防治等农业生产技术，减少农药、化肥使用量，发展绿色生态农业，有效控制农业面源污染。

在河流两岸和湖泊、水库、塘坝周边从事规模畜禽养殖的，应当符合全市畜牧业发展规划，并对畜禽粪便、废物进行无害化处理，实行污水达标排放，保证水源质量。

区县、乡镇人民政府应当加强对河湖流域水产养殖的管理，合理确定水产养殖规模和布局，推广循环水养殖、不投饵养殖等生态养殖技术，限制围网养殖，减少水产养殖污染。

第三十五条 河湖管理范围、保护范围内的环境卫生管理，按照本市环境卫生责任制执行。

各责任单位应当落实河湖环境卫生责任，市政市容行政主管部门负责监督管理。

第三十六条 河湖管理范围和保护范围内在确保防洪安全的前提下，应当进行绿化，建设滨河绿化带、绿色步道和亲水健身休闲设施。

河湖沿岸的绿化、岸坡及河底防护应当按照河湖功能、生态和环保景观要求及绿化技术标准，进行统一规划、设计。

河湖管理范围的绿化及其管理维护由河湖管理机构负责；河湖保护范围的绿化及其管理维护分别由园林绿化、公路、水行政主管部门负责；林木的抚育、更新和维护依照有关法律、法规的规定执行。

第三十七条 河湖管理机构应当依法制定河湖突发事件应急预案，并定期演练。

河湖发生突发事件时，河湖管理机构应当启动应急预案，迅速到达事故现场进行处置，采取有效措施，防止损失扩大；可能影响公共安全的，应当及时告知受影响的单位和公众，同时向水行政主管部门报告。

第三十八条 水行政主管部门和流域管理机构应当建立和完善河湖违法行为举报制度，向社会公布受理举报的途径和方式，并为举报人保密。

水行政主管部门和流域管理机构收到举报应当登记、及时核实处理，并定期公布处理结果。

第五章 法律责任

第三十九条 违反本条例第十九条、第二十条第五项和第六项、第二十七条、第三十一条、第三十二条规定的，依照水、防洪、水污染防治、水土保持等法律、法规的有关规定进行处罚。

第四十条 违反本条例第二十条规定，未经水行政主管部门批准，擅自在河湖管理范围、保护范围内从事以下活动的，由水行政主管部门按照管辖权限责令停止违法行为，限期补办行政许可手续，并按以下规定予以处罚；逾期未能取得行政许可手续的，责令限期恢复原状，赔偿损失或者采取补救措施。逾期不恢复原状的，按程序强制清除，所需费用由当事人承担。

（一）围河、挖筑鱼塘、挖坑开槽、勘探或者设立线杆、线塔、无线通信塔、标识，或者建设临时性构筑物的，处1万元以上5万元以下的罚款。

（二）设置固定停车场所的，处5万元以下的罚款。

（三）修路，或者修建园林小品、管理房及其附属设施的，处1万元以上10万元以下的罚款。

（四）河道改线、开挖人工湖泊的，处1万元以上5万元以下的罚款。

第四十一条 违反本条例第二十一条规定，建设单位未经批准擅自开工的，由水行政主管部门责令停止违法行为，限期补办有关手续；逾期不补办或者补办未被批准的，责令限期拆除违法建筑物、构筑物，恢复原状；逾期不拆除、不恢复原状的，强制拆除，所需费用由违法单位或者个人负担，并处1万元以上10万元以下的罚款。

建设单位未按照经批准的工程建设方案修建工程设施，影响河势稳定、危害河岸堤防安全和其他妨碍河道行洪，但尚可采取补救措施的，责令限期采取补救措施；逾期不采取补救措施或者未达到要求的，由水行政主管部门责令停止违法行为，限期拆除违法建筑物、构筑物，恢复原状；逾期不拆除、不恢复原状的，强制拆除，所需费用由违法单位或者个人负担，并处1万元以上10万元以下的罚款。

第四十二条 违反本条例第二十三条规定，非河湖工程及相关设施不符合河湖保护管理标准规范，且产权单位或者管理单位未按规定及时改正的，由水行政主管部门按照管辖权限责令限期改正或者采取补救措施，可以处1万元以上10万元以下的罚款。

第四十三条 违反本条例第二十四条规定，毁坏或者拆除保护名录中的河道、水域和水工建筑物、构筑物、遗址的，由水行政主管部门按照管辖权限责令其停止违法行为，限期恢复原状，处10万元以上50万元以下的罚款。

第四十四条　违反本条例第二十八条第一款规定，未经水行政主管部门批准，擅自在河湖管理范围内新建、改建或者扩大排水口的，由水行政主管部门按照管辖权限责令停止违法行为，限期恢复原状，处5万元以上10万元以下的罚款。

第四十五条　违反本条例第三十三条第一款规定，开展水上旅游项目或者其他利用活动时使用以柴油、汽油为动力的游船的，由水行政主管部门按照管辖权限责令停止违法行为，限期改正，处8000元以上8万元以下的罚款；造成损失的，依法赔偿损失或者采取补救措施。

违反本条例第三十三条第二款规定，未经批准擅自利用河湖开办旅游项目或者从事其他利用活动的，由水行政主管部门按照管辖权限责令停止违法行为，限期改正，处2万元以上10万元以下的罚款。

第四十六条　水行政主管部门的执法人员在依法行使监督检查职责时，发现被检查单位或者个人有违反本条例第十九条、第二十条、第二十一条、第二十四条、第二十八条及第三十一条规定违法情形且拒不停止违法行为的，经水行政主管部门批准，可以查封、扣押实施违法行为的工具及机械设备等。

第四十七条　水行政主管部门和其他有关部门不履行河湖保护管理职责，造成严重后果的，由同级人民政府追究该行政主管部门主要负责人的行政责任。

在河湖保护管理工作中，公务人员滥用职权、徇私舞弊、玩忽职守的，由其所在单位或者上级主管部门给予行政处分；构成犯罪的，依法追究刑事责任。

第六章　附　　则

第四十八条　本条例自2012年10月1日起施行。1999年6月24日北京市第十一届人民代表大会常务委员会第十一次会议通过的《北京市城市河湖保护管理条例》同时废止。

关于《北京市河湖保护管理条例（草案）》的说明

——2011年12月22日在北京市第十三届人民代表大会常务委员会第二十九次会议上

北京市水务局局长　程　静

主任、各位副主任、秘书长、各位委员：

我受市人民政府委托，现就《北京市河湖保护管理条例（草案）》（以下简称条例草案）作如下说明。

一、立法背景和必要性

河湖是维系北京城乡发展的重要基础设施，在城乡发展中有着不可或缺、不容替代的重要作用。本市境内自西向东分布有大清河、永定河、北运河、潮白河、蓟运河五大水系，大小河流221条，河道总长4000余公里。城市中心区有自然和人工湖泊30多处，水面面积621万平方米。郊区分布水库82座，总库容达93亿立方米。自20世纪70年代以来，随着北京城市的快速发展，自然条件的变化，人均水资源占有量由20世纪80年代初期的400立方米，锐减至目前的不足200立方米。在2010年监测的有水河流中，不达标河段长度为1148公里，约占有水河流长度的52%。城市湖泊虽然水质达标率较高，但由于受面源污染及补水水质影响，夏季城市湖泊富营养化迹象仍有发生。本市水资源短缺、水环境质量恶化等矛盾日益突出。

立法保护河湖、规范河湖管理，是实现本市人口、资源、环境可持续发展的必然要求。1999年，市人大常委会制定了《北京市城市河湖保护管理条例》，将城市河湖保护纳入了法制轨道。该条例的实施，对于保障北京城市水系治理，改善城市环境，服务绿色奥运和宜居城市建设发挥了应有作用。但是，《北京市城市河湖保护管理条例》适用范围仅限于规划市区范围内的河流、湖泊、人工水道，并不适用郊区地区。近年来，面对本市水资源的严峻形势，市委、市政府高度重视对河湖水系全流域的治理工作，市人大代表、政协委员也提出多项议案、提案，河湖水系治理得到快速推进，以北运河、永定河、潮白河治理和清洁小流域治理为主导的河湖水系治理取得显著成效。因此，迫切需要将这些行之有效的制度和措施，通过立法的形式确定下来，制定一部统筹城乡、覆盖全境、可操作性强的河湖保护管理地方性法规。

2010年12月31日，中共中央、国务院专门出台《关于加快水利改革发展的决定》，市委、市政府结合本市实际出台了《关于进一步加强水务改革发展的意见》予以贯彻落实。文件对“十二五”期间本市河湖发展提出了目标，要求“建成安全清洁、健康自然的水源保护及水环境保障体系，主要水功能区水质达标，水源保护区生态良好、水质优良”，“实现和谐宜居的城乡水环境”，并强调实行最严格的水资源管理制度。为贯彻落实中央和市委要求，促进首都水资源的可持续利用，需要完善法律制度，提高水资源保护管理水平。

当前，本市已出台多部有关水资源保护管理方面的法规，彼此各有侧重。《北京市实施〈中华人民共和国水法〉办法》、《北京市水污染防治条例》及《北京市实施〈中华人民共和国防洪法〉办法》主要是为了贯彻实施国家上位法，重点规范的是水资源统一配置和节约用水、排入河湖前的污水处理和水污染的防治，以及防汛抗洪等内容；《北京市密云水库怀柔水库和京密引水渠水源保护管理条例》重点规范的是对饮用水源的保护。为了与上述法规相衔接，处理好不同法规之间的关系，本次立法重点解决以下三个方面的问题：一是打破河湖保护管理的城乡二元体制，实现城乡一体化的管理。城市河湖水系大多是联接城乡、跨多个行政区域的，由于存在城乡分割二元管理的制度设计问题，使同一水系上下游、左右岸、干支流的保护和管理制度上不统一，影响了整个河湖水系的治理和管理效果，需要从规划、管理制度、行为规范等方面加以统一。二是加大对河湖工程的保护力度。本市水工程保护管理条例制定较早，近年来随着本市经济社会的快速发展，经济社会活动对河湖的影响越来越显著，违法建设和违法活动影响了河湖工程安全和水质，需要进一步明确管理责任、措施和手段，同时加强行为规范，加大监督力度和对违法行为的处罚力度。三是加强水环境建设，突出河湖的生态性和景观性。受气候变化的影响，本市连续干旱，河湖普遍缺少新水补充，河湖的自净能力和纳污能力非常有限，水生态功能脆弱。在水资源严重紧缺的情况下，需要通过立法加强对河湖生态系统的保护，将水环境建设和生态保护作为构建健康宜居城市的基础条件。

二、立法的起草过程

2010年9月30日，《北京市河湖保护管理条例》立法项目通过人大立项论证，并列入2011年立法计划。遵循立项论证确定的基本思路，结合立法调研，市水务局会同市政府法制办起草了条例草案。多次征求了市政府有关部门、区县政府、基层水务部门的意见，还通过网络面向全市水务系统和社会各界公开征求意见，针对主要问题进行专家论证。在充分听取和吸收各方面意见和建议的基础上，反复修改、协调，形成了目前的草案。在条例草案起草过程中，市人大常委会农村委、法制办提前参与，给予了具体指导。

当前条例草案，已经2011年11月22日第109次市政府常务会议审议通过。

三、条例草案的主要内容

条例草案共六章四十五条，分为总则、规划编制与管理、河湖工程保护与管理、河湖水环境保护与管理、法律责任和附则。主要内容如下。

（一）明确河湖保护管理的基本原则和管理体制

条例草案从本市的市情、水情出发，明确河湖保护管理坚持统一规划、综合治理、科学管理、保护优先、合理利用的原则。明确了政府的河湖保护管理工作职责，将河湖保护管理纳入国民经济和社会发展规划，保证河湖公共基础设施建设所需资金和管护经费，实行目标责任制和考核评价制度。本市建立河湖保护的流域管理与行政区域管理相结合的管理体制，并强化流域规划的编制工作和建设河湖工程项目的流域审查职责。另外，条例草案强调河湖保护管理部门之间应当协调配合，在明确水行政主管部门职责的同时，规定河湖保护相关部门、乡镇政府、有关单位应当按照各自职责做好河湖保护的相关工作。

（二）规范河湖治理及保护管理规划的编制

条例草案强调河湖治理及保护管理规划（以下简称河湖规划）在统筹城乡管理工作中的作用，明确河湖规划体系，加强河湖规划落实管理。一是明确河湖规划的编制机关、权限和审批程序。二是明确河湖规划的主要内容。三是明确河湖规划编制要求和原则，界定了该规划与其他相关规划的关系。四是明确河湖规划的法律地位，将其作为河湖保护、开发、利用和管理的依据，要求市和区、县人民政府应当对河湖规划的实施情况进行检查，确保河湖规划的落实。

（三）完善河湖工程保护与管理制度

在条例草案中，一是完善了河湖保护制度，提出河湖管理范围和保护范围的划分标准、划定机关及批准程序。二是针对河湖管理范围和保护范围内的主要违法行为及河湖工程保护管理的难点和盲点问题，在管理范围内设定了15项禁止行为，在保护范围内设定了4项禁止行为。三是根据河湖保护和管理的需要，规范了河湖管理、保护范围内经许可可以从事的活动。四是完善了涉河工程的审批制度，确保河湖工程的安全，要求在河湖上新建、扩建及改建各类工程设施的，必须经过水行政主管部门的审核。五是建立占用河湖工程设施和水域补偿制度。六是强化非河湖工程建筑物的安全管理，明确了产权单位或者管理单位的检查维护责任。七是建立河湖水文化建筑物、遗址保护制度，要求水行政主管部门应当会同文物、规划等部门制定保护名录，建立相关档案，保护和弘扬河湖文化，任何单位和个人不得毁坏或者拆除列入保护名录中的河道、水域、水工建筑物和遗址。

（四）健全河湖水环境保护与管理措施

条例草案突出了生态建设主题，更加强调维护河湖健康。明确政府和水行政主管部门应当依照河湖规划开展河湖治理和建设，制定具体生态环境用水保障方案并组织实施。实行入河排水口设置许可制度和河湖排水雨污分流制度，强调入河水体水质的达标排放，健全河湖水功能区限制纳污制度，完善水务与环保、相关区县政府间的工作机制。规范利用河湖开展水上旅游项目等活动实施的行政许可管理，要求开办水上旅游项目或者其他利用活动的，不得使用以柴油、汽油为动力的游船，避免造成水质污染。完善河湖环境卫生责任制，明确主体责任，保证河湖水面、水体及周边的环境卫生。建立河湖突发事件应急制度，及时应对处置突发的水污染、水工程安全以及其他重大事件。

此外，条例草案强化了对违法行为的法律责任，确保法规的执行效果。同时，按照《中华人民共和国行政强制法》的精神，结合执法工作实际需要，对实施违法行为的工具及机械设备等，设定了执法部门可以采取必要的查封、扣押的行政强制措施。

条例草案已印送各位委员，请予审议。

北京市人民代表大会农村委员会关于《北京市河湖保护管理条例（草案）》审议意见的报告

——2011年12月22日在北京市第十三届人民代表大会常务委员会第二十九次会议上

市人大农村委员会主任委员 雷德才

主任、各位副主任、秘书长、各位委员：

市人大农村委员会收到市人民政府提请市人大常委会审议的《北京市河湖保护管理条例（草案）》（以下简称《条例（草案）》）后，通过书面或者座谈会的形式，征求了区县人大常委会、市和区县有关部门、市人大常委会有关工作机构和有关专家的意见，并通过市人大常委会网站公开征求了社会各界的意见。此前，为做好《条例（草案）》审查工作，农村委员会开展了深入的调查研究，并提前介入了法规起草工作，提出的一些意见和建议已被《条例（草案）》所采纳。12月6日，农村委员会召开第十三次会议，对《条例（草案）》进行了审议，现将审议意见报告如下。

农村委员会认为，1999年市人大常委会制定的《北京市城市河湖保护管理条例》（以下简称《城市河湖条例》），将本市城市河湖保护管理纳入了法制轨道。十多年来，该条例对于促进北京城市水系治理，保持清洁优美的河湖景观，改善城市环境，服务绿色奥运和宜居城市建设发挥了重要作用。但是，随着首都经济社会的快速发展和首都河湖的水资源形势及功能的变化，《城市河湖条例》已不能适应统筹城乡发展和可持续发展的新要求，且与一些涉及河湖管理的法律、行政法规、地方性法规、规章之间缺乏有效衔接。为此，适应新的形势，废止《城市河湖条例》，着眼建设中国特色世界城市和“人文北京、科技北京、绿色北京”的目标，按照城乡统筹的要求，制定一部覆盖城乡的河湖保护管理地方性法规非常必要。

《条例（草案）》符合上位法精神，紧密结合本市实际，围绕立项论证提出的指导思想和基本思路，既借鉴了《城市河湖条例》确立的有效制度，又固化了近年来主要水系治理的实践经验。《条例（草案）》建立了流域管理与区域管理相结合的河湖保护管理体制，对河湖规划与管理、水工程和水环境保护与管理、法律责任等进行了具体规范，突出了首都特色，具有较强的针对性和可操作性。同时，农村委员会对《条例（草案）》提出如下修改意见和建议。

一、关于建立水源保护区生态补偿机制

农村委员会认为，水源保护区为保护水源、改善生态环境作出了巨大贡献，但区域经济发展受到了一定限制，且由于地下水严重超采，给当地带来了地下水埋深日益降低、部分水利设施废弃、农业成本上升以及潜在的地质灾害风险。为此，亟须建立起水源保护区生态补偿机制，建议《条例（草案）》第四条增加第二款，具体表述为："市和区、县人民政府应当根据水资源供给量及河湖生态服务价值，逐步建立对本市饮用水水源保护区和开采地区的水生态保护补偿机制。"

二、关于建立毗邻省份沟通协作机制

农村委员会认为，市域内五大水系除北运河发源于本市外，蓟运河、潮白河、大清河均发源于河北，永定河发源于山西和内蒙古。本市主要水系的上下游、左右岸与多个省区相连，在保护管理上密不可分。特别是在潮白河等流域水系治理过程中，本市和河北省有关地区在河湖保护管理政策和治理力度上不一致，影响了流域治理的整体效果。为增强区域间河湖保护管理的协调性，建议《条例（草案）》第六条增加第三款，具体表述为："在水利部海河水利委员会的统一指导下，市人民政府、市水行政主管部门应当与河北省、山西省以及内蒙古自治区等地人民政府及其水利行政主管部门建立沟通协作机制，加强河湖保护管理的统筹协调"。

三、关于河湖规划与管理

农村委员会认为，保护优先与慎重开发相结合是河湖保护管理的一项重要原则。永定河和潮白河水系治理过程中，在市水行政主管部门制定水系综合治理规划的同时，市规划行政主管部门还相应地制定了生态发展带综合规划，市国土资源、环境保护、市政市容等部门则编制了配套专业规划，为严格保护和合理开发利用河湖提供了依据。为此，建议将《条例（草案）》第十条修改为：

"市水行政主管部门应当会同市政府有关部门和区、县人民政府编制全市河湖保护管理综合规划和专业规划，报市人民政府批准。

"区、县水行政主管部门应当会同有关部门和乡、镇人民政府依据全市河湖保护管理综合规划和专业规划，编制本区、县河湖保护管理综合规划和专业规划，报同级人民政府或者其授权的部门批准，并报市政府相应部门备案。

"乡、镇人民政府可以按照管辖权限组织编制本乡、镇河湖保护管理综合规划和专业规划，报区、县水行政主管部门或者其他有关部门批准。"

同时，《条例（草案）》中"治理及保护管理规划"均相应调整为"保护管理综合规划和专业规划"。

四、关于满足人们亲水休闲需求

农村委员会认为，随着首都经济社会的发展和人口的增多，居民近水、亲水的需求日益增加。为充分发挥河湖的生态功能、景观功能、休闲功能，体现以人为本、人水和谐的理念，回应市民和网民的关切，并在不适宜活动区域设置警示标志和提示牌，建议在《条例（草案）》第十九条之后增加一条，

具体表述为：

“市和区、县水行政主管部门应当会同环境保护行政主管部门按照管辖权限，在饮用水源区及其他危险区域划定和公布禁止从事游泳、滑冰等活动的水域，设置警示标志，并在水质不达标、不宜从事游泳等活动的水域设置提示牌。

“各级人民政府应当按照管辖区域在有条件的地方逐步建立滨河绿色步道、自行车道。”

五、关于河堤水库除险加固机制

农村委员会认为，河堤和水库是保障供水、防洪安全的重要水工程设施。本市现有大小河流221条，河道总长4000余公里；现有82座水库，不少修建于20世纪50—70年代。目前，部分河堤水库年久失修，对流域内城乡居民生产生活构成了一定威胁。为健全河堤水库管护机制，确保人民群众生命财产安全，建议《条例（草案）》第十八条增加一款，具体表述为：“水行政主管部门应当建立河道堤防、闸坝、水库等水工程设施定期排查机制，及时采取除险加固措施，消除安全隐患。”

六、关于加强河湖文化保护

农村委员会认为，河湖文化内涵丰富，既包括河湖建筑物、名胜古迹、遗址等，又包括与河湖相关的历史事件、历史名人、治水历史、文学艺术（戏曲、小说、散文、诗词等）等非物质文化遗产。作为历史文化名城，首都河湖文化的挖掘、整理、传播和弘扬尤为重要，对提升社会公众河湖保护管理意识具有重要意义。为此，建议在《条例（草案）》第二十四条后增加一条，具体表述为：

“各级人民政府及其水务、文化、文物、教育、广播电视等有关部门或者机构应当对河湖非物质文化遗产进行挖掘、整理，并设立河湖文化教育公园、博物馆、网站等设施，传承和弘扬首都河湖文化。”

七、关于建立入河水质监测和河湖水质断面考核制度

农村委员会认为，加强对入河水质的检测监管，是维护河湖健康生命的重要保障。近年来，本市已经开始运用信息化手段，在北运河等主要流域水系实施河湖水质实时监测措施，并取得了明显成效。为此，建议在《条例（草案）》第二十九条增加第四款，具体表述为：

“环境保护行政主管部门应当会同水行政主管部门运用信息化手段对河湖水质实施动态监测，并定期公示水质监测结果。”

同时，应当建立起与流域管理体制相配套的河湖水质断面考核制度。建议在《条例（草案）》第二十九条增加第五款，具体表述为：“本市建立河湖断面考核制度，严格落实流域统一管理下的属地河湖保护管理责任。”

八、关于农业面源污染防治

农村委员会认为，农业面源污染是影响河湖水环境的重要因素之一。近年来，在本市北运河、潮白河流域水系治理过程中，也加强了对农业面源污染的防治，采取了一些行之有效的措施。为此，建议《条例（草案）》第二十九条后增加一条，具体表述为：

“在河湖管理范围、保护范围内从事种植业的，区、县和乡、镇人民政府应当推广测土配方施肥、精准施肥、生物防治病虫害等先进适用的农业生产技术，减少农药、化肥使用量，有效控制农业面源污染。

“不得在河流两岸和湖泊、水库、塘坝周边1公里范围内从事规模畜禽养殖。在其两岸或周边1公里范围外的畜禽养殖场、养殖专业合作社、养殖小区，应当对畜禽粪便、废物进行无害化处理，实现污水达标排放。

“区、县和乡、镇人民政府应当加强对河湖流域水产养殖的管理，合理确定水产养殖规模和布局，推广循环水养殖、不投饵养殖等生态养殖技术，淘汰围网养殖，减少水产养殖污染。”

九、关于滨河绿化带建设

农村委员会认为，滨河绿化带有助于涵养水源、保护河湖堤岸、美化沿河景观，并对河湖水环境发挥着生态缓冲带的作用。虽然《北京市绿化条例》第十九条对河道用地范围内的公共绿地和湖泊水库管理范围内的绿地建设作了一些规定，但不够明晰，需要进一步细化衔接。为此，建议《条例（草案）》第三十一条后增加一条，具体表述为：

“除河湖内，河湖管理范围和保护范围内应当种树种草，增加绿化面积，逐步形成滨河绿化带。

“河湖沿岸的绿化应当按照河湖的功能和景观要求统一规划、设计。

“河湖管理范围的绿化及其管理维护由水行政主管部门负责；河湖保护范围的绿化及其管理维护分别由园林绿化、公路、水务部门负责。

“林木的抚育、更新依照有关法律、法规的规定执行。”

十、关于法律责任

加强河湖保护管理工作，必须严格政府及其相关部门的责任。《条例（草案）》第四十四条规定了政府部门及其公务人员违法行为的责任追究制度，但比较笼统。建议修改为：

“各级人民政府、各有关部门、各流域管理机构及其工作人员违反本条例规定，有下列情形之一的，对直接负责的主管人员和其他直接责任人员依法给予行政处分；构成犯罪的，依法追究刑事责任：

“（一）不履行河湖保护管理目标考核职责的；

“（二）不履行河湖保护管理规划编制职责或者不执行河湖保护管理规划的；

“（三）不依法查处河湖管理范围和保护范围内的禁止性行为，不依法采取责令停止违法行为、强制清除、强制拆除、查封、扣押、罚款等措施的；

“（四）不依法履行河湖保护管理审批职责的；

“（五）不履行监测职责或者发布虚假监测信息的；

“（六）不执行水功能区限制纳污制度的；

“（七）不履行本条例规定的其他职责的。”

鉴于北京市情、水情发生了较大变化，河湖的功能也发生了很大变化，河湖保护管理面临着许多新情况、新挑战和新要求，如：过去河道功能多为排洪，现多为蓄水；污水直排或者再生水不达标入河，河湖水质会进一步恶化；部分河湖保护区内的违法建设如何处置；如何处理好河湖保护管理与发展经济的关系等。对于这些问题，还需要结合立法工作作进一步研究。

此外，农村委员会还对《条例（草案）》的部分条款和文字作了修改。

以上报告，供常委会审议时参考。

北京市人民代表大会法制委员会关于《北京市河湖保护管理条例（草案）》审议结果的报告

——2012 年 5 月 30 日在北京市第十三届人民代表大会常务委员会第三十三次会议上

市人大法制委员会副主任委员　卜世成

主任、各位副主任、秘书长、各位委员：

2011 年 12 月 22 日，市十三届人大常委会第二十九次会议对《北京市河湖保护管理条例（草案）》（以下简称草案）进行了第一次审议。会上，市人大农村委员会作了审议意见的报告，12 位常委会组成人员和 1 位列席代表发表了审议意见。大家认为，河湖是维系北京城乡发展的重要基础设施，1999 年出台的《北京市城市河湖保护管理条例》已不适应当前城乡统筹发展的现实需要。近年来，本市的河湖治理工作快速推进，重要水系的治理取得了显著成效。2011 年，中共中央、国务院出台了《关于加快水利改革发展的决定》，为贯彻落实中央和市委精神，需要废旧立新，重新制定一部统筹城乡的河湖保护管理条例，将一些有效的制度和措施通过立法的形式加以固化，以提高本市水环境保护管理水平。草案内容基本合理，具有可操作性。同时，常委会组成人员和代表对草案提出了一些修改意见和建议。

会后，法制委员会会同有关部门，针对常委会审议中的重点问题开展了调研论证，实地考察了永定河绿色生态发展带，采取召开座谈会、书面征求意见等方式，听取了规划、发改、环保等政府部门、16 个区县政府和冬泳协会的意见和建议。2012 年 5 月 8 日，法制委员会召开会议，根据常委会审议意见、农村委员会的审议意见和其他有关方面的意见进行审议，对草案提出了进一步修改的意见。现将审议结果报告如下。

一、关于完善流域治理及保护管理制度

常委会组成人员和农村委员会提出，本届市人大常委会高度重视北运河、潮白河流域水系治理工作，通过议案办理、听取专项工作报告等形式，积极推动市政府采取措施，制定了北运河、永定河、潮白河等重要水系的流域综合治理规划和生态清洁小流域治理规划，明确了流域水资源保护与配置、流域水生态环境建设、流域防洪减灾等工作目标，在流域治理工作中形成了一些有效经验和做法，应在条例中予以体现，同时建议增加与流域管理相配套的河湖断面考核制度、在海河流域内加强河湖保护的统筹协调。法制委员会根据审议意见，建议在条例中增加相关内容，将这些实践中的制度措施予以规范化、法制化，推动形成长效机制。

1. 建立与毗邻省份沟通协作机制，增加一条，表述为：“在国家有关部门的指导下，本市与相关省市建立健全河湖保护管理协作机制，加强河湖保护管理的统筹协调。”（草案修改稿第五条）

2. 完善流域管理机构职责，将第六条第三款修改为："市水行政主管部门在永定河、北运河、潮白河等跨区、县重要水系设置流域管理机构，在管辖范围内行使法律、法规规定的、市水行政主管部门授予的监督管理及行政执法职责，统筹协调流域内的河湖保护管理工作。"（草案修改稿第七条第三款）

3. 编制落实流域治理及保护管理规划，增加一款，表述为："市水行政主管部门会同相关部门按照全市河湖治理及保护管理规划以及相关要求，编制永定河、北运河、潮白河等跨区、县重要水系的流域治理及保护管理规划，报市人民政府或者其授权的部门批准。经批准的流域治理及保护管理规划，由流域管理机构实施监督、管理。"（草案修改稿第十一条第二款）

同时将第十四条第一款修改为："河湖治理及保护管理规划是河湖保护、开发、利用和管理的依据。编制区域发展规划、新城和重点发展区规划以及重大建设项目布局，应当符合全市河湖治理及保护管理规划和流域治理及保护管理规划。"（草案修改稿第十五条第一款）

4. 建立河湖断面考核制度，增加一条，表述为："本市建立河湖断面考核制度，严格落实流域统一管理下的河湖保护属地管理责任。

"水行政主管部门和环境保护行政主管部门应当运用信息化手段对河湖水质实施动态监测，定期公布水质监测结果。"（草案修改稿第三十条）

二、关于加强河湖非物质文化遗产保护

常委会组成人员和农村委员会提出，河湖文化内涵丰富广博，挖掘、整理河湖非物质文化遗产，对于弘扬和保护河湖文化，促进首都文化的大发展大繁荣具有重要意义，建议在条例中予以明确。法制委员会根据审议意见，建议在第二十四条第一款中增加"对河湖非物质文化遗产进行挖掘、整理"的内容。（草案修改稿第二十四条第一款）

三、关于加强水上活动安全管理

常委会组成人员和农村委员会提出，为保护公众的生命安全，减少水上活动事故的发生，建议在条例中明确划定禁止游泳等活动的水域，设置警示标志和安全防护设施。法制委员会根据审议意见，建议增加一条，表述为："市和区、县水行政主管部门应当会同环境保护行政主管部门按照保护饮用水源安全和人身安全的要求，依法划定并公布禁止游泳、滑冰等水上活动的水域，设置警示标志；在未禁止游泳、滑冰等水上活动的水域，活动人员或组织者应当采取安全防护措施。

"新、改、扩建河湖工程时，河湖管理机构应当在陡岸、直墙等危险地段设置必要的安全防护设施。"（草案修改稿第三十二条）

四、关于防治农业面源污染

农村委员会提出，近年来，本市加强北运河等重要水系的流域治理工作，加大对河湖的保护管理力度，采取了一些有效措施防治农业面源污染，建议在条例中增加相关内容。法制委员会根据审议意见，建议增加一条，表述为："在河湖管理范围、保护范围内从事种植业的，区县、乡镇人民政府应当推广测土配方施肥、精准施药、病虫害生物防治等农业生产技术，减少农药、化肥使用量，发展绿色生态农业，有效控制农业面源污染。

"在河流两岸和湖泊、水库、塘坝周边从事规模畜禽养殖的，应当符合全市畜牧业发展规划，并对畜禽粪便、废物进行无害化处理，实行污水达标排放，保证水源质量。

"区县、乡镇人民政府应当加强对河湖流域水产养殖的管理，合理确定水产养殖规模和布局，推广循环水养殖、不投饵养殖等生态养殖技术，限制围网养殖，减少水产养殖污染。"（草案修改稿第三十四条）

五、关于加强滨河绿化带建设

常委会组成人员和农村委员会提出，加强河湖管理范围和保护范围内的绿化工作有助于涵养水源、美化环境，同时满足民众的亲水近水需求，发挥河湖的生态功能、景观功能和休闲功能，构建和谐宜居的河湖水环境。因此，建议在条例中增加相关内容。法制委员会根据审议意见，建议增加一条，表述为："河湖管理范围和保护范围内在确保防洪安全的前提下，应当进行绿化，建设滨河绿化带、绿色步道和亲水健身休闲设施。

"河湖沿岸的绿化、岸坡及河底防护应当按照河湖功能、生态和环保景观要求及绿化技术标准，进行统一规划、设计。

"河湖管理范围的绿化及其管理维护由河湖管理机构负责；河湖保护范围的绿化及其管理维护分别由园林绿化、公路、水行政主管部门负责；林木的抚育、更新和维护依照有关法律、法规的规定执行。"（草案修改稿第三十六条）

六、关于调整河湖工程保护的法律责任

草案第十八、十九条规定了加强河湖工程保护采取的禁止性行为，并规定了相应法律责任。法制委员会认为，上述内容在国家水法、防洪法、河道管理条例和本市水法实施办法、防洪法实施办法、水污染防治条例、水利工程保护管理条例等法律、法规中作了具体规定。当前，中国特色社会主义法律体系已经形成，为了维护法律体系的统一和协调，对于法律、法规中已作规定的，本条例中不再重复。建议对草案的相关条款进行删除、调整，并增加一条，表述为："违反本条例第十九条、第二十条第五项和第六项、第二十七条、第三十一条、第三十二条规定的，依照水、防洪、水污染防治、水土保持等法律、法规的有关规定进行处罚。"（草案修改稿第三十九条）

此外，法制委员会还根据常委会审议意见、农村委员会审议意见和其他方面的意见，对草案作了一些文字修改，对条款顺序进行了相应调整。

法制委员会按照上述意见，提出《北京市河湖保护管理条例（草案修改稿）》，提请本次常委会会议进行审议。

草案修改稿和以上意见是否妥当，请审议。

北京市人民代表大会法制委员会关于《北京市河湖保护管理条例（草案修改稿）》修改意见的报告

——2012 年 7 月 27 日在北京市第十三届人民代表大会常务委员会第三十四次会议上

市人大法制委员会副主任委员　卜世成

主任、各位副主任、秘书长、各位委员：

2012 年 5 月 30 日，市十三届人大常委会第三十三次会议对《北京市河湖保护管理条例（草案修改稿）》（以下简称草案修改稿）

进行了分组审议，有3位常委会组成人员和1位列席代表发表了审议意见，认为草案修改稿内容比较全面，具有可操作性，同时针对具体条款提出了意见和建议。

会后，法制委员会会同市人大农村委、市政府法制办、市水务局认真研究了常委会组成人员和代表提出的审议意见，查阅了相关资料，征求了市发展改革委、市财政局、市环保局、市编办等部门的意见。7月12日，法制委员会召开会议，根据常委会审议意见和其他有关方面的意见，对草案修改稿提出了进一步修改的意见。现将修改情况报告如下。

一、将第四条中的“逐步建立水生态保护补偿机制”修改为“建立健全水生态保护的补偿制度”。（表决稿第四条）

二、将第七条第三款修改为：“市水行政主管部门在永定河、北运河、潮白河等跨区、县重要水系设置流域管理机构，在管辖范围内依照国家和本市的规定履行监督管理及行政执法职责，统筹协调流域内的河湖保护管理工作。”（表决稿第七条第三款）

三、将第十条第一款修改为：“本市鼓励和支持河湖保护管理领域科学技术的研究和应用，提高河湖保护管理的精细化、智能化水平。”（表决稿第十条第一款）

四、将第十四条第一款中的“服从北京城市总体规划和海河流域综合规划”修改为“符合北京城市总体规划和海河流域综合规划”。（表决稿第十四条第一款）

五、将第二十四条中的“水工建筑物”修改为“水工建筑物、构筑物”。（表决稿第二十四条）

六、将第二十八条第二款中的“公共排水管网”修改为“排水管网”。（表决稿第二十八条第二款）

七、将第四十一条第二款中的“未按照要求”修改为“未按照经批准的工程建设方案”。（表决稿第四十一条第二款）

法制委员会按照上述意见提出《北京市河湖保护管理条例（表决稿）》，建议本次常委会会议通过，并自2012年10月1日起施行。

北京市人民代表大会常务委员会关于北京市第十四届人民代表大会代表名额和选举时间的决定

（2012年7月25日北京市第十三届人民代表大会常务委员会第三十四次会议通过）

北京市第十四届人民代表大会代表名额为781名。根据《中华人民共和国全国人民代表大会和地方各级人民代表大会选举法》的有关规定，结合本市实际情况，北京市人民代表大会常务委员会对各区、县和中国人民解放军驻京部队应选北京市第十四届人民代表大会代表名额和选举时间决定如下。

一、各区、县应选北京市第十四届人民代表大会代表名额共746名。具体名额为：东城区69名，西城区88名，朝阳区100名，海淀区100名，丰台区68名，石景山区28名，门头沟区20名，房山区42名，通州区39名，顺义区32名，昌平区35名，大兴区36名，平谷区24名，怀柔区20名，密云县25名，延庆县20名。

中国人民解放军驻京部队应选北京市第十四届人民代表大会代表名额为25名。

机动名额10名。

二、各区、县人民代表大会和中国人民解放军驻京部队应在2012年11月25日以前选出北京市第十四届人民代表大会代表。

北京市第十四届人民代表大会代表名额分配方案

单　位	代表名额	单　位	代表名额
东城区	69名	西城区	88名
朝阳区	100名	海淀区	100名
丰台区	68名	石景山区	28名
门头沟区	20名	房山区	42名
通州区	39名	顺义区	32名
昌平区	35名	大兴区	36名
平谷区	24名	怀柔区	20名
密云县	25名	延庆县	20名
驻京部队	25名	机　动	10名
合　计	781名		

关于《北京市第十四届人民代表大会代表名额和选举时间的决定（草案）》的说明

——2012年7月25日在北京市第十三届人民代表大会常务委员会第三十四次会议上

市人大常委会副主任　梁　伟

主任、各位副主任、秘书长、各位委员：

根据宪法和有关法律规定，北京市第十三届人民代表大会到2013年1月任期届满，需要依法进行换届选举。新一届市人大代表选举是根据新修改的选举法首次实行城乡按相同人口比例进行选举，需要由市人大常委会重新分配各区县应选市人大代表的名额，以更好地体现人人平等、地区平等、民族平等。根据选举法和全国人大常委会《关于做好地方各级人大代表名额分配工作的指导意见》，结合我市实际情况，在广泛征求各区县意见的基础上，主任会议提出了《关于北京市第十四届人民代表大会代表名额和选举时间的决定（草案）》，提请本次常委会会议审议。

下面，我受主任会议的委托，就决定

（草案）的有关问题作如下说明。

一、关于市第十四届人大代表的总名额

根据全国人大常委会指导意见，新一届省、自治区、直辖市人大代表总名额，仍按1997年5月八届全国人大常委会第二十五次会议通过的《全国人民代表大会常务委员会关于省、自治区、直辖市人民代表大会代表名额的决定》执行，不再重新确定。因此，北京市第十四届人大代表的总名额仍为781名。

二、关于市第十四届人大代表名额的分配办法

根据新修改的选举法的规定，北京市人民代表大会代表名额由市人大常委会根据各区县的人口数，按照每一代表所代表的城乡人口数相同的原则，以及保证各地区、各民族、各方面都有适当数量代表的要求，参照全国人大代表名额分配办法，结合我市实际情况进行分配。具体分配办法是：

（一）16个区县应选市第十四届人大代表名额共746名，与十三届相同。按照选举法的规定，分配各区县的应选代表名额由以下三部分构成。

一是根据人口数分配的代表名额。以2011年12月31日我市户籍人口数为基础，按城乡户籍人口约每2.1万人分配1名，同时结合我市第六次人口普查情况，对常住人口较多的区县适当增加名额。根据人口数分配的代表名额共628名。

二是地区基本名额，16个区县各5名，共80名。

三是其他名额38名，主要用于调剂代表人士比较集中的城区名额，同时参照近几届市人大代表名额分配的惯例，兼顾各代表团规模，名额最多不超过100名，最少不少于20名。

（二）解放军驻京部队应选市第十四届人大代表名额为25名，与十三届相同。

（三）预留机动名额10名，与十三届相同，以解决因领导干部调整需要选举代表的名额。

根据以上原则和办法，决定（草案）对市第十四届人大代表名额分配如下：东城区69名，西城区88名，朝阳区100名，海淀区100名，丰台区68名，石景山区28名，门头沟区20名，房山区42名，通州区39名，顺义区32名，昌平区35名，大兴区36名，平谷区24名，怀柔区20名，密云县25名，延庆县20名。解放军驻京部队25名。机动名额10名。

这次换届选举，各区县和解放军驻京部队应选市第十四届人大代表名额总数为771名。与市第十三届人大代表名额分配比较，实行城乡按相同人口比例选举市人大代表后，郊区县的代表名额增加56名。以上名额分配方案经征求各区县意见，均表示赞成。

三、关于市第十四届人大代表的选举时间

根据地方组织法对地方各级人民代表大会任期的规定和每届第一次会议应在代表选举产生后的两个月内召开的规定，以及全国人大关于新一届全国人大代表选举时间的决定，北京市第十四届人民代表大会第一次会议最迟应在2013年1月下旬召开。考虑到筹备北京市第十四届人民代表大会第一次会议的需要，各区县人民代表大会和解放军驻京部队应当在2012年11月下旬完成代表选举工作。为此，决定（草案）规定，各区县人民代表大会和解放军驻京部队应在2012年11月25日以前选出北京市第十四届人民代表大

会代表。

《关于北京市第十四届人民代表大会代表名额和选举时间的决定（草案）》及以上说明，请予审议。

北京市人民代表大会常务委员会执法检查组关于检查《中关村国家自主创新示范区条例》实施情况的报告

——2012 年 7 月 25 日在北京市第十三届人民代表大会常务委员会第三十四次会议上

市人大常委会副主任　吴世雄

主任、各位副主任、秘书长、各位委员：

2010 年 12 月 23 日，北京市第十三届人民代表大会常务委员会第二十二次会议审议通过了《中关村国家自主创新示范区条例》（以下简称条例），并自公布之日起施行。条例的制定和贯彻实施对全面落实国务院批复，着力解决制约示范区发展的实际问题，为示范区提供法制保障和营造有利于创新创业的社会环境，都具有十分重要的意义。

今年，常委会把条例的执法检查列为重要工作。执法检查组集中听取了市政府以及中关村管委会等有关部门关于条例贯彻执行情况的汇报；先后到海淀、大兴等科技园区开展实地调研，听取区政府和园区管委会的专题汇报；分别组织召开了园区管理机构、科技企业、高等院校和科研院所专题座谈会；专门听取了北京市工商局和北京民营科技实业家协会的意见和建议；委托东城区、西城区、朝阳区、海淀区、丰台区、石景山区、通州区、大兴区、昌平区人大常委会，对条例在本行政区域内的实施情况进行了检查；在市人大常委会网站上公开征求了社会各方面的意见和建议。6 月 27 日，执法检查组召开全体会议，研究讨论了执法检查报告。现将执法检查情况报告如下。

一、条例实施成效显著

一年多来，市政府及其有关部门结合“科技北京行动计划”和“十二五”科技北京发展建设规划的实施，积极主动开展工作，在条例的宣传、贯彻、实施和推动示范区发展方面做了大量工作，取得了显著成效。

（一）市政府高度重视，采取多种措施，积极贯彻实施条例

广泛宣传和培训，为贯彻落实条例营造良好的工作氛围。市政府多个部门采取多种形式、利用多种渠道，组织开展条例和相关政策的宣传培训。中关村管委会等 25 个部门组织编制、印发了《条例释义》，为条例提供了权威规范的解释说明。制定配套文件，完善贯彻落实条例的政策体系。各相关部门根据职责权限，积极围绕条例中各项创新性规定，完成修订和新制定配套政策文件 32 项，大大增强了条例的可操作性。重点监察，确保条例施行落到实处。市监察局将条例贯彻落实工作列为 2011 年全市 6 项重点监察任务之一，对中关村管委会、市发展改革委、市科委等相关部门贯彻落实条例的情况进行了监督检查，有力推动了条例的贯彻实施。

市政府及其有关部门按照条例的规定认真推动条例贯彻实施，取得了实效。一是搭建中关村创新平台。平台有效整合了多层次政府创新管理资源，在构建跨层级、跨部门协同创新的组织模式以及实现央地联动和部门协同的工作机制方面实现了重要突破，探索出了中关村独有的整合中央和地方创新资源的新途径，是科技创新管理“首都体制”的重要载体，为各级政府的创新创业服务提供了强有力的组织保障。二是推进人才特区建设。制定并出台了一系列吸引海内外高层次人才、促进中关村人才特区建设的特殊政策，积极开展中央“千人计划”、北京市“海聚工程”推荐和中关村“高聚人才”认定工作；建立了首都创新资源平台人才引进联合审批机制，开设了高层次人才引进绿色通道，开通了高端领军人才职称评审直通车。三是开展科技金融创新。围绕建设国家科技金融创新中心的目标，积极推动金融产品和金融服务创新，开展知识产权质押贷款、信用贷款、信用保险和科技金融担保等试点，大力推动天使投资和创业投资发展，支持企业利用多层次资本市场融资。四是推进知识产权工作。开展中关村国家知识产权制度示范区知识产权专项资助，帮助企业开展专利战略布局和专利创业；开展知识产权案件诉前调解工作，推动解决困扰企业的知识产权纠纷周期长、费用高、执行难的问题；开通中关村企业知识产权绿色通道，缩短办理时限。五是加快推进核心区建设。率先在核心区落实股权激励等先行先试政策，发挥产学研用创新体系建设和创新要素聚集的示范作用，开展科技金融综合配套改革创新试点，开展市级审批权下放和优化审批流程、简化审批环节等行政审批制度改革试点。

（二）条例发挥了重大作用，示范区发展进入新阶段

条例的颁布施行，进一步统一了社会各界的认识，再一次凝聚了广大科技人员的精神，大大激发了各类创新主体的活力，有效整合和聚集了首都各类创新资源，营造了适宜创新创业的良好环境，各类创新创业元素在中关村聚集、发酵，示范区进入了蓬勃发展的新阶段。一是企业科技创新能力增强。2011年，中关村新增科技企业4000多家，同比增长1000多家；企业科技创新投入力度加大，2012年1—4月，示范区企业内部科技活动经费支出213.6亿元，同比增长29.6%；企业创新成果丰富，2012年1—4月，示范区规模以上企业专利申请和专利授权量分别为5907件和3161件，同比增长39.3%和37.9%。二是海内外高层次人才加速聚集的态势已初步显现。2011年，中关村人才特区引进海内外人才1962人，其中引进海外高层次人才436人。目前，北京地区共有629人入选中央“千人计划”，301人入选北京市“海聚工程”，其中70%以上都在中关村创业发展。三是创业投资在京聚集发展，示范区投融资活动日益活跃。一批优秀的创业投资机构和专门从事创业投资的优秀管理团队在中关村高度聚集，创业投资案例和金额持续增长，中关村已经成为中国创业投资最活跃的区域。目前，中关村的境内外知名创投企业有100多家，管理的资金规模超过200亿美元。2011年，发生在中关村示范区内的投资案例数为349起，占全国的1/3。2011年中关村新增上市公司26家，其中有16家企业通过创业投资的支持实现了快速发展。四是产学研用协同创新取得新进展。实施中关村开放实验室工程，支持开放实验室与企业开展产学研合作；支持、引导企业、高校、院所共同参加的产业技术联盟，促进自主技术标准创制、新技术新产品的推广和示范应用。五是创业服务业兴起。以“创新工场”、“车库咖啡”等为标志，中关村创新文化得到了传承和弘扬，创业服务业已经成为一种新

的业态。六是科技和文化融合取得新进展。大力推进和实践文化创新、科技创新“双轮驱动”，文化和科技融合发展取得显著成效，中关村成为首批经认定的国家级文化和科技融合示范基地之一。七是对经济增长的贡献不断提高。2011 年，全市技术合同交易额达 1890 亿元，同比增长 20%。中关村企业总收入达 1.96 万亿元，增加值达 3062.6 亿元，占北京地区生产总值的 19.1%。2012 年 1—5 月，示范区总收入达 7851.3 亿元，同比增长 26.4%。

二、存在的主要问题

执法检查组认为，条例贯彻实施总体情况是好的，为示范区建设取得阶段性成果发挥了重要作用。但示范区发展同“建设有全球影响力的科技创新中心”这一战略目标相比，还存在差距。条例中有些规定和相关政策的宣传还存在不足，有些条款在不同区县还存在落实不平衡的现象，还有些规定并没有得到很好的贯彻执行。一是示范区与周边地区发展不平衡。条例第六条和第四十九条分别对“统筹示范区与行政区协调发展”和“统筹示范区与周边地区设施建设利用”作出了规定。但条例实施一年多来，示范区与行政区的统筹发展力度不够，使得产业发展和行政区发展不能同步；园区配套公共服务设施不完善，基础设施建设和管理水平与科技研发和产业化发展难以匹配。二是政府对示范区土地的优先回购权没有落实。条例第五十二条规定了政府对示范区土地的优先回购权，这是对示范区土地利用非常重要的突破，是破解示范区土地资源异常紧缺的重要手段，但由于缺乏相关配套文件和具体的操作执行办法，该条还没有真正落实。三是中小民营企业发展面临诸多困难。新创中小民营科技企业是完成科技创新、转化科技成果、创造新兴产业、传承中关村精神的重要载体，是长期以来中关村最为活跃的创新主体。条例第二十条对扶持中小企业发展和支持中小企业技术创新作出了规定。但从实际情况来看，制约中小民营科技企业发展的诸多难题尚未得到根本破解，处于初创期的中小民营科技企业融资难的问题仍然突出。

三、意见和建议

条例是在我市立法工作新格局下的一次重要立法实践，是法规制定和实施相统一的成功案例。颁布施行一年多来的实践证明，这部法规符合首都和中关村示范区发展实际，奠定了中关村发展的法制基础，提供了示范区发展的法制保障，对首都科技创新和科学发展的保障与促进作用越发明显，未来也将继续发挥重大作用。为了进一步贯彻落实条例，推动示范区发展，执法检查组提出以下意见和建议。

（一）坚持立法宗旨，切实抓好条例实施

要坚持通过科技创新的制度创新，激发创新活力、增强创新能力。一是要坚定不移、毫不动摇地坚持科技创新的发展战略，积极推动首都发展向依靠科技创新转变。加快转变经济发展方式，破解首都城市建设发展中的难题，缓解人口、资源、环境矛盾，实现首都经济社会和谐、全面、可持续发展，最根本的还是要依靠科技创新。二是要加强科技创新的制度创新，进一步激发创新活力、增强创新能力。加快健全首都创新体系，建立企业主导产业技术研发创新的体制机制，进一步调动科技企业和科技人员创新的积极性；进一步解放思想、转变观念，放手发动、放权推动行业协会等中间组织的发展，处理好政府与市场、社会的关系，统筹发挥政府调控作用、市场在资源配置中的基础性作用和社会的协同作用，实现政府、市场、社会的良性互动。三是要进一步加大条例的宣传贯彻力度，继续做好条例实施工作。条例的宣传贯彻和实施是一个持续不断的过程，要切实采取有效措施，增强政府相关部门贯彻实施条例的自觉性，提高各类创新主体对条例的知晓率和“知法用法”的能力。

（二）进一步加强统筹协调

完善贯彻实施条例、推动示范区建设的统筹协调机制和各相关部门有效配合、高效运作的合作机制。一是加强市政府层面的统筹协调。把推动示范区发展作为市政府各相关部门的共同职责和考核标准，使各相关部门的政策、资金等在示范区形成聚合，形成推动示范区发展的合力。市政府要加强宏观统筹，各职能部门要统一认识，在信息共享、落实措施等方面加强协调。二是推进各个园区和产业基地的协调发展。市政府和有关部门应当加强对各区县的指导和各个园区、产业基地的业务指导，使各个园区在空间布局和产业结构上形成优势互补和协调发展的态势。三是加强示范区与周边地区的统筹发展。加快园区配套设施建设的速度和力度，满足创新主体对住房、教育、医疗、交通、文化等公共服务的需求。完善区域合作协调机制，加强示范区与周边地区在规划编制、基础设施建设、重大项目安排、政策资源共享等方面的统筹协调，协同推进示范区的建设和发展。

（三）进一步优化创新创业环境

一是优化创新创业的政策环境。继续研究制定和及时发布配套规章和政策性文件，切实增加条例的可执行性和操作性。对已经制定发布的配套政策，要加强各个部门之间政策文件的协调和衔接，形成政策合力。二是改进土地资源的利用。通过空间整合、改善经营管理和业态调整等多种途径，腾退和拓建更多空间，实现示范区土地的节约集约利用，提高土地利用效率和降低土地利用成本。切实加强研究，采取有效措施，使“政府行使土地回购优先权”和“探索集体建设用地使用流转机制”等规定落到实处。三是加强知识产权服务。知识产权局、法院、检察院、公安、工商、城管等部门应当实现信息共享，开展联合执法。可以考虑设立中关村知识产权法院，加大知识产权保护力度。进一步完善知识产权服务平台建设，确保中关村知识产权绿色通道的畅通和高效。四是创造良好的社会环境。加强创新文化建设，努力营造和弘扬鼓励探索、敢于创新、宽容失败的创新文化。注重发挥中间组织的作用，大力推进科技中介机构和行业协会的发展。五是提升政府服务效能。市和区县政府及其有关部门要向企业和其他创新主体开放需求、依法公开包括统计数字在内的各种政府信息。要按照规划、组织、协调、服务的职能要求，完善管理体制，创新服务机制，切实提高服务水平和效率，创造良好的营商环境。

（四）加大对新创中小民营科技企业的扶持力度

应当把鼓励科技创业、扶持新创中小民营科技企业发展作为重要的政府职责，广泛发动社会力量，创造优良的创业环境。一是贯彻落实条例中的相关规定。支持示范区内的新创中小民营科技企业，通过资金资助、设立孵化器、搭建公共服务平台等多种方式，帮助企业提高市场竞争力。二是加强调查研究，完善扶持政策。及时制定我市支持新创中小民营科技企业发展的政策、措施，在营造宽松政策环境、疏通融资渠道、提供发展空间等方面加大对新创中小民营科技企业的支持力度。三是提升对新创中小民营科技企业的服务水平。采取切实有效的政策和措施，增强大学科技园、科技企业孵化器和留学人员创业园的创业孵化服务能力，提升其服务新创中小民营科技企业的水平。

以上报告，请予审议。

关于《中关村国家自主创新示范区条例》贯彻落实情况的报告（书面）

——2012年7月25日在北京市第十三届人民代表大会常务委员会第三十四次会议上

中关村科技园区管理委员会

主任、各位副主任、秘书长、各位委员：

2010年12月23日，市人大常委会颁布了《中关村国家自主创新示范区条例》（以下简称《条例》），为进一步创新示范区工作体制机制，营造良好的创新创业环境提供了法制保障。一年多来，在市人大的监督指导下，市政府高度重视《条例》的贯彻落实工作，采取了一系列有效措施，推动示范区建设取得了明显成效。受市人民政府委托，现将有关情况报告如下。

一、高度重视，周密部署贯彻落实《条例》

（一）召开落实《条例》工作会议，全面部署《条例》贯彻执行工作

2011年1月14日，召开中关村《条例》宣传贯彻落实工作会议。市委常委赵凤桐，市人大常委会副主任柳纪纲、刘新成出席并讲话。会议就《条例》贯彻落实工作进行了全面动员部署。

（二）制定《条例》落实工作方案，明确职责，确保落实到位

根据市领导指示精神和《条例》落实工作需要，中关村管委会起草了《〈中关村国家自主创新示范区条例释义〉编制工作方案》和《〈中关村国家自主创新示范区条例〉配套规章和规范性文件制订工作方案》，经征求有关单位意见，明确了市各有关单位的工作职责、工作要求和进度安排。

（三）采取多种形式、利用多种渠道，组织开展宣传培训

一是开展专题报道，围绕《条例》的立法背景、发布、重点内容等，在中央及市属主要媒体报道；二是在中关村网站开设“中关村新政介绍”专栏持续报道，在市工商局、市知识产权局等单位网站宣传《条例》及相关配套文件；三是利用中关村手机报、中关村电子杂志等新媒体进行宣传；四是印制宣传资料，中关村管委会印制《条例》单行本，市工商局印制政策宣传手册，发放政府机构、企业、高校院所、社会组织、社会公众等；五是组织专题宣讲培训，中关村管委会、市科委、市民政局、市知识产权局、海淀区政府等单位组织100余场《条例》及相关配套文件宣讲和培训会，面向企业、高校、院所、社会组织及相关政府部门进行宣讲与培训。

（四）将《条例》贯彻落实工作纳入重点监察，确保落到实处

根据市领导指示精神，市监察局将《条例》贯彻落实工作列为2011年全市重点监察任务之一，制定了《关于对贯彻落实〈中关村国家自主创新示范区条例〉实施效能监察的工作方案》。2011年9月19日召开落实《条例》立项效能监察工作会议，了解《条例》贯彻落实工作的进展情况，市政府办公

厅、市发展改革委、市科委、市经济信息化委、市工商局等单位参加会议，推动了工作的进展。

二、多措并举，完善贯彻落实政策体系和保障措施

（一）加快制定配套文件，完善贯彻落实《条例》的政策体系

配套文件的制定实施，是贯彻落实《条例》的核心环节。《条例》出台后，各相关单位围绕《条例》各项创新性规定，从促进战略性新兴产业发展、支持新技术新产品推广应用、专利促进、标准创制、改制上市、高新技术企业认定、并购重组、股权质押贷款、人才公共租赁住房、创业孵化机构建设、社会组织建设等方面，已完成修订和新制定32项配套政策文件。（详见附件）

在政策设计上，注重围绕《条例》提出的创新点，系统设计，加大支持力度。例如，在专利促进、改制上市、并购重组、股权质押贷款等政策中，都体现了对示范区重点企业的支持。通过人才公共租赁住房建设、创业孵化机构建设、创业投资风险补贴等政策，加大对人才创新创业的支持力度。

（二）编制《条例》释义，为促进《条例》贯彻落实提供支撑

为了对《条例》进行规范的解释说明，方便社会各界的理解，加快推动《条例》的贯彻实施，在市人大指导下，中关村管委会、市发展改革委、市财政局等25家单位组织了《〈中关村国家自主创新示范区条例〉释义》编制工作。成立《条例》释解研究课题组，17位专家参与，历时4个多月，查阅数百万字资料，多次征求意见，形成了《条例》释义稿。

《条例》释义按照“背景介绍要实事求是、立法精神要深刻到位、条文释义要准确无误、立法依据要清晰明确”的原则进行编制。对应《条例》的十章共六十八条，释义从立法背景、工作现状、政策、措施等方面，逐条、逐款予以解释。释义反映了示范区建设的最新进展，介绍了国家及北京市支持示范区建设的相关举措，并辅之以130多个专业名词解释和大量的具体实例介绍，对于《条例》创新性条款予以了特别说明。释义收录了国家及北京市制定的支持中关村示范区建设的61个政策文件，增强了释义的可读性和实用性。2011年11月《〈中关村国家自主创新示范区条例〉释义》正式出版。现已累计向示范区有关单位印发《〈中关村国家自主创新示范区条例〉释义》近3000册。

（三）与市政法系统开展合作，强化司法保障的助推作用

一是由市高级人民法院、市检察院、市公安局、市司法局、市民政局、中关村管委会联合出台《关于司法保障助推中关村国家自主创新示范区发展的工作意见》，采取多种措施重点就知识产权保护、服务高层次人才、促进社会组织发展、加大对中关村创新创业主体合法权益的保护、加强社会治安管理、开展法制宣传教育，提供法律预警服务等方面作出规定，为《条例》的贯彻落实提供了司法保障手段。

二是中关村管委会与市司法局签订《战略合作协议》，加大了为创新创业主体提供法律培训的力度，取得较好的效果。

三、全面落实，示范区发展建设取得显著成效

（一）搭建平台、整合资源，推进示范区体制机制创新取得重大突破

按照《条例》关于“注重搭建自主创新平台，健全跨层级联合工作机制，着力推进制度创新、体制和机制创新”的相关规定，市政府积极协调各相关国家部委，着力搭建创新平

台，推进体制机制创新，取得重要成果。

一是搭建中关村创新平台。中关村创新平台于2010年12月31日正式成立，下设重大科技成果产业化项目审批联席会议办公室、科技金融工作组、人才工作组等8个办事机构。19个国家部委和北京市各相关部门、区县入驻平台办公。

创新平台运行以来，中央部委和北京市相继研究出台了32项政策试点文件和实施细则；深入推进部市会商，共同推进先行先试政策，联合支持战略性新兴产业重大项目，北京市企业承接重大专项约占全国50%，获得中央经费约110亿元，支持重点科技项目1000余项；积极开展中关村现代服务业试点，中央财政3年投入15亿元，市财政按同比例配套资金，专项支持试点工作，目前已经确定试点项目64个，项目总投资约75.4亿元。积极推动军地会商机制和军民融合创新，2011年在军事采购、科技项目、科技基础设施等300余个项目上开展合作，涉及金额近50亿元。

二是深化中关村科技园区管理体制改革。印发了《北京市人民政府办公厅关于印发中关村科技园区管理体制改革方案的通知》，进一步理顺了各方关系，适应了新形势下建设中关村国家自主创新示范区的需要。

三是切实发挥中关村发展集团在示范区建设中的作用。发展集团成立以来，共储备科技成果产业化项目550个，投资项目138个，投资金额17.5亿元，带动社会投资近100亿元；引入中建集团等央企资金参与产业基地开发建设，为人才公租房、科技金融服务企业提供有效融资，引导各分园建设了中关村国家院所通州产业园等一批特色产业基地。

四是建设中关村示范区展示中心。2011年7月，市政府重点工程——中关村国家自主创新示范区展示中心开馆运行。展示中心汇聚了中关村八大产业集群中最具引领性、最具代表性、最具展示性的近200家重点企业，成为中关村示范区科技创新成果集中展示的平台和反映中关村核心区建设成果的重要窗口。

（二）深入落实6项先行先试政策，初步构建促进科技创新的政策框架体系

按照《条例》第五十三条中关于“推进政策先行先试”的相关规定，在中央领导同志的关心和支持下，市政府协调各相关国家部委，深入调研，周密论证，推出6项先行先试政策，取得良好的效果。

一是关于科技成果处置权和收益权改革试点。财政部印发了《关于在中关村国家自主创新示范区进行中央级事业单位科技成果处置权改革试点的通知》、《关于在中关村国家自主创新示范区开展中央级事业单位科技成果收益权管理改革试点的意见》。北京市也制定了配套试点政策和工作程序。2011年，技术转让项目共计261项，收入约6.5亿元。

二是关于股权激励改革试点。中央相关部委先后印发了《中关村国家自主创新示范区企业股权和分红激励实施办法》等五项政策文件。北京市和示范区领导小组出台了《中关村国家自主创新示范区市属单位股权激励改革试点工作实施意见》等实施办法。2011年，示范区有481家单位实施了股权和分红激励，其中市属国有企业和事业单位75家，中央企业和中央级事业单位35家，民营企业287家，上市公司84家。

三是关于研究开发费用加计扣除、职工教育经费税前扣除税收政策试点。财政部、税务总局印发了《关于支持中关村科技园区建设国家自主创新示范区有关税收政策问题的函》等三项政策文件。北京市有关部门印发《关于贯彻落实国家支持中关村科技园区建设国家自主创新示范区试点税收政策的通知》，对落实部委文件提出了具体工作要求。2011年，共有512家企业享受研发费用加计扣除试点政策，新增归集项目加计扣除额5.31亿元，享受所得税优惠8024万元；共有

56家企业享受职工教育经费税前扣除试点政策，按工资总额8%的税前扣除比例，较原工资总额2.5%的比例新增扣除金额4835万元。

四是关于科研项目经费管理改革试点。北京市印发了《中关村国家自主创新示范区科技重大专项项目（课题）经费间接费用列支管理办法（试行）》等两项政策。财政部印发《关于在中关村国家自主创新示范区开展科研项目经费管理改革试点的意见》。2011年，共有1238个项目纳入科研经费管理改革试点，包括723个北京市科技项目、303个重大科技成果转化和产业统筹项目以及212个部市会商项目。其中北京市科技项目列支间接费用4560万元，较2010年增长72.8%。

五是关于高新技术企业认定试点。科技部、财政部、税务总局印发了《关于完善中关村国家自主创新示范区高新技术企业认定管理试点工作的通知》，北京市研究制定了《中关村国家自主创新示范区技术秘密鉴定办法》等配套文件。2011年，新认定高新技术企业1282家，示范区高新技术企业总数同比增长20%。

六是关于建设统一监管下的全国性场外交易市场。中关村代办股份转让试点启动以来，已有160家企业参与试点，挂牌企业总数达到106家。代办股份转让试点有效地促进了企业的发展，多家挂牌公司成功在创业板上市。目前，在中国证监会的领导下，正在开展中关村代办股份报价转让系统试点工作总结，并将尽快提出统一监管下的全国场外交易市场建设方案上报国务院。

（三）启动中关村人才特区和国家科技金融创新中心建设，各类创新资源加快聚集

按照《条例》第四章人才资源和第五章科技金融的相关规定，市政府积极争取中组部等中央和国家部委支持，以推进人才特区建设和科技金融中心建设为抓手，吸引了大批高层次人才。

一是加快建设中关村人才特区。中组部、国家发展改革委等15个中央部门和北京市《关于中关村国家自主创新示范区建设人才特区的若干意见》，支持中关村在重大项目布局、境外股权和返程投资、居留和出入境等13个方面实行特殊政策。北京市《关于加快建设中关村人才特区的行动计划（2011—2015年）》，将启动拔尖领军人才开发工程等6项推进人才特区建设的重大工程，具体落实资金奖励等10项支持政策。

为进一步为高端人才评价提供高效、优质服务，北京市实施《中关村国家自主创新示范区高端领军人才专业技术资格评价工作试行办法》，突破传统职称评审程序，开通了高端领军人才职称评审的“直通车”。2011年中关村人才特区引进高层次人才1962人，其中引进海外高层次人才436人。目前，北京地区共引进“千人计划”入选专家629人，占全国入选总数的28%，301人入选了“海聚工程”。

二是积极推进国家科技金融创新中心建设。科技部等8个国家部委和北京市《关于中关村建设国家科技金融创新中心的指导意见》即将发布实施。中关村加大科技金融创新和先行先试工作力度，支持企业利用多层次资本市场融资，2011年中关村新增上市公司26家，上市公司总数目前已达220家，其中创业板上市公司59家，占创业板企业总数的七分之一，形成了“中关村板块”。

（四）坚持规划先行，不断完善示范区空间规模和产业布局

按照《条例》第一章总则和第六章土地利用中，关于“集约利用土地”、“培育产业集群”等规定，以及第八章核心区建设的规定，市政府开展探索，各相关条款正在逐步得以落实。

一是推动示范区空间规模和布局调整。在科技部、国家发改委等部委支持下，制定了空间规模和布局调整规划，目前已经上报国务院。示范区领导小组研究制定了《中关

村国家自主创新示范区优化产业布局指导意见》。为集约利用土地资源，拓展示范区发展空间，市政府正在积极研究利用集体土地发展高技术产业的相关问题，东升科技园、玉泉慧谷科技园已经作出有益探索。

二是加快建设中关村科学城。以重大科技成果转化和产业化项目为重要抓手，通过资源优化整合、体制机制创新、城市规划管理创新，推进协同创新。中关村科学城建设启动以来，编制了《中关村科学城发展规划(2011—2015年)》，形成了42个细分产业促进实施方案。目前，已经启动北航先进工业技术研究院等一批创新产业园建设，实施了龙芯处理器等一批重大科技成果产业化项目。

三是加快推进未来科技城建设。未来科技城主要服务大型中央企业，吸引在战略性新兴产业领域位居前列的民营企业总部和研发机构、海内外一流大学和创新人才的重点实验室、研发机构入驻。现已确定神华集团、国家电网等15家中央企业入驻园区。

四是推进南北高端产业聚集区建设。大力支持高端产业集群和战略性新兴产业集群发展，加快建设北部研发服务和高技术产业带，以及南部高技术制造业和战略性新兴产业带，进一步拓展产业发展空间，促进技术辐射和科技成果产业化落地。

五是加快建设中关村示范区核心区。一年多以来，核心区在推进自主创新资源配置方式改革、支持中小企业技术创新、推进行政审批制度改革、加强知识产权工作、人才特区建设、统筹示范区土地利用和建设、用好用足核心区建设的政策等方面取得重要进展，核心区建设取得阶段性成果，核心区示范引领作用初步显现。

(五)不断提升企业技术创新能力，加快培育和发展战略性新兴产业

按照《条例》第三章科技研发、成果转化和知识产权中的规定，市政府通过不断创新机制，使各相关条款得到较好的落实。

一是坚持需求拉动创新和政产学研用协同创新。坚持需求拉动创新，通过示范工程和重大工程应用等方式，促进自主创新成果产业化。开展政产学研用协同创新，实施中关村开放实验室工程，在高校院所中挂牌开放实验室83家，支持开放实验室与企业开展产学研合作；支持成立产业技术联盟55家，促进自主技术标准创制、新技术新产品的推广和示范应用。促进军民融合创新，加快军转民技术和民转军技术的推广应用。

二是建立重大科技成果转化和产业项目统筹工作机制。“十二五”期间，北京市每年安排100亿元统筹资金，支持重大科技成果产业化项目。市财政局、中关村管委会等六部门制定了《北京市重大科技成果转化和产业项目统筹资金股权投资管理暂行办法》，支持模式上实现了由各部门独立支持向多部门统筹协同支持转变。2011年共支持重大项目303项。

三是不断完善创新创业服务体系建设。大力支持创新型企业做强做大，积极推动实施“十百千工程”，实施“一企一策”。完善支持科技型中小企业成长的“瞪羚计划”，加大对中小微企业的扶持力度，不断营造有利于小微企业孵化和成长的创业环境，以搭建创业孵化服务平台为抓手，建立创业孵化服务体系。以创新工场、车库咖啡为代表的创业服务业兴起并逐步发展。2011年，示范区新创办生产型和研发型科技企业近4000家，数量比往年增加近千家。2011年，示范区企业研发及科技活动经费总额将超过750亿元，同比增长近20%；专利申请量达到1.9万件，专利授权量近1.2万件，增长均超过30%；新创制标准211项。2011年，中关村发生的创业投资案例349个，投资金额达355亿元，投资案例和投资金额占全国三分之一。

四是战略性新兴产业策源地的示范引领作用进一步增强。作为我国技术创新的源头和高

新技术产业的重要支撑，中关村积极发挥自身优势，不断发挥示范引领和辐射带动作用。2011年，中关村技术合同成交额达1890亿元，同比增长20%，成交额占全国的40%。

《条例》实施一年多来，中关村高端创新创业人才加快聚集，创新主体协同创新的积极性显著提高，中小微企业创新活力显著增强，战略性新兴产业集群发展态势进一步显现。2011年示范区企业实现总收入1.96万亿元，同比增长23%，对全市经济增长的贡献率约24%。计算机和软件信息服务、生物医药、文化创意等产业均实现20%以上的增长，服务业增加值所占比重达到66%，形成了现代服务业与高端制造业、科技与文化融合发展的态势。2012年1—5月份示范区总收入达到7851.3亿元，同比增长26.4%，继续保持了良好的发展势头。

2011年10月24日，市人大常委会主任杜德印在《关于〈中关村国家自主创新示范区条例〉贯彻落实工作进展情况的报告》上批示："市委、市政府和中关村管委会在这次法规的宣传、贯彻、实施上做了大量工作，取得了明显成效，是法规制定和实施相统一的一个成功案例"。

四、下一步工作重点

一年多来，市政府及各相关部门全力推进《条例》的贯彻落实，取得明显成效。但是在《条例》贯彻执行中，还存在一些困难和问题，包括统筹协调，整合资源的力度需进一步加强；政策体系有待进一步健全；宣传力度还需进一步加强等方面问题。下一步工作中将重点予以解决。

一是进一步发挥中关村创新平台整合资源的作用。《条例》的宏观性和体制的创新性，其内容实际落实需要中央和国家部委的支持以及本市各部门的统一协调。要充分发挥创新平台的资源整合作用，不断完善工作机制，继续加大与中央部委的沟通协调力度，推动《条例》规划的各项创新性工作的深入开展。

二是继续推进各项先行先试工作。先行先试政策有效地调动了创新创业主体的积极性，有力地推动了创新创业活动的开展，但是部分政策面临试行到期的问题。目前，市政府正在与中央部委沟通协调，努力争取各项政策在示范区继续实施。继续研究、推出新政策，市政府经多次与财政部、国税总局等部委进行沟通、协调、论证，准备再推出包括"在中关村率先开展文化科技融合企业认定工作，经认定的企业可比照高新技术企业享受15%的企业所得税优惠税率"等在内的五条新政策，目前已报相关部委审批。

三是继续开展新技术新产品政府采购工作。目前我国的新技术新产品政府采购政策，特别是"自主创新产品优先"的政策面临国际压力。2011年7月，财政部废止了《财政部关于印发〈自主创新产品政府采购预算管理办法〉的通知》等三个文件，科技部等部委废止了自主创新产品认定及目录方面的文件，这对示范区相关工作以及《条例》相关条款的落实产生了一定影响。目前，示范区正在进行深入研究，探索新模式、新办法，在通过政府采购支持战略性新兴产业发展的工作上打开思路、解放思想，跳出GPA（政府采购协议）谈判的局限，力争在符合国家政策的前提下，在政府采购新技术新产品的政策设计和实施路径上开展先行先试。

四是继续开展配套文件制定和宣传工作。根据《条例》贯彻落实工作的推进情况，不断研究修订和新制定相关配套文件。对已发布的配套政策，加强培训与服务，通过举办宣讲培训，充分利用各类媒体，向企业进行宣传，确保各项政策的有效落实。

加快建设中关村示范区，既是中央在推进建设创新型国家过程中赋予北京市的光荣使命，更是首都率先形成创新驱动发展格局的重大机遇和迫切要求。市政府及各有关部门将进一步深入贯彻落实《条例》各项规定，努力推进中关村示范区建设取得新的更大成效。

以上报告，提请市人大常委会审议。

附件：《中关村国家自主创新示范区条例》配套文件目录

附件：

《中关村国家自主创新示范区条例》配套文件目录

序号	文件名称	制发单位
1	《中关村国家自主创新示范区企业登记办法》（北京市人民政府令第234号）	市政府
2	《关于加快建设中关村科学城的若干意见（京政发〔2011〕14号）	市政府
3	《关于进一步促进科技成果转化和产业化的指导意见》（京政发〔2011〕12号）	市政府
4	《中关村科技园区管理体制改革方案》（京政办发〔2011〕4号）	市政府办公厅
5	《中关村国家自主创新示范区社会组织登记管理办法》（中示区组发〔2011〕8号）	中关村国家自主创新示范区领导小组
6	关于印发《中关村国家自主创新示范区优化产业布局指导意见》的通知（中示区组发〔2011〕7号）	中关村国家自主创新示范区领导小组
7	《中关村国家自主创新示范区技术秘密鉴定办法（试行）》（京科发〔2011〕471号）	市科委、市财政局、市国税局、市地税局
8	《关于促进产业技术创新战略联盟加快发展的意见》（京科发〔2011〕303号）	市科委、市发展改革委、市教委、市经济信息化委、市民政局、市财政局、市国资委、中关村管委会、市总工会、国家开发银行北京市分行
9	《中关村国家自主创新示范区高端领军人才专业技术资格评价工作试行办法》（京人社发〔2011〕113号）	市人力社保局
10	《关于加强北京高校与中关村国家自主创新示范区企业人才互动工作的意见》（京教研〔2011〕3号）	市教委、中关村管委会
11	《关于贯彻落实国家支持中关村科技园区建设国家自主创新示范区试点税收政策的通知》（京财税〔2010〕2948号）	市财政局、市国税局、市地税局、市科委、中关村管委会
12	《中关村科技创新和产业化促进中心组建方案》（京编委〔2010〕44号）	市编委

续表

序号	文件名称	制发单位
13	《中关村国家自主创新示范区企业组织形式转换登记试行办法》（京工商发〔2010〕131号）	市工商局
14	《中关村国家自主创新示范区企业股权激励登记试行办法》（京工商发〔2010〕94号）	市工商局
15	《公司债权转股权登记管理试行办法》（京工商发〔2010〕93号）	市工商局
16	关于印发中关村技术标准资助资金管理办法的通知（中科园发〔2011〕42号）	中关村管委会
17	关于印发中关村专利促进资金管理办法的通知（中科园发〔2011〕41号）	中关村管委会
18	关于印发《中关村国家自主创新示范区战略性新兴产业中小企业创新资金管理办法》的通知（中科园发〔2011〕39号）	中关村管委会
19	关于印发《关于支持中关村国家自主创新示范区新技术新产品推广应用的金融支持若干措施》的通知（中科园发〔2011〕37号）	中关村管委会
20	关于印发《中关村国家自主创新示范区股权质押贷款扶持资金管理办法》的通知（中科园发〔2011〕36号）	中关村管委会
21	关于印发《中关村国家自主创新示范区并购支持资金管理办法》的通知（中科园发〔2011〕33号）	中关村管委会
22	关于印发《中关村国家自主创新示范区支持企业改制上市资助资金管理办法》的通知（中科园发〔2011〕31号）	中关村管委会
23	关于印发《中关村国家自主创新示范区发展专项资金（市级统筹部分）使用管理办法》的通知（中科园发〔2011〕26号）	中关村管委会
24	关于印发《中关村国家自主创新示范区人才公共租赁住房专项资金管理办法》的通知（中科园发〔2011〕25号）	中关村管委会
25	关于印发《中关村国家自主创新示范区大学科技园及科技企业孵化器发展支持资金管理办法（试行）》的通知（中科园发〔2011〕22号）	中关村管委会
26	关于印发《中关村国家自主创新示范区创业投资风险补贴资金管理办法》的通知（中科园发〔2011〕10号）	中关村管委会
27	关于印发《中关村国家自主创新示范区高端产业聚集工程工作方案》的通知（中科园发〔2011〕6号）	中关村管委会
28	关于印发《中关村国家自主创新示范区大学科技园及科技企业孵化器发展的实施意见（试行）》的通知（中科园发〔2010〕52号）	中关村管委会
29	《关于中关村国家自主创新示范区人才公共租赁住房建设的若干意见》（中科园发〔2010〕50号）	中关村管委会、市委组织部、市发展改革委、市财政局、市国土局、市规化委、市住房城乡建设委

续表

序号	文件名称	制发单位
30	关于印发《中关村国家自主创新示范区企业购买中介服务支持资金管理办法》的通知（中科园发〔2010〕46号）	中关村管委会
31	关于印发《中关村国家自主创新示范区协会商会组织发展支持资金管理办法》的通知（中科园发〔2010〕44号）	中关村管委会
32	《企业海外知识产权预警指导规程》	市知识产权局

北京市第十三届人民代表大会常务委员会关于批准北京市2011年市级决算的决议

（2012年7月27日北京市第十三届人民代表大会常务委员会第三十四次会议通过）

北京市第十三届人民代表大会常务委员会第三十四次会议，听取了市财政局局长杨晓超受市人民政府委托所作的《关于北京市2011年市级决算的报告》和市审计局局长李颖津受市人民政府委托所作的《关于北京市2011年市级预算执行和其他财政收支的审计工作报告》。会议结合审议审计工作报告，对2011年市级决算草案和市级决算的报告进行了审查，同意北京市人民代表大会财政经济委员会提出的《关于北京市2011年市级决算的初步审查报告》，决定批准2011年市级决算。会议要求，要进一步做好2011年市级决算及市级部门决算向社会公开的工作，对审计查出的问题认真进行整改，结合《北京市审计条例》的贯彻落实，继续推进绩效审计；切实改进预算编制和执行，大力推进预算绩效管理工作，着力强化财政管理和监督，加强责任考核和追究，切实保障财政资金使用的合法、安全、有效，充分发挥公共财政职能作用，促进首都经济社会平稳健康发展。

关于北京市2011年市级决算的报告

——2012年7月26日在北京市第十三届人民代表大会常务委员会第三十四次会议上

北京市财政局局长　杨晓超

主任、各位副主任、秘书长、各位委员：

市十三届人大五次会议审查批准了《关于北京市2011年预算执行情况和2012年预算草案的报告》。目前，2011年北京市财政决算已经汇编完成。根据《中华人民共和国预算法》（以下简称《预算法》）等法律规定和市人大常委会的工作安排，我受市人民政府委托，向市人大常委会报告北京市2011年市级决算情况，请予审查。

一、2011年市级决算情况

2011年，面对复杂多变的国内外环境，我们认真执行党中央、国务院的各项决策部署，在中共北京市委的正确领导下，在市人大的监督指导下，认真落实宏观调控政策，积极发挥财政职能作用，不断提高促进经济发展和改善民生的保障能力，进一步创新财政管理机制，圆满完成了市第十三届人大第四次会议确定的各项预算收支任务。

市人大财政经济委员会按照市人大常委会的要求，对2011年预算执行情况进行了初步审查，为编制决算草案打下了良好基础。市审计部门按照有关法规对2011年预算执行情况进行了审计，并提出整改意见，为完成决算工作起到重要的监督作用。财政部门在市人大及其常委会的依法监督和市政协的民主监督下，进一步规范预算管理，严格预算执行，按照“真实、准确、完整、及时”的方针，核实基础数字，做好对账衔接，为编制好决算做了大量细致的工作。

2011年决算草案与市十三届人大五次会议审议批准的2011年预算执行情况相比较，年度净结余资金有所增加。主要是本市积极争取中央对首都城市发展和履行服务职责的支持，以及主动反映落实中央企业税收优惠政策对北京造成的减收影响，财政部相应增加了补助性收入，减少了本市的企业所得税上解支出。

下面根据《预算法》的要求，重点报告2011年市级决算情况。

（一）市级公共财政预算收支决算情况

2011年市级财政总收入2516.9亿元，其中：公共财政预算收入1644.4亿元，完成预算的115.6%；中央返还及补助收入205.4亿元；中央专项转移支付上年结转使用收入50.0亿元；中央专项转移支付收入301.2亿元；财政部代理发行地方政府债券收入54亿元；区县上解收入220.0亿元；地方上年专项政策性结转使用收入9.0亿元；上年预安排资金6.5亿元；调入资金0.1亿元；上年结余26.3亿元。

图一：2011年市级财政平衡关系图

收入		支出		
1. 公共财政预算收入1644.4亿元	=	1. 公共财政预算支出1422.9亿元	+	本年结余33.1亿元
2. 中央返还及补助收205.4亿元		2. 中央专项转移支付支出279.8亿元		
3. 中央专项转移支付上年结转使用50.0亿元		3. 中央专项转移支付结转下年使用71.4亿元		
4. 中央专项转移支付收入301.2亿元		4. 划转水利建设基金23.6亿元		
5. 地方政府债券收入54亿元		5. 地方政府债券支出54亿元		
6. 区县上解收入220.0亿元		6. 上解中央支出71.3亿元		
7. 地方上年专项政策性结转使用收入9.0亿元		7. 区县返还和一般性转移支付497.4亿元		
8. 上年预安排资金6.5亿元		8. 地方专项政策性结转下年使用15.0亿元		
9. 调入资金0.1亿元		9. 预安排资金支出6.5亿元		
10. 上年结余26.3亿元		10. 安排预算稳定调节基金41.9亿元		
市级公共财政预算收入总计2516.9亿元	=	市级公共财政预算支出总计2483.8亿元	+	本年结余33.1亿元

市级财政总支出2483.8亿元，其中：公共财政预算支出1422.9亿元（含市追加区县支出），完成预算的113.4%；中央专项转移支付支出279.8亿元；中央专项转移支付结转下年使用71.4亿元；划转水利建设基金23.6亿元；地方政府债券支出54亿元；上解中央支出71.3亿元；区县返还和一般性转移支付497.4亿元；地方专项政策性结转下年使用15.0亿元；预安排资金支出6.5亿元；安排预算稳定调节基金41.9亿元。

市级财政收支相抵，结余33.1亿元。

市级预算超收增加的财力，按照《北京市预算监督条例》和建立预算稳定调节基金的要求，除依法增加相应支出、安排政策性返还及专款资金、用于支持中小企业发展、缓解交通拥堵等重点项目支出外，其余转入市级预算稳定调节基金。具体安排使用情况已报市人大常委会备案，并在市十三届人大五次会议上作了报告。

1. 市级公共财政预算收入决算情况

主要收入项目情况如下。

（1）增值税127.7亿元，占公共财政预算收入的7.8%，完成预算的100.9%。超预算主要是受全市经济平稳较快发展以及物价上涨的影响，增值税保持了良好的增长势头。

（2）营业税548.0亿元，占公共财政预算收入的33.3%，完成预算的114.0%。超预算主要是银行贷款利率提高带动利息收入及中间业务收入较快增长，使得金融业税收贡献突出；同时，信息传输、租赁与商务服务等新兴行业发展较快，也促进了营业税收入的增长。

图二：2011年市级公共财政预算收入构成

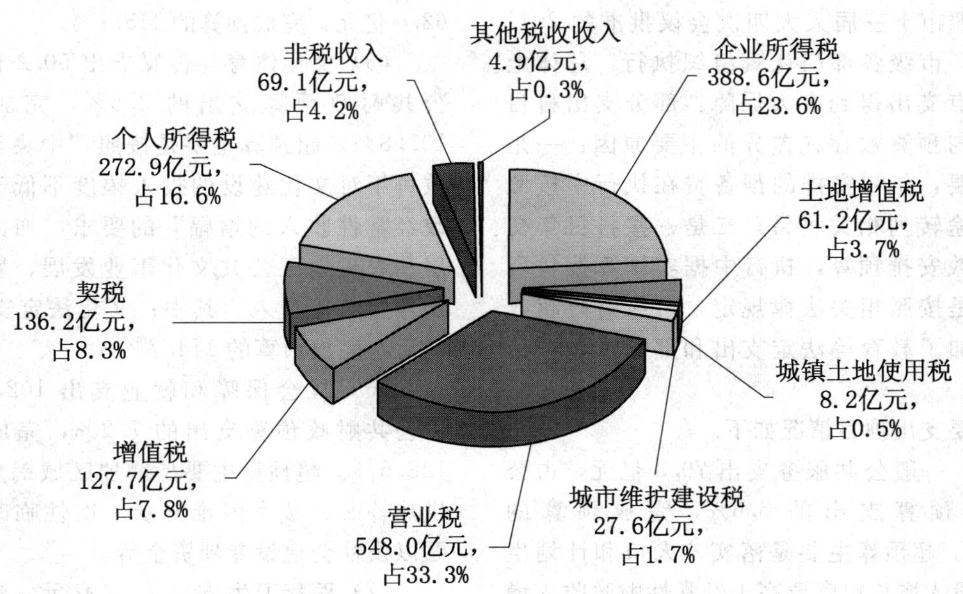

（3）企业所得税388.6亿元，占公共财政预算收入的23.6%，完成预算的122.7%。超预算主要是首都经济发展质量、发展环境得到改善，企业利润增加，带动企业所得税较快增长。

（4）个人所得税272.9亿元，占公共财政预算收入的16.6%，完成预算的116.8%。超预算主要是就业形势向好，城乡居民收入增加，工资薪金、财产转让等个人所得税收入增长较快。

（5）契税136.2亿元，占公共财政预算收入的8.3%，完成预算的101.4%。超预算主要是上调二手房交易最低指导价格，使得据此征收的契税相应有所增加。

（6）土地增值税61.2亿元，占公共财政预算收入的3.7%，完成预算的130.0%。超预算主要是土地增值税预征率提高，带动收入相应增加。

（7）非税收入69.1亿元，占公共财政预算收入的4.2%，完成预算的129.4%。超预算主要是规范预算外收入管理，从2011年起将按预算外资金管理的收入（不含高中以上教育收费等）全部纳入预算管理，促使非税收入较大幅度增长。

2. 市级公共财政预算支出决算情况

按照市十三届人大四次会议批准的2011年预算，市级各部门认真组织执行，总体上各项重点支出得到有力保障。部分支出科目决算数与预算数存在差异的主要原因：一是根据需要，年初安排的预备费在执行中按照实际用途转列相关科目；二是一些科目年初按预计数安排预算，执行中据实结算拨付资金；三是按照相关法律规定，市级财政超收收入增加了教育等法定支出和部分重点项目支出。

主要支出项目情况如下。

（1）一般公共服务支出79.8亿元，占公共财政预算支出的5.6%，完成预算的105.0%。超预算主要是落实“人口和计划生育财政投入增长幅度要高于经常性财政收入增长幅度”的要求，增加用于人口和计划生育事业支出；同时，加大投入用于举办数字世界亚洲博览会等项目。其中：人口与计划生育法定支出3.0亿元，完成预算的115.6%。

（2）公共安全及国防支出99.9亿元，占公共财政预算支出的7.0%，完成预算的116.2%。超预算主要是使用超收收入增加了缓解交通拥堵等相关支出。

（3）教育支出241.2亿元，占公共财政预算支出的17.0%，完成预算的117.0%。超预算主要是按照国家中长期教育改革和发展规划纲要等法定增长要求，加大教育投入，主要用于促进学前教育和义务教育均衡发展，支持国家高等职业院校骨干校建设，以及化解市属高校基本建设贷款债务等。其中：教育法定支出211.6亿元，完成预算的113.4%。

（4）科学技术支出140.0亿元，占公共财政预算支出的9.8%，完成预算的113.1%。超预算主要是按照“国家财政用于科学技术经费的增长幅度，应当高于国家财政经常性收入的增长幅度”的法定增长要求，增加投入，用于促进中关村国家自主创新示范区创新创业和高新技术产业发展。其中：科学技术法定支出62.0亿元，完成预算的115.1%。

（5）文化体育与传媒支出50.2亿元，占公共财政预算支出的3.5%，完成预算的105.8%。超预算主要是按照“中央和省级财政每年对文化建设的投入幅度不低于同级财政经常性收入的增幅”的要求，加大支持基层和农村地区公共文化事业发展、繁荣艺术创作生产等投入。其中：文化法定支出21.8亿元，完成预算的114.7%。

（6）社会保障和就业支出102.4亿元，占公共财政预算支出的7.2%，完成预算的128.6%。超预算主要是增加区域锅炉及管网供热补贴、城乡困难群众一次性临时生活补贴以及社会建设专项资金等。

（7）医疗卫生支出75.2亿元，占公共财政预算支出的5.3%，完成预算的118.8%。超预算主要是按照“政府卫生投入的增长幅度不低于同期财政经常性支出的增长幅度”的要求，加大投入用于推动医药卫生体制改革，加快城乡居民基本医疗保障制度建设等工作。其中：卫生法定支出 53.7 亿元，完成预算的 115.0%。

(8) 节能环保支出 49.4 亿元，占公共财政预算支出的 3.5%，完成预算的 185.4%。超预算主要是按照中央以及市委市政府确定的重点工作任务，增加既有建筑节能改造 4 亿元、新能源汽车推广 2.3 亿元及排水企业政策性补贴 17.6 亿元等项目经费。

(9) 城乡社区事务支出 48.5 亿元，占公共财政预算支出的 3.4%，完成预算的 122.7%。超预算主要是增加垃圾处理、五环路路面维护改造、供水企业政策性财政补贴资金等项目支出。

(10) 农林水事务支出 69.6 亿元，占公共财政预算支出的 4.9%，完成预算的 109.3%。超预算主要是按照“中央和县级以上地方财政每年对农业总投入的增长幅度应当高于其财政经常性收入的增长幅度”的要求，增加投入用于购置城市主干道防汛应急抢险设备、改造团城湖防护网等项目支出。其中：农业法定支出 60.8 亿元，完成预算的 115.1%。

(11) 交通运输支出 101.0 亿元，占公共财政预算支出的 7.1%，完成预算的 108.7%。超预算主要是增加公共轨道交通亏损补贴、地面公交补贴等。(2011 年公共交通补贴共计投入 156.9 亿元，通过交通运输支出科目投入 90.7 亿元，其他科目等资金投入 66.2 亿元)

(12) 资源勘探电力信息等事务支出 70.5 亿元，占公共财政预算支出的 5.0%，完成预算的 113.6%。超预算主要是增加担保再担保资本金、燃气电力补贴等。

(13) 商业服务业等事务支出 23.9 亿元，占公共财政预算支出的 1.7%，完成预算的 174.6%。超预算主要是投入 5.4 亿元落实“扩内需、促消费”扶持政策；安排 3 亿元中关村国家自主创新示范区发展现代服务业市级配套资金。

图三：2011 年市级公共财政预算支出构成

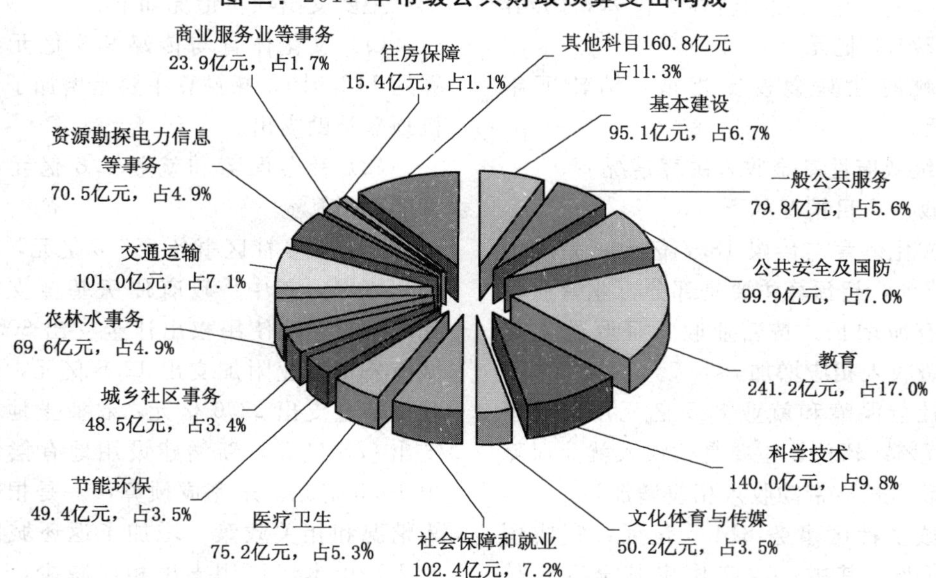

上述支出中包括市对区县专项转移支付资金 184.3 亿元，完成预算的 146.3%，超预

算主要是结合财力水平，增加投入用于区县的旅游产业发展、分急救中心急救车配备、管网及供热补助、基础教育发展、既有建筑节能改造等专项转移支付项目。

经汇总，2011年市级党政机关、全额拨款事业单位的“三公经费”财政拨款支出合计8.64亿元，其中：因公出国（境）费用1.58亿元；公务接待费0.95亿元；公务用车购置及运行维护费6.11亿元（购置费0.13亿元，运行维护费5.98亿元）。2011年市级行政单位（含参照公务员法管理的事业单位）履行行政管理职责、维持机关运行开支的行政经费合计129.9亿元。

（二）市级政府性基金收支决算情况

2011年市级政府性基金总收入1047.4亿元，其中：市级政府性基金收入862.4亿元，完成预算的121.0%；中央专项转移支付收入4.7亿元；中央和地方上年专项政策性结转156.7亿元；划转水利建设基金23.6亿元。

市级政府性基金总支出846.8亿元，其中：市级政府性基金支出569.7亿元，完成预算的90.9%；中央专项转移支付2.8亿元；返还区县274.3亿元。

市级政府性基金收支相抵，结转下年200.6亿元。

1. 市级政府性基金收入决算情况

主要收入项目情况如下。

（1）文化体育与传媒13.7亿元，完成预算的133.7%，超预算主要是部分行业营业收入较预期有所增长，按营业收入征收的文化事业建设费收入相应增加。

（2）社会保障和就业8.5亿元，完成预算的115.7%，超预算主要是残疾人就业保障金缴费基数增长，带动收入相应增加。

（3）城乡社区事务814.5亿元，完成预算的120.9%，其中：政府住房基金5.5亿元，国有土地使用权出让收入741.9亿元，城市公用事业附加收入18.7亿元，国有土地收益基金收入22.6亿元，农业土地开发资金收入1.1亿元，新增建设用地土地有偿使用费收入13.4亿元，城市基础设施配套费收入11.3亿元。超预算主要是受商务中心区土地出让收入规模较大等因素影响，国有土地使用权出让收入增加。

（4）农林水事务5.1亿元，完成预算的73.5%，其中：森林植被恢复费收入0.8亿元，地方水利建设基金4.3亿元。未完成预算主要是由于土地占用面积减少，据此征收的地方水利建设基金中的防洪费收入相应减少。

（5）交通运输2.5亿元，完成预算的153.2%，超预算主要是受京平高速公路车流量增加等因素影响，车辆通行费收入增加。

（6）资源勘探电力信息等事务3.3亿元，完成预算的165.2%，其中：散装水泥专项基金收入0.4亿元，新型墙体材料专项基金收入2.9亿元。超预算主要是建筑开工面积有所增加，预缴的散装水泥专项基金和新型墙体材料专项基金收入相应增加。

2. 市级政府性基金支出决算情况

主要支出项目情况如下。

（1）文化体育与传媒9.9亿元，完成预算的112.9%，超预算主要是增加了高清交互机顶盒补助支出。

（2）社会保障和就业7.8亿元，完成预算的101.0%。

（3）城乡社区事务356.5亿元，完成预算的75.0%，其中：政府住房基金支出4.2亿元，国有土地使用权出让金支出305.9亿元，城市公用事业附加支出12.5亿元，国有土地收益基金支出22.6亿元，农业土地开发资金支出0.8亿元，新增建设用地有偿使用费支出10.5亿元。未完成预算，一是根据实际收入情况和相关政策，增加了返还城区的土地收入，市本级可用支出相应减少；二是住房公积金增值收益下降，导致相关支出减少。

（4）农林水事务5.0亿元，完成预算的

46.2%，其中：森林植被恢复费支出1.3亿元，地方水利建设基金支出3.7亿元。未完成预算主要是地方水利建设基金收入减少，安排的支出相应减少。

(5) 交通运输1.9亿元，完成预算的118.8%，超预算主要是增加高速公路建设贷款利息支出。

(6) 资源勘探电力信息等事务0.9亿元，完成预算的100.0%。其中，散装水泥专项基金支出0.1亿元，新型墙体材料专项基金支出0.8亿元。

二、2011年预算执行效果

2011年，财政及有关部门认真落实市人大常委会关于批准北京市2010年市级决算的决议，以及市第十三届人大第四次会议有关精神的各项要求，落实积极财政政策，依法加强财政收入管理，不断优化支出结构，进一步深化预算管理改革，着力提高财政资金使用效益，为促进首都经济社会协调发展、实现“十二五”良好开局奠定基础。

(一) 认真落实宏观调控政策，促进经济发展方式转变

支持推动产业结构优化升级，充分发挥财政政策和资金的作用，培育高端制造业和战略性新兴产业，增强中小企业竞争力，促进旅游、文化创意和体育产业发展。统筹100亿元支持300余个重大科技成果产业化项目落地，促进中关村国家自主创新示范区建设。投入资金7.9亿元完善合同能源管理机制，促进节能减排和新能源汽车示范应用。落实家电下乡和以旧换新补贴资金，推动消费升级。投入市政府固定资产投资360.8亿元，增强投资支撑作用。促进“稳物价、增收入”，投入7.5亿元保障市政府重要商品储备，设立价格调节资金，全面落实农民增收行动计划，缓解物价上涨给低收入群体带来的生活压力。

(二) 积极落实惠民政策，切实保障和改善民生

投入政府为民办实事资金293.2亿元，落实各项惠民补贴213.6亿元。推动教育事业发展，支持新建、改扩建幼儿园近200所，提高各级各类学校办学质量。投入8亿元支持基层公共文化体系建设，促进首都文化大发展大繁荣。完善社会保障体系，提高养老保险等9项社会保障待遇标准，对城乡困难群众发放一次性生活补贴。建立养老服务事业发展专项资金，保障居家养老政策有效实施。积极开展再就业援助工作，对就业困难地区加大扶持力度，2011年全市城镇新增就业44.7万人，比上年增加0.1万人。推进医药卫生体制改革，支持建立2864个社区卫生服务团队，着力解决群众看病就医问题；推动实施“药品安全百千万工程”，保障群众用药安全。投入100亿元支持成立市保障性住房建设投资中心，促进保障性安居工程建设。

(三) 创新财政预算管理机制，提高资金使用效益

一是完善财政收入管理工作机制。健全财政收入管理协作机制，提升对经济形势和财税政策调整的动态监控、分析预测水平。二是提高预算编制的科学性、准确性。推进政府全口径预算管理，首次向市人代会提交国有资本经营预算2011年执行和2012年预算安排情况。完善基本支出、项目支出定额标准体系，扩大项目支出事前评估试点范围，提高财政资金分配的科学性、合理性。三是增强财政资金的统筹能力。强化结余资金管理，提高存量资金的统筹能力。制定《北京市市级大额专项资金管理办法》，建立了市级大额专项资金设立、使用、调整和退出的管理机制，进一步发挥财政资金的集成效应。四是构建全过程预算绩效管理框架。出台北京市《关于推进本市预算绩效管理的意见》

及《北京市预算绩效管理办法》、《北京市预算绩效管理问责办法》两个配套办法，积极推动卫生局、科委、医管局三个部门的全过程预算绩效管理试点工作，探索建立“预算编制有目标、预算执行有监控、预算完成有评价、评价结果有反馈、反馈结果有应用”的全过程预算绩效管理机制。五是推进预决算信息公开工作。将2010年政府决算细化至“款”级科目，在全国率先公开了市级“三公经费”预决算，44家市级部门公开了2010年部门决算及“三公经费”预决算。

三、进一步提高预决算管理水平的工作措施

从决算结果和审计情况来看，2011年市级预算执行情况总体较好。在看到成绩的同时，我们也应清醒地认识到，预算管理中仍然存在一些困难和问题，审计部门也十分中肯地提出了意见和建议，综合反映在以下几个方面：一是财政预算和国库管理需要进一步完善，财政资金分配机制不够健全，少数资金的安排缺乏统筹。二是部门预算编制的准确性有待提高，结余结转资金仍有所增加，形成一定规模的资金沉淀。三是预算执行需进一步规范，部分项目超范围支出，部分部门未严格执行国库集中支付、政府采购制度。四是财政精细化管理水平有待进一步提高，少数预算项目存在申报不细化、审批不严的现象；部分大额专项资金管理及监督制度需进一步完善。

市政府及各部门对这些问题予以高度重视，将认真按照市人大有关决议要求和审计意见，积极采取有效措施加以整改，进一步提升财政财务管理水平。

一是加大财政资金和政策的统筹力度，强化结余资金和机动经费管理，增强财政保障能力。二是完善基本支出定员定额标准体系，探索项目支出定额化管理模式，扩大项目支出事前评估范围，增强预算编制的科学性和准确性。三是深化国库管理制度改革，推进预算执行动态监控，加强支出进度管理，提高预算执行的规范性。四是修订部分市级大额专项资金管理办法，建立健全项目遴选、审核机制，认真落实好大额专项资金专题询问相关工作。五是深化预算绩效管理，进一步完善绩效评价指标体系和评价方式，做好市级大额专项资金、部门整体及重点项目的评价工作，扩大全过程预算绩效管理试点范围，加强绩效管理与预算编制、执行、监督的衔接。

以上报告，提请市人大常委会审议批准。

北京市2011年市级财政公共财政预算收支决算

表一: 单位:万元

收入				支出										
项目	2011年预算数	2011年决算数	决算数为预算%	项目	2011年预算数			2011年决算数						经费支出数为预算%
					小计	经费支出	基本建设	合计	地方支出			中央专项转移支付支出	地方政府债券支出	
									小计	经费支出	基本建设			
一、税收收入	13,689,163	15,753,402	115.1	一、一般公共服务	801,310	760,310	41,000	1,004,867	950,420	797,972	152,448	50,447	4,000	105.0
				其中:人口与计划生育法定支出	25,682	25,682		29,682	29,682	29,682				115.6
个人所得税	2,335,710	2,728,954	116.8	二、公共安全及国防	948,629	859,629	89,000	1,129,152	1,101,601	998,698	102,903	27,551		116.2
契税	1,342,750	1,361,717	101.4	三、教育	2,224,007	2,061,944	162,063	2,528,721	2,466,812	2,412,075	54,737	61,909		117.0
固定资产投资方向调节税				其中:教育法定支出	1,866,696	1,866,696		2,116,492	2,116,492	2,116,492				113.4
				四、科学技术	1,260,287	1,238,287	22,000	1,660,337	1,434,688	1,400,029	34,659	225,649		113.1
增值税	1,265,830	1,277,352	100.9	其中:科学技术法定支出	538,942	538,942		620,082	620,082	620,082				115.1
营业税	4,808,383	5,480,401	114.0	中关村发展专项资金	685,535	685,535		765,535	765,535	765,535				111.7
城市维护建设税	166,100	276,392	166.4	五、文化体育与传媒	536,573	474,573	62,000	617,017	550,412	502,310	48,102	16,105	50,500	105.8
城镇土地使用税	88,180	82,353	93.4	其中:文化法定支出	189,976	189,976		217,899	217,899	217,899				114.7
土地增值税	470,740	612,147	130.0	文物及历史文化保护区专项资金	15,000	15,000		15,000	15,000	15,000				100.0
企业所得税	3,167,310	3,885,666	122.7	体育产业发展引导资金	50,000	50,000		34,417	34,417	34,417				68.8
				文化创意产业专项资金	50,000	50,000		50,000	50,000	50,000				100.0
其他税收收入	44,160	48,420	109.6	六、社会保障和就业	816,806	795,806	21,000	1,515,370	1,129,984	1,023,514	106,470	374,386	11,000	128.6
				七、医疗卫生	788,901	632,913	155,988	1,238,486	819,414	752,081	67,333	291,620	127,452	118.8
二、非税收入	533,837	690,549	129.4	其中:卫生法定支出	466,633	466,633		536,525	536,525	536,525				115.0
专项收入	343,888	434,936	126.5	行政事业单位医疗	138,000	138,000		186,100	186,100	186,100				134.9
其中:排污费收入	2,890	935	32.4	八、节能环保	393,222	266,222	127,000	841,074	516,300	493,512	22,788	252,948	71,826	185.4
水资源费收入	67,250	38,909	57.9	其中:大气污染治理及环境保护专项资金	170,000	170,000		170,000	170,000	170,000				100.0
教育费附加收入	237,660	350,138	147.3	节能减排专项资金	40,000	40,000		40,000	40,000	40,000				100.0
矿产资源专项收入	6,488	8,412	129.7	九、城乡社区事务	413,581	395,581	18,000	937,035	759,535	485,386	274,149		177,500	122.7
广告收入	29,600	36,542	123.5	其中:城市环境综合整治专项资金	100,000	100,000		100,000	100,000	100,000				100.0
行政事业性收费收入	242,480	251,467	103.7	十、农林水事务	679,352	636,352	43,000	849,032	705,298	695,808	9,490	143,734		109.3

续表

收入				支出										
项目	2011年预算数	2011年决算数	决算数为预算%	项目	2011年预算数			2011年决算数						经费支出数为预算%
					小计	经费支出	基本建设	合计	地方支出			中央专项转移支付支出	地方政府债券支出	
									小计	经费支出	基本建设			
罚没收入	154,507	231,922	150.1	其中：农业法定支出	528,601	528,601		608,185	608,185	608,185				115.1
国有企业计划亏损补贴	－320,000	－320,000	100.0	社会主义新农村建设专项资金	20,000	20,000		19,999	19,999	19,999				100.0
其他收入	112,962	92,224	81.6	十一、交通运输	929,052	929,052		1,876,448	1,055,837	1,009,601	46,236	757,611	63,000	108.7
				十二、资源勘探电力信息等事务	666,746	620,746	46,000	916,362	730,336	704,925	25,411	186,026		113.6
				其中：工业发展资金	70,000	70,000		70,000	70,000	70,000				100.0
				中小企业发展专项	50,000	50,000		50,000	50,000	50,000				100.0
				十三、商业服务业等事务	136,927	136,927		393,025	241,117	239,075	2,042	151,908		174.6
				其中：商业流通发展资金	20,000	20,000		19,996	19,996	19,996				100.0
				旅游发展专项资金	89,500	89,500		91,996	91,996	91,996				102.8
				十四、金融监管等事务支出	4,917	4,917		4,578	4,327	3,827	500	251		77.8
				十五、国土资源气象等事务	63,284	63,284		82,293	66,643	63,769	2,874	15,650		100.8
				十六、住房保障支出	3,097	3,097		273,626	154,109	154,109		84,795	34,722	
				十七、粮油物资管理事务	42,735	27,735	15,000	31,857	28,072	27,373	699	3,785		98.7
				十八、储备事务支出				1,084				1,084		
				十九、其他支出	1,459,224	1,340,224	119,000	1,666,133	1,513,606	1,513,606		152,527		112.9
				其中：轨道交通专项资金	700,000	700,000		1,190,907	1,190,907	1,190,907				170.1
				公共突发事件应急专项资金	30,000	30,000		14	14	14				
				偿债和处理历史遗留问题资金	180,000	180,000		180,000	180,000	180,000				100.0
				二十、预备费	376,350	376,350								
收入合计	14,223,000	16,443,951	115.6	支出合计	12,545,000	11,623,949	921,051	17,566,497	14,228,511	13,277,670	950,841	2,797,986	540,000	
中央返还及补助	1,945,660	2,054,260		上解中央支出	761,346	761,346		713,657	713,657	713,657				
中央专项转移支付收入		3,012,603		中央专项转移支付结转下年使用				714,792				714,792		
中央专项转移支付上年结转使用		500,175		划转水利建设基金	166,299	166,299		235,635	235,635	235,635				
区县上解	1,921,038	2,199,607		区县返还和一般转移支付	4,691,285	4,691,285		4,973,882	4,973,882	4,973,882				
				安排预算稳定调节基金				418,667	418,667	418,667				
财政部代理发行地方政府债券收入		540,000												

续表

收入				支出										
项目	2011年预算数	2011年决算数	决算数为预算%	项目	2011年预算数			2011年决算数						经费支出数为预算%
					小计	经费支出	基本建设	合计	地方支出			中央专项转移支付支出	地方政府债券支出	
									小计	经费支出	基本建设			
上年预安排资金	64,858	64,858		预安排资金支出	64,858	64,858		64,858	64,858	64,858				
				地方专项政策性结转下年使用	15,310	15,310		150,064	150,064	150,064				
调入资金		642												
地方上年专项政策性结使用	89,542	89,542												
上年结余收入		263,096		本年净结余				330,682	330,682	330,682				
收入总计	18,244,098	25,168,734		**支出总计**	18,244,098	17,323,047	921,051	25,168,734	21,115,956	20,165,115	950,841	3,512,778	540,000	

注：①2011年市级公共财政预算支出4,228,511万元，为预算数12,545,000万元的113.4%；②经费支出中含市追加区县支出。

北京市2011年市级财政政府性基金预算收支决算

表二： 单位：万元

收入				支出									
项目	2011年预算数	2011年决算数	决算数为预算%	项目	2011年预算数			2011年决算数					经费支出数为预算%
					小计	经费支出	基本建设	合计	地方支出			中央专项转移支付支出	
									小计	经费支出	基本建设		
一、文化体育与传媒	102,200	136,686	133.7	**一、文化体育与传媒**	88,000	88,000		106,477	99,317	99,317		7,130	112.9
文化事业建设费收入	102,200	136,686	133.7	文化事业建设安排的支出	88,000	88,000		104,342	99,317	99,317		5,025	112.9
二、社会保障和就业	73,600	85,124	115.7	国家电影事业发展专项资金支出				2,105				2,105	
残疾人就业保障金收入	73,600	85,124	115.7	**二、社会保障和就业**	77,000	77,000		95,073	77,807	77,807		17,266	101.0
三、城乡社区事务	6,736,752	8,145,385	120.9	残疾人就业保障金支出	77,000	77,000		77,807	77,807	77,807			101.0
政府住房基金收入	120,000	55,415	46.2	大中型水库移民后期扶持基金支出				17,266				17,266	
国有土地使用权出让收入	5,811,465	7,419,109	127.7	**三、城乡社区事务**	5,737,903	4,750,569	987,334	5,080,965	5,080,965	3,564,716	1,516,249		75.0
城市公用事业附加收入	197,787	186,728	94.4	政府住房基金支出	120,145	120,145		41,858	41,858	41,858			34,8
国有土地收益基金收入	327,500	225,800	68.9	国有土地使用权出让收入安排的支出	4,724,758	3,837,424	887,334	4,475,000	4,475,000	3,058,751	1,416,249		79.7
农业土地开发资金收入	20,000	10,890	54.5	城市公用事业附加安排的支出	407,500	407,500		125,670	125,670	125,670			30.8
新增建设用土地有偿使用费收入	140,000	134,652	96.2	国有土地收益基金支出	327,500	327,500		225,800	225,800	225,800			68.9

续表

收入				支出									
项目	2011年预算数	2011年决算数	决算数为预算%	项目	2011年预算数			2011年决算数					经费支出数为预算%
					小计	经费支出	基本建设	合计	地方支出			中央专项转移支付支出	
									小计	经费支出	基本建设		
城市基础设施配套费收入	120,000	112,791	94.0	农业土地开发资金支出	8,000	8,000		8,000	8,000	8,000			100.0
四、农林水事务	69,200	50,859	73.5	新增建设用地有偿使用费安排的支出	50,000	50,000		104,637	104,637	104,637			209.3
森林植被恢复费	5,000	7,605	152.1	城市基础设施配套费安排的支出	100,000		100,000	100,000	100,000		100,000		
地方水利建设基金收入	64,200	43,254	67.4	**四、农林水事务**	208,383	108,383	100,000	300,087	300,087	50,087	250,000		46.2
五、交通运输	16,000	24,514	153.2	森林植被恢复费安排的支出	13,383	13,383		13,378	13,378	13.378			100.0
车辆通行费	16,000	24,514	153.2	地方水利建设基金支出	195,000	95,000	100,000	286,709	286,709	36,709	250,000		38.6
六、资源勘探电力信息等事务	20,000	33,047	165.2	**五、交通运输**	16,000	16,000		19,000	19,000	19,000			118.8
无线电频率点用费		672		车辆通行费安排的支出	16,000	16,000		19,000	19,000	19,000			118.8
散装水泥专项资金收入	2,000	3,586	179.3	**六、资源勘探电力信息等事务**	9,100	9,100		9,100	9,100	9,100			100.0
新型墙体材料专项基金收入	18,000	28,789	159.9	无线电频率占用费安排的支出									
七、其他	112,450	148,407	132.0	散装水泥专项资金支出	1,100	1,100		1,100	1,100	1,100			100.0
彩票公益金收入	112,450	128,528	114.3	新型墙体材料专项基金支出	8,000	8,000		8,000	8,000	8,000			100.0
其他政府性基金收入		19,879		**七、商业服务业等事务**				300				300	
				旅游发展基金支出				300				300	
				八、其他支出	128,000	128,000		114,221	110,818	110,818		3,403	86.6
				彩票公益金安排的支出	101,000	101,000		105,116	101,713	101,713		3,403	100.7
				其他政府性基金支出	27,000	27,000		9,105	9,105	9,105			33.7
收入合计	7,130,202	8,624,022	121.0	**支出合计**	6,264,386	5,177,052	1,087,334	5,725,193	5,697,094	3,930,845	1,766,249	28,099	
中央专项转移支付收入		47,132		区县返还	1,174,852	1,174,852		2,743,029	2,743,029	2,743,029			
中央专项转移支付上年结转使用		40,077		中央专项转移支付结转下年使用				59,110				59,100	
地方上年专项政策性结转使用	1,526,954	1,526,952		地方专项政策性结转下年使用	1,384,217	1,384,217		1,946,486	1,946,486	1,946,486			
划转水利建设基金	166,299	235,635											
收入总计	8,823,455	10,473,818		**支出总计**	8,823,455	7,736,121	1,087,334	10,473,818	10,386,609	8,620,360	1,766,249	87,209	

注：①2011年市级政府性基金预算支出5,697,094万元，为预算数6,264,386万元的90.9%；②经费支出中含市追加区县支出。

北京市2011年市级财政预算支出决算（明细）

表三：　　　　单位：万元

科　　目	合计	地方支出			中央专项转移支付支出	地方政府债券支出
		小计	经费支出	基本建设		
公共财政预算支出	17,566,497	14,228,511	13,277,670	950,841	2,797,986	540,000
一、一般公共服务	1,004,867	950,420	797,972	152,448	50,447	4,000
人大事务	11,335	11,335	11,263	72		
行政运行	5,075	5,075	5,075			
一般行政管理事务	3,257	3,257	3,257			
机关服务	301	301	301			
人大会议	1,231	1,231	1,231			
人大立法	638	638	638			
人大监督	98	98	98			
代表培训	110	110	110			
代表工作	457	457	457			
人大信访工作	22	22	22			
事业运行	74	74	74			
其他人大事务支出	72	72		72		
政协事务	8,886	8,886	8,886			
行政运行	4,403	4,403	4,403			
一般行政管理事务	425	425	425			
机关服务	344	344	344			
政协会议	1,032	1,032	1,032			
委员视察	170	170	170			
参政议政	280	280	280			
事业运行	449	449	449			
其他政协事务支出	1,783	1,783	1,783			

续表

科　目	合计	地方支出			中央专项转移支付支出	地方政府债券支出
		小计	经费支出	基本建设		
政府办公厅(室)及相关机构事务	112,247	112,222	75,380	36,842	25	
行政运行	24,515	24,515	24,515			
一般行政管理事务	11,088	11,088	11,088			
机关服务	533	533	533			
专项业务活动	7,949	7,949	7,949			
法制建设	613	613	613			
信访事务	6,327	6,302	6,302		25	
参事事务	4,531	4,531	1,831	2,700		
事业运行	2,169	2,169	2,169			
其他政府办公厅(室)及相关机构事务支出	54,522	54,522	20,380	34,142		
发展与改革事务	51,669	51,638	22,346	29,292	31	
行政运行	6,263	6,263	6,263			
一般行政管理事务	3,792	3,792	3,792			
机关服务	1,018	1,018	1,018			
战略规划与实施	1,553	1,553	1,553			
日常经济运行调节	619	619	619			
社会事业发展规划	948	948	748	200		
经济体制改革研究	360	360	360			
物价管理	1,056	1,025	1,025		31	
事业运行	3,296	3,296	3,296			
其他发展与改革事务支出	32,764	32,764	3,672	29,092		
统计信息事务	20,293	20,293	20,244	49		
行政运行	7,954	7,954	7,954			
机关服务	456	456	456			
专项统计业务	3,684	3,684	3,684			
统计管理	1,782	1,782	1,782			
专项普查活动	4,049	4,049	4,000	49		

续表

科目	合计	地方支出			中央专项转移支付支出	地方政府债券支出
		小计	经费支出	基本建设		
事业运行	520	520	520			
其他统计信息事务支出	1,848	1,848	1,848			
财政事务	31,974	30,900	30,600	300	1,074	
行政运行	10,375	10,375	10,375			
机关服务	519	519	519			
财政国库业务	3,441	3,441	3,441			
财政监察	960	960	960			
信息化建设	2,780	2,780	2,780			
财政委托业务支出	300	300		300		
事业运行	847	847	847			
其他财政事务支出	12,752	11,678	11,678		1,074	
税收事务	179,641	179,286	174,286	5,000	355	
行政运行	14,009	14,009	14,009			
机关服务	1,704	1,704	1,704			
税务办案	1,063	763	763		300	
税务登记证及发票管理	10,000	10,000	10,000			
代扣代收代征税款手续费	103,153	103,153	103,153			
税务宣传	102	102	102			
协税护税	4,208	4,208	4,208			
信息化建设	8,000	8,000	8,000			
事业运行	274	274	274			
其他税收事务支出	37,128	37,073	32,073	5,000	55	
审计事务	12,831	12,531	12,531		300	
行政运行	7,413	7,413	7,413			
机关服务	763	763	763			
审计业务	2,157	2,127	2,127		30	
审计管理	365	365	365			
事业运行	84	84	84			

续表

科　　目	合计	地方支出			中央专项转移支付支出	地方政府债券支出
		小计	经费支出	基本建设		
其他审计事务支出	2,049	1,779	1,779		270	
人力资源事务	81,478	39,942	39,942		41,536	
一般行政管理事务	30	30	30			
资助留学回国人员	920	920	920			
军队转业干部安置	41,160	124	124		41,036	
博士后日常经费	383	383	383			
引进人才费用	665	665	665			
公务员考核	681	681	681			
高级人才奖励	30,562	30,562	30,562			
其他人事事务支出	7,077	6,577	6,577		500	
纪检监察事务	22,912	22,912	11,878	11,034		
行政运行	5,317	5,317	5,317			
一般行政管理事务	4,631	4,631	4,631			
机关服务	482	482	482			
大案要案查处	1,200	1,200	1,200			
中央巡视	213	213	213			
事业运行	35	35	35			
其他纪检监察事务支出	11,034	11,034		11,034		
人口与计划生育事务	35,239	32,708	31,406	1,302	2,531	
行政运行	1,716	1,716	1,716			
一般行政管理事务	8	8	8			
人口规划与发展战略研究	787	787	787			
计划生育家庭奖励	6,458	6,458	6,458			
人口和计划生育统计及抽样调查	183	183	183			
人口和计划生育信息系统建设	1,382	1,382	1,382			
计划生育、生殖健康促进工程	289	243	243		46	
计划生育免费基本技术服务	1,965	1,965	1,965			
计划生育避孕药具经费	2,014	140	140		1,874	

续表

科目	合计	地方支出			中央专项转移支付支出	地方政府债券支出
		小计	经费支出	基本建设		
人口和计划生育宣传教育经费	1,456	1,456	1,456			
流动人口计划生育管理和服务	471	471	471			
人口和计划生育目标责任制考核	59	59	59			
其他人口与计划生育事务支出	18,451	17,840	16,538	1,302	611	
商贸事务	18,204	18,204	18,204			
行政运行	5,773	5,773	5,773			
机关服务	854	854	854			
对外贸易管理	222	222	222			
国内贸易管理	130	130	130			
招商引资	6,708	6,708	6,708			
事业运行	1,249	1,249	1,249			
其他商贸事务支出	3,268	3,268	3,268			
知识产权事务	13,269	11,189	11,189		2,080	
行政运行	926	926	926			
一般行政管理事务	5	5	5			
国家知识产权战略	46	46	46			
专利试点和产业化推进	111	111	111			
知识产权宏观管理	3,376	1,296	1,296		2,080	
事业运行	371	371	371			
其他知识产权事务支出	8,434	8,434	8,434			
工商行政管理事务	121,722	121,621	121,241	380	101	
行政运行	91,624	91,624	91,624			
一般行政管理事务	101				101	
工商行政管理专项	11,712	11,712	11,712			
执法办案专项	4,747	4,747	4,747			
消费者权益保护	1,296	1,296	1,296			
信息化建设	2,393	2,393	2,213	180		
事业运行	1,024	1,024	1,024			

续表

科　　目	合计	地方支出			中央专项转移支付支出	地方政府债券支出
		小计	经费支出	基本建设		
其他工商行政管理事务支出	8,825	8,825	8,625	200		
质量技术监督与检验检疫事务	56,253	55,773	41,173	14,600	480	
行政运行	12,968	12,968	12,968			
质量技术监督行政执法及业务管理	10,014	9,534	9,534		480	
质量技术监督技术支持	300	300	300			
信息化建设	578	578	578			
事业运行	16,975	16,975	16,975			
其他质量技术监督与检验检疫事务支出	15,418	15,418	818	14,600		
港澳台侨事务	7,742	7,742	7,742			
行政运行	1,573	1,573	1,573			
机关服务	6	6	6			
台湾事务	991	991	991			
华侨事务	317	317	317			
事业运行	62	62	62			
其他港澳台侨事务支出	4,793	4,793	4,793			
档案事务	9,676	9,576	6,576	3,000	100	
行政运行	2,958	2,958	2,958			
档案馆	6,653	6,553	3,553	3,000	100	
其他档案事务支出	65	65	65			
民主党派及工商联事务	7,251	7,171	7,171		80	
行政运行	5,280	5,280	5,280			
一般行政管理事务	644	564	564		80	
参政议政	807	807	807			
其他民主党派及工商联事务支出	520	520	520			
群众团体事务	40,307	35,441	15,931	19,510	866	4,000
行政运行	1,951	1,951	1,951			
一般行政管理事务	3,262	3,262	3,262			
厂务公开	24	24	24			

续表

科　目	合计	地方支出			中央专项转移支付支出	地方政府债券支出
		小计	经费支出	基本建设		
工会疗养休养	4,000					4,000
事业运行	1,148	1,148	1,148			
其他群众团体事务支出	29,922	29,056	9,546	19,510	866	
统战事务	3,171	3,171	2,255	916		
一般行政管理事务	2,200	2,200	2,200			
其他统战事务支出	971	971	55	916		
其他一般公共服务支出	158,767	157,879	127,728	30,151	888	
其他一般公共服务支出	158,767	157,879	127,728	30,151	888	
二、公共安全及国防	1,129,152	1,101,601	998,698	102,903	27,551	
三、教育	2,528,721	2,466,812	2,412,075	54,737	61,909	
教育管理事务	5,583	5,583	5,583			
行政运行	4,900	4,900	4,900			
机关服务	683	683	683			
普通教育	1,327,192	1,280,604	1,239,723	40,881	46,588	
学前教育	10,709	10,709	10,709			
高中教育	17,568	16,628	16,628		940	
高等教育	1,002,469	962,327	921,446	40,881	40,142	
其他普通教育支出	296,446	290,940	290,940		5,506	
职业教育	409,127	393,806	380,900	12,906	15,321	
中专教育	110,320	104,387	103,887	500	5,933	
技校教育	96,765	94,206	86,923	7,283	2,559	
职业高中教育	3,900	1,380	1,380		2,520	
高等职业教育	195,385	191,676	186,553	5,123	3,709	
其他职业教育支出	2,757	2,157	2,157		600	
成人教育	14,237	14,237	14,237			
成人高等教育	11,584	11,584	11,584			
其他成人教育支出	2,653	2,653	2,653			
广播电视教育	7,581	7,581	7,581			

续表

科　　目	合计	地方支出			中央专项转移支付支出	地方政府债券支出
		小计	经费支出	基本建设		
广播电视学校	7,581	7,581	7,581			
特殊教育	5,288	5,288	4,338	950		
特殊学校教育	5,288	5,288	4,338	950		
教师进修及干部继续教育	35,332	35,332	35,332			
干部教育	34,978	34,978	34,978			
其他教师进修及干部继续教育支出	354	354	354			
教育费附加安排的支出	290,000	290,000	290,000			
中等职业学校教学设施	1,760	1,760	1,760			
其他教育费附加安排的支出	288,240	288,240	288,240			
其他教育支出	434,381	434,381	434,381			
其他教育支出	434,381	434,381	434,381			
四、科学技术	1,660,337	1,434,688	1,400,029	34,659	225,649	
科学技术管理事务	4,412	4,412	4,412			
行政运行	3,435	3,435	3,435			
一般行政管理事务	678	678	678			
机关服务	196	196	196			
其他科学技术管理事务支出	103	103	103			
基础研究	19,513	19,423	19,423		90	
机构运行	283	283	283			
自然科学基金	5,760	5,760	5,760			
重点实验室及相关设施	90				90	
其他基础研究支出	13,380	13,380	13,380			
应用研究	77,240	74,355	74,355		2,885	
机构运行	62,799	62,799	62,799			
社会公益研究	3,190	1,000	1,000		2,190	
高技术研究	695				695	
其他应用研究支出	10,556	10,556	10,556			
技术研究与开发	53,641	19,601	12,814	6,787	34,040	

续表

科　　目	合计	地方支出			中央专项转移支付支出	地方政府债券支出
		小计	经费支出	基本建设		
机构运行	2,415	2,415	2,415			
应用技术研究与开发	6,672	6,672	6,672			
产业技术研究与开发	32,540				32,540	
科技成果转化与扩散	1,500				1,500	
其他技术研究与开发支出	10,514	10,514	3,727	6,787		
科技条件与服务	30,626	29,731	5,559	24,172	895	
机构运行	363	363	363			
技术创新服务体系	20,512	20,512	1,200	19,312		
科技条件专项	895				895	
其他科技条件与服务支出	8,856	8,856	3,996	4,860		
社会科学	13,710	13,710	13,610	100		
社会科学研究机构	5,510	5,510	5,510			
社会科学研究	6,851	6,851	6,851			
其他社会科学支出	1,349	1,349	1,249	100		
科学技术普及	28,877	28,757	25,157	3,600	120	
机构运行	9,412	9,412	9,412			
科普活动	4,265	4,265	4,265			
青少年科技活动	3,907	3,907	307	3,600		
学术交流活动	1,355	1,355	1,355			
其他科学技术普及支出	9,938	9,818	9,818		120	
科技重大专项	197,491	10,000	10,000		187,491	
科技重大专项	197,491	10,000	10,000		187,491	
其他科学技术支出	1,234,827	1,234,699	1,234,699		128	
科技奖励	3,226	3,226	3,226			
中关村发展专项资金	765,555	765,535	765,535		20	
其他科学技术支出	466,046	465,938	465,938		108	
五、文化体育与传媒	617,017	550,412	502,310	48,102	16,105	50,500
文化	270,976	257,740	222,437	35,303	2,736	10,500

续表

科目	合计	地方支出			中央专项转移支付支出	地方政府债券支出
		小计	经费支出	基本建设		
行政运行	3,825	3,825	3,825			
机关服务	713	713	713			
图书馆	27,232	16,732	16,732			10,500
文化展示及纪念机构	1,353	1,353	415	938		
艺术表演场所	19,200	19,200	19,200			
艺术表演团体	25,116	25,116	25,116			
文化活动	5,300	5,300	5,300			
群众文化	4,019	4,019	4,019			
文化交流与合作	1,203	1,203	1,203			
文化创作与保护	7,597	7,061	7,061		536	
文化市场管理	3,531	3,531	3,531			
其他文化支出	171,887	169,687	135,322	34,365	2,200	
文物	70,260	65,893	64,893	1,000	4,367	
行政运行	1,347	1,347	1,347			
一般行政管理事务	331	331	331			
机关服务	287	287	287			
文物保护	1,803	683	683		1,120	
博物馆	38,839	35,592	34,592	1,000	3,247	
历史名城与古迹	15,000	15,000	15,000			
文物征集费	5,000	5,000	5,000			
其他文物支出	7,653	7,653	7,653			
体育	84,109	83,909	77,189	6,720	200	
行政运行	1,297	1,297	1,297			
一般行政管理事务	126	126	126			
机关服务	460	460	460			
运动项目管理	28,200	28,200	28,200			
体育竞赛	216	216	216			
体育训练	452	452	452			

续表

科　目	合计	地方支出			中央专项转移支付支出	地方政府债券支出
		小计	经费支出	基本建设		
体育场馆	1,508	1,308	588	720	200	
群众体育	6,112	6,112	112	6,000		
体育交流与合作	102	102	102			
体育产业发展引导资金	34,417	34,417	34,417			
其他体育支出	11,219	11,219	11,219			
广播影视	95,768	55,471	50,392	5,079	297	40,000
行政运行	2,139	2,139	2,139			
一般行政管理事务	13	13	13			
广播	10,259	10,259	5,559	4,700		
电视	60,849	20,849	20,617	232		40,000
电影	200				200	
广播电视监控	3,171	3,171	3,171			
其他广播影视支出	19,137	19,040	18,893	147	97	
新闻出版	6,814	6,619	6,619		195	
行政运行	1,952	1,952	1,952			
出版发行	768	768	768			
版权管理	533	533	533			
出版市场管理	46	46	46			
其他新闻出版支出	3,515	3,320	3,320		195	
其他文化体育与传媒支出	89,090	80,780	80,780		8,310	
宣传文化发展专项支出	30,780	30,780	30,780			
文化创意产业专项资金	50,000	50,000	50,000			
其他文化体育与传媒支出	8,310				8,310	
六、社会保障和就业	1,515,370	1,129,984	1,023,514	106,470	374,386	11,000
人力资源和社会保障管理事务	49,055	48,160	40,810	7,350	895	
行政运行	10,308	9,413	9,413		895	
一般行政管理事务	240	240	240			
机关服务	709	709	709			

续表

科目	合计	地方支出			中央专项转移支付支出	地方政府债券支出
		小计	经费支出	基本建设		
综合业务管理	3,751	3,751	3,751			
劳动保障监察	29	29	29			
就业管理事务	262	262	262			
社会保险业务管理事务	619	619	619			
金保工程	12,388	12,388	12,388			
社会保险经办机构	7,188	7,188	7,188			
劳动关系和维权	220	220	220			
公共就业服务和职业技能鉴定机构	4,599	4,599	4,599			
其他人力资源和社会保障管理事务支出	8,742	8,742	1,392	7,350		
民政管理事务	108,697	97,697	58,546	39,151		11,000
行政运行	8,050	8,050	8,050			
一般行政管理事务	2,754	2,754	2,754			
机关服务	856	856	856			
老龄事务	872	872	872			
民间组织管理	653	653	653			
行政区划和地名管理	60	60	60			
基层政权和社区建设	50,469	50,469	11,318	39,151		
部队供应	13,099	2,099	2,099			11,000
其他民政管理事务支出	31,884	31,884	31,884			
财政对社会保险基金的补助	17,738				17,738	
财政对基本养老保险基金的补助	8,953				8,953	
财政对新型农村社会养老保险基金的补助	6,395				6,395	
财政对其他社会保险基金的补助	2,390				2,390	
行政事业单位离退休	218,024	218,024	218,024			
归口管理的行政单位离退休	141,786	141,786	141,786			
事业单位离退休	18,729	18,729	18,729			
离退休人员管理机构	7,041	7,041	7,041			

续表

科目	合计	地方支出			中央专项转移支付支出	地方政府债券支出
		小计	经费支出	基本建设		
农业等事业单位离退休	9,318	9,318	9,318			
教育事业单位离退休	1,852	1,852	1,852			
科学事业单位离退休	554	554	554			
文化事业单位离退休	1,374	1,374	1,374			
计划生育事业单位离退休	106	106	106			
卫生事业单位离退休	32	32	32			
其他行政事业单位离退休支出	37,232	37,232	37,232			
就业补助	21,291	11,998	11,998		9,293	
职业培训补贴	262	147	147		115	
社会保险补贴	41	41	41			
小额担保贷款贴息	698	665	665		33	
就业见习补贴	1,500	1,500	1,500			
其他就业补助支出	18,790	9,645	9,645		9,145	
抚恤	21,843	5,547	5,547		16,296	
死亡抚恤	671	671	671			
在乡复员、退伍军人生活补助	4,617				4,617	
优抚事业单位	560				560	
其他优抚支出	15,995	4,876	4,876		11,119	
退役安置	417,770	103,476	103,476		314,294	
退役士兵安置	61				61	
军队移交政府的离退休人员安置	399,191	87,384	87,384		311,807	
军队移交政府离退休干部管理机构	18,518	16,092	16,092		2,426	
社会福利	44,567	43,363	25,128	18,235	1,204	
儿童福利	8,766	7,610	7,610		1,156	
老年福利	18,948	18,948	4,713	14,235		
殡葬	5,637	5,637	5,637			
社会福利事业单位	6,155	6,155	6,155			
其他社会福利支出	5,061	5,013	1,013	4,000	48	

续表

科　目	合计	地方支出			中央专项转移支付支出	地方政府债券支出
		小计	经费支出	基本建设		
残疾人事业	12,423	9,961	8,727	1,234	2,462	
行政运行	2,290	2,290	2,290			
一般行政管理事务	40	40	40			
残疾人康复	2,101	1,616	403	1,213	485	
残疾人体育	869	869	869			
其他残疾人事业支出	7,123	5,146	5,125	21	1,977	
城市居民最低生活保障	7,878	2,338	2,338		5,540	
城市居民最低生活保障	7,878	2,338	2,338		5,540	
其他城镇社会救济	19,143	15,253	4,753	10,500	3,890	
流浪乞讨人员救助	8,278	4,388	4,388		3,890	
其他城镇社会救济支出	10,865	10,865	365	10,500		
自然灾害生活救助	1,953	1,648	1,648		305	
中央自然灾害生活补助	305				305	
地方自然灾害生活补助	1,348	1,348	1,348			
其他自然灾害生活救助支出	300	300	300			
红十字事业	2,130	2,130	2,130			
行政运行	880	880	880			
其他红十字事业支出	1,250	1,250	1,250			
农村最低生活保障	3,570	1,393	1,393		2,177	
农村最低生活保障	3,570	1,393	1,393		2,177	
其他农村社会救济	212	83	83		129	
五保供养	212	83	83		129	
其他社会保障和就业支出	569,076	568,913	538,913	30,000	163	
其他社会保障和就业支出	569,076	568,913	538,913	30,000	163	
七、医疗卫生	1,238,486	819,414	752,081	67,333	291,620	127,452
医疗卫生管理事务	5,761	5,761	5,761			
行政运行	4,760	4,760	4,760			
一般行政管理事务	54	54	54			

续表

科目	合计	地方支出			中央专项转移支付支出	地方政府债券支出
		小计	经费支出	基本建设		
其他医疗卫生管理事务支出	947	947	947			
公立医院	536,722	388,021	337,655	50,366	21,249	127,452
综合医院	367,535	234,234	191,068	43,166	5,849	127,452
中医(民族)医院	13,476	13,176	11,976	1,200	300	
传染病医院	36,461	36,461	36,461			
精神病医院	21,958	21,958	21,958			
妇产医院	14,201	14,201	13,201	1,000		
儿童医院	28,291	28,291	28,291			
其他专科医院	34,406	34,406	29,406	5,000		
福利医院	1,373	1,373	1,373			
其他公立医院支出	19,021	3,921	3,921		15,100	
基层医疗卫生机构	10,308	2,308	2,308		8,000	
城市社区卫生机构	470				470	
其他基层医疗卫生机构支出	9,838	2,308	2,308		7,530	
公共卫生	117,008	99,853	90,953	8,900	17,155	
疾病预防控制机构	7,817	7,817	6,417	1,400		
卫生监督机构	339	339	339			
妇幼保健机构	7,347	7,347	1,847	5,500		
精神卫生机构	34	34	34			
应急救治机构	7,009	7,009	7,009			
采供血机构	2,407	2,407	2,407			
其他专业公共卫生机构	2,123	2,123	123	2,000		
基本公共卫生服务	60,065	55,677	55,677		4,388	
重大公共卫生专项	16,209	3,442	3,442		12,767	
突发公共卫生事件应急处理	204	204	204			
其他公共卫生支出	13,454	13,454	13,454			
医疗保障	457,553	227,718	227,718		229,835	
行政单位医疗	212,863	77,000	77,000		135,863	

续表

科　目	合计	地方支出			中央专项转移支付支出	地方政府债券支出
		小计	经费支出	基本建设		
事业单位医疗	176,440	109,100	109,100		67,340	
优抚对象医疗补助	1,723				1,723	
城市医疗救助	4,182	3,000	3,000		1,182	
新型农村合作医疗	16,057	13,842	13,842		2,215	
农村医疗救助	665				665	
城镇居民基本医疗保险	27,015	23,466	23,466		3,549	
其他医疗保障支出	18,608	1,310	1,310		17,298	
中医药	14,962	14,962	14,912	50		
中医(民族医)药专项	14,608	14,608	14,608			
其他中医药支出	354	354	304	50		
食品和药品监督管理事务	57,520	42,939	34,922	8,017	14,581	
行政运行	12,174	12,174	12,174			
一般行政管理事务	213	213	213			
机关服务	108	108	108			
食品、药品及医疗器械检验	19,012	7,586	6,786	800	11,426	
注册审评事务	653	653	653			
标准事务	1,982				1,982	
认证事务	128	128	128			
食品药品评价	534	534	534			
执法办案	2,453	2,453	2,453			
食品药品安全	2,433	1,260	1,260		1,173	
事业运行	6,669	6,669	6,669			
其他食品和药品监督管理事务支出	11,161	11,161	3,944	7,217		
其他医疗卫生支出	38,652	37,852	37,852		800	
农村改水改厕	202	202	202			
其他医疗卫生支出	38,450	37,650	37,650		800	
八、节能环保	841,074	516,300	493,512	22,788	252,948	71,826
环境保护管理事务	9,405	9,405	9,405			

续表

科　　目	合计	地方支出			中央专项转移支付支出	地方政府债券支出
		小计	经费支出	基本建设		
行政运行	3,149	3,149	3,149			
一般行政管理事务	1,011	1,011	1,011			
机关服务	982	982	982			
环境保护宣传	1,810	1,810	1,810			
环境保护法规、规划及标准	150	150	150			
环境国际合作及履约	152	152	152			
其他环境保护管理事务支出	2,151	2,151	2,151			
环境监测与监察	3,679	3,679	1,679	2,000		
建设项目环评审查与监督	127	127	127			
核与辐射安全监督	1,530	1,530	1,530			
其他环境监测与监察支出	2,022	2,022	22	2,000		
污染防治	369,338	367,466	367,303	163	1,872	
大气	170,113	170,113	169,999	114		
水体	195,619	194,169	194,169		1,450	
固体废弃物与化学品	5	5		5		
排污费安排的支出	3,557	3,135	3,135		422	
其他污染防治支出	44	44		44		
自然生态保护	591				591	
自然保护区	591				591	
退耕还林	9,894	2,553		2,553	7,341	
退耕现金	3,519				3,519	
退耕还林粮食折现补贴	1,375				1,375	
退耕还林工程建设	2,310	2,310		2,310		
其他退耕还林支出	2,690	243		243	2,447	
风沙荒漠治理	59,096	190		190	7,080	51,826
京津风沙源治理工程建设	59,096	190		190	7,080	51,826
能源节约利用	312,726	111,547	104,047	7,500	181,179	20,000
能源节约利用	312,726	111,547	104,047	7,500	181,179	20,000

续表

科目	合计	地方支出			中央专项转移支付支出	地方政府债券支出
		小计	经费支出	基本建设		
污染减排	27,662	12,917	11,078	1,839	14,745	
环境监测与信息	4,509	4,447	4,447		62	
环境执法监察	1,568	1,568	1,568			
减排专项支出	19,683	5,000	5,000		14,683	
其他污染减排支出	1,902	1,902	63	1,839		
可再生能源	30,471	331		331	30,140	
可再生能源	30,471	331		331	30,140	
资源综合利用	10,000				10,000	
资源综合利用	10,000				10,000	
其他节能环保支出	8,212	8,212		8,212		
其他节能环保支出	8,212	8,212		8,212		
九、城乡社区事务	937,035	759,535	485,386	274,149		177,500
城乡社区管理事务	85,889	85,889	79,429	6,460		
行政运行	24,237	24,237	24,237			
一般行政管理事务	904	904	904			
机关服务	6,222	6,222	6,222			
城管执法	11,623	11,623	10,166	1,457		
工程建设标准规范编制与监管	1,061	1,061	1,061			
工程建设管理	2,604	2,604	2,604			
市政公用行业市场监管	910	910	910			
住宅建设与房地产市场监管	1,855	1,855	1,855			
执业资格注册、资质审查	456	456	456			
其他城乡社区管理事务支出	36,017	36,017	31,014	5,003		
城乡社区规划与管理	11,937	11,937	11,360	577		
城乡社区规划与管理	11,937	11,937	11,360	577		
城乡社区公共设施	504,402	326,902	189,489	137,413		177,500
其他城乡社区公共设施支出	504,402	326,902	189,489	137,413		177,500
城乡社区环境卫生	107,566	107,566	96,954	10,612		

续表

科目	合计	地方支出			中央专项转移支付支出	地方政府债券支出
		小计	经费支出	基本建设		
城乡社区环境卫生	107,566	107,566	96,954	10,612		
建设市场管理与监督	1,700	1,700	1,700			
建设市场管理与监督	1,700	1,700	1,700			
其他城乡社区事务支出	225,541	225,541	106,454	119,087		
城市环境综合整治专项资金	100,000	100,000	100,000			
其他城乡社区事务支出	125,541	125,541	6,454	119,087		
十、农林水事务	849,032	705,298	695,808	9,490	143,734	
农业	329,263	291,474	286,854	4,620	37,789	
行政运行	4,586	4,586	4,586			
一般行政管理事务	39	39	39			
机关服务	872	872	872			
事业运行	12,987	12,987	12,987			
技术推广与培训	16,173	9,776	9,226	550	6,397	
病虫害控制	5,351	4,315	3,145	1,170	1,036	
农产品质量安全	3,218	2,848	2,848		370	
执法监管	4,661	4,636	2,636	2,000	25	
统计监测与信息服务	3,284	3,284	2,384	900		
农业行业业务管理	1,906	1,906	1,906			
灾害救助	23	23	23			
农业结构调整补贴	98,985	98,985	98,985			
农业生产资料与技术补贴	33,178	7,569	7,569		25,609	
农业组织化与产业化经营	1,051	601	601		450	
农产品加工与促销	950	150	150		800	
农业资源保护与利用	1,651	1,131	1,131		520	
石油价格改革对渔业的补贴	1,552				1,552	
对高校毕业生到基层任职补助	976				976	
其他农业支出	137,820	137,766	137,766		54	
林业	122,394	101,007	96,487	4,520	21,387	

续表

科　　目	合计	地方支出			中央专项转移支付支出	地方政府债券支出
		小计	经费支出	基本建设		
行政运行	3,997	3,997	3,997			
一般行政管理事务	88	88	88			
机关服务	1,105	1,105	1,105			
林业事业机构	10,708	10,398	10,398		310	
森林培育	17,145	7,110	7,110		10,035	
林业技术推广	1,264	864	864		400	
森林资源管理	601	531	531		70	
森林资源监测	492	492	492			
森林生态效益补偿	25,638	21,064	21,064		4,574	
林业自然保护区	100				100	
动植物保护	959	829	829		130	
湿地保护	2,055	1,196	196	1,000	859	
林业执法与监督	1,811	1,186	1,186		625	
森林防火	7,455	5,883	2,363	3,520	1,572	
林业有害生物防治	4,336	2,936	2,936		1,400	
林业检疫检测	417	417	417			
防沙治沙	243	213	213		30	
林业质量安全	260	260	260			
林业工程与项目管理	124	124	124			
林业对外合作与交流	514	514	514			
林业产业化	3,173	3,173	3,173			
技能培训	333	333	333			
信息管理	577	577	577			
林业政策制定与宣传	520	520	520			
林业资金审计稽查	73	73	73			
林区公共支出	1,037	1,037	1,037			
林业贷款贴息	461	146	146		315	
石油价格改革对林业的补贴	475				475	

续表

科　　目	合计	地方支出			中央专项转移支付支出	地方政府债券支出
		小计	经费支出	基本建设		
其他林业支出	36,433	35,941	35,941		492	
水利	187,286	136,649	136,649		50,637	
行政运行	4,136	4,136	4,136			
机关服务	1,264	1,264	1,264			
水利行业业务管理	12,554	12,554	12,554			
水利工程建设	24,034				24,034	
水利工程运行与维护	38,086	38,086	38,086			
水利执法监督	271	271	271			
水土保持	2,539	439	439		2,100	
水资源管理与保护	151	151	151			
水文测报	2,304	2,231	2,231		73	
防汛	13,186	11,886	11,886		1,300	
农田水利	13,036	9,636	9,636		3,400	
水利技术推广和培训	669	669	669			
大中型水库移民后期扶持专项支出	15,765				15,765	
水资源费安排的支出	39,580	38,980	38,980		600	
信息管理	349	349	349			
其他水利支出	19,362	15,997	15,997		3,365	
南水北调	14,347	14,347	14,347			
行政运行	430	430	430			
工程稽查	145	145	145			
前期工作	242	242	242			
南水北调技术推广和培训	464	464	464			
环境、移民及水资源管理与保护	145	145	145			
其他南水北调支出	12,921	12,921	12,921			
农业综合开发	141,729	114,744	114,594	150	26,985	
机构运行	400	400	400			
土地治理	62,702	55,450	55,450		7,252	

续表

科　　目	合计	地方支出			中央专项转移支付支出	地方政府债券支出
		小计	经费支出	基本建设		
产业化经营	78,477	58,744	58,744		19,733	
科技示范	150	150		150		
农村综合改革	8,156	4,070	4,070		4,086	
对村级一事一议的补助	8,140	4,070	4,070		4,070	
对村民委员会和村党支部的补助	16				16	
其他农林水事务支出	45,857	43,007	42,807	200	2,850	
社会主义新农村建设专项资金	19,999	19,999	19,999			
农业结构调整资金	15,368	15,368	15,368			
其他农林水事务支出	10,490	7,640	7,440	200	2,850	
十一、交通运输	1,876,448	1,055,837	1,009,601	46,236	757,611	63,000
公路水路运输	676,410	94,224	60,050	34,174	519,186	63,000
行政运行	9,529	9,529	9,529			
一般行政管理事务	13,659	12,785	12,785		874	
机关服务	4,568	4,568	4,568			
公路新建	33,660	5,660		5,660		28,000
公路改建	60,330	25,330		25,330		35,000
公路养护	225,336				225,336	
公路路政管理	900	900		900		
公路和运输信息化建设	2,284	2,284		2,284		
公路还贷专项	107,002				107,002	
公路运输管理	3,534				3,534	
公路客货运站(场)建设	1,520				1,520	
船舶检验	51	51	51			
取消政府还贷二级公路收费专项支出	24,800				24,800	
其他公路水路运输支出	189,237	33,117	33,117		156,120	
石油价格改革对交通运输的补贴	260,008	48,597	48,597		211,411	
对城市公交的补贴	172,687				172,687	
对农村道路客运的补贴	23,642	8,198	8,198		15,444	

续表

科目	合计	地方支出			中央专项转移支付支出	地方政府债券支出
		小计	经费支出	基本建设		
对出租车的补贴	62,800	40,399	40,399		22,401	
石油价格改革补贴其他支出	879				879	
邮政业支出	580	580		580		
邮政普遍服务与特殊服务	580	580		580		
车辆购置税支出	27,014				27,014	
车辆购置税用于公路等基础设施建设支出	22,390				22,390	
车辆购置税用于农村公路建设支出	2,400				2,400	
车辆购置税用于老旧汽车报废更新补贴支出	1,250				1,250	
车辆购置税其他支出	974				974	
其他交通运输支出	912,436	912,436	900,954	11,482		
公共交通运营补助	899,646	899,646	899,646			
其他交通运输支出	12,790	12,790	1,308	11,482		
十二、资源勘探电力信息等事务	916,362	730,336	704,925	25,411	186,026	
资源勘探开发和服务支出	2,199	1,599	1,599		600	
黑色金属矿勘探和采选	600				600	
其他资源勘探业支出	1,599	1,599	1,599			
制造业	116,776	7,786	6,010	1,776	108,990	
一般行政管理事务	168	168	168			
机关服务	645	645	645			
纺织业	262	262	262			
通信设备、计算机及其他电子设备制造业	658	658	658			
电气机械及器材制造业	257	257	257			
化学原料及化学制品制造业	750				750	
其他制造业支出	114,036	5,796	4,020	1,776	108,240	
建筑业	100	100		100		
其他建筑业支出	100	100		100		

续表

科　目	合计	地方支出			中央专项转移支付支出	地方政府债券支出
		小计	经费支出	基本建设		
电力监管支出	93,574	93,574	93,574			
其他电力监管支出	93,574	93,574	93,574			
工业和信息产业监管支出	133,845	129,569	126,202	3,367	4,276	
行政运行	3,180	3,180	3,180			
一般行政管理事务	4,547	4,547	4,547			
机关服务	79	79	79			
信息安全建设	2,929	2,929	2,929			
无线电监管	2,769	393	393		2,376	
工业和信息产业战略研究与标准制定	5,495	5,495	5,495			
工业和信息产业支持	1,900				1,900	
电子专项工程	23,895	23,895	23,895			
工业发展资金	70,000	70,000	70,000			
其他工业和信息产业监管支出	19,051	19,051	15,684	3,367		
安全生产监管	13,368	13,368	9,215	4,153		
行政运行	1,557	1,557	1,557			
机关服务	2,682	2,682	2,682			
安全监管监察专项	1,846	1,846	1,846			
安全隐患治理专项资金	3,124	3,124	3,124			
其他安全生产监管支出	4,159	4,159	6	4,153		
国有资产监管	12,375	12,375	12,375			
行政运行	3,660	3,660	3,660			
一般行政管理事务	7,130	7,130	7,130			
国有企业监事会专项	1,182	1,182	1,182			
其他国有资产监管支出	403	403	403			
支持中小企业发展和管理支出	140,463	100,505	100,505		39,958	
科技型中小企业技术创新基金	17,940				17,940	
中小企业发展专项	65,978	50,505	50,505		15,473	
其他支持中小企业发展和管理支出	56,545	50,000	50,000		6,545	

续表

科目	合计	地方支出			中央专项转移支付支出	地方政府债券支出
		小计	经费支出	基本建设		
其他资源勘探电力信息等事务支出	403,662	371,460	355,445	16,015	32,202	
建设项目贷款贴息	7,153	3,525		3,525	3,628	
技术改造支出	27,074				27,074	
注入国有资本预算资金	324,276	324,276	324,276			
其他资源勘探电力信息等事务支出	45,159	43,659	31,169	12,490	1,500	
十三、商业服务业等事务	393,025	241,117	239,075	2,042	151,908	
商业流通事务	245,088	120,029	120,029		125,059	
民贸网点贷款贴息	50				50	
商业流通发展资金	19,996	19,996	19,996			
其他商业流通事务支出	225,042	100,033	100,033		125,009	
旅游业管理与服务支出	97,089	97,089	95,047	2,042		
行政运行	1,948	1,948	1,948			
一般行政管理事务	500	500	500			
旅游发展专项资金	91,996	91,996	91,996			
其他旅游业管理与服务支出	2,645	2,645	603	2,042		
涉外发展服务支出	43,448	16,999	16,999		26,449	
外经贸发展专项资金	18,189	16,999	16,999		1,190	
其他涉外发展服务支出	25,259				25,259	
其他商业服务业等事务支出	7,400	7,000	7,000		400	
服务业基础设施建设	400				400	
其他商业服务业等事务支出	7,000	7,000	7,000			
十四、金融监管等事务支出	4,578	4,327	3,827	500	251	
金融部门行政支出	1,404	1,404	904	500		
行政运行	802	802	802			
金融部门其他行政支出	602	602	102	500		
农村金融发展支出	251				251	
农村金融机构定向费用补贴支出	251				251	
其他金融监管等事务支出	2,923	2,923	2,923			

续表

科目	合计	地方支出			中央专项转移支付支出	地方政府债券支出
		小计	经费支出	基本建设		
其他金融监管等事务支出	2,923	2,923	2,923			
十五、国土资源气象等事务	82,293	66,643	63,769	2,874	15,650	
国土资源事务	70,233	54,583	51,995	2,588	15,650	
行政运行	16,559	16,559	16,559			
一般行政管理事务	299	299	299			
国土资源规划及管理	251	251	251			
土地资源调查	14	14	14			
土地资源利用与保护	59	59	59			
国土资源社会公益服务	65	65	65			
国土资源行业业务管理	43	43	43			
地质灾害防治	2,279	1,822	1,234	588	457	
土地资源储备支出	26	26	26			
地质及矿产资源调查	3,097	3,097	3,097			
地质矿产资源利用与保护	2,000	2,000		2,000		
矿产资源专项收入安排的支出	17,782	2,589	2,589		15,193	
事业运行	21,148	21,148	21,148			
其他国土资源事务支出	6,611	6,611	6,611			
测绘事务	5,930	5,930	5,930			
基础测绘	5,042	5,042	5,042			
其他测绘事务支出	888	888	888			
地震事务	2,638	2,638	2,638			
行政运行	516	516	516			
地震台站、台网	338	338	338			
地震事业机构	1,784	1,784	1,784			
气象事务	3,492	3,492	3,206	286		
气象事业机构	558	558	558			
气象信息传输及管理	1,154	1,154	1,154			
气象服务	1,084	1,084	1,084			

续表

科目	合计	地方支出			中央专项转移支付支出	地方政府债券支出
		小计	经费支出	基本建设		
气象装备保障维护	177	177	177			
其他气象事务支出	519	519	233	286		
十六、住房保障支出	273,626	154,109	154,109		84,795	34,722
保障性安居工程支出	119,870	353	353		84,795	34,722
棚户区改造	4,002				4,002	
公共租赁住房	76,061	353	353		75,708	
其他保障性安居工程支出	39,807				5,085	34,722
住房改革支出	150,359	150,359	150,359			
购房补贴	150,359	150,359	150,359			
城乡社区住宅	3,397	3,397	3,397			
其他城乡社区住宅支出	3,397	3,397	3,397			
十七、粮油物资管理事务	31,857	28,072	27,373	699	3,785	
粮油事务	31,788	28,003	27,373	630	3,785	
行政运行	992	992	992			
一般行政管理事务	250	250	250			
粮食信息统计	688	688	198	490		
粮食专项业务活动	84	84	84			
粮食风险基金	29,110	25,405	25,405		3,705	
其他粮油事务支出	664	584	444	140	80	
物资事务	69	69		69		
仓库建设	69	69		69		
十八、储备事务支出	1,084				1,084	
粮油储备	800				800	
储备粮(油)库建设	800				800	
重要商品储备	284				284	
化肥储备	284				284	
十九、其他支出	1,666,133	1,513,606	1,513,606		152,527	
其他支出	1,666,133	1,513,606	1,513,606		152,527	

续表

科　　目	合计	地方支出			中央专项转移支付支出	地方政府债券支出
		小计	经费支出	基本建设		
轨道交通专项资金	1,190,907	1,190,907	1,190,907			
公共突发事件应急专项资金	14	14	14			
偿债资金和处理历史遗留问题资金	180,000	180,000	180,000			
其他支出	295,212	142,685	142,685		152,527	
政府性基金预算支出	5,725,193	5,697,094	3,930,845	1,766,249	28,099	
一、文化体育与传媒	106,447	99,317	99,317		7,130	
文化事业建设费安排的支出	104,342	99,317	99,317		5,025	
精神文明建设	5,200	5,200	5,200			
文化创作	2,025				2,025	
其他文化事业建设费安排的支出	97,117	94,117	94,117		3,000	
国家电影事业发展专项资金支出	2,105				2,105	
资助城市影院	2,105				2,105	
二、社会保障和就业	95,073	77,807	77,807		17,266	
大中型水库移民后期扶持基金支出	17,266				17,266	
基础设施建设和经济发展	17,266				17,266	
残疾人就业保障金支出	77,807	77,807	77,807			
就业和培训	2,315	2,315	2,315			
职业康复	6,593	6,593	6,593			
扶持农村残疾人生产	282	282	282			
其他残疾人就业保障金支出	68,617	68,617	68,617			
三、城乡社区事务	5,080,965	5,080,965	3,564,716	1,516,249		
政府住房基金支出	41,858	41,858	41,858			
管理费用支出	29,636	29,636	29,636			
廉租住房支出	11,882	11,882	11,882			
廉租住房维护和管理支出	66	66	66			
其他政府住房基金支出	274	274	274			
国有土地使用权出让收入安排的支出	4,475,000	4,475,000	3,058,751	1,416,249		
土地开发支出	2,656,813	2,656,813	2,656,813			
城市建设支出	1,108,619	1,108,619		1,108,619		

续表

科目	合计	地方支出			中央专项转移支付支出	地方政府债券支出
		小计	经费支出	基本建设		
土地出让业务支出	16,292	16,292	16,292			
廉租住房支出	40,000	40,000	40,000			
教育资金安排的支出	80,130	80,130		80,130		
公共租赁住房支出	276,994	276,994	276,994			
农田水利建设资金安排的支出	227,500	227,500		227,500		
污染扰民企业搬迁支出	8,116	8,116	8,116			
绿化隔离地区基础设施支出	11,800	11,800	11,800			
其他国有土地使用权出让收入安排的支出	48,736	48,736	48,736			
城市公用事业附加安排的支出	125,670	125,670	125,670			
城市公共设施	43,674	43,674	43,674			
城市环境卫生	81,996	81,996	81,996			
国有土地收益基金支出	225,800	225,800	225,800			
土地开发支出	225,800	225,800	225,800			
农业土地开发资金支出	8,000	8,000	8,000			
新增建设用地有偿使用费安排的支出	104,637	104,637	104,637			
耕地开发专项支出	22,423	22,423	22,423			
土地整理支出	82,214	82,214	82,214			
城市基础设施配套费安排的支出	100,000	100,000		100,000		
城市公共设施	21,000	21,000		21,000		
城市环境卫生	990	990		990		
其他城市基础设施配套费安排的支出	78,010	78,010		78,010		
四、农林水事务	300,087	300,087	50,087	250,000		
森林植被恢复费安排的支出	13,378	13,378	13,378			
林地调查规划设计	22	22	22			
森林培育	256	256	256			
林业有害生物防治	80	80	80			
森林资源管护	337	337	337			
其他森林植被恢复费安排的支出	12,683	12,683	12,683			
地方水利建设基金支出	286,709	286,709	36,709	250,000		

续表

科　　目	合计	地方支出			中央专项转移支付支出	地方政府债券支出
		小计	经费支出	基本建设		
水利工程维护	12,323	12,323	12,323			
城市防洪	900	900	900			
其他地方水利建设基金支出	273,486	273,486	23,486	250,000		
五、交通运输	19,000	19,000	19,000			
车辆通行费安排的支出	19,000	19,000	19,000			
政府还贷公路管理	19,000	19,000	19,000			
六、资源勘探电力信息等事务	9,100	9,100	9,100			
散装水泥专项资金支出	1,100	1,100	1,100			
其他散装水泥专项资金支出	1,100	1,100	1,100			
新型墙体材料专项基金支出	8,000	8,000	8,000			
其他新型墙体材料专项基金支出	8,000	8,000	8,000			
七、商业服务业等事务	300				300	
旅游发展基金支出	300				300	
地方旅游开发项目补助	300				300	
八、其他支出	114,221	110,818	110,818		3,403	
其他政府性基金支出	9,105	9,105	9,105			
彩票公益金安排的支出	105,116	101,713	101,713		3,403	
用于社会福利的彩票公益金支出	75,331	75,331	75,331			
用于体育事业的彩票公益金支出	26,693	25,847	25,847		846	
用于教育事业的彩票公益金支出	2,821	535	535		2,286	
用于城市医疗救助的彩票公益金支出	181				181	
用于农村医疗救助的彩票公益金支出	90				90	

关于北京市2011年市级预算执行和其他财政收支的审计工作报告

——2012年7月26日在北京市第十三届人民代表大会常务委员会第三十四次会议上

北京市审计局局长　李颖津

主任、各位副主任、秘书长、各位委员：

我受市人民政府委托，向市人大常委会报告本市2011年市级预算执行和其他财政收支的审计工作情况，请予审议。

根据《中华人民共和国审计法》（以下简称《审计法》）和《北京市预算监督条例》的规定，市审计局对本市2011年市级预算执行和其他财政收支开展了审计。审计工作紧紧围绕市委、市政府关于加快转变经济发展方式、推进创新驱动、保障和改善民生的总体部署，密切关注经济运行、结构调整、民生保障、社会管理等政策的执行情况，注重揭示经济社会运行中的薄弱环节和潜在风险，不断扩大监督范围，突出绩效审计，强化整改落实，推进审计结果公开，加快法治化建设。在工作中，审计机关重点对市级财政管理、部门预算执行、政府重大投资、民生专项资金以及国有企业开展了审计或审计调查。市人大常委会加强了对审计工作的指导，深入开展调查研究，听取审计结果汇报，为审计客观评价经济社会运行情况，揭示和反映突出问题奠定了基础。同时，健全与审计机关的工作协调机制，坚持开展审计整改跟踪调研，为审计事业不断深化、规范和提高营造了良好的环境。

市政府高度重视审计整改工作，审计整改情况已经列入了年度绩效管理综合考核评价。2010年预算执行审计整改情况已经书面报告市人大常委会，2011年预算执行审计整改情况，市政府将在年底前向市人大常委会书面报告。

审计结果表明，2011年，全市各部门、各单位在市委、市政府的领导下，坚持以科学发展为主题，以加快转变经济发展方式为主线，认真落实中央宏观调控政策，深入推进经济结构调整，取得了物价趋稳、结构优化、效益提升、民生改善的显著成效。一是积极发挥政策、资金的引导效应。通过设立、统筹市级大额专项资金，建立健全科技创新、文化创新的“双轮驱动”发展模式；通过完善财政贴息、担保、注资等扶持方式，积极培育新兴产业，壮大国有企业，增强中小企业竞争力；安排基本建设投资360.8亿元，并积极拓展投融资渠道，加大对城市水、电、气、热及交通等基础设施的投入，稳步推进中国特色的世界城市建设。二是不断加大民生领域的投入。安排各项惠民补贴213.6亿元，支持农业基础设施建设，提高社会保障标准，切实保障和改善民生；投入政府为民办实事资金293.2亿元，推进教育资源均衡化，深化医疗卫生体制改革，加快了城乡一体化的发展步伐。三是更加注重财政资金绩效。完善全口径政府预算体系，增强了财政资金的统筹力度；加强预算绩效评价制度体系建设，积极开展全过程预算绩效管理试点工作，提高了资金分配的公平性和科学性。

市级预算执行和其他财政收支情况较好，各部门、各单位财政财务管理不断规范，依法理财的自觉性不断增强。2011年，审计财政资金比上年有较大增加，但违规及管理不规范等问题金额比上年减少。市级财政总收入2516.9亿元，其中公共财政收入1644.4亿元，完成年度预算的115.6%；市级财政总支出2483.8亿元，其中公共财政支出1422.9亿元，完成年度预算的113.4%。市级超收财力，优先保证了教育、科技、农业、卫生、文化等重点支出的法定增长。

一、市级财税管理审计情况

（一）市财政具体组织市级预算执行和地方税收征管审计情况

2011年，市财政局认真落实积极财政政策，加大财政资金统筹力度，加强各部门结余资金的管理，建立市级大额专项资金设立、使用、调整、退出机制，发挥了财政资金集成效应；积极推进联合评审制度建设，扩大项目支出事前评估试点范围，着力提高绩效管理工作水平；加快财政预决算信息公开步伐，公开了57家市级部门2011年部门预算情况、44家市级部门2010年决算情况，主动接受社会监督；加强政府性债务监管，实现了归口管理，构建了地方政府性债务规模控制机制。截至2011年年底，全市政府性债务余额为3656.8亿元，政府负有偿还责任的债务率为57.9%，比2010年下降了3.8个百分点，整体债务规模处于可控状态。市地税局深入贯彻落实市委、市政府和国家税务总局的各项要求，不断完善税收征管机制，加强重点行业的税务稽查，较好地完成了全市地方税收的征管任务。但其中也存在一些问题。

1. 涉农转移支付资金分配管理有待完善。2009年，市财政局出台了完善市与区县划转事项资金管理办法，明确了事权与财力相匹配的原则，但经审计发现转移支付资金分配中存在交叉、重复安排的问题。2009年至2011年，市财政局和市发展改革委同时向3个区县安排农业节水灌溉建设资金0.6亿元和1.1亿元。市商务委、市旅游委、市科委等部门也通过生态采摘、农业观光、科普教育等项目安排资金1.1亿元。2011年，市财政局还安排了与体制划转事项重复的11类8.6亿元专项转移支付资金。此外，市对区县涉农专项转移支付预算下达较晚，剔除中央追加和超收安排因素，2011年有67.2%的专项转移支付资金在第4季度下达预算。

2. 预算管理有待进一步规范。一是预算编制要求不细，一些部门将差旅费、会议费等基本支出内容列入项目支出。抽查的16个部门在公用经费预算中安排差旅费412.5万元，当年实际支出169.8万元，仅占预算的41%，但在项目经费中列支差旅费2130.7万元。二是个别项目支出预算管理制度有待细化。如，为减少预算调整，市财政局出台机动经费管理制度，允许各部门在年初预算中安排机动经费项目，主要用于上级部门安排的新增、临时、应急的项目及增人、增编等基本支出。由于预算安排时未充分考虑部门上年机动经费结余和当年预算规模，造成部门机动经费结余较大，重点审计的35个部门年初机动经费预算安排5.6亿元，当年结余达到2.4亿元。由于对机动经费的监管不严，一些部门存在擅自扩大范围、突击使用机动经费的情况，有6个部门违反机动经费管理规定，将3854万元弥补基本支出和用于一般性项目；4个部门自行动用2301万元用于补助区县等支出。

3. 预算审批管理不到位。市财政局对112项8.2亿元部门项目预算未严格审批。其中，批复了85个申报内容不完整，支出预算不细化的项目，涉及预算4.1亿元；批复了7

个未经财政投资评审的项目，涉及预算3.2亿元；批复了20个应纳入但未纳入政府采购预算的项目，涉及预算0.9亿元。

4. 发票和减免税管理不到位。一是发票日常监管不严。抽查发现，截至2011年年底，30个非正常纳税户和证件失效户持有各类发票4.7万张，已脱离税务机关的管理。二是纳税人跨区县迁移管理制度存在缺陷。一些纳税人迁出时不办理纳税清算，不缴销整本发票，通过税收征管系统查询，2009年至2011年，有129户迁出纳税人未到迁入税务机关报到，持有定额发票15.1万张。三是个别备案减免事项的后续管理不到位。在审计抽查的25户享受减免税政策的纳税人中，有14户超范围多计扣除项目2660万元，少缴企业所得税402.9万元。

（二）国有资本经营预算审计情况

对2011年国有资本经营预算执行情况开展了审计调查，并延伸调查了15家国有企业，以及市国资委安排的30个重点项目，涉及资金49.5亿元。2011年，国有资本经营预算收入52.7亿元，预算支出52.5亿元，预算投向紧紧围绕促进支柱企业发展和优化产业结构，重点支持了“京东方八代线”、“北汽控股资本金注入”等项目，取得了显著的成效。但审计中也发现个别项目存在违反程序、提前拨付资金等问题。如，北汽控股集团下属6户企业违反申报程序，在未取得破产终结审计报告的情况下，提前获取“劣势企业调整退出”补助资金1.1亿元；“中低速磁悬浮交通示范线”等3个项目由于未实施，而使2亿元资金在项目单位存放。

针对财政管理中存在的问题，市财政局正在研究制定加强部门机动经费管理的措施，进一步强化基本支出和项目支出管理，认真开展项目事前评估、财政评审、事后绩效考评，努力提高预算编制和执行质量。针对发票监管不严和减免税管理不到位的问题，市地税局正在完善相关制度，加强对迁出纳税人已领购未使用发票的缴销，进一步明确减免税的管理流程，加强扣除项目的专项评估和执法检查。

二、市级部门预算执行和其他财政收支审计情况

对市教委等35个部门2011年预算执行和其他财政收支情况开展了审计，关注了预算编制、执行，财政资金使用绩效，并延伸审计106个下属预算单位，重点抽查了1556个项目，涉及资金总额367.7亿元，比上年增长2.2倍。

2011年，各部门认真落实市委、市政府的工作要求，紧密围绕政府中心工作，切实履行职能职责，达到了“调结构、稳增长、保民生、促发展”的目标，35个部门预算执行总体情况良好，预算编制的科学性有所提高，预算执行的规范性有所增强，抽查9个部门承办的22个政府办实事项目，落实情况较好。但审计中也发现一些问题。

（一）预算编制和执行不严格

1. 部分项目绩效目标不明确。审计发现，9个部门274个项目存在申报资料不齐全，数量、质量、时效、成本等绩效目标不清晰，无法量化考评等问题，涉及预算资金18.4亿元。如，市土地储备中心申报的“土地储备开发工作经费”项目，涉及预算2514万元，申报内容仅是“单位需要的事业支出”。

2. 部分单位多申领财政资金。16个部门及下属单位通过多报房屋面积、人员数量等方式，多申报基本支出预算1726万元。如，市特种设备检测中心在基本支出预算申报中，多报办公用房面积1083平方米，多申领财政资金20.6万元。7个部门项目预算编报不细、不准，涉及预算5.1亿元。

3. 个别主管部门对大额专项资金支持项

目监管审核不严，涉及32个项目4929万元。其中：市商务委超范围拨付27家单位中小企业专项资金3629.7万元；市经济信息化委对北京韩江自动化玻璃机械设备公司多拨付贴息资金37万元；3个项目单位虚报、冒领财政资金1162万元。

4. 29个部门违规改变资金用途1.2亿元。14个部门在项目间调剂专项资金7756万元；13个部门将人员经费、交通费等支出列入项目支出中，涉及资金1280万元。

（二）财政改革措施落实不到位

1. 非税收入征缴制度未严格执行。14个部门取得的国有资产处置收益和有偿使用收入等非税收入7197万元，未能及时上缴国库。如，北京古代建筑博物馆擅自将场地和房屋租给6家单位使用，并以合作开发文化项目的名义收取上述单位门票收入、绿化养护费等86万元，未上缴国库。个别部门为了规避上缴非税收入，直接将房租收入冲抵公用经费。

2. 国库集中支付制度未得到有效落实。6个部门通过虚列支出和以拨代支的方式，从零余额账户向本部门或下属单位的基本账户划转资金5.9亿元。如，北京舞蹈学院在工程尚未完成的情况下，将2462.5万元项目资金从零余额账户支付给施工单位，再以“质保金”的方式将1021.7万元收回到学院基本账户。

3. 市对区县转移支付制度未认真执行。审计发现，市农村经济研究中心等3个单位未严格执行转移支付管理制度，将预算资金4239万元以奖励和专款的形式直接拨付区县。

4. 政府采购政策未得到有效履行。市水电中心等10个单位96个项目未按规定履行政府采购和招投标程序，涉及资金2.9亿元。

（三）部分资金使用绩效不高

1. 10个部门62个项目未实现预期目标，涉及资金1.1亿元。对交通疏堵工程抽查发现，闵庄站等3个公交港湾建成后，公交站未能及时移至港湾内，无法体现疏堵效果；国贸桥下中心岛改造工程完工后，至今未投入使用；椰子井站等3个微循环项目，新铺人行道砖后，被其他部门重新挖开。

2. 由于前期论证不充分，15个部门77个项目进展缓慢，造成资金闲置4.5亿元。如，2011年初，市残联“康复医院配备康复器材”项目预算8740.3万元，由于在预算批复后拟调整实施方案及配置标准，截至2011年年底，未组织实施。

3. 部分大额专项资金支持的项目进度滞后。由于预算批复和项目确定时间不匹配，工作方案和实施计划制定不详细等原因，导致旅游、体育等产业发展资金支持的项目无法得到及时落实，预算执行进度较为滞后，截至2011年年底，有3.3亿元资金尚未使用。

4. 部分项目存在预算编报不科学、论证不严谨、预算安排明显高于实际支出等问题，涉及资金3152万元。如，2011年，“农村电影放映工程”项目按85元/场次的购片费标准，申报项目预算1480.9万元，并已拨付至2家农村电影院线公司。延伸发现实际购片成本分别为15.6元/场次和9.6元/场次，全年实际支出212.1万元，仅占财政拨付资金的14.3%。

（四）部门决算编报及财务核算不规范

1. 14个部门将收入、支出和结余资金4.4亿元在往来款项中核算。如，市环境科学研究院将课题结余资金95.7万元在往来账款中核算，但未在决算报表中反映。

2. 市侨办等6个部门未将资产1.5亿元纳入决算编报范围；11个部门由于会计账务处理或报表填列错误，导致收支决算编报不真实，涉及资金1.4亿元。

3. 市口岸办等17个部门1亿元资产账实不符。主要是一些部门未将已竣工的办公房屋纳入固定资产核算。

被审计单位高度重视部门预算执行审计中反映的问题，及时调整账目，完善制度，追踪问责，积极落实整改，有的问题在审计实施过程中已得到了纠正。市旅游委制定了内部审计制度；市体育局等部门针对下属单位的问题，提出了调整账目、上缴应交款项的要求。一些部门和单位还召开专题会议研究审计反映的问题，通过清理往来款项、补办资产、完善制度等方式进行整改。市审计局还将对各部门的后续整改情况进行跟踪检查，并在市人大常委会审议通过本报告后，向社会公告市级部门预算执行审计结果和初步整改情况。

三、民生专项资金绩效审计情况

对涉农资金、教育经费、卫生专项资金开展了绩效审计，审计范围包括：16个区县教委及81所中小学校，北京工商大学等10所高校，北京朝阳医院等2家公立医院，171个医药卫生专项资金项目，顺义等5个区县290个农业产业项目，以及13个区县的涉农转移支付资金，共审计资金量667.3亿元。

各区县教育经费使用总体情况较好，教育资产管理比较规范；高等院校科研环境和科研能力得到提升，新增市级重点实验室25个，新增实验室面积6万平方米，添置10万元以上仪器设备478台，承接国家、市级及其他科研课题1631项，荣获国家和市级以上科技奖励122项；农村产业布局得到进一步优化，农民收入得到提高；房山、大兴、顺义、延庆等区县完成设施农业17.3万亩，实现产值217.1亿元；市卫生局及所属医院在推进公立医院改革、实施国家基本药物制度、健全基层医疗卫生体系、医院学科建设等方面发挥了积极作用。各项目管理部门和实施单位较好履行了职责，政策的导向作用得到发挥，财政资金使用效益较好。但其中也存在一些问题。

（一）涉农资金审计发现的问题

1. 部分市级涉农转移支付资金的绩效水平不高

一是部分项目未达到预期目标。抽查了12个涉农区县的40个项目，其中：投入1.3亿元建成的14个产业设施或项目处于闲置、转产或弃用状态；投入906.1万元建成的11个项目未达到预期目标；7个项目849.4万元资金到位后，长期未组织实施，造成资金闲置。

二是农业科技引领作用尚未完全发挥。按照强农惠农政策的规定，涉农转移支付资金应加大对农业科技的投入，提高农业产业的科技含量。但审计发现，2009年至2011年市对区县涉农转移支付资金中，农业科技投入为5.5亿元，仅占农业转移支付资金总规模的2%。

2. 涉农转移支付资金分配使用尚需规范

5个区县3.4亿元转移支付资金未按规定用途分配；7个区县3.5亿元资金当年没有安排使用。

3. 区县配套资金到位率不高

2009年至2011年，11个涉农区县农业综合开发、节水灌溉、新农村五项基础设施建设等3类项目，区县财政按规定应安排配套资金37亿元，实际到位4.5亿元，到位率仅为12.2%。

（二）教育专项资金审计发现的问题

1. 部分高校科研项目预算绩效目标不够明确，不利于绩效考评。有14个项目的绩效目标仅为购置设备或搭建信息平台，未明确具体的质量标准或验收标准，涉及资金2126万元。

2. 科研课题经费的后续监管不到位，造成部分项目未达到预期目标。延伸审计的90个项目中，有16个项目未达到预期目标或未按进度实施，涉及资金817.9万元。

3. 区县教育经费结余规模较大。2010年，16个区县教育经费当年结余达到24.6亿元。

（三）卫生专项资金及医院财务审计发现的问题

1. 部分医疗设备未及时投入使用。延伸

审计 10 家医院使用卫生专项资金采购设备情况发现，有 108 件价值 5669 万元的设备未到货或未投入使用，分别占已采购的设备数量和项目资金的 36.4%和 35.8%。

2. 医院课题经费结余较大，使用不规范。如，2011 年，2 家医院共有 109 个已结题的科研项目，接受财政补助资金 1708 万元，结余资金达 486.8 万元，占补助资金总额的 28.5%。部分科研课题经费中还列支了与项目无关的费用。

3. 项目预算执行率不高。延伸审计 155 个卫生专项资金项目发现，预算执行率仅为 35%。

针对审计报告反映的问题，市教委改进经费拨付方式，加快预算执行进度；强化预算申报环节管理，完善对科研基地建设项目的绩效考核。市卫生局及时召开专题会议，改进项目预算执行模式，陆续发放未及时使用的医疗设备。7 个区县已收回 602 万元改变用途的涉农转移支付资金。

四、政府投资审计情况

对轨道交通建设线路（地铁 5 号线、10 号线一期工程）开展了竣工结算审计，对地铁 7 号线、14 号线、中小学校舍安全开展了跟踪审计，对东城、丰台等 6 个区县 286 个社区用房规范化建设情况开展了审计调查，审计涉及政府投资 631.2 亿元。市政府高度重视轨道交通建设，各级管理部门密切配合，加强制度建设和现场施工管理，保证了工程建设的顺利实施。市区教委加大统筹力度，明确责任主体，强化技术指导，严格执法检查，三年“校安工程”任务已基本完成。审计中，市审计局一方面认真落实工程建设领域突出问题专项治理的规定，及时纠正了工程招投标、征地拆迁等方面的问题；另一方面注重节约政府投资，核减多计的工程投资和结算款，为国家节约了资金。审计中主要发现以下问题。

（一）轨道交通建设中存在工程量计算不准确、未严格执行合同约定等问题

对地铁 5 号线、10 号线开展的竣工结算审计，涉及政府投资 328.2 亿元，审减土建、电力等工程费用占投资总额的 4.3%。各参建单位与建管方根据审计报告的意见，已重新签订补充协议，并完成了工程结算。

（二）部分工程未履行招投标程序

至审计日，地铁 7 号、14 号线共有 81 项拆改移工程未开展招标，合同总价 4.4 亿元。

（三）社区用房建设项目存在计划申报不实，资产管理不规范，改变用途等问题

审计发现，6 个区县通过重复申报项目、多报完工面积等方式，多获取市财政资金 5248 万元；15 个项目由于购置了产权不清或集体产权房屋，未及时办理产权登记；7 个社区将使用财政资金 5126 万元购置的社区用房对外出租。

针对审计报告反映的问题，市社会办抓紧研究制定进一步规范社区办公和服务用房管理的措施，并加强与区县政府的沟通，加快社区用房产权办理手续。相关区县责成有关街道办事处限期腾退出租的社区用房，全部用于社区办公和居民活动。

此外，继续开展了对本市援建新疆和田地区项目的跟踪审计。2011 年，本市计划安排援建项目 174 个，截至 2011 年 9 月底，已有 160 个项目开始实施，开工率达 92%，针对审计发现的基建程序办理相对滞后、个别项目资料管理不规范等问题，和田援建指挥部及时组织了整改。

五、社会保障资金审计情况

对全市社会保障资金开展了专项审计，共涉及社会保险、社会救助、社会福利 12 类

18项资金。截至2011年年底，本市已建立了覆盖全市各区县的城乡居民养老保险制度，构建了覆盖城乡居民的医疗保障体系，基本形成以城乡最低生活保障制度为核心的社会救助体系，进一步完善了以扶老、助残、救孤为重点的社会福利制度。2011年，全市基本养老、基本医疗、失业、工伤和生育保险基金收入1300亿元，基金支出1018亿元，投入社会救助和社会福利的财政资金达到65.5亿元。审计中也发现一些问题。

（一）部分符合条件的务工人员未纳入社会保障

1.2万名建筑企业农民工只参加工伤保险，未参加企业职工基本养老保险；0.8万名临时工和灵活就业人员未参保或选择性参保。

（二）社会保障账户和资金管理不规范

3个区县社会保障资金账户存在多头开户问题。3个区县将199.5万元残疾人就业保障金用于弥补日常经费、组织外出考察等事项。

（三）部分不符合保障条件的家庭和个人领取社保资金

2009年至2011年，有208名已死亡人员领取城乡居民养老金29.6万元。通过对人力社保、民政、公安、工商等部门的基础数据比对，发现5264户低保家庭财产信息不准确。

（四）个别单位违规套取社会保障资金

一是北京市望月泽劳务服务中心通过重复申请安置就业补助的方式多获得失业保险基金321.3万元；二是个别养老机构采取虚报人员和隐瞒死亡人员信息的方式获取老人福利资金49.5万元。其中，2家敬老院通过虚报人数的方式多申领老人福利资金18.5万元。

（五）居家养老券管理薄弱

一是养老券领用、发放、回收登记记录不全，部分区县管理机构未建账建档，养老券登记、发放无明细记录，回收养老券没有采取盖章作废处理。二是一些区县养老券的领取、发放、回收、结存、销毁均由一人负责，缺乏内部控制和监督。

各部门、各区县政府高度重视审计发现的问题，认真制定整改措施，纠正相关问题。截至目前，市民政局组织力量对各区县养老券管理情况开展了大检查，并就进一步加强养老券管理提出了具体要求。各区县民政局认真核实低保家庭财产信息，共清退1256户；市人力社保局追回68名已死亡人员领取的城乡居民养老金5.9万元。此外，被挤占挪用的残疾人就业保障资金已追回35万元；个别养老机构多获取的老人福利资金49.5万元已被收回。

六、企业审计情况

对首开、北辰、隆达等8家国有企业领导人开展了经济责任审计，涉及资产总额1175亿元。8家国有企业不断强化内部管理和财务控制，有效提升管理水平，企业经营效益总体情况较好，但也存在部分企业重大经营决策未经董事会研究决定，会计核算不规范、债务管理存在风险等问题。审计发现，3家企业存在重大项目不履行招标程序的问题；8家企业未按规定确认收入77.7亿元，未按规定核算成本费用35.6亿元；4家企业账外存放资金1009万元；2家企业债务管理存在风险。此外，审计还发现少数企业使用假发票和个别管理人员涉嫌经济犯罪问题，有关线索已移交相关部门核实并处理。

针对审计反映的问题，相关企业召开了董事会或专题会，完善制度、明确责任，认真落实整改措施，如，首开集团成立以主要负责人为组长的审计整改领导小组，认真分析问题成因，制定具体整改措施，逐项开展整改落实。2家企业已经按照审计报告和审计决定的要求，逐项确认收入、核算有关成本费用，补缴税款，并收回账外资金。

七、审计建议

总的看，各部门、各单位财政财务管理不断规范，但一些部门和单位重预算，轻执行、重分配、轻绩效的倾向依然存在；基层预算单位管理相对薄弱；部门、单位间基础信息共享和工作协调机制未充分发挥作用；一些项目决策、执行和监督环节脱节，责任主体不够明确，绩效考评不够科学。针对审计反映的问题，提出以下建议。

（一）加强预算管理，提高精细化管理水平

加强预算编制、执行的审核和监管，健全结余结转资金与预算编制、预算执行的衔接机制，有效解决结余资金过大的问题；细化并完善定员定额标准，认真开展项目预算的投资评审和绩效考评，合理界定基本支出和项目支出列支范围，提高预算执行的均衡性、有效性、严肃性。

（二）全面提升财政资金使用绩效水平

健全预算项目和专项资金绩效考评指标体系，加强对基层预算单位的指导、检查和考核，规范预算执行和财务管理；完善大额资金支持项目的筛选、评价和论证机制，加强过程控制和监督检查，完善绩效考评的方式方法，进一步提升财政资金的使用绩效。

（三）强化社会保障资金的监管

加强人力社保与工商、税务、民政、公安等部门的协作，加强部门联动和基础信息共享，健全社会保险基金征缴联动工作体系；构建多部门参与的社会救助家庭经济状况核查机制，完善低保家庭退出制度，从源头上堵塞管理漏洞；强化社会保险基金的监督，完善内部财务控制，规范资金运行管理，确保社会保障资金安全。

（四）继续加大政府重大投资项目的监督检查力度

继续深入开展工程建设领域突出问题的专项治理工作，加大对违法违纪案件的查处力度；加快公共资源交易平台建设，提高公共服务的效能和效率；加强对工程招投标、征地拆迁、设备材料采购、资金使用、施工质量等环节和领域的监督，促进节约政府投资，保证政府投资项目质量和进度。

主任、各位副主任、秘书长、各位委员，在过去的五年，市十三届人大常委会充分发挥人大监督的作用，健全监督机制，突出绩效导向，促进制度建设，提升管理水平，有力地推动了审计监督工作的深入开展。在市人大的支持下，审计工作在服务领导决策、深化预算改革、推进依法行政、促进廉政建设等方面发挥了积极的作用。部门预算执行审计范围不断扩大，2011 年，市级部门预算执行情况和其他财政收支审计结果首次向社会公告，在促进政府信息公开方面迈出了坚实的一步。绩效审计取得了长足的进展，已成为人大预算监督的重要组成部分，在促进政策制度落实，完善预算绩效管理方面发挥了积极的作用。《审计法》及实施条例在本市得到认真贯彻落实，地方性审计立法工作取得了新的突破，进一步完善了本市的审计监督制度。为督促审计发现问题的解决，市人大常委会连续两年开展绩效审计结果的跟踪调研，推动建立了“政府主导、人大监督、部门联动、审计跟踪”的整改工作机制。

当前，首都经济社会发展已经进入新的阶段，我们要在市委市政府的领导下，按照市人大及常委会的要求，深入贯彻落实科学发展观，大力践行“北京精神”，更加有效地履行好审计监督职能，更加积极主动地发挥审计“免疫系统”作用，为促进首都经济社会发展作出新的更大的贡献！

以上报告，提请市人大常委会审议。

关于北京市2012年上半年预算执行情况的报告

——2012年7月26日在北京市第十三届人民代表大会常务委员会第三十四次会议上

北京市财政局局长　杨晓超

主任、各位副主任、秘书长、各位委员：

我受市人民政府委托，向市人大常委会报告本市2012年上半年预算执行情况。

一、2012年上半年预算执行情况

今年以来，本市深入贯彻中央和市委的各项决策部署，全面落实市十三届人大五次会议的各项工作要求，牢牢把握“稳中求进”的总基调，坚持以绩效为目标，以统筹为手段，优化结构，创新机制。上半年预算执行情况总体良好，预算管理的科学化精细化水平进一步提高。

（一）预算执行总体情况

1. 公共财政预算收支情况

上半年，全市公共财政预算收入累计完成1742.4亿元，同比增长5.3%，完成年度预算的52.7%，实现了“时间过半，任务过半”。其中：市级完成929.1亿元，同比增长3.7%；区县级完成813.3亿元，同比增长7.3%。

全市地方公共财政预算支出累计完成1450.5亿元，同比增长23.4%，完成年度预算的42.9%。其中：市级完成755.3亿元（含追加区县支出141.8亿元），同比增长25.4%，完成年度预算的45.7%；区县级完成837.0亿元，同比增长27.5%，完成年度预算的48.4%。

2. 政府性基金预算收支情况

上半年，全市政府性基金预算收入累计完成526.8亿元，同比下降28.0%，完成年度预算的49.7%。其中：市级完成222.1亿元，同比下降53.1%，完成年度预算的45.0%。

全市政府性基金预算支出累计完成431.2亿元，同比下降34.6%，完成年度预算的38.8%。其中：市级完成209.5亿元（含追加区县支出56.7亿元），同比下降26.4%，完成年度预算的37.7%。

3. 国有资本经营预算收支情况

上半年，全市国有资本经营预算收入累计完成22.2亿元，完成年度预算的55.5%。

全市国有资本经营预算支出累计完成14.3亿元，完成年度预算的29.7%。主要用于北汽集团生产能力扩充、研发中心建设以及二商集团肉蛋菜基地、高安屯热电厂等项目。

（二）收入预算执行情况

1. 全市地方公共财政预算收入低位运行，但呈逐月小幅回升趋势

上半年，全市地方公共财政预算收入累计增幅分别为-3.1%、-2.2%、1.6%、2.0%、3.8%和5.3%，呈现“低位开局、逐月回升、小幅增长”的运行态势。与前两年相比，今年全市财政收入“低位运行”的主要原因：一是上半年全市经济运行有所放缓，致使与经济密切相关的主体税种增幅偏低或呈现负增长；二是价格走势稳中趋降，涨幅逐步回落，影响了以现价计算的增值税等税收收入增幅；三是为调节收入分配、支持小微企业发展，国家实施了一系列结构性减税政策，造成个人所得税等税收收入相应减少；

四是上年同期的高基数增加了今年财政收入增长的难度。随着全市经济运行逐步回升，规模以上工业增加值和固定资产投资增速均有所加快，消费品市场运行平稳，居民收入稳步增长，对财政收入增幅的“小幅回升”起到了支撑作用；与此同时，本市各相关部门依法加强收入征管，强化税源建设，也带动了财政收入的小幅增长。

总体来看，上半年全市财政收入走势是我市实施主动调控的结果，与经济发展走势相吻合，符合预期、符合“稳中求进”的总体要求。

2. 六大重点行业实现公共财政预算收入呈现“四增两减”的特征

随着本市产业结构的积极调整，财政收入的行业构成已由“房地产业一枝独秀”向“房地产、金融、服务业等多点支撑”的格局转变，财政收入结构进一步优化。上半年，财政收入“增收”主要集中在金融业、租赁和商务服务业、信息传输计算机和软件业、制造业四个行业；“减收”突出表现在房地产业、批发和零售业两个行业。

3. 四大主体税种呈差异性走势

上半年，受宏观经济和财税政策影响，四大主体税种收入“三增一降”，呈差异性走势。其中：增值税完成129.9亿元，同比增长4.5%，主要是规模以上工业增加值连续三个月增幅提高，致使增值税累计增幅较1—5月提高了4.2个百分点；营业税完成582.0亿元，同比增长4.4%，累计增幅连续两个月转负为正，增势回升主要得益于当前房地产业营业税降幅缓慢收窄，以及金融、租赁和商务服务、信息传输软件和信息技术服务等行业营业税保持较快增长；企业所得税完成440.7亿元，同比增长2.4%，增幅偏低主要是当前企业生产经营仍较困难、亏损面较大所致；个人所得税完成152.4亿元，同比下降2.6%，减收较多主要是受实施新个人所得税法的影响。

4. 土地收入降幅较大，政府收益水平下降

上半年，全市土地收入完成454.0亿元，同比下降34.1%，完成年度预算的50.8%；其中市级完成164.3亿元，同比下降62.6%，完成年度预算的45.4%。今年以来土地收入大幅下降的主要原因：一是土地出让规模减少；二是土地收益水平下降；三是上年同期收入基数较高。

（三）支出预算执行情况

上半年，全市财政支出预算执行正常，切实保障了各领域的资金需求，支持实施科技创新、文化创新“双轮驱动”战略，提升了首都经济社会发展质量。其中：教育支出245.7亿元，同比增长20.5%；科学技术支出83.0亿元，同比增长20.4%；文化体育与传媒支出26.3亿元，同比增长28.7%；社会保障和就业支出222.2亿元，同比增长32.8%；医疗卫生支出95.2亿元，同比增长28.6%；农林水支出65.6亿元，同比增长34.7%。

1. 积极落实“稳增长、调结构”各项政策，促进首都经济可持续发展

促进扩大内需，保障家电下乡、家电以旧换新等财政补助资金。增强投资对经济的拉动作用，积极争取68亿元地方债券资金，推进重大项目建设。实施中关村国家自主创新示范区各项优惠政策，打造区域文化品牌，支持新一代信息技术产业、高端装备制造业等产业发展，推进科技、文化“双轮驱动”，优化产业结构。落实各项中小企业税费减免政策，增加首创担保和中小企业信用再担保公司资本金，推进政府采购信用担保试点，提高中小企业竞争力。积极筹措资金，保障“京交会”等国内外展览展示活动的顺利举办。增加投入资本金，提高保障性住房建设投资中心融资能力。落实粮食直补等农资综合补贴资金，支持都市型现代农业建设和综合开发。推动开展节能减排财政政策综合示范试点工作，支持新材料、新能源领域产品

研发，加快淘汰落后产能。

2. 加大民生保障力度，着力解决社会建设中的突出问题

保障基础教育课程师资培训、素质提升工程等项目的资金需求，支持高校基础设施改造及“三大工程”建设，完善学生资助体系，推动教育均衡发展。落实促进就业政策，拨付城乡困难群众生活补贴资金，调整企业最低工资、城乡最低生活保障等标准，不断提升社会保障服务水平。提前落实公立医院改革试点新型财政补偿政策，推进公立医院改革。落实老旧小区综合整治、热计量改造及平原地区造林工程等经费保障工作，改善首都环境。

3. 加强财政预算管理，提升资金配置效率

增强收支运行的稳定性。出台《关于加强2012年全市财政收支预算管理工作的意见》，完善“横纵结合”的收入管理工作机制，严格控制新增事项的资金需求，提高预算执行的均衡性。

完善资金统筹机制。积极筹集政府可用财力，争取中央资金支持，加大结余资金统筹力度，利用各种市场化投融资手段，切实保障好全市重点事项和工程。

提高绩效管理水平。将市级大额专项资金全部列入绩效评价范围，修订绩效评价管理办法，对预算绩效管理试点部门的预算执行绩效情况进行跟踪，积极落实绩效评价问题整改措施，促进绩效评价与预算管理的衔接。

加快预决算信息公开步伐。年初，主动向社会公开2012年政府预算和部门预算，并单独列示“三公经费”预算；政府预算的公开内容细化到“款”级科目，重点支出细化到“项”级科目；公开预算的部门从57家增加到78家。此次，提交市人大常委会审议的2011年政府决算内容全部细化到“项”级科目，部门也由45家增加到58家，首次报告行政经费支出统计数据。

二、当前需要关注的问题

从上半年的预算执行情况看，全市财政收入止跌，并出现小幅回升，经济社会领域的各项重点支出得到切实保障。展望下半年，随着全市经济运行总体呈现趋稳态势，主要领域开始出现积极变化，经济增速有望继续回升，但财政经济形势依然复杂，收支矛盾尖锐仍是本市财政工作面临的主要问题。

1. 财政收入增长难度大。从经济层面看，目前本市面临的外部环境依然复杂严峻，限房、限车、首钢搬迁等调控政策的影响进入凸显期，调整转型过程中市场主体运行条件仍然偏紧。从政策层面看，实施新个人所得税法、高新技术企业税收优惠以及即将实施的“营业税改征增值税”改革试点等一系列结构性减税政策，都将导致财政收入相应减少，全年财政收入增长10%的难度较大。

2. 财政支出保障压力大。近几年，财政刚性支出增长较快，优化支出结构的难度很大。与此同时，随着经济社会的发展，中央和本市新增的各项资金保障需求不断增加。各领域新增事项对资金的需求十分旺盛，财政预算平衡的难度加大。

3. 土地收入形势严峻，将会进一步加剧财政收支矛盾。由于严格实施房地产调控政策，今年以来本市土地收入规模锐减，同时受土地收入的前期成本大幅上升、落实农田水利建设和教育等多项计提政策以及土地储备还款规模较大等因素的影响，政府可动用的资金进一步减少，从而加大财政预算平衡的难度。

三、2012年下半年财政重点工作

针对当前经济财政工作面临的形势，财政及有关部门下半年要认真贯彻党的十八大

和市十一次党代会的会议精神，牢牢把握主题主线和“稳中求进”的工作总基调，扎实推进各项预算管理工作，不断提高财政资源的统筹能力和财政资金的效益水平，确保完成公共财政预算收入增长10%的任务，确保全年财政收支平衡。下半年，将重点做好以下几方面工作。

（一）积极落实“稳增长”的各项政策，壮大首都经济综合实力

构建有利于转变经济发展方式的财税体制。认真落实扩大消费需求的各项政策，推进重大项目按期实施，激发民间投资活力，实施扩大内需战略。加快城乡流通体系建设，用好价格调节资金，促进物价总水平稳定。合理安排支持经济发展的各项资金，促进产业结构优化升级，吸引优质企业和项目落户北京，推进中关村国家自主创新示范区的科技成果产业化项目建设，发挥“双轮驱动”的引领作用。充分运用财政奖补政策，支持公共服务平台建设，完善融资性担保体系建设，帮助企业解决实际困难。推进国家服务业综合改革试点区和现代服务业综合试点，进一步做好“营业税改征增值税”试点的准备工作，支持现代服务业发展。认真落实节能环保产品优先采购和强制采购制度，推进合同能源管理，促进绿色产业发展。

（二）加大保障和改善民生投入，提升社会服务管理水平

坚持以保障和改善民生为投入重点。继续完善社会保障待遇标准与物价上涨挂钩的联动机制，落实好促进就业各项政策，加大特困人员重大疾病救助力度，支持推进社区建设和养老服务工作，努力提高居民生活水平。完善基本公共卫生服务经费保障机制，落实公立医院改革相关投入政策，改善群众看病就医条件。建立教育经费投入动态监控机制，支持中小学数字化教育资源共享工程，推动教育事业健康快速发展。加大对食品药品安全监管、城市抗灾应急的投入力度，维护首都社会的和谐稳定。落实$PM_{2.5}$监测治理及大气污染治理的各项措施，支持道路微循环系统改善和疏堵工程建设，提升城市运行质量。完善农业产业化扶持政策，推动设施农业和沟域经济发展，提升农业现代化水平。推动优质公共服务资源向农村转移，加快推进50个重点村建设，全面开展村级公益事业“一事一议”财政奖补工作，支持农民住宅抗震节能改造工程和农民搬迁工程，促进城乡一体化发展。深入推进集体林权制度改革，加大对水资源保护和利用的支持力度，提高首都生态的综合承载能力。

（三）围绕“科学化、精细化”，提高财政管理水平

完善收入管理机制。加强对各类企业的综合管理服务工作，科学涵养财源。完善收入管理责任机制，依法加大清理欠税和稽查力度，提高非税收入规范化管理水平，强化财政收入动态监控管理，努力做到应收尽收。

增强资金保障能力。继续贯彻厉行节约的精神，严格控制行政经费，确保“三公经费”零增长，各部门应合理把握各项事业发展的节奏、速度，充分考虑财力承受能力，稳慎出台各项增支政策，对于确需增加支出的重大政策和重点项目由市政府研究决定，并通过优先调整部门预算结构、动用结余资金等方式予以保障。完善政府对事业、产业发展的支持方式，发挥好政府资金的引导作用，积极吸引金融资本、民间资本，多渠道筹措资金，健全“政府投入、市场多方参与”的投融资机制。

规范预算执行管理。逐步将市级公共财政预算、政府性基金预算和国有资本经营预算全部纳入国库集中支付范围，将市级预算单位全部纳入公务卡改革范围，健全预算执行动态监控机制。进一步扩大协议采购的规模和范围，加大对政府采购各方当事人的监管力度，提升政府采购产品的服务和质量。

强化预算综合管理工作。积极做好市级大额专项资金专题询问工作，提升资金使用效益。各部门应认真履行预算编制、执行的主体责任，规范会计核算及财务管理等基础工作。科学研判财政收支形势，做好2013年预算编制的各项工作。

严格财政监督，推进预算绩效管理工作。继续开展对重点领域、重点部门的专项资金检查，加强防治“小金库”长效机制建设。认真落实《关于推进本市预算绩效管理的意见》等全过程预算绩效管理制度，扩大全过程预算绩效管理和项目支出事前评估试点范围，强化项目执行过程中的绩效管理、考评结果的应用及问责机制。研究制定《财政支出事前绩效评估管理办法》等规范性文件，进一步规范绩效管理工作。

2012年财政经济形势复杂严峻，完成全年预算任务十分艰巨。下半年，我们将按照市委确定的工作方针，在市人大的监督指导下，坚定信心、扎实工作，确保全年预算任务目标顺利实现！

以上报告，提请市人大常委会审议。

北京市人民代表大会财政经济委员会关于北京市2011年市级决算的初步审查报告

——2012年7月26日在北京市第十三届人民代表大会常务委员会第三十四次会议上

市人大财政经济委员会副主任委员　赵巨鹏

北京市人民代表大会常务委员会：

为配合本次会议审查和批准北京市2011年市级决算，市人大财政经济委员会依据《北京市预算监督条例》的规定，于7月5日至6日召开了有市人大常委会预算监督顾问列席的财政经济委员会第三十九次（扩大）会议，听取了市财政局《关于北京市2011年市级决算的报告》和《关于北京市2012年上半年预算执行情况的报告》，并结合市审计局《关于北京市2011年市级预算执行和其他财政收支的审计工作报告》、市国资委《关于2012年国有资本经营预算上半年执行情况及国有企业改革发展重点工作的报告》和市国税局、地税局有关税收情况的报告，对2011年市级决算（草案）进行了初步审查，现将审查意见报告如下。

市人民政府提出的2011年市级决算，市级公共财政总收入决算数为2516.9亿元，其中：公共财政预算收入1644.4亿元，完成预算的115.6%；市级公共财政总支出决算数为2483.8亿元，其中：公共财政预算支出1422.9亿元，完成预算的113.4%。市级公共财政收支相抵，结余33.1亿元。2011年市级决算（草案）与市十三届人大五次会议审议批准的2011年预算执行情况相比较，年度结余有所增加。2011年市级政府性基金总收入决算数为1047.4亿元，其中：市级政府性基金收入862.4亿元，完成预算的121.0%；2011年市级政府性基金总支出决算数为846.8亿元，其中：市级政府性基金支出569.7亿元，完成预算的90.9%。市级政府性基金收支相抵，结转下年使用200.6亿元。上述收支增减变化的原因，市财政局已在决算报告和草案中作了说明。

财政经济委员会认为，2011年，市人民政府及其财政部门落实市人大常委会关于批准北京市2010年市级决算的决议，认真执行市十三届人大四次会议批准的预算，坚持科学发展观，深入贯彻中央和市委的各项决策部署，加强宏观调控，促进经济发展方式转变，切实保障和改善民生，稳步推进预算绩效管理工作，财政收入保持平稳较快增长，支出结构不断优化，预算公开工作取得了新的进展，各项财政改革继续深化，圆满完成了全年预算任务，为促进首都经济社会协调健康发展发挥了重要作用。财政经济委员会认为，2011年市级决算总体情况是好的，建议本次会议批准市人民政府提出的《北京市2011年市级决算（草案）》。

同时，财政经济委员会指出，2011年市级预算执行中还存在着一些需要注意的问题，主要是：预算编制需进一步准确、完整，部分财政资金的分配决策机制有待完善；预算绩效管理仍需进一步强化，部分项目绩效目标编制不够科学细化、执行不够严格；资金监管需进一步加强，部分资金使用缺乏统筹，资金配置和使用效率有待提高。对此，市人民政府及其财政等部门要认真加以改进。

财政经济委员会认为，市审计部门依法开展了对本市2011年市级预算执行情况和其他财政收支的审计，在促进依法理财、规范预算编制和执行，以及提高资金使用效益方面发挥了积极的作用，为做好市级决算的审批工作提供了依据。审计工作报告全面、客观地反映了情况，揭示了存在的问题，并注重从体制、机制和制度层面提出加强和改进预算工作的建议。财政经济委员会指出，审计工作报告中提出的建议是可行的，建议市人民政府责成有关部门切实进行整改，完善相关制度，严格责任追究，并按照《北京市预算监督条例》的规定，在年底前，将审计查出问题的整改情况和处理结果向市人大常委会提交书面报告。

财政经济委员会还对市财政局关于北京市2012年上半年预算执行情况的报告进行了审议。1—6月份，全市地方公共财政预算收入完成1742.4亿元，比上年同期增长5.3%，完成年度预算的52.7%；全市地方公共财政预算支出完成1450.5亿元，比上年同期增长23.4%，完成年度预算的42.9%。

财政经济委员会认为，今年以来，市人民政府及其财政部门认真贯彻中央和市委的一系列决策部署，加快转变经济发展方式，把握“稳中求进”的工作总基调，在国内外环境错综复杂的情况下，财政收入稳步回升，主要支出项目执行正常，民生项目需求得到保障，促进了首都的经济社会发展质量提升。但是，当前全市经济“稳增长”面临诸多不确定因素，财政收支矛盾比较突出，市人民政府及其财政等部门要认真分析研究复杂的财政经济形势，统一思想，坚定信心，进一步加强财政收入的动态监控，依法、有序组织收入，强化支出管理，严格控制新增支出项目，确保全年预算任务的完成。

为了进一步做好财政预算工作，财政经济委员会提出如下建议。

一、切实改进预算编制和执行

继续深化部门预算改革，细化项目支出预算编制，增强部门预算编制的科学性、完整性、准确性。严格按批准的预算执行，从严控制追加。继续完善基本支出定员定额支出标准，强化基本支出、项目支出和机动经费的使用管理，提高预算执行的有效性和严肃性。继续深化财政投资评审、政府采购、国库单一账户体系管理等各项工作。进一步推进国有资本经营预算工作，完善国有资本投入机制，规范支出管理。

二、继续推进预算绩效管理工作

认真贯彻落实预算绩效管理的制度办法，加强预算绩效目标管理，加大预算绩效评价问责力度，强化绩效评价结果在预算编制、执行和监督过程中的应用。认真总结开展预算绩效管理工作试点的经验，完善绩效评价指标体系建设，进一步扩大全过程预算绩效管理试点范围。健全项目预算决策机制，制定好市级财政支出事前绩效评估管理办法，扩大评估规模和范围。严格执行市级大额专项资金管理办法，做好市人大常委会对市级大额专项资金管理和使用情况进行专题询问的相关工作，提高大额专项资金管理水平。

三、不断加强对财政资金的管理和监督

完善市对区县财力与事权相匹配的财政体制，统筹安排和管理转移支付资金，增强区县统筹发展能力。健全资金分配机制，加强部门协调沟通，提高资金配置的使用效益。强化对结转、结余资金的统筹安排和使用，减少资金沉淀、闲置。继续加强对政府性债务的管理和监督，有效防控财政风险。严格控制行政经费，压缩一般性支出，有效降低行政成本。加强对财政性资金运行全过程的监控，严格执行各项财政财务管理制度，确保资金支出合法、安全、有效。加大预决算公开透明力度，扩大公开的范围，细化公开的内容，提高公开的质量，做好预决算公开后的说明工作。

充分发挥审计职能作用，继续推进和深化绩效审计工作，加强对绩效审计结果的应用，强化对审计查出问题的整改，健全和完善问责机制，进一步推进审计结果向社会公开。

以上报告，请予审议。

关于北京市2012年国民经济和社会发展计划上半年执行情况的报告

——2012年7月26日在北京市第十三届人民代表大会常务委员会第三十四次会议上

北京市发展和改革委员会主任　张　工

主任、各位副主任、秘书长、各位委员：

我受市人民政府委托，向市人大常委会报告本市国民经济和社会发展计划上半年执行情况。

一、上半年计划执行情况

今年以来，在欧债危机持续升级、全球经济复苏乏力、全国经济下行压力加大等背景下，全市上下紧紧围绕主题主线要求，坚持落实国家宏观调控各项部署，坚持主动调控取向，坚定信心，迎难而上，全市经济运行总体平稳，调整转型扎实推进，内生动力不断增强，价格涨幅稳步回落，社会民生持续改善，主要经济社会指标基本实现“时间过半、任务过半”，呈现出转中趋稳、稳中求进态势，符合主动调控预期。但稳增长形势依然严峻，保稳定任务比较繁重，实现全年

目标还要付出更为艰苦的努力。

（一）多措促稳成效显现，经济运行总体平稳

上半年，面对极其复杂的外部环境及日益迫切的转型要求，各区县、各部门严格目标责任制管理，加强和改善经济综合调度，出台一系列政策、措施，及时落实国家预调微调政策，经济运行总体呈现转中趋稳态势。一是经济运行趋稳。上半年地区生产总值增长7.2%，好于一季度，继续处于合理适度增长区间。二是产业走势趋稳。加大重点项目推进和企业帮扶力度，新增产能陆续释放，规模以上工业增加值增速由年初2.4%上升到5.7%；服务业重点行业支撑稳固，增加值增长7.5%。三是需求支撑缓中趋稳。社会消费品零售额增长13%，高于年初预期目标1个百分点，服务性消费、旅游消费、网上消费增长较快。全社会固定资产投资增长11%，高于年初预期目标2个百分点。投资结构更趋优化，房地产投资比重同比降低3个百分点，建筑安装投资和民间投资比重同比分别提高5.1个和1.3个百分点。货物和服务贸易快速发展，地区进出口总额增长12.3%，离岸服务合同执行额增长50.8%。四是价格走势稳中趋降。居民消费价格指数涨幅由年初的4.8%回落至3.5%，6月当月回落至2.6%。五是就业形势平稳。全市法人单位从业人员增长5.7%，城镇登记失业率保持在1.48%的较低水平，同比连续6个月回落。六是居民收入保持平稳较快增长。城乡居民收入分别增长11.8%和12.6%，扣除价格因素，分别实际增长8%和8.8%，不仅高于年初7%目标，也快于经济增速，符合“两个同步”取向。

（二）调整转型不断深入，内生增长格局加速形成

科技文化创新双轮驱动态势明显。知识经济加快发展。全国科技创新大会隆重召开，科技体制改革继续深化。中关村“1+6”政策成效显著，1—5月份企业总收入增长29.2%，企业科技活动经费支出增长28.3%，企业发明专利申请量增长49%。60余项国家重大科技专项落户北京。政府采购推广应用新技术、新产品两批签约39.7亿元，支持有创新、有市场的企业。依托创新平台，征集确定了157项战略性新兴产业重大储备项目。中科院、清华大学等109家实验室向社会开放，推动科技服务3万余项。文化融合发展趋势显现。1—5月份文化创意产业收入增长10.2%，文化艺术类企业收入增长27%，电影票房增长29%，旅游休闲娱乐类、艺术品交易类、设计服务类企业收入增长较快。文化与设计、旅游、商贸、信息领域加速融合，本市被联合国教科文组织授予“设计之都”称号，中关村被授予国家级文化和科技融合示范基地，国家文化贸易基地落户天竺保税区。首都核心演艺区加速建设。华录百纳、人民网等9家文化创意企业成功上市。文化体制改革稳步推进，国有文化资产监督管理办公室成立，评剧院、曲剧团、河北梆子剧团完成转企改制。

产业高端化和集约化程度提升。生产性服务业引领带动作用增强。1—5月份生产性服务业收入增长12.8%，对服务业收入增长贡献率超过八成。上半年金融业、商务服务业增加值分别增长12.7%和7.7%，高于服务业平均增速。在金融、商务服务、信息服务业税收的带动下，本市地方公共财政预算收入增速由一季度的1.6%回升至上半年的5.3%。制造业继续向高端化方向升级。冶金、化工等高耗能行业增加值分别下降7.7%和5.2%，在主动取舍、调减、调限的同时，调增因素不断积累，高技术制造业增加值增长12%，比全市工业平均水平快6.3个百分点，其中医药制造业增长16.2%，保持高速增长势头，电子信息制造业由负转正，增长

10.7%，汽车行业增加值降幅也逐步收窄。农业增速创近年新高。在平原造林和世界草莓大会等会展农业带动下，上半年农林牧渔业总产值增长24.7%，增加值增长9.8%。

绿色经济特征更为明显。深化实施能耗“双控”机制，着力强化建筑、工业、交通等重点领域节能，积极开展全民行动，能源消耗强度进一步降低，一季度万元GDP能耗下降4.2%，1—5月份全市规模以上工业万元增加值能耗同比下降6.6%。重点园区集约程度和劳动生产率继续提高。1—5月份六大高端产业功能区收入增长22.2%，占全市比重达42.1%，同比提高2个百分点。中关村从业人员人均创造收入增长19.6%；CBD纳税百强企业税收比重达66.6%。

存量调整和增量集聚步伐加快。企业主动适应市场变化，积极培育新的优势。二商集团、京城机电、北控集团等市属企业通过产权、品牌、资源、技术等多种途径并购外埠资产和海外企业。联想、北汽等总部企业在全国范围加快生产力布局优化调整。同仁堂、北辰、金隅等企业加大高端项目投入。京能热电等上市公司成功完成资产置换。北控集团增资控股地铁车辆装备公司，在产业链整合上取得积极进展。北京地区非金融企业通过债券和股票市场融资6887亿元，增长24.8%，为同期新增人民币贷款的3.3倍。央地合作持续深入，中关村科学城48个产业技术研究院和产业创新园相继签约设立；未来科学城15家央企研发总部开工建设；密云古北水镇、希望小镇与央企合作进行整体开发已初见成效；门头沟、房山、昌平等区域承接央企投资能力不断增强。外资总部实体化程度明显提高，累计认定的120家跨国公司地区总部中世界500强企业占75%，具有营销和采购功能的占90%以上。本市合同和实际利用外资分别增长28.5%和16.1%，均快于全国，落地千万美元以上大项目81个。工商登记新设企业集团和基金类企业分别增长18.8%和36.7%。高层次人才加快引进，人才成长和创业环境继续改善。

（三）重点地区加快建设，区域发展更趋均衡

产业高地加快构建。北部产业带在云计算、移动互联网、生物医药等创新型产业集群带动下收入增长24%。中关村新创办科技型企业2000余家，创新工场、3W咖啡、天使汇等创业服务业蓬勃兴起。金融街借助成立20周年时机，加快扩区和置换步伐，17个置换项目正在推进。CBD核心区北京财富中心二期、以太广场等项目加紧建设，总投资130亿元的14个地块项目加快前期准备。大兴区暨北京经济技术开发区、通州商务园被认定为首批国家电子商务示范基地，行业领先企业相继入驻。临空经济区和奥林匹克中心区主导产业调整升级，重大产业项目和国家级文化会展项目加快建设。通州新城核心区标志工程加紧建设。新首钢实施意见研究、重大项目前期和土地开发工作加紧进行。丽泽金融商务区吸引中国金融信息交易所等新兴金融机构签约入驻。怀柔文化科技高端产业新区的雁栖湖生态发展示范区、中科院科教产业园建设进展顺利。

区域发展更加均衡。城南行动三年计划成效明显，新三年行动计划加快编制。地铁10号线二期、14号线以及马家堡西路南延、梅市口路西延等跨区域大通道工程建设有序实施，南干渠主体工程基本完成，郭公庄水厂开工建设，园博园主展馆主体结构完工，南海子郊野公园二期加快推进。西部地区转型发展态势良好，财政收入、投资、消费增速分别高于全市4.7个、7.8个和2.3个百分点。生态涵养区后发优势开始显现，财政收入、农民收入增速均居四类功能区前列。新农村及重点小城镇建设深入推进，50个重点村两年建设任务完成，沟域经济富民功能不断提升。

（四）重大任务加紧落实，城市功能不断完善

重点领域建设全面推进。交通、绿化等城市功能投资增长迅速，基础设施投资增长39.1%。25万亩平原地区造林春季任务超额完成，平谷、密云等新城滨河森林公园加快推进。积极开展$PM_{2.5}$监测和污染治理，全面实施市区燃煤压减，推进能源结构优化调整，实施燃煤锅炉清洁能源改造、平房“煤改电”工程，累计淘汰老旧机动车17.5万辆，北京市第五阶段车用汽、柴油标准开始实施。北京新机场、京张城际、丰台火车站等重大项目前期工作顺利推进，轨道交通建设全面展开，在建9条线路190公里，一批城市主干路、微循环畅通工程有序推进，宋家庄交通枢纽投入试运行，重点路段拥堵状况有所缓解。南水北调配套工程全面推进，大宁调蓄水库实现蓄水，东干渠、团城湖调节池开工建设。关系群众生活的1500万平方米老旧小区综合整治、简易楼改造、农宅节能改造全面推进。能源运行和生活必需品两条保障线工作不断加强，市场运行总体平稳。

城市影响力不断提升。上海合作组织峰会、城市可持续发展北京论坛在全球舞台上展现了首都新形象。市第十一次党代会胜利召开，提出了“全力推动首都科学发展，建设中国特色世界城市”的历史任务，凝聚了全市人民的意志，聚焦了世界的目光，将持续发挥推动效应。首届京交会获得巨大成功，签约金额达到601亿美元，“北京服务”开始走向世界。国际电影节、国际旅游博览会、科博会、国际节能环保展、国际设计周等一系列重大活动相继举办，本市的国际影响力和城市品牌得到提升。

（五）社会建设进一步加快，民生保障持续加强

保障房建设加快实施，供应保障性住房用地429公顷，实现竣工5.6万套。全面落实学前教育三年行动计划，幼儿园新增学位2万个。友谊医院医药分开等五项公立医院改革试点全面启动。城乡统一的促进就业政策进一步完善，创业带动就业效能不断提升，开发绿色岗位1.8万个，高校毕业生签约率达到90.7%，城镇新增就业22.4万人，登记失业率维持在较低水平。发布企业工资指导线，最低工资、企业退休人员养老金、失业保险金月标准分别提高100元、230元和60元。社会基本保险向稳定就业的农民工人群覆盖，参保人数增长10%以上。继续加强低收入家庭救助和弱势群体帮扶，城乡低保标准分别提高20元和40元，向高龄老年人发放2.1亿元养老（助残）券。

二、计划执行中需要关注的主要问题

上半年，在外部环境异常复杂、市场需求放缓影响与本市转型调整进程叠加背景下，首都经济实现转中趋稳实属不易，是各区县、各部门以及全市人民齐心协力、团结奋斗的结果。但也要看到，经济下行压力有所加大，转型发展进程中新动力培育还需要长期过程。因此，必须坚持转中求稳、稳中求进、以进保稳的取向，将解决当前突出问题与稳增长、调结构紧密结合起来。

（一）经济回稳的基础还不稳固

从调整周期看，重大产业项目和重点功能区形成新的增长点还需要一个投入和培育过程，伴随转型升级一些深层次约束也有所显现。从外部环境看，国内外需求明显放缓，稳增长政策效果显现还需时日，本市地区出口总额仅增长3.5%，工业企业内外销产值分别仅增长6.5%和1.5%。从传导影响看，全国需求放缓将逐步从各地分支机构汇集到北京总部，从生产领域传导扩散到服务领域，将给以总部经济和服务经济为特征的首都经济带来

一定影响。从市场活力看，市场主体对生产和再投入的意愿降低，资金信贷需求和土地成交量下降，用于生产的电力、柴油增速回落。同时，满足新需求的新供给不足，业态更新和模式创新还难以起到整体带动作用。

（二）企业经营效益有所回落

受企业人工、租金、财务成本等上涨以及市场销量减少、企业出厂价格下跌影响，1—5月，全市规模以上工业企业利润下降11.4%；规模以上服务业企业利润虽增长8.8%，但增幅同比回落18.5个百分点。本市企业景气指数虽仍在景气区间，但比上年四季度回落11.3点。

（三）财政和建设资金平衡难度较大

从财政资金看，在企业利润下滑、房地产调控滞后影响显现、结构性减税和增值税转型改革即将实施情况下，财政收入增速放缓，用于保障民生和重点事项支出、解决突出问题的资金平衡压力较大。在此背景下，必须严控支出，提高资金使用效益。从建设资金看，固定资产投资项目资金到位比较滞后，同时民间投资进入实体经济领域动力仍显不足。从融资平台看，部分平台融资受限，土储机构再融资和后续投资压力增大。

此外，价格调控任务还相当繁重；城市服务和应急管理、交通拥堵治理等问题仍需要下大力气解决；在转型过程中，进一步发挥首都创新优势提高竞争力、解决人口资源环境矛盾、实现城乡区域均衡发展、完善市场机制等任务还很艰巨。

三、努力完成全年计划的主要措施

下半年，既要看到经济下行的压力，也要看到经济增长的动力；既要有忧患意识，更要增强信心，抓住发展的有利条件和积极因素：一是各国宏观经济政策的协调性有所加强，促进全球经济稳定增长的积极因素不断积累。二是中央把稳增长放在更加重要的位置，加大了预调微调力度，陆续出台的政策效应逐步显现，也会给经济运行带来积极变化。三是本市服务业发展相对稳定，一批制造业项目新增产能三季度将逐步释放，产业发展基础渐趋稳固。四是本市主动调控不断深入，经济发展对于车、房等传统支撑的依赖有所减弱，战略性新兴产业和现代服务业发展加快，长远看有利于稳增长、调结构、转方式。五是中央提出加快科技体制改革、发挥首都全国文化中心示范作用以及首届京交会成功举办，为本市提升内生发展动力带来了新的机遇。六是市十一次党代会胜利召开，有利于全市上下凝聚力量、增强信心。

全市上下要深入落实科学发展观，认真落实市第十一次党代会精神，紧紧围绕全市中心工作，坚持落实主动调控措施不动摇，坚持稳增长调结构不放松、坚持维护社会和谐稳定不懈怠；进一步增强责任感、紧迫感，树立“决战三季度、决胜四季度”的意识和决心，坚定信心、锐意进取、真抓实干，按照转中求稳、稳中求进、以进保稳的原则，全力保持首都经济持续稳定发展，确保完成全年目标任务，全力保障和改善民生，更加注重加强城市服务和应急管理，营造良好的城市秩序和社会氛围，以优异成绩迎接党的十八大胜利召开。

（一）以稳增长为重点，确保全年计划任务完成

坚决贯彻落实国家宏观调控政策、措施，抓好预调微调的政策机遇，在紧运行条件下，继续加强经济综合调度，有步骤、有重点地推动年度重大任务和稳增长措施的落实。

加快研究落实稳增长一揽子政策、措施。密切关注国内外形势变化及其关联影响，把握国家政策动向，结合北京实际，积极主动地争取审批、争取政策、争取市场。研究出

台贯彻国务院稳增长及鼓励民间投资细则的相关意见。积极申请中关村新的试点政策并延长“1＋6”政策期限，继续提升中关村代办转让市场容量，推动全国性场外交易市场落地。出台并落实保障全市工业平稳发展的若干措施。

增强投资对经济的支撑作用。积极优化投资结构，政府投资要向基础设施、保障房、发展薄弱地区倾斜，向前期工作比较完备的项目和区域倾斜，引导带动社会资金投向高成长、有市场、承载高端要素的生产性服务业、文化创意、商业地产等高端产业以及新兴功能区域。发挥重大项目的带动作用，督促已供地项目加快开工，加强调度，推进投资进度前移。加快土地供应。保障重点工程、重点园区、保障性住房用地需求，适当增加商业用地、中低价位中小套型普通商品住宅用地供应。促进房地产市场健康平稳发展。坚持房地产调控政策不动摇，支持自住型、改善型住房需求，继续遏制投资投机性需求。实施好居民家庭购买首套普通自住房的信贷支持和税收优惠政策。分类研究保障房的收购、趸租、后期管理模式，鼓励产业园区和有条件的企业建设公租房，全面完成保障房建设收购16万套，竣工7万套的年度任务，完善配套设施建设，尽快形成有效供给。拓宽融资渠道。把握国家政策预调微调节奏，有针对性地整合规范市、区重点融资平台，研究通过购买城市运营服务、平台并购、优质资产注入等方式，提高平台融资和造血能力。尽早落实与相关金融机构签署的协议资金及时足额到位，推动500亿元保障房私募债剩余额度的注册、发行工作，用好企业委托贷款和直接融资渠道。支持开展企业债券、公司债券、中期票据、私募债、上市等直接融资业务。出台民间投资进入重点领域实施细则，在轨道交通、给排水、能源、教育、医疗、养老等行业实施引入民间资本的试点，支持民间资本参与地方国有企业重组。

推进消费规模扩大和结构优化。贯彻落实国家流通体制改革的政策意见，降低流通成本。发挥首都市场容量优势和特大城市消费示范作用，吸引新型业态和高端品牌进京发展。落实国家促进节能家电等产品消费政策，系统研究在新形势下推动本市商业业态升级、商家激励、促进信用消费等政策意见，满足市民新需求。加快保障房建设入市和配租配售步伐，带动和延伸住房相关消费。紧抓国家汽车下乡和小排量汽车补贴政策实施的有利时机，支持汽车企业开拓国内市场。研究促进二手车交易和提前报废老旧车的鼓励政策，支持汽车租赁、出租运营等企业加快旧机动车更新。继续举办购物季、各地商品大集等市场营销活动，繁荣活跃消费市场。研究电子发票等促进政策，加快网络消费、信用消费等新兴消费业态发展。吸引社会力量在新城、重点镇布局品牌连锁商业设施，扩大郊区消费。完善72小时过境免签配套政策，扩大外来消费。

（二）以创新发展为动力，提升综合竞争能力

集聚创新要素，发挥好科技创新、文化创新“双轮驱动”作用，进一步增强可持续发展能力。

进一步释放科技创新潜力。集聚科技创新优势。争取国家一批重大科技专项和重大科技基础设施落户本市，支持具备条件民营企业申报国家和市级企业技术中心，承担或参与攻关任务。深入开展知识产权推进工程和标准创新试点，鼓励风险投资、私募股权投资向创新技术的前端转移。加大资金支持力度。安排运作好重大科技成果转化和产业项目100亿统筹资金以及电子信息、生物医药、新能源和节能环保、高技术服务业等11支创投基金，重点支持一批发展潜力大、市场前景好的企业。推广科技成果示范应用。鼓励企业积极参与国家重点工程建设，带动

自主创新产品应用转化。健全重大科技成果转化的发现、筛选、扶持机制，加大对战略性新兴产业新产品、重大技术装备的首购订购、应用推广力度。

加速积蓄文化创新势能。引导文化与科技、金融、旅游、商业融合发展。推进中关村文化科技融合示范基地建设，研究将中关村优惠政策向重点文化科技企业延伸。制定鼓励民间投资进入文化产业政策意见，加快首都核心演艺区等重大项目建设。用好100亿元的文化创新发展专项资金，重点支持内容供应、交易环节和传播平台，依托北京国际音乐节等重大活动，培育效果持久的文化品牌。推进文化企事业单位改革重组，活跃文化市场。加快文化基础设施建设。推进公共文化设施向城南、西部地区、城乡结合部、重点新城及农村地区辐射，推动首都图书馆二期等标志性文化项目建设。实施历史文化名城保护和利用工程，积极推进中轴线、大运河申遗工作。

（三）以高端发展为方向，加快培育新的经济增长点

以提升产业素质为核心，通过扩增量、优存量，推进重点产业向价值链高端延伸升级。

加快高端产业发展。发挥服务业的带动提升作用。继续落实一系列结构性减税政策，确保营业税改增值税前后平稳过渡。延伸扩展京交会成果，加快集中签约项目落地。为新兴金融要素做好服务，丰富金融业态。提升旅游会展产业的支柱作用。打造主题商务楼宇，引导商务服务业集聚发展。大力发展战略性新兴产业。鼓励本市企业为国家重大产业项目提供技术、装备支持和服务。加强液晶显示、集成电路等产业技术研发。着力打造地铁装备、通用航空、生物医药、旅游、金融资讯等优势产业板块。以“宽带中国”建设为契机，大力推进本市信息产业板块发展。继续推进数字电视产业园、中芯国际二期、现代三工厂、奔驰发动机等一批重点项目建设，争取尽早投产达产。大力发展都市型现代农业，发挥生态、产业和惠民增收效果。

推进重点产业功能区发展。充分发挥重点功能区引领带动作用，加快成熟区域开发建设步伐。支持中关村科学城加强科研成果转化。推动未来科技城央企研发机构入驻步伐和配套基础设施尽早运营。加大南部高端制造产业带与北部研发产业带互动力度。推进中关村自主创新示范区利用规划调整和国家政策集中的机遇向更高层级发展。抓好CBD核心区重点地块的开发建设。强化金融街高端金融配套服务功能。推动临空经济区通关机制和文化贸易创新。加快通州商务核心区以及文化旅游区等重点功能区开发进度。提升丽泽金融商务区对新兴金融机构落地的承载能力。加快新首钢高端产业综合服务区规划建设和产业转型步伐。推进怀柔文化科技高端产业新区重点项目建设。

创新产业发展政策与支持方式。积极推进服务业综合改革试点、示范，探索建立适合服务业发展的体制机制。加快中关村国家科技金融创新中心建设，支持符合条件的民营企业发行债券、上市融资。出台支持小微企业发展的政策意见和实施细则。鼓励中小企业发行私募债券。为高端要素落地和总部企业发展营造良好环境。研究新形势下将跨国公司地区总部政策扩展至民资、侨资企业总部的相关政策。做好重点企业帮扶。更加关注和服务好“央源”、“地源”、“民源”、“外源”，吸引各类市场主体深度参与首都经济发展和城市建设。加强区域特色产业、重大项目、新兴业态、服务举措的宣传。

（四）以绿色发展为导向，提升可持续发展能力

加快“两型”社会建设，健全绿色发展机制，提升经济发展质量、居民生活质量和生态环境质量，建设生态文明。

提高能源资源集约利用水平。实施节能惠

民。深入落实国务院节能产品惠民工程，加大对绿色消费促进力度。全面推进白炽灯淘汰、碳排放权交易试点工程。鼓励公共设施优先利用新能源、节能节水产品。加强重点领域节能。开展节能减排财政政策综合示范试点工作，在建筑、交通、工业、公共机构等领域开展节能改造工程。继续实施既有居住建筑和公共建筑节能改造示范项目。全面推广能源审计、合同能源管理模式，支持企业开展节能管理。鼓励节能环保型产业发展，重点支持成长型中小（微）节能环保企业。

全力改善空气质量。建立 $PM_{2.5}$ 和臭氧监测系统，继续推进压减燃煤工作，完成2万户中心城非文保区小煤炉清洁改造和1200蒸吨锅炉清洁能源改造。关停11条建筑渣土烧结砖生产线和50余家高污染企业，启动水泥厂烟气脱硝治理工程。稳步推动北京第五阶段机动车排放标准实施，加快淘汰老旧机动车，深入开展节能环保公交车辆推广应用示范。

打造靓丽清新的生态环境。完成25万亩平原造林任务，全面完成新城滨河森林公园。加快推进南海子郊野公园二期建设，启动未来科技城滨水公园、南大荒休闲森林公园等大尺度城市森林以及城市休闲公园建设，新增城市绿地1000公顷。增强垃圾处理能力，建成鲁家山垃圾焚烧厂和平谷生活垃圾综合处理厂。继续开展永定河等三大流域生态治理。

（五）以区域均衡发展为着眼点，拓展发展新空间

深入落实主体功能思想，继续优化城区，提升薄弱地区，带动郊区及周边地区，完善合作双赢机制，拓展发展腹地。

增强薄弱地区自主增长能力。全面完成城南行动三年计划，加紧出台新三年行动计划。加快北京新机场等重大项目的前期工作，建成京石客专，开工建设地铁16号线、丰台火车站等一批重大工程。深入落实西部转型发展年度计划，推进门头沟、新首钢地区重大产业项目建设，建成园博湖和园博园湿地，实现了永定河城市核心段的系统治理。推进矿山生态修复等重点生态工程，确保采空棚户区三年任务按计划完成。加快长安街西延、京石二高速、丰沙铁路线入地等重大交通建设。推动城乡一体化发展。借助重大活动带动区域发展，推进城乡结合部社会化管理，加快50个重点村建设。

加快新城和重点镇功能化发展。积极落实通州新城行动计划，完善城市副中心功能。鼓励城区教育、医疗、社会服务等优质公共服务资源向新城疏解拓展。推动新城滨河森林公园建设，确保年内全部建成开放。启动通州、大兴、房山等南水北调配套水厂建设，提升新城供水安全水平。出台促进重点镇发展意见，吸引社会资源参与小城镇开发。打造一批特色品牌沟域，重点推进京北生态休闲环线和斋堂古镇特色沟域集群建设。

推进与周边区域共赢发展。配合国家有关部门做好首都经济圈发展规划研究制定，谋划具有全球影响力的经济圈。进一步增强首都的科技、资本、人才、服务等要素的辐射能力，鼓励中关村科技创新成果在周边转化。研究一体化的产业指导目录，建立完善污染治理联防联控机制。

（六）以和谐发展为落脚点，增强城市服务民生功能

加大民生投入，满足市民多样化需求，提高居民幸福感。

积极做好居民增收和社会保障工作。严格落实城乡“低保户”和农村“五保户”家庭资源价格调整后的优惠政策。继续完善城乡统一的就业失业管理制度和社会救助标准与物价上涨挂钩的联动机制。全面落实老旧小区、简易楼、农民住宅节能改造等各项惠民任务。

提升公共服务水平。继续抓好医改方案落实，扎实推进公立医院改革试点相关工作。进一步规范学前教育收费标准，完成新建和改扩建公办幼儿园50所以上目标。推动一批社会办医、办学、养老项目开工建设。

加强城市精细化管理。全力提升公共安全和应急管理水平。举全市之力打好“7·21”强降雨和山洪暴发自然灾害的救灾、善后和维稳攻坚战，做好受灾群众的安置工作，迅速恢复生产生活秩序。集中实施一批城市基础设施薄弱环节改造和排险消隐工程，重点治理城市积涝点、给排水管线、老旧地下管网和道路桥梁、险库险渠等隐患，加快山区生态移民步伐，提升重点区域防汛抗灾功能。加强极端天气监测预警，提高协同应对和应急处置能力。全力做好党的十八大安全保障工作，加强重点地区和站点周边、重要通道沿线环境治理，坚决遏制重特大安全事故发生，完善重大政策和重大项目社会风险评估机制，维护社会安全稳定。做好城市运行保障。加快能源通道建设，全力做好迎峰度夏和重要活动期间的能源运行保障。完善社区菜站及超市体系，做好生活必需品储备和配送，保障市场供应。巩固交通拥堵治理成效。推动6号线一期等4条线路年内通车，全市轨道交通运营里程将超过420公里。建成京良路西段、四惠综合交通枢纽。打通一批微循环道路，继续提高智能交通管理水平。

主任、各位副主任、秘书长、各位委员，下半年任务更加繁重艰巨，我们将坚决贯彻中央决策部署，在市委领导下，在市人大的监督指导下，抓住机遇，迎难而进，在市十一次党代会精神指引下努力开创首都各项工作新局面！

以上报告，提请市人大常委会审议。

北京市人民代表大会财政经济委员会关于北京市2012年国民经济和社会发展计划执行情况的意见和建议

——2012年7月26日在北京市第十三届人民代表大会常务委员会第三十四次会议上

市人大财政经济委员会主任委员　王　火

主任、各位副主任、秘书长、各位委员：

2012年7月5日至6日，市人大财政经济委员会召开第三十九次（扩大）会议，听取了市发展改革委《关于北京市2012年国民经济和社会发展计划上半年执行情况的报告》，以及市财政局、国税局、地税局和统计局关于市级预算、税收、经济形势的报告，对2012年国民经济和社会发展计划上半年执行情况进行了讨论。

2012年上半年，市人民政府及其发展改革部门认真贯彻落实中央和市委的各项决策部署，在国内外环境错综复杂、经济下行压力增大的情况下，按照“稳中求进”的工作要求，以科学发展为主题，以加快转变经济发展方式为主线，积极主动加强经济调控，推动城市转型发展，深入开展生态治理和节能减排，下大力气保障和改善民生。上半年，全市经济运行保持平稳，内生动力不断增强，物价涨幅持续回落，居民收入较快增长，社会民生不断改善，国民经济和社会发展计划主要指标基本实现“时间过半，任务过半”。财政经济委员会认为2012年国民经济和社会发展计划上半年执行情况总体上正常平稳，符合主动调控的预期。

财政经济委员会同时指出，面对当前复杂严峻的形势，要有充分估计和清醒认识，全市经济运行和社会发展中存在着一些突出的矛盾和问题：内外部市场需求依然乏力，实体经济仍面临不少困难，支撑全市经济发展的新增长点还需加快培育。对此，市人民政府及其发展改革部门要切实采取措施，认真积极应对，妥善加以解决。

财政经济委员会对下半年国民经济和社会发展计划执行，着重提出以下意见和建议。

一、科学判断当前形势，保持经济平稳增长，努力完成全年计划目标

要准确分析当前形势，科学判断我市所处的发展阶段，清醒认识转型调整期的长期性和任务的艰巨性，深入研究存在的问题和困难，牢牢把握好“稳中求进”的工作总基调，把稳增长放在更加重要的位置，坚定做好下半年经济工作的信心，充分调动首都经济发展中的积极因素，加快经济结构的优化和发展方式的转变，正确处理稳增长与调结构、速度与质量的关系，把防止经济下滑的应对措施与中长期可持续发展的战略部署有机结合起来，认真分析首都发展的基本规律，把握好新的发展阶段的主要特征，积极探索科学发展、持续发展的路径，统筹安排好下半年的工作，努力完成市十三届人大五次会议通过的国民经济和社会发展计划主要指标任务，实现首都经济平稳较快发展与社会和谐进步。

二、坚持经济发展方式转变，调整优化产业结构，努力提高首都经济发展的质量和效益

要加强政府统筹协调，加快产业结构调整步伐，着力提升发展的质量效益水平。立足首都城市性质和功能定位，加快形成一批产业链上下游协同发展的优势产业板块，以重大项目建设带动战略性新兴产业加快发展，加速新经济增长点的培育。全面贯彻落实《中关村国家自主创新示范区条例》，抓好园区建设，利用好“1＋6”先行先试政策，有效发挥科技和文化创新的引领支撑作用。进一步优化投资结构，提高投资的质量和效益，发挥好政府投资的引导放大作用，积极鼓励引导民间投资健康发展，优先满足促进消费、保障民生、关系长远战略等领域的投资需求，增强经济发展后劲。着力构建多层次、多热点支撑的消费格局，通过产品和服务的创新促进消费需求升级，重点促进文化教育、体育娱乐、旅游休闲、养老保健等领域的消费。

三、大力保障和改善民生，提高城市管理服务水平，努力让人民群众生活得更加幸福美好

要落实各项政策、措施切实促进城乡居民增收，推动合理有序的收入分配格局加快形成，同时继续抓好价格调控，全力保障生活必需品的市场供应和价格稳定。下大力气构建完备的安全食品供给体系和现代化的食品安全保障体系，维护人民群众的身体健康与生命安全。全面落实好各项大气污染治理措施，完善空气质量监测体系，深化区域联防联控机制，促进首都空气质量有效改善。持续推进中心城交通拥堵治理，加快轨道交通和地面公交线网的建设和优化，有效缓解高峰时段交通拥堵状况。要认真总结应对“7・21”强降雨抢险救灾的经验教训，加强排水管网等基础设施建设，提高城市运行保障和应急管理能力。要继续完善住房、教育、医疗等保障体系建设，抓好保障房的建设、分配和管理，完善退出机制，解决好中低收入家庭的住房困难。要进一步提升城乡公共服务水平，通过完善城市服务功能全面提高

城乡居民生活质量，努力让首都人民生活得更加幸福美好。

以上意见和建议，供常委会组成人员审议时参考。

关于“加强建筑工程质量监管体系建设”议案办理暨建筑工程质量监管体系建设情况的报告

——2012 年 7 月 27 日在北京市第十三届人民代表大会常务委员会第三十四次会议上

北京市副市长　陈　刚

主任、各位副主任、秘书长、各位委员：

我代表市政府，向市人大常委会报告关于加强建筑工程质量监管体系建设工作议案的办理情况。

在市十三届人大五次会议上，共有 85 位（次）代表提出关于加强建筑工程质量监管体系建设的 4 件议案，议案就法规建设、建筑市场、招标投标、企业资质、建筑材料、质量监督、人员培训等方面提出了 17 条意见和建议。经大会议案审查委员会审查、主席团讨论通过，合并为一项“加强建筑工程质量监管体系建设”议案，交由市政府办理。这些意见和建议涉及面广、针对性强，充分体现了各位代表对本市建筑工程质量的重视和关心，对于更好地推进本市质量管理各项工作，建设优质精品工程，以更高的标准推动“人文北京、科技北京、绿色北京”和中国特色世界城市建设具有积极意义。

市政府高度重视此项议案的办理工作，成立了由我负责，市住房城乡建设委牵头，市政府法制办、市发展改革委、市质监局、市工商局、市规划委、市市政市容委、市民防局、市人力社保局等相关部门及全市各区县为责任单位的议案办理工作协调小组，针对代表在议案中提出的意见和建议，精心组织议案办理工作。在议案办理过程中，市人大常委会高度重视，杜德印主任亲自带队调研，城建环保委全程督办，推动了议案办理工作的深入进行。

一、本市建筑工程质量监管体系建设总体情况

当前，本市正处于城市建设的快速发展阶段，去年城市房屋建筑规模达到 1.8 亿平方米，目前在施轨道交通线路 11 条计 196 公里，且近年来随着奥运工程、轨道交通工程等“高、精、尖”工程和超高层、大跨度、结构复杂工程的增多，工程质量控制面临着巨大的风险和挑战，监管难度明显增大。与此同时，建筑业生产过程环节多、周期长，影响工程质量的环节和因素很多。面对这样的工程质量管理形势和特点，如何防范风险、应对挑战，确保工程质量百年大计，是政府面临的一项重要而艰巨的任务。

按照本市目前工程建设管理体制，水利、电力、交通、航天、园林绿化、电信以及军队工程的质量监督管理，由其专业主管部门负责。对于其他房屋建筑和市政工程的质量监管主要由建设行业主管部门主责，规划、质监、工商、市政、民防等部门配合。规划部门负责设计单位的监督管理，质监部门负

责本市生产领域产品质量监管和特种设备的安全监察，工商部门负责本市流通领域商品质量的监督管理，市市政市容委负责本市市政管线及附属设施、燃气、供热的安全运行监管和相关重要设施建设工程质量安全监督管理。市民防局负责重大人防工程建设的检查验收和备案工作，负责本市防空地下室和城市地下防护空间建设的管理和监督检查。市住房城乡建设委负责本市建筑工程建设管理工作，承担着建筑市场监督管理、建筑工程质量监管、推动建筑行业发展的重任。几年来，本市积极引导建筑业牢固树立首都质量意识，不断创新机制和监督管理制度，强化源头治理，通过加强质量监管体系建设落实政府监管责任和企业主体责任，促进了本市建筑工程质量稳步提升。主要加强了“四个方面”的体系建设。

（一）加强质量法规、政策体系建设

近年来，着眼于提供优质的建筑产品，结合贯彻《中华人民共和国建筑法》和《建设工程质量管理条例》，我们紧紧围绕解决影响工程质量的突出问题和建筑市场发展过程中出现的新矛盾、新问题，不断探索实践，加大立法立规力度，先后以政府规章和相关委办局规范性文件形式出台了20多个政策文件，进一步明确了政府的监管责任和企业的主体责任，在质量管理的法规、政策方面力求有所突破。在质量监督方面，适应质量监督由核验式管理向备案式管理转变的新形势，相继颁布了建设工程质量监督、竣工验收备案管理暂行规定；突出住宅工程质量管理，由重结构质量向结构与功能质量并重转变，在全国率先实施住宅工程质量分户验收、住宅工程与市政配套同步验收制度，完善了质量投诉处理机制，制发了房屋质量缺陷损失评估规程；突出抓好重点领域质量监督，对轨道交通、保障房等重点项目以及钢筋、预拌混凝土等主要建材发布专项文件，强化专项监督。在勘察设计质量监督方面，下发了《关于加强北京市建设工程勘察设计质量与安全工作的通知》等一系列文件，进一步明确勘察设计主体责任和加强质量安全工作的要求。在建筑市场管理方面，制定了一系列规范性文件，抓住建筑工程各个重要环节，对招投标、发包承包、合同管理、资质和人员管理等方面存在的漏洞和各类潜规则问题，创新管理机制和管理模式，明确界定肢解发包、转包和违法分包、虚假招标、挂靠的认定标准，严格禁止建设单位指定分包单位或材料设备生产厂、供应商，进一步规范建筑业企业和从业人员行为，从而形成整体的质量保障体系。

（二）加强建筑市场监管体系建设

以保障建筑工程质量和安全为核心，加强市场准入、发包承包、合同订立及履约、工程造价等环节的监管，不断推进建筑市场体制机制和制度创新，从源头上把好各个“关口”，实施全过程监管，努力营造和维护公平竞争、诚信有序的建筑市场环境。

改革企业资质管理制度，推动资质审批管理由静态向动态转变。资质是目前建筑市场准入的主要手段，是企业是否能够揽到活的“命脉”。为打击资质申报中弄虚作假的行为，严格行业准入管理，在实施专家审查、业绩核查、人员抽查等工作制度的同时，积极推动资质审批从形式审查向实质性审查转变，加大批后动态核查力度。与此同时建立了企业资质和人员资格动态监管系统，把资质管理变成信用管理的平台，将企业的市场行为与市场准入清出挂钩，实行累计积分制度，对企业违法违规行为分别作出警示、约谈、降低资质直至取消资质的处理，形成了企业资质可升可降、企业可进可出、政府监管动态实时的格局。同时，加大企业资质动态核查力度，2010年核查企业845家，责令改正276家，注销、撤回企业229家；2011年核查企业1839家，责令改正556家，注销、撤回企业539家。

构建工程招标投标和合同履约监管机制，强化工程质量源头管理。招投标是工程建设管理的源头，其目的是制定相应的准入标准和选择符合要求的施工队伍，守住质量管理的“底线”。为此，根据本市建筑工程招投标管理体制的特点和实际，市政府统筹安排市发改、监察等部门建立联动监督机制，重点强化对政府投资项目和重点工程招投标活动的监督，构建招投标“一站式”办公平台，完善内部制约机制，全面推行电子化招投标，实现招投标工作的全过程电子化，规范了各方主体的招标、投标和评标行为。不断完善信息公示制度，实现社会监督与行政监督的有机结合。制定了建设工程合同管理的规范性文件，设立专门的建设工程合同管理机构，形成了市区两级监管部门、各类施工企业参与的比较完备的合同管理体系。

以工程交易市场与施工现场“两场联动”为抓手，推动工程建设过程管理。有形建筑市场既是工程招投标交易的平台，又是链接工程建设过程管理的纽带，从资质审批、招投标、施工许可、工程实施、质量安全监督、竣工验收等多个环节把关，打造建筑诚信平台和工程交易市场与施工现场“两场联动”监管平台，严厉打击围标串标、虚假招标、转包、违法分包等违法违规行为，实现从合同订立到合同履行、标前标后的统一管理，及时向全社会公开企业资质、人员资格等11类信息，率先在全国公开合同备案、合同履约信息，为交易双方提供信用信息，择优选择承包企业，使失信企业失去市场，保证了为首都城市建设提供合格的建筑队伍。

严把建材使用关，不断强化对建材使用的监督管理。建立建材使用有条件准入政策体系。对政府投资工程和轨道交通、保障房等重点工程，建立企业准入名录，加强建材质量的源头管理。完善建材管理制度体系。对结构性材料、重要功能性材料和设备推行建材采购备案制度，实现建材供应单位责任可追溯。对供应不合格建材、假冒伪劣建材以及伪造、变造产品检验报告的，列入不良名单。加强施工现场建材质量监督管理，强化对建设工程参建各方使用建筑材料的责任监督。

（三）加强质量监督管理体系建设

整合工程质量监管力量和资源。针对过去质量监管力量分散，多头管理的问题，整合监管力量，将市建设工程质量、安全监督机构整合，实行统一指挥，使监管力量形成铁拳头。这几年，安全质量监督总站在加强奥运工程、轨道交通工程及保障性住房工程监督，强化工程的执法检查方面发挥了重要作用。目前市、区县两级住房城乡建设部门均设立了质量监督机构，建立起了完善的质量监督工作机制。

建立了网格化工程质量监督管理体系。为提高工程质量监管效能，按照属地管理和层级监督的方式，建立了市级和区县级质量网格，按照职责明确、层级负责、标准统一、信息畅通的原则，全面推行质量巡查制度，对全市建设工程质量开展监督执法检查。通过实施网格式监管和质量巡查制度，使本市建设工程质量监管在深度、广度上进一步加强。

对于重点项目实施工程质量专项监督。政府对工程质量监管的重点为国家及本市重点工程和重大基础设施工程、轨道交通工程和保障性住房工程。对于轨道交通工程，全面推行质量安全风险管理，重点强化重大风险防范，严格落实第三方监控量测制度，开展施工过程质量安全状态评估，根据动态评估结果实施差别化监管。对于保障房工程，市、区两级建设行政主管部门成立专门的质量监督组，并引入社会监督机制，建立了工地开放日制度、第三方强制检验、回访保修、永久性标牌等制度，强化参建各方的质量主体责任。

强化对预拌混凝土企业的监督管理。近

年来，预拌混凝土企业价格过度竞争，降低了混凝土的质量保证率，直接危及工程结构质量的底线。对此，本市加大对预拌混凝土企业质量保证体系和生产过程的监管，对在生产过程中使用不合格原材料、偷工减料、未按规定检验的预拌混凝土企业依法进行查处，并将不合格原材料的供应单位移送质量技术监督和工商行政管理部门查处，涉嫌犯罪的移送司法部门查处。

积极组织开展工程质量创优活动。充分发挥国家级和北京市质量奖的示范和引领作用，建造出大批优质精品工程。中国建设工程鲁班奖设立至今，北京地区获得 170 项，占全国的 12%；中国土木工程詹天佑奖每年全国 30 项，从 2008 年以来本市共 16 项工程获奖；国家优质工程奖北京地区获奖达 137 项，占全国的 10%。北京市建筑长城杯评比活动开展十多年，为不断提升本市工程质量起到了重要的推动作用。

（四）加强企业质量保证体系建设

2011 年市政府发布《关于全面规范本市建筑市场进一步强化建设工程质量安全管理工作的意见》及相关配套文件，明确和强调落实企业的主体责任，完善质量安全保证体系。同时在全市房屋建筑和市政基础设施工程设置永久性标牌，全面实施质量终身责任制，督促各参建主体履行法定责任，提高质量管理水平。

进一步提高工程勘察设计单位质量责任意识。工程勘察设计单位严格落实“一核二审”的三级审核制度，严格执行签字签章制度。执业资格注册人员应加盖执业注册章，并对工程勘察设计质量负终身责任。发现不良行为的，将按照有关规定记入企业信用档案。

落实建设单位对工程建设质量安全的首要责任。要求其必须建立质量机构或委托专业机构对质量安全进行风险管控；必须合理确定建设工期，必须严格执行监理服务收费标准，不得压低监理单位费用。建设单位不得肢解发包和直接采购混凝土。

强化施工单位对施工现场工程建设质量安全的直接责任。施工单位必须建立健全质量保证体系，配备与工程规模、技术复杂程度相适应的管理人员，项目主要管理人员应在现场带班作业，严格执行注册执业人员签章制度，落实管理人员责任，严格按规定对进场的建筑材料和设备进行检测。

进一步明确和落实监理单位责任。要求监理单位对建设工程施工质量承担监理责任，针对工程的具体情况制定监理规划和实施细则，认真执行旁站制度和见证取样送检制度，加强对重要材料、重要部位和隐蔽工程的检查验收，未经监理人员验收合格，不得进行下道工序施工。

落实工程质量检测机构责任。要求工程质量检测机构依据标准进行检测，保证检测工作的公正性，并对检测结果的真实性、准确性负责。检测机构应保证检测数据自动采集、实时上传，对检测结果不合格的应及时报告监理单位或建设单位，对检测过程中发现参建单位有违反法律、法规和工程建设强制性标准的情况，以及涉及结构安全检测结果不合格的情况，要及时报告工程所在地住房城乡建设主管部门。

落实预拌混凝土企业的质量责任。预拌混凝土企业必须建立健全质量保证体系，加强原材料生产过程的质量控制和出厂产品的检验，并对预拌混凝土的生产、运输质量负责。严禁在生产过程中使用不合格原材料、偷工减料、不按规定进行检验的行为。

二、当前建筑工程质量管理存在的突出问题

总的看，本市建筑工程结构质量安全可靠，使用功能符合设计要求，质量事故较少

发生。但是我们清醒地认识到，本市建筑工程质量管理形势不容乐观。当前和今后相当长的一个时期，建筑规模还会持续增长，民生工程占比增大，质量诉求不断提高，建筑工程质量管理工作仍十分艰巨，本市建筑工程质量监管体系依然存在着一些亟待解决的困难和问题。

（一）在建筑市场方面

建筑市场主体诚信意识不强，主体责任不落实、主体行为不规范问题依然比较突出，各类违法违规行为时有发生。主要表现为：

一是建设单位违反法定建设程序开工建设，肢解发包，指定材料设备采购厂商和分包队伍，“明招暗定、黑白合同”，寻找各种借口压价压工期；二是施工单位出借资质，转包和违法分包，围标、串标，施工现场管理人员不到位，甚至以包代管，存在质量隐患；三是监理单位监理责任定位不明确，监理法规、政策尚不完善，行业内恶性竞争，非理性压价普遍，监理人才流失严重，整体素质下降，监理合同履约问题及“阴阳合同”问题仍然突出；四是部分生产经销单位以次充好，提供伪劣产品，企业内部质量控制能力较弱；五是个别质量检测机构出具虚假检测报告。

（二）在质量监督方面

一是质量监督机构定位不明确。工程质量监督是为保证公共利益和公众安全，对参建主体是否执行工程建设法律、法规和强制性标准进行的监督，是工程质量管理的一项重要制度，也是政府监管的重要手段。因此，工程质量监督机构履行的是行政管理职能，本质上属于行政执法机构。目前工程质量监督机构是受建设主管部门委托进行质量监督管理的参公管理事业单位，这极大地削弱了监督执法力度。

二是质量监督机制有待于创新。面临着房屋建筑和市政基础设施工程（包括轨道交通）建设规模不断增加，施工工艺变得更加复杂的形势，监督压力巨大，工程质量监督的体制、机制、模式、手段需进一步创新和完善。

（三）在劳动力素质方面

本市劳动力方面存在的结构性矛盾十分突出，一线作业人员素质堪忧，存在着质量安全风险。一是自施工企业实行管理层与作业层两层分离以来，技术骨干力量出现了断层。二是劳务企业市场准入门槛较低，企业的质量管理责任和社会责任意识不强，对施工现场劳务作业人员的直接管理和调控能力较弱。三是劳动力流动性大，劳务企业管理松散，没有劳务人员技能培训与素质提高的内在动力和机制，工人的技术水平很难满足现代化的质量标准要求和住宅产业化发展的要求。这也是当今社会问题在建筑业的一个突出反映。

（四）在法律、法规方面

一是立法相对滞后。《建设工程质量管理条例》已颁布实施十多年，部分条款已经难以适应当前的建设工程质量安全发展形势，迫切需要修改和完善。就本市而言，尚无一部工程建设管理方面的地方性法规，关于工程质量主体责任、注册执业人员管理、工程质量保修、质量监督机构定位、行政处罚等诸多内容已经难以适应当前的工程质量建设形势要求。突出表现为：建设单位处于发包的有利地位，但法律对其质量行为的约束很少，权力大、义务少，而监理单位义务多、权力小、责任大，而政府和业主赋予的责任和义务过多，特别是安全生产事故的刑事责任难以承受。检测单位出具虚假报告的行为后果不仅直接危害工程质量，而且动摇了社会公信力，相关责任人涉嫌犯罪但缺乏法律依据，无法追究其刑事责任。

二是部分法规罚则缺乏可操作性。相关程序和关键环节规定不够具体，缺乏相应的处罚措施，可操作性差；对建设单位的违法违规行为多数仅限于罚款，缺乏其他必要的法律制约手段，从而导致违法成本偏低，影响到法律的威严和震慑力。对于施工单位的处罚虽然通常与其市场主体资格挂钩，但由于影响到职工就业、社会稳定而对违规企业的处罚偏软。

三、下一步主要工作思路

根据代表们提出的意见和建议，结合本市建筑工程质量工作的实际情况，质量监督管理工作总的指导思想是：进一步解放思想，深入贯彻落实科学发展观，深入研究建筑市场、建筑业发展规律，建立健全各参建主体利益协调机制，着力解决工程建设管理过程中存在的深层次矛盾和问题。推动质量监管从事后处理向事前预防、全程控制转变，加强各行业监管部门执法联动，联手打击工程建设领域的违法违规行为。引导建筑业企业不断提升项目精细化管理水平，走质量效益发展之路，在牢牢守住工程质量底线的同时，使质量通病得到普遍减少，人民群众对工程质量特别是住宅质量满意度明显提高。重点做好以下几个方面的工作。

（一）继续加强建筑行业监管

一是加强建筑市场法规体系建设。继续深入开展工程建设领域专项整治，着力解决本市建筑市场中存在的深层次和各种“潜规则”问题，推动建筑市场管理条例立法，严厉打击转包、违法分包、挂靠等违法违规行为，进一步细化和明确认定标准，严格执法，为进一步加强本市建筑市场监管提供强有力的法规、政策依据，为首都建筑行业的科学健康发展提供坚实的法制保障。

二是改革资质管理制度。在行业准入审查中更加注重企业的真实业绩和实力，更加注重市场诚信行为和施工现场的实际管理能力。加大市场清出力度，通过对资质资格条件的动态监管，使企业和人员的数量控制在合理水平，与工程建设任务相适应。探索建立政府、法院、检察院联系、沟通制度，对行贿企业建立黑名单制度，及时进行社会公开，并清出北京市建筑市场。着力构建市场主体之间的相互制约机制，利用经济手段实现施工资质等级分层管理，引导企业进入不同层次的市场竞争，防止引发造假、挂靠等问题。

三是强化建设工程招投标监管。以贯彻实施《招标投标实施条例》为契机，加快完善招标人、招标代理行为管理、评标专家管理、评标方法创新等制度，狠抓关键环节的监管，充分发挥有形市场在解决规避招标、招投标弄虚作假等问题的作用，并通过特邀社会监督员驻场监督等方式，加大社会公众监督力度，促进招投标全过程的公开透明和公平公正。同时通过施工现场履约检查制度，加强标后履约监管，对合同履行进行全过程的跟踪管理和统计分析。

四是强化建筑市场监管。以诚信体系建设为主线，促进市场准入、市场交易、施工现场合同履约、市场清出四大环节的相互联动，综合运用监管、执法和诚信机制，加大对各类违法违规行为的打击力度，逐步实现从以资质资格准入为主向资质资格准入和信用准入并重的转变。依托有形建筑市场，一方面将工程交易信息延伸到施工现场，提供信息支持和服务，提高项目进场招标率和合同备案率，增强施工现场监管能力，拓展监管覆盖面；另一方面通过建筑市场综合执法，又将现场执法信息、履约信息反馈招投标交易平台，计入招投标评价，从而通过建筑市场与施工现场两场联动，建立起“不诚信企业难以中标”的优胜劣汰机制。

（二）加大工程质量执法检查力度

一是加强对施工图设计文件审查质量监管。建立“周审查、月例会、季报告、年认证”的日常监管制度。积极完善规划勘察设计标准体系建设，强化对施工图设计文件审查质量监管，加强对审查机构质量监管，严把勘察设计质量关。

二是以工程质量为核心，进一步加大施工现场综合执法检查力度。充实监督执法机构和人员，施工现场监督执法“实体检查”与“行为监督”并重，实施施工现场综合执法，执法检查结果应用于市场主体综合评价及准入资格管理，实现施工现场与工程交易市场的“两场”联动、闭合管理。切实履行监管责任，强化工程质量抽查和巡查，做好全市质量网格管理，持续加大对质量隐患的排查力度。

三是研究建立建筑业法律、法规与刑法等相关法律、法规相互衔接机制。推动行政处罚由主要处罚企业向处罚企业和处罚责任人并重转变。对涉嫌合同欺诈的虚假招标、生产或销售假冒伪劣建筑材料的企业，严肃追究相关责任人的刑事责任，提高违法违规成本，维护法律、法规的严肃性和权威性。加大市场清出力度，对不符合资质资格标准、市场行为评价不合格、存在严重违法违规行为，造成重大质量安全事故的企业和个人，依法清出市场。

四是以保障房、轨道交通项目和老旧小区改造项目为重点，加强工程质量日常监管力度。对重点工程、重点企业、重点领域的违法违规行为依法从严从重处罚，进一步强化保障性住房工程的质量管理，实行工程实体质量第三方检验、政府监督抽样检测制度、强化关键岗位人员质量终身负责制；继续研究轨道交通工程监管模式，完善轨道交通工程质量风险防范和质量控制体系，突出抓好轨道交通工程质量安全评估工作；做好老旧小区抗震节能改造工程的质量监督管理，重点抓住设计、施工、验收等关键环节，以确保加固改造工程质量。

五是加强建材质量管理，规范检测行为。根据产品质量安全风险程度，按照生产企业质量安全控制能力和履行产品质量主体责任的情况对本市建材生产企业实施分类监管，督促企业严格按照相关标准组织生产和出厂检验，加大执法检查力度，规范企业生产行为。加强施工现场建材质量监督管理，建立从建材生产、采购、使用的质量监控体系，实现可追溯性。市政府统筹协调，市住房城乡建设委、市工商局、市质监局等部门加强联动，加大对本市建材生产经销单位建材产品的质量监管力度，防止和打击假冒伪劣建筑材料进入施工现场。针对检测机构被推向市场出现的诚信问题，逐步建立检测机构资质预审制度和市场准入清出机制，实现对检测机构实时动态监督，对提供虚假检测报告的检测单位实施一票否决，直接清出市场。

（三）加强劳务企业的管理

一是进一步强化对劳务企业的管理。完善劳务企业法人约谈制度，要求各企业建立符合北京市管理要求的管理体系，并通过完善制度、定岗定员、落实职责等方式确保管理体系运转有效，保证外地进京建筑业企业的基本素质；持续坚持对外地来京建筑施工企业实施年度市场行为评价。划分等级，实施差别化监管，以年度市场行为评价结果为基础，结合各总包企业年度用工情况，建立“劳务企业推荐名单”、由行业协会推广，指导总包企业把好队伍的准入关。

二是探索研究劳动力组织化、产业化管理制度。目前已初步研究形成了关于加强北京市建筑施工作业层队伍技能素质建设的意见。初步设想是：改革施工企业用工制度，重点培养特殊工种和关键岗位作业人员，建立建筑工人技师制度，有效衔接管理层和作业层；申请专项经费构建适应建筑业特点和要求的作业人员培训体系，推行建筑行业职业技能证书、培训证书的持证上岗制度；适当提高施工企业和劳务企业技术工人比例，对达不到要求的，降低资质等级或限制其进入市场；推行建筑劳务人员实名管理制度，探索解决农民工养老保险问题，形成相对稳定的建筑产业骨干工人队伍。

（四）加快质量管理立法步伐

一是积极推动北京市建设工程质量管理条例地方立法。重点是进一步创新管理机制，明确工程质量检测机构、混凝土生产企业、预制构件生产企业、建筑材料供应单位的质量责任义务；适当加大建设单位的行为约束和质量责任，建立健全建设单位质量责任保证体系，设立质量管理机构或委托有相应资质的项目管理机构对项目建设中的质量安全风险进行过程控制；合理界定监理单位的职责和权力，建设单位充分授权，监理单位全面履职；明晰质量监督机构职责定位；细化行政处罚条款，增加可操作性；加强对注册监理工程师、注册建造师等注册人员市场行为的监管，落实其法定责任和签章制度，对注册人员出租、出借资格、出卖图章等问题加大处罚力度，造成质量安全事故的，严肃追究其个人的法律责任。

二是修订北京市建设工程监理管理办法。进一步明确监理的定位，改革现行监理招投标办法，明确监理取费标准，打击拖欠监理费用、签订阴阳合同等行为，维护监理权力，有效缓解当前监理行业面临的突出矛盾，充分发挥监理企业在建筑工程质量管理体系中的作用，确保监理行业持续健康发展，同时进一步明确监理责任，对监理落实责任、合同履约、管理能力等情况进行定量考核，强化动态考核，考核评价结果作为是否扩大核查的重要依据。

三是探索建立工程质量担保和保险制度。将工程质量担保和保险制度与保修制度有效衔接，保障房屋所有人权益，在重点工程领域进行质量担保和保险制度试点。借鉴发达国家利用市场经济的保险机制，探索工程质量保险的管控和索赔、理赔制度，降低因质量问题处理造成的不稳定因素。

主任、各位副主任、秘书长、各位委员，建筑工程质量监管体系建设是一项长期的系统工程，市政府虽然做了大量工作，但与各位委员、各位代表的要求和人民群众的期望相比还有很大差距。市政府将继续深入贯彻落实科学发展观，切实把推进建筑工程质量监管体系建设作为政府的一项重要职责来抓。希望市人大常委会各位委员、各位人大代表继续关注和监督市政府的工作，为建筑工程质量监管体系建设多提出意见和建议。我相信，有市人大的监督和支持，本市建筑工程质量管理工作将会进入一个新的发展阶段，迈上一个新的台阶。

以上报告，提请市人大常委会审议。

北京市人民代表大会城市建设环境保护委员会关于“加强建筑工程质量监管体系建设”议案办理暨本市建筑工程质量监管体系建设工作情况的意见和建议

——2012年7月27日在北京市第十三届人民代表大会常务委员会第三十四次会议上

市人大城市建设环境保护委员会主任委员　赵　义

主任、各位副主任、秘书长、各位委员：

为协助常委会听取和审议市政府关于“加强建筑工程质量监管体系建设”议案办理暨专项工作情况的报告，由市人大常委会刘晓晨副主任牵头，城建环保办公室按照常委会主任会议讨论通过的工作方案，组织开展了具体的督办工作。今年3月以来，先后组织部分市人大常委会委员、城建环保委员会委员和议案领衔代表，分别就招投标管理、建筑材料市场管理、工程质量监管等内容进行了多次专题调研，召开建设、监理、施工企业和专家座谈会，听取市场主体及相关专家学者的意见，并赴部分区县深入了解情况。议案督办工作中，委员、代表积极认真参加调研，提出了许多很好的意见和建议。市人大常委会领导高度重视此项工作，6月12日，杜德印主任亲自带队，结合招投标管理情况，就建筑工程质量监管工作进行了调研。

6月26日，城建环保委员会召开第二十次（扩大）会议，邀请部分议案领衔代表参加，听取并讨论市政府提请本次会议审议的报告（稿）。城建环保委员会认为，市政府高度重视建筑工程质量监管工作，始终把保障建筑工程质量作为城市建设的一项重大任务和重要民生工程，不断加强、改善监管手段和措施，为保证建筑工程质量整体水平的稳定做了大量细致的工作。陈刚副市长代表市政府所作的《关于“加强建筑工程质量监管体系建设”议案办理暨本市建筑工程质量监管体系建设情况的报告》内容比较具体、客观地反映了本市建筑工程质量管理工作的基本情况、存在的突出问题，并提出了改进工作的思路，我们表示同意。

综合调研过程中了解到的情况和委员代表及专家的意见，我们认为，建筑工程质量关乎城市运行安全、百姓生命财产安全。当前我市城市建设正处于高速发展的阶段，建筑工程的总体规模巨大。2011年我市在施面积达到1.8亿平方米，在建工程单体峰值数量超过2万个。建设速度之快、强度之高，建筑市场的发展和壮大都是空前的。一些新情况、新问题的出现给政府监管带来了巨大压力，影响制约建筑工程质量水平提升的矛盾和不利因素仍然存在：一是建筑工程质量监管体系有待进一步完善，政府监管方式、手段不能完全适应新形势下对建筑市场进行有效管控的实际需要，对一些薄弱领域和环节的监管不是很到位；二是建设、施工和监理等市场主体在建设工程诸环节中的不依法和不规范行为还时有发生；三是法律规范对工作支撑的力度不够，地方立法相对滞后与现行法律、法规及标准规范执行不到位的情况并存。

我们认为，建筑工程作为一种特殊的产品，其生产周期长、参与主体众多、环节程序复杂，质量控制的难度较大。在新的形势下，为实现对建筑工程质量的有效控制，建立健全与建筑工程生产过程特点相适应的质量监管体系至关重要。这一体系应当是政府监督管理体系与建筑市场各方主体内部质量管控体系构成的一个有机整体，参与的各方主体质量责任要依法履行到位，政府及相关部门要依法监督到位，切实形成各环节有效衔接、相互制约的完整链条。为进一步推进本市建筑工程质量监管体系建设，城建环保委员会提出以下意见和建议。

一、完善质量管理模式，实现行政监管方式的转变

破解建设工程规模不断扩大与行政监管力量相对不足的矛盾，除不断充实监管力量、改善执法方式外，还必须进一步转变监管思路，实现由微观管理向宏观监管、由直接或间接干预建筑市场运行向建立公开、公正、高效、透明的建筑市场秩序转变，突出监管重点，实现有限行政资源效能的最大化。

一是加快相关行业标准体系的健全和完善。建议市政府组织发改、规划、房屋建设、工商、质监、人力和社保等行政主管部门，

对现行建设工程的规划设计、工程造价管理、施工图审查、质量监督与检测管理、建材生产和流通、从业人员技能培训、竣工验收备案、质量评价等方面政策规范进行有效衔接、整合和完善，形成目标指向一致、内部协调有序的工程质量标准体系；进一步依法规范招投标行为，对违法转包、肢解发包、分包等行为制定认定和惩处标准；加快研究制定建筑设备租赁市场、劳动力技术等级、检测机构检测能力评估等方面的强制性标准和规范。通过建立严密完备的技术标准和监管规范，为建设主体进行质量自控和政府对市场的有效监管提供客观依据和基础。

二是加大资质资格动态管理和市场诚信体系建设力度。严格执法，加强对建筑企业和从业人员在招投标、合同履约、施工现场等各环节行为的监管，将其行为表现与资质资格的升降、撤销结合起来，实现对资质资格的动态管理；由政府主导，打造有形的企业诚信体系平台，对建筑市场违法违规行为、工程质量安全事故及其他不良记录及时向社会公布，实现政府监管和社会监控的良性互动。在信息公开的基础上，建立健全诚信激励和失信惩戒机制，严格建筑市场准入和清出管理，不断净化市场环境。

三是建立健全对建材市场等薄弱环节的长效监管机制。调研了解到，当前对建材生产和供应环节的监管比较薄弱，导致建材市场鱼龙混杂，一些不符合国家强制标准的劣质建材流入市场，给建筑工程质量带来重大隐患。建议市政府尽快补齐这块“短板”，相关部门应加大对本市建材生产和供应单位建材产品质量的监管力度，必须建立以结构性材料、重要功能性材料采购合同备案和责任追溯为核心的长效监管机制：建立质量优良生产企业准入名录和建筑材料供应商黑名单制度，切实加强建筑材料市场的准入管理；落实建筑材料检测机构对其检测结果的真实性、准确性负责的制度，切实加大对伪造检测数据、出具虚假检测报告或者鉴定结论等违法行为的惩治力度；严格落实各参建主体建料采购备案制度，严格执行见证取样和送检规定。在明确建筑材料生产、供应、检测、使用各方责任的基础上，真正建立起各负其责、责任可追溯的监管机制。

四是积极推动市场机制作用的发挥。通过鼓励、扶持、规范行业协会、中介组织依法开展认证、检测、咨询、培训等服务，完善建筑领域的社会化服务体系。深入研究建筑工程担保和保险制度，积极探索建立利用市场机制降低建筑市场运行成本的新途径。

二、着力规范建筑市场秩序，确保建设、施工单位质量主体责任落实到位

按照现行建筑法律、法规的规定，建设、施工方是工程质量主体责任的直接承担者，二者与监理方应形成稳定的“铁三角”关系，相互关联、彼此制约，成为建筑工程质量的重要保障。但是，目前建设和施工单位的质量主体责任落实不很到位，在招投标、承发包、工程施工等环节均不同程度地存在行为不规范和行业的“潜规则”现象：建设单位违反法定建设程序、规避招标、虚假招标、指定分包、指定材料、任意压缩工期、恶意压价等情况比较普遍；建筑企业出卖、出借资质，围标、串标、转包、违法分包情况比较突出。我们认为，政府在严格执法、加大对违法违规行为惩处力度的同时，还应着眼于支持引导形成市场各方主体的利益协调机制，激活市场机制作用的发挥，使切实履行质量责任内化为各方主体的自觉行动。

一是加强招投标过程监管，为工程质量提供有力的保障。加强招标文件的备案监督，

对招标文件中建设工期、质量标准、技术安全措施等内容作出强制性规定，必须在优先保证工程质量的前提下考虑价格因素。通过有形建筑市场规范招投标行为，建立交易市场与施工现场“两场联动”机制规范市场主体行为，真正实现招投标活动在阳光下透明运行，接受社会的监督，使围标、串标、阴阳合同、肢解分包等行为失去生存的环境和空间。

二是加强工程造价管理，合理确定工程造价。建设工程造价是确保工程进度、质量、安全的基础保障，要从工程立项到实施各阶段对工程造价进行合理确定、有效控制，需尽快出台工程造价管理规章，明确政府相关部门造价管理的职能，加强对工程造价的监管。同时，针对目前我市工程造价咨询市场存在恶性竞争、市场行为不够规范等问题，应尽快出台统一的造价咨询收费标准。

三是强化建设单位对工程建设质量的首要责任。建设单位是建筑工程的组织者和管理者，其行为对建筑工程质量的影响尤为关键，必须作为重要对象加以重点监管和规范，确保其严格遵守国家有关建设工程基本程序、质量、安全、节能与环境保护等方面的法律、法规和强制性标准，严厉查处不履行法定建设程序或者擅自简化法定建设程序的行为。建设工期是关系建设工程质量和安全的重要因素，建设单位应当正确处理工程质量、进度与效益的关系，科学确定并严格执行合理的施工工期，任何单位和个人不得擅自压缩合理的施工工期。

四是严厉打击违法分包和转包等行为。在调研座谈中了解到，建设单位指定分包和建筑材料，随意压低监理费用等现象比较突出，多轮分包转包伴随着层层压价，导致最末端的施工企业只能以牺牲建筑工程质量来获取微薄利润，最终带来严重的质量隐患，施工企业对此反映十分强烈。建议市政府及主管部门严格依照建筑法律、法规的精神和具体规定，切实采取有效手段，加大执法力度，严厉打击上述不法行为，保证建筑工程的质量安全。

三、切实发挥工程监理作用，为建筑工程质量的稳定提供有力保障

监理制度的建立与发展是我国工程建设组织方式向市场化、专业化转变的重要标志，经过十几年的发展，监理制度成为我国工程管理体系中的一项重要制度，为保持建筑工程质量的稳定发挥了重要作用。《中华人民共和国建筑法》（以下简称《建筑法》）及相关法规将工程监理定位为代表建设单位对承包单位在施工工程质量、建设工期、建设资金使用等方面实施监督。但是，在实际工作中，一方面，监理方受制于建设单位、施工单位，无法全面控制施工进度和工程质量，独立监管地位日益弱化，无法全面履行监理职责；另一方面，出现了监理责任被不断扩大的现象，导致监理行业定位失准、责任不实、恶性竞争、取费过低、人才严重流失等一系列突出问题。当前应把完善监理保障机制作为质量监管体系建设的一个突破口，采取有力措施，促成其回归原有定位、发挥应有作用。

一是完善建设工程监理取费规定，使法律赋予监理单位的权利能够充分实现。通过建立和完善相应规范，明确工程监理取费的合理标准和范围，避免恶意压价问题；从制度上确保工程监理摆脱建设方资金制约，能够依法全面履行法律及合同约定的义务，真正确立工程监理的第三方公正立场。

二是建立监理责任与利益制衡机制，明确界定监理的工程质量安全责任。监理单位要严格依照法律、法规以及有关技术标准、设计文件和建设工程承包合同实施监理，对

建设工程的施工质量安全依法承担监理责任。要严格依照法律和监理规范的要求，及时到位地进行监督检查，充分发挥工程监理对控制工程质量、进度、投资等方面的作用。

四、夯实制度基础，加快建筑工程质量法规体系建设

现行法律、法规对工程质量法律责任的规定过于原则，相关处罚条款缺乏可操作性、力度不够，是执法部门反映较集中的问题。以建设工程实行质量保修制度为例，《建筑法》、《建设工程质量管理条例》都对工程的质量保修作出了规定，要求施工单位承担法定期限内的质量保修责任。但在实际执行过程中，施工单位的法定责任难以落实。目前我市建筑工程质量方面的地方性法规尚属空白，执法依据大多为规范性文件，法律层级较低，指导性和约束力不足，已不能完全适应工作实践中面临的新形势和新问题，无法为质量监督工作提供有力的法律支撑。

建议加快地方立法的步伐，将建设工程质量的监管工作纳入法制化、规范化轨道。结合工作实际、针对突出问题，将一些行之有效的做法和经验上升为地方性法规：一是细化上位法的原则性规定，使之更具实效性和操作性；在上位法确定的框架内进行制度创新，满足本市特殊需要。二是结合监管体系建设的需要，针对目前建设工程质量行政监督管理方面的不足，调整监督管理职能，转变监督管理方式，进一步理顺行政管理体制。

以上意见，供常委会组成人员审议时参考。

关于北运河流域水系综合治理进展情况的报告

——2012年7月27日在北京市第十三届人民代表大会常务委员会第三十四次会议上

北京市水务局局长 程 静

主任、各位副主任、秘书长、各位委员：

我受市人民政府委托，向市人大常委会报告关于北运河流域水系综合治理的情况。

从2008年开始，市人大站在保障城乡一体化发展，水是生命之源、生产之要、生态之基的高度，始终将北运河流域水系综合治理作为体现水务公益性、基础性、战略性的重点工作连年进行指导督办。2008年实行了建议重点督办、2009年列为议案督办、2010年听取和审议了专项工作报告、2011年和2012年实行了跟踪监督。几年来，市人大常委会采取组织人大代表实地调研检查、听取治理情况汇报提出审议意见、市区两级双层督办等方式，有效促进了流域水系综合治理工作的开展。

市委、市政府将北运河流域水系综合治理作为北京市建设资源节约型、环境友好型社会和推进城乡一体化发展的重要抓手，制定流域水系综合治理规划，建立部门联动推进机制，紧紧围绕“水资源保护、水资源配置和防洪减灾”三个体系建设，逐年落实治理项目，积极探索流域与区域相结合的管理机制，构建最严格的水资源管理制度，实施水务的精细化管理，确保了全流域的水源安

全、供水安全和防汛安全，不断改善河流水质，提升了全流域水环境。现将有关情况报告如下。

一、五年流域水系综合治理成效显著

北运河流域作为本市城市化水平最高的流域，经济社会高速发展、人口持续增加。实施流域水系综合治理的五年来，在水资源极端短缺的形势下，以有限的水资源量支撑了流域经济社会的可持续发展。每年年初，围绕实施《北运河流域水系综合治理规划》，市发改、财政、国土、规划、环保、市政市容、园林绿化、农业、水务等部门根据各自职责，及早谋划，制定详细的年度实施方案，确保规划内确定的项目开工一批、建成一批、准备一批。

截至目前，落实规划项目 32 项，市、区两级投资 138 亿元，其中已经建成并发挥效益的 23 项投资 54 亿元，在建的 5 项投资 33 亿元，完成立项审批的 4 项投资 51 亿元。此外，还实施了滨河森林公园、非正规垃圾填埋场治理、农业面源污染治理等一批项目共 47 项，落实规划外投资 88 亿元。

在用水总量保持不变的情况下，用水结构不断优化，流域内再生水替代清水使用量由 2008 年的 3.5 亿方提高到 2011 年的 5 亿方。用水效率显著提高，万元 GDP 水耗由 2008 年的 23.7 方下降到 2011 年的 14.8 方。流域水环境、河道水质逐年好转，北运河榆林庄闸国家出境水质考核断面化学需氧量（COD）平均值从 2008 年的 52.2 毫克/升下降到 2011 年的 36 毫克/升，连续四年顺利通过国家考核（50 毫克/升）。北运河干流河道水清岸绿，沿河滨水公园游人如织，综合治理成果已惠及千家万户，支撑了流域内海淀北区、未来科技城、丽泽金融商务区等重点区域的快速发展。

（一）水资源保护体系建设

加大源头治污力度，着力做好污水处理厂和再生水厂建设、畜禽粪污治理、农业面源污染防治、垃圾污染治理等工作。污水处理能力由 2008 年的 254 万吨/日提高到目前的 375 万吨/日，污水处理率由 82.7%提高到 83.8%，全流域 COD 由 2008 年的 8.7 万吨削减到 4 万吨，再生水厂出水水质主要指标提高到地表水Ⅳ类。

1. 针对生活污染源，加快再生水厂建设，提高出水水质标准

一是全面提速中心城区再生水厂建设。出水水质主要指标达到地表水Ⅳ类，可直接用于城市河湖补水、绿地浇灌、工业循环用水及市政杂用等，有效替代清洁水源。其中，卢沟桥再生水厂（10 万吨/日）、北小河污水处理厂（10 万吨/日）已运行；清河污水处理厂（32 万吨/日）、酒仙桥污水处理厂（20 万吨/日）的升级改造已分别完成主体工程的 88%和 55%；高碑店再生水厂（100 万吨/日）已开工建设；小红门再生水厂（100 万吨/日）可研报告已批复。

二是加大区县再生水厂建设力度。在新城再生水厂建设方面，昌平沙河再生水厂（3 万吨/日），通州河东再生水厂（4 万吨/日）主体已经完工，大兴黄村再生水厂（12 万吨/日）已经开工。通州区通惠河北部城区污水截流工程（3.3 万吨/日）已经建成，将污水导入碧水污水处理厂，实现了该区域内污水的全收集全处理。在村镇污水处理厂建设方面，海淀翠湖、通州永乐店已建成投入运行，新增污水处理能力 2 万吨/日。通州台湖、昌平百善污水处理厂已经开工建设。大兴瀛海、昌平未来科技城、顺义杨镇和赵全营再生水厂已经立项批复，建成后将新增近 10 万吨污水处理能力。

三是加快生态清洁小流域建设。实施“污水、垃圾、厕所、河道、环境”五同步治

理，保护水源的同时促进沟域经济发展。已经建成昌平区上口、狼儿峪、三合庄、十三陵等四条清洁小流域，治理面积50平方公里。推进流域湿地生态修复，完成了海淀翠湖、西玉河、昌平沙河、白各庄、朝阳马泉营、大兴南海子、通州运河等湿地建设，起到了改善环境、净化水体、恢复生物多样性、调节局地气候的多重功效。

2. 针对农业面源污染，综合施策，提升资源化利用水平

一是养殖业污染治理。按照五环内禁养、六环内限养、水源保护区搬迁和关停等原则，从源头上控制养殖粪污对流域水系的影响，有效地减少了养殖污水。对通州、顺义、昌平、大兴等4个区不能搬迁的规模化养殖场，采取相关技术措施开展养殖粪污的减量化、无害化处理和资源化利用工程，实现粪污达标排放或零排放，节约用水达到60%以上。同时，采取生物、厌氧和生态等技术，共完成规模养殖场粪污治理与资源化利用工程132个，削减COD5000多吨，占流域农业污染源总量的六分之一。实现了资源化利用，减少了化肥用量，既控制面源污染，又有效提升农田质量，促进生态循环农业建设。

二是实施化肥用量控制工程。建立长期定位检测点100个，共取土样5400个，通过检测分析建立了土壤肥力数据库。实施测土配方施肥4.13万公顷，累计推广有机肥10,000吨、配方肥6000吨。在北运河干流沿线两侧一公里范围内的333公顷设施菜田，推广缓释肥500吨、二氧化碳气体肥23万袋，使项目区内共减少化肥施用量2471吨，年减少化肥量施用30%左右，有效地保护了流域生态环境。

三是开展农药用量减施工作。在流域范围内大力推广使用低毒、低残农药，生物农药施用量提高30%。实施生物防治、物理防治、精准施药等11项技术，覆盖蔬菜种植面积4000公顷，项目区菜田农药施用量年减少25%。

四是实施田园清洁工程。建立粪便、秸秆、菜秧、残枝落叶等废弃物处理池7个，示范区面积67公顷，通过废弃物发酵，实现有机养分循环利用。建立太阳能臭氧垃圾处理站15个，示范区面积134公顷。建成农业废弃物循环利用示范点7个，覆盖农田面积467公顷，年处理农业废弃物1.4万吨，实现了农业废弃物资源循环利用，有效保护了流域环境。

3. 针对工业污染源，强化监管与严格达标排放

一是环保部门严把项目环评审批关，严格环保准入制度。发布了《北京市为保护环境禁止建设项目、禁止建设地区和严格控制建设地区的名录》，在流域内禁止新建电镀、铸造、印染、化学制浆造纸、化学农药制造、黑色及有色冶金等能源消耗大、污染严重、不符合首都功能定位的工业建设项目。认真执行建设项目“环评”和“三同时”制度，对不符合国家和本市产业政策、不配套建设污水处理设施的项目，一律不批。

二是淘汰高污染、高耗能、高耗水产业。在流域内退出、关停“三高”企业140家，占全市退出“三高”企业总数的70%。正在推进东方石化公司东方化工厂、北京鹿牌都市用品公司等重点污染企业的调整搬迁。

三是淘汰重金属排放企业，确保环境安全。关停北京快意得汽车配件有限责任公司、北京市光华蓄电池厂等铅蓄电池生产企业，目前本市已全面退出铅制造行业。关停北京市朝阳区双利电镀厂等20家电镀和化工企业，北运河流域的环境安全得到进一步保障。

4. 针对非正规垃圾填埋场污染源，加大资源循环利用力度，减少水体污染源

五年来，累计完成北运河流域内359处非正规垃圾填埋场治理，占流域内429处的84%，使得近2000万立方米的生活垃圾得

到无害化处置，有效解决了垃圾污染问题。通过治理，恢复土地9000多公顷，新增绿地4000余公顷，改善了非正规垃圾填埋场周边的环境，较好地提升了土地利用价值。其中，大兴区在三海子非正规垃圾填埋场原址建成郊野公园，昌平区将筛分后的废旧塑料制成颗粒原料实现了资源化利用，石景山区黑石头非正规垃圾填埋场采用抽气输氧曝气工艺治理陈腐垃圾，探索出原位治理陈腐垃圾的成功经验。

（二）水资源配置体系建设

按照污水处理资源化的理念，流域内水资源调配能力显著增强。水资源利用量由2008年的4.6亿方，提高到2011年的6.2亿方，利用率由2008年的36%提高到2011年的50%。再生水用量比2008年增加16%，雨水集蓄能力增加1400万方。

1. 充分利用北运河流域水资源，推进跨流域调水，提高水资源配置效率

一是跨流域向潮白河调水。在顺义引温入潮一期工程的基础上，建设完成顺义引温入潮二期工程并投入运行。新增日调水能力10万吨，从而总量达到20万吨。调水后潮白河向阳闸以下20公里河段可维持一定水面，顺义城北减河已经成为常年有水的城市花园河道，极大改善顺义新城水环境。

二是跨流域为永定河调水。由清河、小红门再生水厂向永定河绿色生态走廊引水，年调水1.25亿方。目前，小红门调水7000万方项目已经立项，清河调水5500万方项目正在抓紧进行前期工作。建成后，将为永定河绿色生态走廊提供水资源支撑，从而为“绿色北京”建设注入新的活力。

2. 加大再生水使用力度

以再生水厂为中心，辐射周边，用于工业冷却、市政杂用、河湖补水、绿地浇灌和农业灌溉。

农业方面，建成3.87公顷再生水农田，年利用再生水3亿方。建成东南郊水网工程。共清淤沟渠43条238公里，建成骨干配水设施74座。提高了汛期蓄滞雨洪水能力，增加了农业再生水用量，回补了地下水。据监测，水网覆盖范围内的地下水位上升近2米。

工业方面，城区9座热电厂已全部使用再生水，年利用再生水量1.4亿方。

市政杂用方面，中心城区建成再生水管线35公里，完成300万平方米园林绿地再生水替代工程。包括奥运湖在内的10余处湖泊、公园以及70%以上的城区河道，都已把再生水作为主要水源，年利用再生水2.1亿方。

建成北小河公园、朝阳土城、海淀区八家等3处清水零消耗公园。充分利用再生水和雨水，重点应用工程节水技术、农艺节水技术和管理节水技术，以减少植被灌溉需水、置换清洁水源、提高灌溉水利用率，实现“清水零消耗”的目标。

再生水的应用替代了部分新水，初步做到了优水优用、分质供水，再生水已经成为北运河流域的“第二水源”。

3. 加大雨水利用力度

流域内已建成235处雨洪利用工程，新增蓄水能力1393万方，累计蓄滞雨洪水2000万方。为回补地下水、改善周边生态环境、增加农村可利用水量及增加当地农村收入等方面均起到显著作用，受到了当地老百姓的肯定和欢迎。

（三）防洪减灾体系建设

以安全迎汛、生态治河为重点，实施了骨干建筑物改造、中小河道治理、滨河森林公园等重点项目，提高了河流的堤防安全，改善了两岸的生态环境，使河道基本满足了防洪、排水和生态建设的需要。

1. 改造骨干建筑物，加强水资源调度

北关闸于2010年4月竣工使用，在消除安全隐患、提高防洪标准和水资源拦蓄利用能力的同时，为通州国际新城营造了良好的

水环境和优美的水景观，也为提升大运河文化影响力发挥了重要的作用，已成为京杭大运河北端源头的标志性建筑。

辛堡闸改建工程已完成主体工程，建成后将提高温榆河防洪减灾能力，增加年调水能力3000万方，为顺义引温入潮工程提供水资源保障。榆林庄闸改建工程正在进行前期准备工作，年内开工。

2. 加紧中小河道生态治理，营造沿河优美水景观

治理完成顺义龙道河、朝阳萧太后河、海淀风格渠、南沙河、丰台马草河、昌平中直渠、朝阳小场沟、海淀中关村创新园内河道等8条河道治理。推进石景山人民渠首钢段、五里坨隆恩寺沟以及顺义方氏渠3条河道生态治理工程前期工作。在营造滨水绿道的同时，增强河道防洪能力，降低灾害发生率。

3. 建设滨河森林公园，实现水绿相融、人水和谐的自然景观

按照“以水为魂，以林为体，林水相依”的理念，建设大兴、通州、昌平等3处新城滨河森林公园总面积2000公顷。

通州新城滨河森林公园2010年9月25日正式开园，位于京杭大运河北运河两侧，占地面积713公顷。为通州新城增添了500余万平方米的天然氧吧，使大运河重新焕发了生机与活力。

大兴新城滨河森林公园2011年5月开园，总面积538公顷，其中水面面积57公顷，用水全部为黄村再生水厂和天堂河第二污水处理厂的再生水，使过去干涸的河道、水库再现昔日水景。

昌平新城滨河森林公园2011年10月开园，总面积776公顷。公园45%以上的面积为水域景观，达333公顷左右，水面最宽处超过1000米，大大改善了新城生态环境，提高了新城品质。

二、北运河流域水系综合治理的突出特点

2008年，人大代表强烈要求打破部门、行业和区域界限，遵循自然规律、经济规律和社会发展规律，以全流域实现“有水、干净、安全”为目标，深入分析水污染的表象在河里，导致问题的根子在岸上的原因。市区两级人大、政府部门积极联动，深入调研分析、制定规划，确定推进工作的方式方法，大力推动全流域水系综合治理。具有三个突出特点。

（一）转变观念是关键

在治理之初，市人大常委会就北运河综合治理组织了专题调研，形成了《北运河流域水污染状况及防治对策研究》的调研报告，市委、市政府主要领导对调研报告进行了重要批示。报告提出的“三个转变”的治理理念，为北运河流域水系综合治理指明了方向。

“三个转变”：一是坚持水污染治理由无害化向资源化转变，强化源头治理，提高出水水质标准，加大再生水利用力度，提高流域水资源利用效率。二是从单一治河向污水、垃圾、化肥、农药综合治理的转变，即强调治理的整体性。污染的表象在河里，根源在岸上，只有将工业污染源、农业污染源、生活污染源和垃圾统筹治理，才能将河流彻底还清。三是从分段分块治理向上下游、左右岸兼顾治理转变，即强调治理的流域性。“三个转变”是符合科学发展观的治水理念，遵循了水的自然规律和经济社会发展规律，彻底改变了过去水务部门一家治河的局面，为其他流域水系综合治理奠定了理论基础。

在“三个转变”治水理念的指引下，确立了流域治理要实现“三大体系、三条河”的治理目标。即：

建立水资源保护体系，以治污为核心，

还清水质，恢复北运河干支流水体功能，将北运河建成“清洁的河”。

建立水资源配置体系，以提高流域水资源利用率为重点，实现循环利用，将北运河建成“有水的河”。

建立防洪减灾体系，以安全迎汛、生态治河为重点，构建流域绿色生态走廊，实现人水和谐，将北运河建成“安全的河”。

先进的治理理念确定了正确的治理思路，为北运河水系综合治理打下了坚实基础。

（二）统一规划是基础

2008年，市水务局会同市发展改革委、市规划委、市农委、市财政局、市环保局、市市政市容委、市国土局、市园林绿化局、市农业局等部门以“三个转变”的思路为指引，以实现“三大体系、三条河”为目标，在对全流域污染源状况进行全面普查的基础上，按照“城乡统筹、综合治理、循环利用、建管并重”的原则，编制了《北运河流域水系综合治理规划（2009—2015年）》（以下简称《规划》）。《规划》确定了到2012年的阶段目标和2015年的最终目标，提出了建立“三大体系”的技术路线，细化了统筹治理工业源、农业源、生活源、垃圾污染源，合理优化配置水资源和提高防洪减灾能力的具体任务措施。《规划》统筹了各部门和各区县的资源力量，形成了联动合力，为北运河流域水系综合治理奠定了基础。

市委、市政府《关于进一步加强水务改革发展的意见》中，将北运河流域水系综合治理纳入其中，明确提出了“继续推进北运河流域水系综合治理，改善环境，服务顺义空港地区、通州国际新城等沿河重点发展新区”。

市级有关部门也将今后北运河流域水系综合治理工作纳入“十二五”规划，加大北运河流域水系综合治理的推进力度。市环保局组织对流域内污染源进行了普查，分年度制定污染物减排计划。市市政市容委为非正规垃圾填埋场治理逐个制定方案，加大治理力度。市农委、市农业局每年制定农业面源污染治理计划，保证每处治理项目落到实处。市园林绿化局将滨河森林公园建设和平原绿化工程作为重点工作，对完成情况实行监督考核。市财政局积极为农业面源污染治理项目安排资金。市发改、规划、国土等部门为治理项目建立绿色审批通道，加快推进流域水系综合治理。各区县统筹上下游、左右岸，积极做好项目规划，确保项目实施的科学性。

（三）制度创新是保障

通过深化联动机制，充分发挥各方优势资源，探索建立了一条从流域治理到流域管理的新路。通过建立并逐步完善和深化河流断面水质考核机制，充分调动区县政府加大治理力度的积极性和主动性。通过加强水环境监测能力建设，提高水环境治理效果的监测和评价能力。通过制定行业标准和理顺管理体制，加快了污水处理向资源化利用转变的进程。

1. 深化联动机制

在综合治理的前期策划、中期推进过程中，注重发挥联动机制，使得人大与政府之间、市与区县之间、部门与部门之间能够做到上通下达、信息共享和资源的优化配置。其中，北运河流域水系综合治理协调领导小组发挥了重要作用。市政府各相关部门按照各自职责分工，明确责任，主动服务，强化部门联动，形成合力。及时总结综合治理工作中好的做法和经验，做到部门及时沟通，信息有效传递，问题及时解决。

2. 完善断面水质考核机制

环保、水务部门持续对北运河流域河流考核及控制断面进行监测，按时发布断面水质通报，累计发布61期，增加了政府管理的公开透明度。按照市环保局、市水务局联合制定的《北运河流域断面水质目标考核暂行办法》，对流域内出入境断面水质综合达标率进行考核。

在考核化学需氧量的基础上，下一步将深入调查研究，增加氨氮考核指标，并增加考核断面个数，将考核覆盖面延展到乡镇层面。对不达标地区的新建项目严格审批程序，不能享受项目审批绿色通道政策；对不达标地区的新增建设项目暂停环评审批。

3. 加快流域内水环境监测能力建设，强化水环境监测监管

加强地表饮用水源地、地下水、跨界断面等重点水域的自动监测系统建设，已经建成由1182眼监测井构成的全市平原区立体分层的地下水监测井网；完成主要工业废水排污企业和污水处理厂在线自动监测设备的安装，实现了200个污染源站点的自动监测终端联网，对流域水环境和企业排放的情况全天实时监控；建立了20个肥料和农药的监测点，监测化肥、农药施用情况；对30家规模化养殖场治理前后的各项指标进行监测。目前，全流域已经形成了由地下水水质、农业面源、排污企业、污水处理厂、河流水质考核断面构成的多维立体水质监控体系，实现了对流域内水质的实时监控，为水环境治理效果提供了可靠的监测依据。

4. 出台污水治理、垃圾治理等有关标准和政策

2011年3月1日颁布《北京市水污染防治条例》，确定了水污染防治坚持城乡统筹，实行流域管理的原则，明确提出实行水环境保护目标责任制和考核评价制度。

即将出台的《北京市河湖保护管理条例》，是通过立法的形式，将北运河流域水系综合治理方面的一些行之有效的制度和措施确定下来。明确了坚持统一规划、综合治理、科学管理、保护优先、合理利用的基本原则，建立流域管理与行政区域管理相结合的管理体制。

2012年6月，市政府《关于印发进一步加强污水处理和再生水利用工作意见的通知》，为进一步推进污水资源化明确了目标，细化了工作任务。

市发展改革委、市环保局、市水务局、市财政局《关于进一步加强镇乡污水处理设施建设和运营管理工作的意见（试行）》，明确了乡镇级污水处理设施运行经费来源渠道，由区县政府统筹解决。

市市政市容委与市财政局制定了《北京市非正规垃圾填埋场治理项目专项补助资金管理暂行规定》，提出治理资金由市、区两级财政承担，确保治理项目顺利实行。

为提高水环境质量，在充分调研国内外水污染物排放标准和分析本市各行业水污染物排放状况的基础上，正在修订北京市地方标准《水污染物排放标准》和《城镇污水处理厂水污染物排放标准》，以满足生态建设和可持续发展的需要。

三、与时俱进，开创北运河流域水系综合治理新局面

通过实施五年的综合治理，虽然取得了初步成果，达到了规划确定的阶段性目标，但是随着广大群众对水环境标准要求的不断提高，我们面临的形势依然严峻，治理任务依然繁重。在水资源保护体系中，中心城污水处理厂升级改造工作正处于攻坚阶段，水资源保护的任务依然艰巨。水资源配置体系中，郊区水网建设力度尚待加强。防洪减灾体系中，目前河流抵御极端暴雨的能力还需进一步提高。规划确定的37个项目142亿元投资，在未来的三年里，有14项88亿元投资有待完成。

本市已经进入新的发展时期，虽然近几年的治理工作取得了很大的成果，但是与城市建设要求、人民群众的期望尚存在较大差距。今后，将积极围绕市人大和人大代表提出的意见和建议，以贯彻落实《中共中央国务院关于加快水利改革发展的决定》和市委市政府《关于进一步加强水务改革发展的意

见》为契机，毫不动摇地坚持“三个转变”的治理理念，加强干支流水资源保护、水资源配置和防洪减灾三大体系建设，落实最严格的水资源管理制度，建立健全流域治理长效监管机制，开创流域治理的新局面。

（一）坚持治理理念，坚持规划蓝图，毫不松懈一抓到底

将北运河流域水系综合治理与重点区域发展相结合，特别是在实施通州新城、昌平未来科技城、丽泽金融商务区、顺义新国展、亦庄经济开发区、海淀北部新区等重点区域规划过程中，统筹考虑防洪、供水、排水、污水处理和再生水利用、水环境治理、雨洪利用等内容，结合相关市政建设，完善专项规划，毫不动摇地将规划理念和蓝图一抓到底。

（二）突出重点，实现突破

以加大污染源治理力度为重点，加快中心城污水处理厂升级改造速度，提高削减污染物能力，提升出水水质主要指标达到地表水Ⅳ类，确保到2015年完成规划确定的内容。

以中小河道治理、生态水网和雨洪利用工程建设为突破，加快消除城市重点区域积水问题，基本实现河道排水达标、有水则清、无水则绿，推动中小河道设施体系、运行管护体系和监管体系的构建。

（三）强化纳污监督考核

实行最严格水资源管理制度，建立水功能区限制纳污控制管理制度和考核制度，严格控制入河湖排污总量。确定城镇污水处理量（率）、COD和氨氮削减量、区县界考核断面水质作为水功能区限制纳污控制指标，并分解到各区县。

建立纳污监督管理的考核制度。将考核指标纳入市政府绩效考核体系，从2012年起，每年年底对水功能区限制纳污指标完成情况进行考核。建立监督和奖励机制，将考核结果定期公示，对考核达标的区县和部门给予奖励。

鉴于北运河流域水系综合治理是一项庞大的系统工程，也是一项较长期的任务，下一步将按照建设“人文北京、科技北京、绿色北京”的要求，进一步从规划落实、制度建设、任务细化、机制创新、问题整改等方面，认真抓好市人大常委会审议意见的落实，妥善解决综合治理工作中的各类问题，扎实有序地推进北运河流域水系的综合治理。请市人大及人大代表对北运河流域水系综合治理工作继续予以关注，发挥监督作用，确保治理效果持续发挥效益。

以上报告，提请市人大常委会审议。

北京市人民代表大会农村委员会对北京市人民政府关于北运河流域水系综合治理工作进展情况报告的意见和建议

——2012年7月27日在北京市第十三届人民代表大会常务委员会第三十四次会议上

市人大农村委员会主任委员　雷德才

主任、各位副主任、秘书长、各位委员：

根据市人大常委会2012年工作计划安排，北运河流域水系综合治理在2008年建议重点督办、2009年政府议案办理、2010年听

取和审议专项工作报告、2011年跟踪监督的基础上，今年，常委会又以听取和审议政府专项工作报告的方式，继续对北运河流域水系综合治理工作进展情况进行跟踪监督推进。为协助常委会做好对专项工作报告的审议工作，按照常委会领导提出的办理指导意见和原则要求，农村委员会制定了具体工作方案，并经主任会议通过。农村委员会和相关区人大常委会继续采用“双层同步督办”的方式，开展了北运河流域内工业企业监管和污水排放治理、农业面源污染防治、垃圾处理等项专题调研，召开了9个座谈会，听取主协办部门的工作方案和情况汇报。征集了8个相关区人大关于北运河流域水系本区段治理进展情况的意见和建议。组织委员、代表参与了调研、座谈、检查和视察，广泛听取了基层干部群众的意见和建议。6月27日，农村委员会召开会议，对市政府提请本次常委会审议的报告进行了研究和讨论。

农村委员会认为，五年来，市政府采取强有力的措施，认真落实综合治理规划，启动了多项治理工程，综合治理工作已取得明显的阶段性成果。一是治污工程取得实质性进展。有效开展了污水治理、生态治河、清洁小流域建设、垃圾收集处理、农业面源和畜禽粪便污染防控防治等工作。五年来，共落实流域综合治理规划项目32项，投资138亿元，实施滨河森林公园等规划外治理项目47项，投资88亿元，各项工程措施具体，工程质量和效能提高。流域内污水处理厂和再生水厂建设加快。中心城区污水处理厂项目全面展开；非正规垃圾填埋场治理工作进展顺利，截至2011年年底，北运河流域内429处非正规垃圾填埋场已治理完成359处，2000万立方米的生活垃圾得到无害化处理，有效解决了垃圾污染问题；农业养殖、种植污染防治防控工作扎实推进，全面启用干清粪工艺，通过推广测土配方施肥、生物防治等，农业面源污染和点源污染得到有效防治。二是流域水系水质有较大改善。整个治理过程坚持水污染治理由无害化向资源化转变的治水理念，紧紧围绕“水资源保护，水资源配置和防洪减灾”三个体系建设，以“控制源头，改善水质，提高水循环利用”为主线，采取强力措施控制和减少排污量，开展污水深度处理，使北运河流域水质有较大改善，榆林庄闸控制断面出境水质持续好转，连续四年顺利通过国家考核。三是流域水环境有明显好转。切实加强水生态的治理和修复，在沿线两岸修复和恢复湿地，营造滨河森林公园、开展岸边植树等，使北运河流域水环境和生态环境质量有较大提高。四是综合治理的长效机制初步形成。全流域已形成了全流域监管与分区域负责相结合机制、全流域监测与断面考核机制、部门相互联动、通力协作机制、政策集成、资金聚焦机制，有的已经固化为地方法规条文。总之，北运河流域水系综合治理成效明显，综合治理成果已开始惠及千家万户。

农村委员会认为，市水务局局长程静受市政府委托所作的《关于北运河流域水系综合治理进展情况的报告》全面客观地总结了北运河流域水系综合治理取得的进展情况和存在的问题，提出的继续推进综合治理的主要思路和措施也是切实可行的，农村委员会同意这个报告。

农村委员会认为，市、区两级政府在北运河流域水系综合治理方面虽然做了大量工作，流域水环境有了较大改善，但与人们群众的期望与要求相比、在用更高标准衡量方面，还有较大距离。主要是：

一是源头治理和日常监管的力度仍有待进一步加大。企业违规向河道排污的情况尚未得到完全遏制，向沿岸两侧乱倒垃圾现象依然存在，治理后北运河水体水质还不够理想，源头治理和日常监管的力度需进一步强化。二是与污水处理厂和再生水厂相配套的集排水管线建设滞后，致使部分地区的城市生产和生活污水不能完全进入污水处理厂或再生水厂，从而造成一方面污水处理厂和再生水厂建设滞后，跟不上城市发展的速度，一方面又使已经建成的污水处理厂和再生水厂由于缺乏稳定的水源无法满负荷运转；由于中水和再生水输送管线不配套，导致治理后的中水和再生水无法充分有效利用。三是对河道治理的资金投入仍显不足，资金投放比例有待调整。市级对郊区该类项目投资，只负责工程建设项目投资的70%，剩余30%和征地拆迁费用全部由区负责投资，而随着城市发展，征地拆迁成本不断攀升，致使一些区财力难以承受，从而导致有的工程建设项目延期两三年才能开工。如丰台区丰草河、小龙河等河道治理规划征地拆迁量很大，丰草河全线征地拆迁费约15.5亿元，小龙河征地拆迁费15亿元，由于丰台区财政一时拿不出这笔投资，致使工期延迟三年才开工。

为持续推进北运河流域水系综合治理，农村委员会建议：

一、要持之以恒的全面落实北运河流域水系综合治理规划。北运河流域水系综合治理是个庞大的系统工程，要毫不松懈地持续高标准地做好该流域水系的综合治理工作。要对照规划，认真检查，逐项核查既定工作任务的落实情况，抓紧尚未竣工的工程建设，全面落实综合治理规划。同时，要适时开展对北运河水系综合治理规划实施的评估工作。

二、要坚持不懈的推进污水治理资源化建设，强化源头治理，强力截污，努力提高排放标准，严格水环境监管。一是要加大源头治理，控制和减少源头排污，在加强人工巡查的同时，利用现代信息手段，扩大自动监控面积，有效截污，杜绝随意排污；二是要有计划地解决污水处理厂和再生水厂设计规模滞后，不适应城市发展需求的问题，依据城市发展的规模和趋势，科学调整污水处理厂和再生水厂规模，提升污水处理和再生水处理设施水平和处理能力；三是要以提高水质为核心，把提高出水排放标准和治理富氧化放在更加重要的位置加以推进，综合利用工程、物理和生物等手段，引进和采用先进技术，努力提高污水处理厂和再生水厂污水处理标准和水平，千方百计提高出水质量，要通过恢复湿地等措施，实现对水体的自然净化，回补地下水，推进北运河流域水系水资源循环利用；四是要统筹考虑，加快与污水处理厂和再生水厂相配套的污水收集管线和中水、再生水输送利用管线的规划设计与铺设，解决好污水处理厂能力配套和管网建设问题，提高运营效率。严格水环境监测、监督与监管，持续有效地推动污水处理由无害化向资源化的转变。

三、要始终如一的坚持全流域综合治理，强化属地管理和各部门责任，形成常抓不懈的工作机制，突出流域水系治理的综合性、整体性和全流域性。一是要将北运河河道的干流、支流流域和相关小流域一并纳入治理范围，防止因局部和支流未得到有效治理而造成反弹；二是要毫不放松地继续开展沿流域工业企业监管和污水排放治理，更大范围地做好乡村生活污水排放治理、畜禽粪污治理、农业面源污染防控、垃圾污染处理、流域两岸环境改造、河岸河滩造林、水资源配置和防洪减灾等项工作。特别是要明确职责，抓好日常监督，建立严格的奖惩制度。构建起沿流域水资源保护、水资源配置、防洪减灾和长效动态监督体系。

四、要持续不断的加大对北运河流域水系综合治理的投入，编制河道日常管护经费核算，纳入财政预算。一是要加大对流域水系综合治理的资金投入，解决因资金不足而拖延既定建设项目工期的问题，建议市政府适当调整重点工程项目市区两级投资比例，调动方方面面的积极性，确保流域治理任务的落实；二是编制河道日常维护、养护经费预算，并纳入财政预算安排，解决好河道日常维修、养护资金问题；三是要确保乡村中小型污水处理厂正常运转。据了解，因无经费来源，目前乡村中小型污水处理厂正常运转的不足一半。为此，市和区县政府要研究相关政策、措施，解决好乡村中小污水处理厂运行经费无来源的问题，确保其正常运转。

五、要全面认真地总结北运河流域水系综合治理经验，特别是要结合这次特大洪灾举一反三，做深刻反思。进一步完善规划措施，加快本市大中小河道综合治理，加快给排水设施建设，提高“水安全”水平。进一步调动全社会公民、社会非政府组织的积极性，支持他们用舆论、司法手段监督流域水系治理与管理。健全各项管理制度，形成长效立体的监管机制。继续加快制定、修订和完善包括《北京市水文条例》、《北京市实施〈中华人民共和国水土保持法〉办法》等水事法律、法规建设，广泛深入地宣传和认真贯彻实施即将审议通过的《北京市河湖保护管理条例》等水事法律、法规和规章，巩固、发展综合治理成果。

以上意见，供常委会组成人员审议时参考。

关于推进城乡居民自治工作情况的报告

——2012 年 7 月 27 日在北京市第十三届人民代表大会常务委员会第三十四次会议上

北京市民政局局长　吴世民

主任、各位副主任、秘书长、各位委员：

实行基层群众自治制度，是党和政府发展社会主义民主政治的一项基础性工程，也是新形势下加强和创新基层社会管理的重要内容。继 2009 年听取本市推进城乡居民自治工作情况的工作报告后，今年市人大常委会再次听取和审议城乡居民自治专项工作报告，充分体现了市人大常委会对城乡居民自治工作的高度重视。在此，我代表市民政局向多年来始终支持我们工作的市人大常委会各位领导表示衷心的感谢。下面，我受市人民政府委托，向市人大常委会报告近两年来本市推进城乡社区居民自治工作情况。

一、近两年推进城乡居民自治工作情况

目前，本市共有 16 个区县，下辖 138 个街道办事处、62 个地区办事处、107 个镇、15 个乡和 2755 个社区居委会、3941 个村委会。近两年来，市委、市政府高度重视城乡居民自治工作，坚持党的领导、发扬民主、依法办事有机统一，进一步健全党组织领导的充满活力的基层群众自治机制，城乡居民自治组织体系更加健全，居民自治制度进一步创新，居、村委会的主体组织作用有效发挥，社区管理服务水平明显提升，为建设“人文北京、科技北京、绿色北京”和中国特色世界城市奠定了坚实基础。

（一）城乡居民自治工作依法推进

按照中央关于加强和创新社会管理的要求，本市认真落实《中华人民共和国城市居民委员会组织法》（以下简称《居委会组织法》）和新修订的《中华人民共和国村民委员会组织法》（以下简称《村委会组织法》），以及《中共中央办公厅、国务院办公厅关于加

强和改进城市社区居民委员会建设工作的意见》(中办发〔2010〕27号),及时制定出台政策、措施,依法稳步推进城乡居民自治工作。

在城市社区,市委、市政府下发了《关于全面加强城乡社区居民委员会建设工作的意见》(京办发〔2011〕26号)、《关于北京市第八届社区居民委员会选举工作意见》,全面推进社区居委会建设。市民政局、首都综治办等制定了《关于开展评选北京市建设和谐社区示范单位的工作意见》、《北京市社区服务站管理办法》,全力推动“干净、安全、服务、规范、健康、文化”六型社区建设。为规范社区工作者管理,市民政局、市人力社保局等制定了《北京市社区工作者招聘办法》、《北京市社区工作者培训办法》、《北京市社区工作者考核评议办法》。为加强城乡结合部地区社区管理,市民政局、市委农工委等制定了《关于推进城乡社区自治组织全覆盖的指导意见》。为加快培育社区社会组织,市民政局下发了《北京市城乡社区社会组织备案工作规则(试行)》,降低了社区社会组织成立的门槛。

在农村社区,市委、市政府下发了《关于建立村务监督委员会工作的意见》(京办发〔2011〕32号)、《关于认真做好北京市第八届村民委员会选举工作的通知》。市农委、市民政局等制定了《关于开展新型农村社区建设试点工作的意见》,稳步推进农村社区建设。认真做好《村委会组织法》地方性法规立法修订工作,及时将《北京市实施〈中华人民共和国村民委员会组织法〉的若干规定》、《北京市村民委员会选举办法》修订草案提交市人大常委会。

(二)城乡居民自治组织体系更加健全

按照中办发27号和京办发26号文件精神,本市进一步健全了以居、村委会下属委员会为载体,以社区服务站为平台,以社区基层自治网络为基础的城乡居民自治组织体系,居民组织化程度进一步提高。

1. 推进基层自治组织全覆盖。为适应郊区城镇化加速发展趋势,针对整建制“农转居”的村、村居民混居的村、新建住宅区、流动人口聚居区等四种类型社区,分类确定社区居委会组建措施,全方位保障,最大限度地杜绝基层社会管理“空白点”。各区县加快推进社区居委会组建工作,两年内新建社区居委会139个,进一步健全了城乡社会管理网络,实现了对社区居民的全员服务管理和无缝隙管理。

2. 规范居、村委会下属委员会建设。为进一步增强社区居委会自治能力,重新调整了社区居委会下属委员会设置,即社会福利、综合治理、人民调解、公共卫生、人口计生、文化共建等六个下属委员会,明确各下属委员会由3人至9人组成,主任由社区居委会成员兼任,并配备若干兼职人员。房山区为下属委员会配备工作人员,由区财政给予每人每月800元经费保障。结合《村委会组织法》地方性法规修订,提出根据需要设人民调解、治安保卫、公共卫生与计划生育、文化体育、妇女儿童等委员会。

3. 完善社区服务站设置。全市城乡社区普遍建立了社区服务站。按照中办发27号文件关于“社区服务站是社区居委会专业服务机构”的要求,明确社区服务站主要职责是代理代办政府在社区的公共服务、协助社区居委会组织开展社区志愿互助服务、便民利民服务等,明确社区服务站在社区党组织和社区居委会的统一领导和管理下开展工作,明确社区党组织和社区居委会要定期听取社区服务站工作汇报,组织居民对社区服务站工作进行监督评议。为提高农村社区服务水平,加快农村社区服务站标准化建设,明确服务项目、流程和规范,推进社会救助与社会保障、社区警务综治、医疗卫生、文化教育等公共服务全面落实到农村社区。

4. 构建社区基层自治网络。根据居民居住状况，依托楼院、楼栋、楼门等组建居、村民小组，选齐配强居、村民小组长，采取楼委会、院委会、楼宇自治理事会等形式，民主协商处理本小组或本楼院、楼栋、楼门的群众性公共事务，积极推进楼宇自治，逐步把居、村民小组和楼院门栋群众性自治发展为城乡居民自治的最基础环节。目前，全市共划分居民小组 56,447 个、村民小组 25,954 个。

（三）城乡居民自治制度进一步创新

按照《居委会组织法》、《村委会组织法》的有关规定，积极推进基层群众自治制度创新，丰富居民自治形式，拓展居民自治内容，城乡社区民主选举、民主决策、民主管理、民主监督制度日趋完善，群众诉求表达机制更加健全，城乡居民享有更多更切实的民主权利，社区民主自治功能显著增强。

1. 坚持依法民主选举，基层民主稳步扩大。依法组织了全市第八届村委会选举和第八届社区居委会选举，修订完善了选举工作指导规程，选举工作程序更加规范。第八届社区居委会选举呈现出三个特点：一是全体有选举权的居民选举和户代表选举比例达到 29.4%，比上届提高 18.4%。二是参选范围进一步扩大，6 万多名流动人口主动到社区进行了选民登记，2805 名流动人口被选举为居民代表。三是全市普遍建立了居民代表投票现场观摩制度，邀请居民观摩投票选举大会全过程。第八届村委会选举取得了良好成效，村党组织书记、村委会主任“一肩挑”的比例达到 62.5%，村“两委”交叉任职比例达到 57.6%，村委会班子结构更加优化，村民民主法制意识不断增强，民主参与程度进一步提高。先后组织来自 41 个国家、国际组织的 54 名驻华使馆官员和 26 家境外驻京媒体记者观摩村委会选举投票全过程，充分展示了首都基层民主政治建设的成果。

2. 拓展民主决策形式，协商民主取得重要突破。一是完善居、村民（代表）会议制度。全市共有居民代表 133,281 名，村民代表 106,890 名。各区县普遍对民主决策的内容、时间和程序等进行了规范，每季度召开一次居、村民会议。东城、朝阳、怀柔等区推行了居民会议常务会制度，每季度听取社区居委会工作报告，及时协调解决社区矛盾问题。西城区开展了对居民代表的“六权”（参与权、知情权、宣传权、建议权、配合权、监督权）培训，更好发挥居民代表会议的作用。二是积极探索民主议事新形式。社区广泛采用“五委”联席会议、议事协商会、民主听证会、恳谈会、胡同议事会等形式，协商解决居民关注的热难点问题，切实为群众办实事、解难事。经济技术开发区上海沙龙社区建立了以社区党组织牵头的八方联席会议制度，邀请社区居委会、社区民警和物业服务企业等参与，妥善解决了群租房、商业停车、扰民、燃气安全等数十起问题，受到了居民的欢迎。三是规范村级重大事项民主决策程序。各区县普遍推行了村级重大事项民主决策“八步法”，凡涉及村内经济、社会发展等重大问题和重要工作，都由村“两委”联席会议集体讨论后提交村民（代表）会议讨论。有的区县还推广了村级重大事务民主决策票决制，建立了重大经济事项事前咨商、六议工作法等制度，推动了村级民主决策的制度化、程序化。

3. 丰富民主管理内容，社区管理实现了规范化。一是通过民主方式实现社区共同治理。社区通过制定《居民自治章程》、《村民自治章程》、《流动人口公约》、《文明养犬公约》、成立社区养犬自律会，实行社区事务自我管理。东城区交道口街道菊儿社区依托项目化运作模式，发挥居民自治积极性，由居民自定项目、提出方案，社区居委会组织实施，解决居民诉求；朝阳区垡头街道运用民主自治方式，实行老旧小区准物业管理模式，都取得了较好效果。二是城乡居民办事制度更加规范。各居、村委会健全了岗位责任、分片包户、财务管理、印章使用、档案管理、错时上下班等工作制度，进一步规范了社区公益事业经费的使用管理，社区民主管理水平不断提高。三是深化村务公开和民主管理。出色完成了村务公开和民主管理“难点村”治理、“村务公开和民主管理示范单位”创建任务，共有118个乡镇、2497个村达到示范单位要求。各区县全部完成了村务公开目录编制，从群众关心、关注的热点问题入手，进一步完善和创新了村务公开制度，如通州区的“村级民主理财参席制”，门头沟区的“阳光账务”，密云县的“晒账”和村务公开民主管理全程纪实系统。今年，房山区、密云县被评为“全国村务公开和民主管理示范区县”。

4. 创新民主监督机制，群众监督作用得到发挥。一是创新社区民主监督方式。各区县在落实居务公开、民主评议制度的基础上，探索建立社区民主监督小组、居务监督委员会，组织居民对社区居委会、街道办事处、政府部门派出站所及工作人员进行监督评议，进一步强化了社区民主监督功能。二是全面建立村务监督委员会。按照全市统一部署，规范了村务监督委员会设置，将原村务公开监督小组和村民民主理财小组职责纳入村务监督委员会，并赋予主持对村委会成员民主评议、监督村委会成员的罢免工作等职责。截至去年年底，共有3862个村建立了村务监督委员会，推选产生村务监督委员会成员14,817人。在试点过程中，各区县大胆创新，形成了各具特色的村务监督委员会运行模式。门头沟区村务监督委员会在监督本村村务的同时，行使监督党务的职责；海淀、平谷区将村集体经济组织监事会职能纳入了村务监督委员会职责。村务监督委员会的建立，进一步拓展了村级事务监督的内容范围，推动了对村级事务全程监督，完善了党组织领导下的村民自治机制，加强了农村基层社会管理。

（四）居、村委会的主体组织作用有效发挥

两年来，广大居、村委会认真履行党和政府赋予的职责，充分发挥城乡居民自治的主体组织作用，在联系群众、服务居民、发动群众、维护稳定等方面作了大量卓有成效的工作，为建设社会主义和谐社会首善之区作出了积极贡献。

1. 充分发挥联系群众的桥梁纽带作用。一方面，各居、村委会大力宣传、贯彻落实党的路线方针和宪法、法律、法规、国家政策，及时将各级党委和政府的各项要求传达落实到城乡社区，保证了党和政府的惠民政策、利民措施惠及到广大居民。另一方面，利用96156便民服务热线、社区网络平台、居民论坛、民情日记、民情档案、居民意见征集表等形式，全面收集群众反映强烈的合法诉求和合理需求，并将群众的意见、要求和建议反映给基层政府及派出机关，有效发挥了党和政府联系居民群众的桥梁纽带作用。西城区在全国率先开展了“走千户、访千人”社工岗位大练兵活动，组织社区工作者深入居民家中，收集社情民意，帮助解决实际困难，得到了民政部的肯定并在全国推广。

2. 广泛动员群众参与城乡居民自治。一是深入开展城乡社区文化活动。以开展“创先争优，共促和谐”——迎接建党90周年社区系列公益活动等为载体，各居、村委会挖掘辖区资源，广泛开展社区文体活动，动员群众参与，实现了社区公益活动的自我组织、自我实施。二是支持社区社会组织参与居民自治。制定《北京市住宅区业主大会和业主委员会指导规则》，积极探索业主委员会参与居民自治的方式方法。各居、村委会运用公益事业经费购买服务，主动帮助提供备案手续和活动场所等方式，积极培育社区公益类、服务类、互助性社会组织，并加强日常服务监督。目前，全市共备案登记社区社会组织12,634个，进一步拓展了基层群众自治的组织基础。三是社区志愿服务蓬勃发展。形成了市、区、街、社区四级社区志愿服务网络，社区志愿者队伍人数超80万人。各区县通过成立劝导队，动员居民参与自治活动，如丰台区组织居民成立了市民劝导队，通过“苦口婆心”的劝导、与执法部门协同治理等方式，破解了社区生活的老大难问题。四是动员驻区单位参与共驻共建。大力推动驻区单位将文化、教育、体育等活动设施向社区居民开放，将服务性、公益性、社会性事业逐步向社区开放。全市共有8000多个单位开放了内部设施，1549个与社区居委会签订协议，社区可开放单位内部设施开放率达到70%以上，设施总面积达到289万平方米，有效解决了一些社区的老年人就餐难、居民活动难、停车难等问题。

3. 积极主动为城乡居民提供社区服务。各居、村委会依托社区服务站等平台，全力协助政府办理社会治安、社区矫正、流动人口管理、医疗保健、社会救助、人口计生、社区环境、防灾减灾、劳动就业、社会保障等社区公共服务事项，推动政府社会管理和公共服务覆盖到全社区。开展2012“幸福社区”行动主题年活动，举办北京市十大体育项目社区赛，全力打造“一刻钟”社区服务圈，让城乡居民享受到更加便捷优质的社区公共服务、公益服务和便民服务。

4. 全力以赴维护首都基层社会稳定。制定《关于充分发挥基层群众性自治组织作用，切实维护首都基层社会和谐稳定的意见》，进一步明确了居、村委会在维护稳定方面的职能。以城乡结合部市级挂账的50个重点村整治工作为契机，积极推进村庄社区化管理。各居、村委会普遍建立城乡社区群防群治体系，动员居民参与国家重大活动、重大会议、重大节日的基层安全稳定工作，全面掌握社区人、地、物、事、组织状态，认真做好矛盾排查化解，依法维护城乡居民在资产、财产、拆迁安置补偿、就业、教育等方面的合法权益，及时把各种矛盾纠纷化解在基层，在圆满完成建党90周年庆典活动，维护首都基层社会稳定等方面发挥了重要基础作用。

（五）城乡居民自治工作保障力度不断加强

各级党委、政府高度重视基层群众自治工作，从队伍建设、经费投入、设施建设等方面加大保障力度，形成了党委领导、政府负责、部门配合、社会力量广泛参与的城乡居民自治工作格局。

1. 社区工作者管理更加规范。目前，全市共有社区工作者29,702人，其中社区党组织4570人、社区居委会16,961人、社区服务站8171人；村委会成员12,092名。为推进社区工作者专业化，召开首次社区工作者大会，拓宽社区工作者来源渠道，加强社区工作者教育培训，社区工作者队伍的综合素质、专业能力显著提高。完善社区工作者福利待遇政策，提高社区工作者待遇，有的区县建立了带薪休假、体检、生活困难补助、加值班补贴、重大节日补贴、通讯补贴、采暖补贴等制度，进一步稳定、壮大了社区工作者的队伍。

2. 社区经费投入逐年增长。市和区县财政相继投入专项资金近百亿元，用于社区基础设施建设，部分彩票公益金也投入社区服务设施的建设和维护中。市发展改革委、市民政局联合发文，从今年4月1日起，社区居委会办公和服务设施水电气热价格按照居民使用价格标准收取。市财政每年为每个社区、村核拨8万—15万元不等的公益事业资金，促进基层公益事业的开展。社区办公经费由区县财政按照每户30元标准核拨。顺义区将社区公益事业资金标准提高到15万元，社区办公经费标准提高到每户50元，并为新建社区居委会核拨70万元的开办经费，保障了居民自治的有效开展。

3. 社区服务设施明显改善。按照《北京市社区居民委员会办公用房管理若干规定》、《关于推进社区规范化建设试点工作的实施方案》，由市、区县两级投资，通过新建、改扩建、购买、租赁、置换等途径改善社区办公和服务用房。目前，全市有2043个社区办公和服务用房达到350平方米，占社区总数的74%。本着“办公用房最小化、活动用房最大化”的思路，规范社区服务设施的使用管理，有效提升了服务设施的使用效率。

4. 社区信息化建设成效显著。完善和丰富社区信息化试点建设内容，推广月坛街道等4个街道试点经验，加快推进社区信息化网络建设。挖掘社区服务资源，把社区服务商动员、组织起来，依托96156社区服务平台，形成规模化、品牌化服务商联盟，实现“拨通一个电话、享受贴心服务”。打造96156社区服务品牌，围绕“六型社区”建设，开设96156社区大课堂8000节次，96156社区服务热线10秒接通率达90%。实施“小帮手”社区便民服务工程，提供个性化服务、精细化管理。

二、城乡居民自治工作存在的主要问题

尽管本市城乡居民自治工作取得了一些成绩，但与首都快速发展的经济社会形势和建设“人文北京、科技北京、绿色北京”发展战略相比，与创新社会管理的要求和人民群众的新期待相比，本市城乡居民自治工作在体制机制、居民参与、队伍建设等方面还存在着一些问题，亟待加以研究和解决。

（一）政府行政管理与基层群众自治的衔接机制有待健全

一是由于政府职能转变不到位，行政管理与基层群众自治的职责界定不够明晰，有的部门向居、村委会下派工作比较随意，导致居、村委会工作负担过重。二是基层政府及派出机关对如何加强对居、村委会工作的指导缺乏有效机制、方法，工作支持和保障力度需要进一步加强。三是随着郊区城镇化加快，村居民混居现象更加普遍，对于已实行社区管理、但尚未转居的村民如何管理，仍需深入研究。

（二）城乡居民自治组织的组织功能有待增强

一是居、村委会与社区服务站的关系还没有完全理顺，有的社区尚未建立有效的协作机制，没有形成工作合力。二是下属委员会功能发挥有限，有的居、村委会虽然设置了下属委员会，但存在虚化现象。三是社区居委会、业主委员会和物业服务企业的职能存在交叉，尤其是随着业主委员会的逐步建立，亟待进一步明确相互关系。四是全市村务监督委员会虽然已经普遍建立，但存在不愿监督、不敢监督等现象，功能作用没有得到很好发挥。

（三）城乡居民民主参与程度依然不足

一方面，城乡居民参与社区管理的积极性不高，许多“单位人”尚未完全转化为“社区人”，居民对原单位的依存度较高，对社区认同感不够；居民参与机制还不够健全，社区居委会缺乏更多动员居民参与的有效抓手。另一方面，城乡基层普遍存在“重选举、轻管理”观念，居、村民代表会议作用发挥不够，有的社区居、村务公开不及时、不全面，居民参与民主决策、民主管理、民主监督的积极性还需进一步激发、调动。

（四）城乡社区专业服务能力仍待提高

一是城乡社区工作队伍专业素质有待提

升。在社区实践中，传统的工作方法和手段仍占主导，专业社工方法在社区工作中运用有限；现有人员的专业水平、专业技能应对复杂多样的社会问题的能力需要提升。二是城乡社区工作队伍的待遇政策有待完善。尽管近几年社工待遇调整力度很大，但社区工作者的相关福利待遇没有明确，仍需进一步完善。三是社区志愿者队伍没有形成有效的工作模式。社区志愿者多为老年人，青年志愿者较少，活动限于一般的为民服务活动。

三、深化城乡居民自治工作的对策措施

今后一段时期，城乡居民自治工作将按照中央和市委关于加强和创新社会管理的要求，进一步深化社区管理体制改革，推进基层群众自治制度创新，扩大社区居民参与，不断完善基层群众自治机制，全面推进“六型社区”建设，不断提高首都城乡居民自治水平。

（一）理顺政府行政管理与城乡居民自治的关系

一是加强对城乡居民自治工作的指导和支持。制定基层人民政府或其派出机关指导社区居委会工作规则，明确政府行政管理、居民自治的职能，改变指导方式、规范指导程序、丰富指导内容。建立社区公共服务事项准入机制，凡委托给居、村委会办理的服务事项，应实行权随责走、费随事转。修订居、村委会印章使用管理办法，规范印章的使用范围和程序。二是扩大基层群众自治权限。转变政府职能，改进管理方式，赋予基层自治组织更多自治权限，逐步将公共设施修建、公益服务开展等涉及居民直接利益的公共事项纳入基层群众自治范畴。改革社区事务管理模式，将社区事务的源头决策和评价权交给基层自治组织，由居、村委会组织城乡居民进行民主决策、民主管理和民主监督。完善扶持政策，加大对居民自治的资金、项目和技术等支持，使居民自治活动有人、有钱、有场所。三是完善政府购买社会服务机制。以居民需求为导向，建立政府购买社会服务机制，逐步提高社区、村公益事业专项补助资金标准，规范管理使用，通过购买服务等方式，壮大社区社会组织，满足居民多元化的服务需求。

（二）完善城乡基层群众自治组织体系

一是加快推进城乡社区自治组织全覆盖。适应城镇化加速发展的趋势，进一步规范撤销村委会的条件和程序，认真研究新形势下城乡结合部地区居、村民管理的体制机制。加快推进新建住宅区、城乡结合部地区、流动人口聚居区的社区居委会组建工作。二是做实做强社区居委会下属委员会。规范下属委员会设置，明确职责任务，充实委员会工作力量。同时，将社区内的各类社会组织吸纳到下属委员会中来，增强下属委员会组织居民开展自治活动和协助加强社会管理、提供公共服务的能力。三是完善社区服务站建设。建立社区服务站与下属委员会相互协作机制，更好地发挥社区服务站的平台作用。四是进一步理顺社区居委会与业主委员会、物业服务企业的关系。创新工作机制，加强社区居委会对业主委员会、物业服务企业的监督。推行老旧小区准物业管理方法，为居民提供更加优质的服务。

（三）完善城乡社区居民自治制度和居民参与机制

一是加强地方性法规立法。颁布实施《北京市实施〈中华人民共和国村民委员会组织法〉的若干规定》、《北京市村民委员会选举办法》，完善村民自治制度体系。跟踪《居委会组织法》立法修订进程，积极开展立法调研，及时启动本市地方性法规修订工作。二是扩大基层民主选举。落实第十三次全国民政会议精神，进一步规范村委会选举、罢

免、职务终止等程序，提高社区居委会全体有选举权居民选举和户代表选举比例。三是推行社区协商民主制度。完善社区议事协商会议规则，采取居民代表提交建议、评议会等形式，协商解决基层社会管理面临的新情况、新问题。完善居、村民会议制度，加强居、村民代表培训，发挥居、村民代表会议的作用。四是拓宽社区民主监督渠道。建立社区民情收集和办理机制，将基层社区收集的社情民意及时交由政府有关部门办理。建立社区对市政服务单位的监督评议机制，组织居民对市政服务企业单位服务满意率进行评价。制定《北京市村务监督委员会工作规程》，推进村务监督委员会规范化建设，发挥村务监督委员会的民主监督功能。五是创新社情民意表达机制。完善公共政策民主听证制度，建立社区人大代表、政协委员和党员领导干部见面日、居民代表定期入户等制度。组织开展形式多样的社区文体活动，加大居民自治的宣传力度，提高居民对社区的认同感、归属感。鼓励驻社区的机关、部队、学校和企事业单位发挥优势，与社区建立多种形式的资源共享、共驻共建机制，提高社区单位参与意识。

（四）建设高素质、专业化的城乡社区工作者队伍

一是提升社区工作者的地位。制定相关政策，在社会兼职、晋升发展、表彰奖励等方面给予社区工作者关心和支持，积极把优秀社区工作者培养发展为党员，增加社区工作者在各级党代会代表、人大代表、政协委员和劳动模范中的名额。面向优秀社区工作者招录公务员、选拔录用事业单位领导干部，畅通社区工作者出口。完善社区工作者福利待遇政策，确保社区工作者待遇水平不低于所在区县全额拨款事业单位待遇水平。二是拓宽社区工作者来源渠道。积极引导高校毕业生、专业社工等社会优秀人才到社区就业，鼓励社区民警、群团组织负责人、党政机关、企事业单位在职或退休党员干部、知名人士参与社区居委会选举。建立新录用公务员到城乡社区锻炼制度、党政机关和企事业单位优秀年轻干部与社区居委会经常性联系制度。三是发挥社会工作者专业服务作用。组织对社区工作者进行大规模的社会工作专业培训，鼓励社区工作者参加社会工作者职业水平考试，提高职业水平补贴标准，提升社区工作者中持证社工比例。制定农村基层干部的培训规划，建立村干部培训的长效机制。全面引入社工方法，为居民提供专业辅导服务，满足社区居民心理安抚、家庭调适、社区照顾、社会交往等高层次、个性化服务需求。探索建立社区志愿者队伍建设的有效工作模式，发挥共青团、妇联等组织的积极作用，参与社区建设和自治活动。

以上报告，提请市人大常委会审议。

北京市人民代表大会内务司法委员会关于推进城乡居民自治工作情况的意见和建议

——2012年7月27日在北京市第十三届人民代表大会常务委员会第三十四次会议上

市人大内务司法委员会主任委员　李小娟

主任、各位副主任、秘书长、各位委员：

为了协助常委会听取审议市政府关于推进城乡居民自治的专项工作报告，内务司法办公室从2月份开始，组织部分常委会委员和市人大代表，对本市落实《中华人民共和国城市居民委员会组织法》（以下简称《居委会组织法》）和《中华人民共和国村民委员会组织法》（以下简称《村委会组织法》）的情况进行了调研。调研小组采取等距离抽样的方法，按1∶140的比例，从全市2755个居委会中随机抽取了20个不同类型居委会实地调研访谈，与居委会成员近百人进行了深入交谈，考察了居委会、社区服务站和居民活动场所；结合修订《北京市实施〈中华人民共和国村民委员会组织法〉若干规定》和《北京市村民委员会选举办法》的调研，听取了部分村委会成员对村民自治的意见和建议；还听取了市和部分区县政府主管部门、乡镇和街道负责人关于贯彻落实《居委会组织法》和《村委会组织法》的专题汇报。之后，内务司法办公室汇总整理了各方面的意见和建议，及时反馈给市政府。市政府主管部门对反馈意见进行了认真研究，并在专项工作报告中予以回应。6月19日，内务司法委员会举行会议，对市政府专项工作报告稿进行了认真讨论。

内务司法委员会认为，自2009年市人大常委会听取审议市政府关于推进城乡社区居民自治工作报告以来，市政府认真汲取常委会审议意见，依照《居委会组织法》、《村委会组织法》和2010年中办、国办《关于加强和改进城市社区居民委员会建设工作的意见》，大力加强、不断改进城乡居民自治工作，取得了显著的成绩。

一是出台了《关于全面加强城乡社区居民委员会建设工作的意见》等文件，进一步明确了政府指导、支持和帮助基层自治工作的指导思想、基本原则和目标任务，指导第八届村委会和居委会顺利完成换届选举，提高了居民直接选举和户代表选举比例，依法保障了基层群众的民主选举权利。

二是全市以社区党组织为领导，以基层自治组织为主体，社区服务站为公共服务平台，各类社会组织和驻区单位共同参与的社区管理服务体系已初步形成。居（村）委会及下属委员会、居（村）民小组、楼、门、层、院等基层自治组织体系比较健全，自治活动有序开展。社区工作者的使用管理更加规范。

三是城乡社区公益事业投入持续加大，居委会办公和服务用房等条件得到很大改善，政府支持下的基层公益事业得到较快发展，以政府公共服务为依托、群众自我服务为补充、驻社区单位和各类社会组织共建共享的基层群众自治活动内容更加丰富。

四是群众民主参与意识明显增强，满意

度有所提高。各社区通过居民代表会议、社区听证会等形式，开展为老助残、环境维护、纠纷协调、社区文化建设和社区共建等公共事务和公益活动，吸引了更多的城乡居民参与自治，居委会、村委会通过入户走访、居民和村民代表会议、民主接待日、开通社区网站微博等形式广泛收集民意，反映民情，拓宽了民意表达渠道，解决群众实际问题，提高了群众对自治工作的满意度。

当前城乡居民自治工作中存在的问题，主要是全市贯彻《居委会组织法》和《村委会组织法》的自觉性有待进一步提高。在经济社会快速发展过程中，基层社会管理和自治工作出现了一些新的复杂情况，基层自治组织在服务社区群众、维护社会稳定和加强社会管理方面的作用愈加突出。特别是居委会辖区调整扩大后，人口增多，协助政府行政管理的任务繁重，各部门推进自治的具体工作方式还处在探索之中。一些部门对于贯彻党的十七大关于推进基层群众依法自治的要求和法律规定上还存在某些认识不清、工作方式不适应的情况，在具体工作中，对推进基层民主自治的自觉性还不高，对自治工作的评价体系和标准尚不一致。对于政府行政管理和基层群众自治的关系、居民自治的具体范围和方式、居委会与其他各类组织之间的关系等问题的认识还不完全统一。表现在工作中，一是居委会和社区服务站、物业公司、业主委员会的关系与定位尚未完全理顺。按照法律精神和中央文件规定，社区服务站是居委会的专业服务机构，在社区党组织和居委会统一领导和管理下开展工作，2011 年市委、市政府 26 号文件对此作出规定，但实际工作中部分地区居委会和服务站的关系还没有按文件的规定调整过来；一些居委会和物业公司、业主委员会的关系不顺，对于物业问题监督难，居民反映比较突出。二是部分居委会和社区工作人员流动性过大，人员缺乏，一些通过社会招考的大学生，联系群众、服务群众能力还不强。一些热心社区公益、得到居民认可的本社区居民，由于年龄、学历等条件限制，难以通过统一的社区工作者招考进入居委会，居委会工作行政化的问题比较突出。三是部分公益事业专项补助资金使用管理不尽合理，资金使用效益不高。自 2005 年起，市级财政每年为每个城乡社区拨付 8 万—15 万元的社区公益事业专项补助资金，用于支持城乡居民开展社区公益事业，由居委会和村委会制定公益项目和预算，实际由街道和乡镇进行管理、审批或统筹。一些社区居委会，对于一年自身能支配使用的资金量有多少，用来做什么，心中无数，安排的公益项目较少，致使资金没有使用起来，发挥应有效用；一些街道或乡镇为了“集中力量办大事”统筹使用管理的资金较多，使居委会自主支配使用资金较少，公益金结余过多。有的街道公益金几年结余 60 多万元，有的区县结余近亿元。在公益金使用方面，存在“一事一办多，长效项目少；表彰慰问多，购买服务少；购买物品多，培育组织少”的情况；居民和村民对公益金使用管理的情况知晓度低，缺乏必要的群众监督。

内务司法委员会认为，基层群众自治制度的完善是一个长期渐进过程，上述情况有的是体制机制有待完善的问题，有的是经济社会发展过程中的问题，需要市政府及其相关主管部门高度重视并切实解决。《居委会组织法》和《村委会组织法》是城乡居民开展自治的法律依据，把基层群众依法自治作为发展社会主义民主政治的基础性工程重点推进，把完善基层群众自治制度作为加强和创新基层社会管理的重要内容，是落实党的十七大精神、贯彻宪法和法律、做好基层群众自治工作的重要体现。为此，提出以下具体意见和建议。

一要增强贯彻法律、法规和完善基层群众自治制度的自觉性，依法保障基层群众民主权利。

各级政府及相关部门要提高对完善基层群众自治制度和推进基层群众自治工作的认识，增强贯彻《居委会组织法》和《村委会组织法》等法律、法规的自觉性，明确政府指导、支持、帮助基层自治组织工作以法律为评价标准和原则，坚持依法行政，进一步形成群众自治和政府管理的良性衔接和互动。要进一步健全基层自治组织的运行方式，注意总结推广基层群众自治实践中创造的好经验，引导群众通过制定和遵守居民自治公约和村民自治章程，完善居民和村民代表会议等民主议事形式，切实保障群众依法直接行使民主权利，要认真研究完善基层民主管理和民主决策机制，做好居务和村务公开工作。

二要依法理顺基层自治组织与各类社区组织的关系。

要按照法律和中央有关文件要求，在实际工作中理顺居委会和社区服务站的关系，使社区服务站等专业服务机构在社区党组织和居委会统一领导和管理下开展工作，形成工作合力。要依法加强基层自治组织对业主委员会和物业公司的指导和监督，探索建立居委会与物业公司、业主委员会和谐顺畅的关系，建立健全居委会、业主委员会和物业公司的协调机制，及时调解物业服务纠纷。要支持各类社会组织、志愿者团体、驻区单位等发挥积极作用，开展各种形式的社区服务和共建活动。

三要加强基层自治组织队伍建设，完善基层自治组织体系。

要从实际出发，按照便于自治和方便服务群众的原则，依法将那些居住在本社区、办事公道、热心为居民服务、受居民认可的人吸引到基层自治组织中参与自治，方便直接服务群众，反映群众诉求。要加强社区工作者队伍建设，加大培训力度，提高人员素质和管理能力，使社区工作者队伍会管理、能自治、懂协调，密切与群众的联系，提高基层社会服务水平和能力。要以加强居委会和村委会建设为抓手，积极发挥下属委员会和楼门组长等组织体系的作用，规范专业服务机构，完善基层自治组织体系。

四要进一步提高公益事业专项补助资金等政府资金使用效能，提升基层公共服务水平，促进公益事业发展。

要加强对公益事业专项补助资金使用情况的研究，针对社区的实际需求和群众需要，提高资金使用效果，既要管好，又要管活，使其真正发挥作用。要将资金使用情况采用居务公开和村务公开的形式向全体居民和村民公开，增强居民和村民对资金使用情况的监督，将其作为发展群众公益事业活动的引导，提升全市社区公益事业发展的水平。要进一步提高基层公共服务水平，推进政府公共服务和群众自我服务的有效结合，通过政府投入，社会资助，居民自筹等多种途径保障居民自我服务的基础和平台。

以上意见和建议，供常委会组成人员审议报告时参考。

北京市人民代表大会常务委员会关于接受郭金龙辞去北京市市长职务请求的决定

（2012年7月25日北京市第十三届人民代表大会常务委员会第三十四次会议通过）

根据郭金龙同志的请求，按照《中华人民共和国地方各级人民代表大会和地方各级人民政府组织法》第二十七条的规定、《北京市人民代表大会常务委员会任免国家机关工作人员条例》第二十五条的规定，北京市第十三届人民代表大会常务委员会第三十四次会议决定：接受郭金龙辞去北京市市长职务的请求，并报北京市人民代表大会备案。

北京市人民代表大会常务委员会关于接受吉林辞去北京市副市长职务请求的决定

（2012年7月25日北京市第十三届人民代表大会常务委员会第三十四次会议通过）

根据吉林同志的请求，按照《中华人民共和国地方各级人民代表大会和地方各级人民政府组织法》第二十七条的规定、《北京市人民代表大会常务委员会任免国家机关工作人员条例》第二十五条的规定，北京市第十三届人民代表大会常务委员会第三十四次会议决定：接受吉林辞去北京市副市长职务的请求，并报北京市人民代表大会备案。

北京市人民代表大会常务委员会决定任命名单

（2012年7月25日北京市第十三届人民代表大会常务委员会第三十四次会议通过）

任命王安顺、李士祥为北京市副市长。

北京市人民代表大会常务委员会关于王安顺为北京市代理市长的决定

（2012年7月25日北京市第十三届人民代表大会常务委员会第三十四次会议通过）

根据《中华人民共和国地方各级人民代表大会和地方各级人民政府组织法》第四十四条的有关规定，北京市第十三届人民代表大会常务委员会第三十四次会议决定：由王安顺代理北京市市长职务。

北京市人民代表大会常务委员会任免名单

（2012年7月27日北京市第十三届人民代表大会常务委员会第三十四次会议通过）

任命傅雁南为北京市人民代表大会常务委员会教育科技文化卫生体育办公室副主任，免去其北京市人民代表大会常务委员会研究室副主任职务。

任命潘爱兵为北京市人民代表大会常务委员会农村办公室副主任，免去其北京市人民代表大会常务委员会内务司法办公室副主任职务。

北京市人民代表大会常务委员会任免名单

（2012年7月27日北京市第十三届人民代表大会常务委员会第三十四次会议通过）

（一）

免去赵建新、邢卫国的北京市高级人民法院审判员职务。

（二）

任命仪军为北京市第一中级人民法院民事审判第五庭副庭长、审判员。

任命齐莹为北京市第一中级人民法院行政审判庭副庭长、审判员。

任命时玲、李默、秦顾萍为北京市第一中级人民法院审判员。

（三）

任命许英为北京市第二中级人民法院立案庭副庭长、审判员。

任命马锐、杜岩、赵瑞罡为北京市第二中级人民法院审判员。

免去段鹏的北京市第二中级人民法院执行二庭副庭长、审判员职务。

（四）

免去韩启生的北京铁路运输中级法院副院长、审判委员会委员、审判员职务。

北京市人民代表大会常务委员会 任免名单

（2012年7月27日北京市第十三届人民代表大会常务委员会第三十四次会议通过）

（一）

免去郭万生的北京市团河地区人民检察院副检察长、检察委员会委员职务。

（二）

免去吴斌、杨帆的北京市人民检察院第一分院检察员职务。

（三）

任命陈兴华为北京市人民检察院第二分院检察员。

免去刘培勇、张慧荣的北京市人民检察院第二分院检察员职务。

北京市第十三届人民代表大会

常务委员会第三十五次会议

在市十三届人大常委会第三十五次会议上的讲话

（2012年9月28日）

市人大常委会主任　杜德印

各位委员：

在大家的共同努力下，本次常委会会议的各项议程已进行完毕。这次会议开得很圆满，大家对各项报告都给予了充分肯定，也提出了很多好的意见和建议。会后常委会有关工作机构要进行认真梳理，归纳大家提出的意见和建议，修改好有关法规和审议意见书。

对市级大额专项资金使用管理情况进行专题询问是市人大常委会根据监督法的规定，依法进行的。大家反映这项工作做得很好。我们通过政府各部门提交的报告材料，既看到了工作成绩，也发现了不少问题。下面，我就开展市级大额专项资金专题询问讲几点意见。

本次专题询问工作是市人大常委会首次开展，是人大常委会依法履行监督职能的重要方式，是大家共同参与、共同完成的。它体现了人大届末之年，坚持不懈、恪尽职守，依法履行职责，继续推进常委会工作向前发展的精神状态。我们选择市级大额专项资金使用管理情况这样一个题目，将专题询问与预算监督结合起来，这是本届人大常委会深化预算监督、推进预算绩效监督的一次新的探索。这次专题询问活动，取得了良好效果，主要体现在以下几个方面。

第一，依法履行职能，用专题询问的方式加强对国家权力运行和公共资源配置的监督。本届人大及其常委会监督工作的一个鲜明特点就是把监督重点放在对国家权力运行和公共资源配置上，放在“一府两院”怎么用权办事上。这次对大额专项资金进行专题询问，既涉及政府行政部门、行政机关权力的运用，又涉及公共资源的配置，与人大常委会监督的性质、特点相吻合，有利于深化人大及其常委会的监督，发挥人民代表大会制度的内在优势，深化权力运行方式的改革，推进公共资源配置的公平和公正。

第二，坚持党的领导、人民当家作主、依法治国有机统一，在市委的领导下发挥民主法制在国家治理工作中的作用。这次询问活动是在市委领导下进行的，从题目的确定到市人大常委会的工作方案，都向市委常委会作了汇报，李士祥同志代表政府所作的大额专项资金使用情况的报告会前提交了市委常委会讨论研究。在市委的领导下，在人民代表大会制度的轨道上，在民主法制的框架内，把人大依法履行监督职能，同政府依法接受人大常委会的监督、同政府及其有关部门主动检查总结、改进工作有机结合起来。坚持党的领导、人民当家作主、依法治国有机统一，发挥了人民代表大会制度的本质特征和内在优势，形成了合力，共同推进这方面的工作。

第三，坚持人大监督工作的保障性、建设性和实效性，始终明确专题询问的指导思想和工作原则。这次专题询问的目标、指导思想和原则都很明确，就是“询问资金绩效、检查运行方式、总结经验教训、推进制度建设、提高管理水平”。这五句话成为市人大常委会以及政府各部门共同遵循的指导思想和工作原则。我们要揭示问题、揭露矛盾，更要认真分析产生这些问题、这些矛盾的原因，提出改进的办法，推进制度的改革创新和建设。

第四，准备工作细致、充分，保证了专题询问工作的质量和效果。世雄同志以及财经委、预工委、办公厅事先学习了全国人大和兄弟省市人大开展专题询问的经验，结合实际情况制定了周密的方案，印发了比较详细的材料汇编，供各个专题组和常委会组成人员参考。同时，我们从实际情况出发，特别是从专题内容出发，将分组询问和联组询问相结合，各专委会按照不同专项资金先分组询问，在此基础上，形成联组询问的题目，为常委会集体行使询问监督权提供了保障。由于作了大量的调查研究，收集了很多的资料，征求了各个方面的意见，所以我们提出的问题针对性强，而且明确具体，观点很鲜明，不回避矛盾，质量比较高。政府及其有关部门高度重视，认真准备回应，确保了整个询问活动的顺利进行和较高的质量与效率。

第五，坚持把人大常委会的监督与政府内部的审计监督、政务公开，与部门总结、检查、整改工作有机结合。在人大依法行使监督职能，采取询问方式进行监督的同时，又要求市审计局对大额专项资金进行专题审计，向市人大常委会提交报告。政府各项大额专项资金的业务主管部门都以此为契机进行专门的总结、检查、评估，发现矛盾问题，提出整改措施，体现了在人民代表大会制度的轨道上，人大监督和政府内部监督有机的结合。而且，这项工作推进了大额专项资金的公开，首先向人大常委会公开，这就为完善大额专项资金预算和推进预决算向社会公开迈出了重要一步。

从人大工作的角度来说，我们也很有收获。一方面，人大开展专题询问深化了对人大常委会监督工作的认识，深化了人大常委会的预算监督、特别是预算绩效监督，对于我们进一步依法履行好人大常委会的监督职能有很多新的启发，积累了一些新的经验。更重要的是，对政府改进大额专项资金的管理，完善公共财政体制，提高预算管理水平，是一个有力的推动。另一方面，开展大额专项资金专题询问是人大常委会坚持人民代表大会制度，依法履行职能，推进首都民主法制建设的一次生动具体的实践。胡锦涛总书记7月23日在省部级主要领导干部专题研讨班开班式上的重要讲话中指出，要更加重视发挥法治在国家和社会治理中的作用。通过对大额专项资金预算管理的监督，督促政府及其有关部门在人民代表大会制度内、民主法制的轨道上依法行政。

常委会会议上，财经委员会对市政府关于市级大额专项资金使用管理情况的意见和建议的报告，大家都很赞成。我们既要充分肯定大额专项资金在全市经济社会发展、推动重点事业方面发挥的积极重要的作用，也要充分肯定政府及其有关部门在大额专项资金的管理使用上下了很大功夫，做了很多工作，管理水平和使用效率也在不断提高。同时，大家感到大额专项资金的使用仍然存在着不少矛盾和问题，主要是因为我们还没有找到科学的、完善的大额专项资金管理方式。

要提高大额专项资金的管理水平和使用效率，根本方法是转变管理方式。在传统的方式下进行管理，不出问题是不可能的。传统方式体现的是权力的划分和利益的分配。大额专项资金没有严格按照预算要求进行管理，容易变成部门和部门领导的“小金库”，这在一定程度上就成了“唐僧肉”，各个部门忙着分。因此，要从传统的管理方式转向以职责绩效为核心的公共资源配置方式。从政府权力的分割和利益的分配，转变到符合财政资金公共属性、做好公共资源的优化配置上来。强调职责和绩效，谁分钱谁要负责。所以我们要下决心推动这项工作，不断地改革、转变和完善大额专项资金的管理方式和运行方式，进行科学管理。当然，管理方式涉及体制问题，建立决策、执行、监督三者既协调又制约的运行体制和机制，要确定谁负责决策、谁负责执行、谁负责监督。管理大额专项资金的部门应该对绩效负责，用不好就要追究其责任。大额专项资金管理的体制、机制、程序都要改革。在这个方式没有彻底转变之前，尤其要严格管理、严格监督，先强调责任。

在转变方式的过程中，要抓住几个基本的、最重要的环节。第一，是观念。就是要明确大额专项资金的性质、功能是什么？大额专项资金具有公共性质，是一种公共资源的配置，我们要认真承担起公共资源配置的责任来。大额专项资金的使用方向和具体项目，必须是符合公共需要的，资金的使用和管理要体现公共资源的公共性。大额专项资金的性质和功能决定配置的方向和原则，决定大额专项资金绩效的评价标准，只能以此作为出发点和落脚点。第二，是责任。要从强化责任入手，严格管理、严格监督、严格落实资金管理责任。大额专项资金的使用管理者要承担经济责任，加强责任检查和追究。第三，是绩效。要建立绩效评价机制。最根本的是要严格按照预算要求进行管理，杜绝"有钱没事、没事找事"的现象。

市人大常委会今后还将从一些具体项目的资金管理使用入手，坚持保障性、建设性、实效性，继续加大对大额专项资金的监督力度。对于这次专题询问工作，我们将进行认真总结，综合大家的意见和建议，形成审议意见书，坚持不懈地持续推动这项工作的开展。

各位委员，本次常委会预定的各项议程已全部进行完毕。中秋节、国庆节"双节"将至。在此，衷心祝大家身体健康、生活愉快、阖家幸福！

北京市第十三届人民代表大会常务委员会第三十五次会议议程

（2012年9月26日至28日）

（2012年9月26日北京市第十三届人民代表大会常务委员会第三十五次会议第一次全体会议通过）

一、审议《北京市食品安全条例（修订草案）》

二、审议《北京市实施〈中华人民共和国全国人民代表大会和地方各级人民代表大会代表法〉办法（修订草案）》

三、审议《北京市人民代表大会代表建议、批评和意见办理条例（修订草案）》

四、审议《北京市湿地保护条例（草案修改稿）》

五、表决《北京市各级人民代表大会常务委员会规范性文件备案审查条例》

六、表决《北京市实施〈中华人民共和国村民委员会组织法〉的若干规定》

七、表决《北京市村民委员会选举办法》

八、听取和审议市人民政府关于市级大额专项资金使用管理情况的报告，并开展专题询问

九、听取和审议市人民政府关于潮白河

流域水系综合治理工作进展情况的报告

十、听取和审议市高级人民法院关于加强审判管理，确保依法公正履行审判职责工作情况的报告

十一、听取和审议市人民检察院关于加强民事行政检察监督工作情况的报告

十二、决定人事任免事项

北京市人民代表大会常务委员会公告

（第24号）

《北京市各级人民代表大会常务委员会规范性文件备案审查条例》已由北京市第十三届人民代表大会常务委员会第三十五次会议于2012年9月28日通过，现予以公布，自2013年1月1日起施行。

北京市第十三届人民代表大会常务委员会

2012年9月28日

北京市各级人民代表大会常务委员会规范性文件备案审查条例

（2012年9月28日北京市第十三届人民代表大会常务委员会第三十五次会议通过）

第一条 为了加强规范性文件的备案审查工作，维护国家法制统一，保障公民、法人和其他组织的合法权益，根据《中华人民共和国各级人民代表大会常务委员会监督法》、《中华人民共和国立法法》等法律的规定，结合本市实际，制定本条例。

第二条 本条例所称规范性文件，是指市人民政府，区县人民代表大会及其常务委员会、区县人民政府，以及乡、民族乡、镇人民代表大会在其法定职权范围内按照一定程序制定，涉及公民、法人和其他组织权利和义务，在较长时间内具有普遍约束力的文件。

第三条 下列规范性文件，应当报送市人大常委会备案：

（一）市人民政府制定的规章；

（二）市人民政府发布的决定、命令及其他规范性文件；

（三）区县人民代表大会及其常务委员会作出的决议、决定。

第四条 下列规范性文件，应当报送区县人大常委会备案：

（一）区县人民政府发布的决定、命令及其他规范性文件；

（二）乡、民族乡、镇人民代表大会作出的决议、决定。

第五条 规范性文件制定机关确定的报送备案工作机构应当将规范性文件自公布之

日起三十日内报送备案。

报送规范性文件备案，应当提交备案报告、规范性文件正式文本，有说明和附件的应当附说明和附件。报送规范性文件备案材料应当一式五份，并附电子文本。

每年3月1日前，规范性文件制定机关应当将其上一年度制定和废止的规范性文件目录报送备案机关备查。

第六条 市人大常委会规范性文件备案审查办公室和区县人大常委会确定的规范性文件备案审查工作机构（以下简称备案审查工作机构）负责对备案的规范性文件登记，进行研究，并送有关专门委员会或者常委会有关工作机构审查。

备案审查工作机构应当向社会公布备案的规范性文件目录。

第七条 市人民政府、市高级人民法院、市人民检察院、区县人大常委会认为市人大常委会接受备案的规范性文件与法律、法规相抵触的，可以向市人大常委会书面提出审查要求，由市人大常委会规范性文件备案审查办公室接收、登记，进行研究，并送有关专门委员会或者常委会有关工作机构对该规范性文件进行审查。

区县人民政府、区县人民法院、区县人民检察院认为区县人大常委会接受备案的规范性文件与法律、法规相抵触的，可以向区县人大常委会书面提出审查要求，由负责规范性文件备案审查的工作机构接收、登记，进行研究，并送常委会有关工作机构对该规范性文件进行审查。

第八条 本条例第七条规定之外的其他国家机关、社会团体、企业事业组织以及公民认为规范性文件与法律、法规相抵触的，可以向接受该规范性文件备案的市或者区县人大常委会书面提出审查建议，由备案审查工作机构接收、登记，并进行研究，必要时，送有关专门委员会或者常委会有关工作机构进行审查。

第九条 国家机关、社会团体、企业事业组织以及公民书面提出审查要求或者审查建议，应当写明要求或者建议审查的规范性文件名称、审查的事项和理由。

备案审查工作机构应当自收到审查要求或者建议之日起十五日内，将收到情况以书面、电子邮件等形式告知提出审查要求或者审查建议的国家机关、社会团体、企业事业组织或者公民。对不属于本级人大常委会备案审查范围的审查要求或者审查建议，应当告知其向有权进行备案审查的机关提出。

第十条 市人大专门委员会或者市和区县人大常委会工作机构对规范性文件进行审查，认为存在下列不适当情形的，应当会同备案审查工作机构提出书面审查意见，经主任会议研究同意后，建议制定机关自行修改或者废止：

（一）超越法定权限，限制或者剥夺公民、法人和其他组织的合法权利，或者增加公民、法人和其他组织的义务；

（二）同法律、法规相抵触；

（三）同上级或者本级人民代表大会及其常务委员会的决议、决定相抵触；

（四）违背法定程序；

（五）有其他不适当的情形。

市人大专门委员会或者市和区县人大常委会工作机构审查规范性文件，需要了解相关情况的，可以要求规范性文件的制定机关说明情况或者提供相关材料。

在书面审查意见提请主任会议研究前，备案审查工作机构应当会同有关专门委员会或者常委会工作机构与制定机关沟通情况，征询意见。

第十一条 规范性文件的制定机关收到书面审查意见后，应当在六十日内提出是否修改或者废止的书面意见，并送提出审查意见的市或者区县人大常委会。

规范性文件的制定机关认为被审查的规范性文件无需修改或者废止的，应当说明理由。

规范性文件的制定机关按照审查意见对规范性文件进行修改或者废止的，应当将修改后的规范性文件或者废止规范性文件的情况向提出该规范性文件审查意见的市或者区县人大常委会备案。

第十二条　市人大专门委员会或者市和区县人大常委会工作机构认为规范性文件制定机关提出的无需修改或者废止的理由不成立的，应当会同备案审查工作机构向主任会议报告，并提出予以撤销的建议。

主任会议认为该规范性文件应当予以撤销的，可以提出议案，提请常委会会议审议；市人大有关专门委员会也可以提出撤销该规范性文件的议案，由主任会议决定是否提请常委会会议审议。

第十三条　市或者区县人大常委会会议审议有关撤销规范性文件的议案，依照本级人大常委会议事规则的有关规定办理。常委会撤销规范性文件的决定应当向社会公布。

第十四条　根据审查要求或者审查建议进行的规范性文件审查工作结束后，备案审查工作机构应当将审查结果书面告知提出审查要求或者审查建议的国家机关、社会团体、企业事业组织或者公民。

第十五条　备案审查工作机构、市人大专门委员会或者市和区县人大常委会工作机构可以邀请常委会组成人员或者人大代表参加规范性文件审查的研究论证工作；也可以通过召开座谈会、论证会、听证会等方式，听取提出审查要求或者审查建议的国家机关、社会团体、企业事业组织或者公民、相关部门、专家及社会各界的意见。

第十六条　备案审查工作机构、市人大专门委员会或者市和区县人大常委会工作机构以及规范性文件制定机关之间，应当加强日常工作的沟通和协调。

第十七条　规范性文件报送备案工作机构未按照本条例第五条规定的期限将规范性文件报送备案，或者报送的文件材料不齐全的，备案审查工作机构应当通知其限期报送或者补充报送；逾期仍不报送的，备案审查工作机构应当向市或者区县人大常委会主任会议报告，由主任会议决定向规范性文件制定机关予以通报，并限期改正。

第十八条　实施本条例的工作程序，由常委会办公厅（室）制定。

第十九条　本条例自2013年1月1日起施行。

关于《北京市各级人民代表大会常务委员会规范性文件备案审查条例（草案）》的说明

——2012年3月29日在北京市第十三届人民代表大会常务委员会第三十二次会议上

市人大常委会副秘书长
规范性文件备案审查办公室主任　李福祥

主任、各位副主任、秘书长、各位委员：

我受市人大常委会主任会议委托，现就《北京市各级人民代表大会常务委员会规范性文件备案审查条例（草案）》（以下简称《条例（草案）》）作如下说明。

一、立法的必要性

规范性文件是指国家机关在其法定职权范围内按照一定程序制定，涉及公民、法人或者其他组织权利和义务，具有普遍约束力并可反复适用的文件。对规范性文件进行备案审查，是宪法和法律赋予各级人大常委会的一项重要监督职权，是加强法律监督，维护国家法制统一的重要制度。为了推动工作依法有序开展，本市制定此项条例十分必要。

一是贯彻实施《中华人民共和国立法法》（以下简称《立法法》）、《中华人民共和国监督法》（以下简称《监督法》）的需要。《立法法》明确规定，地方政府规章应当报本级人大常委会备案，地方人大常委会有权撤销本级政府制定的不适当的规章。同时，规定了备案主体和期限、改变或者撤销的情形和权限，以及审查、处理程序，授权“接受备案的机关对报送备案的地方性法规、自治条例和单行条例、规章的审查程序，按照维护法制统一的原则，由接受备案的机关规定”。《监督法》规定了撤销情形和权限，同时授权“县级以上地方各级人民代表大会常务委员会审查、撤销下一级人民代表大会及其常务委员会作出的不适当的决议、决定和本级人民政府发布的不适当的决定、命令的程序，由省、自治区、直辖市的人民代表大会常务委员会参照立法法的有关规定，作出具体规定”。

二是维护国家法制统一和保障人民群众合法权益的需要。制定地方性法规，对规范性文件进行备案审查，有利于及时发现和纠正规范性文件中与法律、法规相抵触的问题，规范立法活动，支持和促进政府依法行政，保证国家立法统一，从而维护法制统一。同时，也能通过立法有效落实公民对规范性文件的审查建议权，及时发现和纠正与人民群众的利益密切相关的违法问题，保障人民群众合法权益。

三是进一步完善本市规范性文件备案审查制度的需要。《监督法》颁布实施后，全国各省、自治区、直辖市认真研究制定地方性法规，不断加强地方各级人大常委会备案审查制度建设。按照《监督法》的要求，本市人大常委会规范性文件备案审查工作也需要进一步完善，市人大常委会自 20 世纪 90 年代以来开展了对市政府规章的备案审查工作，积累了实践经验，但没有对区县人大及其常委会作出的决议、决定和市政府发布的决定、命令进行备案审查，而区县人大常委会规范性文件备案审查工作尚未开展。通过制定地方性法规，对市和区县人大常委会规范性文件备案范围、备案审查机构及职责分工、审查方式及审查标准、审查的处理程序等进行具体规定，有利于进一步完善本市规范性文件备案审查制度，促进备案审查工作依法有序开展。

二、《条例（草案）》的起草过程

为了做好《条例（草案）》的起草工作，根据市人大常委会主任会议的决定，2009 年年底，办公厅和法制办公室组成调研组开展规范性文件备案审查工作调研，提出《规范性文件备案审查工作研究》调研报告。在此基础上，法制办公室就规范性文件备案审查立法的必要性、可行性以及需要解决的主要问题进行立项论证。2011 年 8 月 3 日，市人大常委会主任会议讨论并通过法制办公室的立项论证报告，决定由法制办公室会同办公厅组成起草工作小组开展法规起草工作。起草工作小组在学习借鉴兄弟省市立法经验的基础上，起草《条例（草案）》征求意见稿，征求市人大各专委会及常委会相关工作机构、市政府有关部门、各区县人大常委会的意见；召开专家论证会和座谈会，征求全国人大常委会法工委法规备案审查室及有关专家学者的意见；通过市人大常委会网站，公开征求社会意见。在充分听取和吸收各方面意见和建议的基础上，起草形成了《条例（草案）》。同时，市人大常委会设立规范性文件备案审查办公室，统筹协调备案审查工作。今年3月15日，市人大常委会主任会议研究决定，由主任会议向市人大常委会提出议案，将《条例（草案）》提请本次常委会会议审议。

三、《条例（草案）》的主要内容

《条例（草案）》共十七条，主要对规范性文件备案范围、备案审查机构及职责分工、审查方式及审查标准、审查的处理程序等方面作出了具体规定。

（一）关于规范性文件备案范围

目前，《立法法》和《监督法》规定的地方人大常委会规范性文件备案范围主要包括：本级政府规章、决定、命令和下一级人大及其常委会的决议、决定。从实际工作看，市和区县政府发布的规范性文件，除以政府规章和决定、命令等形式发布外，有的还以通知、通告、公告等其他形式发布，我们认为，这些政府发布的规范性文件也应当纳入备案范围。因此，《条例（草案）》第二条、第三条、第四条对本市应当报送市、区县人大常委会备案的规范性文件进行了具体规定。

在征求意见过程中，有的同志建议，将政府部门、地方法院和检察院制定的规范性文件纳入备案范围。根据法律规定，政府部门的规范性文件应由政府进行监督，不属于地方人大常委会备案审查的范围；对于地方法院、检察院制定的规范性文件，由于法律没有规定地方人大常委会有备案审查的职权，将其纳入备案审查的范围缺乏法律依据。

（二）关于备案审查机构及职责分工

规范性文件备案审查工作，需要有专门的备案审查工作机构负责综合协调和日常事务处理，也需要有关专门委员会或者常委会有关工作机构发挥专业优势，保证审查质量。因此，按照“统一受理，分工负责”的备案审查工作思路，《条例（草案）》第六条、第七条、第八条、第九条第二款、第十条、第十二条、第十四条对备案审查工作机构、有关专门委员会或者常委会有关工作机构的具体职责进行了规定，明确了各自的职责分工。备案审查工作机构具体工作内容包括：对备案的规范性文件登记，进行研究，并送有关专门委员会或者常委会有关工作机构审查；受理国家机关和社会团体、企业事业组织以及公民提出的审查要求或建议，并负责处理意见的反馈和审查结果的告知；协调有关专门委员会或者常委会有关工作机构提出审查意见，为有关专门委员会或者常委会有关工作机构、主任会议开展审查工作和常委会会议开展审议工作做好服务。有关专门委员会或者常委会有关工作机构负责从专业角度对规范性文件进行实质性审查。

（三）关于规范性文件的审查方式及审查标准

关于规范性文件的审查方式，《条例（草案）》规定了主动审查和被动审查相结合的审查方式。一是开展主动审查。《条例（草案）》第六条规定，备案审查工作机构接收到备案的规范性文件后，“负责对备案的规范性文件登记，进行研究，并送有关专门委员会或者常委会有关工作机构进行审查”；二是开展被动审查。当国家机关和社会团体、企业事业组织以及公民提出审查要求或建议时，启动审查程序。《条例（草案）》第七条、第八条规定，国家机关和社会团体、企业事业组织以及公民认为规范性文件与法律、法规相抵触的，可以向接受该规范性文件备案的市或者区县人大常委会书面提出审查要求或建议。

关于审查标准，根据《立法法》和《监督法》的有关规定，《条例（草案）》第十条规定了五个方面的不适当情形，作为对规范性文件进行实质性审查的标准。

（四）关于规范性文件审查的处理程序

《条例（草案）》第十条、第十一条、第十二条、第十三条对需要修改或废止的规范性文件的处理程序作了具体规定：一是市人大专门委员会或者市和区县人大常委会工作机构经审查，认为规范性文件存在《条例（草案）》第十条规定的不适当的情形的，应当会同备案审查工作机构提出书面审查意见，经主任会议研究同意后，建议制定机关自行修改或废止。在书面审查意见提请主任会议研究前，备案审查工作机构应当会同有关专门委员会或者常委会工作机构与制定机关沟通情况，征询意见；二是规范性文件的制定机关收到书面审查意见后，应当在两个月内研究提出是否修改或者废止的书面意见，并送提出审查意见的市或者区县人大常委会。规范性文件的制定机关认为被审查的规范性文件无需修改或者废止的，应当说明理由；三是市人大专门委员会或者市和区县人大常委会工作机构认为规范性文件制定机关提出的无需修改或者废止的理由不成立的，应当会同备案审查工作机构向主任会议报告，并提出处理建议。主任会议认为该规范性文件应当予以撤销的，可以提出议案，提请常委会会议审议。市人大有关专门委员会也可以提出撤销该规范性文件的议案，由主任会议决定是否提请常委会会议审议；四是市或者区县人大常委会会议审议有关撤销规范性文件的议案，依照本级人大常委会议事规则的有关规定办理。常委会撤销规范性文件的决定应当向社会公布。

此外，《条例（草案）》还对规范性文件报送备案的要求、审查工作的民主参与、备案审查机构与文件制定机关日常工作的沟通和协调，以及不规范报备行为的处理等方面，作出了具体规定。

以上汇报，请审议。

北京市人民代表大会法制委员会关于《北京市各级人民代表大会常务委员会规范性文件备案审查条例（草案）》审议结果的报告

——2012年7月25日在北京市第十三届人民代表大会常务委员会第三十四次会议上

市人大法制委员会副主任委员　张　引

主任、各位副主任、秘书长、各位委员：

2012年3月29日，市十三届人大常委会第三十二次会议对《北京市各级人民代表大会常务委员会规范性文件备案审查条例（草案）》（以下简称条例草案）进行了审议。会上有4位常委会委员发表了意见。委员们认为，开展规范性文件备案审查是人大常委会行使法律监督权的一种重要方式，制定规范性文件备案审查条例，对于贯彻实施立法法、监督法，维护国家法制统一，保障人民群众合法权益，完善我市规范性文件备案审查制度具有重要意义，同时对条例草案提出了修改意见和建议。

会后，法制委员会对委员们的审议意见及其他各方面意见进行了认真研究，会同办公厅到部分区县进行了专项调研，书面征求了市人大各专委会及相关工作机构、市政府办公厅、市政府法制办公室及区县人大常委会的意见。2012年7月12日，法制委员会召开会议，根据委员们的审议意见和其他方面意见，对条例草案进行审议。法制委员会认为，条例草案按照立法法、监督法的有关规定，对市和区县人大常委会规范性文件备案范围、备案审查机构职责、审查方式、审查标准和处理程序进行了规定，具有较强的操作性，符合上位法精神，也符合本市工作实际，有利于规范性文件备案审查工作的依法有序开展。同时，提出了具体的修改建议。现将审议结果报告如下。

一、为便于社会公众了解市和区县人大常委会备案范围，依法参与规范性文件备案审查工作，根据部分区县人大常委会意见，在条例草案第六条增加一款作为第二款：“备案审查工作机构应当向社会公布备案的规范性文件目录。”

二、为便于有关单位、组织和公民了解审查要求和审查建议的接收和处理情况，在条例草案第九条第二款、第十四条增加“书面告知”的内容，分别修改为：“备案审查工作机构应当自收到审查要求或者建议之日起十五日内，将收到情况以书面、电子邮件等形式告知提出审查要求或者审查建议的国家机关、社会团体、企业事业组织或者公民。对不属于本级人大常委会备案审查范围的审查要求或者审查建议，应当告知其向有权进行备案审查的机关提出。”“根据审查要求或者审查建议进行的规范性文件审查工作结束后，备案审查工作机构应当将审查结果书面告知提出审查要求或者审查建议的国家机关和社会团体、企业事业组织以及公民。”

三、为便于市和区县人大常委会根据工作实际，积极稳妥推进备案审查工作，建议本条例授权市和区县人大常委会相关工作机构制定内部工作程序，增加一条作为第十八条：“实施本条例的工作程序，由常务委员会办公厅（室）制定。”委员们提出的关于规定主动审查重点等工作层面的问题，可以由内部工作程序予以规定。

此外，法制委员会还根据各方面意见对草案一些条款的文字表述作了完善性的修改，对条款顺序作了必要的调整。

法制委员会按照上述意见，提出《北京市各级人民代表大会常务委员会规范性文件备案审查条例（草案修改稿）》，提请本次常委会会议进行审议。

条例草案修改稿和以上意见是否妥当，请审议。

北京市人民代表大会法制委员会关于《北京市各级人民代表大会常务委员会规范性文件备案审查条例（表决稿）》的说明

——2012 年 9 月 28 日在北京市第十三届人民代表大会常务委员会第三十五次会议上

市人大法制委员会副主任委员　张　引

主任、各位副主任、秘书长、各位委员：

2012 年 7 月 25 日，市十三届人大常委会第三十四次会议对《北京市各级人民代表大会常务委员会规范性文件备案审查条例（草案修改稿）》（以下简称条例草案修改稿）进行了审议，会上，8 位常委会组成人员发表了意见。9 月 11 日，法制委员会召开会议，根据常委会审议意见，对条例草案修改稿的部分表述进行了修改；对于常委会组成人员提出的关于常委会备案审查工作机构、人大有关专门委员会及常委会有关工作机构的职责分工，以及备案审查工作的具体工作流程等内容，建议在条例通过后，及时制定工作程序加以规定。据此，法制委员会提出《北京市各级人民代表大会常务委员会规范性文件备案审查条例（表决稿）》，建议本次常委会会议表决通过，并自 2013 年 1 月 1 日起施行。

北京市人民代表大会常务委员会公告

（第 25 号）

《北京市实施〈中华人民共和国村民委员会组织法〉的若干规定》已由北京市第十三届人民代表大会常务委员会第三十五次会议于 2012 年 9 月 28 日修订，现予以公布，自 2012 年 11 月 1 日起施行。

北京市第十三届人民代表大会常务委员会

2012 年 9 月 28 日

北京市实施《中华人民共和国村民委员会组织法》的若干规定

（2001年8月3日北京市第十一届人民代表大会常务委员会第二十八次会议通过　2012年9月28日北京市第十三届人民代表大会常务委员会第三十五次会议修订）

第一条　为实施《中华人民共和国村民委员会组织法》，根据本市实际，制定本规定。

第二条　本市按照党的领导、人民当家作主、依法治国有机统一的要求，依法推进村民自治制度建设，促进农村经济社会发展。

第三条　村民委员会是村民自我管理、自我教育、自我服务的基层群众性自治组织，实行民主选举、民主决策、民主管理、民主监督。

村民委员会办理本村的公共事务和公益事业，调解民间纠纷，协助维护社会治安，向人民政府反映村民的意见、要求和提出建议。

村民委员会向村民会议、村民代表会议负责并报告工作。

村民委员会实行少数服从多数的民主决策机制和公开透明的工作原则，建立健全各种工作制度。

第四条　中国共产党在农村的基层组织，按照《中国共产党章程》以及《中国共产党农村基层组织工作条例》进行工作，发挥领导核心作用，领导和支持村民委员会行使职权；依照宪法和法律，支持和保障村民开展自治活动、直接行使民主权利，推进农村基层民主。

第五条　乡、民族乡、镇人民政府指导、支持和帮助村民委员会建立健全各项自治制度，依法开展自治活动，但不得干预依法属于村民自治范围内的事项，不得侵占或者自行处置村集体财产。

村民委员会协助乡、民族乡、镇人民政府开展工作。

第六条　村民委员会应当尊重并支持集体经济组织依法独立进行经济活动的自主权，维护以家庭承包经营为基础、统分结合的双层经营体制，保障集体经济组织和村民、承包经营户、联户或者合伙的合法财产权和其他合法权益。

第七条　村民委员会根据需要设人民调解、治安保卫、公共卫生与计划生育、文化体育、妇女儿童等委员会。村民委员会成员可以兼任下属委员会的成员。人口少的村的村民委员会可以不设下属委员会，由村民委员会成员分工负责有关工作。

村民委员会设立下属委员会的，应当在村民委员会选举结果公布后十五日内由村民会议或者村民代表会议推选产生下属委员会成员。

第八条　村民委员会可以根据村民居住状况、集体土地所有权关系等分设若干村民小组。

第九条　村民委员会应当宣传贯彻宪法、法律、法规和国家的政策，维护村民的合法权益；教育和推动村民履行纳税、服兵役、拥军优属、抢险救灾、计划生育等法律规定的义务，爱护公共财产，开展爱国卫生运动。

多民族村民居住的村，村民委员会应当

教育和引导村民加强民族团结，互相帮助，互相尊重。

第十条 村民委员会应当依法调解民间纠纷，维护生产、生活秩序；协助政府做好流动人口的服务和管理工作。

第十一条 村民委员会应当发展文化教育，开展健康有益的文体娱乐活动，提高村民思想道德素质和科学文化水平，树立社会主义新风尚，促进村和村之间的团结、互助，开展多种形式的社会主义精神文明建设活动。

第十二条 村民委员会应当支持和组织村民依法发展各种形式的合作经济和其他经济，承担本村生产的服务和协调工作，促进农村生产建设和经济发展，引导村民合理利用自然资源，保护和改善生态环境。

第十三条 村民委员会应当组织开展公益服务和便民利民服务，鼓励和引导村民建立服务性、公益性和互助性社会组织，并支持其依法开展活动，推动农村社区建设。

第十四条 村民委员会成员的任期和离任经济责任审计，由乡、民族乡、镇人民政府负责组织，区、县人民政府农村集体经济审计机构根据实际情况也可以组织审计，审计结果应当按照国家和本市规定及时向村民公布。

第十五条 村民会议由本村十八周岁以上的村民组成。

村民会议每年至少召开一次，由村民委员会召集，并应当提前十日通知村民。

召开村民会议，应当有本村十八周岁以上村民的过半数，或者有本村三分之二以上的户的代表参加，村民会议所作决定应当经到会人员的过半数通过。

召开村民会议，根据需要可以邀请驻本村的企业、事业单位和群众组织派代表列席。

第十六条 一百户以上或者居住分散的村，可以设立村民代表会议，讨论决定村民会议授权的事项。村民代表会议由村民委员会成员和村民代表组成，村民代表应当占村民代表会议组成人员的五分之四以上，妇女村民代表应当占村民代表会议组成人员的三分之一以上。

第十七条 村民会议根据法律、法规和相关政策，结合本村实际情况，制定和修改村民自治章程、村规民约。

村民自治章程应当包括本村村民会议、村民代表会议开展民主决策的基本规则，民主管理和民主监督的基本工作制度，公益事业服务和公共事务管理，以及村民自治的其他重大事项。

村民委员会应当在广泛征集村民意见的基础上，提出制定或者修改村民自治章程、村规民约的建议。村民自治章程、村规民约经村民会议讨论通过后，由村民委员会报乡、民族乡、镇人民政府备案。

第十八条 村民会议审议村民委员会的年度工作报告，评议村民委员会成员的工作；有权撤销或者变更村民委员会不适当的决定；有权撤销或者变更村民代表会议不适当的决定。

村民会议可以授权村民代表会议审议村民委员会的年度工作报告，评议村民委员会成员的工作，撤销或者变更村民委员会不适当的决定。

第十九条 涉及村民利益的下列事项，经村民会议或者村民会议授权村民代表会议讨论决定，方可办理：

（一）本村享受误工补贴或者村财务开支的人员，以及补贴或者报酬标准；

（二）本村公益事业的兴办和筹资筹劳方案及建设承包方案；

（三）村公益事业专项补助资金的使用方案；

（四）村日常运行经费的使用方案；

（五）按照国家和本市规定应当由村民会议讨论决定的事项。

村民会议授权村民代表会议讨论决定的具体事项应当在村民自治章程中规定。

第二十条　村民代表会议由村民委员会召集。村民代表会议每季度至少召开一次。特殊情况或者有五分之一以上的村民代表提议，应当在五日内召集村民代表会议。村民代表会议有三分之二以上的组成人员参加方可召开，所作决定应当经到会人员的过半数同意。

召开村民代表会议，根据需要可以邀请驻本村的企业、事业单位和群众组织派代表列席会议。

第二十一条　村民代表会议的议题应当由村民委员会在会议召开的三日前公布。村民代表在会前应当征求所代表的村民的意见，对村民代表会议决定的事项，应当及时向所代表的村民进行传达。

第二十二条　村民代表由村民按每五户至十五户推选一人，或者由各村民小组推选若干人。

村民代表由村民小组推选的，村民代表总数一般不得少于三十人。

多民族村民居住的村，应当有人口较少的民族的代表。

任何组织和个人不得指定、委派或者撤换村民代表。

第二十三条　村民代表应当具备下列条件：

（一）年满十八周岁，具有选举权和被选举权的本村村民；

（二）遵纪守法、品行良好，办事公道，有较高的群众威信；

（三）具有正常履行职责的身体条件；

（四）具有一定议事能力。

第二十四条　村民代表应当向其推选户或者村民小组负责，接受村民监督。

村民代表的职责：

（一）参加村民代表会议，讨论决定村民会议授权的事项；

（二）联系其推选户或者村民小组，反映其推选户或者村民小组的意见和建议；

（三）向其推选户或者村民小组传达村民代表会议决定，并动员村民遵守和执行；

（四）村民自治章程中规定的其他职责。

村民代表不依法履行职责的，由原推选户或者村民小组撤换。

第二十五条　召开村民小组会议，应当有本村民小组十八周岁以上的村民三分之二以上，或者本村民小组三分之二以上的户的代表参加，所作决定应当经到会人员的过半数同意。

村民小组组长应当在新一届村民委员会产生后十五日内由村民小组会议从本组村民中推选产生。村民小组组长任期与村民委员会的任期相同，可以连选连任。

村民小组组长负责组织督促本组村民执行村民委员会的决定，完成村民委员会交给的工作任务，办理本组的公共事务和公益事业，并向村民委员会反映本组村民的意见和要求。

第二十六条　村民小组组长、村民代表认为需要由村民委员会研究决定的事项，可以向村民委员会提出。村民委员会不采纳的，应当说明理由。

第二十七条　村应当建立村务监督委员会，负责村民民主理财、监督村务公开等制度的落实，履行依法公布村民委员会成员职务的自行终止、监督村民委员会成员的罢免工作等职责。

村务监督委员会由三至五人组成，由村民会议或者村民代表会议在村民中推选产生，其中应当有具备财会、管理知识的人员。村务监督委员会成员与村民委员会成员同期换届，任期与村民委员会成员相同。村民委员会成员及其近亲属不得担任村务监督委员会成员。

村务监督委员会向村民会议和村民代表会议负责并报告工作，村务监督委员会成员可以列席村民委员会会议和村民代表会议。

村务监督委员会成员不依法履行职责的，由村民会议或者村民代表会议撤换。

第二十八条 村民委员会实行村务公开制度。

村民委员会应当及时公布下列事项，接受村民的监督：

（一）村民会议或者村民代表会议讨论决定的事项及其实施情况；

（二）国家计划生育政策的落实方案；

（三）村社会保障、合作医疗、优抚救济政策、工作措施和落实情况；

（四）政府拨付和接受社会捐赠的救灾救助、补贴补助、支援新农村建设等资金、物资的管理使用情况；

（五）村财务收支情况；

（六）村民负担费用的收缴及使用情况；

（七）农转非情况；

（八）村民委员会协助政府开展工作的情况；

（九）村民自治章程、村规民约的制定实施情况；

（十）按照国家和本市规定应当公布的其他事项。

第二十九条 村民委员会应当在本村明显的地方设置固定的村务公开栏和意见箱。村务公开还可以采取广播、闭路电视、网络、刊物等辅助形式。

村民委员会应当广泛听取群众对村务公开的意见，接受群众查询，并作好答复工作。

村务公开不及时或者公开内容不真实的，村民有权向村民委员会提出质询，向村务监督委员会投诉，向乡、民族乡、镇人民政府，区、县人民政府及其有关主管部门反映。有关人民政府或者主管部门应当负责调查核实，责令依法公布；经查证确有违法行为的，有关人员应当依法承担责任。

第三十条 村应当建立健全财务管理制度。

村财务经村民会议或者村民代表会议讨论决定，可以采取会计委托代理等财务管理方式。

村民委员会成员的配偶、直系亲属不得担任本村财务管理工作人员。

第三十一条 村应当建立村民委员会印章使用的审批、登记、备案等管理制度，并纳入村民自治章程或者村规民约。

第三十二条 村民委员会和村务监督委员会应当建立村务档案。村务档案包括：选举文件和选票，会议记录，公益设施基本资料，基本建设资料，村务公开资料，村民自治章程，村规民约等，以及按照国家和本市规定需要建立村务档案的文件材料。

村务档案的归档范围和档案保管期限应当符合本市档案管理的有关规定。

第三十三条 村民委员会成员应当接受村民会议或者村民代表会议对其履行职责情况和廉洁情况的民主评议；由村民或者村集体承担误工补贴的聘用人员，应当接受村民会议或者村民代表会议对其履行职责情况的民主评议。民主评议每年至少进行一次，由村务监督委员会主持，并公布评议结果。

村民委员会成员连续两次被评议不称职的，其职务终止，由村务监督委员会予以公布。

第三十四条 区、县民政部门和乡、民族乡、镇人民政府负责制定和实施村民委员会成员的培训计划，实行培训制度。村民委员会成员至少在当选后的两个月内接受一次培训。培训经费由区、县和乡、民族乡、镇人民政府承担。

第三十五条 本市实行村级公益事业专项补助制度，并逐步提高补助标准。乡、民族乡、镇人民政府应当加强对村级公益事业专项补助资金使用的审核和监督。

第三十六条　本市区、县人民代表大会及其常务委员会，乡、民族乡、镇人民代表大会在本行政区域内保证《中华人民共和国村民委员会组织法》和本规定的实施，保障村民依法行使自治权利。

第三十七条　本规定自2012年11月1日起施行。

关于《北京市实施〈中华人民共和国村民委员会组织法〉的若干规定（修订草案）》的说明

——2012年3月29日在北京市第十三届人民代表大会常务委员会第三十二次会议上

北京市民政局局长　吴世民

主任、各位副主任、秘书长、各位委员：

我受市人民政府委托，现就提请本次会议审议的《北京市实施〈中华人民共和国村民委员会组织法〉的若干规定（修订草案）》（以下简称《若干规定（修订草案）》），作如下说明。

一、立法背景

（一）修订的必要性

1．是贯彻落实新修订的《中华人民共和国村民委员会组织法》，维护法制统一的需要

本市2001年颁布了《北京市实施〈中华人民共和国村民委员会组织法〉的若干规定》（以下简称《若干规定》）。2010年全国人民代表大会常务委员会对《中华人民共和国村民委员会组织法》（以下简称《村委会组织法》）进行了修订，对多年来开展村民自治工作的经验进行了总结，对下一步村民自治工作的开展提出了新要求。一是进一步明确了村民委员会和村党组织的关系，党在农村的基层组织领导和支持村民委员会行使职权；二是完善了村民委员会的职责，村民委员会向村民会议、村民代表会议负责并报告工作；三是完善了民主议事制度，充实了村民会议和村民代表会议讨论决定的事项，增加了村民小组会议制度；四是完善了民主管理和民主监督制度，增加了村务监督机构；五是完善了村民委员会的选举和罢免程序。《村委会组织法》同时授权各省、自治区、直辖市结合本行政区域的实际情况制定具体实施办法。

《若干规定》的一些内容与修订后的《村委会组织法》存在不一致的地方，需要按照法制统一原则进行修改。《村委会组织法》中的一些原则性规定，也需要通过修改《若干规定》予以细化、补充和完善。

2．是全面总结村民自治经验，解决当前村民自治中突出问题的需要

《若干规定》的颁布施行，有力促进了首都村民自治的深入开展，村各项民主制度不断健全。市委、市政府一直高度重视村民自治和村民委员会建设工作。本市先后出台了《村民代表会议议事规则》、《村务公开和民主管理工作规程》等文件，对村民自治实践中创造的好的经验和做法进行了总结和规范。这些制度成果有必要通过立法予以固化。

近年来随着经济社会的发展，村民民主自治中也出现了一些新问题，需要立法解决。

一是民主议事和民主决策的制度有待完善，村民代表的推选方式、村民代表会议的组成和议事程序、村民会议的召开方式等需要进一步明确规范；二是民主管理制度有待规范，对村级财务管理、印章使用管理、档案管理等的规范需要进一步健全；三是民主监督的制度有待完善，监督力度不够；四是村民自治的内容有待丰富，村民委员会职责、村务公开事项等需要完善。

（二）起草审核情况

市民政局会同市政府法制办于2011年年初启动修订《若干规定》立法调研工作。市人大常委会主任会议于2011年8月同意立项。起草审核工作期间，征求了相关政府部门、区县政府以及市委组织部、市委农工委和市妇联的意见；在首都之窗网站上公开征求了社会意见；组织召开了多次村支部书记、村委会主任、村民代表参加的座谈会；组织召开了多次论证会以及法律专家审查会。

各方面的反馈意见主要集中在以下两个方面：一是充分尊重村民民主自治，保障村民委员会的自治性；二是明确村务监督委员会的职能定位，合理设置村务监督委员会与村民会议、村民代表会议、村民委员会的关系。我们在研究采纳各方面意见的基础上，对修订草案进行了修改完善。

《若干规定（修订草案）》经2012年1月29日第114次市政府常务会议审议通过。

二、修订的思路

《若干规定（修订草案）》遵循的思路：一是坚持党对村民委员会工作的领导和政府对村民委员会工作的指导；二是充分尊重村民民主自治，保障村民委员会的自治性；三是保障村民委员会工作顺利开展，立足本市实际有针对性进行制度设计。在修订《若干规定》的过程中，我们立足于根据北京实际补充完善上位法的规定，对于上位法已有规定的，不作重复规定。

三、主要内容

《若干规定（修订草案）》共33条，主要补充完善了以下内容。

（一）规定了村民委员会的组成和职责

在村民委员会下属委员会的设置方面，《若干规定（修订草案）》在《村委会组织法》规定的人民调解、治安保卫、公共卫生与计划生育委员会之外，根据本市实际增设了文化体育、妇女儿童等委员会。

在村民委员会的职责方面，为落实《村委会组织法》关于“推动农村社区建设”的规定，充分发挥村民委员会在农村社区建设中，特别是在加强社会管理、服务群众、协调利益关系、化解矛盾等方面的重要作用，《若干规定（修订草案）》增加了村民委员会推动农村社区建设的职责，规定村民委员会应当推动农村社区建设，组织开展公益服务和便民利民服务，鼓励和引导村民建立服务性、公益性和互助性社会组织，并支持其依法开展活动。

（二）充实了民主议事和民主决策制度

在村民会议的职责方面，《若干规定（修订草案）》规定村民会议可以制定和修改村民自治章程、村规民约，并对村民自治章程和村规民约制定的程序进行了细化和规范。关于经村民会议讨论决定方可办理的事项，《若干规定（修订草案）》在《村委会组织法》规定的基础上，根据本市实际增加了村财务开支的工作人员及报酬标准和村公益事业专项补助资金的使用方案两项经村民会议讨论决定方可办理的事项。对于这些事项，村民会议可以授权村民代表会议讨论决定，授权的具体事项应当在村民自治章程中规定。

关于村民代表会议的设置，《若干规定

（修订草案）》根据本市实际，具体规定一百户以上或者居住分散的村，可以设立村民代表会议，讨论决定村民会议授权的事项，并详细规定了村民代表的条件、产生方式和职责。

此外，《若干规定（修订草案）》还详细规定了村民小组的设置、村民小组会议的召开方式，村民小组长的产生和职责等内容。

（三）增加了村级民主管理制度

《若干规定（修订草案）》将我市近年来村民自治工作中一些行之有效的村级民主管理制度予以了固化，包括村民委员会会议制度、村级财务管理、村民委员会印章使用管理、档案管理制度等。《若干规定（修订草案）》规定村民小组组长、村民代表认为需要由村民委员会研究决定的事项，可以向村民委员会提出。村民委员会不采纳的，应当说明理由。村应当建立健全财务管理制度，村财务经村民会议或者村民代表会议讨论决定，可以采取会计委托代理等财务管理方式。村应当建立村民委员会印章使用的审批、登记、备案等管理制度，并纳入村民自治章程或者村规民约。村民委员会和村务监督委员会应当建立村务档案。

（四）完善了村级民主监督制度

市委、市政府高度重视村务监督委员会的建设，目前全市各村均已建立了村务监督委员会。市委办公厅、市政府办公厅印发的《关于建立村务监督委员会工作的意见》（京办发〔2011〕32号）对村务监督委员会的组成、职责、任职条件、推选方式等作了规定。在村务监督委员会的职责方面，修订草案在本市实践的基础上，在上位法规定的负责村民民主理财、监督村务公开等制度的落实的职责外，主要增加了履行依法公布村民委员会成员职务的自行终止、监督村民委员会成员的罢免工作两项职责，同时为在实践中进一步充实村务监督委员会的职责留下了余地。

《若干规定（修订草案）》已印送各位委员，请予审议。

北京市人民代表大会内务司法委员会关于《北京市实施〈中华人民共和国村民委员会组织法〉的若干规定（修订草案）》审议意见的报告

——2012年3月29日在北京市第十三届人民代表大会常务委员会第三十二次会议上

市人大内务司法委员会主任委员　李小娟

主任、各位副主任、秘书长、各位委员：

市人大内务司法委员会收到市人大常委会交付审议的《北京市实施〈中华人民共和国村民委员会组织法〉的若干规定（修订草案）》（以下简称《若干规定（修订草案）》）之后，以书面征求意见或者座谈会的形式，先后征求了16个区县人大常委会、有关部门、人民团体、人大代表以及专家学者等方面的意见，并在市人大常委会网站上公开征求了社会各界的意见。此前，内务司法办公室有关同志提前介入了立法调研和法规的起草工作，所提出的主要意见政府已经采纳并体现在《若干规定（修订草案）》中。2月22日，内务司法委员会召开会议，依照《北京市制定地方性法规条例》的规定，对《若干规定（修订草案）》进行了审议。现将审议意见报告如下。

内务司法委员会认为，本市2001年颁布实施的《北京市实施〈中华人民共和国村民委员会组织法〉的若干规定》（以下简称《若干规定》）在促进深入开展村民自治，健全村级各项民主制度，增强村民群众主体作用，提高农村基层社会管理服务水平，保障本市农村经济社会事业的快速发展和基层社会的和谐稳定等方面发挥了重要作用。但是随着形势的发展，《若干规定》中的一些规定已经难以适应当前的要求。2010年，全国人大常委会对《中华人民共和国村民委员会组织法》（以下简称《村民委员会组织法》）进行了修订，因此，需要根据上位法和本市的实际，对本市《若干规定》进行修订。《若干规定（修订草案）》体现了上位法的立法精神，并从本市的实际出发作了修改完善，内务司法委员会认为《若干规定（修订草案）》总体是可行的，同时，对部分条款提出以下具体修改建议。

一、关于《若干规定（修订草案）》第三条的表述问题

《若干规定（修订草案）》第三条规定，“中国共产党在农村的基层组织，按照《中国共产党章程》以及《中国共产党农村基层组织工作条例》进行工作，发挥领导核心作用；依照宪法和法律，支持和保障村民开展自治活动、直接行使民主权利，推进农村基层民主。”内务司法委员会认为，此条的规定与《村民委员会组织法》总则第四条关于党的基层组织在村民自治活动中作用的表述不一致，建议依据《村民委员会组织法》第四条的文字表述进行修改。

二、关于村委会成员任期和离任经济责任审计的问题

《若干规定（修订草案）》第十二条第一款规定，“村民委员会成员的任期和离任经济责任审计，由乡、民族乡、镇人民政府负责组织，区、县人民政府农村集体经济审计机构根据实际情况也可以组织审计，审计结果应当向村民公布。”内务司法委员会认为，村委会成员任期和离任经济责任审计是对农村干部进行监督的一个重要环节，做好审计工作，有利于强化村级财务管理的监督约束机制，完善村务公开和民主管理制度。同时，及时公布审计结果，接受村民的监督，也是非常重要的。因此，建议根据《村民委员会组织法》第三十五条的规定，在此款后增加“其中离任经济责任审计结果应当在下一届村民委员会选举之前公布”的内容。

三、关于村务监督委员会成员不履行职责的问题

《若干规定（修订草案）》第二十四条规定村应当建立村务监督委员会，负责村民民主理财、监督村务公开等制度的落实，履行依法公布村民委员会成员职务的自行终止、监督村民委员会成员的罢免工作等职责。内务司法委员会认为，村务监督委员会是村民自治中专门进行村务监督的组织，鉴于村务监督委员会是由村民会议或者村民代表会议推选产生的，其自身也要接受村民的监督，因此，建议在本条增加一款，作为第四款，即：“村务监督委员会成员不依法履行职责的，可以由村民会议或者村民代表会议撤换。”

此外，内务司法委员会对修订草案还提出一些文字修改意见。

以上意见，供常委会组成人员审议时参考。

北京市人民代表大会法制委员会关于《北京市实施〈中华人民共和国村民委员会组织法〉的若干规定（修订草案）》审议结果的报告

——2012 年 7 月 25 日在北京市第十三届人民代表大会常务委员会第三十四次会议上

市人大法制委员会副主任委员　卜世成

主任、各位副主任、秘书长、各位委员：

2012 年 3 月 29 日，市十三届人大常委会第三十二次会议审议了《北京市实施〈中华人民共和国村民委员会组织法〉的若干规定（修订草案）》（以下简称修订草案）。会上，市人大内务司法委员会作了审议意见的报告，22 位常委会组成人员和 3 位列席人大代表发表了审议意见。大家认为，村民自治制度是中国特色社会主义民主政治制度的重要组成部分。2001 年《北京市实施〈中华人民共和国村民委员会组织法〉的若干规定》颁布实施以来，有力促进了首都村民自治的深入开展，村级各项民主制度不断健全。近年来，随着城乡经济社会一体化进程的发展，本市在村民自治实践中创造积累了一些有效做法，应通过立法加以固化；同时也出现了一些新情况新问题，需要加以解决。2010 年全国人大常委会修订了《中华人民共和国村民委员会组织法》，完善了民主决策、民主管理和民主监督等制度。为此，有必要根据上位法，结合本市实际情况，按照法制统一原则进行修订完善。这次法规修订应当坚持党的领导、村民自治和依法治理有机统一，处理好村民委员会与村党组织、村集体经济组织及基层政府之间的关系，借鉴近年来坚持完善人民代表大会制度的经验做法，将完善村民代表会议制度作为推进村民自治的主要运行方式和工作机制，切实保障村民权利，推动农村经济社会发展。同时，还提出了一些具体修改意见和建议。

会后，法制委员会会同有关部门，针对常委会审议中的重点问题，先后到市农研中心、朝阳区、房山区进行实地调研，采取召开座谈会、书面征求意见等方式，听取了市委组织部、市委农工委、市农委等部门、13 个区县政府以及部分担任村党支部书记或村委会主任的区人大代表的意见和建议。2012 年 7 月 12 日，法制委员会召开会议，根据常委会审议意见、内务司法委员会的审议意见和其他有关方面的意见进行审议，对修订草案提出了进一步修改的意见。现将审议结果报告如下。

一、关于村党支部在村民自治中的领导核心作用

有的常委会组成人员和内务司法委员会提出，党的十七大和十七届三中全会报告中指出，要健全村党支部领导的充满活力的村民自治机制。农村基层民主自治制度要顺利发展，就必须坚持发挥村党支部的领导核心作用，领导和支持村委会行使职权，支持和保障村民深入开展民主选举、民主决策、民主管理、民主监督。法制委员会根据上述意见，建议增加一条，表述为：“本市按照党的

领导、人民当家作主、依法治国有机统一的要求，依法推进村民自治制度建设，促进农村经济社会发展。”（修订草案修改稿第二条）

同时，根据上位法，增加农村基层党组织“领导和支持村民委员会行使职权”的内容。（修订草案修改稿第四条）

二、关于加强各级政府对村级公益事业的支持

有的常委会组成人员提出，做好村民自治工作离不开政府的支持，政府应逐步提高村级公益事业专项补助资金标准，以促进农村公益事业的发展。法制委员会根据上述意见，建议增加一条，表述为：“本市实行村级公益事业专项补助制度，并逐步提高补助标准。乡、民族乡、镇人民政府应当加强对村级公益事业专项补助资金使用的审核和监督。”（修订草案修改稿第三十五条）

三、关于完善村民代表会议制度

有的常委会组成人员提出，村民会议和村民代表会议是村民主决策的主要组织形式，是村民自治制度的重要组成部分。鉴于基层普遍反映，召开村民会议存在较大困难，因此必须着力完善村民代表会议制度，使其成为推进村民自治制度、健全村级民主决策的主要运行制度和实现形式。法制委员会根据上述意见，依照上位法，建议增加一款，表述为：“村民委员会向村民会议、村民代表会议负责并报告工作。”（修订草案修改稿第三条第三款）

增加一款，表述为：“村民会议可以授权村民代表会议审议村民委员会的年度工作报告，评议村民委员会成员的工作，撤销或者变更村民委员会不适当的决定。”（修订草案修改稿第十八条第二款）

将第十五条修改为：“涉及村民利益的下列事项，经村民会议或者村民会议授权村民代表会议讨论决定，方可办理：

“（一）本村享受误工补贴或者村财务开支的人员，以及补贴或者报酬标准；

“（二）本村公益事业的兴办和筹资筹劳方案及建设承包方案；

“（三）村公益事业专项补助资金的使用方案；

“（四）村日常运行经费的使用方案；

“（五）按照国家和本市规定，需要由村民会议讨论决定的其他事项。

“村民会议授权村民代表会议讨论决定的具体事项应当在村民自治章程中规定。”（修订草案修改稿第十九条）

同时，村民代表是村民代表会议的主体，是村民意愿和利益的代表者。建议明确村民代表的职责，增加一款，表述为：“村民代表的职责：

“（一）参加村民代表会议，讨论决定村民会议授权的事项；

“（二）联系其推选户或者村民小组，反映其推选户或者村民小组的意见和建议；

“（三）向其推选户或者村民小组传达村民代表会议决定，并动员村民遵守和执行；

“（四）村民自治章程中规定的其他职责。”（修订草案修改稿第二十四条第二款）

四、关于村务公开制度

有的常委会组成人员和列席人大代表提出，村务公开是进行民主管理、民主监督的重要手段。近年来，本市农村积极推进政务公开、财务公开、事务公开等制度，探索了一些做法。为进一步完善村务公开制度，有必要将这些有效的经验做法在法规中予以体现。法制委员会根据上述意见，建议将第二十五条第二款修改为：“村民委员会应当及时

公布下列事项，接受村民的监督：

“（一）村民会议或者村民代表会议讨论决定的事项及其实施情况；

“（二）国家计划生育政策的落实方案；

“（三）村社会保障、合作医疗、优抚救济政策、工作措施和落实情况；

“（四）政府拨付和接受社会捐赠的救灾救助、补贴补助、支援新农村建设等资金、物资的管理使用情况；

“（五）村财务收支情况；

“（六）村民负担费用的收缴及使用情况；

“（七）农转非情况；

“（八）村民委员会协助人民政府开展工作的情况；

“（九）村民自治章程、村规民约的制定实施情况；

“（十）按照国家和本市规定需要公布的其他事项。”（修订草案修改稿第二十八条第二款）

五、关于村务监督委员会

有的常委会组成人员和内务司法委员会提出，建议根据上位法，结合本市实际情况和《关于建立村务监督委员会工作的意见（试行）》（京办发〔2011〕32号）对有关村务监督委员会的内容进行完善修改。法制委员会根据上述意见，建议增加村务监督委员会任期、产生时间和撤换的内容，表述为：“村务监督委员会成员与村民委员会成员同期换届，任期与村民委员会成员相同。”（修订草案修改稿第二十七条第二款）

增加一款，表述为：“村务监督委员会成员不依法履行职责的，由村民会议或者村民代表会议撤换。”（修订草案修改稿第二十七条第四款）

此外，法制委员会还根据常委会审议意见、内务司法委员会审议意见和其他方面的意见，对修订草案作了一些文字修改，对条款顺序进行了相应调整。

法制委员会按照上述意见，提出《北京市实施〈中华人民共和国村民委员会组织法〉的若干规定（修订草案修改稿）》，提请本次常委会会议进行审议。

修订草案修改稿和以上意见是否妥当，请审议。

北京市人民代表大会法制委员会关于《北京市实施〈中华人民共和国村民委员会组织法〉的若干规定（修订草案修改稿）》修改意见的报告

——2012年9月28日在北京市第十三届人民代表大会常务委员会第三十五次会议上

市人大法制委员会副主任委员　卜世成

主任、各位副主任、秘书长、各位委员：

2012年7月25日，市十三届人大常委会第三十四次会议对《北京市实施〈中华人民共和国村民委员会组织法〉的若干规定（修订草案修改稿）》（以下简称修订草案修改稿）进行了分组审议，有7位常委会组成人员发表了审议意见。大家认为，修订草案修改稿符合上位法精神和本市农村实际，内容比较全面，同时针对具体条款提出了意见和建议。

会后，法制委员会会同市人大内司委、市政府法制办、市民政局认真研究了常委会组成人员的审议意见，采取召开座谈会、书面征求意见等方式，征求了市委组织部、市人大农村委、市农委等部门的意见。9月11日，法制委员会召开会议，根据常委会审议意见和其他有关方面的意见，对修订草案修改稿提出了进一步修改的意见。现将修改情况报告如下：

一、将第三条第四款修改为："村民委员会实行少数服从多数的民主决策机制和公开透明的工作原则，建立健全各种工作制度"。（表决稿第三条第四款）

二、将第十四条修改为："村民委员会成员的任期和离任经济责任审计，由乡、民族乡、镇人民政府负责组织，区、县人民政府农村集体经济审计机构根据实际情况也可以组织审计，审计结果应当按照国家和本市规定及时向村民公布"。（表决稿第十四条）

三、将第十七条第一款修改为："村民会议根据法律、法规和相关政策，结合本村实际情况，制定和修改村民自治章程、村规民约。

"村民自治章程应当包括本村村民会议、村民代表会议开展民主决策的基本规则，民主管理和民主监督的基本工作制度，公益事业服务和公共事务管理，以及村民自治的其他重大事项"。（表决稿第十七条第一款、第二款）

四、将第二十七条第三款修改为："村务监督委员会向村民会议和村民代表会议负责并报告工作，村务监督委员会成员可以列席村民委员会会议和村民代表会议"。（表决稿第二十七条第三款）

五、将第三十条第三款中的"直系亲属"修改为"配偶、直系亲属"。（表决稿第三十条第三款）

六、将第三十三条第一款修改为："村民委员会成员应当接受村民会议或者村民代表会议对其履行职责情况和廉洁情况的民主评议；由村民或者村集体承担误工补贴的聘用人员，应当接受村民会议或者村民代表会议对其履行职责情况的民主评议。民主评议每年至少进行一次，由村务监督委员会主持，并公布评议结果"。（表决稿第三十三条第一款）

此外，法制委员会根据常委会的审议意见对修订草案修改稿的文字作了完善性修改，对条款顺序进行了必要调整。

法制委员会按照上述意见提出《北京市实施〈中华人民共和国村民委员会组织法〉的若干规定（表决稿）》，建议本次常委会会议表决通过，并自2012年11月1日起施行。

北京市人民代表大会常务委员会公告

（第26号）

《北京市村民委员会选举办法》已由北京市第十三届人民代表大会常务委员会第三十五次会议于2012年9月28日修订，现予以公布，自2012年11月1日起施行。

北京市第十三届人民代表大会常务委员会

2012年9月28日

北京市村民委员会选举办法

（2000年9月22日北京市第十一届人民代表大会常务委员会第二十一次会议通过
2012年9月28日北京市第十三届人民代表大会常务委员会第三十五次会议修订）

目　　录

第一章　总　　则

第一条　为规范村民委员会选举，保障村民依法行使民主权利，根据《中华人民共和国村民委员会组织法》，结合本市实际，制定本办法。

第二条　村民委员会主任、副主任和委员，由本村有选举权的村民直接选举产生。任何组织或者个人不得指定、委派或者撤换村民委员会成员。

第三条　村民委员会由主任、副主任和委员共三人至七人组成，至少有一名妇女成员。村民委员会成员的具体人数和妇女成员所担任的职位由村民会议或者村民代表会议决定。

第四条　村民委员会每届任期三年，届满应当举行换届选举。村民委员会成员可以连选连任。

第五条　村民委员会的换届选举工作由市人民政府统一部署。区、县和乡、民族乡、镇人民政府负责组织和指导选举工作的具体实施。

第六条　中国共产党在农村的基层组织，按照《中国共产党章程》，在村民委员会选举工作中发挥领导核心作用，依照宪法和有关法律、法规，支持和保障村民直接行使民主权利。

第七条　村民委员会的选举经费由村自行解决，确有困难的，乡、民族乡、镇人民政府应当给予适当补助。

各级人民政府组织指导村民委员会选举工作所需经费由同级财政安排。

第二章　选举工作机构

第八条　村民委员会选举期间，市和区、县人民政府成立负责村民委员会选举工作的机构，组织领导下级人民政府指导村民委员会选举工作。

乡、民族乡、镇人民政府成立村民委员会选举工作指导机构，负责制定本辖区村民委员会选举工作实施方案，部署选举工作，动员村民依法参加选举，协助确认登记参加选举的村民资格等工作。

第九条　村民委员会的选举工作由村民选举委员会主持。村民选举委员会由主任和委员共五至九人组成，由村民会议或者村民代表会议、各村民小组会议推选产生。

村民选举委员会成员名单应当及时向村民公告，并报乡、民族乡、镇人民政府备案。

第十条　村民选举委员会履行下列职责：

（一）宣传选举的目的、意义和有关法

律、法规；

（二）制定选举工作实施方案；

（三）确定和培训选举工作人员；

（四）审查、登记并公布参加选举的村民名单；

（五）组织提名村民委员会成员候选人，审查候选人资格，确定并公布候选人名单，组织宣传介绍候选人；

（六）确定并公告选举日期、投票方式、投票地点和投票时间；

（七）主持选举大会，组织选举投票、公开计票，认定疑难选票，确认选举效力，公布选举结果，并报乡、民族乡、镇人民政府备案；

（八）受理有关选举工作的申诉；

（九）主持村民委员会的工作移交；

（十）总结选举工作，整理、建立选举工作档案；

（十一）办理其他选举工作事项。

村民选举委员会遵循少数服从多数的议事原则。

村民选举委员会履行职责，从组成之日起至完成村民委员会工作交接之日止。

第十一条 村民选举委员会成员不依法履行职责的，经村民会议、村民代表会议或者推选其为村民选举委员会成员的村民小组会议讨论决定，予以免职。乡、民族乡、镇村民委员会选举工作指导机构对不依法履行职责的村民选举委员会成员，可以提出免职建议。

村民选举委员会成员被提名为村民委员会成员候选人，应当退出村民选举委员会。

村民选举委员会因故出现缺额，按照原推选结果依次递补；没有候补人选的，也可另行推选。

第三章 参加选举村民的登记

第十二条 年满十八周岁的村民，不分民族、种族、性别、职业、家庭出身、宗教信仰、教育程度、财产状况、居住期限，都有选举权和被选举权；但是，依照法律被剥夺政治权利的人除外。

村民的年龄计算到选举日为止。

第十三条 村民委员会选举前，应当对下列人员进行登记，列入参加选举村民名单：

（一）户籍在本村并且在本村居住的村民；

（二）户籍在本村，不在本村居住，本人表示参加选举的村民；

（三）原为本村农业户籍，现已转为非农业户籍，但仍在本村居住或者工作，并且未参加居民委员会选举，经村民会议或者村民代表会议同意参加选举的人员；

（四）户籍不在本村，在本村居住或者工作一年以上，本人申请参加选举，并且经村民会议或者村民代表会议同意参加选举的公民。

已在户籍所在地或者居住地登记参加选举的人员，不得再参加其他地方村民委员会选举。

第十四条 村民有下列情形之一，经村民选举委员会确认，不列入参加选举的村民名单：

（一）丧失行为能力的；

（二）依照法律被剥夺政治权利的；

（三）登记期间，经公告、电话、信函等多种方式确实无法取得联系的。

选举日前，以上情形消失的，经村民选举委员会确认，应当列入参加选举的村民名单。

第十五条 登记参加选举的村民名单应当在选举日的二十日前由村民选举委员会张榜公布。村民对登记参加选举的村民名单有异议的，应当自名单公布之日起五日内向村民选举委员会提出申诉；村民选举委员会应当自收到申诉之日起三日内作出书面处理决定，并公布处理结果。

对登记参加选举的村民，由村民选举委员会发给参选证。

第四章　候选人的产生

第十六条　村民委员会成员候选人，由登记参加选举的村民直接提名产生。村民选举委员会应当组织召开候选人提名会议，投票产生候选人。提名会议应当有登记参加选举的村民过半数参加。

村民委员会主任、副主任、委员候选人数应当分别多于应选名额一至二人，按照获得提名得票多少的顺序确定。

每个登记参加选举的村民提名的候选人人数，不得超过应选名额。

第十七条　村民提名村民委员会成员候选人，应当从全体村民利益出发，推荐奉公守法、品行良好、公道正派、热心公益、具有一定文化水平和工作能力的村民为候选人。

第十八条　具有《中华人民共和国村民委员会组织法》第十八条规定情形的，不提名为村民委员会成员候选人。

前款规定以外的严重违反法律、法规，或者被依法限制人身自由客观上不能履行村民委员会成员职责的村民，经村民会议或者村民代表会议决定，不提名为村民委员会成员候选人。

第十九条　村民选举委员会应当在选举日前组织村民委员会成员候选人与村民见面，向登记参加选举的村民介绍候选人情况，由候选人介绍履行职责的设想，回答村民提出的问题。

第二十条　村民委员会成员候选人名单应当在选举日的五日前，按照获得提名票数多少的顺序张榜公布。

第五章　投票选举

第二十一条　村民选举委员会应当在选举日前做好以下准备工作：

（一）制定投票办法，公布投票选举的具体时间和地点；

（二）准备选票和票箱，布置选举大会会场和投票站，设立发票处和秘密写票处；

（三）确定和培训监票人、唱票人、计票人、代书人及其他选举工作人员；

（四）其他选举事务工作。

村民委员会成员候选人及其配偶、直系亲属不得担任监票人、唱票人、计票人、代书人和其他选举工作人员。

第二十二条　选举村民委员会，可以采取一次投票选举主任、副主任和委员的方式；也可以采取分次投票选举主任、副主任和委员的方式。具体选举方式，由村民选举委员会根据多数登记参加选举村民的意见在选举方案中确定。

第二十三条　投票选举时，应当由村民选举委员会主持召开选举大会。村民选举委员会应当根据村民居住状况和便于组织选举的原则，设立中心投票会场和若干投票站。对老年人、残疾人等因行动困难不便到会场或者投票站投票的，可以设立流动票箱。每个投票站或者流动票箱必须有三名以上监票人负责。

第二十四条　选举现场应当设立代书处。

投票时，村民自己不能填写选票的，可以委托代书人代写。代书人不得违背委托人的意愿。

任何人不得强制村民委托代书人填写选票。

村民及代书人填写选票，其他人不得围观和干预。

第二十五条　登记参加选举的村民，选举期间外出不能参加投票的，可以书面委托本村具有选举权的近亲属代为投票，委托投票手续应当在投票选举日前办理。

每一村民接受委托投票不得超过三人。

受委托人应当按照委托人的意愿填写选票和投票。村民委员会成员候选人不得接受他人委托代为投票。

村民选举委员会应当公布委托人和受委托人的名单，并在发票时查验委托书。

第二十六条 村民委员会选举采取无记名投票方式。登记参加选举的村民对候选人可以投赞成票、反对票或者另选他人，也可以弃权。

第二十七条 投票选举前，村民选举委员会应当核实参加选举的人数；投票结束后，所有投票箱应当立即集中到选举大会会场，当众开箱，公开唱票、计票，当场公布选举结果。

第二十八条 选举村民委员会，有登记参加选举的村民过半数投票，选举有效。

每次选举所投的票数，等于或者少于投票人数的有效，多于投票人数的无效；每一选票所选的人数，等于或者少于应选名额的有效，多于应选名额的无效。选票无法辨认的，经村民选举委员会认定，作废票处理。废票计入选票总数。

第二十九条 候选人获得参加投票的村民过半数的选票，始得当选。获得过半数选票的候选人人数多于应选名额时，以得票多者当选。如遇票数相同，无法确定当选人时，应当就得票相同的候选人再次投票，以得票多者当选。

第三十条 当选的村民委员会成员人数少于应选名额时，应当在十五日内就不足的名额另行选举。

另行选举时，根据第一次投票时得票多少的顺序，差额确定候选人。候选人以得票多者当选，但得票数不得少于已投选票总数的三分之一。

另行选举后，当选人数超过三人并已选出村民委员会主任，但仍不足应选名额时，经村民会议或者村民代表会议决定，可以不再另行选举。

第三十一条 村民选举委员会确认选举有效后，当场公布选举结果，并报乡、民族乡、镇人民政府备案。

第三十二条 村民委员会应当自新一届村民委员会产生之日起十日内，向新一届村民委员会完成公共财物、集体财务账目、债权债务凭证、档案资料、印章等工作移交。工作移交由村民选举委员会主持，由乡、民族乡、镇人民政府监督。

第六章 罢免、辞职和补选

第三十三条 村民委员会成员受村民监督。

本村五分之一以上有选举权的村民或者三分之一以上的村民代表联名，可以提出罢免村民委员会成员的要求。罢免要求和理由应当以书面形式同时向村民委员会和村务监督委员会提出。村民委员会应当在接到罢免要求之日起三十日内，就罢免理由和联名情况进行调查核实，并依法召集登记参加选举的村民进行无记名投票表决。村务监督委员会应当对村民委员会成员的罢免工作进行监督。

村民委员会逾期不召集登记参加选举的村民投票表决罢免要求的，乡、民族乡、镇人民政府可以督促村民委员会召集；经督促仍不召集的，乡、民族乡、镇人民政府可以召集登记参加选举的村民投票表决。

乡、民族乡、镇人民政府对严重违反国家法律、法规受到处罚的村民委员会成员，可以向村民委员会提出罢免建议。

第三十四条 登记参加选举的村民讨论表决罢免要求时，被提出罢免的村民委员会成员有权出席会议并提出申辩意见。

罢免村民委员会成员，须有登记参加选举的村民过半数投票，并须经参加投票的村民过半数通过。表决的程序和方法适用本办法规定的选举程序和方法。表决结果当日公布，并报乡、民族乡、镇人民政府备案。

罢免未获通过的，届期内以同一事实和理由再次提出罢免要求的，村民委员会可以不再核查处理，但应当说明理由。

第三十五条　村民委员会成员要求辞职的，应当以书面形式向村民委员会提出，由村民委员会召集村民会议或者村民代表会议讨论决定，并予以公告。

第三十六条　村民委员会成员因罢免、辞职、职务终止等原因出现缺额，可以由村民会议或者村民代表会议进行补选。补选结果当日公布，并报乡、民族乡、镇人民政府备案。补选程序参照《中华人民共和国村民委员会组织法》和本办法有关规定办理。

补选的村民委员会成员，其任期到本届村民委员会任期届满为止。

第七章　监督管理

第三十七条　本市区、县、乡、民族乡、镇人民代表大会和市、区、县人民代表大会常务委员会对村民委员会选举进行监督、检查，保证《中华人民共和国村民委员会组织法》和本办法在本行政区域内的贯彻实施。

第三十八条　对下列行为，村民有权向乡、民族乡、镇的人民代表大会和人民政府或者区、县的人民代表大会常务委员会和人民政府及其有关主管部门举报，乡、民族乡、镇或者区、县人民政府应当及时调查并依法处理；违反治安管理规定的，由公安机关依法处理；构成犯罪的，依法追究刑事责任：

（一）以暴力、威胁、欺骗、诬告、诽谤等不正当手段，妨害村民行使选举权和被选举权，破坏村民委员会选举的；

（二）直接或者指使他人，以财物或者其他利益贿赂登记参加选举的村民、选举工作人员或者其他有关人员的；

（三）伪造选举文件，涂改、伪造、毁坏选票或者虚报选票数的；

（四）擅自调整、变更村民委员会成员候选人或者指定、委派、撤换村民委员会成员的；

（五）对控告、检举村民委员会选举中违法行为或者提出罢免村民委员会成员要求的人进行压制、打击报复的；

（六）无正当理由拖延村民委员会换届选举的；

（七）其他干扰、妨碍选举工作正常进行的。

以暴力、威胁、欺骗、贿赂、伪造选票、虚报选举票数等不正当手段当选村民委员会成员的，乡、民族乡、镇或者区、县人民政府调查确认后，宣布当选无效。

第八章　附　　则

第三十九条　辖区范围内有村的街道办事处，在村民委员会选举中履行本办法规定的应当由乡、民族乡、镇人民政府履行的职责。

第四十条　本办法自2012年11月1日起施行。

关于《北京市村民委员会选举办法（修订草案）》的说明

——2012年3月29日在北京市第十三届人民代表大会常务委员会第三十二次会议上

北京市民政局局长　吴世民

主任、各位副主任、秘书长、各位委员：

我受市人民政府委托，现就提请本次会议审议的《北京市村民委员会选举办法（修订草案）》，作如下说明。

一、立法背景

《北京市村民委员会选举办法（修订草案）》（以下简称《选举办法（修订草案）》）是为贯彻落实2010年新修订的《中华人民共和国村民委员会组织法》（以下简称《村委会组织法》）中关于村民委员会选举规定的单项立法，与《北京市实施〈中华人民共和国村民委员会组织法〉的若干规定》的修订同步进行，同步开展调研起草工作。

本市2000年颁布了《北京市村民委员会选举办法》（以下简称《选举办法》）。新修订的《村委会组织法》对村民委员会成员的选举和罢免程序进行了进一步细化和完善：一是充实了村民选举委员会的组成和推选程序；二是明确了列入参加选举的村民名单的范围；三是充实了村民委员会成员罢免程序，加强了对村民委员会成员的监督；四是增设了村民委员会成员的职务自行终止的规定；五是增加了村民委员会成员补选程序。同时，明确授权"具体选举办法由省、自治区、直辖市的人民代表大会常务委员会规定"。《选举办法》的一些内容需要按照法制统一原则进行修改。《村委会组织法》中关于村民委员会选举的一些原则性规定，也需要通过修改《选举办法》予以细化、补充和完善。

《选举办法》实施11年来，在扩大农村基层民主、保障村民民主权利等方面发挥了重要作用。近年来，在总结选举实践经验基础上，本市出台了《北京市村民委员会选举工作指导规程》等文件，对选举机构、选举准备、选民登记等关键环节作了全面规范，使选举工作程序更加细化、更具操作性，获得村民的高度认可。这些制度化的经验需要通过立法予以固化。同时，近年来随着农村改革的不断深化、城乡一体化进程加快，村民委员会选举实践中也出现了一些新问题需要立法解决，例如参加选举村民资格的认定、候选人资格条件的设定、村民委员会成员罢免程序的启动以及选举工作中的违法行为的认定和处理等。

起草审核过程中，各方面的反馈意见主要集中在以下三个方面：一是坚持村民自治的原则，充分保障村民在基层民主自治中的选举权和被选举权；二是对候选人资格条件应当有所限制，以保障村民委员会成员能切实履行好职责；三是贯彻落实上位法的规定，在制度上落实保证村民委员会成员中有妇女成员。我们在研究采纳各方面意见的基础上，对修订草案进行了修改完善。《选举办法（修订草案）》经2012年1月29日第114次市政府常务会议审议通过。

二、修订的思路

《选举办法（修订草案）》遵循的思路：

一是坚持党对村民委员会工作的领导和政府对村民委员会工作的指导；二是充分尊重村民民主自治，保障村民委员会的自治性；三是保障村民委员会选举工作顺利开展，立足本市实际有针对性进行制度设计。在修订《选举办法》过程中，我们立足于进一步细化上位法的规定，增强办法的可操作性，切实解决选举实践中的问题。

三、主要内容

《选举办法（修订草案）》共8章41条，包括总则、选举工作机构、参加选举村民的登记、候选人的产生、投票选举、罢免、辞职和补选、监督管理和附则。主要内容包括：

（一）规定了有关选举工作机构的职责

《选举办法（修订草案）》规定村民委员会选举期间，市和区县政府成立负责村民委员会选举工作的机构，组织领导下级政府指导村民委员会选举工作。乡镇政府成立村民委员会选举工作指导机构，负责制定本辖区村民委员会选举工作实施方案，部署选举工作，动员村民依法参加选举，为登记参加选举的村民资格确认提供协助等工作。村民委员会的选举工作由村民选举委员会主持。村民选举委员会成员不依法履行职责的，经村民会议、村民代表会议或者推选其为村民选举委员会成员的村民小组会议讨论决定，予以免职。乡镇村民委员会选举工作指导机构对不依法履行职责的村民选举委员会成员，可以提出免职建议。

（二）明确了列入参加选举的村民名单的范围

关于列入参加选举的村民名单的范围，《选举办法（修订草案）》在《村委会组织法》规定的三种情形之外，根据本市实际，增加了原为本村农业户籍，现转为本村非农业户籍，但仍在本村居住或工作，且未参加居民委员会选举，经村民会议或村民代表会议同意参加选举的人员。关于非本村户籍人员的参选，《村委会组织法》规定了户籍不在本村，在本村居住一年以上，本人申请参加选举，并且经村民会议或者村民代表会议同意参加选举的公民可以列入参加选举的村民名单。《选举办法（修订草案）》与上位法作了一致性规定，并根据北京市实际，为大学生村官参选提供途径，增加了“在本村工作一年以上”的情形。

《选举办法（修订草案）》还规定了不列入参加选举的村民名单的三种情形。经村民选举委员会确认，丧失行为能力的村民，被依法剥夺政治权利的村民以及选举日前经公告等方式确实无法取得联系的村民，不列入参加选举的村民名单。

（三）规定了候选人的产生方式和资格条件

《选举办法（修订草案）》规定村民委员会成员候选人，由登记参加选举的村民直接提名产生。村民选举委员会应当组织召开候选人提名会议，投票产生候选人。

关于候选人的资格条件，《选举办法（修订草案）》第十七条规定了奉公守法、品行良好、公道正派、热心公益、具有一定文化水平和工作能力的正面引导条件。针对选举实践中反映比较强烈的村委会成员素质问题，《选举办法（修订草案）》第十八条规定了限制性条件：具有《村委会组织法》第十八条规定的丧失行为能力或者被判处刑罚的职务自行终止情形的，不作为候选人；其他严重违反法律、法规，或者被依法限制人身自由客观上不能履行村民委员会成员职责的，经村民会议或者村民代表会议决定，不提名为村民委员会成员候选人。

（四）增加了保证妇女当选的规定

《村委会组织法》第六条规定“村民委员会成员中，应当有妇女成员”。为落实《村委会组织法》的规定，《选举办法（修订草案）》规定了妇女成员职位专职专选，规定“村民委员会由主任、副主任和委员共三人至七人组成，至少有一名妇女成员。村民委员会成员的具体人数和妇女职位由村民会议或者村民代表会议决定。”

（五）健全了村民委员会成员罢免、辞职和补选的有关程序

《选举办法（修订草案）》按照《村委会组织法》的规定，在罢免的启动主体方面，增加了“三分之一以上的村民代表联名”可以提出罢免村民委员会成员的规定。对于村民委员会逾期不召集登记参加选举的村民投票表决罢免要求的情况，《选举办法（修订草案）》增加了乡镇政府的督促程序，经督促仍不召集的，乡镇政府可以召集登记参加选举的村民投票表决。为防止频繁启动罢免，《选举办法（修订草案）》规定罢免未获通过的，届期内以同一事实和理由再次提出罢免要求的，村民委员会可以不再核查处理。另外，《选举办法（修订草案）》还规定了村民委员会成员的辞职和补选程序。

（六）完善了监督管理的规定

《选举办法（修订草案）》规定区县、乡镇人民代表大会和市、区、县人民代表大会常委会对村民委员会选举进行监督、检查。村民有权向乡镇人民代表大会和人民政府或者区、县人民代表大会常务委员会和人民政府及其有关主管部门举报选举中违法行为，乡镇或者区县人民政府应当及时调查并依法处理；违反治安管理规定的，由公安机关依法处理；构成犯罪的，依法追究刑事责任。

《选举办法（修订草案）》已印送各位委员，请予审议。

北京市人民代表大会内务司法委员会关于《北京市村民委员会选举办法（修订草案）》审议意见的报告

——2012年3月29日在北京市第十三届人民代表大会常务委员会第三十二次会议上

市人大内务司法委员会主任委员　李小娟

主任、各位副主任、秘书长、各位委员：

市人大内务司法委员会收到市人大常委会交付审议的《北京市村民委员会选举办法（修订草案）》（以下简称《选举办法（修订草案）》）之后，以书面或者座谈会的形式，先后征求了16个区县人大常委会、有关部门、人民团体、人大代表以及专家学者的意见，并在市人大常委会网站上公开征求了社会各界的意见。此前，内务司法办公室有关同志提前介入了立法调研和法规的起草工作。2月22日，内务司法委员会召开会议，依照《北京市制定地方性法规条例》的规定，对《选举办法（修订草案）》进行了审议。现将审议意见报告如下。

内务司法委员会认为，2000年本市颁布实施《北京市村民委员会选举办法》（以下简称《选举办法》）以来，村民委员会直接选举制度更加完善，村民民主法制意识显著提高，有力促进了本市基层民主政治建设的健康发展。实践证明，《选举办法》是一部好的地方性法规，关于村级民主选举制度的规定是可行的。但是，随着本市经济社会发展，在村

委会选举中出现了一些新情况、新问题，《选举办法》有的规定已不适应新的情况。2010年全国人大常委会对《中华人民共和国村民委员会组织法》（以下简称《村委会组织法》）进行了修订，据此，需要对本市《选举办法》进行修订。《选举办法（修订草案）》根据上位法的精神，吸取我市以往村委会换届选举的成功经验，完善了村委会选举的相关制度规定，内务司法委员会认为《选举办法（修订草案）》总体是可行的。同时，对部分条款提出以下具体修改建议。

一、关于村民选举委员会成员的推选方式问题

《选举办法（修订草案）》第九条第一款规定，“村民委员会的选举工作由村民选举委员会主持。村民选举委员会成员经村民会议、村民代表会议或者各村民小组会议推选产生，由主任和委员共五至九人组成。村民选举委员会主任由村民选举委员会成员推选产生。”内务司法委员会认为，《村委会组织法》规定，村民选举委员会主任和成员都应当“由村民会议、村民代表会议或者各村民小组会议推选产生”，因此，建议将该款修改为：“村民委员会的选举工作由村民选举委员会主持。村民选举委员会由主任和委员共五至九人组成，由村民会议、村民代表会议或者各村民小组会议推选产生。”

二、关于村民参选名单的确认问题

《选举办法（修订草案）》第十四条规定村民有三种情形经选举委员会确认可不列入参选名单，一是丧失行为能力的，二是被依法剥夺政治权利的，三是选举日前经公告等方式确实无法取得联系的。内务司法委员会认为，涉及公民基本政治权利的问题，地方立法不宜增设限制性规定，因此，建议删除此条。

三、关于村民能否采取委托提名候选人的问题

《选举办法（修订草案）》第十六条第四款规定“提名候选人，不得委托投票”。内务司法委员会认为，《村委会组织法》规定村民在选举期间外出的可以书面委托近亲属代为投票，这一规定应当同样适用于在候选人提名阶段外出的村民。为了保证村民能够充分行使选举权利，建议删除此款。

四、关于组织候选人见面问题

《选举办法（修订草案）》第十九条规定，村民选举委员会“可以”组织候选人与村民见面。内务司法委员会认为，《村委会组织法》第十五条规定，“村民选举委员会应当组织候选人与村民见面……”，为保持法制统一，建议将第十九条修改为：“村民选举委员会应当组织村民委员会成员候选人与村民见面，向登记参加选举的村民介绍候选人情况，并可以由候选人介绍履行职责的设想，回答村民提出的问题。”

五、关于投票选举的准备工作

《选举办法（修订草案）》第二十一条第一款第二项规定，村民选举委员会在选举日前应当做好的准备工作是：“准备选票和票箱，布置选举大会会场和投票站，设立发票处和秘密写票处”。内务司法委员会认为，投票站除设立发票处和秘密写票处外，一般还包括验证、代书等环节，在此没有必要一一列举，另外，修订草案第二十四条已对选举现场应当设立秘密写票处和公共代书处作了

规定，为避免重复，建议将该项中的“设立发票处和秘密写票处”删除。

第二十一条第二款规定“村民委员会成员正式候选人及其配偶、直系亲属”不得担任选举工作人员。内务司法委员会认为，从选举实践看，仅规定候选人的配偶、直系亲属不得担任选举工作人员，范围过窄，还应包括如候选人的兄弟姐妹等，而法律一般将上述人员统称为近亲属，建议将“配偶、直系亲属”修改为“近亲属”。

六、关于为村民填写选票创造不受干扰的书写环境问题

内务司法委员会建议，为了防止村民在填写选票时受到人为的干扰、影响和诱导，保证村民在投票选举时能够自由表达投票意志，在第二十四条增加一款作为第四款，表述为：“村民填写选票，其他人不得围观和干预。”

七、关于委托投票问题

《选举办法（修订草案）》第二十五条对委托投票作了规定。内务司法委员会认为，选举权是公民的一项基本政治权利，不可转让，也不可由他人代为行使，为了防止实践中可能出现的受委托人代为行使选举权的情况，建议在第二十五条第二款“每一村民接受委托投票不得超过三人”之后，增加“受委托人应当按照委托人的意愿填写选票和投票”的规定。

此外，我们在立法征求意见过程中，各方面还对以下两个问题反映比较强烈。

一是村委会的任期问题。按照法律规定，村委会任期为3年。在全国人大征求意见时，有不少地方反映村委会任期过短，建议将村委会任期延长至5年，但全国人大经过认真权衡未采纳这个意见。在我们征求法规修订意见过程中，一些同志再次强烈呼吁延长村委会任期，内务司法委员会认为，对法律已有明确规定的问题，地方立法不宜作出不同规定。

二是贿选问题。对如何认定村委会选举中发生的贿选行为并进行处理，《村委会组织法》只作了原则规定，即以贿赂等不正当手段当选村委会成员的，当选无效，同时规定出现上述行为的由县乡人民政府负责调查并依法处理。许多同志希望对贿选行为和处理程序作出更具体明确的规定。内务司法委员会认为，由于实践中发生的带有贿选性质的行为往往千差万别、形式多样，具体规定难免挂一漏万，修订草案只作原则性规定，有利于县乡人民政府根据实际情况作出判断和处理。

内务司法委员会还对一些文字表述提出了修改意见。

以上意见，供常委会组成人员审议时参考。

北京市人民代表大会法制委员会关于《北京市村民委员会选举办法（修订草案）》审议结果的报告

——2012 年 7 月 25 日在北京市第十三届人民代表大会常务委员会第三十四次会议上

市人大法制委员会副主任委员 张 引

主任、各位副主任、秘书长、各位委员：

2012 年 3 月 29 日，市十三届人大常委会第三十二次会议审议了《北京市村民委员会选举办法（修订草案）》（以下简称修订草案）。会上，市人大内务司法委员会作了审议意见的报告，19 位常委会组成人员和 2 位列席人大代表发表了审议意见。大家认为，村民委员会选举是实行村民自治的重要环节。2000 年《北京市村民委员会选举办法》实施以来，对于保障村民民主选举权利、扩大农村基层民主发挥了重要作用。近年来，本市在历届村委会选举中积累了一些有效经验做法，应通过立法加以固化，同时也出现了一些新情况新问题，需要加以解决。2010 年全国人大常委会修订了《中华人民共和国村民委员会组织法》。为此，需要根据上位法，结合本市实际情况，按照法制统一的原则进行修订完善，以保障村民依法行使选举权和被选举权，规范村民委员会选举工作的有序开展，推动农村基层民主建设，促进农村经济社会发展。修订草案内容符合上位法精神和本市实际，具有可操作性。同时，也提出了一些修改意见和建议。

会后，法制委员会会同有关部门，针对常委会审议中的重点问题，先后到市农研中心、房山区、朝阳区进行实地调研，采取召开座谈会、书面征求意见等方式，听取了市委组织部、市委农工委、市农委等部门、13 个区县政府以及部分担任村党支部书记或村委会主任的区人大代表的意见和建议。2012 年 7 月 12 日，法制委员会召开会议，根据常委会审议意见、内务司法委员会的审议意见和其他有关方面的意见进行审议，对修订草案提出了进一步修改的意见。现将审议结果报告如下。

一、关于村党组织在村民委员会选举工作中的领导核心作用

有的常委会组成人员提出，按照《中国共产党党章》和《中国共产党农村基层组织工作条例》的规定，村党支部的主要职责之一，是领导和推进村级民主选举、民主决策、民主管理、民主监督，支持和保障村民依法开展自治活动。因此，有必要加强村党组织在村委会选举工作中的领导核心作用。法制委员会根据上述意见，建议将第六条修改为：“中国共产党在农村的基层组织，按照《中国共产党章程》，在村民委员会选举工作中发挥领导核心作用，依照宪法和有关法律、法规，支持和保障村民直接行使民主权利。”（修订草案修改稿第六条）

二、关于确认参加选举的村民名单

有的常委会组成人员和内务司法委员会提出，目前本市农村普遍存在人户分离现象，

选举委员会在登记确认村民名单时，应尽可能采取多种有效方式与村民取得联系，以保障村民依法享有选举权和被选举权，切实维护村民的民主政治权利。法制委员会根据上述意见，建议将第十四条修改为："村民有下列情形之一，经村民选举委员会确认，不列入参加选举的村民名单：

"（一）丧失行为能力的；

"（二）依照法律被剥夺政治权利的；

"（三）登记期间，经公告、电话、信函等多种方式确实无法取得联系的。

"选举日前，以上情形消失的，经村民选举委员会确认，应当列入参加选举的村民名单。"（修订草案修改稿第十四条）

三、关于对贿选行为的处理

有的常委会组成人员和内务司法委员会提出，在村民委员会选举工作中出现的贿选行为，给村民委员会选举工作带来了一定的负面影响，影响了选举的公正性，建议在法规中对贿选行为进行界定。法制委员会认为，实践中贿选行为表现形式多样，法规中很难穷尽列举所有形式，建议只对贿选行为作原则性规定。同时，为了严肃处理贿选行为，有必要规定乡镇或区县政府调查确认和宣布当选无效的处理程序。据此，建议将第三十二条修改为："以暴力、威胁、欺骗、贿赂、伪造选票、虚报选举票数等不正当手段当选村民委员会成员的，乡、民族乡、镇或者区、县人民政府调查确认后，宣布当选无效。"（修订草案修改稿第三十八条第二款）

法制委员会还根据常委会审议意见、内务司法委员会审议意见和其他方面的意见，对修订草案作了一些文字修改，对条款顺序进行了相应调整。

此外，在审议过程中，有的常委会组成人员和代表还针对选举工作提出了一些具体意见和建议。法制委员会认为，本市各村实际情况存在较大差异，《选举办法》只能对村委会选举的基本程序和内容作出规定。市有关部门在村委会选举工作中，可以根据国家法律和本法规，结合实际情况，制定村委会选举具体操作方面的规范性文件，以保障村委会选举工作的顺利有序开展。

法制委员会按照上述意见，提出《北京市村民委员会选举办法（修订草案修改稿）》，提请本次常委会会议进行审议。

修订草案修改稿和以上意见是否妥当，请审议。

北京市人民代表大会法制委员会关于《北京市村民委员会选举办法（表决稿）》的说明

——2012年9月28日在北京市第十三届人民代表大会常务委员会第三十五次会议上

市人大法制委员会副主任委员　张　引

主任、各位副主任、秘书长、各位委员：

2012年7月25日，市十三届人大常委会第三十四次会议对《北京市村民委员会选举办法（修订草案修改稿）》（以下简称修订草案修改稿）进行了分组审议，有4位常委会组成人员发表了审议意见。大家认为，修订草案修改稿内容符合上位法精神和本市农村实际，具有可操作性，同时针对具体文字表述提出了修改意见。

会后，法制委员会会同市人大内司委、市政府法制办、市民政局认真研究了常委会组成人员的审议意见，采取召开座谈会、书面征求意见等方式，征求了市委组织部、市人大农村委、市农委等部门的意见。9月11日，法制委员会召开会议，根据常委会审议意见和其他有关方面的意见，对修订草案修改稿的文字、条款顺序进行了必要修改和调整。据此，法制委员会提出《北京市村民委员会选举办法（表决稿）》，建议本次常委会会议表决通过，并自2012年11月1日起施行。

关于市级大额专项资金使用和管理情况的报告

——2012年9月26日在北京市第十三届人民代表大会常务委员会第三十五次会议上

北京市常务副市长　李士祥

主任、各位副主任、秘书长、各位委员：

专题询问是人大依法对政府开展监督，充分行使监督权的一种重要方式。今年，市人大常委会首次开展市级大额专项资金使用和管理情况专题询问，在监督中与政府共同推动此项工作，对加强和改进政府工作具有重要作用。前期，按照《关于北京市人大常委会听取和审议市级大额专项资金使用和管理情况专项工作报告并开展专题询问的工作方案》，在专题调研和分组询问中，各位代表提出了很多好的意见和建议。这些意见和建议涉及面广、针对性强，市政府高度重视，认真研究吸纳，积极进行整改。根据市人大常委会的工作安排，我代表市政府，向市人大常委会报告市级大额专项资金使用和管理情况。

一、市级大额专项资金的使用情况及成效

市级大额专项资金是经市政府批准设立、由市级财政性资金安排、在一定时期内具有专门用途的资金，对于更好地履行政府职能、推动特定重大工作具有特殊重要的意义。1995年以来，结合首都经济社会发展的阶段性特点和要求，本市相继设立了节能减排及大气污染治理、社会建设、中小企业发展、重大科技成果转化和产业项目、文化创新发展、养老服务事业发展等多项市级大额专项资金，涉及经济发展、社会民生、环境建设等重点领域，对加快转变经济发展方式、改善民生、推动首都科学发展发挥了积极的作用。目前，市级大额专项资金共11项，2011年预算资金安排175.2亿元，2012年预算资金安排270.8亿元。

（一）支持科技创新、文化创新，增强首都经济的创新支撑能力

率先形成科技创新、文化创新“双轮驱动”的发展格局，是本市当前及今后一段时期的重大战略任务，也是市级财政资金的重点支持方向。

为支持首都科技创新发展，2000年设立了中关村科技园区发展专项资金。多年来，专项资金为首都科技创新发挥了重要作用。2011年，充分发挥专项资金作用，大力支持中关村示范区先行先试改革和首都创新资源

平台建设，实施“十百千”工程项目，重点培育了联想、百度、优酷网、京东商城等306家企业，企业创新能力不断增强。为进一步提升科技创新对首都经济的带动作用，2010年，将原由各部门分散管理的中关村科技园区发展、工业发展等多项专项资金统筹起来，统一设立了重大科技成果转化和产业项目资金，在全国率先建立起资金统筹的工作机制，集中财力支持重大科技项目产业化。2011年统筹资金从60亿元增加到100亿元，共支持295个重大科技成果转化和产业项目。扶持了北汽集团、京东方八代线等一批重点项目，京东方八代线项目已实现阶段性生产，项目建成后，将形成年均近千亿元销售额的产业集群；推进了纳米材料绿色制版等一批高校院所科研成果在京转化；推动了一批大型央企重点项目落地，首都总部经济的特征进一步增强。2011年，中关村示范区实现总收入1.92万亿元，增长约20.9%。

为支持首都文化创新发展，近年来相继设立了文化创意产业、文物及历史文化保护区、体育产业发展等专项资金，有力地推动了文化、体育等各项事业繁荣发展。支持一大批文化企业走向海外，推动798等文化创意产业集聚区发展；支持部分重点宣传文化单位，实施科普创新多媒体平台、免费地铁报发行等项目；支持实施北海万佛楼修缮、中轴线申遗等文物修缮和历史文化名城保护项目；支持朝阳体育健身休闲公园、北京国际时尚体育公园建设以及举办国际山地徒步大会等项目，促进群众健身活动的普及和推广。

（二）支持首都社会保障和社会事业发展，持续保障和改善民生

近年来，市政府把保障和改善民生放在更加突出位置，加大了大额专项资金对民生领域的投入力度。

针对新时期社会建设面临的新任务，2009年设立了社会建设专项资金，到2011年资金规模已达2.5亿元。2011年，围绕社会建设的重点领域，购买社会组织服务363项，撬动配套资金1900多万元，参与的社会组织达到1.2万家，累计提供专业服务20多万小时，激发了社会组织参与的积极性和创造力；完成693个社区规范化建设的目标，提高了公共服务的供给能力；建立243个“一刻钟”社区服务圈，覆盖575个社区，惠及620万名社区居民，社区服务管理水平明显提升。

面对本市人口老龄化不断加快带来的新情况、新问题，2011年设立了养老服务事业发展专项资金。充分调动社会各方力量，增加老年人服务产品和服务供给。支持养老（助残）券的发放，2011年全市共有37.7万名80岁以上老人申领，全年共发放398万人次；引导街道、乡镇政府加大敬老院的建设和改造力度，改善基础条件，全市政府办养老机构新增床位3486张，其中街道、乡镇级新增床位1771张，占全年新增总数的51%；支持社会力量兴办社会福利机构，减轻公办福利机构运营负担，进一步推动养老服务社会化进程。截至2011年年底，社会办养老服务机构达到186家，占机构总数的46%。专项资金的设立为完善本市社会养老保障体系，提高养老服务和老年人社会福利水平，促进养老服务事业发展奠定了基础。

（三）支持重点产业和中小企业发展，促进产业结构深度调整

推动产业结构优化升级，是加快经济发展方式转变、推动首都科学发展的重要任务。1996年、1999年和2002年，相继设立了商业流通发展、旅游发展、工业发展等专项资金。2011年，三个专项资金共计投入13亿元，大力支持相关领域加快结构调整，带动产业转型升级。一是支持工业结构调整。支持电子信息、装备制造、生物医药等战略性新兴产业发展，投入重点项目资金5000余万

元，涉及项目投资21亿元，预计达产后可新增销售收入约50亿元；支持北京空港、雁栖经济开发区等一批工业园区建设，提升产业集聚发展能力。二是促进商业结构调整。大力支持农超对接、批发市场改造、蔬菜新模式门店建设等民生商业发展，加大对冷链物流、电子商务应用平台等现代物流体系建设支持力度，推动特色商业街区、大型商业设施改造，开展一系列大型促消费活动。2011年社会消费品零售额实现增长10.8%。三是推动旅游产业转型。启动旅游综合改革示范区、旅游要素聚集功能区的建设，支持世界旅游城市联合会筹备、海外北京旅游推介等一系列活动，加大对行业管理、公共服务和区域合作的支持力度，促进了旅游产业的发展。2011年旅游总收入达到3216.2亿元，旅游业增加值1190.4亿元，占GDP比重的7.4%。

为加快促进中小企业升级调整和技术进步，推进中小企业实现内涵式可持续发展，2005年设立了中小企业发展专项资金。2011年共安排资金5亿元，搭建市区两级投融资服务平台，共发行集合融资产品34期，融资金额14.34亿元；通过支持技术改造、技术创新、高新技术成果转化，扶持优势中小企业提升竞争力；大力支持推进“菜篮子”工程，加快农产品流通体系建设；支持特色街区升级改造、“老字号”企业发展和少数民族项目。

（四）支持环境整治、节能减排和污染治理，提升首都环境建设水平

环境整治、节能减排和污染治理是加快绿色北京建设、提升首都环境建设水平的重要内容，也是广大市民非常关注的问题。1999年、2000年，相继设立了节能减排及大气污染治理专项资金、城市环境综合整治专项资金。2011年共安排资金31亿元，大力支持市级重点环境建设、架空线入地、“城中村”等项目，为全面提升城市环境质量发挥了重要作用；积极推动实施空气质量改善和主要污染物减排工作，支持了机动车污染控制和煤烟型污染治理等项目，2011年淘汰老旧机动车22.4万辆，主要污染物排放量实现全面下降，有力推动了全市节能减排和大气污染防治各项工作目标的顺利实现。

二、市级大额专项资金的管理情况

为更好地发挥大额专项资金的作用和效益，市级财政部门及各业务主管部门积极落实监督管理职责，强化专项资金预算管理，在制度建设、执行实施、监督审计和绩效管理等方面进行了积极探索和实践，促进大额专项资金运行安全有效。

（一）逐步健全资金管理的制度体系

根据大额专项资金投入管理方式的特殊性，规范大额专项资金的管理，市政府及其各部门相继制定了一系列资金管理办法和相关配套规定。2011年，为解决大额专项资金使用管理中存在的缺乏统筹、监管薄弱等问题，市政府出台了《北京市市级大额专项资金管理办法》，对大额专项资金的设立、使用、调整和撤销、绩效、监督检查等方面作出了明确规定，是本市大额专项资金管理的纲领性文件。目前，11项市级大额专项资金都已制定了资金使用的具体办法，明确了各专项资金的支持方向、投入方式、申报和使用流程、各部门职责等问题。同时，相关部门不断完善和细化各领域的政策体系，陆续出台了一系列资金管理的配套措施，对资金筹集、分配和使用的制度性约束不断增强。

（二）积极创新资金管理机制

自专项资金设立以来，按照集中财力办大事的思路，不断创新工作机制，将分散管理的专项资金，从“五指张开”变为“握指成拳”，努力发挥财政资金的集成效应。一是探索建立大额专项资金统筹机制，为落实

“双轮驱动”发展战略，2011 年以来，对原先由各部门分散管理使用的专项资金进行整合，统筹两个 100 亿元设立了重大科技成果转化和产业项目资金、文化创新发展专项资金，变分散投入为集中使用，支持重大科技成果项目落地、文化创意产业发展等重点项目。二是为更加科学地用好统筹资金，尝试采取联席会议集中决策机制，由联席会审议资金投向及重大项目，推动资金形成合力。联席会下设办公室，按照每年确定的投入方向和重点，结合项目的轻重缓急，组织做好预算项目的汇总、论证、筛选等工作。三是积极推进央地联动，加强部门联动，实施项目联审，逐步形成部门项目联动的工作机制。四是创新资金投入和管理方式，实行知识产权入股和股权投资方式，提高财政资金的带动作用和使用效益。

（三）进一步规范项目决策机制

市级业务主管部门不断探索完善项目决策程序，加强项目筛选，提高项目决策水平。如中小企业发展专项资金在预算编报过程中，业务主管部门采取向社会公开征集、组织专家现场踏勘、集体研究决策等遴选方式，提升了资金安排的公平性。财政部门每年选取拟列入预算、资金规模较大的民生类项目开展事前评估，邀请市人大代表、市政协委员参加，对项目的必要性、可行性、政府扶持方式等内容进行评估，并将评估结果作为预算安排的依据。同时，财政部门还对 200 万以上项目实施投资评审，采取决算评审、联合评审等方式对项目预算的合理性进行审核。每年在编制政府预算时，在预算编报说明材料中逐一列示大额专项资金的当年使用及下年安排情况，提交市人代会审议。

（四）加强预算执行监督和绩效管理

大额专项资金预算经市人大审议通过后，市财政部门及业务主管部门按照预算管理要求，按时逐级批复专项资金预算，落实使用计划。加强大额专项资金预算执行管理，督促项目单位按照规定用途、进度和预算使用专项资金，努力推动实现项目绩效目标。政府部门各司其责，强化预算执行监督。业务主管部门采取现场验收、委托中介机构评审等方式加强资金的监督和检查；审计部门对大额专项资金的使用开展绩效审计；财政部门对大额专项资金开展绩效评价，并逐步建立评价结果公开和整改机制。

三、市级大额专项资金存在的主要问题

大额专项资金设立以来，政府各部门不断完善制度，加强管理，但同时也发现资金在分配、使用和管理过程中还存在一些不容忽视的问题，已经引起我们高度重视。根据人大代表在调研和询问中提出的问题，以及绩效审计和绩效评价结果，归纳起来主要存在四个方面的问题。

（一）专项资金的决策依据不够明确

有些专项资金具体项目设立、配置的政策还不够完善。一是政策定位不够清晰。在投入的方向上，为实现特定时期的发展任务，由于对政府提供公共服务的内容和范围界定不够清晰，一些专项资金投入到竞争性领域，没有充分体现财政资金使用的公共性特征，不利于培育公平竞争的市场环境。在投入的方式上，资金支持手段比较单一，仍以政府直接补助为主，非公有制经济参与程度不高，财政资金“四两拨千斤”的引导放大作用发挥得还不够充分。在投入的规模上，部分大额专项资金在具体项目资金支持规模上差异较大，资金投入分散，未能充分体现大额专项资金用于支持重点领域、重点项目的政策意图。二是统筹机制有待健全。一方面，专项资金的设立缺乏统筹。专项资金是在不同阶段设立的，前后时间跨度较大，部分专项

资金未能根据经济社会发展变化及时调整，存在职能交叉、内容重复的问题。如商业流通发展专项资金、工业发展资金和中小企业发展专项资金在支持范围上有所交叉，容易产生项目多头申请的问题。另一方面，部门间统筹协调不够。部分大额专项资金分散在不同部门，由于各部门项目设立、资金管理等制度不衔接，申报、审批和拨付流程不同，部门间联动机制不健全，难以形成资金合力。

（二）专项资金的决策程序存在薄弱环节

目前大额专项资金在决策程序、决策方式等方面还存在一些薄弱环节，部分大额专项资金决策的民主化和科学性有待提高。突出反映在两个方面：一方面，项目遴选不够公开透明。大部分专项资金仍然采用传统的方式，由项目单位申报、主管部门审批，竞争择优的遴选机制没有得到有效落实，公众参与度不够，政策执行的弹性空间较大，在一定程度上影响了资金分配的公平性。另一方面，项目的规划论证不够充分。部分项目在立项阶段未做可行性论证，在预算编制时无法细化到具体项目，年初无法批复下达，只能在年度执行过程中频繁追加，执行进度较慢，形成年度资金的沉淀和结余。

（三）专项资金的监管制度落实不到位

一是项目组织实施不够规范。一些部门未严格履行招投标程序，未经批准改变项目实施内容，项目实施过程中缺乏监督检查，存在“一拨了之”的现象。二是项目资金使用不够规范。部分专项资金存在扩大使用范围、不及时拨付资金、虚报投资额或净资产规模、改变项目资金和资产用途、将专项资金用于公用支出等问题，需要进一步加强财务核算和资产管理。

（四）专项资金的绩效管理和审计问责机制不够健全

部分专项资金管理部门和项目单位绩效意识薄弱，“重分配、轻监管”、“重申请、轻绩效”的现象仍然存在，部分项目没有明确的绩效目标，绩效指标不细化，部分项目资金存在损失浪费现象，缺乏有效的问责。

四、加强市级大额专项资金管理的工作思路和措施

用好大额专项资金，是推进财政科学化精细化管理的客观需要，也是更好地服务于首都经济社会发展的必然要求。我们将紧紧围绕市委确定的重大战略部署，结合市人大专题询问提出的意见，遵循严格设立、统筹安排、绩效导向、竞争择优、公开民主、监督问责的原则，完善运行机制，优化支出结构，强化预算管理，努力提高资金使用效益，为推动首都科学发展发挥更大的作用。

（一）逐步完善大额专项资金的决策机制

逐步完善专项资金设立、退出和规模适时调整的动态管理机制，确保资金使用与政府的职能协调一致，符合全市改善民生和重点发展领域的要求。在专项资金的设立上，要严格控制、科学决策，规范设立程序，合理安排资金规模，逐步建立健全公众参与、专家论证和集体讨论决定的大额专项资金设立决策机制，提升资金决策的科学性。根据财政资金的公共性特征，调整完善大额专项资金的政策定位，处理好政府与市场的关系，积极发挥大额专项资金的引导带动作用，促进市场培育，切实发挥好市场在资源配置中的基础性作用。进一步梳理现有各项大额专项资金，修订完善管理办法，进一步明确各专项资金的使用范围，减少交叉重复；明确部门和区县管理职责，建立健全市、区县项目分级管理机制，细化管理要求，加强资金管理的规范性。

（二）建立大额专项资金报告制度

着眼于提高大额专项资金决策的民主性，建立大额专项资金报告制度。每年预算编制

前，各业务主管部门要向市人大各专门委员会专题汇报下年度专项资金预算安排情况；预算执行过程中，邀请人大代表通过视察、调研等形式，加强对大额专项资金使用过程的监督；年度终了，各业务主管部门要就上年度专项资金使用情况及成效向市人大各专门委员会进行专题报告。

（三）完善大额专项资金统筹机制和联席会议制度

围绕全市中心工作，进一步健全大额专项资金的统筹机制，加大统筹力度，提高统筹质量，建立起符合财政资金决策、运行、管理、监督的规范程序，真正实现集中资金办大事。进一步完善联席会议决策制度，健全组织管理框架，建立比较完备规范的决策程序，增强决策的科学性和规范性。加强大额专项资金管理部门之间的协调配合，逐步打破部门间的资金分割，强化项目的申报、审核及资金使用的联动管理，集中财力，支持对首都发展有引领示范作用的重点领域、重点项目。

（四）开展大额专项资金竞争性分配试点

为了增强资金分配的公平性、公正性，创新投入方式，选择部分大额专项资金开展竞争性分配试点工作，在项目遴选过程中引入市场竞争机制。规范项目遴选的工作程序，丰富遴选方式，采用公众参与、专家论证、专业机构评价等手段确定项目，提高向社会公开征集项目的资金比例，增强遴选透明度，推进民主决策。探索运用股权投资、担保、贴息、共有知识产权等手段，发挥财政资金“四两拨千斤”的作用，引导带动社会资金参与相关领域发展。

（五）单独编列大额专项资金预算

强化预算管理，实行大额专项资金预算与部门预算同步编制。在预算编制阶段，按照大额专项资金统一的文本格式，实行单独编列预算，将选定的项目纳入年初预算，逐步提高年初下达率。严格按照招投标、政府采购、投资评审等预算管理和财务核算规定，加强项目组织管理，提高预算执行的严肃性。加强业务主管部门的项目储备、论证、跟踪和实施推进工作，加大财政部门监管和指导力度，进一步提高项目库管理水平。

（六）实行大额专项资金全过程预算绩效管理

为了强化绩效考核，各项大额专项资金在预算编报时要确定清晰、量化的绩效目标。加强绩效跟踪和监控，对资金使用情况进行绩效评价，采用通报、公开、核减预算、收回资金等形式，将评价结果与预算编制相衔接。进一步强化审计监督，加大对大额专项资金的决策、审批程序、资金使用和管理绩效的跟踪检查力度，建立健全审计整改问责机制。

主任、各位副主任、秘书长、各位委员，市级大额专项资金使用和管理，直接关系到全市经济社会重点领域、重点工作的有效推进，市政府虽然做了很多积极探索和实践，但与实际发展需要，与各位委员、各位代表的要求还有较大差距。市政府及相关部门将一如既往地自觉接受市人大及其常委会的监督，认真研究和吸纳代表们提出的意见和建议，不断加强和改进工作，努力提高政府依法、民主、科学执政水平。真诚希望市人大常委会各位委员、各位代表继续关注和监督大额专项资金的使用情况，多提宝贵意见和建议，帮助我们管好用好专项资金。

以上报告，提请市人大常委会审议。

北京市人民代表大会财政经济委员会对市政府关于市级大额专项资金使用和管理情况报告的意见和建议

——2012 年 9 月 26 日在北京市第十三届人民代表大会常务委员会第三十五次会议上

市人大财政经济委员会主任委员　王　火

主任、各位副主任、秘书长、各位委员：

经市十三届人大五次会议批准，市人大常委会今年听取市政府关于市级大额专项资金使用和管理情况的专项工作报告，并开展专题询问。常委会领导对首次开展专题询问高度重视，多次听取了有关情况的汇报。常委会主任会议讨论通过了《关于市人大常委会听取和审议市级大额专项资金使用和管理情况专项工作报告并开展专题询问的工作方案》，明确了“询问资金绩效、检查运行方式、总结经验教训、促进制度建设、提高管理水平”的指导思想，创造性地运用分组与联组询问相结合的监督方式，对市级大额专项资金的使用和管理进行监督询问。

为了使委员代表更加充分地履行职责，更好地发挥专门委员会作用，按照工作方案的要求，由常委会领导牵头，常委会委员、市人大代表和常委会预算监督顾问组成内司、财经、教科、城建四个专题组，组织 100 多位委员代表，对市级 11 项 170 多亿元大额专项资金，先行开展分组调研，深入了解市级大额专项资金 2011 年的使用管理情况。常委会领导带队调研，并亲自主持分组询问会议。在分组询问时，先后共有 32 位委员、代表和预算监督顾问对加强大额专项资金的使用与管理提出了近百个具体问题和意见、建议，充分履行了委员和代表职责，体现了人大监督的保障性、建设性和实效性。市委、市政府对此次专题询问工作高度重视，市委对工作方案表示同意，市政府有关领导与常委会领导进行了多次沟通，听取意见。王安顺代市长对大额专项资金审计调查结果报告作出了“重视审计调查结果，通报相关单位及时整改，建立专项资金管理、使用跟踪问效机制”的批示。市政府多次召开专题会议听取汇报、提出要求，有关部门积极配合各专题组的调研和分组询问活动，认真总结资金使用管理工作，积极开展自查，结合委员代表提出的意见、建议，对问题进行梳理和整改。通过专题组的分组调研和询问，增强了业务主管部门的绩效和责任意识，促进了一些大额专项资金管理办法的出台，完善了制度建设。

9 月 6 日，财政经济委员会举行会议，讨论了市政府关于市级大额专项资金使用和管理情况的专项工作报告。财政经济委员会认为，报告全面地总结了 2011 年市级大额专项资金的管理工作，客观报告了取得的成效，实事求是地分析了当前工作中存在的问题，认真采纳并回应了分组调研、询问的意见和建议，提出了下一步的工作思路和整改措施，我们同意这个报告。

财政经济委员会认为，2011 年，我市市级大额专项资金的使用和管理情况总体是好的，资金安排对于贯彻市委、市政府对首都经济和社会发展的重大决策部署，促进首都经济产业结构调整和重点产业发展，保障首都社会事业发展和民生改善发挥了重要作用。市政府及其有关部门不断完善管理制度体系，出台了《北京市市级大额专项资金管理办法》，加快了各项大额专项资金管理办法的制定，加大了资金统筹力度，加强了预算执行监督和绩效管理，对全部大额专项资金 2011 年使用情况开展了绩效评价，对其中 6 项开展了绩效审计工作，促进了大额专项资金整体使用的合法、安全、有效。

在肯定成绩的同时，财政经济委员会认为，市级大额专项资金在使用和管理中还存在一些问题：

一是有的专项资金的政策定位不够清晰，决策的科学性有待进一步提高。有的专项资金投入方向的重点不够突出，决策机制不够科学，公共资源配置效率不高，没有充分体现财政资金的公共性。部分资金的统筹机制不够完善，各项政策之间的衔接不够紧密，在项目决策、资金分配等方面仍然延续着各个部门分头管理的现象，没有形成合力。

二是有的专项资金的绩效目标不够明确，绩效管理体系有待进一步完善。有的大额专项资金整体绩效目标不够明晰，与首都功能定位、全市“十二五”规划、以及全年的重点工作计划衔接不够。大额专项资金目前还没有形成一套完整、科学的绩效管理体系，绩效目标的制定过于笼统宽泛，有的可量化性不强，绩效评价工作需要进一步完善。有的业务主管部门绩效意识和责任意识不强，“重分配、轻管理”的现象仍然存在，部分项目执行效果欠佳，资金使用存在着滞留、结余等问题。

三是专项资金的预算管理不够严格，监督检查力度有待进一步加强。部分专项资金的预算编制不够细化，年初项目资金到位率较低，存在着“钱等项目”的现象。大额专项资金的滚动项目库建设不够完善，部分专项资金的项目遴选机制不够公开、透明。业务主管部门对项目前期论证和评审把关不够充分，一些项目确定的随意性较大。有的业务主管部门对项目执行缺乏全程监管，有的项目组织实施不够规范，存在着重复申报、资金挪用、自行调剂项目、招投标不规范等问题。

四是专项资金的管理办法不够完善，制度建设有待进一步健全。有的大额专项资金管理办法制定时间较早，已经不能完全适应当前工作；有的管理办法实施几年，仍然是“暂行”；有的管理办法不够细化，针对性和可操作性不强。另外，专项资金安排的项目很多需要区县申报、组织实施，市级部门以专项转移支付形式支出，市级部门与区县管理责任需要进一步细化明确。

财政经济委员会认为，面对当前我市财政支出压力较大，财政收支矛盾较为突出的形势，提高财政的科学统筹能力和公共资源配置效率十分迫切，“促调整、强统筹、增效益”任务依然艰巨。要牢牢把握“稳中求进”的工作总基调，进一步扎实做好大额专项资金的使用管理工作，提高财政资金使用效益。为此，我们提出以下意见和建议。

一、严格控制设立新的大额专项资金，完善决策机制，提高公共资源配置效率。对当前市级大额专项资金进行全面梳理，不断完善各项大额专项资金管理办法，优化支出结构，使大额专项资金的决策使用与全市整体发展规划、政府职能定位协调一致。进一步规范专项资金的设立标准，严格控制设立新的大额专项资金。明确支出范围，保证财政支出的公共性和公益性。加强部门资金的统筹协调，逐步打破部门资金分割，改变资金支出结构固化的现状。注重发挥财政资金的引导作用，建立与公共资源的性质、用途相适应的管理体制和决策机制，切实提高公共资源配置效率。

二、深化绩效管理，加强专项资金监管力度，实现全过程监管。进一步提高绩效管理意识，建立大额专项资金全过程的预算绩效管理体系，细化、量化绩效目标，强化对绩效结果的运用和绩效问责。继续加强各业务主管部门绩效自查、财政绩效考评和绩效审计工作，推进对大额专项资金绩效监督的制度化、常态化。按照有关规定，对于未达到主要预期绩效目标的专项资金，市政府应当予以核减规模。提高项目遴选程序的公开性和透明度，推动项目确定的公开、公正、高效。建立部门之间的信息共享机制，提高项目安排的合理性、科学性。加强对资金支出真实性、合规性、效益性的经常性监督，实现对项目的全程监管。

三、强化预算管理，做好项目前期储备工作，改进大额专项资金的运行管理方式。认真研究大额专项资金的使用和运行规律，建立专项资金的整合和退出机制，完善、创新管理方式。严格按照预算管理的要求，强化预算编制的基础性工作，进一步细化预算编制，加大项目的前期论证和评审力度，完善大额专项资金的滚动项目库建设，切实将大额专项资金的预算编制细化到具体单位和项目，逐步提高年初项目预算资金的到位率，改变“钱等项目”的现象。2014年各项大额专项资金在人代会批准预算后一个半月内，项目预算资金到位率要达到50%以上。做好大额专项资金的分配和市与区县事权财力责任的相衔接，调动市与区县两个积极性，提高资金使用效益。

四、加强整改问责，建立专项资金报告制度，实现对大额专项资金的追踪问效。完善预算管理问责机制，本着“谁支出、谁负责”的原则，加强对财政资金使用效果的追踪问责，强化对审计查出问题的整改落实和责任追究。在市人大审议年度预算和决算时，市财政部门应着重对大额专项资金预算编制和执行情况进行说明。依照政府信息公开条例的有关规定，逐步将大额专项资金的使用情况向社会公开，增强透明度，主动接受社会监督。根据相关规定，建议2013年，市人大常委会组织委员代表对问题整改进行跟踪监督，并听取市政府关于市级大额专项资金使用管理工作整改落实情况的报告。市政府及其有关部门应当做好相关准备工作。

以上意见，供常委会组成人员审议、询问时参考。

关于潮白河流域水系综合治理工作进展情况的报告

——2012年9月27日在北京市第十三届人民代表大会常务委员会第三十五次会议上

北京市水务局局长　程　静

主任、各位副主任、秘书长、各位委员：

我受市人民政府委托，向市人大常委会报告关于潮白河流域水系综合治理工作进展情况。

2010年，市人大将“潮白河流域水系综合治理”的建议，列为重点督办建议。市政府有关部门组织开展前期调研工作，编制了《潮白河流域水系综合治理规划》（以下简称《规划》），拉开了潮白河流域水系综合治理的序幕。2011年，市十三届人大四次会议主席团讨论通过，将关于“推进潮白河流域综合治理”议案交市政府办理。同年9月，市十三届人大常委会第二十七次会议听取和审议了议案办理情况报告，进一步推动了潮白河流域水系的综合治理。

根据市人大常委会对议案办理工作提出的审议意见，市政府相关部门通力协作，紧紧围绕“流域水资源保护、流域水生态与水资源配置和流域防洪保安”三个体系建设，编制相关专项规划，制定详细工作方案，逐一落实治理项目，研究探索长效机制，使综合治理工作逐步走上良性发展轨道，取得了初步成效。现将有关情况报告如下。

一、稳步推进《规划》落实，取得初步成效

潮白河流域是确保首都水源安全、供水安全和经济社会发展的重要水源地，是北京东部发展带的重要节点。在两年来的治理过程中，深入贯彻2011年中央1号文件和市委9号文件，按照市人大审议意见要求，以水资源保护为中心，以流域水功能恢复和防洪减灾为重点，以建立最严格的水资源管理制度为突破口；坚持科学治理、坚持保护优先、坚持人水和谐、坚持未雨绸缪、坚持统筹协调，因水制宜，量水而行，加快综合治理，努力将潮白河流域水系建成“有水的河”、“生态的河”、“安全的河”，服务民生，服务全流域经济社会发展，服务通州等重点新城建设，为实现“人文北京、科技北京、绿色北京”和建设中国特色世界城市提供支撑。

（一）建立健全组织机构，强化治理工作领导

市政府高度重视，成立了以夏占义副市长为组长的潮白河流域水系综合治理工作协调小组，建立了由市水务局牵头，市发展改革委、市规划委、市财政局、市国土局、市环保局等10个政府职能部门及5个区县政府参加，统筹推进的工作机制。健全了组织机构，保障了治理工作常抓不懈。

（二）完善综合治理规划，不断细化治理目标

市各相关委办局以遵循自然规律、科学治理为原则，以促进区域可持续发展为目标，根据各自职能分工，修改补充或编制相关专项规划、方案，进一步完善了潮白河流域综合治理规划体系。

市规委按照审议意见要求，对《潮白河绿色生态发展带综合规划》进行了修改完善，进一步明确了潮白河沿线地区的功能定位，确定区域空间布局和发展建设策略；市国土局制定了《潮白河流域砂石坑整治规划》，分类对潮白河堤外砂石坑进行整治；市农委及市农业局对潮白河流域面源污染情况进行了摸底调查，编制了专项规划；市园林绿化局结合全市滨河森林公园建设和平原造林任务，制定了潮白河流域水系造林方案；市环保局根据潮白河流域工业污染源特点，制定了潮白河流域工业污染源监管方案；市市政市容委在摸排全市非正规垃圾场的基础上，制定了非正规垃圾填埋场风险等级评价标准，将潮白河流域非正规垃圾场列为重点项目优先安排治理计划，编制了治理方案。

专项规划和实施方案补充完善了《规划》，推动流域治理从规划转向具体实施。

（三）统筹安排项目储备，实现项目滚动实施

两年来，以《规划》为依据，以人大代表意见为切入点，围绕潮白河流域水源保护、水系综合治理、水资源开发利用、区域空间规划与建设，构建水资源保护体系、水生态与水资源配置体系、防洪保安体系三大体系，加快潮白河流域水源涵养与生态保护工程、排水工程、污水处理和再生水利用工程、供水工程、砂石坑整治工程、平原绿化造林工程等工程建设。

在推进过程中，通过年初制定的详细的

年度工作计划，各委办局及早谋划，各负其责，齐抓共管，加强项目精细化管理，加大项目落地力度，确保规划内确定的项目谋划一批、开工一批、建成一批，实现了项目滚动实施，保障了治理项目的扎实推进。截至目前，共落实项目38项，市、区两级共投资50亿元。其中，已建成并发挥效益的13项投资12亿元，在建11项投资17亿元，完成立项审批的14项投资21亿元。

二、以“保护优先、人水和谐、未雨绸缪”为原则，加快三大体系建设

（一）水资源保护体系建设

1. 推进生态清洁小流域建设。开展“污水、垃圾、厕所、河道、环境”五同步治理，改善了当地生活条件和生态环境，促进了山区沟域经济发展。

已经完成怀柔区八道河、密云县蔡家店、延庆县转山子等一批清洁小流域建设，治理水土流失338平方公里；12条清洁小流域获立项批复，预计今年年底至明年年初可陆续开工建设。

2. 加快水源地河流生态修复及水库库滨带工程建设。为形成有水则清、无水则绿、丰水多蓄、水少多绿的河流生态景观做好技术准备。

潮白河（王各庄至牛栏山橡胶坝段）及怀河（大秦铁路桥至牛栏山橡胶坝段）综合治理工程已获立项批复，先期已开展试验段春季绿化造林工作，完成了京承高速路上下游各1公里河道绿化造林工程，共计造林48公顷。

完成了延庆县白河、黑河、菜食河等一批河道生态治理；密云水库库滨带水源保护示范工程及密云县龙潭沟河、清水河二期等7条河道已获立项批复；密云县汤河、怀柔区汤河长哨营段等3条河道初步设计已获批复；密云县白马关、怀柔区怀九河等4条河道已编制完成立项报告，正待批复。

3. 加大供水工程建设力度，解决水源区群众饮水问题，缓解水源地取水矛盾。怀柔区雁栖湖生态发展示范区供水工程、延庆平原区地表水供水工程初步设计已获批复，正在开展施工准备工作；密云新城地表水厂工程已获立项批复，正在编制初设报告；顺义区城南供水厂工程初设报告已上报待审。

4. 加快污水处理厂、再生水厂工程建设，扩大污水处理能力，提高出水水质标准。顺义区污水处理厂升级改造工程已编制完成立项报告；密云县云西再生水厂、顺义区杨镇再生水厂（一期）工程已获立项批复；雁栖湖生态发展示范区污水干线工程初步设计已通过评审，正待批复；怀柔区再生水厂扩建工程初步设计已获批复，正在开展拆迁及施工准备工作；实施通州区河东再生水厂及配套管网工程，预计近期完工。

5. 建设新城滨河森林公园，启动平原造林工程，逐步建成有水有绿、生态良好的东部生态屏障。按照“以水为魂，以林为体，林水相依”的理念，在顺义、怀柔、密云建设3处新城滨河森林公园，总面积2313公顷。其中，顺义新城滨河森林公园总面积1246公顷，园林工程已完成总量的20%，水利工程已完成总量的85%，公园建设力求打造优美的京东绿色走廊，体现顺义新城滨水特色；怀柔新城滨河森林公园总面积450公顷，已完成总工程量的64%，建成后将实现怀山柔水、城景共融的环境景观；密云新城滨河森林公园于2011年11月8日开园，总面积617公顷，利用穿城而过的水系打造森林长廊、水景长廊、休闲长廊、文化长廊，充分体现舒适宜人的山水城市特色。

按照平原造林工程确定的“两环、三带、九楔、多廊”的空间布局，潮白河流域是“三带”的重点建设区域。结合年度任务，全

年计划在潮白河两侧完成造林 733 公顷，现已完成计划任务的 91.5%，植树 60 余万株。同时，在延庆县白河流域实现山区人工造林 310 公顷，森林经营 4333 公顷。目前，流域内平原地区大尺度、大规模的森林景观和山区生态林绿带已初步显现。

6. 溯源治污，建管并重，综合施策，开展污染防治及非正规垃圾填埋场治理工程。针对农业面源污染，组织实施了一批农业面源污染防治项目。通过进行养殖业污染治理，实施化肥用量控制工程，开展农药用量减施工程，加强环境监测工作等措施，消减化学需氧量（COD）300 余吨，有效地改善了流域周边农业生产生活环境，提升了农业标准化水平，降低了流域周边由于农业生产引发环境问题的可能性。

针对流域内工业污染，严把项目环评审批关，严格环保准入制度；对流域内污染源在采取手工监测的同时，充分利用自动监控系统，加强对重点污染源的监管并定期公开发布监测结果；强化市、区两级环保监察部门的检查频次及执法力度，保证重点污染企业废水稳定达标排放。

对于流域内非正规垃圾填埋场，详堪实测，针对非正规垃圾填埋场的垃圾成分、体量、位置及垃圾的流向流量编制治理方案。同时制定治理工作指导意见和管理办法，统筹协调，统一标准。截至目前，各非正规垃圾填埋场的勘测、治理设计方案已全部完成。顺义、通州、密云等区县 8 处设计方案已获批复，2 处已经开工建设。

（二）水生态与水资源配置体系建设

一是完成了顺义区石园大街雨水改造工程、怀柔区农村雨洪利用工程等一批项目。完善了顺义区杨镇水网及雨洪利用工程规划方案。将循环水务落实到经济社会发展的微观领域，为落实市政府提出的全面开展“集、蓄、拦、调”等雨洪利用措施提供了宝贵的经验。

二是依靠市、区两级联动推进，抓住平原区绿化造林的机遇，完善方案、借力助推，逐年对堤外砂石坑实施绿化覆坑工作。计划在未来 2 年内结合砂石坑整治造林 217 公顷，目前已完成前期调查和绿化总体方案；同时结合砂石坑整治，建设雨洪利用工程，蓄渗利用雨水。修复了生态环境，提高了土地利用效率，保障了流域水源安全和防洪安全。

三是将流域内怀柔琉璃庙市级湿地公园纳入《北京市湿地公园发展规划》，组织开展了琉璃庙、潮河减河交汇处等重点湿地公园建设的前期调查和项目规划设计工作。加快汉石桥湿地自然保护区湿地恢复与基础设施工程建设。完成了地上物补偿及拆迁、地形整理、部分植物种植和主要材料的采购工作。另外，为有效改善汉石桥湿地及周边水生态环境，大力推进汉石桥湿地水资源综合利用工程，编制完成了规划方案。

四是在顺义引温入潮一期工程的基础上，建设完成引温入潮二期工程并投入运行。新增日调水能力 10 万吨，总调水能力达到 20 万吨。调水后潮白河向阳闸以下 20 公里河段可维持一定水面，顺义城北减河已成为常年有水的城市花园河道，极大改善了顺义新城水环境。

（三）防洪保安体系建设

一是全面启动潮白河（王各庄至牛栏山橡胶坝段）及怀河（大秦铁路桥至牛栏山橡胶坝段）综合治理工程，通过平整河道，植物固土固堤等措施，提高河道行洪能力，保障河道防洪安全。

二是针对苏庄—市界约 45 公里未治理河道，按照全国中小河流治理规划，配合中央有关部门，编制《“十二五”时期潮白河干流防洪治理实施方案》，重点开展治理规划工作。

三是对于通州段河道行洪区内村庄移民

问题，一方面积极争取水利部海河水利委员会等中央有关部门以及相邻省市支持，根据《海河流域防洪规划》和《北三河防洪规划》，对右堤部分地段改线进行统筹安排。另一方面市政府各部门积极研究，计划按照“政府统筹，社会参与”的原则，联合当地有实力的房地产开发公司，利用社会资本，结合土地一级开发解决沿河堤内 11 个村 6000 余人的搬迁安置问题。针对当前现实情况，制定应急抢险、避险预案，做好应急物资储备，成立应急抢险队伍，制定具体转移路线，确保汛期当地群众的生命、财产安全。

四是将水网连通工程（如通州区宋庄、潞城、西集水网）作为重点发展规划，通过沟通河网水系，水体循环流动，形成沿河生态屏障，增加雨洪水滞蓄能力，减轻潮白河干流洪水压力。

五是针对“7・21”特大自然灾害暴露出水利工程建设中的薄弱环节，总结汲取经验教训，提出了《关于加快推进中小河道水利工程建设提高防洪能力的实施意见（2012—2015 年）》，从今冬明春开始，开展水利工程建设大会战，掀起全市水利建设新高潮。对于潮白河流域而言，在明年汛前，完成密云县龙潭沟河、顺义区蔡家河等 5 条中小河道的防洪治理；完成密云县白河涧、田庄等 9 座小水库的除险消隐；完成潮白河干支流水毁工程修复。在 2015 年之前，完成潮白河流域 28 条共 280 公里中小河道治理，全面实现流域内河道防洪达标。

三、统筹兼顾，逐步建立科学治理的机制体制

（一）建立并发挥市区两级部门联动机制

潮白河流域治理涉及发改、规划、农业、环保、园林、市政等多个部门及沿线 5 个区县，治理工作系统性强，建设标准高，任务量大。在推进过程中，各部门以切实落实规划为目标，凝心聚力，协调配合。市水务局牵头编制工作方案，扎实推进涉水工程建设；市发展改革委、市国土局、市规划委等负责审批的部门主动服务，提高项目审批效率，加快项目审批进度；市财政局加大财政资金支持力度，为治理工作提供了有效的资金保障；市环保局在严把环评审批关的前提下建立审批绿色通道，加快项目办理速度；市市政市容委针对非正规垃圾填埋场精心编制方案，加强政策研究和技术指导；市农委及市农业局将农业面源污染防治列为年度重点任务，并作为各部门的绩效考核指标；市园林绿化局大力推进流域内平原造林、新城滨河森林公园及湿地修复等项工作。沿线各区县充分发挥地方优势，结合各自分工大力推进各项治理工作。通过市区两级统筹协调，联动推进，流域治理实现了全市一盘棋，保障了工作的顺利实施。

（二）建立流域管理与区域管理相结合的水资源管理机制体制

1. 以制定“三条红线”，在流域内实行最严格的水资源管理制度为重点，建立科学严格，流域管理与区域管理相结合的水资源管理机制体制，加强监督管理考核和日常运行管理，促进流域综合治理成果长期保持。

北京市《关于实行最严格水资源管理制度的意见》已于 8 月 20 日发布，明确了用水总量、用水效率、水功能区排污总量 3 条红线。相关部门已根据意见要求，制定了潮白河流域各区县具体的用水总量控制指标、流域内各水功能区排污总量控制指标和各行业用水效率指标。同时市政府已与流域内各区县政府签订了考核目标责任书，明确了考核目标。

《北京市河湖保护管理条例》已于 7 月 27 日经市十三届人大常委会第三十四次会议表

决通过，将于10月1日起施行。条例明确了坚持统一规划、综合治理、科学管理、保护优先、合理利用的原则，建立流域管理和行政区域管理相结合的管理体制，同时对工作落实情况实行目标责任制和考核评价制度。

2.制定完善政策标准，确保流域治理可持续发展。市政府办公厅印发了《关于进一步加强污水处理和再生水利用工作意见》，为进一步推进污水资源化明确了目标，细化了工作任务；即将印发的《关于加快推进中小河道水利工程建设提高防洪能力的实施意见(2012—2015年)》，为加快以中小河道治理为重点的水利工程建设确定了工作思路，明确了工作原则，具体化了工作内容。

市市政市容委与市财政局制定了《北京市非正规垃圾填埋场治理项目专项补助资金管理暂行规定》，提出治理资金由市、区两级财政承担，确保治理效果。

市环保局编制并施行了《城镇污水处理厂水污染物排放标准》，从改善北京水环境质量、保护人体健康和生态环境的角度，结合我国城市污水处理技术的最新成果和实践，对城镇污水处理厂水污染物排放提出了更高的要求。

市农业局编制并下发《北京市农业局关于加强流域水系农业面源防治工作指导意见》，进一步规范了面源污染防治管理工作。

（三）加强流域内防洪管理与雨洪利用管理

汛前潮白河流域各相关单位认真分析流域内防汛存在的问题，加大汛前隐患排查力度，立足有效应对极端天气和突发事件，制定了洪水防御、洪水调度、洪水管理等防汛预案，落实防汛指挥部领导责任制，落实各项预案中四色预警响应办法，落实防汛抢险队伍，落实防汛物资，落实堤内险村人员转移避险方案，开展迎汛培训和演练。

今年入汛后，潮白河流域内降雨频繁，特别是“7·21”特大自然灾害期间，流域内平均降雨量达211毫米。各相关单位依据防汛预案，充分发挥流域统一调度的优势，切实落实预案中各项措施，及时下达调度指令，同时组织人员对沿线河道进行巡视检查，遇风险苗头及时处理，保证了流域内未出现垮坝、倒闸现象，未出现大的险情。同时通过对拦河闸坝的科学调度，合理调蓄，增加了河道蓄水量，减轻了下游河道防洪压力，充分回补地下水源。到8月1日，流域内平均地下水位比汛前回升0.7米。潮白河干流及主要支流增加蓄水量1912万立方米，其中潮河增加蓄水66万立方米，白河增加蓄水162万立方米，怀河增加蓄水200万立方米，潮白河干流增加蓄水1484万立方米。截至8月底，潮白河流域大中型水库蓄水12.7亿立方米，比去年同期多蓄水0.67亿立方米，密云水库最高蓄水量达11.9亿立方米，为近10年来蓄水最多的一年。

（四）构建适合流域内经济发展和社会管理特点的投融资体制

潮白河流域综合治理工作涉及项目多，资金需求量大，而目前我市宏观经济面临严峻的形势，依靠政府加大投资完成建设任务面临巨大挑战。有关部门结合《关于进一步做好水利改革发展金融服务的意见》及《关于进一步加强污水处理和再生水利用工作的意见》，先期对污水处理和再生水利用项目投融资体制改革开展调研工作，对政策体制、价格机制、投融资模式、监管体系等方面进行系统研究，充分利用土地出让收益计提的水利专项资金、水利建设基金等作为资本金，逐步转变政府投资注入方式，创新投融资模式，多元化融资渠道，理顺服务价格水平，建立可持续的市场化融资模式，减轻政府投资压力。以此为基础，逐步探索建立适应于其他项目特点的投融资体制。

四、认真总结，找准差距，开拓综合治理新局面

近两年，潮白河流域水系综合治理工作取得了阶段性成果，但是与实现《规划》目标还有一定差距。一是部分项目尚未落实，推进速度尚需加快；二是生态保护体系尚未建成，流域内生态环境依然脆弱；三是防洪减灾体系仍然存在薄弱环节，水利设施抵御极端暴雨的能力尚需进一步提高；四是工程建设的投资体制、监督考核体制、长效管护机制等尚不健全，仍需进一步探索完善。

在下一步工作中，我们将以《规划》为蓝图，贯彻治理理念，加大治理投入，加快治理步伐。在具体工作中，引入新理念和新技术，提高治理标准，总结治理工作成功经验，巩固治理效果，将已经建立的各种良好制度规范化、常态化，进一步探索完善长效机制。

主任、各位副主任、秘书长、各位委员，潮白河流域水系综合治理工作开局良好，成果初显，这与市人大的高度重视和大力支持密不可分。潮白河流域水系综合治理是一项系统性、复杂性、艰巨性的工程，市有关部门将进一步加大部门联动，切实推进流域水系综合治理工作。希望市人大继续监督流域水系综合治理工作并提出批评建议。随着治理工作的不断深入和治理机制的不断深化，将进入一个新的治理阶段，我们将努力推动《规划》落实，为建设“人文北京、科技北京、绿色北京”和中国特色“世界城市”作出新的贡献。

以上报告，提请市人大常委会审议。

北京市人民代表大会农村委员会对北京市人民政府关于潮白河流域水系综合治理工作进展情况报告的意见和建议

——2012 年 9 月 27 日在北京市第十三届人民代表大会常务委员会第三十五次会议上

市人大农村委员会主任委员　雷德才

主任、各位副主任、秘书长、各位委员：

根据市人大常委会 2012 年工作安排，潮白河流域水系综合治理在 2010 年代表建议重点督办、2011 年政府议案办理的基础上，今年，常委会继续以听取和审议政府专项工作报告的方式，对潮白河流域水系综合治理工作情况进行跟踪监督。为协助常委会做好对专项工作报告的审议工作，农村委按照主任会会议提出的要求，制定了具体工作方案。在督办期间，先后听取了市水务局等政府相关部门的情况介绍，征集了密云、顺义等 5 个区县人大常委会的意见和建议。组织委员、代表参与了调研、座谈、检查和视察，广泛听取了基层干部群众的意见和建议。9 月 11 日，农村委员会召开会议，对市政府提请本次常委会审议的报告进行了研究和讨论。

农村委员会认为，在市政府及相关区县的共同努力下，潮白河流域水系综合治理工

作取得了阶段性成果。一是进一步强化了流域综合治理的目标与责任。潮白河流域是我市重要的水源地，在综合治理过程中，市政府及沿流域各区县坚持将“保水”作为第一责任，以提高水源地保护区水源涵养能力和水资源利用效率为主线，努力把“保水”目标任务贯穿于规划、论证、建设及运行调度等流域综合治理的各个环节，有力保证了水源安全、供水安全和水环境安全。二是完善并推进了综合治理规划的落实。市政府坚持规划先行，制定了《潮白河流域水系综合治理规划》和《潮白河绿色生态发展带综合规划》（以下均简称《规划》），进一步明确了流域功能定位、治理目标和重要节点工程任务；在两个《规划》的指导下，市政府各部门各负其责，制定了堤外沙石坑整治、水污染防治、农业面源污染治理等相关专项规划；落实了政府投资和重点工程项目，截至目前，共落实项目 38 项，总投资 50 亿元，其中：已建成并发挥效益的 13 项、投资 12 亿元，在建的 11 项、投资 17 亿元，完成立项审批的 14 项、投资 21 亿元。三是基本实现了由各区县分段治理向统一规划下的综合治理转变。保护水资源、水生态与水资源配置和防洪保安等三大体系建设有了积极的进展。为保护水资源，开展了以“污水、垃圾、厕所、河道、环境”五同步的生态清洁小流域整治工程，加快了干支流生态修复及水库库滨带建设。为改善水生态和水资源配置，启动了新城滨河森林公园以及平原造林工程，建设完成了顺义、怀柔、密云 3 处新城滨河森林公园共 2300 公顷；为保证防洪安全，编制和实施了潮白河干流防洪治理实施方案，通过整理河道，植物固土固堤等措施，提高河道行洪能力，保障了河道防洪安全，今年入汛以来，特别是“7·21”特大自然灾害期间，流域内平均降雨量达 211 毫米，全流域内未出现垮坝、倒闸等大的险情；同时通过科学调度，合理调蓄，回补了地下水源，潮白河流域大中型水库蓄水 12.9 亿立方米，比去年同期多蓄水 1.07 亿立方米，流域内平均地下水位比汛前回升 0.7 米。四是进一步完善了综合治理的体制机制。潮白河流域治理涉及水务、发展改革、规划、农业、环保、园林、市政等多个政府部门及流域内 5 个区县，在市政府的统筹协调下，由市水务局牵头，建立了统一协调、部门联动的工作机制，形成了工作合力，提高了综合治理的工作效率。

农村委员会认为，市水务局局长程静受市政府委托所作的《关于潮白河流域水系综合治理进展情况的报告》客观地总结了潮白河流域水系综合治理进展情况和存在的问题，提出的继续推进综合治理的主要思路和措施也是积极可行的，农村委员会同意这个报告。

农村委员会认为，潮白河流域水系综合治理是一项长期的系统工程，前一阶段综合治理工作虽然取得了积极成果，但也仍存在一些值得关注的问题和薄弱环节：一是两个《规划》中已经确定的综合治理项目有些尚未落实；二是流域生态保护体系尚未建成，流域生态环境依然脆弱；三是防洪减灾体系建设存在薄弱环节，水利设施抵御极端自然灾害的能力尚需进一步提高；四是流域综合治理的投资体制、监督考核体制、长效管护机制等尚不健全。

为进一步推进潮白河流域水系综合治理工作，农村委员会提出以下意见和建议。

一是在政府层面继续强势推进、认真落实两个《规划》。潮白河流域是我市重要的水源地和绿色北京的发展空间，市政府应高度重视该区域的生态保护与科学发展。市政府制定的《潮白河流域水系综合治理规划》和《潮白河绿色生态发展带综合规划》，是推进流域综合治理的具有权威性的科学依据，规划制定后，关键在实施、在落实。建议市政府要进一步细化任务、落实责任，制定实施两个《规划》的路线图和时间表，同时要建立相应的督查和考核制度。

二是坚持“保水”理念，切实加强水源地的保护工作。水资源短缺依然是制约首都经济社会可持续发展的突出问题，因此，潮白河综合治理要以“保水”为核心，实施最严格的水资源保护制度。建议结合已经出台的《北京市实施最严格水资源管理制度的意见》，根据潮白河流域水资源状况和首都经济社会可持续发展的要求，进一步明确了潮白河流域水资源管理的“三条红线”（用水总量控制红线、用水效率控制红线和水功能区限制纳污红线），将水源地保护常态化和制度化。同时，针对潮白河流域水资源短缺、地下水超采严重的现状，应积极采取涵养与建设湿地、拦蓄雨洪水、地下水回灌等工程措施，回补地下水资源。要坚持发展民生水利，积极推进水利基本公共服务均等化，解决好水源区群众饮水和生产生活问题。

三是继续加大流域内污水处理及再生水利用工程体系建设，强化流域生态环境保护。全面普及农民安全饮水工程和实施污水无害化处理工程，截断水源地污染源头；实施山区生态清洁小流域治理工程，有效防控农业面源污染；继续加大流域内自然或人工湿地的保护修复力度，营造安全的水环境；继续加大流域内废弃沙石坑的治理力度，要结合平原绿化造林工作，因地制宜，通过土地整理、绿化美化等措施，修复两堤外地貌及生态环境，逐步恢复水清岸绿的景观。

四是继续加强潮白河流域“蓄排”结合的防灾减灾体系建设。要将涵养水源与防洪减灾有机统一起来，实现蓄水、治污、修复生态与防洪减灾工程合理布局。要总结汲取“7・21”特大自然灾害的经验教训，认真查找防洪减灾体系中的薄弱环节，进一步提升潮白河防洪抗灾能力。利用今冬明春有利时机对潮白河干支流水毁工程进行修复，清除水库、河道内违章建筑物等安全隐患，加强与河北省的协调，解决好潮白河通州段治理的突出问题，确保堤防建设标准达到五十年一遇的水平。继续完善防洪应急体系，强化属地管理责任，全面提高对突发特重大灾害的响应速度和应急抢险能力；对潮白河通州段行洪区内村庄的搬迁移民工作应及早谋划对策，建立紧急避险预案，切实保障人民群众的生命财产安全。

五是积极推进依法行政，完善流域水务管理体制和机制。积极探索潮白河流域水系综合治理的法治路径，认真落实《中华人民共和国水法》、《中华人民共和国水污染防治法》、《中华人民共和国防洪法》等法律、法规规定，同时开展对水源地保护等相关问题的研究，适时制定《北京市水源地保护条例》，实现潮白河流域水系综合治理工作有法可依。《北京市河湖保护管理条例》即将于10月1日起施行，要以宣传贯彻条例为契机，认真落实条例有关规定，进一步完善流域管理和区域管理相结合的管理体制，确保全流域管理措施到位。进一步完善落实潮白河水源地保护的生态补偿政策，加大市级财政投入力度，减轻区县政府生态建设的资金压力，并通过落实具体项目调动区县政府的积极性。

以上意见，供常委会组成人员审议时参考。

北京市高级人民法院关于加强审判管理确保依法公正履行审判职责工作情况的报告

——2012年9月27日在北京市第十三届人民代表大会常务委员会第三十五次会议上

北京市高级人民法院院长　池　强

主任、各位副主任、秘书长、各位委员：

随着首都经济社会快速发展和利益结构深入调整，法院受理的案件数量持续增多，2011年全市法院审结各类案件420,373件，今年1—8月审结各类案件232,257件，尤其是涉及民事行政的审判执行案件增长迅速，已占法院案件总数的近95%。案件的复杂程度也不断加大，新类型案件层出不穷。同时，人民群众对法院工作的关注度和监督力度越来越大，对司法公正高效、对审判程序的严格规范、对审判人员的专业素质和工作态度都提出了越来越高的要求。加强审判管理，是确保依法公正履行审判职责的必然要求。近年来，全市法院针对影响审判质量、效率和效果的突出问题，加强内部监督制约，增强审判工作透明度，通过信息化建设，实现对所有案件各个工作环节的精细化管理，努力保证审判权的正确行使，保证案件通过法定程序得到依法处理，保证法律得到正确实施。重点开展了以下几方面工作。

一、着力解决司法尺度不统一的问题，保证法律准确适用

统一司法尺度，使同类案件得到相同处理，是法律准确统一实施的需要，是维护社会公平正义的需要。由于社会关系具有复杂性、多变性，而法律规定具有相对的原则性和稳定性，法律不可能对千差万别的案件情况逐一作出具体规定，这就需要赋予法院一定的裁量范围，针对具体案件作出具体处理。在审判实践中，有些同类案件处理结果不一致，引发了当事人和社会公众对司法公正的怀疑。这就需要通过加强审判管理，避免司法裁量的随意性，减少审判人员对法律理解的分歧。为促进司法尺度统一，北京法院重点加强了三方面工作。

（一）落实审级监督制度，加强审判业务指导

审级监督是保证法律准确统一适用的基本司法制度。市高级法院和各中级法院注重发挥审级监督职能，通过二审、再审程序，纠正原审差错，促进司法尺度统一。一是解决二审开庭率偏低问题，着力提高二审质量。按照法律规定，二审可以开庭审理，也可以在事实核对清楚后，不开庭审理。由于我市两个中级法院受理二审案件数量过大，二审开庭率一度低于全国平均水平。为提高二审质量、强化二审监督职能，从去年开始，市高级法院提出二审案件要以开庭审理为原则，以不开庭审理为例外，并将二审开庭率作为衡量审判质量的重要指标，进行考核通报。2011年全市高、中级法院二审开庭率同比提高了11.5个百分点，今年1—8月同比又提高了4.7个百分点。二是针对司法尺度不统一的类型化问题，研究制定明确的审判标准。今年以来，市高级法院就限购政策下房屋买

卖合同案件、保障性住房管理行政案件等21个疑难问题开展调研，在三级法院共同研讨的基础上，在法律和司法解释规定的范围内，制定统一的审判标准，解决了各法院在法律适用上的分歧，统一了司法尺度。三是发挥典型案例的借鉴参照作用。市高级法院选取在法律适用上具有指导作用的案例，向全市法院发布，便于审判人员参照，目前已下发各类参阅案例1253期。最高法院每年采用我市法院典型案例数量位居全国法院第一，今年最高法院公布的知识产权十大典型案例中，有5件是北京法院的案例。

（二）加强审判专业化建设，提高法律适用水平

一是严格职业准入。近年来，北京法院新录用人员以法律专业研究生为主，全部通过国家司法考试。提请人大任命为法官的，必须在审判一线锻炼4年以上，接受1年的预备法官培训，并通过市高级法院统一组织的预备法官考试。目前全市审判人员中，大学本科以上学历的占99.7%，比5年前增加了7.9个百分点；研究生以上学历的占54.1%，比5年前增加了29.9个百分点，研究生以上学历的比例比全国平均水平高47个百分点，居全国法院首位。二是强化审判业务培训。市高级法院近5年培训审判人员38,405人次，连续5年每年将基层一线法官轮训一遍，并通过司法业务能力比赛、裁判文书评比、庭审观摩等方式提升审判人员的业务素质。全市法院涌现了一批审判业务带头人和审判业务专家，全市法院654人被纳入市政法系统“十百千”人才工程，3名法官被评为全国法院审判业务专家。专家型法官姜颖审理各类知识产权案件1400多件，其中没有先例可循、国内外关注度高的新类型疑难案件400多件，她针对新类型案件提出的16个法律观点在商标法、专利法修订及司法解释制定时被采纳，被国际知识产权组织评选为知识产权界全球最具影响力的50人之一。三是加强专业审判庭建设。全市法院根据案件类型的发展变化，设立专业审判庭，集中受理特定类型的案件，提高此类案件的审判专业化水平。针对《中华人民共和国劳动合同法》施行后，劳动争议案件数量大幅增长、法律适用疑难问题增多的情况，多数法院成立了专门的劳动争议审判庭。此外，有的法院设立了金融案件、破产案件、未成年人案件、道路交通损害赔偿案件等专门审判庭，提高了法律适用水平，促进了司法尺度统一。

（三）实现同类案件由同一审判庭处理，从工作机制上促进司法尺度统一

民事审判庭和商事审判庭管辖分工全国法院没有统一规定，许多案件既可能由民事审判庭审理，也可能由商事审判庭审理。而民事审判和商事审判在理念和思路上存在一定差异，民事审判注重权利保护和纠纷化解，商事审判注重维护市场规则和交易的稳定性，这就使同类案件可能因分配到不同审判庭产生不同的处理结果。市高级法院通过调研，查找出民事审判庭和商事审判庭交叉管辖的案由共15种，案件数量也比较多。为此，市高级法院2011年在全国法院率先制定了民商事审判庭管辖分工的规定，明确借用、租赁等6类案件全部由民事审判庭审理，买卖、借款等9类案件全部由商事审判庭审理，使全市法院每年10万余件案件实现了归口审理，同时，根据管辖调整，开展相关培训，及时调整审判资源配置，有效统一了同类案件的审判思路和法律适用。

二、着力解决法定审判程序执行不到位的问题，确保程序公正

程序公正是司法公正的重要内容，也是司法公正的基本保证。审判实践中，送达程序、合议制度和宣判制度等法定审判制度在

落实上面临一些困难，一定程度上存在落实不到位的问题。对此，我们有针对性地采取了解决措施。

（一）严格落实送达程序

由于我市流动人口规模庞大，人户分离现象普遍，再加上不少当事人故意逃避送达，拒绝签收传票和法律文书，送达工作耗费了审判人员大量时间精力。据统计，目前直接送达成功率仅50%。在直接送达存在障碍的情况下，有的案件采取公告送达方式，导致一些案件缺席审理，客观上不利于法院正确裁判。针对这一问题，我们主要采取三项措施：一是创新送达机制。改变过去由案件承办法官分别送达的工作模式，由专门机构负责集中送达，提高了送达效率，节省了司法资源。二是采取节假日送达、晚间送达等方式，避免上门找不到当事人的情况。多数物业纠纷、供暖纠纷、消费借款等案件，都采取节假日送达、晚间送达方式。三是严格限制公告送达程序的启动。对当事人是否确实属于下落不明进行严格审查，在公告送达前，必须穷尽其他送达方式，确保送达程序得到严格执行，尽量避免缺席审理，保障当事人的诉讼权利。近三年，公告送达的案件数量由原来逐年上升转为逐年下降，2011年公告送达1046件，比2010年降低了31.5%。

（二）严格落实合议制度

在繁重的任务压力下，有的合议庭成员简单附和审判长或者承办法官的意见，影响了合议制度的严格落实。有必要通过审判管理，强化合议庭内部的监督制约。为此，市高级法院对合议制度的落实情况进行了专项检查整改。一是对所有案件的庭审活动全程录像、刻盘存档，对庭审录像随机抽查，对合议庭成员的庭审行为进行评查，督促合议庭每名法官都认真制定庭审提纲，积极询问当事人和证人，研究归纳争议焦点，切实提高庭审质量。二是将合议笔录纳入审判质量评查范围，通过评查合议笔录，督促合议庭成员充分发表意见，独立行使表决权。三是对复杂疑难案件，建立辩论式合议、研讨式合议机制，由合议庭成员进行对抗式讨论，使裁判结果真正体现合议庭集体智慧，体现合议制度的监督制约功能。

（三）严格落实宣判程序

我国民事诉讼法规定，人民法院要在公开宣判后向当事人送达裁判文书。但审判实践中，有的当事人考虑出行的时间、经济成本，不愿意参加宣判程序，要求法院邮寄裁判文书；有的当事人预计到败诉结果，产生抵触、逃避心理，拒不接受宣判；有的法官基于结案压力，往往要求当事人直接领取判决书，省略宣判环节；一些败诉当事人扰乱法庭秩序，阻挠宣判，给法官造成巨大压力，影响了宣判程序的落实。为严格执行法定宣判程序，我们主要采取了以下措施：一是提高当庭裁判率，避免另行宣判时当事人不能到庭。将当庭裁判率纳入审判绩效考评指标，予以重点考核通报。今年1—8月，全市法院当庭裁判率同比大幅提高了20.2个百分点，减少了当事人往返法院的次数。当庭宣判需要法官具备较强的审判业务素质，提高当庭宣判率也促进了法官司法能力的提升。二是探索建立单方宣判制度，对双方当事人无法同时到庭的，即先向一方当事人宣判，对拒不到庭参加宣判的当事人，通过公告方式宣判。三是建立案件宣判风险评估机制，对当事人可能扰乱法庭秩序或者引发群体性事件的，预先制定工作预案，强化安全保障措施，减轻宣判环节给法官带来的压力。

三、着力解决少数案件审理期限过长问题，切实提高审判效率

办案效率也是司法公正的重要组成部分。

我们调研发现，影响审判效率比较突出的是鉴定时间过长、上诉移转用时较长、延长审限把关不严等问题。针对这些问题，市高级法院逐一强化了管理措施。

（一）抓程序衔接，解决上诉移转用时过长的问题

当事人不服一审裁判提起上诉后，一审法院需要向被上诉人送达上诉状、向上诉人送达答辩状、整理装订卷宗并移送到二审法院，对这个过程的时限，法律没有明确规定，有的上诉案件移转用时过长，引起当事人不满。为此，市高级法院制定了《关于案件移转工作的规定》，要求承办法官自收到上诉状之日起33日内完成案件移转工作，并制定了专门的流程规范和监控软件，每月通报各法院所有上诉案件移转用时。通过强化管理，全市法院上诉移转平均用时从2010年的55.3天下降为2011年的29.8天。

（二）抓鉴定程序，解决鉴定期限过长问题

对工程造价、伤残程度、医疗过错等问题，法院需要依据专门机构出具的鉴定意见来认定案件事实。去年全市法院对长期未结案进行排查，发现案件长期未结大多是因为需要等待鉴定结论。针对鉴定期限过长问题，市高级法院制定了《关于委托司法鉴定的工作规定》，对当事人不能协商确定鉴定机构的，由市高级法院纪检监察部门统一“摇号”随机确定鉴定机构，从制度上保证鉴定结论的客观公正，尽量避免重复鉴定；对法官根据经验和裁量权能够确定的事项，不轻易启动鉴定程序，防止造成诉讼拖延；同时，加强与鉴定机构的沟通，督促鉴定机构及时作出鉴定结论。通过强化管理，2011年鉴定平均用时比2010年缩短23.7天。

（三）抓延审报批，加强对审限的管理

对延长审限的案件统一登记、统一管理、结案后统一备案，对每名审判人员延审情况进行通报。建立“长期未结诉讼案件”管理系统，全市法院受理的18个月以上未结的诉讼案件自动进入系统监控，通过系统自动通报，督促责任人采取措施尽快结案。2011年全市法院法定审限内结案率达到98.7%，比2010年提高2.3个百分点，今年1—8月法定审限内结案率达到99.4%。

四、着力保障当事人各项诉讼权利，便利当事人参加诉讼

全市法院通过强化审判管理，解决影响当事人诉讼权利行使的各种问题，保障当事人便捷参加诉讼。

（一）探索建立立案登记制度，保障当事人的诉权

社会公众对法院立案工作主要存在两方面反映：一方面反映法院立案审查过于严格，导致立案难问题；另一方面反映法院立案时只对原告提供的起诉材料进行书面审查，不与被告见面，导致有些不符合立案条件的案件进入诉讼程序，损害了对方当事人的权益，增加了当事人的诉累。针对这两方面的反映，北京法院在法律和司法解释规定的范围内，试点开展了立案诉讼服务改革，将传统的立案工作分为起诉登记和程序审查两个阶段，对当事人的起诉，形式上符合起诉条件的，法院即予以登记，解决当事人反映的立案难问题，切实保障当事人的诉权。在立案登记后，改变以往仅审查单方起诉材料的做法，建立双方当事人参与的立案审查方式，通过审查双方当事人提交的诉讼材料，平等保护双方当事人诉权，防止一方当事人滥用诉权损害对方当事人的权益。一些不符合受理条件的案件在诉讼程序开始前得以解决，去年改革试点法院审查出不符合起诉条件的案件17,723件，既减轻了当事人的诉累，又节约了审判资源。

（二）转变审判方式，便利当事人诉讼

一是对邻里、家庭、物业等纠纷，当事人一起诉到法院，立即开展矛盾调处工作，许多纠纷在立案前得到解决，减轻了当事人的诉累。2011 年全市法院在立案前调处各类纠纷 58,820 件，今年 1—8 月立案前调处纠纷 47,756 件，大量纠纷在立案前得到化解分流，改变了案件数量连年快速上升的势头，去年全市法院受理案件数量同比下降了 3.2%，今年 1—8 月又下降了 1.9%。二是加大巡回审判力度，在农村、社区就地开庭、就地调查取证、就地调解、就地宣传法律，去年全市法院巡回审理案件 18,609 件。三是建立专门的诉讼服务机构，统一为当事人提供诉讼引导、案件查询、诉讼材料收转等 8 项服务，去年各法院诉讼服务机构共办理诉讼引导事项 96 万余人次、案件查询 19 万余件次、诉讼材料收转 5 万余件次。

（三）运用科技手段，提升诉讼服务水平

利用触摸屏、互联网等向社会公开案件信息，便利当事人查询案件办理情况，增进审判工作透明度。市高级法院组织开发了远程视频庭审系统，对在郊区法院的上诉人，中级法院可以通过液晶显示屏进行远程视频开庭，减少了郊区当事人往返城区的奔波之苦，受到了当事人的欢迎。积极推进网上预约立案、网上材料审查等便民诉讼措施，充分利用信息化手段为当事人诉讼提供便利。

五、加强对审判绩效的考核管理，通过信息化手段实现对所有案件审判质效的精细化管理

全市法院全面开展天平工程建设，以案件质量效率评估 31 项指标体系为依据，以北京三级 21 个法院、418 个审判业务庭室、6135 人为对象，形成 60 万组审判业务图表数据，实现了对审判态势、审判业绩、个案情况全面准确的把握，将审判质量评估指标落实到每名审判人员、落实到每个具体案件。

（一）对每个案件各个环节、各个阶段工作状况予以实时记录

所有案件上网运行，从立案、排期、开庭到结案、执行、归档等各个环节都有信息管理节点，都可以实时监控，大大增强了审判工作的透明度，增强了审判管理的精细化程度。

（二）对各法院、各审判业务部门及全体法官审判绩效予以准确考核

通过案件管理信息系统，对各法院、各审判业务部门和全体法官审判绩效进行准确统计，法院与法院之间、部门与部门之间、法官与法官之间的指标完成情况都能够横向比较、准确排名。市高级法院对各法院、法院对各审判庭、审判庭对法官进行纵向分层考核，确保了责任主体明晰、责任层层落实。

（三）对短板指标予以及时发现和整改提高

由于建立了准确、透明的审判绩效管理体系，各法院存在的短板问题一目了然。各法院针对自身存在的问题，有针对性地采取了整改提高的措施。2011 年以来，全市法院均衡结案率、二审开庭率、陪审率、一审服判息诉率等 10 个重点指标都实现了同比提高，今年 1—8 月人民陪审员参审率达 69.3%，超过全国法院平均值 22.8 个百分点。由于审判质效的提高，群众满意度进一步提升，今年我们在全市法院共评选出 110 名办案数量多、办案质量高的“双优法官”，这些“双优法官”人均结案 331 件，没有发生一起涉诉信访问题。

目前，我们的审判管理工作尽管取得了一定的成绩，但仍存在一些问题和困难。一

是各法院审判管理工作发展不尽平衡，制度规范在基层的落实不完全到位。二是少数审判人员责任心不强的问题依然存在，审判队伍的严格管理还需要进一步加强。三是审判管理着重强调对审判人员的监督制约，但各种考核指标也给审判人员造成很大压力，加之激励机制相对欠缺，在长期超负荷工作的情况下，审判人员的身心都比较疲惫。

审判管理是一项需要长抓不懈的工作。下一步，全市法院将重点从以下三个方面进一步强化审判管理：一是在严格管理上下功夫。完善审判管理体系，通过统一、规范、相对稳定的制度框架、行为准则和管理机制，使案件依规律、按流程有序运转，使法官依法律、按程序规范办案。更加自觉地接受人大、政协、检察机关和社会各界的监督。二是在科学管理上下功夫。通过审判管理有效整合审判资源，优化审判机制，提高工作效率。充分考虑各法院审判工作实际，科学设定审判工作目标和指标体系。三是在鼓励法官自我管理上下功夫。尊重法官的主体地位，尊重审判组织的裁判权力，保障法官依法履行审判职责，增强法官的责任感和荣誉感，鼓励法官自我管理、自我教育、自我提高，自觉维护司法公正。

主任、各位副主任、秘书长、各位委员，全市法院将在市人大的监督下，进一步加强审判管理，确保依法公正履行审判职责，为服务中国特色世界城市建设，为保障法律体系的正确实施，为落实依法治国基本方略、建设社会主义法治国家作出更大的努力，以优异成绩迎接党的十八大胜利召开。

北京市人民代表大会内务司法委员会对市高级人民法院关于加强审判管理确保依法公正履行审判职责工作情况报告的意见和建议

——2012年9月27日在北京市第十三届人民代表大会常务委员会第三十五次会议上

市人大内务司法委员会主任委员　李小娟

主任、各位副主任、秘书长、各位委员：

为了协助常委会听取审议好市高级人民法院关于加强审判管理，确保依法公正履行审判职责情况的报告，内务司法办公室按照主任会议通过的工作方案，邀请部分常委会委员、内司委委员和代表组成专题调研小组，自今年5月至7月开展了系列调研活动，先后听取了市高级法院、两个中级法院以及东城、西城、朝阳、海淀、平谷、密云等区县法院开展审判管理工作的汇报，从不同层次和侧面深入了解我市法院结合审判工作加强立案管理、庭审管理、审限及均衡结案管理、远程庭审及案件质量管理、诉讼费及案款管理、绩效管理以及重要程序事项同步告知和诉讼服务等工作情况；与八个基层法院的十六名一线法官以及部分人民陪审员、特约监督员和律师代表分别座谈，认真听取他们对法院加强审判管理的意见、建议。内务司法办公室系统汇总梳理了调研中征集的意见和建议，及时向市高级人民法院进行了反馈。8

月28日，内务司法委员会召开会议，认真听取并讨论了市高级人民法院提请本次常委会审议的报告稿。内务司法委员会认为，报告实事求是地总结了近年来全市法院主动加强审判管理，促进依法履行审判职责的工作情况，客观分析了当前工作中存在的问题和困难，并吸纳反馈的调研意见、建议，提出了进一步改进审判管理工作的措施，我们同意这个报告。

内务司法委员会认为，近年来，全市法院以坚持司法公正为宗旨，积极面对社会关切，针对影响审判质量、效率的突出问题，不断加强审判管理工作，构建起以审判委员会为中心、以审判管理办公室为枢纽的新型层级管理模式和审判管理体系，加强了对行使审判权的监督制约；围绕审判职能，不断加强审判管理制度建设，进一步健全了审判质量、审判效率、审判流程等管理机制体系，强化了对案件审理的程序监控和节点管理，有力促进了审判过程严谨规范、公开透明，审判结果公正高效；针对审判工作中的薄弱环节，调整设定更为科学的审判质效评估指标体系和绩效考核标准，运用网络技术和信息化手段，搭建统一的案件管理信息平台，初步实现了对全市法院的审判态势、各级法院和法官的审判业绩以及个案进展情况的全面掌控，有效推进了对审判工作全程、全员精细化的专业管理。通过加强审判管理，全市法院的审判质量、审判效率和审判效果明显提高：立案变更率由11.18‰下降至0.5‰；法定审限内结案率提高到98.7%；一审服判息诉率达到87%；司法便民服务的各项措施进一步落实，对案件的信访投诉率降至0.61%，长期以来群众反映比较突出的立案标准不明确、司法尺度不统一、法定审判程序执行不到位、少数案件审理期限过长等现象有了较大改观，社会满意度评价逐年提高。对全市法院在审判管理工作中所取得的进展和成绩应当给予积极评价和充分肯定。

内务司法委员会认为，全面加强审判管理，是人民法院有效规范司法行为，切实提高审判质效，促进司法公正廉洁，确保依法正确行使审判权，提升司法公信力，维护司法权威的有力措施和重要保证。在当前社会矛盾纠纷增多、案件数量总体攀升、审理难度加大、司法公信力还相对不高的情况下，继续大力加强审判管理，对于全市各级法院依法公正履行审判职责，进一步提高审判质量和效率，优化审判效果，更充分地保障当事人的合法权益，有效维护社会秩序，提振人民群众对首都司法工作的信心，树立社会主义司法权威有重要意义。我市法院的审判管理工作起步早、力度大、进展快，成绩是显著的，但也应当看到，工作中还存在一些薄弱环节，主要是：个别基层法院实施审判管理还比较粗疏，对派出法庭的规范管理重视不够；审判管理机制与人事管理、政务管理机制的协调配合不够充分，服务、保障审判的功能作用还须加强；对一线法官的激励机制尚显不足。为此，内务司法委员会提出以下意见和建议。

一、要认真总结经验，继续抓实抓好审判管理工作

全市法院要在认真总结以往经验的基础上，积极应对审判工作面临的新形势、新挑战，以确保依法公正履行审判职责为根本，以提升审判质量、审判效率和审判效果为核心，以解决社会普遍关注又制约司法效能有效发挥的突出问题为重点，针对审判工作的薄弱环节，继续抓实抓好审判管理工作。市高级法院要进一步加强对审判管理工作的调查研究和督促指导。全市各级法院要在审判管理工作统一要求的制度框架内，遵循审判工作规律，积极探索、尝试既符合审判实际

需要又能高效运行的新机制、新方法、新措施，不断提升审判管理水平。

二、要全面发挥审判管理的规范、保障、促进、服务功能

深化审判管理工作，要处理好管理与审判的关系，既要加强对审判活动的监督制约，规范法官的司法行为，又要保障法官能够依法充分行使审判权力、履行审判职责。要处理好审判管理与服务审判的关系，尊重审判规律，寓服务于管理之中，通过加强审判管理，为审判权的依法、有序运行创造有利条件，促进审判工作水平提高。要处理好统一管理要求与兼顾地区、部门差异的关系，在审判管理绩效考核中，充分考虑不同层级、不同地区法院以及不同审判部门和不同专业法官的职能、特点，合理确定考核指标及权重，积极探索建立网上数据考核与实际工作全面评估相结合的科学考评体系。要处理好审判管理与队伍建设的关系，做到审判管理的目标结合队伍建设来落实，队伍建设的效果结合审判绩效考核来强化。同时要重视对配合、保障审判的其他执法人员的教育管理，不留死角。

三、要充分发挥一线法官在审判管理工作中的积极性

法官是审判管理的主体，只有充分发挥他们的积极性、主动性，才能保证将审判管理的制度和工作要求落实到审判活动的各个环节。审判管理强化了审判人员的责任，在一定程度上加大了他们的工作压力。因此，在管理中必须要加强对法官的思想政治工作，坚持以人为本，尊重法官在审判工作中的主体地位和权利，注意完善与审判管理机制衔接配套的激励、保障机制，客观全面地评价法官的工作，要切实关注、努力解决法官在审判工作中遇到的实际问题和困难，积极创造条件改善法官待遇，激发起法官参与审判工作管理的主观能动性，通过增强法官的责任感和荣誉感，提高法官自我管理、自我约束的自觉性，共同维护司法公正。

以上意见，供常委会组成人员审议时参考。

北京市人民检察院关于加强民事行政检察监督工作情况的报告

——2012年9月27日在北京市第十三届人民代表大会常务委员会第三十五次会议上

北京市人民检察院检察长　慕　平

主任、各位副主任、秘书长、各位委员：

根据市人大常委会本次会议议程的安排，我代表北京市人民检察院，报告全市检察机关加强民事行政检察监督工作的情况，请予审议。

一、围绕首都发展大局，全面履行民行检察监督职责

根据我国宪法、民事诉讼法和行政诉讼

法的有关规定，人民检察院有权对人民法院的民事审判、行政诉讼活动实行法律监督。检察机关代表国家及时监督纠正确有错误的判决裁定，对于维护司法权威、保障民事案件公正审判和行政诉讼依法进行具有重要意义。2008年9月市人大常委会《关于加强人民检察院对诉讼活动的法律监督工作的决议》(以下简称《决议》)出台以来，高检院单独下发及会签了一系列加强民行检察工作的规范性文件，召开全国检察机关第二次民事行政检察工作会议，进一步明确了民行检察工作的法律监督属性、职能定位、基本要求和工作发展思路，使民行检察监督的范围大为拓宽，手段更加多元，制度环境进一步改善。北京市检察机关顺应中央加强对司法权监督制约的总体要求，紧紧围绕首都经济社会发展大局，以贯彻落实《决议》为契机，以人民群众反映强烈的影响司法公正的突出问题为重点，积极稳妥地推进对民事审判和行政诉讼活动的法律监督，认真妥善解决群众诉求，促进定分止争，维护和谐稳定，推动民行检察工作不断向均衡、深入发展。

（一）构建多元化监督格局，努力维护司法公正

坚持以抗诉为中心综合运用多种监督手段，监督纠正诉讼违法和裁判不公问题，促进和支持人民法院公正审判。一是加大抗诉力度。《决议》出台以来，以办理不服二审生效裁判的申诉案件为重点，就中级法院和区县法院作出的生效裁判提出抗诉242件，同比增长36%；对市高级法院作出的生效裁判提请高检院抗诉13件，高检院支持抗诉9件。在年均申诉案件受理数量基本稳定的情况下，抗诉规模稳中有升，以10%的比例逐年提高。其中，2008年39件，2009年54件，2010年62件，2011年68件，特别是2011年，全国民行检察提出抗诉数较前一年平均下降14.9%，北京保持了9.7%的增长；再审改变原判决率从2008年的45%提高到了75%，抗诉质量明显提高。二是推行再审检察建议。对符合抗诉条件的案件，建议人民法院自主启动再审程序，简化办案流程，缩短办案周期，维护法院权威，实现了办案规模、效率和效果的有机统一。全市检察机关认为终审裁判存在错误，向各级法院发出再审检察建议153份，同比增长302%。人民法院按照《决议》要求，认真对待检察机关提出的再审建议，2011年再审检察建议采纳率为67.5%，比2008年提高了35.5%。三是依法监督纠正诉讼违法行为。针对人民法院存在的庭审程序违法、法律文书错漏及违法送达等问题，共发出纠错检察建议和纠正违法通知书94份，有效促进了司法行为的规范性和严肃性。贯彻“两高三部”《关于对司法工作人员在诉讼活动中的渎职行为加强法律监督的若干规定》，坚决查处隐藏在执法不严、司法不公背后的民行审判人员职务犯罪。对民行审判、调解和执行中的枉法裁判、失职，以及相关联的贿赂犯罪立案8件8人，提起公诉6件6人，有4人已被依法判决。

（二）做好服判息诉工作，深入化解社会矛盾

全市检察机关坚持抗诉与息诉并重，将监督与维护、支持结合起来，引导当事人接受法院的正确裁判，营造尊崇司法权威的良好社会氛围。在认真受理、细致审查每件案件的基础上，对6286件法院裁判正确的案件开展服判息诉的疏导工作，占所有受理案件的87.2%，使申诉人接受检察处理意见，维护了法院的审判权威。一是把执法办案的过程变成化解矛盾的过程，积极引导当事人和解息诉。对当事人有和解意愿、原审裁判存在一定瑕疵但又不符合抗诉条件的，检察机关居中沟通、引导、见证当事人达成和解，取得了多方共赢的结果。《决议》出台以来，检察机关主动促成当事人和解131件，彻底

化解了纠纷。谢棣劳动争议申诉和解案结束了长达16年的争议，房山检察院成功促成18件农民工劳务合同纠纷系列案达成和解，避免了群体上访缠访事件的发生。二是强化对不立案、不抗诉案件的释法说理，试行公开审查办案机制。市检察院下发《进一步加强民事、行政检察部门释法说理工作的实施细则》，规范了释法说理工作的标准和程序，努力让当事人明法知理，拿着申诉来，带着明白走。对出现新证据、原审裁判认定事实存在错误的申诉案件，在分院和两个基层院试行申诉案件公开审查听证会，由检察官主持，组织双方当事人公开调查核实证据，深入查明案件事实，以公开促公正，在阳光下提升司法公信力。9件公开审查案件中，3件达成和解，3件提出抗诉，取得了良好的法律效果和社会效果。三是推行检调对接，引入第三方力量促成和解息诉。市检察院制定《开展检调对接工作的实施意见》，规范检调对接的工作程序和方法。各分院、基层院共与司法局、律师协会、街道办事处签订协作意见22份，与法院签署工作意见10份，推动息诉工作与行政调解、司法调解、人民调解、公益律师调解有效衔接，协作解决了122件化解难度较大的申诉案件。通州检察院与区司法局开展检调对接协作的经验得到市委政法委的肯定，所会签的实施细则被高检院民行厅全文转发。

（三）推动诉讼监督职能适度延伸，促进社会管理创新

全市检察机关以诉讼监督个案审查为基础，积极关注个案反映出的民事立法、民事司法、行政立法、行政执法、行政司法等方面的社会管理问题，积极向有关单位提出意见，促进社会管理水平的提升。针对行政机关和相关单位存在的制度性、管理性问题，发出检察建议198件，其中126件被采纳并收到回复。市检一分院建议国家商标局规范注册申请中审查标准不统一的问题，房山检察院建议市司法局规范伤残鉴定行业的相关程序，门头沟检察院建议区建委规范房地产中介服务机构及人员的管理，相关单位均予以采纳，并认真研究整改。近期，针对监督工作中发现的法律漏洞及服务行业自行设定客户“黑名单”等社会热点问题，市分三院分别选取驰名商标认定与保护法律制度等三个课题开展类案调研，召开专家论证会，拟进一步提出改进立法的建议，首次尝试从监督个案向促进完善社会管理的法制层面延伸职能。

二、扎实推进改革创新，着力拓宽民行监督工作范围

中央司法体制和工作机制改革对完善民行检察监督的范围和程序提出了明确要求，市检察院根据高检院第二轮检察改革工作规划，出台2009年至2012年检察改革实施意见，积极稳妥地推进各项改革任务，创新监督方式，提升监督效果，打开了民行检察工作的新局面。

（一）加强对民事执行的检察监督

根据“两高”关于开展民事执行监督试点的通知和“两高三部”关于监督执行人员渎职等违法行为的相关规定，稳步推进民事执行监督试点工作。全市检察机关就执行中的违法行为受理执行申诉案件167件，发出纠正违法通知书和检察建议36件，促使法院进行整改。2009年，市检察院根据市委政法委的要求，对昌平法院等5个法院清理民事执行积案工作进行督查，发挥了检察监督的职能作用，受到市委政法委的充分肯定。2011年，探索创新执行监督方式，首次对一起涉案标的6000余万元的执行申诉案件向法院发出《执行问题说明函》，要求法院就相关执行异常问题进行说明，两级法院及时回复并撤销了2份执行裁定，这一做法被高检院

向全国转发。市检二分院针对三份法院执行追加裁定发出检察建议，促使法院明确今后不再将已离婚配偶追加为被执行人。在试点工作中，我们尊重民事执行工作的复杂性和敏感性特点，坚持有限监督的原则，不介入执行工作的实施过程，慎用停止执行程序建议，加强统筹协调，务求监督质量。目前，市检察院与市高级法院已就检察机关有序开展执行监督达成共识，检法两院在执行监督方面的配合进一步增强。

（二）加强对调解活动的检察监督

当前，在“大调解”格局下，调解已经占到法院结案总数的一半以上，成为主要的结案方式，与此同时，当事人制造虚假调解以及调解违反自愿原则等现象有所增多。全市检察机关根据“两高”《关于对民事审判活动与行政诉讼实行法律监督的若干意见》的明确授权，共受理调解申诉案件102件，提出再审检察建议26件。如顺风公司申诉租赁合同纠纷一案，被申诉人冒用顺风公司名义承租车辆并拖欠租金，被起诉后继续冒用顺风公司名义应诉，经法院主持达成调解，致使与案件无关的顺风公司的财产被强制执行。检察机关受理申诉后，积极促成当事人达成和解，同时向法院发出检察建议，法院再审后撤销了调解书，取得了较好的效果。

（三）积极开展涉法涉诉案件专项评查

为深入分析当事人涉法涉诉信访的原因，促进信访案件回归法律程序，根据市人大常委会的工作要求，2010年市检察院开展百案评查专项工作，从市人大常委会、市高级法院移送及全市检察机关受理的99件涉法涉诉信访案件中，选出84件当事人长期上访、案结事不了的案件逐案评查分析，发现其中绝大部分是民行案件，对司法机关的处理结论作出了客观评价，提出了执法违法、行政执法不当、基层基础工作薄弱、当事人诉讼能力不强和申诉请求过高等五方面原因，专题向市人大常委会、市委政法委作了汇报，同时立足于深入推进社会矛盾化解，提出了严格依法行政、创新社会管理、构建信访终结机制等对策建议。近两年来，全市检察机关按照各级政法委的工作部署，又对539件长期信访案件进行了评估和复查。开展案件评查作为新形势下检察机关改进监督方式、提高监督能力的积极探索，拓宽了民行检察服务大局的工作空间。

（四）积极开展综合监督

2011年，市分三院在总结分析上年度民行检察案件情况的基础上，梳理并指出法院在类案办理中存在的普遍性、倾向性问题以及审判程序违法的突出问题，提出改进审判工作的意见和建议，分别召开座谈会向同级法院正式通报工作情况。相关法院高度重视，组织有关业务庭室研究整改，要求传达到每位审判人员，进一步提高审判质量。2012年，诉讼监督情况通报在原有基础上又扩大到办案规模较大的三个基层院，有力促进了法院审判活动的规范管理，增进了检法之间的沟通交流。高检院向全国推广了该做法。

三、健全完善工作机制，确保民行检察工作持续、健康发展

《决议》出台以来，全市检察机关大力加强规范化建设，规范和完善民行检察工作程序，推动建立内外部工作机制，促进民行检察工作平稳较快发展。

（一）严格规范执法行为

深入推进执法规范化建设，市检察院出台《关于加强对诉讼活动的法律监督工作的意见》，制定《民事审判和行政诉讼活动监督细则》，各分院、基层院以此为统领，制定各项工作规则71项，规范工作程序，细化各办案环节的业务流程，健全了民行检察工作的制度体系。完善业绩考核和管理系统，调整

考核项目，加大监督工作权重，以解决结案不均衡、协助调查案件效率不高的问题。推进检察一体化办案机制，坚持上下统筹，强化上级院对下级院的案件指导和案例指导，加强协作配合，形成了以市分院为主体、基层院为基础的工作格局。建立审判人员职务犯罪线索评查和移送机制，加强民行检察部门与自侦部门的内部联动，整合检察资源，打造监督合力。市检一分院实行反贪局、反渎局和民行处联合分析案件，对职务犯罪线索价值进行评估，提高了移送涉嫌犯罪线索的质量。

（二）完善外部工作机制

坚持在党委领导和人大监督下开展工作，加强与其他执法司法机关的沟通协调，努力建立常态化的对接机制。对于民行检察重大监督事项主动向党委、人大报备，试行年度司法公正评估报告制度，向党委、人大报告包括民行检察在内的诉讼监督工作情况，促进党委的执法监督和人大的司法监督。完善与人民法院的联系机制，按照两院《关于建立沟通机制的若干规定》，与市高级法院在院级沟通平台上定期沟通整体情况，在部门沟通平台上及时交流个案问题；各分院、基层院均与同级法院建立了多层次的长效沟通机制，检察长列席同级法院审判委员会 17 次，形成了检法之间各司其职、良性互动的工作氛围。此外，还与司法行政机关、律师协会开展协作，在具体专业领域加强交流，推进检调对接机制，汇聚多方力量化解社会矛盾。

（三）健全对民行检察权的监督制约机制

牢固树立监督者更要接受监督的观念，在强化监督的同时始终把强化自身监督放在同等重要的位置来抓。扎实开展各种主题教育实践活动，践行政法干警核心价值观，真正将“忠诚、为民、公正、清廉”内化于心、外践于行。强化内部分工制约，实行案件受理、审查和侦查相分离，分别由控申部门受理，民行部门负责审查，自侦部门负责职务犯罪侦查。强化上级院对下级院的监督，加大对申诉人不服下级院不立案、不提请抗诉等决定的复查力度。深化检务公开，主动接受社会和人民群众监督，加强释法说理，认真听取其他执法司法机关和律师的意见，确保民行检察权不失位、不滥用，始终在法制轨道上行使。

四、切实加强自身建设，不断提高民行检察监督能力

全市检察机关把提升监督能力作为加强民行检察工作的关键，紧紧抓住队伍建设这个根本，着力打造一支高素质专业化民行检察队伍。

（一）大力加强队伍专业化建设

针对民行案件类型多、领域广、法律庞杂且更新快的特点，采取有效措施加强队伍建设。一是推行专业化分工。在全国率先实行按受理案件类型分设多个办案组，对口分案，类案专办，着力培养专门领域的专家型人才，并鼓励各级检察机关按照辖区受案特点，重点打造特色监督工作。二是推行处长办案机制。要求各院民行检察部门的处长每年人均至少直接办理 2—4 件重大疑难案件，2011 年各级院民行处长、副处长共办结案件 595 件，人均结案 14.5 件，占全市结案总数的 35%，发挥了引领示范作用。三是尝试专家咨询。去年，从行政机关、高等院校、资深法官和律师中聘请了 35 名民商事、行政和知识产权法律专家，组成民行检察专家咨询委员会。一年来，对 9 件疑难复杂案件进行了 24 人次的专家咨询和论证，提高了案件审查水平。四是坚持“以案代训”。实行主管检察长听取案件汇报时，民行检察处全体人员参加、分院基层院共同参加研讨提请抗诉案件，通过观摩实战，丰富诉讼经验。五是树立监督范例。坚持开展民行检察技能比武和诉讼监督

精品案评选活动，评选出20件精品案件、20件优秀案件，选拔出“十佳民行检察办案能手”，引导形成创先争优的良好局面。

（二）配齐配强民行检察干部

推行民事、行政检察机构分设，根据行政诉讼与民事诉讼不同的特点和规律，市分三院筹建行政检察机构，集中办理全市行政和知识产权申诉案件，初步形成独立的行政检察办案力量。坚持充实、调整、引进并举，市分三院从法院审判队伍中调入5名资深法官，并派出20名检察人员到法院业务庭交流学习，具有法院工作经历的人员占52%，通过检法交流，带动提升司法经验，快速提高队伍的专业化水平。《决议》出台以来，全市民行检察人员新增20人，达到了139人，比2008年初增长15%，70%的新招录人员具有民商经济法专业学历，40岁以下的人员占70%，知识结构、年龄结构不断优化。

（三）加强民行检察理论研究

注重结合办案实践开展民行检察理论研究，不断深化对民行检察工作规律性的认识。充分利用北京的区位优势，加强与学术界的沟通交流，成功主办全国直辖市民行检察论坛，开展两期民行诉讼监督理论研究，出版《民事行政检察监督难点与对策研究》等两部专著，与知名期刊《法学家》合作，从检察实务角度刊发一组高质量的专栏文章，丰富了民行检察监督理论。全市民行检察人员年均撰写调研文章100余篇，公开发表50余篇，通过加强理论研究和实证研究提升业务水平，为民行检察工作的长远发展提供了智力支持。

五、以科学发展观为指导，努力开创民行检察工作新局面

《决议》出台以来，全市民行检察工作取得了长足进步，职能定位和监督思路进一步明晰，制度体系逐渐完备，监督成效日益突出，各项监督指标在直辖市中位居前列，人民法院接受检察监督的自觉性进一步增强，检法之间监督、配合、支持的关系更为顺畅。但民行检察工作在全国推开才不过20年左右的时间，兼之立法不完善等客观因素，与其他检察业务相比还比较薄弱，存在不少亟待解决的问题：一是监督的力度、质量、效率和效果与人民群众对公正司法的需求还有较大差距，社会认知度不高，不善监督、监督不到位的现象仍然在一定范围内存在。二是民行检察工作区域发展不平衡、民事检察与行政检察之间发展不平衡，要实现均衡发展还需进一步努力。三是贯彻落实上级文件的部分配套细则和工作规则尚未出台，与人民法院、司法行政机关的沟通协调、相互配合有待进一步优化。四是民行检察队伍的素质能力与工作任务的要求、人民群众的司法诉求还不相适应，整体专业化水平还有很大的提升空间。

当前处于社会转型期，因经济发展和社会管理等引起的矛盾大量涌入司法领域，民行诉讼案件数量长期在高位徘徊，人民群众对公正司法、特别是对民商事案件公正审判的司法需求日益高涨，为深化民行检察监督带来了机遇和挑战。我们清醒地认识到，民行检察监督作为对民事、行政审判的权力制约机制，不是第三审，更不能当成“第二法院”。在及时回应人民群众的申诉请求、依法强化监督的同时，检察机关更要恪守民行检察监督的机制原理，在当事人之间保持客观、中立、公正立场，助对防错，通过监督促进法院加强审判管理，提高审判质量，将审判错误和诉讼违法行为消灭在萌芽状态，以提升整体司法的公信力。

下一步，结合民事诉讼法、行政诉讼法的修改，我们将重点做好以下工作：一是提高认识、转变观念，进一步提升民行检察监督能力。认清民行检察工作格局发生的深刻变化，进一步提高开展民行检察工作的积极

性和主动性，加强人才培养和队伍管理，扩大检法人员交流，全面提升民行检察队伍的履职能力，妥善解决“重刑轻民”的问题。二是深入构建多元化监督格局。加大涉及国家利益、社会公共利益等社会影响较大的案件的办理力度，科学配置和合理运用各种监督手段，推广综合监督工作方式，规范诉讼违法行为调查，将办理民行申诉案件与查办司法不公背后的职务犯罪有机结合起来，实现监督效果的最大化。三是深化民行检察改革。以涉及民生和社会公益的案件为工作重点，进一步规范对民事执行、调解活动的监督，探索民事督促起诉、支持起诉工作，不断丰富民行检察工作内涵。四是完善一体化、立体式监督工作架构。按照“上下统一、横向协作、内部整合”的原则，凝聚监督合力，发挥基层院的基础作用，以大院为龙头，带动全市民行检察在办案量上取得突破。五是强化对行政诉讼活动和行政执法行为的监督。促进行政诉讼监督的专业化，稳步推进行政检察机构分设，适应首都行政、知识产权案件审判工作的突出特点，打造北京特色的行政检察监督品牌。六是全力做好息诉服判工作。增强大局意识和责任意识，积极运用各种方法化解矛盾，为首都创造和谐稳定的社会环境。

主任、各位副主任、秘书长、各位委员，今年是《决议》出台的第五个年头，也是本届人大常委会连续关注诉讼监督工作的第五个年头。五年来，在党委领导、人大监督下，我们在大局中寻找诉讼监督的发展契机，把推进诉讼监督作为一个系统工程，结合整体工作布局长抓不懈，充分发挥中国特色社会主义司法体制内部制约机制的作用，有力地促进了首都的执法司法公正，形成了推进诉讼监督工作的北京经验。北京市检察机关不但在全国率先建立起较为完整的诉讼监督制度体系，建立健全了一系列有针对性的内外部工作机制，还提炼出一套较为成熟的工作理念，在理论研究上承担了组织者、创新者和实践者的角色，为探索法律监督工作规律作出了一定贡献。在“十二五”时期，随着三大诉讼法的陆续修订，贯彻落实《决议》将翻开新的一页。我们将继往开来，谋划长远，奋发有为，坚定不移地把诉讼监督推向深入！

北京市人民代表大会内务司法委员会对市人民检察院关于加强民事行政检察监督工作情况报告的意见和建议

——2012年9月27日在北京市第十三届人民代表大会常务委员会第三十五次会议上

市人大内务司法委员会主任委员　李小娟

主任、各位副主任、秘书长、各位委员：

今年是贯彻本届人大常委会通过的《关于加强检察机关对诉讼活动的法律监督工作的决议》（以下简称《决议》）的第五年。在连续四次听取审议市人民检察院开展诉讼监督工作专项报告的基础上，常委会又决定在本次会议上专题听取并审议关于加强民事行政检察监督工作情况的报告。为了协助常委会听取、审议好报告，内务司法办公室按照主任会议通过的工作方案，组成了由部分常委会委员、内司委委员和人大代表参加的专题调研小组，从今年4月到7月开展了深入的调查研究，先后听取了市检察院、两个检察分院以及海淀、丰台、通州、大兴、平谷、密云等六个基层院的工作情况汇报；参加了市检察院主持的民事行政检察监督情况通报会、民行监督专家咨询委员会专题研讨论证会和与市律师协会的专题座谈会，认真听取了与会的特约监督员、专家咨询委员和律师代表对民事行政检察监督工作的意见和建议。内务司法办公室系统梳理汇总了各方面的意见和建议，并及时反馈给市检察院作为起草专项报告的参考。8月28日，内务司法委员会召开会议，认真听取并讨论了市检察院拟提请本次常委会审议的专项报告稿。内务司法委员会认为，报告比较全面地总结了自《决议》通过以来，全市检察机关积极开展民事行政检察监督的工作情况及取得的成效，实事求是地分析了当前工作中存在的问题和困难，在提出的改进工作的思路、措施中，充分吸纳、回应了我们反馈的调研意见、建议，是切实可行的。我们同意这个报告。

内务司法委员会认为，自市人大常委会通过加强诉讼监督工作的《决议》以来，全市检察机关认真落实《决议》，在全面推进诉讼监督工作的过程中，采取积极措施着力加强和改善民事行政检察工作，在对民事审判和行政诉讼的监督方面取得了明显进步：一是全市检察机关对民事行政检察工作的重视程度显著增强，当前民事行政检察监督已经成为诉讼监督的一个重要工作方面，得到大力推进，通过加强规范化建设，及时健全完善相关的办案制度和工作机制，统一监督工作流程和标准，明确三级检察院民事行政检察部门的职能划分，初步形成了立体化的监督格局；二是民事行政检察队伍得到充实、加强，引进了一批优秀的民商事法官和相关专业的法学院校毕业生，专门从事民事行政检察工作；三是建立民事行政检察专家咨询委员会，坚持开展系统性的岗位练兵和业务培训，有效提高了民事行政检察人员的监督能力和办案水平；四是构建了以抗诉为中心的多元化监督格局，综合运用多种手段加大了对裁判不公和程序违法的监督力度；积极开展对法院民事调解和执行工作的监督，拓展了民事诉讼监督领域。自2008年以来，提起抗诉的案件数量以年均10%的比率增长，原判改变率由2008年的45%提高到2011年的75%；向法院发出再审检察建议153件，比《决议》实施前同比增长30.2%，法院采纳率由2008年的32%，上升到2011年的67.5%；运用建议更换办案人、司法人员违法行为调查等新的监督方式加大监督力度，及时发现并移送了一批违法犯罪线索，侦查部门已立案8件8人，打开了民事行政检察工作的新局面。

内务司法委员会对全市检察机关民事行政检察监督工作所取得的成绩给予充分肯定，认为全市检察机关认真履行民事行政检察职责，工作取得了显著的进步，对促进人民法院依法行使审判权，维护司法公正发挥了重要的职能作用。同时内司委也指出了工作中的不足，主要是民事行政检察监督总体办案规模还不够大，行政诉讼监督力度偏弱，工作发展不够平衡，特别是基层院还存在较大的提升空间；民事行政检察队伍诉讼监督经验不足，专业素质能力特别是办理新类型复杂案件的能力还需进一步提高；民事行政检察工作的社会影响力较弱，对民事行政诉讼监督制度的社会宣传还应进一步加强。为此，内务司法委员会提出以下意见和建议。

一、要进一步加强民事行政检察监督工作力度

民事行政检察监督是诉讼监督的重要组

成部分。在当前社会矛盾纠纷增多，民事行政诉讼攀升，利益冲突协调难度加大的情况下，人民群众对社会公平正义和司法公正的要求更多地集中在民事行政诉讼领域。全市检察机关要认清形势和肩负的责任，把工作重心和资源力量更多地向民事行政诉讼监督领域倾斜，进一步加大工作力度，切实提高监督的质量和水平。要积极改进和完善申诉立案工作，合理确定立案条件，明确立案标准，畅通申诉立案渠道，尽可能地将群众对司法工作的诉求引导到依法定程序解决的轨道；要不断提高自行发现案件线索的能力，在坚持合法性原则的前提下，拓展案件线索来源，稳步扩大办案规模；要突出重点，大力加强对行政诉讼特别是社会关注度高、群体性行政诉讼的监督工作，积极促进提高依法行政的水平；要进一步提高在以抗诉为中心的多元化监督格局下综合运用多种监督手段的意识和能力，积极推进对民事调解、民事执行的监督和引导当事人自行和解等工作，创新工作方式、丰富监督手段，增强监督效能，化解社会矛盾；要在加强个案监督的同时，更加注重对执法和司法中带有普遍性、倾向性问题的分析研究，充分发挥综合性整体监督的效能，引导具体的诉讼监督向更大范围的法律监督方面延伸。市检察院要有针对性地加强对下级院，特别是工作相对薄弱的基层院的指导，充分发挥市检察院的领导作用、检察分院的办案中坚作用、基层院同级监督的基础作用，整合检察资源，各司其职、各有侧重、密切配合、形成合力，推动我市民事行政检察工作协调发展。

二、要进一步加强民事行政检察队伍的专业化建设

全市检察机关要主动适应民事行政检察工作的发展要求，将队伍专业化建设放在重要位置，加快筹建市检察院和检察分院专门的行政检察机构，尽快组建起专职办理行政和知识产权类案件的专业队伍；要根据工作发展的需要，保持民事行政检察骨干队伍的稳定，适当增加民事行政检察部门人员编制，在坚持引进熟悉民商事和行政法律的人才，特别是法官、律师加入民行检察队伍的同时，更加注重内部挖潜，配强民行检察部门负责人，积极培养在专业领域中能力强、有影响的业务骨干和专家型领军人才；要充分利用首都的智力资源优势，更好地发挥专家咨询委员会的作用；要结合学习贯彻修改后的民事诉讼法，进一步加强民事行政检察监督的理论与实践研究，深化对民事行政诉讼规律和检察监督职能定位的理性认识，不断总结经验，探讨在新形势下实施检察监督的有效方式；要坚持不懈地开展民事行政检察业务全员培训和贴近实际的岗位练兵活动，重点加强新知识、新技能的培训，着力提高民事行政检察人员的适用法律能力、证据审查能力、释法说理能力、再审出庭能力和化解社会矛盾的能力。

三、要进一步提升民事行政检察监督的社会认知度

人民群众的广泛了解和社会各界的理解支持，是推动民事行政检察工作实现新发展的重要社会条件。全市检察机关要把扩大民事行政检察监督的社会影响力作为重要的责任和任务，将履行职责的每一环节，都主动作为扩大民事行政检察监督社会影响力的实践，通过各级检察院和全体民事行政检察人员规范、严谨的工作、出色的业绩和公正、廉洁的检察作风来赢得人民群众及社会各界的信任，提升民事行政检察工作的社会认知度。要开拓思路、大胆实践，积极稳妥地拓展案件公开审理的范围，在严格依法守纪的

前提下，密切与人民群众和社会各界的联系。要进一步加强与相关工作机构的沟通协调，增进他们对民事行政检察监督的了解，赢得对监督工作的理解与支持。要充分利用检务公开、检察开放日、检察宣传周等多种平台形式，丰富宣传手段，增强吸引力，加大对民事行政检察工作的宣传力度，扩大宣传效果。要完善新闻发言人和新闻发布会等制度，努力提高借助媒体平台，特别是新兴媒体加强宣传的能力，密切关注、及时回应可能涉及民事行政检察监督的群众舆论和社会关切，努力营造有利于民事行政检察监督工作发展的社会环境。

以上意见，供常委会组成人员审议时参考。

北京市人民代表大会常务委员会关于接受刘敬民辞去北京市副市长职务请求的决定

（2012 年 9 月 28 日北京市第十三届人民代表大会常务委员会第三十五次会议通过）

根据刘敬民同志的请求，按照《中华人民共和国地方各级人民代表大会和地方各级人民政府组织法》第二十七条的规定、《北京市人民代表大会常务委员会任免国家机关工作人员条例》第二十五条的规定，北京市第十三届人民代表大会常务委员会第三十五次会议决定：接受刘敬民辞去北京市副市长职务的请求，并报北京市人民代表大会备案。

北京市人民代表大会常务委员会决定任命名单

（2012 年 9 月 28 日北京市第十三届人民代表大会常务委员会第三十五次会议通过）

任命张工为北京市副市长。

北京市人民代表大会常务委员会决定任免名单

（2012 年 9 月 28 日北京市第十三届人民代表大会常务委员会第三十五次会议通过）

任命王海平为北京市监察局局长。

免去张厚崑的北京市监察局局长职务。

北京市人民代表大会常务委员会
任免名单

（2012年9月28日北京市第十三届人民代表大会常务委员会第三十五次会议通过）

（一）

任命于志远为北京市高级人民法院审判监督庭庭长。

任命杨艳为北京市高级人民法院立案庭副庭长。

任命陈丰为北京市高级人民法院民事审判第二庭副庭长、审判员，免去其北京铁路运输中级法院审判委员会委员、民事审判庭庭长、审判员职务。

任命胡华峰为北京市高级人民法院行政审判庭副庭长、审判员。

免去张柳青的北京市高级人民法院审判委员会委员、审判员职务。

免去刘小军、马宏侠的北京市高级人民法院审判员职务。

（二）

任命陆伟敏为北京市第一中级人民法院副院长。

任命孙小平、张家华、崔学锋、张弓、娄宇红、杨跃进、薛强、王惠庆为北京市第一中级人民法院审判委员会委员。

（三）

任命张小平为北京市第二中级人民法院副院长。

任命胡仕浩为北京市第二中级人民法院副院长、审判委员会委员、审判员。

免去翟丽佳、郭晓新、贾葆臻的北京市第二中级人民法院审判员职务。

（四）

免去张小亭的北京铁路运输中级法院审判员职务。

北京市人民代表大会常务委员会
任免名单

（2012年9月28日北京市第十三届人民代表大会常务委员会第三十五次会议通过）

（一）

任命田向红、闫晓东、刘芳、王滨、傅尧为北京市人民检察院检察员。

免去马剑光、伦朝平的北京市人民检察院副检察长、检察委员会委员、检察员职务。

免去冯英菊、刘惠的北京市人民检察院

检察员职务。

（二）

免去刘芳、傅尧的北京市人民检察院第一分院检察员职务。

（三）

任命商建平、张军、孙春雨为北京市人民检察院第二分院检察委员会委员。

免去闫晓东的北京市人民检察院第二分院检察委员会委员、检察员职务。

（四）

任命李原为北京市人民检察院北京铁路运输分院检察员。

免去李丽、叶露、刘秀敏的北京市人民检察院北京铁路运输分院检察员职务。

（五）

任命王振华、康辉为北京铁路运输检察院检察员。

免去杨洪涛、于学忠的北京铁路运输检察院检察员职务。

北京市人民代表大会常务委员会关于接受王海平辞去北京市第十三届人民代表大会内务司法委员会委员职务请求的决定

（2012年9月28日北京市第十三届人民代表大会常务委员会第三十五次会议通过）

根据王海平同志的请求，按照《中华人民共和国地方各级人民代表大会和地方各级人民政府组织法》和《北京市人民代表大会常务委员会任免国家机关工作人员条例》的有关规定，北京市第十三届人民代表大会常务委员会第三十五次会议决定：接受王海平辞去北京市第十三届人民代表大会内务司法委员会委员职务的请求。

北京市人民代表大会常务委员会关于接受王海平辞去北京市第十三届人民代表大会常务委员会委员职务请求的决定

（2012年9月28日北京市第十三届人民代表大会常务委员会第三十五次会议通过）

根据王海平同志的请求，按照《中华人民共和国地方各级人民代表大会和地方各级人民政府组织法》第二十七条的规定、《北京市人民代表大会常务委员会任免国家机关工作人员条例》第二十五条的规定，北京市第十三届人民代表大会常务委员会第三十五次会议决定：接受王海平辞去北京市第十三届人民代表大会常务委员会委员职务的请求，并报北京市人民代表大会备案。

北京市第十三届人民代表大会

常务委员会第三十六次会议

在市十三届人大常委会第三十六次会议上的讲话

（2012 年 11 月 30 日）

市人大常委会主任　杜德印

各位委员：

经过大家的共同努力，本次常委会会议的议题已顺利完成。会议作出了召开北京市第十四届人民代表大会第一次会议的决定，审查通过了关于北京市第十四届人民代表大会代表资格的审查报告，新选出的 771 名代表的代表资格有效，会后将向社会公布。

在本次常委会会议中，委员们就有关法规草案和专项报告进行了认真、充分的审议，发表了许多很好的意见。在审议专利保护和促进条例时，大家提出，条例要更加符合北京市的实际需求，根据推进科技创新的要求，围绕知识产权生产、创造以及流转、交易、利益分配的过程，细化各项制度安排，推动、保护、鼓励科技创新活动，真正走好首都创新驱动的道路。大家建议条例中的一些具体制度设计，要更符合知识产权生产创造的规律，进一步加强法规的针对性和可操作性。

在听取和审议城南地区建设情况报告时，大家对这三年来在市委的领导下，市政府办理人大代表议案，秉承广大人民群众的意志和愿望，制定、实施城南三年行动计划的工作表示充分肯定。对于市政府制定和实施第二个三年城南行动计划也表示赞同，并提出了一些很好的建议。一要加强统筹协调。统筹协调好南部地区的经济发展、城市建设、社会发展、文化建设和生态建设，做好包括第二机场跟周边地区的统筹协调等相关工作。二要大力改革创新。第一个三年行动计划主要是发挥政府职能作用，加大政府投资，加强基础设施、民生改善、公共服务，扶持重点园区和重点产业。下一个三年行动计划应该通过改革创新，处理好政府与市场的关系，发挥市场配置资源的基础作用，完善社会主义市场经济体制，鼓励企业特别是中小企业的发展，这些都涉及南部地区可持续发展的问题。三要进一步重视南城。我们原来叫南城，后来叫城南，就是说抓了城南，不要忽视了南城。虽然崇文、宣武跟东城、西城合并了，但是南城的问题，即原崇文、宣武的发展问题，包括文化产品的传承、文化的振兴、民生的改善、城市功能的完善，都要继续高度关注。要把文化的传承发展、民生的保障改善和城市功能的完善、城市的现代化建设有机统一起来。

在听取和审议推进全国文化中心建设情况报告时，大家充分肯定了一年来在市委的领导下，市政府及其有关部门所做的大量工作，很好地贯彻了中央十七届六中全会的精神和市委十届十次全会的决定，取得了明显进展。同时也强调，推进全国文化中心建设是坚持首都城市的性质和功能，推动整个城市转型发展的一个全局性、战略性问题，必须从整体上来解决这个问题。要把推进全国文化中心建设摆在更加重要的地位，通过完善城市功能，把转变经济发展方式和转变城市发展模式统一起来，持续不断地加以推动。希望政府部门能够更多地从这个角度，把科技、教育、文化、卫生、体育统筹起来，真正通过文化中心的建设来更好地丰富、完善、增强首都全国文化中心的功能，推动首都科学发展和现代化建设。

今天，我就认真学习贯彻党的十八大精神，坚持走中国特色社会主义政治发展道路，强调讲几点意见。

现在全党、全国人民正在兴起学习、宣传、贯彻、落实党的十八大精神的热潮，市人大常委会、常委会机关、各级人大代表也都在认真学习、贯彻党的十八大精神。在全面学好十八大报告和相关文件的基础上，从人大工作的角度，要进一步深入理解和把握十八大报告中关于坚持走中国特色社会主义政治发展道路，推进政治体制改革的论述、部署和要求。学好这些内容，对于我们坚定正确的政治方向，坚持完善人民代表大会制度，做好人大工作具有重要的指导意义。

第一，必须要深刻领会党的十八大报告精神，尤其是要深刻理解关于中国特色社会主义政治发展道路的内涵和要求。报告指出，必须坚持中国特色社会主义，高举中国特色社会主义旗帜，增强中国特色社会主义的道路自信、理论自信、制度自信。道路问题是重要问题，要领会好中国特色社会主义道路和中国特色社会主义政治发展道路的内涵。报告还强调，人民民主是党始终高扬的光辉旗帜，改革开放以来党领导人民成功开辟和坚持了中国特色社会主义政治发展道路。各级人大和人大代表实际上是身临其中，见证了社会主义民主政治建设取得的重大进展。

第二，必须进一步明确政治体制改革的方向和目标。人民代表大会制度是我国的根本政治制度。坚持和完善人民代表大会制度，对于推进政治体制改革具有重要意义。报告明确提出，必须积极稳妥地推进政治体制改革，发展更加广泛、更加充分、更加健全的人民民主。必须坚持党的领导、人民当家作主、依法治国有机统一，以保证人民当家作主为根本，以增强党和国家活力、调动人民积极性为目标，扩大社会主义民主，加快建设社会主义法治国家。同时，要更加注重改进党的领导方式和执政方式，更加注重健全民主制度、丰富民主形式，更加注重发挥法治在国家治理和社会保障中的重要作用。这些都是涉及政治体制改革目标、方向的问题，对于做好人大工作，坚持中国特色社会主义政治发展道路，具有非常重要的意义。

第三，必须坚持走中国特色社会主义政治发展道路，注重政治体制改革的主要途径和重要制度安排。报告强调要把制度建设摆在突出位置，充分发挥社会主义政治制度的优越性。报告同时作了一系列制度安排，包括人民代表大会制度、社会主义协商民主制度、基层民主制度等。这些年，我们强调要发挥人民代表大会制度的内在优势，其他方面还有很多工作要做。

第四，必须深刻领会在坚持走中国特色社会主义政治发展道路和推进政治体制改革中，人民代表大会所处的地位和肩负的责任。报告提出，要支持和保证人民通过人民代表大会行使国家权力。这个提法跟过去不一样，过去讲坚持和完善人民代表大会制度。通过人民代表大会支持和保障人民管理国家事务、行使国家权力，这就是中国特色社会主义民主。坚持党的领导、人民当家作主和依法治国有机统一，民主集中，协调制约，依法有序，这些都是中国特色社会主义民主区别于西方或者其他民主形式的显著标志和特点，也是人民代表大会制度内在的巨大优势。通过学习十八大报告，人大代表、人大常委会组成人员要增强做好工作的自觉性和责任感，明确我们在坚持走中国特色社会主义政治发展道路、推进政治体制改革中具有的重要地位，肩负的重大责任。

第五，必须深刻理解全面推进依法治国的重要任务和要求。报告指出，全面推进依法治国，必须明确法治是治国理政的基本方式，要做到科学立法、严格执法、公正司法和全民守法。今年是现行宪法公布施行30周年，我们要继续落实依法治国基本方略，加快建设社会主义法治国家。要做好这方面的工作，既涉及立法问题，也涉及执法、司法和守法等多方面问题。

在学习贯彻十八大精神的过程中，我们还要重点做好以下几项工作：一是要以十八大精神为指导，搞好本届人大及其常委会的工作总结，为做好新一届人大及其常委会的工作奠定基础。二是要以学习十八大精神为主要内容，做好市十四届人大代表培训工作。认真学习有关法律和代表履职的基本要求，为新代表履行好职责奠定思想政治基础。三是要以十八大精神为指导，筹备开好市十四届人大一次会议。我们确定了2013年1月举行北京市第十四届人民代表大会第一次会议，现在已经进入会议筹备期。要认真准备，加强协调，努力使这次会议成为北京市深入贯彻落实党的十八大精神，推动首都科学发展的一次重要会议。

各位同志，全面学好党的十八大精神，对于坚持中国特色社会主义政治发展道路，坚持和完善人民代表大会制度，支持和保证人民通过人民代表大会行使国家权力具有重要的意义。我们肩负着重大的责任，面临着繁重的任务。由于多种原因，有部分本届常委会组成人员的任期即将结束。对不再继任的同志，我代表常委会表示衷心的感谢。下个月，本届人大常委会还有最后一次会议，在接下来的一段时间，希望大家继续发挥好作用，做好工作，为本届人大及其常委会的工作划上一个圆满的句号。

北京市第十三届人民代表大会常务委员会第三十六次会议议程

（2012年11月29日至30日）

（2012年11月29日北京市第十三届人民代表大会常务委员会第三十六次会议第一次全体会议通过）

一、审议通过《北京市人民代表大会常务委员会关于召开北京市第十四届人民代表大会第一次会议的决定》

二、审议通过市十三届人大常委会代表资格审查委员会《关于北京市第十四届人民代表大会代表的代表资格审查报告》

三、审议《北京市专利保护和促进条例（修订草案）》

四、审议《北京市食品安全条例（修订草案修改稿）》

五、听取和审议市人民政府关于城市南部地区建设进展情况的报告

六、听取和审议市人民政府关于推进全国文化中心建设情况的报告

七、决定人事任免事项

北京市人民代表大会常务委员会关于召开北京市第十四届人民代表大会第一次会议的决定

（2012 年 11 月 29 日北京市第十三届人民代表大会常务委员会第三十六次会议通过）

北京市第十三届人民代表大会常务委员会第三十六次会议决定：北京市第十四届人民代表大会第一次会议于 2013 年 1 月 22 日召开。

北京市第十三届人民代表大会常务委员会代表资格审查委员会关于北京市第十四届人民代表大会代表的代表资格的审查报告

（2012 年 11 月 30 日北京市第十三届人民代表大会常务委员会第三十六次会议通过）

代表资格审查委员会主任委员　梁　伟

北京市第十三届人民代表大会常务委员会：

根据《中华人民共和国全国人民代表大会和地方各级人民代表大会选举法》、《中国人民解放军选举全国人民代表大会和县级以上地方各级人民代表大会代表的办法》和《全国人民代表大会常务委员会关于省、自治区、直辖市人民代表大会代表名额的决定》，按照市十三届人大常委会第三十四次会议通过的《关于北京市第十四届人民代表大会代表名额和选举时间的决定》，截至 2012 年 11 月 25 日，本市各区县和解放军驻京部队共 17 个选举单位，依法分别召开了人民代表大会和军人代表大会，选举产生北京市第十四届人民代表大会代表 771 名。

经审查，各选举单位的选举符合法律的有关规定。根据大会通过的选举办法，选举均由大会主席团主持，各政党和人民团体联合推荐的代表候选人、代表十人以上联名推荐的代表候选人名单，均由主席团印发全体代表酝酿讨论，均按照多于应选名额的五分之一至二分之一的差额比例确定正式候选人，采用无记名投票方式进行选举，由主席团依法确定选举结果并宣布当选名单。各选举单位当选的北京市第十四届人民代表大会代表均获得了法定过半数的赞成票。

各选举单位在选举中切实尊重选举人的意愿，保证代表依法行使民主选举的权利。选出的北京市第十四届人民代表大会代表具有广泛的代表性，实现了中央和市委提出的提高基层和妇女代表比例、降低党政领导干部代表比例的要求。在 771 名代表中，生产、教学、科研等各行各业的基层代表 522 人，占 67.70%，比十三届提高 7.13%，其中，一线工人 40 人、农民 30 人、专业技术人员

241人，均比十三届有所增加；妇女代表257人，占33.33%，比十三届提高2.72%；区县以上机关党政领导干部代表205人，占26.59%，比十三届降低4.71%。中共党员代表499人，占64.72%；民主党派和无党派代表272人，占35.28%；少数民族代表77人，占9.99%；连任代表338人，占43.84%；解放军代表25人，占3.24%。

代表资格审查委员会经过审查，认为各选举单位对北京市第十四届人民代表大会代表的选举，符合选举法的规定，771名代表的代表资格全部有效。

现将代表资格审查结果提请北京市第十三届人民代表大会常务委员会确认。

北京市第十三届人民代表大会
常务委员会代表资格审查委员会
2012年11月28日

关于城市南部地区建设进展情况的报告

——2012年11月29日在北京市第十三届人民代表大会常务委员会第三十六次会议上

北京市发展和改革委员会副主任　刘印春

主任、各位副主任、秘书长、各位委员：

我受市人民政府委托，向市人大常委会报告城市南部地区（以下简称城南地区）建设进展情况。

促进城南地区加快发展，是市委、市政府立足新阶段，着眼于首都长远、科学发展作出的重大决策和战略部署，也是市政府创新市人大代表议案办理方式的重要探索。三年来，在市委、市政府的领导下，在市人大的支持监督下，城南各区和市政府各部门以高度的责任感和使命感，坚持把城南行动计划作为重要抓手，精心组织，强化落实，城南地区经济社会发展呈现出速度快、质量高、后劲足的良好势头。

一、过去三年推进城南地区发展情况

过去三年，市政府始终高度重视城南行动计划的落实，作为市领导分工的重要事项，常抓不懈。市人大常委会委员和代表多次深入城南地区调查研究，推动计划实施。市政府相关部门积极协调，主动服务，坚持规划、土地、投资和政策向城南倾斜。城南各区抢抓机遇，迎难而上，坚定不移地实施了一批有利于促进城南长远发展的重大项目。社会各界热情高涨，积极响应，踊跃投身城南建设。经过全市的共同努力，行动计划确定的主要任务圆满完成，取得了显著成效，积累了丰富经验。

（一）多措并举支持城南，统筹力度明显加大

区域功能整合顺利完成。东城区与崇文区、西城区与宣武区完成行政区划调整，首都功能核心区实现南北资源统筹利用；大兴区与北京经济技术开发区行政资源整合进展顺利，两区实现融合发展；燕房合作不断深化，石化新材料科技产业基地加快建设。

重大项目和活动顺利推进。北京新机场协调平衡多方诉求，选址落户大兴，前期工作取得积极进展；南苑机场搬迁形成共识；第九届园博会筹建工作扎实推进，园博馆、

主展馆和永定塔三大标志性建筑主体结构封顶，园博园绿化景观工程基本完工，国内59个城市46个展园全部开工，国外34个城市和机构陆续进场。

规划、土地、投资持续向城南倾斜。丽泽金融商务区等20余项重点规划编制完成。实行“多储快供”、“先行用地”政策，加大土地供应力度，三年新增土地储备开发3426公顷，土地供应总量5580公顷，分别占全市的34%和30%。优化政府投资结构，保障重大项目资金需求。三年累计安排市政府投资370亿元，完成行动计划项目投资2100亿元，带动全社会完成投资4500亿元。

三年来，市政府从优化城南地区空间布局、优先配置重大项目和活动、强化规划引导、加大土地和资金投入等多个方面入手，为城南地区加快发展创造了良好的环境。

（二）基础设施建设提速，承载能力明显提升

轨道交通实现大发展。京沪高铁建成通车；京石客专完成主体工程，年内实现通车。地铁亦庄线、大兴线、房山线、9号线南段相继开通，京开、京石高速交通压力得到缓解；9号线北段、10号线二期年底亦将通车，城南地区地铁通车里程将达118公里，三年新增90公里，市民出行条件显著改善。地铁7号线、14号线加紧建设，通车后将进一步提高城南地区资源流动效率。

与中心城联系的交通通道加快实施。计划新建的7条交通通道中，蒲黄榆路建成通车，京石二通道、京良路、万寿路南延、马家堡西路南延、梅市口路西延、南水北调巡线路等6条167公里通道全部开工，一批规划多年的跨区骨干交通通道全面实施，丰台河西地区、亦庄、大兴、房山新城与中心城区联系更加紧密。

城市路网结构不断完善。兴华大街、金星路西延、太平街一期等8条48公里城市主干路陆续建成，丁东路、石夏路东延等11条55公里主干路加快建设，随路同步实施市政管网。一批小城镇镇内路网和对外交通联络线加快建设，正义路南延、马连道南街等东城、西城微循环道路加快实施。

水资源保障能力明显增强。南水北调配套工程大宁调蓄水库实现蓄水，南干渠、郭公庄水厂加快建设，中心城南部地区供水管网完成改造，城南地区供水品质不断提高。卢沟桥、吴家村等3座再生水厂改造完成，新增再生水处理能力16万立方米/日，为永定河及沿线生态系统的恢复创造了条件；丰台河西再生水厂、大兴瀛海镇污水处理厂加快建设，污水变资源力度加大。

能源保障水平不断提升。燃煤锅炉房清洁能源改造全面推进；西南热电中心即将竣工投产，大兴康庄、房山城关西里、良乡鸿顺园等7座供热中心全面建成，城南新城实现清洁能源集中供热，能耗和污染物排放大幅降低。义和庄、九龙等5座高压输变电站建成投入使用，珠市口等3座输变电站加快建设。

三年来，坚持基础设施优先发展，统筹实施了82项重大交通、水资源和能源项目，显著改变了城南地区基础设施发展滞后的局面，为城南地区长远发展提供了有力的支撑和保障。

（三）环境品质大幅提升，城乡面貌明显改观

大尺度森林建成亮相。大兴、亦庄、房山新城滨河森林公园、南海子公园等4处1400公顷集中成片森林建成向社会开放，累计接待游客700万人；平原造林新增面积4000公顷。南海子公园二期、南中轴森林公园前期工作加快推进。

水环境质量显著改善。永定河城市核心段全部实现生态治理，“五湖一线”工程建成开放，卢沟晓月美景再现；园博园水源净化工程完工，马草河、葆李沟—黄土岗灌渠完

成治理；老凤河、大石河、丰草河治理工程加快实施，长沟湿地功能逐步恢复。

垃圾综合利用水平不断提高。丰台生活垃圾循环园渗沥液厂竣工使用，餐厨垃圾处理厂和湿解处理厂、南宫堆肥厂技术改造及生活垃圾焚烧厂、房山生活垃圾综合处理厂加快建设。

三年来，累计完成生态环境工程 31 项，城南地区环境日趋整洁优美，绿色宜居家园加快构建，生态服务功能不断提高。

（四）产业园区拓展完善，集聚效应明显提高

重点产业园区发展壮大。北京经济技术开发区 12 平方公里扩区收尾，电子信息、生物医药、装备制造和汽车制造四大主导产业产值分别占到全市的 50%、48%、22% 和 17%。丽泽金融商务示范区及南区完成 151 公顷土地一级开发，新兴金融业态加速聚集。丰台科技园“东进西扩”战略抓紧实施，总部基地金融港竣工验收，托普科技园、中铁产业园、华电产业园进展顺利。大兴生物医药产业基地三期土地开发全面启动，华润集团、神威药业等 52 家生物医药企业签约入驻。龙潭湖国家体育产业基地搬迁居民 3100 余户、单位 120 余个，整理储备土地 84.8 公顷，龙潭湖体育馆竣工使用。广安产业园与金融街统筹规划，土地整理储备工作有序推进。北京石化新材料科技产业基地土地一级开发和园区市政设施加快实施，长城润滑油等公司相继入驻。北京高端制造业基地设立，京西重工、北控绿产、国能电力等一批项目陆续进驻。军民结合产业基地被授予国家新型工业化产业示范基地，红金龙高科技产业园开工建设。

南中轴沿线产业园区文化业态更富活力。前门地区保护修缮成效显著，前门大街恢复昔日繁荣景象，台湾文化商务区和鲜鱼口美食街建成开街，草厂三至十条及两侧房屋以及惠州、庐陵等 7 个会馆的修缮整治工作基本完成；近 20 万平方米地下空间建设取得成果。东西琉璃厂标志性艺术廊桥建成使用，琉璃厂“商脉”与“文脉”实现贯通。天桥演艺区核心区设计方案编制、天桥艺术大厦建设加快推进。天坛演艺区与港中旅集团签署合作框架协议。永外一大红门服装文化商务区引进中国流行色协会等服装文化产业高端要素，新型服装文化商务区加快建设。国家新媒体产业基地完成广平大街等道路建设及周边环境整治，星光影视园被认定为全国唯一的国家级电视节目制作基地，各省市电视台驻京机构陆续入驻传媒使馆区。

永定河绿色生态发展带魅力初显。沿岸产业发展规划进一步深化，永定河生态文化新区规划展览中心建成运行，中国动漫城、中国绿能港、长辛店生态城等项目加快推进。

三年来，在做强做大北京经济技术开发区等高端产业功能区的基础上，培育发展了一批特色化、专业化的新兴产业园区。城南地区新增产业园区 8 个，产业用地累计达到 480 平方公里，园区配套功能不断完善，产业集聚发展承载能力持续增强。

（五）产业结构加快转型，产业活力明显增强

高端制造业优势扩大。电子信息产业领域，中芯国际 12 英寸集成电路芯片生产线扩大产能；移动硅谷产业园、京东方研发大楼加快建设。高端装备制造领域，北京国家轨道交通高新技术产业化基地和技术创新战略联盟成立，航天煤化工基地、金风风电设备产业园相继投产。汽车制造领域，奔驰发动机、奔驰前驱车扩能、北汽李尔落户亦庄，京西重工减震器生产规模达 400 万支，长安汽车建成投产。生物医药产业领域，中国药品生物制品检定所项目、同仁堂中成药生产基地加快建设。新材料产业领域，中石化投资的石化新材料基地 66 个项目中竣工 29 项，

在建13项，双酚A、聚碳酸酯、稀土顺丁橡胶装置项目顺利试产。

高端服务业加快发展。金融业发展水平明显提升，国家金融信息中心、中国证券金融公司、中华联合保险公司、长城资产等122家企业签约落户丽泽金融商务区。文化旅游业更加繁荣，青龙湖国际文化会都核心区建设启动；南宫旅游区被评为全国首家生态休闲旅游度假区；房山世界地质公园通过中期评估，云居寺文化景区起步区控制性详细规划获得批复。商贸、物流业发展态势良好，奥特莱斯旗舰店落户房山，进店国际品牌企业180家；英特宜家购物中心落户大兴西红门，新发地农产品批发市场完成改扩建；良乡、王佐、京南等物流基地发展更加成熟。

产业业态加快转型。花卉、籽种和特色农产品加工业进一步发展。世界种子大会筹办工作顺利推进；农业生态谷抓紧建设。低端资源型产业加快退出，小煤窑全部关闭，小水泥及绝大多数石灰和石板企业相继关停，沟域经济和休闲观光农业等替代产业快速发展，搬迁人口就业得到妥善安置。

三年来，城南地区不断加大产业项目的引进和培育力度，新增重大产业项目200余项，累计落地投资1200亿元，主导、特色产业快速发展，产业结构调整取得突破。

（六）民生工程加快推进，公共服务明显改善

教育办学条件不断改善。学前教育资源进一步扩大。中小学校舍安全工程完工；北京十八中改扩建、十二中科丰校区、大兴北臧村学校、市新少年宫全部建成；北京小学、北京四中、人大附中等名校签约进驻。高等教育办学空间得到拓展，良乡高教园区累计开复工面积73万平方米，入住师生2万余名；建工学院新校区一期、首都医科大学科研楼、联合大学特教学院扩建工程完工；中央民族大学迁建、市新媒体技师学院新校区积极推进。

医疗卫生服务能力持续增强。丰台医院妇幼保健楼、大兴疾控中心和卫生监督所、良乡医院门急诊楼、南苑医院翻扩建、同仁医院经济技术开发区院区建成使用，宣武医院改扩建一期工程实现开工，东城区普仁医院医技楼加快实施。天坛医院迁建完成新址拆迁，北大第一医院大兴院区选址确定，大兴中医院由广安门医院托管，城南地区新增3所三甲医院。

公共文化服务体系更趋完善。国家话剧院新址建成启用；周口店北京人遗址博物馆新馆主体完工，重点保护范围界桩及安全防范设施工程开工。宣武体育中心二期、良乡体育中心一期建成，8个重点乡镇文体中心加快实施，城南地区体育设施不断完善。

市民生活条件持续改善。南苑棚户区70万平方米安置房全面开工，15万平方米交付使用，2000余户家庭喜迁新居；长辛店、京煤集团房山工矿棚户区改造项目启动。累计建设、收购保障性住房17.6万套。70余个小区老旧热网、38个老旧小区配电设施完成改造，1.5万户核心区非文保区平房居民完成“煤改电”；建设阳光浴室27座，实施送气下乡工程，解决了1.4万户山区居民冬季洗浴、5.6万户矿山居民的炊事用能问题。

三年来，城南地区公共服务供给明显扩大，基本公共服务均等化加快推进，城南广大市民从发展成果中得到了更多实惠。

从总体上看，城南行动计划是近年来执行比较成功的计划之一。三年来，以城南行动计划为抓手，突出政府主导作用，集成实施了一批政策，集中建设了一批项目，促进城南地区经济社会发生了重大而深刻的历史性变化：

一是初步遏制了城南地区与全市发展差距扩大的趋势。丰台、大兴（含亦庄）、房山三区2010—2011年地区生产总值年均增长

11.3%，高出全市2.1个百分点；地方公共财政预算收入年均增长26%，高出全市4.2个百分点，比2009年增加近六成；全社会固定资产投资年均增长19.7%，高出全市9.4个百分点，全市占比达到30%。

二是形成了良好的发展氛围和高效的工作格局。作为举全市之力推动薄弱地区加快发展的重大举措，城南行动计划不仅向社会释放了加快城南发展的强烈信号，激发了社会各界投身城南建设的热情，而且提振了城南广大干部群众主动发展的信心，锻炼了一批适应新阶段发展要求的高素质干部队伍，市区联动、共同推动城南快速发展的工作格局基本形成。

三是奠定了城南持续快速发展的坚实基础。城南行动计划重点实施了一批基础设施和生态环境项目，不仅初步缓解了城南地区当前发展的瓶颈，而且大幅提高了城南地区后续发展的承载能力，为社会力量加快进入城南创造了良好的条件。

四是中心城功能和人口疏解效果初步显现。三年来共促进了教育、医疗、文化等领域8项承担公共服务功能的重大项目向城南迁建布局，丰台、大兴、房山累计建设对接安置房近100万平方米，安置中心城南部地区转移人口近5万人。

在国内外复杂的经济形势下，城南地区经济社会依然保持了快速发展，成绩的取得来之不易，主要得益于6个方面。

一是市委、市政府明确了持续加快城南发展的战略部署。市十次党代会提出把城南地区建设成为新北京富有活力的地区，“十二五”规划纲要明确了加快城南振兴崛起的方向和任务，市十一次党代会把城南作为推动全市区域协调发展的重点区域。近几年，全市国民经济和社会发展计划持续对城南发展作出具体安排。城南地区发展上升为全市战略，促进了规划、土地、投资等政策资源持续向城南倾斜。

二是坚持科学决策务实推动。行动计划的制定将市人大代表议案办理与促进城南地区发展有机统一起来，突出了政府促进城南地区发展的阶段工作重心。行动计划的实施充分体现了中国特色社会主义的制度优势，市人大采取多种形式持续检查督促落实。城南行动计划成为依法推动区域发展的生动实践。

三是建立了市区统筹协调机制。成立了由杜德印同志担任组长的推进城南行动计划工作协调小组，建立了市协调、区主责的任务落实机制。杜德印同志多次召开协调会议，市人大常委会领导多次带队赴城南开展专项调研；市政府各部门按行业归口确定牵头协调职责，城南各区发挥主体作用，制定本区行动计划和年度实施方案，有质有量、按时完成了各项任务。

四是实行了年度调度、督查落实的工作推进机制。坚持制定年度工作意见，召开年度推进工作部署会，将主要任务分解到部门和区县，列为市政府折子工程和专项督查任务。三年来，市政府督查室联合市发展改革委，多次深入城南各区督促检查，将行动计划重点项目全部纳入绿色审批通道，加快手续办理，优先给予支持。通过新闻发布会、电视专题片、媒体专栏等形式，多角度、多方式广泛宣传、追踪报道城南计划的实施，持续不断地提高社会关注度，展现城南地区发展的新风貌。

五是发挥了重大项目的带动效应。围绕基础设施、生态环境、产业园区、产业发展和民生改善等领域，集中力量推进实施了一批有利于促进城南长远发展的重大项目，解决了一批城南地区发展最紧迫、最现实的问题。同时，坚持总体稳定、动态微调的原则，适应新情况、新需求，及时调整和完善项目库，形成了梯次推进、有效续接的项目管理机制。比如，考虑南苑机场搬迁带来的城南空间布局的重大调整，及时将南中轴森林公园由开工建设调整为开展前期研究，同时将加快平原造林纳入建设任务；按照国家总体安排，适当调整京台高速建设时序。

六是形成了长期研究机制。在加快设施能力建设，提升硬件条件的同时，根据发展中出现的新问题，及时研究制定了相关政策，创造了良好的软件环境。比如，根据大兴区与亦庄开发区行政资源整合的新情况，将两区融合发展的政策研究调入年度任务；根据房山区产业发展需求，研究推进燕房合作政策。

二、城南地区发展面临的形势

加快城南地区发展是一项战略性、长期性、系统性的工作，需要坚持不懈地推进。未来三年，是继续夯实城南地区发展基础，全面提升城南地区发展水平的关键时期，城南地区发展既面临难得的机遇和有利条件，也面临着复杂的矛盾和挑战。

从机遇看，一是北京新机场的规划建设，是促进城南地区持续发展的持久动力源，也是促进城南地区向承担首都对外交往高层次功能转变的历史性机遇。二是国家文化大发展大繁荣重大战略的深入实施，首都全国文化中心的加快建设，核心区行政区划的调整合并，为充分挖掘和利用传统南城地区深厚的历史文化底蕴创造了有利条件；中关村政策覆盖范围的扩大，将极大地提高城南产业功能区的吸引力；“营改增”政策的全面实施，创造了城南地区服务业加速发展的政策环境。三是园博会、种子大会等全市重大活动的举办，中心城功能和人口的疏解，城市绿带建设和平原造林，立交桥积水点改造和中小河道治理等全市重大任务的推进，是进一步改善城南发展环境，提升区域影响力的重要契机。四是亦庄开发区空间拓展，首钢完成搬迁，永定河绿色生态发展带的构建，丽泽等一批产业功能区土地整理相继完成，城南地区产业发展空间优势将逐步释放。与此同时，过去三年，城南地区发展成效的逐步显现，第二阶段行动计划的发布实施，将持续传递加快城南地区发展的信号，进一步坚定社会力量进入城南地区的信心，为城南地区新一轮发展创造条件。

从挑战方面来看，一是城南地区历史上长期积累形成的问题尚未根本解决。经济发展总体水平依然较低。2011年，丰台、大兴（含亦庄）、房山三区地区生产总值仅为全市的15%；高端要素集聚较少，单位土地产出不足全市一半；传统南城城市改造与文化振兴任务还很艰巨，旧城保护和发展模式有待进一步探索创新。二是产业竞争压力加大。国际国内需求放缓，高端产业竞争加剧，城南地区产业园区面临较大的竞争压力。三是城市功能与经济加快发展的协调性还不强。优质公共服务资源不足，基础设施体系还不完备，城市服务功能亟须补充完善，对经济快速发展的支撑能力和服务能力亟待提升，产业发展特别是现代服务业发展对城市功能的提升作用还需要加强。

总体上看，城南地区正处于加速发展的重要战略机遇期。未来三年，城南地区发展需求将发生重大变化：一是产业发展由园区空间拓展为主向园区功能完善与高端产业项目引进培育为主转变，做大做强主导产业的需求越来越迫切。二是城市建设由基础设施为主向继续优化提升基础设施与丰富公共服务供给并重转变，完善城市功能的需求越来越迫切。三是发展重心由更多注重产业发展向提升城市功能与产业发展并重转变，统筹协调发展的需求越来越迫切。四是发展动力由政府主导向更多依靠社会力量转变，充分发挥首都优势、聚集社会资源的需求越来越迫切。

三、未来三年加快城南地区发展的主要思路

（一）总体思路

牢牢把握主题主线，以“三个北京”和中国特色世界城市建设目标为统领。紧抓发展机遇，积极应对挑战。以加快促进产业发展和完善、提升城市功能为着力点，通过产业发展特别是现代服务业发展丰富提升城市功能，通过城市功能完善提高产业发展支撑力和吸引力，实现产业发展与城市功能完善互动发展，实现产业发展、城市功能和人口布局统筹协调。坚持重大项目带动、重大活动推动、重大功能区引领；坚持市级统筹、区为主体、市区联动；坚持发挥政府与社会合力，更加注重利用社会力量；坚持范围不变，力度不减，目标连续。进一步夯实发展基础，推动城南地区发展整体上水平。

——产业发展上水平，大幅提升产业能级。更加注重通过产业功能区带动经济发展，围绕园区功能完善和产业链延伸，做大做强高端产业园区；加大全市统筹力度和招商力度，集中在城南地区布局一批重大产业项目，加快完善现代产业体系，提升产业规模和水平，将城南地区打造成首都经济持续发展的新增长极。

——城市功能上水平，创建宜居宜业新区。加快完善交通层级体系，增强能源资源保障能力，大力改善生态环境。扩大优质公共服务供给，加强城市精细化管理，着力拓展和完善城市功能，提升城市品质，增强承载能力，将城南地区打造成为疏解中心城功能和人口的重要承载地。

——改革创新上水平，增强内生发展动力。注重市场机制作用和改革创新，将首都资源优势转化为市场优势，鼓励、支持和引导社会力量投身城南发展；努力创新投融资模式，在用好放大政府投资的同时，更加注重促进社会投资，着力消除投融资压力，将城南地区打造成为最富发展生机与市场活力的地区。

——区域形象上水平，持续扩大影响力。大力引导社会舆论，营造良好发展氛围，进一步扩大城南地区的社会关注度、吸引力和影响力，不断改变城南地区薄弱区域的形象，全力塑造“北京·城南”品牌。

（二）主要任务

未来三年，将围绕促进城南地区发展整体上水平的目标，集中实施一批影响城南地区长远发展的全局性、战略性任务和项目。

一是高标准、高水平、高质量推进北京新机场建设，超前谋划临空经济区。北京新机场是首都城市功能的重要支撑和安全保障，是首都经济的新引擎、城市的新地标。未来三年，将全力推进主体工程建设，认真研究制定新机场临空经济区规划。

二是以产业园区功能完善和产业项目引进为重点，促进城南产业快速发展。坚持功能区带动引领，突出重点、统筹推进，积极有序释放城南产业空间优势，大力提升产业园区保障和服务能力，做强一批有核心竞争力的重点园区，发挥带动辐射作用，构建南部高技术制造业和战略性新兴产业发展带、永定河绿色生态发展带和南中轴商务文化发展轴，形成“两带一轴多园区”产业空间格局。严格产业准入条件，着力吸引用人少、占地少、用水少的高端、高附加值产业项目落地，加快形成以高端制造业、战略性新兴产业为主导，与现代服务业融合发展的现代产业体系。

三是以扩展优质公共服务为重点，持续保障和改善民生。高标准规划建设一批基本公共服务设施，继续推动优质公共服务资源向城南发展，大力引导社会资本发展社会服务业。集中政府与社会力量，加速扩大城南

地区社会公共服务供给规模，优化服务布局，提升服务品质。

四是继续完善和提升基础设施体系，增强区域发展支撑能力。以骨干交通、生态环境、资源能源保障项目建设为重点，高起点规划、高标准建设、高水平管理，加快构建起高效便捷、安全稳定的基础设施体系，营造优良的人居环境。

五是着力抓好城乡结合部治理，促进城乡一体化发展。坚持建管并重，大幅提升城市化水平，加快实现城乡一体化发展格局，全面完成灾后重建任务。

六是举办好园博会等重大活动，提升城南地区影响力。充分利用重大活动契机，整体提升区域形象。深入研究重大活动场馆后续利用，将设施优势转化为产业发展优势，将社会关注度转化为影响力提升。

七是继续加大市级政策支持力度，保障城南发展需求。进一步加大规划、土地和投资对城南地区的倾斜力度，完善城南发展政策环境。市政府对城南地区的投资继续高出全市当年增幅的10％以上，市级大额专项资金加大对城南地区的投入。

主任、各位副主任、秘书长、各位委员，加快城南地区发展是一项长期而艰巨的任务，各级政府做了大量工作，但与人大代表和人民群众的要求还有一定差距。为进一步促进城南地区加快发展，整体优化和完善首都城市功能布局，市政府决定及时制定和发布促进城南地区加快发展第二阶段行动计划。希望市人大继续监督市政府工作，提出宝贵意见和建议。我相信，有市委的坚强领导，有市人大的支持监督，有市区两级政府和社会各界的共同努力，城南地区发展必将实现新的跨越。

以上报告，提请市人大常委会审议。

北京市人民代表大会财政经济委员会对市人民政府关于城市南部地区建设进展情况的意见和建议

——2012年11月29日在北京市第十三届人民代表大会常务委员会第三十六次会议上

市人大财政经济委员会主任委员　王　火

主任、各位副主任、秘书长、各位委员：

市人大常委会高度重视城市南部地区的建设和发展，三年来，先后通过议案办理及听取和审议专项工作报告的方式，推动城南地区发展。2009年在议案办理的基础上，市人民政府出台并实施了《促进城市南部地区加快发展行动计划（2010—2012）》（以下简称城南行动计划）。为了增强监督实效，推动城南地区新一轮的发展，常委会继续安排听取和审议市人民政府关于城南地区建设进展情况的专项工作报告。

为协助常委会做好专项工作报告的审议工作，财政经济办公室制定了工作方案，成立了专题工作组，与市人民政府有关部门多次召开会议，共同研究城南行动计划的推进和落实；听取市发展改革委等政府相关部门关于城南地区建设进展情况的汇报，总结城南行动计划的实施效果；组织城南五区人大常委会共同分析研究目前城南地区建设发展中存在的问题和困难；深入到西城、丰台、大兴等区，重点了解老旧小区改造、基础设施建设及生态治理等情况，广泛听取基层的意见和建议。

10月19日，财政经济委员会召开第四十一次会议，听取了市政府提请本次会议审议的报告（稿），并进行了认真讨论。财政经济委员会认为，加快城市南部地区建设是市委、市政府作出的关系首都科学发展、协调发展的重大战略部署。市人民政府在推进城南地区建设和发展方面做了大量工作，城南地区的广大干部群众付出了艰苦努力。三年来，城南地区发生了重大而深刻的变化，城南行动计划取得了很好的效果。一是城南地区发展整体提速，在国内外经济形势趋紧的情况下，城南地区经济实现了较快增长，地区生产总值、财政收入、投资的年均增长均快于全市整体水平，开启了城南地区经济社会加快发展的新阶段。二是基础设施大幅提升，统筹实施了一批交通、水资源、能源等重大基础设施项目，城南地区基础设施承载能力大幅提高，发展环境全面优化。三是重点功能区建设加快推进，北京经济技术开发区快速发展，前门—天桥历史文化风貌集聚区、中关村丰台科技园、大兴生物医药基地、房山石化新材料科技产业基地等建设成效显著，高端要素聚集为城南地区发展奠定基础。四是特色主导产业发展壮大，以重大项目为依托，现代高端服务业、高新技术产业、现代制造业加速发展，城南地区“造血”功能显著增强。五是民生保障得到改善，实施了一批文保、危改、能源等重大民生工程，城南地区公共服务水平大幅提升。

财政经济委员会认为，市人民政府关于城市南部地区建设进展情况的报告全面地反映了城南行动计划实施三年来，城南地区建设发展取得的成效和存在的问题，客观地总结了计划的顺利实施为推动全市区域协调发展所积累的宝贵经验，提出的未来三年城南地区的发展思路、任务目标是符合实际、积极可行的。财政经济委员会同意这个报告，对市人民政府的工作给予充分肯定。

推动城南地区的发展是一项长期、艰巨的系统工程，城南行动计划的实施为城南地区的加速发展奠定了基础，但这只是良好的开端，要实现城南地区的全面振兴，需要持续不断地作出艰苦努力。当前，城南地区建设发展过程中仍存在一些矛盾和问题，需要引起关注。一是目前城南地区的发展还主要依靠政府主导，基础还较薄弱，对社会资本的吸引不足，市场对资源要素的配置作用没有充分发挥。二是城南各区的功能定位还存在一定交叉重复，部分功能区建设尚未达到预期效果。三是基本的民生保障设施还需进一步完善，农村城市化进程中还需更加重视农民的权益保障。四是城市核心区南部地区的建设任务还很艰巨，文保区的科学保护和发展问题还应加大解决力度。

为进一步推动城市南部地区发展，财政经济委员会提出以下意见和建议。

一、全面总结经验，科学谋划未来，坚持首都城市功能定位，发挥城南区位优势，推动城南地区发展上水平

在全面总结城南行动计划执行情况的基础上，要注重盘点成效，加强绩效分析，出现的教训和存在的问题更加需要认真汲取和及时解决。不断加深和明确对城市南部地区功能定位和发展方向的认识，把城南地区发展放到首都发展、国家发展大局中统筹考虑，立足城南地区整体功能定位，充分考虑各区实际情况，强调规划先行，避免功能重叠和产业趋同，以规划引导项目，推动发展。要坚持市级统筹、五区联动、形成合力，积极发挥后发优势，延续好的发展势头，制定并

组织实施好城南地区建设下一个三年行动计划，项目的选择应当首先考虑是否符合首都城市性质和功能定位、是否符合城南地区科学发展和资源禀赋特点、是否符合转变经济发展方式对产业发展的整体要求，有步骤、分阶段地稳步提升城南地区整体发展水平，把城南地区规划好、建设好、发展好。

二、加强生态建设，坚持保护与发展并重，打造城南地区宜业宜居环境

要充分考虑城南地区的资源供给和生态环境承载能力，把生态环境建设放在与基础设施建设、重点功能区开发、主导特色产业培育和民生改善四大领域同等重要的位置，以生态建设作为城南地区优化发展环境、实现可持续发展的立足点。按照人口资源环境相均衡、经济社会生态效益相统一的原则，协调好建设发展与生态保护的关系，不断巩固和扩大绿化隔离地区建设成果，整体推进永定河绿色生态发展带的环境优化，加强水资源保护和配置体系、防洪减灾体系建设，进一步提高城南地区绿化覆盖率，拓展市民的绿色活动空间。

三、发挥历史文化资源优势，加大南城投入力度，实现城南地区均衡发展

对于原崇文、宣武的发展要给予高度的关注和重视，利用行政区划调整后资源整合的有利条件，加强公共资源在南城的有效配置，下大力气解决南城发展中的突出矛盾和问题，加快老旧小区改造，完善配套基础设施，同时加大南城的人口疏解扶持力度，探索“人走权益不走”的方式，积极安置有搬迁意愿的人口，实现区域协调发展。要抓住加快城南地区发展的大好机遇，把原崇文、宣武作为全国文化中心建设的重要阵地给予大力支持，妥善解决好历史风貌保护区的建设改造与继承保护问题，在严格保护遗产、认真传承文化的前提下，依靠南城深厚的历史文化底蕴，充分挖掘和利用好文化资源、文化要素，统筹南城文化产业发展，打造城南地区文化名片。

四、进一步创新体制机制，充分发挥市场基础性作用，为城南地区发展提供不竭动力

为确保城南行动计划的顺利实施，形成了行之有效的工作机制，未来城南地区的发展要积极应对新形势、新变化，进一步创新体制机制，建立健全促进城南地区发展的长效机制。发挥政府在规划引导和政策支持方面主导作用的同时，要更加注重市场的培育和市场机制在资源要素配置中基础性作用的发挥，通过功能区的打造、发展环境的优化和城南品牌的重塑，广泛调动和吸引社会资源和高端要素向城南聚集，为城南地区发展注入活力。面对较大的资金需求，要积极拓展政府引导下的市场化融资渠道，加快城南各区投融资平台建设，建立投资激励机制，推动企业上市融资。要充分发挥科技创新、文化创新对城南地区发展的带动作用，增强内生发展动力，促进自身“造血”功能的不断加强。

五、坚持保障和改善民生，保障人民群众权益，使城南百姓共享发展成果

城南地区发展根本的出发点和落脚点在于保障和改善民生，要创造更具吸引力的就业岗位、更加完善的公共服务、更加优美的

生活环境，使城南百姓共享发展带来的实惠。要始终坚持民生优先的原则，继续实施一批重点民生工程，着力完善教育、医疗等保障体系，全面提升城南地区公共服务的供给能力和水平。要进一步加快城南地区的城乡一体化进程，推动优质公共服务和基础设施的城乡均等化，在农村城市化过程中注重农民权益和就业保障，妥善处理好征地拆迁等问题。要加快自然灾害受灾区域的重建工作，高起点高标准地完成受灾群众永久安置住房、基础设施和公共服务建设，提高城乡应急能力。

主任、各位副主任、秘书长、各位委员，城市南部地区的建设发展寄托着全市人民的殷切希望，对推动首都区域协调发展意义重大，在未来的建设发展中，要坚决贯彻落实党的十八大会议精神，始终坚持科学发展观，立足于首都的城市性质和功能定位，把经济发展与城市的规划建设协调起来，既要有加快发展的紧迫感，也要为城南地区的长远发展预留空间，坚持民生为本，规划先行，努力实现城南地区的振兴崛起。

以上意见，供常委会组成人员审议时参考。

关于推进全国文化中心建设情况的报告

——2012年11月29日在北京市第十三届人民代表大会常务委员会第三十六次会议上

北京市文化局局长　肖　培

主任、各位副主任、秘书长、各位委员：

我受市人民政府委托，向市人大常委会报告本市推进全国文化中心建设的工作情况。

市政府收到《市人大常委会关于“加强国家文化中心建设”议案办理暨推进全国文化中心建设情况的报告”的审议意见书》后，高度重视，专门成立了研究办理工作领导小组，加强对办理工作的组织领导。按照市政府的统一部署，市规划委、市科委、市文物局、市文化局等49家委办局和区县政府积极领会市人大常委会的审议意见，研究制定办理工作方案，明确办理的目标任务、工作分工和时间进度。在办理工作中加强协调，接受监督，与市人大常委会教科文卫体办公室进行多次沟通，与提出审议意见的市人大代表进行交流，听取各方面意见。

一年来，全市认真贯彻落实党的十七届六中全会和市委十届十次全会、市第十一次党代会精神，对发挥首都全国文化中心作用、加快建设中国特色社会主义先进文化之都工作进行深入研究，作出了一系列重要部署，取得了突破性进展。市委十届十次全会审议通过了《中共北京市委关于发挥文化中心作用、加快建设中国特色社会主义先进文化之都的意见》，进一步明确了推进首都文化改革发展的总体要求、发展目标和基本原则，要求充分发挥全国文化中心的示范作用，加快建设中国特色社会主义先进文化之都，确定了实施思想道德引领和文化创新、科技创新“双轮驱动”两大战略，重点推进实施文化精品、文化惠民、历史文化名城保护和利用、文化创新、文化创意产业提升、文化科技融合、网络文明引导、文化名家、文化“走出去”九大工程。市委、市政府印发了《关于贯彻实施〈中共北京市委关于发挥文化中心作用、加快建设中国特色社会主义先进文化之都的意见〉的分工方案》，科学规划文化改革发展各项工作，明确牵头责任单位、参与协办单位和任务完成时限，科学部署、指导推动首都文化各项工作，掀起了文化建设新高潮，呈现出全面蓬勃发展态势。

全市文化工作在不断开拓中创新，首都的全国文化中心地位更加凸显，文化在首都经济社会发展中的引领作用充分发挥，社会主义核心价值体系和北京精神更加深入人心，公共文化服务体系更加完善，历史文化名城的魅力更加彰显，文化与科技“双轮驱动”发展战略的目标更加明晰，文化创意产业发展的基础更加厚实，文化与相关行业的融合程度更加深入，新的文化消费业态培育更加多样，文化创意产业在首都经济发展中的支柱地位已经确立。现将有关情况报告如下。

一、文化发展的顶层设计切实加强，全社会文化资源有效整合，文化活力竞相迸发，文化能量大大释放，文化创新进入活跃期

全市文化资源整合和科学统筹方面实现新突破，建立首都文化建设指导委员会，加强总体规划和统筹协调，充分发挥中央和国家机关、央属文化企事业单位在首都文化建设中的积极作用。组建成立首都剧院联盟、首都博物馆联盟、首都出版发行联盟、首都影院联盟、首都影视产业联盟和首都图书馆联盟六大文化联盟，积极服务中央文化单位，大力统筹央属、市属、民营、国际的文化资源。中央单位及部队的文化机构积极参加首都文化联盟，中央文艺院团及艺术家积极投身本市迎接党的十八大剧目创作和展演，20多家中央文艺院团主动参加本市下基层演出。

组建成立市国有文化资产监督管理办公室，按照管人、管事、管资产、管导向相结合的要求，统筹规划和实施文化改革发展相关工作。推动建立首都文化资源创新中心平台。从2012年起统筹各类文化资金，建立了100亿元文化创新发展专项资金，完善使用管理制度，重点抓好项目资金决策、预决算、申报、论证评审、检查监督和项目评价六大环节，增强投资拉动效应，集中支持一批展现北京风貌，具有示范性、带动性强的重点项目。

文化发展环境日益完善，各相关职能部门积极推出政策、措施，服务首都文化发展。中国人民银行营业管理部出台了《关于做好文化金融工作支持北京建设中国特色社会主义先进文化之都的意见》，在金融信贷领域为文化创新发展服务。在文化产品服务进出口方面，北京海关出台了《关于促进首都文化发展繁荣的六项措施》。在工商管理方面，市工商局出台了《关于支持文化产业创新发展的工作意见》，推动文化创意产业企业的设立和发展。

首都文艺创作空前活跃。涌现了一大批原创、当代、北京的优秀作品。大型情景音舞诗画《天安门》，应用现代化舞台技术、高科技视频技术、多层360度旋转舞台、超大型180度环形LED大屏幕、全息幻影成像、3D立体影像技术等手段，为观众带来了非同一般的艺术体验，被中央领导同志称为“文化与科技结合的典范”，首轮演出10场。北京人艺建院60周年的纪念大戏《甲子园》，汇集了人艺五代演员，几位年过八旬的老艺术家重返舞台，票房飙升，26场演出总票房达826万元。精心打造的原创歌剧《运河谣》首演得到中央领导高度评价，被称作是“弘扬优秀传统文化的生动教材”。成功打造了由戴玉强、魏松、莫华伦三位艺术家组成的男高音歌唱组合“中国三高”品牌，已成为知名的北京文化名牌，先后举办演出23场，有5场演出是在境外的纽约、香港、伦敦、爱丁堡、澳门演出。各类院团今年新创作重点剧

目达50余部。国家大剧院、人艺及市属、改制、民营院团等各类单位，创作并演出了一批重点剧目迎接党的十八大，如北京京剧院的现代京剧《云之上》、中国评剧院的《银杏庄》、北方昆曲剧院的《爱无疆》、北京市河北梆子剧团的《前门前》、北京市曲剧团的《乡约青春》、评剧《恩怨亲家》、儿童剧《少年孔子》、音乐剧《天桥》等。“颂扬北京精神，讴歌伟大时代——2012年北京市优秀剧目展演”活动成功举办，各类院团的爱党、爱国、爱人民、爱北京的政治热情迸发出来，营造了喜迎党的十八大的热烈气氛。

今年推出《无与伦比的辉煌》、《冰雪十一天》、昆曲《红楼梦》等电影189部，《北京青年》、《天下归心》等电视剧66部，创作《我的北京我的家》、《北京祝福你》等一大批优秀歌曲。全面策划、创作、出版《北京经典文库》等一批重点图书项目。在第十二届“五个一”工程评选中，本市在6个艺术门类中有10部作品获奖，位居全国之首。

本市高度重视和服务好中央文化项目在北京的落地建设，全力支持国家重点文化设施建设，协助国家部委推进国家美术馆新馆、中国工艺美术馆、中国国学中心等重点项目建设，打造北京博物馆中心区；支持国家音乐博物馆、中国出版博物馆等文化设施建设，发挥好国家级文化场馆的功能。进一步推动落实华北五省区市文化发展战略合作，合作范围不断拓展。

二、大力实施思想道德引领战略，社会主义核心价值体系更加深入人心，北京精神得到全面践行和弘扬

北京精神宣传践行广泛深入。组建北京精神百姓宣讲团和道德模范宣讲团，受众达40万人次。组织市属媒体和属地网站开设“北京好人”、“厚德北京”等专题专栏百余个。举办北京精神图片展、大家谈等活动，推出北京精神新童谣、连环画、青年读本等出版物10余种，发行数百万册。深入研究北京精神内涵，成立了首都精神文明建设五大研究基地，组织专家学者编写出版了《北京精神通论》，制作播出电视系列访谈节目，推出了一批重点理论文章和通俗读物。设计发布北京精神标识，在重点区域进行主题环境布置和景观花坛设置，张贴北京精神宣传画30万张，发布北京精神主题公益广告。创作了以北京精神为主题的大型情景音舞诗画《天安门》，以及《我的北京我的家》、《北京放歌》等20余首主题歌曲和童谣作品。在全市广泛开展“弘扬北京精神，做文明有礼的北京人”等十大主题实践活动，将北京精神与清明、端午等节日文化活动紧密结合，参与群众600万人次，有力推动了北京精神内化于心、外践于行。

宣传舆论引导坚强有力。紧紧围绕迎接党的十八大、学习宣传贯彻市第十一次党代会精神等重大主题，统筹中央和市属媒体，统筹各种宣传形式，组织开展“科学发展 辉煌五年”等宣传活动，紧紧扣住“党的正确领导、科学发展观的伟大实践、人民群众的伟大创造”三个关键点，全面展示党的十六大以来的伟大成就，推出“十八大代表风采录”等一批精品专刊、专栏和报道，唱响共产党好、社会主义好、改革开放好的时代主旋律。围绕加快转变经济发展方式等主题，组织中央和市属媒体集体采访140余次，刊播稿件6000多篇。对外宣传有声有色，召开新闻发布会30场，组织境外媒体集体采访12次，参与记者近400人次；做好“北京微博发布厅”和“北京发布”的运营、维护和管理工作，与中央外宣媒体签署了战略合作框架协议。认真做好30余起重大突发事件的信息发布和舆论引导工作，“7·21”特大自然灾害的舆论引导工作坚强有力，第一时间启

动应急机制，全面、准确、及时发布灾情信息，并强化互联网特别是微博、博客舆论引导，确保了社会平稳。“走转改”活动更深入、成果更丰硕、影响更广泛，全市新闻战线共建立基层联系点200余个，做到家家有基地、人人有定点、天天有报道，推出了“记者在基层”等精品专栏和《同仁一日》等一大批优秀作品，受到各级领导和社会各界的广泛好评。

互联网宣传管理进一步加强。指导属地网站开设“全国两会”、“北京精神”等专题500多个，点击量突破5亿人次。积极利用微博名人开展正面宣传工作，策划了以最美女教师张丽莉、英雄司机吴斌等事迹为主题的上百个宣传活动。互联网长效管理成效显著，率先在全国出台《北京市微博客发展管理若干规定》，全面推进微博客真实身份信息注册，目前已确认2.7亿微博客帐户的真实信息。网站自主查删低俗信息比例达90%以上。强化行业自律和社会监督，深入开展整治互联网淫秽色情及低俗信息专项行动，严厉打击网络公关公司非法活动，积极推进创建和评选文明网站活动。

思想道德和精神文明建设持续推进。广泛开展“党在百姓心中”宣讲活动，组织1万多名宣讲员深入机关、企业、高校、部队、社区、农村等广泛宣讲，所到之处掌声不断、泪水不断、好评不断，今年宣讲1600余场，直接受众50多万人次，在全社会引起了强烈反响。以学雷锋活动为重点推进公民道德建设，深入实施学雷锋宣传周、树立学雷锋典型、“永远的雷锋”志愿行动等七项常态化项目，把每周六确定为“学雷锋志愿活动日”，在机关、企业、学校、社区、农村等深入开展“与雷锋精神同行”系列教育实践活动，培育一批学雷锋志愿服务品牌团队和先进典型。广泛开展社会志愿服务，深入挖掘“身边的感动”、宣传“最美人物”、倡导“最美精神”。承办第九届中国公民道德论坛，全面推进首都公民道德建设十大工程，组织实施《首都公民道德建设实施工程》。未成年人思想道德建设成效明显，实施《弘扬北京精神深入推进未成年人思想道德建设行动计划》，全面启动“学、诵、做”九大系列主题教育实践活动。全面实施“十百千万”工程，在中小学生中开展经典诵读、道德模范进校园等活动。群众性精神文明创建扎实推进。以“弘扬北京精神，做文明有礼的北京人”为主线，持续推进“垃圾减量、垃圾分类从我做起”、“绿色出行——文明交通从我做起”等主题宣传实践活动。开展“市民高雅艺术殿堂文明行”，30余万市民参与艺术普及教育活动。深入推进农村“十个一”文明创建工程，抓好宣传员队伍、宣传栏建设和乡情村史陈列室建设工作。

三、公共文化服务体系更加完善，文化惠民工程内容丰富，服务水平全面提升

文化服务基础设施建设达到全国领先水平。全市四级公共文化设施平均覆盖率达到98%，市、区县两级覆盖率100%。文化城乡一体化步伐加快，率先在全国实现了农村地区文化设施全覆盖。加大财政投入和政策引导力度，按照全覆盖、高标准的要求，正在实施将基层公共文化设施由普遍覆盖向达标建设提升，基层文化活动由遍地开花向打造品牌提升，建成基层文化组织员队伍并发挥作用。街道和农村文化服务的“一街一品”和“一村一品”特色文化项目建设积极推进。制定了《北京市基层公共文化设施服务规范（试行）》等制度，规范各基层公共文化设施服务。以数字化文化社区、24小时自助借书机、“八网合一”、42个重点镇、53个最美文化乡村以及示范区、示范项目为抓手，带动

提升全市公共文化数字化、信息化水平，进一步推动公共文化服务城乡一体化，引领示范全国。今年将完成建设100个数字化社区文化站。启动了行政村“四网合一”工程，将有线电视、数字电影、全国文化信息资源共享和远程教育融合在文化室，实现多元共享，丰富服务内容。

全市实现了文化馆（站）、公共图书馆和博物馆三馆免费开放。截至2011年年底，全市拥有各级文化馆（站、室）6668所。拥有区县级以上公共图书馆25所，年接待读者1000多万人次。公共图书馆计算机信息服务网络覆盖全市16个区县的154个成员馆。首图二期已于今年国庆节前开馆。全市对外开放博物馆达151座，馆藏品总数约为4302万件（套），年接待观众总量超过3500多万人次，参观人数和博物馆总数均排在世界各大城市前列。广播电视基本实现“户户通”，公益性电影放映覆盖城乡。推动了中国出版博物馆、北京奥运博物馆、北京市文化活动中心、北京市国际戏剧中心、北京市歌舞剧院等一批市级文化设施建设。朝阳区入选国家公共文化服务体系建设示范区。

全市公益惠民演出数量和范围不断扩大，今年实施“群众文化大汇演”和“万场演出下基层”两个“一万场工程”。已有400多家文艺院团、10万多人次参加“万场演出下基层”活动，已演出8600多场，1700多万群众受益，同时组织百名名家名角，进社区、下农村，面对面为基层群众表演。北京京剧院“唱响之旅”全球巡回演出400场。北京人艺为纪念建院60周年，推出了《茶馆》、《龙须沟》、《家》、《推销员之死》等25台经典话剧。

首都六大文化联盟推出9大类100余项惠民措施，国家大剧院等首都剧院联盟单位100元以下的低票价区扩大到剧院的30%。首都图书馆联盟推出了全城63个点通借通还图书等便民服务，受到市民好评。

市委宣传部、市文化局等八部门联合制定《进一步加强来京务工人员文化服务工作的方案》。制定了为未成年人、老年人提供文化服务的工作方案，积极组织开展未成年人、老年人专场演出活动。启动了基层群众文化骨干培训班，按照“六会标准”系统地培训基层文化骨干。在2011年全国31个省市自治区公共文化服务综合指数总量排名中，北京人均公共文化服务指数位居全国前茅。

四、历史文化名城的保护更加科学，文化遗产资源传承和利用取得新的成效

发挥北京历史文化名城保护委员会的指导作用，统筹领导北京历史文化名城保护和建设。推进中轴线申遗工作，加强对旧城传统中轴线和朝阜线进行完整系统的保护；推出“数字中轴线”等一系列精品文化展览展示项目。严格控制旧城发展规模，加强重大文化遗产保护利用。设立10亿元文物及历史文化保护区专项资金，加大重点文物保护经费投入力度。实施“百项文物保护修缮计划”，启动北京名城标志性历史建筑景观修复工程，加强世界文化遗产及不可移动文物保护修缮和周边整治工作。实施“三山五园”皇家园林文化景观区等历史名园和文化景观保护工程。加强近现代优秀建筑和重要工业遗产的保护利用，探索保护标准与管理办法。推进皇城文化、宣南文化、运河文化的挖掘利用，深化皇城的整体保护和旧城传统空间格局及建筑形制的保护，办好“皇城文化国际旅游节”。打造首都特色运河水系景观体系，开展大运河申遗工作，出台《大运河遗产保护规划（北京段）》。加强大栅栏、琉璃厂等重点地区环境建设，推动形成国家级老字号聚集区。非物质文化遗产传承发展取得

新成就，隆重召开了北京市非物质文化遗产保护工作会，进一步加大保护和利用的力度，公布了《关于加强非物质文化遗产保护传承的扶持办法》，举办了“京味儿——北京非物质文化遗产展”，出台了更加详细的保护政策，增强了全市各界的文化遗产保护意识。

五、首都文化经济形态凸显，文化投资、出口和消费协调拉动，文化创意产业迅猛发展

2011年，本市文化创意产业收入突破9000亿元，实现增加值1989.9亿元，占全市GDP比重为12.2%。今年1—9月，文化创意产业占GDP的比重达12.9%，产业支柱地位进一步提升。在吸引投资方面，截至8月末，北京市中资银行文化创意产业人民币贷款余额493.2亿元，同比增长25.7%。1—9月，全市完成文化创意产业投资197亿元。北京市文化创意产业共有法人单位5万多家，其中规模以上企业法人单位6800多家。已有市级文化创意产业集聚区30个，各具特色。全市全口径文化创意从业人员已达120多万人，从业规模居全国首位，不仅解决了就业问题，也有效优化了北京市的就业结构。北京地区共有上市文化创意企业50家，财务指标达到上市条件的文化创意企业有120余家。在拉动消费方面，本市文化娱乐消费和文化服务进出口呈现稳步增长态势，截至9月末，本市城镇居民人均文化娱乐服务支出同比增长12.6%。文化“走出去”迈出新步伐，文化服务出口增速高于同期整体出口增速。今年前三个季度，北京地区文化产品进出口4亿美元，同比增长22.5%，其中，出口同比增长15%。截至9月底，全市开展文化交流项目126批次，成功举办了伦敦“北京文化周”等对外文化交流活动。文化创意产业整体呈现出投资、消费和出口协调发展的良好态势。

加快推进文化与科技融合，北京中关村国家级文化和科技融合示范基地被认定为首批国家级文化科技融合示范基地。重大项目带动战略实施效果明显，三间房动漫产业园挂牌国家动画产业基地，北京国际文化贸易服务中心挂牌国家对外文化贸易基地。全国首个文化保税中心——北京大山子文化保税中心在北京成立。国家广告产业园正式开园，一期12万平方米已建成运营。首都核心演艺区建设取得重大进展，已原则通过了推动天桥演艺区北京天桥艺术中心和天桥艺术大厦两个项目的设计方案，目前已有21家演艺机构签约天桥演艺区，参与演艺区优秀文化产品创作和文艺演出活动，为北京打造国际一流演艺区提供强有力的内容支撑；天坛演艺区建设全面启动，市政府与港中旅集团举行天坛演艺区项目合作协议签字仪式，规划总面积超过100万平方米，着力打造中国园林式演艺集聚区。万达集团文化总部落户通州，投资200亿元。一批有影响力的民营企业将文化总部设在北京，进入文化产业发展。水晶石等已实现文化走出去战略的企业成长迅速。保利文化集团、完美世界、北京演艺集团入选全国文化企业30强，中国木偶艺术剧院等6家企业被文化部命名为第五批国家文化产业示范基地，本市示范基地数量已位居全国第一。推动了澳门新濠集团和美国罗斯洛克集团等海外资本来本市投资文化创意产业，将分别投资500亿元和200亿元。

“文化创新”格局凸显，北京在打造“东方演艺之都”、“设计之都”、“艺术品之都”、“版权之都”和“影视之都”上迈出新步伐，充分显现出首都的文化经济特征。

在打造“东方演艺之都”方面，全市共有营业性演出场所94家，艺术表演团体达530家，演出经纪机构1523家，占全国演出经纪机构总数的一半以上。文艺舞台空前活

跃，文艺演出市场继续呈现增长态势，2011年本市94家营业性演出场所的观众达1000多万人次，演出收入已突破14亿。今年1—9月本市54家主要演出场所共演出9937场，观众634万人，演出收入6.21亿元。6月7日至7月5日，第四届少数民族文艺会演在京举行，来自全国的36个代表团，56个民族，6700余名演职人员参加了会演，参演剧目41台，共演出94场，均创历届之最；近12万各界人士到剧场观看了演出，剧场平均上座率达到98%，1亿多电视观众收看了开幕式晚会直播。此外，各类驻场演出、旅游场所演出也很活跃。

在打造“设计之都”方面，北京全面实施“首都设计创新提升计划”，设计产业实现快速发展，形成了建筑设计、规划设计、工业设计、集成电路设计等优势行业。5月，联合国教科文组织正式将北京列入世界设计之都的行列，北京成为全球第12个“设计之都”。9月28日至10月6日，“2012北京国际设计周”成功举办，交易额达56亿元。北京的设计产业已表现出更强大的国际影响力。

在打造“版权之都”方面，北京地区图书出版单位占全国的41%，报刊种类占全国的30%，音像出版单位占全国的43%。2011年，市属出版社年出版图书7000余种，出版报纸8亿多份。北京图书节已成功举办九届，今年首次举办国际图书节。建成全国最发达的图书交易平台，拥有中国最大的国际出版物版权交易平台——北京国际图书博览会。网络出版、手机报刊、电子书等新兴出版业态迅猛发展。版权登记创历史新高，全市2011年作品登记近35万件。举办了中国国际版权博览会。世界知识产权组织6月在京正式签署《视听表演北京条约》，这是新中国成立后在中国缔结的第一个国际条约，也是第一个以“北京”命名的在知识产权保护领域的重要国际条约，成为北京打造“版权之都”的重要新起点。

在打造“影视之都”方面，今年，北京国际电影节正式更名，获得国际电影制片人协会认可，成功注册成为和戛纳、柏林、威尼斯等著名电影节一样、最具影响力类别的国际A类电影节。电影节电影洽商交易额达52.73亿元，再创中国电影节展交易额之最。全市广播影视2011年创收已达165亿元，其中，电影票房收入近14亿元，占全国票房收入的10%以上，连续五年位居全国城市第一，北京“影视之都”建设快速推进。

在打造“艺术品之都”方面，截至2011年，全市拥有文物拍卖机构106家，文物经营单位63家，均居全国首位；全年文物艺术品拍卖交易额达514亿元，占全国的89.3%。北京的文物艺术品交易市场已成为继伦敦、纽约、香港之后的全球第四大艺术品市场，并已成为全球最大的中国文物艺术品交易中心。

在动漫游戏产业领域，全市动漫行业规模以上企业350余家。2011年总产值已达130亿元，同比增长30%，居全国前列；出口额12亿元，居全国第一。

音乐产业发展全面升级。新闻出版总署批准同意建设北京国家音乐产业基地。北京集中了全国80%的音乐经纪公司，具有全国最具影响力的票务营销平台。音像制品出版发行额接近12亿元，占全国一半以上。数字音乐处于绝对优势，市场规模约6亿元，占全国的30%。数字音乐渠道覆盖广泛，有近20家从事音乐互联网下载业务的网站，音乐下载量约占全国的70%。音乐演出场所和院团分别占全国的28%和9%以上，音乐版权使用费收入也是全国最多。

各类文化交易会展活动接连举办，为首都文化创意产业发展搭建了高端交易平台。全球唯一覆盖服务贸易全部领域的综合交易会——首届中国（北京）国际服务贸易交易会在5月举行，文化创意项目暨国家对外文化贸易基地首批合作项目签约额达160亿元。首届中国艺术品产业博览会9月在京成功举办，签约金额647亿元。国际顶级拍卖机构苏富比也首次进入内地并在艺博会落下“保税拍卖”第一槌。

本市文化创意产业重点发展的文艺演出、出版发行和版权贸易、广播影视节目制作和交易、动漫和网络游戏研发制作、广告和会展、古玩和艺术品交易、设计创意、文化旅游、文化体育休闲等九个领域，发展迅速，均展现出良好发展空间和发展活力。

文化与科技、旅游、商务、金融、体育等相关行业的融合发展速度进一步加快，创新培育消费业态的趋势已经显现。通过文化与产业的融合创造新的消费业态，通过文化与科技的融合实现新的消费模式，通过内容对渠道的整合形成新的消费产品，通过文化对空间的整合形成新的消费承载，推动全面提升首都文化消费的发展规模、发展质量和发展水平，从而实现首都文化消费的国际参与、业态集聚和创新引领。

六、文化体制改革稳步推进，文化市场管理不断加强，有力维护了首都文化市场秩序

按照政府职能转变的要求，市文化局、市文物局、市广电局、市新闻出版局大力推进文化体制改革，转变政府职能，实现从办文化向管文化的转变，发挥政策调节、市场监管、社会管理和公共服务的职能。在支持直属单位加快发展的同时，将文化行政管理工作真正拓展到全社会，服务中央的文化资源，通过加强政策制定，提高了管理和服务全局的能力；通过建立联盟组织，增强了统筹首都文化资源的能力；通过严格依法行政，加强文化行政许可审批监察和市场监管，增强了一手抓繁荣，一手抓管理的能力。全市已在文化行政管理领域形成了体制新、机制活、整合好、活力足的科学发展格局。

按照中央文化体制改革要求，今年完成了中国评剧院、北京市河北梆子剧团、北京市曲剧团的转企改制工作，成立了中国评剧艺术中心、北京河北梆子艺术中心、北京曲剧艺术中心。事业单位体制改革进一步深化，北京京剧院、北京交响乐团、北方昆曲剧院实施项目制，采取措施加强管理、转换机制、面向市场、增强活力。首批23家非时政类报刊转企改制工作正在推进。

进一步推进改革创新艺术创作生产扶持奖励机制。市文化局会同市财政局重新修订《北京市舞台艺术创作生产扶持专项资金管理暂行办法》，已资助了《大街小巷》、《那年我们成就梦想》、《海淀之北》、《白纸坊太狮》等优秀民营剧团的剧目。积极扶持“名角、名剧、名团”。在重大题材创作上推行招标制，吸引民营文艺院团参加，同时鼓励民营文艺院团参与政府采购的演出任务。推荐有特色、高水准的民营院团参加对外演出和国际文化交流活动。引导奖励中外经纪公司组织国际一流艺术团体来京演出。

确保文化安全、文化市场管理不断加强。文化大发展大繁荣必须同步抓安全、抓管理。全市集中开展了12项专项整治行动，查缴40多万件非法出版物，销毁140万件。市文化局制定了《小型营业性演出场所管理办法》加强重点场馆和演出监管，加强对798艺术区、宋庄的管理、引导和服务。在互联网管理工作中，落实微博客发展管理规定，健全和完善网络发言制度，发挥“北京微博发布厅”等平台引导舆论的作用。

推进全国文化中心建设的工作在取得突出成绩的基础上，还面临一些关键问题需要抓紧研究解决。一是现实文化承载力与建设中国特色世界城市战略要求不相适应，缺乏有影响力的大型项目、大型活动和大型企业

带动，亟须在文化顶层设计上，在文化观念上、体制安排上、创新举措上发力解决。二是文化创新与科技创新相比发展基础较弱，文化创新与科技创新的互相支撑作用不匹配、不平衡，亟须进一步深化对文化驱动内涵的认识，激发文化创新的活力。三是城乡文化建设的差距依然较大，城乡文化一体化任务艰巨。需不断完善本市的文化法规规章体系，同时科学制定基层文化设施建设及服务的标准及规范。四是文化产品生产方式与时代对文化精品的呼唤要求之间的矛盾突出。在宏观调结构的同时，文化产品的生产方式也要转变。政府要主导资源并向各类优秀作品的生产主体倾斜，资金要流向优秀作品，体制要依据项目的科学生产方式进行重构，机制要向灵活的分配方式倾斜。五是抓管理跟不上抓发展步伐的矛盾突出。如 2011 年民营演出院团增加了 126 家；演出经纪机构数量增长尤为显著，今年以来平均每月增加 26 家。但是，市区两级文化管理人员一个没有增加。本市的其他文化行业，同样发展迅速，均需要相应地提升管理能力。文化市场的飞速发展要求必须加强日常监管，实行精细化管理、网格化管理，通过加强教育培训和考核，提高行政、执法人员的水平，并适当增加区县文化执法机构编制，使发展的速度与管理能力相匹配。

下一阶段，全市将认真宣传、学习、贯彻党的十八大精神，按照发挥首都全国文化中心示范作用的要求，推动首都文化大发展大繁荣，加快建设中国特色社会主义先进文化之都。按照市第十一次党代会确定的建设中国特色世界城市目标，坚持科学发展，积极转变政府职能，实施文化创新，推动文化与科技融合，推动与其他产业的高度融合，在调结构中转变文化发展方式，在转变发展方式中奋力推动首都文化大发展，以首都公共文化服务的繁荣，以首都文艺舞台的繁荣，以文化创意产业的繁荣，为全市经济社会发展作出贡献。

在推进全国文化中心建设的工作中，要突出首都文化发展的示范作用，并以此作为首都各项文化工作的出发点和落脚点，推出一批高标准文化项目、高水平文化活动、高质量文化企业。要着力加强公共文化服务体系建设，建设与世界文化中心城市地位相符的文化设施和文化产品供给体系，发挥文化惠及民生的重要作用。要着力发展文化创意产业，促进文化新业态形成，扩大文化创意产业招商引资，推动国内外大型企业向文化领域转型发展，使文化成为转变发展方式的载体，使文化创意产业成为拉动经济增长的支柱产业。要着力打造北京文化精品工程，推出一批原创的、当代的、经典的、有北京特色的，歌颂北京精神的优秀文艺作品。着力抓好文化安全工作，确保北京文化发展的政治安全、生产安全。

北京发挥全国文化中心示范作用，打造中国特色社会主义先进文化之都，建设具有世界影响力的文化中心城市的工作，是一项长期的、艰巨的系统工程。以上是一年以来的阶段性进展和主要情况，市人大对推进全国文化中心建设工作的关心、指导和支持，对取得以上成绩起到了重要的推动作用。希望在今后的工作中继续得到市人大常委会领导、各位市人大代表的关心、指导和支持，并提出宝贵的意见和建议。市政府将认真贯彻党的十八大精神，以科学发展观为指导，在中央和市委的领导下，进一步增强紧迫感、责任感和使命感，精心组织，周密部署，细化措施，主动接受监督，继续下大力气做好推进全国文化中心建设的工作，努力为推动首都文化大发展大繁荣，发挥首都全国文化中心示范作用，建设中国特色社会主义先进文化之都作出新贡献。

以上报告，提请市人大常委会审议。

北京市人民代表大会教育科技文化卫生体育委员会对北京市人民政府关于推进全国文化中心建设情况报告的意见和建议

——2012年11月29日在北京市第十三届人民代表大会常务委员会第三十六次会议上

市人大教科文卫体委员会主任委员　孙世超

主任、各位副主任、秘书长、各位委员：

去年，常委会在专题调研的基础上，形成了《北京市人大常委会关于推进全国文化中心建设的建议》（以下简称常委会《建议》），并作为听取和审议关于“加强国家文化中心建设”议案办理暨专项工作报告的审议意见书，交市政府研究办理。为深入贯彻党的十七届六中全会精神、推动市政府研究落实市人大常委会审议意见，今年常委会采取听取和审议专项工作报告的方式，对市政府推进全国文化中心建设工作进行了跟踪监督。

市人大教科文卫体委员会按照常委会主任会议讨论通过的工作方案，具体组织了跟踪监督工作，通过调研和座谈，广泛听取政府有关部门、专家学者、文化工作者和文化企事业单位的意见和建议。11月6日，委员会召开第21次（扩大）会议，听取并讨论了市政府提请审议的专项工作报告。委员会认为，一年来，市政府认真贯彻落实十七届六中全会精神和《中共北京市委关于发挥文化中心作用加快建设中国特色社会主义先进文化之都的意见》（以下简称市委《意见》），为繁荣和发展首都文化做了大量工作，取得了显著成绩。全市文化体制改革进一步深化，在统筹各类文化资金、有效整合文化资源等方面取得突破性进展；公共文化服务体系进一步完善，文化服务基础设施建设达到全国领先水平；历史文化名城保护工作进一步加强，名城历史文化传承取得新成效；文化创造活力进一步增强，精品佳作持续涌现；文化创意产业快速发展，成为首都经济的支柱产业。

同时，委员会根据党的十八大提出的关于推进文化强国建设的精神，根据市委的《意见》，在去年常委会《建议》的基础上，提出以下意见和建议。

一、进一步增强首都意识和推进全国文化中心建设的责任感

党的十八大报告指出：“全面建成小康社会，实现中华民族的伟大复兴，必须推动社会主义文化大发展大繁荣，兴起社会主义文化建设新高潮，提高国家文化软实力，发挥文化引领风尚、教育人民、服务社会、推动发展的作用。”同时强调：加强社会主义核心价值体系建设是兴国之魂，全面提高公民道德素质是社会主义道德建设的基本任务，丰富的精神文化生活是全面建成小康社会的重要内容，增强文化的整体实力和竞争力是国家富强、民族振兴的重要标志。北京作为首都和全国文化中心，要发挥好示范带动作用，带头承担起推动文化大发展大繁荣的责任，

带头承担起践行社会主义核心价值体系的责任，带头承担起传承中华民族优秀文化的责任，带头承担起推进和服务文化强国建设的责任。因此，北京的文化建设必须牢固树立首都意识、中心意识，发展体现首都性质和具有中心功能的文化，切实增强和有效发挥代表展示、向心凝聚、首善辐射、示范带动和服务保障等功能，切实成为全国文化创新发展的领头羊。北京的各项文化事业和文化产业布局要与首都的责任相联系、与全国文化中心的功能相吻合。

建设全国文化中心既是中央和全国人民赋予北京的重要职责，也是推动首都科学发展的巨大优势。应当把推进全国文化中心建设作为坚持首都城市性质和功能的战略措施，作为转变经济发展方式的战略机遇，作为城市发展模式转型的战略安排，坚定不移地走文化立市、创新驱动的发展道路。要突出全国文化中心建设在首都发展中的战略地位，把文化作为发展的重要资源，把文化创新作为发展的重要动力，把文化创意产业作为发展的重要产业，使首都的发展和城市建设更好地与全国文化中心的功能定位相一致。

二、加强推进全国文化中心建设的总体研究和统筹规划

推进全国文化中心建设是一项庞大而复杂的系统工程、一项长期而艰巨的历史任务，必须按照文化发展规律和文化中心建设要求进行总体研究、全面论证、统筹规划、合理布局。在研究和规划时，要注意把握以下两点。

一是要确立“大文化”和整体推进的思路。中央确定北京作为全国的文化中心，实际上是要求北京成为包括思想、科技、教育和狭义文化在内的“大文化”中心，其文化发展的重要标志是思想活跃、创作繁荣、教育发达、科技领先、道德首善、文明进步。因此，北京的文化建设不能局限于“小文化”，而应立足于“大文化”，把教育、科技、文化、卫生、体育等作为一个整体来总体考虑和统筹部署，形成实现整体推进的思路和对策。通过加强总体研究和规划，要实现首都文化设施、信息、人才、资金等资源的整合，实现精神文化、物质文化、制度文化建设的统筹推进，使文化创新成为推动首都发展的不竭动力。

二是要探索发展文化领域非基本公共服务。在抓好面向首都市民和全国人民的基本公共文化服务的前提下，研究在教育、科技、文化、卫生、体育等领域中新兴服务业的发展规律，针对市场和社会需求，探索各种面向全国的多元化、多样化非基本公共服务的发展路径，使之成为首都今后可持续发展的重要领域。要结合城市布局的调整，制定具体规划和政策，采取有力措施，合理调控基本公共服务和非基本公共服务功能，切实走出一条服务全国、发展自己的路子，实现社会效益和经济效益双丰收。

三、继续抓好文化发展的基础工程建设

文化大发展大繁荣的前提是抓好文化基础建设，关键是增强文化创造活力。作为首善之区，北京的文化建设更要从文化的基本功能和基础工作入手，以精神文化建设为核心，以文化促文明为目的，着力抓好以下基础工程。

（一）加强以核心价值体系为统领的哲学社会科学建设

社会主义核心价值体系是兴国之魂，决定着中国特色社会主义发展方向。文化建设应以社会主义核心价值体系为统领，重点抓好思想文化和学术文化建设，为始终坚持中国特色社会主义文化前进方向、推动文化大

发展大繁荣奠定坚实的思想基础和理论基础。建议市政府要重视发展哲学和社会科学，组织开展对文化基础理论、对中华优秀传统文化特别是北京历史文化、对中国特色社会主义文化和首都文化、对中华民族传统美德和中国特色社会主义核心价值体系以及它们之间关系的研究，切实增强文化自信、文化自觉和文明意识，不断推动思想解放，使北京始终是思想理论和价值建设的高地。

（二）加强以传承历史文化为目的的名城保护

北京历史文化荟萃了中华民族优秀的思想文化、价值文化、方法文化和艺术文化，是一座充满了知识、思想和智慧的宝库。建设人文北京、科技北京、绿色北京，离不开对北京历史文化的保护、挖掘和传承。建议市政府要把保护历史文化名城和传承名城历史文化有机统一起来，以传承为目的，以保护为前提，以挖掘为重点，动员社会各界力量，认真研究和深入挖掘北京城所蕴藏的历史文化价值。要做好北京优秀文化传统的传播，尤其是要运用现代科技手段，拓展传播渠道，增强凝聚力。要在严格保护、认真传承的前提下，合理开发利用文化遗产，鼓励优秀的文化项目走出去，加强国际文化交流，扩大影响力。

（三）加强以创作创意为源头的文化产品生产

党的十八大提出，让人民享有健康丰富的精神文化生活，是全面建成小康社会的重要内容。精神文化生活的丰富、精神文化需求的满足是靠文化产品的生产来实现的，是靠文化的创作创意来体现的。只有抓创作创意，才能出精品力作，才能出精神文化。创作创意的基础来自于人民，来自于对文化价值的深度挖掘，来自于对文化理论的不断创新。因此，建议市政府在繁荣文化创作创意方面，一是深化文化体制改革，解放和发展文化生产力，大兴学术民主、艺术民主，营造宽松包容、民主和谐的创作创意环境，增强文化创造活力。二是聚焦文化生产的前端，培育各类文化研发和创作机构，支持和奖励原创作品、原创人员，推动文化内容的创新与创造。三是坚持以人民为中心的创作导向，提高文化产品质量，推出更多更好体现民族精神和时代精神、人民群众喜闻乐见的优秀作品。四是加大知识产权保护和利用力度，保障创作创意人员合法权益，同时完善对创作创意团队、项目、作品的扶持政策和激励机制。

（四）加强以提高公民道德素质为核心的公共文明建设

公共文明建设是文化功能的实现形式，是文化转化为文明的重要标志。全面提高公民道德素质，是社会主义道德建设的基本任务。建议市政府结合社会主义核心价值体系学习教育，一是要加强社会公德、职业道德、家庭美德、个人品德教育，弘扬中华传统美德，弘扬时代新风。二是要建立与中国特色社会主义核心价值相符合的社会评价体系，弘扬真善美、贬斥假恶丑，引导人们自觉履行法定义务、社会责任、家庭责任。三是要深入开展道德领域突出问题专项教育和治理，加强政务诚信、商务诚信、社会诚信和司法公信建设。四是要创新和完善公共治理的体制机制，提高公民对公共治理的参与度，让公民共有、共建、共享优美的环境、良好的公共秩序、和谐的社会关系。

以上意见和建议，请常委会组成人员审议时参考。

北京市人民代表大会常务委员会
任　命　名　单

（2012 年 11 月 30 日北京市第十三届人民代表大会常务委员会第三十六次会议通过）

任命李文为北京市人民代表大会常务委员会办公厅副主任。

任命杨中元为北京市人民代表大会常务委员会办公厅副主任。

任命王玲为北京市人民代表大会常务委员会内务司法办公室副主任。

任命路海滨为北京市人民代表大会常务委员会财政经济办公室副主任。

任命高健红为北京市人民代表大会常务委员会教育科技文化卫生体育办公室副主任。

任命田洪俊为北京市人民代表大会常务委员会研究室副主任。

北京市人民代表大会常务委员会
任　免　名　单

（2012 年 11 月 30 日北京市第十三届人民代表大会常务委员会第三十六次会议通过）

（一）

任命于志远为北京市高级人民法院审判委员会委员。

免去王飞的北京市高级人民法院审判委员会委员、审判员职务。

免去姚学谦的北京市高级人民法院审判员职务。

（二）

任命陈都为北京市第一中级人民法院申诉审查庭副庭长、审判员。

免去安瑞华、贡志清的北京市第一中级人民法院审判员职务。

（三）

任命陈胜涛为北京市第二中级人民法院刑事审判第二庭副庭长。

任命张春燕为北京市第二中级人民法院未成年人案件综合审判庭副庭长、审判员。

任命冯刚为北京市第二中级人民法院民事审判第五庭副庭长、审判员。

任命付冬青、张浩为北京市第二中级人民法院执行二庭副庭长。

任命李雪为北京市第二中级人民法院审判监督庭副庭长、审判员。

任命金页善为北京市第二中级人民法院审判员。

（四）

任命郭奕为北京铁路运输中级法院审判委员会委员、民事审判庭庭长。

任命贾骥为北京铁路运输中级法院审判

监督庭副庭长，免去其北京铁路运输中级法院刑事审判庭副庭长职务。

任命杨颖为北京铁路运输中级法院执行庭副庭长。

任命姚学谦、吴薇、程娜、刘娜、李冬梅为北京铁路运输中级法院审判员。

免去吴海辰的北京铁路运输中级法院审判监督庭副庭长、审判员职务。

免去董哲民的北京铁路运输中级法院审判员职务。

（五）

任命杜灵军为北京铁路运输法院副院长，免去其北京铁路运输法院刑事审判庭庭长职务。

任命崔丽萍为北京铁路运输法院审判委员会委员、执行庭庭长，免去其北京铁路运输法院民事审判庭副庭长职务。

任命王丹为北京铁路运输法院审判员。

北京市人民代表大会常务委员会
任　免　名　单

（2012年11月30日北京市第十三届人民代表大会常务委员会第三十六次会议通过）

（一）

任命刘忠义为北京市人民检察院检察委员会委员、检察员。

任命孙玲玲为北京市人民检察院检察委员会委员。

任命王真、王志坤、王蜀雁、冯梅、邬娟、刘磊、李斌、李欣宇、杨晶、张建、易彬、庞振东、项宝祥、姜淑珍、郭健、彭文昌、韩永征为北京市人民检察院检察员。

免去张同水、孙存德的北京市人民检察院检察员职务。

（二）

任命孙存德为北京市人民检察院第一分院检察委员会委员、检察员。

免去崔建华的北京市人民检察院第一分院检察员职务。

（三）

任命曹利民为北京市人民检察院第二分院检察委员会委员、检察员。

任命季红海、马迎辉、孙颖菲、屈文韬、庞国壮、蔡芸辉、崔全利、董雅丽、高洁琳、高伟、刘锐英、任力哲、王蕊、王宇明、杨干、张国成为北京市人民检察院第二分院检察员。

（四）

任命许庆文为北京市人民检察院北京铁路运输分院副检察长。

任命郑尧为北京市人民检察院北京铁路运输分院检察员。

（五）

任命李青、渠成林、刘亚茜、张泉山为北京铁路运输检察院检察员。

北京市第十三届人民代表大会

常务委员会第三十七次会议

在市十三届人大常委会第三十七次会议上的讲话

杜德印

经过大家的共同努力，本次会议各项议程已经圆满完成。会议讨论了提交市十四届人大一次会议审议的本届人大常委会工作报告。在讨论过程中，大家对常委会五年来的工作给予了高度肯定，对修改好这个报告提出了重要意见，还对如何做好今后人大及其常委会的工作提出了建议。这个工作报告要客观、真实、准确地把市人大常委会在市委领导下所走过的历程、所做过的工作、所取得的进展和成效进行总结、反映。我们要怀着这样的责任感把报告修改好，提交市十四届人大一次会议予以审议。

本届市人大常委会的任期即将结束，在座的常委会组成人员中有相当一部分同志，因为年龄和工作的原因，将不再作为下一届市人大代表或者人大常委会组成人员的人选，将结束他们在人大常委会的履职和工作。经过五年的朝夕相处，大家对市人大的工作、对人大制度，以及人与人之间都是充满感情、满怀情谊的。具体说，有四个“情”：一是对人民代表大会制度和人大工作的热爱之情；二是对本届人大常委会工作取得的进展和成效的欣慰之情；三是对市人大及其常委会这个大舞台、大学校、大家庭的眷恋之情；四是对委员之间、同志之间、朋友之间的友好之情。一些同志，特别是那些将不再作为下一届常委会组成人员人选的同志们，在分组会议中都表达了自己热切的感情和良好的愿望。在这里，我受主任会议委托，讲三点意见。

第一，感谢本届人大常委会组成人员的辛勤工作。本届市人大及其常委会在市委领导下，坚持走中国特色社会主义政治发展道路，坚持和完善人民代表大会制度，依据宪法和法律赋予的职责履行职权，为推进社会主义民主法制建设、保证首都科学发展作出了重要贡献。这些在常委会工作报告和五年工作总结中都有体现。

市人大五年来取得的成果，可以概括为思想成果、实践成果和制度成果，当然还有良好的社会效果。一是思想成果。我们对人民代表大会制度的认识逐步深化，对其本质特征、内在优势的理解不断深入，也包括对中国特色社会主义制度、中国特色社会主义道路的进一步深刻理解。我们在思想认识上取得了新的进展。二是制度成果。我们在坚持和完善人民代表大会制度的过程中，注重完善人大常委会的工作方式，形成了一些具体的工作制度、工作机制和工作方法。比如在立法方面，不断完善立法工作格局，健全科学立法、民主立法相统一的立法工作机制；在监督方面，以预算资金使用绩效和诉讼活动的监督为突破口，不断深化对国家权力运行和公共资源配置的监督；在代表工作方面，建立健全代表工作格局，保持代表与人民群众的密切联系等，都取得了良好的效果。三是实践成果。通过我们的工作，使人民代表大会制度在推动和促进首都经济、政治、文化、社会、生态文明等各方面发展和建设中发挥了积极作用。四是社会效果。通过我们的实践，透过点点滴滴、生动具体的事例，说明了人民代表大会制度的正确性和优越性。可以说，这些年我们的努力没有白费，让人民群众看到人大能管事儿，人大制度有用，这就很不容易了。当然不只这些，我们用实际行动证明了人民代表大会制度是有巨大优越性的，人民代表大会制度的优越性也证明了中国特色社会主义政治发展道路的正确性，也诠释了中国特色社会主义的政治文明有其自身的鲜明特点和巨大优势。我们要在今后的工作实践中努力把这个优越性发挥出来，增强我们自己乃至全社会对坚持和完善人民代表大会制度，走中国特色社会主义政治发展道路，走中国特色社会主义道路的信心。

以上这些成绩的取得，是经过每一件事、每一个议题、每一个议案、每一条建议得来的，都是大家共同努力的结果。当然，这不是说我们的工作已经做得很好。但是正是通过我们的工作，在思想上、制度上、实践上、社会上，产生了良好的成效。现在有个时髦词叫“正能量”，我们可以无愧于心地说，在坚持中国特色社会主义道路、中国特色社会主义制度、人民代表大会制度上，我们向社会输出了正能量。我们应该感到欣慰和自豪。在此，我还要感谢全体市十三届人大代表。代表们的关心、支持和参与，为常委会工作付出的力量、贡献的智慧，是我们做好人大及其常委会工作的重要基础。

第二，珍惜本届人大常委会组成人员在共同工作中形成的精神财富和深厚友谊。人大是一个大舞台、大学校、大家庭。大家在参与人大及其常委会工作的过程中，在各个方面都有所获益。不管今后我们做什么，这段工作经历都将使我们长期受益。当然，这些成果特别是一些精神财富，比如形成的价值观、方法论以及同志们之间的友谊，都将有利于做好今后的人大工作。

在2012年初的十三届人大五次会议上，我曾经讲了几句话：一是我们的信念要常在。即使不再做人大工作了，我们对人民代表大会制度的信念还要在。我们不是人大代表了，但还是人民的一分子，仍离不开人大制度。现在我们是代表人民行使职权，等到身份转换了，我们不是代表了，也希望别人能够代表我们行使好职权，表达好我们的愿望，这都离不开人民代表大会制度。二是我们的业绩常在。三是我们的友谊常在。我想，将来可以适当地增加一个工作机制，让新老组成人员一起交流，把大家在这些年的工作中积累的智慧、知识、经验更好地加以利用。还可以请同志们对下一届人大工作提出意见和建议。这将是做好今后工作的一笔重要精神财富。还希望大家要珍视彼此在工作中结成的友谊。

第三，祝愿新一届市人大及其常委会的工作做得更好。大家高度肯定了本届市人大常委会五年来所做的工作，并为这些工作取得的进展而感到欣慰，对积极发挥人民代表大会制度的优越性充满信心。但同时，我们还要看到工作中存在着一些不足，特别是推进民主法制建设、坚持和完善人民代表大会制度，仍然任重道远。

党的十八大报告就坚持走中国特色社会主义政治发展道路，坚持和完善人民代表大会制度，推进依法治国作出了明确部署，提出了具体要求，这对做好人大工作具有重要的指导意义。特别是十八大报告把以前的“支持人民代表大会依法履行职能”，修改为“支持和保证人民通过人民代表大会行使国家权力”。这是一个重要的变化，是把党委和人大之间的关系扩充为党委、人大与人民三者之间的关系，拓展了其内涵和范围。习近平同志在首都各界纪念现行宪法公布施行30周年大会上的讲话中指出，“依法治国，首先是依宪治国；依法执政，关键是依宪执政。”宪法明确规定，“中华人民共和国的一切权力属于人民。人民行使国家权力的机关是全国人民代表大会和地方各级人民代表大会。”既然人民是国家的主人，那么党就要支持和保证人民通过人民代表大会行使管理国家的权力。这就指明了人民代表大会制度的发展方向，赋予了人大及其常委会作为国家权力机关的重大责任。十八大报告遵循了宪法精神，提出要善于使党的主张通过法定程序，通过人民代表大会成为国家意志，支持人大及其常委会充分发挥国家权力机关作用，依法行使立法、监督、决定、任免等职权，加强立法工作组织协调，加强对“一府两院”的监督，加强对政府全口径预算决算的审查和监督。报告还对人大的机构及组织建设作出了明确部署，提出要设立代表联络机构，优化常委会、专委会组成人员知识和年龄结构等。我们相信，在十八大精神的指引下，在新一届党中央的领导下，中国特色社会主义政治发展道路一定会越走越宽广。

新一届人民代表大会和常委会就要组成了，大家要更好地贯彻党的十八大精神，在市委的领导下，在历届人大常委会工作的基础上，把北京市人大及其常委会的工作进一步推向前进。市十三届人大常委会的工作报告中提出了十四届特别是 2013 年的工作任务、议题安排的建议，其指导思想是学习贯彻党的十八大精神，围绕中心、服务大局，依法履行各项职能。我们要保持工作的连续性，如预算监督问题，2012 年做了大额专项资金的专题询问，取得了良好效果，2013 年要进一步对旅游大额专项资金开展询问。还想在这次人代会上，对计划和预算报告的审查程序加以改进，就是专门用一个单元，用一天的时间审查计划和财政预算报告。对计划的报告，可以和政府工作报告合并为一个单元。对财政预算的报告，我们应该作一个说明，然后再提交代表进行审查。这些都表明我们在往前走，在逐步推进。我们相信，在十八大精神的指引下，在市委的领导下，新一届人大及其常委会的工作会做得更好，能够为首都的经济、政治、文化、社会、生态文明建设作出更大的贡献。

我们接下来的工作任务是要精心组织、全力筹备和开好市十四届人大一次会议。会前还有大量的准备工作要做，要组织好代表会前活动，起草好各项报告，做好会议的组织和服务保障工作等。要努力开好这次会议，提高会议的质量和会议作出的各项决议的法律效力。市十四届人大一次会议是北京市在党的十八大以后召开的一次重要会议，开好这次会议，有助于贯彻好党的十八大精神和十一届市委一次、二次会议精神。我们要齐心合力，高质量地完成会议各项筹备任务，确保大会顺利召开和圆满完成。

元旦和春节快到了，在座的有些同志不参加 2013 年的人代会了，我就连新年和春节一起给大家拜年了！祝大家新年快乐，阖家幸福，万事如意！

北京市第十三届人民代表大会常务委员会第三十七次会议议程

（2012 年 12 月 27 日）

（2012 年 12 月 27 日北京市第十三届人民代表大会常务委员会第三十七次会议第一次全体会议通过）

一、讨论市人大常委会向市十四届人大一次会议所作的工作报告（讨论稿）

二、听取和审议市人大常委会代表联络室、“一府两院”关于市十三届人大五次会议代表建议、批评和意见办理情况的报告

三、审议通过市十四届人大一次会议议程草案

四、审议通过市十四届人大一次会议主席团和秘书长名单草案，国民经济、社会发展计划和财政预算审查委员会名单草案，议案审查委员会名单草案

五、决定市十四届人大一次会议列席人员名单

六、表决《北京市湿地保护条例（表决稿）》

七、表决《北京市食品安全条例（表决稿）》

关于北京市第十三届人民代表大会第五次会议代表建议、批评和意见办理情况的报告

——2012 年 12 月 27 日在北京市第十三届人民代表大会常务委员会第三十七次会议上

市人大常委会副秘书长、代表联络室主任　张　清

主任、各位副主任、秘书长、各位委员：

根据《北京市人民代表大会代表建议、批评和意见办理条例》的有关规定，我就市十三届人大五次会议代表建议、批评和意见（以下简称建议）的提出、办理和督办情况报告如下。

一、代表建议提出、交办情况

（一）代表建议提出情况

市十三届人大五次会议期间，市人大代表共提出建议 1195 件，比四次会议减少 107 件。其中，直接以建议形式提出的 1048 件；经议案审查委员会审查、主席团讨论通过，议案作为建议处理的 147 件。从内容看，城建城管方面 479 件，占 40.1%；科教文卫体方面 258 件，占 21.6%；公安司法民政劳动人事方面 208 件，占 17.4%；财政经济方面 166 件，占 13.9%；其他方面 84 件，占 7%。

市人大代表对提出建议非常重视，有 512 位代表参与提出建议，占代表总数的 66%，人均提出建议 1.5 件。1195 件建议中，代表单独提出 905 件，与四次会议相比，增长约 2

个百分点；代表联名提出262件，与四次会议相比，下降约2个百分点；另外，以代表团形式提出28件。

（二）代表建议交办情况

综合考虑各方面因素，今年调整了交办会时间和形式。在时间上，为了进一步做好综合分析，提高交办准确率，大会闭幕后1个月召开了交办会。在形式上，将跨系统交办与系统内部交办合二为一、同步交办，在交办会上，市领导作了重要讲话，要求各承办单位进一步提高对代表建议工作的认识，不断探索改进代表建议工作方式，加强办理工作的组织和协调，认真总结本届代表建议工作的特点和规律，努力提高办理实效。

根据建议内容和有关单位职能，1195件代表建议交由“一府两院”及其他有关机关、组织研究办理。其中，交由市人大常委会工作机构研究办理27件，市人民政府研究办理1139件，市高级人民法院研究办理20件，市人民检察院研究办理8件，本市其他机关和组织研究办理93件。1195件代表建议中，有92件由2个以上承办系统共同办理，共涉及全市105个单位的职能。

二、代表建议办理情况

各承办系统和单位对代表建议高度重视，认真做好建议办理工作。主要表现在：

一是加强代表建议办理工作的组织领导。年初，郭金龙同志在市政府全体会议上亲自部署建议办理工作，强调要深化认识、改进工作。王安顺同志、吉林同志、李士祥同志都对办理工作提出了要求。池强同志、慕平同志等各单位主要领导也都把建议办理工作列入重要日程，采取多种形式加强研究部署、综合协调和督促检查工作。各承办单位结合为市民办实事项目安排、重点工作计划开展等加强建议办理工作。各系统主管部门通过加强工作通报、工作督查、绩效考核等工作，督促检查各承办单位提高建议办理实效。

二是探索完善了“分类分层”办理工作方式。在去年探索实践的基础上，今年加大了代表建议分类分层办理工作力度。市政府办公厅认真指导试点，加强统筹协调，各承办单位积极推进。在对各承办单位普遍提出要求的同时，选择主办、单办、分办50件以上的市交通委、教委、人力社保局、公安局、民政局、卫生局等6家单位作为全面推进分类分层办理工作的试点单位，进一步探索和实践分类分层工作方法。从工作情况看，虽然有一些具体方面需要继续探索和改进，但总体看，已走出了扎实的一步，在工作理念和工作方法上都取得了新的进展。

三是探索推进了集中答复工作。重点确定了市教委、科委、公安局、民政局、交通委、园林绿化局等6个单位承办的10类共103件建议，采取集中答复形式向代表报告办理情况。集中答复报告既有对建议反映问题的背景、整体工作情况的介绍，也有对建议反映的具体问题的回应。代表们对这种新的答复形式普遍表示满意，为下一步的工作积累了有益经验。

经过各承办单位和广大工作人员的辛勤努力，1195件代表建议均已按期办复。其中，代表所提问题得到解决或基本解决的165件；汲取代表建议，工作有进展或取得一定成效的734件；已列入工作计划，近两三年内可以解决的51件；受法规、政策以及财力等条件的限制，目前不能解决，向代表作出说明解释的203件；留作参考的42件。今年8月下旬，市人大常委会代表联络室向单独或领衔提出建议的代表发函征求意见，大部分代表对建议办理情况表示同意或者理解。另外，截止到11月底，代表在闭会期间提出建议97件，已办复74件，还有23件正在办理中。

三、代表建议督办情况

今年，市人大常委会继续探索完善了建议督办方式，力求进一步提高建议督办工作实效。

常委会领导发挥示范作用，牵头督办。经主任会议研究，今年确定了关于“老龄事业发展、潮白河流域绿道建设、静态停车管理、食品安全、学前教育发展、民族工作”等6个方面建议，由马振川、梁伟、刘晓晨、吴世雄、刘新成、李昭玲同志分别牵头督办，通过召开座谈会、听取专题汇报、实地调研视察等形式对建议办理工作进行了督促检查，所督办的建议都取得了一定效果。

各专委会加强沟通协调，积极组织开展分类督办工作。一是加强对建议的分析梳理，抓住突出问题制定督办工作方案，开展督办工作。教科文卫体委从学前教育类建议中梳理出农村幼儿园发展、幼儿教师培养和培训、幼儿园质量评估、幼儿阶段养成教育等五个方面问题进行督办，使这些问题在市政府学前教育三年行动计划中都有所体现。城建环保委对城建环保方面代表建议进行了分析，就代表集中关注的静态停车管理、公交优先发展等问题，确定了重点督办方案，开展督办工作。二是将建议督办工作与其他工作相结合，形成工作的合力。内司委将老龄事业发展类建议的督办与养老事业专项资金专题询问以及建议办理集中答复工作结合起来，使代表既获取了建议办理情况的信息，也了解了老龄事业发展整体情况。财经委将食品安全类建议督办与“关于健全安全食品体系，提升首都食品安全总体水平”议案办理及食品安全条例的修订结合起来，使代表建议发挥了更大的作用。三是充分调动代表积极性，发挥代表在建议督办工作中的主体作用。农村委为督办好潮白河流域绿道建设类建议，成立了常委会委员、专委会委员和代表参加的建议督办组，促使关于潮白河流域绿道建设的5件建议均取得明显进展。民宗侨委积极邀请提出建议代表参加建议督办工作，听取代表对建议办理的意见、建议，督促承办单位提高建议办理的针对性。

代表联络室加强统筹协调，做好服务保障工作。继续做好综合分析，积极配合各专委会做好督办工作，加大统筹协调力度，联合常委会有关工作机构、市政府办公厅对承办建议较多的单位进行调查研究，加强工作指导。对代表不满意办理结果的，组织有关部门进行了复查，确定了3件建议交承办单位重新办理。组织代表通过实地查看等方式对部分建议办理落实情况进行了抽查，对个别未落实的情况向主管部门进行了反馈，并要求承办单位采取措施，加紧落实。

四、市人大常委会机关办理代表建议情况

今年，市人大常委会机关共承办代表建议27件（与其他单位共同办理8件），涉及常委会8个工作机构。常委会领导对代表建议办理工作非常重视，在办公厅的统筹协调下，各工作机构认真研究办理代表建议，取得了较好效果。代表建议反映的问题得到解决或基本解决的1件；汲取代表建议，工作有进展或取得一定成效的16件；受法规、政策限制，目前难以解决，向代表说明解释的7件；已列入工作计划，预计两三年内可以解决的1件；留作参考的2件。代表对27件建议的办理结果均表示同意或者理解。

（一）关于立法工作方面的建议7件

建议内容主要包括制定控制吸烟地方性法规，修改消防条例、烟花爆竹安全管理规定、养犬管理规定等。佟丽华代表提出的关于控烟立法方面的建议，法制办进行了认真

研究，在会同教科文卫体办已开展的法规预案研究中积极吸纳了代表意见。曹建军代表提出的关于修改养犬管理规定的建议，内司办非常重视，目前正会同法制办开展法规修订的预案研究工作。

（二）关于监督工作方面的建议8件

建议内容主要包括加强化妆品卫生监督、审计监督，推进财政绩效评价，加强限车、限房政策执行情况监督等。在办理王纪表等代表提出的关于加强化妆品卫生监督的建议过程中，教科文卫体办会同市药监局对化妆品卫生监督条例执行情况进行了调研，形成了调研报告，同时商请市卫生局将调研报告上报了卫生部，并将加强相关立法调研。财经办对李大进代表提出的关于审计问题的建议进行了认真研究，加强了对审计查出问题整改情况的跟踪监督，并完善了相关制度。城建环保办认真办理李大进代表提出的加强限车、限房政策执行情况监督的建议，组织召开城建环保委员会会议听取了市政府有关情况的报告。

（三）关于代表工作方面的建议6件

建议内容主要包括发挥北京市人大职能作用促进和推动首都与驻京部队融合式发展、健全追踪机制进一步办好代表议案建议、提高市人大代表议案建议网上提交系统效能等。代表联络室认真办理陶德平代表提出的关于军民融合式发展的建议，制定了调研工作方案，邀请解放军团代表到军事科学院等有关单位进行了调研，形成了调研报告并经常委会领导批示后，送市主要领导参考。

（四）关于市人大及其常委会自身建设方面的建议6件

建议内容主要包括普及人大工作知识、加强人大常委会信访工作、建立人大微博等。人事室在办理保继光代表提出的关于普及人大工作知识、提高对人大工作认识的建议过程中，结合总结去年区县、乡镇两级人大代表换届选举宣传工作，在市人大代表选举工作中进一步加强了对人民代表大会制度的宣传。办公厅对陈巴黎代表提出的关于加强人大微博建设的建议进行了认真研究，结合常委会信息化建设，开展了调研。

五、本届代表建议工作回顾

本届以来，市人大代表依法积极行使建议权，共提出建议7563件，其中，会议期间提出6726件，闭会期间提出837件（截至今年11月底），有725位29,622人次的代表参与提出建议。从建议内容看，正在逐步由比较单一向相对复杂、由具体工作向涉及法规、政策、由一个单位独立办理向涉及多个部门职能发展转变。本届代表建议工作不断适应建议内容变化的新情况，在认真总结以往经验做法的基础上，着力推动建议办理方式改进，加强调研分析和实践探索，进一步提高代表建议工作质量和实效，有效发挥代表建议在推动首都科学发展中的重要作用。主要是：

进一步统一思想，提高做好代表建议工作的认识。通过交办会、培训会、总结会等多种形式，认真学习贯彻中央、市委有关文件精神和相关法律、规定，进一步提高做好代表建议工作的自觉性、主动性和创造性。代表提出建议是代表依法执行代表职务的重要组成部分；是联系人民群众、反应社情民意的重要渠道；是政策、法规落实情况和实际工作开展情况的反馈表；是汇集群众智慧、实现人民有序参与，推动科学决策、民主决策的重要形式。做好代表建议工作，必须从全局出发，努力保障代表建议权利的行使；必须以科学发展观为统领，从发展和改善民生的高度，解决好人民群众最关心、最直接、最现实的利益问题；必须着眼长远，与完善法规、政策、健全制度规范相结合。

顺应代表建议发展变化的形势，改进建

议办理工作方式。为适应代表建议综合性增强、反映问题相对集中的情况变化，真正发挥代表建议的作用，杜德印主任在深入调研的基础上，提出了“认真分类研究，积极恰当处理，诚恳明确答复，加强统筹协调”的建议办理思路。根据这一思路，各承办单位积极探索“分类分层办理，集中答复”的建议工作方式，并选择承办建议较多的单位进行了试点和推进，既提高了办理效率，也加强了代表与承办单位之间的沟通，加深了代表对全市各方面工作的了解，效果较好。

发挥常委会、专委会整体功能，改进建议督办工作方式。积极推进常委会整体参与和各专委会分类督办工作，初步形成了“常委会领导牵头督办，各专委会分类督办，代表联络室统筹督办”的工作格局，督办效果整体有了提升。

加强制度和机制建设，提高建议工作服务规范化水平。建立了代表建议确认制度、综合分析制度、沟通协调机制，完善了建议工作流程，加强了代表建议工作总体把握和操作环节规范，保证了代表建议工作有序进行。

总体看，五年来的代表建议工作对改进全市各方面工作发挥了重要作用，代表们是比较满意的。代表建议得到解决、取得进展、列入计划的达到 80%左右。代表建议工作在密切党和政府与人民群众的联系，推动和谐社会建设；在推动依法行政、公正司法，改进工作作风、提高工作效能；在发挥代表主体作用，体现人民代表大会制度优势，推动社会主义民主政治建设等方面，都发挥了重要促进作用。

主任、各位副主任、秘书长、各位委员，本届代表建议工作，在我市各级领导的高度重视、有力指导下，在有关部门和承办单位的共同努力下，在广大代表的大力支持、积极配合下，取得了新的进展。但是，我们也深深地认识到，代表建议工作还存在许多需要不断改进、完善和提高的问题。明年是新一届人大及其常委会的开局之年，我们将以认真学习贯彻党的十八大精神为契机，进一步完善代表建议工作方式，健全工作制度，突出工作重点，提高工作实效，更好地支持、规范和保障代表依法有效行使好建议权，更加充分地发挥代表建议在推动首都科学发展、实现全面建成小康社会宏伟目标中的作用。

以上报告，请予审议。

关于北京市第十三届人民代表大会第五次会议代表建议、批评和意见办理情况的报告

——2012 年 12 月 27 日在北京市第十三届人民代表大会常务委员会第三十七次会议上

北京市人民政府秘书长　孙康林

主任、各位副主任、秘书长、各位委员：

我受市人民政府委托，向市人大常委会报告市十三届人大五次会议代表建议、批评和意见（以下简称建议）的办理情况。

一、办理代表建议的基本情况

市十三届人大五次会议交由市政府研究

办理的代表建议共1139件，其中：涉及经济方面164件，占14.40%；城市建设和管理方面479件，占42.05%；科技、教育、文化、卫生、体育方面247件，占21.69%；公安、司法、民政、社会保障方面201件，占17.65%；其他方面48件，占4.21%。从总体上看，有以下特点：一是综合性、前瞻性强，为政府部门制定近期计划、中远期规划提供了有价值的参考依据。二是针对性、操作性强，对政府工作具有现实的指导意义。三是建议反映的问题多是群众关心的热点和政府工作的难点，与政府的工作思路相吻合，二者形成了合力，促进了问题的解决。这些建议分别交由市政府72个承办单位办理，一年来，在市人大常委会和市人大代表的监督、支持、帮助下，经过各承办单位和全体承办人员的共同努力，按照《北京市人民代表大会代表建议、批评和意见办理条例》有关规定，已于5月31日前全部按期办复。具体办理情况如下。

（一）积极解决民生和发展问题

代表所提问题当年解决或基本解决的（A1类）有157件，占13.78%。如结合梅群代表提出的关于“调整医院自制制剂价格”等建议，市发展改革委在深入调研基础上，对《北京市定价药品目录》进行了调整，自5月1日起医院制剂实行市场调节价管理，有效解决了代表关注的医院自制制剂价格问题。此外，代表提出的关于加强北京空气质量监测、方便群众出行、公交开调延线、增设交通标志以及加大对实体经济政策支持等方面的问题，也基本得到解决。

（二）不断吸纳代表建议

当年汲取代表建议，工作有进展或取得一定成效的（A2类）有705件，占61.90%。如结合安丽娟代表提出的关于“百姓停车难，政府要下决心解决”的建议，2012年3月22日出台了《推进城六区居住区机动车停车设施新建工作的通知》，从政策保障、资金支持、简化审批、模式创新、落实责任五个方面，切实推进居住区停车设施新建工作，着力缓解城六区居住区停车难问题。此外，代表提出的建议进一步明确社区商业网点规划建设标准、中小学生减负、缓解就医难、加大对老龄事业扶持等方面的工作，也取得了明显进展和成效。

（三）认真解释法规、政策

受法规、政策限制，目前不能解决，向代表说明解释的（A3类）有150件，占13.17%。对涉及法规、政策限制的部分建议，市政府有关部门实事求是地向代表进行解释说明，取得了代表理解。如代表提出的关于“企业改制转增股本时减免个人所得税”的建议，按照我国现行税政管理体制，税收立法权在中央，地方政府没有权限制定税收优惠政策。还有代表提出的实行男女职工同龄退休、部分罕见病治疗用药纳入医保范围等建议，均因受国家法规、政策限制，目前难以采纳。

（四）努力纳入年度计划

已经列入工作计划，预计两三年内可以解决的（B类）有50件，占4.39%。如宋慰祖等代表提出的“有效发挥政府文化专项经费作用让市民享受实惠的文化发展成果”的建议，相关部门加大工作力度，结合建设中国特色世界城市的总体目标，力争在2015年建成一批代表首都城市文化特色的重点文化设施。另外，代表提出的关于防止中低收入家庭因孩子的学前教育而致贫、继续做好老旧小区住宅楼屋顶“平改坡”工程、社区居民使用天然气公共安全管理等建议，也都列入了政府部门近年工作计划。

（五）研究分析难点建议

因财力、物力不足等原因，需待以后逐步解决的（C类）有43件，占3.78%。如代表关于“降低企业在职职工普通门诊起付线”

的建议，2001 年以来，本市分两次调整降低了退休和在职职工门诊起付线，减轻了参保人员看病门槛的压力。目前本市门诊医疗费用的统筹制度已位于全国前列，门诊平均报销水平已达到 80%以上，属全国最高水平。还有代表提出的关于加快央产危旧房修缮改造、清河收费站北移、六环路 3 号桥加宽等建议，因财力物力等原因所限，当年解决存在困难，市政府有关部门都进行了认真研究分析，待条件成熟后再逐步解决，得到了代表们的理解。

今年，在闭会期间，截至 11 月底，共收到 91 件代表建议。其中，65 件已办复，其他正在办理中。

二、办理代表建议的主要做法

代表提出建议是法律赋予的权利，是代表人民参与管理国家事务、管理经济和文化事业、管理社会事务、监督政府工作的重要形式。面对建议综合性越来越强、办理难度大的新特点，我们积极探索办理建议工作的新思路、新途径，努力做到工作求实效、解释求透彻、答复求真诚、报告求质量。主要做法是：

（一）领导高度重视，切实强化办理责任

办理代表建议是市政府义不容辞的法定职责，是市政府了解社情民意、倾听群众呼声的重要渠道；对于提升政府决策科学化、民主化水平，加强和改进政府工作，具有十分重要的意义。

市领导高度重视代表建议办理工作。年初，郭金龙同志在市政府第五次全体会议上指出，要通过办理建议，深化认识，改进工作，解决问题，推动发展。王安顺同志要求及时解决办理中存在的问题和不足，并邀请代表座谈听取意见和建议。吉林同志年初参加办理市人大代表建议工作交办会并作出具体部署；李士祥同志对办理工作提出了要求。市政府其他领导就代表关心的转变经济发展方式、大气污染治理、公交优先发展、教育资源配置、医疗卫生体制改革、老旧楼房修缮加固、文化产业发展、食品安全和农副产品供应、城乡统筹发展等方面的问题，分别进行调研和召开会议，加强研究分析，协调解决问题。

市政府各承办单位把办理建议工作列为重点工作。如市公安局局长傅政华深入一线调研，多次听取情况汇报，推动问题的解决；市交通委成立办理建议领导小组，针对难点问题主要领导及班子成员牵头办，全过程统筹协调办理工作；市卫生局将局领导包件办件纳入工作制度并组织实施，主要领导多次召开会议向代表汇报工作并听取意见；市农委主要领导要求办理建议定人、定责、定标准、定时限，积极沟通协调、虚心听取意见、认真解决问题；昌平区区长要求各职能部门要以唯实、务实、求实的工作作风推进办理建议工作，常务副区长对建议逐一分析研究，提出明确办理要求。

（二）加强制度建设，创新办理工作方法

今年，市人大常委会启动了《北京市人民代表大会代表建议、批评和意见办理条例》修订工作，对于改进和完善办理工作具有重要意义。为配合做好修订工作，经市人大常委会同意，市政府及各承办单位在具体工作中，对制度建设和改进工作方式进行了探索和实践。

一是完善建议交办制度，做好办前分析。建议的办前分析是办理建议工作的必要环节，对于发现新的热点、难点问题，确定办理工作的方向和重点，具有非常重要的作用。市政府办公厅与市人大常委会代表联络室经过多年认真调研分析，将会上建议交办时限由闭会后 10 个工作日，暂时调整为 30 个工作日。通过延长交办时限，提高了办前分析质量，同时也提高了交办准确率。代表和承办单位对此给予了肯定。

二是进行“分类分层办理”试点。办理之初，将市公安局、市民政局、市交通委、市人力社保局、市卫生局、市教委等6个承办建议大户，列为“分类分层办理”试点单位，要求对承办的建议按照属于具体事务、政策调整完善、法规制定修改等类别分类梳理，形成综合分析报告，全面掌握代表关注的重点、热点。结合分类情况，按照层级对具备解决条件的，尽快解决；对因政策和条件限制，暂时难以解决的，向代表解释清楚，待条件成熟时列入工作计划，力争解决；对不能解决的，列入工作计划参考，向代表作出说明。

三是开展“集中答复”。为了有效开展建议“集中答复”工作，市政府办公厅印发了《关于做好市人大代表建议“集中答复”工作的通知》。今年，市民政局等6个承办单位就“社会养老服务”等100余件建议分别邀请代表参加“集中答复”座谈会，将同类建议一并研究、一并沟通、一并答复。各承办单位领导高度重视，相关负责同志到会解惑答疑，反响很好。实践证明，“集中答复”方式在代表与政府部门之间搭建了面对面沟通交流的平台，提升了办理层次，有利于代表全面了解情况和信息；有利于相关承办单位之间整合资源、互相配合；有利于达成共识，促进“提和办”沟通互动，提高办理实效。

各承办单位不断完善建议办理工作制度。如市教委建立了工作台账、综合分析和跟踪督办制度；市环保局进一步完善办理建议问责追究制度；市城管执法局不断完善统一领导、归口管理、分工负责的办理制度；朝阳区政府建立了初步答复报告、阶段答复报告、结果答复报告“三答复”制度。

（三）加强统筹协调，提高办理工作水平

办理建议工作是一项政治性、政策性、专业性和时限性较强的系统工程，涉及多个环节，要提高办理质量，必须加强统筹协调，形成合力。

一是结合中心工作，形成工作合力。在办理过程中，市政府及各承办单位努力将办理工作与中心工作相结合，形成工作合力，破解工作难题。市政府在2011年年底提前征集人大代表、政协委员对2012年工作的意见和建议，并将其中20个方面、74条建议纳入政府部门工作计划。在起草市政府为群众拟办重要实事过程中，市政府专门听取并征求代表意见，将代表关注的空气质量监测、老旧楼房修缮加固、北小河污水治理、道路微循环改造、养老、幼儿园建设、食品安全监管等问题纳入2012年为群众拟办重要实事。承办单位将办理工作与本单位中心工作紧密结合，如市金融局将代表提出的意见和建议与全局重点工作相结合，纳入2012年全局重点工作任务，深入推动落实。西城区政府结合代表提出的关于“尽快改善和解决新西城南区特别是牛街地区回族子女入托难”的建议，结合落实优化教育资源配置等中心工作，拨付专项资金，租赁周边单位办公用房2000多平方米用于办园，有效缓解了入园难问题。

二是深化“四位一体”办理机制，加大统筹力度。针对一些代表反映多年、涉及部门多、解决难度大的突出问题，市政府办公厅继续运用“四位一体”办理机制，形成高效协调、合力推进的工作局面，通过举一反三，推动同类问题的解决。针对代表提出关于“尽快拆除楼顶废弃寻呼台发射天线问题”、“增加社区卫生服务中心临床收费可以使用银行卡刷卡问题”、“中心城区路侧停车难”等建议，市政府办公厅与市经济信息化委、市规划委、市住房城乡建设委、市交通委、市财政局、市卫生局、市安监局、市城管执法局等部门和东城区、西城区、朝阳区政府统筹协调，通过实地调研、座谈会等方式，研究制订工作方案。市政府领导高度重视，多次批示协调，要求督办落实，推动问题的解决，目前均取得了进展和成效。

（四）深化沟通交流，提升办理工作质量

市政府始终把与代表的沟通交流作为办理工作的重要环节。通过电话联系、邀请座谈、上门走访、实地调研等方式，征询意见和建议，加强与代表的联系沟通，全面、准确地了解代表所提问题的背景、目的和要求，使办理工作措施合理可行，增强办理工作的针对性和实效性。对重点建议，承办单位注重与代表联系沟通，充分了解代表的意愿和要求；办理中，以多种方式诚恳汇报答复的基本思路和主要内容，力求达成解决问题的共识；办复后，及时向代表通报工作措施和落实情况，进一步听取意见和建议，不断改进工作。

今年，市政府办公厅按照“认真办理，办公厅要带好头”的要求，将代表请上门，主动向代表汇报办理工作，听取代表意见。市人力社保局、市市政市容委、海淀区政府等承办单位在办理过程中，始终保持与代表的联系沟通，办理前期主动了解代表建议的意图，找准问题的症结；办理中征求代表意见，发现问题及时解决；办理后对办理情况进行跟踪回访。市国土局主要领导针对土地开发遗留问题召开协调会，邀请人大代表及居民代表、经办同志共同研究，为居民解燃眉之急，为土地开发企业出谋划策，得到了各方的认可。市水务局在代表外出、开会时，主动预约时间，汇报办理工作。丰台区政府对重要建议，区政府领导与承办单位负责人上门拜访，共商办理方案。

（五）加强督办检查，确保办理工作实效

加强对办理工作的督办检查，是提高办理工作实效的有效保障。

一是建立过程督办机制。根据办理建议的总体安排，分别确定了在建议交办后10天、20天和办复期满前20天分三次检查各承办单位办理工作进展情况的督办机制。对进展工作较慢的进行督促，对办理中存在困难的，及时给予指导和帮助；先后两次下发督办通知，提醒并督促按期办复。市财政局依托建议办理系统确定专人督查，实行红绿灯管理，由系统自动提示，实时督查督办，提高了办理效率。许多承办单位建立了督办工作台账，将建议的交办时间、催办时间、催办次数、办结时间等进行详细记录，跟踪督办。

二是审核建议办理报告。及时对各承办单位建议办理报告的内容、格式进行审核，对答复内容不清晰、格式不规范准确的，要求承办单位及时修改，重新送达代表。许多承办单位也对办理负责人、承办人以及办理程序、报告格式等提出明确要求，按照公文处理规范严格审核把关，办理报告质量进一步提高。

三是强化复查补办。建议办复后，下发自查通知，要求各承办单位对承诺代表在期限内解决的问题，按时解决；确因情况变化未能解决的，向代表说明原因。对于市人大常委会提出需要重新研究办理的关于“加快推进广渠路东延工程的建议”等3件建议，市政府办公厅和相关部门派人到现场实地调研察看，市政府主管副秘书长邀请市人大常委会有关部门负责同志参加，召开会议专题协调办理工作，要求各相关部门和区县认真研究，加大工作力度，加快工作进度，力求取得新进展。

三、本届办理建议工作回顾

过去的五年，在市委的正确领导下，在市人大常委会的监督指导下，市政府坚持以邓小平理论和“三个代表”重要思想为指导，深入贯彻落实科学发展观，围绕建设繁荣、文明、和谐、宜居首善之区的目标，继续解放思想、开拓创新，促进民生改善；继续转变经济发展方式，努力调整产业结构，推动科学发展；积极实施“人文北京、科技北京、绿色北京”发展战略，按照建设中国特色世界城市的目标，全面推进社会主义经济建设、政治建设、文化建设、社会建设和生态文明建设。

过去的五年，市人大代表深入了解民情，认真听取民意，广泛吸纳民智，提出了许多事关首都科学发展、改革创新、城市建设、社会民生等方面的建议，发挥了国家根本政治制度的优势，体现了人大代表依法履职的重要作用，增强了对政府工作的监督实效。

本届以来，截至11月底，市政府共办理市人大代表建议7221件，目前5680件建议已经得到采纳或部分采纳，占建议总数的78.66％。市政府及各承办单位通过办理建议，既体现了人民当家作主的主体地位，又密切了政府与人民群众的联系，改进了工作作风，提高了行政效能。

五年来，为了改进办理建议工作，提高办理质量，市政府与市人大常委会进行了不断探索和深入研究，取得了显著成效。2008年，围绕服务奥运，加大对办理涉奥建议的协调力度，通过政策集成、部门联动，做到服务奥运和办理建议两不误、两促进。2009年，针对建议交办中存在部门职能交叉问题，增强市编办介入的力度，不断研究补充和完善部门“三定”职能；创办《昨日市情》“联系人大、政协工作”和“代表、委员建言献策”专栏，搭建了政府与人大交流沟通的信息平台。2010年，深入开展调研走访活动，不断研究办理工作中的深层次问题，探索改进办理方式、提高办理质量的有效措施。2011年，杜德印同志提出了“认真分类研究、积极恰当处理、诚恳明确答复、加强统筹协调”办理工作新思路，市政府结合办理工作实际，印发了《关于加强和改进办理人大代表建议工作的通知》（京政办发〔2011〕37号），提出了办理工作要进行科学分类、强化沟通交流、跟踪督办检查等方面的要求；探索建立了“四位一体”办理工作新机制，推动了一些重点、难点问题的解决；提前征集代表意见、建议，列入来年政府工作计划，增强了政府工作的主动性，也有效解决了代表关注关心的重点、难点问题。2012年，经市人大常委会有关部门同意，确定了暂时延长会上建议交办时间、强化办前研究分析的原则；开展了“分类分层办理”、“集中答复”等试点工作，提高了办理实效。

过去五年，许多弥足珍贵的经验值得认真总结：一是办理建议工作必须坚持讲政治、顾大局、促发展，与做好“四个服务”、落实首都城市功能定位、建设中国特色世界城市的全局相结合。二是办理建议工作必须坚持科学发展、协调发展、全面发展，与首都城市规划、城乡、区域、产业协调发展的布局和要求相结合。三是办理建议工作必须坚持创新理念、创新思维、创新方式，与行政管理体制改革、深化市场经济体制、社会民生保障的完善相结合。四是办理建议工作必须坚持依法行政、依法履职、依法办理，与推进民主法制建设、完善法规规章、健全工作制度的需要相结合。

在充分肯定办理建议工作成绩的同时，我们也应清醒地认识到办理工作与代表们的期望、新形势的要求，还有一定差距。一是个别承办单位对办理建议工作的认识和解决问题的能力还需进一步提高；二是对于代表建议提出涉及首都城市发展规划布局、人口和资源环境等方面的问题，还需加大破解力度；三是对于依法办理建议，自觉接受人大及其常委会监督的意识还需进一步加强等。

针对这些问题，我们必须高度重视，并根据首都经济社会发展和民主法制建设的新情况、新要求，努力改进办理工作，提高办理实效。一是着力完善建议办理制度，健全内部运行机制；二是着力沟通交流，积极采纳合理化建议；三是着力协调配合，破解发展难题；四是着力强化培训，全面提高办理队伍素质，推动办理建议工作迈上新台阶。

主任、各位副主任、秘书长、各位委员，办理建议工作任务艰巨、责任重大。我们将认真学习贯彻党的十八大和市十一次党代会精神，在市委的正确领导下，在市人大及其常委会的监督指导下，不断更新观念、开拓创新，为建设中国特色世界城市，为促进首都科学发展作出新的贡献。

以上报告，提请市人大常委会审议。

关于北京市第十三届人民代表大会第五次会议代表建议、批评和意见办理情况的报告

——2012 年 12 月 27 日在北京市第十三届人民代表大会常务委员会第三十七次会议上

北京市高级人民法院院长　池　强

主任、各位副主任、秘书长、各位委员：

北京市高级人民法院办理市第十三届人民代表大会第五次会议代表建议、批评和意见（以下统称建议）20 件，其中，交由我院单独办理的 7 件，与其他单位分别办理 5 件，由我院主办的 4 件，会同其他单位办理 4 件。在市人大常委会的监督、指导下，上述建议全部办理完毕。现将建议办理情况报告如下，请予审议。

一、代表建议的总体情况

今年我院承办的代表建议，内容涉及严格落实审判制度、发挥审判职能作用、加强基层基础建设等方面问题，呈现三个方面的特点：一是更加关注司法公正，综合性的建议增多；二是更加关切审判职能的依法正确发挥，具有很强的指导性；三是更加关心审判机构、审判机制建设，专业性强。这些建议，体现了人大代表对法院工作的关心和支持。

二、代表建议的办理情况

（一）关于严格落实审判制度，确保司法公正方面建议的办理情况

卫爱民、艾立群等代表提出的提高执法水平、依法对审判执行工作进行监督的建议，分别从深化司法公开、推进司法民主、加强司法监督等角度，对人民法院严格落实各项审判制度、提高法律执行水平、确保司法公正，提出了中肯的意见和建议。今年，我们从各方面进一步加大了落实法律制度的力度，严格依法办案。

一是加强审判管理，强化对审判执行权及其运行的监督制约。全市法院针对影响审判质量、效率和效果的突出问题，加强内部监督，增强审判工作透明度，通过信息化手段，实现对所有案件各个工作环节的精细化管理，努力保证审判权依法正确行使，保证案件通过法定程序处理，保证法律得到正确

实施。今年，市十三届人大常委会第三十五次会议听取并审议了市高级法院《关于加强审判管理确保依法公正履行审判职责工作情况的报告》，对全市法院审判管理工作成绩给予了肯定。

二是进一步落实“三个一律”，促进司法公开。全面落实“裁判所依据的证据、法律和理由一律在裁判文书中公开，裁判文书一律向社会公开，案件档案一律接受公众查阅，审判权行使全程置于当事人和公众监督之下”的要求，建立了司法公开长效机制。市高级法院出台了《关于进一步推进司法公开工作的意见》，明确立案公开、庭审公开、证据公开、执行公开、听证公开、文书公开、审务公开七个方面的28条具体措施，推动了司法公开工作的深化发展，目前全市已有8家法院被最高法院确定为司法公开示范法院。

三是增强接受法律监督的自觉性、主动性。贯彻落实市人大常委会《关于加强人民检察院对诉讼活动的法律监督工作的决议》，与市检察院联合下发了《关于建立沟通机制的若干规定》，以增进法、检之间在工作机制、具体业务等方面的交流沟通；修订了《关于办理民事抗诉案件的指导意见》。

（二）关于充分发挥审判职能作用，保障经济社会文化发展方面建议的办理情况

刘林等代表提出的“依法保护公民个人信息安全，严厉打击违法犯罪活动”的建议，进一步提高了我们对打击泄露公民个人信息类案件审理工作的重视程度。自2009年2月刑法修正案（七）增加了“出售、非法提供公民个人信息罪”及“非法获取公民个人信息罪”以来，2010—2011年全市法院审理涉及侵犯公民个人信息安全案件244件，判处刑罚69人。审判工作中，坚持严格适用法律，对此类案件行为人的量刑严格把握，从严掌握适用缓刑。今年，我们采取各种以案说法的形式加大了对相关法律规定和典型案件的宣传力度，结合相关案件审判，向掌握大量公民个人信息的公共服务部门发送司法建议，督促其严格履行信息保密义务。

姜明安等代表提出“重视《行政强制法》和《国有土地上房屋征收与补偿条例》的实施，在推进城市化过程中加强对被征收人权益的保护”的建议后，我院高度重视。《征补条例》实施以来，全市法院畅通当事人诉讼渠道，充分保障当事人诉权，严格按照法定受案条件和范围，依法受理和审理了大量拆迁、征收补偿行政案件，切实维护了人民群众合法权益。针对《征补条例》实施前的房屋拆迁许可证项目，我院制定了《北京市高级人民法院关于〈国有土地上房屋征收与补偿条例〉施行前已取得拆迁许可证项目所涉案件有关审判、执行工作的若干意见（试行）》，将切实维护被拆迁人的合法权益作为贯穿始终的价值目标，对相关案件严格依法审查，并加大案件协调和解力度，力争实现这类案件案结事了人和，得到了市领导的高度评价和社会各界的广泛认可。

佟丽华代表关于“建立法院系统法律援助绿色通道”的建议，体现了对困难及弱势群体诉讼权益的关心，我们积极予以落实。当前，海淀、丰台、房山、通州、怀柔区法院已经设有法律援助案件受理窗口，专门负责法律援助案件的立案审查工作。在今年的全市法院立案审判工作会上，高级法院明确要求除了上述5家法院之外，其他有条件的法院也应当设立法律援助案件专用窗口或采取有效措施，建立法律援助案件立案绿色通道；同时，正式下发《关于简化法律援助案件当事人缓交诉讼费用审批手续的通知》，提高法律援助案件当事人缓交诉讼费的审批速度，为困难及弱势群体诉讼切实提供便利。

（三）关于涉诉信访工作方面建议的办理情况

李大进代表提出的“关于全市法院应当

强化法院审判职能，维护司法尊严，促进司法公正，适度适量完成信访工作的建议”，关注涉诉信访工作机制建设。近年来，北京市法院在充分发挥审判职能、依法审理各类案件的同时，投入大量人力、物力和精力，开展涉诉信访工作，深入化解社会矛盾。为缓解涉诉信访压力，应当采取规范涉诉信访案件处理、建立社会矛盾多元化解机制等举措。我们今年通过进一步加强审判管理，提高审判质量，改进审判作风，切实从源头上预防涉诉信访案件的发生。一是大力推进一审服判息诉工作，在深化立案诉讼服务改革、发挥调解优势等方面下功夫，将矛盾化解在基层，解决在初始阶段，从根本上缓解涉诉信访工作压力。二是加强司法能力建设，通过开展“双优法官”、“无信访积案法院”等系列评比活动，发挥考核奖惩的激励示范作用，不断提升一审、二审的审判质量和法官的群众工作能力，提高当事人对司法裁判的认同度。三是加强司法公开，增强当事人和人民群众对法院工作的了解和理解，减少因对法院和法官不信任而引发涉诉信访案件。

（四）关于加强审判机构、基层基础建设方面建议的办理情况

关阔山等代表提出的“关于设立北京市东城区东花市、东四人民法庭”的建议，根据市编办有关规定，首都功能核心区一般不设置人民法庭。考虑到我市中心城区重新调整并区的现实情况，经向市编办申报，目前，在东城、西城功能核心区设置人民法庭的工作正在积极争取。张耘代表提出的“在中关村建立知识产权法院”的建议，根据《人民法院组织法》等法律的规定，专门人民法院的设立须由全国人大常委会决定。我们实事求是地向建议代表进行了解释说明，取得了代表的理解。

此外，我院还办理了霍晨光代表提出的“关于依法将劳务派遣协议纳入劳动争议审理范围”的建议，毛铮铮等代表提出的“关于构建法官与律师正常沟通、交往机制”等建议。建议办理完毕后，建议代表对办理结果均表示满意。

三、办理代表建议工作的主要做法

十三届人大五次会议交办建议的顺利办理，得益于市人大常委会的监督和指导，得益于各位代表的理解和支持，同时也是全市法院自觉接受人大监督、努力改进工作的结果。在认真总结、继续坚持近年来建议办理工作经验做法的基础上，今年我院进一步采取了扎实有效的措施，不断提高办理质量和办理效率。

一是更加注重沟通联系。督办部门专门设计了《承办代表建议、政协提案沟通情况表》，用于记录承办部门与代表、委员的沟通情况，并作为答复报告报批时的必需附件。在建议办理过程中，各部门切实加强与代表本人的沟通联系，所有建议均做到了办前、办中、办后与代表的“三沟通”，力求详尽、具体地答复代表提出的问题，客观、真实地反映法院工作，积极争取代表的理解和支持。

二是更加注重跟踪督办。认真梳理各部门答复报告，对其中的承诺事项进行立项、跟踪督办。朱建岳代表2010年、2011年先后提出的关于规范再审案件若干问题、规范商事仲裁裁决司法审查行为的建议，由于当年解决条件尚不成熟，我院审监庭、民二庭等部门承诺列入下一步工作计划并予以解决，督办部门及时跟进、追踪办理。经认真组织专项调研，市高级法院于2012年先后出台了《关于审理民事再审发回重审案件的参考意见》和《关于对撤销国内商事仲裁裁决案件进行上报审查的通知》，将代表建议真正落到了实处。

三是更加注重调查研究。以更加求真务

实的作风、扎实有效的调研，推动代表反映问题的解决。今年，我院在办理有关加强人民陪审员工作的建议时，先后召开9个人民陪审工作座谈会，深入7个法院实地调研，搜集整理5000余项基础数据，制作78张统计图表，形成近4万字的调研报告，起草完成3份工作文件。在全面准确掌握情况的基础上，与有关部门进行了多次协调，进一步解决了人民陪审员的选任、管理、考核、培训、奖惩、经费等一些基本保障问题，人民陪审员参审率提高了23.7个百分点，代表建议对法院工作的推动作用得到了充分展示。

四、本届办理建议工作回顾

本届以来，市高级法院共办理市人大代表建议127件。在市人大的监督、指导下，在各位代表的支持、配合下，我院圆满完成了本届以来的代表建议办理任务，全部获得代表满意或同意的评价，在办理工作的思想认识、制度机制、方式方法、质量效果等方面，都有了新的改进和提升。

五年来，建议办理工作机制越来越健全，制度建设越来越完善。市高级法院党组高度重视代表建议办理工作，各部门领导定期听取办理进度，全程督办。2008年，修订《关于与人大代表、政协委员联络及办理交办事项工作规则》；2010年，成立督促检查办公室，进一步加强了建议办理工作的组织机构保障。2012年，我院党组研究通过了《关于加强和改进督查联络工作的意见》和《督查联络工作规定》，开展了建议、提案办理先进单位和优秀承办件评比表彰活动，将建议办理工作规范化提高到了一个新的水平。

五年来，与建议代表的沟通越来越顺畅，代表的满意度越来越高。从主要依靠电话、信函等传统的间接沟通形式，逐步过渡到主要以面复、调研、座谈等形式直接沟通。近年来所有建议都实现了100%与代表见面沟通，代表的意愿和心声得到了充分的尊重和倾听。根据代表建议中关注较多的问题，组织专项联络活动，先后邀请人大代表4816人次走进全市法院开展视察、旁听庭审、座谈研讨等活动，为建议代表更好地履行职责创造了条件。

五年来，建议办理成果转化越来越深入，对法院工作的促进和推动作用也越来越显著。认真按照各次人大会决议和代表提出的建议，不断加强和改进工作，已经成为市高级法院党组作出各项决策的重要出发点。针对代表建议中反映审判执行工作中的一些薄弱环节，加大审判督导力度，先后出台了关于审理医疗事故赔偿案件、房屋买卖合同纠纷案件、建设工程施工合同纠纷案件等类型化案件适用法律问题的20余份指导意见，促进了全市法院执法尺度的统一。通过办理代表建议，推动解决了审判执行工作中的一些突出矛盾和问题，使首都法院的发展更加健康有序。

主任、各位副主任、秘书长、各位委员，办理代表建议，是人民法院践行十八大精神、建设社会主义法治国家的必然要求，是自觉履行宪法、法律赋予的职责所在。市高级法院将在市委、最高法院、市人大常委会的领导、指导和监督下，不断提高建议办理工作的质量，以公正、高效、廉洁的审判执行工作，为首都经济社会科学的发展提供更加有力的司法保障。

关于北京市第十三届人民代表大会第五次会议代表建议、批评和意见办理情况的报告

——2012年12月27日在北京市第十三届人民代表大会常务委员会第三十七次会议上

北京市人民检察院检察长　慕　平

主任、各位副主任、秘书长、各位委员：

按照市人大常委会工作安排，我代表北京市人民检察院，就办理市第十三届人民代表大会代表建议、批评和意见（以下统称“建议”）的情况，主要是办理五次会议代表建议情况，向大会进行报告，请予审议。

一、本届以来代表建议办理工作基本情况

2008年以来，市检察院共承办代表建议32件，其中单独办理9件，分别办理5件，主办8件，会同其他单位办理10件。与上届相比，会办建议数量减少，分办、主办建议明显增多，办理的任务量不断加大，对办理质量和效果提出了更高的要求；代表们殷切希望检察机关强化法律监督、维护公平正义、推动科学发展、促进社会和谐，反映了人民群众在新时期对检察工作的新要求、新期待，为检察机关切实改进工作提供了有益参考；建议的战略性、综合性不断增强，多数不局限于解决检察工作中的具体事项，而是涉及检察工作观念的转变、思路的调整，检察改革的推进以及工作机制的完善。通过办理这些建议，检察机关服务大局、执法为民的意识不断提高，职能作用充分发挥，队伍建设全面加强，检务保障明显改善，各项工作实现了新的发展。

二、2012年代表建议的办理情况

今年，市检察院共收到代表在市十三届人大五次会议期间提出的建议8件，其中单独办理2件、分别办理1件、主办4件、会办1件，主要涉及三个方面，现分别报告如下。

（一）关于加强诉讼监督工作相关建议的办理情况

艾立群等18名代表提出“必须依法加强民事诉讼监督强制执行”的建议，希望检察机关监督法院执行工作成为常态。这一建议反映了社会公众对解决“执行难”问题的强烈期盼。在现行民事诉讼法中，没有对检察机关监督民事执行活动作出规定，但是根据广大群众的要求和司法改革的部署，市检察院对民事执行活动监督开展了调研和试点：一是完善外部监督机制。切实加强与法院的沟通协调，共同制定下发《关于开展民事执行活动法律监督工作若干意见》，明确检察机关对民事执行活动实施法律监督的原则、范围和程序，为开展民事执行监督工作提供了明确的依据。二是积极开展民事执行监督试点工作。2012年1月至11月，全市检察机关共受理民事执行申诉案件68件，针对法院存在的问题发出纠正违法通知书3份。认真梳理分析法院在执行工作中存在的重点问题，及时向法院予以通报，努力提升监督工作效

果。三是积极研究贯彻修改后的民事诉讼法。针对修改后民事诉讼法关于执行监督的新规定，认真开展专题调研，提出应对措施，着力打造对民事诉讼过程、诉讼结果和执行活动全面监督的多元化监督格局。

李大进代表提出的“市检察院应对全市行政审判案件进行监督”的建议，对于促进政府依法行政和法院依法审理行政案件均具有积极意义。客观上讲，长期以来行政检察工作的发展水平滞后于刑事、民事检察工作。为逐步改善这一状况，一方面，我们加强了行政申诉案件办理工作，2012 年共受理行政申诉案件 139 件，针对相关部门公开信息不完整，行政执法行为不严格、不规范等问题，积极提出检察建议，帮助弥补制度缺陷和管理漏洞，提升依法行政的水平。另一方面，稳步推进行政检察队伍专业化建设，研究部署民事、行政检察机构分设，市院和市检一分院、二分院完成建立行政检察机构的筹备工作，积极开展行政案件和知识产权案件的审理。加强与法院行政审判庭的研讨和交流工作，邀请办案专家、学者开展行政检察业务培训，从法院系统调入 5 名在行政审判和知识产权审判方面的资深法官，逐步组建专业化行政检察队伍。尽管我们做了以上工作，但是行政检察工作比较滞后的局面尚未根本改变。今后，我们将进一步深入调研，加大力度，发挥好诉讼监督作用，促进政府依法行政和法院公正司法。

卫爱民代表提出“把对基本法律制度、法律规定执行的监督，作为检察院强化诉讼监督的突破口”的建议，希望检察机关将法院落实审判公开、两级终审、辩护辩论等基本法律制度的情况作为诉讼监督的重点，对检察机关提升监督工作水平、维护法制的统一、尊严和权威提出了更高的要求。针对建议内容，我们主要开展了以下工作：一是加强综合监督。明确要求全市检察机关将个案监督、类案监督和综合监督相结合，针对法院审判活动中存在的普遍性、倾向性问题，以检察建议等形式提出意见，促进完善相关制度。二是加强与法院的沟通联系。依托与市高级法院之间的沟通机制、列席法院审判委员会等平台，共同研究解决影响审判和诉讼监督工作顺利开展的普遍问题、重要问题。三是开展北京市司法公正情况调研。深入分析诉讼监督工作中反映的执法司法问题，向党委提交司法公正情况报告。对于审判工作中存在的一些制度层面的问题，提出了规范审判程序、统一裁判标准等建议，并就一些重要问题向法院进行通报，促进法院加强内部管理。

（二）关于维护公民和诉讼参与人权益建议的办理情况

刘林代表提出的“依法保护公民个人信息安全，严厉打击违法犯罪活动”的建议，反映了网络信息时代公众对司法机关维护个人信息安全的迫切要求。针对建议内容，我们主要开展了以下工作：一是加大对侵犯公民个人信息犯罪的打击力度。将打击此类犯罪列入全市检察机关年度重点工作任务，2012 年依法审查起诉侵犯公民个人信息的案件 47 件 56 人。二是着力完善相应工作机制。建立重大案件督办、提级审查以及跨区域犯罪异地管辖等机制，保证重大案件的办理效果。及时介入公安机关对相关案件的侦查工作，引导侦查人员依法取证；与公安机关加强沟通联系，就侵犯公民个人信息犯罪的法律适用、执法标准等达成共识。三是积极参与社会管理。注重对此类犯罪社会背景的调查研究，发现电信单位内部管理和网络监管中存在的制度漏洞，及时向有关单位提出检察建议，加强面向社会的法制宣传，提升相关单位和个人的防范意识，从源头上避免和减少此类行为的发生。

佟丽华代表提出的“建立检察院系统法

律援助绿色通道”建议和李军代表提出的“关于改善律师执业调查取证难”建议，均涉及维护律师诉讼权益的问题。针对两项建议，我们开展了以下工作：一是开展全市检察机关保障律师权益情况专题调研。就2008年与市司法局会签《实施〈律师法〉座谈会纪要》的落实情况进行了一次调查，促进《纪要》中对法律援助案件免费提供复印卷宗服务、依法审查办理律师调查取证申请等相关规定的落实。二是结合贯彻落实修改后的刑事诉讼法，与市司法局等相关单位研究制定《关于保障和规范律师刑事诉讼辩护的若干规定》和《关于办理刑事法律援助案件的工作规定》，对两位代表提出的保障法律援助律师开展执业活动以及律师调查取证等具体事项进行了规范。在各级检察院成立案件管理办公室，统一受理律师提出的有关申请或要求。三是加强与律师行业管理部门的沟通交流。今年，市检察院与市律师协会先后举行两次工作座谈会，听取对保障律师诉讼权利方面的意见，并进行了充分的研究。

佟丽华代表还提出了“推广海淀等检察院经验，在全市检察系统建设司法社工”的建议。这一建议符合修改后的刑事诉讼法的立法精神和要求，契合未成年人案件办理的工作规律，对于深化未成年人检察工作具有积极的推动作用。虽然目前我国尚未完全建立办理未成年人刑事案件的社会化帮教体系，社会调查工作在资金保障、人员配备等多方面存在一定困难，北京市检察机关仍然克服困难，结合区域特点，积极探索多种主体参与的社会调查模式。一是积极推动社会调查工作的开展。全市3个分院和16个区县院均进行了工作实践，除海淀院之外，其他检察院也积极探索了以社工事务所、青年志愿者、法律援助律师、心理咨询师等人员为主体的社会调查工作模式。二是积极推进社会调查工作机制建设。与市公安局、高级法院、市司法局会签下发《关于对未成年犯罪嫌疑人、被告人进行社会调查工作的实施办法》，明确规定了社会调查工作的内容、保障机制及各相关部门的职责分工。三是完善未成年人案件检察工作体系。截至目前，全市各级院均成立了未成年人案件办理专门机构，统一对未成年人案件行使审查逮捕、审查起诉、诉讼监督、犯罪预防职能，为开展包括社会调查在内的各项未成年人案件检察工作奠定了坚实的组织基础。

（三）关于加强检察宣传工作方面建议的办理情况

宋慰祖代表提出了关于“建立务实的普法机制的建议”，指出了目前法制宣传工作中存在的宣传内容单一、部门协调不足等问题，对执法司法机关共同提升普法工作水平提出殷切希望。市检察院作为该建议的会办单位，充分发挥自身职能作用，协同相关部门开展了以下工作：一是建立专门工作机构。市检察院成立了宣传中心，定期分析全市检察机关宣传工作面临的形势，研判工作重点，整合资源，做好检察职能宣传工作。二是拓展宣传渠道。利用传统媒体，详细介绍检察机关职能。深化网络宣传工作，组织检察长走进网络直播间、“网民、博友基层行”等活动，鼓励有条件的检察院和检察人员开设130余个实名微博，通过就案讲法，扩大了宣传工作效果。三是创新普法方式。在全市各级院检务接待大厅放置触摸屏，积极引导来访人、诉讼参与人等运用系统查询相关案件信息、检察工作程序及法律规定。开展检察开放日、举报宣传周等活动，发挥北京市反腐倡廉法制教育基地作用，编发《检察职能100问》手册，不断提高群众知法、懂法、用法的意识和能力。

三、办理代表建议的主要做法和成效

人大代表对检察工作提出建议，是代表

人民参与国家管理、监督国家机关工作的重要形式，也是检察机关倾听群众诉求、密切与群众联系的重要渠道。市检察院深入贯彻落实市人大常委会的要求，从三个方面加强和改进了建议办理工作。

（一）加强对建议办理工作的组织领导

市院党组高度重视建议办理工作，真正把建议办理作为推动工作的动力。通过召开专门会议，对代表建议情况进行认真分析，研究确定分工方案，明确工作责任，确保办理工作取得实效。经过不断改进，市院已经构建起党组和检察长领导，主管副检察长分管，办公室统筹协调，各承办单位或部门分工负责的责任体系。在办理工作中，注重选派业务骨干承担具体办理任务，注重与代表的沟通联系，确保建议件件有落实、事事有回复。为了不断完善建议办理工作制度，今年，市院出台了《人大代表建议、政协提案办理细则》，从指导思想和具体要求两个层面奠定了代表建议办理工作的制度基础。该件被最高人民检察院转发，得到曹建明检察长的批示肯定。

（二）扎实推进建议办理各个环节工作

办理代表建议工作贵在成效。市院对每一件建议的办理工作均予以高度重视，充分运用北京市检察机关督办工作管理系统，加强对代表建议办理工作的督促和审核力度。对分办、会办建议，也明确提出当作主办建议来对待，充分发挥检察机关的沟通协调作用，推动形成各单位联动解决问题的整体合力。针对建议综合性、建设性逐年增强，当年能够全面解决的建议越来越少的实际情况，各承办部门结合整体工作部署，制定分步实施方案，实事求是地向代表说明办理工作计划和进度，争取理解和支持。今年9月，市院召开建议、提案办理工作推进会，着重督促需要持续办理、改进工作的建议。为确保建议的办理不因代表同意或代表离任而终止，市院全面梳理了本届以来办理建议、提案的情况，于11月召开建议、提案办理情况反馈会，向提出建议、提案的代表、委员集中通报了办理工作进展，得到代表、委员们的充分肯定。

（三）进一步加强代表联络工作

有效的联络工作是代表了解监督检察工作、提出高质量建议的重要条件。全市检察机关始终把代表联络工作作为一项综合性、全局性的工作抓实抓好。今年，市院制定了《关于加强和改进人大代表联络工作的意见》，加强了对全市检察机关代表联络工作的统筹。截至12月上旬，各院共邀请各级人大代表、政协委员等参加观摩、视察、通报座谈等活动103项，累计参加1380人次。市院面向代表发送检察机关手机彩信报49期，为代表履职提供良好的服务。扎实做好代表意见的日常收集分析工作，2012年各级院共收集市人大代表意见和建议280份，市检察院及时予以归类汇总，纳入检察决策系统，使首都检察工作更加符合人民群众的要求。

主任、各位副主任、秘书长、各位委员，本届常委会的任期就快要结束了。五年来，检察机关和广大检察人员在办理代表建议工作中，深刻感受到人民群众对维护公平正义的热切企盼、对强化法律监督的强烈要求，我们始终把接受人大及其常委会监督作为听取群众意见、改进工作的主渠道，努力完善措施、提升效果。在工作中，我们与各位委员、各位代表开诚布公、相互理解，建立了畅通的联络关系和深厚的友谊。在此，我代表全市检察机关，对各位委员、代表忠诚履职、积极监督的工作精神表示由衷的敬意，对你们一直以来给予检察工作的关心和帮助，表示真诚的感谢！

党的十八大报告明确指出，要“支持人大及其常委会充分发挥国家权力机关作用，依法行使立法、监督、决定、任免等职权，加强对‘一府两院’的监督”。作为检察机关，自觉接受人大的法定监督，既是贯彻落实党的执政方针、履行宪法规定、保障人民当家作主的必然要求，也是体现和发挥制度优越性、确保自身工作科学发展的必然选择。全市检察机关将在市委的领导下，在市人大及其常委会的监督指导下，认真贯彻落实党的十八大精神，以办理代表建议为载体，积极拓宽接受人大监督的渠道，依靠人大的监督和支持，不断加强和改进检察工作，在推动首都科学发展上取得新的、更大的成效！

北京市人民代表大会常务委员会公告

（第27号）

《北京市湿地保护条例》已由北京市第十三届人民代表大会常务委员会第三十七次会议于2012年12月27日通过，现予以公布，自2013年5月1日起施行。

北京市第十三届人民代表大会常务委员会

2012年12月27日

北京市湿地保护条例

（2012年12月27日北京市第十三届人民代表大会常务委员会第三十七次会议通过）

目　　录

第一章　总　　则

第一条　为了加强湿地保护，维护湿地生态功能和生物多样性，促进湿地资源的可持续利用，保障首都生态安全，建设宜居城市，根据有关法律、法规，结合本市实际情况，制定本条例。

第二条　本条例适用于本市行政区域内湿地的规划和建设、管理和利用、监督检查及其他湿地保护活动。有关法律、法规对湿地保护作出规定的，依照其规定执行。

本条例所称湿地是指天然或者人工形成的河流、湖泊、库塘、沼泽等常年或者季节性、带有静止或者流动水体、适宜喜湿野生生物生存的地域。

第三条　湿地保护是生态公益事业。

市和区、县人民政府应当加强对湿地保护工作的领导，将湿地保护纳入国民经济和社会发展规划和计划，保障湿地保护建设项目和管理工作所需的资金投入，并将湿地保护经费列入同级财政预算。

乡镇人民政府和街道办事处应当做好本

辖区内湿地保护的相关工作。

第四条 本市实行最严格的湿地保护管理制度。市和区、县人民政府及其有关部门应当实行湿地保护目标责任制，确保湿地面积总量不减少，并采取措施，提升湿地质量，改善湿地功能。

市人民政府应当定期对有关部门和区县人民政府湿地保护目标完成情况进行考核。

第五条 本市湿地保护坚持生态优先、全面保护、突出重点、合理利用、持续发展的方针，充分发挥湿地涵养水源、净化水质、蓄洪防旱、调节气候、固碳释氧、改善空气质量和维护生物多样性等功能。

第六条 本市实行综合协调、分部门实施的湿地保护管理体制。

市和区、县园林绿化行政部门负责本行政区域内湿地保护的组织、协调、指导和监督。

市和区、县园林绿化、水务、农业行政部门（以下统称湿地保护管理部门）按照市人民政府确定的职责，分别负责湿地保护管理工作；发展改革、财政、国土资源、规划、环境保护等其他有关部门依照职责分工，做好湿地保护的相关工作。

市和区、县人民政府建立健全湿地保护联席会议制度，研究、协调涉及湿地保护的重大事项及相关工作。园林绿化行政部门承担湿地保护联席会议的日常工作。

第七条 每年九月的第三个星期日为“北京湿地日”。

各级人民政府、有关部门、新闻媒体应当组织和开展经常性的湿地保护宣传教育，普及湿地保护法律、法规和科学知识，提高全社会湿地保护意识。

第八条 鼓励公民、法人和其他组织以宣传教育、捐赠、志愿服务等形式参与湿地保护活动。

鼓励、支持湿地保护科学技术研究和成果转化应用，提高湿地保护科学技术水平。对在湿地保护中作出显著成绩的单位或者个人，市和区、县人民政府或者湿地保护管理部门应当给予表彰、奖励。

第二章　规划和建设

第九条 市和区、县园林绿化行政部门应当会同发展改革、水务、农业、规划、国土资源、环境保护等部门编制全市和区县湿地保护发展规划，报本级人民政府批准后公布实施。区县湿地保护发展规划应当符合全市湿地保护发展规划，并报市园林绿化行政部门备案。

编制湿地保护发展规划应当采取座谈会、论证会、听证会等多种形式，公开、广泛听取专家和公众意见。

第十条 湿地保护发展规划应当明确湿地保护的目标任务、总体布局、保护重点和保障措施等。

湿地保护发展规划应当符合本市国民经济和社会发展规划、城乡规划、土地利用总体规划和主体功能区规划，与水资源、防洪、水土保持、环境保护等规划相互协调。

第十一条 湿地保护发展规划是湿地建设、管理、利用等湿地保护相关工作的依据，任何单位和个人未经批准不得修改。确需修改的，应当按照原审批程序报批、备案。湿地保护发展规划修改后应当重新公布。

第十二条 列入湿地保护发展规划的湿地保护建设项目，市和区、县人民政府应当根据项目前期准备工作和建设资金落实情况，在各年度国民经济和社会发展计划中予以安排。

市和区、县湿地保护管理部门应当按照湿地保护发展规划制定湿地保护工程规划或者保护方案，组织恢复或者建设湿地，落实保护措施。

园林绿化行政部门应当为恢复或者建设

湿地提供技术指导和服务。

第十三条　恢复或者建设湿地，应当符合国家和本市有关湿地保护的标准和技术规范，采用自然或者生态的材料和工艺，维护湿地生态功能。防洪、抗旱、水系治理等涉及湿地的工程应当兼顾湿地生态功能，最大限度地减少采用影响湿地生态功能的工程措施。

恢复或者建设湿地，应当种植湿地植物，根据野生动物活动特点和规律，建设野生动物繁殖、栖息环境。

市园林绿化行政部门应当会同有关部门编制有关湿地保护的标准和技术规范。

第十四条　恢复或者建设湿地应当考虑本地区水资源状况，充分利用雨洪水和再生水，禁止使用地下水。

鼓励、支持污水处理单位恢复或者建设湿地，利用湿地生物资源和生态工程降解污染物、净化水质。

第十五条　市和区、县人民政府应当制定政策、措施，支持村集体经济组织或者农民在集体土地上恢复或者建设湿地，改善农村生态环境。

第三章　管理和利用

第十六条　本市对湿地实行分级分类保护，按照湿地生态功能和环境效益的重要性，将湿地分为国家重要湿地、市级湿地、区县级湿地和一般湿地，并对国家重要湿地、市级湿地和区县级湿地采取设立湿地自然保护区、湿地公园、湿地自然保护小区等方式予以保护。

第十七条　本市对国家重要湿地、市级湿地和区县级湿地实行名录管理。

国家重要湿地名录按照国家有关规定确定并公布。市级湿地名录由市园林绿化行政部门会同市水务、农业行政部门提出，报市人民政府批准后公布。区县级湿地名录由区县园林绿化行政部门会同区县水务、农业行政部门提出，报区县人民政府批准后公布。

湿地名录应当明确湿地的名称、类型、管理机构或者责任单位、保护管理部门等事项。

湿地名录的确定应当征求规划行政主管部门的意见。

第十八条　本市面积8公顷以上的湿地，应当列入湿地名录。

符合下列条件之一的，应当列入市级湿地名录：

（一）河流湿地、湖泊湿地和沼泽湿地；

（二）库容量在1000万立方米以上的库塘湿地；

（三）具有重要的人文、科学研究和宣传教育价值的湿地；

（四）具有生态系统典型性和代表性的湿地。

第十九条　列入名录的湿地应当划定保护范围。保护范围由市或者区、县园林绿化行政部门会同同级水务、农业行政部门，按照维护湿地生态系统的整体性、联通性、稳定性及保护相关权利人利益的原则提出建议，经征求规划行政主管部门意见后，报市或者区、县人民政府批准后公布。

根据国家和本市河湖保护管理规定划定的河湖管理范围和保护范围，可以作为列入名录的河湖湿地的保护范围。

第二十条　湿地保护管理部门应当在列入名录的湿地设立保护标志，标明湿地的名称、类型、保护级别、保护范围、管理机构或者责任单位、保护管理部门。保护标志的样式由市园林绿化行政部门根据国家规定统一制定。

任何单位和个人不得损毁、涂改、擅自移动湿地保护标志。

第二十一条　珍稀濒危野生动植物物种集中分布地、鸟类主要繁殖栖息地或者重要迁徙停歇地等具有生态系统典型性和代表性的湿地，应当设立湿地自然保护区。

湿地自然保护区的设立和管理，应当遵守国家有关自然保护区的规定和本条例。

第二十二条 具有一定规模和景观价值，适宜开展生态展示、科普教育、生态旅游等活动的湿地，可以设立湿地公园。

市级湿地公园的设立，由所在地区县园林绿化行政部门提出申请，报市园林绿化行政部门批准。区县级湿地公园的设立，由所在地区县园林绿化行政部门决定。

湿地公园应当划分为湿地保育区、生态功能展示体验区和管理服务区等，实行分区管理。在保育区内只能开展保护、监测等必需的湿地生态系统保护活动；在生态功能展示体验区内只能开展以生态展示、科普教育和生态旅游为主的活动；在管理服务区内可以开展管理和服务等活动。

第二十三条 具有湿地自然保护区部分特征，但面积较小、不适宜设立湿地自然保护区或者湿地公园的湿地，可以设立湿地自然保护小区。

湿地自然保护小区的设立，由所在地区县园林绿化行政部门提出申请，报市园林绿化行政部门会同市水务、农业行政部门批准。

在湿地自然保护小区内只能开展科学实验和保护、监测等必需的湿地生态系统保护活动。

第二十四条 列入名录的湿地的管理机构或者责任单位应当履行下列职责：

（一）贯彻执行有关湿地保护的法律、法规、规章和政策；

（二）制定并实施湿地保护管理工作制度；

（三）开展有关湿地资源调查并建立档案，组织湿地生态监测，及时分析监测结果，适时调整保护措施；

（四）组织实施湿地保护、恢复等建设工程；

（五）及时清理废弃的建筑物、构筑物等设施；

（六）制止破坏湿地的行为，并协助有关部门进行调查处理；

（七）组织开展生态展示、科普教育、生态旅游等活动；

（八）开展其他湿地保护活动。

第二十五条 利用列入名录的湿地从事生态展示、科普教育、生态旅游等活动，应当符合湿地保护发展规划，不得超出湿地承载能力、改变湿地生态功能、破坏野生动植物生存环境。

第二十六条 水务行政部门在保障生活用水的前提下，应当合理调配水资源，充分利用雨洪水和再生水，维持湿地自然保护区、湿地公园和湿地自然保护小区的基本生态用水，维护湿地生态系统。

第二十七条 列入名录的湿地，任何单位和个人未经批准不得擅自开垦、占用或者改变湿地用途。

列入名录的湿地因基础设施建设等特殊原因需要占用的，建设单位应当在办理建设项目规划审批手续前，先报湿地所在地的区、县人民政府；经湿地所在地的区、县人民政府同意后，向市湿地保护部门提出申请；市湿地保护部门通过论证会、听证会等形式广泛听取专家和公众意见后，对占用湿地申请提出处理意见，提交市湿地保护联席会议研究；经市湿地保护联席会议研究，不同意占用湿地的，由湿地保护部门书面告知建设单位并说明理由；经市湿地保护联席会议研究确需占用湿地的，由市湿地保护部门报经市人民政府同意后，建设单位方可办理规划审批手续；未经市人民政府同意占用湿地的，规划行政部门不予办理规划审批手续。

经批准占用列入名录的湿地的，建设单位应当按照湿地保护发展规划、国家和本市有关湿地保护的标准和技术规范，制定湿地恢复建设方案，经市湿地保护部门审核同意后，按照湿地恢复建设方案在指定地点补建不少于占用面积并具备相应功能的湿地；建设单位也可以委托湿地保护部门组织专业单位按照湿地恢复建设方案，在指定地点补建不少于占用面积并具备相应功能的湿地，费用由建设单位承担。

第二十八条　建设项目的环境影响评价范围内有列入名录的湿地的，建设单位应当依法办理环境影响评价审批手续，并在报批的环境影响评价文件中，就建设项目对湿地主要保护对象和生态系统的影响作出重点分析，提出预防和减轻不良影响的措施。

环境保护行政主管部门在办理环境影响评价审批手续前，应当征求湿地保护部门的意见。

第二十九条　本市建立湿地保护专家咨询机制。市园林绿化行政部门应当组织设立湿地保护专家委员会，对湿地保护发展规划的编制、湿地名录的拟定、湿地保护范围的划定、湿地保护方案的制定、湿地资源的评估，以及在湿地保护范围内开展建设和利用等活动提供技术咨询意见。

湿地保护专家委员会成员由湿地、水资源、野生动植物、生态环境等方面的专家组成。

第三十条　按照湿地保护发展规划恢复或者建设湿地，造成农村集体经济组织或者农民合法权益损失的，市或者区、县人民政府依法予以补偿；对农民生产、生活造成影响的，应当作出妥善安排。

第三十一条　禁止在列入名录的湿地保护范围内从事下列行为：

（一）采集泥炭、采挖野生植物、捡拾鸟蛋；

（二）抓捕野生动物，破坏野生动物繁殖区和栖息地；

（三）投放有毒有害物质、倾倒废弃物或者排放未经处理的污水；

（四）投放有害物种或者擅自引入外来物种；

（五）擅自排放湿地水资源或者堵截湿地水系与外围水系的联系；

（六）破坏湿地保护监测设施设备；

（七）擅自建造建筑物、构筑物；

（八）法律、法规禁止的其他破坏湿地的行为。

第四章　监督检查

第三十二条　湿地保护管理部门应当依照法律、法规的规定和市人民政府确定的职责，加强对湿地保护工作的监督检查，并对违法行为予以行政处罚，落实湿地保护发展规划的目标和任务。

园林绿化行政部门应当加强对湿地保护发展规划实施情况的监督检查。

第三十三条　湿地所在地乡镇人民政府和街道办事处应当建立巡查制度，加强对本辖区内湿地保护情况的日常监督检查，协助湿地保护管理部门查处违反本条例的行为。

村民委员会、居民委员会发现违反本条例行为的，有权予以制止，并向湿地保护管理部门报告。

第三十四条　任何单位和个人都有保护湿地的义务，对破坏、侵占湿地的行为，有权向区县、乡镇人民政府或者湿地保护管理部门举报。

有关政府或者部门应当建立健全举报制度，公布举报电话和信箱；接到举报后，应当及时调查处理；经调查属实的，对举报人予以表彰或者奖励；将处理情况记录在案，供举报人查询。

第三十五条　湿地保护管理部门应当对湿地资源进行动态监测，对湿地的生态状况和利用情况进行评估。园林绿化行政部门应当及时汇总有关监测数据。

第三十六条 市园林绿化行政部门会同有关部门，每五年开展一次全市湿地资源调查，建立湿地资源档案。湿地资源调查结果应当向社会公布。

湿地资源调查主要包括湿地面积、类型、分布，以及野生动植物种类、数量、生存状况等内容。

第三十七条 湿地保护管理部门履行监督检查职责，可以采取现场检查、询问有关人员、查阅或者复制有关资料等方式。

行政执法人员进行监督检查时，应当出示执法证件；有关单位和个人不得拒绝、阻挠、妨碍行政执法人员依法进行监督检查。

第五章 法律责任

第三十八条 本市实行湿地保护管理责任追究制度。湿地保护管理部门或者其他有关部门及其工作人员违反本条例规定，违法履行、不履行或者不当履行湿地保护管理职责的，按照国家和本市有关规定给予行政问责和行政处分；构成犯罪的，依法追究刑事责任。

第三十九条 违反本条例第二十条第二款规定，损毁、涂改、擅自移动湿地保护标志的，由湿地保护管理部门责令限期改正，可以处500元以上5000元以下罚款。

第四十条 列入名录的湿地的管理机构或者责任单位违反本条例第二十四条规定不履行职责的，由湿地保护管理部门责令改正；其主要负责人、直接责任人属于国家工作人员的，按规定给予行政处分。

第四十一条 违反本条例第二十五条规定，从事不符合湿地保护发展规划的活动，对湿地造成破坏的，由湿地保护管理部门责令停止违法行为，限期恢复原状；恢复原状前不得开展湿地保护以外的其他活动。

第四十二条 违反本条例第二十七条第一款规定，未经批准擅自开垦、占用湿地或者改变湿地用途的，由湿地保护管理部门责令停止违法行为、限期恢复原状，并按照占用湿地或者改变湿地用途的面积，以每平方米2000元以上5000元以下的标准处以罚款。

违反本条例第二十七条第三款规定，经批准占用湿地，未按照湿地恢复建设方案在指定地点补建的，由园林绿化行政部门责令限期补建；逾期不补建的，按照占用湿地的面积，以每平方米2000元以上5000元以下的标准处以罚款。

当事人逾期不恢复原状或者逾期不补建的，湿地保护管理部门可以依法实施代履行。

第四十三条 违反本条例第三十一条第一项规定的，由湿地保护管理部门责令改正或者恢复原状，处500元以上5000元以下罚款。

违反本条例第三十一条第二项至第七项规定的，由湿地保护管理部门责令改正或者恢复原状，处5000元以上5万元以下罚款；造成严重后果的，处5万元以上50万元以下罚款。

第四十四条 违反本条例规定占用湿地、改变湿地用途、破坏湿地和保护标志的，湿地管理机构、责任单位或者湿地所有权人、使用人有权要求侵权人停止侵害、恢复原状或者赔偿损失。

第四十五条 对违反本条例规定的行为，法律、法规已规定法律责任的，从其规定。

第六章 附 则

第四十六条 本条例自2013年5月1日起施行。

关于《北京市湿地保护条例（草案）》的说明

——2012年5月30日在北京市第十三届人民代表大会常务委员会第三十三次会议上

北京市园林绿化局局长、首都绿化委员会办公室主任　邓乃平

主任、各位副主任、秘书长、各位委员：

我受市人民政府的委托，现就提请本次会议审议的《北京市湿地保护条例（草案）》（以下简称《条例（草案）》），作如下说明。

一、立法背景和必要性

湿地与森林、海洋并称为地球三大生态系统，是陆地、水体互动的生态带，兼有水、陆过渡的交叠作用，在自然界物质循环、能量转换、地质演变中发挥着极为特殊的作用，与人类生存、繁衍和发展息息相关。作为自然界最重要的生态系统之一，湿地包含了土地、水体和野生动植物等多种要素资源，是各种要素资源相互制约、相互联系和动态平衡的结果，其中任何一种要素资源独立存在时，都不能构成完整的湿地生态系统。湿地承载着涵养水源、净化水质、蓄洪防旱、调节气候、维护生物多样性等功能，是国家生态安全体系的重要组成部分和经济社会可持续发展的重要基础，发挥着巨大的生态、经济和社会效益。

湿地是北京历史文化发展的基础和摇篮，以永定河、潮白河和低洼淀、泉为网络构成的湿地，孕育了北京3000多年建城史和800多年建都史，见证了北京的城市发展和历史变迁。

我市湿地分为天然湿地和人工湿地两大类、11个类型。截至2008年年底，全市湿地总面积5.14万公顷，占全市国土面积的3.13%。其中，河流、沼泽等天然湿地2.38万公顷，占46.4%；蓄水区、水塘、灌溉沟渠、水田等人工湿地2.76万公顷，占53.6%。我市湿地为近50%的野生植物、76%的野生动物提供了栖息地，其中有近50%的爬行类动物的生活习性与湿地息息相关，有占北京地区种数1/3的鸟类依赖湿地为生，湿地已经成为我市生物多样性保护的关键区域，是北京城市可持续发展的重要保证。及时制定出台符合本市发展实际的湿地保护法规显得十分必要和紧迫。

（一）是落实党中央国务院精神，建设“三个北京”、世界城市的迫切需要

党中央和国务院一直高度重视湿地保护工作。2004年3月，胡锦涛总书记在中央人口资源环境工作座谈会上指出：要重视和加强对湿地的保护，严格控制湿地资源开发，建立并管好湿地保护区。2012年4月3日，在参加首都义务植树活动中，他再次强调：要加快绿色北京建设步伐，全面提升城市环境质量，让生态文明建设成果更好地惠及全市人民。温家宝总理就湿地保护作出批示：保护湿地是生态环境建设的一项重要工作，要制定法规，采取综合措施。贾庆林同志在北京调研时指出：保护湿地、建设湿地是很重要的一项工作。

随着首都经济社会的发展和市民生活水平的逐步提高，全社会对优美、宜居的生态环境，对和谐、健康的城市湿地需求不断增加。稳定、平衡发挥生态功能的湿地系统，是城市重要的底色和名片，是人文北京的重

要内涵，科技北京的重要组成，绿色北京的重要基础，也是世界城市的重要元素。湿地在“三个北京”、世界城市建设中发挥着不可替代的独特作用。

（二）是维护首都生态安全，保障经济社会可持续发展的战略需要

土地资源、水资源、生物资源是城市可持续发展的核心要素。湿地是唯一可以完整同时具备三要素的生态系统，不仅能提供城市建设和发展不可或缺的水源，持续稳定的补给地下水，而且能为野生动植物提供良好的栖息环境，是物种基因库。据测算，单位面积湿地年生态服务价值约是森林生态服务价值量的8—10倍。湿地在首都区域生态系统中扮演着不可或缺的重要角色。在气候逐渐变暖、环境不断恶化的大环境下，湿地所发挥的保护生物多样性、维护生态平衡、保障生态安全、应对气候变化等生态功能显得更加突出。

（三）是实现科学管理，解决本市湿地保护管理问题的现实需要

20世纪60年代以来，随着气候变化和城市建设的不断发展，我市湿地面积逐渐减少，目前湿地面积只有5万余公顷，且多为人工湿地。湿地面积的减少，破坏了湿地生态系统，严重影响了湿地的整体性、联通性和稳定性及其生态功能的正常发挥，区域生态环境问题凸显。同时，湿地保护涉及各级政府和诸多部门，需要各方面的协调与合作。由于缺乏统一的保护管理规范，各部门依照各自职责从不同角度出发，针对湿地生态系统的某一要素行使职责，难以同时兼顾，无法形成合力。通过地方立法，统一湿地保护理念和保护目标，形成分工负责、共同推进的湿地保护格局，已经势在必行。

（四）是推进湿地保护法制建设，依法保护湿地的根本需要

目前，涉及湿地保护有关的法律包括土地管理法、水法、水污染防治法、野生动物保护法等，这些法律都是针对湿地生态系统中各单要素的保护和管理，缺乏湿地生态系统整体保护的内容，即使涉及湿地保护的某一方面，也多为一般性、普遍性的规定，没有将湿地作为一种生态系统予以整体考虑，同时这些规定较为零散，不成体系，可操作性差。湿地保护始终处于无专门法律的状态，保护措施难以适应湿地发展的需要。1992年我国加入《湿地公约》后，国内一些省市相继启动了湿地保护的立法工作，目前已有十二个省（区）先后出台了湿地保护管理的地方性法规。及时制定符合本市实际的湿地保护法规，显得非常紧迫。

二、指导思想和起草过程

我市湿地立法的指导思想是：深入贯彻落实科学发展观，加快实施“人文北京、科技北京、绿色北京”和世界城市建设，立足于本市湿地保护管理实际，着眼于首都经济社会可持续发展，实现湿地生态系统的统一、科学、有效管理，为湿地保护管理科学化、规范化、制度化提供法律保障。

2007年以来，根据湿地保护管理现状，我市开展了一系列有针对性的调研活动。2011年8月，湿地立法通过市人大常委会立项论证后，为做好起草工作，成立了由市园林绿化局、市政府法制办、市人大常委会农村办、法制办等部门有关人员组成的起草小组，组建了由有关湿地保护专家和法律专家组成的立法专家组。起草小组开展了广泛、深入的调研，对湿地保护管理中的主要问题进行了认真研究和反复讨论，借鉴国内兄弟省市湿地立法的成功经验，吸收国外湿地保护的先进理念，形成草案送审稿。送审稿多次征求了有关市级行政部门和区县人民政府意见，并通过首都之窗网站向社会公开征求

了意见，召开了市政府法律专家委员会审核会。经过反复讨论、研究，形成了《条例（草案）》。《条例（草案）》已经2012年4月12日第120次市政府常务会议审议通过。

三、主要内容的说明

《条例（草案）》共四十五条，分为总则、规划和建设、管理和利用、监督检查、法律责任和附则六章。主要内容说明如下。

（一）关于湿地的概念

湿地是一个完整的生态系统，湿地的生态功能是湿地生态系统诸因子综合、协调的结果，水体、土地或野生动植物等单一要素独立存在时，都无法整体发挥湿地特有的生态功能，因此对湿地的概念应当体现湿地保护的综合性与完整性。由于湿地保护没有直接的上位法，在借鉴外省市立法的基础上，以《湿地公约》的规定为基本范本，结合本市湿地的种类和特点，《条例（草案）》规定：湿地是指天然或者人工形成的河流、库塘、湖泊、沼泽等常年或者季节性、带有静止或者流动水体、适宜喜湿野生生物生存的地域。作为《湿地公约》的缔约国，这样的规定，充分体现了我市湿地概念内涵、外延与国际标准的统一，为湿地全面保护奠定了基础。

（二）关于政府及部门职责

湿地保护是生态公益事业，应当体现政府主导；湿地保护涉及部门众多，需要明晰各方责任，各级政府和有关部门通力配合，才能切实做好湿地保护工作。《条例（草案）》第四条规定，市和区县人民政府应当加强对湿地保护工作的领导，将湿地保护纳入国民经济和社会发展规划和计划，保障湿地规划和建设、管理和利用等湿地保护工作所需的资金投入。乡镇人民政府和街道办事处应当做好本辖区内湿地保护的相关工作。第五条规定市和区县人民政府建立健全湿地保护联席会议制度，实行湿地保护目标责任制，市人民政府对有关部门和区县人民政府湿地保护目标完成情况进行考核。

在具体管理体制上，按照不打破现有体制、不调整部门职责的思路，根据国务院文件确定的湿地保护实行“综合协调、分部门实施”的精神，《条例（草案）》第六条规定，本市实行综合协调、分部门实施的湿地保护管理体制；园林绿化部门承担综合协调职责，水务、农业、园林绿化等湿地保护部门按照市政府确定的职责分别承担具体湿地保护工作，发展改革、财政、国土、规划、环境保护等其他有关部门依职责承担有关湿地保护工作。

（三）关于湿地规划和建设

湿地保护应当坚持源头治理，规划先行。为有效保护湿地资源，我市编制了湿地公园、湿地保护工程等规划，但总体来看湿地保护尚未形成体系，湿地规划与环境保护、水资源、防洪、水土保持等规划的关系不明确，不能完全满足我市湿地保护发展的需要。《条例（草案）》第九条、第十条明确了湿地保护发展规划是湿地建设、管理、利用等湿地保护相关工作的依据，规定了湿地规划编制的主体、要求和程序，规范了湿地规划论证、湿地规划修改等环节。

为了确保规划的落实，《条例（草案）》规定湿地保护部门应当按照湿地保护发展规划制定湿地保护工程规划或者保护方案，组织新建或者恢复湿地。同时对新建和恢复湿地提出了具体的要求：应当符合国家和本市有关湿地保护的标准和技术规范，采用自然或者生态的材料和工艺，维护湿地生态功能；应当考虑本地区水资源状况，充分利用雨洪水和再生水；应当种植湿地植物，建设野生动物繁殖、栖息环境，等等。

（四）关于湿地管理和利用

湿地保护既要统筹考虑，又要突出重点；

既要管理好，又要利用好，以满足社会的需求。为此《条例（草案）》提出了分级管理、分类保护的制度框架。一是将湿地划分成重要湿地和一般湿地。二是针对重要湿地，通过公布湿地名录、划定保护范围、设立保护标志等措施进行保护。三是针对重要湿地，根据资源特点和保护目标的不同，《条例（草案）》第二十一条至二十四条规定重要湿地可以设立湿地自然保护区、湿地公园或者湿地自然保护小区，并对湿地公园、湿地自然保护小区的设立和管理提出了具体要求。四是为保持湿地生态系统基本功能的发挥，《条例（草案）》第二十六规定，水务行政部门在保障生活用水的前提下，应当合理调配水资源，充分利用雨洪水和再生水，维持湿地自然保护区、湿地公园和湿地自然保护小区的基本生态用水，维护湿地生态系统。五是《条例（草案）》第二十九条建立了湿地生态补偿机制，对因新建或者恢复重要湿地造成农村集体经济组织或者农民合法权益损失的，依法予以补偿。六是湿地占用管理。第二十七条规定，任何单位和个人未经批准不得擅自占用重要湿地或者改变重要湿地用途。规划行政部门拟订城乡规划涉及湿地的，应当征求市园林绿化行政部门的意见；在建设项目规划审批中，做好重要湿地的避让保护工作。七是环境影响评价制度。为保障建设项目不对湿地生态系统造成影响，或者将影响减少到最小程度，实现湿地生态影响评价与环境影响评价制度的有效对接，《条例（草案）》第二十八条规定，在建设项目位于重要湿地保护范围内、建设项目的环境影响评价范围内有重要湿地这两种情形下，建设单位应当在报批的环境影响评价文件中，就建设项目对重要湿地主要保护对象和生态系统的影响作出重点分析，提出预防和减轻不良影响的措施。

（五）关于监督检查与法律责任

按照综合协调、分部门实施的湿地保护管理体制框架，《条例（草案）》规定了园林绿化部门与其他湿地保护部门的监督管理职责，明确了乡镇、街道、村委会、居委会等协助做好湿地保护工作，形成互相配合、共同推进的湿地保护格局。同时还规定了重要湿地管理机构职责、湿地资源监测、湿地资源调查等内容。

此外，《条例（草案）》针对破坏湿地的违法行为，设置了相关的法律责任，除了行政处罚，还适当运用了私法救济手段，规定了追究民事责任的启动机制。

（六）关于宣传教育

湿地保护作为一项新兴的事业，还并不被社会公众所熟知，在当前和今后一段时期内，广泛开展湿地宣传教育与科学普及，唤起全社会的湿地保护意识，是北京建设生态文明、提升公众环境保护意识的重要举措。每年2月2日为世界湿地日，我市结合不同的主题，开展了大量的宣传活动，但由于受到天气条件以及春节假期等因素影响，在一定程度上制约了宣传效果。结合北京秋季天气状况良好，湿地生物多样性最丰富、湿地景观效果最佳、湿地宣传辐射面最广的特点，《条例（草案）》设立了符合北京实际的湿地宣传日——每年9月份的第三个星期日，将湿地宣传教育与科学普及予以制度化，促进首都生态环境保护的持续发展。

《条例（草案）》已印送各位委员，请予审议。

北京市人民代表大会农村委员会关于《北京市湿地保护条例（草案）》审议意见的报告

——2012年5月30日在北京市第十三届人民代表大会常务委员会第三十三次会议上

市人大农村委员会主任委员　雷德才

主任、各位副主任、秘书长、各位委员：

农村委员会收到常委会交付审议的《北京市湿地保护条例（草案）》（以下简称《条例（草案）》）后，以座谈会或者书面征求意见的形式，征求了16个区县人大常委会、有关部门、人大代表以及专家学者等各方面的意见，赴通州、房山、大兴、延庆、海淀等区县开展了实地调研，并在市人大常委会网站上公开征求了社会各界的意见。5月8日，农村委员会召开第14次会议，对《条例（草案）》进行了审议。现将审议意见报告如下。

湿地与森林、海洋并称为地球三大生态系统。人们形象地把森林和湿地比作地球的“肺”和“肾”。湿地由土地、水体、野生动植物资源三大要素构成，具有涵养水源、净化水质、蓄洪防旱、调节气候和维护生物多样性等重要生态功能。湿地保护具有显著的生态效益、社会效益和经济效益。农村委员会认为，长期以来，本市在湿地资源调查、湿地恢复、湿地自然保护区建设、水系综合治理、野生动植物保护等方面做了大量的工作。但是，由于持续干旱、人口激增和城市建设不断发展，造成本市湿地数量减少、质量下降，生态功能逐步退化。为进一步加强湿地保护，应对气候变化，改善生存环境，维护首都生态安全，促进经济社会的可持续发展，确保“三个北京”和中国特色世界城市战略目标的实现，制定湿地保护条例十分必要。《条例（草案）》立足于本市实际，较好地体现了国际湿地公约和相关法律、法规的立法精神，借鉴了有关省市的立法经验，对湿地规划建设、管理利用和监督检查及其他湿地保护相关活动作出了具体规定。《条例（草案）》篇章结构合理，注重与本市相关法规的衔接，具有较强的针对性和可操作性，条文基本成熟，总体上是可行的，具备了提请审议的条件。同时，农村委员会就湿地保护的管理体制、经费保障、分级分类管理等主要问题进行了深入的研究。提出以下修改建议。

一、关于湿地保护经费保障

湿地保护是生态公益事业，需要财政资金投入。虽然《条例（草案）》第四条规定了政府应当保障湿地保护工作的资金投入，但还应当进一步明确将湿地保护经费纳入预算。建议将第四条第一款修改为：

“市和区县人民政府应当加强对湿地保护工作的领导，将湿地保护纳入国民经济和社会发展规划和计划，保障湿地规划和建设、管理和利用等湿地保护工作所需的资金投入，并将湿地保护经费列入财政预算。”

二、关于湿地保护管理体制

《条例（草案）》虽然在第五条、第六条

明确了本市实行综合协调、分部门实施的湿地保护管理体制，但部门职责仍不够清晰。应当更加突出园林绿化部门在湿地保护工作中的综合协调职责，同时明确其他相关部门的责任。建议将第五条修改为：

"本市实行湿地保护目标责任制。市和区县人民政府及其有关部门应当采取措施，提升湿地质量、改善湿地功能，确保湿地面积不减少，并定期对湿地保护目标完成情况进行考核。"

将第六条修改为：

"本市实行综合协调、分部门实施的湿地保护管理体制。

"市和区县园林绿化行政部门负责本行政区域内湿地保护的组织、协调、指导和监督。

"市和区县水务、农业、园林绿化行政部门（以下统称湿地保护部门）按照法律、法规确定的职责，分别负责湿地保护工作；发展改革、财政、国土资源、规划、环境保护等其他有关部门依照职责分工，承担湿地保护相关责任。

"市和区县人民政府建立健全湿地保护联席会议制度，研究、协调涉及湿地保护的重大事项及相关工作。园林绿化行政部门承担湿地保护联席会议的日常工作。"

三、关于建立湿地保护专家咨询机制

湿地保护工作跨部门、跨行业，专业性很强，应当建立专家咨询机制。虽然《条例（草案）》第九条对专家参与湿地规划编制工作作了规定，但不够全面。为此，建议在第六条之后增加一条，具体表述为：

"本市建立湿地保护专家咨询机制，对湿地保护范围的划定、湿地资源的评估以及在湿地保护范围内开展建设和利用等活动进行论证，为政府决策提供意见和建议。专家论证会由园林绿化行政部门负责组织。"

四、关于增强湿地净化水质功能

湿地具有天然的最经济、最安全净化水质的特征。为更好地发挥湿地野生植物、微生物等生物资源降解污染物、净化水质的重要作用，建议在《条例（草案）》第十四条增加第三款，具体表述为：

"恢复或者修复湿地，应当按照湿地保护的标准和技术规范，利用湿地生物资源和生态工程降解污染物，增强湿地净化水质、补充地下水、改善生态环境的功能。"

五、关于湿地的分级管理

《条例（草案）》确定了本市湿地保护实行分级分类名录管理的制度框架，十分重要，较好地处理了与河湖保护管理条例和公园管理条例的衔接，但标准和边界等需进一步明确。为此建议将《条例（草案）》第十六条修改为：

"本市湿地保护实行分级分类名录管理。湿地按照生态功能的重要程度划分为重要湿地和一般湿地，重要湿地包括国际重要湿地、国家重要湿地和市重要湿地，未被列为重要湿地的为一般湿地。重要湿地和一般湿地的标准由市人民政府制定。"

同时，农村委员会认为，由于持续干旱，造成本市一些湿地不湿，有河无水，导致擅自占用或者改变湿地用途的现象时有发生，湿地面积不断减少。《条例（草案）》许多条款仅限于对重要湿地的规定是不够的，未能体现全面保护的原则。《条例（草案）》的说明中明确提出，目前我市的湿地总面积仅占全市国土面积的3.13%，远远低于世界的平均水平，也低于全国的平均水平。说明中还提到，单位面积湿地年生态服务价值是森林的8—10倍。若《条例（草案）》仅仅限于对重要湿地的保护，可能会造成对一般湿地的大量占用，导致湿地面积的进一步减少，影响首都的生态安全，与制定本条例的原意相悖。为此，建议将《条例（草案）》第二十五条、第二十七条、第二十九条、第三十条、第三十五条、第四十条、第四十二条中的“重要湿地”均改成“湿地”。

六、关于建设项目环境影响评价

《条例（草案）》第二十八条要求位于重要湿地保护范围内的建设项目进行环境影响评价，但未对重要湿地周边可能对湿地生态系统产生影响的建设项目作出规范。为此，建议修改为：

“位于重要湿地保护范围内的建设项目或者位于重要湿地周边可能对湿地生态系统产生影响的建设项目，应当进行环境影响评价，建设单位应当在报批的环境影响评价文件中，就建设项目对重要湿地主要保护对象和生态系统的影响作出重点分析，提出预防和减轻不良影响的措施。

“环境保护行政主管部门在办理环境影响评价审批手续前，应当征求园林绿化行政部门的意见。”

七、关于附则

《条例（草案）》附则中第四十四条第一项对湿地的定义作出了规定，鉴于湿地的定义对明确本条例的调整范围十分重要。建议开宗明义，将其前移，作为第二条第二款，内容不变。同时，建议对四十四条第三项、第四项湿地公园和湿地保护小区的定义进一步明确，具体表述为：

“湿地公园是指依法设立的利用湿地资源开展湿地保护与科普教育、科研监测、生态旅游等活动的特定区域。

“湿地自然保护小区是指具有湿地生态特征，面积较小，以及有重点保护野生动植物分布、鸟类栖息或者典型湿地植被，采取特殊保护措施的区域。”

同时，为处理好本条例与相关法律、法规有关规定的衔接，建议在第四十四条之后增加一条，具体表述为：

“水资源管理、水污染防治、防洪、水土保持、野生动植物保护、环境保护等法律、法规对湿地保护另有规定的，从其规定。”

此外，农村委员会还对湿地保护范围内的禁止性行为、违法行为的行政处罚、严重侵害湿地行为刑事责任的追究以及部分条款顺序和文字进行了修改。

以上意见，供常委会组成人员审议时参考。

北京市人民代表大会法制委员会关于《北京市湿地保护条例（草案）》审议结果的报告

——2012年9月26日在北京市第十三届人民代表大会常务委员会第三十五次会议上

市人大法制委员会副主任委员　张　引

主任、各位副主任、秘书长、各位委员：

2012年5月30日，市十三届人大常委会第三十三次会议对《北京市湿地保护条例（草案）》（以下简称草案）进行了审议。会上，农村委员会和23位常委会组成人员发表了意见。大家认为，湿地具有涵养水源、净化水质、蓄洪防旱、调节气候和维护生物多样性等重要生态功能。为进一步加强湿地保护，改善生存环境，维护首都生态安全，促进经济社会的可持续发展，确保“三个北京”和中国特色世界城市战略目标的实现，制定湿地保护条例是十分必要的。草案立足于本市实际，对湿地的规划、建设、管理、利用、监督检查及其他相关保护活动作了规定，完善了湿地保护管理责任体系，具有较强的针对性，总体上是可行的。同时，也对草案提出了具体修改意见。

会后，法制委员会会同农村委员会和政府有关部门对常委会审议意见及其他各方面意见进行了调研论证。2012 年 9 月 11 日，法制委员会召开会议，根据常委会审议意见、农村委员会审议意见和其他方面的意见进行审议，提出了进一步修改的意见。现将审议结果报告如下。

一、关于湿地保护目标

一些常委会组成人员提出，湿地是人类最重要的生存环境之一，立法的指导思想应当是严格保护，立法要体现“零净损失”的保护原则，并明确本市湿地保护的总体目标。法制委员会认为，这些年本市湿地的数量在减少，生态功能有退化的趋势，对湿地保护的目标和前景提出要求，有利于更好地保护湿地资源，维护湿地生态功能和生物多样性。因此，建议在草案第五条第二款中增加规定：“市和区、县人民政府及其有关部门应当采取措施，提升湿地质量，改善湿地功能，确保湿地面积总量不减少”。（草案修改稿第五条）

二、关于分级分类保护和名录管理

农村委员会和有的常委会组成人员提出，为了更好地实现对湿地的全面保护和重点保护，条例应当进一步明确湿地保护实行分级分类名录管理的原则。法制委员会认为，分级分类保护和名录管理是有效的保护管理方式，体现了“全面保护、突出重点”的原则要求。建议将草案第十六条修改为：“本市对湿地实行分级分类保护，按照生态功能和环境效益的重要性，将湿地分为国家重要湿地、市级湿地和区县级湿地，采取湿地自然保护区、湿地公园、湿地保护小区等方式予以保护”。（草案修改稿第十六条）在草案第十七条中增加规定:“本市对湿地实行名录管理”；“湿地名录应当明确湿地的名称、类型、管理机构或者责任单位、保护管理部门等事项”。（草案修改稿第十七条第一款、第二款）并在草案中增加了关于设立湿地自然保护区、湿地公园、湿地保护小区的规定（草案修改稿第二十条、第二十一条、第二十二条），在草案第二十三条中增加了关于设立区县级湿地公园的规定。（草案修改稿第二十一条第二款）

三、关于经费保障

农村委员会和有的常委会组成人员提出，湿地保护是生态公益事业，要加大对湿地保护的投入力度。法制委员会认为，湿地保护作为公益事业，应当以政府为主导，在引导社会力量参与湿地保护、多渠道筹集保护资金的同时，还需要加强财政的保障。因此，建议在草案第四条第一款中增加“将湿地保护经费列入同级财政预算”的内容。（草案修改稿第四条第一款）

四、关于增强湿地净化水质功能

农村委员会提出，恢复或者建设湿地应当更好地发挥湿地生物资源降解污染物、净化水质的作用。一些常委会组成人员提出，要花力气治理污水，将污水处理与湿地保护结合起来。法制委员会认为，湿地保护应当高度重视水源的补充，在水务部门合理调配水资源的同时，还要鼓励、支持污水处理单位开展湿地保护项目。建议在草案第十四条中增加规定："鼓励、支持污水处理单位开展恢复或者建设湿地项目，利用湿地生物资源和生态工程降解污染物、净化水质"。（草案修改稿第十四条第二款）

五、关于严格保护

有关部门提出，草案对不得占用湿地或者改变湿地用途作了原则规定。法制委员会认为，为了全面保护湿地，更好地发挥湿地的生态功能，实现本市湿地面积总量不减少的目标，必须实行最严格的湿地保护管理制度。建议将草案第二十七条修改为："本市实行最严格的湿地保护管理制度。任何单位和个人不得开垦、占用湿地或者改变湿地用途"；"规划行政部门审批建设项目时负有保护湿地的责任，对本市的建设项目占用湿地的不予批准"。（草案修改稿第二十六条）

六、关于专家咨询机制

农村委员会提出，湿地保护工作专业性较强，应当建立专家咨询机制。法制委员会认为，建立专家咨询机制有利于发挥科技因素的作用，提高湿地保护的科学化水平。建议增加一条作为草案修改稿第二十八条，表述为："本市建立湿地保护专家咨询机制。市园林绿化行政部门应当组织设立湿地保护专家委员会，对湿地保护发展规划的编制、湿地名录的拟定、湿地保护范围的划定、湿地保护方案的制定、湿地资源的评估，以及在湿地保护范围内开展建设和利用等活动提供技术咨询意见"；"湿地保护专家委员会成员由湿地、水资源、野生动植物、生态环境等方面的专家组成"。

此外，根据常委会审议意见、农村委员会审议意见和其他方面的意见，对草案部分条款的文字作了完善性修改，对条款顺序作了必要调整。

法制委员会按照上述意见，提出《北京市湿地保护条例（草案修改稿）》，提请本次常委会会议进行审议。

草案修改稿和以上意见是否妥当，请审议。

北京市人民代表大会法制委员会关于《北京市湿地保护条例（草案修改稿）》修改意见的报告

——2012年12月27日在北京市第十三届人民代表大会常务委员会第三十七次会议上

市人大法制委员会副主任委员　张　引

主任、各位副主任、秘书长、各位委员：

2012年9月26日，市十三届人大常委会第三十五次会议对《北京市湿地保护条例（草案修改稿）》（以下简称草案修改稿）进行了分组审议，会上有7位常委会组成人员发表了意见，认为草案修改稿吸收了一审的审议意见，内容比较成熟，同时也提出了一些具体的修改意见和建议。

会后，法制委员会会同农村委员会围绕湿地保护建设项目的计划落实、湿地纳入名录的条件、实行严格的湿地占用审批制度和占补平衡、对破坏湿地行为的处罚力度等问题，多次召开座谈会听取园林绿化、发展改革、财政、农业、水务、规划、环保、国土资源等部门的意见，并到顺义区进行实地调研，听取区人大、区政府和湿地管理机构的意见。在调研的基础上，12 月 17 日法制委员会召开会议，根据常委会审议意见及其他各方面意见对草案修改稿进行审议，提出了进一步修改的意见。现将修改情况报告如下。

一、第十二条增加一款作为第一款，表述为："列入湿地保护发展规划的湿地保护建设项目，市和区、县人民政府应当根据项目前期准备工作和建设资金落实情况，在各年度国民经济和社会发展计划中予以安排。"（表决稿第十二条第一款）

二、增加一条，作为第十八条，表述为："本市面积 8 公顷以上的湿地，应当列入湿地名录。

"符合下列条件之一的，应当列入市级湿地名录：（一）河流湿地、湖泊湿地和沼泽湿地；（二）库容量在 1000 万立方米以上的库塘湿地；（三）具有重要的人文、科学研究和宣传教育价值的湿地；（四）具有生态系统典型性和代表性的湿地。"（表决稿第十八条）

三、将第二十六条修改为："列入名录的湿地，任何单位和个人未经批准不得擅自开垦、占用或者改变湿地用途。

"列入名录的湿地因基础设施建设等特殊原因需要占用的，建设单位应当在办理建设项目规划审批手续前，先报湿地所在地的区、县人民政府；经湿地所在地的区、县人民政府同意后，向市湿地保护部门提出申请；市湿地保护部门通过论证会、听证会等形式广泛听取专家和公众意见后，对占用湿地申请提出处理意见，提交市湿地保护联席会议研究；经市湿地保护联席会议研究，不同意占用湿地的，由湿地保护部门书面告知建设单位并说明理由；经市湿地保护联席会议研究确需占用湿地的，由市湿地保护部门报经市人民政府同意后，建设单位方可办理规划审批手续；未经市人民政府同意占用湿地的，规划行政部门不予办理规划审批手续。

"经批准占用列入名录的湿地的，建设单位应当按照湿地保护发展规划、国家和本市有关湿地保护的标准和技术规范，制定湿地恢复建设方案，经市湿地保护部门审核同意后，按照湿地恢复建设方案在指定地点补建不少于占用面积并具备相应功能的湿地；建设单位也可以委托湿地保护部门组织专业单位按照湿地恢复建设方案，在指定地点补建不少于占用面积并具备相应功能的湿地，费用由建设单位承担。"（表决稿第二十七条）

四、第四十一条增加一款作为第二款，表述为："违反本条例第二十七条第三款规定，经批准占用湿地，未按照湿地恢复建设方案在指定地点补建的，由园林绿化行政部门责令限期补建；逾期不补建的，按照占用湿地的面积，以每平方米 2000 元以上 5000 元以下的标准处以罚款。"（表决稿第四十二条第二款）

五、将第四十二条第二款修改为："违反本条例第三十一条第二项至第七项规定的，由湿地保护管理部门责令改正或者恢复原状，处 5000 元以上 5 万元以下罚款；造成严重后果的，处 5 万元以上 50 万元以下罚款。"（表决稿第四十三条第二款）

法制委员会按照上述意见提出《北京市湿地保护条例（表决稿）》，建议本次常委会会议通过，并自 2013 年 5 月 1 日起施行。

北京市人民代表大会常务委员会公告

（第28号）

《北京市食品安全条例》已由北京市第十三届人民代表大会常务委员会第三十七次会议于2012年12月27日修订，现予以公布，自2013年4月1日起施行。

北京市第十三届人民代表大会常务委员会
2012年12月27日

北京市食品安全条例

（2007年11月30日北京市第十二届人民代表大会常务委员会第四十次会议通过　2012年12月27日北京市第十三届人民代表大会常务委员会第三十七次会议修订）

目　录

第一章　总　则

第一条　为了保证本市食品安全，保障公众身体健康和生命安全，根据《中华人民共和国食品安全法》（以下简称食品安全法）、《中华人民共和国农产品质量安全法》（以下简称农产品质量安全法）等有关法律、行政法规，结合本市实际情况，制定本条例。

第二条　本条例适用于本市行政区域内的食品、食品添加剂、食品相关产品的生产经营、安全管理活动；食用农产品的质量安全管理依照农产品质量安全法和本条例有关规定执行。

第三条　本市食品安全工作以安全标准为基础，以市场准入为核心，以防控食品安全输入性风险和系统性风险为重点，落实企业主体责任，健全政府监管体制，严格责任追究；建设安全食品供应体系和食品安全保障体系，构建政府、企业、行业组织、社会公众、新闻媒体等共同参与的食品安全工作格局；实行产地要准出、销地要准入、质量可溯源、风险可控制的全过程管理。

第四条　食品生产经营者应当依照法律、法规、规章以及食品安全标准从事生产经营活动，建立健全食品安全管理制度，采取有效措施，保证食品安全，接受社会监督，承担社会责任。

第五条　市和区、县人民政府统一领导、组织协调本行政区域的食品安全监督管理工作，构建严密、清晰的责任体系，制定和实施食品安全规划和计划，将食品安全监督管理工作所需经费列入财政预算，并将食品安全监督管理工作列入政府绩效管理评价考核体系。

区、县人民政府应当明确乡镇人民政府和街道办事处的食品安全管理机构和管理职责，督促、指导乡镇人民政府和街道办事处做好食品安全日常工作。乡镇人民政府和街道办事处负责本区域的食品安全隐患排查、信息报告、协助执法和宣传教育等工作，组织协调有关监督管理部门派驻的执法机构做好执法工作。区、县人民政府可以根据需要，探索建立食品安全监督员队伍，明确其工作范围和职责，做好食品安全的相关工作。

第六条 市和区、县人民政府设立食品安全委员会，统一组织协调本行政区域的食品安全工作，统筹、协调、解决食品安全工作中的重大问题，推进食品安全长效机制建设。

市和区、县人民政府食品安全监督协调办公室（以下简称食品办）承担食品安全委员会的日常工作，按照市和区、县人民政府确定的职责开展食品安全综合监督、组织协调和依法组织对重大事故查处等工作。

第七条 质量技术监督、工商行政管理、卫生行政、药品监督、农业、园林绿化、商务、城市管理综合行政执法等行政部门和出入境检验检疫机构（以下统称食品安全监督管理部门），应当加强沟通、密切配合，按照法律、法规的规定和市人民政府确定的职责实施食品安全监督管理。

教育、经济信息化、住房和城乡建设、旅游、环境保护、市政市容、公安等行政部门按照各自职责做好相关行业或者领域的食品安全管理和指导工作。

市人民政府可以根据实际需要对政府有关行政部门的食品安全监督管理职责进行确定或者调整。

第八条 与食品有关的行业组织应当承担行业自律责任，根据章程指导、规范和监督食品生产经营者依法从事生产经营活动，为会员提供信息、技术、营销、培训等服务，参与制定、修订食品安全标准，向食品安全监督管理部门提出改进工作的意见和建议；市和区、县人民政府有关部门应当加强支持和指导。

第九条 食品办和食品安全监督管理部门应当依法公开与食品安全有关的政府信息；食品安全监督管理部门、行业组织、社会团体应当开展食品安全常识和法律知识宣传，指导食品生产经营者守法、诚信经营，引导公众树立科学的消费理念和健康的饮食方式，提高全社会食品安全意识以及预防、应对食品安全风险的能力。

新闻媒体应当开展食品安全法律知识和相关标准的宣传，并对违反食品安全法律、法规的行为进行监督，客观、真实、合法地报道食品安全信息；鼓励新闻媒体设置食品安全宣传专栏；市属新闻媒体应当刊播食品安全公益宣传内容。

第十条 本市鼓励和支持研究、应用和推广先进技术和先进管理规范，提高食品安全管理水平；鼓励食品生产经营者投保食品安全责任险、开展相关认证和技术推广等工作；鼓励组织或者个人举报食品生产经营违法行为。

市和区、县人民政府对在食品安全工作中作出显著成绩的单位和个人给予表彰和奖励；对举报属实，为查处食品安全违法案件提供线索或者证据的举报人给予奖励。

第二章　市场准入

第十一条 本市依法实行食品生产经营许可制度。食品生产经营场所的设置应当符合城乡规划、商业布局和食品安全规划；申请人按照下列业态类别向有关部门申请相应的许可：

（一）从事食品生产的，应当向质量技术监督部门申请食品生产许可证或者食品生产加工作坊准许证；

（二）以食品集中交易市场、食杂店、食品贸易商、无店铺食品经营者以及商场超市、便利店、食品物流配送等业态方式从事食品经营的，应当向工商行政管理部门申请食品流通许可证；

（三）以餐馆、快餐店、小吃店、饮品店（甜品店）、食堂、集体用餐配送单位、中央厨房、乡村民俗旅游户、夜市餐饮服务、餐饮具清洗消毒服务等业态方式从事食品经营的，应当向卫生行政部门申请餐饮服务许可证。

质量技术监督、工商行政管理、卫生行政部门应当依法审核当事人的申请材料；符合规定要求的，颁发相应的许可证。食品生产许可证、食品流通许可证和餐饮服务许可证的有效期为3年。

根据需要，市食品办可以会同市食品安全监督管理部门对食品生产经营许可事项的业态类别提出调整建议，经市人民政府批准后公布实施。

第十二条　市质量技术监督、工商行政管理、卫生行政部门根据法律、法规和本条例的规定，在听取各方面意见后，按照业态类别制定相关的许可管理办法。

本条例第十一条规定的许可证、准许证应当标明业态类别；食品生产经营者应当按照许可证、准许证标明的业态类别从事食品生产经营活动。

第十三条　区、县人民政府可以根据实际需要统筹规划、合理布局，建设适合食品生产加工作坊从事食品生产加工活动的集中区域；鼓励食品生产加工作坊进入集中区域从事食品生产加工活动。

本市对食品生产加工作坊生产加工的食品品种实行目录管理。市质量技术监督部门负责组织有关部门提出全市食品生产加工作坊监督管理工作指导意见，报市食品安全委员会同意后，由区、县人民政府根据指导意见，结合本区县的实际情况，制定本区域食品生产加工作坊生产加工食品的品种目录、生产加工条件和要求。

食品生产加工作坊从事食品生产加工活动，应当具有与生产加工的食品品种、数量相适应的生产加工场所，与有毒、有害场所以及其他污染源保持规定的安全距离，并具备相应的生产加工和卫生设备、设施，符合国家和本市规定的其他要求。

第十四条　质量技术监督部门审查食品生产加工作坊准许证申请材料，应当就生产加工场所的真实性、合法性征求所在地乡镇人民政府或者街道办事处的意见，并对生产加工作坊的场所进行现场核查；符合相关要求的，颁发食品生产加工作坊准许证。食品生产加工作坊准许证的有效期为3年；有效期满需要延续的，应当在期满前30日内向原发证部门提出申请。

第十五条　区、县人民政府可以根据实际需要，按照方便群众、合理布局、保证安全的原则，划定临时区域、规定时段供食品摊贩从事经营活动，并向社会公布。划定临时区域应当在幼儿园、中小学校门口200米范围以外，并不得占用道路、桥梁、过街天桥、地下通道以及其他不宜设摊经营的场所。食品摊贩不得在临时区域和规定时段外经营。

本市对食品摊贩经营的食品品种实行目录管理，品种目录、经营条件和要求以及申请登记程序由区、县人民政府制定并公布。

食品摊贩从事食品经营，应当具有与经营的食品品种、数量相适应的卫生设备、设施，所经营的食品应当符合食品安全标准以及国家和本市规定的其他要求。

第十六条 从事食品摊贩经营的，应当按照区、县人民政府规定的程序和要求，向所在地乡镇人民政府或者街道办事处申请登记。乡镇人民政府或者街道办事处对符合规定条件的申请人发放食品摊贩经营证，并应当将登记信息及时通报城市管理综合行政执法部门。

食品摊贩经营证应当载明经营者姓名、经营食品的品种、经营地点、监督电话等事项。食品摊贩从事食品经营，应当悬挂食品摊贩经营证，并不得转让、涂改、出租、出借食品摊贩经营证。

城市管理综合行政执法部门负责对经批准设立的食品摊贩实施监督管理，并负责查处流动无证照生产经营食品行为。

第十七条 在本市生产经营的食品和食用农产品应当符合国家和本市食品安全和农产品质量安全标准以及其他有关食品安全和农产品质量安全的规定和要求。

没有食品安全国家标准的食品，需要在本市统一食品安全要求的，市卫生行政部门应当组织制定食品安全地方标准。食品安全地方标准草案应当向社会公布，公开征求意见。食品安全地方标准应当供公众免费查阅。

第十八条 市人民政府与相关省、市、自治区人民政府建立健全食品安全区域协作机制，逐步实现食品安全和食用农产品质量安全信息共享、案件协查、问题食品处置、全程追溯、检验互认、技术协作等方面的合作，推动进京食品和食用农产品生产基地提升组织化、标准化、规模化程度，形成安全可靠的食品供应体系，保障进京食品和食用农产品质量安全。

鼓励外埠优质食品和食用农产品进京销售。市食品办应当会同有关食品安全监督管理部门，组织引导本市大型食品批发市场、商场超市、食品物流配送企业、连锁餐饮服务企业等与外埠进京食品和食用农产品生产经营企业实行对接，为外埠食品和食用农产品生产经营企业提供服务和支持。

第十九条 市和区、县人民政府支持本市食品和食用农产品生产经营企业与外埠生产经营单位签订安全供应协议，明确供应食品和食用农产品适用的相关标准和要求、双方的安全供应责任以及问题食品和食用农产品退市等内容。

鼓励本市食品和食用农产品批发市场、商场超市等在外埠建立食品和食用农产品供应基地。

第三章 食品生产经营

第二十条 食品生产经营者从事食品生产经营活动，应当符合国家和本市规定的与其生产经营规模、条件相适应的食品安全要求，对其生产经营食品的安全承担主体责任；不符合相关条件或者要求的，不得从事食品生产经营活动。

第二十一条 食品生产经营单位的主要负责人对本单位的食品安全全面负责。

食品生产经营单位的主要负责人应当履行下列职责，落实食品安全管理制度：

（一）建立健全本单位食品安全责任制；

（二）组织制定并落实本单位食品安全规章制度和操作规程；

（三）督促检查本单位食品安全工作，及时消除食品安全隐患；

（四）建立健全职工食品安全知识培训考核、健康检查及相关档案管理制度，并组织落实；

（五）配合食品安全监督管理部门开展食品安全监督检查；

（六）依法履行食品安全事故报告义务。

第二十二条 食品生产经营者应当配备食品安全管理员，承担以下职责：

（一）向职工宣传食品安全法律、法规、规章、政策、标准和知识，讲解本单位的食品安全管理制度和要求；

（二）检查职工遵守食品安全规章制度和操作规程的情况，查找影响食品安全的关键环节和隐患，并及时报告；

（三）督促职工按时参加食品安全培训、进行健康检查；

（四）定期汇总、分析反映本单位食品安全状况的信息，并及时报告。

第二十三条 食品安全监督管理部门应当建立健全食品生产经营单位主要负责人培训考核制度，组织高等院校、科研机构、行业组织等，对食品和食用农产品生产经营单位主要负责人开展有关法律知识、标准和诚信教育，提供每人每年不少于40小时的培训；可以根据需要组织开展对食品安全管理员的培训。

第二十四条 食品生产经营从业人员应当遵守本单位食品安全管理制度，进行健康检查，接受食品安全知识和操作技能的培训考核。

第二十五条 食品和食品添加剂生产经营者、贮存和运输服务提供者应当按照规定建立采购、生产、加工、包装、贮存、运输、销售等生产经营记录，如实记录食品、食品原料、食品添加剂和食品相关产品的名称、产地、生产者、供货商、货主、进货日期、数量、销售去向等信息，不得采购、使用、销售、贮存、运输来源不明的食品、食品原料、食品添加剂和食品相关产品。

食品和食品添加剂生产经营者、贮存和运输服务提供者应当按照规定查验供货商、货主的营业执照和相应的许可证件，并保存复印件。

生产经营记录、食品相关许可证件、货主身份信息以及其他与食品安全有关的证明文件的复印件的保存期限不得少于2年。

第二十六条 食品生产经营者委托生产食品的，应当委托具有生产许可证的企业，并对委托生产的食品承担安全责任。

委托生产食品的，双方应当签订协议，明确委托生产食品的相关要求和双方的权利义务。协议签订后7日内，委托双方应当按照规定就委托生产情况分别向所在地区、县质量技术监督部门备案。

委托生产的食品，标签上除法定的内容外，还应当如实标明委托双方的名称、委托关系、地址、联系方式和相关食品生产许可证号等事项。

第二十七条 食品经营者经营散装食品，应当设立专区或者专柜；经营直接入口的散装食品，应当采取防尘遮盖、设置隔离设施、提供专用取用工具等保证散装食品安全的措施。

鼓励食品经营者设立临近保质期食品专区或者专柜。

第二十八条 利用自动售货设备从事食品经营的，应当在自动售货设备的明显位置公示经营者名称、地址、联系方式、营业执照编号等身份信息以及食品流通许可证号。

利用互联网从事食品经营的，应当在网店主页的明显位置公示经营者名称、联系方式、电信与信息服务业务经营许可证、经营性网站备案登记号等身份信息以及食品流通许可证号。

利用邮购、电视电话购物等本条第一款、第二款规定以外的无店铺方式从事食品经营的，应当以易于消费者认知和识别的方式公示经营者名称、地址、联系方式、营业执照编号等身份信息以及食品流通许可证号。

采用无店铺方式从事食品经营的，应当在销售前以适当方式明确告知消费者食品标签上的内容，不得经营散装食品。

第二十九条 集中交易市场或者庙会、游园会、展销会等场所内有食品经营的，或者提供出租柜台供食品经营者从事食品经营的，市场开办者、活动举办者或者柜台出租者应当遵守下列规定：

（一）履行食品安全法第五十二条规定的职责；

（二）配备专职食品安全管理员，指导并督促入场经营者落实食品安全责任；

（三）建立场内经营者档案，记录食品经营者的基本情况、主要进货渠道、经营品种、品牌和供货商状况等信息；

（四）查验场内经营者证明其经营食品符合食品安全标准和要求的相关材料，对其在市场外的食品贮存场所进行备案；

（五）指导并督促场内经营者建立经营记录，执行进货查验、索证索票等与保障食品安全有关的制度；

（六）设置公示栏，公开相关食品安全信息；

（七）根据需要配备食品检验、冷藏冷冻等设备设施；

（八）与入场经营者签订协议，落实本市重点监督管理的食品和食用农产品场（厂）地挂钩要求，明确因入场经营者违反食品安全要求双方可以解约的情形以及其他食品安全要求。

本条前款第八项规定的本市重点监督管理的食品和食用农产品名录，由市食品办会同市食品安全监督管理部门根据风险程度拟订，经市食品安全委员会批准后公布实施。

食品批发市场应当加强符合食品安全要求的基础设施建设，根据需要配备冷藏冷冻等设备设施，建立电子交易系统，实行信息化管理。

第三十条　餐饮服务提供者应当确保经营场所环境卫生、整洁；加工、制作食品，应当做到生熟分开、食品工用具（容器）专用，加工、制作过程符合食品安全要求；加工、制作凉菜，应当做到有专人、专室、专用工具、专用消毒设备、专用冷藏冷冻设备；不得使用不符合安全标准的食品原料、食品添加剂和食品相关产品；不得向消费者提供不符合食品安全标准的餐饮具等食品相关产品。

集体用餐配送单位应当使用专用封闭车辆配送食品，按照规定留存所配送食品的样品，分装、贮存、运输食品的温度和时间应当符合食品安全要求，并在食品包装明显位置注明配送单位、制作时间、保质期，必要时注明保存条件和食用方法。

餐饮服务提供者、现场加工制售食品者、食品生产加工作坊不得购买、存放和使用亚硝酸盐等易滥用的食品添加剂。

餐饮具清洗消毒企业和服务提供者应当按照规范要求从事餐饮具清洗消毒，不得提供不符合食品安全标准的餐饮具。

第三十一条　餐饮服务提供者应当按照环境影响评价要求设置油水分离器、收集容器、隔油池等设备设施，并保持设备设施正常运转。

餐饮服务提供者应当单独收集餐厨垃圾，并委托有资质的企业收运和处置，或者自建符合标准的餐厨垃圾处理设施就地处理，不得随意倾倒、丢弃、堆放或者直接排放。

市政市容管理行政部门应当向社会公布本条第二款规定的有资质的企业名录。

第三十二条　从事食品贮存、运输的，应当遵守食品安全法第二十七条第六项的规定，并不得在贮存、运输过程中添加任何非食用物质等危害人体健康的物质；对易交叉污染的食品，应当专库贮存，不得混装、拼箱装运。

第三十三条　贮存、运输、销售按照规定需要低温保存的食品的，应当配备与其经营规模和食品种类相适应的冷藏冷冻设备设施以及具有连续测量和记录温度功能的装置，并保证正常运转，不得无故关停；有关设备设施或者装置发生故障后，应当对受到影响的食品进行检验，确保食品未因故障发生品质变化。

第三十四条　食品生产经营者不得有下列行为：

（一）以废弃油脂为原料加工制作食用油或者以此类食用油为原料加工制作食品的；

（二）在食用动物及其产品中注水或者注入其他物质的；

（三）提供不符合食品安全要求的或者虚假的证明文件的；

（四）使用不符合标准的食品添加剂或者超范围、超限量使用食品添加剂的；

（五）生产经营国家和本市明令禁止生产经营的食品的。

第四章　食用农产品

第三十五条　市农业、园林绿化等行政部门应当采取措施加强食用农产品产地环境监测、管理和保护。

区、县人民政府应当根据产地环境监测结果加强食用农产品产地环境保护和污染治理，并根据生产环境治理情况调整生产结构。

食用农产品生产者应当在农业生产环境、农用灌溉水符合相关标准的条件下，从事食用农产品生产。

第三十六条　食用农产品生产者应当按照生产技术要求和操作规程从事食用农产品生产，按照规定正确、合理使用农业投入品，不得超范围、超剂量使用，保证生产的食用农产品符合农产品质量安全标准。

食用农产品生产企业和农民专业合作组织的主要负责人应当组织建立健全本单位的农产品质量安全管理制度、农产品质量安全控制体系以及农产品生产记录，并对本单位的食用农产品质量安全全面负责。

区、县人民政府应当明确涉及食用农产品生产的乡镇人民政府和街道办事处承担农产品质量安全监管公共服务职责的相应机构，做好农产品质量安全知识培训、质量安全控制技术推广、生产环节质量安全日常巡查等农产品质量安全监管服务工作。

乡镇农业、林业技术推广机构应当指导从事食用农产品生产的个人逐步建立食用农产品生产记录，如实记录生产的品种、数量、投入品使用、销售去向等生产销售情况。

第三十七条　本市鼓励农业标准化生产；鼓励农业企业、专业合作社建设食用农产品生产标准化基地。

食用农产品生产标准化基地应当建立食用农产品质量管理制度，按照国家有关规定在食用农产品生产过程中全面贯彻实施各项标准的要求，对食用农产品生产实行全程质量安全控制。

生猪及其他畜禽屠宰企业应当建立稳定的货源基地，并按照有关标准规范养殖行为，记录养殖者、防疫、检疫、饲料等相关信息，并按照操作规范实施屠宰加工；不得收购无固定养殖基地或者无法追溯来源的生猪及有关畜禽或者接受他人委托进行屠宰加工。

第三十八条　进入本市批发市场和超市销售的食用农产品应当附具相应的产地证明、检疫证明、检验报告等食用农产品质量证明文件。

第三十九条　本市实行严格的农药管理制度。农药经营者经营农药应当符合国家农药管理法规规定的条件和有关法律、法规规定的食品安全要求。市农业行政部门制定并公布符合国家和本市农药管理法规规定要求的农药经营者名录和名录管理办法。

使用农药应当遵守国家和本市有关农药安全使用的规范，不得销售和使用国家禁止的农药品种。

区、县农业行政主管部门应当组织推广安全、高效农药，采取措施落实农药补贴政策，引导使用者购买安全农药，并加强对安全、合理使用农药的监督和指导，开展免费培训活动，提高使用者施药技术水平。

第四十条 农药、兽药、饲料和饲料添加剂、肥料等农业投入品经营者应当建立经营记录，记录投入品名称、来源、进货日期、生产企业、销售时间、销售对象、销售数量等内容，保存期限不得少于2年；销售农业投入品时，应当向购买者提供产品说明书，明确提示购买者注意产品说明书中有关投入品用法、用量和使用范围等信息。

第四十一条 本市鼓励和支持农业技术推广机构和有关科研机构开展高效低毒农药和生物防治技术的科学研究，推广新型安全农业投入品的使用，提高食用农产品质量和安全管理水平。

有关监督管理部门应当采取保障措施，加强检验机构能力建设，改善技术条件，提高检验技术水平。

第五章 食品安全保障

第一节 风险管理

第四十二条 市食品办应当会同有关食品安全监督管理部门制定本市食品安全风险监测计划，加强食品安全风险评估能力建设，建立健全食品安全风险监测和风险评估体系，确定技术机构开展食品安全风险监测。开展食品安全风险监测所需经费列入财政预算。

市食品办组织协调食品安全监督管理部门在大型农副产品批发市场、大型食品物流配送中心以及本市重点监督管理的食品生产企业设食品安全督察员，实施驻点食品安全监督管理。

第四十三条 市食品办确定的技术机构开展的食品安全风险监测结果表明食品可能存在安全隐患的，有关食品安全监督管理部门应当立即组织检验。

市卫生行政部门按照国家监测计划承担相应的食品安全风险监测职责，有关食品安全监督管理部门应当配合。

第四十四条 本市成立食品安全专家委员会，对下列事项开展风险评估：

（一）有关食品没有食品安全标准，但有证据表明可能对公众身体健康和生命安全造成危害的；

（二）为制定或者修订本市食品安全地方标准提供科学依据的；

（三）对存在安全隐患的食品经组织检验后认为需要进行风险评估的；

（四）食品生产加工环境、条件、工艺流程、操作规范、管理规程等方面存在风险隐患，需要进行风险评估的；

（五）处理或者应对重大食品安全事件需要进行风险评估的；

（六）其他需要进行风险评估的。

食品安全风险评估结果作为食品安全监督管理的参考依据。

第四十五条 市食品办应当会同有关食品安全监督管理部门，根据风险评估结果采取相应的措施预防和控制风险。

对食品安全风险监测和评估结果表明可能具有较高程度安全风险的食品，市食品办应当及时提出食品安全风险警示，并向社会公布；发生食品安全事故或者情况紧急、可能引发突发事件的，市食品安全监督管理部门应当根据需要实施责令暂停购进、销售相关食品等临时控制措施。必要时，经市人民政府批准，可以对相关企业、区域生产的同类食品采取相应的临时控制措施。食品安全风险消除或者采取临时控制措施的条件和原因消除后，相关部门应当及时解除风险警示和临时控制措施并向社会公布。

第二节 监督管理

第四十六条 食品安全监督管理部门应当依法履行食品安全监督管理职责，加强对食品和食用农产品生产经营者的日常监督检查，如实记录监督检查情况和处理结果，对存在食品安全风险隐患的生产经营单位主要负责人可以采取约谈的方式予以警示；对经检验不合格的食品应当立即采取处置措施，防止造成食品安全事故；食品办应当组织食品安全监督管理部门与相关执法部门建立执法协作机制，共享检验检测结果，互相通报执法信息，完善案件移送程序，提高食品安全执法实效。

食品、食品添加剂和食品相关产品的生产经营者，有关市场开办者、柜台出租者，有关展销会、庙会、游园会等活动的举办者，食用农产品生产经营者，农业投入品生产经营者等任何单位和个人对食品安全监督管理部门依法进行的监督检查、抽样检验、事故调查以及疾病预防控制机构依法进行的卫生处理和流行病学调查活动应当予以配合，不得拒绝、阻挠。

发生食品安全事故时，所在地人民政府食品办应当及时通知同级卫生行政部门协调疾病预防控制机构启动食品安全事故流行病学调查程序。食品安全事故流行病学调查工作应当与相关食品安全监督管理部门的事故调查工作同步进行。疾病预防控制机构依法进行卫生处理和流行病学调查活动时，有关监督管理部门应当予以配合。

第四十七条 乡镇人民政府和街道办事处发现辖区内的食品生产经营违法行为，应当予以制止，并及时向区、县食品办和有关食品安全监督管理部门报告。

接到报告的食品办和食品安全监督管理部门应当及时调查处理，并反馈结果。

第四十八条 市和区、县食品办应当组织市和区、县食品安全监督管理部门制定食品安全年度监督管理和抽检计划，食品安全监督管理部门应当按照计划开展食品安全监督管理。对本市重点监督管理的食品，市食品办应当组织有关食品安全监督管理部门进行风险监测和抽样检验。

第四十九条 受检单位对检验结论有异议的，应当以书面形式提出复检申请。复检样品应当是初检机构抽检的备份样品。

有下列情形之一的，不予复检：

（一）逾期提出复检申请或者已进行过复检的；

（二）私自拆封、调换或者损毁备份样品的；

（三）备份样品超过保质期的；

（四）初检结果显示微生物指标超标的；

（五）备份样品的生产单位对样品的真实性提出异议，但不能提供有关证明文件的；

（六）备份样品在正常储存过程中可能发生改变、影响检验结果的；

（七）其他非人为原因可能导致备份样品无法实现复检目的的。

第五十条 食品安全监督管理部门现场发现食品腐败变质、油脂酸败、霉变生虫、掺杂异物或者其他感官性状明显异常的，可以通过视听图像、文字描述等方式记录现场情况，经当事人签字确认，可以作为证据。

第五十一条 食品安全监督管理部门有权责令食品生产者召回、食品经营者停止销售不符合食品安全标准的食品，并及时公布有关信息。

除因标签标识或者说明书不符合食品安全标准的以外，食品安全监督管理部门应当监督食品生产者销毁被召回的食品或者实施无害化处理。监督销毁或者实施无害化处理后，现场监督人员应当作完整记录、签字确认并及时上报。

第五十二条 食品安全监督管理部门在监督检查中发现食品或者食用农产品生产经营者存在严重违法行为的，可以将载明违法生产经营者名称、违法事项和行政处理决定等内容的公示书张贴在该违法生产经营者的生产经营场所明显位置；在规定时间内履行行政处理决定规定义务的，食品安全监督管理部门可以撤销现场公示。

对本条前款规定的违法生产经营者擅自揭除、撕毁、遮挡、污损公示书的，可以从重或者加重行政处罚。

对食品生产经营者存在严重违法行为、造成恶劣社会影响的，食品安全监督管理部门可以通过电视、报刊、广播、互联网等媒体予以曝光。

第五十三条 本市实行食品安全和食用农产品质量安全追溯制度。在整合现有食品安全追溯信息平台基础上建立统一的食品安全追溯信息归集、共享、公布平台，开展食品安全全过程追溯的区域合作。

本市根据食品安全存在风险的状况，对本市重点监督管理的食品和食用农产品的生产经营加强监管，实现生产、收购、加工、贮存、运输、销售全过程的食品安全信息可追溯。食品和食用农产品生产经营者应当按照规定记录和报送相关信息。

第五十四条 市食品办应当建立全市统一的食品安全信用信息平台，统一归集食品生产经营者的身份信息、提示信息、警示信息、良好信息和违法信息等信用信息，并向社会公开。

食品安全监督管理部门应当依法建立食品生产经营者食品安全信用档案，记录许可证颁发、日常监督检查结果、违法行为查处等监督管理过程中获取的有关食品生产经营者食品安全状况的信息，并将相关信息纳入食品安全信用信息平台。

食品安全监督管理部门可以根据食品生产经营者信用状况、食品的风险程度对食品生产经营者实行分级分类或者积分管理，对有不良信用记录的、发生食品安全事故风险较高的食品生产经营者重点加强管理，增加监督检查频次；食品生产经营者食品安全信用状况可以作为食品安全监督管理部门是否批准延续相关行政许可申请的重要评价依据。

第五十五条 本市实行食品安全信息公开制度，定期向社会公布抽查监测结果、执法检查情况等信息。对食品安全突发事件和社会关注的食品安全热点问题，有关食品安全监督管理部门应当及时公布事件进展、应急处置措施、公众防范措施和调查处理情况。

下列食品安全信息由市食品办统一公布：

（一）本市食品安全总体情况；

（二）本市食品安全风险评估信息和风险警示信息；

（三）本市重大食品安全事件及其处理信息；

（四）市人民政府确定的需要统一公布的信息。

有关食品安全监督管理部门依据各自职责公布食品安全和农产品质量安全日常监督管理信息，同时向市食品办通报。

第五十六条 食品安全监督管理部门在监督检查中发现违法行为涉嫌构成刑事犯罪的，应当及时移送公安机关。公安机关应当及时调查，对符合立案标准的立案侦查，食品安全监督管理部门应予以配合。

第六章 法律责任

第五十七条 本市建立健全食品安全执法责任追究制度。市和区、县食品办、食品安全监督管理部门及其工作人员违反本条例规定，违法履行、不履行或者不当履行行政职责的，按照国家和本市有关规定给予行政问责和行政处分；构成犯罪的，依法追究刑事责任。

第五十八条 有下列情形之一的，由有关主管部门责令限期改正，没收违法所得、违法生产经营的食品和用于违法生产经营的工具、设备、原料等物品；违法生产经营的食品货值金额不足1万元的，并处2000元以上5万元以下罚款；货值金额1万元以上的，并处货值金额5倍以上10倍以下罚款：

（一）违反本条例第十一条第一款的规定，未获得许可证或者准许证，擅自从事食品生产经营活动的；

（二）违反本条例第十二条第二款的规定，未按照许可证或者准许证上标明的业态从事食品生产经营的；

（三）违反本条例第十三条第二款的规定，食品生产加工作坊生产加工食品品种目录以外的食品的；

（四）违反本条例第十五条第二款的规定，食品摊贩经营食品品种目录以外的食品的；

（五）违反本条例第二十六条第一款的规定，食品生产经营者委托无生产许可证的企业生产食品的。

有前款第二项至第五项所列情形之一，情节严重的，由有关主管部门吊销许可证、准许证或者取消登记。

第五十九条　食品生产加工作坊、食品摊贩生产经营条件发生变化，未采取整改措施以符合本条例第十三条第二款、第三款和第十五条第一款、第三款规定的生产经营条件和要求的，由有关主管部门责令限期改正，给予警告；造成后果的，没收违法所得、违法生产经营的食品和用于违法生产经营的工具、设备、原料等物品；违法生产经营的食品货值金额不足1万元的，并处2000元以上5万元以下罚款；货值金额1万元以上的，并处货值金额5倍以上10倍以下罚款；情节严重的，吊销准许证或者取消登记。

第六十条　违反本条例的规定，有下列情形之一的，由所在地主管部门按照各自职责分工，责令限期改正；逾期不改正的，责令停产停业：

（一）从事食品经营的摊贩未按照本条例第十六条第一款的规定向有关乡镇人民政府或者街道办事处登记相关信息的；

（二）食品生产经营企业的主要负责人不履行本条例第二十一条第二款第一项至第四项规定的职责的；

（三）食品安全管理员违反本条例第二十二条的规定，不按照岗位职责要求具体负责组织落实本单位的食品安全管理制度，或者落实不力的；

（四）食品经营者违反本条例第二十七条第一款的规定，未按要求经营散装食品的；

（五）无店铺食品经营者违反本条例第二十八条的规定，未履行公示或者告知义务的。

第六十一条　食品和食品添加剂生产经营者、贮存和运输服务提供者违反本条例第二十五条的规定的，由有关主管部门责令限期改正，给予警告；逾期不改正的，处2000元以上2万元以下罚款；情节严重的，责令停产停业，直至吊销许可证。

第六十二条　违反本条例第二十九条的规定，市场开办者、活动举办者或者柜台出租者未执行相关规定的，由有关主管部门处2000元以上5万元以下罚款；造成严重后果的，责令停业，由原发证部门吊销许可证。

第六十三条　餐饮服务提供者和集体用餐配送单位违反本条例第三十条第一款、第二款的规定的，由卫生行政部门责令限期改正，给予警告；造成后果的，没收违法所得、违法经营的食品和用于违法经营的工具、设备、原料等物品；违法经营的食品货值金额不足1万元的，并处2000元以上5万元以下罚款；货值金额1万元以上的，并处货值金额5倍以上10倍以下罚款；情节严重的，吊销许可证。

第六十四条　违反本条例第三十条第三款的规定，购买、存放和使用亚硝酸盐等易滥用的食品添加剂的，由有关主管部门没收违法所得、违法生产经营的食品和用于违法生产经营的工具、设备、原料等物品；违法生产经营的食品货值金额不足1万元的，并处2000元以上5万元以下罚款；货值金额1

万元以上的，并处货值金额2倍以上5倍以下罚款；情节严重的，责令停产停业，直至吊销许可证、准许证。

第六十五条 餐饮具清洗消毒企业和服务提供者违反本条例第三十条第四款的规定，不按照规范要求从事餐饮具清洗消毒，提供不符合食品安全标准的餐饮具的，由卫生行政部门责令改正，给予警告；拒不改正的，处2000元以上2万元以下罚款；情节严重的，责令停产停业，直至吊销许可证。

第六十六条 违反本条例第三十一条第一款的规定，餐饮服务提供者未按照环境影响评价要求设置油水分离器、收集容器、隔油池等设备设施的，由环境保护部门依法责令停止使用产生废弃油脂的器具或者设备设施，可以处2万元以上10万元以下的罚款；未保持油水分离器、收集容器、隔油池等设备设施正常运转的，由环境保护部门依法责令限期改正，处应缴纳排污费数额1倍以上3倍以下罚款。

违反本条例第三十一条第二款的规定，餐饮服务提供者未按照规定收集、处理餐厨垃圾的，由城市管理综合执法部门依法责令停业，并可处5000元以上5万元以下罚款。

第六十七条 违反本条例第三十二条、第三十三条的规定贮存食品的，由有关主管部门责令限期改正，给予警告；逾期不改正的，处2000元以上2万元以下罚款；情节严重的，责令停产停业；运输食品的，由有关主管部门责令限期改正，给予警告；逾期不改正的，责令停产停业，并处2000元以上5万元以下罚款；情节严重的，由原发证部门吊销许可证。

第六十八条 违反本条例第三十四条第一项至第四项的规定的，由有关主管部门没收违法所得、违法生产经营的食品和用于违法生产经营的工具、设备、原料等物品；违法生产经营的食品货值金额不足1万元的，并处2000元以上5万元以下罚款；货值金额1万元以上的，并处货值金额5倍以上10倍以下罚款；情节严重的，责令停产停业，直至吊销许可证。

违反本条例第三十四条第五项的规定生产经营食品的，由有关主管部门依法责令停止生产经营，没收违法生产经营的食品，并处违法生产经营的食品货值金额1倍以上3倍以下罚款；有违法所得的，并处没收违法所得；情节严重的，吊销营业执照。

第六十九条 违反本条例第三十七条第三款的规定，生猪及其他畜禽屠宰企业未按照规定记录养殖者、防疫、检疫、饲料等相关信息，或者未按照操作规范实施屠宰加工，或者收购无固定养殖基地、无法追溯来源的生猪及有关畜禽，或者接受他人委托进行屠宰加工的，由商务行政部门或者农业行政部门责令限期改正，处2万元以上5万元以下罚款；逾期不改正的，责令停业整顿，对其主要负责人处5000元以上1万元以下罚款。

第七十条 违反本条例第三十九条第二款的规定经营农药的，由农业行政部门责令限期改正；逾期不改正的，没收违法所得和违法经营的农药，违法经营的农药货值金额不足1万元的，并处2000元以上2万元以下罚款；违法经营的农药货值金额1万元以上的，并处货值金额2倍以上5倍以下罚款；逾期不改正，经营范围和经营条件仍不符合有关规定和食品安全要求的，农业行政部门可以提出吊销其营业执照的建议，由工商行政管理部门依法实施。

第七十一条 农药、兽药、饲料和饲料添加剂、肥料等农业投入品经营者违反本条例第四十条的规定的，由农业行政部门责令限期改正，没收违法所得和违法经营的投入品，并处2000元以上1万元以下罚款。

第七十二条 对单位被吊销食品生产、流通或者餐饮服务许可证负有责任的单位主要负责人、直接负责的主管人员、直接责任人员自吊销许可证的行政处罚决定作出之日起5年内不得从事食品生产、经营和管理工作。

食品生产经营者生产经营不符合安全标准或者有毒、有害食品，对人体健康造成严重后果、构成犯罪的，终身不得从事食品生产经营活动。

食品生产经营者违反本条第一款、第二款的规定，聘用不得从事食品生产经营管理工作的人员从事食品生产经营管理工作的，由原发证部门吊销许可证。

第七十三条　违反本条例规定，拒绝或者阻碍食品安全监督管理部门监督检查和抽样检验的，由有关部门责令改正；逾期不改正的，对其生产经营的食品按不符合食品安全标准论处。拒绝或者阻碍食品安全事故调查、事故现场卫生处理和流行病学调查的，由有关部门责令改正；违反治安管理规定的，由公安机关依法实施处罚。

第七十四条　对违反本条例规定的行为，法律、法规已规定法律责任的，从其规定。

第七章　附　　则

第七十五条　药品监督部门依照有关法律、行政法规的规定对声称具有特定保健功能的食品实行监管。

第七十六条　本条例自2013年4月1日起施行。1996年5月30日北京市第十届人民代表大会常务委员会第二十七次会议通过的《北京市实施〈中华人民共和国食品卫生法〉办法》同时废止。

关于《北京市食品安全条例（修订草案）》的说明

——2012年9月26日在第十三届人民代表大会常务委员会第三十五次会议上

北京市人民政府食品安全监督协调办公室主任　张志宽

主任、各位副主任、秘书长、各位委员：

我受市人民政府的委托，现就提请本次会议审议的《北京市食品安全条例（修订草案）》（以下简称《条例（修订草案）》），作如下说明。

一、修订背景和必要性

近年，我市食品安全状况总体平稳，未发生重大食品安全事故。2007年，我市率先出台了《北京市食品安全条例》（以下简称《条例》），通过立法建立了食品安全监督管理的一系列制度和措施，为加强本市食品安全监督管理，保障公众身体健康和生命安全，特别是对首都做好奥运和国庆六十周年的食品安全工作起到重要的保障作用，也为全国食品安全立法工作积累了有益的经验。

2009年，《中华人民共和国食品安全法》（以下简称《食品安全法》）及其实施条例颁布实施，对既有食品卫生制度和监管体制作了较大调整。同时，本市食品安全工作也面临着新形势、新问题。一是由于外埠食品供应占我市供应量的85%，源头控制难度较大，市场准入门槛普遍偏低，给食品安全带来较大风险，防控输入型风险的措施需要进一步加强；二是食品安全监督管理体制和机制需要进一步完善，部门监管和属地管理需要进一步明确和加强，基层组织网络体系有待进一步健全；三是根据上位法授权，对小作坊、小摊贩的管理思路和措施需要进一步明确；四是对风险较高的食品生产经营业态或环节的监管有待进一步加强，针对部分经营者食品生产经营行为违法违规的行为，如非法生产、非法添加非食用物质、滥用食品添加剂、虚假标注生产日期和保质期等，要进一步加大规范管理和治理力度；五是首都食品安全的现代化管理水平有待进一步提高，风险监测、风险评估、风险预警等方面的技术手段的应用尚待进一步完善；六是对食品生产经营违法行为的惩戒力度需要进一步加大。为进一步提升食品安全水平，市委、市政府提出“以市场换安全、以安全拓市场”，构建本市安全食品供给体系和食品安全保障体系的总体思路，因此，有必要对《条例》进行修订，进一步提升我市食品安全法制保障水平。

二、指导思想、起草过程和立法特点

本次修订工作的指导思想是：在巩固07年《条例》已有制度措施和奥运会、六十周年国庆食品安全保障经验的同时，针对本市食品市场和食品安全状况的特点，以市场准入为切入点，着力做好上位法的落地工作，加强对风险较高业态和环节的管理，创新和丰富监管手段，加大惩处力度，提高违法成本。

2011年9月15日，市人大常委会主任会通过《条例》修订的立项，并要求：确立预防为主和源头控制的理念，同步推进安全食品供给体系和食品安全保障体系的建设；进一步完善食品安全的利益协调机制，加大食品安全监管力度和违法惩戒力度；在上位法的框架下，针对北京市特大型消费城市的特点和突出问题，如食品生产加工小作坊、食品摊贩的监管等，进一步深入调研，突出重点，增强法规内容的针对性和时效性。同时决定本市不再单独制定《农产品质量安全法》实施办法，食用农产品的监管问题通过本条例一并解决。根据市人大常委会2012年立法计划和市政府立法工作计划，市食品办、市政府法制办会同相关食品安全监管部门，在市人大财经委、市人大法制办的支持和全程参与下，多次召开各领域生产经营企业和消费者座谈会，深入实地调研，对食品安全监督管理中的主要问题进行了认真研究和反复讨论，借鉴国内兄弟省市食品安全立法的成功经验，吸收国外食品安全监管的先进理念，形成草案送审稿。送审稿多次征求了有关市级行政部门和区县人民政府意见，通过首都之窗网站上向社会公开征求了意见，并就修订草案涉及的多项重要法律问题召开市政府法律专家委员会进行深入探讨。对各方面意见反复讨论、研究，形成了《条例（修订草案）》。《条例（修订草案）》已经2012年7月25日第127次市政府常务会议审议通过。

此次立法修订工作有三大特点：一是立法工作本身复杂度高。从领域上看，横跨农业、工业和服务业三大产业，纵贯现代工业至手工作坊；从部门上看，涉及9个主要行政管理部门；以法律规范上看多部国家法律、13部国务院行政法规、60多部部委规章、上千个标准、2部本市地方性法规和1部政府规章。二是法规创制难度大。我市市场85%的食品需求依靠外埠供应，在市委、市政府提出的“安全食品供应体系和食品安全保障体系”的目标要求下，构建一个准入有度、监管有力的法律制度是我市食品安全的重要保障。但在具体尺度把握上有一定难度，过严会有地方保护之嫌，松了又起不到食品安全的法律保障作用。在具体条文的处理上，在同一问题存在多种法理解释的情况下，修订草案通常选择利于高标准、严要求的法理解释。三是立法工作量大。立项后，市食品办做了大量的立法起草调研基础工作；市政府法制办先后三次征求农业、质监、卫生、工商等食品安全监管部门的意见，还专门征求食品安全监管一线执法人员的意见；同时对既有相关工作关系进行了大量的协调梳理，以求取得各部门认识上的基本一致。

三、主要内容的说明

草案共七章，包括总则、市场准入、食品生产经营、食用农产品、食品安全保障、法律责任和附则。主要内容包括：

（一）明确食品安全工作的指导思想

草案规定本市食品安全工作的指导思想是“两个坚持，两个体系”：一是，坚持严格市场准入，专章规范“市场准入”问题，突出强调把对“市场准入”的控制作为本市食品安全工作的着力点和重要抓手。二是，坚持强化食品安全责任。三是，通过上述“两个坚持”，构建“两个体系”，即“安全食品供应体系”和“食品安全保障体系”。（第3条）

（二）完善食品安全责任体系

在政府、企业、行业组织、消费者和媒体共同参与的食品安全工作格局下：一是强化企业的食品安全主体责任（第4条），规定主要负责人对食品安全全面负责（第21条），提出企业主要负责人、食品安全管理员以及食品从业人员应当履行的食品安全职责（第21、22、24条）；二是维持现有食品安全监管体制，明确食品安全委员会及其办公室、区县政府、食品安全监管部门的职责（第5、6、7条）；三是规定行业组织要承担行业自律责任，指导、规范和监督食品生产经营者依法从业，为会员提供信息、培训等服务，参与制定、修订食品安全标准（第8条）；四是提示市民提高自我保护和风险防范的意识和能力（第9、10条）。

（三）严格市场准入

1. 关于主体准入。一是细化上位法规定的食品生产经营许可制度，要求食品生产经营者按照业态类别申请相应许可，并按照相应的业态类别开展食品生产经营活动（第11、12条）。二是明确食品生产加工作坊和无固定场所商户的准入要求。对作坊生产的食品品种实行目录管理；其日常监管由质监部门负责；对无固定场所商户经营的品种实行目录管理，同时由区、县政府划定临时区域和固定时段供商户经营（第13、14、15、16条）。

2. 关于食品准入。一是要求在本市生产经营的食品和食用农产品应当符合国家和本市安全标准以及其他有关的规定和要求（第17条）；进入本市批发市场和超市销售的食用农产品应当附具产地证明、检疫证明、检测报告等文件（第38条）。二是建立健全政府间食品安全区域协调机制，为外埠食品和食用农产品企业提供服务和支持（第18条）。三是支持本市食品和食用农产品企业与外埠生产经营单位签订安全供应协议（第19条）。

（四）完善生产经营规范，加强风险较高的业态、环节的管理

1. 基本准则：一是各类食品生产经营者从事食品生产经营活动，都应符合与其生产经营规模、条件相适应的食品安全要求（第20条）。二是明确食品生产经营企业主要负责人落实食品安全管理制度的主要内容（第21条）。三是完善食品生产经营索证索票、记录制度，保证食品、食品原料、添加剂和食品相关产品可追溯（第25条）。四是设置禁止规定，对多发的违法行为明令禁止（第34条）。

2. 针对管理实际中存在的突出问题，提出特别要求：一是委托生产食品的，应当委托具有资质的企业，并在标签上如实标明委托关系、地址、生产许可证号等事项（第26条）。二是采用无店铺方式从事食品经营的，应当公示经营者身份信息和相关证、照编号，在销售前明确告知消费者食品标签上的内容（第28条）。三是对市场开办者、庙会、展销

会等活动举办者提出更具体的要求，明确其食品安全职责（第 29 条）。四是进一步明确餐饮服务提供者的经营规范（第 30 条）。五是从事食品贮存、运输的应当避免食品污染，不得添加有害物质（第 32、33 条）。

（五）健全食用农产品质量安全管理

一是有关部门加强食用农产品产地环境监测、管理和保护；区、县政府根据产地环境治理情况调整生产结构（第 35 条）。二是规范食用农产品生产，特别是投入品使用；鼓励标准化基地建设（第 36、37 条）。三是规范农业投入品经营行为；对农药经营者实行目录管理（第 39、40 条）。

（六）强化食品安全风险监测、评估，创新和丰富监督管理手段，提高违法成本

一是建立和完善食品安全风险监测和风险评估体系（第 42、44、46 条）。二是对监管中现场发现食品明显腐败变质等性状明显异常的，通过视听图像等方式记录现场情况，经当事人认可，作为执法证据（第 51 条）。三是对特定情形下被召回的食品，明确食品安全监督管理部门应当监督食品生产者对食品在本市进行无害化处理或者予以销毁（第 52 条）。四是实行信用监管和信用惩戒，监管部门可以根据信用状况，对食品生产经营者实行分级分类或者积分管理；对违法行为可以现场公示，严重违法行为可以通过媒体曝光（第 53、55 条）。五是整合现有食品安全追溯信息平台，逐步实现对重点监督管理食品从养殖、加工、销售全过程信息可追溯（第 54 条）。六是对食品生产经营者在上位法规定之外提出的更明确、具体的要求和规范，参照食品安全法，从严设定了相应的罚则（第六章）。

《条例（修订草案）》已印送各位委员，请予审议。

北京市人民代表大会财政经济委员会关于《北京市食品安全条例（修订草案）》审议意见的报告

——2012 年 9 月 26 日在北京市第十三届人民代表大会常务委员会第三十五次会议上

市人大财政经济委员会副主任委员　赵巨鹏

主任、各位副主任、秘书长、各位委员：

市人大财政经济委员会收到市人大常委会交付审议的《北京市食品安全条例（修订草案）》（以下简称《条例（修订草案）》）后，征求了区县人大常委会、市和区县相关部门、部分食品生产经营者、食品行业组织、市人大代表和有关专家学者的意见和建议，并在市人大常委会门户网站上公开征求了社会各界的意见和建议。9 月 6 日，财政经济委员会召开第四十次会议，依照《北京市制定地方性法规条例》的规定，对《条例（修订草案）》进行了审议。现将审议意见报告如下。

财政经济委员会认为，2007 年颁布的《北京市食品安全条例》（以下简称《条例》），在加强本市食品安全管理，提升首都食品安全总体水平，特别是对做好 2008 年北京奥运会和国庆六十周年期间的食品安全工作，发挥了重要的法制保障作用。2009 年，《中华人民共和国食品安全法》及其实施条例颁布实施，对食品安全方面的监管体制、标准体系

和生产经营行为等进行了规范。本市的食品安全条例需要按照上位法的规定，修改有关内容。同时，北京作为一个食品消费特大型城市，进一步加强源头控制，严格食品生产经营者的主体责任，健全食品安全监管体制机制，更好地适应新形势对首都食品安全工作的新要求，解决食品安全工作面临的一些突出问题，也亟须对条例进行必要的修订。

《条例（修订草案）》围绕常委会主任会议提出的指导思想和基本思路，按照建设安全食品供给体系和食品安全保障体系的要求，结合本市实际情况，重点在完善食品安全责任体系、严格市场准入、规范生产经营活动、健全食用农产品质量安全管理、创新监管手段等方面进行了修改和完善，针对性强，符合北京实际。财政经济委员会在审议中，对《条例（修订草案）》提出以下修改意见和建议。

一、关于立法目的

食品安全直接关系人民群众的身体健康和生命安全，条例修订应当突出“以人为本”的指导思想，把保障公众身体健康和生命安全作为立法的出发点和落脚点。建议《条例（修订草案）》第一条立法目的修改为：“为了保证本市食品安全，保障公众身体健康和生命安全，根据《中华人民共和国食品安全法》（以下称食品安全法）、《中华人民共和国农产品质量安全法》、《中华人民共和国食品安全法实施条例》等有关法律、行政法规，结合本市实际，制定本条例。”

二、关于乡镇人民政府和街道办事处职责

财政经济委员会在调研中，一些人大代表、专家和基层干部、群众提出，乡镇人民政府和街道办事处在我市食品安全监督管理中发挥了重要作用，但在法规中过多地强调乡镇人民政府和街道办事处在食品安全监管中的责任，一是很难承担得起来，二是与相关部门的监管职责也容易发生交叉重合。今年7月，国务院作出关于加强食品安全工作的决定，其中对乡镇人民政府和街道办事处的食品安全管理责任，提出四方面明确要求，即食品安全隐患排查、信息报告、协助执法和宣传教育等。为此，建议将《条例（修订草案）》第五条第二款修改为：“乡镇人民政府和街道办事处应当做好食品安全隐患排查、信息报告、协助监管和宣传教育等工作。”鉴于修订草案中涉及乡镇街道食品安全监管职责条款较多，情况也比较复杂，建议对相关条款进行统一梳理和调整，并厘清与区县政府有关部门在食品安全监督管理方面的职责划分。

《条例（修订草案）》法律责任一章第五十九条、六十条规定，有关主管部门或者乡镇人民政府、街道办事处依照食品安全法，按照各自职责分工，进行相关行政处罚。财政经济委员会认为，按照行政处罚法规定，乡镇街道不具有行政处罚权，食品安全法和国务院关于加强食品安全工作的决定中，也未授予乡镇街道行政处罚权，建议删除第五十九条、六十条中的相关内容。

三、关于食品生产加工作坊的生产条件和目录

食品生产加工作坊在生产地方风味特色食品、方便群众、扩大就业等方面具有一定积极作用，但由于一些作坊生产条件简陋、缺少产品质量控制手段等原因，也成为食品安全事故的多发领域。食品安全法第二十九条规定，有关部门应当加强对食品生产加工作坊的监督管理，具体管理办法由各省区市人大常委会制定。目前，从上海、浙江等地出台的食品安全地方性法规来看，有的设专

章对食品加工作坊和食品摊贩进行了规范，有的则专门制定了规范加工作坊和食品摊贩的地方性法规。

《条例（修订草案）》第十三条规定，区县人民政府制定并公布加工作坊生产的食品品种目录以及生产条件。财政经济委员会认为，这样规定可能存在一定问题：一是授权区县政府这一方式是否妥当；二是由各区县自行规定，容易造成区县间要求标准不一、生产条件参差不齐。建议对全市加工作坊的条件和品种目录作统一规范，提出总体要求，具体将第十三条第一款修改为："食品生产加工作坊从事食品生产加工活动，应当具备下列条件：

（一）生产加工区与生活区隔离；

（二）有与生产加工的食品品种、数量相适应的生产加工场所，环境整洁，并与有毒、有害场所以及其他污染源保持规定的安全距离；

（三）有与生产加工的食品品种、数量相适应的生产加工和卫生设备或者设施；

（四）有保证食品安全的规章制度；

（五）有合理的设备布局和工艺流程；

（六）符合法律、法规规定的其他要求。

"本市对食品生产加工作坊生产的食品品种实行目录管理。品种目录由市质量技术监督部门负责编制和修订，报市食品安全委员会批准后实施，并向社会公布。"

四、关于食品摊贩的经营条件和监管部门

食品摊贩作为无固定场所商户，一方面经营方式灵活，方便群众就近购买；另一方面由于经营设施简单、卫生条件标准不高，存在较多的食品安全隐患。食品摊贩随意摆摊设点也影响交通，污染环境，损害首都城市形象。食品安全法第二十九条规定，有关部门应当加强对食品摊贩监督管理，具体管理办法由省区市人大常委会制定。《条例（修订草案）》第十五条规定，区县人民政府制定并公布食品摊贩经营的品种目录、经营条件，并确定实施监督管理的部门。财政经济委员会认为，授权区县规范食品摊贩管理同授权区县规范加工作坊管理存在同样问题，可能造成各区县的要求和条件宽严不一、目录千差万别，具体执行时容易引起混乱，建议条例对全市食品摊贩的经营条件统一规范。另外，由区县各自确定对食品摊贩的监管部门，会直接造成监管部门的不统一，而且本市市容环境卫生条例和京政办发〔2009〕95号文早已明确规定了摊贩的监督管理部门。因此，对食品摊贩的监管部门，建议按照相关地方性法规和市政府有关文件执行，不再授权区县各自确定，并对不适宜设摊的重要区域和地点作出禁止性规定。另外，《条例（修订草案）》中有关无固定场所商户的表述，应当按照食品安全法及其实施条例，统一规范称谓为食品摊贩。本条具体修改为："食品摊贩从事食品经营，应当符合下列要求：

（一）摊位与厕所、垃圾场（站）等污染源直线距离在二十五米以上；

（二）有与经营的食品品种、数量相适应的生产、加工、贮存、清洗、消毒、冷藏等设施或者设备；

（三）配有防雨、防尘、防污染、防虫、防蝇等设施以及加盖或者密闭的废弃物收集容器；

（四）符合法律、法规规定的其他要求。

"区、县人民政府可以根据实际需要，按照方便群众、合理布局、保证安全的原则，划定临时区域（点）和固定时段供食品摊贩从事食品经营，并向社会公布。禁止在距离幼儿园、中小学校门口200米范围内划定临时区域（点）。食品摊贩不得在临时区域（点）和固定时段外经营。

"食品摊贩不得占用道路、桥梁、人行天

桥、地下通道及其他公共场所设摊经营。

“本市食品摊贩的具体管理办法由市食品安全监督协调办公室组织制定，报市食品安全委员会批准后执行。”

五、关于食品摊贩公示

《条例（修订草案）》第十六条规定，食品摊贩应向所在地乡镇人民政府或者街道办事处登记相关信息。在实际生活中，与食品摊贩直接接触的是广大消费者，为了让消费者明白、放心消费，并对食品摊贩进行监督，财政经济委员会建议实行食品摊贩经营公示制度，增加两款内容作为第十六条的第二款、第三款，具体表述为：“乡镇人民政府或者街道办事处登记相关信息后，发放《食品摊贩经营公示卡》。《食品摊贩经营公示卡》应当记载食品摊贩的经营范围、经营品种、经营区域（点）、经营时段、食品从业人员信息和监督管理部门的举报监督联系方式等内容。

“食品摊贩从事食品经营，应当悬挂《食品摊贩经营公示卡》和食品从业人员健康证明，不得转让、涂改、出租、出借《食品摊贩经营公示卡》。”

六、关于临时控制措施

《条例（修订草案）》第四十五条规定了食品安全风险警示和临时控制措施。在某种食品可能对人身健康和安全造成较大危害的情况下，对来自同一产地的同类食品采取临时控制措施十分必要。从2007年起，本市共实行了9次区域退市的临时控制措施，在防控食品风险方面取得了较好效果。财政经济委员会认为，应当将这一措施继续通过立法确定下来。此外，风险减轻或者消失后，警示和临时控制措施的解除在《条例（修订草案）》未作后续规定，应当补充相关内容。建议将第四十五条修改为：“对经综合分析食品安全风险监测和评估结果表明可能具有较高程度安全风险的食品，市食品办应当及时提出食品安全风险警示，并向社会公布；发生食品安全事故或者情况紧急、可能引发突发事件的，市食品安全监督管理部门应当根据需要实施责令暂停购进、销售相关食品等临时控制措施。必要时，可以对相关企业、区域生产的同类食品采取相应的控制措施。食品安全风险消失或者采取临时控制措施的条件和原因消失后，相关部门应当及时取消风险警示和临时控制措施，并向社会公布。”

七、关于食品安全追溯体系

《条例（修订草案）》第五十四条规定逐步建立统一的食品安全追溯平台。财政经济委员会认为，必须同时建立和完善食品安全追溯制度，建立保障食品安全的长效机制，有序推动食品追溯各项工作深入开展；对部分食品重点监督管理措施，也需要通过条例加以制度化。建议将本条修改为：“本市实行食品安全和食用农产品质量安全追溯制度。在整合现有食品安全追溯信息平台基础上逐步建立统一的食品安全追溯信息归集、共享、公布平台，开展食品安全全程追溯的区域合作。

“本市根据食品风险程度和监管工作实际，对部分食品的生产经营实施重点监管。食品和食用农产品生产经营者应当按照要求记录和报送相关信息，实现对重点监督管理食品和食用农产品从生产、收购、加工、存储、运输到销售全过程的食品安全信息可追溯。”

八、关于食品安全信息公开制度

食品安全信息不透明、公布不及时是广大群众和社会舆论对食品安全不放心的重要原因之一。财政经济委员会认为，通过立法确立食品安全信息公开制度十分必要，特别是对食品安全监督检查结果和群众关注的食品安全热点等相关信息，政府应当及时向社会公布，消除公众忧虑，保障公民的知情权和监督权。建议在《条例（修订草案）》第五十六条中增加一款作为第一款，具体表述为："本市实行食品安全信息公开制度，定期向社会公布食品安全信息，告知抽查监测结果、执法检查情况等。对食品安全方面的重大突发事件和群众反映的食品安全热点问题，主动及时公布事件进展、应急处置措施、公众防范措施和调查处理结果。"

此外，财政经济委员会还对《条例（修订草案）》中部分条款顺序和文字表述提出了修改意见。

以上报告，供常委会组成人员审议时参考。

北京市人民代表大会法制委员会关于《北京市食品安全条例（修订草案）》审议结果的报告

——2012年11月29日在北京市第十三届人民代表大会常务委员会第三十六次会议上

市人大法制委员会副主任委员　卜世成

主任、各位副主任、秘书长、各位委员：

2012年9月26日，市十三届人大常委会第三十五次会议审议了《北京市食品安全条例（修订草案）》，有21位常委会组成人员和两位列席代表发表了意见。大家认为，2007年颁布的《北京市食品安全条例》对加强本市食品安全管理、提升首都食品安全总体水平，特别是做好北京奥运会期间的食品安全工作发挥了重要作用。2009年食品安全法及其实施条例颁布实施。为了更好地适应新形势下首都食品安全工作的要求，贯彻食品安全法和实施条例的要求，解决当前食品安全领域的突出问题，及时修订条例十分必要；政府在起草阶段发挥了重要的基础作用，修订草案针对本市食品安全工作面临的新情况、新问题，在完善食品安全责任体系、严格市场准入、规范生产经营活动、健全食用农产品质量安全管理、创新监管手段等方面作了修改，补充和细化了食品安全法，内容比较全面，具有可操作性。同时，大家也提出一些具体修改意见。

会后，法制委员会对常委会审议意见进行了认真研究，会同财经委员会，重点围绕如何完善食品安全预防体系、监管体系和责任体系，以座谈会、实地考察等形式开展了系列调研活动，听取了有关监督管理部门、区县政府、街道办事处、市二商集团、检验机构、市场经营管理人员和商户等方面的意见，并与市农业局、市质量技术监督局、市卫生局、市城市管理综合行政执法局等部门分别进行了研究论证。2012年11月19日法制委员会召开会议，根据常委会审议意见和其他各方面意见对修订草案进行审议，提出了进一步修改的意见。现将审议结果报告如下。

一、关于乡镇人民政府和街道办事处职责

有的常委会组成人员提出，乡镇人民政府和街道办事处处于食品安全管理体系的末

端，作用非常重要，要进一步明确乡镇人民政府和街道办事处的职责。财经委员会建议按照国务院关于加强食品安全工作的决定，增加关于乡镇、街道对食品安全管理责任的规定。根据上述意见，建议在修订草案第五条第二款中增加规定："乡镇人民政府和街道办事处负责本区域的食品安全隐患排查、信息报告、协助执法和宣传教育等工作，组织协调有关监督管理部门派驻的执法机构做好执法工作。"（修订草案修改稿第五条第二款）

二、关于食品生产加工作坊和食品摊贩

（一）规范食品生产加工作坊的经营行为

财经委员会提出，食品生产加工作坊由于生产条件简陋、产品质量控制缺少手段等原因，已成为食品安全事故的多发领域，建议进一步完善修订草案的相关内容，对食品生产加工作坊的生产条件和经营行为予以规范。据此，建议将修订草案第十三条第一款修改为："本市对食品生产加工作坊生产加工的食品品种实行目录管理。市质量技术监督部门组织编制全市的指导目录并明确食品生产加工作坊的生产加工条件和要求，报市食品安全委员会批准后实施。区、县人民政府根据指导目录编制本区域生产加工食品的品种目录。"（修订草案修改稿第十三条第二款）

同时增加一款作为第三款："食品生产加工作坊从事食品生产加工活动，应当具有与生产加工的食品品种、数量相适应的生产加工场所，与有毒、有害场所以及其他污染源保持规定的安全距离，并具备相应的生产加工和卫生设备、设施，符合国家和本市规定的其他要求。"（修订草案修改稿第十三条第三款）

此外，根据常委会组成人员的意见，将修订草案第十四条规定的食品生产加工作坊准许证的有效期由1年改为3年。（修订草案修改稿第十四条）

（二）规范食品摊贩的经营行为

财经委员会提出，食品摊贩由于经营设施简单、卫生条件差，也存在较多的食品安全隐患，应当进一步规范其经营行为，明确食品安全要求。有的常委会组成人员提出，本条例应当明确食品摊贩的管理部门。根据上述意见，建议将修订草案第十五条修改为："区、县人民政府可以根据实际需要，按照方便群众、合理布局、保证安全的原则，划定临时区域、规定时段供食品摊贩从事经营活动，并向社会公布。划定临时区域应当在幼儿园、中小学校门口200米范围以外，并不得占用道路、桥梁、过街天桥、地下通道以及其他不宜设摊经营的场所。食品摊贩不得在临时区域和规定时段外经营。

"本市对食品摊贩经营的食品实行品种目录管理，品种目录、经营条件和要求以及申请登记程序由区、县人民政府制定并公布。

"食品摊贩从事食品经营，应当具有与经营的食品品种、数量相适应的卫生设备、设施，所经营的食品应当符合食品安全标准以及国家和本市规定的其他要求。"（修订草案修改稿第十五条）

同时，建议将修订草案第十六条修改为："从事食品摊贩经营的，应当按照区、县人民政府规定的程序和要求，向所在地乡镇人民政府或者街道办事处申请登记。乡镇人民政府或者街道办事处对符合规定条件的申请人发放食品摊贩经营证，并应当将登记信息及时通报城市管理综合行政执法部门。

"食品摊贩经营证应当载明经营者姓名、经营食品的品种、经营地点、监督电话等事项。食品摊贩从事食品经营，应当悬挂食品摊贩经营证，并不得转让、涂改、出租、出借食品摊贩经营证。

"城市管理综合行政执法部门负责对经批准设立的食品摊贩实施监督管理，并负责查

处流动无证照生产经营食品行为。”（修订草案修改稿第十六条）

三、关于区域协作和基地建设

有的常委会组成人员提出，源头治理是加强本市食品安全工作的方向，应将本市已探索过的建立生产基地的经验固化下来，并采取相应的鼓励措施加以推行。根据上述意见，结合调研中有关方面提出的建议，将修订草案第十八条修改为：“市人民政府与相关省、市、自治区人民政府建立健全食品安全区域协作机制，逐步实现食品安全和食用农产品质量安全信息共享、案件协查、问题食品处置、全程追溯、检验互认、技术协作等方面的合作，推动进京食品和食用农产品生产基地提升组织化、标准化、规模化程度，形成安全可靠的食品供应体系，保障进京食品和食用农产品质量安全。

“鼓励外埠优质食品和食用农产品进京销售。市食品办应当会同有关食品安全监督管理部门，组织引导本市大型食品批发市场、商场超市、食品物流配送企业、连锁餐饮服务企业等与外埠进京食品和食用农产品生产经营企业实行对接，为外埠食品和食用农产品生产经营企业提供服务和支持。”（修订草案修改稿第十八条）

四、关于食用农产品

（一）规范畜禽屠宰企业的行为

有的常委会组成人员提出，本市畜禽屠宰这个环节问题不少，应当加大对这个行业的管理力度，规定不得收购无固定养殖基地或者无法追溯来源的生猪，不得接受他人委托从事屠宰加工。根据上述意见，建议在修订草案第三十七条中增加一款，表述为：“生猪及其他畜禽屠宰企业应当建立稳定的货源基地，并按照有关标准规范养殖行为，记录养殖者、防疫、检疫、饲料等相关信息，并按照操作规范实施屠宰加工；不得收购无固定养殖基地或者无法追溯来源的生猪及有关畜禽或者接受他人委托进行屠宰加工。”（修订草案修改稿第三十七条第三款）

（二）规范农药经营管理和使用

在调研中了解到，本市现有农药经营单位1303家，经营规模普遍较小，多为个体经营，经营人员大多未受过专业教育，经营条件大多不符合农药管理条例的规定。按照源头治理的原则，为了确保食用农产品的质量安全，必须对投入品实行严格的监管。据此，建议将修订草案第三十九条修改为：“本市实行严格的农药管理制度。农药经营者经营农药应当符合国家农药管理法规规定的条件和有关法律、法规规定的食品安全要求。市农业行政部门制定并公布符合国家和本市农药管理法规规定要求的农药经营者名录和名录管理办法。

“使用农药应当遵守国家和本市有关农药安全使用的规范，不得销售和使用国家禁止的农药品种。

“区、县农业行政主管部门应当组织推广安全、高效农药，采取措施落实农药补贴政策，引导使用者购买安全农药，并加强对安全、合理使用农药的监督和指导，开展免费培训活动，提高使用者施药技术水平。”（修订草案修改稿第三十九条）

（三）促进相关领域的科技支撑

有的常委会组成人员和有关部门提出，为了提高本市食用农产品质量和安全管理水平，应当鼓励开展高效低毒农药和生物防治技术的科研和推广，同时要改善现有的技术装备，加强检验机构的能力建设。据此，建议将修订草案第四十一条修改为：“本市鼓励和支持农业技术推广机构和有关科研机构开展高效低毒农药和生物防治技术的科学研究，推广新型安全农业投入品的使用，提高食用农产品质量和安全管理水平。

“有关监督管理部门应当采取保障措施，加强检验机构能力建设，逐步改善技术条件，不断提高检验技术水平。”（修订草案修改稿第四十一条）

五、关于临时控制措施

财经委员会提出，修订草案规定了食品安全风险警示和临时控制措施。还应当增加规定在某种食品可能对人身健康和安全造成较大危害的情况下，对来自同一产地的同类食品也可以采取临时控制措施。此外，对于风险减轻或者消失后如何降低、解除风险警示和临时控制措施未作规定，条例应当对这些应急措施的终止作出补充规定。据此，建议在修订草案第四十五条中增加规定：“必要时，经市人民政府批准，可以对相关企业、区域生产的同类食品采取相应的临时控制措施。食品安全风险消除或者采取临时控制措施的条件和原因消除后，相关部门应当及时解除风险警示和临时控制措施并向社会公布。”（修订草案修改稿第四十五条）

六、关于高风险食品的监管

财经委员会提出，本市食品安全管理中已经实行的重点监督管理制度应当通过立法加以明确。据此，建议在修订草案第五十四条中增加一款，表述为：“本市根据食品安全存在风险的状况，对本市重点监督管理的食品和食用农产品的生产经营加强监管，实现生产、收购、加工、存储、运输、销售全过程的食品安全信息可追溯。食品和食用农产品生产经营者应当按照规定记录和报送相关信息。”（修订草案修改稿第五十三条第二款）

七、关于对构成犯罪的生产经营者的信用惩戒

有的常委会组成人员和有关部门提出，对违反食品安全法律、法规的生产经营者应当严格追责，对于触犯刑律的责任人除了追究刑事责任，还要加大信用惩戒的力度。根据上述意见，将修订草案第七十二条第二款修改为：“食品生产经营者生产经营不符合安全标准或者有毒、有害食品，对人体健康造成严重后果、构成犯罪的，终身不得从事食品生产经营活动。”（修订草案修改稿第七十二条第二款）

此外，还根据常委会审议意见、财政经济委员会审议意见和其他方面的意见，对一些条款的文字表述作了完善性修改，删减了个别和法律、法规重复的内容，对条款顺序作了必要的调整。

法制委员会按照上述意见，提出《北京市食品安全条例（修订草案修改稿）》，提请本次常委会会议进行审议。

修订草案修改稿和以上意见是否妥当，请审议。

北京市人民代表大会法制委员会关于《北京市食品安全条例（修订草案修改稿）》修改意见的报告

——2012 年 12 月 27 日在北京市第十三届人民代表大会常务委员会第三十七次会议上

市人大法制委员会副主任委员　卜世成

主任、各位副主任、秘书长、各位委员：

2012 年 11 月 29 日、30 日，市十三届人大常委会第三十六次会议对《北京市食品安全条例（修订草案修改稿）》进行了分组审议，会上有 14 位常委会组成人员和 2 位列席代表发表了意见。

会后，法制委员会围绕餐饮服务许可、食品生产加工作坊和食品摊贩的监管、食品安全风险评估等问题，会同财经委员会开展了专题调研，召开座谈会听取了生产经营单位和基层管理人员的意见，征求了市食品办、市质量技术监督局、市卫生局、市商务委等部门的意见，并组织起草小组共同研究修订草案修改稿。12 月 17 日法制委员会召开会议，根据常委会审议意见和其他方面的意见对修订草案修改稿进行审议，提出了进一步修改的意见。现将修改情况报告如下。

一、将第十三条第二款修改为："本市对食品生产加工作坊生产加工的食品品种实行目录管理。市质量技术监督部门负责组织有关部门提出全市食品生产加工作坊监督管理工作指导意见，报市食品安全委员会同意后，由区、县人民政府根据指导意见，结合本区县的实际情况，制定本区域食品生产加工作坊生产加工食品的品种目录、生产加工条件和要求。"（表决稿第十三条第二款）

二、第四十四条第一款增加一项："食品生产加工环境、条件、工艺流程、操作规范、管理规程等方面存在风险隐患，需要进行风险评估的。"（表决稿第四十四条第一款第四项）

三、第四十五条增加一款："市食品办应当会同有关食品安全监督管理部门，根据风险评估结果采取相应的措施预防和控制风险。"（表决稿第四十五条第一款）

四、将第五十四条第一款修改为："市食品办应当建立全市统一的食品安全信用信息平台，统一归集食品生产经营者的身份信息、提示信息、警示信息、良好信息和违法信息等信用信息，并向社会公开。"（表决稿第五十四条第一款）

此外，根据常委会审议意见和其他方面的意见对修订草案修改稿的个别文字作了修改。法制委员会按照上述意见提出《北京市食品安全条例（表决稿）》，建议本次常委会会议通过，并自 2013 年 4 月 1 日起施行。

文献资料分类索引

地方性法规

决议　决定

工作报告

人事任免